2006
Collector Car
PRICE GUIDE

Edited by Ron Kowalke, *Old Cars Price Guide*

On the front cover: 1970 Plymouth Hemi Cuda (Phil Kunz photo)
On the back cover: 1954 Chevrolet Bel Air station wagon (Jon G. Robinson
photo); 1931 Ford Model A convertible sedan (Jim Schild photo)

Table of Contents

Introduction

The market for cars more than 15 years old may be stronger than ever. Some buyers of pre-1985 cars are collectors who purchase vehicles that they particularly enjoy, or feel are likely to increase in value the older they get. Other buyers prefer the looks, size, performance, and reliability of what they think of as yesterday's better-built automobiles.

With a typical year 2006 model selling for around $25,000, many Americans find themselves priced out of the new-car market. Late-model used cars are pricey too, although often short on distinctive looks and roominess. The older cars may use more fuel, but their purchase prices are typically a whole lot less.

New cars and late-model used cars tend to depreciate rapidly in value. Many can't tow large trailers or mobile homes. Their high-tech engineering is often expensive to maintain or repair. In contrast, well-kept older cars are mechanically simpler, but often very powerful. In addition, they generally *appreciate* in value as they grow more scarce and collectible. Even insuring them is generally cheaper.

Selecting a car and paying the right price for it are two considerations old-car buyers face. What should you look for when inspecting a collector car to buy? What are some of the pros and cons of buying a collector car at auction? How much can I spend in restoring my collector vehicle without exceeding its current cash value?

The 2006 edition of **Collector Car Price Guide**, from F+W Publications, answers these questions and many more. It shows the most popular models made between 1901 and 1998 and points out what they sell for today in six different, graded conditions.

Contained herein are the same data gathered for publication in **Old Cars Price Guide**, a highly-specialized magazine used by collectors, dealers, appraisers, auctioneers, lenders, and insurers to determine valid pricing levels for older vehicles. Representing up-to-date market research, it is presented in a convenient-sized format that is easy to read, easy to use, and easy to store on your bookshelf.

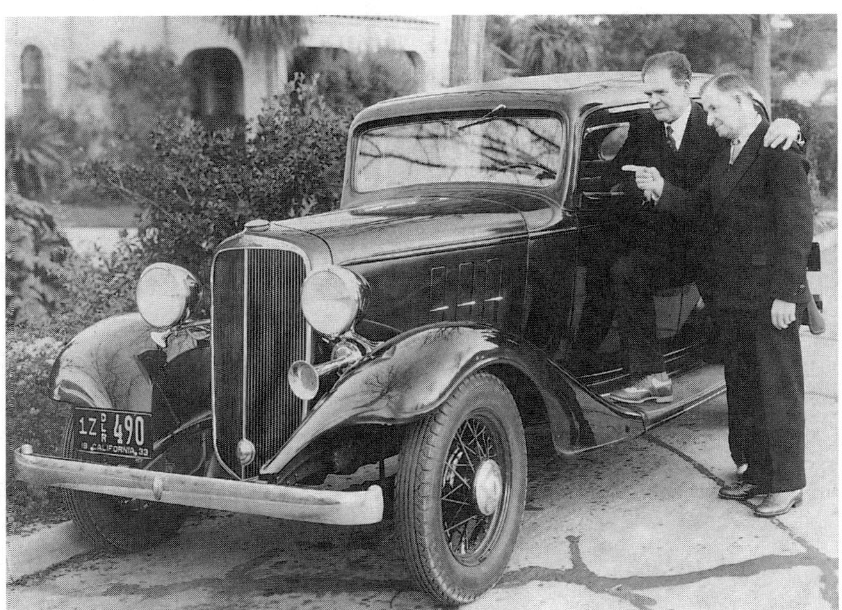

Legendary Stanford University football coach Glenn "Pop" Warner (left) learns about the merits of the new 1933 Chevrolet.

How old car prices are gathered

Thousands of old cars change hands each year. People who follow these transactions include collectors, collector car dealers and auctioneers. They can often estimate the value of an old car, within a range of plus or minus 10 percent, with amazing accuracy.

Collector Car Price Guide has been produced by F+W Publications of Iola, Wis., a company involved in publishing specialized books and magazines upon which collectors, dealers and auctioneers regularly rely.

Figures listed in this book should be taken as "ballpark" prices. They are amounts that fall within a reasonable range of each car's value to buyers and sellers. The figures are not to be interpreted as "wholesale" or "retail." Rather, they reflect what an informed buyer might pay a knowledgeable seller for his car in an arm's length transaction without duress to either party. Special cases, where nostalgia or other factors enter into the picture, must be judged on an individual basis.

This guide can help you to decide which old car you'd like to own and how much to pay for it based on year, make, model and condition. It provides a consensus of old car values determined by careful research.

Research sources used to compile these data include:
- Advertised asking prices.
- Documented private sales.
- Professional appraisers.
- Collector car auction results.
- **Old Cars Price Guide** advisors.
- Contact with dealers.
- Contact with collectors.
- Networking with value sources.

Studebakers are on display at a 1920s salon-style showroom.

Abbreviations

Alphabetical

A/C	Air Conditioning
Aero	Aerodynamic
Auto	Automatic Transmission
A/W or A-W	All-Weather
Berl	Berline
Brgm	Brougham
Brn	Brunn
BT	Boattail
Bus	Business (as in Bus Cpe)
Cabr	Cabriolet
C.C.	Close-Coupled
cid	Cubic Inch Displacement
Clb	Club (as in Clb Cpe/Clb Cab)
Cpe	Coupe
Coll	Collapsible (as in Semi-Coll)
Cont	Continental
Conv	Convertible
Ctry	Country
Cus	Custom
DC	Dual-Cowl
Darr	Darrin
DeL	Deluxe
Der	Derham
deV	deVille
DHC	Drop Head Coupe
Dly	Delivery (as in Sed Dly)
Dtrch	Dietrich
DuW	Dual Windshield
DW	Division Window
Encl	Enclosed
FBk	Fastback
FHC	Fixed Head Coupe
FI	Fuel Injection
FmL	Formal
FWD	Front-Wheel Drive
GT	Gran Turismo (Grand Touring)
GW	Gull-Wing
HBk	Hatchback
Hemi	Hemispherical-head engine
Hlbrk	Holbrook
hp	Horsepower
HT	Hardtop
Imp	Imperial
IPC	Indy (Indianapolis) Pace Car
IROC	International Race of Champions
Jud	Judkins
Lan	Landau
Lan'let	Landaulet
LBx	Long Box (pickup truck bed)
LeB or Leb	LeBaron
LHD	Left-Hand Drive
Limo	Limousine
Ltd	Limited
Lke	Locke
LWB	Long-Wheelbase
Mk	Mark (I, II, III, etc)
O/D	Overdrive
Opt	Option(s)
OW	Opera Window
P	Passenger (as in 3P Cpe)
Phae	Phaeton
PU	Pickup Truck
R/A	Ram Air (Pontiac)
Rbt	Runabout
Rds	Roadster
Ret	Retractable
RHD	Right-Hand Drive
Rlstn or Roll	Rollston
R/S	Rumbleseat
Saloon	British for sedan
SMt(s)	Sidemount(s)
Sednt	Sedanet
Spds	Speedster
Spec or Spl	Special
Spt	Sport
S/R	Sunroof
Sta Wag	Station Wagon
Std	Standard
Sub	Suburban
Sup	Super
SWB	Short-Wheelbase
T-bird	Thunderbird
T-top	T-Top Roof
Trg	Touring Car (not Targa)
Turbo	Equipped with turbocharger(s)
Twn	Town (as in Twn Sed)
V-4, -6, -8	V-block engine
Vic	Victoria
W	Window (as in 3W Cpe)
WW	Wire Wheels
W'by	Willoughby
Woodie	Wood-bodied Car
Wtrhs	Waterhouse

Numerical

1/2T	One-Half Ton Truck
2d	Two-Door (also 4d, 6d, etc.)
2P	Two-Passenger (also 3P, 4P, etc.)
2S	Two-Seat (also 3S, 4S, etc.)
2x4V	Two Four-barrel Carbs
3x2V	Three Two-barrel Carbs/Tri-Power
3W	Three-Window (also 4W, 5W, etc.)
4-cyl	In-Line Four Engine (also 6-, 8-, etc.)
4-Spd	4-Speed Transmission (also 3-, 5-, etc.)
4V	Four-barrel Carburetor
4x4	Four-wheel drive (not FWD)
8/9P	Eight or Nine Passenger

HOW TO USE THIS PRICE GUIDE

Price estimates are listed for cars in six different states of condition. These conditions (1-6) are illustrated and explained in the **VEHICLE CONDITION SCALE** on the following three pages.

Prices are for complete vehicles; not parts cars, except as noted. Modified-car prices are not included, but can be estimated by figuring the cost of restoring to original condition and adjusting the figures shown here.

Appearing below is a section of chart taken from the **Collector Car Price Guide** price estimate listings to illustrate the following elements:

A. MAKE: The make of car, or marque name, appears in large, boldface type at the beginning of each price section.

B. DESCRIPTION: The extreme left-hand column indicates vehicle year, model name, body type, engine configuration and, in some cases, wheelbase.

C. CONDITION CODE: The six columns to the right are headed by the numbers one through six (1-6) that correspond to the conditions described in the VEHICLE CONDITION SCALE on the following three pages.

D. PRICE: The price estimates, in dollars, appear below their respective condition code headings and across from the vehicle descriptions.

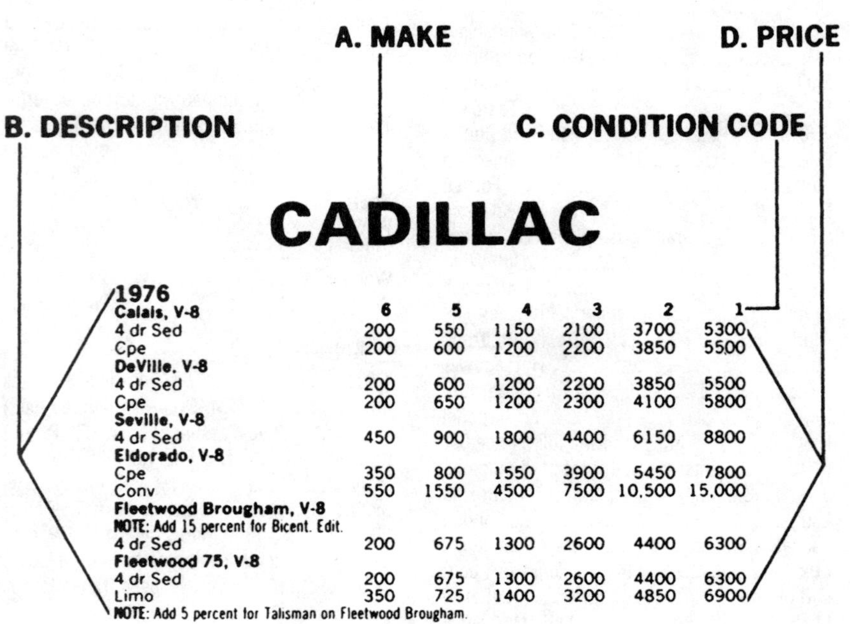

CADILLAC

1976

Description	6	5	4	3	2	1
Calais, V-8						
4 dr Sed	200	550	1150	2100	3700	5300
Cpe	200	600	1200	2200	3850	5500
DeVille, V-8						
4 dr Sed	200	600	1200	2200	3850	5500
Cpe	200	650	1200	2300	4100	5800
Seville, V-8						
4 dr Sed	450	900	1800	4400	6150	8800
Eldorado, V-8						
Cpe	350	800	1550	3900	5450	7800
Conv	550	1550	4500	7500	10,500	15,000
Fleetwood Brougham, V-8						
NOTE: Add 15 percent for Bicent. Edit.						
4 dr Sed	200	675	1300	2600	4400	6300
Fleetwood 75, V-8						
4 dr Sed	200	675	1300	2600	4400	6300
Limo	350	725	1400	3200	4850	6900

NOTE: Add 5 percent for Talisman on Fleetwood Brougham.

VEHICLE CONDITION SCALE

1) EXCELLENT: Restored to current maximum professional standards of quality in every area, or perfect original with components operating and appearing as new. A 95-plus point show vehicle that is not driven.

2) FINE: Well-restored, or a combination of superior restoration and excellent original. Also, an *extremely* well-maintained original showing very minimal wear.

3) VERY GOOD: Completely operable original or "older restoration" showing wear. Also, a good amateur restoration, all presentable and serviceable inside and out. Plus, combinations of well-done restoration and good operable components or a partially restored vehicle with all parts necessary to complete and/or valuable NOS parts.

4) GOOD: A drivable vehicle needing no or only minor work to be functional. Also, a deteriorated restoration or a very poor amateur restoration. All components may need restoration to be "excellent," but the vehicle is mostly usable "as is."

5) RESTORABLE: Needs *complete* restoration of body, chassis and interior. May or may not be running, but isn't weathered, wrecked or stripped to the point of being useful only for parts.

6) PARTS VEHICLE: May or may not be running, but is weathered, wrecked and/or stripped to the point of being useful primarily for parts.

What's Hot and What's Not: Collector-Car Trends for 2006 and Beyond

The editors responsible for producing 2006 *Collector Car Price Guide,* as well as *Old Cars Weekly News & Marketplace* and *Old Cars Price Guide,* together represent something on the order of 60 years of participation in the old-car hobby. Through these years of experience, some valuable lessons have been learned. It has become our practice each year to share some of these with you in the firm belief that, thoroughly studied and understood, these insights will put any old car hobbyist, novice or veteran, at a real advantage in this fascinating and rewarding hobby. For this edition, we have chosen to share with you some of the trends that we see developing within the collector-car hobby.

Hemi Revolution - For the past couple of years, several notable collector car auction sales of various documented Hemi-powered cars, specifically Dodges and Plymouths, have dominated the old car hobby headlines. Hemi 'Cudas, Challengers, and Superbirds seem to be at the top of everyones' wish lists, but even the more vintage Furys, Coronets, Chargers, etc., are being bought at incredibly high prices. Authentic muscle cars have long been in demand, though buyers need to do their pre-purchase "homework" to document that a car is numbers matching and all correct. But the recent run on Hemi-powered Mopars has raised the bar for all muscle afficionados.

The door badge identifies this 1969 Dodge Charger hardtop as being powered by a Hemi V-8. (*Old Cars Weekly* Collection photo)

Coming of the clones - Due to the skyrocketing prices being paid for authentic muscle cars, especially the aforementioned "Hemi Revolution," a slightly more affordable performance car market has been created in the form of clones. Sometimes called "replicas" and occasionally referred to by names that cannot be printed here due to their vulgar nature, these "wannabe" muscle cars are created from base models such as Pontiac LeMans, Plymouth Satellites, Chevrolet Malibus, and Ford Mustangs. Big-block V-8s are stuffed into engine compartments that formerly housed six-cylinders or small-block V-8s, add a dash of bright paintwork as well as muscle-style graphics or striping, and hocus-pocus, a clone muscle car appears. Those former plain-Jane LeMans, Satellites, Malibus, and Mustangs are transformed into, respectively, "The Judge" GTO, Hemi Roadrunner, Chevelle SS, and Shelby GT350H (Hertz) models. With investmentlevel money being paid for some of these clones in recent televised collector vehicle auctions, more and more of these "pretenders" are sure to be built in the coming years. This increase in clones will also force buyers of authentic muscle cars to hire increasingly expensive professionals to ensure what they're buying can be documented as real.

With original Yenko cars rare and expensive, a base 1969 Chevy Malibu can be transformed into a Chevelle Yenko/SC as was this clone that sold for $20,000 at the 2005 Atlantic City auction. (Ron Kowalke photo)

Woodies - At a car show on a sunny day, not much can top the beauty of a car whose exterior is a blend of metal and wood. Originally the car of choice for both the West Coast surfing crowd and vacation lodge shuttle service, woodies are "knot" to be taken lightly on the high end show circuit and always draw healthy bidding when crossing the auction block. True woodies are expensive to restore, but the love of the wood look on automobiles has also elevated the status of second-tier "woodies," those mainly being the mid-1950s through mid-'90s station wagons that feature faux wood trim (usually a mix of wood-grained decal edged with fiberglass or plastic).

The beauty (and complexity of restoration) of a woodie is illustrated by this prototype 1945 Diamond T Traveler station wagon, which sold for $45,000 at the 2005 Atlantic City auction. (Ron Kowalke photo)

While not a real woodie, the faux wood trim on Ranchero pickups and mid-1950s through mid-'90s domestic station wagons makes this vehicle segment a desirable buy. This 55,000-mile original 1972 Ford Ranchero Squire was offered for sale in the car corral at 2004 Kruse Fall Auburn and priced affordably at $6,500. (Ron Kowalke photo)

Resto Mods - Merging vintage body panels over modern chassis and/or drivetrain is, along with the clone muscle car (see page 11), one of the hottest growth segments of the collector vehicle hobby. Variations on this theme are endless. An example is the body of a 1957 Chevy Bel Air hardtop with new Corvette underpinnings. The vintage look with the power, amenities, and handling characteristics of a modern automobile make for an appealing mix.

Originality counts - It's hard to beat a brand, spanking new state-of-the-art restoration for sheer glitz and eye appeal, but enthusiasts are beginning to recognize that the differences between restored cars and those that are original go beyond new upholstery and shiny paint. In most cases, a restoration shop cannot - and doesn't even try - to duplicate the assembly methods and procedures used by the factory in the original construction of a vehicle. As a result, while a restored car may often be prettier than the original, it may also have a different feel. Because it is the authentic driving and handling characteristics of the original that are most sought after, values are beginning to reflect this fact, even with the closed and four-door models that have not been considered especially desirable in the past. Solid, unmolested cars of all body styles are bringing higher prices due to the realization that a car is only original once.

While not a convertible, hardtop, or muscle car, this all-original six-cylinder-powered 1963 Chevy Biscayne sedan is a good entry-level investment due to its originality and completeness. (*Old Cars Weekly* Collection photo)

Instant collector vehicles - None are old enough to fit the accepted 25-year-old-or-older rule to be considered a collector car - and some not old enough to even have scuffed their tires - but vehicles such as Ford's new retro-styled Mustang or even manufacturers trotting out vaunted names such as GTO and Charger to hang on new designs that share little if anything with their predecessors have high demand among today's nostalgia-craving car enthusiasts. This has proven to be a tricky market, as memories of and loyalty to the original cars are strong. Any misstep by Detroit such as early indications with the new-design GTO and ceasing of production of Ford's retro-styled T-bird proves a name or borrowing on previous design cues does not ensure success.

Borrowing styling cues from the revered early Mustang, this 2005 convertible and its fastback counterpart have received rave reviews from both the automotive press and customers seeking to rekindle those feelings of nostalgia created on April 17, 1964, when Ford introduced the Mustang. (*Old Cars Weekly* Collection photo)

| | 6 | 5 | 4 | 3 | 2 | 1 |

DOMESTIC CARS

AMC

NOTE: AMC listings follow NASH listings.

AMERICAN AUSTIN-BANTAM

1930-31 American Austin 4-cyl., 15 hp, 75" wb

	6	5	4	3	2	1
2d Rds	680	2,040	3,400	7,650	11,900	17,000
2d Cpe	520	1,560	2,600	5,850	9,100	13,000
2d DeL Cpe	540	1,620	2,700	6,080	9,450	13,500

1932 American Austin 4-cyl., 15 hp, 75" wb

	6	5	4	3	2	1
2d Rbt	700	2,050	3,400	7,650	11,900	17,000
2d Bus Cpe	500	1,550	2,600	5,850	9,100	13,000
2d Cabr	650	1,900	3,200	7,200	11,200	16,000
2d Std Cpe	550	1,600	2,650	5,940	9,250	13,200
2d DeL Cpe	550	1,600	2,700	6,080	9,450	13,500

1933 American Austin 4-cyl., 15 hp, 75" wb

	6	5	4	3	2	1
2d Rds	700	2,050	3,400	7,650	11,900	17,000
2d Bus Cpe	500	1,550	2,600	5,850	9,100	13,000
2d Spl Cpe	550	1,700	2,800	6,300	9,800	14,000
2d Cpe	550	1,600	2,700	6,080	9,450	13,500

1934 American Austin 4-cyl., 15 hp, 75" wb

	6	5	4	3	2	1
2d Bus Cpe	500	1,550	2,600	5,850	9,100	13,000
2d Std Cpe	550	1,600	2,650	5,990	9,300	13,300
2d DeL Cpe	550	1,600	2,700	6,080	9,450	13,500

1935 American Austin 4-cyl., 15 hp, 75" wb

	6	5	4	3	2	1
2d Bus Cpe	500	1,500	2,500	5,630	8,750	12,500
2d Std Cpe	500	1,550	2,600	5,850	9,100	13,000
2d DeL Cpe	550	1,600	2,700	6,080	9,450	13,500

1938 American Bantam Model 60, 4-cyl., 19 hp, 75" wb

	6	5	4	3	2	1
2d Rds	650	1,900	3,200	7,200	11,200	16,000
2d Cpe	500	1,500	2,500	5,630	8,750	12,500

1939 American Bantam Model 60, 4-cyl., 20 hp, 75" wb

	6	5	4	3	2	1
2d Std Cpe	500	1,450	2,400	5,400	8,400	12,000
2d Std Rds	600	1,850	3,100	6,980	10,900	15,500
2d Spl Cpe	500	1,500	2,500	5,630	8,750	12,500
2d Spl Rds	650	2,000	3,300	7,430	11,600	16,500
2d Spds	700	2,100	3,500	7,880	12,300	17,500
2d DeL Cpe	500	1,550	2,600	5,850	9,100	13,000
2d DeL Rds	700	2,150	3,600	8,100	12,600	18,000
2d DeL Spds	750	2,300	3,800	8,550	13,300	19,000
2d Sta Wag	600	1,800	3,000	6,750	10,500	15,000

1940-41 American Bantam Model 65, 4-cyl., 22 hp, 75" wb

	6	5	4	3	2	1
2d Std Cpe	480	1,440	2,400	5,400	8,400	12,000
2d Master Cpe	500	1,500	2,500	5,630	8,750	12,500
2d Master Rds	640	1,920	3,200	7,200	11,200	16,000
2d Conv Cpe	580	1,740	2,900	6,530	10,150	14,500
2d Conv Sed	660	1,980	3,300	7,430	11,550	16,500
2d Sta Wag	640	1,920	3,200	7,200	11,200	16,000

AUBURN

1904 Model A

	6	5	4	3	2	1
Tr	1,280	3,840	6,400	14,400	22,400	32,000

1905 Model B, 2-cyl.

	6	5	4	3	2	1
Tr	1,240	3,720	6,200	13,950	21,700	31,000

1906 Model C, 2-cyl.

	6	5	4	3	2	1
Tr	1,240	3,720	6,200	13,950	21,700	31,000

1907 Model D, 2-cyl.

	6	5	4	3	2	1
Tr	1,240	3,720	6,200	13,950	21,700	31,000

1908 Model G, 2-cyl., 24 hp

	6	5	4	3	2	1
Tr	1,240	3,720	6,200	13,950	21,700	31,000

1908 Model H, 2-cyl.

	6	5	4	3	2	1
Tr	1,280	3,840	6,400	14,400	22,400	32,000

1908 Model K, 2-cyl.

	6	5	4	3	2	1
Rbt	1,320	3,960	6,600	14,850	23,100	33,000

1909 Model G, 2-cyl., 24 hp

	6	5	4	3	2	1
Tr	1,280	3,840	6,400	14,400	22,400	32,000

1909 Model H, 2-cyl.

	6	5	4	3	2	1
Tr	1,280	3,840	6,400	14,400	22,400	32,000

	6	5	4	3	2	1
1909 Model K						
Rbt	1,240	3,720	6,200	13,950	21,700	31,000
1909 Model B, 4-cyl., 25-30 hp						
Tr	1,240	3,720	6,200	13,950	21,700	31,000
1909 Model C, 4-cyl.						
Tr	1,320	3,960	6,600	14,850	23,100	33,000
1909 Model D, 4-cyl.						
Rbt	1,360	4,080	6,800	15,300	23,800	34,000
1910 Model G, 2-cyl., 24 hp						
Tr	1,200	3,600	6,000	13,500	21,000	30,000
1910 Model H, 2-cyl.						
Tr	1,240	3,720	6,200	13,950	21,700	31,000
1910 Model K, 2-cyl.						
Rbt	1,280	3,840	6,400	14,400	22,400	32,000
1910 Model B, 4-cyl., 25-30 hp						
Tr	1,280	3,840	6,400	14,400	22,400	32,000
1910 Model C, 4-cyl.						
Tr	1,240	3,720	6,200	13,950	21,700	31,000
1910 Model D, 4-cyl.						
Rbt	1,280	3,840	6,400	14,400	22,400	32,000
1910 Model X, 4-cyl., 35-40 hp						
Tr	1,280	3,840	6,400	14,400	22,400	32,000
1910 Model R, 4-cyl.						
Tr	1,320	3,960	6,600	14,850	23,100	33,000
1910 Model S, 4-cyl.						
Rds	1,320	3,960	6,600	14,850	23,100	33,000
1911 Model G, 2-cyl., 24 hp						
Tr	1,200	3,600	6,000	13,500	21,000	30,000
1911 Model K, 2-cyl.						
Rbt	1,240	3,720	6,200	13,950	21,700	31,000
1911 Model L, 4-cyl., 25-30 hp						
Tr	1,240	3,720	6,200	13,950	21,700	31,000
1911 Model F, 4-cyl.						
Tr	1,240	3,720	6,200	13,950	21,700	31,000
1911 Model N, 4-cyl., 40 hp						
Tr	1,280	3,840	6,400	14,400	22,400	32,000
1911 Model Y, 4-cyl.						
Tr	1,240	3,720	6,200	13,950	21,700	31,000
1911 Model T, 4-cyl.						
Tr	1,240	3,720	6,200	13,950	21,700	31,000
1911 Model M, 4-cyl.						
Rds	1,280	3,840	6,400	14,400	22,400	32,000
1912 Model 6-50, 6-cyl.						
Tr	1,320	3,960	6,600	14,850	23,100	33,000
1912 Model 40H, 4-cyl., 35-40 hp						
Tr	1,240	3,720	6,200	13,950	21,700	31,000
1912 Model 40M, 4-cyl., 35-40 hp						
Rds	1,240	3,720	6,200	13,950	21,700	31,000
1912 Model 40N, 4-cyl., 35-40 hp						
Tr	1,280	3,840	6,400	14,400	22,400	32,000
1912 Model 35L, 4-cyl., 30 hp						
Tr	1,200	3,600	6,000	13,500	21,000	30,000
1912 Model 30L, 4-cyl., 30 hp						
Rds	1,240	3,720	6,200	13,950	21,700	31,000
Tr	1,280	3,840	6,400	14,400	22,400	32,000
1913 Model 33M, 4-cyl., 33 hp						
Rds	1,280	3,840	6,400	14,400	22,400	32,000
1913 Model 33L, 4-cyl., 33 hp						
Tr	1,320	3,960	6,600	14,850	23,100	33,000
1913 Model 40A, 4-cyl., 40 hp						
Rds	1,320	3,960	6,600	14,850	23,100	33,000
1913 Model 40L, 4-cyl.						
Tr	1,360	4,080	6,800	15,300	23,800	34,000
1913 Model 45, 6-cyl., 45 hp						
Tr	1,360	4,080	6,800	15,300	23,800	34,000
1913 Model 45B, 6-cyl., 45 hp						
Rds	1,320	3,960	6,600	14,850	23,100	33,000
T&C	1,200	3,600	6,000	13,500	21,000	30,000
Cpe	1,160	3,480	5,800	13,050	20,300	29,000

	6	5	4	3	2	1
1913 Model 50, 6-cyl., 50 hp						
Tr	1,400	4,200	7,000	15,750	24,500	35,000
1914 Model 4-40, 4-cyl., 40 hp						
Rds	1,200	3,600	6,000	13,500	21,000	30,000
Tr	1,240	3,720	6,200	13,950	21,700	31,000
Cpe	1,040	3,120	5,200	11,700	18,200	26,000
1914 Model 4-41, 4-cyl., 40 hp						
Tr	1,280	3,840	6,400	14,400	22,400	32,000
1914 Model 6-45, 6-cyl., 45 hp						
Rds	1,280	3,840	6,400	14,400	22,400	32,000
Tr	1,320	3,960	6,600	14,850	23,100	33,000
1914 Model 6-46, 6-cyl., 45 hp						
Tr	1,360	4,080	6,800	15,300	23,800	34,000
1915 Model 4-36, 4-cyl., 36 hp						
Rds	1,200	3,600	6,000	13,500	21,000	30,000
Tr	1,240	3,720	6,200	13,950	21,700	31,000
1915 Model 4-43, 4-cyl., 43 hp						
Rds	1,240	3,720	6,200	13,950	21,700	31,000
Tr	1,280	3,840	6,400	14,400	22,400	32,000
1915 Model 6-40, 6-cyl., 50 hp						
Rds	1,320	3,960	6,600	14,850	23,100	33,000
Tr	1,360	4,080	6,800	15,300	23,800	34,000
Cpe	1,080	3,240	5,400	12,150	18,900	27,000
1915 Model 6-47, 6-cyl., 47 hp						
Rds	1,280	3,840	6,400	14,400	22,400	32,000
Tr	1,320	3,960	6,600	14,850	23,100	33,000
1916 Model 4-38, 4-cyl., 38 hp						
Rds	1,240	3,720	6,200	13,950	21,700	31,000
Tr	1,280	3,840	6,400	14,400	22,400	32,000
1916 Model 6-38						
Rds	1,280	3,840	6,400	14,400	22,400	32,000
Tr	1,320	3,960	6,600	14,850	23,100	33,000
1916 Model 6-40, 6-cyl., 40 hp						
Rds	1,360	4,080	6,800	15,300	23,800	34,000
Tr	1,400	4,200	7,000	15,750	24,500	35,000
1916 Model Union 4-36, 6-cyl., 36 hp						
Tr	1,360	4,080	6,800	15,300	23,800	34,000
1917 Model 6-39, 6-cyl., 39 hp						
Rds	1,160	3,480	5,800	13,050	20,300	29,000
Tr	1,200	3,600	6,000	13,500	21,000	30,000
1917 Model 6-44, 6-cyl., 44 hp						
Rds	1,200	3,600	6,000	13,500	21,000	30,000
Tr	1,240	3,720	6,200	13,950	21,700	31,000
1917 Model 4-36, 4-cyl., 36 hp						
Rds	1,120	3,360	5,600	12,600	19,600	28,000
Tr	1,160	3,480	5,800	13,050	20,300	29,000
1918 Model 6-39, 6-cyl.						
Tr	1,080	3,240	5,400	12,150	18,900	27,000
Rds	1,080	3,240	5,400	12,150	18,900	27,000
Spt Tr	1,120	3,360	5,600	12,600	19,600	28,000
1918 Model 6-44, 6-cyl.						
Tr	1,080	3,240	5,400	12,150	18,900	27,000
Rds	1,080	3,240	5,400	12,150	18,900	27,000
Spt Tr	1,120	3,360	5,600	12,600	19,600	28,000
Sed	760	2,280	3,800	8,550	13,300	19,000
1919 Model 6-39						
Tr	1,080	3,240	5,400	12,150	18,900	27,000
Rds	1,080	3,240	5,400	12,150	18,900	27,000
Cpe	680	2,040	3,400	7,650	11,900	17,000
Sed	720	2,160	3,600	8,100	12,600	18,000
1920 Model 6-39, 6-cyl.						
Tr	1,080	3,240	5,400	12,150	18,900	27,000
Spt Tr	1,120	3,360	5,600	12,600	19,600	28,000
Rds	1,120	3,360	5,600	12,600	19,600	28,000
Sed	800	2,400	4,000	9,000	14,000	20,000
Cpe	840	2,520	4,200	9,450	14,700	21,000
1921 Model 6-39						
Tr	1,080	3,240	5,400	12,150	18,900	27,000
Spt Tr	1,160	3,480	5,800	13,050	20,300	29,000
Rds	1,160	3,480	5,800	13,050	20,300	29,000
Cabr	1,160	3,480	5,800	13,050	20,300	29,000
Sed	800	2,400	4,000	9,000	14,000	20,000
Cpe	840	2,520	4,200	9,450	14,700	21,000

	6	5	4	3	2	1
1922 Model 6-51, 6-cyl.						
Tr	1,160	3,480	5,800	13,050	20,300	29,000
Rds	1,200	3,600	6,000	13,500	21,000	30,000
Spt Tr	1,200	3,600	6,000	13,500	21,000	30,000
Sed	840	2,520	4,200	9,450	14,700	21,000
Cpe	880	2,640	4,400	9,900	15,400	22,000
1923 Model 6-43, 6-cyl.						
Tr	1,200	3,600	6,000	13,500	21,000	30,000
Sed	800	2,400	4,000	9,000	14,000	20,000
1923 Model 6-63, 6-cyl.						
Tr	1,240	3,720	6,200	13,950	21,700	31,000
Spt Tr	1,280	3,840	6,400	14,400	22,400	32,000
Brgm	840	2,520	4,200	9,450	14,700	21,000
Sed	800	2,400	4,000	9,000	14,000	20,000
1923 Model 6-51, 6-cyl.						
Phae	1,280	3,840	6,400	14,400	22,400	32,000
Tr	1,240	3,720	6,200	13,950	21,700	31,000
Spt Tr	1,320	3,960	6,600	14,850	23,100	33,000
Brgm	880	2,640	4,400	9,900	15,400	22,000
Sed	840	2,520	4,200	9,450	14,700	21,000
1924 Model 6-43, 6-cyl.						
Tr	1,200	3,600	6,000	13,500	21,000	30,000
Spt Tr	1,240	3,720	6,200	13,950	21,700	31,000
Sed	800	2,400	4,000	9,000	14,000	20,000
Cpe	840	2,520	4,200	9,450	14,700	21,000
2d	800	2,400	4,000	9,000	14,000	20,000
1924 Model 6-63, 6-cyl.						
Tr	1,240	3,720	6,200	13,950	21,700	31,000
Spt Tr	1,320	3,960	6,600	14,850	23,100	33,000
Sed	840	2,520	4,200	9,450	14,700	21,000
Brgm	880	2,640	4,400	9,900	15,400	22,000
1925 Model 8-36, 8-cyl.						
Tr	1,440	4,320	7,200	16,200	25,200	36,000
2d Brgm	800	2,400	4,000	9,000	14,000	20,000
4d Sed	800	2,400	4,000	9,000	14,000	20,000
1925 Model 6-43, 6-cyl.						
Phae	1,360	4,080	6,800	15,300	23,800	34,000
Spt Phae	1,400	4,200	7,000	15,750	24,500	35,000
Cpe	880	2,640	4,400	9,900	15,400	22,000
4d Sed	840	2,520	4,200	9,450	14,700	21,000
2d Sed	800	2,400	4,000	9,000	14,000	20,000
1925 Model 6-66, 6-cyl.						
Rds	1,360	4,080	6,800	15,300	23,800	34,000
Brgm	760	2,280	3,800	8,550	13,300	19,000
4d	800	2,400	4,000	9,000	14,000	20,000
Tr	1,400	4,200	7,000	15,750	24,500	35,000
1925 Model 8-88, 8-cyl.						
Rds	1,400	4,200	7,000	15,750	24,500	35,000
4d Sed 5P	840	2,520	4,200	9,450	14,700	21,000
4d Sed 7P	840	2,520	4,200	9,450	14,700	21,000
Brgm	800	2,400	4,000	9,000	14,000	20,000
Tr	1,400	4,200	7,000	15,750	24,500	35,000
1926 Model 4-44, 4-cyl., 42 hp						
Tr	1,320	3,960	6,600	14,850	23,100	33,000
Rds	1,360	4,080	6,800	15,300	23,800	34,000
Cpe	1,040	3,120	5,200	11,700	18,200	26,000
4d Sed	1,000	3,000	5,000	11,250	17,500	25,000
1926 Model 6-66, 6-cyl., 48 hp						
Rds	1,480	4,440	7,400	16,650	25,900	37,000
Tr	1,440	4,320	7,200	16,200	25,200	36,000
Brgm	1,000	3,000	5,000	11,250	17,500	25,000
4d Sed	1,040	3,120	5,200	11,700	18,200	26,000
Cpe	1,080	3,240	5,400	12,150	18,900	27,000
1926 Model 8-88, 8-cyl., 88 hp, 129" wb						
Rds	1,560	4,680	7,800	17,550	27,300	39,000
Tr	1,520	4,560	7,600	17,100	26,600	38,000
Cpe	1,120	3,360	5,600	12,600	19,600	28,000
Brgm	1,040	3,120	5,200	11,700	18,200	26,000
5P Sed	1,040	3,120	5,200	11,700	18,200	26,000
7P Sed	1,060	3,180	5,300	11,930	18,550	26,500
1926 Model 8-88, 8-cyl., 88 hp, 146" wb						
7P Sed	1,080	3,240	5,400	12,150	18,900	27,000
1927 Model 6-66, 6-cyl., 66 hp						
Rds	1,480	4,440	7,400	16,650	25,900	37,000

	6	5	4	3	2	1
Tr	1,440	4,320	7,200	16,200	25,200	36,000
Brgm	1,040	3,120	5,200	11,700	18,200	26,000
Sed	1,080	3,240	5,400	12,150	18,900	27,000
1927 Model 8-77, 8-cyl., 77 hp						
Rds	1,520	4,560	7,600	17,100	26,600	38,000
Tr	1,480	4,440	7,400	16,650	25,900	37,000
Brgm	1,080	3,240	5,400	12,150	18,900	27,000
Sed	1,080	3,240	5,400	12,150	18,900	27,000
1927 Model 8-88, 8-cyl., 88 hp, 129" wb						
Tr	1,600	4,800	8,000	18,000	28,000	40,000
Rds	1,640	4,920	8,200	18,450	28,700	41,000
Cpe	1,160	3,480	5,800	13,050	20,300	29,000
Brgm	1,040	3,120	5,200	11,700	18,200	26,000
Sed	1,040	3,120	5,200	11,700	18,200	26,000
Spt Sed	1,080	3,240	5,400	12,150	18,900	27,000
1927 Model 8-88, 8-cyl., 88 hp, 146" wb						
7P Sed	1,080	3,240	5,400	12,150	18,900	27,000
Tr	1,640	4,920	8,200	18,450	28,700	41,000
1928 Model 6-66, 6-cyl., 66 hp						
Rds	1,640	4,920	8,200	18,450	28,700	41,000
Cabr	1,600	4,800	8,000	18,000	28,000	40,000
Sed	1,040	3,120	5,200	11,700	18,200	26,000
Spt Sed	1,080	3,240	5,400	12,150	18,900	27,000
1928 Model 8-77, 8-cyl., 77 hp						
Rds	1,680	5,040	8,400	18,900	29,400	42,000
Cabr	1,640	4,920	8,200	18,450	28,700	41,000
Sed	1,080	3,240	5,400	12,150	18,900	27,000
Spt Sed	1,120	3,360	5,600	12,600	19,600	28,000
1928 Model 8-88, 8-cyl., 88 hp						
Rds	1,720	5,160	8,600	19,350	30,100	43,000
Tr	1,680	5,040	8,400	18,900	29,400	42,000
Cabr	1,680	5,040	8,400	18,900	29,400	42,000
Sed	1,080	3,240	5,400	12,150	18,900	27,000
Spt Sed	1,120	3,360	5,600	12,600	19,600	28,000
1928 Model 8-88, 8-cyl., 88 hp, 136" wb						
7P Sed	1,160	3,480	5,800	13,050	20,300	29,000
1928 SECOND SERIES Model 76, 6-cyl.						
Rds	1,880	5,640	9,400	21,150	32,900	47,000
Cabr	1,800	5,400	9,000	20,250	31,500	45,000
Sed	1,120	3,360	5,600	12,600	19,600	28,000
Spt Sed	1,160	3,480	5,800	13,050	20,300	29,000
1928 Model 88, 8-cyl.						
Spds	3,720	11,160	18,600	41,850	65,100	93,000
Rds	2,160	6,480	10,800	24,300	37,800	54,000
Cabr	1,800	5,400	9,000	20,250	31,500	45,000
Sed	1,120	3,360	5,600	12,600	19,600	28,000
Spt Sed	1,160	3,480	5,800	13,050	20,300	29,000
Phae	2,080	6,240	10,400	23,400	36,400	52,000
1928 Model 115, 8-cyl.						
Spds	3,880	11,640	19,400	43,650	67,900	97,000
Rds	2,280	6,840	11,400	25,650	39,900	57,000
Cabr	2,040	6,120	10,200	22,950	35,700	51,000
Sed	1,200	3,600	6,000	13,500	21,000	30,000
Spt Sed	1,240	3,720	6,200	13,950	21,700	31,000
Phae	2,200	6,600	11,000	24,750	38,500	55,000
1929 Model 76, 6-cyl.						
Rds	2,000	6,000	10,000	22,500	35,000	50,000
Tr	1,920	5,760	9,600	21,600	33,600	48,000
Cabr	1,880	5,640	9,400	21,150	32,900	47,000
Vic	1,280	3,840	6,400	14,400	22,400	32,000
Sed	1,120	3,360	5,600	12,600	19,600	28,000
Spt Sed	1,160	3,480	5,800	13,050	20,300	29,000
1929 Model 88, 8-cyl.						
Spds	4,160	12,480	20,800	46,800	72,800	104,000
Rds	2,960	8,880	14,800	33,300	51,800	74,000
Tr	2,560	7,680	12,800	28,800	44,800	64,000
Cabr	2,640	7,920	13,200	29,700	46,200	66,000
Vic	1,360	4,080	6,800	15,300	23,800	34,000
Sed	1,120	3,360	5,600	12,600	19,600	28,000
Spt Sed	1,160	3,480	5,800	13,050	20,300	29,000
Phae	2,800	8,400	14,000	31,500	49,000	70,000
1929 Model 115, 8-cyl.						
Spds	4,760	14,280	23,800	53,550	83,300	119,000
Rds	3,200	9,600	16,000	36,000	56,000	80,000
Cabr	2,760	8,280	13,800	31,050	48,300	69,000

	6	5	4	3	2	1
Vic.	1,400	4,200	7,000	15,750	24,500	35,000
Sed	1,120	3,360	5,600	12,600	19,600	28,000
Spt Sed	1,160	3,480	5,800	13,050	20,300	29,000
Phae	3,040	9,120	15,200	34,200	53,200	76,000
1929 Model 6-80, 6-cyl.						
Tr	2,520	7,560	12,600	28,350	44,100	63,000
Cabr	2,560	7,680	12,800	28,800	44,800	64,000
Vic.	1,200	3,600	6,000	13,500	21,000	30,000
Sed	1,120	3,360	5,600	12,600	19,600	28,000
Spt Sed	1,160	3,480	5,800	13,050	20,300	29,000
1929 Model 8-90, 8-cyl.						
Spds	4,760	14,280	23,800	53,550	83,300	119,000
Tr	3,040	9,120	15,200	34,200	53,200	76,000
Cabr	3,080	9,240	15,400	34,650	53,900	77,000
Phae	3,360	10,080	16,800	37,800	58,800	84,000
Vic.	1,400	4,200	7,000	15,750	24,500	35,000
Sed	1,160	3,480	5,800	13,050	20,300	29,000
Spt Sed	1,200	3,600	6,000	13,500	21,000	30,000
1929 Model 120, 8-cyl.						
Spds	5,360	16,080	26,800	60,300	93,800	134,000
Cabr	3,400	10,200	17,000	38,250	59,500	85,000
Phae	3,440	10,320	17,200	38,700	60,200	86,000
Vic.	1,480	4,440	7,400	16,650	25,900	37,000
Sed	1,200	3,600	6,000	13,500	21,000	30,000
7P Sed	1,280	3,840	6,400	14,400	22,400	32,000
Spt Sed	1,240	3,720	6,200	13,950	21,700	31,000
1930 Model 6-85, 6-cyl.						
Cabr	3,320	9,960	16,600	37,350	58,100	83,000
Sed	1,200	3,600	6,000	13,500	21,000	30,000
Spt Sed	1,240	3,720	6,200	13,950	21,700	31,000
1930 Model 8-95, 8-cyl.						
Cabr	3,360	10,080	16,800	37,800	58,800	84,000
Phae	3,440	10,320	17,200	38,700	60,200	86,000
Sed	1,280	3,840	6,400	14,400	22,400	32,000
Spt Sed	1,320	3,960	6,600	14,850	23,100	33,000
1930 Model 125, 8-cyl.						
Cabr	3,440	10,320	17,200	38,700	60,200	86,000
Phae	3,480	10,440	17,400	39,150	60,900	87,000
Sed	1,320	3,960	6,600	14,850	23,100	33,000
Spt Sed	1,360	4,080	6,800	15,300	23,800	34,000
1931 Model 8-98, 8-cyl., Standard, 127" wb						
Spds	4,560	13,680	22,800	51,300	79,800	114,000
Cabr	3,480	10,440	17,400	39,150	60,900	87,000
Phae	3,520	10,560	17,600	39,600	61,600	88,000
Cpe	1,360	4,080	6,800	15,300	23,800	34,000
2d Brgm	1,240	3,720	6,200	13,950	21,700	31,000
5P Sed	1,280	3,840	6,400	14,400	22,400	32,000
1931 Model 8-98, 8-cyl., 136" wb						
7P Sed	1,320	3,960	6,600	14,850	23,100	33,000
1931 Model 8-98A, 8-cyl., Custom, 127" wb						
Spds	4,760	14,280	23,800	53,550	83,300	119,000
Cabr	3,760	11,280	18,800	42,300	65,800	94,000
Phae	3,880	11,640	19,400	43,650	67,900	97,000
Cpe	1,520	4,560	7,600	17,100	26,600	38,000
2d Brgm	1,400	4,200	7,000	15,750	24,500	35,000
4d Sed	1,440	4,320	7,200	16,200	25,200	36,000
1931 Model 8-98, 8-cyl., 136" wb						
7P Sed	1,520	4,560	7,600	17,100	26,600	38,000
1932 Model 8-100, 8-cyl., Custom, 127" wb						
Spds	5,160	15,480	25,800	58,050	90,300	129,000
Cabr	4,160	12,480	20,800	46,800	72,800	104,000
Phae	4,240	12,720	21,200	47,700	74,200	106,000
Cpe	1,560	4,680	7,800	17,550	27,300	39,000
2d Brgm	1,440	4,320	7,200	16,200	25,200	36,000
4d Sed	1,480	4,440	7,400	16,650	25,900	37,000
1932 Model 8-100, 8-cyl., 136" wb						
7P Sed	1,600	4,800	8,000	18,000	28,000	40,000
1932 Model 8-100A, 8-cyl., Custom Dual Ratio, 127" wb						
Spds	5,760	17,280	28,800	64,800	100,800	144,000
Cabr	4,960	14,880	24,800	55,800	86,800	124,000
Phae	5,200	15,600	26,000	58,500	91,000	130,000
Cpe	1,680	5,040	8,400	18,900	29,400	42,000
2d Brgm	1,520	4,560	7,600	17,100	26,600	38,000
4d Sed	1,560	4,680	7,800	17,550	27,300	39,000

	6	5	4	3	2	1
1932 Model 8-100A, 8-cyl., 136" wb						
7P Sed	1,680	5,040	8,400	18,900	29,400	42,000
1932 Model 12-160, 12-cyl., Standard						
Spds	6,600	19,800	33,000	74,250	115,500	165,000
Cabr	5,560	16,680	27,800	62,550	97,300	139,000
Phae	5,760	17,280	28,800	64,800	100,800	144,000
Cpe	1,960	5,880	9,800	22,050	34,300	49,000
2d Brgm	1,520	4,560	7,600	17,100	26,600	38,000
4d Sed	1,560	4,680	7,800	17,550	27,300	39,000
1932 Model 12-160A, 12-cyl., Custom Dual Ratio						
Spds	7,000	21,000	35,000	78,750	122,500	175,000
Cabr	5,960	17,880	29,800	67,050	104,300	149,000
Phae	6,160	18,480	30,800	69,300	107,800	154,000
Cpe	2,280	6,840	11,400	25,650	39,900	57,000
2d Brgm	1,720	5,160	8,600	19,350	30,100	43,000
4d Sed	1,760	5,280	8,800	19,800	30,800	44,000
1933 Model 8-101, 8-cyl., Standard, 127" wb						
Spds	4,280	12,840	21,400	48,150	74,900	107,000
Cabr	3,040	9,120	15,200	34,200	53,200	76,000
Phae	3,280	9,840	16,400	36,900	57,400	82,000
Cpe	1,440	4,320	7,200	16,200	25,200	36,000
2d Brgm	1,240	3,720	6,200	13,950	21,700	31,000
4d Sed	1,280	3,840	6,400	14,400	22,400	32,000
1933 Model 8-101, 8-cyl., 136" wb						
7P Sed	1,320	3,960	6,600	14,850	23,100	33,000
1933 Model 8-101A, 8-cyl., Custom Dual Ratio, 127" wb						
Spds	4,760	14,280	23,800	53,550	83,300	119,000
Cabr	3,360	10,080	16,800	37,800	58,800	84,000
Phae	3,440	10,320	17,200	38,700	60,200	86,000
Cpe	1,600	4,800	8,000	18,000	28,000	40,000
2d Brgm	1,320	3,960	6,600	14,850	23,100	33,000
4d Sed	1,360	4,080	6,800	15,300	23,800	34,000
1933 Model 8-101A, 8-cyl., 136" wb						
7P Sed	1,440	4,320	7,200	16,200	25,200	36,000
1933 Model 8-105, 8-cyl., Salon Dual Ratio						
Spds	4,960	14,880	24,800	55,800	86,800	124,000
Cabr	4,160	12,480	20,800	46,800	72,800	104,000
Phae	3,960	11,880	19,800	44,550	69,300	99,000
2d Brgm	1,520	4,560	7,600	17,100	26,600	38,000
4d Sed	1,440	4,320	7,200	16,200	25,200	36,000
1933 Model 12-161, 12-cyl., Standard						
Spds	6,000	18,000	30,000	67,500	105,000	150,000
Cabr	4,960	14,880	24,800	55,800	86,800	124,000
Phae	5,120	15,360	25,600	57,600	89,600	128,000
Cpe	1,760	5,280	8,800	19,800	30,800	44,000
2d Brgm	1,560	4,680	7,800	17,550	27,300	39,000
4d Sed	1,600	4,800	8,000	18,000	28,000	40,000
1933 Model 12-161A, 12-cyl., Custom Dual Ratio						
Spds	6,400	19,200	32,000	72,000	112,000	160,000
Cabr	5,360	16,080	26,800	60,300	93,800	134,000
Phae	5,560	16,680	27,800	62,550	97,300	139,000
Cpe	1,920	5,760	9,600	21,600	33,600	48,000
2d Brgm	1,720	5,160	8,600	19,350	30,100	43,000
4d Sed	1,840	5,520	9,200	20,700	32,200	46,000
1933 Model 12-165, 12-cyl., Salon Dual Ratio						
Spds	7,000	21,000	35,000	78,750	122,500	175,000
Cabr	5,560	16,680	27,800	62,550	97,300	139,000
Phae	5,760	17,280	28,800	64,800	100,800	144,000
2d Brgm	1,840	5,520	9,200	20,700	32,200	46,000
4d Sed	1,880	5,640	9,400	21,150	32,900	47,000
1934 Model 652X, 6-cyl., Standard						
Cabr	2,480	7,440	12,400	27,900	43,400	62,000
2d Brgm	1,000	3,000	5,000	11,250	17,500	25,000
4d Sed	1,040	3,120	5,200	11,700	18,200	26,000
1934 Model 652Y, 6-cyl., Custom						
Cabr	2,960	8,880	14,800	33,300	51,800	74,000
Phae	3,120	9,360	15,600	35,100	54,600	78,000
2d Brgm	1,520	4,560	7,600	17,100	26,600	38,000
4d Sed	1,480	4,440	7,400	16,650	25,900	37,000
1934 Model 850X, 8-cyl., Standard						
Cabr	3,040	9,120	15,200	34,200	53,200	76,000
2d Brgm	1,560	4,680	7,800	17,550	27,300	39,000
4d Sed	1,520	4,560	7,600	17,100	26,600	38,000

1934 Model 850Y, 8-cyl., Dual Ratio

	6	5	4	3	2	1
Cabr	5,560	16,680	27,800	62,550	97,300	139,000
Phae	5,760	17,280	28,800	64,800	100,800	144,000
2d Brgm	1,760	5,280	8,800	19,800	30,800	44,000
4d Sed	1,880	5,640	9,400	21,150	32,900	47,000

1934 Model 1250, 12-cyl., Salon Dual Ratio

	6	5	4	3	2	1
Cabr	5,760	17,280	28,800	64,800	100,800	144,000
Phae	5,960	17,880	29,800	67,050	104,300	149,000
2d Brgm	1,880	5,640	9,400	21,150	32,900	47,000
4d Sed	1,920	5,760	9,600	21,600	33,600	48,000

1935 Model 6-653, 6-cyl., Standard

	6	5	4	3	2	1
Cabr	2,960	8,880	14,800	33,300	51,800	74,000
Phae	2,960	8,880	14,800	33,300	51,800	74,000
Cpe	1,560	4,680	7,800	17,550	27,300	39,000
2d Brgm	1,480	4,440	7,400	16,650	25,900	37,000
4d Sed	1,520	4,560	7,600	17,100	26,600	38,000

1935 Model 6-653, 6-cyl., Custom Dual Ratio

	6	5	4	3	2	1
Cabr	3,120	9,360	15,600	35,100	54,600	78,000
Phae	3,200	9,600	16,000	36,000	56,000	80,000
Cpe	1,640	4,920	8,200	18,450	28,700	41,000
2d Brgm	1,520	4,560	7,600	17,100	26,600	38,000
4d Sed	1,560	4,680	7,800	17,550	27,300	39,000

1935 Model 6-653, 6-cyl., Salon Dual Ratio

	6	5	4	3	2	1
Cabr	4,160	12,480	20,800	46,800	72,800	104,000
Phae	4,240	12,720	21,200	47,700	74,200	106,000
Cpe	1,680	5,040	8,400	18,900	29,400	42,000
2d Brgm	1,560	4,680	7,800	17,550	27,300	39,000
4d Sed	1,600	4,800	8,000	18,000	28,000	40,000

1935 Model 8-851, 8-cyl., Standard

	6	5	4	3	2	1
Cabr	4,560	13,680	22,800	51,300	79,800	114,000
Phae	4,640	13,920	23,200	52,200	81,200	116,000
Cpe	1,720	5,160	8,600	19,350	30,100	43,000
2d Brgm	1,600	4,800	8,000	18,000	28,000	40,000
4d Sed	1,640	4,920	8,200	18,450	28,700	41,000

1935 Model 8-851, 8-cyl., Custom Dual Ratio

	6	5	4	3	2	1
Cabr	4,720	14,160	23,600	53,100	82,600	118,000
Phae	4,800	14,400	24,000	54,000	84,000	120,000
Cpe	1,800	5,400	9,000	20,250	31,500	45,000
2d Brgm	1,640	4,920	8,200	18,450	28,700	41,000
4d Sed	1,680	5,040	8,400	18,900	29,400	42,000

1935 Model 8-851, 8-cyl., Salon Dual Ratio

	6	5	4	3	2	1
Cabr	4,800	14,400	24,000	54,000	84,000	120,000
Phae	4,880	14,640	24,400	54,900	85,400	122,000
Cpe	1,840	5,520	9,200	20,700	32,200	46,000
2d Brgm	1,680	5,040	8,400	18,900	29,400	42,000
4d Sed	1,720	5,160	8,600	19,350	30,100	43,000

1935 Model 8-851, 8-cyl., Supercharged Dual Ratio

	6	5	4	3	2	1
Spds	8,000	24,000	40,000	90,000	140,000	200,000
Cabr	4,880	14,640	24,400	54,900	85,400	122,000
Phae	4,960	14,880	24,800	55,800	86,800	124,000
Cpe	1,920	5,760	9,600	21,600	33,600	48,000
2d Brgm	1,720	5,160	8,600	19,350	30,100	43,000
4d Sed	1,760	5,280	8,800	19,800	30,800	44,000

1936 Model 6-654, 6-cyl., Standard

	6	5	4	3	2	1
Cabr	2,960	8,880	14,800	33,300	51,800	74,000
Phae	2,960	8,880	14,800	33,300	51,800	74,000
Cpe	1,560	4,680	7,800	17,550	27,300	39,000
2d Brgm	1,480	4,440	7,400	16,650	25,900	37,000
4d Sed	1,520	4,560	7,600	17,100	26,600	38,000

1936 Model 6-654, 6-cyl., Custom Dual Ratio

	6	5	4	3	2	1
Cabr	3,120	9,360	15,600	35,100	54,600	78,000
Phae	3,200	9,600	16,000	36,000	56,000	80,000
Cpe	1,640	4,920	8,200	18,450	28,700	41,000
2d Brgm	1,520	4,560	7,600	17,100	26,600	38,000
4d Sed	1,560	4,680	7,800	17,550	27,300	39,000

1936 Model 6-654, 6-cyl., Salon Dual Ratio

	6	5	4	3	2	1
Cabr	4,160	12,480	20,800	46,800	72,800	104,000
Phae	4,240	12,720	21,200	47,700	74,200	106,000
Cpe	1,680	5,040	8,400	18,900	29,400	42,000
2d Brgm	1,560	4,680	7,800	17,550	27,300	39,000
4d Sed	1,600	4,800	8,000	18,000	28,000	40,000

1936 Model 8-852, 8-cyl., Standard

	6	5	4	3	2	1
Cabr	4,560	13,680	22,800	51,300	79,800	114,000
Phae	4,640	13,920	23,200	52,200	81,200	116,000
Cpe	1,720	5,160	8,600	19,350	30,100	43,000

	6	5	4	3	2	1
2d Brgm	1,600	4,800	8,000	18,000	28,000	40,000
4d Sed	1,640	4,920	8,200	18,450	28,700	41,000

1936 Model 8-852, 8-cyl., Custom Dual Ratio

	6	5	4	3	2	1
Cabr	4,720	14,160	23,600	53,100	82,600	118,000
Phae	4,800	14,400	24,000	54,000	84,000	120,000
Cpe	1,800	5,400	9,000	20,250	31,500	45,000
2d Brgm	1,640	4,920	8,200	18,450	28,700	41,000
4d Sed	1,680	5,040	8,400	18,900	29,400	42,000

1936 Model 8-852, 8-cyl., Salon Dual Ratio

	6	5	4	3	2	1
Cabr	4,800	14,400	24,000	54,000	84,000	120,000
Phae	4,880	14,640	24,400	54,900	85,400	122,000
Cpe	1,840	5,520	9,200	20,700	32,200	46,000
2d Brgm	1,680	5,040	8,400	18,900	29,400	42,000
4d Sed	1,720	5,160	8,600	19,350	30,100	43,000

1936 Model 8-852, 8-cyl., Supercharged Dual Ratio

	6	5	4	3	2	1
Spds	7,800	23,400	39,000	87,750	136,500	195,000
Cabr	4,880	14,640	24,400	54,900	85,400	122,000
Phae	4,960	14,880	24,800	55,800	86,800	124,000
Cpe	1,920	5,760	9,600	21,600	33,600	48,000
2d Brgm	1,720	5,160	8,600	19,350	30,100	43,000
4d Sed	1,760	5,280	8,800	19,800	30,800	44,000

BUICK

1904 Model B, 2-cyl.

	6	5	4	3	2	1
Tr		value not estimable				

1905 Model C, 2-cyl.

	6	5	4	3	2	1
Tr	1,680	5,040	8,400	18,900	29,400	42,000

1906 Model F & G, 2-cyl.

	6	5	4	3	2	1
Tr	1,640	4,920	8,200	18,450	28,700	41,000
Rds	1,600	4,800	8,000	18,000	28,000	40,000

1907 Model F & G, 2-cyl.

	6	5	4	3	2	1
Tr	1,640	4,920	8,200	18,450	28,700	41,000
Rds	1,600	4,800	8,000	18,000	28,000	40,000

1907 Model D, S, K & H, 4-cyl.

	6	5	4	3	2	1
Tr	1,680	5,040	8,400	18,900	29,400	42,000
Rds	1,640	4,920	8,200	18,450	28,700	41,000

1908 Model F & G, 2-cyl.

	6	5	4	3	2	1
Tr	1,880	5,640	9,400	21,150	32,900	47,000
Rds	1,840	5,520	9,200	20,700	32,200	46,000

1908 Model D & S, 4-cyl.

	6	5	4	3	2	1
Tr	1,720	5,160	8,600	19,350	30,100	43,000
Rds	1,760	5,280	8,800	19,800	30,800	44,000

1908 Model 10, 4-cyl.

	6	5	4	3	2	1
Tr	1,680	5,040	8,400	18,900	29,400	42,000

1908 Model 5, 4-cyl.

	6	5	4	3	2	1
Tr	1,880	5,640	9,400	21,150	32,900	47,000

1909 Model G, (only 6 built in 1909)

	6	5	4	3	2	1
Rds	1,920	5,760	9,600	21,600	33,600	48,000

1909 Model F & G

	6	5	4	3	2	1
Tr	1,840	5,520	9,200	20,700	32,200	46,000
Rds	1,880	5,640	9,400	21,150	32,900	47,000

1909 Model 10, 4-cyl.

	6	5	4	3	2	1
Tr	1,800	5,400	9,000	20,250	31,500	45,000
Rds	1,840	5,520	9,200	20,700	32,200	46,000

1909 Model 16 & 17, 4-cyl.

	6	5	4	3	2	1
Rds	1,880	5,640	9,400	21,150	32,900	47,000
Tr	1,840	5,520	9,200	20,700	32,200	46,000

1910 Model 6, 2-cyl.

	6	5	4	3	2	1
Tr	1,680	5,040	8,400	18,900	29,400	42,000

1910 Model F, 2-cyl.

	6	5	4	3	2	1
Tr	1,600	4,800	8,000	18,000	28,000	40,000

1910 Model 14, 2-cyl.

	6	5	4	3	2	1
Rds	1,560	4,680	7,800	17,550	27,300	39,000

1910 Model 10, 4-cyl.

	6	5	4	3	2	1
Tr	1,480	4,440	7,400	16,650	25,900	37,000
Rds	1,520	4,560	7,600	17,100	26,600	38,000

1910 Model 19, 4-cyl.

	6	5	4	3	2	1
Tr	1,720	5,160	8,600	19,350	30,100	43,000

1910 Model 16 & 17, 4-cyl.

	6	5	4	3	2	1
Rds	1,680	5,040	8,400	18,900	29,400	42,000
Tr	1,640	4,920	8,200	18,450	28,700	41,000

DOMESTIC CARS

	6	5	4	3	2	1
1910 Model 7, 4-cyl.						
Tr	1,840	5,520	9,200	20,700	32,200	46,000
1910 Model 41, 4-cyl.						
Limo	1,640	4,920	8,200	18,450	28,700	41,000
1911 Model 14, 2-cyl.						
Rds	1,440	4,320	7,200	16,200	25,200	36,000
1911 Model 21, 4-cyl.						
Tr	1,480	4,440	7,400	16,650	25,900	37,000
1911 Model 26 & 27, 4-cyl.						
Rds	1,520	4,560	7,600	17,100	26,600	38,000
Tr	1,440	4,320	7,200	16,200	25,200	36,000
1911 Model 32 & 33						
Rds	1,480	4,440	7,400	16,650	25,900	37,000
Tr	1,440	4,320	7,200	16,200	25,200	36,000
1911 Model 38 & 39, 4-cyl.						
Rds	1,680	5,040	8,400	18,900	29,400	42,000
Tr	1,640	4,920	8,200	18,450	28,700	41,000
Limo	2,280	6,840	11,400	25,650	39,900	57,000
1912 Model 34, 35 & 36, 4-cyl.						
Rds	1,480	4,440	7,400	16,650	25,900	37,000
Tr	1,440	4,320	7,200	16,200	25,200	36,000
1912 Model 28 & 29, 4-cyl.						
Rds	1,520	4,560	7,600	17,100	26,600	38,000
Tr	1,480	4,440	7,400	16,650	25,900	37,000
1912 Model 43, 4-cyl.						
Tr	1,520	4,560	7,600	17,100	26,600	38,000
1913 Model 30 & 31, 4-cyl.						
Rds	1,440	4,320	7,200	16,200	25,200	36,000
Tr	1,400	4,200	7,000	15,750	24,500	35,000
1913 Model 40, 4-cyl.						
Tr	1,480	4,440	7,400	16,650	25,900	37,000
1913 Model 24 & 25, 4-cyl.						
Rds	1,560	4,680	7,800	17,550	27,300	39,000
Tr	1,520	4,560	7,600	17,100	26,600	38,000
1914 Model B-24 & B-25, 4-cyl.						
Rds	1,480	4,440	7,400	16,650	25,900	37,000
Tr	1,440	4,320	7,200	16,200	25,200	36,000
1914 Model B-36, B-37 & B-38, 4-cyl.						
Rds	1,520	4,560	7,600	17,100	26,600	38,000
Tr	1,480	4,440	7,400	16,650	25,900	37,000
Cpe	1,360	4,080	6,800	15,300	23,800	34,000
1914 Model B-55, 6-cyl.						
7P Tr	1,520	4,560	7,600	17,100	26,600	38,000
1915 Model C-24 & C-25, 4-cyl.						
Rds	1,520	4,560	7,600	17,100	26,600	38,000
Tr	1,480	4,440	7,400	16,650	25,900	37,000
1915 Model C-36 & C-37, 4-cyl.						
Rds	1,560	4,680	7,800	17,550	27,300	39,000
Tr	1,520	4,560	7,600	17,100	26,600	38,000
1915 Model C-54 & C-55, 6-cyl.						
Rds	1,600	4,800	8,000	18,000	28,000	40,000
Tr	1,560	4,680	7,800	17,550	27,300	39,000
1916 Model D-54 & D-55, 6-cyl.						
Rds	1,520	4,560	7,600	17,100	26,600	38,000
Tr	1,480	4,440	7,400	16,650	25,900	37,000
1916-17 Model D-34 & D-35, 4-cyl.						
Rds	1,440	4,320	7,200	16,200	25,200	36,000
Tr	1,400	4,200	7,000	15,750	24,500	35,000
1916-17 Model D-44 & D-45, 6-cyl.						
Rds	1,400	4,200	7,000	15,750	24,500	35,000
Tr	1,440	4,320	7,200	16,200	25,200	36,000
1916-17 Model D-46 & D-47, 6-cyl.						
Conv Cpe	1,280	3,840	6,400	14,400	22,400	32,000
Sed	1,000	3,000	5,000	11,250	17,500	25,000
1918 Model E-34 & E-35, 4-cyl.						
Rds	1,320	3,960	6,600	14,850	23,100	33,000
Tr	1,280	3,840	6,400	14,400	22,400	32,000
1918 Model E-37, 4-cyl.						
Sed	960	2,880	4,800	10,800	16,800	24,000
1918 Model E-44, E-45 & E-49, 6-cyl.						
Rds	1,360	4,080	6,800	15,300	23,800	34,000

	6	5	4	3	2	1
Tr	1,320	3,960	6,600	14,850	23,100	33,000
7P Tr	1,400	4,200	7,000	15,750	24,500	35,000
1918 Model E-46, E-47 & E-50, 6-cyl.						
Conv Cpe	1,200	3,600	6,000	13,500	21,000	30,000
Sed	1,000	3,000	5,000	11,250	17,500	25,000
7P Sed	1,020	3,060	5,100	11,480	17,850	25,500
1919 Model H-44, H-45 & H-49, 6-cyl.						
2d Rds	1,320	3,960	6,600	14,850	23,100	33,000
4d Tr	1,280	3,840	6,400	14,400	22,400	32,000
4d 7P Tr	1,360	4,080	6,800	15,300	23,800	34,000
1919 Model H-46, H-47 & H-50, 6-cyl.						
2d Cpe	1,040	3,120	5,200	11,700	18,200	26,000
4d Sed	880	2,640	4,400	9,900	15,400	22,000
4d 7P Sed	920	2,760	4,600	10,350	16,100	23,000
1920 Model K, 6-cyl.						
2d Cpe K-46	960	2,880	4,800	10,800	16,800	24,000
4d Sed K-47	800	2,400	4,000	9,000	14,000	20,000
2d Rds K-44	1,240	3,720	6,200	13,950	21,700	31,000
4d Tr K-49	1,200	3,600	6,000	13,500	21,000	30,000
4d Tr K-45	1,160	3,480	5,800	13,050	20,300	29,000
4d 7P Sed K-50	840	2,520	4,200	9,450	14,700	21,000
1921 Series 40, 6-cyl.						
2d Rds	1,240	3,720	6,200	13,950	21,700	31,000
4d Tr	1,200	3,600	6,000	13,500	21,000	30,000
4d 7P Tr	1,240	3,720	6,200	13,950	21,700	31,000
2d Cpe	720	2,160	3,600	8,100	12,600	18,000
4d Sed	680	2,040	3,400	7,650	11,900	17,000
2d Ewb Cpe	760	2,280	3,800	8,550	13,300	19,000
4d 7P Sed	720	2,160	3,600	8,100	12,600	18,000
1921-22 Series 30, 4-cyl.						
2d Rds	1,160	3,480	5,800	13,050	20,300	29,000
4d Tr	1,120	3,360	5,600	12,600	19,600	28,000
2d Cpe OS	680	2,040	3,400	7,650	11,900	17,000
4d Sed	600	1,800	3,000	6,750	10,500	15,000
1921-22 Series 40, 6-cyl.						
2d Rds	1,240	3,720	6,200	13,950	21,700	31,000
4d Tr	1,200	3,600	6,000	13,500	21,000	30,000
4d 7P Tr	1,240	3,720	6,200	13,950	21,700	31,000
4d Sed	640	1,920	3,200	7,200	11,200	16,000
2d Cpe	800	2,400	4,000	9,000	14,000	20,000
4d 7P Sed	760	2,280	3,800	8,550	13,300	19,000
4d 50 7P Limo	840	2,520	4,200	9,450	14,700	21,000
1923 Series 30, 4-cyl.						
2d Rds	1,040	3,120	5,200	11,700	18,200	26,000
2d Spt Rds	1,080	3,240	5,400	12,150	18,900	27,000
4d Tr	1,040	3,120	5,200	11,700	18,200	26,000
2d Cpe	720	2,160	3,600	8,100	12,600	18,000
4d Sed	640	1,920	3,200	7,200	11,200	16,000
4d Tr Sed	680	2,040	3,400	7,650	11,900	17,000
1923 Series 40, 6-cyl.						
2d Rds	1,120	3,360	5,600	12,600	19,600	28,000
4d Tr	1,080	3,240	5,400	12,150	18,900	27,000
4d 7P Tr	1,120	3,360	5,600	12,600	19,600	28,000
2d Cpe	800	2,400	4,000	9,000	14,000	20,000
4d Sed	720	2,160	3,600	8,100	12,600	18,000
1923 Master Series 50, 6-cyl.						
2d Spt Rds	1,160	3,480	5,800	13,050	20,300	29,000
4d Spt Tr	1,200	3,600	6,000	13,500	21,000	30,000
4d 7P Sed	800	2,400	4,000	9,000	14,000	20,000
1924 Standard Series 30, 4-cyl.						
2d Rds	1,200	3,600	6,000	13,500	21,000	30,000
4d Tr	1,160	3,480	5,800	13,050	20,300	29,000
2d Cpe	760	2,280	3,800	8,550	13,300	19,000
4d Sed	680	2,040	3,400	7,650	11,900	17,000
1924 Master Series 40, 6-cyl.						
2d Rds	1,240	3,720	6,200	13,950	21,700	31,000
4d Tr	1,200	3,600	6,000	13,500	21,000	30,000
4d 7P Tr	1,240	3,720	6,200	13,950	21,700	31,000
2d Cpe	800	2,400	4,000	9,000	14,000	20,000
4d Sed	720	2,160	3,600	8,100	12,600	18,000
4d Demi Sed	740	2,220	3,700	8,330	12,950	18,500
1924 Master Series 50, 6-cyl.						
2d Spt Rds	1,200	3,600	6,000	13,500	21,000	30,000
4d Spt Tr	1,240	3,720	6,200	13,950	21,700	31,000
2d Cabr Cpe	1,160	3,480	5,800	13,050	20,300	29,000

	6	5	4	3	2	1
4d Town Car	920	2,760	4,600	10,350	16,100	23,000
4d 7P Sed	840	2,520	4,200	9,450	14,700	21,000
4d Brgm Sed	880	2,640	4,400	9,900	15,400	22,000
4d Limo	960	2,880	4,800	10,800	16,800	24,000
1925 Standard Series 20, 6-cyl.						
2d Rds	1,080	3,240	5,400	12,150	18,900	27,000
2d Spt Rds	1,120	3,360	5,600	12,600	19,600	28,000
2d Encl Rds	1,160	3,480	5,800	13,050	20,300	29,000
4d Tr	1,040	3,120	5,200	11,700	18,200	26,000
4d Encl Tr	1,120	3,360	5,600	12,600	19,600	28,000
2d Bus Cpe	880	2,640	4,400	9,900	15,400	22,000
2d Cpe	900	2,700	4,500	10,130	15,750	22,500
4d Sed	800	2,400	4,000	9,000	14,000	20,000
4d Demi Sed	820	2,460	4,100	9,230	14,350	20,500
1925 Master Series 40, 6-cyl.						
2d Rds	1,160	3,480	5,800	13,050	20,300	29,000
2d Encl Rds	1,200	3,600	6,000	13,500	21,000	30,000
4d Tr	1,120	3,360	5,600	12,600	19,600	28,000
4d Encl Tr	1,200	3,600	6,000	13,500	21,000	30,000
2d Cpe	920	2,760	4,600	10,350	16,100	23,000
2d Sed	800	2,400	4,000	9,000	14,000	20,000
4d Sed	840	2,520	4,200	9,450	14,700	21,000
1925 Master Series 50, 6-cyl.						
2d Spt Rds	1,200	3,600	6,000	13,500	21,000	30,000
4d Spt Tr	1,240	3,720	6,200	13,950	21,700	31,000
2d Cabr Cpe	1,240	3,720	6,200	13,950	21,700	31,000
4d 7P Sed	920	2,760	4,600	10,350	16,100	23,000
4d Limo	960	2,880	4,800	10,800	16,800	24,000
4d Brgm Sed	1,000	3,000	5,000	11,250	17,500	25,000
4d Town Car	1,080	3,240	5,400	12,150	18,900	27,000
1926 Standard Series, 6-cyl.						
2d Rds	1,120	3,360	5,600	12,600	19,600	28,000
4d Tr	1,080	3,240	5,400	12,150	18,900	27,000
2d 2P Cpe	1,000	3,000	5,000	11,250	17,500	25,000
2d 4P Cpe	960	2,880	4,800	10,800	16,800	24,000
2d Sed	840	2,520	4,200	9,450	14,700	21,000
4d Sed	880	2,640	4,400	9,900	15,400	22,000
1926 Master Series, 6-cyl.						
2d Rds	1,160	3,480	5,800	13,050	20,300	29,000
4d Tr	1,120	3,360	5,600	12,600	19,600	28,000
2d Spt Rds	1,200	3,600	6,000	13,500	21,000	30,000
4d Spt Tr	1,240	3,720	6,200	13,950	21,700	31,000
2d 4P Cpe	1,040	3,120	5,200	11,700	18,200	26,000
2d Spt Cpe	1,080	3,240	5,400	12,150	18,900	27,000
2d Sed	960	2,880	4,800	10,800	16,800	24,000
4d Sed	1,000	3,000	5,000	11,250	17,500	25,000
4d Brgm	1,040	3,120	5,200	11,700	18,200	26,000
4d 7P Sed	1,080	3,240	5,400	12,150	18,900	27,000
1927 Series 115, 6-cyl.						
2d Rds	1,120	3,360	5,600	12,600	19,600	28,000
4d Tr	1,080	3,240	5,400	12,150	18,900	27,000
2d 2P Cpe	960	2,880	4,800	10,800	16,800	24,000
2d 4P RS Cpe	1,000	3,000	5,000	11,250	17,500	25,000
2d Spt Cpe	960	2,880	4,800	10,800	16,800	24,000
2d Sed	840	2,520	4,200	9,450	14,700	21,000
4d Sed	880	2,640	4,400	9,900	15,400	22,000
4d Brgm	920	2,760	4,600	10,350	16,100	23,000
1927 Series 120, 6-cyl.						
2d 4P Cpe	1,000	3,000	5,000	11,250	17,500	25,000
2d Sed	880	2,640	4,400	9,900	15,400	22,000
4d Sed	920	2,760	4,600	10,350	16,100	23,000
1927 Series 128, 6-cyl.						
2d Spt Rds	1,240	3,720	6,200	13,950	21,700	31,000
4d Spt Tr	1,280	3,840	6,400	14,400	22,400	32,000
2d Conv	1,160	3,480	5,800	13,050	20,300	29,000
2d 5P Cpe	1,040	3,120	5,200	11,700	18,200	26,000
2d Spt Cpe RS	1,080	3,240	5,400	12,150	18,900	27,000
4d 7P Sed	960	2,880	4,800	10,800	16,800	24,000
4d Brgm	1,000	3,000	5,000	11,250	17,500	25,000
1928 Series 115, 6-cyl.						
2d Rds	1,120	3,360	5,600	12,600	19,600	28,000
4d Tr	1,080	3,240	5,400	12,150	18,900	27,000
2d 2P Cpe	880	2,640	4,400	9,900	15,400	22,000
2d Spt Cpe	920	2,760	4,600	10,350	16,100	23,000
2d Sed	800	2,400	4,000	9,000	14,000	20,000
4d Sed	840	2,520	4,200	9,450	14,700	21,000
4d Brgm	880	2,640	4,400	9,900	15,400	22,000

1931 American Austin roadster

1938 American Bantam roadster

1931 Buick Series 90 coupe

DOMESTIC CARS

	6	5	4	3	2	1
1928 Series 120, 6-cyl.						
2d Cpe	920	2,760	4,600	10,350	16,100	23,000
4d Sed	840	2,520	4,200	9,450	14,700	21,000
4d Brgm	880	2,640	4,400	9,900	15,400	22,000
1928 Series 128, 6-cyl.						
2d Spt Rds	1,280	3,840	6,400	14,400	22,400	32,000
4d Spt Tr	1,320	3,960	6,600	14,850	23,100	33,000
2d 5P Cpe	920	2,760	4,600	10,350	16,100	23,000
2d Spt Cpe	960	2,880	4,800	10,800	16,800	24,000
4d 7P Sed	880	2,640	4,400	9,900	15,400	22,000
4d Brgm	920	2,760	4,600	10,350	16,100	23,000
1929 Series 116, 6-cyl.						
4d Spt Tr	1,280	3,840	6,400	14,400	22,400	32,000
2d Bus Cpe	880	2,640	4,400	9,900	15,400	22,000
2d RS Cpe	960	2,880	4,800	10,800	16,800	24,000
2d Sed	680	2,040	3,400	7,650	11,900	17,000
4d Sed	720	2,160	3,600	8,100	12,600	18,000
1929 Series 121, 6-cyl.						
2d Spt Rds	1,320	3,960	6,600	14,850	23,100	33,000
2d Bus Cpe	920	2,760	4,600	10,350	16,100	23,000
2d RS Cpe	1,000	3,000	5,000	11,250	17,500	25,000
2d 4P Cpe	960	2,880	4,800	10,800	16,800	24,000
4d Sed	760	2,280	3,800	8,550	13,300	19,000
4d CC Sed	780	2,340	3,900	8,780	13,650	19,500
1929 Series 129, 6-cyl.						
2d Conv	1,360	4,080	6,800	15,300	23,800	34,000
4d Spt Tr	1,400	4,200	7,000	15,750	24,500	35,000
4d 7P Tr	1,280	3,840	6,400	14,400	22,400	32,000
2d 5P Cpe	960	2,880	4,800	10,800	16,800	24,000
4d CC Sed	880	2,640	4,400	9,900	15,400	22,000
4d 7P Sed	920	2,760	4,600	10,350	16,100	23,000
4d Limo	960	2,880	4,800	10,800	16,800	24,000
1930 Series 40, 6-cyl.						
2d Rds	1,400	4,200	7,000	15,750	24,500	35,000
4d Phae	1,440	4,320	7,200	16,200	25,200	36,000
2d Bus Cpe	1,000	3,000	5,000	11,250	17,500	25,000
2d RS Cpe	1,120	3,360	5,600	12,600	19,600	28,000
2d Sed	780	2,340	3,900	8,780	13,650	19,500
4d Sed	800	2,400	4,000	9,000	14,000	20,000
1930 Series 50, 6-cyl.						
2d 4P Cpe	1,040	3,120	5,200	11,700	18,200	26,000
4d Sed	800	2,400	4,000	9,000	14,000	20,000
1930 Series 60, 6-cyl.						
2d RS Rds	1,600	4,800	8,000	18,000	28,000	40,000
4d 7P Tr	1,560	4,680	7,800	17,550	27,300	39,000
2d RS Spt Cpe	1,320	3,960	6,600	14,850	23,100	33,000
2d 5P Cpe	1,240	3,720	6,200	13,950	21,700	31,000
4d Sed	960	2,880	4,800	10,800	16,800	24,000
4d 7P Sed	1,000	3,000	5,000	11,250	17,500	25,000
4d Limo	1,040	3,120	5,200	11,700	18,200	26,000
1930 Marquette - Series 30, 6-cyl.						
2d Spt Rds	1,200	3,600	6,000	13,500	21,000	30,000
4d Phae	1,240	3,720	6,200	13,950	21,700	31,000
2d Bus Cpe	920	2,760	4,600	10,350	16,100	23,000
2d RS Cpe	1,000	3,000	5,000	11,250	17,500	25,000
2d Sed	680	2,040	3,400	7,650	11,900	17,000
4d Sed	700	2,100	3,500	7,880	12,250	17,500
1931 Series 50, 8-cyl.						
2d Spt Rds	1,480	4,440	7,400	16,650	25,900	37,000
4d Phae	1,520	4,560	7,600	17,100	26,600	38,000
2d Bus Cpe	1,080	3,240	5,400	12,150	18,900	27,000
2d RS Cpe	1,120	3,360	5,600	12,600	19,600	28,000
2d Sed	800	2,400	4,000	9,000	14,000	20,000
4d Sed	840	2,520	4,200	9,450	14,700	21,000
2d Conv	1,520	4,560	7,600	17,100	26,600	38,000
1931 Series 60, 8-cyl.						
2d Spt Rds	1,560	4,680	7,800	17,550	27,300	39,000
4d Phae	1,600	4,800	8,000	18,000	28,000	40,000
2d Bus Cpe	1,120	3,360	5,600	12,600	19,600	28,000
2d RS Cpe	1,160	3,480	5,800	13,050	20,300	29,000
4d Sed	880	2,640	4,400	9,900	15,400	22,000
1931 Series 80, 8-cyl.						
2d Cpe	1,200	3,600	6,000	13,500	21,000	30,000
4d Sed	960	2,880	4,800	10,800	16,800	24,000
4d 7P Sed	1,000	3,000	5,000	11,250	17,500	25,000

	6	5	4	3	2	1
1931 Series 90, 8-cyl.						
2d Spt Rds	2,120	6,360	10,600	23,850	37,100	53,000
4d 7P Tr	2,080	6,240	10,400	23,400	36,400	52,000
2d 5P Cpe	1,600	4,800	8,000	18,000	28,000	40,000
2d RS Cpe	1,560	4,680	7,800	17,550	27,300	39,000
2d Conv	2,040	6,120	10,200	22,950	35,700	51,000
4d 5P Sed	1,320	3,960	6,600	14,850	23,100	33,000
4d 7P Sed	1,360	4,080	6,800	15,300	23,800	34,000
4d Limo	1,400	4,200	7,000	15,750	24,500	35,000
1932 Series 50, 8-cyl.						
4d Spt Phae	1,600	4,800	8,000	18,000	28,000	40,000
2d Conv	1,640	4,920	8,200	18,450	28,700	41,000
2d Phae	1,680	5,040	8,400	18,900	29,400	42,000
2d Bus Cpe	1,000	3,000	5,000	11,250	17,500	25,000
2d RS Cpe	1,040	3,120	5,200	11,700	18,200	26,000
2d Vic Cpe	1,080	3,240	5,400	12,150	18,900	27,000
4d Sed	840	2,520	4,200	9,450	14,700	21,000
4d Spt Sed	880	2,640	4,400	9,900	15,400	22,000
1932 Series 60, 8-cyl.						
4d Spt Phae	1,720	5,160	8,600	19,350	30,100	43,000
2d Conv	1,760	5,280	8,800	19,800	30,800	44,000
2d Phae	1,800	5,400	9,000	20,250	31,500	45,000
2d Bus Cpe	1,040	3,120	5,200	11,700	18,200	26,000
2d RS Cpe	1,080	3,240	5,400	12,150	18,900	27,000
2d Vic Cpe	1,120	3,360	5,600	12,600	19,600	28,000
4d Sed	920	2,760	4,600	10,350	16,100	23,000
1932 Series 80, 8-cyl.						
2d Vic Cpe	1,040	3,120	5,200	11,700	18,200	26,000
4d Sed	960	2,880	4,800	10,800	16,800	24,000
1932 Series 90, 8-cyl.						
4d 7P Sed	1,400	4,200	7,000	15,750	24,500	35,000
4d Limo	1,560	4,680	7,800	17,550	27,300	39,000
4d Clb Sed	1,520	4,560	7,600	17,100	26,600	38,000
4d Spt Phae	2,240	6,720	11,200	25,200	39,200	56,000
2d Phae	2,200	6,600	11,000	24,750	38,500	55,000
2d Conv Cpe	2,280	6,840	11,400	25,650	39,900	57,000
2d RS Cpe	1,600	4,800	8,000	18,000	28,000	40,000
2d Vic Cpe	1,640	4,920	8,200	18,450	28,700	41,000
4d 5P Sed	1,480	4,440	7,400	16,650	25,900	37,000
1933 Series 50, 8-cyl.						
2d Conv	1,360	4,080	6,800	15,300	23,800	34,000
2d Bus Cpe	880	2,640	4,400	9,900	15,400	22,000
2d RS Spt Cpe	920	2,760	4,600	10,350	16,100	23,000
2d Vic Cpe	1,000	3,000	5,000	11,250	17,500	25,000
4d Sed	840	2,520	4,200	9,450	14,700	21,000
1933 Series 60, 8-cyl.						
2d Conv Cpe	1,360	4,080	6,800	15,300	23,800	34,000
4d Phae	1,400	4,200	7,000	15,750	24,500	35,000
2d Spt Cpe	1,000	3,000	5,000	11,250	17,500	25,000
2d Vic Cpe	1,160	3,480	5,800	13,050	20,300	29,000
4d Sed	960	2,880	4,800	10,800	16,800	24,000
1933 Series 80, 8-cyl.						
2d Conv	1,560	4,680	7,800	17,550	27,300	39,000
4d Phae	1,640	4,920	8,200	18,450	28,700	41,000
2d Spt Cpe	1,240	3,720	6,200	13,950	21,700	31,000
2d Vic	1,280	3,840	6,400	14,400	22,400	32,000
4d Sed	1,040	3,120	5,200	11,700	18,200	26,000
1933 Series 90, 8-cyl.						
2d Vic	1,440	4,320	7,200	16,200	25,200	36,000
4d 5P Sed	1,200	3,600	6,000	13,500	21,000	30,000
4d 7P Sed	1,240	3,720	6,200	13,950	21,700	31,000
4d Clb Sed	1,320	3,960	6,600	14,850	23,100	33,000
4d Limo	1,400	4,200	7,000	15,750	24,500	35,000
1934 Special Series 40, 8-cyl.						
2d Bus Cpe	920	2,760	4,600	10,350	16,100	23,000
2d RS Cpe	960	2,880	4,800	10,800	16,800	24,000
2d Tr Sed	840	2,520	4,200	9,450	14,700	21,000
4d Tr Sed	920	2,760	4,600	10,350	16,100	23,000
4d Sed	880	2,640	4,400	9,900	15,400	22,000
1934 Series 50, 8-cyl.						
2d Conv	1,560	4,680	7,800	17,550	27,300	39,000
2d Bus Cpe	1,040	3,120	5,200	11,700	18,200	26,000
2d Spt Cpe	1,120	3,360	5,600	12,600	19,600	28,000
2d Vic Cpe	1,200	3,600	6,000	13,500	21,000	30,000
4d Sed	920	2,760	4,600	10,350	16,100	23,000

	6	5	4	3	2	1
1934 Series 60, 8-cyl.						
2d Conv	1,600	4,800	8,000	18,000	28,000	40,000
4d Phae	1,560	4,680	7,800	17,550	27,300	39,000
2d Spt Cpe	1,160	3,480	5,800	13,050	20,300	29,000
2d Vic	1,240	3,720	6,200	13,950	21,700	31,000
4d Sed	960	2,880	4,800	10,800	16,800	24,000
4d Clb Sed	1,040	3,120	5,200	11,700	18,200	26,000
1934 Series 90, 8-cyl.						
2d Conv	1,680	5,040	8,400	18,900	29,400	42,000
4d Phae	1,640	4,920	8,200	18,450	28,700	41,000
4d Spt Cpe	1,160	3,480	5,800	13,050	20,300	29,000
4d 5P Sed	1,080	3,240	5,400	12,150	18,900	27,000
4d 7P Sed	1,120	3,360	5,600	12,600	19,600	28,000
4d Clb Sed	1,160	3,480	5,800	13,050	20,300	29,000
4d Limo	1,200	3,600	6,000	13,500	21,000	30,000
2d Vic	1,280	3,840	6,400	14,400	22,400	32,000
1935 Special Series 40, 8-cyl.						
2d Conv	1,440	4,320	7,200	16,200	25,200	36,000
2d Bus Cpe	960	2,880	4,800	10,800	16,800	24,000
2d RS Spt Cpe	1,040	3,120	5,200	11,700	18,200	26,000
2d Sed	840	2,520	4,200	9,450	14,700	21,000
2d Tr Sed	880	2,640	4,400	9,900	15,400	22,000
4d Sed	880	2,640	4,400	9,900	15,400	22,000
4d Tr Sed	920	2,760	4,600	10,350	16,100	23,000
1935 Series 50, 8-cyl.						
2d Conv	1,480	4,440	7,400	16,650	25,900	37,000
2d Bus Cpe	1,000	3,000	5,000	11,250	17,500	25,000
2d Spt Cpe	1,040	3,120	5,200	11,700	18,200	26,000
2d Vic	1,120	3,360	5,600	12,600	19,600	28,000
4d Sed	920	2,760	4,600	10,350	16,100	23,000
1935 Series 60, 8-cyl.						
2d Conv	1,440	4,320	7,200	16,200	25,200	36,000
4d Phae	1,400	4,200	7,000	15,750	24,500	35,000
2d Vic	1,200	3,600	6,000	13,500	21,000	30,000
4d Sed	960	2,880	4,800	10,800	16,800	24,000
4d Clb Sed	1,040	3,120	5,200	11,700	18,200	26,000
2d Spt Cpe	1,160	3,480	5,800	13,050	20,300	29,000
1935 Series 90, 8-cyl.						
2d Conv	1,520	4,560	7,600	17,100	26,600	38,000
4d Phae	1,480	4,440	7,400	16,650	25,900	37,000
2d Spt Cpe	1,200	3,600	6,000	13,500	21,000	30,000
2d Vic	1,240	3,720	6,200	13,950	21,700	31,000
4d 5P Sed	1,120	3,360	5,600	12,600	19,600	28,000
4d 7P Sed	1,120	3,360	5,600	12,600	19,600	28,000
4d Limo	1,200	3,600	6,000	13,500	21,000	30,000
4d Clb Sed	1,160	3,480	5,800	13,050	20,300	29,000
1936 Special Series 40, 8-cyl.						
2d Conv	1,440	4,320	7,200	16,200	25,200	36,000
2d Bus Cpe	960	2,880	4,800	10,800	16,800	24,000
2d RS Cpe	1,000	3,000	5,000	11,250	17,500	25,000
2d Sed	880	2,640	4,400	9,900	15,400	22,000
4d Sed	920	2,760	4,600	10,350	16,100	23,000
1936 Century Series 60, 8-cyl.						
2d Conv	1,520	4,560	7,600	17,100	26,600	38,000
2d RS Cpe	1,120	3,360	5,600	12,600	19,600	28,000
2d Sed	960	2,880	4,800	10,800	16,800	24,000
4d Sed	1,040	3,120	5,200	11,700	18,200	26,000
1936 Roadmaster Series 80, 8-cyl.						
4d Phae	1,480	4,440	7,400	16,650	25,900	37,000
4d Sed	1,080	3,240	5,400	12,150	18,900	27,000
1936 Limited Series 90, 8-cyl.						
4d Sed	1,120	3,360	5,600	12,600	19,600	28,000
4d 7P Sed	1,160	3,480	5,800	13,050	20,300	29,000
4d Fml Sed	1,200	3,600	6,000	13,500	21,000	30,000
4d 7P Limo	1,280	3,840	6,400	14,400	22,400	32,000
1937 Special Series 40, 8-cyl.						
2d Conv	1,720	5,160	8,600	19,350	30,100	43,000
4d Phae	1,600	4,800	8,000	18,000	28,000	40,000
2d Bus Cpe	920	2,760	4,600	10,350	16,100	23,000
2d Spt Cpe	960	2,880	4,800	10,800	16,800	24,000
2d FBk	880	2,640	4,400	9,900	15,400	22,000
2d Sed	840	2,520	4,200	9,450	14,700	21,000
4d FBk Sed	920	2,760	4,600	10,350	16,100	23,000
4d Sed	880	2,640	4,400	9,900	15,400	22,000

	6	5	4	3	2	1
1937 Century Series 60, 8-cyl.						
2d Conv	1,800	5,400	9,000	20,250	31,500	45,000
4d Phae	1,720	5,160	8,600	19,350	30,100	43,000
2d Spt Cpe	1,040	3,120	5,200	11,700	18,200	26,000
2d FBk	920	2,760	4,600	10,350	16,100	23,000
2d Sed	880	2,640	4,400	9,900	15,400	22,000
4d FBk Sed	960	2,880	4,800	10,800	16,800	24,000
4d Sed	920	2,760	4,600	10,350	16,100	23,000
1937 Roadmaster Series 80, 8-cyl.						
4d Sed	1,000	3,000	5,000	11,250	17,500	25,000
4d Fml Sed	1,040	3,120	5,200	11,700	18,200	26,000
4d Phae	1,720	5,160	8,600	19,350	30,100	43,000
1937 Limited Series 90, 8-cyl.						
4d Sed	1,040	3,120	5,200	11,700	18,200	26,000
4d 7P Sed	1,080	3,240	5,400	12,150	18,900	27,000
4d Fml Sed	1,120	3,360	5,600	12,600	19,600	28,000
4d Limo	1,240	3,720	6,200	13,950	21,700	31,000
1938 Special Series 40, 8-cyl.						
2d Conv	1,760	5,280	8,800	19,800	30,800	44,000
4d Phae	1,680	5,040	8,400	18,900	29,400	42,000
2d Bus Cpe	920	2,760	4,600	10,350	16,100	23,000
2d Spt Cpe	960	2,880	4,800	10,800	16,800	24,000
2d FBk	880	2,640	4,400	9,900	15,400	22,000
2d Sed	840	2,520	4,200	9,450	14,700	21,000
4d FBk Sed	920	2,760	4,600	10,350	16,100	23,000
4d Sed	880	2,640	4,400	9,900	15,400	22,000
1938 Century Series 60, 8-cyl.						
2d Conv	1,880	5,640	9,400	21,150	32,900	47,000
4d Phae	1,800	5,400	9,000	20,250	31,500	45,000
2d Spt Cpe	1,040	3,120	5,200	11,700	18,200	26,000
2d Sed	920	2,760	4,600	10,350	16,100	23,000
4d FBk Sed	1,000	3,000	5,000	11,250	17,500	25,000
4d Sed	960	2,880	4,800	10,800	16,800	24,000
1938 Roadmaster Series 80, 8-cyl.						
4d Phae	1,880	5,640	9,400	21,150	32,900	47,000
4d FBk Sed	1,080	3,240	5,400	12,150	18,900	27,000
4d Sed	1,040	3,120	5,200	11,700	18,200	26,000
4d Fml Sed	1,160	3,480	5,800	13,050	20,300	29,000
1938 Limited Series 90, 8-cyl.						
4d Sed	1,200	3,600	6,000	13,500	21,000	30,000
4d 7P Sed	1,240	3,720	6,200	13,950	21,700	31,000
4d Limo	1,360	4,080	6,800	15,300	23,800	34,000
1939 Special Series 40, 8-cyl.						
2d Conv	1,880	5,640	9,400	21,150	32,900	47,000
4d Phae	1,760	5,280	8,800	19,800	30,800	44,000
2d Bus Cpe	1,000	3,000	5,000	11,250	17,500	25,000
2d Spt Cpe	1,040	3,120	5,200	11,700	18,200	26,000
2d Sed	920	2,760	4,600	10,350	16,100	23,000
4d Sed	880	2,640	4,400	9,900	15,400	22,000
1939 Century Series 60, 8-cyl.						
2d Conv	1,960	5,880	9,800	22,050	34,300	49,000
4d Phae	1,880	5,640	9,400	21,150	32,900	47,000
2d Spt Cpe	1,120	3,360	5,600	12,600	19,600	28,000
2d Sed	1,000	3,000	5,000	11,250	17,500	25,000
4d Sed	960	2,880	4,800	10,800	16,800	24,000
1939 Roadmaster Series 80, 8-cyl.						
4d Phae FBk	2,080	6,240	10,400	23,400	36,400	52,000
4d Phae	2,040	6,120	10,200	22,950	35,700	51,000
4d FBk Sed	1,120	3,360	5,600	12,600	19,600	28,000
4d Sed	1,080	3,240	5,400	12,150	18,900	27,000
4d Fml Sed	1,200	3,600	6,000	13,500	21,000	30,000
1939 Limited Series 90, 8-cyl.						
4d 8P Sed	1,200	3,600	6,000	13,500	21,000	30,000
4d Sed	1,280	3,840	6,400	14,400	22,400	32,000
4d Limo	1,160	3,480	5,800	13,050	20,300	29,000
1940 Special Series 40, 8-cyl.						
2d Conv	1,920	5,760	9,600	21,600	33,600	48,000
4d Phae	1,840	5,520	9,200	20,700	32,200	46,000
2d Bus Cpe	960	2,880	4,800	10,800	16,800	24,000
2d Spt Cpe	1,040	3,120	5,200	11,700	18,200	26,000
2d Sed	920	2,760	4,600	10,350	16,100	23,000
4d Sed	880	2,640	4,400	9,900	15,400	22,000
1940 Super Series 50, 8-cyl.						
2d Conv	1,880	5,640	9,400	21,150	32,900	47,000
4d Phae	1,800	5,400	9,000	20,250	31,500	45,000

	6	5	4	3	2	1
2d Cpe	1,080	3,240	5,400	12,150	18,900	27,000
4d Sed	920	2,760	4,600	10,350	16,100	23,000
4d Sta Wag	1,600	4,800	8,000	18,000	28,000	40,000
1940 Century Series 60, 8-cyl.						
2d Conv	1,960	5,880	9,800	22,050	34,300	49,000
4d Phae	1,880	5,640	9,400	21,150	32,900	47,000
2d Bus Cpe	1,120	3,360	5,600	12,600	19,600	28,000
2d Spt Cpe	1,160	3,480	5,800	13,050	20,300	29,000
4d Sed	1,000	3,000	5,000	11,250	17,500	25,000
1940 Roadmaster Series 70, 8-cyl.						
2d Conv	2,200	6,600	11,000	24,750	38,500	55,000
2d Cpe	1,200	3,600	6,000	13,500	21,000	30,000
4d Sed	1,080	3,240	5,400	12,150	18,900	27,000
4d Phae	2,200	6,600	11,000	24,750	38,500	55,000
1940 Limited Series 80, 8-cyl.						
4d FBk Phae	2,080	6,240	10,400	23,400	36,400	52,000
4d Phae	2,040	6,120	10,200	22,950	35,700	51,000
4d FBk Sed	1,280	3,840	6,400	14,400	22,400	32,000
4d Sed	1,240	3,720	6,200	13,950	21,700	31,000
4d Fml Sed	1,320	3,960	6,600	14,850	23,100	33,000
4d Fml FBk	1,360	4,080	6,800	15,300	23,800	34,000
1940 Limited Series 90, 8-cyl.						
4d 7P Sed	1,320	3,960	6,600	14,850	23,100	33,000
4d Fml Sed	1,360	4,080	6,800	15,300	23,800	34,000
4d Limo	1,440	4,320	7,200	16,200	25,200	36,000
1941 Special Series 40-A, 8-cyl.						
2d Conv	2,000	6,000	10,000	22,500	35,000	50,000
2d Bus Cpe	950	2,900	4,800	10,800	16,800	24,000
2d Spt Cpe	1,000	3,000	5,000	11,250	17,500	25,000
4d Sed	900	2,750	4,600	10,350	16,100	23,000
1941 Special Series 40-B, 8-cyl.						
2d Bus Cpe	1,050	3,100	5,200	11,700	18,200	26,000
2d S'net	1,100	3,250	5,400	12,150	18,900	27,000
4d Sed	950	2,900	4,800	10,800	16,800	24,000
4d Sta Wag	1,600	4,800	8,000	18,000	28,000	40,000
1941 Super Series 50, 8-cyl.						
2d Conv	2,100	6,250	10,400	23,400	36,400	52,000
4d Phae	2,150	6,500	10,800	24,300	37,800	54,000
2d Cpe	1,100	3,300	5,500	12,380	19,300	27,500
4d Sed	1,000	3,000	5,000	11,250	17,500	25,000
1941 Century Series 60, 8-cyl.						
2d Bus Cpe	1,100	3,350	5,600	12,600	19,600	28,000
2d S'net	1,150	3,500	5,800	13,050	20,300	29,000
4d Sed	1,100	3,250	5,400	12,150	18,900	27,000
1941 Roadmaster Series 70, 8-cyl.						
2d Conv	2,300	6,950	11,600	26,100	40,600	58,000
4d Phae	2,300	6,950	11,600	26,100	40,600	58,000
2d Cpe	1,200	3,600	6,000	13,500	21,000	30,000
4d Sed	1,100	3,350	5,600	12,600	19,600	28,000
1941 Limited Series 90, 8-cyl.						
4d 7P Sed	1,500	4,450	7,400	16,650	25,900	37,000
4d Sed	1,250	3,700	6,200	13,950	21,700	31,000
4d Fml Sed	1,350	4,100	6,800	15,300	23,800	34,000
4d Limo	1,500	4,450	7,400	16,650	25,900	37,000
1942 Special Series 40-A, 8-cyl.						
2d Bus Cpe	880	2,640	4,400	9,900	15,400	22,000
2d S'net	940	2,820	4,700	10,580	16,450	23,500
2d 3P S'net	900	2,700	4,500	10,130	15,750	22,500
2d Conv	1,440	4,320	7,200	16,200	25,200	36,000
4d Sed	880	2,640	4,400	9,900	15,400	22,000
1942 Special Series 40-B, 8-cyl.						
2d 3P S'net	960	2,880	4,800	10,800	16,800	24,000
2d S'net	1,000	3,000	5,000	11,250	17,500	25,000
4d Sed	880	2,640	4,400	9,900	15,400	22,000
4d Sta Wag	1,600	4,800	8,000	18,000	28,000	40,000
1942 Super Series 50, 8-cyl.						
2d Conv	2,000	6,000	10,000	22,500	35,000	50,000
2d S'net	1,040	3,120	5,200	11,700	18,200	26,000
4d Sed	900	2,700	4,500	10,130	15,750	22,500
1942 Century Series 60, 8-cyl.						
2d S'net	1,080	3,240	5,400	12,150	18,900	27,000
4d Sed	940	2,820	4,700	10,580	16,450	23,500
1942 Roadmaster Series 70, 8-cyl.						
2d Conv	2,280	6,840	11,400	25,650	39,900	57,000

	6	5	4	3	2	1
2d S'net.	1,120	3,360	5,600	12,600	19,600	28,000
4d Sed	1,040	3,120	5,200	11,700	18,200	26,000

1942 Limited Series 90, 8-cyl.
	6	5	4	3	2	1
4d 8P Sed.	1,080	3,240	5,400	12,150	18,900	27,000
4d Sed	1,040	3,120	5,200	11,700	18,200	26,000
4d Fml Sed	1,120	3,360	5,600	12,600	19,600	28,000
4d Limo.	1,160	3,480	5,800	13,050	20,300	29,000

1946-48 Special Series 40, 8-cyl.
	6	5	4	3	2	1
2d S'net.	1,040	3,120	5,200	11,700	18,200	26,000
4d Sed	920	2,760	4,600	10,350	16,100	23,000

1946-48 Super Series 50, 8-cyl.
	6	5	4	3	2	1
2d Conv	2,200	6,600	11,000	24,750	38,500	55,000
2d S'net.	1,080	3,240	5,400	12,150	18,900	27,000
4d Sed	980	2,940	4,900	11,030	17,150	24,500
4d Sta Wag.	1,720	5,160	8,600	19,350	30,100	43,000

1946-48 Roadmaster Series 70, 8-cyl.
	6	5	4	3	2	1
2d Conv	2,560	7,680	12,800	28,800	44,800	64,000
2d S'net.	1,200	3,600	6,000	13,500	21,000	30,000
4d Sed	1,120	3,360	5,600	12,600	19,600	28,000
4d Sta Wag.	1,840	5,520	9,200	20,700	32,200	46,000

1949 Special Series 40, 8-cyl.
	6	5	4	3	2	1
2d S'net.	1,080	3,240	5,400	12,150	18,900	27,000
4d Sed	960	2,880	4,800	10,800	16,800	24,000

1949 Super Series 50, 8-cyl.
	6	5	4	3	2	1
2d Conv	2,200	6,600	11,000	24,750	38,500	55,000
2d S'net.	1,080	3,240	5,400	12,150	18,900	27,000
4d Sed	1,040	3,120	5,200	11,700	18,200	26,000
4d Sta Wag.	1,720	5,160	8,600	19,350	30,100	43,000

1949 Roadmaster Series 70, 8-cyl.
	6	5	4	3	2	1
2d Conv	2,520	7,560	12,600	28,350	44,100	63,000
2d Riv HT	1,560	4,680	7,800	17,550	27,300	39,000
2d S'net.	1,200	3,600	6,000	13,500	21,000	30,000
4d Sed	1,160	3,480	5,800	13,050	20,300	29,000
4d Sta Wag.	1,840	5,520	9,200	20,700	32,200	46,000

NOTE: Add 10 percent for sweap spear side trim on late 1949 Roadmaster models.

1950 Special Series 40, 8-cyl., 121-1/2" wb
	6	5	4	3	2	1
2d Bus Cpe.	800	2,400	4,000	9,000	14,000	20,000
2d S'net.	920	2,760	4,600	10,350	16,100	23,000
4d S'net.	840	2,520	4,200	9,450	14,700	21,000
4d Tr Sed	800	2,400	4,000	9,000	14,000	20,000

1950 Special DeLuxe Series 40, 8-cyl., 121-1/2" wb
	6	5	4	3	2	1
2d S'net.	960	2,880	4,800	10,800	16,800	24,000
4d S'net.	880	2,640	4,400	9,900	15,400	22,000
4d Tr Sed	840	2,520	4,200	9,450	14,700	21,000

1950 Super Series 50, 8-cyl.
	6	5	4	3	2	1
2d Conv	1,480	4,440	7,400	16,650	25,900	37,000
2d Riv HT	1,080	3,240	5,400	12,150	18,900	27,000
2d S'net.	1,000	3,000	5,000	11,250	17,500	25,000
4d Sed	880	2,640	4,400	9,900	15,400	22,000
4d Sta Wag.	1,720	5,160	8,600	19,350	30,100	43,000

1950 Roadmaster Series 70, 8-cyl.
	6	5	4	3	2	1
2d Conv	1,880	5,640	9,400	21,150	32,900	47,000
2d Riv HT	1,360	4,080	6,800	15,300	23,800	34,000
2d S'net.	1,120	3,360	5,600	12,600	19,600	28,000
4d Sed 71	920	2,760	4,600	10,350	16,100	23,000
4d Sed 72	960	2,880	4,800	10,800	16,800	24,000
4d Sta Wag.	1,800	5,400	9,000	20,250	31,500	45,000
4d Riv Sed DeL	960	2,880	4,800	10,800	16,800	24,000

1951-52 Special Series 40, 8-cyl., 121-1/2" wb
	6	5	4	3	2	1
2d Bus Cpe (1951 only)	800	2,400	4,000	9,000	14,000	20,000
2d Sed (1951 only)	760	2,280	3,800	8,550	13,300	19,000
4d Sed	760	2,280	3,800	8,550	13,300	19,000
2d Spt Cpe	800	2,400	4,000	9,000	14,000	20,000

1951-52 Special DeLuxe Series 40, 8-cyl., 121-1/2" wb
	6	5	4	3	2	1
4d Sed	800	2,400	4,000	9,000	14,000	20,000
2d Sed	800	2,400	4,000	9,000	14,000	20,000
2d Riv HT	1,080	3,240	5,400	12,150	18,900	27,000
2d Conv	1,400	4,200	7,000	15,750	24,500	35,000

1951-52 Super Series 50, 8-cyl.
	6	5	4	3	2	1
2d Conv	1,480	4,440	7,400	16,650	25,900	37,000
2d Riv HT	1,200	3,600	6,000	13,500	21,000	30,000
4d Sta Wag.	1,720	5,160	8,600	19,350	30,100	43,000
2d S'net (1951 only)	960	2,880	4,800	10,800	16,800	24,000
4d Sed	880	2,640	4,400	9,900	15,400	22,000

	6	5	4	3	2	1
1951-52 Roadmaster Series 70, 8-cyl.						
2d Conv	1,600	4,800	8,000	18,000	28,000	40,000
2d Riv HT	1,360	4,080	6,800	15,300	23,800	34,000
4d Sta Wag	1,800	5,400	9,000	20,250	31,500	45,000
4d Riv Sed	960	2,880	4,800	10,800	16,800	24,000
1953 Special Series 40, 8-cyl.						
4d Sed	840	2,520	4,200	9,450	14,700	21,000
2d Sed	860	2,580	4,300	9,680	15,050	21,500
2d Riv HT	1,080	3,240	5,400	12,150	18,900	27,000
2d Conv	1,480	4,440	7,400	16,650	25,900	37,000
1953 Super Series 50, V-8						
2d Riv HT	1,240	3,720	6,200	13,950	21,700	31,000
2d Conv	1,600	4,800	8,000	18,000	28,000	40,000
4d Sta Wag	1,720	5,160	8,600	19,350	30,100	43,000
4d Riv Sed	880	2,640	4,400	9,900	15,400	22,000
1953 Roadmaster Series 70, V-8						
2d Riv HT	1,400	4,200	7,000	15,750	24,500	35,000
2d Skylark	2,800	8,400	14,000	31,500	49,000	70,000
2d Conv	1,720	5,160	8,600	19,350	30,100	43,000
4d DeL Sta Wag	1,800	5,400	9,000	20,250	31,500	45,000
4d Riv Sed	960	2,880	4,800	10,800	16,800	24,000
1954 Special Series 40, V-8						
4d Sed	760	2,280	3,800	8,550	13,300	19,000
2d Sed	760	2,280	3,800	8,550	13,300	19,000
2d Riv HT	1,160	3,480	5,800	13,050	20,300	29,000
2d Conv	1,520	4,560	7,600	17,100	26,600	38,000
4d Sta Wag	1,040	3,120	5,200	11,700	18,200	26,000
1954 Century Series 60, V-8						
4d DeL	800	2,400	4,000	9,000	14,000	20,000
2d Riv HT	1,280	3,840	6,400	14,400	22,400	32,000
2d Conv	1,840	5,520	9,200	20,700	32,200	46,000
4d Sta Wag	1,080	3,240	5,400	12,150	18,900	27,000
1954 Super Series 50, V-8						
4d Sed	760	2,280	3,800	8,550	13,300	19,000
2d Riv HT	1,200	3,600	6,000	13,500	21,000	30,000
2d Conv	1,640	4,920	8,200	18,450	28,700	41,000
1954 Roadmaster Series 70, V-8						
4d Sed	800	2,400	4,000	9,000	14,000	20,000
2d Riv HT	1,400	4,200	7,000	15,750	24,500	35,000
2d Conv	1,840	5,520	9,200	20,700	32,200	46,000
1954 Skylark Series, V-8						
2d Spt Conv	2,640	7,920	13,200	29,700	46,200	66,000
1955 Special Series 40, V-8						
4d Sed	760	2,280	3,800	8,550	13,300	19,000
4d Riv HT	880	2,640	4,400	9,900	15,400	22,000
2d Sed	760	2,280	3,800	8,550	13,300	19,000
2d Riv HT	1,240	3,720	6,200	13,950	21,700	31,000
2d Conv	1,880	5,640	9,400	21,150	32,900	47,000
4d Sta Wag	960	2,880	4,800	10,800	16,800	24,000
1955 Century Series 60, V-8						
4d Sed	800	2,400	4,000	9,000	14,000	20,000
4d Riv HT	920	2,760	4,600	10,350	16,100	23,000
2d Riv HT	1,320	3,960	6,600	14,850	23,100	33,000
2d Conv	1,960	5,880	9,800	22,050	34,300	49,000
4d Sta Wag	1,000	3,000	5,000	11,250	17,500	25,000
1955 Super Series 50, V-8						
4d Sed	800	2,400	4,000	9,000	14,000	20,000
2d Riv HT	1,280	3,840	6,400	14,400	22,400	32,000
2d Conv	1,880	5,640	9,400	21,150	32,900	47,000
1955 Roadmaster Series 70, V-8						
4d Sed	880	2,640	4,400	9,900	15,400	22,000
2d Riv HT	1,400	4,200	7,000	15,750	24,500	35,000
2d Conv	2,080	6,240	10,400	23,400	36,400	52,000
1956 Special Series 40, V-8						
4d Sed	760	2,280	3,800	8,550	13,300	19,000
4d Riv HT	880	2,640	4,400	9,900	15,400	22,000
2d Sed	760	2,280	3,800	8,550	13,300	19,000
2d Riv HT	1,240	3,720	6,200	13,950	21,700	31,000
2d Conv	1,840	5,520	9,200	20,700	32,200	46,000
4d Sta Wag	920	2,760	4,600	10,350	16,100	23,000
1956 Century Series 60, V-8						
4d Sed	800	2,400	4,000	9,000	14,000	20,000
4d Riv HT	1,000	3,000	5,000	11,250	17,500	25,000
2d Riv HT	1,320	3,960	6,600	14,850	23,100	33,000

	6	5	4	3	2	1
2d Conv	1,920	5,760	9,600	21,600	33,600	48,000
4d Sta Wag	960	2,880	4,800	10,800	16,800	24,000
1956 Super Series 50						
4d Sed	800	2,400	4,000	9,000	14,000	20,000
4d Riv HT	1,080	3,240	5,400	12,150	18,900	27,000
2d Riv HT	1,280	3,840	6,400	14,400	22,400	32,000
2d Conv	1,840	5,520	9,200	20,700	32,200	46,000
1956 Roadmaster Series 70, V-8						
4d Sed	840	2,520	4,200	9,450	14,700	21,000
4d Riv HT	1,160	3,480	5,800	13,050	20,300	29,000
2d Riv HT	1,360	4,080	6,800	15,300	23,800	34,000
2d Conv	2,040	6,120	10,200	22,950	35,700	51,000
1957 Special Series 40, V-8						
4d Sed	720	2,160	3,600	8,100	12,600	18,000
4d Riv HT	920	2,760	4,600	10,350	16,100	23,000
2d Sed	720	2,160	3,600	8,100	12,600	18,000
2d Riv HT	1,200	3,600	6,000	13,500	21,000	30,000
2d Conv	1,720	5,160	8,600	19,350	30,100	43,000
4d Sta Wag	960	2,880	4,800	10,800	16,800	24,000
4d HT Wag	1,360	4,080	6,800	15,300	23,800	34,000
1957 Century Series 60, V-8						
4d Sed	760	2,280	3,800	8,550	13,300	19,000
4d Riv HT	960	2,880	4,800	10,800	16,800	24,000
2d Riv HT	1,320	3,960	6,600	14,850	23,100	33,000
2d Conv	1,800	5,400	9,000	20,250	31,500	45,000
4d HT Wag	1,360	4,080	6,800	15,300	23,800	34,000
1957 Super Series 50, V-8						
4d Riv HT	1,000	3,000	5,000	11,250	17,500	25,000
2d Riv HT	1,320	3,960	6,600	14,850	23,100	33,000
2d Conv	1,760	5,280	8,800	19,800	30,800	44,000
1957 Roadmaster Series 70, V-8						
4d Riv HT	1,040	3,120	5,200	11,700	18,200	26,000
2d Riv HT	1,400	4,200	7,000	15,750	24,500	35,000
2d Conv	1,880	5,640	9,400	21,150	32,900	47,000
NOTE: Add 5 percent for 75 Series.						
1958 Special Series 40, V-8						
4d Sed	680	2,040	3,400	7,650	11,900	17,000
4d Riv HT	800	2,400	4,000	9,000	14,000	20,000
2d Sed	680	2,040	3,400	7,650	11,900	17,000
2d Riv HT	1,040	3,120	5,200	11,700	18,200	26,000
2d Conv	1,240	3,720	6,200	13,950	21,700	31,000
4d Sta Wag	720	2,160	3,600	8,100	12,600	18,000
4d HT Wag	1,120	3,360	5,600	12,600	19,600	28,000
1958 Century Series 60, V-8						
4d Sed	720	2,160	3,600	8,100	12,600	18,000
4d Riv HT	840	2,520	4,200	9,450	14,700	21,000
2d Riv HT	1,160	3,480	5,800	13,050	20,300	29,000
2d Conv	1,320	3,960	6,600	14,850	23,100	33,000
4d HT Wag	1,200	3,600	6,000	13,500	21,000	30,000
1958 Super Series 50, V-8						
4d Riv HT	880	2,640	4,400	9,900	15,400	22,000
2d Riv HT	1,200	3,600	6,000	13,500	21,000	30,000
1958 Roadmaster Series 75, V-8						
4d Riv HT	920	2,760	4,600	10,350	16,100	23,000
2d Riv HT	1,240	3,720	6,200	13,950	21,700	31,000
2d Conv	1,480	4,440	7,400	16,650	25,900	37,000
1958 Limited Series 700, V-8						
4d Riv HT	1,200	3,600	6,000	13,500	21,000	30,000
2d Riv HT	1,560	4,680	7,800	17,550	27,300	39,000
2d Conv	2,120	6,360	10,600	23,850	37,100	53,000
1959 LeSabre Series 4400, V-8						
4d Sed	680	2,040	3,400	7,650	11,900	17,000
4d HT	760	2,280	3,800	8,550	13,300	19,000
2d Sed	700	2,100	3,500	7,880	12,250	17,500
2d HT	880	2,640	4,400	9,900	15,400	22,000
2d Conv	1,240	3,720	6,200	13,950	21,700	31,000
4d Sta Wag	760	2,280	3,800	8,550	13,300	19,000
1959 Invicta Series 4600, V-8						
4d Sed	720	2,160	3,600	8,100	12,600	18,000
4d HT	800	2,400	4,000	9,000	14,000	20,000
2d HT	920	2,760	4,600	10,350	16,100	23,000
2d Conv	1,360	4,080	6,800	15,300	23,800	34,000
4d Sta Wag	800	2,400	4,000	9,000	14,000	20,000

	6	5	4	3	2	1
1959 Electra Series 4700, V-8						
4d Sed	760	2,280	3,800	8,550	13,300	19,000
4d HT	840	2,520	4,200	9,450	14,700	21,000
2d HT	1,000	3,000	5,000	11,250	17,500	25,000
1959 Electra 225 Series 4800, V-8						
4d Riv HT 6W	800	2,400	4,000	9,000	14,000	20,000
4d HT 4W	840	2,520	4,200	9,450	14,700	21,000
2d Conv	1,480	4,440	7,400	16,650	25,900	37,000
1960 LeSabre Series 4400, V-8						
4d Sed	680	2,040	3,400	7,650	11,900	17,000
4d HT	760	2,280	3,800	8,550	13,300	19,000
2d Sed	700	2,100	3,500	7,880	12,250	17,500
2d HT	920	2,760	4,600	10,350	16,100	23,000
2d Conv	1,280	3,840	6,400	14,400	22,400	32,000
4d Sta Wag	720	2,160	3,600	8,100	12,600	18,000
1960 Invicta Series 4600, V-8						
4d Sed	720	2,160	3,600	8,100	12,600	18,000
4d HT	800	2,400	4,000	9,000	14,000	20,000
2d HT	960	2,880	4,800	10,800	16,800	24,000
2d Conv	1,400	4,200	7,000	15,750	24,500	35,000
4d Sta Wag	760	2,280	3,800	8,550	13,300	19,000
1960 Electra Series 4700, V-8						
4d Riv HT 6W	840	2,520	4,200	9,450	14,700	21,000
4d HT 4W	880	2,640	4,400	9,900	15,400	22,000
2d HT	1,000	3,000	5,000	11,250	17,500	25,000
1960 Electra 225 Series 4800, V-8						
4d Riv HT 6W	880	2,640	4,400	9,900	15,400	22,000
4d HT 4W	920	2,760	4,600	10,350	16,100	23,000
2d Conv	1,480	4,440	7,400	16,650	25,900	37,000

NOTE: Add 5 percent for bucket seat option.

	6	5	4	3	2	1
1961 Special Series 4000, V-8, 112" wb						
4d Sed	640	1,920	3,200	7,200	11,200	16,000
2d Cpe	680	2,040	3,400	7,650	11,900	17,000
4d Sta Wag	680	2,040	3,400	7,650	11,900	17,000
1961 Special DeLuxe Series 4100, V-8, 112" wb						
4d Sed	660	1,980	3,300	7,430	11,550	16,500
2d Skylark Cpe	720	2,160	3,600	8,100	12,600	18,000
4d Sta Wag	720	2,160	3,600	8,100	12,600	18,000

NOTE: Deduct 5 percent for V-6.

	6	5	4	3	2	1
1961 LeSabre Series 4400, V-8						
4d Sed	680	2,040	3,400	7,650	11,900	17,000
4d HT	720	2,160	3,600	8,100	12,600	18,000
2d Sed	680	2,040	3,400	7,650	11,900	17,000
2d HT	760	2,280	3,800	8,550	13,300	19,000
2d Conv	1,120	3,360	5,600	12,600	19,600	28,000
4d Sta Wag	720	2,160	3,600	8,100	12,600	18,000
1961 Invicta Series 4600, V-8						
4d HT	720	2,160	3,600	8,100	12,600	18,000
2d HT	800	2,400	4,000	9,000	14,000	20,000
2d Conv	1,200	3,600	6,000	13,500	21,000	30,000
1961 Electra Series 4700, V-8						
4d Sed	700	2,100	3,500	7,880	12,250	17,500
4d HT	720	2,160	3,600	8,100	12,600	18,000
2d HT	760	2,280	3,800	8,550	13,300	19,000
1961 Electra 225 Series 4800, V-8						
4d Riv HT 6W	720	2,160	3,600	8,100	12,600	18,000
2d Conv	1,360	4,080	6,800	15,300	23,800	34,000
1962 Special Series 4000, V-6, 112.1" wb						
4d Sed	640	1,920	3,200	7,200	11,200	16,000
2d Cpe	700	2,100	3,500	7,880	12,250	17,500
2d Conv	920	2,760	4,600	10,350	16,100	23,000
4d Sta Wag	680	2,040	3,400	7,650	11,900	17,000
1962 Special DeLuxe Series 4100, V-8, 112.1" wb						
4d Sed	680	2,040	3,400	7,650	11,900	17,000
2d Conv	1,000	3,000	5,000	11,250	17,500	25,000
4d Sta Wag	720	2,160	3,600	8,100	12,600	18,000
1962 Special Skylark Series 4300, V-8, 112.1" wb						
2d HT	700	2,100	3,500	7,880	12,250	17,500
2d Conv	1,040	3,120	5,200	11,700	18,200	26,000
1962 LeSabre Series 4400, V-8						
4d Sed	680	2,040	3,400	7,650	11,900	17,000
4d HT	720	2,160	3,600	8,100	12,600	18,000
2d Sed	680	2,040	3,400	7,650	11,900	17,000
2d HT	800	2,400	4,000	9,000	14,000	20,000

	6	5	4	3	2	1
1962 Invicta Series 4600, V-8						
4d HT	720	2,160	3,600	8,100	12,600	18,000
2d HT	840	2,520	4,200	9,450	14,700	21,000
2d HT Wildcat	880	2,640	4,400	9,900	15,400	22,000
2d Conv	1,200	3,600	6,000	13,500	21,000	30,000
4d Sta Wag*	720	2,160	3,600	8,100	12,600	18,000

NOTE: Add 10 percent for bucket seat option where offered.

	6	5	4	3	2	1
1962 Electra 225 Series 4800, V-8						
4d Sed	680	2,040	3,400	7,650	11,900	17,000
4d Riv HT 6W	760	2,280	3,800	8,550	13,300	19,000
4d HT 4W	800	2,400	4,000	9,000	14,000	20,000
2d HT	920	2,760	4,600	10,350	16,100	23,000
2d Conv	1,360	4,080	6,800	15,300	23,800	34,000
1963 Special Series 4000, V-6, 112" wb						
4d Sed	664	1,992	3,320	7,470	11,620	16,600
2d Cpe	668	2,004	3,340	7,520	11,690	16,700
2d Conv	840	2,520	4,200	9,450	14,700	21,000
4d Sta Wag	680	2,040	3,400	7,650	11,900	17,000
1963 Special DeLuxe Series 4100, V-6, 112" wb						
4d Sed	668	2,004	3,340	7,520	11,690	16,700
4d Sta Wag	700	2,100	3,500	7,880	12,250	17,500
1963 Special DeLuxe Series 4100, V-8, 112" wb						
4d Sed	672	2,016	3,360	7,560	11,760	16,800
4d Sta Wag	712	2,136	3,560	8,010	12,460	17,800
1963 Special Skylark Series 4300, V-8, 112" wb						
2d HT	740	2,220	3,700	8,330	12,950	18,500
2d Conv	880	2,640	4,400	9,900	15,400	22,000
1963 LeSabre Series 4400, V-8						
4d Sed	668	2,004	3,340	7,520	11,690	16,700
4d HT	720	2,160	3,600	8,100	12,600	18,000
2d Sed	660	1,980	3,300	7,430	11,550	16,500
2d HT	800	2,400	4,000	9,000	14,000	20,000
4d Sta Wag	680	2,040	3,400	7,650	11,900	17,000
2d Conv	1,000	3,000	5,000	11,250	17,500	25,000
1963 Invicta Series 4600, V-8						
4d Sta Wag	740	2,220	3,700	8,330	12,950	18,500
1963 Wildcat Series 4600, V-8						
4d HT	740	2,220	3,700	8,330	12,950	18,500
2d HT	840	2,520	4,200	9,450	14,700	21,000
2d Conv	1,120	3,360	5,600	12,600	19,600	28,000
1963 Electra 225 Series 4800, V-8						
4d Sed	660	1,980	3,300	7,430	11,550	16,500
4d HT 6W	720	2,160	3,600	8,100	12,600	18,000
4d HT 4W	740	2,220	3,700	8,330	12,950	18,500
2d HT	880	2,640	4,400	9,900	15,400	22,000
2d Conv	1,200	3,600	6,000	13,500	21,000	30,000
1963 Riviera Series 4700, V-8						
2d HT	960	2,880	4,800	10,800	16,800	24,000
1964 Special Series 4000, V-6, 115" wb						
4d Sed	600	1,800	3,000	6,750	10,500	15,000
2d Cpe	608	1,824	3,040	6,840	10,640	15,200
2d Conv	840	2,520	4,200	9,450	14,700	21,000
4d Sta Wag	620	1,860	3,100	6,980	10,850	15,500
1964 Special Deluxe Series 4100, V-6, 115" wb						
4d Sed	612	1,836	3,060	6,890	10,710	15,300
2d Cpe	620	1,860	3,100	6,980	10,850	15,500
4d Sta Wag	640	1,920	3,200	7,200	11,200	16,000
1964 Special Skylark Series 4300, V-6, 115" wb						
4d Sed	620	1,860	3,100	6,980	10,850	15,500
2d HT	640	1,920	3,200	7,200	11,200	16,000
2d Conv	920	2,760	4,600	10,350	16,100	23,000
1964 Special Series 4000, V-8, 115" wb						
4d Sed	620	1,860	3,100	6,980	10,850	15,500
2d Cpe	624	1,872	3,120	7,020	10,920	15,600
2d Conv	920	2,760	4,600	10,350	16,100	23,000
4d Sta Wag	648	1,944	3,240	7,290	11,340	16,200
1964 Special DeLuxe Series 4100, V-8, 115" wb						
4d Sed	628	1,884	3,140	7,070	10,990	15,700
2d Cpe	632	1,896	3,160	7,110	11,060	15,800
4d Sta Wag	660	1,980	3,300	7,430	11,550	16,500
1964 Skylark Series 4300, V-8, 115" wb						
4d Sed	600	1,800	3,000	6,750	10,500	15,000
2d HT	640	1,920	3,200	7,200	11,200	16,000
2d Conv	960	2,880	4,800	10,800	16,800	24,000

	6	5	4	3	2	1
1964 Skylark Series 4200, V-8, 120" wb						
4d Spt Wag	680	2,040	3,400	7,650	11,900	17,000
4d Cus Spt Wag	760	2,280	3,800	8,550	13,300	19,000
1964 LeSabre Series 4400, V-8						
4d Sed	648	1,944	3,240	7,290	11,340	16,200
4d HT	660	1,980	3,300	7,430	11,550	16,500
2d HT	800	2,400	4,000	9,000	14,000	20,000
2d Conv	1,040	3,120	5,200	11,700	18,200	26,000
4d Spt Wag	720	2,160	3,600	8,100	12,600	18,000
1964 Wildcat Series 4600, V-8						
4d Sed	652	1,956	3,260	7,340	11,410	16,300
4d HT	740	2,220	3,700	8,330	12,950	18,500
2d HT	880	2,640	4,400	9,900	15,400	22,000
2d Conv	1,080	3,240	5,400	12,150	18,900	27,000
1964 Electra 225 Series 4800, V-8						
4d Sed	656	1,968	3,280	7,380	11,480	16,400
4d HT 6W	700	2,100	3,500	7,880	12,250	17,500
4d HT 4W	720	2,160	3,600	8,100	12,600	18,000
2d HT	840	2,520	4,200	9,450	14,700	21,000
2d Conv	1,120	3,360	5,600	12,600	19,600	28,000
1964 Riviera Series 4700, V-8						
2d HT	960	2,880	4,800	10,800	16,800	24,000
1965 Special, V-6, 115" wb						
4d Sed	460	1,380	2,300	5,180	8,050	11,500
2d Cpe	464	1,392	2,320	5,220	8,120	11,600
2d Conv	800	2,400	4,000	9,000	14,000	20,000
4d Sta Wag	500	1,500	2,500	5,630	8,750	12,500
1965 Special DeLuxe, V-6, 115" wb						
4d Sed	508	1,524	2,540	5,720	8,890	12,700
4d Sta Wag	516	1,548	2,580	5,810	9,030	12,900
1965 Skylark, V-6, 115" wb						
4d Sed	600	1,800	3,000	6,750	10,500	15,000
2d Cpe	612	1,836	3,060	6,890	10,710	15,300
2d HT	652	1,956	3,260	7,340	11,410	16,300
2d Conv	920	2,760	4,600	10,350	16,100	23,000
1965 Special, V-8, 115" wb						
4d Sed	508	1,524	2,540	5,720	8,890	12,700
2d Cpe	512	1,536	2,560	5,760	8,960	12,800
2d Conv	960	2,880	4,800	10,800	16,800	24,000
4d Sta Wag	508	1,524	2,540	5,720	8,890	12,700
1965 Special DeLuxe, V-8, 115" wb						
4d Sed	516	1,548	2,580	5,810	9,030	12,900
4d Sta Wag	600	1,800	3,000	6,750	10,500	15,000
1965 Skylark, V-8, 115" wb						
4d Sed	532	1,596	2,660	5,990	9,310	13,300
2d Cpe	580	1,740	2,900	6,530	10,150	14,500
2d HT	620	1,860	3,100	6,980	10,850	15,500
2d Conv	880	2,640	4,400	9,900	15,400	22,000

NOTE: Add 20 percent for Skylark Gran Sport Series (400 cid/325hp V-8). Deduct 5 percent for V-6.

	6	5	4	3	2	1
1965 Sport Wagon, V-8, 120" wb						
4d 2S Sta Wag	680	2,040	3,400	7,650	11,900	17,000
4d 3S Sta Wag	700	2,100	3,500	7,880	12,250	17,500
1965 Custom Sport Wagon, V-8, 120" wb						
4d 2S Sta Wag	740	2,220	3,700	8,330	12,950	18,500
4d 3S Sta Wag	760	2,280	3,800	8,550	13,300	19,000
1965 LeSabre, V-8, 123" wb						
4d Sed	484	1,452	2,420	5,450	8,470	12,100
4d HT	492	1,476	2,460	5,540	8,610	12,300
2d HT	612	1,836	3,060	6,890	10,710	15,300
1965 LeSabre Custom, V-8, 123" wb						
4d Sed	492	1,476	2,460	5,540	8,610	12,300
4d HT	516	1,548	2,580	5,810	9,030	12,900
2d HT	680	2,040	3,400	7,650	11,900	17,000
2d Conv	840	2,520	4,200	9,450	14,700	21,000
1965 Wildcat, V-8, 126" wb						
4d Sed	512	1,536	2,560	5,760	8,960	12,800
4d HT	612	1,836	3,060	6,890	10,710	15,300
2d HT	760	2,280	3,800	8,550	13,300	19,000
1965 Wildcat DeLuxe, V-8, 126" wb						
4d Sed	600	1,800	3,000	6,750	10,500	15,000
4d HT	620	1,860	3,100	6,980	10,850	15,500
2d HT	780	2,340	3,900	8,780	13,650	19,500
2d Conv	880	2,640	4,400	9,900	15,400	22,000

1961 Buick Le Sabre four-door hardtop

1968 Buick Le Sabre Custom Sport coupe

1972 Buick Riviera two-door hardtop

	6	5	4	3	2	1
1965 Wildcat Custom, V-8, 126" wb						
4d HT	632	1,896	3,160	7,110	11,060	15,800
2d HT	800	2,400	4,000	9,000	14,000	20,000
2d Conv	920	2,760	4,600	10,350	16,100	23,000
1965 Electra 225, V-8, 126" wb						
4d Sed	612	1,836	3,060	6,890	10,710	15,300
4d HT	652	1,956	3,260	7,340	11,410	16,300
2d HT	780	2,340	3,900	8,780	13,650	19,500
1965 Electra 225 Custom, V-8, 126" wb						
4d Sed	620	1,860	3,100	6,980	10,850	15,500
4d HT	664	1,992	3,320	7,470	11,620	16,600
2d HT	708	2,124	3,540	7,970	12,390	17,700
2d Conv	920	2,760	4,600	10,350	16,100	23,000
1965 Riviera, V-8, 117" wb						
2d HT	840	2,520	4,200	9,450	14,700	21,000
2d HT GS	880	2,640	4,400	9,900	15,400	22,000

NOTE: Add 20 percent for 400.

	6	5	4	3	2	1
1966 Special, V-6, 115" wb						
4d Sed	440	1,320	2,200	4,950	7,700	11,000
2d Cpe	444	1,332	2,220	5,000	7,770	11,100
2d Conv	840	2,520	4,200	9,450	14,700	21,000
4d Sta Wag	440	1,320	2,200	4,950	7,700	11,000
1966 Special DeLuxe, V-6, 115" wb						
4d Sed	444	1,332	2,220	5,000	7,770	11,100
2d Cpe	448	1,344	2,240	5,040	7,840	11,200
2d HT	492	1,476	2,460	5,540	8,610	12,300
4d Sta Wag	444	1,332	2,220	5,000	7,770	11,100
1966 Skylark, V-6, 115" wb						
4d HT	456	1,368	2,280	5,130	7,980	11,400
2d Cpe	460	1,380	2,300	5,180	8,050	11,500
2d HT	512	1,536	2,560	5,760	8,960	12,800
2d Conv	880	2,640	4,400	9,900	15,400	22,000
1966 Special, V-8, 115" wb						
4d Sed	452	1,356	2,260	5,090	7,910	11,300
2d Cpe	456	1,368	2,280	5,130	7,980	11,400
2d Conv	840	2,520	4,200	9,450	14,700	21,000
4d Sta Wag	452	1,356	2,260	5,090	7,910	11,300
1966 Special DeLuxe, V-8, 115" wb						
4d Sed	460	1,380	2,300	5,180	8,050	11,500
2d Cpe	470	1,420	2,360	5,310	8,260	11,800
2d HT	510	1,540	2,560	5,760	8,960	12,800
4d Sta Wag	460	1,380	2,300	5,180	8,050	11,500
1966 Skylark, V-8, 115" wb						
4d HT	500	1,500	2,500	5,630	8,750	12,500
2d Cpe	500	1,510	2,520	5,670	8,820	12,600
2d HT	610	1,840	3,060	6,890	10,710	15,300
2d Conv	920	2,760	4,600	10,350	16,100	23,000
1966 Skylark Gran Sport, V-8, 115" wb						
2d Cpe	720	2,160	3,600	8,100	12,600	18,000
2d HT	960	2,880	4,800	10,800	16,800	24,000
2d Conv	1,080	3,240	5,400	12,150	18,900	27,000
1966 Sport Wagon, V-8, 120" wb						
4d 2S Sta Wag	680	2,040	3,400	7,650	11,900	17,000
4d 3S Sta Wag	700	2,100	3,500	7,880	12,250	17,500
4d 2S Cus Sta Wag	740	2,220	3,700	8,330	12,950	18,500
4d 3S Cus Sta Wag	760	2,280	3,800	8,550	13,300	19,000
1966 LeSabre, V-8, 123" wb						
4d Sed	452	1,356	2,260	5,090	7,910	11,300
4d HT	492	1,476	2,460	5,540	8,610	12,300
2d HT	640	1,920	3,200	7,200	11,200	16,000
1966 LeSabre Custom, V-8, 123" wb						
4d Sed	468	1,404	2,340	5,270	8,190	11,700
4d HT	492	1,476	2,460	5,540	8,610	12,300
2d HT	660	1,980	3,300	7,430	11,550	16,500
2d Conv	920	2,760	4,600	10,350	16,100	23,000
1966 Wildcat, V-8, 126" wb						
4d Sed	472	1,416	2,360	5,310	8,260	11,800
4d HT	512	1,536	2,560	5,760	8,960	12,800
2d HT	680	2,040	3,400	7,650	11,900	17,000
2d Conv	960	2,880	4,800	10,800	16,800	24,000
1966 Wildcat Custom, V-8, 126" wb						
4d Sed	476	1,428	2,380	5,360	8,330	11,900
4d HT	528	1,584	2,640	5,940	9,240	13,200
2d HT	700	2,100	3,500	7,880	12,250	17,500

	6	5	4	3	2	1
2d Conv	1,000	3,000	5,000	11,250	17,500	25,000

NOTE: Add 20 percent for Wildcat Gran Sport Series.

1966 Electra 225, V-8, 126" wb

	6	5	4	3	2	1
4d Sed	512	1,536	2,560	5,760	8,960	12,800
4d HT	612	1,836	3,060	6,890	10,710	15,300
2d HT	720	2,160	3,600	8,100	12,600	18,000

1966 Electra 225 Custom, V-8

	6	5	4	3	2	1
4d Sed	512	1,536	2,560	5,760	8,960	12,800
4d HT	632	1,896	3,160	7,110	11,060	15,800
2d HT	740	2,220	3,700	8,330	12,950	18,500
2d Conv	1,040	3,120	5,200	11,700	18,200	26,000

1966 Riviera, V-8

	6	5	4	3	2	1
2d HT GS	760	2,280	3,800	8,550	13,300	19,000
2d HT	720	2,160	3,600	8,100	12,600	18,000

NOTE: Add 20 percent for 400. Not available in Riviera.

1967 Special, V-6, 115" wb

	6	5	4	3	2	1
4d Sed	356	1,068	1,780	4,010	6,230	8,900
2d Cpe	440	1,320	2,200	4,950	7,700	11,000
4d Sta Wag	352	1,056	1,760	3,960	6,160	8,800

1967 Special DeLuxe, V-6, 115" wb

	6	5	4	3	2	1
4d Sed	440	1,320	2,200	4,950	7,700	11,000
2d HT	480	1,440	2,400	5,400	8,400	12,000

1967 Skylark, V-6, 115" wb

	6	5	4	3	2	1
2d Cpe	472	1,416	2,360	5,310	8,260	11,800

1967 Special, V-8, 115" wb

	6	5	4	3	2	1
4d Sed	444	1,332	2,220	5,000	7,770	11,100
2d Cpe	460	1,380	2,300	5,180	8,050	11,500
4d Sta Wag	448	1,344	2,240	5,040	7,840	11,200

1967 Special DeLuxe, V-8, 115" wb

	6	5	4	3	2	1
4d Sed	448	1,344	2,240	5,040	7,840	11,200
2d HT	500	1,500	2,500	5,630	8,750	12,500
4d Sta Wag	452	1,356	2,260	5,090	7,910	11,300

1967 Skylark, V-8, 115" wb

	6	5	4	3	2	1
4d Sed	452	1,356	2,260	5,090	7,910	11,300
4d HT	460	1,380	2,300	5,180	8,050	11,500
2d Cpe	480	1,440	2,400	5,400	8,400	12,000
2d HT	600	1,800	3,000	6,750	10,500	15,000
2d Conv	880	2,640	4,400	9,900	15,400	22,000

1967 Sport Wagon, V-8, 120" wb

	6	5	4	3	2	1
4d 2S Sta Wag	680	2,040	3,400	7,650	11,900	17,000
4d 3S Sta Wag	700	2,100	3,500	7,880	12,250	17,500

1967 Gran Sport 340, V-8, 115" wb

	6	5	4	3	2	1
2d HT	760	2,280	3,800	8,550	13,300	19,000

1967 Gran Sport 400, V-8, 115" wb

	6	5	4	3	2	1
2d Cpe	680	2,040	3,400	7,650	11,900	17,000
2d HT	780	2,340	3,900	8,780	13,650	19,500
2d Conv	960	2,880	4,800	10,800	16,800	24,000

1967 LeSabre, V-8, 123" wb

	6	5	4	3	2	1
4d Sed	456	1,368	2,280	5,130	7,980	11,400
4d HT	464	1,392	2,320	5,220	8,120	11,600
2d HT	600	1,800	3,000	6,750	10,500	15,000

1967 LeSabre Custom, V-8, 123" wb

	6	5	4	3	2	1
4d Sed	464	1,392	2,320	5,220	8,120	11,600
4d HT	472	1,416	2,360	5,310	8,260	11,800
2d HT	620	1,860	3,100	6,980	10,850	15,500
2d Conv	840	2,520	4,200	9,450	14,700	21,000

1967 Wildcat, V-8, 126" wb

	6	5	4	3	2	1
4d Sed	472	1,416	2,360	5,310	8,260	11,800
4d HT	480	1,440	2,400	5,400	8,400	12,000
2d HT	640	1,920	3,200	7,200	11,200	16,000
2d Conv	880	2,640	4,400	9,900	15,400	22,000

1967 Wildcat Custom, V-8, 126" wb

	6	5	4	3	2	1
4d HT	500	1,500	2,500	5,630	8,750	12,500
2d HT	660	1,980	3,300	7,430	11,550	16,500
2d Conv	960	2,880	4,800	10,800	16,800	24,000

1967 Electra 225, V-8, 126" wb

	6	5	4	3	2	1
4d Sed	468	1,404	2,340	5,270	8,190	11,700
4d HT	520	1,560	2,600	5,850	9,100	13,000
2d HT	680	2,040	3,400	7,650	11,900	17,000

1967 Electra 225 Custom, V-8, 126" wb

	6	5	4	3	2	1
4d Sed	484	1,452	2,420	5,450	8,470	12,100
4d HT	540	1,620	2,700	6,080	9,450	13,500
2d HT	700	2,100	3,500	7,880	12,250	17,500
2d Conv	1,040	3,120	5,200	11,700	18,200	26,000

	6	5	4	3	2	1
1967 Riviera Series, V-8						
2d HT GS	740	2,220	3,700	8,330	12,950	18,500
2d HT	720	2,160	3,600	8,100	12,600	18,000
NOTE: Add 20 percent for 400. Not available in Riviera.						
1968 Special DeLuxe, V-6, 116" wb, 2d 112" wb						
4d Sed	348	1,044	1,740	3,920	6,090	8,700
2d Sed	352	1,056	1,760	3,960	6,160	8,800
1968 Skylark, V-6, 116" wb, 2d 112" wb						
4d Sed	352	1,056	1,760	3,960	6,160	8,800
2d HT	460	1,380	2,300	5,180	8,050	11,500
1968 Special DeLuxe, V-8, 116" wb, 2d 112" wb						
4d Sed	352	1,056	1,760	3,960	6,160	8,800
2d Sed	356	1,068	1,780	4,010	6,230	8,900
4d Sta Wag	356	1,068	1,780	4,010	6,230	8,900
1968 Skylark, V-8, 116" wb, 2d 112" wb						
4d Sed	356	1,068	1,780	4,010	6,230	8,900
4d HT	440	1,320	2,200	4,950	7,700	11,000
1968 Skylark Custom, V-8, 116" wb, 2d 112" wb						
4d Sed	440	1,320	2,200	4,950	7,700	11,000
4d HT	452	1,356	2,260	5,090	7,910	11,300
2d HT	480	1,440	2,400	5,400	8,400	12,000
2d Conv	840	2,520	4,200	9,450	14,700	21,000
1968 Sport Wagon, V-8, 121" wb						
4d 2S Sta Wag	640	1,920	3,200	7,200	11,200	16,000
4d 3S Sta Wag	660	1,980	3,300	7,430	11,550	16,500
1968 Gran Sport GS 350, V-8, 112" wb						
2d HT	780	2,340	3,900	8,780	13,650	19,500
1968 Gran Sport GS 400, V-8, 112" wb						
2d HT	800	2,400	4,000	9,000	14,000	20,000
2d Conv	920	2,760	4,600	10,350	16,100	23,000
NOTE: Add 15 percent for Skylark GS Calif. Spl.						
1968 LeSabre, V-8, 123" wb						
4d Sed	452	1,356	2,260	5,090	7,910	11,300
4d HT	464	1,392	2,320	5,220	8,120	11,600
2d HT	620	1,860	3,100	6,980	10,850	15,500
1968 LeSabre Custom, V-8, 123" wb						
4d Sed	456	1,368	2,280	5,130	7,980	11,400
4d HT	468	1,404	2,340	5,270	8,190	11,700
2d HT	640	1,920	3,200	7,200	11,200	16,000
2d Conv	880	2,640	4,400	9,900	15,400	22,000
1968 Wildcat, V-8, 126" wb						
4d Sed	460	1,380	2,300	5,180	8,050	11,500
4d HT	472	1,416	2,360	5,310	8,260	11,800
2d HT	660	1,980	3,300	7,430	11,550	16,500
1968 Wildcat Custom, V-8, 126" wb						
4d HT	484	1,452	2,420	5,450	8,470	12,100
2d HT	680	2,040	3,400	7,650	11,900	17,000
2d Conv	960	2,880	4,800	10,800	16,800	24,000
1968 Electra 225, V-8, 126" wb						
4d Sed	480	1,440	2,400	5,400	8,400	12,000
4d HT	496	1,488	2,480	5,580	8,680	12,400
2d HT	700	2,100	3,500	7,880	12,250	17,500
1968 Electra 225 Custom, V-8, 126" wb						
4d Sed	484	1,452	2,420	5,450	8,470	12,100
4d HT	500	1,500	2,500	5,630	8,750	12,500
2d HT	720	2,160	3,600	8,100	12,600	18,000
2d Conv	1,040	3,120	5,200	11,700	18,200	26,000
1968 Riviera Series, V-8						
2d HT GS	740	2,220	3,700	8,330	12,950	18,500
2d HT	720	2,160	3,600	8,100	12,600	18,000
NOTE: Add 20 percent for 400. Not available in Riviera.						
1969 Special DeLuxe, V-6, 116" wb, 2d 112" wb						
4d Sed	348	1,044	1,740	3,920	6,090	8,700
2d Sed	344	1,032	1,720	3,870	6,020	8,600
1969 Skylark, V-6, 116" wb, 2d 112" wb						
4d Sed	352	1,056	1,760	3,960	6,160	8,800
2d HT	440	1,320	2,200	4,950	7,700	11,000
1969 Special DeLuxe, V-8, 116" wb, 2d 112" wb						
4d Sed	352	1,056	1,760	3,960	6,160	8,800
2d Sed	348	1,044	1,740	3,920	6,090	8,700
4d Sta Wag	352	1,056	1,760	3,960	6,160	8,800

	6	5	4	3	2	1
1969 Skylark, V-8, 116" wb, 2d 112" wb						
4d Sed	356	1,068	1,780	4,010	6,230	8,900
2d HT	480	1,440	2,400	5,400	8,400	12,000
1969 Skylark Custom, V-8, 116" wb, 2d 112" wb						
4d Sed	440	1,320	2,200	4,950	7,700	11,000
4d HT	444	1,332	2,220	5,000	7,770	11,100
2d HT	600	1,800	3,000	6,750	10,500	15,000
2d Conv	800	2,400	4,000	9,000	14,000	20,000
1969 Gran Sport GS 350, V-8, 112" wb						
2d Calif GS	760	2,280	3,800	8,550	13,300	19,000
2d HT	800	2,400	4,000	9,000	14,000	20,000
1969 Gran Sport GS 400, V-8, 112" wb						
2d HT	840	2,520	4,200	9,450	14,700	21,000
2d Conv	1,000	3,000	5,000	11,250	17,500	25,000
NOTE: Add 30 percent for Stage I option.						
1969 Sport Wagon, V-8, 121" wb						
4d 2S Sta Wag	640	1,920	3,200	7,200	11,200	16,000
4d 3S Sta Wag	660	1,980	3,300	7,430	11,550	16,500
1969 LeSabre, V-8, 123.2" wb						
4d Sed	448	1,344	2,240	5,040	7,840	11,200
4d HT	452	1,356	2,260	5,090	7,910	11,300
2d HT	500	1,500	2,500	5,630	8,750	12,500
1969 LeSabre Custom, V-8, 123.2" wb						
4d Sed	452	1,356	2,260	5,090	7,910	11,300
4d HT	456	1,368	2,280	5,130	7,980	11,400
2d HT	600	1,800	3,000	6,750	10,500	15,000
2d Conv	800	2,400	4,000	9,000	14,000	20,000
1969 Wildcat, V-8, 123.2" wb						
4d Sed	460	1,380	2,300	5,180	8,050	11,500
4d HT	468	1,404	2,340	5,270	8,190	11,700
2d HT	620	1,860	3,100	6,980	10,850	15,500
1969 Wildcat Custom, V-8, 123.2" wb						
4d HT	476	1,428	2,380	5,360	8,330	11,900
2d HT	640	1,920	3,200	7,200	11,200	16,000
2d Conv	840	2,520	4,200	9,450	14,700	21,000
1969 Electra 225, V-8, 126.2" wb						
4d Sed	464	1,392	2,320	5,220	8,120	11,600
4d HT	468	1,404	2,340	5,270	8,190	11,700
2d HT	660	1,980	3,300	7,430	11,550	16,500
1969 Electra 225 Custom, V-8, 126.2" wb						
4d Sed	472	1,416	2,360	5,310	8,260	11,800
4d HT	484	1,452	2,420	5,450	8,470	12,100
2d HT	680	2,040	3,400	7,650	11,900	17,000
2d Conv	1,000	3,000	5,000	11,250	17,500	25,000
1969 Riviera Series, V-8						
2d GS HT	740	2,220	3,700	8,330	12,950	18,500
2d HT	720	2,160	3,600	8,100	12,600	18,000
NOTE: Add 20 percent for 400.						
1970 Skylark, V-6, 116" wb, 2d 112" wb						
4d Sed	348	1,044	1,740	3,920	6,090	8,700
2d Sed	352	1,056	1,760	3,960	6,160	8,800
1970 Skylark 350, V-6, 116" wb, 2d 112" wb						
4d Sed	356	1,068	1,780	4,010	6,230	8,900
2d HT	460	1,380	2,300	5,180	8,050	11,500
1970 Skylark, V-8, 116" wb, 2d 112" wb						
4d Sed	352	1,056	1,760	3,960	6,160	8,800
2d Sed	356	1,068	1,780	4,010	6,230	8,900
1970 Skylark 350, V-8, 116" wb, 2d 112.2" wb						
4d Sed	440	1,320	2,200	4,950	7,700	11,000
2d HT	500	1,500	2,500	5,630	8,750	12,500
1970 Skylark Custom, V-8, 116" wb, 2d 112" wb						
4d Sed	444	1,332	2,220	5,000	7,770	11,100
4d HT	448	1,344	2,240	5,040	7,840	11,200
2d HT	620	1,860	3,100	6,980	10,850	15,500
2d Conv	960	2,880	4,800	10,800	16,800	24,000
1970 Gran Sport GS 350, V-8, 112" wb						
2d HT	800	2,400	4,000	9,000	14,000	20,000
1970 Gran Sport GS 455, V-8, 112" wb						
2d HT	840	2,520	4,200	9,450	14,700	21,000
2d Conv	1,040	3,120	5,200	11,700	18,200	26,000
1970 GSX, V-8, 455, 112" wb						
2d HT	1,600	4,800	8,000	18,000	28,000	40,000
NOTE: Add 40 percent for Stage I 455.						

	6	5	4	3	2	1
1970 Sport Wagon, V-8, 116" wb						
2S Sta Wag	480	1,440	2,400	5,400	8,400	12,000
1970 LeSabre, V-8, 124" wb						
4d Sed	456	1,368	2,280	5,130	7,980	11,400
4d HT	464	1,392	2,320	5,220	8,120	11,600
2d HT	600	1,800	3,000	6,750	10,500	15,000
1970 LeSabre Custom, V-8, 124" wb						
4d Sed	460	1,380	2,300	5,180	8,050	11,500
4d HT	468	1,404	2,340	5,270	8,190	11,700
2d HT	620	1,860	3,100	6,980	10,850	15,500
2d Conv	800	2,400	4,000	9,000	14,000	20,000
1970 LeSabre Custom 455, V-8, 124" wb						
4d Sed	468	1,404	2,340	5,270	8,190	11,700
4d HT	480	1,440	2,400	5,400	8,400	12,000
2d HT	632	1,896	3,160	7,110	11,060	15,800
1970 Estate Wagon, V-8, 124" wb						
4d 2S Sta Wag	540	1,620	2,700	6,080	9,450	13,500
4d 3S Sta Wag	560	1,680	2,800	6,300	9,800	14,000
1970 Wildcat Custom, V-8, 124" wb						
4d HT	476	1,428	2,380	5,360	8,330	11,900
2d HT	640	1,920	3,200	7,200	11,200	16,000
2d Conv	840	2,520	4,200	9,450	14,700	21,000
1970 Electra 225, V-8, 127" wb						
4d Sed	472	1,416	2,360	5,310	8,260	11,800
4d HT	488	1,464	2,440	5,490	8,540	12,200
2d HT	660	1,980	3,300	7,430	11,550	16,500
1970 Electra Custom 225, V-8, 127" wb						
4d Sed	476	1,428	2,380	5,360	8,330	11,900
4d HT	496	1,488	2,480	5,580	8,680	12,400
2d HT	680	2,040	3,400	7,650	11,900	17,000
2d Conv	1,000	3,000	5,000	11,250	17,500	25,000
1970 Riviera Series, V-8						
2d GS Cpe	720	2,160	3,600	8,100	12,600	18,000
2d HT Cpe	700	2,100	3,500	7,880	12,250	17,500
NOTE: Add 40 percent for 455, except in Riviera.						
1971-72 Skylark, V-8, 116" wb, 2d 112" wb						
4d Sed	324	972	1,620	3,650	5,670	8,100
2d Sed	328	984	1,640	3,690	5,740	8,200
2d HT	440	1,320	2,200	4,950	7,700	11,000
1971-72 Skylark 350, V-8, 116" wb, 2d 112" wb						
4d Sed	336	1,008	1,680	3,780	5,880	8,400
2d HT	480	1,440	2,400	5,400	8,400	12,000
1971-72 Skylark Custom, V-8						
4d Sed	332	996	1,660	3,740	5,810	8,300
4d HT	340	1,020	1,700	3,830	5,950	8,500
2d HT	600	1,800	3,000	6,750	10,500	15,000
2d Conv	800	2,400	4,000	9,000	14,000	20,000
1971-72 Gran Sport, 350, V-8						
2d HT	760	2,280	3,800	8,550	13,300	19,000
2d Conv	960	2,880	4,800	10,800	16,800	24,000
2d HT GSX	1,440	4,320	7,200	16,200	25,200	36,000
NOTE: Add 40 percent for Stage I & 20 percent for GS-455 options. Add 15 percent for folding sunroof (1972).						
1971-72 Sport Wagon, V-8, 116" wb						
4d 2S Sta Wag	360	1,080	1,800	4,050	6,300	9,000
1971-72 LeSabre						
4d Sed	312	936	1,560	3,510	5,460	7,800
4d HT	320	960	1,600	3,600	5,600	8,000
2d HT	328	984	1,640	3,690	5,740	8,200
1971-72 LeSabre Custom, V-8						
4d Sed	316	948	1,580	3,560	5,530	7,900
4d HT	324	972	1,620	3,650	5,670	8,100
2d HT	336	1,008	1,680	3,780	5,880	8,400
2d Conv	760	2,280	3,800	8,550	13,300	19,000
1971-72 Centurion, V-8						
4d HT	332	996	1,660	3,740	5,810	8,300
2d HT	344	1,032	1,720	3,870	6,020	8,600
2d Conv	800	2,400	4,000	9,000	14,000	20,000
1971-72 Estate Wagon, V-8, 124" wb						
4d 2S Sta Wag	380	1,140	1,900	4,280	6,650	9,500
4d 3S Sta Wag	400	1,200	2,000	4,500	7,000	10,000
1971-72 Electra 225, V-8, 127" wb						
4d HT	336	1,008	1,680	3,780	5,880	8,400
2d HT	348	1,044	1,740	3,920	6,090	8,700

	6	5	4	3	2	1
1971-72 Electra Custom 225, V-8						
4d HT	340	1,020	1,700	3,830	5,950	8,500
2d HT	440	1,320	2,200	4,950	7,700	11,000
1971-72 Riviera, V-8						
2d HT GS	500	1,500	2,500	5,630	8,750	12,500
2d HT	460	1,380	2,300	5,180	8,050	11,500
1973 Apollo, 6-cyl., 111" wb						
4d Sed	268	804	1,340	3,020	4,690	6,700
2d Sed	276	828	1,380	3,110	4,830	6,900
2d HBk	284	852	1,420	3,200	4,970	7,100
1973 Apollo, V-8						
4d Sed	272	816	1,360	3,060	4,760	6,800
2d Sed	284	852	1,420	3,200	4,970	7,100
2d HBk	288	864	1,440	3,240	5,040	7,200
1973 Century, V-8, 116" wb, 2d 112" wb						
2d Cpe	284	852	1,420	3,200	4,970	7,100
4d Sed	280	840	1,400	3,150	4,900	7,000
4d 3S Sta Wag	276	828	1,380	3,110	4,830	6,900
1973 Century Luxus, V-8						
4d HT	284	852	1,420	3,200	4,970	7,100
2d Cpe	288	864	1,440	3,240	5,040	7,200
4d 3S Wag	280	840	1,400	3,150	4,900	7,000
1973 Century Regal, V-8						
2d HT	320	960	1,600	3,600	5,600	8,000

NOTE: Add 30 percent for Gran Sport Package. Add 70 percent for GS Stage I, 455 option.

	6	5	4	3	2	1
1973 LeSabre, V-8, 124" wb						
4d Sed	264	792	1,320	2,970	4,620	6,600
4d HT	268	804	1,340	3,020	4,690	6,700
2d HT	280	840	1,400	3,150	4,900	7,000
1973 LeSabre Custom, V-8						
4d Sed	288	864	1,440	3,240	5,040	7,200
4d HT	292	876	1,460	3,290	5,110	7,300
2d HT	312	936	1,560	3,510	5,460	7,800
4d 3S Est Wag	288	864	1,440	3,240	5,040	7,200
1973 Centurion, V-8						
4d HT	296	888	1,480	3,330	5,180	7,400
2d HT	316	948	1,580	3,560	5,530	7,900
2d Conv	640	1,920	3,200	7,200	11,200	16,000
1973 Electra 225, V-8, 127" wb						
4d HT	300	900	1,500	3,380	5,250	7,500
2d HT	328	984	1,640	3,690	5,740	8,200
1973 Electra Custom 225, V-8						
4d HT	304	912	1,520	3,420	5,320	7,600
2d HT	332	996	1,660	3,740	5,810	8,300
1973 Riviera, V-8						
2d HT GS	460	1,380	2,300	5,180	8,050	11,500
2d HT	420	1,260	2,100	4,730	7,350	10,500
1974 Apollo, 6-cyl., 111" wb						
4d Sed	264	792	1,320	2,970	4,620	6,600
2d Sed	264	792	1,320	2,970	4,620	6,600
2d HBk	268	804	1,340	3,020	4,690	6,700
1974 Apollo, V-8, 111" wb						
4d Sed	308	924	1,540	3,470	5,390	7,700
2d Sed	308	924	1,540	3,470	5,390	7,700
2d HBk	312	936	1,560	3,510	5,460	7,800
1974 Century, V-8						
2d Cpe	284	852	1,420	3,200	4,970	7,100
4d HT	280	840	1,400	3,150	4,900	7,000
4d Sta Wag	280	840	1,400	3,150	4,900	7,000
1974 Century Luxus, V-8, 112" wb						
2d HT	280	840	1,400	3,150	4,900	7,000
4d HT	276	828	1,380	3,110	4,830	6,900
4d Sta Wag	276	828	1,380	3,110	4,830	6,900
1974 Gran Sport, V-8						
2d Cpe	300	900	1,500	3,380	5,250	7,500
1974 Century Regal, V-8, 112" wb						
2d HT	304	912	1,520	3,420	5,320	7,600
4d HT	292	876	1,460	3,290	5,110	7,300
1974 LeSabre						
4d Sed	288	864	1,440	3,240	5,040	7,200
4d HT	292	876	1,460	3,290	5,110	7,300
2d HT	296	888	1,480	3,330	5,180	7,400

	6	5	4	3	2	1
1974 LeSabre, V-8, 123" wb						
4d Sed	324	972	1,620	3,650	5,670	8,100
4d HT	328	984	1,640	3,690	5,740	8,200
2d HT	336	1,008	1,680	3,780	5,880	8,400
1974 LeSabre Luxus, V-8, 123" wb						
4d Sed	328	984	1,640	3,690	5,740	8,200
4d HT	332	996	1,660	3,740	5,810	8,300
2d HT	340	1,020	1,700	3,830	5,950	8,500
2d Conv	620	1,860	3,100	6,980	10,850	15,500
1974 Estate Wagon, V-8						
4d Sta Wag	332	996	1,660	3,740	5,810	8,300
1974 Electra 225, V-8						
2d HT	428	1,284	2,140	4,820	7,490	10,700
4d HT	328	984	1,640	3,690	5,740	8,200
1974 Electra 225 Custom, V-8						
2d HT	436	1,308	2,180	4,910	7,630	10,900
4d HT	336	1,008	1,680	3,780	5,880	8,400
1974 Electra Limited, V-8						
2d HT	444	1,332	2,220	5,000	7,770	11,100
4d HT	424	1,272	2,120	4,770	7,420	10,600
1974 Riviera, V-8						
2d HT	440	1,320	2,200	4,950	7,700	11,000

NOTE: Add 10 percent for Apollo GSX. Add 10 percent for Century Gran Sport. Add 15 percent for Century GS-455. Add 20 percent for GS-455 Stage I. Add 5 percent for sunroof. Add 15 percent for Riviera GS or Stage I.

	6	5	4	3	2	1
1975 Skyhawk, V-6						
2d "S" HBk	250	700	1,150	2,610	4,050	5,800
2d HBk	250	700	1,150	2,610	4,050	5,800
1975 Apollo, V-8						
4d Sed	268	804	1,340	3,020	4,690	6,700
4d "SR" Sed	272	816	1,360	3,060	4,760	6,800
1975 Skylark, V-8						
2d Cpe	276	828	1,380	3,110	4,830	6,900
2d HBk	280	840	1,400	3,150	4,900	7,000
2d "SR" Cpe	280	840	1,400	3,150	4,900	7,000
2d "SR" HBk	284	852	1,420	3,200	4,970	7,100
1975 Century, V-8						
4d Sed	264	792	1,320	2,970	4,620	6,600
2d Cpe	264	792	1,320	2,970	4,620	6,600
4d Cus Sed	276	828	1,380	3,110	4,830	6,900
2d Cus Cpe	280	840	1,400	3,150	4,900	7,000
4d 2S Sta Wag	264	792	1,320	2,970	4,620	6,600
4d 3S Sta Wag	268	804	1,340	3,020	4,690	6,700
1975 Regal, V-8						
4d Sed	272	816	1,360	3,060	4,760	6,800
2d Cpe	272	816	1,360	3,060	4,760	6,800
1975 LeSabre, V-8						
4d Sed	276	828	1,380	3,110	4,830	6,900
4d HT	284	852	1,420	3,200	4,970	7,100
2d Cpe	280	840	1,400	3,150	4,900	7,000
1975 LeSabre Custom, V-8						
4d Sed	284	852	1,420	3,200	4,970	7,100
4d HT	296	888	1,480	3,330	5,180	7,400
2d Cpe	296	888	1,480	3,330	5,180	7,400
2d Conv	620	1,860	3,100	6,980	10,850	15,500
1975 Estate Wagon, V-8						
4d 2S Sta Wag	288	864	1,440	3,240	5,040	7,200
4d 3S Sta Wag	296	888	1,480	3,330	5,180	7,400
1975 Electra 225 Custom, V-8						
4d HT	300	900	1,500	3,380	5,250	7,500
2d Cpe	308	924	1,540	3,470	5,390	7,700
1975 Electra 225 Limited, V-8						
4d HT	304	912	1,520	3,420	5,320	7,600
2d Cpe	316	948	1,580	3,560	5,530	7,900
1975 Riviera, V-8						
2d HT	320	960	1,600	3,600	5,600	8,000

NOTE: Add 15 percent for Park Avenue DeLuxe. Add 5 percent for Park Avenue, Century, GS or Riviera GS options.

	6	5	4	3	2	1
1976 Skyhawk, V-6						
2d HBk	200	600	1,000	2,210	3,450	4,900
1976 Skylark S, V-8						
2d Cpe	244	732	1,220	2,750	4,270	6,100

	6	5	4	3	2	1
1976 Skylark, V-8						
4d Sed	244	732	1,220	2,750	4,270	6,100
2d Cpe	248	744	1,240	2,790	4,340	6,200
2d HBk	252	756	1,260	2,840	4,410	6,300
1976 Skylark SR, V-8						
4d Sed	248	744	1,240	2,790	4,340	6,200
2d Cpe	252	756	1,260	2,840	4,410	6,300
2d HBk	256	768	1,280	2,880	4,480	6,400
1976 Century Special, V-6						
2d Cpe	240	720	1,200	2,700	4,200	6,000
1976 Century, V-8						
4d Sed	260	780	1,300	2,930	4,550	6,500
2d Cpe	248	744	1,240	2,790	4,340	6,200
1976 Century Custom, V-8						
4d Sed	268	804	1,340	3,020	4,690	6,700
2d Cpe	252	756	1,260	2,840	4,410	6,300
4d 2S Sta Wag	244	732	1,220	2,750	4,270	6,100
4d 3S Sta Wag	248	744	1,240	2,790	4,340	6,200
1976 Regal, V-8						
4d Sed	272	816	1,360	3,060	4,760	6,800
2d Cpe	256	768	1,280	2,880	4,480	6,400
1976 LeSabre, V-6						
4d Sed	276	828	1,380	3,110	4,830	6,900
4d HT	260	780	1,300	2,930	4,550	6,500
2d Cpe	264	792	1,320	2,970	4,620	6,600
1976 LeSabre Custom, V-8						
4d Sed	280	840	1,400	3,150	4,900	7,000
4d HT	268	804	1,340	3,020	4,690	6,700
2d Cpe	272	816	1,360	3,060	4,760	6,800
1976 Estate, V-8						
4d 2S Sta Wag	280	840	1,400	3,150	4,900	7,000
4d 3S Sta Wag	284	852	1,420	3,200	4,970	7,100
1976 Electra 225, V-8						
4d HT	288	864	1,440	3,240	5,040	7,200
2d Cpe	280	840	1,400	3,150	4,900	7,000
1976 Electra 225 Custom, V-8						
4d HT	296	888	1,480	3,330	5,180	7,400
2d Cpe	288	864	1,440	3,240	5,040	7,200
1976 Riviera, V-8						
2d Spt Cpe	300	900	1,500	3,380	5,250	7,500

NOTE: Deduct 5 percent for 6-cylinder.

	6	5	4	3	2	1
1977 Skyhawk, V-6						
2d HBk	150	400	700	1,580	2,450	3,500
1977 Skylark S, V-8						
2d Cpe	150	450	750	1,670	2,600	3,700
1977 Skylark, V-8						
4d Sed	150	450	750	1,670	2,600	3,700
2d Cpe	150	450	750	1,710	2,650	3,800
2d HBk	150	450	800	1,760	2,750	3,900
1977 Skylark SR, V-8						
4d Sed	150	450	750	1,710	2,650	3,800
2d Cpe	150	450	800	1,760	2,750	3,900
2d HBk	150	500	800	1,800	2,800	4,000
1977 Century, V-8						
4d Sed	200	550	900	2,030	3,150	4,500
2d Cpe	200	550	900	2,070	3,200	4,600
1977 Century Special, V-6						
2d Cpe	200	550	950	2,120	3,300	4,700
1977 Century Custom, V-8						
4d Sed	200	550	900	2,070	3,200	4,600
2d Cpe	200	550	950	2,120	3,300	4,700
4d 2S Sta Wag	200	550	900	1,980	3,100	4,400
4d 3S Sta Wag	200	550	900	2,030	3,150	4,500
1977 Regal, V-8						
4d Sed	200	600	950	2,160	3,350	4,800
2d Cpe	200	600	1,000	2,210	3,450	4,900
1977 LeSabre, V-8						
4d Sed	210	640	1,060	2,390	3,710	5,300
2d Cpe	220	650	1,080	2,430	3,780	5,400
1977 LeSabre Custom, V-8						
4d Sed	220	650	1,080	2,430	3,780	5,400
2d Cpe	220	660	1,100	2,480	3,850	5,500
2d Spt Cpe	220	670	1,120	2,520	3,920	5,600

	6	5	4	3	2	1
1977 Electra 225, V-8						
4d Sed	220	670	1,120	2,520	3,920	5,600
2d Cpe	230	680	1,140	2,570	3,990	5,700
1977 Electra Limited, V-8						
4d Sed	230	700	1,160	2,610	4,060	5,800
2d Cpe	240	720	1,200	2,700	4,200	6,000
NOTE: Add 5 percent for Electra Park Avenue trim option.						
1977 Riviera, V-8						
2d Cpe	200	650	1,100	2,430	3,800	5,400
NOTE: Deduct 5 percent for V-6.						
1978 Skyhawk						
2d "S" HBk	150	400	650	1,440	2,250	3,200
2d HBk	136	408	680	1,530	2,380	3,400
1978 Skylark						
2d "S" Cpe	250	760	1,260	2,840	4,410	6,300
4d Sed	160	480	800	1,800	2,800	4,000
2d Cpe	260	770	1,280	2,880	4,480	6,400
2d HBk	260	780	1,300	2,930	4,550	6,500
1978 Skylark Custom						
4d Sed	160	490	820	1,850	2,870	4,100
2d Cpe	260	780	1,300	2,930	4,550	6,500
2d HBk	260	790	1,320	2,970	4,620	6,600
1978 Century Special						
4d Sed	140	420	700	1,580	2,450	3,500
2d Cpe	144	432	720	1,620	2,520	3,600
Sta Wag	136	408	680	1,530	2,380	3,400
1978 Century Custom						
4d Sed	144	432	720	1,620	2,520	3,600
2d Cpe	148	444	740	1,670	2,590	3,700
Sta Wag	140	420	700	1,580	2,450	3,500
1978 Century Sport						
2d Cpe	156	468	780	1,760	2,730	3,900
1978 Century Limited						
4d Sed	152	456	760	1,710	2,660	3,800
2d Cpe	156	468	780	1,760	2,730	3,900
1978 Regal						
2d Cpe	230	680	1,140	2,570	3,990	5,700
Spt Cpe	230	700	1,160	2,610	4,060	5,800
1978 Regal Limited						
2d Cpe	240	720	1,200	2,700	4,200	6,000
1978 LeSabre						
4d Sed	180	530	880	1,980	3,080	4,400
2d Cpe	180	540	900	2,030	3,150	4,500
2d Spt Turbo Cpe	190	580	960	2,160	3,360	4,800
1978 LeSabre Custom						
4d Sed	180	540	900	2,030	3,150	4,500
2d Cpe	180	550	920	2,070	3,220	4,600
1978 Estate Wagon						
4d Sta Wag	180	530	880	1,980	3,080	4,400
1978 Electra 225						
4d Sed	180	550	920	2,070	3,220	4,600
2d Cpe	200	590	980	2,210	3,430	4,900
1978 Electra Limited						
4d Sed	190	560	940	2,120	3,290	4,700
2d Cpe	210	620	1,040	2,340	3,640	5,200
1978 Electra Park Avenue						
4d Sed	200	590	980	2,210	3,430	4,900
2d Cpe	220	660	1,100	2,480	3,850	5,500
1978 Riviera						
2d Cpe	250	740	1,240	2,790	4,340	6,200
NOTE: Deduct 5 percent for 6-cyl.						
1979 Skyhawk, V-6						
2d HBk	140	420	700	1,580	2,450	3,500
2d "S" HBk	150	400	700	1,530	2,400	3,400
1979 Skylark "S", V-8						
2d "S" Cpe	250	760	1,260	2,840	4,410	6,300
1979 Skylark, V-8						
4d Sed	160	480	800	1,800	2,800	4,000
2d Cpe	260	780	1,300	2,930	4,550	6,500
2d HBk	260	790	1,320	2,970	4,620	6,600

	6	5	4	3	2	1
1979 Skylark Custom, V-8						
4d Sed	160	490	820	1,850	2,870	4,100
2d Cpe	260	790	1,320	2,970	4,620	6,600
1979 Century Special, V-8						
4d Sed	144	432	720	1,620	2,520	3,600
2d Cpe	140	420	700	1,580	2,450	3,500
4d Sta Wag	144	432	720	1,620	2,520	3,600
1979 Century Custom, V-8						
4d Sed	148	444	740	1,670	2,590	3,700
2d Cpe	144	432	720	1,620	2,520	3,600
4d Sta Wag	148	444	740	1,670	2,590	3,700
1979 Century Sport, V-8						
2d Cpe	160	480	800	1,800	2,800	4,000
1979 Century Limited, V-8						
4d Sed	156	468	780	1,760	2,730	3,900

NOTE: Deduct 7 percent for 6-cyl.

	6	5	4	3	2	1
1979 Regal, V-6						
2d Cpe	220	650	1,080	2,430	3,780	5,400
1979 Regal Sport Turbo, V-6						
2d Cpe	260	770	1,280	2,880	4,480	6,400
1979 Regal, V-8						
2d Cpe	240	720	1,200	2,700	4,200	6,000
1979 Regal Limited, V-8 & V-6						
2d Cpe V-6	240	710	1,180	2,660	4,130	5,900
2d Cpe V-8	250	740	1,240	2,790	4,340	6,200
1979 LeSabre, V-8						
4d Sed	180	550	920	2,070	3,220	4,600
2d Cpe	180	540	900	2,030	3,150	4,500
1979 LeSabre Limited, V-8						
4d Sed	190	560	940	2,120	3,290	4,700
2d Cpe	180	550	920	2,070	3,220	4,600

NOTE: Deduct 7 percent for V-6.

	6	5	4	3	2	1
1979 LeSabre Sport Turbo, V-6						
2d Cpe	210	620	1,040	2,340	3,640	5,200
1979 LeSabre Estate Wagon						
4d Sta Wag	190	560	940	2,120	3,290	4,700
1979 Electra 225, V-8						
4d Sed	190	580	960	2,160	3,360	4,800
2d Cpe	200	600	1,000	2,250	3,500	5,000
1979 Electra Limited, V-8						
4d Sed	200	600	1,000	2,250	3,500	5,000
2d Cpe	210	640	1,060	2,390	3,710	5,300
1979 Electra Park Avenue, V-8						
4d Sed	210	640	1,060	2,390	3,710	5,300
2d Cpe	220	670	1,120	2,520	3,920	5,600
1979 Riviera, V-8						
2d "S" Cpe	400	1,200	2,000	4,500	7,000	10,000

NOTE: Deduct 10 percent for V-6.

	6	5	4	3	2	1
1980 Skyhawk, V-6						
2d HBk S	148	444	740	1,670	2,590	3,700
2d HBk	152	456	760	1,710	2,660	3,800
1980 Skylark, V-6						
4d Sed	160	490	820	1,850	2,870	4,100
2d Cpe	280	830	1,380	3,110	4,830	6,900
4d Sed LTD	170	500	840	1,890	2,940	4,200
2d Cpe LTD	280	840	1,400	3,150	4,900	7,000
4d Sed Spt	180	530	880	1,980	3,080	4,400
2d Cpe Spt	290	860	1,440	3,240	5,040	7,200

NOTE: Deduct 10 percent for 4-cyl.

	6	5	4	3	2	1
1980 Century, V-8						
4d Sed	144	432	720	1,620	2,520	3,600
2d Cpe	152	456	760	1,710	2,660	3,800
4d Sta Wag Est.	148	444	740	1,670	2,590	3,700
2d Cpe Spt	156	468	780	1,760	2,730	3,900

NOTE: Deduct 12 percent for V-6.

	6	5	4	3	2	1
1980 Regal, V-8						
2d Cpe	240	710	1,180	2,660	4,130	5,900
2d Cpe LTD	240	720	1,200	2,700	4,200	6,000

NOTE: Deduct 12 percent for V-6.

	6	5	4	3	2	1
1980 Regal Turbo, V-6						
2d Cpe	260	780	1,300	2,930	4,550	6,500

	6	5	4	3	2	1
1980 LeSabre, V-8						
4d Sed	190	580	960	2,160	3,360	4,800
2d Cpe	200	590	980	2,210	3,430	4,900
4d Sed LTD	200	600	1,000	2,250	3,500	5,000
2d Cpe LTD	200	610	1,020	2,300	3,570	5,100
4d Sta Wag Est	240	720	1,200	2,700	4,200	6,000
1980 LeSabre Turbo, V-6						
2d Cpe Spt	220	670	1,120	2,520	3,920	5,600
1980 Electra, V-8						
4d Sed Ltd	210	640	1,060	2,390	3,710	5,300
2d Cpe Ltd	220	650	1,080	2,430	3,780	5,400
4d Sed Park Ave	220	650	1,080	2,430	3,780	5,400
2d Cpe Park Ave	220	660	1,100	2,480	3,850	5,500
4d Sta Wag Est	220	670	1,120	2,520	3,920	5,600
1980 Riviera S Turbo, V-6						
2d Cpe	248	744	1,240	2,790	4,340	6,200
1980 Riviera, V-8						
2d Cpe	400	1,200	2,000	4,500	7,000	10,000
1981 Skylark, V-6						
4d Sed Spt	168	504	840	1,890	2,940	4,200
2d Cpe Spt	172	516	860	1,940	3,010	4,300

NOTE: Deduct 10 percent for 4-cyl. Deduct 5 percent for lesser models.

	6	5	4	3	2	1
1981 Century, V-8						
4d Sed Ltd	152	456	760	1,710	2,660	3,800
4d Sta Wag Est	156	468	780	1,760	2,730	3,900

NOTE: Deduct 12 percent for V-6. Deduct 5 percent for lesser models.

	6	5	4	3	2	1
1981 Regal, V-8						
2d Cpe	280	830	1,380	3,110	4,830	6,900
2d Cpe Ltd	280	840	1,400	3,150	4,900	7,000

NOTE: Deduct 12 percent for V-6.

	6	5	4	3	2	1
1981 Regal Turbo, V-6						
2d Cpe Spt	300	910	1,520	3,420	5,320	7,600
1981 LeSabre, V-8						
4d Sed Ltd	200	600	1,000	2,250	3,500	5,000
2d Cpe Ltd	200	610	1,020	2,300	3,570	5,100
4d Sta Wag Est	210	620	1,040	2,340	3,640	5,200

NOTE: Deduct 12 percent for V-6 except Estate Wag. Deduct 5 percent for lesser models.

	6	5	4	3	2	1
1981 Electra, V-8						
4d Sed Ltd	200	610	1,020	2,300	3,570	5,100
2d Cpe Ltd	210	620	1,040	2,340	3,640	5,200
4d Sed Park Ave	210	640	1,060	2,390	3,710	5,300
2d Cpe Park Ave	220	650	1,080	2,430	3,780	5,400
4d Sta Wag Est	220	650	1,080	2,430	3,780	5,400

NOTE: Deduct 15 percent for V-6 except Estate Wag.

	6	5	4	3	2	1
1981 Riviera, V-8						
2d Cpe	400	1,200	2,000	4,500	7,000	10,000
1981 Riviera, V-6						
2d Cpe	380	1,140	1,900	4,280	6,650	9,500
2d Cpe Turbo T-Type	390	1,160	1,940	4,370	6,790	9,700
1982 Skyhawk, 4-cyl.						
4d Sed Ltd	156	468	780	1,760	2,730	3,900
2d Cpe Ltd	160	480	800	1,800	2,800	4,000

NOTE: Deduct 5 percent for lesser models.

	6	5	4	3	2	1
1982 Skylark, V-6						
4d Sed Spt	176	528	880	1,980	3,080	4,400
2d Cpe Spt	180	540	900	2,030	3,150	4,500

NOTE: Deduct 10 percent for 4-cyl. Deduct 5 percent for lesser models.

	6	5	4	3	2	1
1982 Regal, V-6						
4d Sed	180	550	920	2,070	3,220	4,600
2d Cpe	300	900	1,500	3,380	5,250	7,500
2d Cpe Turbo	340	1,020	1,700	3,830	5,950	8,500
2d Grand Natl	1,040	3,120	5,200	11,700	18,200	26,000
4d Sed Ltd	190	580	960	2,160	3,360	4,800
2d Cpe Ltd	310	940	1,560	3,510	5,460	7,800
4d Sta Wag	200	590	980	2,210	3,430	4,900

NOTE: Add 10 percent for T-top option.

	6	5	4	3	2	1
1982 Century, V-6						
4d Sed Ltd	196	588	980	2,210	3,430	4,900
2d Cpe Ltd	200	600	1,000	2,250	3,500	5,000

NOTE: Deduct 10 percent for 4-cyl. Deduct 5 percent for lesser models.

1982 Buick Regal Limited coupe

1989 Buick Century Custom sedan

1992 Buick Le Sabre Limited sedan

	6	5	4	3	2	1
1982 LeSabre, V-8						
4d Sed Ltd	220	670	1,120	2,520	3,920	5,600
2d Cpe Ltd	230	680	1,140	2,570	3,990	5,700
4d Sta Wag Est.	230	680	1,140	2,570	3,990	5,700

NOTE: Deduct 12 percent for V-6 except Estate Wag. Deduct 5 percent for lesser models.

	6	5	4	3	2	1
1982 Electra, V-8						
4d Sed Ltd	220	670	1,120	2,520	3,920	5,600
2d Cpe Ltd	230	700	1,160	2,610	4,060	5,800
4d Sed Park Ave.	240	710	1,180	2,660	4,130	5,900
2d Cpe Park Ave	240	730	1,220	2,750	4,270	6,100
4d Sta Wag Est.	240	730	1,220	2,750	4,270	6,100

NOTE: Deduct 15 percent for V-6 except Estate Wag.

	6	5	4	3	2	1
1982 Riviera, V-6						
2d Cpe	380	1,140	1,900	4,280	6,650	9,500
2d Cpe T-Type	392	1,176	1,960	4,410	6,860	9,800
2d Conv	840	2,520	4,200	9,450	14,700	21,000

	6	5	4	3	2	1
1982 Riviera, V-8						
2d Cpe	400	1,200	2,000	4,500	7,000	10,000
2d Conv	880	2,640	4,400	9,900	15,400	22,000

	6	5	4	3	2	1
1983 Skyhawk, 4-cyl.						
4d Sed Ltd	168	504	840	1,890	2,940	4,200
2d Cpe Ltd	172	516	860	1,940	3,010	4,300
4d Sta Wag Ltd.	172	516	860	1,940	3,010	4,300
2d Cpe T-Type	196	588	980	2,210	3,430	4,900

NOTE: Deduct 5 percent for lesser models.

	6	5	4	3	2	1
1983 Skylark, V-6						
4d Sed Ltd	168	504	840	1,890	2,940	4,200
2d Cpe Ltd	172	516	860	1,940	3,010	4,300
2d Cpe T-Type	204	612	1,020	2,300	3,570	5,100

NOTE: Deduct 10 percent for 4-cyl except T-Type. Deduct 5 percent for lesser models.

	6	5	4	3	2	1
1983 Century, V-6						
4d Sed T-Type	200	600	1,000	2,250	3,500	5,000
2d Cpe T-Type	220	660	1,100	2,480	3,850	5,500

NOTE: Deduct 12 percent for 4-cyl except T-Type. Deduct 5 percent for lesser models.

	6	5	4	3	2	1
1983 Regal, V-6						
4d Sed	240	720	1,200	2,700	4,200	6,000
2d Cpe T-Type	370	1,100	1,840	4,140	6,440	9,200
4d Sta Wag	200	590	980	2,210	3,430	4,900

NOTE: Add 10 percent for T-top option. Deduct 5 percent for lesser models.

	6	5	4	3	2	1
1983 LeSabre, V-8						
4d Sed Ltd	240	710	1,180	2,660	4,130	5,900
2d Cpe Ltd	240	720	1,200	2,700	4,200	6,000
4d Sta Wag	240	720	1,200	2,700	4,200	6,000

NOTE: Deduct 12 percent for V-6 except Estate. Deduct 5 percent for lesser models.

	6	5	4	3	2	1
1983 Electra, V-8						
4d Sed Ltd	240	710	1,180	2,660	4,130	5,900
2d Cpe Ltd	240	720	1,200	2,700	4,200	6,000
4d Sed Park Ave.	240	730	1,220	2,750	4,270	6,100
2d Cpe Park Ave	250	740	1,240	2,790	4,340	6,200
4d Sta Wag Est.	250	740	1,240	2,790	4,340	6,200

NOTE: Deduct 15 percent for V-6.

	6	5	4	3	2	1
1983 Riviera, V-6						
2d Cpe	380	1,140	1,900	4,280	6,650	9,500
2d Conv	840	2,520	4,200	9,450	14,700	21,000
2d T-Type	420	1,260	2,100	4,730	7,350	10,500

	6	5	4	3	2	1
1983 Riviera, V-8						
2d Cpe	424	1,272	2,120	4,770	7,420	10,600
2d Conv	880	2,640	4,400	9,900	15,400	22,000

NOTE: Add 20 percent for XX option.

	6	5	4	3	2	1
1984 Skyhawk Limited, 4-cyl.						
4d Sed	172	516	860	1,940	3,010	4,300
2d Sed	172	516	860	1,940	3,010	4,300
4d Sta Wag	172	516	860	1,940	3,010	4,300

NOTE: Deduct 5 percent for lesser models.

	6	5	4	3	2	1
1984 Skyhawk T-Type, 4-cyl.						
2d Sed	200	600	1,000	2,250	3,500	5,000

	6	5	4	3	2	1
1984 Skylark Limited, V-6						
4d Sed	176	528	880	1,980	3,080	4,400
2d Sed	180	540	900	2,030	3,150	4,500

NOTE: Deduct 5 percent for lesser models. Deduct 8 percent for 4-cyl.

	6	5	4	3	2	1
1984 Skylark T-Type, V-6						
2d Sed	208	624	1,040	2,340	3,640	5,200
1984 Century Limited, 4-cyl.						

NOTE: Deduct 5 percent for lesser models. Deduct 8 percent for 4-cyl.

	6	5	4	3	2	1
1984 Century Limited, V-6						
4d Sed	180	540	900	2,030	3,150	4,500
2d Sed	184	552	920	2,070	3,220	4,600
4d Sta Wag Est.	184	552	920	2,070	3,220	4,600
1984 Century T-Type, V-6						
4d Sed	204	612	1,020	2,300	3,570	5,100
2d Sed	224	672	1,120	2,520	3,920	5,600
1984 Regal, V-6						
4d Sed	180	550	920	2,070	3,220	4,600
2d Sed	300	900	1,500	3,380	5,250	7,500
2d Grand Natl	800	2,400	4,000	9,000	14,000	20,000
1984 Regal Limited, V-6						
4d Sed	190	560	940	2,120	3,290	4,700
2d Sed	300	910	1,520	3,420	5,320	7,600
1984 Regal T-Type, V-6						
2d Sed	360	1,080	1,800	4,050	6,300	9,000
1984 LeSabre Custom, V-8						
4d Sed	240	710	1,180	2,660	4,130	5,900
2d Sed	240	710	1,180	2,660	4,130	5,900
1984 LeSabre Limited, V-8						
4d Sed	240	720	1,200	2,700	4,200	6,000
2d Sed	240	720	1,200	2,700	4,200	6,000

NOTE: Deduct 10 percent for V-6 cyl.

	6	5	4	3	2	1
1984 Electra Limited, V-8						
4d Sed	250	760	1,260	2,840	4,410	6,300
2d Sed	260	770	1,280	2,880	4,480	6,400
4d Est Wag	260	770	1,280	2,880	4,480	6,400
1984 Electra Park Avenue, V-8						
4d Sed	250	760	1,260	2,840	4,410	6,300
2d Sed	260	770	1,280	2,880	4,480	6,400

NOTE: Deduct 10 percent for V-6 cyl.

	6	5	4	3	2	1
1984 Riviera, V-6						
2d Cpe	384	1,152	1,920	4,320	6,720	9,600
2d Conv	860	2,580	4,300	9,680	15,050	21,500

NOTE: Add 20 percent for GN V-6 option.

	6	5	4	3	2	1
1984 Riviera, V-8						
2d Cpe	400	1,200	2,000	4,500	7,000	10,000
2d Conv	900	2,700	4,500	10,130	15,750	22,500
1984 Riviera T-Type, V-6 Turbo						
2d Cpe	396	1,188	1,980	4,460	6,930	9,900
1985 Skyhawk, 4-cyl.						
4d Sed Ltd	176	528	880	1,980	3,080	4,400
2d Ltd	176	528	880	1,980	3,080	4,400
4d Sta Wag Ltd	176	528	880	1,980	3,080	4,400
2d T-Type	204	612	1,020	2,300	3,570	5,100

NOTE: Deduct 5 percent for lesser models.

	6	5	4	3	2	1
1985 Skylark, V-6						
4d Cus Sed	176	528	880	1,980	3,080	4,400
4d Sed Ltd	180	540	900	2,030	3,150	4,500

NOTE: Deduct 10 percent for 4-cyl.

	6	5	4	3	2	1
1985 Century, V-6						
4d Sed Ltd	184	552	920	2,070	3,220	4,600
2d Ltd	184	552	920	2,070	3,220	4,600
4d Sta Wag Est.	192	576	960	2,160	3,360	4,800
4d Sed T-Type	220	660	1,100	2,480	3,850	5,500
2d T-Type	228	684	1,140	2,570	3,990	5,700

NOTE: Deduct 10 percent for 4-cyl. where available. Deduct 5 percent for lesser models.

	6	5	4	3	2	1
1985 Somerset Regal, V-6						
2d Cus	188	564	940	2,120	3,290	4,700
2d Ltd	192	576	960	2,160	3,360	4,800

NOTE: Deduct 10 percent for 4-cyl.

	6	5	4	3	2	1
1985 Regal, V-6						
2d	300	910	1,520	3,420	5,320	7,600
2d Ltd	310	920	1,540	3,470	5,390	7,700
2d T-Type	360	1,080	1,800	4,050	6,300	9,000
2d T-Type Grand Natl	720	2,160	3,600	8,100	12,600	18,000

	6	5	4	3	2	1
1985 LeSabre, V-8						
4d Sed Ltd	240	730	1,220	2,750	4,270	6,100
2d Ltd	260	770	1,280	2,880	4,480	6,400
4d Sta Wag Est	260	770	1,280	2,880	4,480	6,400
4d Electra Sta Wag Est	260	780	1,300	2,930	4,550	6,500

NOTE: Add 20 percent for Ltd Collectors Ed. Deduct 20 percent for V-6. Deduct 5 percent for lesser models.

	6	5	4	3	2	1
1985 Electra, V-6						
4d Sed	220	660	1,100	2,480	3,850	5,500
2d	224	672	1,120	2,520	3,920	5,600
1985 Electra Park Avenue, V-6						
4d Sed	224	672	1,120	2,520	3,920	5,600
2d Sed	228	684	1,140	2,570	3,990	5,700
1985 Electra T-Type, V-6						
4d Sed	232	696	1,160	2,610	4,060	5,800
2d	236	708	1,180	2,660	4,130	5,900
1985 Riviera T-Type, V-6						
2d Turbo	396	1,188	1,980	4,460	6,930	9,900
1985 Riviera, V-8						
2d	400	1,200	2,000	4,500	7,000	10,000
Conv	920	2,760	4,600	10,350	16,100	23,000

NOTE: Deduct 30 percent for diesel where available.

	6	5	4	3	2	1
1986 Skyhawk, 4-cyl.						
4d Cus Sed	176	528	880	1,980	3,080	4,400
2d Cus Cpe	172	516	860	1,940	3,010	4,300
4d Cus Sta Wag	180	540	900	2,030	3,150	4,500
4d Ltd Sed	180	540	900	2,030	3,150	4,500
2d Cpe Ltd	176	528	880	1,980	3,080	4,400
4d Sta Wag Ltd	184	552	920	2,070	3,220	4,600
2d Spt HBk	188	564	940	2,120	3,290	4,700
2d T-Type HBk	192	576	960	2,160	3,360	4,800
2d T-Type Cpe	188	564	940	2,120	3,290	4,700
1986 Skylark, V-6						
2d Cus Cpe	176	528	880	1,980	3,080	4,400
4d Sed Ltd	180	540	900	2,030	3,150	4,500
1986 Somerset, V-6						
2d Cus Cpe	192	576	960	2,160	3,360	4,800
2d Cpe T-Type	208	624	1,040	2,340	3,640	5,200
1986 Century Custom						
2d Cpe	196	588	980	2,210	3,430	4,900
4d Sed	192	576	960	2,160	3,360	4,800
4d Sta Wag	200	600	1,000	2,250	3,500	5,000

NOTE: Add 20 percent for GS package.

	6	5	4	3	2	1
1986 Century Limited, V-6						
2d Cpe	200	600	1,000	2,250	3,500	5,000
4d Sed	196	588	980	2,210	3,430	4,900
4d Sta Wag	204	612	1,020	2,300	3,570	5,100
4d Sed T-Type	216	648	1,080	2,430	3,780	5,400
1986 Regal, V-6						
2d Cpe, V-8	310	920	1,540	3,470	5,390	7,700
2d Cpe Ltd, V-8	320	950	1,580	3,560	5,530	7,900
2d Cpe T-Type	400	1,200	2,000	4,500	7,000	10,000
2d T-Type Grand Natl	760	2,280	3,800	8,550	13,300	19,000
1986 LeSabre Custom, V-6						
2d Cpe	220	660	1,100	2,480	3,850	5,500
4d Sed	216	648	1,080	2,430	3,780	5,400
1986 LeSabre Limited						
2d Cpe Grand Natl	680	2,040	3,400	7,650	11,900	17,000
2d Cpe	224	672	1,120	2,520	3,920	5,600
4d Sed	220	660	1,100	2,480	3,850	5,500
4d Sta Wag Est, V-8	240	720	1,200	2,700	4,200	6,000
1986 Electra, V-6						
2d Cpe	224	672	1,120	2,520	3,920	5,600
4d Sed	224	672	1,120	2,520	3,920	5,600
1986 Electra Park Avenue, V-6						
2d Cpe	228	684	1,140	2,570	3,990	5,700
4d Sed	228	684	1,140	2,570	3,990	5,700
4d Sed T-Type	236	708	1,180	2,660	4,130	5,900
4d Sta Wag Est	248	744	1,240	2,790	4,340	6,200
1986 Riviera, V-6						
2d Cpe	392	1,176	1,960	4,410	6,860	9,800
2d Cpe T-Type	400	1,200	2,000	4,500	7,000	10,000

NOTE: Add 10 percent for deluxe models. Deduct 5 percent for smaller engines where available.

	6	5	4	3	2	1
1987 Skyhawk, 4-cyl.						
4d Cus Sed	176	528	880	1,980	3,080	4,400
2d Cus Cpe	172	516	860	1,940	3,010	4,300
4d Cus Sta Wag	180	540	900	2,030	3,150	4,500
4d Sed Ltd	180	540	900	2,030	3,150	4,500
2d Cpe Ltd	176	528	880	1,980	3,080	4,400
4d Sta Wag Ltd	184	552	920	2,070	3,220	4,600
Spt HBk	188	564	940	2,120	3,290	4,700
NOTE: Add 5 percent for Turbo.						
1987 Somerset, 4-cyl.						
2d Cus Cpe	196	588	980	2,210	3,430	4,900
2d Cpe Ltd	200	600	1,000	2,250	3,500	5,000
NOTE: Add 10 percent for V-6.						
1987 Skylark						
4d Cus Sed	188	564	940	2,120	3,290	4,700
4d Sed Ltd	192	576	960	2,160	3,360	4,800
NOTE: Add 10 percent for V-6.						
1987 Century, 4-cyl.						
4d Cus Sed	196	588	980	2,210	3,430	4,900
2d Cus Cpe	192	576	960	2,160	3,360	4,800
4d Cus Sta Wag	200	600	1,000	2,250	3,500	5,000
4d Sed Ltd	200	600	1,000	2,250	3,500	5,000
2d Cpe Ltd	196	588	980	2,210	3,430	4,900
4d Sta Wag Est	204	612	1,020	2,300	3,570	5,100
NOTE: Add 10 percent for V-6.						
1987 Regal, V-6						
2d Cpe	320	960	1,600	3,600	5,600	8,000
2d Cpe Ltd	320	970	1,620	3,650	5,670	8,100
1987 Regal, Turbo V-6						
2d Cpe T	900	2,650	4,400	9,900	15,400	22,000
2d Cpe T Ltd	1,100	3,350	5,600	12,600	19,600	28,000
2d Cpe Grand Natl	950	2,900	4,800	10,800	16,800	24,000
2d Cpe GNX	1,600	4,800	8,000	18,000	28,000	40,000
NOTE: Add 30 percent for turbo option on base Regal.						
1987 Regal, V-8						
2d Cpe	350	1,060	1,760	3,960	6,160	8,800
2d Cpe Ltd	360	1,070	1,780	4,010	6,230	8,900
1987 LeSabre, V-6						
4d Sed	220	660	1,100	2,480	3,850	5,500
4d Cus Sed	224	672	1,120	2,520	3,920	5,600
2d Cus Cpe	220	660	1,100	2,480	3,850	5,500
2d Cpe T-Type	228	684	1,140	2,570	3,990	5,700
1987 LeSabre, V-8						
4d Sta Wag	244	732	1,220	2,750	4,270	6,100
1987 Electra, V-6						
4d Sed Ltd	232	696	1,160	2,610	4,060	5,800
4d Sed Park Ave	240	720	1,200	2,700	4,200	6,000
2d Cpe Park Ave	236	708	1,180	2,660	4,130	5,900
4d Sed T-Type	240	720	1,200	2,700	4,200	6,000
1987 Electra, V-8						
4d Sta Wag Est	248	744	1,240	2,790	4,340	6,200
1987 Riviera, V-6						
2d Cpe	400	1,200	2,000	4,500	7,000	10,000
2d Cpe T-Type	408	1,224	2,040	4,590	7,140	10,200
1988 Skyhawk, 4-cyl.						
4d Sed	184	552	920	2,070	3,220	4,600
2d Cpe	180	540	900	2,030	3,150	4,500
2d Cpe SE	192	576	960	2,160	3,360	4,800
4d Sta Wag	188	564	940	2,120	3,290	4,700
1988 Skylark, 4-cyl.						
4d Cus Sed	188	564	940	2,120	3,290	4,700
2d Cus Cpe	192	576	960	2,160	3,360	4,800
4d Sed Ltd	192	576	960	2,160	3,360	4,800
2d Cpe Ltd	196	588	980	2,210	3,430	4,900
NOTE: Add 10 percent for V-6.						
1988 Century, 4-cyl.						
4d Cus Sed	188	564	940	2,120	3,290	4,700
2d Cus Cpe	192	576	960	2,160	3,360	4,800
4d Cus Sta Wag	196	588	980	2,210	3,430	4,900
4d Sed Ltd	192	576	960	2,160	3,360	4,800
2d Cpe Ltd	196	588	980	2,210	3,430	4,900
4d Sta Wag Ltd	200	600	1,000	2,250	3,500	5,000
NOTE: Add 10 percent for V-6.						

DOMESTIC CARS

	6	5	4	3	2	1
1988 Regal, V-6						
2d Cus Cpe	240	720	1,200	2,700	4,200	6,000
2d Cpe Ltd	260	780	1,300	2,930	4,550	6,500
1988 LeSabre, V-6						
2d Cpe	220	660	1,100	2,480	3,850	5,500
4d Cus Sed	240	720	1,200	2,700	4,200	6,000
2d Cpe Ltd	252	756	1,260	2,840	4,410	6,300
4d Sed Ltd	248	744	1,240	2,790	4,340	6,200
2d Cpe T-Type	256	768	1,280	2,880	4,480	6,400
4d Sta Wag, V-8	264	792	1,320	2,970	4,620	6,600
1988 Electra, V-6						
4d Sed Ltd	260	780	1,300	2,930	4,550	6,500
4d Sed Park Ave	368	1,104	1,840	4,140	6,440	9,200
4d Sed T-Type	360	1,080	1,800	4,050	6,300	9,000
4d Sta Wag, V-8	388	1,164	1,940	4,370	6,790	9,700
1988 Riviera, V-6						
2d Cpe	376	1,128	1,880	4,230	6,580	9,400
2d Cpe T-Type	408	1,224	2,040	4,590	7,140	10,200
1988 Reatta, V-6						
2d Cpe	600	1,800	3,000	6,750	10,500	15,000
1989 Skyhawk, 4-cyl.						
4d Sed	192	576	960	2,160	3,360	4,800
2d Cpe	188	564	940	2,120	3,290	4,700
2d SE Cpe	208	624	1,040	2,340	3,640	5,200
4d Sta Wag	200	600	1,000	2,250	3,500	5,000
1989 Skylark, 4-cyl.						
2d Cus Cpe	200	600	1,000	2,250	3,500	5,000
2d Cpe Ltd	208	624	1,040	2,340	3,640	5,200
4d Cus Sed	216	648	1,080	2,430	3,780	5,400
4d Sed Ltd	224	672	1,120	2,520	3,920	5,600
1989 Skylark, V-6						
2d Cus Cpe	204	612	1,020	2,300	3,570	5,100
2d Cpe Ltd	212	636	1,060	2,390	3,710	5,300
4d Cus Sed	220	660	1,100	2,480	3,850	5,500
4d Sed Ltd	228	684	1,140	2,570	3,990	5,700
1989 Century, 4-cyl.						
4d Cus Sed	208	624	1,040	2,340	3,640	5,200
4d Sed Ltd	216	648	1,080	2,430	3,780	5,400
2d Cus	212	636	1,060	2,390	3,710	5,300
4d Cus Sta Wag	224	672	1,120	2,520	3,920	5,600
4d Sta Wag Ltd	228	684	1,140	2,570	3,990	5,700
1989 Century, V-6						
4d Cus Sed	212	636	1,060	2,390	3,710	5,300
4d Sed Ltd	220	660	1,100	2,480	3,850	5,500
2d Cus	216	648	1,080	2,430	3,780	5,400
4d Cus Sta Wag	228	684	1,140	2,570	3,990	5,700
4d Sta Wag Ltd	232	696	1,160	2,610	4,060	5,800
1989 Regal, V-6						
2d Cus	272	816	1,360	3,060	4,760	6,800
2d Ltd	276	828	1,380	3,110	4,830	6,900
1989 LeSabre, V-6						
2d	272	816	1,360	3,060	4,760	6,800
2d Ltd	276	828	1,380	3,110	4,830	6,900
2d T-Type	380	1,140	1,900	4,280	6,650	9,500
4d Cus	268	804	1,340	3,020	4,690	6,700
4d Ltd	272	816	1,360	3,060	4,760	6,800
4d Sta Wag, V-8	368	1,104	1,840	4,140	6,440	9,200
1989 Electra, V-6						
4d Sed Ltd	396	1,188	1,980	4,460	6,930	9,900
4d Park Ave	436	1,308	2,180	4,910	7,630	10,900
4d Park Ave Ultra	600	1,800	3,000	6,750	10,500	15,000
4d T-Type	420	1,260	2,100	4,730	7,350	10,500
4d Sta Wag, V-8	540	1,620	2,700	6,080	9,450	13,500
1989 Riviera, V-6						
2d Cpe	520	1,560	2,600	5,850	9,100	13,000
1989 Reatta, V-6						
2d Cpe	600	1,800	3,000	6,750	10,500	15,000
1990 Skylark, 4-cyl.						
2d Cpe	220	660	1,100	2,480	3,850	5,500
4d Sed	224	672	1,120	2,520	3,920	5,600
2d Cus Cpe	228	684	1,140	2,570	3,990	5,700
4d Cus Sed	232	696	1,160	2,610	4,060	5,800
2d Gran Spt Cpe	240	720	1,200	2,700	4,200	6,000
4d LE Sed	240	720	1,200	2,700	4,200	6,000

NOTE: Add 10 percent for V-6 where available.

	6	5	4	3	2	1
1990 Century, 4-cyl.						
2d Cus	260	780	1,300	2,930	4,550	6,500
4d Cus	264	792	1,320	2,970	4,620	6,600
4d Cus Sta Wag	272	816	1,360	3,060	4,760	6,800
4d Ltd Sed	272	816	1,360	3,060	4,760	6,800
4d Ltd Sta Wag	360	1,080	1,800	4,050	6,300	9,000
NOTE: Add 10 percent for V-6 where available.						
1990 Regal, V-6						
2d Cus Cpe	380	1,140	1,900	4,280	6,650	9,500
2d Ltd Cpe	400	1,200	2,000	4,500	7,000	10,000
1990 LeSabre, V-6						
2d Cpe	400	1,200	2,000	4,500	7,000	10,000
4d Cus Sed	404	1,212	2,020	4,550	7,070	10,100
2d Ltd Cpe	420	1,260	2,100	4,730	7,350	10,500
4d Ltd Sed	424	1,272	2,120	4,770	7,420	10,600
1990 Estate, V-8						
4d Sta Wag	520	1,560	2,600	5,850	9,100	13,000
1990 Electra, V-6						
4d Ltd Sed	520	1,560	2,600	5,850	9,100	13,000
4d Park Ave	540	1,620	2,700	6,080	9,450	13,500
4d Ultra Sed	640	1,920	3,200	7,200	11,200	16,000
4d T-Type Sed	540	1,620	2,700	6,080	9,450	13,500
1990 Riviera, V-6						
2d Cpe	540	1,620	2,700	6,080	9,450	13,500
1990 Reatta, V-6						
2d Cpe	600	1,800	3,000	6,750	10,500	15,000
2d Conv	800	2,400	4,000	9,000	14,000	20,000
1991 Skylark, 4-cyl.						
2d Cpe	200	600	1,000	2,250	3,500	5,000
4d Sed	204	612	1,020	2,300	3,570	5,100
2d Cus Cpe	204	612	1,020	2,300	3,570	5,100
4d Cus Sed	208	624	1,040	2,340	3,640	5,200
2d Gran Spt Cpe	220	660	1,100	2,480	3,850	5,500
4d LE Sed	224	672	1,120	2,520	3,920	5,600
NOTE: Add 10 percent for V-6 where available.						
1991 Century, 4-cyl.						
4d Spl Sed	204	612	1,020	2,300	3,570	5,100
4d Cus Sed	208	624	1,040	2,340	3,640	5,200
2d Cus Cpe	204	612	1,020	2,300	3,570	5,100
4d Cus Sta Wag	216	648	1,080	2,430	3,780	5,400
4d Ltd Sed	212	636	1,060	2,390	3,710	5,300
4d Ltd Sta Wag	224	672	1,120	2,520	3,920	5,600
NOTE: Add 10 percent for V-6 where available.						
1991 Regal, V-6						
4d Cus Sed	256	768	1,280	2,880	4,480	6,400
2d Cus Cpe	252	756	1,260	2,840	4,410	6,300
4d Ltd Sed	264	792	1,320	2,970	4,620	6,600
2d Ltd Cpe	260	780	1,300	2,930	4,550	6,500
1991 LeSabre, V-6						
2d Cpe	272	816	1,360	3,060	4,760	6,800
4d Cus Sed	276	828	1,380	3,110	4,830	6,900
4d Ltd Sed	376	1,128	1,880	4,230	6,580	9,400
2d Ltd Cpe	372	1,116	1,860	4,190	6,510	9,300
1991 Roadmaster, V-8						
4d Est Sta Wag	540	1,620	2,700	6,080	9,450	13,500
1991 Park Avenue, V-6						
4d Sed	420	1,260	2,100	4,730	7,350	10,500
4d Ultra Sed	520	1,560	2,600	5,850	9,100	13,000
1991 Riviera, V-6						
2d Cpe	540	1,620	2,700	6,080	9,450	13,500
1991 Reatta, V-6						
2d Cpe	680	2,040	3,400	7,650	11,900	17,000
2d Conv	840	2,520	4,200	9,450	14,700	21,000
1992 Skylark, 4-cyl.						
2d Quad 4 Cpe	220	660	1,100	2,480	3,850	5,500
4d Quad 4 Sed	220	660	1,100	2,480	3,850	5,500
2d Cpe	240	720	1,200	2,700	4,200	6,000
4d Sed	240	720	1,200	2,700	4,200	6,000
2d Gran Spt Cpe	260	780	1,300	2,930	4,550	6,500
4d Gran Spt Sed	260	780	1,300	2,930	4,550	6,500
NOTE: Add 10 percent for V-6 where available.						
1992 Century, 4-cyl.						
4d Spl Sed	240	720	1,200	2,700	4,200	6,000

	6	5	4	3	2	1
4d Cus Sed	248	744	1,240	2,790	4,340	6,200
2d Cus Cpe	260	780	1,300	2,930	4,550	6,500
4d Sed Ltd	360	1,080	1,800	4,050	6,300	9,000
4d Cus Sta Wag	368	1,104	1,840	4,140	6,440	9,200
4d Ltd Sta Wag	380	1,140	1,900	4,280	6,650	9,500

NOTE: Add 10 percent for V-6 where available.

1992 Regal, V-6

	6	5	4	3	2	1
4d Cus Sed	360	1,080	1,800	4,050	6,300	9,000
2d Cus Cpe	360	1,080	1,800	4,050	6,300	9,000
4d Ltd Sed	380	1,140	1,900	4,280	6,650	9,500
2d Ltd Cpe	380	1,140	1,900	4,280	6,650	9,500
4d Gran Spt Sed	400	1,200	2,000	4,500	7,000	10,000
2d Gran Spt Cpe	400	1,200	2,000	4,500	7,000	10,000

1992 LeSabre, V-6

	6	5	4	3	2	1
4d Cus Sed	400	1,200	2,000	4,500	7,000	10,000
4d Ltd Sed	420	1,260	2,100	4,730	7,350	10,500

1992 Roadmaster, V-8

	6	5	4	3	2	1
4d Sed	520	1,560	2,600	5,850	9,100	13,000
4d Ltd Sed	540	1,620	2,700	6,080	9,450	13,500
4d Est Sta Wag	560	1,680	2,800	6,300	9,800	14,000

1992 Park Avenue, V-6

	6	5	4	3	2	1
4d Sed	540	1,620	2,700	6,080	9,450	13,500
4d Ultra Sed	560	1,680	2,800	6,300	9,800	14,000

1992 Riviera, V-6

	6	5	4	3	2	1
2d Cpe	600	1,800	3,000	6,750	10,500	15,000

1993 Skylark, 4-cyl. & V-6

	6	5	4	3	2	1
2d Cus Cpe	228	684	1,140	2,570	3,990	5,700
4d Cus Sed	228	684	1,140	2,570	3,990	5,700
2d Ltd Cpe	232	696	1,160	2,610	4,060	5,800
4d Ltd Sed	232	696	1,160	2,610	4,060	5,800
2d Gran Spt Cpe (V-6 only)	236	708	1,180	2,660	4,130	5,900
4d Gran Spt Sed (V-6 only)	236	708	1,180	2,660	4,130	5,900

1993 Century, 4-cyl.

	6	5	4	3	2	1
2d Cus Cpe	244	732	1,220	2,750	4,270	6,100
4d Spl Sed	244	732	1,220	2,750	4,270	6,100
4d Cus Sed	248	744	1,240	2,790	4,340	6,200
4d Ltd Sed	252	756	1,260	2,840	4,410	6,300
4d Ltd Sta Wag	260	780	1,300	2,930	4,550	6,500

1993 Century, V-6

	6	5	4	3	2	1
2d Cus Cpe	252	756	1,260	2,840	4,410	6,300
4d Spl Sed	252	756	1,260	2,840	4,410	6,300
4d Cus Sed	256	768	1,280	2,880	4,480	6,400
4d Ltd Sed	260	780	1,300	2,930	4,550	6,500
4d Ltd Sta Wag	268	804	1,340	3,020	4,690	6,700

1993 Regal, V-6

	6	5	4	3	2	1
2d Cus Cpe	364	1,092	1,820	4,100	6,370	9,100
2d Ltd Cpe	368	1,104	1,840	4,140	6,440	9,200
2d Gran Spt Cpe	372	1,116	1,860	4,190	6,510	9,300
4d Cus Sed	364	1,092	1,820	4,100	6,370	9,100
4d Ltd Sed	368	1,104	1,840	4,140	6,440	9,200
4d Gran Spt Sed	372	1,116	1,860	4,190	6,510	9,300

1993 LeSabre, V-6

	6	5	4	3	2	1
4d Cus Sed	408	1,224	2,040	4,590	7,140	10,200
4d Ltd Sed	424	1,272	2,120	4,770	7,420	10,600

1993 Roadmaster, V-8

	6	5	4	3	2	1
4d Sed	528	1,584	2,640	5,940	9,240	13,200
4d Ltd Sed	548	1,644	2,740	6,170	9,590	13,700
4d Est Sta Wag	580	1,740	2,900	6,530	10,150	14,500

1993 Park Avenue, V-6

	6	5	4	3	2	1
4d Sed	540	1,620	2,700	6,080	9,450	13,500
4d Ultra Sed	568	1,704	2,840	6,390	9,940	14,200

1993 Riviera, V-6

	6	5	4	3	2	1
2d Cpe	608	1,824	3,040	6,840	10,640	15,200

1994 Skylark, 4-cyl. & V-6

	6	5	4	3	2	1
2d Cus Cpe	228	684	1,140	2,570	3,990	5,700
4d Cus Sed	232	696	1,160	2,610	4,060	5,800
4d Ltd	240	720	1,200	2,700	4,200	6,000
2d Gran Spt Cpe	264	792	1,320	2,970	4,620	6,600
4d Gran Spt Sed	268	804	1,340	3,020	4,690	6,700

1994 Century, 4-cyl. & V-6

	6	5	4	3	2	1
4d Special	260	780	1,300	2,930	4,550	6,500
4d Sta Wag Special	280	840	1,400	3,150	4,900	7,000
4d Cus	264	792	1,320	2,970	4,620	6,600
2d Cus	260	780	1,300	2,930	4,550	6,500

	6	5	4	3	2	1
4d Ltd	280	840	1,400	3,150	4,900	7,000
4d Ltd Sta Wag	288	864	1,440	3,240	5,040	7,200
1994 Regal, V-6						
4d Cus Sed	324	972	1,620	3,650	5,670	8,100
2d Cus Sed	320	960	1,600	3,600	5,600	8,000
4d Ltd Sed	340	1,020	1,700	3,830	5,950	8,500
2d Ltd Cpe	336	1,008	1,680	3,780	5,880	8,400
4d Gran Spt Sed	380	1,140	1,900	4,280	6,650	9,500
2d Gran Spt Cpe	376	1,128	1,880	4,230	6,580	9,400
1994 LeSabre, V-6						
4d Cus Sed	328	984	1,640	3,690	5,740	8,200
4d Ltd Sed	336	1,008	1,680	3,780	5,880	8,400
1994 Roadmaster, V-8						
4d Sed	360	1,080	1,800	4,050	6,300	9,000
4d Ltd Sed	336	1,008	1,680	3,780	5,880	8,400
4d Est Sta Wag	580	1,740	2,900	6,530	10,150	14,500
1994 Park Avenue, V-6						
4d Sed	368	1,104	1,840	4,140	6,440	9,200
4d Ultra Sed	384	1,152	1,920	4,320	6,720	9,600
1994 Riviera, V-6 (Spring 1994 launch of 1995 model)						
2d Cpe	400	1,250	2,100	4,730	7,350	10,500
1995 Skylark, 4-cyl. & V-6						
2d Cus Cpe	250	700	1,150	2,570	4,000	5,700
4d Cus Sed	250	700	1,150	2,610	4,050	5,800
2d Ltd Cpe	250	700	1,200	2,660	4,150	5,900
4d Ltd Sed	250	700	1,200	2,700	4,200	6,000
2d Gran Spt Cpe (V-6 only)	260	790	1,320	2,970	4,620	6,600
4d Gran Spt Sed (V-6 only)	250	800	1,350	3,020	4,700	6,700
1995 Century, 4-cyl. & V-6						
4d Spl Sed	250	800	1,300	2,930	4,550	6,500
4d Spl Sta Wag	300	850	1,400	3,150	4,900	7,000
4d Cus Sed (V-6 only)	260	790	1,320	2,970	4,620	6,600
4d Ltd Sed (V-6 only)	280	840	1,400	3,150	4,900	7,000
1995 Regal, V-6						
2d Cus Cpe	300	950	1,600	3,600	5,600	8,000
4d Cus Cpe	300	950	1,600	3,650	5,650	8,100
4d Ltd Sed	350	1,000	1,700	3,830	5,950	8,500
2d Gran Spt Cpe	400	1,150	1,900	4,230	6,600	9,400
4d Gran Spt Sed	400	1,150	1,900	4,280	6,650	9,500
1995 LeSabre, V-6						
4d Cus Sed	350	1,000	1,650	3,690	5,750	8,200
4d Ltd Sed	350	1,000	1,700	3,780	5,900	8,400
1995 Roadmaster, V-8						
4d Sed	350	1,100	1,800	4,050	6,300	9,000
4d Ltd Sed	400	1,150	1,900	4,230	6,600	9,400
4d Estate Sta Wag	500	1,450	2,400	5,450	8,450	12,100
4d Estate Ltd Sta Wag	520	1,560	2,600	5,850	9,100	13,000
1995 Park Avenue, V-6						
4d Sed	350	1,100	1,850	4,140	6,450	9,200
4d Ultra Sed	400	1,150	1,900	4,320	6,700	9,600
1995 Riviera, V-6						
2d Cpe	400	1,250	2,100	4,730	7,350	10,500
1996 Skylark, 4-cyl. & V-6						
2d Cus Cpe	250	700	1,150	2,570	4,000	5,700
4d Cus Sed	250	700	1,150	2,610	4,050	5,800
2d Ltd Cpe	250	700	1,200	2,660	4,150	5,900
4d Ltd Sed	250	700	1,200	2,700	4,200	6,000
2d Gran Spt Cpe (V-6 only)	250	800	1,300	2,970	4,600	6,600
4d Gran Spt Sed (V-6 only)	250	800	1,350	3,020	4,700	6,700
1996 Century, 4-cyl. & V-6						
4d Spl Sed	250	800	1,300	2,930	4,550	6,500
4d Spl Sta Wag (V-6 only)	300	850	1,400	3,150	4,900	7,000
4d Cus Sed (V-6 only)	260	790	1,320	2,970	4,620	6,600
4d Ltd Sed (V-6 only)	280	840	1,400	3,150	4,900	7,000
1996 Regal, V-6						
2d Cus Cpe	300	950	1,600	3,600	5,600	8,000
4d Cus Cpe	300	950	1,600	3,650	5,650	8,100
4d Ltd Sed	350	1,000	1,700	3,830	5,950	8,500
2d Gran Spt Cpe	400	1,150	1,900	4,230	6,600	9,400
4d Gran Spt Sed	400	1,150	1,900	4,280	6,650	9,500
1996 LeSabre, V-6						
4d Cus Sed	350	1,000	1,650	3,690	5,750	8,200
4d Ltd Sed	350	1,000	1,700	3,780	5,900	8,400

	6	5	4	3	2	1
1996 Roadmaster, V-8						
4d Sed	350	1,100	1,800	4,050	6,300	9,000
4d Ltd Sed	400	1,150	1,900	4,230	6,600	9,400
4d Estate Sta Wag	500	1,450	2,400	5,450	8,450	12,100
4d Estate Ltd Sta Wag	520	1,560	2,600	5,850	9,100	13,000
1996 Park Avenue, V-6						
4d Sed	350	1,100	1,850	4,140	6,450	9,200
4d Ultra Sed	400	1,150	1,900	4,320	6,700	9,600
1996 Riviera, V-6						
2d Cpe	400	1,250	2,100	4,730	7,350	10,500

NOTE: Add 5 percent for supercharged V-6.

	6	5	4	3	2	1
1997 Skylark, 4-cyl. & V-6						
2d Cus Cpe	228	684	1,140	2,570	3,990	5,700
4d Cus Sed	232	696	1,160	2,610	4,060	5,800
2d Ltd Cpe	236	708	1,180	2,660	4,130	5,900
4d Ltd Sed	240	720	1,200	2,700	4,200	6,000
2d Gran Spt Cpe (V-6 only)	264	792	1,320	2,970	4,620	6,600
4d Gran Spt Sed (V-6 only)	268	804	1,340	3,020	4,690	6,700
1997 Century, V-6						
4d Cus Sed	264	792	1,320	2,970	4,620	6,600
4d Ltd Sed	280	840	1,400	3,150	4,900	7,000
1997 Regal, V-6						
4d Cus Sed	324	972	1,620	3,650	5,670	8,100
4d Ltd Sed	340	1,020	1,700	3,830	5,950	8,500
4d Gran Spt Sed	380	1,140	1,900	4,280	6,650	9,500

NOTE: Regals were carried over from '96 until the launch of the '97-1/2 - '98 models in the fall.

	6	5	4	3	2	1
1997 LeSabre, V-6						
4d Cus Sed	328	984	1,640	3,690	5,740	8,200
4d Ltd Sed	336	1,008	1,680	3,780	5,880	8,400
1997 Park Avenue, V-6						
4d Sed	368	1,104	1,840	4,140	6,440	9,200
4d Ultra Sed	384	1,152	1,920	4,320	6,720	9,600
1997 Riviera, V-6						
2d Cpe	420	1,260	2,100	4,730	7,350	10,500

NOTE: Add 5 percent for supercharged V-6.

	6	5	4	3	2	1
1998 Skylark, V-6						
4d Cus Sed	230	700	1,160	2,610	4,060	5,800
1998 Century, V-6						
4d Cus Sed	260	790	1,320	2,970	4,620	6,600
4d Ltd Sed	280	840	1,400	3,150	4,900	7,000
1998 Regal, V-6						
4d LS Sed	320	970	1,620	3,650	5,670	8,100
4d GS Sed	340	1,020	1,700	3,830	5,950	8,500

NOTE: Add 10 percent for 25th Anv Pkg.

	6	5	4	3	2	1
1998 LeSabre, V-6						
4d Cus Sed	330	1,000	1,660	3,740	5,810	8,300
4d Ltd Sed	340	1,030	1,720	3,870	6,020	8,600
1998 Park Avenue, V-6						
4d Sed	370	1,100	1,840	4,140	6,440	9,200
4d Ultra Sed	380	1,150	1,920	4,320	6,720	9,600
1998 Riviera, Supercharged V-6						
2d Cpe	460	1,380	2,300	5,180	8,050	11,500

CADILLAC

	6	5	4	3	2	1
1903 Model A, 1-cyl.						
Rbt	1,600	4,800	8,000	18,000	28,000	40,000
Tonn Rbt	1,640	4,920	8,200	18,450	28,700	41,000
1904 Model A, 1-cyl.						
Rbt	1,580	4,740	7,900	17,780	27,650	39,500
Tonn Rbt	1,600	4,800	8,000	18,000	28,000	40,000
1904 Model B, 1-cyl.						
Rbt	1,600	4,800	8,000	18,000	28,000	40,000
Tr	1,640	4,920	8,200	18,450	28,700	41,000
1905 Models B-E						
Rbt	1,560	4,680	7,800	17,550	27,300	39,000
Tonn Rbt	1,600	4,800	8,000	18,000	28,000	40,000
1905 Model D, 4-cyl.						
Rbt	1,640	4,920	8,200	18,450	28,700	41,000
Tonn Rbt	1,680	5,040	8,400	18,900	29,400	42,000

	6	5	4	3	2	1
1905 Model F, 1-cyl.						
Tr	1,480	4,440	7,400	16,650	25,900	37,000
1906 Model K-M, 1-cyl.						
Rbt	1,480	4,440	7,400	16,650	25,900	37,000
Tr	1,520	4,560	7,600	17,100	26,600	38,000
1906 Model H, 4-cyl.						
Rbt	1,520	4,560	7,600	17,100	26,600	38,000
Tr	1,560	4,680	7,800	17,550	27,300	39,000
1906 Model L, 4-cyl.						
7P Tr	1,640	4,920	8,200	18,450	28,700	41,000
Limo	1,560	4,680	7,800	17,550	27,300	39,000
1907 Model G, 4-cyl., 20 hp						
Rbt	1,480	4,440	7,400	16,650	25,900	37,000
Tr	1,520	4,560	7,600	17,100	26,600	38,000
Limo	1,440	4,320	7,200	16,200	25,200	36,000
1907 Model H, 4-cyl., 30 hp						
Tr	1,560	4,680	7,800	17,550	27,300	39,000
Limo	1,520	4,560	7,600	17,100	26,600	38,000
1907 Model K-M, 1-cyl.						
Rbt	1,400	4,200	7,000	15,750	24,500	35,000
Tr	1,440	4,320	7,200	16,200	25,200	36,000
1908 Model G, 4-cyl., 25 hp						
Rbt	1,480	4,440	7,400	16,650	25,900	37,000
Tr	1,520	4,560	7,600	17,100	26,600	38,000
1908 Model H, 4-cyl., 30 hp						
Rbt	1,560	4,680	7,800	17,550	27,300	39,000
Tr	1,600	4,800	8,000	18,000	28,000	40,000
Cpe	1,480	4,440	7,400	16,650	25,900	37,000
Limo	1,440	4,320	7,200	16,200	25,200	36,000
1908 Model S-T, 1-cyl.						
Rbt	1,440	4,320	7,200	16,200	25,200	36,000
Tr	1,480	4,440	7,400	16,650	25,900	37,000
Cpe	1,360	4,080	6,800	15,300	23,800	34,000
1909 Model 30, 4-cyl.						
Rds	1,480	4,440	7,400	16,650	25,900	37,000
demi T&C	1,520	4,560	7,600	17,100	26,600	38,000
Tr	1,560	4,680	7,800	17,550	27,300	39,000
1909 Model T, 1-cyl.						
Tr	1,400	4,200	7,000	15,750	24,500	35,000
1910 Model 30, 4-cyl.						
Rds	1,600	4,800	8,000	18,000	28,000	40,000
demi T&C	1,640	4,920	8,200	18,450	28,700	41,000
Tr	1,560	4,680	7,800	17,550	27,300	39,000
Limo	1,480	4,440	7,400	16,650	25,900	37,000
1911 Model 30, 4-cyl.						
Rds	1,600	4,800	8,000	18,000	28,000	40,000
demi T&C	1,640	4,920	8,200	18,450	28,700	41,000
Tr	1,680	5,040	8,400	18,900	29,400	42,000
Cpe	1,520	4,560	7,600	17,100	26,600	38,000
Limo	1,560	4,680	7,800	17,550	27,300	39,000
1912 Model 30, 4-cyl.						
Rds	1,800	5,400	9,000	20,250	31,500	45,000
4P Phae	1,840	5,520	9,200	20,700	32,200	46,000
5P Tr	1,880	5,640	9,400	21,150	32,900	47,000
Cpe	1,560	4,680	7,800	17,550	27,300	39,000
Limo	1,640	4,920	8,200	18,450	28,700	41,000
1913 Model 30, 4-cyl.						
Rds	1,800	5,400	9,000	20,250	31,500	45,000
Phae	1,840	5,520	9,200	20,700	32,200	46,000
Torp	1,880	5,640	9,400	21,150	32,900	47,000
5P Tr	1,920	5,760	9,600	21,600	33,600	48,000
6P Tr	1,960	5,880	9,800	22,050	34,300	49,000
Cpe	1,520	4,560	7,600	17,100	26,600	38,000
Limo	1,640	4,920	8,200	18,450	28,700	41,000
1914 Model 30, 4-cyl.						
Rds	1,840	5,520	9,200	20,700	32,200	46,000
Phae	1,880	5,640	9,400	21,150	32,900	47,000
5P Tr	1,920	5,760	9,600	21,600	33,600	48,000
7P Tr	1,960	5,880	9,800	22,050	34,300	49,000
Lan Cpe	1,560	4,680	7,800	17,550	27,300	39,000
Encl dr Limo	1,640	4,920	8,200	18,450	28,700	41,000
Limo	1,680	5,040	8,400	18,900	29,400	42,000

	6	5	4	3	2	1
1915 Model 51, V-8						
Rds	1,920	5,760	9,600	21,600	33,600	48,000
Sal Tr	1,960	5,880	9,800	22,050	34,300	49,000
7P Tr	2,000	6,000	10,000	22,500	35,000	50,000
3P Cpe	1,520	4,560	7,600	17,100	26,600	38,000
Sed Brgm	1,480	4,440	7,400	16,650	25,900	37,000
7P Limo	1,680	5,040	8,400	18,900	29,400	42,000
Berl Limo	1,760	5,280	8,800	19,800	30,800	44,000
1916 Model 53, V-8						
Rds	1,880	5,640	9,400	21,150	32,900	47,000
5P Tr	1,920	5,760	9,600	21,600	33,600	48,000
7P Tr	1,960	5,880	9,800	22,050	34,300	49,000
3P Cpe	1,520	4,560	7,600	17,100	26,600	38,000
Sed Brgm	1,480	4,440	7,400	16,650	25,900	37,000
7P Limo	1,680	5,040	8,400	18,900	29,400	42,000
Berl Limo	1,760	5,280	8,800	19,800	30,800	44,000
1917 Model 55, V-8						
Rds	1,880	5,640	9,400	21,150	32,900	47,000
Clb Rds	1,920	5,760	9,600	21,600	33,600	48,000
Conv	1,840	5,520	9,200	20,700	32,200	46,000
Cpe	1,480	4,440	7,400	16,650	25,900	37,000
Vic	1,520	4,560	7,600	17,100	26,600	38,000
Brgm	1,480	4,440	7,400	16,650	25,900	37,000
Limo	1,600	4,800	8,000	18,000	28,000	40,000
Imp Limo	1,680	5,040	8,400	18,900	29,400	42,000
7P Lan'let	1,760	5,280	8,800	19,800	30,800	44,000
1918-19 Type 57, V-8						
Rds	1,840	5,520	9,200	20,700	32,200	46,000
Phae	1,880	5,640	9,400	21,150	32,900	47,000
Tr	1,800	5,400	9,000	20,250	31,500	45,000
Conv Vic	1,760	5,280	8,800	19,800	30,800	44,000
Brgm	1,440	4,320	7,200	16,200	25,200	36,000
Limo	1,480	4,440	7,400	16,650	25,900	37,000
Twn Limo	1,520	4,560	7,600	17,100	26,600	38,000
Lan'let	1,600	4,800	8,000	18,000	28,000	40,000
Twn Lan'let	1,680	5,040	8,400	18,900	29,400	42,000
Imp Limo	1,640	4,920	8,200	18,450	28,700	41,000
1920-21 Type 59, V-8						
Rds	1,720	5,160	8,600	19,350	30,100	43,000
Phae	1,760	5,280	8,800	19,800	30,800	44,000
Tr	1,680	5,040	8,400	18,900	29,400	42,000
Vic	1,360	4,080	6,800	15,300	23,800	34,000
Sed	1,320	3,960	6,600	14,850	23,100	33,000
Cpe	1,360	4,080	6,800	15,300	23,800	34,000
Sub	1,320	3,960	6,600	14,850	23,100	33,000
Limo	1,480	4,440	7,400	16,650	25,900	37,000
Twn Brgm	1,520	4,560	7,600	17,100	26,600	38,000
Imp Limo	1,560	4,680	7,800	17,550	27,300	39,000

NOTE: Coupe and Town Brougham dropped for 1921.

	6	5	4	3	2	1
1922-23 Type 61, V-8						
Rds	1,600	4,800	8,000	18,000	28,000	40,000
Phae	1,640	4,920	8,200	18,450	28,700	41,000
Tr	1,600	4,800	8,000	18,000	28,000	40,000
Cpe	1,320	3,960	6,600	14,850	23,100	33,000
Vic	1,360	4,080	6,800	15,300	23,800	34,000
5P Cpe	1,240	3,720	6,200	13,950	21,700	31,000
Sed	1,200	3,600	6,000	13,500	21,000	30,000
Sub	1,400	4,200	7,000	15,750	24,500	35,000
7P Limo	1,440	4,320	7,200	16,200	25,200	36,000
Imp Limo	1,480	4,440	7,400	16,650	25,900	37,000
Lan'let Sed	1,520	4,560	7,600	17,100	26,600	38,000
1924-25 V-63, V-8						
Rds	1,640	4,920	8,200	18,450	28,700	41,000
Phae	1,760	5,280	8,800	19,800	30,800	44,000
Tr	1,600	4,800	8,000	18,000	28,000	40,000
Vic	1,320	3,960	6,600	14,850	23,100	33,000
Cpe	1,280	3,840	6,400	14,400	22,400	32,000
Limo	1,220	3,660	6,100	13,730	21,350	30,500
Twn Brgm	1,240	3,720	6,200	13,950	21,700	31,000
Imp Sed	1,200	3,600	6,000	13,500	21,000	30,000
Custom models, (V-8 introduced Oct., 1924).						
Cpe	1,240	3,720	6,200	13,950	21,700	31,000
5P Cpe	1,280	3,840	6,400	14,400	22,400	32,000
5P Sed	1,260	3,780	6,300	14,180	22,050	31,500
Sub	1,240	3,720	6,200	13,950	21,700	31,000
Imp Sub	1,260	3,780	6,300	14,180	22,050	31,500

1932 Cadillac V-12 convertible coupe

1940 Cadillac 60S sedan

1949 Cadillac 62 two-door fastback

	6	5	4	3	2	1
Other models, V-8.						
7P Sed	1,240	3,720	6,200	13,950	21,700	31,000
Vic.	1,260	3,780	6,300	14,180	22,050	31,500
Lan Sed	1,280	3,840	6,400	14,400	22,400	32,000
2d Sed	1,120	3,360	5,600	12,600	19,600	28,000
8P Imp Sed	1,160	3,480	5,800	13,050	20,300	29,000

(All Custom and post-Dec. 1924 models have scrolled radiators).

1926-27 Series 314, V-8

	6	5	4	3	2	1
Cpe	1,520	4,560	7,600	17,100	26,600	38,000
Vic.	1,560	4,680	7,800	17,550	27,300	39,000
5P Brgm	1,520	4,560	7,600	17,100	26,600	38,000
5P Sed	1,200	3,600	6,000	13,500	21,000	30,000
7P Sed	1,240	3,720	6,200	13,950	21,700	31,000
Imp Sed	1,200	3,600	6,000	13,500	21,000	30,000

1926-27 Custom Line, V-8

	6	5	4	3	2	1
Rds	3,360	10,080	16,800	37,800	58,800	84,000
Tr	3,360	10,080	16,800	37,800	58,800	84,000
Phae	3,440	10,320	17,200	38,700	60,200	86,000
Cpe	1,920	5,760	9,600	21,600	33,600	48,000
Sed	1,640	4,920	8,200	18,450	28,700	41,000
Sub	1,680	5,040	8,400	18,900	29,400	42,000
Imp Sed	1,840	5,520	9,200	20,700	32,200	46,000

1927 Series 314 Std., V-8, 132" wb

	6	5	4	3	2	1
Spt Cpe	1,680	5,040	8,400	18,900	29,400	42,000
Cpe	1,560	4,680	7,800	17,550	27,300	39,000
Sed 5P	1,240	3,720	6,200	13,950	21,700	31,000
Sed 7P	1,280	3,840	6,400	14,400	22,400	32,000
Victoria 4P	1,600	4,800	8,000	18,000	28,000	40,000
Spt Sed	1,320	3,960	6,600	14,850	23,100	33,000
Brgm	1,240	3,720	6,200	13,950	21,700	31,000
Imp	1,320	3,960	6,600	14,850	23,100	33,000

1927 Std. Series, V-8, 132" wb

	6	5	4	3	2	1
7P Sed	1,280	3,840	6,400	14,400	22,400	32,000

1927 Custom, 138" wb

	6	5	4	3	2	1
RS Rds	2,960	8,880	14,800	33,300	51,800	74,000
RS Conv	2,400	7,200	12,000	27,000	42,000	60,000
Phae	3,200	9,600	16,000	36,000	56,000	80,000
Spt Phae	3,360	10,080	16,800	37,800	58,800	84,000
Tr	3,120	9,360	15,600	35,100	54,600	78,000
Conv	2,400	7,200	12,000	27,000	42,000	60,000
Cpe	1,760	5,280	8,800	19,800	30,800	44,000
5P Sed	1,360	4,080	6,800	15,300	23,800	34,000
Sub	1,400	4,200	7,000	15,750	24,500	35,000
Imp Sed	1,440	4,320	7,200	16,200	25,200	36,000
Brn Twn Cabr	1,440	4,320	7,200	16,200	25,200	36,000
Wilby Twn Cabr	1,600	4,800	8,000	18,000	28,000	40,000

1927 Fleetwood Bodies

	6	5	4	3	2	1
Limo Brgm	1,800	5,400	9,000	20,250	31,500	45,000
Twn Cabr	1,880	5,640	9,400	21,150	32,900	47,000
Trans Twn Cabr	2,040	6,120	10,200	22,950	35,700	51,000
Coll Twn Cabr	2,080	6,240	10,400	23,400	36,400	52,000
Vic.	1,760	5,280	8,800	19,800	30,800	44,000

1928 Fisher Custom Line, V-8, 140" wb

	6	5	4	3	2	1
Rds	4,160	12,480	20,800	46,800	72,800	104,000
Tr	4,240	12,720	21,200	47,700	74,200	106,000
Phae	4,320	12,960	21,600	48,600	75,600	108,000
Spt Phae	4,560	13,680	22,800	51,300	79,800	114,000
Conv RS	3,760	11,280	18,800	42,300	65,800	94,000
2P Cpe	1,680	5,040	8,400	18,900	29,400	42,000
5P Cpe	1,560	4,680	7,800	17,550	27,300	39,000
Twn Sed	1,480	4,440	7,400	16,650	25,900	37,000
Sed	1,440	4,320	7,200	16,200	25,200	36,000
7P Sed	1,480	4,440	7,400	16,650	25,900	37,000
5P Imp Sed	1,520	4,560	7,600	17,100	26,600	38,000
Imp Cabr	3,920	11,760	19,600	44,100	68,600	98,000
7P Imp Sed	2,480	7,440	12,400	27,900	43,400	62,000
7P Imp Cabr	4,320	12,960	21,600	48,600	75,600	108,000

1928 Fisher Fleetwood Line, V-8, 140" wb

	6	5	4	3	2	1
Sed	1,600	4,800	8,000	18,000	28,000	40,000
5P Cabr	4,160	12,480	20,800	46,800	72,800	104,000
5P Imp Cabr	4,320	12,960	21,600	48,600	75,600	108,000
7P Sed	1,680	5,040	8,400	18,900	29,400	42,000
7P Cabr	4,240	12,720	21,200	47,700	74,200	106,000
7P Imp Cabr	4,400	13,200	22,000	49,500	77,000	110,000
Trans Twn Cabr	4,320	12,960	21,600	48,600	75,600	108,000
Trans Limo Brgm	2,960	8,880	14,800	33,300	51,800	74,000

	6	5	4	3	2	1
1929 Series 341-B, V-8, 140" wb						
Rds	4,320	12,960	21,600	48,600	75,600	108,000
Phae	4,480	13,440	22,400	50,400	78,400	112,000
Spt Phae	4,880	14,640	24,400	54,900	85,400	122,000
Tr	3,920	11,760	19,600	44,100	68,600	98,000
Conv	3,920	11,760	19,600	44,100	68,600	98,000
2P Cpe	2,720	8,160	13,600	30,600	47,600	68,000
5P Cpe	2,200	6,600	11,000	24,750	38,500	55,000
5P Sed	1,800	5,400	9,000	20,250	31,500	45,000
7P Sed	1,760	5,280	8,800	19,800	30,800	44,000
Twn Sed	1,840	5,520	9,200	20,700	32,200	46,000
7P Imp Sed	1,880	5,640	9,400	21,150	32,900	47,000
1929 Fleetwood Custom Line, V-8, 140" wb						
Sed	1,800	5,400	9,000	20,250	31,500	45,000
Sed Cabr	4,560	13,680	22,800	51,300	79,800	114,000
5P Imp Sed	2,080	6,240	10,400	23,400	36,400	52,000
7P Imp Sed	2,120	6,360	10,600	23,850	37,100	53,000
Trans Twn Cabr	3,920	11,760	19,600	44,100	68,600	98,000
Trans Limo Brgm	2,960	8,880	14,800	33,300	51,800	74,000
Clb Cabr	4,160	12,480	20,800	46,800	72,800	104,000
A/W Phae	4,960	14,880	24,800	55,800	86,800	124,000
A/W State Imp	4,960	14,880	24,800	55,800	86,800	124,000
1930 Series 353, V-8, 140" wb Fisher Custom Line						
Conv	4,320	12,960	21,600	48,600	75,600	108,000
2P Cpe	2,800	8,400	14,000	31,500	49,000	70,000
Twn Sed	1,800	5,400	9,000	20,250	31,500	45,000
Sed	1,760	5,280	8,800	19,800	30,800	44,000
7P Sed	1,840	5,520	9,200	20,700	32,200	46,000
7P Imp Sed	2,080	6,240	10,400	23,400	36,400	52,000
5P Cpe	2,160	6,480	10,800	24,300	37,800	54,000
1930 Fleetwood Line, V-8						
Rds	4,960	14,880	24,800	55,800	86,800	124,000
5P Sed	1,880	5,640	9,400	21,150	32,900	47,000
Sed Cabr	4,320	12,960	21,600	48,600	75,600	108,000
5P Imp	2,080	6,240	10,400	23,400	36,400	52,000
7P Sed	1,880	5,640	9,400	21,150	32,900	47,000
7P Imp	2,080	6,240	10,400	23,400	36,400	52,000
Trans Cabr	5,040	15,120	25,200	56,700	88,200	126,000
Trans Limo Brgm	4,800	14,400	24,000	54,000	84,000	120,000
Clb Cabr	4,960	14,880	24,800	55,800	86,800	124,000
A/W Phae	5,360	16,080	26,800	60,300	93,800	134,000
A/W State Imp	5,520	16,560	27,600	62,100	96,600	138,000
1930 Fleetwood Custom Line, V-16, 148" wb						
Rds	12,960	38,880	64,800	145,800	226,800	324,000
Phae	13,760	41,280	68,800	154,800	240,800	344,000
1930 "Flat Windshield" Models						
A/W Phae	13,960	41,880	69,800	157,050	244,300	349,000
Conv	12,960	38,880	64,800	145,800	226,800	324,000
Cpe	4,800	14,400	24,000	54,000	84,000	120,000
Clb Sed	4,560	13,680	22,800	51,300	79,800	114,000
5P OS Sed	4,560	13,680	22,800	51,300	79,800	114,000
5P Sed Cabr	10,960	32,880	54,800	123,300	191,800	274,000
Imp Cabr	10,960	32,880	54,800	123,300	191,800	274,000
7P Sed	4,800	14,400	24,000	54,000	84,000	120,000
7P Imp Sed	4,960	14,880	24,800	55,800	86,800	124,000
Twn Cabr 4212	11,160	33,480	55,800	125,550	195,300	279,000
Twn Cabr 4220	11,160	33,480	55,800	125,550	195,300	279,000
Twn Cabr 4225	11,160	33,480	55,800	125,550	195,300	279,000
Limo Brgm	7,960	23,880	39,800	89,550	139,300	199,000
Twn Brgm 05	7,960	23,880	39,800	89,550	139,300	199,000
1930 Madame X Models, V-16						
5P OS Imp	6,760	20,280	33,800	76,050	118,300	169,000
5P Imp	6,560	19,680	32,800	73,800	114,800	164,000
Twn Cabr 4312	12,560	37,680	62,800	141,300	219,800	314,000
Twn Cabr 4320	12,560	37,680	62,800	141,300	219,800	314,000
Twn Cabr 4325	12,560	37,680	62,800	141,300	219,800	314,000
Limo Brgm	9,360	28,080	46,800	105,300	163,800	234,000
1931 Series 355, V-8, 134" wb Fisher Bodies						
Rds	4,880	14,640	24,400	54,900	85,400	122,000
Phae	4,640	13,920	23,200	52,200	81,200	116,000
2P Cpe	2,960	8,880	14,800	33,300	51,800	74,000
5P Cpe	2,880	8,640	14,400	32,400	50,400	72,000
Sed	1,880	5,640	9,400	21,150	32,900	47,000
Twn Sed	1,960	5,880	9,800	22,050	34,300	49,000
7P Sed	2,040	6,120	10,200	22,950	35,700	51,000
Imp Limo	2,080	6,240	10,400	23,400	36,400	52,000

	6	5	4	3	2	1
1931 Fleetwood Bodies, V-8						
Rds	5,200	15,600	26,000	58,500	91,000	130,000
Conv	5,200	15,600	26,000	58,500	91,000	130,000
Phae	5,560	16,680	27,800	62,550	97,300	139,000
A/W Phae	5,760	17,280	28,800	64,800	100,800	144,000
1931 Series 370, V-12, 140" wb						
Rds	8,760	26,280	43,800	98,550	153,300	219,000
Phae	8,760	26,280	43,800	98,550	153,300	219,000
Conv	8,160	24,480	40,800	91,800	142,800	204,000
A/W Phae	8,960	26,880	44,800	100,800	156,800	224,000
2P Cpe	5,560	16,680	27,800	62,550	97,300	139,000
5P Cpe	5,360	16,080	26,800	60,300	93,800	134,000
Sed	4,560	13,680	22,800	51,300	79,800	114,000
Twn Sed	4,800	14,400	24,000	54,000	84,000	120,000
1931 Series 370, V-12, 143" wb						
7P Sed	5,200	15,600	26,000	58,500	91,000	130,000
Imp Sed	5,360	16,080	26,800	60,300	93,800	134,000
1931 Series V-16, 148" wb						
2P Rds	14,160	42,480	70,800	159,300	247,800	354,000
Phae	14,360	43,080	71,800	161,550	251,300	359,000
A/W Phae	4,800	14,400	24,000	54,000	84,000	120,000
4476 Cpe	5,760	17,280	28,800	64,800	100,800	144,000
4276 Cpe	5,760	17,280	28,800	64,800	100,800	144,000
5P Cpe	5,560	16,680	27,800	62,550	97,300	139,000
Conv	14,360	43,080	71,800	161,550	251,300	359,000
4361 Clb Sed	6,560	19,680	32,800	73,800	114,800	164,000
4161 Clb Sed	6,560	19,680	32,800	73,800	114,800	164,000
4330 Imp.	6,760	20,280	33,800	76,050	118,300	169,000
4330 Sed	3,600	10,800	18,000	40,500	63,000	90,000
4130 Sed	3,760	11,280	18,800	42,300	65,800	94,000
4130 Imp.	3,760	11,280	18,800	42,300	65,800	94,000
4335 Sed Cabr	11,960	35,880	59,800	134,550	209,300	299,000
4355 Imp Cabr	12,160	36,480	60,800	136,800	212,800	304,000
4155 Sed Cabr	12,160	36,480	60,800	136,800	212,800	304,000
4155 Imp Cabr	12,760	38,280	63,800	143,550	223,300	319,000
4375 Sed	3,600	10,800	18,000	40,500	63,000	90,000
4175 Sed	3,760	11,280	18,800	42,300	65,800	94,000
4375 Imp.	4,000	12,000	20,000	45,000	70,000	100,000
4175 Imp.	4,160	12,480	20,800	46,800	72,800	104,000
4312 Twn Cabr	12,160	36,480	60,800	136,800	212,800	304,000
4320 Twn Cabr	12,160	36,480	60,800	136,800	212,800	304,000
4220 Twn Cabr	12,160	36,480	60,800	136,800	212,800	304,000
4325 Twn Cabr	11,960	35,880	59,800	134,550	209,300	299,000
4225 Twn Cabr	11,960	35,880	59,800	134,550	209,300	299,000
4391 Limo Brgm	8,560	25,680	42,800	96,300	149,800	214,000
4291 Limo Brgm	8,960	26,880	44,800	100,800	156,800	224,000
4264 Twn Brgm	9,160	27,480	45,800	103,050	160,300	229,000
4264B Twn Brgm C/N.	9,360	28,080	46,800	105,300	163,800	234,000
1932 Series 355B, V-8, 134" wb						
Rds	4,480	13,440	22,400	50,400	78,400	112,000
Conv	3,840	11,520	19,200	43,200	67,200	96,000
2P Cpe	2,080	6,240	10,400	23,400	36,400	52,000
Sed	1,720	5,160	8,600	19,350	30,100	43,000
1932 Fisher Line, 140" wb						
Std Phae	4,000	12,000	20,000	45,000	70,000	100,000
DW Phae	4,000	12,000	20,000	45,000	70,000	100,000
DC Spt Phae	4,160	12,480	20,800	46,800	72,800	104,000
A/W Phae	4,160	12,480	20,800	46,800	72,800	104,000
Cpe	2,280	6,840	11,400	25,650	39,900	57,000
Spec Sed	1,760	5,280	8,800	19,800	30,800	44,000
Twn Sed	1,800	5,400	9,000	20,250	31,500	45,000
Imp Sed	1,880	5,640	9,400	21,150	32,900	47,000
1932 Fleetwood Bodies, 140" wb						
Sed	1,880	5,640	9,400	21,150	32,900	47,000
Twn Cpe	2,360	7,080	11,800	26,550	41,300	59,000
7P Sed	2,080	6,240	10,400	23,400	36,400	52,000
7P Limo	2,360	7,080	11,800	26,550	41,300	59,000
5P Twn Car.	4,000	12,000	20,000	45,000	70,000	100,000
Twn Cabr	4,160	12,480	20,800	46,800	72,800	104,000
Limo Brgm	2,560	7,680	12,800	28,800	44,800	64,000
1932 Series 370B, V-12, 134" wb						
Rds	7,360	22,080	36,800	82,800	128,800	184,000
Conv	6,960	20,880	34,800	78,300	121,800	174,000
2P Cpe	2,720	8,160	13,600	30,600	47,600	68,000
Std Sed	2,080	6,240	10,400	23,400	36,400	52,000

	6	5	4	3	2	1
1932 Series 370B, V-12, 140" wb Fisher Bodies						
Std Phae	7,160	21,480	35,800	80,550	125,300	179,000
Spl Phae	7,360	22,080	36,800	82,800	128,800	184,000
Spt Phae	7,760	23,280	38,800	87,300	135,800	194,000
A/W Phae	7,560	22,680	37,800	85,050	132,300	189,000
5P Cpe	3,120	9,360	15,600	35,100	54,600	78,000
Spl Sed	2,960	8,880	14,800	33,300	51,800	74,000
Twn Sed	2,560	7,680	12,800	28,800	44,800	64,000
7P Sed	2,640	7,920	13,200	29,700	46,200	66,000
7P Imp	2,720	8,160	13,600	30,600	47,600	68,000
1932 Series 370B, V-12, 140" wb Fleetwood Bodies						
Tr	8,560	25,680	42,800	96,300	149,800	214,000
Conv	8,760	26,280	43,800	98,550	153,300	219,000
Sed	3,360	10,080	16,800	37,800	58,800	84,000
Twn Cpe	3,440	10,320	17,200	38,700	60,200	86,000
7P Sed	3,040	9,120	15,200	34,200	53,200	76,000
Limo	3,360	10,080	16,800	37,800	58,800	84,000
5P Twn Cabr	8,360	25,080	41,800	94,050	146,300	209,000
7P Twn Cabr	8,560	25,680	42,800	96,300	149,800	214,000
Limo Brgm	6,960	20,880	34,800	78,300	121,800	174,000
1932 Series 452B, V-16, 143" wb Fisher Bodies						
Rds	11,760	35,280	58,800	132,300	205,800	294,000
Conv	10,560	31,680	52,800	118,800	184,800	264,000
Cpe	7,960	23,880	39,800	89,550	139,300	199,000
Std Sed	6,960	20,880	34,800	78,300	121,800	174,000
1932 Series 452B, V-16, 149" wb Fisher Bodies						
Std Phae	13,560	40,680	67,800	152,550	237,300	339,000
Spl Phae	13,760	41,280	68,800	154,800	240,800	344,000
Spt Phae	13,560	40,680	67,800	152,550	237,300	339,000
A/W Phae	13,760	41,280	68,800	154,800	240,800	344,000
1932 Fleetwood Bodies, V-16						
5P Sed	8,360	25,080	41,800	94,050	146,300	209,000
Imp Limo	9,160	27,480	45,800	103,050	160,300	229,000
Twn Cpe	9,360	28,080	46,800	105,300	163,800	234,000
7P Sed	9,160	27,480	45,800	103,050	160,300	229,000
7P Twn Cabr	13,360	40,080	66,800	150,300	233,800	334,000
5P Twn Cabr	13,160	39,480	65,800	148,050	230,300	329,000
Limo Brgm	8,560	25,680	42,800	96,300	149,800	214,000
1933 Series 355C, V-8, 134" wb Fisher Bodies						
Rds	4,160	12,480	20,800	46,800	72,800	104,000
Conv	3,600	10,800	18,000	40,500	63,000	90,000
Cpe	1,880	5,640	9,400	21,150	32,900	47,000
1933 Series 355C, V-8, 140" wb Fisher Bodies						
Phae	3,840	11,520	19,200	43,200	67,200	96,000
A/W Phae	4,000	12,000	20,000	45,000	70,000	100,000
5P Cpe	1,920	5,760	9,600	21,600	33,600	48,000
Sed	1,840	5,520	9,200	20,700	32,200	46,000
Twn Sed	1,880	5,640	9,400	21,150	32,900	47,000
7P Sed	1,920	5,760	9,600	21,600	33,600	48,000
Imp Sed	2,040	6,120	10,200	22,950	35,700	51,000
1933 Series 355C, V-8, 140" wb Fleetwood Line						
5P Sed	1,880	5,640	9,400	21,150	32,900	47,000
7P Sed	1,920	5,760	9,600	21,600	33,600	48,000
Limo	2,040	6,120	10,200	22,950	35,700	51,000
5P Twn Cabr	3,840	11,520	19,200	43,200	67,200	96,000
7P Twn Cabr	4,000	12,000	20,000	45,000	70,000	100,000
Limo Brgm	2,400	7,200	12,000	27,000	42,000	60,000
1933 Series 370C, V-12, 134" wb Fisher Bodies						
Rds	4,560	13,680	22,800	51,300	79,800	114,000
Conv	4,400	13,200	22,000	49,500	77,000	110,000
Cpe	2,880	8,640	14,400	32,400	50,400	72,000
1933 Series, 370C, V-12, 140" wb Fisher Bodies						
Phae	4,480	13,440	22,400	50,400	78,400	112,000
A/W Phae	4,560	13,680	22,800	51,300	79,800	114,000
5P Cpe	3,040	9,120	15,200	34,200	53,200	76,000
Sed	2,560	7,680	12,800	28,800	44,800	64,000
Twn Sed	2,560	7,680	12,800	28,800	44,800	64,000
7P Sed	2,400	7,200	12,000	27,000	42,000	60,000
Imp Sed	2,640	7,920	13,200	29,700	46,200	66,000
1933 Series 370C, V-12, 140" wb Fleetwood Line						
Sed	2,640	7,920	13,200	29,700	46,200	66,000
7P Sed	2,640	7,920	13,200	29,700	46,200	66,000
Limo	2,720	8,160	13,600	30,600	47,600	68,000
5P Twn Cabr	4,560	13,680	22,800	51,300	79,800	114,000
7P Twn Cabr	4,640	13,920	23,200	52,200	81,200	116,000
7P Limo Brgm	3,120	9,360	15,600	35,100	54,600	78,000

	6	5	4	3	2	1
1933 Series 452C, V-16, 154" wb						
DC Spt Phae	10,160	30,480	50,800	114,300	177,800	254,000
1933 Fleetwood Bodies, 149" wb						
Conv	9,960	29,880	49,800	112,050	174,300	249,000
A/W Phae	10,160	30,480	50,800	114,300	177,800	254,000
Sed	6,960	20,880	34,800	78,300	121,800	174,000
7P Sed	6,960	20,880	34,800	78,300	121,800	174,000
Twn Cab	8,760	26,280	43,800	98,550	153,300	219,000
7P Twn Cab	8,560	25,680	42,800	96,300	149,800	214,000
7P Limo	7,160	21,480	35,800	80,550	125,300	179,000
Limo Brgm	7,160	21,480	35,800	80,550	125,300	179,000
5P Twn Cpe	6,760	20,280	33,800	76,050	118,300	169,000
Imp Cab	8,960	26,880	44,800	100,800	156,800	224,000
1934 Series 355D, V-8, 128" wb Fisher Bodies						
Conv	2,960	8,880	14,800	33,300	51,800	74,000
Conv Sed	3,040	9,120	15,200	34,200	53,200	76,000
2P Cpe	1,880	5,640	9,400	21,150	32,900	47,000
Twn Cpe	1,680	5,040	8,400	18,900	29,400	42,000
Sed	1,600	4,800	8,000	18,000	28,000	40,000
Twn Sed	1,640	4,920	8,200	18,450	28,700	41,000
1934 Series 355D, V-8, 136" wb Fisher Bodies						
Conv	3,120	9,360	15,600	35,100	54,600	78,000
Conv Sed	3,200	9,600	16,000	36,000	56,000	80,000
Cpe	1,960	5,880	9,800	22,050	34,300	49,000
Sed	1,600	4,800	8,000	18,000	28,000	40,000
Twn Sed	1,640	4,920	8,200	18,450	28,700	41,000
7P Sed	1,880	5,640	9,400	21,150	32,900	47,000
Imp Sed	2,080	6,240	10,400	23,400	36,400	52,000
1934 Series 355D, V-8, 146" wb Fleetwood bodies with straight windshield						
Sed	1,680	5,040	8,400	18,900	29,400	42,000
Twn Sed	1,720	5,160	8,600	19,350	30,100	43,000
7P Sed	1,760	5,280	8,800	19,800	30,800	44,000
7P Limo	1,840	5,520	9,200	20,700	32,200	46,000
Imp Cab	3,520	10,560	17,600	39,600	61,600	88,000
7P Imp Cab	3,600	10,800	18,000	40,500	63,000	90,000
1934 Series 355D, V-8, 146" wb Fleetwood bodies with modified "V" windshield						
Conv	3,360	10,080	16,800	37,800	58,800	84,000
Aero Cpe	3,120	9,360	15,600	35,100	54,600	78,000
Cpe	2,280	6,840	11,400	25,650	39,900	57,000
Spl Sed	1,880	5,640	9,400	21,150	32,900	47,000
Spl Twn Sed	1,920	5,760	9,600	21,600	33,600	48,000
Conv Sed Div	3,760	11,280	18,800	42,300	65,800	94,000
7P Spl Sed	1,960	5,880	9,800	22,050	34,300	49,000
Spl Limo	2,040	6,120	10,200	22,950	35,700	51,000
Sp Twn Cab	3,600	10,800	18,000	40,500	63,000	90,000
7P Twn Cab	3,680	11,040	18,400	41,400	64,400	92,000
5P Spl Imp Cab	3,680	11,040	18,400	41,400	64,400	92,000
7P Spl Imp Cab	3,760	11,280	18,800	42,300	65,800	94,000
Limo Brgm	2,960	8,880	14,800	33,300	51,800	74,000
1934 Series 370D, V-12, 146" wb Fleetwood bodies with straight windshield						
Sed	2,280	6,840	11,400	25,650	39,900	57,000
Twn Sed	2,320	6,960	11,600	26,100	40,600	58,000
7P Sed	2,360	7,080	11,800	26,550	41,300	59,000
7P Limo	2,480	7,440	12,400	27,900	43,400	62,000
5P Imp Cab	4,000	12,000	20,000	45,000	70,000	100,000
7P Imp Cab	4,080	12,240	20,400	45,900	71,400	102,000
1934 Series 370D, V-12, 146" wb Fleetwood bodies with modified "V" windshield						
Conv	3,680	11,040	18,400	41,400	64,400	92,000
Aero Cpe	3,360	10,080	16,800	37,800	58,800	84,000
RS Cpe	2,480	7,440	12,400	27,900	43,400	62,000
Spl Sed	2,320	6,960	11,600	26,100	40,600	58,000
Spl Twn Sed	2,400	7,200	12,000	27,000	42,000	60,000
Conv Sed	4,160	12,480	20,800	46,800	72,800	104,000
7P Spl Sed	2,480	7,440	12,400	27,900	43,400	62,000
Spec Limo	2,560	7,680	12,800	28,800	44,800	64,000
5P Twn Cab	4,000	12,000	20,000	45,000	70,000	100,000
7P Twn Cab	4,080	12,240	20,400	45,900	71,400	102,000
5P Spl Imp Cab	4,160	12,480	20,800	46,800	72,800	104,000
7P Spl Imp Cab	4,480	13,440	22,400	50,400	78,400	112,000
1934 Series 452D, V-16, 154" wb Fleetwood bodies with straight windshield						
Sed	5,560	16,680	27,800	62,550	97,300	139,000
Twn Sed	5,760	17,280	28,800	64,800	100,800	144,000
7P Sed	5,760	17,280	28,800	64,800	100,800	144,000
Limo	5,960	17,880	29,800	67,050	104,300	149,000
5P Imp Cab	7,360	22,080	36,800	82,800	128,800	184,000

	6	5	4	3	2	1
1934 Series 452D, V-16, 154" wb Fleetwood bodies with modified "V" windshield						
4P Conv	7,760	23,280	38,800	87,300	135,800	194,000
Aero Cpe	7,360	22,080	36,800	82,800	128,800	184,000
RS Cpe	8,960	26,880	44,800	100,800	156,800	224,000
Spl Sed	8,560	25,680	42,800	96,300	149,800	214,000
Spl Twn Sed	5,960	17,880	29,800	67,050	104,300	149,000
Conv Sed	8,760	26,280	43,800	98,550	153,300	219,000
7P Spl Sed	5,760	17,280	28,800	64,800	100,800	144,000
Spl Limo	6,160	18,480	30,800	69,300	107,800	154,000
5P Twn Cab	7,160	21,480	35,800	80,550	125,300	179,000
7P Twn Cab	7,360	22,080	36,800	82,800	128,800	184,000
5P Spl Imp Cab	7,560	22,680	37,800	85,050	132,300	189,000
7P Spl Imp Cab	7,760	23,280	38,800	87,300	135,800	194,000
Limo Brgm	6,560	19,680	32,800	73,800	114,800	164,000
1935 Series 355E, V-8, 128" wb Fisher Bodies						
RS Conv	2,960	8,880	14,800	33,300	51,800	74,000
Conv Sed	3,040	9,120	15,200	34,200	53,200	76,000
RS Cpe	1,880	5,640	9,400	21,150	32,900	47,000
5P Twn Cpe	1,680	5,040	8,400	18,900	29,400	42,000
Sed	1,600	4,800	8,000	18,000	28,000	40,000
Twn Sed	1,640	4,920	8,200	18,450	28,700	41,000
1935 Series 355E, V-8, 136" wb Fisher Bodies						
RS Conv	2,720	8,160	13,600	30,600	47,600	68,000
Conv Sed	2,640	7,920	13,200	29,700	46,200	66,000
RS Cpe	2,200	6,600	11,000	24,750	38,500	55,000
Sed	1,760	5,280	8,800	19,800	30,800	44,000
Twn Sed	1,800	5,400	9,000	20,250	31,500	45,000
7P Sed	1,880	5,640	9,400	21,150	32,900	47,000
Imp Sed	2,080	6,240	10,400	23,400	36,400	52,000
1935 Series 355E, V-8, 146" wb Fleetwood bodies with straight windshield						
Sed	1,680	5,040	8,400	18,900	29,400	42,000
Twn Sed	1,720	5,160	8,600	19,350	30,100	43,000
7P Sed	1,760	5,280	8,800	19,800	30,800	44,000
Limo	1,840	5,520	9,200	20,700	32,200	46,000
5P Imp Cabr	3,520	10,560	17,600	39,600	61,600	88,000
7P Imp Cabr	3,600	10,800	18,000	40,500	63,000	90,000
1935 Series 355E, V-8, 146" wb Fleetwood bodies with modified "V" windshield						
4P Conv	3,360	10,080	16,800	37,800	58,800	84,000
4P Cpe	2,280	6,840	11,400	25,650	39,900	57,000
Spl Sed	1,880	5,640	9,400	21,150	32,900	47,000
Spl Twn Sed	1,920	5,760	9,600	21,600	33,600	48,000
Conv Sed	3,600	10,800	18,000	40,500	63,000	90,000
7P Spl Sed	1,960	5,880	9,800	22,050	34,300	49,000
Spl Limo	2,040	6,120	10,200	22,950	35,700	51,000
5P Twn Cabr	3,600	10,800	18,000	40,500	63,000	90,000
7P Twn Cabr	3,680	11,040	18,400	41,400	64,400	92,000
5P Imp Cabr	3,680	11,040	18,400	41,400	64,400	92,000
7P Imp Cabr	3,760	11,280	18,800	42,300	65,800	94,000
Limo Brgm	2,960	8,880	14,800	33,300	51,800	74,000
1935 Series 370E, V-12, 146" wb Fleetwood bodies with straight windshield						
Sed	2,280	6,840	11,400	25,650	39,900	57,000
Twn Sed	2,320	6,960	11,600	26,100	40,600	58,000
7P Sed	2,360	7,080	11,800	26,550	41,300	59,000
Limo	2,480	7,440	12,400	27,900	43,400	62,000
5P Imp Cabr	4,000	12,000	20,000	45,000	70,000	100,000
7P Imp Cabr	4,080	12,240	20,400	45,900	71,400	102,000
1935 Series 370E, V-12, 146" wb Fleetwood bodies with modified "V" windshield						
Conv	3,680	11,040	18,400	41,400	64,400	92,000
4P Cpe	2,480	7,440	12,400	27,900	43,400	62,000
Spl Sed	2,160	6,480	10,800	24,300	37,800	54,000
Spl Twn Sed	2,400	7,200	12,000	27,000	42,000	60,000
Conv Sed	4,160	12,480	20,800	46,800	72,800	104,000
7P Spl Sed	2,480	7,440	12,400	27,900	43,400	62,000
7P Spl Limo	2,560	7,680	12,800	28,800	44,800	64,000
5P Twn Cabr	4,000	12,000	20,000	45,000	70,000	100,000
7P Twn Cabr	4,080	12,240	20,400	45,900	71,400	102,000
5P Spl Imp Cabr	4,160	12,480	20,800	46,800	72,800	104,000
7P Spl Imp Cabr	4,480	13,440	22,400	50,400	78,400	112,000
Limo Brgm	3,600	10,800	18,000	40,500	63,000	90,000
1935 Series 452E, V-16, 154" wb Fleetwood bodies with straight windshield						
Sed	5,560	16,680	27,800	62,550	97,300	139,000
Twn Sed	5,760	17,280	28,800	64,800	100,800	144,000
7P Sed	5,760	17,280	28,800	64,800	100,800	144,000
7P Limo	5,960	17,880	29,800	67,050	104,300	149,000
5P Imp Cabr	7,360	22,080	36,800	82,800	128,800	184,000
7P Imp Cabr	7,560	22,680	37,800	85,050	132,300	189,000

	6	5	4	3	2	1
1935 Series 452D, V-16, 154" wb Fleetwood bodies with modified "V" windshield						
2-4P Cpe	8,560	25,680	42,800	96,300	149,800	214,000
4P Cpe	8,760	26,280	43,800	98,550	153,300	219,000
Spl Sed	8,560	25,680	42,800	96,300	149,800	214,000
Spl Twn Sed	5,960	17,880	29,800	67,050	104,300	149,000
7P Spl Sed	5,760	17,280	28,800	64,800	100,800	144,000
Spl Limo	6,160	18,480	30,800	69,300	107,800	154,000
5P Twn Cabr	7,160	21,480	35,800	80,550	125,300	179,000
7P Twn Cab	7,360	22,080	36,800	82,800	128,800	184,000
5P Spl Imp Cabr	7,560	22,680	37,800	85,050	132,300	189,000
7P Spl Imp Cabr	7,760	23,280	38,800	87,300	135,800	194,000
Limo Brgm	6,560	19,680	32,800	73,800	114,800	164,000
5P Conv	8,160	24,480	40,800	91,800	142,800	204,000
Conv Sed	8,360	25,080	41,800	94,050	146,300	209,000
1936 Series 60, V-8, 121" wb						
2d Conv	2,480	7,440	12,400	27,900	43,400	62,000
2d 2P Cpe	1,280	3,840	6,400	14,400	22,400	32,000
4d Tr Sed	1,040	3,120	5,200	11,700	18,200	26,000
1936 Series 70, V-8, 131" wb, Fleetwood bodies						
2d Conv	2,720	8,160	13,600	30,600	47,600	68,000
2d 2P Cpe	1,320	3,960	6,600	14,850	23,100	33,000
4d Conv Sed	2,800	8,400	14,000	31,500	49,000	70,000
4d Tr Sed	1,200	3,600	6,000	13,500	21,000	30,000
1936 Series 75, V-8, 138" wb, Fleetwood bodies						
4d Sed	1,600	4,800	8,000	18,000	28,000	40,000
4d Tr Sed	1,640	4,920	8,200	18,450	28,700	41,000
4d Conv Sed	2,960	8,880	14,800	33,300	51,800	74,000
4d Fml Sed	1,600	4,800	8,000	18,000	28,000	40,000
4d Twn Sed	1,640	4,920	8,200	18,450	28,700	41,000
4d 7P Sed	1,680	5,040	8,400	18,900	29,400	42,000
4d 7P Tr Sed	1,800	5,400	9,000	20,250	31,500	45,000
4d Imp Sed	1,840	5,520	9,200	20,700	32,200	46,000
4d Imp Tr Sed	1,880	5,640	9,400	21,150	32,900	47,000
4d Twn Car	2,080	6,240	10,400	23,400	36,400	52,000
1936 Series 80, V-12, 131" wb, Fleetwood bodies						
2d Conv	3,120	9,360	15,600	35,100	54,600	78,000
4d Conv Sed	3,200	9,600	16,000	36,000	56,000	80,000
2d Cpe	1,880	5,640	9,400	21,150	32,900	47,000
4d Tr Sed	1,760	5,280	8,800	19,800	30,800	44,000
1936 Series 85, V-12, 138" wb, Fleetwood bodies						
4d Sed	1,800	5,400	9,000	20,250	31,500	45,000
4d Tr Sed	1,840	5,520	9,200	20,700	32,200	46,000
4d Conv Sed	2,960	8,880	14,800	33,300	51,800	74,000
4d Fml Sed	1,960	5,880	9,800	22,050	34,300	49,000
4d Twn Sed	2,000	6,000	10,000	22,500	35,000	50,000
4d 7P Sed	1,960	5,880	9,800	22,050	34,300	49,000
4d 7P Tr Sed	2,000	6,000	10,000	22,500	35,000	50,000
4d Imp Sed	2,080	6,240	10,400	23,400	36,400	52,000
4d Imp Tr Sed	2,160	6,480	10,800	24,300	37,800	54,000
4d Twn Car	2,480	7,440	12,400	27,900	43,400	62,000
1936 Series 90, V-16, 154" wb, Fleetwood bodies						
2d 2P Conv	4,960	14,880	24,800	55,800	86,800	124,000
4d Conv Sed	5,200	15,600	26,000	58,500	91,000	130,000
2d 2P Cpe	3,760	11,280	18,800	42,300	65,800	94,000
2d Aero Cpe	4,320	12,960	21,600	48,600	75,600	108,000
4d Sed	3,600	10,800	18,000	40,500	63,000	90,000
4d Twn Sed	3,600	10,800	18,000	40,500	63,000	90,000
4d 7P Sed	3,680	11,040	18,400	41,400	64,400	92,000
4d 5P Imp Cabr	5,360	16,080	26,800	60,300	93,800	134,000
4d 7P Imp Cabr	5,360	16,080	26,800	60,300	93,800	134,000
4d Imp Sed	5,560	16,680	27,800	62,550	97,300	139,000
4d Twn Cabr	5,760	17,280	28,800	64,800	100,800	144,000
4d Twn Lan	5,200	15,600	26,000	58,500	91,000	130,000
4d 5P Conv	5,360	16,080	26,800	60,300	93,800	134,000
1937 Series 60, V-8, 124" wb						
2d Conv	2,280	6,840	11,400	25,650	39,900	57,000
4d Conv Sed	2,360	7,080	11,800	26,550	41,300	59,000
2d 2P Cpe	1,280	3,840	6,400	14,400	22,400	32,000
4d Tr Sed	1,080	3,240	5,400	12,150	18,900	27,000
1937 Series 65, V-8, 131" wb						
4d Tr Sed	1,160	3,480	5,800	13,050	20,300	29,000
1937 Series 70, V-8, 131" wb, Fleetwood bodies						
2d Conv	2,480	7,440	12,400	27,900	43,400	62,000
4d Conv Sed	2,400	7,200	12,000	27,000	42,000	60,000
2d Spt Cpe	1,400	4,200	7,000	15,750	24,500	35,000
4d Tr Sed	1,240	3,720	6,200	13,950	21,700	31,000

	6	5	4	3	2	1
1937 Series 75, V-8, 138" wb, Fleetwood bodies						
4d Tr Sed	1,360	4,080	6,800	15,300	23,800	34,000
4d Twn Sed	1,400	4,200	7,000	15,750	24,500	35,000
4d Conv Sed	2,720	8,160	13,600	30,600	47,600	68,000
4d Fml Sed	1,480	4,440	7,400	16,650	25,900	37,000
4d Spl Tr Sed	1,520	4,560	7,600	17,100	26,600	38,000
4d Spl Imp Tr Sed	1,560	4,680	7,800	17,550	27,300	39,000
4d 7P Tr Sed	1,600	4,800	8,000	18,000	28,000	40,000
4d 7P Imp	1,560	4,680	7,800	17,550	27,300	39,000
4d Bus Tr Sed	1,520	4,560	7,600	17,100	26,600	38,000
4d Bus Imp	1,880	5,640	9,400	21,150	32,900	47,000
4d Twn Car	2,560	7,680	12,800	28,800	44,800	64,000
1937 4d Series 85, V-12, 138" wb, Fleetwood bodies						
4d Tr Sed	1,880	5,640	9,400	21,150	32,900	47,000
4d Twn Sed	1,920	5,760	9,600	21,600	33,600	48,000
4d Conv Sed	3,120	9,360	15,600	35,100	54,600	78,000
4d 7P Tr Sed	2,000	6,000	10,000	22,500	35,000	50,000
4d Imp Tr Sed	2,200	6,600	11,000	24,750	38,500	55,000
4d Twn Car	2,880	8,640	14,400	32,400	50,400	72,000
1937 Series 90, V-16, 154" wb, Fleetwood bodies						
2d 2P Conv	5,960	17,880	29,800	67,050	104,300	149,000
2d 5P Conv	5,960	17,880	29,800	67,050	104,300	149,000
4d Conv Sed	5,960	17,880	29,800	67,050	104,300	149,000
2d Cpe	4,160	12,480	20,800	46,800	72,800	104,000
4d Twn Sed	3,760	11,280	18,800	42,300	65,800	94,000
4d 7P Sed	3,840	11,520	19,200	43,200	67,200	96,000
4d Limo	4,080	12,240	20,400	45,900	71,400	102,000
4d 5P Imp Cabr	5,760	17,280	28,800	64,800	100,800	144,000
4d 5P Twn Cabr	5,960	17,880	29,800	67,050	104,300	149,000
4d 7P Imp Cabr	5,960	17,880	29,800	67,050	104,300	149,000
4d 7P Twn Cabr	6,160	18,480	30,800	69,300	107,800	154,000
2d Aero Cpe	4,480	13,440	22,400	50,400	78,400	112,000
4d Limo Brgm	4,160	12,480	20,800	46,800	72,800	104,000
4d Fml Sed	4,400	13,200	22,000	49,500	77,000	110,000
1938 Series 60, V-8, 124" wb						
2d Conv	2,400	7,200	12,000	27,000	42,000	60,000
4d Conv Sed	2,440	7,320	12,200	27,450	42,700	61,000
2d 2P Cpe	1,280	3,840	6,400	14,400	22,400	32,000
4d Tr Sed	1,240	3,720	6,200	13,950	21,700	31,000
1938 Series 60 Special, V-8, 127" wb						
4d Tr Sed	1,480	4,440	7,400	16,650	25,900	37,000
1938 Series 65, V-8, 132" wb						
4d Tr Sed	1,280	3,840	6,400	14,400	22,400	32,000
4d Div Tr Sed	1,480	4,440	7,400	16,650	25,900	37,000
4d Conv Sed	2,720	8,160	13,600	30,600	47,600	68,000
1938 Series 75, V-8, 141" wb, Fleetwood bodies						
2d Conv	2,800	8,400	14,000	31,500	49,000	70,000
4d Conv Sed	2,880	8,640	14,400	32,400	50,400	72,000
2d 2P Cpe	1,880	5,640	9,400	21,150	32,900	47,000
2d 5P Cpe	1,800	5,400	9,000	20,250	31,500	45,000
4d Tr Sed	1,480	4,440	7,400	16,650	25,900	37,000
4d Div Tr Sed	1,560	4,680	7,800	17,550	27,300	39,000
4d Twn Sed	1,520	4,560	7,600	17,100	26,600	38,000
4d Fml Sed	1,520	4,560	7,600	17,100	26,600	38,000
4d 7P Fml Sed	1,680	5,040	8,400	18,900	29,400	42,000
4d 7P Tr Sed	1,600	4,800	8,000	18,000	28,000	40,000
4d Imp Tr Sed	1,640	4,920	8,200	18,450	28,700	41,000
4d 8P Tr Sed	1,640	4,920	8,200	18,450	28,700	41,000
4d 8P Imp Tr Sed	1,680	5,040	8,400	18,900	29,400	42,000
4d Twn Car	2,320	6,960	11,600	26,100	40,600	58,000
1938 Series 90, V-16, 141" wb, Fleetwood bodies						
2d Conv	4,000	12,000	20,000	45,000	70,000	100,000
4d Conv Sed Trk	4,080	12,240	20,400	45,900	71,400	102,000
2d 2P Cpe	2,960	8,880	14,800	33,300	51,800	74,000
2d 5P Cpe	3,040	9,120	15,200	34,200	53,200	76,000
4d Tr Sed	2,720	8,160	13,600	30,600	47,600	68,000
4d Twn Sed	2,800	8,400	14,000	31,500	49,000	70,000
4d Div Tr Sed	2,960	8,880	14,800	33,300	51,800	74,000
4d 7P Tr Sed	2,880	8,640	14,400	32,400	50,400	72,000
4d Imp Tr Sed	3,040	9,120	15,200	34,200	53,200	76,000
4d Fml Sed	3,040	9,120	15,200	34,200	53,200	76,000
4d Fml Sed Trk	3,120	9,360	15,600	35,100	54,600	78,000
4d Twn Car	3,600	10,800	18,000	40,500	63,000	90,000
1939 Series 61, V-8, 126" wb						
2d Conv	2,560	7,680	12,800	28,800	44,800	64,000
4d Conv Sed	2,640	7,920	13,200	29,700	46,200	66,000

	6	5	4	3	2	1
2d Cpe	1,280	3,840	6,400	14,400	22,400	32,000
4d Tr Sed	1,160	3,480	5,800	13,050	20,300	29,000
1939 Series 60 Special, V-8, 127" wb, Fleetwood						
4d Sed	1,680	5,040	8,400	18,900	29,400	42,000
4d S/R Sed	1,760	5,280	8,800	19,800	30,800	44,000
4d S/R Imp Sed	1,880	5,640	9,400	21,150	32,900	47,000
1939 Series 75, V-8, 141" wb, Fleetwood bodies						
2d Conv	3,040	9,120	15,200	34,200	53,200	76,000
4d Conv Sed Trk	3,120	9,360	15,600	35,100	54,600	78,000
2d 4P Cpe	1,480	4,440	7,400	16,650	25,900	37,000
2d 5P Cpe	1,520	4,560	7,600	17,100	26,600	38,000
4d Tr Sed	1,400	4,200	7,000	15,750	24,500	35,000
4d Div Tr Sed	1,440	4,320	7,200	16,200	25,200	36,000
4d Twn Sed Trk	1,480	4,440	7,400	16,650	25,900	37,000
4d Fml Sed Trk	1,520	4,560	7,600	17,100	26,600	38,000
4d 7P Fml Sed Trk	1,600	4,800	8,000	18,000	28,000	40,000
4d 7P Tr Sed	1,560	4,680	7,800	17,550	27,300	39,000
4d 7P Tr Imp Sed	1,600	4,800	8,000	18,000	28,000	40,000
4d Bus Tr Sed	1,480	4,440	7,400	16,650	25,900	37,000
4d 8P Tr Imp Sed	1,680	5,040	8,400	18,900	29,400	42,000
4d Twn Car Trk	1,720	5,160	8,600	19,350	30,100	43,000
1939 Series 90, V-16, 141" wb, Fleetwood bodies						
2d Conv	3,760	11,280	18,800	42,300	65,800	94,000
4d Conv Sed	4,160	12,480	20,800	46,800	72,800	104,000
2d 4P Cpe	3,360	10,080	16,800	37,800	58,800	84,000
2d 5P Cpe	3,280	9,840	16,400	36,900	57,400	82,000
4d 5P Tr Sed	2,720	8,160	13,600	30,600	47,600	68,000
4d Twn Sed Trk	2,800	8,400	14,000	31,500	49,000	70,000
4d Div Tr Sed	2,800	8,400	14,000	31,500	49,000	70,000
4d 7P Tr Sed	2,800	8,400	14,000	31,500	49,000	70,000
4d 7P Imp Tr Sed	2,880	8,640	14,400	32,400	50,400	72,000
4d Fml Sed Trk	2,880	8,640	14,400	32,400	50,400	72,000
4d 7P Fml Sed Trk	2,960	8,880	14,800	33,300	51,800	74,000
4d Twn Car Trk	3,360	10,080	16,800	37,800	58,800	84,000
1940 Series 62, V-8, 129" wb						
2d Conv	2,720	8,160	13,600	30,600	47,600	68,000
4d Conv Sed	2,800	8,400	14,000	31,500	49,000	70,000
2d Cpe	1,320	3,960	6,600	14,850	23,100	33,000
4d Sed	1,000	3,000	5,000	11,250	17,500	25,000
1940 Series 60 Special, V-8, 127" wb, Fleetwood						
4d Sed	1,640	4,920	8,200	18,450	28,700	41,000
4d S/R Sed	1,720	5,160	8,600	19,350	30,100	43,000
4d Imp Sed	1,720	5,160	8,600	19,350	30,100	43,000
4d S/R Imp Sed	1,800	5,400	9,000	20,250	31,500	45,000
4d MB Twn Car	2,080	6,240	10,400	23,400	36,400	52,000
4d LB Twn Car	2,080	6,240	10,400	23,400	36,400	52,000
1940 Series 72, V-8, 138" wb, Fleetwood						
4d Sed	1,600	4,800	8,000	18,000	28,000	40,000
4d 4P Imp Sed	1,640	4,920	8,200	18,450	28,700	41,000
4d 7P Sed	1,680	5,040	8,400	18,900	29,400	42,000
4d 7P Bus Sed	1,600	4,800	8,000	18,000	28,000	40,000
4d 7P Imp Sed	1,680	5,040	8,400	18,900	29,400	42,000
4d 7P Fml Sed	1,720	5,160	8,600	19,350	30,100	43,000
4d 7P Bus Imp	1,640	4,920	8,200	18,450	28,700	41,000
4d 5P Fml Sed	1,760	5,280	8,800	19,800	30,800	44,000
1940 Series 75, V-8, 141" wb, Fleetwood						
2d Conv	3,120	9,360	15,600	35,100	54,600	78,000
4d Conv Sed	3,200	9,600	16,000	36,000	56,000	80,000
2d 2P Cpe	2,320	6,960	11,600	26,100	40,600	58,000
2d 5P Cpe	2,280	6,840	11,400	25,650	39,900	57,000
4d Sed	2,200	6,600	11,000	24,750	38,500	55,000
4d 5P Imp Sed	2,280	6,840	11,400	25,650	39,900	57,000
4d 7P Sed	2,240	6,720	11,200	25,200	39,200	56,000
4d 7P Imp Sed	2,320	6,960	11,600	26,100	40,600	58,000
4d 5P Fml Sed	2,280	6,840	11,400	25,650	39,900	57,000
4d 7P Fml Sed	2,360	7,080	11,800	26,550	41,300	59,000
4d Twn Sed	2,480	7,440	12,400	27,900	43,400	62,000
4d Twn Car	2,480	7,440	12,400	27,900	43,400	62,000
1940 Series 90, V-16, 141" wb, Fleetwood						
2d Conv	4,400	13,200	22,000	49,500	77,000	110,000
4d Conv Sed	4,480	13,440	22,400	50,400	78,400	112,000
2d 2P Cpe	3,360	10,080	16,800	37,800	58,800	84,000
2d 5P Cpe	3,280	9,840	16,400	36,900	57,400	82,000
4d Sed	3,200	9,600	16,000	36,000	56,000	80,000
4d 7P Sed	3,280	9,840	16,400	36,900	57,400	82,000
4d 7P Imp Sed	3,280	9,840	16,400	36,900	57,400	82,000

	6	5	4	3	2	1
4d 5P Fml Sed	3,440	10,320	17,200	38,700	60,200	86,000
4d 7P Fml Sed	3,440	10,320	17,200	38,700	60,200	86,000
4d 5P Twn Sed	3,520	10,560	17,600	39,600	61,600	88,000
4d 7P Twn Car	3,520	10,560	17,600	39,600	61,600	88,000

1941 Series 61, V-8, 126" wb

	6	5	4	3	2	1
2d FBk	1,050	3,100	5,200	11,700	18,200	26,000
2d DeL FBk	1,100	3,250	5,400	12,150	18,900	27,000
4d Sed FBk	950	2,900	4,800	10,800	16,800	24,000
4d DeL Sed FBk	1,100	3,350	5,600	12,600	19,600	28,000

1941 Series 62, V-8, 126" wb

	6	5	4	3	2	1
2d Conv	2,500	7,550	12,600	28,350	44,100	63,000
4d Conv Sed	2,450	7,300	12,200	27,450	42,700	61,000
2d Cpe	1,300	3,850	6,400	14,400	22,400	32,000
2d DeL Cpe	1,300	3,950	6,600	14,850	23,100	33,000
4d Sed	900	2,650	4,400	9,900	15,400	22,000
4d DeL Sed	900	2,750	4,600	10,350	16,100	23,000

1941 Series 63, V-8, 126" wb

	6	5	4	3	2	1
4d Sed FBk	1,100	3,350	5,600	12,600	19,600	28,000

1941 Series 60 Special, V-8, 126" wb, Fleetwood

	6	5	4	3	2	1
4d Sed	1,700	5,050	8,400	18,900	29,400	42,000
4d S/R Sed	1,800	5,400	9,000	20,250	31,500	45,000

NOTE: Add $1,500 for division window.

1941 Series 67, V-8, 138" wb

	6	5	4	3	2	1
4d 5P Sed	1,050	3,100	5,200	11,700	18,200	26,000
4d Imp Sed	1,100	3,250	5,400	12,150	18,900	27,000
4d 7P Sed	1,050	3,100	5,200	11,700	18,200	26,000
4d 7P Imp Sed	1,100	3,350	5,600	12,600	19,600	28,000

1941 Series 75, V-8, 136- 1/2" wb

	6	5	4	3	2	1
4d 5P Sed	1,100	3,250	5,400	12,150	18,900	27,000
4d 5P Imp Sed	1,150	3,400	5,700	12,830	20,000	28,500
4d 7P Sed	1,150	3,400	5,700	12,830	20,000	28,500
4d 9P Bus Sed	1,100	3,350	5,600	12,600	19,600	28,000
4d 7P Imp Sed	1,150	3,500	5,800	13,050	20,300	29,000
4d Bus Imp Sed	1,100	3,250	5,400	12,150	18,900	27,000
4d 5P Fml Sed	1,150	3,500	5,800	13,050	20,300	29,000
4d 7P Fml Sed	1,150	3,500	5,800	13,050	20,300	29,000

1942 Series 61, V-8, 126" wb

	6	5	4	3	2	1
2d FBk	1,120	3,360	5,600	12,600	19,600	28,000
4d FBk	880	2,640	4,400	9,900	15,400	22,000

1942 Series 62, V-8, 129" wb

	6	5	4	3	2	1
2d DeL FBk	1,180	3,540	5,900	13,280	20,650	29,500
2d FBk	1,160	3,480	5,800	13,050	20,300	29,000
2d DeL Conv Cpe	2,080	6,240	10,400	23,400	36,400	52,000
4d Sed	920	2,760	4,600	10,350	16,100	23,000
4d DeL Sed	960	2,880	4,800	10,800	16,800	24,000

1942 Series 63, V-8, 126" wb

	6	5	4	3	2	1
4d FBk	920	2,760	4,600	10,350	16,100	23,000

1942 Series 60 Special, V-8, 133" wb, Fleetwood

	6	5	4	3	2	1
4d Sed	1,120	3,360	5,600	12,600	19,600	28,000
4d Imp Sed	1,160	3,480	5,800	13,050	20,300	29,000

1942 Series 67, V-8, 139" wb

	6	5	4	3	2	1
4d 5P Sed	920	2,760	4,600	10,350	16,100	23,000
4d 5P Sed Div	1,040	3,120	5,200	11,700	18,200	26,000
4d 7P Sed	960	2,880	4,800	10,800	16,800	24,000
4d 7P Sed Imp	1,040	3,120	5,200	11,700	18,200	26,000

1942 Series 75, V-8, 136" wb, Fleetwood

	6	5	4	3	2	1
4d 5P Imp	1,040	3,120	5,200	11,700	18,200	26,000
4d 5P Imp Sed	1,080	3,240	5,400	12,150	18,900	27,000
4d 7P Sed	1,040	3,120	5,200	11,700	18,200	26,000
4d 9P Bus Sed	1,040	3,120	5,200	11,700	18,200	26,000
4d 7P Imp Sed	1,120	3,360	5,600	12,600	19,600	28,000
4d 9P Bus Imp	1,080	3,240	5,400	12,150	18,900	27,000
4d 5P Fml Sed	1,160	3,480	5,800	13,050	20,300	29,000
4d 7P Fml Sed	1,200	3,600	6,000	13,500	21,000	30,000

1946-47 Series 61, V-8, 126" wb

	6	5	4	3	2	1
2d FBk	1,240	3,720	6,200	13,950	21,700	31,000
4d FBk	1,040	3,120	5,200	11,700	18,200	26,000

1946-47 Series 62, V-8, 129" wb

	6	5	4	3	2	1
2d Conv	2,360	7,080	11,800	26,550	41,300	59,000
2d FBk	1,280	3,840	6,400	14,400	22,400	32,000
4d 5P Sed	1,080	3,240	5,400	12,150	18,900	27,000

1946-47 Series 60 Special, V-8, 133" wb, Fleetwood

	6	5	4	3	2	1
4d 6P Sed	1,160	3,480	5,800	13,050	20,300	29,000

	6	5	4	3	2	1
1946-47 Series 75, V-8, 136" wb, Fleetwood						
4d 5P Sed.	1,240	3,720	6,200	13,950	21,700	31,000
4d 7P Sed.	1,280	3,840	6,400	14,400	22,400	32,000
4d 7P Imp Sed	1,440	4,320	7,200	16,200	25,200	36,000
4d 9P Bus Sed	1,280	3,840	6,400	14,400	22,400	32,000
4d 9P Bus Imp	1,360	4,080	6,800	15,300	23,800	34,000
1948 Series 61, V-8, 126" wb						
2d FBk	1,200	3,600	6,000	13,500	21,000	30,000
4d 5P Sed.	1,080	3,240	5,400	12,150	18,900	27,000
1948 Series 62, V-8, 126" wb						
2d Conv	2,440	7,320	12,200	27,450	42,700	61,000
2d Clb Cpe	1,240	3,720	6,200	13,950	21,700	31,000
4d 5P Sed.	1,160	3,480	5,800	13,050	20,300	29,000
1948 Series 60 Special, V-8, 133" wb, Fleetwood						
4d Sed	1,240	3,720	6,200	13,950	21,700	31,000
1948 Series 75, V-8, 136" wb, Fleetwood						
4d 5P Sed.	1,240	3,720	6,200	13,950	21,700	31,000
4d 7P Sed.	1,280	3,840	6,400	14,400	22,400	32,000
4d 7P Imp Sed	1,440	4,320	7,200	16,200	25,200	36,000
4d 9P Bus Sed	1,280	3,840	6,400	14,400	22,400	32,000
4d 9P Bus Imp	1,360	4,080	6,800	15,300	23,800	34,000
1949 Series 61, V-8, 126" wb						
2d FBk	1,240	3,720	6,200	13,950	21,700	31,000
4d Sed	1,120	3,360	5,600	12,600	19,600	28,000
1949 Series 62, V-8, 126" wb						
2d FBk	1,280	3,840	6,400	14,400	22,400	32,000
4d 5P Sed.	1,200	3,600	6,000	13,500	21,000	30,000
2d HT Cpe DeV	1,800	5,400	9,000	20,250	31,500	45,000
2d Conv	2,520	7,560	12,600	28,350	44,100	63,000
1949 Series 60 Special, V-8, 133" wb, Fleetwood						
4d 5P Sed.	1,280	3,840	6,400	14,400	22,400	32,000
1949 Series 75, V-8, 136" wb, Fleetwood						
4d 5P Sed.	1,280	3,840	6,400	14,400	22,400	32,000
4d 7P Sed.	1,320	3,960	6,600	14,850	23,100	33,000
4d 7P Imp Sed	1,480	4,440	7,400	16,650	25,900	37,000
4d 9P Bus Sed	1,320	3,960	6,600	14,850	23,100	33,000
4d 9P Bus Imp	1,400	4,200	7,000	15,750	24,500	35,000
1950-51 Series 61, V-8						
4d 5P Sed.	960	2,880	4,800	10,800	16,800	24,000
2d HT Cpe	1,440	4,320	7,200	16,200	25,200	36,000
1950-51 Series 62, V-8						
4d 5P Sed.	1,000	3,000	5,000	11,250	17,500	25,000
2d HT Cpe	1,200	3,600	6,000	13,500	21,000	30,000
2d HT Cpe DeV	1,680	5,040	8,400	18,900	29,400	42,000
2d Conv	1,920	5,760	9,600	21,600	33,600	48,000
1950-51 Series 60S, V-8						
4d Sed	1,200	3,600	6,000	13,500	21,000	30,000
1950-51 Series 75, Fleetwood						
4d 8P Sed.	1,240	3,720	6,200	13,950	21,700	31,000
1950-51 Series 75 Fleetwood						
4d 8P Imp	1,320	3,960	6,600	14,850	23,100	33,000
1952 Series 62, V-8						
4d Sed	1,000	3,000	5,000	11,250	17,500	25,000
2d HT	1,160	3,480	5,800	13,050	20,300	29,000
2d HT Cpe DeV	1,680	5,040	8,400	18,900	29,400	42,000
2d Conv	1,960	5,880	9,800	22,050	34,300	49,000
1952 Series 60S, V-8						
4d Sed	1,200	3,600	6,000	13,500	21,000	30,000
1952 Series 75, V-8, Fleetwood						
4d Sed	1,240	3,720	6,200	13,950	21,700	31,000
4d Imp Sed	1,320	3,960	6,600	14,850	23,100	33,000
1953 Series 62, V-8						
4d Sed	960	2,880	4,800	10,800	16,800	24,000
2d HT	1,400	4,200	7,000	15,750	24,500	35,000
2d HT Cpe DeV	1,760	5,280	8,800	19,800	30,800	44,000
2d Conv	2,160	6,480	10,800	24,300	37,800	54,000
2d Eldo Conv	4,440	13,320	22,200	49,950	77,700	111,000
1953 Series 60S, V-8						
4d Sed	1,440	4,320	7,200	16,200	25,200	36,000
1953 Series 75, V-8, Fleetwood						
4d 7P Sed.	1,480	4,440	7,400	16,650	25,900	37,000
4d Imp Sed	1,560	4,680	7,800	17,550	27,300	39,000

1956 Cadillac Eldorado Seville two-door hardtop

1962 Cadillac Fleetwood Sixty Special sedan

1967 Cadillac Coupe de Ville

	6	5	4	3	2	1
1954 Series 62, V-8						
4d Sed	960	2,880	4,800	10,800	16,800	24,000
2d HT	1,320	3,960	6,600	14,850	23,100	33,000
2d HT Cpe DeV	1,600	4,800	8,000	18,000	28,000	40,000
2d Conv	2,160	6,480	10,800	24,300	37,800	54,000
2d Eldo Conv	2,560	7,680	12,800	28,800	44,800	64,000
1954 Series 60S, V-8						
4d Sed	1,280	3,840	6,400	14,400	22,400	32,000
1954 Series 75, V-8, Fleetwood						
4d 7P Sed	1,400	4,200	7,000	15,750	24,500	35,000
4d 7P Imp Sed	1,480	4,440	7,400	16,650	25,900	37,000
1955 Series 62, V-8						
4d Sed	960	2,880	4,800	10,800	16,800	24,000
2d HT	1,600	4,800	8,000	18,000	28,000	40,000
2d HT Cpe DeV	1,640	4,920	8,200	18,450	28,700	41,000
2d Conv	2,160	6,480	10,800	24,300	37,800	54,000
2d Eldo Conv	2,560	7,680	12,800	28,800	44,800	64,000
1955 Series 60S, V-8						
4d Sed	1,280	3,840	6,400	14,400	22,400	32,000
1955 Series 75, V-8, Fleetwood						
4d 7P Sed	1,400	4,200	7,000	15,750	24,500	35,000
4d 7P Imp Sed	1,480	4,440	7,400	16,650	25,900	37,000
1956 Series 62, V-8						
4d Sed	960	2,880	4,800	10,800	16,800	24,000
2d HT	1,640	4,920	8,200	18,450	28,700	41,000
4d HT Sed DeV	1,400	4,200	7,000	15,750	24,500	35,000
2d HT Cpe DeV	1,680	5,040	8,400	18,900	29,400	42,000
2d Conv	2,160	6,480	10,800	24,300	37,800	54,000
2d HT Eldo Sev	1,880	5,640	9,400	21,150	32,900	47,000
2d Brtz Eldo Conv	2,560	7,680	12,800	28,800	44,800	64,000
1956 Series 60S, V-8						
4d Sed	1,280	3,840	6,400	14,400	22,400	32,000
1956 Series 75, V-8, Fleetwood						
4d 7P Sed	1,400	4,200	7,000	15,750	24,500	35,000
4d 7P Imp Sed	1,480	4,440	7,400	16,650	25,900	37,000
1957 Series 62, V-8						
4d HT	800	2,400	4,000	9,000	14,000	20,000
2d HT	1,480	4,440	7,400	16,650	25,900	37,000
2d HT Cpe DeV	1,600	4,800	8,000	18,000	28,000	40,000
4d HT Sed DeV	1,400	4,200	7,000	15,750	24,500	35,000
2d Conv	1,880	5,640	9,400	21,150	32,900	47,000
1957 Eldorado, V-8						
2d HT Sev	1,640	4,920	8,200	18,450	28,700	41,000
2d Brtz Conv	2,000	6,000	10,000	22,500	35,000	50,000
1957 Fleetwood 60 Special, V-8						
4d HT	1,040	3,120	5,200	11,700	18,200	26,000
1957 Eldorado Brougham, V-8						
4d HT	1,400	4,200	7,000	15,750	24,500	35,000
1957 Series 75						
4d 8P Sed	1,080	3,240	5,400	12,150	18,900	27,000
4d 8P Imp Sed	1,160	3,480	5,800	13,050	20,300	29,000
1958 Series 62, V-8 & Series 63, V-8						
4d HT Sh Dk	720	2,160	3,600	8,100	12,600	18,000
4d 6W Sed	1,000	3,000	5,000	11,250	17,500	25,000
4d Sed DeV	1,040	3,120	5,200	11,700	18,200	26,000
2d HT	1,320	3,960	6,600	14,850	23,100	33,000
2d HT Cpe DeV	1,400	4,200	7,000	15,750	24,500	35,000
2d Conv	1,800	5,400	9,000	20,250	31,500	45,000
1958 Eldorado, V-8						
2d HT Sev	1,440	4,320	7,200	16,200	25,200	36,000
2d Brtz Conv	1,920	5,760	9,600	21,600	33,600	48,000
1958 Fleetwood 60 Special, V-8						
4d HT	1,200	3,600	6,000	13,500	21,000	30,000
1958 Eldorado Brougham, V-8						
4d HT	1,560	4,680	7,800	17,550	27,300	39,000
1958 Series 75						
4d 8P Sed	1,000	3,000	5,000	11,250	17,500	25,000
4d 8P Imp Sed	1,080	3,240	5,400	12,150	18,900	27,000
1959 Series 62, V-8						
4d 4W HT	1,000	3,000	5,000	11,250	17,500	25,000
4d 6W HT	960	2,880	4,800	10,800	16,800	24,000
2d HT	1,200	3,600	6,000	13,500	21,000	30,000
2d Conv	2,120	6,360	10,600	23,850	37,100	53,000

	6	5	4	3	2	1
1959 Series 63 DeVille, V-8						
2d HT Cpe DeV	1,480	4,440	7,400	16,650	25,900	37,000
4d 4W HT	1,080	3,240	5,400	12,150	18,900	27,000
4d 6W HT	1,040	3,120	5,200	11,700	18,200	26,000
1959 Series Eldorado, V-8						
4d HT Brgm	1,480	4,440	7,400	16,650	25,900	37,000
2d HT Sev.	1,640	4,920	8,200	18,450	28,700	41,000
2d Brtz Conv	2,800	8,400	14,000	31,500	49,000	70,000
1959 Fleetwood 60 Special, V-8						
4d 6P Sed.	1,240	3,720	6,200	13,950	21,700	31,000
1959 Fleetwood Series 75, V-8						
4d 9P Sed.	1,320	3,960	6,600	14,850	23,100	33,000
4d Limo	1,400	4,200	7,000	15,750	24,500	35,000
1960 Series 62, V-8						
4d 4W HT	1,000	3,000	5,000	11,250	17,500	25,000
4d 6W HT	960	2,880	4,800	10,800	16,800	24,000
2d HT	1,280	3,840	6,400	14,400	22,400	32,000
2d Conv	2,000	6,000	10,000	22,500	35,000	50,000
1960 Series 63 DeVille, V-8						
4d 4W Sed	1,040	3,120	5,200	11,700	18,200	26,000
4d 6W Sed	1,000	3,000	5,000	11,250	17,500	25,000
2d HT Cpe DeV	1,360	4,080	6,800	15,300	23,800	34,000
1960 Eldorado Series, V-8						
4d HT Brgm	1,480	4,440	7,400	16,650	25,900	37,000
2d HT Sev.	1,600	4,800	8,000	18,000	28,000	40,000
2d Brtz Conv.	2,560	7,680	12,800	28,800	44,800	64,000
1960 Fleetwood 60 Special, V-8						
4d 6P HT	1,320	3,960	6,600	14,850	23,100	33,000
1960 Fleetwood Series 75, V-8						
4d 9P Sed.	1,240	3,720	6,200	13,950	21,700	31,000
4d Limo	1,320	3,960	6,600	14,850	23,100	33,000
1961 Series 62, V-8						
4d 4W HT	660	1,980	3,300	7,430	11,550	16,500
4d 6W HT	656	1,968	3,280	7,380	11,480	16,400
2d HT	920	2,760	4,600	10,350	16,100	23,000
2d Conv	1,440	4,320	7,200	16,200	25,200	36,000
1961 Series 63 DeVille, V-8						
4d 4W HT	668	2,004	3,340	7,520	11,690	16,700
4d 6W HT	664	1,992	3,320	7,470	11,620	16,600
4d HT Sh Dk	660	1,980	3,300	7,430	11,550	16,500
2d HT Cpe DeV	1,040	3,120	5,200	11,700	18,200	26,000
1961 Eldorado Series, V-8						
2d Brtz Conv.	1,640	4,920	8,200	18,450	28,700	41,000
1961 Fleetwood 60 Special, V-8						
4d 6P HT	960	2,880	4,800	10,800	16,800	24,000
1961 Fleetwood Series 75, V-8						
4d 9P Sed.	920	2,760	4,600	10,350	16,100	23,000
4d 9P Limo	1,120	3,360	5,600	12,600	19,600	28,000
1962 Series 62, V-8						
4d 4W HT	668	2,004	3,340	7,520	11,690	16,700
4d 6W HT	660	1,980	3,300	7,430	11,550	16,500
4d HT Sh Dk	660	1,980	3,300	7,430	11,550	16,500
2d HT	960	2,880	4,800	10,800	16,800	24,000
2d Conv	1,440	4,320	7,200	16,200	25,200	36,000
1962 Series 63 DeVille, V-8						
4d 4W HT	840	2,520	4,200	9,450	14,700	21,000
4d 6W HT	780	2,340	3,900	8,780	13,650	19,500
4d HT Pk Ave	820	2,460	4,100	9,230	14,350	20,500
2d HT Cpe DeV	1,040	3,120	5,200	11,700	18,200	26,000
1962 Eldorado Series, V-8						
2d Brtz Conv.	1,640	4,920	8,200	18,450	28,700	41,000
1962 Fleetwood 60 Special, V-8						
4d 6P HT	920	2,760	4,600	10,350	16,100	23,000
1962 Fleetwood 75 Series, V-8						
4d 9P Sed.	960	2,880	4,800	10,800	16,800	24,000
4d 9P Limo	1,120	3,360	5,600	12,600	19,600	28,000
1963 Series 62, V-8						
4d 4W HT	680	2,040	3,400	7,650	11,900	17,000
4d 6W HT	664	1,992	3,320	7,470	11,620	16,600
2d HT	800	2,400	4,000	9,000	14,000	20,000
2d Conv	1,200	3,600	6,000	13,500	21,000	30,000
1963 Series 63 DeVille, V-8						
4d 4W HT	720	2,160	3,600	8,100	12,600	18,000

	6	5	4	3	2	1
4d 6W HT	704	2,112	3,520	7,920	12,320	17,600
4d HT Pk Ave	700	2,100	3,500	7,880	12,250	17,500
2d HT Cpe DeV	1,000	3,000	5,000	11,250	17,500	25,000
1963 Eldorado Series, V-8						
2d Brtz Conv	1,400	4,200	7,000	15,750	24,500	35,000
1963 Fleetwood 60 Special, V-8						
4d 6P HT	760	2,280	3,800	8,550	13,300	19,000
1963 Fleetwood 75 Series, V-8						
4d 9P Sed	840	2,520	4,200	9,450	14,700	21,000
4d 9P Limo	1,000	3,000	5,000	11,250	17,500	25,000
1964 Series 62, V-8						
4d 4W HT	720	2,160	3,600	8,100	12,600	18,000
4d 6W HT	712	2,136	3,560	8,010	12,460	17,800
2d HT	880	2,640	4,400	9,900	15,400	22,000
1964 Series 63 DeVille, V-8						
4d 4W HT	728	2,184	3,640	8,190	12,740	18,200
4d 6W HT	720	2,160	3,600	8,100	12,600	18,000
2d HT Cpe DeV	1,040	3,120	5,200	11,700	18,200	26,000
2d Conv	1,240	3,720	6,200	13,950	21,700	31,000
1964 Eldorado Series, V-8						
2d Conv	1,440	4,320	7,200	16,200	25,200	36,000
1964 Fleetwood 60 Special, V-8						
4d 6P HT	880	2,640	4,400	9,900	15,400	22,000
1964 Fleetwood 75 Series, V-8						
4d 9P Sed	880	2,640	4,400	9,900	15,400	22,000
4d 9P Limo	1,000	3,000	5,000	11,250	17,500	25,000
1965 Calais Series, V-8						
4d Sed	632	1,896	3,160	7,110	11,060	15,800
4d HT	640	1,920	3,200	7,200	11,200	16,000
2d HT	720	2,160	3,600	8,100	12,600	18,000
1965 DeVille Series, V-8						
6P Sed	640	1,920	3,200	7,200	11,200	16,000
4d HT	656	1,968	3,280	7,380	11,480	16,400
2d HT	800	2,400	4,000	9,000	14,000	20,000
2d Conv	1,000	3,000	5,000	11,250	17,500	25,000
1965 Fleetwood 60 Special, V-8						
4d 6P Sed	740	2,220	3,700	8,330	12,950	18,500
4d Brgm Sed	760	2,280	3,800	8,550	13,300	19,000
1965 Fleetwood Eldorado, V-8						
2d Conv	1,200	3,600	6,000	13,500	21,000	30,000
1965 Fleetwood 75 Series, V-8						
4d 9P Sed	880	2,640	4,400	9,900	15,400	22,000
4d 9P Limo	1,000	3,000	5,000	11,250	17,500	25,000
1966 Calais Series, V-8						
4d Sed	632	1,896	3,160	7,110	11,060	15,800
4d HT	640	1,920	3,200	7,200	11,200	16,000
2d HT	720	2,160	3,600	8,100	12,600	18,000
1966 DeVille Series, V-8						
4d Sed	640	1,920	3,200	7,200	11,200	16,000
4d HT	648	1,944	3,240	7,290	11,340	16,200
2d HT	800	2,400	4,000	9,000	14,000	20,000
2d Conv	1,000	3,000	5,000	11,250	17,500	25,000
1966 Eldorado, V-8						
2d Conv	1,200	3,600	6,000	13,500	21,000	30,000
1966 Fleetwood Brougham, V-8						
4d Sed	720	2,160	3,600	8,100	12,600	18,000
1966 Sixty Special, V-8						
4d Sed	720	2,160	3,600	8,100	12,600	18,000
1966 Seventy Five, V-8						
4d Sed	840	2,520	4,200	9,450	14,700	21,000
4d Limo	1,000	3,000	5,000	11,250	17,500	25,000
1967 Calais, V-8, 129.5" wb						
4d HT	640	1,920	3,200	7,200	11,200	16,000
2d HT	700	2,100	3,500	7,880	12,250	17,500
1967 DeVille, V-8, 129.5" wb						
4d HT	664	1,992	3,320	7,470	11,620	16,600
2d HT	760	2,280	3,800	8,550	13,300	19,000
2d Conv	1,000	3,000	5,000	11,250	17,500	25,000
1967 Fleetwood Eldorado, V-8, 120" wb						
2d HT	760	2,280	3,800	8,550	13,300	19,000
1967 Sixty-Special, V-8, 133" wb						
4d Sed	680	2,040	3,400	7,650	11,900	17,000

	6	5	4	3	2	1
1967 Fleetwood Brougham, V-8, 133" wb						
4d Sed	680	2,040	3,400	7,650	11,900	17,000
1967 Seventy-Five Series, V-8, 149.8" wb						
4d Sed	720	2,160	3,600	8,100	12,600	18,000
4d Limo	760	2,280	3,800	8,550	13,300	19,000
1968 Calais, V-8, 129.5" wb						
2d HT	700	2,100	3,500	7,880	12,250	17,500
4d HT	644	1,932	3,220	7,250	11,270	16,100
1968 DeVille, V-8, 129.5" wb						
4d Sed	648	1,944	3,240	7,290	11,340	16,200
4d HT	664	1,992	3,320	7,470	11,620	16,600
2d HT	760	2,280	3,800	8,550	13,300	19,000
2d Conv	1,000	3,000	5,000	11,250	17,500	25,000
1968 Fleetwood Eldorado, V-8, 120" wb						
2d HT	760	2,280	3,800	8,550	13,300	19,000
1968 Sixty-Special, V-8, 133" wb						
4d Sed	680	2,040	3,400	7,650	11,900	17,000
1968 Fleetwood Brougham, V-8, 133" wb						
4d Sed	680	2,040	3,400	7,650	11,900	17,000
1968 Series 75, V-8, 149.8" wb						
4d Sed	720	2,160	3,600	8,100	12,600	18,000
4d Limo	760	2,280	3,800	8,550	13,300	19,000
1969-70 Calais, V-8, 129.5" wb						
2d HT	620	1,860	3,100	6,980	10,850	15,500
4d HT	500	1,500	2,500	5,630	8,750	12,500
1969-70 DeVille, V-8, 129.5" wb						
4d Sed	504	1,512	2,520	5,670	8,820	12,600
4d HT	516	1,548	2,580	5,810	9,030	12,900
2d HT	620	1,860	3,100	6,980	10,850	15,500
2d Conv	880	2,640	4,400	9,900	15,400	22,000
1969-70 Fleetwood Eldorado, V-8, 120" wb						
2d HT	720	2,160	3,600	8,100	12,600	18,000
1969-70 Sixty-Special, V-8, 133" wb						
4d Sed	640	1,920	3,200	7,200	11,200	16,000
4d Brgm	660	1,980	3,300	7,430	11,550	16,500
1969-70 Series 75, V-8, 149.8" wb						
4d Sed	660	1,980	3,300	7,430	11,550	16,500
4d Limo	680	2,040	3,400	7,650	11,900	17,000
1971-72 Calais						
2d HT	632	1,896	3,160	7,110	11,060	15,800
4d HT	508	1,524	2,540	5,720	8,890	12,700
1971-72 DeVille						
2d HT	660	1,980	3,300	7,430	11,550	16,500
4d HT	608	1,824	3,040	6,840	10,640	15,200
1971-72 Fleetwood 60 Special						
4d Brgm	660	1,980	3,300	7,430	11,550	16,500
1971-72 Fleetwood 75						
4d 9P Sed	632	1,896	3,160	7,110	11,060	15,800
4d Limo	652	1,956	3,260	7,340	11,410	16,300
1971-72 Fleetwood Eldorado						
2d HT	680	2,040	3,400	7,650	11,900	17,000
2d Conv	840	2,520	4,200	9,450	14,700	21,000
1973 Calais, V-8						
2d HT	500	1,500	2,500	5,630	8,750	12,500
4d HT	492	1,476	2,460	5,540	8,610	12,300
1973 DeVille, V-8						
2d HT	600	1,800	3,000	6,750	10,500	15,000
4d HT	512	1,536	2,560	5,760	8,960	12,800
1973 Fleetwood 60S, V-8						
4d Brgm Sed	640	1,920	3,200	7,200	11,200	16,000
1973 Fleetwood Eldorado, V-8						
2d HT	640	1,920	3,200	7,200	11,200	16,000
2d Conv	840	2,520	4,200	9,450	14,700	21,000

NOTE: Add 20 percent for Pace Car Edition.

	6	5	4	3	2	1
1973 Fleetwood 75, V-8						
4d Sed	620	1,860	3,100	6,980	10,850	15,500
4d Limo	640	1,920	3,200	7,200	11,200	16,000
1974 Calais, V-8						
2d HT	496	1,488	2,480	5,580	8,680	12,400
4d HT	488	1,464	2,440	5,490	8,540	12,200

	6	5	4	3	2	1
1974 DeVille, V-8						
2d HT	516	1,548	2,580	5,810	9,030	12,900
4d HT	508	1,524	2,540	5,720	8,890	12,700
1974 Fleetwood Brougham, V-8						
4d Sed	640	1,920	3,200	7,200	11,200	16,000
1974 Fleetwood Eldorado, V-8						
2d HT	640	1,920	3,200	7,200	11,200	16,000
2d Conv	880	2,640	4,400	9,900	15,400	22,000
1974 Fleetwood 75, V-8						
4d Sed	620	1,860	3,100	6,980	10,850	15,500
4d Limo	640	1,920	3,200	7,200	11,200	16,000

NOTE: Add 20 percent for Talisman Brougham. Add 10 percent for padded top on Series 75. Add 10 percent for sunroof on DeVille/60/Eldorado.

	6	5	4	3	2	1
1975 Calais, V-8						
2d HT	508	1,524	2,540	5,720	8,890	12,700
4d HT	492	1,476	2,460	5,540	8,610	12,300
1975 DeVille, V-8						
2d HT	516	1,548	2,580	5,810	9,030	12,900
4d HT	500	1,500	2,500	5,630	8,750	12,500
1975 Fleetwood Brougham, V-8						
4d Sed	620	1,860	3,100	6,980	10,850	15,500
1975 Fleetwood Eldorado, V-8						
2d HT	640	1,920	3,200	7,200	11,200	16,000
2d Conv	880	2,640	4,400	9,900	15,400	22,000
1975 Fleetwood 75, V-8						
4d Sed	620	1,860	3,100	6,980	10,850	15,500
4d Limo	640	1,920	3,200	7,200	11,200	16,000
1976 Calais, V-8						
2d HT	480	1,440	2,400	5,400	8,400	12,000
4d HT	472	1,416	2,360	5,310	8,260	11,800
1976 DeVille, V-8						
2d HT	492	1,476	2,460	5,540	8,610	12,300
4d HT	480	1,440	2,400	5,400	8,400	12,000
1976 Seville, V-8						
4d Sed	600	1,850	3,050	6,890	10,700	15,300
1976 Eldorado, V-8						
2d Cpe	680	2,040	3,400	7,650	11,900	17,000
2d Brtz Cpe	720	2,160	3,600	8,100	12,600	18,000
2d Conv	960	2,880	4,800	10,800	16,800	24,000

NOTE: Add 15 percent for Bicent. Edit.

	6	5	4	3	2	1
1976 Fleetwood Brougham, V-8						
4d Sed	620	1,860	3,100	6,980	10,850	15,500
1976 Fleetwood 75, V-8						
4d Sed	460	1,380	2,300	5,180	8,050	11,500
4d Limo	480	1,440	2,400	5,400	8,400	12,000

NOTE: Add 5 percent for Talisman on Fleetwood Brougham.

	6	5	4	3	2	1
1977 DeVille, V-8						
2d Cpe	360	1,080	1,800	4,050	6,300	9,000
4d Sed	360	1,080	1,800	4,050	6,300	9,000
1977 Seville, V-8						
4d Sed	400	1,200	2,000	4,500	7,000	10,000
1977 Eldorado, V-8						
2d Cpe	600	1,800	3,000	6,750	10,500	15,000
2d Brtz Cpe	720	2,160	3,600	8,100	12,600	18,000
1977 Fleetwood Brougham, V-8						
4d Sed	400	1,200	2,000	4,500	7,000	10,000
1977 Fleetwood 75, V-8						
4d Sed	408	1,224	2,040	4,590	7,140	10,200
4d Limo	420	1,260	2,100	4,730	7,350	10,500
1978 Seville						
4d Sed	384	1,152	1,920	4,320	6,720	9,600
1978 DeVille						
2d Cpe	268	804	1,340	3,020	4,690	6,700
4d Sed	244	732	1,220	2,750	4,270	6,100
1978 Eldorado						
2d Cpe	640	1,920	3,200	7,200	11,200	16,000
2d Brtz Cpe	760	2,280	3,800	8,550	13,300	19,000
1978 Fleetwood Brougham						
4d Sed	272	816	1,360	3,060	4,760	6,800
1978 Fleetwood Limo						
4d	388	1,164	1,940	4,370	6,790	9,700
4d Fml	396	1,188	1,980	4,460	6,930	9,900

	6	5	4	3	2	1
1979 Seville, V-8						
4d Sed	400	1,200	2,000	4,500	7,000	10,000
NOTE: Add 10 percent for Elegant'e.						
1979 DeVille, V-8						
2d Cpe	360	1,080	1,800	4,050	6,300	9,000
4d Sed	248	744	1,240	2,790	4,340	6,200
NOTE: Add 5 percent for Phaeton Special Edition.						
1979 Eldorado, V-8						
2d Cpe	560	1,680	2,800	6,300	9,800	14,000
NOTE: Add 15 percent for Biarritz.						
1979 Fleetwood Brougham, V-8						
4d Sed	260	780	1,300	2,930	4,550	6,500
1979 Fleetwood Limo						
4d Sed	388	1,164	1,940	4,370	6,790	9,700
4d Fml Sed	396	1,188	1,980	4,460	6,930	9,900
NOTE: Deduct 12 percent for diesel.						
1980 Seville, V-8						
4d Sed	376	1,128	1,880	4,230	6,580	9,400
1980 DeVille, V-8						
2d Cpe	360	1,080	1,800	4,050	6,300	9,000
4d Sed	256	768	1,280	2,880	4,480	6,400
1980 Eldorado, V-8						
2d Cpe	560	1,680	2,800	6,300	9,800	14,000
NOTE: Add 15 percent for Biarritz.						
1980 Fleetwood Brougham, V-8						
2d Cpe	380	1,140	1,900	4,280	6,650	9,500
4d Sed	276	828	1,380	3,110	4,830	6,900
1980 Fleetwood, V-8						
4d Limo	396	1,188	1,980	4,460	6,930	9,900
4d Fml	364	1,092	1,820	4,100	6,370	9,100
1981 Seville, V-8						
4d Sed	260	780	1,300	2,930	4,550	6,500
1981 DeVille, V-8						
2d Cpe	244	732	1,220	2,750	4,270	6,100
4d Sed	220	660	1,100	2,480	3,850	5,500
1981 Eldorado, V-8						
2d Cpe	520	1,560	2,600	5,850	9,100	13,000
NOTE: Add 15 percent for Biarritz.						
1981 Fleetwood Brougham, V-8						
2d Cpe	264	792	1,320	2,970	4,620	6,600
4d Sed	240	720	1,200	2,700	4,200	6,000
1981 Fleetwood, V-8						
4d Limo	360	1,080	1,800	4,050	6,300	9,000
4d Fml	368	1,104	1,840	4,140	6,440	9,200
NOTE: Deduct 10 percent for V-6 where available.						
1982 Cimarron, 4-cyl.						
4d Sed	208	624	1,040	2,340	3,640	5,200
1982 Seville, V-8						
4d Sed	264	792	1,320	2,970	4,620	6,600
1982 DeVille, V-8						
2d Cpe	252	756	1,260	2,840	4,410	6,300
4d Sed	228	684	1,140	2,570	3,990	5,700
1982 Eldorado, V-8						
2d Cpe	520	1,560	2,600	5,850	9,100	13,000
NOTE: Add 15 percent for Biarritz.						
1982 Fleetwood Brougham, V-8						
2d Cpe	272	816	1,360	3,060	4,760	6,800
4d Sed	248	744	1,240	2,790	4,340	6,200
1982 Fleetwood, V-8						
4d Limo	368	1,104	1,840	4,140	6,440	9,200
4d Fml	376	1,128	1,880	4,230	6,580	9,400
NOTE: Deduct 10 percent for V-6 where available.						
1983 Cimarron, 4-cyl.						
4d Sed	220	660	1,100	2,480	3,850	5,500
1983 Seville, V-8						
4d Sed	268	804	1,340	3,020	4,690	6,700
1983 DeVille, V-8						
2d Cpe	260	780	1,300	2,930	4,550	6,500
4d Sed	236	708	1,180	2,660	4,130	5,900

	6	5	4	3	2	1
1983 Eldorado, V-8						
2d Cpe	520	1,560	2,600	5,850	9,100	13,000
NOTE: Add 15 percent for Biarritz.						
1983 Fleetwood Brougham, V-8						
2d Cpe	360	1,080	1,800	4,050	6,300	9,000
4d Sed	256	768	1,280	2,880	4,480	6,400
1983 Fleetwood, V-8						
4d Limo	376	1,128	1,880	4,230	6,580	9,400
4d Fml	384	1,152	1,920	4,320	6,720	9,600
1984 Cimarron, 4-cyl.						
4d Sed	224	672	1,120	2,520	3,920	5,600
1984 Seville, V-8						
4d Sed	272	816	1,360	3,060	4,760	6,800
1984 DeVille, V-8						
2d Sed	264	792	1,320	2,970	4,620	6,600
4d Sed	240	720	1,200	2,700	4,200	6,000
1984 Eldorado, V-8						
2d Cpe	520	1,560	2,600	5,850	9,100	13,000
2d Conv	960	2,880	4,800	10,800	16,800	24,000
NOTE: Add 15 percent for Biarritz.						
1984 Fleetwood Brougham, V-8						
2d Sed	360	1,080	1,800	4,050	6,300	9,000
4d Sed	260	780	1,300	2,930	4,550	6,500
1984 Fleetwood, V-8						
4d Sed	380	1,140	1,900	4,280	6,650	9,500
4d Fml Limo	388	1,164	1,940	4,370	6,790	9,700
1985 Cimarron, V-6						
4d Sed	228	684	1,140	2,570	3,990	5,700
NOTE: Deduct 15 percent for 4-cyl.						
1985 Seville, V-8						
4d Sed	276	828	1,380	3,110	4,830	6,900
1985 DeVille, V-8						
2d Cpe	264	792	1,320	2,970	4,620	6,600
4d Sed	244	732	1,220	2,750	4,270	6,100
1985 Eldorado, V-8						
2d Cpe	520	1,560	2,600	5,850	9,100	13,000
Conv	960	2,880	4,800	10,800	16,800	24,000
NOTE: Add 15 percent for Biarritz.						
1985 Fleetwood, V-8						
2d Cpe	276	828	1,380	3,110	4,830	6,900
4d Sed	268	804	1,340	3,020	4,690	6,700
1985 Fleetwood Brougham, V-8						
2d Cpe	388	1,164	1,940	4,370	6,790	9,700
4d Sed	392	1,176	1,960	4,410	6,860	9,800
1985 Fleetwood 75, V-8						
4d Limo	420	1,260	2,100	4,730	7,350	10,500
NOTE: Deduct 30 percent for diesel where available.						
1986 Cimarron						
4d Sed	232	696	1,160	2,610	4,060	5,800
1986 Seville						
4d Sed	360	1,080	1,800	4,050	6,300	9,000
1986 DeVille						
2d Cpe	248	744	1,240	2,790	4,340	6,200
4d Sed	244	732	1,220	2,750	4,270	6,100
1986 Fleetwood						
2d Cpe	392	1,176	1,960	4,410	6,860	9,800
4d Sed	388	1,164	1,940	4,370	6,790	9,700
1986 Fleetwood 75						
4d Limo	420	1,260	2,100	4,730	7,350	10,500
4d Fml Limo	436	1,308	2,180	4,910	7,630	10,900
1986 Fleetwood Brougham						
4d Sed	392	1,176	1,960	4,410	6,860	9,800
1986 Eldorado						
2d Cpe	528	1,584	2,640	5,940	9,240	13,200
1987 Cimarron						
4d Sed, 4-cyl.	236	708	1,180	2,660	4,130	5,900
4d Sed, V-6	240	720	1,200	2,700	4,200	6,000
1987 Seville, V-8						
4d Sed	364	1,092	1,820	4,100	6,370	9,100

	6	5	4	3	2	1
1987 DeVille, V-8						
4d Sed	252	756	1,260	2,840	4,410	6,300
2d Cpe	248	744	1,240	2,790	4,340	6,200
1987 Fleetwood, V-8						
4d Sed d'Elegance	396	1,188	1,980	4,460	6,930	9,900
4d Sed, 60 Spl	400	1,200	2,000	4,500	7,000	10,000
1987 Eldorado, V-8						
2d Cpe	524	1,572	2,620	5,900	9,170	13,100
1987 Brougham, V-8						
4d Sed	416	1,248	2,080	4,680	7,280	10,400
1987 Fleetwood 75 Series, V-8						
4d Limo	580	1,740	2,900	6,530	10,150	14,500
4d Fml	560	1,680	2,800	6,300	9,800	14,000
1987 Allante, V-8						
2d Conv	920	2,760	4,600	10,350	16,100	23,000
1988 Cimarron, V-6						
4d Sed	220	660	1,100	2,480	3,850	5,500
1988 Seville, V-8						
4d Sed	540	1,620	2,700	6,080	9,450	13,500
1988 DeVille, V-8						
2d Cpe	424	1,272	2,120	4,770	7,420	10,600
4d Sed	424	1,272	2,120	4,770	7,420	10,600
1988 Fleetwood, V-8						
4d Sed d'Elegance	540	1,620	2,700	6,080	9,450	13,500
4d Sed 60 Spl	580	1,740	2,900	6,530	10,150	14,500
1988 Brougham, V-8						
4d Sed	600	1,800	3,000	6,750	10,500	15,000
1988 Eldorado, V-8						
2d Cpe	540	1,620	2,700	6,080	9,450	13,500
1988 Allante, V-8						
2d Conv	960	2,880	4,800	10,800	16,800	24,000
1989 Seville, V-8						
4d Sed	640	1,920	3,200	7,200	11,200	16,000
1989 DeVille, V-8						
2d Cpe	648	1,944	3,240	7,290	11,340	16,200
4d Sed	644	1,932	3,220	7,250	11,270	16,100
1989 Fleetwood, V-8						
2d Cpe	700	2,100	3,500	7,880	12,250	17,500
4d Sed	696	2,088	3,480	7,830	12,180	17,400
4d Sed 605	656	1,968	3,280	7,380	11,480	16,400
4d Sed Brgm	580	1,740	2,900	6,530	10,150	14,500
1989 Eldorado, V-8						
2d Cpe	672	2,016	3,360	7,560	11,760	16,800
1989 Allante, V-8						
2d Conv	950	2,900	4,800	10,800	16,800	24,000
1990 Seville, V-8						
4d Sed	560	1,680	2,800	6,300	9,800	14,000
4d Sed STS	640	1,920	3,200	7,200	11,200	16,000
1990 DeVille, V-8						
2d Cpe	580	1,740	2,900	6,530	10,150	14,500
4d Sed	568	1,704	2,840	6,390	9,940	14,200
1990 Fleetwood, V-8						
2d Cpe	620	1,860	3,100	6,980	10,850	15,500
4d Sed	628	1,884	3,140	7,070	10,990	15,700
4d Sed 605	680	2,040	3,400	7,650	11,900	17,000
1990 Eldorado, V-8						
2d Cpe	640	1,920	3,200	7,200	11,200	16,000
1990 Brougham, V-8						
4d Sed	640	1,920	3,200	7,200	11,200	16,000
1990 Allante						
2d Conv	960	2,880	4,800	10,800	16,800	24,000
NOTE: Add $3,000 for hardtop.						
1991 Seville, V-8						
4d Sed	560	1,680	2,800	6,300	9,800	14,000
4d Trg Sed	600	1,800	3,000	6,750	10,500	15,000
1991 DeVille, V-8						
4d Sed	540	1,620	2,700	6,080	9,450	13,500
4d Trg Sed	580	1,740	2,900	6,530	10,150	14,500
2d Cpe	536	1,608	2,680	6,030	9,380	13,400
1991 Fleetwood, V-8						
2d Cpe	580	1,740	2,900	6,530	10,150	14,500

	6	5	4	3	2	1
4d Sed	590	1,760	2,940	6,620	10,290	14,700
4d Sed 605	680	2,040	3,400	7,650	11,900	17,000
1991 Eldorado, V-8						
2d Cpe	600	1,800	3,000	6,750	10,500	15,000
1991 Brougham, V-8						
4d Sed	600	1,800	3,000	6,750	10,500	15,000
1991 Allante, V-8						
2d Conv	960	2,880	4,800	10,800	16,800	24,000
NOTE: Add $3,000 for hardtop.						
1992 Seville, V-8						
4d Sed	680	2,040	3,400	7,650	11,900	17,000
4d STS Sed	720	2,160	3,600	8,100	12,600	18,000
1992 DeVille, V-8						
4d Sed	600	1,800	3,000	6,750	10,500	15,000
2d Cpe	600	1,800	3,000	6,750	10,500	15,000
4d Trg Sed	640	1,920	3,200	7,200	11,200	16,000
1992 Fleetwood, V-8						
4d Sed	640	1,920	3,200	7,200	11,200	16,000
2d Cpe	640	1,920	3,200	7,200	11,200	16,000
4d Sed 605	680	2,040	3,400	7,650	11,900	17,000
1992 Eldorado, V-8						
2d Cpe	720	2,160	3,600	8,100	12,600	18,000
1992 Brougham, V-8						
4d Sed	680	2,040	3,400	7,650	11,900	17,000
1992 Allante, V-8						
2d Conv	1,120	3,360	5,600	12,600	19,600	28,000
NOTE: Add $1,500 for hardtop.						
1993 Seville, V-8						
4d Sed	680	2,040	3,400	7,650	11,900	17,000
4d STS Sed	720	2,160	3,600	8,100	12,600	18,000
1993 DeVille, V-8						
2d Cpe	608	1,824	3,040	6,840	10,640	15,200
4d Sed	620	1,860	3,100	6,980	10,850	15,500
4d Trg Sed	640	1,920	3,200	7,200	11,200	16,000
1993 Fleetwood, V-8						
4d Sed	700	2,100	3,500	7,880	12,250	17,500
1993 Sixty Special, V-8						
4d Sed	680	2,040	3,400	7,650	11,900	17,000
1993 Eldorado, V-8						
2d Cpe	728	2,184	3,640	8,190	12,740	18,200
1993 Allante, V-8						
2d Conv	1,160	3,480	5,800	13,050	20,300	29,000
1994 Seville, V-8						
4d Sed SLS	660	1,980	3,300	7,430	11,550	16,500
4d Sed STS	700	2,100	3,500	7,880	12,250	17,500
1994 DeVille, V-8						
4d Sed	560	1,680	2,800	6,300	9,800	14,000
4d Sed Concours	620	1,860	3,100	6,980	10,850	15,500
1994 Fleetwood, V-8						
4d Sed	640	1,920	3,200	7,200	11,200	16,000
1994 Eldorado, V-8						
2d Cpe	640	1,920	3,200	7,200	11,200	16,000
2d Cpe Trg	660	1,980	3,300	7,430	11,550	16,500
1995 Seville, V-8						
4d SLS Sed	650	2,000	3,300	7,430	11,600	16,500
4d STS Sed	700	2,100	3,500	7,880	12,300	17,500
1995 Deville, V-8						
4d Sed	550	1,700	2,800	6,300	9,800	14,000
4d Concours Sed	600	1,850	3,100	6,980	10,900	15,500
1995 Fleetwood, V-8						
4d Sed	650	1,900	3,200	7,200	11,200	16,000
1995 Eldorado, V-8						
2d Cpe	650	1,900	3,200	7,200	11,200	16,000
2d Trg Cpe	650	2,000	3,300	7,430	11,600	16,500
1996 Seville, V-8						
4d SLS Sed	650	2,000	3,300	7,430	11,600	16,500
4d STS Sed	700	2,100	3,500	7,880	12,300	17,500
1996 Deville, V-8						
4d Sed	550	1,700	2,800	6,300	9,800	14,000
4d Concours Sed	600	1,850	3,100	6,980	10,900	15,500

	6	5	4	3	2	1
1996 Fleetwood, V-8						
4d Sed	650	1,900	3,200	7,200	11,200	16,000
1996 Eldorado, V-8						
2d Cpe	650	1,900	3,200	7,200	11,200	16,000
2d Trg Cpe	650	2,000	3,300	7,430	11,600	16,500
1997 Catera, V-6						
4d Sed	400	1,200	2,000	4,500	7,000	10,000
1997 Seville, V-8						
4d SLS Sed	660	1,980	3,300	7,430	11,550	16,500
4d STS Sed	700	2,100	3,500	7,880	12,250	17,500
1997 Deville, V-8						
4d Sed	560	1,680	2,800	6,300	9,800	14,000
4d d'Elegance Sed	600	1,800	3,000	6,750	10,500	15,000
4d Concours Sed	620	1,860	3,100	6,980	10,850	15,500
1997 Eldorado, V-8						
2d Cpe	640	1,920	3,200	7,200	11,200	16,000
2d Trg Cpe	660	1,980	3,300	7,430	11,550	16,500
1998 Catera, V-6						
4d Sed	400	1,200	2,000	4,500	7,000	10,000
1998 Seville, V-8						
4d SLS Sed	670	2,000	3,340	7,520	11,690	16,700
4d STS Sed	710	2,120	3,540	7,970	12,390	17,700
1998 Deville, V-8						
4d Sed	560	1,680	2,800	6,300	9,800	14,000
4d d'Elegance Sed	600	1,800	3,000	6,750	10,500	15,000
4d Concours Sed	620	1,860	3,100	6,980	10,850	15,500
1998 Eldorado, V-8						
2d Cpe	640	1,920	3,200	7,200	11,200	16,000
2d Trg Cpe	660	1,980	3,300	7,430	11,550	16,500

LASALLE

	6	5	4	3	2	1
1927 Series 303, V-8, 125" wb						
2d RS Rds	2,880	8,640	14,400	32,400	50,400	72,000
4d Phae	2,960	8,880	14,800	33,300	51,800	74,000
4d Spt Phae	3,040	9,120	15,200	34,200	53,200	76,000
2d 2P Conv Cpe	2,560	7,680	12,800	28,800	44,800	64,000
2d RS Cpe	1,680	5,040	8,400	18,900	29,400	42,000
2d 4P Vic	1,480	4,440	7,400	16,650	25,900	37,000
4d Sed	1,040	3,120	5,200	11,700	18,200	26,000
4d Twn Sed	1,120	3,360	5,600	12,600	19,600	28,000
1927 Series 303, V-8, 134" wb						
4d Imp Sed	1,240	3,720	6,200	13,950	21,700	31,000
4d 7P Sed	1,200	3,600	6,000	13,500	21,000	30,000
4d 7P Imp Sed	1,280	3,840	6,400	14,400	22,400	32,000
1928 Series 303, V-8, 125" wb						
2d Rds	2,880	8,640	14,400	32,400	50,400	72,000
4d Phae	2,960	8,880	14,800	33,300	51,800	74,000
4d Spt Phae	3,040	9,120	15,200	34,200	53,200	76,000
2d Conv	2,560	7,680	12,800	28,800	44,800	64,000
2d Bus Cpe	1,440	4,320	7,200	16,200	25,200	36,000
2d RS Cpe	1,680	5,040	8,400	18,900	29,400	42,000
2d Vic	1,400	4,200	7,000	15,750	24,500	35,000
4d 5P Sed	1,280	3,840	6,400	14,400	22,400	32,000
4d Fam Sed	1,200	3,600	6,000	13,500	21,000	30,000
4d Twn Sed	1,240	3,720	6,200	13,950	21,700	31,000
1928 Series 303, V-8, 134" wb						
2d 5P Cpe	1,600	4,800	8,000	18,000	28,000	40,000
4d Cabr Sed	2,800	8,400	14,000	31,500	49,000	70,000
4d Imp Sed	1,720	5,160	8,600	19,350	30,100	43,000
4d 7P Sed	1,680	5,040	8,400	18,900	29,400	42,000
4d Fam Sed	1,520	4,560	7,600	17,100	26,600	38,000
4d Imp Fam Sed	1,720	5,160	8,600	19,350	30,100	43,000
1928 Series 303, V-8, 125" wb Fleetwood Line						
2d Bus Cpe	1,640	4,920	8,200	18,450	28,700	41,000
4d Sed	1,520	4,560	7,600	17,100	26,600	38,000
4d Twn Cabr	2,800	8,400	14,000	31,500	49,000	70,000
4d Trans Twn Cabr	2,880	8,640	14,400	32,400	50,400	72,000
1929 Series 328, V-8, 125" wb						
2d Rds	2,880	8,640	14,400	32,400	50,400	72,000
4d Phae	2,960	8,880	14,800	33,300	51,800	74,000
4d Spt Phae	3,040	9,120	15,200	34,200	53,200	76,000
4d Trans FW Twn Cabr	2,560	7,680	12,800	28,800	44,800	64,000

	6	5	4	3	2	1
1929 Series 328, V-8, 134" wb						
2d Conv	2,800	8,400	14,000	31,500	49,000	70,000
2d RS Cpe	1,840	5,520	9,200	20,700	32,200	46,000
2d 5P Cpe.	1,720	5,160	8,600	19,350	30,100	43,000
4d Sed	1,600	4,800	8,000	18,000	28,000	40,000
4d Fam Sed	1,640	4,920	8,200	18,450	28,700	41,000
4d Twn Sed	1,680	5,040	8,400	18,900	29,400	42,000
4d 7P Sed.	1,680	5,040	8,400	18,900	29,400	42,000
4d 7P Imp Sed	1,720	5,160	8,600	19,350	30,100	43,000
4d Conv Lan Cabr	3,280	9,840	16,400	36,900	57,400	82,000
4d FW Trans Twn Cabr 1	3,280	9,840	16,400	36,900	57,400	82,000
1930 Series 340, V-8, 134" wb Fisher Line						
2d Conv	2,880	8,640	14,400	32,400	50,400	72,000
2d RS Cpe	2,040	6,120	10,200	22,950	35,700	51,000
2d Cpe	1,840	5,520	9,200	20,700	32,200	46,000
4d Sed	1,640	4,920	8,200	18,450	28,700	41,000
4d Imp Sed	1,680	5,040	8,400	18,900	29,400	42,000
4d 7P Sed.	1,720	5,160	8,600	19,350	30,100	43,000
4d 7P Imp Sed	1,840	5,520	9,200	20,700	32,200	46,000
1930 Series 340, V-8, 134" wb Fleetwood Line						
2d RS Rds	3,320	9,960	16,600	37,350	58,100	83,000
1930 Fleetcliffe						
4d Phae	3,240	9,720	16,200	36,450	56,700	81,000
4d 7P Tr	2,760	8,280	13,800	31,050	48,300	69,000
1930 Fleetlands						
4d A/W Phae	3,440	10,320	17,200	38,700	60,200	86,000
1930 Fleetway						
4d S'net Cabr 4081	2,720	8,160	13,600	30,600	47,600	68,000
1930 Fleetwind						
4d S'net Cabr 4082	2,720	8,160	13,600	30,600	47,600	68,000
1931 Series 345A, V-8, 134" wb Fisher Line						
2d RS Cpe	2,240	6,720	11,200	25,200	39,200	56,000
2d Cpe	2,120	6,360	10,600	23,850	37,100	53,000
4d Sed	1,680	5,040	8,400	18,900	29,400	42,000
4d Twn Sed	1,720	5,160	8,600	19,350	30,100	43,000
4d 7P Sed.	1,760	5,280	8,800	19,800	30,800	44,000
4d 7P Imp Sed	1,800	5,400	9,000	20,250	31,500	45,000
1931 Series 345A, V-8, 134" wb Fleetwood Line						
2d RS Rds	3,320	9,960	16,600	37,350	58,100	83,000
2d Conv	3,040	9,120	15,200	34,200	53,200	76,000
4d Tr.	3,040	9,120	15,200	34,200	53,200	76,000
4d A/W Phae	3,520	10,560	17,600	39,600	61,600	88,000
4d S'net Cabr 4081	2,720	8,160	13,600	30,600	47,600	68,000
4d S'net Cabr 4082	2,720	8,160	13,600	30,600	47,600	68,000
1932 Series 345B, V-8, 130" wb						
2d Conv	2,760	8,280	13,800	31,050	48,300	69,000
2d RS Cpe	2,040	6,120	10,200	22,950	35,700	51,000
2d Twn Cpe	1,840	5,520	9,200	20,700	32,200	46,000
4d Sed	1,440	4,320	7,200	16,200	25,200	36,000
1932 Series 345B, V-8, 136" wb						
4d 7P Sed.	1,440	4,320	7,200	16,200	25,200	36,000
4d 7P Imp Sed	1,840	5,520	9,200	20,700	32,200	46,000
4d 7P Twn Sed.	1,880	5,640	9,400	21,150	32,900	47,000
1933 Series 345C, V-8, 130" wb						
2d Conv	2,400	7,200	12,000	27,000	42,000	60,000
2d RS Cpe	1,680	5,040	8,400	18,900	29,400	42,000
2d Twn Cpe	1,560	4,680	7,800	17,550	27,300	39,000
4d Sed	1,400	4,200	7,000	15,750	24,500	35,000
1933 Series 345C, V-8, 136" wb						
4d Twn Sed	1,840	5,520	9,200	20,700	32,200	46,000
4d Sed	1,520	4,560	7,600	17,100	26,600	38,000
4d 7P Imp Sed	1,480	4,440	7,400	16,650	25,900	37,000
1934 Series 350, 8-cyl., 119" wb						
2d Conv	2,080	6,240	10,400	23,400	36,400	52,000
2d Cpe	1,400	4,200	7,000	15,750	24,500	35,000
4d Clb Sed	1,120	3,360	5,600	12,600	19,600	28,000
4d Sed	1,080	3,240	5,400	12,150	18,900	27,000
1935 Series 50, 8-cyl., 120" wb						
2d Conv	2,200	6,600	11,000	24,750	38,500	55,000
2d Cpe	1,280	3,840	6,400	14,400	22,400	32,000
2d Sed	920	2,760	4,600	10,350	16,100	23,000
4d Sed	960	2,880	4,800	10,800	16,800	24,000
1936 Series 50, 8-cyl., 120" wb, LaSalle						
2d Conv	2,000	6,000	10,000	22,500	35,000	50,000

1991 Cadillac Allante' convertible

1996 Cadillac DeVille sedan

1927 La Salle Series 303 coupe

	6	5	4	3	2	1
2d RS Cpe	1,200	3,600	6,000	13,500	21,000	30,000
2d Sed	840	2,520	4,200	9,450	14,700	21,000
4d Sed	880	2,640	4,400	9,900	15,400	22,000
1937 Series 50, V-8, 124" wb, LaSalle						
2d Conv	2,080	6,240	10,400	23,400	36,400	52,000
2d Conv Sed	2,160	6,480	10,800	24,300	37,800	54,000
4P Cpe	1,200	3,600	6,000	13,500	21,000	30,000
2d Sed	880	2,640	4,400	9,900	15,400	22,000
4d Sed	920	2,760	4,600	10,350	16,100	23,000
1938 Series 50, V-8, 124" wb, LaSalle						
2d Conv	2,080	6,240	10,400	23,400	36,400	52,000
4d Conv Sed	2,160	6,480	10,800	24,300	37,800	54,000
4P Cpe	1,240	3,720	6,200	13,950	21,700	31,000
2d Sed	920	2,760	4,600	10,350	16,100	23,000
4d Sed	960	2,880	4,800	10,800	16,800	24,000
1939 Series 50, V-8, 120" wb						
2d Conv	2,080	6,240	10,400	23,400	36,400	52,000
4d Conv Sed	2,160	6,480	10,800	24,300	37,800	54,000
2d Cpe	1,240	3,720	6,200	13,950	21,700	31,000
2d Sed	920	2,760	4,600	10,350	16,100	23,000
2d S/R Sed	940	2,820	4,700	10,580	16,450	23,500
4d Sed	960	2,880	4,800	10,800	16,800	24,000
4d S/R Sed	980	2,940	4,900	11,030	17,150	24,500
1940 Series 50, V-8, 123" wb						
2d Conv	2,080	6,240	10,400	23,400	36,400	52,000
4d Conv Sed	2,160	6,480	10,800	24,300	37,800	54,000
2d Cpe	1,280	3,840	6,400	14,400	22,400	32,000
2d Sed	920	2,760	4,600	10,350	16,100	23,000
2d S/R Sed	940	2,820	4,700	10,580	16,450	23,500
4d Sed	960	2,880	4,800	10,800	16,800	24,000
4d S/R Sed	980	2,940	4,900	11,030	17,150	24,500
1940 "Special" Series 52 LaSalle, V-8, 123" wb						
2d Conv	2,080	6,240	10,400	23,400	36,400	52,000
4d Conv Sed	2,160	6,480	10,800	24,300	37,800	54,000
2d Cpe	1,320	3,960	6,600	14,850	23,100	33,000
4d Sed	960	2,880	4,800	10,800	16,800	24,000

CHECKER

1960 Checker Superba Std.

	6	5	4	3	2	1
Sed	560	1,680	2,800	6,300	9,800	14,000
Sta Wag	564	1,692	2,820	6,350	9,870	14,100

1960 Checker Superba Spl.

	6	5	4	3	2	1
Sed	564	1,692	2,820	6,350	9,870	14,100
Sta Wag	568	1,704	2,840	6,390	9,940	14,200

1961 Checker Superba

	6	5	4	3	2	1
Sed	560	1,680	2,800	6,300	9,800	14,000
Sta Wag	564	1,692	2,820	6,350	9,870	14,100

1961 Checker Marathon

	6	5	4	3	2	1
Sed	564	1,692	2,820	6,350	9,870	14,100
Sta Wag	568	1,704	2,840	6,390	9,940	14,200

1962 Checker Superba

	6	5	4	3	2	1
Sed	560	1,680	2,800	6,300	9,800	14,000
Sta Wag	564	1,692	2,820	6,350	9,870	14,100

1962 Checker Marathon

	6	5	4	3	2	1
Sed	564	1,692	2,820	6,350	9,870	14,100
Sta Wag	568	1,704	2,840	6,390	9,940	14,200

1963 Checker Superba

	6	5	4	3	2	1
Sed	564	1,692	2,820	6,350	9,870	14,100
Sta Wag	568	1,704	2,840	6,390	9,940	14,200

1963 Checker Marathon

	6	5	4	3	2	1
Sed	564	1,692	2,820	6,350	9,870	14,100
Sta Wag	568	1,704	2,840	6,390	9,940	14,200
Limo	580	1,740	2,900	6,530	10,150	14,500

1964 Checker Marathon

	6	5	4	3	2	1
Sed	560	1,680	2,800	6,300	9,800	14,000
Sta Wag	564	1,692	2,820	6,350	9,870	14,100
Limo	584	1,752	2,920	6,570	10,220	14,600
Aerobus	568	1,704	2,840	6,390	9,940	14,200

1965 Marathon Series

	6	5	4	3	2	1
Sed	576	1,728	2,880	6,480	10,080	14,400
DeL Sed	560	1,680	2,800	6,300	9,800	14,000
Sta Wag	564	1,692	2,820	6,350	9,870	14,100
Limo	580	1,740	2,900	6,530	10,150	14,500

	6	5	4	3	2	1
1966 Marathon Series						
Sed	560	1,680	2,800	6,300	9,800	14,000
DeL Sed	564	1,692	2,820	6,350	9,870	14,100
Sta Wag	568	1,704	2,840	6,390	9,940	14,200
Limo	580	1,740	2,900	6,530	10,150	14,500
1967 Marathon Series						
Sed	560	1,680	2,800	6,300	9,800	14,000
Sta Wag	564	1,692	2,820	6,350	9,870	14,100
1968 Marathon Series						
Sed	560	1,680	2,800	6,300	9,800	14,000
DeL Sed	564	1,692	2,820	6,350	9,870	14,100
Sta Wag	568	1,704	2,840	6,390	9,940	14,200
1969 Marathon Series						
Sed	560	1,680	2,800	6,300	9,800	14,000
DeL Sed	564	1,692	2,820	6,350	9,870	14,100
Sta Wag	568	1,704	2,840	6,390	9,940	14,200
Limo	580	1,740	2,900	6,530	10,150	14,500
1970 Marathon Series						
Sed	560	1,680	2,800	6,300	9,800	14,000
Sta Wag	568	1,704	2,840	6,390	9,940	14,200
DeL Sed	564	1,692	2,820	6,350	9,870	14,100
Limo	580	1,740	2,900	6,530	10,150	14,500
1971 Marathon Series						
Sed	460	1,380	2,300	5,180	8,050	11,500
Sta Wag	568	1,704	2,840	6,390	9,940	14,200
DeL Sed	560	1,680	2,800	6,300	9,800	14,000
Limo	580	1,740	2,900	6,530	10,150	14,500
NOTE: Add 5 percent for V-8.						
1972 Marathon Series						
Sed	460	1,380	2,300	5,180	8,050	11,500
Sta Wag	568	1,704	2,840	6,390	9,940	14,200
DeL Sed	560	1,680	2,800	6,300	9,800	14,000
NOTE: Add 5 percent for V-8.						
1973 Marathon Series						
Sed	460	1,380	2,300	5,180	8,050	11,500
Sta Wag	564	1,692	2,820	6,350	9,870	14,100
DeL Sed	560	1,680	2,800	6,300	9,800	14,000
NOTE: Add 5 percent for V-8.						
1974 Marathon Series						
Sed	460	1,380	2,300	5,180	8,050	11,500
Sta Wag	564	1,692	2,820	6,350	9,870	14,100
DeL Sed	560	1,680	2,800	6,300	9,800	14,000
NOTE: Add 5 percent for V-8.						
1975 Marathon Series						
Sed	440	1,320	2,200	4,950	7,700	11,000
Sta Wag	444	1,332	2,220	5,000	7,770	11,100
DeL Sed	448	1,344	2,240	5,040	7,840	11,200
1976 Marathon Series						
4d Sed	436	1,308	2,180	4,910	7,630	10,900
4d Sed DeL	456	1,368	2,280	5,130	7,980	11,400
1977 Marathon Series						
4d Sed	424	1,272	2,120	4,770	7,420	10,600
4d Sed DeL	444	1,332	2,220	5,000	7,770	11,100
1978 Marathon Series						
4d Sed	424	1,272	2,120	4,770	7,420	10,600
4d Sed DeL	444	1,332	2,220	5,000	7,770	11,100
1979 Marathon Series						
4d Sed	424	1,272	2,120	4,770	7,420	10,600
4d Sed DeL	444	1,332	2,220	5,000	7,770	11,100
1980 Marathon Series						
4d Sed	428	1,284	2,140	4,820	7,490	10,700
4d Sed DeL	448	1,344	2,240	5,040	7,840	11,200
1981 Marathon Series						
4d Sed	428	1,284	2,140	4,820	7,490	10,700
4d Sed DeL	448	1,344	2,240	5,040	7,840	11,200
1982 Marathon Series						
4d Sed	428	1,284	2,140	4,820	7,490	10,700
4d Sed DeL	448	1,344	2,240	5,040	7,840	11,200

CHEVROLET

	6	5	4	3	2	1
1912 Classic Series, 6-cyl.						
Tr	1,320	3,960	6,600	14,850	23,100	33,000
1913 Classic Series, 6-cyl.						
Tr	1,220	3,660	6,100	13,730	21,350	30,500
1914 Series H2 & H4, 4-cyl.						
Rds	1,000	3,000	5,000	11,250	17,500	25,000
Tr	1,020	3,060	5,100	11,480	17,850	25,500
1914 Series C, 6-cyl.						
Tr	1,160	3,480	5,800	13,050	20,300	29,000
1914 Series L, 6-cyl.						
Tr	1,360	4,080	6,800	15,300	23,800	34,000
1915 Series H2 & H4, 4-cyl.						
Rds	920	2,760	4,600	10,350	16,100	23,000
Tr	1,000	3,000	5,000	11,250	17,500	25,000
1915 Series H3, 4-cyl.						
2P Rds	1,040	3,120	5,200	11,700	18,200	26,000
1915 Series L, 6-cyl.						
Tr	1,320	3,960	6,600	14,850	23,100	33,000
1916 Series 490, 4-cyl.						
Tr	840	2,520	4,200	9,450	14,700	21,000
1916 Series H2, 4-cyl.						
Rds	780	2,340	3,900	8,780	13,650	19,500
Torp Rds	840	2,520	4,200	9,450	14,700	21,000
1916 Series H4, 4-cyl.						
Tr	920	2,760	4,600	10,350	16,100	23,000
1917 Series F2 & F5, 4-cyl.						
Rds	760	2,280	3,800	8,550	13,300	19,000
Tr	800	2,400	4,000	9,000	14,000	20,000
1917 Series 490, 4-cyl.						
Rds	720	2,160	3,600	8,100	12,600	18,000
Tr	720	2,160	3,600	8,100	12,600	18,000
HT Tr	760	2,280	3,800	8,550	13,300	19,000
1917 Series D2 & D5, V-8						
Rds	1,080	3,240	5,400	12,150	18,900	27,000
Tr	1,120	3,360	5,600	12,600	19,600	28,000
1918 Series 490, 4-cyl.						
Tr	760	2,280	3,800	8,550	13,300	19,000
Rds	720	2,160	3,600	8,100	12,600	18,000
Cpe	320	960	1,600	3,600	5,600	8,000
Sed	280	840	1,400	3,150	4,900	7,000
1918 Series FA, 4-cyl.						
Rds	760	2,280	3,800	8,550	13,300	19,000
Tr	800	2,400	4,000	9,000	14,000	20,000
Sed	320	960	1,600	3,600	5,600	8,000
1918 Series D, V-8						
4P Rds	1,080	3,240	5,400	12,150	18,900	27,000
Tr	1,120	3,360	5,600	12,600	19,600	28,000
1919 Series 490, 4-cyl.						
Rds	600	1,800	3,000	6,750	10,500	15,000
Tr	640	1,920	3,200	7,200	11,200	16,000
Sed	308	924	1,540	3,470	5,390	7,700
Cpe	300	900	1,500	3,380	5,250	7,500
1919 Series FB, 4-cyl.						
Rds	680	2,040	3,400	7,650	11,900	17,000
Tr	720	2,160	3,600	8,100	12,600	18,000
Cpe	440	1,320	2,200	4,950	7,700	11,000
2d Sed	340	1,020	1,700	3,830	5,950	8,500
4d Sed	320	960	1,600	3,600	5,600	8,000
1920 Series 490, 4-cyl.						
Rds	600	1,800	3,000	6,750	10,500	15,000
Tr	640	1,920	3,200	7,200	11,200	16,000
Sed	340	1,020	1,700	3,830	5,950	8,500
Cpe	440	1,320	2,200	4,950	7,700	11,000
1920 Series FB, 4-cyl.						
Rds	680	2,040	3,400	7,650	11,900	17,000
Tr	720	2,160	3,600	8,100	12,600	18,000
Sed	460	1,380	2,300	5,180	8,050	11,500
Cpe	480	1,440	2,400	5,400	8,400	12,000

	6	5	4	3	2	1
1921 Series 490, 4-cyl.						
Rds	760	2,280	3,800	8,550	13,300	19,000
Tr	760	2,280	3,800	8,550	13,300	19,000
Cpe	440	1,320	2,200	4,950	7,700	11,000
C-D Sed	460	1,380	2,300	5,180	8,050	11,500
1921 Series FB, 4-cyl.						
Rds	780	2,340	3,900	8,780	13,650	19,500
Tr	800	2,400	4,000	9,000	14,000	20,000
Cpe	480	1,440	2,400	5,400	8,400	12,000
4d Sed	460	1,380	2,300	5,180	8,050	11,500
1922 Series 490, 4-cyl.						
Rds	760	2,280	3,800	8,550	13,300	19,000
Tr	800	2,400	4,000	9,000	14,000	20,000
Cpe	480	1,440	2,400	5,400	8,400	12,000
Utl Cpe	460	1,380	2,300	5,180	8,050	11,500
Sed	440	1,320	2,200	4,950	7,700	11,000
1922 Series FB, 4-cyl.						
Rds	760	2,280	3,800	8,550	13,300	19,000
Tr	800	2,400	4,000	9,000	14,000	20,000
Sed	440	1,320	2,200	4,950	7,700	11,000
Cpe	480	1,440	2,400	5,400	8,400	12,000
1923 Superior B, 4-cyl.						
Rds	760	2,280	3,800	8,550	13,300	19,000
Tr	800	2,400	4,000	9,000	14,000	20,000
Sed	440	1,320	2,200	4,950	7,700	11,000
2d Sed	440	1,320	2,200	4,950	7,700	11,000
Utl Cpe	460	1,380	2,300	5,180	8,050	11,500
DeL Tr	520	1,560	2,600	5,850	9,100	13,000
1924 Superior, 4-cyl.						
Rds	760	2,280	3,800	8,550	13,300	19,000
Tr	800	2,400	4,000	9,000	14,000	20,000
DeL Tr	820	2,460	4,100	9,230	14,350	20,500
Sed	340	1,020	1,700	3,830	5,950	8,500
DeL Sed	352	1,056	1,760	3,960	6,160	8,800
2P Cpe	460	1,380	2,300	5,180	8,050	11,500
4P Cpe	440	1,320	2,200	4,950	7,700	11,000
DeL Cpe	448	1,344	2,240	5,040	7,840	11,200
2d Sed	340	1,020	1,700	3,830	5,950	8,500
1925 Superior K, 4-cyl.						
Rds	920	2,760	4,600	10,350	16,100	23,000
Tr	960	2,880	4,800	10,800	16,800	24,000
Cpe	480	1,440	2,400	5,400	8,400	12,000
Sed	440	1,320	2,200	4,950	7,700	11,000
2d Sed	440	1,320	2,200	4,950	7,700	11,000
1926 Superior V, 4-cyl.						
Rds	960	2,880	4,800	10,800	16,800	24,000
Tr	960	2,880	4,800	10,800	16,800	24,000
Cpe	520	1,560	2,600	5,850	9,100	13,000
Sed	480	1,440	2,400	5,400	8,400	12,000
2d Sed	480	1,440	2,400	5,400	8,400	12,000
Lan Sed	500	1,500	2,500	5,630	8,750	12,500
1927 Model AA, 4-cyl.						
Rds	1,000	3,000	5,000	11,250	17,500	25,000
Tr	960	2,880	4,800	10,800	16,800	24,000
Utl Cpe	508	1,524	2,540	5,720	8,890	12,700
2d Sed	480	1,440	2,400	5,400	8,400	12,000
Sed	480	1,440	2,400	5,400	8,400	12,000
Lan Sed	500	1,500	2,500	5,630	8,750	12,500
Cabr	760	2,280	3,800	8,550	13,300	19,000
Imp Lan	680	2,040	3,400	7,650	11,900	17,000
1928 Model AB, 4-cyl.						
Rds	1,000	3,000	5,000	11,250	17,500	25,000
Tr	1,000	3,000	5,000	11,250	17,500	25,000
Utl Cpe	520	1,560	2,600	5,850	9,100	13,000
Sed	500	1,500	2,500	5,630	8,750	12,500
2d Sed	500	1,500	2,500	5,630	8,750	12,500
Cabr	800	2,400	4,000	9,000	14,000	20,000
Imp Lan	680	2,040	3,400	7,650	11,900	17,000
Conv Cabr	880	2,640	4,400	9,900	15,400	22,000
1929 Model AC, 6-cyl.						
Rds	1,040	3,120	5,200	11,700	18,200	26,000
Tr	1,080	3,240	5,400	12,150	18,900	27,000
Cpe	640	1,920	3,200	7,200	11,200	16,000
Spt Cpe	680	2,040	3,400	7,650	11,900	17,000
Sed	520	1,560	2,600	5,850	9,100	13,000

	6	5	4	3	2	1
Imp Sed	560	1,680	2,800	6,300	9,800	14,000
Conv Lan	920	2,760	4,600	10,350	16,100	23,000
2d Sed	520	1,560	2,600	5,850	9,100	13,000
Conv Cabr	960	2,880	4,800	10,800	16,800	24,000

1930 Model AD, 6-cyl.

	6	5	4	3	2	1
Rds	1,160	3,480	5,800	13,050	20,300	29,000
Spt Rds	1,120	3,360	5,600	12,600	19,600	28,000
Phae	1,120	3,360	5,600	12,600	19,600	28,000
2d Sed	520	1,560	2,600	5,850	9,100	13,000
Cpe	640	1,920	3,200	7,200	11,200	16,000
Spt Cpe	680	2,040	3,400	7,650	11,900	17,000
Clb Sed	580	1,740	2,900	6,530	10,150	14,500
Spec Sed	560	1,680	2,800	6,300	9,800	14,000
Sed	540	1,620	2,700	6,080	9,450	13,500
Con Lan	920	2,760	4,600	10,350	16,100	23,000

1931 Model AE, 6-cyl.

	6	5	4	3	2	1
Rds	1,280	3,840	6,400	14,400	22,400	32,000
Spt Rds	1,320	3,960	6,600	14,850	23,100	33,000
Cabr	1,200	3,600	6,000	13,500	21,000	30,000
Phae	1,240	3,720	6,200	13,950	21,700	31,000
2d Sed	560	1,680	2,800	6,300	9,800	14,000
5P Cpe	680	2,040	3,400	7,650	11,900	17,000
5W Cpe	720	2,160	3,600	8,100	12,600	18,000
Spt Cpe	800	2,400	4,000	9,000	14,000	20,000
Cpe	760	2,280	3,800	8,550	13,300	19,000
2d DeL Sed	640	1,920	3,200	7,200	11,200	16,000
Sed	580	1,740	2,900	6,530	10,150	14,500
Spl Sed	640	1,920	3,200	7,200	11,200	16,000
Lan Phae	1,080	3,240	5,400	12,150	18,900	27,000

1932 Model BA Standard, 6-cyl.

	6	5	4	3	2	1
Rds	1,480	4,440	7,400	16,650	25,900	37,000
Phae	1,480	4,440	7,400	16,650	25,900	37,000
Lan Phae	1,440	4,320	7,200	16,200	25,200	36,000
3W Cpe	880	2,640	4,400	9,900	15,400	22,000
5W Cpe	920	2,760	4,600	10,350	16,100	23,000
Spt Cpe	960	2,880	4,800	10,800	16,800	24,000
2d Sed	680	2,040	3,400	7,650	11,900	17,000
Sed	720	2,160	3,600	8,100	12,600	18,000
5P Cpe	920	2,760	4,600	10,350	16,100	23,000

1932 Model BA DeLuxe, 6-cyl.

	6	5	4	3	2	1
Spt Rds	1,520	4,560	7,600	17,100	26,600	38,000
Lan Phae	1,480	4,440	7,400	16,650	25,900	37,000
Cabr	1,440	4,320	7,200	16,200	25,200	36,000
3W Bus Cpe	920	2,760	4,600	10,350	16,100	23,000
5W Cpe	960	2,880	4,800	10,800	16,800	24,000
Spt Cpe	1,000	3,000	5,000	11,250	17,500	25,000
2d Sed	720	2,160	3,600	8,100	12,600	18,000
Sed	760	2,280	3,800	8,550	13,300	19,000
Spl Sed	800	2,400	4,000	9,000	14,000	20,000
5P Cpe	960	2,880	4,800	10,800	16,800	24,000

1933 Mercury, 6-cyl.

	6	5	4	3	2	1
2P Cpe	680	2,040	3,400	7,650	11,900	17,000
RS Cpe	720	2,160	3,600	8,100	12,600	18,000
2d Sed	540	1,620	2,700	6,080	9,450	13,500

1933 Master Eagle, 6-cyl.

	6	5	4	3	2	1
Spt Rds	1,320	3,960	6,600	14,850	23,100	33,000
Phae	1,360	4,080	6,800	15,300	23,800	34,000
2P Cpe	680	2,040	3,400	7,650	11,900	17,000
Spt Cpe	720	2,160	3,600	8,100	12,600	18,000
2d Sed	552	1,656	2,760	6,210	9,660	13,800
2d Trk Sed	560	1,680	2,800	6,300	9,800	14,000
Sed	560	1,680	2,800	6,300	9,800	14,000
Conv	1,280	3,840	6,400	14,400	22,400	32,000

1934 Standard, 6-cyl.

	6	5	4	3	2	1
Sed	540	1,620	2,700	6,080	9,450	13,500
Spt Rds	1,200	3,600	6,000	13,500	21,000	30,000
Phae	1,240	3,720	6,200	13,950	21,700	31,000
Cpe	680	2,040	3,400	7,650	11,900	17,000
2d Sed	536	1,608	2,680	6,030	9,380	13,400

1934 Master, 6-cyl.

	6	5	4	3	2	1
Spt Rds	1,240	3,720	6,200	13,950	21,700	31,000
Bus Cpe	720	2,160	3,600	8,100	12,600	18,000
Spt Cpe	760	2,280	3,800	8,550	13,300	19,000
2d Sed	564	1,692	2,820	6,350	9,870	14,100
Twn Sed	596	1,788	2,980	6,710	10,430	14,900
Sed	576	1,728	2,880	6,480	10,080	14,400
Conv	1,200	3,600	6,000	13,500	21,000	30,000

	6	5	4	3	2	1
1935 Standard, 6-cyl.						
Rds	1,040	3,120	5,200	11,700	18,200	26,000
Phae	1,120	3,360	5,600	12,600	19,600	28,000
Cpe	660	1,980	3,300	7,430	11,550	16,500
2d Sed	580	1,740	2,900	6,530	10,150	14,500
Sed	592	1,776	2,960	6,660	10,360	14,800
1935 Master, 6-cyl.						
5W Cpe	680	2,040	3,400	7,650	11,900	17,000
Spt Cpe	700	2,100	3,500	7,880	12,250	17,500
2d Sed	588	1,764	2,940	6,620	10,290	14,700
Sed	600	1,800	3,000	6,750	10,500	15,000
Spt Sed	608	1,824	3,040	6,840	10,640	15,200
Twn Sed	592	1,776	2,960	6,660	10,360	14,800
1936 Standard, 6-cyl.						
Cpe	660	1,980	3,300	7,430	11,550	16,500
Sed	580	1,740	2,900	6,530	10,150	14,500
Spt Sed	592	1,776	2,960	6,660	10,360	14,800
2d Sed	576	1,728	2,880	6,480	10,080	14,400
Cpe PU	720	2,160	3,600	8,100	12,600	18,000
Conv	920	2,760	4,600	10,350	16,100	23,000
1936 Master, 6-cyl.						
5W Cpe	700	2,100	3,500	7,880	12,250	17,500
Spt Cpe	740	2,220	3,700	8,330	12,950	18,500
2d Sed	588	1,764	2,940	6,620	10,290	14,700
Twn Sed	592	1,776	2,960	6,660	10,360	14,800
Sed	596	1,788	2,980	6,710	10,430	14,900
Spt Sed	600	1,800	3,000	6,750	10,500	15,000
1937 Master, 6-cyl.						
Conv	1,320	3,960	6,600	14,850	23,100	33,000
Cpe	720	2,160	3,600	8,100	12,600	18,000
Cpe PU	760	2,280	3,800	8,550	13,300	19,000
2d Sed	640	1,920	3,200	7,200	11,200	16,000
2d Twn Sed	660	1,980	3,300	7,430	11,550	16,500
4d Trk Sed	648	1,944	3,240	7,290	11,340	16,200
4d Spt Sed	652	1,956	3,260	7,340	11,410	16,300
1937 Master DeLuxe, 6-cyl.						
Cpe	740	2,220	3,700	8,330	12,950	18,500
Spt Cpe	780	2,340	3,900	8,780	13,650	19,500
2d Sed	600	1,800	3,000	6,750	10,500	15,000
2d Twn Sed	604	1,812	3,020	6,800	10,570	15,100
4d Trk Sed	600	1,800	3,000	6,750	10,500	15,000
4d Spt Sed	604	1,812	3,020	6,800	10,570	15,100
1938 Master, 6-cyl.						
Conv	1,360	4,080	6,800	15,300	23,800	34,000
Cpe	720	2,160	3,600	8,100	12,600	18,000
Cpe PU	760	2,280	3,800	8,550	13,300	19,000
2d Sed	640	1,920	3,200	7,200	11,200	16,000
2d Twn Sed	644	1,932	3,220	7,250	11,270	16,100
4d Sed	640	1,920	3,200	7,200	11,200	16,000
4d Spt Sed	644	1,932	3,220	7,250	11,270	16,100
1938 Master DeLuxe, 6-cyl.						
Cpe	740	2,220	3,700	8,330	12,950	18,500
Spt Cpe	780	2,340	3,900	8,780	13,650	19,500
2d Sed	644	1,932	3,220	7,250	11,270	16,100
2d Twn Sed	648	1,944	3,240	7,290	11,340	16,200
4d Sed	644	1,932	3,220	7,250	11,270	16,100
4d Spt Sed	648	1,944	3,240	7,290	11,340	16,200
1939 Master 85, 6-cyl.						
Cpe	720	2,160	3,600	8,100	12,600	18,000
2d Sed	612	1,836	3,060	6,890	10,710	15,300
2d Twn Sed	616	1,848	3,080	6,930	10,780	15,400
4d Sed	612	1,836	3,060	6,890	10,710	15,300
4d Spt Sed	616	1,848	3,080	6,930	10,780	15,400
Sta Wag	1,200	3,600	6,000	13,500	21,000	30,000
1939 Master DeLuxe, 6-cyl.						
Cpe	740	2,220	3,700	8,330	12,950	18,500
Spt Cpe	760	2,280	3,800	8,550	13,300	19,000
2d Sed	652	1,956	3,260	7,340	11,410	16,300
2d Twn Sed	656	1,968	3,280	7,380	11,480	16,400
4d Sed	652	1,956	3,260	7,340	11,410	16,300
4d Spt Sed	616	1,848	3,080	6,930	10,780	15,400
Sta Wag	1,240	3,720	6,200	13,950	21,700	31,000
1940 Master 85, 6-cyl.						
2d Cpe	760	2,280	3,800	8,550	13,300	19,000
2d Twn Sed	624	1,872	3,120	7,020	10,920	15,600

	6	5	4	3	2	1
4d Spt Sed	620	1,860	3,100	6,980	10,850	15,500
4d Sta Wag	1,200	3,600	6,000	13,500	21,000	30,000
1940 Master DeLuxe, 6-cyl.						
2d Cpe	780	2,340	3,900	8,780	13,650	19,500
Spt Cpe	800	2,400	4,000	9,000	14,000	20,000
2d Twn Sed	640	1,920	3,200	7,200	11,200	16,000
4d Spt Sed	640	1,920	3,200	7,200	11,200	16,000
1940 Special DeLuxe, 6-cyl.						
2d Cpe	800	2,400	4,000	9,000	14,000	20,000
2d Spt Cpe	820	2,460	4,100	9,230	14,350	20,500
2d Twn Sed	660	1,980	3,300	7,430	11,550	16,500
4d Spt Sed	656	1,968	3,280	7,380	11,480	16,400
2d Conv	1,520	4,560	7,600	17,100	26,600	38,000
4d Sta Wag	1,280	3,840	6,400	14,400	22,400	32,000
1941 Master DeLuxe, 6-cyl.						
2P Cpe	750	2,300	3,800	8,550	13,300	19,000
4P Cpe	800	2,350	3,900	8,780	13,700	19,500
2d Twn Sed	650	1,950	3,300	7,380	11,500	16,400
4d Spt Sed	650	1,950	3,250	7,340	11,400	16,300
1941 Special DeLuxe, 6-cyl.						
2P Cpe	800	2,400	4,000	9,000	14,000	20,000
4P Cpe	850	2,500	4,200	9,450	14,700	21,000
2d Twn Sed	700	2,100	3,500	7,920	12,300	17,600
4d Spt Sed	700	2,100	3,500	7,880	12,300	17,500
4d Flt Sed	750	2,200	3,700	8,330	13,000	18,500
2d Conv	1,700	5,050	8,400	18,900	29,400	42,000
4d Sta Wag	1,650	4,900	8,200	18,450	28,700	41,000
2d Cpe PU	800	2,400	4,000	9,000	14,000	20,000
1942 Master DeLuxe, 6-cyl.						
2P Cpe	700	2,100	3,500	7,880	12,250	17,500
4P Cpe	720	2,160	3,600	8,100	12,600	18,000
2d Cpe PU	740	2,220	3,700	8,330	12,950	18,500
2d Twn Sed	632	1,896	3,160	7,110	11,060	15,800
1942 Special DeLuxe, 6-cyl.						
2P Cpe	740	2,220	3,700	8,330	12,950	18,500
2d 5P Cpe	760	2,280	3,800	8,550	13,300	19,000
2d Twn Sed	640	1,920	3,200	7,200	11,200	16,000
4d Spt Sed	644	1,932	3,220	7,250	11,270	16,100
2d Conv	1,480	4,440	7,400	16,650	25,900	37,000
4d Sta Wag	1,400	4,200	7,000	15,750	24,500	35,000
1942 Fleetline, 6-cyl.						
2d Aero	720	2,160	3,600	8,100	12,600	18,000
4d Spt Mstr	680	2,040	3,400	7,650	11,900	17,000
1946-48 Stylemaster, 6-cyl.						
2d Bus Cpe	780	2,340	3,900	8,780	13,650	19,500
2d Spt Cpe	800	2,400	4,000	9,000	14,000	20,000
2d Twn Sed	680	2,040	3,400	7,650	11,900	17,000
4d Spt Sed	684	2,052	3,420	7,700	11,970	17,100
1946-48 Fleetmaster, 6-cyl.						
2d Spt Cpe	800	2,400	4,000	9,000	14,000	20,000
2d Twn Sed	696	2,088	3,480	7,830	12,180	17,400
4d Spt Sed	700	2,100	3,500	7,880	12,250	17,500
2d Conv	1,560	4,680	7,800	17,550	27,300	39,000
4d Sta Wag	1,440	4,320	7,200	16,200	25,200	36,000
1946-48 Fleetline, 6-cyl.						
2d Aero	760	2,280	3,800	8,550	13,300	19,000
4d Spt Mstr	720	2,160	3,600	8,100	12,600	18,000
1949-50 Styleline Special, 6-cyl.						
2d Bus Cpe	760	2,280	3,800	8,550	13,300	19,000
2d Spt Cpe	780	2,340	3,900	8,780	13,650	19,500
2d Sed	724	2,172	3,620	8,150	12,670	18,100
4d Sed	728	2,184	3,640	8,190	12,740	18,200
1949-50 Fleetline Special, 6-cyl.						
2d Sed	728	2,184	3,640	8,190	12,740	18,200
4d Sed	732	2,196	3,660	8,240	12,810	18,300
1949-50 Styleline DeLuxe, 6-cyl.						
Spt Cpe	800	2,400	4,000	9,000	14,000	20,000
2d Sed	732	2,196	3,660	8,240	12,810	18,300
4d Sed	736	2,208	3,680	8,280	12,880	18,400
2d HT Bel Air (1950 only)	1,020	3,060	5,100	11,480	17,850	25,500
2d Conv	1,520	4,560	7,600	17,100	26,600	38,000
4d Woodie Wag (1949 only)	1,240	3,720	6,200	13,950	21,700	31,000
4d Mtl Sta Wag	920	2,760	4,600	10,350	16,100	23,000

	6	5	4	3	2	1
1949-50 Fleetline DeLuxe, 6-cyl.						
2d Sed	776	2,328	3,880	8,730	13,580	19,400
4d Sed	780	2,340	3,900	8,780	13,650	19,500
1951-52 Styleline Special, 6-cyl.						
2d Bus Cpe	780	2,340	3,900	8,780	13,650	19,500
2d Spt Cpe	788	2,364	3,940	8,870	13,790	19,700
2d Sed	732	2,196	3,660	8,240	12,810	18,300
4d Sed	728	2,184	3,640	8,190	12,740	18,200
1951-52 Styleline DeLuxe, 6-cyl.						
2d Spt Cpe	840	2,520	4,200	9,450	14,700	21,000
2d Sed	752	2,256	3,760	8,460	13,160	18,800
4d Sed	752	2,256	3,760	8,460	13,160	18,800
2d HT Bel Air	1,000	3,000	5,000	11,250	17,500	25,000
2d Conv	1,560	4,680	7,800	17,550	27,300	39,000
1951-52 Fleetline Special, 6-cyl.						
2d Sed	696	2,088	3,480	7,830	12,180	17,400
4d Sed (1951 only)	692	2,076	3,460	7,790	12,110	17,300
4d Sta Wag	800	2,400	4,000	9,000	14,000	20,000
1951-52 Fleetline DeLuxe, 6-cyl.						
2d Sed	764	2,292	3,820	8,600	13,370	19,100
4d Sed (1951 only)	760	2,280	3,800	8,550	13,300	19,000
1953 Special 150, 6-cyl.						
2d Bus Cpe	720	2,160	3,600	8,100	12,600	18,000
2d Clb Cpe	732	2,196	3,660	8,240	12,810	18,300
2d Sed	688	2,064	3,440	7,740	12,040	17,200
4d Sed	684	2,052	3,420	7,700	11,970	17,100
4d Sta Wag	800	2,400	4,000	9,000	14,000	20,000
1953 DeLuxe 210, 6-cyl.						
2d Clb Cpe	800	2,400	4,000	9,000	14,000	20,000
2d Sed	740	2,220	3,700	8,330	12,950	18,500
4d Sed	736	2,208	3,680	8,280	12,880	18,400
2d HT	1,040	3,120	5,200	11,700	18,200	26,000
2d Conv	1,600	4,800	8,000	18,000	28,000	40,000
4d Sta Wag	820	2,460	4,100	9,230	14,350	20,500
4d 210 Townsman Sta Wag	840	2,520	4,200	9,450	14,700	21,000
1953 Bel Air						
2d Sed	784	2,352	3,920	8,820	13,720	19,600
4d Sed	780	2,340	3,900	8,780	13,650	19,500
2d HT	1,080	3,240	5,400	12,150	18,900	27,000
2d Conv	1,720	5,160	8,600	19,350	30,100	43,000
1954 Special 150, 6-cyl.						
2d Utl Sed	680	2,040	3,400	7,650	11,900	17,000
2d Sed	688	2,064	3,440	7,740	12,040	17,200
4d Sed	684	2,052	3,420	7,700	11,970	17,100
4d Sta Wag	800	2,400	4,000	9,000	14,000	20,000
1954 Special 210, 6-cyl.						
2d Sed	740	2,220	3,700	8,330	12,950	18,500
2d Sed Delray	800	2,400	4,000	9,000	14,000	20,000
4d Sed	736	2,208	3,680	8,280	12,880	18,400
4d Sta Wag	840	2,520	4,200	9,450	14,700	21,000
1954 Bel Air, 6-cyl.						
2d Sed	788	2,364	3,940	8,870	13,790	19,700
4d Sed	784	2,352	3,920	8,820	13,720	19,600
2d HT	1,080	3,240	5,400	12,150	18,900	27,000
2d Conv	1,760	5,280	8,800	19,800	30,800	44,000
4d Sta Wag	920	2,760	4,600	10,350	16,100	23,000
1955 Model 150, V-8						
2d Utl Sed	720	2,160	3,600	8,100	12,600	18,000
2d Sed	800	2,400	4,000	9,000	14,000	20,000
4d Sed	720	2,160	3,600	8,100	12,600	18,000
4d Sta Wag	760	2,280	3,800	8,550	13,300	19,000
1955 Model 210, V-8						
2d Sed	840	2,520	4,200	9,450	14,700	21,000
2d Sed Delray	880	2,640	4,400	9,900	15,400	22,000
4d Sed	720	2,160	3,600	8,100	12,600	18,000
2d HT	1,280	3,840	6,400	14,400	22,400	32,000
2d Sta Wag	820	2,460	4,100	9,230	14,350	20,500
4d Sta Wag	780	2,340	3,900	8,780	13,650	19,500
1955 Bel Air, V-8						
2d Sed	880	2,640	4,400	9,900	15,400	22,000
4d Sed	800	2,400	4,000	9,000	14,000	20,000
2d HT	1,440	4,320	7,200	16,200	25,200	36,000
2d Conv	2,440	7,320	12,200	27,450	42,700	61,000
2d Nomad	1,280	3,840	6,400	14,400	22,400	32,000
4d Sta Wag	880	2,640	4,400	9,900	15,400	22,000

NOTE: Add 10 percent for A/C; 15 percent for "Power-Pack". Deduct 10 percent for 6-cyl.

	6	5	4	3	2	1
1956 Model 150, V-8						
2d Utl Sed	720	2,160	3,600	8,100	12,600	18,000
2d Sed	800	2,400	4,000	9,000	14,000	20,000
4d Sed	720	2,160	3,600	8,100	12,600	18,000
2d Sta Wag	800	2,400	4,000	9,000	14,000	20,000
1956 Model 210, V-8						
2d Sed	840	2,520	4,200	9,450	14,700	21,000
2d Sed Delray	880	2,640	4,400	9,900	15,400	22,000
4d Sed	720	2,160	3,600	8,100	12,600	18,000
4d HT	800	2,400	4,000	9,000	14,000	20,000
2d HT	1,240	3,720	6,200	13,950	21,700	31,000
2d Sta Wag	840	2,520	4,200	9,450	14,700	21,000
4d Sta Wag	760	2,280	3,800	8,550	13,300	19,000
4d 9P Sta Wag	780	2,340	3,900	8,780	13,650	19,500
1956 Bel Air, V-8						
2d Sed	880	2,640	4,400	9,900	15,400	22,000
4d Sed	800	2,400	4,000	9,000	14,000	20,000
4d HT	840	2,520	4,200	9,450	14,700	21,000
2d HT	1,400	4,200	7,000	15,750	24,500	35,000
2d Conv	2,400	7,200	12,000	27,000	42,000	60,000
2d Nomad	1,240	3,720	6,200	13,950	21,700	31,000
4d 9P Sta Wag	880	2,640	4,400	9,900	15,400	22,000

NOTE: Add 10 percent for A/C; 15 percent for "Power-Pack". Deduct 10 percent for 6-cyl. Add 25 percent for dual 4 barrel carbs.

	6	5	4	3	2	1
1957 Model 150, V-8						
2d Utl Sed	760	2,280	3,800	8,550	13,300	19,000
2d Sed	840	2,520	4,200	9,450	14,700	21,000
4d Sed	740	2,220	3,700	8,330	12,950	18,500
2d Sta Wag	820	2,460	4,100	9,230	14,350	20,500
1957 Model 210, V-8						
2d Sed	880	2,640	4,400	9,900	15,400	22,000
2d Sed Delray	920	2,760	4,600	10,350	16,100	23,000
4d Sed	820	2,460	4,100	9,230	14,350	20,500
4d HT	880	2,640	4,400	9,900	15,400	22,000
2d HT	1,280	3,840	6,400	14,400	22,400	32,000
2d Sta Wag	880	2,640	4,400	9,900	15,400	22,000
4d Sta Wag	800	2,400	4,000	9,000	14,000	20,000
4d 9P Sta Wag	820	2,460	4,100	9,230	14,350	20,500
1957 Bel Air, V-8						
2d Sed	920	2,760	4,600	10,350	16,100	23,000
4d Sed	820	2,460	4,100	9,230	14,350	20,500
4d HT	880	2,640	4,400	9,900	15,400	22,000
2d HT	1,480	4,440	7,400	16,650	25,900	37,000
2d Conv	2,520	7,560	12,600	28,350	44,100	63,000
2d Nomad	1,360	4,080	6,800	15,300	23,800	34,000
4d Sta Wag	920	2,760	4,600	10,350	16,100	23,000

NOTE: Add 10 percent for A/C; 15 percent for "Power-Pack" and 20 percent for F.I. Deduct 10 percent for 6-cyl. Add 25 percent for dual 4 barrel carbs.

	6	5	4	3	2	1
1958 Delray, V-8						
2d Utl Sed	680	2,040	3,400	7,650	11,900	17,000
2d Sed	700	2,100	3,500	7,880	12,250	17,500
4d Sed	660	1,980	3,300	7,430	11,550	16,500
1958 Biscayne, V-8						
2d Sed	680	2,040	3,400	7,650	11,900	17,000
4d Sed	664	1,992	3,320	7,470	11,620	16,600
1958 Bel Air, V-8						
2d Sed	760	2,280	3,800	8,550	13,300	19,000
4d Sed	740	2,220	3,700	8,330	12,950	18,500
4d HT	800	2,400	4,000	9,000	14,000	20,000
2d HT	920	2,760	4,600	10,350	16,100	23,000
2d Impala	1,640	4,920	8,200	18,450	28,700	41,000
2d Imp Conv	2,400	7,200	12,000	27,000	42,000	60,000
1958 Station Wagons, V-8						
2d Yeo	744	2,232	3,720	8,370	13,020	18,600
4d Yeo	740	2,220	3,700	8,330	12,950	18,500
4d 6P Brookwood	752	2,256	3,760	8,460	13,160	18,800
4d 9P Brookwood	756	2,268	3,780	8,510	13,230	18,900
4d Nomad	820	2,460	4,100	9,230	14,350	20,500

NOTE: Add 10 percent for "Power-Pack" & dual exhaust on 283 V-8. Add 20 percent for 348. Add 30 percent for 348 Tri-Power set up. Add 15 percent for A/C. Deduct 10 percent for 6-cyl.

	6	5	4	3	2	1
1959 Biscayne, V-8						
2d Utl Sed	640	1,920	3,200	7,200	11,200	16,000
2d Sed	652	1,956	3,260	7,340	11,410	16,300
4d Sed	648	1,944	3,240	7,290	11,340	16,200

	6	5	4	3	2	1
1959 Bel Air, V-8						
2d Sed	672	2,016	3,360	7,560	11,760	16,800
4d Sed	668	2,004	3,340	7,520	11,690	16,700
4d HT	720	2,160	3,600	8,100	12,600	18,000
1959 Impala, V-8						
4d Sed	680	2,040	3,400	7,650	11,900	17,000
4d HT	760	2,280	3,800	8,550	13,300	19,000
2d HT	1,120	3,360	5,600	12,600	19,600	28,000
2d Conv	1,640	4,920	8,200	18,450	28,700	41,000
1959 Station Wagons, V-8						
2d Brookwood	720	2,160	3,600	8,100	12,600	18,000
4d Brookwood	680	2,040	3,400	7,650	11,900	17,000
4d Parkwood	696	2,088	3,480	7,830	12,180	17,400
4d Kingswood	720	2,160	3,600	8,100	12,600	18,000
4d Nomad	740	2,220	3,700	8,330	12,950	18,500

NOTE: Add 10 percent for A/C. Add 5 percent for 4-speed transmission. Deduct 10 percent for 6-cyl. Add 30 percent for 348 Tri-Power set up.

	6	5	4	3	2	1
1960 Biscayne, V-8						
2d Utl Sed	532	1,596	2,660	5,990	9,310	13,300
2d Sed	548	1,644	2,740	6,170	9,590	13,700
4d Sed	544	1,632	2,720	6,120	9,520	13,600
1960 Biscayne Fleetmaster, V-8						
2d Sed	556	1,668	2,780	6,260	9,730	13,900
4d Sed	552	1,656	2,760	6,210	9,660	13,800
1960 Bel Air, V-8						
2d Sed	656	1,968	3,280	7,380	11,480	16,400
4d Sed	652	1,956	3,260	7,340	11,410	16,300
4d HT	700	2,100	3,500	7,880	12,250	17,500
2d HT	760	2,280	3,800	8,550	13,300	19,000
1960 Impala, V-8						
4d Sed	672	2,016	3,360	7,560	11,760	16,800
4d HT	760	2,280	3,800	8,550	13,300	19,000
2d HT	1,040	3,120	5,200	11,700	18,200	26,000
2d Conv	1,600	4,800	8,000	18,000	28,000	40,000
1960 Station Wagons, V-8						
2d Brookwood	720	2,160	3,600	8,100	12,600	18,000
4d Brookwood	680	2,040	3,400	7,650	11,900	17,000
4d Kingswood	692	2,076	3,460	7,790	12,110	17,300
4d Parkwood	700	2,100	3,500	7,880	12,250	17,500
4d Nomad	720	2,160	3,600	8,100	12,600	18,000

NOTE: Add 10 percent for A/C. Deduct 10 percent for 6-cyl. Add 30 percent for 348 Tri-Power set up.

	6	5	4	3	2	1
1961 Biscayne, V-8						
2d Utl Sed	516	1,548	2,580	5,810	9,030	12,900
2d Sed	544	1,632	2,720	6,120	9,520	13,600
4d Sed	540	1,620	2,700	6,080	9,450	13,500
1961 Bel Air, V-8						
2d Sed	548	1,644	2,740	6,170	9,590	13,700
4d Sed	544	1,632	2,720	6,120	9,520	13,600
4d HT	680	2,040	3,400	7,650	11,900	17,000
2d HT	1,040	3,120	5,200	11,700	18,200	26,000
1961 Impala, V-8						
2d Sed	644	1,932	3,220	7,250	11,270	16,100
4d Sed	640	1,920	3,200	7,200	11,200	16,000
4d HT	700	2,100	3,500	7,880	12,250	17,500
2d HT	960	2,880	4,800	10,800	16,800	24,000
2d Conv	1,440	4,320	7,200	16,200	25,200	36,000
1961 Station Wagons, V-8						
4d Brookwood	660	1,980	3,300	7,430	11,550	16,500
4d Parkwood	680	2,040	3,400	7,650	11,900	17,000
4d Nomad	760	2,280	3,800	8,550	13,300	19,000

NOTE: Add 10 percent for "Power-Pack" & dual exhaust on 283 V-8. Add 15 percent for A/C. Add 35 percent for 348 cid. Add 40 percent for Super Sport option. Add 50 percent for 409 V-8. Deduct 10 percent for 6-cyl.

	6	5	4	3	2	1
1962 Chevy II, 4 & 6-cyl.						
2d Sed	524	1,572	2,620	5,900	9,170	13,100
4d Sed	520	1,560	2,600	5,850	9,100	13,000
2d HT	840	2,520	4,200	9,450	14,700	21,000
2d Conv	1,000	3,000	5,000	11,250	17,500	25,000
4d Sta Wag	660	1,980	3,300	7,430	11,550	16,500
1962 Biscayne, V-8						
2d Sed	540	1,620	2,700	6,080	9,450	13,500
4d Sed	536	1,608	2,680	6,030	9,380	13,400
4d Sta Wag	652	1,956	3,260	7,340	11,410	16,300

	6	5	4	3	2	1
1962 Bel Air, V-8						
2d Sed	548	1,644	2,740	6,170	9,590	13,700
4d Sed	544	1,632	2,720	6,120	9,520	13,600
2d HT	1,080	3,240	5,400	12,150	18,900	27,000
4d Sta Wag	720	2,160	3,600	8,100	12,600	18,000

NOTE: Add 10 percent for "Power-Pack" & dual exhaust on 283 V-8. Add 15 percent for A/C. Add 35 percent for 348 cid. Add 40 percent for Super Sport option. Add 50 percent for 409 V-8. Deduct 10 percent for 6-cyl.

	6	5	4	3	2	1
1962 Impala, V-8						
4d Sed	640	1,920	3,200	7,200	11,200	16,000
4d HT	720	2,160	3,600	8,100	12,600	18,000
2d HT	1,040	3,120	5,200	11,700	18,200	26,000
2d Conv	1,440	4,320	7,200	16,200	25,200	36,000
4d Sta Wag	760	2,280	3,800	8,550	13,300	19,000

NOTE: Add 15 percent for Super Sport option. Add 15 percent for Power-Pack & dual exhaust. Add 15 percent for A/C. Add 35 percent for 409 cid. Deduct 10 percent for 6-cyl. except Chevy II.

	6	5	4	3	2	1
1963 Chevy II and Nova, 4 & 6-cyl.						
4d Sed	508	1,524	2,540	5,720	8,890	12,700
2d HT	800	2,400	4,000	9,000	14,000	20,000
2d Conv	960	2,880	4,800	10,800	16,800	24,000
4d Sta Wag	640	1,920	3,200	7,200	11,200	16,000

NOTE: Add 15 percent for Super Sport option.

	6	5	4	3	2	1
1963 Biscayne, V-8						
2d Sed	504	1,512	2,520	5,670	8,820	12,600
4d Sed	500	1,500	2,500	5,630	8,750	12,500
4d Sta Wag	540	1,620	2,700	6,080	9,450	13,500
1963 Bel Air, V-8						
2d Sed	508	1,524	2,540	5,720	8,890	12,700
4d Sed	504	1,512	2,520	5,670	8,820	12,600
4d Sta Wag	640	1,920	3,200	7,200	11,200	16,000
1963 Impala, V-8						
4d Sed	640	1,920	3,200	7,200	11,200	16,000
4d HT	720	2,160	3,600	8,100	12,600	18,000
2d HT	1,160	3,480	5,800	13,050	20,300	29,000
2d Conv	1,480	4,440	7,400	16,650	25,900	37,000
4d Sta Wag	720	2,160	3,600	8,100	12,600	18,000

NOTE: Add 15 percent for "Power-Pack" & dual exhaust. Add 15 percent for A/C. Add 35 percent for 409 cid. Add 15 percent for Super Sport option. Deduct 10 percent for 6-cyl. except Chevy II.

	6	5	4	3	2	1
1964 Chevy II and Nova, 4 & 6-cyl.						
2d Sed	516	1,548	2,580	5,810	9,030	12,900
4d Sed	512	1,536	2,560	5,760	8,960	12,800
2d HT	800	2,400	4,000	9,000	14,000	20,000
4d Sta Wag	648	1,944	3,240	7,290	11,340	16,200

NOTE: Add 10 percent for 8-cyl.

	6	5	4	3	2	1
1964 Nova Super Sport Series, 6-cyl.						
2d HT	920	2,760	4,600	10,350	16,100	23,000

NOTE: Add 25 percent for V-8. Add 10 percent for 4-speed transmission.

	6	5	4	3	2	1
1964 Chevelle						
2d Sed	504	1,512	2,520	5,670	8,820	12,600
4d Sed	500	1,500	2,500	5,630	8,750	12,500
2d Sta Wag	656	1,968	3,280	7,380	11,480	16,400
4d Sta Wag	648	1,944	3,240	7,290	11,340	16,200
1964 Malibu Series, V-8						
4d Sed	504	1,512	2,520	5,670	8,820	12,600
2d HT	920	2,760	4,600	10,350	16,100	23,000
2d Conv	1,360	4,080	6,800	15,300	23,800	34,000
4d Sta Wag	640	1,920	3,200	7,200	11,200	16,000

NOTE: Add 15 percent for Super Sport option. Deduct 10 percent for 6-cyl.

	6	5	4	3	2	1
1964 Biscayne, V-8						
2d Sed	504	1,512	2,520	5,670	8,820	12,600
4d Sed	500	1,500	2,500	5,630	8,750	12,500
4d Sta Wag	540	1,620	2,700	6,080	9,450	13,500
1964 Bel Air, V-8						
2d Sed	500	1,500	2,500	5,630	8,750	12,500
4d Sed	504	1,512	2,520	5,670	8,820	12,600
4d Sta Wag	680	2,040	3,400	7,650	11,900	17,000
1964 Impala, V-8						
4d Sed	540	1,620	2,700	6,080	9,450	13,500
4d HT	700	2,100	3,500	7,880	12,250	17,500
2d HT	1,080	3,240	5,400	12,150	18,900	27,000
2d Conv	1,520	4,560	7,600	17,100	26,600	38,000
4d Sta Wag	760	2,280	3,800	8,550	13,300	19,000

NOTE: Add 15 percent for Super Sport option. Add 15 percent for Power-Pack & dual exhaust. Add 15 percent for A/C. Add 35 percent for 409 cid. Deduct 10 percent for 6-cyl.

	6	5	4	3	2	1
1965 Chevy II, V-8						
4d Sed	504	1,512	2,520	5,670	8,820	12,600
2d Sed	508	1,524	2,540	5,720	8,890	12,700
4d Sta Wag	512	1,536	2,560	5,760	8,960	12,800
1965 Nova Series, V-8						
4d Sed	508	1,524	2,540	5,720	8,890	12,700
2d HT	800	2,400	4,000	9,000	14,000	20,000
4d Sta Wag	640	1,920	3,200	7,200	11,200	16,000
1965 Nova Super Sport, V-8						
2d Spt Cpe	920	2,760	4,600	10,350	16,100	23,000
1965 Chevelle						
2d Sed	500	1,500	2,500	5,630	8,750	12,500
4d Sed	496	1,488	2,480	5,580	8,680	12,400
2d Sta Wag	660	1,980	3,300	7,430	11,550	16,500
4d Sta Wag	660	1,980	3,300	7,430	11,550	16,500
1965 Malibu, V-8						
4d Sed	512	1,536	2,560	5,760	8,960	12,800
2d HT	960	2,880	4,800	10,800	16,800	24,000
2d Conv	1,400	4,200	7,000	15,750	24,500	35,000
4d Sta Wag	644	1,932	3,220	7,250	11,270	16,100
1965 Malibu Super Sport, V-8						
2d HT	1,120	3,360	5,600	12,600	19,600	28,000
2d Conv	1,480	4,440	7,400	16,650	25,900	37,000

NOTE: Add 100 percent for RPO Z16 SS-396 option on hardtop only. Add 35 percent for 396 cid, 325 hp.

	6	5	4	3	2	1
1965 Biscayne, V-8						
2d Sed	500	1,500	2,500	5,630	8,750	12,500
4d Sed	496	1,488	2,480	5,580	8,680	12,400
4d Sta Wag	508	1,524	2,540	5,720	8,890	12,700
1965 Bel Air, V-8						
2d Sed	516	1,548	2,580	5,810	9,030	12,900
4d Sed	512	1,536	2,560	5,760	8,960	12,800
4d Sta Wag	540	1,620	2,700	6,080	9,450	13,500
1965 Impala, V-8						
4d Sed	640	1,920	3,200	7,200	11,200	16,000
4d HT	700	2,100	3,500	7,880	12,250	17,500
2d HT	920	2,760	4,600	10,350	16,100	23,000
2d Conv	1,280	3,840	6,400	14,400	22,400	32,000
4d Sta Wag	660	1,980	3,300	7,430	11,550	16,500
1965 Impala Super Sport, V-8						
2d HT	960	2,880	4,800	10,800	16,800	24,000
2d Conv	1,400	4,200	7,000	15,750	24,500	35,000

NOTE: Add 20 percent for "Power-Pack" & dual exhaust. Add 15 percent for A/C. Add 35 percent for 409 cid. Add 35 percent for 396 cid, 325 hp. Add 50 percent for 396 cid, 425 hp. Add 40 percent for 409 cid, 340 hp. Add 50 percent for 409 cid, 400 hp. Deduct 10 percent for 6-cyl. Add 10 percent for Caprice models.

	6	5	4	3	2	1
1966 Chevy II Series 100						
2d Sed	508	1,524	2,540	5,720	8,890	12,700
4d Sed	504	1,512	2,520	5,670	8,820	12,600
4d Sta Wag	516	1,548	2,580	5,810	9,030	12,900
1966 Nova Series, V-8						
2d HT	680	2,040	3,400	7,650	11,900	17,000
4d Sed	512	1,536	2,560	5,760	8,960	12,800
4d Sta Wag	520	1,560	2,600	5,850	9,100	13,000
1966 Nova Super Sport						
2d HT	920	2,760	4,600	10,350	16,100	23,000

NOTE: Add 60 percent for High Performance Package.

	6	5	4	3	2	1
1966 Chevelle						
2d Sed	500	1,500	2,500	5,630	8,750	12,500
4d Sed	496	1,488	2,480	5,580	8,680	12,400
4d Sta Wag	508	1,524	2,540	5,720	8,890	12,700
1966 Malibu, V-8						
4d Sed	512	1,536	2,560	5,760	8,960	12,800
4d HT	520	1,560	2,600	5,850	9,100	13,000
2d HT	960	2,880	4,800	10,800	16,800	24,000
2d Conv	1,240	3,720	6,200	13,950	21,700	31,000
4d Sta Wag	520	1,560	2,600	5,850	9,100	13,000
1966 Super Sport, "396" V-8						
2d HT	1,320	3,960	6,600	14,850	23,100	33,000
2d Conv	1,640	4,920	8,200	18,450	28,700	41,000

NOTE: Deduct 10 percent for 6-cyl Chevelle. Add 10 percent for 396 cid, 360 hp. Add 30 percent for 396 cid, 375 hp.

1958 Chevrolet Bel Air four-door hardtop

1964 Chevrolet Impala station wagon

1973 Chevrolet Caprice two-door hardtop

	6	5	4	3	2	1
1966 Biscayne, V-8						
2d Sed	504	1,512	2,520	5,670	8,820	12,600
4d Sed	500	1,500	2,500	5,630	8,750	12,500
4d Sta Wag	512	1,536	2,560	5,760	8,960	12,800
1966 Bel Air, V-8						
2d Sed	524	1,572	2,620	5,900	9,170	13,100
4d Sed	520	1,560	2,600	5,850	9,100	13,000
4d 3S Wag	640	1,920	3,200	7,200	11,200	16,000
1966 Impala, V-8						
4d Sed	540	1,620	2,700	6,080	9,450	13,500
4d HT	700	2,100	3,500	7,880	12,250	17,500
2d HT	1,000	3,000	5,000	11,250	17,500	25,000
2d Conv	1,240	3,720	6,200	13,950	21,700	31,000
4d Sta Wag	720	2,160	3,600	8,100	12,600	18,000
1966 Impala Super Sport, V-8						
2d HT	1,120	3,360	5,600	12,600	19,600	28,000
2d Conv	1,360	4,080	6,800	15,300	23,800	34,000
1966 Caprice, V-8						
4d HT	800	2,400	4,000	9,000	14,000	20,000
2d HT	1,040	3,120	5,200	11,700	18,200	26,000
4d Sta Wag	760	2,280	3,800	8,550	13,300	19,000

NOTE: Add 35 percent for 396 cid. Add 40 percent for 427 cid, 390 hp. Add 50 percent for 427 cid, 425 hp. Add approx. 40 percent for 427 cid engine when available. Add 15 percent for A/C.

	6	5	4	3	2	1
1967 Chevy II, 100, V-8, 110" wb						
2d Sed	496	1,488	2,480	5,580	8,680	12,400
4d Sed	492	1,476	2,460	5,540	8,610	12,300
4d Sta Wag	504	1,512	2,520	5,670	8,820	12,600
1967 Chevy II Nova, V-8, 110" wb						
4d Sed	500	1,500	2,500	5,630	8,750	12,500
2d HT	780	2,340	3,900	8,780	13,650	19,500
4d Sta Wag	540	1,620	2,700	6,080	9,450	13,500
1967 Chevy II Nova SS, V-8, 110" wb						
2d HT	820	2,460	4,100	9,230	14,350	20,500

NOTE: Add 60 percent for High Performance Package.

	6	5	4	3	2	1
1967 Chevelle 300, V-8, 115" wb						
2d Sed	500	1,500	2,500	5,630	8,750	12,500
4d Sed	496	1,488	2,480	5,580	8,680	12,400
1967 Chevelle 300 DeLuxe, V-8, 115" wb						
2d Sed	512	1,536	2,560	5,760	8,960	12,800
4d Sed	508	1,524	2,540	5,720	8,890	12,700
4d Sta Wag	640	1,920	3,200	7,200	11,200	16,000
1967 Chevelle Malibu, V-8, 115" wb						
4d Sed	520	1,560	2,600	5,850	9,100	13,000
4d HT	640	1,920	3,200	7,200	11,200	16,000
2d HT	880	2,640	4,400	9,900	15,400	22,000
2d Conv	1,200	3,600	6,000	13,500	21,000	30,000
4d Sta Wag	540	1,620	2,700	6,080	9,450	13,500

NOTE: Add 50 percent for 327 cid, 325 hp.

	6	5	4	3	2	1
1967 Chevelle Concours, V-8, 115" wb						
4d Sta Wag	660	1,980	3,300	7,430	11,550	16,500
1967 Chevelle Super Sport 396, 115" wb						
2d HT	1,320	3,960	6,600	14,850	23,100	33,000
2d Conv	1,480	4,440	7,400	16,650	25,900	37,000

NOTE: Add 10 percent for 396 cid, 350 hp. Add 30 percent for 396 cid, 375 hp.

	6	5	4	3	2	1
1967 Biscayne, V-8, 119" wb						
2d Sed	504	1,512	2,520	5,670	8,820	12,600
4d Sed	500	1,500	2,500	5,630	8,750	12,500
4d Sta Wag	540	1,620	2,700	6,080	9,450	13,500
1967 Bel Air, V-8, 119" wb						
2d Sed	532	1,596	2,660	5,990	9,310	13,300
4d Sed	528	1,584	2,640	5,940	9,240	13,200
4d 3S Sta Wag	640	1,920	3,200	7,200	11,200	16,000
1967 Impala, V-8, 119" wb						
4d Sed	540	1,620	2,700	6,080	9,450	13,500
4d HT	640	1,920	3,200	7,200	11,200	16,000
2d HT	840	2,520	4,200	9,450	14,700	21,000
2d Conv	1,200	3,600	6,000	13,500	21,000	30,000
4d 3S Sta Wag	680	2,040	3,400	7,650	11,900	17,000
1967 Impala SS, V-8, 119" wb						
2d HT	1,000	3,000	5,000	11,250	17,500	25,000
2d Conv	1,200	3,600	6,000	13,500	21,000	30,000

	6	5	4	3	2	1
1967 Caprice, V-8, 119" wb						
2d HT	920	2,760	4,600	10,350	16,100	23,000
4d HT	760	2,280	3,800	8,550	13,300	19,000
4d 3S Sta Wag	720	2,160	3,600	8,100	12,600	18,000

NOTE: Add approximately 40 percent for SS-427 engine options when available in all series. Add 40 percent for SS-396 option. Add 15 percent for A/C.

	6	5	4	3	2	1
1967 Camaro, V-8						
2d IPC	1,640	4,920	8,200	18,450	28,700	41,000
2d Cpe	1,040	3,120	5,200	11,700	18,200	26,000
2d Conv	1,280	3,840	6,400	14,400	22,400	32,000
2d Z28 Cpe	1,920	5,760	9,600	21,600	33,600	48,000

NOTE: Deduct 5 percent for Six, (when available). Add 15 percent for Rally Sport Package, (when available; except incl. w/Indy Pace Car). Add 25 percent for SS-350 (when available; except incl. w/Indy Pace Car). Add 30 percent for SS-396 (L-35/325 hp; when available). Add 40 percent for SS-396 (L-78/375 hp; when available). Add 10 percent for A/C. Due to rarity, Yenko Camaro value inestimable.

	6	5	4	3	2	1
1968 Nova 307, V8						
2d Cpe	516	1,548	2,580	5,810	9,030	12,900
4d Sed	512	1,536	2,560	5,760	8,960	12,800

NOTE: Deduct 5 percent for 4 or 6-cyl. Add 25 percent for SS package. Add 25 percent for 327 cid. Add 30 percent for 350 cid. Add 35 percent for 396 cid engine. Only 1,270 Nova 4's were built in 1968.

	6	5	4	3	2	1
1968 Chevelle 300						
2d Sed	376	1,128	1,880	4,230	6,580	9,400
4d Sta Wag	380	1,140	1,900	4,280	6,650	9,500
1968 Chevelle 300 DeLuxe						
4d Sed	376	1,128	1,880	4,230	6,580	9,400
4d HT	396	1,188	1,980	4,460	6,930	9,900
2d Cpe	380	1,140	1,900	4,280	6,650	9,500
4d Sta Wag	480	1,440	2,400	5,400	8,400	12,000
1968 Chevelle Malibu						
4d Sed	380	1,140	1,900	4,280	6,650	9,500
4d HT	500	1,500	2,500	5,630	8,750	12,500
2d HT	800	2,400	4,000	9,000	14,000	20,000
2d Conv	1,200	3,600	6,000	13,500	21,000	30,000
4d Sta Wag	500	1,500	2,500	5,630	8,750	12,500

NOTE: Add 10 percent for 396 cid, 350 hp. Add 30 percent for 396 cid, 375 hp. Add 5 percent for Concourse Package.

	6	5	4	3	2	1
1968 Chevelle Concours Estate						
4d Sta Wag	520	1,560	2,600	5,850	9,100	13,000
1968 Chevelle SS-396						
2d HT	1,160	3,480	5,800	13,050	20,300	29,000
2d Conv	1,440	4,320	7,200	16,200	25,200	36,000
1968 Biscayne						
2d Sed	380	1,140	1,900	4,280	6,650	9,500
4d Sed	376	1,128	1,880	4,230	6,580	9,400
4d Sta Wag	480	1,440	2,400	5,400	8,400	12,000
1968 Bel Air						
2d Sed	384	1,152	1,920	4,320	6,720	9,600
4d Sed	380	1,140	1,900	4,280	6,650	9,500
4d 2S Sta Wag	500	1,500	2,500	5,630	8,750	12,500
4d 3S Sta Wag	520	1,560	2,600	5,850	9,100	13,000
1968 Impala						
4d Sed	500	1,500	2,500	5,630	8,750	12,500
4d HT	528	1,584	2,640	5,940	9,240	13,200
2d HT	680	2,040	3,400	7,650	11,900	17,000
2d Cus Cpe	700	2,100	3,500	7,880	12,250	17,500
2d Conv	1,160	3,480	5,800	13,050	20,300	29,000
4d 2S Sta Wag	640	1,920	3,200	7,200	11,200	16,000
4d 3S Sta Wag	644	1,932	3,220	7,250	11,270	16,100

NOTE: Add 200 percent for Impala SS 427 option.

	6	5	4	3	2	1
1968 Caprice						
4d HT	640	1,920	3,200	7,200	11,200	16,000
2d HT	760	2,280	3,800	8,550	13,300	19,000
4d 2S Sta Wag	660	1,980	3,300	7,430	11,550	16,500
4d 3S Sta Wag	680	2,040	3,400	7,650	11,900	17,000

1968 Chevelle 300

NOTE: Only 1,270 Nova 4's were built in 1968.

	6	5	4	3	2	1
1968 Camaro, V-8						
2d Cpe	980	2,940	4,900	11,030	17,150	24,500
2d Conv	1,140	3,420	5,700	12,830	19,950	28,500
2d Z28	1,700	5,100	8,500	19,130	29,750	42,500

	6	5	4	3	2	1

NOTE: Deduct 5 percent for Six (when available). Add 10 percent for A/C. Add 15 percent for Rally Sport Package (when available). Add 25 percent for SS package. Add 15 percent for SS-350 (when available; except Z-28). Add 25 percent for SS-396 (L35/325 hp; when available). Add 25 percent for SS-396 (L34/350 hp; when available). Add 35 percent for SS-396 (L78/375 hp; when available). Add 40 percent for SS-396 (L89; when available). Add approx. 40 percent for 427 engine options when available. Due to rarity, Yenko Camaro value inestimable.

1969 Nova Four

	6	5	4	3	2	1
2d Cpe	328	984	1,640	3,690	5,740	8,200
4d Sed	332	996	1,660	3,740	5,810	8,300

1969 Nova Six

	6	5	4	3	2	1
2d Cpe	336	1,008	1,680	3,780	5,880	8,400
4d Sed	332	996	1,660	3,740	5,810	8,300

1969 Chevy II, Nova V-8

	6	5	4	3	2	1
2d Cpe	340	1,020	1,700	3,830	5,950	8,500
4d Sed	336	1,008	1,680	3,780	5,880	8,400
2d Yenko 396 CID Cpe	2,800	8,400	14,000	31,500	49,000	70,000

NOTE: Add 25 percent for Nova SS. Add 30 percent for 350 cid. Add 35 percent for 396 cid. Add 25 percent for other "SS" equipment pkgs. Add 20 percent for Yenko 427 cid.

1969 Chevelle 300 DeLuxe

	6	5	4	3	2	1
4d Sed	320	960	1,600	3,600	5,600	8,000
2d HT	500	1,500	2,500	5,630	8,750	12,500
2d Cpe	340	1,020	1,700	3,830	5,950	8,500
4d Nomad	348	1,044	1,740	3,920	6,090	8,700
4d Dual Nomad	360	1,080	1,800	4,050	6,300	9,000
4d GB Wag	340	1,020	1,700	3,830	5,950	8,500
4d 6P GB Dual Wag	340	1,020	1,700	3,830	5,950	8,500
4d 9P GB Dual Wag	344	1,032	1,720	3,870	6,020	8,600

NOTE: Add 20 percent for 396-cid.

1969 Chevelle Malibu, Concours, V-8

	6	5	4	3	2	1
4d Sed	340	1,020	1,700	3,830	5,950	8,500
4d HT	360	1,080	1,800	4,050	6,300	9,000
2d HT	760	2,280	3,800	8,550	13,300	19,000
2d Conv	1,040	3,120	5,200	11,700	18,200	26,000
4d Concours HT	500	1,500	2,500	5,630	8,750	12,500
4d 9P Estate	344	1,032	1,720	3,870	6,020	8,600
4d 6P Estate	340	1,020	1,700	3,830	5,950	8,500

NOTE: Add 10 percent for 396 cid, 350 hp. Add 30 percent for 396 cid, 375 hp.

1969 Chevelle Malibu SS-396

	6	5	4	3	2	1
2d HT	1,040	3,120	5,200	11,700	18,200	26,000
2d Conv	1,280	3,840	6,400	14,400	22,400	32,000

NOTE: Add 170 percent for Yenko Hardtop.

1969 Biscayne

	6	5	4	3	2	1
2d Sed	320	960	1,600	3,600	5,600	8,000
4d Sed	316	948	1,580	3,560	5,530	7,900
4d Sta Wag	328	984	1,640	3,690	5,740	8,200

NOTE: Add 300 percent for 427 cid.

1969 Bel Air

	6	5	4	3	2	1
2d Sed	340	1,020	1,700	3,830	5,950	8,500
4d Sed	336	1,008	1,680	3,780	5,880	8,400
4d 6P Sta Wag	344	1,032	1,720	3,870	6,020	8,600
4d 9P Sta Wag	352	1,056	1,760	3,960	6,160	8,800

NOTE: Add 300 percent for 427 cid.

1969 Impala, V-8

	6	5	4	3	2	1
4d Sed	340	1,020	1,700	3,830	5,950	8,500
4d HT	480	1,440	2,400	5,400	8,400	12,000
2d HT	620	1,860	3,100	6,980	10,850	15,500
2d Cus Cpe	548	1,644	2,740	6,170	9,590	13,700
2d Conv	880	2,640	4,400	9,900	15,400	22,000
4d 6P Sta Wag	352	1,056	1,760	3,960	6,160	8,800
4d 9P Sta Wag	360	1,080	1,800	4,050	6,300	9,000

NOTE: Add 200 percent for Impala SS 427 option.

1969 Caprice, V-8

	6	5	4	3	2	1
4d HT	520	1,560	2,600	5,850	9,100	13,000
2d Cus Cpe	660	1,980	3,300	7,430	11,550	16,500
4d 6P Sta Wag	360	1,080	1,800	4,050	6,300	9,000
4d 9P Sta Wag	480	1,440	2,400	5,400	8,400	12,000

NOTE: Add 100 percent for 427 CID.

1969 Camaro, V-8

	6	5	4	3	2	1
2d Spt Cpe	1,040	3,120	5,200	11,700	18,200	26,000
2d Conv	1,240	3,720	6,200	13,950	21,700	31,000
2d Z28	2,040	6,120	10,200	22,950	35,700	51,000
2d IPC	2,200	6,600	11,000	24,750	38,500	55,000
2d ZL-1*	5,200	15,600	26,000	58,500	91,000	130,000
2d Yenko	3,200	9,600	16,000	36,000	56,000	80,000

	6	5	4	3	2	1

NOTE: Deduct 5 percent for Six, (when available). Add 10 percent for A/C. Add 10 percent for Rally Sport (except incl. w/Indy Pace Car). Add 25 percent for SS-350 (when available; except incl. w/Indy Pace Car). Add 25 percent for SS-396 (L78/375 hp; when available). Add 25 percent for SS-396 (L35/325 hp; when available). Add 25 percent for SS-396 (L34/350 hp; when available). Add 15 percent for SS-396 (L89/375 hp; alum. heads; when available). *Add approx. 40 percent for all-aluminum 427 engine options when available.

1970 Nova Four

	6	5	4	3	2	1
2d Cpe	320	960	1,600	3,600	5,600	8,000
4d Sed	316	948	1,580	3,560	5,530	7,900

1970 Nova Six

	6	5	4	3	2	1
2d Cpe	324	972	1,620	3,650	5,670	8,100
4d Sed	320	960	1,600	3,600	5,600	8,000

1970 Nova, V-8

	6	5	4	3	2	1
2d Cpe	328	984	1,640	3,690	5,740	8,200
4d Sed	324	972	1,620	3,650	5,670	8,100
2d Yenko Deuce Cpe	2,600	7,800	13,000	29,250	45,500	65,000

NOTE: Add 25 percent for SS option.

1970 Chevelle

	6	5	4	3	2	1
2d Cpe	392	1,176	1,960	4,410	6,860	9,800
4d Sed	340	1,020	1,700	3,830	5,950	8,500
4d Nomad	360	1,080	1,800	4,050	6,300	9,000

1970 Greenbrier

	6	5	4	3	2	1
4d 6P Sta Wag	340	1,020	1,700	3,830	5,950	8,500
4d 8P Sta Wag	340	1,020	1,700	3,830	5,950	8,500

1970 Malibu, V-8

	6	5	4	3	2	1
4d Sed	344	1,032	1,720	3,870	6,020	8,600
4d HT	360	1,080	1,800	4,050	6,300	9,000
2d HT	720	2,160	3,600	8,100	12,600	18,000
2d Conv	1,000	3,000	5,000	11,250	17,500	25,000
4d Concours Est Wag	380	1,150	1,920	4,320	6,720	9,600

1970 Chevelle Malibu SS 396

	6	5	4	3	2	1
2d HT	1,200	3,600	6,000	13,500	21,000	30,000
2d Conv	1,400	4,200	7,000	15,750	24,500	35,000

1970 Chevelle Malibu SS 454

	6	5	4	3	2	1
2d HT	1,400	4,200	7,000	15,750	24,500	35,000
2d Conv	1,600	4,800	8,000	18,000	28,000	40,000

NOTE: Add 30 percent for 396 cid, 375 hp. Add 50 percent for LS6 engine option.

1970 Monte Carlo

	6	5	4	3	2	1
2d HT	840	2,520	4,200	9,450	14,700	21,000

NOTE: Add 35 percent for SS 454.

1970 Biscayne

	6	5	4	3	2	1
4d Sed	308	924	1,540	3,470	5,390	7,700
4d Sta Wag	312	936	1,560	3,510	5,460	7,800

1970 Bel Air

	6	5	4	3	2	1
4d Sed	324	972	1,620	3,650	5,670	8,100
4d 6P Sta Wag	332	996	1,660	3,740	5,810	8,300
4d 9P Sta Wag	340	1,020	1,700	3,830	5,950	8,500

1970 Impala, V-8

	6	5	4	3	2	1
4d Sed	352	1,056	1,760	3,960	6,160	8,800
4d HT	500	1,500	2,500	5,630	8,750	12,500
2d Spt Cpe	520	1,560	2,600	5,850	9,100	13,000
2d Cus Cpe	520	1,560	2,600	5,850	9,100	13,000
2d Conv	760	2,280	3,800	8,550	13,300	19,000
4d 6P Sta Wag	380	1,140	1,900	4,280	6,650	9,500
4d 9P Sta Wag	480	1,440	2,400	5,400	8,400	12,000

1970 Caprice, V-8

	6	5	4	3	2	1
4d HT	520	1,560	2,600	5,850	9,100	13,000
2d Cus Cpe	660	1,980	3,300	7,430	11,550	16,500
4d 6P Sta Wag	488	1,464	2,440	5,490	8,540	12,200
4d 9P Sta Wag	500	1,500	2,500	5,630	8,750	12,500

NOTE: Add 35 percent for SS 454 option. Add 25 percent for Rally Sport and/or Super Sport options.

1970 Camaro, V-8

	6	5	4	3	2	1
2d Cpe	760	2,280	3,800	8,550	13,300	19,000
2d Z28	920	2,760	4,600	10,350	16,100	23,000

NOTE: Deduct 5 percent for Six, (except Z28). Add 35 percent for the 375 hp 396, (L78 option). Add 35 percent for Rally Sport and/or Super Sport options.

1971 Vega

	6	5	4	3	2	1
2d Sed	320	960	1,600	3,600	5,600	8,000
2d HBk	324	972	1,620	3,650	5,670	8,100
2d Kammback	328	984	1,640	3,690	5,740	8,200

NOTE: Add 5 percent for GT.

	6	5	4	3	2	1
1971 Nova, V-8						
4d Sed	320	960	1,600	3,600	5,600	8,000
2d Sed	328	984	1,640	3,690	5,740	8,200
2d SS	392	1,176	1,960	4,410	6,860	9,800
1971 Chevelle						
2d HT	720	2,160	3,600	8,100	12,600	18,000
2d Malibu HT	920	2,760	4,600	10,350	16,100	23,000
2d Malibu Conv.	1,120	3,360	5,600	12,600	19,600	28,000
4d HT	520	1,560	2,600	5,850	9,100	13,000
4d Sed	340	1,020	1,700	3,830	5,950	8,500
4d Concours Est Wag.	480	1,440	2,400	5,400	8,400	12,000
1971 Chevelle Malibu SS						
2d HT	1,000	3,000	5,000	11,250	17,500	25,000
2d Conv	1,200	3,600	6,000	13,500	21,000	30,000
1971 Chevelle Malibu SS-454						
2d HT	1,200	3,600	6,000	13,500	21,000	30,000
2d Conv	1,400	4,200	7,000	15,750	24,500	35,000
1971 Monte Carlo						
2d HT	840	2,520	4,200	9,450	14,700	21,000

NOTE: Add 35 percent for SS 454. Add 25 percent for SS 402 engine option.

	6	5	4	3	2	1
1971 Biscayne, V-8, 121" wb						
4d Sed	312	936	1,560	3,510	5,460	7,800
1971 Bel Air, V-8, 121" wb						
4d Sed	328	984	1,640	3,690	5,740	8,200
1971 Impala, V-8, 121" wb						
4d Sed	340	1,020	1,700	3,830	5,950	8,500
4d HT	368	1,104	1,840	4,140	6,440	9,200
2d HT	520	1,560	2,600	5,850	9,100	13,000
2d HT Cus	528	1,584	2,640	5,940	9,240	13,200
2d Conv	880	2,640	4,400	9,900	15,400	22,000
1971 Caprice, V-8, 121" wb						
4d HT	480	1,440	2,400	5,400	8,400	12,000
2d HT	540	1,620	2,700	6,080	9,450	13,500
1971 Station Wagons, V-8, 125" wb						
4d Brookwood 2-S	376	1,128	1,880	4,230	6,580	9,400
4d Townsman 3-S	388	1,164	1,940	4,370	6,790	9,700
4d Kingswood 3-S	396	1,188	1,980	4,460	6,930	9,900
4d Est 3-S	400	1,200	2,000	4,500	7,000	10,000

NOTE: Add 35 percent for SS 454 option.

	6	5	4	3	2	1
1971 Camaro, V-8						
2d Cpe	760	2,280	3,800	8,550	13,300	19,000
2d Z28	920	2,760	4,600	10,350	16,100	23,000

NOTE: Add 35 percent for Rally Sport and/or Super Sport options. Add 25 percent for 402 ("396") engine option.

	6	5	4	3	2	1
1972 Vega						
2d Sed	320	960	1,600	3,600	5,600	8,000
2d HBk	324	972	1,620	3,650	5,670	8,100
2d Kammback	328	984	1,640	3,690	5,740	8,200

NOTE: Add 15 percent for GT.

	6	5	4	3	2	1
1972 Nova						
4d Sed	328	984	1,640	3,690	5,740	8,200
2d Sed	332	996	1,660	3,740	5,810	8,300

NOTE: Add 25 percent for SS. Add 15 percent for folding vinyl sunroof.

	6	5	4	3	2	1
1972 Chevelle						
2d Malibu HT	840	2,520	4,200	9,450	14,700	21,000
2d Malibu Conv.	1,120	3,360	5,600	12,600	19,600	28,000
4d HT	520	1,560	2,600	5,850	9,100	13,000
4d Sed	340	1,020	1,700	3,830	5,950	8,500
4d Concours Est Wag.	480	1,440	2,400	5,400	8,400	12,000
1972 Chevelle Malibu SS						
2d HT	1,000	3,000	5,000	11,250	17,500	25,000
2d Conv	1,200	3,600	6,000	13,500	21,000	30,000
1972 Chevelle Malibu SS-454						
2d HT	1,200	3,600	6,000	13,500	21,000	30,000
2d Conv	1,400	4,200	7,000	15,750	24,500	35,000
1972 Monte Carlo						
2d HT	840	2,520	4,200	9,450	14,700	21,000

NOTE: Add 35 percent for 454 cid engine. Add 25 percent for 402 engine option.

	6	5	4	3	2	1
1972 Biscayne, V-8, 121" wb						
4d Sed	312	936	1,560	3,510	5,460	7,800

	6	5	4	3	2	1
1972 Bel Air, V-8, 121" wb						
4d Sed	316	948	1,580	3,560	5,530	7,900
1972 Impala, V-8, 121" wb						
4d Sed	328	984	1,640	3,690	5,740	8,200
4d HT	368	1,104	1,840	4,140	6,440	9,200
2d HT Cus	520	1,560	2,600	5,850	9,100	13,000
2d HT	500	1,500	2,500	5,630	8,750	12,500
2d Conv	800	2,400	4,000	9,000	14,000	20,000
1972 Caprice, V-8, 121" wb						
4d Sed	340	1,020	1,700	3,830	5,950	8,500
4d HT	500	1,500	2,500	5,630	8,750	12,500
2d HT	540	1,620	2,700	6,080	9,450	13,500
1972 Station Wagons, V-8, 125" wb						
4d Brookwood 2-S	388	1,164	1,940	4,370	6,790	9,700
4d Townsman 3-S	396	1,188	1,980	4,460	6,930	9,900
4d Kingswood 3-S	400	1,200	2,000	4,500	7,000	10,000
4d Est 3-S	420	1,260	2,100	4,730	7,350	10,500

NOTE: Add 35 percent for 454 option. Add 30 percent for 402 option.

	6	5	4	3	2	1
1972 Camaro, V-8						
2d Cpe	760	2,280	3,800	8,550	13,300	19,000
2d Z28	920	2,760	4,600	10,350	16,100	23,000

NOTE: Add 35 percent for Rally Sport and/or Super Sport options.

	6	5	4	3	2	1
1973 Vega						
2d Sed	344	1,032	1,720	3,870	6,020	8,600
2d HBk	324	972	1,620	3,650	5,670	8,100
2d Sta Wag	328	984	1,640	3,690	5,740	8,200
1973 Nova Custom V8						
2d Cpe	336	1,008	1,680	3,780	5,880	8,400
4d Sed	332	996	1,660	3,740	5,810	8,300
2d HBk	340	1,020	1,700	3,830	5,950	8,500

NOTE: Add 15 percent for folding vinyl sunroof.

	6	5	4	3	2	1
1973 Chevelle Malibu V8						
2d Cpe	344	1,032	1,720	3,870	6,020	8,600
4d Sed	340	1,020	1,700	3,830	5,950	8,500

NOTE: Add 15 percent for SS option.

	6	5	4	3	2	1
1973 Laguna V8						
4d Sed	344	1,032	1,720	3,870	6,020	8,600
2d Cpe	500	1,500	2,500	5,630	8,750	12,500
4d 3S DeL Sta Wag	320	960	1,600	3,600	5,600	8,000
4d 3S Malibu Sta Wag	320	970	1,620	3,650	5,670	8,100
4d 3S Malibu Est Wag	330	980	1,640	3,690	5,740	8,200
4d 3S Laguna Sta Wag	340	1,020	1,700	3,830	5,950	8,500
4d 3S Laguna Est Wag	350	1,040	1,740	3,920	6,090	8,700
1973 Monte Carlo V8						
2d Cpe	520	1,560	2,600	5,850	9,100	13,000
2d Cpe Lan	540	1,620	2,700	6,080	9,450	13,500
1973 Bel Air						
4d Sed	344	1,032	1,720	3,870	6,020	8,600
4d 2S Bel Air Sta Wag	380	1,130	1,880	4,230	6,580	9,400
4d 3S Bel Air Sta Wag	380	1,140	1,900	4,280	6,650	9,500
1973 Impala V8						
2d Cpe Spt	380	1,140	1,900	4,280	6,650	9,500
2d Cpe Cus	388	1,164	1,940	4,370	6,790	9,700
4d Sed	348	1,044	1,740	3,920	6,090	8,700
4d HT	360	1,080	1,800	4,050	6,300	9,000
4d 3S Impala Wag	400	1,200	2,000	4,500	7,000	10,000
1973 Caprice Classic V8						
2d Cpe	480	1,440	2,400	5,400	8,400	12,000
4d Sed	348	1,044	1,740	3,920	6,090	8,700
4d HT	380	1,140	1,900	4,280	6,650	9,500
2d Conv	920	2,760	4,600	10,350	16,100	23,000
4d 3S Caprice Est Wag	420	1,260	2,100	4,730	7,350	10,500
1973 Camaro, V-8						
2d Cpe	760	2,280	3,800	8,550	13,300	19,000
2d Z28	920	2,760	4,600	10,350	16,100	23,000

NOTE: Add 35 percent for Rally Sport and/or Super Sport options.

	6	5	4	3	2	1
1974 Vega						
2d Cpe	320	960	1,600	3,600	5,600	8,000
2d HBk	324	972	1,620	3,650	5,670	8,100
2d Sta Wag	328	984	1,640	3,690	5,740	8,200

DOMESTIC CARS

	6	5	4	3	2	1
1974 Nova						
2d Cpe	336	1,008	1,680	3,780	5,880	8,400
2d HBk	344	1,032	1,720	3,870	6,020	8,600
4d Sed	336	1,008	1,680	3,780	5,880	8,400
1974 Nova Custom						
2d Cpe	340	1,020	1,700	3,830	5,950	8,500
2d HBk	344	1,032	1,720	3,870	6,020	8,600
4d Sed	340	1,020	1,700	3,830	5,950	8,500

NOTE: Add 10 percent for Spirit of America option where applied.

	6	5	4	3	2	1
1974 Malibu						
2d Col Cpe	360	1,080	1,800	4,050	6,300	9,000
4d Col Sed	344	1,032	1,720	3,870	6,020	8,600
4d Sta Wag	328	984	1,640	3,690	5,740	8,200
1974 Malibu Classic						
2d Col Cpe	348	1,044	1,740	3,920	6,090	8,700
2d Lan Cpe	336	1,008	1,680	3,780	5,880	8,400
4d Col Sed	324	972	1,620	3,650	5,670	8,100
4d Sta Wag	320	960	1,600	3,600	5,600	8,000
1974 Malibu Classic Estate						
4d Sta Wag	324	972	1,620	3,650	5,670	8,100
1974 Laguna Type S-3, V-8						
2d Cpe	600	1,800	3,000	6,750	10,500	15,000
1974 Monte Carlo						
2d "S" Cpe	520	1,560	2,600	5,850	9,100	13,000
2d Lan	540	1,620	2,700	6,080	9,450	13,500
1974 Bel Air						
4d Sed	320	960	1,600	3,600	5,600	8,000
4d Sta Wag	360	1,080	1,800	4,050	6,300	9,000
1974 Impala						
4d Sed	332	996	1,660	3,740	5,810	8,300
4d HT Sed	352	1,056	1,760	3,960	6,160	8,800
2d Spt Cpe	380	1,140	1,900	4,280	6,650	9,500
2d Cus Cpe	392	1,176	1,960	4,410	6,860	9,800
4d Sta Wag	364	1,092	1,820	4,100	6,370	9,100
1974 Caprice Classic						
4d Sed	336	1,008	1,680	3,780	5,880	8,400
4d HT Sed	360	1,080	1,800	4,050	6,300	9,000
2d Cus Cpe	488	1,464	2,440	5,490	8,540	12,200
2d Conv	960	2,880	4,800	10,800	16,800	24,000
4d Sta Wag	380	1,140	1,900	4,280	6,650	9,500

NOTE: Add 20 percent for Nova SS package. Add 12 percent for Malibu with canopy roof. Add 20 percent for 454 V-8. Add 15 percent for Nova with 185 horsepower V-8. Add 25 percent for Impala "Spirit of America" Sport Coupe.

	6	5	4	3	2	1
1974 Camaro, V-8						
2d Cpe	740	2,220	3,700	8,330	12,950	18,500
2d LT Cpe	760	2,280	3,800	8,550	13,300	19,000

NOTE: Add 10 percent for Z28 option.

	6	5	4	3	2	1
1975 Vega						
2d Cpe	320	960	1,600	3,600	5,600	8,000
2d HBk	324	972	1,620	3,650	5,670	8,100
2d Lux Cpe	324	972	1,620	3,650	5,670	8,100
4d Sta Wag	328	984	1,640	3,690	5,740	8,200
4d Est Wag	332	996	1,660	3,740	5,810	8,300
2d Cosworth	440	1,320	2,200	4,950	7,700	11,000
1975 Nova						
2d "S" Cpe	324	972	1,620	3,650	5,670	8,100
2d Cpe	324	972	1,620	3,650	5,670	8,100
2d HBk	328	984	1,640	3,690	5,740	8,200
4d Sed	328	984	1,640	3,690	5,740	8,200
1975 Nova Custom						
2d Cpe	328	984	1,640	3,690	5,740	8,200
2d HBk	332	996	1,660	3,740	5,810	8,300
4d Sed	328	984	1,640	3,690	5,740	8,200
1975 Nova LN, V-8						
4d Sed	332	996	1,660	3,740	5,810	8,300
2d Cpe	336	1,008	1,680	3,780	5,880	8,400
1975 Monza						
2d 2 plus 2	260	780	1,300	2,930	4,550	6,500
2d Twn Cpe	248	744	1,240	2,790	4,340	6,200
1975 Malibu						
2d Col Cpe	340	1,020	1,700	3,830	5,950	8,500
2d Col Sed	320	960	1,600	3,600	5,600	8,000
4d Sta Wag	324	972	1,620	3,650	5,670	8,100

	6	5	4	3	2	1
1975 Malibu Classic						
2d Col Cpe	360	1,080	1,800	4,050	6,300	9,000
2d Lan	368	1,104	1,840	4,140	6,440	9,200
4d Col Sed	328	984	1,640	3,690	5,740	8,200
4d Sta Wag	324	972	1,620	3,650	5,670	8,100
4d Est Wag	328	984	1,640	3,690	5,740	8,200
1975 Laguna Type S-3, V-8						
2d Cpe	660	1,980	3,300	7,430	11,550	16,500
1975 Monte Carlo						
2d "S" Cpe	520	1,560	2,600	5,850	9,100	13,000
2d Lan	550	1,600	2,700	6,080	9,450	13,500
1975 Bel Air						
4d Sed	324	972	1,620	3,650	5,670	8,100
4d Sta Wag	360	1,080	1,800	4,050	6,300	9,000
1975 Impala						
4d Sed	332	996	1,660	3,740	5,810	8,300
4d HT	336	1,008	1,680	3,780	5,880	8,400
2d Spt Cpe	360	1,080	1,800	4,050	6,300	9,000
2d Cus Cpe	364	1,092	1,820	4,100	6,370	9,100
2d Lan	380	1,140	1,900	4,280	6,650	9,500
4d Sta Wag	376	1,128	1,880	4,230	6,580	9,400
1975 Caprice Classic						
4d Sed	336	1,008	1,680	3,780	5,880	8,400
4d HT	340	1,020	1,700	3,830	5,950	8,500
2d Cus Cpe	380	1,140	1,900	4,280	6,650	9,500
2d Lan	380	1,140	1,900	4,280	6,650	9,500
2d Conv	920	2,760	4,600	10,350	16,100	23,000
4d Sta Wag	400	1,200	2,000	4,500	7,000	10,000

NOTE: Add 10 percent for Nova SS. Add 15 percent for SS option on Chevelle wagon. Add 20 percent for Monte Carlo or Laguna 454. Add 15 percent for 454 Caprice. Add 15 percent for canopy top options. Add 10 percent for Monza V-8.

	6	5	4	3	2	1
1975 Camaro, V-8						
Cpe	680	2,040	3,400	7,650	11,900	17,000
Type LT	720	2,160	3,600	8,100	12,600	18,000

NOTE: Add 30 percent for Camaro R/S.

	6	5	4	3	2	1
1976 Chevette, 4-cyl.						
2d Scooter	228	684	1,140	2,570	3,990	5,700
2d HBk	236	708	1,180	2,660	4,130	5,900
1976 Vega, 4-cyl.						
2d Sed	320	960	1,600	3,600	5,600	8,000
2d HBk	324	972	1,620	3,650	5,670	8,100
2d Cosworth HBk	500	1,450	2,400	5,400	8,400	12,000
2d Sta Wag	328	984	1,640	3,690	5,740	8,200
2d Est Sta Wag	332	996	1,660	3,740	5,810	8,300
1976 Nova, V-8						
2d Cpe	324	972	1,620	3,650	5,670	8,100
2d HBk	328	984	1,640	3,690	5,740	8,200
4d Sed	320	960	1,600	3,600	5,600	8,000
1976 Nova Concours, V-8						
2d Cpe	328	984	1,640	3,690	5,740	8,200
2d HBk	332	996	1,660	3,740	5,810	8,300
4d Sed	324	972	1,620	3,650	5,670	8,100
1976 Monza, 4-cyl.						
2d Twn Cpe	236	708	1,180	2,660	4,130	5,900
2d HBk	236	708	1,180	2,660	4,130	5,900
1976 Malibu, V-8						
2d Sed	324	972	1,620	3,650	5,670	8,100
4d Sed	320	960	1,600	3,600	5,600	8,000
4d 2S Sta Wag ES	320	960	1,600	3,600	5,600	8,000
4d 3S Sta Wag ES	324	972	1,620	3,650	5,670	8,100
1976 Malibu Classic, V-8						
2d Sed	340	1,020	1,700	3,830	5,950	8,500
2d Lan Cpe	348	1,044	1,740	3,920	6,090	8,700
4d Sed	320	960	1,600	3,600	5,600	8,000
1976 Laguna Type S-3, V-8						
2d Cpe	660	1,980	3,300	7,430	11,550	16,500
1976 Monte Carlo, V-8						
2d Cpe	520	1,560	2,600	5,850	9,100	13,000
2d Lan Cpe	540	1,620	2,700	6,080	9,450	13,500
1976 Impala, V-8						
4d Sed	352	1,056	1,760	3,960	6,160	8,800
4d Spt Sed	356	1,068	1,780	4,010	6,230	8,900
2d Cus Cpe	380	1,140	1,900	4,280	6,650	9,500

	6	5	4	3	2	1
4d 2S Sta Wag	356	1,068	1,780	4,010	6,230	8,900
4d 3S Sta Wag	360	1,080	1,800	4,050	6,300	9,000
1976 Caprice Classic, V-8						
4d Sed	360	1,080	1,800	4,050	6,300	9,000
4d Spt Sed	364	1,092	1,820	4,100	6,370	9,100
2d Cpe	420	1,260	2,100	4,730	7,350	10,500
2d Lan Cpe	428	1,284	2,140	4,820	7,490	10,700
4d 2S Sta Wag	360	1,080	1,800	4,050	6,300	9,000
4d 3S Sta Wag	364	1,092	1,820	4,100	6,370	9,100
1976 Camaro, V-8						
2d Cpe	640	1,920	3,200	7,200	11,200	16,000
2d Cpe LT	680	2,040	3,400	7,650	11,900	17,000
1977 Chevette, 4-cyl.						
2d HBk	204	612	1,020	2,300	3,570	5,100
1977 Vega, 4-cyl.						
2d Spt Cpe	292	876	1,460	3,290	5,110	7,300
2d HBk	296	888	1,480	3,330	5,180	7,400
2d Sta Wag	300	900	1,500	3,380	5,250	7,500
2d Est Wag	304	912	1,520	3,420	5,320	7,600
1977 Nova, V-8						
2d Cpe	300	900	1,500	3,380	5,250	7,500
2d HBk	304	912	1,520	3,420	5,320	7,600
4d Sed	296	888	1,480	3,330	5,180	7,400
1977 Nova Concours, V-8						
2d Cpe	304	912	1,520	3,420	5,320	7,600
2d HBk	308	924	1,540	3,470	5,390	7,700
4d Sed	300	900	1,500	3,380	5,250	7,500
1977 Monza, 4-cyl.						
2d Twn Cpe	220	660	1,100	2,480	3,850	5,500
2d HBk	220	660	1,100	2,480	3,850	5,500
1977 Malibu, V-8						
2d Cpe	296	888	1,480	3,330	5,180	7,400
4d Sed	300	900	1,500	3,380	5,250	7,500
4d 2S Sta Wag	284	852	1,420	3,200	4,970	7,100
3S Sta Wag	288	864	1,440	3,240	5,040	7,200
1977 Malibu Classic, V-8						
2d Cpe	300	900	1,500	3,380	5,250	7,500
2d Lan Cpe	320	960	1,600	3,600	5,600	8,000
4d Sed	304	912	1,520	3,420	5,320	7,600
4d 2S Sta Wag	292	876	1,460	3,290	5,110	7,300
4d 3S Sta Wag	296	888	1,480	3,330	5,180	7,400
1977 Monte Carlo, V-8						
2d Cpe	520	1,560	2,600	5,850	9,100	13,000
2d Lan Cpe	540	1,620	2,700	6,080	9,450	13,500
1977 Impala, V-8						
2d Cpe	308	924	1,540	3,470	5,390	7,700
4d Sed	250	800	1,300	2,930	4,550	6,500
4d 2S Sta Wag	250	800	1,300	2,930	4,550	6,500
4d 3S Sta Wag	250	800	1,300	2,970	4,600	6,600
1977 Caprice Classic, V-8						
2d Cpe	316	948	1,580	3,560	5,530	7,900
2d Lan Cpe	324	972	1,620	3,650	5,670	8,100
4d Sed	250	800	1,350	3,020	4,700	6,700
4d 2S Sta Wag	250	800	1,300	2,970	4,600	6,600
4d 3S Sta Wag	250	800	1,350	3,020	4,700	6,700
1977 Camaro, V-8						
2d Spt Cpe	520	1,560	2,600	5,850	9,100	13,000
2d Spt Cpe LT	540	1,620	2,700	6,080	9,450	13,500
2d Spt Cpe Z28	640	1,920	3,200	7,200	11,200	16,000
1978 Chevette						
2d Scooter	152	456	760	1,710	2,660	3,800
2d HBk	152	456	760	1,710	2,660	3,800
4d HBk	156	468	780	1,760	2,730	3,900
1978 Nova						
2d Cpe	250	750	1,300	2,880	4,500	6,400
2d HBk	250	750	1,300	2,880	4,500	6,400
4d Sed	250	750	1,250	2,840	4,400	6,300
1978 Nova Custom						
2d Cpe	250	800	1,300	2,930	4,550	6,500
4d Sed	250	750	1,300	2,880	4,500	6,400
1978 Monza						
2d Cpe 2 plus 2	184	552	920	2,070	3,220	4,600
2d "S" Cpe	200	550	900	2,030	3,150	4,500
2d Cpe	176	528	880	1,980	3,080	4,400

	6	5	4	3	2	1
4d Sta Wag	164	492	820	1,850	2,870	4,100
4d Est Wag	168	504	840	1,890	2,940	4,200
2d Spt Cpe 2 plus 2	200	600	1,000	2,250	3,500	5,000
2d Spt Cpe	192	576	960	2,160	3,360	4,800
1978 Malibu						
2d Spt Cpe	304	912	1,520	3,420	5,320	7,600
4d Sed	220	660	1,100	2,480	3,850	5,500
4d Sta Wag	220	660	1,100	2,480	3,850	5,500
1978 Malibu Classic						
2d Spt Cpe	308	924	1,540	3,470	5,390	7,700
4d Sed	224	672	1,120	2,520	3,920	5,600
4d Sta Wag	224	672	1,120	2,520	3,920	5,600
1978 Monte Carlo, V-8						
2d Cpe	350	1,000	1,700	3,830	5,950	8,500
1978 Impala						
2d Cpe	300	900	1,500	3,380	5,250	7,500
4d Sed	216	648	1,080	2,430	3,780	5,400
4d Sta Wag	216	648	1,080	2,430	3,780	5,400
1978 Caprice Classic						
2d Cpe	312	936	1,560	3,510	5,460	7,800
2d Lan Cpe	320	960	1,600	3,600	5,600	8,000
4d Sed	228	684	1,140	2,570	3,990	5,700
4d Sta Wag	232	696	1,160	2,610	4,060	5,800
1978 Camaro, V-8						
2d Cpe	240	720	1,200	2,700	4,200	6,000
2d LT Cpe	260	780	1,300	2,930	4,550	6,500
2d Z28 Cpe	360	1,080	1,800	4,050	6,300	9,000
1979 Chevette, 4-cyl.						
4d HBk	156	468	780	1,760	2,730	3,900
2d HBk	156	468	780	1,760	2,730	3,900
2d Scooter	152	456	760	1,710	2,660	3,800
1979 Nova, V-8						
4d Sed	250	750	1,300	2,880	4,500	6,400
2d Sed	250	750	1,250	2,840	4,400	6,300
2d HBk	250	800	1,300	2,930	4,550	6,500
1979 Nova Custom, V-8						
4d Sed	250	800	1,300	2,930	4,550	6,500
2d Sed	250	750	1,300	2,880	4,500	6,400

NOTE: Deduct 5 percent for 6-cyl.

	6	5	4	3	2	1
1979 Monza, 4-cyl.						
2d 2 plus 2 HBk	188	564	940	2,120	3,290	4,700
2d	184	552	920	2,070	3,220	4,600
4d Sta Wag	168	504	840	1,890	2,940	4,200
2d Spt 2 plus 2 HBk	192	576	960	2,160	3,360	4,800
1979 Malibu, V-8						
4d Sed	224	672	1,120	2,520	3,920	5,600
2d Spt Cpe	312	936	1,560	3,510	5,460	7,800
4d Sta Wag	228	684	1,140	2,570	3,990	5,700
1979 Malibu Classic, V-8						
4d Sed	228	684	1,140	2,570	3,990	5,700
2d Spt Cpe	316	948	1,580	3,560	5,530	7,900
2d Lan Cpe	320	960	1,600	3,600	5,600	8,000
4d Sta Wag	232	696	1,160	2,610	4,060	5,800

NOTE: Deduct 5 percent for 6-cyl.

	6	5	4	3	2	1
1979 Monte Carlo, V-8						
2d Spt Cpe	350	1,000	1,700	3,830	5,950	8,500
2d Lan Cpe	350	1,100	1,800	4,050	6,300	9,000

NOTE: Deduct 10 percent for 6-cyl.

	6	5	4	3	2	1
1979 Impala, V-8						
4d Sed	220	660	1,100	2,480	3,850	5,500
2d Sed	288	864	1,440	3,240	5,040	7,200
2d Lan Cpe	296	888	1,480	3,330	5,180	7,400
4d 2S Sta Wag	216	648	1,080	2,430	3,780	5,400
4d 3S Sta Wag	220	660	1,100	2,480	3,850	5,500
1979 Caprice Classic, V-8						
4d Sed	228	684	1,140	2,570	3,990	5,700
2d Sed	304	912	1,520	3,420	5,320	7,600
2d Lan Cpe	308	924	1,540	3,470	5,390	7,700
4d 2S Sta Wag	232	696	1,160	2,610	4,060	5,800
4d 3S Sta Wag	236	708	1,180	2,660	4,130	5,900

NOTE: Deduct 15 percent for 6-cyl.

	6	5	4	3	2	1
1979 Camaro, V-8						
2d Spt Cpe	232	696	1,160	2,610	4,060	5,800

	6	5	4	3	2	1
2d Rally Cpe	256	768	1,280	2,880	4,480	6,400
2d Berlinetta Cpe	264	792	1,320	2,970	4,620	6,600
2d Z28 Cpe	276	828	1,380	3,110	4,830	6,900

NOTE: Deduct 20 percent for 6-cyl.

1980 Chevette, 4-cyl.

	6	5	4	3	2	1
2d HBk Scooter	120	360	600	1,350	2,100	3,000
2d HBk	124	372	620	1,400	2,170	3,100
4d HBk	128	384	640	1,440	2,240	3,200

1980 Citation, 6-cyl.

	6	5	4	3	2	1
4d HBk	140	420	700	1,580	2,450	3,500
2d HBk	136	408	680	1,530	2,380	3,400
2d Cpe	144	432	720	1,620	2,520	3,600
2d Cpe Clb	148	444	740	1,670	2,590	3,700

NOTE: Deduct 10 percent for 4-cyl.

1980 Monza, 4-cyl.

	6	5	4	3	2	1
2d HBk 2 plus 2	136	408	680	1,530	2,380	3,400
2d HBk Spt 2 plus 2	144	432	720	1,620	2,520	3,600
2d Cpe	140	420	700	1,580	2,450	3,500

NOTE: Add 10 percent for V-6.

1980 Malibu, V-8

	6	5	4	3	2	1
4d Sed	184	552	920	2,070	3,220	4,600
2d Cpe Spt	272	816	1,360	3,060	4,760	6,800
4d Sta Wag	188	564	940	2,120	3,290	4,700

NOTE: Deduct 10 percent for V-6.

1980 Malibu Classic, V-8

	6	5	4	3	2	1
4d Sed	188	564	940	2,120	3,290	4,700
2d Cpe Spt	276	828	1,380	3,110	4,830	6,900
2d Cpe Lan	280	840	1,400	3,150	4,900	7,000
4d Sta Wag	192	576	960	2,160	3,360	4,800

NOTE: Deduct 10 percent for 6-cyl.

1980 Camaro, 6-cyl.

	6	5	4	3	2	1
2d Cpe Spt	244	732	1,220	2,750	4,270	6,100
2d Cpe RS	252	756	1,260	2,840	4,410	6,300
2d Cpe Berlinetta	256	768	1,280	2,880	4,480	6,400

1980 Camaro, V-8

	6	5	4	3	2	1
2d Cpe Spt	260	780	1,300	2,930	4,550	6,500
2d Cpe RS	268	804	1,340	3,020	4,690	6,700
2d Cpe Berlinetta	272	816	1,360	3,060	4,760	6,800
2d Cpe Z28	360	1,080	1,800	4,050	6,300	9,000

1980 Monte Carlo, 6-cyl.

	6	5	4	3	2	1
2d Cpe Spt	244	732	1,220	2,750	4,270	6,100
2d Cpe Lan	248	744	1,240	2,790	4,340	6,200

1980 Monte Carlo, V-8

	6	5	4	3	2	1
2d Cpe Spt	300	900	1,500	3,380	5,250	7,500
2d Cpe Lan	304	912	1,520	3,420	5,320	7,600

1980 Impala, V-8

	6	5	4	3	2	1
4d Sed	184	552	920	2,070	3,220	4,600
2d Cpe	260	780	1,300	2,930	4,550	6,500
4d 2S Sta Wag	188	564	940	2,120	3,290	4,700
4d 3S Sta Wag	192	576	960	2,160	3,360	4,800

NOTE: Deduct 12 percent for 6-cyl. sedan and coupe only.

1980 Caprice Classic, V-8

	6	5	4	3	2	1
4d Sed	188	564	940	2,120	3,290	4,700
2d Cpe	268	804	1,340	3,020	4,690	6,700
2d Cpe Lan	276	828	1,380	3,110	4,830	6,900
4d 2S Sta Wag	192	576	960	2,160	3,360	4,800
4d 3S Sta Wag	196	588	980	2,210	3,430	4,900

1981 Chevette, 4-cyl.

	6	5	4	3	2	1
2d HBk Scooter	124	372	620	1,400	2,170	3,100
2d HBk	128	384	640	1,440	2,240	3,200
4d HBk	132	396	660	1,490	2,310	3,300

1981 Citation, 6-cyl.

	6	5	4	3	2	1
4d HBk	144	432	720	1,620	2,520	3,600
2d HBk	140	420	700	1,580	2,450	3,500

NOTE: Deduct 10 percent for 4-cyl.

1981 Malibu, V-8

	6	5	4	3	2	1
4d Sed Spt	188	564	940	2,120	3,290	4,700
2d Cpe Spt	272	816	1,360	3,060	4,760	6,800
4d Sta Wag	192	576	960	2,160	3,360	4,800

NOTE: Deduct 10 percent for 6-cyl.

1981 Malibu Classic, V-8

	6	5	4	3	2	1
4d Sed Spt	192	576	960	2,160	3,360	4,800

1979 Chevrolet Caprice Classic station wagon

1986 Celebrity Classic sedan

1991 Chevrolet Caprice Classic sedan

	6	5	4	3	2	1
2d Cpe Spt	276	828	1,380	3,110	4,830	6,900
2d Cpe Lan	280	840	1,400	3,150	4,900	7,000
4d Sta Wag	196	588	980	2,210	3,430	4,900

1981 Camaro, 6-cyl.

	6	5	4	3	2	1
2d Cpe Spt	248	744	1,240	2,790	4,340	6,200
2d Cpe Berlinetta	256	768	1,280	2,880	4,480	6,400

1981 Camaro, V-8

	6	5	4	3	2	1
2d Cpe Spt	264	792	1,320	2,970	4,620	6,600
2d Cpe Berlinetta	272	816	1,360	3,060	4,760	6,800
2d Cpe Z28	368	1,104	1,840	4,140	6,440	9,200

1981 Monte Carlo, 6-cyl.

	6	5	4	3	2	1
2d Cpe Spt	288	864	1,440	3,240	5,040	7,200
2d Cpe Lan	292	876	1,460	3,290	5,110	7,300

1981 Monte Carlo, V-8

	6	5	4	3	2	1
2d Cpe Spt	304	912	1,520	3,420	5,320	7,600
2d Cpe Lan	360	1,080	1,800	4,050	6,300	9,000

1981 Impala, V-8

	6	5	4	3	2	1
4d Sed	188	564	940	2,120	3,290	4,700
2d Cpe	264	792	1,320	2,970	4,620	6,600
4d 2S Sta Wag	192	576	960	2,160	3,360	4,800
4d 3S Sta Wag	196	588	980	2,210	3,430	4,900

NOTE: Deduct 12 percent for 6-cyl. sedan and coupe only.

1981 Caprice Classic, V-8

	6	5	4	3	2	1
4d Sed	196	588	980	2,210	3,430	4,900
2d Cpe	272	816	1,360	3,060	4,760	6,800
2d Cpe Lan	280	840	1,400	3,150	4,900	7,000
4d 2S Sta Wag	200	600	1,000	2,250	3,500	5,000
4d 3S Sta Wag	204	612	1,020	2,300	3,570	5,100

NOTE: Deduct 15 percent for 6-cyl. sedan and coupe only.

1982 Chevette, 4-cyl.

	6	5	4	3	2	1
2d HBk	136	408	680	1,530	2,380	3,400
4d HBk	140	420	700	1,580	2,450	3,500

NOTE: Deduct 5 percent for lesser models.

1982 Cavalier, 4-cyl.

	6	5	4	3	2	1
4d Sed CL	160	480	800	1,800	2,800	4,000
2d Cpe CL	164	492	820	1,850	2,870	4,100
2d Hatch CL	168	504	840	1,890	2,940	4,200
4d Sta Wag CL	168	504	840	1,890	2,940	4,200

NOTE: Deduct 5 percent for lesser models.

1982 Citation, 6-cyl.

	6	5	4	3	2	1
4d HBk	152	456	760	1,710	2,660	3,800
2d HBk	148	444	740	1,670	2,590	3,700
2d Cpe	152	456	760	1,710	2,660	3,800

NOTE: Deduct 10 percent for 4-cyl.

1982 Malibu, V-8

	6	5	4	3	2	1
4d Sed	164	492	820	1,850	2,870	4,100
4d Sta Wag	168	504	840	1,890	2,940	4,200

NOTE: Deduct 10 percent for 6-cyl.

1982 Celebrity, 6-cyl.

	6	5	4	3	2	1
4d Sed	168	504	840	1,890	2,940	4,200
2d Cpe	172	516	860	1,940	3,010	4,300

NOTE: Deduct 10 percent for 6-cyl.

1982 Camaro, 6-cyl.

	6	5	4	3	2	1
2d Cpe Spt	252	756	1,260	2,840	4,410	6,300
2d Cpe Berlinetta	260	780	1,300	2,930	4,550	6,500

1982 Camaro, V-8

	6	5	4	3	2	1
2d Cpe Spt	268	804	1,340	3,020	4,690	6,700
2d Cpe Berlinetta	276	828	1,380	3,110	4,830	6,900
2d Cpe Z28	376	1,128	1,880	4,230	6,580	9,400

NOTE: Add 20 percent for Indy Pace Car.

1982 Monte Carlo, 6-cyl.

	6	5	4	3	2	1
2d Cpe Spt	292	876	1,460	3,290	5,110	7,300

1982 Monte Carlo, V-8

	6	5	4	3	2	1
2d Cpe Spt	364	1,092	1,820	4,100	6,370	9,100

1982 Impala, V-8

	6	5	4	3	2	1
4d Sed	204	612	1,020	2,300	3,570	5,100
4d 2S Sta Wag	204	612	1,020	2,300	3,570	5,100
4d 3S Sta Wag	208	624	1,040	2,340	3,640	5,200

NOTE: Deduct 12 percent for 6-cyl. on sedan only.

1982 Caprice Classic, V-8

	6	5	4	3	2	1
4d Sed	212	636	1,060	2,390	3,710	5,300

	6	5	4	3	2	1
2d Spt Cpe	292	876	1,460	3,290	5,110	7,300
4d 3S Sta Wag	216	648	1,080	2,430	3,780	5,400

NOTE: Deduct 15 percent for 6-cyl. sedan and coupe only.

1983 Chevette, 4-cyl.

	6	5	4	3	2	1
2d HBk	140	420	700	1,580	2,450	3,500
4d HBk	144	432	720	1,620	2,520	3,600

NOTE: Deduct 5 percent for lesser models.

1983 Cavalier, 4-cyl.

	6	5	4	3	2	1
4d Sed CS	156	468	780	1,760	2,730	3,900
2d Cpe CS	160	480	800	1,800	2,800	4,000
2d HBk CS	164	492	820	1,850	2,870	4,100
4d Sta Wag CS	164	492	820	1,850	2,870	4,100

NOTE: Deduct 5 percent for lesser models.

1983 Citation, 6-cyl.

	6	5	4	3	2	1
4d HBk	152	456	760	1,710	2,660	3,800
2d HBk	148	444	740	1,670	2,590	3,700
2d Cpe	152	456	760	1,710	2,660	3,800

NOTE: Deduct 10 percent for 4-cyl.

1983 Malibu, V-8

	6	5	4	3	2	1
4d Sed	168	504	840	1,890	2,940	4,200
4d Sta Wag	172	516	860	1,940	3,010	4,300

NOTE: Deduct 10 percent for 6-cyl.

1983 Celebrity, V-6

	6	5	4	3	2	1
4d Sed	172	516	860	1,940	3,010	4,300
2d Cpe	176	528	880	1,980	3,080	4,400

NOTE: Deduct 10 percent for 4-cyl.

1983 Camaro, 6-cyl.

	6	5	4	3	2	1
2d Cpe Spt	256	768	1,280	2,880	4,480	6,400
2d Cpe Berlinetta	264	792	1,320	2,970	4,620	6,600

1983 Camaro, V-8

	6	5	4	3	2	1
2d Cpe Spt	272	816	1,360	3,060	4,760	6,800
2d Cpe Berlinetta	360	1,080	1,800	4,050	6,300	9,000
2d Cpe Z28	380	1,140	1,900	4,280	6,650	9,500

1983 Monte Carlo, 6-cyl.

	6	5	4	3	2	1
2d Cpe Spt	292	876	1,460	3,290	5,110	7,300

1983 Monte Carlo, V-8

	6	5	4	3	2	1
2d Cpe Spt SS	372	1,116	1,860	4,190	6,510	9,300
2d Cpe Spt	300	900	1,500	3,380	5,250	7,500

1983 Impala, V-8

	6	5	4	3	2	1
4d Sed	208	624	1,040	2,340	3,640	5,200

NOTE: Deduct 12 percent for 6-cyl.

1983 Caprice Classic, V-8

	6	5	4	3	2	1
4d Sed	216	648	1,080	2,430	3,780	5,400
4d Sta Wag	216	648	1,080	2,430	3,780	5,400

NOTE: Deduct 15 percent for 6-cyl.

1984 Chevette CS, 4-cyl.

	6	5	4	3	2	1
2d HBk	144	432	720	1,620	2,520	3,600

NOTE: Deduct 10 percent for V-6 cyl. Deduct 5 percent for lesser models.

1984 Cavalier, 4-cyl.

	6	5	4	3	2	1
4d Sed	148	444	740	1,670	2,590	3,700
4d Sta Wag	160	480	800	1,800	2,800	4,000

1984 Cavalier Type 10, 4-cyl.

	6	5	4	3	2	1
2d Sed	152	456	760	1,710	2,660	3,800
2d HBk	156	468	780	1,760	2,730	3,900
2d Conv	220	660	1,100	2,480	3,850	5,500

1984 Cavalier CS, 4-cyl.

	6	5	4	3	2	1
4d Sed	156	468	780	1,760	2,730	3,900
4d Sta Wag	160	480	800	1,800	2,800	4,000

1984 Citation, V-6

	6	5	4	3	2	1
4d HBk	164	492	820	1,850	2,870	4,100
2d HBk	164	492	820	1,850	2,870	4,100
2d Cpe	168	504	840	1,890	2,940	4,200

NOTE: Deduct 5 percent for 4-cyl.

1984 Celebrity, V-6

	6	5	4	3	2	1
4d Sed	160	480	800	1,800	2,800	4,000
2d Sed	160	480	800	1,800	2,800	4,000
4d Sta Wag	164	492	820	1,850	2,870	4,100

NOTE: Deduct 5 percent for 4-cyl.

1984 Camaro, V-8

	6	5	4	3	2	1
2d Cpe	264	792	1,320	2,970	4,620	6,600

	6	5	4	3	2	1
2d Cpe Berlinetta	272	816	1,360	3,060	4,760	6,800
2d Cpe Z28	364	1,092	1,820	4,100	6,370	9,100

NOTE: Deduct 10 percent for V-6 cyl.

1984 Monte Carlo, V-8

	6	5	4	3	2	1
2d Cpe	292	876	1,460	3,290	5,110	7,300
2d Cpe SS	368	1,104	1,840	4,140	6,440	9,200

NOTE: Deduct 15 percent for V-6 cyl.

1984 Impala, V-8

	6	5	4	3	2	1
4d Sed	216	648	1,080	2,430	3,780	5,400

NOTE: Deduct 10 percent for V-6 cyl.

1984 Caprice Classic, V-8

	6	5	4	3	2	1
4d Sed	224	672	1,120	2,520	3,920	5,600
2d Sed	304	912	1,520	3,420	5,320	7,600
4d Sta Wag	224	672	1,120	2,520	3,920	5,600

NOTE: Deduct 10 percent for V-6 cyl.

1985 Sprint, 3-cyl.

	6	5	4	3	2	1
2d HBk	140	420	700	1,580	2,450	3,500

1985 Chevette, 4-cyl.

	6	5	4	3	2	1
4d HBk	144	432	720	1,620	2,520	3,600
2d HBk	140	420	700	1,580	2,450	3,500

NOTE: Deduct 20 percent for diesel.

1985 Spectrum, 4-cyl.

	6	5	4	3	2	1
4d HBk	144	432	720	1,620	2,520	3,600
2d HBk	144	432	720	1,620	2,520	3,600

1985 Nova, 4-cyl.

	6	5	4	3	2	1
4d HBk	144	432	720	1,620	2,520	3,600

1985 Cavalier

	6	5	4	3	2	1
2d T Type Cpe	168	504	840	1,890	2,940	4,200
2d T Type HBk	172	516	860	1,940	3,010	4,300
T Type Conv	220	660	1,100	2,480	3,850	5,500

NOTE: Deduct 10 percent for 4-cyl. Deduct 5 percent for lesser models.

1985 Citation, V-6

	6	5	4	3	2	1
4d HBk	168	504	840	1,890	2,940	4,200
2d HBk	168	504	840	1,890	2,940	4,200

NOTE: Deduct 10 percent for 4-cyl.

1985 Celebrity, V-6

	6	5	4	3	2	1
4d Sed	172	516	860	1,940	3,010	4,300
2d Cpe	172	516	860	1,940	3,010	4,300
4d Sta Wag	176	528	880	1,980	3,080	4,400

NOTE: Deduct 10 percent for 4-cyl. Deduct 30 percent for diesel.

1985 Camaro, V-8

	6	5	4	3	2	1
2d Cpe Spt	268	804	1,340	3,020	4,690	6,700
2d Cpe Berlinetta	276	828	1,380	3,110	4,830	6,900
2d Cpe Z28	368	1,104	1,840	4,140	6,440	9,200
2d Cpe IROC-Z	384	1,152	1,920	4,320	6,720	9,600

NOTE: Deduct 30 percent for 4-cyl. Deduct 20 percent for V-6.

1985 Monte Carlo, V-8

	6	5	4	3	2	1
2d Cpe Spt	296	888	1,480	3,330	5,180	7,400
2d Cpe SS	372	1,116	1,860	4,190	6,510	9,300

NOTE: Deduct 20 percent for V-6 where available.

1985 Impala, V-8

	6	5	4	3	2	1
4d Sed	220	660	1,100	2,480	3,850	5,500

NOTE: Deduct 20 percent for V-6.

1985 Caprice Classic, V-8

	6	5	4	3	2	1
4d Sed	228	684	1,140	2,570	3,990	5,700
2d Cpe	304	912	1,520	3,420	5,320	7,600
4d Sta Wag	236	708	1,180	2,660	4,130	5,900

NOTE: Deduct 20 percent for V-6. Deduct 30 percent for diesel.

1986 Chevette

	6	5	4	3	2	1
2d Cpe	144	432	720	1,620	2,520	3,600
4d Sed	148	444	740	1,670	2,590	3,700

1986 Nova

	6	5	4	3	2	1
4d Sed	148	444	740	1,670	2,590	3,700
4d HBk	152	456	760	1,710	2,660	3,800

1986 Cavalier

	6	5	4	3	2	1
2d Cpe	160	480	800	1,800	2,800	4,000
4d Sed	164	492	820	1,850	2,870	4,100
4d Sta Wag	168	504	840	1,890	2,940	4,200
2d Conv	240	720	1,200	2,700	4,200	6,000

	6	5	4	3	2	1
1986 Cavalier Z24						
2d Cpe	232	696	1,160	2,610	4,060	5,800
2d HBk	228	684	1,140	2,570	3,990	5,700
1986 Camaro						
2d Cpe	272	816	1,360	3,060	4,760	6,800
2d Cpe Berlinetta	360	1,080	1,800	4,050	6,300	9,000
2d Cpe Z28	380	1,140	1,900	4,280	6,650	9,500
2d Cpe IROC-Z	400	1,200	2,000	4,500	7,000	10,000
1986 Celebrity						
2d Cpe	176	528	880	1,980	3,080	4,400
4d Sed	180	540	900	2,030	3,150	4,500
4d Sta Wag	184	552	920	2,070	3,220	4,600
1986 Monte Carlo						
2d Cpe	320	960	1,600	3,600	5,600	8,000
2d Cpe LS	340	1,020	1,700	3,830	5,950	8,500
1986 Monte Carlo SS						
2d Cpe	500	1,500	2,500	5,630	8,750	12,500
2d Cpe Aero	660	1,980	3,300	7,430	11,550	16,500
1986 Caprice						
4d Sed	244	732	1,220	2,750	4,270	6,100
1986 Caprice Classic						
2d Cpe	332	996	1,660	3,740	5,810	8,300
4d Sed	252	756	1,260	2,840	4,410	6,300
4d Sta Wag	268	804	1,340	3,020	4,690	6,700
1986 Caprice Classic Brougham						
4d Sed	264	792	1,320	2,970	4,620	6,600
4d Sed LS	268	804	1,340	3,020	4,690	6,700
1987 Sprint, 3-cyl.						
2d HBk	144	432	720	1,620	2,520	3,600
4d HBk	148	444	740	1,670	2,590	3,700
2d HBk ER	148	444	740	1,670	2,590	3,700
2d HBk Turbo	152	456	760	1,710	2,660	3,800
1987 Chevette, 4-cyl.						
2d HBk	144	432	720	1,620	2,520	3,600
4d HBk	148	444	740	1,670	2,590	3,700
1987 Spectrum, 4-cyl.						
2d HBk	156	468	780	1,760	2,730	3,900
4d HBk	156	468	780	1,760	2,730	3,900
2d HBk EX	152	456	760	1,710	2,660	3,800
4d HBk Turbo	160	480	800	1,800	2,800	4,000
1987 Nova, 4-cyl.						
4d HBk	152	456	760	1,710	2,660	3,800
4d Sed	156	468	780	1,760	2,730	3,900
1987 Cavalier, 4-cyl.						
4d Sed	160	480	800	1,800	2,800	4,000
2d Cpe	156	468	780	1,760	2,730	3,900
4d Sta Wag	164	492	820	1,850	2,870	4,100
4d Sed GS	164	492	820	1,850	2,870	4,100
2d HBk GS	160	480	800	1,800	2,800	4,000
4d Sta Wag GS	168	504	840	1,890	2,940	4,200
4d Sed RS	168	504	840	1,890	2,940	4,200
2d Cpe RS	164	492	820	1,850	2,870	4,100
2d HBk RS	164	492	820	1,850	2,870	4,100
2d Conv RS	248	744	1,240	2,790	4,340	6,200
4d Sta Wag	168	504	840	1,890	2,940	4,200

NOTE: Add 10 percent for V-6.

	6	5	4	3	2	1
1987 Cavalier Z24, V-6						
2d Spt Cpe	236	708	1,180	2,660	4,130	5,900
2d Spt HBk	232	696	1,160	2,610	4,060	5,800
1987 Beretta						
2d Cpe, 4-cyl.	188	564	940	2,120	3,290	4,700
2d Cpe, V-6	200	600	1,000	2,250	3,500	5,000
1987 Corsica						
4d Sed, 4-cyl.	192	576	960	2,160	3,360	4,800
4d Sed, V-6	204	612	1,020	2,300	3,570	5,100
1987 Celebrity						
4d Sed, 4-cyl.	184	552	920	2,070	3,220	4,600
2d Cpe, 4-cyl.	180	540	900	2,030	3,150	4,500
4d Sta Wag, 4-cyl.	188	564	940	2,120	3,290	4,700
4d Sed, V-6	192	576	960	2,160	3,360	4,800
2d Cpe, V-6	188	564	940	2,120	3,290	4,700
4d Sta Wag, V-6	196	588	980	2,210	3,430	4,900

DOMESTIC CARS

	6	5	4	3	2	1
1987 Camaro						
2d Cpe, V-6	276	828	1,380	3,110	4,830	6,900
2d Cpe LT, V-6	360	1,080	1,800	4,050	6,300	9,000
2d Cpe, V-8	368	1,104	1,840	4,140	6,440	9,200
2d Cpe LT, V-8	372	1,116	1,860	4,190	6,510	9,300
2d Cpe Z28, V-8	388	1,164	1,940	4,370	6,790	9,700
2d Cpe IROC-Z, V-8	410	1,220	2,040	4,590	7,140	10,200
2d Conv IROC-Z, V-8	800	2,400	4,000	9,000	14,000	20,000

NOTE: Add 20 percent for 350 V-8 where available. Add 10 percent for Anniversary Edition.

	6	5	4	3	2	1
1987 Monte Carlo						
2d Cpe LS, V-6	324	972	1,620	3,650	5,670	8,100
2d Cpe LS, V-8	332	996	1,660	3,740	5,810	8,300
2d Cpe SS, V-8	500	1,500	2,500	5,630	8,750	12,500
2d Cpe Aero, V-8	620	1,860	3,100	6,980	10,850	15,500
1987 Caprice, V-6						
4d Sed	248	744	1,240	2,790	4,340	6,200
1987 Caprice Classic, V-6						
4d Sed	256	768	1,280	2,880	4,480	6,400
2d Cpe	332	996	1,660	3,740	5,810	8,300
4d Sed Brgm	260	780	1,300	2,930	4,550	6,500
2d Cpe Brgm	336	1,008	1,680	3,780	5,880	8,400
1987 Caprice, V-8						
4d Sed	260	780	1,300	2,930	4,550	6,500
4d Sta Wag	272	816	1,360	3,060	4,760	6,800
1987 Caprice Classic, V-8						
4d Sed	268	804	1,340	3,020	4,690	6,700
2d Cpe	340	1,020	1,700	3,830	5,950	8,500
4d Sta Wag	280	840	1,400	3,150	4,900	7,000
4d Sed Brgm	272	816	1,360	3,060	4,760	6,800
2d Cpe Brgm	344	1,032	1,720	3,870	6,020	8,600
1988 Sprint, 3-cyl.						
2d HBk	120	360	600	1,350	2,100	3,000
4d HBk	128	384	640	1,440	2,240	3,200
2d Metro	112	336	560	1,260	1,960	2,800
2d Turbo	116	348	580	1,310	2,030	2,900
1988 Spectrum, 4-cyl.						
2d HBk Express	108	324	540	1,220	1,890	2,700
4d Sed	116	348	580	1,310	2,030	2,900
2d HBk	112	336	560	1,260	1,960	2,800
4d Turbo Sed	124	372	620	1,400	2,170	3,100
1988 Nova, 4-cyl.						
5d HBk	140	420	700	1,580	2,450	3,500
4d Sed	136	408	680	1,530	2,380	3,400
4d Sed Twin Cam	164	492	820	1,850	2,870	4,100
1988 Cavalier						
4d Sed	136	408	680	1,530	2,380	3,400
2d Cpe	144	432	720	1,620	2,520	3,600
4d Sta Wag	136	408	680	1,530	2,380	3,400
4d RS Sed	156	468	780	1,760	2,730	3,900
2d RS Cpe	160	480	800	1,800	2,800	4,000
2d Z24 Cpe, V-6	200	600	1,000	2,250	3,500	5,000
2d Z24 Conv, V-6	240	720	1,200	2,700	4,200	6,000
1988 Beretta, 4-cyl.						
2d Cpe	168	504	840	1,890	2,940	4,200
2d Cpe, V-6	180	540	900	2,030	3,150	4,500
1988 Corsica, V-4						
4d Sed	160	480	800	1,800	2,800	4,000
4d Sed, V-6	172	516	860	1,940	3,010	4,300
1988 Celebrity, 4-cyl.						
4d Sed	144	432	720	1,620	2,520	3,600
2d Cpe	140	420	700	1,580	2,450	3,500
4d Sta Wag	156	468	780	1,760	2,730	3,900
4d Sed, V-6	156	468	780	1,760	2,730	3,900
2d Cpe, V-6	152	456	760	1,710	2,660	3,800
4d Sta Wag, V-6	164	492	820	1,850	2,870	4,100
1988 Monte Carlo						
2d Cpe, V-6	220	660	1,100	2,480	3,850	5,500
2d Cpe, V-8	240	720	1,200	2,700	4,200	6,000
2d SS Cpe, V-8	520	1,560	2,600	5,850	9,100	13,000
1988 Caprice, V-6						
4d Sed	200	600	1,000	2,250	3,500	5,000
4d Classic Sed	220	660	1,100	2,480	3,850	5,500
4d Brgm Sed	240	720	1,200	2,700	4,200	6,000
4d LS Brgm Sed	260	780	1,300	2,930	4,550	6,500

	6	5	4	3	2	1
1988 Caprice, V-8						
4d Sed	240	720	1,200	2,700	4,200	6,000
4d Classic Sed	260	780	1,300	2,930	4,550	6,500
4d Sta Wag	360	1,080	1,800	4,050	6,300	9,000
4d Brgm Sed	368	1,104	1,840	4,140	6,440	9,200
4d LS Brgm Sed	380	1,140	1,900	4,280	6,650	9,500
1988 Camaro V-6						
2d Cpe	220	660	1,100	2,480	3,850	5,500
1988 Camaro, V-8						
2d Cpe	240	720	1,200	2,700	4,200	6,000
2d Conv	560	1,680	2,800	6,300	9,800	14,000
2d IROC-Z Cpe	420	1,260	2,100	4,730	7,350	10,500
2d IROC-Z Conv	700	2,150	3,600	8,100	12,600	18,000
1989 Cavalier, 4-cyl.						
4d Sed	184	552	920	2,070	3,220	4,600
2d VL Cpe	168	504	840	1,890	2,940	4,200
2d Cpe	180	540	900	2,030	3,150	4,500
4d Sta Wag	192	576	960	2,160	3,360	4,800
2d Z24 Cpe, V-6	276	828	1,380	3,110	4,830	6,900
2d Z24 Conv, V-6	300	900	1,500	3,380	5,250	7,500
1989 Beretta						
2d Cpe, 4-cyl.	208	624	1,040	2,340	3,640	5,200
2d Cpe, V-6	244	732	1,220	2,750	4,270	6,100
2d GT Cpe, V-6	248	744	1,240	2,790	4,340	6,200
1989 Corsica 4-cyl.						
4d NBk	188	564	940	2,120	3,290	4,700
4d HBk	192	576	960	2,160	3,360	4,800
1989 V-6						
4d NBk	208	624	1,040	2,340	3,640	5,200
4d NBk LTZ	232	696	1,160	2,610	4,060	5,800
4d HBk	212	636	1,060	2,390	3,710	5,300
1989 Celebrity 4-cyl.						
4d Sed	180	540	900	2,030	3,150	4,500
4d Sta Wag	188	564	940	2,120	3,290	4,700
1989 V-6						
4d Sed	184	552	920	2,070	3,220	4,600
4d Sta Wag	196	588	980	2,210	3,430	4,900
1989 Caprice, V-8						
4d Sed	248	744	1,240	2,790	4,340	6,200
4d Sed Classic	264	792	1,320	2,970	4,620	6,600
4d Classic Brgm Sed	290	860	1,440	3,240	5,040	7,200
4d Classic Sta Wag	400	1,250	2,100	4,730	7,350	10,500
4d LS Sed	408	1,224	2,040	4,590	7,140	10,200
1989 Camaro V-6						
2d RS Cpe	240	720	1,200	2,700	4,200	6,000
1989 Camaro, V-8						
2d RS Cpe	260	780	1,300	2,930	4,550	6,500
2d RS Conv	640	1,920	3,200	7,200	11,200	16,000
2d IROC-Z Cpe	340	1,020	1,700	3,830	5,950	8,500
2d IROC-Z Conv	720	2,160	3,600	8,100	12,600	18,000
1990 Cavalier, 4-cyl.						
2d Cpe	168	504	840	1,890	2,940	4,200
4d Sed	172	516	860	1,940	3,010	4,300
4d Sta Wag	176	528	880	1,980	3,080	4,400
2d Z24, V-6	260	780	1,300	2,930	4,550	6,500
1990 Beretta, 4-cyl.						
2d Cpe	208	624	1,040	2,340	3,640	5,200
2d GTZ Cpe	248	744	1,240	2,790	4,340	6,200

NOTE: Add 10 percent for V-6. Add 10 percent for Pace car.

1990 Corsica, 4-cyl.	6	5	4	3	2	1
4d LT	192	576	960	2,160	3,360	4,800
4d LT HBk	196	588	980	2,210	3,430	4,900
4d LTZ	240	720	1,200	2,700	4,200	6,000

NOTE: Add 10 percent for V-6.

1990 Celebrity, 4-cyl.	6	5	4	3	2	1
4d Sta Wag	200	600	1,000	2,250	3,500	5,000

NOTE: Add 10 percent for V-6.

1990 Lumina, 4-cyl.	6	5	4	3	2	1
2d Cpe	220	660	1,100	2,480	3,850	5,500
4d Sed	220	660	1,100	2,480	3,850	5,500
2d Euro Cpe	260	780	1,300	2,930	4,550	6,500
4d Euro Sed	260	780	1,300	2,930	4,550	6,500

	6	5	4	3	2	1
1990 Caprice, V-8						
4d Sed	260	780	1,300	2,930	4,550	6,500
4d Classic Sed	400	1,200	2,000	4,500	7,000	10,000
4d Classic Sta Wag	420	1,260	2,100	4,730	7,350	10,500
4d Brgm Sed	420	1,260	2,100	4,730	7,350	10,500
4d LS Sed	520	1,560	2,600	5,850	9,100	13,000
1990 Camaro V-6						
2d RS Cpe	240	720	1,200	2,700	4,200	6,000
1990 Camaro, V-8						
2d RS Cpe	264	792	1,320	2,970	4,620	6,600
2d RS Conv	600	1,800	3,000	6,750	10,500	15,000
2d IROC-Z Cpe	520	1,560	2,600	5,850	9,100	13,000
2d IROC-Z Conv	680	2,040	3,400	7,650	11,900	17,000
1991 Cavalier, 4-cyl.						
4d VL Sed	140	420	700	1,580	2,450	3,500
2d VL Cpe	136	408	680	1,530	2,380	3,400
4d VL Sta Wag	144	432	720	1,620	2,520	3,600
4d RS Sta Wag	152	456	760	1,710	2,660	3,800
2d RS Cpe	148	444	740	1,670	2,590	3,700
2d RS Conv, V-6	360	1,080	1,800	4,050	6,300	9,000
4d RS Sta Wag	156	468	780	1,760	2,730	3,900
2d Z24, V-6	240	720	1,200	2,700	4,200	6,000

NOTE: Add 10 percent for V-6.

	6	5	4	3	2	1
1991 Beretta, 4-cyl.						
2d Cpe	180	540	900	2,030	3,150	4,500
2d GT Cpe, V-6	272	816	1,360	3,060	4,760	6,800
2d GTZ Cpe	260	780	1,300	2,930	4,550	6,500
4d NBk Corsica	160	480	800	1,800	2,800	4,000
4d HBk Corsica	168	504	840	1,890	2,940	4,200

NOTE: Add 10 percent for V-6.

	6	5	4	3	2	1
1991 Lumina, 4-cyl.						
4d Sed	188	564	940	2,120	3,290	4,700
2d Cpe	192	576	960	2,160	3,360	4,800

NOTE: Add 10 percent for V-6.

	6	5	4	3	2	1
4d Euro Sed, V-6	228	684	1,140	2,570	3,990	5,700
2d Euro Sed, V-6	276	828	1,380	3,110	4,830	6,900
2d Z34 Cpe, V-6	380	1,140	1,900	4,280	6,650	9,500
1991 Camaro, V-6						
2d Cpe	240	720	1,200	2,700	4,200	6,000
2d Conv	560	1,680	2,800	6,300	9,800	14,000
1991 Camaro, V-8						
2d RS Cpe	260	780	1,300	2,930	4,550	6,500
2d RS Conv	580	1,740	2,900	6,530	10,150	14,500
2d Z28 Cpe	420	1,260	2,100	4,730	7,350	10,500
2d Z28 Conv	660	1,980	3,300	7,430	11,550	16,500
1991 Caprice, V-8						
4d Sed	236	708	1,180	2,660	4,130	5,900
4d Sta Wag	380	1,140	1,900	4,280	6,650	9,500
4d Sed Classic	372	1,116	1,860	4,190	6,510	9,300

NOTE: Add 15 percent LTZ Sed option.

	6	5	4	3	2	1
1992 Cavalier, 4-cyl.						
4d VL Sed	200	600	1,000	2,250	3,500	5,000
2d VL Cpe	200	600	1,000	2,250	3,500	5,000
4d VL Sta Wag	204	612	1,020	2,300	3,570	5,100
4d RS Sed	208	624	1,040	2,340	3,640	5,200
2d RS Cpe	240	720	1,200	2,700	4,200	6,000
2d RS Conv	380	1,140	1,900	4,280	6,650	9,500
4d RS Sta Wag	200	600	1,000	2,250	3,500	5,000
2d Z24 Cpe, V-6	260	780	1,300	2,930	4,550	6,500
2d Z24 Conv, V-6	420	1,260	2,100	4,730	7,350	10,500

NOTE: Add 10 percent for V-6 where available.

	6	5	4	3	2	1
1992 Beretta, 4-cyl.						
2d Cpe	220	660	1,100	2,480	3,850	5,500
2d GT Cpe	240	720	1,200	2,700	4,200	6,000
2d GTZ Cpe	260	780	1,300	2,930	4,550	6,500

NOTE: Add 10 percent for V-6 where available.

	6	5	4	3	2	1
1992 Corsica						
4d LT Sed	208	624	1,040	2,340	3,640	5,200

NOTE: Add 10 percent for V-6 where available.

	6	5	4	3	2	1
1992 Lumina, 4-cyl.						
4d Sed	220	660	1,100	2,480	3,850	5,500
2d Cpe	220	660	1,100	2,480	3,850	5,500
4d Euro Sed, V-6	240	720	1,200	2,700	4,200	6,000

	6	5	4	3	2	1
2d Euro Cpe, V-6	240	720	1,200	2,700	4,200	6,000
2d Z34 Cpe, V-6	400	1,200	2,000	4,500	7,000	10,000

NOTE: Add 10 percent for V-6 where available.

1992 Camaro, V-6

	6	5	4	3	2	1
2d RS Cpe	400	1,200	2,000	4,500	7,000	10,000
2d RS Conv	600	1,800	3,000	6,750	10,500	15,000
2d Z28 Cpe	540	1,620	2,700	6,080	9,450	13,500
2d Z28 Conv	680	2,040	3,400	7,650	11,900	17,000

NOTE: Add 10 percent for V-8 where available.

1992 Caprice, V-8

	6	5	4	3	2	1
4d Sed	240	720	1,200	2,700	4,200	6,000
4d Classic Sed	260	780	1,300	2,930	4,550	6,500
4d Sta Wag	360	1,080	1,800	4,050	6,300	9,000

1993 Cavalier, 4-cyl.

	6	5	4	3	2	1
2d VL Cpe	204	612	1,020	2,300	3,570	5,100
4d VL Sed	208	624	1,040	2,340	3,640	5,200
4d VL Sta Wag	220	660	1,100	2,480	3,850	5,500
2d RS Cpe	212	636	1,060	2,390	3,710	5,300
2d RS Conv	216	648	1,080	2,430	3,780	5,400
4d RS Sed	220	660	1,100	2,480	3,850	5,500
4d RS Sta Wag	228	684	1,140	2,570	3,990	5,700

1993 Cavalier, V-6

	6	5	4	3	2	1
2d Z24 Cpe	260	780	1,300	2,930	4,550	6,500
2d Z24 Conv	428	1,284	2,140	4,820	7,490	10,700

1993 Beretta, 4-cyl.

	6	5	4	3	2	1
2d Cpe	248	744	1,240	2,790	4,340	6,200
2d GT Cpe	252	756	1,260	2,840	4,410	6,300
2d GTZ Cpe	256	768	1,280	2,880	4,480	6,400

1993 Beretta, V-6

	6	5	4	3	2	1
2d Cpe	252	756	1,260	2,840	4,410	6,300
2d GT Cpe	256	768	1,280	2,880	4,480	6,400
2d GTZ Cpe	260	780	1,300	2,930	4,550	6,500

1993 Corsica, 4-cyl.

	6	5	4	3	2	1
4d NBk	212	636	1,060	2,390	3,710	5,300
4d HBk	220	660	1,100	2,480	3,850	5,500

1993 Corsica, V-6

	6	5	4	3	2	1
4d NBk	216	648	1,080	2,430	3,780	5,400
4d HBk	224	672	1,120	2,520	3,920	5,600

1993 Lumina, 4-cyl. & V-6

	6	5	4	3	2	1
2d Cpe	224	672	1,120	2,520	3,920	5,600
4d Sed, 4-cyl.	232	696	1,160	2,610	4,060	5,800
4d Sed	240	720	1,200	2,700	4,200	6,000
4d Euro Sed	248	744	1,240	2,790	4,340	6,200
2d Euro Cpe	404	1,212	2,020	4,550	7,070	10,100
2d Z34 Cpe	408	1,224	2,040	4,590	7,140	10,200

1993 Camaro

	6	5	4	3	2	1
2d Cpe, V-6	420	1,260	2,100	4,730	7,350	10,500
2d Cpe Z28, V-8	540	1,620	2,700	6,080	9,450	13,500

NOTE: Add 10 percent for Pace Car.

1993 Caprice, V-8

	6	5	4	3	2	1
4d Sed	248	744	1,240	2,790	4,340	6,200
4d LS Sed	264	792	1,320	2,970	4,620	6,600
4d Sta Wag	272	816	1,360	3,060	4,760	6,800

1994 Cavalier, 4-cyl.

	6	5	4	3	2	1
4d VL Sed	180	540	900	2,030	3,150	4,500
2d VL Cpe	168	504	840	1,890	2,940	4,200
4d RS Sed	200	600	1,000	2,250	3,500	5,000
2d RS Cpe	192	576	960	2,160	3,360	4,800
4d RS Sta Wag	204	612	1,020	2,300	3,570	5,100
2d RS Conv	280	840	1,400	3,150	4,900	7,000
2d Z24 Cpe, V-6	244	732	1,220	2,750	4,270	6,100
2d Z24 Conv, V-6	320	960	1,600	3,600	5,600	8,000

1994 Beretta & Corsica, 4-cyl. & V-6

	6	5	4	3	2	1
2d Cpe	220	660	1,100	2,480	3,850	5,500
2d Cpe Z26	260	780	1,300	2,930	4,550	6,500
4d Sed	208	624	1,040	2,340	3,640	5,200

1994 Lumina, V-6

	6	5	4	3	2	1
4d Sed	260	780	1,300	2,930	4,550	6,500
4d Euro Sed	288	864	1,440	3,240	5,040	7,200
2d Euro Cpe	284	852	1,420	3,200	4,970	7,100
2d Z34 Cpe	320	960	1,600	3,600	5,600	8,000

1994 Camaro

	6	5	4	3	2	1
2d Cpe, V-6	340	1,020	1,700	3,830	5,950	8,500

	6	5	4	3	2	1
2d Conv, V-6	380	1,140	1,900	4,280	6,650	9,500
2d Z28 Cpe, V-8	420	1,260	2,100	4,730	7,350	10,500
2d Z28 Conv, V-8	500	1,500	2,500	5,630	8,750	12,500
1994 Caprice Classic, V-8						
4d Sed	340	1,020	1,700	3,830	5,950	8,500
4d LS Sed	380	1,140	1,900	4,280	6,650	9,500
4d Sta Wag	420	1,260	2,100	4,730	7,350	10,500
4d Impala Sed	680	2,040	3,400	7,650	11,900	17,000
1995 Cavalier, 4-cyl.						
2d Cpe	150	500	850	1,890	2,950	4,200
4d Sed	200	550	900	2,030	3,150	4,500
2d LS Conv	300	850	1,400	3,150	4,900	7,000
4d LS Sed	200	600	1,000	2,250	3,500	5,000
2d Z24 Cpe	250	750	1,200	2,750	4,250	6,100
1995 Beretta & Corsica, 4-cyl. & V-6						
2d Beretta Cpe	200	650	1,100	2,480	3,850	5,500
2d Beretta Z26 Cpe (V-6 only)	250	800	1,300	2,930	4,550	6,500
4d Corsica Sed	200	600	1,050	2,340	3,650	5,200
1995 Lumina, V-6						
4d Sed	250	800	1,300	2,930	4,550	6,500
4d LS Sed	300	850	1,400	3,150	4,900	7,000
1995 Monte Carlo, V-6						
2d LS Cpe	250	800	1,300	2,970	4,600	6,600
2d Z34 Cpe	300	900	1,450	3,290	5,100	7,300
1995 Camaro, V-6 & V-8						
2d Cpe, V-6	350	1,000	1,700	3,830	5,950	8,500
2d Conv, V-6	400	1,150	1,900	4,280	6,650	9,500
2d Z28 Cpe, V-8	400	1,250	2,100	4,730	7,350	10,500
2d Z28 Conv, V-8	500	1,500	2,500	5,630	8,750	12,500
1995 Caprice Classic, V-8						
4d Sed	350	1,000	1,700	3,830	5,950	8,500
4d Sta Wag	400	1,250	2,100	4,730	7,350	10,500
4d Impala SS Sed	700	2,050	3,400	7,650	11,900	17,000
1996 Cavalier, 4-cyl.						
2d Cpe	150	500	850	1,890	2,950	4,200
4d Sed	200	550	900	2,030	3,150	4,500
2d LS Conv	300	850	1,400	3,150	4,900	7,000
4d LS Sed	200	600	1,000	2,250	3,500	5,000
2d Z24 Cpe	250	750	1,200	2,750	4,250	6,100
1996 Beretta & Corsica, 4-cyl. & V-6						
2d Beretta Cpe	200	650	1,100	2,480	3,850	5,500
2d Beretta Z26 Cpe (V-6 only)	250	800	1,300	2,930	4,550	6,500
4d Corsica Sed	200	600	1,050	2,340	3,650	5,200
1996 Lumina, V-6						
4d Sed	250	800	1,300	2,930	4,550	6,500
4d LS Sed	300	850	1,400	3,150	4,900	7,000
1996 Monte Carlo, V-6						
2d LS Cpe	250	800	1,300	2,970	4,600	6,600
2d Z34 Cpe	300	900	1,450	3,290	5,100	7,300
1996 Camaro, V-6 & V-8						
2d Cpe, V-6	350	1,000	1,700	3,830	5,950	8,500
2d Conv, V-6	400	1,150	1,900	4,280	6,650	9,500
2d RS Cpe, V-6	350	1,100	1,800	4,050	6,300	9,000
2d RS Conv, V-6	400	1,200	2,000	4,500	7,000	10,000
2d Z28 Cpe, V-8	400	1,250	2,100	4,730	7,350	10,500
2d Z28 Conv, V-8	500	1,500	2,500	5,630	8,750	12,500
1996 Caprice Classic, V-8						
4d Sed	350	1,000	1,700	3,830	5,950	8,500
4d Sta Wag	400	1,250	2,100	4,730	7,350	10,500
4d Impala SS Sed	700	2,050	3,400	7,650	11,900	17,000
1997 Cavalier, 4-cyl.						
2d Cpe	168	504	840	1,890	2,940	4,200
4d Sed	180	540	900	2,030	3,150	4,500
2d RS Cpe	196	588	980	2,210	3,430	4,900
2d LS Conv	280	840	1,400	3,150	4,900	7,000
4d LS Sed	200	600	1,000	2,250	3,500	5,000
2d Z24 Cpe	244	732	1,220	2,750	4,270	6,100
1997 Malibu, 4-cyl. & V-6						
4d Sed	256	768	1,280	2,880	4,480	6,400
4d LS Sed (V-6 only)	280	830	1,380	3,110	4,830	6,900
1997 Lumina, V-6						
4d Sed	260	780	1,300	2,930	4,550	6,500
4d LS Sed	280	840	1,400	3,150	4,900	7,000
4d LTZ Sed	300	900	1,500	3,380	5,250	7,500

	6	5	4	3	2	1
1997 Monte Carlo, V-6						
2d LS Cpe	264	792	1,320	2,970	4,620	6,600
2d Z34 Cpe	292	876	1,460	3,290	5,110	7,300
1997 Camaro, V-6 & V-8						
2d Cpe, V-6	340	1,020	1,700	3,830	5,950	8,500
2d Conv, V-6	380	1,140	1,900	4,280	6,650	9,500
2d RS Cpe, V-6	360	1,080	1,800	4,050	6,300	9,000
2d RS Conv, V-6	400	1,200	2,000	4,500	7,000	10,000
2d Z28 Cpe, V-8	420	1,260	2,100	4,730	7,350	10,500
2d Z28 Conv, V-8	500	1,500	2,500	5,630	8,750	12,500

NOTE: Add 10 percent for Z28 30th Anv Pkg.

	6	5	4	3	2	1
1998 Metro, 4-cyl.						
2d HBk (3-cyl.)	120	360	600	1,350	2,100	3,000
2d LSi HBk	130	400	660	1,490	2,310	3,300
4d LSi Sed	140	430	720	1,620	2,520	3,600
1998 Prism, 4-cyl.						
4d Sed	150	440	740	1,670	2,590	3,700
4d LSi Sed	160	480	800	1,800	2,800	4,000
1998 Cavalier, 4-cyl.						
2d Cpe	170	500	840	1,890	2,940	4,200
4d Sed	180	540	900	2,030	3,150	4,500
2d RS Cpe	200	590	980	2,210	3,430	4,900
4d LS Sed	200	600	1,000	2,250	3,500	5,000
2d Z24 Cpe	240	730	1,220	2,750	4,270	6,100
2d Z24 Conv	280	840	1,400	3,150	4,900	7,000
1998 Malibu, 4-cyl. & V-6						
4d Sed	260	770	1,280	2,880	4,480	6,400
4d LS Sed (V-6 only)	280	830	1,380	3,110	4,830	6,900
1998 Lumina, V-6						
4d Sed	260	780	1,300	2,930	4,550	6,500
4d LS Sed	280	840	1,400	3,150	4,900	7,000
4d LTZ Sed	300	900	1,500	3,380	5,250	7,500

NOTE: Add 5 percent for LTZ 3.8L V-6.

	6	5	4	3	2	1
1998 Monte Carlo, V-6						
2d LS Cpe	270	800	1,340	3,020	4,690	6,700
2d Z34 Cpe	300	900	1,500	3,380	5,250	7,500
1998 Camaro, V-6 & V-8						
2d Cpe, V-6	340	1,020	1,700	3,830	5,950	8,500
2d Conv, V-6	380	1,140	1,900	4,280	6,650	9,500
2d Z28 Cpe, V-8	420	1,260	2,100	4,730	7,350	10,500
2d Z28 Conv, V-8	500	1,500	2,500	5,630	8,750	12,500
2d SS Cpe, V-8	480	1,440	2,400	5,400	8,400	12,000
2d SS Conv, V-8	560	1,680	2,800	6,300	9,800	14,000

CORVAIR

	6	5	4	3	2	1
1960 Standard, 6-cyl.						
4d Sed	360	1,080	1,800	4,050	6,300	9,000
2d Cpe	380	1,140	1,900	4,280	6,650	9,500
1960 DeLuxe, 6-cyl.						
4d Sed	364	1,092	1,820	4,100	6,370	9,100
2d Cpe	388	1,164	1,940	4,370	6,790	9,700
1960 Monza, 6-cyl.						
2d Cpe	568	1,704	2,840	6,390	9,940	14,200
1961 Series 500, 6-cyl.						
4d Sed	360	1,080	1,800	4,050	6,300	9,000
2d Cpe	380	1,140	1,900	4,280	6,650	9,500
4d Sta Wag	372	1,116	1,860	4,190	6,510	9,300
1961 Series 700, 6-cyl.						
4d Sed	376	1,128	1,880	4,230	6,580	9,400
2d Cpe	480	1,440	2,400	5,400	8,400	12,000
4d Sta Wag	388	1,164	1,940	4,370	6,790	9,700
1961 Monza, 6-cyl.						
4d Sed	384	1,152	1,920	4,320	6,720	9,600
2d Cpe	540	1,620	2,700	6,080	9,450	13,500
1961 Greenbrier, 6-cyl.						
4d Spt Wag	480	1,440	2,400	5,400	8,400	12,000

NOTE: Add $1,200 for A/C.

	6	5	4	3	2	1
1962-63 Series 500, 6-cyl.						
2d Cpe	384	1,152	1,920	4,320	6,720	9,600
1962-63 Series 700, 6-cyl.						
4d Sed	384	1,152	1,920	4,320	6,720	9,600

	6	5	4	3	2	1
2d Cpe	484	1,452	2,420	5,450	8,470	12,100
4d Sta Wag (1962 only)	390	1,180	1,960	4,410	6,860	9,800

1962-63 Series 900 Monza, 6-cyl.

	6	5	4	3	2	1
4d Sed	484	1,452	2,420	5,450	8,470	12,100
2d Cpe	544	1,632	2,720	6,120	9,520	13,600
2d Conv	600	1,800	3,000	6,750	10,500	15,000
4d Sta Wag (1962 only)	490	1,460	2,440	5,490	8,540	12,200

1962-63 Monza Spyder, 6-cyl.

	6	5	4	3	2	1
2d Cpe	564	1,692	2,820	6,350	9,870	14,100
2d Conv	620	1,860	3,100	6,980	10,850	15,500

1962-63 Greenbrier, 6-cyl.

	6	5	4	3	2	1
4d Spt Wag	392	1,176	1,960	4,410	6,860	9,800

NOTE: Add $1,600 for K.O. wire wheels. Add $800. for A/C.

1964 Series 500, 6-cyl.

	6	5	4	3	2	1
2d Cpe	372	1,116	1,860	4,190	6,510	9,300

1964 Series 700, 6-cyl.

	6	5	4	3	2	1
4d Sed	384	1,152	1,920	4,320	6,720	9,600

1964 Series 900 Monza, 6-cyl.

	6	5	4	3	2	1
4d Sed	480	1,440	2,400	5,400	8,400	12,000
2d Cpe	552	1,656	2,760	6,210	9,660	13,800
2d Conv	580	1,740	2,900	6,530	10,150	14,500

1964 Monza Spyder, 6-cyl.

	6	5	4	3	2	1
2d Cpe	564	1,692	2,820	6,350	9,870	14,100
2d Conv	620	1,860	3,100	6,980	10,850	15,500

1964 Greenbrier, 6-cyl.

	6	5	4	3	2	1
4d Spt Wag	484	1,452	2,420	5,450	8,470	12,100

NOTE: Add $1,600 for K.O. wire wheels. Add $800 for A/C except Spyder.

1965 Series 500, 6-cyl.

	6	5	4	3	2	1
4d HT	332	996	1,660	3,740	5,810	8,300
2d HT	368	1,104	1,840	4,140	6,440	9,200

1965 Monza Series, 6-cyl.

	6	5	4	3	2	1
4d HT	360	1,080	1,800	4,050	6,300	9,000
2d HT	520	1,560	2,600	5,850	9,100	13,000
2d Conv	600	1,800	3,000	6,750	10,500	15,000

NOTE: Add 20 percent for 140 hp engine.

1965 Corsa Series, 6-cyl.

	6	5	4	3	2	1
2d HT	520	1,560	2,600	5,850	9,100	13,000
2d Conv	620	1,860	3,100	6,980	10,850	15,500

NOTE: Add 30 percent for 180 hp engine.

1965 Greenbrier, 6-cyl.

	6	5	4	3	2	1
4d Spt Wag	380	1,140	1,900	4,280	6,650	9,500

NOTE: Add $1,000 for A/C.

1966 Series 500, 6-cyl.

	6	5	4	3	2	1
4d HT	340	1,020	1,700	3,830	5,950	8,500
2d HT	376	1,128	1,880	4,230	6,580	9,400

1966 Monza Series, 6-cyl.

	6	5	4	3	2	1
4d HT	368	1,104	1,840	4,140	6,440	9,200
2d HT	520	1,560	2,600	5,850	9,100	13,000
2d Conv	620	1,860	3,100	6,980	10,850	15,500

NOTE: Add 20 percent for 140 hp engine.

1966 Corsa Series, 6-cyl.

	6	5	4	3	2	1
2d HT	544	1,632	2,720	6,120	9,520	13,600
2d Conv	640	1,920	3,200	7,200	11,200	16,000

NOTE: Add 30 percent for 180 hp engine. Add $1,000 for A/C.

1967 Series 500, 6-cyl.

	6	5	4	3	2	1
2d HT	360	1,080	1,800	4,050	6,300	9,000
4d HT	340	1,020	1,700	3,830	5,950	8,500

1967 Monza, 6-cyl.

	6	5	4	3	2	1
4d HT	368	1,104	1,840	4,140	6,440	9,200
2d HT	520	1,560	2,600	5,850	9,100	13,000
2d Conv	600	1,800	3,000	6,750	10,500	15,000

NOTE: Add $1,000 for A/C. Add 20 percent for 140 hp engine.

1968 Series 500, 6-cyl.

	6	5	4	3	2	1
2d HT	360	1,080	1,800	4,050	6,300	9,000

1968 Monza, 6-cyl.

	6	5	4	3	2	1
2d HT	520	1,560	2,600	5,850	9,100	13,000
2d Conv	640	1,920	3,200	7,200	11,200	16,000

NOTE: Add 20 percent for 140 hp engine.

1969 Series 500, 6-cyl.

	6	5	4	3	2	1
2d HT	480	1,440	2,400	5,400	8,400	12,000

1964 Corvette Sting Ray coupe

1973 Chevrolet Nova hatchback coupe

1978 Chevrolet Malibu Classic two-door hardtop

	6	5	4	3	2	1
1969 Monza						
2d HT	580	1,740	2,900	6,530	10,150	14,500
2d Conv	640	1,920	3,200	7,200	11,200	16,000

NOTE: Add 20 percent for 140 hp engine.

CORVETTE

	6	5	4	3	2	1
1953						
6-cyl. Conv	4,560	13,680	22,800	51,300	79,800	114,000
1954						
6-cyl. Conv	3,000	9,000	15,000	33,750	52,500	75,000

NOTE: Add $3,000 & up for access. hardtop.

	6	5	4	3	2	1
1955						
6-cyl. Conv	3,080	9,240	15,400	34,650	53,900	77,000
8-cyl. Conv	3,200	9,600	16,000	36,000	56,000	80,000

NOTE: Add $3,000 & up for access. hardtop.

	6	5	4	3	2	1
1956						
Conv	3,040	9,120	15,200	34,200	53,200	76,000

NOTE: All post-1955 Corvettes are V-8 powered. Add $3,000 & up for removable hardtop. Add 20 percent for two 4 barrel carbs.

	6	5	4	3	2	1
1957						
Conv	3,080	9,240	15,400	34,650	53,900	77,000

NOTE: Add $3,000 for hardtop. Add 50 percent for F.I., 250 hp. Add 75 percent for F.I., 283 hp. Add 25 percent for two 4 barrel carbs, 245 hp. Add 35 percent for two 4 barrel carbs, 270 hp. Add 15 percent for 4-speed transmission. Add 150 percent for 579E option.

	6	5	4	3	2	1
1958						
Conv	2,640	7,920	13,200	29,700	46,200	66,000

NOTE: Add $3,000 for hardtop. Add 25 percent for two 4 barrel carbs, 245 hp. Add 35 percent for two 4 barrel carbs, 270 hp. Add 40 percent for F.I., 250 hp. Add 60 percent for F.I., 290 hp.

	6	5	4	3	2	1
1959						
Conv	2,280	6,840	11,400	25,650	39,900	57,000

NOTE: Add $3,000 for hardtop. Add 40 percent for F.I., 250 hp. Add 60 percent for F.I., 290 hp. Add 25 percent for two 4 barrel carbs, 245 hp. Add 35 percent for two 4 barrel carbs, 270 hp.

	6	5	4	3	2	1
1960						
Conv	2,280	6,840	11,400	25,650	39,900	57,000

NOTE: Add $3,000 for hardtop. Add 40 percent for F.I., 275 hp. Add 60 percent for F.I., 315 hp. Add 25 percent for two 4 barrel carbs, 245 hp. Add 35 percent for two 4 barrel carbs, 270 hp.

	6	5	4	3	2	1
1961						
Conv	2,320	6,960	11,600	26,100	40,600	58,000

NOTE: Add $3,000 for hardtop. Add 40 percent for F.I., 275 hp. Add 60 percent for F.I., 315 hp. Add 25 percent for two 4 barrel carbs, 245 hp. Add 35 percent for two 4 barrel carbs, 270 hp.

	6	5	4	3	2	1
1962						
Conv	2,320	6,960	11,600	26,100	40,600	58,000

NOTE: Add $3,000 for hardtop; 30 percent for F.I.

	6	5	4	3	2	1
1963						
Spt Cpe	2,160	6,480	10,800	24,300	37,800	54,000
Conv	2,200	6,600	11,000	24,750	38,500	55,000
GS			value not estimable			

NOTE: Add 30 percent for F.I.; $4,500 for A/C. Add $3,000 for hardtop; $3,000 for knock off wheels. Z06 option, value not estimable.

	6	5	4	3	2	1
1964						
Spt Cpe	1,960	5,880	9,800	22,050	34,300	49,000
Conv	2,200	6,600	11,000	24,750	38,500	55,000

NOTE: Add 30 percent for F.I.; $4,500 for A/C. Add 30 percent for 327 cid, 365 hp. Add $3,000 for hardtop; $3,000 for knock off wheels.

	6	5	4	3	2	1
1965						
Spt Cpe	2,000	6,000	10,000	22,500	35,000	50,000
Conv	2,200	6,600	11,000	24,750	38,500	55,000

NOTE: Add 40 percent for F.I.; $4,500 for A/C. Add 60 percent for 396 cid. Add $3,000 for knock off wheels. Add $3,000 for hardtop.

	6	5	4	3	2	1
1966						
Spt Cpe	2,040	6,120	10,200	22,950	35,700	51,000
Conv	2,240	6,720	11,200	25,200	39,200	56,000

NOTE: Add $4,500 for A/C.; 20 percent for 427 engine - 390 hp. Add 50 percent for 427 engine - 425 hp (L72 listed by Chevrolet as having 425 hp, but, is believed to have more). Add $3,000 for knock off wheels; $3,000 for hardtop.

	6	5	4	3	2	1
1967						
Spt Cpe	2,120	6,360	10,600	23,850	37,100	53,000
Conv	2,320	6,960	11,600	26,100	40,600	58,000

	6	5	4	3	2	1

NOTE: Add $4,500 for A/C. L88 & L89 option not estimable, 30 percent for 427 engine - 390 hp. Add 50 percent for 427 engine - 400 hp, 70 percent for 427 engine - 435 hp; $4,000 for aluminum wheels; $3,000 for hardtop.

1968

	6	5	4	3	2	1
Spt Cpe	1,200	3,600	6,000	13,500	21,000	30,000
Conv	1,360	4,080	6,800	15,300	23,800	34,000

NOTE: Add 40 percent for L89 427 - 435 hp aluminum head option. L88 engine option not estimable. Add 40 percent for 427, 400 hp. Add 20 percent for L71 427-435 hp cast head.

1969

	6	5	4	3	2	1
Spt Cpe	1,200	3,600	6,000	13,500	21,000	30,000
Conv	1,360	4,080	6,800	15,300	23,800	34,000

NOTE: Add 40 percent for 427 - 435 hp aluminum head option. L88 engine option not estimable. Add 40 percent for 427, 400 hp. Add 20 percent for L71 427-435 hp cast head.

1970

	6	5	4	3	2	1
Spt Cpe	1,160	3,480	5,800	13,050	20,300	29,000
Conv	1,320	3,960	6,600	14,850	23,100	33,000

NOTE: Add 70 percent for LT-1 option. ZR1 option not estimable. Add 30 percent for LS5 option.

1971

	6	5	4	3	2	1
Spt Cpe	1,120	3,360	5,600	12,600	19,600	28,000
Conv	1,280	3,840	6,400	14,400	22,400	32,000

NOTE: Add 50 percent for LT-1 option; 30 percent for LS5 option; 75 percent for LS6 option.

1972

	6	5	4	3	2	1
Spt Cpe	1,120	3,360	5,600	12,600	19,600	28,000
Conv	1,280	3,840	6,400	14,400	22,400	32,000

NOTE: Add 50 percent for LT-1 option. Add 30 percent for LS5 option. Add 25 percent for air on LT-1.

1973

	6	5	4	3	2	1
Spt Cpe	1,040	3,120	5,200	11,700	18,200	26,000
Conv	1,200	3,600	6,000	13,500	21,000	30,000

NOTE: Add 10 percent for L82. Add 25 percent for LS4.

1974

	6	5	4	3	2	1
Spt Cpe	920	2,760	4,600	10,350	16,100	23,000
Conv	1,120	3,360	5,600	12,600	19,600	28,000

NOTE: Add 10 percent for L82. Add 25 percent for LS4.

1975

	6	5	4	3	2	1
Spt Cpe	880	2,640	4,400	9,900	15,400	22,000
Conv	1,080	3,240	5,400	12,150	18,900	27,000

NOTE: Add 10 percent for L82.

1976

	6	5	4	3	2	1
Cpe	840	2,520	4,200	9,450	14,700	21,000

NOTE: Add 10 percent for L82.

1977

	6	5	4	3	2	1
Cpe	880	2,640	4,400	9,900	15,400	22,000

NOTE: Add 10 percent for L82.

1978

	6	5	4	3	2	1
Cpe	1,000	3,000	5,000	11,250	17,500	25,000

NOTE: Add 10 percent for anniversary model. Add 25 percent for Pace Car. Add 10 percent for L82 engine option.

1979

	6	5	4	3	2	1
Cpe	880	2,640	4,400	9,900	15,400	22,000

NOTE: Add 10 percent for L82 engine option.

1980

	6	5	4	3	2	1
Cpe	880	2,640	4,400	9,900	15,400	22,000

NOTE: Add 20 percent for L82 engine option.

1981

	6	5	4	3	2	1
Cpe	880	2,640	4,400	9,900	15,400	22,000

1982

	6	5	4	3	2	1
2d Cpe	920	2,760	4,600	10,350	16,100	23,000

NOTE: Add 20 percent for Collector Edition.

1983

NOTE: None manufactured.

1984

	6	5	4	3	2	1
2d HBk	1,080	3,240	5,400	12,150	18,900	27,000

1985

	6	5	4	3	2	1
2d HBk	1,080	3,240	5,400	12,150	18,900	27,000

1986

	6	5	4	3	2	1
2d HBk	1,120	3,360	5,600	12,600	19,600	28,000
Conv Pace Car	1,410	4,220	7,040	15,840	24,640	35,200

	6	5	4	3	2	1
1987						
2d HBk	1,120	3,360	5,600	12,600	19,600	28,000
Conv	1,280	3,840	6,400	14,400	22,400	32,000
1988						
2d Cpe	1,100	3,300	5,500	12,380	19,250	27,500
Conv	1,200	3,600	6,000	13,500	21,000	30,000
1989						
2d Cpe	1,120	3,360	5,600	12,600	19,600	28,000
Conv	1,240	3,720	6,200	13,950	21,700	31,000
1990						
2d HBk	1,080	3,240	5,400	12,150	18,900	27,000
Conv	1,240	3,720	6,200	13,950	21,700	31,000
2d HBk ZR1	1,960	5,880	9,800	22,050	34,300	49,000
1991						
2d HBk	1,320	3,960	6,600	14,850	23,100	33,000
Conv	1,440	4,320	7,200	16,200	25,200	36,000
2d HBk ZR1	2,080	6,240	10,400	23,400	36,400	52,000
1992						
2d HBk Cpe	1,360	4,080	6,800	15,300	23,800	34,000
2d Conv	1,480	4,440	7,400	16,650	25,900	37,000
2d ZR1 Cpe	2,120	6,360	10,600	23,850	37,100	53,000
1993						
2d Cpe	1,400	4,200	7,000	15,750	24,500	35,000
2d ZR1 Cpe	2,160	6,480	10,800	24,300	37,800	54,000
2d Conv	1,520	4,560	7,600	17,100	26,600	38,000

NOTE: Add 10 percent for Anniversary model.

	6	5	4	3	2	1
1994						
2d Cpe	1,400	4,200	7,000	15,750	24,500	35,000
2d Conv	1,560	4,680	7,800	17,550	27,300	39,000
2d ZR1 Cpe	2,200	6,600	11,000	24,750	38,500	55,000
1995						
2d Cpe	1,400	4,200	7,000	15,750	24,500	35,000
2d Conv	1,560	4,680	7,800	17,550	27,300	39,000
2d ZR1 Cpe	2,200	6,600	11,000	24,750	38,500	55,000

NOTE: Add 10 percent for Pace Car.

	6	5	4	3	2	1
1996						
2d Cpe	1,400	4,200	7,000	15,750	24,500	35,000
2d Conv	1,560	4,680	7,800	17,550	27,300	39,000

NOTE: Add 10 percent for Grand Sport/Collector Ed. Add 5 percent for LT4 V-8 in base model.

	6	5	4	3	2	1
1997						
2d Cpe	1,480	4,440	7,400	16,650	25,900	37,000
1998 V-8						
2d Cpe	1,480	4,440	7,400	16,650	25,900	37,000
2d Conv	1,600	4,800	8,000	18,000	28,000	40,000

NOTE: Add 10 percent for Pace Car Ed.

CHRYSLER

1924 Model B, 6-cyl., 112.75" wb

	6	5	4	3	2	1
2d Rds	840	2,520	4,200	9,450	14,700	21,000
4d Phae	880	2,640	4,400	9,900	15,400	22,000
4d Tr	800	2,400	4,000	9,000	14,000	20,000
2d RS Cpe	560	1,680	2,800	6,300	9,800	14,000
4d Sed	480	1,440	2,400	5,400	8,400	12,000
2d Brgm	500	1,500	2,500	5,630	8,750	12,500
4d Imp Sed	520	1,560	2,600	5,850	9,100	13,000
4d Crw Imp	560	1,680	2,800	6,300	9,800	14,000
4d T&C	640	1,920	3,200	7,200	11,200	16,000

1925 Model B-70, 6-cyl., 112.75" wb

	6	5	4	3	2	1
2d Rds	840	2,520	4,200	9,450	14,700	21,000
4d Phae	880	2,640	4,400	9,900	15,400	22,000
4d Tr	800	2,400	4,000	9,000	14,000	20,000
2d Roy Cpe	560	1,680	2,800	6,300	9,800	14,000
4d Sed	480	1,440	2,400	5,400	8,400	12,000
2d Brgm	500	1,500	2,500	5,630	8,750	12,500
4d Imp Sed	520	1,560	2,600	5,850	9,100	13,000
4d Crw Imp	560	1,680	2,800	6,300	9,800	14,000
4d T&C	640	1,920	3,200	7,200	11,200	16,000

1926 Series 58, 4-cyl., 109" wb

	6	5	4	3	2	1
2d Rds	800	2,400	4,000	9,000	14,000	20,000
4d Tr	840	2,520	4,200	9,450	14,700	21,000
2d Clb Cpe	540	1,620	2,700	6,080	9,450	13,500
2d Sed	488	1,464	2,440	5,490	8,540	12,200
4d Sed	464	1,392	2,320	5,220	8,120	11,600

1926 Series 60, 6-cyl., 109"wb Introduced: May, 1926.

	6	5	4	3	2	1
2d Rds	800	2,400	4,000	9,000	14,000	20,000
4d Tr	840	2,520	4,200	9,450	14,700	21,000
2d Cpe	540	1,620	2,700	6,080	9,450	13,500
2d Sed	512	1,536	2,560	5,760	8,960	12,800
4d Lthr Tr Sed	520	1,560	2,600	5,850	9,100	13,000
4d Sed	504	1,512	2,520	5,670	8,820	12,600
4d Lan Sed	512	1,536	2,560	5,760	8,960	12,800

1926 Series G-70, 6-cyl., 112.75" wb

	6	5	4	3	2	1
2d Rds	840	2,520	4,200	9,450	14,700	21,000
4d Phae	880	2,640	4,400	9,900	15,400	22,000
2d Roy Cpe	580	1,740	2,900	6,530	10,150	14,500
2d Sed	520	1,560	2,600	5,850	9,100	13,000
4d Lthr Trm Sed	540	1,620	2,700	6,080	9,450	13,500
2d Brgm	580	1,740	2,900	6,530	10,150	14,500
4d Sed	540	1,620	2,700	6,080	9,450	13,500
4d Roy Sed	588	1,764	2,940	6,620	10,290	14,700
4d Crw Sed	600	1,800	3,000	6,750	10,500	15,000

1926 Series E-80 Imperial, 6-cyl., 120" wb

	6	5	4	3	2	1
2d RS Rds	960	2,880	4,800	10,800	16,800	24,000
4d Phae	1,000	3,000	5,000	11,250	17,500	25,000
2d Cpe	680	2,040	3,400	7,650	11,900	17,000
4d 5P Sed	640	1,920	3,200	7,200	11,200	16,000
4d 7P Sed	680	2,040	3,400	7,650	11,900	17,000
4d Berl	700	2,100	3,500	7,880	12,250	17,500

1927 Series I-50, 4-cyl., 106" wb

	6	5	4	3	2	1
2d 2P Rds	800	2,400	4,000	9,000	14,000	20,000
2d RS Rds	840	2,520	4,200	9,450	14,700	21,000
4d Tr	800	2,400	4,000	9,000	14,000	20,000
2d Cpe	540	1,620	2,700	6,080	9,450	13,500
2d Sed	500	1,500	2,500	5,630	8,750	12,500
4d Lthr Trm Sed	520	1,560	2,600	5,850	9,100	13,000
4d Sed	492	1,476	2,460	5,540	8,610	12,300
4d Lan Sed	500	1,500	2,500	5,630	8,750	12,500

1927 Series H-60, 6-cyl., 109" wb

	6	5	4	3	2	1
2d 2P Rds	920	2,760	4,600	10,350	16,100	23,000
2d RS Rds	960	2,880	4,800	10,800	16,800	24,000
4d Tr	920	2,760	4,600	10,350	16,100	23,000
2d 2P Cpe	560	1,680	2,800	6,300	9,800	14,000
2d RS Cpe	580	1,740	2,900	6,530	10,150	14,500
2d Sed	524	1,572	2,620	5,900	9,170	13,100
4d Lthr Trm Sed	540	1,620	2,700	6,080	9,450	13,500
4d Sed	484	1,452	2,420	5,450	8,470	12,100

1927 Series "Finer" 70, 6-cyl., 112.75" wb

	6	5	4	3	2	1
2d RS Rds	920	2,760	4,600	10,350	16,100	23,000
4d Phae	960	2,880	4,800	10,800	16,800	24,000
4d Spt Phae	1,000	3,000	5,000	11,250	17,500	25,000
4d Cus Spt Phae	1,040	3,120	5,200	11,700	18,200	26,000
2d RS Cabr.	880	2,640	4,400	9,900	15,400	22,000
2d 2P Cpe	560	1,680	2,800	6,300	9,800	14,000
2d RS Cpe	580	1,740	2,900	6,530	10,150	14,500
2d 4P Cpe	540	1,620	2,700	6,080	9,450	13,500
2d Brgm	544	1,632	2,720	6,120	9,520	13,600
4d Lan Brgm	548	1,644	2,740	6,170	9,590	13,700
4d Roy Sed	552	1,656	2,760	6,210	9,660	13,800
4d Crw Sed	556	1,668	2,780	6,260	9,730	13,900

1927-Early 1928 Series E-80 Imperial, 6-cyl., 120" & 127" wb

	6	5	4	3	2	1
2d RS Rds	1,120	3,360	5,600	12,600	19,600	28,000
2d Spt Rds	1,160	3,480	5,800	13,050	20,300	29,000
4d 5P Phae	1,160	3,480	5,800	13,050	20,300	29,000
4d Spt Phae	1,200	3,600	6,000	13,500	21,000	30,000
4d 7P Phae	1,120	3,360	5,600	12,600	19,600	28,000
2d RS Cabr.	1,080	3,240	5,400	12,150	18,900	27,000
2d Bus Cpe	680	2,040	3,400	7,650	11,900	17,000
2d 4P Cpe	700	2,100	3,500	7,880	12,250	17,500
2d 5P Cpe	640	1,920	3,200	7,200	11,200	16,000
4d Std Sed	564	1,692	2,820	6,350	9,870	14,100
4d Sed	560	1,680	2,800	6,300	9,800	14,000
4d Lan Sed	600	1,800	3,000	6,750	10,500	15,000
4d 7P Sed	608	1,824	3,040	6,840	10,640	15,200
4d Limo	680	2,040	3,400	7,650	11,900	17,000
4d T&C	720	2,160	3,600	8,100	12,600	18,000

1928 Series 52, 4-cyl., 106" wb

	6	5	4	3	2	1
2d RS Rds	1,000	3,000	5,000	11,250	17,500	25,000
4d Tr	580	1,740	2,900	6,530	10,150	14,500
2d Clb Cpe	540	1,620	2,700	6,080	9,450	13,500

	6	5	4	3	2	1
2d DeL Cpe	600	1,800	3,000	6,750	10,500	15,000
2d Sed	560	1,680	2,800	6,300	9,800	14,000
4d Sed	560	1,680	2,800	6,300	9,800	14,000
4d DeL Sed	552	1,656	2,760	6,210	9,660	13,800

1928 Series 62, 6-cyl., 109" wb

	6	5	4	3	2	1
2d RS Rds	1,040	3,120	5,200	11,700	18,200	26,000
4d Tr	1,000	3,000	5,000	11,250	17,500	25,000
2d Bus Cpe	580	1,740	2,900	6,530	10,150	14,500
2d RS Cpe	620	1,860	3,100	6,980	10,850	15,500
2d Sed	560	1,680	2,800	6,300	9,800	14,000
4d Sed	552	1,656	2,760	6,210	9,660	13,800
4d Lan Sed	564	1,692	2,820	6,350	9,870	14,100

1928 Series 72, 6-cyl., 120.5" wb

	6	5	4	3	2	1
2d RS Rds	1,000	3,000	5,000	11,250	17,500	25,000
2d Spt Rds	1,080	3,240	5,400	12,150	18,900	27,000
2d Conv	920	2,760	4,600	10,350	16,100	23,000
2d RS Cpe	640	1,920	3,200	7,200	11,200	16,000
2d 4P Cpe	600	1,800	3,000	6,750	10,500	15,000
4d CC Sed	600	1,800	3,000	6,750	10,500	15,000
4d Roy Sed	560	1,680	2,800	6,300	9,800	14,000
4d Crw Sed	600	1,800	3,000	6,750	10,500	15,000
4d Twn Sed	620	1,860	3,100	6,980	10,850	15,500
4d LeB Imp Twn Cabr	720	2,160	3,600	8,100	12,600	18,000

1928 Series 80 L Imperial, 6-cyl., 136" wb

	6	5	4	3	2	1
2d RS Rds	1,080	3,240	5,400	12,150	18,900	27,000
4d Sed	600	1,800	3,000	6,750	10,500	15,000
4d Twn Sed	620	1,860	3,100	6,980	10,850	15,500
4d 7P Sed	640	1,920	3,200	7,200	11,200	16,000
4d Limo	680	2,040	3,400	7,650	11,900	17,000

1928 Series 80 L Imperial, 6-cyl., 136" wb,Custom Bodies

	6	5	4	3	2	1
4d LeB DC Phae	2,400	7,200	12,000	27,000	42,000	60,000
4d LeB CC Conv Sed	2,120	6,360	10,600	23,850	37,100	53,000
2d LeB RS Conv	2,000	6,000	10,000	22,500	35,000	50,000
2d LeB Clb Cpe	1,080	3,240	5,400	12,150	18,900	27,000
2d LeB Twn Cpe	1,040	3,120	5,200	11,700	18,200	26,000
4d LeB Lan Limo	1,880	5,640	9,400	21,150	32,900	47,000
4d Der Conv Sed	2,080	6,240	10,400	23,400	36,400	52,000
4d Dtrch Conv Sed	2,280	6,840	11,400	25,650	39,900	57,000
4d 4P Dtrch Phae	2,400	7,200	12,000	27,000	42,000	60,000
4d 7P Dtrch Phae	2,400	7,200	12,000	27,000	42,000	60,000
4d Dtrch Sed	1,320	3,960	6,600	14,850	23,100	33,000
4d Lke Phae	1,880	5,640	9,400	21,150	32,900	47,000

1929 Series 65, 6-cyl., 112.75" wb

	6	5	4	3	2	1
2d RS Rds	1,120	3,360	5,600	12,600	19,600	28,000
4d Tr	1,160	3,480	5,800	13,050	20,300	29,000
2d Bus Cpe	800	2,400	4,000	9,000	14,000	20,000
2d RS Cpe	840	2,520	4,200	9,450	14,700	21,000
2d Sed	680	2,040	3,400	7,650	11,900	17,000
4d Sed	700	2,100	3,500	7,880	12,250	17,500

1929 Series 75, 6-cyl.

	6	5	4	3	2	1
2d RS Rds	1,280	3,840	6,400	14,400	22,400	32,000
4d 5P Phae	1,320	3,960	6,600	14,850	23,100	33,000
4d DC Phae	1,360	4,080	6,800	15,300	23,800	34,000
4d 7P Phae	1,280	3,840	6,400	14,400	22,400	32,000
2d RS Conv	1,240	3,720	6,200	13,950	21,700	31,000
4d Conv Sed	1,200	3,600	6,000	13,500	21,000	30,000
2d RS Cpe	840	2,520	4,200	9,450	14,700	21,000
2d Cpe	800	2,400	4,000	9,000	14,000	20,000
4d Roy Sed	720	2,160	3,600	8,100	12,600	18,000
4d Crw Sed	760	2,280	3,800	8,550	13,300	19,000
4d Twn Sed	780	2,340	3,900	8,780	13,650	19,500

1929-30 Series 80 L Imperial, 6-cyl., 136" wb

	6	5	4	3	2	1
2d RS Rds	2,440	7,320	12,200	27,450	42,700	61,000
4d Lke DC Spt Phae	2,720	8,160	13,600	30,600	47,600	68,000
4d Lke 7P Phae	2,560	7,680	12,800	28,800	44,800	64,000
4d Lke Conv Sed	2,480	7,440	12,400	27,900	43,400	62,000
2d Lke RS Conv	2,160	6,480	10,800	24,300	37,800	54,000
2d 2P Cpe	960	2,880	4,800	10,800	16,800	24,000
2d RS Cpe	1,080	3,240	5,400	12,150	18,900	27,000
4d Sed	840	2,520	4,200	9,450	14,700	21,000
4d Twn Sed	880	2,640	4,400	9,900	15,400	22,000
4d 7P Sed	840	2,520	4,200	9,450	14,700	21,000
4d Limo	1,000	3,000	5,000	11,250	17,500	25,000

1930-31 (through December) Series Six, 6-cyl., 109" wb

(Continued through Dec. 1930.)

	6	5	4	3	2	1
2d RS Rds	1,080	3,240	5,400	12,150	18,900	27,000

	6	5	4	3	2	1
4d Tr	1,040	3,120	5,200	11,700	18,200	26,000
2d RS Conv	1,000	3,000	5,000	11,250	17,500	25,000
2d Bus Cpe	720	2,160	3,600	8,100	12,600	18,000
2d Roy Cpe	760	2,280	3,800	8,550	13,300	19,000
4d Roy Sed	680	2,040	3,400	7,650	11,900	17,000

1930-31 Series 66, 6-cyl., 112-3/4" wb

(Continued through May 1931).

	6	5	4	3	2	1
2d RS Rds	1,120	3,360	5,600	12,600	19,600	28,000
4d Phae	1,160	3,480	5,800	13,050	20,300	29,000
2d Bus Cpe	760	2,280	3,800	8,550	13,300	19,000
2d Roy Cpe	780	2,340	3,900	8,780	13,650	19,500
2d Brgm	680	2,040	3,400	7,650	11,900	17,000
4d Roy Sed	720	2,160	3,600	8,100	12,600	18,000

1930-31 Series 70, 6 cyl., 116-1/2" wb

(Continued through Feb. 1931.)

	6	5	4	3	2	1
2d RS Rds	1,280	3,840	6,400	14,400	22,400	32,000
2d RS Conv	1,160	3,480	5,800	13,050	20,300	29,000
4d Phae	1,320	3,960	6,600	14,850	23,100	33,000
2d Bus Cpe	760	2,280	3,800	8,550	13,300	19,000
2d Roy Cpe	780	2,340	3,900	8,780	13,650	19,500
2d Brgm	720	2,160	3,600	8,100	12,600	18,000
4d Roy Sed	760	2,280	3,800	8,550	13,300	19,000

1930-31 Series 77, 6-cyl., 124.5" wb

	6	5	4	3	2	1
2d RS Rds	1,760	5,280	8,800	19,800	30,800	44,000
4d DC Phae	1,560	4,680	7,800	17,550	27,300	39,000
2d RS Conv	1,360	4,080	6,800	15,300	23,800	34,000
2d Bus Cpe	800	2,400	4,000	9,000	14,000	20,000
2d Roy RS Cpe	820	2,460	4,100	9,230	14,350	20,500
2d Crw Cpe	800	2,400	4,000	9,000	14,000	20,000
4d Roy Sed	760	2,280	3,800	8,550	13,300	19,000
4d Crw Sed	800	2,400	4,000	9,000	14,000	20,000

1931-32 New Series Six, CM, 6-cyl., 116" wb

(Produced Jan. - Dec. 1931.)

	6	5	4	3	2	1
2d RS Rds	1,320	3,960	6,600	14,850	23,100	33,000
4d Tr	1,280	3,840	6,400	14,400	22,400	32,000
2d RS Conv	1,240	3,720	6,200	13,950	21,700	31,000
2d Bus Cpe	800	2,400	4,000	9,000	14,000	20,000
2d Roy Cpe	820	2,460	4,100	9,230	14,350	20,500
4d Roy Sed	760	2,280	3,800	8,550	13,300	19,000

1931-32 Series 70, 6-cyl., 116-1/2" wb

	6	5	4	3	2	1
2d Bus Cpe	820	2,460	4,100	9,230	14,350	20,500
2d Roy Cpe	840	2,520	4,200	9,450	14,700	21,000
2d Brgm	800	2,400	4,000	9,000	14,000	20,000
4d Roy Sed	800	2,400	4,000	9,000	14,000	20,000

1931-32 First Series, CD, 8-cyl., 80 hp, 124" wb

(Built 7/17/30 - 1/31.)

	6	5	4	3	2	1
2d RS Rds	1,400	4,200	7,000	15,750	24,500	35,000
2d Spt Rds	1,520	4,560	7,600	17,100	26,600	38,000
2d Conv	1,360	4,080	6,800	15,300	23,800	34,000
2d Cpe	960	2,880	4,800	10,800	16,800	24,000
2d Spl Cpe	920	2,760	4,600	10,350	16,100	23,000
4d Roy Sed	800	2,400	4,000	9,000	14,000	20,000
4d Spl Roy Sed	840	2,520	4,200	9,450	14,700	21,000

1931-32 Second Series, CD, 8-cyl., 88 hp, 124" wb

(Built 2/2/31 - 5/18/31.)

	6	5	4	3	2	1
2d RS Spt Rds	2,120	6,360	10,600	23,850	37,100	53,000
4d Lke DC Phae	2,000	6,000	10,000	22,500	35,000	50,000
2d RS Conv	1,720	5,160	8,600	19,350	30,100	43,000
2d Roy Cpe	1,040	3,120	5,200	11,700	18,200	26,000
2d Spl Roy Cpe	1,000	3,000	5,000	11,250	17,500	25,000
4d Roy Sed	800	2,400	4,000	9,000	14,000	20,000

1931-32 Second Series CD

	6	5	4	3	2	1
4d Spl Roy Sed	840	2,520	4,200	9,450	14,700	21,000

1931-32 DeLuxe Series, CD, 8-cyl., 100 hp, 124" wb

(Built 5/19/31 - 11/31.)

	6	5	4	3	2	1
2d RS Rds	1,920	5,760	9,600	21,600	33,600	48,000
4d Lke DC Phae	1,840	5,520	9,200	20,700	32,200	46,000
2d RS Conv	1,720	5,160	8,600	19,350	30,100	43,000
2d RS Cpe	1,080	3,240	5,400	12,150	18,900	27,000
2d Roy Cpe	1,040	3,120	5,200	11,700	18,200	26,000
4d Sed	800	2,400	4,000	9,000	14,000	20,000

1931-32 Imperial, CG, 8-cyl., 125 hp, 145" wb

(Built July 17, 1930 thru Dec . 1931.)

	6	5	4	3	2	1
1931-32 Standard Line						
4d CC Sed	1,760	5,280	8,800	19,800	30,800	44,000
4d 5P Sed	1,160	3,480	5,800	13,050	20,300	29,000
4d 7P Sed	1,160	3,480	5,800	13,050	20,300	29,000
4d Limo	1,280	3,840	6,400	14,400	22,400	32,000
1931-32 Custom Line						
2d LeB RS Rds	11,360	34,080	56,800	127,800	198,800	284,000
4d LeB DC Phae	11,160	33,480	55,800	125,550	195,300	279,000
4d LeB Conv Sed	10,960	32,880	54,800	123,300	191,800	274,000
2d LeB RS Cpe	3,760	11,280	18,800	42,300	65,800	94,000
2d Wths Conv Vic	10,160	30,480	50,800	114,300	177,800	254,000
2d LeB Conv Spds	9,760	29,280	48,800	109,800	170,800	244,000
1932 Second Series, CI, 6-cyl., 116-1/2" wb						
(Begun 1/1/32).						
2d RS Rds	1,160	3,480	5,800	13,050	20,300	29,000
4d Phae	1,120	3,360	5,600	12,600	19,600	28,000
2d RS Conv	1,080	3,240	5,400	12,150	18,900	27,000
4d Conv Sed	1,120	3,360	5,600	12,600	19,600	28,000
2d Bus Cpe	840	2,520	4,200	9,450	14,700	21,000
2d RS Cpe	880	2,640	4,400	9,900	15,400	22,000
4d Sed	760	2,280	3,800	8,550	13,300	19,000
1932 Series CP, 8-cyl., 125" wb, 100 hp						
(Began 1/1/32).						
2d RS Conv	1,280	3,840	6,400	14,400	22,400	32,000
4d Conv Sed	1,320	3,960	6,600	14,850	23,100	33,000
2d RS Cpe	1,040	3,120	5,200	11,700	18,200	26,000
2d Cpe	960	2,880	4,800	10,800	16,800	24,000
4d Sed	800	2,400	4,000	9,000	14,000	20,000
4d LeB T&C	960	2,880	4,800	10,800	16,800	24,000
1932 Imperial Series, CH, 8-cyl., 135" wb, 125 hp						
(Began 1/1/32.)						
1932 Standard Line						
4d Conv Sed	7,360	22,080	36,800	82,800	128,800	184,000
2d RS Cpe	2,400	7,200	12,000	27,000	42,000	60,000
4d Sed	1,720	5,160	8,600	19,350	30,100	43,000
1932 Imperial Series, CL, 8-cyl., 146" wb, 125 hp						
(Began 1/1/32.)						
1932 Custom Line - LeBaron bodies						
2d RS Conv	10,560	31,680	52,800	118,800	184,800	264,000
4d DC Phae	11,760	35,280	58,800	132,300	205,800	294,000
4d Conv Sed	11,560	34,680	57,800	130,050	202,300	289,000
1933 Series CO, 6-cyl., 116.5" wb						
2d RS Conv	1,000	3,000	5,000	11,250	17,500	25,000
4d Conv Sed	1,160	3,480	5,800	13,050	20,300	29,000
2d Bus Cpe	880	2,640	4,400	9,900	15,400	22,000
2d RS Cpe	960	2,880	4,800	10,800	16,800	24,000
2d Brgm	800	2,400	4,000	9,000	14,000	20,000
4d Sed	800	2,400	4,000	9,000	14,000	20,000
1933 Royal Series CT, 8-cyl., 119.5" wb						
2d RS Conv	1,280	3,840	6,400	14,400	22,400	32,000
4d Conv Sed	1,320	3,960	6,600	14,850	23,100	33,000
2d Bus Cpe	960	2,880	4,800	10,800	16,800	24,000
2d RS Cpe	1,000	3,000	5,000	11,250	17,500	25,000
4d Sed	840	2,520	4,200	9,450	14,700	21,000
4d 7P Sed	880	2,640	4,400	9,900	15,400	22,000
1933 Imperial Series CQ, 8-cyl., 126" wb						
2d RS Conv	1,520	4,560	7,600	17,100	26,600	38,000
4d Conv Sed	1,600	4,800	8,000	18,000	28,000	40,000
2d RS Cpe	1,080	3,240	5,400	12,150	18,900	27,000
2d 5P Cpe	1,040	3,120	5,200	11,700	18,200	26,000
4d Sed	960	2,880	4,800	10,800	16,800	24,000
1933 Imperial Custom, Series CL, 8-cyl., 146" wb						
2d RS Conv	9,760	29,280	48,800	109,800	170,800	244,000
4d WS Phae	10,160	30,480	50,800	114,300	177,800	254,000
4d CC Sed	2,640	7,920	13,200	29,700	46,200	66,000
1934 Series CA, 6-cyl., 117" wb						
2d RS Conv	1,440	4,320	7,200	16,200	25,200	36,000
2d Bus Cpe	920	2,760	4,600	10,350	16,100	23,000
2d RS Cpe	960	2,880	4,800	10,800	16,800	24,000
2d Brgm	800	2,400	4,000	9,000	14,000	20,000
4d Sed	760	2,280	3,800	8,550	13,300	19,000
1934 Series CB, 6-cyl., 121" wb						
4d Conv Sed	1,680	5,040	8,400	18,900	29,400	42,000
4d CC Sed	880	2,640	4,400	9,900	15,400	22,000

	6	5	4	3	2	1
1934 Airflow, Series CU, 8-cyl., 123" wb						
2d Cpe	1,400	4,200	7,000	15,750	24,500	35,000
2d Brgm	1,280	3,840	6,400	14,400	22,400	32,000
4d Sed	1,200	3,600	6,000	13,500	21,000	30,000
4d Twn Sed	1,240	3,720	6,200	13,950	21,700	31,000
1934 Imperial Airflow, Series CV, 8-cyl., 128" wb						
2d Cpe	1,560	4,680	7,800	17,550	27,300	39,000
4d Sed	1,240	3,720	6,200	13,950	21,700	31,000
4d Twn Sed	1,320	3,960	6,600	14,850	23,100	33,000
1934 Imperial Custom Airflow, Series CX, 8-cyl., 137.5" wb						
4d Sed	1,880	5,640	9,400	21,150	32,900	47,000
4d Twn Sed	1,920	5,760	9,600	21,600	33,600	48,000
4d Limo	2,400	7,200	12,000	27,000	42,000	60,000
4d Twn Limo	2,560	7,680	12,800	28,800	44,800	64,000
1934 Imperial Custom Airflow, Series CW, 8-cyl., 146.5" wb						
4d Sed	4,960	14,880	24,800	55,800	86,800	124,000
4d Twn Sed	5,200	15,600	26,000	58,500	91,000	130,000
4d Limo	5,280	15,840	26,400	59,400	92,400	132,000
1935 Airstream Series C-6, 6-cyl., 118" wb						
2d RS Conv	1,240	3,720	6,200	13,950	21,700	31,000
2d Bus Cpe	800	2,400	4,000	9,000	14,000	20,000
2d RS Cpe	840	2,520	4,200	9,450	14,700	21,000
4d Tr Brgm	720	2,160	3,600	8,100	12,600	18,000
4d Sed	680	2,040	3,400	7,650	11,900	17,000
4d Tr Sed	680	2,040	3,400	7,650	11,900	17,000
1935 Airstream Series CZ, 8-cyl., 121" wb						
2d Bus Cpe	840	2,520	4,200	9,450	14,700	21,000
2d RS Cpe	880	2,640	4,400	9,900	15,400	22,000
2d Tr Brgm	760	2,280	3,800	8,550	13,300	19,000
4d Sed	720	2,160	3,600	8,100	12,600	18,000
4d Tr Sed	720	2,160	3,600	8,100	12,600	18,000
1935 Airstream DeLuxe Series CZ, 121" wb						
2d RS Conv	1,280	3,840	6,400	14,400	22,400	32,000
2d Bus Cpe	880	2,640	4,400	9,900	15,400	22,000
2d RS Cpe	920	2,760	4,600	10,350	16,100	23,000
2d Tr Brgm	820	2,460	4,100	9,230	14,350	20,500
4d Sed	740	2,220	3,700	8,330	12,950	18,500
4d Tr Sed	740	2,220	3,700	8,330	12,950	18,500
1935 Airstream DeLuxe, Series CZ, 8-cyl., 133" wb						
4d Trav Sed	780	2,340	3,900	8,780	13,650	19,500
4d 7P Sed	780	2,340	3,900	8,780	13,650	19,500
1935 Airflow Series C-1, 8-cyl., 123" wb						
2d Bus Cpe	1,360	4,080	6,800	15,300	23,800	34,000
2d Cpe	1,400	4,200	7,000	15,750	24,500	35,000
4d Sed	1,120	3,360	5,600	12,600	19,600	28,000
1935 Imperial Airflow Series C-2, 8-cyl., 128" wb						
2d Cpe	1,480	4,440	7,400	16,650	25,900	37,000
4d Sed	1,200	3,600	6,000	13,500	21,000	30,000
1935 Imperial Custom Airflow Series C-3, 8-cyl., 137" wb						
4d Sed	1,280	3,840	6,400	14,400	22,400	32,000
4d Twn Sed	1,320	3,960	6,600	14,850	23,100	33,000
4d Sed Limo	1,640	4,920	8,200	18,450	28,700	41,000
4d Twn Limo	1,720	5,160	8,600	19,350	30,100	43,000
1935 Imperial Custom Airflow Series C-W, 8-cyl., 146.5" wb						
4d Sed	4,000	12,000	20,000	45,000	70,000	100,000
4d Sed Limo	4,080	12,240	20,400	45,900	71,400	102,000
4d Twn Limo	4,160	12,480	20,800	46,800	72,800	104,000
1936 Airstream Series C-7, 6-cyl., 118" wb						
2d RS Conv	1,120	3,360	5,600	12,600	19,600	28,000
4d Conv Sed	1,160	3,480	5,800	13,050	20,300	29,000
2d Bus Cpe	840	2,520	4,200	9,450	14,700	21,000
2d RS Cpe	880	2,640	4,400	9,900	15,400	22,000
2d Tr Brgm	760	2,280	3,800	8,550	13,300	19,000
4d Tr Sed	800	2,400	4,000	9,000	14,000	20,000
1936 Airstream DeLuxe Series C-8, 8-cyl., 121" wb						
2d RS Conv	1,200	3,600	6,000	13,500	21,000	30,000
4d Conv Sed	1,280	3,840	6,400	14,400	22,400	32,000
2d Bus Cpe	880	2,640	4,400	9,900	15,400	22,000
2d RS Cpe	920	2,760	4,600	10,350	16,100	23,000
2d Tr Brgm	800	2,400	4,000	9,000	14,000	20,000
4d Tr Sed	800	2,400	4,000	9,000	14,000	20,000
1936 Airstream DeLuxe, Series C-8, 8-cyl., 133" wb						
4d Trav Sed	820	2,460	4,100	9,230	14,350	20,500
4d Sed	800	2,400	4,000	9,000	14,000	20,000

	6	5	4	3	2	1
4d Sed Limo	840	2,520	4,200	9,450	14,700	21,000
4d LeB Twn Sed	880	2,640	4,400	9,900	15,400	22,000
1936 Airflow, 8-cyl., 123" wb						
2d Cpe	1,280	3,840	6,400	14,400	22,400	32,000
4d Sed	1,080	3,240	5,400	12,150	18,900	27,000
1936 Imperial Airflow, 8-cyl., 128" wb						
2d Cpe	1,360	4,080	6,800	15,300	23,800	34,000
4d Sed	1,120	3,360	5,600	12,600	19,600	28,000
1936 Imperial Custom Airflow, 8-cyl., 137" wb						
4d Sed	1,200	3,600	6,000	13,500	21,000	30,000
4d Sed Limo	1,320	3,960	6,600	14,850	23,100	33,000
1936 Imperial Custom Airflow, 8-cyl., 146.5" wb						
4d 8P Sed	4,960	14,880	24,800	55,800	86,800	124,000
4d Sed Limo	5,200	15,600	26,000	58,500	91,000	130,000
1937 Royal, 6-cyl., 116" wb						
2d RS Conv	1,080	3,240	5,400	12,150	18,900	27,000
4d Conv Sed	1,200	3,600	6,000	13,500	21,000	30,000
2d Bus Cpe	760	2,280	3,800	8,550	13,300	19,000
2d RS Cpe	800	2,400	4,000	9,000	14,000	20,000
2d Brgm	680	2,040	3,400	7,650	11,900	17,000
2d Tr Brgm	720	2,160	3,600	8,100	12,600	18,000
4d Sed	680	2,040	3,400	7,650	11,900	17,000
4d Tr Sed	688	2,064	3,440	7,740	12,040	17,200
1937 Royal, 6-cyl., 133" wb						
4d Sed	720	2,160	3,600	8,100	12,600	18,000
4d Sed Limo	760	2,280	3,800	8,550	13,300	19,000
4d Der T&C	960	2,880	4,800	10,800	16,800	24,000
1937 Airflow, 8-cyl., 128" wb						
2d Cpe	1,280	3,840	6,400	14,400	22,400	32,000
4d Sed	1,200	3,600	6,000	13,500	21,000	30,000
1937 Imperial, 8-cyl., 121" wb						
2d RS Conv	1,200	3,600	6,000	13,500	21,000	30,000
4d Conv Sed	1,280	3,840	6,400	14,400	22,400	32,000
2d Bus Cpe	880	2,640	4,400	9,900	15,400	22,000
2d RS Cpe	920	2,760	4,600	10,350	16,100	23,000
2d Tr Brgm	920	2,760	4,600	10,350	16,100	23,000
4d Tr Sed	880	2,640	4,400	9,900	15,400	22,000
1937 Imperial Custom, 8-cyl., 140" wb						
4d 5P Sed	1,080	3,240	5,400	12,150	18,900	27,000
4d 7P Sed	1,160	3,480	5,800	13,050	20,300	29,000
4d Sed Limo	1,600	4,800	8,000	18,000	28,000	40,000
4d Twn Limo	1,640	4,920	8,200	18,450	28,700	41,000
1937 Custom Built Models						
4d Der Fml Conv Twn Car	3,520	10,560	17,600	39,600	61,600	88,000
4d Der Conv Vic	3,360	10,080	16,800	37,800	58,800	84,000
1937 Imperial Custom Airflow, 8-cyl., 146.5" wb						
4d Sed Limo			value not estimable			
1938 Royal, 6-cyl., 119" wb						
2d RS Conv	1,000	3,000	5,000	11,250	17,500	25,000
4d Conv Sed	1,040	3,120	5,200	11,700	18,200	26,000
2d Bus Cpe	800	2,400	4,000	9,000	14,000	20,000
2d RS Cpe	840	2,520	4,200	9,450	14,700	21,000
2d Brgm	680	2,040	3,400	7,650	11,900	17,000
2d Tr Brgm	800	2,400	4,000	9,000	14,000	20,000
4d Sed	680	2,040	3,400	7,650	11,900	17,000
4d Tr Sed	720	2,160	3,600	8,100	12,600	18,000
1938 4d Royal, 6-cyl., 136" wb						
4d 7P Sed	760	2,280	3,800	8,550	13,300	19,000
4d 7P Limo Sed	800	2,400	4,000	9,000	14,000	20,000
1938 Imperial, 8-cyl., 125" wb						
2d RS Conv	1,120	3,360	5,600	12,600	19,600	28,000
4d Conv Sed	1,200	3,600	6,000	13,500	21,000	30,000
2d Bus Cpe	880	2,640	4,400	9,900	15,400	22,000
2d RS Cpe	920	2,760	4,600	10,350	16,100	23,000
4d Tr Brgm	800	2,400	4,000	9,000	14,000	20,000
4d Tr Sed	840	2,520	4,200	9,450	14,700	21,000
1938 New York Special, 8-cyl., 125" wb						
4d Tr Sed	800	2,400	4,000	9,000	14,000	20,000
1938 Imperial Custom, 8-cyl., 144" wb						
4d 5P Sed	1,040	3,120	5,200	11,700	18,200	26,000
4d Sed	1,000	3,000	5,000	11,250	17,500	25,000
4d Limo Sed	1,160	3,480	5,800	13,050	20,300	29,000
1938 Derham customs on C-20 chassis						
4d Twn Sed	1,320	3,960	6,600	14,850	23,100	33,000

	6	5	4	3	2	1
4d Twn Limo	1,520	4,560	7,600	17,100	26,600	38,000
2d Conv Vic	3,200	9,600	16,000	36,000	56,000	80,000
4d Conv Sed	3,440	10,320	17,200	38,700	60,200	86,000

1939 Royal, 6-cyl., 119" wb

	6	5	4	3	2	1
2d Cpe	720	2,160	3,600	8,100	12,600	18,000
2d Vic Cpe	760	2,280	3,800	8,550	13,300	19,000
2d Brgm	600	1,800	3,000	6,750	10,500	15,000
4d Sed	640	1,920	3,200	7,200	11,200	16,000

1939 Royal, 6-cyl., 136" wb

	6	5	4	3	2	1
4d 7P Sed	680	2,040	3,400	7,650	11,900	17,000
4d Limo	720	2,160	3,600	8,100	12,600	18,000

1939 Royal Windsor, 6-cyl., 119" wb

	6	5	4	3	2	1
2d Cpe	760	2,280	3,800	8,550	13,300	19,000
2d Vic Cpe	800	2,400	4,000	9,000	14,000	20,000
2d Clb Cpe	840	2,520	4,200	9,450	14,700	21,000
4d Sed	600	1,800	3,000	6,750	10,500	15,000

1939 Imperial, 8-cyl., 125" wb

	6	5	4	3	2	1
2d Cpe	760	2,280	3,800	8,550	13,300	19,000
2d Vic Cpe	800	2,400	4,000	9,000	14,000	20,000
2d Brgm	600	1,800	3,000	6,750	10,500	15,000
4d Sed	680	2,040	3,400	7,650	11,900	17,000

1939 New Yorker, 8-cyl., 125" wb

	6	5	4	3	2	1
2d Cpe	800	2,400	4,000	9,000	14,000	20,000
2d Vic Cpe	840	2,520	4,200	9,450	14,700	21,000
2d Clb Cpe	840	2,520	4,200	9,450	14,700	21,000
4d Sed	680	2,040	3,400	7,650	11,900	17,000

1939 Saratoga, 8-cyl., 125" wb

	6	5	4	3	2	1
2d Clb Cpe	840	2,520	4,200	9,450	14,700	21,000
4d Sed	720	2,160	3,600	8,100	12,600	18,000

1939 Imperial Custom, 8-cyl., 144" wb

	6	5	4	3	2	1
4d 5P Sed	1,040	3,120	5,200	11,700	18,200	26,000
4d 7P Sed	1,080	3,240	5,400	12,150	18,900	27,000
4d Limo	1,120	3,360	5,600	12,600	19,600	28,000

1939 Special Derham customs on C-24 chassis

	6	5	4	3	2	1
4d 7P Tr	1,360	4,080	6,800	15,300	23,800	34,000
4d Conv Sed	2,720	8,160	13,600	30,600	47,600	68,000
4d Conv T&C	2,840	8,520	14,200	31,950	49,700	71,000

1940 Royal, 6-cyl., 122.5" wb

	6	5	4	3	2	1
2d 3P Cpe	700	2,150	3,600	8,100	12,600	18,000
2d 6P Cpe	750	2,200	3,700	8,330	13,000	18,500
2d Vic Sed	650	1,950	3,250	7,340	11,400	16,300
4d Sed	650	1,900	3,200	7,200	11,200	16,000

1940 Royal, 6-cyl., 139.5" wb

	6	5	4	3	2	1
4d 8P Sed	700	2,050	3,400	7,650	11,900	17,000
4d 8P Limo	700	2,150	3,600	8,100	12,600	18,000

1940 Windsor, 6-cyl., 122.5" wb

	6	5	4	3	2	1
2d Conv Cpe	1,100	3,250	5,400	12,150	18,900	27,000
2d 3P Cpe	750	2,300	3,800	8,550	13,300	19,000
2d 6P Cpe	800	2,350	3,900	8,780	13,700	19,500
2d Vic Sed	650	1,950	3,250	7,340	11,400	16,300
4d Sed	650	2,000	3,300	7,430	11,600	16,500

1940 Windsor, 6-cyl., 139.5" wb

	6	5	4	3	2	1
4d 8P Sed	700	2,050	3,400	7,650	11,900	17,000
4d 8P Limo	700	2,150	3,600	8,100	12,600	18,000

1940 Traveler, 8-cyl., 128" wb

	6	5	4	3	2	1
2d 3P Cpe	800	2,400	4,000	9,000	14,000	20,000
2d 6P Cpe	850	2,500	4,200	9,450	14,700	21,000
2d Vic Sed	700	2,100	3,450	7,790	12,100	17,300
4d Sed	700	2,050	3,400	7,650	11,900	17,000

1940 Saratoga, 8-cyl., 128.5" wb

	6	5	4	3	2	1
4d Sed	750	2,300	3,800	8,550	13,300	19,000
4d Fml Sed Div	800	2,400	4,000	9,000	14,000	20,000
4d T&C Der	1,000	3,000	5,000	11,250	17,500	25,000

1940 New Yorker, 8-cyl., 128.5" wb

	6	5	4	3	2	1
2d Conv Cpe	1,200	3,600	6,000	13,500	21,000	30,000
2d 3P Cpe	900	2,650	4,400	9,900	15,400	22,000
2d 6P Cpe	900	2,750	4,600	10,350	16,100	23,000
2d Vic Sed	750	2,200	3,650	8,240	12,800	18,300
4d Sed	700	2,150	3,600	8,100	12,600	18,000
4d Fml Sed Div	800	2,400	4,000	9,000	14,000	20,000

1940 Crown Imperial, 8-cyl., 145.5" wb

	6	5	4	3	2	1
4d 6P Sed	900	2,750	4,600	10,350	16,100	23,000
4d 6P Twn Limo	1,050	3,100	5,200	11,700	18,200	26,000
4d 8P Twn Limo	1,050	3,100	5,200	11,700	18,200	26,000

	6	5	4	3	2	1
4d 8P Sed	950	2,900	4,800	10,800	16,800	24,000
4d 8P Sed Limo	1,050	3,100	5,200	11,700	18,200	26,000
4d 8P Limo	1,100	3,250	5,400	12,150	18,900	27,000
4d Nwpt Parade Phae	11,200	33,600	56,000	126,000	196,000	280,000
2d Thunderbolt	11,200	33,600	56,000	126,000	196,000	280,000

1941 Royal, 6-cyl., 121.5" wb

	6	5	4	3	2	1
2d 3P Cpe	700	2,100	3,500	7,880	12,300	17,500
2d 6P Clb Cpe	700	2,150	3,600	8,100	12,600	18,000
2d Brgm	600	1,800	3,000	6,750	10,500	15,000
4d Sed	600	1,850	3,100	6,980	10,900	15,500
4d Twn Sed	650	1,900	3,200	7,200	11,200	16,000
4d T&C Wag	1,400	4,200	7,000	15,750	24,500	35,000

1941 Royal, 6-cyl., 139.5" wb

	6	5	4	3	2	1
4d 8P Sed	650	1,900	3,200	7,200	11,200	16,000
4d 8P Limo Sed	700	2,050	3,400	7,650	11,900	17,000

1941 Windsor, 6-cyl., 121.5" wb

	6	5	4	3	2	1
2d Conv Cpe	1,100	3,350	5,600	12,600	19,600	28,000
2d 3P Cpe	800	2,400	4,000	9,000	14,000	20,000
2d 6P Clb Cpe	800	2,450	4,100	9,230	14,300	20,500
2d Brgm	650	1,900	3,200	7,200	11,200	16,000
4d Sed	700	2,050	3,400	7,650	11,900	17,000
4d Twn Sed	700	2,150	3,600	8,100	12,600	18,000

1941 Windsor, 6-cyl., 139.5" wb

	6	5	4	3	2	1
4d 8P Sed	750	2,300	3,800	8,550	13,300	19,000
4d 8P Sed Limo	800	2,400	4,000	9,000	14,000	20,000

1941 Saratoga, 8-cyl., 127.5" wb

	6	5	4	3	2	1
2d 3P Cpe	850	2,500	4,200	9,450	14,700	21,000
2d 6P Clb Cpe	850	2,600	4,300	9,680	15,000	21,500
2d Brgm	700	2,050	3,400	7,650	11,900	17,000
4d Sed	700	2,150	3,600	8,100	12,600	18,000
4d Twn Sed	750	2,200	3,700	8,330	13,000	18,500

1941 New Yorker, 8-cyl., 127.5" wb

	6	5	4	3	2	1
2d Conv Cpe	1,250	3,700	6,200	13,950	21,700	31,000
3P Cpe	900	2,750	4,600	10,350	16,100	23,000
2d 6P Cpe	950	2,900	4,800	10,800	16,800	24,000
2d Brgm	700	2,150	3,600	8,100	12,600	18,000
4d Sed	750	2,300	3,800	8,550	13,300	19,000
4d Twn Sed	800	2,350	3,900	8,780	13,700	19,500
4d 6P Sed	800	2,400	4,000	9,000	14,000	20,000
4d 8P Sed	850	2,500	4,200	9,450	14,700	21,000
4d 8P Sedan Limo	950	2,900	4,800	10,800	16,800	24,000
4d 8P Limo	1,000	3,000	5,000	11,250	17,500	25,000
4d Laudalet Limo	1,200	3,600	6,000	13,500	21,000	30,000
4d LeB Twn Limo	1,300	3,850	6,400	14,400	22,400	32,000

1941 New Yorker Special/Crown Imperial, 8-cyl., 127.5" wb

	6	5	4	3	2	1
4d Twn Sed	1,000	3,000	5,000	11,250	17,500	25,000

C-33 Series.

1942 Royal, 6-cyl., 121.5" wb

	6	5	4	3	2	1
2d 3P Cpe	720	2,160	3,600	8,100	12,600	18,000
2d 6P Clb Cpe	740	2,220	3,700	8,330	12,950	18,500
2d Brgm	620	1,860	3,100	6,980	10,850	15,500
4d Sed	640	1,920	3,200	7,200	11,200	16,000
4d Twn Sed	660	1,980	3,300	7,430	11,550	16,500

1942 Royal, 6-cyl., 139.5" wb

	6	5	4	3	2	1
4d 8P Sed	652	1,956	3,260	7,340	11,410	16,300
4d 8P Limo	672	2,016	3,360	7,560	11,760	16,800

1942 Windsor, 6-cyl., 121.5" wb

	6	5	4	3	2	1
2d Conv Cpe	1,000	3,000	5,000	11,250	17,500	25,000
2d 3P Cpe	780	2,340	3,900	8,780	13,650	19,500
2d 6P Cpe	800	2,400	4,000	9,000	14,000	20,000
2d Brgm	640	1,920	3,200	7,200	11,200	16,000
4d Sed	660	1,980	3,300	7,430	11,550	16,500
4d Twn Sed	640	1,920	3,200	7,200	11,200	16,000
4d 6P T&C Wag	1,760	5,280	8,800	19,800	30,800	44,000
4d 9P T&C Wag	1,840	5,520	9,200	20,700	32,200	46,000

1942 Windsor, 6-cyl., 139.5" wb

	6	5	4	3	2	1
4d 8P Sed	672	2,016	3,360	7,560	11,760	16,800
4d 8P Limo	692	2,076	3,460	7,790	12,110	17,300

1942 Saratoga, 8-cyl., 127.5" wb

	6	5	4	3	2	1
2d 6P Cpe	860	2,580	4,300	9,680	15,050	21,500
2d 3P Cpe	840	2,520	4,200	9,450	14,700	21,000
2d Brgm	652	1,956	3,260	7,340	11,410	16,300
4d Sed	656	1,968	3,280	7,380	11,480	16,400
4d Twn Sed	712	2,136	3,560	8,010	12,460	17,800

1941 Chrysler Saratoga Town and Country

1946 Chrysler Royal sedan

1954 Chrysler New Yorker Deluxe convertible

	6	5	4	3	2	1
1942 New Yorker, 8-cyl., 127.5" wb						
2d Conv Cpe	1,120	3,360	5,600	12,600	19,600	28,000
2d Der Conv Cpe	1,480	4,440	7,400	16,650	25,900	37,000
2d 6P Cpe	900	2,700	4,500	10,130	15,750	22,500
2d 3P Cpe	880	2,640	4,400	9,900	15,400	22,000
2d Brgm	672	2,016	3,360	7,560	11,760	16,800
4d Sed	676	2,028	3,380	7,610	11,830	16,900
4d Twn Sed	732	2,196	3,660	8,240	12,810	18,300
1942 Crown Imperial, 8-cyl., 145.5" wb						
4d 6P Sed	760	2,280	3,800	8,550	13,300	19,000
4d 8P Sed	800	2,400	4,000	9,000	14,000	20,000
4d 8P Sed Limo	880	2,640	4,400	9,900	15,400	22,000
1942 Derham Customs						
4d Conv Sed	1,440	4,320	7,200	16,200	25,200	36,000
4d T&C	1,080	3,240	5,400	12,150	18,900	27,000
4d Fml T&C	1,120	3,360	5,600	12,600	19,600	28,000
1946-48 Royal Series, 6-cyl., 121.5" wb						
2d Cpe	800	2,400	4,000	9,000	14,000	20,000
2d Clb Cpe	820	2,460	4,100	9,230	14,350	20,500
2d Sed	680	2,040	3,400	7,650	11,900	17,000
4d Sed	680	2,040	3,400	7,650	11,900	17,000
1946-48 Royal Series, 6-cyl., 139.5" wb						
4d Sed	780	2,340	3,900	8,780	13,650	19,500
4d Limo	860	2,580	4,300	9,680	15,050	21,500
1946-48 Windsor Series, 6-cyl., 121.5" wb						
2d Conv	1,240	3,720	6,200	13,950	21,700	31,000
2d Cpe	840	2,520	4,200	9,450	14,700	21,000
2d Clb Cpe	860	2,580	4,300	9,680	15,050	21,500
2d Sed	680	2,040	3,400	7,650	11,900	17,000
4d Sed	688	2,064	3,440	7,740	12,040	17,200
4d Trav Sed	696	2,088	3,480	7,830	12,180	17,400
1946-48 Windsor Series, 6-cyl., 139.5" wb						
4d Sed	820	2,460	4,100	9,230	14,350	20,500
4d Limo	880	2,640	4,400	9,900	15,400	22,000
1946-48 Saratoga Series, 8-cyl., 127.5" wb						
2d 3P Cpe	860	2,580	4,300	9,680	15,050	21,500
2d Clb Cpe	880	2,640	4,400	9,900	15,400	22,000
2d Sed	708	2,124	3,540	7,970	12,390	17,700
4d Sed	712	2,136	3,560	8,010	12,460	17,800
1946-48 New Yorker, 8-cyl., 127.5" wb						
2d Conv	1,360	4,080	6,800	15,300	23,800	34,000
2d Cpe	840	2,520	4,200	9,450	14,700	21,000
2d Clb Cpe	860	2,580	4,300	9,680	15,050	21,500
2d Sed	712	2,136	3,560	8,010	12,460	17,800
4d Sed	720	2,160	3,600	8,100	12,600	18,000
1946-48 Town & Country						
2d Conv	4,800	14,400	24,000	54,000	84,000	120,000
4d Sed	2,600	7,800	13,000	29,250	45,500	65,000
1946-48 Imperial C-40						
4d Limo	960	2,880	4,800	10,800	16,800	24,000
4d 8P Sed	920	2,760	4,600	10,350	16,100	23,000
1949 Royal - Second Series, 6-cyl., 125.5" wb						
First Series 1949 is the same as 1948.						
2d Clb Cpe	800	2,400	4,000	9,000	14,000	20,000
4d Sed	740	2,220	3,700	8,330	12,950	18,500
4d Sta Wag	1,200	3,600	6,000	13,500	21,000	30,000
1949 Royal - Second Series, 6-cyl., 139.5" wb						
4d Sed	752	2,256	3,760	8,460	13,160	18,800
1949 Windsor - Second Series, 6-cyl., 125.5" wb						
2d Conv	1,160	3,480	5,800	13,050	20,300	29,000
2d Clb Cpe	820	2,460	4,100	9,230	14,350	20,500
4d Sed	748	2,244	3,740	8,420	13,090	18,700
1949 Windsor - Second Series, 6-cyl., 139.5" wb						
4d Sed	800	2,400	4,000	9,000	14,000	20,000
4d Limo	840	2,520	4,200	9,450	14,700	21,000
1949 Saratoga - Second Series, 8-cyl., 131.5" wb						
2d Clb Cpe	820	2,460	4,100	9,230	14,350	20,500
4d Sed	720	2,160	3,600	8,100	12,600	18,000
1949 New Yorker - Second Series, 8-cyl., 131.5" wb						
2d Conv	1,240	3,720	6,200	13,950	21,700	31,000
2d Clb Cpe	840	2,520	4,200	9,450	14,700	21,000
4d Sed	760	2,280	3,800	8,550	13,300	19,000

	6	5	4	3	2	1
1949 Town & Country - Second Series, 8-cyl., 131.5" wb						
2d Conv	3,040	9,120	15,200	34,200	53,200	76,000
1949 Imperial - Second Series, 8-cyl., 131.5" wb						
4d Sed Der	920	2,760	4,600	10,350	16,100	23,000
1949 Crown Imperial, 8-cyl., 145.5" wb						
4d 8P Sed	960	2,880	4,800	10,800	16,800	24,000
4d Limo	1,040	3,120	5,200	11,700	18,200	26,000
1950 Royal Series, 6-cyl., 125.5" wb						
4d Sed	712	2,136	3,560	8,010	12,460	17,800
2d Clb Cpe	760	2,280	3,800	8,550	13,300	19,000
4d T&C Sta Wag	1,160	3,480	5,800	13,050	20,300	29,000
4d Sta Wag	1,240	3,720	6,200	13,950	21,700	31,000
1950 Royal Series, 6-cyl., 139.5" wb						
4d Sed	760	2,280	3,800	8,550	13,300	19,000
1950 Windsor Series, 6-cyl., 125.5" wb						
2d Conv	1,200	3,600	6,000	13,500	21,000	30,000
2d HT	960	2,880	4,800	10,800	16,800	24,000
2d Clb Cpe	820	2,460	4,100	9,230	14,350	20,500
4d Sed	720	2,160	3,600	8,100	12,600	18,000
4d Trav Sed	724	2,172	3,620	8,150	12,670	18,100
1950 Windsor Series, 6-cyl., 139.5" wb						
4d Sed	800	2,400	4,000	9,000	14,000	20,000
4d Limo	880	2,640	4,400	9,900	15,400	22,000
1950 Saratoga, 8-cyl., 131.5" wb						
2d Clb Cpe	800	2,400	4,000	9,000	14,000	20,000
4d Sed	728	2,184	3,640	8,190	12,740	18,200
1950 New Yorker, 8-cyl., 131.5" wb						
2d Conv	1,360	4,080	6,800	15,300	23,800	34,000
2d HT	1,120	3,360	5,600	12,600	19,600	28,000
2d Clb Cpe	800	2,400	4,000	9,000	14,000	20,000
4d Sed	760	2,280	3,800	8,550	13,300	19,000
1950 Town & Country, 8-cyl., 131.5" wb						
2d HT	2,240	6,720	11,200	25,200	39,200	56,000
1950 Imperial, 8-cyl., 131.5" wb						
4d Sed	840	2,520	4,200	9,450	14,700	21,000
1950 Crown Imperial, 8-cyl., 145.5" wb						
4d Sed	880	2,640	4,400	9,900	15,400	22,000
4d Limo	960	2,880	4,800	10,800	16,800	24,000
1951-52 Windsor Series, 6-cyl., 125.5" wb						
2d Clb Cpe	800	2,400	4,000	9,000	14,000	20,000
4d Sed	700	2,100	3,500	7,880	12,250	17,500
4d T&C Sta Wag	1,160	3,480	5,800	13,050	20,300	29,000
1951-52 Windsor Series, 6-cyl., 139.5" wb						
4d Sed	700	2,100	3,500	7,880	12,250	17,500
1951-52 Windsor DeLuxe, 6-cyl., 125.5" wb						
2d Conv	1,120	3,360	5,600	12,600	19,600	28,000
2d HT	960	2,880	4,800	10,800	16,800	24,000
2d Clb Cpe (1951 only)	800	2,400	4,000	9,000	14,000	20,000
4d Sed	704	2,112	3,520	7,920	12,320	17,600
4d Trav Sed	720	2,160	3,600	8,100	12,600	18,000
1951-52 Windsor DeLuxe, 6-cyl., 139.5" wb						
4d Sed	740	2,220	3,700	8,330	12,950	18,500
4d Limo	760	2,280	3,800	8,550	13,300	19,000
1951-52 Saratoga, V-8, 125.5" wb						
2d Conv (1952 only)	1,120	3,360	5,600	12,600	19,600	28,000
2d HT Nwpt (1952 only)	1,000	3,000	5,000	11,250	17,500	25,000
2d Clb Cpe (1951 only)	840	2,520	4,200	9,450	14,700	21,000
4d Sed	780	2,340	3,900	8,780	13,650	19,500
4d T&C Sta Wag (1951 only)	1,200	3,600	6,000	13,500	21,000	30,000
1951-52 Windsor or Saratoga, V-8, 125.5" wb						
4d Sed	820	2,460	4,100	9,230	14,350	20,500
2d Clb Cpe (1952 only)	820	2,460	4,100	9,230	14,350	20,500
4d T&C Sta Wag (1952 only)	1,120	3,360	5,600	12,600	19,600	28,000
4d Limo (1951 only)	900	2,700	4,500	10,130	15,750	22,500
1951-52 New Yorker, V-8, 131.5" wb						
2d Conv	1,240	3,720	6,200	13,950	21,700	31,000
2d HT	1,040	3,120	5,200	11,700	18,200	26,000
2d Clb Cpe (1951 only)	900	2,700	4,500	10,130	15,750	22,500
4d Sed	860	2,580	4,300	9,680	15,050	21,500
4d T&C Sta Wag (1951 only)	1,200	3,600	6,000	13,500	21,000	30,000
1951-52 Imperial, V-8, 131.5" wb						
2d Conv (1951 only)	1,200	3,600	6,000	13,500	21,000	30,000
2d HT	1,080	3,240	5,400	12,150	18,900	27,000

	6	5	4	3	2	1
2d Clb Cpe	920	2,760	4,600	10,350	16,100	23,000
4d Sed	900	2,700	4,500	10,130	15,750	22,500
1951-52 Crown Imperial, V-8, 145.5" wb						
4d Sed	880	2,640	4,400	9,900	15,400	22,000
4d Limo	1,000	3,000	5,000	11,250	17,500	25,000
1953 Windsor Series, 6-cyl., 125.5" wb						
2d Clb Cpe	760	2,280	3,800	8,550	13,300	19,000
4d Sed	720	2,160	3,600	8,100	12,600	18,000
4d T&C Sta Wag	1,120	3,360	5,600	12,600	19,600	28,000
1953 Windsor Series, 6-cyl., 139.5" wb						
4d Sed	724	2,172	3,620	8,150	12,670	18,100
1953 Windsor DeLuxe Series, 6-cyl., 125.5" wb						
2d Conv	1,000	3,000	5,000	11,250	17,500	25,000
2d HT	920	2,760	4,600	10,350	16,100	23,000
4d Sed	732	2,196	3,660	8,240	12,810	18,300
1953 New Yorker, V-8, 125.5" wb						
2d Clb Cpe	820	2,460	4,100	9,230	14,350	20,500
2d HT	1,000	3,000	5,000	11,250	17,500	25,000
4d Sed	752	2,256	3,760	8,460	13,160	18,800
4d T&C Sta Wag	1,160	3,480	5,800	13,050	20,300	29,000
4d Sed	772	2,316	3,860	8,690	13,510	19,300
1953 New Yorker Deluxe, V-8, 125.5" wb						
2d Conv	1,200	3,600	6,000	13,500	21,000	30,000
2d HT	1,040	3,120	5,200	11,700	18,200	26,000
2d Clb Cpe	840	2,520	4,200	9,450	14,700	21,000
4d Sed	764	2,292	3,820	8,600	13,370	19,100
1953 Custom Imperial Series, V-8, 133.5" wb						
4d Sed	840	2,520	4,200	9,450	14,700	21,000
4d Twn Limo	920	2,760	4,600	10,350	16,100	23,000
1953 Custom Imperial, V-8, 131.5" wb						
2d HT	1,240	3,720	6,200	13,950	21,700	31,000
4d Sed	900	2,700	4,500	10,130	15,750	22,500
4d Limo	960	2,880	4,800	10,800	16,800	24,000
1954 Windsor DeLuxe Series, 6-cyl., 125.5" wb						
2d Conv	1,200	3,600	6,000	13,500	21,000	30,000
2d HT	1,040	3,120	5,200	11,700	18,200	26,000
2d Clb Cpe	780	2,340	3,900	8,780	13,650	19,500
4d Sed	720	2,160	3,600	8,100	12,600	18,000
4d T&C Sta Wag	1,040	3,120	5,200	11,700	18,200	26,000
1954 Windsor DeLuxe Series, 6-cyl., 139.5" wb						
4d Sed	780	2,340	3,900	8,780	13,650	19,500
1954 New Yorker Series, V-8, 125.5" wb						
2d HT	1,120	3,360	5,600	12,600	19,600	28,000
2d Clb Cpe	840	2,520	4,200	9,450	14,700	21,000
4d Sed	780	2,340	3,900	8,780	13,650	19,500
4d T&C Sta Wag	1,080	3,240	5,400	12,150	18,900	27,000
1954 New Yorker Series, V-8, 139.5" wb						
4d Sed	800	2,400	4,000	9,000	14,000	20,000
1954 New Yorker DeLuxe Series, V-8, 125.5" wb						
2d Conv	1,440	4,320	7,200	16,200	25,200	36,000
2d HT	1,160	3,480	5,800	13,050	20,300	29,000
2d Clb Cpe	800	2,400	4,000	9,000	14,000	20,000
4d Sed	820	2,460	4,100	9,230	14,350	20,500
1954 Custom Imperial, V-8, 133.5" wb						
4d Sed	920	2,760	4,600	10,350	16,100	23,000
4d Limo	1,000	3,000	5,000	11,250	17,500	25,000
1954 Custom Imperial, V-8, 131" wb						
2d HT Newport	1,240	3,720	6,200	13,950	21,700	31,000
1954 Crown Imperial, V-8, 145.5" wb						
4d Sed	940	2,820	4,700	10,580	16,450	23,500
4d Limo	1,040	3,120	5,200	11,700	18,200	26,000

NOTE: In 1955, Imperial became a separate division of Chrysler Corporation, and was no longer just a model of Chrysler. 1955-1975 Imperial listings directly follow Chrysler\Eagle listings.

1955 Windsor DeLuxe Series, V-8, 126" wb						
2d Conv	1,360	4,080	6,800	15,300	23,800	34,000
2d HT Newport	1,080	3,240	5,400	12,150	18,900	27,000
2d HT Nassau	1,040	3,120	5,200	11,700	18,200	26,000
4d Sed	760	2,280	3,800	8,550	13,300	19,000
4d T&C Sta Wag	880	2,640	4,400	9,900	15,400	22,000
1955 New Yorker Deluxe Series, V-8, 126" wb						
2d Conv	1,480	4,440	7,400	16,650	25,900	37,000
2d HT St. Regis	1,120	3,360	5,600	12,600	19,600	28,000
2d HT Newport	1,080	3,240	5,400	12,150	18,900	27,000

	6	5	4	3	2	1
4d Sed	800	2,400	4,000	9,000	14,000	20,000
4d T&C Sta Wag	1,040	3,120	5,200	11,700	18,200	26,000
1955 300 Series, V-8, 126" wb						
2d Spt Cpe	1,800	5,400	9,000	20,250	31,500	45,000
1956 Windsor Series, V-8						
2d Conv	1,320	3,960	6,600	14,850	23,100	33,000
2d HT Newport	1,120	3,360	5,600	12,600	19,600	28,000
2d HT Nassau	1,080	3,240	5,400	12,150	18,900	27,000
4d HT	840	2,520	4,200	9,450	14,700	21,000
4d Sed	760	2,280	3,800	8,550	13,300	19,000
4d T&C Sta Wag	1,000	3,000	5,000	11,250	17,500	25,000
1956 New Yorker Series, V-8						
2d Conv	1,440	4,320	7,200	16,200	25,200	36,000
2d HT St. Regis	1,200	3,600	6,000	13,500	21,000	30,000
2d HT Newport	1,160	3,480	5,800	13,050	20,300	29,000
4d HT	960	2,880	4,800	10,800	16,800	24,000
4d Sed	800	2,400	4,000	9,000	14,000	20,000
4d T&C Sta Wag	1,040	3,120	5,200	11,700	18,200	26,000
1956 300 Letter Series "B", V-8						
2d HT	1,800	5,400	9,000	20,250	31,500	45,000
1957 Windsor Series, V-8						
2d HT	1,040	3,120	5,200	11,700	18,200	26,000
4d HT	840	2,520	4,200	9,450	14,700	21,000
4d Sed	720	2,160	3,600	8,100	12,600	18,000
4d T&C Sta Wag	800	2,400	4,000	9,000	14,000	20,000
1957 Saratoga Series, V-8						
2d HT	1,120	3,360	5,600	12,600	19,600	28,000
4d HT	920	2,760	4,600	10,350	16,100	23,000
4d Sed	740	2,220	3,700	8,330	12,950	18,500
1957 New Yorker Series, V-8						
2d Conv	1,440	4,320	7,200	16,200	25,200	36,000
2d HT	1,240	3,720	6,200	13,950	21,700	31,000
4d HT	960	2,880	4,800	10,800	16,800	24,000
4d Sed	760	2,280	3,800	8,550	13,300	19,000
4d T&C Sta Wag	840	2,520	4,200	9,450	14,700	21,000
1957 300 Letter Series "C", V-8						
2d Conv	2,400	7,200	12,000	27,000	42,000	60,000
2d HT	1,960	5,880	9,800	22,050	34,300	49,000
1958 Windsor Series, V-8						
2d HT	1,000	3,000	5,000	11,250	17,500	25,000
4d HT	800	2,400	4,000	9,000	14,000	20,000
4d Sed	720	2,160	3,600	8,100	12,600	18,000
4d T&C Sta Wag	820	2,460	4,100	9,230	14,350	20,500
1958 Saratoga Series, V-8						
2d HT	1,040	3,120	5,200	11,700	18,200	26,000
4d HT	840	2,520	4,200	9,450	14,700	21,000
4d Sed	760	2,280	3,800	8,550	13,300	19,000
1958 New Yorker Series, V-8						
2d Conv	1,520	4,560	7,600	17,100	26,600	38,000
2d HT	1,120	3,360	5,600	12,600	19,600	28,000
4d HT	880	2,640	4,400	9,900	15,400	22,000
4d Sed	800	2,400	4,000	9,000	14,000	20,000
4d 6P T&C Sta Wag	820	2,460	4,100	9,230	14,350	20,500
4d 9P T&C Sta Wag	830	2,480	4,140	9,320	14,490	20,700
1958 300 Letter Series "D"						
2d Conv	2,360	7,080	11,800	26,550	41,300	59,000
2d HT	1,920	5,760	9,600	21,600	33,600	48,000
NOTE: Add 40 percent for EFI.						
1959 Windsor Series, V-8						
2d Conv	1,120	3,360	5,600	12,600	19,600	28,000
2d HT	920	2,760	4,600	10,350	16,100	23,000
4d HT	760	2,280	3,800	8,550	13,300	19,000
4d Sed	680	2,040	3,400	7,650	11,900	17,000
1959 Town & Country Series, V-8						
4d 6P Sta Wag	740	2,220	3,700	8,330	12,950	18,500
4d 9P Sta Wag	708	2,124	3,540	7,970	12,390	17,700
1959 Saratoga Series, V-8						
4d Sed	680	2,040	3,400	7,650	11,900	17,000
4d HT	800	2,400	4,000	9,000	14,000	20,000
2d HT	960	2,880	4,800	10,800	16,800	24,000
1959 New Yorker Series, V-8						
2d Conv	1,440	4,320	7,200	16,200	25,200	36,000
2d HT	1,040	3,120	5,200	11,700	18,200	26,000
4d HT	840	2,520	4,200	9,450	14,700	21,000
4d Sed	700	2,100	3,500	7,880	12,250	17,500

	6	5	4	3	2	1
1959 Town & Country, V-8						
4d 6P Sta Wag	800	2,400	4,000	9,000	14,000	20,000
4d 9P Sta Wag	808	2,424	4,040	9,090	14,140	20,200
1959 300 Letter Series "E", V-8						
2d Conv	2,200	6,600	11,000	24,750	38,500	55,000
2d HT	1,800	5,400	9,000	20,250	31,500	45,000
1960 Windsor Series, V-8						
2d Conv	880	2,640	4,400	9,900	15,400	22,000
2d HT	720	2,160	3,600	8,100	12,600	18,000
4d HT	680	2,040	3,400	7,650	11,900	17,000
4d Sed	640	1,920	3,200	7,200	11,200	16,000
1960 Town & Country Series, V-8						
4d 9P Sta Wag	688	2,064	3,440	7,740	12,040	17,200
4d 6P Sta Wag	680	2,040	3,400	7,650	11,900	17,000
1960 Saratoga Series, V-8						
2d HT	760	2,280	3,800	8,550	13,300	19,000
4d HT	720	2,160	3,600	8,100	12,600	18,000
4d Sed	648	1,944	3,240	7,290	11,340	16,200
1960 New Yorker Series, V-8						
2d Conv	1,000	3,000	5,000	11,250	17,500	25,000
2d HT	840	2,520	4,200	9,450	14,700	21,000
4d HT	760	2,280	3,800	8,550	13,300	19,000
4d Sed	660	1,980	3,300	7,430	11,550	16,500
1960 Town & Country Series, V-8, 126" wb						
4d 9P Sta Wag	728	2,184	3,640	8,190	12,740	18,200
4d 6P Sta Wag	720	2,160	3,600	8,100	12,600	18,000
1960 300 Letter Series "F", V-8						
2d Conv	2,680	8,040	13,400	30,150	46,900	67,000
2d HT	2,200	6,600	11,000	24,750	38,500	55,000

NOTE: 300 Letter Series cars containing the Pont-A-Mousson 4-speed transmission, the value is not estimable.

	6	5	4	3	2	1
1961 Newport Series, V-8						
2d Conv	800	2,400	4,000	9,000	14,000	20,000
2d HT	680	2,040	3,400	7,650	11,900	17,000
4d HT	660	1,980	3,300	7,430	11,550	16,500
4d Sed	620	1,860	3,100	6,980	10,850	15,500
4d 6P Sta Wag	640	1,920	3,200	7,200	11,200	16,000
4d 9P Sta Wag	644	1,932	3,220	7,250	11,270	16,100
1961 Windsor Series, V-8						
2d HT	700	2,100	3,500	7,880	12,250	17,500
4d HT	680	2,040	3,400	7,650	11,900	17,000
4d Sed	640	1,920	3,200	7,200	11,200	16,000
1961 New Yorker Series, V-8						
2d Conv	880	2,640	4,400	9,900	15,400	22,000
2d HT	720	2,160	3,600	8,100	12,600	18,000
4d HT	680	2,040	3,400	7,650	11,900	17,000
4d Sed	660	1,980	3,300	7,430	11,550	16,500
4d 6P Sta Wag	680	2,040	3,400	7,650	11,900	17,000
4d 9P Sta Wag	684	2,052	3,420	7,700	11,970	17,100
1961 300 Letter Series "G", V-8						
2d Conv	2,200	6,600	11,000	24,750	38,500	55,000
2d HT	1,800	5,400	9,000	20,250	31,500	45,000

NOTE: Add 20 percent for 400 hp engine.

	6	5	4	3	2	1
1962 Newport Series, V-8						
4d Sed	624	1,872	3,120	7,020	10,920	15,600
4d HT	640	1,920	3,200	7,200	11,200	16,000
2d Conv	760	2,280	3,800	8,550	13,300	19,000
2d HT	700	2,100	3,500	7,880	12,250	17,500
4d 6P HT Wag	680	2,040	3,400	7,650	11,900	17,000
4d 9P HT Wag	688	2,064	3,440	7,740	12,040	17,200
1962 300 Series						
2d Conv	880	2,640	4,400	9,900	15,400	22,000
2d HT	720	2,160	3,600	8,100	12,600	18,000
4d HT	680	2,040	3,400	7,650	11,900	17,000
1962 300 Letter Series "H", V-8						
2d Conv	2,160	6,480	10,800	24,300	37,800	54,000
2d HT	1,760	5,280	8,800	19,800	30,800	44,000
1962 New Yorker Series, V-8						
4d Sed	640	1,920	3,200	7,200	11,200	16,000
4d HT	700	2,100	3,500	7,880	12,250	17,500
4d 6P HT Wag	720	2,160	3,600	8,100	12,600	18,000
4d 9P HT Wag	728	2,184	3,640	8,190	12,740	18,200

	6	5	4	3	2	1
1963 Newport Series, V-8						
2d Conv	800	2,400	4,000	9,000	14,000	20,000
2d HT	700	2,100	3,500	7,880	12,250	17,500
4d HT	640	1,920	3,200	7,200	11,200	16,000
4d Sed	624	1,872	3,120	7,020	10,920	15,600
4d 6P Sta Wag	680	2,040	3,400	7,650	11,900	17,000
4d 9P Sta Wag	688	2,064	3,440	7,740	12,040	17,200
1963 300 Series, "383" V-8						
2d Conv	880	2,640	4,400	9,900	15,400	22,000
2d HT	740	2,220	3,700	8,330	12,950	18,500
4d HT	660	1,980	3,300	7,430	11,550	16,500
1963 300 "Pacesetter" Series, "383" V-8						
2d Conv	880	2,640	4,400	9,900	15,400	22,000
2d HT	720	2,160	3,600	8,100	12,600	18,000
1963 300 Letter Series "J", "413" V-8						
2d HT	1,320	3,960	6,600	14,850	23,100	33,000
1963 New Yorker Series, V-8						
4d Sed	640	1,920	3,200	7,200	11,200	16,000
4d HT	660	1,980	3,300	7,430	11,550	16,500
4d HT Salon	668	2,004	3,340	7,520	11,690	16,700
4d 6P Sta Wag	708	2,124	3,540	7,970	12,390	17,700
4d 9P Sta Wag	708	2,124	3,540	7,970	12,390	17,700
1964 Newport Series, V-8						
2d Conv	760	2,280	3,800	8,550	13,300	19,000
2d HT	680	2,040	3,400	7,650	11,900	17,000
4d HT	640	1,920	3,200	7,200	11,200	16,000
4d Sed	624	1,872	3,120	7,020	10,920	15,600
1964 Town & Country Series, V-8						
4d 9P Sta Wag	660	1,980	3,300	7,430	11,550	16,500
4d 6P Sta Wag	660	1,980	3,300	7,430	11,550	16,500
1964 300 Series						
2d Conv	880	2,640	4,400	9,900	15,400	22,000
2d HT	700	2,100	3,500	7,880	12,250	17,500
4d HT	660	1,980	3,300	7,430	11,550	16,500
1964 300 Letter Series "K", V-8						
2d Conv	1,520	4,560	7,600	17,100	26,600	38,000
2d HT	1,280	3,840	6,400	14,400	22,400	32,000

NOTE: Add 10 percent for two 4-barrel carbs. Add 25 percent for Silver Edition introduced in Spring 1964.

	6	5	4	3	2	1
1964 New Yorker Series, V-8						
4d Sed	660	1,980	3,300	7,430	11,550	16,500
4d HT	680	2,040	3,400	7,650	11,900	17,000
4d HT Salon	700	2,100	3,500	7,880	12,250	17,500
1964 Town & Country Series, V-8						
4d 9P HT Wag	728	2,184	3,640	8,190	12,740	18,200
4d 6P HT Wag	720	2,160	3,600	8,100	12,600	18,000
1965 Newport Series, V-8						
2d Conv	780	2,340	3,900	8,780	13,650	19,500
2d HT	700	2,100	3,500	7,880	12,250	17,500
4d HT	660	1,980	3,300	7,430	11,550	16,500
4d Sed	624	1,872	3,120	7,020	10,920	15,600
4d 6W Sed	612	1,836	3,060	6,890	10,710	15,300
1965 Town & Country Series, V-8						
4d 6P Wag	680	2,040	3,400	7,650	11,900	17,000
4d 9P Wag	688	2,064	3,440	7,740	12,040	17,200
1965 300 Series						
2d Conv	840	2,520	4,200	9,450	14,700	21,000
2d HT	720	2,160	3,600	8,100	12,600	18,000
4d HT	660	1,980	3,300	7,430	11,550	16,500
1965 300 Letter Series "L", V-8						
2d Conv	1,400	4,200	7,000	15,750	24,500	35,000
2d HT	1,240	3,720	6,200	13,950	21,700	31,000
1965 New Yorker Series, V-8						
2d HT	740	2,220	3,700	8,330	12,950	18,500
4d HT	680	2,040	3,400	7,650	11,900	17,000
4d 6W Sed	640	1,920	3,200	7,200	11,200	16,000
1965 Town & Country Series, V-8						
4d 6P Wag	720	2,160	3,600	8,100	12,600	18,000
4d 9P Wag	728	2,184	3,640	8,190	12,740	18,200
1966 Newport Series, V-8						
2d Conv	840	2,520	4,200	9,450	14,700	21,000
2d HT	720	2,160	3,600	8,100	12,600	18,000
4d HT	680	2,040	3,400	7,650	11,900	17,000

	6	5	4	3	2	1
4d Sed	640	1,920	3,200	7,200	11,200	16,000
4d 6W Sed	640	1,920	3,200	7,200	11,200	16,000
1966 Town & Country Series, V-8						
4d 6P Sta Wag	720	2,160	3,600	8,100	12,600	18,000
4d 9P Sta Wag	728	2,184	3,640	8,190	12,740	18,200
1966 Chrysler 300, V-8						
2d Conv	1,040	3,120	5,200	11,700	18,200	26,000
2d HT	840	2,520	4,200	9,450	14,700	21,000
4d HT	720	2,160	3,600	8,100	12,600	18,000
1966 New Yorker, V-8						
2d HT	740	2,220	3,700	8,330	12,950	18,500
4d HT	720	2,160	3,600	8,100	12,600	18,000
4d 6W Sed	700	2,100	3,500	7,880	12,250	17,500
1967 Newport, V-8, 124" wb						
2d Conv	840	2,520	4,200	9,450	14,700	21,000
2d HT	740	2,220	3,700	8,330	12,950	18,500
4d HT	700	2,100	3,500	7,880	12,250	17,500
4d Sed	644	1,932	3,220	7,250	11,270	16,100
4d Sta Wag	740	2,220	3,700	8,330	12,950	18,500
1967 Newport Custom, V-8, 124" wb						
2d HT	740	2,220	3,700	8,330	12,950	18,500
4d HT	700	2,100	3,500	7,880	12,250	17,500
4d Sed	648	1,944	3,240	7,290	11,340	16,200
1967 300, V-8, 124" wb						
2d Conv	960	2,880	4,800	10,800	16,800	24,000
2d HT	780	2,340	3,900	8,780	13,650	19,500
4d HT	720	2,160	3,600	8,100	12,600	18,000
1967 New Yorker, V-8, 124" wb						
2d HT	760	2,280	3,800	8,550	13,300	19,000
4d HT	720	2,160	3,600	8,100	12,600	18,000
4d Sed	660	1,980	3,300	7,430	11,550	16,500
1968 Newport, V-8, 124" wb						
2d Conv	840	2,520	4,200	9,450	14,700	21,000
2d HT	760	2,280	3,800	8,550	13,300	19,000
4d HT	720	2,160	3,600	8,100	12,600	18,000
4d Sed	680	2,040	3,400	7,650	11,900	17,000
1968 Newport Custom, V-8, 124" wb						
2d HT	760	2,280	3,800	8,550	13,300	19,000
4d HT	680	2,040	3,400	7,650	11,900	17,000
4d Sed	668	2,004	3,340	7,520	11,690	16,700
1968 300, V-8, 124" wb						
2d Conv	1,000	3,000	5,000	11,250	17,500	25,000
2d HT	780	2,340	3,900	8,780	13,650	19,500
4d HT	720	2,160	3,600	8,100	12,600	18,000
1968 Town & Country, V-8, 122" wb						
4d Sta Wag	740	2,220	3,700	8,330	12,950	18,500
1968 New Yorker, V-8, 124" wb						
2d HT	780	2,340	3,900	8,780	13,650	19,500
4d HT	740	2,220	3,700	8,330	12,950	18,500
4d Sed	680	2,040	3,400	7,650	11,900	17,000
1969 Newport, V-8, 124" wb						
2d Conv	760	2,280	3,800	8,550	13,300	19,000
2d HT	400	1,200	2,000	4,500	7,000	10,000
4d HT	348	1,044	1,740	3,920	6,090	8,700
4d Sed	328	984	1,640	3,690	5,740	8,200
1969 Newport Custom, V-8, 124" wb						
2d HT	408	1,224	2,040	4,590	7,140	10,200
4d HT	352	1,056	1,760	3,960	6,160	8,800
4d Sed	332	996	1,660	3,740	5,810	8,300
1969 300, V-8, 124" wb						
2d Conv	800	2,400	4,000	9,000	14,000	20,000
2d HT	600	1,800	3,000	6,750	10,500	15,000
4d HT	460	1,380	2,300	5,180	8,050	11,500
1969 New Yorker, V-8, 124" wb						
2d HT	600	1,800	3,000	6,750	10,500	15,000
4d HT	440	1,320	2,200	4,950	7,700	11,000
4d Sed	352	1,056	1,760	3,960	6,160	8,800
1969 Town & Country, V-8, 122" wb						
4d Sta Wag	440	1,320	2,200	4,950	7,700	11,000
1970 Newport, V-8, 124" wb						
2d HT	500	1,500	2,500	5,630	8,750	12,500
2d Conv	700	2,100	3,500	7,880	12,250	17,500
4d HT	440	1,320	2,200	4,950	7,700	11,000
4d Sed	348	1,044	1,740	3,920	6,090	8,700

	6	5	4	3	2	1
1970 Newport Custom						
2d HT	480	1,440	2,400	5,400	8,400	12,000
4d HT	468	1,404	2,340	5,270	8,190	11,700
4d Sed	440	1,320	2,200	4,950	7,700	11,000
1970 300, V-8, 124" wb						
2d Conv	880	2,640	4,400	9,900	15,400	22,000
2d HT Hurst	760	2,280	3,800	8,550	13,300	19,000
2d HT	600	1,800	3,000	6,750	10,500	15,000
4d HT	500	1,500	2,500	5,630	8,750	12,500
1970 New Yorker, V-8, 124" wb						
2d HT	620	1,860	3,100	6,980	10,850	15,500
4d HT	480	1,440	2,400	5,400	8,400	12,000
4d Sed	460	1,380	2,300	5,180	8,050	11,500
1970 Town & Country, V-8, 122" wb						
4d Sta Wag	460	1,380	2,300	5,180	8,050	11,500
1971 Newport Royal, V-8, 124" wb						
2d HT	320	960	1,600	3,600	5,600	8,000
4d HT	276	828	1,380	3,110	4,830	6,900
4d Sed	272	816	1,360	3,060	4,760	6,800
1971 Newport, V-8, 124" wb						
2d HT	440	1,320	2,200	4,950	7,700	11,000
4d HT	288	864	1,440	3,240	5,040	7,200
4d Sed	276	828	1,380	3,110	4,830	6,900
1971 Newport Custom						
2d HT	460	1,380	2,300	5,180	8,050	11,500
4d HT	300	900	1,500	3,380	5,250	7,500
4d Sed	280	840	1,400	3,150	4,900	7,000
1971 300						
2d HT	480	1,440	2,400	5,400	8,400	12,000
4d HT	288	864	1,440	3,240	5,040	7,200
1971 New Yorker						
2d HT	480	1,440	2,400	5,400	8,400	12,000
4d HT	300	900	1,500	3,380	5,250	7,500
4d Sed	284	852	1,420	3,200	4,970	7,100
1971 Town & Country						
4d Sta Wag	300	900	1,500	3,380	5,250	7,500
1972 Newport Royal						
2d HT	320	960	1,600	3,600	5,600	8,000
4d HT	260	780	1,300	2,930	4,550	6,500
4d Sed	236	708	1,180	2,660	4,130	5,900
1972 Newport Custom						
2d HT	420	1,260	2,100	4,730	7,350	10,500
4d HT	280	840	1,400	3,150	4,900	7,000
4d Sed	240	720	1,200	2,700	4,200	6,000
1972 New Yorker Brougham						
2d HT	440	1,320	2,200	4,950	7,700	11,000
4d HT	300	900	1,500	3,380	5,250	7,500
4d Sed	260	780	1,300	2,930	4,550	6,500
1972 Town & Country						
4d Sta Wag	280	840	1,400	3,150	4,900	7,000
1973 Newport, V-8, 124" wb						
2d HT	280	840	1,400	3,150	4,900	7,000
4d HT	220	660	1,100	2,480	3,850	5,500
4d Sed	212	636	1,060	2,390	3,710	5,300
1973 Newport Custom, V-8						
2d HT	288	864	1,440	3,240	5,040	7,200
4d HT	224	672	1,120	2,520	3,920	5,600
4d Sed	220	660	1,100	2,480	3,850	5,500
1973 New Yorker Brougham, V-8						
2d HT	300	900	1,500	3,380	5,250	7,500
4d HT	240	720	1,200	2,700	4,200	6,000
4d Sed	224	672	1,120	2,520	3,920	5,600
1973 Town & Country, V-8						
4d 3S Sta Wag	212	636	1,060	2,390	3,710	5,300
1974 Newport, V-8						
2d HT	252	756	1,260	2,840	4,410	6,300
4d HT	200	600	1,000	2,250	3,500	5,000
4d Sed	196	588	980	2,210	3,430	4,900
1974 Newport Custom, V-8						
2d HT	260	780	1,300	2,930	4,550	6,500
4d HT	208	624	1,040	2,340	3,640	5,200
4d Sed	204	612	1,020	2,300	3,570	5,100

	6	5	4	3	2	1
1974 New Yorker, V-8						
4d Sed	208	624	1,040	2,340	3,640	5,200
4d HT	228	684	1,140	2,570	3,990	5,700
1974 New Yorker Brougham, V-8						
2d HT	268	804	1,340	3,020	4,690	6,700
4d HT	220	660	1,100	2,480	3,850	5,500
4d Sed	216	648	1,080	2,430	3,780	5,400
1974 Town & Country, V-8						
4d 3S Sta Wag	216	648	1,080	2,430	3,780	5,400
1975 Cordoba, V-8						
2d HT	280	840	1,400	3,150	4,900	7,000
1975 Newport, V-8						
2d HT	240	720	1,200	2,700	4,200	6,000
4d HT	200	600	1,000	2,250	3,500	5,000
4d Sed	196	588	980	2,210	3,430	4,900
1975 Newport Custom, V-8						
2d HT	244	732	1,220	2,750	4,270	6,100
4d HT	204	612	1,020	2,300	3,570	5,100
4d Sed	200	600	1,000	2,250	3,500	5,000
1975 New Yorker Brougham, V-8						
2d HT	252	756	1,260	2,840	4,410	6,300
4d HT	212	636	1,060	2,390	3,710	5,300
4d Sed	204	612	1,020	2,300	3,570	5,100
1975 Town & Country, V-8						
4d 3S Sta Wag	204	612	1,020	2,300	3,570	5,100
1976 Cordoba, V-8						
2d HT	300	900	1,500	3,380	5,250	7,500
1976 Newport, V-8						
2d HT	248	744	1,240	2,790	4,340	6,200
4d HT	216	648	1,080	2,430	3,780	5,400
4d Sed	200	600	1,000	2,250	3,500	5,000
1976 Newport Custom, V-8						
2d HT	260	780	1,300	2,930	4,550	6,500
4d HT	212	636	1,060	2,390	3,710	5,300
4d Sed	204	612	1,020	2,300	3,570	5,100
1976 Town & Country, V-8						
4d 2S Sta Wag	204	612	1,020	2,300	3,570	5,100
4d 3S Sta Wag	208	624	1,040	2,340	3,640	5,200
1976 New Yorker Brougham, V-8						
2d HT	268	804	1,340	3,020	4,690	6,700
4d HT	212	636	1,060	2,390	3,710	5,300
1977 LeBaron, V-8						
2d Cpe	200	550	900	2,030	3,150	4,500
4d Sed	150	500	850	1,940	3,000	4,300
1977 LeBaron Medallion, V-8						
2d Cpe	200	550	950	2,120	3,300	4,700
4d Sed	200	550	900	2,030	3,150	4,500
1977 Cordoba, V-8						
2d HT	250	700	1,200	2,700	4,200	6,000
1977 Newport, V-8						
2d HT	200	600	1,000	2,250	3,500	5,000
4d HT	150	500	850	1,940	3,000	4,300
4d Sed	150	500	800	1,850	2,850	4,100
1977 Town & Country, V-8						
4d 2S Sta Wag	150	500	850	1,890	2,950	4,200
4d 3S Sta Wag	150	500	850	1,940	3,000	4,300
1977 New Yorker Brougham, V-8						
2d HT	200	600	1,050	2,340	3,650	5,200
4d HT	200	550	900	1,980	3,100	4,400
1978 LeBaron						
2d Cpe	144	432	720	1,620	2,520	3,600
2d "S" Cpe	150	400	700	1,580	2,450	3,500
4d "S" Cpe	150	400	700	1,580	2,450	3,500
4d Sed	140	420	700	1,580	2,450	3,500
1978 Town & Country						
4d Sta Wag	140	420	700	1,580	2,450	3,500
1978 LeBaron Medallion						
2d Cpe	148	444	740	1,670	2,590	3,700
4d Sed	144	432	720	1,620	2,520	3,600
1978 Cordoba						
2d Cpe	220	660	1,100	2,480	3,850	5,500

	6	5	4	3	2	1
1978 Newport						
2d Cpe	150	500	850	1,940	3,000	4,300
4d Sed	150	500	850	1,890	2,950	4,200
1978 New Yorker Brougham						
2d Cpe	200	550	900	2,030	3,150	4,500
4d Sed	200	550	900	1,980	3,100	4,400
1979 LeBaron, V-8						
2d Cpe	144	432	720	1,620	2,520	3,600
4d Sed	140	420	700	1,580	2,450	3,500
1979 LeBaron Salon, V-8						
2d Cpe	148	444	740	1,670	2,590	3,700
4d Sed	144	432	720	1,620	2,520	3,600
1979 LeBaron Medallion, V-8						
2d Cpe	156	468	780	1,760	2,730	3,900
4d Sed	152	456	760	1,710	2,660	3,800
1979 LeBaron Town & Country						
4d Sta Wag	152	456	760	1,710	2,660	3,800

NOTE: Deduct 5 percent for 6-cyl.

	6	5	4	3	2	1
1979 Cordoba, V-8						
2d Cpe	208	624	1,040	2,340	3,640	5,200

NOTE: Add 20 percent for 300 option.

	6	5	4	3	2	1
1979 Newport, V-8						
4d Sed	156	468	780	1,760	2,730	3,900

NOTE: Deduct 7 percent for 6-cyl.

	6	5	4	3	2	1
1979 New Yorker, V-8						
4d Sed	164	492	820	1,850	2,870	4,100
1980 LeBaron, V-8						
2d Cpe Medallion	160	480	800	1,800	2,800	4,000
4d Sed Medallion	156	468	780	1,760	2,730	3,900
4d Sta Wag T&C	160	480	800	1,800	2,800	4,000

NOTE: Deduct 5 percent for lesser models.

	6	5	4	3	2	1
1980 Cordoba, V-8						
2d Cpe Specialty	240	720	1,200	2,700	4,200	6,000
2d Cpe Spl Crown	260	780	1,300	2,930	4,550	6,500
2d Cpe Spl LS	236	708	1,180	2,660	4,130	5,900

NOTE: Deduct 12 percent for 6-cyl.

	6	5	4	3	2	1
1980 Newport, V-8						
4d Sed	172	516	860	1,940	3,010	4,300
1980 New Yorker, V-8						
4d Sed	180	540	900	2,030	3,150	4,500
1981 LeBaron, V-8						
2d Cpe Medallion	164	492	820	1,850	2,870	4,100
4d Sed Medallion	160	480	800	1,800	2,800	4,000
4d Sta Wag T&C	164	492	820	1,850	2,870	4,100

NOTE: Deduct 12 percent for 6-cyl. Deduct 5 percent for lesser models.

	6	5	4	3	2	1
1981 Cordoba, V-8						
2d Cpe Specialty LS	240	720	1,200	2,700	4,200	6,000
2d Cpe Specialty	244	732	1,220	2,750	4,270	6,100

NOTE: Deduct 12 percent for 6-cyl.

	6	5	4	3	2	1
1981 Newport, V-8						
4d Sed	176	528	880	1,980	3,080	4,400

NOTE: Deduct 10 percent for 6-cyl.

	6	5	4	3	2	1
1981 New Yorker, V-8						
4d Sed	184	552	920	2,070	3,220	4,600
1981 Imperial, V-8						
2d Cpe	240	720	1,200	2,700	4,200	6,000
1982 LeBaron, 4-cyl.						
2d Conv	240	720	1,200	2,700	4,200	6,000
2d Cpe Specialty	160	480	800	1,800	2,800	4,000
4d Sed Medallion	164	492	820	1,850	2,870	4,100
4d Sed	160	480	800	1,800	2,800	4,000
2d Conv Medallion	240	720	1,200	2,700	4,200	6,000
2d Cpe Spec Medallion	160	490	820	1,850	2,870	4,100
4d Sta Wag T&C	176	528	880	1,980	3,080	4,400
1982 Cordoba, V-8						
2d Cpe Specialty LS	240	730	1,220	2,750	4,270	6,100
2d Cpe Specialty	248	744	1,240	2,790	4,340	6,200

NOTE: Deduct 12 percent for 6-cyl.

	6	5	4	3	2	1
1982 New Yorker, V-8						
4d Sed	196	588	980	2,210	3,430	4,900

NOTE: Deduct 11 percent for 6-cyl.

	6	5	4	3	2	1
1982 Imperial, V-8						
2d Cpe Luxury	240	720	1,200	2,700	4,200	6,000
1983 LeBaron, 4-cyl.						
2d Conv	244	732	1,220	2,750	4,270	6,100
2d Conv T&C Marc Cross	260	790	1,320	2,970	4,620	6,600
2d Cpe	164	492	820	1,850	2,870	4,100
4d Sed	164	492	820	1,850	2,870	4,100
4d Sta Wag T&C	180	540	900	2,030	3,150	4,500
4d Limo	196	588	980	2,210	3,430	4,900
1983 E Class, 4-cyl.						
4d Sed	180	540	900	2,030	3,150	4,500
1983 Cordoba, V-8						
2d Cpe	252	756	1,260	2,840	4,410	6,300
NOTE: Deduct 12 percent for 6-cyl.						
1983 New Yorker, 4-cyl.						
4d Sed	192	576	960	2,160	3,360	4,800
1983 New Yorker Fifth Avenue, V-8						
4d Sed	196	588	980	2,210	3,430	4,900
4d Sed Luxury	200	600	1,000	2,250	3,500	5,000
NOTE: Deduct 12 percent for 6-cyl.						
1983 Executive						
4d Limo	220	660	1,100	2,480	3,850	5,500
1983 Imperial, V-8						
2d Cpe	240	720	1,200	2,700	4,200	6,000
1984 LeBaron, 4-cyl.						
2d Conv	248	744	1,240	2,790	4,340	6,200
2d Conv Marc Cross	270	800	1,340	3,020	4,690	6,700
2d Conv T&C Marc Cross	260	790	1,320	2,970	4,620	6,600
2d Sed	164	492	820	1,850	2,870	4,100
4d Sed	164	492	820	1,850	2,870	4,100
4d Sta Wag T&C	168	504	840	1,890	2,940	4,200
1984 Laser, 4-cyl.						
2d HBk	168	504	840	1,890	2,940	4,200
2d HBk XE	172	516	860	1,940	3,010	4,300
1984 E Class, 4-cyl.						
4d Sed	180	540	900	2,030	3,150	4,500
1984 New Yorker, 4-cyl.						
4d Sed	192	576	960	2,160	3,360	4,800
1984 New Yorker Fifth Avenue, V-8						
4d Sed	200	600	1,000	2,250	3,500	5,000
1984 Executive						
4d Limo	220	660	1,100	2,480	3,850	5,500
1985 LeBaron, 4-cyl.						
2d Conv	248	744	1,240	2,790	4,340	6,200
2d Conv Marc Cross	270	800	1,340	3,020	4,690	6,700
2d Conv T&C Marc Cross	270	820	1,360	3,060	4,760	6,800
2d Cpe	164	492	820	1,850	2,870	4,100
4d Sed	168	504	840	1,890	2,940	4,200
4d Sta Wag T&C	172	516	860	1,940	3,010	4,300
1985 Laser, 4-cyl.						
2d HBk	172	516	860	1,940	3,010	4,300
2d HBk XE	176	528	880	1,980	3,080	4,400
1985 LeBaron GTS, 4-cyl.						
4d Spt	184	552	920	2,070	3,220	4,600
4d Spt Premium	188	564	940	2,120	3,290	4,700
1985 New Yorker, 4-cyl.						
4d Sed	200	590	980	2,210	3,430	4,900
1985 Fifth Avenue, V-8						
4d Sed	204	612	1,020	2,300	3,570	5,100
1985 Executive						
4d Limo	220	660	1,100	2,480	3,850	5,500
1985 LeBaron GTS, 4-cyl.						
4d Spt	184	552	920	2,070	3,220	4,600
4d Spt Premium	188	564	940	2,120	3,290	4,700
1986 Laser						
2d HBk	172	516	860	1,940	3,010	4,300
1986 LeBaron						
2d Conv	248	744	1,240	2,790	4,340	6,200
2d Marc Cross Conv	280	840	1,400	3,150	4,900	7,000
2d Conv T&C Marc Cross	270	820	1,360	3,060	4,760	6,800
2d Cpe	184	552	920	2,070	3,220	4,600

1958 Chrysler Imperial Crown four-door hardtop

1967 Imperial Le Baron four-door hardtop

1973 Chrysler New Yorker sedan

	6	5	4	3	2	1
4d Sed	188	564	940	2,120	3,290	4,700
4d T&C Sta Wag.	192	576	960	2,160	3,360	4,800
1986 New Yorker						
4d Sed	200	600	1,000	2,250	3,500	5,000
1986 Fifth Avenue						
4d Sed	208	624	1,040	2,340	3,640	5,200
1986 Executive						
4d Limo	220	660	1,100	2,480	3,850	5,500

NOTE: Add 10 percent for deluxe models. Deduct 5 percent for smaller engines.

1987 LeBaron	6	5	4	3	2	1
2d Conv	260	780	1,300	2,930	4,550	6,500
2d Cpe	168	504	840	1,890	2,940	4,200
2d Cpe Premium.	172	516	860	1,940	3,010	4,300
4d Sed	172	516	860	1,940	3,010	4,300
4d HBk Spt GTS.	180	540	900	2,030	3,150	4,500
4d HBk Spt Prem GTS	180	550	920	2,070	3,220	4,600
4d Sta Wag.	176	528	880	1,980	3,080	4,400

NOTE: Add 5 percent for 2.2 Turbo engine.

1987 Conquest, 4-cyl. Turbo	6	5	4	3	2	1
2d HBk	172	516	860	1,940	3,010	4,300
1987 New Yorker, 4-cyl.						
4d Sed	220	660	1,100	2,480	3,850	5,500
1987 New Yorker, V-6						
4d Sed	188	564	940	2,120	3,290	4,700
4d Sed Lan	196	588	980	2,210	3,430	4,900

NOTE: Add 5 percent for 2.2 Turbo engine. Add 10 percent for V-6.

1987 Fifth Avenue, V-8	6	5	4	3	2	1
4d Sed	240	720	1,200	2,700	4,200	6,000
1988 LeBaron, 4-cyl.						
2d Conv	272	816	1,360	3,060	4,760	6,800
2d Cpe	152	456	760	1,710	2,660	3,800
2d Cpe Prem	180	540	900	2,030	3,150	4,500
4d Sed	132	396	660	1,490	2,310	3,300
4d HBk GTS	128	384	640	1,440	2,240	3,200
4d HBk Prem GTS	140	420	700	1,580	2,450	3,500
4d Sta Wag T&C.	168	504	840	1,890	2,940	4,200
1988 Conquest, 4-cyl.						
2d HBk	160	480	800	1,800	2,800	4,000
1988 New Yorker, 4-cyl., Turbo						
4d Sed	184	552	920	2,070	3,220	4,600
1988 New Yorker, V-6						
4d Sed	208	624	1,040	2,340	3,640	5,200
4d Sed Landau	224	672	1,120	2,520	3,920	5,600
1988 Fifth Avenue,V-8						
4d Sed	272	816	1,360	3,060	4,760	6,800
1989 LeBaron, 4-cyl.						
2d Conv	360	1,080	1,800	4,050	6,300	9,000
2d Conv Prem.	400	1,200	2,000	4,500	7,000	10,000
2d Cpe	224	672	1,120	2,520	3,920	5,600
2d Prem	232	696	1,160	2,610	4,060	5,800
4d HBk	220	660	1,100	2,480	3,850	5,500
4d HBk Prem	228	684	1,140	2,570	3,990	5,700
2d Conv	360	1,080	1,800	4,050	6,300	9,000
1989 Conquest, 4-cyl.						
2d HBk	240	720	1,200	2,700	4,200	6,000
1989 New Yorker, V-6						
4d Sed	264	792	1,320	2,970	4,620	6,600
4d Lan Sed	272	816	1,360	3,060	4,760	6,800
1989 Fifth Avenue, V-8						
4d Sed	368	1,104	1,840	4,140	6,440	9,200
1989 TC, 4-cyl. Turbo by Maserati						
2d Conv	840	2,520	4,200	9,450	14,700	21,000
1990 LeBaron 4-cyl.						
2d Conv	260	780	1,300	2,930	4,550	6,500
2d Cpe	200	600	1,000	2,250	3,500	5,000
1990 V-6						
2d Conv	360	1,080	1,800	4,050	6,300	9,000
2d Prem Conv.	380	1,140	1,900	4,280	6,650	9,500
2d Cpe	220	660	1,100	2,480	3,850	5,500
2d Prem Cpe	240	720	1,200	2,700	4,200	6,000
4d Sed	220	660	1,100	2,480	3,850	5,500

	6	5	4	3	2	1
1990 New Yorker, V-6						
4d Sed	260	780	1,300	2,930	4,550	6,500
4d Lan Sed	360	1,080	1,800	4,050	6,300	9,000
4d Fifth Ave Sed	400	1,200	2,000	4,500	7,000	10,000
1990 Imperial, V-6						
4d Sed	520	1,560	2,600	5,850	9,100	13,000
1990 TC, V-6 by Maserati						
2d Conv	760	2,280	3,800	8,550	13,300	19,000
1991 TC, V-6 by Maserati						
2d Conv	800	2,400	4,000	9,000	14,000	20,000
1991 LeBaron, 4-cyl.						
2d Conv	260	780	1,300	2,930	4,550	6,500
2d Cpe	180	540	900	2,030	3,150	4,500
1991 V-6						
2d LX Conv	360	1,080	1,800	4,050	6,300	9,000
2d LX Cpe	200	600	1,000	2,250	3,500	5,000
4d Sed	220	660	1,100	2,480	3,850	5,500
1991 New Yorker & Imperial, V-6						
4d Salon Sed	248	744	1,240	2,790	4,340	6,200
4d Fifth Ave Sed	260	780	1,300	2,930	4,550	6,500
4d Imperial Sed	368	1,104	1,840	4,140	6,440	9,200
1992 LeBaron, 4-cyl.						
2d Cpe	220	660	1,100	2,480	3,850	5,500
2d Conv	360	1,080	1,800	4,050	6,300	9,000
4d Sed	216	648	1,080	2,430	3,780	5,400
4d Lan Sed	220	660	1,100	2,480	3,850	5,500
2d LX Cpe	380	1,140	1,900	4,280	6,650	9,500
2d LX Conv	240	720	1,200	2,700	4,200	6,000
4d LX Sed	260	780	1,300	2,930	4,550	6,500
NOTE: Add 10 percent for V-6 where available.						
1992 New Yorker, V-6						
4d Salom Sed	360	1,080	1,800	4,050	6,300	9,000
4d Fifth Ave Sed	380	1,140	1,900	4,280	6,650	9,500
1992 Imperial, V-6						
4d Sed	420	1,260	2,100	4,730	7,350	10,500
1993 LeBaron, 4-cyl.						
4d Sed	224	672	1,120	2,520	3,920	5,600
2d Cpe	200	650	1,100	2,480	3,850	5,500
2d LE Conv	364	1,092	1,820	4,100	6,370	9,100
1993 LeBaron, V-6						
4d LE Sed	228	684	1,140	2,570	3,990	5,700
4d Landau Sed	232	696	1,160	2,610	4,060	5,800
2d Cpe	232	696	1,160	2,610	4,060	5,800
2d LX Cpe	236	708	1,180	2,660	4,130	5,900
2d Conv	376	1,128	1,880	4,230	6,580	9,400
2d LX Conv	384	1,152	1,920	4,320	6,720	9,600
1993 Concorde, V-6						
4d Sed	260	780	1,300	2,930	4,550	6,500
1993 New Yorker, V-6						
4d Salom Sed	364	1,092	1,820	4,100	6,370	9,100
4d Fifth Ave Sed	380	1,140	1,900	4,280	6,650	9,500
1993 Imperial, V-6						
4d Sed	424	1,272	2,120	4,770	7,420	10,600
1994 LeBaron						
4d LE Sed, 4-cyl.	240	720	1,200	2,700	4,200	6,000
4d LE Sed, V-6	260	780	1,300	2,930	4,550	6,500
4d Landau Sed, V-6	280	840	1,400	3,150	4,900	7,000
2d GTC Conv, V-6	288	864	1,440	3,240	5,040	7,200
1994 Concorde, V-6						
4d Sed	300	900	1,500	3,380	5,250	7,500
1994 New Yorker, V-6						
4d Sed	320	960	1,600	3,600	5,600	8,000
1994 LHS, V-6						
4d Sed	360	1,080	1,800	4,050	6,300	9,000
1995 LeBaron, V-6						
2d GTC Conv	300	850	1,450	3,240	5,050	7,200
1995 Cirrus, V-6						
4d LX Sed	250	750	1,200	2,750	4,250	6,100
4d LXi Sed	250	750	1,300	2,880	4,500	6,400
1995 Sebring, 4-cyl. & V-6						
2d LX Cpe	300	850	1,400	3,150	4,900	7,000
2d LXi Cpe (V-6 only)	320	960	1,600	3,600	5,600	8,000

	6	5	4	3	2	1
1995 Concorde, V-6						
4d Sed	300	900	1,500	3,380	5,250	7,500
1995 New Yorker, V-6						
4d Sed	300	950	1,600	3,600	5,600	8,000
1995 LHS, V-6						
4d Sed	350	1,100	1,800	4,050	6,300	9,000
1996 Cirrus, 4-cyl. & V-6						
4d LX Sed	250	750	1,200	2,750	4,250	6,100
4d LXi Sed (V-6 only)	260	770	1,280	2,880	4,480	6,400
1996 Sebring, 4-cyl. & V-6						
2d LX Cpe	300	850	1,400	3,150	4,900	7,000
2d LXi Cpe (V-6 only)	320	960	1,600	3,600	5,600	8,000
2d JX Conv	350	1,000	1,700	3,830	5,950	8,500
2d JXi Conv (V-6 only)	360	1,080	1,800	4,050	6,300	9,000
1996 Concorde, V-6						
4d LX Sed	300	900	1,500	3,380	5,250	7,500
4d LXi Sed	300	950	1,600	3,600	5,600	8,000
1996 New Yorker, V-6						
4d Sed	300	950	1,600	3,600	5,600	8,000
1996 LHS, V-6						
4d Sed	350	1,100	1,800	4,050	6,300	9,000
1997 Cirrus, 4-cyl. & V-6						
4d LX Sed	244	732	1,220	2,750	4,270	6,100
4d LXi Sed	256	768	1,280	2,880	4,480	6,400
1997 Sebring, 4-cyl. & V-6						
2d LX Cpe	280	840	1,400	3,150	4,900	7,000
2d LXi Cpe (V-6 only)	320	960	1,600	3,600	5,600	8,000
2d JX Conv	340	1,020	1,700	3,830	5,950	8,500
2d JXi Conv	360	1,080	1,800	4,050	6,300	9,000
1997 Concorde, V-6						
4d LX Sed	300	900	1,500	3,380	5,250	7,500
4d LXi Sed	320	960	1,600	3,600	5,600	8,000
1997 LHS, V-6						
4d Sed	360	1,080	1,800	4,050	6,300	9,000
1998 Cirrus, V-6						
4d LXi Sed	260	770	1,280	2,880	4,480	6,400
1998 Sebring, 4-cyl. & V-6						
2d LX Cpe	280	840	1,400	3,150	4,900	7,000
2d LXi Cpe (V-6 only)	320	960	1,600	3,600	5,600	8,000
2d JX Conv	340	1,020	1,700	3,830	5,950	8,500
2d JXi Conv	360	1,080	1,800	4,050	6,300	9,000
2d Limited Conv (V-6 only)	380	1,140	1,900	4,280	6,650	9,500
1998 Concorde, V-6						
4d LX Sed	300	900	1,500	3,380	5,250	7,500
4d LXi Sed	320	960	1,600	3,600	5,600	8,000
1998						

NOTE: The LHS was not offered in 1998. The 1999 LHS debuted in mid-year 1998.

EAGLE

	6	5	4	3	2	1
1988 Medallion, 4-cyl.						
4d Sed	128	384	640	1,440	2,240	3,200
4d Sta Wag	136	408	680	1,530	2,380	3,400
4d LX Sed	140	420	700	1,580	2,450	3,500
1988 Premier, V-6						
4d LX Sed	160	480	800	1,800	2,800	4,000
4d ES Sed	180	540	900	2,030	3,150	4,500
1988 Eagle, 6-cyl.						
4d Ltd Sta Wag	260	780	1,300	2,930	4,550	6,500
1989 Jeep Summit, 4-cyl.						
4d DL Sed	160	480	800	1,800	2,800	4,000
4d LX Sed	180	540	900	2,030	3,150	4,500
4d LX Sed DOHC	188	564	940	2,120	3,290	4,700
1989 Medallion, 4-cyl.						
4d DL Sed	144	432	720	1,620	2,520	3,600
4d DL Sta Wag	148	444	740	1,670	2,590	3,700
4d LX Sed	152	456	760	1,710	2,660	3,800
4d LX Sta Wag	156	468	780	1,760	2,730	3,900
1989 Premier, V-6						
4d LX Sed, 4-cyl.	156	468	780	1,760	2,730	3,900
4d LX Sed	172	516	860	1,940	3,010	4,300
4d ES Sed	176	528	880	1,980	3,080	4,400
4d ES Sed Ltd	200	600	1,000	2,250	3,500	5,000

	6	5	4	3	2	1
1990 Jeep Summit, 4-cyl.						
4d Sed	160	480	800	1,800	2,800	4,000
4d DL Sed	168	504	840	1,890	2,940	4,200
4d LX Sed	180	540	900	2,030	3,150	4,500
4d ES Sed	188	564	940	2,120	3,290	4,700
1990 Talon, 4-cyl.						
2d Cpe	300	900	1,500	3,380	5,250	7,500
2d Cpe Turbo	340	1,020	1,700	3,830	5,950	8,500
2d Cpe Turbo 4x4	540	1,620	2,700	6,080	9,450	13,500
1990 Premier, V-6						
4d LX Sed	180	540	900	2,030	3,150	4,500
4d ES Sed	200	600	1,000	2,250	3,500	5,000
4d ES Sed Ltd	220	660	1,100	2,480	3,850	5,500
1991 Summit, 4-cyl.						
2d HBk	160	480	800	1,800	2,800	4,000
2d ES HBk	164	492	820	1,850	2,870	4,100
4d Sed	164	492	820	1,850	2,870	4,100
4d ES Sed	168	504	840	1,890	2,940	4,200
1991 Talon, 4-cyl.						
2d Cpe	240	720	1,200	2,700	4,200	6,000
2d Cpe TSi Turbo	280	840	1,400	3,150	4,900	7,000
2d Cpe TSi Turbo 4x4	320	960	1,600	3,600	5,600	8,000
1991 Premier, V-6						
4d LX Sed	164	492	820	1,850	2,870	4,100
4d ES Sed	188	564	940	2,120	3,290	4,700
4d ES Sed Ltd	200	600	1,000	2,250	3,500	5,000
1992 Summit, 4-cyl.						
2d HBk	172	516	860	1,940	3,010	4,300
2d ES HBk	176	528	880	1,980	3,080	4,400
4d Sed	168	504	840	1,890	2,940	4,200
4d ES Sed	172	516	860	1,940	3,010	4,300
4d DL Sta Wag	172	516	860	1,940	3,010	4,300
4d LX Sta Wag	176	528	880	1,980	3,080	4,400
4d Sta Wag 4x4	200	600	1,000	2,250	3,500	5,000
1992 Talon, 4-cyl.						
2d Liftback	220	660	1,100	2,480	3,850	5,500
2d Liftback TSi Turbo	260	780	1,300	2,930	4,550	6,500
2d Liftback TSi Turbo 4x4	300	900	1,500	3,380	5,250	7,500
1992 Premier, V-6						
4d LX Sed	220	660	1,100	2,480	3,850	5,500
4d ES Sed	228	684	1,140	2,570	3,990	5,700
4d ES Ltd Sed	240	720	1,200	2,700	4,200	6,000
1993 Summit, 4-cyl.						
2d DL Cpe	172	516	860	1,940	3,010	4,300
2d ES Cpe	176	528	880	1,980	3,080	4,400
4d DL Sed	176	528	880	1,980	3,080	4,400
4d ES Sed	180	540	900	2,030	3,150	4,500
2d DL Sta Wag	184	552	920	2,070	3,220	4,600
2d LX Sta Wag	188	564	940	2,120	3,290	4,700
2d Sta Wag 4x4	228	684	1,140	2,570	3,990	5,700
1993 Talon, 4-cyl.						
2d DL HBk	184	552	920	2,070	3,220	4,600
2d ES HBk	188	564	940	2,120	3,290	4,700
2d Turbo	240	720	1,200	2,700	4,200	6,000
2d Turbo 4x4	280	840	1,400	3,150	4,900	7,000
1993 Vision, V-6						
4d ESi Sed	188	564	940	2,120	3,290	4,700
4d TSi Sed	192	576	960	2,160	3,360	4,800
1994 Summit, 4-cyl.						
2d DL Cpe	172	516	860	1,940	3,010	4,300
2d ES Cpe	200	600	1,000	2,250	3,500	5,000
4d ES Sed	220	660	1,100	2,480	3,850	5,500
4d LX Sed	208	624	1,040	2,340	3,640	5,200
2d DL Sta Wag	280	840	1,400	3,150	4,900	7,000
2d LX Sta Wag	300	900	1,500	3,380	5,250	7,500
2d Sta Wag 4x4	320	960	1,600	3,600	5,600	8,000
1994 Talon, 4-cyl.						
2d DL HBk	240	720	1,200	2,700	4,200	6,000
2d ES HBk	260	780	1,300	2,930	4,550	6,500
2d HBk TSi Turbo	280	840	1,400	3,150	4,900	7,000
2d HBk TSi Turbo 4x4	340	1,020	1,700	3,830	5,950	8,500
1994 Vision, V-6						
4d ESi Sed	300	900	1,500	3,380	5,250	7,500
4d TSi Sed	340	1,020	1,700	3,830	5,950	8,500

	6	5	4	3	2	1
1995 Summit, 4-cyl.						
2d DL Cpe	172	516	860	1,940	3,010	4,300
2d ESi Cpe	220	660	1,100	2,480	3,850	5,500
4d ESi Sed	240	720	1,200	2,700	4,200	6,000
4d LX Sed	208	624	1,040	2,340	3,640	5,200
2d DL Sta Wag	280	840	1,400	3,150	4,900	7,000
2d LX Sta Wag	300	900	1,500	3,380	5,250	7,500
2d Sta Wag 4x4	320	960	1,600	3,600	5,600	8,000
1995 Talon, 4-cyl.						
2d ESi HBk	260	780	1,300	2,930	4,550	6,500
2d TSi HBk Turbo	300	900	1,500	3,380	5,250	7,500
2d TSi HBk Turbo 4x4	380	1,140	1,900	4,280	6,650	9,500
1995 Vision, V-6						
4d ESi Sed	300	900	1,500	3,380	5,250	7,500
4d TSi Sed	340	1,020	1,700	3,830	5,950	8,500
1996 Summit, 4-cyl.						
2d DL Cpe	160	480	800	1,800	2,800	4,000
2d DL Sta Wag	200	600	1,000	2,250	3,500	5,000
2d ESi Cpe	172	516	860	1,940	3,010	4,300
4d ESi Sed	180	540	900	2,030	3,150	4,500
4d LX Sed	168	504	840	1,890	2,940	4,200
2d LX Sta Wag	212	636	1,060	2,390	3,710	5,300
2d Sta Wag 4x4	220	660	1,100	2,480	3,850	5,500
1996 Talon, 4-cyl.						
2d HBk	240	720	1,200	2,700	4,200	6,000
2d ESi HBk	260	780	1,300	2,930	4,550	6,500
2d TSi Turbo HBk	300	900	1,500	3,380	5,250	7,500
2d TSi Turbo HBx 4x4	320	960	1,600	3,600	5,600	8,000
1996 Vision, V-6						
4d ESi Sed	240	720	1,200	2,700	4,200	6,000
4d TSi Sed	260	780	1,300	2,930	4,550	6,500
1997 Talon, 4-cyl.						
2d HBk	220	660	1,100	2,480	3,850	5,500
2d ESi HBk	240	720	1,200	2,700	4,200	6,000
2d TSi Turbo HBk	280	840	1,400	3,150	4,900	7,000
2d TSi Turbo HBk AWD	300	900	1,500	3,380	5,250	7,500
1997 Vision, V-6						
4d ESi Sed	220	660	1,100	2,480	3,850	5,500
4d TSi Sed	240	720	1,200	2,700	4,200	6,000
1998 Talon, 4-cyl.						
2d HBk	220	660	1,100	2,480	3,850	5,500
2d ESi HBk	240	720	1,200	2,700	4,200	6,000
2d TSi Turbo HBk	280	840	1,400	3,150	4,900	7,000
2d TSi Turbo HBk AWD	300	900	1,500	3,380	5,250	7,500

IMPERIAL

	6	5	4	3	2	1
1955 Imperial, V-8						
4d Sed	840	2,520	4,200	9,450	14,700	21,000
2d HT Newport	1,240	3,720	6,200	13,950	21,700	31,000
1955 Crown Imperial, V-8						
4d 8P Sed	1,000	3,000	5,000	11,250	17,500	25,000
4d 8P Limo	1,160	3,480	5,800	13,050	20,300	29,000
1956 Imperial, V-8						
4d Sed	840	2,520	4,200	9,450	14,700	21,000
4d HT S Hamp	960	2,880	4,800	10,800	16,800	24,000
2d HT S Hamp	1,240	3,720	6,200	13,950	21,700	31,000
1956 Crown Imperial, V-8						
4d 8P Sed	1,040	3,120	5,200	11,700	18,200	26,000
4d 8P Limo	1,120	3,360	5,600	12,600	19,600	28,000
1957 Imperial Custom, V-8						
2d HT S Hamp	1,160	3,480	5,800	13,050	20,300	29,000
4d HT S Hamp	1,040	3,120	5,200	11,700	18,200	26,000
4d Sed	960	2,880	4,800	10,800	16,800	24,000
1957 Imperial Crown, V-8						
2d Conv	1,400	4,200	7,000	15,750	24,500	35,000
2d HT S Hamp	1,200	3,600	6,000	13,500	21,000	30,000
4d HT S Hamp	1,080	3,240	5,400	12,150	18,900	27,000
4d Sed	1,000	3,000	5,000	11,250	17,500	25,000
1957 Imperial LeBaron, V-8						
4d Sed	1,040	3,120	5,200	11,700	18,200	26,000
4d HT S Hamp	1,120	3,360	5,600	12,600	19,600	28,000
1957 Crown Imperial Ghia, V-8						
4d 8P Limo	1,280	3,840	6,400	14,400	22,400	32,000

	6	5	4	3	2	1
1958 Imperial Custom, V-8						
2d HT S Hamp	1,120	3,360	5,600	12,600	19,600	28,000
4d HT S Hamp	1,000	3,000	5,000	11,250	17,500	25,000
4d Sed	960	2,880	4,800	10,800	16,800	24,000
1958 Imperial Crown, V-8						
2d Conv	1,360	4,080	6,800	15,300	23,800	34,000
2d HT S Hamp	1,200	3,600	6,000	13,500	21,000	30,000
4d HT S Hamp	1,040	3,120	5,200	11,700	18,200	26,000
4d Sed	1,000	3,000	5,000	11,250	17,500	25,000
1958 Imperial LeBaron, V-8						
4d Sed	1,040	3,120	5,200	11,700	18,200	26,000
4d HT S Hamp	1,120	3,360	5,600	12,600	19,600	28,000
1958 Crown Imperial Ghia, V-8						
4d Limo	1,280	3,840	6,400	14,400	22,400	32,000
1959 Imperial Custom, V-8						
4d Sed	800	2,400	4,000	9,000	14,000	20,000
4d HT S Hamp	920	2,760	4,600	10,350	16,100	23,000
2d HT S Hamp	1,120	3,360	5,600	12,600	19,600	28,000
1959 Imperial Crown, V-8						
2d Conv	1,360	4,080	6,800	15,300	23,800	34,000
2d HT S Hamp	1,200	3,600	6,000	13,500	21,000	30,000
4d Sed	840	2,520	4,200	9,450	14,700	21,000
4d HT S Hamp	960	2,880	4,800	10,800	16,800	24,000
1959 Imperial LeBaron, V-8						
4d Sed	880	2,640	4,400	9,900	15,400	22,000
4d HT S Hamp	1,000	3,000	5,000	11,250	17,500	25,000
1959 Crown Imperial Ghia, V-8						
4d Limo	1,280	3,840	6,400	14,400	22,400	32,000
1960 Imperial Custom, V-8						
2d HT S Hamp	840	2,520	4,200	9,450	14,700	21,000
4d HT S Hamp	760	2,280	3,800	8,550	13,300	19,000
4d Sed	680	2,040	3,400	7,650	11,900	17,000
1960 Imperial Crown, V-8						
2d Conv	1,360	4,080	6,800	15,300	23,800	34,000
2d HT S Hamp	1,120	3,360	5,600	12,600	19,600	28,000
4d HT S Hamp	920	2,760	4,600	10,350	16,100	23,000
4d Sed	800	2,400	4,000	9,000	14,000	20,000
1960 Imperial LeBaron, V-8						
4d Sed	820	2,460	4,100	9,230	14,350	20,500
4d HT S Hamp	940	2,820	4,700	10,580	16,450	23,500
1960 Crown Imperial Ghia, V-8						
4d Limo	1,280	3,840	6,400	14,400	22,400	32,000
1961 Imperial Custom, V-8						
2d HT S Hamp	740	2,220	3,700	8,330	12,950	18,500
4d HT S Hamp	680	2,040	3,400	7,650	11,900	17,000
1961 Imperial Crown, V-8						
2d Conv	1,040	3,120	5,200	11,700	18,200	26,000
2d HT S Hamp	760	2,280	3,800	8,550	13,300	19,000
4d HT S Hamp	700	2,100	3,500	7,880	12,250	17,500
1961 Imperial LeBaron, V-8						
4d HT S Hamp	720	2,160	3,600	8,100	12,600	18,000
1961 Crown Imperial Ghia, V-8						
4d Limo	1,200	3,600	6,000	13,500	21,000	30,000
1962 Imperial Custom, V-8						
2d HT S Hamp	760	2,280	3,800	8,550	13,300	19,000
4d HT S Hamp	680	2,040	3,400	7,650	11,900	17,000
1962 Imperial Crown, V-8						
2d Conv	1,000	3,000	5,000	11,250	17,500	25,000
2d HT S Hamp	720	2,160	3,600	8,100	12,600	18,000
4d HT S Hamp	700	2,100	3,500	7,880	12,250	17,500
1962 Imperial LeBaron, V-8						
4d HT S Hamp	720	2,160	3,600	8,100	12,600	18,000
1963 Imperial Custom, V-8						
2d HT S Hamp	740	2,220	3,700	8,330	12,950	18,500
4d HT S Hamp	680	2,040	3,400	7,650	11,900	17,000
1963 Imperial Crown, V-8						
2d Conv	920	2,760	4,600	10,350	16,100	23,000
2d HT S Hamp	740	2,220	3,700	8,330	12,950	18,500
4d HT S Hamp	680	2,040	3,400	7,650	11,900	17,000
1963 Imperial LeBaron, V-8						
4d HT S Hamp	720	2,160	3,600	8,100	12,600	18,000

	6	5	4	3	2	1
1963 Crown Imperial Ghia, V-8						
4d 8P Sed.	840	2,520	4,200	9,450	14,700	21,000
4d 8P Limo	1,040	3,120	5,200	11,700	18,200	26,000
1964 Imperial Crown, V-8						
2d Conv	960	2,880	4,800	10,800	16,800	24,000
2d HT	760	2,280	3,800	8,550	13,300	19,000
4d HT	700	2,100	3,500	7,880	12,250	17,500
1964 Imperial LeBaron, V-8						
4d HT	780	2,340	3,900	8,780	13,650	19,500
1964 Crown Imperial Ghia, V-8						
4d Limo	1,020	3,060	5,100	11,480	17,850	25,500
1965 Imperial Crown, V-8						
2d Conv	920	2,760	4,600	10,350	16,100	23,000
2d HT	760	2,280	3,800	8,550	13,300	19,000
4d HT	720	2,160	3,600	8,100	12,600	18,000
1965 Imperial LeBaron, V-8						
4d HT	780	2,340	3,900	8,780	13,650	19,500
1965 Crown Imperial Ghia, V-8						
4d Limo	1,040	3,120	5,200	11,700	18,200	26,000
1966 Imperial Crown, V-8						
2d Conv	960	2,880	4,800	10,800	16,800	24,000
2d HT	800	2,400	4,000	9,000	14,000	20,000
4d HT	760	2,280	3,800	8,550	13,300	19,000
1966 Imperial LeBaron, V-8						
4d HT	840	2,520	4,200	9,450	14,700	21,000
1967 Imperial, V-8						
2d Conv	1,040	3,120	5,200	11,700	18,200	26,000
4d Sed	780	2,340	3,900	8,780	13,650	19,500
1967 Imperial Crown, V-8						
4d HT	800	2,400	4,000	9,000	14,000	20,000
2d HT	900	2,700	4,500	10,130	15,750	22,500
1967 Imperial LeBaron, V-8						
4d HT	820	2,460	4,100	9,230	14,350	20,500
1968 Imperial Crown, V-8						
2d Conv	1,040	3,120	5,200	11,700	18,200	26,000
2d HT	900	2,700	4,500	10,130	15,750	22,500
4d HT	800	2,400	4,000	9,000	14,000	20,000
4d Sed	740	2,220	3,700	8,330	12,950	18,500
1968 Imperial LeBaron, V-8						
4d HT	860	2,580	4,300	9,680	15,050	21,500
1969 Imperial Crown, V-8						
2d HT	600	1,800	3,000	6,750	10,500	15,000
4d HT	460	1,380	2,300	5,180	8,050	11,500
4d Sed	440	1,320	2,200	4,950	7,700	11,000
1969 Imperial LeBaron, V-8						
2d HT	620	1,860	3,100	6,980	10,850	15,500
4d HT	460	1,380	2,300	5,180	8,050	11,500
1970 Imperial Crown, V-8						
2d HT	640	1,920	3,200	7,200	11,200	16,000
4d HT	500	1,500	2,500	5,630	8,750	12,500
1970 Imperial LeBaron, V-8						
2d HT	660	1,980	3,300	7,430	11,550	16,500
4d HT	600	1,800	3,000	6,750	10,500	15,000
1971 Imperial LeBaron, V-8						
2d HT	480	1,440	2,400	5,400	8,400	12,000
4d HT	320	960	1,600	3,600	5,600	8,000
1972 Imperial LeBaron, V-8						
2d HT	380	1,140	1,900	4,280	6,650	9,500
4d HT	320	960	1,600	3,600	5,600	8,000
1973 Imperial LeBaron, V-8						
2d HT	308	924	1,540	3,470	5,390	7,700
4d HT	248	744	1,240	2,790	4,340	6,200
1974 Imperial LeBaron, V-8						
2d HT	276	828	1,380	3,110	4,830	6,900
4d HT	232	696	1,160	2,610	4,060	5,800
1975 Imperial LeBaron, V-8						
2d HT	264	792	1,320	2,970	4,620	6,600
4d HT	220	660	1,100	2,480	3,850	5,500

NOTE: Add 20 percent for Crown Coupe package (Orig. price $569.).

CORD

	6	5	4	3	2	1
1930 Series L-29, 8-cyl., 137.5" wb						
4d 5P Sed	3,280	9,840	16,400	36,900	57,400	82,000
4d 5P Brgm	3,360	10,080	16,800	37,800	58,800	84,000
2d 4P Conv 2-4 Pas	6,880	20,640	34,400	77,400	120,400	172,000
4d Conv Sed	7,080	21,240	35,400	79,650	123,900	177,000
1931 Series L-29, 8-cyl., 137.5" wb						
4d 5P Sed	3,280	9,840	16,400	36,900	57,400	82,000
4d 5P Brgm	3,360	10,080	16,800	37,800	58,800	84,000
2d 2-4P Cabr	6,880	20,640	34,400	77,400	120,400	172,000
4d Conv Sed	7,080	21,240	35,400	79,650	123,900	177,000
1932 Series L-29, 8-cyl., 137.5" wb						
4d 5P Sed	3,280	9,840	16,400	36,900	57,400	82,000
4d 5P Brgm	3,360	10,080	16,800	37,800	58,800	84,000
2d 2-4P Conv	6,880	20,640	34,400	77,400	120,400	172,000
4d Conv Sed	7,080	21,240	35,400	79,650	123,900	177,000
1933-34-35 (Not Manufacturing)						
4d Phae	5,600	16,800	28,000	63,000	98,000	140,000
1936 Model 810, 8-cyl., 125" wb						
4d West Sed	2,520	7,560	12,600	28,350	44,100	63,000
4d Bev Sed	2,440	7,320	12,200	27,450	42,700	61,000
2d Sportsman	5,600	16,800	28,000	63,000	98,000	140,000
2d Phae	5,600	16,800	28,000	63,000	98,000	140,000
1937 Model 812, 8-cyl., 125" wb						
4d West Sed	2,520	7,560	12,600	28,350	44,100	63,000
4d Bev Sed	2,440	7,320	12,200	27,450	42,700	61,000
2d Sportsman	5,600	16,800	28,000	63,000	98,000	140,000
2d Phae	560	1,680	2,800	6,300	9,800	14,000
1937 Model 812, 8-cyl., 132" wb						
4d Cus Bev	2,440	7,320	12,200	27,450	42,700	61,000
4d Cus Berline	2,520	7,560	12,600	28,350	44,100	63,000

NOTE: Add 40 percent for S/C Models.

CROSLEY

	6	5	4	3	2	1
1939 2-cyl., 80" wb						
Conv	280	840	1,400	3,150	4,900	7,000
1940 2-cyl., 80" wb						
Conv	280	840	1,400	3,150	4,900	7,000
Sed	230	680	1,140	2,570	3,990	5,700
Sta Wag	240	730	1,220	2,750	4,270	6,100
1941 2-cyl., 80" wb						
Conv	280	840	1,400	3,150	4,900	7,000
Sed	230	680	1,140	2,570	3,990	5,700
Sta Wag	240	730	1,220	2,750	4,270	6,100
1942 4-cyl., 80" wb						
Conv	280	840	1,400	3,150	4,900	7,000
Sed	230	680	1,140	2,570	3,990	5,700
Sta Wag	240	720	1,200	2,700	4,200	6,000
1946-47-48 4-cyl., 80" wb						
Conv	400	1,200	2,000	4,500	7,000	10,000
Sed	280	840	1,400	3,150	4,900	7,000
Sta Wag	290	880	1,460	3,290	5,110	7,300
1949 4-cyl., 80" wb						
Conv	420	1,260	2,100	4,730	7,350	10,500
Sed	280	840	1,400	3,150	4,900	7,000
Sta Wag	290	880	1,460	3,290	5,110	7,300
1950 Standard, 4-cyl., 80" wb						
Conv	420	1,260	2,100	4,730	7,350	10,500
Sed	280	840	1,400	3,150	4,900	7,000
Sta Wag	290	880	1,460	3,290	5,110	7,300
1950 Super, 4-cyl., 80" wb						
Conv	420	1,270	2,120	4,770	7,420	10,600
Sed	280	850	1,420	3,200	4,970	7,100
Sta Wag	300	890	1,480	3,330	5,180	7,400
1950 Hot Shot, 4-cyl., 85" wb						
Rds	460	1,380	2,300	5,180	8,050	11,500
1951 Standard, 4-cyl., 80" wb						
Cpe	280	840	1,400	3,150	4,900	7,000
Sta Wag	290	880	1,460	3,290	5,110	7,300

	6	5	4	3	2	1
1951 Super, 4-cyl., 80" wb						
Conv	420	1,260	2,100	4,730	7,350	10,500
Sed	290	860	1,440	3,240	5,040	7,200
Sta Wag	300	890	1,480	3,330	5,180	7,400
1951 Hot Shot, 4-cyl., 85" wb						
Rds	460	1,380	2,300	5,180	8,050	11,500
1952 Standard, 4-cyl., 80" wb						
Cpe	280	840	1,400	3,150	4,900	7,000
Sta Wag	290	880	1,460	3,290	5,110	7,300
1952 Super, 4-cyl., 80" wb						
Conv	420	1,270	2,120	4,770	7,420	10,600
Sed	280	850	1,420	3,200	4,970	7,100
Sta Wag	290	880	1,460	3,290	5,110	7,300
1952 Hot Shot, 4-cyl., 85" wb						
Rds	460	1,380	2,300	5,180	8,050	11,500

DESOTO

	6	5	4	3	2	1
1929 Model K, 6-cyl.						
2d Rds	1,200	3,600	6,000	13,500	21,000	30,000
4d Phae	1,240	3,720	6,200	13,950	21,700	31,000
2d Bus Cpe	620	1,860	3,100	6,980	10,850	15,500
2d DeL Cpe	600	1,800	3,000	6,750	10,500	15,000
2d Sed	504	1,512	2,520	5,670	8,820	12,600
4d Sed	508	1,524	2,540	5,720	8,890	12,700
4d DeL Sed	520	1,560	2,600	5,850	9,100	13,000
1930 Model CK, 6-cyl.						
2d Rds	1,160	3,480	5,800	13,050	20,300	29,000
4d Tr	1,200	3,600	6,000	13,500	21,000	30,000
2d Bus Cpe	600	1,800	3,000	6,750	10,500	15,000
2d DeL Cpe	620	1,860	3,100	6,980	10,850	15,500
2d Sed	480	1,440	2,400	5,400	8,400	12,000
4d Sed	500	1,500	2,500	5,630	8,750	12,500
1930 Model CF, 8-cyl.						
2d Rds	1,200	3,600	6,000	13,500	21,000	30,000
4d Phae	1,240	3,720	6,200	13,950	21,700	31,000
2d Bus Cpe	620	1,860	3,100	6,980	10,850	15,500
2d DeL Cpe	640	1,920	3,200	7,200	11,200	16,000
4d Sed	540	1,620	2,700	6,080	9,450	13,500
4d DeL Sed	560	1,680	2,800	6,300	9,800	14,000
2d Conv	1,160	3,480	5,800	13,050	20,300	29,000
1931 Model SA, 6-cyl.						
2d Rds	1,200	3,600	6,000	13,500	21,000	30,000
4d Phae	1,240	3,720	6,200	13,950	21,700	31,000
2d Cpe	600	1,800	3,000	6,750	10,500	15,000
2d DeL Cpe	660	1,980	3,300	7,430	11,550	16,500
2d Sed	520	1,560	2,600	5,850	9,100	13,000
4d Sed	528	1,584	2,640	5,940	9,240	13,200
4d Sed	540	1,620	2,700	6,080	9,450	13,500
2d Conv	1,160	3,480	5,800	13,050	20,300	29,000
1931 Model CF, 8-cyl.						
2d Rds	1,240	3,720	6,200	13,950	21,700	31,000
2d Bus Cpe	680	2,040	3,400	7,650	11,900	17,000
2d DeL Cpe	700	2,100	3,500	7,880	12,250	17,500
4d Sed	552	1,656	2,760	6,210	9,660	13,800
4d DeL Sed	560	1,680	2,800	6,300	9,800	14,000
2d Conv	1,200	3,600	6,000	13,500	21,000	30,000
1932 SA, 6-cyl., 109" wb						
4d Phae	1,280	3,840	6,400	14,400	22,400	32,000
2d Rds	1,240	3,720	6,200	13,950	21,700	31,000
2d Cpe	700	2,100	3,500	7,880	12,250	17,500
2d DeL Cpe	720	2,160	3,600	8,100	12,600	18,000
2d Conv	1,200	3,600	6,000	13,500	21,000	30,000
2d Sed	520	1,560	2,600	5,850	9,100	13,000
4d Sed	528	1,584	2,640	5,940	9,240	13,200
4d DeL Sed	540	1,620	2,700	6,080	9,450	13,500
1932 SC, 6-cyl., 112" wb						
2d Conv Sed	1,200	3,600	6,000	13,500	21,000	30,000
2d Rds	1,240	3,720	6,200	13,950	21,700	31,000
4d Phae	1,280	3,840	6,400	14,400	22,400	32,000
2d Conv	1,160	3,480	5,800	13,050	20,300	29,000
2d Bus Cpe	680	2,040	3,400	7,650	11,900	17,000
2d RS Cpe	700	2,100	3,500	7,880	12,250	17,500
4d Sed	560	1,680	2,800	6,300	9,800	14,000
4d DeL Sed	580	1,740	2,900	6,530	10,150	14,500

	6	5	4	3	2	1
1932 CF, 8-cyl., 114" wb						
2d Rds	1,280	3,840	6,400	14,400	22,400	32,000
2d Bus Cpe	700	2,100	3,500	7,880	12,250	17,500
2d DeL Cpe	720	2,160	3,600	8,100	12,600	18,000
4d Brgm	560	1,680	2,800	6,300	9,800	14,000
4d Sed	580	1,740	2,900	6,530	10,150	14,500
4d DeL Sed	600	1,800	3,000	6,750	10,500	15,000
1933 SD, 6-cyl.						
2d Conv	1,120	3,360	5,600	12,600	19,600	28,000
2d Conv Sed	1,200	3,600	6,000	13,500	21,000	30,000
2d 2P Cpe	600	1,800	3,000	6,750	10,500	15,000
2d RS Cpe	620	1,860	3,100	6,980	10,850	15,500
2d DeL Cpe	620	1,860	3,100	6,980	10,850	15,500
2d Std Brgm	508	1,524	2,540	5,720	8,890	12,700
4d Cus Brgm	520	1,560	2,600	5,850	9,100	13,000
4d Sed	500	1,500	2,500	5,630	8,750	12,500
4d Cus Sed	512	1,536	2,560	5,760	8,960	12,800
1934 Airflow SE, 6-cyl.						
2d Cpe	740	2,220	3,700	8,330	12,950	18,500
4d Brgm	700	2,100	3,500	7,880	12,250	17,500
4d Sed	660	1,980	3,300	7,430	11,550	16,500
4d Twn Sed	700	2,100	3,500	7,880	12,250	17,500
1935 Airstream, 6-cyl.						
2d Bus Cpe	700	2,100	3,500	7,880	12,250	17,500
2d Cpe	640	1,920	3,200	7,200	11,200	16,000
2d Conv	1,120	3,360	5,600	12,600	19,600	28,000
2d Sed	480	1,440	2,400	5,400	8,400	12,000
2d Tr Sed	484	1,452	2,420	5,450	8,470	12,100
4d Sed	472	1,416	2,360	5,310	8,260	11,800
4d Tr Sed	480	1,440	2,400	5,400	8,400	12,000
1935 Airflow, 6-cyl.						
2d Bus Cpe	720	2,160	3,600	8,100	12,600	18,000
2d Cpe	760	2,280	3,800	8,550	13,300	19,000
4d Sed	640	1,920	3,200	7,200	11,200	16,000
4d Twn Sed	680	2,040	3,400	7,650	11,900	17,000
1936 DeLuxe Airstream S-1, 6-cyl.						
2d Bus Cpe	620	1,860	3,100	6,980	10,850	15,500
4d Tr Brgm	512	1,536	2,560	5,760	8,960	12,800
4d Tr Sed	524	1,572	2,620	5,900	9,170	13,100
1936 Custom Airstream S-1, 6-cyl.						
2d Bus Cpe	640	1,920	3,200	7,200	11,200	16,000
2d Cpe	660	1,980	3,300	7,430	11,550	16,500
2d Conv	1,200	3,600	6,000	13,500	21,000	30,000
4d Tr Brgm	528	1,584	2,640	5,940	9,240	13,200
4d Tr Sed	536	1,608	2,680	6,030	9,380	13,400
4d Conv Sed	1,120	3,360	5,600	12,600	19,600	28,000
4d Trv Sed	548	1,644	2,740	6,170	9,590	13,700
4d 7P Sed	552	1,656	2,760	6,210	9,660	13,800
1936 Airflow III S-2, 6-cyl.						
2d Cpe	740	2,220	3,700	8,330	12,950	18,500
4d Sed	620	1,860	3,100	6,980	10,850	15,500
1937 S-3, 6-cyl.						
2d Conv	1,200	3,600	6,000	13,500	21,000	30,000
4d Conv Sed	1,240	3,720	6,200	13,950	21,700	31,000
2d Bus Cpe	600	1,800	3,000	6,750	10,500	15,000
2d Cpe	620	1,860	3,100	6,980	10,850	15,500
4d Brgm	496	1,488	2,480	5,580	8,680	12,400
4d Tr Brgm	500	1,500	2,500	5,630	8,750	12,500
4d Sed	504	1,512	2,520	5,670	8,820	12,600
4d Tr Sed	508	1,524	2,540	5,720	8,890	12,700
4d 7P Sed	512	1,536	2,560	5,760	8,960	12,800
4d Limo	560	1,680	2,800	6,300	9,800	14,000
1938 S-5, 6-cyl.						
2d Conv	1,200	3,600	6,000	13,500	21,000	30,000
4d Conv Sed	1,240	3,720	6,200	13,950	21,700	31,000
2d Bus Cpe	600	1,800	3,000	6,750	10,500	15,000
2d Cpe	620	1,860	3,100	6,980	10,850	15,500
4d Tr Brgm	512	1,536	2,560	5,760	8,960	12,800
4d Sed	520	1,560	2,600	5,850	9,100	13,000
4d Tr Sed	524	1,572	2,620	5,900	9,170	13,100
4d 7P Sed	544	1,632	2,720	6,120	9,520	13,600
4d Limo	600	1,800	3,000	6,750	10,500	15,000
1939 S-6 DeLuxe, 6-cyl.						
2d Bus Cpe	620	1,860	3,100	6,980	10,850	15,500
2d Cpe	640	1,920	3,200	7,200	11,200	16,000

	6	5	4	3	2	1
4d Tr Sed	512	1,536	2,560	5,760	8,960	12,800
4d Tr Sed	520	1,560	2,600	5,850	9,100	13,000
4d Limo	600	1,800	3,000	6,750	10,500	15,000
1939 S-6 Custom, 6-cyl.						
2d Cpe	640	1,920	3,200	7,200	11,200	16,000
2d Cus Cpe	660	1,980	3,300	7,430	11,550	16,500
2d Cus Clb Cpe	680	2,040	3,400	7,650	11,900	17,000
2d Tr Sed	540	1,620	2,700	6,080	9,450	13,500
4d Tr Sed	544	1,632	2,720	6,120	9,520	13,600
4d 7P Sed	548	1,644	2,740	6,170	9,590	13,700
4d Limo	640	1,920	3,200	7,200	11,200	16,000
1940 S-7 DeLuxe, 6-cyl.						
2d Bus Cpe	640	1,920	3,200	7,200	11,200	16,000
2d Cpe	660	1,980	3,300	7,430	11,550	16,500
2d Tr Sed	548	1,644	2,740	6,170	9,590	13,700
4d Tr Sed	560	1,680	2,800	6,300	9,800	14,000
4d 7P Sed	620	1,860	3,100	6,980	10,850	15,500
1940 S-7 Custom, 6-cyl.						
2d Conv	1,120	3,360	5,600	12,600	19,600	28,000
2d 2P Cpe	680	2,040	3,400	7,650	11,900	17,000
2d Clb Cpe	700	2,100	3,500	7,880	12,250	17,500
2d Sed	560	1,680	2,800	6,300	9,800	14,000
4d Sed	520	1,560	2,600	5,850	9,100	13,000
4d 7P Sed	580	1,740	2,900	6,530	10,150	14,500
4d Limo	600	1,800	3,000	6,750	10,500	15,000
1941 S-8 DeLuxe, 6-cyl.						
2d Bus Cpe	640	1,920	3,200	7,200	11,200	16,000
2d Cpe	660	1,980	3,300	7,430	11,550	16,500
2d Sed	560	1,680	2,800	6,300	9,800	14,000
4d Sed	564	1,692	2,820	6,350	9,870	14,100
2d 7P Sed	600	1,800	3,000	6,750	10,500	15,000
1941 S-8 Custom, 6-cyl.						
2d Conv	1,160	3,480	5,800	13,050	20,300	29,000
2d Cpe	660	1,980	3,300	7,430	11,550	16,500
2d Clb Cpe	680	2,040	3,400	7,650	11,900	17,000
2d Brgm	572	1,716	2,860	6,440	10,010	14,300
4d Sed	576	1,728	2,880	6,480	10,080	14,400
4d Twn Sed	580	1,740	2,900	6,530	10,150	14,500
4d 7P Sed	620	1,860	3,100	6,980	10,850	15,500
4d Limo	640	1,920	3,200	7,200	11,200	16,000
1942 S-10 DeLuxe, 6-cyl.						
2d Bus Cpe	650	2,000	3,300	7,430	11,600	16,500
2d Cpe	700	2,050	3,400	7,650	11,900	17,000
2d Sed	600	1,800	3,000	6,800	10,600	15,100
4d Sed	600	1,800	3,050	6,840	10,600	15,200
4d Twn Sed	600	1,850	3,050	6,890	10,700	15,300
4d 7P Sed	650	2,000	3,300	7,470	11,600	16,600
1942 2d S-10 Custom, 6-cyl.						
2d Conv	1,150	3,500	5,800	13,050	20,300	29,000
2d Cpe	700	2,050	3,400	7,650	11,900	17,000
2d Clb Cpe	750	2,200	3,700	8,330	13,000	18,500
4d Brgm	600	1,850	3,100	6,980	10,900	15,500
4d Sed	600	1,850	3,100	7,020	10,900	15,600
4d Twn Sed	650	1,900	3,200	7,200	11,200	16,000
4d 7P Sed	700	2,050	3,400	7,650	11,900	17,000
4d Limo	700	2,050	3,450	7,740	12,000	17,200
1946-48 S-11 DeLuxe, 6-cyl.						
2d Cpe	700	2,100	3,500	7,880	12,250	17,500
2d Clb Cpe	760	2,280	3,800	8,550	13,300	19,000
2d Sed	640	1,920	3,200	7,200	11,200	16,000
4d Sed	652	1,956	3,260	7,340	11,410	16,300
1946-48 S-11 Custom, 6-cyl.						
2d Conv	1,200	3,600	6,000	13,500	21,000	30,000
2d Clb Cpe	780	2,340	3,900	8,780	13,650	19,500
2d Sed	652	1,956	3,260	7,340	11,410	16,300
4d Sed	660	1,980	3,300	7,430	11,550	16,500
4d 7P Sed	680	2,040	3,400	7,650	11,900	17,000
4d Limo	720	2,160	3,600	8,100	12,600	18,000
4d Sub	740	2,220	3,700	8,330	12,950	18,500
1949 S-13 DeLuxe, 6-cyl.						
First Series values and same as 1947-48.						
2d Clb Cpe	760	2,280	3,800	8,550	13,300	19,000
4d Sed	700	2,100	3,500	7,880	12,250	17,500
4d C-A Sed	708	2,124	3,540	7,970	12,390	17,700
4d Sta Wag	920	2,760	4,600	10,350	16,100	23,000

1938 DeSoto S-5 sedan

1942 DeSoto S-10 Custom sedan

1956 DeSoto Fireflite sedan

	6	5	4	3	2	1
1949 S-13 Custom, 6-cyl.						
2d Conv	1,080	3,240	5,400	12,150	18,900	27,000
2d Clb Cpe	780	2,340	3,900	8,780	13,650	19,500
4d Sed	720	2,160	3,600	8,100	12,600	18,000
4d 8P Sed	740	2,220	3,700	8,330	12,950	18,500
4d Sub	840	2,520	4,200	9,450	14,700	21,000
1950 S-14 DeLuxe, 6-cyl.						
2d Clb Cpe	740	2,220	3,700	8,330	12,950	18,500
4d Sed	700	2,100	3,500	7,880	12,250	17,500
4d C-A Sed	708	2,124	3,540	7,970	12,390	17,700
4d 8P Sed	720	2,160	3,600	8,100	12,600	18,000
1950 S-14 Custom, 6-cyl.						
2d Conv	1,160	3,480	5,800	13,050	20,300	29,000
2d HT Sptman	920	2,760	4,600	10,350	16,100	23,000
2d Clb Cpe	760	2,280	3,800	8,550	13,300	19,000
4d Sed	720	2,160	3,600	8,100	12,600	18,000
4d 6P Sta Wag	920	2,760	4,600	10,350	16,100	23,000
4d Stl Sta Wag	840	2,520	4,200	9,450	14,700	21,000
4d 8P Sed	752	2,256	3,760	8,460	13,160	18,800
4d Sub Sed	740	2,220	3,700	8,330	12,950	18,500
1951-52 DeLuxe, 6-cyl., 125.5" wb						
4d Sed	692	2,076	3,460	7,790	12,110	17,300
2d Clb Cpe	740	2,220	3,700	8,330	12,950	18,500
4d C-A Sed	692	2,076	3,460	7,790	12,110	17,300
1951-52 DeLuxe, 6-cyl., 139.5" wb						
4d Sed	696	2,088	3,480	7,830	12,180	17,400
1951-52 Custom, 6-cyl., 125.5" wb						
4d Sed	700	2,100	3,500	7,880	12,250	17,500
2d Clb Cpe	760	2,280	3,800	8,550	13,300	19,000
2d HT Sptman	1,000	3,000	5,000	11,250	17,500	25,000
2d Conv	1,160	3,480	5,800	13,050	20,300	29,000
4d Sta Wag	920	2,760	4,600	10,350	16,100	23,000
1951-52 Custom, 6-cyl., 139.5" wb						
4d Sed	708	2,124	3,540	7,970	12,390	17,700
4d Sub	720	2,160	3,600	8,100	12,600	18,000
1951-52 Firedome, V-8, 125.5" wb (1952 only)						
4d Sed	720	2,160	3,600	8,100	12,600	18,000
2d Clb Cpe	840	2,520	4,200	9,450	14,700	21,000
2d HT Sptman	1,040	3,120	5,200	11,700	18,200	26,000
2d Conv	1,280	3,840	6,400	14,400	22,400	32,000
4d Sta Wag	920	2,760	4,600	10,350	16,100	23,000
1951-52 Firedome, V-8, 139.5" wb (1952 only)						
4d 8P Sed	740	2,220	3,700	8,330	12,950	18,500
1953-54 Powermaster Six, 6-cyl., 125.5" wb						
4d Sed	680	2,040	3,400	7,650	11,900	17,000
2d Clb Cpe	700	2,100	3,500	7,880	12,250	17,500
4d Sta Wag	696	2,088	3,480	7,830	12,180	17,400
2d HT Sptman (1953 only)	920	2,760	4,600	10,350	16,100	23,000
1953-54 Powermaster Six, 6-cyl., 139.5" wb						
4d Sed	672	2,016	3,360	7,560	11,760	16,800
1953-54 Firedome, V-8, 125.5" wb						
4d Sed	704	2,112	3,520	7,920	12,320	17,600
2d Clb Cpe	740	2,220	3,700	8,330	12,950	18,500
2d HT Sptman	1,040	3,120	5,200	11,700	18,200	26,000
2d Conv	1,280	3,840	6,400	14,400	22,400	32,000
4d Sta Wag	880	2,640	4,400	9,900	15,400	22,000
1953-54 Firedome, V-8, 139.5" wb						
4d Sed	692	2,076	3,460	7,790	12,110	17,300
1955 Firedome, V-8						
4d Sed	692	2,076	3,460	7,790	12,110	17,300
2d HT	960	2,880	4,800	10,800	16,800	24,000
2d HT Sptman	1,120	3,360	5,600	12,600	19,600	28,000
2d Conv	1,280	3,840	6,400	14,400	22,400	32,000
4d Sta Wag	1,080	3,240	5,400	12,150	18,900	27,000
1955 Fireflite, V-8						
4d Sed	712	2,136	3,560	8,010	12,460	17,800
2d HT Sptman	1,160	3,480	5,800	13,050	20,300	29,000
2d Conv	1,320	3,960	6,600	14,850	23,100	33,000
1956 Firedome, V-8						
4d Sed	660	1,980	3,300	7,430	11,550	16,500
4d HT Sev	760	2,280	3,800	8,550	13,300	19,000
4d HT Sptman	880	2,640	4,400	9,900	15,400	22,000
2d HT Sev	1,040	3,120	5,200	11,700	18,200	26,000
2d HT Sptman	1,120	3,360	5,600	12,600	19,600	28,000

	6	5	4	3	2	1
2d Conv	1,320	3,960	6,600	14,850	23,100	33,000
4d Sta Wag	920	2,760	4,600	10,350	16,100	23,000
1956 Fireflite, V-8						
4d Sed	680	2,040	3,400	7,650	11,900	17,000
4d HT Sptman	880	2,640	4,400	9,900	15,400	22,000
2d HT Sptman	1,160	3,480	5,800	13,050	20,300	29,000
2d Conv	1,360	4,080	6,800	15,300	23,800	34,000
2d Conv IPC	1,640	4,920	8,200	18,450	28,700	41,000
1956 Adventurer						
2d HT	1,200	3,600	6,000	13,500	21,000	30,000
1957 Firesweep, V-8, 122" wb						
4d Sed	640	1,920	3,200	7,200	11,200	16,000
4d HT Sptman	760	2,280	3,800	8,550	13,300	19,000
2d HT Sptman	1,000	3,000	5,000	11,250	17,500	25,000
4d 2S Sta Wag	700	2,100	3,500	7,880	12,250	17,500
4d 3S Sta Wag	708	2,124	3,540	7,970	12,390	17,700
1957 Firedome, V-8, 126" wb						
4d Sed	600	1,800	3,000	6,750	10,500	15,000
4d HT Sptman	800	2,400	4,000	9,000	14,000	20,000
2d HT Sptman	1,040	3,120	5,200	11,700	18,200	26,000
2d Conv	1,360	4,080	6,800	15,300	23,800	34,000
1957 Fireflite, V-8, 126" wb						
4d Sed	620	1,860	3,100	6,980	10,850	15,500
4d HT Sptman	840	2,520	4,200	9,450	14,700	21,000
2d HT Sptman	1,080	3,240	5,400	12,150	18,900	27,000
2d Conv	1,600	4,800	8,000	18,000	28,000	40,000
4d 2S Sta Wag	720	2,160	3,600	8,100	12,600	18,000
4d 3S Sta Wag	728	2,184	3,640	8,190	12,740	18,200
1957 Fireflite Adventurer, 126" wb						
2d HT	1,480	4,440	7,400	16,650	25,900	37,000
2d Conv	2,040	6,120	10,200	22,950	35,700	51,000
1958 Firesweep, V-8						
4d Sed	640	1,920	3,200	7,200	11,200	16,000
4d HT Sptman	760	2,280	3,800	8,550	13,300	19,000
2d HT Sptman	880	2,640	4,400	9,900	15,400	22,000
2d Conv	1,400	4,200	7,000	15,750	24,500	35,000
4d 2S Sta Wag	680	2,040	3,400	7,650	11,900	17,000
4d 3S Sta Wag	688	2,064	3,440	7,740	12,040	17,200
1958 Firedome, V-8						
4d Sed	648	1,944	3,240	7,290	11,340	16,200
4d HT Sptman	840	2,520	4,200	9,450	14,700	21,000
2d HT Sptman	920	2,760	4,600	10,350	16,100	23,000
2d Conv	1,440	4,320	7,200	16,200	25,200	36,000
1958 Fireflite, V-8						
4d Sed	660	1,980	3,300	7,430	11,550	16,500
4d HT Sptman	880	2,640	4,400	9,900	15,400	22,000
2d HT Sptman	1,000	3,000	5,000	11,250	17,500	25,000
2d Conv	1,600	4,800	8,000	18,000	28,000	40,000
4d 2S Sta Wag	700	2,100	3,500	7,880	12,250	17,500
4d 3S Sta Wag	704	2,112	3,520	7,920	12,320	17,600
1958 Adventurer, V-8						
2d HT	1,360	4,080	6,800	15,300	23,800	34,000
2d Conv	1,960	5,880	9,800	22,050	34,300	49,000

NOTE: With EFI, value inestimable.

	6	5	4	3	2	1
1959 Firesweep, V-8						
4d Sed	600	1,800	3,000	6,750	10,500	15,000
4d HT Sptman	760	2,280	3,800	8,550	13,300	19,000
2d HT Sptman	840	2,520	4,200	9,450	14,700	21,000
2d Conv	1,240	3,720	6,200	13,950	21,700	31,000
4d 2S Sta Wag	660	1,980	3,300	7,430	11,550	16,500
4d 3S Sta Wag	668	2,004	3,340	7,520	11,690	16,700
1959 Firedome, V-8						
4d Sed	620	1,860	3,100	6,980	10,850	15,500
4d HT Sptman	800	2,400	4,000	9,000	14,000	20,000
2d HT Sptman	880	2,640	4,400	9,900	15,400	22,000
2d Conv	1,280	3,840	6,400	14,400	22,400	32,000
1959 Fireflite, V-8						
4d Sed	640	1,920	3,200	7,200	11,200	16,000
4d HT Sptman	840	2,520	4,200	9,450	14,700	21,000
2d HT Sptman	920	2,760	4,600	10,350	16,100	23,000
2d Conv	1,400	4,200	7,000	15,750	24,500	35,000
4d 2S Sta Wag	668	2,004	3,340	7,520	11,690	16,700
4d 3S Sta Wag	672	2,016	3,360	7,560	11,760	16,800

	6	5	4	3	2	1
1959 Adventurer, V-8						
2d HT	1,040	3,120	5,200	11,700	18,200	26,000
2d Conv	1,640	4,920	8,200	18,450	28,700	41,000
1960 Fireflite, V-8						
4d Sed	620	1,860	3,100	6,980	10,850	15,500
4d HT	660	1,980	3,300	7,430	11,550	16,500
2d HT	700	2,100	3,500	7,880	12,250	17,500
1960 Adventurer, V-8						
4d Sed	640	1,920	3,200	7,200	11,200	16,000
4d HT	720	2,160	3,600	8,100	12,600	18,000
2d HT	800	2,400	4,000	9,000	14,000	20,000
1961 Fireflite, V-8						
4d HT	740	2,220	3,700	8,330	12,950	18,500
2d HT	840	2,520	4,200	9,450	14,700	21,000

DODGE

	6	5	4	3	2	1
1914 4-cyl., 110" wb						
(Serial # 1-249.)						
4d Tr	840	2,520	4,200	9,450	14,700	21,000
1915 4-cyl., 110" wb						
2d Rds	800	2,400	4,000	9,000	14,000	20,000
4d Tr	840	2,520	4,200	9,450	14,700	21,000
1916 4-cyl., 110" wb						
2d Rds	800	2,400	4,000	9,000	14,000	20,000
2d W.T. Rds	840	2,520	4,200	9,450	14,700	21,000
4d Tr	880	2,640	4,400	9,900	15,400	22,000
4d W.T. Tr	920	2,760	4,600	10,350	16,100	23,000
1917 4-cyl., 114" wb						
2d Rds	760	2,280	3,800	8,550	13,300	19,000
2d W.T. Rds	800	2,400	4,000	9,000	14,000	20,000
4d Tr	840	2,520	4,200	9,450	14,700	21,000
4d W.T. Tr	880	2,640	4,400	9,900	15,400	22,000
2d Cpe	500	1,500	2,500	5,630	8,750	12,500
4d C.D. Sed	480	1,440	2,400	5,400	8,400	12,000
1918 4-cyl., 114" wb						
2d Rds	760	2,280	3,800	8,550	13,300	19,000
2d W.T. Rds	800	2,400	4,000	9,000	14,000	20,000
4d Tr	840	2,520	4,200	9,450	14,700	21,000
4d W.T. Tr	880	2,640	4,400	9,900	15,400	22,000
2d Cpe	480	1,440	2,400	5,400	8,400	12,000
4d Sed	460	1,380	2,300	5,180	8,050	11,500
1919 4-cyl., 114" wb						
2d Rds	720	2,160	3,600	8,100	12,600	18,000
4d Tr	760	2,280	3,800	8,550	13,300	19,000
2d Cpe	480	1,440	2,400	5,400	8,400	12,000
2d Rex Cpe	500	1,500	2,500	5,630	8,750	12,500
4d Rex Sed	456	1,368	2,280	5,130	7,980	11,400
4d Sed	460	1,380	2,300	5,180	8,050	11,500
4d Dep Hk	440	1,320	2,200	4,950	7,700	11,000
2d Sed Dely	480	1,440	2,400	5,400	8,400	12,000
1920 4-cyl., 114" wb						
2d Rds	680	2,040	3,400	7,650	11,900	17,000
4d Tr	700	2,100	3,500	7,880	12,250	17,500
2d Cpe	320	960	1,600	3,600	5,600	8,000
4d Sed	300	900	1,500	3,380	5,250	7,500
1921 4-cyl., 114" wb						
2d Rds	680	2,040	3,400	7,650	11,900	17,000
4d Tr	700	2,100	3,500	7,880	12,250	17,500
2d Cpe	320	960	1,600	3,600	5,600	8,000
4d Sed	300	900	1,500	3,380	5,250	7,500
1922 1st series, 4-cyl., 114" wb, (low hood models)						
2d Rds	680	2,040	3,400	7,650	11,900	17,000
4d Tr	700	2,100	3,500	7,880	12,250	17,500
2d Cpe	320	960	1,600	3,600	5,600	8,000
4d Sed	300	900	1,500	3,380	5,250	7,500
1922 2nd series, 4-cyl., 114" wb, (high hood models)						
2d Rds	700	2,100	3,500	7,880	12,250	17,500
4d Tr	720	2,160	3,600	8,100	12,600	18,000
2d Bus Cpe	300	900	1,500	3,380	5,250	7,500
4d Bus Sed	284	852	1,420	3,200	4,970	7,100
4d Sed	280	840	1,400	3,150	4,900	7,000
1923 4-cyl., 114" wb						
2d Rds	640	1,920	3,200	7,200	11,200	16,000

	6	5	4	3	2	1
4d Tr	660	1,980	3,300	7,430	11,550	16,500
2d Bus Cpe	292	876	1,460	3,290	5,110	7,300
4d Bus Sed	288	864	1,440	3,240	5,040	7,200
4d Sed	280	840	1,400	3,150	4,900	7,000

1924 4-cyl., 116" wb

	6	5	4	3	2	1
2d Rds	680	2,040	3,400	7,650	11,900	17,000
4d Tr	700	2,100	3,500	7,880	12,250	17,500
2d Bus Cpe	320	960	1,600	3,600	5,600	8,000
2d 4P Cpe	328	984	1,640	3,690	5,740	8,200
4d Bus Sed	320	960	1,600	3,600	5,600	8,000
4d Sed	324	972	1,620	3,650	5,670	8,100

1924 Special Series (deluxe equip. - introduced Jan. 1924)

	6	5	4	3	2	1
2d Rds	640	1,920	3,200	7,200	11,200	16,000
4d Tr	680	2,040	3,400	7,650	11,900	17,000
2d Bus Cpe	320	960	1,600	3,600	5,600	8,000
2d 4P Cpe	340	1,020	1,700	3,830	5,950	8,500
4d Bus Sed	320	960	1,600	3,600	5,600	8,000
4d Sed	324	972	1,620	3,650	5,670	8,100

1925 4-cyl., 116" wb

	6	5	4	3	2	1
2d Rds	640	1,920	3,200	7,200	11,200	16,000
2d Spl Rds	660	1,980	3,300	7,430	11,550	16,500
4d Tr	680	2,040	3,400	7,650	11,900	17,000
4d Spl Tr	700	2,100	3,500	7,880	12,250	17,500
2d Bus Cpe	340	1,020	1,700	3,830	5,950	8,500
2d Spl Bus Cpe	348	1,044	1,740	3,920	6,090	8,700
2d 4P Cpe	336	1,008	1,680	3,780	5,880	8,400
2d Sp Cpe	340	1,020	1,700	3,830	5,950	8,500
4d Bus Sed	320	960	1,600	3,600	5,600	8,000
4d Spl Bus Sed	324	972	1,620	3,650	5,670	8,100
4d Sed	328	984	1,640	3,690	5,740	8,200
4d Spl Sed	332	996	1,660	3,740	5,810	8,300
2d Sed	320	960	1,600	3,600	5,600	8,000
2d Spl Sed	324	972	1,620	3,650	5,670	8,100

1926 4-cyl., 116" wb

	6	5	4	3	2	1
2d Rds	620	1,860	3,100	6,980	10,850	15,500
2d Spl Rds	640	1,920	3,200	7,200	11,200	16,000
2d Spt Rds	648	1,944	3,240	7,290	11,340	16,200
4d Tr	620	1,860	3,100	6,980	10,850	15,500
4d Spl Tr	640	1,920	3,200	7,200	11,200	16,000
4d Spt Tr	680	2,040	3,400	7,650	11,900	17,000
2d Cpe	320	960	1,600	3,600	5,600	8,000
2d Spl Cpe	340	1,020	1,700	3,830	5,950	8,500
2d Sed	312	936	1,560	3,510	5,460	7,800
2d Spl Sed	320	960	1,600	3,600	5,600	8,000
4d Bus Sed	308	924	1,540	3,470	5,390	7,700
4d Spl Bus Sed	324	972	1,620	3,650	5,670	8,100
4d Sed	316	948	1,580	3,560	5,530	7,900
4d Spl Sed	320	960	1,600	3,600	5,600	8,000
4d DeL Sed	324	972	1,620	3,650	5,670	8,100

1927-28 4-cyl., 116" wb

	6	5	4	3	2	1
2d Rds	620	1,860	3,100	6,980	10,850	15,500
2d Spl Rds	640	1,920	3,200	7,200	11,200	16,000
2d Spt Rds	660	1,980	3,300	7,430	11,550	16,500
2d Cabr	600	1,800	3,000	6,750	10,500	15,000
4d Tr	600	1,800	3,000	6,750	10,500	15,000
4d Spl Tr	620	1,860	3,100	6,980	10,850	15,500
4d Spt Tr	640	1,920	3,200	7,200	11,200	16,000
2d Cpe	324	972	1,620	3,650	5,670	8,100
2d Spl Cpe	340	1,020	1,700	3,830	5,950	8,500
4d Sed	320	960	1,600	3,600	5,600	8,000
4d Spl Sed	324	972	1,620	3,650	5,670	8,100
4d DeL Sed	328	984	1,640	3,690	5,740	8,200
4d A-P Sed	340	1,020	1,700	3,830	5,950	8,500

1928 "Fast Four", 4-cyl., 108" wb

	6	5	4	3	2	1
2d Cabr	640	1,920	3,200	7,200	11,200	16,000
2d Cpe	448	1,344	2,240	5,040	7,840	11,200
4d Sed	440	1,320	2,200	4,950	7,700	11,000
4d DeL Sed	444	1,332	2,220	5,000	7,770	11,100

1928 Standard Series, 6-cyl., 110" wb

	6	5	4	3	2	1
2d Cabr	620	1,860	3,100	6,980	10,850	15,500
2d Cpe	480	1,440	2,400	5,400	8,400	12,000
4d Sed	460	1,380	2,300	5,180	8,050	11,500
4d DeL Sed	480	1,440	2,400	5,400	8,400	12,000

1928 Victory Series, 6-cyl., 112" wb

	6	5	4	3	2	1
4d Tr	800	2,400	4,000	9,000	14,000	20,000
2d Cpe	500	1,500	2,500	5,630	8,750	12,500

	6	5	4	3	2	1
2d RS Cpe	520	1,560	2,600	5,850	9,100	13,000
4d Brgm	500	1,500	2,500	5,630	8,750	12,500

1928 Series 2249, Standard 6-cyl., 116" wb

	6	5	4	3	2	1
2d Cabr.	800	2,400	4,000	9,000	14,000	20,000
4d Brgm	496	1,488	2,480	5,580	8,680	12,400
4d Sed	460	1,380	2,300	5,180	8,050	11,500
4d DeL Sed.	480	1,440	2,400	5,400	8,400	12,000

1928 Series 2251, Senior 6-cyl., 116" wb

	6	5	4	3	2	1
2d Cabr.	880	2,640	4,400	9,900	15,400	22,000
2d Spt Cabr	920	2,760	4,600	10,350	16,100	23,000
2d RS Cpe	500	1,500	2,500	5,630	8,750	12,500
2d Spt Cpe	520	1,560	2,600	5,850	9,100	13,000
4d Sed	480	1,440	2,400	5,400	8,400	12,000
4d Spt Sed	500	1,500	2,500	5,630	8,750	12,500

1929 Standard Series, 6-cyl., 110" wb

	6	5	4	3	2	1
2d Bus Cpe.	580	1,740	2,900	6,530	10,150	14,500
2d Cpe	600	1,800	3,000	6,750	10,500	15,000
4d Sed	540	1,620	2,700	6,080	9,450	13,500
4d DeL Sed.	560	1,680	2,800	6,300	9,800	14,000
4d Spt DeL Sed	580	1,740	2,900	6,530	10,150	14,500
4d A-P Sed	588	1,764	2,940	6,620	10,290	14,700

1929 Victory Series, 6-cyl., 112" wb

	6	5	4	3	2	1
2d Rds	1,040	3,120	5,200	11,700	18,200	26,000
2d Spt Rds	1,080	3,240	5,400	12,150	18,900	27,000
4d Tr	1,080	3,240	5,400	12,150	18,900	27,000
4d Spt Tr.	1,120	3,360	5,600	12,600	19,600	28,000
2d Cpe	580	1,740	2,900	6,530	10,150	14,500
2d DeL Cpe	600	1,800	3,000	6,750	10,500	15,000
4d Sed	520	1,560	2,600	5,850	9,100	13,000
4d Spt Sed	540	1,620	2,700	6,080	9,450	13,500

1929 Standard Series DA, 6-cyl., 63 hp, 112" wb

(Introduced Jan. 1, 1929.)

	6	5	4	3	2	1
2d Rds	1,080	3,240	5,400	12,150	18,900	27,000
2d Spt Rds	1,120	3,360	5,600	12,600	19,600	28,000
4d Phae	1,160	3,480	5,800	13,050	20,300	29,000
4d Spt Phae	1,200	3,600	6,000	13,500	21,000	30,000
2d Bus Cpe.	600	1,800	3,000	6,750	10,500	15,000
2d DeL RS Cpe	620	1,860	3,100	6,980	10,850	15,500
2d Vic	580	1,740	2,900	6,530	10,150	14,500
4d Brgm	520	1,560	2,600	5,850	9,100	13,000
4d Sed	500	1,500	2,500	5,630	8,750	12,500
4d DeL Sed.	512	1,536	2,560	5,760	8,960	12,800
4d DeL Spt Sed	520	1,560	2,600	5,850	9,100	13,000

1929 Senior Series, 6-cyl., 120" wb

	6	5	4	3	2	1
2d Rds	1,120	3,360	5,600	12,600	19,600	28,000
2d 2P Cpe.	620	1,860	3,100	6,980	10,850	15,500
2d RS Spt Cpe	660	1,980	3,300	7,430	11,550	16,500
2d Vic Brgm	620	1,860	3,100	6,980	10,850	15,500
4d Sed	580	1,740	2,900	6,530	10,150	14,500
4d Spt Sed	600	1,800	3,000	6,750	10,500	15,000
4d Lan Sed.	620	1,860	3,100	6,980	10,850	15,500
4d Spt Lan Sed.	636	1,908	3,180	7,160	11,130	15,900

1930 Series DA, 6-cyl., 112" wb

	6	5	4	3	2	1
2d Rds	1,200	3,600	6,000	13,500	21,000	30,000
4d Phae	1,240	3,720	6,200	13,950	21,700	31,000
2d Bus Cpe.	560	1,680	2,800	6,300	9,800	14,000
2d DeL Cpe	580	1,740	2,900	6,530	10,150	14,500
2d Vic	588	1,764	2,940	6,620	10,290	14,700
4d Brgm	560	1,680	2,800	6,300	9,800	14,000
2d Sed	548	1,644	2,740	6,170	9,590	13,700
4d Sed	552	1,656	2,760	6,210	9,660	13,800
4d DeL Sed.	560	1,680	2,800	6,300	9,800	14,000
2d RS Rds	1,240	3,720	6,200	13,950	21,700	31,000
2d RS Cpe	660	1,980	3,300	7,430	11,550	16,500
4d Lan Sed.	580	1,740	2,900	6,530	10,150	14,500

1930 Series DD, 6-cyl., 109" wb

(Introduced Jan. 1, 1930.)

	6	5	4	3	2	1
2d RS Rds	1,160	3,480	5,800	13,050	20,300	29,000
4d Phae	1,200	3,600	6,000	13,500	21,000	30,000
2d RS Conv	1,200	3,600	6,000	13,500	21,000	30,000
2d Bus Cpe.	680	2,040	3,400	7,650	11,900	17,000
2d RS Cpe	720	2,160	3,600	8,100	12,600	18,000
4d Sed	540	1,620	2,700	6,080	9,450	13,500

1930 Series DC, 8-cyl., 114" wb

(Introduced Jan. 1, 1930.)

	6	5	4	3	2	1
2d Rds	1,200	3,600	6,000	13,500	21,000	30,000
2d RS Conv	1,160	3,480	5,800	13,050	20,300	29,000
4d Phae	1,240	3,720	6,200	13,950	21,700	31,000
2d Bus Cpe	700	2,100	3,500	7,880	12,250	17,500
2d RS Cpe	740	2,220	3,700	8,330	12,950	18,500
4d Sed	560	1,680	2,800	6,300	9,800	14,000

1931 Series DH, 6-cyl., 114" wb
(Introduced Dec. 1, 1930.)

	6	5	4	3	2	1
2d Rds	1,240	3,720	6,200	13,950	21,700	31,000
2d RS Conv	1,200	3,600	6,000	13,500	21,000	30,000
2d Bus Cpe	680	2,040	3,400	7,650	11,900	17,000
2d RS Cpe	720	2,160	3,600	8,100	12,600	18,000
4d Sed	500	1,500	2,500	5,630	8,750	12,500

1931 Series DG, 8-cyl., 118.3" wb
(Introduced Jan. 1, 1931.)

	6	5	4	3	2	1
2d RS Rds	1,320	3,960	6,600	14,850	23,100	33,000
2d RS Conv	1,240	3,720	6,200	13,950	21,700	31,000
4d Phae	1,320	3,960	6,600	14,850	23,100	33,000
2d RS Cpe	760	2,280	3,800	8,550	13,300	19,000
4d Sed	640	1,920	3,200	7,200	11,200	16,000
2d 5P Cpe	760	2,280	3,800	8,550	13,300	19,000

1932 Series DL, 6-cyl., 114.3" wb
(Introduced Jan. 1, 1932.)

	6	5	4	3	2	1
2d RS Conv	1,160	3,480	5,800	13,050	20,300	29,000
2d Bus Cpe	720	2,160	3,600	8,100	12,600	18,000
2d RS Cpe	760	2,280	3,800	8,550	13,300	19,000
4d Sed	580	1,740	2,900	6,530	10,150	14,500

1932 Series DK, 8-cyl., 122" wb
(Introduced Jan. 1, 1932.)

	6	5	4	3	2	1
2d Conv	1,200	3,600	6,000	13,500	21,000	30,000
4d Conv Sed	1,280	3,840	6,400	14,400	22,400	32,000
2d RS Cpe	780	2,340	3,900	8,780	13,650	19,500
2d 5P Cpe	740	2,220	3,700	8,330	12,950	18,500
4d Sed	600	1,800	3,000	6,750	10,500	15,000

1933 Series DP, 6-cyl., 111.3" wb

	6	5	4	3	2	1
2d RS Conv	1,280	3,840	6,400	14,400	22,400	32,000
2d Bus Cpe	700	2,100	3,500	7,880	12,250	17,500
2d RS Cpe	720	2,160	3,600	8,100	12,600	18,000
4d Sed	580	1,740	2,900	6,530	10,150	14,500
4d Brgm	588	1,764	2,940	6,620	10,290	14,700
4d DeL Brgm	600	1,800	3,000	6,750	10,500	15,000

NOTE: Second Series DP introduced April 5, 1933 increasing wb from 111" to 115" included in above.

1933 Series DO, 8-cyl., 122" wb

	6	5	4	3	2	1
2d RS Conv	1,400	4,200	7,000	15,750	24,500	35,000
4d Conv Sed	1,400	4,200	7,000	15,750	24,500	35,000
2d RS Cpe	800	2,400	4,000	9,000	14,000	20,000
2d Cpe	780	2,340	3,900	8,780	13,650	19,500
4d Sed	660	1,980	3,300	7,430	11,550	16,500

1934 DeLuxe Series DR, 6-cyl., 117" wb

	6	5	4	3	2	1
2d RS Conv	1,280	3,840	6,400	14,400	22,400	32,000
2d Bus Cpe	740	2,220	3,700	8,330	12,950	18,500
2d RS Cpe	760	2,280	3,800	8,550	13,300	19,000
2d Sed	580	1,740	2,900	6,530	10,150	14,500
4d Sed	568	1,704	2,840	6,390	9,940	14,200

1934 Series DS, 6-cyl., 121" wb

	6	5	4	3	2	1
4d Conv Sed	1,320	3,960	6,600	14,850	23,100	33,000
4d Brgm	600	1,800	3,000	6,750	10,500	15,000

1934 DeLuxe Series DRXX, 6-cyl., 117" wb
(Introduced June 2, 1934.)

	6	5	4	3	2	1
2d Conv	1,240	3,720	6,200	13,950	21,700	31,000
2d Bus Cpe	760	2,280	3,800	8,550	13,300	19,000
2d Cpe	780	2,340	3,900	8,780	13,650	19,500
2d Sed	564	1,692	2,820	6,350	9,870	14,100
4d Sed	560	1,680	2,800	6,300	9,800	14,000

1935 Series DU, 6-cyl., 116" wb - 128" wb, (*)

	6	5	4	3	2	1
2d RS Conv	1,160	3,480	5,800	13,050	20,300	29,000
2d Cpe	620	1,860	3,100	6,980	10,850	15,500
2d RS Cpe	640	1,920	3,200	7,200	11,200	16,000
2d Sed	504	1,512	2,520	5,670	8,820	12,600
2d Tr Sed	508	1,524	2,540	5,720	8,890	12,700
4d Sed	512	1,536	2,560	5,760	8,960	12,800
4d Tr Sed	520	1,560	2,600	5,850	9,100	13,000
4d Car Sed (*)	532	1,596	2,660	5,990	9,310	13,300
4d 7P Sed (*)	552	1,656	2,760	6,210	9,660	13,800

	6	5	4	3	2	1
1936 Series D2, 6-cyl., 116" wb - 128" wb, (*)						
2d RS Conv	1,160	3,480	5,800	13,050	20,300	29,000
4d Conv Sed	1,200	3,600	6,000	13,500	21,000	30,000
2d 2P Cpe	620	1,860	3,100	6,980	10,850	15,500
2d RS Cpe	640	1,920	3,200	7,200	11,200	16,000
2d Sed	492	1,476	2,460	5,540	8,610	12,300
2d Tr Sed	496	1,488	2,480	5,580	8,680	12,400
4d Sed	496	1,488	2,480	5,580	8,680	12,400
4d Tr Sed	500	1,500	2,500	5,630	8,750	12,500
4d 7P Sed (*)	512	1,536	2,560	5,760	8,960	12,800
1937 Series D5, 6-cyl., 115" wb - 132" wb, (*)						
2d RS Conv	1,040	3,120	5,200	11,700	18,200	26,000
4d Conv Sed	1,080	3,240	5,400	12,150	18,900	27,000
2d Bus Cpe	620	1,860	3,100	6,980	10,850	15,500
2d RS Cpe	640	1,920	3,200	7,200	11,200	16,000
2d Sed	492	1,476	2,460	5,540	8,610	12,300
2d Tr Sed	744	2,232	3,720	8,370	13,020	18,600
4d Sed	504	1,512	2,520	5,670	8,820	12,600
4d Tr Sed	512	1,536	2,560	5,760	8,960	12,800
4d 7P Sed (*)	540	1,620	2,700	6,080	9,450	13,500
4d Limo (*)	560	1,680	2,800	6,300	9,800	14,000
1938 Series D8, 6-cyl., 115" wb - 132" wb, (*)						
2d Conv Cpe	1,080	3,240	5,400	12,150	18,900	27,000
4d Conv Sed	1,120	3,360	5,600	12,600	19,600	28,000
2d Bus Cpe	600	1,800	3,000	6,750	10,500	15,000
2d Cpe 2-4	640	1,920	3,200	7,200	11,200	16,000
2d Sed	500	1,500	2,500	5,630	8,750	12,500
2d Tr Sed	508	1,524	2,540	5,720	8,890	12,700
4d Sed	520	1,560	2,600	5,850	9,100	13,000
4d Tr Sed	524	1,572	2,620	5,900	9,170	13,100
4d Sta Wag	572	1,716	2,860	6,440	10,010	14,300
4d 7P Sed (*)	560	1,680	2,800	6,300	9,800	14,000
4d Limo	584	1,752	2,920	6,570	10,220	14,600
1939 Special Series D11S, 6-cyl., 117" wb						
2d Cpe	650	1,950	3,250	7,340	11,400	16,300
2d Sed	550	1,600	2,650	5,990	9,300	13,300
4d Sed	550	1,600	2,700	6,080	9,450	13,500
1939 DeLuxe Series D11, 6-cyl., 117" wb - 134" wb, (*)						
2d Cpe	700	2,050	3,400	7,650	11,900	17,000
2d A/S Cpe	750	2,300	3,800	8,550	13,300	19,000
2d Twn Cpe	700	2,150	3,600	8,100	12,600	18,000
2d Sed	550	1,600	2,700	6,080	9,450	13,500
4d Sed	550	1,650	2,750	6,170	9,600	13,700
4d Ewb Sed (*)	650	1,900	3,150	7,110	11,100	15,800
4d Limo (*)	650	1,900	3,200	7,200	11,200	16,000
1940 Special Series D17, 6-cyl., 119.5" wb						
2d Cpe	650	2,000	3,300	7,430	11,600	16,500
2d Sed	550	1,700	2,800	6,300	9,800	14,000
4d Sed	550	1,700	2,850	6,390	9,950	14,200
1940 DeLuxe Series D14, 6-cyl., 119.5" wb - 139.5" wb, (*)						
2d Conv	1,150	3,500	5,800	13,050	20,300	29,000
2d Cpe	700	2,050	3,400	7,650	11,900	17,000
2d 4P Cpe	700	2,100	3,500	7,880	12,300	17,500
2d Sed	600	1,750	2,900	6,530	10,200	14,500
4d Sed	600	1,800	2,950	6,660	10,400	14,800
4d Ewb Sed (*)	600	1,800	3,000	6,710	10,400	14,900
4d Limo (*)	600	1,800	3,000	6,750	10,500	15,000
1941 DeLuxe Series D19, 6-cyl., 119.5" wb						
2d Cpe	700	2,150	3,600	8,100	12,600	18,000
2d Sed	600	1,750	2,950	6,620	10,300	14,700
4d Sed	600	1,800	3,000	6,710	10,400	14,900
1941 Custom Series D19, 6-cyl., 119.5" wb - 137.5" wb, (*)						
2d Conv	1,150	3,500	5,800	13,050	20,300	29,000
2d Clb Cpe	750	2,200	3,700	8,330	13,000	18,500
2d Brgm	600	1,750	2,950	6,620	10,300	14,700
4d Sed	600	1,800	3,000	6,750	10,500	15,000
4d Twn Sed	600	1,800	3,050	6,840	10,600	15,200
4d 7P Sed (*)	650	1,900	3,200	7,160	11,100	15,900
4d Limo (*)	650	2,000	3,300	7,430	11,600	16,500
1942 DeLuxe Series D22, 6-cyl., 119.5" wb						
2d Cpe	650	1,900	3,150	7,110	11,100	15,800
2d Clb Cpe	650	1,900	3,200	7,200	11,200	16,000
2d Sed	550	1,700	2,800	6,300	9,800	14,000
4d Sed	550	1,700	2,800	6,350	9,850	14,100

	6	5	4	3	2	1
1942 Custom Series D22, 6-cyl., 119.5" wb - 137.5" wb, (*)						
2d Conv	1,100	3,250	5,400	12,150	18,900	27,000
2d Clb Cpe	700	2,050	3,400	7,650	11,900	17,000
2d Brgm	600	1,850	3,100	6,980	10,900	15,500
4d Sed	600	1,850	3,050	6,890	10,700	15,300
4d Twn Sed	600	1,850	3,100	6,930	10,800	15,400
4d 7P Sed (*)	650	1,900	3,150	7,110	11,100	15,800
4d Limo (*)	700	2,100	3,500	7,880	12,300	17,500
1946-48 DeLuxe Series D24, 6-cyl., 119.5" wb						
2d Cpe	676	2,028	3,380	7,610	11,830	16,900
2d Sed	608	1,824	3,040	6,840	10,640	15,200
4d Sed	612	1,836	3,060	6,890	10,710	15,300
1946-48 Custom Series D24, 6-cyl., 119.5" wb - 137.5" wb, (*)						
2d Conv	1,160	3,480	5,800	13,050	20,300	29,000
2d Clb Cpe	660	1,980	3,300	7,430	11,550	16,500
4d Sed	620	1,860	3,100	6,980	10,850	15,500
4d Twn Sed	624	1,872	3,120	7,020	10,920	15,600
4d 7P Sed (*)	628	1,884	3,140	7,070	10,990	15,700
1949 Series D29 Wayfarer, 6-cyl., 115" wb						
First Series 1949 is the same as 1948.						
2d Rds	1,240	3,720	6,200	13,950	21,700	31,000
2d Bus Cpe	660	1,980	3,300	7,430	11,550	16,500
2d Sed	644	1,932	3,220	7,250	11,270	16,100
1949 Series D30 Meadowbrook, 6-cyl., 123.5" wb						
4d Sed	640	1,920	3,200	7,200	11,200	16,000
1949 Series D30 Coronet, 6-cyl., 123.5" wb - 137.5" wb, (*)						
2d Conv	1,160	3,480	5,800	13,050	20,300	29,000
2d Clb Cpe	680	2,040	3,400	7,650	11,900	17,000
4d Sed	652	1,956	3,260	7,340	11,410	16,300
4d Twn Sed	660	1,980	3,300	7,430	11,550	16,500
4d Sta Wag	800	2,400	4,000	9,000	14,000	20,000
4d 8P Sed (*)	700	2,100	3,500	7,880	12,250	17,500
1950 Series D33 Wayfarer, 6-cyl., 115" wb						
2d Rds	1,240	3,720	6,200	13,950	21,700	31,000
2d Cpe	680	2,040	3,400	7,650	11,900	17,000
2d Sed	648	1,944	3,240	7,290	11,340	16,200
1950 Series D34 Meadowbrook, 6-cyl., 123.5" wb						
4d Sed	640	1,920	3,200	7,200	11,200	16,000
1950 Series D34 Coronet, 123.5" wb - 137.5" wb, (*)						
2d Conv	1,240	3,720	6,200	13,950	21,700	31,000
2d Clb Cpe	680	2,040	3,400	7,650	11,900	17,000
2d HT Dipl.	840	2,520	4,200	9,450	14,700	21,000
4d Sed	648	1,944	3,240	7,290	11,340	16,200
4d Twn Sed	656	1,968	3,280	7,380	11,480	16,400
4d Sta Wag	880	2,640	4,400	9,900	15,400	22,000
4d Mtl Sta Wag	760	2,280	3,800	8,550	13,300	19,000
4d 8P Sed (*)	704	2,112	3,520	7,920	12,320	17,600
1951-52 Wayfarer Series D41, 6-cyl., 115" wb						
2d Rds (1951 only)	1,160	3,480	5,800	13,050	20,300	29,000
2d Sed	600	1,800	3,000	6,750	10,500	15,000
2d Cpe	640	1,920	3,200	7,200	11,200	16,000
1951-52 Meadowbrook Series D42, 6-cyl., 123.5" wb						
4d Sed	620	1,860	3,100	6,980	10,850	15,500
1951-52 Coronet Series D42, 6-cyl., 123.5" wb						
4d Sed	628	1,884	3,140	7,070	10,990	15,700
2d Clb Cpe	664	1,992	3,320	7,470	11,620	16,600
2d HT Dipl.	920	2,760	4,600	10,350	16,100	23,000
2d Conv	1,160	3,480	5,800	13,050	20,300	29,000
4d Mtl Sta Wag	760	2,280	3,800	8,550	13,300	19,000
4d 8P Sed	644	1,932	3,220	7,250	11,270	16,100
1953 Meadowbrook Special, 6-cyl., disc 4/53						
4d Sed	652	1,956	3,260	7,340	11,410	16,300
2d Clb Cpe	660	1,980	3,300	7,430	11,550	16,500
1953 Series D46 Meadowbrook, 6-cyl., 119" wb						
4d Sed	660	1,980	3,300	7,430	11,550	16,500
2d Clb Cpe	660	1,980	3,300	7,430	11,550	16,500
2d Sub	660	1,980	3,300	7,430	11,550	16,500
1953 Coronet, 6-cyl., 119" wb						
4d Sed	668	2,004	3,340	7,520	11,690	16,700
2d Clb Cpe	672	2,016	3,360	7,560	11,760	16,800
1953 Series D44 Coronet, V-8, 119" wb						
4d Sed	680	2,040	3,400	7,650	11,900	17,000
2d Clb Cpe	684	2,052	3,420	7,700	11,970	17,100

	6	5	4	3	2	1
1953 Series D48 Coronet, V-8, 119" wb - 114" wb, (*)						
2d HT Dipl.	880	2,640	4,400	9,900	15,400	22,000
2d Conv	1,160	3,480	5,800	13,050	20,300	29,000
2d Sta Wag (*)	720	2,160	3,600	8,100	12,600	18,000
1954 Series D51-1 Meadowbrook, 6-cyl., 119" wb						
4d Sed	672	2,016	3,360	7,560	11,760	16,800
2d Clb Cpe	672	2,016	3,360	7,560	11,760	16,800
1954 Series D51-2 Coronet, 6-cyl., 119" wb						
4d Sed	676	2,028	3,380	7,610	11,830	16,900
2d Clb Cpe	680	2,040	3,400	7,650	11,900	17,000
1954 Series D52 Coronet, 6-cyl., 114" wb						
2d Sub	700	2,100	3,500	7,880	12,250	17,500
4d 6P Sta Wag	760	2,280	3,800	8,550	13,300	19,000
4d 8P Sta Wag	800	2,400	4,000	9,000	14,000	20,000
1954 Series D50-1 Meadowbrook, V-8, 119" wb						
4d Sed	672	2,016	3,360	7,560	11,760	16,800
2d Clb Cpe	680	2,040	3,400	7,650	11,900	17,000
1954 Series D50-2 Coronet, V-8, 119" wb						
4d Sed	692	2,076	3,460	7,790	12,110	17,300
2d Clb Cpe	700	2,100	3,500	7,880	12,250	17,500
1954 Series D53-2 Coronet, V-8, 114" wb						
2d Sub	692	2,076	3,460	7,790	12,110	17,300
4d 2S Sta Wag	780	2,340	3,900	8,780	13,650	19,500
4d 3S Sta Wag	820	2,460	4,100	9,230	14,350	20,500
1954 Series D50-3 Royal, V-8, 119" wb						
4d Sed	760	2,280	3,800	8,550	13,300	19,000
2d Clb Cpe	760	2,280	3,800	8,550	13,300	19,000
1954 Series D53-3 Royal, V-8, 114" wb						
2d HT	1,000	3,000	5,000	11,250	17,500	25,000
2d Conv	1,200	3,600	6,000	13,500	21,000	30,000
2d Pace Car Replica Conv	1,320	3,960	6,600	14,850	23,100	33,000
1955 Coronet, V-8, 120" wb						
4d Sed	672	2,016	3,360	7,560	11,760	16,800
2d Sed	668	2,004	3,340	7,520	11,690	16,700
2d HT	1,000	3,000	5,000	11,250	17,500	25,000
2d Sub Sta Wag	720	2,160	3,600	8,100	12,600	18,000
4d 6P Sta Wag	740	2,220	3,700	8,330	12,950	18,500
4d 8P Sta Wag	748	2,244	3,740	8,420	13,090	18,700

NOTE: Deduct 5 percent for 6-cyl. models.

	6	5	4	3	2	1
1955 Royal, V-8, 120" wb						
4d Sed	672	2,016	3,360	7,560	11,760	16,800
2d HT	1,040	3,120	5,200	11,700	18,200	26,000
4d 6P Sta Wag	760	2,280	3,800	8,550	13,300	19,000
4d 8P Sta Wag	780	2,340	3,900	8,780	13,650	19,500
1955 Custom Royal, V-8, 120" wb						
4d Sed	720	2,160	3,600	8,100	12,600	18,000
4d Lancer	840	2,520	4,200	9,450	14,700	21,000
2d HT	1,080	3,240	5,400	12,150	18,900	27,000
2d Conv	1,240	3,720	6,200	13,950	21,700	31,000

NOTE: Deduct 5 percent for 6-cyl. models. Add 10 percent for La-Femme.

	6	5	4	3	2	1
1956 Coronet, V-8, 120" wb						
4d Sed	660	1,980	3,300	7,430	11,550	16,500
4d HT	720	2,160	3,600	8,100	12,600	18,000
2d Clb Sed	680	2,040	3,400	7,650	11,900	17,000
2d HT	960	2,880	4,800	10,800	16,800	24,000
2d Conv	1,320	3,960	6,600	14,850	23,100	33,000
2d Sub Sta Wag	720	2,160	3,600	8,100	12,600	18,000
4d 6P Sta Wag	728	2,184	3,640	8,190	12,740	18,200
4d 8P Sta Wag	740	2,220	3,700	8,330	12,950	18,500

NOTE: Deduct 5 percent for 6-cyl. models.

	6	5	4	3	2	1
1956 Royal, V-8, 120" wb						
4d Sed	704	2,112	3,520	7,920	12,320	17,600
4d HT	760	2,280	3,800	8,550	13,300	19,000
2d HT	1,040	3,120	5,200	11,700	18,200	26,000
2d Sub Sta Wag	740	2,220	3,700	8,330	12,950	18,500
4d 6P Sta Wag	748	2,244	3,740	8,420	13,090	18,700
4d 8P Sta Wag	756	2,268	3,780	8,510	13,230	18,900
1956 Custom Royal, V-8, 120" wb						
4d Sed	708	2,124	3,540	7,970	12,390	17,700
4d HT	840	2,520	4,200	9,450	14,700	21,000
2d HT	1,120	3,360	5,600	12,600	19,600	28,000
2d Conv	1,440	4,320	7,200	16,200	25,200	36,000

NOTE: Add 30 percent for D500 option. Add 10 percent for Golden Lancer. Add 10 percent for La-Femme or Texan options.

	6	5	4	3	2	1
1957 Coronet, V-8, 122" wb						
4d Sed	668	2,004	3,340	7,520	11,690	16,700
4d HT	700	2,100	3,500	7,880	12,250	17,500
2d Sed	672	2,016	3,360	7,560	11,760	16,800
2d HT	960	2,880	4,800	10,800	16,800	24,000

NOTE: Deduct 5 percent for 6-cyl. models.

	6	5	4	3	2	1
1957 Coronet Lancer						
2d Conv	1,400	4,200	7,000	15,750	24,500	35,000
1957 Royal, V-8, 122" wb						
4d Sed	676	2,028	3,380	7,610	11,830	16,900
4d HT	740	2,220	3,700	8,330	12,950	18,500
2d HT	1,200	3,600	6,000	13,500	21,000	30,000
1957 Royal Lancer						
2d Conv	1,560	4,680	7,800	17,550	27,300	39,000
1957 Custom Royal, V-8, 122" wb						
4d Sed	680	2,040	3,400	7,650	11,900	17,000
4d HT	700	2,100	3,500	7,880	12,250	17,500
2d HT	1,240	3,720	6,200	13,950	21,700	31,000
4d 6P Sta Wag	680	2,040	3,400	7,650	11,900	17,000
4d 9P Sta Wag	688	2,064	3,440	7,740	12,040	17,200
2d Sub Sta Wag	700	2,100	3,500	7,880	12,250	17,500
1957 Custom Royal Lancer						
2d Conv	1,680	5,040	8,400	18,900	29,400	42,000

NOTE: Add 30 percent for D500 option.

	6	5	4	3	2	1
1958 Coronet, V-8, 122" wb						
4d Sed	600	1,800	3,000	6,750	10,500	15,000
4d HT	648	1,944	3,240	7,290	11,340	16,200
2d Sed	604	1,812	3,020	6,800	10,570	15,100
2d HT	920	2,760	4,600	10,350	16,100	23,000
2d Conv	1,320	3,960	6,600	14,850	23,100	33,000

NOTE: Deduct 5 percent for 6-cyl. models.

	6	5	4	3	2	1
1958 Royal						
4d Sed	620	1,860	3,100	6,980	10,850	15,500
4d HT	660	1,980	3,300	7,430	11,550	16,500
2d HT	1,040	3,120	5,200	11,700	18,200	26,000
1958 Custom Royal						
4d Sed	640	1,920	3,200	7,200	11,200	16,000
4d HT	680	2,040	3,400	7,650	11,900	17,000
2d HT	1,040	3,120	5,200	11,700	18,200	26,000
2d Conv	1,600	4,800	8,000	18,000	28,000	40,000
4d 6P Sta Wag	680	2,040	3,400	7,650	11,900	17,000
4d 9P Sta Wag	688	2,064	3,440	7,740	12,040	17,200
4d 6P Cus Wag	700	2,100	3,500	7,880	12,250	17,500
4d 9P Cus Wag	708	2,124	3,540	7,970	12,390	17,700
2d Sub Sta Wag	690	2,080	3,460	7,790	12,110	17,300

NOTE: Add 30 percent for D500 option. Add 50 percent for E.F.I. Super D500. Add 20 percent for Regal Lancer.

	6	5	4	3	2	1
1959 Coronet, V-8						
4d Sed	608	1,824	3,040	6,840	10,640	15,200
4d HT	668	2,004	3,340	7,520	11,690	16,700
2d Sed	612	1,836	3,060	6,890	10,710	15,300
2d HT	880	2,640	4,400	9,900	15,400	22,000
2d Conv	1,320	3,960	6,600	14,850	23,100	33,000
1959 Royal, V-8						
4d Sed	604	1,812	3,020	6,800	10,570	15,100
4d HT	644	1,932	3,220	7,250	11,270	16,100
2d HT	920	2,760	4,600	10,350	16,100	23,000
1959 Custom Royal, V-8						
4d Sed	620	1,860	3,100	6,980	10,850	15,500
4d HT	660	1,980	3,300	7,430	11,550	16,500
2d HT	960	2,880	4,800	10,800	16,800	24,000
2d Conv	1,520	4,560	7,600	17,100	26,600	38,000
1959 Sierra, V-8						
4d 6P Sta Wag	680	2,040	3,400	7,650	11,900	17,000
4d 9P Sta Wag	688	2,064	3,440	7,740	12,040	17,200
4d 6P Cus Wag	688	2,064	3,440	7,740	12,040	17,200
4d 9P Cus Wag	692	2,076	3,460	7,790	12,110	17,300

NOTE: Add 30 percent for D500 option. Deduct 10 percent for 6-cyl. models.

	6	5	4	3	2	1
1960 Seneca, V-8, 118" wb						
4d Sed	484	1,452	2,420	5,450	8,470	12,100
2d Sed	488	1,464	2,440	5,490	8,540	12,200
4d Sta Wag	620	1,860	3,100	6,980	10,850	15,500
1960 Pioneer, V-8, 118" wb						
4d Sed	504	1,512	2,520	5,670	8,820	12,600

	6	5	4	3	2	1
2d Sed	508	1,524	2,540	5,720	8,890	12,700
2d HT	708	2,124	3,540	7,970	12,390	17,700
4d 6P Sta Wag	640	1,920	3,200	7,200	11,200	16,000
4d 9P Sta Wag	648	1,944	3,240	7,290	11,340	16,200

1960 Phoenix, V-8, 118" wb

	6	5	4	3	2	1
4d Sed	608	1,824	3,040	6,840	10,640	15,200
4d HT	720	2,160	3,600	8,100	12,600	18,000
2d HT	800	2,400	4,000	9,000	14,000	20,000
2d Conv	960	2,880	4,800	10,800	16,800	24,000

1960 Matador

	6	5	4	3	2	1
4d Sed	612	1,836	3,060	6,890	10,710	15,300
4d HT	740	2,220	3,700	8,330	12,950	18,500
2d HT	840	2,520	4,200	9,450	14,700	21,000
4d 6P Sta Wag	656	1,968	3,280	7,380	11,480	16,400
4d 9P Sta Wag	664	1,992	3,320	7,470	11,620	16,600

1960 Polara

	6	5	4	3	2	1
4d Sed	620	1,860	3,100	6,980	10,850	15,500
4d HT	708	2,124	3,540	7,970	12,390	17,700
2d HT	840	2,520	4,200	9,450	14,700	21,000
2d Conv	1,000	3,000	5,000	11,250	17,500	25,000
4d 6P Sta Wag	664	1,992	3,320	7,470	11,620	16,600
4d 9P Sta Wag	672	2,016	3,360	7,560	11,760	16,800

NOTE: Deduct 5 percent for 6-cyl. models. Add 30 percent for D500 option.

1961 Lancer, 6-cyl., 106.5" wb

	6	5	4	3	2	1
4d Sed	480	1,440	2,400	5,400	8,400	12,000
2d HT	608	1,824	3,040	6,840	10,640	15,200
2d Spt Cpe	496	1,488	2,480	5,580	8,680	12,400

1961 Lancer 770

NOTE: Add 10 percent for Hyper Pak 170-180 hp engine option, and 20 percent for Hyper Pak 225-200 hp.

	6	5	4	3	2	1
4d Sta Wag	480	1,440	2,400	5,400	8,400	12,000

1961 Seneca, V-8, 118" wb

	6	5	4	3	2	1
4d Sed	484	1,452	2,420	5,450	8,470	12,100
2d Sed	488	1,464	2,440	5,490	8,540	12,200
4d Sta Wag	600	1,800	3,000	6,750	10,500	15,000

1961 Pioneer, V-8, 118" wb

	6	5	4	3	2	1
4d Sed	484	1,452	2,420	5,450	8,470	12,100
2d Sed	492	1,476	2,460	5,540	8,610	12,300
2d HT	620	1,860	3,100	6,980	10,850	15,500
4d 6P Sta Wag	616	1,848	3,080	6,930	10,780	15,400
4d 9P Sta Wag	620	1,860	3,100	6,980	10,850	15,500

1961 Phoenix, V-8, 118" wb

	6	5	4	3	2	1
4d Sed	492	1,476	2,460	5,540	8,610	12,300
4d HT	640	1,920	3,200	7,200	11,200	16,000
2d HT	680	2,040	3,400	7,650	11,900	17,000
2d Conv	840	2,520	4,200	9,450	14,700	21,000

1961 Polara

	6	5	4	3	2	1
4d Sed	508	1,524	2,540	5,720	8,890	12,700
4d HT	660	1,980	3,300	7,430	11,550	16,500
2d HT	740	2,220	3,700	8,330	12,950	18,500
2d Conv	880	2,640	4,400	9,900	15,400	22,000
4d 6P Sta Wag	620	1,860	3,100	6,980	10,850	15,500
4d 9P Sta Wag	624	1,872	3,120	7,020	10,920	15,600

NOTE: Deduct 5 percent for 6-cyl. models. Add 30 percent for D500 option. Add 30 percent for Ram Charger "413".

1962 Lancer, 6-cyl., 106.5" wb

	6	5	4	3	2	1
4d Sed	468	1,404	2,340	5,270	8,190	11,700
2d Sed	472	1,416	2,360	5,310	8,260	11,800
4d Sta Wag	480	1,440	2,400	5,400	8,400	12,000

1962 Lancer 770, 6-cyl., 106.5" wb

	6	5	4	3	2	1
4d Sed	472	1,416	2,360	5,310	8,260	11,800
2d Sed	476	1,428	2,380	5,360	8,330	11,900
4d Sta Wag	488	1,464	2,440	5,490	8,540	12,200
2d GT Cpe	600	1,800	3,000	6,750	10,500	15,000

1962 Dart, V-8, 116" wb

	6	5	4	3	2	1
4d Sed	480	1,440	2,400	5,400	8,400	12,000
2d Sed	484	1,452	2,420	5,450	8,470	12,100
2d HT	500	1,500	2,500	5,630	8,750	12,500
4d 6P Sta Wag	516	1,548	2,580	5,810	9,030	12,900
4d 9P Sta Wag	500	1,500	2,500	5,630	8,750	12,500

1962 Dart 440, V-8, 116" wb

	6	5	4	3	2	1
4d Sed	488	1,464	2,440	5,490	8,540	12,200
4d HT	508	1,524	2,540	5,720	8,890	12,700
2d HT	600	1,800	3,000	6,750	10,500	15,000

1942 Dodge D22 sedan

1952 Dodge Coronet sedan

1960 Dodge Polara four-door hardtop

	6	5	4	3	2	1
2d Conv	840	2,520	4,200	9,450	14,700	21,000
4d 6P Sta Wag	500	1,500	2,500	5,630	8,750	12,500
4d 9P Sta Wag	504	1,512	2,520	5,670	8,820	12,600

1962 Polara 500, V-8, 116" wb

	6	5	4	3	2	1
4d HT	600	1,800	3,000	6,750	10,500	15,000
2d HT	620	1,860	3,100	6,980	10,850	15,500
2d Conv	880	2,640	4,400	9,900	15,400	22,000

NOTE: Add 20 percent for Daytona 500 Pace Car.

1962 Custom 880, V-8, 122" wb

	6	5	4	3	2	1
4d Sed	492	1,476	2,460	5,540	8,610	12,300
4d HT	620	1,860	3,100	6,980	10,850	15,500
2d HT	640	1,920	3,200	7,200	11,200	16,000
2d Conv	800	2,400	4,000	9,000	14,000	20,000
4d 6P Sta Wag	500	1,500	2,500	5,630	8,750	12,500
4d 9P Sta Wag	508	1,524	2,540	5,720	8,890	12,700

NOTE: Deduct 5 percent for 6-cyl. models. Add 75 percent for Ram Charger "413". Value inestimable on autos equipped at factory with Max wedge engine option.

1963 Dart 170, 6-cyl., 111" wb

	6	5	4	3	2	1
4d Sed	444	1,332	2,220	5,000	7,770	11,100
2d Sed	448	1,344	2,240	5,040	7,840	11,200
4d Sta Wag	460	1,380	2,300	5,180	8,050	11,500

1963 Dart 270, 6-cyl., 111" wb

	6	5	4	3	2	1
4d Sed	448	1,344	2,240	5,040	7,840	11,200
2d Sed	452	1,356	2,260	5,090	7,910	11,300
2d Conv	640	1,920	3,200	7,200	11,200	16,000
4d Sta Wag	468	1,404	2,340	5,270	8,190	11,700

1963 Dart GT

	6	5	4	3	2	1
2d HT	680	2,040	3,400	7,650	11,900	17,000
2d Conv	840	2,520	4,200	9,450	14,700	21,000

1963 Dodge, 330/440, V-8, 119" wb

	6	5	4	3	2	1
4d Sed	468	1,404	2,340	5,270	8,190	11,700
2d Sed	464	1,392	2,320	5,220	8,120	11,600
2d HT	600	1,800	3,000	6,750	10,500	15,000
4d 6P Sta Wag	500	1,500	2,500	5,630	8,750	12,500
4d 9P Sta Wag	504	1,512	2,520	5,670	8,820	12,600

1963 Polara, 318 cid V-8, 119" wb

	6	5	4	3	2	1
4d Sed	476	1,428	2,380	5,360	8,330	11,900
4d HT	496	1,488	2,480	5,580	8,680	12,400
2d HT	620	1,860	3,100	6,980	10,850	15,500
2d Conv	640	1,920	3,200	7,200	11,200	16,000

1963 Polara 500, 383 cid V-8, 119" wb

	6	5	4	3	2	1
2d HT	660	1,980	3,300	7,430	11,550	16,500
2d Conv	780	2,340	3,900	8,780	13,650	19,500

1963 880, V-8, 122" wb

	6	5	4	3	2	1
4d Sed	496	1,488	2,480	5,580	8,680	12,400
4d HT	600	1,800	3,000	6,750	10,500	15,000
2d HT	640	1,920	3,200	7,200	11,200	16,000
2d Conv	760	2,280	3,800	8,550	13,300	19,000
4d 6P Sta Wag	504	1,512	2,520	5,670	8,820	12,600
4d 9P Sta Wag	508	1,524	2,540	5,720	8,890	12,700

NOTE: Deduct 5 percent for 6-cyl. models. Add 75 percent for Ramcharger 426. Value inestimable on autos equipped at factory with Max wedge engine option.

1964 Dart 170, 6-cyl., 111" wb

	6	5	4	3	2	1
4d Sed	444	1,332	2,220	5,000	7,770	11,100
2d Sed	448	1,344	2,240	5,040	7,840	11,200
4d Sta Wag	460	1,380	2,300	5,180	8,050	11,500

1964 Dart 270, 6-cyl., 106" wb

	6	5	4	3	2	1
4d Sed	448	1,344	2,240	5,040	7,840	11,200
2d Sed	452	1,356	2,260	5,090	7,910	11,300
2d Conv	760	2,280	3,800	8,550	13,300	19,000
4d Sta Wag	464	1,392	2,320	5,220	8,120	11,600

1964 Dart GT

	6	5	4	3	2	1
2d HT	700	2,100	3,500	7,880	12,250	17,500
2d Conv	960	2,880	4,800	10,800	16,800	24,000

1964 Dodge 330/440, V-8, 119" wb

	6	5	4	3	2	1
4d Sed	464	1,392	2,320	5,220	8,120	11,600
2d Sed	468	1,404	2,340	5,270	8,190	11,700
2d HT	600	1,800	3,000	6,750	10,500	15,000
4d 6P Sta Wag	500	1,500	2,500	5,630	8,750	12,500
4d 9P Sta Wag	504	1,512	2,520	5,670	8,820	12,600

1964 Polara, V-8, 119" wb

	6	5	4	3	2	1
4d Sed	492	1,476	2,460	5,540	8,610	12,300
4d HT	496	1,488	2,480	5,580	8,680	12,400
2d HT	660	1,980	3,300	7,430	11,550	16,500
2d Conv	840	2,520	4,200	9,450	14,700	21,000

	6	5	4	3	2	1
1964 880, V-8, 122" wb						
4d Sed	508	1,524	2,540	5,720	8,890	12,700
4d HT	512	1,536	2,560	5,760	8,960	12,800
2d HT	680	2,040	3,400	7,650	11,900	17,000
2d Conv	860	2,580	4,300	9,680	15,050	21,500
4d 6P Sta Wag	504	1,512	2,520	5,670	8,820	12,600
4d 9P Sta Wag	508	1,524	2,540	5,720	8,890	12,700

NOTE: Add 50 percent for 426 street wedge. Add 75 percent for 426 Ramcharger. Add 30 percent for Polara 500 option. Deduct 5 percent for 6-cyl. models. Add 5 percent for 383 w/Hurst 4-Spd option. Value inestimable on autos equipped at factory with Max wedge engine option.

	6	5	4	3	2	1
1965 Dart, V8, 106" wb						
4d Sed	444	1,332	2,220	5,000	7,770	11,100
2d Sed	448	1,344	2,240	5,040	7,840	11,200
4d Sta Wag	460	1,380	2,300	5,180	8,050	11,500
1965 Dart 270, V-8, 106" wb						
4d Sed	448	1,344	2,240	5,040	7,840	11,200
2d Sed	452	1,356	2,260	5,090	7,910	11,300
2d HT	600	1,800	3,000	6,750	10,500	15,000
2d Conv	840	2,520	4,200	9,450	14,700	21,000
4d Sta Wag	464	1,392	2,320	5,220	8,120	11,600
1965 Dart GT						
2d HT	780	2,340	3,900	8,780	13,650	19,500
2d Conv	1,080	3,240	5,400	12,150	18,900	27,000
1965 Coronet, V-8, 117" wb						
4d Sed	452	1,356	2,260	5,090	7,910	11,300
2d Sed	456	1,368	2,280	5,130	7,980	11,400
1965 Coronet Deluxe, V-8, 117" wb						
4d Sed	460	1,380	2,300	5,180	8,050	11,500
2d Sed	464	1,392	2,320	5,220	8,120	11,600
4d Sta Wag	480	1,440	2,400	5,400	8,400	12,000
1965 Coronet 440, V-8, 117" wb						
4d Sed	468	1,404	2,340	5,270	8,190	11,700
2d HT	680	2,040	3,400	7,650	11,900	17,000
2d Conv	1,000	3,000	5,000	11,250	17,500	25,000
4d 6P Sta Wag	500	1,500	2,500	5,630	8,750	12,500
4d 9P Sta Wag	504	1,512	2,520	5,670	8,820	12,600
1965 Coronet 500, V-8, 117" wb						
2d HT	700	2,100	3,500	7,880	12,250	17,500
2d Conv	1,120	3,360	5,600	12,600	19,600	28,000
1965 Polara, V-8, 121" wb						
4d Sed	468	1,404	2,340	5,270	8,190	11,700
4d HT	476	1,428	2,380	5,360	8,330	11,900
2d HT	620	1,860	3,100	6,980	10,850	15,500
2d Conv	900	2,700	4,500	10,130	15,750	22,500
4d 6P Sta Wag	504	1,512	2,520	5,670	8,820	12,600
4d 9P Sta Wag	508	1,524	2,540	5,720	8,890	12,700
1965 Custom 880, V-8, 121" wb						
4d Sed	472	1,416	2,360	5,310	8,260	11,800
4d HT	460	1,380	2,300	5,180	8,050	11,500
2d HT	660	1,980	3,300	7,430	11,550	16,500
2d Conv	960	2,880	4,800	10,800	16,800	24,000
4d 6P Sta Wag	508	1,524	2,540	5,720	8,890	12,700
4d 9P Sta Wag	512	1,536	2,560	5,760	8,960	12,800
1965 Monaco, V-8, 121" wb						
2d HT	640	1,920	3,200	7,200	11,200	16,000

NOTE: Deduct 5 percent for 6-cyl. models. Autos equipped with 426 Hemi, value inestimable.

	6	5	4	3	2	1
1966 Dart, 6-cyl., 111" wb						
4d Sed	448	1,344	2,240	5,040	7,840	11,200
2d Sed	452	1,356	2,260	5,090	7,910	11,300
4d Sta Wag	460	1,380	2,300	5,180	8,050	11,500
1966 Dart 270, V-8, 111" wb						
4d Sed	452	1,356	2,260	5,090	7,910	11,300
2d Sed	456	1,368	2,280	5,130	7,980	11,400
2d HT	624	1,872	3,120	7,020	10,920	15,600
2d Conv	920	2,760	4,600	10,350	16,100	23,000
4d Sta Wag	464	1,392	2,320	5,220	8,120	11,600
1966 Dart GT, V-8, 111" wb						
2d HT	720	2,160	3,600	8,100	12,600	18,000
2d Conv	1,040	3,120	5,200	11,700	18,200	26,000

NOTE: Add 30 percent for 273 V-8, 275 hp engine option.

	6	5	4	3	2	1
1966 Coronet, V-8, 117" wb						
4d Sed	440	1,320	2,200	4,950	7,700	11,000
2d Sed	444	1,332	2,220	5,000	7,770	11,100

	6	5	4	3	2	1
1966 Coronet DeLuxe, V-8, 117" wb						
4d Sed	444	1,332	2,220	5,000	7,770	11,100
2d Sed	448	1,344	2,240	5,040	7,840	11,200
4d Sta Wag	400	1,200	2,000	4,500	7,000	10,000
1966 Coronet 440, V-8, 117" wb						
4d Sed	452	1,356	2,260	5,090	7,910	11,300
2d HT	640	1,920	3,200	7,200	11,200	16,000
2d Conv	960	2,880	4,800	10,800	16,800	24,000
4d Sta Wag	460	1,380	2,300	5,180	8,050	11,500
1966 Coronet 500, V-8, 117" wb						
4d Sed	452	1,356	2,260	5,090	7,910	11,300
2d HT	660	1,980	3,300	7,430	11,550	16,500
2d Conv	1,040	3,120	5,200	11,700	18,200	26,000

NOTE: Deduct 5 percent for all Dodge 6-cyl.

	6	5	4	3	2	1
1966 Polara, V-8, 121" wb						
4d Sed	456	1,368	2,280	5,130	7,980	11,400
4d HT	476	1,428	2,380	5,360	8,330	11,900
2d HT	620	1,860	3,100	6,980	10,850	15,500
2d Conv	680	2,040	3,400	7,650	11,900	17,000
4d Sta Wag	508	1,524	2,540	5,720	8,890	12,700

NOTE: Add 10 percent for Polara 500 option.

	6	5	4	3	2	1
1966 Monaco, V-8, 121" wb						
4d Sed	456	1,368	2,280	5,130	7,980	11,400
4d HT	600	1,800	3,000	6,750	10,500	15,000
2d HT	624	1,872	3,120	7,020	10,920	15,600
4d Sta Wag	512	1,536	2,560	5,760	8,960	12,800
1966 Monaco 500						
2d HT	644	1,932	3,220	7,250	11,270	16,100
1966 Charger, 117" wb						
2d HT	1,040	3,120	5,200	11,700	18,200	26,000

NOTE: Autos equipped with 426 Hemi, value inestimable.

	6	5	4	3	2	1
1967 Dart, 6-cyl., 111" wb						
4d Sed	444	1,332	2,220	5,000	7,770	11,100
2d Sed	448	1,344	2,240	5,040	7,840	11,200
1967 Dart 270, 6-cyl., 111" wb						
4d Sed	452	1,356	2,260	5,090	7,910	11,300
2d HT	480	1,440	2,400	5,400	8,400	12,000
1967 Dart GT, V-8						
2d HT	720	2,160	3,600	8,100	12,600	18,000
2d Conv	1,040	3,120	5,200	11,700	18,200	26,000
1967 Coronet DeLuxe, V-8, 117" wb						
4d Sed	440	1,320	2,200	4,950	7,700	11,000
2d Sed	444	1,332	2,220	5,000	7,770	11,100
4d Sta Wag	464	1,392	2,320	5,220	8,120	11,600
1967 Coronet 440, V-8, 117" wb						
4d Sed	452	1,356	2,260	5,090	7,910	11,300
2d HT	640	1,920	3,200	7,200	11,200	16,000
2d Conv	1,000	3,000	5,000	11,250	17,500	25,000
4d Sta Wag	468	1,404	2,340	5,270	8,190	11,700
1967 Coronet 500, V-8, 117" wb						
4d Sed	456	1,368	2,280	5,130	7,980	11,400
2d HT	680	2,040	3,400	7,650	11,900	17,000
2d Conv	1,040	3,120	5,200	11,700	18,200	26,000
1967 Coronet R/T, V-8, 117" wb						
2d HT	920	2,760	4,600	10,350	16,100	23,000
2d Conv	1,240	3,720	6,200	13,950	21,700	31,000
1967 Charger, V-8, 117 " wb						
2d HT	1,080	3,240	5,400	12,150	18,900	27,000
1967 Polara, V-8, 122" wb						
4d Sed	452	1,356	2,260	5,090	7,910	11,300
4d HT	460	1,380	2,300	5,180	8,050	11,500
2d HT	500	1,500	2,500	5,630	8,750	12,500
2d Conv	740	2,220	3,700	8,330	12,950	18,500
4d Sta Wag	480	1,440	2,400	5,400	8,400	12,000
1967 Polara 500, V-8, 122" wb						
2d HT	600	1,800	3,000	6,750	10,500	15,000
2d Conv	760	2,280	3,800	8,550	13,300	19,000
1967 Monaco, V-8, 122" wb						
4d Sed	480	1,440	2,400	5,400	8,400	12,000
4d HT	484	1,452	2,420	5,450	8,470	12,100
2d HT	620	1,860	3,100	6,980	10,850	15,500
4d Sta Wag	500	1,500	2,500	5,630	8,750	12,500

	6	5	4	3	2	1
1967 Monaco 500, V-8, 122" wb						
2d HT	660	1,980	3,300	7,430	11,550	16,500

NOTE: Add 40 percent for 440 Magnum. Autos equipped with 426 Hemi, value inestimable.

	6	5	4	3	2	1
1968 Dart, 6-cyl., 111" wb						
4d Sed	452	1,356	2,260	5,090	7,910	11,300
2d Sed	456	1,368	2,280	5,130	7,980	11,400
1968 Dart 270, 6-cyl., 111" wb						
2d HT	480	1,440	2,400	5,400	8,400	12,000
4d Sed	460	1,380	2,300	5,180	8,050	11,500
1968 Dart, V-8, 111" wb						
4d Sed	468	1,404	2,340	5,270	8,190	11,700
2d HT	604	1,812	3,020	6,800	10,570	15,100
1968 Dart GT						
2d HT	700	2,100	3,500	7,880	12,250	17,500
2d Conv	960	2,880	4,800	10,800	16,800	24,000
1968 Dart GT Sport 340, 111" wb						
2d HT	840	2,520	4,200	9,450	14,700	21,000
2d Conv	1,200	3,600	6,000	13,500	21,000	30,000
1968 Dart GT Sport 383, 111" wb						
2d HT	920	2,760	4,600	10,350	16,100	23,000
2d Conv	1,240	3,720	6,200	13,950	21,700	31,000
1968 Coronet DeLuxe, V-8, 117" wb						
4d Sed	448	1,344	2,240	5,040	7,840	11,200
2d Sed	452	1,356	2,260	5,090	7,910	11,300
4d Sta Wag	480	1,440	2,400	5,400	8,400	12,000
1968 Coronet 440						
2d Sed	456	1,368	2,280	5,130	7,980	11,400
2d HT	700	2,100	3,500	7,880	12,250	17,500
4d Sed	460	1,380	2,300	5,180	8,050	11,500
4d Sta Wag	492	1,476	2,460	5,540	8,610	12,300
1968 Coronet 500						
4d Sed	460	1,380	2,300	5,180	8,050	11,500
2d HT	720	2,160	3,600	8,100	12,600	18,000
2d Conv	1,000	3,000	5,000	11,250	17,500	25,000
4d Sta Wag	500	1,500	2,500	5,630	8,750	12,500
1968 Coronet Super Bee, V-8, 117" wb						
2d Cpe	1,480	4,440	7,400	16,650	25,900	37,000
1968 Coronet R/T						
2d HT	1,550	4,700	7,800	17,550	27,300	39,000
2d Conv	1,700	5,050	8,400	18,900	29,400	42,000
1968 Charger						
2d HT	1,480	4,440	7,400	16,650	25,900	37,000
1968 Charger R/T						
2d HT	1,640	4,920	8,200	18,450	28,700	41,000
1968 Polara, V-8, 122" wb						
4d Sed	456	1,368	2,280	5,130	7,980	11,400
2d HT	604	1,812	3,020	6,800	10,570	15,100
4d HT	504	1,512	2,520	5,670	8,820	12,600
2d Conv	780	2,340	3,900	8,780	13,650	19,500
4d Sta Wag	512	1,536	2,560	5,760	8,960	12,800
1968 Polara 500						
2d HT	620	1,860	3,100	6,980	10,850	15,500
2d Conv	800	2,400	4,000	9,000	14,000	20,000
1968 Monaco						
2d HT	688	2,064	3,440	7,740	12,040	17,200
4d HT	600	1,800	3,000	6,750	10,500	15,000
4d Sed	480	1,440	2,400	5,400	8,400	12,000
4d Sta Wag	600	1,800	3,000	6,750	10,500	15,000
1968 Monaco 500						
2d HT	700	2,100	3,500	7,880	12,250	17,500

NOTE: Add 40 percent for 440 Magnum. Autos equipped with 426 Hemi, value inestimable.

	6	5	4	3	2	1
1969 Dart V-8						
2d HT	360	1,080	1,800	4,050	6,300	9,000
4d Sed	352	1,056	1,760	3,960	6,160	8,800
1969 Dart Swinger						
2d HT	472	1,416	2,360	5,310	8,260	11,800
1969 Dart Swinger 340						
2d HT	860	2,580	4,300	9,680	15,050	21,500
1969 Dart Custom, V-8, 111" wb						
4d Sed	440	1,320	2,200	4,950	7,700	11,000
2d HT	496	1,488	2,480	5,580	8,680	12,400

	6	5	4	3	2	1
1969 Dart GT						
2d HT	960	2,880	4,800	10,800	16,800	24,000
2d Conv	1,200	3,600	6,000	13,500	21,000	30,000
1969 Dart GT Sport 340						
2d HT	1,080	3,240	5,400	12,150	18,900	27,000
2d Conv	1,360	4,080	6,800	15,300	23,800	34,000
1969 Dart GT Sport 383, 111" wb						
2d HT (383 hp)	1,240	3,720	6,200	13,950	21,700	31,000
2d Conv (330 hp)	1,320	3,960	6,600	14,850	23,100	33,000
1969 Dart GT Sport 440, 111" wb						
2d HT	1,360	4,080	6,800	15,300	23,800	34,000
1969 Coronet DeLuxe, V-8, 117" wb						
4d Sed	344	1,032	1,720	3,870	6,020	8,600
2d Sed	360	1,080	1,800	4,050	6,300	9,000
4d Sta Wag	356	1,068	1,780	4,010	6,230	8,900
1969 Coronet 440						
2d Sed	364	1,092	1,820	4,100	6,370	9,100
2d HT	820	2,460	4,100	9,230	14,350	20,500
4d Sed	348	1,044	1,740	3,920	6,090	8,700
4d Sta Wag	356	1,068	1,780	4,010	6,230	8,900
1969 Coronet 500						
2d HT	840	2,520	4,200	9,450	14,700	21,000
2d Conv	1,200	3,600	6,000	13,500	21,000	30,000
4d Sta Wag	396	1,188	1,980	4,460	6,930	9,900
4d Sed	400	1,200	2,000	4,500	7,000	10,000
1969 Coronet Super Bee, V-8						
2d HT	1,440	4,320	7,200	16,200	25,200	36,000
2d Cpe (base 440/375)	1,400	4,200	7,000	15,750	24,500	35,000

NOTE: Add 75 percent for Super Bee six pack.

	6	5	4	3	2	1
1969 Coronet R/T						
2d HT	1,560	4,680	7,800	17,550	27,300	39,000
2d Conv	1,680	5,040	8,400	18,900	29,400	42,000
1969 Charger						
2d HT	1,480	4,440	7,400	16,650	25,900	37,000
1969 Charger SE						
2d HT	1,520	4,560	7,600	17,100	26,600	38,000
1969 Charger 500						
2d HT	1,840	5,520	9,200	20,700	32,200	46,000
1969 Charger R/T						
2d HT	1,880	5,640	9,400	21,150	32,900	47,000
1969 Charger Daytona						
2d HT	2,720	8,160	13,600	30,600	47,600	68,000
1969 Polara, V-8						
4d Sed	328	984	1,640	3,690	5,740	8,200
2d HT	444	1,332	2,220	5,000	7,770	11,100
4d HT	336	1,008	1,680	3,780	5,880	8,400
2d Conv	664	1,992	3,320	7,470	11,620	16,600
4d Sta Wag	340	1,020	1,700	3,830	5,950	8,500
1969 Polara 500						
2d HT	464	1,392	2,320	5,220	8,120	11,600
2d Conv	684	2,052	3,420	7,700	11,970	17,100
1969 Monaco						
2d HT	468	1,404	2,340	5,270	8,190	11,700
4d HT	352	1,056	1,760	3,960	6,160	8,800
4d Sed	328	984	1,640	3,690	5,740	8,200
4d Sta Wag	332	996	1,660	3,740	5,810	8,300

NOTE: Add 40 percent for 440 Magnum 440/1x4V. Autos equipped with 426 Hemi, value inestimable. Add 20 percent for 383 engine. Add 75 percent for 440/3x2V.

	6	5	4	3	2	1
1970 Dart, V-8, 111" wb						
4d Sed	312	936	1,560	3,510	5,460	7,800
2d HT Swinger	440	1,320	2,200	4,950	7,700	11,000
1970 Dart Custom						
4d Sed	316	948	1,580	3,560	5,530	7,900
2d HT	440	1,320	2,200	4,950	7,700	11,000
1970 Dart Swinger 340						
2d HT	744	2,232	3,720	8,370	13,020	18,600
1970 Challenger, V-8, 110" wb						
2d HT	1,040	3,120	5,200	11,700	18,200	26,000
2d HT Fml	1,080	3,240	5,400	12,150	18,900	27,000
2d Conv	1,240	3,720	6,200	13,950	21,700	31,000
1970 Challenger R/T						
2d HT	1,120	3,360	5,600	12,600	19,600	28,000
2d HT SE Fml	1,160	3,480	5,800	13,050	20,300	29,000
2d Conv	1,520	4,560	7,600	17,100	26,600	38,000

	6	5	4	3	2	1
1970 Challenger T/A						
2d Cpe	1,880	5,640	9,400	21,150	32,900	47,000
1970 Coronet, V-8, 117" wb						
4d Sed	308	924	1,540	3,470	5,390	7,700
2d Sed	316	948	1,580	3,560	5,530	7,900
4d Sta Wag	312	936	1,560	3,510	5,460	7,800
1970 Coronet 440						
2d HT	720	2,160	3,600	8,100	12,600	18,000
4d Sed	320	960	1,600	3,600	5,600	8,000
2d Sed	328	984	1,640	3,690	5,740	8,200
4d Sta Wag	324	972	1,620	3,650	5,670	8,100
1970 Coronet 500						
4d Sed	340	1,020	1,700	3,830	5,950	8,500
2d HT	760	2,280	3,800	8,550	13,300	19,000
2d Conv	1,120	3,360	5,600	12,600	19,600	28,000
4d Sta Wag	320	960	1,600	3,600	5,600	8,000
1970 Coronet Super Bee						
2d HT	1,240	3,720	6,200	13,950	21,700	31,000
2d Cpe	1,160	3,480	5,800	13,050	20,300	29,000
1970 Coronet R/T						
2d HT	1,440	4,320	7,200	16,200	25,200	36,000
2d Conv	1,700	5,150	8,600	19,350	30,100	43,000
1970 Charger						
2d HT	1,240	3,720	6,200	13,950	21,700	31,000
2d HT 500	1,360	4,080	6,800	15,300	23,800	34,000
2d HT R/T	1,520	4,560	7,600	17,100	26,600	38,000
1970 Polara, V-8, 122" wb						
2d HT	440	1,320	2,200	4,950	7,700	11,000
4d HT	324	972	1,620	3,650	5,670	8,100
2d Conv	640	1,920	3,200	7,200	11,200	16,000
4d Sed	320	960	1,600	3,600	5,600	8,000
1970 Polara Custom						
4d Sed	328	984	1,640	3,690	5,740	8,200
2d HT	460	1,380	2,300	5,180	8,050	11,500
4d HT	332	996	1,660	3,740	5,810	8,300
1970 Monaco						
4d Sed	320	960	1,600	3,600	5,600	8,000
2d HT	360	1,080	1,800	4,050	6,300	9,000
4d HT	324	972	1,620	3,650	5,670	8,100
4d Sta Wag	328	984	1,640	3,690	5,740	8,200

NOTE: Add 40 percent for 440 Magnum. 440/1x4V autos equipped with 426 Hemi, value inestimable. Add 20 percent for 383 engine. Add 60 percent for 440/3x2V.

	6	5	4	3	2	1
1971 Demon						
2d Cpe	340	1,020	1,700	3,830	5,950	8,500
2d 340 Cpe	600	1,800	3,000	6,750	10,500	15,000
1971 Dart						
4d Cus Sed	292	876	1,460	3,290	5,110	7,300
1971 Swinger						
2d HT	480	1,440	2,400	5,400	8,400	12,000
1971 Challenger						
2d HT	840	2,520	4,200	9,450	14,700	21,000
2d Conv	1,200	3,600	6,000	13,500	21,000	30,000
2d HT R/T	1,040	3,120	5,200	11,700	18,200	26,000
1971 Coronet Brougham						
4d Sed	264	792	1,320	2,970	4,620	6,600
4d Sta Wag	268	804	1,340	3,020	4,690	6,700
1971 Charger						
2d HT 500	1,080	3,240	5,400	12,150	18,900	27,000
2d HT	1,000	3,000	5,000	11,250	17,500	25,000
2d Super Bee HT	1,120	3,360	5,600	12,600	19,600	28,000
2d HT R/T	1,200	3,600	6,000	13,500	21,000	30,000
2d HT SE	1,160	3,480	5,800	13,050	20,300	29,000
1971 Polara Brougham						
4d HT	268	804	1,340	3,020	4,690	6,700
2d HT	272	816	1,360	3,060	4,760	6,800
1971 Monaco						
4d HT	268	804	1,340	3,020	4,690	6,700
2d HT	276	828	1,380	3,110	4,830	6,900
4d Sta Wag	272	816	1,360	3,060	4,760	6,800

NOTE: Add 40 percent for 440 Magnum. Autos equipped with 426 Hemi, value inestimable. Add 50 percent for 440/3x2V.

	6	5	4	3	2	1
1972 Colt						
4d Sed	220	660	1,100	2,480	3,850	5,500

	6	5	4	3	2	1
2d Cpe	224	672	1,120	2,520	3,920	5,600
2d HT	240	720	1,200	2,700	4,200	6,000
4d Sta Wag	220	660	1,100	2,480	3,850	5,500
1972 Dart						
4d Sed	296	888	1,480	3,330	5,180	7,400
2d Demon 340 Cpe	600	1,800	3,000	6,750	10,500	15,000
1972 Swinger						
2d HT	480	1,440	2,400	5,400	8,400	12,000
1972 Challenger						
2d HT	800	2,400	4,000	9,000	14,000	20,000
2d HT Rallye	840	2,520	4,200	9,450	14,700	21,000
1972 Coronet						
4d Sed	268	804	1,340	3,020	4,690	6,700
4d Sta Wag	272	816	1,360	3,060	4,760	6,800
1972 Charger						
2d Sed	680	2,040	3,400	7,650	11,900	17,000
2d HT	688	2,064	3,440	7,740	12,040	17,200
2d HT SE	760	2,280	3,800	8,550	13,300	19,000

NOTE: Add 20 percent for Rallye.

	6	5	4	3	2	1
1972 Polara, V-8						
4d Sed	260	780	1,300	2,930	4,550	6,500
4d HT	272	816	1,360	3,060	4,760	6,800
2d HT	280	840	1,400	3,150	4,900	7,000
4d Sta Wag	268	804	1,340	3,020	4,690	6,700
1972 Polara Custom						
4d Sed	268	804	1,340	3,020	4,690	6,700
4d HT	276	828	1,380	3,110	4,830	6,900
2d HT	300	900	1,500	3,380	5,250	7,500
4d 2S Sta Wag	288	864	1,440	3,240	5,040	7,200
4d 3S Sta Wag	292	876	1,460	3,290	5,110	7,300
1972 Monaco						
4d Sed	272	816	1,360	3,060	4,760	6,800
4d HT	276	828	1,380	3,110	4,830	6,900
2d HT	312	936	1,560	3,510	5,460	7,800
4d 2S Sta Wag	296	888	1,480	3,330	5,180	7,400
4d 3S Sta Wag	300	900	1,500	3,380	5,250	7,500

NOTE: Add 60 percent for 440/3x2V.

	6	5	4	3	2	1
1973 Colt						
4d Sed	220	660	1,100	2,480	3,850	5,500
2d Cpe	216	648	1,080	2,430	3,780	5,400
2d HT	228	684	1,140	2,570	3,990	5,700
4d Sta Wag	220	660	1,100	2,480	3,850	5,500
2d HT GT	240	720	1,200	2,700	4,200	6,000
1973 Dart						
4d Sed	264	792	1,320	2,970	4,620	6,600
2d Cpe	284	852	1,420	3,200	4,970	7,100
1973 Dart Sport						
2d Cpe	304	912	1,520	3,420	5,320	7,600
1973 Dart Sport "340"						
2d Cpe	340	1,020	1,700	3,830	5,950	8,500
1973 Dart Custom						
2d Cpe	288	864	1,440	3,240	5,040	7,200
1973 Swinger						
2d HT	352	1,056	1,760	3,960	6,160	8,800
2d Spl HT	336	1,008	1,680	3,780	5,880	8,400
1973 Challenger						
2d HT	760	2,280	3,800	8,550	13,300	19,000
2d Rallye HT	800	2,400	4,000	9,000	14,000	20,000
1973 Coronet						
4d Sed	244	732	1,220	2,750	4,270	6,100
4d Sta Wag	248	744	1,240	2,790	4,340	6,200
1973 Coronet Custom						
4d Sed	256	768	1,280	2,880	4,480	6,400
4d Sta Wag	260	780	1,300	2,930	4,550	6,500
1973 Crestwood						
4d 6P Sta Wag	264	792	1,320	2,970	4,620	6,600
4d 9P Sta Wag	268	804	1,340	3,020	4,690	6,700
1973 Charger						
2d Cpe	620	1,860	3,100	6,980	10,850	15,500
2d HT	640	1,920	3,200	7,200	11,200	16,000
2d "SE" HT	648	1,944	3,240	7,290	11,340	16,200
2d Rallye	660	1,980	3,300	7,430	11,550	16,500

	6	5	4	3	2	1
1973 Polara						
4d Sed	248	744	1,240	2,790	4,340	6,200
2d HT	264	792	1,320	2,970	4,620	6,600
4d Sta Wag	252	756	1,260	2,840	4,410	6,300
1973 Polara Custom						
4d Sed	256	768	1,280	2,880	4,480	6,400
2d HT	272	816	1,360	3,060	4,760	6,800
4d HT	268	804	1,340	3,020	4,690	6,700
4d 2S Sta Wag	260	780	1,300	2,930	4,550	6,500
4d 3S Sta Wag	264	792	1,320	2,970	4,620	6,600
1973 Monaco						
4d Sed	260	780	1,300	2,930	4,550	6,500
4d HT	268	804	1,340	3,020	4,690	6,700
2d HT	284	852	1,420	3,200	4,970	7,100
4d 2S Sta Wag	272	816	1,360	3,060	4,760	6,800
4d 3S Sta Wag	276	828	1,380	3,110	4,830	6,900
1974 Colt						
4d Sed	200	600	1,000	2,250	3,500	5,000
2d Cpe	196	588	980	2,210	3,430	4,900
2d HT	208	624	1,040	2,340	3,640	5,200
2d Sta Wag	200	600	1,000	2,250	3,500	5,000
2d HT GT	220	660	1,100	2,480	3,850	5,500
4d Sta Wag	200	600	1,000	2,250	3,500	5,000
1974 Dart						
4d Sed	268	804	1,340	3,020	4,690	6,700
2d Spt Cpe	288	864	1,440	3,240	5,040	7,200
1974 Dart Sport "360"						
2d Cpe	304	912	1,520	3,420	5,320	7,600
1974 Dart Special Edition						
2d HT	284	852	1,420	3,200	4,970	7,100
4d Sed	280	840	1,400	3,150	4,900	7,000
1974 Dart Custom						
4d Sed	232	696	1,160	2,610	4,060	5,800
1974 Swinger						
2d HT	236	708	1,180	2,660	4,130	5,900
1974 Swinger Special						
2d HT	240	720	1,200	2,700	4,200	6,000
1974 Challenger						
2d HT	720	2,160	3,600	8,100	12,600	18,000
1974 Coronet						
4d Sta Wag	260	780	1,300	2,930	4,550	6,500
1974 Coronet Custom						
4d Sed	256	768	1,280	2,880	4,480	6,400
4d Sta Wag	260	780	1,300	2,930	4,550	6,500
1974 Coronet Crestwood						
4d Sta Wag	264	792	1,320	2,970	4,620	6,600
1974 Charger						
2d Cpe	344	1,032	1,720	3,870	6,020	8,600
2d HT	380	1,140	1,900	4,280	6,650	9,500
2d "SE" HT	400	1,200	2,000	4,500	7,000	10,000
1974 Monaco						
4d Sed	252	756	1,260	2,840	4,410	6,300
2d HT Cpe	260	780	1,300	2,930	4,550	6,500
4d Sta Wag	256	768	1,280	2,880	4,480	6,400
1974 Monaco Custom						
4d Sed	260	780	1,300	2,930	4,550	6,500
2d HT	272	816	1,360	3,060	4,760	6,800
4d HT	268	804	1,340	3,020	4,690	6,700
4d 2S Sta Wag	264	792	1,320	2,970	4,620	6,600
4d 3S Sta Wag	268	804	1,340	3,020	4,690	6,700
1974 Monaco Brougham						
4d Sed	264	792	1,320	2,970	4,620	6,600
2d HT	280	840	1,400	3,150	4,900	7,000
4d HT	272	816	1,360	3,060	4,760	6,800
4d 2S Sta Wag	268	804	1,340	3,020	4,690	6,700
4d 3S Sta Wag	272	816	1,360	3,060	4,760	6,800
1975 Dart						
4d Sed	208	624	1,040	2,340	3,640	5,200
1975 Dart Sport						
2d Cpe	224	672	1,120	2,520	3,920	5,600
1975 Swinger						
2d HT	272	816	1,360	3,060	4,760	6,800
2d Spl HT	252	756	1,260	2,840	4,410	6,300

	6	5	4	3	2	1
1975 Dart Custom						
4d Sed	232	696	1,160	2,610	4,060	5,800
2d "360" Cpe	264	792	1,320	2,970	4,620	6,600
1975 Dart S.E.						
2d HT	244	732	1,220	2,750	4,270	6,100
4d Sed	224	672	1,120	2,520	3,920	5,600
1975 Coronet						
2d HT	232	696	1,160	2,610	4,060	5,800
4d Sed	208	624	1,040	2,340	3,640	5,200
4d Sta Wag	216	648	1,080	2,430	3,780	5,400
1975 Coronet Custom						
2d HT	240	720	1,200	2,700	4,200	6,000
4d Sed	212	636	1,060	2,390	3,710	5,300
4d Sta Wag	216	648	1,080	2,430	3,780	5,400
1975 Coronet Brougham						
2d HT	244	732	1,220	2,750	4,270	6,100
1975 Crestwood						
4d Sta Wag	220	660	1,100	2,480	3,850	5,500
1975 Charger S.E.						
2d HT	272	816	1,360	3,060	4,760	6,800
1975 Monaco						
2d HT	248	744	1,240	2,790	4,340	6,200
4d Sed	212	636	1,060	2,390	3,710	5,300
4d Sta Wag	216	648	1,080	2,430	3,780	5,400
1975 Royal Monaco						
2d HT	256	768	1,280	2,880	4,480	6,400
4d Sed	220	660	1,100	2,480	3,850	5,500
4d HT	244	732	1,220	2,750	4,270	6,100
4d 2S Sta Wag	224	672	1,120	2,520	3,920	5,600
4d 3S Sta Wag	228	684	1,140	2,570	3,990	5,700
1975 Royal Monaco Brougham						
2d Cpe	260	780	1,300	2,930	4,550	6,500
4d Sed	224	672	1,120	2,520	3,920	5,600
4d HT	248	744	1,240	2,790	4,340	6,200
4d 2S Sta Wag	228	684	1,140	2,570	3,990	5,700
4d 3S Sta Wag	232	696	1,160	2,610	4,060	5,800
1976 Colt, 4-cyl.						
4d Sed	164	492	820	1,850	2,870	4,100
2d Cpe	168	504	840	1,890	2,940	4,200
2d HT Carousel	180	540	900	2,030	3,150	4,500
4d Sta Wag	168	504	840	1,890	2,940	4,200
2d HT GT	176	528	880	1,980	3,080	4,400
1976 Dart Sport, 6-cyl.						
2d Spt Cpe	196	588	980	2,210	3,430	4,900
1976 Dart Swinger Special, 6-cyl.						
2d HT	200	600	1,000	2,250	3,500	5,000
1976 Dart, 6-cyl.						
4d Sed	192	576	960	2,160	3,360	4,800
2d Swinger	196	588	980	2,210	3,430	4,900
2d HT	204	612	1,020	2,300	3,570	5,100
1976 Aspen, V-8						
4d Sed	196	588	980	2,210	3,430	4,900
2d Spt Cpe	204	612	1,020	2,300	3,570	5,100
4d Sta Wag	200	600	1,000	2,250	3,500	5,000
1976 Aspen Custom, V-8						
4d Sed	200	600	1,000	2,250	3,500	5,000
2d Spt Cpe	208	624	1,040	2,340	3,640	5,200
1976 Aspen Special Edition, V-8						
4d Sed	204	612	1,020	2,300	3,570	5,100
2d Spt Cpe	212	636	1,060	2,390	3,710	5,300
4d Sta Wag	208	624	1,040	2,340	3,640	5,200
1976 Coronet, V-8						
4d Sed	196	588	980	2,210	3,430	4,900
4d 2S Sta Wag	200	600	1,000	2,250	3,500	5,000
4d 3S Sta Wag	204	612	1,020	2,300	3,570	5,100
1976 Coronet Brougham, V-8						
4d Sed	200	600	1,000	2,250	3,500	5,000
1976 Crestwood Coronet, V-8						
4d 2S Sta Wag	212	636	1,060	2,390	3,710	5,300
4d 3S Sta Wag	216	648	1,080	2,430	3,780	5,400
1976 Charger, V-8						
2d HT	248	744	1,240	2,790	4,340	6,200
2d HT Spt	252	756	1,260	2,840	4,410	6,300

	6	5	4	3	2	1
1976 Charger Special Edition, V-8						
2d HT	256	768	1,280	2,880	4,480	6,400
1976 Monaco, V-8						
4d Sed	216	648	1,080	2,430	3,780	5,400
4d Sta Wag	220	660	1,100	2,480	3,850	5,500
1976 Royal Monaco, V-8						
4d Sed	220	660	1,100	2,480	3,850	5,500
2d HT	228	684	1,140	2,570	3,990	5,700
4d 2S Sta Wag	224	672	1,120	2,520	3,920	5,600
4d 3S Sta Wag	228	684	1,140	2,570	3,990	5,700
1976 Royal Monaco Brougham, V-8						
4d Sed	204	612	1,020	2,300	3,570	5,100
2d HT	228	684	1,140	2,570	3,990	5,700
4d Sta Wag	224	672	1,120	2,520	3,920	5,600
1977 Colt, 4-cyl.						
4d Sed	168	504	840	1,890	2,940	4,200
2d Cpe	172	516	860	1,940	3,010	4,300
2d Cus Cpe	176	528	880	1,980	3,080	4,400
2d HT Carousel	184	552	920	2,070	3,220	4,600
4d Sta Wag	172	516	860	1,940	3,010	4,300
2d HT GT	180	540	900	2,030	3,150	4,500
1977 Aspen, V-8						
4d Sed	196	588	980	2,210	3,430	4,900
2d Spt Cpe	204	612	1,020	2,300	3,570	5,100
4d Sta Wag	200	600	1,000	2,250	3,500	5,000
1977 Aspen Custom, V-8						
4d Sed	200	600	1,000	2,250	3,500	5,000
2d Spt Cpe	208	624	1,040	2,340	3,640	5,200
1977 Aspen Special Edition, V-8						
4d Sed	204	612	1,020	2,300	3,570	5,100
2d Spt Cpe	212	636	1,060	2,390	3,710	5,300
4d Sta Wag	208	624	1,040	2,340	3,640	5,200
1977 Monaco, V-8						
4d Sed	180	540	900	2,030	3,150	4,500
2d HT	192	576	960	2,160	3,360	4,800
4d 2S Sta Wag	184	552	920	2,070	3,220	4,600
4d 3S Sta Wag	188	564	940	2,120	3,290	4,700
1977 Monaco Brougham, V-8						
4d Sed	188	564	940	2,120	3,290	4,700
2d HT	200	600	1,000	2,250	3,500	5,000
1977 Monaco Crestwood, V-8						
4d 2S Sta Wag	192	576	960	2,160	3,360	4,800
4d 3S Sta Wag	196	588	980	2,210	3,430	4,900
1977 Charger Special Edition, V-8						
2d HT	256	768	1,280	2,880	4,480	6,400
1977 Diplomat, V-8						
4d Sed	208	624	1,040	2,340	3,640	5,200
2d Cpe	216	648	1,080	2,430	3,780	5,400
1977 Diplomat Medallion, V-8						
4d Sed	216	648	1,080	2,430	3,780	5,400
2d Cpe	224	672	1,120	2,520	3,920	5,600
1977 Royal Monaco, V-8						
4d Sed	220	660	1,100	2,480	3,850	5,500
2d HT	228	684	1,140	2,570	3,990	5,700
4d Sta Wag	224	672	1,120	2,520	3,920	5,600
1977 Royal Monaco Brougham, V-8						
4d Sed	204	612	1,020	2,300	3,570	5,100
2d HT	228	684	1,140	2,570	3,990	5,700
4d 2S Sta Wag	220	660	1,100	2,480	3,850	5,500
4d 3S Sta Wag	224	672	1,120	2,520	3,920	5,600
1978 Omni						
4d HBk	132	396	660	1,490	2,310	3,300
1978 Colt						
4d Sed	128	384	640	1,440	2,240	3,200
2d Cpe	132	396	660	1,490	2,310	3,300
2d Cus Cpe	136	408	680	1,530	2,380	3,400
4d Sta Wag	128	384	640	1,440	2,240	3,200
1978 Aspen						
4d Sed	140	420	700	1,580	2,450	3,500
2d Cpe	144	432	720	1,620	2,520	3,600
4d Sta Wag	140	420	700	1,580	2,450	3,500
1978 Monaco						
4d Sed	144	432	720	1,620	2,520	3,600

	6	5	4	3	2	1
2d Cpe	148	444	740	1,670	2,590	3,700
4d 3S Sta Wag	148	444	740	1,670	2,590	3,700
4d 2S Sta Wag	144	432	720	1,620	2,520	3,600
1978 Monaco Brougham						
4d Sed	148	444	740	1,670	2,590	3,700
2d Cpe	152	456	760	1,710	2,660	3,800
4d 3S Sta Wag	152	456	760	1,710	2,660	3,800
4d 2S Sta Wag	148	444	740	1,670	2,590	3,700
1978 Charger SE						
2d Cpe	208	624	1,040	2,340	3,640	5,200
1978 Magnum XE						
2d Cpe	350	1,000	1,650	3,740	5,800	8,300
1978 Challenger						
2d Cpe	224	672	1,120	2,520	3,920	5,600
1978 Diplomat						
4d "S" Sed	150	450	800	1,760	2,750	3,900
2d "S" Cpe	150	500	800	1,800	2,800	4,000
4d Sed	160	480	800	1,800	2,800	4,000
2d Cpe	164	492	820	1,850	2,870	4,100
4d Sta Wag	160	480	800	1,800	2,800	4,000
1978 Diplomat Medallion						
4d Sed	164	492	820	1,850	2,870	4,100
2d Cpe	168	504	840	1,890	2,940	4,200
1979 Omni, 4-cyl.						
4d HBk	128	384	640	1,440	2,240	3,200
2d HBk	132	396	660	1,490	2,310	3,300
1979 Colt, 4-cyl.						
2d HBk	124	372	620	1,400	2,170	3,100
2d Cus HBk	128	384	640	1,440	2,240	3,200
2d Cpe	132	396	660	1,490	2,310	3,300
4d Sed	128	384	640	1,440	2,240	3,200
4d Sta Wag	132	396	660	1,490	2,310	3,300
1979 Aspen, V-8						
4d Sed	144	432	720	1,620	2,520	3,600
2d Cpe	148	444	740	1,670	2,590	3,700
4d Sta Wag	144	432	720	1,620	2,520	3,600
NOTE: Deduct 5 percent for 6-cyl.						
1979 Magnum XE, V-8						
2d Cpe	350	1,000	1,700	3,830	5,950	8,500
1979 Challenger, 4-cyl.						
2d Cpe	228	684	1,140	2,570	3,990	5,700
1979 Diplomat, V-8						
4d Sed	156	468	780	1,760	2,730	3,900
2d Cpe	160	480	800	1,800	2,800	4,000
1979 Diplomat Salon, V-8						
4d Sed	160	480	800	1,800	2,800	4,000
2d Cpe	164	492	820	1,850	2,870	4,100
4d Sta Wag	160	480	800	1,800	2,800	4,000
1979 Diplomat Medallion, V-8						
4d Sed	168	504	840	1,890	2,940	4,200
2d Cpe	172	516	860	1,940	3,010	4,300
NOTE: Deduct 5 percent for 6-cyl.						
1979 St. Regis, V-8						
4d Sed	176	528	880	1,980	3,080	4,400
NOTE: Deduct 5 percent for 6-cyl.						
1980 Omni, 4-cyl.						
4d HBk	140	420	700	1,580	2,450	3,500
2d HBk 2 plus 2 024	156	468	780	1,760	2,730	3,900
1980 Colt, 4-cyl.						
2d HBk	136	408	680	1,530	2,380	3,400
2d HBk Cus	140	420	700	1,580	2,450	3,500
4d Sta Wag	144	432	720	1,620	2,520	3,600
1980 Aspen, 6-cyl.						
4d Sed Spl	152	456	760	1,710	2,660	3,800
2d Cpe Spl	156	468	780	1,760	2,730	3,900
1980 Aspen, V-8						
4d Sed	160	480	800	1,800	2,800	4,000
2d Cpe	164	492	820	1,850	2,870	4,100
4d Sta Wag	164	492	820	1,850	2,870	4,100
NOTE: Deduct 10 percent for 6-cyl.						
1980 Challenger						
2d Cpe	184	552	920	2,070	3,220	4,600

1966 Dodge Coronet 500 two-door hardtop

1970 Dodge Monaco four-door hardtop

1976 Dodge Dart sedan

	6	5	4	3	2	1
1980 Diplomat, V-8						
4d Sed Salon	144	432	720	1,620	2,520	3,600
2d Cpe Salon	148	444	740	1,670	2,590	3,700
4d Sta Wag Salon	156	468	780	1,760	2,730	3,900
NOTE: Deduct 5 percent for lesser models.						
4d Sed Medallion	148	444	740	1,670	2,590	3,700
2d Cpe Medallion	152	456	760	1,710	2,660	3,800
NOTE: Deduct 10 percent for 6-cyl.						
1980 Mirada, V-8						
2d Cpe Specialty S	236	708	1,180	2,660	4,130	5,900
2d Cpe Specialty	244	732	1,220	2,750	4,270	6,100
NOTE: Deduct 12 percent for 6-cyl.						
1980 St. Regis, V-8						
4d Sed	164	492	820	1,850	2,870	4,100
NOTE: Deduct 12 percent for 6-cyl.						
1981 Omni, 4-cyl.						
4d HBk	152	456	760	1,710	2,660	3,800
2d HBk 024	164	492	820	1,850	2,870	4,100
NOTE: Deduct 5 percent for lesser models.						
1981 Colt, 4-cyl.						
2d HBk	140	420	700	1,580	2,450	3,500
2d HBk DeL	144	432	720	1,620	2,520	3,600
2d HBk Cus	148	444	740	1,670	2,590	3,700
1981 Aries, 4-cyl.						
4d Sed SE	156	468	780	1,760	2,730	3,900
2d Sed SE	160	480	800	1,800	2,800	4,000
4d Sta Wag SE	168	504	840	1,890	2,940	4,200
NOTE: Deduct 5 percent for lesser models.						
1981 Challenger, 4-cyl.						
2d Cpe	180	540	900	2,030	3,150	4,500
1981 Diplomat, V-8						
4d Sed Medallion	156	468	780	1,760	2,730	3,900
2d Cpe Medallion	160	480	800	1,800	2,800	4,000
4d Sta Wag	164	492	820	1,850	2,870	4,100
NOTE: Deduct 5 percent for lesser models. Deduct 10 percent for 6-cyl.						
1981 Mirada, V-8						
2d Cpe	240	720	1,200	2,700	4,200	6,000
NOTE: Deduct 12 percent for 6-cyl.						
1981 St. Regis, V-8						
4d Sed	168	504	840	1,890	2,940	4,200
NOTE: Deduct 12 percent for 6-cyl.						
1982 Colt, 4-cyl.						
2d HBk Cus	160	480	800	1,800	2,800	4,000
4d HBk Cus	156	468	780	1,760	2,730	3,900
NOTE: Deduct 5 percent for lesser models.						
1982 Omni, 4-cyl.						
4d HBk Euro	172	516	860	1,940	3,010	4,300
2d HBk 024 Charger	180	540	900	2,030	3,150	4,500
NOTE: Deduct 5 percent for lesser models.						
1982 Aries, 4-cyl.						
4d Sed SE	156	468	780	1,760	2,730	3,900
2d Cpe SE	168	504	840	1,890	2,940	4,200
4d Sta Wag SE	176	528	880	1,980	3,080	4,400
NOTE: Deduct 5 percent for lesser models.						
1982 400, 4-cyl.						
2d Cpe Specialty LS	168	504	840	1,890	2,940	4,200
4d Sed LS	172	516	860	1,940	3,010	4,300
2d Conv	220	660	1,100	2,480	3,850	5,500
NOTE: Deduct 5 percent for lesser models.						
1982 Challenger, 4-cyl.						
2d Cpe	188	564	940	2,120	3,290	4,700
1982 Diplomat, V-8						
4d Sed	164	492	820	1,850	2,870	4,100
4d Sed Medallion	172	516	860	1,940	3,010	4,300
NOTE: Deduct 10 percent for 6-cyl.						
1982 Mirada, V-8						
2d Cpe Specialty	244	732	1,220	2,750	4,270	6,100
NOTE: Deduct 12 percent for 6-cyl.						

	6	5	4	3	2	1
1983 Colt, 4-cyl.						
4d HBk Cus	156	468	780	1,760	2,730	3,900
2d HBk Cus	168	504	840	1,890	2,940	4,200
NOTE: Deduct 5 percent for lesser models.						
1983 Omni, 4-cyl.						
4d HBk	160	480	800	1,800	2,800	4,000
4d HBk Cus	172	516	860	1,940	3,010	4,300
1983 Charger, 4-cyl.						
2d HBk	176	528	880	1,980	3,080	4,400
2d HBk 2 plus 2	184	552	920	2,070	3,220	4,600
2d HBk Shelby	220	660	1,100	2,480	3,850	5,500
1983 Aries, 4-cyl.						
4d Sed SE	160	480	800	1,800	2,800	4,000
2d Sed SE	156	468	780	1,760	2,730	3,900
4d Sta Wag SE	180	540	900	2,030	3,150	4,500
NOTE: Deduct 5 percent for lesser models.						
1983 Challenger, 4-cyl.						
2d Cpe	192	576	960	2,160	3,360	4,800
1983 400, 4-cyl.						
4d Sed	168	504	840	1,890	2,940	4,200
2d Cpe	164	492	820	1,850	2,870	4,100
2d Conv	228	684	1,140	2,570	3,990	5,700
1983 600, 4-cyl.						
4d Sed	176	528	880	1,980	3,080	4,400
4d Sed ES	184	552	920	2,070	3,220	4,600
1983 Diplomat, V-8						
4d Sed	168	504	840	1,890	2,940	4,200
4d Sed Medallion	176	528	880	1,980	3,080	4,400
NOTE: Deduct 10 percent for 6-cyl.						
1983 Mirada, V-8						
2d Cpe Specialty	248	744	1,240	2,790	4,340	6,200
NOTE: Deduct 12 percent for 6-cyl.						
1984 Colt, 4-cyl.						
4d HBk DL	168	504	840	1,890	2,940	4,200
2d HBk DL	164	492	820	1,850	2,870	4,100
4d Sta Wag	160	480	800	1,800	2,800	4,000
NOTE: Deduct 5 percent for lesser models.						
1984 Omni, 4-cyl.						
4d HBk GLH	168	504	840	1,890	2,940	4,200
NOTE: Deduct 5 percent for lesser models.						
1984 Charger, 4-cyl.						
2d HBk	176	528	880	1,980	3,080	4,400
2d HBk 2 plus 2	184	552	920	2,070	3,220	4,600
2d HBk Shelby	220	660	1,100	2,480	3,850	5,500
1984 Aries, 4-cyl.						
4d Sed SE	164	492	820	1,850	2,870	4,100
2d Sed SE	168	504	840	1,890	2,940	4,200
4d Sta Wag SE	172	516	860	1,940	3,010	4,300
NOTE: Deduct 5 percent for lesser models.						
1984 Conquest, 4-cyl. Turbo						
2d HBk	180	540	900	2,030	3,150	4,500
1984 Daytona, 4-cyl.						
2d HBk	180	540	900	2,030	3,150	4,500
2d HBk Turbo	188	564	940	2,120	3,290	4,700
2d HBk Turbo Z	196	588	980	2,210	3,430	4,900
1984 600, 4-cyl.						
4d Sed	176	528	880	1,980	3,080	4,400
2d Sed	176	528	880	1,980	3,080	4,400
4d Sed ES	180	540	900	2,030	3,150	4,500
2d Conv	232	696	1,160	2,610	4,060	5,800
2d Conv ES	248	744	1,240	2,790	4,340	6,200
1984 Diplomat, V-8						
4d Sed	176	528	880	1,980	3,080	4,400
4d Sed SE	184	552	920	2,070	3,220	4,600
1985 Colt, 4-cyl.						
4d Sed DL	156	468	780	1,760	2,730	3,900
2d HBk DL	160	480	800	1,800	2,800	4,000
4d Sed Premiere	160	480	800	1,800	2,800	4,000
4d Sta Wag Vista	180	540	900	2,030	3,150	4,500
4d Sta Wag Vista 4WD	220	660	1,100	2,480	3,850	5,500
NOTE: Deduct 5 percent for lesser models.						

	6	5	4	3	2	1
1985 Omni, 4-cyl.						
4d HBk GLH	172	516	860	1,940	3,010	4,300
NOTE: Deduct 5 percent for lesser models.						
1985 Charger, 4-cyl.						
2d HBk	196	588	980	2,210	3,430	4,900
2d HBk 2 plus 2	204	612	1,020	2,300	3,570	5,100
2d HBk Shelby	220	660	1,100	2,480	3,850	5,500
1985 Aries, 4-cyl.						
4d Sed LE	168	504	840	1,890	2,940	4,200
2d Sed LE	168	504	840	1,890	2,940	4,200
4d Sta Wag LE	176	528	880	1,980	3,080	4,400
NOTE: Deduct 5 percent for lesser models.						
1985 Conquest, 4-cyl.						
2d HBk Turbo	184	552	920	2,070	3,220	4,600
1985 Daytona, 4-cyl.						
2d HBk	184	552	920	2,070	3,220	4,600
2d HBk Turbo	192	576	960	2,160	3,360	4,800
2d HBk Turbo Z	200	600	1,000	2,250	3,500	5,000
1985 600, 4-cyl.						
4d Sed SE	180	540	900	2,030	3,150	4,500
2d Sed	184	552	920	2,070	3,220	4,600
Conv	232	696	1,160	2,610	4,060	5,800
Conv ES Turbo	248	744	1,240	2,790	4,340	6,200
1985 Lancer						
4d HBk	192	576	960	2,160	3,360	4,800
4d HBk ES	196	588	980	2,210	3,430	4,900
1985 Diplomat, V-8						
4d Sed	180	540	900	2,030	3,150	4,500
4d Sed SE	188	564	940	2,120	3,290	4,700
1986 Colt						
4d E Sed	164	492	820	1,850	2,870	4,100
2d E HBk	160	480	800	1,800	2,800	4,000
4d DL Sed	168	504	840	1,890	2,940	4,200
2d DL HBk	164	492	820	1,850	2,870	4,100
4d Premiere Sed	172	516	860	1,940	3,010	4,300
4d Vista Sta Wag	184	552	920	2,070	3,220	4,600
4d Vista Sta Wag 4WD	220	670	1,120	2,520	3,920	5,600
1986 Omni						
4d HBk	168	504	840	1,890	2,940	4,200
4d HBk GLH	180	540	900	2,030	3,150	4,500
1986 Charger						
2d HBk	200	600	1,000	2,250	3,500	5,000
2d HBk 2 plus 2	212	636	1,060	2,390	3,710	5,300
2d HBk Shelby	228	684	1,140	2,570	3,990	5,700
2d HBk Daytona	216	648	1,080	2,430	3,780	5,400
HBk Daytona Turbo	224	672	1,120	2,520	3,920	5,600
1986 Aries						
2d Sed	172	516	860	1,940	3,010	4,300
4d Sed	172	516	860	1,940	3,010	4,300
1986 Lancer						
4d HBk	196	588	980	2,210	3,430	4,900
1986 600						
2d Cpe	180	540	900	2,030	3,150	4,500
2d Conv	240	720	1,200	2,700	4,200	6,000
2d ES Conv	256	768	1,280	2,880	4,480	6,400
4d Sed	184	552	920	2,070	3,220	4,600
1986 Conquest						
2d HBk	236	708	1,180	2,660	4,130	5,900
1986 Diplomat						
4d Sed	192	576	960	2,160	3,360	4,800
NOTE: Add 10 percent for deluxe models. Deduct 5 percent for smaller engines.						
1987 Colt, 4-cyl.						
4d E Sed	168	504	840	1,890	2,940	4,200
2d E HBk	164	492	820	1,850	2,870	4,100
4d DL Sed	172	516	860	1,940	3,010	4,300
2d DL HBk	168	504	840	1,890	2,940	4,200
4d Sed Premiere	176	528	880	1,980	3,080	4,400
4d Vista Sta Wag	188	564	940	2,120	3,290	4,700
4d Vista Sta Wag 4WD	230	680	1,140	2,570	3,990	5,700
1987 Omni, 4-cyl.						
4d HBk America	168	504	840	1,890	2,940	4,200
2d HBk Charger	180	540	900	2,030	3,150	4,500
2d HBk Charger Shelby	200	600	1,000	2,250	3,500	5,000

	6	5	4	3	2	1
1987 Aries, 4-cyl.						
2d Sed	168	504	840	1,890	2,940	4,200
4d Sed	172	516	860	1,940	3,010	4,300
2d LE Sed	172	516	860	1,940	3,010	4,300
4d Sed LE	176	528	880	1,980	3,080	4,400
4d LE Sta Wag	176	528	880	1,980	3,080	4,400
1987 Shadow, 4-cyl.						
2d LBk	172	516	860	1,940	3,010	4,300
4d LBk	176	528	880	1,980	3,080	4,400

NOTE: Add 5 percent for 2.2 Turbo.

	6	5	4	3	2	1
1987 Daytona, 4-cyl.						
2d HBk	192	576	960	2,160	3,360	4,800
2d HBk Pacifica	228	684	1,140	2,570	3,990	5,700
2d HBk Shelby 2	248	744	1,240	2,790	4,340	6,200
1987 600, 4-cyl.						
4d Sed	180	540	900	2,030	3,150	4,500
4d Sed SE	184	552	920	2,070	3,220	4,600

NOTE: Add 5 percent for 2.2 Turbo.

	6	5	4	3	2	1
1987 Lancer, 4-cyl.						
4d HBk	188	564	940	2,120	3,290	4,700
4d HBk ES	192	576	960	2,160	3,360	4,800

NOTE: Add 5 percent for 2.2 Turbo. Add 15 percent for Shelby package.

	6	5	4	3	2	1
1987 Diplomat, V-8						
4d Sed	224	672	1,120	2,520	3,920	5,600
4d Sed SE	232	696	1,160	2,610	4,060	5,800
1988 Colt, 4-cyl.						
3d HBk	88	264	440	990	1,540	2,200
4d E Sed	112	336	560	1,260	1,960	2,800
3d E HBk	104	312	520	1,170	1,820	2,600
4d DL Sed	116	348	580	1,310	2,030	2,900
3d DL HBk	112	336	560	1,260	1,960	2,800
4d DL Sta Wag	120	360	600	1,350	2,100	3,000
4d Sed Premiere	140	420	700	1,580	2,450	3,500
4d Vista Sta Wag	160	480	800	1,800	2,800	4,000
4d Vista Sta Wag 4x4	200	600	1,000	2,250	3,500	5,000
1988 Omni, 4-cyl.						
4d HBk	112	336	560	1,260	1,960	2,800
1988 Aries, 4-cyl.						
2d Sed	112	336	560	1,260	1,960	2,800
4d Sed	112	336	560	1,260	1,960	2,800
4d Sta Wag	132	396	660	1,490	2,310	3,300
1988 Shadow, 4-cyl.						
2d HBk	128	384	640	1,440	2,240	3,200
4d HBk	136	408	680	1,530	2,380	3,400
1988 Daytona, 4-cyl.						
2d HBk	180	540	900	2,030	3,150	4,500
2d HBk Pacifica	224	672	1,120	2,520	3,920	5,600
2d HBk Shelby Z	240	720	1,200	2,700	4,200	6,000
1988 600, 4-cyl.						
4d Sed	140	420	700	1,580	2,450	3,500
4d SE Sed	156	468	780	1,760	2,730	3,900
1988 Lancer, 4-cyl.						
4d Spt HBk	168	504	840	1,890	2,940	4,200
4d Spt ES HBk	200	600	1,000	2,250	3,500	5,000

NOTE: Add 5 percent for 2.2 Turbo. Add 15 percent for Shelby package.

	6	5	4	3	2	1
1988 Dynasty						
4d Sed 4-cyl.	160	480	800	1,800	2,800	4,000
4d Sed Prem 4-cyl.	172	516	860	1,940	3,010	4,300
4d Sed V-6	180	540	900	2,030	3,150	4,500
4d Sed Prem V-6	184	552	920	2,070	3,220	4,600
1988 Diplomat, V-8						
4d Sed Salon	152	456	760	1,710	2,660	3,800
4d Sed	132	396	660	1,490	2,310	3,300
4d SE Sed	168	504	840	1,890	2,940	4,200
1989 Colt, 4-cyl.						
2d HBk	152	456	760	1,710	2,660	3,800
2d HBk E	156	468	780	1,760	2,730	3,900
2d HBk GT	164	492	820	1,850	2,870	4,100
4d DL Sta Wag	200	600	1,000	2,250	3,500	5,000
4d DL Sta Wag 4x4	216	648	1,080	2,430	3,780	5,400
4d Vista Sta Wag	208	624	1,040	2,340	3,640	5,200
4d Vista Sta Wag 4x4	220	670	1,120	2,520	3,920	5,600

	6	5	4	3	2	1
1989 Omni, 4-cyl.						
4d HBk	144	432	720	1,620	2,520	3,600
1989 Aries, 4-cyl.						
4d Sed	140	420	700	1,580	2,450	3,500
2d Sed	136	408	680	1,530	2,380	3,400
1989 Shadow, 4-cyl.						
4d HBk	168	504	840	1,890	2,940	4,200
2d HBk	164	492	820	1,850	2,870	4,100
1989 Daytona, 4-cyl.						
2d HBk	184	552	920	2,070	3,220	4,600
2d ES HBk	200	600	1,000	2,250	3,500	5,000
2d ES HBk Turbo	220	660	1,100	2,480	3,850	5,500
2d HBk Shelby	248	744	1,240	2,790	4,340	6,200
1989 Spirit, 4-cyl.						
4d Sed	168	504	840	1,890	2,940	4,200
4d LE Sed	180	540	900	2,030	3,150	4,500
4d ES Sed Turbo	204	612	1,020	2,300	3,570	5,100
4d ES Sed V-6	204	612	1,020	2,300	3,570	5,100
1989 Lancer, 4-cyl.						
4d Spt HBk	204	612	1,020	2,300	3,570	5,100
4d Spt HBk ES	212	636	1,060	2,390	3,710	5,300
4d Spt HBk Shelby	260	780	1,300	2,930	4,550	6,500

NOTE: Add 5 percent for 2.2 Turbo. Add 15 percent for Shelby package.

	6	5	4	3	2	1
1989 Dynasty, 4-cyl.						
4d Sed	184	552	920	2,070	3,220	4,600
1989 V-6						
4d Sed	192	576	960	2,160	3,360	4,800
4d LE Sed	216	648	1,080	2,430	3,780	5,400
1989 Diplomat, V-8						
4d Sed Salon	220	660	1,100	2,480	3,850	5,500
4d SE Sed	224	672	1,120	2,520	3,920	5,600
1990 Colt, 4-cyl.						
2d HBk	152	456	760	1,710	2,660	3,800
2d GL HBk	160	480	800	1,800	2,800	4,000
2d GT HBk	168	504	840	1,890	2,940	4,200
4d DL Sta Wag	184	552	920	2,070	3,220	4,600
4d DL Sta Wag 4x4	200	650	1,100	2,480	3,850	5,500
4d Vista	208	624	1,040	2,340	3,640	5,200
4d Vista 4x4	248	744	1,240	2,790	4,340	6,200
1990 Omni, 4-cyl.						
4d HBk	140	420	700	1,580	2,450	3,500
1990 Shadow, 4-cyl.						
2d HBk	164	492	820	1,850	2,870	4,100
4d HBk	168	504	840	1,890	2,940	4,200
1990 Daytona, 4-cyl.						
2d HBk	200	600	1,000	2,250	3,500	5,000
2d ES HBk	220	660	1,100	2,480	3,850	5,500
2d ES HBk Turbo	240	720	1,200	2,700	4,200	6,000
2d Shelby HBk	260	780	1,300	2,930	4,550	6,500

NOTE: Add 10 percent for V-6 where available.

	6	5	4	3	2	1
1990 Spirit, 4-cyl.						
4d Sed	160	480	800	1,800	2,800	4,000
4d LE Sed	180	540	900	2,030	3,150	4,500
4d ES Sed Turbo	200	600	1,000	2,250	3,500	5,000

NOTE: Add 10 percent for V-6 where available.

	6	5	4	3	2	1
1990 Monaco, V-6						
4d LE Sed	160	480	800	1,800	2,800	4,000
4d ES Sed	176	528	880	1,980	3,080	4,400
1990 Dynasty, 4-cyl.						
4d Sed	192	576	960	2,160	3,360	4,800
1990 V-6						
4d Sed	220	660	1,100	2,480	3,850	5,500
4d LE Sed	240	720	1,200	2,700	4,200	6,000
1991 Colt, 4-cyl.						
2d HBk	120	360	600	1,350	2,100	3,000
2d GL HBk	140	420	700	1,580	2,450	3,500
4d Vista Sta Wag	180	540	900	2,030	3,150	4,500
4d Vista Sta Wag 4x4	220	660	1,100	2,480	3,850	5,500
1991 Shadow, 4-cyl.						
2d America HBk	140	420	700	1,580	2,450	3,500
4d America HBk	140	420	700	1,580	2,450	3,500
2d HBk	148	444	740	1,670	2,590	3,700

	6	5	4	3	2	1
4d HBk	148	444	740	1,670	2,590	3,700
2d Conv	240	720	1,200	2,700	4,200	6,000
2d ES HBk	168	504	840	1,890	2,940	4,200
4d ES HBk	168	504	840	1,890	2,940	4,200
2d ES Conv	260	780	1,300	2,930	4,550	6,500
1991 Daytona, 4-cyl.						
2d HBk	180	540	900	2,030	3,150	4,500
2d ES HBk	184	552	920	2,070	3,220	4,600
1991 Daytona, V-6						
2d HBk	200	600	1,000	2,250	3,500	5,000
2d ES HBk	200	600	1,000	2,250	3,500	5,000
2d IROC HBk	240	720	1,200	2,700	4,200	6,000
1991 Sprint, 4-cyl.						
4d Sed	160	480	800	1,800	2,800	4,000
4d LE Sed	172	516	860	1,940	3,010	4,300
4d ES Sed Turbo	200	600	1,000	2,250	3,500	5,000
4d R/T Turbo Sed	208	624	1,040	2,340	3,640	5,200
1991 Sprint, V-6						
4d Sed	172	516	860	1,940	3,010	4,300
4d LE Sed	184	552	920	2,070	3,220	4,600
4d ES Sed	192	576	960	2,160	3,360	4,800
1991 Monaco, V-6						
4d LE Sed	140	420	700	1,580	2,450	3,500
4d ES Sed	160	480	800	1,800	2,800	4,000
1991 Dynasty						
4d Sed 4-cyl.	180	540	900	2,030	3,150	4,500
4d Sed V-6	200	600	1,000	2,250	3,500	5,000
4d LE Sed V-6	216	648	1,080	2,430	3,780	5,400
1991 Stealth, V-6						
2d LBk	450	1,400	2,300	5,180	8,050	11,500
2d ES LBk	600	1,750	2,900	6,530	10,200	14,500
2d R/T LBk	700	2,150	3,600	8,100	12,600	18,000
2d R/T LBk Turbo 4x4	800	2,400	4,000	9,000	14,000	20,000
1992 Colt, 4-cyl.						
2d HBk	144	432	720	1,620	2,520	3,600
2d GL HBk	160	480	800	1,800	2,800	4,000
1992 Shadow						
4d America HBk	160	480	800	1,800	2,800	4,000
2d America HBk	160	480	800	1,800	2,800	4,000
4d HBk	168	504	840	1,890	2,940	4,200
2d HBk	168	504	840	1,890	2,940	4,200
2d Conv	220	660	1,100	2,480	3,850	5,500
4d ES HBk	200	600	1,000	2,250	3,500	5,000
2d ES HBk	200	600	1,000	2,250	3,500	5,000
2d ES Conv	240	720	1,200	2,700	4,200	6,000
1992 Daytona, 4-cyl.						
2d HBk	200	600	1,000	2,250	3,500	5,000
2d ES HBk	208	624	1,040	2,340	3,640	5,200
2d IROC HBk	260	780	1,300	2,930	4,550	6,500
2d IROC R/T HBk	280	840	1,400	3,150	4,900	7,000

NOTE: Add 10 percent for V-6 where available.

1992 Spirit, 4-cyl.						
4d Sed	180	540	900	2,030	3,150	4,500
4d LE Sed	188	564	940	2,120	3,290	4,700
4d ES Turbo Sed	200	600	1,000	2,250	3,500	5,000

NOTE: Add 10 percent for V-6 where available.

1992 Monaco, V-6						
4d LE Sed	160	480	800	1,800	2,800	4,000
4d ES Sed	180	540	900	2,030	3,150	4,500
1992 Dynasty, V-6						
4d Sed 4-cyl.	180	540	900	2,030	3,150	4,500
4d Sed	220	660	1,100	2,480	3,850	5,500
1992 Stealth, V-6						
2d Cpe	450	1,400	2,300	5,180	8,050	11,500
2d ES Cpe	550	1,700	2,800	6,300	9,800	14,000
2d R/T Cpe	650	1,900	3,200	7,200	11,200	16,000
2d R/T Cpe Turbo 4x4	800	2,400	4,000	9,000	14,000	20,000
1992 Viper, V-10						
2d RT/10 Rds	3,000	9,000	15,000	33,750	52,500	75,000
1993 Colt						
2d Cpe	152	456	760	1,710	2,660	3,800
4d Sed	156	468	780	1,760	2,730	3,900
2d GL Cpe	156	468	780	1,760	2,730	3,900
4d GL Sed	160	480	800	1,800	2,800	4,000

	6	5	4	3	2	1
1993 Shadow						
2d HBk	164	492	820	1,850	2,870	4,100
4d HBk	168	504	840	1,890	2,940	4,200
2d ES HBk	168	504	840	1,890	2,940	4,200
4d ES HBk	172	516	860	1,940	3,010	4,300
2d Conv	220	660	1,100	2,480	3,850	5,500
2d ES Conv	240	720	1,200	2,700	4,200	6,000
1993 Daytona, 4-cyl.						
2d HBk	208	624	1,040	2,340	3,640	5,200
2d ES HBk	212	636	1,060	2,390	3,710	5,300
1993 Daytona, V-6						
2d HBk	216	648	1,080	2,430	3,780	5,400
2d ES HBk	220	660	1,100	2,480	3,850	5,500
2d IROC HBk	260	780	1,300	2,930	4,550	6,500
2d IROC R/T HBk	280	840	1,400	3,150	4,900	7,000
1993 Spirit, 4-cyl.						
4d Sed	184	552	920	2,070	3,220	4,600
4d ES Sed	188	564	940	2,120	3,290	4,700
1993 Spirit, V-6						
4d Sed	188	564	940	2,120	3,290	4,700
4d ES Sed	192	576	960	2,160	3,360	4,800
1993 Dynasty						
4d Sed, 4-cyl.	192	576	960	2,160	3,360	4,800
4d Sed, V-6	196	588	980	2,210	3,430	4,900
4d LE Sed, V-6	200	600	1,000	2,250	3,500	5,000
1993 Intrepid, V-6						
4d Sed	208	624	1,040	2,340	3,640	5,200
4d ES Sed	216	648	1,080	2,430	3,780	5,400
1993 Stealth, V-6						
2d HBk	450	1,400	2,300	5,220	8,100	11,600
2d ES HBk	550	1,700	2,800	6,350	9,850	14,100
*2d R/T HBk	650	2,000	3,300	7,430	11,600	16,500
*2d R/T HBk, Turbo, 4x4	820	2,460	4,100	9,230	14,350	20,500
1993 Viper, V-10						
2d RT/10 Rds	3,000	9,000	15,000	33,750	52,500	75,000
1994 Colt, 4-cyl.						
2d Sed	180	540	900	2,030	3,150	4,500
4d Sed	200	600	1,000	2,250	3,500	5,000
2d ES Sed	192	576	960	2,160	3,360	4,800
4d ES Sed	208	624	1,040	2,340	3,640	5,200
1994 Shadow, 4-cyl.						
4d HBk	200	600	1,000	2,250	3,500	5,000
2d HBk	196	588	980	2,210	3,430	4,900
4d ES HBk	216	648	1,080	2,430	3,780	5,400
2d ES HBk	212	636	1,060	2,390	3,710	5,300
1994 Spirit, 4-cyl. & V-6						
4d Sed	208	624	1,040	2,340	3,640	5,200
1994 Intrepid, V-6						
4d Sed	280	840	1,400	3,150	4,900	7,000
4d ES Sed	300	900	1,500	3,380	5,250	7,500
1994 Stealth, V-6						
2d HBk	500	1,550	2,600	5,850	9,100	13,000
2d R/T HBk	600	1,750	2,900	6,530	10,200	14,500
2d R/T HBK, Turbo, 4x4	640	1,920	3,200	7,200	11,200	16,000
1994 Viper, V-10						
2d RT/10 Rds	3,000	9,000	15,000	33,750	52,500	75,000
1995 Neon, 4-cyl.						
4d Sed	150	500	800	1,800	2,800	4,000
2d Highline Cpe	150	500	850	1,890	2,950	4,200
4d Highline Sed	150	500	850	1,940	3,000	4,300
2d Spt Cpe	200	550	900	2,030	3,150	4,500
4d Spt Sed	200	550	900	2,070	3,200	4,600
1995 Spirit, 4-cyl. & V-6						
4d Sed	200	600	1,050	2,340	3,650	5,200
1995 Avenger, 4-cyl. & V-6						
2d Cpe, 4-cyl.	250	700	1,150	2,570	4,000	5,700
2d ES Cpe, V-6	250	800	1,350	3,020	4,700	6,700
1995 Stratus, 4-cyl. & V-6						
4d Sed (4-cyl. only)	200	550	900	2,030	3,150	4,500
4d ES Sed	200	600	1,050	2,340	3,650	5,200
1995 Intrepid, V-6						
4d Sed	300	850	1,400	3,150	4,900	7,000
4d ES Sed	300	900	1,500	3,380	5,250	7,500

	6	5	4	3	2	1
1995 Stealth, V-6						
2d HBk	500	1,550	2,600	5,850	9,100	13,000
2d R/T HBk	600	1,750	2,900	6,530	10,200	14,500
2d R/T Turbo HBK, 4x4	640	1,920	3,200	7,200	11,200	16,000
1995 Viper, V-10						
2d RT/10 Rds	3,000	9,000	15,000	33,750	52,500	75,000
1996 Neon, 4-cyl.						
2d Cpe	150	450	800	1,760	2,750	3,900
4d Sed	150	500	800	1,800	2,800	4,000
2d Highline Cpe	150	500	850	1,890	2,950	4,200
4d Highline Sed	150	500	850	1,940	3,000	4,300
2d Spt Cpe	200	550	900	2,030	3,150	4,500
4d Spt Sed	200	550	900	2,070	3,200	4,600
1996 Avenger, 4-cyl. & V-6						
2d Cpe (4-cyl. only)	250	700	1,150	2,570	4,000	5,700
2d ES Cpe	250	800	1,350	3,020	4,700	6,700
1996 Stratus, 4-cyl. & V-6						
4d Sed (4-cyl. only)	200	600	1,050	2,340	3,650	5,200
1996 Intrepid, V-6						
4d Sed	300	850	1,400	3,150	4,900	7,000
4d ES Sed	300	900	1,500	3,380	5,250	7,500
1996 Stealth, V-6						
2d HBk	500	1,450	2,400	5,400	8,400	12,000
2d R/T HBk	550	1,600	2,700	6,080	9,450	13,500
2d R/T Turbo HBk, 4x4	600	1,800	3,000	6,750	10,500	15,000
1996 Viper, V-10						
2d RT/10 Rds	3,000	9,000	15,000	33,750	52,500	75,000
2d GTS Cpe	3,200	9,600	16,000	36,000	56,000	80,000
1997 Neon, 4-cyl.						
2d Cpe	156	468	780	1,760	2,730	3,900
4d Sed	160	480	800	1,800	2,800	4,000
2d Highline Cpe	168	504	840	1,890	2,940	4,200
4d Highline Sed	172	516	860	1,940	3,010	4,300

NOTE: Add 5 percent for Sport Pkg on Highline models.

	6	5	4	3	2	1
1997 Avenger, 4-cyl. & V-6						
2d Cpe	228	684	1,140	2,570	3,990	5,700
2d ES Cpe	268	804	1,340	3,020	4,690	6,700
1997 Stratus, 4-cyl. & V-6						
4d Sed (4-cyl. only)	180	540	900	2,030	3,150	4,500
4d ES Sed	208	624	1,040	2,340	3,640	5,200
1997 Intrepid, V-6						
4d Sed	280	840	1,400	3,150	4,900	7,000
4d ES Sed	300	900	1,500	3,380	5,250	7,500
1997 Viper, V-10						
2d RT/10 Rds	3,000	9,000	15,000	33,750	52,500	75,000
2d GTS Cpe	3,200	9,600	16,000	36,000	56,000	80,000
1998 Neon, 4-cyl.						
2d Highline Cpe	170	520	860	1,940	3,010	4,300
4d Highline Sed	180	530	880	1,980	3,080	4,400

NOTE: Add 5 percent for Sport Pkg or R/T Pkg. Add 10 percent for ARC Competition Pkg.

	6	5	4	3	2	1
1998 Avenger, 4-cyl. & V-6						
2d Cpe	230	680	1,140	2,570	3,990	5,700
2d ES Cpe	270	800	1,340	3,020	4,690	6,700

NOTE: Add 5 percent for Sport Pkg on base model.

	6	5	4	3	2	1
1998 Stratus, 4-cyl. & V-6						
4d Sed (4-cyl. only)	180	540	900	2,030	3,150	4,500
4d ES Sed	210	620	1,040	2,340	3,640	5,200
1998 Intrepid, V-6						
4d Sed	280	850	1,420	3,200	4,970	7,100
4d ES Sed	300	910	1,520	3,420	5,320	7,600
1998 Viper, V-10						
2d RT/10 Rds	3,000	9,000	15,000	33,750	52,500	75,000
2d GTS Cpe	3,200	9,600	16,000	36,000	56,000	80,000

EDSEL

	6	5	4	3	2	1
1958 Ranger Series, V-8, 118" wb						
2d Sed	584	1,752	2,920	6,570	10,220	14,600
4d Sed	580	1,740	2,900	6,530	10,150	14,500
4d HT	620	1,860	3,100	6,980	10,850	15,500
2d HT	720	2,160	3,600	8,100	12,600	18,000

	6	5	4	3	2	1
1958 Pacer Series, V-8, 118" wb						
4d Sed	600	1,800	3,000	6,750	10,500	15,000
4d HT	640	1,920	3,200	7,200	11,200	16,000
2d HT	760	2,280	3,800	8,550	13,300	19,000
2d Conv	1,240	3,720	6,200	13,950	21,700	31,000
1958 Corsair Series, V-8, 124" wb						
4d HT	680	2,040	3,400	7,650	11,900	17,000
2d HT	800	2,400	4,000	9,000	14,000	20,000
1958 Citation Series, V-8, 124" wb						
4d HT	760	2,280	3,800	8,550	13,300	19,000
2d HT	880	2,640	4,400	9,900	15,400	22,000
2d Conv	1,440	4,320	7,200	16,200	25,200	36,000

NOTE: Deduct 5 percent for 6-cyl.

	6	5	4	3	2	1
1958 Station Wagons, V-8						
4d Vill	740	2,220	3,700	8,330	12,950	18,500
4d Ber	760	2,280	3,800	8,550	13,300	19,000
4d 9P Vill	710	2,120	3,540	7,970	12,390	17,700
4d 9P Ber	760	2,280	3,800	8,550	13,300	19,000
2d Rdup	700	2,100	3,500	7,880	12,250	17,500
1959 Ranger Series, V-8, 120" wb						
2d Sed	568	1,704	2,840	6,390	9,940	14,200
4d Sed	564	1,692	2,820	6,350	9,870	14,100
4d HT	620	1,860	3,100	6,980	10,850	15,500
2d HT	720	2,160	3,600	8,100	12,600	18,000
1959 Corsair Series, V-8, 120" wb						
4d Sed	580	1,740	2,900	6,530	10,150	14,500
4d HT	640	1,920	3,200	7,200	11,200	16,000
2d HT	760	2,280	3,800	8,550	13,300	19,000
2d Conv	1,200	3,600	6,000	13,500	21,000	30,000
1959 Station Wagons, V-8, 118" wb						
4d Vill	700	2,100	3,500	7,880	12,250	17,500
4d 9P Vill	720	2,160	3,600	8,100	12,600	18,000

NOTE: Deduct 5 percent for 6-cyl.

	6	5	4	3	2	1
1960 Ranger Series, V-8, 120" wb						
2d Sed	588	1,764	2,940	6,620	10,290	14,700
4d Sed	584	1,752	2,920	6,570	10,220	14,600
4d HT	620	1,860	3,100	6,980	10,850	15,500
2d HT	960	2,880	4,800	10,800	16,800	24,000
2d Conv	1,360	4,080	6,800	15,300	23,800	34,000
1960 Station Wagons, V-8, 120" wb						
4d 6P Vill	700	2,100	3,500	7,880	12,250	17,500
4d 9P Vill	720	2,160	3,600	8,100	12,600	18,000

NOTE: Deduct 5 percent for 6-cyl.

FORD

Model A 1903, 2-cyl., Ser. No. 1-670, 8 hp 1904, 2-cyl., Ser. No. 671-1708, 10 hp

	6	5	4	3	2	1
Rbt	1,840	5,520	9,200	20,700	32,200	46,000
Rbt W/ton	1,880	5,640	9,400	21,150	32,900	47,000
Model B 10 hp, 4-cyl.						
Tr			value not estimable			
Model C 10 hp, 2-cyl., Ser. No. 1709-2700						
Rbt	1,840	5,520	9,200	20,700	32,200	46,000
Rbt W/ton	1,880	5,640	9,400	21,150	32,900	47,000
Dr's Mdl	1,920	5,760	9,600	21,600	33,600	48,000
Model F 16 hp, 2-cyl., (Produced 1904-05-06)						
Tr	1,920	5,760	9,600	21,600	33,600	48,000
Model K 40 hp, 6-cyl., (Produced 1905-06-07-08)						
Tr	2,960	8,880	14,800	33,300	51,800	74,000
Rds	2,960	8,880	14,800	33,300	51,800	74,000
Model N 18 hp, 4-cyl., (Produced 1906-07-08)						
Rbt	1,760	5,280	8,800	19,800	30,800	44,000
Model R 4-cyl., (Produced 1907-08)						
Rbt	1,760	5,280	8,800	19,800	30,800	44,000
Model S 4-cyl.						
Rbt	1,800	5,400	9,000	20,250	31,500	45,000
1908 Model T, 4-cyl., 2 levers, 2 foot pedals (1,000 produced)						
Tr	1,880	5,640	9,400	21,150	32,900	47,000
1909 Model T, 4-cyl.						
Rbt	1,200	3,600	6,000	13,500	21,000	30,000
Tr	1,240	3,720	6,200	13,950	21,700	31,000

	6	5	4	3	2	1
Trbt	1,160	3,480	5,800	13,050	20,300	29,000
Cpe	1,080	3,240	5,400	12,150	18,900	27,000
Twn Car	1,280	3,840	6,400	14,400	22,400	32,000
Lan'let	1,160	3,480	5,800	13,050	20,300	29,000
1910 Model T, 4-cyl.						
Rbt	1,160	3,480	5,800	13,050	20,300	29,000
Tr	1,200	3,600	6,000	13,500	21,000	30,000
Cpe	1,040	3,120	5,200	11,700	18,200	26,000
Twn Car	1,080	3,240	5,400	12,150	18,900	27,000
C'ml Rds	1,040	3,120	5,200	11,700	18,200	26,000
1911 Model T, 4-cyl.						
Rbt	1,120	3,360	5,600	12,600	19,600	28,000
Tor Rds	1,160	3,480	5,800	13,050	20,300	29,000
Tr	1,160	3,480	5,800	13,050	20,300	29,000
Trbt	1,120	3,360	5,600	12,600	19,600	28,000
Cpe	960	2,880	4,800	10,800	16,800	24,000
Twn Car	1,120	3,360	5,600	12,600	19,600	28,000
C'ml Rds	1,000	3,000	5,000	11,250	17,500	25,000
Dely Van	920	2,760	4,600	10,350	16,100	23,000
1912 Model T, 4-cyl.						
Rds	1,080	3,240	5,400	12,150	18,900	27,000
Tor Rds	1,120	3,360	5,600	12,600	19,600	28,000
Tr	1,160	3,480	5,800	13,050	20,300	29,000
Twn Car	1,120	3,360	5,600	12,600	19,600	28,000
Dely Van	960	2,880	4,800	10,800	16,800	24,000
C'ml Rds	1,040	3,120	5,200	11,700	18,200	26,000
1913 Model T, 4-cyl.						
Rds	1,080	3,240	5,400	12,150	18,900	27,000
Tr	1,160	3,480	5,800	13,050	20,300	29,000
Twn Car	1,040	3,120	5,200	11,700	18,200	26,000
1914 Model T, 4-cyl.						
Rds	1,080	3,240	5,400	12,150	18,900	27,000
Tr	1,160	3,480	5,800	13,050	20,300	29,000
Twn Car	1,080	3,240	5,400	12,150	18,900	27,000
Cpe	840	2,520	4,200	9,450	14,700	21,000
1915 & early 1916 Model T, 4-cyl., (brass rad.)						
Rds	1,080	3,240	5,400	12,150	18,900	27,000
Tr	1,120	3,360	5,600	12,600	19,600	28,000
Conv Cpe	1,160	3,480	5,800	13,050	20,300	29,000
Ctr dr Sed	880	2,640	4,400	9,900	15,400	22,000
Twn Car	1,040	3,120	5,200	11,700	18,200	26,000
1916 Model T, 4-cyl., (steel rad.)						
Rds	920	2,760	4,600	10,350	16,100	23,000
Tr	880	2,640	4,400	9,900	15,400	22,000
Conv Cpe	920	2,760	4,600	10,350	16,100	23,000
Ctr dr Sed	680	2,040	3,400	7,650	11,900	17,000
Twn Car	760	2,280	3,800	8,550	13,300	19,000
1917 Model T, 4-cyl.						
Rds	800	2,400	4,000	9,000	14,000	20,000
Tr	840	2,520	4,200	9,450	14,700	21,000
Conv Cpe	720	2,160	3,600	8,100	12,600	18,000
Twn Car	640	1,920	3,200	7,200	11,200	16,000
Ctr dr Sed	560	1,680	2,800	6,300	9,800	14,000
Cpe	600	1,800	3,000	6,750	10,500	15,000
1918 Model T, 4-cyl.						
Rds	800	2,400	4,000	9,000	14,000	20,000
Tr	840	2,520	4,200	9,450	14,700	21,000
Cpe	600	1,800	3,000	6,750	10,500	15,000
Ctr dr Sed	560	1,680	2,800	6,300	9,800	14,000
1919 Model T, 4-cyl.						
Rds	840	2,520	4,200	9,450	14,700	21,000
Tr	880	2,640	4,400	9,900	15,400	22,000
Cpe	600	1,800	3,000	6,750	10,500	15,000
Ctr dr Sed	600	1,800	3,000	6,750	10,500	15,000
1920-21 Model T, 4-cyl.						
Rds	840	2,520	4,200	9,450	14,700	21,000
Tr	880	2,640	4,400	9,900	15,400	22,000
Cpe	560	1,680	2,800	6,300	9,800	14,000
Ctr dr Sed	560	1,680	2,800	6,300	9,800	14,000
1922-23 Model T, 4-cyl.						
Rds	760	2,280	3,800	8,550	13,300	19,000
'22 Tr	800	2,400	4,000	9,000	14,000	20,000
'23 Tr	820	2,460	4,100	9,230	14,350	20,500
Cpe	560	1,680	2,800	6,300	9,800	14,000
4d Sed	460	1,380	2,300	5,180	8,050	11,500

	6	5	4	3	2	1
2d Sed	452	1,356	2,260	5,090	7,910	11,300
Ctr dr Sed	560	1,680	2,800	6,300	9,800	14,000

1924 Model T, 4-cyl.

	6	5	4	3	2	1
Rds	760	2,280	3,800	8,550	13,300	19,000
Tr	820	2,460	4,100	9,230	14,350	20,500
Cpe	600	1,800	3,000	6,750	10,500	15,000
4d Sed	460	1,380	2,300	5,180	8,050	11,500
2d Sed	468	1,404	2,340	5,270	8,190	11,700
Rds PU	640	1,920	3,200	7,200	11,200	16,000

1925 Model T, 4-cyl.

	6	5	4	3	2	1
Rds	760	2,280	3,800	8,550	13,300	19,000
Tr	800	2,400	4,000	9,000	14,000	20,000
Cpe	600	1,800	3,000	6,750	10,500	15,000
2d	460	1,380	2,300	5,180	8,050	11,500
4d	480	1,440	2,400	5,400	8,400	12,000

1926 Model T, 4-cyl.

	6	5	4	3	2	1
Rds	800	2,400	4,000	9,000	14,000	20,000
Tr	840	2,520	4,200	9,450	14,700	21,000
Cpe	600	1,800	3,000	6,750	10,500	15,000
2d	480	1,440	2,400	5,400	8,400	12,000
4d	484	1,452	2,420	5,450	8,470	12,100

1927 Model T, 4-cyl.

	6	5	4	3	2	1
Rds	840	2,520	4,200	9,450	14,700	21,000
Tr	880	2,640	4,400	9,900	15,400	22,000
Cpe	620	1,860	3,100	6,980	10,850	15,500
2d	500	1,500	2,500	5,630	8,750	12,500
4d	492	1,476	2,460	5,540	8,610	12,300

1928 Model A, 4-cyl.

NOTE: Add 20 percent average for early "AR" features.

	6	5	4	3	2	1
2d Rds	1,120	3,360	5,600	12,600	19,600	28,000
4d Phae	1,160	3,480	5,800	13,050	20,300	29,000
2d Cpe	600	1,800	3,000	6,750	10,500	15,000
2d Spl Cpe	620	1,860	3,100	6,980	10,850	15,500
2d Bus Cpe	600	1,800	3,000	6,750	10,500	15,000
2d Spt Cpe	640	1,920	3,200	7,200	11,200	16,000
2d Sed	540	1,620	2,700	6,080	9,450	13,500
4d Sed	544	1,632	2,720	6,120	9,520	13,600

1929 Model A, 4-cyl.

	6	5	4	3	2	1
2d Rds	1,120	3,360	5,600	12,600	19,600	28,000
4d Phae	1,160	3,480	5,800	13,050	20,300	29,000
2d Cabr	1,080	3,240	5,400	12,150	18,900	27,000
2d Cpe	580	1,740	2,900	6,530	10,150	14,500
2d Bus Cpe	560	1,680	2,800	6,300	9,800	14,000
2d Spl Cpe	580	1,740	2,900	6,530	10,150	14,500
2d Spt Cpe	620	1,860	3,100	6,980	10,850	15,500
2d Sed	540	1,620	2,700	6,080	9,450	13,500
4d 3W Sed	560	1,680	2,800	6,300	9,800	14,000
4d 5W Sed	540	1,620	2,700	6,080	9,450	13,500
4d DeL Sed	560	1,680	2,800	6,300	9,800	14,000
4d Twn Sed	580	1,740	2,900	6,530	10,150	14,500
4d Taxi	640	1,920	3,200	7,200	11,200	16,000
4d Twn Car	920	2,760	4,600	10,350	16,100	23,000
4d Sta Wag	800	2,400	4,000	9,000	14,000	20,000

1930 Model A, 4-cyl.

	6	5	4	3	2	1
2d Rds	1,080	3,240	5,400	12,150	18,900	27,000
2d DeL Rds	1,120	3,360	5,600	12,600	19,600	28,000
4d Phae	1,160	3,480	5,800	13,050	20,300	29,000
2d DeL Phae	1,200	3,600	6,000	13,500	21,000	30,000
2d Cabr	1,040	3,120	5,200	11,700	18,200	26,000
2d Cpe	560	1,680	2,800	6,300	9,800	14,000
2d DeL Cpe	580	1,740	2,900	6,530	10,150	14,500
2d Spt Cpe	620	1,860	3,100	6,980	10,850	15,500
2d Std Sed	540	1,620	2,700	6,080	9,450	13,500
2d DeL Sed	560	1,680	2,800	6,300	9,800	14,000
2d 3W Cpe	560	1,680	2,800	6,300	9,800	14,000
2d 5W Cpe	540	1,620	2,700	6,080	9,450	13,500
4d DeL Sed	600	1,800	3,000	6,750	10,500	15,000
4d Twn Sed	560	1,680	2,800	6,300	9,800	14,000
2d Vic	720	2,160	3,600	8,100	12,600	18,000
4d Sta Wag	760	2,280	3,800	8,550	13,300	19,000

1931 Model A, 4-cyl.

	6	5	4	3	2	1
2d Rds	1,080	3,240	5,400	12,150	18,900	27,000
2d DeL Rds	1,120	3,360	5,600	12,600	19,600	28,000
4d Phae	1,160	3,480	5,800	13,050	20,300	29,000
2d DeL Phae	1,200	3,600	6,000	13,500	21,000	30,000
2d Cabr	1,080	3,240	5,400	12,150	18,900	27,000

1959 Edsel Ranger sedan

1915 Ford Model T center-door sedan

1932 Ford V-8 roadster

	6	5	4	3	2	1
2d Conv Sed	1,160	3,480	5,800	13,050	20,300	29,000
2d Cpe	560	1,680	2,800	6,300	9,800	14,000
2d DeL Cpe	600	1,800	3,000	6,750	10,500	15,000
2d Spt Cpe	640	1,920	3,200	7,200	11,200	16,000
2d Sed	540	1,620	2,700	6,080	9,450	13,500
2d DeL Sed	560	1,680	2,800	6,300	9,800	14,000
4d Sed	560	1,680	2,800	6,300	9,800	14,000
4d DeL Sed	600	1,800	3,000	6,750	10,500	15,000
4d Twn Sed	620	1,860	3,100	6,980	10,850	15,500
2d Vic	720	2,160	3,600	8,100	12,600	18,000
4d Sta Wag	760	2,280	3,800	8,550	13,300	19,000

1932 Model B, 4-cyl.

	6	5	4	3	2	1
2d Rds	1,400	4,200	7,000	15,750	24,500	35,000
4d Phae	1,440	4,320	7,200	16,200	25,200	36,000
2d Cabr	1,360	4,080	6,800	15,300	23,800	34,000
4d Conv Sed	1,400	4,200	7,000	15,750	24,500	35,000
2d Cpe	1,000	3,000	5,000	11,250	17,500	25,000
2d Spt Cpe	1,040	3,120	5,200	11,700	18,200	26,000
2d Sed	640	1,920	3,200	7,200	11,200	16,000
4d Sed	600	1,800	3,000	6,750	10,500	15,000
2d Vic	1,240	3,720	6,200	13,950	21,700	31,000
2d Sta Wag	1,120	3,360	5,600	12,600	19,600	28,000

1932 Model 18, V-8

	6	5	4	3	2	1
2d Rds	1,600	4,800	8,000	18,000	28,000	40,000
2d DeL Rds	1,700	5,050	8,400	18,900	29,400	42,000
4d Phae	1,700	5,150	8,600	19,350	30,100	43,000
4d DeL Phae	1,750	5,300	8,800	19,800	30,800	44,000
2d Cabr	1,550	4,700	7,800	17,550	27,300	39,000
4d Conv Sed	1,600	4,800	8,000	18,000	28,000	40,000
2d Cpe	1,150	3,500	5,800	13,050	20,300	29,000
2d DeL Cpe	1,200	3,600	6,000	13,500	21,000	30,000
2d Spt Cpe	1,250	3,700	6,200	13,950	21,700	31,000
2d Sed	750	2,300	3,800	8,550	13,300	19,000
2d DeL Sed	800	2,400	4,000	9,000	14,000	20,000
4d Sed	700	2,150	3,600	8,100	12,600	18,000
4d DeL Sed	750	2,300	3,800	8,550	13,300	19,000
2d Vic	1,350	4,100	6,800	15,300	23,800	34,000
4d Sta Wag	1,400	4,200	7,000	15,750	24,500	35,000

1933 Model 40, V-8

	6	5	4	3	2	1
4d Phae	1,550	4,700	7,800	17,550	27,300	39,000
4d DeL Phae	1,600	4,800	8,000	18,000	28,000	40,000
2d Rds	1,550	4,700	7,800	17,550	27,300	39,000
2d DeL Rds	1,600	4,800	8,000	18,000	28,000	40,000
2d 3W Cpe	1,000	3,000	5,000	11,250	17,500	25,000
2d 3W DeL Cpe	1,100	3,250	5,400	12,150	18,900	27,000
2d 5W Cpe	1,000	3,000	5,000	11,250	17,500	25,000
2d 5W DeL Cpe	1,100	3,350	5,600	12,600	19,600	28,000
2d Cabr	1,500	4,450	7,400	16,650	25,900	37,000
2d Sed	800	2,400	4,000	9,000	14,000	20,000
2d DeL Sed	850	2,500	4,200	9,450	14,700	21,000
4d Sed	700	2,150	3,600	8,100	12,600	18,000
4d DeL Sed	750	2,300	3,800	8,550	13,300	19,000
2d Vic	1,150	3,500	5,800	13,050	20,300	29,000
4d Sta Wag	1,350	4,100	6,800	15,300	23,800	34,000

1933 Model 40, 4-cyl.

NOTE: All models deduct 20 percent average from V-8 models.

1934 Model 40, V-8

	6	5	4	3	2	1
2d Rds	1,700	5,050	8,400	18,900	29,400	42,000
4d Phae	1,700	5,150	8,600	19,350	30,100	43,000
2d Cabr	1,650	4,900	8,200	18,450	28,700	41,000
5W Cpe	1,000	3,000	5,000	11,250	17,500	25,000
2d 3W DeL Cpe	1,100	3,250	5,400	12,150	18,900	27,000
2d 5W DeL Cpe	1,050	3,100	5,200	11,700	18,200	26,000
2d Sed	700	2,150	3,600	8,100	12,600	18,000
2d DeL Sed	750	2,200	3,700	8,330	13,000	18,500
4d Sed	750	2,200	3,700	8,330	13,000	18,500
4d DeL Sed	750	2,250	3,750	8,420	13,100	18,700
2d Vic	1,150	3,500	5,800	13,050	20,300	29,000
4d Sta Wag	1,350	4,100	6,800	15,300	23,800	34,000

1935 Model 48, V-8

	6	5	4	3	2	1
4d Phae	1,550	4,700	7,800	17,550	27,300	39,000
2d Rds	1,500	4,550	7,600	17,100	26,600	38,000
2d Cabr	1,500	4,550	7,600	17,100	26,600	38,000
4d Conv Sed	1,550	4,700	7,800	17,550	27,300	39,000
2d 3W DeL Cpe	1,150	3,500	5,800	13,050	20,300	29,000
2d 5W Cpe	1,100	3,250	5,400	12,150	18,900	27,000

	6	5	4	3	2	1
2d 5W DeL Cpe	1,100	3,350	5,600	12,600	19,600	28,000
2d Sed	750	2,200	3,650	8,190	12,700	18,200
2d DeL Sed	750	2,250	3,750	8,420	13,100	18,700
4d Sed	700	2,150	3,600	8,150	12,700	18,100
4d DeL Sed	750	2,250	3,700	8,370	13,000	18,600
4d Sta Wag	1,480	4,440	7,400	16,650	25,900	37,000
4d C'ham Twn Car	1,350	4,100	6,800	15,300	23,800	34,000

1936 Model 68, V-8

	6	5	4	3	2	1
2d Rds	1,550	4,700	7,800	17,550	27,300	39,000
4d Phae	1,600	4,800	8,000	18,000	28,000	40,000
2d Cabr	1,600	4,800	8,000	18,000	28,000	40,000
2d Clb Cabr	1,500	4,550	7,600	17,100	26,600	38,000
4d Conv Trk Sed	1,550	4,700	7,800	17,550	27,300	39,000
4d Conv Sed	1,500	4,550	7,600	17,100	26,600	38,000
2d 3W Cpe	1,200	3,600	6,000	13,500	21,000	30,000
2d 5W Cpe	1,100	3,350	5,600	12,600	19,600	28,000
2d 5W DeL Cpe	1,150	3,500	5,800	13,050	20,300	29,000
2d Sed	750	2,250	3,700	8,370	13,000	18,600
2d Tr Sed	750	2,300	3,800	8,600	13,400	19,100
2d DeL Sed	750	2,300	3,800	8,600	13,400	19,100
4d Sed	750	2,200	3,700	8,330	13,000	18,500
4d Tr Sed	750	2,300	3,800	8,550	13,300	19,000
4d DeL Sed	800	2,350	3,900	8,780	13,700	19,500
4d DeL Tr Sed	750	2,300	3,800	8,550	13,300	19,000
4d Sta Wag	1,520	4,560	7,600	17,100	26,600	38,000

1937 Model 74, V-8, 60 hp

	6	5	4	3	2	1
2d Sed	700	2,050	3,400	7,700	12,000	17,100
2d Tr Sed	700	2,100	3,500	7,920	12,300	17,600
4d Sed	700	2,050	3,400	7,650	11,900	17,000
4d Tr Sed	700	2,100	3,500	7,880	12,300	17,500
2d Cpe	900	2,750	4,600	10,350	16,100	23,000
2d Cpe PU	950	2,900	4,800	10,800	16,800	24,000

1937 V-8 DeLuxe

	6	5	4	3	2	1
4d Sta Wag	1,480	4,440	7,400	16,650	25,900	37,000

1937 Model 78, V-8, 85 hp

	6	5	4	3	2	1
2d Rds	1,400	4,200	7,000	15,750	24,500	35,000
4d Phae	1,450	4,300	7,200	16,200	25,200	36,000
2d Cabr	1,450	4,300	7,200	16,200	25,200	36,000
2d Clb Cabr	1,500	4,450	7,400	16,650	25,900	37,000
4d Conv Sed	1,500	4,550	7,600	17,100	26,600	38,000
2d Cpe	900	2,650	4,400	9,900	15,400	22,000
2d Clb Cpe	900	2,750	4,600	10,350	16,100	23,000
2d Sed	700	2,100	3,500	7,920	12,300	17,600
2d Tr Sed	700	2,150	3,600	8,150	12,700	18,100
4d Sed	700	2,100	3,500	7,880	12,300	17,500
4d Tr Sed	700	2,150	3,600	8,100	12,600	18,000
4d Sta Wag	1,440	4,320	7,200	16,200	25,200	36,000

1938 Model 81A Standard, V-8

	6	5	4	3	2	1
2d Cpe	850	2,600	4,300	9,680	15,000	21,500
2d Sed	700	2,050	3,400	7,700	12,000	17,100
4d Sed	700	2,050	3,400	7,650	11,900	17,000
4d Sta Wag	1,400	4,200	7,000	15,750	24,500	35,000

1938 Model 81A DeLuxe, V-8

	6	5	4	3	2	1
4d Phae	1,500	4,550	7,600	17,100	26,600	38,000
2d Conv	1,500	4,450	7,400	16,650	25,900	37,000
2d Clb Conv	1,500	4,550	7,600	17,100	26,600	38,000
4d Conv Sed	1,550	4,700	7,800	17,550	27,300	39,000
2d Cpe	850	2,500	4,200	9,450	14,700	21,000
2d Clb Cpe	900	2,750	4,600	10,350	16,100	23,000
2d Sed	700	2,150	3,600	8,150	12,700	18,100
4d Sed	700	2,150	3,600	8,100	12,600	18,000

NOTE: Deduct 10 percent average for 60 hp 82A Ford.

1939 Standard, V-8

	6	5	4	3	2	1
2d Cpe	950	2,900	4,800	10,800	16,800	24,000
2d Sed	700	2,100	3,500	7,920	12,300	17,600
4d Sed	700	2,100	3,500	7,880	12,300	17,500
4d Sta Wag	1,440	4,320	7,200	16,200	25,200	36,000

1939 DeLuxe, V-8

	6	5	4	3	2	1
2d Conv	1,700	5,050	8,400	18,900	29,400	42,000
4d Conv Sed	1,700	5,150	8,600	19,350	30,100	43,000
2d Cpe	1,000	3,000	5,000	11,250	17,500	25,000
2d Sed	700	2,150	3,600	8,150	12,700	18,100
4d Sed	700	2,150	3,600	8,100	12,600	18,000
4d Sta Wag	1,480	4,440	7,400	16,650	25,900	37,000

NOTE: Deduct 10 percent average for V-8, 60 hp models.

	6	5	4	3	2	1
1940 Standard & DeLuxe, V-8						
2d Conv	1,800	5,400	9,000	20,250	31,500	45,000
2d Cpe	1,050	3,100	5,200	11,700	18,200	26,000
2d DeL Cpe	1,100	3,350	5,600	12,600	19,600	28,000
2d Sed	750	2,300	3,800	8,600	13,400	19,100
2d DeL Sed	800	2,350	3,900	8,820	13,700	19,600
4d Sed	750	2,300	3,800	8,550	13,300	19,000
4d DeL Sed	800	2,350	3,900	8,780	13,700	19,500
4d Sta Wag	1,520	4,560	7,600	17,100	26,600	38,000
NOTE: Deduct 10 percent average for V-8, 60 hp models.						
1941 Model 11A Special, V-8						
2d Cpe	950	2,900	4,800	10,800	16,800	24,000
2d Sed	700	2,100	3,500	7,920	12,300	17,600
4d Sed	700	2,100	3,500	7,880	12,300	17,500
1941 DeLuxe						
3P Cpe	1,050	3,100	5,200	11,700	18,200	26,000
5P Cpe	1,050	3,100	5,200	11,700	18,200	26,000
2d Sed	750	2,300	3,800	8,600	13,400	19,100
4d Sed	750	2,300	3,800	8,550	13,300	19,000
4d Sta Wag	1,520	4,560	7,600	17,100	26,600	38,000
1941 Super DeLuxe						
2d Conv	1,650	4,900	8,200	18,450	28,700	41,000
3P Cpe	1,100	3,250	5,400	12,150	18,900	27,000
5P Cpe	1,100	3,250	5,400	12,150	18,900	27,000
2d Sed	800	2,350	3,900	8,820	13,700	19,600
4d Sed	800	2,350	3,900	8,780	13,700	19,500
4d Sta Wag	1,560	4,680	7,800	17,550	27,300	39,000
NOTE: Deduct 10 percent average for 6-cyl.						
1942 Model 2GA Special, 6-cyl.						
3P Cpe	850	2,500	4,200	9,450	14,700	21,000
2d Sed	700	2,050	3,400	7,700	12,000	17,100
4d Sed	700	2,050	3,400	7,650	11,900	17,000
1942 Model 21A DeLuxe, V-8						
2d Cpe	900	2,650	4,400	9,900	15,400	22,000
5P Cpe	900	2,750	4,600	10,350	16,100	23,000
2d Sed	700	2,100	3,500	7,920	12,300	17,600
4d Sed	700	2,100	3,500	7,880	12,300	17,500
4d Sta Wag	1,520	4,560	7,600	17,100	26,600	38,000
1942 Super DeLuxe						
2d Conv	1,520	4,560	7,600	17,100	26,600	38,000
3P Cpe	900	2,750	4,600	10,350	16,100	23,000
5P Cpe	950	2,900	4,800	10,800	16,800	24,000
2d Sed	700	2,100	3,500	7,880	12,300	17,500
4d Sed	700	2,050	3,450	7,740	12,000	17,200
4d Sta Wag	1,560	4,680	7,800	17,550	27,300	39,000
NOTE: Deduct 10 percent average for 6-cyl.						
1946-48 Model 89A DeLuxe, V-8						
3P Cpe	840	2,520	4,200	9,450	14,700	21,000
2d Sed	684	2,052	3,420	7,700	11,970	17,100
4d Sed	680	2,040	3,400	7,650	11,900	17,000
1946-48 Model 89A Super DeLuxe, V-8						
2d Conv	1,600	4,800	8,000	18,000	28,000	40,000
2d Sptman Conv	3,640	10,920	18,200	40,950	63,700	91,000
2d 3P Cpe	880	2,640	4,400	9,900	15,400	22,000
2d 5P Cpe	920	2,760	4,600	10,350	16,100	23,000
2d Sed	704	2,112	3,520	7,920	12,320	17,600
4d Sed	700	2,100	3,500	7,880	12,250	17,500
4d Sta Wag	1,800	5,400	9,000	20,250	31,500	45,000
NOTE: Deduct 5 percent average for 6-cyl.						
1949-50 DeLuxe, V-8, 114" wb						
2d Bus Cpe	840	2,520	4,200	9,450	14,700	21,000
2d Sed	764	2,292	3,820	8,600	13,370	19,100
4d Sed	760	2,280	3,800	8,550	13,300	19,000
1949-50 Custom DeLuxe, V-8, 114" wb						
2d Clb Cpe	880	2,640	4,400	9,900	15,400	22,000
2d Sed	824	2,472	4,120	9,270	14,420	20,600
4d Sed	820	2,460	4,100	9,230	14,350	20,500
2d Crest (1950 only)	920	2,760	4,600	10,350	16,100	23,000
2d Conv	1,320	3,960	6,600	14,850	23,100	33,000
2d Sta Wag	1,640	4,920	8,200	18,450	28,700	41,000
NOTE: Deduct 5 percent average for 6-cyl.						
1951 DeLuxe, V-8, 114" wb						
2d Bus Cpe	840	2,520	4,200	9,450	14,700	21,000
2d Sed	804	2,412	4,020	9,050	14,070	20,100
4d Sed	800	2,400	4,000	9,000	14,000	20,000

	6	5	4	3	2	1
1951 Custom DeLuxe, V-8, 114" wb						
2d Clb Cpe	920	2,760	4,600	10,350	16,100	23,000
2d Sed	884	2,652	4,420	9,950	15,470	22,100
4d Sed	880	2,640	4,400	9,900	15,400	22,000
2d Crest	960	2,880	4,800	10,800	16,800	24,000
2d HT	1,000	3,000	5,000	11,250	17,500	25,000
2d Conv	1,360	4,080	6,800	15,300	23,800	34,000
2d Sta Wag	1,660	4,980	8,300	18,680	29,050	41,500

NOTE: Deduct 5 percent average for 6-cyl.

	6	5	4	3	2	1
1952-53 Mainline, V-8, 115" wb						
2d Bus Cpe	760	2,280	3,800	8,550	13,300	19,000
2d Sed	684	2,052	3,420	7,700	11,970	17,100
4d Sed	680	2,040	3,400	7,650	11,900	17,000
2d Sta Wag	760	2,280	3,800	8,550	13,300	19,000
1952-53 Customline, V-8, 115" wb						
2d Clb Cpe	840	2,520	4,200	9,450	14,700	21,000
2d Sed	780	2,340	3,900	8,780	13,650	19,500
4d Sed	776	2,328	3,880	8,730	13,580	19,400
4d Sta Wag	840	2,520	4,200	9,450	14,700	21,000
1952-53 Crestline, 8-cyl., 115" wb						
2d HT	980	2,940	4,900	11,030	17,150	24,500
2d Conv	1,200	3,600	6,000	13,500	21,000	30,000
4d Sta Wag	860	2,580	4,300	9,680	15,050	21,500

NOTE: Deduct 5 percent average for 6-cyl. Add 50 percent for 1953 Indy Pace Car replica convertible.

	6	5	4	3	2	1
1954 Mainline, 8-cyl., 115.5" wb						
2d Bus Cpe	720	2,160	3,600	8,100	12,600	18,000
2d Sed	684	2,052	3,420	7,700	11,970	17,100
4d Sed	680	2,040	3,400	7,650	11,900	17,000
2d Sta Wag	760	2,280	3,800	8,550	13,300	19,000
1954 Customline, V-8, 115.5" wb						
2d Clb Cpe	860	2,580	4,300	9,680	15,050	21,500
2d Sed	820	2,460	4,100	9,230	14,350	20,500
4d Sed	816	2,448	4,080	9,180	14,280	20,400
2/4d Sta Wag	880	2,640	4,400	9,900	15,400	22,000
1954 Crestline, V-8, 115.5" wb						
4d Sed	820	2,460	4,100	9,230	14,350	20,500
2d HT	1,040	3,120	5,200	11,700	18,200	26,000
2d Sky Cpe	1,280	3,840	6,400	14,400	22,400	32,000
2d Conv	1,360	4,080	6,800	15,300	23,800	34,000
4d Sta Wag	920	2,760	4,600	10,350	16,100	23,000

NOTE: Deduct 5 percent average for 6-cyl.

	6	5	4	3	2	1
1955 Mainline, V-8, 115.5" wb						
2d Bus Sed	664	1,992	3,320	7,470	11,620	16,600
2d Sed	672	2,016	3,360	7,560	11,760	16,800
4d Sed	668	2,004	3,340	7,520	11,690	16,700
1955 Customline, V-8, 115.5" wb						
2d Sed	696	2,088	3,480	7,830	12,180	17,400
4d Sed	692	2,076	3,460	7,790	12,110	17,300
1955 Fairlane, V-8, 115.5" wb						
2d Sed	752	2,256	3,760	8,460	13,160	18,800
4d Sed	748	2,244	3,740	8,420	13,090	18,700
2d HT Vic	1,000	3,000	5,000	11,250	17,500	25,000
2d Crn Vic	1,360	4,080	6,800	15,300	23,800	34,000
2d Crn Vic Plexi-top	1,480	4,440	7,400	16,650	25,900	37,000
2d Conv	1,680	5,040	8,400	18,900	29,400	42,000
1955 Station Wagon, V-8, 115.5" wb						
2d Custom Ran Wag	800	2,400	4,000	9,000	14,000	20,000
2d Ran Wag	780	2,340	3,900	8,780	13,650	19,500
4d Ctry Sed Customline	800	2,400	4,000	9,000	14,000	20,000
4d Ctry Sed Fairlane	840	2,520	4,200	9,450	14,700	21,000
4d Ctry Sq	880	2,640	4,400	9,900	15,400	22,000

NOTE: Deduct 5 percent average for 6-cyl.

	6	5	4	3	2	1
1956 Mainline, V-8, 115.5" wb						
2d Bus Sed	668	2,004	3,340	7,520	11,690	16,700
2d Sed	676	2,028	3,380	7,610	11,830	16,900
4d Sed	672	2,016	3,360	7,560	11,760	16,800
1956 Customline, V-8, 115.5" wb						
2d Sed	700	2,100	3,500	7,880	12,250	17,500
4d Sed	696	2,088	3,480	7,830	12,180	17,400
2d HT Vic	920	2,760	4,600	10,350	16,100	23,000
1956 Fairlane, V-8, 115.5" wb						
2d Sed	752	2,256	3,760	8,460	13,160	18,800
4d Sed	748	2,244	3,740	8,420	13,090	18,700

	6	5	4	3	2	1
4d HT Vic	1,000	3,000	5,000	11,250	17,500	25,000
2d HT Vic	1,200	3,600	6,000	13,500	21,000	30,000
2d Crn Vic	1,320	3,960	6,600	14,850	23,100	33,000
2d Crn Vic Plexi-top	1,480	4,440	7,400	16,650	25,900	37,000
2d Conv	1,800	5,400	9,000	20,250	31,500	45,000

1956 Station Wagons, V-8, 115.5" wb

	6	5	4	3	2	1
2d Ran Wag	760	2,280	3,800	8,550	13,300	19,000
2d Parklane	960	2,880	4,800	10,800	16,800	24,000
4d Ctry Sed Customline	800	2,400	4,000	9,000	14,000	20,000
4d Ctry Sed Fairlane	840	2,520	4,200	9,450	14,700	21,000
4d Ctry Sq	880	2,640	4,400	9,900	15,400	22,000

NOTE: Deduct 5 percent average for 6-cyl. Add 10 percent for "T-Bird Special" V-8.

1957 Custom, V-8, 116" wb

	6	5	4	3	2	1
2d Bus Cpe	524	1,572	2,620	5,900	9,170	13,100
2d Sed	536	1,608	2,680	6,030	9,380	13,400
4d Sed	532	1,596	2,660	5,990	9,310	13,300

1957 Custom 300, V-8, 116" wb

	6	5	4	3	2	1
2d Sed	640	1,920	3,200	7,200	11,200	16,000
4d Sed	544	1,632	2,720	6,120	9,520	13,600

1957 Fairlane, V-8, 118" wb

	6	5	4	3	2	1
2d Sed	644	1,932	3,220	7,250	11,270	16,100
4d Sed	640	1,920	3,200	7,200	11,200	16,000
4d HT Vic	880	2,640	4,400	9,900	15,400	22,000
2d Vic HT	960	2,880	4,800	10,800	16,800	24,000

1957 Fairlane 500, V-8, 118" wb

	6	5	4	3	2	1
2d Sed	652	1,956	3,260	7,340	11,410	16,300
4d Sed	648	1,944	3,240	7,290	11,340	16,200
4d HT Vic	880	2,640	4,400	9,900	15,400	22,000
2d HT Vic	1,040	3,120	5,200	11,700	18,200	26,000
2d Conv	1,520	4,560	7,600	17,100	26,600	38,000
2d Sky HT Conv	1,680	5,040	8,400	18,900	29,400	42,000

1957 Station Wagons, 8-cyl., 116" wb

	6	5	4	3	2	1
2d Ran Wag	680	2,040	3,400	7,650	11,900	17,000
2d DeL Rio Ran	700	2,100	3,500	7,880	12,250	17,500
4d Ctry Sed	800	2,400	4,000	9,000	14,000	20,000
4d Ctry Sq	760	2,280	3,800	8,550	13,300	19,000

NOTE: Deduct 5 percent average for 6-cyl. Add 20 percent for "T-Bird Special" V-8 (Code E). Add 30 percent for Supercharged V-8 (Code F).

1958 Custom 300, V-8, 116.03" wb

	6	5	4	3	2	1
2d Bus Cpe	388	1,164	1,940	4,370	6,790	9,700
2d Sed	520	1,560	2,600	5,850	9,100	13,000
4d Sed	492	1,476	2,460	5,540	8,610	12,300

1958 Fairlane, V-8, 116.03" wb

	6	5	4	3	2	1
2d Sed	500	1,500	2,500	5,630	8,750	12,500
4d Sed	496	1,488	2,480	5,580	8,680	12,400
4d HT	800	2,400	4,000	9,000	14,000	20,000
2d HT	840	2,520	4,200	9,450	14,700	21,000

1958 Fairlane 500, V-8, 118.04" wb

	6	5	4	3	2	1
2d Sed	532	1,596	2,660	5,990	9,310	13,300
4d Sed	528	1,584	2,640	5,940	9,240	13,200
4d HT	840	2,520	4,200	9,450	14,700	21,000
2d HT	920	2,760	4,600	10,350	16,100	23,000
2d Conv	1,200	3,600	6,000	13,500	21,000	30,000
2d Sky HT Conv	1,440	4,320	7,200	16,200	25,200	36,000

1958 Station Wagons, V-8, 116.03" wb

	6	5	4	3	2	1
2d Ran	668	2,004	3,340	7,520	11,690	16,700
4d Ran	660	1,980	3,300	7,430	11,550	16,500
4d Ctry Sed	700	2,100	3,500	7,880	12,250	17,500
2d DeL Rio Ran	720	2,160	3,600	8,100	12,600	18,000
4d Ctry Sq	740	2,220	3,700	8,330	12,950	18,500

NOTE: Deduct 5 percent average for 6-cyl.

1959 Custom 300, V-8, 118" wb

	6	5	4	3	2	1
2d Bus Cpe	500	1,500	2,500	5,630	8,750	12,500
2d Sed	504	1,512	2,520	5,670	8,820	12,600
4d Sed	496	1,488	2,480	5,580	8,680	12,400

1959 Fairlane, V-8, 118" wb

	6	5	4	3	2	1
2d Sed	396	1,188	1,980	4,460	6,930	9,900
4d Sed	392	1,176	1,960	4,410	6,860	9,800

1959 Fairlane 500, V-8, 118" wb

	6	5	4	3	2	1
2d Sed	484	1,452	2,420	5,450	8,470	12,100
4d Sed	480	1,440	2,400	5,400	8,400	12,000
4d HT	780	2,340	3,900	8,780	13,650	19,500
2d HT	900	2,700	4,500	10,130	15,750	22,500
2d Sun Conv	1,360	4,080	6,800	15,300	23,800	34,000
2d Sky HT Conv	1,760	5,280	8,800	19,800	30,800	44,000

	6	5	4	3	2	1
1959 Galaxie, V-8, 118" wb						
2d Sed	492	1,476	2,460	5,540	8,610	12,300
4d Sed	488	1,464	2,440	5,490	8,540	12,200
4d HT	820	2,460	4,100	9,230	14,350	20,500
2d HT	940	2,820	4,700	10,580	16,450	23,500
2d Sun Conv	1,360	4,080	6,800	15,300	23,800	34,000
2d Sky HT Conv	1,680	5,040	8,400	18,900	29,400	42,000
1959 Station Wagons, V-8, 118" wb						
2d Ran	540	1,620	2,700	6,080	9,450	13,500
4d Ran	680	2,040	3,400	7,650	11,900	17,000
2d Ctry Sed	720	2,160	3,600	8,100	12,600	18,000
4d Ctry Sed	700	2,100	3,500	7,880	12,250	17,500
4d Ctry Sq	720	2,160	3,600	8,100	12,600	18,000

NOTE: Deduct 5 percent average for 6-cyl.

	6	5	4	3	2	1
1960 Falcon, 6-cyl., 109.5" wb						
2d Sed	368	1,104	1,840	4,140	6,440	9,200
4d Sed	364	1,092	1,820	4,100	6,370	9,100
2d Sta Wag	372	1,116	1,860	4,190	6,510	9,300
4d Sta Wag	368	1,104	1,840	4,140	6,440	9,200
1960 Fairlane, V-8, 119" wb						
2d Bus Cpe	372	1,116	1,860	4,190	6,510	9,300
2d Sed	384	1,152	1,920	4,320	6,720	9,600
4d Sed	380	1,140	1,900	4,280	6,650	9,500
1960 Fairlane 500, V-8, 119" wb						
2d Sed	388	1,164	1,940	4,370	6,790	9,700
4d Sed	384	1,152	1,920	4,320	6,720	9,600
1960 Galaxie, V-8, 119" wb						
2d Sed	500	1,500	2,500	5,630	8,750	12,500
4d Sed	496	1,488	2,480	5,580	8,680	12,400
4d HT	720	2,160	3,600	8,100	12,600	18,000
2d HT	880	2,640	4,400	9,900	15,400	22,000
1960 Galaxie Special, V-8, 119" wb						
2d Starliner HT	960	2,880	4,800	10,800	16,800	24,000
2d Sun Conv	1,280	3,840	6,400	14,400	22,400	32,000
1960 Station Wagons, V-8, 119" wb						
2d Ran	652	1,956	3,260	7,340	11,410	16,300
4d Ran	640	1,920	3,200	7,200	11,200	16,000
4d Ctry Sed	660	1,980	3,300	7,430	11,550	16,500
4d Ctry Sq	680	2,040	3,400	7,650	11,900	17,000

NOTE: Deduct 5 percent average for 6-cyl.

	6	5	4	3	2	1
1961 Falcon, 6-cyl., 109.5" wb						
2d Sed	392	1,176	1,960	4,410	6,860	9,800
4d Sed	388	1,164	1,940	4,370	6,790	9,700
2d Futura Sed	640	1,920	3,200	7,200	11,200	16,000
2d Sta Wag	396	1,188	1,980	4,460	6,930	9,900
4d Sta Wag	392	1,176	1,960	4,410	6,860	9,800
1961 Fairlane, V-8, 119" wb						
2d Sed	396	1,188	1,980	4,460	6,930	9,900
4d Sed	392	1,176	1,960	4,410	6,860	9,800
1961 Galaxie, V-8, 119" wb						
2d Sed	500	1,500	2,500	5,630	8,750	12,500
4d Sed	496	1,488	2,480	5,580	8,680	12,400
4d Vic HT	680	2,040	3,400	7,650	11,900	17,000
2d Vic HT	760	2,280	3,800	8,550	13,300	19,000
2d Star HT	880	2,640	4,400	9,900	15,400	22,000
2d Sun Conv	1,000	3,000	5,000	11,250	17,500	25,000
1961 Station Wagons, V-8, 119" wb						
4d Ran	620	1,860	3,100	6,980	10,850	15,500
2d Ran	628	1,884	3,140	7,070	10,990	15,700
4d 6P Ctry Sed	720	2,160	3,600	8,100	12,600	18,000
4d Ctry Sq	740	2,220	3,700	8,330	12,950	18,500

NOTE: Deduct 5 percent average for 6-cyl.

	6	5	4	3	2	1
1962 Falcon, 6-cyl., 109.5" wb						
4d Sed	336	1,008	1,680	3,780	5,880	8,400
2d Sed	340	1,020	1,700	3,830	5,950	8,500
2d Fut Spt Cpe	680	2,040	3,400	7,650	11,900	17,000
4d Sq Wag	392	1,176	1,960	4,410	6,860	9,800
1962 Falcon Station Bus, 6-cyl., 109.5" wb						
Sta Bus	332	996	1,660	3,740	5,810	8,300
Clb Wag	336	1,008	1,680	3,780	5,880	8,400
DeL Wag	340	1,020	1,700	3,830	5,950	8,500
1962 Fairlane, V-8, 115.5" wb						
4d Sed	332	996	1,660	3,740	5,810	8,300

	6	5	4	3	2	1
2d Sed	336	1,008	1,680	3,780	5,880	8,400
2d Spt Cpe	352	1,056	1,760	3,960	6,160	8,800

1962 Galaxie 500, V-8, 119" wb

	6	5	4	3	2	1
4d Sed	348	1,044	1,740	3,920	6,090	8,700
4d HT	640	1,920	3,200	7,200	11,200	16,000
2d Sed	392	1,176	1,960	4,410	6,860	9,800
2d HT	720	2,160	3,600	8,100	12,600	18,000
2d Conv	880	2,640	4,400	9,900	15,400	22,000

1962 Galaxie 500 XL, V-8, 119" wb

	6	5	4	3	2	1
2d HT	800	2,400	4,000	9,000	14,000	20,000
2d Conv	1,000	3,000	5,000	11,250	17,500	25,000

1962 Station Wagons, V-8, 119" wb

	6	5	4	3	2	1
4d Ranch	580	1,740	2,900	6,530	10,150	14,500
4d Ctry Sed.	600	1,800	3,000	6,750	10,500	15,000
4d Ctry Sq.	620	1,860	3,100	6,980	10,850	15,500

NOTE: Deduct 5 percent for 6-cyl. Add 30 percent for 406 V-8.

1963 Falcon/Falcon Futura, 6-cyl., 109.5" wb

	6	5	4	3	2	1
4d Sed	344	1,032	1,720	3,870	6,020	8,600
2d Sed	348	1,044	1,740	3,920	6,090	8,700
2d Spt Sed	360	1,080	1,800	4,050	6,300	9,000
2d HT	640	1,920	3,200	7,200	11,200	16,000
2d Spt HT	680	2,040	3,400	7,650	11,900	17,000
2d Conv	800	2,400	4,000	9,000	14,000	20,000
2d Spt Conv	840	2,520	4,200	9,450	14,700	21,000
4d Sq Wag	420	1,260	2,100	4,730	7,350	10,500
4d Sta Wag.	400	1,200	2,000	4,500	7,000	10,000
2d Sta Wag.	404	1,212	2,020	4,550	7,070	10,100

NOTE: Add 10 percent for V-8 models.

1963 Station Buses, 6-cyl., 90" wb

	6	5	4	3	2	1
Sta Bus	372	1,116	1,860	4,190	6,510	9,300
Clb Wag	376	1,128	1,880	4,230	6,580	9,400
DeL Clb Wag	384	1,152	1,920	4,320	6,720	9,600

1963 Sprint, V-8, 109.5" wb

	6	5	4	3	2	1
2d HT	760	2,280	3,800	8,550	13,300	19,000
2d Conv	880	2,640	4,400	9,900	15,400	22,000

1963 Fairlane, V-8, 115.5" wb

	6	5	4	3	2	1
4d Sed	332	996	1,660	3,740	5,810	8,300
2d Sed	336	1,008	1,680	3,780	5,880	8,400
2d HT	420	1,260	2,100	4,730	7,350	10,500
2d Spt Cpe	440	1,320	2,200	4,950	7,700	11,000
4d Sq Wag	580	1,740	2,900	6,530	10,150	14,500
4d Cus Ran.	576	1,728	2,880	6,480	10,080	14,400

NOTE: Add 20 percent for 271 hp V-8.

1963 Ford 300, V-8, 119" wb

	6	5	4	3	2	1
4d Sed	336	1,008	1,680	3,780	5,880	8,400
2d Sed	340	1,020	1,700	3,830	5,950	8,500

1963 Galaxie 500, V-8, 119" wb

	6	5	4	3	2	1
4d Sed	340	1,020	1,700	3,830	5,950	8,500
4d HT	720	2,160	3,600	8,100	12,600	18,000
2d Sed	344	1,032	1,720	3,870	6,020	8,600
2d HT	800	2,400	4,000	9,000	14,000	20,000
2d FBk	880	2,640	4,400	9,900	15,400	22,000
2d Conv	960	2,880	4,800	10,800	16,800	24,000

1963 Galaxie 500 XL, V-8, 119" wb

	6	5	4	3	2	1
4d HT	760	2,280	3,800	8,550	13,300	19,000
2d HT	840	2,520	4,200	9,450	14,700	21,000
2d FBk	920	2,760	4,600	10,350	16,100	23,000
2d Conv	1,040	3,120	5,200	11,700	18,200	26,000

1963 Station Wagons, V-8, 119" wb

	6	5	4	3	2	1
4d Ctry Sed.	600	1,800	3,000	6,750	10,500	15,000
4d Ctry Sq.	620	1,860	3,100	6,980	10,850	15,500

NOTE: Deduct 5 percent average for 6-cyl. Add 30 percent for 406 & add 40 percent for 427. Add 5 percent for V-8 except Sprint.

1964 Falcon/Falcon Futura, 6-cyl., 109.5" wb

	6	5	4	3	2	1
4d Sed	340	1,020	1,700	3,830	5,950	8,500
2d Sed	344	1,032	1,720	3,870	6,020	8,600
2d HT	540	1,620	2,700	6,080	9,450	13,500
2d Spt HT	700	2,100	3,500	7,880	12,250	17,500
2d Conv	720	2,160	3,600	8,100	12,600	18,000
2d Spt Conv	760	2,280	3,800	8,550	13,300	19,000
4d Sq Wag	420	1,260	2,100	4,730	7,350	10,500
4d DeL Wag	400	1,200	2,000	4,500	7,000	10,000
4d Sta	400	1,200	2,000	4,500	7,000	10,000
2d Sta	404	1,212	2,020	4,550	7,070	10,100

NOTE: Add 10 percent for V-8 models.

	6	5	4	3	2	1
1964 Station Bus, 6-cyl., 90" wb						
Sta Bus	360	1,080	1,800	4,050	6,300	9,000
Clb Wag	364	1,092	1,820	4,100	6,370	9,100
DeL Clb	372	1,116	1,860	4,190	6,510	9,300
1964 Sprint, V-8, 109.5" wb						
2d HT	740	2,220	3,700	8,330	12,950	18,500
2d Conv	800	2,400	4,000	9,000	14,000	20,000
1964 Fairlane, V-8, 115.5" wb						
4d Sed	324	972	1,620	3,650	5,670	8,100
2d Sed	328	984	1,640	3,690	5,740	8,200
2d HT	660	1,980	3,300	7,430	11,550	16,500
2d Spt HT	700	2,100	3,500	7,880	12,250	17,500
4d Sta Wag	524	1,572	2,620	5,900	9,170	13,100

NOTE: Add 20 percent for 271 hp V-8.

1964 Fairlane Thunderbolt						
2d Sed			value not estimable			
1964 Custom, V-8, 119" wb						
4d Sed	324	972	1,620	3,650	5,670	8,100
2d Sed	328	984	1,640	3,690	5,740	8,200
1964 Custom 500, V-8, 119" wb						
4d Sed	328	984	1,640	3,690	5,740	8,200
2d Sed	332	996	1,660	3,740	5,810	8,300
1964 Galaxie 500, V-8, 119" wb						
4d Sed	376	1,128	1,880	4,230	6,580	9,400
4d HT	800	2,400	4,000	9,000	14,000	20,000
2d Sed	380	1,140	1,900	4,280	6,650	9,500
2d HT	880	2,640	4,400	9,900	15,400	22,000
2d Conv	1,000	3,000	5,000	11,250	17,500	25,000
1964 Galaxie 500XL, V-8, 119" wb						
4d HT	840	2,520	4,200	9,450	14,700	21,000
2d HT	920	2,760	4,600	10,350	16,100	23,000
2d Conv	1,160	3,480	5,800	13,050	20,300	29,000
1964 Station Wagons, V-8, 119" wb						
4d Ctry Sed	720	2,160	3,600	8,100	12,600	18,000
4d Ctry Sq	740	2,220	3,700	8,330	12,950	18,500

NOTE: Add 40 percent for 427 V-8.

1965 Falcon/Falcon Futura, 6-cyl., 109.5" wb						
4d Sed	316	948	1,580	3,560	5,530	7,900
2d Sed	320	960	1,600	3,600	5,600	8,000
2d HT	480	1,440	2,400	5,400	8,400	12,000
2d Conv	760	2,280	3,800	8,550	13,300	19,000
4d Sq Wag	400	1,200	2,000	4,500	7,000	10,000
4d DeL Wag	380	1,140	1,900	4,280	6,650	9,500
4d Sta	360	1,080	1,800	4,050	6,300	9,000
2d Sta	368	1,104	1,840	4,140	6,440	9,200

NOTE: Add 10 percent for V-8 models.

1965 Sprint, V-8, 109.5" wb						
2d HT	720	2,160	3,600	8,100	12,600	18,000
2d Conv	800	2,400	4,000	9,000	14,000	20,000
1965 Falcon Station Buses, 6-cyl., 90" wb						
Sta Bus	324	972	1,620	3,650	5,670	8,100
Clb Wag	332	996	1,660	3,740	5,810	8,300
DeL Wag	340	1,020	1,700	3,830	5,950	8,500
1965 Fairlane, V-8, 116" wb						
4d Sed	328	984	1,640	3,690	5,740	8,200
2d Sed	332	996	1,660	3,740	5,810	8,300
2d HT	480	1,440	2,400	5,400	8,400	12,000
2d Spt HT	660	1,980	3,300	7,430	11,550	16,500
4d Sta Wag	340	1,020	1,700	3,830	5,950	8,500

NOTE: Add 10 percent for 271 hp V-8.

1965 Custom, V-8, 119" wb						
4d Sed	316	948	1,580	3,560	5,530	7,900
2d Sed	320	960	1,600	3,600	5,600	8,000
1965 Custom 500, V-8, 119" wb						
4d Sed	320	960	1,600	3,600	5,600	8,000
2d Sed	324	972	1,620	3,650	5,670	8,100
1965 Galaxie 500, V-8, 119" wb						
4d Sed	360	1,080	1,800	4,050	6,300	9,000
4d HT	600	1,800	3,000	6,750	10,500	15,000
2d HT	680	2,040	3,400	7,650	11,900	17,000
2d Conv	760	2,280	3,800	8,550	13,300	19,000
1965 Galaxie 500 XL, V-8, 119" wb						
2d HT	720	2,160	3,600	8,100	12,600	18,000
2d Conv	800	2,400	4,000	9,000	14,000	20,000

	6	5	4	3	2	1
1965 Galaxie 500 LTD, V-8, 119" wb						
4d HT	700	2,100	3,500	7,880	12,250	17,500
2d HT	780	2,340	3,900	8,780	13,650	19,500
1965 Station Wagons, V-8, 119" wb						
4d Ran	560	1,680	2,800	6,300	9,800	14,000
4d 9P Ctry Sed	580	1,740	2,900	6,530	10,150	14,500
4d 9P Ctry Sq	600	1,800	3,000	6,750	10,500	15,000
NOTE: Add 40 percent for 427 V-8.						
1966 Falcon, 6-cyl., 110.9" wb						
4d Sed	320	960	1,600	3,600	5,600	8,000
2d Clb Cpe	324	972	1,620	3,650	5,670	8,100
2d Spt Cpe	332	996	1,660	3,740	5,810	8,300
4d 6P Wag	396	1,188	1,980	4,460	6,930	9,900
4d Sq Wag	400	1,200	2,000	4,500	7,000	10,000
1966 Falcon Station Bus, 6-cyl., 90" wb						
Clb Wag	312	936	1,560	3,510	5,460	7,800
Cus Clb Wag	316	948	1,580	3,560	5,530	7,900
DeL Clb Wag	320	960	1,600	3,600	5,600	8,000
1966 Fairlane, V-8, 116" wb						
4d Sed	320	960	1,600	3,600	5,600	8,000
2d Clb Cpe	324	972	1,620	3,650	5,670	8,100
1966 Fairlane 500, 6-cyl.						
4d Sed	352	1,056	1,760	3,960	6,160	8,800
2d Cpe	380	1,140	1,900	4,280	6,650	9,500
2d HT	580	1,740	2,900	6,530	10,150	14,500
2d Conv	880	2,640	4,400	9,900	15,400	22,000
1966 Fairlane 500 XL, V-8, 116" wb						
2d HT	660	1,980	3,300	7,430	11,550	16,500
2d Conv	960	2,880	4,800	10,800	16,800	24,000
1966 Fairlane 500 GT, V-8, 116" wb						
2d HT	720	2,160	3,600	8,100	12,600	18,000
2d Conv	1,000	3,000	5,000	11,250	17,500	25,000
1966 Station Wagons, V-8, 113" wb						
6P DeL	320	960	1,600	3,600	5,600	8,000
2d Sq Wag	368	1,104	1,840	4,140	6,440	9,200
1966 Custom, V-8, 119" wb						
4d Sed	324	972	1,620	3,650	5,670	8,100
2d Sed	328	984	1,640	3,690	5,740	8,200
1966 Galaxie 500, V-8, 119" wb						
4d Sed	360	1,080	1,800	4,050	6,300	9,000
4d HT	500	1,500	2,500	5,630	8,750	12,500
2d HT	540	1,620	2,700	6,080	9,450	13,500
2d Conv	760	2,280	3,800	8,550	13,300	19,000
1966 Galaxie 500 XL, V-8, 119" wb						
2d HT	660	1,980	3,300	7,430	11,550	16,500
2d Conv	800	2,400	4,000	9,000	14,000	20,000
1966 LTD, V-8, 119" wb						
4d HT	600	1,800	3,000	6,750	10,500	15,000
2d HT	680	2,040	3,400	7,650	11,900	17,000
1966 Galaxie 500, 7-litre V-8, 119" wb						
2d HT	760	2,280	3,800	8,550	13,300	19,000
2d Conv	880	2,640	4,400	9,900	15,400	22,000
NOTE: Add 50 percent for 427 engine option on 7-litre models.						
1966 Station Wagons, V-8, 119" wb						
4d Ran Wag	580	1,740	2,900	6,530	10,150	14,500
4d Ctry Sed	600	1,800	3,000	6,750	10,500	15,000
4d Ctry Sq	620	1,860	3,100	6,980	10,850	15,500
NOTE: Add 40 percent for 427 or 30 percent for 428 engine option.						
1967 Falcon, 6-cyl., 111" wb						
4d Sed	316	948	1,580	3,560	5,530	7,900
2d Sed	320	960	1,600	3,600	5,600	8,000
4d Sta Wag	360	1,080	1,800	4,050	6,300	9,000
1967 Futura						
4d Sed	320	960	1,600	3,600	5,600	8,000
2d Clb Cpe	324	972	1,620	3,650	5,670	8,100
2d HT	380	1,140	1,900	4,280	6,650	9,500
1967 Fairlane						
4d Sed	316	948	1,580	3,560	5,530	7,900
2d Cpe	320	960	1,600	3,600	5,600	8,000
1967 Fairlane 500, V-8, 116" wb						
4d Sed	320	960	1,600	3,600	5,600	8,000
2d Cpe	324	972	1,620	3,650	5,670	8,100

	6	5	4	3	2	1
2d HT	500	1,500	2,500	5,630	8,750	12,500
2d Conv	700	2,100	3,500	7,880	12,250	17,500
4d Wag	380	1,140	1,900	4,280	6,650	9,500

1967 Fairlane 500 XL, V-8

	6	5	4	3	2	1
2d HT	520	1,560	2,600	5,850	9,100	13,000
2d Conv	800	2,400	4,000	9,000	14,000	20,000
2d HT GT	640	1,920	3,200	7,200	11,200	16,000
2d Conv GT	840	2,520	4,200	9,450	14,700	21,000

1967 Fairlane Wagons

	6	5	4	3	2	1
4d Sta Wag	360	1,080	1,800	4,050	6,300	9,000
4d 500 Wag	364	1,092	1,820	4,100	6,370	9,100
4d Sq Wag	372	1,116	1,860	4,190	6,510	9,300

1967 Ford Custom

	6	5	4	3	2	1
4d Sed	316	948	1,580	3,560	5,530	7,900
2d Sed	320	960	1,600	3,600	5,600	8,000

1967 Ford Custom 500

	6	5	4	3	2	1
4d Sed	320	960	1,600	3,600	5,600	8,000
2d Sed	324	972	1,620	3,650	5,670	8,100

1967 Galaxie 500, V-8, 119" wb

	6	5	4	3	2	1
4d Sed	332	996	1,660	3,740	5,810	8,300
4d HT	580	1,740	2,900	6,530	10,150	14,500
2d HT	660	1,980	3,300	7,430	11,550	16,500
2d Conv	800	2,400	4,000	9,000	14,000	20,000

1967 Galaxie 500 XL

	6	5	4	3	2	1
2d HT	700	2,100	3,500	7,880	12,250	17,500
2d Conv	840	2,520	4,200	9,450	14,700	21,000

1967 LTD, V-8, 119" wb

	6	5	4	3	2	1
4d HT	640	1,920	3,200	7,200	11,200	16,000
2d HT	720	2,160	3,600	8,100	12,600	18,000

1967 Station Wagons

	6	5	4	3	2	1
4d Ranch	560	1,680	2,800	6,300	9,800	14,000
4d Ctry Sed	580	1,740	2,900	6,530	10,150	14,500
4d Ctry Sq	600	1,800	3,000	6,750	10,500	15,000

NOTE: Add 5 percent for V-8. Add 40 percent for 427 or 428 engine option.

1968 Standard Falcon

	6	5	4	3	2	1
4d Sed	296	888	1,480	3,330	5,180	7,400
2d Sed	300	900	1,500	3,380	5,250	7,500
4d Sta Wag	340	1,020	1,700	3,830	5,950	8,500

1968 Falcon Futura, 6-cyl., 110.0" wb

	6	5	4	3	2	1
4d Sed	300	900	1,500	3,380	5,250	7,500
2d Sed	304	912	1,520	3,420	5,320	7,600
2d Spt Cpe	312	936	1,560	3,510	5,460	7,800
4d Sta Wag	344	1,032	1,720	3,870	6,020	8,600

1968 Fairlane

	6	5	4	3	2	1
4d Sed	304	912	1,520	3,420	5,320	7,600
2d HT	380	1,140	1,900	4,280	6,650	9,500
4d Sta Wag	352	1,056	1,760	3,960	6,160	8,800

1968 Fairlane 500, V-8, 116" wb

	6	5	4	3	2	1
4d Sed	308	924	1,540	3,470	5,390	7,700
2d HT	440	1,320	2,200	4,950	7,700	11,000
2d FBk	480	1,440	2,400	5,400	8,400	12,000
2d Conv	720	2,160	3,600	8,100	12,600	18,000
4d Sta Wag	356	1,068	1,780	4,010	6,230	8,900

1968 Torino, V-8, 116" wb

	6	5	4	3	2	1
4d Sed	292	876	1,460	3,290	5,110	7,300
2d HT	500	1,500	2,500	5,630	8,750	12,500
4d Wag	360	1,080	1,800	4,050	6,300	9,000

1968 Torino GT, V-8

	6	5	4	3	2	1
2d HT	640	1,920	3,200	7,200	11,200	16,000
2d FBk	720	2,160	3,600	8,100	12,600	18,000
2d Conv	800	2,400	4,000	9,000	14,000	20,000

1968 Custom

	6	5	4	3	2	1
4d Sed	296	888	1,480	3,330	5,180	7,400
2d Sed	300	900	1,500	3,380	5,250	7,500

1968 Custom 500

	6	5	4	3	2	1
4d Sed	300	900	1,500	3,380	5,250	7,500
2d Sed	304	912	1,520	3,420	5,320	7,600

1968 Galaxie 500, V-8, 119" wb

	6	5	4	3	2	1
4d Sed	308	924	1,540	3,470	5,390	7,700
4d HT	440	1,320	2,200	4,950	7,700	11,000
2d HT	520	1,560	2,600	5,850	9,100	13,000
2d FBk	680	2,040	3,400	7,650	11,900	17,000
2d Conv	760	2,280	3,800	8,550	13,300	19,000

	6	5	4	3	2	1
1968 XL						
2d FBk	720	2,160	3,600	8,100	12,600	18,000
2d Conv	800	2,400	4,000	9,000	14,000	20,000
1968 LTD						
4d Sed	320	960	1,600	3,600	5,600	8,000
4d HT	460	1,380	2,300	5,180	8,050	11,500
2d HT	540	1,620	2,700	6,080	9,450	13,500
1968 Ranch Wagon						
4d Std Wag	520	1,560	2,600	5,850	9,100	13,000
4d 500 Wag	528	1,584	2,640	5,940	9,240	13,200
4d DeL 500 Wag	532	1,596	2,660	5,990	9,310	13,300
1968 Country Sedan						
4d Std Wag	560	1,680	2,800	6,300	9,800	14,000
DeL Wag	568	1,704	2,840	6,390	9,940	14,200
1968 Country Squire						
4d Sta Wag	600	1,800	3,000	6,750	10,500	15,000
4d DeL Wag	616	1,848	3,080	6,930	10,780	15,400

NOTE: Add 50 percent for 429 engine option. Add 40 percent for 427 or 428 engine option.

	6	5	4	3	2	1
1969 Falcon Futura, 6-cyl., 111" wb						
2d Spt Cpe	284	852	1,420	3,200	4,970	7,100
2d Sed	268	804	1,340	3,020	4,690	6,700
1969 Fairlane 500, V-8, 116" wb						
4d Sed	264	792	1,320	2,970	4,620	6,600
2d HT	360	1,080	1,800	4,050	6,300	9,000
2d FBk	380	1,140	1,900	4,280	6,650	9,500
2d Conv	640	1,920	3,200	7,200	11,200	16,000
1969 Torino, V-8, 116" wb						
4d Sed	280	840	1,400	3,150	4,900	7,000
2d HT	480	1,440	2,400	5,400	8,400	12,000
1969 Torino GT, V-8						
2d HT	640	1,920	3,200	7,200	11,200	16,000
2d FBk	720	2,160	3,600	8,100	12,600	18,000
2d Conv	840	2,520	4,200	9,450	14,700	21,000
1969 Cobra						
2d HT	880	2,640	4,400	9,900	15,400	22,000
2d FBk	920	2,760	4,600	10,350	16,100	23,000
1969 Galaxie 500, V-8, 121" wb						
4d HT	340	1,020	1,700	3,830	5,950	8,500
2d HT	380	1,140	1,900	4,280	6,650	9,500
2d FBk	520	1,560	2,600	5,850	9,100	13,000
2d Conv	720	2,160	3,600	8,100	12,600	18,000
1969 XL						
2d FBk	660	1,980	3,300	7,430	11,550	16,500
2d Conv	760	2,280	3,800	8,550	13,300	19,000

NOTE: Add 10 percent for GT option.

	6	5	4	3	2	1
1969 LTD						
4d HT	360	1,080	1,800	4,050	6,300	9,000
2d HT	460	1,380	2,300	5,180	8,050	11,500
1969 Falcon Wagon, 6-cyl.						
4d Wag	280	840	1,400	3,150	4,900	7,000
4d Futura Sta Wag	324	972	1,620	3,650	5,670	8,100
1969 Fairlane, 6-cyl.						
4d Wag	364	1,092	1,820	4,100	6,370	9,100
4d 500 Sta Wag	388	1,164	1,940	4,370	6,790	9,700
4d Torino Sta Wag	372	1,116	1,860	4,190	6,510	9,300

NOTE: Add 30 percent for V-8 where available.

	6	5	4	3	2	1
1969 Custom Ranch Wagon, V-8						
4d Wag	440	1,320	2,200	4,950	7,700	11,000
4d 500 Sta Wag 2S	444	1,332	2,220	5,000	7,770	11,100
4d 500 Sta Wag 4S	448	1,344	2,240	5,040	7,840	11,200

NOTE: Deduct 30 percent for 6-cyl.

	6	5	4	3	2	1
1969 Galaxie 500 Country Sedan, V-8						
4d Wag 2S	448	1,344	2,240	5,040	7,840	11,200
4d Wag 4S	452	1,356	2,260	5,090	7,910	11,300
1969 LTD Country Squire, V-8						
4d Wag 2S	500	1,500	2,500	5,630	8,750	12,500
4d Wag 4S	504	1,512	2,520	5,670	8,820	12,600

NOTE: Add 40 percent for 428 engine option. Add 50 percent for 429 engine option.

	6	5	4	3	2	1
1970 Falcon, 6-cyl., 110" wb						
4d Sed	292	876	1,460	3,290	5,110	7,300
2d Sed	296	888	1,480	3,330	5,180	7,400
4d Sta Wag	332	996	1,660	3,740	5,810	8,300

1936 Ford Deluxe coupe

1942 Ford DeLuxe station wagon

1951 Ford DeLuxe two-door sedan

	6	5	4	3	2	1
1970 Futura, 6-cyl., 110" wb						
4d Sed	300	900	1,500	3,380	5,250	7,500
2d Sed	304	912	1,520	3,420	5,320	7,600
4d Sta Wag	340	1,020	1,700	3,830	5,950	8,500

NOTE: Add 10 percent for V-8.

1970 Maverick						
2d Sed	288	864	1,440	3,240	5,040	7,200
1970 Fairlane 500, V-8, 117" wb						
4d Sed	312	936	1,560	3,510	5,460	7,800
2d HT	360	1,080	1,800	4,050	6,300	9,000
4d Sta Wag	348	1,044	1,740	3,920	6,090	8,700
1970 Torino, V-8, 117" wb						
4d Sed	316	948	1,580	3,560	5,530	7,900
4d HT	360	1,080	1,800	4,050	6,300	9,000
2d HT	420	1,260	2,100	4,730	7,350	10,500
2d Sports Roof HT	540	1,620	2,700	6,080	9,450	13,500
4d Sta Wag	360	1,080	1,800	4,050	6,300	9,000
1970 Torino Brougham, V-8, 117" wb						
4d HT	380	1,140	1,900	4,280	6,650	9,500
2d HT	500	1,500	2,500	5,630	8,750	12,500
4d Sta Wag	352	1,056	1,760	3,960	6,160	8,800
1970 Torino GT, V-8, 117" wb						
2d HT	640	1,920	3,200	7,200	11,200	16,000
2d Conv	760	2,280	3,800	8,550	13,300	19,000
1970 Cobra, V-8, 117" wb						
2d HT	1,040	3,120	5,200	11,700	18,200	26,000
1970 Custom, V-8, 121" wb						
4d Sed	280	840	1,400	3,150	4,900	7,000
4d Sta Wag	348	1,044	1,740	3,920	6,090	8,700
1970 Custom 500, V-8, 121" wb						
4d Sed	284	852	1,420	3,200	4,970	7,100
4d Sta Wag	352	1,056	1,760	3,960	6,160	8,800
1970 Galaxie 500, V-8, 121" wb						
4d Sed	288	864	1,440	3,240	5,040	7,200
4d HT	340	1,020	1,700	3,830	5,950	8,500
2d HT	380	1,140	1,900	4,280	6,650	9,500
4d Sta Wag	356	1,068	1,780	4,010	6,230	8,900
2d FBk	520	1,560	2,600	5,850	9,100	13,000
1970 XL, V-8, 121" wb						
2d FBk	540	1,620	2,700	6,080	9,450	13,500
2d Conv	700	2,100	3,500	7,880	12,250	17,500
1970 LTD, V-8, 121" wb						
4d Sed	292	876	1,460	3,290	5,110	7,300
4d HT	308	924	1,540	3,470	5,390	7,700
2d HT	340	1,020	1,700	3,830	5,950	8,500
4d Sta Wag	360	1,080	1,800	4,050	6,300	9,000
1970 LTD Brougham, V-8, 121" wb						
4d Sed	296	888	1,480	3,330	5,180	7,400
4d HT	320	960	1,600	3,600	5,600	8,000
2d HT	360	1,080	1,800	4,050	6,300	9,000

NOTE: Add 40 percent for 428 engine option. Add 50 percent for 429 engine option.

1970-1/2 Falcon, 6-cyl., 117" wb						
4d Sed	296	888	1,480	3,330	5,180	7,400
2d Sed	300	900	1,500	3,380	5,250	7,500
4d Sta Wag	340	1,020	1,700	3,830	5,950	8,500
1971 Pinto						
2d Rbt	288	864	1,440	3,240	5,040	7,200
1971 Maverick, 6-cyl.						
2d Sed	310	940	1,560	3,510	5,460	7,800
4d Sed	310	920	1,540	3,470	5,390	7,700
2d Grabber Sed	340	1,010	1,680	3,780	5,880	8,400

NOTE: Add 20 percent for V-8.

1971 Torino, V-8, 114" wb, Sta Wag 117" wb						
4d Sed	316	948	1,580	3,560	5,530	7,900
2d HT	380	1,140	1,900	4,280	6,650	9,500
4d Sta Wag	356	1,068	1,780	4,010	6,230	8,900
1971 Torino 500, V-8, 114" wb, Sta Wag 117" wb						
4d Sed	320	960	1,600	3,600	5,600	8,000
4d HT	364	1,092	1,820	4,100	6,370	9,100
2d Formal HT	640	1,920	3,200	7,200	11,200	16,000
2d Sports Roof HT	660	1,980	3,300	7,430	11,550	16,500
4d Sta Wag	320	960	1,600	3,600	5,600	8,000
4d HT Brougham	364	1,092	1,820	4,100	6,370	9,100

	6	5	4	3	2	1
2d HT Brougham	500	1,500	2,500	5,630	8,750	12,500
4d Sq Sta Wag	404	1,212	2,020	4,550	7,070	10,100
2d HT Cobra	1,040	3,120	5,200	11,700	18,200	26,000
2d HT GT	760	2,280	3,800	8,550	13,300	19,000
2d Conv	860	2,580	4,300	9,680	15,050	21,500

1971 Custom, V-8, 121" wb

	6	5	4	3	2	1
4d Sed	304	912	1,520	3,420	5,320	7,600
4d Sta Wag	400	1,200	2,000	4,500	7,000	10,000

1971 Custom 500, V-8, 121" wb

	6	5	4	3	2	1
4d Sed	308	924	1,540	3,470	5,390	7,700
4d Sta Wag	404	1,212	2,020	4,550	7,070	10,100

1971 Galaxie 500, V-8, 121" wb

	6	5	4	3	2	1
4d Sed	316	948	1,580	3,560	5,530	7,900
4d HT	320	960	1,600	3,600	5,600	8,000
2d HT	340	1,020	1,700	3,830	5,950	8,500
4d Sta Wag	416	1,248	2,080	4,680	7,280	10,400

1971 LTD

	6	5	4	3	2	1
4d Sed	320	960	1,600	3,600	5,600	8,000
4d HT	324	972	1,620	3,650	5,670	8,100
2d HT	344	1,032	1,720	3,870	6,020	8,600
2d Conv	660	1,980	3,300	7,430	11,550	16,500
4d Ctry Sq Sta Wag	560	1,680	2,800	6,300	9,800	14,000

1971 LTD Brougham, V-8, 121" wb

	6	5	4	3	2	1
4d Sed	324	972	1,620	3,650	5,670	8,100
4d HT	340	1,020	1,700	3,830	5,950	8,500
2d HT	380	1,140	1,900	4,280	6,650	9,500

NOTE: Add 40 percent for 429 engine option.

1972 Pinto

	6	5	4	3	2	1
2d Sed	296	888	1,480	3,330	5,180	7,400
3d HBk	300	900	1,500	3,380	5,250	7,500
2d Sta Wag	304	912	1,520	3,420	5,320	7,600

1972 Maverick

	6	5	4	3	2	1
4d Sed	296	888	1,480	3,330	5,180	7,400
2d Sed	300	900	1,500	3,380	5,250	7,500
2d Grabber Sed	340	1,010	1,680	3,780	5,880	8,400

NOTE: Deduct 20 percent for 6-cyl. Add 20 percent for Spring pkg.

1972 Torino, V-8, 118" wb, 2d 114" wb

	6	5	4	3	2	1
4d Sed	296	888	1,480	3,330	5,180	7,400
2d HT	380	1,140	1,900	4,280	6,650	9,500
4d Sta Wag	348	1,044	1,740	3,920	6,090	8,700

1972 Gran Torino

	6	5	4	3	2	1
4d Pillared HT	300	900	1,500	3,380	5,250	7,500
2d HT	440	1,320	2,200	4,950	7,700	11,000

1972 Gran Torino Sport, V-8

	6	5	4	3	2	1
2d Formal HT	480	1,440	2,400	5,400	8,400	12,000
2d Sports Roof HT	500	1,500	2,500	5,630	8,750	12,500
4d Sta Wag	340	1,020	1,700	3,830	5,950	8,500

1972 Custom, V-8, 121" wb

	6	5	4	3	2	1
4d Sed	304	912	1,520	3,420	5,320	7,600
4d Sta Wag	360	1,080	1,800	4,050	6,300	9,000

1972 Custom 500, V-8, 121" wb

	6	5	4	3	2	1
4d Sed	308	924	1,540	3,470	5,390	7,700
4d Sta Wag	380	1,140	1,900	4,280	6,650	9,500

1972 Galaxie 500, V-8, 121" wb

	6	5	4	3	2	1
4d Sed	312	936	1,560	3,510	5,460	7,800
4d HT	360	1,080	1,800	4,050	6,300	9,000
2d HT	440	1,320	2,200	4,950	7,700	11,000
4d Sta Wag	400	1,200	2,000	4,500	7,000	10,000

1972 LTD, V-8, 121" wb

	6	5	4	3	2	1
4d Sed	316	948	1,580	3,560	5,530	7,900
4d HT	380	1,140	1,900	4,280	6,650	9,500
2d HT	500	1,500	2,500	5,630	8,750	12,500
2d Conv	700	2,100	3,500	7,880	12,250	17,500
4d Sta Wag	408	1,224	2,040	4,590	7,140	10,200

1972 LTD Brougham, V-8, 121" wb

	6	5	4	3	2	1
4d Sed	320	960	1,600	3,600	5,600	8,000
4d HT	388	1,164	1,940	4,370	6,790	9,700
2d HT	520	1,560	2,600	5,850	9,100	13,000

NOTE: Add 40 percent for 429 engine option. Add 30 percent for 460 engine option.

1973 Pinto, 4-cyl.

	6	5	4	3	2	1
2d Sed	212	636	1,060	2,390	3,710	5,300
2d Rbt	216	648	1,080	2,430	3,780	5,400
2d Sta Wag	220	660	1,100	2,480	3,850	5,500

	6	5	4	3	2	1
1973 Maverick, V-8						
2d Sed	224	672	1,120	2,520	3,920	5,600
4d Sed	228	684	1,140	2,570	3,990	5,700
2d Grabber Sed	270	800	1,340	3,020	4,690	6,700
1973 Torino, V-8						
4d Sed	216	648	1,080	2,430	3,780	5,400
2d HT	300	900	1,500	3,380	5,250	7,500
4d Sta Wag	224	672	1,120	2,520	3,920	5,600
1973 Gran Torino, V-8						
4d Pillared HT	220	660	1,100	2,480	3,850	5,500
2d HT	320	960	1,600	3,600	5,600	8,000
4d Sta Wag	268	804	1,340	3,020	4,690	6,700
1973 Gran Torino Sport, V-8						
2d Sports Roof HT	460	1,380	2,300	5,180	8,050	11,500
2d Formal HT	480	1,440	2,400	5,400	8,400	12,000
4d Sq Sta Wag	320	960	1,600	3,600	5,600	8,000
1973 Gran Torino Brgm, V-8						
4d Pillared HT	224	672	1,120	2,520	3,920	5,600
2d HT	460	1,380	2,300	5,180	8,050	11,500
1973 Custom 500, V-8						
4d Pillared HT	224	672	1,120	2,520	3,920	5,600
4d Sta Wag	300	900	1,500	3,380	5,250	7,500
1973 Galaxie 500, V-8						
4d Pillared HT	228	684	1,140	2,570	3,990	5,700
2d HT	288	864	1,440	3,240	5,040	7,200
4d HT	232	696	1,160	2,610	4,060	5,800
4d Sta Wag	320	960	1,600	3,600	5,600	8,000
1973 LTD, V-8						
4d Sed	232	696	1,160	2,610	4,060	5,800
2d HT	300	900	1,500	3,380	5,250	7,500
4d HT	240	720	1,200	2,700	4,200	6,000
4d Sta Wag	340	1,020	1,700	3,830	5,950	8,500
1973 LTD Brgm, V-8						
4d Sed	236	708	1,180	2,660	4,130	5,900
2d HT	320	960	1,600	3,600	5,600	8,000
4d HT	280	840	1,400	3,150	4,900	7,000

NOTE: Add 30 percent for 429 engine option. Add 30 percent for 460 engine option.

	6	5	4	3	2	1
1974 Pinto						
2d Sed	212	636	1,060	2,390	3,710	5,300
3d HBk	216	648	1,080	2,430	3,780	5,400
2d Sta Wag	220	660	1,100	2,480	3,850	5,500
1974 Maverick, V-8						
2d Sed	224	672	1,120	2,520	3,920	5,600
4d Sed	228	684	1,140	2,570	3,990	5,700
2d Grabber Sed	260	770	1,280	2,880	4,480	6,400
1974 Torino, V-8						
4d Sed	224	672	1,120	2,520	3,920	5,600
2d HT	288	864	1,440	3,240	5,040	7,200
4d Sta Wag	260	780	1,300	2,930	4,550	6,500
1974 Gran Torino, V-8						
4d Sed	228	684	1,140	2,570	3,990	5,700
2d HT	304	912	1,520	3,420	5,320	7,600
4d Sta Wag	264	792	1,320	2,970	4,620	6,600
1974 Gran Torino Sport, V-8						
2d HT	324	972	1,620	3,650	5,670	8,100
1974 Gran Torino Brgm, V-8						
4d Sed	232	696	1,160	2,610	4,060	5,800
2d HT	300	900	1,500	3,380	5,250	7,500
1974 Gran Torino Elite, V-8						
2d HT	320	960	1,600	3,600	5,600	8,000
1974 Gran Torino Squire, V-8						
4d Sta Wag	284	852	1,420	3,200	4,970	7,100
1974 Custom 500						
4d Sed	220	660	1,100	2,480	3,850	5,500
4d Sta Wag	280	840	1,400	3,150	4,900	7,000
1974 Galaxie 500, V-8						
4d Sed	224	672	1,120	2,520	3,920	5,600
2d HT	248	744	1,240	2,790	4,340	6,200
4d HT	236	708	1,180	2,660	4,130	5,900
4d Sta Wag	284	852	1,420	3,200	4,970	7,100
1974 LTD, V-8						
2d HT	260	780	1,300	2,930	4,550	6,500
4d Sed	228	684	1,140	2,570	3,990	5,700

	6	5	4	3	2	1
4d HT	240	720	1,200	2,700	4,200	6,000
4d Sta Wag	320	960	1,600	3,600	5,600	8,000

1974 LTD Brgm, V-8
	6	5	4	3	2	1
4d Sed	228	684	1,140	2,570	3,990	5,700
2d HT	280	840	1,400	3,150	4,900	7,000
4d HT	260	780	1,300	2,930	4,550	6,500

NOTE: Add 30 percent for 460 engine option.

1975 Pinto
	6	5	4	3	2	1
2d Sed	220	660	1,100	2,480	3,850	5,500
3d HBk	224	672	1,120	2,520	3,920	5,600
2d Sta Wag	240	720	1,200	2,700	4,200	6,000

1975 Maverick
	6	5	4	3	2	1
2d Sed	240	720	1,200	2,700	4,200	6,000
4d Sed	236	708	1,180	2,660	4,130	5,900
2d Grabber Sed	260	790	1,320	2,970	4,620	6,600

1975 Torino
	6	5	4	3	2	1
2d Cpe	240	720	1,200	2,700	4,200	6,000
4d Sed	220	660	1,100	2,480	3,850	5,500
4d Sta Wag	224	672	1,120	2,520	3,920	5,600

1975 Gran Torino
	6	5	4	3	2	1
2d Cpe	244	732	1,220	2,750	4,270	6,100
4d Sed	228	684	1,140	2,570	3,990	5,700
4d Sta Wag	232	696	1,160	2,610	4,060	5,800

1975 Gran Torino Brougham
	6	5	4	3	2	1
2d Cpe	252	756	1,260	2,840	4,410	6,300
4d Sed	248	744	1,240	2,790	4,340	6,200

1975 Gran Torino Sport
	6	5	4	3	2	1
2d HT	260	780	1,300	2,930	4,550	6,500

1975 Torino Squire
	6	5	4	3	2	1
4d Sta Wag	280	840	1,400	3,150	4,900	7,000

1975 Elite
	6	5	4	3	2	1
2d HT	280	840	1,400	3,150	4,900	7,000

1975 Granada
	6	5	4	3	2	1
2d Cpe	212	636	1,060	2,390	3,710	5,300
4d Sed	188	564	940	2,120	3,290	4,700
2d Ghia Cpe	224	672	1,120	2,520	3,920	5,600
4d Ghia Sed	220	660	1,100	2,480	3,850	5,500

1975 Custom 500
	6	5	4	3	2	1
4d Sed	224	672	1,120	2,520	3,920	5,600
4d Sta Wag	228	684	1,140	2,570	3,990	5,700

1975 LTD
	6	5	4	3	2	1
2d Cpe	236	708	1,180	2,660	4,130	5,900
4d Sed	228	684	1,140	2,570	3,990	5,700

1975 LTD Brougham
	6	5	4	3	2	1
2d Cpe	240	720	1,200	2,700	4,200	6,000
4d Sed	232	696	1,160	2,610	4,060	5,800

1975 LTD Landau
	6	5	4	3	2	1
2d Cpe	248	744	1,240	2,790	4,340	6,200
4d Sed	236	708	1,180	2,660	4,130	5,900

1975 LTD Station Wagon
	6	5	4	3	2	1
4d Sta Wag	268	804	1,340	3,020	4,690	6,700
4d Ctry Sq	288	864	1,440	3,240	5,040	7,200

NOTE: Add 30 percent for 460 engine option.

1976 Pinto, 4-cyl.
	6	5	4	3	2	1
2d Sed	200	600	1,000	2,250	3,500	5,000
2d Rbt	204	612	1,020	2,300	3,570	5,100
2d Sta Wag	208	624	1,040	2,340	3,640	5,200
2d Sq Wag	212	636	1,060	2,390	3,710	5,300

NOTE: Add 10 percent for V-6.

1976 Maverick, V-8
	6	5	4	3	2	1
4d Sed	192	576	960	2,160	3,360	4,800
2d Sed	196	588	980	2,210	3,430	4,900

NOTE: Deduct 5 percent for 6-cyl.

1976 Torino, V-8
	6	5	4	3	2	1
4d Sed	200	600	1,000	2,250	3,500	5,000
2d HT	204	612	1,020	2,300	3,570	5,100

1976 Gran Torino, V-8
	6	5	4	3	2	1
4d Sed	204	612	1,020	2,300	3,570	5,100
2d HT	208	624	1,040	2,340	3,640	5,200

NOTE: Add 20 percent for "Starsky & Hutch" Ed.

	6	5	4	3	2	1
1976 Gran Torino Brougham, V-8						
4d Sed	208	624	1,040	2,340	3,640	5,200
2d HT	212	636	1,060	2,390	3,710	5,300
1976 Station Wagons, V-8						
4d 2S Torino	240	720	1,200	2,700	4,200	6,000
4d 2S Gran Torino	244	732	1,220	2,750	4,270	6,100
4d 2S Gran Torino Sq.	250	740	1,240	2,790	4,340	6,200
1976 Granada, V-8						
4d Sed	188	564	940	2,120	3,290	4,700
2d Sed	212	636	1,060	2,390	3,710	5,300
1976 Granada Ghia, V-8						
4d Sed	220	660	1,100	2,480	3,850	5,500
2d Sed	224	672	1,120	2,520	3,920	5,600
1976 Elite, V-8						
2d HT	208	624	1,040	2,340	3,640	5,200
1976 Custom, V-8						
4d Sed	196	588	980	2,210	3,430	4,900
1976 LTD, V-8						
4d Sed	204	612	1,020	2,300	3,570	5,100
2d Sed	212	636	1,060	2,390	3,710	5,300
1976 LTD Brougham, V-8						
4d Sed	212	636	1,060	2,390	3,710	5,300
2d Sed	220	660	1,100	2,480	3,850	5,500
1976 LTD Landau, V-8						
4d Sed	220	660	1,100	2,480	3,850	5,500
2d Sed	228	684	1,140	2,570	3,990	5,700
1976 Station Wagons, V-8						
4d Ranch Wag	256	768	1,280	2,880	4,480	6,400
4d LTD Wag	268	804	1,340	3,020	4,690	6,700
4d Ctry Sq Wag	288	864	1,440	3,240	5,040	7,200
1977 Pinto, 4-cyl.						
2d Sed	204	612	1,020	2,300	3,570	5,100
2d Rbt	208	624	1,040	2,340	3,640	5,200
2d Sta Wag	228	684	1,140	2,570	3,990	5,700
2d Sq Wag	232	696	1,160	2,610	4,060	5,800

NOTE: Add 5 percent for V-6.

	6	5	4	3	2	1
1977 Maverick, V-8						
4d Sed	196	588	980	2,210	3,430	4,900
2d Sed	200	600	1,000	2,250	3,500	5,000

NOTE: Deduct 5 percent for 6-cyl.

	6	5	4	3	2	1
1977 Granada, V-8						
4d Sed	188	564	940	2,120	3,290	4,700
2d Sed	212	636	1,060	2,390	3,710	5,300
1977 Granada Ghia, V-8						
4d Sed	220	660	1,100	2,480	3,850	5,500
2d Sed	224	672	1,120	2,520	3,920	5,600
1977 LTD II "S", V-8						
4d Sed	132	396	660	1,490	2,310	3,300
2d Sed	136	408	680	1,530	2,380	3,400
1977 LTD II, V-8						
4d Sed	136	408	680	1,530	2,380	3,400
2d Sed	140	420	700	1,580	2,450	3,500
1977 LTD II Brougham, V-8						
4d Sed	144	432	720	1,620	2,520	3,600
2d Sed	148	444	740	1,670	2,590	3,700
1977 Station Wagons, V-8						
4d 2S LTD II	200	550	900	2,030	3,150	4,500
4d 3S LTD II	200	550	900	2,070	3,200	4,600
4d 3S LTD II Sq	200	600	950	2,160	3,350	4,800
1977 LTD, V-8						
4d Sed	208	624	1,040	2,340	3,640	5,200
2d Sed	212	636	1,060	2,390	3,710	5,300
1977 LTD Landau, V-8						
4d Sed	216	648	1,080	2,430	3,780	5,400
2d Sed	220	660	1,100	2,480	3,850	5,500
1977 Station Wagons, V-8						
4d 2S LTD	292	876	1,460	3,290	5,110	7,300
4d 3S LTD	296	888	1,480	3,330	5,180	7,400
4d 3S Ctry Sq	300	900	1,500	3,380	5,250	7,500
1978 Fiesta						
2d HBk	112	336	560	1,260	1,960	2,800

	6	5	4	3	2	1
1978 Pinto						
2d Sed	200	600	1,000	2,250	3,500	5,000
3d Rbt	204	612	1,020	2,300	3,570	5,100
2d Sta Wag	224	672	1,120	2,520	3,920	5,600
2d Sq Wag	228	684	1,140	2,570	3,990	5,700
1978 Fairmont						
4d Sed	124	372	620	1,400	2,170	3,100
2d Sed	120	360	600	1,350	2,100	3,000
2d Cpe Futura	150	450	700	1,620	2,500	3,600
4d Sta Wag	150	400	700	1,580	2,450	3,500
1978 Granada						
4d Sed	188	564	940	2,120	3,290	4,700
2d Sed	212	636	1,060	2,390	3,710	5,300
1978 LTD II "S"						
4d Sed	100	350	600	1,400	2,150	3,100
2d Cpe	100	350	600	1,350	2,100	3,000
1978 LTD II						
4d Sed	128	384	640	1,440	2,240	3,200
2d Cpe	124	372	620	1,400	2,170	3,100
1978 LTD II Brougham						
4d Sed	132	396	660	1,490	2,310	3,300
2d Cpe	128	384	640	1,440	2,240	3,200
1978 LTD						
4d Sed	208	624	1,040	2,340	3,640	5,200
2d Cpe	212	636	1,060	2,390	3,710	5,300
4d 2S Sta Wag	292	876	1,460	3,290	5,110	7,300
1978 LTD Landau						
4d Sed	216	648	1,080	2,430	3,780	5,400
2d Cpe	220	660	1,100	2,480	3,850	5,500
1979 Fiesta, 4-cyl.						
3d HBk	116	348	580	1,310	2,030	2,900
1979 Pinto, V-6						
2d Sed	150	450	800	1,760	2,750	3,900
2d Rbt	150	500	800	1,800	2,800	4,000
2d Sta Wag	200	550	900	2,030	3,150	4,500
2d Sq Wag	200	550	900	2,070	3,200	4,600
NOTE: Deduct 5 percent for 4-cyl.						
1979 Fairmont, 6-cyl.						
4d Sed	128	384	640	1,440	2,240	3,200
2d Sed	124	372	620	1,400	2,170	3,100
2d Cpe	144	432	720	1,620	2,520	3,600
4d Sta Wag	132	396	660	1,490	2,310	3,300
4d Sq Wag	136	408	680	1,530	2,380	3,400
NOTE: Deduct 5 percent for 4-cyl. Add 5 percent for V-8.						
1979 Granada, V-8						
4d Sed	150	500	850	1,940	3,000	4,300
2d Sed	150	450	750	1,670	2,600	3,700
NOTE: Deduct 5 percent for 6-cyl.						
1979 LTD II, V-8						
4d Sed	128	384	640	1,440	2,240	3,200
2d Sed	124	372	620	1,400	2,170	3,100
1979 LTD II Brougham, V-8						
4d Sed	132	396	660	1,490	2,310	3,300
2d Sed	128	384	640	1,440	2,240	3,200
1979 LTD, V-8						
4d Sed	144	432	720	1,620	2,520	3,600
2d Sed	136	408	680	1,530	2,380	3,400
4d 2S Sta Wag	140	420	700	1,580	2,450	3,500
4d 3S Sta Wag	144	432	720	1,620	2,520	3,600
4d 2S Sq Wag	148	444	740	1,670	2,590	3,700
4d 3S Sq Wag	152	456	760	1,710	2,660	3,800
1979 LTD Landau						
4d Sed	152	456	760	1,710	2,660	3,800
2d Sed	144	432	720	1,620	2,520	3,600
1980 Fiesta, 4-cyl.						
2d HBk	124	372	620	1,400	2,170	3,100
1980 Pinto, 4-cyl.						
2d Cpe Pony	150	450	750	1,670	2,600	3,700
2d Sta Wag Pony	150	450	800	1,760	2,750	3,900
2d Cpe	150	450	750	1,710	2,650	3,800
2d HBk	150	450	750	1,710	2,650	3,800
2d Sta Wag	200	550	900	1,980	3,100	4,400
2d Sta Wag Sq	200	550	900	2,030	3,150	4,500

	6	5	4	3	2	1
1980 Fairmont, 6-cyl.						
4d Sed	136	408	680	1,530	2,380	3,400
2d Sed	132	396	660	1,490	2,310	3,300
4d Sed Futura	144	432	720	1,620	2,520	3,600
2d Cpe Futura	164	492	820	1,850	2,870	4,100
4d Sta Wag	152	456	760	1,710	2,660	3,800

NOTE: Deduct 10 percent for 4-cyl. Add 12 percent for V-8.

	6	5	4	3	2	1
1980 Granada, V-8						
4d Sed	156	468	780	1,760	2,730	3,900
2d Sed	152	456	760	1,710	2,660	3,800
4d Sed Ghia	164	492	820	1,850	2,870	4,100
2d Sed Ghia	160	480	800	1,800	2,800	4,000
4d Sed ESS	168	504	840	1,890	2,940	4,200
2d Sed ESS	164	492	820	1,850	2,870	4,100

NOTE: Deduct 10 percent for 6-cyl.

	6	5	4	3	2	1
1980 LTD, V-8						
4d Sed S	168	504	840	1,890	2,940	4,200
4d Sta Wag	176	528	880	1,980	3,080	4,400
4d Sed	172	516	860	1,940	3,010	4,300
2d Sed	168	504	840	1,890	2,940	4,200
4d Sta Wag	180	540	900	2,030	3,150	4,500
4d Sta Wag CS	188	564	940	2,120	3,290	4,700

	6	5	4	3	2	1
1980 LTD Crown Victoria, V-8						
4d Sed	184	552	920	2,070	3,220	4,600
2d Sed	180	540	900	2,030	3,150	4,500

	6	5	4	3	2	1
1981 Escort, 4-cyl.						
2d HBk SS	144	432	720	1,620	2,520	3,600
4d HBk SS	148	444	740	1,670	2,590	3,700

NOTE: Deduct 5 percent for lesser models.

	6	5	4	3	2	1
1981 Fairmont, 6-cyl.						
2d Sed S	136	408	680	1,530	2,380	3,400
4d Sed	140	420	700	1,580	2,450	3,500
2d Sed	140	420	700	1,580	2,450	3,500
4d Futura	144	432	720	1,620	2,520	3,600
2d Cpe Futura	168	504	840	1,890	2,940	4,200
4d Sta Wag	156	468	780	1,760	2,730	3,900
4d Sta Wag Futura	160	480	800	1,800	2,800	4,000

NOTE: Deduct 10 percent for 4-cyl. Add 12 percent for V-8.

	6	5	4	3	2	1
1981 Granada, 6-cyl.						
4d Sed GLX	160	480	800	1,800	2,800	4,000
2d Sed GLX	156	468	780	1,760	2,730	3,900

NOTE: Deduct 5 percent for lesser models. Deduct 10 percent for 4-cyl. Add 12 percent for V-8.

	6	5	4	3	2	1
1981 LTD, V-8						
4d Sed S	172	516	860	1,940	3,010	4,300
4d Sta Wag S	180	540	900	2,030	3,150	4,500
4d Sed	176	528	880	1,980	3,080	4,400
2d Sed	172	516	860	1,940	3,010	4,300
4d Sta Wag	184	552	920	2,070	3,220	4,600
4d Sta Wag CS	192	576	960	2,160	3,360	4,800

	6	5	4	3	2	1
1981 LTD Crown Victoria, V-8						
4d Sed	192	576	960	2,160	3,360	4,800
2d Sed	188	564	940	2,120	3,290	4,700

NOTE: Deduct 15 percent for 6-cyl.

	6	5	4	3	2	1
1982 Escort, 4-cyl.						
2d HBk GLX	144	432	720	1,620	2,520	3,600
4d HBk GLX	148	444	740	1,670	2,590	3,700
4d Sta Wag GLX	152	456	760	1,710	2,660	3,800
2d HBk GT	156	468	780	1,760	2,730	3,900

NOTE: Deduct 5 percent for lesser models.

	6	5	4	3	2	1
1982 EXP, 4-cyl.						
2d Cpe	180	540	900	2,030	3,150	4,500

	6	5	4	3	2	1
1982 Fairmont Futura, 4-cyl.						
4d Sed	120	360	600	1,350	2,100	3,000
2d Sed	116	348	580	1,310	2,030	2,900
2d Cpe Futura	132	396	660	1,490	2,310	3,300

	6	5	4	3	2	1
1982 Fairmont Futura, 6-cyl.						
4d Sed	148	444	740	1,670	2,590	3,700
2d Cpe Futura	172	516	860	1,940	3,010	4,300

	6	5	4	3	2	1
1982 Granada, 6-cyl.						
4d Sed GLX	164	492	820	1,850	2,870	4,100
2d Sed GLX	160	480	800	1,800	2,800	4,000

NOTE: Deduct 10 percent for 4-cyl. Deduct 5 percent for lesser models.

	6	5	4	3	2	1
1982 Granada Wagon, 6-cyl.						
4d Sta Wag GL	172	516	860	1,940	3,010	4,300
1982 LTD, V-8						
4d Sed S	176	528	880	1,980	3,080	4,400
4d Sed	180	540	900	2,030	3,150	4,500
2d Sed	176	528	880	1,980	3,080	4,400
1982 LTD Crown Victoria, V-8						
4d Sed	196	588	980	2,210	3,430	4,900
2d Sed	192	576	960	2,160	3,360	4,800
1982 LTD Station Wagon, V-8						
4d Sta Wag S	184	552	920	2,070	3,220	4,600
4d Sta Wag	188	564	940	2,120	3,290	4,700
4d Sta Wag CS	196	588	980	2,210	3,430	4,900

NOTE: Deduct 15 percent for V-6.

	6	5	4	3	2	1
1983 Escort, 4-cyl.						
2d HBk GLX	144	432	720	1,620	2,520	3,600
4d HBk GLX	148	444	740	1,670	2,590	3,700
4d Sta Wag GLX	152	456	760	1,710	2,660	3,800
2d HBk GT	148	444	740	1,670	2,590	3,700

NOTE: Deduct 5 percent for lesser models.

	6	5	4	3	2	1
1983 EXP, 4-cyl.						
2d Cpe	180	540	900	2,030	3,150	4,500
1983 Fairmont Futura, 6-cyl.						
4d Sed	148	444	740	1,670	2,590	3,700
2d Sed	144	432	720	1,620	2,520	3,600
2d Cpe	172	516	860	1,940	3,010	4,300

NOTE: Deduct 5 percent for 4-cyl.

	6	5	4	3	2	1
1983 LTD, 6-cyl.						
4d Sed	168	504	840	1,890	2,940	4,200
4d Sed Brgm	176	528	880	1,980	3,080	4,400
4d Sta Wag	184	552	920	2,070	3,220	4,600

NOTE: Deduct 10 percent for 4-cyl.

	6	5	4	3	2	1
1983 LTD Crown Victoria, V-8						
4d Sed	200	600	1,000	2,250	3,500	5,000
2d Sed	196	588	980	2,210	3,430	4,900
4d Sta Wag	204	612	1,020	2,300	3,570	5,100
1984 Escort, 4-cyl.						
4d HBk LX	140	420	700	1,580	2,450	3,500
2d HBk LX	140	420	700	1,580	2,450	3,500
4d Sta Wag LX	144	432	720	1,620	2,520	3,600
2d HBk GT	144	432	720	1,620	2,520	3,600
2d HBk Turbo GT	152	456	760	1,710	2,660	3,800

NOTE: Deduct 5 percent for lesser models.

	6	5	4	3	2	1
1984 EXP, 4-cyl.						
2d Cpe	160	480	800	1,800	2,800	4,000
2d Cpe L	168	504	840	1,890	2,940	4,200
2d Cpe Turbo	184	552	920	2,070	3,220	4,600
1984 Tempo, 4-cyl.						
2d Sed GLX	140	420	700	1,580	2,450	3,500
4d Sed GLX	140	420	700	1,580	2,450	3,500

NOTE: Deduct 5 percent for lesser models.

	6	5	4	3	2	1
1984 LTD, V-6						
4d Sed	168	504	840	1,890	2,940	4,200
4d Sed Brgm	172	516	860	1,940	3,010	4,300
4d Sta Wag	172	516	860	1,940	3,010	4,300
4d Sed LX, (V-8)	184	552	920	2,070	3,220	4,600

NOTE: Deduct 8 percent for 4-cyl.

	6	5	4	3	2	1
1984 LTD Crown Victoria, V-8						
4d Sed S	188	564	940	2,120	3,290	4,700
4d Sed	196	588	980	2,210	3,430	4,900
2d Sed	196	588	980	2,210	3,430	4,900
4d Sta Wag S	200	600	1,000	2,250	3,500	5,000
4d Sta Wag	204	612	1,020	2,300	3,570	5,100
4d Sta Wag Sq	208	624	1,040	2,340	3,640	5,200
1985 Escort, 4-cyl.						
4d HBk LX	144	432	720	1,620	2,520	3,600
4d Sta Wag LX	144	432	720	1,620	2,520	3,600
2d HBk GT	148	444	740	1,670	2,590	3,700
2d HBk Turbo GT	156	468	780	1,760	2,730	3,900

NOTE: Deduct 5 percent for lesser models.

	6	5	4	3	2	1
1985 EXP, 4-cyl.						
2d Cpe HBk	164	492	820	1,850	2,870	4,100

	6	5	4	3	2	1
2d Cpe HBk Luxury	172	516	860	1,940	3,010	4,300
2d Cpe HBk Turbo	188	564	940	2,120	3,290	4,700

NOTE: Deduct 20 percent for diesel.

1985 Tempo, 4-cyl.

	6	5	4	3	2	1
2d Sed GLX	140	420	700	1,580	2,450	3,500
4d Sed GLX	140	420	700	1,580	2,450	3,500

NOTE: Deduct 5 percent for lesser models. Deduct 20 percent for diesel.

1985 LTD

	6	5	4	3	2	1
4d V-6 Sed	172	516	860	1,940	3,010	4,300
4d V-6 Sed Brgm	176	528	880	1,980	3,080	4,400
4d V-6 Sta Wag	176	528	880	1,980	3,080	4,400
4d V-8 Sed LX	188	564	940	2,120	3,290	4,700

NOTE: Deduct 20 percent for 4-cyl. where available.

1985 LTD Crown Victoria, V-8

	6	5	4	3	2	1
4d Sed S	192	576	960	2,160	3,360	4,800
4d Sed	200	600	1,000	2,250	3,500	5,000
2d Sed	196	588	980	2,210	3,430	4,900
4d Sta Wag S	204	612	1,020	2,300	3,570	5,100
4d Sta Wag	208	624	1,040	2,340	3,640	5,200
4d Sta Wag Ctry Sq	216	648	1,080	2,430	3,780	5,400

1986 Escort

	6	5	4	3	2	1
2d HBk	144	432	720	1,620	2,520	3,600
4d HBk	140	420	700	1,580	2,450	3,500
4d Sta Wag	148	444	740	1,670	2,590	3,700
2d GT HBk	160	480	800	1,800	2,800	4,000

1986 EXP

	6	5	4	3	2	1
2d Cpe	184	552	920	2,070	3,220	4,600

1986 Tempo

	6	5	4	3	2	1
2d Sed	144	432	720	1,620	2,520	3,600
4d Sed	144	432	720	1,620	2,520	3,600

1986 Taurus

	6	5	4	3	2	1
4d Sed	188	564	940	2,120	3,290	4,700
4d Sta Wag	192	576	960	2,160	3,360	4,800

1986 LTD

	6	5	4	3	2	1
4d Sed	208	624	1,040	2,340	3,640	5,200
4d Brgm Sed	208	624	1,040	2,340	3,640	5,200
4d Sta Wag	216	648	1,080	2,430	3,780	5,400

1986 LTD Crown Victoria

	6	5	4	3	2	1
2d Sed	216	648	1,080	2,430	3,780	5,400
4d Sed	216	648	1,080	2,430	3,780	5,400
4d Sta Wag	220	660	1,100	2,480	3,850	5,500

NOTE: Add 10 percent for deluxe models. Deduct 5 percent for smaller engines.

1987 Escort, 4-cyl.

	6	5	4	3	2	1
2d HBk Pony	148	444	740	1,670	2,590	3,700
2d HBk GL	152	456	760	1,710	2,660	3,800
4d HBk GL	156	468	780	1,760	2,730	3,900
4d Sta Wag GL	156	468	780	1,760	2,730	3,900
2d HBk GT	160	480	800	1,800	2,800	4,000

1987 EXP, 4-cyl.

	6	5	4	3	2	1
2d HBk LX	188	564	940	2,120	3,290	4,700
2d HBk Spt	192	576	960	2,160	3,360	4,800

1987 Tempo

	6	5	4	3	2	1
2d Sed GL	148	444	740	1,670	2,590	3,700
4d Sed GL	152	456	760	1,710	2,660	3,800
2d Sed GL Spt	152	456	760	1,710	2,660	3,800
4d Sed GL Spt	156	468	780	1,760	2,730	3,900
2d Sed LX	156	468	780	1,760	2,730	3,900
4d Sed LX	160	480	800	1,800	2,800	4,000
2d Sed 4WD	180	540	900	2,030	3,150	4,500
4d Sed 4WD	184	552	920	2,070	3,220	4,600

1987 Taurus, 4-cyl.

	6	5	4	3	2	1
4d Sed	192	576	960	2,160	3,360	4,800
4d Sta Wag	196	588	980	2,210	3,430	4,900

1987 Taurus, V-6

	6	5	4	3	2	1
4d Sed L	196	588	980	2,210	3,430	4,900
4d Sta Wag L	200	600	1,000	2,250	3,500	5,000
4d Sed GL	200	600	1,000	2,250	3,500	5,000
4d Sta Wag GL	204	612	1,020	2,300	3,570	5,100
4d Sed LX	204	612	1,020	2,300	3,570	5,100
4d Sta Wag LX	208	624	1,040	2,340	3,640	5,200

1987 LTD Crown Victoria, V-8

	6	5	4	3	2	1
4d Sed S	220	660	1,100	2,480	3,850	5,500
4d Sta Wag S	224	672	1,120	2,520	3,920	5,600

	6	5	4	3	2	1
4d Sed	224	672	1,120	2,520	3,920	5,600
2d Cpe	220	660	1,100	2,480	3,850	5,500
4d Sta Wag	224	672	1,120	2,520	3,920	5,600
4d Sta Wag Ctry Sq	230	700	1,160	2,610	4,060	5,800
4d Sed LX	228	684	1,140	2,570	3,990	5,700
2d Cpe LX	224	672	1,120	2,520	3,920	5,600
4d Sta Wag LX	228	684	1,140	2,570	3,990	5,700
4d Sta Wag Ctry Sq LX	240	710	1,180	2,660	4,130	5,900
1988 Festiva, 4-cyl.						
2d HBk L	92	276	460	1,040	1,610	2,300
2d HBk L Plus	100	300	500	1,130	1,750	2,500
2d HBk LX	116	348	580	1,310	2,030	2,900
1988 Escort, 4-cyl.						
2d HBk Pony	88	264	440	990	1,540	2,200
2d HBk GL	100	300	500	1,130	1,750	2,500
4d HBk GL	104	312	520	1,170	1,820	2,600
4d Sta Wag GL	116	348	580	1,310	2,030	2,900
2d HBk GT	140	420	700	1,580	2,450	3,500
2d HBk LX	112	336	560	1,260	1,960	2,800
4d HBk LX	116	348	580	1,310	2,030	2,900
4d Sta Wag LX	124	372	620	1,400	2,170	3,100
1988 EXP, 4-cyl.						
2d HBk	120	360	600	1,350	2,100	3,000
1988 Tempo, 4-cyl.						
2d Sed GL	132	396	660	1,490	2,310	3,300
4d Sed GL	140	420	700	1,580	2,450	3,500
2d Sed GLS	140	420	700	1,580	2,450	3,500
4d Sed GLS	144	432	720	1,620	2,520	3,600
4d Sed LX	148	444	740	1,670	2,590	3,700
4d Sed 4x4	180	540	900	2,030	3,150	4,500
1988 Taurus, 4-cyl., V-6						
4d Sed	168	504	840	1,890	2,940	4,200
4d Sed L	176	528	880	1,980	3,080	4,400
4d Sta Wag L	184	552	920	2,070	3,220	4,600
4d Sed GL	180	540	900	2,030	3,150	4,500
4d Sta Wag GL	200	600	1,000	2,250	3,500	5,000
4d Sed LX	220	660	1,100	2,480	3,850	5,500
4d Sta Wag LX	228	684	1,140	2,570	3,990	5,700
1988 LTD Crown Victoria, V-8						
4d Sed	204	612	1,020	2,300	3,570	5,100
4d Sta Wag	212	636	1,060	2,390	3,710	5,300
4d Ctry Sq Sta Wag	230	700	1,160	2,610	4,060	5,800
4d Sed S	212	636	1,060	2,390	3,710	5,300
4d Sed LX	216	648	1,080	2,430	3,780	5,400
4d Sta Wag LX	220	660	1,100	2,480	3,850	5,500
4d Ctry Sq Sta Wag	240	720	1,200	2,700	4,200	6,000
1989 Festiva, 4-cyl.						
2d HBk L	128	384	640	1,440	2,240	3,200
2d HBk L Plus	132	396	660	1,490	2,310	3,300
2d HBk LX	136	408	680	1,530	2,380	3,400
1989 Escort, 4-cyl.						
2d HBk Pony	132	396	660	1,490	2,310	3,300
2d HBk LX	136	408	680	1,530	2,380	3,400
2d HBk GT	152	456	760	1,710	2,660	3,800
4d HBk LX	140	420	700	1,580	2,450	3,500
4d Sta Wag LX	144	432	720	1,620	2,520	3,600
1989 Tempo, 4-cyl.						
2d Sed GL	140	420	700	1,580	2,450	3,500
4d Sed GL	144	432	720	1,620	2,520	3,600
2d Sed GLS	152	456	760	1,710	2,660	3,800
4d Sed GLS	156	468	780	1,760	2,730	3,900
4d Sed LX	168	504	840	1,890	2,940	4,200
4d Sed 4x4	192	576	960	2,160	3,360	4,800
1989 Probe, 4-cyl.						
2d GL HBk	200	600	1,000	2,250	3,500	5,000
2d LX HBk	220	660	1,100	2,480	3,850	5,500
2d GT Turbo HBk	240	720	1,200	2,700	4,200	6,000
1989 Taurus, 4-cyl.						
4d Sed L	184	552	920	2,070	3,220	4,600
4d Sed GL	188	564	940	2,120	3,290	4,700
1989 V-6						
4d Sed L	192	576	960	2,160	3,360	4,800
4d Sta Wag L	200	600	1,000	2,250	3,500	5,000
4d Sed GL	204	612	1,020	2,300	3,570	5,100
4d Sta Wag GL	240	720	1,200	2,700	4,200	6,000
4d Sed LX	232	696	1,160	2,610	4,060	5,800

	6	5	4	3	2	1
4d Sta Wag LX	360	1,080	1,800	4,050	6,300	9,000
4d Sed SHO	400	1,200	2,000	4,500	7,000	10,000
1989 LTD Crown Victoria, V-8						
4d Sed S	220	660	1,100	2,480	3,850	5,500
4d Sed	228	684	1,140	2,570	3,990	5,700
4d Sed LX	252	756	1,260	2,840	4,410	6,300
4d Sta Wag	256	768	1,280	2,880	4,480	6,400
4d Sta Wag LX	260	780	1,300	2,930	4,550	6,500
4d Ctry Sq Sta Wag	260	790	1,320	2,970	4,620	6,600
4d Ctry Sq LX Sta Wag	270	800	1,340	3,020	4,690	6,700
1990 Festiva, 4-cyl.						
2d	112	336	560	1,260	1,960	2,800
2d L	120	360	600	1,350	2,100	3,000
2d LX	140	420	700	1,580	2,450	3,500
1990 Escort, 4-cyl.						
2d Pony HBk	120	360	600	1,350	2,100	3,000
2d LX HBk	140	420	700	1,580	2,450	3,500
4d LX HBk	144	432	720	1,620	2,520	3,600
4d LX Sta Wag	152	456	760	1,710	2,660	3,800
2d GT HBk	164	492	820	1,850	2,870	4,100
1990 Tempo, 4-cyl.						
2d GL Sed	144	432	720	1,620	2,520	3,600
4d GL Sed	148	444	740	1,670	2,590	3,700
2d GLS Sed	160	480	800	1,800	2,800	4,000
4d GLS Sed	164	492	820	1,850	2,870	4,100
4d LX Sed	168	504	840	1,890	2,940	4,200
4d Sed 4x4	220	660	1,100	2,480	3,850	5,500
1990 Probe						
2d GL HBk, 4-cyl.	220	660	1,100	2,480	3,850	5,500
2d LX HBk, V-6	260	780	1,300	2,930	4,550	6,500
2d GT HBk, Turbo	360	1,080	1,800	4,050	6,300	9,000
1990 Taurus, 4-cyl.						
4d L Sed	160	480	800	1,800	2,800	4,000
4d GL Sed	168	504	840	1,890	2,940	4,200
1990 V-6						
4d L Sed	188	564	940	2,120	3,290	4,700
4d L Sta Wag	200	600	1,000	2,250	3,500	5,000
4d GL Sed	196	588	980	2,210	3,430	4,900
4d GL Sta Wag	208	624	1,040	2,340	3,640	5,200
4d LX Sed	232	696	1,160	2,610	4,060	5,800
4d LX Sta Wag	256	768	1,280	2,880	4,480	6,400
4d SHO Sed	360	1,080	1,800	4,050	6,300	9,000
1990 LTD Crown Victoria, V-8						
4d S Sed	220	660	1,100	2,480	3,850	5,500
4d Sed	240	720	1,200	2,700	4,200	6,000
4d LX Sed	260	780	1,300	2,930	4,550	6,500
4d Sta Wag	232	696	1,160	2,610	4,060	5,800
4d LX Sta Wag	248	744	1,240	2,790	4,340	6,200
4d Ctry Sq Sta Wag	260	780	1,300	2,930	4,550	6,500
4d LX Ctry Sq Sta Wag	270	820	1,360	3,060	4,760	6,800
1991 Festiva, 4-cyl.						
2d HBk	124	372	620	1,400	2,170	3,100
2d GL HBk	132	396	660	1,490	2,310	3,300
1991 Escort, 4-cyl.						
2d Pony HBk	140	420	700	1,580	2,450	3,500
2d LX HBk	148	444	740	1,670	2,590	3,700
4d LX HBk	148	444	740	1,670	2,590	3,700
4d LX Sta Wag	156	468	780	1,760	2,730	3,900
2d GT HBk	164	492	820	1,850	2,870	4,100
1991 Tempo, 4-cyl.						
2d L Sed	144	432	720	1,620	2,520	3,600
4d L Sed	144	432	720	1,620	2,520	3,600
2d GL Sed	152	456	760	1,710	2,660	3,800
4d GL Sed	152	456	760	1,710	2,660	3,800
2d GLS Sed	160	480	800	1,800	2,800	4,000
4d GLS Sed	160	480	800	1,800	2,800	4,000
4d LX Sed	168	504	840	1,890	2,940	4,200
4d Sed 4x4	200	600	1,000	2,250	3,500	5,000
1991 Probe, 4-cyl.						
2d GL HBk	188	564	940	2,120	3,290	4,700
2d LX HBk	220	660	1,100	2,480	3,850	5,500
2d GT HBk Turbo	240	720	1,200	2,700	4,200	6,000
1991 Taurus, 4-cyl.						
4d L Sed	144	432	720	1,620	2,520	3,600
4d GL Sed	152	456	760	1,710	2,660	3,800

1957 Ford Country Sedan nine-passenger station wagon

1962 Ford Galaxie 500 two-door hardtop

1968 Ford Country Squire station wagon

	6	5	4	3	2	1
1991 Taurus, V-6						
4d L Sed	152	456	760	1,710	2,660	3,800
4d L Sta Wag	180	540	900	2,030	3,150	4,500
4d GL Sed	168	504	840	1,890	2,940	4,200
4d GL Sta Wag	220	660	1,100	2,480	3,850	5,500
4d LX Sed	208	624	1,040	2,340	3,640	5,200
4d LX Sta Wag	260	780	1,300	2,930	4,550	6,500
4d SHO Sed	380	1,140	1,900	4,280	6,650	9,500
1991 LTD Crown Victoria, V-8						
4d S Sed	180	540	900	2,030	3,150	4,500
4d Sed	220	660	1,100	2,480	3,850	5,500
4d LX Sed	240	720	1,200	2,700	4,200	6,000
4d 3S Sta Wag	196	588	980	2,210	3,430	4,900
4d 2S Sta Wag	236	708	1,180	2,660	4,130	5,900
4d LX 3S Sta Wag	256	768	1,280	2,880	4,480	6,400
4d Ctry Sq 3S Sta Wag	210	620	1,040	2,340	3,640	5,200
4d Ctry Sq 2S Sta Wag	250	740	1,240	2,790	4,340	6,200
4d Ctry Sq LX 3S Sta Wag	250	800	1,350	3,020	4,700	6,700
1992 Festiva, 4-cyl.						
2d L HBk	140	420	700	1,580	2,450	3,500
2d GL HBk	152	456	760	1,710	2,660	3,800
1992 Escort, 4-cyl.						
2d HBk	168	504	840	1,890	2,940	4,200
2d LX HBk	168	504	840	1,890	2,940	4,200
4d LX HBk	168	504	840	1,890	2,940	4,200
4d LX Sed	160	480	800	1,800	2,800	4,000
4d LX Sta Wag	176	528	880	1,980	3,080	4,400
4d LX-E Sta Wag	180	540	900	2,030	3,150	4,500
2d GT HBk	200	600	1,000	2,250	3,500	5,000
1992 Tempo, 4-cyl.						
2d GL Cpe	152	456	760	1,710	2,660	3,800
4d GL Sed	156	468	780	1,760	2,730	3,900
4d LX Sed	160	480	800	1,800	2,800	4,000
2d GLS Sed V-6	220	660	1,100	2,480	3,850	5,500
4d GLS Sed V-6	220	660	1,100	2,480	3,850	5,500
1992 Probe, 4-cyl.						
2d GL HBk	220	660	1,100	2,480	3,850	5,500
2d LX HBk V-6	256	768	1,280	2,880	4,480	6,400
2d GT HBk Turbo	260	780	1,300	2,930	4,550	6,500
1992 Taurus, V-6						
4d L Sed	200	600	1,000	2,250	3,500	5,000
4d L Sta Wag	200	600	1,000	2,250	3,500	5,000
4d GL Sed	220	660	1,100	2,480	3,850	5,500
4d GL Sta Wag	220	660	1,100	2,480	3,850	5,500
4d LX Sed	240	720	1,200	2,700	4,200	6,000
4d LX Sta Wag	240	720	1,200	2,700	4,200	6,000
4d SHO Sed	420	1,260	2,100	4,730	7,350	10,500
1992 Crown Victoria, V-8						
4d S Sed	240	720	1,200	2,700	4,200	6,000
4d Sed	260	780	1,300	2,930	4,550	6,500
4d LX Sed	380	1,140	1,900	4,280	6,650	9,500
4d Trg Sed	320	960	1,600	3,600	5,600	8,000
1993 Festiva, 4-cyl.						
2d Sed	144	432	720	1,620	2,520	3,600
1993 Escort, 4-cyl.						
2d HBk	172	516	860	1,940	3,010	4,300
2d LX HBk	176	528	880	1,980	3,080	4,400
2d GT HBk	180	540	900	2,030	3,150	4,500
4d HBk	176	528	880	1,980	3,080	4,400
4d LX Sed	180	540	900	2,030	3,150	4,500
4d LXE Sed	184	552	920	2,070	3,220	4,600
4d LX Sta Wag	188	564	940	2,120	3,290	4,700
1993 Tempo, 4-cyl.						
2d GL Sed	168	504	840	1,890	2,940	4,200
4d GL Sed	172	516	860	1,940	3,010	4,300
4d LX Sed	180	540	900	2,030	3,150	4,500
1993 Probe						
2d HBk, 4-cyl.	244	732	1,220	2,750	4,270	6,100
2d GT HBk, V-6	256	768	1,280	2,880	4,480	6,400
1993 Taurus, V-6						
4d GL Sed	248	744	1,240	2,790	4,340	6,200
4d LX Sed	252	756	1,260	2,840	4,410	6,300
4d GL Sta Wag	264	792	1,320	2,970	4,620	6,600
4d LX Sta Wag	268	804	1,340	3,020	4,690	6,700
4d SHO Sed	380	1,140	1,900	4,280	6,650	9,500

DOMESTIC CARS

	6	5	4	3	2	1
1993 Crown Victoria, V-8						
4d Sed S	284	852	1,420	3,200	4,970	7,100
4d Sed	292	876	1,460	3,290	5,110	7,300
4d LX Sed	296	888	1,480	3,330	5,180	7,400
1994 Aspire, 4-cyl.						
2d HBk	128	384	640	1,440	2,240	3,200
2d SE HBk	140	420	700	1,580	2,450	3,500
4d HBk	136	408	680	1,530	2,380	3,400
1994 Escort, 4-cyl.						
2d HBk	156	468	780	1,760	2,730	3,900
2d LX HBk	180	540	900	2,030	3,150	4,500
4d LX HBk	180	540	900	2,030	3,150	4,500
2d GT HBk	200	600	1,000	2,250	3,500	5,000
4d LX Sed	188	564	940	2,120	3,290	4,700
4d LX Sta Wag	192	576	960	2,160	3,360	4,800
1994 Tempo, 4-cyl.						
2d GL Sed	168	504	840	1,890	2,940	4,200
4d GL Sed	172	516	860	1,940	3,010	4,300
4d LX Sed	180	540	900	2,030	3,150	4,500
1994 Probe						
2d HbK, 4-cyl.	250	750	1,200	2,750	4,250	6,100
2d GT HBk, V-6	250	750	1,300	2,880	4,500	6,400
1994 Taurus, V-6						
4d GL Sed	250	750	1,250	2,790	4,350	6,200
4d LX Sed	250	750	1,250	2,840	4,400	6,300
4d GL Sta Wag	250	800	1,300	2,970	4,600	6,600
4d LX Sta Wag	250	800	1,350	3,020	4,700	6,700
4d SHO Sed	400	1,150	1,900	4,280	6,650	9,500
1994 Crown Victoria, V-8						
4d Sed S	288	864	1,440	3,240	5,040	7,200
4d Sed	300	900	1,500	3,380	5,250	7,500
4d LX Sed	320	960	1,600	3,600	5,600	8,000
1995 Aspire, 4-cyl.						
2d HBk	150	400	650	1,440	2,250	3,200
2d SE HBk	150	400	700	1,580	2,450	3,500
4d HBk	150	400	700	1,530	2,400	3,400
1995 Escort, 4-cyl.						
2d HBk	150	450	800	1,760	2,750	3,900
2d LX HBk	200	550	900	2,030	3,150	4,500
4d LX HBk	200	550	900	2,030	3,150	4,500
4d LX Sed	200	550	950	2,120	3,300	4,700
4d LX Sta Wag	200	600	950	2,160	3,350	4,800
2d GT HBk	200	600	1,000	2,250	3,500	5,000
1995 Contour, 4-cyl. & V-6						
4d GL Sed	200	600	1,050	2,340	3,650	5,200
4d LX Sed	200	650	1,050	2,390	3,700	5,300
4d SE Sed (V-6 only)	220	670	1,120	2,520	3,920	5,600
1995 Probe, 4-cyl. & V-6						
2d HBk, 4-cyl.	250	750	1,200	2,750	4,250	6,100
2d GT HBk, V-6	250	750	1,300	2,880	4,500	6,400
1995 Taurus, V-6						
4d GL Sed	250	750	1,250	2,790	4,350	6,200
4d GL Sta Wag	250	800	1,300	2,970	4,600	6,600
4d LX Sed	250	750	1,250	2,840	4,400	6,300
4d LX Sta Wag	250	800	1,350	3,020	4,700	6,700
4d SE Sed	250	750	1,300	2,880	4,500	6,400
4d SHO Sed	400	1,150	1,900	4,280	6,650	9,500
1995 Crown Victoria, V-8						
4d S Sed	300	850	1,450	3,240	5,050	7,200
4d Sed	300	900	1,500	3,380	5,250	7,500
4d LX Sed	300	950	1,600	3,600	5,600	8,000
1996 Aspire, 4-cyl.						
2d HBk	150	400	650	1,440	2,250	3,200
4d HBk	150	400	700	1,530	2,400	3,400
1996 Escort, 4-cyl.						
2d HBk	150	450	800	1,760	2,750	3,900
2d LX HBk	200	550	900	2,030	3,150	4,500
4d LX HBk	200	550	900	2,030	3,150	4,500
4d LX Sed	200	550	950	2,120	3,300	4,700
4d LX Sta Wag	200	600	950	2,160	3,350	4,800
2d GT HBk	200	600	1,000	2,250	3,500	5,000
1996 Contour, 4-cyl. & V-6						
4d GL Sed	200	600	1,050	2,340	3,650	5,200
4d LX Sed	200	650	1,050	2,390	3,700	5,300
4d SE Sed (V-6 only)	220	670	1,120	2,520	3,920	5,600

	6	5	4	3	2	1
1996 Probe, 4-cyl. & V-6						
2d HBk, 4-cyl.	250	750	1,200	2,750	4,250	6,100
2d GT HBk, V-6	250	750	1,300	2,880	4,500	6,400
1996 Taurus, V-6						
4d G Sed	250	700	1,200	2,700	4,200	6,000
4d GL Sed	250	750	1,250	2,790	4,350	6,200
4d GL Sta Wag	250	800	1,300	2,970	4,600	6,600
4d LX Sed	250	750	1,250	2,840	4,400	6,300
4d LX Sta Wag	250	800	1,350	3,020	4,700	6,700
1996 Crown Victoria, V-8						
4d S Sed	300	850	1,450	3,240	5,050	7,200
4d Sed	300	900	1,500	3,380	5,250	7,500
4d LX Sed	300	950	1,600	3,600	5,600	8,000
1997 Aspire, 4-cyl.						
2d HBk	128	384	640	1,440	2,240	3,200
4d HBk	136	408	680	1,530	2,380	3,400
1997 Escort, 4-cyl.						
4d Sed	180	540	900	2,030	3,150	4,500
4d LX Sed	188	564	940	2,120	3,290	4,700
4d LX Sta Wag	192	576	960	2,160	3,360	4,800
1997 Contour, 4-cyl. & V-6						
4d Sed (4-cyl. only)	200	600	1,000	2,250	3,500	5,000
4d GL Sed	208	624	1,040	2,340	3,640	5,200
4d LX Sed	212	636	1,060	2,390	3,710	5,300
4d SE Sed (V-6 only)	220	670	1,120	2,520	3,920	5,600

NOTE: Add 5 percent for Sport Pkg on GL or LX models.

	6	5	4	3	2	1
1997 Probe, 4-cyl. & V-6						
2d HBK, 4-cyl.	244	732	1,220	2,750	4,270	6,100
2d GT HBk, V-6	256	768	1,280	2,880	4,480	6,400

NOTE: Add 5 percent for GTS Sport Pkg on GT model.

	6	5	4	3	2	1
1997 Taurus, V-6						
4d G Sed	240	720	1,200	2,700	4,200	6,000
4d GL Sed	248	744	1,240	2,790	4,340	6,200
4d GL Sta Wag	264	792	1,320	2,970	4,620	6,600
4d LX Sed	252	756	1,260	2,840	4,410	6,300
4d LX Sta Wag	268	804	1,340	3,020	4,690	6,700
1997 Taurus, V-8						
4d SHO Sed	380	1,140	1,900	4,280	6,650	9,500
1997 Crown Victoria, V-8						
4d S Sed	288	864	1,440	3,240	5,040	7,200
4d Sed	300	900	1,500	3,380	5,250	7,500
4d LX Sed	320	960	1,600	3,600	5,600	8,000
1998 Escort, 4-cyl.						
4d LX Sed	180	550	920	2,070	3,220	4,600
4d SE Sed	190	580	960	2,160	3,360	4,800
4d SE Sta Wag	200	590	980	2,210	3,430	4,900
2d ZX2 "Cool" Cpe	200	610	1,020	2,300	3,570	5,100
2d ZX2 "Hot" Cpe	210	620	1,040	2,340	3,640	5,200

NOTE: Add 5 percent for ZX2 Spt Pkg.

	6	5	4	3	2	1
1998 Contour, 4-cyl. & V-6						
4d LX Sed	210	640	1,060	2,390	3,710	5,300
4d SE Sed	220	670	1,120	2,520	3,920	5,600
4d SVT Spt Sed (V-6 only)	420	1,260	2,100	4,730	7,350	10,500
1998 Taurus, V-6						
4d LX Sed	250	760	1,260	2,840	4,410	6,300
4d SE Sed	260	780	1,300	2,930	4,550	6,500
4d SE Sta Wag	270	800	1,340	3,020	4,690	6,700
1998 Taurus, V-8						
4d SHO Sed	380	1,140	1,900	4,280	6,650	9,500

NOTE: Add 10 percent for Spt Pkg on SE Sed.

	6	5	4	3	2	1
1998 Crown Victoria, V-8						
4d S Sed	290	860	1,440	3,240	5,040	7,200
4d Sed	300	900	1,500	3,380	5,250	7,500
4d LX Sed	320	960	1,600	3,600	5,600	8,000

NOTE: Add 5 percent for 41G Handling & Performance Pkg.

MUSTANG

	6	5	4	3	2	1
1964						
2d HT	1,020	3,060	5,100	11,480	17,850	25,500
Conv	1,400	4,200	7,000	15,750	24,500	35,000

NOTE: Deduct 20 percent for 6-cyl. Add 20 percent for Challenger Code "K" V-8. First Mustang introduced April 17, 1964 at N.Y. World's Fair.

	6	5	4	3	2	1
1965						
2d HT	1,020	3,060	5,100	11,480	17,850	25,500
Conv	1,400	4,200	7,000	15,750	24,500	35,000
FBk	1,200	3,600	6,000	13,500	21,000	30,000

NOTE: Add 30 percent for 271 hp Hi-perf engine. Add 10 percent for "GT" Package. Add 10 percent for "original pony interior". Deduct 20 percent for 6-cyl.

1965 Shelby GT

	6	5	4	3	2	1
350 FBk	2,600	7,800	13,000	29,250	45,500	65,000
1966						
2d HT	1,020	3,060	5,100	11,480	17,850	25,500
Conv	1,440	4,320	7,200	16,200	25,200	36,000
FBk	1,280	3,840	6,400	14,400	22,400	32,000

NOTE: Same as 1965.

1966 Shelby GT

	6	5	4	3	2	1
350 FBk	2,320	6,960	11,600	26,100	40,600	58,000
350H FBk	2,480	7,440	12,400	27,900	43,400	62,000
350 Conv	3,200	9,600	16,000	36,000	56,000	80,000
1967						
2d HT	940	2,820	4,700	10,580	16,450	23,500
Conv	1,280	3,840	6,400	14,400	22,400	32,000
FBk	1,060	3,180	5,300	11,930	18,550	26,500

NOTE: Same as 1964-65 plus. Add 10 percent for 390 cid V-8 (code "S"). Deduct 15 percent for 6-cyl.

1967 Shelby GT

	6	5	4	3	2	1
350 FBk	2,040	6,120	10,200	22,950	35,700	51,000
500 FBk	2,360	7,080	11,800	26,550	41,300	59,000
1968						
2d HT	940	2,820	4,700	10,580	16,450	23,500
Conv	1,280	3,840	6,400	14,400	22,400	32,000
FBk	1,060	3,180	5,300	11,930	18,550	26,500

NOTE: Same as 1964-67 plus. Add 10 percent for GT-390. Add 30 percent for 428 cid V-8 (code "R"). Add 15 percent for "California Special" trim. Add 200 percent for 135 Series.

1968 Shelby GT

	6	5	4	3	2	1
350 Conv	2,600	7,800	13,000	29,250	45,500	65,000
350 FBk	1,920	5,760	9,600	21,600	33,600	48,000
500 Conv	3,120	9,360	15,600	35,100	54,600	78,000
500 FBk	2,200	6,600	11,000	24,750	38,500	55,000

NOTE: Add 30 percent for KR models.

	6	5	4	3	2	1
1969						
2d HT	900	2,700	4,500	10,130	15,750	22,500
Conv	1,060	3,180	5,300	11,930	18,550	26,500
FBk	980	2,940	4,900	11,030	17,150	24,500

NOTE: Deduct 20 percent for 6-cyl.

	6	5	4	3	2	1
Mach 1	1,200	3,600	6,000	13,500	21,000	30,000
Boss 302	1,760	5,280	8,800	19,800	30,800	44,000
Boss 429	2,640	7,920	13,200	29,700	46,200	66,000
Grande	940	2,820	4,700	10,580	16,450	23,500

NOTE: Same as 1968; plus. Add 30 percent for Cobra Jet V-8. Add 40 percent for "Super Cobra Jet" engine.

1969 Shelby GT

	6	5	4	3	2	1
350 Conv	2,520	7,560	12,600	28,350	44,100	63,000
350 FBk	1,880	5,640	9,400	21,150	32,900	47,000
500 Conv	3,000	9,000	15,000	33,750	52,500	75,000
500 FBk	2,080	6,240	10,400	23,400	36,400	52,000
1970						
2d HT	900	2,700	4,500	10,130	15,750	22,500
Conv	1,060	3,180	5,300	11,930	18,550	26,500
FBk	980	2,940	4,900	11,030	17,150	24,500
Mach 1	1,200	3,600	6,000	13,500	21,000	30,000
Boss 302	1,760	5,280	8,800	19,800	30,800	44,000
Boss 429	2,640	7,920	13,200	29,700	46,200	66,000
Grande	940	2,820	4,700	10,580	16,450	23,500

NOTE: Add 30 percent for Cobra Jet V-8. Add 40 percent for "Super Cobra Jet". Deduct 20 percent for 6-cyl.

1970 Shelby GT

	6	5	4	3	2	1
350 Conv	2,520	7,560	12,600	28,350	44,100	63,000
350 FBk	1,880	5,640	9,400	21,150	32,900	47,000
500 Conv	3,000	9,000	15,000	33,750	52,500	75,000
500 FBk	2,080	6,240	10,400	23,400	36,400	52,000
1971						
2d HT	680	2,040	3,400	7,650	11,900	17,000
Grande	700	2,100	3,500	7,880	12,250	17,500
Conv	1,000	3,000	5,000	11,250	17,500	25,000
FBk	920	2,760	4,600	10,350	16,100	23,000

	6	5	4	3	2	1
Mach 1	1,080	3,240	5,400	12,150	18,900	27,000
Boss 351	1,720	5,160	8,600	19,350	30,100	43,000

NOTE: Same as 1970. Deduct 20 percent for 6-cyl. Add 20 percent for HO option where available.

1972
	6	5	4	3	2	1
2d HT	680	2,040	3,400	7,650	11,900	17,000
Grande	700	2,100	3,500	7,880	12,250	17,500
FBk	840	2,520	4,200	9,450	14,700	21,000
Mach 1	1,000	3,000	5,000	11,250	17,500	25,000
Conv	960	2,880	4,800	10,800	16,800	24,000

NOTE: Deduct 20 percent for 6-cyl. Add 20 percent for HO option where available.

1973
	6	5	4	3	2	1
2d HT	660	1,980	3,300	7,430	11,550	16,500
Grande	700	2,100	3,500	7,880	12,250	17,500
FBk	800	2,400	4,000	9,000	14,000	20,000
Mach 1	1,000	3,000	5,000	11,250	17,500	25,000
Conv	1,000	3,000	5,000	11,250	17,500	25,000

1974 Mustang II, Mustang Four
	6	5	4	3	2	1
HT Cpe	240	720	1,200	2,700	4,200	6,000
FBk	252	756	1,260	2,840	4,410	6,300
Ghia	252	756	1,260	2,840	4,410	6,300

1974 Mustang II, Six
	6	5	4	3	2	1
HT Cpe	250	700	1,200	2,700	4,200	6,000
FBk	250	750	1,300	2,880	4,500	6,400
Ghia	250	750	1,300	2,880	4,500	6,400

1974 Mach 1, Six
	6	5	4	3	2	1
FBk	400	1,150	1,900	4,280	6,650	9,500

1975 Mustang II
	6	5	4	3	2	1
HT Cpe	250	700	1,200	2,700	4,200	6,000
FBk	250	750	1,250	2,840	4,400	6,300
Ghia	250	750	1,250	2,840	4,400	6,300

1975 Mustang II, Six
	6	5	4	3	2	1
HT Cpe	250	750	1,200	2,750	4,250	6,100
FBk	250	750	1,300	2,880	4,500	6,400
Ghia	250	750	1,300	2,880	4,500	6,400
Mach 1	400	1,150	1,900	4,280	6,650	9,500

1975 Mustang II, V-8
	6	5	4	3	2	1
HT Cpe	350	1,100	1,800	4,100	6,350	9,100
FBk Cpe	350	1,100	1,850	4,140	6,450	9,200
Ghia	400	1,150	1,900	4,280	6,650	9,500
Mach 1	400	1,250	2,100	4,730	7,350	10,500

1976 Mustang II, V-6
	6	5	4	3	2	1
2d	252	756	1,260	2,840	4,410	6,300
3d 2 plus 2	256	768	1,280	2,880	4,480	6,400
2d Ghia	268	804	1,340	3,020	4,690	6,700

NOTE: Deduct 20 percent for 4-cyl. Add 20 percent for V-8. Add 20 percent for Cobra II.

1976 Mach 1, V-6
	6	5	4	3	2	1
3d	360	1,080	1,800	4,050	6,300	9,000

1977 Mustang II, V-6
	6	5	4	3	2	1
2d	260	780	1,300	2,930	4,550	6,500
3d 2 plus 2	268	804	1,340	3,020	4,690	6,700
2d Ghia	276	828	1,380	3,110	4,830	6,900

NOTE: Deduct 20 percent for 4-cyl. Add 30 percent for Cobra II option. Add 20 percent for V-8.

1977 Mach 1, V-6
	6	5	4	3	2	1
2d	368	1,104	1,840	4,140	6,440	9,200

1978 Mustang II
	6	5	4	3	2	1
Cpe	244	732	1,220	2,750	4,270	6,100
3d 2 plus 2	252	756	1,260	2,840	4,410	6,300
Ghia Cpe	256	768	1,280	2,880	4,480	6,400

1978 Mach 1, V-6
	6	5	4	3	2	1
Cpe	360	1,080	1,800	4,050	6,300	9,000

NOTE: Add 20 percent for V-8. Add 30 percent for Cobra II option. Add 50 percent for King Cobra option. Deduct 20 percent for 4-cyl.

1979 V-6
	6	5	4	3	2	1
2d Cpe	248	744	1,240	2,790	4,340	6,200
3d Cpe	252	756	1,260	2,840	4,410	6,300
2d Ghia Cpe	260	780	1,300	2,930	4,550	6,500
3d Ghia Cpe	264	792	1,320	2,970	4,620	6,600

NOTE: Add 30 percent for Pace Car package. Add 30 percent for Cobra option. Add 20 percent for V-8.

1980 6-cyl.
	6	5	4	3	2	1
2d Cpe	212	636	1,060	2,390	3,710	5,300
2d HBk	216	648	1,080	2,430	3,780	5,400

	6	5	4	3	2	1
2d Ghia Cpe	224	672	1,120	2,520	3,920	5,600
2d Ghia HBk	228	684	1,140	2,570	3,990	5,700

NOTE: Deduct 20 percent for 4-cyl. Add 30 percent for V-8.

1981 6-cyl.

	6	5	4	3	2	1
2d S Cpe	196	588	980	2,210	3,430	4,900
2d Cpe	204	612	1,020	2,300	3,570	5,100
2d HBk	208	624	1,040	2,340	3,640	5,200
2d Ghia Cpe	208	624	1,040	2,340	3,640	5,200
2d Ghia HBk	212	636	1,060	2,390	3,710	5,300

NOTE: Deduct 20 percent for 4-cyl. Add 35 percent for V-8.

1982 4-cyl.

	6	5	4	3	2	1
2d L Cpe	180	540	900	2,030	3,150	4,500
2d GL Cpe	184	552	920	2,070	3,220	4,600
2d GL HBk	188	564	940	2,120	3,290	4,700
2d GLX Cpe	196	588	980	2,210	3,430	4,900
2d GLX HBk	200	600	1,000	2,250	3,500	5,000

1982 6-cyl.

	6	5	4	3	2	1
2d L Cpe	196	588	980	2,210	3,430	4,900
2d GL Cpe	200	600	1,000	2,250	3,500	5,000
2d GL HBk	204	612	1,020	2,300	3,570	5,100
2d GLX Cpe	212	636	1,060	2,390	3,710	5,300
2d GLX HBk	216	648	1,080	2,430	3,780	5,400

1982 V-8

	6	5	4	3	2	1
2d GT HBk	256	768	1,280	2,880	4,480	6,400

1983 4-cyl.

	6	5	4	3	2	1
2d L Cpe	184	552	920	2,070	3,220	4,600
2d GL Cpe	188	564	940	2,120	3,290	4,700
2d GL HBk	196	588	980	2,210	3,430	4,900
2d GLX Cpe	200	600	1,000	2,250	3,500	5,000
2d GLX HBk	204	612	1,020	2,300	3,570	5,100

1983 6-cyl.

	6	5	4	3	2	1
2d GL Cpe	204	612	1,020	2,300	3,570	5,100
2d GL HBk	208	624	1,040	2,340	3,640	5,200
2d GLX Cpe	216	648	1,080	2,430	3,780	5,400
2d GLX HBk	220	660	1,100	2,480	3,850	5,500
2d GLX Conv	240	720	1,200	2,700	4,200	6,000

NOTE: Add 30 percent for V-8.

1983 V-8

	6	5	4	3	2	1
2d GT HBk	360	1,080	1,800	4,050	6,300	9,000
2d GT Conv	400	1,200	2,000	4,500	7,000	10,000

1984 4-cyl.

	6	5	4	3	2	1
2d L Cpe	188	564	940	2,120	3,290	4,700
2d L HBk	192	576	960	2,160	3,360	4,800
2d LX Cpe	192	576	960	2,160	3,360	4,800
2d LX HBk	196	588	980	2,210	3,430	4,900
2d GT Turbo HBk	212	636	1,060	2,390	3,710	5,300
2d GT Turbo Conv	260	780	1,300	2,930	4,550	6,500

1984 V-6

	6	5	4	3	2	1
2d L Cpe	192	576	960	2,160	3,360	4,800
2d L HBk	196	588	980	2,210	3,430	4,900
2d LX Cpe	196	588	980	2,210	3,430	4,900
2d LX HBk	200	600	1,000	2,250	3,500	5,000
LX 2d Conv	280	840	1,400	3,150	4,900	7,000

1984 V-8

	6	5	4	3	2	1
2d L HBk	200	600	1,000	2,250	3,500	5,000
2d LX Cpe	204	612	1,020	2,300	3,570	5,100
2d LX HBk	204	612	1,020	2,300	3,570	5,100
2d LX Conv	320	960	1,600	3,600	5,600	8,000
2d GT HBk	212	636	1,060	2,390	3,710	5,300
2d GT Conv	340	1,020	1,700	3,830	5,950	8,500

NOTE: Add 20 percent for 20th Anniversary Edition. Add 40 percent for SVO Model.

1985 4-cyl.

	6	5	4	3	2	1
2d LX	196	588	980	2,210	3,430	4,900
2d LX HBk	200	600	1,000	2,250	3,500	5,000
2d SVO Turbo	240	720	1,200	2,700	4,200	6,000

1985 V-6

	6	5	4	3	2	1
2d LX	204	612	1,020	2,300	3,570	5,100
2d LX HBk	208	624	1,040	2,340	3,640	5,200
2d LX Conv	396	1,188	1,980	4,460	6,930	9,900

1985 V-8

	6	5	4	3	2	1
2d LX	220	660	1,100	2,480	3,850	5,500
2d LX HBk	224	672	1,120	2,520	3,920	5,600
2d LX Conv	420	1,260	2,100	4,730	7,350	10,500
2d GT HBk	400	1,200	2,000	4,500	7,000	10,000

	6	5	4	3	2	1
2d GT Conv	560	1,680	2,800	6,300	9,800	14,000

NOTE: Add 40 percent for SVO Model.

1986 Mustang

	6	5	4	3	2	1
2d Cpe	200	600	1,000	2,250	3,500	5,000
2d HBk	200	600	1,000	2,250	3,500	5,000
2d Conv	380	1,140	1,900	4,280	6,650	9,500
2d Turbo HBk	240	720	1,200	2,700	4,200	6,000

1986 V-8

	6	5	4	3	2	1
2d HBk	240	720	1,200	2,700	4,200	6,000
2d Conv	420	1,260	2,100	4,730	7,350	10,500
2d GT HBk	400	1,200	2,000	4,500	7,000	10,000
2d GT Conv	560	1,680	2,800	6,300	9,800	14,000

NOTE: Add 40 percent for SVO Model.

1987 4-cyl.

	6	5	4	3	2	1
2d LX Sed	200	600	1,000	2,250	3,500	5,000
2d LX HBk	204	612	1,020	2,300	3,570	5,100
2d LX Conv	360	1,080	1,800	4,050	6,300	9,000

1987 V-8

	6	5	4	3	2	1
2d LX Sed	200	600	1,000	2,250	3,500	5,000
2d LX HBk	204	612	1,020	2,300	3,570	5,100
2d LX Conv	424	1,272	2,120	4,770	7,420	10,600
2d GT HBk	220	660	1,100	2,480	3,850	5,500
2d GT Conv	560	1,680	2,800	6,300	9,800	14,000

1988 V-6

	6	5	4	3	2	1
2d LX Sed	160	480	800	1,800	2,800	4,000
2d LX HBk	168	504	840	1,890	2,940	4,200
2d LX Conv	360	1,080	1,800	4,050	6,300	9,000

1988 V-8

	6	5	4	3	2	1
2d LX Sed	200	600	1,000	2,250	3,500	5,000
2d LX HBk	220	660	1,100	2,480	3,850	5,500
2d LX Conv	400	1,200	2,000	4,500	7,000	10,000
2d GT HBk	380	1,140	1,900	4,280	6,650	9,500
2d GT Conv	560	1,680	2,800	6,300	9,800	14,000

1989 4-cyl.

	6	5	4	3	2	1
2d LX Cpe	180	540	900	2,030	3,150	4,500
2d LX HBk	188	564	940	2,120	3,290	4,700
2d LX Conv	420	1,260	2,100	4,730	7,350	10,500

1989 V-8

	6	5	4	3	2	1
2d LX Spt Cpe	236	708	1,180	2,660	4,130	5,900
2d LX Spt HBk	240	720	1,200	2,700	4,200	6,000
2d LX Spt Conv	560	1,680	2,800	6,300	9,800	14,000
2d GT HBk	388	1,164	1,940	4,370	6,790	9,700
2d GT Conv	680	2,040	3,400	7,650	11,900	17,000

1990 4-cyl.

	6	5	4	3	2	1
2d LX	184	552	920	2,070	3,220	4,600
2d LX HBk	192	576	960	2,160	3,360	4,800
2d LX Conv	380	1,140	1,900	4,280	6,650	9,500

1990 V-8

	6	5	4	3	2	1
2d LX Spt	240	720	1,200	2,700	4,200	6,000
2d LX HBk Spt	248	744	1,240	2,790	4,340	6,200
2d LX Conv Spt	520	1,560	2,600	5,850	9,100	13,000
2d GT HBk	400	1,200	2,000	4,500	7,000	10,000
2d GT Conv	560	1,680	2,800	6,300	9,800	14,000

1991 4-cyl.

	6	5	4	3	2	1
2d LX Cpe	180	540	900	2,030	3,150	4,500
2d LX HBk	200	600	1,000	2,250	3,500	5,000
2d LX Conv	360	1,080	1,800	4,050	6,300	9,000

1991 V-8

	6	5	4	3	2	1
2d LX Cpe	220	660	1,100	2,480	3,850	5,500
2d LX HBk	240	720	1,200	2,700	4,200	6,000
2d LX Conv	400	1,200	2,000	4,500	7,000	10,000
2d GT HBk	380	1,140	1,900	4,280	6,650	9,500
2d GT Conv	540	1,620	2,700	6,080	9,450	13,500

1992 V-8, 4-cyl.

	6	5	4	3	2	1
2d LX Cpe	200	600	1,000	2,250	3,500	5,000
2d LX HBk	220	660	1,100	2,480	3,850	5,500
2d LX Conv	400	1,200	2,000	4,500	7,000	10,000

1992 V-8

	6	5	4	3	2	1
2d LX Sed	360	1,080	1,800	4,050	6,300	9,000
2d LX HBk	380	1,140	1,900	4,280	6,650	9,500
2d LX Conv	520	1,560	2,600	5,850	9,100	13,000
2d GT HBk	420	1,260	2,100	4,730	7,350	10,500
2d GT Conv	600	1,800	3,000	6,750	10,500	15,000

	6	5	4	3	2	1
1993 4-cyl.						
2d LX Cpe.	220	660	1,100	2,480	3,850	5,500
2d LX HBk	224	672	1,120	2,520	3,920	5,600
2d LX Conv.	408	1,224	2,040	4,590	7,140	10,200
1993 V-8						
2d LX Cpe.	360	1,080	1,800	4,050	6,300	9,000
2d LX HBk	368	1,104	1,840	4,140	6,440	9,200
2d LX Conv.	552	1,656	2,760	6,210	9,660	13,800
2d GT HBk	400	1,200	2,000	4,500	7,000	10,000
2d GT Conv	620	1,860	3,100	6,980	10,850	15,500
1993 Cobra						
2d HBk	700	2,100	3,500	7,880	12,250	17,500

NOTE: Add 40 percent for Code R.

	6	5	4	3	2	1
1994 V-6						
2d Cpe	320	960	1,600	3,600	5,600	8,000
2d Conv	440	1,320	2,200	4,950	7,700	11,000
1994 GT, V-8						
2d GT Cpe	420	1,260	2,100	4,730	7,350	10,500
2d GT Conv	480	1,440	2,400	5,400	8,400	12,000
1994 Cobra, V-8						
2d Cpe	560	1,680	2,800	6,300	9,800	14,000
2d Conv	640	1,920	3,200	7,200	11,200	16,000
1995 V-6						
2d Cpe	300	950	1,600	3,600	5,600	8,000
2d Conv	450	1,300	2,200	4,950	7,700	11,000
1995 V-8						
2d GTS Cpe	400	1,200	2,000	4,500	7,000	10,000
2d GT Cpe	400	1,250	2,100	4,730	7,350	10,500
2d GT Conv	500	1,450	2,400	5,400	8,400	12,000
2d Cobra Cpe	550	1,700	2,800	6,300	9,800	14,000
2d Cobra Conv	650	1,900	3,200	7,200	11,200	16,000
1996 V-6						
2d Cpe	300	950	1,600	3,600	5,600	8,000
2d Conv	450	1,300	2,200	4,950	7,700	11,000
1996 V-8						
2d GT Cpe	400	1,250	2,100	4,730	7,350	10,500
2d GT Conv	500	1,450	2,400	5,400	8,400	12,000
2d Cobra Cpe	550	1,700	2,800	6,300	9,800	14,000
2d Cobra Conv	650	1,900	3,200	7,200	11,200	16,000
1997 V-6						
2d Cpe	320	960	1,600	3,600	5,600	8,000
2d Conv	440	1,320	2,200	4,950	7,700	11,000
1997 V-8						
2d GT Cpe	420	1,260	2,100	4,730	7,350	10,500
2d GT Conv	480	1,440	2,400	5,400	8,400	12,000
2d Cobra Cpe	560	1,680	2,800	6,300	9,800	14,000
2d Cobra Conv	640	1,920	3,200	7,200	11,200	16,000
1998 V-6						
2d Cpe	320	960	1,600	3,600	5,600	8,000
2d Conv	440	1,320	2,200	4,950	7,700	11,000
1998 V-8						
2d GT Cpe	420	1,260	2,100	4,730	7,350	10,500
2d GT Conv	480	1,440	2,400	5,400	8,400	12,000
2d Cobra Cpe	560	1,680	2,800	6,300	9,800	14,000
2d Cobra Conv	640	1,920	3,200	7,200	11,200	16,000

NOTE: Add 10 percent for SVT Pkg.

THUNDERBIRD

	6	5	4	3	2	1
1955 102" wb						
Conv	2,640	7,920	13,200	29,700	46,200	66,000

NOTE: Add $1,800 for hardtop.

	6	5	4	3	2	1
1956 102" wb						
Conv	2,560	7,680	12,800	28,800	44,800	64,000

NOTE: Add $1,800 for hardtop. Add 10 percent for 312 engine.

	6	5	4	3	2	1
1957 102" wb						
Conv	2,600	7,800	13,000	29,250	45,500	65,000

NOTE: Add $1,800 for hardtop. Add 60 percent for supercharged V-8 (Code F). Add 20 percent for "T-Bird Special" V-8 (Code E).

	6	5	4	3	2	1
1958 113" wb						
2d HT	1,240	3,720	6,200	13,950	21,700	31,000
Conv	1,640	4,920	8,200	18,450	28,700	41,000

	6	5	4	3	2	1
1959 113" wb						
2d HT	1,200	3,600	6,000	13,500	21,000	30,000
Conv	1,600	4,800	8,000	18,000	28,000	40,000
NOTE: Add 30 percent for 430 engine option.						
1960 113" wb						
SR HT	1,360	4,080	6,800	15,300	23,800	34,000
2d HT	1,200	3,600	6,000	13,500	21,000	30,000
Conv	1,600	4,800	8,000	18,000	28,000	40,000
NOTE: Add 30 percent for 430 engine option Code J.						
1961 113" wb						
2d HT	1,000	3,000	5,000	11,250	17,500	25,000
Conv	1,440	4,320	7,200	16,200	25,200	36,000
NOTE: Add 25 percent for Indy Pace Car.						
1962 113" wb						
2d HT	1,000	3,000	5,000	11,250	17,500	25,000
2d Lan HT	1,040	3,120	5,200	11,700	18,200	26,000
Conv	1,400	4,200	7,000	15,750	24,500	35,000
Spt Rds	1,640	4,920	8,200	18,450	28,700	41,000
NOTE: Add 40 percent for M Series option.						
1963 113" wb						
2d HT	1,000	3,000	5,000	11,250	17,500	25,000
2d Lan HT	1,040	3,120	5,200	11,700	18,200	26,000
Conv	1,400	4,200	7,000	15,750	24,500	35,000
Spt Rds	1,640	4,920	8,200	18,450	28,700	41,000
NOTE: Add 12 percent for Monaco option. Add 40 percent for M Series option. Add 10 percent for 390-330 hp engine.						
1964 113" wb						
2d HT	840	2,520	4,200	9,450	14,700	21,000
2d Lan HT	880	2,640	4,400	9,900	15,400	22,000
Conv	1,320	3,960	6,600	14,850	23,100	33,000
NOTE: Add 10 percent for Tonneau convertible option. Add 30 percent for tonneau option and wire wheels.						
1965 113" wb						
2d HT	840	2,520	4,200	9,450	14,700	21,000
2d Lan HT	880	2,640	4,400	9,900	15,400	22,000
Conv	1,360	4,080	6,800	15,300	23,800	34,000
NOTE: Add 5 percent for Special Landau option.						
1966 113" wb						
2d HT Cpe	880	2,640	4,400	9,900	15,400	22,000
2d Twn Lan	960	2,880	4,800	10,800	16,800	24,000
2d HT Twn	920	2,760	4,600	10,350	16,100	23,000
Conv	1,400	4,200	7,000	15,750	24,500	35,000
NOTE: Add 20 percent for 428 engine.						
1967 117" wb						
4d Lan	600	1,800	3,000	6,750	10,500	15,000
1967 115" wb						
2d Lan	640	1,920	3,200	7,200	11,200	16,000
2d HT	648	1,944	3,240	7,290	11,340	16,200
NOTE: Add 30 percent for 428 engine option.						
1968 117" wb						
4d Lan Sed	600	1,800	3,000	6,750	10,500	15,000
1968 115" wb						
2d HT	620	1,860	3,100	6,980	10,850	15,500
2d Lan HT	628	1,884	3,140	7,070	10,990	15,700
NOTE: Add 30 percent for 429 engine option, Code K or 428 engine.						
1969 117" wb						
4d Lan	600	1,800	3,000	6,750	10,500	15,000
1969 115" wb						
2d HT	620	1,860	3,100	6,980	10,850	15,500
2d Lan HT	630	1,880	3,140	7,070	10,990	15,700
1970 117" wb						
4d Lan	600	1,800	3,000	6,750	10,500	15,000
1970 115" wb						
2d HT	620	1,860	3,100	6,980	10,850	15,500
2d Lan HT	630	1,880	3,140	7,070	10,990	15,700
1971 117" wb						
4d HT	600	1,800	3,000	6,750	10,500	15,000
1971 115" wb						
2d HT	620	1,860	3,100	6,980	10,850	15,500
2d Lan HT	628	1,884	3,140	7,070	10,990	15,700

	6	5	4	3	2	1
1972 120" wb						
2d HT	580	1,740	2,900	6,530	10,150	14,500
NOTE: Add 20 percent for 460 engine option.						
1973 120" wb						
2d HT	560	1,680	2,800	6,300	9,800	14,000
1974 120" wb						
2d HT	560	1,680	2,800	6,300	9,800	14,000
1975 120" wb						
2d HT	472	1,416	2,360	5,310	8,260	11,800
1976 120" wb						
2d HT	452	1,356	2,260	5,090	7,910	11,300
1977 114" wb						
2d HT	364	1,092	1,820	4,100	6,370	9,100
2d Lan.	368	1,104	1,840	4,140	6,440	9,200
1978 114" wb						
2d HT	380	1,140	1,900	4,280	6,650	9,500
2d Twn Lan.	420	1,260	2,100	4,730	7,350	10,500
2d Diamond Jubilee	520	1,560	2,600	5,850	9,100	13,000
NOTE: Add 5 percent for T-tops.						
1979 V-8, 114" wb						
2d HT	360	1,080	1,800	4,050	6,300	9,000
2d HT Lan.	380	1,140	1,900	4,280	6,650	9,500
2d HT Heritage	400	1,200	2,000	4,500	7,000	10,000
NOTE: Add 5 percent for T-tops.						
1980 V-8, 108" wb						
2d Cpe	240	720	1,200	2,700	4,200	6,000
2d Twn Lan Cpe	252	756	1,260	2,840	4,410	6,300
2d Silver Anniv. Cpe	260	780	1,300	2,930	4,550	6,500
1981 V-8, 108" wb						
2d Cpe	224	672	1,120	2,520	3,920	5,600
2d Twn Lan Cpe	232	696	1,160	2,610	4,060	5,800
2d Heritage Cpe	236	708	1,180	2,660	4,130	5,900
NOTE: Deduct 15 percent for 6-cyl.						
1982 V-8, 108" wb						
2d Cpe	232	696	1,160	2,610	4,060	5,800
2d Twn Lan Cpe	240	720	1,200	2,700	4,200	6,000
2d Heritage Cpe	248	744	1,240	2,790	4,340	6,200
NOTE: Deduct 15 percent for V-6.						
1983 V-6						
2d Cpe	364	1,092	1,820	4,100	6,370	9,100
2d Cpe Heritage	376	1,128	1,880	4,230	6,580	9,400
1983 V-8						
2d Cpe	376	1,128	1,880	4,230	6,580	9,400
2d Cpe Heritage	392	1,176	1,960	4,410	6,860	9,800
1983 4-cyl.						
2d Cpe Turbo	380	1,140	1,900	4,280	6,650	9,500
1984 V-6						
2d Cpe	276	828	1,380	3,110	4,830	6,900
2d Cpe Elan	368	1,104	1,840	4,140	6,440	9,200
2d Cpe Fila	372	1,116	1,860	4,190	6,510	9,300
1984 V-8						
2d Cpe	376	1,128	1,880	4,230	6,580	9,400
2d Cpe Elan	384	1,152	1,920	4,320	6,720	9,600
2d Cpe Fila	388	1,164	1,940	4,370	6,790	9,700
NOTE: Deduct 10 percent for V-6 non turbo.						
1984 4-cyl.						
2d Cpe Turbo	376	1,128	1,880	4,230	6,580	9,400
1985 V-8, 104" wb						
2d Cpe	256	768	1,280	2,880	4,480	6,400
2d Elan Cpe	272	816	1,360	3,060	4,760	6,800
2d Fila Cpe	276	828	1,380	3,110	4,830	6,900
1985 4-cyl. Turbo						
2d Cpe	360	1,080	1,800	4,050	6,300	9,000
NOTE: Deduct 10 percent for V-6 non-turbo. Add 5 percent for 30th Anv. Ed.						
1986 104" wb						
2d Cpe	256	768	1,280	2,880	4,480	6,400
2d Elan Cpe	264	792	1,320	2,970	4,620	6,600
2d Turbo Cpe	368	1,104	1,840	4,140	6,440	9,200
1987 V-6, 104" wb						
2d Cpe	260	780	1,300	2,930	4,550	6,500
2d LX Cpe.	264	792	1,320	2,970	4,620	6,600

	6	5	4	3	2	1
1987 V-8, 104" wb						
2d Cpe	360	1,080	1,800	4,050	6,300	9,000
2d Spt Cpe	368	1,104	1,840	4,140	6,440	9,200
2d LX Cpe	372	1,116	1,860	4,190	6,510	9,300
1987 4-cyl. Turbo						
2d Cpe	368	1,104	1,840	4,140	6,440	9,200
1988 V-6						
2d Cpe	180	540	900	2,030	3,150	4,500
2d LX Cpe	200	600	1,000	2,250	3,500	5,000
1988 V-8						
2d Spt Cpe	220	660	1,100	2,480	3,850	5,500
1988 4-cyl. Turbo						
2d Cpe	350	1,100	1,850	4,140	6,450	9,200

NOTE: Add 20 percent for V-8 where available.

	6	5	4	3	2	1
1989 V-6						
2d Cpe	272	816	1,360	3,060	4,760	6,800
2d LX Cpe	360	1,080	1,800	4,050	6,300	9,000
2d Sup Cpe	520	1,560	2,600	5,850	9,100	13,000
1990 V-6						
2d Cpe	260	780	1,300	2,930	4,550	6,500
2d LX Cpe	360	1,080	1,800	4,050	6,300	9,000
2d Sup Cpe	520	1,560	2,600	5,850	9,100	13,000

NOTE: Add 10 percent for Anniversary model.

	6	5	4	3	2	1
1991 V-6						
2d Cpe	240	720	1,200	2,700	4,200	6,000
2d LX Cpe	260	780	1,300	2,930	4,550	6,500
2d Sup Cpe	340	1,020	1,700	3,830	5,950	8,500
1991 V-8						
2d Cpe	360	1,080	1,800	4,050	6,300	9,000
2d LX Cpe	380	1,140	1,900	4,280	6,650	9,500
1992 V-6						
2d Cpe	360	1,080	1,800	4,050	6,300	9,000
2d LX Cpe	368	1,104	1,840	4,140	6,440	9,200
2d Sup Cpe	380	1,140	1,900	4,280	6,650	9,500
1992 V-8						
2d Cpe	364	1,092	1,820	4,100	6,370	9,100
2d Spt Cpe	392	1,176	1,960	4,410	6,860	9,800
2d LX Cpe	380	1,140	1,900	4,280	6,650	9,500
1993 V-6						
2d LX Cpe	372	1,116	1,860	4,190	6,510	9,300
2d Sup Cpe	380	1,140	1,900	4,280	6,650	9,500
1993 V-8						
2d LX Cpe	404	1,212	2,020	4,550	7,070	10,100
1994 V-6						
2d LX Cpe	300	900	1,500	3,380	5,250	7,500
2d Sup Cpe	360	1,080	1,800	4,050	6,300	9,000
1994 V-8						
2d LX Cpe	320	960	1,600	3,600	5,600	8,000
1995 V-6						
2d LX Cpe	300	900	1,500	3,380	5,250	7,500
2d Sup Cpe	350	1,100	1,800	4,050	6,300	9,000
1995 V-8						
2d LX Cpe	300	950	1,600	3,600	5,600	8,000
1996 V-6						
2d LX Cpe	300	900	1,500	3,380	5,250	7,500

NOTE: Add 10 percent for V-8.

	6	5	4	3	2	1
1997 V-6						
2d LX Cpe	300	900	1,500	3,380	5,250	7,500

NOTE: Add 10 percent for V-8. Add 5 percent for Sport Pkg. Thunderbird production ceased until 2002.

FRANKLIN

	6	5	4	3	2	1
1903 Four, 10 hp, 72" wb						
Rbt	1,560	4,680	7,800	17,550	27,300	39,000
1904 Type A, 4-cyl., 12 hp, 82" wb						
2/4P Light Rbt	1,520	4,560	7,600	17,100	26,600	38,000
1904 Type B, 4-cyl., 12 hp, 82" wb						
4P Light Ton	1,520	4,560	7,600	17,100	26,600	38,000
1904 Type C, 4-cyl., 30 hp, 110" wb						
5P Side Entrance Ton	1,520	4,560	7,600	17,100	26,600	38,000

1956 Ford Thunderbird convertible

1962 Ford Fairlane 500 sedan

1970 Ford Torino GT two-door hardtop

	6	5	4	3	2	1
1904 Type D, 4-cyl., 20 hp, 100" wb						
5P Light Tr	1,480	4,440	7,400	16,650	25,900	37,000
1904 Type E, 4-cyl., 12 hp, 74" wb						
2P Gentleman's Rbt	1,440	4,320	7,200	16,200	25,200	36,000
1904 Type F, 4-cyl., 12 hp, 82" wb						
4P Light Ton	1,480	4,440	7,400	16,650	25,900	37,000
1905 Type A, 4-cyl., 12 hp, 80" wb						
Rbt	1,360	4,080	6,800	15,300	23,800	34,000
Detachable Ton	1,400	4,200	7,000	15,750	24,500	35,000
1905 Type B, 4-cyl., 12 hp, 80" wb						
Tr	1,400	4,200	7,000	15,750	24,500	35,000
1905 Type C, 4-cyl., 30 hp, 107" wb						
Tr	1,520	4,560	7,600	17,100	26,600	38,000
1905 Type D, 4-cyl., 20 hp, 100" wb						
Tr	1,480	4,440	7,400	16,650	25,900	37,000
1905 Type E, 4-cyl., 12 hp, 80" wb						
Rbt	1,360	4,080	6,800	15,300	23,800	34,000
1906 Type E, 4-cyl., 12 hp, 81-1						
2P Rbt	1,280	3,840	6,400	14,400	22,400	32,000
1906 Type G, 4-cyl., 12 hp, 88" wb						
5P Tr	1,320	3,960	6,600	14,850	23,100	33,000
1906 Type D, 4-cyl., 20 hp, 100" wb						
5P Tr	1,360	4,080	6,800	15,300	23,800	34,000
5P Limo (115" wb)	1,120	3,360	5,600	12,600	19,600	28,000
1906 Type H, 6-cyl., 30 hp, 114" wb						
5P Tr	1,400	4,200	7,000	15,750	24,500	35,000
1907 Model G, 4-cyl., 12 hp, 90" wb						
2P Rbt	1,440	4,320	7,200	16,200	25,200	36,000
4P Tr	1,480	4,440	7,400	16,650	25,900	37,000
1907 Model D, 4-cyl., 20 hp, 105" wb						
5P Tr	1,520	4,560	7,600	17,100	26,600	38,000
2P Rbt	1,480	4,440	7,400	16,650	25,900	37,000
5P Lan'let	1,280	3,840	6,400	14,400	22,400	32,000
1907 Model H, 6-cyl., 30 hp, 127" wb						
7P Tr	1,560	4,680	7,800	17,550	27,300	39,000
2P Rbt	1,520	4,560	7,600	17,100	26,600	38,000
5P Limo	1,320	3,960	6,600	14,850	23,100	33,000
1908 Model G, 4-cyl., 16 hp, 90" wb						
Tr	1,400	4,200	7,000	15,750	24,500	35,000
Rbt	1,440	4,320	7,200	16,200	25,200	36,000
Brgm	1,120	3,360	5,600	12,600	19,600	28,000
Lan'let	1,160	3,480	5,800	13,050	20,300	29,000
1908 Model D, 4-cyl., 28 hp, 105" wb						
Tr	1,440	4,320	7,200	16,200	25,200	36,000
Surrey-Seat Rbt	1,400	4,200	7,000	15,750	24,500	35,000
Lan'let	1,200	3,600	6,000	13,500	21,000	30,000
1908 Model H, 6-cyl., 42 hp, 127" wb						
Tr	1,520	4,560	7,600	17,100	26,600	38,000
Limo	1,360	4,080	6,800	15,300	23,800	34,000
Rbt	1,480	4,440	7,400	16,650	25,900	37,000
1909 Model G, 4-cyl., 18 hp, 91-1						
4P Tr	1,400	4,200	7,000	15,750	24,500	35,000
4P Cape Top Tr	1,440	4,320	7,200	16,200	25,200	36,000
Brgm	1,120	3,360	5,600	12,600	19,600	28,000
Lan'let	1,160	3,480	5,800	13,050	20,300	29,000
1909 Model D, 4-cyl., 28 hp, 106" wb						
5P Tr	1,440	4,320	7,200	16,200	25,200	36,000
5P Cape Top Tr	1,480	4,440	7,400	16,650	25,900	37,000
Rbt, Single Rumble	1,520	4,560	7,600	17,100	26,600	38,000
Rbt, Double Rumble	1,560	4,680	7,800	17,550	27,300	39,000
Lan'let	1,280	3,840	6,400	14,400	22,400	32,000
1909 Model H, 6-cyl., 42 hp, 127" wb						
7P Tr	1,480	4,440	7,400	16,650	25,900	37,000
7P Cape Top Tr	1,520	4,560	7,600	17,100	26,600	38,000
Limo	1,400	4,200	7,000	15,750	24,500	35,000
1910 Model G, 4-cyl., 18 hp, 91-1						
5P Tr	1,480	4,440	7,400	16,650	25,900	37,000
4P Rbt	1,440	4,320	7,200	16,200	25,200	36,000
2P Rbt	1,400	4,200	7,000	15,750	24,500	35,000
1910 Model K, 4-cyl., 18 hp, 91-1						
Twn Car	1,360	4,080	6,800	15,300	23,800	34,000
Taxicab	1,280	3,840	6,400	14,400	22,400	32,000

	6	5	4	3	2	1
1910 Model D, 4-cyl., 28 hp, 106" wb						
5P Tr.	1,520	4,560	7,600	17,100	26,600	38,000
4P Surrey	1,360	4,080	6,800	15,300	23,800	34,000
6P Limo (111-1/2" wb)	1,280	3,840	6,400	14,400	22,400	32,000
Lan'let 6P (111-1/2" wb)	1,320	3,960	6,600	14,850	23,100	33,000
1910 Model H, 6-cyl., 42 hp, 127" wb						
7P Tr.	1,560	4,680	7,800	17,550	27,300	39,000
4P Surrey	1,400	4,200	7,000	15,750	24,500	35,000
7P Limo	1,320	3,960	6,600	14,850	23,100	33,000
1911 Model G, 4-cyl., 18 hp, 100" wb						
5P Tr.	1,440	4,320	7,200	16,200	25,200	36,000
Torp Phae (108" wb)	1,480	4,440	7,400	16,650	25,900	37,000
1911 Model M, 4-cyl., 25 hp, 108" wb						
5P Tr.	1,480	4,440	7,400	16,650	25,900	37,000
7P Limo	1,320	3,960	6,600	14,850	23,100	33,000
7P Lan'let	1,360	4,080	6,800	15,300	23,800	34,000
1911 Model D, 6-cyl., 38 hp, 123" wb						
4P Torp Phae	1,560	4,680	7,800	17,550	27,300	39,000
5P Tr.	1,520	4,560	7,600	17,100	26,600	38,000
6P Limo	1,360	4,080	6,800	15,300	23,800	34,000
6P Lan'let	1,400	4,200	7,000	15,750	24,500	35,000
1911 Model H, 6-cyl., 48 hp, 133" wb						
7P Tr.	1,600	4,800	8,000	18,000	28,000	40,000
Torp Phae (126" wb)	1,640	4,920	8,200	18,450	28,700	41,000
1912 Model G, 4-cyl., 18 hp, 100" wb						
Rbt	1,480	4,440	7,400	16,650	25,900	37,000
1912 Model G, 4-cyl., 25 hp, 103" wb						
Tr	1,520	4,560	7,600	17,100	26,600	38,000
1912 Model M, 6-cyl., 30 hp, 116" wb						
Tr	1,600	4,800	8,000	18,000	28,000	40,000
Torp Phae	1,640	4,920	8,200	18,450	28,700	41,000
Rds	1,720	5,160	8,600	19,350	30,100	43,000
1912 Model K-6, 4-cyl., 18 hp, 100" wb						
Taxicab	1,360	4,080	6,800	15,300	23,800	34,000
1912 Model D, 6-cyl., 38 hp, 123" wb						
Tr	1,600	4,800	8,000	18,000	28,000	40,000
Torp Phae	1,640	4,920	8,200	18,450	28,700	41,000
1912 Model H, 6-cyl., 38 hp, 126" wb						
Tr	1,640	4,920	8,200	18,450	28,700	41,000
Limo	1,680	5,040	8,400	18,900	29,400	42,000
1913 Model G, 4-cyl., 18 hp, 100" wb						
2P Rbt.	1,600	4,800	8,000	18,000	28,000	40,000
1913 Model G, 4-cyl., 25 hp, 103" wb						
5P Tr.	1,600	4,800	8,000	18,000	28,000	40,000
1913 Model M, 6-cyl., 30 hp, 116" wb						
5P Little Six Tr	1,640	4,920	8,200	18,450	28,700	41,000
2P Little Six Vic.	1,560	4,680	7,800	17,550	27,300	39,000
1913 Model D, 6-cyl., 38 hp, 123" wb						
5P Tr.	1,720	5,160	8,600	19,350	30,100	43,000
4P Torp Phae	1,760	5,280	8,800	19,800	30,800	44,000
1913 Model H, 4-cyl., 38 hp, 126" wb						
7P Tr.	1,760	5,280	8,800	19,800	30,800	44,000
7P Limo	1,680	5,040	8,400	18,900	29,400	42,000
1914 Model Six-30, 6-cyl., 31.6 hp, 120" wb						
5P Tr.	1,600	4,800	8,000	18,000	28,000	40,000
Rds	1,680	5,040	8,400	18,900	29,400	42,000
Cpe	1,440	4,320	7,200	16,200	25,200	36,000
Sed	1,400	4,200	7,000	15,750	24,500	35,000
Limo	1,520	4,560	7,600	17,100	26,600	38,000
Berlin	1,600	4,800	8,000	18,000	28,000	40,000
1915 Model Six-30, 6-cyl., 31.6 hp, 120" wb						
2P Rds	1,720	5,160	8,600	19,350	30,100	43,000
5P Tr.	1,680	5,040	8,400	18,900	29,400	42,000
Cpe	1,440	4,320	7,200	16,200	25,200	36,000
Sed	1,400	4,200	7,000	15,750	24,500	35,000
Berlin	1,600	4,800	8,000	18,000	28,000	40,000
1916 Model Six-30, 6-cyl., 31.6 hp, 120" wb						
5P Tr.	1,720	5,160	8,600	19,350	30,100	43,000
3P Rds	1,760	5,280	8,800	19,800	30,800	44,000
5P Sed	1,440	4,320	7,200	16,200	25,200	36,000
4P Doctor's Car	1,480	4,440	7,400	16,650	25,900	37,000
7P Berlin	1,640	4,920	8,200	18,450	28,700	41,000

	6	5	4	3	2	1
1917 Series 9, 6-cyl., 25.35 hp, 115" wb						
5P Tr.	1,760	5,280	8,800	19,800	30,800	44,000
4P Rds	1,800	5,400	9,000	20,250	31,500	45,000
2P Rbt.	1,600	4,800	8,000	18,000	28,000	40,000
7P Limo	1,560	4,680	7,800	17,550	27,300	39,000
5P Sed	1,440	4,320	7,200	16,200	25,200	36,000
7P Twn Car.	1,600	4,800	8,000	18,000	28,000	40,000
4P Brgm	1,520	4,560	7,600	17,100	26,600	38,000
4P Cabr	1,720	5,160	8,600	19,350	30,100	43,000
1918 Series 9, 6-cyl., 25.35 hp, 115" wb						
5P Tr.	1,760	5,280	8,800	19,800	30,800	44,000
2P Rds	1,800	5,400	9,000	20,250	31,500	45,000
4P Rds	1,800	5,400	9,000	20,250	31,500	45,000
Sed	1,360	4,080	6,800	15,300	23,800	34,000
Brgm	1,400	4,200	7,000	15,750	24,500	35,000
Limo	1,560	4,680	7,800	17,550	27,300	39,000
Twn Car	1,600	4,800	8,000	18,000	28,000	40,000
Cabr	1,720	5,160	8,600	19,350	30,100	43,000
1919 Series 9, 6-cyl., 25.35 hp, 115" wb						
5P Tr.	1,760	5,280	8,800	19,800	30,800	44,000
Rbt	1,760	5,280	8,800	19,800	30,800	44,000
4P Rds	1,800	5,400	9,000	20,250	31,500	45,000
Brgm	1,400	4,200	7,000	15,750	24,500	35,000
Sed	1,360	4,080	6,800	15,300	23,800	34,000
Limo	1,560	4,680	7,800	17,550	27,300	39,000
1920 Model 9-B, 6-cyl., 25.3 hp, 115" wb						
5P Tr.	1,760	5,280	8,800	19,800	30,800	44,000
4P Rds	1,760	5,280	8,800	19,800	30,800	44,000
2P Rds	1,720	5,160	8,600	19,350	30,100	43,000
5P Sed	1,360	4,080	6,800	15,300	23,800	34,000
4P Brgm	1,400	4,200	7,000	15,750	24,500	35,000
1921 Model 9-B, 6-cyl., 25 hp, 115" wb						
2P Rbt.	1,760	5,280	8,800	19,800	30,800	44,000
4P Rds	1,760	5,280	8,800	19,800	30,800	44,000
5P Tr.	1,760	5,280	8,800	19,800	30,800	44,000
2P Conv Rbt.	1,840	5,520	9,200	20,700	32,200	46,000
5P Conv Tr	1,880	5,640	9,400	21,150	32,900	47,000
4P Brgm	1,400	4,200	7,000	15,750	24,500	35,000
5P Sed	1,360	4,080	6,800	15,300	23,800	34,000
1922 Model 9-B, 6-cyl., 25 hp, 115" wb						
2P Rds	1,720	5,160	8,600	19,350	30,100	43,000
5P Tr.	1,680	5,040	8,400	18,900	29,400	42,000
2P Demi Cpe	1,440	4,320	7,200	16,200	25,200	36,000
5P Demi Cpe	1,440	4,320	7,200	16,200	25,200	36,000
4P Brgm	1,400	4,200	7,000	15,750	24,500	35,000
5P Sed	1,360	4,080	6,800	15,300	23,800	34,000
5P Limo	1,520	4,560	7,600	17,100	26,600	38,000
1923 Model 10, 6-cyl., 25 hp, 115" wb						
5P Tr.	1,600	4,800	8,000	18,000	28,000	40,000
2P Rds	1,680	5,040	8,400	18,900	29,400	42,000
5P Demi Sed	1,400	4,200	7,000	15,750	24,500	35,000
4P Brgm	1,440	4,320	7,200	16,200	25,200	36,000
4P Cpe	1,480	4,440	7,400	16,650	25,900	37,000
5P Sed	1,360	4,080	6,800	15,300	23,800	34,000
5P Tr Limo	1,600	4,800	8,000	18,000	28,000	40,000
1924 Model 10-B, 6-cyl., 25 hp, 115" wb						
5P Tr.	1,480	4,440	7,400	16,650	25,900	37,000
5P Demi Sed	1,280	3,840	6,400	14,400	22,400	32,000
4P Cpe	1,320	3,960	6,600	14,850	23,100	33,000
5P Brgm	1,320	3,960	6,600	14,850	23,100	33,000
5P Sed	1,240	3,720	6,200	13,950	21,700	31,000
Tr Limo	1,480	4,440	7,400	16,650	25,900	37,000
1925 Model 10-C, 6-cyl., 32 hp, 115" wb						
5P Tr.	1,400	4,200	7,000	15,750	24,500	35,000
5P Demi Sed	1,200	3,600	6,000	13,500	21,000	30,000
4P Cpe	1,240	3,720	6,200	13,950	21,700	31,000
4P Brgm	1,200	3,600	6,000	13,500	21,000	30,000
5P Sed	1,160	3,480	5,800	13,050	20,300	29,000

NOTE: Series II introduced spring of 1925.

1926 Model 11-A, 6-cyl., 32 hp, 119" wb						
5P Sed	1,160	3,480	5,800	13,050	20,300	29,000
5P Spt Sed	1,200	3,600	6,000	13,500	21,000	30,000
4P Cpe	1,240	3,720	6,200	13,950	21,700	31,000
5P Encl Dr Limo	1,400	4,200	7,000	15,750	24,500	35,000
4P Cabr	1,480	4,440	7,400	16,650	25,900	37,000

	6	5	4	3	2	1
5P Tr.	1,520	4,560	7,600	17,100	26,600	38,000
2P Spt Rbt	1,480	4,440	7,400	16,650	25,900	37,000
5P Cpe Rumble	1,280	3,840	6,400	14,400	22,400	32,000

1927 Model 11-B, 6-cyl., 32 hp, 119" wb

	6	5	4	3	2	1
4P Vic	1,240	3,720	6,200	13,950	21,700	31,000
2P Spt Cpe	1,280	3,840	6,400	14,400	22,400	32,000
4P Tandem Spt.	1,440	4,320	7,200	16,200	25,200	36,000
5P Sed	1,160	3,480	5,800	13,050	20,300	29,000
5P Spt Sed	1,200	3,600	6,000	13,500	21,000	30,000
3P Cpe	1,240	3,720	6,200	13,950	21,700	31,000
5P Encl Dr Limo	1,400	4,200	7,000	15,750	24,500	35,000
5P Cabr	1,920	5,760	9,600	21,600	33,600	48,000
5P Tr.	1,880	5,640	9,400	21,150	32,900	47,000
2P Spt Rbt	1,960	5,880	9,800	22,050	34,300	49,000
5P Cpe Rumble	1,280	3,840	6,400	14,400	22,400	32,000

1928 Airman, 6-cyl., 46 hp, 119" wb

	6	5	4	3	2	1
3P Cpe	1,360	4,080	6,800	15,300	23,800	34,000
4P Vic	1,320	3,960	6,600	14,850	23,100	33,000
5P Sed	1,200	3,600	6,000	13,500	21,000	30,000
5P Oxford Sed	1,240	3,720	6,200	13,950	21,700	31,000
5P Spt Sed	1,240	3,720	6,200	13,950	21,700	31,000
3/5P Conv	1,960	5,880	9,800	22,050	34,300	49,000

1928 Airman, 6-cyl., 46 hp, 128" wb

	6	5	4	3	2	1
Spt Rbt	2,040	6,120	10,200	22,950	35,700	51,000
Spt Tr	2,000	6,000	10,000	22,500	35,000	50,000
7P Sed	1,200	3,600	6,000	13,500	21,000	30,000
Oxford Sed	1,240	3,720	6,200	13,950	21,700	31,000
7P Tr.	1,880	5,640	9,400	21,150	32,900	47,000
7P Limo	1,440	4,320	7,200	16,200	25,200	36,000

1929 Model 130, 6-cyl., 46 hp, 120" wb

	6	5	4	3	2	1
3/5P Cpe.	1,200	3,600	6,000	13,500	21,000	30,000
5P Sed	1,040	3,120	5,200	11,700	18,200	26,000

1929 Model 135, 6-cyl., 60 hp, 125" wb

	6	5	4	3	2	1
3P Cpe	1,240	3,720	6,200	13,950	21,700	31,000
5P Sed	1,080	3,240	5,400	12,150	18,900	27,000
3/5P Conv Cpe	1,880	5,640	9,400	21,150	32,900	47,000
4P Vic Brgm	1,160	3,480	5,800	13,050	20,300	29,000
5P Oxford Sed	1,160	3,480	5,800	13,050	20,300	29,000
5P Spt Sed	1,160	3,480	5,800	13,050	20,300	29,000

1929 Model 137, 6-cyl., 60 hp, 132" wb

	6	5	4	3	2	1
5P Spt Tr	2,040	6,120	10,200	22,950	35,700	51,000
4P Spt Rbt	2,080	6,240	10,400	23,400	36,400	52,000
7P Tr.	1,880	5,640	9,400	21,150	32,900	47,000
7P Sed	1,120	3,360	5,600	12,600	19,600	28,000
7P Oxford Sed	1,160	3,480	5,800	13,050	20,300	29,000
7P Limo	1,240	3,720	6,200	13,950	21,700	31,000

1930 Model 145, 6-cyl., 87 hp, 125" wb

	6	5	4	3	2	1
Sed	1,000	3,000	5,000	11,250	17,500	25,000
Cpe	1,080	3,240	5,400	12,150	18,900	27,000
Clb Sed	1,080	3,240	5,400	12,150	18,900	27,000
DeL Sed	1,040	3,120	5,200	11,700	18,200	26,000
Vic Brgm	1,080	3,240	5,400	12,150	18,900	27,000
Conv Cpe	1,960	5,880	9,800	22,050	34,300	49,000
Tr Sed	1,080	3,240	5,400	12,150	18,900	27,000
Pursuit	1,080	3,240	5,400	12,150	18,900	27,000

1930 Model 147, 6-cyl., 87 hp, 132" wb

	6	5	4	3	2	1
Rds	2,280	6,840	11,400	25,650	39,900	57,000
Pirate Tr	2,120	6,360	10,600	23,850	37,100	53,000
Pirate Phae	2,160	6,480	10,800	24,300	37,800	54,000
5P Sed	1,080	3,240	5,400	12,150	18,900	27,000
7P Sed	1,120	3,360	5,600	12,600	19,600	28,000
Limo	1,280	3,840	6,400	14,400	22,400	32,000
Sed Limo	1,320	3,960	6,600	14,850	23,100	33,000
Spds	1,680	5,040	8,400	18,900	29,400	42,000
Conv Spds	2,800	8,400	14,000	31,500	49,000	70,000
Deauville Sed	1,800	5,400	9,000	20,250	31,500	45,000
Twn Car	1,400	4,200	7,000	15,750	24,500	35,000
Cabr	2,480	7,440	12,400	27,900	43,400	62,000
Conv Sed	2,560	7,680	12,800	28,800	44,800	64,000

1931 Series 15, 6-cyl., 100 hp, 125" wb

	6	5	4	3	2	1
Pursuit	1,200	3,600	6,000	13,500	21,000	30,000
5P Sed	1,160	3,480	5,800	13,050	20,300	29,000
Cpe	1,280	3,840	6,400	14,400	22,400	32,000
Oxford Sed	1,180	3,540	5,900	13,280	20,650	29,500
Vic Brgm	1,240	3,720	6,200	13,950	21,700	31,000
Conv Cpe	2,280	6,840	11,400	25,650	39,900	57,000
Twn Sed	1,280	3,840	6,400	14,400	22,400	32,000

	6	5	4	3	2	1
1931 Series 15, 6-cyl., 100 hp, 132" wb						
Rds	2,720	8,160	13,600	30,600	47,600	68,000
7P Sed	1,280	3,840	6,400	14,400	22,400	32,000
Spt Salon	1,320	3,960	6,600	14,850	23,100	33,000
Limo	1,400	4,200	7,000	15,750	24,500	35,000
1931 Series 15 DeLuxe, 6-cyl., 100 hp, 132" wb						
5P Tr	2,560	7,680	12,800	28,800	44,800	64,000
7P Tr	2,560	7,680	12,800	28,800	44,800	64,000
Spds	1,800	5,400	9,000	20,250	31,500	45,000
5P Sed	1,320	3,960	6,600	14,850	23,100	33,000
Clb Sed	1,360	4,080	6,800	15,300	23,800	34,000
Conv Cpe	2,560	7,680	12,800	28,800	44,800	64,000
Twn Sed	1,400	4,200	7,000	15,750	24,500	35,000
7P Sed	1,320	3,960	6,600	14,850	23,100	33,000
Limo	1,440	4,320	7,200	16,200	25,200	36,000
1932 Airman, 6-cyl., 100 hp, 132" wb						
Spds	1,680	5,040	8,400	18,900	29,400	42,000
5P Sed	1,240	3,720	6,200	13,950	21,700	31,000
Cpe	1,280	3,840	6,400	14,400	22,400	32,000
Clb Sed	1,260	3,780	6,300	14,180	22,050	31,500
Vic Brgm	1,280	3,840	6,400	14,400	22,400	32,000
Conv Cpe	2,320	6,960	11,600	26,100	40,600	58,000
7P Sed	1,280	3,840	6,400	14,400	22,400	32,000
Limo	1,320	3,960	6,600	14,850	23,100	33,000
Sed Oxford	1,240	3,720	6,200	13,950	21,700	31,000
1933 Olympic, 6-cyl., 100 hp, 118" wb						
5P Sed	960	2,880	4,800	10,800	16,800	24,000
4P Cpe	1,040	3,120	5,200	11,700	18,200	26,000
4P Conv Cpe	1,800	5,400	9,000	20,250	31,500	45,000
1933 Airman, 6-cyl., 100 hp, 132" wb						
4P Spds	1,120	3,360	5,600	12,600	19,600	28,000
5P Sed	1,080	3,240	5,400	12,150	18,900	27,000
5P Cpe	1,160	3,480	5,800	13,050	20,300	29,000
5P Clb Sed	1,120	3,360	5,600	12,600	19,600	28,000
5P Vic Brgm	1,160	3,480	5,800	13,050	20,300	29,000
7P Sed	1,040	3,120	5,200	11,700	18,200	26,000
6P Oxford Sed	1,080	3,240	5,400	12,150	18,900	27,000
7P Limo	1,120	3,360	5,600	12,600	19,600	28,000
1933 Twelve, V-12, 150 hp, 144" wb						
5P Sed	1,880	5,640	9,400	21,150	32,900	47,000
5P Clb Brgm	1,960	5,880	9,800	22,050	34,300	49,000
7P Sed	1,680	5,040	8,400	18,900	29,400	42,000
7P Limo	2,080	6,240	10,400	23,400	36,400	52,000
1934 Olympic, 6-cyl., 100 hp, 118" wb						
Sed	960	2,880	4,800	10,800	16,800	24,000
Cpe	1,040	3,120	5,200	11,700	18,200	26,000
Conv Cpe	1,880	5,640	9,400	21,150	32,900	47,000
1934 Airman, 6-cyl., 100 hp, 132" wb						
Sed	1,080	3,240	5,400	12,150	18,900	27,000
Clb Sed	1,120	3,360	5,600	12,600	19,600	28,000
Sed	1,100	3,300	5,500	12,380	19,250	27,500
Oxford Sed	1,140	3,420	5,700	12,830	19,950	28,500
Limo	1,320	3,960	6,600	14,850	23,100	33,000
1934 Twelve, V-12, 150 hp, 144" wb						
Sed	1,880	5,640	9,400	21,150	32,900	47,000
Clb Brgm	1,960	5,880	9,800	22,050	34,300	49,000
Sed	1,680	5,040	8,400	18,900	29,400	42,000
Limo	2,080	6,240	10,400	23,400	36,400	52,000

GARDNER

	6	5	4	3	2	1
1920 Model G, 4-cyl., 35 hp, 112" wb						
5P Tr	960	2,880	4,800	10,800	16,800	24,000
3P Rds	1,080	3,240	5,400	12,150	18,900	27,000
5P Sed	680	2,040	3,400	7,650	11,900	17,000
1921 Model G, 4-cyl., 35 hp, 112" wb						
3P Rds	760	2,280	3,800	8,550	13,300	19,000
5P Tr	960	2,880	4,800	10,800	16,800	24,000
5P Sed	680	2,040	3,400	7,650	11,900	17,000
1922 Four, 35 hp, 112" wb						
3P Rds	1,080	3,240	5,400	12,150	18,900	27,000
5P Tr	960	2,880	4,800	10,800	16,800	24,000
5P Sed	680	2,040	3,400	7,650	11,900	17,000
1923 Model 5, 4-cyl., 43 hp, 112" wb						
5P Tr	960	2,880	4,800	10,800	16,800	24,000

	6	5	4	3	2	1
2P Rds	1,080	3,240	5,400	12,150	18,900	27,000
2P Cpe	840	2,520	4,200	9,450	14,700	21,000
5P Sed	680	2,040	3,400	7,650	11,900	17,000

1924 Model 5, 4-cyl., 43 hp, 112" wb

	6	5	4	3	2	1
3P Rds	1,080	3,240	5,400	12,150	18,900	27,000
5P Tr.	960	2,880	4,800	10,800	16,800	24,000
5P Spt Tr	1,000	3,000	5,000	11,250	17,500	25,000
3P Cpe	840	2,520	4,200	9,450	14,700	21,000
5P Brgm	720	2,160	3,600	8,100	12,600	18,000
5P Sed	680	2,040	3,400	7,650	11,900	17,000

1925 Model 5, 4-cyl., 44 hp, 112" wb

	6	5	4	3	2	1
5P Tr.	960	2,880	4,800	10,800	16,800	24,000
3P Rds	1,080	3,240	5,400	12,150	18,900	27,000
5P Std Tr	1,000	3,000	5,000	11,250	17,500	25,000
5P DeL Tr	1,040	3,120	5,200	11,700	18,200	26,000
5P Sed	680	2,040	3,400	7,650	11,900	17,000
4P Cpe	840	2,520	4,200	9,450	14,700	21,000
5P Radio Sed	800	2,400	4,000	9,000	14,000	20,000

1925 Six, 57 hp, 117" wb

	6	5	4	3	2	1
5P Tr.	1,000	3,000	5,000	11,250	17,500	25,000

1925 Line 8, 8-cyl., 65 hp, 125" wb

	6	5	4	3	2	1
5P Tr.	1,040	3,120	5,200	11,700	18,200	26,000
5P Brgm	760	2,280	3,800	8,550	13,300	19,000

1926 Six, 57 hp, 117" wb

	6	5	4	3	2	1
5P Tr.	1,120	3,360	5,600	12,600	19,600	28,000
4P Rds	1,280	3,840	6,400	14,400	22,400	32,000
4P Cabr	1,080	3,240	5,400	12,150	18,900	27,000
5P 4d Brgm.	800	2,400	4,000	9,000	14,000	20,000
5P Sed	720	2,160	3,600	8,100	12,600	18,000
DeL Sed	760	2,280	3,800	8,550	13,300	19,000

1926 Line 8, 65 hp, 125" wb

	6	5	4	3	2	1
5P Tr.	1,520	4,560	7,600	17,100	26,600	38,000
4P Rds	1,680	5,040	8,400	18,900	29,400	42,000
4P Cabr	1,480	4,440	7,400	16,650	25,900	37,000
5P 4d Brgm.	1,120	3,360	5,600	12,600	19,600	28,000
5P Sed	1,040	3,120	5,200	11,700	18,200	26,000
5P DeL Sed	1,080	3,240	5,400	12,150	18,900	27,000

1927 Model 6-B, 6-cyl., 55 hp, 117" wb

	6	5	4	3	2	1
5P Tr.	1,120	3,360	5,600	12,600	19,600	28,000
4P Rds	1,280	3,840	6,400	14,400	22,400	32,000
4P Cabr	1,160	3,480	5,800	13,050	20,300	29,000
5P 4d Brgm.	800	2,400	4,000	9,000	14,000	20,000
5P Sed	720	2,160	3,600	8,100	12,600	18,000

1927 Model 8-80, 8-cyl., 70 hp, 122" wb

	6	5	4	3	2	1
4P Rds	1,600	4,800	8,000	18,000	28,000	40,000
5P Sed	1,040	3,120	5,200	11,700	18,200	26,000
Vic Cpe	1,160	3,480	5,800	13,050	20,300	29,000

1927 Model 8-90, 8-cyl., 84 hp, 130" wb

	6	5	4	3	2	1
4P Rds	1,680	5,040	8,400	18,900	29,400	42,000
5P Sed	760	2,280	3,800	8,550	13,300	19,000
5P Brgm	840	2,520	4,200	9,450	14,700	21,000
5P Vic	840	2,520	4,200	9,450	14,700	21,000

1928 Model 8-75, 8-cyl., 65 hp, 122" wb

	6	5	4	3	2	1
4P Rds	1,640	4,920	8,200	18,450	28,700	41,000
Vic.	1,160	3,480	5,800	13,050	20,300	29,000
Cpe.	1,120	3,360	5,600	12,600	19,600	28,000
5P Clb Sed	1,080	3,240	5,400	12,150	18,900	27,000
5P Sed	1,000	3,000	5,000	11,250	17,500	25,000

1928 Model 8-85, 8-cyl., 74 hp, 125" wb

	6	5	4	3	2	1
4P Rds	1,680	5,040	8,400	18,900	29,400	42,000
5P Brgm	1,160	3,480	5,800	13,050	20,300	29,000
5P Sed	1,040	3,120	5,200	11,700	18,200	26,000
4P Cus Cpe	1,200	3,600	6,000	13,500	21,000	30,000

1928 Model 8-95, 8-cyl., 115 hp, 130" wb

	6	5	4	3	2	1
4P Rds	1,800	5,400	9,000	20,250	31,500	45,000
5P Brgm	1,200	3,600	6,000	13,500	21,000	30,000
5P Sed	1,080	3,240	5,400	12,150	18,900	27,000
4P Cus Cpe	1,240	3,720	6,200	13,950	21,700	31,000

1929-30 Model 120, 8-cyl., 65 hp, 122" wb

	6	5	4	3	2	1
4P Rds	1,680	5,040	8,400	18,900	29,400	42,000
5P Spt Sed	1,200	3,600	6,000	13,500	21,000	30,000
4P Cpe	1,240	3,720	6,200	13,950	21,700	31,000
5P Sed	1,040	3,120	5,200	11,700	18,200	26,000

1929-30 Model 125, 8-cyl., 85 hp, 125" wb

	6	5	4	3	2	1
4P Rds	1,800	5,400	9,000	20,250	31,500	45,000

	6	5	4	3	2	1
4P Cabr	1,520	4,560	7,600	17,100	26,600	38,000
5P Brgm	1,160	3,480	5,800	13,050	20,300	29,000
5P Sed	1,080	3,240	5,400	12,150	18,900	27,000
4P Vic	1,120	3,360	5,600	12,600	19,600	28,000
Cpe	1,240	3,720	6,200	13,950	21,700	31,000

1929-30 Model 130, 8-cyl., 115 hp, 130" wb

	6	5	4	3	2	1
4P Rds	1,760	5,280	8,800	19,800	30,800	44,000
4P Cpe	1,280	3,840	6,400	14,400	22,400	32,000
5P Brgm	1,200	3,600	6,000	13,500	21,000	30,000
5P Sed	1,160	3,480	5,800	13,050	20,300	29,000
5P Vic	1,280	3,840	6,400	14,400	22,400	32,000

1930 Model 136, 6-cyl., 70 hp, 122" wb

	6	5	4	3	2	1
Rds	1,720	5,160	8,600	19,350	30,100	43,000
5P Spt Phae	1,640	4,920	8,200	18,450	28,700	41,000
7P Spt Phae	1,680	5,040	8,400	18,900	29,400	42,000
Spt Sed	1,160	3,480	5,800	13,050	20,300	29,000
Cpe	1,280	3,840	6,400	14,400	22,400	32,000
Brgm	1,160	3,480	5,800	13,050	20,300	29,000
5P Sed	1,040	3,120	5,200	11,700	18,200	26,000
7P Sed	1,080	3,240	5,400	12,150	18,900	27,000

1930 Model 140, 8-cyl., 90 hp, 125" wb

	6	5	4	3	2	1
Rds	1,800	5,400	9,000	20,250	31,500	45,000
5P Spt Phae	1,680	5,040	8,400	18,900	29,400	42,000
7P Spt Phae	1,720	5,160	8,600	19,350	30,100	43,000
Spt Sed	1,240	3,720	6,200	13,950	21,700	31,000
Cpe	1,320	3,960	6,600	14,850	23,100	33,000
Brgm	1,200	3,600	6,000	13,500	21,000	30,000
5P Sed	1,080	3,240	5,400	12,150	18,900	27,000
7P Sed	1,120	3,360	5,600	12,600	19,600	28,000

1930 Model 150, 8-cyl., 126 hp, 130" wb

	6	5	4	3	2	1
Rds	1,880	5,640	9,400	21,150	32,900	47,000
5P Spt Phae	1,800	5,400	9,000	20,250	31,500	45,000
7P Spt Phae	1,840	5,520	9,200	20,700	32,200	46,000
Spt Sed	1,280	3,840	6,400	14,400	22,400	32,000
Cpe	1,360	4,080	6,800	15,300	23,800	34,000
Brgm	1,240	3,720	6,200	13,950	21,700	31,000
5P Sed	1,120	3,360	5,600	12,600	19,600	28,000
7P Sed	1,160	3,480	5,800	13,050	20,300	29,000

1931 Model 136, 6-cyl., 70 hp, 122" wb

	6	5	4	3	2	1
Rds	1,760	5,280	8,800	19,800	30,800	44,000
Spt Sed	1,240	3,720	6,200	13,950	21,700	31,000
Cpe	1,280	3,840	6,400	14,400	22,400	32,000
Sed	1,120	3,360	5,600	12,600	19,600	28,000

1931 Model 148, 6-cyl., 100 hp, 125" wb

	6	5	4	3	2	1
Rds	1,800	5,400	9,000	20,250	31,500	45,000
Phae	1,760	5,280	8,800	19,800	30,800	44,000
Spt Sed	1,320	3,960	6,600	14,850	23,100	33,000
Cpe	1,360	4,080	6,800	15,300	23,800	34,000
Brgm	1,320	3,960	6,600	14,850	23,100	33,000
Sed	1,160	3,480	5,800	13,050	20,300	29,000

1931 Model 158, 8-cyl., 130 hp, 130" wb

	6	5	4	3	2	1
Rds	1,840	5,520	9,200	20,700	32,200	46,000
Cpe	1,400	4,200	7,000	15,750	24,500	35,000
Brgm	1,360	4,080	6,800	15,300	23,800	34,000
Sed	1,280	3,840	6,400	14,400	22,400	32,000

GRAHAM-PAIGE

1928 Model 610, 6-cyl., 111" wb

	6	5	4	3	2	1
Cpe	580	1,740	2,900	6,530	10,150	14,500
4d Sed	510	1,540	2,560	5,760	8,960	12,800

1928 Model 614, 6-cyl., 114" wb

	6	5	4	3	2	1
Cpe	600	1,800	3,000	6,750	10,500	15,000
4d Sed	520	1,560	2,600	5,850	9,100	13,000

1928 Model 619, 6-cyl., 119" wb

	6	5	4	3	2	1
Cpe	620	1,860	3,100	6,980	10,850	15,500
4d Sed	560	1,680	2,800	6,300	9,800	14,000
DeL Cpe	640	1,920	3,200	7,200	11,200	16,000
DeL 4d Sed	500	1,500	2,500	5,630	8,750	12,500

1928 Model 629, 6-cyl., 129" wb

	6	5	4	3	2	1
2P Cpe	640	1,920	3,200	7,200	11,200	16,000
5P Cpe	660	1,980	3,300	7,430	11,550	16,500
Cabr	1,040	3,120	5,200	11,700	18,200	26,000
5P 4d Sed	600	1,810	3,020	6,800	10,570	15,100
4d Twn Sed	570	1,700	2,840	6,390	9,940	14,200
7P 4d Sed	610	1,840	3,060	6,890	10,710	15,300

	6	5	4	3	2	1
1928 Model 835, 8-cyl., 137" wb						
Cpe 2P	660	1,980	3,300	7,430	11,550	16,500
Cpe 5P	680	2,040	3,400	7,650	11,900	17,000
Cabr	1,120	3,360	5,600	12,600	19,600	28,000
5P 4d Sed	650	1,960	3,260	7,340	11,410	16,300
7P 4d Sed	660	1,970	3,280	7,380	11,480	16,400
4d Twn Sed	650	1,960	3,260	7,340	11,410	16,300
Limo	670	2,000	3,340	7,520	11,690	16,700
1929 Model 612, 6-cyl., 112" wb						
Rds	1,180	3,540	5,900	13,280	20,650	29,500
Tr	1,200	3,600	6,000	13,500	21,000	30,000
Cpe	600	1,800	3,000	6,750	10,500	15,000
Cabr	1,080	3,240	5,400	12,150	18,900	27,000
2d Sed	560	1,680	2,800	6,300	9,800	14,000
4d Sed	560	1,690	2,820	6,350	9,870	14,100
1929 Model 615, 6-cyl., 115" wb						
Rds	1,200	3,600	6,000	13,500	21,000	30,000
Tour	1,220	3,660	6,100	13,730	21,350	30,500
Cpe	640	1,920	3,200	7,200	11,200	16,000
Cabr	1,120	3,360	5,600	12,600	19,600	28,000
2d Sed	580	1,740	2,900	6,530	10,150	14,500
4d Sed	580	1,750	2,920	6,570	10,220	14,600
1929 Model 621, 6-cyl., 121" wb						
Rds	1,220	3,660	6,100	13,730	21,350	30,500
Tr	1,240	3,720	6,200	13,950	21,700	31,000
Cpe	620	1,860	3,100	6,980	10,850	15,500
Cabr	1,140	3,420	5,700	12,830	19,950	28,500
4d Sed	590	1,780	2,960	6,660	10,360	14,800
1929 Model 827, 8-cyl., 127" wb						
Rds	1,400	4,200	7,000	15,750	24,500	35,000
Tr	1,440	4,320	7,200	16,200	25,200	36,000
Cpe	720	2,160	3,600	8,100	12,600	18,000
Cabr	1,320	3,960	6,600	14,850	23,100	33,000
4d Sed	640	1,920	3,200	7,200	11,200	16,000
1929 Model 837, 8-cyl., 137" wb						
Tr	1,600	4,800	8,000	18,000	28,000	40,000
Cpe	880	2,640	4,400	9,900	15,400	22,000
5P 4d Sed	800	2,400	4,000	9,000	14,000	20,000
7P 4d Sed	840	2,520	4,200	9,450	14,700	21,000
4d Twn Sed	880	2,640	4,400	9,900	15,400	22,000
Limo	960	2,880	4,800	10,800	16,800	24,000
LeB Limo	1,040	3,120	5,200	11,700	18,200	26,000
LeB Twn Car	1,080	3,240	5,400	12,150	18,900	27,000

GRAHAM

	6	5	4	3	2	1
1930 Standard, 6-cyl., 115" wb						
Rds	1,520	4,560	7,600	17,100	26,600	38,000
Phae	1,480	4,440	7,400	16,650	25,900	37,000
Cabr	1,280	3,840	6,400	14,400	22,400	32,000
Cpe	680	2,040	3,400	7,650	11,900	17,000
DeL Cpe	720	2,160	3,600	8,100	12,600	18,000
2d Sed	588	1,764	2,940	6,620	10,290	14,700
4d Sed	592	1,776	2,960	6,660	10,360	14,800
4d DeL Sed	600	1,800	3,000	6,750	10,500	15,000
4d Twn Sed	600	1,800	3,000	6,750	10,500	15,000
DeL Twn Sed	608	1,824	3,040	6,840	10,640	15,200
1930 Special, 6-cyl., 115" wb						
Cpe	740	2,220	3,700	8,330	12,950	18,500
R/S Cpe	720	2,160	3,600	8,100	12,600	18,000
4d Sed	640	1,920	3,200	7,200	11,200	16,000
1930 Standard, 8-cyl., 122" and *134" wb						
Cpe	800	2,400	4,000	9,000	14,000	20,000
4d Sed	720	2,160	3,600	8,100	12,600	18,000
Conv Sed	1,560	4,680	7,800	17,550	27,300	39,000
*7P 4d Sed	760	2,280	3,800	8,550	13,300	19,000
1930 Special, 8-cyl., 122" and *134" wb						
Cpe	820	2,460	4,100	9,230	14,350	20,500
4d Sed	740	2,220	3,700	8,330	12,950	18,500
Conv Sed	1,680	5,040	8,400	18,900	29,400	42,000
*7P 4d Sed	800	2,400	4,000	9,000	14,000	20,000
1930 Custom, 8-cyl., 127" wb						
Rds	1,640	4,920	8,200	18,450	28,700	41,000
Phae	1,600	4,800	8,000	18,000	28,000	40,000
Cpe	880	2,640	4,400	9,900	15,400	22,000
Cabr	1,520	4,560	7,600	17,100	26,600	38,000
4d Sed	840	2,520	4,200	9,450	14,700	21,000

	6	5	4	3	2	1
1930 Custom, 8-cyl., 137" wb						
Phae	1,720	5,160	8,600	19,350	30,100	43,000
5P 4d Sed	860	2,580	4,300	9,680	15,050	21,500
4d Twn Sed	880	2,640	4,400	9,900	15,400	22,000
7P 4d Sed	900	2,700	4,500	10,130	15,750	22,500
Limo	960	2,880	4,800	10,800	16,800	24,000
LeB Limo	1,040	3,120	5,200	11,700	18,200	26,000
LeB Twn Car	960	2,880	4,800	10,800	16,800	24,000
1931 Standard, 6-cyl., 115" wb						
Rds	1,480	4,440	7,400	16,650	25,900	37,000
Phae	1,440	4,320	7,200	16,200	25,200	36,000
Bus Cpe	680	2,040	3,400	7,650	11,900	17,000
Cpe	700	2,100	3,500	7,880	12,250	17,500
Spt Cpe	720	2,160	3,600	8,100	12,600	18,000
2d Sed	612	1,836	3,060	6,890	10,710	15,300
4d Twn Sed	616	1,848	3,080	6,930	10,780	15,400
4d Univ Sed	620	1,860	3,100	6,980	10,850	15,500
4d DeL Sed	628	1,884	3,140	7,070	10,990	15,700
4d DeL Twn Sed	640	1,920	3,200	7,200	11,200	16,000
1931 Special, 6-cyl., 115" wb						
Bus Cpe	684	2,052	3,420	7,700	11,970	17,100
Cpe	688	2,064	3,440	7,740	12,040	17,200
4d Sed	656	1,968	3,280	7,380	11,480	16,400
1931 Model 621, 6-cyl., 121" wb						
Rds	1,480	4,440	7,400	16,650	25,900	37,000
Phae	1,440	4,320	7,200	16,200	25,200	36,000
Vic	712	2,136	3,560	8,010	12,460	17,800
Cpe	760	2,280	3,800	8,550	13,300	19,000
4d Sed	700	2,100	3,500	7,880	12,250	17,500
1931 Standard, 8-cyl., 122" and *134" wb						
Cpe	800	2,400	4,000	9,000	14,000	20,000
4d Sed	740	2,220	3,700	8,330	12,950	18,500
Conv Sed	1,520	4,560	7,600	17,100	26,600	38,000
7P 4d Sed	740	2,220	3,700	8,330	12,950	18,500
5P 4d Sed	740	2,220	3,700	8,330	12,950	18,500
*Limo	800	2,400	4,000	9,000	14,000	20,000
1931 Special 822, 8-cyl., 122" and *134" wb						
Cpe	840	2,520	4,200	9,450	14,700	21,000
4d Sed	760	2,280	3,800	8,550	13,300	19,000
Conv Sed	1,560	4,680	7,800	17,550	27,300	39,000
7P 4d Sed	800	2,400	4,000	9,000	14,000	20,000
5P 4d Sed	800	2,400	4,000	9,000	14,000	20,000
*Limo	840	2,520	4,200	9,450	14,700	21,000
1931 Custom, 8-cyl., 127" wb						
Rds	1,600	4,800	8,000	18,000	28,000	40,000
Phae	1,560	4,680	7,800	17,550	27,300	39,000
Vic	800	2,400	4,000	9,000	14,000	20,000
Cabr	1,480	4,440	7,400	16,650	25,900	37,000
4d Sed	780	2,340	3,900	8,780	13,650	19,500
1931 Custom, 8-cyl., 137" wb						
7P Phae	2,120	6,360	10,600	23,850	37,100	53,000
4d Sed	840	2,520	4,200	9,450	14,700	21,000
LeB Limo	1,000	3,000	5,000	11,250	17,500	25,000
1931 Prosperity, 6-cyl., 113" wb						
Cpe	680	2,040	3,400	7,650	11,900	17,000
Cpe 2-4	720	2,160	3,600	8,100	12,600	18,000
4d Sed	612	1,836	3,060	6,890	10,710	15,300
4d Twn Sed	620	1,860	3,100	6,980	10,850	15,500
1931 Standard, 6-cyl., 115" wb						
Rds	1,440	4,320	7,200	16,200	25,200	36,000
4d Sed	628	1,884	3,140	7,070	10,990	15,700
Bus Cpe	720	2,160	3,600	8,100	12,600	18,000
Cpe 2-4	760	2,280	3,800	8,550	13,300	19,000
4d Twn Sed	640	1,920	3,200	7,200	11,200	16,000
1931 Special, 6-cyl., 115" wb						
Bus Cpe	740	2,220	3,700	8,330	12,950	18,500
Cpe 2-4	780	2,340	3,900	8,780	13,650	19,500
4d Sed	640	1,920	3,200	7,200	11,200	16,000
4d Twn Sed	660	1,980	3,300	7,430	11,550	16,500
1931 Special 820, 8-cyl., 120" wb						
Bus Cpe	780	2,340	3,900	8,780	13,650	19,500
Cpe 2-4	800	2,400	4,000	9,000	14,000	20,000
4d Spt Sed	740	2,220	3,700	8,330	12,950	18,500
4d Sed	720	2,160	3,600	8,100	12,600	18,000

	6	5	4	3	2	1
1931 Custom 834, 8-cyl., 134" wb						
4d Sed	780	2,340	3,900	8,780	13,650	19,500
7P 4d Sed	800	2,400	4,000	9,000	14,000	20,000
Limo	840	2,520	4,200	9,450	14,700	21,000
1932 Prosperity, 6-cyl., 113" wb						
Cpe	760	2,280	3,800	8,550	13,300	19,000
Cpe 2-4	800	2,400	4,000	9,000	14,000	20,000
4d Sed	652	1,956	3,260	7,340	11,410	16,300
4d Twn Sed	660	1,980	3,300	7,430	11,550	16,500
1932 Graham, 6-cyl., 113" wb						
Bus Cpe	800	2,400	4,000	9,000	14,000	20,000
Cpe 2-4	840	2,520	4,200	9,450	14,700	21,000
Cabr	1,080	3,240	5,400	12,150	18,900	27,000
4d Sed	680	2,040	3,400	7,650	11,900	17,000
1932 Standard, 6-cyl., 115" wb						
Rds	1,160	3,480	5,800	13,050	20,300	29,000
Bus Cpe	820	2,460	4,100	9,230	14,350	20,500
Cpe 2-4	860	2,580	4,300	9,680	15,050	21,500
4d Sed	720	2,160	3,600	8,100	12,600	18,000
4d Twn Sed	720	2,160	3,600	8,100	12,600	18,000
1932 Special, 6-cyl., 115" wb						
Rds	1,440	4,320	7,200	16,200	25,200	36,000
Bus Cpe	860	2,580	4,300	9,680	15,050	21,500
Cpe 2-4	880	2,640	4,400	9,900	15,400	22,000
4d Sed	680	2,040	3,400	7,650	11,900	17,000
4d Twn Sed	760	2,280	3,800	8,550	13,300	19,000
1932 Model 57, 8-cyl., 123" wb						
Cpe	880	2,640	4,400	9,900	15,400	22,000
Cpe 2-4	900	2,700	4,500	10,130	15,750	22,500
4d Sed	780	2,340	3,900	8,780	13,650	19,500
DeL Cpe	920	2,760	4,600	10,350	16,100	23,000
DeL Cpe 2-4	960	2,880	4,800	10,800	16,800	24,000
Conv Cpe	1,480	4,440	7,400	16,650	25,900	37,000
4d DeL Sed	800	2,400	4,000	9,000	14,000	20,000
1932 Special 820, 8-cyl., 120" wb						
Bus Cpe	940	2,820	4,700	10,580	16,450	23,500
Cpe 2-4	980	2,940	4,900	11,030	17,150	24,500
4d Spt Sed	820	2,460	4,100	9,230	14,350	20,500
4d Sed	808	2,424	4,040	9,090	14,140	20,200
1932 Special 822, 8-cyl., 122" wb						
4d Sed	840	2,520	4,200	9,450	14,700	21,000
Conv Sed	1,880	5,640	9,400	21,150	32,900	47,000
1932 Custom 834, 8-cyl., 134" wb						
4d Sed	1,000	3,000	5,000	11,250	17,500	25,000
7P 4d Sed	1,040	3,120	5,200	11,700	18,200	26,000
Limo	1,120	3,360	5,600	12,600	19,600	28,000
1933 Graham, 6-cyl., 113" wb						
4d Sed	644	1,932	3,220	7,250	11,270	16,100
4d Twn Sed	652	1,956	3,260	7,340	11,410	16,300
1933 Model 65, 6-cyl., 113" wb						
Bus Cpe	680	2,040	3,400	7,650	11,900	17,000
Cpe 2-4	700	2,100	3,500	7,880	12,250	17,500
Conv Cpe	1,200	3,600	6,000	13,500	21,000	30,000
4d Sed	656	1,968	3,280	7,380	11,480	16,400
1933 Graham, 6-cyl., 118" wb						
Bus Cpe	700	2,100	3,500	7,880	12,250	17,500
Cpe 2-4	720	2,160	3,600	8,100	12,600	18,000
Cabr	1,240	3,720	6,200	13,950	21,700	31,000
4d Sed	660	1,980	3,300	7,430	11,550	16,500
1933 Model 64, 8-cyl., 119" wb						
Bus Cpe	720	2,160	3,600	8,100	12,600	18,000
Cpe 2-4	740	2,220	3,700	8,330	12,950	18,500
Conv Cpe	1,280	3,840	6,400	14,400	22,400	32,000
4d Sed	668	2,004	3,340	7,520	11,690	16,700
1933 Model 57A, 8-cyl., 123" wb						
Cpe	740	2,220	3,700	8,330	12,950	18,500
Cpe 2-4	760	2,280	3,800	8,550	13,300	19,000
4d Sed	676	2,028	3,380	7,610	11,830	16,900
DeL Cpe	780	2,340	3,900	8,780	13,650	19,500
DeL Cpe 2-4	800	2,400	4,000	9,000	14,000	20,000
DeL Conv Cpe	1,360	4,080	6,800	15,300	23,800	34,000
4d DeL Sed	688	2,064	3,440	7,740	12,040	17,200
1933 Custom 57A, 8-cyl., 123" wb						
Cpe	800	2,400	4,000	9,000	14,000	20,000
Cpe 2-4	820	2,460	4,100	9,230	14,350	20,500
4d Sed	700	2,100	3,500	7,880	12,250	17,500

	6	5	4	3	2	1
1934 Model 65, 6-cyl., 113" wb						
Cpe	700	2,100	3,500	7,880	12,250	17,500
Cpe 2-4	720	2,160	3,600	8,100	12,600	18,000
Conv Cpe	1,120	3,360	5,600	12,600	19,600	28,000
4d Sed	616	1,848	3,080	6,930	10,780	15,400
1934 Model 64, 6-cyl., 119" wb						
Cpe	700	2,100	3,500	7,880	12,250	17,500
Cpe 2-4	720	2,160	3,600	8,100	12,600	18,000
Conv Cpe	1,160	3,480	5,800	13,050	20,300	29,000
4d Sed	620	1,860	3,100	6,980	10,850	15,500
1934 Model 68, 6-cyl., 116" wb						
Bus Cpe	720	2,160	3,600	8,100	12,600	18,000
Cpe 2-4	740	2,220	3,700	8,330	12,950	18,500
Conv Cpe	1,280	3,840	6,400	14,400	22,400	32,000
4d Sed	624	1,872	3,120	7,020	10,920	15,600
4d Sed Trunk	628	1,884	3,140	7,070	10,990	15,700
1934 Model 67, 8-cyl., 123" wb						
Bus Cpe	740	2,220	3,700	8,330	12,950	18,500
Cpe 2-4	760	2,280	3,800	8,550	13,300	19,000
Conv Cpe	1,320	3,960	6,600	14,850	23,100	33,000
4d Sed	560	1,680	2,800	6,300	9,800	14,000
4d Sed Trunk	648	1,944	3,240	7,290	11,340	16,200
1934 Model 69, 8-cyl., 123" wb						
Bus Cpe	760	2,280	3,800	8,550	13,300	19,000
Cpe 2-4	780	2,340	3,900	8,780	13,650	19,500
Conv Cpe	1,360	4,080	6,800	15,300	23,800	34,000
4d Sed	648	1,944	3,240	7,290	11,340	16,200
4d Sed Trunk	656	1,968	3,280	7,380	11,480	16,400
1934 Custom 8-71, 8-cyl., 138" wb						
7P 4d Sed	668	2,004	3,340	7,520	11,690	16,700
7P 4d Sed Trunk	680	2,040	3,400	7,650	11,900	17,000
1935 Model 74, 6-cyl., 111" wb						
2d Sed	608	1,824	3,040	6,840	10,640	15,200
4d Sed	612	1,836	3,060	6,890	10,710	15,300
2d DeL Sed	612	1,836	3,060	6,890	10,710	15,300
4d DeL Sed	616	1,848	3,080	6,930	10,780	15,400
1935 Model 68, 6-cyl., 116" wb						
Bus Cpe	700	2,100	3,500	7,880	12,250	17,500
Cpe 3-5	720	2,160	3,600	8,100	12,600	18,000
Conv Cpe	1,080	3,240	5,400	12,150	18,900	27,000
4d Sed	616	1,848	3,080	6,930	10,780	15,400
4d Sed Trunk	620	1,860	3,100	6,980	10,850	15,500
1935 Model 67, 8-cyl., 123" wb						
Cpe	720	2,160	3,600	8,100	12,600	18,000
Cpe 3-5	740	2,220	3,700	8,330	12,950	18,500
Conv Cpe	1,120	3,360	5,600	12,600	19,600	28,000
4d Sed	628	1,884	3,140	7,070	10,990	15,700
4d Sed Trunk	632	1,896	3,160	7,110	11,060	15,800
1935 Model 72, 8-cyl., 123" wb						
Cpe	720	2,160	3,600	8,100	12,600	18,000
Cpe 2-4	740	2,220	3,700	8,330	12,950	18,500
Conv Cpe	1,200	3,600	6,000	13,500	21,000	30,000
4d Sed	632	1,896	3,160	7,110	11,060	15,800
1935 Custom Model 69, Supercharged, 8-cyl., 123" wb						
Cpe	780	2,340	3,900	8,780	13,650	19,500
Cpe 3-5	800	2,400	4,000	9,000	14,000	20,000
Conv Cpe	1,240	3,720	6,200	13,950	21,700	31,000
4d Sed	720	2,160	3,600	8,100	12,600	18,000
4d Sed Trunk	728	2,184	3,640	8,190	12,740	18,200
1935 Model 75, Supercharged, 8-cyl., 123" wb						
Cpe	800	2,400	4,000	9,000	14,000	20,000
Cpe 2-4	840	2,520	4,200	9,450	14,700	21,000
Conv Cpe	1,320	3,960	6,600	14,850	23,100	33,000
4d Sed	760	2,280	3,800	8,550	13,300	19,000
1936 Crusader Model 80, 6-cyl., 111" wb						
2d Sed	604	1,812	3,020	6,800	10,570	15,100
2d Sed Trunk	608	1,824	3,040	6,840	10,640	15,200
4d Sed	608	1,824	3,040	6,840	10,640	15,200
4d Sed Trunk	612	1,836	3,060	6,890	10,710	15,300
1936 Cavalier Model 90, 6-cyl., 115" wb						
Bus Cpe	652	1,956	3,260	7,340	11,410	16,300
Cpe 2-4	660	1,980	3,300	7,430	11,550	16,500
2d Sed	608	1,824	3,040	6,840	10,640	15,200
2d Sed Trunk	612	1,836	3,060	6,890	10,710	15,300
4d Sed	608	1,824	3,040	6,840	10,640	15,200
4d Sed Trunk	616	1,848	3,080	6,930	10,780	15,400

1983 Ford Escort GL hatchback

1990 Ford Probe LX hatchback

1934 Graham convertible coupe

	6	5	4	3	2	1
1936 Model 110, Supercharged, 6-cyl., 115" wb						
Cpe	760	2,280	3,800	8,550	13,300	19,000
Cpe 2-4	780	2,340	3,900	8,780	13,650	19,500
2d Sed	700	2,100	3,500	7,880	12,250	17,500
2d Sed Trunk	704	2,112	3,520	7,920	12,320	17,600
4d Sed	700	2,100	3,500	7,880	12,250	17,500
4d Sed Trunk	704	2,112	3,520	7,920	12,320	17,600
4d Cus Sed	720	2,160	3,600	8,100	12,600	18,000
1937 Crusader, 6-cyl., 111" wb						
2d Sed	600	1,800	3,000	6,750	10,500	15,000
2d Sed Trunk	604	1,812	3,020	6,800	10,570	15,100
4d Sed	608	1,824	3,040	6,840	10,640	15,200
4d Sed Trunk	612	1,836	3,060	6,890	10,710	15,300
1937 Cavalier, 6-cyl., 116" wb						
Bus Cpe	720	2,160	3,600	8,100	12,600	18,000
Cpe 3-5	760	2,280	3,800	8,550	13,300	19,000
Conv Cpe	1,160	3,480	5,800	13,050	20,300	29,000
2d Sed	604	1,812	3,020	6,800	10,570	15,100
2d Sed Trunk	608	1,824	3,040	6,840	10,640	15,200
4d Sed	612	1,836	3,060	6,890	10,710	15,300
4d Sed Trunk	616	1,848	3,080	6,930	10,780	15,400
1937 Series 116, Supercharged, 6-cyl., 116" wb						
Bus Cpe	760	2,280	3,800	8,550	13,300	19,000
Cpe 3-5	772	2,316	3,860	8,690	13,510	19,300
Conv Cpe	1,280	3,840	6,400	14,400	22,400	32,000
2d Sed	700	2,100	3,500	7,880	12,250	17,500
2d Sed Trunk	704	2,112	3,520	7,920	12,320	17,600
4d Sed	704	2,112	3,520	7,920	12,320	17,600
4d Sed Trunk	708	2,124	3,540	7,970	12,390	17,700
1937 Series 120, Custom Supercharged, 6-cyl., 116" and 120" wb						
Bus Cpe	768	2,304	3,840	8,640	13,440	19,200
Cpe 3-5	780	2,340	3,900	8,780	13,650	19,500
Conv Cpe	1,360	4,080	6,800	15,300	23,800	34,000
4d Sed	720	2,160	3,600	8,100	12,600	18,000
4d Sed Trunk	728	2,184	3,640	8,190	12,740	18,200
1938 Standard Model 96, 6-cyl., 120" wb						
4d Sed	588	1,764	2,940	6,620	10,290	14,700
1938 Special Model 96, 6-cyl., 120" wb						
4d Sed	600	1,800	3,000	6,750	10,500	15,000
1938 Model 97, Supercharged, 6-cyl., 120" wb						
4d Sed	620	1,860	3,100	6,980	10,850	15,500
1938 Custom Model 97, Supercharged, 6-cyl., 120" wb						
4d Sed	640	1,920	3,200	7,200	11,200	16,000
1939 Special Model 96, 6-cyl., 120" wb						
Cpe	680	2,040	3,400	7,650	11,900	17,000
2d Sed	628	1,884	3,140	7,070	10,990	15,700
4d Sed	632	1,896	3,160	7,110	11,060	15,800
1939 Custom Special 96, 6-cyl., 120" wb						
Cpe	700	2,100	3,500	7,880	12,250	17,500
2d Sed	632	1,896	3,160	7,110	11,060	15,800
4d Sed	636	1,908	3,180	7,160	11,130	15,900
1939 Model 97, Supercharged, 6-cyl., 120" wb						
Cpe	840	2,520	4,200	9,450	14,700	21,000
2d Sed	800	2,400	4,000	9,000	14,000	20,000
4d Sed	820	2,460	4,100	9,230	14,350	20,500
1939 Custom Model 97, Supercharged, 6-cyl., 120" wb						
Cpe	860	2,580	4,300	9,680	15,050	21,500
2d Sed	820	2,460	4,100	9,230	14,350	20,500
4d Sed	840	2,520	4,200	9,450	14,700	21,000
1940 DeLuxe Model 108, 6-cyl., 120" wb						
Cpe	680	2,040	3,400	7,650	11,900	17,000
2d Sed	636	1,908	3,180	7,160	11,130	15,900
4d Sed	640	1,920	3,200	7,200	11,200	16,000
1940 Custom Model 108, 6-cyl., 120" wb						
Cpe	700	2,100	3,500	7,880	12,250	17,500
2d Sed	640	1,920	3,200	7,200	11,200	16,000
4d Sed	648	1,944	3,240	7,290	11,340	16,200
1940 DeLuxe Model 107, Supercharged, 6-cyl., 120" wb						
Cpe	840	2,520	4,200	9,450	14,700	21,000
2d Sed	820	2,460	4,100	9,230	14,350	20,500
4d Sed	828	2,484	4,140	9,320	14,490	20,700
1940 Custom Model 107, Supercharged, 6-cyl., 120" wb						
Cpe	820	2,460	4,100	9,230	14,350	20,500
2d Sed	828	2,484	4,140	9,320	14,490	20,700
4d Sed	840	2,520	4,200	9,450	14,700	21,000

	6	5	4	3	2	1
1941 Custom Hollywood Model 113, 6-cyl., 115" wb						
4d Sed	880	2,640	4,400	9,900	15,400	22,000
1941 Custom Hollywood Model 113, Supercharged, 6-cyl., 115" wb						
4d Sed	1,000	3,000	5,000	11,250	17,500	25,000

HUDSON

	6	5	4	3	2	1
1909 Model 20, 4-cyl.						
2d Rds	1,320	3,960	6,600	14,850	23,100	33,000
1910 Model 20, 4-cyl.						
2d Rds	1,280	3,840	6,400	14,400	22,400	32,000
4d Tr	1,280	3,840	6,400	14,400	22,400	32,000
1911 Model 33, 4-cyl.						
2d Rds	1,280	3,840	6,400	14,400	22,400	32,000
2d Tor Rds	1,320	3,960	6,600	14,850	23,100	33,000
4d Pony Ton	1,360	4,080	6,800	15,300	23,800	34,000
4d Tr	1,400	4,200	7,000	15,750	24,500	35,000
1912 Model 33, 4-cyl.						
2d Rds	1,480	4,440	7,400	16,650	25,900	37,000
2d Tor Rds	1,520	4,560	7,600	17,100	26,600	38,000
4d Tr	1,600	4,800	8,000	18,000	28,000	40,000
2d Cpe	1,120	3,360	5,600	12,600	19,600	28,000
4d Limo	1,240	3,720	6,200	13,950	21,700	31,000
1913 Model 37, 4-cyl.						
2d Rds	1,360	4,080	6,800	15,300	23,800	34,000
2d Tor Rds	1,400	4,200	7,000	15,750	24,500	35,000
4d Tr	1,440	4,320	7,200	16,200	25,200	36,000
2d Cpe	1,080	3,240	5,400	12,150	18,900	27,000
4d Limo	1,200	3,600	6,000	13,500	21,000	30,000
1913 Model 54, 6-cyl.						
2d 2P Rds	1,400	4,200	7,000	15,750	24,500	35,000
2d 5P Rds	1,440	4,320	7,200	16,200	25,200	36,000
2d Tor Rds	1,480	4,440	7,400	16,650	25,900	37,000
4d Tr	1,520	4,560	7,600	17,100	26,600	38,000
4d 7P Tr	1,560	4,680	7,800	17,550	27,300	39,000
2d Cpe	1,160	3,480	5,800	13,050	20,300	29,000
4d Limo	1,240	3,720	6,200	13,950	21,700	31,000
1914 Model 40, 6-cyl.						
2d Rbt	1,240	3,720	6,200	13,950	21,700	31,000
4d Tr	1,320	3,960	6,600	14,850	23,100	33,000
2d Cabr	1,280	3,840	6,400	14,400	22,400	32,000
1914 Model 54, 6-cyl.						
4d 7P Tr	1,360	4,080	6,800	15,300	23,800	34,000
1915 Model 40, 6-cyl.						
2d Rds	1,200	3,600	6,000	13,500	21,000	30,000
4d Phae	1,280	3,840	6,400	14,400	22,400	32,000
4d Tr	1,240	3,720	6,200	13,950	21,700	31,000
2d Cabr	1,240	3,720	6,200	13,950	21,700	31,000
2d Cpe	800	2,400	4,000	9,000	14,000	20,000
4d Limo	880	2,640	4,400	9,900	15,400	22,000
4d Lan Limo	920	2,760	4,600	10,350	16,100	23,000
1915 Model 54, 6-cyl.						
4d Phae	1,360	4,080	6,800	15,300	23,800	34,000
4d 7P Tr	1,400	4,200	7,000	15,750	24,500	35,000
4d Sed	840	2,520	4,200	9,450	14,700	21,000
4d Limo	960	2,880	4,800	10,800	16,800	24,000
1916 Super Six, 6-cyl.						
2d Rds	1,120	3,360	5,600	12,600	19,600	28,000
2d Cabr	1,160	3,480	5,800	13,050	20,300	29,000
4d Phae	1,200	3,600	6,000	13,500	21,000	30,000
4d Tr Sed	760	2,280	3,800	8,550	13,300	19,000
4d T&C	800	2,400	4,000	9,000	14,000	20,000
1916 Model 54, 6-cyl.						
4d 7P Phae	1,320	3,960	6,600	14,850	23,100	33,000
1917 Super Six, 6-cyl.						
2d Rds	1,040	3,120	5,200	11,700	18,200	26,000
2d Cabr	1,080	3,240	5,400	12,150	18,900	27,000
4d 7P Phae	1,120	3,360	5,600	12,600	19,600	28,000
4d Tr Sed	680	2,040	3,400	7,650	11,900	17,000
4d T&C	800	2,400	4,000	9,000	14,000	20,000
4d Twn Lan	760	2,280	3,800	8,550	13,300	19,000
4d Limo Lan	800	2,400	4,000	9,000	14,000	20,000
1918 Super Six, 6-cyl.						
2d Rds	960	2,880	4,800	10,800	16,800	24,000
2d Cabr	1,000	3,000	5,000	11,250	17,500	25,000

	6	5	4	3	2	1
4d 4P Phae	1,000	3,000	5,000	11,250	17,500	25,000
4d 5P Phae	1,040	3,120	5,200	11,700	18,200	26,000
2d 4P Cpe	680	2,040	3,400	7,650	11,900	17,000
4d Tr Sed	720	2,160	3,600	8,100	12,600	18,000
4d Sed	720	2,160	3,600	8,100	12,600	18,000
4d Tr Limo	760	2,280	3,800	8,550	13,300	19,000
4d T&C	760	2,280	3,800	8,550	13,300	19,000
4d Limo	800	2,400	4,000	9,000	14,000	20,000
4d Twn Limo	800	2,400	4,000	9,000	14,000	20,000
4d Limo Lan	800	2,400	4,000	9,000	14,000	20,000
4d F F Lan	840	2,520	4,200	9,450	14,700	21,000

1919 Super Six Series O, 6-cyl.

	6	5	4	3	2	1
2d Cabr	840	2,520	4,200	9,450	14,700	21,000
4d 4P Phae	880	2,640	4,400	9,900	15,400	22,000
4d 7P Phae	920	2,760	4,600	10,350	16,100	23,000
2d 4P Cpe	560	1,680	2,800	6,300	9,800	14,000
4d Sed	520	1,560	2,600	5,850	9,100	13,000
4d Tr Limo	560	1,680	2,800	6,300	9,800	14,000
4d T&C	600	1,800	3,000	6,750	10,500	15,000
4d Twn Lan	600	1,800	3,000	6,750	10,500	15,000
4d Limo Lan	640	1,920	3,200	7,200	11,200	16,000

1920 Super Six Series 10-12, 6-cyl.

	6	5	4	3	2	1
4d 4P Phae	880	2,640	4,400	9,900	15,400	22,000
4d 7P Phae	920	2,760	4,600	10,350	16,100	23,000
2d Cabr	720	2,160	3,600	8,100	12,600	18,000
2d Cpe	520	1,560	2,600	5,850	9,100	13,000
4d Sed	480	1,440	2,400	5,400	8,400	12,000
4d Tr Limo	560	1,680	2,800	6,300	9,800	14,000
4d Limo	600	1,800	3,000	6,750	10,500	15,000

1921 Super Six, 6-cyl.

	6	5	4	3	2	1
4d 4P Phae	880	2,640	4,400	9,900	15,400	22,000
4d 7P Phae	920	2,760	4,600	10,350	16,100	23,000
2d Cabr	720	2,160	3,600	8,100	12,600	18,000
2d 4P Cpe	480	1,440	2,400	5,400	8,400	12,000
4d Sed	440	1,320	2,200	4,950	7,700	11,000
4d Tr Limo	480	1,440	2,400	5,400	8,400	12,000
4d Limo	520	1,560	2,600	5,850	9,100	13,000

1922 Super Six, 6-cyl.

	6	5	4	3	2	1
2d Spds	880	2,640	4,400	9,900	15,400	22,000
4d Phae	840	2,520	4,200	9,450	14,700	21,000
2d Cabr	720	2,160	3,600	8,100	12,600	18,000
2d Cpe	460	1,380	2,300	5,180	8,050	11,500
2d Sed	260	780	1,300	2,930	4,550	6,500
4d Sed	260	780	1,300	2,930	4,550	6,500
4d Tr Limo	520	1,560	2,600	5,850	9,100	13,000
4d Limo	480	1,440	2,400	5,400	8,400	12,000

1923 Super Six, 6-cyl.

	6	5	4	3	2	1
2d Spds	880	2,640	4,400	9,900	15,400	22,000
4d Phae	840	2,520	4,200	9,450	14,700	21,000
2d Cpe	460	1,380	2,300	5,180	8,050	11,500
2d Sed	256	768	1,280	2,880	4,480	6,400
4d Sed	260	780	1,300	2,930	4,550	6,500
4d 7P Sed	440	1,320	2,200	4,950	7,700	11,000

1924 Super Six, 6-cyl.

	6	5	4	3	2	1
2d Spds	840	2,520	4,200	9,450	14,700	21,000
4d Phae	800	2,400	4,000	9,000	14,000	20,000
2d Sed	240	720	1,200	2,700	4,200	6,000
4d Sed	244	732	1,220	2,750	4,270	6,100
4d 7P Sed	260	780	1,300	2,930	4,550	6,500

1925 Super Six, 6-cyl.

	6	5	4	3	2	1
2d Spds	840	2,520	4,200	9,450	14,700	21,000
4d Phae	800	2,400	4,000	9,000	14,000	20,000
2d Sed	460	1,380	2,300	5,180	8,050	11,500
4d Brgm	480	1,440	2,400	5,400	8,400	12,000
4d Sed	460	1,380	2,300	5,180	8,050	11,500
4d 7P Sed	480	1,440	2,400	5,400	8,400	12,000

1926 Super Six, 6-cyl.

	6	5	4	3	2	1
4d Phae	880	2,640	4,400	9,900	15,400	22,000
2d Sed	480	1,440	2,400	5,400	8,400	12,000
4d Brgm	520	1,560	2,600	5,850	9,100	13,000
4d 7P Sed	500	1,500	2,500	5,630	8,750	12,500

1927 Standard Six, 6-cyl.

	6	5	4	3	2	1
4d Phae	880	2,640	4,400	9,900	15,400	22,000
2d Sed	468	1,404	2,340	5,270	8,190	11,700
2d Spl Sed	480	1,440	2,400	5,400	8,400	12,000
4d Brgm	500	1,500	2,500	5,630	8,750	12,500
4d 7P Sed	500	1,500	2,500	5,630	8,750	12,500

	6	5	4	3	2	1
1927 Super Six						
2d Cus Rds	1,400	4,200	7,000	15,750	24,500	35,000
4d Cus Phae	1,440	4,320	7,200	16,200	25,200	36,000
2d Sed	520	1,560	2,600	5,850	9,100	13,000
4d Sed	560	1,680	2,800	6,300	9,800	14,000
4d Cus Brgm	720	2,160	3,600	8,100	12,600	18,000
4d Cus Sed	760	2,280	3,800	8,550	13,300	19,000
1928 First Series, 6-cyl., (Start June, 1927)						
2d Std Sed	460	1,380	2,300	5,180	8,050	11,500
4d Std Sed	468	1,404	2,340	5,270	8,190	11,700
2d Sed	480	1,440	2,400	5,400	8,400	12,000
4d Sed	500	1,500	2,500	5,630	8,750	12,500
2d Rds	880	2,640	4,400	9,900	15,400	22,000
4d Cus Phae	1,000	3,000	5,000	11,250	17,500	25,000
4d Cus Brgm	560	1,680	2,800	6,300	9,800	14,000
4d Cus Sed	600	1,800	3,000	6,750	10,500	15,000
1928 Second Series, 6-cyl., (Start Jan. 1928)						
2d Sed	480	1,440	2,400	5,400	8,400	12,000
4d Sed	500	1,500	2,500	5,630	8,750	12,500
2d RS Cpe	560	1,680	2,800	6,300	9,800	14,000
2d Rds	880	2,640	4,400	9,900	15,400	22,000
4d EWB Sed	500	1,500	2,500	5,630	8,750	12,500
4d Lan Sed	500	1,500	2,500	5,630	8,750	12,500
2d Vic	504	1,512	2,520	5,670	8,820	12,600
4d 7P Sed	520	1,560	2,600	5,850	9,100	13,000
1929 Series Greater Hudson, 6-cyl., 122" wb						
2d RS Rds	1,480	4,440	7,400	16,650	25,900	37,000
4d Phae	1,560	4,680	7,800	17,550	27,300	39,000
2d Cpe	680	2,040	3,400	7,650	11,900	17,000
2d Sed	640	1,920	3,200	7,200	11,200	16,000
2d Conv	1,360	4,080	6,800	15,300	23,800	34,000
2d Vic	680	2,040	3,400	7,650	11,900	17,000
4d Sed	560	1,680	2,800	6,300	9,800	14,000
4d Twn Sed	580	1,740	2,900	6,530	10,150	14,500
4d Lan Sed	600	1,800	3,000	6,750	10,500	15,000
1929 Series Greater Hudson, 6-cyl., 139" wb						
4d Spt Sed	800	2,400	4,000	9,000	14,000	20,000
4d 7P Sed	880	2,640	4,400	9,900	15,400	22,000
4d Limo	960	2,880	4,800	10,800	16,800	24,000
4d DC Phae	1,880	5,640	9,400	21,150	32,900	47,000
1930 Great Eight, 8-cyl., 119" wb						
2d Rds	1,640	4,920	8,200	18,450	28,700	41,000
4d Phae	1,720	5,160	8,600	19,350	30,100	43,000
2d RS Cpe	880	2,640	4,400	9,900	15,400	22,000
2d Sed	680	2,040	3,400	7,650	11,900	17,000
4d Sed	700	2,100	3,500	7,880	12,250	17,500
4d Conv Sed	1,760	5,280	8,800	19,800	30,800	44,000
1930 Great Eight, 8-cyl., 126" wb						
4d Phae	1,840	5,520	9,200	20,700	32,200	46,000
4d Tr Sed	700	2,100	3,500	7,880	12,250	17,500
4d 7P Sed	720	2,160	3,600	8,100	12,600	18,000
4d Brgm	720	2,160	3,600	8,100	12,600	18,000
1931 Greater Eight, 8-cyl., 119" wb						
2d Rds	1,840	5,520	9,200	20,700	32,200	46,000
4d Phae	1,920	5,760	9,600	21,600	33,600	48,000
2d Cpe	640	1,920	3,200	7,200	11,200	16,000
2d Spl Cpe	740	2,220	3,700	8,330	12,950	18,500
2d RS Cpe	760	2,280	3,800	8,550	13,300	19,000
2d Sed	600	1,800	3,000	6,750	10,500	15,000
4d Sed	608	1,824	3,040	6,840	10,640	15,200
4d Twn Sed	640	1,920	3,200	7,200	11,200	16,000
1931 Great Eight, LWB, 8-cyl., 126" wb						
4d Spt Phae	2,000	6,000	10,000	22,500	35,000	50,000
4d Brgm	840	2,520	4,200	9,450	14,700	21,000
4d Fam Sed	840	2,520	4,200	9,450	14,700	21,000
4d 7P Sed	820	2,460	4,100	9,230	14,350	20,500
4d Clb Sed	820	2,460	4,100	9,230	14,350	20,500
4d Tr Sed	720	2,160	3,600	8,100	12,600	18,000
4d Spl Sed	740	2,220	3,700	8,330	12,950	18,500
1932 (Standard) Greater, 8-cyl., 119" wb						
2d 2P Cpe	620	1,860	3,100	6,980	10,850	15,500
2d 4P Cpe	640	1,920	3,200	7,200	11,200	16,000
2d Spl Cpe	680	2,040	3,400	7,650	11,900	17,000
2d Conv	1,320	3,960	6,600	14,850	23,100	33,000
2d Sed	600	1,800	3,000	6,750	10,500	15,000
4d 5P Sed	620	1,860	3,100	6,980	10,850	15,500
4d Twn Sed	624	1,872	3,120	7,020	10,920	15,600

	6	5	4	3	2	1
1932 (Sterling) Series, 8-cyl., 132" wb						
4d Spl Sed	680	2,040	3,400	7,650	11,900	17,000
4d Sub	640	1,920	3,200	7,200	11,200	16,000
1932 Major Series, 8-cyl., 132" wb						
4d Phae	1,400	4,200	7,000	15,750	24,500	35,000
4d Tr Sed	680	2,040	3,400	7,650	11,900	17,000
4d Clb Sed	700	2,100	3,500	7,880	12,250	17,500
4d Brgm	740	2,220	3,700	8,330	12,950	18,500
4d 7P Sed	720	2,160	3,600	8,100	12,600	18,000
1933 Pacemaker Super Six, 6-cyl., 113" wb						
2d Conv	960	2,880	4,800	10,800	16,800	24,000
4d Phae	1,000	3,000	5,000	11,250	17,500	25,000
2d Bus Cpe	500	1,500	2,500	5,630	8,750	12,500
2d RS Cpe	540	1,620	2,700	6,080	9,450	13,500
2d Sed	440	1,320	2,200	4,950	7,700	11,000
4d Sed	460	1,380	2,300	5,180	8,050	11,500
1933 Pacemaker Standard, 8-cyl., 119" wb						
2d Conv	1,120	3,360	5,600	12,600	19,600	28,000
2d RS Cpe	500	1,500	2,500	5,630	8,750	12,500
2d Sed	460	1,380	2,300	5,180	8,050	11,500
4d Sed	540	1,620	2,700	6,080	9,450	13,500
1933 Pacemaker Major, 8-cyl., 132" wb						
4d Phae	1,200	3,600	6,000	13,500	21,000	30,000
4d Tr Sed	540	1,620	2,700	6,080	9,450	13,500
4d Brgm	540	1,620	2,700	6,080	9,450	13,500
2d Clb Sed	560	1,680	2,800	6,300	9,800	14,000
4d 7P Sed	580	1,740	2,900	6,530	10,150	14,500
1934 Special, 8-cyl., 116" wb						
2d Conv	1,240	3,720	6,200	13,950	21,700	31,000
2d Bus Cpe	488	1,464	2,440	5,490	8,540	12,200
2d Cpe	500	1,500	2,500	5,630	8,750	12,500
2d RS Cpe	560	1,680	2,800	6,300	9,800	14,000
2d Comp Vic	508	1,524	2,540	5,720	8,890	12,700
2d Sed	500	1,500	2,500	5,630	8,750	12,500
4d Sed	480	1,440	2,400	5,400	8,400	12,000
4d Comp Sed	520	1,560	2,600	5,850	9,100	13,000
1934 DeLuxe Series, 8-cyl., 116" wb						
2d 2P Cpe	500	1,500	2,500	5,630	8,750	12,500
2d RS Cpe	540	1,620	2,700	6,080	9,450	13,500
2d Comp Vic	520	1,560	2,600	5,850	9,100	13,000
2d Sed	512	1,536	2,560	5,760	8,960	12,800
4d Sed	492	1,476	2,460	5,540	8,610	12,300
4d Comp Sed	504	1,512	2,520	5,670	8,820	12,600
1934 Challenger Series, 8-cyl., 116" wb						
2d 2P Cpe	504	1,512	2,520	5,670	8,820	12,600
2d RS Cpe	552	1,656	2,760	6,210	9,660	13,800
2d Conv	1,400	4,200	7,000	15,750	24,500	35,000
2d Sed	504	1,512	2,520	5,670	8,820	12,600
4d Sed	508	1,524	2,540	5,720	8,890	12,700
1934 Major Series, 8-cyl., 123" wb (Special)						
4d Tr Sed	560	1,680	2,800	6,300	9,800	14,000
4d Comp Trs	568	1,704	2,840	6,390	9,940	14,200
1934 (DeLuxe)						
4d Clb Sed	580	1,740	2,900	6,530	10,150	14,500
4d Brgm	568	1,704	2,840	6,390	9,940	14,200
4d Comp Clb Sed	564	1,692	2,820	6,350	9,870	14,100
1935 Big Six, 6-cyl., 116" wb						
2d Conv	1,280	3,840	6,400	14,400	22,400	32,000
2d Cpe	500	1,500	2,500	5,630	8,750	12,500
2d RS Cpe	480	1,440	2,400	5,400	8,400	12,000
4d Tr Brgm	480	1,440	2,400	5,400	8,400	12,000
2d Sed	460	1,380	2,300	5,180	8,050	11,500
4d Sed	480	1,440	2,400	5,400	8,400	12,000
4d Sub Sed	496	1,488	2,480	5,580	8,680	12,400
1935 Eight Special, 8-cyl., 117" wb						
2d Conv	1,320	3,960	6,600	14,850	23,100	33,000
2d Cpe	508	1,524	2,540	5,720	8,890	12,700
2d RS Cpe	540	1,620	2,700	6,080	9,450	13,500
4d Tr Brgm	488	1,464	2,440	5,490	8,540	12,200
2d Sed	484	1,452	2,420	5,450	8,470	12,100
4d Sed	504	1,512	2,520	5,670	8,820	12,600
4d Sub Sed	508	1,524	2,540	5,720	8,890	12,700
1935 Eight DeLuxe Eight Special, 8-cyl., 124" wb						
4d Brgm	504	1,512	2,520	5,670	8,820	12,600
4d Tr Brgm	508	1,524	2,540	5,720	8,890	12,700

	6	5	4	3	2	1
4d Clb Sed	500	1,500	2,500	5,630	8,750	12,500
4d Sub Sed	504	1,512	2,520	5,670	8,820	12,600
1935 Eight DeLuxe, 8-cyl., 117" wb						
2d 2P Cpe	512	1,536	2,560	5,760	8,960	12,800
2d RS Cpe	544	1,632	2,720	6,120	9,520	13,600
2d Conv	1,360	4,080	6,800	15,300	23,800	34,000
4d Tr Brgm	492	1,476	2,460	5,540	8,610	12,300
2d Sed	488	1,464	2,440	5,490	8,540	12,200
4d Sed	508	1,524	2,540	5,720	8,890	12,700
4d Sub Sed	512	1,536	2,560	5,760	8,960	12,800
1935 Eight Custom, 8-cyl., 124" wb						
4d Brgm	508	1,524	2,540	5,720	8,890	12,700
4d Tr Brgm	512	1,536	2,560	5,760	8,960	12,800
4d Sed	500	1,500	2,500	5,630	8,750	12,500
Sub Sed	512	1,536	2,560	5,760	8,960	12,800
1935 Late Special, 8-cyl., 124" wb						
4d Brgm	488	1,464	2,440	5,490	8,540	12,200
4d Tr Brgm	492	1,476	2,460	5,540	8,610	12,300
4d Clb Sed	484	1,452	2,420	5,450	8,470	12,100
4d Sub Sed	512	1,536	2,560	5,760	8,960	12,800
1935 Late DeLuxe, 8-cyl., 124" wb						
4d Brgm	492	1,476	2,460	5,540	8,610	12,300
4d Tr Brgm	496	1,488	2,480	5,580	8,680	12,400
4d Clb Sed	488	1,464	2,440	5,490	8,540	12,200
4d Sub Sed	516	1,548	2,580	5,810	9,030	12,900
1936 Custom Six, 6-cyl., 120" wb						
2d Conv	1,240	3,720	6,200	13,950	21,700	31,000
2d Cpe	500	1,500	2,500	5,630	8,750	12,500
2d RS Cpe	560	1,680	2,800	6,300	9,800	14,000
4d Brgm	480	1,440	2,400	5,400	8,400	12,000
4d Tr Brgm	484	1,452	2,420	5,450	8,470	12,100
4d Sed	480	1,440	2,400	5,400	8,400	12,000
4d Tr Sed	500	1,500	2,500	5,630	8,750	12,500
1936 DeLuxe Eight, Series 64, 8-cyl., 120" wb						
2d Conv	1,360	4,080	6,800	15,300	23,800	34,000
2d Cpe	508	1,524	2,540	5,720	8,890	12,700
2d RS Cpe	496	1,488	2,480	5,580	8,680	12,400
4d Brgm	488	1,464	2,440	5,490	8,540	12,200
4d Tr Brgm	492	1,476	2,460	5,540	8,610	12,300
1936 DeLuxe Eight, Series 66, 8-cyl., 127" wb						
4d Sed	508	1,524	2,540	5,720	8,890	12,700
4d Tr Sed	520	1,560	2,600	5,850	9,100	13,000
1936 Custom Eight, Series 65, 120" wb						
2d 2P Cpe	512	1,536	2,560	5,760	8,960	12,800
2d RS Cpe	540	1,620	2,700	6,080	9,450	13,500
2d Conv	1,360	4,080	6,800	15,300	23,800	34,000
4d Brgm	492	1,476	2,460	5,540	8,610	12,300
4d Tr Brgm	496	1,488	2,480	5,580	8,680	12,400
1936 Custom Eight, Series 67, 127" wb						
4d Sed	504	1,512	2,520	5,670	8,820	12,600
4d Tr Sed	508	1,524	2,540	5,720	8,890	12,700
1937 Custom Six, Series 73, 6-cyl., 122" wb						
2d Conv	1,320	3,960	6,600	14,850	23,100	33,000
2d Conv Brgm	1,360	4,080	6,800	15,300	23,800	34,000
2d Bus Cpe	500	1,500	2,500	5,630	8,750	12,500
2d 3P Cpe	520	1,560	2,600	5,850	9,100	13,000
2d Vic Cpe	540	1,620	2,700	6,080	9,450	13,500
2d Brgm	700	2,100	3,500	7,880	12,250	17,500
2d Tr Brgm	508	1,524	2,540	5,720	8,890	12,700
4d Sed	520	1,560	2,600	5,850	9,100	13,000
4d Tr Sed	524	1,572	2,620	5,900	9,170	13,100
1937 DeLuxe Eight, Series 74, 8-cyl., 122" wb						
2d Cpe	560	1,680	2,800	6,300	9,800	14,000
2d Vic Cpe	580	1,740	2,900	6,530	10,150	14,500
2d Conv	1,320	3,960	6,600	14,850	23,100	33,000
2d Brgm	584	1,752	2,920	6,570	10,220	14,600
2d Tr Brgm	588	1,764	2,940	6,620	10,290	14,700
4d Sed	588	1,764	2,940	6,620	10,290	14,700
4d Tr Sed	592	1,776	2,960	6,660	10,360	14,800
2d Conv Brgm	1,200	3,600	6,000	13,500	21,000	30,000
1937 DeLuxe Eight, Series 76, 8-cyl., 129" wb						
4d Sed	600	1,800	3,000	6,750	10,500	15,000
4d Tr Sed	620	1,860	3,100	6,980	10,850	15,500
1937 Custom Eight, Series 75, 8-cyl., 122" wb						
2d Cpe	560	1,680	2,800	6,300	9,800	14,000

	6	5	4	3	2	1
2d Vic Cpe	568	1,704	2,840	6,390	9,940	14,200
2d Conv Cpe	1,360	4,080	6,800	15,300	23,800	34,000
2d Brgm	552	1,656	2,760	6,210	9,660	13,800
2d Tr Brgm	560	1,680	2,800	6,300	9,800	14,000
4d Sed	552	1,656	2,760	6,210	9,660	13,800
4d Tr Sed	556	1,668	2,780	6,260	9,730	13,900
2d Conv Brgm	1,400	4,200	7,000	15,750	24,500	35,000

1937 Custom Eight, Series 77, 8-cyl., 129" wb

	6	5	4	3	2	1
4d Sed	560	1,680	2,800	6,300	9,800	14,000
4d Tr Sed	568	1,704	2,840	6,390	9,940	14,200

1938 Standard Series 89, 6-cyl., 112" wb

	6	5	4	3	2	1
2d Conv	1,320	3,960	6,600	14,850	23,100	33,000
2d Conv Brgm	1,360	4,080	6,800	15,300	23,800	34,000
2d 3P Cpe	560	1,680	2,800	6,300	9,800	14,000
2d Vic Cpe	580	1,740	2,900	6,530	10,150	14,500
4d Brgm	536	1,608	2,680	6,030	9,380	13,400
4d Tr Brgm	540	1,620	2,700	6,080	9,450	13,500
4d Sed	544	1,632	2,720	6,120	9,520	13,600
4d Tr Sed	548	1,644	2,740	6,170	9,590	13,700

1938 Utility Series 89, 6-cyl., 112" wb

	6	5	4	3	2	1
2d Cpe	540	1,620	2,700	6,080	9,450	13,500
2d Sed	512	1,536	2,560	5,760	8,960	12,800
2d Tr Sed	516	1,548	2,580	5,810	9,030	12,900

1938 DeLuxe Series 89, 6-cyl., 112" wb

	6	5	4	3	2	1
2d Conv	1,280	3,840	6,400	14,400	22,400	32,000
2d Conv Brgm	1,360	4,080	6,800	15,300	23,800	34,000
2d 3P Cpe	600	1,800	3,000	6,750	10,500	15,000
2d Vic Cpe	620	1,860	3,100	6,980	10,850	15,500
4d Brgm	560	1,680	2,800	6,300	9,800	14,000
4d Tr Brgm	568	1,704	2,840	6,390	9,940	14,200
4d Sed	572	1,716	2,860	6,440	10,010	14,300
4d Tr Sed	576	1,728	2,880	6,480	10,080	14,400

1938 Custom Series 83, 6-cyl., 122" wb

	6	5	4	3	2	1
2d Conv	1,320	3,960	6,600	14,850	23,100	33,000
2d Conv Brgm	1,360	4,080	6,800	15,300	23,800	34,000
2d 3P Cpe	620	1,860	3,100	6,980	10,850	15,500
2d Vic Cpe	640	1,920	3,200	7,200	11,200	16,000
4d Brgm	580	1,740	2,900	6,530	10,150	14,500
4d Tr Brgm	584	1,752	2,920	6,570	10,220	14,600
4d Sed	576	1,728	2,880	6,480	10,080	14,400
4d Tr Sed	580	1,740	2,900	6,530	10,150	14,500

1938 4d DeLuxe Series 84, 8-cyl., 122" wb

	6	5	4	3	2	1
2d Conv	1,320	3,960	6,600	14,850	23,100	33,000
2d Conv Brgm	1,360	4,080	6,800	15,300	23,800	34,000
2d 3P Cpe	640	1,920	3,200	7,200	11,200	16,000
2d Vic Cpe	660	1,980	3,300	7,430	11,550	16,500
4d Brgm	608	1,824	3,040	6,840	10,640	15,200
4d Tr Brgm	580	1,740	2,900	6,530	10,150	14,500
4d Tr Sed	560	1,680	2,800	6,300	9,800	14,000

1938 4d Custom Series 85, 8-cyl., 122" wb

	6	5	4	3	2	1
2d 3P Cpe	680	2,040	3,400	7,650	11,900	17,000
2d Vic Cpe	700	2,100	3,500	7,880	12,250	17,500
4d Brgm	640	1,920	3,200	7,200	11,200	16,000
4d Tr Brgm	660	1,980	3,300	7,430	11,550	16,500
4d Sed	620	1,860	3,100	6,980	10,850	15,500
4d Tr Sed	624	1,872	3,120	7,020	10,920	15,600

1938 Country Club Series 87, 8-cyl., 129" wb

	6	5	4	3	2	1
4d Sed	680	2,040	3,400	7,650	11,900	17,000
4d Tr Sed	688	2,064	3,440	7,740	12,040	17,200

1939 DeLuxe Series 112, 6-cyl., 112" wb

	6	5	4	3	2	1
2d Conv	1,280	3,840	6,400	14,400	22,400	32,000
2d Conv Brgm	576	1,728	2,880	6,480	10,080	14,400
2d Trav Cpe	560	1,680	2,800	6,300	9,800	14,000
2d Utl Cpe	580	1,740	2,900	6,530	10,150	14,500
2d 3P Cpe	588	1,764	2,940	6,620	10,290	14,700
2d Vic Cpe	600	1,800	3,000	6,750	10,500	15,000
2d Utl Sed	540	1,620	2,700	6,080	9,450	13,500
4d Tr Brgm	556	1,668	2,780	6,260	9,730	13,900
4d Tr Sed	560	1,680	2,800	6,300	9,800	14,000
4d Sta Wag	1,040	3,120	5,200	11,700	18,200	26,000

1939 4d Pacemaker Series 91, 6-cyl., 118" wb

	6	5	4	3	2	1
2d 3P Cpe	620	1,860	3,100	6,980	10,850	15,500
2d Vic Cpe	640	1,920	3,200	7,200	11,200	16,000
4d Tr Brgm	608	1,824	3,040	6,840	10,640	15,200
4d Tr Sed	600	1,800	3,000	6,750	10,500	15,000

	6	5	4	3	2	1
1939 Series 92, 6-cyl., 118" wb						
2d Conv	1,360	4,080	6,800	15,300	23,800	34,000
2d Conv Brgm	1,400	4,200	7,000	15,750	24,500	35,000
2d 3P Cpe	680	2,040	3,400	7,650	11,900	17,000
2d Vic Cpe	700	2,100	3,500	7,880	12,250	17,500
4d Tr Brgm	660	1,980	3,300	7,430	11,550	16,500
4d Tr Sed	640	1,920	3,200	7,200	11,200	16,000
1939 Country Club Series 93, 6-cyl., 122" wb						
2d Conv	1,400	4,200	7,000	15,750	24,500	35,000
2d Conv Brgm	1,440	4,320	7,200	16,200	25,200	36,000
2d 3P Cpe	700	2,100	3,500	7,880	12,250	17,500
2d Vic Cpe	720	2,160	3,600	8,100	12,600	18,000
4d Tr Brgm	700	2,100	3,500	7,880	12,250	17,500
4d Tr Sed	680	2,040	3,400	7,650	11,900	17,000
1939 Big Boy Series 96, 6-cyl., 129" wb						
4d 6P Sed	720	2,160	3,600	8,100	12,600	18,000
4d 7P Sed	732	2,196	3,660	8,240	12,810	18,300
1939 Country Club Series 95, 8-cyl., 122" wb						
2d Conv	1,440	4,320	7,200	16,200	25,200	36,000
2d Conv Brgm	1,480	4,440	7,400	16,650	25,900	37,000
2d 3P Cpe	720	2,160	3,600	8,100	12,600	18,000
2d Vic Cpe	740	2,220	3,700	8,330	12,950	18,500
4d Tr Brgm	712	2,136	3,560	8,010	12,460	17,800
4d Tr Sed	700	2,100	3,500	7,880	12,250	17,500
1939 Custom Series 97, 8-cyl., 129" wb						
4d 5P Tr Sed	728	2,184	3,640	8,190	12,740	18,200
4d 7P Sed	740	2,220	3,700	8,330	12,950	18,500
1940 Traveler Series 40-T, 6-cyl., 113" wb						
2d Cpe	568	1,704	2,840	6,390	9,940	14,200
2d Vic Cpe	576	1,728	2,880	6,480	10,080	14,400
2d Tr Sed	560	1,680	2,800	6,300	9,800	14,000
4d Tr Sed	564	1,692	2,820	6,350	9,870	14,100
1940 DeLuxe Series, 40-P, 6-cyl., 113" wb						
2d 6P Conv	1,120	3,360	5,600	12,600	19,600	28,000
2d Cpe	584	1,752	2,920	6,570	10,220	14,600
2d Vic Cpe	588	1,764	2,940	6,620	10,290	14,700
2d Tr Sed	568	1,704	2,840	6,390	9,940	14,200
4d Sed	572	1,716	2,860	6,440	10,010	14,300
1940 Super Series 41, 6-cyl., 118" wb						
2d 5P Conv	1,160	3,480	5,800	13,050	20,300	29,000
2d 6P Conv	1,200	3,600	6,000	13,500	21,000	30,000
2d Cpe	640	1,920	3,200	7,200	11,200	16,000
2d Vic Cpe	660	1,980	3,300	7,430	11,550	16,500
2d Tr Sed	560	1,680	2,800	6,300	9,800	14,000
4d Tr Sed	568	1,704	2,840	6,390	9,940	14,200
1940 Country Club Series 43, 6-cyl., 125" wb						
4d 6P Sed	600	1,800	3,000	6,750	10,500	15,000
4d 7P Sed	620	1,860	3,100	6,980	10,850	15,500
1940 Series 44, 8-cyl., 118" wb						
2d 5P Conv	1,200	3,600	6,000	13,500	21,000	30,000
2d 6P Conv	1,240	3,720	6,200	13,950	21,700	31,000
2d Cpe	720	2,160	3,600	8,100	12,600	18,000
2d Vic Cpe	740	2,220	3,700	8,330	12,950	18,500
2d Tr Sed	704	2,112	3,520	7,920	12,320	17,600
4d Tr Sed	708	2,124	3,540	7,970	12,390	17,700
1940 DeLuxe Series 45, 8-cyl., 118" wb						
2d Tr Sed	712	2,136	3,560	8,010	12,460	17,800
4d Tr Sed	716	2,148	3,580	8,060	12,530	17,900
1940 Country Club Eight Series 47, 8-cyl., 125" wb						
4d Tr Sed	724	2,172	3,620	8,150	12,670	18,100
4d 7P Sed	728	2,184	3,640	8,190	12,740	18,200
1940 Big Boy Series 48, 6-cyl., 125" wb						
4d C-A Sed	680	2,040	3,400	7,650	11,900	17,000
4d 7P Sed	688	2,064	3,440	7,740	12,040	17,200
1941 Utility Series 10-C, 6-cyl., 116" wb						
2d Cpe	580	1,740	2,900	6,530	10,150	14,500
2d Sed	540	1,620	2,700	6,080	9,450	13,500
1941 Traveler Series 10-T, 6-cyl., 116" wb						
2d Cpe	600	1,800	3,000	6,750	10,500	15,000
2d Clb Cpe	620	1,860	3,100	6,980	10,850	15,500
2d Sed	548	1,644	2,740	6,170	9,590	13,700
4d Sed	556	1,668	2,780	6,260	9,730	13,900
1941 DeLuxe Series 10-P, 6-cyl., 116" wb						
2d Conv	1,160	3,480	5,800	13,050	20,300	29,000

	6	5	4	3	2	1
2d Cpe	640	1,920	3,200	7,200	11,200	16,000
2d Clb Cpe	660	1,980	3,300	7,430	11,550	16,500
2d Sed	564	1,692	2,820	6,350	9,870	14,100
4d Sed	568	1,704	2,840	6,390	9,940	14,200

1941 Super Series 11, 6-cyl., 121" wb

	6	5	4	3	2	1
2d Conv	1,240	3,720	6,200	13,950	21,700	31,000
2d Cpe	660	1,980	3,300	7,430	11,550	16,500
2d Clb Cpe	680	2,040	3,400	7,650	11,900	17,000
2d Sed	576	1,728	2,880	6,480	10,080	14,400
4d Sed	580	1,740	2,900	6,530	10,150	14,500
4d Sta Wag	1,400	4,200	7,000	15,750	24,500	35,000

1941 Commodore Series 12, 6-cyl., 121" wb

	6	5	4	3	2	1
2d Conv	1,280	3,840	6,400	14,400	22,400	32,000
2d Cpe	688	2,064	3,440	7,740	12,040	17,200
2d Clb Cpe	696	2,088	3,480	7,830	12,180	17,400
2d Sed	600	1,800	3,000	6,750	10,500	15,000
4d Sed	604	1,812	3,020	6,800	10,570	15,100

1941 Commodore Series 14, 8-cyl., 121" wb

	6	5	4	3	2	1
2d Conv	1,320	3,960	6,600	14,850	23,100	33,000
2d Cpe	700	2,100	3,500	7,880	12,250	17,500
2d Clb Cpe	708	2,124	3,540	7,970	12,390	17,700
2d Sed	664	1,992	3,320	7,470	11,620	16,600
4d Sed	668	2,004	3,340	7,520	11,690	16,700
4d Sta Wag	1,440	4,320	7,200	16,200	25,200	36,000

1941 Commodore Custom Series 15, 8-cyl., 121" wb

	6	5	4	3	2	1
2d Cpe	712	2,136	3,560	8,010	12,460	17,800
2d Clb Cpe	720	2,160	3,600	8,100	12,600	18,000

1941 Commodore Custom Series 17, 8-cyl., 128" wb

	6	5	4	3	2	1
4d Sed	672	2,016	3,360	7,560	11,760	16,800
4d 7P Sed	680	2,040	3,400	7,650	11,900	17,000

1941 Big Boy Series 18, 6-cyl., 128" wb

	6	5	4	3	2	1
4d C-A Sed	652	1,956	3,260	7,340	11,410	16,300
4d 7P Sed	660	1,980	3,300	7,430	11,550	16,500

1942 Traveler Series 20-T, 6-cyl., 116" wb

	6	5	4	3	2	1
2d Cpe	580	1,740	2,900	6,530	10,150	14,500
2d Clb Cpe	588	1,764	2,940	6,620	10,290	14,700
2d Sed	544	1,632	2,720	6,120	9,520	13,600
4d Sed	548	1,644	2,740	6,170	9,590	13,700

1942 DeLuxe Series 20-P, 6-cyl., 116" wb

	6	5	4	3	2	1
2d Conv	1,200	3,600	6,000	13,500	21,000	30,000
2d Cpe	628	1,884	3,140	7,070	10,990	15,700
2d Clb Cpe	640	1,920	3,200	7,200	11,200	16,000
2d Sed	560	1,680	2,800	6,300	9,800	14,000
4d Sed	564	1,692	2,820	6,350	9,870	14,100

1942 Super Series 21, 6-cyl., 121" wb

	6	5	4	3	2	1
2d Conv	1,240	3,720	6,200	13,950	21,700	31,000
2d Cpe	640	1,920	3,200	7,200	11,200	16,000
2d Clb Cpe	648	1,944	3,240	7,290	11,340	16,200
2d Sed	584	1,752	2,920	6,570	10,220	14,600
4d Sed	588	1,764	2,940	6,620	10,290	14,700
4d Sta Wag	1,480	4,440	7,400	16,650	25,900	37,000

1942 Commodore Series 22, 6-cyl., 121" wb

	6	5	4	3	2	1
2d Conv	1,320	3,960	6,600	14,850	23,100	33,000
2d Cpe	660	1,980	3,300	7,430	11,550	16,500
2d Clb Cpe	680	2,040	3,400	7,650	11,900	17,000
2d Sed	580	1,740	2,900	6,530	10,150	14,500
4d Sed	584	1,752	2,920	6,570	10,220	14,600

1942 Commodore Series 24, 8-cyl., 121" wb

	6	5	4	3	2	1
2d Conv	1,360	4,080	6,800	15,300	23,800	34,000
2d Cpe	720	2,160	3,600	8,100	12,600	18,000
2d Clb Cpe	740	2,220	3,700	8,330	12,950	18,500
2d Sed	648	1,944	3,240	7,290	11,340	16,200
4d Sed	652	1,956	3,260	7,340	11,410	16,300

1942 Commodore Custom Series 25, 8-cyl., 121" wb

	6	5	4	3	2	1
2d Clb Cpe	744	2,232	3,720	8,370	13,020	18,600

1942 Commodore Series 27, 8-cyl., 128" wb

	6	5	4	3	2	1
4d Sed	660	1,980	3,300	7,430	11,550	16,500

1946-47 Super Series, 6-cyl., 121" wb

	6	5	4	3	2	1
2d Cpe	756	2,268	3,780	8,510	13,230	18,900
2d Clb Cpe	680	2,040	3,400	7,650	11,900	17,000
2d Conv	1,120	3,360	5,600	12,600	19,600	28,000
2d Sed	592	1,776	2,960	6,660	10,360	14,800
4d Sed	596	1,788	2,980	6,710	10,430	14,900

	6	5	4	3	2	1
1946-47 Commodore Series, 6-cyl., 121" wb						
2d Clb Cpe	704	2,112	3,520	7,920	12,320	17,600
4d Sed	640	1,920	3,200	7,200	11,200	16,000
1946-47 Super Series, 8-cyl., 121" wb						
2d Clb Cpe	708	2,124	3,540	7,970	12,390	17,700
4d Sed	648	1,944	3,240	7,290	11,340	16,200
1946-47 Commodore Series, 8-cyl., 121" wb						
2d Clb Cpe	732	2,196	3,660	8,240	12,810	18,300
2d Conv	1,240	3,720	6,200	13,950	21,700	31,000
4d Sed	672	2,016	3,360	7,560	11,760	16,800
1948-49 Super Series, 6-cyl., 124" wb						
2d Cpe	760	2,280	3,800	8,550	13,300	19,000
2d Clb Cpe	772	2,316	3,860	8,690	13,510	19,300
2d Conv	1,480	4,440	7,400	16,650	25,900	37,000
2d Sed	684	2,052	3,420	7,700	11,970	17,100
4d Sed	680	2,040	3,400	7,650	11,900	17,000
1948-49 Commodore Series, 6-cyl., 124" wb						
2d Clb Cpe	800	2,400	4,000	9,000	14,000	20,000
2d Conv	1,640	4,920	8,200	18,450	28,700	41,000
4d Sed	740	2,220	3,700	8,330	12,950	18,500
1948-49 Super Series, 8-cyl., 124" wb						
2d Clb Cpe	820	2,460	4,100	9,230	14,350	20,500
2d Sed (1949 only)	744	2,232	3,720	8,370	13,020	18,600
4d Sed	740	2,220	3,700	8,330	12,950	18,500
1948-49 Commodore Series, 8-cyl., 124" wb						
2d Clb Cpe	840	2,520	4,200	9,450	14,700	21,000
2d Conv	1,720	5,160	8,600	19,350	30,100	43,000
4d Sed	780	2,340	3,900	8,780	13,650	19,500
1950 Pacemaker Series 500, 6-cyl., 119" wb						
2d Bus Cpe	720	2,160	3,600	8,100	12,600	18,000
2d Clb Cpe	760	2,280	3,800	8,550	13,300	19,000
2d Conv	1,600	4,800	8,000	18,000	28,000	40,000
2d Sed	688	2,064	3,440	7,740	12,040	17,200
4d Sed	692	2,076	3,460	7,790	12,110	17,300
1950 DeLuxe Series 50A, 6-cyl., 119" wb						
2d Clb Cpe	808	2,424	4,040	9,090	14,140	20,200
2d Conv	1,640	4,920	8,200	18,450	28,700	41,000
2d Sed	700	2,100	3,500	7,880	12,250	17,500
4d Sed	704	2,112	3,520	7,920	12,320	17,600
1950 Super Six Series 501, 6-cyl., 124" wb						
2d Clb Cpe	820	2,460	4,100	9,230	14,350	20,500
2d Conv	1,680	5,040	8,400	18,900	29,400	42,000
2d Sed	724	2,172	3,620	8,150	12,670	18,100
4d Sed	728	2,184	3,640	8,190	12,740	18,200
1950 Commodore Series 502, 6-cyl., 124" wb						
2d Clb Cpe	840	2,520	4,200	9,450	14,700	21,000
2d Conv	1,720	5,160	8,600	19,350	30,100	43,000
4d Sed	760	2,280	3,800	8,550	13,300	19,000
1950 Super Series 503, 8-cyl., 124" wb						
2d Sed	760	2,280	3,800	8,550	13,300	19,000
2d Clb Cpe	860	2,580	4,300	9,680	15,050	21,500
4d Sed	748	2,244	3,740	8,420	13,090	18,700
1950 Commodore Series 504, 8-cyl., 124" wb						
2d Clb Cpe	880	2,640	4,400	9,900	15,400	22,000
2d Conv	1,800	5,400	9,000	20,250	31,500	45,000
4d Sed	760	2,280	3,800	8,550	13,300	19,000
1951 Pacemaker Custom Series 4A, 6-cyl., 119" wb						
2d Cpe	780	2,340	3,900	8,780	13,650	19,500
2d Clb Cpe	820	2,460	4,100	9,230	14,350	20,500
2d Conv	1,600	4,800	8,000	18,000	28,000	40,000
2d Sed	724	2,172	3,620	8,150	12,670	18,100
4d Sed	720	2,160	3,600	8,100	12,600	18,000
1951 Super Custom Series 5A, 6-cyl., 124" wb						
2d Clb Cpe	840	2,520	4,200	9,450	14,700	21,000
2d Hlywd HT	960	2,880	4,800	10,800	16,800	24,000
2d Conv	1,640	4,920	8,200	18,450	28,700	41,000
2d Sed	740	2,220	3,700	8,330	12,950	18,500
4d Sed	748	2,244	3,740	8,420	13,090	18,700
1951 Commodore Custom Series 6A, 6-cyl., 124" wb						
2d Clb Cpe	860	2,580	4,300	9,680	15,050	21,500
2d Hlywd HT	1,000	3,000	5,000	11,250	17,500	25,000
2d Conv	1,680	5,040	8,400	18,900	29,400	42,000
4d Sed	824	2,472	4,120	9,270	14,420	20,600

	6	5	4	3	2	1
1951 Hornet Series 7A, 6-cyl., 124" wb						
2d Clb Cpe	880	2,640	4,400	9,900	15,400	22,000
2d Hlywd HT	1,040	3,120	5,200	11,700	18,200	26,000
2d Conv	1,760	5,280	8,800	19,800	30,800	44,000
4d Sed	844	2,532	4,220	9,500	14,770	21,100
1951 Commodore Custom Series 8A, 8-cyl., 124" wb						
2d Clb Cpe	900	2,700	4,500	10,130	15,750	22,500
2d Hlywd HT	1,080	3,240	5,400	12,150	18,900	27,000
2d Conv	1,800	5,400	9,000	20,250	31,500	45,000
4d Sed	864	2,592	4,320	9,720	15,120	21,600
1952 Pacemaker Series 4B, 6-cyl., 119" wb						
2d Cpe	788	2,364	3,940	8,870	13,790	19,700
2d Clb Cpe	792	2,376	3,960	8,910	13,860	19,800
2d Sed	740	2,220	3,700	8,330	12,950	18,500
4d Sed	744	2,232	3,720	8,370	13,020	18,600
1952 Wasp Series 5B, 6-cyl., 119" wb						
2d Clb Cpe	800	2,400	4,000	9,000	14,000	20,000
2d Hlywd HT	880	2,640	4,400	9,900	15,400	22,000
2d Conv	1,600	4,800	8,000	18,000	28,000	40,000
2d Sed	744	2,232	3,720	8,370	13,020	18,600
4d Sed	748	2,244	3,740	8,420	13,090	18,700
1952 Commodore Series 6B, 6-cyl., 124" wb						
2d Clb Cpe	804	2,412	4,020	9,050	14,070	20,100
2d Hlywd HT	920	2,760	4,600	10,350	16,100	23,000
2d Conv	1,640	4,920	8,200	18,450	28,700	41,000
4d Sed	760	2,280	3,800	8,550	13,300	19,000
1952 Hornet Series 7B, 6-cyl., 124" wb						
2d Clb Cpe	812	2,436	4,060	9,140	14,210	20,300
2d Hlywd HT	960	2,880	4,800	10,800	16,800	24,000
2d Conv	1,680	5,040	8,400	18,900	29,400	42,000
4d Sed	764	2,292	3,820	8,600	13,370	19,100
1952 Commodore Series 8B, 8-cyl., 124" wb						
2d Clb Cpe	816	2,448	4,080	9,180	14,280	20,400
2d Hlywd HT	1,000	3,000	5,000	11,250	17,500	25,000
2d Conv	1,720	5,160	8,600	19,350	30,100	43,000
4d Sed	764	2,292	3,820	8,600	13,370	19,100
1953 Jet Series 1C, 6-cyl., 105" wb						
4d Sed	680	2,040	3,400	7,650	11,900	17,000
1953 Super Jet Series 2C, 6-cyl., 105" wb						
2d Clb Sed	700	2,100	3,500	7,880	12,250	17,500
4d Sed	704	2,112	3,520	7,920	12,320	17,600
1953 Wasp Series 4C, 6-cyl., 119" wb						
2d Clb Cpe	752	2,256	3,760	8,460	13,160	18,800
2d Sed	700	2,100	3,500	7,880	12,250	17,500
4d Sed	704	2,112	3,520	7,920	12,320	17,600
1953 Super Wasp Series 5C, 6-cyl., 119" wb						
2d Clb Cpe	760	2,280	3,800	8,550	13,300	19,000
2d Hlywd HT	880	2,640	4,400	9,900	15,400	22,000
2d Conv	1,600	4,800	8,000	18,000	28,000	40,000
2d Sed	704	2,112	3,520	7,920	12,320	17,600
4d Sed	708	2,124	3,540	7,970	12,390	17,700
1953 Hornet Series 7C, 6-cyl., 124" wb						
2d Clb Cpe	800	2,400	4,000	9,000	14,000	20,000
2d Hlywd HT	944	2,832	4,720	10,620	16,520	23,600
2d Conv	1,720	5,160	8,600	19,350	30,100	43,000
4d Sed	760	2,280	3,800	8,550	13,300	19,000
1954 Jet Series 1D, 6-cyl., 105" wb						
2d Utl Sed	680	2,040	3,400	7,650	11,900	17,000
2d Clb Sed	700	2,100	3,500	7,880	12,250	17,500
4d Sed	696	2,088	3,480	7,830	12,180	17,400
1954 Super Jet Series 2D, 6-cyl., 105" wb						
2d Clb Sed	720	2,160	3,600	8,100	12,600	18,000
4d Sed	716	2,148	3,580	8,060	12,530	17,900
1954 Jet Liner Series 3D, 6-cyl., 105" wb						
2d Clb Sed	728	2,184	3,640	8,190	12,740	18,200
4d Sed	724	2,172	3,620	8,150	12,670	18,100
1954 Wasp Series 4D, 6-cyl., 119" wb						
2d Clb Cpe	740	2,220	3,700	8,330	12,950	18,500
2d Clb Sed	692	2,076	3,460	7,790	12,110	17,300
4d Sed	696	2,088	3,480	7,830	12,180	17,400
1954 Super Wasp Series 5D, 6-cyl., 119" wb						
2d Clb Cpe	748	2,244	3,740	8,420	13,090	18,700
2d Hlywd HT	840	2,520	4,200	9,450	14,700	21,000
2d Conv	1,640	4,920	8,200	18,450	28,700	41,000

1921 Hudson Super Six coupe

1936 Hudson Deluxe Eight two-door sedan

1951 Hudson Pacemaker sedan

	6	5	4	3	2	1
2d Clb Sed	704	2,112	3,520	7,920	12,320	17,600
4d Sed	700	2,100	3,500	7,880	12,250	17,500
1954 Hornet Special Series 6D, 6-cyl., 124" wb						
2d Clb Cpe	800	2,400	4,000	9,000	14,000	20,000
2d Clb Sed	724	2,172	3,620	8,150	12,670	18,100
4d Sed	736	2,208	3,680	8,280	12,880	18,400
1954 Hornet Series 7D, 6-cyl., 124" wb						
2d Clb Cpe	840	2,520	4,200	9,450	14,700	21,000
2d Hlywd HT	920	2,760	4,600	10,350	16,100	23,000
2d Brgm Conv	1,760	5,280	8,800	19,800	30,800	44,000
4d Sed	744	2,232	3,720	8,370	13,020	18,600
1954 Italia, 6-cyl.						
2d Cpe	3,400	10,200	17,000	38,250	59,500	85,000
1955 Super Wasp, 6-cyl., 114" wb						
4d Sed	660	1,980	3,300	7,430	11,550	16,500
1955 Custom Wasp, 6-cyl., 114" wb						
2d Hlywd HT	840	2,520	4,200	9,450	14,700	21,000
4d Sed	664	1,992	3,320	7,470	11,620	16,600
1955 Hornet Super, 6-cyl., 121" wb						
4d Sed	680	2,040	3,400	7,650	11,900	17,000
1955 Hornet Custom, 6-cyl., 121" wb						
2d Hlywd HT	880	2,640	4,400	9,900	15,400	22,000
4d Sed	700	2,100	3,500	7,880	12,250	17,500
1955 Italia, 6-cyl.						
2d Cpe	3,400	10,200	17,000	38,250	59,500	85,000

NOTE: Add 5 percent for V-8. For Hudson Rambler prices see Nash section same year.

	6	5	4	3	2	1
1956 Super Wasp, 6-cyl., 114" wb						
4d Sed	640	1,920	3,200	7,200	11,200	16,000
1956 Super Hornet, 6-cyl., 121" wb						
4d Sed	680	2,040	3,400	7,650	11,900	17,000
1956 Custom Hornet, 6-cyl., 121" wb						
2d Hlywd HT	920	2,760	4,600	10,350	16,100	23,000
4d Sed	720	2,160	3,600	8,100	12,600	18,000
1956 Hornet Super Special, 8-cyl., 114" wb						
2d Hlywd HT	960	2,880	4,800	10,800	16,800	24,000
4d Sed	728	2,184	3,640	8,190	12,740	18,200
1956 Hornet Custom, 8-cyl., 121" wb						
2d Hlywd HT	1,000	3,000	5,000	11,250	17,500	25,000
4d Sed	740	2,220	3,700	8,330	12,950	18,500

NOTE: For Hudson Rambler prices see Nash section same year.

	6	5	4	3	2	1
1957 Hornet Super, 8-cyl., 121" wb						
2d Hlywd HT	960	2,880	4,800	10,800	16,800	24,000
4d Sed	780	2,340	3,900	8,780	13,650	19,500
1957 Hornet Custom, 8-cyl., 121" wb						
2d Hlywd HT	1,000	3,000	5,000	11,250	17,500	25,000
4d Sed	820	2,460	4,100	9,230	14,350	20,500

NOTE: For Hudson Rambler prices see Nash section same year.

ESSEX

	6	5	4	3	2	1
1919 Model A, 4-cyl.						
2d Rds	600	1,800	3,000	6,750	10,500	15,000
4d Tr	580	1,740	2,900	6,530	10,150	14,500
4d Sed	520	1,560	2,600	5,850	9,100	13,000
1920 4-cyl.						
2d Rds	600	1,800	3,000	6,750	10,500	15,000
4d Tr	580	1,740	2,900	6,530	10,150	14,500
4d Sed	520	1,560	2,600	5,850	9,100	13,000
1921 4-cyl.						
2d Rds	620	1,860	3,100	6,980	10,850	15,500
4d Tr	560	1,680	2,800	6,300	9,800	14,000
2d Cabr	600	1,800	3,000	6,750	10,500	15,000
2d Sed	460	1,380	2,300	5,180	8,050	11,500
4d Sed	460	1,390	2,320	5,220	8,120	11,600
1922 4-cyl.						
4d Tr	560	1,680	2,800	6,300	9,800	14,000
2d Cabr	600	1,800	3,000	6,750	10,500	15,000
2d Sed	460	1,380	2,300	5,180	8,050	11,500
4d Sed	460	1,390	2,320	5,220	8,120	11,600
1923 4-cyl.						
2d Cabr	600	1,800	3,000	6,750	10,500	15,000
4d Phae	560	1,680	2,800	6,300	9,800	14,000
2d Sed	440	1,320	2,200	4,950	7,700	11,000

	6	5	4	3	2	1
1924 Six, 6-cyl.						
4d Tr	600	1,800	3,000	6,750	10,500	15,000
2d Sed	440	1,320	2,200	4,950	7,700	11,000
1925 Six, 6-cyl.						
4d Tr	600	1,800	3,000	6,750	10,500	15,000
2d Sed	350	1,060	1,760	3,960	6,160	8,800
1926 Six, 6-cyl.						
4d Tr	600	1,800	3,000	6,750	10,500	15,000
2d Sed	460	1,380	2,300	5,180	8,050	11,500
4d Sed	460	1,390	2,320	5,220	8,120	11,600
1927 Six, 6-cyl.						
4d Tr	680	2,040	3,400	7,650	11,900	17,000
2d Sed	320	960	1,600	3,600	5,600	8,000
4d Sed	330	980	1,640	3,690	5,740	8,200
1927 Super Six, 6-cyl.						
2d BT Spds	1,000	3,000	5,000	11,250	17,500	25,000
4d Tr	680	2,040	3,400	7,650	11,900	17,000
2d 4P Spds	840	2,520	4,200	9,450	14,700	21,000
2d Cpe	460	1,380	2,300	5,180	8,050	11,500
2d Sed	340	1,020	1,700	3,830	5,950	8,500
4d Sed	340	1,030	1,720	3,870	6,020	8,600
4d DeL Sed	440	1,320	2,200	4,950	7,700	11,000
1928 First Series, 6-cyl.						
2d BT Spds	880	2,640	4,400	9,900	15,400	22,000
2d 4P Spds	840	2,520	4,200	9,450	14,700	21,000
2d Cpe	460	1,370	2,280	5,130	7,980	11,400
2d Sed	340	1,030	1,720	3,870	6,020	8,600
4d Sed	350	1,060	1,760	3,960	6,160	8,800
1928 Second Series, 6-cyl.						
2d Spt Rds	920	2,760	4,600	10,350	16,100	23,000
4d Phae	880	2,640	4,400	9,900	15,400	22,000
2d 2P Cpe	480	1,440	2,400	5,400	8,400	12,000
2d RS Cpe	490	1,460	2,440	5,490	8,540	12,200
2d Sed	340	1,030	1,720	3,870	6,020	8,600
4d Sed	350	1,060	1,760	3,960	6,160	8,800
1929 Challenger Series, 6-cyl.						
2d Rds	1,240	3,720	6,200	13,950	21,700	31,000
2d Phae	1,200	3,600	6,000	13,500	21,000	30,000
2d 2P Cpe	470	1,400	2,340	5,270	8,190	11,700
2d 4P Cpe	480	1,430	2,380	5,360	8,330	11,900
2d Sed	360	1,070	1,780	4,010	6,230	8,900
4d Sed	460	1,370	2,280	5,130	7,980	11,400
2d RS Rds	1,280	3,840	6,400	14,400	22,400	32,000
4d Phae	1,240	3,720	6,200	13,950	21,700	31,000
2d Conv	1,160	3,480	5,800	13,050	20,300	29,000
2d RS Cpe	480	1,440	2,400	5,400	8,400	12,000
4d Twn Sed	480	1,450	2,420	5,450	8,470	12,100
4d DeL Sed	490	1,480	2,460	5,540	8,610	12,300
1930 First Series, Standard, 6-cyl.						
2d Rds	1,400	4,200	7,000	15,750	24,500	35,000
2d Conv	1,240	3,720	6,200	13,950	21,700	31,000
4d Phae	1,280	3,840	6,400	14,400	22,400	32,000
2d 2P Cpe	460	1,370	2,280	5,130	7,980	11,400
2d RS Cpe	480	1,440	2,400	5,400	8,400	12,000
2d Sed	450	1,340	2,240	5,040	7,840	11,200
4d Std Sed	450	1,360	2,260	5,090	7,910	11,300
4d Twn Sed	460	1,370	2,280	5,130	7,980	11,400
1930 Second Series, Standard, 6-cyl.						
2d RS Rds	1,480	4,440	7,400	16,650	25,900	37,000
4d Phae	1,440	4,320	7,200	16,200	25,200	36,000
4d Sun Sed	600	1,800	3,000	6,750	10,500	15,000
4d Tr	1,360	4,080	6,800	15,300	23,800	34,000
2d 2P Cpe	460	1,370	2,280	5,130	7,980	11,400
2d RS Cpe	500	1,490	2,480	5,580	8,680	12,400
2d Sed	320	960	1,600	3,600	5,600	8,000
4d Sed	320	970	1,620	3,650	5,670	8,100
4d Twn Sed	440	1,320	2,200	4,950	7,700	11,000
4d DeL Sed	460	1,370	2,280	5,130	7,980	11,400
4d Brgm	480	1,440	2,400	5,400	8,400	12,000
1931 Standard, 6-cyl.						
2d BT Rds	1,960	5,880	9,800	22,050	34,300	49,000
4d Phae	1,320	3,960	6,600	14,850	23,100	33,000
2d RS Cpe	560	1,680	2,800	6,300	9,800	14,000
2d 2P Cpe	520	1,560	2,600	5,850	9,100	13,000
4d Sed	460	1,370	2,280	5,130	7,980	11,400

	6	5	4	3	2	1
2d Sed	450	1,360	2,260	5,090	7,910	11,300
4d Tr Sed	460	1,380	2,300	5,180	8,050	11,500
1932 Pacemaker, 6-cyl.						
2d Conv	1,200	3,600	6,000	13,500	21,000	30,000
4d Phae	1,280	3,840	6,400	14,400	22,400	32,000
2d 2P Cpe	560	1,680	2,800	6,300	9,800	14,000
2d RS Cpe	640	1,910	3,180	7,160	11,130	15,900
2d Sed	540	1,610	2,680	6,030	9,380	13,400
4d Sed	540	1,620	2,700	6,080	9,450	13,500

TERRAPLANE

	6	5	4	3	2	1
1933 Six, 6-cyl., 106" wb						
2d Rds	1,200	3,600	6,000	13,500	21,000	30,000
4d Phae	1,240	3,720	6,200	13,950	21,700	31,000
2d 2P Cpe	560	1,680	2,800	6,300	9,800	14,000
2d RS Cpe	616	1,848	3,080	6,930	10,780	15,400
2d Sed	576	1,728	2,880	6,480	10,080	14,400
4d Sed	584	1,752	2,920	6,570	10,220	14,600
1933 Special Six, 6-cyl., 113" wb						
2d Spt Rds	1,240	3,720	6,200	13,950	21,700	31,000
4d Phae	1,280	3,840	6,400	14,400	22,400	32,000
2d Conv	1,160	3,480	5,800	13,050	20,300	29,000
2d Bus Cpe	612	1,836	3,060	6,890	10,710	15,300
2d RS Cpe	624	1,872	3,120	7,020	10,920	15,600
2d Sed	584	1,752	2,920	6,570	10,220	14,600
4d Sed	592	1,776	2,960	6,660	10,360	14,800
1933 DeLuxe Six, 6-cyl., 113" wb						
2d Conv	1,200	3,600	6,000	13,500	21,000	30,000
2d 2P Cpe	580	1,740	2,900	6,530	10,150	14,500
2d RS Cpe	640	1,920	3,200	7,200	11,200	16,000
2d Sed	588	1,764	2,940	6,620	10,290	14,700
4d Sed	600	1,800	3,000	6,750	10,500	15,000
1933 Terraplane, 8-cyl.						
2d 2P Rds	1,240	3,720	6,200	13,950	21,700	31,000
2d RS Rds	1,280	3,840	6,400	14,400	22,400	32,000
2d 2P Cpe	632	1,896	3,160	7,110	11,060	15,800
2d RS Cpe	680	2,040	3,400	7,650	11,900	17,000
2d Conv	1,160	3,480	5,800	13,050	20,300	29,000
2d Sed	632	1,896	3,160	7,110	11,060	15,800
4d Sed	640	1,920	3,200	7,200	11,200	16,000
1933 Terraplane DeLuxe Eight, 8-cyl.						
2d Conv	1,240	3,720	6,200	13,950	21,700	31,000
2P Cpe	640	1,920	3,200	7,200	11,200	16,000
2d RS Cpe	700	2,100	3,500	7,880	12,250	17,500
2d Sed	632	1,896	3,160	7,110	11,060	15,800
4d Sed	640	1,920	3,200	7,200	11,200	16,000
1934 Terraplane Challenger KS, 6-cyl., 112" wb						
2P Cpe	576	1,728	2,880	6,480	10,080	14,400
2d RS Cpe	616	1,848	3,080	6,930	10,780	15,400
2d Sed	548	1,644	2,740	6,170	9,590	13,700
4d Sed	560	1,680	2,800	6,300	9,800	14,000
1934 Major Line KU, 6-cyl.						
2P Cpe	580	1,740	2,900	6,530	10,150	14,500
2d RS Cpe	620	1,860	3,100	6,980	10,850	15,500
2d Conv	1,200	3,600	6,000	13,500	21,000	30,000
2d Comp Vic	580	1,740	2,900	6,530	10,150	14,500
2d Sed	520	1,560	2,600	5,850	9,100	13,000
4d Sed	564	1,692	2,820	6,350	9,870	14,100
4d Comp Sed	572	1,716	2,860	6,440	10,010	14,300
1934 Special Line K, 8-cyl.						
2P Cpe	600	1,800	3,000	6,750	10,500	15,000
2d RS Cpe	640	1,920	3,200	7,200	11,200	16,000
2d Conv	1,240	3,720	6,200	13,950	21,700	31,000
2d Comp Vic	584	1,752	2,920	6,570	10,220	14,600
2d Sed	560	1,680	2,800	6,300	9,800	14,000
4d Sed	564	1,692	2,820	6,350	9,870	14,100
4d Comp Sed	572	1,716	2,860	6,440	10,010	14,300
1935 Special G, 6-cyl.						
2P Cpe	576	1,728	2,880	6,480	10,080	14,400
2d RS Cpe	588	1,764	2,940	6,620	10,290	14,700
4d Tr Brgm	568	1,704	2,840	6,390	9,940	14,200
2d Sed	564	1,692	2,820	6,350	9,870	14,100
4d Sed	568	1,704	2,840	6,390	9,940	14,200
4d Sub Sed	572	1,716	2,860	6,440	10,010	14,300

DOMESTIC CARS

	6	5	4	3	2	1
1935 DeLuxe GU, 6-cyl., Big Six						
2d 2P Cpe	580	1,740	2,900	6,530	10,150	14,500
2d RS Cpe	600	1,800	3,000	6,750	10,500	15,000
2d Conv	1,120	3,360	5,600	12,600	19,600	28,000
4d Tr Brgm	584	1,752	2,920	6,570	10,220	14,600
2d Sed	576	1,728	2,880	6,480	10,080	14,400
4d Sed	580	1,740	2,900	6,530	10,150	14,500
4d Sub Sed	588	1,764	2,940	6,620	10,290	14,700
1936 DeLuxe 61, 6-cyl.						
2d Conv	1,120	3,360	5,600	12,600	19,600	28,000
2d 2P Cpe	560	1,680	2,800	6,300	9,800	14,000
2d RS Cpe	600	1,800	3,000	6,750	10,500	15,000
4d Brgm	544	1,632	2,720	6,120	9,520	13,600
2d Tr Brgm	560	1,680	2,800	6,300	9,800	14,000
4d Sed	548	1,644	2,740	6,170	9,590	13,700
4d Tr Sed	552	1,656	2,760	6,210	9,660	13,800
1936 Custom 62, 6-cyl.						
2d Conv	1,160	3,480	5,800	13,050	20,300	29,000
2d 2P Cpe	584	1,752	2,920	6,570	10,220	14,600
2d RS Cpe	640	1,920	3,200	7,200	11,200	16,000
4d Brgm	576	1,728	2,880	6,480	10,080	14,400
2d Tr Brgm	584	1,752	2,920	6,570	10,220	14,600
4d Sed	576	1,728	2,880	6,480	10,080	14,400
4d Tr Sed	580	1,740	2,900	6,530	10,150	14,500
1937 DeLuxe 71, 6-cyl.						
2d Bus Cpe	560	1,680	2,800	6,300	9,800	14,000
2d 3P Cpe	564	1,692	2,820	6,350	9,870	14,100
2d Vic Cpe	576	1,728	2,880	6,480	10,080	14,400
2d Conv	1,080	3,240	5,400	12,150	18,900	27,000
2d Brgm	560	1,680	2,800	6,300	9,800	14,000
1938 Terraplane Utility Series 80, 6-cyl., 117" wb						
2d 3P Cpe	456	1,368	2,280	5,130	7,980	11,400
2d Sed	444	1,332	2,220	5,000	7,770	11,100
4d Twn Sed	448	1,344	2,240	5,040	7,840	11,200
4d Sed	444	1,332	2,220	5,000	7,770	11,100
2d Tr Sed	448	1,344	2,240	5,040	7,840	11,200
4d Sta Wag	640	1,920	3,200	7,200	11,200	16,000
1938 Terraplane Deluxe Series 81, 6-cyl., 117" wb						
2d 3P Conv	1,080	3,240	5,400	12,150	18,900	27,000
2d Conv Brgm	1,120	3,360	5,600	12,600	19,600	28,000
2d 3P Cpe	464	1,392	2,320	5,220	8,120	11,600
2d Vic Cpe	520	1,560	2,600	5,850	9,100	13,000
4d Brgm	452	1,356	2,260	5,090	7,910	11,300
2d Tr Brgm	444	1,332	2,220	5,000	7,770	11,100
4d Sed	448	1,344	2,240	5,040	7,840	11,200
4d Tr Sed	452	1,356	2,260	5,090	7,910	11,300
1938 Terraplane Super Series 82, 6-cyl., 117" wb						
2d Conv	1,120	3,360	5,600	12,600	19,600	28,000
2d Conv Brgm	1,080	3,240	5,400	12,150	18,900	27,000
2d Vic Cpe	520	1,560	2,600	5,850	9,100	13,000
2d Brgm	496	1,488	2,480	5,580	8,680	12,400
2d Tr Brgm	488	1,464	2,440	5,490	8,540	12,200
4d Sed	492	1,476	2,460	5,540	8,610	12,300
4d Tr Sed	496	1,488	2,480	5,580	8,680	12,400

HUPMOBILE

	6	5	4	3	2	1
1909 Model 20, 4-cyl., 16.9 hp, 86" wb						
2d 2P Rbt	1,320	3,960	6,600	14,850	23,100	33,000
1910 Model 20, 4-cyl., 18/20 hp, 86" wb						
2d 2P B Rbt	1,320	3,960	6,600	14,850	23,100	33,000
1911 Model 20, 4-cyl., 20 hp, 86" wb						
2d 2P C Rbt	1,320	3,960	6,600	14,850	23,100	33,000
2d 2P T Torp	1,360	4,080	6,800	15,300	23,800	34,000
4d 4P D Tr	1,400	4,200	7,000	15,750	24,500	35,000
2d 4P F Cpe	1,200	3,600	6,000	13,500	21,000	30,000
1912 Model 20, 4-cyl., 20 hp, 86" wb						
2d 2P Rbt	1,320	3,960	6,600	14,850	23,100	33,000
2d 2P Rds	1,360	4,080	6,800	15,300	23,800	34,000
2d 2P Cpe	1,200	3,600	6,000	13,500	21,000	30,000
1912 Model 32, 4-cyl., 32 hp, 106" wb						
4d 4P Torp Tr	1,400	4,200	7,000	15,750	24,500	35,000
1913 Model 20-C, 4-cyl., 20 hp, 86" wb						
2d 2P Rbt	1,320	3,960	6,600	14,850	23,100	33,000

	6	5	4	3	2	1
1913 Model 20-E, 4-cyl., 20 hp, 110" wb						
2d Rds	1,160	3,480	5,800	13,050	20,300	29,000
1913 Model 32, 4-cyl., 32 hp, 106" wb						
4d 5P H Tr	1,360	4,080	6,800	15,300	23,800	34,000
2d 2P H Rds	1,400	4,200	7,000	15,750	24,500	35,000
2d H L Cpe	1,120	3,360	5,600	12,600	19,600	28,000
1913 Model 32, 4-cyl., 32 hp, 126" wb						
4d 6P Tr	1,440	4,320	7,200	16,200	25,200	36,000
1914 Model 32, 4-cyl., 32 hp, 106" wb						
4d 6P HM Tr	1,240	3,720	6,200	13,950	21,700	31,000
2d 2P HR Rds	1,280	3,840	6,400	14,400	22,400	32,000
4d 5P H Tr	1,320	3,960	6,600	14,850	23,100	33,000
2d 3P HAK Cpe	1,040	3,120	5,200	11,700	18,200	26,000
1915 Model 32, 4-cyl., 32 hp, 106" wb						
4d 4P Tr	1,280	3,840	6,400	14,400	22,400	32,000
2d 2P Rds	1,240	3,720	6,200	13,950	21,700	31,000
1915 Model K, 4-cyl., 36 hp, 119" wb						
2d 2P Rds	1,280	3,840	6,400	14,400	22,400	32,000
4d 5P Tr	1,320	3,960	6,600	14,850	23,100	33,000
2d 2P Cpe	960	2,880	4,800	10,800	16,800	24,000
4d Limo	1,000	3,000	5,000	11,250	17,500	25,000
1916 Model N, 4-cyl., 22.5 hp, 119" wb						
4d 5P Tr	1,080	3,240	5,400	12,150	18,900	27,000
2d 2P Rds	1,040	3,120	5,200	11,700	18,200	26,000
4d 5P Sed	840	2,520	4,200	9,450	14,700	21,000
4d 5P Year-'Round Tr	1,120	3,360	5,600	12,600	19,600	28,000
2d Year-'Round Cpe	880	2,640	4,400	9,900	15,400	22,000
1916 Model N, 4-cyl., 22.5 hp, 134" wb						
4d 7P Tr	1,240	3,720	6,200	13,950	21,700	31,000
4d 7P Limo	960	2,880	4,800	10,800	16,800	24,000
1917 Model N, 4-cyl., 22 hp, 119" wb						
4d 5P Tr	1,000	3,000	5,000	11,250	17,500	25,000
2d 6P Rds	1,040	3,120	5,200	11,700	18,200	26,000
4d 5P Year-'Round Tr	1,080	3,240	5,400	12,150	18,900	27,000
2d 2P Year-'Round Cpe	680	2,040	3,400	7,650	11,900	17,000
4d 5P Sed	680	2,040	3,400	7,650	11,900	17,000
1917 Model N, 4-cyl., 22.5 hp, 134" wb						
4d 7P Tr	1,120	3,360	5,600	12,600	19,600	28,000
NOTE: Series R introduced October 1917.						
1918 Series R-1, 4-cyl., 16.9 hp, 112" wb						
4d 5P Tr	840	2,520	4,200	9,450	14,700	21,000
2d 2P Rds	800	2,400	4,000	9,000	14,000	20,000
1919 Series R-1,2,3, 4-cyl., 16.9 hp, 112" wb						
4d 5P Tr	880	2,640	4,400	9,900	15,400	22,000
2d 2P Rds	840	2,520	4,200	9,450	14,700	21,000
4d 5P Sed	560	1,680	2,800	6,300	9,800	14,000
2d 4P Cpe	640	1,920	3,200	7,200	11,200	16,000
1920 Series R-3,4,5, 4-cyl., 35 hp, 112" wb						
4d 5P Tr	880	2,640	4,400	9,900	15,400	22,000
2d 2P Rds	840	2,520	4,200	9,450	14,700	21,000
2d 4P Cpe	640	1,920	3,200	7,200	11,200	16,000
4d 5P Sed	560	1,680	2,800	6,300	9,800	14,000
1921 Series R-4,5,6, 4-cyl., 35 hp, 112" wb						
4d 5P Tr	880	2,640	4,400	9,900	15,400	22,000
2d 2P Rds	840	2,520	4,200	9,450	14,700	21,000
2d 4P Cpe	640	1,920	3,200	7,200	11,200	16,000
4d 5P Sed	560	1,680	2,800	6,300	9,800	14,000
1922 Series R-7,8,9,10, 4-cyl., 35 hp, 112" wb						
4d 5P Tr	880	2,640	4,400	9,900	15,400	22,000
2d 2P Cpe Rds	840	2,520	4,200	9,450	14,700	21,000
2d 2P Cpe	640	1,920	3,200	7,200	11,200	16,000
2d 4P Cpe	660	1,980	3,300	7,430	11,550	16,500
4d 5P Sed	560	1,680	2,800	6,300	9,800	14,000
1923 Series R-10,11,12, 4-cyl., 35 hp, 112" wb						
4d 5P Tr	840	2,520	4,200	9,450	14,700	21,000
4d 5P Spl Tr	880	2,640	4,400	9,900	15,400	22,000
2d 2P Rds	880	2,640	4,400	9,900	15,400	22,000
2d Spl Rds	920	2,760	4,600	10,350	16,100	23,000
4d 5P Sed	560	1,680	2,800	6,300	9,800	14,000
2d 4P Cpe	680	2,040	3,400	7,650	11,900	17,000
2d 2P Cpe	640	1,920	3,200	7,200	11,200	16,000
1924 Series R-12,13, 4-cyl., 39 hp, 115" wb						
4d 5P Tr	800	2,400	4,000	9,000	14,000	20,000

	6	5	4	3	2	1
4d 5P Spl Tr	840	2,520	4,200	9,450	14,700	21,000
2d 2P Spl Rds.	880	2,640	4,400	9,900	15,400	22,000
2d 2P Cpe.	640	1,920	3,200	7,200	11,200	16,000
2d 4P Cpe.	680	2,040	3,400	7,650	11,900	17,000
4d 5P Sed.	560	1,680	2,800	6,300	9,800	14,000
4d 5P Clb Sed	600	1,800	3,000	6,750	10,500	15,000

1925 Model R-14,15, 4-cyl., 39 hp, 115" wb

	6	5	4	3	2	1
4d 5P Tr	800	2,400	4,000	9,000	14,000	20,000
2d 2P Rds.	840	2,520	4,200	9,450	14,700	21,000
2d 2P Cpe.	600	1,800	3,000	6,750	10,500	15,000
4d 5P Clb Sed	600	1,800	3,000	6,750	10,500	15,000
4d 5P Sed.	560	1,680	2,800	6,300	9,800	14,000

1925 Model E-1, 8-cyl., 60 hp, 118-1/4" wb

	6	5	4	3	2	1
4d 5P Tr	1,000	3,000	5,000	11,250	17,500	25,000
2d 2P Rds.	1,040	3,120	5,200	11,700	18,200	26,000
2d 4P Cpe.	680	2,040	3,400	7,650	11,900	17,000
4d 5P Sed.	600	1,800	3,000	6,750	10,500	15,000

1926 Model A-1, 6-cyl., 50 hp, 114" wb

	6	5	4	3	2	1
4d 5P Tr	800	2,400	4,000	9,000	14,000	20,000
4d 5P Sed.	560	1,680	2,800	6,300	9,800	14,000

1926 Model E-2, 8-cyl., 63 hp, 118-1/4" wb

	6	5	4	3	2	1
2d 4P Rds.	1,040	3,120	5,200	11,700	18,200	26,000
4d 5P Tr	1,000	3,000	5,000	11,250	17,500	25,000
2d 2P Cpe.	680	2,040	3,400	7,650	11,900	17,000
2d 4P Cpe.	720	2,160	3,600	8,100	12,600	18,000
4d 5P Sed.	600	1,800	3,000	6,750	10,500	15,000

1927 Series A, 6-cyl., 50 hp, 114" wb

	6	5	4	3	2	1
4d 5P Tr	840	2,520	4,200	9,450	14,700	21,000
2d 2P Rds.	880	2,640	4,400	9,900	15,400	22,000
4d 5P Sed.	560	1,680	2,800	6,300	9,800	14,000
2d 4P Cpe.	640	1,920	3,200	7,200	11,200	16,000
4d 5P Brgm.	600	1,800	3,000	6,750	10,500	15,000

1927 Series E-3, 8-cyl., 67 hp, 125" wb

	6	5	4	3	2	1
2d 4P Rds.	1,000	3,000	5,000	11,250	17,500	25,000
4d 5P Tr	960	2,880	4,800	10,800	16,800	24,000
4d 5P Spt Tr	1,000	3,000	5,000	11,250	17,500	25,000
2d 2P Cpe.	680	2,040	3,400	7,650	11,900	17,000
4d 7P Tr	920	2,760	4,600	10,350	16,100	23,000
4d 5P Sed.	560	1,680	2,800	6,300	9,800	14,000
4d 7P Sed.	580	1,740	2,900	6,530	10,150	14,500
4d 5P Berl.	600	1,800	3,000	6,750	10,500	15,000
4d 5P Brgm.	580	1,740	2,900	6,530	10,150	14,500
2d 5P Vic	600	1,800	3,000	6,750	10,500	15,000
4d Limo Sed	640	1,920	3,200	7,200	11,200	16,000

1928 Century Series A, 6-cyl., 57 hp, 114" wb

	6	5	4	3	2	1
4d 5P Phae.	1,000	3,000	5,000	11,250	17,500	25,000
4d 7P Phae.	960	2,880	4,800	10,800	16,800	24,000
4d 4P Cpe.	640	1,920	3,200	7,200	11,200	16,000
4d 5P Sed.	560	1,680	2,800	6,300	9,800	14,000
2d 5P Sed.	5,200	15,600	26,000	58,500	91,000	130,000

1928 Century Series M, 8-cyl., 80 hp, 120" wb

	6	5	4	3	2	1
2d Rds	1,120	3,360	5,600	12,600	19,600	28,000
4d 5P Tr	1,080	3,240	5,400	12,150	18,900	27,000
4d 7P Tr	1,040	3,120	5,200	11,700	18,200	26,000
2d 2P Cpe.	800	2,400	4,000	9,000	14,000	20,000
4d Brgm	720	2,160	3,600	8,100	12,600	18,000
2d Vic	760	2,280	3,800	8,550	13,300	19,000
4d 5P Sed.	600	1,800	3,000	6,750	10,500	15,000
4d 7P Sed.	560	1,680	2,800	6,300	9,800	14,000
4d Sed Limo	640	1,920	3,200	7,200	11,200	16,000

1928 Century Series 125 (E-4), 8-cyl., 80 hp, 125" wb

	6	5	4	3	2	1
2d R.S. Rds	1,160	3,480	5,800	13,050	20,300	29,000
4d 5P Tr	1,120	3,360	5,600	12,600	19,600	28,000
4d 7P Tr	1,080	3,240	5,400	12,150	18,900	27,000
2d R.S. Cpe	800	2,400	4,000	9,000	14,000	20,000
4d 5P Brgm.	760	2,280	3,800	8,550	13,300	19,000
4d 5P Sed.	640	1,920	3,200	7,200	11,200	16,000
4d 7P Sed.	600	1,800	3,000	6,750	10,500	15,000
2d Vic	800	2,400	4,000	9,000	14,000	20,000
4d Sed-Limo	720	2,160	3,600	8,100	12,600	18,000

NOTE: Series A and Series E-3 of 1927 carried over as 1928 models. Both Century Series A and M available in custom line.

1929 Series A, 6-cyl., 57 hp, 114" wb

	6	5	4	3	2	1
4d 5P Tr	1,320	3,960	6,600	14,850	23,100	33,000
2d 4P Rds.	1,360	4,080	6,800	15,300	23,800	34,000

	6	5	4	3	2	1
4d 7P Tr	1,280	3,840	6,400	14,400	22,400	32,000
4d 5P Brgm	920	2,760	4,600	10,350	16,100	23,000
2d 4P Cpe	960	2,880	4,800	10,800	16,800	24,000
4d 5P Sed	800	2,400	4,000	9,000	14,000	20,000
2d 2P Cabr	1,240	3,720	6,200	13,950	21,700	31,000
2d 4P Cabr	1,280	3,840	6,400	14,400	22,400	32,000

1929 Series M, 8-cyl., 80 hp, 120" wb

	6	5	4	3	2	1
4d 5P Tr	1,360	4,080	6,800	15,300	23,800	34,000
2d 4P Rds	1,400	4,200	7,000	15,750	24,500	35,000
4d 7P Tr	1,320	3,960	6,600	14,850	23,100	33,000
4d 5P Brgm	960	2,880	4,800	10,800	16,800	24,000
2d 4P Cpe	1,000	3,000	5,000	11,250	17,500	25,000
4d 5P Sed	840	2,520	4,200	9,450	14,700	21,000
2d 5P Cabr	1,320	3,960	6,600	14,850	23,100	33,000
4d 5P Twn Sed	920	2,760	4,600	10,350	16,100	23,000
4d 7P Sed (130" wb)	960	2,880	4,800	10,800	16,800	24,000
4d 7P Limo (130" wb)	1,200	3,600	6,000	13,500	21,000	30,000

NOTE: Both series available in custom line models.

1930 Model S, 6-cyl., 70 hp, 114" wb

	6	5	4	3	2	1
4d Phae	1,560	4,680	7,800	17,550	27,300	39,000
2d Cpe	1,000	3,000	5,000	11,250	17,500	25,000
4d Sed	840	2,520	4,200	9,450	14,700	21,000
2d Conv Cabr	1,440	4,320	7,200	16,200	25,200	36,000

1930 Model C, 8-cyl., 100 hp, 121" wb

	6	5	4	3	2	1
2d Cpe	1,000	3,000	5,000	11,250	17,500	25,000
4d Sed	880	2,640	4,400	9,900	15,400	22,000
2d Cabr	1,520	4,560	7,600	17,100	26,600	38,000
4d Tr Sed	920	2,760	4,600	10,350	16,100	23,000

1930 Model H, 8-cyl., 133 hp, 125" wb

	6	5	4	3	2	1
4d Sed	960	2,880	4,800	10,800	16,800	24,000
2d Cpe	1,040	3,120	5,200	11,700	18,200	26,000
2d Cabr	1,560	4,680	7,800	17,550	27,300	39,000
4d Tr Sed	960	2,880	4,800	10,800	16,800	24,000

1930 Model U, 8-cyl., 133 hp, 137" wb

	6	5	4	3	2	1
4d Sed	1,040	3,120	5,200	11,700	18,200	26,000
4d Sed Limo	1,240	3,720	6,200	13,950	21,700	31,000

NOTE: All models available in custom line.

1931 Century Six, Model S, 70 hp, 114" wb

	6	5	4	3	2	1
4d Phae	1,640	4,920	8,200	18,450	28,700	41,000
2d 2P Cpe	1,000	3,000	5,000	11,250	17,500	25,000
2d 4P Cpe	1,040	3,120	5,200	11,700	18,200	26,000
2d Rds	1,680	5,040	8,400	18,900	29,400	42,000
4d Sed	840	2,520	4,200	9,450	14,700	21,000
2d Cabr	1,440	4,320	7,200	16,200	25,200	36,000

1931 Century Eight, Model L, 90 hp, 118" wb

	6	5	4	3	2	1
4d Phae	1,720	5,160	8,600	19,350	30,100	43,000
2d Rds	1,760	5,280	8,800	19,800	30,800	44,000
2d 2P Cpe	1,000	3,000	5,000	11,250	17,500	25,000
2d 4P Cpe	1,040	3,120	5,200	11,700	18,200	26,000
4d Sed	880	2,640	4,400	9,900	15,400	22,000
2d Cabr	1,480	4,440	7,400	16,650	25,900	37,000

1931 Model C, 8-cyl., 100 hp, 121" wb

	6	5	4	3	2	1
4d Spt Phae	1,880	5,640	9,400	21,150	32,900	47,000
2d 4P Cpe	1,080	3,240	5,400	12,150	18,900	27,000
4d Sed	920	2,760	4,600	10,350	16,100	23,000
2d Vic Cpe	1,040	3,120	5,200	11,700	18,200	26,000
2d Cabr	1,520	4,560	7,600	17,100	26,600	38,000
4d Twn Sed	1,000	3,000	5,000	11,250	17,500	25,000

1931 Model H, 8-cyl., 133 hp, 125" wb

	6	5	4	3	2	1
2d Cpe	1,120	3,360	5,600	12,600	19,600	28,000
4d Sed	960	2,880	4,800	10,800	16,800	24,000
4d Twn Sed	1,000	3,000	5,000	11,250	17,500	25,000
4d Phae	2,000	6,000	10,000	22,500	35,000	50,000
2d Vic Cpe	1,080	3,240	5,400	12,150	18,900	27,000
2d Cabr	1,560	4,680	7,800	17,550	27,300	39,000

1931 Model U, 8-cyl., 133 hp, 137" wb

	6	5	4	3	2	1
2d Vic Cpe	1,160	3,480	5,800	13,050	20,300	29,000
4d Sed	1,000	3,000	5,000	11,250	17,500	25,000
4d Sed Limo	1,200	3,600	6,000	13,500	21,000	30,000

NOTE: All models available in custom line.

1932 Series S-214, 6-cyl., 70 hp, 114" wb

	6	5	4	3	2	1
2d Rds	1,720	5,160	8,600	19,350	30,100	43,000
2d Cpe	1,040	3,120	5,200	11,700	18,200	26,000
4d Sed	880	2,640	4,400	9,900	15,400	22,000
2d Cabr	1,640	4,920	8,200	18,450	28,700	41,000

	6	5	4	3	2	1
1932 Series B-216, 6-cyl., 75 hp, 116" wb						
4d Phae	1,800	5,400	9,000	20,250	31,500	45,000
2d Rds	1,840	5,520	9,200	20,700	32,200	46,000
2d 2P Cpe	1,040	3,120	5,200	11,700	18,200	26,000
2d 4P Cpe	1,080	3,240	5,400	12,150	18,900	27,000
4d Sed	920	2,760	4,600	10,350	16,100	23,000
2d Conv Cabr	1,760	5,280	8,800	19,800	30,800	44,000
1932 Series L-218, 8-cyl., 90 hp, 118" wb						
2d Rds	1,760	5,280	8,800	19,800	30,800	44,000
2d Cpe	1,080	3,240	5,400	12,150	18,900	27,000
4d Sed	960	2,880	4,800	10,800	16,800	24,000
2d Cabr	1,720	5,160	8,600	19,350	30,100	43,000
1932 Series C-221, 8-cyl., 100 hp, 121" wb						
4d Sed	1,000	3,000	5,000	11,250	17,500	25,000
2d Vic	1,080	3,240	5,400	12,150	18,900	27,000
4d Twn Sed	960	2,880	4,800	10,800	16,800	24,000
1932 Series F-222, 8-cyl., 93 hp, 122" wb						
2d Cabr	1,800	5,400	9,000	20,250	31,500	45,000
2d Cpe	1,080	3,240	5,400	12,150	18,900	27,000
4d Sed	1,000	3,000	5,000	11,250	17,500	25,000
2d Vic	1,120	3,360	5,600	12,600	19,600	28,000
1932 Series H-225, 8-cyl., 133 hp, 125" wb						
4d Sed	1,040	3,120	5,200	11,700	18,200	26,000
1932 Series I-226, 8-cyl., 103 hp, 126" wb						
2d Cpe	1,120	3,360	5,600	12,600	19,600	28,000
2d Cabr Rds	1,840	5,520	9,200	20,700	32,200	46,000
4d Sed	1,040	3,120	5,200	11,700	18,200	26,000
2d Vic	1,160	3,480	5,800	13,050	20,300	29,000
1932 Series V-237, 8-cyl., 133 hp, 137" wb						
2d Vic	1,200	3,600	6,000	13,500	21,000	30,000
4d Sed	1,080	3,240	5,400	12,150	18,900	27,000

NOTE: Series S-214, L-218, C-221, H-225 and V-237 were carryovers of 1931 models. Horsepower of Series F-222 raised to 96 mid-year.

	6	5	4	3	2	1
1933 Series K-321, 6-cyl., 90 hp, 121" wb						
2d Cpe	920	2,760	4,600	10,350	16,100	23,000
4d Sed	800	2,400	4,000	9,000	14,000	20,000
2d Vic	880	2,640	4,400	9,900	15,400	22,000
2d Cabr	1,680	5,040	8,400	18,900	29,400	42,000
1933 Series KK-321A, 6-cyl., 90 hp, 121" wb						
2d Cpe	960	2,880	4,800	10,800	16,800	24,000
4d Sed	840	2,520	4,200	9,450	14,700	21,000
2d Vic	920	2,760	4,600	10,350	16,100	23,000
1933 Series F-322, 8-cyl., 96 hp, 122" wb						
2d Cpe	1,040	3,120	5,200	11,700	18,200	26,000
4d Sed	880	2,640	4,400	9,900	15,400	22,000
2d Vic	960	2,880	4,800	10,800	16,800	24,000
2d Cabr	1,720	5,160	8,600	19,350	30,100	43,000
1933 Series I-326, 8-cyl., 109 hp, 126" wb						
2d Cpe	1,000	3,000	5,000	11,250	17,500	25,000
4d Sed	920	2,760	4,600	10,350	16,100	23,000
2d Vic	960	2,880	4,800	10,800	16,800	24,000
2d Cabr	1,760	5,280	8,800	19,800	30,800	44,000
1934 Series 417-W, 6-cyl., 80 hp, 117" wb						
2d Cpe	880	2,640	4,400	9,900	15,400	22,000
4d Sed	720	2,160	3,600	8,100	12,600	18,000
1934 Series KK-421A, 6-cyl., 90 hp, 121" wb						
4d DeL Sed	800	2,400	4,000	9,000	14,000	20,000
4d Sed	760	2,280	3,800	8,550	13,300	19,000
4d Tr Sed	800	2,400	4,000	9,000	14,000	20,000
2d Cpe	1,000	3,000	5,000	11,250	17,500	25,000
2d Cabr	1,760	5,280	8,800	19,800	30,800	44,000
2d Vic	960	2,880	4,800	10,800	16,800	24,000
1934 Series K-421, 6-cyl., 90 hp, 121" wb						
2d Cpe	760	2,280	3,800	8,550	13,300	19,000
4d Sed	720	2,160	3,600	8,100	12,600	18,000
2d Vic	800	2,400	4,000	9,000	14,000	20,000
2d Cabr	1,600	4,800	8,000	18,000	28,000	40,000
1934 Series 421-J, 6-cyl., 93 hp, 121" wb						
2d Cpe	1,000	3,000	5,000	11,250	17,500	25,000
4d Sed	840	2,520	4,200	9,450	14,700	21,000
2d Vic	1,000	3,000	5,000	11,250	17,500	25,000
1934 Series F-442, 8-cyl., 96 hp, 122" wb						
2d Cpe	1,040	3,120	5,200	11,700	18,200	26,000
4d Sed	880	2,640	4,400	9,900	15,400	22,000

	6	5	4	3	2	1
2d Vic	1,040	3,120	5,200	11,700	18,200	26,000
2d Cabr.	1,640	4,920	8,200	18,450	28,700	41,000

1934 Series I-426, 8-cyl., 109 hp, 126" wb

	6	5	4	3	2	1
2d Cpe	1,080	3,240	5,400	12,150	18,900	27,000
4d Sed	920	2,760	4,600	10,350	16,100	23,000
2d Vic	1,080	3,240	5,400	12,150	18,900	27,000
2d Cabr.	1,680	5,040	8,400	18,900	29,400	42,000

1934 Series 427-T, 8-cyl., 115 hp, 127" wb

	6	5	4	3	2	1
2d Cpe	1,120	3,360	5,600	12,600	19,600	28,000
4d Sed	960	2,880	4,800	10,800	16,800	24,000
2d Vic	1,120	3,360	5,600	12,600	19,600	28,000

NOTE: Series KK-421A, K-421, F-422, I-426 were carryover 1933 models.

1935 Series 517-W, 6-cyl., 91 hp, 117" wb

	6	5	4	3	2	1
4d Sed	640	1,920	3,200	7,200	11,200	16,000
4d Sed Tr	660	1,980	3,300	7,430	11,550	16,500

1935 Series 518-D, 6-cyl., 91 hp, 118" wb

	6	5	4	3	2	1
4d Sed	660	1,980	3,300	7,430	11,550	16,500

1935 Series 521-J, 6-cyl., 101 hp, 121" wb

	6	5	4	3	2	1
4d Sed	700	2,100	3,500	7,880	12,250	17,500
2d Cpe	740	2,220	3,700	8,330	12,950	18,500
2d Vic	740	2,220	3,700	8,330	12,950	18,500

1935 Series 521-O, 8-cyl., 120 hp, 121" wb

	6	5	4	3	2	1
2d Cpe	740	2,220	3,700	8,330	12,950	18,500
2d Vic	740	2,220	3,700	8,330	12,950	18,500
2d Vic Tr	740	2,220	3,700	8,330	12,950	18,500
4d Sed	660	1,980	3,300	7,430	11,550	16,500
4d Sed Tr	680	2,040	3,400	7,650	11,900	17,000

1935 Series 527-T, 8-cyl., 120 hp, 127-1/2" wb

	6	5	4	3	2	1
4d Sed	740	2,220	3,700	8,330	12,950	18,500
2d Cpe	800	2,400	4,000	9,000	14,000	20,000
2d Vic	840	2,520	4,200	9,450	14,700	21,000

NOTE: All series except 517-W available in deluxe models.

1936 Series 618-D, 6-cyl., 101 hp, 118" wb

	6	5	4	3	2	1
4d Sed	600	1,800	3,000	6,750	10,500	15,000
4d Tr Sed	620	1,860	3,100	6,980	10,850	15,500

1936 Series 618-G, 6-cyl., 101 hp, 118" wb

	6	5	4	3	2	1
2d Bus Cpe	680	2,040	3,400	7,650	11,900	17,000
2d Cpe	720	2,160	3,600	8,100	12,600	18,000
4d Sed	640	1,920	3,200	7,200	11,200	16,000
2d Sed	600	1,800	3,000	6,750	10,500	15,000
4d Tr Sed	660	1,980	3,300	7,430	11,550	16,500
2d Tr Sed	620	1,860	3,100	6,980	10,850	15,500

1936 Series 621-N, 8-cyl., 120 hp, 121" wb

	6	5	4	3	2	1
2d Cpe	740	2,220	3,700	8,330	12,950	18,500
2d Sed	640	1,920	3,200	7,200	11,200	16,000
4d Sed	660	1,980	3,300	7,430	11,550	16,500
4d Tr Sed	680	2,040	3,400	7,650	11,900	17,000
2d Tr Sed	660	1,980	3,300	7,430	11,550	16,500

1936 Series 621-O, 8-cyl., 120 hp, 121" wb

	6	5	4	3	2	1
2d Cpe	760	2,280	3,800	8,550	13,300	19,000
4d Vic	800	2,400	4,000	9,000	14,000	20,000
4d Tr Vic	820	2,460	4,100	9,230	14,350	20,500
4d Sed	680	2,040	3,400	7,650	11,900	17,000
4d Tr Sed	700	2,100	3,500	7,880	12,250	17,500

NOTE: Series 618-G and 621-N available in custom models. Series 618-D and 621-O available in deluxe models.

1937 Series 621-O, 8-cyl., 120 hp, 121" wb

Although ostensibly there were no 1937 Hupmobiles beginning July 1937, some 1936 style 618-G and 621-N models were run off to use up parts. Some of these cars may have been sold in the U.S. as 1937 models.

1938 Series 822-ES, 6-cyl., 101 hp, 122" wb

	6	5	4	3	2	1
4d Std Sed	480	1,440	2,400	5,400	8,400	12,000

1938 Series 822-E, 6-cyl., 101 hp, 122" wb

	6	5	4	3	2	1
4d Sed	500	1,500	2,500	5,630	8,750	12,500
4d DeL Sed	520	1,560	2,600	5,850	9,100	13,000
4d Cus Sed	540	1,620	2,700	6,080	9,450	13,500

1938 Series 825-H, 8-cyl., 120 hp, 125" wb

	6	5	4	3	2	1
4d Sed	560	1,680	2,800	6,300	9,800	14,000
4d DeL Sed	580	1,740	2,900	6,530	10,150	14,500
4d Cus Sed	600	1,800	3,000	6,750	10,500	15,000

1939 Model R, 6-cyl., 101 hp, 115" wb

	6	5	4	3	2	1
4d Spt Sed	520	1,560	2,600	5,850	9,100	13,000
4d Cus Sed	528	1,584	2,640	5,940	9,240	13,200

	6	5	4	3	2	1
1939 Model E, 6-cyl., 101 hp, 122" wb						
4d DeL Sed	540	1,620	2,700	6,080	9,450	13,500
4d Cus Sed	548	1,644	2,740	6,170	9,590	13,700
1939 Model H, 8-cyl., 120 hp, 125" wb						
4d DeL Sed	620	1,860	3,100	6,980	10,850	15,500
4d Cus Sed	628	1,884	3,140	7,070	10,990	15,700

NOTE: The first pilot models of the Skylark were built April, 1939.

	6	5	4	3	2	1
1940 Skylark, 6-cyl., 101 hp, 115" wb						
4d Sed	800	2,400	4,000	9,000	14,000	20,000
1941 Series 115-R Skylark, 6-cyl., 101 hp, 115" wb						
4d Sed	840	2,520	4,200	9,450	14,700	21,000

KAISER

	6	5	4	3	2	1
1947-48 Special, 6-cyl.						
4d Sed	780	2,340	3,900	8,780	13,650	19,500
1947-48 Custom, 6-cyl.						
4d Sed	800	2,400	4,000	9,000	14,000	20,000
1949-50 Special, 6-cyl.						
4d Sed	812	2,436	4,060	9,140	14,210	20,300
1949-50 Traveler, 6-cyl.						
4d Sed	820	2,460	4,100	9,230	14,350	20,500
1949-50 DeLuxe, 6-cyl.						
4d Sed	832	2,496	4,160	9,360	14,560	20,800
4d Conv Sed	1,820	5,460	9,100	20,480	31,850	45,500
1949-50 Vagabond, 6-cyl.						
4d Sed	980	2,940	4,900	11,030	17,150	24,500
1949-50 Virginian, 6-cyl.						
4d Sed HT	1,300	3,900	6,500	14,630	22,750	32,500
1951 Special, 6-cyl.						
4d Sed	820	2,460	4,100	9,230	14,350	20,500
4d Trav Sed	832	2,496	4,160	9,360	14,560	20,800
2d Sed	824	2,472	4,120	9,270	14,420	20,600
2d Trav Sed	840	2,520	4,200	9,450	14,700	21,000
2d Bus Cpe	900	2,700	4,500	10,130	15,750	22,500
1951 DeLuxe						
4d Sed	836	2,508	4,180	9,410	14,630	20,900
4d Trav Sed	844	2,532	4,220	9,500	14,770	21,100
2d Sed	840	2,520	4,200	9,450	14,700	21,000
2d Trav Sed	848	2,544	4,240	9,540	14,840	21,200
2d Clb Cpe	980	2,940	4,900	11,030	17,150	24,500
1952 Kaiser DeLuxe, 6-cyl.						
4d Sed	820	2,460	4,100	9,230	14,350	20,500
Ta Sed	840	2,520	4,200	9,450	14,700	21,000
2d Sed	820	2,460	4,100	9,230	14,350	20,500
2d Trav	860	2,580	4,300	9,680	15,050	21,500
2d Bus Cpe	960	2,880	4,800	10,800	16,800	24,000
1952 Kaiser Manhattan, 6-cyl.						
4d Sed	880	2,640	4,400	9,900	15,400	22,000
2d Sed	900	2,700	4,500	10,130	15,750	22,500
2d Clb Cpe	980	2,940	4,900	11,030	17,150	24,500
1952 Virginian, 6-cyl.						
4d Sed	840	2,520	4,200	9,450	14,700	21,000
2d Sed	844	2,532	4,220	9,500	14,770	21,100
2d Clb Cpe	940	2,820	4,700	10,580	16,450	23,500
1953 Carolina, 6-cyl.						
2d Sed	832	2,496	4,160	9,360	14,560	20,800
4d Sed	828	2,484	4,140	9,320	14,490	20,700
1953 Deluxe						
2d Clb Sed	840	2,520	4,200	9,450	14,700	21,000
4d Trav Sed	844	2,532	4,220	9,500	14,770	21,100
4d Sed	836	2,508	4,180	9,410	14,630	20,900
1953 Manhattan, 6-cyl.						
2d Clb Sed	888	2,664	4,440	9,990	15,540	22,200
4d Sed	884	2,652	4,420	9,950	15,470	22,100
1953 Dragon 4d Sed, 6-cyl.						
4d Sed	1,060	3,180	5,300	11,930	18,550	26,500
1954 Early Special, 6-cyl.						
4d Sed	884	2,652	4,420	9,950	15,470	22,100
2d Clb Sed	888	2,664	4,440	9,990	15,540	22,200
1954 Late Special, 6-cyl.						
4d Sed	880	2,640	4,400	9,900	15,400	22,000
2d Clb Sed	884	2,652	4,420	9,950	15,470	22,100

	6	5	4	3	2	1
1954 Manhattan, 6-cyl.						
4d Sed	900	2,700	4,500	10,130	15,750	22,500
2d Clb Sed	908	2,724	4,540	10,220	15,890	22,700
1954 Kaiser Darrin Spts Car, 6-cyl.						
2d Spt Car	1,700	5,100	8,500	19,130	29,750	42,500
1955 Manhattan, 6-cyl.						
4d Sed	920	2,760	4,600	10,350	16,100	23,000
2d Clb Sed	924	2,772	4,620	10,400	16,170	23,100

FRAZER

	6	5	4	3	2	1
1947-48						
4d Sed	800	2,400	4,000	9,000	14,000	20,000
1947-48 Manhattan, 6-cyl.						
4d Sed	820	2,460	4,100	9,230	14,350	20,500
1949-50 Manhattan, 6-cyl.						
4d Sed	840	2,520	4,200	9,450	14,700	21,000
4d Conv Sed	1,860	5,580	9,300	20,930	32,550	46,500
1951 Manhattan, 6-cyl.						
4d Sed	780	2,340	3,900	8,780	13,650	19,500
4d Vag	860	2,580	4,300	9,680	15,050	21,500
4d Sed HT	1,100	3,300	5,500	12,380	19,250	27,500
4d Conv Sed	1,860	5,580	9,300	20,930	32,550	46,500

HENRY J

	6	5	4	3	2	1
1951 Four						
2d Sed	704	2,112	3,520	7,920	12,320	17,600
1951 DeLuxe Six						
2d Sed	712	2,136	3,560	8,010	12,460	17,800
1952 Vagabond, 4-cyl.						
2d Sed	720	2,160	3,600	8,100	12,600	18,000
1952 Vagabond, 6-cyl.						
2d Sed	728	2,184	3,640	8,190	12,740	18,200
1952 Corsair, 4-cyl.						
2d Sed	740	2,220	3,700	8,330	12,950	18,500
1952 Corsair, 6-cyl.						
2d Sed	748	2,244	3,740	8,420	13,090	18,700
1952 Allstate						
2d 4-cyl	744	2,232	3,720	8,370	13,020	18,600
2d DeL Six	752	2,256	3,760	8,460	13,160	18,800
1953 Corsair, 4-cyl.						
2d Sed	720	2,160	3,600	8,100	12,600	18,000
1953 Corsair, 6-cyl.						
2d DeL Sed	728	2,184	3,640	8,190	12,740	18,200
1953 Allstate						
2d Sed 4-cyl	724	2,172	3,620	8,150	12,670	18,100
2d Sed DeL Six	732	2,196	3,660	8,240	12,810	18,300
1954 Corsair, 4-cyl.						
2d Sed	728	2,184	3,640	8,190	12,740	18,200
1954 Corsair Deluxe, 6-cyl.						
2d Sed	732	2,196	3,660	8,240	12,810	18,300

LINCOLN

	6	5	4	3	2	1
1920 V-8, 130" - 136" wb						
3P Rds	1,880	5,640	9,400	21,150	32,900	47,000
5P Phae	2,000	6,000	10,000	22,500	35,000	50,000
7P Tr	1,920	5,760	9,600	21,600	33,600	48,000
4P Cpe	1,420	4,260	7,100	15,980	24,850	35,500
5P Sed	1,380	4,140	6,900	15,530	24,150	34,500
Sub Sed	1,380	4,140	6,900	15,530	24,150	34,500
7P Town Car	1,460	4,380	7,300	16,430	25,550	36,500
1921 V-8, 130" - 136" wb						
3P Rds	1,840	5,520	9,200	20,700	32,200	46,000
5P Phae	1,920	5,760	9,600	21,600	33,600	48,000
7P Tr	1,880	5,640	9,400	21,150	32,900	47,000
4P Cpe	1,420	4,260	7,100	15,980	24,850	35,500
4P Sed	1,340	4,020	6,700	15,080	23,450	33,500
5P Sed	1,380	4,140	6,900	15,530	24,150	34,500
Sub Sed	1,380	4,140	6,900	15,530	24,150	34,500
Town Car	1,460	4,380	7,300	16,430	25,550	36,500

1955 Hudson Wasp sedan

1932 Hupmobile Series F-222 sedan

1947 Kaiser Special sedan

	6	5	4	3	2	1
1922 V-8, 130" wb						
3P Rds	1,960	5,880	9,800	22,050	34,300	49,000
5P Phae	1,880	5,640	9,400	21,150	32,900	47,000
7P Tr	1,840	5,520	9,200	20,700	32,200	46,000
Conv Tr	1,880	5,640	9,400	21,150	32,900	47,000
4P Cpe	1,460	4,380	7,300	16,430	25,550	36,500
5P Sed	1,420	4,260	7,100	15,980	24,850	35,500
1922 V-8, 136" wb						
Spt Rds	1,920	5,760	9,600	21,600	33,600	48,000
DeL Phae	1,960	5,880	9,800	22,050	34,300	49,000
DeL Tr	1,880	5,640	9,400	21,150	32,900	47,000
Std Sed	1,460	4,380	7,300	16,430	25,550	36,500
Jud Sed	1,500	4,500	7,500	16,880	26,250	37,500
FW Sed	1,500	4,500	7,500	16,880	26,250	37,500
York Sed	1,500	4,500	7,500	16,880	26,250	37,500
4P Jud Sed	1,540	4,620	7,700	17,330	26,950	38,500
7P Jud Limo	1,640	4,920	8,200	18,450	28,700	41,000
Sub Limo	1,720	5,160	8,600	19,350	30,100	43,000
Town Car	1,760	5,280	8,800	19,800	30,800	44,000
FW Limo	1,840	5,520	9,200	20,700	32,200	46,000
Std Limo	1,760	5,280	8,800	19,800	30,800	44,000
FW Cabr	2,040	6,120	10,200	22,950	35,700	51,000
FW Coll Cabr	2,240	6,720	11,200	25,200	39,200	56,000
FW Lan'let	1,840	5,520	9,200	20,700	32,200	46,000
FW Town Car	1,920	5,760	9,600	21,600	33,600	48,000
Holbrk Cabr	2,040	6,120	10,200	22,950	35,700	51,000
Brn Town Car	1,840	5,520	9,200	20,700	32,200	46,000
Brn OD Limo	1,920	5,760	9,600	21,600	33,600	48,000
1923 Model L, V-8						
Tr	1,840	5,520	9,200	20,700	32,200	46,000
Phae	1,880	5,640	9,400	21,150	32,900	47,000
Rds	1,840	5,520	9,200	20,700	32,200	46,000
Cpe	1,540	4,620	7,700	17,330	26,950	38,500
5P Sed	1,500	4,500	7,500	16,880	26,250	37,500
7P Sed	1,540	4,620	7,700	17,330	26,950	38,500
Limo	1,720	5,160	8,600	19,350	30,100	43,000
OD Limo	1,760	5,280	8,800	19,800	30,800	44,000
Town Car	1,800	5,400	9,000	20,250	31,500	45,000
4P Sed	1,460	4,380	7,300	16,430	25,550	36,500
Berl	1,500	4,500	7,500	16,880	26,250	37,500
FW Cabr	1,800	5,400	9,000	20,250	31,500	45,000
FW Limo	1,760	5,280	8,800	19,800	30,800	44,000
FW Town Car	1,800	5,400	9,000	20,250	31,500	45,000
Jud Cpe	1,540	4,620	7,700	17,330	26,950	38,500
Brn Town Car	1,800	5,400	9,000	20,250	31,500	45,000
Brn OD Limo	1,840	5,520	9,200	20,700	32,200	46,000
Jud 2W Berl	1,540	4,620	7,700	17,330	26,950	38,500
Jud 3W Berl	1,540	4,620	7,700	17,330	26,950	38,500
Holbrk Cabr	2,040	6,120	10,200	22,950	35,700	51,000
1924 V-8						
Tr	1,840	5,520	9,200	20,700	32,200	46,000
Phae	1,880	5,640	9,400	21,150	32,900	47,000
Rds	1,920	5,760	9,600	21,600	33,600	48,000
Cpe	1,580	4,740	7,900	17,780	27,650	39,500
5P Sed	1,500	4,500	7,500	16,880	26,250	37,500
7P Sed	1,460	4,380	7,300	16,430	25,550	36,500
Limo	1,540	4,620	7,700	17,330	26,950	38,500
4P Sed	1,460	4,380	7,300	16,430	25,550	36,500
Town Car	1,640	4,920	8,200	18,450	28,700	41,000
Twn Limo	1,680	5,040	8,400	18,900	29,400	42,000
FW Limo	1,720	5,160	8,600	19,350	30,100	43,000
Jud Cpe	1,500	4,500	7,500	16,880	26,250	37,500
Jud Berl	1,540	4,620	7,700	17,330	26,950	38,500
Brn Cabr	1,800	5,400	9,000	20,250	31,500	45,000
Brn Cpe	1,540	4,620	7,700	17,330	26,950	38,500
Brn OD Limo	1,720	5,160	8,600	19,350	30,100	43,000
Leb Sed	1,760	5,280	8,800	19,800	30,800	44,000
1925 Model L, V-8						
Tr	1,960	5,880	9,800	22,050	34,300	49,000
Spt Tr	2,120	6,360	10,600	23,850	37,100	53,000
Phae	2,000	6,000	10,000	22,500	35,000	50,000
Rds	1,960	5,880	9,800	22,050	34,300	49,000
Cpe	1,600	4,800	8,000	18,000	28,000	40,000
4P Sed	1,240	3,720	6,200	13,950	21,700	31,000
5P Sed	1,200	3,600	6,000	13,500	21,000	30,000
7P Sed	1,200	3,600	6,000	13,500	21,000	30,000
Limo	1,600	4,800	8,000	18,000	28,000	40,000

	6	5	4	3	2	1
FW Limo	1,640	4,920	8,200	18,450	28,700	41,000
Jud Cpe	1,460	4,380	7,300	16,430	25,550	36,500
Jud Berl	1,500	4,500	7,500	16,880	26,250	37,500
Brn Cabr	2,000	6,000	10,000	22,500	35,000	50,000
FW Coll Clb Rds	1,960	5,880	9,800	22,050	34,300	49,000
FW Sed	1,760	5,280	8,800	19,800	30,800	44,000
FW Brgm	1,800	5,400	9,000	20,250	31,500	45,000
FW Cabr	1,920	5,760	9,600	21,600	33,600	48,000
3W Jud Berl	1,800	5,400	9,000	20,250	31,500	45,000
4P Jud Cpe	1,800	5,400	9,000	20,250	31,500	45,000
Jud Brgm	1,760	5,280	8,800	19,800	30,800	44,000
Mur OD Limo	1,920	5,760	9,600	21,600	33,600	48,000
Holbrk Brgm	1,840	5,520	9,200	20,700	32,200	46,000
Holbrk Coll	1,880	5,640	9,400	21,150	32,900	47,000
Brn OD Limo	1,880	5,640	9,400	21,150	32,900	47,000
Brn Spt Phae	2,120	6,360	10,600	23,850	37,100	53,000
Brn Lan Sed	1,880	5,640	9,400	21,150	32,900	47,000
Brn Town Car	1,920	5,760	9,600	21,600	33,600	48,000
Brn Pan Brgm	1,880	5,640	9,400	21,150	32,900	47,000
Hume Limo	1,960	5,880	9,800	22,050	34,300	49,000
Hume Cpe	1,800	5,400	9,000	20,250	31,500	45,000
5P Leb Sed	1,920	5,760	9,600	21,600	33,600	48,000
4P Leb Sed	1,840	5,520	9,200	20,700	32,200	46,000
Leb DC Phae	2,560	7,680	12,800	28,800	44,800	64,000
Leb Clb Rds	2,240	6,720	11,200	25,200	39,200	56,000
Leb Limo	1,840	5,520	9,200	20,700	32,200	46,000
Leb Brgm	1,880	5,640	9,400	21,150	32,900	47,000
Leb Twn Brgm	1,920	5,760	9,600	21,600	33,600	48,000
Leb Cabr	2,040	6,120	10,200	22,950	35,700	51,000
Leb Coll Spt Cabr	2,240	6,720	11,200	25,200	39,200	56,000
Lke Cabr	2,160	6,480	10,800	24,300	37,800	54,000
Dtrch Coll Cabr	2,200	6,600	11,000	24,750	38,500	55,000

1926 Model L, V-8

	6	5	4	3	2	1
Tr	2,120	6,360	10,600	23,850	37,100	53,000
Spt Tr	2,320	6,960	11,600	26,100	40,600	58,000
Phae	2,240	6,720	11,200	25,200	39,200	56,000
Rds	2,160	6,480	10,800	24,300	37,800	54,000
Cpe	1,420	4,260	7,100	15,980	24,850	35,500
4P Sed	1,240	3,720	6,200	13,950	21,700	31,000
5P Sed	1,200	3,600	6,000	13,500	21,000	30,000
7P Sed	1,200	3,600	6,000	13,500	21,000	30,000
Limo	1,460	4,380	7,300	16,430	25,550	36,500
FW Limo	1,500	4,500	7,500	16,880	26,250	37,500
Jud Cpe	1,720	5,160	8,600	19,350	30,100	43,000
Jud Berl	1,680	5,040	8,400	18,900	29,400	42,000
Brn Cabr	2,080	6,240	10,400	23,400	36,400	52,000
Holbrk Coll Cabr	2,120	6,360	10,600	23,850	37,100	53,000
Hume Limo	1,680	5,040	8,400	18,900	29,400	42,000
W'by Limo	1,680	5,040	8,400	18,900	29,400	42,000
W'by Lan'let	1,720	5,160	8,600	19,350	30,100	43,000
Dtrch Sed	1,600	4,800	8,000	18,000	28,000	40,000
Dtrch Coll Cabr	2,160	6,480	10,800	24,300	37,800	54,000
Dtrch Brgm	1,760	5,280	8,800	19,800	30,800	44,000
Dtrch Cpe Rds	2,120	6,360	10,600	23,850	37,100	53,000
3W Jud Berl	1,640	4,920	8,200	18,450	28,700	41,000
Jud Brgm	1,600	4,800	8,000	18,000	28,000	40,000
Brn Phae	2,080	6,240	10,400	23,400	36,400	52,000
Brn Sed	1,580	4,740	7,900	17,780	27,650	39,500
Brn Brgm	1,600	4,800	8,000	18,000	28,000	40,000
Brn Semi-Coll Cabr	2,080	6,240	10,400	23,400	36,400	52,000
2W LeB Sed	1,580	4,740	7,900	17,780	27,650	39,500
3W LeB Sed	1,580	4,740	7,900	17,780	27,650	39,500
LeB Cpe	1,640	4,920	8,200	18,450	28,700	41,000
LeB Spt Cabr	2,120	6,360	10,600	23,850	37,100	53,000
LeB A-W Cabr	2,040	6,120	10,200	22,950	35,700	51,000
LeB Limo	1,720	5,160	8,600	19,350	30,100	43,000
LeB Clb Rds	2,160	6,480	10,800	24,300	37,800	54,000
Lke Rds	2,240	6,720	11,200	25,200	39,200	56,000
Lke Semi-Coll Cabr	2,040	6,120	10,200	22,950	35,700	51,000
Lke Cabr	2,160	6,480	10,800	24,300	37,800	54,000
LeB Conv Phae	2,240	6,720	11,200	25,200	39,200	56,000
LeB Conv	2,240	6,720	11,200	25,200	39,200	56,000

1927 Model L, V-8

	6	5	4	3	2	1
Spt Rds	2,800	8,400	14,000	31,500	49,000	70,000
Spt Tr	2,720	8,160	13,600	30,600	47,600	68,000
Phae	2,880	8,640	14,400	32,400	50,400	72,000
Cpe	1,640	4,920	8,200	18,450	28,700	41,000
2W Sed	1,280	3,840	6,400	14,400	22,400	32,000

	6	5	4	3	2	1
3W Sed	1,240	3,720	6,200	13,950	21,700	31,000
Sed	1,200	3,600	6,000	13,500	21,000	30,000
FW Limo	1,760	5,280	8,800	19,800	30,800	44,000
Jud Cpe	1,720	5,160	8,600	19,350	30,100	43,000
Brn Cabr	2,720	8,160	13,600	30,600	47,600	68,000
Holbrk Cabr	2,880	8,640	14,400	32,400	50,400	72,000
Brn Brgm	2,080	6,240	10,400	23,400	36,400	52,000
Dtrch Conv Sed	2,960	8,880	14,800	33,300	51,800	74,000
Dtrch Conv Vic	2,960	8,880	14,800	33,300	51,800	74,000
Brn Conv	2,800	8,400	14,000	31,500	49,000	70,000
Brn Semi-Coll Cabr	2,880	8,640	14,400	32,400	50,400	72,000
Holbrk Coll Cabr	2,960	8,880	14,800	33,300	51,800	74,000
LeB A-W Cabr	2,960	8,880	14,800	33,300	51,800	74,000
LeB A-W Brgm	2,960	8,880	14,800	33,300	51,800	74,000
W'by Semi-Coll Cabr	2,880	8,640	14,400	32,400	50,400	72,000
Jud Brgm	2,080	6,240	10,400	23,400	36,400	52,000
Clb Rds	2,240	6,720	11,200	25,200	39,200	56,000
2W Jud Berl	1,640	4,920	8,200	18,450	28,700	41,000
3W Jud Berl	1,640	4,920	8,200	18,450	28,700	41,000
7P E d Limo	1,800	5,400	9,000	20,250	31,500	45,000
LeB Spt Cabr	2,960	8,880	14,800	33,300	51,800	74,000
W'by Lan'let	2,720	8,160	13,600	30,600	47,600	68,000
W'by Limo	1,840	5,520	9,200	20,700	32,200	46,000
LeB Cpe	1,760	5,280	8,800	19,800	30,800	44,000
Der Spt Sed	1,720	5,160	8,600	19,350	30,100	43,000
Lke Conv Sed	2,960	8,880	14,800	33,300	51,800	74,000
Dtrch Cpe Rds	2,880	8,640	14,400	32,400	50,400	72,000
Dtrch Spt Phae	2,960	8,880	14,800	33,300	51,800	74,000

1928 Model L, V-8

	6	5	4	3	2	1
164 Spt Tr	3,280	9,840	16,400	36,900	57,400	82,000
163 Lke Spt Phae	3,440	10,320	17,200	38,700	60,200	86,000
151 Lke Spt Rds	3,360	10,080	16,800	37,800	58,800	84,000
154 Clb Rds	3,200	9,600	16,000	36,000	56,000	80,000
156 Cpe	2,000	6,000	10,000	22,500	35,000	50,000
144W 2W Sed	1,280	3,840	6,400	14,400	22,400	32,000
144B Sed	1,280	3,840	6,400	14,400	22,400	32,000
152 Sed	1,240	3,720	6,200	13,950	21,700	31,000
147A Sed	1,240	3,720	6,200	13,950	21,700	31,000
147B Limo	2,000	6,000	10,000	22,500	35,000	50,000
161 Jud Berl	2,080	6,240	10,400	23,400	36,400	52,000
161C Jud Berl	2,080	6,240	10,400	23,400	36,400	52,000
Jud Cpe	2,240	6,720	11,200	25,200	39,200	56,000
159 Brn Cabr	3,280	9,840	16,400	36,900	57,400	82,000
145 Brn Brgm	2,720	8,160	13,600	30,600	47,600	68,000
155A Hlbrk Coll Cabr	3,440	10,320	17,200	38,700	60,200	86,000
155 LeB Spt Cabr	3,840	11,520	19,200	43,200	67,200	96,000
157 W'by Lan'let Berl	3,440	10,320	17,200	38,700	60,200	86,000
160 W'by Limo	3,680	11,040	18,400	41,400	64,400	92,000
162A LeB A-W Cabr	3,520	10,560	17,600	39,600	61,600	88,000
162 LeB A-W Lan'let	3,360	10,080	16,800	37,800	58,800	84,000
Jud Spt Cpe	3,120	9,360	15,600	35,100	54,600	78,000
LeB Cpe	3,280	9,840	16,400	36,900	57,400	82,000
Dtrch Conv Vic	3,680	11,040	18,400	41,400	64,400	92,000
Dtrch Cpe Rds	3,760	11,280	18,800	42,300	65,800	94,000
Dtrch Conv Sed	3,840	11,520	19,200	43,200	67,200	96,000
Holbrk Cabr	3,760	11,280	18,800	42,300	65,800	94,000
W'by Spt Sed	1,920	5,760	9,600	21,600	33,600	48,000
Der Spt Sed	1,920	5,760	9,600	21,600	33,600	48,000
Brn Spt Conv	3,360	10,080	16,800	37,800	58,800	84,000

1929 Model L, V-8 Standard Line

	6	5	4	3	2	1
Lke Spt Rds	3,680	11,040	18,400	41,400	64,400	92,000
Clb Rds	3,600	10,800	18,000	40,500	63,000	90,000
Lke Spt Phae	3,920	11,760	19,600	44,100	68,600	98,000
Lke TWS Spt Phae	4,320	12,960	21,600	48,600	75,600	108,000
Lke Spt Phae TC & WS	4,480	13,440	22,400	50,400	78,400	112,000
Lke Spt Tr	3,760	11,280	18,800	42,300	65,800	94,000
Lke Clb Rds	4,080	12,240	20,400	45,900	71,400	102,000
4P Cpe	2,040	6,120	10,200	22,950	35,700	51,000
Twn Sed	1,320	3,960	6,600	14,850	23,100	33,000
5P Sed	1,280	3,840	6,400	14,400	22,400	32,000
7P Sed	1,240	3,720	6,200	13,950	21,700	31,000
7P Limo	2,000	6,000	10,000	22,500	35,000	50,000
2W Jud Berl	2,160	6,480	10,800	24,300	37,800	54,000
3W Jud Berl	2,120	6,360	10,600	23,850	37,100	53,000
Brn A-W Brgm	3,440	10,320	17,200	38,700	60,200	86,000
Brn Cabr	3,600	10,800	18,000	40,500	63,000	90,000
Brn Non-Coll Cabr	3,440	10,320	17,200	38,700	60,200	86,000
Holbrk Coll Cabr	3,840	11,520	19,200	43,200	67,200	96,000

	6	5	4	3	2	1
LeB A-W Cabr	3,920	11,760	19,600	44,100	68,600	98,000
LeB Semi-Coll Cabr	3,440	10,320	17,200	38,700	60,200	86,000
LeB Coll Cabr	3,840	11,520	19,200	43,200	67,200	96,000
W'by Lan'let	2,880	8,640	14,400	32,400	50,400	72,000
W'by Limo	2,720	8,160	13,600	30,600	47,600	68,000
Dtrch Cpe	2,480	7,440	12,400	27,900	43,400	62,000
Dtrch Sed	2,480	7,440	12,400	27,900	43,400	62,000
Dtrch Conv	3,680	11,040	18,400	41,400	64,400	92,000
LeB Spt Sed	2,560	7,680	12,800	28,800	44,800	64,000
LeB Aero Phae	3,680	11,040	18,400	41,400	64,400	92,000
LeB Sal Cabr	3,600	10,800	18,000	40,500	63,000	90,000
Brn Spt Conv	3,680	11,040	18,400	41,400	64,400	92,000
Dtrch Conv Sed	3,840	11,520	19,200	43,200	67,200	96,000
Dtrch Conv Vic	3,920	11,760	19,600	44,100	68,600	98,000

1930 Model L, V-8 Standard Line

	6	5	4	3	2	1
Conv Rds	3,680	11,040	18,400	41,400	64,400	92,000
5P Lke Spt Phae	4,080	12,240	20,400	45,900	71,400	102,000
5P Lke Spt Phae TC & WS	4,160	12,480	20,800	46,800	72,800	104,000
7P Lke Spt Phae	3,840	11,520	19,200	43,200	67,200	96,000
Lke Rds	4,080	12,240	20,400	45,900	71,400	102,000
4P Cpe	2,040	6,120	10,200	22,950	35,700	51,000
Twn Sed	1,320	3,960	6,600	14,850	23,100	33,000
5P Sed	1,280	3,840	6,400	14,400	22,400	32,000
7P Sed	1,240	3,720	6,200	13,950	21,700	31,000
7P Limo	2,000	6,000	10,000	22,500	35,000	50,000

1930 Custom Line

	6	5	4	3	2	1
Jud Cpe	2,400	7,200	12,000	27,000	42,000	60,000
2W Jud Berl	2,800	8,400	14,000	31,500	49,000	70,000
3W Jud Berl	2,800	8,400	14,000	31,500	49,000	70,000
Brn A-W Cabr	3,440	10,320	17,200	38,700	60,200	86,000
Brn Non-Coll Cabr	2,880	8,640	14,400	32,400	50,400	72,000
LeB A-W Cabr	4,320	12,960	21,600	48,600	75,600	108,000
LeB Semi-Coll Cabr	4,080	12,240	20,400	45,900	71,400	102,000
W'by Limo	2,800	8,400	14,000	31,500	49,000	70,000
Dtrch Cpe	2,560	7,680	12,800	28,800	44,800	64,000
Dtrch Sed	2,560	7,680	12,800	28,800	44,800	64,000
2W W'by Twn Sed	2,560	7,680	12,800	28,800	44,800	64,000
3W W'by Twn Sed	2,720	8,160	13,600	30,600	47,600	68,000
W'by Pan Brgm	2,880	8,640	14,400	32,400	50,400	72,000
LeB Cpe	2,560	7,680	12,800	28,800	44,800	64,000
LeB Conv Rds	4,080	12,240	20,400	45,900	71,400	102,000
LeB Spt Sed	3,280	9,840	16,400	36,900	57,400	82,000
Der Spt Conv	4,160	12,480	20,800	46,800	72,800	104,000
Der Conv Phae	4,240	12,720	21,200	47,700	74,200	106,000
Brn Semi-Coll Cabr	4,080	12,240	20,400	45,900	71,400	102,000
Dtrch Conv Cpe	4,240	12,720	21,200	47,700	74,200	106,000
Dtrch Conv Sed	4,320	12,960	21,600	48,600	75,600	108,000
Wolf Conv Sed	4,320	12,960	21,600	48,600	75,600	108,000

1931 Model K, V-8 Type 201, V-8, 145" wb

	6	5	4	3	2	1
202B Spt Phae	4,880	14,640	24,400	54,900	85,400	122,000
202A Spt Phae	4,960	14,880	24,800	55,800	86,800	124,000
203 Spt Tr	4,480	13,440	22,400	50,400	78,400	112,000
214 Conv Rds	4,320	12,960	21,600	48,600	75,600	108,000
206 Cpe	2,480	7,440	12,400	27,900	43,400	62,000
204 Twn Sed	2,200	6,600	11,000	24,750	38,500	55,000
205 Sed	2,120	6,360	10,600	23,850	37,100	53,000
207A Sed	2,120	6,360	10,600	23,850	37,100	53,000
207B Limo	2,560	7,680	12,800	28,800	44,800	64,000
212 Conv Phae	4,480	13,440	22,400	50,400	78,400	112,000
210 Conv Cpe	4,320	12,960	21,600	48,600	75,600	108,000
211 Conv Sed	4,480	13,440	22,400	50,400	78,400	112,000
216 W'by Pan Brgm	2,800	8,400	14,000	31,500	49,000	70,000
213A Jud Berl	2,480	7,440	12,400	27,900	43,400	62,000
213B Jud Berl	2,480	7,440	12,400	27,900	43,400	62,000
Jud Cpe	2,480	7,440	12,400	27,900	43,400	62,000
Brn Cabr	4,320	12,960	21,600	48,600	75,600	108,000
LeB Cabr	4,320	12,960	21,600	48,600	75,600	108,000
W'by Limo	2,800	8,400	14,000	31,500	49,000	70,000
Lke Spt Rds	4,480	13,440	22,400	50,400	78,400	112,000
Der Conv Sed	4,800	14,400	24,000	54,000	84,000	120,000
LeB Conv Rds	4,560	13,680	22,800	51,300	79,800	114,000
Mur DC Phae	4,960	14,880	24,800	55,800	86,800	124,000
Dtrch Conv Sed	4,960	14,880	24,800	55,800	86,800	124,000
Dtrch Conv Cpe	4,880	14,640	24,400	54,900	85,400	122,000
Wtrhs Conv Vic	4,960	14,880	24,800	55,800	86,800	124,000

1932 Model KA, V-8, 8-cyl., 136" wb

	6	5	4	3	2	1
Rds	4,160	12,480	20,800	46,800	72,800	104,000

	6	5	4	3	2	1
Phae	4,880	14,640	24,400	54,900	85,400	122,000
Twn Sed	2,320	6,960	11,600	26,100	40,600	58,000
Sed	2,240	6,720	11,200	25,200	39,200	56,000
Cpe	2,800	8,400	14,000	31,500	49,000	70,000
Vic.	2,720	8,160	13,600	30,600	47,600	68,000
7P Sed	2,720	8,160	13,600	30,600	47,600	68,000
Limo	2,880	8,640	14,400	32,400	50,400	72,000

1932 Model KB, V-12 Standard, 12-cyl., 145" wb

	6	5	4	3	2	1
Phae	4,560	13,680	22,800	51,300	79,800	114,000
Spt Phae	4,720	14,160	23,600	53,100	82,600	118,000
Cpe	2,800	8,400	14,000	31,500	49,000	70,000
2W Tr Sed	2,480	7,440	12,400	27,900	43,400	62,000
3W Tr Sed	2,440	7,320	12,200	27,450	42,700	61,000
5P Sed	2,400	7,200	12,000	27,000	42,000	60,000
7P Sed	2,360	7,080	11,800	26,550	41,300	59,000
Limo	2,720	8,160	13,600	30,600	47,600	68,000

1932 Custom, 145" wb

	6	5	4	3	2	1
LeB Conv Cpe	5,120	15,360	25,600	57,600	89,600	128,000
2P Dtrch Cpe	3,520	10,560	17,600	39,600	61,600	88,000
4P Dtrch Cpe	3,360	10,080	16,800	37,800	58,800	84,000
Jud Cpe	3,600	10,800	18,000	40,500	63,000	90,000
Jud Berl	3,200	9,600	16,000	36,000	56,000	80,000
W'by Limo	3,280	9,840	16,400	36,900	57,400	82,000
Wtrhs Conv Vic	4,960	14,880	24,800	55,800	86,800	124,000
Dtrch Conv Sed	5,120	15,360	25,600	57,600	89,600	128,000
W'by Twn Brgm	3,840	11,520	19,200	43,200	67,200	96,000
Brn Brgm	3,760	11,280	18,800	42,300	65,800	94,000
Brn Non-Coll Cabr	4,240	12,720	21,200	47,700	74,200	106,000
Brn Semi-Coll Cabr	5,120	15,360	25,600	57,600	89,600	128,000
LeB Twn Cabr	5,520	16,560	27,600	62,100	96,600	138,000
Dtrch Spt Berl	4,320	12,960	21,600	48,600	75,600	108,000
5P Rlstn TwnC	4,960	14,880	24,800	55,800	86,800	124,000
7P Rlstn TwnC	4,960	14,880	24,800	55,800	86,800	124,000
Brn Phae	5,360	16,080	26,800	60,300	93,800	134,000
Brn dbl-entry Spt Sed	4,240	12,720	21,200	47,700	74,200	106,000
Brn A-W Brgm	5,360	16,080	26,800	60,300	93,800	134,000
Brn Clb Sed	4,240	12,720	21,200	47,700	74,200	106,000
Mur Conv Rds	7,320	21,960	36,600	82,350	128,100	183,000

1933 Model KA, V-12, 12-cyl., 136" wb

	6	5	4	3	2	1
512B Cpe	2,800	8,400	14,000	31,500	49,000	70,000
512A RS Cpe	2,880	8,640	14,400	32,400	50,400	72,000
513A Conv Rds	4,320	12,960	21,600	48,600	75,600	108,000
514 Twn Sed	2,400	7,200	12,000	27,000	42,000	60,000
515 Sed	2,360	7,080	11,800	26,550	41,300	59,000
516 Cpe	2,800	8,400	14,000	31,500	49,000	70,000
517 Sed	2,360	7,080	11,800	26,550	41,300	59,000
517B Limo	2,720	8,160	13,600	30,600	47,600	68,000
518A DC Phae	5,120	15,360	25,600	57,600	89,600	128,000
518B Phae	4,960	14,880	24,800	55,800	86,800	124,000
519 7P Tr	4,800	14,400	24,000	54,000	84,000	120,000
520B RS Rds	4,400	13,200	22,000	49,500	77,000	110,000
520A Rds	4,320	12,960	21,600	48,600	75,600	108,000

1933 Model KB, V-8, 12-cyl., 145" wb

	6	5	4	3	2	1
252A DC Phae	5,360	16,080	26,800	60,300	93,800	134,000
252B Phae	5,120	15,360	25,600	57,600	89,600	128,000
253 7P Tr	5,120	15,360	25,600	57,600	89,600	128,000
Twn Sed	2,480	7,440	12,400	27,900	43,400	62,000
255 5P Sed	2,560	7,680	12,800	28,800	44,800	64,000
256 5P Cpe	2,880	8,640	14,400	32,400	50,400	72,000
257 7P Sed	2,480	7,440	12,400	27,900	43,400	62,000
257B Limo	2,960	8,880	14,800	33,300	51,800	74,000
258C Brn Semi-Coll Cabr	4,960	14,880	24,800	55,800	86,800	124,000
258D Brn Non-Coll Cabr	4,560	13,680	22,800	51,300	79,800	114,000
259 Brn Brgm	3,760	11,280	18,800	42,300	65,800	94,000
260 Brn Conv Cpe	7,320	21,960	36,600	82,350	128,100	183,000
Dtrch Conv Sed	7,520	22,560	37,600	84,600	131,600	188,000
2P Dtrch Cpe	3,680	11,040	18,400	41,400	64,400	92,000
4P Dtrch Cpe	3,680	11,040	18,400	41,400	64,400	92,000
Jud Berl	3,200	9,600	16,000	36,000	56,000	80,000
2P Jud Cpe	3,360	10,080	16,800	37,800	58,800	84,000
4P Jud Cpe	3,360	10,080	16,800	37,800	58,800	84,000
Jud Limo	3,520	10,560	17,600	39,600	61,600	88,000
LeB Conv Rds	5,920	17,760	29,600	66,600	103,600	148,000
W'by Limo	3,520	10,560	17,600	39,600	61,600	88,000
W'by Brgm	3,680	11,040	18,400	41,400	64,400	92,000

1934 Series K, V-12, 12-cyl., 136" wb

	6	5	4	3	2	1
4P Conv Rds	4,400	13,200	22,000	49,500	77,000	110,000

DOMESTIC CARS

	6	5	4	3	2	1
4P Twn Sed	2,120	6,360	10,600	23,850	37,100	53,000
5P Sed	2,480	7,440	12,400	27,900	43,400	62,000
5P Cpe	2,880	8,640	14,400	32,400	50,400	72,000
7P Sed	2,480	7,440	12,400	27,900	43,400	62,000
7P Limo	2,960	8,880	14,800	33,300	51,800	74,000
2P Cpe	2,960	8,880	14,800	33,300	51,800	74,000
5P Conv Phae	4,320	12,960	21,600	48,600	75,600	108,000
4P Cpe	2,720	8,160	13,600	30,600	47,600	68,000
1934 V-12, 145" wb						
Tr	4,240	12,720	21,200	47,700	74,200	106,000
Sed	2,560	7,680	12,800	28,800	44,800	64,000
Limo	2,880	8,640	14,400	32,400	50,400	72,000
2W Jud Berl	3,360	10,080	16,800	37,800	58,800	84,000
3W Jud Berl	3,200	9,600	16,000	36,000	56,000	80,000
Jud Sed Limo	2,960	8,880	14,800	33,300	51,800	74,000
Brn Brgm	3,200	9,600	16,000	36,000	56,000	80,000
Brn Semi-Coll Cabr.	4,080	12,240	20,400	45,900	71,400	102,000
Brn Conv Cpe	4,960	14,880	24,800	55,800	86,800	124,000
W'by Limo	2,880	8,640	14,400	32,400	50,400	72,000
LeB Rds	4,960	14,880	24,800	55,800	86,800	124,000
Dtrch Conv Sed	5,360	16,080	26,800	60,300	93,800	134,000
Brn Conv Vic.	5,360	16,080	26,800	60,300	93,800	134,000
LeB Cpe	3,200	9,600	16,000	36,000	56,000	80,000
Dtrch Conv Rds	4,960	14,880	24,800	55,800	86,800	124,000
W'by Spt Sed	2,880	8,640	14,400	32,400	50,400	72,000
LeB Conv Cpe	4,960	14,880	24,800	55,800	86,800	124,000
Brn Conv Sed	5,360	16,080	26,800	60,300	93,800	134,000
Brn Cus Phae	5,360	16,080	26,800	60,300	93,800	134,000
Brwstr Non-Coll Cabr	4,160	12,480	20,800	46,800	72,800	104,000
1935 Series K, V-12, 136" wb						
LeB Conv Rds	4,400	13,200	22,000	49,500	77,000	110,000
LeB Cpe	2,440	7,320	12,200	27,450	42,700	61,000
Cpe	2,360	7,080	11,800	26,550	41,300	59,000
Brn Conv Vic.	4,480	13,440	22,400	50,400	78,400	112,000
2W Sed.	2,000	6,000	10,000	22,500	35,000	50,000
3W Sed.	1,960	5,880	9,800	22,050	34,300	49,000
LeB Conv Phae	4,560	13,680	22,800	51,300	79,800	114,000
1935 V-12, 145" wb						
7P Tr.	4,320	12,960	21,600	48,600	75,600	108,000
7P Sed	2,040	6,120	10,200	22,950	35,700	51,000
7P Limo	2,440	7,320	12,200	27,450	42,700	61,000
LeB Conv Sed	4,960	14,880	24,800	55,800	86,800	124,000
Brn Semi-Coll Cabr.	4,080	12,240	20,400	45,900	71,400	102,000
Brn Non-Coll Cabr	3,920	11,760	19,600	44,100	68,600	98,000
Brn Brgm	2,440	7,320	12,200	27,450	42,700	61,000
W'by Limo.	2,400	7,200	12,000	27,000	42,000	60,000
W'by Spt Sed	2,440	7,320	12,200	27,450	42,700	61,000
2W Jud Berl	2,400	7,200	12,000	27,000	42,000	60,000
3W Jud Berl	2,440	7,320	12,200	27,450	42,700	61,000
Jud Sed Limo	2,480	7,440	12,400	27,900	43,400	62,000
1936 Zephyr, V-12, 122" wb						
4d Sed	1,240	3,720	6,200	13,950	21,700	31,000
2d Sed	1,280	3,840	6,400	14,400	22,400	32,000
1936 12-cyl., 136" wb						
LeB Rds Cabr.	3,520	10,560	17,600	39,600	61,600	88,000
2P LeB Cpe	1,880	5,640	9,400	21,150	32,900	47,000
5P Cpe	1,800	5,400	9,000	20,250	31,500	45,000
Brn Conv Vic.	3,760	11,280	18,800	42,300	65,800	94,000
2W Sed.	1,600	4,800	8,000	18,000	28,000	40,000
3W Sed.	1,560	4,680	7,800	17,550	27,300	39,000
LeB Conv Sed	3,920	11,760	19,600	44,100	68,600	98,000
1936 V-12, 145" wb						
7P Tr.	3,920	11,760	19,600	44,100	68,600	98,000
7P Sed	1,880	5,640	9,400	21,150	32,900	47,000
7P Limo	2,040	6,120	10,200	22,950	35,700	51,000
LeB Conv Sed w/part	4,160	12,480	20,800	46,800	72,800	104,000
Brn Semi-Coll Cabr.	3,760	11,280	18,800	42,300	65,800	94,000
Brn Non-Coll Cabr	2,960	8,880	14,800	33,300	51,800	74,000
Brn Brgm	2,080	6,240	10,400	23,400	36,400	52,000
W'by Limo.	2,160	6,480	10,800	24,300	37,800	54,000
W'by Spt Sed	2,000	6,000	10,000	22,500	35,000	50,000
2W Jud Berl	2,080	6,240	10,400	23,400	36,400	52,000
3W Jud Berl	2,120	6,360	10,600	23,850	37,100	53,000
Jud Limo.	2,200	6,600	11,000	24,750	38,500	55,000
1937 Zephyr, V-12						
3P Cpe	1,160	3,480	5,800	13,050	20,300	29,000

	6	5	4	3	2	1
2d Sed	1,040	3,120	5,200	11,700	18,200	26,000
4d Sed	1,000	3,000	5,000	11,250	17,500	25,000
Twn Sed	1,040	3,120	5,200	11,700	18,200	26,000
1937 Series K, V-12, 136" wb						
LeB Conv Rds	3,360	10,080	16,800	37,800	58,800	84,000
LeB Cpe	1,840	5,520	9,200	20,700	32,200	46,000
W'by Cpe	1,920	5,760	9,600	21,600	33,600	48,000
Brn Conv Vic	3,520	10,560	17,600	39,600	61,600	88,000
2W Sed	1,680	5,040	8,400	18,900	29,400	42,000
3W Sed	1,640	4,920	8,200	18,450	28,700	41,000
1937 V-12, 145" wb						
7P Sed	1,760	5,280	8,800	19,800	30,800	44,000
7P Limo	1,840	5,520	9,200	20,700	32,200	46,000
LeB Conv Sed	3,600	10,800	18,000	40,500	63,000	90,000
LeB Conv Sed w/part	3,760	11,280	18,800	42,300	65,800	94,000
Brn Semi-Coll Cabr	3,360	10,080	16,800	37,800	58,800	84,000
Brn Non-Coll Cabr	2,640	7,920	13,200	29,700	46,200	66,000
Brn Brgm	2,120	6,360	10,600	23,850	37,100	53,000
Brn Tr Cabr	3,520	10,560	17,600	39,600	61,600	88,000
2W Jud Berl	2,080	6,240	10,400	23,400	36,400	52,000
3W Jud Berl	2,040	6,120	10,200	22,950	35,700	51,000
Jud Limo	2,280	6,840	11,400	25,650	39,900	57,000
W'by Tr	2,400	7,200	12,000	27,000	42,000	60,000
W'by Limo	2,240	6,720	11,200	25,200	39,200	56,000
W'by Spt Sed	2,040	6,120	10,200	22,950	35,700	51,000
W'by Cpe	2,120	6,360	10,600	23,850	37,100	53,000
W'by Pan Brgm	2,160	6,480	10,800	24,300	37,800	54,000
Jud Cpe	2,120	6,360	10,600	23,850	37,100	53,000
1938 Zephyr, V-12						
3P Cpe	1,280	3,840	6,400	14,400	22,400	32,000
3P Conv Cpe	1,680	5,040	8,400	18,900	29,400	42,000
4d Sed	800	2,400	4,000	9,000	14,000	20,000
2d Sed	840	2,520	4,200	9,450	14,700	21,000
Conv Sed	2,320	6,960	11,600	26,100	40,600	58,000
Twn Sed	920	2,760	4,600	10,350	16,100	23,000
1938 Series K, V-12, 136" wb						
LeB Conv Rds	3,360	10,080	16,800	37,800	58,800	84,000
LeB Cpe	1,840	5,520	9,200	20,700	32,200	46,000
W'by Cpe	1,880	5,640	9,400	21,150	32,900	47,000
2W Sed	1,680	5,040	8,400	18,900	29,400	42,000
3W Sed	1,640	4,920	8,200	18,450	28,700	41,000
Brn Conv Vic	3,440	10,320	17,200	38,700	60,200	86,000
1938 V-12, 145" wb						
7P Sed	1,720	5,160	8,600	19,350	30,100	43,000
Sed Limo	1,760	5,280	8,800	19,800	30,800	44,000
LeB Conv Sed	3,760	11,280	18,800	42,300	65,800	94,000
LeB Conv Sed w/part	3,920	11,760	19,600	44,100	68,600	98,000
2W Jud Berl	1,760	5,280	8,800	19,800	30,800	44,000
3W Jud Berl	1,800	5,400	9,000	20,250	31,500	45,000
Jud Limo	1,880	5,640	9,400	21,150	32,900	47,000
Brn Tr Cabr	3,840	11,520	19,200	43,200	67,200	96,000
W'by Tr	2,480	7,440	12,400	27,900	43,400	62,000
W'by Spt Sed	1,880	5,640	9,400	21,150	32,900	47,000
Brn Non-Coll Cabr	2,080	6,240	10,400	23,400	36,400	52,000
Brn Semi-Coll Cabr	3,360	10,080	16,800	37,800	58,800	84,000
Brn Brgm	1,880	5,640	9,400	21,150	32,900	47,000
W'by Pan Brgm	1,680	5,040	8,400	18,900	29,400	42,000
W'by Limo	2,080	6,240	10,400	23,400	36,400	52,000
1939 Zephyr, V-12						
3P Cpe	1,240	3,720	6,200	13,950	21,700	31,000
Conv Cpe	2,000	6,000	10,000	22,500	35,000	50,000
2d Sed	880	2,640	4,400	9,900	15,400	22,000
5P Sed	880	2,640	4,400	9,900	15,400	22,000
Conv Sed	2,280	6,840	11,400	25,650	39,900	57,000
Twn Sed	920	2,760	4,600	10,350	16,100	23,000
1939 Series K, V-12, 136" wb						
LeB Conv Rds	2,960	8,880	14,800	33,300	51,800	74,000
LeB Cpe	1,920	5,760	9,600	21,600	33,600	48,000
W'by Cpe	1,960	5,880	9,800	22,050	34,300	49,000
2W Sed	1,800	5,400	9,000	20,250	31,500	45,000
3W Sed	1,800	5,400	9,000	20,250	31,500	45,000
Brn Conv Vic	2,960	8,880	14,800	33,300	51,800	74,000
1939 V-12, 145" wb						
2W Jud Berl	1,840	5,520	9,200	20,700	32,200	46,000
3W Jud Berl	1,800	5,400	9,000	20,250	31,500	45,000
Jud Limo	1,920	5,760	9,600	21,600	33,600	48,000

DOMESTIC CARS

	6	5	4	3	2	1
Brn Tr Cabr	2,480	7,440	12,400	27,900	43,400	62,000
7P Sed	1,840	5,520	9,200	20,700	32,200	46,000
7P Limo	1,960	5,880	9,800	22,050	34,300	49,000
LeB Conv Sed	3,760	11,280	18,800	42,300	65,800	94,000
LeB Conv Sed w/part	3,920	11,760	19,600	44,100	68,600	98,000
W'by Spt Sed	2,080	6,240	10,400	23,400	36,400	52,000

1939 V-12, 145" wb, 6 wheels

	6	5	4	3	2	1
Brn Non-Coll Cabr	3,360	10,080	16,800	37,800	58,800	84,000
Brn Semi-Coll Cabr	3,760	11,280	18,800	42,300	65,800	94,000
Brn Brgm	2,200	6,600	11,000	24,750	38,500	55,000
W'by Limo	2,360	7,080	11,800	26,550	41,300	59,000

1940 Zephyr, V-12

	6	5	4	3	2	1
3P Cpe	1,240	3,720	6,200	13,950	21,700	31,000
OS Cpe	1,160	3,480	5,800	13,050	20,300	29,000
Clb Cpe	1,200	3,600	6,000	13,500	21,000	30,000
Conv Clb Cpe	1,800	5,400	9,000	20,250	31,500	45,000
6P Sed	960	2,880	4,800	10,800	16,800	24,000
Twn Limo	1,360	4,080	6,800	15,300	23,800	34,000
Cont Clb Cpe	2,120	6,360	10,600	23,850	37,100	53,000
Cont Conv Cabr	2,640	7,920	13,200	29,700	46,200	66,000

1940 Series K, V-12

NOTE: Available on special request, black emblems rather than blue.

1941 Zephyr, V-12

	6	5	4	3	2	1
3P Cpe	1,240	3,720	6,200	13,950	21,700	31,000
OS Cpe	1,160	3,480	5,800	13,050	20,300	29,000
Clb Cpe	1,200	3,600	6,000	13,500	21,000	30,000
Conv Cpe	1,760	5,280	8,800	19,800	30,800	44,000
Cont Cpe	2,080	6,240	10,400	23,400	36,400	52,000
Cont Conv Cabr	2,640	7,920	13,200	29,700	46,200	66,000
6P Sed	960	2,880	4,800	10,800	16,800	24,000
Cus Sed	1,000	3,000	5,000	11,250	17,500	25,000
8P Limo	1,200	3,600	6,000	13,500	21,000	30,000

1942 Zephyr, V-12

	6	5	4	3	2	1
3P Cpe	960	2,880	4,800	10,800	16,800	24,000
Clb Cpe	1,000	3,000	5,000	11,250	17,500	25,000
Conv Clb Cpe	1,720	5,160	8,600	19,350	30,100	43,000
Cont Cpe	2,080	6,240	10,400	23,400	36,400	52,000
Cont Conv Cabr	2,640	7,920	13,200	29,700	46,200	66,000
6P Sed	880	2,640	4,400	9,900	15,400	22,000
Cus Sed	920	2,760	4,600	10,350	16,100	23,000
8P Limo	1,240	3,720	6,200	13,950	21,700	31,000

1946-48 8th Series, V-12, 125" wb

	6	5	4	3	2	1
2d Clb Cpe	1,040	3,120	5,200	11,700	18,200	26,000
2d Conv	1,720	5,160	8,600	19,350	30,100	43,000
4d Sed	960	2,880	4,800	10,800	16,800	24,000
2d Cont Cpe	2,200	6,600	11,000	24,750	38,500	55,000
2d Cont Conv	2,720	8,160	13,600	30,600	47,600	68,000

1949-50 Model OEL, V-8, 121" wb

	6	5	4	3	2	1
4d Spt Sed	960	2,880	4,800	10,800	16,800	24,000
2d Cpe	1,120	3,360	5,600	12,600	19,600	28,000
2d Lido Cpe (1950 only)	1,320	3,960	6,600	14,850	23,100	33,000

1949-50 Cosmopolitan, V-8, 125" wb

	6	5	4	3	2	1
4d Town Sed (1949 only)	1,000	3,000	5,000	11,250	17,500	25,000
4d Spt Sed	1,020	3,060	5,100	11,480	17,850	25,500
2d Cpe	1,120	3,360	5,600	12,600	19,600	28,000
2d Capri (1950 only)	1,280	3,840	6,400	14,400	22,400	32,000
2d Conv	1,480	4,440	7,400	16,650	25,900	37,000

1951 Model Del, V-8, 121" wb

	6	5	4	3	2	1
4d Spt Sed	1,000	3,000	5,000	11,250	17,500	25,000
2d Cpe	1,080	3,240	5,400	12,150	18,900	27,000
2d Lido Cpe	1,380	4,140	6,900	15,530	24,150	34,500

1951 Cosmopolitan, V-8, 125" wb

	6	5	4	3	2	1
4d Spt Sed	1,040	3,120	5,200	11,700	18,200	26,000
2d Cpe	1,120	3,360	5,600	12,600	19,600	28,000
2d Capri	1,240	3,720	6,200	13,950	21,700	31,000
2d Conv	1,520	4,560	7,600	17,100	26,600	38,000

1952-53 Cosmopolitan Model BH, V-8, 123" wb

	6	5	4	3	2	1
4d Sed	960	2,880	4,800	10,800	16,800	24,000
2d HT	1,160	3,480	5,800	13,050	20,300	29,000

1952-53 Capri, V-8, 123" wb

	6	5	4	3	2	1
4d Sed	1,000	3,000	5,000	11,250	17,500	25,000
2d HT	1,200	3,600	6,000	13,500	21,000	30,000
2d Conv	1,520	4,560	7,600	17,100	26,600	38,000

	6	5	4	3	2	1
1954 V-8, 123" wb						
4d Sed	960	2,880	4,800	10,800	16,800	24,000
2d HT	1,200	3,600	6,000	13,500	21,000	30,000
1954 Capri, V-8, 123" wb						
4d Sed	960	2,880	4,800	10,800	16,800	24,000
2d HT	1,280	3,840	6,400	14,400	22,400	32,000
2d Conv	1,560	4,680	7,800	17,550	27,300	39,000
1955 V-8, 123" wb						
4d Sed	960	2,880	4,800	10,800	16,800	24,000
2d HT	1,160	3,480	5,800	13,050	20,300	29,000
1955 Capri, V-8, 123" wb						
4d Sed	980	2,940	4,900	11,030	17,150	24,500
2d HT	1,240	3,720	6,200	13,950	21,700	31,000
2d Conv	1,680	5,040	8,400	18,900	29,400	42,000
1956 Capri, V-8, 126" wb						
4d Sed	980	2,940	4,900	11,030	17,150	24,500
2d HT	1,360	4,080	6,800	15,300	23,800	34,000
1956 Premiere, V-8, 126" wb						
4d Sed	1,000	3,000	5,000	11,250	17,500	25,000
2d HT	1,560	4,680	7,800	17,550	27,300	39,000
2d Conv	1,960	5,880	9,800	22,050	34,300	49,000
1956 Continental Mk II, V-8, 126" wb						
2d HT	2,040	6,120	10,200	22,950	35,700	51,000
1957 Capri, V-8, 126" wb						
4d Sed	840	2,520	4,200	9,450	14,700	21,000
4d HT	920	2,760	4,600	10,350	16,100	23,000
2d HT	1,240	3,720	6,200	13,950	21,700	31,000
1957 Premiere, V-8, 126" wb						
4d Sed	880	2,640	4,400	9,900	15,400	22,000
4d HT	960	2,880	4,800	10,800	16,800	24,000
2d HT	1,320	3,960	6,600	14,850	23,100	33,000
2d Conv	1,880	5,640	9,400	21,150	32,900	47,000
1957 Continental Mk II, V-8, 126" wb						
2d HT	2,040	6,120	10,200	22,950	35,700	51,000
1958-59 Capri, V-8, 131" wb						
4d Sed	720	2,160	3,600	8,100	12,600	18,000
4d HT	800	2,400	4,000	9,000	14,000	20,000
2d HT	920	2,760	4,600	10,350	16,100	23,000
1958-59 Premiere, V-8, 131" wb						
4d Sed	760	2,280	3,800	8,550	13,300	19,000
4d HT	840	2,520	4,200	9,450	14,700	21,000
2d HT	960	2,880	4,800	10,800	16,800	24,000
1958-59 Continental Mk III and IV, V-8, 131" wb						
4d Sed	840	2,520	4,200	9,450	14,700	21,000
4d HT	920	2,760	4,600	10,350	16,100	23,000
2d HT	1,040	3,120	5,200	11,700	18,200	26,000
2d Conv	1,320	3,960	6,600	14,850	23,100	33,000
4d Town Car (1959 only)	1,040	3,120	5,200	11,700	18,200	26,000
4d Limo (1959 only)	1,080	3,240	5,400	12,150	18,900	27,000
1960 Lincoln, V-8, 131" wb						
4d Sed	760	2,280	3,800	8,550	13,300	19,000
4d HT	840	2,520	4,200	9,450	14,700	21,000
2d HT	920	2,760	4,600	10,350	16,100	23,000
1960 Premiere, V-8, 131" wb						
4d Sed	800	2,400	4,000	9,000	14,000	20,000
4d HT	880	2,640	4,400	9,900	15,400	22,000
2d HT	960	2,880	4,800	10,800	16,800	24,000
1960 Continental Mk V, V-8, 131" wb						
4d Sed	880	2,640	4,400	9,900	15,400	22,000
4d HT	960	2,880	4,800	10,800	16,800	24,000
2d HT	1,120	3,360	5,600	12,600	19,600	28,000
2d Conv	1,440	4,320	7,200	16,200	25,200	36,000
4d Town Car	1,080	3,240	5,400	12,150	18,900	27,000
4d Limo	1,120	3,360	5,600	12,600	19,600	28,000
1961-63 Continental, V-8, 123" wb						
4d Sed	720	2,160	3,600	8,100	12,600	18,000
4d Conv	1,160	3,480	5,800	13,050	20,300	29,000
1964-65 Continental, V-8, 126" wb						
4d Sed	720	2,160	3,600	8,100	12,600	18,000
4d Conv	1,200	3,600	6,000	13,500	21,000	30,000
4d Exec Limo	800	2,400	4,000	9,000	14,000	20,000
1966 Continental, V-8, 126" wb						
4d Sed	720	2,160	3,600	8,100	12,600	18,000

	6	5	4	3	2	1
2d HT	840	2,520	4,200	9,450	14,700	21,000
4d Conv	1,200	3,600	6,000	13,500	21,000	30,000
1967 Continental, V-8, 126" wb						
4d Sed	720	2,160	3,600	8,100	12,600	18,000
2d HT	840	2,520	4,200	9,450	14,700	21,000
4d Conv	1,200	3,600	6,000	13,500	21,000	30,000
1968 Continental, V-8, 126" wb						
4d Sed	680	2,040	3,400	7,650	11,900	17,000
2d HT	800	2,400	4,000	9,000	14,000	20,000
1968 Continental, V-8, 117" wb						
2d HT	840	2,520	4,200	9,450	14,700	21,000
1969 Continental, V-8, 126" wb						
4d Sed	640	1,920	3,200	7,200	11,200	16,000
2d HT	680	2,040	3,400	7,650	11,900	17,000
1969 Continental Mk III, V-8, 117" wb						
2d HT	1,000	3,000	5,000	11,250	17,500	25,000
1970 Continental						
4d Sed	640	1,920	3,200	7,200	11,200	16,000
2d HT	680	2,040	3,400	7,650	11,900	17,000
1970 Continental Mk III, V-8, 117" wb						
2d HT	1,020	3,060	5,100	11,480	17,850	25,500
1971 Continental						
4d Sed	640	1,920	3,200	7,200	11,200	16,000
2d	680	2,040	3,400	7,650	11,900	17,000
1971 Mk III						
2d	1,020	3,060	5,100	11,480	17,850	25,500
1972 Continental						
4d Sed	640	1,920	3,200	7,200	11,200	16,000
2d	680	2,040	3,400	7,650	11,900	17,000
1972 Mk IV						
2d	840	2,520	4,200	9,450	14,700	21,000
1973 Continental, V-8						
2d HT	660	1,980	3,300	7,430	11,550	16,500
4d HT	620	1,860	3,100	6,980	10,850	15,500
1973 Mk IV, V-8						
2d HT	840	2,520	4,200	9,450	14,700	21,000
1974 Continental, V-8						
4d Sed	600	1,800	3,000	6,750	10,500	15,000
2d Cpe	620	1,860	3,100	6,980	10,850	15,500
1974 Mk IV, V-8						
2d HT	800	2,400	4,000	9,000	14,000	20,000
1975 Continental, V-8						
4d Sed	612	1,836	3,060	6,890	10,710	15,300
2d Cpe	620	1,860	3,100	6,980	10,850	15,500
1975 Mk IV, V-8						
2d HT	800	2,400	4,000	9,000	14,000	20,000
1976 Continental, V-8						
4d Sed	600	1,800	3,000	6,750	10,500	15,000
2d Cpe	620	1,860	3,100	6,980	10,850	15,500
1976 Mk IV, V-8						
2d Cpe	800	2,400	4,000	9,000	14,000	20,000

NOTE: Add 10 percent for 460 cid engine. Add 5 percent for Designer Series.

	6	5	4	3	2	1
1977 Versailles, V-8						
4d Sed	400	1,200	2,000	4,500	7,000	10,000
1977 Continental, V-8						
4d Sed	412	1,236	2,060	4,640	7,210	10,300
2d Cpe	420	1,260	2,100	4,730	7,350	10,500
1977 Mk V, V-8						
2d Cpe	720	2,160	3,600	8,100	12,600	18,000

NOTE: Add 10 percent for 460 cid engine. Add 5 percent for Designer Series.

	6	5	4	3	2	1
1978 Versailles						
4d Sed	300	850	1,400	3,150	4,900	7,000
1978 Continental						
4d Sed	300	850	1,450	3,240	5,050	7,200
2d Cpe	300	900	1,500	3,420	5,300	7,600
1978 Mk V						
2d Cpe	720	2,160	3,600	8,100	12,600	18,000

NOTE: Add 10 percent for Diamond Jubilee. Add 5 percent for Collector Series. Add 5 percent for Designer Series. Add 10 percent for 460 cid engine.

	6	5	4	3	2	1
1979 Versailles, V-8						
4d Sed	250	800	1,350	3,060	4,750	6,800
1979 Continental, V-8						
4d Sed	300	900	1,500	3,330	5,200	7,400
2d Cpe	300	950	1,600	3,560	5,550	7,900
1979 Mk V, V-8						
2d Cpe	680	2,040	3,400	7,650	11,900	17,000

NOTE: Add 5 percent for Collector Series. Add 5 percent for Designer Series.

	6	5	4	3	2	1
1980 Versailles, V-8						
4d Sed	244	732	1,220	2,750	4,270	6,100
1980 Continental, V-8						
4d Sed	300	900	1,500	3,330	5,200	7,400
2d Cpe	300	950	1,600	3,560	5,550	7,900
1980 Mk VI, V-8						
4d Sed	360	1,080	1,800	4,050	6,300	9,000
2d Cpe	368	1,104	1,840	4,140	6,440	9,200
1981 Town Car, V-8						
4d Sed	300	900	1,450	3,290	5,100	7,300
2d Cpe	300	950	1,550	3,510	5,450	7,800
1981 Mk VI						
4d Sed	240	720	1,200	2,700	4,200	6,000
2d Cpe	248	744	1,240	2,790	4,340	6,200
1982 Town Car, V-8						
4d Sed	260	780	1,300	2,930	4,550	6,500
1982 Mk VI, V-8						
4d Sed	244	732	1,220	2,750	4,270	6,100
2d Cpe	248	744	1,240	2,790	4,340	6,200
1982 Continental, V-8						
4d Sed	520	1,560	2,600	5,850	9,100	13,000
1983 Town Car, V-8						
4d Sed	272	816	1,360	3,060	4,760	6,800
1983 Mk VI, V-8						
4d Sed	250	750	1,200	2,750	4,250	6,100
2d Cpe	248	744	1,240	2,790	4,340	6,200
1983 Continental, V-8						
4d Sed	520	1,560	2,600	5,850	9,100	13,000
1984 Town Car, V-8						
4d Sed	276	828	1,380	3,110	4,830	6,900
1984 Mk VII, V-8						
2d Cpe	360	1,080	1,800	4,050	6,300	9,000
2d LSC Cpe	540	1,620	2,700	6,080	9,450	13,500
1984 Continental, V-8						
4d Sed	520	1,560	2,600	5,850	9,100	13,000
1985 Town Car, V-8						
4d Sed	360	1,080	1,800	4,050	6,300	9,000
1985 Mk VII, V-8						
2d Cpe	368	1,104	1,840	4,140	6,440	9,200
2d LSC Cpe	540	1,620	2,700	6,080	9,450	13,500
1985 Continental, V-8						
4d Sed	536	1,608	2,680	6,030	9,380	13,400
1986 Town Car						
4d Sed	380	1,140	1,900	4,280	6,650	9,500
1986 Mk VII						
2d Cpe	520	1,560	2,600	5,850	9,100	13,000
2d LSC Cpe	540	1,620	2,700	6,080	9,450	13,500
2d Cpe Bill Blass	550	1,700	2,800	6,300	9,800	14,000
1986 Continental						
4d Sed	552	1,656	2,760	6,210	9,660	13,800

NOTE: Add 20 percent for Designer Series.

	6	5	4	3	2	1
1987 Town Car, V-8						
4d Sed	392	1,176	1,960	4,410	6,860	9,800
4d Sed Signature	420	1,260	2,100	4,730	7,350	10,500
4d Sed Cartier	540	1,620	2,700	6,080	9,450	13,500
1987 Mk VII, V-8						
2d Cpe	420	1,260	2,100	4,730	7,350	10,500
2d Cpe LSC	540	1,620	2,700	6,080	9,450	13,500
2d Cpe Bill Blass	560	1,680	2,800	6,300	9,800	14,000
1987 Continental, V-8						
4d Sed	380	1,140	1,900	4,280	6,650	9,500
4d Sed Givenchy	420	1,260	2,100	4,730	7,350	10,500

1968 Lincoln Continental two-door hardtop

1983 Lincoln Continental sedan

1990 Lincoln Town Car

	6	5	4	3	2	1
1988 Town Car, V-8						
4d Sed	400	1,200	2,000	4,500	7,000	10,000
4d Sed Signature	520	1,560	2,600	5,850	9,100	13,000
4d Sed Cartier	540	1,620	2,700	6,080	9,450	13,500
1988 Mk VII, V-8						
2d Cpe LSC	552	1,656	2,760	6,210	9,660	13,800
2d Cpe Bill Blass	556	1,668	2,780	6,260	9,730	13,900
1988 Continental, V-6						
4d Sed	412	1,236	2,060	4,640	7,210	10,300
4d Sed Signature	532	1,596	2,660	5,990	9,310	13,300
1989 Town Car, V-8						
4d Sed	540	1,620	2,700	6,080	9,450	13,500
4d Sed Signature	560	1,680	2,800	6,300	9,800	14,000
4d Sed Cartier	600	1,800	3,000	6,750	10,500	15,000
1989 Mk VII, V-8						
2d Cpe LSC	560	1,680	2,800	6,300	9,800	14,000
2d Cpe Bill Blass	560	1,680	2,800	6,300	9,800	14,000
1989 Continental, V-6						
4d Sed	420	1,260	2,100	4,730	7,350	10,500
4d Sed Signature	540	1,620	2,700	6,080	9,450	13,500
1990 Town Car, V-8						
4d Sed	600	1,800	3,000	6,750	10,500	15,000
4d Sed Signature	640	1,920	3,200	7,200	11,200	16,000
4d Sed Cartier	660	1,980	3,300	7,430	11,550	16,500
1990 Mk VII, V-8						
2d LSC Cpe	560	1,680	2,800	6,300	9,800	14,000
2d Cpe Bill Blass	580	1,740	2,900	6,530	10,150	14,500
1990 Continental, V-6						
4d Sed	520	1,560	2,600	5,850	9,100	13,000
4d Sed Signature	540	1,620	2,700	6,080	9,450	13,500
1991 Town Car, V-8						
4d Sed	520	1,560	2,600	5,850	9,100	13,000
4d Sed Signature	540	1,620	2,700	6,080	9,450	13,500
4d Sed Cartier	580	1,740	2,900	6,530	10,150	14,500
1991 Mk VII, V-8						
2d Cpe LSC	560	1,680	2,800	6,300	9,800	14,000
2d Cpe Bill Blass	580	1,740	2,900	6,530	10,150	14,500
1991 Continental, V-6						
4d Sed	420	1,260	2,100	4,730	7,350	10,500
4d Sed Signature	520	1,560	2,600	5,850	9,100	13,000
1992 Town Car, V-8						
4d Sed Executive	592	1,776	2,960	6,660	10,360	14,800
4d Sed Signature	600	1,800	3,000	6,750	10,500	15,000
4d Sed Cartier	620	1,860	3,100	6,980	10,850	15,500
1992 Mk VII, V-8						
2d Cpe LSC	640	1,920	3,200	7,200	11,200	16,000
2d Cpe Bill Blass	640	1,920	3,200	7,200	11,200	16,000
1992 Continental, V-6						
4d Executive	400	1,200	2,000	4,500	7,000	10,000
4d Signature	420	1,260	2,100	4,730	7,350	10,500
1993 Town Car, V-8						
4d Sed Executive	600	1,800	3,000	6,750	10,500	15,000
4d Sed Signature	640	1,920	3,200	7,200	11,200	16,000
4d Sed Cartier	660	1,980	3,300	7,430	11,550	16,500
1993 Mk VIII, V-8						
2d Sed Executive	648	1,944	3,240	7,290	11,340	16,200
2d Sed Signature	652	1,956	3,260	7,340	11,410	16,300
1993 Continental, V-6						
4d Sed Executive	600	1,800	3,000	6,750	10,500	15,000
4d Sed Signature	604	1,812	3,020	6,800	10,570	15,100
1994 Town Car, V-8						
4d Sed Executive	520	1,560	2,600	5,850	9,100	13,000
4d Sed Signature	540	1,620	2,700	6,080	9,450	13,500
4d Sed Cartier	580	1,740	2,900	6,530	10,150	14,500
1994 Mark VIII, V-8						
2d Cpe	520	1,560	2,600	5,850	9,100	13,000
1994 Continental, V-6						
4d Sed Executive	440	1,320	2,200	4,950	7,700	11,000
4d Sed Signature	480	1,440	2,400	5,400	8,400	12,000
1995 Town Car, V-8						
4d Executive Sed	500	1,550	2,600	5,850	9,100	13,000
4d Signature Sed	550	1,600	2,700	6,080	9,450	13,500
4d Cartier Sed	600	1,750	2,900	6,530	10,200	14,500

	6	5	4	3	2	1
1995 Mark VIII, V-8						
2d Cpe	500	1,550	2,600	5,850	9,100	13,000
1995 Continental V-8						
4d Sed	500	1,500	2,500	5,630	8,750	12,500
1996 Town Car, V-8						
4d Executive Sed	500	1,550	2,600	5,850	9,100	13,000
4d Signature Sed	550	1,600	2,700	6,080	9,450	13,500
4d Cartier Sed	600	1,750	2,900	6,530	10,200	14,500
1996 Mark VIII, V-8						
2d Cpe	500	1,550	2,600	5,850	9,100	13,000
1996 Continental, V-8						
4d Sed	500	1,500	2,500	5,630	8,750	12,500
1997 Town Car, V-8						
4d Executive Sed	520	1,560	2,600	5,850	9,100	13,000
4d Signature Sed	540	1,620	2,700	6,080	9,450	13,500
4d Cartier Sed	580	1,740	2,900	6,530	10,150	14,500
1997 Mark VIII, V-8						
2d Cpe	520	1,560	2,600	5,850	9,100	13,000
2d LSC Cpe	560	1,680	2,800	6,300	9,800	14,000
1997 Continental, V-8						
4d Sed	500	1,500	2,500	5,630	8,750	12,500
1998 Town Car, V-8						
4d Executive Sed	530	1,580	2,640	5,940	9,240	13,200
4d Signature Sed	550	1,640	2,740	6,170	9,590	13,700
4d Cartier Sed	590	1,760	2,940	6,620	10,290	14,700
1998 Mark VIII, V-8						
2d Cpe	520	1,560	2,600	5,850	9,100	13,000
2d LSC Cpe	560	1,680	2,800	6,300	9,800	14,000
1998 Continental, V-8						
4d Sed	510	1,520	2,540	5,720	8,890	12,700

LOCOMOBILE

	6	5	4	3	2	1
1901						
Style 2 Steam Rbt.	1,560	4,680	7,800	17,550	27,300	39,000
Style 02 Steam Rbt.	1,600	4,800	8,000	18,000	28,000	40,000
Style 3 Buggy Top Rbt	1,640	4,920	8,200	18,450	28,700	41,000
Style 03 Vic Top Rbt.	1,640	4,920	8,200	18,450	28,700	41,000
Style 003 Vic Top Rbt.	1,640	4,920	8,200	18,450	28,700	41,000
Style 5 Locosurrey	1,680	5,040	8,400	18,900	29,400	42,000
Style 05 Locosurrey	1,720	5,160	8,600	19,350	30,100	43,000
1902						
4P Model A Steam Tr	1,640	4,920	8,200	18,450	28,700	41,000
2/4P Model B Steam Tr	1,680	5,040	8,400	18,900	29,400	42,000
2P Steam Vic	1,560	4,680	7,800	17,550	27,300	39,000
Style No. 2 Std Steam Rbt	1,520	4,560	7,600	17,100	26,600	38,000
Style No. 02 Steam Rbt	1,560	4,680	7,800	17,550	27,300	39,000
4P Style No. 5 Steam Locosurrey	1,640	4,920	8,200	18,450	28,700	41,000
4P Style No. 05 Steam Locosurrey	1,680	5,040	8,400	18,900	29,400	42,000
Style No. 3 Steam Physician's Car	1,560	4,680	7,800	17,550	27,300	39,000
Style No. 03 Steam Stanhope	1,480	4,440	7,400	16,650	25,900	37,000
Style No. 003 Stanhope	1,520	4,560	7,600	17,100	26,600	38,000
Steam Locotrap	1,520	4,560	7,600	17,100	26,600	38,000
Steam Locodelivery	1,560	4,680	7,800	17,550	27,300	39,000
1903 Steam Cars						
Dos-a-Dos	1,600	4,800	8,000	18,000	28,000	40,000
Locosurrey	1,640	4,920	8,200	18,450	28,700	41,000
Rbt	1,560	4,680	7,800	17,550	27,300	39,000
1903 Gasoline Car, 2-cyl., 9 hp, 76" wb						
5P Tonn	1,600	4,800	8,000	18,000	28,000	40,000
1903 Gasoline Car, 4-cyl., 16 hp, 86" wb						
5P Tonn	1,720	5,160	8,600	19,350	30,100	43,000
1904 Steam Cars						
Tr, 85" wb	1,680	5,040	8,400	18,900	29,400	42,000
Tr, 79" wb	1,720	5,160	8,600	19,350	30,100	43,000
Stanhope, 79" wb	1,560	4,680	7,800	17,550	27,300	39,000
Dos-a-Dos, 79" wb	1,640	4,920	8,200	18,450	28,700	41,000
LWB Rbt	1,600	4,800	8,000	18,000	28,000	40,000
Locosurrey, 75" wb	1,720	5,160	8,600	19,350	30,100	43,000
Spl Surrey, 93" wb	1,760	5,280	8,800	19,800	30,800	44,000
1904 Gasoline Model C, 2-cyl., 9/12 hp, 76" wb						
5P Tonn	1,680	5,040	8,400	18,900	29,400	42,000
5P Canopy Top Tonn	1,840	5,520	9,200	20,700	32,200	46,000

	6	5	4	3	2	1
1904 Gasoline Model D, 4-cyl., 16/22 hp, 86" wb						
6/8P Limo	1,440	4,320	7,200	16,200	25,200	36,000
6P King of Belgian Tonn	1,560	4,680	7,800	17,550	27,300	39,000
6P DeL Tonn	1,400	4,200	7,000	15,750	24,500	35,000
1905 Model E, 4-cyl., 15/20 hp, 92" wb						
5P Tr	1,720	5,160	8,600	19,350	30,100	43,000
5P Lan'let	1,640	4,920	8,200	18,450	28,700	41,000
1905 Model D, 4-cyl., 20/25 hp, 96" wb						
7P Tr	1,760	5,280	8,800	19,800	30,800	44,000
1905 Model H, 4-cyl., 30/35 hp, 106" wb						
7P Tr	1,800	5,400	9,000	20,250	31,500	45,000
7P Limo	1,480	4,440	7,400	16,650	25,900	37,000
1905 Model F, 4-cyl., 40/45 hp, 110" wb						
7P Limo	1,520	4,560	7,600	17,100	26,600	38,000
1906 Model E, 4-cyl., 15/20 hp, 93" wb						
5P Tr	1,720	5,160	8,600	19,350	30,100	43,000
2P Fishtail Rbt	1,760	5,280	8,800	19,800	30,800	44,000
5P Limo	1,440	4,320	7,200	16,200	25,200	36,000
1906 Model H, 4-cyl., 30/35 hp, 106" wb						
5/7P Tr	1,800	5,400	9,000	20,250	31,500	45,000
5/7P Limo	1,480	4,440	7,400	16,650	25,900	37,000
1906 Special, 4-cyl., 90 hp, 110" wb						
Vanderbilt Racer			value not estimable			
1907 Model E, 4-cyl., 20 hp, 96" wb						
5P Tr	1,760	5,280	8,800	19,800	30,800	44,000
2P Fishtail Rbt	1,800	5,400	9,000	20,250	31,500	45,000
5P Limo	1,480	4,440	7,400	16,650	25,900	37,000
1907 Model H, 4-cyl., 35 hp, 120" wb						
7P Tr	1,840	5,520	9,200	20,700	32,200	46,000
7P Limo	1,520	4,560	7,600	17,100	26,600	38,000
1907 Special, 4-cyl., 90 hp, 120" wb						
Vanderbilt Racer			value not estimable			
1908 Model E, 4-cyl., 20 hp, 102" wb						
Std Tr	1,800	5,400	9,000	20,250	31,500	45,000
1908 Model E, 4-cyl., 20 hp, 116" wb						
6P Limo	1,480	4,440	7,400	16,650	25,900	37,000
6P Lan'let	1,600	4,800	8,000	18,000	28,000	40,000
1908 Model I, 4-cyl., 40 hp, 123" wb						
3P Rbt	1,880	5,640	9,400	21,150	32,900	47,000
1909 Model 30, 4-cyl., 32 hp, 120" wb						
5P Tr	1,840	5,520	9,200	20,700	32,200	46,000
4P Rbt	1,880	5,640	9,400	21,150	32,900	47,000
1909 Model 40, 4-cyl., 40 hp, 123" wb						
7P Tr	1,920	5,760	9,600	21,600	33,600	48,000
4P Baby Tonn	1,960	5,880	9,800	22,050	34,300	49,000
7P Limo	1,480	4,440	7,400	16,650	25,900	37,000
1910 Model 30(L), 4-cyl., 30 hp, 120" wb						
4P Rds	1,920	5,760	9,600	21,600	33,600	48,000
4P Baby Tonn	1,880	5,640	9,400	21,150	32,900	47,000
5P Tr	1,840	5,520	9,200	20,700	32,200	46,000
Limo	1,480	4,440	7,400	16,650	25,900	37,000
1910 Model 40(I), 4-cyl., 40 hp, 123" wb						
7P Tr	2,160	6,480	10,800	24,300	37,800	54,000
Rbt	2,120	6,360	10,600	23,850	37,100	53,000
7P Limo	1,760	5,280	8,800	19,800	30,800	44,000
7P Lan'let	1,880	5,640	9,400	21,150	32,900	47,000
4P Baby Tonn	2,120	6,360	10,600	23,850	37,100	53,000
1911 Model 30(L), 4-cyl., 32 hp, 120" wb						
5P Tr	1,920	5,760	9,600	21,600	33,600	48,000
4P Baby Tonn	2,000	6,000	10,000	22,500	35,000	50,000
4P Torp	2,040	6,120	10,200	22,950	35,700	51,000
6P Limo	1,560	4,680	7,800	17,550	27,300	39,000
6P Lan'let	1,680	5,040	8,400	18,900	29,400	42,000
1911 Model 48(M), 6-cyl., 48 hp, 125" wb						
7P Tr	2,200	6,600	11,000	24,750	38,500	55,000
4P Baby Tonn	2,320	6,960	11,600	26,100	40,600	58,000
7P Limo	1,840	5,520	9,200	20,700	32,200	46,000
7P Lan'let	1,960	5,880	9,800	22,050	34,300	49,000
1912 Model 30(L), 4-cyl., 30 hp, 120" wb						
Tr	1,920	5,760	9,600	21,600	33,600	48,000
Baby Tonn	1,960	5,880	9,800	22,050	34,300	49,000
Torp	2,000	6,000	10,000	22,500	35,000	50,000
Limo	1,560	4,680	7,800	17,550	27,300	39,000

	6	5	4	3	2	1
Berl	1,720	5,160	8,600	19,350	30,100	43,000
Lan'let	1,840	5,520	9,200	20,700	32,200	46,000
1912 Model 48(M), 6-cyl., 48 hp, 135" wb						
Tr	2,200	6,600	11,000	24,750	38,500	55,000
4P Torp	2,240	6,720	11,200	25,200	39,200	56,000
5P Torp	2,280	6,840	11,400	25,650	39,900	57,000
Limo	1,800	5,400	9,000	20,250	31,500	45,000
Berl	1,960	5,880	9,800	22,050	34,300	49,000
Lan'let	2,080	6,240	10,400	23,400	36,400	52,000
1913 Model 30(L), 4-cyl., 32.4 hp, 120" wb						
4P Torp	2,040	6,120	10,200	22,950	35,700	51,000
5P Tr	2,080	6,240	10,400	23,400	36,400	52,000
Rds	2,040	6,120	10,200	22,950	35,700	51,000
1913 Model 38(R), 6-cyl., 43.8 hp, 128" wb						
4P Torp	2,480	7,440	12,400	27,900	43,400	62,000
5P Tr	2,440	7,320	12,200	27,450	42,700	61,000
Rds	2,480	7,440	12,400	27,900	43,400	62,000
Limo	1,840	5,520	9,200	20,700	32,200	46,000
Lan'let	1,920	5,760	9,600	21,600	33,600	48,000
Berl Limo	2,040	6,120	10,200	22,950	35,700	51,000
Berl Lan'let	2,120	6,360	10,600	23,850	37,100	53,000
1914 Model 38, 6-cyl., 43.8 hp, 132" wb						
4P Torp	2,720	8,160	13,600	30,600	47,600	68,000
5P Tr	2,800	8,400	14,000	31,500	49,000	70,000
2P Rds	2,880	8,640	14,400	32,400	50,400	72,000
7P Limo	2,160	6,480	10,800	24,300	37,800	54,000
7P Lan'let	2,200	6,600	11,000	24,750	38,500	55,000
7P Berl	2,280	6,840	11,400	25,650	39,900	57,000
1914 Model 48, 6-cyl., 48.6 hp, 136 & 140" wb						
7P Tr	2,800	8,400	14,000	31,500	49,000	70,000
6P Torp	2,880	8,640	14,400	32,400	50,400	72,000
2P Rds	2,960	8,880	14,800	33,300	51,800	74,000
7P Limo	2,280	6,840	11,400	25,650	39,900	57,000
7P Lan'let	2,360	7,080	11,800	26,550	41,300	59,000
7P Berl	2,440	7,320	12,200	27,450	42,700	61,000
1915 Model 38, 6-cyl., 43.3 hp, 132" wb						
5P Tr	2,800	8,400	14,000	31,500	49,000	70,000
2P Rds	2,880	8,640	14,400	32,400	50,400	72,000
4P Torp	2,800	8,400	14,000	31,500	49,000	70,000
7P Limo	1,560	4,680	7,800	17,550	27,300	39,000
7P Lan'let	1,600	4,800	8,000	18,000	28,000	40,000
7P Berl	1,640	4,920	8,200	18,450	28,700	41,000
1915 Model 48, 6-cyl., 48.6 hp, 140" wb						
7P Tr	2,880	8,640	14,400	32,400	50,400	72,000
2P Rds	2,960	8,880	14,800	33,300	51,800	74,000
6P Torp	2,880	8,640	14,400	32,400	50,400	72,000
7P Limo	1,600	4,800	8,000	18,000	28,000	40,000
7P Lan'let	1,640	4,920	8,200	18,450	28,700	41,000
7P Berl	1,680	5,040	8,400	18,900	29,400	42,000
1916 Model 38, 6-cyl., 43.35 hp, 140" wb						
7P Tr	3,040	9,120	15,200	34,200	53,200	76,000
6P Tr	3,120	9,360	15,600	35,100	54,600	78,000
7P Limo	1,560	4,680	7,800	17,550	27,300	39,000
7P Lan'let	1,600	4,800	8,000	18,000	28,000	40,000
7P Berl	1,640	4,920	8,200	18,450	28,700	41,000
1916 Model 48, 6-cyl., 48.6 hp, 143" wb						
6P Tr	3,760	11,280	18,800	42,300	65,800	94,000
7P Tr	3,440	10,320	17,200	38,700	60,200	86,000
7P Lan'let	1,720	5,160	8,600	19,350	30,100	43,000
7P Berl	1,760	5,280	8,800	19,800	30,800	44,000
7P Limo	1,680	5,040	8,400	18,900	29,400	42,000
1917 Model 38, 6-cyl., 43.34 hp, 139" wb						
7P Tr	3,600	10,800	18,000	40,500	63,000	90,000
6P Tr	3,760	11,280	18,800	42,300	65,800	94,000
4P Tr	3,840	11,520	19,200	43,200	67,200	96,000
7P Limo	1,680	5,040	8,400	18,900	29,400	42,000
7P Lan'let	1,720	5,160	8,600	19,350	30,100	43,000
7P Berl	1,800	5,400	9,000	20,250	31,500	45,000
1917 Model 48, 6-cyl., 48.6 hp, 142" wb						
Sportif	5,920	17,760	29,600	66,600	103,600	148,000
6P Tr	3,840	11,520	19,200	43,200	67,200	96,000
7P Tr	3,760	11,280	18,800	42,300	65,800	94,000
7P Lan'let	1,800	5,400	9,000	20,250	31,500	45,000
7P Berl	1,880	5,640	9,400	21,150	32,900	47,000
7P Limo	1,760	5,280	8,800	19,800	30,800	44,000

	6	5	4	3	2	1
1918 Model 38, Series Two, 6-cyl., 43.35 hp, 139" wb						
7P Tr.	3,600	10,800	18,000	40,500	63,000	90,000
6P Tr.	3,680	11,040	18,400	41,400	64,400	92,000
4P Tr.	3,760	11,280	18,800	42,300	65,800	94,000
7P Lan'let	1,680	5,040	8,400	18,900	29,400	42,000
7P Berl	1,800	5,400	9,000	20,250	31,500	45,000
7P Limo	1,640	4,920	8,200	18,450	28,700	41,000
1918 Model 48, Series Two, 6-cyl., 48.6 hp, 142" wb						
Sportif	5,920	17,760	29,600	66,600	103,600	148,000
7P Tr.	3,760	11,280	18,800	42,300	65,800	94,000
6P Tr.	3,840	11,520	19,200	43,200	67,200	96,000
4P Tr.	3,840	11,520	19,200	43,200	67,200	96,000
7P Limo	1,760	5,280	8,800	19,800	30,800	44,000
7P Lan'let	1,800	5,400	9,000	20,250	31,500	45,000
7P Berl	1,880	5,640	9,400	21,150	32,900	47,000
1919 Model 48, 6-cyl., 48.6 hp, 142" wb						
7P Tr.	3,840	11,520	19,200	43,200	67,200	96,000
Torp	3,840	11,520	19,200	43,200	67,200	96,000
Sportif	5,920	17,760	29,600	66,600	103,600	148,000
Limo	2,080	6,240	10,400	23,400	36,400	52,000
Lan'let	2,160	6,480	10,800	24,300	37,800	54,000
Berl	2,280	6,840	11,400	25,650	39,900	57,000
1920 Model 48, 6-cyl., 142" wb						
4P Spl Tr.	3,920	11,760	19,600	44,100	68,600	98,000
4P Tr.	3,760	11,280	18,800	42,300	65,800	94,000
7P Tr.	3,520	10,560	17,600	39,600	61,600	88,000
7P Limo	2,280	6,840	11,400	25,650	39,900	57,000
7P Lan'let	2,360	7,080	11,800	26,550	41,300	59,000
7P Sed	1,360	4,080	6,800	15,300	23,800	34,000
4P Cabr	1,880	5,640	9,400	21,150	32,900	47,000
5P Semi-Tr	2,280	6,840	11,400	25,650	39,900	57,000
1921 Model 48, 6-cyl., 95 hp, 142" wb						
7P Tr.	3,520	10,560	17,600	39,600	61,600	88,000
Sportif	5,720	17,160	28,600	64,350	100,100	143,000
7P Limo	2,280	6,840	11,400	25,650	39,900	57,000
7P Lan	2,360	7,080	11,800	26,550	41,300	59,000
1922 Model 48, 6-cyl., 95 hp, 142" wb						
7P Tr.	3,520	10,560	17,600	39,600	61,600	88,000
4P Sportif	5,720	17,160	28,600	64,350	100,100	143,000
6P Limo	2,280	6,840	11,400	25,650	39,900	57,000
Lan'let	2,360	7,080	11,800	26,550	41,300	59,000
DC Phae	5,520	16,560	27,600	62,100	96,600	138,000
Cpe-Limo	2,480	7,440	12,400	27,900	43,400	62,000
Cabr	2,560	7,680	12,800	28,800	44,800	64,000
Sed	1,880	5,640	9,400	21,150	32,900	47,000
1923 Model 48, 6-cyl., 95 hp, 142" wb						
4P Sportif	5,920	17,760	29,600	66,600	103,600	148,000
7P Tr.	3,520	10,560	17,600	39,600	61,600	88,000
4P Tr.	3,760	11,280	18,800	42,300	65,800	94,000
7P Limo	2,480	7,440	12,400	27,900	43,400	62,000
4P DC Phae	5,520	16,560	27,600	62,100	96,600	138,000
5P Cpe	1,880	5,640	9,400	21,150	32,900	47,000
5P Cabr	2,560	7,680	12,800	28,800	44,800	64,000
7P Sed	1,680	5,040	8,400	18,900	29,400	42,000
1924 Model 48, 6-cyl., 95 hp, 142" wb						
4P Sportif	5,520	16,560	27,600	62,100	96,600	138,000
7P Tr.	3,760	11,280	18,800	42,300	65,800	94,000
7P Tr Limo	2,560	7,680	12,800	28,800	44,800	64,000
5P Brgm	2,480	7,440	12,400	27,900	43,400	62,000
Encl Dr Limo	2,400	7,200	12,000	27,000	42,000	60,000
Vic Sed	1,880	5,640	9,400	21,150	32,900	47,000
5P Cabr	2,720	8,160	13,600	30,600	47,600	68,000
1925 Junior 8, 8-cyl., 66 hp, 124" wb						
5P Tr.	3,040	9,120	15,200	34,200	53,200	76,000
5P Sed	1,520	4,560	7,600	17,100	26,600	38,000
5P Brgm	1,920	5,760	9,600	21,600	33,600	48,000
4P Rds	3,200	9,600	16,000	36,000	56,000	80,000
4P Cpe	1,720	5,160	8,600	19,350	30,100	43,000
1925 Model 48, 6-cyl., 103 hp, 142" wb						
4P Sportif	5,720	17,160	28,600	64,350	100,100	143,000
7P Tr.	3,840	11,520	19,200	43,200	67,200	96,000
7P Tr Limo	2,640	7,920	13,200	29,700	46,200	66,000
6P Brgm	2,400	7,200	12,000	27,000	42,000	60,000
5P Vic Sed	1,920	5,760	9,600	21,600	33,600	48,000
7P Encl Limo	2,480	7,440	12,400	27,900	43,400	62,000
7P Cabr	2,800	8,400	14,000	31,500	49,000	70,000

	6	5	4	3	2	1
1926 Junior 8, 8-cyl., 66 hp, 124" wb						
5P Tr	3,120	9,360	15,600	35,100	54,600	78,000
5P Sed	1,520	4,560	7,600	17,100	26,600	38,000
5P Brgm	1,720	5,160	8,600	19,350	30,100	43,000
4P Rds	3,200	9,600	16,000	36,000	56,000	80,000
4P Cpe	1,800	5,400	9,000	20,250	31,500	45,000
1926 Model 90, 6-cyl., 86 hp, 138" wb						
4P Sportif	5,200	15,600	26,000	58,500	91,000	130,000
4P Rds	5,040	15,120	25,200	56,700	88,200	126,000
5P Vic Cpe	1,800	5,400	9,000	20,250	31,500	45,000
5P Vic Sed	1,720	5,160	8,600	19,350	30,100	43,000
5P Vic Div Sed	1,920	5,760	9,600	21,600	33,600	48,000
7P Brgm	2,000	6,000	10,000	22,500	35,000	50,000
7P Sub Limo	2,040	6,120	10,200	22,950	35,700	51,000
7P Cabr	2,560	7,680	12,800	28,800	44,800	64,000
1926 Model 48, 6-cyl., 103 hp, 138" wb						
4P Sportif	5,440	16,320	27,200	61,200	95,200	136,000
7P Tr	3,840	11,520	19,200	43,200	67,200	96,000
7P Cabr	2,640	7,920	13,200	29,700	46,200	66,000
5P Vic Sed	1,920	5,760	9,600	21,600	33,600	48,000
7P Encl Dr Limo	2,320	6,960	11,600	26,100	40,600	58,000
7P Tr Limo	2,120	6,360	10,600	23,850	37,100	53,000
6P Twn Brgm	2,080	6,240	10,400	23,400	36,400	52,000
1927 Junior 8, 8-cyl., 66 hp, 124" wb						
5P Tr	3,440	10,320	17,200	38,700	60,200	86,000
5P Sed	1,920	5,760	9,600	21,600	33,600	48,000
5P Brgm	2,320	6,960	11,600	26,100	40,600	58,000
4P Rds	3,280	9,840	16,400	36,900	57,400	82,000
4P Cpe	2,400	7,200	12,000	27,000	42,000	60,000
1927 Model 8-80, 8-cyl., 90 hp, 130" wb						
5P Sed	1,720	5,160	8,600	19,350	30,100	43,000
1927 Model 90, 6-cyl., 86 hp, 138" wb						
4P Tr	3,600	10,800	18,000	40,500	63,000	90,000
4P Sportif	5,200	15,600	26,000	58,500	91,000	130,000
4P Rds	3,920	11,760	19,600	44,100	68,600	98,000
5P Vic Cpe	2,400	7,200	12,000	27,000	42,000	60,000
5P Sed	2,120	6,360	10,600	23,850	37,100	53,000
5P Div Sed	2,200	6,600	11,000	24,750	38,500	55,000
7P Sed	2,160	6,480	10,800	24,300	37,800	54,000
7P Brgm	2,400	7,200	12,000	27,000	42,000	60,000
7P Cabr	2,800	8,400	14,000	31,500	49,000	70,000
1927 Model 48, 6-cyl., 103 hp, 138" wb						
4P Sportif	5,440	16,320	27,200	61,200	95,200	136,000
7P Tr	3,680	11,040	18,400	41,400	64,400	92,000
4P Rds	4,000	12,000	20,000	45,000	70,000	100,000
5P Cabr	3,040	9,120	15,200	34,200	53,200	76,000
5P Vic Sed	1,920	5,760	9,600	21,600	33,600	48,000
7P Encl Dr Limo	2,320	6,960	11,600	26,100	40,600	58,000
7P Tr Limo	2,200	6,600	11,000	24,750	38,500	55,000
6P Twn Brgm	2,400	7,200	12,000	27,000	42,000	60,000
1928 Model 8-70, 8-cyl., 70 hp, 122" wb						
5P Sed	1,520	4,560	7,600	17,100	26,600	38,000
5P Brgm	1,600	4,800	8,000	18,000	28,000	40,000
5P DeL Brgm	1,680	5,040	8,400	18,900	29,400	42,000
4P Vic Cpe	1,800	5,400	9,000	20,250	31,500	45,000
1928 Model 8-80, 8-cyl., 90 hp, 130" wb						
5P Spt Phae	2,640	7,920	13,200	29,700	46,200	66,000
5P Sed	1,600	4,800	8,000	18,000	28,000	40,000
5P Brgm	1,680	5,040	8,400	18,900	29,400	42,000
4P Vic Cpe	1,920	5,760	9,600	21,600	33,600	48,000
Spl Rds	2,720	8,160	13,600	30,600	47,600	68,000
4P Collegiate Cpe	2,040	6,120	10,200	22,950	35,700	51,000
7P Tr	2,640	7,920	13,200	29,700	46,200	66,000
Vic Sed	1,680	5,040	8,400	18,900	29,400	42,000
7P Sed, 140" wb	1,600	4,800	8,000	18,000	28,000	40,000
7P Sub, 140" wb	1,680	5,040	8,400	18,900	29,400	42,000
1928 Model 90, 6-cyl., 86 hp, 138" wb						
4P Sportif	3,440	10,320	17,200	38,700	60,200	86,000
4P Rds	3,040	9,120	15,200	34,200	53,200	76,000
7P Tr	2,960	8,880	14,800	33,300	51,800	74,000
Cpe	2,000	6,000	10,000	22,500	35,000	50,000
5P Vic Sed	1,800	5,400	9,000	20,250	31,500	45,000
5P Div Vic Sed	1,920	5,760	9,600	21,600	33,600	48,000
7P Sub	1,960	5,880	9,800	22,050	34,300	49,000
7P Twn Brgm	1,960	5,880	9,800	22,050	34,300	49,000
7P Cabr	2,640	7,920	13,200	29,700	46,200	66,000
7P Semi-Collapsible Cabr	2,560	7,680	12,800	28,800	44,800	64,000

	6	5	4	3	2	1
1928 Model 48, 6-cyl., 103 hp, 142" wb						
4P Sportif	3,600	10,800	18,000	40,500	63,000	90,000
7P Tr.	3,440	10,320	17,200	38,700	60,200	86,000
Rds	3,520	10,560	17,600	39,600	61,600	88,000
7P Cabr	2,720	8,160	13,600	30,600	47,600	68,000
5P Vic Sed	2,720	8,160	13,600	30,600	47,600	68,000
7P Encl Dr Limo	2,640	7,920	13,200	29,700	46,200	66,000
7P Tr Limo	2,800	8,400	14,000	31,500	49,000	70,000
6P Twn Brgm	2,800	8,400	14,000	31,500	49,000	70,000
1929 Model 88, 8-cyl., 115 hp, 130" wb						
4P Phae	3,040	9,120	15,200	34,200	53,200	76,000
5P Sed	1,720	5,160	8,600	19,350	30,100	43,000
Vic Cpe	2,320	6,960	11,600	26,100	40,600	58,000
5P Brgm	2,120	6,360	10,600	23,850	37,100	53,000
4P Collegiate Cpe	2,400	7,200	12,000	27,000	42,000	60,000
7P Sed	1,640	4,920	8,200	18,450	28,700	41,000
7P Sub	1,680	5,040	8,400	18,900	29,400	42,000
7P A/W Cabr	2,400	7,200	12,000	27,000	42,000	60,000
1929 Model 90, 6-cyl., 86 hp, 138" wb						
4P Sportif	3,440	10,320	17,200	38,700	60,200	86,000
4P Rds	3,440	10,320	17,200	38,700	60,200	86,000
7P Tr.	3,120	9,360	15,600	35,100	54,600	78,000
5P Vic Sed	2,320	6,960	11,600	26,100	40,600	58,000
5P Vic Div Sed	2,400	7,200	12,000	27,000	42,000	60,000
6P Twn Brgm	2,480	7,440	12,400	27,900	43,400	62,000
7P Cabr	2,800	8,400	14,000	31,500	49,000	70,000
Semi-Collapsible Cabr	2,720	8,160	13,600	30,600	47,600	68,000
1929 Model 48, 6-cyl., 103 hp, 142" wb						
4P Sportif	3,680	11,040	18,400	41,400	64,400	92,000
7P Tr.	3,440	10,320	17,200	38,700	60,200	86,000
Rds	3,600	10,800	18,000	40,500	63,000	90,000
7P Cabr	3,040	9,120	15,200	34,200	53,200	76,000
5P Vic Sed	2,400	7,200	12,000	27,000	42,000	60,000
7P Encl Dr Limo	2,560	7,680	12,800	28,800	44,800	64,000
7P Tr Limo	2,640	7,920	13,200	29,700	46,200	66,000
6P Twn Brgm	2,640	7,920	13,200	29,700	46,200	66,000

MARMON

NOTE: Marmon production started in 1902 but the earliest car known to exist is a 1909 speedster. Therefore ballpark values on pre-1909 models are inestimable.

	6	5	4	3	2	1
1909-12 Model 32, 4-cyl., 32 hp, 120" wb						
Rds	1,680	5,040	8,400	18,900	29,400	42,000
4P Tr.	1,720	5,160	8,600	19,350	30,100	43,000
5P Tr.	1,720	5,160	8,600	19,350	30,100	43,000
Spds	1,800	5,400	9,000	20,250	31,500	45,000
Limo	1,560	4,680	7,800	17,550	27,300	39,000
1913 Model 32, 4-cyl., 32 hp, 120" wb						
Rds	1,680	5,040	8,400	18,900	29,400	42,000
5P Tr.	1,720	5,160	8,600	19,350	30,100	43,000
7P Tr.	1,760	5,280	8,800	19,800	30,800	44,000
Spds	1,960	5,880	9,800	22,050	34,300	49,000
Limo	1,560	4,680	7,800	17,550	27,300	39,000
1913 Model 48, 6-cyl., 48 hp, 145" wb						
Rds	2,320	6,960	11,600	26,100	40,600	58,000
4P Tr.	2,360	7,080	11,800	26,550	41,300	59,000
5P Tr.	2,400	7,200	12,000	27,000	42,000	60,000
7P Tr.	2,440	7,320	12,200	27,450	42,700	61,000
Spds	2,640	7,920	13,200	29,700	46,200	66,000
Limo	2,200	6,600	11,000	24,750	38,500	55,000
1914 Model 32, 4-cyl., 32 hp, 120" wb						
Rds	1,680	5,040	8,400	18,900	29,400	42,000
4P Tr.	1,720	5,160	8,600	19,350	30,100	43,000
5P Tr.	1,760	5,280	8,800	19,800	30,800	44,000
Spds	2,160	6,480	10,800	24,300	37,800	54,000
Limo	1,720	5,160	8,600	19,350	30,100	43,000
1914 Model 41, 6-cyl., 41 hp, 132" wb						
Rds	1,800	5,400	9,000	20,250	31,500	45,000
4P Tr.	1,840	5,520	9,200	20,700	32,200	46,000
5P Tr.	1,880	5,640	9,400	21,150	32,900	47,000
7P Tr.	1,920	5,760	9,600	21,600	33,600	48,000
Spds	2,280	6,840	11,400	25,650	39,900	57,000
1914 Model 48, 6-cyl., 48 hp, 145" wb						
Rds	2,160	6,480	10,800	24,300	37,800	54,000

	6	5	4	3	2	1
4P Tr.	2,200	6,600	11,000	24,750	38,500	55,000
5P Tr.	2,240	6,720	11,200	25,200	39,200	56,000
7P Tr.	2,280	6,840	11,400	25,650	39,900	57,000
Spds	2,640	7,920	13,200	29,700	46,200	66,000
Limo	2,200	6,600	11,000	24,750	38,500	55,000
Ber Limo	2,240	6,720	11,200	25,200	39,200	56,000

1915 Model 41, 6-cyl., 41 hp, 132" wb

	6	5	4	3	2	1
Rds	1,760	5,280	8,800	19,800	30,800	44,000
4P Tr.	1,800	5,400	9,000	20,250	31,500	45,000
5P Tr.	1,840	5,520	9,200	20,700	32,200	46,000
7P Tr.	1,880	5,640	9,400	21,150	32,900	47,000
Spds	2,240	6,720	11,200	25,200	39,200	56,000

1915 Model 48, 6-cyl., 48 hp, 145" wb

	6	5	4	3	2	1
7P Tr.	2,000	6,000	10,000	22,500	35,000	50,000

1916 Model 41, 6-cyl., 41 hp, 132" wb

	6	5	4	3	2	1
Rds	1,720	5,160	8,600	19,350	30,100	43,000
4P Tr.	1,760	5,280	8,800	19,800	30,800	44,000
5P Tr.	1,800	5,400	9,000	20,250	31,500	45,000
5P Tr.	1,840	5,520	9,200	20,700	32,200	46,000
Spds	2,160	6,480	10,800	24,300	37,800	54,000

1916 Model 34, 6-cyl., 34 hp, 136" wb

	6	5	4	3	2	1
Clb Rds	1,680	5,040	8,400	18,900	29,400	42,000
5P Tr.	1,720	5,160	8,600	19,350	30,100	43,000
7P Tr.	1,760	5,280	8,800	19,800	30,800	44,000
Limo	1,640	4,920	8,200	18,450	28,700	41,000
Lan'let	1,680	5,040	8,400	18,900	29,400	42,000
Sed	1,360	4,080	6,800	15,300	23,800	34,000
Twn Car	1,480	4,440	7,400	16,650	25,900	37,000

1917 Model 34, 6-cyl., 34 hp, 136" wb

	6	5	4	3	2	1
5P Tr.	1,360	4,080	6,800	15,300	23,800	34,000
4P Rds	1,320	3,960	6,600	14,850	23,100	33,000
7P Tr.	1,440	4,320	7,200	16,200	25,200	36,000
Limo	880	2,640	4,400	9,900	15,400	22,000
Lan'let	1,040	3,120	5,200	11,700	18,200	26,000
Sed	800	2,400	4,000	9,000	14,000	20,000
Twn Car	1,080	3,240	5,400	12,150	18,900	27,000

1918 Model 34, 6-cyl., 34 hp, 136" wb

	6	5	4	3	2	1
5P Tr.	1,360	4,080	6,800	15,300	23,800	34,000
4P Rds	1,320	3,960	6,600	14,850	23,100	33,000
7P Tr.	1,440	4,320	7,200	16,200	25,200	36,000
Sed	800	2,400	4,000	9,000	14,000	20,000
Limo-Twn Car	1,080	3,240	5,400	12,150	18,900	27,000
Lan'let	1,120	3,360	5,600	12,600	19,600	28,000
Rubay Twn Car	1,240	3,720	6,200	13,950	21,700	31,000
Rubay Limo	1,280	3,840	6,400	14,400	22,400	32,000

1919 Model 34, 6-cyl., 34 hp, 136" wb

	6	5	4	3	2	1
5P Tr.	1,360	4,080	6,800	15,300	23,800	34,000
4P Rds	1,320	3,960	6,600	14,850	23,100	33,000
7P Tr.	1,440	4,320	7,200	16,200	25,200	36,000
Sed	800	2,400	4,000	9,000	14,000	20,000
Limo	1,040	3,120	5,200	11,700	18,200	26,000
Twn Car	1,120	3,360	5,600	12,600	19,600	28,000
Lan'let	1,160	3,480	5,800	13,050	20,300	29,000

1920 Model 34, 6-cyl., 34 hp, 136" wb

	6	5	4	3	2	1
4P Rds	1,400	4,200	7,000	15,750	24,500	35,000
4P 4d Tr	1,440	4,320	7,200	16,200	25,200	36,000
4P Cpe	800	2,400	4,000	9,000	14,000	20,000
7P Sed	760	2,280	3,800	8,550	13,300	19,000
Twn Car	920	2,760	4,600	10,350	16,100	23,000
7P Tr.	1,280	3,840	6,400	14,400	22,400	32,000

1921 Model 34, 6-cyl., 34 hp, 136" wb

	6	5	4	3	2	1
4P Rds	1,400	4,200	7,000	15,750	24,500	35,000
7P Tr.	1,480	4,440	7,400	16,650	25,900	37,000
2P Spds	1,840	5,520	9,200	20,700	32,200	46,000
4P Cpe	800	2,400	4,000	9,000	14,000	20,000
4P Tr.	1,240	3,720	6,200	13,950	21,700	31,000
7P Sed	760	2,280	3,800	8,550	13,300	19,000
Limo	800	2,400	4,000	9,000	14,000	20,000
Twn Car	920	2,760	4,600	10,350	16,100	23,000

1922 Model 34, 6-cyl., 34 hp, 136" wb

	6	5	4	3	2	1
4P Rds	1,280	3,840	6,400	14,400	22,400	32,000
4P Tr.	1,320	3,960	6,600	14,850	23,100	33,000
7P Tr.	1,360	4,080	6,800	15,300	23,800	34,000
2P Spds	1,720	5,160	8,600	19,350	30,100	43,000
4P Spds	1,680	5,040	8,400	18,900	29,400	42,000
W'by Cpe	880	2,640	4,400	9,900	15,400	22,000

	6	5	4	3	2	1
N & M Cpe	760	2,280	3,800	8,550	13,300	19,000
7P N & M Sed	760	2,280	3,800	8,550	13,300	19,000
Rubay Limo	1,160	3,480	5,800	13,050	20,300	29,000
4P N & M Sed	680	2,040	3,400	7,650	11,900	17,000
7P Sub	688	2,064	3,440	7,740	12,040	17,200
Spt Sed	700	2,100	3,500	7,880	12,250	17,500
N & H Sed	800	2,400	4,000	9,000	14,000	20,000
Rubay Twn Car	1,120	3,360	5,600	12,600	19,600	28,000
W'by Limo	1,320	3,960	6,600	14,850	23,100	33,000
W'by Twn Car	1,160	3,480	5,800	13,050	20,300	29,000

NOTE: N & M bodies by Nordyke Marmon Co. (factory custom).

1923 Model 34, 6-cyl., 34 hp, 132" wb

	6	5	4	3	2	1
4P Phae	1,280	3,840	6,400	14,400	22,400	32,000
2P Rds	1,240	3,720	6,200	13,950	21,700	31,000
4P Rds	1,240	3,720	6,200	13,950	21,700	31,000
7P Phae	1,320	3,960	6,600	14,850	23,100	33,000
4P Tr	1,280	3,840	6,400	14,400	22,400	32,000
2P Spds	1,800	5,400	9,000	20,250	31,500	45,000
4P Spds	1,760	5,280	8,800	19,800	30,800	44,000
4P Cpe	760	2,280	3,800	8,550	13,300	19,000
4P Sed	680	2,040	3,400	7,650	11,900	17,000
7P Sed	700	2,100	3,500	7,880	12,250	17,500
7P Limo	1,120	3,360	5,600	12,600	19,600	28,000
Twn Car	1,100	3,300	5,500	12,380	19,250	27,500
Sub Sed	680	2,040	3,400	7,650	11,900	17,000

1924 Model 34, 6-cyl., 34 hp, 132" wb

	6	5	4	3	2	1
Spt Spds	1,800	5,400	9,000	20,250	31,500	45,000
4P Spds	1,760	5,280	8,800	19,800	30,800	44,000
4P Phae	1,400	4,200	7,000	15,750	24,500	35,000
4P Conv Phae	1,440	4,320	7,200	16,200	25,200	36,000
7P Conv Phae	1,480	4,440	7,400	16,650	25,900	37,000
4P Cpe	780	2,340	3,900	8,780	13,650	19,500
4P Sed	680	2,040	3,400	7,650	11,900	17,000
7P Sed	720	2,160	3,600	8,100	12,600	18,000
Sub Sed	680	2,040	3,400	7,650	11,900	17,000
Limo	1,120	3,360	5,600	12,600	19,600	28,000
Twn Car	1,100	3,300	5,500	12,380	19,250	27,500

NOTE: The Phaeton (Phae) is a touring car; the convertible Phaeton (Conv Phae) is a convertible sedan with glass slide-in windows.

NOTE: The following Marmon models are authentic Classic Cars: all 16-cyl., all Models 74 (1925-26); all Models 75 (1927); all Models E75 (1928), 1930 "Big Eight" and 1931 Model "88" and "Big Eight".

1925 Model D-74, 6-cyl., 34 hp, 136" wb

	6	5	4	3	2	1
R/S Rds	2,200	6,600	11,000	24,750	38,500	55,000
5P Phae	2,120	6,360	10,600	23,850	37,100	53,000
7P Tr	1,760	5,280	8,800	19,800	30,800	44,000
Std Sed	880	2,640	4,400	9,900	15,400	22,000
Brgm Cpe	900	2,700	4,500	10,130	15,750	22,500
DeL Cpe	920	2,760	4,600	10,350	16,100	23,000
DeL Sed	900	2,700	4,500	10,130	15,750	22,500
7P DeL Sed	920	2,760	4,600	10,350	16,100	23,000
5P Sed Limo	920	2,760	4,600	10,350	16,100	23,000
7P Sed Limo	920	2,760	4,600	10,350	16,100	23,000
7P Std Sed	900	2,700	4,500	10,130	15,750	22,500
4P Vic Cpe	900	2,700	4,500	10,130	15,750	22,500
2P Std Cpe	920	2,760	4,600	10,350	16,100	23,000

1926 Model D-74, 6-cyl., 34 hp, 136" wb

	6	5	4	3	2	1
2P Spds	2,040	6,120	10,200	22,950	35,700	51,000
5P Phae	2,120	6,360	10,600	23,850	37,100	53,000
7P Tr	1,760	5,280	8,800	19,800	30,800	44,000
Std Cpe	920	2,760	4,600	10,350	16,100	23,000
Std Sed	880	2,640	4,400	9,900	15,400	22,000
5P DeL Sed	900	2,700	4,500	10,130	15,750	22,500
7P Del Sed	920	2,760	4,600	10,350	16,100	23,000
Std Vic	940	2,820	4,700	10,580	16,450	23,500
Std Brgm	900	2,700	4,500	10,130	15,750	22,500
5P DeL Limo	940	2,820	4,700	10,580	16,450	23,500
7P DeL Limo	960	2,880	4,800	10,800	16,800	24,000
Spl Brgm	920	2,760	4,600	10,350	16,100	23,000
7P Spl Sed	920	2,760	4,600	10,350	16,100	23,000
5P Spl Sed	900	2,700	4,500	10,130	15,750	22,500

1927 Little Marmon Series, 8-cyl., 24 hp

	6	5	4	3	2	1
2P Spds	1,120	3,360	5,600	12,600	19,600	28,000
4P Spds	1,080	3,240	5,400	12,150	18,900	27,000
4d Sed	600	1,800	3,000	6,750	10,500	15,000
2d Sed	580	1,740	2,900	6,530	10,150	14,500

	6	5	4	3	2	1
R/S Cpe	680	2,040	3,400	7,650	11,900	17,000
Coll Rds Cpe	960	2,880	4,800	10,800	16,800	24,000
4P Brgm	620	1,860	3,100	6,980	10,850	15,500

1927 E-75 Series (Factory Body), 6-cyl., 34 hp, 136" wb

	6	5	4	3	2	1
5P Sed	940	2,820	4,700	10,580	16,450	23,500
7P Sed	960	2,880	4,800	10,800	16,800	24,000
5P Brgm	980	2,940	4,900	11,030	17,150	24,500
R/M Cpe	1,000	3,000	5,000	11,250	17,500	25,000
Twn Cpe	1,020	3,060	5,100	11,480	17,850	25,500
Vic.	1,040	3,120	5,200	11,700	18,200	26,000
4P Spds	2,120	6,360	10,600	23,850	37,100	53,000
2P Spds	2,320	6,960	11,600	26,100	40,600	58,000

1927 E-75 Series (Custom Body), 6-cyl., 136" wb

	6	5	4	3	2	1
7P Sed	1,160	3,480	5,800	13,050	20,300	29,000
5P Sed	1,120	3,360	5,600	12,600	19,600	28,000
Limo	1,140	3,420	5,700	12,830	19,950	28,500
7P Spds	2,600	7,800	13,000	29,250	45,500	65,000

1928 Series 68, 8-cyl., 24 hp, 114" wb

	6	5	4	3	2	1
Rds	1,360	4,080	6,800	15,300	23,800	34,000
Sed	620	1,860	3,100	6,980	10,850	15,500
Cpe	700	2,100	3,500	7,880	12,250	17,500
Vic.	720	2,160	3,600	8,100	12,600	18,000

1928 Series 78, 8-cyl., 28 hp, 120" wb

	6	5	4	3	2	1
Cpe	760	2,280	3,800	8,550	13,300	19,000
Sed	660	1,980	3,300	7,430	11,550	16,500
Rds	1,360	4,080	6,800	15,300	23,800	34,000
Spds	1,560	4,680	7,800	17,550	27,300	39,000
Coll Cpe	1,000	3,000	5,000	11,250	17,500	25,000
Vic Cpe	800	2,400	4,000	9,000	14,000	20,000

1928 Series 75 Standard Line, 6-cyl., 34 hp

	6	5	4	3	2	1
Twn Cpe	1,000	3,000	5,000	11,250	17,500	25,000
2P Spds	1,720	5,160	8,600	19,350	30,100	43,000
Cpe	920	2,760	4,600	10,350	16,100	23,000
Vic.	960	2,880	4,800	10,800	16,800	24,000
Cpe Rds	1,120	3,360	5,600	12,600	19,600	28,000
Brgm	920	2,760	4,600	10,350	16,100	23,000
5P Sed	880	2,640	4,400	9,900	15,400	22,000
7P Sed	900	2,700	4,500	10,130	15,750	22,500

1928 Series 75 Custom Line, 6-cyl., 34 hp

	6	5	4	3	2	1
4P Spds	2,320	6,960	11,600	26,100	40,600	58,000
7P Spds	2,280	6,840	11,400	25,650	39,900	57,000
5P Sed	880	2,640	4,400	9,900	15,400	22,000
7P Sed	920	2,760	4,600	10,350	16,100	23,000
Limo	940	2,820	4,700	10,580	16,450	23,500

1929 Marmon Roosevelt, 8-cyl., 24 hp, 112.75" wb

	6	5	4	3	2	1
Sed	840	2,520	4,200	9,450	14,700	21,000
Cpe	880	2,640	4,400	9,900	15,400	22,000
Vic Cpe	900	2,700	4,500	10,130	15,750	22,500
Coll Cpe	1,080	3,240	5,400	12,150	18,900	27,000

1929 Series 68, 8-cyl., 28 hp, 114" wb

	6	5	4	3	2	1
Sed	880	2,640	4,400	9,900	15,400	22,000
Coll Cpe	1,240	3,720	6,200	13,950	21,700	31,000
Cpe	960	2,880	4,800	10,800	16,800	24,000
Rds	1,680	5,040	8,400	18,900	29,400	42,000
Vic Cpe	1,000	3,000	5,000	11,250	17,500	25,000

1929 Series 78, 8-cyl., 28 hp, 120" wb

	6	5	4	3	2	1
Sed	920	2,760	4,600	10,350	16,100	23,000
Cpe	1,000	3,000	5,000	11,250	17,500	25,000
Vic Cpe	1,040	3,120	5,200	11,700	18,200	26,000
Coll Cpe	1,480	4,440	7,400	16,650	25,900	37,000
Rds	1,720	5,160	8,600	19,350	30,100	43,000
6P Spds	2,040	6,120	10,200	22,950	35,700	51,000

1930 Marmon Roosevelt, 8-cyl., 24 hp, 112.75" wb

	6	5	4	3	2	1
Sed	840	2,520	4,200	9,450	14,700	21,000
R/S Cpe	920	2,760	4,600	10,350	16,100	23,000
Vic Cpe	880	2,640	4,400	9,900	15,400	22,000
Conv	1,480	4,440	7,400	16,650	25,900	37,000

1930 Model 8-69, 8-cyl., 25.5 hp, 118" wb

	6	5	4	3	2	1
Sed	880	2,640	4,400	9,900	15,400	22,000
Cpe	920	2,760	4,600	10,350	16,100	23,000
Phae	1,920	5,760	9,600	21,600	33,600	48,000
Conv	1,880	5,640	9,400	21,150	32,900	47,000
Brgm	880	2,640	4,400	9,900	15,400	22,000
Clb Sed	920	2,760	4,600	10,350	16,100	23,000

1930 Model 8-79, 8-cyl., 32.5 hp, 125" wb

	6	5	4	3	2	1
Sed	880	2,640	4,400	9,900	15,400	22,000

	6	5	4	3	2	1
R/S Cpe	1,000	3,000	5,000	11,250	17,500	25,000
Phae	2,120	6,360	10,600	23,850	37,100	53,000
Conv	2,080	6,240	10,400	23,400	36,400	52,000
Brgm	960	2,880	4,800	10,800	16,800	24,000
Clb Sed	840	2,520	4,200	9,450	14,700	21,000

1930 Model "Big Eight", 8-cyl., 34 hp, 136" wb

	6	5	4	3	2	1
5P Sed	1,360	4,080	6,800	15,300	23,800	34,000
R/S Cpe	1,600	4,800	8,000	18,000	28,000	40,000
7P Tr	2,280	6,840	11,400	25,650	39,900	57,000
Conv Sed	2,480	7,440	12,400	27,900	43,400	62,000
7P Sed	1,400	4,200	7,000	15,750	24,500	35,000
Limo	1,480	4,440	7,400	16,650	25,900	37,000
Brgm	1,400	4,200	7,000	15,750	24,500	35,000
Clb Sed	1,440	4,320	7,200	16,200	25,200	36,000

1931 Model "Big Eight" (First Series), 8-cyl., 33.8 hp, 136" wb

	6	5	4	3	2	1
5P Sed	1,160	3,480	5,800	13,050	20,300	29,000
5P Sed	880	2,640	4,400	9,900	15,400	22,000
Tr	1,880	5,640	9,400	21,150	32,900	47,000
Conv Sed	2,360	7,080	11,800	26,550	41,300	59,000
Weyman Sed			value not estimable			
7P Sed	1,200	3,600	6,000	13,500	21,000	30,000
Limo	1,280	3,840	6,400	14,400	22,400	32,000
Brgm	1,200	3,600	6,000	13,500	21,000	30,000
Clb Sed	1,240	3,720	6,200	13,950	21,700	31,000

1931 Model 8-79 (First Series), 8-cyl., 32.5 hp, 125" wb

	6	5	4	3	2	1
5P Sed	880	2,640	4,400	9,900	15,400	22,000
Cpe	1,000	3,000	5,000	11,250	17,500	25,000
Phae	1,880	5,640	9,400	21,150	32,900	47,000
Conv Cpe	1,800	5,400	9,000	20,250	31,500	45,000
Brgm	880	2,640	4,400	9,900	15,400	22,000
Clb Sed	880	2,640	4,400	9,900	15,400	22,000

1931 Model 8-69 (First Series), 8-cyl., 25.3 hp, 118" wb

	6	5	4	3	2	1
Sed	880	2,640	4,400	9,900	15,400	22,000
Cpe	960	2,880	4,800	10,800	16,800	24,000
Phae	1,680	5,040	8,400	18,900	29,400	42,000
Conv Cpe	1,640	4,920	8,200	18,450	28,700	41,000
Brgm	840	2,520	4,200	9,450	14,700	21,000
Clb Sed	840	2,520	4,200	9,450	14,700	21,000

1931 Marmon Roosevelt (First Series), 8-cyl., 25.3 hp, 112.75" wb

	6	5	4	3	2	1
Sed	800	2,400	4,000	9,000	14,000	20,000
Cpe	880	2,640	4,400	9,900	15,400	22,000
Vic Cpe	840	2,520	4,200	9,450	14,700	21,000
Conv Cpe	1,480	4,440	7,400	16,650	25,900	37,000

1931 Model 70 (Second Series), 8-cyl., 25.3 hp, 112.75" wb

	6	5	4	3	2	1
Sed	760	2,280	3,800	8,550	13,300	19,000
Cpe	840	2,520	4,200	9,450	14,700	21,000
Vic Cpe	800	2,400	4,000	9,000	14,000	20,000
Conv Cpe	1,440	4,320	7,200	16,200	25,200	36,000

NOTE: Effective with release of the Second Series on January 1, 1931, the Roosevelt became the Marmon Model 70.

1931 Model 88 (Second Series), 8-cyl., 33.8 hp, 130"-136" wb

	6	5	4	3	2	1
5P Sed	1,180	3,540	5,900	13,280	20,650	29,500
Cpe	1,200	3,600	6,000	13,500	21,000	30,000
Conv Cpe	2,160	6,480	10,800	24,300	37,800	54,000
Spl Sed	1,200	3,600	6,000	13,500	21,000	30,000
Clb Sed	1,160	3,480	5,800	13,050	20,300	29,000
Tr	1,960	5,880	9,800	22,050	34,300	49,000
Spl Cpe	1,300	3,900	6,500	14,630	22,750	32,500
7P Sed	1,180	3,540	5,900	13,280	20,650	29,500
Limo	1,340	4,020	6,700	15,080	23,450	33,500

1931 Series 16 (Second Series), 16-cyl., 62.5 hp, 145" wb

	6	5	4	3	2	1
5P Sed	2,480	7,440	12,400	27,900	43,400	62,000
2P Cpe	2,560	7,680	12,800	28,800	44,800	64,000
5P Cpe	2,560	7,680	12,800	28,800	44,800	64,000
Conv Cpe	5,520	16,560	27,600	62,100	96,600	138,000
Conv Sed	6,320	18,960	31,600	71,100	110,600	158,000
7P Sed	2,640	7,920	13,200	29,700	46,200	66,000
Limo	2,720	8,160	13,600	30,600	47,600	68,000
C.C. Sed	2,720	8,160	13,600	30,600	47,600	68,000

1932 Series 70, 8-cyl., 25.3 hp, 112.75" wb

	6	5	4	3	2	1
Sed	880	2,640	4,400	9,900	15,400	22,000
Cpe	960	2,880	4,800	10,800	16,800	24,000

1932 Series 125, 8-cyl., 33.8 hp, 125" wb

	6	5	4	3	2	1
Sed	920	2,760	4,600	10,350	16,100	23,000
Cpe	1,040	3,120	5,200	11,700	18,200	26,000
Conv Cpe	1,840	5,520	9,200	20,700	32,200	46,000

1939 Mercury club coupe

1946 Mercury two-door sedan

1958 Mercury Montclair Turnpike Cruiser four-door hardtop

	6	5	4	3	2	1
1932 Series 16, 16-cyl., 62.5 hp, 145" wb						
Sed	3,360	10,080	16,800	37,800	58,800	84,000
Cpe	3,520	10,560	17,600	39,600	61,600	88,000
2d Cpe	3,600	10,800	18,000	40,500	63,000	90,000
Conv Cpe	10,720	32,160	53,600	120,600	187,600	268,000
Conv Sed	10,920	32,760	54,600	122,850	191,100	273,000
Sed	3,520	10,560	17,600	39,600	61,600	88,000
Limo	3,760	11,280	18,800	42,300	65,800	94,000
C.C. Sed	3,600	10,800	18,000	40,500	63,000	90,000
1933 Series 16, 16-cyl., 62.5 hp, 145" wb						
Sed	3,360	10,080	16,800	37,800	58,800	84,000
2P Cpe	3,520	10,560	17,600	39,600	61,600	88,000
5P Cpe	3,600	10,800	18,000	40,500	63,000	90,000
Conv Cpe	10,720	32,160	53,600	120,600	187,600	268,000
Conv Sed	10,920	32,760	54,600	122,850	191,100	273,000
Sed	3,520	10,560	17,600	39,600	61,600	88,000
Limo	3,760	11,280	18,800	42,300	65,800	94,000
C.C. Sed	3,600	10,800	18,000	40,500	63,000	90,000

NOTE: Marmon was discontinued after the close of 1933 model year.

MERCURY

	6	5	4	3	2	1
1939 Series 99A, V-8, 116" wb						
2d Conv	1,560	4,680	7,800	17,550	27,300	39,000
2d Cpe	980	2,940	4,900	11,030	17,150	24,500
2d Sed	796	2,388	3,980	8,960	13,930	19,900
4d Sed	792	2,376	3,960	8,910	13,860	19,800
1940 Series O9A, V-8, 116" wb						
2d Conv	1,600	4,800	8,000	18,000	28,000	40,000
4d Conv Sed	1,240	3,720	6,200	13,950	21,700	31,000
2d Cpe	1,020	3,060	5,100	11,480	17,850	25,500
2d Sed	796	2,388	3,980	8,960	13,930	19,900
4d Sed	792	2,376	3,960	8,910	13,860	19,800
1941 Series 19A, V-8, 118" wb						
2d Conv	1,520	4,560	7,600	17,100	26,600	38,000
2d Bus Cpe	860	2,580	4,300	9,680	15,050	21,500
2d 5P Cpe	872	2,616	4,360	9,810	15,260	21,800
2d 6P Cpe	892	2,676	4,460	10,040	15,610	22,300
2d Sed	784	2,352	3,920	8,820	13,720	19,600
4d Sed	780	2,340	3,900	8,780	13,650	19,500
4d Sta Wag	1,560	4,680	7,800	17,550	27,300	39,000
1942 Series 29A, V-8, 118" wb						
2d Conv	1,320	3,960	6,600	14,850	23,100	33,000
2d Bus Cpe	808	2,424	4,040	9,090	14,140	20,200
2d 6P Cpe	820	2,460	4,100	9,230	14,350	20,500
2d Sed	760	2,280	3,800	8,550	13,300	19,000
4d Sed	756	2,268	3,780	8,510	13,230	18,900
4d Sta Wag	1,520	4,560	7,600	17,100	26,600	38,000

NOTE: Add 10 percent for liquamatic drive models.

	6	5	4	3	2	1
1946-48 Series 69M, V-8, 118" wb						
2d Conv	1,320	3,960	6,600	14,850	23,100	33,000
2d 6P Cpe	860	2,580	4,300	9,680	15,050	21,500
2d Sed	748	2,244	3,740	8,420	13,090	18,700
4d Sed	744	2,232	3,720	8,370	13,020	18,600
4d Sta Wag	1,520	4,560	7,600	17,100	26,600	38,000
2d Sptsman Conv (1946-47 only)	3,040	9,120	15,200	34,200	53,200	76,000
1949-50 Series OCM, V-8, 118" wb						
2d Conv	1,560	4,680	7,800	17,550	27,300	39,000
2d Cpe	1,200	3,600	6,000	13,500	21,000	30,000
2d Clb Cpe	1,240	3,720	6,200	13,950	21,700	31,000
2d Mon Cpe (1950 only)	1,280	3,840	6,400	14,400	22,400	32,000
4d Sed	840	2,520	4,200	9,450	14,700	21,000
2d Sta Wag	1,440	4,320	7,200	16,200	25,200	36,000
1951 Mercury, V-8, 118" wb						
4d Sed	860	2,580	4,300	9,680	15,050	21,500
2d Cpe	1,240	3,720	6,200	13,950	21,700	31,000
2d Conv	1,520	4,560	7,600	17,100	26,600	38,000
2d Sta Wag	1,460	4,380	7,300	16,430	25,550	36,500
1951 Monterey, V-8, 118" wb						
2d Clth Cpe	1,320	3,960	6,600	14,850	23,100	33,000
2d Lthr Cpe	1,360	4,080	6,800	15,300	23,800	34,000
1952-53 Mercury Custom, V-8, 118" wb						
4d Sta Wag (1952 only)	1,000	3,000	5,000	11,250	17,500	25,000
4d Sed	740	2,220	3,700	8,330	12,950	18,500
2d Sed	744	2,232	3,720	8,370	13,020	18,600
2d HT	1,080	3,240	5,400	12,150	18,900	27,000

	6	5	4	3	2	1
1952-53 Monterey Special Custom, V-8, 118" wb						
4d Sed	732	2,196	3,660	8,240	12,810	18,300
2d HT	1,120	3,360	5,600	12,600	19,600	28,000
2d Conv	1,320	3,960	6,600	14,850	23,100	33,000
4d Sta Wag (1953 only)	1,080	3,240	5,400	12,150	18,900	27,000
1954 Mercury Custom, V-8, 118" wb						
4d Sed	780	2,340	3,900	8,780	13,650	19,500
2d Sed	784	2,352	3,920	8,820	13,720	19,600
2d HT	1,080	3,240	5,400	12,150	18,900	27,000
1954 Monterey Special Custom, V-8, 118" wb						
4d Sed	792	2,376	3,960	8,910	13,860	19,800
2d HT SV	1,440	4,320	7,200	16,200	25,200	36,000
2d HT	1,120	3,360	5,600	12,600	19,600	28,000
2d Conv	1,400	4,200	7,000	15,750	24,500	35,000
4d Sta Wag	1,000	3,000	5,000	11,250	17,500	25,000
1955 Custom Series, V-8, 119" wb						
4d Sed	736	2,208	3,680	8,280	12,880	18,400
2d Sed	740	2,220	3,700	8,330	12,950	18,500
2d HT	960	2,880	4,800	10,800	16,800	24,000
4d Sta Wag	760	2,280	3,800	8,550	13,300	19,000
1955 Monterey Series, V-8, 119" wb						
4d Sed	760	2,280	3,800	8,550	13,300	19,000
2d HT	1,000	3,000	5,000	11,250	17,500	25,000
4d Sta Wag	880	2,640	4,400	9,900	15,400	22,000
1955 Montclair Series, V-8, 119" wb						
4d Sed	780	2,340	3,900	8,780	13,650	19,500
2d HT	1,080	3,240	5,400	12,150	18,900	27,000
2d HT SV	1,440	4,320	7,200	16,200	25,200	36,000
2d Conv	1,440	4,320	7,200	16,200	25,200	36,000
1956 Medalist Series, V-8, 119" wb						
4d Sed	696	2,088	3,480	7,830	12,180	17,400
2d Sed	700	2,100	3,500	7,880	12,250	17,500
2d HT	880	2,640	4,400	9,900	15,400	22,000
4d Phae HT	800	2,400	4,000	9,000	14,000	20,000
1956 Custom Series, V-8, 119" wb						
4d Sed	720	2,160	3,600	8,100	12,600	18,000
2d Sed	728	2,184	3,640	8,190	12,740	18,200
2d HT	920	2,760	4,600	10,350	16,100	23,000
4d Phae HT	840	2,520	4,200	9,450	14,700	21,000
2d Conv	1,360	4,080	6,800	15,300	23,800	34,000
4d Sta Wag 8P	820	2,460	4,100	9,230	14,350	20,500
4d Sta Wag 9P	840	2,520	4,200	9,450	14,700	21,000
1956 Monterey Series, V-8, 119" wb						
4d Sed	740	2,220	3,700	8,330	12,950	18,500
4d Spt Sed	760	2,280	3,800	8,550	13,300	19,000
2d HT	1,000	3,000	5,000	11,250	17,500	25,000
4d Phae HT	860	2,580	4,300	9,680	15,050	21,500
4d Sta Wag	860	2,580	4,300	9,680	15,050	21,500
1956 Montclair Series, V-8, 119" wb						
4d Spt Sed	780	2,340	3,900	8,780	13,650	19,500
2d HT	1,080	3,240	5,400	12,150	18,900	27,000
4d Phae HT	960	2,880	4,800	10,800	16,800	24,000
2d Conv	1,480	4,440	7,400	16,650	25,900	37,000
1957 Monterey Series, V-8, 122" wb						
4d Sed	696	2,088	3,480	7,830	12,180	17,400
2d Sed	700	2,100	3,500	7,880	12,250	17,500
4d HT	840	2,520	4,200	9,450	14,700	21,000
2d HT	960	2,880	4,800	10,800	16,800	24,000
2d Conv	1,080	3,240	5,400	12,150	18,900	27,000
1957 Montclair Series, V-8, 122" wb						
4d Sed	720	2,160	3,600	8,100	12,600	18,000
4d HT	880	2,640	4,400	9,900	15,400	22,000
2d HT	1,000	3,000	5,000	11,250	17,500	25,000
2d Conv	1,240	3,720	6,200	13,950	21,700	31,000
1957 Turnpike Cruiser, V-8, 122" wb						
4d HT	1,120	3,360	5,600	12,600	19,600	28,000
2d HT	1,240	3,720	6,200	13,950	21,700	31,000
2d Conv	1,480	4,440	7,400	16,650	25,900	37,000
NOTE: Add 10 percent for pace car edition.						
1957 Station Wagons, V-8, 122" wb						
2d Voy HT	1,080	3,240	5,400	12,150	18,900	27,000
4d Voy HT	1,140	3,420	5,700	12,830	19,950	28,500
2d Com HT	1,100	3,300	5,500	12,380	19,250	27,500
4d Com HT	1,160	3,480	5,800	13,050	20,300	29,000
4d Col Pk HT	1,200	3,600	6,000	13,500	21,000	30,000

	6	5	4	3	2	1
1958 Mercury, V-8, 122" wb						
4d Sed	640	1,920	3,200	7,200	11,200	16,000
2d Sed	648	1,944	3,240	7,290	11,340	16,200
1958 Monterey, V-8, 122" wb						
4d Sed	648	1,944	3,240	7,290	11,340	16,200
2d Sed	652	1,956	3,260	7,340	11,410	16,300
4d HT	720	2,160	3,600	8,100	12,600	18,000
2d HT	800	2,400	4,000	9,000	14,000	20,000
2d Conv	1,080	3,240	5,400	12,150	18,900	27,000
1958 Montclair, V-8, 122" wb						
4d Sed	640	1,920	3,200	7,200	11,200	16,000
4d HT	840	2,520	4,200	9,450	14,700	21,000
2d HT	1,000	3,000	5,000	11,250	17,500	25,000
2d Conv	1,160	3,480	5,800	13,050	20,300	29,000
1958 Turnpike Cruiser, V-8, 122" wb						
4d HT	960	2,880	4,800	10,800	16,800	24,000
2d HT	1,120	3,360	5,600	12,600	19,600	28,000
1958 Station Wagons, V-8, 122" wb						
2d Voy HT	1,060	3,180	5,300	11,930	18,550	26,500
4d Voy HT	1,120	3,360	5,600	12,600	19,600	28,000
2d Com HT	1,080	3,240	5,400	12,150	18,900	27,000
4d Com HT	1,140	3,420	5,700	12,830	19,950	28,500
4d Col Pk HT	1,180	3,540	5,900	13,280	20,650	29,500
1958 Park Lane, V-8, 125" wb						
4d HT	880	2,640	4,400	9,900	15,400	22,000
2d HT	1,040	3,120	5,200	11,700	18,200	26,000
2d Conv	1,440	4,320	7,200	16,200	25,200	36,000
1959 Monterey, V-8, 126" wb						
4d Sed	620	1,860	3,100	6,980	10,850	15,500
2d Sed	624	1,872	3,120	7,020	10,920	15,600
4d HT	680	2,040	3,400	7,650	11,900	17,000
2d HT	800	2,400	4,000	9,000	14,000	20,000
2d Conv	1,120	3,360	5,600	12,600	19,600	28,000
1959 Montclair, V-8, 126" wb						
4d Sed	640	1,920	3,200	7,200	11,200	16,000
4d HT	720	2,160	3,600	8,100	12,600	18,000
2d HT	880	2,640	4,400	9,900	15,400	22,000
1959 Park Lane, V-8, 128" wb						
4d HT	760	2,280	3,800	8,550	13,300	19,000
2d HT	920	2,760	4,600	10,350	16,100	23,000
2d Conv	1,160	3,480	5,800	13,050	20,300	29,000
1959 Country Cruiser Station Wagons, V-8, 126" wb						
2d Com HT	1,000	3,000	5,000	11,250	17,500	25,000
4d Com HT	1,060	3,180	5,300	11,930	18,550	26,500
4d Voy HT	1,080	3,240	5,400	12,150	18,900	27,000
4d Col Pk HT	1,140	3,420	5,700	12,830	19,950	28,500
1960 Comet, 6-cyl., 114" wb						
4d Sed	332	996	1,660	3,740	5,810	8,300
2d Sed	336	1,008	1,680	3,780	5,880	8,400
4d Sta Wag	340	1,020	1,700	3,830	5,950	8,500
2d Sta Wag	344	1,032	1,720	3,870	6,020	8,600
1960 Monterey, V-8, 126" wb						
4d Sed	456	1,368	2,280	5,130	7,980	11,400
2d Sed	460	1,380	2,300	5,180	8,050	11,500
4d HT	500	1,500	2,500	5,630	8,750	12,500
2d HT	620	1,860	3,100	6,980	10,850	15,500
2d Conv	1,000	3,000	5,000	11,250	17,500	25,000
1960 Country Cruiser Station Wagons, V-8, 126" wb						
4d Com HT	1,000	3,000	5,000	11,250	17,500	25,000
4d Col Pk HT	1,040	3,120	5,200	11,700	18,200	26,000
1960 Montclair, V-8, 126" wb						
4d Sed	472	1,416	2,360	5,310	8,260	11,800
4d HT	680	2,040	3,400	7,650	11,900	17,000
2d HT	760	2,280	3,800	8,550	13,300	19,000
1960 Park Lane, V-8, 126" wb						
4d HT	720	2,160	3,600	8,100	12,600	18,000
2d HT	840	2,520	4,200	9,450	14,700	21,000
2d Conv	1,200	3,600	6,000	13,500	21,000	30,000
1961 Comet, 6-cyl., 114" wb						
4d Sed	312	936	1,560	3,510	5,460	7,800
2d Sed	316	948	1,580	3,560	5,530	7,900
2d S-22 Cpe	580	1,740	2,900	6,530	10,150	14,500
4d Sta Wag	384	1,152	1,920	4,320	6,720	9,600
2d Sta Wag	388	1,164	1,940	4,370	6,790	9,700

	6	5	4	3	2	1
1961 Meteor 600, V-8, 120" wb						
4d Sed	308	924	1,540	3,470	5,390	7,700
2d Sed	312	936	1,560	3,510	5,460	7,800
1961 Meteor 800, V-8, 120" wb						
4d Sed	316	948	1,580	3,560	5,530	7,900
4d HT	324	972	1,620	3,650	5,670	8,100
2d Sed	320	960	1,600	3,600	5,600	8,000
2d HT	340	1,020	1,700	3,830	5,950	8,500
1961 Monterey, V-8, 120" wb						
4d Sed	336	1,008	1,680	3,780	5,880	8,400
4d HT	340	1,020	1,700	3,830	5,950	8,500
2d HT	380	1,140	1,900	4,280	6,650	9,500
2d Conv	720	2,160	3,600	8,100	12,600	18,000
1961 Station Wagon, V-8, 120" wb						
4d Com	700	2,100	3,500	7,880	12,250	17,500
4d Col Pk	720	2,160	3,600	8,100	12,600	18,000
1962 Comet, 6-cyl.						
4d Sed	292	876	1,460	3,290	5,110	7,300
2d Sed	296	888	1,480	3,330	5,180	7,400
4d Sta Wag	292	876	1,460	3,290	5,110	7,300
2d Sta Wag	360	1,080	1,800	4,050	6,300	9,000
2d S-22 Cpe	580	1,740	2,900	6,530	10,150	14,500
4d Vill Sta Wag	368	1,104	1,840	4,140	6,440	9,200

NOTE: Add 10 percent for Custom line.

	6	5	4	3	2	1
1962 Meteor, 8-cyl.						
4d Sed	296	888	1,480	3,330	5,180	7,400
2d Sed	300	900	1,500	3,380	5,250	7,500
2d S-33 Cpe	460	1,380	2,300	5,180	8,050	11,500

NOTE: Deduct 10 percent for 6-cyl. Add 10 percent for Custom line.

	6	5	4	3	2	1
1962 Monterey, V-8						
4d Sed	296	888	1,480	3,330	5,180	7,400
4d HT Sed	308	924	1,540	3,470	5,390	7,700
2d Sed	304	912	1,520	3,420	5,320	7,600
2d HT	320	960	1,600	3,600	5,600	8,000
2d Conv	640	1,920	3,200	7,200	11,200	16,000
4d Sta Wag	560	1,680	2,800	6,300	9,800	14,000

NOTE: Add 10 percent for Custom line.

	6	5	4	3	2	1
1962 Custom S-55 Sport Series, V-8						
2d HT	580	1,740	2,900	6,530	10,150	14,500
2d Conv	800	2,400	4,000	9,000	14,000	20,000

NOTE: Add 30 percent for 406 cid.

	6	5	4	3	2	1
1963 Comet, 6-cyl.						
4d Sed	292	876	1,460	3,290	5,110	7,300
2d Sed	296	888	1,480	3,330	5,180	7,400
4d Cus Sed	380	1,140	1,900	4,280	6,650	9,500
2d Cus Sed	384	1,152	1,920	4,320	6,720	9,600
2d Cus HT	460	1,380	2,300	5,180	8,050	11,500
2d Cus Conv	640	1,920	3,200	7,200	11,200	16,000
2d S-22 Cpe	500	1,500	2,500	5,630	8,750	12,500
2d S-22 HT	620	1,860	3,100	6,980	10,850	15,500
2d S-22 Conv	720	2,160	3,600	8,100	12,600	18,000
4d Sta Wag	368	1,104	1,840	4,140	6,440	9,200
2d Cus Sta Wag	372	1,116	1,860	4,190	6,510	9,300
4d Cus Sta Wag	380	1,140	1,900	4,280	6,650	9,500
4d Vill Sta Wag	392	1,176	1,960	4,410	6,860	9,800
1963 Meteor, V-8						
4d Sed	296	888	1,480	3,330	5,180	7,400
2d Sed	300	900	1,500	3,380	5,250	7,500
4d Sta Wag	400	1,200	2,000	4,500	7,000	10,000
2d Cus HT	420	1,260	2,100	4,730	7,350	10,500
2d S-33 HT	480	1,440	2,400	5,400	8,400	12,000

NOTE: Deduct 10 percent for 6-cyl. Add 10 percent for Custom line.

	6	5	4	3	2	1
1963 Monterey, V-8						
4d Sed	304	912	1,520	3,420	5,320	7,600
4d HT	320	960	1,600	3,600	5,600	8,000
2d Sed	308	924	1,540	3,470	5,390	7,700
2d HT	324	972	1,620	3,650	5,670	8,100
2d Cus Conv	448	1,344	2,240	5,040	7,840	11,200
2d S-55 HT	680	2,040	3,400	7,650	11,900	17,000
4d S-55 HT	600	1,800	3,000	6,750	10,500	15,000
2d S-55 Conv	840	2,520	4,200	9,450	14,700	21,000
2d Marauder FBk	520	1,560	2,600	5,850	9,100	13,000
2d Mar S-55 FBk	700	2,100	3,500	7,880	12,250	17,500
4d Col Pk	600	1,800	3,000	6,750	10,500	15,000

NOTE: Add 10 percent for Custom line. Add 30 percent for 406 cid. Add 60 percent for 427 cid.

DOMESTIC CARS

	6	5	4	3	2	1
1964 Comet, 6-cyl., 114" wb						
4d Sed	316	948	1,580	3,560	5,530	7,900
2d Sed	320	960	1,600	3,600	5,600	8,000
4d Sta Wag	368	1,104	1,840	4,140	6,440	9,200
1964 Comet 404, 6-cyl., 114" wb						
4d Sed	320	960	1,600	3,600	5,600	8,000
2d Sed	324	972	1,620	3,650	5,670	8,100
2d HT	460	1,380	2,300	5,180	8,050	11,500
2d Conv	640	1,920	3,200	7,200	11,200	16,000
4d DeL Wag	368	1,104	1,840	4,140	6,440	9,200
4d Sta Wag	364	1,092	1,820	4,100	6,370	9,100
1964 Comet Caliente, V-8 cyl., 114" wb						
4d Sed	328	984	1,640	3,690	5,740	8,200
2d HT	640	1,920	3,200	7,200	11,200	16,000
2d Conv	760	2,280	3,800	8,550	13,300	19,000
1964 Comet Cyclone, V-8 cyl., 114" wb						
2d HT	720	2,160	3,600	8,100	12,600	18,000

NOTE: Deduct 25 percent for 6-cyl. Caliente.

	6	5	4	3	2	1
1964 Monterey, V-8						
4d Sed	312	936	1,560	3,510	5,460	7,800
4d HT	324	972	1,620	3,650	5,670	8,100
2d Sed	316	948	1,580	3,560	5,530	7,900
2d HT	332	996	1,660	3,740	5,810	8,300
2d FBk	460	1,380	2,300	5,180	8,050	11,500
2d Conv	660	1,980	3,300	7,430	11,550	16,500
1964 Montclair, V-8, 120" wb						
4d Sed	320	960	1,600	3,600	5,600	8,000
4d FBk	340	1,020	1,700	3,830	5,950	8,500
2d HT	440	1,320	2,200	4,950	7,700	11,000
2d FBk	460	1,380	2,300	5,180	8,050	11,500
1964 Park Lane, V-8, 120" wb						
4d Sed	328	984	1,640	3,690	5,740	8,200
4d HT	420	1,260	2,100	4,730	7,350	10,500
4d FBk	460	1,380	2,300	5,180	8,050	11,500
2d HT	600	1,800	3,000	6,750	10,500	15,000
2d FBk	640	1,920	3,200	7,200	11,200	16,000
2d Conv	760	2,280	3,800	8,550	13,300	19,000
1964 Station Wagon, V-8, 120" wb						
4d Col Pk	708	2,124	3,540	7,970	12,390	17,700
4d Com	700	2,100	3,500	7,880	12,250	17,500

NOTE: Add 10 percent for Marauder. Add 5 percent for bucket seat option where available. Add 60 percent for 427 Super Marauder.

	6	5	4	3	2	1
1965 Comet 202, V-8, 114" wb						
4d Sed	320	960	1,600	3,600	5,600	8,000
2d Sed	324	972	1,620	3,650	5,670	8,100
4d Sta Wag	372	1,116	1,860	4,190	6,510	9,300

NOTE: Deduct 20 percent for 6-cyl.

	6	5	4	3	2	1
1965 Comet 404						
4d Sed	324	972	1,620	3,650	5,670	8,100
2d Sed	328	984	1,640	3,690	5,740	8,200
4d Vill Wag	376	1,128	1,880	4,230	6,580	9,400
4d Sta Wag	372	1,116	1,860	4,190	6,510	9,300
1965 Comet Caliente, V-8, 114" wb						
4d Sed	332	996	1,660	3,740	5,810	8,300
2d HT	480	1,440	2,400	5,400	8,400	12,000
2d Conv	760	2,280	3,800	8,550	13,300	19,000
1965 Comet Cyclone, V-8, 114" wb						
2d HT	720	2,160	3,600	8,100	12,600	18,000
1965 Monterey, V-8, 123" wb						
4d Sed	336	1,008	1,680	3,780	5,880	8,400
4d HT	440	1,320	2,200	4,950	7,700	11,000
4d Brzwy	460	1,380	2,300	5,180	8,050	11,500
2d Sed	340	1,020	1,700	3,830	5,950	8,500
2d HT	472	1,416	2,360	5,310	8,260	11,800
2d Conv	720	2,160	3,600	8,100	12,600	18,000
1965 Montclair, V-8, 123" wb						
4d Brzwy	472	1,416	2,360	5,310	8,260	11,800
4d HT	440	1,320	2,200	4,950	7,700	11,000
2d HT	480	1,440	2,400	5,400	8,400	12,000
1965 Park Lane, V-8, 123" wb						
4d Brzwy	476	1,428	2,380	5,360	8,330	11,900
4d HT	480	1,440	2,400	5,400	8,400	12,000
2d HT	500	1,500	2,500	5,630	8,750	12,500
2d Conv	760	2,280	3,800	8,550	13,300	19,000

	6	5	4	3	2	1
1965 Station Wagon, V-8, 119" wb						
4d Col Pk	568	1,704	2,840	6,390	9,940	14,200
4d Com	548	1,644	2,740	6,170	9,590	13,700
NOTE: Add 60 percent for 427 cid engine.						
1966 Comet Capri, V-8, 116" wb						
4d Sed	328	984	1,640	3,690	5,740	8,200
2d HT	440	1,320	2,200	4,950	7,700	11,000
4d Sta Wag	380	1,140	1,900	4,280	6,650	9,500
1966 Comet Caliente, V-8, 116" wb						
4d Sed	332	996	1,660	3,740	5,810	8,300
2d HT	600	1,800	3,000	6,750	10,500	15,000
2d Conv	760	2,280	3,800	8,550	13,300	19,000
1966 Comet Cyclone, V-8, 116" wb						
2d HT	640	1,920	3,200	7,200	11,200	16,000
2d Conv	880	2,640	4,400	9,900	15,400	22,000
1966 Comet Cyclone GT/GTA, V-8, 116" wb						
2d HT	720	2,160	3,600	8,100	12,600	18,000
2d Conv	1,000	3,000	5,000	11,250	17,500	25,000
1966 Comet 202, V-8, 116" wb						
4d Sed	320	960	1,600	3,600	5,600	8,000
2d Sed	328	984	1,640	3,690	5,740	8,200
4d Sta Wag	324	972	1,620	3,650	5,670	8,100
1966 Monterey, V-8, 123" wb						
4d Sed	332	996	1,660	3,740	5,810	8,300
4d Brzwy Sed	440	1,320	2,200	4,950	7,700	11,000
4d HT	460	1,380	2,300	5,180	8,050	11,500
2d Sed	336	1,008	1,680	3,780	5,880	8,400
2d FBk	480	1,440	2,400	5,400	8,400	12,000
2d Conv	660	1,980	3,300	7,430	11,550	16,500
1966 Montclair, V-8, 123" wb						
4d Sed	340	1,020	1,700	3,830	5,950	8,500
4d HT	468	1,404	2,340	5,270	8,190	11,700
2d HT	480	1,440	2,400	5,400	8,400	12,000
1966 Park Lane, V-8, 123" wb						
4d Brzwy Sed	480	1,440	2,400	5,400	8,400	12,000
4d HT	492	1,476	2,460	5,540	8,610	12,300
2d HT	520	1,560	2,600	5,850	9,100	13,000
2d Conv	720	2,160	3,600	8,100	12,600	18,000
1966 S-55, V-8, 123" wb						
2d HT	640	1,920	3,200	7,200	11,200	16,000
2d Conv	720	2,160	3,600	8,100	12,600	18,000
NOTE: Add 30 percent for 428-cid.						
1966 Station Wagons, V-8, 123" wb						
4d Comm	460	1,380	2,300	5,180	8,050	11,500
4d Col Pk	480	1,440	2,400	5,400	8,400	12,000
NOTE: Add 18 percent for 410 cid engine.						
1967 Comet 202, V-8, 116" wb						
2d Sed	336	1,008	1,680	3,780	5,880	8,400
4d Sed	332	996	1,660	3,740	5,810	8,300
1967 Capri, V-8, 116" wb						
2d HT	348	1,044	1,740	3,920	6,090	8,700
4d Sed	332	996	1,660	3,740	5,810	8,300
1967 Caliante, V-8, 116" wb						
4d Sed	352	1,056	1,760	3,960	6,160	8,800
2d HT	500	1,500	2,500	5,630	8,750	12,500
2d Conv	700	2,100	3,500	7,880	12,250	17,500
1967 Cyclone, V-8, 116" wb						
2d HT	680	2,040	3,400	7,650	11,900	17,000
2d Conv	800	2,400	4,000	9,000	14,000	20,000
1967 Station Wagons, V-8, 113" wb						
4d Voyager	384	1,152	1,920	4,320	6,720	9,600
4d Villager	388	1,164	1,940	4,370	6,790	9,700
1967 Cougar, V-8, 111" wb						
2d HT	800	2,400	4,000	9,000	14,000	20,000
2d XR-7 HT	840	2,520	4,200	9,450	14,700	21,000
1967 Monterey, V-8, 123" wb						
4d Sed	332	996	1,660	3,740	5,810	8,300
4d Brzwy	400	1,200	2,000	4,500	7,000	10,000
2d Conv	680	2,040	3,400	7,650	11,900	17,000
2d HT	420	1,260	2,100	4,730	7,350	10,500
4d HT	340	1,020	1,700	3,830	5,950	8,500
1967 Montclair, V-8, 123" wb						
4d Sed	336	1,008	1,680	3,780	5,880	8,400

	6	5	4	3	2	1
4d Brzwy	420	1,260	2,100	4,730	7,350	10,500
2d HT	480	1,440	2,400	5,400	8,400	12,000
4d HT	440	1,320	2,200	4,950	7,700	11,000

1967 Park Lane, V-8, 123" wb
	6	5	4	3	2	1
4d Brzwy	460	1,380	2,300	5,180	8,050	11,500
2d Conv	720	2,160	3,600	8,100	12,600	18,000
2d HT	500	1,500	2,500	5,630	8,750	12,500
4d HT	480	1,440	2,400	5,400	8,400	12,000

1967 Brougham, V-8, 123" wb
	6	5	4	3	2	1
4d Brzwy	520	1,560	2,600	5,850	9,100	13,000
4d HT	540	1,620	2,700	6,080	9,450	13,500

1967 Marquis, V-8, 123" wb
	6	5	4	3	2	1
2d HT	600	1,800	3,000	6,750	10,500	15,000

1967 Station Wagons, 119" wb
	6	5	4	3	2	1
4d Commuter	560	1,680	2,800	6,300	9,800	14,000
4d Col Park	580	1,740	2,900	6,530	10,150	14,500

NOTE: Add 10 percent for GT option. Add 30 percent for S-55 performance package. Add 60 percent for 427 cid engine.

1968 Comet, V-8
	6	5	4	3	2	1
2d HT	440	1,320	2,200	4,950	7,700	11,000

1968 Montego, V-8
	6	5	4	3	2	1
4d Sed	300	900	1,500	3,380	5,250	7,500
2d HT	320	960	1,600	3,600	5,600	8,000

1968 Montego MX
	6	5	4	3	2	1
4d Sta Wag	340	1,020	1,700	3,830	5,950	8,500
4d Sed	292	876	1,460	3,290	5,110	7,300
2d HT	440	1,320	2,200	4,950	7,700	11,000
2d Conv	660	1,980	3,300	7,430	11,550	16,500

1968 Cyclone, V-8
	6	5	4	3	2	1
2d FBk	680	2,040	3,400	7,650	11,900	17,000
2d HT	640	1,920	3,200	7,200	11,200	16,000

1968 Cyclone GT 427, V-8
	6	5	4	3	2	1
2d FBk	1,000	3,000	5,000	11,250	17,500	25,000
2d HT	960	2,880	4,800	10,800	16,800	24,000

1968 Cyclone GT 428, V-8
	6	5	4	3	2	1
2d FBk	800	2,400	4,000	9,000	14,000	20,000

1968 Cougar, V-8
	6	5	4	3	2	1
2d HT Cpe	720	2,160	3,600	8,100	12,600	18,000
2d XR-7 Cpe	800	2,400	4,000	9,000	14,000	20,000

NOTE: Add 10 percent for GTE package. Add 5 percent for XR-7G.

1968 Monterey, V-8
	6	5	4	3	2	1
4d Sed	292	876	1,460	3,290	5,110	7,300
2d Conv	680	2,040	3,400	7,650	11,900	17,000
2d HT	340	1,020	1,700	3,830	5,950	8,500
4d HT	320	960	1,600	3,600	5,600	8,000

1968 Montclair, V-8
	6	5	4	3	2	1
4d Sed	296	888	1,480	3,330	5,180	7,400
2d HT	348	1,044	1,740	3,920	6,090	8,700
4d HT	328	984	1,640	3,690	5,740	8,200

1968 Park Lane, V-8
	6	5	4	3	2	1
4d Sed	312	936	1,560	3,510	5,460	7,800
2d Conv	700	2,100	3,500	7,880	12,250	17,500
2d HT	460	1,380	2,300	5,180	8,050	11,500
4d HT	356	1,068	1,780	4,010	6,230	8,900

1968 Marquis, V-8
	6	5	4	3	2	1
2d HT	480	1,440	2,400	5,400	8,400	12,000

1968 Station Wagons, V-8
	6	5	4	3	2	1
4d Commuter	580	1,740	2,900	6,530	10,150	14,500
4d Col Pk	600	1,800	3,000	6,750	10,500	15,000

NOTE: Deduct 5 percent for six-cylinder engine. Add 5 percent for Brougham package. Add 5 percent for "yacht paneling". Add 40 percent for 427 cid engine. Add 30 percent for 428 cid engine.

1969 Comet, 6-cyl.
	6	5	4	3	2	1
2d HT	320	960	1,600	3,600	5,600	8,000

1969 Montego, 6-cyl.
	6	5	4	3	2	1
4d Sed	272	816	1,360	3,060	4,760	6,800
2d HT	280	840	1,400	3,150	4,900	7,000

1969 Montego MX, V8
	6	5	4	3	2	1
4d Sed	276	828	1,380	3,110	4,830	6,900
2d HT	320	960	1,600	3,600	5,600	8,000
2d Conv	600	1,800	3,000	6,750	10,500	15,000
4d Sta Wag	380	1,140	1,900	4,280	6,650	9,500

	6	5	4	3	2	1
1969 Cyclone, V-8						
2d HT	600	1,800	3,000	6,750	10,500	15,000
1969 Cyclone CJ, V-8						
2d HT	648	1,944	3,240	7,290	11,340	16,200
1969 Cougar, V-8						
2d HT	680	2,040	3,400	7,650	11,900	17,000
2d Conv	740	2,220	3,700	8,330	12,950	18,500
2d XR-7	800	2,400	4,000	9,000	14,000	20,000
2d XR-7 Conv	920	2,760	4,600	10,350	16,100	23,000
2d Eliminator HT	880	2,640	4,400	9,900	15,400	22,000

NOTE: Add 30 percent for Boss 302. Add 50 percent for 428 CJ.

	6	5	4	3	2	1
1969 Monterey, V-8						
4d Sed	312	936	1,560	3,510	5,460	7,800
4d HT	316	948	1,580	3,560	5,530	7,900
2d HT	328	984	1,640	3,690	5,740	8,200
2d Conv	560	1,680	2,800	6,300	9,800	14,000
4d Sta Wag	500	1,500	2,500	5,630	8,750	12,500
1969 Marauder, V-8						
2d HT	460	1,380	2,300	5,180	8,050	11,500
2d X-100 HT	640	1,920	3,200	7,200	11,200	16,000
1969 Marquis, V-8						
4d Sed	316	948	1,580	3,560	5,530	7,900
4d HT	360	1,080	1,800	4,050	6,300	9,000
2d HT	460	1,380	2,300	5,180	8,050	11,500
2d Conv	680	2,040	3,400	7,650	11,900	17,000
4d Sta Wag	520	1,560	2,600	5,850	9,100	13,000
1969 Marquis Brougham, V-8						
4d Sed	320	960	1,600	3,600	5,600	8,000
4d HT	380	1,140	1,900	4,280	6,650	9,500
2d HT	500	1,500	2,500	5,630	8,750	12,500

NOTE: Add 10 percent for Montego/Comet V-8. Add 15 percent for GT option. Add 20 percent for GT Spoiler II. Add 10 percent for bucket seats (except Cougar). Add 10 percent for bench seats (Cougar only). Add 40 percent for "CJ" 428 V-8. Add 50 percent for 429 cid engine.

	6	5	4	3	2	1
1970 Montego						
4d Sed	316	948	1,580	3,560	5,530	7,900
2d HT	320	960	1,600	3,600	5,600	8,000
1970 Montego MX, V-8						
4d Sed	332	996	1,660	3,740	5,810	8,300
2d HT	400	1,200	2,000	4,500	7,000	10,000
4d Sta Wag	380	1,140	1,900	4,280	6,650	9,500
1970 Montego MX Brougham, V-8						
4d Sed	328	984	1,640	3,690	5,740	8,200
4d HT	380	1,140	1,900	4,280	6,650	9,500
2d HT	420	1,260	2,100	4,730	7,350	10,500
4d Vill Sta Wag	440	1,320	2,200	4,950	7,700	11,000
1970 Cyclone, V-8						
2d HT	660	1,980	3,300	7,430	11,550	16,500
1970 Cyclone GT, V-8						
2d HT	700	2,100	3,500	7,880	12,250	17,500
1970 Cyclone Spoiler, V-8						
2d HT	740	2,220	3,700	8,330	12,950	18,500

NOTE: Add 40 percent for 429 V-8 GT and Spoiler.

	6	5	4	3	2	1
1970 Cougar, V-8						
2d HT	700	2,100	3,500	7,880	12,250	17,500
2d Conv	760	2,280	3,800	8,550	13,300	19,000
1970 Cougar XR-7, V-8						
2d HT	760	2,280	3,800	8,550	13,300	19,000
2d Conv	880	2,640	4,400	9,900	15,400	22,000
2d Eliminator HT	840	2,520	4,200	9,450	14,700	21,000

NOTE: Add 30 percent for Boss 302. Add 50 percent for 428 CJ.

	6	5	4	3	2	1
1970 Monterey, V-8						
4d Sed	320	960	1,600	3,600	5,600	8,000
4d HT	352	1,056	1,760	3,960	6,160	8,800
2d HT	412	1,236	2,060	4,640	7,210	10,300
2d Conv	620	1,860	3,100	6,980	10,850	15,500
4d Sta Wag	448	1,344	2,240	5,040	7,840	11,200
1970 Monterey Custom, V-8						
4d Sed	328	984	1,640	3,690	5,740	8,200
4d HT	440	1,320	2,200	4,950	7,700	11,000
2d HT	460	1,380	2,300	5,180	8,050	11,500
1970 Marauder, V-8						
2d HT	460	1,380	2,300	5,180	8,050	11,500
2d X-100 HT	640	1,920	3,200	7,200	11,200	16,000

	6	5	4	3	2	1
1970 Marquis, V-8						
4d Sed	316	948	1,580	3,560	5,530	7,900
4d HT	360	1,080	1,800	4,050	6,300	9,000
2d HT	460	1,380	2,300	5,180	8,050	11,500
2d Conv	680	2,040	3,400	7,650	11,900	17,000
4d Sta Wag	520	1,560	2,600	5,850	9,100	13,000
4d Col Pk	540	1,620	2,700	6,080	9,450	13,500
1970 Marquis Brougham, V-8						
4d Sed	320	960	1,600	3,600	5,600	8,000
4d HT	380	1,140	1,900	4,280	6,650	9,500
2d HT	500	1,500	2,500	5,630	8,750	12,500

NOTE: Add 50 percent for any 429 engine option.

	6	5	4	3	2	1
1971 Comet, V-8						
4d Sed	264	792	1,320	2,970	4,620	6,600
2d Sed	268	804	1,340	3,020	4,690	6,700
2d HT GT	420	1,260	2,100	4,730	7,350	10,500
1971 Montego, V-8						
4d Sed	296	888	1,480	3,330	5,180	7,400
2d HT	308	924	1,540	3,470	5,390	7,700
1971 Montego MX						
4 Sed	312	936	1,560	3,510	5,460	7,800
2d HT	376	1,128	1,880	4,230	6,580	9,400
4d Sta Wag	384	1,152	1,920	4,320	6,720	9,600
1971 Montego MX Brougham						
4d Sed	308	924	1,540	3,470	5,390	7,700
4d HT	360	1,080	1,800	4,050	6,300	9,000
2d HT	400	1,200	2,000	4,500	7,000	10,000
4d Villager Sta Wag	420	1,260	2,100	4,730	7,350	10,500
1971 Cyclone, V-8						
2d HT	600	1,800	3,000	6,750	10,500	15,000
1971 Cyclone GT, V-8						
2d HT	640	1,920	3,200	7,200	11,200	16,000
1971 Cyclone Spoiler, V-8						
2d HT	680	2,040	3,400	7,650	11,900	17,000

NOTE: Add 40 percent for 429 V-8 GT and Spoiler.

	6	5	4	3	2	1
1971 Cougar, V-8						
2d HT	640	1,920	3,200	7,200	11,200	16,000
2d Conv	680	2,040	3,400	7,650	11,900	17,000
1971 Cougar XR-7, V-8						
2d HT	760	2,280	3,800	8,550	13,300	19,000
2d Conv	800	2,400	4,000	9,000	14,000	20,000
1971 Monterey, V-8						
4d Sed	300	900	1,500	3,380	5,250	7,500
4d HT	332	996	1,660	3,740	5,810	8,300
2d HT	392	1,176	1,960	4,410	6,860	9,800
4d Sta Wag	424	1,272	2,120	4,770	7,420	10,600
1971 Monterey Custom, V-8						
4d Sed	320	960	1,600	3,600	5,600	8,000
4d HT	424	1,272	2,120	4,770	7,420	10,600
2d HT	432	1,296	2,160	4,860	7,560	10,800
1971 Marquis, V-8						
4d Sed	292	876	1,460	3,290	5,110	7,300
4d HT	352	1,056	1,760	3,960	6,160	8,800
2d HT	440	1,320	2,200	4,950	7,700	11,000
4d Sta Wag	500	1,500	2,500	5,630	8,750	12,500
1971 Marquis Brougham						
4d Sed	300	900	1,500	3,380	5,250	7,500
4d HT	360	1,080	1,800	4,050	6,300	9,000
2d HT	480	1,440	2,400	5,400	8,400	12,000
4d Col Pk	520	1,560	2,600	5,850	9,100	13,000

NOTE: Add 30 percent for 429.

	6	5	4	3	2	1
1972 Comet, V-8						
4d Sed	264	792	1,320	2,970	4,620	6,600
2d Sed	268	804	1,340	3,020	4,690	6,700
1972 Montego, V-8						
4d Sed	280	840	1,400	3,150	4,900	7,000
2d HT	308	924	1,540	3,470	5,390	7,700
1972 Montego MX, V-8						
4d Sed	292	876	1,460	3,290	5,110	7,300
2d HT	368	1,104	1,840	4,140	6,440	9,200
4d Sta Wag	376	1,128	1,880	4,230	6,580	9,400

	6	5	4	3	2	1
1972 Montego Brougham, V-8						
4d Sed	300	900	1,500	3,380	5,250	7,500
2d HT	380	1,140	1,900	4,280	6,650	9,500
4d Sta Wag	400	1,200	2,000	4,500	7,000	10,000
1972 Montego GT, V-8						
2d HT FBk	420	1,260	2,100	4,730	7,350	10,500
1972 Cougar, V-8						
2d HT	600	1,800	3,000	6,750	10,500	15,000
2d Conv	660	1,980	3,300	7,430	11,550	16,500
1972 Cougar XR-7, V-8						
2d HT	720	2,160	3,600	8,100	12,600	18,000
2d Conv	760	2,280	3,800	8,550	13,300	19,000
1972 Monterey, V-8						
4d Sed	300	900	1,500	3,380	5,250	7,500
4d HT	332	996	1,660	3,740	5,810	8,300
2d HT	392	1,176	1,960	4,410	6,860	9,800
4d Sta Wag	424	1,272	2,120	4,770	7,420	10,600
1972 Monterey Custom, V-8						
4d Sed	320	960	1,600	3,600	5,600	8,000
4d HT	424	1,272	2,120	4,770	7,420	10,600
2d HT	432	1,296	2,160	4,860	7,560	10,800
1972 Marquis, V-8						
4d Sed	292	876	1,460	3,290	5,110	7,300
4d HT	352	1,056	1,760	3,960	6,160	8,800
2d HT	440	1,320	2,200	4,950	7,700	11,000
4d Sta Wag	500	1,500	2,500	5,630	8,750	12,500
1972 Marquis Brougham, V-8						
4d Sed	300	900	1,500	3,380	5,250	7,500
4d HT	360	1,080	1,800	4,050	6,300	9,000
2d HT	480	1,440	2,400	5,400	8,400	12,000
4d Col Pk	520	1,560	2,600	5,850	9,100	13,000
1973 Comet, V-8						
4d Sed	256	768	1,280	2,880	4,480	6,400
2d Sed	260	780	1,300	2,930	4,550	6,500
1973 Montego, V-8						
4d Sed	260	780	1,300	2,930	4,550	6,500
2d HT	288	864	1,440	3,240	5,040	7,200
1973 Montego MX, V-8						
4d Sed	272	816	1,360	3,060	4,760	6,800
2d HT	332	996	1,660	3,740	5,810	8,300
1973 Montego MX Brougham, V-8						
4d Sed	272	816	1,360	3,060	4,760	6,800
2d HT	348	1,044	1,740	3,920	6,090	8,700
1973 Montego GT, V-8						
2d HT	400	1,200	2,000	4,500	7,000	10,000
1973 Montego MX						
4d Village Wag	372	1,116	1,860	4,190	6,510	9,300
1973 Cougar, V-8						
2d HT	500	1,500	2,500	5,630	8,750	12,500
2d Conv	620	1,860	3,100	6,980	10,850	15,500
1973 Cougar XR-7, V-8						
2d HT	620	1,860	3,100	6,980	10,850	15,500
2d Conv	660	1,980	3,300	7,430	11,550	16,500
1973 Monterey, V-8						
4d Sed	260	780	1,300	2,930	4,550	6,500
2d HT	280	840	1,400	3,150	4,900	7,000
1973 Monterey Custom, V-8						
4d Sed	280	840	1,400	3,150	4,900	7,000
2d HT	300	900	1,500	3,380	5,250	7,500
1973 Marquis, V-8						
4d Sed	288	864	1,440	3,240	5,040	7,200
4d HT	292	876	1,460	3,290	5,110	7,300
2d HT	420	1,260	2,100	4,730	7,350	10,500
1973 Marquis Brougham, V-8						
4d Sed	292	876	1,460	3,290	5,110	7,300
4d HT	300	900	1,500	3,380	5,250	7,500
2d HT	420	1,260	2,100	4,730	7,350	10,500
1973 Station Wagon, V-8						
4d Monterey	276	828	1,380	3,110	4,830	6,900
4d Marquis	280	840	1,400	3,150	4,900	7,000
4d Col Pk	420	1,260	2,100	4,730	7,350	10,500
1974 Comet, V-8						
4d Sed	256	768	1,280	2,880	4,480	6,400
2d Sed	260	780	1,300	2,930	4,550	6,500

	6	5	4	3	2	1
1974 Montego, V-8						
4d Sed	260	780	1,300	2,930	4,550	6,500
2d HT	288	864	1,440	3,240	5,040	7,200
1974 Montego MX, V-8						
4d Sed	272	816	1,360	3,060	4,760	6,800
2d HT	332	996	1,660	3,740	5,810	8,300
1974 Montego MX Brougham, V-8						
4d Sed	272	816	1,360	3,060	4,760	6,800
2d HT	348	1,044	1,740	3,920	6,090	8,700
4d Villager	372	1,116	1,860	4,190	6,510	9,300
1974 Cougar XR-7, V-8						
2d HT	400	1,200	2,000	4,500	7,000	10,000
1974 Monterey, V-8						
4d Sed	260	780	1,300	2,930	4,550	6,500
2d HT	280	840	1,400	3,150	4,900	7,000
1974 Monterey Custom, V-8						
4d Sed	280	840	1,400	3,150	4,900	7,000
2d HT	300	900	1,500	3,380	5,250	7,500
1974 Marquis, V-8						
4d Sed	288	864	1,440	3,240	5,040	7,200
4d HT	292	876	1,460	3,290	5,110	7,300
2d HT	420	1,260	2,100	4,730	7,350	10,500
1974 Marquis Brougham, V-8						
4d Sed	292	876	1,460	3,290	5,110	7,300
4d HT	300	900	1,500	3,380	5,250	7,500
2d HT	420	1,260	2,100	4,730	7,350	10,500
1974 Station Wagons, V-8						
4d Monterey	276	828	1,380	3,110	4,830	6,900
4d Marquis	280	840	1,400	3,150	4,900	7,000
4d Col Pk	420	1,260	2,100	4,730	7,350	10,500
1975 Bobcat 4-cyl.						
2d HBk	248	744	1,240	2,790	4,340	6,200
4d Sta Wag	244	732	1,220	2,750	4,270	6,100
1975 Comet, V-8						
4d Sed	256	768	1,280	2,880	4,480	6,400
2d Sed	260	780	1,300	2,930	4,550	6,500
1975 Monarch, V-8						
4d Sed	240	720	1,200	2,700	4,200	6,000
2d Cpe	244	732	1,220	2,750	4,270	6,100
1975 Monarch Ghia, V-8						
4d Sed	244	732	1,220	2,750	4,270	6,100
2d Cpe	248	744	1,240	2,790	4,340	6,200
1975 Monarch Grand Ghia, V-8						
4d Sed	252	756	1,260	2,840	4,410	6,300
1975 Montego, V-8						
4d Sed	260	780	1,300	2,930	4,550	6,500
2d HT	288	864	1,440	3,240	5,040	7,200
1975 Montego MX, V-8						
4d Sed	272	816	1,360	3,060	4,760	6,800
2d HT	332	996	1,660	3,740	5,810	8,300
1975 Montego Brougham, V-8						
4d Sed	276	828	1,380	3,110	4,830	6,900
2d HT	352	1,056	1,760	3,960	6,160	8,800
1975 Station Wagons, V-8						
4d Villager	368	1,104	1,840	4,140	6,440	9,200
1975 Cougar XR-7, V-8						
2d HT	360	1,080	1,800	4,050	6,300	9,000
1975 Marquis, V-8						
4d Sed	280	840	1,400	3,150	4,900	7,000
2d HT	400	1,200	2,000	4,500	7,000	10,000
1975 Marquis Brougham, V-8						
4d Sed	288	864	1,440	3,240	5,040	7,200
2d HT	408	1,224	2,040	4,590	7,140	10,200
1975 Grand Marquis, V-8						
4d Sed	292	876	1,460	3,290	5,110	7,300
2d HT	412	1,236	2,060	4,640	7,210	10,300
1975 Station Wagons, V-8						
4d Marquis	284	852	1,420	3,200	4,970	7,100
4d Col Pk	424	1,272	2,120	4,770	7,420	10,600
1976 Bobcat, 4-cyl.						
3d HBk	248	744	1,240	2,790	4,340	6,200
4d Sta Wag	244	732	1,220	2,750	4,270	6,100

1963 Mercury Monterey four-door hardtop

1964 Comet Caliente two-door hardtop

1971 Mercury Marquis Brougham four-door hardtop

	6	5	4	3	2	1
1976 Comet, V-8						
4d Sed	256	768	1,280	2,880	4,480	6,400
2d Sed	260	780	1,300	2,930	4,550	6,500
1976 Monarch, V-8						
4d Sed	240	720	1,200	2,700	4,200	6,000
2d Sed	244	732	1,220	2,750	4,270	6,100
1976 Monarch Ghia, V-8						
4d Sed	244	732	1,220	2,750	4,270	6,100
2d Sed	248	744	1,240	2,790	4,340	6,200
1976 Monarch Grand Ghia, V-8						
4d Sed	252	756	1,260	2,840	4,410	6,300
1976 Montego, V-8						
4d Sed	260	780	1,300	2,930	4,550	6,500
2d Cpe	288	864	1,440	3,240	5,040	7,200
1976 Montego MX, V-8						
4d Sed	272	816	1,360	3,060	4,760	6,800
2d Cpe	332	996	1,660	3,740	5,810	8,300
1976 Montego Brougham, V-8						
4d Sed	256	768	1,280	2,880	4,480	6,400
2d Cpe	352	1,056	1,760	3,960	6,160	8,800
1976 Station Wagons, V-8						
4d Montego MX	320	960	1,600	3,600	5,600	8,000
4d Montego Vill.	360	1,080	1,800	4,050	6,300	9,000
1976 Cougar XR7, V-8						
2d HT	280	840	1,400	3,150	4,900	7,000
1976 Marquis, V-8						
4d Sed	280	840	1,400	3,150	4,900	7,000
2d Cpe	400	1,200	2,000	4,500	7,000	10,000
1976 Marquis Brougham, V-8						
4d Sed	288	864	1,440	3,240	5,040	7,200
2d Cpe	408	1,224	2,040	4,590	7,140	10,200
1976 Grand Marquis, V-8						
4d Sed	292	876	1,460	3,290	5,110	7,300
2d Cpe	412	1,236	2,060	4,640	7,210	10,300
1976 Station Wagons, V-8						
4d Marquis	284	852	1,420	3,200	4,970	7,100
4d Col Pk	424	1,272	2,120	4,770	7,420	10,600
1977 Bobcat, 4-cyl.						
3d HBk	248	744	1,240	2,790	4,340	6,200
4d Sta Wag	244	732	1,220	2,750	4,270	6,100
4d Vill Wag	252	756	1,260	2,840	4,410	6,300
NOTE: Add 5 percent for V-6.						
1977 Comet, V-8						
4d Sed	256	768	1,280	2,880	4,480	6,400
2d Sed	260	780	1,300	2,930	4,550	6,500
1977 Monarch, V-8						
4d Sed	240	720	1,200	2,700	4,200	6,000
2d Sed	244	732	1,220	2,750	4,270	6,100
1977 Monarch Ghia, V-8						
4d Sed	244	732	1,220	2,750	4,270	6,100
2d Sed	248	744	1,240	2,790	4,340	6,200
1977 Cougar, V-8						
4d Sed	220	660	1,100	2,480	3,850	5,500
2d Sed	224	672	1,120	2,520	3,920	5,600
1977 Cougar Brougham, V-8						
4d Sed	228	684	1,140	2,570	3,990	5,700
2d Sed	232	696	1,160	2,610	4,060	5,800
1977 Cougar XR7, V-8						
2d HT	280	840	1,400	3,150	4,900	7,000
1977 Station Wagons, V-8						
4d Cougar	248	744	1,240	2,790	4,340	6,200
4d Vill	320	960	1,600	3,600	5,600	8,000
1977 Marquis, V-8						
4d Sed	280	840	1,400	3,150	4,900	7,000
2d Sed	400	1,200	2,000	4,500	7,000	10,000
1977 Marquis Brougham, V-8						
4d Sed	288	864	1,440	3,240	5,040	7,200
2d Sed	408	1,224	2,040	4,590	7,140	10,200
1977 Grand Marquis, V-8						
4d HT	292	876	1,460	3,290	5,110	7,300
2d HT	412	1,236	2,060	4,640	7,210	10,300

	6	5	4	3	2	1
1977 Station Wagons, V-8						
4d 2S Marquis	284	852	1,420	3,200	4,970	7,100
4d 3S Marquis	300	900	1,500	3,380	5,250	7,500
1978 Bobcat						
3d Rbt	200	600	1,050	2,340	3,650	5,200
4d Sta Wag	200	600	1,000	2,300	3,550	5,100
1978 Zephyr						
4d Sed	150	450	750	1,710	2,650	3,800
2d Sed	150	450	750	1,670	2,600	3,700
2d Cpe	150	500	800	1,800	2,800	4,000
4d Sta Wag	150	500	850	1,890	2,950	4,200
1978 Monarch						
4d Sed	200	600	1,000	2,250	3,500	5,000
2d Sed	200	600	1,000	2,300	3,550	5,100
1978 Cougar						
4d Sed	200	550	900	2,030	3,150	4,500
2d HT	200	550	900	2,070	3,200	4,600
1978 Cougar XR7						
2d HT	250	700	1,200	2,700	4,200	6,000
1978 Marquis						
4d Sed	250	700	1,200	2,700	4,200	6,000
2d HT	350	1,100	1,800	4,050	6,300	9,000
4d Sta Wag	300	850	1,400	3,150	4,900	7,000
1978 Marquis Brougham						
4d Sed	250	750	1,250	2,790	4,350	6,200
2d HT	350	1,100	1,850	4,140	6,450	9,200
1978 Grand Marquis						
4d Sed	250	750	1,250	2,840	4,400	6,300
2d HT	350	1,100	1,850	4,190	6,500	9,300
1979 Bobcat, 4-cyl.						
3d Rbt	148	444	740	1,670	2,590	3,700
4d Wag	144	432	720	1,620	2,520	3,600
4d Villager Wag	148	444	740	1,670	2,590	3,700
1979 Capri, 4-cyl.						
2d Cpe	152	456	760	1,710	2,660	3,800
2d Ghia Cpe	160	480	800	1,800	2,800	4,000

NOTE: Add 5 percent for 6-cyl. Add 8 percent for V-8.

	6	5	4	3	2	1
1979 Zephyr, 6-cyl.						
4d Sed	136	408	680	1,530	2,380	3,400
2d Cpe	144	432	720	1,620	2,520	3,600
2d Spt Cpe	152	456	760	1,710	2,660	3,800
4d Sta Wag	140	420	700	1,580	2,450	3,500

NOTE: Deduct 10 percent for 4-cyl.

	6	5	4	3	2	1
1979 Monarch, V-8						
4d Sed	136	408	680	1,530	2,380	3,400
2d Cpe	144	432	720	1,620	2,520	3,600

NOTE: Deduct 5 percent for 6-cyl.

	6	5	4	3	2	1
1979 Cougar, V-8						
4d Sed	144	432	720	1,620	2,520	3,600
2d HT	148	444	740	1,670	2,590	3,700
2d HT XR7	250	700	1,150	2,610	4,050	5,800
1979 Marquis, V-8						
4d Sed	152	456	760	1,710	2,660	3,800
2d HT	156	468	780	1,760	2,730	3,900
1979 Marquis Brougham, V-8						
4d Sed	156	468	780	1,760	2,730	3,900
2d HT	160	480	800	1,800	2,800	4,000
1979 Grand Marquis, V-8						
4d Sed	160	480	800	1,800	2,800	4,000
2d HT	164	492	820	1,850	2,870	4,100
1979 Station Wagons, V-8						
4d 3S Marquis	152	456	760	1,710	2,660	3,800
4d 3S Colony Park	160	480	800	1,800	2,800	4,000
1980 Bobcat, 4-cyl.						
2d HBk	140	420	700	1,580	2,450	3,500
2d Sta Wag	144	432	720	1,620	2,520	3,600
2d Sta Wag Villager	152	456	760	1,710	2,660	3,800
1980 Capri, 6-cyl.						
2d HBk	188	564	940	2,120	3,290	4,700
2d HBk Ghia	200	600	1,000	2,250	3,500	5,000

NOTE: Deduct 10 percent for 4-cyl.

	6	5	4	3	2	1
1980 Zephyr, 6-cyl.						
4d Sed	140	420	700	1,580	2,450	3,500
2d Sed	136	408	680	1,530	2,380	3,400
2d Cpe Z-7	168	504	840	1,890	2,940	4,200
4d Sta Wag	156	468	780	1,760	2,730	3,900
NOTE: Deduct 10 percent for 4-cyl.						
1980 Monarch, V-8						
4d Sed	168	504	840	1,890	2,940	4,200
2d Cpe	164	492	820	1,850	2,870	4,100
NOTE: Deduct 10 percent for 4-cyl.						
1980 Cougar XR7, V-8						
2d Cpe	232	696	1,160	2,610	4,060	5,800
1980 Marquis, V-8						
4d Sed	176	528	880	1,980	3,080	4,400
2d Sed	172	516	860	1,940	3,010	4,300
1980 Marquis Brougham, V-8						
4d Sed	184	552	920	2,070	3,220	4,600
2d Sed	180	540	900	2,030	3,150	4,500
1980 Grand Marquis, V-8						
4d Sed	188	564	940	2,120	3,290	4,700
2d Sed	184	552	920	2,070	3,220	4,600
4d Sta Wag	192	576	960	2,160	3,360	4,800
4d Sta Wag CP	200	600	1,000	2,250	3,500	5,000
1981 Lynx, 4-cyl.						
2d HBk RS	148	444	740	1,670	2,590	3,700
4d HBk RS	152	456	760	1,710	2,660	3,800
2d HBk LS	152	456	760	1,710	2,660	3,800
NOTE: Deduct 5 percent for lesser models.						
1981 Zephyr, 6-cyl.						
4d Sed S	140	420	700	1,580	2,450	3,500
4d Sed	144	432	720	1,620	2,520	3,600
2d Sed	140	420	700	1,580	2,450	3,500
2d Cpe Z-7	172	516	860	1,940	3,010	4,300
4d Sta Wag	160	480	800	1,800	2,800	4,000
NOTE: Deduct 10 percent for 4-cyl.						
1981 Capri, 6-cyl.						
2d HBk	180	540	900	2,030	3,150	4,500
2d HBk GS	188	564	940	2,120	3,290	4,700
NOTE: Deduct 10 percent for 4-cyl.						
1981 Cougar, 6-cyl.						
4d Sed	168	504	840	1,890	2,940	4,200
2d Sed	164	492	820	1,850	2,870	4,100
NOTE: Deduct 10 percent for 4-cyl.						
1981 Cougar XR7, V-8						
2d Cpe	236	708	1,180	2,660	4,130	5,900
NOTE: Deduct 12 percent for 6-cyl.						
1981 Marquis, V-8						
4d Sed	176	528	880	1,980	3,080	4,400
1981 Marquis Brougham, V-8						
4d Sed	184	552	920	2,070	3,220	4,600
2d Sed	180	540	900	2,030	3,150	4,500
1981 Grand Marquis, V-8						
4d Sed	192	576	960	2,160	3,360	4,800
2d Sed	188	564	940	2,120	3,290	4,700
4d Sta Wag	196	588	980	2,210	3,430	4,900
4d Sta Wag CP	196	588	980	2,210	3,430	4,900
1982 Lynx, 4-cyl.						
2d HBk LS	152	456	760	1,710	2,660	3,800
4d HBk LS	156	468	780	1,760	2,730	3,900
4d Sta Wag LS	160	480	800	1,800	2,800	4,000
2d HBk RS	156	468	780	1,760	2,730	3,900
NOTE: Deduct 5 percent for lesser models.						
1982 LN7, 4-cyl.						
2d HBk	184	552	920	2,070	3,220	4,600
1982 Zephyr, 6-cyl.						
4d Sed	148	444	740	1,670	2,590	3,700
2d Cpe Z-7	172	516	860	1,940	3,010	4,300
4d Sed GS	152	456	760	1,710	2,660	3,800
2d Cpe Z-7 GS	180	540	900	2,030	3,150	4,500
1982 Capri, 6-cyl.						
2d HBk L	212	636	1,060	2,390	3,710	5,300
2d HBk GS	220	660	1,100	2,480	3,850	5,500

	6	5	4	3	2	1
1982 Capri, V-8						
2d HBk RS	224	672	1,120	2,520	3,920	5,600
NOTE: Deduct 10 percent for 4-cyl.						
1982 Cougar, 6-cyl.						
4d Sed GS	160	480	800	1,800	2,800	4,000
2d Sed GS	156	468	780	1,760	2,730	3,900
4d Sta Wag GS	168	504	840	1,890	2,940	4,200
4d Sed LS	164	492	820	1,850	2,870	4,100
2d Sed LS	160	480	800	1,800	2,800	4,000
1982 Cougar XR7, V-8						
2d Cpe	240	720	1,200	2,700	4,200	6,000
2d Cpe LS	248	744	1,240	2,790	4,340	6,200
NOTE: Deduct 10 percent for 6-cyl.						
1982 Marquis, V-8						
4d Sed	180	540	900	2,030	3,150	4,500
1982 Marquis Brougham, V-8						
4d Sed	188	564	940	2,120	3,290	4,700
2d Cpe	184	552	920	2,070	3,220	4,600
1982 Grand Marquis, V-8						
4d Sed	196	588	980	2,210	3,430	4,900
2d Cpe	192	576	960	2,160	3,360	4,800
4d Sta Wag	196	588	980	2,210	3,430	4,900
4d Sta Wag CP	200	600	1,000	2,250	3,500	5,000
1983 Lynx, 4-cyl.						
2d HBk LS	152	456	760	1,710	2,660	3,800
4d HBk LS	156	468	780	1,760	2,730	3,900
4d Sta Wag LS	160	480	800	1,800	2,800	4,000
2d HBk RS	156	468	780	1,760	2,730	3,900
4d HBk LTS	160	480	800	1,800	2,800	4,000
NOTE: Deduct 5 percent for lesser models.						
1983 LN7, 4-cyl.						
2d HBk	188	564	940	2,120	3,290	4,700
2d HBk Spt	192	576	960	2,160	3,360	4,800
2d HBk GS	200	600	1,000	2,250	3,500	5,000
2d HBk RS	208	624	1,040	2,340	3,640	5,200
1983 Zephyr, V-6						
4d Sed	152	456	760	1,710	2,660	3,800
2d Cpe Z-7	176	528	880	1,980	3,080	4,400
4d Sed GS	156	468	780	1,760	2,730	3,900
2d Cpe Z-7 GS	184	552	920	2,070	3,220	4,600
NOTE: Deduct 10 percent for 4-cyl.						
1983 Capri, 6-cyl.						
2d HBk L	216	648	1,080	2,430	3,780	5,400
2d HBk GS	224	672	1,120	2,520	3,920	5,600
1983 Capri, V-8						
2d HBk RS	228	684	1,140	2,570	3,990	5,700
NOTE: Deduct 10 percent for 4-cyl.						
1983 Cougar, V-8						
2d Cpe	260	780	1,300	2,930	4,550	6,500
2d Cpe LS	268	804	1,340	3,020	4,690	6,700
NOTE: Deduct 15 percent for V-6.						
1983 Marquis, 4-cyl.						
4d Sed	168	504	840	1,890	2,940	4,200
4d Brgm	176	528	880	1,980	3,080	4,400
1983 Marquis, 6-cyl.						
4d Sed	176	528	880	1,980	3,080	4,400
4d Sta Wag	188	564	940	2,120	3,290	4,700
4d Sed Brgm	192	576	960	2,160	3,360	4,800
4d Sta Wag Brgm	196	588	980	2,210	3,430	4,900
1983 Grand Marquis, V-8						
4d Sed	208	624	1,040	2,340	3,640	5,200
2d Cpe	204	612	1,020	2,300	3,570	5,100
4d Sed LS	216	648	1,080	2,430	3,780	5,400
2d Cpe LS	212	636	1,060	2,390	3,710	5,300
4d Sta Wag	220	660	1,100	2,480	3,850	5,500
1984 Lynx, 4-cyl.						
4d HBk LTS	140	420	700	1,580	2,450	3,500
2d HBk RS	144	432	720	1,620	2,520	3,600
2d HBk RS Turbo	152	456	760	1,710	2,660	3,800
NOTE: Deduct 5 percent for lesser models.						
1984 Topaz, 4-cyl.						
2d Sed	132	396	660	1,490	2,310	3,300
4d Sed	132	396	660	1,490	2,310	3,300

	6	5	4	3	2	1
2d Sed GS	136	408	680	1,530	2,380	3,400
4d Sed GS	136	408	680	1,530	2,380	3,400
1984 Capri, 4-cyl.						
2d HBk GS	176	528	880	1,980	3,080	4,400
2d HBk RS Turbo	192	576	960	2,160	3,360	4,800
2d HBk GS, V-6	184	552	920	2,070	3,220	4,600
2d HBk GS, V-8	192	576	960	2,160	3,360	4,800
2d HBk RS, V-8	200	600	1,000	2,250	3,500	5,000
1984 Cougar, V-6						
2d Cpe	168	504	840	1,890	2,940	4,200
2d Cpe LS	172	516	860	1,940	3,010	4,300
1984 Cougar, V-8						
2d Cpe	180	540	900	2,030	3,150	4,500
2d Cpe LS	192	576	960	2,160	3,360	4,800
2d Cpe XR7	220	660	1,100	2,480	3,850	5,500
1984 Marquis, 4-cyl.						
4d Sed	164	492	820	1,850	2,870	4,100
4d Sed Brgm	168	504	840	1,890	2,940	4,200
1984 Marquis, V-6						
4d Sed	168	504	840	1,890	2,940	4,200
4d Sed Brgm	172	516	860	1,940	3,010	4,300
4d Sta Wag	172	516	860	1,940	3,010	4,300
4d Sta Wag Brgm	176	528	880	1,980	3,080	4,400
1984 Grand Marquis, V-8						
4d Sed	196	588	980	2,210	3,430	4,900
2d Sed	196	588	980	2,210	3,430	4,900
4d Sed LS	200	600	1,000	2,250	3,500	5,000
2d Sed LS	200	600	1,000	2,250	3,500	5,000
4d Sta Wag Colony Park	200	600	1,000	2,250	3,500	5,000
1985 Lynx, 4-cyl.						
2d HBk GS	136	408	680	1,530	2,380	3,400
4d HBk GS	140	420	700	1,580	2,450	3,500
4d Sta Wag GS	140	420	700	1,580	2,450	3,500

NOTE: Deduct 20 percent for diesel. Deduct 5 percent for lesser models.

	6	5	4	3	2	1
1985 Topaz, 4-cyl.						
2d Sed	136	408	680	1,530	2,380	3,400
4d Sed	136	408	680	1,530	2,380	3,400
2d Sed LS	136	408	680	1,530	2,380	3,400
4d Sed LS	140	420	700	1,580	2,450	3,500

NOTE: Deduct 20 percent for diesel.

	6	5	4	3	2	1
1985 Capri, 4-cyl.						
2d HBk GS	180	540	900	2,030	3,150	4,500
2d HBk GS, V-6	184	552	920	2,070	3,220	4,600
2d HBk GS, V-8	196	588	980	2,210	3,430	4,900
2d HBk 5.0 liter, V-8	210	620	1,040	2,340	3,640	5,200
1985 Cougar, V-6						
2d Cpe	172	516	860	1,940	3,010	4,300
2d Cpe LS	176	528	880	1,980	3,080	4,400
2d Cpe, V-8	184	552	920	2,070	3,220	4,600
2d Cpe LS, V-8	196	588	980	2,210	3,430	4,900
2d Cpe XR7 Turbo, 4-cyl.	220	670	1,120	2,520	3,920	5,600
1985 Marquis, V-6						
4d Sed	172	516	860	1,940	3,010	4,300
4d Sed Brgm	176	528	880	1,980	3,080	4,400
4d Sta Wag	176	528	880	1,980	3,080	4,400
4d Sta Wag Brgm	180	540	900	2,030	3,150	4,500

NOTE: Deduct 20 percent for 4-cyl. where available.

	6	5	4	3	2	1
1985 Grand Marquis, V-8						
4d Sed	200	600	1,000	2,250	3,500	5,000
2d Sed	196	588	980	2,210	3,430	4,900
4d Sed LS	204	612	1,020	2,300	3,570	5,100
2d Sed LS	200	600	1,000	2,250	3,500	5,000
4d Sta Wag Colony Park	210	620	1,040	2,340	3,640	5,200
1986 Lynx						
2d HBk	140	420	700	1,580	2,450	3,500
4d HBk	148	444	740	1,670	2,590	3,700
4d Sta Wag	148	444	740	1,670	2,590	3,700
1986 Capri						
2d HBk	184	552	920	2,070	3,220	4,600
1986 Topaz						
2d Sed	144	432	720	1,620	2,520	3,600
4d Sed	144	432	720	1,620	2,520	3,600
1986 Marquis						
4d Sed	176	528	880	1,980	3,080	4,400
4d Sta Wag	180	540	900	2,030	3,150	4,500

	6	5	4	3	2	1
1986 Marquis Brougham						
4d Sed	180	540	900	2,030	3,150	4,500
4d Sta Wag	184	552	920	2,070	3,220	4,600
1986 Cougar						
2d Cpe	192	576	960	2,160	3,360	4,800
2d LS Cpe	200	600	1,000	2,250	3,500	5,000
XR7 2d Cpe	228	684	1,140	2,570	3,990	5,700
1986 Grand Marquis						
2d Sed	204	612	1,020	2,300	3,570	5,100
4d Sed	208	624	1,040	2,340	3,640	5,200
4d Sta Wag	220	660	1,100	2,480	3,850	5,500

NOTE: Add 10 percent for deluxe models. Deduct 5 percent for smaller engines.

	6	5	4	3	2	1
1987 Lynx, 4-cyl.						
2d HBk L	148	444	740	1,670	2,590	3,700
2d HBk GS	152	456	760	1,710	2,660	3,800
4d HBk GS	156	468	780	1,760	2,730	3,900
4d Sta Wag GS	156	468	780	1,760	2,730	3,900
2d HBk XR3	160	480	800	1,800	2,800	4,000
1987 Topaz, 4-cyl.						
2d Sed GS	152	456	760	1,710	2,660	3,800
4d Sed GS	156	468	780	1,760	2,730	3,900
2d Sed GS Spt	156	468	780	1,760	2,730	3,900
4d Sed GS Spt	160	480	800	1,800	2,800	4,000
4d Sed LS	164	492	820	1,850	2,870	4,100
1987 Cougar						
2d Cpe LS, V-6	256	768	1,280	2,880	4,480	6,400
2d Cpe LS, V-8	360	1,080	1,800	4,050	6,300	9,000
2d Cpe XR7, V-8	368	1,104	1,840	4,140	6,440	9,200

NOTE: Add 10 percent for Anniversary Model.

	6	5	4	3	2	1
1987 Sable, V-6						
4d Sed GS	200	600	1,000	2,250	3,500	5,000
4d Sed LS	204	612	1,020	2,300	3,570	5,100
4d Sta Wag GS	204	612	1,020	2,300	3,570	5,100
4d Sta Wag LS	208	624	1,040	2,340	3,640	5,200
1987 Grand Marquis, V-8						
4d Sed GS	228	684	1,140	2,570	3,990	5,700
4d Sta Wag Col Park GS	240	710	1,180	2,660	4,130	5,900
2d Sed LS	228	684	1,140	2,570	3,990	5,700
4d Sed LS	232	696	1,160	2,610	4,060	5,800
4d Sta Wag Col Park LS	240	720	1,200	2,700	4,200	6,000
1988 Tracer, 4-cyl.						
2d HBk	120	360	600	1,350	2,100	3,000
4d HBk	124	372	620	1,400	2,170	3,100
4d Sta Wag	132	396	660	1,490	2,310	3,300
1988 Topaz, 4-cyl.						
2d Sed	128	384	640	1,440	2,240	3,200
4d Sed	132	396	660	1,490	2,310	3,300
4d Sed LS	144	432	720	1,620	2,520	3,600
4d Sed LTS	152	456	760	1,710	2,660	3,800
2d Sed XR5	160	480	800	1,800	2,800	4,000
1988 Cougar						
2d LS V-6	232	696	1,160	2,610	4,060	5,800
2d LS V-8	248	744	1,240	2,790	4,340	6,200
2d XR7 V-8	272	816	1,360	3,060	4,760	6,800
1988 Sable, V-6						
4d Sed GS	184	552	920	2,070	3,220	4,600
4d Sta Wag GS	208	624	1,040	2,340	3,640	5,200
4d Sed LS	192	576	960	2,160	3,360	4,800
4d Sta Wag LS	232	696	1,160	2,610	4,060	5,800
1988 Grand Marquis, V-8						
4d Sed GS	220	660	1,100	2,480	3,850	5,500
4d Sta Wag Col Park GS	230	700	1,160	2,610	4,060	5,800
4d Sed LS	224	672	1,120	2,520	3,920	5,600
4d Sta Wag Col Park LS	240	730	1,220	2,750	4,270	6,100
1989 Tracer, 4-cyl.						
4d HBk	156	468	780	1,760	2,730	3,900
2d HBk	152	456	760	1,710	2,660	3,800
4d Sta Wag	160	480	800	1,800	2,800	4,000
1989 Topaz, 4-cyl.						
2d Sed GS	144	432	720	1,620	2,520	3,600
4d Sed GS	148	444	740	1,670	2,590	3,700
4d Sed LS	156	468	780	1,760	2,730	3,900
4d Sed LTS	172	516	860	1,940	3,010	4,300
2d Sed XR5	196	588	980	2,210	3,430	4,900

	6	5	4	3	2	1
1989 Cougar, V-6						
2d Cpe LS	360	1,080	1,800	4,050	6,300	9,000
2d Cpe XR7	400	1,200	2,000	4,500	7,000	10,000
1989 Sable, V-6						
4d Sed GS	212	636	1,060	2,390	3,710	5,300
4d Sta Wag GS	248	744	1,240	2,790	4,340	6,200
4d Sed LS	236	708	1,180	2,660	4,130	5,900
4d Sta Wag LS	368	1,104	1,840	4,140	6,440	9,200
1989 Grand Marquis, V-8						
4d Sed GS	252	756	1,260	2,840	4,410	6,300
4d Sed LS	256	768	1,280	2,880	4,480	6,400
4d Sta Wag Col Park GS	270	800	1,340	3,020	4,690	6,700
4d Sta Wag Col Park LS	280	830	1,380	3,110	4,830	6,900
1990 Topaz, 4-cyl.						
2d Sed GS	156	468	780	1,760	2,730	3,900
4d Sed GS	160	480	800	1,800	2,800	4,000
4d Sed LS	168	504	840	1,890	2,940	4,200
4d Sed LTS	184	552	920	2,070	3,220	4,600
2d Sed XR5	168	504	840	1,890	2,940	4,200
1990 Cougar, V-6						
2d Cpe LS	260	780	1,300	2,930	4,550	6,500
2d Cpe XR7	360	1,080	1,800	4,050	6,300	9,000
1990 Sable, V-6						
4d Sed GS	220	660	1,100	2,480	3,850	5,500
4d Sed LS	240	720	1,200	2,700	4,200	6,000
4d Sta Wag GS	240	720	1,200	2,700	4,200	6,000
4d Sta Wag LS	260	780	1,300	2,930	4,550	6,500
1990 Grand Marquis, V-8						
4d Sed GS	260	780	1,300	2,930	4,550	6,500
4d Sed LS	360	1,080	1,800	4,050	6,300	9,000
4d Sta Wag GS	360	1,080	1,800	4,050	6,300	9,000
4d Sta Wag LS	380	1,140	1,900	4,280	6,650	9,500
1991 Tracer, 4-cyl.						
4d NBk	140	420	700	1,580	2,450	3,500
4d NBk LTS	148	444	740	1,670	2,590	3,700
4d Sta Wag	156	468	780	1,760	2,730	3,900
1991 Topaz, 4-cyl.						
2d Sed GS	148	444	740	1,670	2,590	3,700
4d Sed GS	148	444	740	1,670	2,590	3,700
4d Sed LS	156	468	780	1,760	2,730	3,900
4d Sed LTS	160	480	800	1,800	2,800	4,000
2d Sed XR5	168	504	840	1,890	2,940	4,200
1991 Capri, 4-cyl.						
2d Conv	200	600	1,000	2,250	3,500	5,000
2d Conv XR2 Turbo	220	660	1,100	2,480	3,850	5,500
1991 Cougar						
2d Cpe LS, V-6	240	720	1,200	2,700	4,200	6,000
2d Cpe LS, V-8	360	1,080	1,800	4,050	6,300	9,000
2d Cpe XR7, V-8	380	1,140	1,900	4,280	6,650	9,500
1991 Sable, V-6						
4d Sed GS	148	444	740	1,670	2,590	3,700
4d Sta Wag GS	156	468	780	1,760	2,730	3,900
4d Sed LS	152	456	760	1,710	2,660	3,800
4d Sta Wag LS	160	480	800	1,800	2,800	4,000
1991 Grand Marquis, V-8						
4d Sed GS	184	552	920	2,070	3,220	4,600
4d Sed LS	192	576	960	2,160	3,360	4,800
1991 Grand Marquis Colony Park, V-8						
4d Sta Wag GS35	220	660	1,100	2,480	3,850	5,500
4d Sta Wag GS25	216	648	1,080	2,430	3,780	5,400
4d Sta Wag LS35	224	672	1,120	2,520	3,920	5,600
4d Sta Wag LS25	220	660	1,100	2,480	3,850	5,500
1992 Tracer, 4-cyl.						
4d Sed	164	492	820	1,850	2,870	4,100
4d Sed LTS	168	504	840	1,890	2,940	4,200
4d Sta Wag	184	552	920	2,070	3,220	4,600
1992 Topaz, 4-cyl. & V-6						
2d Cpe GS	156	468	780	1,760	2,730	3,900
4d Sed GS	160	480	800	1,800	2,800	4,000
4d Sed LS	168	504	840	1,890	2,940	4,200
4d Sed LTS V-6	224	672	1,120	2,520	3,920	5,600
2d Cpe XR5 V-6	224	672	1,120	2,520	3,920	5,600
1992 Capri, 4-cyl.						
2d Conv	240	720	1,200	2,700	4,200	6,000
2d Conv XR2 Turbo	248	744	1,240	2,790	4,340	6,200

	6	5	4	3	2	1
1992 Cougar						
2d Cpe LS, V-6	292	876	1,460	3,290	5,110	7,300
2d Cpe LS, V-8	308	924	1,540	3,470	5,390	7,700
2d Cpe XR7 V-8	316	948	1,580	3,560	5,530	7,900
1992 Sable, V-6						
4d Sed GS	240	720	1,200	2,700	4,200	6,000
4d Sta Wag GS	240	720	1,200	2,700	4,200	6,000
4d Sed LS	248	744	1,240	2,790	4,340	6,200
4d Sta Wag LS	248	744	1,240	2,790	4,340	6,200
1992 Grand Marquis, V-8						
4d Sed GS	280	840	1,400	3,150	4,900	7,000
4d Sed LS	288	864	1,440	3,240	5,040	7,200
1993 Tracer, 4-cyl.						
4d Sed	172	516	860	1,940	3,010	4,300
4d Sta Wag	184	552	920	2,070	3,220	4,600
4d Sed LTS	180	540	900	2,030	3,150	4,500
1993 Topaz, 4-cyl.						
2d Sed GS	168	504	840	1,890	2,940	4,200
4d Sed GS	176	528	880	1,980	3,080	4,400
1993 Capri, 4-cyl.						
2d Conv	280	840	1,400	3,150	4,900	7,000
2d Conv XR2 Turbo	288	864	1,440	3,240	5,040	7,200
1993 Cougar						
2d Cpe XR7, V-6	292	876	1,460	3,290	5,110	7,300
2d Cpe XR7, V-8	302	906	1,510	3,400	5,285	7,550
1993 Sable, V-6						
4d Sed GS	248	744	1,240	2,790	4,340	6,200
4d Sed LS	252	756	1,260	2,840	4,410	6,300
4d Sta Wag GS	260	780	1,300	2,930	4,550	6,500
4d Sta Wag LS	264	792	1,320	2,970	4,620	6,600
1993 Grand Marquis, V-8						
4d Sed GS	288	864	1,440	3,240	5,040	7,200
4d Sed LS	296	888	1,480	3,330	5,180	7,400
1994 Tracer, 4-cyl.						
4d Sed	200	600	1,000	2,250	3,500	5,000
4d Sed LTS	220	660	1,100	2,480	3,850	5,500
4d Sta Wag	240	720	1,200	2,700	4,200	6,000
1994 Topaz, 4-cyl.						
2d Sed GS	212	636	1,060	2,390	3,710	5,300
4d Sed GS	216	648	1,080	2,430	3,780	5,400
1994 Capri, 4-cyl.						
2d Conv	260	780	1,300	2,930	4,550	6,500
2d Conv XR2 Turbo	288	864	1,440	3,240	5,040	7,200
1994 Cougar						
2d Cpe XR7, V-6	260	780	1,300	2,930	4,550	6,500
2d Cpe XR7, V-8	280	840	1,400	3,150	4,900	7,000
1994 Sable, V-6						
4d Sed GS	220	660	1,100	2,480	3,850	5,500
4d Sed LS	240	720	1,200	2,700	4,200	6,000
4d Sta Wag GS	240	720	1,200	2,700	4,200	6,000
4d Sta Wag LS	260	780	1,300	2,930	4,550	6,500
1994 Grand Marquis, V-8						
4d Sed GS	300	900	1,500	3,380	5,250	7,500
4d Sed LS	320	960	1,600	3,600	5,600	8,000
1995 Tracer, 4-cyl.						
4d Sed	200	600	1,000	2,250	3,500	5,000
4d Sta Wag	250	700	1,200	2,700	4,200	6,000
4d LTS Sed	200	650	1,100	2,480	3,850	5,500
1995 Mystique, 4-cyl. & V-6						
4d GS Sed	200	650	1,050	2,390	3,700	5,300
4d LS Sed	200	650	1,100	2,480	3,850	5,500
1995 Cougar, V-6 & V-8						
2d XR7 Cpe, V-6	250	800	1,300	2,930	4,550	6,500
2d XR7 Cpe, V-8	280	840	1,400	3,150	4,900	7,000
1995 Sable, V-6						
4d GS Sed	200	650	1,100	2,480	3,850	5,500
4d GS Sta Wag	250	700	1,200	2,700	4,200	6,000
4d LS Sed	250	700	1,200	2,700	4,200	6,000
4d LS Sta Wag	250	800	1,300	2,930	4,550	6,500
4d LTS Sed	250	800	1,300	2,970	4,600	6,600
1995 Grand Marquis, V-8						
4d GS Sed	300	900	1,500	3,380	5,250	7,500
4d LS Sed	300	950	1,600	3,600	5,600	8,000

	6	5	4	3	2	1
1996 Tracer, 4-cyl.						
4d Sed	200	600	1,000	2,250	3,500	5,000
4d Sta Wag	250	700	1,200	2,700	4,200	6,000
4d LTS Sed	200	650	1,100	2,480	3,850	5,500
1996 Mystique, 4-cyl. & V-6						
4d GS Sed	200	650	1,050	2,390	3,700	5,300
4d LS Sed	200	650	1,100	2,480	3,850	5,500
1996 Cougar, V-6						
2d XR7 Cpe, V-6	250	800	1,300	2,930	4,550	6,500

NOTE: Add 10 percent for V-8.

	6	5	4	3	2	1
1996 Sable, V-6						
4d G Sed	200	650	1,050	2,390	3,700	5,300
4d GS Sed	200	650	1,100	2,480	3,850	5,500
4d GS Sta Wag	250	700	1,200	2,700	4,200	6,000
4d LS Sed	250	700	1,200	2,700	4,200	6,000
4d LS Sta Wag	250	800	1,300	2,930	4,550	6,500
1996 Grand Marquis, V-8						
4d GS Sed	300	900	1,500	3,380	5,250	7,500
4d LS Sed	300	950	1,600	3,600	5,600	8,000
1997 Tracer, 4-cyl.						
4d GS Sed	200	600	1,000	2,250	3,500	5,000
4d LS Sed	240	720	1,200	2,700	4,200	6,000
4d LS Sta Wag	220	660	1,100	2,480	3,850	5,500

NOTE: Add 5 percent for Trio Pkg on LS Sed.

	6	5	4	3	2	1
1997 Mystique, 4-cyl. & V-6						
4d Sed (4-cyl. only)	200	600	1,000	2,250	3,500	5,000
4d GS Sed	212	636	1,060	2,390	3,710	5,300
4d LS Sed	220	660	1,100	2,480	3,850	5,500

NOTE: Add 5 percent for either Sport or Spree Pkg on GS Sed.

	6	5	4	3	2	1
1997 Cougar, V-6						
2d XR7 Cpe, V-6	260	780	1,300	2,930	4,550	6,500

NOTE: Add 10 percent for V-8. Add 10 percent for 30th Anv Pkg.

	6	5	4	3	2	1
1997 Sable, V-6						
4d G Sed	212	636	1,060	2,390	3,710	5,300
4d GS Sed	220	660	1,100	2,480	3,850	5,500
4d GS Sta Wag	240	720	1,200	2,700	4,200	6,000
4d LS Sed	240	720	1,200	2,700	4,200	6,000
4d LS Sta Wag	260	780	1,300	2,930	4,550	6,500
1997 Grand Marquis, V-8						
4d GS Sed	300	900	1,500	3,380	5,250	7,500
4d LS Sed	320	960	1,600	3,600	5,600	8,000
1998 Tracer, 4-cyl.						
4d GS Sed	200	600	1,000	2,250	3,500	5,000
4d LS Sed	240	720	1,200	2,700	4,200	6,000
4d LS Sta Wag	260	780	1,300	2,930	4,550	6,500

NOTE: Add 5 percent for Trio Pkg on GS Sed.

	6	5	4	3	2	1
1998 Mystique, 4-cyl. & V-6						
4d GS Sed	210	640	1,060	2,390	3,710	5,300
4d LS Sed (V-6 only)	220	660	1,100	2,480	3,850	5,500

NOTE: Add 5 percent for Sport Pkg on GS Sed.

1998

NOTE: The Cougar was not available in 1998. The 1999 Cougar debuted mid-year in 1998.

	6	5	4	3	2	1
1998 Sable, V-6						
4d GS Sed	220	660	1,100	2,480	3,850	5,500
4d LS Sed	240	720	1,200	2,700	4,200	6,000
4d LS Sta Wag	260	780	1,300	2,930	4,550	6,500
1998 Grand Marquis, V-8						
4d GS Sed	300	910	1,520	3,420	5,320	7,600
4d LS Sed	320	970	1,620	3,650	5,670	8,100

NOTE: Add 5 percent for Handling Pkg.

RAMBLER

	6	5	4	3	2	1
1902 1-cyl., 4 hp						
2P Rbt	1,560	4,680	7,800	17,550	27,300	39,000
1903 1-cyl., 6 hp						
2/4P Lt Tr	1,520	4,560	7,600	17,100	26,600	38,000
1904 Model E, 1-cyl., 7 hp, 78" wb						
Rbt	1,360	4,080	6,800	15,300	23,800	34,000
1904 Model G, 1-cyl., 7 hp, 81" wb						
Rbt	1,400	4,200	7,000	15,750	24,500	35,000

	6	5	4	3	2	1
1904 Model H, 1-cyl., 7 hp, 81" wb						
Tonn	1,400	4,200	7,000	15,750	24,500	35,000
1904 Model J, 2-cyl., 16 hp, 84" wb						
Rbt	1,440	4,320	7,200	16,200	25,200	36,000
1904 Model K, 2-cyl., 16 hp, 84" wb						
Tonn	1,440	4,320	7,200	16,200	25,200	36,000
1904 Model L, 2-cyl., 16 hp, 84" wb						
Canopy Tonn	1,480	4,440	7,400	16,650	25,900	37,000
1905 Model G, 1-cyl., 8 hp, 81" wb						
Rbt	1,360	4,080	6,800	15,300	23,800	34,000
1905 Model H, 1-cyl., 8 hp, 81" wb						
Tr	1,360	4,080	6,800	15,300	23,800	34,000
1905 Type One, 2-cyl., 18 hp, 90" wb						
Tr	1,400	4,200	7,000	15,750	24,500	35,000
1905 Type Two, 2-cyl., 20 hp, 100" wb						
Surrey	1,440	4,320	7,200	16,200	25,200	36,000
Limo	1,520	4,560	7,600	17,100	26,600	38,000
1906 Model 17, 2-cyl., 10/12 hp, 88" wb						
2P Rbt	1,320	3,960	6,600	14,850	23,100	33,000
1906 Type One, 2-cyl., 18/20 hp, 90" wb						
5P Surrey	1,360	4,080	6,800	15,300	23,800	34,000
1906 Type Two, 2-cyl., 20 hp, 100" wb						
5P Surrey	1,400	4,200	7,000	15,750	24,500	35,000
1906 Type Three, 2-cyl., 18/20 hp, 96" wb						
5P Surrey	1,440	4,320	7,200	16,200	25,200	36,000
1906 Model 14, 4-cyl., 25 hp, 106" wb						
5P Tr	1,480	4,440	7,400	16,650	25,900	37,000
1906 Model 15, 4-cyl., 35/40 hp, 112" wb						
5P Tr	1,560	4,680	7,800	17,550	27,300	39,000
1906 Model 16, 4-cyl., 35/40 hp, 112" wb						
5P Limo	1,440	4,320	7,200	16,200	25,200	36,000
1907 Model 27, 2-cyl., 14/16 hp, 90" wb						
2P Rbt	1,320	3,960	6,600	14,850	23,100	33,000
1907 Model 22, 2-cyl., 20/22 hp, 100" wb						
2P Rbt	1,360	4,080	6,800	15,300	23,800	34,000
1907 Model 21, 2-cyl., 20/22 hp, 100" wb						
5P Tr	1,400	4,200	7,000	15,750	24,500	35,000
1907 Model 24, 4-cyl., 25/30 hp, 108" wb						
5P Tr	1,440	4,320	7,200	16,200	25,200	36,000
1907 Model 25, 4-cyl., 35/40 hp, 112" wb						
5P Tr	1,520	4,560	7,600	17,100	26,600	38,000
1908 Model 31, 2-cyl., 22 hp, 106" wb						
Det Tonneau	1,440	4,320	7,200	16,200	25,200	36,000
1908 Model 34, 4-cyl., 32 hp, 112" wb						
3P Rds	1,480	4,440	7,400	16,650	25,900	37,000
5P Tr	1,520	4,560	7,600	17,100	26,600	38,000
1909 Model 47, 2-cyl., 22 hp, 106" wb						
2P Rbt	1,440	4,320	7,200	16,200	25,200	36,000
1909 Model 41, 2-cyl., 22 hp, 106" wb						
5P Tr	1,480	4,440	7,400	16,650	25,900	37,000
1909 Model 44, 4-cyl., 34 hp, 112" wb						
5P Tr	1,520	4,560	7,600	17,100	26,600	38,000
4P C.C. Tr	1,560	4,680	7,800	17,550	27,300	39,000
1909 Model 45, 4-cyl., 45 hp, 123" wb						
7P Tr	1,760	5,280	8,800	19,800	30,800	44,000
4P C.C. Tr	1,800	5,400	9,000	20,250	31,500	45,000
3P Rds	1,720	5,160	8,600	19,350	30,100	43,000
1910 Model 53, 4-cyl., 34 hp, 109" wb						
Tr	1,640	4,920	8,200	18,450	28,700	41,000
1910 Model 54, 4-cyl., 45 hp, 117" wb						
Tr	1,720	5,160	8,600	19,350	30,100	43,000
1910 Model 55, 4-cyl., 45 hp, 123" wb						
Tr	1,800	5,400	9,000	20,250	31,500	45,000
Limo	1,440	4,320	7,200	16,200	25,200	36,000
1911 Model 63, 4-cyl., 34 hp, 112" wb						
Tr	1,600	4,800	8,000	18,000	28,000	40,000
Rds	1,560	4,680	7,800	17,550	27,300	39,000
Cpe	920	2,760	4,600	10,350	16,100	23,000
Twn Car	1,000	3,000	5,000	11,250	17,500	25,000

	6	5	4	3	2	1
1911 Model 64, 4-cyl., 34 hp, 120" wb						
Tr	1,680	5,040	8,400	18,900	29,400	42,000
Toy Tonn	1,720	5,160	8,600	19,350	30,100	43,000
Lan'let	1,320	3,960	6,600	14,850	23,100	33,000
1911 Model 65, 4-cyl., 34 hp, 128" wb						
Tr	1,760	5,280	8,800	19,800	30,800	44,000
Toy Tonn	1,800	5,400	9,000	20,250	31,500	45,000
Limo	1,320	3,960	6,600	14,850	23,100	33,000
1912 Four, 38 hp, 120" wb						
5P Cr Ctry Tr	1,720	5,160	8,600	19,350	30,100	43,000
4P Sub Ctry Clb	1,680	5,040	8,400	18,900	29,400	42,000
2P Rds	1,680	5,040	8,400	18,900	29,400	42,000
4P Sed	920	2,760	4,600	10,350	16,100	23,000
7P Gotham Limo	1,120	3,360	5,600	12,600	19,600	28,000
1912 Four, 50 hp, 120" wb						
Ctry Clb	1,760	5,280	8,800	19,800	30,800	44,000
Valkyrie	1,720	5,160	8,600	19,350	30,100	43,000
1912 Four, 50 hp, 128" wb						
Morraine Tr	1,840	5,520	9,200	20,700	32,200	46,000
Metropolitan	1,880	5,640	9,400	21,150	32,900	47,000
Greyhound	1,880	5,640	9,400	21,150	32,900	47,000
Knickerbocker	2,400	7,200	12,000	27,000	42,000	60,000
1913 Four, 42 hp, 120" wb						
2/3P Cr Ctry Rds	1,680	5,040	8,400	18,900	29,400	42,000
4/5P Cr Ctry Tr	1,720	5,160	8,600	19,350	30,100	43,000
4P Inside Drive Cpe	1,040	3,120	5,200	11,700	18,200	26,000
7P Gotham Limo	1,160	3,480	5,800	13,050	20,300	29,000

JEFFERY

	6	5	4	3	2	1
1914 Four, 40 hp, 116" wb						
4d 5P Tr	1,760	5,280	8,800	19,800	30,800	44,000
4d 5P Sed	1,360	4,080	6,800	15,300	23,800	34,000
1914 Four, 27 hp, 120" wb						
2d 2P Rds	1,840	5,520	9,200	20,700	32,200	46,000
4d 4P/5P/7P Tr	1,880	5,640	9,400	21,150	32,900	47,000
1914 Six, 48 hp, 128" wb						
4d 5P Tr	2,280	6,840	11,400	25,650	39,900	57,000
4d 6P Tr	2,320	6,960	11,600	26,100	40,600	58,000
4d 7P Limo	1,480	4,440	7,400	16,650	25,900	37,000
1915 Four, 40 hp, 116" wb						
4d 5P Tr	1,680	5,040	8,400	18,900	29,400	42,000
2d 2P Rds	1,640	4,920	8,200	18,450	28,700	41,000
2d 2P A/W	1,200	3,600	6,000	13,500	21,000	30,000
4d 7P Limo	1,040	3,120	5,200	11,700	18,200	26,000
4d 4P Sed	880	2,640	4,400	9,900	15,400	22,000
1915 Chesterfield Six, 48 hp, 122" wb						
4d 5P Tr	2,080	6,240	10,400	23,400	36,400	52,000
2d 2P Rds	2,000	6,000	10,000	22,500	35,000	50,000
2d 2P A/W	1,960	5,880	9,800	22,050	34,300	49,000
1916 Four, 40 hp, 116" wb						
4d 7P Tr	1,840	5,520	9,200	20,700	32,200	46,000
4d 5P Tr	1,800	5,400	9,000	20,250	31,500	45,000
4d 7P Sed	920	2,760	4,600	10,350	16,100	23,000
4d 5P Sed	880	2,640	4,400	9,900	15,400	22,000
2d 3P Rds	1,720	5,160	8,600	19,350	30,100	43,000
1916 Chesterfield Six, 48 hp, 122" wb						
4d 5P Tr	2,160	6,480	10,800	24,300	37,800	54,000
1917 Model 472, 4-cyl., 40 hp, 116" wb						
4d 7P Tr	1,720	5,160	8,600	19,350	30,100	43,000
2d 2P Rds	1,680	5,040	8,400	18,900	29,400	42,000
4d 7P Sed	880	2,640	4,400	9,900	15,400	22,000
1917 Model 671, 6-cyl., 48 hp, 125" wb						
4d 7P Tr	2,080	6,240	10,400	23,400	36,400	52,000
2d 3P Rds	2,040	6,120	10,200	22,950	35,700	51,000
4d 5P Sed	1,160	3,480	5,800	13,050	20,300	29,000

NASH

	6	5	4	3	2	1
1918 Series 680, 6-cyl.						
4d 7P Tr	1,240	3,720	6,200	13,950	21,700	31,000
4d 5P Tr	1,200	3,600	6,000	13,500	21,000	30,000
4d 4P Rds	1,280	3,840	6,400	14,400	22,400	32,000
4d Sed	840	2,520	4,200	9,450	14,700	21,000
2d Cpe	840	2,520	4,200	9,450	14,700	21,000

1924 Nash Series 690 sedan

1933 Nash cabriolet

1949 Nash 600 sedan

	6	5	4	3	2	1
1919 Series 680, 6-cyl.						
2d Rds	1,240	3,720	6,200	13,950	21,700	31,000
2d Spt Rds	1,200	3,600	6,000	13,500	21,000	30,000
4d 5P Tr	1,280	3,840	6,400	14,400	22,400	32,000
4d 7P Tr	1,320	3,960	6,600	14,850	23,100	33,000
2d 4P Rds	1,280	3,840	6,400	14,400	22,400	32,000
4d Sed	880	2,640	4,400	9,900	15,400	22,000
2d Cpe	900	2,700	4,500	10,130	15,750	22,500
1920 Series 680, 6-cyl.						
4d 5P Tr	1,200	3,600	6,000	13,500	21,000	30,000
2d Rds	1,160	3,480	5,800	13,050	20,300	29,000
4d 7P Tr	1,240	3,720	6,200	13,950	21,700	31,000
2d Cpe	900	2,700	4,500	10,130	15,750	22,500
4d Sed	880	2,640	4,400	9,900	15,400	22,000
4d Spt Tr	1,280	3,840	6,400	14,400	22,400	32,000
1921 Series 680, 6-cyl.						
4d 5P Tr	1,120	3,360	5,600	12,600	19,600	28,000
2d Rds	1,160	3,480	5,800	13,050	20,300	29,000
4d Spt Tr	1,200	3,600	6,000	13,500	21,000	30,000
4d Tr	1,160	3,480	5,800	13,050	20,300	29,000
2d Cpe	900	2,700	4,500	10,130	15,750	22,500
4d Sed	840	2,520	4,200	9,450	14,700	21,000
1921 Series 40, 4-cyl.						
4d Tr	1,080	3,240	5,400	12,150	18,900	27,000
2d Rds	1,120	3,360	5,600	12,600	19,600	28,000
2d Cpe	800	2,400	4,000	9,000	14,000	20,000
4d Sed	720	2,160	3,600	8,100	12,600	18,000
2d Cabr	1,040	3,120	5,200	11,700	18,200	26,000
1922 Series 680, 6-cyl.						
4d 5P Tr	1,120	3,360	5,600	12,600	19,600	28,000
4d 7P Tr	1,160	3,480	5,800	13,050	20,300	29,000
4d 7P Sed	800	2,400	4,000	9,000	14,000	20,000
2d Cpe	880	2,640	4,400	9,900	15,400	22,000
2d Rds	1,200	3,600	6,000	13,500	21,000	30,000
2d Spt	1,240	3,720	6,200	13,950	21,700	31,000
4d 5P Sed	840	2,520	4,200	9,450	14,700	21,000
1922 Series 40, 4-cyl.						
4d Tr	1,080	3,240	5,400	12,150	18,900	27,000
2d Rds	1,120	3,360	5,600	12,600	19,600	28,000
2d Cpe	840	2,520	4,200	9,450	14,700	21,000
4d Sed	680	2,040	3,400	7,650	11,900	17,000
2d Cabr	880	2,640	4,400	9,900	15,400	22,000
Ca'ole	760	2,280	3,800	8,550	13,300	19,000
1923 Series 690, 6-cyl., 121" wb						
2d Rds	1,160	3,480	5,800	13,050	20,300	29,000
4d Tr	1,200	3,600	6,000	13,500	21,000	30,000
4d Spt Tr	1,240	3,720	6,200	13,950	21,700	31,000
4d Sed	680	2,040	3,400	7,650	11,900	17,000
2d Cpe	760	2,280	3,800	8,550	13,300	19,000
1923 Series 690, 6-cyl., 127" wb						
4d Tr	1,200	3,600	6,000	13,500	21,000	30,000
4d Sed	660	1,980	3,300	7,430	11,550	16,500
2d Cpe	780	2,340	3,900	8,780	13,650	19,500
1923 Series 40, 4-cyl.						
4d Tr	1,120	3,360	5,600	12,600	19,600	28,000
2d Rds	1,160	3,480	5,800	13,050	20,300	29,000
4d Spt Tr	1,200	3,600	6,000	13,500	21,000	30,000
Ca'ole	720	2,160	3,600	8,100	12,600	18,000
4d Sed	680	2,040	3,400	7,650	11,900	17,000
1924 Series 690, 6-cyl., 121" wb						
2d Rds	1,160	3,480	5,800	13,050	20,300	29,000
4d Tr	1,120	3,360	5,600	12,600	19,600	28,000
4d Spl DeL	560	1,680	2,800	6,300	9,800	14,000
2d Cpe	640	1,920	3,200	7,200	11,200	16,000
4d Spl Sed	600	1,800	3,000	6,750	10,500	15,000
1924 Series 690, 6-cyl., 127" wb						
4d 7P Tr	1,200	3,600	6,000	13,500	21,000	30,000
4d 7P Sed	580	1,740	2,900	6,530	10,150	14,500
2d Vic	600	1,800	3,000	6,750	10,500	15,000
1924 4-cyl.						
4d Tr	1,160	3,480	5,800	13,050	20,300	29,000
2d Rds	1,200	3,600	6,000	13,500	21,000	30,000
2d Cab	1,120	3,360	5,600	12,600	19,600	28,000
4d 5P Sed	600	1,800	3,000	6,750	10,500	15,000
4d Sed	560	1,680	2,800	6,300	9,800	14,000
4d Spt Sed	640	1,920	3,200	7,200	11,200	16,000
2d Cpe	680	2,040	3,400	7,650	11,900	17,000

	6	5	4	3	2	1
1925 Advanced models, 6-cyl.						
4d Tr	1,040	3,120	5,200	11,700	18,200	26,000
4d 7P Tr	1,080	3,240	5,400	12,150	18,900	27,000
4d Sed	640	1,920	3,200	7,200	11,200	16,000
2d Vic Cpe	680	2,040	3,400	7,650	11,900	17,000
4d 7P Sed	660	1,980	3,300	7,430	11,550	16,500
2d Rds	1,080	3,240	5,400	12,150	18,900	27,000
2d Cpe	640	1,920	3,200	7,200	11,200	16,000
2d Sed	560	1,680	2,800	6,300	9,800	14,000
1925 Special models, 6-cyl.						
4d Tr	1,000	3,000	5,000	11,250	17,500	25,000
4d Sed	600	1,800	3,000	6,750	10,500	15,000
2d Rds	1,040	3,120	5,200	11,700	18,200	26,000
2d Sed	592	1,776	2,960	6,660	10,360	14,800
1925 Light Six, (Ajax), 6-cyl.						
4d Tr	840	2,520	4,200	9,450	14,700	21,000
4d Sed	560	1,680	2,800	6,300	9,800	14,000
1926 Advanced models, 6-cyl.						
4d 5P Tr	1,040	3,120	5,200	11,700	18,200	26,000
4d 7P Tr	1,080	3,240	5,400	12,150	18,900	27,000
2d Sed	560	1,680	2,800	6,300	9,800	14,000
4d Sed	568	1,704	2,840	6,390	9,940	14,200
4d 7P Sed	580	1,740	2,900	6,530	10,150	14,500
2d Cpe	596	1,788	2,980	6,710	10,430	14,900
2d Rds	1,080	3,240	5,400	12,150	18,900	27,000
2d Vic Cpe	680	2,040	3,400	7,650	11,900	17,000
1926 Special models, 6-cyl.						
2d Rds	1,000	3,000	5,000	11,250	17,500	25,000
2d Sed	580	1,740	2,900	6,530	10,150	14,500
4d 7P Sed	588	1,764	2,940	6,620	10,290	14,700
2d Cpe	600	1,800	3,000	6,750	10,500	15,000
4d Sed	584	1,752	2,920	6,570	10,220	14,600
2d Spl Rds	1,120	3,360	5,600	12,600	19,600	28,000
1926 Light Six (formerly Ajax)						
4d Tr	880	2,640	4,400	9,900	15,400	22,000
2d Sed	580	1,740	2,900	6,530	10,150	14,500
1927 Standard, 6-cyl.						
4d Tr	880	2,640	4,400	9,900	15,400	22,000
2d Cpe	620	1,860	3,100	6,980	10,850	15,500
2d Sed	584	1,752	2,920	6,570	10,220	14,600
4d Sed	544	1,632	2,720	6,120	9,520	13,600
4d DeL Sed	588	1,764	2,940	6,620	10,290	14,700
1927 Special, 6-cyl.						
2d Rds	920	2,760	4,600	10,350	16,100	23,000
4d Tr	880	2,640	4,400	9,900	15,400	22,000
2d Cpe	640	1,920	3,200	7,200	11,200	16,000
2d Sed	600	1,800	3,000	6,750	10,500	15,000
4d Sed	608	1,824	3,040	6,840	10,640	15,200
NOTE: Begin September 1926.						
4d Cav Sed	620	1,860	3,100	6,980	10,850	15,500
4d Sed	616	1,848	3,080	6,930	10,780	15,400
2d RS Cab	840	2,520	4,200	9,450	14,700	21,000
2d RS Rds	880	2,640	4,400	9,900	15,400	22,000
NOTE: Begin January 1927.						
1927 Advanced, 6-cyl.						
2d Rds	1,040	3,120	5,200	11,700	18,200	26,000
4d 5P Tr	1,000	3,000	5,000	11,250	17,500	25,000
4d 7P Tr	1,040	3,120	5,200	11,700	18,200	26,000
2d Cpe	680	2,040	3,400	7,650	11,900	17,000
2d Vic	720	2,160	3,600	8,100	12,600	18,000
2d Sed	600	1,800	3,000	6,750	10,500	15,000
4d Sed	608	1,824	3,040	6,840	10,640	15,200
4d 7P Sed	620	1,860	3,100	6,980	10,850	15,500
NOTE: Begin August 1926.						
2d RS Cpe	760	2,280	3,800	8,550	13,300	19,000
4d Spl Sed	620	1,860	3,100	6,980	10,850	15,500
4d Amb Sed	628	1,884	3,140	7,070	10,990	15,700
NOTE: Begin January 1927.						
1928 Standard, 6-cyl.						
4d Tr	880	2,640	4,400	9,900	15,400	22,000
2d Cpe	640	1,920	3,200	7,200	11,200	16,000
2d Conv Cabr	920	2,760	4,600	10,350	16,100	23,000
2d Sed	580	1,740	2,900	6,530	10,150	14,500
4d Sed	584	1,752	2,920	6,570	10,220	14,600
4d Lan Sed	588	1,764	2,940	6,620	10,290	14,700

	6	5	4	3	2	1
1928 Special, 6-cyl.						
4d Tr	856	2,568	4,280	9,630	14,980	21,400
2d RS Rds	920	2,760	4,600	10,350	16,100	23,000
2d Cpe	640	1,920	3,200	7,200	11,200	16,000
2d Conv Cabr	1,000	3,000	5,000	11,250	17,500	25,000
2d Vic	760	2,280	3,800	8,550	13,300	19,000
2d Sed	680	2,040	3,400	7,650	11,900	17,000
4d Sed	688	2,064	3,440	7,740	12,040	17,200
4d Cpe	700	2,100	3,500	7,880	12,250	17,500
1928 Advanced, 6-cyl.						
4d Spt Tr	1,120	3,360	5,600	12,600	19,600	28,000
4d Tr	1,080	3,240	5,400	12,150	18,900	27,000
2d RS Rds	1,160	3,480	5,800	13,050	20,300	29,000
2d Cpe	680	2,040	3,400	7,650	11,900	17,000
2d Vic	700	2,100	3,500	7,880	12,250	17,500
2d Sed	612	1,836	3,060	6,890	10,710	15,300
4d Sed	624	1,872	3,120	7,020	10,920	15,600
4d Cpe	640	1,920	3,200	7,200	11,200	16,000
4d 7P Sed	616	1,848	3,080	6,930	10,780	15,400
1929 Standard, 6-cyl.						
4d Sed	568	1,704	2,840	6,390	9,940	14,200
4d Tr	1,000	3,000	5,000	11,250	17,500	25,000
2d Cabr	840	2,520	4,200	9,450	14,700	21,000
2d Sed	568	1,704	2,840	6,390	9,940	14,200
2P Cpe	564	1,692	2,820	6,350	9,870	14,100
4P Cpe	576	1,728	2,880	6,480	10,080	14,400
4d Lan Sed	572	1,716	2,860	6,440	10,010	14,300
1929 Special, 6-cyl.						
2d Sed	600	1,800	3,000	6,750	10,500	15,000
2d 2P Cpe	620	1,860	3,100	6,980	10,850	15,500
2d 4P Cpe	640	1,920	3,200	7,200	11,200	16,000
2d Rds	1,200	3,600	6,000	13,500	21,000	30,000
4d Sed	600	1,800	3,000	6,750	10,500	15,000
2d Cabr	960	2,880	4,800	10,800	16,800	24,000
2d Vic	616	1,848	3,080	6,930	10,780	15,400
1929 Advanced, 6-cyl.						
2d Cpe	640	1,920	3,200	7,200	11,200	16,000
2d Cabr	1,120	3,360	5,600	12,600	19,600	28,000
2d Sed	616	1,848	3,080	6,930	10,780	15,400
4d 7P Sed	620	1,860	3,100	6,980	10,850	15,500
4d Amb Sed	632	1,896	3,160	7,110	11,060	15,800
4d Sed	620	1,860	3,100	6,980	10,850	15,500
1930 Single, 6-cyl.						
2d Rds	920	2,760	4,600	10,350	16,100	23,000
4d Tr	880	2,640	4,400	9,900	15,400	22,000
2P Cpe	620	1,860	3,100	6,980	10,850	15,500
2d Sed	600	1,800	3,000	6,750	10,500	15,000
4P Cpe	656	1,968	3,280	7,380	11,480	16,400
2d Cabr	880	2,640	4,400	9,900	15,400	22,000
4d Sed	604	1,812	3,020	6,800	10,570	15,100
4d DeL Sed	612	1,836	3,060	6,890	10,710	15,300
4d Lan'let	640	1,920	3,200	7,200	11,200	16,000
1930 Twin-Ign, 6-cyl.						
2d Rds	1,320	3,960	6,600	14,850	23,100	33,000
4d 7P Tr	1,280	3,840	6,400	14,400	22,400	32,000
4d 5P Tr	1,240	3,720	6,200	13,950	21,700	31,000
2d 2P Cpe	600	1,800	3,000	6,750	10,500	15,000
2d 4P Cpe	608	1,824	3,040	6,840	10,640	15,200
2d Sed	560	1,680	2,800	6,300	9,800	14,000
2d Cabr	960	2,880	4,800	10,800	16,800	24,000
2d Vic	720	2,160	3,600	8,100	12,600	18,000
4d Sed	616	1,848	3,080	6,930	10,780	15,400
4d 7P Sed	628	1,884	3,140	7,070	10,990	15,700
1930 Twin-Ign, 8-cyl.						
2d Sed	656	1,968	3,280	7,380	11,480	16,400
2d 2P Cpe	780	2,340	3,900	8,780	13,650	19,500
2d 4P Cpe	800	2,400	4,000	9,000	14,000	20,000
2d Vic	880	2,640	4,400	9,900	15,400	22,000
2d Cabr	1,680	5,040	8,400	18,900	29,400	42,000
4d Sed	660	1,980	3,300	7,430	11,550	16,500
4d Amb Sed	700	2,100	3,500	7,880	12,250	17,500
4d 7P Sed	680	2,040	3,400	7,650	11,900	17,000
4d 7P Limo	720	2,160	3,600	8,100	12,600	18,000
1931 Series 660, 6-cyl.						
4d 5P Tr	1,080	3,240	5,400	12,150	18,900	27,000
2d 2P Cpe	620	1,860	3,100	6,980	10,850	15,500

	6	5	4	3	2	1
2d 4P Cpe.	628	1,884	3,140	7,070	10,990	15,700
2d Sed	600	1,800	3,000	6,750	10,500	15,000
4d Sed	600	1,800	3,000	6,750	10,500	15,000
1931 Series 870, 8-cyl.						
2d 2P Cpe.	680	2,040	3,400	7,650	11,900	17,000
2d 4P Cpe.	688	2,064	3,440	7,740	12,040	17,200
4d Conv Sed.	2,080	6,240	10,400	23,400	36,400	52,000
2d Sed	648	1,944	3,240	7,290	11,340	16,200
4d Spl Sed	656	1,968	3,280	7,380	11,480	16,400
1931 Series 880 - Twin-Ign, 8-cyl.						
2d 2P Cpe.	760	2,280	3,800	8,550	13,300	19,000
2d 4P Cpe.	780	2,340	3,900	8,780	13,650	19,500
4d Conv Sed.	2,200	6,600	11,000	24,750	38,500	55,000
2d Sed	680	2,040	3,400	7,650	11,900	17,000
4d Twn Sed	700	2,100	3,500	7,880	12,250	17,500
1931 Series 890 - Twin-Ign, 8-cyl.						
4d 7P Tr	1,880	5,640	9,400	21,150	32,900	47,000
2d 2P Cpe.	1,000	3,000	5,000	11,250	17,500	25,000
2d 4P Cpe.	1,040	3,120	5,200	11,700	18,200	26,000
2d Cabr.	2,080	6,240	10,400	23,400	36,400	52,000
2d Vic	880	2,640	4,400	9,900	15,400	22,000
2d Sed	800	2,400	4,000	9,000	14,000	20,000
4d Amb Sed	840	2,520	4,200	9,450	14,700	21,000
4d 7P Sed.	880	2,640	4,400	9,900	15,400	22,000
4d 7P Limo	960	2,880	4,800	10,800	16,800	24,000
1932 Series 960, 6-cyl.						
4d 5P Tr	1,320	3,960	6,600	14,850	23,100	33,000
2d 2P Cpe.	600	1,800	3,000	6,750	10,500	15,000
2d 4P Cpe.	620	1,860	3,100	6,980	10,850	15,500
2d Sed	480	1,440	2,400	5,400	8,400	12,000
4d Sed	488	1,464	2,440	5,490	8,540	12,200
1932 Series 970, 8-cyl., 116.5" wb						
2d 2P Cpe.	720	2,160	3,600	8,100	12,600	18,000
2d 4P Cpe.	740	2,220	3,700	8,330	12,950	18,500
4d Conv Sed.	2,240	6,720	11,200	25,200	39,200	56,000
2d Sed	620	1,860	3,100	6,980	10,850	15,500
4d Spl Sed	628	1,884	3,140	7,070	10,990	15,700
1932 Series 980 - Twin-Ign, 8-cyl., 121" wb						
2d 2P Cpe.	1,040	3,120	5,200	11,700	18,200	26,000
2d 4P Cpe.	1,080	3,240	5,400	12,150	18,900	27,000
4d Conv Sed.	2,160	6,480	10,800	24,300	37,800	54,000
4d Sed	920	2,760	4,600	10,350	16,100	23,000
4d Twn Sed	960	2,880	4,800	10,800	16,800	24,000
1932 Series 990 - Twin-Ign, 8-cyl., 124"-133" wb						
4d 7P Tr	2,000	6,000	10,000	22,500	35,000	50,000
2d 2P Cpe.	1,120	3,360	5,600	12,600	19,600	28,000
2d 4P Cpe.	1,160	3,480	5,800	13,050	20,300	29,000
2d Cabr.	2,080	6,240	10,400	23,400	36,400	52,000
2d Vic	1,120	3,360	5,600	12,600	19,600	28,000
2d Sed	960	2,880	4,800	10,800	16,800	24,000
4d Spl Sed	1,040	3,120	5,200	11,700	18,200	26,000
4d Amb Sed	1,080	3,240	5,400	12,150	18,900	27,000
4d 7P Sed.	1,040	3,120	5,200	11,700	18,200	26,000
4d Limo.	1,240	3,720	6,200	13,950	21,700	31,000
1933 Standard Series						
2d Rds	1,040	3,120	5,200	11,700	18,200	26,000
2d 2P Cpe.	540	1,620	2,700	6,080	9,450	13,500
2d 4P Cpe.	520	1,560	2,600	5,850	9,100	13,000
4d Sed	480	1,440	2,400	5,400	8,400	12,000
4d Twn Sed	500	1,500	2,500	5,630	8,750	12,500
1933 Special Series, 8-cyl.						
2d Rds	1,200	3,600	6,000	13,500	21,000	30,000
2d 2P Cpe.	620	1,860	3,100	6,980	10,850	15,500
2d 4P Cpe.	640	1,920	3,200	7,200	11,200	16,000
4d Sed	600	1,800	3,000	6,750	10,500	15,000
4d Conv Sed.	1,880	5,640	9,400	21,150	32,900	47,000
4d Twn Sed	640	1,920	3,200	7,200	11,200	16,000
1933 Advanced Series, 8-cyl.						
2d Cabr.	1,480	4,440	7,400	16,650	25,900	37,000
2d 2P Cpe.	660	1,980	3,300	7,430	11,550	16,500
2d 4P Cpe.	680	2,040	3,400	7,650	11,900	17,000
4d Sed	588	1,764	2,940	6,620	10,290	14,700
4d Conv Sed.	2,160	6,480	10,800	24,300	37,800	54,000
2d Vic	700	2,100	3,500	7,880	12,250	17,500
1933 Ambassador Series, 8-cyl.						
2d Cabr.	1,880	5,640	9,400	21,150	32,900	47,000

	6	5	4	3	2	1
2d Cpe	740	2,220	3,700	8,330	12,950	18,500
4d Sed	700	2,100	3,500	7,880	12,250	17,500
4d Conv Sed	2,280	6,840	11,400	25,650	39,900	57,000
2d Vic	1,160	3,480	5,800	13,050	20,300	29,000
4d 142" Brgm	1,040	3,120	5,200	11,700	18,200	26,000
4d 142" Sed	960	2,880	4,800	10,800	16,800	24,000
4d 142" Limo	1,200	3,600	6,000	13,500	21,000	30,000

1934 Big Six, 6-cyl.

	6	5	4	3	2	1
2d Bus Cpe	600	1,800	3,000	6,750	10,500	15,000
2d Cpe	620	1,860	3,100	6,980	10,850	15,500
4d Brgm	560	1,680	2,800	6,300	9,800	14,000
2d Sed	540	1,620	2,700	6,080	9,450	13,500
4d Twn Sed	560	1,680	2,800	6,300	9,800	14,000
4d Tr Sed	556	1,668	2,780	6,260	9,730	13,900

1934 Advanced, 8-cyl.

	6	5	4	3	2	1
2d Bus Cpe	620	1,860	3,100	6,980	10,850	15,500
2d Cpe	640	1,920	3,200	7,200	11,200	16,000
4d Brgm	620	1,860	3,100	6,980	10,850	15,500
2d Sed	640	1,920	3,200	7,200	11,200	16,000
4d Twn Sed	640	1,920	3,200	7,200	11,200	16,000
4d Tr Sed	620	1,860	3,100	6,980	10,850	15,500

1934 Ambassador, 8-cyl.

	6	5	4	3	2	1
4d Brgm	640	1,920	3,200	7,200	11,200	16,000
2d Sed	620	1,860	3,100	6,980	10,850	15,500
4d Tr Sed	628	1,884	3,140	7,070	10,990	15,700
4d 7P Sed	660	1,980	3,300	7,430	11,550	16,500
4d Limo	740	2,220	3,700	8,330	12,950	18,500

1934 Lafayette, 6-cyl.

	6	5	4	3	2	1
2d Sed	520	1,560	2,600	5,850	9,100	13,000
4d Twn Sed	524	1,572	2,620	5,900	9,170	13,100
4d Brgm	532	1,596	2,660	5,990	9,310	13,300
2d Spl Cpe	580	1,740	2,900	6,530	10,150	14,500
2d Spl 4P Cpe	600	1,800	3,000	6,750	10,500	15,000
4d Spl Tr Sed	540	1,620	2,700	6,080	9,450	13,500
4d Spl Sed	548	1,644	2,740	6,170	9,590	13,700
4d Brgm	560	1,680	2,800	6,300	9,800	14,000

1935 Lafayette, 6-cyl.

	6	5	4	3	2	1
2d Bus Cpe	540	1,620	2,700	6,080	9,450	13,500
2d Sed	508	1,524	2,540	5,720	8,890	12,700
4d Brgm	520	1,560	2,600	5,850	9,100	13,000
4d Tr Sed	512	1,536	2,560	5,760	8,960	12,800
4d Twn Sed	516	1,548	2,580	5,810	9,030	12,900
2d Spl Cpe	580	1,740	2,900	6,530	10,150	14,500
4d Spl 6W Sed	540	1,620	2,700	6,080	9,450	13,500
4d 6W Brgm	544	1,632	2,720	6,120	9,520	13,600

1935 Advanced, 6-cyl.

	6	5	4	3	2	1
2d Vic	560	1,680	2,800	6,300	9,800	14,000
4d 6W Sed	520	1,560	2,600	5,850	9,100	13,000

1935 Advanced, 8-cyl.

	6	5	4	3	2	1
2d Vic	648	1,944	3,240	7,290	11,340	16,200
4d 6W Sed	608	1,824	3,040	6,840	10,640	15,200

1935 Ambassador, 8-cyl.

	6	5	4	3	2	1
2d Vic	660	1,980	3,300	7,430	11,550	16,500
4d 6W Sed	620	1,860	3,100	6,980	10,850	15,500

1936 Lafayette, 6-cyl.

	6	5	4	3	2	1
2d Bus Cpe	540	1,620	2,700	6,080	9,450	13,500
2d Cpe	548	1,644	2,740	6,170	9,590	13,700
2d Cabr	840	2,520	4,200	9,450	14,700	21,000
4d Sed	500	1,500	2,500	5,630	8,750	12,500
2d Vic	540	1,620	2,700	6,080	9,450	13,500
4d Tr Sed	504	1,512	2,520	5,670	8,820	12,600

1936 400 Series, 6-cyl.

	6	5	4	3	2	1
2d Bus Cpe	548	1,644	2,740	6,170	9,590	13,700
2d Cpe	560	1,680	2,800	6,300	9,800	14,000
2d Vic	540	1,620	2,700	6,080	9,450	13,500
4d Tr Vic	560	1,680	2,800	6,300	9,800	14,000
4d Sed	504	1,512	2,520	5,670	8,820	12,600
4d Tr Sed	508	1,524	2,540	5,720	8,890	12,700
2d Spl Bus Cpe	560	1,680	2,800	6,300	9,800	14,000
2d Spl Cpe	580	1,740	2,900	6,530	10,150	14,500
2d Spl Spt Cabr	1,080	3,240	5,400	12,150	18,900	27,000
2d Spl Vic	540	1,620	2,700	6,080	9,450	13,500
2d Spl Tr Vic	560	1,680	2,800	6,300	9,800	14,000
4d Spl Sed	504	1,512	2,520	5,670	8,820	12,600
4d Spl Tr Sed	508	1,524	2,540	5,720	8,890	12,700

	6	5	4	3	2	1
1936 Ambassador Series, 6-cyl.						
2d Vic	600	1,800	3,000	6,750	10,500	15,000
4d Tr Sed	560	1,680	2,800	6,300	9,800	14,000
1936 Ambassador Series, 8-cyl.						
4d Tr Sed	600	1,800	3,000	6,750	10,500	15,000
1937 Lafayette 400, 6-cyl.						
2d Bus Cpe	580	1,740	2,900	6,530	10,150	14,500
2d Cpe	600	1,800	3,000	6,750	10,500	15,000
2d A-P Cpe	600	1,800	3,000	6,750	10,500	15,000
2d Cabr	1,000	3,000	5,000	11,250	17,500	25,000
2d Vic Sed	520	1,560	2,600	5,850	9,100	13,000
4d Tr Sed	524	1,572	2,620	5,900	9,170	13,100
1937 Ambassador, 6-cyl.						
2d Bus Cpe	600	1,800	3,000	6,750	10,500	15,000
2d Cpe	620	1,860	3,100	6,980	10,850	15,500
2d A-P Cpe	628	1,884	3,140	7,070	10,990	15,700
2d Cabr	1,120	3,360	5,600	12,600	19,600	28,000
2d Vic Sed	560	1,680	2,800	6,300	9,800	14,000
4d Tr Sed	564	1,692	2,820	6,350	9,870	14,100
1937 Ambassador, 8-cyl.						
2d Bus Cpe	660	1,980	3,300	7,430	11,550	16,500
2d Cpe	680	2,040	3,400	7,650	11,900	17,000
2d A-P Cpe	696	2,088	3,480	7,830	12,180	17,400
2d Cabr	1,200	3,600	6,000	13,500	21,000	30,000
2d Vic Sed	620	1,860	3,100	6,980	10,850	15,500
4d Tr Sed	624	1,872	3,120	7,020	10,920	15,600
1938 Lafayette Master, 6-cyl.						
2d Bus Cpe	584	1,752	2,920	6,570	10,220	14,600
2d Vic	576	1,728	2,880	6,480	10,080	14,400
4d Tr Sed	544	1,632	2,720	6,120	9,520	13,600
1938 DeLuxe, 6-cyl.						
2d Bus Cpe	592	1,776	2,960	6,660	10,360	14,800
2d A-P Cpe	600	1,800	3,000	6,750	10,500	15,000
2d Cabr	960	2,880	4,800	10,800	16,800	24,000
2d Vic	580	1,740	2,900	6,530	10,150	14,500
4d Tr Sed	544	1,632	2,720	6,120	9,520	13,600
1938 Ambassador, 6-cyl.						
2d Bus Cpe	580	1,740	2,900	6,530	10,150	14,500
2d A-P Cpe	600	1,800	3,000	6,750	10,500	15,000
2d Cabr	1,080	3,240	5,400	12,150	18,900	27,000
2d Vic	560	1,680	2,800	6,300	9,800	14,000
4d Tr Sed	524	1,572	2,620	5,900	9,170	13,100
1938 Ambassador, 8-cyl.						
2d Bus Cpe	600	1,800	3,000	6,750	10,500	15,000
2d A-P Cpe	620	1,860	3,100	6,980	10,850	15,500
2d Cabr	1,120	3,360	5,600	12,600	19,600	28,000
2d Vic	604	1,812	3,020	6,800	10,570	15,100
4d Tr Sed	600	1,800	3,000	6,750	10,500	15,000
1939 Lafayette, 6-cyl.						
2d Bus Cpe	580	1,740	2,900	6,530	10,150	14,500
2d Sed	560	1,680	2,800	6,300	9,800	14,000
4d Sed	524	1,572	2,620	5,900	9,170	13,100
4d Tr Sed	528	1,584	2,640	5,940	9,240	13,200
2d A-P Cpe	620	1,860	3,100	6,980	10,850	15,500
2d A-P Cabr	1,000	3,000	5,000	11,250	17,500	25,000

NOTE: Add 10 percent for DeLuxe.

	6	5	4	3	2	1
1939 Ambassador, 6-cyl.						
2d Bus Cpe	624	1,872	3,120	7,020	10,920	15,600
2d A-P Cpe	640	1,920	3,200	7,200	11,200	16,000
2d A-P Cabr	1,200	3,600	6,000	13,500	21,000	30,000
2d Sed	548	1,644	2,740	6,170	9,590	13,700
4d Sed	552	1,656	2,760	6,210	9,660	13,800
4d Tr Sed	560	1,680	2,800	6,300	9,800	14,000
1939 Ambassador, 8-cyl.						
2d Bus Cpe	700	2,100	3,500	7,880	12,250	17,500
2d A-P Cpe	704	2,112	3,520	7,920	12,320	17,600
2d A-P Cabr	1,360	4,080	6,800	15,300	23,800	34,000
2d Sed	620	1,860	3,100	6,980	10,850	15,500
4d Sed	624	1,872	3,120	7,020	10,920	15,600
4d Tr Sed	628	1,884	3,140	7,070	10,990	15,700
1940 DeLuxe Lafayette, 6-cyl.						
2d Bus Cpe	620	1,860	3,100	6,980	10,850	15,500
2d A-P Cpe	624	1,872	3,120	7,020	10,920	15,600
2d A-P Cabr	1,200	3,600	6,000	13,500	21,000	30,000
2d FBk	568	1,704	2,840	6,390	9,940	14,200

	6	5	4	3	2	1
4d FBk	564	1,692	2,820	6,350	9,870	14,100
4d Trk Sed	572	1,716	2,860	6,440	10,010	14,300
1940 Ambassador, 6-cyl.						
2d Bus Cpe	664	1,992	3,320	7,470	11,620	16,600
2d A-P Cpe	680	2,040	3,400	7,650	11,900	17,000
2d A-P Cabr	1,440	4,320	7,200	16,200	25,200	36,000
2d FBk	624	1,872	3,120	7,020	10,920	15,600
4d FBk	620	1,860	3,100	6,980	10,850	15,500
4d Trk Sed	632	1,896	3,160	7,110	11,060	15,800
1940 Ambassador, 8-cyl.						
2d Bus Cpe	740	2,220	3,700	8,330	12,950	18,500
2d A-P Cpe	744	2,232	3,720	8,370	13,020	18,600
2d A-P Cabr	1,560	4,680	7,800	17,550	27,300	39,000
2d FBk	680	2,040	3,400	7,650	11,900	17,000
4d FBk	676	2,028	3,380	7,610	11,830	16,900
4d Trk Sed	680	2,040	3,400	7,650	11,900	17,000
1941 Ambassador 600, 6-cyl.						
2d Bus Cpe	640	1,920	3,200	7,200	11,200	16,000
2d FBk	584	1,752	2,920	6,570	10,220	14,600
4d FBk	580	1,740	2,900	6,530	10,150	14,500
2d DeL Bus Cpe	664	1,992	3,320	7,470	11,620	16,600
4d DeL Brgm	620	1,860	3,100	6,980	10,850	15,500
2d DeL FBk	604	1,812	3,020	6,800	10,570	15,100
4d DeL FBk	600	1,800	3,000	6,750	10,500	15,000
4d Tr Sed	608	1,824	3,040	6,840	10,640	15,200
1941 Ambassador, 6-cyl.						
2d Bus Cpe	704	2,112	3,520	7,920	12,320	17,600
2d Spl Bus Cpe	708	2,124	3,540	7,970	12,390	17,700
2d A-P Cabr	1,360	4,080	6,800	15,300	23,800	34,000
2d Brgm	656	1,968	3,280	7,380	11,480	16,400
4d Spl Sed	660	1,980	3,300	7,430	11,550	16,500
4d Spl FBk	656	1,968	3,280	7,380	11,480	16,400
4d DeL FBk	660	1,980	3,300	7,430	11,550	16,500
4d Tr Sed	664	1,992	3,320	7,470	11,620	16,600
1941 Ambassador, 8-cyl.						
2d A-P Cabr	1,400	4,200	7,000	15,750	24,500	35,000
2d DeL Brgm	700	2,100	3,500	7,880	12,250	17,500
4d Spl FBk	704	2,112	3,520	7,920	12,320	17,600
4d DeL FBk	708	2,124	3,540	7,970	12,390	17,700
4d Tr Sed	712	2,136	3,560	8,010	12,460	17,800
1942 Ambassador 600, 6-cyl.						
2d Bus Cpe	688	2,064	3,440	7,740	12,040	17,200
2d Brgm	644	1,932	3,220	7,250	11,270	16,100
2d SS	640	1,920	3,200	7,200	11,200	16,000
4d SS	644	1,932	3,220	7,250	11,270	16,100
4d Tr Sed	648	1,944	3,240	7,290	11,340	16,200
1942 Ambassador, 6-cyl.						
2d Bus Cpe	740	2,220	3,700	8,330	12,950	18,500
2d Brgm	692	2,076	3,460	7,790	12,110	17,300
2d SS	688	2,064	3,440	7,740	12,040	17,200
4d SS	692	2,076	3,460	7,790	12,110	17,300
4d Tr Sed	696	2,088	3,480	7,830	12,180	17,400
1942 Ambassador, 8-cyl.						
2d Bus Cpe	720	2,160	3,600	8,100	12,600	18,000
2d Brgm	700	2,100	3,500	7,880	12,250	17,500
2d SS	692	2,076	3,460	7,790	12,110	17,300
4d SS	696	2,088	3,480	7,830	12,180	17,400
4d Tr Sed	700	2,100	3,500	7,880	12,250	17,500
1946 600, 6-cyl.						
2d Brgm	664	1,992	3,320	7,470	11,620	16,600
4d Sed	660	1,980	3,300	7,430	11,550	16,500
4d Trk Sed	672	2,016	3,360	7,560	11,760	16,800
1946 Ambassador, 6-cyl.						
2d Brgm	720	2,160	3,600	8,100	12,600	18,000
4d Sed	724	2,172	3,620	8,150	12,670	18,100
4d Trk Sed	728	2,184	3,640	8,190	12,740	18,200
4d Sed Suburban	1,380	4,140	6,900	15,530	24,150	34,500
1947 600, 6-cyl.						
2d Brgm	664	1,992	3,320	7,470	11,620	16,600
4d Sed	660	1,980	3,300	7,430	11,550	16,500
4d Trk Sed	672	2,016	3,360	7,560	11,760	16,800
1947 Ambassador, 6-cyl.						
2d Brgm	720	2,160	3,600	8,100	12,600	18,000
4d Sed	724	2,172	3,620	8,150	12,670	18,100
4d Trk Sed	728	2,184	3,640	8,190	12,740	18,200
4d Sed Suburban	1,420	4,260	7,100	15,980	24,850	35,500

	6	5	4	3	2	1
1948 600, 6-cyl.						
DeL Bus Cpe	732	2,196	3,660	8,240	12,810	18,300
4d Sup Sed	684	2,052	3,420	7,700	11,970	17,100
4d Sup Trk Sed	688	2,064	3,440	7,740	12,040	17,200
2d Sup Brgm	688	2,064	3,440	7,740	12,040	17,200
4d Cus Sed	692	2,076	3,460	7,790	12,110	17,300
4d Cus Trk Sed	696	2,088	3,480	7,830	12,180	17,400
2d Cus Brgm	700	2,100	3,500	7,880	12,250	17,500
1948 Ambassador, 6-cyl.						
4d Sed	708	2,124	3,540	7,970	12,390	17,700
4d Trk Sed	712	2,136	3,560	8,010	12,460	17,800
2d Brgm	712	2,136	3,560	8,010	12,460	17,800
4d Sed Suburban	1,460	4,380	7,300	16,430	25,550	36,500
1948 Custom Ambassador, 6-cyl.						
4d Sed	760	2,280	3,800	8,550	13,300	19,000
4d Trk Sed	740	2,220	3,700	8,330	12,950	18,500
2d Brgm	760	2,280	3,800	8,550	13,300	19,000
2d Cabr	1,460	4,380	7,300	16,430	25,550	36,500
1949 600 Super, 6-cyl.						
4d Sed	660	1,980	3,300	7,430	11,550	16,500
2d Sed	664	1,992	3,320	7,470	11,620	16,600
2d Brgm	668	2,004	3,340	7,520	11,690	16,700
1949 600 Super Special, 6-cyl.						
4d Sed	664	1,992	3,320	7,470	11,620	16,600
2d Sed	668	2,004	3,340	7,520	11,690	16,700
2d Brgm	672	2,016	3,360	7,560	11,760	16,800
1949 600 Custom, 6-cyl.						
4d Sed	672	2,016	3,360	7,560	11,760	16,800
2d Sed	676	2,028	3,380	7,610	11,830	16,900
2d Brgm	680	2,040	3,400	7,650	11,900	17,000
1949 Ambassador Super, 6-cyl.						
4d Sed	704	2,112	3,520	7,920	12,320	17,600
2d Sed	708	2,124	3,540	7,970	12,390	17,700
2d Brgm	712	2,136	3,560	8,010	12,460	17,800
1949 Ambassador Super Special, 6-cyl.						
4d Sed	708	2,124	3,540	7,970	12,390	17,700
2d Sed	712	2,136	3,560	8,010	12,460	17,800
2d Brgm	716	2,148	3,580	8,060	12,530	17,900
1949 Ambassador Custom, 6-cyl.						
4d Sed	716	2,148	3,580	8,060	12,530	17,900
2d Sed	720	2,160	3,600	8,100	12,600	18,000
2d Brgm	724	2,172	3,620	8,150	12,670	18,100
1950 Rambler Custom, 6-cyl.						
2d Conv Lan	820	2,460	4,100	9,230	14,350	20,500
2d Sta Wag	680	2,040	3,400	7,650	11,900	17,000
1950 Nash Super Statesman, 6-cyl.						
2d DeL Cpe	672	2,016	3,360	7,560	11,760	16,800
4d Sed	664	1,992	3,320	7,470	11,620	16,600
2d Sed	668	2,004	3,340	7,520	11,690	16,700
2d Clb Cpe	672	2,016	3,360	7,560	11,760	16,800
1950 Nash Custom Statesman, 6-cyl.						
4d Sed	676	2,028	3,380	7,610	11,830	16,900
2d Sed	680	2,040	3,400	7,650	11,900	17,000
2d Clb Cpe	684	2,052	3,420	7,700	11,970	17,100
1950 Ambassador, 6-cyl.						
4d Sed	700	2,100	3,500	7,880	12,250	17,500
2d Sed	708	2,124	3,540	7,970	12,390	17,700
2d Clb Cpe	712	2,136	3,560	8,010	12,460	17,800
1950 Ambassador Custom, 6-cyl.						
4d Sed	716	2,148	3,580	8,060	12,530	17,900
2d Sed	720	2,160	3,600	8,100	12,600	18,000
2d Clb Cpe	724	2,172	3,620	8,150	12,670	18,100
1951 Rambler, 6-cyl.						
2d Utl Wag	680	2,040	3,400	7,650	11,900	17,000
2d Sta Wag	688	2,064	3,440	7,740	12,040	17,200
2d Cus Clb Sed	676	2,028	3,380	7,610	11,830	16,900
2d Cus Conv	820	2,460	4,100	9,230	14,350	20,500
2d Ctry Clb HT	740	2,220	3,700	8,330	12,950	18,500
2d Cus Sta Wag	700	2,100	3,500	7,880	12,250	17,500
1951 Nash Statesman, 6-cyl.						
2d DeL Bus Cpe	680	2,040	3,400	7,650	11,900	17,000
4d Sup Sed	672	2,016	3,360	7,560	11,760	16,800
2d Sup	668	2,004	3,340	7,520	11,690	16,700
2d Sup Cpe	680	2,040	3,400	7,650	11,900	17,000

	6	5	4	3	2	1
2d Cus Cpe	684	2,052	3,420	7,700	11,970	17,100
2d Cus	680	2,040	3,400	7,650	11,900	17,000

1951 Ambassador, 6-cyl.

	6	5	4	3	2	1
4d Sup Sed	708	2,124	3,540	7,970	12,390	17,700
2d Sup	704	2,112	3,520	7,920	12,320	17,600
2d Sup Cpe	712	2,136	3,560	8,010	12,460	17,800
4d Cus Sed	716	2,148	3,580	8,060	12,530	17,900
2d Cus	708	2,124	3,540	7,970	12,390	17,700
2d Cus Cpe	712	2,136	3,560	8,010	12,460	17,800

1951 Nash-Healey

	6	5	4	3	2	1
Spt Rds	1,720	5,160	8,600	19,350	30,100	43,000

1952-53 Rambler, 6-cyl.

	6	5	4	3	2	1
2d Utl Wag	680	2,040	3,400	7,650	11,900	17,000
2d Sta Wag	688	2,064	3,440	7,740	12,040	17,200
2d Cus Clb Sed	680	2,040	3,400	7,650	11,900	17,000
2d Cus Conv	820	2,460	4,100	9,230	14,350	20,500
2d Cus Ctry Clb HT	740	2,220	3,700	8,330	12,950	18,500
2d Cus Sta Wag	700	2,100	3,500	7,880	12,250	17,500

1952-53 Nash Statesman, 6-cyl.

	6	5	4	3	2	1
2d Sed	688	2,064	3,440	7,740	12,040	17,200
4d Sed	684	2,052	3,420	7,700	11,970	17,100
2d Cus Ctry Clb	780	2,340	3,900	8,780	13,650	19,500

NOTE: Add 10 percent for Custom.

1952-53 Ambassador, 6-cyl.

	6	5	4	3	2	1
2d Sed	700	2,100	3,500	7,880	12,250	17,500
4d Sed	700	2,100	3,500	7,880	12,250	17,500
2d Cus Ctry Clb	820	2,460	4,100	9,230	14,350	20,500

NOTE: Add 10 percent for Custom.

1952-53 Nash-Healey

	6	5	4	3	2	1
2d Cpe (1953 only)	1,680	5,040	8,400	18,900	29,400	42,000
2d Spt Rds	1,840	5,520	9,200	20,700	32,200	46,000

1954 Rambler, 6-cyl.

	6	5	4	3	2	1
2d DeL Clb Sed	680	2,040	3,400	7,650	11,900	17,000
2d Sup Clb Sed	684	2,052	3,420	7,700	11,970	17,100
2d Sup Ctry Clb HT	720	2,160	3,600	8,100	12,600	18,000
2d Sup Suburban Sta Wag	692	2,076	3,460	7,790	12,110	17,300
4d Sup Sed (108")	684	2,052	3,420	7,700	11,970	17,100
2d Cus Ctry Clb HT	760	2,280	3,800	8,550	13,300	19,000
2d Cus Conv	860	2,580	4,300	9,680	15,050	21,500
2d Cus Sta Wag	720	2,160	3,600	8,100	12,600	18,000
4d Cus Sed (108")	688	2,064	3,440	7,740	12,040	17,200
4d Cus Wag (108")	724	2,172	3,620	8,150	12,670	18,100
2d Cus Wag (108")	740	2,220	3,700	8,330	12,950	18,500

1954 Nash Statesman, 6-cyl.

	6	5	4	3	2	1
4d Sup Sed	660	1,980	3,300	7,430	11,550	16,500
2d Sup Sed	664	1,992	3,320	7,470	11,620	16,600
4d Cus Sed	668	2,004	3,340	7,520	11,690	16,700
2d Cus Ctry Clb HT	820	2,460	4,100	9,230	14,350	20,500

1954 Nash Ambassador, 6-cyl.

	6	5	4	3	2	1
4d Sup Sed	708	2,124	3,540	7,970	12,390	17,700
2d Sup Sed	712	2,136	3,560	8,010	12,460	17,800
4d Cus Sed	720	2,160	3,600	8,100	12,600	18,000
2d Cus Ctry Clb HT	820	2,460	4,100	9,230	14,350	20,500

NOTE: Add 5 percent for LeMans option.

1954 Nash-Healey

	6	5	4	3	2	1
2d Cpe	1,760	5,280	8,800	19,800	30,800	44,000

1955 Rambler, 6-cyl.

	6	5	4	3	2	1
2d DeL Clb Sed	680	2,040	3,400	7,650	11,900	17,000
2d DeL Bus Sed	676	2,028	3,380	7,610	11,830	16,900
4d DeL Sed (108")	684	2,052	3,420	7,700	11,970	17,100
2d Sup Clb Sed	684	2,052	3,420	7,700	11,970	17,100
2d Sup Sta Wag	676	2,028	3,380	7,610	11,830	16,900
4d Sup Sed (108")	684	2,052	3,420	7,700	11,970	17,100
4d Sup Crs Ctry (108")	720	2,160	3,600	8,100	12,600	18,000
2d Cus Ctry Clb HT	780	2,340	3,900	8,780	13,650	19,500
4d Cus Sed (108")	688	2,064	3,440	7,740	12,040	17,200
4d Cus Crs Ctry (108")	760	2,280	3,800	8,550	13,300	19,000

1955 Nash Statesman, 6-cyl.

	6	5	4	3	2	1
4d Sup Sed	680	2,040	3,400	7,650	11,900	17,000
4d Cus Sed	684	2,052	3,420	7,700	11,970	17,100
2d Cus Ctry Clb	800	2,400	4,000	9,000	14,000	20,000

1955 Nash Ambassador, 6-cyl.

	6	5	4	3	2	1
4d Sup Sed	724	2,172	3,620	8,150	12,670	18,100
4d Cus Sed	728	2,184	3,640	8,190	12,740	18,200
2d Cus Ctry Clb	860	2,580	4,300	9,680	15,050	21,500

	6	5	4	3	2	1
1955 Nash Ambassador, 8-cyl.						
4d Sup Sed	728	2,184	3,640	8,190	12,740	18,200
4d Cus Sed	768	2,304	3,840	8,640	13,440	19,200
2d Cus Ctry Clb	860	2,580	4,300	9,680	15,050	21,500
1956 Rambler, 6-cyl.						
4d DeL Sed	628	1,884	3,140	7,070	10,990	15,700
4d Sup Sed	632	1,896	3,160	7,110	11,060	15,800
4d Sup Crs Ctry	664	1,992	3,320	7,470	11,620	16,600
4d Cus Sed	668	2,004	3,340	7,520	11,690	16,700
4d Cus HT	700	2,100	3,500	7,880	12,250	17,500
4d Cus Crs Ctry	684	2,052	3,420	7,700	11,970	17,100
4d HT Wag	700	2,100	3,500	7,880	12,250	17,500
1956 Nash Statesman, 6-cyl.						
4d Sup Sed	680	2,040	3,400	7,650	11,900	17,000
1956 Nash Ambassador, 6-cyl.						
4d Sup Sed	700	2,100	3,500	7,880	12,250	17,500
1956 Nash Ambassador, 8-cyl.						
4d Sup Sed	708	2,124	3,540	7,970	12,390	17,700
4d Cus Sed	720	2,160	3,600	8,100	12,600	18,000
2d Cus HT	900	2,700	4,500	10,130	15,750	22,500
1957 Rambler, 6-cyl.						
4d DeL Sed	592	1,776	2,960	6,660	10,360	14,800
4d Sup Sed	600	1,800	3,000	6,750	10,500	15,000
4d Sup HT	620	1,860	3,100	6,980	10,850	15,500
4d Sup Crs Ctry	628	1,884	3,140	7,070	10,990	15,700
4d Cus Sed	596	1,788	2,980	6,710	10,430	14,900
4d Cus Crs Ctry	628	1,884	3,140	7,070	10,990	15,700
1957 Rambler, 8-cyl.						
4d Sup Sed	600	1,800	3,000	6,750	10,500	15,000
4d Sup Crs Ctry Wag	630	1,880	3,140	7,070	10,990	15,700
4d Cus Sed	604	1,812	3,020	6,800	10,570	15,100
4d Cus HT	632	1,896	3,160	7,110	11,060	15,800
4d Cus Crs Ctry Wag	640	1,910	3,180	7,160	11,130	15,900
4d Cus HT Crs Ctry	660	1,980	3,300	7,430	11,550	16,500
1957 Rebel, 8-cyl.						
4d HT	820	2,460	4,100	9,230	14,350	20,500
1957 Nash Ambassador, 8-cyl.						
4d Sup Sed	688	2,064	3,440	7,740	12,040	17,200
2d Sup HT	860	2,580	4,300	9,680	15,050	21,500
4d Cus Sed	700	2,100	3,500	7,880	12,250	17,500
2d Cus HT	900	2,700	4,500	10,130	15,750	22,500

AMC

	6	5	4	3	2	1
1958-59 American DeLuxe, 6-cyl.						
2d Sed	328	984	1,640	3,690	5,740	8,200
2d Sta Wag (1959 only)	330	1,000	1,660	3,740	5,810	8,300
1958-59 American Super, 6-cyl.						
2d Sed	332	996	1,660	3,740	5,810	8,300
2d Sta Wag (1959 only)	340	1,010	1,680	3,780	5,880	8,400
1958-59 Rambler DeLuxe, 6-cyl.						
4d Sed	328	984	1,640	3,690	5,740	8,200
4d Sta Wag	332	996	1,660	3,740	5,810	8,300
1958-59 Rambler Super, 6-cyl.						
4d Sed	332	996	1,660	3,740	5,810	8,300
4d HT	340	1,020	1,700	3,830	5,950	8,500
4d Sta Wag	336	1,008	1,680	3,780	5,880	8,400
1958-59 Rambler Custom, 6-cyl.						
4d Sed	348	1,044	1,740	3,920	6,090	8,700
4d HT	356	1,068	1,780	4,010	6,230	8,900
4d Sta Wag	340	1,020	1,700	3,830	5,950	8,500
1958-59 Rebel Super V-8						
4d Sed DeL (1958 only)	430	1,280	2,140	4,820	7,490	10,700
4d Sed	432	1,296	2,160	4,860	7,560	10,800
4d Sta Wag	436	1,308	2,180	4,910	7,630	10,900
1958-59 Rebel Custom, V-8						
4d Sed	436	1,308	2,180	4,910	7,630	10,900
4d HT	444	1,332	2,220	5,000	7,770	11,100
4d Sta Wag	440	1,320	2,200	4,950	7,700	11,000
1958-59 Ambassador Super, V-8						
4d Sed	468	1,404	2,340	5,270	8,190	11,700
4d Sta Wag	472	1,416	2,360	5,310	8,260	11,800

	6	5	4	3	2	1
1958-59 Ambassador Custom, V-8						
4d Sed	472	1,416	2,360	5,310	8,260	11,800
4d HT	476	1,428	2,380	5,360	8,330	11,900
4d Sta Wag	476	1,428	2,380	5,360	8,330	11,900
4d HT Sta Wag	564	1,692	2,820	6,350	9,870	14,100
1960 American DeLuxe, 6-cyl.						
2d Sed	364	1,092	1,820	4,100	6,370	9,100
4d Sed	360	1,080	1,800	4,050	6,300	9,000
2d Sta Wag	368	1,104	1,840	4,140	6,440	9,200
1960 American Super, 6-cyl.						
2d Sed	368	1,104	1,840	4,140	6,440	9,200
4d Sed	364	1,092	1,820	4,100	6,370	9,100
2d Sta Wag	372	1,116	1,860	4,190	6,510	9,300
1960 American Custom, 6-cyl.						
2d Sed	372	1,116	1,860	4,190	6,510	9,300
4d Sed	368	1,104	1,840	4,140	6,440	9,200
2d Sta Wag	376	1,128	1,880	4,230	6,580	9,400
1960 Rambler DeLuxe, 6-cyl.						
4d Sed	364	1,092	1,820	4,100	6,370	9,100
4d Sta Wag	368	1,104	1,840	4,140	6,440	9,200
1960 Rambler Super, 6-cyl.						
4d Sed	368	1,104	1,840	4,140	6,440	9,200
4d 6P Sta Wag	372	1,116	1,860	4,190	6,510	9,300
4d 8P Sta Wag	376	1,128	1,880	4,230	6,580	9,400
1960 Rambler Custom, 6-cyl.						
4d Sed	372	1,116	1,860	4,190	6,510	9,300
4d HT	376	1,128	1,880	4,230	6,580	9,400
4d 6P Sta Wag	376	1,128	1,880	4,230	6,580	9,400
4d 8P Sta Wag	380	1,140	1,900	4,280	6,650	9,500
1960 Rebel Super, V-8						
Sed	456	1,368	2,280	5,130	7,980	11,400
4d 6P Sta Wag	460	1,380	2,300	5,180	8,050	11,500
4d 8P Sta Wag	464	1,392	2,320	5,220	8,120	11,600
1960 Rebel Custom, V-8						
4d Sed	460	1,380	2,300	5,180	8,050	11,500
4d HT	464	1,392	2,320	5,220	8,120	11,600
4d 6P Sta Wag	464	1,392	2,320	5,220	8,120	11,600
4d 8P Sta Wag	468	1,404	2,340	5,270	8,190	11,700
1960 Ambassador Super, V-8						
4d Sed	464	1,392	2,320	5,220	8,120	11,600
4d 6P Sta Wag	468	1,404	2,340	5,270	8,190	11,700
4d 8P Sta Wag	472	1,416	2,360	5,310	8,260	11,800
1960 Ambassador Custom, V-8						
4d Sed	468	1,404	2,340	5,270	8,190	11,700
4d HT	476	1,428	2,380	5,360	8,330	11,900
6P Sta Wag	472	1,416	2,360	5,310	8,260	11,800
4d HT Sta Wag	560	1,680	2,800	6,300	9,800	14,000
4d 8P Sta Wag	476	1,428	2,380	5,360	8,330	11,900
1961 American						
4d DeL Sed	320	960	1,600	3,600	5,600	8,000
2d DeL Sed	324	972	1,620	3,650	5,670	8,100
4d DeL Sta Wag	328	984	1,640	3,690	5,740	8,200
2d DeL Sta Wag	324	972	1,620	3,650	5,670	8,100
4d Sup Sed	324	972	1,620	3,650	5,670	8,100
2d Sup Sed	328	984	1,640	3,690	5,740	8,200
4d Sup Sta Wag	332	996	1,660	3,740	5,810	8,300
2d Sup Sta Wag	324	972	1,620	3,650	5,670	8,100
4d Cus Sed	324	972	1,620	3,650	5,670	8,100
2d Cus Sed	328	984	1,640	3,690	5,740	8,200
2d Cus Conv	560	1,680	2,800	6,300	9,800	14,000
4d Cus Sta Wag	328	984	1,640	3,690	5,740	8,200
2d Cus Sta Wag	332	996	1,660	3,740	5,810	8,300
4d 400 Sed	328	984	1,640	3,690	5,740	8,200
2d 400 Conv	568	1,704	2,840	6,390	9,940	14,200
1961 Rambler Classic						
4d DeL Sed	320	960	1,600	3,600	5,600	8,000
4d DeL Sta Wag	324	972	1,620	3,650	5,670	8,100
4d Sup Sed	324	972	1,620	3,650	5,670	8,100
4d Sup Sta Wag	328	984	1,640	3,690	5,740	8,200
4d Cus Sed	328	984	1,640	3,690	5,740	8,200
4d Cus Sta Wag	332	996	1,660	3,740	5,810	8,300
4d 400 Sed	332	996	1,660	3,740	5,810	8,300

NOTE: Add 5 percent for V-8.

1953 Nash Rambler Custom convertible

1956 Nash Rambler Custom Cross Country station wagon

1962 Metropolitan 1500 two-door hardtop

	6	5	4	3	2	1
1961 Ambassador						
4d DeL Sed.	324	972	1,620	3,650	5,670	8,100
4d Sup Sed.	328	984	1,640	3,690	5,740	8,200
5d Sup Sta Wag.	332	996	1,660	3,740	5,810	8,300
4d Sup Sta Wag.	328	984	1,640	3,690	5,740	8,200
4d Cus Sed.	332	996	1,660	3,740	5,810	8,300
5d Cus Sta Wag.	340	1,020	1,700	3,830	5,950	8,500
4d Cus Sta Wag.	336	1,008	1,680	3,780	5,880	8,400
4d 400 Sed.	336	1,008	1,680	3,780	5,880	8,400
1962 American						
4d DeL Sed.	280	840	1,400	3,150	4,900	7,000
2d DeL Sed.	284	852	1,420	3,200	4,970	7,100
4d DeL Sta Wag.	284	852	1,420	3,200	4,970	7,100
2d DeL Sta Wag.	280	840	1,400	3,150	4,900	7,000
4d Cus Sed.	284	852	1,420	3,200	4,970	7,100
2d Cus Sed.	284	852	1,420	3,200	4,970	7,100
4d Cus Sta Wag.	288	864	1,440	3,240	5,040	7,200
2d Cus Sta Wag.	284	852	1,420	3,200	4,970	7,100
4d 400.	284	852	1,420	3,200	4,970	7,100
2d 400.	288	864	1,440	3,240	5,040	7,200
2d 400 Conv.	568	1,704	2,840	6,390	9,940	14,200
4d 400 Sta Wag.	300	900	1,500	3,380	5,250	7,500
1962 Classic						
4d DeL Sed.	280	840	1,400	3,150	4,900	7,000
2d DeL.	284	852	1,420	3,200	4,970	7,100
4d DeL Sta Wag.	288	864	1,440	3,240	5,040	7,200
4d Cus Sed.	292	876	1,460	3,290	5,110	7,300
2d Cus.	296	888	1,480	3,330	5,180	7,400
4d Cus Sta Wag.	292	876	1,460	3,290	5,110	7,300
5d Cus Sta Wag.	296	888	1,480	3,330	5,180	7,400
4d 400 Sed.	296	888	1,480	3,330	5,180	7,400
2d 400.	300	900	1,500	3,380	5,250	7,500
4d 400 Sta Wag.	304	912	1,520	3,420	5,320	7,600

NOTE: Add 5 percent for V-8.

	6	5	4	3	2	1
1962 Ambassador						
4d Cus Sed.	288	864	1,440	3,240	5,040	7,200
2d Cus Sed.	292	876	1,460	3,290	5,110	7,300
4d Cus Sta Wag.	308	924	1,540	3,470	5,390	7,700
4d 400 Sed.	300	900	1,500	3,380	5,250	7,500
2d 400 Sed.	304	912	1,520	3,420	5,320	7,600
4d 400 Sta Wag.	308	924	1,540	3,470	5,390	7,700
5d 400 Sta Wag.	312	936	1,560	3,510	5,460	7,800
1963 American						
4d 220 Sed.	264	792	1,320	2,970	4,620	6,600
2d 220 Sed.	268	804	1,340	3,020	4,690	6,700
4d 220 Bus Sed.	260	780	1,300	2,930	4,550	6,500
4d 220 Sta Wag.	268	804	1,340	3,020	4,690	6,700
2d 220 Sta Wag.	264	792	1,320	2,970	4,620	6,600
4d 330 Sed.	268	804	1,340	3,020	4,690	6,700
2d 330 Sed.	264	792	1,320	2,970	4,620	6,600
4d 330 Sta Wag.	276	828	1,380	3,110	4,830	6,900
2d 330 Sta Wag.	280	840	1,400	3,150	4,900	7,000
4d 440 Sed.	276	828	1,380	3,110	4,830	6,900
2d 440 Sed.	280	840	1,400	3,150	4,900	7,000
2d 440 HT.	292	876	1,460	3,290	5,110	7,300
2d 440-H HT.	400	1,200	2,000	4,500	7,000	10,000
2d 440 Conv.	460	1,380	2,300	5,180	8,050	11,500
4d 440 Sta Wag.	284	852	1,420	3,200	4,970	7,100
1963 Classic						
4d 550 Sed.	260	780	1,300	2,930	4,550	6,500
2d 550 Sed.	264	792	1,320	2,970	4,620	6,600
4d 550 Sta Wag.	260	780	1,300	2,930	4,550	6,500
4d 660 Sed.	260	780	1,300	2,930	4,550	6,500
2d 660 Sed.	264	792	1,320	2,970	4,620	6,600
4d 660 Sta Wag.	268	804	1,340	3,020	4,690	6,700
4d 770 Sed.	276	828	1,380	3,110	4,830	6,900
2d 770 Sed.	272	816	1,360	3,060	4,760	6,800
4d 770 Sta Wag.	284	852	1,420	3,200	4,970	7,100

NOTE: Add 5 percent for V-8 models.

	6	5	4	3	2	1
1963 Ambassador						
4d 800 Sed.	272	816	1,360	3,060	4,760	6,800
2d 800 Sed.	276	828	1,380	3,110	4,830	6,900
4d 880 Sta Wag.	280	840	1,400	3,150	4,900	7,000
4d 880 Sed.	276	828	1,380	3,110	4,830	6,900
2d 880 Sed.	280	840	1,400	3,150	4,900	7,000
4d 880 Sta Wag.	284	852	1,420	3,200	4,970	7,100

	6	5	4	3	2	1
4d 990 Sed	280	840	1,400	3,150	4,900	7,000
2d 990 Sed	284	852	1,420	3,200	4,970	7,100
5d 990 Sta Wag	292	876	1,460	3,290	5,110	7,300
4d 990 Sta Wag	288	864	1,440	3,240	5,040	7,200

1964 American

	6	5	4	3	2	1
4d 220 Sed	264	792	1,320	2,970	4,620	6,600
2d 220	268	804	1,340	3,020	4,690	6,700
4d 220 Sta Wag	272	816	1,360	3,060	4,760	6,800
4d 330 Sed	272	816	1,360	3,060	4,760	6,800
2d 330	276	828	1,380	3,110	4,830	6,900
4d 330 Sta Wag	276	828	1,380	3,110	4,830	6,900
4d 440 Sed	272	816	1,360	3,060	4,760	6,800
2d 440 HT	292	876	1,460	3,290	5,110	7,300
2d 440-H HT	400	1,200	2,000	4,500	7,000	10,000
2d Conv	460	1,380	2,300	5,180	8,050	11,500

1964 Classic

	6	5	4	3	2	1
4d 550 Sed	260	780	1,300	2,930	4,550	6,500
2d 550	264	792	1,320	2,970	4,620	6,600
4d 550 Sta Wag	268	804	1,340	3,020	4,690	6,700
4d 660 Sed	264	792	1,320	2,970	4,620	6,600
2d 660	268	804	1,340	3,020	4,690	6,700
4d 660 Sta Wag	272	816	1,360	3,060	4,760	6,800
4d 770 Sed	268	804	1,340	3,020	4,690	6,700
2d 770	272	816	1,360	3,060	4,760	6,800
2d 770 HT	412	1,236	2,060	4,640	7,210	10,300
2d 770 Typhoon HT	460	1,380	2,300	5,180	8,050	11,500
4d 770 Sta Wag	272	816	1,360	3,060	4,760	6,800

NOTE: Add 5 percent for V-8 models.

1964 Ambassador

	6	5	4	3	2	1
4d Sed	312	936	1,560	3,510	5,460	7,800
2d HT	292	876	1,460	3,290	5,110	7,300
2d 990-H HT	400	1,200	2,000	4,500	7,000	10,000
4d Sta Wag	280	840	1,400	3,150	4,900	7,000

1965 American

	6	5	4	3	2	1
4d 220 Sed	268	804	1,340	3,020	4,690	6,700
2d 220	272	816	1,360	3,060	4,760	6,800
4d 220 Sta Wag	272	816	1,360	3,060	4,760	6,800
4d 330 Sed	272	816	1,360	3,060	4,760	6,800
2d 330	280	840	1,400	3,150	4,900	7,000
4d 330 Sta Wag	284	852	1,420	3,200	4,970	7,100
4d 440 Sed	280	840	1,400	3,150	4,900	7,000
2d 440 HT	320	960	1,600	3,600	5,600	8,000
2d 440-H HT	328	984	1,640	3,690	5,740	8,200
2d 440 Conv	460	1,390	2,320	5,220	8,120	11,600

1965 Classic

	6	5	4	3	2	1
4d 550 Sed	264	792	1,320	2,970	4,620	6,600
2d 550	268	804	1,340	3,020	4,690	6,700
4d 550 Sta Wag	268	804	1,340	3,020	4,690	6,700
4d 660 Sed	276	828	1,380	3,110	4,830	6,900
2d 660	280	840	1,400	3,150	4,900	7,000
4d 660 Sta Wag	284	852	1,420	3,200	4,970	7,100
4d 770 Sed	276	828	1,380	3,110	4,830	6,900
2d 770 HT	288	864	1,440	3,240	5,040	7,200
2d 770-H HT	332	996	1,660	3,740	5,810	8,300
2d 770 Conv	568	1,704	2,840	6,390	9,940	14,200
4d 770 Sta Wag	280	840	1,400	3,150	4,900	7,000

NOTE: Add 5 percent for V-8 models.

1965 Ambassador

	6	5	4	3	2	1
4d 880 Sed	280	840	1,400	3,150	4,900	7,000
2d 880	284	852	1,420	3,200	4,970	7,100
4d 880 Sta Wag	288	864	1,440	3,240	5,040	7,200
4d 990 Sed	284	852	1,420	3,200	4,970	7,100
2d 990 HT	292	876	1,460	3,290	5,110	7,300
2d 990-H HT	360	1,080	1,800	4,050	6,300	9,000
2d Conv	572	1,716	2,860	6,440	10,010	14,300
4d Sta Wag	288	864	1,440	3,240	5,040	7,200

1965 Marlin

	6	5	4	3	2	1
2d FBk	580	1,740	2,900	6,530	10,150	14,500

NOTE: Deduct 5 percent for 6-cyl.

1966 American

	6	5	4	3	2	1
4d 220 Sed	260	780	1,300	2,930	4,550	6,500
2d 220 Sed	264	792	1,320	2,970	4,620	6,600
4d 220 Wag	268	804	1,340	3,020	4,690	6,700
4d 440 Sed	272	816	1,360	3,060	4,760	6,800
2d 440 Sed	276	828	1,380	3,110	4,830	6,900

	6	5	4	3	2	1
2d 440 Conv	440	1,330	2,220	5,000	7,770	11,100
4d 440 Wag	268	804	1,340	3,020	4,690	6,700
2d 440 HT	300	900	1,500	3,380	5,250	7,500
2d Rogue HT	340	1,020	1,700	3,830	5,950	8,500
1966 Classic						
4d 550 Sed	264	792	1,320	2,970	4,620	6,600
2d 550 Sed	264	792	1,320	2,970	4,620	6,600
4d 550 Sta Wag	268	804	1,340	3,020	4,690	6,700
4d 770 Sed	272	816	1,360	3,060	4,760	6,800
2d 770 HT	288	864	1,440	3,240	5,040	7,200
2d 770 Conv	560	1,680	2,800	6,300	9,800	14,000
4d 770 Sta Wag	268	804	1,340	3,020	4,690	6,700
1966 Rebel						
2d HT	460	1,380	2,300	5,180	8,050	11,500
1966 Marlin						
2d FBk	580	1,740	2,900	6,530	10,150	14,500
1966 Ambassador						
4d 880 Sed	276	828	1,380	3,110	4,830	6,900
2d 880 Sed	280	840	1,400	3,150	4,900	7,000
4d 880 Sta Wag	288	864	1,440	3,240	5,040	7,200
4d 990 Sed	284	852	1,420	3,200	4,970	7,100
2d 990 HT	360	1,080	1,800	4,050	6,300	9,000
2d 990 Conv	600	1,800	3,000	6,750	10,500	15,000
4d 990 Sta Wag	276	828	1,380	3,110	4,830	6,900
1966 DPL (Diplomat)						
2d DPL HT	432	1,296	2,160	4,860	7,560	10,800
1967 American 220						
4d Sed	260	780	1,300	2,930	4,550	6,500
2d Sed	260	780	1,300	2,930	4,550	6,500
4d Sta Wag	264	792	1,320	2,970	4,620	6,600
1967 American 440						
4d Sed	264	792	1,320	2,970	4,620	6,600
2d Sed	264	792	1,320	2,970	4,620	6,600
2d HT	280	840	1,400	3,150	4,900	7,000
4d Sta Wag	268	804	1,340	3,020	4,690	6,700
1967 American Rogue						
2d HT	460	1,380	2,300	5,180	8,050	11,500
2d Conv	580	1,740	2,900	6,530	10,150	14,500
1967 Rebel 550						
4d Sed	260	780	1,300	2,930	4,550	6,500
2d Sed	260	780	1,300	2,930	4,550	6,500
4d Sta Wag	264	792	1,320	2,970	4,620	6,600
1967 Rebel 770						
4d Sed	264	792	1,320	2,970	4,620	6,600
2d HT	280	840	1,400	3,150	4,900	7,000
4d Sta Wag	264	792	1,320	2,970	4,620	6,600
1967 Rebel SST						
2d HT	288	864	1,440	3,240	5,040	7,200
2d Conv	60	180	300	680	1,050	1,500
1967 Rambler Marlin						
2d FBk	560	1,680	2,800	6,300	9,800	14,000
1967 Ambassador 880						
4d Sed	268	804	1,340	3,020	4,690	6,700
2d Sed	268	804	1,340	3,020	4,690	6,700
4d Sta Wag	272	816	1,360	3,060	4,760	6,800
1967 Ambassador 990						
4d Sed	280	840	1,400	3,150	4,900	7,000
2d HT	312	936	1,560	3,510	5,460	7,800
4d Sta Wag	284	852	1,420	3,200	4,970	7,100
1967 Ambassador DPL						
2d HT	420	1,260	2,100	4,730	7,350	10,500
2d Conv	620	1,860	3,100	6,980	10,850	15,500
1968 American 220						
4d Sed	268	804	1,340	3,020	4,690	6,700
2d Sed	268	804	1,340	3,020	4,690	6,700
1968 American 440						
4d Sed	272	816	1,360	3,060	4,760	6,800
4d Sta Wag	276	828	1,380	3,110	4,830	6,900
1968 Rogue						
2d HT	560	1,680	2,800	6,300	9,800	14,000
1968 Rebel 550						
4d Sed	260	780	1,300	2,930	4,550	6,500
2d Conv	580	1,740	2,900	6,530	10,150	14,500

	6	5	4	3	2	1
4d Sta Wag	264	792	1,320	2,970	4,620	6,600
2d HT	288	864	1,440	3,240	5,040	7,200
1968 Rebel 770						
4d Sed	264	792	1,320	2,970	4,620	6,600
4d Sta Wag	268	804	1,340	3,020	4,690	6,700
2d HT	296	888	1,480	3,330	5,180	7,400
1968 Rebel SST						
2d Conv	580	1,740	2,900	6,530	10,150	14,500
2d HT	420	1,260	2,100	4,730	7,350	10,500
1968 Ambassador						
4d Sed	272	816	1,360	3,060	4,760	6,800
2d HT	400	1,200	2,000	4,500	7,000	10,000
1968 Ambassador DPL						
4d Sed	280	840	1,400	3,150	4,900	7,000
2d HT	308	924	1,540	3,470	5,390	7,700
4d Sta Wag	284	852	1,420	3,200	4,970	7,100
1968 Ambassador SST						
4d Sed	280	840	1,400	3,150	4,900	7,000
2d HT	400	1,200	2,000	4,500	7,000	10,000
1968 Javelin						
2d FBk	660	1,980	3,300	7,430	11,550	16,500
1968 Javelin SST						
2d FBk	740	2,220	3,700	8,330	12,950	18,500

NOTE: Add 25 percent for GO Package. Add 30 percent for Big Bad Package.

	6	5	4	3	2	1
1968 AMX						
2d FBk	840	2,520	4,200	9,450	14,700	21,000

NOTE: Add 30 percent for Craig Breedlove Edit.

	6	5	4	3	2	1
1969 Rambler						
4d Sed	264	792	1,320	2,970	4,620	6,600
2d Sed	264	792	1,320	2,970	4,620	6,600
1969 Rambler 440						
4d Sed	268	804	1,340	3,020	4,690	6,700
2d Sed	268	804	1,340	3,020	4,690	6,700
1969 Rambler Rogue						
2d HT	560	1,680	2,800	6,300	9,800	14,000
1969 Rambler Hurst S/C						
2d HT	760	2,280	3,800	8,550	13,300	19,000
1969 Rebel						
4d Sed	260	780	1,300	2,930	4,550	6,500
2d HT	280	840	1,400	3,150	4,900	7,000
4d Sta Wag	264	792	1,320	2,970	4,620	6,600
1969 Rebel SST						
4d Sed	268	804	1,340	3,020	4,690	6,700
2d HT	288	864	1,440	3,240	5,040	7,200
4d Sta Wag	272	816	1,360	3,060	4,760	6,800
1969 AMX						
2d FBk	840	2,520	4,200	9,450	14,700	21,000

NOTE: Add 30 percent for Big Bad Package. Add 200 percent for Hurst-built SS/AMX.

	6	5	4	3	2	1
1969 Javelin						
2d FBk	660	1,980	3,300	7,430	11,550	16,500
1969 Javelin SST						
2d FBk	740	2,220	3,700	8,330	12,950	18,500

NOTE: Add 25 percent for GO Package. Add 30 percent for Big Bad Package.

	6	5	4	3	2	1
1969 Ambassador						
4d Sed	272	816	1,360	3,060	4,760	6,800
1969 Ambassador DPL						
4d Sed	280	840	1,400	3,150	4,900	7,000
4d Sta Wag	284	852	1,420	3,200	4,970	7,100
2d HT	300	900	1,500	3,380	5,250	7,500
1969 Ambassador SST						
4d Sed	272	816	1,360	3,060	4,760	6,800
2d HT	312	936	1,560	3,510	5,460	7,800
1970 Hornet						
4d Sed	240	720	1,200	2,700	4,200	6,000
2d Sed	244	732	1,220	2,750	4,270	6,100
1970 Hornet SST						
4d Sed	244	732	1,220	2,750	4,270	6,100
2d Sed	248	744	1,240	2,790	4,340	6,200
1970 Rebel						
4d Sed	248	744	1,240	2,790	4,340	6,200
2d HT	400	1,200	2,000	4,500	7,000	10,000
4d Sta Wag	264	792	1,320	2,970	4,620	6,600

	6	5	4	3	2	1
1970 Rebel SST						
4d Sed	252	756	1,260	2,840	4,410	6,300
2d HT	420	1,260	2,100	4,730	7,350	10,500
4d Sta Wag	256	768	1,280	2,880	4,480	6,400
1970 Rebel "Machine"						
2d HT	780	2,340	3,900	8,780	13,650	19,500
1970 AMX						
2d FBk	840	2,520	4,200	9,450	14,700	21,000
1970 Gremlin						
2d Comm	292	876	1,460	3,290	5,110	7,300
2d Sed	296	888	1,480	3,330	5,180	7,400
1970 Javelin						
2d FBk	640	1,920	3,200	7,200	11,200	16,000
1970 Javelin SST						
2d FBk	720	2,160	3,600	8,100	12,600	18,000

NOTE: Add 25 percent for GO Package. Add 30 percent for Big Bad Package.

	6	5	4	3	2	1
1970 "Trans Am"						
2d FBk	760	2,280	3,800	8,550	13,300	19,000
1970 "Mark Donohue"						
2d FBk	740	2,220	3,700	8,330	12,950	18,500
1970 Ambassador						
4d Sed	280	840	1,400	3,150	4,900	7,000
1970 Ambassador DPL						
4d Sed	288	864	1,440	3,240	5,040	7,200
2d HT	408	1,224	2,040	4,590	7,140	10,200
4d Sta Wag	292	876	1,460	3,290	5,110	7,300
1970 Ambassador SST						
4d Sed	300	900	1,500	3,380	5,250	7,500
2d HT	424	1,272	2,120	4,770	7,420	10,600
4d Sta Wag	304	912	1,520	3,420	5,320	7,600
1971 Gremlin						
2d Comm	288	864	1,440	3,240	5,040	7,200
2d Sed	296	888	1,480	3,330	5,180	7,400

NOTE: Add 10 percent for X Package.

	6	5	4	3	2	1
1971 Hornet						
2d Sed	244	732	1,220	2,750	4,270	6,100
4d Sed	240	720	1,200	2,700	4,200	6,000
1971 Hornet SST						
2d Sed	248	744	1,240	2,790	4,340	6,200
4d Sed	244	732	1,220	2,750	4,270	6,100
4d SportAbout Sta Wag	250	760	1,260	2,840	4,410	6,300
1971 Hornet SC/360						
2d HT	540	1,620	2,700	6,080	9,450	13,500
1971 Javelin						
2d HT	580	1,740	2,900	6,530	10,150	14,500
2d SST HT	600	1,800	3,000	6,750	10,500	15,000

NOTE: Add 25 percent for 401 V-8. Add 25 percent for Police Special 401 V-8.

	6	5	4	3	2	1
1971 Javelin AMX						
2d HT	740	2,220	3,700	8,330	12,950	18,500

NOTE: Add 25 percent for GO Package. Add 25 percent for 401 V-8.

	6	5	4	3	2	1
1971 Matador						
4d Sed	244	732	1,220	2,750	4,270	6,100
2d HT	260	780	1,300	2,930	4,550	6,500
4d Sta Wag	248	744	1,240	2,790	4,340	6,200
1971 Ambassador DPL						
4d Sed	244	732	1,220	2,750	4,270	6,100
1971 Ambassador SST						
4d Sed	248	744	1,240	2,790	4,340	6,200
2d HT	272	816	1,360	3,060	4,760	6,800
4d Sta Wag	252	756	1,260	2,840	4,410	6,300

NOTE: Add 10 percent to Ambassador SST for Broughams.

	6	5	4	3	2	1
1972 Hornet SST						
2d Sed	200	600	1,000	2,250	3,500	5,000
4d Sed	204	612	1,020	2,300	3,570	5,100
4d Sta Wag	208	624	1,040	2,340	3,640	5,200
2d Gucci	240	720	1,200	2,700	4,200	6,000
4d DeL Wag	212	636	1,060	2,390	3,710	5,300
4d "X" Wag	208	624	1,040	2,340	3,640	5,200
1972 Matador						
4d Sed	208	624	1,040	2,340	3,640	5,200
2d HT	216	648	1,080	2,430	3,780	5,400
4d Sta Wag	212	636	1,060	2,390	3,710	5,300

	6	5	4	3	2	1
1972 Gremlin						
2d Sed	260	780	1,300	2,930	4,550	6,500

NOTE: Add 10 percent for X Package. Add 20 percent for V-8.

1972 Javelin						
2d SST	500	1,500	2,500	5,630	8,750	12,500
2d Go "360"	560	1,680	2,800	6,300	9,800	14,000
2d Go "401"	600	1,800	3,000	6,750	10,500	15,000
2d Cardin	560	1,680	2,800	6,300	9,800	14,000

NOTE: Add 25 percent for 401 V-8. Add 30 percent for 401 Police Special V-8. Add 25 percent for GO Package.

1972 Javelin AMX, V-8						
2d HT	660	1,980	3,300	7,430	11,550	16,500

NOTE: Add 25 percent for GO Package. Add 25 percent for 401 V-8.

1972 Ambassador SST						
4d Sed	208	624	1,040	2,340	3,640	5,200
2d HT	216	648	1,080	2,430	3,780	5,400
4d Sta Wag	212	636	1,060	2,390	3,710	5,300

1972 Ambassador Brougham, V-8						
4d Sed	212	636	1,060	2,390	3,710	5,300
2d HT	220	660	1,100	2,480	3,850	5,500
4d Sta Wag	216	648	1,080	2,430	3,780	5,400

1973 Gremlin, V-8						
2d Sed	260	780	1,300	2,930	4,550	6,500

NOTE: Add 10 percent for X Package. Deduct 20 percent for 6-cyl.

1973 Hornet, V-8						
2d Sed	216	648	1,080	2,430	3,780	5,400
4d Sed	212	636	1,060	2,390	3,710	5,300
2d HBk	220	660	1,100	2,480	3,850	5,500
4d Sta Wag	224	672	1,120	2,520	3,920	5,600

1973 Javelin, V-8						
2d HT	400	1,200	2,000	4,500	7,000	10,000

NOTE: Add 20 percent for Trans Am Victory Javelin. Add 25 percent for 401 V-8.

1973 Javelin AMX, V-8						
2d HT	520	1,560	2,600	5,850	9,100	13,000

NOTE: Add 15 percent for 401 V-8.

1973 Matador, V-8						
4d Sed	208	624	1,040	2,340	3,640	5,200
2d HT	212	636	1,060	2,390	3,710	5,300
4d Sta Wag	216	648	1,080	2,430	3,780	5,400

1973 Ambassador Brougham, V-8						
4d Sed	212	636	1,060	2,390	3,710	5,300
2d HT	216	648	1,080	2,430	3,780	5,400
4d Sta Wag	220	660	1,100	2,480	3,850	5,500

1974 Gremlin, V-8						
2d Sed	252	756	1,260	2,840	4,410	6,300

NOTE: Add 10 percent for X Package. Deduct 20 percent for 6-cyl.

1974 Hornet						
4d Sed	176	528	880	1,980	3,080	4,400
2d Sed	180	540	900	2,030	3,150	4,500
2d HBk	184	552	920	2,070	3,220	4,600
4d Sta Wag	188	564	940	2,120	3,290	4,700

1974 Javelin						
2d FBk	360	1,080	1,800	4,050	6,300	9,000

NOTE: Add 20 percent for 401 V-8. Add 15 percent for GO Package.

1974 Javelin AMX						
2d FBk	460	1,380	2,300	5,180	8,050	11,500

NOTE: Add 20 percent for 401 V-8.

1974 Matador						
4d Sed	180	540	900	2,030	3,150	4,500
2d Sed	184	552	920	2,070	3,220	4,600
4d Sta Wag	188	564	940	2,120	3,290	4,700

1974 Matador Brougham						
2d Cpe	188	564	940	2,120	3,290	4,700

NOTE: Add 10 percent for Oleg Cassini coupe.

1974 Matador "X"						
2d Cpe	192	576	960	2,160	3,360	4,800

1974 Ambassador Brougham						
4d Sed	196	588	980	2,210	3,430	4,900
4d Sta Wag	200	600	1,000	2,250	3,500	5,000

	6	5	4	3	2	1
1975 Gremlin, V-8						
2d Sed	252	756	1,260	2,840	4,410	6,300
NOTE: Add 10 percent for Levis Package. Add 15 percent for X Package. Deduct 20 percent for 6-cyl.						
1975 Hornet						
4d Sed	180	540	900	2,030	3,150	4,500
2d Sed	184	552	920	2,070	3,220	4,600
2d HBk	188	564	940	2,120	3,290	4,700
4d Sta Wag	192	576	960	2,160	3,360	4,800
1975 Pacer						
2d Sed	196	588	980	2,210	3,430	4,900
NOTE: Add 15 percent for X Package. Add 20 percent for D/L Package.						
1975 Matador						
4d Sed	180	540	900	2,030	3,150	4,500
2d Cpe	184	552	920	2,070	3,220	4,600
4d Sta Wag	188	564	940	2,120	3,290	4,700
1976 Gremlin, V-8						
2d Sed	252	756	1,260	2,840	4,410	6,300
NOTE: Add 10 percent for Levis Package. Add 15 percent for X Package. Deduct 20 percent for 6-cyl.						
1976 Hornet, V-8						
4d Sed	156	468	780	1,760	2,730	3,900
2d Sed	160	480	800	1,800	2,800	4,000
2d HBk	168	504	840	1,890	2,940	4,200
4d Sptabt	172	516	860	1,940	3,010	4,300
1976 Pacer, 6-cyl.						
2d Sed	196	588	980	2,210	3,430	4,900
NOTE: Add 15 percent for X Package. Add 20 percent for D/L Package.						
1976 Matador, V-8						
4d Sed	164	492	820	1,850	2,870	4,100
2d Cpe	168	504	840	1,890	2,940	4,200
4d Sta Wag	172	516	860	1,940	3,010	4,300
NOTE: Deduct 10 percent for 6-cylinder.						
1977 Gremlin, V-8						
2d Sed	256	768	1,280	2,880	4,480	6,400
NOTE: Add 15 percent for X Package. Deduct 20 percent for 6-cyl.						
1977 Hornet, V-8						
4d Sed	160	480	800	1,800	2,800	4,000
2d Sed	164	492	820	1,850	2,870	4,100
2d HBk	172	516	860	1,940	3,010	4,300
4d Sta Wag	176	528	880	1,980	3,080	4,400
NOTE: Add 10 percent for AMX Package.						
1977 Pacer, 6-cyl.						
2d Sed	150	500	800	1,850	2,850	4,100
4d Sta Wag	150	500	850	1,890	2,950	4,200
1977 Matador, V-8						
4d Sed	164	492	820	1,850	2,870	4,100
2d Cpe	168	504	840	1,890	2,940	4,200
4d Sta Wag	172	516	860	1,940	3,010	4,300
NOTE: Deduct 10 percent for 6-cylinder. Add 10 percent for AMX package.						
1978 Gremlin, V-8						
2d Sed	256	768	1,280	2,880	4,480	6,400
NOTE: Add 15 percent for X Package. Add 20 percent for GT Package. Deduct 20 percent for 6-cyl.						
1978 Concord						
4d Sed	100	350	600	1,400	2,150	3,100
2d Sed	150	400	650	1,440	2,250	3,200
2d HBk	150	400	650	1,440	2,250	3,200
4d Sta Wag	150	400	650	1,440	2,250	3,200
1978 Pacer						
2d HBk	150	450	750	1,710	2,650	3,800
4d Sta Wag	150	450	800	1,760	2,750	3,900
1978 AMX						
2d HBk	150	500	800	1,850	2,850	4,100
1978 Matador						
4d Sed	164	492	820	1,850	2,870	4,100
2d Cpe	168	504	840	1,890	2,940	4,200
4d Sta Wag	172	516	860	1,940	3,010	4,300
1979 Spirit, 6-cyl.						
2d HBk	140	420	700	1,580	2,450	3,500
2d Sed	136	408	680	1,530	2,380	3,400
1979 Spirit DL, 6-cyl.						
2d HBk	144	432	720	1,620	2,520	3,600
2d Sed	140	420	700	1,580	2,450	3,500

	6	5	4	3	2	1
1979 Spirit Ltd, 6-cyl.						
2d HBk	148	444	740	1,670	2,590	3,700
2d Sed	144	432	720	1,620	2,520	3,600
NOTE: Deduct 10 percent for 4-cyl.						
1979 Concord, V-8						
4d Sed	124	372	620	1,400	2,170	3,100
2d Sed	150	400	650	1,440	2,250	3,200
2d HBk	128	384	640	1,440	2,240	3,200
4d Sta Wag	128	384	640	1,440	2,240	3,200
1979 Concord DL, V-8						
4d Sed	128	384	640	1,440	2,240	3,200
2d Sed	124	372	620	1,400	2,170	3,100
2d HBk	132	396	660	1,490	2,310	3,300
4d Sta Wag	132	396	660	1,490	2,310	3,300
1979 Concord Ltd, V-8						
4d Sed	132	396	660	1,490	2,310	3,300
2d Sed	128	384	640	1,440	2,240	3,200
4d Sta Wag	136	408	680	1,530	2,380	3,400
NOTE: Deduct 5 percent for 6-cyl.						
1979 Pacer DL, V-8						
2d HBk	150	450	750	1,710	2,650	3,800
2d Sta Wag	150	450	800	1,760	2,750	3,900
1979 Pacer Ltd, V-8						
2d HBk	150	450	800	1,760	2,750	3,900
2d Sta Wag	150	500	800	1,800	2,800	4,000
NOTE: Deduct 5 percent for 6-cyl.						
1979 AMX, V-8						
2d HBk	150	500	800	1,850	2,850	4,100
NOTE: Deduct 7 percent for 6-cyl.						
1980 Spirit, 6-cyl.						
2d HBk	160	480	800	1,800	2,800	4,000
2d Cpe	156	468	780	1,760	2,730	3,900
2d HBk DL	164	492	820	1,850	2,870	4,100
2d Cpe DL	160	480	800	1,800	2,800	4,000
2d HBk Ltd	172	516	860	1,940	3,010	4,300
2d Cpe Ltd	168	504	840	1,890	2,940	4,200
NOTE: Deduct 10 percent for 4-cyl.						
1980 Concord, 6-cyl.						
4d Sed	144	432	720	1,620	2,520	3,600
2d Cpe	140	420	700	1,580	2,450	3,500
4d Sta Wag	148	444	740	1,670	2,590	3,700
4d Sed DL	148	444	740	1,670	2,590	3,700
2d Cpe DL	144	432	720	1,620	2,520	3,600
4d Sta Wag DL	152	456	760	1,710	2,660	3,800
4d Sed Ltd	156	468	780	1,760	2,730	3,900
2d Cpe Ltd	152	456	760	1,710	2,660	3,800
4d Sta Wag Ltd	156	468	780	1,760	2,730	3,900
1980 Pacer, 6-cyl.						
2d HBk DL	144	432	720	1,620	2,520	3,600
2d Sta Wag DL	148	444	740	1,670	2,590	3,700
2d HBk Ltd	152	456	760	1,710	2,660	3,800
2d Sta Wag Ltd	156	468	780	1,760	2,730	3,900
1980 AMX, 6-cyl.						
2d HBk	168	504	840	1,890	2,940	4,200
1980 Eagle 4x4, 6-cyl.						
4d Sed	200	600	1,000	2,250	3,500	5,000
2d Cpe	196	588	980	2,210	3,430	4,900
4d Sta Wag	208	624	1,040	2,340	3,640	5,200
4d Sed Ltd	208	624	1,040	2,340	3,640	5,200
2d Cpe Ltd	204	612	1,020	2,300	3,570	5,100
4d Sta Wag Ltd	216	648	1,080	2,430	3,780	5,400
1981 Spirit, 4-cyl.						
2d HBk	148	444	740	1,670	2,590	3,700
2d Cpe	144	432	720	1,620	2,520	3,600
2d HBk DL	156	468	780	1,760	2,730	3,900
2d Cpe DL	152	456	760	1,710	2,660	3,800
1981 Spirit, 6-cyl.						
2d HBk	164	492	820	1,850	2,870	4,100
2d Cpe	160	480	800	1,800	2,800	4,000
2d HBk DL	172	516	860	1,940	3,010	4,300
2d Cpe DL	168	504	840	1,890	2,940	4,200
1981 Concord, 6-cyl.						
4d Sed	148	444	740	1,670	2,590	3,700

	6	5	4	3	2	1
2d Cpe	144	432	720	1,620	2,520	3,600
4d Sta Wag	152	456	760	1,710	2,660	3,800
4d Sed DL	152	456	760	1,710	2,660	3,800
2d Cpe DL	148	444	740	1,670	2,590	3,700
4d Sta Wag DL	156	468	780	1,760	2,730	3,900
4d Sed Ltd	156	468	780	1,760	2,730	3,900
2d Cpe Ltd	152	456	760	1,710	2,660	3,800
4d Sta Wag Ltd	160	480	800	1,800	2,800	4,000

NOTE: Deduct 12 percent for 4-cyl.

1981 Eagle 50 4x4, 4-cyl.

	6	5	4	3	2	1
2d HBk SX4	200	600	1,000	2,250	3,500	5,000
2d HBk	196	588	980	2,210	3,430	4,900
2d HBk SX4 DL	208	624	1,040	2,340	3,640	5,200
2d HBk DL	204	612	1,020	2,300	3,570	5,100

1981 Eagle 50 4x4, 6-cyl.

	6	5	4	3	2	1
2d HBk SX4	216	648	1,080	2,430	3,780	5,400
2d HBk	212	636	1,060	2,390	3,710	5,300
2d HBk SX4 DL	224	672	1,120	2,520	3,920	5,600
2d HBk DL	220	660	1,100	2,480	3,850	5,500

1982 Spirit, 6-cyl.

	6	5	4	3	2	1
2d HBk	168	504	840	1,890	2,940	4,200
2d Cpe	164	492	820	1,850	2,870	4,100
2d HBk DL	176	528	880	1,980	3,080	4,400
2d Cpe DL	172	516	860	1,940	3,010	4,300

NOTE: Deduct 10 percent for 4-cyl.

1982 Concord, 6-cyl.

	6	5	4	3	2	1
4d Sed	152	456	760	1,710	2,660	3,800
2d Cpe	148	444	740	1,670	2,590	3,700
4d Sta Wag	156	468	780	1,760	2,730	3,900
4d Sed DL	156	468	780	1,760	2,730	3,900
2d Cpe DL	152	456	760	1,710	2,660	3,800
4d Sta Wag DL	160	480	800	1,800	2,800	4,000
4d Sed Ltd	160	480	800	1,800	2,800	4,000
2d Cpe Ltd	156	468	780	1,760	2,730	3,900
4d Sta Wag Ltd	164	492	820	1,850	2,870	4,100

NOTE: Deduct 12 percent for 4-cyl.

1982 Eagle 50 4x4, 4-cyl.

	6	5	4	3	2	1
2d HBk SX4	204	612	1,020	2,300	3,570	5,100
2d HBk	200	600	1,000	2,250	3,500	5,000
2d HBk SX4 DL	212	636	1,060	2,390	3,710	5,300
2d HBk DL	208	624	1,040	2,340	3,640	5,200

1982 Eagle 50 4x4, 6-cyl.

	6	5	4	3	2	1
2d HBk SX4	220	660	1,100	2,480	3,850	5,500
2d HBk	216	648	1,080	2,430	3,780	5,400
2d HBk SX4 DL	228	684	1,140	2,570	3,990	5,700
2d HBk DL	224	672	1,120	2,520	3,920	5,600

1982 Eagle 30 4x4, 4-cyl.

	6	5	4	3	2	1
4d Sed	196	588	980	2,210	3,430	4,900
2d Cpe	192	576	960	2,160	3,360	4,800
4d Sta Wag	200	600	1,000	2,250	3,500	5,000
4d Sed Ltd	200	600	1,000	2,250	3,500	5,000
2d Cpe Ltd	196	588	980	2,210	3,430	4,900
4d Sta Wag Ltd	208	624	1,040	2,340	3,640	5,200

1982 Eagle 30 4x4, 6-cyl.

	6	5	4	3	2	1
4d Sed	212	636	1,060	2,390	3,710	5,300
2d Cpe	208	624	1,040	2,340	3,640	5,200
4d Sta Wag	220	660	1,100	2,480	3,850	5,500
4d Sed Ltd	220	660	1,100	2,480	3,850	5,500
2d Cpe Ltd	216	648	1,080	2,430	3,780	5,400
4d Sta Wag Ltd	228	684	1,140	2,570	3,990	5,700

1983 Spirit, 6-cyl.

	6	5	4	3	2	1
2d HBk DL	172	516	860	1,940	3,010	4,300
2d HBk GT	176	528	880	1,980	3,080	4,400

1983 Concord, 6-cyl.

	6	5	4	3	2	1
4d Sed	156	468	780	1,760	2,730	3,900
4d Sta Wag	160	480	800	1,800	2,800	4,000
4d Sed DL	160	480	800	1,800	2,800	4,000
4d Sta Wag DL	164	492	820	1,850	2,870	4,100
4d Sta Wag Ltd	172	516	860	1,940	3,010	4,300

1983 Alliance, 4-cyl.

	6	5	4	3	2	1
2d Sed	144	432	720	1,620	2,520	3,600
2d Sed L	148	444	740	1,670	2,590	3,700
2d Sed L	148	444	740	1,670	2,590	3,700
4d Sed DL	152	456	760	1,710	2,660	3,800

	6	5	4	3	2	1
2d Sed DL	152	456	760	1,710	2,660	3,800
4d Sed Ltd	156	468	780	1,760	2,730	3,900
1983 Eagle 50 4x4, 4-cyl.						
2d HBk SX4	208	624	1,040	2,340	3,640	5,200
2d HBk SX4 DL	216	648	1,080	2,430	3,780	5,400
1983 Eagle 50 4x4, 6-cyl.						
2d HBk SX4	224	672	1,120	2,520	3,920	5,600
2d HBk SX4 DL	232	696	1,160	2,610	4,060	5,800
1983 Eagle 30 4x4, 4-cyl.						
4d Sed	200	600	1,000	2,250	3,500	5,000
4d Sta Wag	208	624	1,040	2,340	3,640	5,200
4d Sta Wag Ltd	216	648	1,080	2,430	3,780	5,400
1983 Eagle 30 4x4, 6-cyl.						
4d Sed	216	648	1,080	2,430	3,780	5,400
4d Sta Wag	224	672	1,120	2,520	3,920	5,600
4d Sta Wag Ltd	232	696	1,160	2,610	4,060	5,800
1984 Alliance, 4-cyl.						
2d	148	444	740	1,670	2,590	3,700
1984 L						
4d	152	456	760	1,710	2,660	3,800
2d	152	456	760	1,710	2,660	3,800
1984 DL						
4d	156	468	780	1,760	2,730	3,900
2d	156	468	780	1,760	2,730	3,900
1984 Ltd						
4d	160	480	800	1,800	2,800	4,000
1984 Encore, 4-cyl.						
2d Liftback	136	408	680	1,530	2,380	3,400
1984 S						
2d Liftback	140	420	700	1,580	2,450	3,500
4d Liftback	140	420	700	1,580	2,450	3,500
1984 LS						
2d Liftback	144	432	720	1,620	2,520	3,600
4d Liftback	144	432	720	1,620	2,520	3,600
1984 GS						
2d Liftback	148	444	740	1,670	2,590	3,700
1984 Eagle 4WD, 4-cyl.						
4d Sed	204	612	1,020	2,300	3,570	5,100
4d Sta Wag	212	636	1,060	2,390	3,710	5,300
4d Sta Wag Ltd	220	660	1,100	2,480	3,850	5,500
1984 Eagle 4WD, 6-cyl.						
4d Sed	220	660	1,100	2,480	3,850	5,500
4d Sta Wag	228	684	1,140	2,570	3,990	5,700
4d Sta Wag Ltd	236	708	1,180	2,660	4,130	5,900
1985 Alliance						
2d Sed	104	312	520	1,170	1,820	2,600
4d Sed L	112	336	560	1,260	1,960	2,800
2d Sed L	116	348	580	1,310	2,030	2,900
Conv L	148	444	740	1,670	2,590	3,700
4d Sed DL	128	384	640	1,440	2,240	3,200
2d Sed DL	140	420	700	1,580	2,450	3,500
Conv DL	164	492	820	1,850	2,870	4,100
4d Ltd Sed	156	468	780	1,760	2,730	3,900
1985 Eagle 4WD						
4d Sed	224	672	1,120	2,520	3,920	5,600
4d Sta Wag	232	696	1,160	2,610	4,060	5,800
4d Ltd Sta Wag	240	720	1,200	2,700	4,200	6,000
1986 Encore 90						
2d HBk	140	420	700	1,580	2,450	3,500
4d HBk	144	432	720	1,620	2,520	3,600
1986 Alliance						
2d Sed	144	432	720	1,620	2,520	3,600
4d Sed	148	444	740	1,670	2,590	3,700
Conv	220	660	1,100	2,480	3,850	5,500
1986 Eagle						
4d Sed	228	684	1,140	2,570	3,990	5,700
4d Sta Wag	232	696	1,160	2,610	4,060	5,800
4d Ltd Sta Wag	240	720	1,200	2,700	4,200	6,000

NOTE: Add 10 percent for deluxe models. Deduct 5 percent for smaller engines.

	6	5	4	3	2	1
1987 Eagle						
2d Sed	160	480	800	1,800	2,800	4,000
4d Sed	160	480	800	1,800	2,800	4,000

	6	5	4	3	2	1
2d HBk	164	492	820	1,850	2,870	4,100
4d HBk	164	492	820	1,850	2,870	4,100
2d Conv	272	816	1,360	3,060	4,760	6,800

NOTE: Add 10 percent for deluxe models. Add 20 percent for GTA models.

	6	5	4	3	2	1
4d Sed	260	780	1,300	2,930	4,550	6,500
4d Sta Wag	268	804	1,340	3,020	4,690	6,700
4d Sta Wag Ltd	300	850	1,400	3,110	4,850	6,900

METROPOLITAN

1954 Series E, (Nash), 4-cyl., 85" wb, 42 hp

	6	5	4	3	2	1
HT	408	1,224	2,040	4,590	7,140	10,200
Conv	448	1,344	2,240	5,040	7,840	11,200

1955 Series A & B, Nash/Hudson, 4-cyl., 85" wb, 42 hp

	6	5	4	3	2	1
HT	408	1,224	2,040	4,590	7,140	10,200
Conv	448	1,344	2,240	5,040	7,840	11,200

1956 Series 1500, Nash/Hudson, 4-cyl., 85" wb, 52 hp

	6	5	4	3	2	1
HT	412	1,236	2,060	4,640	7,210	10,300
Conv	452	1,356	2,260	5,090	7,910	11,300

1956 Series A, Nash/Hudson, 4-cyl., 85" wb, 42 hp

	6	5	4	3	2	1
HT	400	1,200	2,000	4,500	7,000	10,000
Conv	432	1,296	2,160	4,860	7,560	10,800

1957 Series 1500, Nash/Hudson, 4-cyl., 85" wb, 52 hp

	6	5	4	3	2	1
HT	412	1,236	2,060	4,640	7,210	10,300
Conv	452	1,356	2,260	5,090	7,910	11,300

1957 Series A-85, Nash/Hudson, 4-cyl., 85" wb, 42 hp

	6	5	4	3	2	1
HT	400	1,200	2,000	4,500	7,000	10,000
Conv	432	1,296	2,160	4,860	7,560	10,800

1958 Series 1500, (AMC), 4-cyl., 85" wb, 55 hp

	6	5	4	3	2	1
HT	412	1,236	2,060	4,640	7,210	10,300
Conv	452	1,356	2,260	5,090	7,910	11,300

1959 Series 1500, (AMC), 4-cyl., 85" wb, 55 hp

	6	5	4	3	2	1
HT	424	1,272	2,120	4,770	7,420	10,600
Conv	540	1,620	2,700	6,080	9,450	13,500

1960 Series 1500, (AMC), 4-cyl., 85" wb, 55 hp

	6	5	4	3	2	1
HT	424	1,272	2,120	4,770	7,420	10,600
Conv	540	1,620	2,700	6,080	9,450	13,500

1961 Series 1500, (AMC), 4-cyl., 85" wb, 55 hp

	6	5	4	3	2	1
HT	424	1,272	2,120	4,770	7,420	10,600
Conv	540	1,620	2,700	6,080	9,450	13,500

1962 Series 1500, (AMC), 4-cyl., 85" wb, 55 hp

	6	5	4	3	2	1
HT	424	1,272	2,120	4,770	7,420	10,600
Conv	540	1,620	2,700	6,080	9,450	13,500

OLDSMOBILE

1901 Curved Dash, 1-cyl.

	6	5	4	3	2	1
Rbt	1,640	4,920	8,200	18,450	28,700	41,000

1902 Curved Dash, 1-cyl.

	6	5	4	3	2	1
Rbt	1,600	4,800	8,000	18,000	28,000	40,000

1903 Curved Dash, 1-cyl.

	6	5	4	3	2	1
Rbt	1,600	4,800	8,000	18,000	28,000	40,000

1904 Curved Dash, 1-cyl.

	6	5	4	3	2	1
Rbt	1,600	4,800	8,000	18,000	28,000	40,000

1904 French Front, 1-cyl., 7 hp

	6	5	4	3	2	1
Rbt	1,480	4,440	7,400	16,650	25,900	37,000

1904 Light Tonneau, 1-cyl., 10 hp

	6	5	4	3	2	1
Tonn	1,440	4,320	7,200	16,200	25,200	36,000

1905 Curved Dash, 1-cyl.

	6	5	4	3	2	1
Rbt	1,600	4,800	8,000	18,000	28,000	40,000

1905 French Front, 1-cyl., 7 hp

	6	5	4	3	2	1
Rbt	1,480	4,440	7,400	16,650	25,900	37,000

1905 Touring Car, 2-cyl.

	6	5	4	3	2	1
Tr	1,440	4,320	7,200	16,200	25,200	36,000

1906 Straight Dash B, 1-cyl.

	6	5	4	3	2	1
Rbt	1,320	3,960	6,600	14,850	23,100	33,000

1906 Curved Dash B, 1-cyl.

	6	5	4	3	2	1
Rbt	1,600	4,800	8,000	18,000	28,000	40,000

1906 Model L, 2-cyl.

	6	5	4	3	2	1
Tr	1,360	4,080	6,800	15,300	23,800	34,000

1981 AMC Concord DL sedan

1910 Oldsmobile Limited touring car

1934 Oldsmobile sedan

	6	5	4	3	2	1
1906 Model S, 4-cyl.						
Tr	1,480	4,440	7,400	16,650	25,900	37,000
1907 Straight Dash F, 2-cyl.						
Rbt	1,320	3,960	6,600	14,850	23,100	33,000
1907 Model H, 4-cyl.						
Fly Rds	1,440	4,320	7,200	16,200	25,200	36,000
1907 Model A, 4-cyl.						
Pal Tr	1,560	4,680	7,800	17,550	27,300	39,000
Limo	1,520	4,560	7,600	17,100	26,600	38,000
1908 Model X, 4-cyl.						
Tr	1,440	4,320	7,200	16,200	25,200	36,000
1908 Model M-MR, 4-cyl.						
Rds	1,480	4,440	7,400	16,650	25,900	37,000
Tr	1,440	4,320	7,200	16,200	25,200	36,000
1908 Model Z, 6-cyl.						
Tr	1,880	5,640	9,400	21,150	32,900	47,000
1909 Model D, 4-cyl.						
Tr	2,000	6,000	10,000	22,500	35,000	50,000
Limo	1,880	5,640	9,400	21,150	32,900	47,000
Lan	1,840	5,520	9,200	20,700	32,200	46,000
1909 Model DR, 4-cyl.						
Rds	1,960	5,880	9,800	22,050	34,300	49,000
Cpe	1,760	5,280	8,800	19,800	30,800	44,000
1909 Model X, 4-cyl.						
Rbt	1,440	4,320	7,200	16,200	25,200	36,000
1909 Model Z, 6-cyl.						
Rbt	2,560	7,680	12,800	28,800	44,800	64,000
Tr	2,640	7,920	13,200	29,700	46,200	66,000
1910 Special, 4-cyl.						
Rbt	1,440	4,320	7,200	16,200	25,200	36,000
Tr	1,520	4,560	7,600	17,100	26,600	38,000
Limo	1,600	4,800	8,000	18,000	28,000	40,000
1910 Limited, 6-cyl.						
Rbt	3,520	10,560	17,600	39,600	61,600	88,000
Tr	4,160	12,480	20,800	46,800	72,800	104,000
Limo	2,400	7,200	12,000	27,000	42,000	60,000
1911 Special, 4-cyl.						
Rbt	1,440	4,320	7,200	16,200	25,200	36,000
Tr	1,520	4,560	7,600	17,100	26,600	38,000
Limo	1,480	4,440	7,400	16,650	25,900	37,000
1911 Autocrat, 4-cyl.						
Rbt	2,360	7,080	11,800	26,550	41,300	59,000
Tr	2,400	7,200	12,000	27,000	42,000	60,000
Limo	2,400	7,200	12,000	27,000	42,000	60,000
1911 Limited, 6-cyl.						
Rbt	3,520	10,560	17,600	39,600	61,600	88,000
Tr	4,160	12,480	20,800	46,800	72,800	104,000
Limo	2,400	7,200	12,000	27,000	42,000	60,000
1912 Autocrat, 4-cyl., 40 hp						
2d Rds	2,560	7,680	12,800	28,800	44,800	64,000
4d Tr	2,560	7,680	12,800	28,800	44,800	64,000
4d Limo	2,640	7,920	13,200	29,700	46,200	66,000
1912 Despatch, 4-cyl., 26 hp						
2d Rds	1,480	4,440	7,400	16,650	25,900	37,000
4d Tr	1,560	4,680	7,800	17,550	27,300	39,000
2d Cpe	1,360	4,080	6,800	15,300	23,800	34,000
1912 Defender, 4-cyl., 35 hp						
2d 2P Tr	1,520	4,560	7,600	17,100	26,600	38,000
4d 4P Tr	1,560	4,680	7,800	17,550	27,300	39,000
2d 2P Rds	1,480	4,440	7,400	16,650	25,900	37,000
2d 3P Cpe	1,360	4,080	6,800	15,300	23,800	34,000
2d 5P Cpe	1,320	3,960	6,600	14,850	23,100	33,000
1912 Limited, 6-cyl.						
2d Rds	3,360	10,080	16,800	37,800	58,800	84,000
4d Tr	3,920	11,760	19,600	44,100	68,600	98,000
4d Limo	2,560	7,680	12,800	28,800	44,800	64,000
1913 Light Six, 6-cyl.						
4d 4P Tr	1,400	4,200	7,000	15,750	24,500	35,000
4d Phae	1,440	4,320	7,200	16,200	25,200	36,000
4d 7P Tr	1,360	4,080	6,800	15,300	23,800	34,000
4d Limo	1,400	4,200	7,000	15,750	24,500	35,000

	6	5	4	3	2	1
1913 6-cyl., 60 hp						
4d Tr	2,560	7,680	12,800	28,800	44,800	64,000
1913 4-cyl., 35 hp						
4d Tr	1,760	5,280	8,800	19,800	30,800	44,000
1914 Model 54, 6-cyl.						
4d Phae	1,720	5,160	8,600	19,350	30,100	43,000
4d 5P Tr	1,680	5,040	8,400	18,900	29,400	42,000
4d 7P Tr	1,720	5,160	8,600	19,350	30,100	43,000
4d Limo	1,480	4,440	7,400	16,650	25,900	37,000
1914 Model 42, 4-cyl.						
4d 5P Tr	1,360	4,080	6,800	15,300	23,800	34,000
1915 Model 42, 4-cyl.						
2d Rds	1,280	3,840	6,400	14,400	22,400	32,000
4d Tr	1,320	3,960	6,600	14,850	23,100	33,000
1915 Model 55, 6-cyl.						
4d Tr	2,280	6,840	11,400	25,650	39,900	57,000
1916 Model 43, 4-cyl.						
2d Rds	1,240	3,720	6,200	13,950	21,700	31,000
4d 5P Tr	1,280	3,840	6,400	14,400	22,400	32,000
1916 Model 44, V-8						
2d Rds	1,720	5,160	8,600	19,350	30,100	43,000
4d Tr	1,760	5,280	8,800	19,800	30,800	44,000
4d Sed	960	2,880	4,800	10,800	16,800	24,000
2d Cabr	1,680	5,040	8,400	18,900	29,400	42,000
1917 Model 37, 6-cyl.						
4d Tr	1,160	3,480	5,800	13,050	20,300	29,000
2d Rds	1,120	3,360	5,600	12,600	19,600	28,000
2d Cabr	1,080	3,240	5,400	12,150	18,900	27,000
4d Sed	800	2,400	4,000	9,000	14,000	20,000
1917 Model 45, V-8						
4d 5P Tr	1,680	5,040	8,400	18,900	29,400	42,000
4d 7P Tr	1,720	5,160	8,600	19,350	30,100	43,000
4d Conv Sed	1,680	5,040	8,400	18,900	29,400	42,000
2d Rds	1,600	4,800	8,000	18,000	28,000	40,000
1917 Model 44-B, V-8						
2d Rds	1,640	4,920	8,200	18,450	28,700	41,000
4d Tr	1,600	4,800	8,000	18,000	28,000	40,000
1918 Model 37, 6-cyl.						
2d Rds	920	2,760	4,600	10,350	16,100	23,000
4d Tr	960	2,880	4,800	10,800	16,800	24,000
2d Cabr	880	2,640	4,400	9,900	15,400	22,000
2d Cpe	680	2,040	3,400	7,650	11,900	17,000
4d Sed	600	1,800	3,000	6,750	10,500	15,000
1918 Model 45-A, V-8						
4d 5P Tr	1,560	4,680	7,800	17,550	27,300	39,000
4d 7P Tr	1,600	4,800	8,000	18,000	28,000	40,000
2d Rds	1,520	4,560	7,600	17,100	26,600	38,000
4d Spt Tr	1,560	4,680	7,800	17,550	27,300	39,000
2d Cabr	1,480	4,440	7,400	16,650	25,900	37,000
4d Sed	1,200	3,600	6,000	13,500	21,000	30,000
1919 Model 37-A, 6-cyl.						
2d Rds	880	2,640	4,400	9,900	15,400	22,000
4d Tr	920	2,760	4,600	10,350	16,100	23,000
4d Sed	600	1,800	3,000	6,750	10,500	15,000
2d Cpe	680	2,040	3,400	7,650	11,900	17,000
1919 Model 45-A, V-8						
2d Rds	1,400	4,200	7,000	15,750	24,500	35,000
4d Tr	1,440	4,320	7,200	16,200	25,200	36,000
1919 Model 45-B, V-8						
4d 4P Tr	1,440	4,320	7,200	16,200	25,200	36,000
4d 7P Tr	1,480	4,440	7,400	16,650	25,900	37,000
1920 Model 37-A, 6-cyl.						
2d Rds	800	2,400	4,000	9,000	14,000	20,000
4d Tr	840	2,520	4,200	9,450	14,700	21,000
1920 Model 37-B, 6-cyl.						
2d Cpe	600	1,800	3,000	6,750	10,500	15,000
4d Sed	520	1,560	2,600	5,850	9,100	13,000
1920 Model 45-B, V-8						
4d 4P Tr	1,200	3,600	6,000	13,500	21,000	30,000
4d 5P Tr	1,240	3,720	6,200	13,950	21,700	31,000
4d 7P Sed	880	2,640	4,400	9,900	15,400	22,000
1921 Model 37, 6-cyl.						
2d Rds	760	2,280	3,800	8,550	13,300	19,000

	6	5	4	3	2	1
4d Tr	800	2,400	4,000	9,000	14,000	20,000
2d Cpe	560	1,680	2,800	6,300	9,800	14,000
4d Sed	480	1,440	2,400	5,400	8,400	12,000
1921 Model 43-A, 4-cyl.						
2d Rds	680	2,040	3,400	7,650	11,900	17,000
4d Tr	720	2,160	3,600	8,100	12,600	18,000
2d Cpe	520	1,560	2,600	5,850	9,100	13,000
1921 Model 46, V-8						
4d 4P Tr	1,120	3,360	5,600	12,600	19,600	28,000
4d Tr	1,160	3,480	5,800	13,050	20,300	29,000
4d 7P Sed	760	2,280	3,800	8,550	13,300	19,000
1921 Model 47, V-8						
4d Spt Tr	1,160	3,480	5,800	13,050	20,300	29,000
2d 4P Cpe	880	2,640	4,400	9,900	15,400	22,000
4d 5P Sed	1,200	3,600	6,000	13,500	21,000	30,000
1922 Model 46, V-8						
4d Spt Tr	1,160	3,480	5,800	13,050	20,300	29,000
4d 4P Tr	1,080	3,240	5,400	12,150	18,900	27,000
4d 7P Tr	1,120	3,360	5,600	12,600	19,600	28,000
4d 7P Sed	720	2,160	3,600	8,100	12,600	18,000
1922 Model 47, V-8						
2d Rds	1,080	3,240	5,400	12,150	18,900	27,000
4d Tr	1,160	3,480	5,800	13,050	20,300	29,000
4d 4P Spt	1,200	3,600	6,000	13,500	21,000	30,000
2d 4P Cpe	800	2,400	4,000	9,000	14,000	20,000
4d 5P Sed	680	2,040	3,400	7,650	11,900	17,000
1923 Model M30-A, 6-cyl.						
2d Rds	840	2,520	4,200	9,450	14,700	21,000
4d Tr	880	2,640	4,400	9,900	15,400	22,000
2d Cpe	600	1,800	3,000	6,750	10,500	15,000
4d Sed	520	1,560	2,600	5,850	9,100	13,000
4d Spt Tr	960	2,880	4,800	10,800	16,800	24,000
1923 Model 43-A, 4-cyl.						
2d Rds	880	2,640	4,400	9,900	15,400	22,000
4d Tr	920	2,760	4,600	10,350	16,100	23,000
2d Cpe	600	1,800	3,000	6,750	10,500	15,000
4d Sed	520	1,560	2,600	5,850	9,100	13,000
4d Brgm	560	1,680	2,800	6,300	9,800	14,000
4d Cal Tp Sed	600	1,800	3,000	6,750	10,500	15,000
1923 Model 47, V-8						
4d 4P Tr	1,120	3,360	5,600	12,600	19,600	28,000
4d 5P Tr	1,160	3,480	5,800	13,050	20,300	29,000
2d Rds	1,080	3,240	5,400	12,150	18,900	27,000
4d Sed	760	2,280	3,800	8,550	13,300	19,000
2d Cpe	840	2,520	4,200	9,450	14,700	21,000
4d Spt Tr	1,200	3,600	6,000	13,500	21,000	30,000
1924 Model 30-B, 6-cyl.						
2d Rds	720	2,160	3,600	8,100	12,600	18,000
4d Tr	760	2,280	3,800	8,550	13,300	19,000
2d Spt Rds	760	2,280	3,800	8,550	13,300	19,000
4d Spt Tr	800	2,400	4,000	9,000	14,000	20,000
2d Cpe	560	1,680	2,800	6,300	9,800	14,000
4d Sed	520	1,560	2,600	5,850	9,100	13,000
2d Sed	500	1,500	2,500	5,630	8,750	12,500
4d DeL Sed	520	1,560	2,600	5,850	9,100	13,000
1925 Series 30-C, 6-cyl.						
2d Rds	720	2,160	3,600	8,100	12,600	18,000
4d Tr	760	2,280	3,800	8,550	13,300	19,000
2d Spt Rds	760	2,280	3,800	8,550	13,300	19,000
4d Spt Tr	800	2,400	4,000	9,000	14,000	20,000
2d Cpe	520	1,560	2,600	5,850	9,100	13,000
4d Sed	500	1,500	2,500	5,630	8,750	12,500
4d DeL Sed	512	1,536	2,560	5,760	8,960	12,800
2d DeL	480	1,440	2,400	5,400	8,400	12,000
1926 Model 30-D, 6-cyl.						
2d DeL Rds	840	2,520	4,200	9,450	14,700	21,000
4d Tr	800	2,400	4,000	9,000	14,000	20,000
4d DeL Tr	820	2,460	4,100	9,230	14,350	20,500
2d Cpe	560	1,680	2,800	6,300	9,800	14,000
2d DeL Cpe	580	1,740	2,900	6,530	10,150	14,500
2d Sed	500	1,500	2,500	5,630	8,750	12,500
2d DeL Sed	520	1,560	2,600	5,850	9,100	13,000
4d Sed	520	1,560	2,600	5,850	9,100	13,000
4d DeL Sed	540	1,620	2,700	6,080	9,450	13,500
4d Lan Sed	640	1,920	3,200	7,200	11,200	16,000

	6	5	4	3	2	1
1927 Series 30-E, 6-cyl.						
2d DeL Rds	720	2,160	3,600	8,100	12,600	18,000
4d Tr	680	2,040	3,400	7,650	11,900	17,000
4d DeL Tr	680	2,040	3,400	7,650	11,900	17,000
2d Cpe	600	1,800	3,000	6,750	10,500	15,000
2d DeL Cpe	620	1,860	3,100	6,980	10,850	15,500
2d Spt Cpe	640	1,920	3,200	7,200	11,200	16,000
2d Sed	540	1,620	2,700	6,080	9,450	13,500
2d DeL Sed	560	1,680	2,800	6,300	9,800	14,000
4d Sed	560	1,680	2,800	6,300	9,800	14,000
4d DeL Sed	580	1,740	2,900	6,530	10,150	14,500
4d Lan	680	2,040	3,400	7,650	11,900	17,000
1928 Model F-28, 6-cyl.						
2d Rds	760	2,280	3,800	8,550	13,300	19,000
2d DeL Rds	800	2,400	4,000	9,000	14,000	20,000
4d Tr	800	2,400	4,000	9,000	14,000	20,000
4d DeL Tr	840	2,520	4,200	9,450	14,700	21,000
2d Cpe	640	1,920	3,200	7,200	11,200	16,000
2d Spl Cpe	660	1,980	3,300	7,430	11,550	16,500
2d Spt Cpe	680	2,040	3,400	7,650	11,900	17,000
2d DeL Spt Cpe	700	2,100	3,500	7,880	12,250	17,500
2d Sed	560	1,680	2,800	6,300	9,800	14,000
4d Sed	568	1,704	2,840	6,390	9,940	14,200
4d DeL Sed	580	1,740	2,900	6,530	10,150	14,500
4d Lan	640	1,920	3,200	7,200	11,200	16,000
4d DeL Lan	680	2,040	3,400	7,650	11,900	17,000
1929 Model F-29, 6-cyl.						
2d Rds	960	2,880	4,800	10,800	16,800	24,000
2d Conv	880	2,640	4,400	9,900	15,400	22,000
4d Tr	920	2,760	4,600	10,350	16,100	23,000
2d Cpe	700	2,100	3,500	7,880	12,250	17,500
2d Spt Cpe	708	2,124	3,540	7,970	12,390	17,700
2d Sed	600	1,800	3,000	6,750	10,500	15,000
4d Sed	608	1,824	3,040	6,840	10,640	15,200
4d Lan	620	1,860	3,100	6,980	10,850	15,500
1929 Viking, V-8						
2d Conv Cpe	1,200	3,600	6,000	13,500	21,000	30,000
4d Sed	920	2,760	4,600	10,350	16,100	23,000
4d CC Sed	960	2,880	4,800	10,800	16,800	24,000
1930 Model F-30, 6-cyl.						
2d Conv	1,000	3,000	5,000	11,250	17,500	25,000
4d Tr	1,040	3,120	5,200	11,700	18,200	26,000
2d Cpe	680	2,040	3,400	7,650	11,900	17,000
2d Spt Cpe	720	2,160	3,600	8,100	12,600	18,000
2d Sed	640	1,920	3,200	7,200	11,200	16,000
4d Sed	960	2,880	4,800	10,800	16,800	24,000
4d Pat Sed	1,000	3,000	5,000	11,250	17,500	25,000
1930 Viking, V-8						
2d Conv Cpe	1,160	3,480	5,800	13,050	20,300	29,000
4d Sed	720	2,160	3,600	8,100	12,600	18,000
4d CC Sed	760	2,280	3,800	8,550	13,300	19,000
1931 Model F-31, 6-cyl.						
2d Conv	1,120	3,360	5,600	12,600	19,600	28,000
2d Cpe	740	2,220	3,700	8,330	12,950	18,500
2d Spt Cpe	880	2,640	4,400	9,900	15,400	22,000
2d Sed	840	2,520	4,200	9,450	14,700	21,000
4d Sed	840	2,520	4,200	9,450	14,700	21,000
4d Pat Sed	860	2,580	4,300	9,680	15,050	21,500
1932 Model F-32, 6-cyl.						
2d Conv	1,160	3,480	5,800	13,050	20,300	29,000
2d Cpe	840	2,520	4,200	9,450	14,700	21,000
2d Spt Cpe	880	2,640	4,400	9,900	15,400	22,000
2d Sed	740	2,220	3,700	8,330	12,950	18,500
4d Sed	760	2,280	3,800	8,550	13,300	19,000
4d Pat Sed	800	2,400	4,000	9,000	14,000	20,000
1932 Model L-32, 8-cyl.						
2d Conv	1,280	3,840	6,400	14,400	22,400	32,000
2d Cpe	840	2,520	4,200	9,450	14,700	21,000
2d Spt Cpe	880	2,640	4,400	9,900	15,400	22,000
2d Sed	780	2,340	3,900	8,780	13,650	19,500
4d Sed	820	2,460	4,100	9,230	14,350	20,500
4d Pat Sed	840	2,520	4,200	9,450	14,700	21,000
1933 Model F-33, 6-cyl.						
2d Conv	1,040	3,120	5,200	11,700	18,200	26,000
2d Bus Cpe	620	1,860	3,100	6,980	10,850	15,500
2d Spt Cpe	680	2,040	3,400	7,650	11,900	17,000

	6	5	4	3	2	1
2d 5P Cpe	660	1,980	3,300	7,430	11,550	16,500
2d Tr Cpe	620	1,860	3,100	6,980	10,850	15,500
4d Sed	608	1,824	3,040	6,840	10,640	15,200
4d Trk Sed	620	1,860	3,100	6,980	10,850	15,500

1933 Model L-33, 8-cyl.

	6	5	4	3	2	1
2d Conv	1,080	3,240	5,400	12,150	18,900	27,000
2d Bus Cpe	640	1,920	3,200	7,200	11,200	16,000
2d Spt Cpe	680	2,040	3,400	7,650	11,900	17,000
2d 5P Cpe	660	1,980	3,300	7,430	11,550	16,500
4d Sed	620	1,860	3,100	6,980	10,850	15,500
4d Trk Sed	640	1,920	3,200	7,200	11,200	16,000

1934 Model F-34, 6-cyl.

	6	5	4	3	2	1
2d Bus Cpe	580	1,740	2,900	6,530	10,150	14,500
2d Spt Cpe	600	1,800	3,000	6,750	10,500	15,000
2d 5P Cpe	560	1,680	2,800	6,300	9,800	14,000
4d SB Sed	540	1,620	2,700	6,080	9,450	13,500
4d Trk Sed	548	1,644	2,740	6,170	9,590	13,700

1934 Model L-34, 8-cyl.

	6	5	4	3	2	1
2d Conv	1,080	3,240	5,400	12,150	18,900	27,000
2d Bus Cpe	640	1,920	3,200	7,200	11,200	16,000
2d Spt Cpe	680	2,040	3,400	7,650	11,900	17,000
2d 5P Cpe	660	1,980	3,300	7,430	11,550	16,500
2d Tr Cpe	600	1,800	3,000	6,750	10,500	15,000
4d Sed	560	1,680	2,800	6,300	9,800	14,000
4d Trk Sed	572	1,716	2,860	6,440	10,010	14,300

1935 F-35, 6-cyl.

	6	5	4	3	2	1
2d Conv	1,000	3,000	5,000	11,250	17,500	25,000
2d Clb Cpe	548	1,644	2,740	6,170	9,590	13,700
2d Bus Cpe	536	1,608	2,680	6,030	9,380	13,400
2d Spt Cpe	556	1,668	2,780	6,260	9,730	13,900
2d Tr Cpe	532	1,596	2,660	5,990	9,310	13,300
4d Sed	484	1,452	2,420	5,450	8,470	12,100
4d Trk Sed	488	1,464	2,440	5,490	8,540	12,200

1935 L-35, 8-cyl.

	6	5	4	3	2	1
2d Conv	1,080	3,240	5,400	12,150	18,900	27,000
2d Clb Cpe	576	1,728	2,880	6,480	10,080	14,400
2d Bus Cpe	564	1,692	2,820	6,350	9,870	14,100
2d Spt Cpe	600	1,800	3,000	6,750	10,500	15,000
2d Sed	508	1,524	2,540	5,720	8,890	12,700
2d Trk Sed	520	1,560	2,600	5,850	9,100	13,000
4d Sed	520	1,560	2,600	5,850	9,100	13,000
4d Trk Sed	524	1,572	2,620	5,900	9,170	13,100

1936 F-36, 6-cyl.

	6	5	4	3	2	1
2d Conv	1,080	3,240	5,400	12,150	18,900	27,000
2d Bus Cpe	500	1,500	2,500	5,630	8,750	12,500
2d Spt Cpe	520	1,560	2,600	5,850	9,100	13,000
2d Sed	472	1,416	2,360	5,310	8,260	11,800
2d Trk Sed	480	1,440	2,400	5,400	8,400	12,000
4d Sed	484	1,452	2,420	5,450	8,470	12,100
4d Trk Sed	488	1,464	2,440	5,490	8,540	12,200

1936 L-36, 8-cyl.

	6	5	4	3	2	1
2d Conv	1,160	3,480	5,800	13,050	20,300	29,000
2d Bus Cpe	560	1,680	2,800	6,300	9,800	14,000
2d Spt Cpe	580	1,740	2,900	6,530	10,150	14,500
2d Sed	528	1,584	2,640	5,940	9,240	13,200
2d Trk Sed	540	1,620	2,700	6,080	9,450	13,500
4d Sed	548	1,644	2,740	6,170	9,590	13,700
4d Trk Sed	560	1,680	2,800	6,300	9,800	14,000

1937 F-37, 6-cyl.

	6	5	4	3	2	1
2d Conv	1,200	3,600	6,000	13,500	21,000	30,000
2d Bus Cpe	576	1,728	2,880	6,480	10,080	14,400
2d Clb Cpe	620	1,860	3,100	6,980	10,850	15,500
2d Sed	600	1,800	3,000	6,750	10,500	15,000
2d Trk Sed	564	1,692	2,820	6,350	9,870	14,100
4d Sed	600	1,800	3,000	6,750	10,500	15,000
4d Trk Sed	568	1,704	2,840	6,390	9,940	14,200

1937 L-37, 8-cyl.

	6	5	4	3	2	1
2d Conv	1,320	3,960	6,600	14,850	23,100	33,000
2d Bus Cpe	608	1,824	3,040	6,840	10,640	15,200
2d Clb Cpe	600	1,800	3,000	6,750	10,500	15,000
2d Sed	576	1,728	2,880	6,480	10,080	14,400
2d Trk Sed	580	1,740	2,900	6,530	10,150	14,500
4d Sed	576	1,728	2,880	6,480	10,080	14,400
4d Trk Sed	584	1,752	2,920	6,570	10,220	14,600

1938 F-38, 6-cyl.

	6	5	4	3	2	1
2d Conv	1,280	3,840	6,400	14,400	22,400	32,000

	6	5	4	3	2	1
2d Bus Cpe	576	1,728	2,880	6,480	10,080	14,400
2d Clb Cpe	596	1,788	2,980	6,710	10,430	14,900
2d Sed	540	1,620	2,700	6,080	9,450	13,500
2d Tr Sed	560	1,680	2,800	6,300	9,800	14,000
4d Sed	556	1,668	2,780	6,260	9,730	13,900
4d Tr Sed	560	1,680	2,800	6,300	9,800	14,000
1938 L-38, 8-cyl.						
2d Conv	1,440	4,320	7,200	16,200	25,200	36,000
2d Bus Cpe	596	1,788	2,980	6,710	10,430	14,900
2d Clb Cpe	616	1,848	3,080	6,930	10,780	15,400
2d Sed	560	1,680	2,800	6,300	9,800	14,000
2d Tr Sed	580	1,740	2,900	6,530	10,150	14,500
4d Sed	572	1,716	2,860	6,440	10,010	14,300
4d Tr Sed	580	1,740	2,900	6,530	10,150	14,500
1939 F-39 "60" Series, 6-cyl.						
2d Bus Cpe	572	1,716	2,860	6,440	10,010	14,300
2d Clb Cpe	576	1,728	2,880	6,480	10,080	14,400
2d Sed	568	1,704	2,840	6,390	9,940	14,200
4d Sed	576	1,728	2,880	6,480	10,080	14,400
1939 G-39 "70" Series, 6-cyl.						
2d Conv	1,200	3,600	6,000	13,500	21,000	30,000
2d Bus Sed	580	1,740	2,900	6,530	10,150	14,500
2d Clb Cpe	588	1,764	2,940	6,620	10,290	14,700
2d Sed	576	1,728	2,880	6,480	10,080	14,400
2d SR Sed	584	1,752	2,920	6,570	10,220	14,600
4d Sed	580	1,740	2,900	6,530	10,150	14,500
4d SR Sed	584	1,752	2,920	6,570	10,220	14,600
1939 L-39, 8-cyl.						
2d Conv	1,320	3,960	6,600	14,850	23,100	33,000
2d Bus Cpe	640	1,920	3,200	7,200	11,200	16,000
2d Clb Cpe	656	1,968	3,280	7,380	11,480	16,400
2d Sed	628	1,884	3,140	7,070	10,990	15,700
2d SR Sed	640	1,920	3,200	7,200	11,200	16,000
4d Sed	644	1,932	3,220	7,250	11,270	16,100
4d SR Sed	632	1,896	3,160	7,110	11,060	15,800
1940 Series 60, 6-cyl.						
2d Conv	1,240	3,720	6,200	13,950	21,700	31,000
2d Bus Cpe	656	1,968	3,280	7,380	11,480	16,400
2d Clb Cpe	680	2,040	3,400	7,650	11,900	17,000
4d Sta Wag	1,120	3,360	5,600	12,600	19,600	28,000
2d Sed	628	1,884	3,140	7,070	10,990	15,700
2d SR Sed	640	1,920	3,200	7,200	11,200	16,000
4d Sed	632	1,896	3,160	7,110	11,060	15,800
4d SR Sed	644	1,932	3,220	7,250	11,270	16,100
1940 Series 70, 6-cyl.						
2d Conv	1,320	3,960	6,600	14,850	23,100	33,000
2d Bus Cpe	680	2,040	3,400	7,650	11,900	17,000
2d Clb Cpe	660	1,980	3,300	7,430	11,550	16,500
2d Sed	656	1,968	3,280	7,380	11,480	16,400
4d Sed	664	1,992	3,320	7,470	11,620	16,600
1940 Series 90, 8-cyl.						
2d Conv Cpe	1,960	5,880	9,800	22,050	34,300	49,000
4d Conv Sed	2,000	6,000	10,000	22,500	35,000	50,000
2d Clb Cpe	840	2,520	4,200	9,450	14,700	21,000
4d Tr Sed	760	2,280	3,800	8,550	13,300	19,000
1941 Series 66, 6-cyl.						
2d Conv Cpe	1,200	3,600	6,000	13,500	21,000	30,000
2d Bus Cpe	720	2,160	3,600	8,100	12,600	18,000
2d Clb Cpe	740	2,220	3,700	8,330	12,950	18,500
2d Sed	696	2,088	3,480	7,830	12,180	17,400
4d Sed	704	2,112	3,520	7,920	12,320	17,600
4d Twn Sed	708	2,124	3,540	7,970	12,390	17,700
4d Sta Wag	1,280	3,840	6,400	14,400	22,400	32,000
1941 Series 68, 8-cyl.						
2d Conv Cpe	1,280	3,840	6,400	14,400	22,400	32,000
2d Bus Cpe	740	2,220	3,700	8,330	12,950	18,500
2d Clb Cpe	760	2,280	3,800	8,550	13,300	19,000
2d Sed	704	2,112	3,520	7,920	12,320	17,600
4d Sed	712	2,136	3,560	8,010	12,460	17,800
4d Twn Sed	720	2,160	3,600	8,100	12,600	18,000
4d Sta Wag	1,280	3,840	6,400	14,400	22,400	32,000
1941 Series 76, 6-cyl.						
2d Bus Cpe	760	2,280	3,800	8,550	13,300	19,000
2d Clb Sed	720	2,160	3,600	8,100	12,600	18,000
4d Sed	720	2,160	3,600	8,100	12,600	18,000

	6	5	4	3	2	1
1941 Series 78, 8-cyl.						
2d Bus Sed	724	2,172	3,620	8,150	12,670	18,100
2d Clb Sed	736	2,208	3,680	8,280	12,880	18,400
4d Sed	740	2,220	3,700	8,330	12,950	18,500
1941 Series 96, 6-cyl.						
2d Conv Cpe	1,800	5,400	9,000	20,250	31,500	45,000
2d Clb Cpe	880	2,640	4,400	9,900	15,400	22,000
4d Sed	800	2,400	4,000	9,000	14,000	20,000
1941 Series 98, 8-cyl.						
2d Conv Cpe	2,080	6,240	10,400	23,400	36,400	52,000
4d Conv Sed	2,120	6,360	10,600	23,850	37,100	53,000
2d Clb Cpe	920	2,760	4,600	10,350	16,100	23,000
4d Sed	840	2,520	4,200	9,450	14,700	21,000
1942 Special Series 66 & 68						
2d Conv	1,200	3,600	6,000	13,500	21,000	30,000
2d Bus Cpe	740	2,220	3,700	8,330	12,950	18,500
2d Clb Cpe	760	2,280	3,800	8,550	13,300	19,000
2d Clb Sed	744	2,232	3,720	8,370	13,020	18,600
2d Sed	732	2,196	3,660	8,240	12,810	18,300
4d Sed	740	2,220	3,700	8,330	12,950	18,500
4d Twn Sed	748	2,244	3,740	8,420	13,090	18,700
4d Sta Wag	1,280	3,840	6,400	14,400	22,400	32,000
NOTE: Add 10 percent for 8-cyl.						
1942 Dynamic Series 76-78						
2d Clb Sed	780	2,340	3,900	8,780	13,650	19,500
4d Sed	760	2,280	3,800	8,550	13,300	19,000
NOTE: Add 10 percent for 8-cyl.						
1942 Custom Series 98, 8-cyl.						
2d Conv	1,360	4,080	6,800	15,300	23,800	34,000
2d Clb Sed	860	2,580	4,300	9,680	15,050	21,500
4d Sed	848	2,544	4,240	9,540	14,840	21,200
1946-47 Special Series 66, 6-cyl.						
2d Conv	1,240	3,720	6,200	13,950	21,700	31,000
2d Clb Cpe	824	2,472	4,120	9,270	14,420	20,600
2d Clb Sed	816	2,448	4,080	9,180	14,280	20,400
4d Sed	812	2,436	4,060	9,140	14,210	20,300
4d Sta Wag	1,320	3,960	6,600	14,850	23,100	33,000
1946-47 Special Series 68, 8-cyl.						
2d Conv	1,280	3,840	6,400	14,400	22,400	32,000
2d Clb Cpe	864	2,592	4,320	9,720	15,120	21,600
2d Clb Sed	856	2,568	4,280	9,630	14,980	21,400
4d Sed	852	2,556	4,260	9,590	14,910	21,300
4d Sta Wag	1,360	4,080	6,800	15,300	23,800	34,000
1946-47 Dynamic Cruiser, Series 76, 6-cyl.						
2d Clb Sed	828	2,484	4,140	9,320	14,490	20,700
2d DeL Clb Sed (1947 only)	832	2,496	4,160	9,360	14,560	20,800
4d Sed	824	2,472	4,120	9,270	14,420	20,600
4d DeL Sed (1947 only)	830	2,480	4,140	9,320	14,490	20,700
1946-47 Dynamic Cruiser Series 78, 8-cyl.						
2d Clb Sed	868	2,604	4,340	9,770	15,190	21,700
2d DeL Clb Sed (1947 only)	872	2,616	4,360	9,810	15,260	21,800
4d Sed	864	2,592	4,320	9,720	15,120	21,600
4d DeL Sed (1947 only)	870	2,600	4,340	9,770	15,190	21,700
1946-47 Custom Cruiser Series 98, 8-cyl.						
2d Conv	1,320	3,960	6,600	14,850	23,100	33,000
2d Clb Sed	900	2,700	4,500	10,130	15,750	22,500
4d Sed	888	2,664	4,440	9,990	15,540	22,200
1948 Dynamic Series 66, 6-cyl., 119" wb						
2d Conv	1,280	3,840	6,400	14,400	22,400	32,000
2d Clb Cpe	820	2,460	4,100	9,230	14,350	20,500
2d Clb Sed	812	2,436	4,060	9,140	14,210	20,300
4d Sed	808	2,424	4,040	9,090	14,140	20,200
4d Sta Wag	1,320	3,960	6,600	14,850	23,100	33,000
1948 Dynamic Series 68, 8-cyl., 119" wb						
2d Conv	1,320	3,960	6,600	14,850	23,100	33,000
2d Clb Cpe	860	2,580	4,300	9,680	15,050	21,500
2d Clb Sed	852	2,556	4,260	9,590	14,910	21,300
4d Sed	848	2,544	4,240	9,540	14,840	21,200
4d Sta Wag	1,360	4,080	6,800	15,300	23,800	34,000
1948 Dynamic Series 76, 6-cyl., 125" wb						
2d Clb Sed	824	2,472	4,120	9,270	14,420	20,600
4d Sed	820	2,460	4,100	9,230	14,350	20,500
1948 Dynamic Series 78, 8-cyl., 125" wb						
2d Clb Sed	860	2,580	4,300	9,680	15,050	21,500
4d Sed	848	2,544	4,240	9,540	14,840	21,200

	6	5	4	3	2	1
1948 Futuramic Series 98, 8-cyl., 125" wb						
2d Conv	1,360	4,080	6,800	15,300	23,800	34,000
2d Clb Sed	900	2,700	4,500	10,130	15,750	22,500
4d Sed	880	2,640	4,400	9,900	15,400	22,000
1949 Futuramic 76, 6-cyl., 119.5" wb						
2d Conv	1,280	3,840	6,400	14,400	22,400	32,000
2d Clb Cpe	840	2,520	4,200	9,450	14,700	21,000
2d Sed	764	2,292	3,820	8,600	13,370	19,100
4d Sed	760	2,280	3,800	8,550	13,300	19,000
4d Sta Wag	960	2,880	4,800	10,800	16,800	24,000
1949 Futuramic Series 88, V-8, 119.5" wb						
2d Conv	1,720	5,160	8,600	19,350	30,100	43,000
2d Clb Cpe	1,080	3,240	5,400	12,150	18,900	27,000
2d Clb Sed	1,040	3,120	5,200	11,700	18,200	26,000
4d Sed	880	2,640	4,400	9,900	15,400	22,000
4d Sta Wag	1,160	3,480	5,800	13,050	20,300	29,000
1949 Futuramic Series 98, V-8, 125" wb						
2d Conv	1,680	5,040	8,400	18,900	29,400	42,000
2d Holiday HT	1,160	3,480	5,800	13,050	20,300	29,000
2d Clb Sed	940	2,820	4,700	10,580	16,450	23,500
4d Sed	920	2,760	4,600	10,350	16,100	23,000
1950 Futuramic 76, 6-cyl., 119.5" wb						
2d Conv	1,440	4,320	7,200	16,200	25,200	36,000
2d Holiday HT	1,240	3,720	6,200	13,950	21,700	31,000
2d Clb Cpe	1,000	3,000	5,000	11,250	17,500	25,000
2d Sed	768	2,304	3,840	8,640	13,440	19,200
2d Clb Sed	960	2,880	4,800	10,800	16,800	24,000
4d Sed	764	2,292	3,820	8,600	13,370	19,100
4d Sta Wag	1,200	3,600	6,000	13,500	21,000	30,000
1950 Futuramic 88, V-8, 119.5" wb						
2d Conv	1,920	5,760	9,600	21,600	33,600	48,000
2d DeL Holiday HT	1,400	4,200	7,000	15,750	24,500	35,000
2d DeL Clb Cpe	1,120	3,360	5,600	12,600	19,600	28,000
2d DeL	1,040	3,120	5,200	11,700	18,200	26,000
2d DeL Clb Sed	1,000	3,000	5,000	11,250	17,500	25,000
4d DeL Sed	960	2,880	4,800	10,800	16,800	24,000
4d DeL Sta Wag	1,320	3,960	6,600	14,850	23,100	33,000
1950 Futuramic 98, V-8, 122" wb						
2d DeL Conv	1,720	5,160	8,600	19,350	30,100	43,000
2d DeL Holiday HT	1,240	3,720	6,200	13,950	21,700	31,000
2d Holiday HT	1,200	3,600	6,000	13,500	21,000	30,000
2d DeL Clb Sed	940	2,820	4,700	10,580	16,450	23,500
2d DeL FBk	928	2,784	4,640	10,440	16,240	23,200
4d DeL FBk	924	2,772	4,620	10,400	16,170	23,100
4d DeL Sed	904	2,712	4,520	10,170	15,820	22,600
4d DeL Twn Sed	960	2,880	4,800	10,800	16,800	24,000

NOTE: Deduct 10 percent for 6-cyl.

	6	5	4	3	2	1
1951-52 Standard 88, V-8, 119.5" wb						
2d Sed (1951 only)	940	2,820	4,700	10,580	16,450	23,500
4d Sed (1951 only)	936	2,808	4,680	10,530	16,380	23,400
1951-52 DeLuxe 88, V-8, 120" wb						
2d Sed	864	2,592	4,320	9,720	15,120	21,600
4d Sed	860	2,580	4,300	9,680	15,050	21,500
1951-52 Super 88, V-8, 120" wb						
2d Conv	1,320	3,960	6,600	14,850	23,100	33,000
2d Holiday HT	1,120	3,360	5,600	12,600	19,600	28,000
2d Clb Cpe	960	2,880	4,800	10,800	16,800	24,000
2d Sed	872	2,616	4,360	9,810	15,260	21,800
4d Sed	868	2,604	4,340	9,770	15,190	21,700
1951-52 Series 98, V-8, 122" wb						
2d Conv	1,400	4,200	7,000	15,750	24,500	35,000
2d DeL Holiday HT ('51)	1,200	3,600	6,000	13,500	21,000	30,000
2d Holiday HT	1,160	3,480	5,800	13,050	20,300	29,000
4d Sed	880	2,640	4,400	9,900	15,400	22,000
1953 Series 88, V-8, 120" wb						
2d Sed	804	2,412	4,020	9,050	14,070	20,100
4d Sed	800	2,400	4,000	9,000	14,000	20,000
1953 Series Super 88, V-8, 120" wb						
2d Conv	1,440	4,320	7,200	16,200	25,200	36,000
2d Holiday HT	1,200	3,600	6,000	13,500	21,000	30,000
2d Sed	808	2,424	4,040	9,090	14,140	20,200
4d Sed	804	2,412	4,020	9,050	14,070	20,100
1953 Classic 98, V-8, 124" wb						
2d Conv	1,600	4,800	8,000	18,000	28,000	40,000

	6	5	4	3	2	1
2d Holiday HT	1,280	3,840	6,400	14,400	22,400	32,000
4d Sed	860	2,580	4,300	9,680	15,050	21,500
1953 Fiesta 98, V-8, 124" wb						
2d Conv	4,200	12,600	21,000	47,250	73,500	105,000
1954 Series 88, V-8, 122" wb						
2d Holiday HT	1,160	3,480	5,800	13,050	20,300	29,000
2d Sed	784	2,352	3,920	8,820	13,720	19,600
4d Sed	780	2,340	3,900	8,780	13,650	19,500
1954 Series Super 88, V-8, 122" wb						
2d Conv	1,520	4,560	7,600	17,100	26,600	38,000
2d Holiday HT	1,240	3,720	6,200	13,950	21,700	31,000
2d Sed	808	2,424	4,040	9,090	14,140	20,200
4d Sed	800	2,400	4,000	9,000	14,000	20,000
1954 Classic 98, V-8, 126" wb						
2d Starfire Conv	1,800	5,400	9,000	20,250	31,500	45,000
2d DeL Holiday HT	1,400	4,200	7,000	15,750	24,500	35,000
2d Holiday HT	1,360	4,080	6,800	15,300	23,800	34,000
4d Sed	880	2,640	4,400	9,900	15,400	22,000
1955 Series 88, V-8, 122" wb						
2d DeL Holiday HT	1,080	3,240	5,400	12,150	18,900	27,000
4d Holiday HT	880	2,640	4,400	9,900	15,400	22,000
2d Sed	784	2,352	3,920	8,820	13,720	19,600
4d Sed	780	2,340	3,900	8,780	13,650	19,500
1955 Series Super 88, V-8, 122" wb						
2d Conv	1,480	4,440	7,400	16,650	25,900	37,000
2d DeL Holiday HT	1,160	3,480	5,800	13,050	20,300	29,000
4d Holiday HT	920	2,760	4,600	10,350	16,100	23,000
2d Sed	804	2,412	4,020	9,050	14,070	20,100
4d Sed	800	2,400	4,000	9,000	14,000	20,000
1955 Classic 98, V-8, 126" wb						
2d Starfire Conv	1,720	5,160	8,600	19,350	30,100	43,000
2d DeL Holiday HT	1,320	3,960	6,600	14,850	23,100	33,000
4d DeL Holiday HT	1,000	3,000	5,000	11,250	17,500	25,000
4d Sed	880	2,640	4,400	9,900	15,400	22,000
1956 Series 88, V-8, 122" wb						
2d Holiday HT	1,160	3,480	5,800	13,050	20,300	29,000
4d Holiday HT	1,000	3,000	5,000	11,250	17,500	25,000
2d Sed	880	2,640	4,400	9,900	15,400	22,000
4d Sed	860	2,580	4,300	9,680	15,050	21,500
1956 Series Super 88, V-8, 122" wb						
2d Conv	1,480	4,440	7,400	16,650	25,900	37,000
2d Holiday HT	1,240	3,720	6,200	13,950	21,700	31,000
4d Holiday HT	1,080	3,240	5,400	12,150	18,900	27,000
2d Sed	920	2,760	4,600	10,350	16,100	23,000
4d Sed	900	2,700	4,500	10,130	15,750	22,500
1956 Series 98, V-8, 126" wb						
2d Starfire Conv	1,760	5,280	8,800	19,800	30,800	44,000
2d DeL Holiday HT	1,280	3,840	6,400	14,400	22,400	32,000
4d DeL Holiday HT	1,120	3,360	5,600	12,600	19,600	28,000
4d Sed	960	2,880	4,800	10,800	16,800	24,000
1957 Series 88, V-8, 122" wb						
2d Conv	1,560	4,680	7,800	17,550	27,300	39,000
2d Holiday HT	1,160	3,480	5,800	13,050	20,300	29,000
4d Holiday HT	960	2,880	4,800	10,800	16,800	24,000
2d Sed	824	2,472	4,120	9,270	14,420	20,600
4d Sed	820	2,460	4,100	9,230	14,350	20,500
4d HT Sta Wag	1,160	3,480	5,800	13,050	20,300	29,000
4d Sta Wag	880	2,640	4,400	9,900	15,400	22,000
1957 Series Super 88, V-8, 122" wb						
2d Conv	1,720	5,160	8,600	19,350	30,100	43,000
2d Holiday HT	1,240	3,720	6,200	13,950	21,700	31,000
4d Holiday HT	1,040	3,120	5,200	11,700	18,200	26,000
2d Sed	864	2,592	4,320	9,720	15,120	21,600
4d Sed	860	2,580	4,300	9,680	15,050	21,500
4d HT Sta Wag	1,240	3,720	6,200	13,950	21,700	31,000
1957 Series 98, V-8, 126" wb						
2d Starfire Conv	1,840	5,520	9,200	20,700	32,200	46,000
2d Holiday HT	1,280	3,840	6,400	14,400	22,400	32,000
4d Holiday HT	1,040	3,120	5,200	11,700	18,200	26,000
4d Sed	900	2,700	4,500	10,130	15,750	22,500
NOTE: Add 20 percent for J-2 option.						
1958 Series 88, V-8, 122.5" wb						
2d Conv	1,160	3,480	5,800	13,050	20,300	29,000
2d Holiday HT	1,120	3,360	5,600	12,600	19,600	28,000

	6	5	4	3	2	1
4d Holiday HT	920	2,760	4,600	10,350	16,100	23,000
2d Sed	780	2,340	3,900	8,780	13,650	19,500
4d Sed	776	2,328	3,880	8,730	13,580	19,400
4d HT Sta Wag	1,040	3,120	5,200	11,700	18,200	26,000
4d Sta Wag	840	2,520	4,200	9,450	14,700	21,000

1958 Series Super 88, V-8, 122.5" wb

	6	5	4	3	2	1
2d Conv	1,360	4,080	6,800	15,300	23,800	34,000
2d Holiday HT	1,240	3,720	6,200	13,950	21,700	31,000
4d Holiday HT	1,000	3,000	5,000	11,250	17,500	25,000
4d Sed	800	2,400	4,000	9,000	14,000	20,000
4d HT Sta Wag	1,120	3,360	5,600	12,600	19,600	28,000

1958 Series 98, V-8, 126.5" wb

	6	5	4	3	2	1
2d Conv	1,560	4,680	7,800	17,550	27,300	39,000
2d Holiday HT	1,200	3,600	6,000	13,500	21,000	30,000
4d Holiday HT	1,080	3,240	5,400	12,150	18,900	27,000
4d Sed	840	2,520	4,200	9,450	14,700	21,000

NOTE: Add 20 percent for J-2 option.

1959 Series 88, V-8, 123" wb

	6	5	4	3	2	1
2d Conv	1,320	3,960	6,600	14,850	23,100	33,000
2d Holiday HT	1,040	3,120	5,200	11,700	18,200	26,000
4d Holiday HT	920	2,760	4,600	10,350	16,100	23,000
4d Sed	720	2,160	3,600	8,100	12,600	18,000
4d Sta Wag	740	2,220	3,700	8,330	12,950	18,500

1959 Series Super 88, V-8, 123" wb

	6	5	4	3	2	1
2d Conv	1,400	4,200	7,000	15,750	24,500	35,000
2d Holiday HT	1,120	3,360	5,600	12,600	19,600	28,000
4d Holiday HT	1,000	3,000	5,000	11,250	17,500	25,000
4d Sed	740	2,220	3,700	8,330	12,950	18,500
4d Sta Wag	760	2,280	3,800	8,550	13,300	19,000

1959 Series 98, V-8, 126.3" wb

	6	5	4	3	2	1
2d Conv	1,560	4,680	7,800	17,550	27,300	39,000
2d Holiday HT	1,200	3,600	6,000	13,500	21,000	30,000
4d Holiday HT	1,080	3,240	5,400	12,150	18,900	27,000
4d Sed	760	2,280	3,800	8,550	13,300	19,000

NOTE: Add 10 percent for hp option.

1960 Series Dynamic 88, V-8, 123" wb

	6	5	4	3	2	1
2d Conv	1,240	3,720	6,200	13,950	21,700	31,000
2d Sed	760	2,280	3,800	8,550	13,300	19,000
2d Holiday HT	1,040	3,120	5,200	11,700	18,200	26,000
4d Holiday HT	880	2,640	4,400	9,900	15,400	22,000
4d Sed	720	2,160	3,600	8,100	12,600	18,000
4d Sta Wag	740	2,220	3,700	8,330	12,950	18,500

1960 Series Super 88, V-8, 123" wb

	6	5	4	3	2	1
2d Conv	1,360	4,080	6,800	15,300	23,800	34,000
2d Holiday HT	1,040	3,120	5,200	11,700	18,200	26,000
4d Holiday HT	960	2,880	4,800	10,800	16,800	24,000
4d Sed	740	2,220	3,700	8,330	12,950	18,500
4d Sta Wag	760	2,280	3,800	8,550	13,300	19,000

1960 Series 98, V-8, 126.3" wb

	6	5	4	3	2	1
2d Conv	1,520	4,560	7,600	17,100	26,600	38,000
2d Holiday HT	1,120	3,360	5,600	12,600	19,600	28,000
4d Holiday HT	1,000	3,000	5,000	11,250	17,500	25,000
4d Sed	760	2,280	3,800	8,550	13,300	19,000

1961 F-85, V-8, 112" wb

	6	5	4	3	2	1
4d Sed	356	1,068	1,780	4,010	6,230	8,900
2d Clb Cpe	440	1,320	2,200	4,950	7,700	11,000
4d Sta Wag	460	1,380	2,300	5,180	8,050	11,500

1961 Dynamic 88, V-8, 123" wb

	6	5	4	3	2	1
2d Sed	500	1,500	2,500	5,630	8,750	12,500
4d Sed	496	1,488	2,480	5,580	8,680	12,400
2d Holiday HT	840	2,520	4,200	9,450	14,700	21,000
4d Holiday HT	680	2,040	3,400	7,650	11,900	17,000
2d Conv	1,120	3,360	5,600	12,600	19,600	28,000
4d Sta Wag	660	1,980	3,300	7,430	11,550	16,500

1961 Super 88, V-8, 123" wb

	6	5	4	3	2	1
4d Sed	600	1,800	3,000	6,750	10,500	15,000
4d Holiday HT	720	2,160	3,600	8,100	12,600	18,000
2d Holiday HT	920	2,760	4,600	10,350	16,100	23,000
2d Conv	1,240	3,720	6,200	13,950	21,700	31,000
4d Sta Wag	680	2,040	3,400	7,650	11,900	17,000
2d Starfire Conv	1,520	4,560	7,600	17,100	26,600	38,000

1961 Series 98, V-8, 126" wb

	6	5	4	3	2	1
4d Twn Sed	700	2,100	3,500	7,880	12,250	17,500
4d Spt Sed	708	2,124	3,540	7,970	12,390	17,700

	6	5	4	3	2	1
4d Holiday HT	760	2,280	3,800	8,550	13,300	19,000
2d Holiday HT	960	2,880	4,800	10,800	16,800	24,000
2d Conv	1,320	3,960	6,600	14,850	23,100	33,000

NOTE: Deduct 10 percent for std. line values; add 10 percent for Cutlass.

1962 F-85 Series, V-8, 112" wb

	6	5	4	3	2	1
4d Sed	440	1,320	2,200	4,950	7,700	11,000
2d Cutlass Cpe	480	1,440	2,400	5,400	8,400	12,000
2d Cutlass Conv	640	1,920	3,200	7,200	11,200	16,000
4d Sta Wag	440	1,320	2,200	4,950	7,700	11,000

1962 Jetfire Turbo-charged, V-8, 112" wb

	6	5	4	3	2	1
2d HT	720	2,160	3,600	8,100	12,600	18,000

1962 Dynamic 88, V-8, 123" wb

	6	5	4	3	2	1
4d Sed	500	1,500	2,500	5,630	8,750	12,500
4d Holiday HT	680	2,040	3,400	7,650	11,900	17,000
2d Holiday HT	880	2,640	4,400	9,900	15,400	22,000
2d Conv	1,120	3,360	5,600	12,600	19,600	28,000
4d Sta Wag	660	1,980	3,300	7,430	11,550	16,500

1962 Super 88, V-8, 123" wb

	6	5	4	3	2	1
4d Sed	600	1,800	3,000	6,750	10,500	15,000
4d Holiday HT	720	2,160	3,600	8,100	12,600	18,000
2d Holiday HT	920	2,760	4,600	10,350	16,100	23,000
4d Sta Wag	680	2,040	3,400	7,650	11,900	17,000

1962 Starfire, 345 hp V-8, 123" wb

	6	5	4	3	2	1
2d HT	1,160	3,480	5,800	13,050	20,300	29,000
2d Conv	1,400	4,200	7,000	15,750	24,500	35,000

1962 Series 98, V-8, 126" wb

	6	5	4	3	2	1
4d Twn Sed	660	1,980	3,300	7,430	11,550	16,500
4d Spt Sed	668	2,004	3,340	7,520	11,690	16,700
4d Holiday HT	800	2,400	4,000	9,000	14,000	20,000
2d Holiday Spt HT	1,000	3,000	5,000	11,250	17,500	25,000
2d Conv	1,240	3,720	6,200	13,950	21,700	31,000

1963 F-85 Series, V-8, 112" wb

	6	5	4	3	2	1
4d Sed	440	1,320	2,200	4,950	7,700	11,000
2d Cutlass Cpe	480	1,440	2,400	5,400	8,400	12,000
2d Cutlass Conv	680	2,040	3,400	7,650	11,900	17,000
4d Sta Wag	460	1,380	2,300	5,180	8,050	11,500

NOTE: Deduct 5 percent for V-6 engine.

1963 Jetfire Series, V-8, 112" wb

	6	5	4	3	2	1
2d HT	720	2,160	3,600	8,100	12,600	18,000

1963 Dynamic 88, V-8, 123" wb

	6	5	4	3	2	1
4d Sed	620	1,860	3,100	6,980	10,850	15,500
4d Holiday HT	680	2,040	3,400	7,650	11,900	17,000
2d Holiday HT	840	2,520	4,200	9,450	14,700	21,000
2d Conv	1,000	3,000	5,000	11,250	17,500	25,000
4d Sta Wag	640	1,920	3,200	7,200	11,200	16,000

1963 Super 88, V-8, 123" wb

	6	5	4	3	2	1
4d Sed	640	1,920	3,200	7,200	11,200	16,000
4d Holiday HT	720	2,160	3,600	8,100	12,600	18,000
2d Holiday HT	880	2,640	4,400	9,900	15,400	22,000
4d Sta Wag	660	1,980	3,300	7,430	11,550	16,500

1963 Starfire, V-8, 123" wb

	6	5	4	3	2	1
2d Cpe	1,040	3,120	5,200	11,700	18,200	26,000
2d Conv	1,400	4,200	7,000	15,750	24,500	35,000

1963 Series 98, V-8, 126" wb

	6	5	4	3	2	1
4d Sed	660	1,980	3,300	7,430	11,550	16,500
4d 4W Holiday HT	760	2,280	3,800	8,550	13,300	19,000
4d 6W Holiday HT	700	2,100	3,500	7,880	12,250	17,500
2d Holiday HT	920	2,760	4,600	10,350	16,100	23,000
2d Cus Spt HT	940	2,820	4,700	10,580	16,450	23,500
2d Conv	1,280	3,840	6,400	14,400	22,400	32,000

1964 F-85 Series, V-8, 115" wb

	6	5	4	3	2	1
2d Cpe	448	1,344	2,240	5,040	7,840	11,200
4d Sed	440	1,320	2,200	4,950	7,700	11,000
4d Sta Wag	452	1,356	2,260	5,090	7,910	11,300

NOTE: Deduct 5 percent for V-6 engine.

1964 Cutlass Series, V-8

	6	5	4	3	2	1
2d Spt Cpe	480	1,440	2,400	5,400	8,400	12,000
2d HT	620	1,860	3,100	6,980	10,850	15,500
2d Conv	720	2,160	3,600	8,100	12,600	18,000

1964 Cutlass 4-4-2

	6	5	4	3	2	1
2d Sed	664	1,992	3,320	7,470	11,620	16,600
2d HT	740	2,220	3,700	8,330	12,950	18,500
2d Conv	880	2,640	4,400	9,900	15,400	22,000

1964 Oldsmobile Dynamic 88 two-door hardtop

1971 Oldsmobile Cutlass Supreme two-door hardtop

1978 Oldsmobile Delta 88 Royale sedan

	6	5	4	3	2	1
1964 Vista Cruiser, V-8, 120" wb						
4d Sta Wag	600	1,800	3,000	6,750	10,500	15,000
4d Cus Wag	608	1,824	3,040	6,840	10,640	15,200
1964 Jetstar, V-8, 123" wb						
4d Sed	600	1,800	3,000	6,750	10,500	15,000
4d HT	660	1,980	3,300	7,430	11,550	16,500
2d HT	720	2,160	3,600	8,100	12,600	18,000
2d Conv	1,080	3,240	5,400	12,150	18,900	27,000
1964 Jetstar I, V-8, 123" wb						
2d HT	880	2,640	4,400	9,900	15,400	22,000
1964 Dynamic 88, V-8, 123" wb						
4d Sed	620	1,860	3,100	6,980	10,850	15,500
4d HT	680	2,040	3,400	7,650	11,900	17,000
2d HT	840	2,520	4,200	9,450	14,700	21,000
2d Conv	1,160	3,480	5,800	13,050	20,300	29,000
4d Sta Wag	640	1,920	3,200	7,200	11,200	16,000
1964 Super 88, V-8, 123" wb						
4d Sed	640	1,920	3,200	7,200	11,200	16,000
4d HT	720	2,160	3,600	8,100	12,600	18,000
1964 Starfire, 123" wb						
2d HT	1,040	3,120	5,200	11,700	18,200	26,000
2d Conv	1,320	3,960	6,600	14,850	23,100	33,000

NOTE: Add 20 percent for J code engine. Deduct 10 percent for 3 speed trans.

	6	5	4	3	2	1
1964 Series 98, V-8, 126" wb						
4d Sed	660	1,980	3,300	7,430	11,550	16,500
4d 6W HT	760	2,280	3,800	8,550	13,300	19,000
4d 4W HT	780	2,340	3,900	8,780	13,650	19,500
2d HT	920	2,760	4,600	10,350	16,100	23,000
2d Cus Spt HT	940	2,820	4,700	10,580	16,450	23,500
2d Conv	1,280	3,840	6,400	14,400	22,400	32,000
1965 F-85 Series, V-8, 115" wb						
4d Sed	444	1,332	2,220	5,000	7,770	11,100
2d Cpe	456	1,368	2,280	5,130	7,980	11,400
4d Sta Wag	448	1,344	2,240	5,040	7,840	11,200
4d DeL Sed	452	1,356	2,260	5,090	7,910	11,300
4d DeL Sta Wag	460	1,380	2,300	5,180	8,050	11,500
1965 Cutlass Series, V-8, 115" wb						
2d Cpe	500	1,500	2,500	5,630	8,750	12,500
2d HT	660	1,980	3,300	7,430	11,550	16,500
2d Conv	700	2,100	3,500	7,880	12,250	17,500
1965 Cutlass 4-4-2						
2d Sed	632	1,896	3,160	7,110	11,060	15,800
2d HT	720	2,160	3,600	8,100	12,600	18,000
2d Conv	1,000	3,000	5,000	11,250	17,500	25,000
1965 Vista Cruiser, V-8, 120" wb						
4d Sta Wag	480	1,440	2,400	5,400	8,400	12,000
1965 Jetstar Series, V-8, 123" wb						
4d Sed	472	1,416	2,360	5,310	8,260	11,800
4d HT	620	1,860	3,100	6,980	10,850	15,500
2d HT	700	2,100	3,500	7,880	12,250	17,500
2d Conv	760	2,280	3,800	8,550	13,300	19,000
1965 Dynamic 88, V-8, 123" wb						
4d Sed	480	1,440	2,400	5,400	8,400	12,000
4d HT	660	1,980	3,300	7,430	11,550	16,500
2d HT	700	2,100	3,500	7,880	12,250	17,500
2d Conv	840	2,520	4,200	9,450	14,700	21,000
1965 Delta 88, V-8, 123" wb						
4d Sed	500	1,500	2,500	5,630	8,750	12,500
4d HT	660	1,980	3,300	7,430	11,550	16,500
2d HT	740	2,220	3,700	8,330	12,950	18,500
1965 Jetstar I, V-8, 123" wb						
2d HT	760	2,280	3,800	8,550	13,300	19,000
1965 Starfire, 123" wb						
2d HT	840	2,520	4,200	9,450	14,700	21,000
2d Conv	920	2,760	4,600	10,350	16,100	23,000
1965 Series 98, V-8, 126" wb						
4d Twn Sed	600	1,800	3,000	6,750	10,500	15,000
4d Lux Sed	608	1,824	3,040	6,840	10,640	15,200
4d HT	640	1,920	3,200	7,200	11,200	16,000
2d HT	760	2,280	3,800	8,550	13,300	19,000
2d Conv	920	2,760	4,600	10,350	16,100	23,000
1966 F-85 Series, Standard V-8, 115" wb						
4d Sed	444	1,332	2,220	5,000	7,770	11,100

	6	5	4	3	2	1
2d Cpe	460	1,380	2,300	5,180	8,050	11,500
4d Sta Wag	464	1,392	2,320	5,220	8,120	11,600

1966 F-85 Series, Deluxe, V-8, 115" wb

	6	5	4	3	2	1
4d Sed	448	1,344	2,240	5,040	7,840	11,200
4d HT	464	1,392	2,320	5,220	8,120	11,600
2d HT	600	1,800	3,000	6,750	10,500	15,000
4d Sta Wag	468	1,404	2,340	5,270	8,190	11,700

1966 Cutlass, V-8, 115" wb

	6	5	4	3	2	1
4d Sed	452	1,356	2,260	5,090	7,910	11,300
4d HT	468	1,404	2,340	5,270	8,190	11,700
2d Cpe	464	1,392	2,320	5,220	8,120	11,600
2d HT	620	1,860	3,100	6,980	10,850	15,500
2d Conv	800	2,400	4,000	9,000	14,000	20,000

1966 Cutlass 4-4-2

	6	5	4	3	2	1
2d Sed	760	2,280	3,800	8,550	13,300	19,000
2d HT	840	2,520	4,200	9,450	14,700	21,000
2d Conv	1,120	3,360	5,600	12,600	19,600	28,000

NOTE: Add 30 percent for triple two-barrel carbs. Add 90 percent for W-30.

1966 Vista Cruiser, V-8, 120" wb

	6	5	4	3	2	1
4d 3S Sta Wag	500	1,500	2,500	5,630	8,750	12,500
4d 2S Sta Wag	492	1,476	2,460	5,540	8,610	12,300
4d 3S Cus Sta Wag	508	1,524	2,540	5,720	8,890	12,700
4d 2S Cus Sta Wag	500	1,500	2,500	5,630	8,750	12,500

1966 Jetstar 88, V-8, 123" wb

	6	5	4	3	2	1
4d Sed	460	1,380	2,300	5,180	8,050	11,500
4d HT	480	1,440	2,400	5,400	8,400	12,000
2d HT	640	1,920	3,200	7,200	11,200	16,000

1966 Dynamic 88, V-8, 123" wb

	6	5	4	3	2	1
4d Sed	468	1,404	2,340	5,270	8,190	11,700
4d HT	500	1,500	2,500	5,630	8,750	12,500
2d HT	668	2,004	3,340	7,520	11,690	16,700
2d Conv	720	2,160	3,600	8,100	12,600	18,000

1966 Delta 88, V-8, 123" wb

	6	5	4	3	2	1
4d Sed	480	1,440	2,400	5,400	8,400	12,000
4d HT	600	1,800	3,000	6,750	10,500	15,000
2d HT	680	2,040	3,400	7,650	11,900	17,000
2d Conv	720	2,160	3,600	8,100	12,600	18,000

1966 Starfire, V-8, 123" wb

	6	5	4	3	2	1
2d HT	760	2,280	3,800	8,550	13,300	19,000

1966 Ninety-Eight, V-8, 126" wb

	6	5	4	3	2	1
4d Twn Sed	488	1,464	2,440	5,490	8,540	12,200
4d Lux Sed	492	1,476	2,460	5,540	8,610	12,300
4d HT	620	1,860	3,100	6,980	10,850	15,500
2d HT	720	2,160	3,600	8,100	12,600	18,000
2d Conv	800	2,400	4,000	9,000	14,000	20,000

1966 Toronado, FWD V-8, 119" wb

	6	5	4	3	2	1
2d Spt HT	720	2,160	3,600	8,100	12,600	18,000
2d Cus HT	740	2,220	3,700	8,330	12,950	18,500

1967 F-85 Series, Standard, V-8, 115" wb

	6	5	4	3	2	1
4d Sed	444	1,332	2,220	5,000	7,770	11,100
2d Cpe	460	1,380	2,300	5,180	8,050	11,500
4d 2S Sta Wag	448	1,344	2,240	5,040	7,840	11,200

1967 Cutlass, V-8, 115" wb

	6	5	4	3	2	1
4d Sed	452	1,356	2,260	5,090	7,910	11,300
4d HT	460	1,380	2,300	5,180	8,050	11,500
2d HT	620	1,860	3,100	6,980	10,850	15,500
2d Conv	920	2,760	4,600	10,350	16,100	23,000
4d 2S Sta Wag	460	1,380	2,300	5,180	8,050	11,500

NOTE: Deduct 20 percent for 6-cyl.

1967 Cutlass Supreme, V-8, 115" wb

	6	5	4	3	2	1
4d Sed	460	1,380	2,300	5,180	8,050	11,500
4d HT	476	1,428	2,380	5,360	8,330	11,900
2d Cpe	484	1,452	2,420	5,450	8,470	12,100
2d HT	720	2,160	3,600	8,100	12,600	18,000
2d Conv	960	2,880	4,800	10,800	16,800	24,000

1967 Cutlass 4-4-2

	6	5	4	3	2	1
2d Sed	760	2,280	3,800	8,550	13,300	19,000
2d HT	880	2,640	4,400	9,900	15,400	22,000
2d Conv	1,160	3,480	5,800	13,050	20,300	29,000

NOTE: Add 70 percent for W-30.

1967 Vista Cruiser, V-8, 120" wb

	6	5	4	3	2	1
4d 3S Sta Wag	480	1,440	2,400	5,400	8,400	12,000
4d 2S Cus Sta Wag	500	1,500	2,500	5,630	8,750	12,500
4d 3S Cus Sta Wag	508	1,524	2,540	5,720	8,890	12,700

	6	5	4	3	2	1
1967 Delmont 88, 330 V-8, 123" wb						
4d Sed	440	1,320	2,200	4,950	7,700	11,000
4d HT	460	1,380	2,300	5,180	8,050	11,500
2d HT	600	1,800	3,000	6,750	10,500	15,000
1967 Delmont 88, 425 V-8, 123" wb						
4d Sed	460	1,380	2,300	5,180	8,050	11,500
4d HT	480	1,440	2,400	5,400	8,400	12,000
2d HT	620	1,860	3,100	6,980	10,850	15,500
2d Conv	800	2,400	4,000	9,000	14,000	20,000
1967 Delta 88, V-8, 123" wb						
4d Sed	472	1,416	2,360	5,310	8,260	11,800
4d HT	492	1,476	2,460	5,540	8,610	12,300
2d HT	660	1,980	3,300	7,430	11,550	16,500
2d Conv	880	2,640	4,400	9,900	15,400	22,000
1967 Delta 88, Custom V-8, 123" wb						
4d HT	500	1,500	2,500	5,630	8,750	12,500
2d HT	672	2,016	3,360	7,560	11,760	16,800
1967 Ninety-Eight, V-8, 126" wb						
4d Twn Sed	500	1,500	2,500	5,630	8,750	12,500
4d Lux Sed	504	1,512	2,520	5,670	8,820	12,600
4d HT	612	1,836	3,060	6,890	10,710	15,300
2d HT	680	2,040	3,400	7,650	11,900	17,000
2d Conv	920	2,760	4,600	10,350	16,100	23,000
1967 Toronado, V-8, 119" wb						
2d HT	700	2,100	3,500	7,880	12,250	17,500
2d Cus HT	720	2,160	3,600	8,100	12,600	18,000

NOTE: Add 10 percent for "425" Delmont Series. Add 30 percent for W-30.

	6	5	4	3	2	1
1968 F-85, V-8, 116" wb, 2d 112" wb						
4d Sed	448	1,344	2,240	5,040	7,840	11,200
2d Cpe	460	1,380	2,300	5,180	8,050	11,500
1968 Cutlass, V-8, 116" wb, 2d 112" wb						
4d Sed	452	1,356	2,260	5,090	7,910	11,300
4d HT	456	1,368	2,280	5,130	7,980	11,400
2d Cpe S	468	1,404	2,340	5,270	8,190	11,700
2d HT S	600	1,800	3,000	6,750	10,500	15,000
2d Conv S	920	2,760	4,600	10,350	16,100	23,000
4d Sta Wag	460	1,380	2,300	5,180	8,050	11,500
1968 Cutlass Supreme, V-8, 116" wb, 2d 112" wb						
4d Sed	460	1,380	2,300	5,180	8,050	11,500
4d HT	476	1,428	2,380	5,360	8,330	11,900
2d HT	660	1,980	3,300	7,430	11,550	16,500

NOTE: Deduct 5 percent for 6-cyl.

	6	5	4	3	2	1
1968 4-4-2, V-8, 112" wb						
2d Cpe	760	2,280	3,800	8,550	13,300	19,000
2d HT	840	2,520	4,200	9,450	14,700	21,000
2d Conv	1,000	3,000	5,000	11,250	17,500	25,000
1968 Hurst/Olds						
2d HT	1,520	4,560	7,600	17,100	26,600	38,000
2d Sed	1,400	4,200	7,000	15,750	24,500	35,000
1968 Vista Cruiser, V-8, 121" wb						
4d 2S Sta Wag	468	1,404	2,340	5,270	8,190	11,700
4d 3S Sta Wag	480	1,440	2,400	5,400	8,400	12,000
1968 Delmont 88, V-8, 123" wb						
4d Sed	460	1,380	2,300	5,180	8,050	11,500
4d HT	468	1,404	2,340	5,270	8,190	11,700
2d HT	620	1,860	3,100	6,980	10,850	15,500
2d Conv	840	2,520	4,200	9,450	14,700	21,000
1968 Delta 88, V-8, 123" wb						
4d Sed	468	1,404	2,340	5,270	8,190	11,700
2d HT	640	1,920	3,200	7,200	11,200	16,000
4d HT	480	1,440	2,400	5,400	8,400	12,000
1968 Ninety-Eight, V-8, 126" wb						
4d Sed	488	1,464	2,440	5,490	8,540	12,200
4d Lux Sed	496	1,488	2,480	5,580	8,680	12,400
4d HT	600	1,800	3,000	6,750	10,500	15,000
2d HT	680	2,040	3,400	7,650	11,900	17,000
2d Conv	880	2,640	4,400	9,900	15,400	22,000
1968 Toronado, V-8, 119" wb						
2d Cus Cpe	660	1,980	3,300	7,430	11,550	16,500

NOTE: Add 30 percent for W-30. Add 20 percent for 455 when not standard. Add 20 percent for W-34 option on Toronado.

	6	5	4	3	2	1
1969 F-85, V-8, 116" wb, 2d 112" wb						
2d Cpe	440	1,320	2,200	4,950	7,700	11,000

	6	5	4	3	2	1
1969 Cutlass, V-8, 116" wb, 2d 112" wb						
4d Sed	384	1,152	1,920	4,320	6,720	9,600
4d HT	388	1,164	1,940	4,370	6,790	9,700
4d Sta Wag	388	1,164	1,940	4,370	6,790	9,700
1969 Cutlass S						
2d Cpe	460	1,380	2,300	5,180	8,050	11,500
2d HT	640	1,920	3,200	7,200	11,200	16,000
2d Conv	880	2,640	4,400	9,900	15,400	22,000
1969 Cutlass Supreme, V-8, 116" wb, 2d 112" wb						
4d Sed	444	1,332	2,220	5,000	7,770	11,100
4d HT	460	1,380	2,300	5,180	8,050	11,500
2d HT	800	2,400	4,000	9,000	14,000	20,000
1969 4-4-2, V-8, 112" wb						
2d Cpe	760	2,280	3,800	8,550	13,300	19,000
2d HT	840	2,520	4,200	9,450	14,700	21,000
2d Conv	1,000	3,000	5,000	11,250	17,500	25,000
1969 Hurst/Olds						
2d HT	1,480	4,440	7,400	16,650	25,900	37,000
1969 Vista Cruiser						
4d 2S Sta Wag	448	1,344	2,240	5,040	7,840	11,200
4d 3S Sta Wag	452	1,356	2,260	5,090	7,910	11,300
1969 Delta 88, V-8, 124" wb						
4d Sed	480	1,440	2,400	5,400	8,400	12,000
2d Conv	720	2,160	3,600	8,100	12,600	18,000
4d HT	500	1,500	2,500	5,630	8,750	12,500
2d HT	640	1,920	3,200	7,200	11,200	16,000
1969 Delta 88 Custom, V-8, 124" wb						
4d Sed	472	1,416	2,360	5,310	8,260	11,800
4d HT	600	1,800	3,000	6,750	10,500	15,000
2d HT	660	1,980	3,300	7,430	11,550	16,500
1969 Delta 88 Royale, V-8, 124" wb						
2d HT	680	2,040	3,400	7,650	11,900	17,000
1969 Ninety-Eight, V-8, 127" wb						
4d Sed	500	1,500	2,500	5,630	8,750	12,500
4d Lux Sed	504	1,512	2,520	5,670	8,820	12,600
4d Lux HT	624	1,872	3,120	7,020	10,920	15,600
4d HT	620	1,860	3,100	6,980	10,850	15,500
2d HT	720	2,160	3,600	8,100	12,600	18,000
2d Conv	800	2,400	4,000	9,000	14,000	20,000
2d Cus Cpe	628	1,884	3,140	7,070	10,990	15,700
1969 Toronado, V-8, 119" wb						
2d HT	660	1,980	3,300	7,430	11,550	16,500

NOTE: Add 30 percent for W-30. Add 20 percent for W-34 option on Toronado. Add 20 percent for 455 when not standard.

	6	5	4	3	2	1
1970 F-85, V-8, 116" wb, 2d 112" wb						
2d Cpe	460	1,380	2,300	5,180	8,050	11,500
1970 Cutlass, V-8, 116" wb, 2d 112" wb						
4d Sed	440	1,320	2,200	4,950	7,700	11,000
4d HT	460	1,380	2,300	5,180	8,050	11,500
4d Sta Wag	448	1,344	2,240	5,040	7,840	11,200

NOTE: Deduct 5 percent for 6-cyl.

	6	5	4	3	2	1
1970 Cutlass S, V-8, 112" wb						
2d Cpe	440	1,320	2,200	4,950	7,700	11,000
2d HT	760	2,280	3,800	8,550	13,300	19,000

NOTE: Add 30 percent for W45-W30-W31.

	6	5	4	3	2	1
1970 Cutlass Supreme, V-8, 112" wb						
4d HT	460	1,380	2,300	5,180	8,050	11,500
2d HT	840	2,520	4,200	9,450	14,700	21,000
2d Conv	1,000	3,000	5,000	11,250	17,500	25,000
1970 4-4-2, V-8, 112" wb						
2d Cpe	840	2,520	4,200	9,450	14,700	21,000
2d HT	1,000	3,000	5,000	11,250	17,500	25,000
2d Conv	1,120	3,360	5,600	12,600	19,600	28,000
1970 Rallye 350, 112" wb						
2d HT	1,080	3,240	5,400	12,150	18,900	27,000
1970 Vista Cruiser, V-8, 121" wb						
4d 2S Sta Wag	448	1,344	2,240	5,040	7,840	11,200
4d 3S Sta Wag	452	1,356	2,260	5,090	7,910	11,300
1970 Delta 88, V-8, 124" wb						
4d Sed	452	1,356	2,260	5,090	7,910	11,300
4d HT	460	1,380	2,300	5,180	8,050	11,500
2d HT	620	1,860	3,100	6,980	10,850	15,500
2d Conv	760	2,280	3,800	8,550	13,300	19,000

	6	5	4	3	2	1
1970 Delta 88 Custom, V-8, 124" wb						
4d Sed	460	1,380	2,300	5,180	8,050	11,500
4d HT	464	1,392	2,320	5,220	8,120	11,600
2d HT	640	1,920	3,200	7,200	11,200	16,000
1970 Delta 88 Royale, V-8, 124" wb						
2d HT	660	1,980	3,300	7,430	11,550	16,500
1970 Ninety-Eight, V-8, 127" wb						
4d Sed	464	1,392	2,320	5,220	8,120	11,600
4d Lux Sed	472	1,416	2,360	5,310	8,260	11,800
4d Lux HT	484	1,452	2,420	5,450	8,470	12,100
4d HT	480	1,440	2,400	5,400	8,400	12,000
2d HT	680	2,040	3,400	7,650	11,900	17,000
2d Conv	800	2,400	4,000	9,000	14,000	20,000
1970 Toronado, V-8, 119" wb						
2d Std Cpe	620	1,860	3,100	6,980	10,850	15,500
2d Cus Cpe	640	1,920	3,200	7,200	11,200	16,000

NOTE: Add 20 percent for SX Cutlass Supreme option. Add 35 percent for Y-74 Indy Pace Car option. Add 30 percent for W-30. Add 20 percent for 455 when not standard. Add 15 percent for Toronado GT W-34 option.

	6	5	4	3	2	1
1971 F-85, V-8, 116" wb						
4d Sed	296	888	1,480	3,330	5,180	7,400
1971 Cutlass, V-8, 116" wb, 2d 112" wb						
4d Sed	300	900	1,500	3,380	5,250	7,500
2d HT	660	1,980	3,300	7,430	11,550	16,500
4d Sta Wag	304	912	1,520	3,420	5,320	7,600
1971 Cutlass S, V-8, 112" wb						
2d Cpe	480	1,440	2,400	5,400	8,400	12,000
2d HT	680	2,040	3,400	7,650	11,900	17,000

NOTE: Deduct 5 percent for 6-cyl.

	6	5	4	3	2	1
1971 Cutlass Supreme, V-8, 116" wb, 2d 112" wb						
4d Sed	384	1,152	1,920	4,320	6,720	9,600
2d HT	760	2,280	3,800	8,550	13,300	19,000
2d Conv	960	2,880	4,800	10,800	16,800	24,000

NOTE: Add 15 percent for SX Cutlass Supreme option.

	6	5	4	3	2	1
1971 4-4-2, V-8, 112" wb						
2d HT	960	2,880	4,800	10,800	16,800	24,000
2d Conv	1,120	3,360	5,600	12,600	19,600	28,000
1971 Vista Cruiser, 121" wb						
4d 2S Sta Wag	340	1,020	1,700	3,830	5,950	8,500
4d 3S Sta Wag	344	1,032	1,720	3,870	6,020	8,600
1971 Delta 88, V-8, 124" wb						
4d Sed	300	900	1,500	3,380	5,250	7,500
4d HT	360	1,080	1,800	4,050	6,300	9,000
2d HT	480	1,440	2,400	5,400	8,400	12,000
1971 Delta 88 Custom, V-8, 124" wb						
4d Sed	304	912	1,520	3,420	5,320	7,600
4d HT	328	984	1,640	3,690	5,740	8,200
2d HT	500	1,500	2,500	5,630	8,750	12,500
1971 Delta 88 Royale, V-8, 124" wb						
2d HT	600	1,800	3,000	6,750	10,500	15,000
2d Conv	720	2,160	3,600	8,100	12,600	18,000
1971 Ninety-Eight, V-8, 127" wb						
2d HT	660	1,980	3,300	7,430	11,550	16,500
4d HT	380	1,140	1,900	4,280	6,650	9,500
4d Lux HT	388	1,164	1,940	4,370	6,790	9,700
2d Lux HT	640	1,920	3,200	7,200	11,200	16,000
1971 Custom Cruiser, V-8, 127" wb						
4d 2S Sta Wag	420	1,260	2,100	4,730	7,350	10,500
4d 3S Sta Wag	428	1,284	2,140	4,820	7,490	10,700
1971 Toronado, 122" wb						
2d HT	640	1,920	3,200	7,200	11,200	16,000

NOTE: Add 30 percent for W-30. Add 20 percent for 455 when not standard.

	6	5	4	3	2	1
1972 F-85, V-8, 116" wb						
4d Sed	296	888	1,480	3,330	5,180	7,400
1972 Cutlass, V-8, 116" wb, 2d 112" wb						
4d Sed	300	900	1,500	3,380	5,250	7,500
2d HT	680	2,040	3,400	7,650	11,900	17,000
4d Sta Wag	304	912	1,520	3,420	5,320	7,600
1972 Cutlass S, V-8, 112" wb						
2d Cpe	480	1,440	2,400	5,400	8,400	12,000
2d HT	760	2,280	3,800	8,550	13,300	19,000

NOTE: Deduct 5 percent for 6-cyl. Add 25 percent for 4-4-2 option.

	6	5	4	3	2	1
1972 Cutlass Supreme, V-8, 116" wb, 2d 112" wb						
4d HT	460	1,380	2,300	5,180	8,050	11,500
2d HT	800	2,400	4,000	9,000	14,000	20,000
2d Conv	960	2,880	4,800	10,800	16,800	24,000
NOTE: Add 35 percent for Hurst option.						
1972 Vista Cruiser, 121" wb						
4d 2S Sta Wag	340	1,020	1,700	3,830	5,950	8,500
4d 3S Sta Wag	344	1,032	1,720	3,870	6,020	8,600
1972 Delta 88, V-8, 124" wb						
4d Sed	292	876	1,460	3,290	5,110	7,300
4d HT	360	1,080	1,800	4,050	6,300	9,000
2d HT	640	1,920	3,200	7,200	11,200	16,000
1972 Delta 88 Royale, 124" wb						
4d Sed	296	888	1,480	3,330	5,180	7,400
4d HT	368	1,104	1,840	4,140	6,440	9,200
2d HT	660	1,980	3,300	7,430	11,550	16,500
2d Conv	720	2,160	3,600	8,100	12,600	18,000
1972 Custom Cruiser, 127" wb						
4d 2S Sta Wag	400	1,200	2,000	4,500	7,000	10,000
4d 3S Sta Wag	408	1,224	2,040	4,590	7,140	10,200
1972 Ninety-Eight, 127" wb						
4d HT	368	1,104	1,840	4,140	6,440	9,200
2d HT	640	1,920	3,200	7,200	11,200	16,000
1972 Ninety-Eight Luxury, 127" wb						
4d HT	380	1,140	1,900	4,280	6,650	9,500
2d HT	660	1,980	3,300	7,430	11,550	16,500
1972 Toronado, 122" wb						
2d HT	640	1,920	3,200	7,200	11,200	16,000
NOTE: Add 30 percent for W-30. Add 20 percent for 455 when not standard.						
1973 Omega, V-8, 111" wb						
4d Sed	256	768	1,280	2,880	4,480	6,400
2d Cpe	264	792	1,320	2,970	4,620	6,600
2d HBk	276	828	1,380	3,110	4,830	6,900
1973 Cutlass, 112" - 116" wb						
2d Col HT	344	1,032	1,720	3,870	6,020	8,600
4d Col HT	288	864	1,440	3,240	5,040	7,200
1973 Cutlass S, 112" wb						
2d Cpe	356	1,068	1,780	4,010	6,230	8,900
NOTE: Add 25 percent for 4-4-2 option. Add 50 percent for Hurst option.						
1973 Cutlass Supreme, 112" - 116" wb						
2d Col HT	360	1,080	1,800	4,050	6,300	9,000
4d Col HT	292	876	1,460	3,290	5,110	7,300
1973 Vista Cruiser, 116" wb						
4d 2S Sta Wag	340	1,020	1,700	3,830	5,950	8,500
4d 3S Sta Wag	344	1,032	1,720	3,870	6,020	8,600
1973 Delta 88, 124" wb						
4d Sed	272	816	1,360	3,060	4,760	6,800
4d HT	340	1,020	1,700	3,830	5,950	8,500
2d HT	460	1,380	2,300	5,180	8,050	11,500
1973 Delta 88 Royale, 124" wb						
4d Sed	276	828	1,380	3,110	4,830	6,900
4d HT	348	1,044	1,740	3,920	6,090	8,700
2d HT	480	1,440	2,400	5,400	8,400	12,000
2d Conv	640	1,920	3,200	7,200	11,200	16,000
1973 Custom Cruiser, 127" wb						
3S Sta Wag	388	1,164	1,940	4,370	6,790	9,700
2S Sta Wag	380	1,140	1,900	4,280	6,650	9,500
3S Roy Wag	396	1,188	1,980	4,460	6,930	9,900
2S Roy Wag	388	1,164	1,940	4,370	6,790	9,700
1973 Ninety-Eight, 127" wb						
4d HT	340	1,020	1,700	3,830	5,950	8,500
2d HT	460	1,380	2,300	5,180	8,050	11,500
4d Lux HT	356	1,068	1,780	4,010	6,230	8,900
2d Lux HT	480	1,440	2,400	5,400	8,400	12,000
4d HT Reg	360	1,080	1,800	4,050	6,300	9,000
1973 Toronado, 122" wb						
2d HT Cpe	480	1,440	2,400	5,400	8,400	12,000
1974 Omega, 111" wb						
2d Cpe	248	744	1,240	2,790	4,340	6,200
2d HBk	260	780	1,300	2,930	4,550	6,500
4d Sed	240	720	1,200	2,700	4,200	6,000

	6	5	4	3	2	1
1974 Cutlass, 112" - 116" wb						
2d Cpe	284	852	1,420	3,200	4,970	7,100
4d Sed	260	780	1,300	2,930	4,550	6,500
1974 Cutlass S, 112" wb						
2d Cpe	284	852	1,420	3,200	4,970	7,100
1974 Cutlass Supreme, 112" - 116" wb						
4d Sed	268	804	1,340	3,020	4,690	6,700
2d Cpe	292	876	1,460	3,290	5,110	7,300
NOTE: Add 25 percent for 4-4-2 option. Add 75 percent for Hurst/Olds.						
1974 Vista Cruiser, 116" wb						
4d 6P Sta Wag	252	756	1,260	2,840	4,410	6,300
4d 8P Sta Wag	256	768	1,280	2,880	4,480	6,400
1974 Delta 88, 124" wb						
2d HT	340	1,020	1,700	3,830	5,950	8,500
4d HT	276	828	1,380	3,110	4,830	6,900
4d Sed	260	780	1,300	2,930	4,550	6,500
1974 Custom Cruiser, 127" wb						
4d 6P Sta Wag	360	1,080	1,800	4,050	6,300	9,000
4d 8P Sta Wag	368	1,104	1,840	4,140	6,440	9,200
1974 Delta 88 Royale, 124" wb						
2d HT	480	1,440	2,400	5,400	8,400	12,000
4d HT	348	1,044	1,740	3,920	6,090	8,700
4d Sed	276	828	1,380	3,110	4,830	6,900
2d Conv	640	1,920	3,200	7,200	11,200	16,000
NOTE: Add 20 percent for Indy PaceCar.						
1974 Ninety-Eight, 127" wb						
4d HT	340	1,020	1,700	3,830	5,950	8,500
2d Lux HT	480	1,440	2,400	5,400	8,400	12,000
4d Lux HT	356	1,068	1,780	4,010	6,230	8,900
2d HT Reg	460	1,380	2,300	5,180	8,050	11,500
4d Sed Reg	332	996	1,660	3,740	5,810	8,300
1974 Toronado, 122" wb						
2d Cpe	480	1,440	2,400	5,400	8,400	12,000
1975 Starfire, 97" wb						
2d Cpe "S"	204	612	1,020	2,300	3,570	5,100
2d Cpe	208	624	1,040	2,340	3,640	5,200
1975 Omega, 111" wb						
2d Cpe	204	612	1,020	2,300	3,570	5,100
2d HBk	220	660	1,100	2,480	3,850	5,500
4d Sed	208	624	1,040	2,340	3,640	5,200
1975 Omega Salon, 111" wb						
2d Cpe	216	648	1,080	2,430	3,780	5,400
2d HBk	224	672	1,120	2,520	3,920	5,600
4d Sed	220	660	1,100	2,480	3,850	5,500
1975 Cutlass, 112" - 116" wb						
2d Cpe	248	744	1,240	2,790	4,340	6,200
4d Sed	228	684	1,140	2,570	3,990	5,700
2d Cpe "S"	252	756	1,260	2,840	4,410	6,300
1975 Cutlass Supreme, 112" - 116" wb						
2d Cpe	256	768	1,280	2,880	4,480	6,400
4d Sed	240	720	1,200	2,700	4,200	6,000
1975 Cutlass Salon, 112" - 116" wb						
2d Cpe	260	780	1,300	2,930	4,550	6,500
4d Sed	240	720	1,200	2,700	4,200	6,000
NOTE: Add 25 percent for 4-4-2 option. Add 75 percent for Hurst/Olds.						
1975 Vista Cruiser, 116" wb						
4d Sta Wag	236	708	1,180	2,660	4,130	5,900
1975 Delta 88, 124" wb						
2d Cpe	240	720	1,200	2,700	4,200	6,000
4d Twn Sed	224	672	1,120	2,520	3,920	5,600
4d HT	260	780	1,300	2,930	4,550	6,500
1975 Delta 88 Royale, 124" wb						
2d Cpe	244	732	1,220	2,750	4,270	6,100
4d Twn Sed	228	684	1,140	2,570	3,990	5,700
4d HT	268	804	1,340	3,020	4,690	6,700
2d Conv	600	1,800	3,000	6,750	10,500	15,000
1975 Ninety-Eight, 127" wb						
2d Lux Cpe	292	876	1,460	3,290	5,110	7,300
4d Lux HT	280	840	1,400	3,150	4,900	7,000
2d Reg Cpe	296	888	1,480	3,330	5,180	7,400
4d Reg HT	288	864	1,440	3,240	5,040	7,200

	6	5	4	3	2	1
1975 Toronado, 122" wb						
2d Cus Cpe	420	1,260	2,100	4,730	7,350	10,500
2d Brgm Cpe	440	1,320	2,200	4,950	7,700	11,000
1975 Custom Cruiser, 127" wb						
4d Sta Wag	324	972	1,620	3,650	5,670	8,100
1976 Starfire, V-6						
2d Spt Cpe	192	576	960	2,160	3,360	4,800
2d Spt Cpe SX	196	588	980	2,210	3,430	4,900
NOTE: Add 5 percent for V-8.						
1976 Omega F-85, V-8						
2d Cpe	184	552	920	2,070	3,220	4,600
1976 Omega, V-8						
4d Sed	188	564	940	2,120	3,290	4,700
2d Cpe	192	576	960	2,160	3,360	4,800
2d HBk	196	588	980	2,210	3,430	4,900
1976 Omega Brougham, V-8						
4d Sed	192	576	960	2,160	3,360	4,800
2d Cpe	196	588	980	2,210	3,430	4,900
2d HBk	200	600	1,000	2,250	3,500	5,000
1976 Cutlass S, V-8						
4d Sed	204	612	1,020	2,300	3,570	5,100
2d Cpe	228	684	1,140	2,570	3,990	5,700
NOTE: Add 25 percent for 4-4-2 option.						
1976 Cutlass Supreme, V-8						
4d Sed	208	624	1,040	2,340	3,640	5,200
2d Cpe	232	696	1,160	2,610	4,060	5,800
1976 Cutlass Salon, V-8						
4d Sed	216	648	1,080	2,430	3,780	5,400
2d Cpe	236	708	1,180	2,660	4,130	5,900
1976 Cutlass Supreme Brougham, V-8						
2d Cpe	240	720	1,200	2,700	4,200	6,000
1976 Station Wagons, V-8						
4d 2S Cruiser	220	660	1,100	2,480	3,850	5,500
4d 3S Cruiser	224	672	1,120	2,520	3,920	5,600
4d 2S Vista Cruiser	224	672	1,120	2,520	3,920	5,600
4d 3S Vista Cruiser	228	684	1,140	2,570	3,990	5,700
4d 2S Cus Cruiser	280	840	1,400	3,150	4,900	7,000
4d 3S Cus Cruiser	284	852	1,420	3,200	4,970	7,100
1976 Delta 88, V-8						
4d Sed	216	648	1,080	2,430	3,780	5,400
4d HT	232	696	1,160	2,610	4,060	5,800
2d Sed	220	660	1,100	2,480	3,850	5,500
1976 Delta 88 Royale, V-8						
4d Sed	224	672	1,120	2,520	3,920	5,600
4d HT	240	720	1,200	2,700	4,200	6,000
2d Sed	228	684	1,140	2,570	3,990	5,700
1976 Ninety-Eight, V-8						
4d Lux HT	268	804	1,340	3,020	4,690	6,700
2d Lux Cpe	284	852	1,420	3,200	4,970	7,100
4d Reg HT	280	840	1,400	3,150	4,900	7,000
2d Reg Cpe	288	864	1,440	3,240	5,040	7,200
1976 Toronado, V-8						
2d Cus Cpe	340	1,020	1,700	3,830	5,950	8,500
2d Brgm Cpe	400	1,200	2,000	4,500	7,000	10,000
NOTE: Deduct 5 percent for V-6.						
1977 Starfire, V-6						
2d Spt Cpe	156	468	780	1,760	2,730	3,900
2d Spt Cpe SX	164	492	820	1,850	2,870	4,100
NOTE: Add 5 percent for V-8.						
1977 Omega F85, V-8						
2d Cpe	148	444	740	1,670	2,590	3,700
1977 Omega, V-8						
4d Sed	176	528	880	1,980	3,080	4,400
2d Cpe	180	540	900	2,030	3,150	4,500
2d HBk	184	552	920	2,070	3,220	4,600
1977 Omega Brougham, V-8						
4d Sed	180	540	900	2,030	3,150	4,500
2d Cpe	184	552	920	2,070	3,220	4,600
2d HBk	188	564	940	2,120	3,290	4,700
NOTE: Deduct 5 percent for V-6.						
1977 Cutlass S, V-8						
4d Sed	168	504	840	1,890	2,940	4,200

	6	5	4	3	2	1
2d Sed	172	516	860	1,940	3,010	4,300

NOTE: Add 25 percent for 4-4-2 option.

1977 Cutlass Supreme, V-8
	6	5	4	3	2	1
4d Sed	176	528	880	1,980	3,080	4,400
2d Sed	180	540	900	2,030	3,150	4,500

1977 Cutlass Salon, V-8
	6	5	4	3	2	1
2d	180	540	900	2,030	3,150	4,500

1977 Cutlass Supreme Brougham, V-8
	6	5	4	3	2	1
4d Sed	184	552	920	2,070	3,220	4,600
2d Sed	192	576	960	2,160	3,360	4,800

1977 Station Wagons, V-8
	6	5	4	3	2	1
4d 3S Cruiser	180	540	900	2,030	3,150	4,500

1977 Delta 88, V-8
	6	5	4	3	2	1
4d Sed	190	580	960	2,160	3,360	4,800
2d Cpe	300	910	1,520	3,420	5,320	7,600

1977 Delta 88 Royale, V-8
	6	5	4	3	2	1
4d Sed	200	600	1,000	2,250	3,500	5,000
2d Cpe	310	940	1,560	3,510	5,460	7,800

1977 Station Wagons, V-8
	6	5	4	3	2	1
4d 2S Cus Cruiser	200	610	1,020	2,300	3,570	5,100
4d 3S Cus Cruiser	210	620	1,040	2,340	3,640	5,200

1977 Ninety-Eight, V-8
	6	5	4	3	2	1
4d Lux Sed	200	610	1,020	2,300	3,570	5,100
2d Lux Cpe	320	960	1,600	3,600	5,600	8,000
4d Regency Sed	210	620	1,040	2,340	3,640	5,200
2d Regency Cpe	320	970	1,620	3,650	5,670	8,100

1977 Toronado Brougham, V-8
	6	5	4	3	2	1
2d Cpe XS	380	1,140	1,900	4,280	6,650	9,500
2d Cpe	330	980	1,640	3,690	5,740	8,200

NOTE: Deduct 5 percent for V-6.

1978 Starfire
	6	5	4	3	2	1
2d Cpe	120	360	600	1,350	2,100	3,000
2d Cpe SX	128	384	640	1,440	2,240	3,200

1978 Omega
	6	5	4	3	2	1
4d Sed	140	420	700	1,580	2,450	3,500
2d Cpe	144	432	720	1,620	2,520	3,600
2d HBk	148	444	740	1,670	2,590	3,700

1978 Omega Brougham
	6	5	4	3	2	1
4d Sed	144	432	720	1,620	2,520	3,600
2d Cpe	148	444	740	1,670	2,590	3,700

1978 Cutlass Salon
	6	5	4	3	2	1
4d Sed	132	396	660	1,490	2,310	3,300
2d Cpe	180	530	880	1,980	3,080	4,400

1978 Cutlass Salon Brougham
	6	5	4	3	2	1
4d Sed	136	408	680	1,530	2,380	3,400
2d Cpe	180	540	900	2,030	3,150	4,500

1978 Cutlass Supreme
	6	5	4	3	2	1
2d Cpe	260	790	1,320	2,970	4,620	6,600

1978 Cutlass Calais
	6	5	4	3	2	1
2d Cpe	270	800	1,340	3,020	4,690	6,700

1978 Cutlass Supreme Brougham
	6	5	4	3	2	1
2d Cpe	270	820	1,360	3,060	4,760	6,800

NOTE: Add 25 percent for 4-4-2 option.

1978 Cutlass Cruiser
	6	5	4	3	2	1
4d 2S Sta Wag	160	480	800	1,800	2,800	4,000

1978 Delta 88
	6	5	4	3	2	1
4d Sed	160	470	780	1,760	2,730	3,900
2d Cpe	270	800	1,340	3,020	4,690	6,700

1978 Delta 88 Royale
	6	5	4	3	2	1
4d Sed	160	480	800	1,800	2,800	4,000
2d Cpe	270	820	1,360	3,060	4,760	6,800

1978 Custom Cruiser
	6	5	4	3	2	1
4d Sta Wag	200	600	1,000	2,250	3,500	5,000

1978 Ninety-Eight
	6	5	4	3	2	1
4d Lux Sed	160	490	820	1,850	2,870	4,100
2d Lux Cpe	280	840	1,400	3,150	4,900	7,000
4d Regency Sed	170	500	840	1,890	2,940	4,200
2d Regency Cpe	280	850	1,420	3,200	4,970	7,100

1978 Toronado Brougham, V-8
	6	5	4	3	2	1
2d Cpe XS	380	1,140	1,900	4,280	6,650	9,500
2d Cpe	330	980	1,640	3,690	5,740	8,200

	6	5	4	3	2	1
1979 Starfire, 4-cyl.						
2d Spt Cpe	124	372	620	1,400	2,170	3,100
2d Spt Cpe SX	128	384	640	1,440	2,240	3,200
1979 Omega, V-8						
4d Sed	144	432	720	1,620	2,520	3,600
2d Cpe	148	444	740	1,670	2,590	3,700
2d HBk	152	456	760	1,710	2,660	3,800
1979 Omega Brougham, V-8						
4d Sed	148	444	740	1,670	2,590	3,700
2d Cpe	152	456	760	1,710	2,660	3,800
1979 Cutlass Salon, V-8						
4d Sed	140	430	720	1,620	2,520	3,600
2d Cpe	180	540	900	2,030	3,150	4,500
NOTE: Add 25 percent for 4-4-2 option.						
1979 Cutlass Salon Brougham, V-8						
4d Sed	150	440	740	1,670	2,590	3,700
2d Cpe	180	550	920	2,070	3,220	4,600
1979 Cutlass Supreme, V-8						
2d Cpe	270	800	1,340	3,020	4,690	6,700
1979 Cutlass Calais, V-8						
2d Cpe	270	820	1,360	3,060	4,760	6,800
1979 Cutlass Supreme Brougham, V-8						
2d Cpe	280	830	1,380	3,110	4,830	6,900
1979 Cutlass Cruiser, V-8						
4d Sta Wag	160	480	800	1,800	2,800	4,000
1979 Cutlass Cruiser Brougham, V-8						
4d Sta Wag	170	500	840	1,890	2,940	4,200
1979 Delta 88, V-8						
4d Sed	160	470	780	1,760	2,730	3,900
2d Cpe	280	830	1,380	3,110	4,830	6,900
1979 Delta 88 Royale, V-8						
4d Sed	160	480	800	1,800	2,800	4,000
2d Cpe	280	840	1,400	3,150	4,900	7,000
1979 Custom Cruiser, V-8						
4d 2S Sta Wag	200	590	980	2,210	3,430	4,900
4d 3S Sta Wag	200	600	1,000	2,250	3,500	5,000
1979 Ninety-Eight						
4d Lux Sed	170	520	860	1,940	3,010	4,300
2d Lux Cpe	290	860	1,440	3,240	5,040	7,200
4d Regency Sed	180	540	900	2,030	3,150	4,500
2d Regency Cpe	300	890	1,480	3,330	5,180	7,400
1979 Toronado						
2d Cpe	200	600	1,000	3,380	3,500	7,500
NOTE: Deduct 5 percent for V-6. Add 40 percent for Hurst/Olds. Deduct 10 percent for diesel.						
1980 Starfire, 4-cyl.						
2d Cpe	152	456	760	1,710	2,660	3,800
2d Cpe SX	156	468	780	1,760	2,730	3,900
1980 Omega, V-6						
4d Sed	152	456	760	1,710	2,660	3,800
2d Cpe	156	468	780	1,760	2,730	3,900
NOTE: Deduct 10 percent for 4-cyl.						
1980 Omega Brougham, V-6						
4d Sed	156	468	780	1,760	2,730	3,900
2d Cpe	160	480	800	1,800	2,800	4,000
NOTE: Deduct 10 percent for 4-cyl.						
1980 Cutlass, V-8						
4d Sed	150	440	740	1,670	2,590	3,700
NOTE: Deduct 12 percent for V-6.						
1980 Cutlass Salon, V-8						
2d Cpe	200	590	980	2,210	3,430	4,900
NOTE: Deduct 12 percent for V-6.						
1980 Cutlass Salon Brougham, V-8						
2d Cpe	200	600	1,000	2,250	3,500	5,000
NOTE: Deduct 12 percent for V-6.						
1980 Cutlass Supreme, V-8						
2d Cpe	280	850	1,420	3,200	4,970	7,100
NOTE: Deduct 12 percent for V-6.						
1980 Cutlass LS, V-8						
4d Sed	150	460	760	1,710	2,660	3,800
NOTE: Deduct 12 percent for V-6.						

	6	5	4	3	2	1
1980 Cutlass Calais, V-8						
2d Cpe	290	860	1,440	3,240	5,040	7,200
NOTE: Deduct 12 percent for V-6.						
1980 Cutlass Brougham, V-8						
4d Sed	160	470	780	1,760	2,730	3,900
2d Cpe Supreme	290	860	1,440	3,240	5,040	7,200
NOTE: Deduct 12 percent for V-6.						
1980 Cutlass Cruiser, V-8						
4d Sta Wag	160	480	800	1,800	2,800	4,000
4d Sta Wag Brgm	160	490	820	1,850	2,870	4,100
NOTE: Deduct 12 percent for V-6.						
1980 Delta 88, V-8						
4d Sed	190	580	960	2,160	3,360	4,800
2d Cpe	250	740	1,240	2,790	4,340	6,200
NOTE: Deduct 12 percent for V-6.						
1980 Delta 88 Royale, V-8						
4d Sed	200	590	980	2,210	3,430	4,900
2d Cpe	250	760	1,260	2,840	4,410	6,300
NOTE: Deduct 12 percent for V-6.						
1980 Delta 88 Royale Brougham, V-8						
4d Sed	200	610	1,020	2,300	3,570	5,100
2d Cpe	260	780	1,300	2,930	4,550	6,500
NOTE: Deduct 12 percent for V-6.						
1980 Custom Cruiser, V-8						
4d 2S Sta Wag	200	600	1,000	2,250	3,500	5,000
4d 3S Sta Wag	200	610	1,020	2,300	3,570	5,100
1980 Ninety-Eight, V-8						
4d Lux Sed	210	640	1,060	2,390	3,710	5,300
4d Regency Sed	220	670	1,120	2,520	3,920	5,600
2d Regency Cpe	280	850	1,420	3,200	4,970	7,100
1980 Toronado Brougham, V-8						
2d Cpe	300	900	1,500	3,380	5,250	7,500
NOTE: Add 10 percent for XSC Package.						
1981 Omega, V-6						
4d Sed	156	468	780	1,760	2,730	3,900
2d Cpe	160	480	800	1,800	2,800	4,000
NOTE: Deduct 10 percent for 4-cyl.						
1981 Omega Brougham, V-6						
4d Sed	160	480	800	1,800	2,800	4,000
2d Cpe	164	492	820	1,850	2,870	4,100
NOTE: Deduct 10 percent for 4-cyl.						
1981 Cutlass, V-8						
4d Sed	150	460	760	1,710	2,660	3,800
NOTE: Deduct 12 percent for V-6.						
1981 Cutlass Supreme, V-8						
2d Cpe	290	860	1,440	3,240	5,040	7,200
NOTE: Deduct 12 percent for V-6.						
1981 Cutlass LS, V-8						
4d Sed	160	470	780	1,760	2,730	3,900
NOTE: Deduct 12 percent for V-6.						
1981 Cutlass Calais, V-8						
2d Cpe	300	890	1,480	3,330	5,180	7,400
NOTE: Deduct 12 percent for V-6.						
1981 Cutlass Supreme Brougham, V-8						
2d Cpe	290	880	1,460	3,290	5,110	7,300
NOTE: Deduct 12 percent for V-6.						
1981 Cutlass Brougham, V-8						
4d Sed	160	480	800	1,800	2,800	4,000
NOTE: Deduct 12 percent for V-6.						
1981 Cutlass Cruiser, V-8						
4d Sta Wag	160	480	800	1,800	2,800	4,000
4d Brgm Sta Wag	160	490	820	1,850	2,870	4,100
NOTE: Deduct 12 percent for V-6.						
1981 Delta 88, V-8						
4d Sed	200	590	980	2,210	3,430	4,900
2d Cpe	250	760	1,260	2,840	4,410	6,300
NOTE: Deduct 12 percent for V-6.						

1985 Oldsmobile Cutlass Supreme sedan

1992 Oldsmobile Cutlass Supreme convertible

1907 Packard Model U "Thirty" roadster

	6	5	4	3	2	1
1981 Delta 88 Royale, V-8						
4d Sed	200	600	1,000	2,250	3,500	5,000
2d Cpe	260	770	1,280	2,880	4,480	6,400
NOTE: Deduct 12 percent for V-6.						
1981 Delta 88 Royale Brougham, V-8						
4d Sed	210	620	1,040	2,340	3,640	5,200
2d Cpe	260	790	1,320	2,970	4,620	6,600
1981 Custom Cruiser, V-8						
4d 2S Sta Wag	200	610	1,020	2,300	3,570	5,100
4d 3S Sta Wag	210	620	1,040	2,340	3,640	5,200
1981 Ninety-Eight, V-8						
4d Lux Sed	220	650	1,080	2,430	3,780	5,400
4d Regency Sed	220	660	1,100	2,480	3,850	5,500
2d Regency Cpe	280	830	1,380	3,110	4,830	6,900
NOTE: Deduct 12 percent for V-6.						
1981 Toronado Brougham, V-8						
2d Cpe	308	924	1,540	3,470	5,390	7,700
NOTE: Deduct 12 percent for V-6. Add 10 percent for XSC Package.						
1982 Firenza, 4-cyl.						
2d Cpe	168	504	840	1,890	2,940	4,200
4d Sed	172	516	860	1,940	3,010	4,300
4d Sta Wag	180	540	900	2,030	3,150	4,500
1982 Cutlass Calais, 4-cyl.						
2d Cpe	176	528	880	1,980	3,080	4,400
4d Sed	180	540	900	2,030	3,150	4,500
2d Cpe SL	192	576	960	2,160	3,360	4,800
2d Cpe Int	220	660	1,100	2,480	3,850	5,500
4d Sed Int	224	672	1,120	2,520	3,920	5,600
2d Cpe V-6	208	624	1,040	2,340	3,640	5,200
4d Sed V-6	212	636	1,060	2,390	3,710	5,300
2d Cpe SL V-6	216	648	1,080	2,430	3,780	5,400
4d Sed SL V-6	220	660	1,100	2,480	3,850	5,500
1982 Cutlass Ciera, 4-cyl.						
2d Cpe	196	588	980	2,210	3,430	4,900
4d Sed	200	600	1,000	2,250	3,500	5,000
4d Sta Wag	204	612	1,020	2,300	3,570	5,100
2d Cpe Brgm	200	600	1,000	2,250	3,500	5,000
4d Sed Brgm SL	208	624	1,040	2,340	3,640	5,200
4d Sta Wag Brgm	208	624	1,040	2,340	3,640	5,200
2d Cpe V-6	204	612	1,020	2,300	3,570	5,100
4d Sed V-6	208	624	1,040	2,340	3,640	5,200
4d Sta Wag V-6	212	636	1,060	2,390	3,710	5,300
2d Cpe SL V-6	216	648	1,080	2,430	3,780	5,400
4d Sed V-6	220	660	1,100	2,480	3,850	5,500
4d Sta Wag V-6	224	672	1,120	2,520	3,920	5,600
2d Cpe Int V-6	232	696	1,160	2,610	4,060	5,800
4d Sed Int V-6	236	708	1,180	2,660	4,130	5,900
1982 Cutlass Supreme						
2d Cpe V-6	284	852	1,420	3,200	4,970	7,100
2d Cpe SL V-6	300	900	1,500	3,380	5,250	7,500
2d Cpe Int V-6	308	924	1,540	3,470	5,390	7,700
2d Cpe V-8	304	912	1,520	3,420	5,320	7,600
2d Cpe Brgm V-8	300	900	1,500	3,380	5,250	7,500
1982 Delta 88 Royale						
2d Cpe V-6	220	660	1,100	2,480	3,850	5,500
4d Sed V-6	180	550	920	2,070	3,220	4,600
2d Cpe Brgm V-6	236	708	1,180	2,660	4,130	5,900
4d Sed Brgm V-6	240	720	1,200	2,700	4,200	6,000
1982 Cutlass Cruiser, V-8						
4d Sta Wag	220	660	1,100	2,480	3,850	5,500
1982 Ninety-Eight, V-6						
4d Sed Regency	220	660	1,100	2,480	3,850	5,500
4d Sed Regency Brgm	260	780	1,300	2,930	4,550	6,500
4d Sed Touring Sed	260	780	1,300	2,930	4,550	6,500
1982 Toronado, V-8						
2d Cpe	380	1,140	1,900	4,280	6,650	9,500
2d Cpe Brgm	420	1,260	2,100	4,730	7,350	10,500
1982 Custom Cruiser, V-8						
4d Sta Wag	240	720	1,200	2,700	4,200	6,000
1982 Ninety-Eight Regency, V-8						
4d Sed	230	700	1,160	2,610	4,060	5,800
2d Cpe	290	860	1,440	3,240	5,040	7,200
4d Brgm Sed	240	710	1,180	2,660	4,130	5,900
NOTE: Deduct 12 percent for V-6.						

	6	5	4	3	2	1
1982 Toronado Brougham, V-8						
2d Cpe	312	936	1,560	3,510	5,460	7,800
NOTE: Deduct 12 percent for V-6.						
1983 Firenza, 4-cyl.						
4d LX Sed	164	492	820	1,850	2,870	4,100
2d SX Cpe	168	504	840	1,890	2,940	4,200
4d LX Sta Wag	172	516	860	1,940	3,010	4,300
NOTE: Deduct 5 percent for lesser models.						
1983 Omega, V-6						
4d Sed	164	492	820	1,850	2,870	4,100
2d Cpe	168	504	840	1,890	2,940	4,200
NOTE: Deduct 10 percent for 4-cyl.						
1983 Omega Brougham, V-6						
4d Sed	168	504	840	1,890	2,940	4,200
2d Cpe	172	516	860	1,940	3,010	4,300
NOTE: Deduct 10 percent for 4-cyl.						
1983 Cutlass Supreme, V-8						
4d Sed	190	580	960	2,160	3,360	4,800
2d Cpe	310	920	1,540	3,470	5,390	7,700
NOTE: Deduct 12 percent for V-6.						
1983 Cutlass Supreme Brougham, V-8						
4d Sed	200	590	980	2,210	3,430	4,900
2d Cpe	310	940	1,560	3,510	5,460	7,800
NOTE: Deduct 12 percent for V-6.						
1983 Cutlass Calais, V-8						
2d Cpe Hurst/Olds	680	2,040	3,400	7,650	11,900	17,000
2d Cpe	320	950	1,580	3,560	5,530	7,900
NOTE: Deduct 12 percent for V-6.						
1983 Cutlass Cruiser, V-8						
4d Sta Wag	192	576	960	2,160	3,360	4,800
NOTE: Deduct 12 percent for V-6.						
1983 Cutlass Ciera, V-6						
4d Sed	184	552	920	2,070	3,220	4,600
2d Cpe	188	564	940	2,120	3,290	4,700
NOTE: Deduct 10 percent for 4-cyl.						
1983 Cutlass Ciera Brougham, V-6						
4d Sed	188	564	940	2,120	3,290	4,700
2d Cpe	192	576	960	2,160	3,360	4,800
NOTE: Deduct 10 percent for 4-cyl.						
1983 Delta 88, V-8						
4d Sed	192	576	960	2,160	3,360	4,800
NOTE: Deduct 12 percent for V-6.						
1983 Delta 88 Royale, V-8						
4d Sed	196	588	980	2,210	3,430	4,900
2d Cpe	240	720	1,200	2,700	4,200	6,000
NOTE: Deduct 12 percent for V-6.						
1983 Delta 88 Royale Brougham, V-8						
4d Sed	204	612	1,020	2,300	3,570	5,100
2d Cpe	250	740	1,240	2,790	4,340	6,200
NOTE: Deduct 12 percent for V-6.						
1983 Custom Cruiser, V-8						
4d Sta Wag	204	612	1,020	2,300	3,570	5,100
1983 Ninety-Eight Regency, V-8						
4d Sed	250	760	1,260	2,840	4,410	6,300
2d Cpe	300	900	1,500	3,380	5,250	7,500
4d Sed Brgm	260	770	1,280	2,880	4,480	6,400
NOTE: Deduct 13 percent for V-6.						
1983 Toronado Brougham, V-8						
2d Cus Cpe	316	948	1,580	3,560	5,530	7,900
NOTE: Deduct 13 percent for V-6.						
1984 Firenza, 4-cyl.						
4d LX Sed	164	492	820	1,850	2,870	4,100
2d LX Sed	164	492	820	1,850	2,870	4,100
4d LX Sta Wag Cruiser	170	520	860	1,940	3,010	4,300
NOTE: Deduct 5 percent for lesser models.						
4d Sed Brgm	172	516	860	1,940	3,010	4,300
2d Sed Brgm	172	516	860	1,940	3,010	4,300
NOTE: Deduct 8 percent for 4-cyl.						

	6	5	4	3	2	1
1984 Cutlass, V-8						
4d Sed Supreme Brgm	200	590	980	2,210	3,430	4,900
2d Cpe Supreme Brgm	310	940	1,560	3,510	5,460	7,800
2d Sed Calais	320	950	1,580	3,560	5,530	7,900
2d Sed Calais Hurst/Olds	660	1,980	3,300	7,430	11,550	16,500

NOTE: Deduct 10 percent for V-6.

NOTE: Deduct 10 percent for V-6.

	6	5	4	3	2	1
1984 Cutlass Ciera, V-6						
4d Sed	184	552	920	2,070	3,220	4,600
2d Sed	184	552	920	2,070	3,220	4,600
4d Sta Wag Cruiser	184	552	920	2,070	3,220	4,600
4d Sed Brgm	188	564	940	2,120	3,290	4,700
2d Sed Brgm	188	564	940	2,120	3,290	4,700

NOTE: Deduct 8 percent for 4-cyl.

	6	5	4	3	2	1
1984 Cutlass Ciera, V-8						
4d Sed	192	576	960	2,160	3,360	4,800
2d Sed	192	576	960	2,160	3,360	4,800
4d Sta Wag	192	576	960	2,160	3,360	4,800
4d Sed Brgm	196	588	980	2,210	3,430	4,900
2d Sed Brgm	196	588	980	2,210	3,430	4,900
1984 Delta 88 Royale, V-8						
4d Sed	200	600	1,000	2,250	3,500	5,000
2d Sed	240	720	1,200	2,700	4,200	6,000
4d Sed Brgm	208	624	1,040	2,340	3,640	5,200
2d Sed Brgm	250	740	1,240	2,790	4,340	6,200
4d Cus Sta Wag Cruiser	220	660	1,100	2,480	3,850	5,500
4d LS Sed	212	636	1,060	2,390	3,710	5,300

NOTE: Deduct 10 percent for V-6 cyl.

	6	5	4	3	2	1
1984 Ninety-Eight Regency, V-8						
4d Sed	220	660	1,100	2,480	3,850	5,500
2d Sed	300	900	1,500	3,380	5,250	7,500
4d Sed Brgm	224	672	1,120	2,520	3,920	5,600
1984 Toronado Brougham						
2d V-6 Cpe	300	900	1,500	3,380	5,250	7,500
2d V-8 Cpe	360	1,080	1,800	4,050	6,300	9,000

NOTE: Add 5 percent for Caliente Package.

	6	5	4	3	2	1
1985 Firenza, V-6						
4d LX Sed	172	516	860	1,940	3,010	4,300
2d LX Sed	172	516	860	1,940	3,010	4,300
4d LX Sta Wag	176	528	880	1,980	3,080	4,400

NOTE: Deduct 8 percent for 4-cyl. Deduct 5 percent for lesser models.

	6	5	4	3	2	1
1985 Cutlass Supreme, V-8						
4d Sed	200	590	980	2,210	3,430	4,900
2d Sed	310	940	1,560	3,510	5,460	7,800
1985 Cutlass Supreme Brougham, V-8						
4d Sed	200	600	1,000	2,250	3,500	5,000
2d Cpe	320	950	1,580	3,560	5,530	7,900
1985 Cutlass Salon, V-8						
2d Cpe	320	950	1,580	3,560	5,530	7,900
2d 4-4-2 Cpe	430	1,300	2,160	4,860	7,560	10,800

NOTE: Deduct 10 percent for 6-cyl. Deduct 30 percent for diesel.

	6	5	4	3	2	1
1985 Calais, V-6						
2d Sed	196	588	980	2,210	3,430	4,900
2d Sed Brgm	196	588	980	2,210	3,430	4,900

NOTE: Deduct 8 percent for 4-cyl.

	6	5	4	3	2	1
1985 Cutlass Ciera, V-6						
4d Sed	184	552	920	2,070	3,220	4,600
2d Sed	184	552	920	2,070	3,220	4,600
4d Sta Wag	188	564	940	2,120	3,290	4,700
1985 Cutlass Ciera Brougham, V-6						
4d Sed	188	564	940	2,120	3,290	4,700
2d Sed	188	564	940	2,120	3,290	4,700

NOTE: Deduct 8 percent for 4-cyl. Deduct 30 percent for diesel.

	6	5	4	3	2	1
1985 Delta 88 Royale, V-8						
4d Sed	204	612	1,020	2,300	3,570	5,100
2d Sed	240	730	1,220	2,750	4,270	6,100
4d Sed Brgm	212	636	1,060	2,390	3,710	5,300
2d Sed Brgm	250	760	1,260	2,840	4,410	6,300
4d Sta Wag	220	670	1,120	2,520	3,920	5,600

NOTE: Deduct 10 percent for V-6 where available. Deduct 30 percent for diesel.

DOMESTIC CARS

	6	5	4	3	2	1
1985 Ninety-Eight Regency, V-6						
4d Sed	224	672	1,120	2,520	3,920	5,600
2d Sed	224	672	1,120	2,520	3,920	5,600
4d Sed Brgm	228	684	1,140	2,570	3,990	5,700
2d Sed Brgm	228	684	1,140	2,570	3,990	5,700
1985 Toronado, V-8						
2d Cpe	364	1,092	1,820	4,100	6,370	9,100

NOTE: Deduct 30 percent for diesel. Add 5 percent for Caliente Package.

	6	5	4	3	2	1
1986 Firenza, 4-cyl.						
4d Sed	180	540	900	2,030	3,150	4,500
2d Cpe	176	528	880	1,980	3,080	4,400
2d HBk	180	540	900	2,030	3,150	4,500
4d Sed LX	184	552	920	2,070	3,220	4,600
2d Cpe LC	180	540	900	2,030	3,150	4,500
4d Sta Wag	184	552	920	2,070	3,220	4,600
2d HBk GT V-6	200	600	1,000	2,250	3,500	5,000
1986 Cutlass Supreme V-6						
4d Sed	188	564	940	2,120	3,290	4,700
2d Cpe	310	920	1,540	3,470	5,390	7,700
4d Sed Brgm	192	576	960	2,160	3,360	4,800
2d Cpe Brgm	310	940	1,560	3,510	5,460	7,800
1986 Cutlass Salon, V-6						
2d Cpe	320	950	1,580	3,560	5,530	7,900
2d Cpe 4-4-2-V-8	430	1,300	2,160	4,860	7,560	10,800

NOTE: Add 20 percent for V-8.

	6	5	4	3	2	1
1986 Calais, 4-cyl.						
4d Sed	204	612	1,020	2,300	3,570	5,100
2d Cpe	204	612	1,020	2,300	3,570	5,100
4d Sed Supreme	208	624	1,040	2,340	3,640	5,200
2d Cpe Supreme	208	624	1,040	2,340	3,640	5,200

NOTE: Add 10 percent for V-6.

	6	5	4	3	2	1
1986 Cutlass Ciera, V-6						
4d Sed LS	208	624	1,040	2,340	3,640	5,200
2d Cpe LS	208	624	1,040	2,340	3,640	5,200
2d Cpe S LS	212	636	1,060	2,390	3,710	5,300
4d Sta Wag LS	216	648	1,080	2,430	3,780	5,400
4d Sed Brgm	216	648	1,080	2,430	3,780	5,400
2d Cpe Brgm	216	648	1,080	2,430	3,780	5,400
2d Cpe Brgm SL	220	660	1,100	2,480	3,850	5,500
1986 Delta 88						
4d Sed	216	648	1,080	2,430	3,780	5,400
2d Cpe	216	648	1,080	2,430	3,780	5,400
4d Sed Brgm	220	660	1,100	2,480	3,850	5,500
2d Cpe Brgm	220	660	1,100	2,480	3,850	5,500
1986 Custom Cruiser, V-8						
4d Sta Wag	288	864	1,440	3,240	5,040	7,200
1986 Ninety-Eight Regency						
4d Sed	228	684	1,140	2,570	3,990	5,700
2d Cpe	228	684	1,140	2,570	3,990	5,700
4d Sed Brgm	232	696	1,160	2,610	4,060	5,800
2d Cpe Brgm	232	696	1,160	2,610	4,060	5,800
1986 Toronado						
2d Cpe	380	1,140	1,900	4,280	6,650	9,500
1987 Firenza, 4-cyl.						
4d Sed	180	540	900	2,030	3,150	4,500
2d Cpe	176	528	880	1,980	3,080	4,400
2d HBk S	180	540	900	2,030	3,150	4,500
4d Sed LX	184	552	920	2,070	3,220	4,600
2d Cpe LC	180	540	900	2,030	3,150	4,500
4d Sta Wag	184	552	920	2,070	3,220	4,600
2d HBk GT	190	580	960	2,160	3,360	4,800
1987 Cutlass Supreme, V-6						
4d Sed	192	576	960	2,160	3,360	4,800
2d Cpe	310	920	1,540	3,470	5,390	7,700
1987 Cutlass Supreme, V-8						
4d Sed	200	600	1,000	2,250	3,500	5,000
2d Cpe	320	950	1,580	3,560	5,530	7,900
2d Cpe 4-4-2	410	1,240	2,060	4,640	7,210	10,300
1987 Cutlass Supreme Brougham, V-6						
4d Sed	196	588	980	2,210	3,430	4,900
2d Cpe	310	940	1,560	3,510	5,460	7,800
1987 Cutlass Supreme Brougham, V-8						
4d Sed	204	612	1,020	2,300	3,570	5,100
2d Cpe	320	960	1,600	3,600	5,600	8,000

	6	5	4	3	2	1
1987 Cutlass Salon						
2d Cpe V-6	320	970	1,620	3,650	5,670	8,100
2d Cpe V-8	330	980	1,640	3,690	5,740	8,200
1987 Calais, 4-cyl.						
4d Sed	208	624	1,040	2,340	3,640	5,200
2d Cpe	204	612	1,020	2,300	3,570	5,100
1987 Calais, V-6						
4d Sed	212	636	1,060	2,390	3,710	5,300
2d Cpe	208	624	1,040	2,340	3,640	5,200
1987 Calais Supreme, 4-cyl.						
4d Sed	212	636	1,060	2,390	3,710	5,300
2d Cpe	208	624	1,040	2,340	3,640	5,200
1987 Calais Supreme, V-6						
4d Sed	216	648	1,080	2,430	3,780	5,400
2d Cpe	212	636	1,060	2,390	3,710	5,300
1987 Cutlass Ciera, 4-cyl.						
4d Sed	216	648	1,080	2,430	3,780	5,400
2d Cpe	212	636	1,060	2,390	3,710	5,300
4d Sta Wag	220	660	1,100	2,480	3,850	5,500
1987 Cutlass Ciera, V-6						
4d Sed	220	660	1,100	2,480	3,850	5,500
2d Cpe	216	648	1,080	2,430	3,780	5,400
4d Sta Wag	224	672	1,120	2,520	3,920	5,600
1987 Cutlass Ciera Brougham, 4-cyl.						
4d Sed	220	660	1,100	2,480	3,850	5,500
2d Cpe SL	216	648	1,080	2,430	3,780	5,400
4d Sta Wag	224	672	1,120	2,520	3,920	5,600
1987 Cutlass Ciera Brougham, V-6						
4d Sed	224	672	1,120	2,520	3,920	5,600
2d Cpe SL	220	660	1,100	2,480	3,850	5,500
4d Sta Wag	228	684	1,140	2,570	3,990	5,700
1987 Delta 88 Royale, V-6						
4d Sed	216	648	1,080	2,430	3,780	5,400
2d Cpe	212	636	1,060	2,390	3,710	5,300
4d Sed Brgm	224	672	1,120	2,520	3,920	5,600
2d Cpe Brgm	220	660	1,100	2,480	3,850	5,500
1987 Custom Cruiser, V-8						
4d Sta Wag	220	660	1,100	2,480	3,850	5,500
1987 Ninety-Eight, V-6						
4d Sed	224	672	1,120	2,520	3,920	5,600
4d Sed Regency Brgm	230	680	1,140	2,570	3,990	5,700
2d Sed Regency Brgm	220	670	1,120	2,520	3,920	5,600
1987 Toronado, V-6						
2d Cpe Brgm	376	1,128	1,880	4,230	6,580	9,400

NOTE: Add 10 percent for Trofeo option.

	6	5	4	3	2	1
1988 Firenza, 4-cyl.						
2d Cpe	168	504	840	1,890	2,940	4,200
4d Sed	172	516	860	1,940	3,010	4,300
4d Sta Wag	180	540	900	2,030	3,150	4,500
1988 Cutlass Calais, 4-cyl.						
2d Cpe	176	528	880	1,980	3,080	4,400
4d Sed	180	540	900	2,030	3,150	4,500
2d SL Cpe	192	576	960	2,160	3,360	4,800
4d SL Sed	196	588	980	2,210	3,430	4,900
2d Int'l Cpe	220	660	1,100	2,480	3,850	5,500
4d Int'l Sed	224	672	1,120	2,520	3,920	5,600
2d Cpe, V-6	208	624	1,040	2,340	3,640	5,200
4d Sed, V-6	212	636	1,060	2,390	3,710	5,300
2d SL Cpe, V-6	216	648	1,080	2,430	3,780	5,400
4d SL Sed, V-6	220	660	1,100	2,480	3,850	5,500
1988 Cutlass Ciera, 4-cyl.						
2d Cpe	196	588	980	2,210	3,430	4,900
4d Sed	200	600	1,000	2,250	3,500	5,000
4d Sta Wag	204	612	1,020	2,300	3,570	5,100
1988 Cutlass Ciera Brougham, 4-cyl.						
2d Cpe	200	600	1,000	2,250	3,500	5,000
4d SL Sed	204	612	1,020	2,300	3,570	5,100
4d Sta Wag	208	624	1,040	2,340	3,640	5,200
1988 Cutlass Ciera, V-6						
2d Cpe	204	612	1,020	2,300	3,570	5,100
4d Sed	208	624	1,040	2,340	3,640	5,200
4d Sta Wag	212	636	1,060	2,390	3,710	5,300

	6	5	4	3	2	1
1988 Cutlass Ciera Brougham, V-6						
2d Cpe SL	216	648	1,080	2,430	3,780	5,400
4d Sed	220	660	1,100	2,480	3,850	5,500
4d Sta Wag	224	672	1,120	2,520	3,920	5,600
2d Int'l Cpe	232	696	1,160	2,610	4,060	5,800
4d Int'l Cpe	236	708	1,180	2,660	4,130	5,900
1988 Cutlass Supreme, V-6						
2d Cpe	284	852	1,420	3,200	4,970	7,100
2d SL Cpe	300	900	1,500	3,380	5,250	7,500
2d Int'l Cpe	308	924	1,540	3,470	5,390	7,700
1988 Cutlass Supreme, V-8						
2d Cpe	370	1,120	1,860	4,190	6,510	9,300
2d Cpe Brgm	380	1,140	1,900	4,280	6,650	9,500
1988 Delta 88 Royale, V-6						
2d Cpe	220	660	1,100	2,480	3,850	5,500
4d Sed	224	672	1,120	2,520	3,920	5,600
2d Cpe Brgm	236	708	1,180	2,660	4,130	5,900
4d Sed Brgm	280	840	1,400	3,150	4,900	7,000
1988 Custom Cruiser, V-8						
4d Sta Wag	300	900	1,500	3,380	5,250	7,500
1988 Ninety-Eight, V-6						
4d Sed Regency	300	900	1,500	3,380	5,250	7,500
4d Sed Regency Brgm	360	1,080	1,800	4,050	6,300	9,000
4d Trg Sed	400	1,200	2,000	4,500	7,000	10,000
1988 Toronado, V-6						
2d Cpe	380	1,140	1,900	4,280	6,650	9,500
2d Cpe Trofeo	420	1,260	2,100	4,730	7,350	10,500
1989 Cutlass Calais, 4-cyl.						
4d Sed	180	540	900	2,030	3,150	4,500
2d Cpe	176	528	880	1,980	3,080	4,400
4d Sed S	192	576	960	2,160	3,360	4,800
2d Cpe S	188	564	940	2,120	3,290	4,700
4d Sed SL	212	636	1,060	2,390	3,710	5,300
2d Cpe SL	208	624	1,040	2,340	3,640	5,200
4d Sed Int'l Series	260	780	1,300	2,930	4,550	6,500
2d Cpe Int'l Series	250	750	1,300	2,880	4,500	6,400
1989 Cutlass Calais, V-6						
4d Sed S	200	650	1,050	2,390	3,700	5,300
2d Cpe S	200	600	1,050	2,340	3,650	5,200
4d Sed SL	200	650	1,100	2,520	3,900	5,600
2d Cpe SL	200	650	1,100	2,480	3,850	5,500
1989 Cutlass Ciera, 4-cyl.						
4d Sed	200	600	1,000	2,210	3,450	4,900
2d Cpe	200	600	950	2,160	3,350	4,800
4d Sta Wag	250	700	1,200	2,700	4,200	6,000
4d Sed SL	250	700	1,150	2,570	4,000	5,700
2d Cpe SL	200	650	1,100	2,520	3,900	5,600
4d Sta Wag SL	250	750	1,250	2,790	4,350	6,200
1989 Cutlass Ciera, V-6						
4d Sed	200	650	1,100	2,480	3,850	5,500
2d Cpe	200	650	1,100	2,430	3,800	5,400
4d Sta Wag	250	750	1,250	2,840	4,400	6,300
4d Sed SL	250	700	1,150	2,570	4,000	5,700
2d Cpe SL	200	650	1,100	2,520	3,900	5,600
4d Sta Wag SL	250	800	1,300	2,930	4,550	6,500
4d Sed Int'l Series	250	800	1,300	2,970	4,600	6,600
2d Cpe Int'l Series	250	800	1,300	2,930	4,550	6,500
1989 Cutlass Supreme, V-6						
2d Cpe	280	840	1,400	3,150	4,900	7,000
2d Cpe SL	300	900	1,500	3,380	5,250	7,500
2d Cpe Int'l Series	320	960	1,600	3,600	5,600	8,000
1989 Eighty-Eight Royale, V-6						
4d Sed	280	840	1,400	3,150	4,900	7,000
2d Cpe	276	828	1,380	3,110	4,830	6,900
4d Sed Brgm	300	900	1,500	3,380	5,250	7,500
2d Cpe Brgm	296	888	1,480	3,330	5,180	7,400
1989 Custom Cruiser, V-8						
4d Sta Wag	300	900	1,500	3,380	5,250	7,500
1989 Ninety-Eight, V-6						
4d Sed Regency	300	900	1,500	3,380	5,250	7,500
4d Sed Regency Brgm	340	1,020	1,700	3,830	5,950	8,500
4d Sed Trg	540	1,620	2,700	6,080	9,450	13,500
1989 Toronado, V-6						
2d Cpe	420	1,260	2,100	4,730	7,350	10,500
2d Cpe Trofeo	540	1,620	2,700	6,080	9,450	13,500

	6	5	4	3	2	1
1990 Cutlass Calais, 4-cyl.						
2d Cpe	192	576	960	2,160	3,360	4,800
4d Sed	196	588	980	2,210	3,430	4,900
2d Cpe S	196	588	980	2,210	3,430	4,900
4d Sed S	200	600	1,000	2,250	3,500	5,000
2d Cpe SL Quad	220	660	1,100	2,480	3,850	5,500
4d Sed SL Quad	224	672	1,120	2,520	3,920	5,600
2d Cpe Int'l Quad	224	672	1,120	2,520	3,920	5,600
4d Sed Int'l Quad	228	684	1,140	2,570	3,990	5,700
1990 Cutlass Calais, V-6						
2d Cpe SL	250	700	1,150	2,610	4,050	5,800
4d Sed SL	250	700	1,200	2,660	4,150	5,900
1990 Cutlass Ciera, 4-cyl.						
4d Sed	200	600	1,000	2,250	3,500	5,000
2d Cpe S	204	612	1,020	2,300	3,570	5,100
4d Sed S	208	624	1,040	2,340	3,640	5,200
4d Sta Wag S	220	660	1,100	2,480	3,850	5,500
1990 Cutlass Ciera, V-6						
4d Sed	200	600	1,050	2,340	3,650	5,200
2d Cpe S	200	650	1,100	2,480	3,850	5,500
4d Sed S	200	650	1,100	2,520	3,900	5,600
4d Sta Wag S	250	700	1,150	2,570	4,000	5,700
4d Sed SL	250	700	1,150	2,610	4,050	5,800
4d Sta Wag SL	250	700	1,200	2,660	4,150	5,900
2d Cpe Int'l	250	700	1,200	2,700	4,200	6,000
4d Sed Int'l	250	750	1,200	2,750	4,250	6,100
1990 Cutlass Supreme, 4-cyl.						
2d Cpe Quad	260	780	1,300	2,930	4,550	6,500
4d Sed Quad	264	792	1,320	2,970	4,620	6,600
2d Cpe Int'l Quad	300	900	1,500	3,380	5,250	7,500
4d Sed Int'l Quad	308	924	1,540	3,470	5,390	7,700
1990 Cutlass Supreme, V-6						
2d Cpe	250	800	1,350	3,020	4,700	6,700
4d Sed	250	800	1,350	3,060	4,750	6,800
2d Cpe SL	300	850	1,400	3,110	4,850	6,900
2d Conv	300	950	1,600	3,600	5,600	8,000
4d Sed SL	300	850	1,400	3,150	4,900	7,000
2d Cpe Int'l	300	900	1,500	3,380	5,250	7,500
4d Sed Int'l	300	900	1,500	3,420	5,300	7,600
1990 Eighty-Eight Royale, V-6						
4d Sed	280	840	1,400	3,150	4,900	7,000
2d Cpe Brgm	300	900	1,500	3,380	5,250	7,500
4d Sed Brgm	304	912	1,520	3,420	5,320	7,600
1990 Custom Cruiser, V-8						
4d Sta Wag	300	900	1,500	3,380	5,250	7,500
1990 Ninety-Eight, V-6						
4d Sed Regency	320	960	1,600	3,600	5,600	8,000
4d Sed Regency Brgm	340	1,020	1,700	3,830	5,950	8,500
4d Sed Trg	380	1,140	1,900	4,280	6,650	9,500
1990 Toronado, V-6						
2d Cpe	340	1,020	1,700	3,830	5,950	8,500
2d Cpe Trofeo	380	1,140	1,900	4,280	6,650	9,500
1991 Cutlass Calais, 4-cyl.						
2d Cpe	184	552	920	2,070	3,220	4,600
4d Sed	184	552	920	2,070	3,220	4,600
2d Cpe S	196	588	980	2,210	3,430	4,900
4d Sed S	196	588	980	2,210	3,430	4,900
2d Cpe SL	220	660	1,100	2,480	3,850	5,500
4d Sed SL	220	660	1,100	2,480	3,850	5,500
2d Cpe Int'l Quad	244	732	1,220	2,750	4,270	6,100
4d Sed Int'l Quad	244	732	1,220	2,750	4,270	6,100
1991 Cutlass Calais, V-6						
2d Cpe SL	228	684	1,140	2,570	3,990	5,700
4d Sed SL	228	684	1,140	2,570	3,990	5,700
1991 Cutlass Ciera, 4-cyl.						
4d Sed	192	576	960	2,160	3,360	4,800
2d Cpe S	200	600	1,000	2,250	3,500	5,000
4d Sed S	200	600	1,000	2,250	3,500	5,000
4d Sta Wag S	220	660	1,100	2,480	3,850	5,500
1991 Cutlass Ciera, V-6						
4d Sed	200	600	1,000	2,250	3,500	5,000
2d Cpe S	220	660	1,100	2,480	3,850	5,500
4d Sed S	220	660	1,100	2,480	3,850	5,500
4d Sta Wag S	228	684	1,140	2,570	3,990	5,700
4d Sed SL	228	684	1,140	2,570	3,990	5,700
4d Sta Wag SL	236	708	1,180	2,660	4,130	5,900

	6	5	4	3	2	1
1991 Cutlass Supreme, 4-cyl.						
2d Cpe Quad	240	720	1,200	2,700	4,200	6,000
4d Sed Quad	240	720	1,200	2,700	4,200	6,000
1991 Cutlass Supreme, V-6						
2d Cpe	248	744	1,240	2,790	4,340	6,200
4d Sed	248	744	1,240	2,790	4,340	6,200
2d Conv	580	1,740	2,900	6,530	10,150	14,500
2d Cpe SL	280	840	1,400	3,150	4,900	7,000
4d Sed SL	280	840	1,400	3,150	4,900	7,000
2d Cpe Int'l	300	900	1,500	3,380	5,250	7,500
4d Sed Int'l	300	900	1,500	3,380	5,250	7,500
1991 Eighty-Eight Royale, V-6						
2d Cpe	272	816	1,360	3,060	4,760	6,800
4d Sed	272	816	1,360	3,060	4,760	6,800
2d Cpe Brgm	288	864	1,440	3,240	5,040	7,200
4d Sed Brgm	288	864	1,440	3,240	5,040	7,200
1991 Custom Cruiser, V-8						
4d Sta Wag	380	1,140	1,900	4,280	6,650	9,500
1991 Ninety-Eight, V-6						
4d Sed	340	1,020	1,700	3,830	5,950	8,500
4d Sed Trg	380	1,140	1,900	4,280	6,650	9,500
1991 Toronado, V-6						
2d Cpe	320	960	1,600	3,600	5,600	8,000
2d Cpe Trofeo	380	1,140	1,900	4,280	6,650	9,500
1992 Achieva, 4-cyl.						
4d Sed S	220	660	1,100	2,480	3,850	5,500
2d Cpe S	220	660	1,100	2,480	3,850	5,500
4d Sed SL	236	708	1,180	2,660	4,130	5,900
2d Cpe SL	236	708	1,180	2,660	4,130	5,900
NOTE: Add 10 percent for V-6.						
1992 Cutlass Ciera, V-6						
4d Sed S	256	768	1,280	2,880	4,480	6,400
4d Sta Wag S	260	780	1,300	2,930	4,550	6,500
4d Sed SL	276	828	1,380	3,110	4,830	6,900
4d Sta Wag SL	280	840	1,400	3,150	4,900	7,000
NOTE: Deduct 10 percent for 4-cyl.						
1992 Cutlass Supreme, V-6						
4d Sed S	300	900	1,500	3,380	5,250	7,500
2d Cpe S	300	900	1,500	3,380	5,250	7,500
4d Sed Int'l	360	1,080	1,800	4,050	6,300	9,000
2d Cpe Int'l	360	1,080	1,800	4,050	6,300	9,000
2d Conv	480	1,440	2,400	5,400	8,400	12,000
1992 Eighty-Eight, V-6						
4d Sed	320	960	1,600	3,600	5,600	8,000
4d Sed LS	340	1,020	1,700	3,830	5,950	8,500
4d Sta Wag	380	1,140	1,900	4,280	6,650	9,500
1992 Ninety-Eight, V-6						
4d Sed Regency	360	1,080	1,800	4,050	6,300	9,000
4d Sed Regency Elite	380	1,140	1,900	4,280	6,650	9,500
4d Sed Trg	400	1,200	2,000	4,500	7,000	10,000
1992 Toronado, V-6						
2d Cpe	420	1,260	2,100	4,730	7,350	10,500
2d Cpe Trofeo	480	1,440	2,400	5,400	8,400	12,000
1993 Achieva, 4-cyl.						
2d Cpe S	220	660	1,100	2,480	3,850	5,500
4d Sed S	220	660	1,100	2,480	3,850	5,500
2d Cpe SL	224	672	1,120	2,520	3,920	5,600
4d Sed SL	224	672	1,120	2,520	3,920	5,600
1993 Achieva, V-6						
2d Cpe S	228	684	1,140	2,570	3,990	5,700
4d Sed S	228	684	1,140	2,570	3,990	5,700
2d Cpe SL	232	696	1,160	2,610	4,060	5,800
4d Sed SL	232	696	1,160	2,610	4,060	5,800
1993 Cutlass Ciera, 4-cyl.						
4d Sed	224	672	1,120	2,520	3,920	5,600
4d Sta Wag	232	696	1,160	2,610	4,060	5,800
1993 Cutlass Ciera, V-6						
4d Sed S	228	684	1,140	2,570	3,990	5,700
4d Sta Wag S	236	708	1,180	2,660	4,130	5,900
4d Sed SL	232	696	1,160	2,610	4,060	5,800
4d Sta Wag SL	240	720	1,200	2,700	4,200	6,000
1993 Cutlass Supreme, V-6						
2d Cpe S	248	744	1,240	2,790	4,340	6,200

	6	5	4	3	2	1
4d Sed S	244	732	1,220	2,750	4,270	6,100
4d Sed Int'l	248	744	1,240	2,790	4,340	6,200
2d Cpe Int'l	252	756	1,260	2,840	4,410	6,300
2d Conv	500	1,450	2,400	5,400	8,400	12,000
1993 Eighty Eight, V-6						
4d Sed	300	900	1,500	3,380	5,250	7,500
4d Sed LS	304	912	1,520	3,420	5,320	7,600
1993 Ninety-Eight						
4d Sed Regency	344	1,032	1,720	3,870	6,020	8,600
4d Sed Regency Elite	350	1,040	1,740	3,920	6,090	8,700
4d Sed Trg	352	1,056	1,760	3,960	6,160	8,800
1994 Achieva, 4-cyl. & V-6						
2d Cpe S	228	684	1,140	2,570	3,990	5,700
4d Sed S	232	696	1,160	2,610	4,060	5,800
2d Cpe SC	244	732	1,220	2,750	4,270	6,100
4d Sed SL	248	744	1,240	2,790	4,340	6,200
1994 Cutlass Ciera						
4d Sed S, 4-cyl.	260	780	1,300	2,930	4,550	6,500
4d Sed S, V-6	268	804	1,340	3,020	4,690	6,700
4d Sta Wag S, V-6	272	816	1,360	3,060	4,760	6,800
1994 Cutlass Supreme, V-6						
2d Cpe S	300	900	1,500	3,380	5,250	7,500
4d Sed S	304	912	1,520	3,420	5,320	7,600
2d Conv	480	1,440	2,400	5,400	8,400	12,000
1994 Eighty Eight Royale, V-6						
4d Sed	300	950	1,600	3,600	5,600	8,000
4d Sed LS	350	1,000	1,700	3,830	5,950	8,500
1994 Ninety-Eight, V-6						
4d Sed Regency	420	1,260	2,100	4,730	7,350	10,500
4d Sed Regency Elite	440	1,320	2,200	4,950	7,700	11,000
1995 Achieva, 4-cyl. & V-6						
2d S Cpe	250	700	1,150	2,570	4,000	5,700
4d S Sed	250	700	1,150	2,610	4,050	5,800
1995 Ciera, 4-cyl. & V-6						
4d SL Sed	250	800	1,350	3,020	4,700	6,700
4d SL Cruiser Sta Wag (V-6 only)	300	850	1,450	3,240	5,050	7,200
1995 Cutlass Supreme, V-6						
2d SL Cpe	300	900	1,500	3,420	5,300	7,600
4d SL Sed	300	900	1,550	3,470	5,400	7,700
2d Conv	500	1,450	2,400	5,400	8,400	12,000
1995 Eighty-Eight Royale, V-6						
4d Sed	300	950	1,600	3,600	5,600	8,000
4d LS Sed	350	1,000	1,700	3,830	5,950	8,500
1995 Ninety-Eight, V-6						
4d Regency Elite Sed	440	1,320	2,200	4,950	7,700	11,000
1995 Aurora, V-8						
4d Sed	500	1,500	2,500	5,630	8,750	12,500
1996 Achieva, 4-cyl. & V-6						
2d SC Cpe	250	700	1,150	2,570	4,000	5,700
4d SL Sed	250	700	1,150	2,610	4,050	5,800
1996 Ciera, 4-cyl. & V-6						
4d SL Sed	250	800	1,350	3,020	4,700	6,700
4d SL Cruiser Sta Wag (V-6 only)	300	850	1,450	3,240	5,050	7,200
1996 Cutlass Supreme, V-6						
2d SL Cpe	300	900	1,500	3,420	5,300	7,600
4d SL Sed	300	900	1,550	3,470	5,400	7,700
1996 Eighty-Eight, V-6						
4d Sed	300	950	1,600	3,600	5,600	8,000
4d LS Sed	350	1,000	1,700	3,830	5,950	8,500
1996 LSS, V-6						
4d Sed	350	1,050	1,750	3,920	6,100	8,700

NOTE: Add 5 percent for supercharged V-6.

	6	5	4	3	2	1
1996 Ninety-Eight, V-6						
4d Regency Elite Sed	440	1,320	2,200	4,950	7,700	11,000
1996 Aurora, V-8						
4d Sed	500	1,500	2,500	5,630	8,750	12,500
1997 Achieva, 4-cyl. & V-6						
2d SC Cpe	228	684	1,140	2,570	3,990	5,700
4d SL Sed	232	696	1,160	2,610	4,060	5,800
1997 Cutlass, V-6						
4d Sed	300	900	1,500	3,380	5,250	7,500
4d GLS Sed	320	960	1,600	3,600	5,600	8,000

	6	5	4	3	2	1
1997 Cutlass Supreme, V-6						
2d SL Cpe.	304	912	1,520	3,420	5,320	7,600
4d SL Sed.	308	924	1,540	3,470	5,390	7,700
1997 Eighty-Eight, V-6						
4d Sed	320	960	1,600	3,600	5,600	8,000
4d LS Sed.	340	1,020	1,700	3,830	5,950	8,500
1997 LSS, V-6						
4d Sed	348	1,044	1,740	3,920	6,090	8,700
NOTE: Add 5 percent for supercharged V-6.						
1997 Regency, V-6						
4d Regency Elite Sed.	440	1,320	2,200	4,950	7,700	11,000
1997 Aurora, V-8						
4d Sed	500	1,500	2,500	5,630	8,750	12,500
1998 Achieva, V-6						
4d SL Sed.	230	700	1,160	2,610	4,060	5,800
1998 Cutlass, V-6						
4d GL Sed	300	900	1,500	3,380	5,250	7,500
4d GLS Sed	320	960	1,600	3,600	5,600	8,000
1998 Intrigue, V-6						
4d Sed	300	910	1,520	3,420	5,320	7,600
4d GL Sed	310	920	1,540	3,470	5,390	7,700
4d GLS Sed	320	950	1,580	3,560	5,530	7,900
1998 Eighty-Eight, V-6						
4d Sed	320	960	1,600	3,600	5,600	8,000
4d LS Sed.	340	1,020	1,700	3,830	5,950	8,500
1998 LSS, V-6						
4d Sed	350	1,040	1,740	3,920	6,090	8,700
NOTE: Add 5 percent for supercharged V-6.						
1998 Regency, V-6						
4d Sed	440	1,320	2,200	4,950	7,700	11,000
1998 Aurora, V-8						
4d Sed	500	1,500	2,500	5,630	8,750	12,500
NOTE: Add 5 percent for either Autobahn Pkg or Gold Pkg.						

PACKARD

	6	5	4	3	2	1
1899 Model A, 1-cyl.						
Rds		value not estimable				
1900 Model B, 1-cyl.						
Rds		value not estimable				
1901 Model C, 1-cyl.						
Rds		value not estimable				
1902-03 Model F, 4-cyl.						
Tr	2,560	7,680	12,800	28,800	44,800	64,000
1904 Model L, 4-cyl.						
Tr	2,480	7,440	12,400	27,900	43,400	62,000
1904 Model M, 4-cyl.						
Tr	2,400	7,200	12,000	27,000	42,000	60,000
1905 Model N, 4-cyl.						
Tr	2,280	6,840	11,400	25,650	39,900	57,000
1906 Model S, 4-cyl., 24 hp						
Tr	2,280	6,840	11,400	25,650	39,900	57,000
1907 Model U, 4-cyl., 30 hp						
Tr	2,360	7,080	11,800	26,550	41,300	59,000
1908 Model UA, 4-cyl., 30 hp						
Tr	2,280	6,840	11,400	25,650	39,900	57,000
Rds	2,160	6,480	10,800	24,300	37,800	54,000
1909 Model UB UBS, 4-cyl., 30 hp						
Tr	2,200	6,600	11,000	24,750	38,500	55,000
Rbt	1,800	5,400	9,000	20,250	31,500	45,000
1909 Model NA, 4-cyl., 18 hp						
Tr	1,880	5,640	9,400	21,150	32,900	47,000
1910-11 Model UC UCS, 4-cyl., 30 hp						
Tr	2,280	6,840	11,400	25,650	39,900	57,000
Rbt	2,200	6,600	11,000	24,750	38,500	55,000
1910-11 Model NB, 4-cyl., 18 hp						
Tr	2,080	6,240	10,400	23,400	36,400	52,000
1911-12 Model UE, 4-cyl., 30 hp						
Tr	2,480	7,440	12,400	27,900	43,400	62,000
Phae	2,400	7,200	12,000	27,000	42,000	60,000

	6	5	4	3	2	1
Rbt	2,480	7,440	12,400	27,900	43,400	62,000
Cpe	1,480	4,440	7,400	16,650	25,900	37,000
Brgm	1,360	4,080	6,800	15,300	23,800	34,000
Limo	1,680	5,040	8,400	18,900	29,400	42,000
Imp Limo	1,760	5,280	8,800	19,800	30,800	44,000
1912 Model NE, 4-cyl., 18 hp						
Tr	1,880	5,640	9,400	21,150	32,900	47,000
Rbt	1,920	5,760	9,600	21,600	33,600	48,000
Cpe	1,280	3,840	6,400	14,400	22,400	32,000
Limo	1,560	4,680	7,800	17,550	27,300	39,000
Imp Limo	1,680	5,040	8,400	18,900	29,400	42,000
1912 Model 12-48, 6-cyl., 36 hp						
Tr	2,960	8,880	14,800	33,300	51,800	74,000
Phae	2,720	8,160	13,600	30,600	47,600	68,000
Rbt	2,560	7,680	12,800	28,800	44,800	64,000
Cpe	1,760	5,280	8,800	19,800	30,800	44,000
Brgm	1,640	4,920	8,200	18,450	28,700	41,000
Limo	1,760	5,280	8,800	19,800	30,800	44,000
Imp Limo	1,840	5,520	9,200	20,700	32,200	46,000
1912 Model 1-38, 6-cyl., 38 hp						
Tr	2,280	6,840	11,400	25,650	39,900	57,000
Phae	2,320	6,960	11,600	26,100	40,600	58,000
4P Phae	2,360	7,080	11,800	26,550	41,300	59,000
Rbt	2,080	6,240	10,400	23,400	36,400	52,000
Cpe	1,880	5,640	9,400	21,150	32,900	47,000
Imp Cpe	1,920	5,760	9,600	21,600	33,600	48,000
Lan'let	1,960	5,880	9,800	22,050	34,300	49,000
Imp Lan'let	2,000	6,000	10,000	22,500	35,000	50,000
Limo	2,080	6,240	10,400	23,400	36,400	52,000
Imp Limo	2,200	6,600	11,000	24,750	38,500	55,000
1913 Model 13-48, 6-cyl.						
Tr	2,280	6,840	11,400	25,650	39,900	57,000
1914 Model 2-38, 6-cyl.						
Tr	2,160	6,480	10,800	24,300	37,800	54,000
Sal Tr	2,200	6,600	11,000	24,750	38,500	55,000
Spl Tr	2,240	6,720	11,200	25,200	39,200	56,000
Phae	2,280	6,840	11,400	25,650	39,900	57,000
4P Phae	2,320	6,960	11,600	26,100	40,600	58,000
Cpe	1,880	5,640	9,400	21,150	32,900	47,000
Brgm	1,680	5,040	8,400	18,900	29,400	42,000
4P Brgm	1,680	5,040	8,400	18,900	29,400	42,000
1914 Model 2-38						
Lan'let	1,760	5,280	8,800	19,800	30,800	44,000
Cabr Lan'let	1,960	5,880	9,800	22,050	34,300	49,000
Limo	1,680	5,040	8,400	18,900	29,400	42,000
Cabr Limo	2,000	6,000	10,000	22,500	35,000	50,000
Imp Limo	1,920	5,760	9,600	21,600	33,600	48,000
Sal Limo	1,960	5,880	9,800	22,050	34,300	49,000
1914 Model 14-48, 6-cyl.						
Tr	2,080	6,240	10,400	23,400	36,400	52,000
1914 Model 4-48, 6-cyl., 48 hp						
Tr	2,120	6,360	10,600	23,850	37,100	53,000
Sal Tr	2,120	6,360	10,600	23,850	37,100	53,000
Phae	2,280	6,840	11,400	25,650	39,900	57,000
4P Phae	2,320	6,960	11,600	26,100	40,600	58,000
Cpe	1,920	5,760	9,600	21,600	33,600	48,000
Brgm	1,880	5,640	9,400	21,150	32,900	47,000
Sal Brgm	1,920	5,760	9,600	21,600	33,600	48,000
Lan'let	1,960	5,880	9,800	22,050	34,300	49,000
Cabr Lan'let	2,080	6,240	10,400	23,400	36,400	52,000
Limo	1,960	5,880	9,800	22,050	34,300	49,000
Imp Limo	2,040	6,120	10,200	22,950	35,700	51,000
Sal Limo	2,080	6,240	10,400	23,400	36,400	52,000
1915 Model 3-38, 6-cyl.						
Tr	2,080	6,240	10,400	23,400	36,400	52,000
Sal Tr	2,160	6,480	10,800	24,300	37,800	54,000
Spl Tr	2,240	6,720	11,200	25,200	39,200	56,000
Phae	2,280	6,840	11,400	25,650	39,900	57,000
4P Phae	2,240	6,720	11,200	25,200	39,200	56,000
1915 Model 3-38, 38 hp						
Brgm	1,720	5,160	8,600	19,350	30,100	43,000
4P Brgm	1,680	5,040	8,400	18,900	29,400	42,000
Cpe	1,760	5,280	8,800	19,800	30,800	44,000
Lan'let	1,880	5,640	9,400	21,150	32,900	47,000
Cabr Lan'let	2,160	6,480	10,800	24,300	37,800	54,000
Limo	1,960	5,880	9,800	22,050	34,300	49,000

1929 Packard 645 Deluxe Eight Rollston-bodied roadster

1935 Packard 120 coupe

1941 Packard 110 station wagon

	6	5	4	3	2	1
Limo Cabr	2,080	6,240	10,400	23,400	36,400	52,000
Imp Limo	2,040	6,120	10,200	22,950	35,700	51,000
Sal Limo	2,120	6,360	10,600	23,850	37,100	53,000
1915 Model 5-48, 6-cyl., 48 hp						
Tr	2,120	6,360	10,600	23,850	37,100	53,000
Sal Tr	2,160	6,480	10,800	24,300	37,800	54,000
Phae	2,200	6,600	11,000	24,750	38,500	55,000
4P Phae	2,240	6,720	11,200	25,200	39,200	56,000
Rbt	2,400	7,200	12,000	27,000	42,000	60,000
Cpe	1,680	5,040	8,400	18,900	29,400	42,000
Brgm	1,640	4,920	8,200	18,450	28,700	41,000
Sal Brgm	1,680	5,040	8,400	18,900	29,400	42,000
Lan'let	2,080	6,240	10,400	23,400	36,400	52,000
Cabr Lan'let	2,240	6,720	11,200	25,200	39,200	56,000
Limo	2,360	7,080	11,800	26,550	41,300	59,000
Cabr Limo	2,400	7,200	12,000	27,000	42,000	60,000
Imp Limo	2,400	7,200	12,000	27,000	42,000	60,000
1916 Twin Six, 12-cyl., 125" wb						
Tr	2,120	6,360	10,600	23,850	37,100	53,000
Sal Tr	2,160	6,480	10,800	24,300	37,800	54,000
Phae	2,200	6,600	11,000	24,750	38,500	55,000
Sal Phae	2,240	6,720	11,200	25,200	39,200	56,000
Rbt	2,160	6,480	10,800	24,300	37,800	54,000
Brgm	1,680	5,040	8,400	18,900	29,400	42,000
Cpe	1,720	5,160	8,600	19,350	30,100	43,000
Lan'let	1,800	5,400	9,000	20,250	31,500	45,000
Limo	1,840	5,520	9,200	20,700	32,200	46,000
1916 Twin Six, 12-cyl., 135" wb						
Tr	2,240	6,720	11,200	25,200	39,200	56,000
Sal Tr	2,280	6,840	11,400	25,650	39,900	57,000
Phae	2,240	6,720	11,200	25,200	39,200	56,000
Sal Phae	2,320	6,960	11,600	26,100	40,600	58,000
Brgm	1,800	5,400	9,000	20,250	31,500	45,000
Lan'let	1,880	5,640	9,400	21,150	32,900	47,000
Sal Lan'let	1,920	5,760	9,600	21,600	33,600	48,000
Cabr Lan'let	2,200	6,600	11,000	24,750	38,500	55,000
Limo	1,920	5,760	9,600	21,600	33,600	48,000
Cabr Limo	2,240	6,720	11,200	25,200	39,200	56,000
Imp Limo	2,200	6,600	11,000	24,750	38,500	55,000
1917 Series II Twin Six, 12-cyl., 126" wb						
Tr	1,920	5,760	9,600	21,600	33,600	48,000
Phae	1,960	5,880	9,800	22,050	34,300	49,000
Sal Phae	2,000	6,000	10,000	22,500	35,000	50,000
2P Rbt	1,880	5,640	9,400	21,150	32,900	47,000
4P Rbt	1,920	5,760	9,600	21,600	33,600	48,000
Brgm	1,440	4,320	7,200	16,200	25,200	36,000
Cpe	1,520	4,560	7,600	17,100	26,600	38,000
Lan'let	1,800	5,400	9,000	20,250	31,500	45,000
Limo	1,840	5,520	9,200	20,700	32,200	46,000
1917 Series II Twin Six, 12-cyl., 135" wb						
Tr	2,040	6,120	10,200	22,950	35,700	51,000
Sal Tr	2,080	6,240	10,400	23,400	36,400	52,000
Phae	2,120	6,360	10,600	23,850	37,100	53,000
Sal Phae	2,160	6,480	10,800	24,300	37,800	54,000
Brgm	1,280	3,840	6,400	14,400	22,400	32,000
Lan'let	1,720	5,160	8,600	19,350	30,100	43,000
Cabr Lan'let	1,840	5,520	9,200	20,700	32,200	46,000
Limo	1,800	5,400	9,000	20,250	31,500	45,000
Cabr Limo	1,840	5,520	9,200	20,700	32,200	46,000
Imp Limo	1,880	5,640	9,400	21,150	32,900	47,000
1918-20 Twin Six, 12-cyl., 128" wb						
Tr	1,840	5,520	9,200	20,700	32,200	46,000
Sal Tr	1,880	5,640	9,400	21,150	32,900	47,000
Phae	1,960	5,880	9,800	22,050	34,300	49,000
Sal Phae	2,040	6,120	10,200	22,950	35,700	51,000
Rbt	2,000	6,000	10,000	22,500	35,000	50,000
2d Brgm	1,360	4,080	6,800	15,300	23,800	34,000
Cpe	1,440	4,320	7,200	16,200	25,200	36,000
Lan'let	1,760	5,280	8,800	19,800	30,800	44,000
Limo	1,840	5,520	9,200	20,700	32,200	46,000
1918-20 Twin Six, 12-cyl., 136" wb						
Tr	2,040	6,120	10,200	22,950	35,700	51,000
Sal Tr	2,120	6,360	10,600	23,850	37,100	53,000
Brgm	1,400	4,200	7,000	15,750	24,500	35,000
Lan'let	1,840	5,520	9,200	20,700	32,200	46,000
Limo	1,880	5,640	9,400	21,150	32,900	47,000
Imp Limo	1,960	5,880	9,800	22,050	34,300	49,000

	6	5	4	3	2	1
1921-22 Single Six (1st Series), 116" wb						
5P Tr	1,440	4,320	7,200	16,200	25,200	36,000
Rbt	1,400	4,200	7,000	15,750	24,500	35,000
7P Tr	1,480	4,440	7,400	16,650	25,900	37,000
Cpe	1,240	3,720	6,200	13,950	21,700	31,000
Sed	1,160	3,480	5,800	13,050	20,300	29,000
1921-22 Single Six, 6-cyl., 126" wb						
Rbt	1,520	4,560	7,600	17,100	26,600	38,000
Rds	1,600	4,800	8,000	18,000	28,000	40,000
Tr	1,560	4,680	7,800	17,550	27,300	39,000
Cpe	1,280	3,840	6,400	14,400	22,400	32,000
5P Cpe	1,240	3,720	6,200	13,950	21,700	31,000
Sed	1,200	3,600	6,000	13,500	21,000	30,000
Limo Sed	1,320	3,960	6,600	14,850	23,100	33,000
1921-22 Single Six, 6-cyl., 133" wb						
Tr	1,600	4,800	8,000	18,000	28,000	40,000
Sed	1,200	3,600	6,000	13,500	21,000	30,000
Limo	1,320	3,960	6,600	14,850	23,100	33,000
1923-24 Single Six, 6-cyl., 126" wb						
Rbt	1,360	4,080	6,800	15,300	23,800	34,000
Spt Rds	1,440	4,320	7,200	16,200	25,200	36,000
Tr	1,400	4,200	7,000	15,750	24,500	35,000
Sed	1,040	3,120	5,200	11,700	18,200	26,000
Tr Sed	1,080	3,240	5,400	12,150	18,900	27,000
Limo Sed	1,200	3,600	6,000	13,500	21,000	30,000
1923-24 Single Six, 6-cyl., 133" wb						
Tr	1,480	4,440	7,400	16,650	25,900	37,000
Sed	1,080	3,240	5,400	12,150	18,900	27,000
Sed Limo	1,240	3,720	6,200	13,950	21,700	31,000
1923-24 Single Eight, 8-cyl., 136" wb						
Tr	1,680	5,040	8,400	18,900	29,400	42,000
Rbt	1,760	5,280	8,800	19,800	30,800	44,000
Spt Rds	1,880	5,640	9,400	21,150	32,900	47,000
Cpe	1,200	3,600	6,000	13,500	21,000	30,000
5P Cpe	1,160	3,480	5,800	13,050	20,300	29,000
Sed	1,120	3,360	5,600	12,600	19,600	28,000
Sed Limo	1,280	3,840	6,400	14,400	22,400	32,000
1923-24 Single Eight, 8-cyl., 143" wb						
Tr	1,760	5,280	8,800	19,800	30,800	44,000
Sed	1,160	3,480	5,800	13,050	20,300	29,000
Clb Sed	1,200	3,600	6,000	13,500	21,000	30,000
Sed Limo	1,320	3,960	6,600	14,850	23,100	33,000
1925-26 Single Six (3rd Series), 6-cyl., 126" wb						
Rbt	1,440	4,320	7,200	16,200	25,200	36,000
Spt Rds	1,560	4,680	7,800	17,550	27,300	39,000
Phae	1,600	4,800	8,000	18,000	28,000	40,000
2P Cpe	1,120	3,360	5,600	12,600	19,600	28,000
Cpe	1,080	3,240	5,400	12,150	18,900	27,000
5P Cpe	1,040	3,120	5,200	11,700	18,200	26,000
Sed	960	2,880	4,800	10,800	16,800	24,000
Sed Limo	1,160	3,480	5,800	13,050	20,300	29,000
1925-26 Single Six (3rd Series), 6-cyl., 133" wb						
Tr	1,360	4,080	6,800	15,300	23,800	34,000
Sed	1,000	3,000	5,000	11,250	17,500	25,000
Clb Sed	1,040	3,120	5,200	11,700	18,200	26,000
Sed Limo	1,200	3,600	6,000	13,500	21,000	30,000
1927 Single Six (4th Series), 6-cyl., 126" wb						
Rds	1,520	4,560	7,600	17,100	26,600	38,000
Phae	1,560	4,680	7,800	17,550	27,300	39,000
Sed	1,040	3,120	5,200	11,700	18,200	26,000
1927 Single Six (4th Series), 6-cyl., 133" wb						
Tr	1,560	4,680	7,800	17,550	27,300	39,000
Cpe	1,120	3,360	5,600	12,600	19,600	28,000
Sed	1,080	3,240	5,400	12,150	18,900	27,000
Clb Sed	1,120	3,360	5,600	12,600	19,600	28,000
Sed Limo	1,240	3,720	6,200	13,950	21,700	31,000
1927 Single Eight (3rd Series), 8-cyl., 136" wb						
Rbt	1,840	5,520	9,200	20,700	32,200	46,000
Phae	1,880	5,640	9,400	21,150	32,900	47,000
Sed	1,040	3,120	5,200	11,700	18,200	26,000
1927 Single Eight (3rd Series), 8-cyl., 143" wb						
Tr	1,920	5,760	9,600	21,600	33,600	48,000
Cpe	1,200	3,600	6,000	13,500	21,000	30,000
Sed	1,080	3,240	5,400	12,150	18,900	27,000
Clb Sed	1,120	3,360	5,600	12,600	19,600	28,000
Sed Limo	1,240	3,720	6,200	13,950	21,700	31,000

	6	5	4	3	2	1
1928 Single Six (5th Series), 6-cyl., 126" wb						
Phae	1,680	5,040	8,400	18,900	29,400	42,000
Rbt	1,640	4,920	8,200	18,450	28,700	41,000
Conv	1,480	4,440	7,400	16,650	25,900	37,000
RS Cpe	1,040	3,120	5,200	11,700	18,200	26,000
Sed	960	2,880	4,800	10,800	16,800	24,000
1928 Single Six (5th Series), 6-cyl., 133" wb						
Phae	1,920	5,760	9,600	21,600	33,600	48,000
7P Tr	1,960	5,880	9,800	22,050	34,300	49,000
Rbt	1,840	5,520	9,200	20,700	32,200	46,000
Sed	1,000	3,000	5,000	11,250	17,500	25,000
Clb Sed	1,040	3,120	5,200	11,700	18,200	26,000
Sed Limo	1,080	3,240	5,400	12,150	18,900	27,000
1928 Standard, Single Eight (4th Series), 8-cyl., 143" wb						
Rds	2,080	6,240	10,400	23,400	36,400	52,000
Phae	2,160	6,480	10,800	24,300	37,800	54,000
Conv	1,840	5,520	9,200	20,700	32,200	46,000
7P Tr	2,120	6,360	10,600	23,850	37,100	53,000
4P Cpe	1,040	3,120	5,200	11,700	18,200	26,000
5P Cpe	1,080	3,240	5,400	12,150	18,900	27,000
Sed	960	2,880	4,800	10,800	16,800	24,000
Clb Sed	1,000	3,000	5,000	11,250	17,500	25,000
Sed Limo	1,080	3,240	5,400	12,150	18,900	27,000
1928 Custom, Single Eight (4th Series), 8-cyl., 143" wb						
7P Tr	2,400	7,200	12,000	27,000	42,000	60,000
Phae	2,400	7,200	12,000	27,000	42,000	60,000
Rds	2,480	7,440	12,400	27,900	43,400	62,000
Conv Cpe	2,280	6,840	11,400	25,650	39,900	57,000
RS Cpe	1,080	3,240	5,400	12,150	18,900	27,000
7P Sed	1,040	3,120	5,200	11,700	18,200	26,000
Sed	1,000	3,000	5,000	11,250	17,500	25,000
Sed Limo	1,120	3,360	5,600	12,600	19,600	28,000
1929 Model 626, Standard Eight (6th Series), 8-cyl.						
Conv	2,800	8,400	14,000	31,500	49,000	70,000
Cpe	1,280	3,840	6,400	14,400	22,400	32,000
Sed	1,080	3,240	5,400	12,150	18,900	27,000
1929 Model 633, Standard Eight (6th Series), 8-cyl.						
Phae	3,360	10,080	16,800	37,800	58,800	84,000
Rds	3,520	10,560	17,600	39,600	61,600	88,000
7P Tr	3,360	10,080	16,800	37,800	58,800	84,000
Cpe	1,680	5,040	8,400	18,900	29,400	42,000
Sed	1,160	3,480	5,800	13,050	20,300	29,000
Clb Sed	1,200	3,600	6,000	13,500	21,000	30,000
Limo Sed	1,440	4,320	7,200	16,200	25,200	36,000
1929 Model 626, Speedster Eight (6th Series), 8-cyl.						
Phae	9,520	28,560	47,600	107,100	166,600	238,000
Rds	10,520	31,560	52,600	118,350	184,100	263,000
1929 Model 640, Custom Eight (6th Series), 8-cyl.						
DC Phae	4,960	14,880	24,800	55,800	86,800	124,000
7P Tr	4,720	14,160	23,600	53,100	82,600	118,000
Rds	4,720	14,160	23,600	53,100	82,600	118,000
Conv	4,560	13,680	22,800	51,300	79,800	114,000
RS Cpe	2,280	6,840	11,400	25,650	39,900	57,000
4P Cpe	1,880	5,640	9,400	21,150	32,900	47,000
Sed	1,240	3,720	6,200	13,950	21,700	31,000
Clb Sed	1,280	3,840	6,400	14,400	22,400	32,000
Limo	1,400	4,200	7,000	15,750	24,500	35,000
1929 Model 645, DeLuxe Eight (6th Series), 8-cyl.						
Phae	5,520	16,560	27,600	62,100	96,600	138,000
Spt Phae	5,520	16,560	27,600	62,100	96,600	138,000
7P Tr	5,520	16,560	27,600	62,100	96,600	138,000
Rds	5,520	16,560	27,600	62,100	96,600	138,000
RS Cpe	2,480	7,440	12,400	27,900	43,400	62,000
5P Cpe	2,080	6,240	10,400	23,400	36,400	52,000
Sed	1,680	5,040	8,400	18,900	29,400	42,000
Clb Sed	1,760	5,280	8,800	19,800	30,800	44,000
Limo	1,920	5,760	9,600	21,600	33,600	48,000
1930 Model 726, Standard 8 (7th Series), 8-cyl.						
Sed	1,320	3,960	6,600	14,850	23,100	33,000
1930 Model 733, Standard 8 (7th Series), 8-cyl., 134" wb						
Phae	4,640	13,920	23,200	52,200	81,200	116,000
Spt Phae	4,720	14,160	23,600	53,100	82,600	118,000
Rds	4,640	13,920	23,200	52,200	81,200	116,000
7P Tr	4,560	13,680	22,800	51,300	79,800	114,000
RS Cpe	2,480	7,440	12,400	27,900	43,400	62,000

DOMESTIC CARS

	6	5	4	3	2	1
4P Cpe	1,480	4,440	7,400	16,650	25,900	37,000
Conv	3,520	10,560	17,600	39,600	61,600	88,000
Sed	1,560	4,680	7,800	17,550	27,300	39,000
Clb Sed	1,640	4,920	8,200	18,450	28,700	41,000
Limo Sed	1,800	5,400	9,000	20,250	31,500	45,000

1930 Model 734, Speedster Eight (7th Series), 8-cyl.

	6	5	4	3	2	1
Boat	10,320	30,960	51,600	116,100	180,600	258,000
RS Rds	9,720	29,160	48,600	109,350	170,100	243,000
Phae	9,920	29,760	49,600	111,600	173,600	248,000
Vic.	4,560	13,680	22,800	51,300	79,800	114,000
Sed	3,520	10,560	17,600	39,600	61,600	88,000

1930 Model 740, Custom Eight (7th Series), 8-cyl.

	6	5	4	3	2	1
Phae	4,960	14,880	24,800	55,800	86,800	124,000
Spt Phae	4,960	14,880	24,800	55,800	86,800	124,000
7P Tr	5,520	16,560	27,600	62,100	96,600	138,000
Rds	6,520	19,560	32,600	73,350	114,100	163,000
Conv	5,520	16,560	27,600	62,100	96,600	138,000
RS Cpe	2,720	8,160	13,600	30,600	47,600	68,000
5P Cpe	2,080	6,240	10,400	23,400	36,400	52,000
Sed	2,000	6,000	10,000	22,500	35,000	50,000
7P Sed	2,040	6,120	10,200	22,950	35,700	51,000
Clb Sed	2,080	6,240	10,400	23,400	36,400	52,000
Limo	2,240	6,720	11,200	25,200	39,200	56,000

1930 Model 745, DeLuxe Eight (7th Series)

	6	5	4	3	2	1
Phae	9,520	28,560	47,600	107,100	166,600	238,000
Spt Phae	9,920	29,760	49,600	111,600	173,600	248,000
Rds	9,320	27,960	46,600	104,850	163,100	233,000
Conv	10,120	30,360	50,600	113,850	177,100	253,000
7P Tr	9,120	27,360	45,600	102,600	159,600	228,000
RS Cpe	2,960	8,880	14,800	33,300	51,800	74,000
5P Cpe	2,560	7,680	12,800	28,800	44,800	64,000
Sed	2,280	6,840	11,400	25,650	39,900	57,000
7P Sed	2,360	7,080	11,800	26,550	41,300	59,000
Clb Sed	2,440	7,320	12,200	27,450	42,700	61,000
Limo	2,640	7,920	13,200	29,700	46,200	66,000

1931 Model 826, Standard Eight (8th Series)

	6	5	4	3	2	1
Sed	1,320	3,960	6,600	14,850	23,100	33,000

1931 Model 833, Standard Eight (8th Series)

	6	5	4	3	2	1
Phae	4,560	13,680	22,800	51,300	79,800	114,000
Spt Phae	4,640	13,920	23,200	52,200	81,200	116,000
7P Tr	4,480	13,440	22,400	50,400	78,400	112,000
Conv Sed	5,120	15,360	25,600	57,600	89,600	128,000
Rds	4,560	13,680	22,800	51,300	79,800	114,000
Conv	3,760	11,280	18,800	42,300	65,800	94,000
RS Cpe	2,480	7,440	12,400	27,900	43,400	62,000
5P Cpe	2,200	6,600	11,000	24,750	38,500	55,000
7P Sed	1,680	5,040	8,400	18,900	29,400	42,000
Clb Sed	1,720	5,160	8,600	19,350	30,100	43,000

NOTE: Add 45 percent for 845 models.

1931 Model 840, Custom

	6	5	4	3	2	1
A/W Cabr	6,520	19,560	32,600	73,350	114,100	163,000
A/W Spt Cabr	6,720	20,160	33,600	75,600	117,600	168,000
A/W Lan'let	6,920	20,760	34,600	77,850	121,100	173,000
A/W Spt Lan'let	7,120	21,360	35,600	80,100	124,600	178,000
Dtrch Cv Sed	7,320	21,960	36,600	82,350	128,100	183,000
Limo Cabr	7,320	21,960	36,600	82,350	128,100	183,000
A/W Twn Car	7,120	21,360	35,600	80,100	124,600	178,000
Dtrch Cv Vic	7,520	22,560	37,600	84,600	131,600	188,000
Conv	7,720	23,160	38,600	86,850	135,100	193,000
Spt Phae	8,320	24,960	41,600	93,600	145,600	208,000
Phae	8,120	24,360	40,600	91,350	142,100	203,000
Rds	7,920	23,760	39,600	89,100	138,600	198,000
Tr	7,720	23,160	38,600	86,850	135,100	193,000
RS Cpe	3,040	9,120	15,200	34,200	53,200	76,000
5P Cpe	2,480	7,440	12,400	27,900	43,400	62,000
Sed	2,080	6,240	10,400	23,400	36,400	52,000
Clb Sed	2,200	6,600	11,000	24,750	38,500	55,000

1931 Model 840, Individual Custom

	6	5	4	3	2	1
A/W Cabr	10,120	30,360	50,600	113,850	177,100	253,000
A/W Spt Cabr	10,320	30,960	51,600	116,100	180,600	258,000
A/W Lan'let	8,720	26,160	43,600	98,100	152,600	218,000
A/W Spt Lan'let	8,920	26,760	44,600	100,350	156,100	223,000
Dtrch Conv Sed	9,720	29,160	48,600	109,350	170,100	243,000
Cabr Sed Limo	8,920	26,760	44,600	100,350	156,100	223,000
A/W Twn Car	9,520	28,560	47,600	107,100	166,600	238,000
Lan'let Twn Car	8,320	24,960	41,600	93,600	145,600	208,000

	6	5	4	3	2	1
Conv Vic	9,920	29,760	49,600	111,600	173,600	248,000
Sed	2,560	7,680	12,800	28,800	44,800	64,000
Sed Limo	3,120	9,360	15,600	35,100	54,600	78,000

1932 Model 900, Light Eight (9th Series)

	6	5	4	3	2	1
Rds	2,400	7,200	12,000	27,000	42,000	60,000
Cpe	1,320	3,960	6,600	14,850	23,100	33,000
Cpe Sed			value not estimable			
Sed	1,160	3,480	5,800	13,050	20,300	29,000

1932 Model 901, Standard Eight (9th Series) 129" wb

	6	5	4	3	2	1
Sed	1,160	3,480	5,800	13,050	20,300	29,000

1932 Model 902, Standard Eight (9th Series) 136" wb

	6	5	4	3	2	1
Rds	4,400	13,200	22,000	49,500	77,000	110,000
Phae	4,720	14,160	23,600	53,100	82,600	118,000
Spt Phae	4,960	14,880	24,800	55,800	86,800	124,000
RS Cpe	2,080	6,240	10,400	23,400	36,400	52,000
5P Cpe	1,880	5,640	9,400	21,150	32,900	47,000
Sed	1,320	3,960	6,600	14,850	23,100	33,000
7P Sed	1,360	4,080	6,800	15,300	23,800	34,000
Clb Sed	1,400	4,200	7,000	15,750	24,500	35,000
Limo	1,480	4,440	7,400	16,650	25,900	37,000
Tr	4,640	13,920	23,200	52,200	81,200	116,000
Conv Sed	4,960	14,880	24,800	55,800	86,800	124,000
Conv Vic	5,120	15,360	25,600	57,600	89,600	128,000

1932 Model 903, DeLuxe Eight, 142" wb

	6	5	4	3	2	1
Conv	5,120	15,360	25,600	57,600	89,600	128,000
Phae	5,120	15,360	25,600	57,600	89,600	128,000
Spt Phae	5,520	16,560	27,600	62,100	96,600	138,000
Conv Sed	5,520	16,560	27,600	62,100	96,600	138,000
Conv Vic	5,520	16,560	27,600	62,100	96,600	138,000
7P Tr	4,160	12,480	20,800	46,800	72,800	104,000
RS Cpe	2,560	7,680	12,800	28,800	44,800	64,000
5P Cpe	2,400	7,200	12,000	27,000	42,000	60,000
Sed	1,760	5,280	8,800	19,800	30,800	44,000
Clb Sed	1,840	5,520	9,200	20,700	32,200	46,000

1932 Model 904, DeLuxe Eight, 147" wb

	6	5	4	3	2	1
Sed	2,400	7,200	12,000	27,000	42,000	60,000
Limo	2,800	8,400	14,000	31,500	49,000	70,000

1932 Model 904, Individual Custom, 147" wb

	6	5	4	3	2	1
Dtrch Conv Cpe	10,120	30,360	50,600	113,850	177,100	253,000
Dtrch Cpe	6,520	19,560	32,600	73,350	114,100	163,000
Cabr	10,320	30,960	51,600	116,100	180,600	258,000
Spt Cabr	10,720	32,160	53,600	120,600	187,600	268,000
A/W Brgm	10,920	32,760	54,600	122,850	191,100	273,000
Dtrch Spt Phae	10,920	32,760	54,600	122,850	191,100	273,000
Dtrch Conv Sed	11,120	33,360	55,600	125,100	194,600	278,000
Spt Sed	6,520	19,560	32,600	73,350	114,100	163,000
Limo Cabr	10,720	32,160	53,600	120,600	187,600	268,000
Dtrch Limo	7,520	22,560	37,600	84,600	131,600	188,000
A-W Twn Car	11,120	33,360	55,600	125,100	194,600	278,000
Dtrch Conv Vic	11,520	34,560	57,600	129,600	201,600	288,000
Lan'let	7,120	21,360	35,600	80,100	124,600	178,000
Spt Lan	7,520	22,560	37,600	84,600	131,600	188,000
Twn Car Lan'let	7,920	23,760	39,600	89,100	138,600	198,000

1932 Model 905, Twin Six, (9th Series), 142" wb

	6	5	4	3	2	1
Conv	10,920	32,760	54,600	122,850	191,100	273,000
Phae	10,720	32,160	53,600	120,600	187,600	268,000
Spt Phae	10,520	31,560	52,600	118,350	184,100	263,000
7P Tr	10,120	30,360	50,600	113,850	177,100	253,000
Conv Sed	10,920	32,760	54,600	122,850	191,100	273,000
Conv Vic	11,120	33,360	55,600	125,100	194,600	278,000
RS Cpe	3,760	11,280	18,800	42,300	65,800	94,000
5P Cpe	3,520	10,560	17,600	39,600	61,600	88,000
Sed	2,720	8,160	13,600	30,600	47,600	68,000
Clb Sed	2,800	8,400	14,000	31,500	49,000	70,000

1932 Model 906, Twin Six, 147" wb

	6	5	4	3	2	1
7P Sed	3,520	10,560	17,600	39,600	61,600	88,000
Limo	4,160	12,480	20,800	46,800	72,800	104,000

1932 Model 906, Individual Custom, Twin Six, 147" wb

Conv		value not estimable
Cabr		value not estimable
Dtrch Spt Phae		value not estimable
Dtrch Conv Vic		value not estimable
Dtrch Sed		value not estimable
Dtrch Cpe		value not estimable
Lan'let		value not estimable
Twn Car Lan'let		value not estimable
A/W Twn Car		value not estimable

	6	5	4	3	2	1
1933 Model 1001, Eight, (10th Series), 127" wb						
10th Series						
Conv	4,160	12,480	20,800	46,800	72,800	104,000
RS Cpe	1,480	4,440	7,400	16,650	25,900	37,000
Cpe Sed	1,400	4,200	7,000	15,750	24,500	35,000
Sed	1,320	3,960	6,600	14,850	23,100	33,000
1933 Model 1002, Eight, 136" wb						
Phae	5,720	17,160	28,600	64,350	100,100	143,000
Conv Sed	5,920	17,760	29,600	66,600	103,600	148,000
Conv Vic	6,120	18,360	30,600	68,850	107,100	153,000
7P Tr	5,120	15,360	25,600	57,600	89,600	128,000
RS Cpe	1,880	5,640	9,400	21,150	32,900	47,000
5P Cpe	1,560	4,680	7,800	17,550	27,300	39,000
Sed	1,480	4,440	7,400	16,650	25,900	37,000
7P Sed	1,520	4,560	7,600	17,100	26,600	38,000
Clb Sed	1,560	4,680	7,800	17,550	27,300	39,000
Limo	1,680	5,040	8,400	18,900	29,400	42,000
1933 Model 1003, Super Eight, 135" wb						
Sed	1,680	5,040	8,400	18,900	29,400	42,000
1933 Model 1004, Super Eight, 142" wb						
Conv	6,520	19,560	32,600	73,350	114,100	163,000
Phae	6,720	20,160	33,600	75,600	117,600	168,000
Spt Phae	7,320	21,960	36,600	82,350	128,100	183,000
Conv Vic	7,720	23,160	38,600	86,850	135,100	193,000
Conv Sed	7,320	21,960	36,600	82,350	128,100	183,000
7P Tr	6,920	20,760	34,600	77,850	121,100	173,000
RS Cpe	2,480	7,440	12,400	27,900	43,400	62,000
5P Cpe	2,080	6,240	10,400	23,400	36,400	52,000
Sed	1,480	4,440	7,400	16,650	25,900	37,000
Clb Sed	1,560	4,680	7,800	17,550	27,300	39,000
Limo	1,840	5,520	9,200	20,700	32,200	46,000
Fml Sed	1,960	5,880	9,800	22,050	34,300	49,000
1933 Model 1005, Twelve, 142" wb						
Conv	9,720	29,160	48,600	109,350	170,100	243,000
Spt Phae	9,920	29,760	49,600	111,600	173,600	248,000
Conv Sed	9,920	29,760	49,600	111,600	173,600	248,000
Conv Vic	10,120	30,360	50,600	113,850	177,100	253,000
RS Cpe	3,040	9,120	15,200	34,200	53,200	76,000
5P Cpe	2,480	7,440	12,400	27,900	43,400	62,000
Sed	2,080	6,240	10,400	23,400	36,400	52,000
Fml Sed	2,200	6,600	11,000	24,750	38,500	55,000
Clb Sed	2,240	6,720	11,200	25,200	39,200	56,000
1933 Model 1006, Standard, 147" wb						
7P Sed	2,960	8,880	14,800	33,300	51,800	74,000
Limo	3,200	9,600	16,000	36,000	56,000	80,000
1933 Model 1006, Custom Twelve, 147" wb, Dietrich						
Conv	10,320	30,960	51,600	116,100	180,600	258,000
Conv Vic	10,720	32,160	53,600	120,600	187,600	268,000
Spt Phae	10,520	31,560	52,600	118,350	184,100	263,000
Conv Sed	10,720	32,160	53,600	120,600	187,600	268,000
Cpe	3,360	10,080	16,800	37,800	58,800	84,000
Fml Sed	3,200	9,600	16,000	36,000	56,000	80,000
1933 Model 1006, LeBaron Custom, Twelve, 147" wb						
A/W Cabr			value not estimable			
A/W Twn Car			value not estimable			
1933 Model 1006, Packard Custom, Twelve, 147" wb						
A/W Cabr			value not estimable			
A/W Lan'let			value not estimable			
Spt Sed			value not estimable			
A/W Twn Car			value not estimable			
Twn Car Lan'let			value not estimable			
Limo			value not estimable			
Lan'let Limo			value not estimable			
A/W Cabr			value not estimable			
A/W Twn Car			value not estimable			
1934 Model 1100, Eight, (11th Series), 129" wb						
11th Series						
Sed	1,680	5,040	8,400	18,900	29,400	42,000
1934 Model 1101, Eight, 136" wb						
Conv	4,160	12,480	20,800	46,800	72,800	104,000
Phae	4,400	13,200	22,000	49,500	77,000	110,000
Conv Vic	4,480	13,440	22,400	50,400	78,400	112,000
Conv Sed	4,560	13,680	22,800	51,300	79,800	114,000
RS Cpe	2,080	6,240	10,400	23,400	36,400	52,000
5P Cpe	1,760	5,280	8,800	19,800	30,800	44,000

	6	5	4	3	2	1
Sed	1,680	5,040	8,400	18,900	29,400	42,000
Clb Sed	1,720	5,160	8,600	19,350	30,100	43,000
Fml Sed	1,760	5,280	8,800	19,800	30,800	44,000

1934 Model 1102, Eight, 141" wb

	6	5	4	3	2	1
7P Sed	1,800	5,400	9,000	20,250	31,500	45,000
Limo	1,880	5,640	9,400	21,150	32,900	47,000

1934 Model 1103, Super Eight, 135" wb

	6	5	4	3	2	1
Sed	1,840	5,520	9,200	20,700	32,200	46,000

1934 Model 1104, Super Eight, 142" wb

	6	5	4	3	2	1
Conv	4,960	14,880	24,800	55,800	86,800	124,000
Phae	5,040	15,120	25,200	56,700	88,200	126,000
Spt Phae	5,520	16,560	27,600	62,100	96,600	138,000
Conv Vic	5,520	16,560	27,600	62,100	96,600	138,000
Conv Sed	5,520	16,560	27,600	62,100	96,600	138,000
RS Cpe	3,120	9,360	15,600	35,100	54,600	78,000
5P Cpe	2,560	7,680	12,800	28,800	44,800	64,000
Clb Sed	2,480	7,440	12,400	27,900	43,400	62,000
Fml Sed	2,560	7,680	12,800	28,800	44,800	64,000

1934 Model 1105, Super Eight, Standard, 147" wb

	6	5	4	3	2	1
7P Sed	2,800	8,400	14,000	31,500	49,000	70,000
Limo	2,960	8,880	14,800	33,300	51,800	74,000

1934 Model 1105, Dietrich, Super Eight, 147" wb

	6	5	4	3	2	1
Conv	5,720	17,160	28,600	64,350	100,100	143,000
Conv Vic	6,920	20,760	34,600	77,850	121,100	173,000
Conv Sed	6,720	20,160	33,600	75,600	117,600	168,000
Cpe	3,680	11,040	18,400	41,400	64,400	92,000
Spt Sed	3,600	10,800	18,000	40,500	63,000	90,000

1934 Model 1105, LeBaron, Super Eight, 147" wb Model 1106, Twelve, LeBaron, 135" wb

Spds	value not estimable
Spt Phae	value not estimable

1934 Model 1107, Twelve, 142" wb

Conv	value not estimable
Phae	value not estimable
Spt Phae	value not estimable
Conv Vic	value not estimable
Conv Sed	value not estimable
7P Tr	value not estimable
RS Cpe	value not estimable
5P Cpe	value not estimable
Sed	value not estimable
Clb Sed	value not estimable
Fml Sed	value not estimable

1934 Model 1108, Twelve, Standard, 147" wb

	6	5	4	3	2	1
7P Sed	3,360	10,080	16,800	37,800	58,800	84,000
Limo	3,560	10,680	17,800	40,050	62,300	89,000

1934 Model 1108, Twelve, Dietrich, 147" wb

Conv	value not estimable
Spt Phae	value not estimable
Conv Sed	value not estimable
Vic Conv	value not estimable
Cpe	value not estimable
Spt Sed	value not estimable

1934 Model 1108, Twelve, LeBaron, 147" wb

Cabr	value not estimable
Spt Phae	value not estimable
A/W Twn Car	value not estimable

1935 120-A, 8-cyl., 120" wb

	6	5	4	3	2	1
Conv	1,880	5,640	9,400	21,150	32,900	47,000
Bus Cpe	1,200	3,600	6,000	13,500	21,000	30,000
Spt Cpe	1,280	3,840	6,400	14,400	22,400	32,000
Tr Cpe	1,280	3,840	6,400	14,400	22,400	32,000
Sed	880	2,640	4,400	9,900	15,400	22,000
Clb Sed	960	2,880	4,800	10,800	16,800	24,000
Tr Sed	920	2,760	4,600	10,350	16,100	23,000

1935 Series 1200, 8-cyl., 127" wb

	6	5	4	3	2	1
Sed	1,040	3,120	5,200	11,700	18,200	26,000
Cpe Rds	2,400	7,200	12,000	27,000	42,000	60,000
Phae	2,480	7,440	12,400	27,900	43,400	62,000

1935 Series 1201, 8-cyl., 134" wb

	6	5	4	3	2	1
Conv Vic	2,800	8,400	14,000	31,500	49,000	70,000
LeB A/W Cabr	3,120	9,360	15,600	35,100	54,600	78,000
RS Cpe	2,000	6,000	10,000	22,500	35,000	50,000
5P Cpe	1,960	5,880	9,800	22,050	34,300	49,000
Sed	1,520	4,560	7,600	17,100	26,600	38,000

	6	5	4	3	2	1
Fml Sed	1,480	4,440	7,400	16,650	25,900	37,000
Clb Sed	1,560	4,680	7,800	17,550	27,300	39,000

1935 Series 1202, 8-cyl., 139" wb

	6	5	4	3	2	1
7P Sed	1,880	5,640	9,400	21,150	32,900	47,000
Limo	2,080	6,240	10,400	23,400	36,400	52,000
Conv Sed	3,520	10,560	17,600	39,600	61,600	88,000
LeB A/W Twn Car	3,920	11,760	19,600	44,100	68,600	98,000

1935 Series 1203, Super 8, 132" wb

	6	5	4	3	2	1
5P Sed	2,000	6,000	10,000	22,500	35,000	50,000

1935 Series 1204, Super 8, 139" wb

	6	5	4	3	2	1
Rds	3,520	10,560	17,600	39,600	61,600	88,000
Phae	3,600	10,800	18,000	40,500	63,000	90,000
Spt Phae	3,760	11,280	18,800	42,300	65,800	94,000
Conv Vic	3,680	11,040	18,400	41,400	64,400	92,000
RS Cpe	2,400	7,200	12,000	27,000	42,000	60,000
5P Cpe	2,200	6,600	11,000	24,750	38,500	55,000
Clb Sed	1,880	5,640	9,400	21,150	32,900	47,000
Fml Sed	1,840	5,520	9,200	20,700	32,200	46,000
LeB A/W Cabr	3,520	10,560	17,600	39,600	61,600	88,000

1935 Series 1205, Super 8, 144" wb

	6	5	4	3	2	1
Tr Sed	2,640	7,920	13,200	29,700	46,200	66,000
Conv Sed	3,920	11,760	19,600	44,100	68,600	98,000
7P Sed	2,080	6,240	10,400	23,400	36,400	52,000
Limo	2,360	7,080	11,800	26,550	41,300	59,000
LeB A/W Twn Car	3,760	11,280	18,800	42,300	65,800	94,000

1935 Series 1207, V-12, 139" wb

	6	5	4	3	2	1
Rds	5,920	17,760	29,600	66,600	103,600	148,000
Phae	6,120	18,360	30,600	68,850	107,100	153,000
Spt Phae	6,520	19,560	32,600	73,350	114,100	163,000
RS Cpe	3,120	9,360	15,600	35,100	54,600	78,000
5P Cpe	2,880	8,640	14,400	32,400	50,400	72,000
Clb Sed	2,560	7,680	12,800	28,800	44,800	64,000
Sed	2,640	7,920	13,200	29,700	46,200	66,000
Fml Sed	2,720	8,160	13,600	30,600	47,600	68,000
Conv Vic	5,920	17,760	29,600	66,600	103,600	148,000
LeB A/W Cabr	6,120	18,360	30,600	68,850	107,100	153,000

1935 Series 1208, V-12, 144" wb

	6	5	4	3	2	1
Conv Sed	7,320	21,960	36,600	82,350	128,100	183,000
7P Sed	2,720	8,160	13,600	30,600	47,600	68,000
Limo	3,120	9,360	15,600	35,100	54,600	78,000
LeB A/W Twn Car	6,720	20,160	33,600	75,600	117,600	168,000

1936 14th Series Series 120-B, 8-cyl., 120" wb

	6	5	4	3	2	1
Conv	2,280	6,840	11,400	25,650	39,900	57,000
Conv Sed	2,400	7,200	12,000	27,000	42,000	60,000
Bus Cpe	1,280	3,840	6,400	14,400	22,400	32,000
Spt Cpe	1,320	3,960	6,600	14,850	23,100	33,000
Tr Cpe	1,280	3,840	6,400	14,400	22,400	32,000
2d Sed	720	2,160	3,600	8,100	12,600	18,000
Sed	760	2,280	3,800	8,550	13,300	19,000
Clb Sed	840	2,520	4,200	9,450	14,700	21,000
Tr Sed	800	2,400	4,000	9,000	14,000	20,000

1936 14th Series Series 1400, 8-cyl., 127" wb

	6	5	4	3	2	1
Sed	880	2,640	4,400	9,900	15,400	22,000
Rds	3,360	10,080	16,800	37,800	58,800	84,000

1936 14th Series Series 1401, 8-cyl., 134" wb

	6	5	4	3	2	1
Phae	3,440	10,320	17,200	38,700	60,200	86,000
Conv Vic	3,840	11,520	19,200	43,200	67,200	96,000
LeB A/W Cabr	3,520	10,560	17,600	39,600	61,600	88,000
RS Cpe	1,880	5,640	9,400	21,150	32,900	47,000
5P Cpe	1,800	5,400	9,000	20,250	31,500	45,000
Clb Sed	1,560	4,680	7,800	17,550	27,300	39,000
Sed	1,480	4,440	7,400	16,650	25,900	37,000
Fml Sed	1,520	4,560	7,600	17,100	26,600	38,000

1936 14th Series Series 1402, 8-cyl., 139" wb

	6	5	4	3	2	1
Conv Sed	4,160	12,480	20,800	46,800	72,800	104,000
7P Tr	4,000	12,000	20,000	45,000	70,000	100,000
7P Sed	1,880	5,640	9,400	21,150	32,900	47,000
Bus Sed	1,800	5,400	9,000	20,250	31,500	45,000
Limo	2,080	6,240	10,400	23,400	36,400	52,000
Bus Limo	2,000	6,000	10,000	22,500	35,000	50,000
LeB Twn Car	3,760	11,280	18,800	42,300	65,800	94,000

1936 14th Series Series 1403, Super 8, 132" wb

	6	5	4	3	2	1
Sed	1,800	5,400	9,000	20,250	31,500	45,000

1936 14th Series Series 1404, Super 8, 139" wb

	6	5	4	3	2	1
Cpe Rds	3,600	10,800	18,000	40,500	63,000	90,000

	6	5	4	3	2	1
Phae	3,920	11,760	19,600	44,100	68,600	98,000
Spt Phae	4,160	12,480	20,800	46,800	72,800	104,000
Conv Vic	4,000	12,000	20,000	45,000	70,000	100,000
LeB A/W Cabr	4,160	12,480	20,800	46,800	72,800	104,000
RS Cpe	2,400	7,200	12,000	27,000	42,000	60,000
5P Cpe	2,360	7,080	11,800	26,550	41,300	59,000
Clb Sed	2,160	6,480	10,800	24,300	37,800	54,000
Fml Sed	2,080	6,240	10,400	23,400	36,400	52,000

1936 14th Series Series 1405, Super 8, 144" wb

	6	5	4	3	2	1
7P Tr	4,400	13,200	22,000	49,500	77,000	110,000
Conv Sed	4,560	13,680	22,800	51,300	79,800	114,000

1936 14th Series Series 1407, V-12, 139" wb

	6	5	4	3	2	1
Cpe Rds	5,920	17,760	29,600	66,600	103,600	148,000
Phae	6,120	18,360	30,600	68,850	107,100	153,000
Spt Phae	6,120	18,360	30,600	68,850	107,100	153,000
LeB A/W Cabr	6,320	18,960	31,600	71,100	110,600	158,000
Conv Vic	6,320	18,960	31,600	71,100	110,600	158,000
RS Cpe	2,960	8,880	14,800	33,300	51,800	74,000
5P Cpe	2,560	7,680	12,800	28,800	44,800	64,000
Clb Sed	2,120	6,360	10,600	23,850	37,100	53,000
Sed	1,920	5,760	9,600	21,600	33,600	48,000
Fml Sed	1,880	5,640	9,400	21,150	32,900	47,000

1936 14th Series Series 1408, V-12, 144" wb

	6	5	4	3	2	1
7P Tr	6,320	18,960	31,600	71,100	110,600	158,000
Conv Sed	6,520	19,560	32,600	73,350	114,100	163,000
7P Sed	2,080	6,240	10,400	23,400	36,400	52,000
Limo	2,480	7,440	12,400	27,900	43,400	62,000
LeB A/W Twn Car	6,720	20,160	33,600	75,600	117,600	168,000

1937 15th Series Model 115-C, 6-cyl., 115" wb

	6	5	4	3	2	1
Conv	1,680	5,040	8,400	18,900	29,400	42,000
Bus Cpe	1,080	3,240	5,400	12,150	18,900	27,000
Spt Cpe	1,160	3,480	5,800	13,050	20,300	29,000
2d Sed	800	2,400	4,000	9,000	14,000	20,000
Sed	760	2,280	3,800	8,550	13,300	19,000
Clb Sed	840	2,520	4,200	9,450	14,700	21,000
Tr Sed	800	2,400	4,000	9,000	14,000	20,000
Sta Wag	1,680	5,040	8,400	18,900	29,400	42,000

1937 15th Series Model 120-C, 8-cyl., 120" wb

	6	5	4	3	2	1
Conv	2,080	6,240	10,400	23,400	36,400	52,000
Conv Sed	2,160	6,480	10,800	24,300	37,800	54,000
Bus Cpe	1,360	4,080	6,800	15,300	23,800	34,000
Spt Cpe	1,400	4,200	7,000	15,750	24,500	35,000
2d Sed	960	2,880	4,800	10,800	16,800	24,000
Sed	920	2,760	4,600	10,350	16,100	23,000
Clb Sed	1,000	3,000	5,000	11,250	17,500	25,000
Tr Sed	960	2,880	4,800	10,800	16,800	24,000
Sta Wag	1,880	5,640	9,400	21,150	32,900	47,000

1937 15th Series Model 120-CD, 8-cyl., 120" wb

	6	5	4	3	2	1
2d Sed	1,080	3,240	5,400	12,150	18,900	27,000
Clb Sed	1,160	3,480	5,800	13,050	20,300	29,000
Tr Sed	1,120	3,360	5,600	12,600	19,600	28,000

1937 15th Series Model 138-CD, 8-cyl., 138" wb

	6	5	4	3	2	1
Tr Sed	1,200	3,600	6,000	13,500	21,000	30,000
Tr Limo	1,320	3,960	6,600	14,850	23,100	33,000

1937 15th Series Model 1500, Super 8, 127" wb

	6	5	4	3	2	1
Sed	1,160	3,480	5,800	13,050	20,300	29,000

1937 15th Series Model 1501, Super 8, 134" wb

	6	5	4	3	2	1
Conv	3,520	10,560	17,600	39,600	61,600	88,000
LeB A/W Cabr	3,760	11,280	18,800	42,300	65,800	94,000
RS Cpe	2,360	7,080	11,800	26,550	41,300	59,000
5P Cpe	2,080	6,240	10,400	23,400	36,400	52,000
Clb Sed	1,520	4,560	7,600	17,100	26,600	38,000
Tr Sed	1,400	4,200	7,000	15,750	24,500	35,000
Fml Sed	1,440	4,320	7,200	16,200	25,200	36,000
Vic	2,800	8,400	14,000	31,500	49,000	70,000

1937 15th Series Model 1502, Super 8, 139" wb

	6	5	4	3	2	1
Conv Sed	3,920	11,760	19,600	44,100	68,600	98,000
Bus Sed	1,480	4,440	7,400	16,650	25,900	37,000
Tr Sed	1,520	4,560	7,600	17,100	26,600	38,000
Tr Limo	1,680	5,040	8,400	18,900	29,400	42,000
Bus Limo	1,640	4,920	8,200	18,450	28,700	41,000
LeB A/W Twn Car	4,320	12,960	21,600	48,600	75,600	108,000

1937 15th Series Model 1506, V-12, 132" wb

	6	5	4	3	2	1
Tr Sed	1,680	5,040	8,400	18,900	29,400	42,000

	6	5	4	3	2	1
1937 15th Series Model 1507, V-12, 139" wb						
Conv	5,920	17,760	29,600	66,600	103,600	148,000
LeB A/W Cabr	6,120	18,360	30,600	68,850	107,100	153,000
RS Cpe	2,480	7,440	12,400	27,900	43,400	62,000
5P Cpe	2,400	7,200	12,000	27,000	42,000	60,000
Clb Sed	1,880	5,640	9,400	21,150	32,900	47,000
Fml Sed	1,840	5,520	9,200	20,700	32,200	46,000
Tr Sed	1,800	5,400	9,000	20,250	31,500	45,000
Conv Vic	5,360	16,080	26,800	60,300	93,800	134,000
1937 15th Series Model 1508, V-12, 144" wb						
Conv Sed	9,520	28,560	47,600	107,100	166,600	238,000
Tr Sed	3,120	9,360	15,600	35,100	54,600	78,000
Tr Limo	3,360	10,080	16,800	37,800	58,800	84,000
LeB A/W Twn Car	7,320	21,960	36,600	82,350	128,100	183,000
1938 16th Series Model 1600, 6-cyl., 122" wb						
Conv	1,560	4,680	7,800	17,550	27,300	39,000
Bus Cpe	920	2,760	4,600	10,350	16,100	23,000
Clb Cpe	880	2,640	4,400	9,900	15,400	22,000
2d Sed	640	1,920	3,200	7,200	11,200	16,000
Sed	680	2,040	3,400	7,650	11,900	17,000
1938 16th Series Model 1601, 8-cyl., 127" wb						
Conv	1,880	5,640	9,400	21,150	32,900	47,000
Conv Sed	1,960	5,880	9,800	22,050	34,300	49,000
Bus Cpe	1,160	3,480	5,800	13,050	20,300	29,000
Clb Cpe	1,200	3,600	6,000	13,500	21,000	30,000
2d Sed	880	2,640	4,400	9,900	15,400	22,000
Sed	840	2,520	4,200	9,450	14,700	21,000
1938 16th Series Model 1601-D, 8-cyl., 127" wb						
Tr Sed	1,040	3,120	5,200	11,700	18,200	26,000
1938 16th Series Model 1601, 8-cyl., 139" wb						
Roll A/W Cabr	4,320	12,960	21,600	48,600	75,600	108,000
Roll A/W Twn Car	4,160	12,480	20,800	46,800	72,800	104,000
Roll Brgm	3,760	11,280	18,800	42,300	65,800	94,000
1938 16th Series Model 1602, 8-cyl., 148" wb						
Tr Sed	1,280	3,840	6,400	14,400	22,400	32,000
Tr Limo	1,480	4,440	7,400	16,650	25,900	37,000
1938 16th Series Model 1603, Super 8, 127" wb						
Tr Sed	1,520	4,560	7,600	17,100	26,600	38,000
1938 16th Series Model 1604, Super 8, 134" wb						
Conv	3,520	10,560	17,600	39,600	61,600	88,000
RS Cpe	1,520	4,560	7,600	17,100	26,600	38,000
5P Cpe	1,680	5,040	8,400	18,900	29,400	42,000
Clb Sed	1,160	3,480	5,800	13,050	20,300	29,000
Tr Sed	1,080	3,240	5,400	12,150	18,900	27,000
Fml Sed	1,120	3,360	5,600	12,600	19,600	28,000
Vic	3,360	10,080	16,800	37,800	58,800	84,000
1938 16th Series Model 1605, Super 8, 139" wb						
Bus Sed	1,480	4,440	7,400	16,650	25,900	37,000
Conv Sed	3,920	11,760	19,600	44,100	68,600	98,000
Bus Limo	2,080	6,240	10,400	23,400	36,400	52,000
1938 16th Series Model 1605, Super 8, Customs						
Brn A/W Cabr			value not estimable			
Brn Tr Cabr			value not estimable			
Roll A/W Cabr			value not estimable			
Roll A/W Twn Car			value not estimable			
1938 16th Series Model 1607, V-12, 134" wb						
Conv Cpe	7,320	21,960	36,600	82,350	128,100	183,000
2-4P Cpe	2,480	7,440	12,400	27,900	43,400	62,000
5P Cpe	2,400	7,200	12,000	27,000	42,000	60,000
Clb Sed	2,120	6,360	10,600	23,850	37,100	53,000
Conv Vic	7,320	21,960	36,600	82,350	128,100	183,000
Tr Sed	2,000	6,000	10,000	22,500	35,000	50,000
Fml Sed	2,080	6,240	10,400	23,400	36,400	52,000
1938 16th Series Model 1608, V-12, 139" wb						
Conv Sed	7,520	22,560	37,600	84,600	131,600	188,000
Tr Sed	2,480	7,440	12,400	27,900	43,400	62,000
Tr Limo	2,640	7,920	13,200	29,700	46,200	66,000
1938 16th Series Model 1607-8, V-12, 139" wb						
Brn A/W Cabr			value not estimable			
Brn Tr Cabr			value not estimable			
Roll A/W Cabr			value not estimable			
Roll A/W Twn Car			value not estimable			
1939 17th Series Model 1700, 6-cyl., 122" wb						
Conv	1,480	4,440	7,400	16,650	25,900	37,000

	6	5	4	3	2	1
Bus Cpe	840	2,520	4,200	9,450	14,700	21,000
Clb Cpe	880	2,640	4,400	9,900	15,400	22,000
2d Sed	640	1,920	3,200	7,200	11,200	16,000
Tr Sed	660	1,980	3,300	7,430	11,550	16,500
Sta Wag	1,320	3,960	6,600	14,850	23,100	33,000

1939 17th Series Model 1701, 8-cyl., 127" wb

	6	5	4	3	2	1
Conv	2,400	7,200	12,000	27,000	42,000	60,000
Conv Sed	2,440	7,320	12,200	27,450	42,700	61,000
Clb Cpe	1,000	3,000	5,000	11,250	17,500	25,000
Bus Cpe	920	2,760	4,600	10,350	16,100	23,000
2d Sed	760	2,280	3,800	8,550	13,300	19,000
Sed	760	2,280	3,800	8,550	13,300	19,000
Sta Wag	1,360	4,080	6,800	15,300	23,800	34,000

1939 17th Series Model 1702, 8-cyl., 148" wb

	6	5	4	3	2	1
Tr Sed	960	2,880	4,800	10,800	16,800	24,000
Tr Limo	1,080	3,240	5,400	12,150	18,900	27,000

1939 17th Series Model 1703, Super 8, 127" wb

	6	5	4	3	2	1
Tr Sed	1,160	3,480	5,800	13,050	20,300	29,000
Conv	2,400	7,200	12,000	27,000	42,000	60,000
Conv Sed	2,480	7,440	12,400	27,900	43,400	62,000
Clb Cpe	1,480	4,440	7,400	16,650	25,900	37,000

1939 17th Series Model 1705, Super 8, 148" wb

	6	5	4	3	2	1
Tr Sed	1,280	3,340	6,400	14,400	22,400	32,000
Tr Limo	1,480	4,440	7,400	16,650	25,900	37,000

1939 17th Series Model 1707, V-12, 134" wb

	6	5	4	3	2	1
Conv Cpe	6,520	19,560	32,600	73,350	114,100	163,000
Conv Vic	6,520	19,560	32,600	73,350	114,100	163,000
Roll A/W Cabr	5,120	15,360	25,600	57,600	89,600	128,000
2-4P Cpe	2,560	7,680	12,800	28,800	44,800	64,000
5P Cpe	2,480	7,440	12,400	27,900	43,400	62,000
Sed	2,080	6,240	10,400	23,400	36,400	52,000
Clb Sed	2,120	6,360	10,600	23,850	37,100	53,000
Fml Sed	2,360	7,080	11,800	26,550	41,300	59,000

1939 17th Series Model 1708, V-12, 139" wb

	6	5	4	3	2	1
Conv Sed		value not estimable				
Brn Tr Cabr		value not estimable				
Brn A/W Cabr		value not estimable				
Tr Sed	2,960	8,880	14,800	33,300	51,800	74,000
Tr Limo	3,040	9,120	15,200	34,200	53,200	76,000
Roll A/W Twn Car		value not estimable				

1940 18th Series Model 1800, 6-cyl., 122" wb, (110)

	6	5	4	3	2	1
Conv	1,480	4,440	7,400	16,650	25,900	37,000
Bus Cpe	880	2,640	4,400	9,900	15,400	22,000
Clb Cpe	920	2,760	4,600	10,350	16,100	23,000
2d Sed	640	1,920	3,200	7,200	11,200	16,000
Sed	640	1,920	3,200	7,200	11,200	16,000
Sta Wag	1,280	3,840	6,400	14,400	22,400	32,000

1940 18th Series Model 1801, Std., 8-cyl., 127" wb, (120)

	6	5	4	3	2	1
Conv	1,760	5,280	8,800	19,800	30,800	44,000
Conv Sed	2,040	6,120	10,200	22,950	35,700	51,000
Bus Cpe	1,040	3,120	5,200	11,700	18,200	26,000
Clb Cpe	1,080	3,240	5,400	12,150	18,900	27,000
2d Sed	800	2,400	4,000	9,000	14,000	20,000
Clb Sed	840	2,520	4,200	9,450	14,700	21,000
Sed	800	2,400	4,000	9,000	14,000	20,000
Darr Vic	5,600	16,800	28,000	63,000	98,000	140,000
Sta Wag	1,400	4,200	7,000	15,750	24,500	35,000

1940 18th Series Model 1801, DeLuxe, 8-cyl., 127" wb, (120)

	6	5	4	3	2	1
Conv	1,880	5,640	9,400	21,150	32,900	47,000
Clb Cpe	1,080	3,240	5,400	12,150	18,900	27,000
Clb Sed	880	2,640	4,400	9,900	15,400	22,000
Tr Sed	840	2,520	4,200	9,450	14,700	21,000

1940 18th Series Model 1803, Super 8, 127" wb, (160)

	6	5	4	3	2	1
Conv	2,880	8,640	14,400	32,400	50,400	72,000
Conv Sed	3,040	9,120	15,200	34,200	53,200	76,000
Bus Cpe	1,240	3,720	6,200	13,950	21,700	31,000
Clb Cpe	1,320	3,960	6,600	14,850	23,100	33,000
Clb Sed	1,160	3,480	5,800	13,050	20,300	29,000
Sed	1,080	3,240	5,400	12,150	18,900	27,000

1940 18th Series Model 1804, Super 8, 138" wb, (160)

	6	5	4	3	2	1
Sed	1,200	3,600	6,000	13,500	21,000	30,000

1940 18th Series Model 1805, Super 8, 148" wb, (160)

	6	5	4	3	2	1
Tr Sed	1,240	3,720	6,200	13,950	21,700	31,000
Tr Limo	1,280	3,840	6,400	14,400	22,400	32,000

1951 Packard Series 400 Patrician sedan

1957 Packard Clipper sedan

1926 Pierce-Arrow Model 80 sedan

	6	5	4	3	2	1
1940 18th Series Model 1806, Custom, Super 8, 127" wb, (180)						
Clb Sed	1,440	4,320	7,200	16,200	25,200	36,000
Darr Conv Vic	7,600	22,800	38,000	85,500	133,000	190,000
1940 18th Series Model 1807, Custom, Super 8, 138" wb, (180)						
Darr Conv Sed	6,000	18,000	30,000	67,500	105,000	150,000
Roll A/W Cabr	4,320	12,960	21,600	48,600	75,600	108,000
Darr Spt Sed	6,400	19,200	32,000	72,000	112,000	160,000
Fml Sed	1,880	5,640	9,400	21,150	32,900	47,000
Tr Sed	1,840	5,520	9,200	20,700	32,200	46,000
1940 18th Series Model 1808, Custom, Super 8, 148" wb, (180)						
Roll A/W Twn Car	3,520	10,560	17,600	39,600	61,600	88,000
Tr Sed	1,880	5,640	9,400	21,150	32,900	47,000
Tr Limo	1,960	5,880	9,800	22,050	34,300	49,000
1941 19th Series Model 1900, Std., 6-cyl., 122" wb, (110)						
Conv	1,400	4,200	7,000	15,750	24,500	35,000
Bus Cpe	800	2,400	4,000	9,000	14,000	20,000
Clb Cpe	850	2,500	4,200	9,450	14,700	21,000
2d Sed	700	2,050	3,400	7,650	11,900	17,000
Tr Sed	700	2,050	3,400	7,650	11,900	17,000
Sta Wag	1,700	5,050	8,400	18,900	29,400	42,000
1941 19th Series Model 1900, Dlx., 6-cyl., 122" wb, (110)						
Conv	1,600	4,800	8,000	18,000	28,000	40,000
Clb Cpe	900	2,750	4,600	10,350	16,100	23,000
2d Sed	800	2,400	4,000	9,000	14,000	20,000
Sed	700	2,150	3,600	8,100	12,600	18,000
Sta Wag	1,750	5,300	8,800	19,800	30,800	44,000
1941 19th Series Model 1901, 8-cyl., 127" wb, (120)						
Conv	1,700	5,150	8,600	19,350	30,100	43,000
Conv Sed	1,800	5,400	9,000	20,250	31,500	45,000
Bus Cpe	1,000	3,000	5,000	11,250	17,500	25,000
Clb Cpe	1,050	3,100	5,200	11,700	18,200	26,000
2d Sed	900	2,650	4,400	9,900	15,400	22,000
Sed	800	2,400	4,000	9,000	14,000	20,000
Sta Wag	2,000	6,000	10,000	22,500	35,000	50,000
DeL Sta Wag	2,100	6,350	10,600	23,850	37,100	53,000
1941 19th Series Model 1903, Super 8, 127" wb, (160)						
Conv	2,850	8,500	14,200	31,950	49,700	71,000
DeL Conv	2,900	8,750	14,600	32,850	51,100	73,000
Conv Sed	3,000	9,000	15,000	33,750	52,500	75,000
DeL Conv Sed	3,100	9,250	15,400	34,650	53,900	77,000
Clb Cpe	1,100	3,350	5,600	12,600	19,600	28,000
Bus Cpe	1,100	3,250	5,400	12,150	18,900	27,000
Sed	1,050	3,100	5,200	11,700	18,200	26,000
1941 19th Series Model 1904, Super 8, 138" wb, (160)						
Sed	1,200	3,600	6,000	13,500	21,000	30,000
1941 19th Series Model 1905, Super 8, 148" wb, (160)						
Tr Sed	1,300	3,850	6,400	14,400	22,400	32,000
Tr Limo	1,400	4,200	7,000	15,750	24,500	35,000
1941 19th Series Model 1906, Custom, Super 8, 127" wb, (180)						
Darr Conv Vic	7,200	21,600	36,000	81,000	126,000	180,000
1941 19th Series Model 1907, Custom, Super 8, 138" wb, (180)						
Leb Spt Brgm	2,750	8,300	13,800	31,050	48,300	69,000
Roll A/W Cabr	3,550	10,700	17,800	40,050	62,500	89,000
Darr Spt Sed	4,000	12,000	20,000	45,000	70,000	100,000
Tr Sed	1,700	5,150	8,600	19,350	30,100	43,000
Fml Sed	1,800	5,400	9,000	20,250	31,500	45,000
1941 19th Series Model 1908, Custom, Super 8, 148" wb, (180)						
Roll A/W Twn Car	3,500	10,400	17,400	39,150	61,000	87,000
Tr Sed	1,900	5,750	9,600	21,600	33,600	48,000
LeB Tr Sed	2,100	6,350	10,600	23,850	37,100	53,000
Tr Limo	2,200	6,600	11,000	24,750	38,500	55,000
LeB Tr Limo	2,500	7,550	12,600	28,350	44,100	63,000
1941 19th Series Model 1951, Clipper, 8-cyl., 127" wb						
Sed	750	2,300	3,800	8,550	13,300	19,000
1942 20th Series Clipper Series - (6-cyl.) Series 2000, Special, 120" wb						
Bus Cpe	750	2,300	3,800	8,550	13,300	19,000
Clb Sed	700	2,150	3,600	8,100	12,600	18,000
Tr Sed	700	2,050	3,400	7,650	11,900	17,000
1942 20th Series Model 2010, Custom, 120" wb						
Clb Sed	850	2,500	4,200	9,450	14,700	21,000
Tr Sed	800	2,400	4,000	9,000	14,000	20,000
1942 20th Series Model 2020, Custom, 122" wb						
Conv	1,550	4,700	7,800	17,550	27,300	39,000

	6	5	4	3	2	1
1942 20th Series Clipper Series - (8-cyl.) Series 2001, Special, 120" wb						
Bus Cpe	800	2,400	4,000	9,000	14,000	20,000
Clb Sed	850	2,500	4,200	9,450	14,700	21,000
Tr Sed	800	2,400	4,000	9,000	14,000	20,000
1942 20th Series Model 2011, Custom, 120" wb						
Clb Sed	950	2,900	4,800	10,800	16,800	24,000
Tr Sed	900	2,750	4,600	10,350	16,100	23,000
1942 20th Series Model 2021, Custom, 127" wb						
Conv	1,700	5,150	8,600	19,350	30,100	43,000
1942 20th Series Super 8, 160 Series, Clipper, 127" wb, 2003						
Clb Sed	1,100	3,350	5,600	12,600	19,600	28,000
Tr Sed	1,100	3,250	5,400	12,150	18,900	27,000
1942 20th Series Super 8, 160, 127" wb, 2023						
Conv	2,850	8,500	14,200	31,950	49,700	71,000
1942 20th Series Super 8, 160, 138" wb, 2004						
Tr Sed	1,200	3,600	6,000	13,500	21,000	30,000
1942 20th Series Super 8, 160, 148" wb, 2005						
7P Sed	1,300	3,850	6,400	14,400	22,400	32,000
Limo	1,350	4,100	6,800	15,300	23,800	34,000
1942 20th Series Super 8, 160, 148" wb, 2055						
Bus Sed	1,200	3,600	6,000	13,500	21,000	30,000
Bus Limo	1,300	3,850	6,400	14,400	22,400	32,000
1942 20th Series Super 8, 180, Clipper, 127" wb, 2006						
Clb Sed	1,150	3,500	5,800	13,050	20,300	29,000
Tr Sed	1,100	3,350	5,600	12,600	19,600	28,000
1942 20th Series Super 8, 180, Special, 127" wb, 2006						
Darr Conv Vic	7,600	22,800	38,000	85,500	133,000	190,000
1942 20th Series Super 8, 180, 138" wb, 2007						
Tr Sed	1,100	3,350	5,600	12,600	19,600	28,000
Fml Sed	1,200	3,600	6,000	13,500	21,000	30,000
Roll A/W Cabr	3,550	10,700	17,800	40,050	62,500	89,000
1942 20th Series Super 8, 180, 148" wb, 2008						
Tr Sed	1,400	4,200	7,000	15,750	24,500	35,000
Limo	1,500	4,550	7,600	17,100	26,600	38,000
LeB Sed	2,000	6,000	10,000	22,500	35,000	50,000
LeB Limo	2,150	6,500	10,800	24,300	37,800	54,000
Roll A/W Twn Car	3,550	10,700	17,800	40,050	62,500	89,000
1946 21st Series Clipper, 6-cyl., 120" wb, 2100						
Clb Sed	800	2,400	4,000	9,000	14,000	20,000
Sed	760	2,280	3,800	8,550	13,300	19,000
1946 21st Series Clipper, 6-cyl., 120" wb, 2130						
4d Taxi	880	2,640	4,400	9,900	15,400	22,000
1946 21st Series Clipper, 8-cyl., 120" wb, 2101						
Tr Sed	760	2,280	3,800	8,550	13,300	19,000
1946 21st Series Clipper, DeLuxe, 8-cyl., 120" wb, 2111						
Clb Sed	840	2,520	4,200	9,450	14,700	21,000
Tr Sed	800	2,400	4,000	9,000	14,000	20,000
1946 21st Series Clipper, Super 8, 127" wb, 2103						
Clb Sed	880	2,640	4,400	9,900	15,400	22,000
Tr Sed	840	2,520	4,200	9,450	14,700	21,000
1946 21st Series Clipper, Super 8, 127" wb, 2106 Custom						
Clb Sed	960	2,880	4,800	10,800	16,800	24,000
Tr Sed	920	2,760	4,600	10,350	16,100	23,000
1946 21st Series Clipper, Super, 148" wb, 2126 Custom						
8P Sed	1,120	3,360	5,600	12,600	19,600	28,000
Limo	1,320	3,960	6,600	14,850	23,100	33,000
1947 21st Series Clipper, 6-cyl., 120" wb, 2100						
Clb Sed	800	2,400	4,000	9,000	14,000	20,000
Tr Sed	760	2,280	3,800	8,550	13,300	19,000
1947 21st Series Clipper, DeLuxe, 8-cyl., 120" wb, 2111						
Clb Sed	800	2,400	4,000	9,000	14,000	20,000
Tr Sed	760	2,280	3,800	8,550	13,300	19,000
1947 21st Series Clipper, Super 8, 127" wb, 2103						
Clb Sed	960	2,880	4,800	10,800	16,800	24,000
Tr Sed	880	2,640	4,400	9,900	15,400	22,000
1947 21st Series Clipper, Super 8, 127" wb, 2106 Custom						
Clb Sed	1,040	3,120	5,200	11,700	18,200	26,000
Tr Sed	960	2,880	4,800	10,800	16,800	24,000
1947 21st Series Clipper, Super 8, 148" wb, 2126 Custom						
7P Sed	1,120	3,360	5,600	12,600	19,600	28,000
Limo	1,320	3,960	6,600	14,850	23,100	33,000

	6	5	4	3	2	1
1948 & Early 1949 22nd Series Model 2201, 8-cyl., 120" wb						
Clb Sed	760	2,280	3,800	8,550	13,300	19,000
Sed	720	2,160	3,600	8,100	12,600	18,000
Sta Sed	1,680	5,040	8,400	18,900	29,400	42,000
1948 & Early 1949 22nd Series Model 2211, DeLuxe, 8-cyl., 120" wb						
Clb Sed	840	2,520	4,200	9,450	14,700	21,000
Tr Sed	800	2,400	4,000	9,000	14,000	20,000
1948 & Early 1949 22nd Series Super 8, 120" wb, 2202						
Clb Sed	960	2,880	4,800	10,800	16,800	24,000
Sed	920	2,760	4,600	10,350	16,100	23,000
1948 & Early 1949 22nd Series Super 8, 120" wb, 2232						
Conv	1,680	5,040	8,400	18,900	29,400	42,000
1948 & Early 1949 22nd Series Super 8, 141" wb, 2222						
Sed	1,080	3,240	5,400	12,150	18,900	27,000
Limo	1,280	3,840	6,400	14,400	22,400	32,000
1948 & Early 1949 22nd Series Super 8, DeLuxe, 141" wb						
Sed	1,120	3,360	5,600	12,600	19,600	28,000
Limo	1,320	3,960	6,600	14,850	23,100	33,000
1948 & Early 1949 22nd Series Custom 8, 127" wb, 2206						
Clb Sed	1,080	3,240	5,400	12,150	18,900	27,000
Tr Sed	1,040	3,120	5,200	11,700	18,200	26,000
1948 & Early 1949 22nd Series Custom 8, 127" wb, 2233						
Conv	1,760	5,280	8,800	19,800	30,800	44,000
1948 & Early 1949 22nd Series Custom 8, 148" wb, 2226						
7P Sed	1,320	3,960	6,600	14,850	23,100	33,000
Limo	1,360	4,080	6,800	15,300	23,800	34,000
1949-50 23rd Series Model 2301, 120" wb						
Clb Sed	800	2,400	4,000	9,000	14,000	20,000
Sed	760	2,280	3,800	8,550	13,300	19,000
Sta Sed	1,680	5,040	8,400	18,900	29,400	42,000
1949-50 23rd Series 2301 DeLuxe, 120" wb						
Clb Sed	840	2,520	4,200	9,450	14,700	21,000
Sed	800	2,400	4,000	9,000	14,000	20,000
1949-50 23rd Series Super 8, 127" wb, 2302						
Clb Sed	920	2,760	4,600	10,350	16,100	23,000
Sed	880	2,640	4,400	9,900	15,400	22,000
1949-50 23rd Series Super 8, 2302 DeLuxe						
Clb Sed	960	2,880	4,800	10,800	16,800	24,000
Sed	920	2,760	4,600	10,350	16,100	23,000
1949-50 23rd Series Super 8, Super DeLuxe, 127" wb, 2332						
Conv	1,680	5,040	8,400	18,900	29,400	42,000
1949-50 23rd Series Super 8, 141" wb, 2322						
7P Sed	1,160	3,480	5,800	13,050	20,300	29,000
Limo	1,320	3,960	6,600	14,850	23,100	33,000
1949-50 23rd Series Custom 8, 127" wb, 2306						
Sed	1,040	3,120	5,200	11,700	18,200	26,000
1949-50 23rd Series Custom 8, 127" wb, 2333						
Conv	1,760	5,280	8,800	19,800	30,800	44,000
1951 24th Series 200, Standard, 122" wb, 2401						
Bus Cpe	680	2,040	3,400	7,650	11,900	17,000
2d Sed	680	2,040	3,400	7,650	11,900	17,000
Sed	680	2,040	3,400	7,650	11,900	17,000
1951 24th Series 200, DeLuxe						
2d Sed	720	2,160	3,600	8,100	12,600	18,000
Sed	720	2,160	3,600	8,100	12,600	18,000
1951 24th Series 122" wb, 2402						
M.F HT	840	2,520	4,200	9,450	14,700	21,000
Conv	1,200	3,600	6,000	13,500	21,000	30,000
1951 24th Series 300, 127" wb, 2402						
Sed	760	2,280	3,800	8,550	13,300	19,000
1951 24th Series Patrician, 400, 127" wb, 2406						
Sed	840	2,520	4,200	9,450	14,700	21,000
1952 25th Series 200, Std., 122" wb, 2501						
2d Sed	680	2,040	3,400	7,650	11,900	17,000
Sed	680	2,040	3,400	7,650	11,900	17,000
1952 25th Series 200, DeLuxe						
2d Sed	720	2,160	3,600	8,100	12,600	18,000
Sed	720	2,160	3,600	8,100	12,600	18,000
1952 25th Series 122" wb, 2531						
Conv	1,200	3,600	6,000	13,500	21,000	30,000
M.F HT	880	2,640	4,400	9,900	15,400	22,000

	6	5	4	3	2	1
1952 25th Series 300, 122" wb, 2502						
Sed	760	2,280	3,800	8,550	13,300	19,000
1952 25th Series Patrician, 400, 127" wb, 2506						
Sed	840	2,520	4,200	9,450	14,700	21,000
Der Cus Sed	880	2,640	4,400	9,900	15,400	22,000
1953 26th Series Clipper, 122" wb, 2601						
2d HT	840	2,520	4,200	9,450	14,700	21,000
2d Sed	720	2,160	3,600	8,100	12,600	18,000
Sed	720	2,160	3,600	8,100	12,600	18,000
1953 26th Series Clipper DeLuxe						
2d Sed	760	2,280	3,800	8,550	13,300	19,000
Sed	760	2,280	3,800	8,550	13,300	19,000
1953 26th Series Cavalier, 127" wb, 2602						
Cav Sed	800	2,400	4,000	9,000	14,000	20,000
1953 26th Series Packard 8, 122" wb, 2631						
Conv	1,280	3,840	6,400	14,400	22,400	32,000
Carr Conv	1,760	5,280	8,800	19,800	30,800	44,000
M.F HT	880	2,640	4,400	9,900	15,400	22,000
1953 26th Series Patrician, 127" wb, 2606						
Sed	840	2,520	4,200	9,450	14,700	21,000
Der Fml Sed	920	2,760	4,600	10,350	16,100	23,000
1953 26th Series 149" wb, 2626						
Exec Sed	880	2,640	4,400	9,900	15,400	22,000
Corp Limo	960	2,880	4,800	10,800	16,800	24,000
1954 54th Series Clipper, 122" wb, DeLuxe 5401						
2d HT	840	2,520	4,200	9,450	14,700	21,000
Clb Sed	720	2,160	3,600	8,100	12,600	18,000
Sed	720	2,160	3,600	8,100	12,600	18,000
1954 54th Series Clipper Super 5411						
Pan HT	880	2,640	4,400	9,900	15,400	22,000
Clb Sed	760	2,280	3,800	8,550	13,300	19,000
Sed	760	2,280	3,800	8,550	13,300	19,000
1954 54th Series Cavalier, 127" wb, 5402						
Sed	800	2,400	4,000	9,000	14,000	20,000
1954 54th Series Packard 8, 122" wb, 5431						
Pac HT	920	2,760	4,600	10,350	16,100	23,000
Conv	1,280	3,840	6,400	14,400	22,400	32,000
Caribbean Conv	2,000	6,000	10,000	22,500	35,000	50,000
1954 54th Series Patrician, 127" wb, 5406						
Sed	840	2,520	4,200	9,450	14,700	21,000
Der Cus Sed	920	2,760	4,600	10,350	16,100	23,000
1954 54th Series 149" wb, 5426						
8P Sed	960	2,880	4,800	10,800	16,800	24,000
Limo	1,000	3,000	5,000	11,250	17,500	25,000
1955 55th Series Clipper, DeLuxe, 122" wb, 5540						
Sed	640	1,920	3,200	7,200	11,200	16,000
1955 55th Series Clipper, Super, 5540						
Pan HT	800	2,400	4,000	9,000	14,000	20,000
Sed	680	2,040	3,400	7,650	11,900	17,000
1955 55th Series Clipper Custom 5560 (352 cid V-8)						
Con HT	880	2,640	4,400	9,900	15,400	22,000
Sed	720	2,160	3,600	8,100	12,600	18,000
1955 55th Series Packard, 400, 127" wb, 5580						
"400" HT	1,160	3,480	5,800	13,050	20,300	29,000
1955 55th Series Caribbean 5580						
Conv	2,560	7,680	12,800	28,800	44,800	64,000
1955 55th Series Patrician 5580						
Sed	920	2,760	4,600	10,350	16,100	23,000
1956 56th Series Clipper, DeLuxe, 122" wb, 5640						
Sed	680	2,040	3,400	7,650	11,900	17,000
1956 56th Series Clipper, Super, 5640						
HT	840	2,520	4,200	9,450	14,700	21,000
Sed	720	2,160	3,600	8,100	12,600	18,000
1956 56th Series Clipper, Custom, 5660						
Con HT	880	2,640	4,400	9,900	15,400	22,000
Sed	720	2,160	3,600	8,100	12,600	18,000
1956 56th Series Clipper Executive						
HT	920	2,760	4,600	10,350	16,100	23,000
Sed	760	2,280	3,800	8,550	13,300	19,000
1956 56th Series Packard, 400, 127" wb, 5680						
"400" HT	1,200	3,600	6,000	13,500	21,000	30,000

	6	5	4	3	2	1
1956 56th Series Caribbean, 5688						
Conv	2,640	7,920	13,200	29,700	46,200	66,000
HT	1,400	4,200	7,000	15,750	24,500	35,000
1956 56th Series Patrician, 5680						
Sed	880	2,640	4,400	9,900	15,400	22,000
1957 57th L Series Clipper						
Sed	640	1,920	3,200	7,200	11,200	16,000
Sta Wag	680	2,040	3,400	7,650	11,900	17,000
1958 58th L Series Clipper						
HT	760	2,280	3,800	8,550	13,300	19,000
Sed	560	1,680	2,800	6,300	9,800	14,000
Sta Wag	640	1,920	3,200	7,200	11,200	16,000
Hawk	1,120	3,360	5,600	12,600	19,600	28,000

PIERCE-ARROW

	6	5	4	3	2	1
1901 1-cyl., 2-3/4 hp						
Motorette	2,000	6,000	10,000	22,500	35,000	50,000
1901 1-cyl., 3-3/4 hp						
Motorette	2,080	6,240	10,400	23,400	36,400	52,000
1902 1-cyl., 3-1/2 hp, 58" wb						
Motorette	2,080	6,240	10,400	23,400	36,400	52,000
1903 1-cyl., 5 hp						
Rbt	2,160	6,480	10,800	24,300	37,800	54,000
1903 1-cyl., 6-1/2 hp						
Stanhope	2,240	6,720	11,200	25,200	39,200	56,000
1903 2-cyl., 15 hp						
5P Tr	2,400	7,200	12,000	27,000	42,000	60,000
1904 1-cyl., 8 hp, 70" wb						
Stanhope	2,080	6,240	10,400	23,400	36,400	52,000
2P Stanhope	2,000	6,000	10,000	22,500	35,000	50,000
1904 4 cyl., 24/28 hp, 93" wb						
5P Great Arrow Tr	2,800	8,400	14,000	31,500	49,000	70,000
1904 2-cyl., 15 hp, 81" wb						
5P Tr	1,880	5,640	9,400	21,150	32,900	47,000
1904 4-cyl., 24/28 hp, 93" wb						
Great Arrow Tr	2,480	7,440	12,400	27,900	43,400	62,000
1905 1-cyl., 8 hp, 70" wb						
2P Stanhope	1,600	4,800	8,000	18,000	28,000	40,000
Stanhope	1,680	5,040	8,400	18,900	29,400	42,000
1905 Great Arrow, 4-cyl., 24/28 hp, 100" wb						
5P Tonn	2,400	7,200	12,000	27,000	42,000	60,000
5P Canopy Tonn	2,480	7,440	12,400	27,900	43,400	62,000
5P Vic	2,280	6,840	11,400	25,650	39,900	57,000
5P Cape Tonn	2,360	7,080	11,800	26,550	41,300	59,000
1905 Great Arrow, 4-cyl., 28/32 hp, 104" wb						
5P Tonn	2,560	7,680	12,800	28,800	44,800	64,000
5P Canopy Tonn	2,480	7,440	12,400	27,900	43,400	62,000
5P Vic	2,400	7,200	12,000	27,000	42,000	60,000
5P Cape Tonn	2,480	7,440	12,400	27,900	43,400	62,000
1905 Great Arrow, 4-cyl., 28/32 hp, 109" wb						
7P Lan'let	2,080	6,240	10,400	23,400	36,400	52,000
7P Sub	1,880	5,640	9,400	21,150	32,900	47,000
8P Opera Coach	2,160	6,480	10,800	24,300	37,800	54,000
1905 4-cyl., 24/28 hp, 100" wb						
Great Arrow Tr	2,480	7,440	12,400	27,900	43,400	62,000
Great Arrow Lan'let	2,440	7,320	12,200	27,450	42,700	61,000
Great Arrow Sub	2,280	6,840	11,400	25,650	39,900	57,000
1905 4-cyl., 24/32 hp, 104" wb						
Great Arrow Opera Ch	2,640	7,920	13,200	29,700	46,200	66,000
1906 Motorette, 1-cyl., 8 hp, 70" wb						
Stanhope	1,280	3,840	6,400	14,400	22,400	32,000
1906 Great Arrow, 4-cyl., 28/32 hp, 107" wb						
5P Tr	2,560	7,680	12,800	28,800	44,800	64,000
5P Vic	2,280	6,840	11,400	25,650	39,900	57,000
8P Open Coach	2,720	8,160	13,600	30,600	47,600	68,000
7P Sub	2,640	7,920	13,200	29,700	46,200	66,000
7P Lan'let	2,400	7,200	12,000	27,000	42,000	60,000
1906 Great Arrow, 4-cyl., 40/45 hp, 109" wb						
7P Tr	2,800	8,400	14,000	31,500	49,000	70,000
8P Open Coach	2,880	8,640	14,400	32,400	50,400	72,000
7P Sub	2,800	8,400	14,000	31,500	49,000	70,000
7P Lan'let	2,560	7,680	12,800	28,800	44,800	64,000

	6	5	4	3	2	1
1907 Great Arrow, 4-cyl., 28/32 hp, 112" wb						
5P Tr	2,880	8,640	14,400	32,400	50,400	72,000
5P Limo	2,560	7,680	12,800	28,800	44,800	64,000
7P Sub	2,640	7,920	13,200	29,700	46,200	66,000
1907 Great Arrow, 4-cyl., 40/45 hp, 124" wb						
7P Tr	2,960	8,880	14,800	33,300	51,800	74,000
7P Limo	2,800	8,400	14,000	31,500	49,000	70,000
7P Sub	2,880	8,640	14,400	32,400	50,400	72,000
1907 Great Arrow, 6-cyl., 65 hp, 135" wb						
7P Tr	2,960	8,880	14,800	33,300	51,800	74,000
1908 Great Arrow, 4-cyl., 30 hp, 112" wb						
Tr	2,720	8,160	13,600	30,600	47,600	68,000
1908 Great Arrow, 4-cyl., 40 hp, 124" wb						
Tr	2,960	8,880	14,800	33,300	51,800	74,000
Sub	2,800	8,400	14,000	31,500	49,000	70,000
1908 Great Arrow, 6-cyl., 40 hp, 130" wb						
Tr	3,200	9,600	16,000	36,000	56,000	80,000
Sub	2,960	8,880	14,800	33,300	51,800	74,000
Rds	3,120	9,360	15,600	35,100	54,600	78,000
1908 Great Arrow, 6-cyl., 60 hp, 135" wb						
Tr	3,520	10,560	17,600	39,600	61,600	88,000
Sub	3,120	9,360	15,600	35,100	54,600	78,000
Rds	3,360	10,080	16,800	37,800	58,800	84,000
1909 Model 24, 4-cyl., 24 hp, 111-1/2" wb						
3P Rbt	1,480	4,440	7,400	16,650	25,900	37,000
3P Vic Top Rbt	1,560	4,680	7,800	17,550	27,300	39,000
2P Rbt	1,440	4,320	7,200	16,200	25,200	36,000
4P Tr Car	1,680	5,040	8,400	18,900	29,400	42,000
5P Lan'let	1,600	4,800	8,000	18,000	28,000	40,000
5P Brgm	1,640	4,920	8,200	18,450	28,700	41,000
1909 Model 36, 6-cyl., 36 hp, 119" wb						
5P Tr	1,840	5,520	9,200	20,700	32,200	46,000
5P Cape Top Tr	1,880	5,640	9,400	21,150	32,900	47,000
2P Rbt	1,640	4,920	8,200	18,450	28,700	41,000
3P Rbt	1,660	4,980	8,300	18,680	29,050	41,500
4P Tr	1,800	5,400	9,000	20,250	31,500	45,000
5P Brgm	1,680	5,040	8,400	18,900	29,400	42,000
5P Lan'let	1,760	5,280	8,800	19,800	30,800	44,000
1909 Model 40, 4-cyl., 40 hp, 124" wb						
7P Sub	2,080	6,240	10,400	23,400	36,400	52,000
4P Tr Car	2,040	6,120	10,200	22,950	35,700	51,000
7P Tr	2,080	6,240	10,400	23,400	36,400	52,000
7P Lan	1,880	5,640	9,400	21,150	32,900	47,000
1909 Model 48, 6-cyl., 48 hp, 130" wb						
4P Tr	2,360	7,080	11,800	26,550	41,300	59,000
4P Cape Top Tr	2,440	7,320	12,200	27,450	42,700	61,000
2P Tr	2,280	6,840	11,400	25,650	39,900	57,000
3P Tr	2,360	7,080	11,800	26,550	41,300	59,000
7P Tr	2,400	7,200	12,000	27,000	42,000	60,000
7P Lan	2,280	6,840	11,400	25,650	39,900	57,000
7P Sub	2,400	7,200	12,000	27,000	42,000	60,000
1909 Model 60, 6-cyl., 60 hp, 135" wb						
7P Tr	2,960	8,880	14,800	33,300	51,800	74,000
7P Cape Top Tr	3,040	9,120	15,200	34,200	53,200	76,000
7P Sub	3,040	9,120	15,200	34,200	53,200	76,000
7P Lan	2,720	8,160	13,600	30,600	47,600	68,000
1910 Model 60, 6-cyl., 60 hp, 135" wb						
5P Lan'let	1,840	5,520	9,200	20,700	32,200	46,000
1910 Model 36, 6-cyl., 36 hp, 125" wb						
4P Miniature Tonn	1,760	5,280	8,800	19,800	30,800	44,000
5P Tr	1,840	5,520	9,200	20,700	32,200	46,000
5P Brgm	1,680	5,040	8,400	18,900	29,400	42,000
Rbt (119" wb)	1,680	5,040	8,400	18,900	29,400	42,000
1910 Model 48, 6-cyl., 48 hp, 134-1/2" wb						
7P Lan'let	2,080	6,240	10,400	23,400	36,400	52,000
Miniature Tonn	2,000	6,000	10,000	22,500	35,000	50,000
7P Tr	2,280	6,840	11,400	25,650	39,900	57,000
7P Sub	2,280	6,840	11,400	25,650	39,900	57,000
Rbt (128" wb)	2,080	6,240	10,400	23,400	36,400	52,000
1910 Model 66, 6-cyl., 66 hp, 140" wb						
7P Tr	2,960	8,880	14,800	33,300	51,800	74,000
4P Miniature Tonn	2,720	8,160	13,600	30,600	47,600	68,000
7P Sub	2,960	8,880	14,800	33,300	51,800	74,000
7P Lan'let	2,720	8,160	13,600	30,600	47,600	68,000
Rbt (133-1/2" wb)	2,640	7,920	13,200	29,700	46,200	66,000

	6	5	4	3	2	1
1911 Model 36T, 6-cyl., 38 hp, 125" wb						
5P Tr.	2,640	7,920	13,200	29,700	46,200	66,000
3P Rbt.	2,480	7,440	12,400	27,900	43,400	62,000
4P Miniature Tonn	2,480	7,440	12,400	27,900	43,400	62,000
5P Brgm	2,360	7,080	11,800	26,550	41,300	59,000
5P Lan'let	2,400	7,200	12,000	27,000	42,000	60,000
1911 Model 48T, 6-cyl., 48 hp, 134-1/2" wb						
7P Tr.	2,880	8,640	14,400	32,400	50,400	72,000
Rbt	2,560	7,680	12,800	28,800	44,800	64,000
Miniature Tonn	2,640	7,920	13,200	29,700	46,200	66,000
5P Close Coupled.	2,280	6,840	11,400	25,650	39,900	57,000
5P Protected Tr	2,560	7,680	12,800	28,800	44,800	64,000
Sub	2,800	8,400	14,000	31,500	49,000	70,000
Lan	2,800	8,400	14,000	31,500	49,000	70,000
1911 Model 66T, 6-cyl., 66 hp, 140" wb						
7P Tr.	3,200	9,600	16,000	36,000	56,000	80,000
Rbt	2,960	8,880	14,800	33,300	51,800	74,000
Miniature Tonn	3,040	9,120	15,200	34,200	53,200	76,000
5P Protected Tr	2,960	8,880	14,800	33,300	51,800	74,000
Close Coupled	2,560	7,680	12,800	28,800	44,800	64,000
Sub	3,120	9,360	15,600	35,100	54,600	78,000
Lan	3,120	9,360	15,600	35,100	54,600	78,000
1912 Model 36T, 6 cyl., 36 hp, 127-1/2" wb						
4P Tr.	2,560	7,680	12,800	28,800	44,800	64,000
5P Tr.	2,560	7,680	12,800	28,800	44,800	64,000
Brgm	2,400	7,200	12,000	27,000	42,000	60,000
Lan'let	2,400	7,200	12,000	27,000	42,000	60,000
Rbt (119" wb)	2,480	7,440	12,400	27,900	43,400	62,000
1912 Model 48, 6-cyl., 48 hp, 134-1/2" wb						
4P Tr.	2,800	8,400	14,000	31,500	49,000	70,000
5P Tr.	2,800	8,400	14,000	31,500	49,000	70,000
7P Tr.	2,880	8,640	14,400	32,400	50,400	72,000
Brgm	2,560	7,680	12,800	28,800	44,800	64,000
Lan'let	2,560	7,680	12,800	28,800	44,800	64,000
Sub	2,720	8,160	13,600	30,600	47,600	68,000
Lan	2,720	8,160	13,600	30,600	47,600	68,000
Vestibule Sub	2,640	7,920	13,200	29,700	46,200	66,000
Rbt (128" wb)	2,640	7,920	13,200	29,700	46,200	66,000
1912 Model 66, 6-cyl., 66 hp, 140" wb						
4P Tr.	3,120	9,360	15,600	35,100	54,600	78,000
5P Tr.	3,200	9,600	16,000	36,000	56,000	80,000
7P Tr.	3,280	9,840	16,400	36,900	57,400	82,000
Sub	3,200	9,600	16,000	36,000	56,000	80,000
Lan	3,120	9,360	15,600	35,100	54,600	78,000
Vestibule Sub	3,120	9,360	15,600	35,100	54,600	78,000
Rbt (133-1/2" wb)	3,120	9,360	15,600	35,100	54,600	78,000
1913 Model 38-C, 6-cyl., 38.4 hp, 119" wb						
3P Rbt.	2,280	6,840	11,400	25,650	39,900	57,000
4P Tr.	2,360	7,080	11,800	26,550	41,300	59,000
5P Tr.	2,440	7,320	12,200	27,450	42,700	61,000
6P Brgm	2,200	6,600	11,000	24,750	38,500	55,000
6P Lan'let	2,240	6,720	11,200	25,200	39,200	56,000
1913 Model 48-B, 6-cyl., 48.6 hp, 134-1/2" wb						
5P Tr.	2,800	8,400	14,000	31,500	49,000	70,000
Rbt	2,720	8,160	13,600	30,600	47,600	68,000
4P Tr.	2,800	8,400	14,000	31,500	49,000	70,000
7P Tr.	2,880	8,640	14,400	32,400	50,400	72,000
Brgm	2,280	6,840	11,400	25,650	39,900	57,000
Lan'let	2,360	7,080	11,800	26,550	41,300	59,000
7P Sub	2,400	7,200	12,000	27,000	42,000	60,000
7P Lan	2,440	7,320	12,200	27,450	42,700	61,000
Vestibule Sub	2,480	7,440	12,400	27,900	43,400	62,000
Vestibule Lan	2,480	7,440	12,400	27,900	43,400	62,000
1913 Model 66-A, 6-cyl., 60 hp, 147-1/2" wb						
7P Tr.	3,440	10,320	17,200	38,700	60,200	86,000
Rbt	3,120	9,360	15,600	35,100	54,600	78,000
4P Tr.	3,360	10,080	16,800	37,800	58,800	84,000
5P Tr.	3,360	10,080	16,800	37,800	58,800	84,000
Brgm	2,720	8,160	13,600	30,600	47,600	68,000
Lan'let	2,720	8,160	13,600	30,600	47,600	68,000
7P Sub	2,960	8,880	14,800	33,300	51,800	74,000
7P Lan	2,960	8,880	14,800	33,300	51,800	74,000
Vestibule Sub	3,040	9,120	15,200	34,200	53,200	76,000
Vestibule Lan	3,040	9,120	15,200	34,200	53,200	76,000
1914 Model 38-C, 6-cyl., 38.4 hp, 132" wb						
5P Tr.	2,440	7,320	12,200	27,450	42,700	61,000

	6	5	4	3	2	1
4P Tr.	2,360	7,080	11,800	26,550	41,300	59,000
7P Brgm	2,200	6,600	11,000	24,750	38,500	55,000
7P Lan'let	2,240	6,720	11,200	25,200	39,200	56,000
Vestibule Brgm	2,280	6,840	11,400	25,650	39,900	57,000
Vestibule Lan	2,280	6,840	11,400	25,650	39,900	57,000
3P Rbt (127-1/2" wb)	2,360	7,080	11,800	26,550	41,300	59,000

1914 Model 48-B, 6-cyl., 48.6 hp, 142" wb

	6	5	4	3	2	1
4P Tr.	2,800	8,400	14,000	31,500	49,000	70,000
5P Tr.	2,880	8,640	14,400	32,400	50,400	72,000
7P Tr.	2,960	8,880	14,800	33,300	51,800	74,000
7P Sub	2,880	8,640	14,400	32,400	50,400	72,000
7P Lan	2,640	7,920	13,200	29,700	46,200	66,000
Vestibule Sub	2,560	7,680	12,800	28,800	44,800	64,000
Vestibule Lan	2,560	7,680	12,800	28,800	44,800	64,000
Brgm	2,560	7,680	12,800	28,800	44,800	64,000
Lan	2,640	7,920	13,200	29,700	46,200	66,000
Vestibule Brgm	2,640	7,920	13,200	29,700	46,200	66,000
Vestibule Lan'let	2,640	7,920	13,200	29,700	46,200	66,000
3P Rbt (134-1/2" wb)	2,720	8,160	13,600	30,600	47,600	68,000

1914 Model 66-A, 6-cyl., 60 hp, 147-1/2" wb

	6	5	4	3	2	1
4P Tr.	3,280	9,840	16,400	36,900	57,400	82,000
5P Tr.	3,360	10,080	16,800	37,800	58,800	84,000
7P Tr.	3,440	10,320	17,200	38,700	60,200	86,000
7P Sub	3,280	9,840	16,400	36,900	57,400	82,000
7P Lan	3,120	9,360	15,600	35,100	54,600	78,000
Vestibule Lan	3,120	9,360	15,600	35,100	54,600	78,000
7P Brgm	3,120	9,360	15,600	35,100	54,600	78,000
7P Lan	3,120	9,360	15,600	35,100	54,600	78,000
Vestibule Brgm	3,200	9,600	16,000	36,000	56,000	80,000
Vestibule Lan	3,200	9,600	16,000	36,000	56,000	80,000
3P Rbt.	3,200	9,600	16,000	36,000	56,000	80,000

1915 Model 38-C, 6-cyl., 38.4 hp, 134" wb

	6	5	4	3	2	1
5P Tr.	2,400	7,200	12,000	27,000	42,000	60,000
4P Tr.	2,480	7,440	12,400	27,900	43,400	62,000
2P Rbt.	2,360	7,080	11,800	26,550	41,300	59,000
2P Cpe Rbt	2,280	6,840	11,400	25,650	39,900	57,000
7P Brgm	2,240	6,720	11,200	25,200	39,200	56,000
7P Lan'let	2,240	6,720	11,200	25,200	39,200	56,000
7P Sed	2,080	6,240	10,400	23,400	36,400	52,000
7P Brgm Lan'let	2,280	6,840	11,400	25,650	39,900	57,000
Vestibule Brgm	2,360	7,080	11,800	26,550	41,300	59,000
Vestibule Lan'let	2,360	7,080	11,800	26,550	41,300	59,000
Vestibule Brgm Lan'let	2,360	7,080	11,800	26,550	41,300	59,000

1915 Model 48-B, 6-cyl., 48.6 hp, 142" wb

	6	5	4	3	2	1
5P Tr.	2,880	8,640	14,400	32,400	50,400	72,000
4P Tr.	2,880	8,640	14,400	32,400	50,400	72,000
7P Tr.	2,960	8,880	14,800	33,300	51,800	74,000
2P Rbt.	2,800	8,400	14,000	31,500	49,000	70,000
2P Cpe Rbt	2,720	8,160	13,600	30,600	47,600	68,000
Cpe	2,640	7,920	13,200	29,700	46,200	66,000
7P Sub	2,560	7,680	12,800	28,800	44,800	64,000
7P Lan	2,560	7,680	12,800	28,800	44,800	64,000
7P Brgm	2,560	7,680	12,800	28,800	44,800	64,000
Sub Lan	2,560	7,680	12,800	28,800	44,800	64,000
Vestibule Sub	2,640	7,920	13,200	29,700	46,200	66,000
Vestibule Lan	2,640	7,920	13,200	29,700	46,200	66,000
Vestibule Brgm	2,560	7,680	12,800	28,800	44,800	64,000
Vestibule Sub Lan	2,560	7,680	12,800	28,800	44,800	64,000

1915 Model 66-A, 6-cyl., 60 hp, 147-1/2" wb

	6	5	4	3	2	1
7P Tr.	3,440	10,320	17,200	38,700	60,200	86,000
4P Tr.	3,280	9,840	16,400	36,900	57,400	82,000
5P Tr.	3,360	10,080	16,800	37,800	58,800	84,000
2P Rbt.	3,200	9,600	16,000	36,000	56,000	80,000
2P Cpe Rbt	3,120	9,360	15,600	35,100	54,600	78,000
7P Sub	3,280	9,840	16,400	36,900	57,400	82,000
7P Lan	3,280	9,840	16,400	36,900	57,400	82,000
7P Brgm	3,280	9,840	16,400	36,900	57,400	82,000
7P Sub Lan	3,280	9,840	16,400	36,900	57,400	82,000
Vestibule Lan	3,360	10,080	16,800	37,800	58,800	84,000
Vestibule Sub	3,360	10,080	16,800	37,800	58,800	84,000
Vestibule Brgm	3,280	9,840	16,400	36,900	57,400	82,000
Vestibule Sub Lan	3,360	10,080	16,800	37,800	58,800	84,000

1916 Model 38-C, 6-cyl., 38.4 hp, 134" wb

	6	5	4	3	2	1
5P Tr.	2,480	7,440	12,400	27,900	43,400	62,000
4P Tr.	2,480	7,440	12,400	27,900	43,400	62,000
2P Rbt.	2,400	7,200	12,000	27,000	42,000	60,000
3P Rbt.	2,400	7,200	12,000	27,000	42,000	60,000

	6	5	4	3	2	1
3P Cpe	2,080	6,240	10,400	23,400	36,400	52,000
2P Cpe	2,080	6,240	10,400	23,400	36,400	52,000
7P Brgm	2,040	6,120	10,200	22,950	35,700	51,000
7P Lan'let	2,040	6,120	10,200	22,950	35,700	51,000
7P Sed	1,960	5,880	9,800	22,050	34,300	49,000
Brgm Lan'let	2,080	6,240	10,400	23,400	36,400	52,000
Vestibule Brgm	2,160	6,480	10,800	24,300	37,800	54,000
Vestibule Lan'let	2,160	6,480	10,800	24,300	37,800	54,000
Vestibule Brgm Lan'let	2,160	6,480	10,800	24,300	37,800	54,000

1916 Model 48-B, 6-cyl., 48.6 hp, 142" wb

	6	5	4	3	2	1
7P Tr	2,880	8,640	14,400	32,400	50,400	72,000
4P Tr	2,800	8,400	14,000	31,500	49,000	70,000
5P Tr	2,880	8,640	14,400	32,400	50,400	72,000
2P Rbt	2,800	8,400	14,000	31,500	49,000	70,000
3P Rbt	2,800	8,400	14,000	31,500	49,000	70,000
2P Cpe	2,400	7,200	12,000	27,000	42,000	60,000
3P Cpe	2,400	7,200	12,000	27,000	42,000	60,000
7P Sub	2,560	7,680	12,800	28,800	44,800	64,000
7P Lan	2,560	7,680	12,800	28,800	44,800	64,000
7P Brgm	2,480	7,440	12,400	27,900	43,400	62,000
Sub Lan	2,560	7,680	12,800	28,800	44,800	64,000
Vestibule Sub	2,560	7,680	12,800	28,800	44,800	64,000
Vestibule Lan	2,560	7,680	12,800	28,800	44,800	64,000
Vestibule Brgm	2,480	7,440	12,400	27,900	43,400	62,000
Vestibule Sub Lan	2,560	7,680	12,800	28,800	44,800	64,000

1916 Model 66-A, 6-cyl., 60 hp, 147-1/2" wb

	6	5	4	3	2	1
7P Tr	3,360	10,080	16,800	37,800	58,800	84,000
4P Tr	3,280	9,840	16,400	36,900	57,400	82,000
5P Tr	3,280	9,840	16,400	36,900	57,400	82,000
2P Rbt	3,200	9,600	16,000	36,000	56,000	80,000
3P Rbt	3,280	9,840	16,400	36,900	57,400	82,000
2P Cpe	2,960	8,880	14,800	33,300	51,800	74,000
3P Cpe	2,960	8,880	14,800	33,300	51,800	74,000
7P Sub	3,120	9,360	15,600	35,100	54,600	78,000
7P Lan	3,040	9,120	15,200	34,200	53,200	76,000
7P Brgm	3,040	9,120	15,200	34,200	53,200	76,000
Sub Lan	3,040	9,120	15,200	34,200	53,200	76,000
Vestibule Lan	3,040	9,120	15,200	34,200	53,200	76,000
Vestibule Sub	3,040	9,120	15,200	34,200	53,200	76,000
Vestibule Brgm	3,040	9,120	15,200	34,200	53,200	76,000
Vestibule Sub Lan	3,040	9,120	15,200	34,200	53,200	76,000

1917 Model 38, 6-cyl., 38.4 hp, 134" wb

	6	5	4	3	2	1
5P Tr	2,280	6,840	11,400	25,650	39,900	57,000
2P Rbt	2,200	6,600	11,000	24,750	38,500	55,000
3P Rbt	2,200	6,600	11,000	24,750	38,500	55,000
2P Cpe	1,680	5,040	8,400	18,900	29,400	42,000
3P Cpe	1,720	5,160	8,600	19,350	30,100	43,000
4P Tr	2,240	6,720	11,200	25,200	39,200	56,000
Brgm	1,640	4,920	8,200	18,450	28,700	41,000
Lan'let	1,640	4,920	8,200	18,450	28,700	41,000
Sed	1,520	4,560	7,600	17,100	26,600	38,000
Vestibule Brgm	1,680	5,040	8,400	18,900	29,400	42,000
Brgm Lan'let	1,680	5,040	8,400	18,900	29,400	42,000
Vestibule Brgm Lan'let	1,760	5,280	8,800	19,800	30,800	44,000
Fr Brgm	1,760	5,280	8,800	19,800	30,800	44,000
Fr Brgm Lan'let	1,760	5,280	8,800	19,800	30,800	44,000

1917 Model 48, 6-cyl., 48.6 hp, 142" wb

	6	5	4	3	2	1
7P Tr	2,560	7,680	12,800	28,800	44,800	64,000
2P Rbt	2,400	7,200	12,000	27,000	42,000	60,000
3P Rbt	2,480	7,440	12,400	27,900	43,400	62,000
2P Cpe	2,080	6,240	10,400	23,400	36,400	52,000
3P Cpe	2,080	6,240	10,400	23,400	36,400	52,000
5P Tr	2,560	7,680	12,800	28,800	44,800	64,000
4P Tr	2,480	7,440	12,400	27,900	43,400	62,000
Brgm	2,040	6,120	10,200	22,950	35,700	51,000
Sub	2,080	6,240	10,400	23,400	36,400	52,000
Lan	2,080	6,240	10,400	23,400	36,400	52,000
Sub Lan	2,080	6,240	10,400	23,400	36,400	52,000
Vestibule Sub	2,160	6,480	10,800	24,300	37,800	54,000
Vestibule Lan	2,160	6,480	10,800	24,300	37,800	54,000
Vestibule Brgm	2,120	6,360	10,600	23,850	37,100	53,000
Vestibule Sub Lan	2,160	6,480	10,800	24,300	37,800	54,000

1917 Model 66, 6-cyl., 60 hp, 147-1/2" wb

	6	5	4	3	2	1
7P Tr	3,360	10,080	16,800	37,800	58,800	84,000
2P Rbt	3,200	9,600	16,000	36,000	56,000	80,000
3P Rbt	3,200	9,600	16,000	36,000	56,000	80,000
2P Cpe	2,960	8,880	14,800	33,300	51,800	74,000

	6	5	4	3	2	1
3P Cpe	2,960	8,880	14,800	33,300	51,800	74,000
4P Tr	3,280	9,840	16,400	36,900	57,400	82,000
5P Tr	3,280	9,840	16,400	36,900	57,400	82,000
Brgm	2,640	7,920	13,200	29,700	46,200	66,000
Sub	2,720	8,160	13,600	30,600	47,600	68,000
Lan	2,720	8,160	13,600	30,600	47,600	68,000
Sub Lan	2,720	8,160	13,600	30,600	47,600	68,000
Vestibule Sub	2,720	8,160	13,600	30,600	47,600	68,000
Vestibule Lan	2,720	8,160	13,600	30,600	47,600	68,000
Vestibule Brgm	2,720	8,160	13,600	30,600	47,600	68,000
Vestibule Sub Lan	2,720	8,160	13,600	30,600	47,600	68,000

1918 Model 38, 6-cyl., 38.4 hp, 134" wb

	6	5	4	3	2	1
5P Tr	2,560	7,680	12,800	28,800	44,800	64,000
2P Rbt	2,480	7,440	12,400	27,900	43,400	62,000
3P Rbt	2,480	7,440	12,400	27,900	43,400	62,000
2P Cpe	2,240	6,720	11,200	25,200	39,200	56,000
3P Cpe	2,240	6,720	11,200	25,200	39,200	56,000
2P Conv Rds	2,480	7,440	12,400	27,900	43,400	62,000
3P Conv Rds	2,480	7,440	12,400	27,900	43,400	62,000
4P Rds	2,560	7,680	12,800	28,800	44,800	64,000
4P Tr	2,480	7,440	12,400	27,900	43,400	62,000
Brgm	2,280	6,840	11,400	25,650	39,900	57,000
Lan'let	2,280	6,840	11,400	25,650	39,900	57,000
Sed	2,080	6,240	10,400	23,400	36,400	52,000
Vestibule Brgm	2,160	6,480	10,800	24,300	37,800	54,000
Brgm Lan'let	2,120	6,360	10,600	23,850	37,100	53,000
Vestibule Lan'let	2,240	6,720	11,200	25,200	39,200	56,000
Vestibule Brgm Lan'let	2,240	6,720	11,200	25,200	39,200	56,000
Fr Brgm	2,200	6,600	11,000	24,750	38,500	55,000
Fr Brgm Lan'let	2,240	6,720	11,200	25,200	39,200	56,000
Twn Brgm	2,200	6,600	11,000	24,750	38,500	55,000

1918 Model 48, 6-cyl., 48.6 hp, 142" wb

	6	5	4	3	2	1
2P Rbt	2,560	7,680	12,800	28,800	44,800	64,000
4P Rbt	2,560	7,680	12,800	28,800	44,800	64,000
3P Rbt	2,560	7,680	12,800	28,800	44,800	64,000
2P Cpe	2,360	7,080	11,800	26,550	41,300	59,000
3P Cpe	2,360	7,080	11,800	26,550	41,300	59,000
2P Conv Rds	2,560	7,680	12,800	28,800	44,800	64,000
3P Conv Rds	2,640	7,920	13,200	29,700	46,200	66,000
4P Tr	2,720	8,160	13,600	30,600	47,600	68,000
5P Tr	2,720	8,160	13,600	30,600	47,600	68,000
Brgm	2,400	7,200	12,000	27,000	42,000	60,000
Sub	2,400	7,200	12,000	27,000	42,000	60,000
Lan	2,400	7,200	12,000	27,000	42,000	60,000
Sub Lan	2,400	7,200	12,000	27,000	42,000	60,000
Vestibule Sub	2,400	7,200	12,000	27,000	42,000	60,000
Vestibule Lan	2,400	7,200	12,000	27,000	42,000	60,000
Vestibule Brgm	2,480	7,440	12,400	27,900	43,400	62,000
Vestibule Sub Lan	2,560	7,680	12,800	28,800	44,800	64,000
Fr Brgm	2,400	7,200	12,000	27,000	42,000	60,000
7P Tr	2,800	8,400	14,000	31,500	49,000	70,000
7P Sub Lan	2,560	7,680	12,800	28,800	44,800	64,000

1918 Model 66, 6-cyl., 60 hp, 147-1/2" wb

	6	5	4	3	2	1
2P Rbt	3,120	9,360	15,600	35,100	54,600	78,000
3P Rbt	3,120	9,360	15,600	35,100	54,600	78,000
2P Cpe	2,960	8,880	14,800	33,300	51,800	74,000
3P Cpe	2,960	8,880	14,800	33,300	51,800	74,000
2P Con Rds	3,120	9,360	15,600	35,100	54,600	78,000
3P Con Rds	3,200	9,600	16,000	36,000	56,000	80,000
4P Tr	3,280	9,840	16,400	36,900	57,400	82,000
5P Tr	3,280	9,840	16,400	36,900	57,400	82,000
7P Tr	3,360	10,080	16,800	37,800	58,800	84,000
Brgm	2,720	8,160	13,600	30,600	47,600	68,000
Sub	2,800	8,400	14,000	31,500	49,000	70,000
Lan	2,800	8,400	14,000	31,500	49,000	70,000
Sub Lan	2,800	8,400	14,000	31,500	49,000	70,000
Vestibule Lan	2,960	8,880	14,800	33,300	51,800	74,000
Vestibule Brgm	2,960	8,880	14,800	33,300	51,800	74,000
Vestibule Sub	2,960	8,880	14,800	33,300	51,800	74,000
Vestibule Sub Lan	2,960	8,880	14,800	33,300	51,800	74,000

1919 Model 48-B-5, 6-cyl., 48.6 hp, 142" wb

	6	5	4	3	2	1
7P Tr	2,960	8,880	14,800	33,300	51,800	74,000
2P Rbt	2,640	7,920	13,200	29,700	46,200	66,000
3P Rbt	2,640	7,920	13,200	29,700	46,200	66,000
4P Tr	2,720	8,160	13,600	30,600	47,600	68,000
4P Rds	2,880	8,640	14,400	32,400	50,400	72,000
5P Tr	2,960	8,880	14,800	33,300	51,800	74,000

	6	5	4	3	2	1
2P Cpe	2,480	7,440	12,400	27,900	43,400	62,000
3P Cpe	2,480	7,440	12,400	27,900	43,400	62,000
2P Con Rds	2,560	7,680	12,800	28,800	44,800	64,000
3P Con Rds	2,560	7,680	12,800	28,800	44,800	64,000
Brgm	2,480	7,440	12,400	27,900	43,400	62,000
Brgm Lan'let	2,480	7,440	12,400	27,900	43,400	62,000
Fr Brgm	2,400	7,200	12,000	27,000	42,000	60,000
Fr Brgm Lan'let	2,480	7,440	12,400	27,900	43,400	62,000
Sub	2,480	7,440	12,400	27,900	43,400	62,000
Sub Lan	2,480	7,440	12,400	27,900	43,400	62,000
Vestibule Brgm	2,400	7,200	12,000	27,000	42,000	60,000
Vestibule Brgm Lan	2,480	7,440	12,400	27,900	43,400	62,000
Vestibule Sub	2,400	7,200	12,000	27,000	42,000	60,000
Vestibule Lan	2,400	7,200	12,000	27,000	42,000	60,000
Vestibule Sub Lan	2,480	7,440	12,400	27,900	43,400	62,000

1920 Model 38, 6 cyl., 38 hp, 134" wb

	6	5	4	3	2	1
2P & 3P Rbt	2,280	6,840	11,400	25,650	39,900	57,000
4P Tr	2,320	6,960	11,600	26,100	40,600	58,000
4P Rds	2,360	7,080	11,800	26,550	41,300	59,000
5P Tr	2,400	7,200	12,000	27,000	42,000	60,000
7P Tr	2,480	7,440	12,400	27,900	43,400	62,000
2P & 3P Cpe	1,880	5,640	9,400	21,150	32,900	47,000
4P Sed	1,280	3,840	6,400	14,400	22,400	32,000
7P Sed	1,360	4,080	6,800	15,300	23,800	34,000
Brgm	1,480	4,440	7,400	16,650	25,900	37,000
Fr Brgm	1,560	4,680	7,800	17,550	27,300	39,000
Brgm Lan'let	1,600	4,800	8,000	18,000	28,000	40,000
Tourer Brgm	1,640	4,920	8,200	18,450	28,700	41,000
Vestibule Brgm	1,680	5,040	8,400	18,900	29,400	42,000

1920 Model 48, 6-cyl., 48 hp, 142" wb

	6	5	4	3	2	1
2P & 4P Rbt	2,400	7,200	12,000	27,000	42,000	60,000
4P Tr	2,480	7,440	12,400	27,900	43,400	62,000
4P Rds	2,480	7,440	12,400	27,900	43,400	62,000
5P Tr	2,400	7,200	12,000	27,000	42,000	60,000
6P Tr	2,560	7,680	12,800	28,800	44,800	64,000
2P & 3P Cpe	2,080	6,240	10,400	23,400	36,400	52,000
5P Brgm	2,240	6,720	11,200	25,200	39,200	56,000
7P Fr Brgm	2,240	6,720	11,200	25,200	39,200	56,000
7P Sub	2,320	6,960	11,600	26,100	40,600	58,000
7P Vestibule Sub	2,400	7,200	12,000	27,000	42,000	60,000
7P Fr Sub	2,320	6,960	11,600	26,100	40,600	58,000

1921 Model 38, 6-cyl., 38 hp, 138" wb

	6	5	4	3	2	1
4P Tr	2,320	6,960	11,600	26,100	40,600	58,000
6P Tr	2,320	6,960	11,600	26,100	40,600	58,000
7P Tr	2,400	7,200	12,000	27,000	42,000	60,000
3P Rds	2,400	7,200	12,000	27,000	42,000	60,000
4P Cpe	1,880	5,640	9,400	21,150	32,900	47,000
7P Brgm	1,680	5,040	8,400	18,900	29,400	42,000
7P Limo	1,760	5,280	8,800	19,800	30,800	44,000
6P Sed	1,680	5,040	8,400	18,900	29,400	42,000
6P Vestibule Sed	1,760	5,280	8,800	19,800	30,800	44,000
7P Lan	1,840	5,520	9,200	20,700	32,200	46,000

1922 Model 38, 6-cyl., 38 hp, 138" wb

	6	5	4	3	2	1
4P Tr	2,320	6,960	11,600	26,100	40,600	58,000
7P Tr	2,400	7,200	12,000	27,000	42,000	60,000
3P Rds	2,320	6,960	11,600	26,100	40,600	58,000
7P Brgm	1,680	5,040	8,400	18,900	29,400	42,000
Cpe Sed	1,680	5,040	8,400	18,900	29,400	42,000
3P Cpe	1,880	5,640	9,400	21,150	32,900	47,000
4P Sed	1,920	5,760	9,600	21,600	33,600	48,000
Lan'let	1,680	5,040	8,400	18,900	29,400	42,000
Limo	1,760	5,280	8,800	19,800	30,800	44,000
Fml Limo	1,840	5,520	9,200	20,700	32,200	46,000
Vestibule Sed	1,880	5,640	9,400	21,150	32,900	47,000
Sed	1,840	5,520	9,200	20,700	32,200	46,000

1923 Model 38, 6-cyl., 138" wb

	6	5	4	3	2	1
7P Tr	2,080	6,240	10,400	23,400	36,400	52,000
4P Tr	2,000	6,000	10,000	22,500	35,000	50,000
2P Rbt	1,880	5,640	9,400	21,150	32,900	47,000
3P Cpe	1,600	4,800	8,000	18,000	28,000	40,000
4P Cpe Sed	1,520	4,560	7,600	17,100	26,600	38,000
6P Brgm	1,480	4,440	7,400	16,650	25,900	37,000
4P Sed	1,360	4,080	6,800	15,300	23,800	34,000
7P Sed	1,440	4,320	7,200	16,200	25,200	36,000
6P Lan'let	1,680	5,040	8,400	18,900	29,400	42,000
7P Limo	1,760	5,280	8,800	19,800	30,800	44,000
7P Encl Drive Limo	1,840	5,520	9,200	20,700	32,200	46,000
7P Fml Limo	1,880	5,640	9,400	21,150	32,900	47,000

1933 Pierce-Arrow Silver Arrow sedan

1932 Plymouth Model PB convertible sedan

1942 Plymouth Special Deluxe coupe

	6	5	4	3	2	1
1924 Model 33, 6-cyl., 138" wb						
7P Tr.	2,080	6,240	10,400	23,400	36,400	52,000
6P Tr.	2,000	6,000	10,000	22,500	35,000	50,000
4P Tr.	1,920	5,760	9,600	21,600	33,600	48,000
Rbt.	1,760	5,280	8,800	19,800	30,800	44,000
6P Brgm	1,680	5,040	8,400	18,900	29,400	42,000
3P Cpe	1,720	5,160	8,600	19,350	30,100	43,000
4P Cpe Sed	1,720	5,160	8,600	19,350	30,100	43,000
4d 4P Sed.	1,600	4,800	8,000	18,000	28,000	40,000
7P Encl Drive Limo	1,960	5,880	9,800	22,050	34,300	49,000
7P Fml Limo	2,000	6,000	10,000	22,500	35,000	50,000
6P Lan'let	2,040	6,120	10,200	22,950	35,700	51,000
7P Limo	2,080	6,240	10,400	23,400	36,400	52,000
7P Sed	2,000	6,000	10,000	22,500	35,000	50,000
7P Fml Lan	2,080	6,240	10,400	23,400	36,400	52,000
7P Limo Lan	2,120	6,360	10,600	23,850	37,100	53,000
4P Sed Lan.	2,080	6,240	10,400	23,400	36,400	52,000
3P Cpe Lan.	2,280	6,840	11,400	25,650	39,900	57,000
7P Encl Drive Lan.	2,280	6,840	11,400	25,650	39,900	57,000
7P Sed Lan.	2,240	6,720	11,200	25,200	39,200	56,000
1925 Model 80, 6-cyl., 130" wb						
7P Tr.	2,080	6,240	10,400	23,400	36,400	52,000
4P Tr.	2,040	6,120	10,200	22,950	35,700	51,000
5P Sed	1,560	4,680	7,800	17,550	27,300	39,000
4P Cpe	1,800	5,400	9,000	20,250	31,500	45,000
7P Sed	1,600	4,800	8,000	18,000	28,000	40,000
Encl Drive Limo	1,880	5,640	9,400	21,150	32,900	47,000
2P Rbt.	1,960	5,880	9,800	22,050	34,300	49,000
1925 Model 33, 6-cyl., 138" wb						
2P Rbt.	2,160	6,480	10,800	24,300	37,800	54,000
4P Tr.	2,200	6,600	11,000	24,750	38,500	55,000
6P Tr.	2,240	6,720	11,200	25,200	39,200	56,000
7P Tr.	2,280	6,840	11,400	25,650	39,900	57,000
Brgm.	1,960	5,880	9,800	22,050	34,300	49,000
Cpe.	2,080	6,240	10,400	23,400	36,400	52,000
4P Sed	1,880	5,640	9,400	21,150	32,900	47,000
Cpe Sed	1,880	5,640	9,400	21,150	32,900	47,000
Lan'let.	1,960	5,880	9,800	22,050	34,300	49,000
7P Sed	1,920	5,760	9,600	21,600	33,600	48,000
Encl Drive Sed	1,960	5,880	9,800	22,050	34,300	49,000
Limo	2,080	6,240	10,400	23,400	36,400	52,000
Lan	2,040	6,120	10,200	22,950	35,700	51,000
Encl Drive Lan	2,120	6,360	10,600	23,850	37,100	53,000
1926 Model 80, 6-cyl., 70 hp, 130" wb						
7P Tr.	2,080	6,240	10,400	23,400	36,400	52,000
4P Tr.	1,960	5,880	9,800	22,050	34,300	49,000
2P Rds	2,000	6,000	10,000	22,500	35,000	50,000
4P Cpe	2,200	6,600	11,000	24,750	38,500	55,000
7P Sed	2,080	6,240	10,400	23,400	36,400	52,000
7P Encl Drive Limo	2,280	6,840	11,400	25,650	39,900	57,000
5P Sed	2,040	6,120	10,200	22,950	35,700	51,000
4P Cpe Lan.	1,960	5,880	9,800	22,050	34,300	49,000
5P Coach	1,560	4,680	7,800	17,550	27,300	39,000
1926 Model 33, 6-cyl., 100 hp, 138" wb						
4P Tr.	2,560	7,680	12,800	28,800	44,800	64,000
2P Rbt.	2,480	7,440	12,400	27,900	43,400	62,000
6P Tr.	2,640	7,920	13,200	29,700	46,200	66,000
7P Tr.	2,800	8,400	14,000	31,500	49,000	70,000
6P Brgm	2,480	7,440	12,400	27,900	43,400	62,000
3P Cpe	2,160	6,480	10,800	24,300	37,800	54,000
4P Sed	2,080	6,240	10,400	23,400	36,400	52,000
4P Cpe Sed	2,120	6,360	10,600	23,850	37,100	53,000
4P Encl Drive Limo	2,400	7,200	12,000	27,000	42,000	60,000
7P Sed	2,360	7,080	11,800	26,550	41,300	59,000
6P Lan'let	2,400	7,200	12,000	27,000	42,000	60,000
7P Fr Limo	2,400	7,200	12,000	27,000	42,000	60,000
7P Sed Lan'let	2,400	7,200	12,000	27,000	42,000	60,000
4P Sed Lan'let	2,400	7,200	12,000	27,000	42,000	60,000
3P Cpe Lan'let	2,480	7,440	12,400	27,900	43,400	62,000
7P Limo	2,480	7,440	12,400	27,900	43,400	62,000
7P Encl Drive Limo	2,560	7,680	12,800	28,800	44,800	64,000
7P Encl Drive Lan'let	2,640	7,920	13,200	29,700	46,200	66,000
1927 Model 80, 6-cyl., 70 hp, 130" wb						
7P Tr.	2,320	6,960	11,600	26,100	40,600	58,000
4P Tr.	2,280	6,840	11,400	25,650	39,900	57,000
2P Rds	2,240	6,720	11,200	25,200	39,200	56,000
4P Cpe	2,000	6,000	10,000	22,500	35,000	50,000

	6	5	4	3	2	1
7P Sed	1,760	5,280	8,800	19,800	30,800	44,000
7P Encl Drive Limo	2,280	6,840	11,400	25,650	39,900	57,000
5P Sed	1,720	5,160	8,600	19,350	30,100	43,000
2d 5P Coach	1,760	5,280	8,800	19,800	30,800	44,000
4d 5P Coach	1,880	5,640	9,400	21,150	32,900	47,000
4P Cpe	2,040	6,120	10,200	22,950	35,700	51,000
2P Cpe	1,960	5,880	9,800	22,050	34,300	49,000
4d 7P Coach	1,960	5,880	9,800	22,050	34,300	49,000
7P Limo Coach	2,160	6,480	10,800	24,300	37,800	54,000

1927 Model 36, 6-cyl., 100 hp, 138" wb

	6	5	4	3	2	1
2P Rbt	2,400	7,200	12,000	27,000	42,000	60,000
4P Tr	2,480	7,440	12,400	27,900	43,400	62,000
7P Tr	2,640	7,920	13,200	29,700	46,200	66,000
3P Cpe	2,440	7,320	12,200	27,450	42,700	61,000
4d 4P Sed	2,080	6,240	10,400	23,400	36,400	52,000
4P Cpe Sed	2,160	6,480	10,800	24,300	37,800	54,000
4P Encl Drive Limo	2,400	7,200	12,000	27,000	42,000	60,000
7P Encl Drive Lan	2,360	7,080	11,800	26,550	41,300	59,000
7P Sed	2,280	6,840	11,400	25,650	39,900	57,000
7P Fr Lan	2,320	6,960	11,600	26,100	40,600	58,000
7P Sed Lan	2,320	6,960	11,600	26,100	40,600	58,000
4P Sed Lan	2,280	6,840	11,400	25,650	39,900	57,000
7P Encl Drive Limo	2,440	7,320	12,200	27,450	42,700	61,000
7P Fr Limo	2,360	7,080	11,800	26,550	41,300	59,000
4P Encl Drive Limo	2,400	7,200	12,000	27,000	42,000	60,000

1928 Model 81, 6-cyl., 75 hp, 130" wb

	6	5	4	3	2	1
4P Rbt	2,480	7,440	12,400	27,900	43,400	62,000
4P Tr	2,400	7,200	12,000	27,000	42,000	60,000
4P Rds	2,480	7,440	12,400	27,900	43,400	62,000
5P Brgm	2,240	6,720	11,200	25,200	39,200	56,000
2P Cpe	2,280	6,840	11,400	25,650	39,900	57,000
5P Clb Sed	2,240	6,720	11,200	25,200	39,200	56,000
4P Cpe	2,320	6,960	11,600	26,100	40,600	58,000
5P Sed	2,160	6,480	10,800	24,300	37,800	54,000
Spt Sed Lan	2,200	6,600	11,000	24,750	38,500	55,000
Clb Sed Lan	2,240	6,720	11,200	25,200	39,200	56,000
7P Sed	2,240	6,720	11,200	25,200	39,200	56,000
4P Cpe DeL	2,360	7,080	11,800	26,550	41,300	59,000
7P Encl Drive Limo	2,440	7,320	12,200	27,450	42,700	61,000

1928 Model 36, 6-cyl., 100 hp, 138" wb

	6	5	4	3	2	1
4P Rbt	2,960	8,880	14,800	33,300	51,800	74,000
4P Tr	3,040	9,120	15,200	34,200	53,200	76,000
7P Tr	3,120	9,360	15,600	35,100	54,600	78,000
Encl Drive Limo	2,720	8,160	13,600	30,600	47,600	68,000
7P Sed	2,480	7,440	12,400	27,900	43,400	62,000
7P Encl Drive Lan'let	2,720	8,160	13,600	30,600	47,600	68,000
7P Sed Lan	2,560	7,680	12,800	28,800	44,800	64,000
3P Cpe	2,560	7,680	12,800	28,800	44,800	64,000
4P Cpe Sed	2,560	7,680	12,800	28,800	44,800	64,000
4P Encl Drive Sed	2,800	8,400	14,000	31,500	49,000	70,000
4P Sed	2,480	7,440	12,400	27,900	43,400	62,000
6P Encl Drive Limo	2,960	8,880	14,800	33,300	51,800	74,000
4P CC Sed	2,640	7,920	13,200	29,700	46,200	66,000
4P Sed Lan	2,720	8,160	13,600	30,600	47,600	68,000
4P Encl Drive Lan	2,640	7,920	13,200	29,700	46,200	66,000
6P Fml Limo	2,960	8,880	14,800	33,300	51,800	74,000
6P Fr Lan	3,040	9,120	15,200	34,200	53,200	76,000

1929 Model 125, 8-cyl., 125 hp, 133" wb

	6	5	4	3	2	1
4P Rds	3,520	10,560	17,600	39,600	61,600	88,000
4P Tr	3,440	10,320	17,200	38,700	60,200	86,000
5P Brgm	2,480	7,440	12,400	27,900	43,400	62,000
4P Cpe	2,640	7,920	13,200	29,700	46,200	66,000
5P Sed	2,400	7,200	12,000	27,000	42,000	60,000
5P Twn Sed	2,480	7,440	12,400	27,900	43,400	62,000
7P Sed	2,480	7,440	12,400	27,900	43,400	62,000
7P Encl Drive Limo	2,720	8,160	13,600	30,600	47,600	68,000

1929 Model 126, 8-cyl., 125 hp, 143" wb

	6	5	4	3	2	1
7P Tr	3,760	11,280	18,800	42,300	65,800	94,000
4P Conv Cpe	3,840	11,520	19,200	43,200	67,200	96,000
7P Sed	2,880	8,640	14,400	32,400	50,400	72,000
7P Encl Drive Limo	2,960	8,880	14,800	33,300	51,800	74,000
4P Sed	2,720	8,160	13,600	30,600	47,600	68,000

1930 Model C, 8-cyl., 115 hp, 132" wb

	6	5	4	3	2	1
Clb Brgm	2,080	6,240	10,400	23,400	36,400	52,000
Cpe	2,160	6,480	10,800	24,300	37,800	54,000
Sed	1,960	5,880	9,800	22,050	34,300	49,000

	6	5	4	3	2	1
1930 Model B, 8-cyl., 125 hp, 134" wb						
Rds	3,920	11,760	19,600	44,100	68,600	98,000
Tr	3,920	11,760	19,600	44,100	68,600	98,000
Spt Phae	4,160	12,480	20,800	46,800	72,800	104,000
Conv Cpe	3,840	11,520	19,200	43,200	67,200	96,000
1930 Model B, 8-cyl., 125 hp, 139" wb						
5P Sed	2,640	7,920	13,200	29,700	46,200	66,000
Vic Cpe	2,720	8,160	13,600	30,600	47,600	68,000
7P Sed	2,640	7,920	13,200	29,700	46,200	66,000
Clb Sed	2,720	8,160	13,600	30,600	47,600	68,000
Encl Drive Limo	3,120	9,360	15,600	35,100	54,600	78,000
1930 Model A, 8-cyl., 132 hp, 144" wb						
Tr	4,320	12,960	21,600	48,600	75,600	108,000
Conv Cpe	4,160	12,480	20,800	46,800	72,800	104,000
Sed	2,960	8,880	14,800	33,300	51,800	74,000
Encl Drive Limo	3,760	11,280	18,800	42,300	65,800	94,000
Twn Car	3,440	10,320	17,200	38,700	60,200	86,000
1931 Model 43, 8-cyl., 125 hp, 134" wb						
Rds	3,920	11,760	19,600	44,100	68,600	98,000
Tourer	3,920	11,760	19,600	44,100	68,600	98,000
Cpe	2,720	8,160	13,600	30,600	47,600	68,000
1931 Model 43, 8-cyl., 125 hp, 137" wb						
5P Sed	2,080	6,240	10,400	23,400	36,400	52,000
Clb Sed	2,280	6,840	11,400	25,650	39,900	57,000
7P Sed	2,360	7,080	11,800	26,550	41,300	59,000
Encl Drive Limo	2,480	7,440	12,400	27,900	43,400	62,000
1931 Model 42, 8-cyl., 132 hp, 142" wb						
Rds	4,320	12,960	21,600	48,600	75,600	108,000
Tourer	4,320	12,960	21,600	48,600	75,600	108,000
Spt Tourer	4,560	13,680	22,800	51,300	79,800	114,000
Conv Cpe	4,000	12,000	20,000	45,000	70,000	100,000
5P Sed	2,280	6,840	11,400	25,650	39,900	57,000
Clb Sed	2,400	7,200	12,000	27,000	42,000	60,000
7P Sed	2,360	7,080	11,800	26,550	41,300	59,000
Clb Berl	2,480	7,440	12,400	27,900	43,400	62,000
Encl Drive Limo	2,720	8,160	13,600	30,600	47,600	68,000
1931 Model 41, 8-cyl., 132 hp, 147" wb						
Tr	4,320	12,960	21,600	48,600	75,600	108,000
Conv Cpe	4,320	12,960	21,600	48,600	75,600	108,000
Sed	2,480	7,440	12,400	27,900	43,400	62,000
Encl Drive Limo	2,720	8,160	13,600	30,600	47,600	68,000
Twn Car	2,720	8,160	13,600	30,600	47,600	68,000
1932 Model 54, 8-cyl., 125 hp, 137" wb						
Conv Cpe Rds	4,080	12,240	20,400	45,900	71,400	102,000
5P Tr	3,920	11,760	19,600	44,100	68,600	98,000
Phae	3,920	11,760	19,600	44,100	68,600	98,000
Brgm	2,240	6,720	11,200	25,200	39,200	56,000
Cpe	2,480	7,440	12,400	27,900	43,400	62,000
5P Sed	2,200	6,600	11,000	24,750	38,500	55,000
Clb Sed	2,240	6,720	11,200	25,200	39,200	56,000
Clb Berl	2,280	6,840	11,400	25,650	39,900	57,000
Con Sed	4,000	12,000	20,000	45,000	70,000	100,000
1932 Model 54, 8-cyl., 125 hp, 142" wb						
7P Tr	4,160	12,480	20,800	46,800	72,800	104,000
7P Sed	2,280	6,840	11,400	25,650	39,900	57,000
Limo	2,480	7,440	12,400	27,900	43,400	62,000
1932 Model 53, 12-cyl., 140 hp, 137" wb						
Conv Cpe Rds	4,320	12,960	21,600	48,600	75,600	108,000
5P Tr	4,400	13,200	22,000	49,500	77,000	110,000
Phae	4,320	12,960	21,600	48,600	75,600	108,000
Clb Brgm	2,480	7,440	12,400	27,900	43,400	62,000
Cpe	2,400	7,200	12,000	27,000	42,000	60,000
5P Sed	2,360	7,080	11,800	26,550	41,300	59,000
Clb Sed	2,440	7,320	12,200	27,450	42,700	61,000
Clb Berl	2,560	7,680	12,800	28,800	44,800	64,000
Con Sed	4,000	12,000	20,000	45,000	70,000	100,000
1932 Model 53, 12-cyl., 140 hp, 142" wb						
7P Tr	4,320	12,960	21,600	48,600	75,600	108,000
7P Sed	2,560	7,680	12,800	28,800	44,800	64,000
Limo	2,800	8,400	14,000	31,500	49,000	70,000
1932 Model 51, 12-cyl., 150 hp, 147" wb						
Cpe	2,640	7,920	13,200	29,700	46,200	66,000
Conv Vic Cpe	4,560	13,680	22,800	51,300	79,800	114,000
Clb Sed	2,640	7,920	13,200	29,700	46,200	66,000
Conv Sed	3,920	11,760	19,600	44,100	68,600	98,000

	6	5	4	3	2	1
Encl Drive Limo	3,200	9,600	16,000	36,000	56,000	80,000
A/W Twn Brgm	3,760	11,280	18,800	42,300	65,800	94,000
A/W Twn Cabr	4,000	12,000	20,000	45,000	70,000	100,000
Encl Drive Brgm	3,600	10,800	18,000	40,500	63,000	90,000

1933 Model 836, 8-cyl., 135 hp, 136" wb

	6	5	4	3	2	1
5P Clb Brgm	1,920	5,760	9,600	21,600	33,600	48,000
5P Sed	1,960	5,880	9,800	22,050	34,300	49,000
5P Clb Sed	2,120	6,360	10,600	23,850	37,100	53,000
7P Sed	2,000	6,000	10,000	22,500	35,000	50,000
7P Encl Drive Limo	2,280	6,840	11,400	25,650	39,900	57,000

1933 Model 1236, 12-cyl., 160 hp, 136" wb

	6	5	4	3	2	1
5P Clb Brgm	2,120	6,360	10,600	23,850	37,100	53,000
5P Sed	2,160	6,480	10,800	24,300	37,800	54,000
5P Clb Sed	2,320	6,960	11,600	26,100	40,600	58,000
7P Sed (139" wb)	2,200	6,600	11,000	24,750	38,500	55,000
7P Encl Drive Limo	2,480	7,440	12,400	27,900	43,400	62,000

1933 Model 1242, 12-cyl., 175 hp, 137" wb

	6	5	4	3	2	1
5P Tr	3,760	11,280	18,800	42,300	65,800	94,000
5P Spt Phae	4,000	12,000	20,000	45,000	70,000	100,000
7P Tourer (142" wb)	3,840	11,520	19,200	43,200	67,200	96,000
5P Clb Brgm	2,200	6,600	11,000	24,750	38,500	55,000
5P Sed	2,240	6,720	11,200	25,200	39,200	56,000
5P Clb Sed	2,400	7,200	12,000	27,000	42,000	60,000
5P Clb Berl	2,480	7,440	12,400	27,900	43,400	62,000
4P Cpe	2,160	6,480	10,800	24,300	37,800	54,000
4P Cus Rds	4,080	12,240	20,400	45,900	71,400	102,000
5P Conv Sed	3,760	11,280	18,800	42,300	65,800	94,000
7P Sed (142" wb)	2,280	6,840	11,400	25,650	39,900	57,000
7P Encl Drive Limo	2,560	7,680	12,800	28,800	44,800	64,000

1933 Model 1247, 12-cyl., 175 hp, 142" wb

	6	5	4	3	2	1
5P Sed	2,560	7,680	12,800	28,800	44,800	64,000
5P Clb Sed	2,640	7,920	13,200	29,700	46,200	66,000
7P Sed (147" wb)	2,640	7,920	13,200	29,700	46,200	66,000
5P Clb Berl	2,640	7,920	13,200	29,700	46,200	66,000
7P Encl Drive Limo	2,800	8,400	14,000	31,500	49,000	70,000
5P Conv Sed	3,760	11,280	18,800	42,300	65,800	94,000
4P Cpe (147" wb)	2,960	8,880	14,800	33,300	51,800	74,000
5P Conv Sed (147" wb)	4,560	13,680	22,800	51,300	79,800	114,000
5P Clb Sed (147" wb)	2,800	8,400	14,000	31,500	49,000	70,000
Encl Drive Limo (147" wb)	2,960	8,880	14,800	33,300	51,800	74,000
7P Twn Brgm (147" wb)	3,040	9,120	15,200	34,200	53,200	76,000
7P Twn Car (147" wb)	3,200	9,600	16,000	36,000	56,000	80,000
7P Twn Cabr (147" wb)	4,800	14,400	24,000	54,000	84,000	120,000
7P Encl Drive Brgm	3,200	9,600	16,000	36,000	56,000	80,000

1934 Model 836A, 136" wb

	6	5	4	3	2	1
Clb Brgm	2,000	6,000	10,000	22,500	35,000	50,000
Clb Brgm Salon	2,080	6,240	10,400	23,400	36,400	52,000
4d Sed	2,080	6,240	10,400	23,400	36,400	52,000
4d Sed Salon	2,160	6,480	10,800	24,300	37,800	54,000

1934 Model 840A, 8-cyl., 139" wb

	6	5	4	3	2	1
Rds	2,800	8,400	14,000	31,500	49,000	70,000
Brgm	2,160	6,480	10,800	24,300	37,800	54,000
Sed	2,200	6,600	11,000	24,750	38,500	55,000
Clb Sed	2,240	6,720	11,200	25,200	39,200	56,000
Cpe	2,360	7,080	11,800	26,550	41,300	59,000

1934 Model 840A, 8-cyl., 144" wb

	6	5	4	3	2	1
Silver Arrow	5,600	16,800	28,000	63,000	98,000	140,000
Sed	2,280	6,840	11,400	25,650	39,900	57,000
Encl Drive Limo	2,560	7,680	12,800	28,800	44,800	64,000

1934 Model 1240A, 12-cyl., 139" wb

	6	5	4	3	2	1
Rds	3,600	10,800	18,000	40,500	63,000	90,000
Brgm	2,280	6,840	11,400	25,650	39,900	57,000
Sed	2,320	6,960	11,600	26,100	40,600	58,000
Clb Sed	2,360	7,080	11,800	26,550	41,300	59,000
Cpe	2,480	7,440	12,400	27,900	43,400	62,000

1934 Model 1250A, 12-cyl., 144" wb

	6	5	4	3	2	1
Silver Arrow	6,000	18,000	30,000	67,500	105,000	150,000
Sed	2,480	7,440	12,400	27,900	43,400	62,000
Sed	2,480	7,440	12,400	27,900	43,400	62,000

1934 Model 1248A, 12-cyl., 147" wb

	6	5	4	3	2	1
Sed	2,560	7,680	12,800	28,800	44,800	64,000
Encl Drive Limo	2,960	8,880	14,800	33,300	51,800	74,000

1935 Model 845, 8-cyl., 140 hp, 138" wb

	6	5	4	3	2	1
Conv Rds	2,720	8,160	13,600	30,600	47,600	68,000
Clb Brgm	2,080	6,240	10,400	23,400	36,400	52,000

	6	5	4	3	2	1
Cpe	2,280	6,840	11,400	25,650	39,900	57,000
5P Sed	2,120	6,360	10,600	23,850	37,100	53,000
Clb Sed	2,160	6,480	10,800	24,300	37,800	54,000

1935 Model 845, 8-cyl., 140 hp, 144" wb

	6	5	4	3	2	1
7P Sed	2,200	6,600	11,000	24,750	38,500	55,000
Encl Drive Limo	2,480	7,440	12,400	27,900	43,400	62,000
Silver Arrow	5,600	16,800	28,000	63,000	98,000	140,000

1935 Model 1245, 12-cyl., 175 hp, 138" wb

	6	5	4	3	2	1
Conv Rds	3,360	10,080	16,800	37,800	58,800	84,000
Clb Brgm	2,280	6,840	11,400	25,650	39,900	57,000
Cpe	2,480	7,440	12,400	27,900	43,400	62,000
5P Sed	2,320	6,960	11,600	26,100	40,600	58,000
Clb Sed	2,360	7,080	11,800	26,550	41,300	59,000

1935 Model 1245, 12-cyl., 175 hp, 144" wb

	6	5	4	3	2	1
7P Sed	2,400	7,200	12,000	27,000	42,000	60,000
Encl Drive Limo	2,560	7,680	12,800	28,800	44,800	64,000
Silver Arrow	6,000	18,000	30,000	67,500	105,000	150,000

1935 Model 1255, 12-cyl., 175 hp, 147" wb

	6	5	4	3	2	1
7P Sed	2,560	7,680	12,800	28,800	44,800	64,000
Encl Drive Limo	2,800	8,400	14,000	31,500	49,000	70,000

1936 Deluxe 8, 150 hp, 139" wb

	6	5	4	3	2	1
Cpe	2,080	6,240	10,400	23,400	36,400	52,000
Ctry Club Rds	2,560	7,680	12,800	28,800	44,800	64,000
Clb Sed	1,880	5,640	9,400	21,150	32,900	47,000
5P Sed	1,840	5,520	9,200	20,700	32,200	46,000
Clb Berl	2,080	6,240	10,400	23,400	36,400	52,000

1936 Deluxe 8, 150 hp, 144" wb

	6	5	4	3	2	1
7P Sed	1,960	5,880	9,800	22,050	34,300	49,000
Limo	2,280	6,840	11,400	25,650	39,900	57,000
Metropolitan Twn Car	2,480	7,440	12,400	27,900	43,400	62,000
Conv Sed	2,800	8,400	14,000	31,500	49,000	70,000

1936 Salon Twelve, 185 hp, 139" wb

	6	5	4	3	2	1
Cpe	2,280	6,840	11,400	25,650	39,900	57,000
Ctry Club Rds	2,960	8,880	14,800	33,300	51,800	74,000
Clb Sed	2,040	6,120	10,200	22,950	35,700	51,000
5P Sed	2,000	6,000	10,000	22,500	35,000	50,000
Clb Berl	2,280	6,840	11,400	25,650	39,900	57,000

1936 Salon Twelve, 185 hp, 144" wb

	6	5	4	3	2	1
7P Sed	2,200	6,600	11,000	24,750	38,500	55,000
Limo	2,480	7,440	12,400	27,900	43,400	62,000
Metropolitan Twn Car	2,560	7,680	12,800	28,800	44,800	64,000
Conv Sed	3,200	9,600	16,000	36,000	56,000	80,000
7P Sed (147" wb)	2,480	7,440	12,400	27,900	43,400	62,000
7P Encl Drive Limo	2,640	7,920	13,200	29,700	46,200	66,000

1937 Pierce-Arrow 8, 150 hp, 138" wb

	6	5	4	3	2	1
Cpe	2,040	6,120	10,200	22,950	35,700	51,000
5P Sed	1,800	5,400	9,000	20,250	31,500	45,000
Conv Rds	2,560	7,680	12,800	28,800	44,800	64,000
Clb Sed	1,880	5,640	9,400	21,150	32,900	47,000
Clb Berl	1,480	4,440	7,400	16,650	25,900	37,000
Fml Sed	2,120	6,360	10,600	23,850	37,100	53,000

1937 Pierce-Arrow 8, 150 hp, 144" wb

	6	5	4	3	2	1
7P Fml Sed	2,280	6,840	11,400	25,650	39,900	57,000
7P Sed	2,160	6,480	10,800	24,300	37,800	54,000
Limo	2,480	7,440	12,400	27,900	43,400	62,000
Conv Sed	2,960	8,880	14,800	33,300	51,800	74,000
Brunn Metro Twn Car	2,560	7,680	12,800	28,800	44,800	64,000
Twn Brgm	2,400	7,200	12,000	27,000	42,000	60,000
5P Encl Drive Limo (147" wb)	2,400	7,200	12,000	27,000	42,000	60,000

1937 Pierce-Arrow 12, 185 hp, 139" wb

	6	5	4	3	2	1
Cpe	2,200	6,600	11,000	24,750	38,500	55,000
5P Sed	1,960	5,880	9,800	22,050	34,300	49,000
Conv Rds	2,960	8,880	14,800	33,300	51,800	74,000
Clb Sed	2,000	6,000	10,000	22,500	35,000	50,000
Clb Berl	2,040	6,120	10,200	22,950	35,700	51,000
5P Fml Sed	2,280	6,840	11,400	25,650	39,900	57,000

1937 Pierce-Arrow 12, 185 hp, 144" wb

	6	5	4	3	2	1
7P Sed	2,080	6,240	10,400	23,400	36,400	52,000
Limo	2,280	6,840	11,400	25,650	39,900	57,000
Conv Sed	3,600	10,800	18,000	40,500	63,000	90,000
Brunn Metro Twn Brgm	2,960	8,880	14,800	33,300	51,800	74,000

1937 Pierce-Arrow 12, 185 hp, 147" wb

	6	5	4	3	2	1
7P Sed	2,480	7,440	12,400	27,900	43,400	62,000
Encl Drive Limo	2,640	7,920	13,200	29,700	46,200	66,000
Metro Twn Car	3,040	9,120	15,200	34,200	53,200	76,000

	6	5	4	3	2	1
1938 Pierce-Arrow 8, 150 hp, 139" wb						
5P Sed	1,720	5,160	8,600	19,350	30,100	43,000
Clb Sed	1,800	5,400	9,000	20,250	31,500	45,000
Cpe	2,000	6,000	10,000	22,500	35,000	50,000
Conv Cpe	2,560	7,680	12,800	28,800	44,800	64,000
Clb Berl	1,960	5,880	9,800	22,050	34,300	49,000
Fml Sed	1,840	5,520	9,200	20,700	32,200	46,000
1938 Pierce-Arrow 8, 150 hp, 144" wb						
Brunn Metro Twn Brgm	2,400	7,200	12,000	27,000	42,000	60,000
7P Sed	2,200	6,600	11,000	24,750	38,500	55,000
Encl Drive Limo	2,360	7,080	11,800	26,550	41,300	59,000
Con Sed	2,960	8,880	14,800	33,300	51,800	74,000
Spl Sed	2,160	6,480	10,800	24,300	37,800	54,000
Fml Sed	2,280	6,840	11,400	25,650	39,900	57,000
1938 Pierce-Arrow 12, 185 hp, 139" wb						
5P Sed	2,280	6,840	11,400	25,650	39,900	57,000
Clb Sed	2,360	7,080	11,800	26,550	41,300	59,000
Cpe	2,480	7,440	12,400	27,900	43,400	62,000
Conv Cpe	3,200	9,600	16,000	36,000	56,000	80,000
Clb Berl	2,080	6,240	10,400	23,400	36,400	52,000
Fml Sed	2,080	6,240	10,400	23,400	36,400	52,000
1938 Pierce-Arrow 12, 185 hp, 144" wb						
Spl Sed	2,480	7,440	12,400	27,900	43,400	62,000
7P Sed	2,400	7,200	12,000	27,000	42,000	60,000
Encl Drive Limo	2,800	8,400	14,000	31,500	49,000	70,000
Conv Sed	3,280	9,840	16,400	36,900	57,400	82,000
Brunn Metro Twn Brgm	2,880	8,640	14,400	32,400	50,400	72,000
1938 Pierce-Arrow 12, 147" wb						
7P Sed	2,480	7,440	12,400	27,900	43,400	62,000
Encl Drive Limo	2,960	8,880	14,800	33,300	51,800	74,000

PLYMOUTH

	6	5	4	3	2	1
1928 Model Q, 4-cyl.						
2d Rds	960	2,880	4,800	10,800	16,800	24,000
4d Tr	920	2,760	4,600	10,350	16,100	23,000
2d Cpe	480	1,440	2,400	5,400	8,400	12,000
2d DeL Cpe	500	1,500	2,500	5,630	8,750	12,500
2d Sed	308	924	1,540	3,470	5,390	7,700
4d Sed	320	960	1,600	3,600	5,600	8,000
4d DeL Sed	324	972	1,620	3,650	5,670	8,100
1929-30 Model U, 4-cyl.						
2d Rds	1,000	3,000	5,000	11,250	17,500	25,000
4d Tr	960	2,880	4,800	10,800	16,800	24,000
2d Cpe	460	1,380	2,300	5,180	8,050	11,500
2d DeL Cpe	480	1,440	2,400	5,400	8,400	12,000
2d Sed	344	1,032	1,720	3,870	6,020	8,600
4d Sed	340	1,020	1,700	3,830	5,950	8,500
4d DeL Sed	440	1,320	2,200	4,950	7,700	11,000

NOTE: Factory prices reduced app. 40 percent for 1930 model year.

	6	5	4	3	2	1
1931 Model PA, 4-cyl.						
2d Rds	1,040	3,120	5,200	11,700	18,200	26,000
4d Tr	1,000	3,000	5,000	11,250	17,500	25,000
2d Conv	920	2,760	4,600	10,350	16,100	23,000
2d Cpe	480	1,440	2,400	5,400	8,400	12,000
2d Sed	304	912	1,520	3,420	5,320	7,600
4d Sed	328	984	1,640	3,690	5,740	8,200
4d DeL Sed	440	1,320	2,200	4,950	7,700	11,000
1932 Model PA, 4-cyl., 109" wb						
2d Rds	1,000	3,000	5,000	11,250	17,500	25,000
2d Conv	1,040	3,120	5,200	11,700	18,200	26,000
2d Cpe	500	1,500	2,500	5,630	8,750	12,500
2d RS Cpe	520	1,560	2,600	5,850	9,100	13,000
2d Sed	440	1,320	2,200	4,950	7,700	11,000
4d Sed	440	1,320	2,200	4,950	7,700	11,000
4d Phae	1,000	3,000	5,000	11,250	17,500	25,000
1932 Model PB, 4-cyl., 112" wb						
2d Rds	1,000	3,000	5,000	11,250	17,500	25,000
2d Conv	1,040	3,120	5,200	11,700	18,200	26,000
4d Conv Sed	1,080	3,240	5,400	12,150	18,900	27,000
2d RS Cpe	540	1,620	2,700	6,080	9,450	13,500
2d Sed	460	1,380	2,300	5,180	8,050	11,500
4d Sed	460	1,380	2,300	5,180	8,050	11,500
4d DeL Sed	468	1,404	2,340	5,270	8,190	11,700

	6	5	4	3	2	1
1933 Model PC, 6-cyl., 108" wb						
2d Conv	1,080	3,240	5,400	12,150	18,900	27,000
2d Cpe	520	1,560	2,600	5,850	9,100	13,000
2d RS Cpe	540	1,620	2,700	6,080	9,450	13,500
2d Sed	484	1,452	2,420	5,450	8,470	12,100
4d Sed	480	1,440	2,400	5,400	8,400	12,000
1933 Model PD, 6-cyl.						
NOTE: Deduct 4 percent for PCXX models.						
2d Conv	1,120	3,360	5,600	12,600	19,600	28,000
2d Cpe	580	1,740	2,900	6,530	10,150	14,500
2d RS Cpe	600	1,800	3,000	6,750	10,500	15,000
2d Sed	544	1,632	2,720	6,120	9,520	13,600
4d Sed	536	1,608	2,680	6,030	9,380	13,400
1934 Standard PG Model, 6-cyl., 108" wb						
2d Bus Cpe	520	1,560	2,600	5,850	9,100	13,000
2d Sed	340	1,020	1,700	3,830	5,950	8,500
1934 Standard PF Model, 6-cyl., 108" wb						
2d Bus Cpe	528	1,584	2,640	5,940	9,240	13,200
2d RS Cpe	560	1,680	2,800	6,300	9,800	14,000
2d Sed	348	1,044	1,740	3,920	6,090	8,700
4d Sed	352	1,056	1,760	3,960	6,160	8,800
1934 DeLuxe PE Model, 6-cyl., 114" wb						
2d Conv	1,080	3,240	5,400	12,150	18,900	27,000
2d Cpe	540	1,620	2,700	6,080	9,450	13,500
2d RS Cpe	580	1,740	2,900	6,530	10,150	14,500
2d Sed	460	1,380	2,300	5,180	8,050	11,500
4d Sed	464	1,392	2,320	5,220	8,120	11,600
4d Twn Sed	480	1,440	2,400	5,400	8,400	12,000
1935 Model PJ, 6-cyl., 113" wb						
2P Cpe	500	1,500	2,500	5,630	8,750	12,500
2d Bus Cpe	464	1,392	2,320	5,220	8,120	11,600
2d Sed	352	1,056	1,760	3,960	6,160	8,800
4d Bus Sed	452	1,356	2,260	5,090	7,910	11,300
1935 DeLuxe PJ Model, 6-cyl., 113" wb						
2d Conv	960	2,880	4,800	10,800	16,800	24,000
2d Bus Cpe	520	1,560	2,600	5,850	9,100	13,000
2d RS Cpe	540	1,620	2,700	6,080	9,450	13,500
2d Sed	452	1,356	2,260	5,090	7,910	11,300
2d Tr Sed	460	1,380	2,300	5,180	8,050	11,500
4d Sed	472	1,416	2,360	5,310	8,260	11,800
4d Tr Sed	492	1,476	2,460	5,540	8,610	12,300
4d 7P Sed	512	1,536	2,560	5,760	8,960	12,800
4d Trav Sed	516	1,548	2,580	5,810	9,030	12,900
1936 P1 Business Line, 6-cyl., 113" wb						
2d Bus Cpe	500	1,500	2,500	5,630	8,750	12,500
2d Bus Sed	452	1,356	2,260	5,090	7,910	11,300
4d Bus Sed	456	1,368	2,280	5,130	7,980	11,400
4d Sta Wag	820	2,460	4,100	9,230	14,350	20,500
1936 P2 DeLuxe, 6-cyl., 113"-125" wb						
2d Conv	1,080	3,240	5,400	12,150	18,900	27,000
2d Cpe	520	1,560	2,600	5,850	9,100	13,000
2d RS Cpe	532	1,596	2,660	5,990	9,310	13,300
2d Sed	472	1,416	2,360	5,310	8,260	11,800
2d Tr Sed	492	1,476	2,460	5,540	8,610	12,300
4d Sed	472	1,416	2,360	5,310	8,260	11,800
4d Tr Sed	492	1,476	2,460	5,540	8,610	12,300
4d 7P Sed	500	1,500	2,500	5,630	8,750	12,500
1937 Roadking, 6-cyl., 112" wb						
2d Cpe	500	1,500	2,500	5,630	8,750	12,500
2d Sed	324	972	1,620	3,650	5,670	8,100
4d Sed	332	996	1,660	3,740	5,810	8,300
1937 DeLuxe, 6-cyl., 112"-132" wb						
2d Conv	1,000	3,000	5,000	11,250	17,500	25,000
2d Cpe	520	1,560	2,600	5,850	9,100	13,000
2d RS Cpe	532	1,596	2,660	5,990	9,310	13,300
2d Sed	440	1,320	2,200	4,950	7,700	11,000
2d Tr Sed	448	1,344	2,240	5,040	7,840	11,200
4d Sed	356	1,068	1,780	4,010	6,230	8,900
4d Tr Sed	440	1,320	2,200	4,950	7,700	11,000
4d Limo	512	1,536	2,560	5,760	8,960	12,800
4d Sub	820	2,460	4,100	9,230	14,350	20,500
1938 Roadking, 6-cyl., 112" wb						
2d Cpe	500	1,500	2,500	5,630	8,750	12,500
2d Sed	324	972	1,620	3,650	5,670	8,100
4d Sed	332	996	1,660	3,740	5,810	8,300

	6	5	4	3	2	1
2d Tr Sed	340	1,020	1,700	3,830	5,950	8,500
4d Tr Sed	296	888	1,480	3,330	5,180	7,400

1938 DeLuxe, 6-cyl., 112"-132" wb

	6	5	4	3	2	1
2d Conv	1,000	3,000	5,000	11,250	17,500	25,000
2d Cpe	520	1,560	2,600	5,850	9,100	13,000
2d RS Cpe	532	1,596	2,660	5,990	9,310	13,300
2d Sed	440	1,320	2,200	4,950	7,700	11,000
2d Tr Sed	444	1,332	2,220	5,000	7,770	11,100
4d Sed	356	1,068	1,780	4,010	6,230	8,900
4d Tr Sed	440	1,320	2,200	4,950	7,700	11,000
4d 7P Sed	492	1,476	2,460	5,540	8,610	12,300
4d Limo	540	1,620	2,700	6,080	9,450	13,500
4d Sub	840	2,520	4,200	9,450	14,700	21,000

1939 P7 Roadking, 6-cyl., 114" wb

	6	5	4	3	2	1
2d Cpe	500	1,500	2,500	5,630	8,750	12,500
2d Sed	340	1,020	1,700	3,830	5,950	8,500
2d Tr Sed	344	1,032	1,720	3,870	6,020	8,600
4d Sed	348	1,044	1,740	3,920	6,090	8,700
4d Tr Sed	352	1,056	1,760	3,960	6,160	8,800
4d Utl Sed	348	1,044	1,740	3,920	6,090	8,700

1939 P8 DeLuxe, 6-cyl., 114"-134" wb

	6	5	4	3	2	1
2d Conv	920	2,760	4,600	10,350	16,100	23,000
4d Conv Sed	960	2,880	4,800	10,800	16,800	24,000
2P Cpe	520	1,560	2,600	5,850	9,100	13,000
2d RS Cpe	540	1,620	2,700	6,080	9,450	13,500
2d Sed	440	1,320	2,200	4,950	7,700	11,000
2d Tr Sed	444	1,332	2,220	5,000	7,770	11,100
4d Sed	440	1,320	2,200	4,950	7,700	11,000
4d Tr Sed	448	1,344	2,240	5,040	7,840	11,200
4d Sta Wag W/C	1,000	3,000	5,000	11,250	17,500	25,000
4d Sta Wag W/G	1,040	3,120	5,200	11,700	18,200	26,000
4d 7P Ewb Sed	480	1,440	2,400	5,400	8,400	12,000
4d Ewb Limo	520	1,560	2,600	5,850	9,100	13,000

1940 P9 Roadking, 6-cyl., 117" wb

	6	5	4	3	2	1
2d Cpe	520	1,560	2,600	5,850	9,100	13,000
2d Tr Sed	460	1,380	2,300	5,180	8,050	11,500
4d Tr Sed	456	1,368	2,280	5,130	7,980	11,400
4d Utl Sed	332	996	1,660	3,740	5,810	8,300

1940 P10 DeLuxe, 6-cyl., 117"-137" wb

	6	5	4	3	2	1
2d Conv	1,000	3,000	5,000	11,250	17,500	25,000
2d DeL Cpe	560	1,680	2,800	6,300	9,800	14,000
2d 4P Cpe	580	1,740	2,900	6,530	10,150	14,500
2d Sed	440	1,320	2,200	4,950	7,700	11,000
4d Sed	356	1,068	1,780	4,010	6,230	8,900
4d Sta Wag	1,060	3,180	5,300	11,930	18,550	26,500
4d 7P Sed	472	1,416	2,360	5,310	8,260	11,800
4d Sed Limo	540	1,620	2,700	6,080	9,450	13,500

1941 P11 Standard, 6-cyl., 117" wb

	6	5	4	3	2	1
2d Cpe	540	1,620	2,700	6,080	9,450	13,500
2d Sed	460	1,380	2,300	5,180	8,050	11,500
4d Sed	456	1,368	2,280	5,130	7,980	11,400
4d Utl Sed	340	1,020	1,700	3,830	5,950	8,500

1941 P11 DeLuxe, 6-cyl., 117" wb

	6	5	4	3	2	1
2d Cpe	548	1,644	2,740	6,170	9,590	13,700
2d Sed	468	1,404	2,340	5,270	8,190	11,700
4d Sed	464	1,392	2,320	5,220	8,120	11,600

1941 P12 Special DeLuxe, 6 cyl., 117"-137" wb

	6	5	4	3	2	1
2d Conv	1,000	3,000	5,000	11,250	17,500	25,000
2d DeL Cpe	560	1,680	2,800	6,300	9,800	14,000
2d 4P Cpe	580	1,740	2,900	6,530	10,150	14,500
2d Sed	460	1,380	2,300	5,180	8,050	11,500
4d Sed	464	1,392	2,320	5,220	8,120	11,600
4d Sta Wag	1,080	3,240	5,400	12,150	18,900	27,000
4d 7P Sed	472	1,416	2,360	5,310	8,260	11,800
4d Limo	540	1,620	2,700	6,080	9,450	13,500

1942 P14S DeLuxe, 6-cyl., 117" wb

	6	5	4	3	2	1
2d Cpe	600	1,800	3,000	6,750	10,500	15,000
2d Sed	396	1,188	1,980	4,460	6,930	9,900
4d Utl Sed	384	1,152	1,920	4,320	6,720	9,600
2d Clb Cpe	620	1,860	3,100	6,980	10,850	15,500
4d Sed	388	1,164	1,940	4,370	6,790	9,700

1942 P14C Special DeLuxe, 6-cyl., 117" wb

	6	5	4	3	2	1
2d Conv	1,120	3,360	5,600	12,600	19,600	28,000
2d Cpe	640	1,920	3,200	7,200	11,200	16,000
2d Sed	404	1,212	2,020	4,550	7,070	10,100
4d Sed	400	1,200	2,000	4,500	7,000	10,000

	6	5	4	3	2	1
4d Twn Sed	404	1,212	2,020	4,550	7,070	10,100
2d Clb Cpe	660	1,980	3,300	7,430	11,550	16,500
4d Sta Wag	1,400	4,200	7,000	15,750	24,500	35,000

1946-48 P15 DeLuxe, 6-cyl., 117" wb

	6	5	4	3	2	1
2d Cpe	640	1,920	3,200	7,200	11,200	16,000
2d Clb Cpe	660	1,980	3,300	7,430	11,550	16,500
2d Sed	600	1,800	3,000	6,750	10,500	15,000
4d Sed	596	1,788	2,980	6,710	10,430	14,900

1946-48 P15 Special DeLuxe, 6-cyl., 117" wb

	6	5	4	3	2	1
2d Conv	1,160	3,480	5,800	13,050	20,300	29,000
2d Cpe	660	1,980	3,300	7,430	11,550	16,500
2d Clb Cpe	680	2,040	3,400	7,650	11,900	17,000
2d Sed	620	1,860	3,100	6,980	10,850	15,500
4d Sed	616	1,848	3,080	6,930	10,780	15,400
4d Sta Wag	1,440	4,320	7,200	16,200	25,200	36,000

1949 DeLuxe, 6-cyl., 111" wb

First Series 1949 is the same as 1948 Second Series.

	6	5	4	3	2	1
2d Cpe	600	1,800	3,000	6,750	10,500	15,000
2d Sed	500	1,500	2,500	5,630	8,750	12,500
2d Sta Wag	640	1,920	3,200	7,200	11,200	16,000

1949 DeLuxe, 6-cyl., 118.5" wb

	6	5	4	3	2	1
2d Clb Cpe	620	1,860	3,100	6,980	10,850	15,500
4d Sed	416	1,248	2,080	4,680	7,280	10,400

1949 Special DeLuxe, 6-cyl., 118.5" wb

	6	5	4	3	2	1
2d Conv	1,040	3,120	5,200	11,700	18,200	26,000
2d Clb Cpe	628	1,884	3,140	7,070	10,990	15,700
4d Sed	504	1,512	2,520	5,670	8,820	12,600
4d Sta Wag	1,200	3,600	6,000	13,500	21,000	30,000

1950 DeLuxe, 6-cyl., 111" wb

	6	5	4	3	2	1
2d Cpe	620	1,860	3,100	6,980	10,850	15,500
2d Sed	600	1,800	3,000	6,750	10,500	15,000
2d Sta Wag	640	1,920	3,200	7,200	11,200	16,000

1950 DeLuxe, 6-cyl., 118.5" wb

	6	5	4	3	2	1
2d Clb Cpe	624	1,872	3,120	7,020	10,920	15,600
4d Sed	608	1,824	3,040	6,840	10,640	15,200

1950 Special DeLuxe, 6-cyl., 118.5" wb

	6	5	4	3	2	1
2d Conv	1,000	3,000	5,000	11,250	17,500	25,000
2d Clb Cpe	628	1,884	3,140	7,070	10,990	15,700
4d Sed	620	1,860	3,100	6,980	10,850	15,500
4d Sta Wag	1,280	3,840	6,400	14,400	22,400	32,000

NOTE: Add 5 percent for P-19 Special DeLuxe Suburban.

1951-52 P22 Concord, 6-cyl., 111" wb

	6	5	4	3	2	1
2d Sed	480	1,440	2,400	5,400	8,400	12,000
2d Cpe	500	1,500	2,500	5,630	8,750	12,500
2d Sta Wag	640	1,920	3,200	7,200	11,200	16,000

1951-52 P23 Cambridge, 6-cyl., 118.5" wb

	6	5	4	3	2	1
4d Sed	488	1,464	2,440	5,490	8,540	12,200
2d Clb Cpe	600	1,800	3,000	6,750	10,500	15,000

1951-52 P23 Cranbrook, 6-cyl., 118.5" wb

	6	5	4	3	2	1
4d Sed	496	1,488	2,480	5,580	8,680	12,400
2d Clb Cpe	620	1,860	3,100	6,980	10,850	15,500
2d HT	800	2,400	4,000	9,000	14,000	20,000
2d Conv	1,000	3,000	5,000	11,250	17,500	25,000

1953 P24-1 Cambridge, 6-cyl., 114" wb

	6	5	4	3	2	1
4d Sed	464	1,392	2,320	5,220	8,120	11,600
2d Sed	468	1,404	2,340	5,270	8,190	11,700
2d Bus Cpe	472	1,416	2,360	5,310	8,260	11,800
2d Sta Wag	680	2,040	3,400	7,650	11,900	17,000

1953 P24-2 Cranbrook, 6-cyl., 114" wb

	6	5	4	3	2	1
4d Sed	480	1,440	2,400	5,400	8,400	12,000
2d Clb Cpe	500	1,500	2,500	5,630	8,750	12,500
2d HT	840	2,520	4,200	9,450	14,700	21,000
2d Sta Wag	640	1,920	3,200	7,200	11,200	16,000
2d Conv	1,080	3,240	5,400	12,150	18,900	27,000

1954 P25-1 Plaza, 6-cyl., 114" wb

	6	5	4	3	2	1
4d Sed	512	1,536	2,560	5,760	8,960	12,800
2d Sed	516	1,548	2,580	5,810	9,030	12,900
2d Bus Cpe	600	1,800	3,000	6,750	10,500	15,000
2d Sta Wag	700	2,100	3,500	7,880	12,250	17,500

1954 P25-2 Savoy, 6-cyl., 114" wb

	6	5	4	3	2	1
4d Sed	600	1,800	3,000	6,750	10,500	15,000
2d Sed	604	1,812	3,020	6,800	10,570	15,100
2d Clb Cpe	620	1,860	3,100	6,980	10,850	15,500
2d Sta Wag	640	1,920	3,200	7,200	11,200	16,000

	6	5	4	3	2	1
1954 P25-3 Belvedere, 6-cyl., 114" wb						
4d Sed	620	1,860	3,100	6,980	10,850	15,500
2d HT	920	2,760	4,600	10,350	16,100	23,000
2d Conv	1,120	3,360	5,600	12,600	19,600	28,000
2d Sta Wag	680	2,040	3,400	7,650	11,900	17,000
1955 Plaza, V-8, 115" wb						
4d Sed	600	1,800	3,000	6,750	10,500	15,000
2d Sed	604	1,812	3,020	6,800	10,570	15,100
2d Sta Wag	600	1,800	3,000	6,750	10,500	15,000
4d Sta Wag	640	1,920	3,200	7,200	11,200	16,000
1955 Savoy, V-8, 115" wb						
4d Sed	604	1,812	3,020	6,800	10,570	15,100
2d Sed	608	1,824	3,040	6,840	10,640	15,200
1955 Belvedere, V-8, 115" wb						
4d Sed	616	1,848	3,080	6,930	10,780	15,400
2d Sed	620	1,860	3,100	6,980	10,850	15,500
2d HT	1,000	3,000	5,000	11,250	17,500	25,000
2d Conv	1,240	3,720	6,200	13,950	21,700	31,000
4d Sta Wag	680	2,040	3,400	7,650	11,900	17,000
NOTE: Deduct 10 percent for 6-cyl. models.						
1956 Plaza, V-8, 115" wb						
4d Sed	496	1,488	2,480	5,580	8,680	12,400
2d Sed	500	1,500	2,500	5,630	8,750	12,500
2d Bus Cpe	488	1,464	2,440	5,490	8,540	12,200
1956 Savoy, V-8, 115" wb						
4d Sed	500	1,500	2,500	5,630	8,750	12,500
2d Sed	504	1,512	2,520	5,670	8,820	12,600
2d HT	960	2,880	4,800	10,800	16,800	24,000
1956 Belvedere, V-8, 115" wb						
4d Sed	600	1,800	3,000	6,750	10,500	15,000
4d HT	680	2,040	3,400	7,650	11,900	17,000
2d Sed	604	1,812	3,020	6,800	10,570	15,100
2d HT	1,120	3,360	5,600	12,600	19,600	28,000
1956 Belvedere, V-8, 115" wb (conv. avail. as 8-cyl. only)						
2d Conv	1,320	3,960	6,600	14,850	23,100	33,000
1956 Suburban, V-8, 115" wb						
4d DeL Sta Wag	660	1,980	3,300	7,430	11,550	16,500
4d Cus Sta Wag	680	2,040	3,400	7,650	11,900	17,000
4d Spt Sta Wag	700	2,100	3,500	7,880	12,250	17,500
1956 Fury, V-8, (avail. as V-8 only)						
2d HT	1,400	4,200	7,000	15,750	24,500	35,000
1957-58 Plaza, V-8, 118" wb						
4d Sed	448	1,344	2,240	5,040	7,840	11,200
2d Sed	452	1,356	2,260	5,090	7,910	11,300
2d Bus Cpe	444	1,332	2,220	5,000	7,770	11,100
1957-58 Savoy, V-8						
4d Sed	456	1,368	2,280	5,130	7,980	11,400
4d HT	620	1,860	3,100	6,980	10,850	15,500
2d Sed	496	1,488	2,480	5,580	8,680	12,400
2d HT	920	2,760	4,600	10,350	16,100	23,000
1957-58 Belvedere, V-8, 118" wb						
4d Sed	480	1,440	2,400	5,400	8,400	12,000
4d Spt HT	660	1,980	3,300	7,430	11,550	16,500
2d Sed	484	1,452	2,420	5,450	8,470	12,100
2d HT	1,280	3,840	6,400	14,400	22,400	32,000
1957-58 Belvedere, V-8, 118" wb (conv. avail. as 8-cyl. only)						
2d Conv	1,520	4,560	7,600	17,100	26,600	38,000
1957-58 Suburban, V-8, 122" wb						
4d Cus Sta Wag	720	2,160	3,600	8,100	12,600	18,000
2d Cus Sta Wag	740	2,220	3,700	8,330	12,950	18,500
4d Spt Sta Wag	760	2,280	3,800	8,550	13,300	19,000
1957-58 Fury, V-8, 118" wb						
2d HT	1,440	4,320	7,200	16,200	25,200	36,000
NOTE: Deduct 10 percent for 6-cyl. models. Add 20 percent for 318 cid/290 hp V-8 (except Fury) or 350 cid/305 hp V-8 (1958). Add 50 percent for 315 hp Bendix EFI V-8 (1958).						
1959 Savoy, 6-cyl., 118" wb						
4d Sed	440	1,320	2,200	4,950	7,700	11,000
2d Sed	444	1,332	2,220	5,000	7,770	11,100
1959 Belvedere, V-8, 118" wb						
4d Sed	444	1,332	2,220	5,000	7,770	11,100
4d HT	500	1,500	2,500	5,630	8,750	12,500
2d Sed	448	1,344	2,240	5,040	7,840	11,200
2d HT	880	2,640	4,400	9,900	15,400	22,000
2d Conv	1,280	3,840	6,400	14,400	22,400	32,000

	6	5	4	3	2	1
1959 Fury, V-8, 118" wb						
4d Sed	440	1,320	2,200	4,950	7,700	11,000
4d HT	600	1,800	3,000	6,750	10,500	15,000
2d HT	920	2,760	4,600	10,350	16,100	23,000
1959 Sport Fury, V-8, 118" wb (260 hp, V-8 offered)						
2d HT	960	2,880	4,800	10,800	16,800	24,000
2d Conv	1,360	4,080	6,800	15,300	23,800	34,000
1959 Suburban, V-8, 122" wb						
4d Spt Sta Wag	588	1,764	2,940	6,620	10,290	14,700
2d Cus Sta Wag	584	1,752	2,920	6,570	10,220	14,600
4d Cus Sta Wag	580	1,740	2,900	6,530	10,150	14,500

NOTE: Deduct 10 percent for 6-cyl. models. Add 25 percent for Golden Commando V-8.

	6	5	4	3	2	1
1960 Valiant 100, 6-cyl., 106.5" wb						
4d Sed	448	1,344	2,240	5,040	7,840	11,200
4d Sta Wag	452	1,356	2,260	5,090	7,910	11,300
1960 Valiant 200, 6-cyl., 106" wb						
4d Sed	452	1,356	2,260	5,090	7,910	11,300
4d Sta Wag	456	1,368	2,280	5,130	7,980	11,400
1960 Fleet Special, V8, 118" wb						
4d Sed	448	1,344	2,240	5,040	7,840	11,200
2d Sed	452	1,356	2,260	5,090	7,910	11,300
1960 Savoy, V-8, 118" wb						
4d Sed	468	1,404	2,340	5,270	8,190	11,700
2d Sed	472	1,416	2,360	5,310	8,260	11,800
1960 Belvedere, V-8, 118" wb						
4d Sed	472	1,416	2,360	5,310	8,260	11,800
2d Sed	476	1,428	2,380	5,360	8,330	11,900
2d HT	720	2,160	3,600	8,100	12,600	18,000
1960 Fury, V-8, 118" wb						
4d Sed	500	1,500	2,500	5,630	8,750	12,500
4d HT	640	1,920	3,200	7,200	11,200	16,000
2d HT	800	2,400	4,000	9,000	14,000	20,000
1960 Fury, V-8, 118" wb (conv. avail. as V-8 only)						
2d Conv	920	2,760	4,600	10,350	16,100	23,000
1960 Suburban, V-8, 122" wb						
4d DeL Sta Wag	548	1,644	2,740	6,170	9,590	13,700
2d DeL Sta Wag	544	1,632	2,720	6,120	9,520	13,600
4d 9P Cus Sta Wag	548	1,644	2,740	6,170	9,590	13,700
4d 9P Spt Sta Wag	552	1,656	2,760	6,210	9,660	13,800

NOTE: Deduct 20 percent for 6-cyl. model except Valiant.

	6	5	4	3	2	1
1961 Valiant 100, 6-cyl., 106.5" wb						
4d Sed	432	1,296	2,160	4,860	7,560	10,800
2d Sed	436	1,308	2,180	4,910	7,630	10,900
4d Sta Wag	432	1,296	2,160	4,860	7,560	10,800
1961 Valiant 200, 6-cyl., 106.5" wb						
4d Sed	440	1,320	2,200	4,950	7,700	11,000
2d HT	640	1,920	3,200	7,200	11,200	16,000
4d Sta Wag	428	1,284	2,140	4,820	7,490	10,700

NOTE: Add 20 percent for Hyper Pak 170 cid/148 hp and 30 percent for Hyper Pak 225 cid/220 hp engines.

	6	5	4	3	2	1
1961 Fleet Special, V8, 118" wb						
4d Sed	424	1,272	2,120	4,770	7,420	10,600
2d Sed	428	1,284	2,140	4,820	7,490	10,700
1961 Savoy, V-8, 118" wb						
4d Sed	428	1,284	2,140	4,820	7,490	10,700
2d Sed	432	1,296	2,160	4,860	7,560	10,800
1961 Belvedere, V-8, 118" wb						
4d Sed	428	1,284	2,140	4,820	7,490	10,700
2d Clb Sed	432	1,296	2,160	4,860	7,560	10,800
2d HT	628	1,884	3,140	7,070	10,990	15,700
1961 Fury, V-8, 118" wb						
4d Sed	436	1,308	2,180	4,910	7,630	10,900
4d HT	600	1,800	3,000	6,750	10,500	15,000
2d HT	760	2,280	3,800	8,550	13,300	19,000
2d Conv	840	2,520	4,200	9,450	14,700	21,000
1961 Suburban, V-8, 122" wb						
4d 6P DeL Sta Wag	488	1,464	2,440	5,490	8,540	12,200
2d 6P DeL Sta Wag	484	1,452	2,420	5,450	8,470	12,100
4d 6P Cus Sta Wag	488	1,464	2,440	5,490	8,540	12,200
4d 9P Spt Sta Wag	492	1,476	2,460	5,540	8,610	12,300

NOTE: Deduct 10 percent for 6-cyl. models. Add 30 percent for 330, 340, 350, 375 hp engines.

1956 Plymouth Belvedere convertible

1965 Plymouth Fury II station wagon

1970 Plymouth Road Runner coupe

	6	5	4	3	2	1
1962 Valiant 100, 6-cyl., 106.5" wb						
4d Sed	384	1,152	1,920	4,320	6,720	9,600
2d Sed	388	1,164	1,940	4,370	6,790	9,700
4d Sta Wag	392	1,176	1,960	4,410	6,860	9,800
1962 Valiant 200, 6-cyl., 106.5" wb						
4d Sed	388	1,164	1,940	4,370	6,790	9,700
2d Sed	392	1,176	1,960	4,410	6,860	9,800
4d Sta Wag	396	1,188	1,980	4,460	6,930	9,900
1962 Valiant Signet, 6-cyl., 106.5" wb						
2d HT	460	1,380	2,300	5,180	8,050	11,500

NOTE: Add 30 percent for Hyper Pak 170 cid/148 hp and 50 percent for Hyper Pak 225 cid/200 hp engines.

	6	5	4	3	2	1
1962 Fleet Special, V8, 116" wb						
4d Sed	380	1,140	1,900	4,280	6,650	9,500
2d Sed	384	1,152	1,920	4,320	6,720	9,600
1962 Savoy, V-8, 116" wb						
4d Sed	384	1,152	1,920	4,320	6,720	9,600
2d Sed	388	1,164	1,940	4,370	6,790	9,700
1962 Belvedere, V-8, 116" wb						
4d Sed	388	1,164	1,940	4,370	6,790	9,700
2d Sed	392	1,176	1,960	4,410	6,860	9,800
2d HT	620	1,860	3,100	6,980	10,850	15,500
1962 Fury, V-8, 116" wb						
4d Sed	396	1,188	1,980	4,460	6,930	9,900
4d HT	420	1,260	2,100	4,730	7,350	10,500
2d HT	640	1,920	3,200	7,200	11,200	16,000
2d Conv	880	2,640	4,400	9,900	15,400	22,000
1962 Sport Fury, V-8, 116" wb						
2d HT	720	2,160	3,600	8,100	12,600	18,000
2d Conv	960	2,880	4,800	10,800	16,800	24,000
1962 Suburban, V-8, 116" wb						
4d 6P Savoy Sta Wag	450	1,340	2,240	5,040	7,840	11,200
4d 6P Belv Sta Wag	450	1,360	2,260	5,090	7,910	11,300
4d 9P Fury Sta Wag	460	1,370	2,280	5,130	7,980	11,400

NOTE: Deduct 10 percent for 6-cyl. models. Add 30 percent for Golden Commando 361 ci. Add 50 percent for Golden Commando 383 ci. Add 75 percent for Super Stock 413, 410 hp. Value inestimable on autos equipped at factory with Max Wedge engine option.

	6	5	4	3	2	1
1963 Valiant 100, 6-cyl., 106.5" wb						
4d Sed	360	1,080	1,800	4,050	6,300	9,000
2d Sed	364	1,092	1,820	4,100	6,370	9,100
4d Sta Wag	364	1,092	1,820	4,100	6,370	9,100
1963 Valiant 200, 6-cyl., 106.5" wb						
4d Sed	364	1,092	1,820	4,100	6,370	9,100
2d Sed	368	1,104	1,840	4,140	6,440	9,200
2d Conv	660	1,980	3,300	7,430	11,550	16,500
4d Sta Wag	364	1,092	1,820	4,100	6,370	9,100
1963 Valiant Signet, 6-cyl., 106.5" wb						
2d HT	660	1,980	3,300	7,430	11,550	16,500
2d Conv	700	2,100	3,500	7,880	12,250	17,500
1963 Savoy, V-8, 116" wb						
4d Sed	380	1,140	1,900	4,280	6,650	9,500
2d Sed	384	1,152	1,920	4,320	6,720	9,600
4d 6P Sta Wag	416	1,248	2,080	4,680	7,280	10,400
1963 Belvedere, V-8, 116" wb						
4d Sed	380	1,140	1,900	4,280	6,650	9,500
2d Sed	384	1,152	1,920	4,320	6,720	9,600
2d HT	408	1,224	2,040	4,590	7,140	10,200
4d 6P Sta Wag	440	1,320	2,200	4,950	7,700	11,000
1963 Fury, V-8, 116" wb						
4d Sed	388	1,164	1,940	4,370	6,790	9,700
4d HT	420	1,260	2,100	4,730	7,350	10,500
2d HT	660	1,980	3,300	7,430	11,550	16,500
2d Conv	840	2,520	4,200	9,450	14,700	21,000
4d 9P Sta Wag	444	1,332	2,220	5,000	7,770	11,100
1963 Sport Fury, V-8, 116" wb						
2d HT	740	2,220	3,700	8,330	12,950	18,500
2d Conv	860	2,580	4,300	9,680	15,050	21,500

NOTE: Deduct 10 percent for 6-cyl. models. Add 75 percent for Max Wedge II 426 engine. Add 40 percent for 413. Value inestimable on autos equipped at factory with Max Wedge engine option.

	6	5	4	3	2	1
1964 Valiant 100, 6-cyl., 106.5" wb						
4d Sed	360	1,080	1,800	4,050	6,300	9,000
2d Sed	364	1,092	1,820	4,100	6,370	9,100
4d Sta Wag	360	1,080	1,800	4,050	6,300	9,000

	6	5	4	3	2	1
1964 Valiant 200, 6 or V-8, 106.5" wb						
4d Sed	364	1,092	1,820	4,100	6,370	9,100
2d Sed	368	1,104	1,840	4,140	6,440	9,200
2d Conv	800	2,400	4,000	9,000	14,000	20,000
4d Sta Wag	364	1,092	1,820	4,100	6,370	9,100
1964 Valiant Signet, V-8, 106.5" wb						
2d HT	760	2,280	3,800	8,550	13,300	19,000
2d Barracuda	1,000	3,000	5,000	11,250	17,500	25,000
2d Conv	1,280	3,840	6,400	14,400	22,400	32,000
1964 Savoy, V-8, 116" wb						
4d Sed	380	1,140	1,900	4,280	6,650	9,500
2d Sed	384	1,152	1,920	4,320	6,720	9,600
4d 6P Sta Wag	428	1,284	2,140	4,820	7,490	10,700
1964 Belvedere, V-8, 116" wb						
2d HT	640	1,920	3,200	7,200	11,200	16,000
4d Sed	384	1,152	1,920	4,320	6,720	9,600
2d Sed	388	1,164	1,940	4,370	6,790	9,700
4d 6P Sta Wag	436	1,308	2,180	4,910	7,630	10,900
1964 Fury, V-8, 116" wb						
4d Sed	388	1,164	1,940	4,370	6,790	9,700
4d HT	404	1,212	2,020	4,550	7,070	10,100
2d HT	680	2,040	3,400	7,650	11,900	17,000
2d Conv	800	2,400	4,000	9,000	14,000	20,000
4d 9P Sta Wag	444	1,332	2,220	5,000	7,770	11,100
1964 Sport Fury, V-8, 116" wb						
2d HT	800	2,400	4,000	9,000	14,000	20,000
Conv	1,000	3,000	5,000	11,250	17,500	25,000

NOTE: Deduct 10 percent for 6-cyl. models. Add 75 percent for 426-415 Max Wedge III. Autos equipped with 426 Hemi, value inestimable. Value inestimable on autos equipped at factory with Max Wedge engine option.

	6	5	4	3	2	1
1965 Valiant 100, V-8, 106" wb						
4d Sed	360	1,080	1,800	4,050	6,300	9,000
2d Sed	364	1,092	1,820	4,100	6,370	9,100
4d Sta Wag	364	1,092	1,820	4,100	6,370	9,100
1965 Valiant 200, V-8, 106" wb						
4d Sed	364	1,092	1,820	4,100	6,370	9,100
2d Sed	368	1,104	1,840	4,140	6,440	9,200
2d Conv	720	2,160	3,600	8,100	12,600	18,000
4d Sta Wag	364	1,092	1,820	4,100	6,370	9,100
1965 Valiant Signet, V-8, 106" wb						
2d HT	760	2,280	3,800	8,550	13,300	19,000
2d Conv	1,120	3,360	5,600	12,600	19,600	28,000
1965 Barracuda, V-8, 106" wb						
2d HT	1,080	3,240	5,400	12,150	18,900	27,000

NOTE: Add 10 percent for Formula S option.

	6	5	4	3	2	1
1965 Belvedere I, V-8, 116" wb						
4d Sed	364	1,092	1,820	4,100	6,370	9,100
2d Sed	368	1,104	1,840	4,140	6,440	9,200
4d Sta Wag	408	1,224	2,040	4,590	7,140	10,200
1965 Belvedere II, V-8, 116" wb						
4d Sed	376	1,128	1,880	4,230	6,580	9,400
2d HT	720	2,160	3,600	8,100	12,600	18,000
2d Conv	920	2,760	4,600	10,350	16,100	23,000
4d 9P Sta Wag	380	1,140	1,900	4,280	6,650	9,500
4d 6P Sta Wag	416	1,248	2,080	4,680	7,280	10,400
1965 Satellite, V-8, 116"wb						
2d HT	840	2,520	4,200	9,450	14,700	21,000
2d Conv	1,240	3,720	6,200	13,950	21,700	31,000
1965 Fury, V-8, 119" wb						
4d Sed	380	1,140	1,900	4,280	6,650	9,500
2d Sed	384	1,152	1,920	4,320	6,720	9,600
1965 Fury, V-8, 119" wb, Sta Wag 121" wb						
4d Sta Wag	424	1,272	2,120	4,770	7,420	10,600
1965 Fury II, V-8, 119" wb						
4d Sed	388	1,164	1,940	4,370	6,790	9,700
2d Sed	392	1,176	1,960	4,410	6,860	9,800
1965 Fury II, V-8, 119" wb, Sta Wag 121" wb						
4d 9P Sta Wag	432	1,296	2,160	4,860	7,560	10,800
4d 6P Sta Wag	428	1,284	2,140	4,820	7,490	10,700
1965 Fury III, V-8, 119" wb						
4d Sed	392	1,176	1,960	4,410	6,860	9,800
4d HT	440	1,320	2,200	4,950	7,700	11,000
2d HT	760	2,280	3,800	8,550	13,300	19,000
2d Conv	1,200	3,600	6,000	13,500	21,000	30,000

	6	5	4	3	2	1
1965 Fury III, V-8, 119" wb, Sta Wag 121" wb						
4d 9P Sta Wag	436	1,308	2,180	4,910	7,630	10,900
4d 6P Sta Wag	432	1,296	2,160	4,860	7,560	10,800
1965 Sport Fury, V-8						
2d HT	840	2,520	4,200	9,450	14,700	21,000
2d Conv	1,080	3,240	5,400	12,150	18,900	27,000

NOTE: Deduct 5 percent for 6-cyl. models. Add 60 percent for 426 Commando engine option. Autos equipped with 426 Hemi, value inestimable.

	6	5	4	3	2	1
1966 Valiant 100, V-8, 106" wb						
4d Sed	364	1,092	1,820	4,100	6,370	9,100
2d Sed	368	1,104	1,840	4,140	6,440	9,200
4d Sta Wag	376	1,128	1,880	4,230	6,580	9,400
1966 Valiant 200, V-8, 106" wb						
4d Sed	372	1,116	1,860	4,190	6,510	9,300
4d Sta Wag	380	1,140	1,900	4,280	6,650	9,500
1966 Valiant Signet, V-8, 106" wb						
2d HT	800	2,400	4,000	9,000	14,000	20,000
2d Conv	1,000	3,000	5,000	11,250	17,500	25,000
1966 Barracuda, V-8, 106" wb						
2d HT	1,000	3,000	5,000	11,250	17,500	25,000

NOTE: Add 10 percent for Formula S.

	6	5	4	3	2	1
1966 Belvedere I, V-8, 116" wb						
4d Sed	368	1,104	1,840	4,140	6,440	9,200
2d Sed	372	1,116	1,860	4,190	6,510	9,300
4d Sta Wag	424	1,272	2,120	4,770	7,420	10,600
1966 Belvedere II, V-8, 116" wb						
4d Sed	376	1,128	1,880	4,230	6,580	9,400
2d HT	840	2,520	4,200	9,450	14,700	21,000
2d Conv	1,040	3,120	5,200	11,700	18,200	26,000
4d Sta Wag	428	1,284	2,140	4,820	7,490	10,700
1966 Satellite, V-8, 116" wb						
2d HT	960	2,880	4,800	10,800	16,800	24,000
2d Conv	1,240	3,720	6,200	13,950	21,700	31,000
1966 Fury I, V-8, 119" wb						
4d Sed	376	1,128	1,880	4,230	6,580	9,400
2d Sed	380	1,140	1,900	4,280	6,650	9,500
4d 6P Sta Wag	432	1,296	2,160	4,860	7,560	10,800

NOTE: Deduct 5 percent for 6-cyl. models.

	6	5	4	3	2	1
1966 Fury II, V-8, 119" wb						
4d Sed	380	1,140	1,900	4,280	6,650	9,500
2d Sed	384	1,152	1,920	4,320	6,720	9,600
4d 9P Sta Wag	436	1,308	2,180	4,910	7,630	10,900
1966 Fury III, V-8, 119" wb						
4d Sed	388	1,164	1,940	4,370	6,790	9,700
2d HT	760	2,280	3,800	8,550	13,300	19,000
4d HT	520	1,560	2,600	5,850	9,100	13,000
2d Conv	1,160	3,480	5,800	13,050	20,300	29,000
4d 9P Sta Wag	480	1,440	2,400	5,400	8,400	12,000
1966 Sport Fury, V-8, 119" wb						
2d HT	840	2,520	4,200	9,450	14,700	21,000
2d Conv	1,200	3,600	6,000	13,500	21,000	30,000
1966 VIP, V-8, 119" wb						
4d HT	560	1,680	2,800	6,300	9,800	14,000
2d HT	800	2,400	4,000	9,000	14,000	20,000

NOTE: Autos equipped with 426 Street Hemi or Race Hemi, value inestimable.

	6	5	4	3	2	1
1967 Valiant 100, V-8, 108" wb						
4d Sed	364	1,092	1,820	4,100	6,370	9,100
2d Sed	368	1,104	1,840	4,140	6,440	9,200
1967 Valiant Signet, V-8, 108" wb						
4d Sed	368	1,104	1,840	4,140	6,440	9,200
2d Sed	372	1,116	1,860	4,190	6,510	9,300
1967 Barracuda, V-8, 108" wb						
2d HT	920	2,760	4,600	10,350	16,100	23,000
2d FBk	960	2,880	4,800	10,800	16,800	24,000
2d Conv	1,040	3,120	5,200	11,700	18,200	26,000

NOTE: Add 10 percent for Formula S and 40 percent for 383 cid.

	6	5	4	3	2	1
1967 Belvedere I, V-8, 116" wb						
4d Sed	368	1,104	1,840	4,140	6,440	9,200
2d Sed	372	1,116	1,860	4,190	6,510	9,300
4d 6P Sta Wag	408	1,224	2,040	4,590	7,140	10,200
1967 Belvedere II, V-8, 116" wb						
4d Sed	376	1,128	1,880	4,230	6,580	9,400

	6	5	4	3	2	1
2d HT	800	2,400	4,000	9,000	14,000	20,000
2d Conv	1,000	3,000	5,000	11,250	17,500	25,000
4d 9P Sta Wag	416	1,248	2,080	4,680	7,280	10,400
1967 Satellite, V-8, 116" wb						
2d HT	1,080	3,240	5,400	12,150	18,900	27,000
2d Conv	1,320	3,960	6,600	14,850	23,100	33,000
1967 GTX, V-8, 116" wb						
2d HT	1,200	3,600	6,000	13,500	21,000	30,000
2d Conv	1,480	4,440	7,400	16,650	25,900	37,000
1967 Fury I, V-8, 122" wb						
4d Sed	380	1,140	1,900	4,280	6,650	9,500
2d Sed	384	1,152	1,920	4,320	6,720	9,600
4d 6P Sta Wag	428	1,284	2,140	4,820	7,490	10,700
1967 Fury II, V-8, 122" wb						
4d Sed	384	1,152	1,920	4,320	6,720	9,600
2d Sed	388	1,164	1,940	4,370	6,790	9,700
4d 9P Sta Wag	440	1,320	2,200	4,950	7,700	11,000
1967 Fury III, V-8, 122" wb						
4d Sed	392	1,176	1,960	4,410	6,860	9,800
4d HT	480	1,440	2,400	5,400	8,400	12,000
2d HT	640	1,920	3,200	7,200	11,200	16,000
2d Conv	840	2,520	4,200	9,450	14,700	21,000
4d 9P Sta Wag	440	1,320	2,200	4,950	7,700	11,000
1967 Sport Fury, V-8, 119" wb						
2d HT	680	2,040	3,400	7,650	11,900	17,000
2d FBk	700	2,100	3,500	7,880	12,250	17,500
2d Conv	880	2,640	4,400	9,900	15,400	22,000
1967 VIP, V-8, 119" wb						
4d HT	600	1,800	3,000	6,750	10,500	15,000
2d HT	680	2,040	3,400	7,650	11,900	17,000

NOTE: Add 50 percent for 440 engine. Autos equipped with 426 Hemi, value inestimable.

	6	5	4	3	2	1
1968 Valiant 100, V-8, 108" wb						
4d Sed	368	1,104	1,840	4,140	6,440	9,200
2d Sed	372	1,116	1,860	4,190	6,510	9,300
1968 Valiant Signet, V-8, 108" wb						
4d Sed	376	1,128	1,880	4,230	6,580	9,400
2d Sed	380	1,140	1,900	4,280	6,650	9,500
1968 Barracuda, V-8, 108" wb						
2d HT	880	2,640	4,400	9,900	15,400	22,000
2d FBk	920	2,760	4,600	10,350	16,100	23,000
2d Conv	1,000	3,000	5,000	11,250	17,500	25,000

NOTE: Add 20 percent for Barracuda/Formula S and 40 percent for 383 cid.

	6	5	4	3	2	1
1968 Belvedere, V-8, 116" wb						
4d Sed	372	1,116	1,860	4,190	6,510	9,300
2d Sed	376	1,128	1,880	4,230	6,580	9,400
4d 6P Sta Wag	420	1,260	2,100	4,730	7,350	10,500
1968 Satellite, V-8, 116" wb						
4d Sed	380	1,140	1,900	4,280	6,650	9,500
2d HT	840	2,520	4,200	9,450	14,700	21,000
2d Conv	1,160	3,480	5,800	13,050	20,300	29,000
4d Sta Wag	424	1,272	2,120	4,770	7,420	10,600
1968 Sport Satellite, V-8, 116" wb						
2d HT	1,000	3,000	5,000	11,250	17,500	25,000
2d Conv	1,280	3,840	6,400	14,400	22,400	32,000
4d Sta Wag	468	1,404	2,340	5,270	8,190	11,700
1968 Road Runner, V-8, 116" wb						
2d Cpe	1,320	3,960	6,600	14,850	23,100	33,000
2d HT	1,400	4,200	7,000	15,750	24,500	35,000
1968 GTX, V-8, 116" wb						
2d HT	1,360	4,080	6,800	15,300	23,800	34,000
2d Conv	1,680	5,040	8,400	18,900	29,400	42,000
1968 Fury I, V-8, 119" & 122" wb						
4d Sed	384	1,152	1,920	4,320	6,720	9,600
2d Sed	388	1,164	1,940	4,370	6,790	9,700
4d 6P Sta Wag	432	1,296	2,160	4,860	7,560	10,800
1968 Fury II, V-8, 119" & 122" wb						
4d Sed	388	1,164	1,940	4,370	6,790	9,700
2d Sed	392	1,176	1,960	4,410	6,860	9,800
4d 6P Sta Wag	436	1,308	2,180	4,910	7,630	10,900
1968 Fury III, V-8, 119" & 122" wb						
4d Sed	396	1,188	1,980	4,460	6,930	9,900
4d HT	520	1,560	2,600	5,850	9,100	13,000
2d HT	760	2,280	3,800	8,550	13,300	19,000

	6	5	4	3	2	1
2d FBk	920	2,760	4,600	10,350	16,100	23,000
2d Conv	1,160	3,480	5,800	13,050	20,300	29,000
4d 6P Sta Wag	440	1,320	2,200	4,950	7,700	11,000
1968 Suburban, V-8, 121" wb						
4d 6P Cus Sta Wag	428	1,284	2,140	4,820	7,490	10,700
4d 9P Cus Sta Wag	432	1,296	2,160	4,860	7,560	10,800
4d 6P Spt Sta Wag	436	1,308	2,180	4,910	7,630	10,900
4d 9P Spt Sta Wag	440	1,320	2,200	4,950	7,700	11,000
1968 Sport Fury, V-8, 119" wb						
2d HT	800	2,400	4,000	9,000	14,000	20,000
2d FBk	960	2,880	4,800	10,800	16,800	24,000
2d Conv	880	2,640	4,400	9,900	15,400	22,000
1968 VIP, V-8, 119" wb						
4d HT	620	1,860	3,100	6,980	10,850	15,500
2d FBk	700	2,100	3,500	7,880	12,250	17,500

NOTE: Add 50 percent for 440 engine. Autos equipped with 426 Hemi, value inestimable.

	6	5	4	3	2	1
1969 Valiant 100, V-8, 108" wb						
4d Sed	352	1,056	1,760	3,960	6,160	8,800
2d Sed	356	1,068	1,780	4,010	6,230	8,900
1969 Valiant Signet, V-8, 108" wb						
4d Sed	356	1,068	1,780	4,010	6,230	8,900
2d Sed	360	1,080	1,800	4,050	6,300	9,000
1969 Barracuda, V-8, 108" wb						
2d HT	1,080	3,240	5,400	12,150	18,900	27,000
2d FBk	1,120	3,360	5,600	12,600	19,600	28,000
2d Conv	1,200	3,600	6,000	13,500	21,000	30,000

NOTE: Add 40 percent for Formula S 383 cid option. Add 50 percent for Barracuda 440.

	6	5	4	3	2	1
1969 Belvedere, V-8, 117" wb						
4d Sed	364	1,092	1,820	4,100	6,370	9,100
2d Sed	368	1,104	1,840	4,140	6,440	9,200
4d 6P Sta Wag	408	1,224	2,040	4,590	7,140	10,200
1969 Satellite, V-8, 116" & 117" wb						
4d Sed	372	1,116	1,860	4,190	6,510	9,300
2d HT	920	2,760	4,600	10,350	16,100	23,000
2d Conv	1,080	3,240	5,400	12,150	18,900	27,000
4d 6P Sta Wag	416	1,248	2,080	4,680	7,280	10,400
1969 Sport Satellite, V-8, 116" & 117" wb						
4d Sed	376	1,128	1,880	4,230	6,580	9,400
2d HT	960	2,880	4,800	10,800	16,800	24,000
2d Conv	1,160	3,480	5,800	13,050	20,300	29,000
4d 9P Sta Wag	420	1,260	2,100	4,730	7,350	10,500
1969 Road Runner, V-8, 116" wb						
2d Sed	1,280	3,840	6,400	14,400	22,400	32,000
2d HT	1,400	4,200	7,000	15,750	24,500	35,000
2d Conv	1,680	5,040	8,400	18,900	29,400	42,000
1969 GTX, V-8, 116" wb						
2d HT	1,320	3,960	6,600	14,850	23,100	33,000
2d Conv	1,680	5,040	8,400	18,900	29,400	42,000
1969 Fury I, V-8, 120" & 122" wb						
4d Sed	380	1,140	1,900	4,280	6,650	9,500
2d Sed	384	1,152	1,920	4,320	6,720	9,600
4d 6P Sta Wag	428	1,284	2,140	4,820	7,490	10,700
1969 Fury II, V-8, 120" & 122" wb						
4d Sed	384	1,152	1,920	4,320	6,720	9,600
2d Sed	388	1,164	1,940	4,370	6,790	9,700
4d 6P Sta Wag	432	1,296	2,160	4,860	7,560	10,800
1969 Fury III, V-8, 120" & 122" wb						
4d Sed	392	1,176	1,960	4,410	6,860	9,800
4d HT	532	1,596	2,660	5,990	9,310	13,300
2d HT	800	2,400	4,000	9,000	14,000	20,000
2d Conv	1,200	3,600	6,000	13,500	21,000	30,000
4d 9P Sta Wag	440	1,320	2,200	4,950	7,700	11,000
1969 Sport Fury						
2d HT	680	2,040	3,400	7,650	11,900	17,000
2d Conv	800	2,400	4,000	9,000	14,000	20,000
1969 VIP						
4d HT	440	1,320	2,200	4,950	7,700	11,000
2d HT	680	2,040	3,400	7,650	11,900	17,000

NOTE: Add 75 percent for 440 6 pack. Autos equipped with 426 Hemi, value inestimable.

	6	5	4	3	2	1
1970 Valiant						
4d Sed	352	1,056	1,760	3,960	6,160	8,800
1970 Valiant Duster						
2d Cpe	400	1,200	2,000	4,500	7,000	10,000

	6	5	4	3	2	1
1970 Duster "340"						
2d Cpe	760	2,280	3,800	8,550	13,300	19,000
1970 Barracuda						
2d HT	1,200	3,600	6,000	13,500	21,000	30,000
2d Conv	1,400	4,200	7,000	15,750	24,500	35,000
1970 Gran Coupe						
2d HT	1,280	3,840	6,400	14,400	22,400	32,000
2d Conv	1,480	4,440	7,400	16,650	25,900	37,000
1970 'Cuda						
2d HT	1,280	3,840	6,400	14,400	22,400	32,000
2d Conv	1,680	5,040	8,400	18,900	29,400	42,000
2d Hemi Cuda Conv			value not estimable			
1970 'Cuda AAR						
2d HT	1,720	5,160	8,600	19,350	30,100	43,000
1970 Belvedere						
4d Sed	364	1,092	1,820	4,100	6,370	9,100
2d Cpe	368	1,104	1,840	4,140	6,440	9,200
4d Wag	412	1,236	2,060	4,640	7,210	10,300
1970 Road Runner						
2d Cpe	1,160	3,480	5,800	13,050	20,300	29,000
2d HT	1,280	3,840	6,400	14,400	22,400	32,000
2d Superbird	2,800	8,400	14,000	31,500	49,000	70,000
2d Conv	1,680	5,040	8,400	18,900	29,400	42,000
1970 Satellite						
4d Sed	372	1,116	1,860	4,190	6,510	9,300
2d HT	880	2,640	4,400	9,900	15,400	22,000
2d Conv	1,200	3,600	6,000	13,500	21,000	30,000
4d 6P Wag	416	1,248	2,080	4,680	7,280	10,400
4d 9P Wag	420	1,260	2,100	4,730	7,350	10,500
1970 Sport Satellite						
4d Sed	380	1,140	1,900	4,280	6,650	9,500
2d HT	1,000	3,000	5,000	11,250	17,500	25,000
4d 6P Wag	420	1,260	2,100	4,730	7,350	10,500
4d 9P Wag	424	1,272	2,120	4,770	7,420	10,600
1970 GTX						
2d HT	1,400	4,200	7,000	15,750	24,500	35,000
1970 Fury I						
4d Sed	380	1,140	1,900	4,280	6,650	9,500
2d Sed	384	1,152	1,920	4,320	6,720	9,600
1970 Fury II						
4d Sed	384	1,152	1,920	4,320	6,720	9,600
2d Sed	388	1,164	1,940	4,370	6,790	9,700
4d 6P Wag	428	1,284	2,140	4,820	7,490	10,700
4d 9P Wag	432	1,296	2,160	4,860	7,560	10,800
1970 Gran Coupe						
2d Sed	516	1,548	2,580	5,810	9,030	12,900
1970 Fury III						
4d Sed	392	1,176	1,960	4,410	6,860	9,800
2d HT	740	2,220	3,700	8,330	12,950	18,500
4d HT	520	1,560	2,600	5,850	9,100	13,000
2d Fml	748	2,244	3,740	8,420	13,090	18,700
2d Conv	1,080	3,240	5,400	12,150	18,900	27,000
4d 6P Wag	440	1,320	2,200	4,950	7,700	11,000
4d 9P Wag	444	1,332	2,220	5,000	7,770	11,100
1970 Sport Fury						
4d Sed	396	1,188	1,980	4,460	6,930	9,900
2d HT	780	2,340	3,900	8,780	13,650	19,500
4d HT	540	1,620	2,700	6,080	9,450	13,500
2d Fml	668	2,004	3,340	7,520	11,690	16,700
4d Wag	448	1,344	2,240	5,040	7,840	11,200
1970 Fury S-23						
2d HT	940	2,820	4,700	10,580	16,450	23,500
1970 Fury GT						
2d HT	960	2,880	4,800	10,800	16,800	24,000

NOTE: Add 60 percent for 440 6 pack. Autos equipped with 426 Hemi, value inestimable. Add 10 percent for 'Cuda 340 package. Add 40 percent for 'Cuda 383.

	6	5	4	3	2	1
1971 Valiant						
4d Sed	348	1,044	1,740	3,920	6,090	8,700
1971 Duster						
2d Cpe	360	1,080	1,800	4,050	6,300	9,000
1971 Duster "340"						
2d Cpe	664	1,992	3,320	7,470	11,620	16,600

	6	5	4	3	2	1
1971 Scamp						
2d HT	460	1,380	2,300	5,180	8,050	11,500
1971 Barracuda						
2d Cpe	860	2,580	4,300	9,680	15,050	21,500
2d HT	940	2,820	4,700	10,580	16,450	23,500
2d Conv	1,040	3,120	5,200	11,700	18,200	26,000
1971 Gran Coupe						
2d HT	1,000	3,000	5,000	11,250	17,500	25,000
1971 'Cuda						
2d HT	1,280	3,840	6,400	14,400	22,400	32,000
2d Conv	1,680	5,040	8,400	18,900	29,400	42,000
1971 Satellite						
4d Sed	352	1,056	1,760	3,960	6,160	8,800
2d Cpe	420	1,260	2,100	4,730	7,350	10,500
4d Sta Wag	428	1,284	2,140	4,820	7,490	10,700
1971 Satellite Sebring						
2d HT	740	2,220	3,700	8,330	12,950	18,500
1971 Satellite Custom						
4d Sed	356	1,068	1,780	4,010	6,230	8,900
4d 6P Sta Wag	392	1,176	1,960	4,410	6,860	9,800
4d 9P Sta Wag	396	1,188	1,980	4,460	6,930	9,900
1971 Road Runner						
2d HT	960	2,880	4,800	10,800	16,800	24,000
1971 Sebring Plus						
2d HT	800	2,400	4,000	9,000	14,000	20,000
1971 Satellite Brougham						
4d Sed	360	1,080	1,800	4,050	6,300	9,000
1971 Regent Wagon						
4d 6P Sta Wag	400	1,200	2,000	4,500	7,000	10,000
4d 9P Sta Wag	404	1,212	2,020	4,550	7,070	10,100
1971 GTX						
2d HT	1,020	3,060	5,100	11,480	17,850	25,500
1971 Fury I						
4d Sed	364	1,092	1,820	4,100	6,370	9,100
2d Sed	368	1,104	1,840	4,140	6,440	9,200
1971 Fury Custom						
4d Sed	368	1,104	1,840	4,140	6,440	9,200
2d Sed	372	1,116	1,860	4,190	6,510	9,300
1971 Fury II						
4d Sed	376	1,128	1,880	4,230	6,580	9,400
2d HT	640	1,920	3,200	7,200	11,200	16,000
4d 6P Sta Wag	416	1,248	2,080	4,680	7,280	10,400
4d 9P Sta Wag	420	1,260	2,100	4,730	7,350	10,500
1971 Fury III						
4d Sed	380	1,140	1,900	4,280	6,650	9,500
2d HT	580	1,740	2,900	6,530	10,150	14,500
4d HT	460	1,380	2,300	5,180	8,050	11,500
2d Fml Cpe	672	2,016	3,360	7,560	11,760	16,800
4d 6P Sta Wag	380	1,140	1,900	4,280	6,650	9,500
4d 9P Sta Wag	384	1,152	1,920	4,320	6,720	9,600
1971 Sport Fury						
4d Sed	388	1,164	1,940	4,370	6,790	9,700
4d HT	480	1,440	2,400	5,400	8,400	12,000
2d Fml Cpe	600	1,800	3,000	6,750	10,500	15,000
2d HT	620	1,860	3,100	6,980	10,850	15,500
4d 9P Sta Wag	432	1,296	2,160	4,860	7,560	10,800
4d 6P Sta Wag	428	1,284	2,140	4,820	7,490	10,700
1971 Sport Fury "GT"						
2d HT	780	2,340	3,900	8,780	13,650	19,500

NOTE: Add 40 percent for 440 engine. Deduct 10 percent for 'Cuda 340 package. Add 70 percent for 440 6 pack. Autos equipped with 426 Hemi, value inestimable.

	6	5	4	3	2	1
1972 Valiant						
4d Sed	348	1,044	1,740	3,920	6,090	8,700
1972 Duster						
2d Cpe	420	1,260	2,100	4,730	7,350	10,500
2d "340" Cpe	680	2,040	3,400	7,650	11,900	17,000

NOTE: Add 10 percent for Gold Duster.

	6	5	4	3	2	1
1972 Scamp						
2d HT	640	1,920	3,200	7,200	11,200	16,000
1972 Barracuda						
2d HT	800	2,400	4,000	9,000	14,000	20,000

	6	5	4	3	2	1
1972 'Cuda						
2d HT	880	2,640	4,400	9,900	15,400	22,000
1972 Satellite						
4d Sed	356	1,068	1,780	4,010	6,230	8,900
2d Cpe	420	1,260	2,100	4,730	7,350	10,500
4d 6P Wag	396	1,188	1,980	4,460	6,930	9,900
1972 Satellite Sebring						
2d HT	740	2,220	3,700	8,330	12,950	18,500
1972 Satellite Custom						
4d Sed	360	1,080	1,800	4,050	6,300	9,000
4d 6P Wag	444	1,332	2,220	5,000	7,770	11,100
4d 9P Wag	440	1,320	2,200	4,950	7,700	11,000
1972 Sebring-Plus						
2d HT	760	2,280	3,800	8,550	13,300	19,000
1972 Regent						
4d 6P Wag	448	1,344	2,240	5,040	7,840	11,200
4d 9P Wag	452	1,356	2,260	5,090	7,910	11,300
1972 Road Runner						
2d HT	960	2,880	4,800	10,800	16,800	24,000

NOTE: Add 20 percent for GTX Package.

	6	5	4	3	2	1
1972 Fury I						
4d Sed	344	1,032	1,720	3,870	6,020	8,600
1972 Fury II						
4d Sed	348	1,044	1,740	3,920	6,090	8,700
2d HT	620	1,860	3,100	6,980	10,850	15,500
1972 Fury III						
4d Sed	352	1,056	1,760	3,960	6,160	8,800
4d HT	380	1,140	1,900	4,280	6,650	9,500
2d Fml Cpe	628	1,884	3,140	7,070	10,990	15,700
2d HT	624	1,872	3,120	7,020	10,920	15,600
1972 Gran Fury						
4d HT	408	1,224	2,040	4,590	7,140	10,200
2d Fml Cpe	632	1,896	3,160	7,110	11,060	15,800
1972 Suburban						
4d 6P Sta Wag	404	1,212	2,020	4,550	7,070	10,100
4d 9P Sta Wag	408	1,224	2,040	4,590	7,140	10,200
4d 6P Cus Wag	408	1,224	2,040	4,590	7,140	10,200
4d 9P Cus Wag	412	1,236	2,060	4,640	7,210	10,300
4d 6P Spt Wag	416	1,248	2,080	4,680	7,280	10,400
4d 9P Spt Wag	420	1,260	2,100	4,730	7,350	10,500

NOTE: Add 20 percent for 440 engine where available.

	6	5	4	3	2	1
1973 Valiant, V-8						
4d Sed	304	912	1,520	3,420	5,320	7,600
1973 Duster, V-8						
2d Cpe Sport	364	1,092	1,820	4,100	6,370	9,100
2d 340 Cpe Spt.	420	1,260	2,100	4,730	7,350	10,500

NOTE: Add 10 percent for Gold Duster.

	6	5	4	3	2	1
1973 Scamp, V-8						
2d HT	428	1,284	2,140	4,820	7,490	10,700
1973 Barracuda, V-8						
2d HT	780	2,340	3,900	8,780	13,650	19,500
2d 'Cuda HT	820	2,460	4,100	9,230	14,350	20,500
1973 Satellite Custom, V-8						
4d Sed	336	1,008	1,680	3,780	5,880	8,400
4d 3S Sta Wag	400	1,200	2,000	4,500	7,000	10,000
4d 3S Sta Wag Regent	400	1,210	2,020	4,550	7,070	10,100
2d Cpe	392	1,176	1,960	4,410	6,860	9,800
1973 Road Runner, V-8						
2d Cpe	700	2,100	3,500	7,880	12,250	17,500

NOTE: Add 20 percent for GTX Package.

	6	5	4	3	2	1
1973 Satellite-Plus, V-8						
2d HT	640	1,920	3,200	7,200	11,200	16,000
1973 Satellite Sebring, V-8						
2d HT	620	1,860	3,100	6,980	10,850	15,500
1973 Fury I, V-8						
4d Sed	340	1,020	1,700	3,830	5,950	8,500
1973 Fury II, V-8						
4d Sed	344	1,032	1,720	3,870	6,020	8,600
1973 Fury III, V-8						
4d Sed	348	1,044	1,740	3,920	6,090	8,700
2d HT	580	1,740	2,900	6,530	10,150	14,500
4d HT	380	1,140	1,900	4,280	6,650	9,500

DOMESTIC CARS

	6	5	4	3	2	1
1973 Gran Fury, V-8						
2d HT	600	1,800	3,000	6,750	10,500	15,000
4d HT	392	1,176	1,960	4,410	6,860	9,800
1973 Fury Suburban, V-8						
4d 3S Spt Sta Wag	380	1,140	1,900	4,280	6,650	9,500
NOTE: Add 20 percent for 440 engine where available.						
1974 Valiant						
4d Sed	300	900	1,500	3,380	5,250	7,500
1974 Duster						
2d Cpe	304	912	1,520	3,420	5,320	7,600
NOTE: Add 10 percent for Gold Duster.						
1974 Scamp						
2d HT	364	1,092	1,820	4,100	6,370	9,100
1974 Duster "360"						
2d Cpe	428	1,284	2,140	4,820	7,490	10,700
1974 Valiant Brougham						
4d Sed	308	924	1,540	3,470	5,390	7,700
2d HT	400	1,200	2,000	4,500	7,000	10,000
1974 Barracuda						
2d Spt Cpe	700	2,100	3,500	7,880	12,250	17,500
1974 'Cuda						
2d Spt Cpe	740	2,220	3,700	8,330	12,950	18,500
1974 Satellite						
4d Sed	304	912	1,520	3,420	5,320	7,600
2d Cpe	308	924	1,540	3,470	5,390	7,700
1974 Satellite Custom						
4d Sed	312	936	1,560	3,510	5,460	7,800
1974 Sebring						
2d HT	452	1,356	2,260	5,090	7,910	11,300
1974 Sebring-Plus						
2d HT	584	1,752	2,920	6,570	10,220	14,600
1974 Road Runner						
2d Cpe	664	1,992	3,320	7,470	11,620	16,600
NOTE: Add 20 percent for GTX Package.						
1974 Satellite Wagon						
4d Std Wag	356	1,068	1,780	4,010	6,230	8,900
4d 6P Cus Wag	360	1,080	1,800	4,050	6,300	9,000
4d 9P Cus Wag	364	1,092	1,820	4,100	6,370	9,100
4d 6P Regent	360	1,080	1,800	4,050	6,300	9,000
4d 9P Regent	364	1,092	1,820	4,100	6,370	9,100
1974 Fury I						
4d Sed	308	924	1,540	3,470	5,390	7,700
1974 Fury II						
4d Sed	312	936	1,560	3,510	5,460	7,800
1974 Fury III						
4d Sed	316	948	1,580	3,560	5,530	7,900
2d HT	348	1,044	1,740	3,920	6,090	8,700
4d HT	328	984	1,640	3,690	5,740	8,200
1974 Gran Fury						
2d HT	368	1,104	1,840	4,140	6,440	9,200
4d HT	332	996	1,660	3,740	5,810	8,300
1974 Suburban						
4d Std Wag	344	1,032	1,720	3,870	6,020	8,600
4d 6P Cus	348	1,044	1,740	3,920	6,090	8,700
4d 9P Cus	352	1,056	1,760	3,960	6,160	8,800
4d 6P Spt	352	1,056	1,760	3,960	6,160	8,800
4d 9P Spt	356	1,068	1,780	4,010	6,230	8,900
1975 Valiant						
4d Sed	220	660	1,100	2,480	3,850	5,500
4d Cus Sed	184	552	920	2,070	3,220	4,600
1975 Brougham						
4d Sed	224	672	1,120	2,520	3,920	5,600
2d HT	268	804	1,340	3,020	4,690	6,700
1975 Duster						
2d Cpe	244	732	1,220	2,750	4,270	6,100
2d Cus	248	744	1,240	2,790	4,340	6,200
2d "360" Cpe	320	960	1,600	3,600	5,600	8,000
NOTE: Add 10 percent for Gold Duster.						
1975 Scamp						
2d HT	236	708	1,180	2,660	4,130	5,900
2d Brghm	244	732	1,220	2,750	4,270	6,100

	6	5	4	3	2	1
1975 Fury						
2d HT	260	780	1,300	2,930	4,550	6,500
2d Cus HT	280	840	1,400	3,150	4,900	7,000
2d Spt HT	288	864	1,440	3,240	5,040	7,200
4d Sed	228	684	1,140	2,570	3,990	5,700
4d Cus Sed	232	696	1,160	2,610	4,060	5,800
1975 Suburban						
4d Std Wag	244	732	1,220	2,750	4,270	6,100
4d 6P Cus	248	744	1,240	2,790	4,340	6,200
4d 9P Cus	256	768	1,280	2,880	4,480	6,400
4d 6P Spt	252	756	1,260	2,840	4,410	6,300
4d 9P Spt	260	780	1,300	2,930	4,550	6,500
1975 Road Runner						
2d HT	272	816	1,360	3,060	4,760	6,800
1975 Gran Fury						
4d Sed	228	684	1,140	2,570	3,990	5,700
1975 Gran Fury Custom						
4d Sed	236	708	1,180	2,660	4,130	5,900
4d HT	268	804	1,340	3,020	4,690	6,700
2d HT	280	840	1,400	3,150	4,900	7,000
1975 Gran Fury Brougham						
4d HT	272	816	1,360	3,060	4,760	6,800
2d HT	288	864	1,440	3,240	5,040	7,200
1975 Suburban						
4d Std Wag	276	828	1,380	3,110	4,830	6,900
4d 6P Cus	280	840	1,400	3,150	4,900	7,000
4d 9P Cus	284	852	1,420	3,200	4,970	7,100
4d 6P Spt	284	852	1,420	3,200	4,970	7,100
4d 9P Spt	288	864	1,440	3,240	5,040	7,200
1976 Arrow, 4-cyl.						
2d HBk	132	396	660	1,490	2,310	3,300
2d GT HBk	136	408	680	1,530	2,380	3,400
1976 Valiant, 6-cyl.						
2d Duster Spt Cpe	136	408	680	1,530	2,380	3,400
4d Sed Valiant	128	384	640	1,440	2,240	3,200
2d HT Scamp Spec	132	396	660	1,490	2,310	3,300
2d HT Scamp	140	420	700	1,580	2,450	3,500
1976 Volare, V-8						
4d Sed	148	444	740	1,670	2,590	3,700
2d Spt Cpe	164	492	820	1,850	2,870	4,100
4d Sta Wag	152	456	760	1,710	2,660	3,800
1976 Volare Custom, V-8						
4d Sed	152	456	760	1,710	2,660	3,800
2d Spt Cpe	168	504	840	1,890	2,940	4,200
1976 Volare Premier, V-8						
4d Sed	156	468	780	1,760	2,730	3,900
2d Spt Cpe	176	528	880	1,980	3,080	4,400
4d Sta Wag	160	480	800	1,800	2,800	4,000
1976 Fury, V-8						
4d Sed	172	516	860	1,940	3,010	4,300
2d HT	204	612	1,020	2,300	3,570	5,100
4d Sed Salon	176	528	880	1,980	3,080	4,400
2d HT Spt	212	636	1,060	2,390	3,710	5,300
4d 2S Suburban	216	648	1,080	2,430	3,780	5,400
4d 3S Suburban	220	660	1,100	2,480	3,850	5,500
4d 2S Spt Suburban	224	672	1,120	2,520	3,920	5,600
4d 3S Spt Suburban	232	696	1,160	2,610	4,060	5,800
1976 Gran Fury, V-8						
4d Sed	176	528	880	1,980	3,080	4,400
1976 Gran Fury Custom, V-8						
4d Sed	180	540	900	2,030	3,150	4,500
2d HT	192	576	960	2,160	3,360	4,800
1976 Gran Fury Brougham, V-8						
4d Sed	180	540	900	2,030	3,150	4,500
2d HT	204	612	1,020	2,300	3,570	5,100
4d 2S Gran Fury Sta Wag	230	700	1,160	2,610	4,060	5,800
4d 3S Gran Fury Sta Wag	240	720	1,200	2,700	4,200	6,000
1977 Arrow, 4-cyl.						
2d HBk	132	396	660	1,490	2,310	3,300
2d GS HBk	136	408	680	1,530	2,380	3,400
2d GT HBk	140	420	700	1,580	2,450	3,500
1977 Volare, V-8						
4d Sed	132	396	660	1,490	2,310	3,300

	6	5	4	3	2	1
2d Spt Cpe	140	420	700	1,580	2,450	3,500
4d Sta Wag	136	408	680	1,530	2,380	3,400
1977 Volare Custom, V-8						
4d Sed	136	408	680	1,530	2,380	3,400
2d Spt Cpe	144	432	720	1,620	2,520	3,600
1977 Volare Premier, V-8						
4d Sed	140	420	700	1,580	2,450	3,500
2d Spt Cpe	148	444	740	1,670	2,590	3,700
4d Sta Wag	144	432	720	1,620	2,520	3,600
1977 Fury, V-8						
4d Spt Sed	176	528	880	1,980	3,080	4,400
2d Spt HT	208	624	1,040	2,340	3,640	5,200
4d 3S Sub	208	624	1,040	2,340	3,640	5,200
4d 3S Spt Sub	212	636	1,060	2,390	3,710	5,300
1977 Gran Fury, V-8						
4d Sed	180	540	900	2,030	3,150	4,500
2d HT	200	600	1,000	2,250	3,500	5,000
1977 Gran Fury Brougham, V-8						
4d Sed	184	552	920	2,070	3,220	4,600
2d HT	208	624	1,040	2,340	3,640	5,200
1977 Station Wagons, V-8						
2S Gran Fury	216	648	1,080	2,430	3,780	5,400
3S Gran Fury Spt	224	672	1,120	2,520	3,920	5,600
1978 Horizon						
4d HBk	136	408	680	1,530	2,380	3,400
1978 Arrow						
2d HBk	140	420	700	1,580	2,450	3,500
2d GS HBk	144	432	720	1,620	2,520	3,600
2d GT HBk	148	444	740	1,670	2,590	3,700
1978 Volare						
4d Sed	144	432	720	1,620	2,520	3,600
Spt Cpe	152	456	760	1,710	2,660	3,800
Sta Wag	148	444	740	1,670	2,590	3,700
1978 Sapporo						
Cpe	152	456	760	1,710	2,660	3,800
1978 Fury						
4d Sed	144	432	720	1,620	2,520	3,600
2d	148	444	740	1,670	2,590	3,700
4d Salon	148	444	740	1,670	2,590	3,700
2d Spt	152	456	760	1,710	2,660	3,800
1978 Station Wagons						
3S Fury Sub	148	444	740	1,670	2,590	3,700
2S Fury Sub	144	432	720	1,620	2,520	3,600
3S Spt Fury Sub	152	456	760	1,710	2,660	3,800
2S Spt Fury Sub	148	444	740	1,670	2,590	3,700
1979 Champ, 4-cyl.						
2d HBk	136	408	680	1,530	2,380	3,400
2d Cus HBk	140	420	700	1,580	2,450	3,500
1979 Horizon, 4-cyl.						
4d HBk	140	420	700	1,580	2,450	3,500
TC 3 HBk	148	444	740	1,670	2,590	3,700
1979 Fire-Arrow, 4-cyl.						
2d HBk	144	432	720	1,620	2,520	3,600
2d GS HBk	148	444	740	1,670	2,590	3,700
2d GT HBk	152	456	760	1,710	2,660	3,800
1979 Volare, V-8						
Sed	152	456	760	1,710	2,660	3,800
Spt Cpe	160	480	800	1,800	2,800	4,000
Sta Wag	156	468	780	1,760	2,730	3,900
1979 Sapporo, 4-cyl.						
Cpe	156	468	780	1,760	2,730	3,900
1980 Champ, 4-cyl.						
2d HBk	132	396	660	1,490	2,310	3,300
2d Cus HBk	136	408	680	1,530	2,380	3,400
1980 Horizon, 4-cyl.						
4d HBk	136	408	680	1,530	2,380	3,400
2d HBk 2 plus 2 TC3	152	456	760	1,710	2,660	3,800
1980 Arrow, 4-cyl.						
2d HBk	180	540	900	2,030	3,150	4,500
1980 Fire Arrow, 4-cyl.						
2d HBk	184	552	920	2,070	3,220	4,600

1978 Plymouth Horizon sedan

1986 Plymouth Reliant K LE sedan

1991 Plymouth Laser two-door hatchback

	6	5	4	3	2	1
1980 Volare, V-8						
4d Sed	136	408	680	1,530	2,380	3,400
2d Cpe	140	420	700	1,580	2,450	3,500
4d Sta Wag	148	444	740	1,670	2,590	3,700
NOTE: Deduct 10 percent for 6-cyl.						
1980 Sapporo, 4-cyl.						
2d Cpe	156	468	780	1,760	2,730	3,900
1980 Gran Fury, V-8						
4d Sed	152	456	760	1,710	2,660	3,800
NOTE: Deduct 10 percent for 6-cyl.						
1980 Gran Fury Salon, V-8						
4d Sed	160	480	800	1,800	2,800	4,000
NOTE: Deduct 10 percent for 6-cyl.						
1981 Champ, 4-cyl.						
2d HBk	136	408	680	1,530	2,380	3,400
2d DeL HBk	140	420	700	1,580	2,450	3,500
2d Cus HBk	144	432	720	1,620	2,520	3,600
1981 Horizon, 4-cyl.						
4d Miser HBk	140	420	700	1,580	2,450	3,500
4d Miser HBk TC3	152	456	760	1,710	2,660	3,800
4d HBk	148	444	740	1,670	2,590	3,700
2d HBk TC3	160	480	800	1,800	2,800	4,000
1981 Reliant, 4-cyl.						
4d Sed	136	408	680	1,530	2,380	3,400
2d Cpe	140	420	700	1,580	2,450	3,500
1981 Reliant Custom, 4-cyl.						
4d Sed	140	420	700	1,580	2,450	3,500
2d Cpe	144	432	720	1,620	2,520	3,600
4d Sta Wag	152	456	760	1,710	2,660	3,800
1981 Reliant SE, 4-cyl.						
4d Sed	144	432	720	1,620	2,520	3,600
2d Cpe	148	444	740	1,670	2,590	3,700
4d Sta Wag	156	468	780	1,760	2,730	3,900
1981 Sapporo, 4-cyl.						
2d HT	160	480	800	1,800	2,800	4,000
1981 Gran Fury, V-8						
4d Sed	164	492	820	1,850	2,870	4,100
NOTE: Deduct 10 percent for 6-cyl.						
1982 Champ, 4-cyl.						
4d Cus HBk	144	432	720	1,620	2,520	3,600
2d Cus HBk	148	444	740	1,670	2,590	3,700
NOTE: Deduct 5 percent for lesser models.						
1982 Horizon, 4-cyl.						
4d Miser HBk	144	432	720	1,620	2,520	3,600
2d Miser HBk TC3	156	468	780	1,760	2,730	3,900
4d Cus HBk	148	444	740	1,670	2,590	3,700
2d Cus HBk	152	456	760	1,710	2,660	3,800
4d E-Type HBk	156	468	780	1,760	2,730	3,900
1982 Turismo, 4-cyl.						
2d HBk TC3	180	540	900	2,030	3,150	4,500
1982 Reliant, 4-cyl.						
4d Sed	144	432	720	1,620	2,520	3,600
2d Cpe	148	444	740	1,670	2,590	3,700
1982 Reliant Custom, 4-cyl.						
4d Sed	148	444	740	1,670	2,590	3,700
2d Cpe	152	456	760	1,710	2,660	3,800
4d Sta Wag	156	468	780	1,760	2,730	3,900
1982 Reliant SE, 4-cyl.						
4d Sed	152	456	760	1,710	2,660	3,800
2d Cpe	156	468	780	1,760	2,730	3,900
4d Sta Wag	160	480	800	1,800	2,800	4,000
1982 Sapporo						
2d HT	188	564	940	2,120	3,290	4,700
1982 Gran Fury, V-8						
4d Sed	160	480	800	1,800	2,800	4,000
NOTE: Deduct 10 percent for 6-cyl.						
1983 Colt, 4-cyl.						
4d Cus HBk	160	480	800	1,800	2,800	4,000
2d Cus HBk	164	492	820	1,850	2,870	4,100
NOTE: Deduct 5 percent for lesser models.						

	6	5	4	3	2	1
1983 Horizon, 4-cyl.						
4d HBk	152	456	760	1,710	2,660	3,800
4d Cus HBk	156	468	780	1,760	2,730	3,900
1983 Turismo, 4-cyl.						
2d HBk	180	540	900	2,030	3,150	4,500
2d HBk 2 plus 2	192	576	960	2,160	3,360	4,800
1983 Reliant, 4-cyl.						
4d Sed	148	444	740	1,670	2,590	3,700
2d Cpe	152	456	760	1,710	2,660	3,800
4d Sta Wag	160	480	800	1,800	2,800	4,000
1983 Reliant SE, 4-cyl.						
4d Sed	152	456	760	1,710	2,660	3,800
2d Cpe	156	468	780	1,760	2,730	3,900
4d Sta Wag	164	492	820	1,850	2,870	4,100
1983 Sapporo, 4-cyl.						
2d HT	192	576	960	2,160	3,360	4,800
1983 Gran Fury, V-8						
4d Sed	164	492	820	1,850	2,870	4,100

NOTE: Deduct 10 percent for 6-cyl.

	6	5	4	3	2	1
1984 Colt, 4-cyl.						
4d HBk DL	148	444	740	1,670	2,590	3,700
2d HBk DL	148	444	740	1,670	2,590	3,700
4d Sta Wag Vista	148	444	740	1,670	2,590	3,700

NOTE: Deduct 5 percent for lesser models.

	6	5	4	3	2	1
1984 Horizon, 4-cyl.						
4d HBk	152	456	760	1,710	2,660	3,800
4d HBk SE	156	468	780	1,760	2,730	3,900
1984 Turismo, 4-cyl.						
2d HBk	188	564	940	2,120	3,290	4,700
2d HBk 2 plus 2	192	576	960	2,160	3,360	4,800
1984 Reliant, 4-cyl.						
4d Sed	144	432	720	1,620	2,520	3,600
2d Sed	144	432	720	1,620	2,520	3,600
4d Sta Wag	148	444	740	1,670	2,590	3,700
1984 Conquest, 4-cyl.						
2d HBk	180	540	900	2,030	3,150	4,500
1984 Gran Fury, V-8						
4d Sed	168	504	840	1,890	2,940	4,200
1985 Colt, 4-cyl.						
4d HBk E	148	444	740	1,670	2,590	3,700
2d HBk E	148	444	740	1,670	2,590	3,700
4d Sed DL	152	456	760	1,710	2,660	3,800
2d HBk DL	152	456	760	1,710	2,660	3,800
4d Sed Premier	152	456	760	1,710	2,660	3,800
4d Sta Wag Vista	156	468	780	1,760	2,730	3,900
4d Sta Wag Vista 4WD	190	560	940	2,120	3,290	4,700
1985 Horizon, 4-cyl.						
4d HBk	156	468	780	1,760	2,730	3,900
4d HBk SE	160	480	800	1,800	2,800	4,000
1985 Turismo, 4-cyl.						
2d HBk	192	576	960	2,160	3,360	4,800
2d HBk 2 plus 2	196	588	980	2,210	3,430	4,900
1985 Reliant, 4-cyl.						
4d Sed	148	444	740	1,670	2,590	3,700
2d Sed	148	444	740	1,670	2,590	3,700
4d Sed SE	152	456	760	1,710	2,660	3,800
2d Sed SE	152	456	760	1,710	2,660	3,800
4d Sta Wag SE	152	456	760	1,710	2,660	3,800
4d Sed LE	156	468	780	1,760	2,730	3,900
2d Sed LE	156	468	780	1,760	2,730	3,900
4d Sta Wag LE	156	468	780	1,760	2,730	3,900
1985 Conquest, 4-cyl.						
2d HBk Turbo	188	564	940	2,120	3,290	4,700
1985 Caravelle, 4-cyl.						
4d Sed SE	164	492	820	1,850	2,870	4,100

NOTE: Add 10 percent for turbo.

	6	5	4	3	2	1
1985 Grand Fury, V-8						
4d Sed Salon	172	516	860	1,940	3,010	4,300
1986 Colt						
4d Sed E	164	492	820	1,850	2,870	4,100
2d HBk E	160	480	800	1,800	2,800	4,000
4d Sed DL	168	504	840	1,890	2,940	4,200

	6	5	4	3	2	1
2d HBk DL	164	492	820	1,850	2,870	4,100
4d Sed Premier	172	516	860	1,940	3,010	4,300
4d Vista Sta Wag	184	552	920	2,070	3,220	4,600
4d Vista Sta Wag 4WD	220	670	1,120	2,520	3,920	5,600

1986 Horizon
4d HBk	160	480	800	1,800	2,800	4,000

1986 Turismo
2d HBk	196	588	980	2,210	3,430	4,900

1986 Reliant
2d Sed	152	456	760	1,710	2,660	3,800
4d Sed	156	468	780	1,760	2,730	3,900

1986 Caravelle
4d Sed	168	504	840	1,890	2,940	4,200

1986 Grand Fury
4d Salon Sed	188	564	940	2,120	3,290	4,700

NOTE: Add 10 percent for deluxe models. Deduct 5 percent for smaller engines.

1987 Colt, 4-cyl.
4d Sed E	168	504	840	1,890	2,940	4,200
2d HBk E	164	492	820	1,850	2,870	4,100
4d Sed DL	172	516	860	1,940	3,010	4,300
2d HBk DL	168	504	840	1,890	2,940	4,200
4d Sed Premier	176	528	880	1,980	3,080	4,400
4d Vista Sta Wag	188	564	940	2,120	3,290	4,700
4d Vista Sta Wag 4WD	230	680	1,140	2,570	3,990	5,700

1987 Horizon, 4-cyl.
4d HBk	168	504	840	1,890	2,940	4,200

1987 Turismo, 4-cyl.
2d HBk	180	540	900	2,030	3,150	4,500

1987 Sundance, 4-cyl.
2d LBk	172	516	860	1,940	3,010	4,300
4d LBk	176	528	880	1,980	3,080	4,400

NOTE: Add 5 percent for 2.2 Turbo.

1987 Reliant, 4-cyl.
2d Sed	168	504	840	1,890	2,940	4,200
4d Sed	172	516	860	1,940	3,010	4,300
2d Sed LE	172	516	860	1,940	3,010	4,300
4d Sed LE	176	528	880	1,980	3,080	4,400
4d Sta Wag LE	176	528	880	1,980	3,080	4,400

1987 Caravelle, 4-cyl.
4d Sed	180	540	900	2,030	3,150	4,500
4d Sed SE	184	552	920	2,070	3,220	4,600

NOTE: Add 5 percent for 2.2 Turbo.

1987 Grand Fury, V-8
4d Sed	220	660	1,100	2,480	3,850	5,500

1988 Colt, 4-cyl.
3d HBk	88	264	440	990	1,540	2,200
4d Sed E	112	336	560	1,260	1,960	2,800
3d HBk E	104	312	520	1,170	1,820	2,600
4d Sed DL	116	348	580	1,310	2,030	2,900
3d HBk DL	112	336	560	1,260	1,960	2,800
4d Sta Wag DL	120	360	600	1,350	2,100	3,000
4d Sed Premier	140	420	700	1,580	2,450	3,500
4d Sta Wag Vista	160	480	800	1,800	2,800	4,000
4d Sta Wag Vista 4x4	200	600	1,000	2,250	3,500	5,000

1988 Horizon, 4-cyl.
4d HBk	112	336	560	1,260	1,960	2,800

1988 Reliant, 4-cyl.
2d Sed	112	336	560	1,260	1,960	2,800
4d Sed	116	348	580	1,310	2,030	2,900
4d Sta Wag	132	396	660	1,490	2,310	3,300

1988 Sundance, 4-cyl.
2d HBk	128	384	640	1,440	2,240	3,200
4d HBk	136	408	680	1,530	2,380	3,400

1988 Caravelle, 4-cyl.
4d Sed	140	420	700	1,580	2,450	3,500
4d Sed SE	156	468	780	1,760	2,730	3,900

1988 Gran Fury, V-8
4d Salon	152	456	760	1,710	2,660	3,800
4d SE	168	504	840	1,890	2,940	4,200

1989 Colt, 4-cyl.
2d HBk	152	456	760	1,710	2,660	3,800
2d HBk E	156	468	780	1,760	2,730	3,900

	6	5	4	3	2	1
2d HBk GT	164	492	820	1,850	2,870	4,100
4d Sta Wag DL	200	600	1,000	2,250	3,500	5,000
4d Sta Wag DL 4x4	216	648	1,080	2,430	3,780	5,400
4d Sta Wag Vista	208	624	1,040	2,340	3,640	5,200
4d Sta Wag Vista 4x4	220	670	1,120	2,520	3,920	5,600
1989 Horizon, 4-cyl.						
4d HBk	144	432	720	1,620	2,520	3,600
1989 Reliant, 4-cyl.						
4d Sed	140	420	700	1,580	2,450	3,500
2d Sed	136	408	680	1,530	2,380	3,400
1989 Sundance, 4-cyl.						
4d HBk	168	504	840	1,890	2,940	4,200
2d HBk	164	492	820	1,850	2,870	4,100
1989 Acclaim, 4-cyl.						
4d Sed	208	624	1,040	2,340	3,640	5,200
4d Sed LE	212	636	1,060	2,390	3,710	5,300
1989 Gran Fury, V-8						
4d Sed Salon	216	648	1,080	2,430	3,780	5,400
1990 Colt, 4-cyl.						
2d HBk	152	456	760	1,710	2,660	3,800
2d HBk GL	160	480	800	1,800	2,800	4,000
2d HBk GT	168	504	840	1,890	2,940	4,200
4d Sta Wag DL	184	552	920	2,070	3,220	4,600
4d Sta Wag DL 4x4	220	660	1,100	2,480	3,850	5,500
4d Vista	208	624	1,040	2,340	3,640	5,200
4d Vista 4x4	248	744	1,240	2,790	4,340	6,200
1990 Horizon, 4-cyl.						
4d HBk	140	420	700	1,580	2,450	3,500
1990 Sundance, 4-cyl.						
2d HBk	168	504	840	1,890	2,940	4,200
4d HBk	164	492	820	1,850	2,870	4,100
1990 Laser, 4-cyl.						
2d HBk	200	600	1,000	2,250	3,500	5,000
2d HBk RS	220	660	1,100	2,480	3,850	5,500
2d HBk Turbo RS	240	720	1,200	2,700	4,200	6,000
1990 Acclaim 4-cyl.						
4d Sed	160	480	800	1,800	2,800	4,000
4d Sed LE	180	540	900	2,030	3,150	4,500
1990 V-6						
4d Sed	176	528	880	1,980	3,080	4,400
4d Sed LE	200	600	1,000	2,250	3,500	5,000
4d Sed LX	220	660	1,100	2,480	3,850	5,500
1991 Colt, 4-cyl.						
2d HBk	120	360	600	1,350	2,100	3,000
2d HBk GL	140	420	700	1,580	2,450	3,500
1991 Sundance, 4-cyl.						
2d HBk America	140	420	700	1,580	2,450	3,500
4d HBk America	140	420	700	1,580	2,450	3,500
2d HBk	148	444	740	1,670	2,590	3,700
4d HBk	148	444	740	1,670	2,590	3,700
2d HBk RS	168	504	840	1,890	2,940	4,200
4d HBk RS	168	504	840	1,890	2,940	4,200
1991 Laser, 4-cyl.						
2d HBk	180	540	900	2,030	3,150	4,500
2d HBk RS	184	552	920	2,070	3,220	4,600
2d HBk Turbo RS	192	576	960	2,160	3,360	4,800
1991 Acclaim, 4-cyl.						
4d Sed	160	480	800	1,800	2,800	4,000
4d Sed LE	172	516	860	1,940	3,010	4,300
1991 V-6						
4d Sed	172	516	860	1,940	3,010	4,300
4d Sed LE	184	552	920	2,070	3,220	4,600
4d LX Sed	192	576	960	2,160	3,360	4,800
1992 Colt, 4-cyl.						
2d HBk	144	432	720	1,620	2,520	3,600
2d GL HBk	160	480	800	1,800	2,800	4,000
3d Sta Wag	180	540	900	2,030	3,150	4,500
3d SE Sta Wag	184	552	920	2,070	3,220	4,600
3d Sta Wag 4x4	220	660	1,100	2,480	3,850	5,500
1992 Sundance, 4-cyl. & V-6						
4d HBk America	160	480	800	1,800	2,800	4,000
2d HBk America	160	480	800	1,800	2,800	4,000
4d HBk	168	504	840	1,890	2,940	4,200

	6	5	4	3	2	1
2d HBk	168	504	840	1,890	2,940	4,200
4d Duster HBk, V-6	200	600	1,000	2,250	3,500	5,000
2d Duster HBk, V-6	200	600	1,000	2,250	3,500	5,000
1992 Laser, 4-cyl.						
2d HBk	200	600	1,000	2,250	3,500	5,000
2d RS HBk	220	660	1,100	2,480	3,850	5,500
2d RS HBk Turbo	240	720	1,200	2,700	4,200	6,000
2d RS HBk Turbo 4x4	300	900	1,500	3,380	5,250	7,500
1992 Acclaim, 4-cyl. & V-6						
4d Sed	200	600	1,000	2,250	3,500	5,000
4d Sed, V-6	220	660	1,100	2,480	3,850	5,500
1993 Colt, 4-cyl.						
2d Sed	152	456	760	1,710	2,660	3,800
2d GL Sed	156	468	780	1,760	2,730	3,900
4d Sed	152	456	760	1,710	2,660	3,800
4d GL Sed	156	468	780	1,760	2,730	3,900
3d Vista	182	546	910	2,050	3,185	4,550
3d SE Vista	184	552	920	2,070	3,220	4,600
3d Vista 4x4	224	672	1,120	2,520	3,920	5,600
1993 Sundance						
2d, 4-cyl.	184	552	920	2,070	3,220	4,600
2d Duster HBk, V-6	164	492	820	1,850	2,870	4,100
4d HBk, 4-cyl.	160	480	800	1,800	2,800	4,000
4d Duster HBk, V-6	164	492	820	1,850	2,870	4,100
1993 Laser						
2d HBk	224	672	1,120	2,520	3,920	5,600
2d RS HBk	204	612	1,020	2,300	3,570	5,100
2d HBk Turbo	212	636	1,060	2,390	3,710	5,300
2d HBk, 4x4	260	780	1,300	2,930	4,550	6,500
1993 Acclaim						
4d Sed, 4-cyl.	208	624	1,040	2,340	3,640	5,200
4d Sed, V-6	216	648	1,080	2,430	3,780	5,400
1994 Sundance, 4-cyl.						
2d HBk	192	576	960	2,160	3,360	4,800
4d HBk	196	588	980	2,210	3,430	4,900
1994 Duster, V-6						
2d HBk	200	600	1,000	2,250	3,500	5,000
4d HBk	204	612	1,020	2,300	3,570	5,100
1994 Laser						
2d HBk	220	660	1,100	2,480	3,850	5,500
2d HBk RS	240	720	1,200	2,700	4,200	6,000
2d HBk RS Turbo	260	780	1,300	2,930	4,550	6,500
2d HBk RS Turbo 4x4	300	900	1,500	3,380	5,250	7,500
1994 Acclaim						
4d Sed, 4-cyl.	200	600	1,000	2,250	3,500	5,000
4d Sed, V-6	220	660	1,100	2,480	3,850	5,500
1995 Neon, 4-cyl.						
4d Sed	150	500	800	1,800	2,800	4,000
2d Highline Cpe	150	500	850	1,890	2,950	4,200
4d Highline Sed	150	500	850	1,940	3,000	4,300
2d Spt Cpe	200	550	900	2,030	3,150	4,500
4d Spt Sed	200	550	900	2,070	3,200	4,600
1995 Acclaim, 4-cyl. & V-6						
4d Sed, 4-cyl.	200	600	1,000	2,250	3,500	5,000
4d Sed, V-6	200	650	1,100	2,480	3,850	5,500
1996 Neon, 4-cyl.						
2d Cpe	150	450	800	1,760	2,750	3,900
4d Sed	150	500	800	1,800	2,800	4,000
2d Highline Cpe	150	500	850	1,890	2,950	4,200
4d Highline Sed	150	500	850	1,940	3,000	4,300
2d Spt Cpe	200	550	900	2,030	3,150	4,500
4d Spt Sed	200	550	900	2,070	3,200	4,600
1996 Breeze, 4-cyl.						
4d Sed	200	600	1,000	2,250	3,500	5,000
1997 Neon, 4-cyl.						
2d Cpe	156	468	780	1,760	2,730	3,900
4d Sed	160	480	800	1,800	2,800	4,000
2d Highline Cpe	168	504	840	1,890	2,940	4,200
4d Highline Sed	172	516	860	1,940	3,010	4,300

NOTE: Add 5 percent for Sport Pkg on Highline models.

1997 Breeze, 4-cyl.						
4d Sed	200	600	1,000	2,250	3,500	5,000

	6	5	4	3	2	1
1997 Prowler, V-6						
2d Rds	1,640	4,920	8,200	18,450	28,700	41,000
1998 Neon, 4-cyl.						
2d Highline Cpe	160	480	800	1,800	2,800	4,000
4d Highline Sed	160	490	820	1,850	2,870	4,100
2d Expresso Cpe	170	520	860	1,940	3,010	4,300
4d Expresso Sed	180	540	900	2,030	3,150	4,500
4d Style Sed	190	560	940	2,120	3,290	4,700
1998 Breeze, 4-cyl.						
4d Sed	200	600	1,000	2,250	3,500	5,000

NOTE: Add 5 percent for Expresso Pkg.

	6	5	4	3	2	1
1998 Prowler, V-6						
2d Rds	1,640	4,920	8,200	18,450	28,700	41,000

NOTE: Prowler was a carry-over model from the previous year. The second-generation, 1999 Prowler debuted in mid 1998.

PONTIAC

	6	5	4	3	2	1
1926 Model 6-27, 6-cyl.						
2d Cpe	660	1,980	3,300	7,430	11,550	16,500
2d Sed	620	1,860	3,100	6,980	10,850	15,500
1927 Model 6-27, 6-cyl.						
2d Spt Rds	800	2,400	4,000	9,000	14,000	20,000
2d Spt Cabr	760	2,280	3,800	8,550	13,300	19,000
2d Cpe	600	1,800	3,000	6,750	10,500	15,000
2d DeL Cpe	620	1,860	3,100	6,980	10,850	15,500
2d Sed	560	1,680	2,800	6,300	9,800	14,000
4d Lan Sed	600	1,800	3,000	6,750	10,500	15,000
1928 Model 6-28, 6-cyl.						
2d Rds	800	2,400	4,000	9,000	14,000	20,000
2d Cabr	760	2,280	3,800	8,550	13,300	19,000
4d Phae	760	2,280	3,800	8,550	13,300	19,000
2d Sed	520	1,560	2,600	5,850	9,100	13,000
4d Sed	500	1,500	2,500	5,630	8,750	12,500
4d Trs	540	1,620	2,700	6,080	9,450	13,500
2d Cpe	580	1,740	2,900	6,530	10,150	14,500
2d Spt Cpe	620	1,860	3,100	6,980	10,850	15,500
4d Lan Sed	640	1,920	3,200	7,200	11,200	16,000
1929 Model 6-29A, 6-cyl.						
2d Rds	920	2,760	4,600	10,350	16,100	23,000
4d Phae	900	2,700	4,500	10,130	15,750	22,500
2d Conv	760	2,280	3,800	8,550	13,300	19,000
2d Cpe	580	1,740	2,900	6,530	10,150	14,500
2d Sed	520	1,560	2,600	5,850	9,100	13,000
4d Sed	520	1,560	2,600	5,850	9,100	13,000
4d Spt Lan Sed	540	1,620	2,700	6,080	9,450	13,500

NOTE: Add 5 percent for horizontal louvers on early year cars.

	6	5	4	3	2	1
1930 Model 6-30B, 6-cyl.						
2d Spt Rds	880	2,640	4,400	9,900	15,400	22,000
4d Phae	860	2,580	4,300	9,680	15,050	21,500
2d Cpe	520	1,560	2,600	5,850	9,100	13,000
2d Spt Cpe	540	1,620	2,700	6,080	9,450	13,500
2d Sed	480	1,440	2,400	5,400	8,400	12,000
4d Sed	480	1,440	2,400	5,400	8,400	12,000
4d Cus Sed	500	1,500	2,500	5,630	8,750	12,500
1931 Model 401, 6-cyl.						
2d Conv	920	2,760	4,600	10,350	16,100	23,000
2P Cpe	620	1,860	3,100	6,980	10,850	15,500
2d Spt Cpe	640	1,920	3,200	7,200	11,200	16,000
2d Sed	528	1,584	2,640	5,940	9,240	13,200
4d Sed	540	1,620	2,700	6,080	9,450	13,500
4d Cus Sed	560	1,680	2,800	6,300	9,800	14,000
1932 Model 402, 6-cyl.						
2d Conv	1,080	3,240	5,400	12,150	18,900	27,000
2d Cpe	660	1,980	3,300	7,430	11,550	16,500
2d RS Cpe	680	2,040	3,400	7,650	11,900	17,000
2d Sed	540	1,620	2,700	6,080	9,450	13,500
4d Cus Sed	560	1,680	2,800	6,300	9,800	14,000
1932 Model 302, V-8						
2d Conv	1,200	3,600	6,000	13,500	21,000	30,000
2d Cpe	740	2,220	3,700	8,330	12,950	18,500
2d Spt Cpe	760	2,280	3,800	8,550	13,300	19,000
2d Sed	580	1,740	2,900	6,530	10,150	14,500
4d Sed	600	1,800	3,000	6,750	10,500	15,000
4d Cus Sed	640	1,920	3,200	7,200	11,200	16,000

	6	5	4	3	2	1
1933 Model 601, 8-cyl.						
2d Rds	1,000	3,000	5,000	11,250	17,500	25,000
2d Conv	920	2,760	4,600	10,350	16,100	23,000
2d Cpe	640	1,920	3,200	7,200	11,200	16,000
2d Spt Cpe	680	2,040	3,400	7,650	11,900	17,000
2d Sed	540	1,620	2,700	6,080	9,450	13,500
2d Trg Sed	548	1,644	2,740	6,170	9,590	13,700
4d Sed	560	1,680	2,800	6,300	9,800	14,000
1934 Model 603, 8-cyl.						
2d Conv	880	2,640	4,400	9,900	15,400	22,000
2d Cpe	680	2,040	3,400	7,650	11,900	17,000
2d Spt Cpe	700	2,100	3,500	7,880	12,250	17,500
2d Sed	500	1,500	2,500	5,630	8,750	12,500
2d Trg Sed	520	1,560	2,600	5,850	9,100	13,000
4d Sed	516	1,548	2,580	5,810	9,030	12,900
4d Trg Sed	520	1,560	2,600	5,850	9,100	13,000
1935 Standard Series 701, 6-cyl.						
2d Cpe	560	1,680	2,800	6,300	9,800	14,000
2d Sed	456	1,368	2,280	5,130	7,980	11,400
2d Trg Sed	460	1,380	2,300	5,180	8,050	11,500
4d Sed	480	1,440	2,400	5,400	8,400	12,000
4d Trg Sed	500	1,500	2,500	5,630	8,750	12,500
1935 DeLuxe Series 701, 6-cyl.						
2d Cpe	580	1,740	2,900	6,530	10,150	14,500
2d Spt Cpe	600	1,800	3,000	6,750	10,500	15,000
2d Cabr	720	2,160	3,600	8,100	12,600	18,000
2d Sed	460	1,380	2,300	5,180	8,050	11,500
2d Trg Sed	464	1,392	2,320	5,220	8,120	11,600
4d Sed	468	1,404	2,340	5,270	8,190	11,700
4d Trg Sed	480	1,440	2,400	5,400	8,400	12,000
1935 Series 605, 8-cyl.						
2d Cpe	600	1,800	3,000	6,750	10,500	15,000
2d Spt Cpe	620	1,860	3,100	6,980	10,850	15,500
2d Cabr	880	2,640	4,400	9,900	15,400	22,000
2d Sed	464	1,392	2,320	5,220	8,120	11,600
2d Trg Sed	480	1,440	2,400	5,400	8,400	12,000
4d Sed	520	1,560	2,600	5,850	9,100	13,000
4d Trg Sed	540	1,620	2,700	6,080	9,450	13,500
1936 DeLuxe Series Silver Streak, 6-cyl.						
2d Cpe	620	1,860	3,100	6,980	10,850	15,500
2d Spt Cpe	640	1,920	3,200	7,200	11,200	16,000
2d Cabr	920	2,760	4,600	10,350	16,100	23,000
2d Sed	456	1,368	2,280	5,130	7,980	11,400
2d Trg Sed	464	1,392	2,320	5,220	8,120	11,600
4d Sed	468	1,404	2,340	5,270	8,190	11,700
4d Trg Sed	480	1,440	2,400	5,400	8,400	12,000
1936 DeLuxe Series Silver Streak, 8-cyl.						
2d Cpe	640	1,920	3,200	7,200	11,200	16,000
2d Spt Cpe	660	1,980	3,300	7,430	11,550	16,500
2d Cabr	840	2,520	4,200	9,450	14,700	21,000
2d Sed	480	1,440	2,400	5,400	8,400	12,000
2d Trg Sed	488	1,464	2,440	5,490	8,540	12,200
4d Sed	484	1,452	2,420	5,450	8,470	12,100
4d Trg Sed	492	1,476	2,460	5,540	8,610	12,300
1937-38 DeLuxe Model 6DA, 6-cyl.						
2d Conv	1,160	3,480	5,800	13,050	20,300	29,000
4d Conv Sed	1,200	3,600	6,000	13,500	21,000	30,000
2d Bus Cpe	600	1,800	3,000	6,750	10,500	15,000
2d Spt Cpe	640	1,920	3,200	7,200	11,200	16,000
2d Sed	456	1,368	2,280	5,130	7,980	11,400
2d Trg Sed	460	1,380	2,300	5,180	8,050	11,500
4d Sed	480	1,440	2,400	5,400	8,400	12,000
4d Trg Sed	484	1,452	2,420	5,450	8,470	12,100
4d Sta Wag	1,280	3,840	6,400	14,400	22,400	32,000
1937-38 DeLuxe Model 8DA, 8-cyl.						
2d Conv	1,240	3,720	6,200	13,950	21,700	31,000
4d Conv Sed	1,280	3,840	6,400	14,400	22,400	32,000
2d Bus Cpe	660	1,980	3,300	7,430	11,550	16,500
2d Spt Cpe	680	2,040	3,400	7,650	11,900	17,000
2d Sed	500	1,500	2,500	5,630	8,750	12,500
2d Trg Sed	504	1,512	2,520	5,670	8,820	12,600
4d Sed	504	1,512	2,520	5,670	8,820	12,600
4d Trg Sed	508	1,524	2,540	5,720	8,890	12,700
1939 Special Series 25, 6-cyl.						
2d Bus Cpe	600	1,800	3,000	6,750	10,500	15,000
2d Spt Cpe	640	1,920	3,200	7,200	11,200	16,000

	6	5	4	3	2	1
2d Trg Sed	520	1,560	2,600	5,850	9,100	13,000
4d Trg Sed	520	1,560	2,600	5,850	9,100	13,000
4d Sta Wag	1,280	3,840	6,400	14,400	22,400	32,000

1939 DeLuxe Series 26, 6-cyl.

	6	5	4	3	2	1
2d Conv	1,080	3,240	5,400	12,150	18,900	27,000
2d Bus Cpe	620	1,860	3,100	6,980	10,850	15,500
2d Spt Cpe	660	1,980	3,300	7,430	11,550	16,500
2d Sed	520	1,560	2,600	5,850	9,100	13,000
4d Sed	524	1,572	2,620	5,900	9,170	13,100

1939 DeLuxe Series 28, 8-cyl.

	6	5	4	3	2	1
2d Conv	1,160	3,480	5,800	13,050	20,300	29,000
2d Bus Cpe	640	1,920	3,200	7,200	11,200	16,000
2d Spt Cpe	680	2,040	3,400	7,650	11,900	17,000
2d Sed	540	1,620	2,700	6,080	9,450	13,500
4d Trg Sed	544	1,632	2,720	6,120	9,520	13,600

1940 Special Series 25, 6-cyl., 117" wb

	6	5	4	3	2	1
2d Bus Cpe	660	1,980	3,300	7,430	11,550	16,500
2d Spt Cpe	700	2,100	3,500	7,880	12,250	17,500
2d Sed	556	1,668	2,780	6,260	9,730	13,900
4d Sed	560	1,680	2,800	6,300	9,800	14,000
4d Sta Wag	1,340	4,020	6,700	15,080	23,450	33,500

1940 DeLuxe Series 26, 6-cyl., 120" wb

	6	5	4	3	2	1
2d Conv	1,180	3,540	5,900	13,280	20,650	29,500
2d Bus Cpe	680	2,040	3,400	7,650	11,900	17,000
2d Spt Cpe	720	2,160	3,600	8,100	12,600	18,000
2d Sed	540	1,620	2,700	6,080	9,450	13,500
4d Sed	568	1,704	2,840	6,390	9,940	14,200

1940 DeLuxe Series 28, 8-cyl., 120" wb

	6	5	4	3	2	1
2d Conv	1,220	3,660	6,100	13,730	21,350	30,500
2d Bus Cpe	700	2,100	3,500	7,880	12,250	17,500
2d Spt Cpe	740	2,220	3,700	8,330	12,950	18,500
2d Sed	568	1,704	2,840	6,390	9,940	14,200
4d Sed	572	1,716	2,860	6,440	10,010	14,300

1940 Torpedo Series 29, 8-cyl., 122" wb

	6	5	4	3	2	1
2d Spt Cpe	760	2,280	3,800	8,550	13,300	19,000
4d Sed	680	2,040	3,400	7,650	11,900	17,000

1941 DeLuxe Torpedo, 8-cyl.

	6	5	4	3	2	1
2d Bus Cpe	640	1,920	3,200	7,200	11,200	16,000
2d Spt Cpe	660	1,980	3,300	7,430	11,550	16,500
2d Conv	1,220	3,660	6,100	13,730	21,350	30,500
2d Sed	556	1,668	2,780	6,260	9,730	13,900
4d 4W Sed	564	1,692	2,820	6,350	9,870	14,100
4d 6W Sed	560	1,680	2,800	6,300	9,800	14,000

1941 Streamliner, 8-cyl.

	6	5	4	3	2	1
2d Cpe	680	2,040	3,400	7,650	11,900	17,000
4d Sed	620	1,860	3,100	6,980	10,850	15,500

1941 Super Streamliner, 8-cyl.

	6	5	4	3	2	1
2d Cpe	740	2,220	3,700	8,330	12,950	18,500
4d Sed	680	2,040	3,400	7,650	11,900	17,000

1941 Custom, 8-cyl.

	6	5	4	3	2	1
2d Spt Cpe	820	2,460	4,100	9,230	14,350	20,500
4d Sed	760	2,280	3,800	8,550	13,300	19,000
4d Sta Wag	1,340	4,020	6,700	15,080	23,450	33,500
4d DeL Sta Wag	1,380	4,140	6,900	15,530	24,150	34,500

NOTE: Deduct 10 percent for 6-cyl. models.

1942 Torpedo, 8-cyl.

	6	5	4	3	2	1
2d Conv	1,180	3,540	5,900	13,280	20,650	29,500
2d Bus Cpe	620	1,860	3,100	6,980	10,850	15,500
2d Spt Cpe	640	1,920	3,200	7,200	11,200	16,000
2d 5P Cpe	660	1,980	3,300	7,430	11,550	16,500
2d Sed	560	1,680	2,800	6,300	9,800	14,000
4d Sed	556	1,668	2,780	6,260	9,730	13,900
4d Metro Sed	572	1,716	2,860	6,440	10,010	14,300

1942 Streamliner, 8-cyl.

	6	5	4	3	2	1
2d Cpe	660	1,980	3,300	7,430	11,550	16,500
4d Sed	600	1,800	3,000	6,750	10,500	15,000
4d Sta Wag	1,340	4,020	6,700	15,080	23,450	33,500

1942 Chieftain, 8-cyl.

	6	5	4	3	2	1
2d Cpe	680	2,040	3,400	7,650	11,900	17,000
4d Sed	608	1,824	3,040	6,840	10,640	15,200
4d Sta Wag	1,380	4,140	6,900	15,530	24,150	34,500

NOTE: Deduct 10 percent for 6-cyl. models.

1946 Torpedo, 8-cyl.

	6	5	4	3	2	1
2d Conv	1,180	3,540	5,900	13,280	20,650	29,500

	6	5	4	3	2	1
2d Bus Cpe	700	2,100	3,500	7,880	12,250	17,500
2d Spt Cpe	720	2,160	3,600	8,100	12,600	18,000
2d 5P Cpe	740	2,220	3,700	8,330	12,950	18,500
2d Sed	640	1,920	3,200	7,200	11,200	16,000
4d Sed	644	1,932	3,220	7,250	11,270	16,100

1946 Streamliner, 8-cyl.

	6	5	4	3	2	1
5P Cpe	780	2,340	3,900	8,780	13,650	19,500
4d Sed	652	1,956	3,260	7,340	11,410	16,300
4d Sta Wag	1,340	4,020	6,700	15,080	23,450	33,500
4d DeL Sta Wag	1,380	4,140	6,900	15,530	24,150	34,500

NOTE: Deduct 5 percent for 6-cyl. models.

1947 Torpedo, 8-cyl.

	6	5	4	3	2	1
2d Conv	1,220	3,660	6,100	13,730	21,350	30,500
2d DeL Conv	1,240	3,720	6,200	13,950	21,700	31,000
2d Bus Cpe	740	2,220	3,700	8,330	12,950	18,500
2d Spt Cpe	760	2,280	3,800	8,550	13,300	19,000
2d 5P Cpe	760	2,280	3,800	8,550	13,300	19,000
2d Sed	640	1,920	3,200	7,200	11,200	16,000
4d Sed	684	2,052	3,420	7,700	11,970	17,100

1947 Streamliner, 8-cyl.

	6	5	4	3	2	1
2d Cpe	780	2,340	3,900	8,780	13,650	19,500
4d Sed	700	2,100	3,500	7,880	12,250	17,500
4d Sta Wag	1,340	4,020	6,700	15,080	23,450	33,500
4d DeL Sta Wag	1,380	4,140	6,900	15,530	24,150	34,500

NOTE: Deduct 5 percent for 6-cyl. models.

1948 Torpedo, 8-cyl.

	6	5	4	3	2	1
2d Bus Cpe	720	2,160	3,600	8,100	12,600	18,000
2d Spt Cpe	740	2,220	3,700	8,330	12,950	18,500
2d 5P Cpe	760	2,280	3,800	8,550	13,300	19,000
2d Sed	640	1,920	3,200	7,200	11,200	16,000
4d Sed	620	1,860	3,100	6,980	10,850	15,500

1948 DeLuxe Torpedo, 8-cyl.

	6	5	4	3	2	1
2d Conv	1,220	3,660	6,100	13,730	21,350	30,500
2d Spt Cpe	760	2,280	3,800	8,550	13,300	19,000
2d 5P Cpe	780	2,340	3,900	8,780	13,650	19,500
4d Sed	688	2,064	3,440	7,740	12,040	17,200

1948 DeLuxe Streamliner, 8-cyl.

	6	5	4	3	2	1
2d Cpe	780	2,340	3,900	8,780	13,650	19,500
4d Sed	700	2,100	3,500	7,880	12,250	17,500
4d Sta Wag	1,380	4,140	6,900	15,530	24,150	34,500

NOTE: Deduct 5 percent for 6-cyl. models.

1949-50 Streamliner, 8-cyl.

	6	5	4	3	2	1
2d Cpe Sed	628	1,884	3,140	7,070	10,990	15,700
4d Sed	624	1,872	3,120	7,020	10,920	15,600
4d Sta Wag	680	2,040	3,400	7,650	11,900	17,000
4d Wood Sta Wag ('49 only)	1,020	3,060	5,100	11,480	17,850	25,500

1949-50 Streamliner DeLuxe, 8-cyl.

	6	5	4	3	2	1
4d Sed	632	1,896	3,160	7,110	11,060	15,800
2d Cpe Sed	636	1,908	3,180	7,160	11,130	15,900
4d Stl Sta Wag	660	1,980	3,300	7,430	11,550	16,500
4d Woodie (1949 only)	860	2,580	4,300	9,680	15,050	21,500
2d Sed Dely	780	2,340	3,900	8,780	13,650	19,500

1949-50 Chieftain, 8-cyl.

	6	5	4	3	2	1
4d Sed	628	1,884	3,140	7,070	10,990	15,700
2d Sed	636	1,908	3,180	7,160	11,130	15,900
2d Cpe Sed	644	1,932	3,220	7,250	11,270	16,100
2d Bus Cpe	680	2,040	3,400	7,650	11,900	17,000

1949-50 Chieftain DeLuxe, 8-cyl.

	6	5	4	3	2	1
4d Sed	632	1,896	3,160	7,110	11,060	15,800
2d Sed	640	1,920	3,200	7,200	11,200	16,000
2d Bus Cpe (1949 only)	720	2,160	3,600	8,100	12,600	18,000
2d HT (1950 only)	840	2,520	4,200	9,450	14,700	21,000
2d Cpe Sed	648	1,944	3,240	7,290	11,340	16,200
2d Sup HT (1950 only)	900	2,700	4,500	10,130	15,750	22,500
2d Conv	1,240	3,720	6,200	13,950	21,700	31,000

NOTE: Deduct 5 percent for 6-cyl. models.

1951-52 Streamliner, 8-cyl. (1951 only)

	6	5	4	3	2	1
2d Cpe Sed	632	1,896	3,160	7,110	11,060	15,800
4d Sta Wag	680	2,040	3,400	7,650	11,900	17,000

1951-52 Streamliner DeLuxe, 8-cyl. (1951 only)

	6	5	4	3	2	1
2d Cpe Sed	640	1,920	3,200	7,200	11,200	16,000
4d Sta Wag	700	2,100	3,500	7,880	12,250	17,500
2d Sed Dely	760	2,280	3,800	8,550	13,300	19,000

	6	5	4	3	2	1
1951-52 Chieftain, 8-cyl.						
4d Sed	632	1,896	3,160	7,110	11,060	15,800
2d Sed	640	1,920	3,200	7,200	11,200	16,000
2d Cpe Sed	644	1,932	3,220	7,250	11,270	16,100
2d Bus Cpe	680	2,040	3,400	7,650	11,900	17,000
1951-52 Chieftain DeLuxe, 8-cyl.						
4d Sed	640	1,920	3,200	7,200	11,200	16,000
2d Sed	644	1,932	3,220	7,250	11,270	16,100
2d Cpe Sed	660	1,980	3,300	7,430	11,550	16,500
2d HT	920	2,760	4,600	10,350	16,100	23,000
2d HT Sup	960	2,880	4,800	10,800	16,800	24,000
2d Conv	1,260	3,780	6,300	14,180	22,050	31,500
NOTE: Deduct 5 percent for 6-cyl. models.						
1953 Chieftain, 8-cyl., 122" wb						
4d Sed	640	1,920	3,200	7,200	11,200	16,000
2d Sed	644	1,932	3,220	7,250	11,270	16,100
4d Paint Sta Wag	680	2,040	3,400	7,650	11,900	17,000
4d Woodgrain Sta Wag	700	2,100	3,500	7,880	12,250	17,500
2d Sed Dely	860	2,580	4,300	9,680	15,050	21,500
1953 Chieftain DeLuxe, 8-cyl.						
4d Sed	644	1,932	3,220	7,250	11,270	16,100
2d Sed	648	1,944	3,240	7,290	11,340	16,200
2d HT	900	2,700	4,500	10,130	15,750	22,500
2d Conv	1,220	3,660	6,100	13,730	21,350	30,500
4d Mtl Sta Wag	660	1,980	3,300	7,430	11,550	16,500
4d Sim W Sta Wag	700	2,100	3,500	7,880	12,250	17,500
1953 Custom Catalina, 8-cyl.						
2d HT	920	2,760	4,600	10,350	16,100	23,000
NOTE: Deduct 5 percent for 6-cyl. models.						
1954 Chieftain, 8-cyl., 122" wb						
4d Sed	648	1,944	3,240	7,290	11,340	16,200
2d Sed	652	1,956	3,260	7,340	11,410	16,300
4d Sta Wag	700	2,100	3,500	7,880	12,250	17,500
1954 Chieftain DeLuxe, 8-cyl.						
4d Sed	652	1,956	3,260	7,340	11,410	16,300
2d Sed	660	1,980	3,300	7,430	11,550	16,500
2d HT	900	2,700	4,500	10,130	15,750	22,500
4d Sta Wag	720	2,160	3,600	8,100	12,600	18,000
1954 Custom Catalina, 8-cyl.						
2d HT	980	2,940	4,900	11,030	17,150	24,500
1954 Star Chief DeLuxe, 8-cyl.						
4d Sed	700	2,100	3,500	7,880	12,250	17,500
2d Conv	1,240	3,720	6,200	13,950	21,700	31,000
1954 Star Custom Chief, 8-cyl.						
4d Sed	740	2,220	3,700	8,330	12,950	18,500
1954 Star Chief Custom Catalina						
2d HT	1,020	3,060	5,100	11,480	17,850	25,500
NOTE: Deduct 5 percent for 6-cyl. models.						
1955 Chieftain 860, V-8						
4d Sed	640	1,920	3,200	7,200	11,200	16,000
2d Sed	644	1,932	3,220	7,250	11,270	16,100
2d Sta Wag	720	2,160	3,600	8,100	12,600	18,000
4d Sta Wag	740	2,220	3,700	8,330	12,950	18,500
1955 Chieftain 870, V-8, 122" wb						
4d Sed	660	1,980	3,300	7,430	11,550	16,500
2d Sed	664	1,992	3,320	7,470	11,620	16,600
2d HT	1,080	3,240	5,400	12,150	18,900	27,000
4d Sta Wag	760	2,280	3,800	8,550	13,300	19,000
1955 Star Chief Custom Safari, 122" wb						
2d Sta Wag	1,160	3,480	5,800	13,050	20,300	29,000
1955 Star Chief, V-8, 124" wb						
4d Sed	700	2,100	3,500	7,880	12,250	17,500
2d Conv	1,520	4,560	7,600	17,100	26,600	38,000
1955 Star Chief Custom, V-8, 124" wb						
4d Sed	740	2,220	3,700	8,330	12,950	18,500
1955 Custom Catalina						
2d HT	1,160	3,480	5,800	13,050	20,300	29,000
1956 Chieftain 860, V-8, 122" wb						
4d Sed	640	1,920	3,200	7,200	11,200	16,000
4d HT	680	2,040	3,400	7,650	11,900	17,000
2d Sed	644	1,932	3,220	7,250	11,270	16,100
2d HT	1,040	3,120	5,200	11,700	18,200	26,000
2d Sta Wag	800	2,400	4,000	9,000	14,000	20,000
4d Sta Wag	780	2,340	3,900	8,780	13,650	19,500

	6	5	4	3	2	1
1956 Chieftain 870, V-8, 122" wb						
4d Sed	652	1,956	3,260	7,340	11,410	16,300
4d HT	720	2,160	3,600	8,100	12,600	18,000
2d HT	960	2,880	4,800	10,800	16,800	24,000
4d Sta Wag	1,120	3,360	5,600	12,600	19,600	28,000
1956 Star Chief Custom Safari, V-8, 122" wb						
2d Sta Wag	1,200	3,600	6,000	13,500	21,000	30,000
1956 Star Chief, V-8, 124" wb						
4d Sed	680	2,040	3,400	7,650	11,900	17,000
2d Conv	1,640	4,920	8,200	18,450	28,700	41,000
1956 Star Chief Custom Catalina, V-8, 124" wb						
4d HT	800	2,400	4,000	9,000	14,000	20,000
2d HT	1,200	3,600	6,000	13,500	21,000	30,000
1957 Chieftain, V-8, 122" wb						
4d Sed	640	1,920	3,200	7,200	11,200	16,000
4d HT	680	2,040	3,400	7,650	11,900	17,000
2d Sed	660	1,980	3,300	7,430	11,550	16,500
2d HT	1,080	3,240	5,400	12,150	18,900	27,000
4d Sta Wag	760	2,280	3,800	8,550	13,300	19,000
2d Sta Wag	780	2,340	3,900	8,780	13,650	19,500
1957 Super Chief, V-8, 122" wb						
4d Sed	680	2,040	3,400	7,650	11,900	17,000
4d HT	760	2,280	3,800	8,550	13,300	19,000
2d HT	1,160	3,480	5,800	13,050	20,300	29,000
4d Sta Wag	840	2,520	4,200	9,450	14,700	21,000
1957 Star Chief Custom Safari, V-8, 122" wb						
4d Sta Wag	1,120	3,360	5,600	12,600	19,600	28,000
2d Sta Wag	1,240	3,720	6,200	13,950	21,700	31,000
1957 Star Chief, V-8, 124" wb						
4d Sed	720	2,160	3,600	8,100	12,600	18,000
2d Conv	1,600	4,800	8,000	18,000	28,000	40,000
2d Bonneville Conv*	3,840	11,520	19,200	43,200	67,200	96,000
1957 Star Chief Custom, V-8, 124" wb						
4d Sed	740	2,220	3,700	8,330	12,950	18,500
4d HT	880	2,640	4,400	9,900	15,400	22,000
2d HT	1,240	3,720	6,200	13,950	21,700	31,000

*Available on one-to-a-dealer basis.

	6	5	4	3	2	1
1958 Chieftain, V-8, 122" wb						
4d Sed	404	1,212	2,020	4,550	7,070	10,100
4d HT	660	1,980	3,300	7,430	11,550	16,500
2d Sed	600	1,800	3,000	6,750	10,500	15,000
2d HT	840	2,520	4,200	9,450	14,700	21,000
2d Conv	1,320	3,960	6,600	14,850	23,100	33,000
4d 9P Safari	720	2,160	3,600	8,100	12,600	18,000
1958 Super-Chief, V-8, 122" wb						
4d Sed	424	1,272	2,120	4,770	7,420	10,600
4d HT	720	2,160	3,600	8,100	12,600	18,000
2d HT	880	2,640	4,400	9,900	15,400	22,000
1958 Star Chief, V-8, 124" wb						
4d Cus Sed	600	1,800	3,000	6,750	10,500	15,000
4d HT	760	2,280	3,800	8,550	13,300	19,000
2d HT	1,000	3,000	5,000	11,250	17,500	25,000
4d Cus Safari	840	2,520	4,200	9,450	14,700	21,000
1958 Bonneville, V-8, 122" wb						
2d HT	1,480	4,440	7,400	16,650	25,900	37,000
2d Conv	2,600	7,800	13,000	29,250	45,500	65,000

NOTE: Add 20 percent for fuel-injection Bonneville.

	6	5	4	3	2	1
1959 Catalina, V-8, 122" wb						
4d Sed	360	1,080	1,800	4,050	6,300	9,000
4d HT	600	1,800	3,000	6,750	10,500	15,000
2d Sed	380	1,140	1,900	4,280	6,650	9,500
2d HT	800	2,400	4,000	9,000	14,000	20,000
2d Conv	1,120	3,360	5,600	12,600	19,600	28,000
1959 Safari, V-8, 124" wb						
4d 6P Sta Wag	680	2,040	3,400	7,650	11,900	17,000
4d 9P Sta Wag	688	2,064	3,440	7,740	12,040	17,200
1959 Star Chief, V-8, 124" wb						
4d Sed	600	1,800	3,000	6,750	10,500	15,000
4d HT	680	2,040	3,400	7,650	11,900	17,000
2d Sed	620	1,860	3,100	6,980	10,850	15,500
1959 Bonneville, V-8, 124" wb						
4d HT	720	2,160	3,600	8,100	12,600	18,000
2d HT	920	2,760	4,600	10,350	16,100	23,000
2d Conv	1,360	4,080	6,800	15,300	23,800	34,000

1934 Pontiac Model 603 two-door sedan

1940 Pontiac DeLuxe convertible

1947 Pontiac Streamliner sedan

	6	5	4	3	2	1
1959 Custom Safari, V-8, 122" wb						
4d Sta Wag	780	2,340	3,900	8,780	13,650	19,500
1960 Catalina, V-8, 122" wb						
4d Sed	384	1,152	1,920	4,320	6,720	9,600
4d HT	600	1,800	3,000	6,750	10,500	15,000
2d Sed	400	1,200	2,000	4,500	7,000	10,000
2d HT	800	2,400	4,000	9,000	14,000	20,000
2d Conv	1,160	3,480	5,800	13,050	20,300	29,000
1960 Safari, V-8, 122" wb						
4d Sta Wag	720	2,160	3,600	8,100	12,600	18,000
4d 6P Sta Wag	740	2,220	3,700	8,330	12,950	18,500
1960 Ventura, V-8, 122" wb						
4d HT	640	1,920	3,200	7,200	11,200	16,000
2d HT	840	2,520	4,200	9,450	14,700	21,000
1960 Star Chief, V-8, 124" wb						
4d Sed	620	1,860	3,100	6,980	10,850	15,500
4d HT	680	2,040	3,400	7,650	11,900	17,000
2d Sed	640	1,920	3,200	7,200	11,200	16,000
1960 Bonneville, V-8, 124" wb						
4d HT	720	2,160	3,600	8,100	12,600	18,000
2d HT	960	2,880	4,800	10,800	16,800	24,000
2d Conv	1,320	3,960	6,600	14,850	23,100	33,000
1960 Bonneville Safari, V-8, 122" wb						
4d Sta Wag	800	2,400	4,000	9,000	14,000	20,000

NOTE: Add 10 percent for alum wheel option.

	6	5	4	3	2	1
1961 Tempest Compact, 4-cyl.						
4d Sed	388	1,164	1,940	4,370	6,790	9,700
2d Cpe	392	1,176	1,960	4,410	6,860	9,800
2d Cus Cpe	440	1,320	2,200	4,950	7,700	11,000
4d Safari Wag	440	1,320	2,200	4,950	7,700	11,000

NOTE: Add 20 percent for Tempest V-8.

	6	5	4	3	2	1
1961 Catalina, V-8, 119" wb						
4d Sed	460	1,380	2,300	5,180	8,050	11,500
4d HT	500	1,500	2,500	5,630	8,750	12,500
2d Sed	464	1,392	2,320	5,220	8,120	11,600
2d HT	720	2,160	3,600	8,100	12,600	18,000
2d Conv	920	2,760	4,600	10,350	16,100	23,000
4d Safari Wag	680	2,040	3,400	7,650	11,900	17,000

NOTE: Add 30 percent for "421" S-D models.

	6	5	4	3	2	1
1961 Ventura, V-8, 119" wb						
4d HT	620	1,860	3,100	6,980	10,850	15,500
2d HT	800	2,400	4,000	9,000	14,000	20,000
1961 Star Chief, V-8, 123" wb						
4d Sed	500	1,500	2,500	5,630	8,750	12,500
4d HT	640	1,920	3,200	7,200	11,200	16,000
1961 Bonneville, V-8, 123" wb						
4d HT	660	1,980	3,300	7,430	11,550	16,500
2d HT	800	2,400	4,000	9,000	14,000	20,000
2d Conv	1,120	3,360	5,600	12,600	19,600	28,000
1961 Bonneville Safari, V-8, 119" wb						
4d Sta Wag	720	2,160	3,600	8,100	12,600	18,000

NOTE: Add 10 percent for alum wheel option.

	6	5	4	3	2	1
1962 Tempest, 4-cyl., 122" wb						
4d Sed	348	1,044	1,740	3,920	6,090	8,700
2d Cpe	352	1,056	1,760	3,960	6,160	8,800
2d HT	600	1,800	3,000	6,750	10,500	15,000
2d Conv	720	2,160	3,600	8,100	12,600	18,000
4d Safari	440	1,320	2,200	4,950	7,700	11,000

NOTE: Add 20 percent for Tempest V-8.

	6	5	4	3	2	1
1962 Catalina, V-8, 120" wb						
4d Sed	460	1,380	2,300	5,180	8,050	11,500
4d HT	500	1,500	2,500	5,630	8,750	12,500
2d Sed	464	1,392	2,320	5,220	8,120	11,600
2d HT	720	2,160	3,600	8,100	12,600	18,000
2d Conv	880	2,640	4,400	9,900	15,400	22,000
4d Sta Wag	660	1,980	3,300	7,430	11,550	16,500
2d HT (421/405)	2,480	7,440	12,400	27,900	43,400	62,000
2d Sed (421/405)	2,400	7,200	12,000	27,000	42,000	60,000
1962 Star Chief, V-8, 123" wb						
4d Sed	480	1,440	2,400	5,400	8,400	12,000
4d HT	620	1,860	3,100	6,980	10,850	15,500
1962 Bonneville, V-8, 123" wb, Sta Wag 119" wb						
4d HT	640	1,920	3,200	7,200	11,200	16,000

	6	5	4	3	2	1
2d HT	800	2,400	4,000	9,000	14,000	20,000
2d Conv	1,040	3,120	5,200	11,700	18,200	26,000
4d Sta Wag	700	2,100	3,500	7,880	12,250	17,500

1962 Grand Prix, V-8, 120" wb

	6	5	4	3	2	1
2d HT	880	2,640	4,400	9,900	15,400	22,000

NOTE: Add 30 percent for 421. Add 50 percent for "421" S-D models. Add 10 percent for alum wheel option.

1963 Tempest (Compact), 4-cyl., 112" wb

	6	5	4	3	2	1
4d Sed	340	1,020	1,700	3,830	5,950	8,500
2d Cpe	440	1,320	2,200	4,950	7,700	11,000
2d HT	500	1,500	2,500	5,630	8,750	12,500
2d Conv	720	2,160	3,600	8,100	12,600	18,000
4d Sta Wag	440	1,320	2,200	4,950	7,700	11,000

NOTE: Add 20 percent for Tempest V-8.

1963 LeMans, V-8, 112" wb

	6	5	4	3	2	1
2d HT	640	1,920	3,200	7,200	11,200	16,000
2d Conv	800	2,400	4,000	9,000	14,000	20,000

1963 Catalina, V-8, 119" wb

	6	5	4	3	2	1
4d Sed	444	1,332	2,220	5,000	7,770	11,100
4d HT	504	1,512	2,520	5,670	8,820	12,600
2d Sed	464	1,392	2,320	5,220	8,120	11,600
2d HT	760	2,280	3,800	8,550	13,300	19,000
2d Conv	840	2,520	4,200	9,450	14,700	21,000
4d Sta Wag	680	2,040	3,400	7,650	11,900	17,000

1963 Catalina Super-Duty

	6	5	4	3	2	1
2d HT (421/405)	2,400	7,200	12,000	27,000	42,000	60,000
2d HT (421/410)	2,480	7,440	12,400	27,900	43,400	62,000
2d Sed (421/405)	2,320	6,960	11,600	26,100	40,600	58,000
2d Sed (421/410)	2,400	7,200	12,000	27,000	42,000	60,000

NOTE: Add 5 percent for 4-speed.

1963 Star Chief, V-8, 123" wb

	6	5	4	3	2	1
4d Sed	460	1,380	2,300	5,180	8,050	11,500
4d HT	620	1,860	3,100	6,980	10,850	15,500

1963 Bonneville, V-8, 123" wb

	6	5	4	3	2	1
2d HT	800	2,400	4,000	9,000	14,000	20,000
4d HT	660	1,980	3,300	7,430	11,550	16,500
2d Conv	1,000	3,000	5,000	11,250	17,500	25,000
4d Sta Wag	700	2,100	3,500	7,880	12,250	17,500

1963 Grand Prix, V-8, 120" wb

	6	5	4	3	2	1
2d HT	920	2,760	4,600	10,350	16,100	23,000

NOTE: Add 5 percent for Catalina Ventura. Add 30 percent for "421" engine option. Add 10 percent for alum wheel option.

1964 Tempest Custom 21, V-8, 115" wb

	6	5	4	3	2	1
4d Sed	348	1,044	1,740	3,920	6,090	8,700
2d HT	500	1,500	2,500	5,630	8,750	12,500
2d Conv	720	2,160	3,600	8,100	12,600	18,000
4d Sta Wag	440	1,320	2,200	4,950	7,700	11,000

NOTE: Deduct 10 percent for 6-cyl. where available.

1964 LeMans, V-8, 115" wb

	6	5	4	3	2	1
2d HT	720	2,160	3,600	8,100	12,600	18,000
2d Cpe	660	1,980	3,300	7,430	11,550	16,500
2d Conv	760	2,280	3,800	8,550	13,300	19,000
2d GTO Cpe	1,160	3,480	5,800	13,050	20,300	29,000
2d GTO Conv	1,400	4,200	7,000	15,750	24,500	35,000
2d GTO HT	1,240	3,720	6,200	13,950	21,700	31,000

NOTE: Deduct 20 percent for Tempest 6-cyl.

1964 Catalina, V-8, 120" wb

	6	5	4	3	2	1
4d Sed	460	1,380	2,300	5,180	8,050	11,500
4d HT	500	1,500	2,500	5,630	8,750	12,500
2d Sed	464	1,392	2,320	5,220	8,120	11,600
2d HT	720	2,160	3,600	8,100	12,600	18,000
2d Conv	840	2,520	4,200	9,450	14,700	21,000
4d Sta Wag	640	1,920	3,200	7,200	11,200	16,000

1964 Star Chief, V-8, 123" wb

	6	5	4	3	2	1
4d Sed	460	1,380	2,300	5,180	8,050	11,500
4d HT	620	1,860	3,100	6,980	10,850	15,500

1964 Bonneville, V-8, 123" wb

	6	5	4	3	2	1
4d HT	660	1,980	3,300	7,430	11,550	16,500
2d HT	760	2,280	3,800	8,550	13,300	19,000
2d Conv	960	2,880	4,800	10,800	16,800	24,000
4d Sta Wag	700	2,100	3,500	7,880	12,250	17,500

1964 Grand Prix, V-8, 120" wb

	6	5	4	3	2	1
2d HT	880	2,640	4,400	9,900	15,400	22,000

NOTE: Add 30 percent for tri power. Add 5 percent for Catalina-Ventura option. Add 10 percent for 2 plus 2. Add 10 percent for alum wheel option.

	6	5	4	3	2	1
1965 Tempest, 6-cyl., 115" wb						
4d Sed	384	1,152	1,920	4,320	6,720	9,600
2d Spt Cpe	444	1,332	2,220	5,000	7,770	11,100
2d HT	500	1,500	2,500	5,630	8,750	12,500
2d Conv	640	1,920	3,200	7,200	11,200	16,000
4d Sta Wag	440	1,320	2,200	4,950	7,700	11,000

NOTE: Add 20 percent for V-8.

1965 LeMans, V-8, 115" wb						
4d Sed	440	1,320	2,200	4,950	7,700	11,000
2d Cpe	500	1,500	2,500	5,630	8,750	12,500
2d HT	660	1,980	3,300	7,430	11,550	16,500
2d Conv	840	2,520	4,200	9,450	14,700	21,000
2d GTO Conv	1,480	4,440	7,400	16,650	25,900	37,000
2d GTO HT	1,320	3,960	6,600	14,850	23,100	33,000
2d GTO Cpe	1,240	3,720	6,200	13,950	21,700	31,000

NOTE: Deduct 20 percent for 6-cyl. where available. Add 5 percent for 4-speed.

1965 Catalina, V-8, 121" wb						
4d Sed	392	1,176	1,960	4,410	6,860	9,800
4d HT	480	1,440	2,400	5,400	8,400	12,000
2d Sed	460	1,380	2,300	5,180	8,050	11,500
2d HT	660	1,980	3,300	7,430	11,550	16,500
2d Conv	760	2,280	3,800	8,550	13,300	19,000
4d Sta Wag	700	2,100	3,500	7,880	12,250	17,500

1965 Star Chief, V-8, 123" wb						
4d Sed	440	1,320	2,200	4,950	7,700	11,000
4d HT	500	1,500	2,500	5,630	8,750	12,500

1965 Bonneville, V-8, 123" wb						
4d HT	620	1,860	3,100	6,980	10,850	15,500
2d HT	720	2,160	3,600	8,100	12,600	18,000
2d Conv	920	2,760	4,600	10,350	16,100	23,000
4d 2S Sta Wag	700	2,100	3,500	7,880	12,250	17,500

1965 Grand Prix, 120" wb						
2d HT	800	2,400	4,000	9,000	14,000	20,000

NOTE: Add 30 percent for "421" H.O. tri power V-8. Add 30 percent for tri power. Add 10 percent for 2 plus 2. Add 10 percent for Catalina-Ventura option. Add 10 percent for Ram Air. Add 20 percent for alum wheel option.

1966 Tempest Custom, OHC-6, 115" wb						
4d Sed	384	1,152	1,920	4,320	6,720	9,600
4d HT	428	1,284	2,140	4,820	7,490	10,700
2d HT	612	1,836	3,060	6,890	10,710	15,300
2d Cpe	480	1,440	2,400	5,400	8,400	12,000
2d Conv	640	1,920	3,200	7,200	11,200	16,000
4d Sta Wag	380	1,140	1,900	4,280	6,650	9,500

NOTE: Add 20 percent for V-8.

1966 Lemans, OHC-6, 115" wb						
4d HT	440	1,320	2,200	4,950	7,700	11,000
2d Cpe	472	1,416	2,360	5,310	8,260	11,800
2d HT	640	1,920	3,200	7,200	11,200	16,000
2d Conv	700	2,100	3,500	7,880	12,250	17,500

NOTE: Add 20 percent for V-8.

1966 GTO, V-8, 115" wb						
2d HT	1,200	3,600	6,000	13,500	21,000	30,000
2d Cpe	1,120	3,360	5,600	12,600	19,600	28,000
2d Conv	1,400	4,200	7,000	15,750	24,500	35,000

NOTE: Add 5 percent for 4-speed. Add 30 percent for tri power option.

1966 Catalina, V-8, 121" wb						
4d Sed	388	1,164	1,940	4,370	6,790	9,700
4d HT	480	1,440	2,400	5,400	8,400	12,000
2d Sed	460	1,380	2,300	5,180	8,050	11,500
2d HT	700	2,100	3,500	7,880	12,250	17,500
2d Conv	880	2,640	4,400	9,900	15,400	22,000
4d Sta Wag	680	2,040	3,400	7,650	11,900	17,000

1966 2 Plus 2, V-8, 121" wb						
2d HT	740	2,220	3,700	8,330	12,950	18,500
2d Conv	840	2,520	4,200	9,450	14,700	21,000

1966 Executive, V-8, 124" wb						
4d Sed	460	1,380	2,300	5,180	8,050	11,500
4d HT	500	1,500	2,500	5,630	8,750	12,500
2d HT	700	2,100	3,500	7,880	12,250	17,500

1966 Bonneville, V-8, 124" wb						
4d HT	620	1,860	3,100	6,980	10,850	15,500
2d HT	740	2,220	3,700	8,330	12,950	18,500
2d Conv	960	2,880	4,800	10,800	16,800	24,000
4d Sta Wag	700	2,100	3,500	7,880	12,250	17,500

	6	5	4	3	2	1
1966 Grand Prix, V-8, 121" wb						
2d HT	840	2,520	4,200	9,450	14,700	21,000

NOTE: Add 30 percent for 421. Add 20 percent for Ram Air. Add 30 percent for tri power. Add 10 percent for Ventura Custom trim option. Add 10 percent for alum wheel option.

	6	5	4	3	2	1
1967 Tempest, 6-cyl., 115" wb						
4d Sed	380	1,140	1,900	4,280	6,650	9,500
2d Cpe	440	1,320	2,200	4,950	7,700	11,000
4d Sta Wag	464	1,392	2,320	5,220	8,120	11,600

NOTE: Add 20 percent for V-8.

	6	5	4	3	2	1
1967 Tempest Custom, 6-cyl., 115" wb						
2d Cpe	444	1,332	2,220	5,000	7,770	11,100
2d HT	504	1,512	2,520	5,670	8,820	12,600
2d Conv	640	1,920	3,200	7,200	11,200	16,000
4d HT	448	1,344	2,240	5,040	7,840	11,200
4d Sed	384	1,152	1,920	4,320	6,720	9,600
4d Sta Wag	440	1,320	2,200	4,950	7,700	11,000

NOTE: Add 20 percent for V-8.

	6	5	4	3	2	1
1967 Lemans, 6-cyl., 115" wb						
4d HT	440	1,320	2,200	4,950	7,700	11,000
2d Cpe	448	1,344	2,240	5,040	7,840	11,200
2d HT	600	1,800	3,000	6,750	10,500	15,000
2d Conv	700	2,100	3,500	7,880	12,250	17,500

NOTE: Add 20 percent for V-8.

	6	5	4	3	2	1
1967 Tempest Safari, 6-cyl., 115" wb						
4d Sta Wag	480	1,440	2,400	5,400	8,400	12,000

NOTE: Add 20 percent for V-8.

	6	5	4	3	2	1
1967 GTO, V-8, 115" wb						
2d Cpe	1,040	3,120	5,200	11,700	18,200	26,000
2d HT	1,160	3,480	5,800	13,050	20,300	29,000
2d Conv	1,280	3,840	6,400	14,400	22,400	32,000

NOTE: Add 25 percent for Ram Air 400 GTO.

	6	5	4	3	2	1
1967 Catalina, V-8, 121" wb						
4d Sed	388	1,164	1,940	4,370	6,790	9,700
4d HT	480	1,440	2,400	5,400	8,400	12,000
2d Sed	464	1,392	2,320	5,220	8,120	11,600
2d HT	660	1,980	3,300	7,430	11,550	16,500
2d Conv	720	2,160	3,600	8,100	12,600	18,000
1967 2 Plus 2, V-8, 121" Wb						
2d HT	740	2,220	3,700	8,330	12,950	18,500
2d Conv	960	2,880	4,800	10,800	16,800	24,000
4d 3S Sta Wag	640	1,920	3,200	7,200	11,200	16,000
1967 Executive, V-8, 124" wb, Sta Wag 121" wb						
4d Sed	440	1,320	2,200	4,950	7,700	11,000
4d HT	500	1,500	2,500	5,630	8,750	12,500
2d HT	700	2,100	3,500	7,880	12,250	17,500
4d 3S Sta Wag	680	2,040	3,400	7,650	11,900	17,000
1967 Bonneville, V-8, 124" wb						
4d HT	600	1,800	3,000	6,750	10,500	15,000
2d HT	700	2,100	3,500	7,880	12,250	17,500
2d Conv	840	2,520	4,200	9,450	14,700	21,000
4d Sta Wag	680	2,040	3,400	7,650	11,900	17,000
1967 Grand Prix, V-8, 121" wb						
2d HT	720	2,160	3,600	8,100	12,600	18,000
Conv	920	2,760	4,600	10,350	16,100	23,000

NOTE: Add 30 percent for 428. Add 10 percent for Sprint option. Add 15 percent for 2 plus 2 option. Add 10 percent for Ventura Custom trim option. Add 10 percent for alum wheel option.

	6	5	4	3	2	1
1967 Firebird, V-8, 108" wb						
2d Cpe	960	2,880	4,800	10,800	16,800	24,000
2d Conv	1,120	3,360	5,600	12,600	19,600	28,000

NOTE: Deduct 25 percent for 6-cyl. Add 15 percent for 326 HO. Add 10 percent for 4-speed. Add 15 percent for 400 /4V carb. Add 30 percent for the Ram Air 400 Firebird.

	6	5	4	3	2	1
1968 Tempest, 6-cyl., 112" wb						
2d Spt Cpe	440	1,320	2,200	4,950	7,700	11,000
2d Cus "S" Cpe	460	1,380	2,300	5,180	8,050	11,500
2d Cus "S" HT	600	1,800	3,000	6,750	10,500	15,000
2d Cus "S" Conv	640	1,920	3,200	7,200	11,200	16,000
2d LeMans	440	1,320	2,200	4,950	7,700	11,000
2d LeMans Spt Cpe	480	1,440	2,400	5,400	8,400	12,000
2d LeMans Conv	800	2,400	4,000	9,000	14,000	20,000

NOTE: Add 20 percent for V-8.

	6	5	4	3	2	1
1968 GTO, V-8, 112" wb						
2d HT	1,120	3,360	5,600	12,600	19,600	28,000
2d Conv	1,280	3,840	6,400	14,400	22,400	32,000

NOTE: Add 25 percent for Ram Air I, 40 percent for Ram Air II.

	6	5	4	3	2	1
1968 Catalina, V-8, 122" wb						
4d Sed	380	1,140	1,900	4,280	6,650	9,500
4d HT	440	1,320	2,200	4,950	7,700	11,000
2d Sed	468	1,404	2,340	5,270	8,190	11,700
2d HT	600	1,800	3,000	6,750	10,500	15,000
2d Conv	680	2,040	3,400	7,650	11,900	17,000
4d Sta Wag	640	1,920	3,200	7,200	11,200	16,000
1968 Executive, V-8, 124" wb, Sta Wag 121" wb						
4d Sed	460	1,380	2,300	5,180	8,050	11,500
4d HT	480	1,440	2,400	5,400	8,400	12,000
2d HT	660	1,980	3,300	7,430	11,550	16,500
4d 3S Sta Wag	680	2,040	3,400	7,650	11,900	17,000
1968 Bonneville, V-8, 125" wb						
4d Sed	468	1,404	2,340	5,270	8,190	11,700
4d HT	500	1,500	2,500	5,630	8,750	12,500
2d HT	680	2,040	3,400	7,650	11,900	17,000
2d Conv	760	2,280	3,800	8,550	13,300	19,000
4d Sta Wag	700	2,100	3,500	7,880	12,250	17,500
1968 Grand Prix, V-8, 118" wb						
2d HT	720	2,160	3,600	8,100	12,600	18,000

NOTE: Add 10 percent for Sprint option. Add 30 percent for 428. Add 25 percent for Ram Air I, 40 percent for Ram Air II. Add 10 percent for Ventura Custom trim option. Add 10 percent for alum wheel option.

1968 Firebird, V-8, 108" wb	6	5	4	3	2	1
2d Cpe	960	2,880	4,800	10,800	16,800	24,000
2d Conv	1,120	3,360	5,600	12,600	19,600	28,000

NOTE: Deduct 25 percent for 6-cyl. Add 10 percent for 350 HO. Add 10 percent for 4-speed. Add 25 percent for the Ram Air 400 Firebird.

1969 Tempest, 6-cyl., 116" wb, 2d 112" wb	6	5	4	3	2	1
4d Sed	364	1,092	1,820	4,100	6,370	9,100
2d Cpe	368	1,104	1,840	4,140	6,440	9,200

NOTE: Add 20 percent for V-8.

1969 Tempest "S" Custom, 6-cyl., 116" wb, 2d 112" wb	6	5	4	3	2	1
4d Sed	368	1,104	1,840	4,140	6,440	9,200
4d HT	376	1,128	1,880	4,230	6,580	9,400
2d Cpe	372	1,116	1,860	4,190	6,510	9,300
2d HT	480	1,440	2,400	5,400	8,400	12,000
2d Conv	600	1,800	3,000	6,750	10,500	15,000
4d Sta Wag	420	1,260	2,100	4,730	7,350	10,500

NOTE: Add 20 percent for V-8.

1969 Tempest Lemans, 6-cyl., 116" wb, 2d 112" wb	6	5	4	3	2	1
4d HT	380	1,140	1,900	4,280	6,650	9,500
2d Cpe	376	1,128	1,880	4,230	6,580	9,400
2d HT	500	1,500	2,500	5,630	8,750	12,500
2d Conv	660	1,980	3,300	7,430	11,550	16,500

NOTE: Add 20 percent for V-8.

1969 Tempest Safari, 6-cyl., 116" wb	6	5	4	3	2	1
4d Sta Wag	428	1,284	2,140	4,820	7,490	10,700

NOTE: Add 20 percent for V-8.

1969 GTO, V-8, 112" wb	6	5	4	3	2	1
2d HT	1,200	3,600	6,000	13,500	21,000	30,000
2d Conv	1,360	4,080	6,800	15,300	23,800	34,000

NOTE: Add 50 percent for GTO Judge option.

1969 Catalina, V-8, 122" wb	6	5	4	3	2	1
4d Sed	380	1,140	1,900	4,280	6,650	9,500
4d HT	388	1,164	1,940	4,370	6,790	9,700
2d HT	500	1,500	2,500	5,630	8,750	12,500
2d Conv	660	1,980	3,300	7,430	11,550	16,500
4d 3S Sta Wag	520	1,560	2,600	5,850	9,100	13,000
1969 Executive, V-8, 125" wb, Sta Wag 122" wb						
4d Sed	384	1,152	1,920	4,320	6,720	9,600
4d HT	432	1,296	2,160	4,860	7,560	10,800
2d HT	600	1,800	3,000	6,750	10,500	15,000
4d 3S Sta Wag	528	1,584	2,640	5,940	9,240	13,200
1969 Bonneville, V-8, 125" wb						
4d Sed	384	1,152	1,920	4,320	6,720	9,600
4d HT	440	1,320	2,200	4,950	7,700	11,000
2d HT	620	1,860	3,100	6,980	10,850	15,500
2d Conv	700	2,100	3,500	7,880	12,250	17,500
4d Sta Wag	540	1,620	2,700	6,080	9,450	13,500
1969 Grand Prix, V-8, 118" wb						
2d HT	640	1,920	3,200	7,200	11,200	16,000

NOTE: Add 10 percent for LeMans Rally E Package. Add 30 percent for 428 cid V-8. Add 25 percent for Ram Air III. Add 40 percent for Ram Air IV. Add 25 percent for Ram Air IV.

	6	5	4	3	2	1
1969 Firebird, V-8, 108" wb						
2d Cpe	960	2,880	4,800	10,800	16,800	24,000
2d Conv	1,120	3,360	5,600	12,600	19,600	28,000
2d Trans Am Cpe	1,280	3,840	6,400	14,400	22,400	32,000
2d Trans Am Conv	1,560	4,680	7,800	17,550	27,300	39,000

NOTE: Deduct 25 percent for 6-cyl. Add 15 percent for "HO" 400 Firebird. Add 10 percent for 4-speed. Add 20 percent for Ram Air IV Firebird. Add 50 percent for "303" V-8 SCCA race engine.

	6	5	4	3	2	1
1970 Tempest, 6-cyl., 116" wb, 2d 112" wb						
4d Sed	372	1,116	1,860	4,190	6,510	9,300
2d HT	480	1,440	2,400	5,400	8,400	12,000
2d Cpe	380	1,140	1,900	4,280	6,650	9,500

NOTE: Add 20 percent for V-8.

	6	5	4	3	2	1
1970 LeMans, 6 cyl., 116" wb, 2d 112" wb						
4d Sed	376	1,128	1,880	4,230	6,580	9,400
4d HT	440	1,320	2,200	4,950	7,700	11,000
2d Cpe	384	1,152	1,920	4,320	6,720	9,600
2d HT	500	1,500	2,500	5,630	8,750	12,500
4d Sta Wag	432	1,296	2,160	4,860	7,560	10,800

NOTE: Add 20 percent for V-8.

	6	5	4	3	2	1
1970 LeMans Sport, 6-cyl., 116" wb, 2d 112" wb						
4d HT	448	1,344	2,240	5,040	7,840	11,200
2d Cpe	460	1,380	2,300	5,180	8,050	11,500
2d HT	600	1,800	3,000	6,750	10,500	15,000
2d Conv	620	1,860	3,100	6,980	10,850	15,500
4d Sta Wag	480	1,440	2,400	5,400	8,400	12,000

NOTE: Add 20 percent for V-8.

	6	5	4	3	2	1
1970 LeMans GT 37, V-8, 112" wb						
2d Cpe	600	1,800	3,000	6,750	10,500	15,000
2d HT	660	1,980	3,300	7,430	11,550	16,500
1970 GTO, V-8, 112" wb						
2d HT	1,240	3,720	6,200	13,950	21,700	31,000
2d Conv	1,400	4,200	7,000	15,750	24,500	35,000

NOTE: Add 50 percent for GTO Judge option.

	6	5	4	3	2	1
1970 Catalina, V-8, 122" wb						
4d Sed	380	1,140	1,900	4,280	6,650	9,500
4d HT	460	1,380	2,300	5,180	8,050	11,500
2d HT	600	1,800	3,000	6,750	10,500	15,000
2d Conv	640	1,920	3,200	7,200	11,200	16,000
4d 3S Sta Wag	520	1,560	2,600	5,850	9,100	13,000
1970 Executive, V-8, 125" wb, Sta Wag 122" wb						
4d Sed	384	1,152	1,920	4,320	6,720	9,600
4d HT	480	1,440	2,400	5,400	8,400	12,000
2d HT	620	1,860	3,100	6,980	10,850	15,500
4d 3S Sta Wag	488	1,464	2,440	5,490	8,540	12,200
1970 Bonneville, V-8, 125" wb, Sta Wag 122" wb						
4d Sed	440	1,320	2,200	4,950	7,700	11,000
4d HT	500	1,500	2,500	5,630	8,750	12,500
2d HT	640	1,920	3,200	7,200	11,200	16,000
2d Conv	700	2,100	3,500	7,880	12,250	17,500
4d 3S Sta Wag	500	1,500	2,500	5,630	8,750	12,500
1970 Grand Prix, V-8, 118" wb						
2d Hurst "SSJ" HT	740	2,220	3,700	8,330	12,950	18,500
2d HT	660	1,980	3,300	7,430	11,550	16,500

NOTE: Add 10 percent for V-8 LeMans Rally Package. Add 40 percent for 455 HO V-8. Add 10 percent for Grand Prix S.J. Add 25 percent for Ram Air III. Add 5 percent for 4-speed trans.

	6	5	4	3	2	1
1970 Firebird, V-8, 108" wb						
2d Firebird	720	2,160	3,600	8,100	12,600	18,000
2d Esprit	740	2,220	3,700	8,330	12,950	18,500
2d Formula 400	760	2,280	3,800	8,550	13,300	19,000
2d Trans Am	1,120	3,360	5,600	12,600	19,600	28,000

NOTE: Deduct 25 percent for 6-cyl. Add 10 percent for Trans Am with 4-speed. Add 25 percent for Ram Air IV Firebird.

	6	5	4	3	2	1
1971 Ventura II, 6-cyl., 111" wb						
2d Cpe	384	1,152	1,920	4,320	6,720	9,600
4d Sed	368	1,104	1,840	4,140	6,440	9,200
1971 Ventura II, V-8, 111" wb						
2d Cpe	392	1,176	1,960	4,410	6,860	9,800
4d Sed	384	1,152	1,920	4,320	6,720	9,600
1971 LeMans T37, 6-cyl., 116" wb, 2d 112" wb						
2d Sed	380	1,140	1,900	4,280	6,650	9,500
4d Sed	360	1,080	1,800	4,050	6,300	9,000
2d HT	480	1,440	2,400	5,400	8,400	12,000

	6	5	4	3	2	1
1971 LeMans, 6-cyl., 116" wb, 2d 112" wb						
2d Sed	364	1,092	1,820	4,100	6,370	9,100
4d Sed	360	1,080	1,800	4,050	6,300	9,000
4d HT	416	1,248	2,080	4,680	7,280	10,400
2d HT	600	1,800	3,000	6,750	10,500	15,000
4d 3S Sta Wag	460	1,380	2,300	5,180	8,050	11,500
1971 LeMans Sport, 6-cyl., 116" wb, 2d 112" wb						
4d HT	420	1,260	2,100	4,730	7,350	10,500
2d HT	620	1,860	3,100	6,980	10,850	15,500
2d Conv	680	2,040	3,400	7,650	11,900	17,000

NOTE: Add 20 percent for V-8.

	6	5	4	3	2	1
1971 LeMans GT 37, V-8, 112" wb						
2d HT	680	2,040	3,400	7,650	11,900	17,000
1971 GTO						
2d HT	1,120	3,360	5,600	12,600	19,600	28,000
2d Conv	1,280	3,840	6,400	14,400	22,400	32,000

NOTE: Add 50 percent for GTO Judge option.

	6	5	4	3	2	1
1971 Catalina						
4d Sed	384	1,152	1,920	4,320	6,720	9,600
4d HT	428	1,284	2,140	4,820	7,490	10,700
2d HT	460	1,380	2,300	5,180	8,050	11,500
2d Conv	640	1,920	3,200	7,200	11,200	16,000
1971 Safari, V-8, 127" wb						
4d 2S Sta Wag	428	1,284	2,140	4,820	7,490	10,700
4d 3S Sta Wag	432	1,296	2,160	4,860	7,560	10,800
1971 Catalina Brougham, V-8, 123" wb						
4d Sed	392	1,176	1,960	4,410	6,860	9,800
4d HT	440	1,320	2,200	4,950	7,700	11,000
2d HT	468	1,404	2,340	5,270	8,190	11,700
1971 Grand Safari, V-8, 127" wb						
4d 2S Sta Wag	400	1,200	2,000	4,500	7,000	10,000
4d 3S Sta Wag	404	1,212	2,020	4,550	7,070	10,100
1971 Bonneville						
4d Sed	396	1,188	1,980	4,460	6,930	9,900
4d HT	440	1,320	2,200	4,950	7,700	11,000
2d HT	480	1,440	2,400	5,400	8,400	12,000
1971 Grandville						
4d HT	440	1,320	2,200	4,950	7,700	11,000
2d HT	480	1,440	2,400	5,400	8,400	12,000
2d Conv	760	2,280	3,800	8,550	13,300	19,000
1971 Grand Prix						
2d HT	640	1,920	3,200	7,200	11,200	16,000
2d Hurst "SSJ" Cpe	740	2,220	3,700	8,330	12,950	18,500
1971 Firebird, V-8, 108" wb						
2d Firebird	740	2,220	3,700	8,330	12,950	18,500
2d Esprit	720	2,160	3,600	8,100	12,600	18,000
2d Formula	760	2,280	3,800	8,550	13,300	19,000
2d Trans Am	1,120	3,360	5,600	12,600	19,600	28,000

NOTE: Add 25 percent for Formula 455. Deduct 25 percent for 6-cyl. Add 40 percent for 455 HO V-8.
     Add 10 percent for 4-speed. (Formula Series - 350, 400, 455).

	6	5	4	3	2	1
1972 Ventura, 6-cyl., 111" wb						
4d Sed	328	984	1,640	3,690	5,740	8,200
2d Cpe	320	960	1,600	3,600	5,600	8,000

NOTE: Add 20 percent for V-8.

	6	5	4	3	2	1
1972 LeMans, 6-cyl., 116" wb, 2d 112" wb						
2d Cpe	340	1,020	1,700	3,830	5,950	8,500
4d Sed	332	996	1,660	3,740	5,810	8,300
2d HT	600	1,800	3,000	6,750	10,500	15,000
2d Conv	660	1,980	3,300	7,430	11,550	16,500
4d 3S Sta Wag	340	1,020	1,700	3,830	5,950	8,500
1972 GTO						
2d HT	740	2,220	3,700	8,330	12,950	18,500
2d Sed	620	1,860	3,100	6,980	10,850	15,500
1972 Luxury LeMans, V-8						
4d HT	348	1,044	1,740	3,920	6,090	8,700
2d HT	620	1,860	3,100	6,980	10,850	15,500

NOTE: Add 10 percent for Endura option on LeMans models. Add 20 percent for V-8.

	6	5	4	3	2	1
1972 Catalina, V-8, 123" wb						
4d Sed	320	960	1,600	3,600	5,600	8,000
4d HT	328	984	1,640	3,690	5,740	8,200
2d HT	440	1,320	2,200	4,950	7,700	11,000
2d Conv	640	1,920	3,200	7,200	11,200	16,000

	6	5	4	3	2	1
1972 Catalina Brougham, V-8, 123" wb						
4d Sed	324	972	1,620	3,650	5,670	8,100
4d HT	340	1,020	1,700	3,830	5,950	8,500
2d HT	460	1,380	2,300	5,180	8,050	11,500
1972 Bonneville						
4d Sed	328	984	1,640	3,690	5,740	8,200
4d HT	360	1,080	1,800	4,050	6,300	9,000
2d HT	480	1,440	2,400	5,400	8,400	12,000
1972 Grandville						
4d HT	360	1,080	1,800	4,050	6,300	9,000
2d HT	488	1,464	2,440	5,490	8,540	12,200
2d Conv	700	2,100	3,500	7,880	12,250	17,500
1972 Safari, V-8, 127" wb						
4d 2S Sta Wag	324	972	1,620	3,650	5,670	8,100
4d 3S Sta Wag	328	984	1,640	3,690	5,740	8,200
1972 Grand Safari, V-8, 127" wb						
4d 2S Sta Wag	332	996	1,660	3,740	5,810	8,300
4d 3S Sta Wag	336	1,008	1,680	3,780	5,880	8,400
1972 Grand Prix						
2d HT	628	1,884	3,140	7,070	10,990	15,700
2d Hurst "SSJ" HT	680	2,040	3,400	7,650	11,900	17,000
1972 Firebird, V-8, 108" wb						
2d Firebird	640	1,920	3,200	7,200	11,200	16,000
2d Esprit	620	1,860	3,100	6,980	10,850	15,500
2d Formula	660	1,980	3,300	7,430	11,550	16,500
2d Trans Am	780	2,340	3,900	8,780	13,650	19,500

NOTE: Add 10 percent for Trans Am with 4-speed. Deduct 25 percent for 6-cyl. Add 40 percent for 455 HO V-8.

	6	5	4	3	2	1
1973 Ventura						
4d Sed	308	924	1,540	3,470	5,390	7,700
2d Cpe	296	888	1,480	3,330	5,180	7,400
2d HBk Cpe	312	936	1,560	3,510	5,460	7,800
1973 Ventura Custom						
4d Sed	312	936	1,560	3,510	5,460	7,800
2d Cpe	316	948	1,580	3,560	5,530	7,900
2d HBk Cpe	304	912	1,520	3,420	5,320	7,600

NOTE: Deduct 5 percent for 6-cyl.

	6	5	4	3	2	1
1973 LeMans						
4d Sed	320	960	1,600	3,600	5,600	8,000
2d HT	368	1,104	1,840	4,140	6,440	9,200
1973 LeMans Spt						
2d Cpe	340	1,020	1,700	3,830	5,950	8,500
1973 Luxury LeMans						
2d Cpe	348	1,044	1,740	3,920	6,090	8,700
4d HT	340	1,020	1,700	3,830	5,950	8,500
1973 LeMans Safari, V-8, 116" wb						
4d 2S Sta Wag	320	960	1,600	3,600	5,600	8,000
4d 3S Sta Wag	324	972	1,620	3,650	5,670	8,100
1973 Grand Am						
2d HT	580	1,740	2,900	6,530	10,150	14,500
4d HT	360	1,080	1,800	4,050	6,300	9,000
2d GTO Spt Cpe	580	1,740	2,900	6,530	10,150	14,500

NOTE: Deduct 5 percent for 6-cyl.

	6	5	4	3	2	1
1973 Catalina						
4d HT	304	912	1,520	3,420	5,320	7,600
2d HT	360	1,080	1,800	4,050	6,300	9,000
1973 Bonneville						
4d Sed	308	924	1,540	3,470	5,390	7,700
4d HT	320	960	1,600	3,600	5,600	8,000
2d HT	376	1,128	1,880	4,230	6,580	9,400
1973 Safari, V-8, 127" wb						
4d 2S Sta Wag	320	960	1,600	3,600	5,600	8,000
4d 3S Sta Wag	324	972	1,620	3,650	5,670	8,100
1973 Grand Safari, V-8, 127" wb						
4d 2S Sta Wag	328	984	1,640	3,690	5,740	8,200
4d 3S Sta Wag	332	996	1,660	3,740	5,810	8,300
1973 Grandville						
4d HT	328	984	1,640	3,690	5,740	8,200
2d HT	384	1,152	1,920	4,320	6,720	9,600
2d Conv	700	2,100	3,500	7,880	12,250	17,500
1973 Grand Prix						
2d HT	600	1,800	3,000	6,750	10,500	15,000
2d "SJ" HT	608	1,824	3,040	6,840	10,640	15,200

	6	5	4	3	2	1
1973 Firebird, V-8, 108" wb						
2d Cpe	620	1,860	3,100	6,980	10,850	15,500
2d Esprit	640	1,920	3,200	7,200	11,200	16,000
2d Formula	660	1,980	3,300	7,430	11,550	16,500
2d Trans Am	680	2,040	3,400	7,650	11,900	17,000

NOTE: Add 50 percent for 455 SD V-8 (Formula & Trans Am only). Deduct 25 percent for 6-cyl. Add 10 percent for 4-speed.

1974 Ventura	6	5	4	3	2	1
4d Sed	248	744	1,240	2,790	4,340	6,200
2d Cpe	236	708	1,180	2,660	4,130	5,900
2d HBk	252	756	1,260	2,840	4,410	6,300
1974 Ventura Custom						
4d Sed	252	756	1,260	2,840	4,410	6,300
2d Cpe	240	720	1,200	2,700	4,200	6,000
2d HBk	256	768	1,280	2,880	4,480	6,400
2d GTO	320	960	1,600	3,600	5,600	8,000

NOTE: Deduct 5 percent for 6-cyl.

1974 LeMans	6	5	4	3	2	1
4d HT	228	684	1,140	2,570	3,990	5,700
2d HT	288	864	1,440	3,240	5,040	7,200
4d Sta Wag	240	720	1,200	2,700	4,200	6,000
1974 LeMans Sport						
2d Cpe	260	780	1,300	2,930	4,550	6,500
1974 Luxury LeMans						
4d HT	252	756	1,260	2,840	4,410	6,300
2d HT	308	924	1,540	3,470	5,390	7,700
4d Safari	260	780	1,300	2,930	4,550	6,500

NOTE: Add 10 percent for GT option.

1974 Grand Am	6	5	4	3	2	1
2d HT	380	1,140	1,900	4,280	6,650	9,500
4d HT	292	876	1,460	3,290	5,110	7,300
1974 Catalina						
4d HT	252	756	1,260	2,840	4,410	6,300
2d HT	300	900	1,500	3,380	5,250	7,500
4d Sed	220	660	1,100	2,480	3,850	5,500
4d Safari	252	756	1,260	2,840	4,410	6,300
1974 Bonneville						
4d Sed	228	684	1,140	2,570	3,990	5,700
4d HT	260	780	1,300	2,930	4,550	6,500
2d HT	316	948	1,580	3,560	5,530	7,900
1974 Grandville						
4d HT	264	792	1,320	2,970	4,620	6,600
2d HT	320	960	1,600	3,600	5,600	8,000
2d Conv	660	1,980	3,300	7,430	11,550	16,500
1974 Grand Prix						
2d HT	580	1,740	2,900	6,530	10,150	14,500
2d "SJ" Cpe	588	1,764	2,940	6,620	10,290	14,700
1974 Firebird, V-8, 108" wb						
2d Firebird	400	1,200	2,000	4,500	7,000	10,000
2d Esprit	580	1,740	2,900	6,530	10,150	14,500
2d Formula	640	1,920	3,200	7,200	11,200	16,000
2d Trans Am	660	1,980	3,300	7,430	11,550	16,500

NOTE: Add 40 percent for 455-SD V-8 (Formula & Trans Am only). Deduct 25 percent for 6-cyl. Add 10 percent for 4-speed.

1975 Astre S	6	5	4	3	2	1
2d Cpe	212	636	1,060	2,390	3,710	5,300
2d HBk	216	648	1,080	2,430	3,780	5,400
2d Safari	220	660	1,100	2,480	3,850	5,500
1975 Astre						
2d HBk	216	648	1,080	2,430	3,780	5,400
2d Safari	220	660	1,100	2,480	3,850	5,500

NOTE: Add 10 percent for Astre "SJ".

1975 Ventura	6	5	4	3	2	1
4d Sed	216	648	1,080	2,430	3,780	5,400
2d Cpe	220	660	1,100	2,480	3,850	5,500
2d HBk	224	672	1,120	2,520	3,920	5,600

NOTE: Deduct 5 percent for Ventura "S". Add 15 percent for Ventura "SJ". Add 5 percent for Ventura Custom.

1975 LeMans	6	5	4	3	2	1
4d HT	220	660	1,100	2,480	3,850	5,500
2d HT	260	780	1,300	2,930	4,550	6,500
4d Safari	224	672	1,120	2,520	3,920	5,600

NOTE: Add 10 percent for Grand LeMans.

	6	5	4	3	2	1
1975 LeMans Sport						
2d HT Cpe	268	804	1,340	3,020	4,690	6,700
1975 Grand Am						
4d HT	288	864	1,440	3,240	5,040	7,200
2d HT	376	1,128	1,880	4,230	6,580	9,400
NOTE: Add 5 percent for 4-speed. Add 20 percent for 455 HO V-8.						
1975 Catalina						
4d Sed	204	612	1,020	2,300	3,570	5,100
2d Cpe	220	660	1,100	2,480	3,850	5,500
4d Safari	200	600	1,000	2,250	3,500	5,000
1975 Bonneville						
4d HT	212	636	1,060	2,390	3,710	5,300
2d Cpe	224	672	1,120	2,520	3,920	5,600
4d Gr Safari	216	648	1,080	2,430	3,780	5,400
1975 Grand Ville Brougham						
4d HT	216	648	1,080	2,430	3,780	5,400
2d Cpe	232	696	1,160	2,610	4,060	5,800
2d Conv	720	2,160	3,600	8,100	12,600	18,000
NOTE: Add 20 percent for 455 V-8.						
1975 Grand Prix						
2d Cpe	360	1,080	1,800	4,050	6,300	9,000
2d "LJ" Cpe	364	1,092	1,820	4,100	6,370	9,100
2d "SJ" Cpe	368	1,104	1,840	4,140	6,440	9,200
NOTE: Add 12 percent for 455 V-8.						
1975 Firebird, V-8, 108" wb						
2d Cpe	360	1,080	1,800	4,050	6,300	9,000
2d Esprit	400	1,200	2,000	4,500	7,000	10,000
2d Formula	420	1,260	2,100	4,730	7,350	10,500
Trans Am	600	1,800	3,000	6,750	10,500	15,000
NOTE: Add 18 percent for 455 HO V-8. Deduct 25 percent for 6-cyl. Add 10 percent for 4-speed. Add $150 for Honeycomb wheels.						
1976 Astre, 4-cyl.						
2d Cpe	184	552	920	2,070	3,220	4,600
2d HBk	188	564	940	2,120	3,290	4,700
2d Sta Wag	192	576	960	2,160	3,360	4,800
1976 Sunbird, 4-cyl.						
2d Cpe	232	696	1,160	2,610	4,060	5,800
1976 Ventura, V-8						
4d Sed	224	672	1,120	2,520	3,920	5,600
2d Cpe	228	684	1,140	2,570	3,990	5,700
2d HBk	232	696	1,160	2,610	4,060	5,800
1976 Ventura SJ, V-8						
4d Sed	228	684	1,140	2,570	3,990	5,700
2d Cpe	232	696	1,160	2,610	4,060	5,800
2d HBk	236	708	1,180	2,660	4,130	5,900
1976 LeMans, V-8						
4d Sed	232	696	1,160	2,610	4,060	5,800
2d Cpe	236	708	1,180	2,660	4,130	5,900
4d 2S Safari Wag	224	672	1,120	2,520	3,920	5,600
4d 3S Safari Wag	228	684	1,140	2,570	3,990	5,700
1976 LeMans Sport Cpe, V-8						
2d Cpe	248	744	1,240	2,790	4,340	6,200
1976 Grand LeMans, V-8						
4d Sed	236	708	1,180	2,660	4,130	5,900
2d Sed	240	720	1,200	2,700	4,200	6,000
4d 2S Safari Wag	232	696	1,160	2,610	4,060	5,800
4d 3S Safari Wag	236	708	1,180	2,660	4,130	5,900
1976 Catalina, V-8						
4d Sed	228	684	1,140	2,570	3,990	5,700
2d Cpe	232	696	1,160	2,610	4,060	5,800
4d 2S Safari Wag	244	732	1,220	2,750	4,270	6,100
4d 3S Safari Wag	228	684	1,140	2,570	3,990	5,700
1976 Bonneville, V-8						
4d Sed	236	708	1,180	2,660	4,130	5,900
2d Cpe	240	720	1,200	2,700	4,200	6,000
1976 Bonneville Brougham, V-8						
4d Sed	244	732	1,220	2,750	4,270	6,100
2d Cpe	252	756	1,260	2,840	4,410	6,300
1976 Grand Safari, V-8						
4d 2S Sta Wag	232	696	1,160	2,610	4,060	5,800
4d 3S Sta Wag	236	708	1,180	2,660	4,130	5,900

	6	5	4	3	2	1
1976 Grand Prix, V-8						
2d Cpe	340	1,020	1,700	3,830	5,950	8,500
2d Cpe SJ	348	1,044	1,740	3,920	6,090	8,700
2d Cpe LJ	368	1,104	1,840	4,140	6,440	9,200

NOTE: Add 10 percent for T-tops & Anniversary model.

	6	5	4	3	2	1
1976 Firebird, V-8						
2d Cpe	288	864	1,440	3,240	5,040	7,200
2d Esprit Cpe	300	900	1,500	3,380	5,250	7,500
2d Formula Cpe	308	924	1,540	3,470	5,390	7,700
2d Trans Am Cpe	440	1,320	2,200	4,950	7,700	11,000

NOTE: Add 20 percent for 455 HO V-8. Deduct 25 percent for 6-cyl. Add 10 percent for 4-speed. Add $150 for Honeycomb wheels. Add 20 percent for Limited Edition.

	6	5	4	3	2	1
1977 Astre, 4-cyl.						
2d Cpe	152	456	760	1,710	2,660	3,800
2d HBk	156	468	780	1,760	2,730	3,900
2d Sta Wag	160	480	800	1,800	2,800	4,000
1977 Sunbird, 4-cyl.						
2d Cpe	200	600	1,000	2,250	3,500	5,000
2d HBk	204	612	1,020	2,300	3,570	5,100
1977 Phoenix, V-8						
4d Sed	156	468	780	1,760	2,730	3,900
2d Cpe	160	480	800	1,800	2,800	4,000
1977 Ventura, V-8						
4d Sed	196	588	980	2,210	3,430	4,900
2d Cpe	200	600	1,000	2,250	3,500	5,000
2d HBk	204	612	1,020	2,300	3,570	5,100
1977 Ventura SJ, V-8						
4d Sed	200	600	1,000	2,250	3,500	5,000
2d Cpe	204	612	1,020	2,300	3,570	5,100
2d HBk	208	624	1,040	2,340	3,640	5,200
1977 LeMans, V-8						
4d Sed	200	600	1,000	2,250	3,500	5,000
2d Cpe	204	612	1,020	2,300	3,570	5,100
4d 2S Sta Wag	196	588	980	2,210	3,430	4,900
4d 3S Sta Wag	200	600	1,000	2,250	3,500	5,000
1977 LeMans Sport Cpe, V-8						
2d Cpe	248	744	1,240	2,790	4,340	6,200

NOTE: Add 25 percent for Can Am option.

	6	5	4	3	2	1
1977 Grand LeMans, V-8						
4d Sed	204	612	1,020	2,300	3,570	5,100
2d Cpe	208	624	1,040	2,340	3,640	5,200
4d 2S Sta Wag	200	600	1,000	2,250	3,500	5,000
4d 3S Sta Wag	204	612	1,020	2,300	3,570	5,100
1977 Catalina, V-8						
4d Sed	156	468	780	1,760	2,730	3,900
2d Cpe	160	480	800	1,800	2,800	4,000
4d 2S Safari Wag	152	456	760	1,710	2,660	3,800
4d 3S Safari Wag	156	468	780	1,760	2,730	3,900
1977 Bonneville, V-8						
4d Sed	164	492	820	1,850	2,870	4,100
2d Cpe	168	504	840	1,890	2,940	4,200
1977 Bonneville Brougham, V-8						
4d Sed	172	516	860	1,940	3,010	4,300
2d Cpe	180	540	900	2,030	3,150	4,500
1977 Grand Safari						
4d 2S Sta Wag	168	504	840	1,890	2,940	4,200
4d 3S Sta Wag	172	516	860	1,940	3,010	4,300
1977 Grand Prix, V-8						
2d Cpe	308	924	1,540	3,470	5,390	7,700
2d Cpe LJ	320	960	1,600	3,600	5,600	8,000
2d Cpe SJ	360	1,080	1,800	4,050	6,300	9,000
1977 Firebird, V-8						
2d Cpe	272	816	1,360	3,060	4,760	6,800
2d Esprit Cpe	280	840	1,400	3,150	4,900	7,000
2d Formula Cpe	292	876	1,460	3,290	5,110	7,300
2d Trans Am Cpe	520	1,560	2,600	5,850	9,100	13,000

NOTE: Add 10 percent for 4-speed. Add 10 percent for L78 option.

	6	5	4	3	2	1
1978 Sunbird						
2d Cpe	116	348	580	1,310	2,030	2,900
2d Spt Cpe	120	360	600	1,350	2,100	3,000
2d Spt HBk	124	372	620	1,400	2,170	3,100
4d Spt Wag	120	360	600	1,350	2,100	3,000

1955 Pontiac Star Chief Safari station wagon

1963 Pontiac Catalina sedan

1972 Pontiac Firebird Formula 455 coupe

	6	5	4	3	2	1
1978 Phoenix						
4d Sed	120	360	600	1,350	2,100	3,000
2d Cpe	132	396	660	1,490	2,310	3,300
2d HBk	124	372	620	1,400	2,170	3,100
1978 Phoenix LJ						
4d Sed	124	372	620	1,400	2,170	3,100
2d Cpe	140	420	700	1,580	2,450	3,500
1978 LeMans						
4d Sed	180	540	900	2,030	3,150	4,500
2d Cpe	290	860	1,440	3,240	5,040	7,200
4d 2S Sta Wag	180	550	920	2,070	3,220	4,600
1978 Grand LeMans						
4d Sed	180	550	920	2,070	3,220	4,600
2d Cpe	290	880	1,460	3,290	5,110	7,300
4d 2S Sta Wag	190	560	940	2,120	3,290	4,700
1978 Grand Am						
4d Sed	210	620	1,040	2,340	3,640	5,200
2d Cpe	300	900	1,500	3,380	5,250	7,500
1978 Catalina						
4d Sed	190	560	940	2,120	3,290	4,700
2d Cpe	190	580	960	2,160	3,360	4,800
4d 2S Sta Wag	200	590	980	2,210	3,430	4,900
1978 Bonneville						
4d Sed	200	600	1,000	2,250	3,500	5,000
2d Cpe	210	620	1,040	2,340	3,640	5,200
4d 2S Sta Wag	200	610	1,020	2,300	3,570	5,100
1978 Bonneville Brougham						
4d Sed	200	610	1,020	2,300	3,570	5,100
2d Cpe	220	650	1,080	2,430	3,780	5,400
1978 Grand Prix						
2d Cpe	320	950	1,580	3,560	5,530	7,900
2d Cpe LJ	320	960	1,600	3,600	5,600	8,000
2d Cpe SJ	330	980	1,640	3,690	5,740	8,200
1978 Firebird, V-8, 108" wb						
2d Cpe	232	696	1,160	2,610	4,060	5,800
2d Esprit Cpe	240	720	1,200	2,700	4,200	6,000
2d Formula Cpe	252	756	1,260	2,840	4,410	6,300
2d Trans Am Cpe	500	1,450	2,400	5,400	8,400	12,000

NOTE: Add 10 percent for 4-speed. Add 10 percent for L78 option.

	6	5	4	3	2	1
1979 Sunbird						
2d Cpe	120	360	600	1,350	2,100	3,000
2d Spt Cpe	124	372	620	1,400	2,170	3,100
2d HBk	124	372	620	1,400	2,170	3,100
4d Sta Wag	128	384	640	1,440	2,240	3,200
1979 Phoenix						
2d Sed	124	372	620	1,400	2,170	3,100
2d Cpe	132	396	660	1,490	2,310	3,300
2d HBk	128	384	640	1,440	2,240	3,200
1979 Phoenix LJ						
4d Sed	128	384	640	1,440	2,240	3,200
2d Cpe	136	408	680	1,530	2,380	3,400
1979 LeMans						
4d Sed	180	550	920	2,070	3,220	4,600
2d Cpe	290	880	1,460	3,290	5,110	7,300
4d Sta Wag	190	560	940	2,120	3,290	4,700
1979 Grand LeMans						
4d Sed	190	560	940	2,120	3,290	4,700
2d Cpe	300	900	1,500	3,380	5,250	7,500
4d Sta Wag	190	580	960	2,160	3,360	4,800
1979 Grand Am						
4d Sed	190	580	960	2,160	3,360	4,800
2d Cpe	310	920	1,540	3,470	5,390	7,700
1979 Catalina						
4d Sed	190	580	960	2,160	3,360	4,800
2d Cpe	200	600	1,000	2,250	3,500	5,000
4d Sta Wag	200	590	980	2,210	3,430	4,900
1979 Bonneville						
4d Sed	200	590	980	2,210	3,430	4,900
2d Cpe	210	620	1,040	2,340	3,640	5,200
4d Sta Wag	200	600	1,000	2,250	3,500	5,000
1979 Bonneville Brougham						
4d Sed	200	600	1,000	2,250	3,500	5,000
2d Cpe	220	660	1,100	2,480	3,850	5,500

	6	5	4	3	2	1
1979 Grand Prix						
2d Cpe	280	840	1,400	3,150	4,900	7,000
2d LJ Cpe	290	860	1,440	3,240	5,040	7,200
2d SJ Cpe	300	890	1,480	3,330	5,180	7,400
1979 Firebird, V-8, 108" wb						
2d Cpe	248	744	1,240	2,790	4,340	6,200
2d Esprit Cpe	256	768	1,280	2,880	4,480	6,400
2d Formula Cpe	264	792	1,320	2,970	4,620	6,600
2d Trans Am Cpe	500	1,550	2,600	5,850	9,100	13,000

NOTE: Add 15 percent for 10th Anniversary Edition. Add 10 percent for 4-speed.

	6	5	4	3	2	1
1980 Sunbird, V-6						
2d Cpe	140	420	700	1,580	2,450	3,500
2d HBk	144	432	720	1,620	2,520	3,600
2d Spt Cpe	144	432	720	1,620	2,520	3,600
2d Cpe HBk	148	444	740	1,670	2,590	3,700

NOTE: Deduct 10 percent for 4-cyl.

	6	5	4	3	2	1
1980 Phoenix, V-6						
2d Cpe	148	444	740	1,670	2,590	3,700
4d Sed HBk	144	432	720	1,620	2,520	3,600

NOTE: Deduct 10 percent for 4-cyl.

	6	5	4	3	2	1
1980 Phoenix LJ, V-6						
2d Cpe	152	456	760	1,710	2,660	3,800
4d Sed HBk	148	444	740	1,670	2,590	3,700

NOTE: Deduct 10 percent for 4-cyl.

	6	5	4	3	2	1
1980 LeMans, V-8						
4d Sed	190	560	940	2,120	3,290	4,700
2d Cpe	280	830	1,380	3,110	4,830	6,900
4d Sta Wag	190	580	960	2,160	3,360	4,800

NOTE: Deduct 10 percent for V-6.

	6	5	4	3	2	1
1980 Grand LeMans, V-8						
4d Sed	190	580	960	2,160	3,360	4,800
2d Cpe	280	840	1,400	3,150	4,900	7,000
4d Sta Wag	200	590	980	2,210	3,430	4,900

NOTE: Deduct 10 percent for V-6.

	6	5	4	3	2	1
1980 Grand Am, V-8						
2d Cpe	280	850	1,420	3,200	4,970	7,100
1980 Firebird, V-8						
2d Cpe	236	708	1,180	2,660	4,130	5,900
2d Cpe Esprit	240	720	1,200	2,700	4,200	6,000
2d Cpe Formula	244	732	1,220	2,750	4,270	6,100
2d Cpe Trans Am	252	756	1,260	2,840	4,410	6,300

NOTE: Deduct 15 percent for V-6. Add 10 percent for Indy Pace Car.

	6	5	4	3	2	1
1980 Catalina, V-8						
4d Sed	200	590	980	2,210	3,430	4,900
2d Cpe	200	600	1,000	2,250	3,500	5,000
4d 2S Sta Wag	200	590	980	2,210	3,430	4,900
4d 3S Sta Wag	200	600	1,000	2,250	3,500	5,000

NOTE: Deduct 10 percent for V-6.

	6	5	4	3	2	1
1980 Bonneville, V-8						
4d Sed	200	600	1,000	2,250	3,500	5,000
2d Cpe	200	610	1,020	2,300	3,570	5,100
4d 2S Sta Wag	200	600	1,000	2,250	3,500	5,000
4d 3S Sta Wag	200	610	1,020	2,300	3,570	5,100

NOTE: Deduct 10 percent for V-6.

	6	5	4	3	2	1
1980 Bonneville Brougham, V-8						
4d Sed	200	610	1,020	2,300	3,570	5,100
2d Cpe	210	620	1,040	2,340	3,640	5,200

NOTE: Deduct 10 percent for V-6.

	6	5	4	3	2	1
1980 Grand Prix, V-8						
2d Cpe	300	890	1,480	3,330	5,180	7,400
2d Cpe LJ	300	900	1,500	3,380	5,250	7,500
2d Cpe SJ	300	910	1,520	3,420	5,320	7,600

NOTE: Deduct 10 percent for V-6.

	6	5	4	3	2	1
1981 T1000, 4-cyl.						
2d Sed HBk	140	420	700	1,580	2,450	3,500
4d Sed HBk	144	432	720	1,620	2,520	3,600
1981 Phoenix, V-6						
2d Cpe	148	444	740	1,670	2,590	3,700
4d Sed HBk	144	432	720	1,620	2,520	3,600

NOTE: Deduct 10 percent for 4-cyl.

	6	5	4	3	2	1
1981 Phoenix LJ, V-6						
2d Cpe	152	456	760	1,710	2,660	3,800
4d Sed HBk	148	444	740	1,670	2,590	3,700
NOTE: Deduct 10 percent for 4-cyl.						
1981 LeMans, V-8						
4d Sed	200	590	980	2,210	3,430	4,900
4d Sed LJ	200	600	1,000	2,250	3,500	5,000
2d Cpe	280	840	1,400	3,150	4,900	7,000
4d Sta Wag	200	600	1,000	2,250	3,500	5,000
NOTE: Deduct 10 percent for V-6.						
1981 Grand LeMans, V-8						
4d Sed	200	600	1,000	2,250	3,500	5,000
2d Cpe	290	860	1,440	3,240	5,040	7,200
4d Sta Wag	200	610	1,020	2,300	3,570	5,100
NOTE: Deduct 10 percent for V-6.						
1981 Firebird, V-8						
2d Cpe	240	720	1,200	2,700	4,200	6,000
2d Cpe Esprit	244	732	1,220	2,750	4,270	6,100
2d Cpe Formula	248	744	1,240	2,790	4,340	6,200
2d Cpe Trans Am	260	780	1,300	2,930	4,550	6,500
2d Cpe Trans Am SE	270	820	1,360	3,060	4,760	6,800
NOTE: Deduct 15 percent for V-6.						
1981 Catalina, V-8						
4d Sed	200	610	1,020	2,300	3,570	5,100
2d Cpe	230	700	1,160	2,610	4,060	5,800
4d 2S Sta Wag	210	620	1,040	2,340	3,640	5,200
4d 3S Sta Wag	210	640	1,060	2,390	3,710	5,300
NOTE: Deduct 10 percent for V-6.						
1981 Bonneville, V-8						
4d Sed	210	620	1,040	2,340	3,640	5,200
2d Cpe	240	710	1,180	2,660	4,130	5,900
4d 2S Sta Wag	210	640	1,060	2,390	3,710	5,300
4d 3S Sta Wag	220	650	1,080	2,430	3,780	5,400
NOTE: Deduct 10 percent for V-6.						
1981 Bonneville Brougham, V-8						
4d Sed	210	640	1,060	2,390	3,710	5,300
2d Cpe	240	720	1,200	2,700	4,200	6,000
1981 Grand Prix, V-8						
2d Cpe	300	890	1,480	3,330	5,180	7,400
2d Cpe LJ	300	900	1,500	3,380	5,250	7,500
2d Cpe Brgm	300	910	1,520	3,420	5,320	7,600
NOTE: Deduct 10 percent for V-6.						
1982 T1000, 4-cyl.						
4d Sed HBk	148	444	740	1,670	2,590	3,700
2d Cpe HBk	144	432	720	1,620	2,520	3,600
1982 J2000 S, 4-cyl.						
4d Sed	156	468	780	1,760	2,730	3,900
2d Cpe	160	480	800	1,800	2,800	4,000
4d Sta Wag	160	480	800	1,800	2,800	4,000
1982 J2000, 4-cyl.						
4d Sed	160	480	800	1,800	2,800	4,000
2d Cpe	164	492	820	1,850	2,870	4,100
2d Cpe HBk	168	504	840	1,890	2,940	4,200
4d Sta Wag	168	504	840	1,890	2,940	4,200
1982 J2000 LE, 4-cyl.						
4d Sed	164	492	820	1,850	2,870	4,100
2d Cpe	168	504	840	1,890	2,940	4,200
1982 J2000 SE, 4-cyl.						
2d Cpe HBk	176	528	880	1,980	3,080	4,400
1982 Phoenix, V-6						
4d Sed HBk	152	456	760	1,710	2,660	3,800
2d Cpe	156	468	780	1,760	2,730	3,900
NOTE: Deduct 10 percent for 4-cyl.						
1982 Phoenix LJ, V-6						
4d Sed HBk	156	468	780	1,760	2,730	3,900
2d Cpe	160	480	800	1,800	2,800	4,000
NOTE: Deduct 10 percent for 4-cyl.						
1982 Phoenix SJ, V-6						
4d Sed HBk	160	480	800	1,800	2,800	4,000
2d Cpe	164	492	820	1,850	2,870	4,100

	6	5	4	3	2	1
1982 6000, V-6						
4d Sed	168	504	840	1,890	2,940	4,200
2d Cpe	172	516	860	1,940	3,010	4,300
NOTE: Deduct 10 percent for 4-cyl.						
1982 6000 LE, V-6						
4d Sed	172	516	860	1,940	3,010	4,300
2d Cpe	176	528	880	1,980	3,080	4,400
NOTE: Deduct 10 percent for 4-cyl.						
1982 Firebird, V-8						
2d Cpe	252	756	1,260	2,840	4,410	6,300
2d Cpe SE	264	792	1,320	2,970	4,620	6,600
2d Cpe Trans Am	276	828	1,380	3,110	4,830	6,900
NOTE: Deduct 15 percent for V-6.						
1982 Bonneville, V-6						
4d Sed	210	620	1,040	2,340	3,640	5,200
4d Sta Wag	210	640	1,060	2,390	3,710	5,300
1982 Bonneville Brougham						
4d Sed	210	640	1,060	2,390	3,710	5,300
1982 Grand Prix, V-6						
2d Cpe	280	830	1,380	3,110	4,830	6,900
2d Cpe LJ	280	840	1,400	3,150	4,900	7,000
2d Cpe Brgm	280	850	1,420	3,200	4,970	7,100
1983 1000, 4-cyl.						
4d Sed HBk	152	456	760	1,710	2,660	3,800
2d Cpe	148	444	740	1,670	2,590	3,700
1983 2000, 4-cyl.						
4d Sed	160	480	800	1,800	2,800	4,000
2d Cpe	164	492	820	1,850	2,870	4,100
2d Cpe HBk	168	504	840	1,890	2,940	4,200
4d Sta Wag	168	504	840	1,890	2,940	4,200
1983 2000 LE, 4-cyl.						
4d Sed	168	504	840	1,890	2,940	4,200
2d Cpe	172	516	860	1,940	3,010	4,300
4d Sta Wag	172	516	860	1,940	3,010	4,300
1983 2000 SE, 4-cyl.						
2d Cpe HBk	176	528	880	1,980	3,080	4,400
1983 Sunbird, 4-cyl.						
2d Conv	340	1,020	1,700	3,830	5,950	8,500
1983 Phoenix, V-6						
4d Sed HBk	156	468	780	1,760	2,730	3,900
2d Cpe	160	480	800	1,800	2,800	4,000
NOTE: Deduct 10 percent for 4-cyl.						
1983 Phoenix LJ, V-6						
4d Sed HBk	160	480	800	1,800	2,800	4,000
2d Cpe	164	492	820	1,850	2,870	4,100
NOTE: Deduct 10 percent for 4-cyl.						
1983 Phoenix SJ, V-6						
4d Sed HBk	164	492	820	1,850	2,870	4,100
2d Cpe	168	504	840	1,890	2,940	4,200
1983 6000, V-6						
4d Sed	172	516	860	1,940	3,010	4,300
2d Cpe	176	528	880	1,980	3,080	4,400
NOTE: Deduct 10 percent for 4-cyl.						
1983 6000 LE, V-6						
4d Sed	176	528	880	1,980	3,080	4,400
2d Cpe	180	540	900	2,030	3,150	4,500
NOTE: Deduct 10 percent for 4-cyl.						
1983 6000 STE, V-6						
4d Sed	188	564	940	2,120	3,290	4,700
1983 Firebird, V-8						
2d Cpe	252	756	1,260	2,840	4,410	6,300
2d Cpe SE	256	768	1,280	2,880	4,480	6,400
2d Cpe Trans Am	264	792	1,320	2,970	4,620	6,600
NOTE: Deduct 15 percent for V-6.						
1983 Bonneville, V-8						
4d Sed	210	640	1,060	2,390	3,710	5,300
4d Brgm	220	650	1,080	2,430	3,780	5,400
4d Sta Wag	220	660	1,100	2,480	3,850	5,500
NOTE: Deduct 10 percent for V-6.						

	6	5	4	3	2	1
1983 Grand Prix, V-8						
2d Cpe	270	800	1,340	3,020	4,690	6,700
2d Cpe LJ	270	820	1,360	3,060	4,760	6,800
2d Cpe Brgm	280	830	1,380	3,110	4,830	6,900
1984 1000, 4-cyl.						
4d HBk	152	456	760	1,710	2,660	3,800
2d HBk	148	444	740	1,670	2,590	3,700
1984 Sunbird 2000, 4-cyl.						
4d Sed LE	164	492	820	1,850	2,870	4,100
2d Sed LE	160	480	800	1,800	2,800	4,000
2d Conv LE	340	1,020	1,700	3,830	5,950	8,500
4d Sta Wag LE	168	504	840	1,890	2,940	4,200
4d Sed SE	168	504	840	1,890	2,940	4,200
2d Sed SE	164	492	820	1,850	2,870	4,100
2d HBk SE	172	516	860	1,940	3,010	4,300

NOTE: Deduct 5 percent for lesser models. Add 10 percent for turbo where available.

	6	5	4	3	2	1
1984 Phoenix, 4-cyl.						
2d Sed	156	468	780	1,760	2,730	3,900
4d HBk	160	480	800	1,800	2,800	4,000
2d Sed LE	160	480	800	1,800	2,800	4,000
4d HBk LE	164	492	820	1,850	2,870	4,100
1984 Phoenix, V-6						
2d Sed	164	492	820	1,850	2,870	4,100
4d HBk	168	504	840	1,890	2,940	4,200
2d Sed LE	168	504	840	1,890	2,940	4,200
4d HBk LE	172	516	860	1,940	3,010	4,300
2d Sed SE	176	528	880	1,980	3,080	4,400
1984 6000, 4-cyl.						
4d Sed LE	180	540	900	2,030	3,150	4,500
2d Sed LE	184	552	920	2,070	3,220	4,600
4d Sta Wag LE	188	564	940	2,120	3,290	4,700

NOTE: Deduct 5 percent for lesser models.

	6	5	4	3	2	1
1984 6000, V-6						
4d Sed LE	184	552	920	2,070	3,220	4,600
2d Sed LE	188	564	940	2,120	3,290	4,700
4d Sta Wag LE	192	576	960	2,160	3,360	4,800
4d Sed STE	196	588	980	2,210	3,430	4,900

NOTE: Deduct 5 percent for lesser models.

	6	5	4	3	2	1
1984 Fiero, 4-cyl.						
2d Cpe	232	696	1,160	2,610	4,060	5,800
2d Cpe Spt	236	708	1,180	2,660	4,130	5,900
2d Cpe SE	240	720	1,200	2,700	4,200	6,000

NOTE: Add 40 percent for Indy Pace Car.

	6	5	4	3	2	1
1984 Firebird, V-6						
2d Cpe	244	732	1,220	2,750	4,270	6,100
2d Cpe SE	252	756	1,260	2,840	4,410	6,300
1984 Firebird, V-8						
2d Cpe	264	792	1,320	2,970	4,620	6,600
2d Cpe SE	268	804	1,340	3,020	4,690	6,700
2d Cpe TA	272	816	1,360	3,060	4,760	6,800
1984 Bonneville, V-6						
4d Sed	210	640	1,060	2,390	3,710	5,300
4d Sed LE	220	650	1,080	2,430	3,780	5,400
4d Sed Brgm	220	660	1,100	2,480	3,850	5,500
1984 Bonneville, V-8						
4d Sed	220	660	1,100	2,480	3,850	5,500
4d Sed LE	220	670	1,120	2,520	3,920	5,600
4d Sed Brgm	230	680	1,140	2,570	3,990	5,700
1984 Grand Prix, V-6						
2d Cpe	270	800	1,340	3,020	4,690	6,700
2d Cpe LE	270	820	1,360	3,060	4,760	6,800
2d Cpe Brgm	280	830	1,380	3,110	4,830	6,900
1984 Grand Prix, V-8						
2d Cpe	280	840	1,400	3,150	4,900	7,000
2d Cpe LE	280	850	1,420	3,200	4,970	7,100
2d Cpe Brgm	290	860	1,440	3,240	5,040	7,200
1984 Parisienne, V-6						
4d Sed	210	620	1,040	2,340	3,640	5,200
4d Sed Brgm	210	640	1,060	2,390	3,710	5,300
1984 Parisienne, V-8						
4d Sed	220	650	1,080	2,430	3,780	5,400
4d Sed Brgm	220	660	1,100	2,480	3,850	5,500
4d Sta Wag	220	670	1,120	2,520	3,920	5,600

	6	5	4	3	2	1
1985 1000, 4-cyl.						
4d Sed	152	456	760	1,710	2,660	3,800
2d Sed	148	444	740	1,670	2,590	3,700
2d HBk	156	468	780	1,760	2,730	3,900
4d Sta Wag	160	480	800	1,800	2,800	4,000
1985 Sunbird, 4-cyl.						
4d Sed	164	492	820	1,850	2,870	4,100
2d Cpe	160	480	800	1,800	2,800	4,000
Conv	340	1,020	1,700	3,830	5,950	8,500
4d Sta Wag	168	504	840	1,890	2,940	4,200
4d Sed SE	168	504	840	1,890	2,940	4,200
2d Cpe SE	164	492	820	1,850	2,870	4,100
2d HBk SE	172	516	860	1,940	3,010	4,300

NOTE: Add 20 percent for turbo.

	6	5	4	3	2	1
1985 Grand Am, V-6						
2d Cpe	180	540	900	2,030	3,150	4,500
2d Cpe LE	184	552	920	2,070	3,220	4,600

NOTE: Deduct 15 percent for 4-cyl.

	6	5	4	3	2	1
1985 6000, V-6						
4d Sed LE	184	552	920	2,070	3,220	4,600
2d Sed LE	188	564	940	2,120	3,290	4,700
4d Sta Wag LE	192	576	960	2,160	3,360	4,800
4d Sed STE	196	588	980	2,210	3,430	4,900

NOTE: Deduct 20 percent for 4-cyl. where available. Deduct 5 percent for lesser models.

	6	5	4	3	2	1
1985 Fiero, V-6						
2d Cpe	240	720	1,200	2,700	4,200	6,000
2d Cpe Spt	244	732	1,220	2,750	4,270	6,100
2d Cpe SE	248	744	1,240	2,790	4,340	6,200
2d Cpe GT	252	756	1,260	2,840	4,410	6,300

NOTE: Deduct 20 percent for 4-cyl. where available.

	6	5	4	3	2	1
1985 Firebird, V-8						
2d Cpe	264	792	1,320	2,970	4,620	6,600
2d Cpe SE	268	804	1,340	3,020	4,690	6,700
2d Cpe Trans Am	272	816	1,360	3,060	4,760	6,800

NOTE: Deduct 30 percent for V-6 where available.

	6	5	4	3	2	1
1985 Bonneville, V-8						
4d Sed	210	640	1,060	2,390	3,710	5,300
4d Sed LE	220	650	1,080	2,430	3,780	5,400
4d Sed Brgm	220	660	1,100	2,480	3,850	5,500

NOTE: Deduct 25 percent for V-6.

	6	5	4	3	2	1
1985 Grand Prix, V-8						
2d Cpe	270	800	1,340	3,020	4,690	6,700
2d Cpe LE	270	820	1,360	3,060	4,760	6,800
2d Cpe Brgm	280	830	1,380	3,110	4,830	6,900

NOTE: Deduct 25 percent for V-6.

	6	5	4	3	2	1
1985 Parisienne, V-8						
4d Sed	220	650	1,080	2,430	3,780	5,400
4d Sed Brgm	220	660	1,100	2,480	3,850	5,500
4d Sta Wag	220	670	1,120	2,520	3,920	5,600

NOTE: Deduct 20 percent for V-6 where available. Deduct 30 percent for diesel.

	6	5	4	3	2	1
1986 Fiero, V-6						
2d Cpe Spt	240	720	1,200	2,700	4,200	6,000
2d Cpe SE	244	732	1,220	2,750	4,270	6,100
2d Cpe GT	252	756	1,260	2,840	4,410	6,300

NOTE: Deduct 20 percent for 4-cyl. where available.

	6	5	4	3	2	1
2d HBk	152	456	760	1,710	2,660	3,800
4d HBk	156	468	780	1,760	2,730	3,900
1986 Sunbird						
2d Cpe	160	480	800	1,800	2,800	4,000
2d HBk	164	492	820	1,850	2,870	4,100
2d Conv	344	1,032	1,720	3,870	6,020	8,600
4d GT Sed	164	492	820	1,850	2,870	4,100
2d GT Conv	352	1,056	1,760	3,960	6,160	8,800
1986 Grand Am						
2d Cpe	188	564	940	2,120	3,290	4,700
4d Sed	184	552	920	2,070	3,220	4,600
1986 Firebird						
2d Cpe	264	792	1,320	2,970	4,620	6,600
2d SE V-8 Cpe	268	804	1,340	3,020	4,690	6,700
Trans Am Cpe	276	828	1,380	3,110	4,830	6,900
1986 6000						
2d Cpe	192	576	960	2,160	3,360	4,800

	6	5	4	3	2	1
4d Sed	188	564	940	2,120	3,290	4,700
4d Sta Wag	192	576	960	2,160	3,360	4,800
4d STE Sed	200	600	1,000	2,250	3,500	5,000

1986 Grand Prix
	6	5	4	3	2	1
2d Cpe	280	830	1,380	3,110	4,830	6,900

1986 Bonneville
	6	5	4	3	2	1
4d Sed	220	660	1,100	2,480	3,850	5,500

1986 Parisienne
	6	5	4	3	2	1
4d Sed	220	670	1,120	2,520	3,920	5,600
4d Sta Wag	232	696	1,160	2,610	4,060	5,800
4d Brgm Sed	230	680	1,140	2,570	3,990	5,700

NOTE: Add 10 percent for deluxe models.

1986-1/2 Grand Prix 2 plus 2
	6	5	4	3	2	1
2d Aero Cpe	640	1,920	3,200	7,200	11,200	16,000

NOTE: Deduct 5 percent for smaller engines.

1987 1000, 4-cyl.
	6	5	4	3	2	1
2d HBk	152	456	760	1,710	2,660	3,800
4d HBk	156	468	780	1,760	2,730	3,900

1987 Sunbird, 4-cyl.
	6	5	4	3	2	1
4d Sed	156	468	780	1,760	2,730	3,900
4d Sta Wag	160	480	800	1,800	2,800	4,000
2d SE Cpe	164	492	820	1,850	2,870	4,100
2d SE HBk	168	504	840	1,890	2,940	4,200
2d SE Conv	520	1,560	2,600	5,850	9,100	13,000
4d GT Turbo Sed	172	516	860	1,940	3,010	4,300
2d GT Turbo Cpe	168	504	840	1,890	2,940	4,200
2d GT Turbo HBk	172	516	860	1,940	3,010	4,300
2d GT Turbo Conv	560	1,680	2,800	6,300	9,800	14,000

NOTE: Add 5 percent for Turbo on all models except GT.

1987 Grand Am, 4-cyl.
	6	5	4	3	2	1
4d Sed	192	576	960	2,160	3,360	4,800
2d Cpe	196	588	980	2,210	3,430	4,900
4d LE Sed	196	588	980	2,210	3,430	4,900
2d LE Cpe	200	600	1,000	2,250	3,500	5,000
4d SE Sed	204	612	1,020	2,300	3,570	5,100
2d SE Cpe	208	624	1,040	2,340	3,640	5,200

1987 Grand Am, V-6
	6	5	4	3	2	1
4d Sed	196	588	980	2,210	3,430	4,900
2d Cpe	200	600	1,000	2,250	3,500	5,000
4d LE Sed	200	600	1,000	2,250	3,500	5,000
2d LE Cpe	204	612	1,020	2,300	3,570	5,100
4d SE Sed	212	636	1,060	2,390	3,710	5,300
2d SE Cpe	216	648	1,080	2,430	3,780	5,400

1987 6000, 4-cyl.
	6	5	4	3	2	1
4d Sed	200	600	1,000	2,250	3,500	5,000
2d Cpe	196	588	980	2,210	3,430	4,900
4d Sta Wag	204	612	1,020	2,300	3,570	5,100
4d LE Sed	204	612	1,020	2,300	3,570	5,100
4d LE Sta Wag	208	624	1,040	2,340	3,640	5,200

1987 6000, V-6
	6	5	4	3	2	1
4d Sed	204	612	1,020	2,300	3,570	5,100
2d Cpe	200	600	1,000	2,250	3,500	5,000
4d Sta Wag	208	624	1,040	2,340	3,640	5,200
4d LE Sed	208	624	1,040	2,340	3,640	5,200
4d LE Sta Wag	212	636	1,060	2,390	3,710	5,300
4d SE Sed	212	636	1,060	2,390	3,710	5,300
4d SE Sta Wag	216	648	1,080	2,430	3,780	5,400
4d STE Sed	216	648	1,080	2,430	3,780	5,400

1987 Fiero, V-6
	6	5	4	3	2	1
2d Cpe	244	732	1,220	2,750	4,270	6,100
2d Spt Cpe	248	744	1,240	2,790	4,340	6,200
2d SE Cpe	252	756	1,260	2,840	4,410	6,300

NOTE: Deduct 20 percent for 4-cyl.
	6	5	4	3	2	1
2d GT Cpe	260	780	1,300	2,930	4,550	6,500

1987 Firebird, V-6
	6	5	4	3	2	1
2d Cpe	268	804	1,340	3,020	4,690	6,700

1987 Firebird, V-8
	6	5	4	3	2	1
2d Cpe	276	828	1,380	3,110	4,830	6,900
2d Cpe Formula	280	840	1,400	3,150	4,900	7,000
2d Cpe Trans Am	288	864	1,440	3,240	5,040	7,200
2d Cpe GTA	296	888	1,480	3,330	5,180	7,400

NOTE: Add 10 percent for 5.7 liter V-8 where available.

	6	5	4	3	2	1
1987 Bonneville, V-6						
4d Sed	200	600	1,000	2,250	3,500	5,000
4d LE Sed	208	624	1,040	2,340	3,640	5,200
1987 Grand Prix, V-6						
2d Cpe	280	840	1,400	3,150	4,900	7,000
2d LE Cpe	280	850	1,420	3,200	4,970	7,100
2d Brgm Cpe	290	860	1,440	3,240	5,040	7,200
1987 Grand Prix, V-8						
2d Cpe	290	860	1,440	3,240	5,040	7,200
2d LE Cpe	290	880	1,460	3,290	5,110	7,300
2d Brgm Cpe	300	890	1,480	3,330	5,180	7,400
1987 Safari, V-8						
4d Sta Wag	220	660	1,100	2,480	3,850	5,500
1988 LeMans, 4-cyl.						
3d HBk	100	300	500	1,130	1,750	2,500
4d Sed	112	336	560	1,260	1,960	2,800
4d SE Sed	120	360	600	1,350	2,100	3,000
1988 Sunbird, 4-cyl.						
4d Sed	136	408	680	1,530	2,380	3,400
2d SE Cpe	144	432	720	1,620	2,520	3,600
4d SE Sed	148	444	740	1,670	2,590	3,700
4d Sta Wag	152	456	760	1,710	2,660	3,800
2d GT Cpe	200	600	1,000	2,250	3,500	5,000
2d GT Conv	340	1,020	1,700	3,830	5,950	8,500
1988 Grand Am, 4-cyl.						
2d Cpe	180	540	900	2,030	3,150	4,500
4d Sed	184	552	920	2,070	3,220	4,600
2d LE Cpe	192	576	960	2,160	3,360	4,800
4d Sed LE	196	588	980	2,210	3,430	4,900
2d SE Turbo Cpe	224	672	1,120	2,520	3,920	5,600
4d SE Turbo Sed	228	684	1,140	2,570	3,990	5,700
1988 6000, 4-cyl.						
4d Sed	156	468	780	1,760	2,730	3,900
4d Sta Wag	160	480	800	1,800	2,800	4,000
4d LE Sed	160	480	800	1,800	2,800	4,000
4d LE Sta Wag	168	504	840	1,890	2,940	4,200
1988 6000, V-6						
4d Sed	168	504	840	1,890	2,940	4,200
4d Sta Wag	180	540	900	2,030	3,150	4,500
4d Sed LE	200	600	1,000	2,250	3,500	5,000
4d LE Sta Wag	200	600	1,000	2,250	3,500	5,000
4d SE Sed	208	624	1,040	2,340	3,640	5,200
4d SE Sta Wag	220	660	1,100	2,480	3,850	5,500
4d STE Sed	288	864	1,440	3,240	5,040	7,200
1988 Fiero, V-6						
2d Cpe III	240	720	1,200	2,700	4,200	6,000
2d Formula Cpe	260	780	1,300	2,930	4,550	6,500
2d GT Cpe	272	816	1,360	3,060	4,760	6,800
1988 Firebird, V-6						
2d Cpe	240	720	1,200	2,700	4,200	6,000
1988 Firebird, V-8						
2d Cpe	280	840	1,400	3,150	4,900	7,000
2d Formula Cpe	320	960	1,600	3,600	5,600	8,000
2d Cpe Trans Am	520	1,560	2,600	5,850	9,100	13,000
2d Cpe GTA	600	1,800	3,000	6,750	10,500	15,000
1988 Bonneville, V-6						
4d LE Sed	240	720	1,200	2,700	4,200	6,000
4d SE Sed	300	900	1,500	3,380	5,250	7,500
4d SSE Sed	520	1,560	2,600	5,850	9,100	13,000
1988 Grand Prix, V-6						
2d Cpe	260	780	1,300	2,930	4,550	6,500
2d LE Cpe	280	840	1,400	3,150	4,900	7,000
2d SE Cpe	320	960	1,600	3,600	5,600	8,000
1989 LeMans, 4-cyl.						
2d HBk	108	324	540	1,220	1,890	2,700
2d LE HBk	116	348	580	1,310	2,030	2,900
2d GSE HBk	136	408	680	1,530	2,380	3,400
4d LE Sed	132	396	660	1,490	2,310	3,300
4d SE Sed	140	420	700	1,580	2,450	3,500
1989 Sunbird, 4-cyl.						
4d LE Sed	184	552	920	2,070	3,220	4,600
2d LE Cpe	180	540	900	2,030	3,150	4,500
2d SE Cpe	188	564	940	2,120	3,290	4,700
2d GT Turbo Cpe	268	804	1,340	3,020	4,690	6,700
2d GT Turbo Conv	540	1,620	2,700	6,080	9,450	13,500

	6	5	4	3	2	1
1989 Grand Am, 4-cyl.						
4d LE Sed	224	672	1,120	2,520	3,920	5,600
2d LE Cpe	220	660	1,100	2,480	3,850	5,500
4d SE Sed	252	756	1,260	2,840	4,410	6,300
2d SE Cpe	248	744	1,240	2,790	4,340	6,200
1989 6000, 4-cyl.						
4d Sed LE	228	684	1,140	2,570	3,990	5,700
1989 6000, V-6						
4d LE Sed	244	732	1,220	2,750	4,270	6,100
4d LE Sta Wag	256	768	1,280	2,880	4,480	6,400
4d STE Sed, AWD	300	950	1,600	3,600	5,600	8,000
1989 Firebird, V-6						
2d Cpe	260	780	1,300	2,930	4,550	6,500
1989 Firebird, V-8						
2d Cpe	280	840	1,400	3,150	4,900	7,000
2d Formula Cpe	300	900	1,500	3,380	5,250	7,500
2d Trans Am Cpe	560	1,680	2,800	6,300	9,800	14,000
1989 Firebird, V-6						
2d Trans Am Cpe	550	1,700	2,800	6,300	9,800	14,000
2d GTA Cpe	600	1,800	3,000	6,750	10,500	15,000
1989 Bonneville, V-6						
4d LE Sed	272	816	1,360	3,060	4,760	6,800
4d SE Sed	312	936	1,560	3,510	5,460	7,800
4d SSE Sed	352	1,056	1,760	3,960	6,160	8,800
1989 Grand Prix, V-6						
2d Cpe	280	840	1,400	3,150	4,900	7,000
2d LE Cpe	300	900	1,500	3,380	5,250	7,500
2d SE Cpe	320	960	1,600	3,600	5,600	8,000

NOTE: Add 40 percent for McLaren Turbo Cpe.

	6	5	4	3	2	1
1989 Safari, V-8						
4d Sta Wag	288	864	1,440	3,240	5,040	7,200
1989-1/2 Firebird Trans Am Pace Car, V-6 Turbo						
Cpe	750	2,300	3,800	8,550	13,300	19,000
1990 LeMans, 4-cyl.						
2d Cpe	112	336	560	1,260	1,960	2,800
2d LE Cpe	128	384	640	1,440	2,240	3,200
2d GSE Cpe	144	432	720	1,620	2,520	3,600
4d LE Sed	128	384	640	1,440	2,240	3,200
1990 Sunbird, 4-cyl.						
2d VL Cpe	160	480	800	1,800	2,800	4,000
4d VL Sed	164	492	820	1,850	2,870	4,100
2d LE Cpe	168	504	840	1,890	2,940	4,200
2d LE Conv	300	900	1,500	3,380	5,250	7,500
4d LE Sed	172	516	860	1,940	3,010	4,300
2d SE Cpe	200	600	1,000	2,250	3,500	5,000
2d GT Turbo Cpe	240	720	1,200	2,700	4,200	6,000
1990 Grand Am, 4-cyl.						
2d LE Cpe	228	684	1,140	2,570	3,990	5,700
4d LE Cpe	240	720	1,200	2,700	4,200	6,000
2d SE Quad Cpe	260	780	1,300	2,930	4,550	6,500
4d SE Quad Sed	264	792	1,320	2,970	4,620	6,600
1990 6000, 4-cyl.						
4d LE Sed	180	540	900	2,030	3,150	4,500
1990 6000, V-6						
4d LE Sed	200	600	1,000	2,250	3,500	5,000
4d LE Sta Wag	220	660	1,100	2,480	3,850	5,500
4d SE Sed	220	660	1,100	2,480	3,850	5,500
4d SE Sta Wag	240	720	1,200	2,700	4,200	6,000

NOTE: Add 35 percent for AWD.

	6	5	4	3	2	1
1990 Firebird, V-6						
2d Cpe	260	780	1,300	2,930	4,550	6,500
1990 Firebird, V-8						
2d Cpe	300	900	1,500	3,380	5,250	7,500
2d Formula Cpe	320	960	1,600	3,600	5,600	8,000
2d Trans Am Cpe	520	1,560	2,600	5,850	9,100	13,000
2d GTA Cpe	600	1,800	3,000	6,750	10,500	15,000
1990 Bonneville, V-6						
4d LE Sed	280	840	1,400	3,150	4,900	7,000
4d SE Sed	300	900	1,500	3,380	5,250	7,500
4d SSE Sed	340	1,020	1,700	3,830	5,950	8,500
1990 Grand Prix, 4-cyl.						
2d LE Cpe	240	720	1,200	2,700	4,200	6,000
4d LE Sed	244	732	1,220	2,750	4,270	6,100

	6	5	4	3	2	1
1990 Grand Prix, V-6						
2d LE Cpe.	252	756	1,260	2,840	4,410	6,300
4d LE Sed.	256	768	1,280	2,880	4,480	6,400
2d SE Cpe	320	960	1,600	3,600	5,600	8,000
4d STE Sed	340	1,020	1,700	3,830	5,950	8,500
1991 LeMans, 4-cyl.						
2d Aero Cpe	128	384	640	1,440	2,240	3,200
2d Aero LE Cpe	152	456	760	1,710	2,660	3,800
4d LE Sed.	140	420	700	1,580	2,450	3,500
1991 Sunbird, 4-cyl.						
2d Cpe	152	456	760	1,710	2,660	3,800
4d Sed	152	456	760	1,710	2,660	3,800
2d LE Cpe.	160	480	800	1,800	2,800	4,000
4d LE Cpe.	160	480	800	1,800	2,800	4,000
2d LE Conv.	320	960	1,600	3,600	5,600	8,000
2d SE Cpe	200	600	1,000	2,250	3,500	5,000
1991 Sunbird, V-6						
2d GT Cpe	260	780	1,300	2,930	4,550	6,500
1991 Grand Am, 4-cyl.						
2d Cpe	200	600	1,000	2,250	3,500	5,000
4d Sed	200	600	1,000	2,250	3,500	5,000
2d LE Cpe.	208	624	1,040	2,340	3,640	5,200
4d LE Sed.	208	624	1,040	2,340	3,640	5,200
2d SE Quad 4 Cpe	232	696	1,160	2,610	4,060	5,800
4d SE Quad 4 Sed	232	696	1,160	2,610	4,060	5,800
1991 6000, 4-cyl.						
4d LE Sed.	180	540	900	2,030	3,150	4,500
1991 6000, V-6						
4d LE Sed.	200	600	1,000	2,250	3,500	5,000
4d LE Sta Wag	220	660	1,100	2,480	3,850	5,500
4d SE Sed	216	648	1,080	2,430	3,780	5,400
1991 Firebird, V-6						
2d Cpe	260	780	1,300	2,930	4,550	6,500
2d Conv	560	1,680	2,800	6,300	9,800	14,000
1991 Firebird, V-8						
2d Cpe	300	900	1,500	3,380	5,250	7,500
2d Conv	600	1,800	3,000	6,750	10,500	15,000
2d Formula Cpe	320	960	1,600	3,600	5,600	8,000
2d Trans Am Cpe	520	1,560	2,600	5,850	9,100	13,000
2d Trans Am Conv	660	1,980	3,300	7,430	11,550	16,500
2d GTA Cpe	600	1,800	3,000	6,750	10,500	15,000
1991 Bonneville, V-6						
4d LE Sed.	260	780	1,300	2,930	4,550	6,500
4d SE Sed	300	900	1,500	3,380	5,250	7,500
4d SSE Sed	320	960	1,600	3,600	5,600	8,000
1991 Grand Prix, Quad 4						
2d SE Cpe	220	660	1,100	2,480	3,850	5,500
4d LE Sed.	220	660	1,100	2,480	3,850	5,500
4d SE Sed	232	696	1,160	2,610	4,060	5,800
1991 Grand Prix, V-6						
4d SE Cpe	240	720	1,200	2,700	4,200	6,000
2d GT Cpe	256	768	1,280	2,880	4,480	6,400
4d LE Sed.	240	720	1,200	2,700	4,200	6,000
4d SE Sed	256	768	1,280	2,880	4,480	6,400
4d STE Sed	280	840	1,400	3,150	4,900	7,000
1992 LeMans, 4-cyl.						
2d Aero Cpe HBk	152	456	760	1,710	2,660	3,800
2d SE Aero Cpe HBk	156	468	780	1,760	2,730	3,900
4d SE Sed	160	480	800	1,800	2,800	4,000
1992 Sunbird, 4-cyl.						
4d LE Sed.	160	480	800	1,800	2,800	4,000
2d LE Cpe.	164	492	820	1,850	2,870	4,100
4d SE Sed	168	504	840	1,890	2,940	4,200
2d SE Cpe	172	516	860	1,940	3,010	4,300
2d SE Conv	260	780	1,300	2,930	4,550	6,500
2d GT Cpe V-6	180	540	900	2,030	3,150	4,500
1992 Grand Am, 4-cyl.						
4d SE Sed	200	600	1,000	2,250	3,500	5,000
2d SE Cpe	220	660	1,100	2,480	3,850	5,500
4d GT Sed	240	720	1,200	2,700	4,200	6,000
2d GT Cpe	260	780	1,300	2,930	4,550	6,500
NOTE: Add 10 percent for V-6.						
1992 Firebird, V-8						
2d Cpe	320	960	1,600	3,600	5,600	8,000

	6	5	4	3	2	1
2d Conv	600	1,800	3,000	6,750	10,500	15,000
2d Formula Cpe	340	1,020	1,700	3,830	5,950	8,500
2d Trans Am Cpe	540	1,620	2,700	6,080	9,450	13,500
2d Trans Am Conv	620	1,860	3,100	6,980	10,850	15,500
2d GTA Cpe	580	1,740	2,900	6,530	10,150	14,500

NOTE: Deduct 10 percent for V-6.

1992 Bonneville, V-6

	6	5	4	3	2	1
4d SE Sed	260	780	1,300	2,930	4,550	6,500
4d SSE Sed	300	900	1,500	3,380	5,250	7,500
4d SSEi Sed	520	1,560	2,600	5,850	9,100	13,000

1992 Grand Prix, V-6

	6	5	4	3	2	1
4d LE Sed	220	660	1,100	2,480	3,850	5,500
4d SE Sed	240	720	1,200	2,700	4,200	6,000
2d SE Cpe	260	780	1,300	2,930	4,550	6,500
4d STE Sed	320	960	1,600	3,600	5,600	8,000
2d GT Cpe	340	1,020	1,700	3,830	5,950	8,500

1993 LeMans

	6	5	4	3	2	1
2d Aero Cpe	156	468	780	1,760	2,730	3,900
2d SE Aero Cpe	160	480	800	1,800	2,800	4,000
4d SE Sed	156	468	780	1,760	2,730	3,900

1993 Sunbird

	6	5	4	3	2	1
2d LE Cpe	168	504	840	1,890	2,940	4,200
4d LE Sed	170	510	850	1,910	2,975	4,250
2d SE Cpe	172	516	860	1,940	3,010	4,300
4d SE Sed	174	522	870	1,960	3,045	4,350
2d GT Cpe, V-6	180	540	900	2,030	3,150	4,500
2d SE Conv	188	564	940	2,120	3,290	4,700

1993 Grand Am, 4-cyl.

	6	5	4	3	2	1
2d SE Cpe	220	660	1,100	2,480	3,850	5,500
4d SE Sed	220	660	1,100	2,480	3,850	5,500
2d GT Cpe	224	672	1,120	2,520	3,920	5,600
4d GT Sed	224	672	1,120	2,520	3,920	5,600

1993 Grand Am, V-6

	6	5	4	3	2	1
2d SE Cpe	224	672	1,120	2,520	3,920	5,600
4d SE Sed	224	672	1,120	2,520	3,920	5,600
2d GT Cpe	228	684	1,140	2,570	3,990	5,700
4d GT Sed	228	684	1,140	2,570	3,990	5,700

1993 Firebird

	6	5	4	3	2	1
2d Cpe, V-6	320	960	1,600	3,600	5,600	8,000
2d Formula Cpe, V-8	520	1,560	2,600	5,850	9,100	13,000
2d Trans Am Cpe, V-8	540	1,620	2,700	6,080	9,450	13,500

1993 Bonneville, V-6

	6	5	4	3	2	1
4d SE Sed	320	960	1,600	3,600	5,600	8,000
4d SSE Sed	340	1,020	1,700	3,830	5,950	8,500
4d SSEi Sed	520	1,560	2,600	5,850	9,100	13,000

1993 Grand Prix

	6	5	4	3	2	1
2d SE Cpe	240	720	1,200	2,700	4,200	6,000
2d GT Cpe	248	744	1,240	2,790	4,340	6,200
4d LE Sed	240	720	1,200	2,700	4,200	6,000
4d SE Sed	248	744	1,240	2,790	4,340	6,200
4d STE Sed	256	768	1,280	2,880	4,480	6,400

1994 Sunbird

	6	5	4	3	2	1
2d LE Cpe, 4-cyl.	220	660	1,100	2,480	3,850	5,500
4d LE Sed, 4-cyl.	224	672	1,120	2,520	3,920	5,600
2d LE Conv, 4-cyl.	300	900	1,500	3,380	5,250	7,500
2d SE Cpe, V-6	260	780	1,300	2,930	4,550	6,500

1994 Grand Am

	6	5	4	3	2	1
2d SE Cpe, 4-cyl.	244	732	1,220	2,750	4,270	6,100
4d SE Sed, 4-cyl.	248	744	1,240	2,790	4,340	6,200
4d GT Sed, 4-cyl.	260	780	1,300	2,930	4,550	6,500
2d SE Cpe, V-6	252	756	1,260	2,840	4,410	6,300
2d GT Cpe, V-6	256	768	1,280	2,880	4,480	6,400
4d SE Sed, V-6	256	768	1,280	2,880	4,480	6,400
4d GT Sed, V-6	260	780	1,300	2,930	4,550	6,500

1994 Firebird

	6	5	4	3	2	1
2d Cpe, V-6	420	1,260	2,100	4,730	7,350	10,500
2d Conv, V-6	540	1,620	2,700	6,080	9,450	13,500
2d Formula Cpe, V-8	480	1,440	2,400	5,400	8,400	12,000
2d Formula Conv, V-8	580	1,740	2,900	6,530	10,150	14,500
2d Trans Am Cpe, V-8	540	1,620	2,700	6,080	9,450	13,500
2d Trans Am GT Cpe, V-8	580	1,740	2,900	6,530	10,150	14,500
2d Trans Am GT Conv, V-8	620	1,860	3,100	6,980	10,850	15,500

1994 Bonneville, V-6

	6	5	4	3	2	1
4d SE Sed	340	1,020	1,700	3,830	5,950	8,500
4d SSE Sed	440	1,320	2,200	4,950	7,700	11,000

1972 Pontiac Safari station wagon

1978 Pontiac Bonneville Brougham sedan

1990 Pontiac Grand Prix LE sedan

	6	5	4	3	2	1
1994 Grand Prix						
2d SE Cpe	340	1,020	1,700	3,830	5,950	8,500
4d SE Sed	344	1,032	1,720	3,870	6,020	8,600
1995 Sunbird, 4-cyl.						
2d SE Cpe	200	650	1,100	2,480	3,850	5,500
4d SE Sed	200	650	1,100	2,520	3,900	5,600
2d SE Conv	300	900	1,500	3,380	5,250	7,500
2d GT Cpe	300	850	1,400	3,150	4,900	7,000
1995 Grand Am, 4-cyl. & V-6						
2d SE Cpe	250	750	1,200	2,750	4,250	6,100
4d SE Sed	250	750	1,250	2,790	4,350	6,200
2d GT Cpe	250	750	1,300	2,880	4,500	6,400
4d GT Sed	250	800	1,300	2,930	4,550	6,500
1995 Firebird, V-6 & V-8						
2d Cpe, V-6	400	1,250	2,100	4,730	7,350	10,500
2d Conv, V-6	550	1,600	2,700	6,080	9,450	13,500
2d Formula Cpe, V-8	480	1,440	2,400	5,400	8,400	12,000
2d Formula Conv, V-8	580	1,740	2,900	6,530	10,150	14,500
2d Trans Am Cpe, V-8	540	1,620	2,700	6,080	9,450	13,500
2d Trans Am Conv, V-8	620	1,860	3,100	6,980	10,850	15,500
1995 Bonneville, V-6						
4d SE Sed	350	1,000	1,700	3,830	5,950	8,500
4d SSE Sed	450	1,300	2,200	4,950	7,700	11,000
4d SSEi Sed	500	1,500	2,500	5,630	8,750	12,500
1995 Grand Prix, V-6						
2d SE Cpe	350	1,000	1,700	3,830	5,950	8,500
4d SE Sed	350	1,050	1,700	3,870	6,000	8,600
1996 Sunfire, 4-cyl.						
2d SE Cpe	200	650	1,100	2,480	3,850	5,500
4d SE Sed	200	650	1,100	2,520	3,900	5,600
2d SE Conv	300	900	1,500	3,380	5,250	7,500
2d GT Cpe	300	850	1,400	3,150	4,900	7,000
1996 Grand Am, 4-cyl. & V-6						
2d SE Cpe	250	750	1,250	2,790	4,350	6,200
4d SE Sed	250	750	1,200	2,750	4,250	6,100
2d GT Cpe	250	800	1,300	2,930	4,550	6,500
4d GT Sed	250	750	1,300	2,880	4,500	6,400
1996 Firebird, V-6 & V-8						
2d Cpe, V-6	400	1,250	2,100	4,730	7,350	10,500
2d Conv, V-6	550	1,600	2,700	6,080	9,450	13,500
2d Formula Cpe, V-8	480	1,440	2,400	5,400	8,400	12,000
2d Formula Conv, V-8	580	1,740	2,900	6,530	10,150	14,500
2d Trans Am Cpe, V-8	540	1,620	2,700	6,080	9,450	13,500
2d Trans Am Conv, V-8	620	1,860	3,100	6,980	10,850	15,500
1996 Bonneville, V-6						
4d SE Sed	350	1,000	1,700	3,830	5,950	8,500
4d SSE Sed	450	1,300	2,200	4,950	7,700	11,000
4d SSEi Sed	500	1,500	2,500	5,630	8,750	12,500

NOTE: For SE and SSE add 5 percent for supercharged V-6.

	6	5	4	3	2	1
1996 Grand Prix, V-6						
2d SE Cpe	350	1,000	1,700	3,830	5,950	8,500
4d SE Sed	350	1,050	1,700	3,870	6,000	8,600

NOTE: Add 5 percent for GT pkg. Add 10 percent for GTP pkg.

	6	5	4	3	2	1
1997 Sunfire, 4-cyl						
2d SE Cpe	220	660	1,100	2,480	3,850	5,500
4d SE Sed	224	672	1,120	2,520	3,920	5,600
2d SE Conv	300	900	1,500	3,380	5,250	7,500
2d GT Cpe	280	840	1,400	3,150	4,900	7,000
1997 Grand Am, 4-cyl. & V-6						
2d SE Cpe	248	744	1,240	2,790	4,340	6,200
4d SE Sed	244	732	1,220	2,750	4,270	6,100
2d GT Cpe	260	780	1,300	2,930	4,550	6,500
4d GT Sed	256	768	1,280	2,880	4,480	6,400
1997 Firebird, V-6 & V-8						
2d Cpe, V-6	420	1,260	2,100	4,730	7,350	10,500
2d Conv, V-6	540	1,620	2,700	6,080	9,450	13,500
2d Formula Cpe, V-8	480	1,440	2,400	5,400	8,400	12,000
2d Formula Conv, V-8	580	1,740	2,900	6,530	10,150	14,500
2d Trans Am Cpe, V-8	540	1,620	2,700	6,080	9,450	13,500
2d Trans Am Conv, V-8	620	1,860	3,100	6,980	10,850	15,500

NOTE: Add 5 percent for Sport Pkg on V-6 models. Add 5 percent for Ram Air Pkg on convertibles.

	6	5	4	3	2	1
1997 Bonneville, V-6						
4d SE Sed	340	1,020	1,700	3,830	5,950	8,500

	6	5	4	3	2	1
4d SSE Sed	440	1,320	2,200	4,950	7,700	11,000
4d SSEi Sed	500	1,500	2,500	5,630	8,750	12,500

NOTE: Add 5 percent for supercharged V-6 on SE or SSE models. Add 5 percent for 40th Anv Pkg on SE or SSE.

1997 Grand Prix, V-6

	6	5	4	3	2	1
4d SE Sed	344	1,032	1,720	3,870	6,020	8,600
2d GT Cpe	372	1,116	1,860	4,190	6,510	9,300
4d GT Sed	376	1,128	1,880	4,230	6,580	9,400
2d GTP Cpe (supercharged)	408	1,224	2,040	4,590	7,140	10,200
4d GTP Sed (supercharged)	412	1,236	2,060	4,640	7,210	10,300

1998 Sunfire, 4-cyl.

	6	5	4	3	2	1
2d SE Cpe	220	660	1,100	2,480	3,850	5,500
4d SE Sed	220	670	1,120	2,520	3,920	5,600
2d SE Conv	300	900	1,500	3,380	5,250	7,500
2d GT Cpe	280	840	1,400	3,150	4,900	7,000

1998 Grand Am, 4-cyl. & V-6

	6	5	4	3	2	1
2d SE Cpe	250	740	1,240	2,790	4,340	6,200
4d SE Sed	240	730	1,220	2,750	4,270	6,100
2d GT Cpe	260	780	1,300	2,930	4,550	6,500
4d GT Sed	260	770	1,280	2,880	4,480	6,400

1998 Firebird, V-6 & V-8

	6	5	4	3	2	1
2d Cpe, V-6	420	1,260	2,100	4,730	7,350	10,500
2d Conv, V-6	540	1,620	2,700	6,080	9,450	13,500
2d Formula Cpe, V-8	480	1,440	2,400	5,400	8,400	12,000
2d Trans Am Cpe, V-8	540	1,620	2,700	6,080	9,450	13,500
2d Trans Am Conv, V-8	620	1,860	3,100	6,980	10,850	15,500

NOTE: Add 5 percent for Autocross Pkg. Add 10 percent for WS6 Pkg.

1998 Bonneville, V-6

	6	5	4	3	2	1
4d SE Sed	340	1,020	1,700	3,830	5,950	8,500
4d SSE Sed	440	1,320	2,200	4,950	7,700	11,000
4d SSEi Sed	500	1,500	2,500	5,630	8,750	12,500

NOTE: Add 5 percent for supercharged V-6 on SSE Sed.

1998 Grand Prix, V-6

	6	5	4	3	2	1
4d SE Sed	340	1,030	1,720	3,870	6,020	8,600
2d GT Cpe	370	1,120	1,860	4,190	6,510	9,300
4d GT Sed	380	1,130	1,880	4,230	6,580	9,400
2d GTP Cpe (supercharged)	410	1,220	2,040	4,590	7,140	10,200
4d GTP Sed (supercharged)	410	1,240	2,060	4,640	7,210	10,300

OAKLAND

1907 Model A, 4-cyl., 96" wb - 100" sb

	6	5	4	3	2	1
All Body Styles	1,400	4,200	7,000	15,750	24,500	35,000

1909 Model 20, 2-cyl., 112" wb

	6	5	4	3	2	1
All Body Styles	1,280	3,840	6,400	14,400	22,400	32,000

1909 Model 40, 4-cyl., 112" wb

	6	5	4	3	2	1
All Body Styles	1,200	3,600	6,000	13,500	21,000	30,000

1910-11 Model 24, 4-cyl., 96" wb

	6	5	4	3	2	1
Rds	960	2,880	4,800	10,800	16,800	24,000

1910-11 Model 25, 4-cyl., 100" wb

	6	5	4	3	2	1
Tr	880	2,640	4,400	9,900	15,400	22,000

1910-11 Model 33, 4-cyl., 106" wb

	6	5	4	3	2	1
Tr	1,040	3,120	5,200	11,700	18,200	26,000

NOTE: Model 33 - 1911 only

1910-11 Model K, 4-cyl., 102" wb

	6	5	4	3	2	1
Tr	1,120	3,360	5,600	12,600	19,600	28,000

1910-11 Model M, 4-cyl., 112" wb

	6	5	4	3	2	1
Rds	1,160	3,480	5,800	13,050	20,300	29,000

1912 Model 30, 4-cyl., 106" wb

	6	5	4	3	2	1
5P Tr	680	2,040	3,400	7,650	11,900	17,000
Rbt	700	2,100	3,500	7,880	12,250	17,500

1912 Model 40, 4-cyl., 112" wb

	6	5	4	3	2	1
5P Tr	680	2,040	3,400	7,650	11,900	17,000
Cpe	520	1,560	2,600	5,850	9,100	13,000
Rds	720	2,160	3,600	8,100	12,600	18,000

1912 Model 45, 4-cyl., 120" wb

	6	5	4	3	2	1
7P Tr	920	2,760	4,600	10,350	16,100	23,000
4P Tr	960	2,880	4,800	10,800	16,800	24,000
Limo	880	2,640	4,400	9,900	15,400	22,000

1913 Greyhound 6-60, 6-cyl., 130" wb

	6	5	4	3	2	1
4P Tr	1,040	3,120	5,200	11,700	18,200	26,000
7P Tr	1,000	3,000	5,000	11,250	17,500	25,000
Rbt	840	2,520	4,200	9,450	14,700	21,000

	6	5	4	3	2	1
1913 Model 42, 4-cyl., 116" wb						
5P Tr	800	2,400	4,000	9,000	14,000	20,000
3P Rds	760	2,280	3,800	8,550	13,300	19,000
4P Cpe	520	1,560	2,600	5,850	9,100	13,000
1913 Model 35, 4-cyl., 112" wb						
5P Tr	720	2,160	3,600	8,100	12,600	18,000
3P Rds	720	2,160	3,600	8,100	12,600	18,000
1913 Model 40, 4-cyl., 114" wb						
5P Tr	760	2,280	3,800	8,550	13,300	19,000
1913 Model 45, 4-cyl., 120" wb						
7P Limo	680	2,040	3,400	7,650	11,900	17,000
1914 Model 6-60, 6-cyl., 130" wb						
Rbt	760	2,280	3,800	8,550	13,300	19,000
Rds	920	2,760	4,600	10,350	16,100	23,000
Cl Cpl	720	2,160	3,600	8,100	12,600	18,000
Tr	1,000	3,000	5,000	11,250	17,500	25,000
1914 Model 6-48, 6-cyl., 130" wb						
Spt	560	1,680	2,800	6,300	9,800	14,000
Rds	840	2,520	4,200	9,450	14,700	21,000
Tr	880	2,640	4,400	9,900	15,400	22,000
1914 Model 43, 4-cyl., 116" wb						
5P Tr	720	2,160	3,600	8,100	12,600	18,000
Cpe	480	1,440	2,400	5,400	8,400	12,000
Sed	460	1,380	2,300	5,180	8,050	11,500
1914 Model 36, 4-cyl., 112" wb						
5P Tr	680	2,040	3,400	7,650	11,900	17,000
Cabr	660	1,980	3,300	7,430	11,550	16,500
1914 Model 35, 4-cyl., 112" wb						
Rds	640	1,920	3,200	7,200	11,200	16,000
5P Tr	660	1,980	3,300	7,430	11,550	16,500
1915-16 Model 37 - Model 38, 4-cyl., 112" wb						
Tr	640	1,920	3,200	7,200	11,200	16,000
Rds	600	1,800	3,000	6,750	10,500	15,000
Spd	580	1,740	2,900	6,530	10,150	14,500
1915-16 Model 49 - Model 32, 6-cyl., 110"-123.5" wb						
Tr	720	2,160	3,600	8,100	12,600	18,000
Rds	700	2,100	3,500	7,880	12,250	17,500
1915-16 Model 50, 8-cyl., 127" wb						
7P Tr	840	2,520	4,200	9,450	14,700	21,000
NOTE: Model 37 and Model 49 are 1915 models.						
1917 Model 34, 6-cyl., 112" wb						
Rds	560	1,680	2,800	6,300	9,800	14,000
5P Tr	540	1,620	2,700	6,080	9,450	13,500
Cpe	460	1,380	2,300	5,180	8,050	11,500
Sed	440	1,320	2,200	4,950	7,700	11,000
1917 Model 50, 8-cyl., 127" wb						
7P Tr	840	2,520	4,200	9,450	14,700	21,000
1918 Model 34-B, 6-cyl., 112" wb						
5P Tr	560	1,680	2,800	6,300	9,800	14,000
Rds	540	1,620	2,700	6,080	9,450	13,500
Rds Cpe	460	1,380	2,300	5,180	8,050	11,500
Tr Sed	440	1,320	2,200	4,950	7,700	11,000
4P Cpe	260	780	1,300	2,930	4,550	6,500
Sed	240	720	1,200	2,700	4,200	6,000
1919 Model 34-B, 6-cyl., 112" wb						
5P Tr	560	1,680	2,800	6,300	9,800	14,000
Rds	540	1,620	2,700	6,080	9,450	13,500
Rds Cpe	460	1,380	2,300	5,180	8,050	11,500
Cpe	260	780	1,300	2,930	4,550	6,500
Sed	240	720	1,200	2,700	4,200	6,000
1920 Model 34-C, 6-cyl., 112" wb						
Tr	560	1,680	2,800	6,300	9,800	14,000
Rds	540	1,620	2,700	6,080	9,450	13,500
Sed	340	1,020	1,700	3,830	5,950	8,500
Cpe	440	1,320	2,200	4,950	7,700	11,000
1921-22 Model 34-C, 6-cyl., 115" wb						
Tr	600	1,800	3,000	6,750	10,500	15,000
Rds	580	1,740	2,900	6,530	10,150	14,500
Sed	340	1,020	1,700	3,830	5,950	8,500
Cpe	440	1,320	2,200	4,950	7,700	11,000
1923 Model 6-44, 6-cyl., 115" wb						
Rds	600	1,800	3,000	6,750	10,500	15,000
Tr	620	1,860	3,100	6,980	10,850	15,500

	6	5	4	3	2	1
Spt Rds.	620	1,860	3,100	6,980	10,850	15,500
Spt Tr	640	1,920	3,200	7,200	11,200	16,000
2P Cpe	300	900	1,500	3,380	5,250	7,500
4P Cpe	300	890	1,480	3,330	5,180	7,400
Sed	220	660	1,100	2,480	3,850	5,500

1924-25 Model 6-54, 6-cyl., 113" wb

	6	5	4	3	2	1
5P Tr	680	2,040	3,400	7,650	11,900	17,000
Spl Tr	700	2,100	3,500	7,880	12,250	17,500
Rds	660	1,980	3,300	7,430	11,550	16,500
Spl Rds	680	2,040	3,400	7,650	11,900	17,000
4P Cpe	460	1,380	2,300	5,180	8,050	11,500
Lan Cpe	460	1,380	2,300	5,180	8,050	11,500
Sed	320	960	1,600	3,600	5,600	8,000
Lan Sed	340	1,020	1,700	3,830	5,950	8,500
2d Sed	300	900	1,500	3,380	5,250	7,500
2d Lan Sed	320	960	1,600	3,600	5,600	8,000

1926-27 Greater Six, 6-cyl., 113" wb

	6	5	4	3	2	1
Tr	700	2,100	3,500	7,880	12,250	17,500
Spt Phae	720	2,160	3,600	8,100	12,600	18,000
Rds	680	2,040	3,400	7,650	11,900	17,000
Spt Rds	700	2,100	3,500	7,880	12,250	17,500
Lan Cpe	500	1,500	2,500	5,630	8,750	12,500
2d Sed	440	1,320	2,200	4,950	7,700	11,000
Sed	340	1,020	1,700	3,830	5,950	8,500
Lan Sed	440	1,320	2,200	4,950	7,700	11,000

1928 Model 212, All-American, 6-cyl., 117" wb

	6	5	4	3	2	1
Spt Rds	740	2,220	3,700	8,330	12,950	18,500
Phae	760	2,280	3,800	8,550	13,300	19,000
Lan Cpe	520	1,560	2,600	5,850	9,100	13,000
Cabr	680	2,040	3,400	7,650	11,900	17,000
2d Sed	480	1,440	2,400	5,400	8,400	12,000
Sed	460	1,380	2,300	5,180	8,050	11,500
Lan Sed	480	1,440	2,400	5,400	8,400	12,000

1929 Model 212, All-American, 6-cyl., 117" wb

	6	5	4	3	2	1
Spt Rds	1,040	3,120	5,200	11,700	18,200	26,000
Spt Phae	1,080	3,240	5,400	12,150	18,900	27,000
Cpe	520	1,560	2,600	5,850	9,100	13,000
Conv	960	2,880	4,800	10,800	16,800	24,000
2d Sed	480	1,440	2,400	5,400	8,400	12,000
Brgm	520	1,560	2,600	5,850	9,100	13,000
Sed	460	1,380	2,300	5,180	8,050	11,500
Spl Sed	480	1,440	2,400	5,400	8,400	12,000
Lan Sed	500	1,500	2,500	5,630	8,750	12,500

1930 Model 101, V-8, 117" wb

	6	5	4	3	2	1
Spt Rds	1,040	3,120	5,200	11,700	18,200	26,000
Phae	1,080	3,240	5,400	12,150	18,900	27,000
Cpe	640	1,920	3,200	7,200	11,200	16,000
Spt Cpe	680	2,040	3,400	7,650	11,900	17,000
2d Sed	520	1,560	2,600	5,850	9,100	13,000
Sed	500	1,500	2,500	5,630	8,750	12,500
Cus Sed	510	1,540	2,560	5,760	8,960	12,800

1931 Model 301, V-8, 117" wb

	6	5	4	3	2	1
Cpe	680	2,040	3,400	7,650	11,900	17,000
Spt Cpe	720	2,160	3,600	8,100	12,600	18,000
Conv	1,080	3,240	5,400	12,150	18,900	27,000
2d Sed	500	1,500	2,500	5,630	8,750	12,500
Sed	510	1,540	2,560	5,760	8,960	12,800
Cus Sed	520	1,560	2,600	5,850	9,100	13,000

REO

1905 2-cyl., 16 hp, 88" wb

5P Detachable Tonn.	1,080	3,240	5,400	12,150	18,900	27,000

1905 1-cyl., 7-1/2" hp, 76" wb

Rbt	1,040	3,120	5,200	11,700	18,200	26,000

1906 1-cyl., 8 hp, 76" wb

2P Bus Rbt	1,040	3,120	5,200	11,700	18,200	26,000

1906 1-cyl., 8 hp, 78" wb

4P Rbt.	1,080	3,240	5,400	12,150	18,900	27,000

1906 2-cyl., 16 hp, 90" wb

2P Physician's Vehicle	1,120	3,360	5,600	12,600	19,600	28,000
4P Cpe/Depot Wag.	1,160	3,480	5,800	13,050	20,300	29,000
5P Tr.	1,080	3,240	5,400	12,150	18,900	27,000

1906 Four - 24 hp, 100" wb

5P Tr.	1,120	3,360	5,600	12,600	19,600	28,000

	6	5	4	3	2	1
1907 2-cyl., 16/20 hp, 94" wb						
5P Tr	1,120	3,360	5,600	12,600	19,600	28,000
7P Limo	1,160	3,480	5,800	13,050	20,300	29,000
1907 1-cyl., 8 hp, 78" wb						
2/4P Rbt	1,120	3,360	5,600	12,600	19,600	28,000
2P Rbt	1,080	3,240	5,400	12,150	18,900	27,000
1908 1-cyl., 8/10 hp, 78" wb						
Rbt	1,080	3,240	5,400	12,150	18,900	27,000
1908 2-cyl., 18/20 hp, 94" wb						
Tr	1,120	3,360	5,600	12,600	19,600	28,000
Rds	1,080	3,240	5,400	12,150	18,900	27,000
1909 1-cyl., 10/12 hp, 78" wb						
Rbt	1,040	3,120	5,200	11,700	18,200	26,000
1909 2-cyl., 20/22, 96" wb						
Tr	1,120	3,360	5,600	12,600	19,600	28,000
Semi-Racer	1,080	3,240	5,400	12,150	18,900	27,000
1910 1-cyl., 10/12 hp, 78" wb						
Rbt	1,040	3,120	5,200	11,700	18,200	26,000
1910 2-cyl., 20 hp, 96" wb						
Tr	1,080	3,240	5,400	12,150	18,900	27,000
1910 Four, 35 hp, 108" wb						
5P Tr	1,120	3,360	5,600	12,600	19,600	28,000
4P Demi-Tonn	1,120	3,360	5,600	12,600	19,600	28,000
1911 Twenty-Five, 4-cyl., 22.5 hp, 98" wb						
Rbt	1,120	3,360	5,600	12,600	19,600	28,000
1911 Thirty, 4-cyl., 30 hp, 108" wb						
2P Torp Rds	1,200	3,600	6,000	13,500	21,000	30,000
5P Tr	1,200	3,600	6,000	13,500	21,000	30,000
4P Rds	1,160	3,480	5,800	13,050	20,300	29,000
1911 Thirty-Five, 4-cyl., 35 hp, 108" wb						
5P Tr	1,280	3,840	6,400	14,400	22,400	32,000
4P Demi-Tonn	1,240	3,720	6,200	13,950	21,700	31,000
1912 The Fifth, 4-cyl., 30/35 hp, 112" wb						
5P Tr	1,200	3,600	6,000	13,500	21,000	30,000
4P Rds	1,160	3,480	5,800	13,050	20,300	29,000
2P Rbt	1,160	3,480	5,800	13,050	20,300	29,000
1913 The Fifth, 4-cyl., 30/35 hp, 112" wb						
5P Tr	1,160	3,480	5,800	13,050	20,300	29,000
2P Rbt	1,120	3,360	5,600	12,600	19,600	28,000
1914 The Fifth, 4-cyl., 30/35 hp, 112" wb						
5P Tr	1,160	3,480	5,800	13,050	20,300	29,000
2P Rbt	1,120	3,360	5,600	12,600	19,600	28,000
1915 The Fifth, 4-cyl., 30/35 hp, 115" wb						
5P Tr	1,120	3,360	5,600	12,600	19,600	28,000
2P Rds	1,040	3,120	5,200	11,700	18,200	26,000
3P Cpe	880	2,640	4,400	9,900	15,400	22,000
1916 The Fifth, 4-cyl., 30/35 hp, 115" wb						
5P Tr	960	2,880	4,800	10,800	16,800	24,000
3P Rbt	920	2,760	4,600	10,350	16,100	23,000
1916 Model M, 6-cyl., 45 hp, 126" wb						
7P Tr	1,360	4,080	6,800	15,300	23,800	34,000
1917 The Fifth, 4-cyl., 30/35 hp, 115" wb						
5P Tr	960	2,880	4,800	10,800	16,800	24,000
3P Rds	920	2,760	4,600	10,350	16,100	23,000
1917 Model M, 6-cyl., 45 hp, 126" wb						
7P Tr	1,360	4,080	6,800	15,300	23,800	34,000
4P Rds	1,320	3,960	6,600	14,850	23,100	33,000
7P Sed	840	2,520	4,200	9,450	14,700	21,000
1918 The Fifth, 4-cyl., 30/35 hp, 120" wb						
5P Tr	1,000	3,000	5,000	11,250	17,500	25,000
3P Rds	960	2,880	4,800	10,800	16,800	24,000
1918 Model M, 6-cyl., 45 hp, 126" wb						
7P Tr	1,360	4,080	6,800	15,300	23,800	34,000
4P Rds	1,320	3,960	6,600	14,850	23,100	33,000
4P Encl Rds	1,280	3,840	6,400	14,400	22,400	32,000
7P Sed	840	2,520	4,200	9,450	14,700	21,000
1919 The Fifth, 4-cyl., 30/35 hp, 120" wb						
5P Tr	920	2,760	4,600	10,350	16,100	23,000
3P Rds	880	2,640	4,400	9,900	15,400	22,000
4P Cpe	560	1,680	2,800	6,300	9,800	14,000
5P Sed	520	1,560	2,600	5,850	9,100	13,000
1920 Model T-6, 6-cyl., 50 hp, 120" wb						
5P Tr	1,320	3,960	6,600	14,850	23,100	33,000

	6	5	4	3	2	1
3P Rds	1,280	3,840	6,400	14,400	22,400	32,000
4P Cpe	720	2,160	3,600	8,100	12,600	18,000
5P Sed	680	2,040	3,400	7,650	11,900	17,000
1921 Model T-6, 6-cyl., 50 hp, 120" wb						
5P Tr	1,320	3,960	6,600	14,850	23,100	33,000
3P Rds	1,280	3,840	6,400	14,400	22,400	32,000
4P Cpe	720	2,160	3,600	8,100	12,600	18,000
5P Sed	680	2,040	3,400	7,650	11,900	17,000
1922 Model T-6, 6-cyl., 50 hp, 120" wb						
7P Tr	1,320	3,960	6,600	14,850	23,100	33,000
3P Rds	1,280	3,840	6,400	14,400	22,400	32,000
3P Bus Cpe	720	2,160	3,600	8,100	12,600	18,000
4P Cpe	680	2,040	3,400	7,650	11,900	17,000
5P Sed	640	1,920	3,200	7,200	11,200	16,000
1923 Model T-6, 6-cyl., 50 hp, 120" wb						
7P Tr	1,320	3,960	6,600	14,850	23,100	33,000
5P Phae	1,360	4,080	6,800	15,300	23,800	34,000
4P Cpe	680	2,040	3,400	7,650	11,900	17,000
5P Sed	640	1,920	3,200	7,200	11,200	16,000
1924 Model T-6, 6-cyl., 50 hp, 120" wb						
5P Tr	1,320	3,960	6,600	14,850	23,100	33,000
5P Phae	1,360	4,080	6,800	15,300	23,800	34,000
4P Cpe	680	2,040	3,400	7,650	11,900	17,000
5P Sed	640	1,920	3,200	7,200	11,200	16,000
5P Brgm	660	1,980	3,300	7,430	11,550	16,500
1925 Model T-6, 6-cyl., 50 hp, 120" wb						
5P Tr	1,280	3,840	6,400	14,400	22,400	32,000
5P Sed	600	1,800	3,000	6,750	10,500	15,000
4P Cpe	640	1,920	3,200	7,200	11,200	16,000
5P Brgm	620	1,860	3,100	6,980	10,850	15,500
1926 Model T-6, 6-cyl., 50 hp, 120" wb						
4P Rds	920	2,760	4,600	10,350	16,100	23,000
2P Cpe	640	1,920	3,200	7,200	11,200	16,000
5P Sed	600	1,800	3,000	6,750	10,500	15,000
5P Tr	960	2,880	4,800	10,800	16,800	24,000
1927 Flying Cloud, 6-cyl., 65 hp, 121" wb						
4P Spt Rds	1,040	3,120	5,200	11,700	18,200	26,000
4P Cpe	600	1,800	3,000	6,750	10,500	15,000
4P DeL Cpe	640	1,920	3,200	7,200	11,200	16,000
2d 5P Brgm	600	1,800	3,000	6,750	10,500	15,000
5P DeL Sed	560	1,680	2,800	6,300	9,800	14,000
1928 Flying Cloud, 6-cyl., 65 hp, 121" wb						
4P Spt Rds	1,080	3,240	5,400	12,150	18,900	27,000
4P Cpe	600	1,800	3,000	6,750	10,500	15,000
4P DeL Cpe	640	1,920	3,200	7,200	11,200	16,000
2d 5P Brgm	560	1,680	2,800	6,300	9,800	14,000
5P DeL Sed	520	1,560	2,600	5,850	9,100	13,000
1929 Flying Cloud Mate, 6-cyl., 65 hp, 115" wb						
5P Sed	480	1,440	2,400	5,400	8,400	12,000
4P Cpe	600	1,800	3,000	6,750	10,500	15,000
1929 Flying Cloud Master, 6-cyl., 80 hp, 121" wb						
4P Rds	1,160	3,480	5,800	13,050	20,300	29,000
4P Cpe	640	1,920	3,200	7,200	11,200	16,000
5P Brgm	560	1,680	2,800	6,300	9,800	14,000
5P Sed	520	1,560	2,600	5,850	9,100	13,000
4P Vic	560	1,680	2,800	6,300	9,800	14,000
1930 Flying Cloud, Model 15, 6-cyl., 60 hp, 115" wb						
5P Sed	520	1,560	2,600	5,850	9,100	13,000
2P Cpe	640	1,920	3,200	7,200	11,200	16,000
4P Cpe	680	2,040	3,400	7,650	11,900	17,000
1930 Flying Cloud, Model 20, 6-cyl., 80 hp, 120" wb						
5P Sed	560	1,680	2,800	6,300	9,800	14,000
2P Cpe	680	2,040	3,400	7,650	11,900	17,000
4P Cpe	720	2,160	3,600	8,100	12,600	18,000
1930 Flying Cloud, Model 25, 6-cyl., 80 hp, 124" wb						
7P Sed	600	1,800	3,000	6,750	10,500	15,000
1931 Flying Cloud, Model 15, 6-cyl., 60 hp, 116" wb						
5P Phae	1,120	3,360	5,600	12,600	19,600	28,000
5P Sed	600	1,800	3,000	6,750	10,500	15,000
2P Cpe	720	2,160	3,600	8,100	12,600	18,000
4P Cpe	760	2,280	3,800	8,550	13,300	19,000
1931 Flying Cloud, Model 20, 6-cyl., 85 hp, 120" wb						
5P Sed	640	1,920	3,200	7,200	11,200	16,000
Spt Cpe	720	2,160	3,600	8,100	12,600	18,000
Spt Sed	680	2,040	3,400	7,650	11,900	17,000
Cpe-4P	720	2,160	3,600	8,100	12,600	18,000

	6	5	4	3	2	1
1931 Flying Cloud, Model 25, 6-cyl., 85 hp, 125" wb						
Sed	640	1,920	3,200	7,200	11,200	16,000
Vic	680	2,040	3,400	7,650	11,900	17,000
4P Cpe	740	2,220	3,700	8,330	12,950	18,500
Spt Sed	700	2,100	3,500	7,880	12,250	17,500
Spt Vic	720	2,160	3,600	8,100	12,600	18,000
Spt Cpe	760	2,280	3,800	8,550	13,300	19,000
1931 Flying Cloud, Model 30, 8-cyl., 125 hp, 130" wb						
Sed	800	2,400	4,000	9,000	14,000	20,000
Vic	880	2,640	4,400	9,900	15,400	22,000
4P Cpe	880	2,640	4,400	9,900	15,400	22,000
Spt Sed	840	2,520	4,200	9,450	14,700	21,000
Spt Vic	920	2,760	4,600	10,350	16,100	23,000
Spt Cpe	920	2,760	4,600	10,350	16,100	23,000
1931 Royale, Model 35, 8-cyl., 125 hp, 135" wb						
Sed	1,240	3,720	6,200	13,950	21,700	31,000
Vic	1,280	3,840	6,400	14,400	22,400	32,000
4P Cpe	1,360	4,080	6,800	15,300	23,800	34,000
1932 Flying Cloud, Model 6-21, 6-cyl., 85 hp, 121" wb						
Sed	880	2,640	4,400	9,900	15,400	22,000
Spt Sed	920	2,760	4,600	10,350	16,100	23,000
1932 Flying Cloud, Model 8-21, 8-cyl., 90 hp, 121" wb						
Sed	920	2,760	4,600	10,350	16,100	23,000
Spt Sed	960	2,880	4,800	10,800	16,800	24,000
1932 Flying Cloud, Model 6-25						
Vic	1,080	3,240	5,400	12,150	18,900	27,000
Sed	1,000	3,000	5,000	11,250	17,500	25,000
Cpe	1,040	3,120	5,200	11,700	18,200	26,000
1932 Flying Cloud, Model 8-25, 8-cyl., 90 hp, 125" wb						
Sed	960	2,880	4,800	10,800	16,800	24,000
Vic	1,040	3,120	5,200	11,700	18,200	26,000
Cpe	1,040	3,120	5,200	11,700	18,200	26,000
Spt Sed	1,000	3,000	5,000	11,250	17,500	25,000
Spt Vic	1,080	3,240	5,400	12,150	18,900	27,000
Spt Cpe	1,080	3,240	5,400	12,150	18,900	27,000
1932 Royale, Model 8-31, 8-cyl., 125 hp, 131" wb						
Sed	1,480	4,440	7,400	16,650	25,900	37,000
Vic	1,560	4,680	7,800	17,550	27,300	39,000
Cpe	1,560	4,680	7,800	17,550	27,300	39,000
Spt Sed	1,520	4,560	7,600	17,100	26,600	38,000
Spt Vic	1,600	4,800	8,000	18,000	28,000	40,000
Spt Cpe	1,600	4,800	8,000	18,000	28,000	40,000
1932 Royale, Model 8-35, 8-cyl., 125 hp, 135" wb						
Sed	1,520	4,560	7,600	17,100	26,600	38,000
Vic	1,600	4,800	8,000	18,000	28,000	40,000
Cpe	1,600	4,800	8,000	18,000	28,000	40,000
Conv Cpe	2,560	7,680	12,800	28,800	44,800	64,000
1932 Flying Cloud, Model S						
Std Cpe	800	2,400	4,000	9,000	14,000	20,000
Std Conv Cpe	1,200	3,600	6,000	13,500	21,000	30,000
Std Sed	680	2,040	3,400	7,650	11,900	17,000
Spt Cpe	840	2,520	4,200	9,450	14,700	21,000
Spt Conv Cpe	1,240	3,720	6,200	13,950	21,700	31,000
Spt Sed	720	2,160	3,600	8,100	12,600	18,000
DeL Cpe	840	2,520	4,200	9,450	14,700	21,000
DeL Conv Cpe	1,280	3,840	6,400	14,400	22,400	32,000
DeL Sed	760	2,280	3,800	8,550	13,300	19,000

NOTE: Model 8-31 had been introduced April 1931, Model 8-21 May 1931.

	6	5	4	3	2	1
1933 Flying Cloud, 6-cyl., 85 hp, 117-1/2" wb						
5P Sed	880	2,640	4,400	9,900	15,400	22,000
4P Cpe	1,000	3,000	5,000	11,250	17,500	25,000
Vic	960	2,880	4,800	10,800	16,800	24,000
1933 Royale, 8-cyl., 125 hp, 131" wb						
5P Sed	1,320	3,960	6,600	14,850	23,100	33,000
5P Vic	1,440	4,320	7,200	16,200	25,200	36,000
4P Cpe	1,400	4,200	7,000	15,750	24,500	35,000
Conv Cpe	2,280	6,840	11,400	25,650	39,900	57,000
1934 Flying Cloud, 6-cyl., 95 hp, 118" wb						
Cpe	920	2,760	4,600	10,350	16,100	23,000
5P Sed	880	2,640	4,400	9,900	15,400	22,000
Cpe	960	2,880	4,800	10,800	16,800	24,000
5P Sed	920	2,760	4,600	10,350	16,100	23,000
Elite Sed	960	2,880	4,800	10,800	16,800	24,000
Elite Cpe	1,000	3,000	5,000	11,250	17,500	25,000

	6	5	4	3	2	1
1934 Royale, 8-cyl., 95 hp, 131" wb						
5P Sed	1,360	4,080	6,800	15,300	23,800	34,000
Vic.	1,440	4,320	7,200	16,200	25,200	36,000
Elite Sed	1,400	4,200	7,000	15,750	24,500	35,000
Elite Vic.	1,480	4,440	7,400	16,650	25,900	37,000
Elite Cpe	1,520	4,560	7,600	17,100	26,600	38,000
1934 Royale, 8-cyl., 95 hp, 135" wb						
Cus Sed	1,480	4,440	7,400	16,650	25,900	37,000
Cus Vic	1,560	4,680	7,800	17,550	27,300	39,000
Cus Cpe	1,600	4,800	8,000	18,000	28,000	40,000
1935 Flying Cloud, 6-cyl., 85 hp, 115" wb						
Cpe	880	2,640	4,400	9,900	15,400	22,000
Sed	760	2,280	3,800	8,550	13,300	19,000
1935 Flying Cloud, 6-cyl., 85 hp, 118" wb						
Sed	800	2,400	4,000	9,000	14,000	20,000
Conv Cpe	1,240	3,720	6,200	13,950	21,700	31,000
2P Cpe	920	2,760	4,600	10,350	16,100	23,000
4P Cpe	960	2,880	4,800	10,800	16,800	24,000
1936 Flying Cloud, 6-cyl., 85 hp, 115" wb						
Coach	800	2,400	4,000	9,000	14,000	20,000
Sed	840	2,520	4,200	9,450	14,700	21,000
DeL Brgm	920	2,760	4,600	10,350	16,100	23,000
DeL Sed	880	2,640	4,400	9,900	15,400	22,000

SATURN

	6	5	4	3	2	1
1991 4-cyl.						
SL 2d Cpe	240	720	1,200	2,700	4,200	6,000
SL 4d Sed	160	480	800	1,800	2,800	4,000
SL1 4d Sed	180	540	900	2,030	3,150	4,500
SL2 4d Trg Sed	220	660	1,100	2,480	3,850	5,500
1992 4-cyl.						
SL 4d Sed	180	540	900	2,030	3,150	4,500
SL1 4d Sed	220	660	1,100	2,480	3,850	5,500
SL2 4d Sed	260	780	1,300	2,930	4,550	6,500
SC 2d Cpe	280	840	1,400	3,150	4,900	7,000
1993 4-cyl.						
SC1 2d Cpe	288	864	1,440	3,240	5,040	7,200
SC2 2d Cpe	292	876	1,460	3,290	5,110	7,300
SL 4d Sed	284	852	1,420	3,200	4,970	7,100
SL1 4d Sed	288	864	1,440	3,240	5,040	7,200
SL2 4d Sed	292	876	1,460	3,290	5,110	7,300
SW1 4d Sta Wag	296	888	1,480	3,330	5,180	7,400
SW2 4d Sta Wag	300	900	1,500	3,380	5,250	7,500
1994 4-cyl.						
SC1 2d Cpe	248	744	1,240	2,790	4,340	6,200
SC2 2d Cpe	268	804	1,340	3,020	4,690	6,700
4d Sed	200	600	1,000	2,250	3,500	5,000
SL1 4d Sed	220	660	1,100	2,480	3,850	5,500
SL2 4d Sed	260	780	1,300	2,930	4,550	6,500
SW1 4d Sta Wag	280	840	1,400	3,150	4,900	7,000
SW2 4d Sta Wag	280	840	1,400	3,150	4,900	7,000
1995 4-cyl.						
4d SL Sed	200	600	1,000	2,250	3,500	5,000
4d SL1 Sed	200	650	1,100	2,480	3,850	5,500
4d SL2 Sed	250	800	1,300	2,930	4,550	6,500
2d SC1 Cpe	250	750	1,250	2,790	4,350	6,200
2d SC2 Cpe	250	800	1,350	3,020	4,700	6,700
4d SW1 Sta Wag	300	850	1,400	3,150	4,900	7,000
4d SW2 Sta Wag	300	950	1,600	3,600	5,600	8,000
1996 4-cyl.						
4d SL Sed	200	600	1,000	2,250	3,500	5,000
4d SL1 Sed	200	650	1,100	2,480	3,850	5,500
4d SL2 Sed	250	800	1,300	2,930	4,550	6,500
2d SC1 Cpe	250	750	1,250	2,790	4,350	6,200
2d SC2 Cpe	250	800	1,350	3,020	4,700	6,700
4d SW1 Sta Wag	300	850	1,400	3,150	4,900	7,000
4d SW2 Sta Wag	300	950	1,600	3,600	5,600	8,000
1997 4-cyl.						
4d SL Sed	200	600	1,000	2,250	3,500	5,000
4d SL1 Sed	220	660	1,100	2,480	3,850	5,500
4d SL2 Sed	260	780	1,300	2,930	4,550	6,500
2d SC1 Cpe	248	744	1,240	2,790	4,340	6,200
2d SC2 Cpe	268	804	1,340	3,020	4,690	6,700
4d SW1 Sta Wag	280	840	1,400	3,150	4,900	7,000
4d SW2 Sta Wag	320	960	1,600	3,600	5,600	8,000

	6	5	4	3	2	1
1998 4-cyl.						
4d SL Sed.	200	600	1,000	2,250	3,500	5,000
4d SL1 Sed.	220	660	1,100	2,480	3,850	5,500
4d SL2 Sed.	260	780	1,300	2,930	4,550	6,500
2d SC1 Cpe	250	740	1,240	2,790	4,340	6,200
2d SC2 Cpe	270	800	1,340	3,020	4,690	6,700
4d SW1 Sta Wag	280	840	1,400	3,150	4,900	7,000
4d SW2 Sta Wag	320	960	1,600	3,600	5,600	8,000

STUDEBAKER

	6	5	4	3	2	1
1903 Model A, 8 hp						
Tonn Tr.		value not estimable				
1904 Model A						
Tonn Tr.	1,200	3,600	6,000	13,500	21,000	30,000
1904 Model B						
Dely Wagon	1,160	3,480	5,800	13,050	20,300	29,000
1904 Model C						
Tonn Tr.	1,240	3,720	6,200	13,950	21,700	31,000
1905 Model 9502, 2-cyl.						
Rear Ent Tr	1,280	3,840	6,400	14,400	22,400	32,000
Side Ent Tr	1,320	3,960	6,600	14,850	23,100	33,000
1905 Model 9503, 4-cyl.						
Side Ent Tr	1,400	4,200	7,000	15,750	24,500	35,000
1906 Model E, 20 N.A.C.C.H.P.						
Side Ent Tr	1,240	3,720	6,200	13,950	21,700	31,000
Twn Car	1,200	3,600	6,000	13,500	21,000	30,000
1906 Model F, 28 N.A.C.C.H.P.						
Side Ent Tr	1,320	3,960	6,600	14,850	23,100	33,000
1906 Model G, 30 N.A.C.C.H.P.						
Side Ent Tr	1,440	4,320	7,200	16,200	25,200	36,000
1907 Model L, 4-cyl., 28 hp, 104" wb						
5P Rear Ent Tr	1,480	4,440	7,400	16,650	25,900	37,000
1907 Model G, 4-cyl., 30 hp, 104" wb						
5P Rear Ent Tr	1,520	4,560	7,600	17,100	26,600	38,000
1907 Model H, 4-cyl., 30 hp, 104" wb						
5P Rear Ent Tr	1,520	4,560	7,600	17,100	26,600	38,000
1908 Model H, 4-cyl., 30 hp, 104" wb						
5P Rear Ent Tr	1,520	4,560	7,600	17,100	26,600	38,000
1908 Model A, 4-cyl., 30 hp, 104" wb						
5P Tr.	1,520	4,560	7,600	17,100	26,600	38,000
5P Twn Car.	1,480	4,440	7,400	16,650	25,900	37,000
2P Rbt.	1,440	4,320	7,200	16,200	25,200	36,000
5P Lan'let	1,520	4,560	7,600	17,100	26,600	38,000
1908 Model B, 4-cyl., 40 hp, 114" wb						
5P Tr.	1,600	4,800	8,000	18,000	28,000	40,000
2P Rbt.	1,520	4,560	7,600	17,100	26,600	38,000
7P Limo	1,560	4,680	7,800	17,550	27,300	39,000
5P Lan'let	1,600	4,800	8,000	18,000	28,000	40,000
4P Trabt	1,640	4,920	8,200	18,450	28,700	41,000
3P Speed Car	1,560	4,680	7,800	17,550	27,300	39,000
1909 Model A, 4-cyl., 30 hp, 104" wb						
5P Tr.	1,520	4,560	7,600	17,100	26,600	38,000
5P Twn Car.	1,480	4,440	7,400	16,650	25,900	37,000
Rbt	1,440	4,320	7,200	16,200	25,200	36,000
5P Lan'let	1,520	4,560	7,600	17,100	26,600	38,000
1909 Model B, 4-cyl., 40 hp, 114" wb						
5P Tr.	1,600	4,800	8,000	18,000	28,000	40,000
7P Limo	1,560	4,680	7,800	17,550	27,300	39,000
5P Lan'let	1,600	4,800	8,000	18,000	28,000	40,000
1909 Model C, 4-cyl., 30 hp, 104" wb						
5P Tr.	1,520	4,560	7,600	17,100	26,600	38,000
1909 Model D, 4-cyl., 40 hp, 117.5" wb						
5P Tr.	1,640	4,920	8,200	18,450	28,700	41,000
1910 Model H, 4-cyl., 30 hp, 104" wb						
5P Tr.	1,520	4,560	7,600	17,100	26,600	38,000
1910 Model M, 4-cyl., 28 hp, 104" wb						
5P Tr.	1,480	4,440	7,400	16,650	25,900	37,000
1910 Model G-7, 4-cyl., 40 hp, 117.5" wb						
4/5P Tr	1,600	4,800	8,000	18,000	28,000	40,000
7P Tr.	1,640	4,920	8,200	18,450	28,700	41,000
Limo (123" wb)	1,520	4,560	7,600	17,100	26,600	38,000

	6	5	4	3	2	1
1911 Model G-8, 4-cyl., 40 hp, 117.5" wb						
4d 7P Limo	1,560	4,680	7,800	17,550	27,300	39,000
4d 5P Lan'let	1,600	4,800	8,000	18,000	28,000	40,000
4d 4/6/7P Tr	1,680	5,040	8,400	18,900	29,400	42,000
2d 2P Rds	1,480	4,440	7,400	16,650	25,900	37,000
1911 Model G-10, 4-cyl., 30 hp, 116" wb						
4d 5P Tr	1,600	4,800	8,000	18,000	28,000	40,000

NOTE: Studebaker-Garford association was discontinued after 1911 model year.

	6	5	4	3	2	1
1913 Model SA-25, 4-cyl., 101" wb						
2d Rds	1,120	3,360	5,600	12,600	19,600	28,000
4d Tr	1,160	3,480	5,800	13,050	20,300	29,000
1913 Model AA-35, 4-cyl., 115.5" wb						
4d Tr	1,320	3,960	6,600	14,850	23,100	33,000
2d Cpe	960	2,880	4,800	10,800	16,800	24,000
4d Sed	920	2,760	4,600	10,350	16,100	23,000
1913 Model E, 6-cyl., 121" wb						
4d Tr	1,360	4,080	6,800	15,300	23,800	34,000
4d Limo	1,040	3,120	5,200	11,700	18,200	26,000
1914 Series 14, Model 1 SC, 4-cyl., 108.3" wb						
4d Tr	1,040	3,120	5,200	11,700	18,200	26,000
2d Lan Rds	1,040	3,120	5,200	11,700	18,200	26,000
1914 Series 14, Model EB, 6-cyl., 121.3" wb						
4d Tr	1,280	3,840	6,400	14,400	22,400	32,000
4d Lan Rds	1,080	3,240	5,400	12,150	18,900	27,000
2d Sed	760	2,280	3,800	8,550	13,300	19,000
1915 Series 15, Model SD, 4-cyl., 108.3" wb						
2d Rds	1,040	3,120	5,200	11,700	18,200	26,000
4d Tr	1,120	3,360	5,600	12,600	19,600	28,000
1915 Series 15, Model EC, 6-cyl., 121.3" wb						
4d 5P Tr	1,080	3,240	5,400	12,150	18,900	27,000
4d 7P Tr	1,120	3,360	5,600	12,600	19,600	28,000
1916 Model SF, 4-cyl., 112" wb						
2d Rds	1,000	3,000	5,000	11,250	17,500	25,000
2d Lan Rds	1,040	3,120	5,200	11,700	18,200	26,000
4d 7P Tr	1,120	3,360	5,600	12,600	19,600	28,000
4d A/W Sed	840	2,520	4,200	9,450	14,700	21,000
1916 Series 16 & 17, Model ED, 6-cyl., 121.8" wb						
2d Rds	1,040	3,120	5,200	11,700	18,200	26,000
2d Lan Rds	1,080	3,240	5,400	12,150	18,900	27,000
4d 7P Tr	1,120	3,360	5,600	12,600	19,600	28,000
2d Cpe	600	1,800	3,000	6,750	10,500	15,000
4d Sed	520	1,560	2,600	5,850	9,100	13,000
4d Limo	840	2,520	4,200	9,450	14,700	21,000
4d A/W Sed	840	2,520	4,200	9,450	14,700	21,000

NOTE: The All Weather sedan was available only in the Series 17.

	6	5	4	3	2	1
1917 Series 18, Model SF, 4-cyl., 112" wb						
2d Rds	880	2,640	4,400	9,900	15,400	22,000
2d Lan Rds	920	2,760	4,600	10,350	16,100	23,000
4d 7P Tr	960	2,880	4,800	10,800	16,800	24,000
4d A/W Sed	760	2,280	3,800	8,550	13,300	19,000
1917 Series 18, Model ED, 6-cyl., 121.8" wb						
2d Rds	920	2,760	4,600	10,350	16,100	23,000
2d Lan Rds	960	2,880	4,800	10,800	16,800	24,000
4d 7P Tr	1,000	3,000	5,000	11,250	17,500	25,000
2d Cpe	560	1,680	2,800	6,300	9,800	14,000
4d Sed	520	1,560	2,600	5,850	9,100	13,000
4d Limo	640	1,920	3,200	7,200	11,200	16,000
4d A/W Sed	840	2,520	4,200	9,450	14,700	21,000
1918-19 Series 19, Model SH, 4-cyl., 112" wb						
2d Rds	760	2,280	3,800	8,550	13,300	19,000
4d Tr	760	2,280	3,800	8,550	13,300	19,000
4d Sed	460	1,380	2,300	5,180	8,050	11,500
1918-19 Series 19, Model EH, 6-cyl., 119" wb						
4d Tr	800	2,400	4,000	9,000	14,000	20,000
2d Clb Rds	800	2,400	4,000	9,000	14,000	20,000
2d Rds	640	1,920	3,200	7,200	11,200	16,000
4d Sed	464	1,392	2,320	5,220	8,120	11,600
2d Cpe	480	1,440	2,400	5,400	8,400	12,000
1918-19 Series 19, Model EG, 6-cyl., 126" wb						
4d 7P Tr	880	2,640	4,400	9,900	15,400	22,000
1920-21 Model EJ, 6-cyl., 112" wb						
4d Tr	640	1,920	3,200	7,200	11,200	16,000
2d Lan Rds *	680	2,040	3,400	7,650	11,900	17,000

	6	5	4	3	2	1
2d Rds 648		1,944	3,240	7,290	11,340	16,200
2d Cpe Rds ** 700		2,100	3,500	7,880	12,250	17,500
4d Sed 440		1,320	2,200	4,950	7,700	11,000

1920-21 Model EH, 6-cyl., 119" wb

	6	5	4	3	2	1
4d Tr 680		2,040	3,400	7,650	11,900	17,000
2d Rds 688		2,064	3,440	7,740	12,040	17,200
4d Rds 700		2,100	3,500	7,880	12,250	17,500
2d Cpe 480		1,440	2,400	5,400	8,400	12,000
4d Sed 440		1,320	2,200	4,950	7,700	11,000

1920-21 Model EG, Big Six

	6	5	4	3	2	1
4d 7P Tr 760		2,280	3,800	8,550	13,300	19,000
2d Cpe ** 520		1,560	2,600	5,850	9,100	13,000
4d 7P Sed 480		1,440	2,400	5,400	8,400	12,000

* 1920 Model only. ** 1921 Model only.

1922 Model EJ, Light Six, 6-cyl., 112" wb

	6	5	4	3	2	1
2d Rds 640		1,920	3,200	7,200	11,200	16,000
4d Tr 620		1,860	3,100	6,980	10,850	15,500
2d Cpe Rds 660		1,980	3,300	7,430	11,550	16,500
4d Sed 460		1,380	2,300	5,180	8,050	11,500

1922 Model EL, Special Six, 6-cyl., 119" wb

	6	5	4	3	2	1
2d Rds 660		1,980	3,300	7,430	11,550	16,500
4d Tr 640		1,920	3,200	7,200	11,200	16,000
4d Rds 680		2,040	3,400	7,650	11,900	17,000
2d Cpe 520		1,560	2,600	5,850	9,100	13,000
4d Sed 480		1,440	2,400	5,400	8,400	12,000

1922 Model EK, Big Six, 6-cyl., 126" wb

	6	5	4	3	2	1
4d Tr 680		2,040	3,400	7,650	11,900	17,000
2d Cpe 500		1,500	2,500	5,630	8,750	12,500
4d Sed 480		1,440	2,400	5,400	8,400	12,000
4d Spds 720		2,160	3,600	8,100	12,600	18,000

1923 Model EM, Light Six

	6	5	4	3	2	1
2d Rds 640		1,920	3,200	7,200	11,200	16,000
4d Tr 620		1,860	3,100	6,980	10,850	15,500
2d Cpe 480		1,440	2,400	5,400	8,400	12,000
4d Sed 460		1,380	2,300	5,180	8,050	11,500

1923 Model EL, Special Six

	6	5	4	3	2	1
4d Tr 640		1,920	3,200	7,200	11,200	16,000
2d 4P Cpe 500		1,500	2,500	5,630	8,750	12,500
2d Rds 664		1,992	3,320	7,470	11,620	16,600
2d 5P Cpe 520		1,560	2,600	5,850	9,100	13,000
4d Sed 480		1,440	2,400	5,400	8,400	12,000

1923 Model EK, Big Six

	6	5	4	3	2	1
4d Tr 700		2,100	3,500	7,880	12,250	17,500
2d Spds 800		2,400	4,000	9,000	14,000	20,000
2d 5P Cpe 540		1,620	2,700	6,080	9,450	13,500
2d 4P Cpe 536		1,608	2,680	6,030	9,380	13,400
4d Sed 500		1,500	2,500	5,630	8,750	12,500

1924 Model EM, Light Six, 6-cyl., 112" wb

	6	5	4	3	2	1
4d Tr 600		1,800	3,000	6,750	10,500	15,000
2d Rds 620		1,860	3,100	6,980	10,850	15,500
2d Cpe Rds 660		1,980	3,300	7,430	11,550	16,500
4d Cus Tr 640		1,920	3,200	7,200	11,200	16,000
4d Sed 340		1,020	1,700	3,830	5,950	8,500
2d Cpe 460		1,380	2,300	5,180	8,050	11,500

1924 Model EL, Special Six, 6-cyl., 119" wb

	6	5	4	3	2	1
4d Tr 640		1,920	3,200	7,200	11,200	16,000
2d Rds 660		1,980	3,300	7,430	11,550	16,500
2d Cpe 520		1,560	2,600	5,850	9,100	13,000
4d Sed 480		1,440	2,400	5,400	8,400	12,000

1924 Model EK, Big Six, 6-cyl., 126" wb

	6	5	4	3	2	1
4d 7P Tr 780		2,340	3,900	8,780	13,650	19,500
2d Spds 800		2,400	4,000	9,000	14,000	20,000
2d Cpe 540		1,620	2,700	6,080	9,450	13,500
4d Sed 480		1,440	2,400	5,400	8,400	12,000

1925-26 Model ER, Standard Six, 6-cyl., 113" wb

	6	5	4	3	2	1
4d Dplx Phae 720		2,160	3,600	8,100	12,600	18,000
2d Dplx Rds 740		2,220	3,700	8,330	12,950	18,500
2d Coach 352		1,056	1,760	3,960	6,160	8,800
2d Cty Clb Cpe 560		1,680	2,800	6,300	9,800	14,000
2d Spt Rds 700		2,100	3,500	7,880	12,250	17,500
4d Spt Phae 680		2,040	3,400	7,650	11,900	17,000
4d Sed 440		1,320	2,200	4,950	7,700	11,000
2d Cpe Rds 720		2,160	3,600	8,100	12,600	18,000
4d w/Sed 460		1,380	2,300	5,180	8,050	11,500
4d Sed 440		1,320	2,200	4,950	7,700	11,000

1927 Studebaker Dictator Standard Six sedan

1932 Studebaker President Eight convertible

1941 Studebaker President Skyway coupe

	6	5	4	3	2	1
2d Cpe	520	1,560	2,600	5,850	9,100	13,000
4d Ber	500	1,500	2,500	5,630	8,750	12,500

1925-26 Model EQ, Special Six, 6-cyl., 120" - 127" wb

	6	5	4	3	2	1
4d Dplx Phae	800	2,400	4,000	9,000	14,000	20,000
2d Dplx Rds	860	2,580	4,300	9,680	15,050	21,500
2d Vic	512	1,536	2,560	5,760	8,960	12,800
4d Sed	500	1,500	2,500	5,630	8,750	12,500
4d Ber	540	1,620	2,700	6,080	9,450	13,500
2d Brgm	520	1,560	2,600	5,850	9,100	13,000
2d Spt Rds	840	2,520	4,200	9,450	14,700	21,000
2d Coach	480	1,440	2,400	5,400	8,400	12,000

1925-26 Model EP, Big Six, 6-cyl., 120" wb

	6	5	4	3	2	1
4d Dplx Phae	880	2,640	4,400	9,900	15,400	22,000
2d Cpe	560	1,680	2,800	6,300	9,800	14,000
2d Brgm	460	1,380	2,300	5,180	8,050	11,500
4d 7P Sed	456	1,368	2,280	5,130	7,980	11,400
2d Ber	520	1,560	2,600	5,850	9,100	13,000
4d Sed	460	1,380	2,300	5,180	8,050	11,500
4d Spt Phae	840	2,520	4,200	9,450	14,700	21,000
2d Clb Cpe	448	1,344	2,240	5,040	7,840	11,200

NOTE: Add 10 percent for 4-wheel brake option.

1927 Dictator, Model EU, Standard, 6-cyl., 113" wb

	6	5	4	3	2	1
2d Spt Rds	960	2,880	4,800	10,800	16,800	24,000
4d Tr	900	2,700	4,500	10,130	15,750	22,500
4d Dplx Tr	920	2,760	4,600	10,350	16,100	23,000
4d 7P Tr	880	2,640	4,400	9,900	15,400	22,000
2d Bus Cpe	540	1,620	2,700	6,080	9,450	13,500
2d Spt Cpe	560	1,680	2,800	6,300	9,800	14,000
2d Vic	460	1,380	2,300	5,180	8,050	11,500
4d (P) Sed	440	1,320	2,200	4,950	7,700	11,000
4d (M) Sed	480	1,440	2,400	5,400	8,400	12,000

1927 Special, Model EQ

	6	5	4	3	2	1
4d Dplx Phae	1,000	3,000	5,000	11,250	17,500	25,000
2d Coach	480	1,440	2,400	5,400	8,400	12,000
2d Brgm	520	1,560	2,600	5,850	9,100	13,000
2d Spt Rds	1,040	3,120	5,200	11,700	18,200	26,000

1927 Commander, Model EW

	6	5	4	3	2	1
2d Spt Rds	1,080	3,240	5,400	12,150	18,900	27,000
2d Bus Cpe	560	1,680	2,800	6,300	9,800	14,000
2d Spt Cpe	580	1,740	2,900	6,530	10,150	14,500
4d Sed	500	1,500	2,500	5,630	8,750	12,500
2d Cus Vic	540	1,620	2,700	6,080	9,450	13,500
2d Dplx Rds	1,040	3,120	5,200	11,700	18,200	26,000
4d Spt Phae	1,040	3,120	5,200	11,700	18,200	26,000
2d Cus Brgm	508	1,524	2,540	5,720	8,890	12,700

1927 President, Model ES

	6	5	4	3	2	1
4d Cus Sed	500	1,500	2,500	5,630	8,750	12,500
4d Limo	800	2,400	4,000	9,000	14,000	20,000
4d Dplx Phae	1,000	3,000	5,000	11,250	17,500	25,000

1928 Dictator, Model GE

	6	5	4	3	2	1
2d Roy Rds	1,480	4,440	7,400	16,650	25,900	37,000
4d Tr	1,400	4,200	7,000	15,750	24,500	35,000
4d Dplx Tr	1,440	4,320	7,200	16,200	25,200	36,000
4d 7P Roy Tr	1,480	4,440	7,400	16,650	25,900	37,000
2d Bus Cpe	500	1,500	2,500	5,630	8,750	12,500
2d Roy Cpe	520	1,560	2,600	5,850	9,100	13,000
2d Roy Vic	500	1,500	2,500	5,630	8,750	12,500
2d Clb Sed	468	1,404	2,340	5,270	8,190	11,700
4d Sed	448	1,344	2,240	5,040	7,840	11,200
4d Roy Sed	460	1,380	2,300	5,180	8,050	11,500

1928 Commander, Model GB

	6	5	4	3	2	1
2d Reg Rds	1,520	4,560	7,600	17,100	26,600	38,000
2d Cpe	540	1,620	2,700	6,080	9,450	13,500
2d Reg Cpe	560	1,680	2,800	6,300	9,800	14,000
2d Reg Cabr	500	1,500	2,500	5,630	8,750	12,500
2d Vic	500	1,500	2,500	5,630	8,750	12,500
2d Reg Vic	520	1,560	2,600	5,850	9,100	13,000
4d Sed	500	1,500	2,500	5,630	8,750	12,500
2d Clb Sed	508	1,524	2,540	5,720	8,890	12,700
4d Reg Sed	480	1,440	2,400	5,400	8,400	12,000

1928 President Six, Model ES

	6	5	4	3	2	1
4d Cus Sed	500	1,500	2,500	5,630	8,750	12,500
4d Limo	720	2,160	3,600	8,100	12,600	18,000
4d Cus Tr	1,000	3,000	5,000	11,250	17,500	25,000

	6	5	4	3	2	1
1928 President Eight, Model FA						
4d 7P Tr	1,280	3,840	6,400	14,400	22,400	32,000
2d Sta Cabr	1,320	3,960	6,600	14,850	23,100	33,000
4d Sed	528	1,584	2,640	5,940	9,240	13,200
4d Sta Sed	540	1,620	2,700	6,080	9,450	13,500
4d 7P Sed	540	1,620	2,700	6,080	9,450	13,500
4d 7P Sta Sed	560	1,680	2,800	6,300	9,800	14,000
4d Limo	760	2,280	3,800	8,550	13,300	19,000
4d Sta Ber	800	2,400	4,000	9,000	14,000	20,000
1928-1/2 Dictator, Model GE						
2d Tr	1,040	3,120	5,200	11,700	18,200	26,000
2d 7P Tr	1,060	3,180	5,300	11,930	18,550	26,500
2d Bus Cpe	480	1,440	2,400	5,400	8,400	12,000
2d Roy Cabr	1,280	3,840	6,400	14,400	22,400	32,000
2d Roy Vic	500	1,500	2,500	5,630	8,750	12,500
2d Clb Sed	468	1,404	2,340	5,270	8,190	11,700
4d Sed	456	1,368	2,280	5,130	7,980	11,400
4d Roy Sed	480	1,440	2,400	5,400	8,400	12,000
1928-1/2 Commander, Model GH						
2d Reg Vic	508	1,524	2,540	5,720	8,890	12,700
4d Sed	488	1,464	2,440	5,490	8,540	12,200
4d Reg Sed	496	1,488	2,480	5,580	8,680	12,400
1928-1/2 President, Model FB						
2d Sta Rds	1,280	3,840	6,400	14,400	22,400	32,000
2d Sta Cabr	1,240	3,720	6,200	13,950	21,700	31,000
2d Sta Vic	512	1,536	2,560	5,760	8,960	12,800
4d Sed	496	1,488	2,480	5,580	8,680	12,400
4d Sta Sed	504	1,512	2,520	5,670	8,820	12,600
1928-1/2 President, Model FA						
4d Tr	1,320	3,960	6,600	14,850	23,100	33,000
4d Sta Tr	1,360	4,080	6,800	15,300	23,800	34,000
2d Sta Cabr	1,400	4,200	7,000	15,750	24,500	35,000
4d Sta Sed	560	1,680	2,800	6,300	9,800	14,000
4d Sed	552	1,656	2,760	6,210	9,660	13,800
4d 7P Sta Sed	580	1,740	2,900	6,530	10,150	14,500
4d Limo	800	2,400	4,000	9,000	14,000	20,000
1929 Dictator GE, 6-cyl., 113" wb						
4d 5P Tr	1,040	3,120	5,200	11,700	18,200	26,000
4d 7P Tr	1,040	3,120	5,200	11,700	18,200	26,000
2d Bus Cpe	500	1,500	2,500	5,630	8,750	12,500
2d Cabr	1,040	3,120	5,200	11,700	18,200	26,000
2d Vic Ryl	520	1,560	2,600	5,850	9,100	13,000
1929 Commander Six, Model GJ						
2d Rds	1,600	4,800	8,000	18,000	28,000	40,000
2d Reg Rds	1,640	4,920	8,200	18,450	28,700	41,000
4d Tr	1,440	4,320	7,200	16,200	25,200	36,000
4d Reg Tr	1,520	4,560	7,600	17,100	26,600	38,000
4d 7P Tr	1,440	4,320	7,200	16,200	25,200	36,000
4d 7P Reg Tr	1,520	4,560	7,600	17,100	26,600	38,000
2d Cpe	540	1,620	2,700	6,080	9,450	13,500
2d Spt Cpe	520	1,560	2,600	5,850	9,100	13,000
2d Cabr	1,400	4,200	7,000	15,750	24,500	35,000
2d Vic	500	1,500	2,500	5,630	8,750	12,500
4d Sed	480	1,440	2,400	5,400	8,400	12,000
4d Reg Sed	520	1,560	2,600	5,850	9,100	13,000
4d Reg Brgm	540	1,620	2,700	6,080	9,450	13,500
1929 Commander Eight, Model FD						
2d Reg Rds	1,760	5,280	8,800	19,800	30,800	44,000
4d Tr	1,560	4,680	7,800	17,550	27,300	39,000
4d Reg Tr	1,640	4,920	8,200	18,450	28,700	41,000
4d 7P Tr	1,560	4,680	7,800	17,550	27,300	39,000
4d 7P Reg Tr	1,640	4,920	8,200	18,450	28,700	41,000
2d Bus Cpe	620	1,860	3,100	6,980	10,850	15,500
2d Spt Cpe	640	1,920	3,200	7,200	11,200	16,000
2d Reg Conv	1,560	4,680	7,800	17,550	27,300	39,000
2d Vic	560	1,680	2,800	6,300	9,800	14,000
2d Reg Brgm	600	1,800	3,000	6,750	10,500	15,000
4d Sed	580	1,740	2,900	6,530	10,150	14,500
4d Reg Sed	600	1,800	3,000	6,750	10,500	15,000
1929 President Eight, Model FH, 125" wb						
2d Rds	1,800	5,400	9,000	20,250	31,500	45,000
2d Cabr	1,640	4,920	8,200	18,450	28,700	41,000
2d Sta Vic	680	2,040	3,400	7,650	11,900	17,000
4d Sed	640	1,920	3,200	7,200	11,200	16,000
4d Sta Sed	680	2,040	3,400	7,650	11,900	17,000

	6	5	4	3	2	1
1929 President Eight, Model FE, 135" wb						
4d 7P Tr	1,640	4,920	8,200	18,450	28,700	41,000
4d 7P Sta Tr	1,660	4,980	8,300	18,680	29,050	41,500
2d Brgm	680	2,040	3,400	7,650	11,900	17,000
4d 7P Sed	680	2,040	3,400	7,650	11,900	17,000
4d 7P Sta Sed	720	2,160	3,600	8,100	12,600	18,000
4d 7P Limo	760	2,280	3,800	8,550	13,300	19,000
1930 Studebaker Model 53, 6-cyl., 114" wb						
4d Tr	1,400	4,200	7,000	15,750	24,500	35,000
4d Reg Tr	1,440	4,320	7,200	16,200	25,200	36,000
2d Bus Cpe	560	1,680	2,800	6,300	9,800	14,000
2d Reg Cpe	580	1,740	2,900	6,530	10,150	14,500
2d Clb Sed	520	1,560	2,600	5,850	9,100	13,000
4d Sed	480	1,440	2,400	5,400	8,400	12,000
4d Reg Sed	500	1,500	2,500	5,630	8,750	12,500
4d Lan Sed	488	1,464	2,440	5,490	8,540	12,200
1930 Dictator, 6 & 8-cyl., 115" wb						
4d Tr	1,440	4,320	7,200	16,200	25,200	36,000
4d Reg Tr	1,480	4,440	7,400	16,650	25,900	37,000
2d Cpe	580	1,740	2,900	6,530	10,150	14,500
2d Spt Cpe	620	1,860	3,100	6,980	10,850	15,500
2d Brgm	540	1,620	2,700	6,080	9,450	13,500
2d Clb Sed	520	1,560	2,600	5,850	9,100	13,000
4d Sed	520	1,560	2,600	5,850	9,100	13,000
4d Reg Sed	540	1,620	2,700	6,080	9,450	13,500

NOTE: Add $200 for Dictator 8-cyl.

	6	5	4	3	2	1
1930 Commander 6 & 8-cyl., 120" wb Commander FD						
2d Reg Rds	1,600	4,800	8,000	18,000	28,000	40,000
4d Tr	1,520	4,560	7,600	17,100	26,600	38,000
4d Reg Tr	1,560	4,680	7,800	17,550	27,300	39,000
4d 7P Tr	1,520	4,560	7,600	17,100	26,600	38,000
4d 7P Reg Tr	1,560	4,680	7,800	17,550	27,300	39,000
2d Cpe	640	1,920	3,200	7,200	11,200	16,000
2d Spt Cpe	680	2,040	3,400	7,650	11,900	17,000
2d Conv Cabr	1,520	4,560	7,600	17,100	26,600	38,000
2d Vic	560	1,680	2,800	6,300	9,800	14,000
2d Brgm	580	1,740	2,900	6,530	10,150	14,500
4d Sed	560	1,680	2,800	6,300	9,800	14,000
4d Reg Sed	600	1,800	3,000	6,750	10,500	15,000

NOTE: Add $200 for Commander 8-cyl.

	6	5	4	3	2	1
1930 President FH Model						
2d Rds	2,000	6,000	10,000	22,500	35,000	50,000
2d Conv Cabr	1,760	5,280	8,800	19,800	30,800	44,000
2d Sta Vic	720	2,160	3,600	8,100	12,600	18,000
4d Sed	640	1,920	3,200	7,200	11,200	16,000
4d Sta Sed	680	2,040	3,400	7,650	11,900	17,000
1930 President FE Model						
4d Tr	1,880	5,640	9,400	21,150	32,900	47,000
4d Sta Tr	1,920	5,760	9,600	21,600	33,600	48,000
2d Sta Vic	1,200	3,600	6,000	13,500	21,000	30,000
2d Brgm	680	2,040	3,400	7,650	11,900	17,000
4d Sed	720	2,160	3,600	8,100	12,600	18,000
4d Sta Sed	760	2,280	3,800	8,550	13,300	19,000
4d Limo	880	2,640	4,400	9,900	15,400	22,000
4d Sta Limo	920	2,760	4,600	10,350	16,100	23,000
1931 Studebaker Six, Model 53, 114" wb						
2d Rds	1,520	4,560	7,600	17,100	26,600	38,000
2d Tr	1,360	4,080	6,800	15,300	23,800	34,000
2d Reg Tr	1,400	4,200	7,000	15,750	24,500	35,000
2d Bus Cpe	520	1,560	2,600	5,850	9,100	13,000
2d Spt Cpe	560	1,680	2,800	6,300	9,800	14,000
2d Clb Sed	480	1,440	2,400	5,400	8,400	12,000
4d Sed	480	1,440	2,400	5,400	8,400	12,000
1931 Model 61 Dictator, 8-cyl., 115" wb						
4d Reg Sed	496	1,488	2,480	5,580	8,680	12,400
4d Lan Sed	500	1,500	2,500	5,630	8,750	12,500
1931 Series 54						
2d Rds	1,760	5,280	8,800	19,800	30,800	44,000
4d Tr	1,680	5,040	8,400	18,900	29,400	42,000
4d Rea Tr	1,720	5,160	8,600	19,350	30,100	43,000
2d Bus Cpe	580	1,740	2,900	6,530	10,150	14,500
2d Spt Cpe	600	1,800	3,000	6,750	10,500	15,000
4d Sed	520	1,560	2,600	5,850	9,100	13,000
4d Reg Sed	540	1,620	2,700	6,080	9,450	13,500

	6	5	4	3	2	1
1931 Dictator Eight, Model FC						
4d Tr	1,640	4,920	8,200	18,450	28,700	41,000
4d Reg Tr	1,680	5,040	8,400	18,900	29,400	42,000
2d Cpe	600	1,800	3,000	6,750	10,500	15,000
2d Spt Cpe	620	1,860	3,100	6,980	10,850	15,500
2d Reg Brgm	560	1,680	2,800	6,300	9,800	14,000
2d Clb Sed	540	1,620	2,700	6,080	9,450	13,500
4d Sed	560	1,680	2,800	6,300	9,800	14,000
4d Reg Sed	568	1,704	2,840	6,390	9,940	14,200
1931 Model 61						
2d Cpe	640	1,920	3,200	7,200	11,200	16,000
2d Spt Cpe	680	2,040	3,400	7,650	11,900	17,000
4d Sed	580	1,740	2,900	6,530	10,150	14,500
4d Reg Sed	600	1,800	3,000	6,750	10,500	15,000
1931 Commander Eight, Model 70						
2d Cpe	660	1,980	3,300	7,430	11,550	16,500
2d Vic	640	1,920	3,200	7,200	11,200	16,000
2d Reg Brgm	660	1,980	3,300	7,430	11,550	16,500
4d Sed	660	1,980	3,300	7,430	11,550	16,500
4d Reg Sed	680	2,040	3,400	7,650	11,900	17,000
1931 President Eight, Model 80						
2d Sta Rds	2,280	6,840	11,400	25,650	39,900	57,000
2d Cpe	1,000	3,000	5,000	11,250	17,500	25,000
2d Sta Cpe	1,080	3,240	5,400	12,150	18,900	27,000
4d Sed	760	2,280	3,800	8,550	13,300	19,000
4d Sta Sed	800	2,400	4,000	9,000	14,000	20,000
1931 President Eight, Model 90						
4d Tr	2,000	6,000	10,000	22,500	35,000	50,000
4d Sta Tr	2,080	6,240	10,400	23,400	36,400	52,000
2d Sta Vic	960	2,880	4,800	10,800	16,800	24,000
2d Sta Brgm	960	2,880	4,800	10,800	16,800	24,000
4d Sed	880	2,640	4,400	9,900	15,400	22,000
4d Sta Sed	920	2,760	4,600	10,350	16,100	23,000
4d Sta Limo	1,000	3,000	5,000	11,250	17,500	25,000
1932 Model 55, 6-cyl., 117" wb						
2d Conv Rds	1,400	4,200	7,000	15,750	24,500	35,000
2d Reg Conv Rds	1,560	4,680	7,800	17,550	27,300	39,000
2d Cpe	580	1,740	2,900	6,530	10,150	14,500
2d Reg Cpe	588	1,764	2,940	6,620	10,290	14,700
2d Spt Cpe	580	1,740	2,900	6,530	10,150	14,500
2d Reg Spt Cpe	600	1,800	3,000	6,750	10,500	15,000
2d St R Brgm	540	1,620	2,700	6,080	9,450	13,500
2d Reg St R Brgm	552	1,656	2,760	6,210	9,660	13,800
4d Conv Sed	1,560	4,680	7,800	17,550	27,300	39,000
4d Reg Conv Sed	1,600	4,800	8,000	18,000	28,000	40,000
4d Sed	520	1,560	2,600	5,850	9,100	13,000
4d Reg Sed	528	1,584	2,640	5,940	9,240	13,200
1932 Model 62 Dictator, 8-cyl., 117" wb						
2d Conv Rds	1,760	5,280	8,800	19,800	30,800	44,000
2d Reg Conv Rds	1,800	5,400	9,000	20,250	31,500	45,000
2d Cpe	880	2,640	4,400	9,900	15,400	22,000
2d Reg Cpe	920	2,760	4,600	10,350	16,100	23,000
2d Spt Cpe	1,160	3,480	5,800	13,050	20,300	29,000
2d Reg Spt Cpe	1,200	3,600	6,000	13,500	21,000	30,000
2d St R Brgm	1,040	3,120	5,200	11,700	18,200	26,000
2d Reg St R Brgm	1,080	3,240	5,400	12,150	18,900	27,000
4d Conv Sed	1,560	4,680	7,800	17,550	27,300	39,000
4d Reg Conv Sed	1,840	5,520	9,200	20,700	32,200	46,000
4d Sed	880	2,640	4,400	9,900	15,400	22,000
4d Reg Sed	920	2,760	4,600	10,350	16,100	23,000
1932 Model 65 Rockne, 6-cyl., 110" wb						
2d 2P Cpe	560	1,680	2,800	6,300	9,800	14,000
4d 5P Sed	520	1,560	2,600	5,850	9,100	13,000
2d Sed	500	1,500	2,500	5,630	8,750	12,500
4d 5P Conv Sed	1,440	4,320	7,200	16,200	25,200	36,000
2d Rds	1,600	4,800	8,000	18,000	28,000	40,000
1932 Model 71 Commander, 8-cyl.						
2d Rds Conv	1,880	5,640	9,400	21,150	32,900	47,000
2d Reg Rds Conv	1,920	5,760	9,600	21,600	33,600	48,000
2d Spt Cpe	1,120	3,360	5,600	12,600	19,600	28,000
2d Reg Spt Cpe	1,160	3,480	5,800	13,050	20,300	29,000
2d St R Brgm	1,120	3,360	5,600	12,600	19,600	28,000
2d Reg St R Brgm	1,160	3,480	5,800	13,050	20,300	29,000
4d Conv Sed	1,840	5,520	9,200	20,700	32,200	46,000
4d Reg Conv Sed	1,880	5,640	9,400	21,150	32,900	47,000
4d Sed	880	2,640	4,400	9,900	15,400	22,000
4d Reg Sed	900	2,700	4,500	10,130	15,750	22,500

	6	5	4	3	2	1
1932 Model 75 Rockne, 6-cyl., 114" wb						
2d 2P Cpe.	580	1,740	2,900	6,530	10,150	14,500
2d 4P Cpe.	560	1,680	2,800	6,300	9,800	14,000
4d 5P Sed.	520	1,560	2,600	5,850	9,100	13,000
2d 2P DeL Cpe.	620	1,860	3,100	6,980	10,850	15,500
2d 4P DeL Cpe.	600	1,800	3,000	6,750	10,500	15,000
4d 5P DeL Sed.	560	1,680	2,800	6,300	9,800	14,000
2d Rds	1,680	5,040	8,400	18,900	29,400	42,000
4d Conv Sed.	1,640	4,920	8,200	18,450	28,700	41,000
1932 Model 91 President, 8-cyl.						
2d Rds Conv.	2,480	7,440	12,400	27,900	43,400	62,000
2d Sta Rds Conv	2,400	7,200	12,000	27,000	42,000	60,000
2d Cpe	1,280	3,840	6,400	14,400	22,400	32,000
2d Sta Cpe	1,320	3,960	6,600	14,850	23,100	33,000
2d Spt Cpe	1,360	4,080	6,800	15,300	23,800	34,000
2d Sta Spt Cpe	1,400	4,200	7,000	15,750	24,500	35,000
2d St R Brgm	1,160	3,480	5,800	13,050	20,300	29,000
2d Sta St R Brgm	1,200	3,600	6,000	13,500	21,000	30,000
4d Conv Sed.	2,440	7,320	12,200	27,450	42,700	61,000
4d Sta Conv Sed	2,480	7,440	12,400	27,900	43,400	62,000
4d Sed	920	2,760	4,600	10,350	16,100	23,000
4d Sta Sed	960	2,880	4,800	10,800	16,800	24,000
4d Limo.	1,080	3,240	5,400	12,150	18,900	27,000
4d Sta Limo	1,120	3,360	5,600	12,600	19,600	28,000
4d 7P Sed.	880	2,640	4,400	9,900	15,400	22,000
4d 7P Sta Sed	920	2,760	4,600	10,350	16,100	23,000
1933 Model 10 Rockne, 6-cyl., 110" wb						
2d 4P Conv.	1,400	4,200	7,000	15,750	24,500	35,000
2d 4P DeL Conv Rds	1,440	4,320	7,200	16,200	25,200	36,000
2d 2P Cpe.	640	1,920	3,200	7,200	11,200	16,000
2d 5P Coach.	480	1,440	2,400	5,400	8,400	12,000
2d 4P Cpe.	600	1,800	3,000	6,750	10,500	15,000
2d 2P DeL Cpe.	640	1,920	3,200	7,200	11,200	16,000
2d 5P Sed.	480	1,440	2,400	5,400	8,400	12,000
2d 5P DeL Coach	500	1,500	2,500	5,630	8,750	12,500
2d 4P DeL Cpe.	600	1,800	3,000	6,750	10,500	15,000
4d 5P DeL Sed.	480	1,440	2,400	5,400	8,400	12,000
4d 5P Conv Sed	1,560	4,680	7,800	17,550	27,300	39,000
4d 5P DeL Conv Sed	1,600	4,800	8,000	18,000	28,000	40,000
1933 Model 56 Studebaker, 6-cyl., 117" wb						
2d Conv	1,640	4,920	8,200	18,450	28,700	41,000
2d Reg Conv.	1,680	5,040	8,400	18,900	29,400	42,000
2d Cpe	760	2,280	3,800	8,550	13,300	19,000
2d Reg Cpe	800	2,400	4,000	9,000	14,000	20,000
2d Spt Cpe	840	2,520	4,200	9,450	14,700	21,000
2d Reg Spt Cpe	880	2,640	4,400	9,900	15,400	22,000
2d St R Brgm	680	2,040	3,400	7,650	11,900	17,000
2d Reg St R Brgm	720	2,160	3,600	8,100	12,600	18,000
4d Conv Sed.	1,600	4,800	8,000	18,000	28,000	40,000
4d Reg Conv Sed	1,640	4,920	8,200	18,450	28,700	41,000
4d Sed	600	1,800	3,000	6,750	10,500	15,000
4d Reg Sed.	640	1,920	3,200	7,200	11,200	16,000
1933 Model 73 Commander, 8-cyl.						
2d Rds Conv.	1,680	5,040	8,400	18,900	29,400	42,000
2d Reg Rds Conv	1,720	5,160	8,600	19,350	30,100	43,000
2d Cpe	800	2,400	4,000	9,000	14,000	20,000
2d Reg Cpe	840	2,520	4,200	9,450	14,700	21,000
2d Spt Cpe	880	2,640	4,400	9,900	15,400	22,000
2d Reg Spt Cpe	920	2,760	4,600	10,350	16,100	23,000
2d St R Brgm	720	2,160	3,600	8,100	12,600	18,000
2d Reg St R Brgm	760	2,280	3,800	8,550	13,300	19,000
4d Conv Sed.	1,680	5,040	8,400	18,900	29,400	42,000
4d Reg Conv Sed	1,720	5,160	8,600	19,350	30,100	43,000
4d Sed	720	2,160	3,600	8,100	12,600	18,000
4d Reg Sed.	760	2,280	3,800	8,550	13,300	19,000
1933 Model 82 President, 8-cyl.						
2d Sta Rds Conv	1,800	5,400	9,000	20,250	31,500	45,000
2d Cpe	800	2,400	4,000	9,000	14,000	20,000
2d Sta Cpe	920	2,760	4,600	10,350	16,100	23,000
2d St R Brgm	720	2,160	3,600	8,100	12,600	18,000
2d Sta St R Brgm	760	2,280	3,800	8,550	13,300	19,000
4d Sta Conv Sed	1,800	5,400	9,000	20,250	31,500	45,000
4d Sed	760	2,280	3,800	8,550	13,300	19,000
4d Sta Sed	800	2,400	4,000	9,000	14,000	20,000
1933 Model 92 President Speedway, 8-cyl.						
2d Sta Rds Conv	1,840	5,520	9,200	20,700	32,200	46,000
2d Sta Cpe	920	2,760	4,600	10,350	16,100	23,000

	6	5	4	3	2	1
2d Sta St R Brgm	960	2,880	4,800	10,800	16,800	24,000
4d Sta Conv Sed	1,840	5,520	9,200	20,700	32,200	46,000
4d Sed	720	2,160	3,600	8,100	12,600	18,000
4d Sta Sed	760	2,280	3,800	8,550	13,300	19,000
4d 7P Sed	800	2,400	4,000	9,000	14,000	20,000
4d 7P Sta Sed	840	2,520	4,200	9,450	14,700	21,000
4d 7P Sta Limo	920	2,760	4,600	10,350	16,100	23,000
1934 Model Special A, Dictator						
2d Cpe	600	1,800	3,000	6,750	10,500	15,000
2d Reg Cpe	680	2,040	3,400	7,650	11,900	17,000
2d 4P Cpe	600	1,800	3,000	6,750	10,500	15,000
2d 4P Reg Cpe	640	1,920	3,200	7,200	11,200	16,000
2d St R Sed	480	1,440	2,400	5,400	8,400	12,000
2d Reg St R Sed	500	1,500	2,500	5,630	8,750	12,500
2d Sed	480	1,440	2,400	5,400	8,400	12,000
2d Reg Sed	500	1,500	2,500	5,630	8,750	12,500
4d Cus Reg St R	520	1,560	2,600	5,850	9,100	13,000
4d Cus Sed	540	1,620	2,700	6,080	9,450	13,500
1934 Model A, Dictator						
2d Rds	1,440	4,320	7,200	16,200	25,200	36,000
2d Rds Regal	1,480	4,440	7,400	16,650	25,900	37,000
2d Reg Cpe	760	2,280	3,800	8,550	13,300	19,000
2d St R Sed	600	1,800	3,000	6,750	10,500	15,000
2d Cus St R Sed	500	1,500	2,500	5,630	8,750	12,500
4d Sed	480	1,440	2,400	5,400	8,400	12,000
4d Reg Sed	500	1,500	2,500	5,630	8,750	12,500
1934 Model B, Commander						
2d Rds Conv	1,480	4,440	7,400	16,650	25,900	37,000
2d Reg Rds Conv	1,520	4,560	7,600	17,100	26,600	38,000
2d Cpe	760	2,280	3,800	8,550	13,300	19,000
2d Reg Cpe	800	2,400	4,000	9,000	14,000	20,000
2d 4P Cpe	720	2,160	3,600	8,100	12,600	18,000
2d 4P Reg Cpe	760	2,280	3,800	8,550	13,300	19,000
2d St R Sed	520	1,560	2,600	5,850	9,100	13,000
2d Cus St R Sed	540	1,620	2,700	6,080	9,450	13,500
4d Sed	480	1,440	2,400	5,400	8,400	12,000
4d Reg Sed	500	1,500	2,500	5,630	8,750	12,500
4d Cus Sed	508	1,524	2,540	5,720	8,890	12,700
4d L Cruise	520	1,560	2,600	5,850	9,100	13,000
1934 Model C, President						
2d Rds Conv	1,600	4,800	8,000	18,000	28,000	40,000
2d Reg Rds Conv	1,640	4,920	8,200	18,450	28,700	41,000
2d Cpe	800	2,400	4,000	9,000	14,000	20,000
2d Reg Cpe	840	2,520	4,200	9,450	14,700	21,000
2d 4P Cpe	760	2,280	3,800	8,550	13,300	19,000
2d 4P Reg Cpe	800	2,400	4,000	9,000	14,000	20,000
2d Sed	540	1,620	2,700	6,080	9,450	13,500
2d Reg Sed	560	1,680	2,800	6,300	9,800	14,000
4d Cus Sed	560	1,680	2,800	6,300	9,800	14,000
4d Cus Berl	580	1,740	2,900	6,530	10,150	14,500
4d L Cruise	620	1,860	3,100	6,980	10,850	15,500
1935 Model 1A, Dictator Six						
2d Rds	1,400	4,200	7,000	15,750	24,500	35,000
2d Reg Rds	1,440	4,320	7,200	16,200	25,200	36,000
2d Cpe	560	1,680	2,800	6,300	9,800	14,000
2d Reg Cpe	600	1,800	3,000	6,750	10,500	15,000
2d R/S Cpe	620	1,860	3,100	6,980	10,850	15,500
2d Reg R/S Cpe	660	1,980	3,300	7,430	11,550	16,500
2d St Reg	348	1,044	1,740	3,920	6,090	8,700
2d Reg St Reg	440	1,320	2,200	4,950	7,700	11,000
2d Cus St Reg	452	1,356	2,260	5,090	7,910	11,300
4d Sed	340	1,020	1,700	3,830	5,950	8,500
2d Reg Sed	352	1,056	1,760	3,960	6,160	8,800
2d Cus Sed	444	1,332	2,220	5,000	7,770	11,100
4d L Cr	452	1,356	2,260	5,090	7,910	11,300
4d Reg L Cr	460	1,380	2,300	5,180	8,050	11,500
1935 Model 1B, Commander Eight						
2d Rds	1,520	4,560	7,600	17,100	26,600	38,000
2d Reg Rds	1,560	4,680	7,800	17,550	27,300	39,000
2d Cpe	600	1,800	3,000	6,750	10,500	15,000
2d Reg Cpe	640	1,920	3,200	7,200	11,200	16,000
2d R/S Cpe	660	1,980	3,300	7,430	11,550	16,500
2d Reg R/S Cpe	680	2,040	3,400	7,650	11,900	17,000
2d Reg St R	480	1,440	2,400	5,400	8,400	12,000
2d Cus St R	488	1,464	2,440	5,490	8,540	12,200
2d Reg Sed	492	1,476	2,460	5,540	8,610	12,300
2d Cus Sed	500	1,500	2,500	5,630	8,750	12,500

	6	5	4	3	2	1
4d L Cr	520	1,560	2,600	5,850	9,100	13,000
4d Reg L Cr	532	1,596	2,660	5,990	9,310	13,300

1935 Model 1C, President Eight

	6	5	4	3	2	1
2d Rds	1,560	4,680	7,800	17,550	27,300	39,000
2d Reg Rds	1,600	4,800	8,000	18,000	28,000	40,000
2d Cpe	720	2,160	3,600	8,100	12,600	18,000
2d Reg Cpe	760	2,280	3,800	8,550	13,300	19,000
2d R/S Cpe	780	2,340	3,900	8,780	13,650	19,500
2d Reg R/S Cpe	800	2,400	4,000	9,000	14,000	20,000
2d Reg Sed	520	1,560	2,600	5,850	9,100	13,000
2d Cus Sed	560	1,680	2,800	6,300	9,800	14,000
4d L Cr	600	1,800	3,000	6,750	10,500	15,000
4d Reg L Cr	640	1,920	3,200	7,200	11,200	16,000
4d Cus Berl	680	2,040	3,400	7,650	11,900	17,000
4d Reg Berl	700	2,100	3,500	7,880	12,250	17,500

NOTE: Add 10 percent for 2A Dictator models.

1936 Model 3A/4A, Dictator Six

	6	5	4	3	2	1
2d Bus Cpe	550	1,700	2,800	6,300	9,800	14,000
2d Cus Cpe	600	1,800	3,000	6,750	10,500	15,000
2d 5P Cus Cpe	650	1,900	3,200	7,200	11,200	16,000
2d Cus St R	500	1,450	2,450	5,490	8,550	12,200
4d Cr St R	500	1,500	2,500	5,630	8,750	12,500
2d Cus Sed	500	1,500	2,500	5,630	8,750	12,500
4d Cr Sed	500	1,550	2,550	5,760	8,950	12,800

1936 Model 2C, President Eight

	6	5	4	3	2	1
2d Cus Cpe	700	2,050	3,400	7,650	11,900	17,000
2d 5P Cus Cpe	700	2,150	3,600	8,100	12,600	18,000
2d Cus St R	550	1,700	2,850	6,390	9,950	14,200
4d Cr St R	600	1,750	2,900	6,530	10,200	14,500
4d Cus Sed	600	1,800	3,000	6,750	10,500	15,000
4d Cr Sed	650	1,900	3,200	7,200	11,200	16,000

NOTE: Add 10 percent for Model 4A Dictator Six.

1937 Model 5A/6A, Dictator Six

	6	5	4	3	2	1
2d Cpe Express	650	1,900	3,200	7,200	11,200	16,000
2d Bus Cpe	600	1,800	3,000	6,750	10,500	15,000
2d Cus Cpe	650	1,900	3,200	7,200	11,200	16,000
2d 5P Cus Cpe	600	1,850	3,100	6,980	10,900	15,500
2d Cus St R	500	1,500	2,500	5,630	8,750	12,500
4d St R Cr	500	1,500	2,500	5,580	8,700	12,400
4d Cus Sed	500	1,500	2,500	5,580	8,700	12,400
4d Cr Sed	500	1,500	2,550	5,720	8,900	12,700

1937 Model 3C, President Eight

	6	5	4	3	2	1
2d Cus Cpe	700	2,050	3,400	7,650	11,900	17,000
2d 5P Cus Cpe	650	2,000	3,300	7,430	11,600	16,500
2d Cus St R	550	1,700	2,850	6,390	9,950	14,200
4d St R Cr	550	1,700	2,800	6,350	9,850	14,100
4d Cus Sed	550	1,700	2,800	6,350	9,850	14,100
4d Cr Sed	600	1,750	2,900	6,480	10,100	14,400

NOTE: Add 10 percent for Dictator 6A models.

1938 Model 7A, Commander Six

	6	5	4	3	2	1
2d Cpe Exp	600	1,800	3,000	6,750	10,500	15,000
2d Bus Cpe	550	1,700	2,800	6,300	9,800	14,000
2d Cus Cpe	600	1,800	3,000	6,750	10,500	15,000
2d Clb Sed	500	1,500	2,500	5,670	8,800	12,600
4d Cr Sed	500	1,550	2,550	5,760	8,950	12,800
4d Conv Sed	1,150	3,400	5,700	12,830	20,000	28,500

1938 Model 8A, State Commander Six

	6	5	4	3	2	1
2d Cus Cpe	600	1,850	3,100	6,980	10,900	15,500
2d Clb Sed	500	1,500	2,500	5,670	8,800	12,600
4d Cr Sed	500	1,550	2,550	5,760	8,950	12,800
4d Conv Sed	1,200	3,550	5,900	13,280	20,700	29,500

1938 Model 4C, President Eight

	6	5	4	3	2	1
2d Cpe	650	1,900	3,200	7,200	11,200	16,000
2d Clb Sed	550	1,700	2,800	6,300	9,800	14,000
4d Cr Sed	600	1,750	2,900	6,530	10,200	14,500

1938 Model 4C, State President Eight

	6	5	4	3	2	1
2d Cpe	700	2,050	3,400	7,650	11,900	17,000
2d Clb Sed	550	1,700	2,850	6,440	10,000	14,300
4d Cr Sed	600	1,800	3,000	6,750	10,500	15,000
4d Conv Sed	1,300	3,900	6,500	14,630	22,800	32,500

1939 Model G, Custom Champion Six

	6	5	4	3	2	1
2d Cpe	600	1,800	3,000	6,750	10,500	15,000
2d Clb Sed	550	1,650	2,750	6,170	9,600	13,700
4d Cr Sed	550	1,650	2,750	6,210	9,650	13,800

	6	5	4	3	2	1
1939 Model G, Deluxe Champion Six						
2d Cpe	700	2,050	3,400	7,650	11,900	17,000
2d Clb Sed	600	1,800	2,950	6,660	10,400	14,800
4d Cr Sed	600	1,800	3,000	6,750	10,500	15,000
1939 Model 9A, Commander Six						
2d Cpe Express	800	2,350	3,900	8,780	13,700	19,500
2d Bus Cpe	700	2,150	3,600	8,100	12,600	18,000
2d Cus Cpe	750	2,300	3,800	8,550	13,300	19,000
2d Clb Sed	650	2,000	3,300	7,470	11,600	16,600
4d Cr Sed	650	2,000	3,350	7,520	11,700	16,700
4d Conv Sed	1,400	4,200	7,000	15,750	24,500	35,000
1939 Model 5C, State President Eight						
2d Cus Cpe	800	2,400	4,000	9,000	14,000	20,000
2d Clb Sed	700	2,150	3,600	8,100	12,600	18,000
4d Cr Sed	750	2,200	3,700	8,330	13,000	18,500
4d Conv Sed	1,500	4,550	7,600	17,100	26,600	38,000
1940 Champion Custom						
2d Cpe	650	2,000	3,300	7,430	11,600	16,500
2d OS Cpe	700	2,100	3,500	7,880	12,300	17,500
2d Clb Sed	600	1,800	3,000	6,750	10,500	15,000
4d Cr Sed	600	1,800	3,000	6,800	10,600	15,100
1940 Champion Custom Deluxe						
2d Cpe	700	2,150	3,600	8,100	12,600	18,000
2d OS Cpe	750	2,200	3,700	8,330	13,000	18,500
2d Clb Sed	600	1,800	3,000	6,800	10,600	15,100
4d Cr Sed	600	1,800	3,050	6,840	10,600	15,200
1940 Champion Deluxe						
2d Cpe	750	2,200	3,700	8,330	13,000	18,500
2d OS Cpe	750	2,300	3,800	8,550	13,300	19,000
2d Clb Sed	600	1,800	3,050	6,840	10,600	15,200
4d Cr Sed	600	1,850	3,050	6,890	10,700	15,300
1940 Champion Deluxe-Tone						
2d Cpe	750	2,300	3,800	8,550	13,300	19,000
2d OS Cpe	800	2,350	3,900	8,780	13,700	19,500
2d Clb Sed	600	1,850	3,050	6,890	10,700	15,300
4d Cr Sed	600	1,850	3,100	6,930	10,800	15,400
1940 Commander						
2d Cus Cpe	800	2,400	4,000	9,000	14,000	20,000
2d Clb Sed	600	1,850	3,100	7,020	10,900	15,600
4d Cr Sed	650	1,900	3,150	7,070	11,000	15,700
1940 Commander Deluxe-Tone						
2d Cus Cpe	850	2,500	4,200	9,450	14,700	21,000
2d Clb Sed	600	1,850	3,100	7,020	10,900	15,600
4d Cr Sed	650	1,900	3,150	7,070	11,000	15,700
1940 State President						
2d Cpe	850	2,600	4,300	9,680	15,000	21,500
2d Clb Sed	700	2,050	3,400	7,650	11,900	17,000
4d Cr Sed	700	2,150	3,600	8,100	12,600	18,000
1940 President Deluxe-Tone						
2d Cpe	900	2,700	4,500	10,130	15,700	22,500
2d Clb Sed	700	2,050	3,450	7,740	12,000	17,200
4d Cr Sed	700	2,150	3,600	8,100	12,600	18,000
1941 Champion Custom						
2d Cpe	700	2,050	3,400	7,650	11,900	17,000
2d D D Cpe	700	2,100	3,500	7,880	12,300	17,500
2d OS Cpe	700	2,150	3,600	8,100	12,600	18,000
2d Clb Sed	650	1,900	3,150	7,070	11,000	15,700
4d Cr Sed	650	1,900	3,150	7,110	11,100	15,800
1941 Champion Custom Deluxe						
2d Cpe	700	2,100	3,500	7,880	12,300	17,500
2d D D Cpe	700	2,150	3,600	8,100	12,600	18,000
2d OS Cpe	750	2,200	3,700	8,330	13,000	18,500
2d Clb Sed	650	1,900	3,150	7,110	11,100	15,800
4d Cr Sed	650	1,900	3,200	7,200	11,200	16,000
1941 Champion Deluxe-Tone						
2d Cpe	700	2,150	3,600	8,100	12,600	18,000
2d D D Cpe	750	2,200	3,700	8,330	13,000	18,500
2d OS Cpe	750	2,300	3,800	8,550	13,300	19,000
2d Clb Sed	650	1,900	3,150	7,110	11,100	15,800
4d Cr Sed	650	1,900	3,200	7,200	11,200	16,000
1941 Commander Custom						
4d Sed Cpe	700	2,150	3,600	8,100	12,600	18,000
2d Cr Cpe	800	2,350	3,900	8,780	13,700	19,500
4d L Cruise	700	2,150	3,600	8,100	12,600	18,000

	6	5	4	3	2	1
1941 Commander Deluxe-Tone						
4d Cr Sed	750	2,200	3,650	8,240	12,800	18,300
4d L Cruise	750	2,200	3,700	8,330	13,000	18,500
1941 Commander Skyway						
4d Sed Cpe	800	2,400	4,000	9,000	14,000	20,000
4d Cr Sed	750	2,300	3,800	8,550	13,300	19,000
4d L Cruise	800	2,350	3,900	8,780	13,700	19,500
1941 President Custom						
4d Cr Sed	800	2,350	3,900	8,780	13,700	19,500
4d L Cruise	800	2,450	4,100	9,230	14,300	20,500
1941 President Deluxe-Tone						
4d Cr Sed	800	2,350	3,950	8,870	13,800	19,700
4d L Cruise	850	2,500	4,150	9,320	14,500	20,700
1941 President Skyway						
2d Sed Cpe	950	2,900	4,800	10,800	16,800	24,000
4d Cr Sed	900	2,650	4,400	9,900	15,400	22,000
4d L Cruise	900	2,700	4,500	10,130	15,700	22,500
1942 Champion Custom Series						
2d Cpe	600	1,750	2,900	6,530	10,200	14,500
2d D D Cpe	600	1,800	3,000	6,750	10,500	15,000
2d Clb Sed	500	1,550	2,600	5,850	9,100	13,000
4d Cr Sed	500	1,550	2,600	5,900	9,150	13,100
1942 Champion Deluxstyle Series						
2d Cpe	600	1,800	3,000	6,750	10,500	15,000
2d D D Cpe	600	1,850	3,100	6,980	10,900	15,500
2d Clb Sed	500	1,550	2,600	5,900	9,150	13,100
4d Cr Sed	550	1,600	2,650	5,940	9,250	13,200
1942 Commander Custom Series						
2d Sed Cpe	600	1,850	3,100	6,980	10,900	15,500
4d Cr Sed	550	1,650	2,750	6,170	9,600	13,700
4d L Cr	550	1,650	2,750	6,210	9,650	13,800
1942 Commander Deluxstyle Series						
2d Sed Cpe	650	2,000	3,300	7,430	11,600	16,500
4d Cr Sed	550	1,700	2,850	6,440	10,000	14,300
4d L Cr	600	1,800	2,950	6,660	10,400	14,800
1942 Commander Skyway Series						
2d Sed Cpe	750	2,200	3,700	8,330	13,000	18,500
4d Cr Sed	650	1,900	3,150	7,110	11,100	15,800
4d L Cr	650	2,000	3,350	7,560	11,800	16,800
1942 President Custom Series						
2d Sed Cpe	750	2,200	3,700	8,330	13,000	18,500
4d Cr Sed	650	1,900	3,150	7,110	11,100	15,800
4d L Cr	650	2,000	3,350	7,560	11,800	16,800
1942 President Deluxstyle Series						
2d Sed Cpe	800	2,350	3,900	8,780	13,700	19,500
4d Cr Sed	650	2,000	3,350	7,560	11,800	16,800
4d L Cr	700	2,150	3,550	8,010	12,500	17,800
1942 President Skyway Series						
2d Sed Cpe	800	2,450	4,100	9,230	14,300	20,500
4d Cr Sed	700	2,150	3,550	8,010	12,500	17,800
4d L Cr	750	2,250	3,750	8,460	13,200	18,800
1946 Skyway Champion, 6-cyl., 109.5" wb						
2d 3P Cpe	680	2,040	3,400	7,650	11,900	17,000
2d 5P Cpe	700	2,100	3,500	7,880	12,250	17,500
2d Sed	608	1,824	3,040	6,840	10,640	15,200
4d Sed	616	1,848	3,080	6,930	10,780	15,400
1947-49 Champion, 6-cyl., 112" wb						
2d 3P Cpe	640	1,920	3,200	7,200	11,200	16,000
2d 5P Cpe Starlight	700	2,100	3,500	7,880	12,250	17,500
2d Sed	588	1,764	2,940	6,620	10,290	14,700
4d Sed	592	1,776	2,960	6,660	10,360	14,800
2d Conv	1,040	3,120	5,200	11,700	18,200	26,000
1947-49 Commander, 6-cyl., 119" wb						
2d 3P Cpe	660	1,980	3,300	7,430	11,550	16,500
2d 5P Cpe Starlight	680	2,040	3,400	7,650	11,900	17,000
2d Sed	604	1,812	3,020	6,800	10,570	15,100
4d Sed	612	1,836	3,060	6,890	10,710	15,300
2d Conv	1,040	3,120	5,200	11,700	18,200	26,000
1947-49 Land Cruiser, 6-cyl., 123" wb						
4d Ld Crs Sed	668	2,004	3,340	7,520	11,690	16,700
1950 Champion, 6-cyl., 113" wb						
2d 3P Cpe	700	2,100	3,500	7,880	12,250	17,500
2d 5P Cpe Starlight	720	2,160	3,600	8,100	12,600	18,000
2d Sed	720	2,160	3,600	8,100	12,600	18,000

	6	5	4	3	2	1
4d Sed	720	2,160	3,600	8,100	12,600	18,000
2d Conv	1,040	3,120	5,200	11,700	18,200	26,000

1950 Commander, 6-cyl., 120" - 124" wb

	6	5	4	3	2	1
2d 3P Cpe	840	2,520	4,200	9,450	14,700	21,000
2d 5P Cpe Starlight	880	2,640	4,400	9,900	15,400	22,000
2d Sed	740	2,220	3,700	8,330	12,950	18,500
4d Sed	740	2,220	3,700	8,330	12,950	18,500
2d Conv	1,120	3,360	5,600	12,600	19,600	28,000

1950 Land Cruiser, 6-cyl., 124" wb

	6	5	4	3	2	1
4d Ld Crs Sed	760	2,280	3,800	8,550	13,300	19,000

1951 Champion Custom, 6-cyl., 115" wb

	6	5	4	3	2	1
4d Sed	760	2,280	3,800	8,550	13,300	19,000
2d Sed	760	2,280	3,800	8,550	13,300	19,000
2d 5P Cpe Starlight	840	2,520	4,200	9,450	14,700	21,000
2d 3P Cpe	780	2,340	3,900	8,780	13,650	19,500

1951 Champion DeLuxe, 6-cyl., 115" wb

	6	5	4	3	2	1
4d Sed	680	2,040	3,400	7,650	11,900	17,000
2d Sed	680	2,040	3,400	7,650	11,900	17,000
2d 5P Cpe Starlight	840	2,520	4,200	9,450	14,700	21,000
2d 3P Cpe	760	2,280	3,800	8,550	13,300	19,000

1951 Champion Regal, 6-cyl., 115" wb

	6	5	4	3	2	1
4d Sed	720	2,160	3,600	8,100	12,600	18,000
2d Sed	720	2,160	3,600	8,100	12,600	18,000
2d 5P Cpe Starlight	800	2,400	4,000	9,000	14,000	20,000
2d 3P Cpe	760	2,280	3,800	8,550	13,300	19,000
2d Conv	1,080	3,240	5,400	12,150	18,900	27,000

1951 Commander Regal, V-8, 115" wb

	6	5	4	3	2	1
4d Sed	720	2,160	3,600	8,100	12,600	18,000
2d Sed	720	2,160	3,600	8,100	12,600	18,000
2d 5P Cpe Starlight	840	2,520	4,200	9,450	14,700	21,000

1951 Commander State, V-8, 115" wb

	6	5	4	3	2	1
4d Sed	740	2,220	3,700	8,330	12,950	18,500
2d Sed	740	2,220	3,700	8,330	12,950	18,500
2d 5P Cpe Starlight	880	2,640	4,400	9,900	15,400	22,000
2d Conv	1,200	3,600	6,000	13,500	21,000	30,000

1951 Land Cruiser, V-8, 119" wb

	6	5	4	3	2	1
4d Sed	760	2,280	3,800	8,550	13,300	19,000

1952 Champion Custom, 6-cyl., 115" wb

	6	5	4	3	2	1
4d Sed	680	2,040	3,400	7,650	11,900	17,000
2d Sed	680	2,040	3,400	7,650	11,900	17,000
2d 5P Cpe Starlight	800	2,400	4,000	9,000	14,000	20,000

1952 Champion DeLuxe, 6-cyl., 115" wb

	6	5	4	3	2	1
4d Sed	680	2,040	3,400	7,650	11,900	17,000
2d Sed	680	2,040	3,400	7,650	11,900	17,000
2d 5P Cpe Starlight	800	2,400	4,000	9,000	14,000	20,000

1952 Champion Regal, 6-cyl., 115" wb

	6	5	4	3	2	1
Sed	700	2,100	3,500	7,880	12,250	17,500
2d Sed	700	2,100	3,500	7,880	12,250	17,500
2d 5P Cpe Starlight	820	2,460	4,100	9,230	14,350	20,500
2d Star Cpe	840	2,520	4,200	9,450	14,700	21,000
2d Conv	1,080	3,240	5,400	12,150	18,900	27,000

1952 Commander Regal, V-8, 115" wb

	6	5	4	3	2	1
4d Sed	720	2,160	3,600	8,100	12,600	18,000
2d Sed	720	2,160	3,600	8,100	12,600	18,000
2d 5P Cpe Starlight	880	2,640	4,400	9,900	15,400	22,000

1952 Commander State, V-8, 115" wb

	6	5	4	3	2	1
4d Sed	740	2,220	3,700	8,330	12,950	18,500
2d Sed	740	2,220	3,700	8,330	12,950	18,500
2d Cpe Starlight	920	2,760	4,600	10,350	16,100	23,000
2d Star HT	1,040	3,120	5,200	11,700	18,200	26,000
2d Conv	1,160	3,480	5,800	13,050	20,300	29,000

1952 Land Cruiser, V-8, 119" wb

	6	5	4	3	2	1
4d Sed	760	2,280	3,800	8,550	13,300	19,000

1953-54 Champion Custom, 6-cyl., 116.5" wb

	6	5	4	3	2	1
4d Sed	640	1,920	3,200	7,200	11,200	16,000
2d Sed	648	1,944	3,240	7,290	11,340	16,200

1953-54 Champion DeLuxe, 6-cyl., 116.5" - 120.5" wb

	6	5	4	3	2	1
4d Sed	660	1,980	3,300	7,430	11,550	16,500
2d Sed	668	2,004	3,340	7,520	11,690	16,700
2d Cpe	840	2,520	4,200	9,450	14,700	21,000
2d Sta Wag	720	2,160	3,600	8,100	12,600	18,000

1953-54 Champion Regal, 6-cyl., 116.5" - 120.5" wb

	6	5	4	3	2	1
4d Sed	700	2,100	3,500	7,880	12,250	17,500
2d Sed	704	2,112	3,520	7,920	12,320	17,600

	6	5	4	3	2	1
2d 5P Cpe.	880	2,640	4,400	9,900	15,400	22,000
2d HT	920	2,760	4,600	10,350	16,100	23,000
2d Sta Wag (1954 only)	760	2,280	3,800	8,550	13,300	19,000
1953-54 Commander DeLuxe, V-8, 116.5" - 120.5" wb						
4d Sed	720	2,160	3,600	8,100	12,600	18,000
2d Sed	724	2,172	3,620	8,150	12,670	18,100
2d Cpe	920	2,760	4,600	10,350	16,100	23,000
Sta Wag (1954 only)	800	2,400	4,000	9,000	14,000	20,000
1953-54 Commander Regal, V-8, 116.5" - 120.5" wb						
4d Sed	740	2,220	3,700	8,330	12,950	18,500
2d Cpe	940	2,820	4,700	10,580	16,450	23,500
2d HT	1,040	3,120	5,200	11,700	18,200	26,000
2d Sta Wag (1954 only)	820	2,460	4,100	9,230	14,350	20,500
1953-54 Land Cruiser, V-8, 120.5" wb						
4d Sed	760	2,280	3,800	8,550	13,300	19,000
4d Reg Sed (1954 only)	780	2,340	3,900	8,780	13,650	19,500
1955 Champion Custom, 6-cyl., 116.5" wb						
4d Sed	640	1,920	3,200	7,200	11,200	16,000
2d Sed	644	1,932	3,220	7,250	11,270	16,100
1955 Champion DeLuxe, 6-cyl., 116.5" - 120.5" wb						
4d Sed	680	2,040	3,400	7,650	11,900	17,000
2d Sed	684	2,052	3,420	7,700	11,970	17,100
2d Cpe	960	2,880	4,800	10,800	16,800	24,000
1955 Champion Regal, 6-cyl., 116.5" - 120.5" wb						
4d Sed	700	2,100	3,500	7,880	12,250	17,500
2d Cpe	1,000	3,000	5,000	11,250	17,500	25,000
2d HT	1,080	3,240	5,400	12,150	18,900	27,000
2d Sta Wag	800	2,400	4,000	9,000	14,000	20,000
1955 Commander Custom, V-8, 116.5" wb						
4d Sed	720	2,160	3,600	8,100	12,600	18,000
2d Sed	724	2,172	3,620	8,150	12,670	18,100
1955 Commander DeLuxe, V-8, 116.5" - 120.5" wb						
4d Sed	740	2,220	3,700	8,330	12,950	18,500
2d Sed	744	2,232	3,720	8,370	13,020	18,600
2d Cpe	1,120	3,360	5,600	12,600	19,600	28,000
Sta Wag	840	2,520	4,200	9,450	14,700	21,000
1955 Commander Regal, V-8, 116.5" - 120.5" wb						
4d Sed	760	2,280	3,800	8,550	13,300	19,000
2d Cpe	1,140	3,420	5,700	12,830	19,950	28,500
2d HT	1,180	3,540	5,900	13,280	20,650	29,500
2d Sta Wag	880	2,640	4,400	9,900	15,400	22,000
1955 President DeLuxe, V-8, 120.5" wb						
4d Sed	780	2,340	3,900	8,780	13,650	19,500
1955 President State, V-8, 120.5" wb						
4d Sed	800	2,400	4,000	9,000	14,000	20,000
2d Cpe	1,160	3,480	5,800	13,050	20,300	29,000
2d HT	1,200	3,600	6,000	13,500	21,000	30,000
2d Spds HT	1,240	3,720	6,200	13,950	21,700	31,000

NOTE: Deduct $200 for Champion models in all series.

	6	5	4	3	2	1
1956 Champion, 6-cyl., 116.5" wb						
4d Sed	600	1,800	3,000	6,750	10,500	15,000
2d Sed	604	1,812	3,020	6,800	10,570	15,100
1956 Flight Hawk, 6-cyl., 120.5" wb						
2d Cpe	840	2,520	4,200	9,450	14,700	21,000
1956 Champion Pelham, 6-cyl., 116.5" wb						
Sta Wag	860	2,580	4,300	9,680	15,050	21,500
1956 Commander, V-8, 116.5" wb						
4d Sed	620	1,860	3,100	6,980	10,850	15,500
2d Sed	624	1,872	3,120	7,020	10,920	15,600
1956 Power Hawk, V-8, 120.5" wb						
2d Cpe	900	2,700	4,500	10,130	15,750	22,500
1956 Commander Parkview, V-8, 116.5" wb						
2d Sta Wag	880	2,640	4,400	9,900	15,400	22,000
1956 President, V-8, 116.5" wb						
4d Sed	860	2,580	4,300	9,680	15,050	21,500
4d Classic	880	2,640	4,400	9,900	15,400	22,000
2d Sed	864	2,592	4,320	9,720	15,120	21,600
1956 Sky Hawk, V-8, 120.5" wb						
2d HT	920	2,760	4,600	10,350	16,100	23,000
1956 President Pinehurst, V-8, 116.5" wb						
4d Sta Wag	900	2,700	4,500	10,130	15,750	22,500

1952 Studebaker Champion Regal Starlight coupe

1956 Studebaker President Pinehurst two-door station wagon

1961 Studebaker Lark VIII Regal convertible

	6	5	4	3	2	1
1956 Golden Hawk, V-8, 120.5" wb						
2d HT	1,160	3,480	5,800	13,050	20,300	29,000
1957 Champion Scotsman, 6-cyl., 116.5" wb						
4d Sed	560	1,680	2,800	6,300	9,800	14,000
2d Sed	564	1,692	2,820	6,350	9,870	14,100
2d Sta Wag	720	2,160	3,600	8,100	12,600	18,000
1957 Champion Custom, 6-cyl., 116.5" wb						
4d Sed	600	1,800	3,000	6,750	10,500	15,000
2d Clb Sed	604	1,812	3,020	6,800	10,570	15,100
1957 Champion DeLuxe, 6-cyl., 116.5" wb						
4d Sed	620	1,860	3,100	6,980	10,850	15,500
2d Clb Sed	624	1,872	3,120	7,020	10,920	15,600
1957 Silver Hawk, 6-cyl., 120.5" wb						
2d Cpe	880	2,640	4,400	9,900	15,400	22,000
1957 Champion Pelham, 6-cyl., 116.5" wb						
Sta Wag	860	2,580	4,300	9,680	15,050	21,500
1957 Commander Custom, V-8, 116.5" wb						
4d Sed	600	1,800	3,000	6,750	10,500	15,000
2d Clb Sed	604	1,812	3,020	6,800	10,570	15,100
1957 Commander DeLuxe, V-8, 116.5" wb						
4d Sed	620	1,860	3,100	6,980	10,850	15,500
2d Clb Sed	624	1,872	3,120	7,020	10,920	15,600
1957 Commander Station Wagons, V-8, 116.5" wb						
4d Park	880	2,640	4,400	9,900	15,400	22,000
4d Prov	900	2,700	4,500	10,130	15,750	22,500
1957 President, V-8, 116.5" wb						
4d Sed	680	2,040	3,400	7,650	11,900	17,000
4d Classic	700	2,100	3,500	7,880	12,250	17,500
2d Clb Sed	684	2,052	3,420	7,700	11,970	17,100
1957 Silver Hawk, V-8, 120.5" wb						
2d Cpe	940	2,820	4,700	10,580	16,450	23,500
1957 President Broadmoor, V-8, 116.5" wb						
4d Sta Wag	900	2,700	4,500	10,130	15,750	22,500
1957 Golden Hawk, V-8, 120.5" wb						
2d Spt HT	1,120	3,360	5,600	12,600	19,600	28,000
1958 Champion Scotsman, 6-cyl., 116.5" wb						
4d Sed	388	1,164	1,940	4,370	6,790	9,700
2d Sed	384	1,152	1,920	4,320	6,720	9,600
4d Sta Wag	420	1,260	2,100	4,730	7,350	10,500
1958 Champion, 6-cyl., 116.5" wb						
4d Sed	392	1,176	1,960	4,410	6,860	9,800
2d Sed	388	1,164	1,940	4,370	6,790	9,700
1958 Silver Hawk, 6-cyl., 120.5" wb						
2d Cpe	800	2,400	4,000	9,000	14,000	20,000
1958 Commander, V-8, 116.5" wb						
4d Sed	520	1,560	2,600	5,850	9,100	13,000
2d HT	580	1,740	2,900	6,530	10,150	14,500
4d Sta Wag	540	1,620	2,700	6,080	9,450	13,500
1958 President, V-8, 120.5" & 116.5" wb						
4d Sed	528	1,584	2,640	5,940	9,240	13,200
2d HT	588	1,764	2,940	6,620	10,290	14,700
1958 Silver Hawk, V-8, 120.5" wb						
2d Cpe	840	2,520	4,200	9,450	14,700	21,000
1958 Golden Hawk, V-8, 120.5" wb						
2d Spt HT	1,080	3,240	5,400	12,150	18,900	27,000
1959-60 Lark DeLuxe, V-8, 108.5" wb						
4d Sed	400	1,200	2,000	4,500	7,000	10,000
2d Sed	400	1,200	2,000	4,500	7,000	10,000
4d Sta Wag (1960 only)	410	1,240	2,060	4,640	7,210	10,300
2d Sta Wag	416	1,248	2,080	4,680	7,280	10,400
1959-60 Lark Regal, V-8, 108.5" wb						
4d Sed	420	1,260	2,100	4,730	7,350	10,500
2d HT	580	1,740	2,900	6,530	10,150	14,500
2d Conv (1960 only)	780	2,340	3,900	8,780	13,650	19,500
4d Sta Wag	420	1,260	2,100	4,730	7,350	10,500

NOTE: Deduct 5 percent for 6-cyl. models.

	6	5	4	3	2	1
1959-60 Hawk, V-8, 120.5" wb						
2d Spt Cpe	840	2,520	4,200	9,450	14,700	21,000
1961 Lark DeLuxe, V-8, 108.5" wb						
4d Sed	392	1,176	1,960	4,410	6,860	9,800
2d Sed	396	1,188	1,980	4,460	6,930	9,900

	6	5	4	3	2	1
1961 Lark Regal, V-8, 108.5" wb						
4d Sed	400	1,200	2,000	4,500	7,000	10,000
2d HT	560	1,680	2,800	6,300	9,800	14,000
2d Conv	700	2,100	3,500	7,880	12,250	17,500
1961 Lark Cruiser, V-8, 113" wb						
4d Sed	408	1,224	2,040	4,590	7,140	10,200
1961 Station Wagons, V-8, 113" wb						
4d DeL	392	1,176	1,960	4,410	6,860	9,800
2d	392	1,176	1,960	4,410	6,860	9,800
4d Reg	396	1,188	1,980	4,460	6,930	9,900
1961 Hawk, 8-cyl., 120.5" wb						
2d Spt Cpe	840	2,520	4,200	9,450	14,700	21,000

NOTE: Deduct 5 percent for 6-cyl. models. First year for 4-speed Hawks.

	6	5	4	3	2	1
1962 Lark DeLuxe, V-8, 109" - 113" wb						
4d Sed	392	1,176	1,960	4,410	6,860	9,800
2d Sed	392	1,176	1,960	4,410	6,860	9,800
4d Sta Wag	412	1,236	2,060	4,640	7,210	10,300
1962 Lark Regal, V-8, 109" - 113" wb						
4d Sed	392	1,176	1,960	4,410	6,860	9,800
2d HT	580	1,740	2,900	6,530	10,150	14,500
2d Conv	660	1,980	3,300	7,430	11,550	16,500
4d Sta Wag	420	1,260	2,100	4,730	7,350	10,500
1962 Lark Daytona, V-8, 109" wb						
2d HT	580	1,740	2,900	6,530	10,150	14,500
2d Conv	680	2,040	3,400	7,650	11,900	17,000
1962 Lark Cruiser, V-8, 113" wb						
4d Sed	560	1,680	2,800	6,300	9,800	14,000
1962 Gran Turismo Hawk, V-8, 120.5" wb						
2d HT	880	2,640	4,400	9,900	15,400	22,000

NOTE: Deduct 5 percent for 6-cyl. models.

	6	5	4	3	2	1
1963 Lark Standard, V-8, 109" - 113" wb						
4d Sed	392	1,176	1,960	4,410	6,860	9,800
2d Sed	392	1,176	1,960	4,410	6,860	9,800
4d Sta Wag	420	1,260	2,100	4,730	7,350	10,500
1963 Lark Regal, V-8, 109" - 113" wb						
4d Sed	392	1,176	1,960	4,410	6,860	9,800
2d Sed	392	1,176	1,960	4,410	6,860	9,800
4d Sta Wag	428	1,284	2,140	4,820	7,490	10,700
1963 Lark Custom, V-8, 109" - 113" wb						
4d Sed	392	1,176	1,960	4,410	6,860	9,800
2d Sed	396	1,188	1,980	4,460	6,930	9,900
1963 Lark Daytona, V-8, 109" - 113" wb						
2d HT	560	1,680	2,800	6,300	9,800	14,000
2d Conv	660	1,980	3,300	7,430	11,550	16,500
4d Sta Wag	560	1,680	2,800	6,300	9,800	14,000
1963 Cruiser, V-8, 113" wb						
4d Sed	564	1,692	2,820	6,350	9,870	14,100
1963 Gran Turismo Hawk, V-8, 120.5" wb						
2d HT	960	2,880	4,800	10,800	16,800	24,000

NOTE: Deduct 5 percent for 6-cyl. Add 10 percent for R1 engine option. Add 20 percent for R2 engine option. Add 30 percent for R3 engine option.

	6	5	4	3	2	1
1964 Challenger, V-8, 109" - 113" wb						
4d Sed	396	1,188	1,980	4,460	6,930	9,900
2d Sed	400	1,200	2,000	4,500	7,000	10,000
4d Sta Wag	408	1,224	2,040	4,590	7,140	10,200
1964 Commander, V-8, 109" - 113" wb						
4d Sed	404	1,212	2,020	4,550	7,070	10,100
2d Sed	408	1,224	2,040	4,590	7,140	10,200
4d Sta Wag	420	1,260	2,100	4,730	7,350	10,500
1964 Daytona, V-8, 109" - 113" wb						
4d Sed	420	1,260	2,100	4,730	7,350	10,500
2d HT	620	1,860	3,100	6,980	10,850	15,500
2d Conv	660	1,980	3,300	7,430	11,550	16,500
4d Sta Wag	580	1,740	2,900	6,530	10,150	14,500
1964 Cruiser, V-8, 113" wb						
4d Sed	568	1,704	2,840	6,390	9,940	14,200
1964 Gran Turismo Hawk, V-8, 120.5" wb						
2d HT	1,000	3,000	5,000	11,250	17,500	25,000

NOTE: Deduct 5 percent for 6-cyl. models. Add 10 percent for R1 engine option. Add 20 percent for R2 engine option. Add 30 percent for R3 engine option.

	6	5	4	3	2	1
1965 Commander, V-8, 109" - 113" wb						
4d Sed	400	1,200	2,000	4,500	7,000	10,000

	6	5	4	3	2	1
2d Sed	396	1,188	1,980	4,460	6,930	9,900
4d Sta Wag	412	1,236	2,060	4,640	7,210	10,300

1965 Daytona, V-8, 109" - 113" wb

	6	5	4	3	2	1
4d Spt Sed	408	1,224	2,040	4,590	7,140	10,200
4d Sta Wag	420	1,260	2,100	4,730	7,350	10,500
2d Spt Sed	420	1,260	2,100	4,730	7,350	10,500

1965 Cruiser, V-8, 113" wb

	6	5	4	3	2	1
4d Sed	428	1,284	2,140	4,820	7,490	10,700

NOTE: Deduct 10 percent for 6-cyl. models.

1966 Commander, V-8, 109" wb

	6	5	4	3	2	1
4d Sed	400	1,200	2,000	4,500	7,000	10,000
2d Sed	396	1,188	1,980	4,460	6,930	9,900

1966 Daytona, V-8, 109" - 113" wb

	6	5	4	3	2	1
2d Spt Sed	420	1,260	2,100	4,730	7,350	10,500

1966 Cruiser, V-8, 113" wb

	6	5	4	3	2	1
4d Sed	412	1,236	2,060	4,640	7,210	10,300

1966 Wagonaire, V-8, 113" wb

	6	5	4	3	2	1
4d Sta Wag	420	1,260	2,100	4,730	7,350	10,500

AVANTI

1963 Avanti, V-8, 109" wb

	6	5	4	3	2	1
2d Spt Cpe	1,000	3,000	5,000	11,250	17,500	25,000

1964 Avanti, V-8, 109" wb

	6	5	4	3	2	1
2d Spt Cpe	960	2,880	4,800	10,800	16,800	24,000

NOTE: Add 20 percent for R2 engine option. Add 40 percent for R4 engine option. Add 60 percent for R3 engine option.

AVANTI II

Avanti II, V-8, 109" wb

	6	5	4	3	2	1
1965 2d Spt Cpe	1,040	3,120	5,200	11,700	18,200	26,000

NOTE: 5 prototypes made.

	6	5	4	3	2	1
1966 2d Spt Cpe	880	2,640	4,400	9,900	15,400	22,000
1967 2d Spt Cpe	880	2,640	4,400	9,900	15,400	22,000
1968 2d Spt Cpe	880	2,640	4,400	9,900	15,400	22,000
1969 2d Spt Cpe	880	2,640	4,400	9,900	15,400	22,000
1970 2d Spt Cpe	880	2,640	4,400	9,900	15,400	22,000
1971 2d Spt Cpe	880	2,640	4,400	9,900	15,400	22,000
1972 2d Spt Cpe	880	2,640	4,400	9,900	15,400	22,000
1973 2d Spt Cpe	880	2,640	4,400	9,900	15,400	22,000
1974 2d Spt Cpe	880	2,640	4,400	9,900	15,400	22,000
1975 2d Spt Cpe	880	2,640	4,400	9,900	15,400	22,000
1976 2d Spt Cpe	840	2,520	4,200	9,450	14,700	21,000

NOTE: Add 5 percent for leather upholstery. Add 5 percent for sunroof. Add 6 percent for wire wheels.

	6	5	4	3	2	1
1977 2d Spt Cpe	840	2,520	4,200	9,450	14,700	21,000
1978 2d Spt Cpe	840	2,520	4,200	9,450	14,700	21,000
1979 2d Spt Cpe	920	2,760	4,600	10,350	16,100	23,000
1980 2d Spt Cpe	920	2,760	4,600	10,350	16,100	23,000
1981 2d Spt Cpe	960	2,880	4,800	10,800	16,800	24,000
1982 2d Spt Cpe	1,000	3,000	5,000	11,250	17,500	25,000
1983 2d Spt Cpe	1,000	3,000	5,000	11,250	17,500	25,000
1984 2d Spt Cpe	1,000	3,000	5,000	11,250	17,500	25,000
1985 2d Spt Cpe	1,080	3,240	5,400	12,150	18,900	27,000

NOTE: No Avanti II models manufactred in 1976.

	6	5	4	3	2	1
1987 2d Spt Cpe	1,200	3,600	6,000	13,500	21,000	30,000
1987 2d Conv	1,320	3,960	6,600	14,850	23,100	33,000
1988 2d Spt Cpe	1,240	3,720	6,200	13,950	21,700	31,000
1988 2d Conv	1,360	4,080	6,800	15,300	23,800	34,000
1989 2d Spt Cpe	1,240	3,720	6,200	13,950	21,700	31,000
1989 2d Conv	1,360	4,080	6,800	15,300	23,800	34,000
1990 4d Sed	960	2,880	4,800	10,800	16,800	24,000
1991 2d Conv	1,400	4,200	7,000	15,750	24,500	35,000

STUTZ

1912 Series A, 4-cyl., 50 hp, 120" wb

	6	5	4	3	2	1
2P Rds	2,800	8,400	14,000	31,500	49,000	70,000
4P Toy Tonn	2,720	8,160	13,600	30,600	47,600	68,000
5P Tr.	2,720	8,160	13,600	30,600	47,600	68,000
2P Bearcat	552	1,656	2,760	6,210	9,660	13,800
4P Cpe	2,080	6,240	10,400	23,400	36,400	52,000

	6	5	4	3	2	1
1912 Series A, 6-cyl., 60 hp, 124" wb Touring - 6P (130" wb)						
6P Tr.	2,560	7,680	12,800	28,800	44,800	64,000
4P Toy Tonn.	2,480	7,440	12,400	27,900	43,400	62,000
2P Bearcat	592	1,776	2,960	6,660	10,360	14,800
1913 Series B, 4-cyl., 50 hp, 120" wb						
2P Rds	2,800	8,400	14,000	31,500	49,000	70,000
4P Toy Tonn.	2,720	8,160	13,600	30,600	47,600	68,000
4P Tr (124" wb)	2,720	8,160	13,600	30,600	47,600	68,000
2P Bearcat	552	1,656	2,760	6,210	9,660	13,800
6P Tr (124" wb)	2,880	8,640	14,400	32,400	50,400	72,000
1913 Series B, 6-cyl., 60 hp, 124" wb						
2P Bearcat	5,920	17,760	29,600	66,600	103,600	148,000
4P Toy Tonn.	2,720	8,160	13,600	30,600	47,600	68,000
6P Tr (130" wb)	2,960	8,880	14,800	33,300	51,800	74,000
1914 Model 4E, 4-cyl., 50 hp, 120" wb						
2P Rds	2,720	8,160	13,600	30,600	47,600	68,000
Bearcat	5,720	17,160	28,600	64,350	100,100	143,000
5P Tr.	2,720	8,160	13,600	30,600	47,600	68,000
1914 Model 6E, 6-cyl., 55 hp, 130" wb						
2P Rds	2,960	8,880	14,800	33,300	51,800	74,000
6P Tr.	2,960	8,880	14,800	33,300	51,800	74,000
1915 Model H.C.S., 4-cyl., 23 hp, 108" wb						
2P Rds	2,080	6,240	10,400	23,400	36,400	52,000
1915 Model 4F, 4-cyl., 36.1 hp, 120" wb						
2P Rds	2,480	7,440	12,400	27,900	43,400	62,000
Bearcat	5,360	16,080	26,800	60,300	93,800	134,000
Cpe.	1,360	4,080	6,800	15,300	23,800	34,000
Bulldog	2,400	7,200	12,000	27,000	42,000	60,000
5P Tr.	2,400	7,200	12,000	27,000	42,000	60,000
5P Sed	1,240	3,720	6,200	13,950	21,700	31,000
1915 Model 6F, 6-cyl., 38.4 hp, 130" wb						
2P Rds	2,480	7,440	12,400	27,900	43,400	62,000
Bearcat	5,520	16,560	27,600	62,100	96,600	138,000
Cpe.	1,480	4,440	7,400	16,650	25,900	37,000
5P Tr.	2,560	7,680	12,800	28,800	44,800	64,000
6P Tr.	2,560	7,680	12,800	28,800	44,800	64,000
5P Sed	1,280	3,840	6,400	14,400	22,400	32,000
1916 Model C, 4-cyl., 36.1 hp, 120" wb						
2P Rds	2,480	7,440	12,400	27,900	43,400	62,000
Bearcat	5,120	15,360	25,600	57,600	89,600	128,000
Bulldog	2,560	7,680	12,800	28,800	44,800	64,000
Sed	1,240	3,720	6,200	13,950	21,700	31,000
1916 Bulldog Special, 4-cyl., 36.1 hp, 130" wb						
4P Tr.	2,560	7,680	12,800	28,800	44,800	64,000
5P Tr.	2,640	7,920	13,200	29,700	46,200	66,000
1917 Series R, 4-cyl., 80 hp, 130" wb						
2P Rds	2,720	8,160	13,600	30,600	47,600	68,000
4P Bulldog Spl	2,560	7,680	12,800	28,800	44,800	64,000
6P Bulldog Spl	2,640	7,920	13,200	29,700	46,200	66,000
Bearcat (120" wb)	5,360	16,080	26,800	60,300	93,800	134,000
1918 Series S, 4-cyl., 80 hp, 130" wb						
2P Rds	2,720	8,160	13,600	30,600	47,600	68,000
4P Bulldog Spl	2,560	7,680	12,800	28,800	44,800	64,000
6P Bulldog Spl	2,640	7,920	13,200	29,700	46,200	66,000
Bearcat (120" wb)	5,360	16,080	26,800	60,300	93,800	134,000
1919 Series G, 4-cyl., 80 hp, 130" wb						
6P Tr.	2,800	8,400	14,000	31,500	49,000	70,000
2P Rds	2,560	7,680	12,800	28,800	44,800	64,000
4P C.C. Tr.	2,800	8,400	14,000	31,500	49,000	70,000
Bearcat (120" wb)	5,360	16,080	26,800	60,300	93,800	134,000
1920 Series H, 4-cyl., 80 hp, 130" wb						
2P Bearcat (120" wb)	5,360	16,080	26,800	60,300	93,800	134,000
2P Rds	2,720	8,160	13,600	30,600	47,600	68,000
4P/5P Tr	2,800	8,400	14,000	31,500	49,000	70,000
6P/7P Tr	2,880	8,640	14,400	32,400	50,400	72,000
1921 Series K, 4-cyl., 80 hp, 130" wb						
2P Bearcat (120" wb)	5,360	16,080	26,800	60,300	93,800	134,000
2P Rds	3,520	10,560	17,600	39,600	61,600	88,000
4P Tr.	2,800	8,400	14,000	31,500	49,000	70,000
6P Tr.	2,800	8,400	14,000	31,500	49,000	70,000
4P Cpe	1,680	5,040	8,400	18,900	29,400	42,000
1922 Series K, 4-cyl., 80 hp, 130" wb						
3P Cpe	1,680	5,040	8,400	18,900	29,400	42,000
2P Rds	2,720	8,160	13,600	30,600	47,600	68,000

	6	5	4	3	2	1
Bearcat (120" wb)	5,360	16,080	26,800	60,300	93,800	134,000
6P Tr.	2,800	8,400	14,000	31,500	49,000	70,000
4P Spt	2,960	8,880	14,800	33,300	51,800	74,000
1923 Special Six, 70 hp, 120" wb						
5P Sed	1,480	4,440	7,400	16,650	25,900	37,000
5P Tr.	2,800	8,400	14,000	31,500	49,000	70,000
Rds	2,800	8,400	14,000	31,500	49,000	70,000
1923 Speedway Four, 88 hp, 130" wb						
6P Tr.	2,960	8,880	14,800	33,300	51,800	74,000
Sportster	3,120	9,360	15,600	35,100	54,600	78,000
4P Cpe	1,680	5,040	8,400	18,900	29,400	42,000
Sportsedan	1,560	4,680	7,800	17,550	27,300	39,000
Rds	2,720	8,160	13,600	30,600	47,600	68,000
Bearcat	5,520	16,560	27,600	62,100	96,600	138,000
Calif Tr	3,040	9,120	15,200	34,200	53,200	76,000
Calif Sptstr	3,040	9,120	15,200	34,200	53,200	76,000
1924 Special Six, 70 hp, 120" wb						
5P Phae	2,640	7,920	13,200	29,700	46,200	66,000
Tourabout	2,640	7,920	13,200	29,700	46,200	66,000
2P Rds	2,720	8,160	13,600	30,600	47,600	68,000
Palanquin	2,640	7,920	13,200	29,700	46,200	66,000
5P Sed	1,360	4,080	6,800	15,300	23,800	34,000
1924 Speedway Four, 4-cyl., 88 hp, 130" wb						
2P Rds	2,720	8,160	13,600	30,600	47,600	68,000
2P Bearcat	5,360	16,080	26,800	60,300	93,800	134,000
6P Tr.	2,800	8,400	14,000	31,500	49,000	70,000
4P Cpe	1,680	5,040	8,400	18,900	29,400	42,000
1925 Models 693-694, 6-cyl., 70 hp, 120" wb						
5P Phae	2,560	7,680	12,800	28,800	44,800	64,000
5P Tourabout	2,640	7,920	13,200	29,700	46,200	66,000
2P Rds	2,560	7,680	12,800	28,800	44,800	64,000
4P Cpe	1,600	4,800	8,000	18,000	28,000	40,000
5P Sed	1,360	4,080	6,800	15,300	23,800	34,000
1925 Model 695, 6-cyl., 80 hp, 130" wb						
7P Tourster	2,640	7,920	13,200	29,700	46,200	66,000
5P Sportster	2,640	7,920	13,200	29,700	46,200	66,000
7P Sub	1,880	5,640	9,400	21,150	32,900	47,000
Sportbrohm	1,840	5,520	9,200	20,700	32,200	46,000
7P Berline	1,920	5,760	9,600	21,600	33,600	48,000
1926 Vertical Eight, AA, 92 hp, 131" wb						
4P Spds	5,360	16,080	26,800	60,300	93,800	134,000
5P Spds	5,360	16,080	26,800	60,300	93,800	134,000
4P Vic Cpe	2,280	6,840	11,400	25,650	39,900	57,000
5P Brgm	2,040	6,120	10,200	22,950	35,700	51,000
5P Sed	1,680	5,040	8,400	18,900	29,400	42,000
1927 Vertical Eight, AA, 92 hp, 131" wb						
4P Spds	5,360	16,080	26,800	60,300	93,800	134,000
5P Spds	5,360	16,080	26,800	60,300	93,800	134,000
2P Cpe	2,080	6,240	10,400	23,400	36,400	52,000
4P Cpe	2,080	6,240	10,400	23,400	36,400	52,000
5P Brgm	2,040	6,120	10,200	22,950	35,700	51,000
5P Sed	1,680	5,040	8,400	18,900	29,400	42,000
7P Berline	2,040	6,120	10,200	22,950	35,700	51,000
7P Sed	1,760	5,280	8,800	19,800	30,800	44,000
1928 Series BB, 8-cyl., 115 hp, 131 & 135" wb						
2P Spds	5,360	16,080	26,800	60,300	93,800	134,000
4P Spds	5,360	16,080	26,800	60,300	93,800	134,000
5P Spds	5,520	16,560	27,600	62,100	96,600	138,000
7P Spds	5,440	16,320	27,200	61,200	95,200	136,000
2P Black Hawk Spds	5,720	17,160	28,600	64,350	100,100	143,000
4P Black Hawk Spds	5,720	17,160	28,600	64,350	100,100	143,000
4P Vic Cpe	2,280	6,840	11,400	25,650	39,900	57,000
2P Cpe	2,160	6,480	10,800	24,300	37,800	54,000
5P Sed	1,680	5,040	8,400	18,900	29,400	42,000
5P Brgm	1,720	5,160	8,600	19,350	30,100	43,000
2P Cabr Cpe	3,520	10,560	17,600	39,600	61,600	88,000
7P Sed	1,760	5,280	8,800	19,800	30,800	44,000
7P Sed Limo	2,480	7,440	12,400	27,900	43,400	62,000
4P Deauville	2,400	7,200	12,000	27,000	42,000	60,000
5P Chantilly Sed	2,400	7,200	12,000	27,000	42,000	60,000
4P Monaco Cpe	2,560	7,680	12,800	28,800	44,800	64,000
5P Riv Sed	2,560	7,680	12,800	28,800	44,800	64,000
7P Biarritz Sed	2,560	7,680	12,800	28,800	44,800	64,000
5P Chamonix Sed.	2,640	7,920	13,200	29,700	46,200	66,000
7P Fontainbleau	2,640	7,920	13,200	29,700	46,200	66,000
5P Aix Les Bains	2,640	7,920	13,200	29,700	46,200	66,000

	6	5	4	3	2	1
7P Versailles	2,720	8,160	13,600	30,600	47,600	68,000
5P Prince of Wales	2,720	8,160	13,600	30,600	47,600	68,000
8P Prince of Wales	2,800	8,400	14,000	31,500	49,000	70,000
Transformable Twn Car	2,960	8,880	14,800	33,300	51,800	74,000

1929 Model M, 8-cyl., 115 hp, 134-1/2" wb

	6	5	4	3	2	1
4P Spds	5,360	16,080	26,800	60,300	93,800	134,000
7P Spds	5,440	16,320	27,200	61,200	95,200	136,000
2P Speed Car	5,520	16,560	27,600	62,100	96,600	138,000
5P Cpe	2,160	6,480	10,800	24,300	37,800	54,000
4P Cpe	2,160	6,480	10,800	24,300	37,800	54,000
2P Cabr	3,760	11,280	18,800	42,300	65,800	94,000
5P Sed	1,760	5,280	8,800	19,800	30,800	44,000
7P Sed	1,800	5,400	9,000	20,250	31,500	45,000
5P Chantilly Sed	2,400	7,200	12,000	27,000	42,000	60,000
5P Monaco Cpe	2,560	7,680	12,800	28,800	44,800	64,000
5P Deauville	2,400	7,200	12,000	27,000	42,000	60,000
7P Limo	2,400	7,200	12,000	27,000	42,000	60,000
5P Sed	2,080	6,240	10,400	23,400	36,400	52,000
2P Cabr	4,000	12,000	20,000	45,000	70,000	100,000
5P Biarritz	2,560	7,680	12,800	28,800	44,800	64,000
7P Fontainbleau	2,640	7,920	13,200	29,700	46,200	66,000
7P Aix Les Baines	2,640	7,920	13,200	29,700	46,200	66,000
5P Sed	2,280	6,840	11,400	25,650	39,900	57,000
5P Limo	2,560	7,680	12,800	28,800	44,800	64,000
6P Brgm	2,560	7,680	12,800	28,800	44,800	64,000
Brgm Limo	2,640	7,920	13,200	29,700	46,200	66,000
6P Sed	2,240	6,720	11,200	25,200	39,200	56,000
6P Sed Limo	2,640	7,920	13,200	29,700	46,200	66,000
7P Sed Limo	2,640	7,920	13,200	29,700	46,200	66,000
5P Transformable Cabr	3,360	10,080	16,800	37,800	58,800	84,000
7P Trans Twn Car	3,360	10,080	16,800	37,800	58,800	84,000
5P Trans Twn Car	3,440	10,320	17,200	38,700	60,200	86,000

1929 Model M, 8-cyl., 115 hp, 145" wb

	6	5	4	3	2	1
4P Spds	5,520	16,560	27,600	62,100	96,600	138,000
7P Spds	5,520	16,560	27,600	62,100	96,600	138,000
5P Sed	1,800	5,400	9,000	20,250	31,500	45,000
7P Sed	1,840	5,520	9,200	20,700	32,200	46,000
7P Limo	2,080	6,240	10,400	23,400	36,400	52,000
5P Sed	1,920	5,760	9,600	21,600	33,600	48,000
Cabr	3,600	10,800	18,000	40,500	63,000	90,000
Chaumont	2,720	8,160	13,600	30,600	47,600	68,000
Monte Carlo	2,720	8,160	13,600	30,600	47,600	68,000
5P Sed	2,480	7,440	12,400	27,900	43,400	62,000
5P Limo	2,400	7,200	12,000	27,000	42,000	60,000
Brgm	2,480	7,440	12,400	27,900	43,400	62,000
Brgm Limo	2,560	7,680	12,800	28,800	44,800	64,000
6P Sed	2,480	7,440	12,400	27,900	43,400	62,000
6P Sed Limo	2,560	7,680	12,800	28,800	44,800	64,000
7P Sed Limo	2,640	7,920	13,200	29,700	46,200	66,000
Transformable Cabr	3,360	10,080	16,800	37,800	58,800	84,000
Transformable Twn Car	3,360	10,080	16,800	37,800	58,800	84,000
Transformable Tr Cabr	3,520	10,560	17,600	39,600	61,600	88,000

1930 Model MA, 8-cyl., 115 hp, 134-1/2" wb

	6	5	4	3	2	1
2P Spds	5,360	16,080	26,800	60,300	93,800	134,000
4P Spds	5,360	16,080	26,800	60,300	93,800	134,000
2P Cpe	2,280	6,840	11,400	25,650	39,900	57,000
5P Cpe	2,280	6,840	11,400	25,650	39,900	57,000
Sed	1,680	5,040	8,400	18,900	29,400	42,000
Cabr	3,520	10,560	17,600	39,600	61,600	88,000
Longchamps	2,560	7,680	12,800	28,800	44,800	64,000
Versailles	2,560	7,680	12,800	28,800	44,800	64,000
Torpedo	2,720	8,160	13,600	30,600	47,600	68,000

1930 Model MB, 8-cyl., 115 hp, 145" wb

	6	5	4	3	2	1
4P Spds	5,520	16,560	27,600	62,100	96,600	138,000
7P Spds	5,520	16,560	27,600	62,100	96,600	138,000
5P Sed	1,800	5,400	9,000	20,250	31,500	45,000
7P Sed	1,840	5,520	9,200	20,700	32,200	46,000
7P Limo	2,080	6,240	10,400	23,400	36,400	52,000
5P Sed	1,920	5,760	9,600	21,600	33,600	48,000
Cabr	3,600	10,800	18,000	40,500	63,000	90,000
Chaumont	2,720	8,160	13,600	30,600	47,600	68,000
Monte Carlo	2,720	8,160	13,600	30,600	47,600	68,000
5P Sed	2,480	7,440	12,400	27,900	43,400	62,000
5P Limo	2,400	7,200	12,000	27,000	42,000	60,000
Brgm	2,480	7,440	12,400	27,900	43,400	62,000
Brgm Limo	2,560	7,680	12,800	28,800	44,800	64,000
6P Sed	2,480	7,440	12,400	27,900	43,400	62,000

	6	5	4	3	2	1
6P Sed Limo	2,560	7,680	12,800	28,800	44,800	64,000
7P Sed Limo	2,640	7,920	13,200	29,700	46,200	66,000
Transformable Cabr	3,360	10,080	16,800	37,800	58,800	84,000
Transformable Twn Car	3,360	10,080	16,800	37,800	58,800	84,000
Transformable Tr Cabr	3,520	10,560	17,600	39,600	61,600	88,000

1931 Model LA, 6-cyl., 85 hp, 127-1/2" wb

	6	5	4	3	2	1
4P Spds	4,960	14,880	24,800	55,800	86,800	124,000
5P Cpe	1,880	5,640	9,400	21,150	32,900	47,000
Sed	1,600	4,800	8,000	18,000	28,000	40,000
4P Cpe	1,920	5,760	9,600	21,600	33,600	48,000
Cabr Cpe	3,120	9,360	15,600	35,100	54,600	78,000

1931 Model MA, 8-cyl., 115 hp, 134-1/2" wb

	6	5	4	3	2	1
4P Spds	5,120	15,360	25,600	57,600	89,600	128,000
Torp	3,600	10,800	18,000	40,500	63,000	90,000
4P Spds	5,360	16,080	26,800	60,300	93,800	134,000
5P Cpe	2,080	6,240	10,400	23,400	36,400	52,000
4P Cpe	2,120	6,360	10,600	23,850	37,100	53,000
Cabr Cpe	3,120	9,360	15,600	35,100	54,600	78,000
Sed	1,760	5,280	8,800	19,800	30,800	44,000
Longchamps	2,240	6,720	11,200	25,200	39,200	56,000
Versailles	2,240	6,720	11,200	25,200	39,200	56,000

1931 Model MB, 8-cyl., 115 hp, 145" wb

	6	5	4	3	2	1
7P Spds	5,360	16,080	26,800	60,300	93,800	134,000
5P Sed	2,040	6,120	10,200	22,950	35,700	51,000
7P Sed	2,080	6,240	10,400	23,400	36,400	52,000
Limo	2,480	7,440	12,400	27,900	43,400	62,000
Cabr Cpe	3,760	11,280	18,800	42,300	65,800	94,000
Conv Sed	4,960	14,880	24,800	55,800	86,800	124,000
Chaumont	3,760	11,280	18,800	42,300	65,800	94,000
Monte Carlo	3,760	11,280	18,800	42,300	65,800	94,000
5P Sed	2,480	7,440	12,400	27,900	43,400	62,000
Brgm	2,400	7,200	12,000	27,000	42,000	60,000
7P Sed	2,560	7,680	12,800	28,800	44,800	64,000
Brgm Limo	2,640	7,920	13,200	29,700	46,200	66,000
6/7P Sed Limo	2,720	8,160	13,600	30,600	47,600	68,000
Transformable Cabr	3,520	10,560	17,600	39,600	61,600	88,000
Transformable Twn Car	3,360	10,080	16,800	37,800	58,800	84,000
Transformable Twn Cabr	3,520	10,560	17,600	39,600	61,600	88,000

1932 Model LAA, 6-cyl., 85 hp, 127-1/2" wb

	6	5	4	3	2	1
Sed	1,680	5,040	8,400	18,900	29,400	42,000
5P Cpe	2,280	6,840	11,400	25,650	39,900	57,000
4P Cpe	2,280	6,840	11,400	25,650	39,900	57,000
Clb Sed	1,880	5,640	9,400	21,150	32,900	47,000

1932 Model SV-16, 8-cyl., 115 hp, 134-1/2" wb

	6	5	4	3	2	1
4P Spds	5,120	15,360	25,600	57,600	89,600	128,000
Torp	3,360	10,080	16,800	37,800	58,800	84,000
5P Cpe	2,080	6,240	10,400	23,400	36,400	52,000
5P Sed	1,880	5,640	9,400	21,150	32,900	47,000
4P Cpe	2,280	6,840	11,400	25,650	39,900	57,000
Clb Sed	1,960	5,880	9,800	22,050	34,300	49,000
Cabr Cpe	3,360	10,080	16,800	37,800	58,800	84,000
Longchamps	2,280	6,840	11,400	25,650	39,900	57,000
Versailles	2,280	6,840	11,400	25,650	39,900	57,000
6P Sed	2,160	6,480	10,800	24,300	37,800	54,000
Cont Cpe	2,640	7,920	13,200	29,700	46,200	66,000

1932 Model SV-16, 8-cyl., 115 hp, 145" wb

	6	5	4	3	2	1
7P Spds	5,720	17,160	28,600	64,350	100,100	143,000
7P Sed	3,120	9,360	15,600	35,100	54,600	78,000
5P Sed	2,960	8,880	14,800	33,300	51,800	74,000
Limo	3,360	10,080	16,800	37,800	58,800	84,000
Conv Sed	4,960	14,880	24,800	55,800	86,800	124,000
6P Sed	3,200	9,600	16,000	36,000	56,000	80,000
Chaumont	3,760	11,280	18,800	42,300	65,800	94,000
Brgm	3,360	10,080	16,800	37,800	58,800	84,000
Monte Carlo	3,440	10,320	17,200	38,700	60,200	86,000
Brgm Limo	3,520	10,560	17,600	39,600	61,600	88,000
7P Sed Limo	3,520	10,560	17,600	39,600	61,600	88,000
6P Sed Limo	3,520	10,560	17,600	39,600	61,600	88,000
Transformable Cabr	3,760	11,280	18,800	42,300	65,800	94,000
Monte Carlo	3,840	11,520	19,200	43,200	67,200	96,000
Prince of Wales	3,840	11,520	19,200	43,200	67,200	96,000
Conv Vic	4,320	12,960	21,600	48,600	75,600	108,000
Spt Sed	3,360	10,080	16,800	37,800	58,800	84,000
Tuxedo Cabr	5,360	16,080	26,800	60,300	93,800	134,000
Patrician Cpe	3,520	10,560	17,600	39,600	61,600	88,000
Transformable Twn Car	5,520	16,560	27,600	62,100	96,600	138,000

NOTE: All other models same as SV-16, with prices $1,000 more than SV-16.

	6	5	4	3	2	1
1932 Model DV-32, 8-cyl., 156 hp, 134-1/2" wb						
Bearcat	7,120	21,360	35,600	80,100	124,600	178,000
1932 Model DV-32, 8-cyl., 156 hp, 145" wb						
NOTE: All models same as SV-16, with prices $1,000 more than SV-16.						
1932 Model DV-32, 8-cyl., 156 hp, 116" wb						
Sup Bearcat	7,120	21,360	35,600	80,100	124,600	178,000
1933 Model LAA, 6-cyl., 85 hp, 127-1/2" wb						
5P Sed	1,760	5,280	8,800	19,800	30,800	44,000
5P Cpe	2,080	6,240	10,400	23,400	36,400	52,000
4P Cpe	2,120	6,360	10,600	23,850	37,100	53,000
5P Clb Sed	1,880	5,640	9,400	21,150	32,900	47,000
4P Cabr Cpe	2,960	8,880	14,800	33,300	51,800	74,000
1933 Model SV-16, 8-cyl., 115 hp, 134-1/2" wb						
4P Spds	4,320	12,960	21,600	48,600	75,600	108,000
2P Torp	3,120	9,360	15,600	35,100	54,600	78,000
4P Spds	4,720	14,160	23,600	53,100	82,600	118,000
5P Cpe	2,360	7,080	11,800	26,550	41,300	59,000
5P Sed	1,880	5,640	9,400	21,150	32,900	47,000
4P Cpe	2,400	7,200	12,000	27,000	42,000	60,000
5P Clb Sed	1,960	5,880	9,800	22,050	34,300	49,000
4P Cabr Cpe	3,120	9,360	15,600	35,100	54,600	78,000
5P Versailles	2,560	7,680	12,800	28,800	44,800	64,000
1933 Model SV-16, 8-cyl., 115 hp, 145" wb						
4P Spds	5,520	16,560	27,600	62,100	96,600	138,000
5P Sed	2,280	6,840	11,400	25,650	39,900	57,000
7P Sed	2,360	7,080	11,800	26,550	41,300	59,000
7P Limo	2,560	7,680	12,800	28,800	44,800	64,000
4P Cabr Cpe	3,760	11,280	18,800	42,300	65,800	94,000
5P Conv Sed	5,120	15,360	25,600	57,600	89,600	128,000
6P Sed	2,640	7,920	13,200	29,700	46,200	66,000
5P Chaumont	2,720	8,160	13,600	30,600	47,600	68,000
6P Brgm	2,720	8,160	13,600	30,600	47,600	68,000
6P Sed	2,640	7,920	13,200	29,700	46,200	66,000
5P Monte Carlo	2,800	8,400	14,000	31,500	49,000	70,000
6P Brgm Limo	3,360	10,080	16,800	37,800	58,800	84,000
6P Sed Limo	3,120	9,360	15,600	35,100	54,600	78,000
7P Twn Car	3,520	10,560	17,600	39,600	61,600	88,000
5P Monte Carlo	3,520	10,560	17,600	39,600	61,600	88,000
1933 Series DV-32, 8-cyl., 156" wb						
NOTE: Same models as the SV-16 on the two chassis, with prices $700 more. Bearcat and Super Bearcat continued from 1932.						
1934 Model SV-16, 8-cyl., 115 hp, 134-1/2" wb						
Spds	4,720	14,160	23,600	53,100	82,600	118,000
Spds	4,720	14,160	23,600	53,100	82,600	118,000
Torp	4,320	12,960	21,600	48,600	75,600	108,000
4P Cpe	2,080	6,240	10,400	23,400	36,400	52,000
Conv Cpe	3,360	10,080	16,800	37,800	58,800	84,000
Club Sed	2,480	7,440	12,400	27,900	43,400	62,000
5P Sed	2,280	6,840	11,400	25,650	39,900	57,000
5P Cpe	2,480	7,440	12,400	27,900	43,400	62,000
Versailles	2,480	7,440	12,400	27,900	43,400	62,000
1934 Model SV-16, 8-cyl., 115 hp, 145" wb						
Conv Cpe	3,520	10,560	17,600	39,600	61,600	88,000
7P Sed	2,440	7,320	12,200	27,450	42,700	61,000
Limo	2,400	7,200	12,000	27,000	42,000	60,000
Chaumont	2,400	7,200	12,000	27,000	42,000	60,000
Monte Carlo	2,480	7,440	12,400	27,900	43,400	62,000
1934 Model DV-32, 8-cyl., 156 hp, 134-1/2" wb						
Spds	5,120	15,360	25,600	57,600	89,600	128,000
Spds	5,200	15,600	26,000	58,500	91,000	130,000
Torp	5,040	15,120	25,200	56,700	88,200	126,000
4P Cpe	2,480	7,440	12,400	27,900	43,400	62,000
Conv Cpe	4,960	14,880	24,800	55,800	86,800	124,000
Clb Sed	2,440	7,320	12,200	27,450	42,700	61,000
5P Sed	2,400	7,200	12,000	27,000	42,000	60,000
5P Cpe	2,400	7,200	12,000	27,000	42,000	60,000
Versailles	2,560	7,680	12,800	28,800	44,800	64,000
1934 Model DV-32, 8-cyl., 156 hp, 145" wb						
Conv Cpe	4,720	14,160	23,600	53,100	82,600	118,000
7P Sed	2,480	7,440	12,400	27,900	43,400	62,000
Limo	2,720	8,160	13,600	30,600	47,600	68,000
Chaumont	2,720	8,160	13,600	30,600	47,600	68,000
Monte Carlo	2,800	8,400	14,000	31,500	49,000	70,000
1935 Model SV-16, 8-cyl., 134 & 145" wb						
2P Spds	3,440	10,320	17,200	38,700	60,200	86,000

	6	5	4	3	2	1
2P Cpe	2,160	6,480	10,800	24,300	37,800	54,000
5P Sed	1,760	5,280	8,800	19,800	30,800	44,000
7P Sed	2,000	6,000	10,000	22,500	35,000	50,000
1935 Model DV-32, 8-cyl., 134 & 145" wb						
2P Spds	3,520	10,560	17,600	39,600	61,600	88,000
2/4P Cpe	2,280	6,840	11,400	25,650	39,900	57,000
5P Sed	1,760	5,280	8,800	19,800	30,800	44,000
7P Limo	2,280	6,840	11,400	25,650	39,900	57,000

WHIPPET

	6	5	4	3	2	1
1926 Model 96, 4-cyl.						
2d 2P Cpe	344	1,032	1,720	3,870	6,020	8,600
4d 5P Tr	840	2,520	4,200	9,450	14,700	21,000
4d 5P Sed	344	1,032	1,720	3,870	6,020	8,600
1927 Model 96, 4-cyl., 30 hp, 104-1/4" wb						
4d 5P Tr	840	2,520	4,200	9,450	14,700	21,000
2d 5P Coach	340	1,020	1,700	3,830	5,950	8,500
2d 5P Rds	800	2,400	4,000	9,000	14,000	20,000
2d 2P Cpe	460	1,380	2,300	5,180	8,050	11,500
4d 5P Sed	344	1,032	1,720	3,870	6,020	8,600
2d Cabr	640	1,920	3,200	7,200	11,200	16,000
4d 5P Lan Sed	336	1,008	1,680	3,780	5,880	8,400
1927 Model 93A, 6-cyl., 40 hp, 109-1/4" wb						
4d 5P Tr	880	2,640	4,400	9,900	15,400	22,000
2d 2/4P Rds	840	2,520	4,200	9,450	14,700	21,000
2d 2P Cpe	480	1,440	2,400	5,400	8,400	12,000
2d 5P Cpe	440	1,320	2,200	4,950	7,700	11,000
4d 5P Sed	448	1,344	2,240	5,040	7,840	11,200
2d Cabr	640	1,920	3,200	7,200	11,200	16,000
4d 5P Lan Sed	336	1,008	1,680	3,780	5,880	8,400
1928 Model 96, 4-cyl., 32 hp, 100-1/4" wb						
2d 2/4P Spt Rds	800	2,400	4,000	9,000	14,000	20,000
4d 5P Tr	840	2,520	4,200	9,450	14,700	21,000
2d 5P Coach	320	960	1,600	3,600	5,600	8,000
2d 2P Cpe	440	1,320	2,200	4,950	7,700	11,000
2d 2/4P Cabr	640	1,920	3,200	7,200	11,200	16,000
4d 5P Sed	248	744	1,240	2,790	4,340	6,200
1928 Model 98, 6-cyl.						
2d 2/4P Rds	840	2,520	4,200	9,450	14,700	21,000
4d 5P Tr	880	2,640	4,400	9,900	15,400	22,000
2d 2P Cpe	480	1,440	2,400	5,400	8,400	12,000
2d 5P Coach	440	1,320	2,200	4,950	7,700	11,000
4d 5P Sed	448	1,344	2,240	5,040	7,840	11,200
1929 Model 96A, 4-cyl., 103-1/2" wb						
2d 2P Rds	800	2,400	4,000	9,000	14,000	20,000
2d 2/4P Rds	840	2,520	4,200	9,450	14,700	21,000
2d 2/4P Rds College	840	2,520	4,200	9,450	14,700	21,000
4d 5P Tr	840	2,520	4,200	9,450	14,700	21,000
2d 2P Cpe	440	1,320	2,200	4,950	7,700	11,000
2d Cabr	640	1,920	3,200	7,200	11,200	16,000
2d 2/4P Cpe	640	1,920	3,200	7,200	11,200	16,000
2d 5P Coach	320	960	1,600	3,600	5,600	8,000
4d 5P Sed	328	984	1,640	3,690	5,740	8,200
4d DeL Sed	340	1,020	1,700	3,830	5,950	8,500
1929 Model 98A, 6-cyl.						
2d 2/4P Spt Rds	920	2,760	4,600	10,350	16,100	23,000
4d 5P Tr	880	2,640	4,400	9,900	15,400	22,000
2d 2P Cpe	460	1,380	2,300	5,180	8,050	11,500
2d 2/4P Cpe	480	1,440	2,400	5,400	8,400	12,000
2d 5P Coach	328	984	1,640	3,690	5,740	8,200
4d 5P Sed	340	1,020	1,700	3,830	5,950	8,500
4d 5P DeL Sed	344	1,032	1,720	3,870	6,020	8,600
1930 Model 96A, 4-cyl.						
2d 2P Rds	920	2,760	4,600	10,350	16,100	23,000
2d 2/4P Rds College	1,000	3,000	5,000	11,250	17,500	25,000
4d 5P Tr	880	2,640	4,400	9,900	15,400	22,000
2d 2P Cpe	440	1,320	2,200	4,950	7,700	11,000
2d 2/4P Cpe	460	1,380	2,300	5,180	8,050	11,500
2d 5P Coach	320	960	1,600	3,600	5,600	8,000
4d 5P Sed	328	984	1,640	3,690	5,740	8,200
4d 5P DeL Sed	340	1,020	1,700	3,830	5,950	8,500
1930 Model 98A, 6-cyl.						
4d 5P Tr	880	2,640	4,400	9,900	15,400	22,000
2d 2/4P Spt Rds	920	2,760	4,600	10,350	16,100	23,000

DOMESTIC CARS

	6	5	4	3	2	1
2d 2P Cpe.	448	1,344	2,240	5,040	7,840	11,200
2d 2/4P Cpe	464	1,392	2,320	5,220	8,120	11,600
2d 5P Coach.	448	1,344	2,240	5,040	7,840	11,200
4d 5P Sed.	452	1,356	2,260	5,090	7,910	11,300
4d 5P DeL Sed	472	1,416	2,360	5,310	8,260	11,800
1930 Model 96A, 4-cyl.						
2d 2P Cpe.	440	1,320	2,200	4,950	7,700	11,000
2d 2/4P Cpe	460	1,380	2,300	5,180	8,050	11,500
4d 5P Sed.	328	984	1,640	3,690	5,740	8,200
1930 Model 98A, 6-cyl.						
2d 5P Coach.	328	984	1,640	3,690	5,740	8,200
4d 5P Sed.	332	996	1,660	3,740	5,810	8,300
4d 5P DeL Sed	352	1,056	1,760	3,960	6,160	8,800

WILLYS

	6	5	4	3	2	1
1902-03 Model 13, 1-cyl.						
2P Rbt.	1,280	3,840	6,400	14,400	22,400	32,000
1904 Model 13, 1-cyl.						
2P Rbt.	1,200	3,600	6,000	13,500	21,000	30,000
1905 Model 15, 2-cyl.						
2P Rbt.	1,200	3,600	6,000	13,500	21,000	30,000
1905 Model 17, 2-cyl.						
2P Rbt.	1,200	3,600	6,000	13,500	21,000	30,000
1905 Model 18, 4-cyl.						
5P Tr.	1,240	3,720	6,200	13,950	21,700	31,000
1906 Model 16, 2-cyl.						
2P Rbt.	1,160	3,480	5,800	13,050	20,300	29,000
1906 Model 18, 4-cyl.						
4P Tr.	1,200	3,600	6,000	13,500	21,000	30,000
1907 Model 22, 4-cyl.						
2P Rbt.	1,160	3,480	5,800	13,050	20,300	29,000
1908 Model 24, 4-cyl.						
2P Rds	1,200	3,600	6,000	13,500	21,000	30,000
1909 Model 30, 4-cyl.						
3P Rds	1,160	3,480	5,800	13,050	20,300	29,000
4P Rds	1,160	3,480	5,800	13,050	20,300	29,000
2P Cpe	1,080	3,240	5,400	12,150	18,900	27,000
1909 Model 31, 4-cyl.						
4P Toy Tonn	1,200	3,600	6,000	13,500	21,000	30,000
5P Tourist	1,200	3,600	6,000	13,500	21,000	30,000
5P Taxi	1,160	3,480	5,800	13,050	20,300	29,000
1909 Model 32, 4-cyl.						
3P Rds	1,120	3,360	5,600	12,600	19,600	28,000
4P Rds	1,160	3,480	5,800	13,050	20,300	29,000
4P Toy Tonn	1,160	3,480	5,800	13,050	20,300	29,000
5P Tr.	1,200	3,600	6,000	13,500	21,000	30,000
1909 Willys, 6-cyl.						
3P Rds	1,200	3,600	6,000	13,500	21,000	30,000
4P Rds	1,200	3,600	6,000	13,500	21,000	30,000
Toy Tonn	1,240	3,720	6,200	13,950	21,700	31,000
5P Tr.	1,240	3,720	6,200	13,950	21,700	31,000
1910 Model 38, 4-cyl., 102" wb, 25 hp						
2P Rds	1,160	3,480	5,800	13,050	20,300	29,000
3P Rds	1,160	3,480	5,800	13,050	20,300	29,000
4P Rds	1,180	3,540	5,900	13,280	20,650	29,500
Toy Tonn	1,160	3,480	5,800	13,050	20,300	29,000
1910 Model 40, 4-cyl., 112" wb, 40 hp						
3P Rds	1,200	3,600	6,000	13,500	21,000	30,000
4P Rds	1,200	3,600	6,000	13,500	21,000	30,000
1910 Model 41, 4-cyl.						
5P Tr.	1,240	3,720	6,200	13,950	21,700	31,000
4P C.C. Tr.	1,240	3,720	6,200	13,950	21,700	31,000
1910 Model 42, 4-cyl.						
5P Tr.	1,280	3,840	6,400	14,400	22,400	32,000
4P C.C. Tr.	1,280	3,840	6,400	14,400	22,400	32,000
1911 Model 38, 4-cyl.						
4P Tr.	1,080	3,240	5,400	12,150	18,900	27,000
2P Cpe	880	2,640	4,400	9,900	15,400	22,000
1911 Model 45, 4-cyl.						
2P Rds	1,120	3,360	5,600	12,600	19,600	28,000

	6	5	4	3	2	1
1911 Model 46, 4-cyl.						
2P Torp	1,120	3,360	5,600	12,600	19,600	28,000
1911 Model 47, 4-cyl.						
Tr	1,160	3,480	5,800	13,050	20,300	29,000
1911 Model 49, 4-cyl.						
5P Tr	1,120	3,360	5,600	12,600	19,600	28,000
4P Tr	1,160	3,480	5,800	13,050	20,300	29,000
1911 Model 50, 4-cyl.						
2P Torp	1,280	3,840	6,400	14,400	22,400	32,000
1911 Model 51, 4-cyl.						
4d 5P Tr	1,240	3,720	6,200	13,950	21,700	31,000
5P Tr	1,240	3,720	6,200	13,950	21,700	31,000
1911 Model 52, 4-cyl.						
4d 5P Tr	1,280	3,840	6,400	14,400	22,400	32,000
5P Tr	1,280	3,840	6,400	14,400	22,400	32,000
1911 Model 53, 4-cyl.						
2P Rds	1,320	3,960	6,600	14,850	23,100	33,000
1911 Model 54, 4-cyl.						
5P Tr	1,320	3,960	6,600	14,850	23,100	33,000
1911 Model 55, 4-cyl.						
4d 5P Tr	1,320	3,960	6,600	14,850	23,100	33,000
5P Tr	1,320	3,960	6,600	14,850	23,100	33,000
1911 Model 56, 4-cyl.						
5P Tr	1,360	4,080	6,800	15,300	23,800	34,000
1912 Model 58R, 4-cyl., 25 hp						
Torp Rds	1,120	3,360	5,600	12,600	19,600	28,000
1912 Model 59R-T, 4-cyl., 30 hp						
Rds	1,160	3,480	5,800	13,050	20,300	29,000
Tr	1,200	3,600	6,000	13,500	21,000	30,000
1912 Model 59C, 4-cyl., 30 hp						
Cpe	880	2,640	4,400	9,900	15,400	22,000
1912 Model 60, 4-cyl., 35 hp						
Tr	1,240	3,720	6,200	13,950	21,700	31,000
1912 Model 61, 4-cyl., 45 hp						
Rds	1,440	4,320	7,200	16,200	25,200	36,000
4d Tr	1,480	4,440	7,400	16,650	25,900	37,000
Tr	1,480	4,440	7,400	16,650	25,900	37,000
Cpe	1,000	3,000	5,000	11,250	17,500	25,000
1913 Model 69, 4-cyl., 30 hp						
Cpe	840	2,520	4,200	9,450	14,700	21,000
Tr	1,200	3,600	6,000	13,500	21,000	30,000
Rds	1,160	3,480	5,800	13,050	20,300	29,000
4d Tr	1,240	3,720	6,200	13,950	21,700	31,000
1913 Model 71, 4-cyl., 45 hp						
Rds	1,440	4,320	7,200	16,200	25,200	36,000
Tr	1,480	4,440	7,400	16,650	25,900	37,000
5P Tr	1,520	4,560	7,600	17,100	26,600	38,000
1914 Model 79, 4-cyl., 35 hp						
Rds	1,160	3,480	5,800	13,050	20,300	29,000
Tr	1,200	3,600	6,000	13,500	21,000	30,000
Cpe	880	2,640	4,400	9,900	15,400	22,000
1914 Model 46, 4-cyl., 35 hp						
Tr	1,240	3,720	6,200	13,950	21,700	31,000
1915 Model 81, 4-cyl., 30 hp						
Rds	1,200	3,600	6,000	13,500	21,000	30,000
Tr	1,240	3,720	6,200	13,950	21,700	31,000
1915 Willys-Knight K-19, 4-cyl., 45 hp						
Rds	1,240	3,720	6,200	13,950	21,700	31,000
Tr	1,280	3,840	6,400	14,400	22,400	32,000
1915 Willys-Knight K-17, 4-cyl., 45 hp						
Rds	1,280	3,840	6,400	14,400	22,400	32,000
Tr	1,320	3,960	6,600	14,850	23,100	33,000
1915 Model 80, 4-cyl., 35 hp						
Rds	1,080	3,240	5,400	12,150	18,900	27,000
Tr	1,040	3,120	5,200	11,700	18,200	26,000
Cpe	880	2,640	4,400	9,900	15,400	22,000
1915 Model 82, 6-cyl., 45-50 hp						
7P Tr	1,600	4,800	8,000	18,000	28,000	40,000
1916 Model 75, 4-cyl., 20-25 hp						
Rds	840	2,520	4,200	9,450	14,700	21,000
Tr	880	2,640	4,400	9,900	15,400	22,000

1965 Studebaker Lark Daytona coupe

1927 Willys-Knight sedan

1953 Willys Aero Falcon two-door sedan

	6	5	4	3	2	1
1916 Model 83, 4-cyl., 35 hp						
Rds	880	2,640	4,400	9,900	15,400	22,000
Tr	920	2,760	4,600	10,350	16,100	23,000
1916 Model 83-B, 4-cyl., 35 hp						
Rds	920	2,760	4,600	10,350	16,100	23,000
Tr	960	2,880	4,800	10,800	16,800	24,000
1916 Willys-Knight, 4-cyl., 40 hp (also Model 84)						
Rds	1,120	3,360	5,600	12,600	19,600	28,000
Tr	1,160	3,480	5,800	13,050	20,300	29,000
Cpe	720	2,160	3,600	8,100	12,600	18,000
Limo	800	2,400	4,000	9,000	14,000	20,000
1916 Willys-Knight, 6-cyl., 45 hp (also Model 86)						
7P Tr	1,480	4,440	7,400	16,650	25,900	37,000
1917-18 Light Four 90, 4-cyl., 32 hp						
2P Rds	760	2,280	3,800	8,550	13,300	19,000
5P Tr	800	2,400	4,000	9,000	14,000	20,000
4P Ctry Clb	720	2,160	3,600	8,100	12,600	18,000
5P Sed*	480	1,440	2,400	5,400	8,400	12,000
NOTE: (*1917 only).						
1917-18 Big Four 85, 4-cyl., 35 hp						
3P Rds	800	2,400	4,000	9,000	14,000	20,000
5P Tr	840	2,520	4,200	9,450	14,700	21,000
3P Tr Cpe	680	2,040	3,400	7,650	11,900	17,000
5P Tr Sed	520	1,560	2,600	5,850	9,100	13,000
1917-18 Light Six 85, 6-cyl., 35-40 hp						
3P Rds	840	2,520	4,200	9,450	14,700	21,000
5P Tr	880	2,640	4,400	9,900	15,400	22,000
3P Tr Cpe	720	2,160	3,600	8,100	12,600	18,000
5P Tr Sed	560	1,680	2,800	6,300	9,800	14,000
1917-18 Willys 89, 6-cyl., 45 hp						
7P Tr	1,120	3,360	5,600	12,600	19,600	28,000
4P Clb Rds	1,080	3,240	5,400	12,150	18,900	27,000
6P Sed	640	1,920	3,200	7,200	11,200	16,000
1917-18 Willys-Knight 88-4, 4-cyl., 40 hp						
7P Tr	1,240	3,720	6,200	13,950	21,700	31,000
4P Cpe	760	2,280	3,800	8,550	13,300	19,000
7P Tr Sed	600	1,800	3,000	6,750	10,500	15,000
7P Limo	800	2,400	4,000	9,000	14,000	20,000
1917-18 Willys-Knight 88-8, 8-cyl., 65 hp						
7P Tr	1,440	4,320	7,200	16,200	25,200	36,000
7P Sed	640	1,920	3,200	7,200	11,200	16,000
7P Limo	800	2,400	4,000	9,000	14,000	20,000
7P Twn Car	840	2,520	4,200	9,450	14,700	21,000
*This model offered 1917 only.						
1919 Light Four 90, 4-cyl., 32 hp						
Rds	640	1,920	3,200	7,200	11,200	16,000
5P Tr	680	2,040	3,400	7,650	11,900	17,000
Clb Rds	680	2,040	3,400	7,650	11,900	17,000
5P Sed	500	1,500	2,500	5,630	8,750	12,500
1919 Willys 89, 6-cyl., 45 hp						
7P Tr	1,120	3,360	5,600	12,600	19,600	28,000
4P Clb Rds	1,080	3,240	5,400	12,150	18,900	27,000
6P Sed	500	1,500	2,500	5,630	8,750	12,500
1919 Willys-Knight 88-4, 4-cyl., 40 hp						
7P Tr	1,040	3,120	5,200	11,700	18,200	26,000
4P Cpe	460	1,380	2,300	5,180	8,050	11,500
7P Sed	460	1,380	2,300	5,180	8,050	11,500
7P Limo	560	1,680	2,800	6,300	9,800	14,000
1919 Willys-Knight 88-8, 8-cyl., 65 hp						
7P Tr	1,160	3,480	5,800	13,050	20,300	29,000
4P Cpe	500	1,500	2,500	5,630	8,750	12,500
7P Tr Sed	480	1,440	2,400	5,400	8,400	12,000
7P Limo	600	1,800	3,000	6,750	10,500	15,000
1920 Model 4, 4-cyl., 100" wb, 27 hp						
2P Rds	800	2,400	4,000	9,000	14,000	20,000
5P Tr	840	2,520	4,200	9,450	14,700	21,000
Clb Rds	640	1,920	3,200	7,200	11,200	16,000
5P Sed	480	1,440	2,400	5,400	8,400	12,000
1920 Model 89-6, Willys Six, 6-cyl.						
Clb Rds	840	2,520	4,200	9,450	14,700	21,000
7P Tr	880	2,640	4,400	9,900	15,400	22,000
6P Sed	480	1,440	2,400	5,400	8,400	12,000

	6	5	4	3	2	1
1920 Model 20 Willys-Knight, 4-cyl., 118" wb, 48 hp						
3P Rds	840	2,520	4,200	9,450	14,700	21,000
5P Tr	880	2,640	4,400	9,900	15,400	22,000
4P Cpe	500	1,500	2,500	5,630	8,750	12,500
5P Sed	480	1,440	2,400	5,400	8,400	12,000
1921 Model 4, 4-cyl., 100" wb, 27 hp						
5P Tr	800	2,400	4,000	9,000	14,000	20,000
2P Rds	840	2,520	4,200	9,450	14,700	21,000
5P Sed	500	1,500	2,500	5,630	8,750	12,500
2P Cpe	512	1,536	2,560	5,760	8,960	12,800
1921 Model 20 Willys-Knight, 4-cyl., 118" wb						
3P Rds	760	2,280	3,800	8,550	13,300	19,000
5P Tr	800	2,400	4,000	9,000	14,000	20,000
4P Cpe	540	1,620	2,700	6,080	9,450	13,500
5P Sed	520	1,560	2,600	5,850	9,100	13,000
1922 Model 4, 4-cyl., 100" wb, 27 hp						
2P Rds	760	2,280	3,800	8,550	13,300	19,000
5P Tr	800	2,400	4,000	9,000	14,000	20,000
5P Sed	500	1,500	2,500	5,630	8,750	12,500
2P Cpe	508	1,524	2,540	5,720	8,890	12,700
1922 Model 20 Willys-Knight, 4-cyl., 118" wb, 40 hp						
3P Rds	840	2,520	4,200	9,450	14,700	21,000
5P Tr	880	2,640	4,400	9,900	15,400	22,000
4P Cpe	520	1,560	2,600	5,850	9,100	13,000
5P Sed	500	1,500	2,500	5,630	8,750	12,500
1922 Model 27 Willys-Knight, 4-cyl., 118" wb						
7P Tr	920	2,760	4,600	10,350	16,100	23,000
7P Sed	500	1,500	2,500	5,630	8,750	12,500
1923-24 Model 91, 4-cyl., 100" wb, 27 hp						
2P Rds	640	1,920	3,200	7,200	11,200	16,000
5P Tr	640	1,920	3,200	7,200	11,200	16,000
3P Cpe	500	1,500	2,500	5,630	8,750	12,500
5P Sed	480	1,440	2,400	5,400	8,400	12,000
1923-24 Model 92, 4-cyl., 106" wb, 30 hp						
Redbird	1,080	3,240	5,400	12,150	18,900	27,000
Blackbird*	1,080	3,240	5,400	12,150	18,900	27,000
Bluebird*	1,080	3,240	5,400	12,150	18,900	27,000

NOTE: (*1924 only).

	6	5	4	3	2	1
1923-24 Model 64 Willys-Knight, 4-cyl., 118" wb, 40 hp						
3P Rds	840	2,520	4,200	9,450	14,700	21,000
5P Tr	880	2,640	4,400	9,900	15,400	22,000
Ctry Clb	600	1,800	3,000	6,750	10,500	15,000
4P Cpe	500	1,500	2,500	5,630	8,750	12,500
5P Sed	480	1,440	2,400	5,400	8,400	12,000
1923-24 Model 67 Willys-Knight, 4-cyl., 124" wb, 40 hp						
7P Tr	880	2,640	4,400	9,900	15,400	22,000
7P Sed	520	1,560	2,600	5,850	9,100	13,000

*Model offered 1924 only.

	6	5	4	3	2	1
1925 Model 91, 4-cyl., 100" wb, 27 hp						
5P Tr	760	2,280	3,800	8,550	13,300	19,000
2P Cpe	540	1,620	2,700	6,080	9,450	13,500
5P Tr Sed	480	1,440	2,400	5,400	8,400	12,000
5P Cpe Sed	492	1,476	2,460	5,540	8,610	12,300
5P DeL Sed	500	1,500	2,500	5,630	8,750	12,500
1925 Model 92, 4-cyl., 106" wb, 30 hp						
Bluebird	920	2,760	4,600	10,350	16,100	23,000
1925 Model 93, 6-cyl., 113" wb, 38 hp						
5P Sed	512	1,536	2,560	5,760	8,960	12,800
DeL Sed	520	1,560	2,600	5,850	9,100	13,000
1925 Model 65 Willys-Knight, 4-cyl., 124" wb, 40 hp						
5P Tr	840	2,520	4,200	9,450	14,700	21,000
2P Cpe	560	1,680	2,800	6,300	9,800	14,000
Cpe Sed	540	1,620	2,700	6,080	9,450	13,500
Sed	480	1,440	2,400	5,400	8,400	12,000
Brgm	520	1,560	2,600	5,850	9,100	13,000
1925 Model 66 Willys-Knight, 6-cyl., 126" wb, 60 hp						
Rds	880	2,640	4,400	9,900	15,400	22,000
5P Tr	920	2,760	4,600	10,350	16,100	23,000
Cpe Sed	560	1,680	2,800	6,300	9,800	14,000
Brgm	580	1,740	2,900	6,530	10,150	14,500
Cpe	580	1,740	2,900	6,530	10,150	14,500
Sed	540	1,620	2,700	6,080	9,450	13,500

	6	5	4	3	2	1
1926 Model 91, 4-cyl., 100" wb, 27 hp						
5P Tr	800	2,400	4,000	9,000	14,000	20,000
2P Cpe	540	1,620	2,700	6,080	9,450	13,500
5P Sed	472	1,416	2,360	5,310	8,260	11,800
2d Sed	464	1,392	2,320	5,220	8,120	11,600
4P Cpe	468	1,404	2,340	5,270	8,190	11,700
1926 Model 92, 4-cyl., 100" wb, 30 hp						
5P Tr	840	2,520	4,200	9,450	14,700	21,000
1926 Model 93, 6-cyl., 113" wb, 38 hp						
5P Tr	880	2,640	4,400	9,900	15,400	22,000
5P Sed	480	1,440	2,400	5,400	8,400	12,000
DeL Sed	500	1,500	2,500	5,630	8,750	12,500
2P Cpe	480	1,440	2,400	5,400	8,400	12,000
1926 Model 66 Willys-Knight, 6-cyl., 126" wb, 60 hp						
Rds	1,040	3,120	5,200	11,700	18,200	26,000
7P Tr	1,080	3,240	5,400	12,150	18,900	27,000
5P Tr	1,040	3,120	5,200	11,700	18,200	26,000
4P Cpe	540	1,620	2,700	6,080	9,450	13,500
Sed	520	1,560	2,600	5,850	9,100	13,000
1926 Model 70 Willys-Knight, 6-cyl., 113" wb, 53 hp						
5P Tr	1,080	3,240	5,400	12,150	18,900	27,000
Sed	500	1,500	2,500	5,630	8,750	12,500
2d Sed	480	1,440	2,400	5,400	8,400	12,000
Cpe	540	1,620	2,700	6,080	9,450	13,500
Rds	1,080	3,240	5,400	12,150	18,900	27,000
1927 Model 70A Willys-Knight, 6-cyl., 113" wb, 52 hp						
Rds	960	2,880	4,800	10,800	16,800	24,000
Tr	1,000	3,000	5,000	11,250	17,500	25,000
Cpe	600	1,800	3,000	6,750	10,500	15,000
Cabr	920	2,760	4,600	10,350	16,100	23,000
Sed	540	1,620	2,700	6,080	9,450	13,500
2d Sed	520	1,560	2,600	5,850	9,100	13,000
1927 Model 66A Willys-Knight, 6-cyl., 126" wb, 65 hp						
Rds	1,120	3,360	5,600	12,600	19,600	28,000
Tr	1,160	3,480	5,800	13,050	20,300	29,000
Foursome	1,120	3,360	5,600	12,600	19,600	28,000
Cabr	1,000	3,000	5,000	11,250	17,500	25,000
5P Sed	580	1,740	2,900	6,530	10,150	14,500
7P Sed	620	1,860	3,100	6,980	10,850	15,500
Limo	680	2,040	3,400	7,650	11,900	17,000
1928 Model 56 Willys-Knight, 6-cyl., 109.5" wb, 45 hp						
Rds	920	2,760	4,600	10,350	16,100	23,000
Tr	960	2,880	4,800	10,800	16,800	24,000
Cpe	620	1,860	3,100	6,980	10,850	15,500
2d Sed	520	1,560	2,600	5,850	9,100	13,000
Sed	524	1,572	2,620	5,900	9,170	13,100
1928 Model 70A Willys-Knight, 6-cyl., 113.5" wb, 53 hp						
Rds	1,000	3,000	5,000	11,250	17,500	25,000
Tr	1,040	3,120	5,200	11,700	18,200	26,000
Cpe	680	2,040	3,400	7,650	11,900	17,000
5P Cpe	700	2,100	3,500	7,880	12,250	17,500
Cabr	760	2,280	3,800	8,550	13,300	19,000
2d Sed	580	1,740	2,900	6,530	10,150	14,500
Sed	600	1,800	3,000	6,750	10,500	15,000
1928 Model 66A Willys-Knight, 6-cyl., 126" wb, 70 hp						
Rds	1,080	3,240	5,400	12,150	18,900	27,000
Tr	1,120	3,360	5,600	12,600	19,600	28,000
Cabr	1,040	3,120	5,200	11,700	18,200	26,000
Fml Sed	620	1,860	3,100	6,980	10,850	15,500
Sed	560	1,680	2,800	6,300	9,800	14,000
1928 Model 66A Willys-Knight, 6-cyl., 135" wb, 70 hp						
7P Tr	1,160	3,480	5,800	13,050	20,300	29,000
Cpe	760	2,280	3,800	8,550	13,300	19,000
7P Sed	700	2,100	3,500	7,880	12,250	17,500
Limo	720	2,160	3,600	8,100	12,600	18,000
1929 Series 56, 6-cyl., 109.5" wb, 45 hp						
(All Willys-Knight)						
Rds	1,120	3,360	5,600	12,600	19,600	28,000
Tr	920	2,760	4,600	10,350	16,100	23,000
Cpe	600	1,800	3,000	6,750	10,500	15,000
2d Sed	580	1,740	2,900	6,530	10,150	14,500
Sed	600	1,800	3,000	6,750	10,500	15,000
1929 Series 70A, 6-cyl., 113.2" wb, 53 hp						
Rds	1,160	3,480	5,800	13,050	20,300	29,000
Tr	1,200	3,600	6,000	13,500	21,000	30,000

	6	5	4	3	2	1
Cpe	760	2,280	3,800	8,550	13,300	19,000
Cabr	1,120	3,360	5,600	12,600	19,600	28,000
2d Sed	600	1,800	3,000	6,750	10,500	15,000
Sed	620	1,860	3,100	6,980	10,850	15,500

1929 Series 66A, 6-cyl., 126" wb, 70 hp

	6	5	4	3	2	1
Rds	1,200	3,600	6,000	13,500	21,000	30,000
Tr	1,240	3,720	6,200	13,950	21,700	31,000
Cabr	1,160	3,480	5,800	13,050	20,300	29,000
Fml Sed	760	2,280	3,800	8,550	13,300	19,000
DeL Fml Sed	780	2,340	3,900	8,780	13,650	19,500
Sed	680	2,040	3,400	7,650	11,900	17,000

1929 Series 66A, 6-cyl., 135" wb, 70 hp

	6	5	4	3	2	1
7P Tr	1,360	4,080	6,800	15,300	23,800	34,000
5P Cpe	880	2,640	4,400	9,900	15,400	22,000
7P Sed	760	2,280	3,800	8,550	13,300	19,000
Limo	800	2,400	4,000	9,000	14,000	20,000

1929 Series 70B, 6-cyl., 112.5" - 115" wb, 53 hp

	6	5	4	3	2	1
Rds	1,120	3,360	5,600	12,600	19,600	28,000
Tr	1,160	3,480	5,800	13,050	20,300	29,000
2P Cpe	720	2,160	3,600	8,100	12,600	18,000
4P Cpe	680	2,040	3,400	7,650	11,900	17,000
2d Sed	580	1,740	2,900	6,530	10,150	14,500
Sed	584	1,752	2,920	6,570	10,220	14,600
DeL Sed	600	1,800	3,000	6,750	10,500	15,000

1930 Series 98B, 6-cyl., 110" wb, 65 hp

Willys Models

	6	5	4	3	2	1
Rds	1,160	3,480	5,800	13,050	20,300	29,000
4P Rds	1,200	3,600	6,000	13,500	21,000	30,000
5P Tr	1,240	3,720	6,200	13,950	21,700	31,000
2P Cpe	680	2,040	3,400	7,650	11,900	17,000
4P Cpe	720	2,160	3,600	8,100	12,600	18,000
2d Sed	600	1,800	3,000	6,750	10,500	15,000
Sed	620	1,860	3,100	6,980	10,850	15,500
DeL Sed	640	1,920	3,200	7,200	11,200	16,000

1930 Series 66B, 6-cyl., 120" wb, 87 hp

Willys-Knight Models

	6	5	4	3	2	1
Rds	1,200	3,600	6,000	13,500	21,000	30,000
Tr	1,240	3,720	6,200	13,950	21,700	31,000
2P Cpe	760	2,280	3,800	8,550	13,300	19,000
5P Cpe	800	2,400	4,000	9,000	14,000	20,000
Sed	720	2,160	3,600	8,100	12,600	18,000

1930

Series 70B, "See 1929 Series 70B"

Series 6-87, "See 1929 Series 56"

1931

Willys 98B, "See 1930 98B Series"

1931 Willys 97, 6-cyl., 110" wb, 65 hp

	6	5	4	3	2	1
Rds	1,080	3,240	5,400	12,150	18,900	27,000
Tr	1,120	3,360	5,600	12,600	19,600	28,000
Cpe	720	2,160	3,600	8,100	12,600	18,000
2d Sed	620	1,860	3,100	6,980	10,850	15,500
Clb Sed	640	1,920	3,200	7,200	11,200	16,000
Sed	620	1,860	3,100	6,980	10,850	15,500

1931 Willys 98D, 6-cyl., 113" wb, 65 hp

	6	5	4	3	2	1
Vic Cpe	680	2,040	3,400	7,650	11,900	17,000
Sed	700	2,050	3,400	7,650	11,900	17,000

NOTE: Add 10 percent for DeLuxe Willys models.

1931

Willys-Knight 66B, "See 1930 W-K 66B"

Willys-Knight 87, "See 1930 Series 6-87"

1931 Willys-Knight 66D, 6-cyl., 121" wb, 87 hp

	6	5	4	3	2	1
Vic Cpe	680	2,040	3,400	7,650	11,900	17,000
Sed	640	1,920	3,200	7,200	11,200	16,000
Cus Sed	660	1,980	3,300	7,430	11,550	16,500

NOTE: Add 10 percent for DeLuxe Willys-Knight models.

1931 Willys 8-80, 8-cyl., 120" wb, 80 hp

	6	5	4	3	2	1
Cpe	680	2,040	3,400	7,650	11,900	17,000
DeL Cpe	700	2,100	3,500	7,880	12,250	17,500
Sed	600	1,800	3,000	6,750	10,500	15,000
DeL Sed	660	1,980	3,300	7,430	11,550	16,500

1931 Willys 8-80D, 8-cyl., 120" wb, 80 hp

	6	5	4	3	2	1
Vic Cpe	640	1,920	3,200	7,200	11,200	16,000

	6	5	4	3	2	1
DeL Vic Cpe	660	1,980	3,300	7,430	11,550	16,500
Sed	560	1,680	2,800	6,300	9,800	14,000
DeL Sed	580	1,740	2,900	6,530	10,150	14,500
Cus Sed	600	1,800	3,000	6,750	10,500	15,000

1932

Willys 97, "See 1931 Willys 97 Series"

Willys 98D, "See 1931 Willys 98D Series"

1932 Willys 90 (Silver Streak), 6-cyl., 113" wb, 65 hp

	6	5	4	3	2	1
2P Rds	1,080	3,240	5,400	12,150	18,900	27,000
4P Rds	1,100	3,300	5,500	12,380	19,250	27,500
Spt Rds	1,120	3,360	5,600	12,600	19,600	28,000
5P Tr	1,120	3,360	5,600	12,600	19,600	28,000
2P Cpe	760	2,280	3,800	8,550	13,300	19,000
4P Cpe	780	2,340	3,900	8,780	13,650	19,500
Vic Cus	580	1,740	2,900	6,530	10,150	14,500
5P Sed	500	1,500	2,500	5,630	8,750	12,500
2d Sed	588	1,764	2,940	6,620	10,290	14,700
Spl Sed	640	1,920	3,200	7,200	11,200	16,000
Cus Sed	660	1,980	3,300	7,430	11,550	16,500

1932

Willys 8-88D, "See 1931 Willys 8-80D"

1932 Willys 8-88 (Silver Streak), 8-cyl., 121" wb, 80 hp

	6	5	4	3	2	1
Rds	1,120	3,360	5,600	12,600	19,600	28,000
Spt Rds	1,140	3,420	5,700	12,830	19,950	28,500
2P Cpe	720	2,160	3,600	8,100	12,600	18,000
4P Cpe	760	2,280	3,800	8,550	13,300	19,000
Vic Cus	740	2,220	3,700	8,330	12,950	18,500
Sed	652	1,956	3,260	7,340	11,410	16,300
Spl Sed	672	2,016	3,360	7,560	11,760	16,800
Cus Sed	720	2,160	3,600	8,100	12,600	18,000

1932 Willys-Knight 95 DeLuxe, 6-cyl., 113" wb, 60 hp

	6	5	4	3	2	1
2P Cpe	700	2,100	3,500	7,880	12,250	17,500
4P Cpe	720	2,160	3,600	8,100	12,600	18,000
Vic	680	2,040	3,400	7,650	11,900	17,000
2d Sed	640	1,920	3,200	7,200	11,200	16,000
Sed	660	1,980	3,300	7,430	11,550	16,500

1932 Willys-Knight 66D, 6-cyl., 121" wb, 87 hp

1st Series (start Oct. 1931)

	6	5	4	3	2	1
Vic	760	2,280	3,800	8,550	13,300	19,000
DeL Vic	780	2,340	3,900	8,780	13,650	19,500
Sed	680	2,040	3,400	7,650	11,900	17,000
DeL Sed	700	2,100	3,500	7,880	12,250	17,500
Cus Sed	720	2,160	3,600	8,100	12,600	18,000

2nd Series (start Jan. 1932)

	6	5	4	3	2	1
Vic Cus	760	2,280	3,800	8,550	13,300	19,000
Cus Sed	780	2,340	3,900	8,780	13,650	19,500

1933 Willys 77, 4-cyl., 100" wb, 48 hp

	6	5	4	3	2	1
Cpe	980	2,940	4,900	11,030	17,150	24,500
Cus Cpe	1,000	3,000	5,000	11,250	17,500	25,000
4P Cpe	1,020	3,060	5,100	11,480	17,850	25,500
4P Cus Cpe	1,040	3,120	5,200	11,700	18,200	26,000
Sed	960	2,880	4,800	10,800	16,800	24,000
Cus Sed	980	2,940	4,900	11,030	17,150	24,500

1933 Willys 6-90A (Silver Streak), 6-cyl., 113" wb, 65 hp

	6	5	4	3	2	1
Rds	880	2,640	4,400	9,900	15,400	22,000
4P Rds	900	2,700	4,500	10,130	15,750	22,500
Spt Rds	920	2,760	4,600	10,350	16,100	23,000
Cpe	680	2,040	3,400	7,650	11,900	17,000
Cus Cpe	700	2,100	3,500	7,880	12,250	17,500
2d Sed	620	1,860	3,100	6,980	10,850	15,500
Sed	640	1,920	3,200	7,200	11,200	16,000
Cus Sed	660	1,980	3,300	7,430	11,550	16,500

1933 Willys 8-88A (Streamline), 8-cyl., 121" wb, 80 hp

	6	5	4	3	2	1
2P Cpe	680	2,040	3,400	7,650	11,900	17,000
Cus Cpe	720	2,160	3,600	8,100	12,600	18,000
Sed	660	1,980	3,300	7,430	11,550	16,500
Cus Sed	720	2,160	3,600	8,100	12,600	18,000

1933 Willys-Knight 66E, 6-cyl., 121" wb, 87 hp

	6	5	4	3	2	1
Cus Sed	780	2,340	3,900	8,780	13,650	19,500

1934 Willys 77, 4-cyl., 100" wb, 48 hp

	6	5	4	3	2	1
Cpe	1,000	3,000	5,000	11,250	17,500	25,000
Cus Cpe	1,020	3,060	5,100	11,480	17,850	25,500
4P Cpe	1,028	3,084	5,140	11,570	17,990	25,700
4P Cus Cpe	1,040	3,120	5,200	11,700	18,200	26,000

	6	5	4	3	2	1
Sed	960	2,880	4,800	10,800	16,800	24,000
Cus Sed	980	2,940	4,900	11,030	17,150	24,500
Pan Dely	1,000	3,000	5,000	11,250	17,500	25,000
1935 Willys 77, 4-cyl., 100" wb, 48 hp						
Cpe	1,020	3,060	5,100	11,480	17,850	25,500
Sed	920	2,760	4,600	10,350	16,100	23,000
1936 Willys 77, 4-cyl., 100" wb, 48 hp						
Cpe	1,000	3,000	5,000	11,250	17,500	25,000
Sed	920	2,760	4,600	10,350	16,100	23,000
DeL Sed	940	2,820	4,700	10,580	16,450	23,500
1937 Willys 37, 4-cyl., 100" wb, 48 hp						
Cpe	1,400	4,200	7,000	15,750	24,500	35,000
DeL Cpe	1,440	4,320	7,200	16,200	25,200	36,000
Sed	1,000	3,000	5,000	11,250	17,500	25,000
DeL Sed	1,040	3,120	5,200	11,700	18,200	26,000
1938 Willys 38, 4-cyl., 100" wb, 48 hp						
Std Cpe	1,320	3,960	6,600	14,850	23,100	33,000
DeL Cpe	1,360	4,080	6,800	15,300	23,800	34,000
2d Clipper Sed	1,080	3,240	5,400	12,150	18,900	27,000
Std Sed	800	2,400	4,000	9,000	14,000	20,000
2d DeL Clipper Sed	1,120	3,360	5,600	12,600	19,600	28,000
DeL Sed	880	2,640	4,400	9,900	15,400	22,000
Cus Sed	900	2,700	4,500	10,130	15,750	22,500
1939 Willys Std Speedway, 4-cyl., 102" wb, 48 hp						
Cpe	1,360	4,080	6,800	15,300	23,800	34,000
2d Sed	1,100	3,300	5,500	12,380	19,250	27,500
Sed	820	2,460	4,100	9,230	14,350	20,500
DeLCpe	1,400	4,200	7,000	15,750	24,500	35,000
DeL 2d Sed	1,100	3,300	5,500	12,380	19,250	27,500
DeL 4d Sed	900	2,700	4,500	10,130	15,750	22,500
Spl Speedway Cpe	1,380	4,140	6,900	15,530	24,150	34,500
Spl Speedway 2d Sed	1,100	3,300	5,500	12,380	19,250	27,500
Spl Speedway 4d Sed	910	2,730	4,550	10,240	15,930	22,750
1939 Model 48, 100" wb						
Cpe	1,380	4,140	6,900	15,530	24,150	34,500
2d Sed	1,104	3,312	5,520	12,420	19,320	27,600
4d Sed	912	2,736	4,560	10,260	15,960	22,800
1939 Model 38, 100" wb						
Std Cpe	1,380	4,140	6,900	15,530	24,150	34,500
Std 2d Sed	1,104	3,312	5,520	12,420	19,320	27,600
Std 4d Sed	914	2,742	4,570	10,280	15,995	22,850
DeL Cpe	1,382	4,146	6,910	15,550	24,185	34,550
DeL 2d Sed	1,120	3,360	5,600	12,600	19,600	28,000
DeL 4d Sed	910	2,730	4,550	10,240	15,925	22,750
1940 Willys Speedway, 4-cyl., 102" wb, 48 hp						
Willys (Americar)						
Cpe	1,600	4,800	8,000	18,000	28,000	40,000
Sed	880	2,640	4,400	9,900	15,400	22,000
Sta Wag	1,700	5,100	8,500	19,130	29,750	42,500
1940 DeLuxe, 4-cyl., 102" wb						
Cpe	1,560	4,680	7,800	17,550	27,300	39,000
Sed	980	2,940	4,900	11,030	17,150	24,500
Sta Wag	1,680	5,040	8,400	18,900	29,400	42,000
1941 Speedway Series, 4-cyl., 104" wb, 63 hp						
Cpe	1,660	4,980	8,300	18,680	29,050	41,500
Sed	900	2,700	4,500	10,130	15,750	22,500
1941 DeLuxe, 4-cyl., 104" wb, 63 hp						
Cpe	1,680	5,040	8,400	18,900	29,400	42,000
Sed	900	2,700	4,500	10,130	15,750	22,500
Sta Wag	1,700	5,100	8,500	19,130	29,750	42,500
1941 Plainsman, 4-cyl., 104" wb, 63 hp						
Cpe	1,670	5,010	8,350	18,790	29,225	41,750
Sed	880	2,640	4,400	9,900	15,400	22,000
1942 Speedway Series, 4-cyl., 104" wb, 63 hp						
Cpe	1,660	4,980	8,300	18,680	29,050	41,500
Sed	900	2,700	4,500	10,130	15,750	22,500
1942 DeLuxe, 4-cyl., 104" wb, 63 hp						
Cpe	1,680	5,040	8,400	18,900	29,400	42,000
Sed	900	2,700	4,500	10,130	15,750	22,500
Sta Wag	1,700	5,100	8,500	19,130	29,750	42,500
1942 Plainsman, 4-cyl., 104" wb, 63 hp						
Cpe	1,670	5,010	8,350	18,790	29,225	41,750
Sed	880	2,640	4,400	9,900	15,400	22,000

	6	5	4	3	2	1
1946-47 Willys 4-63, 4-cyl., 104" wb, 63 hp						
2d Sta Wag	600	1,800	3,000	6,750	10,500	15,000
1948 Willys 4-63, 4-cyl., 104" wb, 63 hp						
2d Sta Wag	600	1,800	3,000	6,750	10,500	15,000
2d Jeepster	700	2,150	3,600	8,100	12,600	18,000
1948 Willys 6-63, 6-cyl., 104" wb, 75 hp						
2d Sta Sed	600	1,850	3,100	6,980	10,900	15,500
2d Jeepster	750	2,200	3,700	8,330	13,000	18,500
1949 Willys 4X463, 4-cyl., 104.5" wb, 63 hp						
2d FWD Sta Wag	550	1,700	2,800	6,300	9,800	14,000
1949 Willys VJ3, 4-cyl., 104" wb, 63 hp						
2d Phae	700	2,150	3,600	8,100	12,600	18,000
1949 Willys 463, 4-cyl., 104" wb, 63 hp						
2d Sta Wag	600	1,800	3,000	6,750	10,500	15,000
1949 Willys Six, 6-cyl., 104" wb, 75 hp						
2d Phae	750	2,200	3,700	8,330	13,000	18,500
2d Sta Sed	650	1,900	3,150	7,110	11,100	15,800
2d Sta Wag	600	1,850	3,100	6,980	10,900	15,500
1950-51 Willys 473SW, 4-cyl., 104" wb, 63 hp						
2d Sta Wag	600	1,800	3,000	6,750	10,500	15,000
1950-51 Willys 4X473SW, 4-cyl., 104.5" wb, 63 hp						
2d FWD Sta Wag	600	1,750	2,900	6,530	10,200	14,500
1950-51 Willys 473VJ, 4-cyl., 104" wb, 63 hp						
2d Phae	750	2,200	3,700	8,330	13,000	18,500

NOTE: Add 10 percent for six cylinder models.

	6	5	4	3	2	1
1952 Willys Aero, 6-cyl., 108" wb, 75 hp						
2d Lark	600	1,800	3,000	6,750	10,500	15,000
2d Wing	600	1,800	3,050	6,840	10,600	15,200
2d Ace	600	1,850	3,100	7,020	10,900	15,600
2d HT Eagle	700	2,100	3,500	7,880	12,300	17,500
1952 Willys Four, 4-cyl., 104"-104.5" wb, 63 hp						
2d FWD Sta Wag	550	1,600	2,700	6,080	9,450	13,500
2d Sta Wag	550	1,700	2,800	6,300	9,800	14,000
1952 Willys Six, 6-cyl., 104" wb, 75 137hp						
2d Sta Wag	600	1,750	2,900	6,530	10,200	14,500

NOTE: Deduct 10 percent for standard models.

	6	5	4	3	2	1
1953 Willys Aero, 6-cyl., 108" wb, 90 hp						
4d H.D. Aero	600	1,800	3,000	6,800	10,600	15,100
4d DeL Lark	600	1,850	3,100	6,930	10,800	15,400
2d DeL Lark	600	1,850	3,100	6,980	10,900	15,500
4d Falcon	600	1,850	3,100	7,020	10,900	15,600
2d Falcon	650	1,900	3,150	7,070	11,000	15,700
4d Ace	650	1,900	3,150	7,110	11,100	15,800
2d Ace	650	1,900	3,200	7,200	11,200	16,000
2d HT Eagle	750	2,300	3,800	8,550	13,300	19,000
1953 Willys Four, 4-cyl., 104"-104.5" wb, 72 hp						
2d FWD Sta Wag	550	1,600	2,700	6,080	9,450	13,500
2d Sta Wag	550	1,700	2,800	6,300	9,800	14,000
1953 Willys Six, 6-cyl., 104" wb, 90 hp						
2d Sta Wag	550	1,700	2,850	6,440	10,000	14,300
1954 Willys, 6-cyl., 108" wb, 90 hp						
4d DeL Ace	600	1,850	3,100	6,980	10,900	15,500
2d DeL Ace	600	1,850	3,100	7,020	10,900	15,600
2d HT DeL Eagle	750	2,300	3,800	8,550	13,300	19,000
2d HT Cus Eagle	800	2,350	3,900	8,780	13,700	19,500
4d Lark	600	1,850	3,100	7,020	10,900	15,600
2d Lark	650	1,900	3,150	7,070	11,000	15,700
4d Ace	650	1,900	3,150	7,070	11,000	15,700
2d Ace	650	1,900	3,150	7,110	11,100	15,800
2d HT Eagle	800	2,350	3,900	8,780	13,700	19,500
1954 Willys Four, 4-cyl., 104"-104.5" wb, 72 hp						
2d Sta Wag	550	1,700	2,800	6,300	9,800	14,000
1954 Willys Six, 6-cyl., 104" wb, 90 hp						
2d FWD Sta Wag	550	1,600	2,700	6,080	9,450	13,500
2d Sta Wag	550	1,700	2,850	6,440	10,000	14,300
1955 Willys Six, 6-cyl., 108" wb, 90 hp						
4d Cus Sed	650	1,900	3,200	7,200	11,200	16,000
2d Cus	650	1,950	3,200	7,250	11,300	16,100
2d HT Bermuda	850	2,500	4,200	9,450	14,700	21,000
1955 Willys Six, 6-cyl., 104"-104.5" wb, 90 hp						
2d FWD Sta Wag	550	1,600	2,700	6,080	9,450	13,500
2d Sta Wag	550	1,700	2,800	6,300	9,800	14,000

IMPORT CARS

AC

	6	5	4	3	2	1
1947-52 Two-Litre, 6-cyl., 117" wb, various bodies						
2d DHC	1,520	4,560	7,600	17,100	26,600	38,000
4d Saloon	1,280	3,840	6,400	14,400	22,400	32,000
1953-54 Ace, 6-cyl., 90" wb						
2d Rds	2,800	8,400	14,000	31,500	49,000	70,000
1955-56 Ace, 6-cyl., 90" wb						
2d Rds	2,800	8,400	14,000	31,500	49,000	70,000
1955-56 Aceca, 6-cyl., 90" wb						
2d FBk Cpe	2,320	6,960	11,600	26,100	40,600	58,000
1957 Ace, 6-cyl., 90" wb						
2d Rds	2,800	8,400	14,000	31,500	49,000	70,000
1957 Aceca, 6-cyl., 90" wb						
2d FBk Cpe	2,320	6,960	11,600	26,100	40,600	58,000
1958 Ace, 6-cyl., 90" wb						
2d Rds	2,800	8,400	14,000	31,500	49,000	70,000
1958 Aceca, 6-cyl., 90" wb						
2d FBk Cpe	2,320	6,960	11,600	26,100	40,600	58,000
1959 Ace, 6-cyl., 90" wb						
2d Rds	2,800	8,400	14,000	31,500	49,000	70,000
1959 Aceca, 6-cyl., 90" wb						
2d FBk Cpe	2,320	6,960	11,600	26,100	40,600	58,000
1960 Ace, 6-cyl., 90" wb						
2d Rds	2,800	8,400	14,000	31,500	49,000	70,000
1960 Aceca, 6-cyl., 90" wb						
2d FBk Cpe	2,320	6,960	11,600	26,100	40,600	58,000
1961 Ace, 6-cyl., 90" wb						
2d Rds	2,800	8,400	14,000	31,500	49,000	70,000
1961 Aceca, 6-cyl., 90" wb						
2d FBk Cpe	2,320	6,960	11,600	26,100	40,600	58,000
1962 Ace, 6-cyl., 90" wb						
2d Rds	2,800	8,400	14,000	31,500	49,000	70,000
1962 Aceca, 6-cyl., 90" wb						
2d FBk Cpe	2,360	7,080	11,800	26,550	41,300	59,000
1962 Ford/AC Shelby Cobra, 260/289 V-8, 90" wb						
2d Rds	9,000	27,000	45,000	101,250	157,500	225,000
1963 Ace, 6-cyl., 90" wb						
2d Rds	2,800	8,400	14,000	31,500	49,000	70,000
1963 Aceca, 6-cyl., 90" wb						
2d FBk Cpe	2,360	7,080	11,800	26,550	41,300	59,000
1963 Ford/AC Shelby Cobra Mk II, 289 V-8, 90" wb						
2d Rds	9,000	27,000	45,000	101,250	157,500	225,000

NOTE: Add 30 percent for 1956-63 Ace or Aceca with Bristol engine.

	6	5	4	3	2	1
1964 Ace, 6-cyl., 90" wb						
2d Rds	2,800	8,400	14,000	31,500	49,000	70,000
1964 Aceca, 6-cyl., 90" wb						
2d FBk Cpe	2,800	8,400	14,000	31,500	49,000	70,000
1964 Ford/AC Shelby Cobra Mk II, 289 V-8, 90" wb						
2d Rds	9,000	27,000	45,000	101,250	157,500	225,000
1965 Ford/AC Shelby Cobra Mk II, 289 V-8, 90" wb						
2d Rds	9,000	27,000	45,000	101,250	157,500	225,000
1965 Ford/AC Shelby Cobra Mk III, 427-428, V-8, 90" wb						
2d Rds	15,000	45,000	75,000	168,750	262,500	375,000
1965 Ford/AC 428, 428 V-8, 96" wb						
2d Conv	2,800	8,400	14,000	31,500	49,000	70,000
2d Cpe	2,520	7,560	12,600	28,350	44,100	63,000
1965 Shelby Cobra Mk III, 427 SC V-8, 90" wb						
2d Rds			value not estimable			

NOTE: Approximately 26 made.

	6	5	4	3	2	1
1965 Shelby Cobra Daytona						
2d Cpe			value not estimable			

NOTE: 6 made.

	6	5	4	3	2	1
1966 Ford/AC Shelby Cobra Mk III, 427/428 V-8, 90" wb						
2d Rds	15,000	45,000	75,000	168,750	262,500	375,000

	6	5	4	3	2	1
1966 Ford/AC 289, 289 V-8, 90" wb						
2d Rds	8,600	25,800	43,000	96,750	150,500	215,000
1966 Ford/AC 428, 428 V-8, 96" wb						
2d Conv	2,800	8,400	14,000	31,500	49,000	70,000
2d Cpe	2,520	7,560	12,600	28,350	44,100	63,000
1967 Ford/AC Shelby Cobra Mk III 427/428 V-8, 90" wb						
2d Rds	15,000	45,000	75,000	168,750	262,500	375,000
1967 Ford/AC 289, 289 V-8, 90" wb						
2d Rds	8,600	25,800	43,000	96,750	150,500	215,000
1967 Ford/AC 428, 428 V-8, 96" wb						
2d Conv	2,800	8,400	14,000	31,500	49,000	70,000
2d Cpe	2,520	7,560	12,600	28,350	44,100	63,000
1968 Ford/AC 289, 289 V-8, 90" wb						
2d Rds	8,600	25,800	43,000	96,750	150,500	215,000
1968 Ford/AC 428, 428 V-8, 96" wb						
2d Conv	2,800	8,400	14,000	31,500	49,000	70,000
2d Cpe	2,520	7,560	12,600	28,350	44,100	63,000
1969-73 Ford/AC 428, 428 V-8, 96" wb						
2d Conv	2,800	8,400	14,000	31,500	49,000	70,000
2d Cpe	2,520	7,560	12,600	28,350	44,100	63,000

ACURA

	6	5	4	3	2	1
1986 Integra						
3d HBk RS	240	720	1,200	2,700	4,200	6,000
5d HBk RS	260	770	1,280	2,880	4,480	6,400
3d HBk LS	260	780	1,300	2,930	4,550	6,500
5d HBk LS	280	840	1,400	3,150	4,900	7,000
1986 Legend						
4d Sed	300	900	1,500	3,380	5,250	7,500
1987 Integra						
3d HBk RS	260	780	1,300	2,930	4,550	6,500
5d HBk RS	270	800	1,340	3,020	4,690	6,700
3d HBk LS	280	840	1,400	3,150	4,900	7,000
5d HBk LS	300	900	1,500	3,380	5,250	7,500
1987 Legend						
4d Sed	320	960	1,600	3,600	5,600	8,000
2d Cpe	340	1,020	1,700	3,830	5,950	8,500
1988 Integra						
3d HBk RS	260	780	1,300	2,930	4,550	6,500
5d HBk RS	280	840	1,400	3,150	4,900	7,000
3d HBk LS	300	900	1,500	3,380	5,250	7,500
5d HBk LS	320	960	1,600	3,600	5,600	8,000
3d HBk SE	340	1,020	1,700	3,830	5,950	8,500
1988 Legend						
4d Sed	360	1,080	1,800	4,050	6,300	9,000
2d Cpe	380	1,140	1,900	4,280	6,650	9,500
1989 Integra						
3d HBk RS	320	960	1,600	3,600	5,600	8,000
5d HBk RS	340	1,020	1,700	3,830	5,950	8,500
3d HBk LS	340	1,020	1,700	3,830	5,950	8,500
5d HBk LS	360	1,080	1,800	4,050	6,300	9,000
1989 Legend						
4d Sed	680	2,040	3,400	7,650	11,900	17,000
2d Cpe	720	2,160	3,600	8,100	12,600	18,000
1990 Integra, 4-cyl.						
2d HBk RS	340	1,020	1,700	3,830	5,950	8,500
4d Sed RS	360	1,080	1,800	4,050	6,300	9,000
2d HBk LS	360	1,080	1,800	4,050	6,300	9,000
4d Sed LS	380	1,140	1,900	4,280	6,650	9,500
2d HBk GS	380	1,140	1,900	4,280	6,650	9,500
4d Sed GS	560	1,680	2,800	6,300	9,800	14,000
1990 Legend, V-6						
4d Sed	600	1,800	3,000	6,750	10,500	15,000
2d Cpe	680	2,040	3,400	7,650	11,900	17,000
4d Sed L	660	1,980	3,300	7,430	11,550	16,500
2d Cpe L	720	2,160	3,600	8,100	12,600	18,000
4d Sed LS	700	2,100	3,500	7,880	12,250	17,500
2d Cpe LS	760	2,280	3,800	8,550	13,300	19,000
1991 Integra						
2d HBk RS	310	940	1,560	3,510	5,460	7,800
4d Sed RS	320	960	1,600	3,600	5,600	8,000
2d HBk LS	320	960	1,600	3,600	5,600	8,000

	6	5	4	3	2	1
4d Sed LS	330	980	1,640	3,690	5,740	8,200
2d HBk GS	340	1,020	1,700	3,830	5,950	8,500
4d Sed GS	350	1,040	1,740	3,920	6,090	8,700
1991 Legend						
2d Cpe L	680	2,040	3,400	7,650	11,900	17,000
2d Cpe LS	720	2,160	3,600	8,100	12,600	18,000
4d Sed	600	1,800	3,000	6,750	10,500	15,000
4d Sed L	700	2,100	3,500	7,880	12,250	17,500
4d Sed LS	740	2,220	3,700	8,330	12,950	18,500
1991 NSX, V-6						
2d Cpe	1,400	4,200	7,000	15,750	24,500	35,000
1992 Integra, 4-cyl.						
2d HBk RS	340	1,020	1,700	3,830	5,950	8,500
4d Sed RS	350	1,040	1,740	3,920	6,090	8,700
2d HBk LS	350	1,040	1,740	3,920	6,090	8,700
4d Sed LS	360	1,070	1,780	4,010	6,230	8,900
2d HBk GS	360	1,080	1,800	4,050	6,300	9,000
4d Sed GS	560	1,680	2,800	6,300	9,800	14,000
4d Sed GS-R	580	1,740	2,900	6,530	10,150	14,500
1992 Vigor, 5-cyl.						
4d Sed LS	580	1,740	2,900	6,530	10,150	14,500
4d Sed GS	600	1,800	3,000	6,750	10,500	15,000
1992 Legend, V-6						
4d Sed	740	2,220	3,700	8,330	12,950	18,500
4d Sed L	760	2,280	3,800	8,550	13,300	19,000
2d Cpe L	800	2,400	4,000	9,000	14,000	20,000
4d Sed LS	800	2,400	4,000	9,000	14,000	20,000
2d Cpe LS	880	2,640	4,400	9,900	15,400	22,000
1992 NSX, V-6						
2d Cpe	1,800	5,400	9,000	20,250	31,500	45,000
1993 Integra, 4-cyl.						
2d Sed RS	340	1,030	1,720	3,870	6,020	8,600
4d Sed RS	350	1,040	1,740	3,920	6,090	8,700
2d Sed LS	350	1,040	1,740	3,920	6,090	8,700
4d Sed LS	360	1,070	1,780	4,010	6,230	8,900
2d Sed GS	360	1,070	1,780	4,010	6,230	8,900
4d Sed GS	600	1,800	3,000	6,750	10,500	15,000
1993 Legend, V-6						
4d Sed	760	2,280	3,800	8,550	13,300	19,000
4d Sed L	780	2,340	3,900	8,780	13,650	19,500
2d Cpe L	820	2,460	4,100	9,230	14,350	20,500
4d Sed LS	820	2,460	4,100	9,230	14,350	20,500
2d Cpe LS	900	2,700	4,500	10,130	15,750	22,500
1993 NSX, V-6						
2d Cpe	1,840	5,520	9,200	20,700	32,200	46,000
1994 Integra, 4-cyl.						
2d Cpe RS	400	1,200	2,000	4,500	7,000	10,000
2d Cpe LS	420	1,260	2,100	4,730	7,350	10,500
2d Cpe GS-R	480	1,440	2,400	5,400	8,400	12,000
4d Sed RS	410	1,220	2,040	4,590	7,140	10,200
4d Sed LS	430	1,280	2,140	4,820	7,490	10,700
4d Sed GS-R	490	1,460	2,440	5,490	8,540	12,200
1994 Vigor, 5-cyl.						
4d Sed LS	520	1,560	2,600	5,850	9,100	13,000
4d Sed GS	540	1,620	2,700	6,080	9,450	13,500
1994 Legend, V-6						
2d Cpe L	760	2,280	3,800	8,550	13,300	19,000
2d Cpe LS	800	2,400	4,000	9,000	14,000	20,000
4d Sed L	680	2,040	3,400	7,650	11,900	17,000
4d Sed LS	720	2,160	3,600	8,100	12,600	18,000
4d Sed GS	760	2,280	3,800	8,550	13,300	19,000
1994 NSX, V-6						
2d Cpe	1,760	5,280	8,800	19,800	30,800	44,000
1995 Integra, 4-cyl						
2d Cpe RS	400	1,200	2,000	4,500	7,000	10,000
2d Cpe LS	420	1,260	2,100	4,730	7,350	10,500
2d Cpe SE	440	1,320	2,200	4,950	7,700	11,000
2d Cpe GS-R	480	1,440	2,400	5,400	8,400	12,000
4d Sed RS	410	1,220	2,040	4,590	7,140	10,200
4d Sed LS	430	1,280	2,140	4,820	7,490	10,700
4d Sed SE	460	1,380	2,300	5,180	8,050	11,500
4d Sed GS-R	490	1,460	2,440	5,490	8,540	12,200

	6	5	4	3	2	1
1995 TL, 5-cyl.						
4d Sed 2.5	500	1,500	2,500	5,630	8,750	12,500
4d Sed 2.5 Prem.	540	1,620	2,700	6,080	9,450	13,500
1995 Legend, V-6						
2d Cpe L	760	2,280	3,800	8,550	13,300	19,000
2d Cpe LS.	800	2,400	4,000	9,000	14,000	20,000
4d Sed L	680	2,040	3,400	7,650	11,900	17,000
4d Sed SE	700	2,100	3,500	7,880	12,250	17,500
4d Sed LS.	720	2,160	3,600	8,100	12,600	18,000
4d Sed GS	760	2,280	3,800	8,550	13,300	19,000
1995 NSX, V-6						
2d Cpe	1,760	5,280	8,800	19,800	30,800	44,000
1996 Integra, 4-cyl.						
2d Cpe RS	400	1,200	2,000	4,500	7,000	10,000
2d Cpe LS.	420	1,260	2,100	4,730	7,350	10,500
2d Cpe SE	440	1,320	2,200	4,950	7,700	11,000
2d Cpe GS-R	480	1,440	2,400	5,400	8,400	12,000
4d Sed RS	410	1,220	2,040	4,590	7,140	10,200
4d Sed LS.	430	1,280	2,140	4,820	7,490	10,700
4d Sed SE	460	1,380	2,300	5,180	8,050	11,500
4d Sed GS-R	490	1,460	2,440	5,490	8,540	12,200
1996 TL, 5-cyl.						
4d Sed 2.5	500	1,500	2,500	5,630	8,750	12,500
4d Sed 2.5 Prem.	540	1,620	2,700	6,080	9,450	13,500
1996 TL, V-6						
4d Sed 3.2	660	1,980	3,300	7,430	11,550	16,500
4d Sed 3.2 Prem.	680	2,040	3,400	7,650	11,900	17,000
1996 RL, V-6						
4d Sed 3.5	700	2,100	3,500	7,880	12,250	17,500
4d Sed 3.5 Prem.	740	2,220	3,700	8,330	12,950	18,500
1996 NSX, V-6						
2d Cpe	1,740	5,220	8,700	19,580	30,450	43,500
2d Targa Cpe	1,800	5,400	9,000	20,250	31,500	45,000
1997 Integra, 4-cyl.						
2d Cpe RS	400	1,200	2,000	4,500	7,000	10,000
2d Cpe LS.	420	1,260	2,100	4,730	7,350	10,500
2d Cpe GS	440	1,320	2,200	4,950	7,700	11,000
2d Cpe GS-R	480	1,440	2,400	5,400	8,400	12,000
2d Cpe R	530	1,580	2,640	5,940	9,240	13,200
4d Sed LS.	430	1,280	2,140	4,820	7,490	10,700
4d Sed GS	460	1,380	2,300	5,180	8,050	11,500
4d Sed GS-R	490	1,460	2,440	5,490	8,540	12,200
1997 CL, 4-cyl.						
2d Cpe 2.2	410	1,220	2,040	4,590	7,140	10,200
2d Cpe 2.2 Prem	420	1,260	2,100	4,730	7,350	10,500
1997 CL, V-6						
2d Cpe 3.0	440	1,320	2,200	4,950	7,700	11,000
2d Cpe 3.0 Prem	460	1,380	2,300	5,180	8,050	11,500
1997 TL, 5-cyl.						
4d Sed 2.5	500	1,500	2,500	5,630	8,750	12,500
4d Sed 2.5 Prem.	540	1,620	2,700	6,080	9,450	13,500
1997 TL, V-6						
4d Sed 3.2	660	1,980	3,300	7,430	11,550	16,500
4d Sed 3.2 Prem.	680	2,040	3,400	7,650	11,900	17,000
1997 RL, V-6						
4d Sed 3.5	700	2,100	3,500	7,880	12,250	17,500
4d Sed 3.5 Prem.	740	2,220	3,700	8,330	12,950	18,500
1997 NSX, V-6						
2d Cpe	1,740	5,220	8,700	19,580	30,450	43,500
2d Targa Cpe	1,800	5,400	9,000	20,250	31,500	45,000
1998 Integra, 4-cyl.						
2d Cpe RS	400	1,200	2,000	4,500	7,000	10,000
2d Cpe LS.	420	1,260	2,100	4,730	7,350	10,500
2d Cpe GS	440	1,320	2,200	4,950	7,700	11,000
2d Cpe GS-R	480	1,440	2,400	5,400	8,400	12,000
2d Cpe R	530	1,580	2,640	5,940	9,240	13,200
4d Sed LS.	430	1,280	2,140	4,820	7,490	10,700
4d Sed GS	460	1,380	2,300	5,180	8,050	11,500
4d Sed GS-R	490	1,460	2,440	5,490	8,540	12,200
1998 CL, 4-cyl.						
2d Cpe 2.3	410	1,220	2,040	4,590	7,140	10,200
2d Cpe 2.3 Prem	420	1,260	2,100	4,730	7,350	10,500

1997 Acura 2.2 CL Luxury Sports Coupe

1979 Alfa Romeo Sprint Veloce GT Mille Miglia coupe

1991 Alfa Romeo Spider Veloce

	6	5	4	3	2	1
1998 CL, V-6						
2d Cpe 3.0	440	1,320	2,200	4,950	7,700	11,000
2d Cpe 3.0 Prem	460	1,380	2,300	5,180	8,050	11,500
1998 TL, 5-cyl.						
4d Sed 2.5	500	1,500	2,500	5,630	8,750	12,500
1998 TL, V-6						
4d Sed 3.2	660	1,980	3,300	7,430	11,550	16,500
1998 RL, V-6						
4d Sed 3.5	700	2,100	3,500	7,880	12,250	17,500
4d Sed 3.5 Prem.	740	2,220	3,700	8,330	12,950	18,500
1998 NSX, V-6						
2d Cpe	1,740	5,220	8,700	19,580	30,450	43,500
2d Targa Cpe	1,800	5,400	9,000	20,250	31,500	45,000

ALFA ROMEO

	6	5	4	3	2	1
1946-53 6-cyl., 2443cc, 118" wb (106" SS) 6C-2500 Series						
3P Spt Cpe	800	2,400	4,000	9,000	14,000	20,000
Spt Cabr	960	2,880	4,800	10,800	16,800	24,000
3P Sup Spt Cpe	1,080	3,240	5,400	12,150	18,900	27,000
Sup Spt Cabr	1,360	4,080	6,800	15,300	23,800	34,000
Freccia d'Oro Cpe.	920	2,760	4,600	10,350	16,100	23,000
Spt Sed	800	2,400	4,000	9,000	14,000	20,000
1950 4-cyl., 1884cc, 98.5" wb						
1900 Berlina 4d Sed	560	1,680	2,800	6,300	9,800	14,000
1951 4-cyl., 1884cc, 98.5" wb						
1900 Berlina 4d Sed	560	1,680	2,800	6,300	9,800	14,000
1900 Sprint Cpe	760	2,280	3,800	8,550	13,300	19,000
1952 4-cyl., 1884cc, 98.5" wb						
1900 Berlina 4d Sed	560	1,680	2,800	6,300	9,800	14,000
1900 TI 4d Sed	640	1,920	3,200	7,200	11,200	16,000
1900 Sprint Cpe	800	2,400	4,000	9,000	14,000	20,000
1900 Sup Sprint Cpe	1,600	4,800	8,000	18,000	28,000	40,000
1900 Cabr.	1,000	3,000	5,000	11,250	17,500	25,000
1953 4-cyl., 1884cc, 98.5" wb						
1900 Berlina 4d Sed	560	1,680	2,800	6,300	9,800	14,000
1953 4-cyl., 1975cc, 98.5" wb						
1900 TI Sup 4d Sed	640	1,920	3,200	7,200	11,200	16,000
1900 Sup Sprint Cpe	1,600	4,800	8,000	18,000	28,000	40,000
1954 4-cyl., 1884cc, 98.5" wb						
1900 Berlina 4d Sed	560	1,680	2,800	6,300	9,800	14,000
1954 4-cyl., 1975cc, 98.5" wb						
1900 TI Sup 4d Sed	640	1,920	3,200	7,200	11,200	16,000
1900 Sup Sprint Cpe	1,600	4,800	8,000	18,000	28,000	40,000
1954 4-cyl., 1290cc, 93.7" wb						
Giulietta Sprint Cpe	680	2,040	3,400	7,650	11,900	17,000
1955 4-cyl., 1975cc, 98.5" wb						
1900 TI Sup 4d Sed	640	1,920	3,200	7,200	11,200	16,000
1900 Sup Sprint Cpe	1,520	4,560	7,600	17,100	26,600	38,000
1955 Giulietta 4-cyl., 1290cc, 93.7" wb (88.6" Spider)						
Berlina 4d Sed	520	1,560	2,600	5,850	9,100	13,000
Sprint Cpe.	680	2,040	3,400	7,650	11,900	17,000
Spider Conv	920	2,760	4,600	10,350	16,100	23,000
1956 4-cyl., 1975cc, 98.5" wb						
1900 Sup Sprint Cpe	1,520	4,560	7,600	17,100	26,600	38,000
1956 Giulietta 4-cyl., 1290cc, 93.7" wb (88.6" Spider)						
Berlina 4d Sed	520	1,560	2,600	5,850	9,100	13,000
Sprint Cpe.	680	2,040	3,400	7,650	11,900	17,000
Sp Veloce Cpe	720	2,160	3,600	8,100	12,600	18,000
Spider Conv	920	2,760	4,600	10,350	16,100	23,000
Spr Veloce Conv.	960	2,880	4,800	10,800	16,800	24,000
1957 1900, 4-cyl., 1975cc, 98.5" wb						
Sup Sprint Cpe	1,520	4,560	7,600	17,100	26,600	38,000
1957 Giulietta 4-cyl., 1290cc, 93.7" wb (88.6" Spider & SS)						
Berlina 4d Sed	560	1,680	2,800	6,300	9,800	14,000
Sprint Cpe.	680	2,040	3,400	7,650	11,900	17,000
Veloce Cpe.	720	2,160	3,600	8,100	12,600	18,000
Spider Conv	920	2,760	4,600	10,350	16,100	23,000
Spr Veloce Conv.	1,160	3,480	5,800	13,050	20,300	29,000
Sprint Speciale	1,360	4,080	6,800	15,300	23,800	34,000
1958 1900, 4-cyl., 1975cc, 98.5" wb						
Sup Sprint Cpe	1,120	3,360	5,600	12,600	19,600	28,000

IMPORT CARS

	6	5	4	3	2	1
1958 Giulietta 4-cyl., 1290cc, 93.7" wb (88.6" Spider & SS)						
Berlina 4d Sed	560	1,680	2,800	6,300	9,800	14,000
Sprint Cpe.	680	2,040	3,400	7,650	11,900	17,000
Veloce Cpe.	720	2,160	3,600	8,100	12,600	18,000
Spider Conv	920	2,760	4,600	10,350	16,100	23,000
Spider Veloce Conv	1,160	3,480	5,800	13,050	20,300	29,000
Sprint Speciale	1,360	4,080	6,800	15,300	23,800	34,000
1958 2000, 4-cyl., 1975cc, 107.1" wb (98.4" Spider)						
Berlina 4d Sed	520	1,560	2,600	5,850	9,100	13,000
Spider Conv	920	2,760	4,600	10,350	16,100	23,000
1959 4-cyl., 1290cc, 93.7" wb (88.6" Spider, SS, SZ) Giulietta - 750 Series						
Berlina 4d Sed	560	1,680	2,800	6,300	9,800	14,000
Sprint Cpe.	680	2,040	3,400	7,650	11,900	17,000
Veloce Cpe.	720	2,160	3,600	8,100	12,600	18,000
Spider Conv	920	2,760	4,600	10,350	16,100	23,000
Spr Veloce Conv.	1,160	3,480	5,800	13,050	20,300	29,000
1959 Giulietta - 101 Series						
Sprint Cpe.	680	2,040	3,400	7,650	11,900	17,000
Sp Veloce Cpe	720	2,160	3,600	8,100	12,600	18,000
Spider Conv	840	2,520	4,200	9,450	14,700	21,000
Spr Veloce Conv.	880	2,640	4,400	9,900	15,400	22,000
Sprint Speciale Cpe	1,160	3,480	5,800	13,050	20,300	29,000
Sprint Zagato	1,240	3,720	6,200	13,950	21,700	31,000
1959 2000, 4-cyl., 1975cc, 107.1" wb (98.4" Spider)						
Berlina 4d Sed	600	1,800	3,000	6,750	10,500	15,000
Spider Conv	1,120	3,360	5,600	12,600	19,600	28,000
1960 4-cyl., 1290cc, 93.7" wb (88.6" Spider, SS, SZ) Giulietta - 750 Series						
Berlina 4d Sed	560	1,680	2,800	6,300	9,800	14,000
1960 Giulietta - 101 Series						
Sprint Cpe.	680	2,040	3,400	7,650	11,900	17,000
Sp Veloce Cpe	720	2,160	3,600	8,100	12,600	18,000
Spider Conv	920	2,760	4,600	10,350	16,100	23,000
Spr Veloce Conv.	880	2,640	4,400	9,900	15,400	22,000
Sprint Speciale	1,240	3,720	6,200	13,950	21,700	31,000
Sprint Zagato	1,320	3,960	6,600	14,850	23,100	33,000
1960 2000, 4-cyl., 1975cc, 107.1" wb (101.6" Sprint, 98.4" Spider)						
Berlina 4d Sed	740	2,220	3,700	8,330	12,950	18,500
Sprint Cpe.	840	2,520	4,200	9,450	14,700	21,000
Spider Conv	1,080	3,240	5,400	12,150	18,900	27,000
1961 Giulietta, 4-cyl., 1290cc, 93.7" wb (88.6" Spider, SS, SZ)						
Sprint Cpe.	540	1,620	2,700	6,080	9,450	13,500
Sp Veloce Cpe	720	2,160	3,600	8,100	12,600	18,000
Spider Conv	920	2,760	4,600	10,350	16,100	23,000
Spr Veloce Conv.	960	2,880	4,800	10,800	16,800	24,000
Sprint Speciale	1,240	3,720	6,200	13,950	21,700	31,000
Sprint Zagato	1,320	3,960	6,600	14,850	23,100	33,000
1961 2000, 4-cyl., 1975cc, 107" wb (101.6" Sprint, 98.4" Spider)						
Berlina 4d Sed	740	2,220	3,700	8,330	12,950	18,500
Sprint Cpe.	840	2,520	4,200	9,450	14,700	21,000
Spider Conv	1,160	3,480	5,800	13,050	20,300	29,000
1962 Giulietta, 4-cyl., 1290cc, 93.7" wb (88.6" Spider, SS)						
Sprint Cpe.	680	2,040	3,400	7,650	11,900	17,000
Sp Veloce Cpe	720	2,160	3,600	8,100	12,600	18,000
Spider Conv	920	2,760	4,600	10,350	16,100	23,000
Spr Veloce Conv.	960	2,880	4,800	10,800	16,800	24,000
Sprint Speciale	1,240	3,720	6,200	13,950	21,700	31,000
1962 4-cyl., 1570cc, 93.7" wb (88.6" Spider) Giulia - 101 Series						
Sprint Cpe.	720	2,160	3,600	8,100	12,600	18,000
Spider Conv	1,080	3,240	5,400	12,150	18,900	27,000
1962 4-cyl., 1570cc, 98.8" wb Giulia - 105 Series						
TI 4d Sed	640	1,920	3,200	7,200	11,200	16,000
1962 2000, 4-cyl., 1975cc, 107" wb (101.6" Sprint)						
Berlina 4d Sed	720	2,160	3,600	8,100	12,600	18,000
Sprint Cpe.	840	2,520	4,200	9,450	14,700	21,000
1962 2600, 6-cyl., 2584cc, 106.7" wb (101.6" Sprint, 98.4" Spider, SZ)						
Berlina 4d Sed	800	2,400	4,000	9,000	14,000	20,000
Sprint Cpe.	880	2,640	4,400	9,900	15,400	22,000
Spider Conv	1,200	3,600	6,000	13,500	21,000	30,000
1963 Giulietta, 4-cyl., 1290cc, 93.7" wb						
Sprint 1300 Cpe	600	1,800	3,000	6,750	10,500	15,000
1963 4-cyl., 1570cc, 93.7" wb (88.6" Spider) Giulia - 101 Series						
Sprint Cpe.	680	2,040	3,400	7,650	11,900	17,000
Spider Conv	960	2,880	4,800	10,800	16,800	24,000
Sprint Spl	1,240	3,720	6,200	13,950	21,700	31,000

	6	5	4	3	2	1
1963 4-cyl., 1570cc, 98.8" wb (92.5" Sprint) Giulia - 105 Series						
TI 4d Sed	540	1,620	2,700	6,080	9,450	13,500
TI Sup 4d Sed	560	1,680	2,800	6,300	9,800	14,000
Sprint GT Cpe	720	2,160	3,600	8,100	12,600	18,000
GTZ	2,480	7,440	12,400	27,900	43,400	62,000
1963 2600, 6-cyl., 2584cc, 106.7" wb (101.6" Sprint, 98.4" Spider)						
Berlina 4d Sed	580	1,740	2,900	6,530	10,150	14,500
Sprint Cpe	680	2,040	3,400	7,650	11,900	17,000
Spider Conv	1,000	3,000	5,000	11,250	17,500	25,000
1964 Giulietta, 4-cyl., 1290cc, 93.7" wb						
Sprint 1300 Cpe	600	1,800	3,000	6,750	10,500	15,000
1964 4-cyl., 1570cc, 93.7" wb (88.6" Spider) Giulia - 101 Series						
Sprint Cpe	680	2,040	3,400	7,650	11,900	17,000
Spider Conv	920	2,760	4,600	10,350	16,100	23,000
Spider Veloce Conv	840	2,520	4,200	9,450	14,700	21,000
Sprint Speciale	1,360	4,080	6,800	15,300	23,800	34,000
1964 4-cyl., 1570cc, 98.8" wb (92.5" Sprint) Giulia - 105 Series						
TI 4d Sed	540	1,620	2,700	6,080	9,450	13,500
TI Sup 4d Sed	560	1,680	2,800	6,300	9,800	14,000
Sprint GT Cpe	720	2,160	3,600	8,100	12,600	18,000
GTZ	2,480	7,440	12,400	27,900	43,400	62,000
GTC Conv	800	2,400	4,000	9,000	14,000	20,000
1964 2600, 6-cyl., 2584cc, 106.7" wb (101.6" Sprint, 98.4" Spider)						
Berlina 4d Sed	580	1,740	2,900	6,530	10,150	14,500
Sprint Cpe	680	2,040	3,400	7,650	11,900	17,000
Spider Conv	880	2,640	4,400	9,900	15,400	22,000
1965 4-cyl., 1570cc, 93.7" wb (88.6" Spider) Giulia - 101 Series						
Spider Conv	960	2,880	4,800	10,800	16,800	24,000
Spider Veloce Conv	1,000	3,000	5,000	11,250	17,500	25,000
Sprint Spl Cpe	1,320	3,960	6,600	14,850	23,100	33,000
1965 4-cyl., 1570cc, 98.8" wb (92.5" Sprint) Giulia - 105 Series						
TI 4d Sed	250	740	1,240	2,790	4,340	6,200
Sup 4d Sed	560	1,680	2,800	6,300	9,800	14,000
Sprint GT Cpe	720	2,160	3,600	8,100	12,600	18,000
GTV Cpe	800	2,400	4,000	9,000	14,000	20,000
GTZ Cpe	2,480	7,440	12,400	27,900	43,400	62,000
GTA Cpe	1,320	3,960	6,600	14,850	23,100	33,000
GTC Conv	800	2,400	4,000	9,000	14,000	20,000
TZ 2	3,280	9,840	16,400	36,900	57,400	82,000
1965 2600, 6-cyl., 2584cc, 106.7" wb (101.6" Sprint, 98.4" Spider)						
Berlina 4d Sed	560	1,680	2,800	6,300	9,800	14,000
Sprint Cpe	680	2,040	3,400	7,650	11,900	17,000
Spider Conv	1,320	3,960	6,600	14,850	23,100	33,000
SZ	1,120	3,360	5,600	12,600	19,600	28,000
1966 Giulia, 4-cyl., 1570cc, 98.8" wb (92.5" Sprint)						
T.I. 4d Sed	250	740	1,240	2,790	4,340	6,200
Sprint GT Cpe	720	2,160	3,600	8,100	12,600	18,000
GTV Cpe	1,360	4,080	6,800	15,300	23,800	34,000
Spider Conv	960	2,880	4,800	10,800	16,800	24,000
Spider Veloce	1,000	3,000	5,000	11,250	17,500	25,000
GTZ	2,480	7,440	12,400	27,900	43,400	62,000
GTA Cpe	1,080	3,240	5,400	12,150	18,900	27,000
GTC Conv	800	2,400	4,000	9,000	14,000	20,000
TZ 2 Cpe	3,360	10,080	16,800	37,800	58,800	84,000
1966 4-cyl., 1570cc, 88.6" wb						
Duetto Conv	680	2,040	3,400	7,650	11,900	17,000
1966 2600, 6-cyl., 2584cc, 106.7" wb (101.6" Sprint, 98.4" Spider)						
Berlina 4d Sed	640	1,920	3,200	7,200	11,200	16,000
Sprint Cpe	880	2,640	4,400	9,900	15,400	22,000
SZ	1,120	3,360	5,600	12,600	19,600	28,000
1967 Giulia, 4-cyl., 1570cc, 98.8" wb (92.5" Sprint)						
T.I. 4d Sed	250	740	1,240	2,790	4,340	6,200
GTV Cpe	800	2,400	4,000	9,000	14,000	20,000
GTZ Cpe	2,480	7,440	12,400	27,900	43,400	62,000
GTA Cpe	1,080	3,240	5,400	12,150	18,900	27,000
TZ 2	3,280	9,840	16,400	36,900	57,400	82,000
1967 4-cyl., 1570cc, 88.6" wb						
Duetto Conv	680	2,040	3,400	7,650	11,900	17,000
1967 1750, 4-cyl., 1779cc, 101.2" wb (92.5" Cpe, 88.6" Spider)						
Berlina 4d Sed	250	740	1,240	2,790	4,340	6,200
GTV Cpe	840	2,520	4,200	9,450	14,700	21,000
Spider	880	2,640	4,400	9,900	15,400	22,000
1967 2600, 6-cyl., 2584cc, 106.7" wb						
Berlina 4d Sed	580	1,740	2,900	6,530	10,150	14,500
SZ	1,120	3,360	5,600	12,600	19,600	28,000

	6	5	4	3	2	1
1968 4-cyl., 1290/1570cc, 92.5" wb						
Giulia GTV Cpe	800	2,400	4,000	9,000	14,000	20,000
1968 1750, 4-cyl., 1779cc, 101.2" wb (92.5" Sprint, 88.6" Spider)						
Berlina 4d Sed	250	740	1,240	2,790	4,340	6,200
GTV Cpe	840	2,520	4,200	9,450	14,700	21,000
Spider Conv	880	2,640	4,400	9,900	15,400	22,000
1968 2600, 6-cyl., 2584cc, 106.7" wb						
Berlina 4d Sed	300	900	1,500	3,380	5,250	7,500
1969 Giulia, 4-cyl., 1290cc, 92.5" wb						
GTA 1300 Jr Cpe	1,000	3,000	5,000	11,250	17,500	25,000
1969 1750, 4-cyl., 1779cc, 101.2" wb (92.5" Cpe, 88.6" Spider)						
Berlina 4d Sed	260	780	1,300	2,930	4,550	6,500
GTV Cpe	840	2,520	4,200	9,450	14,700	21,000
Spider Conv	880	2,640	4,400	9,900	15,400	22,000
1970 Giulia, 4-cyl., 1290cc, 92.5" wb						
GTA 1300 Jr Cpe	1,000	3,000	5,000	11,250	17,500	25,000
Jr Z 1300 Cpe	800	2,400	4,000	9,000	14,000	20,000
1970 1750, 4-cyl., 1779cc, 101.2" wb (92.5" Cpe, 88.6" Spider)						
Berlina 4d Sed	260	780	1,300	2,930	4,550	6,500
GTV Cpe	520	1,560	2,600	5,850	9,100	13,000
Spider	640	1,920	3,200	7,200	11,200	16,000
1971 Giulia, 4-cyl., 1290cc, 92.5" wb						
GTA 1300 Jr Cpe	1,000	3,000	5,000	11,250	17,500	25,000
Jr Z 1300 Cpe	800	2,400	4,000	9,000	14,000	20,000
1971 1750, 4-cyl., 1779cc, 101.2" wb (92.5" Cpe, 88.6" Spider)						
Berlina 4d Sed	250	740	1,240	2,790	4,340	6,200
GTV Cpe	520	1,560	2,600	5,850	9,100	13,000
Spider	580	1,740	2,900	6,530	10,150	14,500
1971 2000, 4-cyl., 1962cc, 101.8" wb (92.5" Cpe, 88.6" Spider)						
Berlina 4d Sed	260	780	1,300	2,930	4,550	6,500
GTV Cpe	560	1,680	2,800	6,300	9,800	14,000
Spider Veloce	640	1,920	3,200	7,200	11,200	16,000
1971 V-8, 2953cc, 92.5" wb						
Montreal Cpe	1,080	3,240	5,400	12,150	18,900	27,000
1972 Giulia, 4-cyl., 1290cc, 92.5" wb						
GTA 1300 Jr Cpe	1,000	3,000	5,000	11,250	17,500	25,000
Jr Z 1300 Cpe	800	2,400	4,000	9,000	14,000	20,000
Jr Z 1600 Cpe	840	2,520	4,200	9,450	14,700	21,000
1972 1750, 4-cyl., 1779cc, 101.2" wb (92.5" Cpe, 88.6" Spider)						
Berlina 4d Sed	250	740	1,240	2,790	4,340	6,200
GTV Cpe	520	1,560	2,600	5,850	9,100	13,000
Spider	580	1,740	2,900	6,530	10,150	14,500
1972 2000, 4-cyl., 1962cc, 101.8" wb (92.5" Cpe, 88.6" Spider)						
Berlina 4d Sed	260	780	1,300	2,930	4,550	6,500
GTV Cpe	520	1,560	2,600	5,850	9,100	13,000
Spider Veloce	640	1,920	3,200	7,200	11,200	16,000
1972 V-8, 2593cc, 92.5" wb						
Montreal Cpe	1,080	3,240	5,400	12,150	18,900	27,000
1973 4-cyl., 1570cc, 92.5" wb						
Giulia Jr Z 1600	800	2,400	4,000	9,000	14,000	20,000
1973 2000, 4-cyl., 1992cc, 101.8" wb (92.5" Cpe, 88.6" Spider)						
Berlina 4d Sed	260	780	1,300	2,930	4,550	6,500
GTV Cpe	540	1,620	2,700	6,080	9,450	13,500
Spider Veloce	640	1,920	3,200	7,200	11,200	16,000
1973 V-8, 2593cc, 92.5" wb						
Montreal Cpe	1,080	3,240	5,400	12,150	18,900	27,000
1974 4-cyl., 1570 cc, 92.5" wb						
Giulia Jr Z 1600 Cpe	800	2,400	4,000	9,000	14,000	20,000
1974 2000, 4-cyl., 1962cc, 101.8" wb (92.5" Cpe, 88.6" Spider)						
Berlina 4d Sed	260	780	1,300	2,930	4,550	6,500
GTV Cpe	540	1,620	2,700	6,080	9,450	13,500
Spider Veloce	640	1,920	3,200	7,200	11,200	16,000
1974 V-8, 2953cc, 92.5" wb						
Montreal Cpe	1,080	3,240	5,400	12,150	18,900	27,000
1975 Giulia, 4-cyl., 1570cc, 92.5" wb						
Jr Z 1600 Cpe	800	2,400	4,000	9,000	14,000	20,000
1975 2000, 4-cyl., 1962cc, 88.6" wb						
Spr Veloce Conv	640	1,920	3,200	7,200	11,200	16,000
1975 V-8, 2593cc, 92.5" wb						
Montreal Cpe	1,080	3,240	5,400	12,150	18,900	27,000

	6	5	4	3	2	1
1975 Alfetta, 4-cyl., 1779cc, 98.8" wb						
4d Sed	240	720	1,200	2,700	4,200	6,000
1975 Alfetta, 4-cyl., 1962cc, 94.5" wb						
GT Cpe	520	1,560	2,600	5,850	9,100	13,000
1976 2000, 4-cyl., 1962cc, 88.6" wb						
Spr Veloce Conv	640	1,920	3,200	7,200	11,200	16,000
1976 Alfetta, 4-cyl., 1779cc, 98.8" wb						
4d Sed	260	780	1,300	2,930	4,550	6,500
1976 4-cyl., 1962cc, 94.5" wb						
GTV Cpe	520	1,560	2,600	5,850	9,100	13,000
1977 2000, 4-cyl., 1962cc, 88.6" wb						
Spr Veloce Conv	640	1,920	3,200	7,200	11,200	16,000
1977 Alfetta, 4-cyl., 1779cc, 98.8" wb						
4d Sed	260	780	1,300	2,930	4,550	6,500
1977 4-cyl., 1962cc, 94.5" wb						
GTV Cpe	540	1,620	2,700	6,080	9,450	13,500
1978 2000, 4-cyl., 1962cc, 88.6" wb						
Spr Veloce Conv	640	1,920	3,200	7,200	11,200	16,000
1978 4-cyl., 1962cc, 98.8" wb (94.5" Cpe)						
4d Spt Sed	260	780	1,300	2,930	4,550	6,500
Sprint Veloce Cpe	540	1,620	2,700	6,080	9,450	13,500
1980 4-cyl., 1962cc, 98.8" wb (94.5" Cpe)						
2d Spider Conv	620	1,860	3,100	6,980	10,850	15,500
1981 4-cyl., 1962cc, 98.8" wb (94.5" Cpe)						
2d Spt Cpe 2 plus 2	280	840	1,400	3,150	4,900	7,000
2d Spider Conv	620	1,860	3,100	6,980	10,850	15,500
1982 4-cyl., 1962cc, 98.8" wb (94.5" Cpe)						
2d Spt Cpe	270	800	1,340	3,020	4,690	6,700
2d Spider	620	1,860	3,100	6,980	10,850	15,500
1983 4-cyl., 1962cc, 98.8" wb (94.5" Cpe)						
2d Cpe	280	840	1,400	3,150	4,900	7,000
2d Spider	620	1,860	3,100	6,980	10,850	15,500
1984 4-cyl., 1962cc, 98.8" wb (94.5" Cpe)						
GTV6 Cpe	320	960	1,600	3,600	5,600	8,000
Spider Veloce	620	1,860	3,100	6,980	10,850	15,500
1985 4-cyl., 1962cc, 98.8" wb (94.5" Cpe)						
GTV6 2d Cpe	520	1,560	2,600	5,850	9,100	13,000
Graduate 2d Conv	640	1,920	3,200	7,200	11,200	16,000
Spider Veloce 2d Conv	680	2,040	3,400	7,650	11,900	17,000
1986 4-cyl., 1962cc, 98.8" wb (94.5" Cpe)						
GTV6 2d Cpe	520	1,560	2,600	5,850	9,100	13,000
Graduate 2d Conv	680	2,040	3,400	7,650	11,900	17,000
Spider Veloce 2d Conv	720	2,160	3,600	8,100	12,600	18,000
Quadrifoglio 2d Conv	680	2,040	3,400	7,650	11,900	17,000
1987 4-cyl., 1962cc, 98.8" wb (94.5" Cpe)						
4d Sed Milano Silver	320	960	1,600	3,600	5,600	8,000
2d Spider Veloce	720	2,160	3,600	8,100	12,600	18,000
4d Quadrifoglio	640	1,920	3,200	7,200	11,200	16,000
2d Conv Graduate	680	2,040	3,400	7,650	11,900	17,000
1988 4-cyl., 1962cc, 98.8" wb (94.5" Cpe)						
4d Sed Milano Gold	520	1,560	2,600	5,850	9,100	13,000
4d Sed Milano Platinum	540	1,620	2,700	6,080	9,450	13,500
4d Sed Milano Verde 3.0	560	1,680	2,800	6,300	9,800	14,000
2d Spider Veloce	680	2,040	3,400	7,650	11,900	17,000
4d Quadrifoglio	680	2,040	3,400	7,650	11,900	17,000
2d Conv Graduate	660	1,980	3,300	7,430	11,550	16,500
1989 4-cyl., 1962cc, 98.8" wb (94.5" Cpe)						
4d Sed Milano Gold	520	1,560	2,600	5,850	9,100	13,000
4d Sed Milano Platinum	540	1,620	2,700	6,080	9,450	13,500
4d Sed Milano 3.0	560	1,680	2,800	6,300	9,800	14,000
2d Spider Veloce	680	2,040	3,400	7,650	11,900	17,000
4d Quadrifoglio	720	2,160	3,600	8,100	12,600	18,000
2d Conv Graduate	600	1,800	3,000	6,750	10,500	15,000
1990 4-cyl., 1962cc, 98.8" wb (94.5" Cpe)						
2d Conv Spider	560	1,680	2,800	6,300	9,800	14,000
2d Conv Graduate	520	1,560	2,600	5,850	9,100	13,000
2d Conv Quadrifoglio	600	1,800	3,000	6,750	10,500	15,000
1991 Alfa Romeo						
4d	220	660	1,100	2,480	3,850	5,500
4d L	260	780	1,300	2,930	4,550	6,500
4d S	320	960	1,600	3,600	5,600	8,000

	6	5	4	3	2	1
1991 Spider						
2d Conv	520	1,560	2,600	5,850	9,100	13,000
2d Conv Veloce	560	1,680	2,800	6,300	9,800	14,000
1992 Spider, 4-cyl.						
2d Conv	620	1,860	3,100	6,980	10,850	15,500
2d Conv Veloce	680	2,040	3,400	7,650	11,900	17,000
1992 164, V-6						
4d Sed L	540	1,620	2,700	6,080	9,450	13,500
4d Sed S	620	1,860	3,100	6,980	10,850	15,500
1993 Spider, 4-cyl.						
2d Conv	640	1,920	3,200	7,200	11,200	16,000
2d Veloce Conv	680	2,040	3,400	7,650	11,900	17,000
1993 164, V-6						
4d Sed L	540	1,630	2,720	6,120	9,520	13,600
4d Sed S	550	1,660	2,760	6,210	9,660	13,800
1994 Spider, 4-cyl.						
2d Conv	520	1,560	2,600	5,850	9,100	13,000
2d Conv Veloce	580	1,740	2,900	6,530	10,150	14,500
1994 164, V-6						
4d Sed LS	560	1,680	2,800	6,300	9,800	14,000
4d Sed Quadrifoglio	680	2,040	3,400	7,650	11,900	17,000

ALLARD

	6	5	4	3	2	1
1946-49 J1, V-8, 100" wb						
2d Rds	5,720	17,160	28,600	64,350	100,100	143,000
1946-49 K1, V-8, 106" wb						
2d Rds	6,120	18,360	30,600	68,850	107,100	153,000
1946-49 L, V-8, 112" wb						
2d Tr	2,920	8,760	14,600	32,850	51,100	73,000
1946-49 M, V-8, 112" wb						
2d DHC	3,080	9,240	15,400	34,650	53,900	77,000
1950-51 J2, V-8, 100" wb						
2d Rds	4,920	14,760	24,600	55,350	86,100	123,000
1950-51 K2, V-8, 106" wb						
2d Rds	5,320	15,960	26,600	59,850	93,100	133,000
2d Spt Sed	2,760	8,280	13,800	31,050	48,300	69,000
1950-51 L, V-8, 112" wb						
2d Tr	2,920	8,760	14,600	32,850	51,100	73,000
1950-51 M, V-8, 112" wb						
2d DHC	3,000	9,000	15,000	33,750	52,500	75,000
1952-54 K3, V-8, 100" wb						
2d Rds	5,560	16,680	27,800	62,550	97,300	139,000
1952-54 J2X, V-8, 100" wb						
2d Rds	6,120	18,360	30,600	68,850	107,100	153,000
2d LeMans Rds	6,120	18,360	30,600	68,850	107,100	153,000
1952-54 JR, V-8, 96" wb						
2d Rds	6,520	19,560	32,600	73,350	114,100	163,000
1952-54 Monte Carlo/Safari, V-8, 112" wb						
2d M.C. Sed	2,680	8,040	13,400	30,150	46,900	67,000
2d Safari Wag	2,920	8,760	14,600	32,850	51,100	73,000
1952-54 Palm Beach, 4-cyl., 96" wb						
2d Rds	2,920	8,760	14,600	32,850	51,100	73,000
1952-54 Palm Beach, 6-cyl., 96" wb						
2d Rds	3,160	9,480	15,800	35,550	55,300	79,000
1955-59 Palm Beach, 4-cyl., 96" wb						
2d Rds	2,920	8,760	14,600	32,850	51,100	73,000
1955-59 Palm Beach, 6-cyl., 96" wb						
2d Rds	3,160	9,480	15,800	35,550	55,300	79,000

AMPHICAR

	6	5	4	3	2	1
1961 4-cyl., 43 hp, 83" wb						
2d Conv	1,350	4,000	6,700	15,080	23,500	33,500
1962 4-cyl., 43 hp, 83" wb						
2d Conv	1,350	4,000	6,700	15,080	23,500	33,500
1963 4-cyl., 43 hp, 83" wb						
2d Conv	1,350	4,000	6,700	15,080	23,500	33,500
1964 4-cyl., 43 hp, 83" wb						
2d Conv	1,350	4,000	6,700	15,080	23,500	33,500

	6	5	4	3	2	1
1965 4-cyl., 43 hp, 83" wb						
2d Conv	1,350	4,000	6,700	15,080	23,500	33,500
1966 4-cyl., 43 hp, 83" wb						
2d Conv	1,350	4,000	6,700	15,080	23,500	33,500
1967-68 4-cyl., 43 hp, 83" wb						
2d Conv	1,350	4,000	6,700	15,080	23,500	33,500

ASTON MARTIN

	6	5	4	3	2	1
1948-50 DBI, 4-cyl., 1970cc, 108" wb						
2S Rds (14 made)	value not estimable					
1950-53 DB2, 6-cyl., 2580cc, 99" wb						
Saloon	3,040	9,120	15,200	34,200	53,200	76,000
DHC	6,000	18,000	30,000	67,500	105,000	150,000
Graber DHC (3 made)	value not estimable					
1951-53 DB3, 6-cyl., 2580/2922cc, 93" wb						
Racer (10 made)	value not estimable					
1953-55 DB2/4, 6-cyl., 292cc, 99" wb						
Saloon	4,000	12,000	20,000	45,000	70,000	100,000
DHC	6,000	18,000	30,000	67,500	105,000	150,000
DHC by Graber	7,000	21,000	35,000	78,750	122,500	175,000
Rds by Touring (2 made)	value not estimable					
1953-56 DS3S, 6-cyl., 2922cc, 87" wb						
Racer	value not estimable					
Cpe	8,000	24,000	40,000	90,000	140,000	200,000
1955-57 DB2/4, 6-cyl., 2922cc, 99" wb						
Mk II Saloon	3,040	9,120	15,200	34,200	53,200	76,000
Mk II DHC	6,000	18,000	30,000	67,500	105,000	150,000
Mk II FHC	3,600	10,800	18,000	40,500	63,000	90,000
Mk II Spider by Touring (2 made)	value not estimable					
1956-60 DBR, 6-cyl., 2493/2992/4164cc, 90" wb						
Racer (14 made)	value not estimable					
1957-59 DB, 6-cyl., 2922cc, 99" wb						
Mk III Saloon	3,040	9,120	15,200	34,200	53,200	76,000
Mk III DHC	6,000	18,000	30,000	67,500	105,000	150,000
Mk III FHC	3,200	9,600	16,000	36,000	56,000	80,000
1958-60 DB4, 6-cyl., 3670cc, 98" wb, Series 1						
Saloon	3,040	9,120	15,200	34,200	53,200	76,000
1959-63 DB4GT, 6-cyl., 3670cc, 93" wb						
Saloon	5,040	15,120	25,200	56,700	88,200	126,000
Cpe by Zagato	value not estimable					
Bertone (1 made)	value not estimable					
1960-61 DB4, 6-cyl., 3670cc, 98" wb, Series 2						
Saloon	3,040	9,120	15,200	34,200	53,200	76,000
1961 DB4, 6-cyl., 3670cc, 98" wb, Series 3						
Saloon	3,040	9,120	15,200	34,200	53,200	76,000
1961-62 DB4, 6-cyl., 3670cc, 98" wb, Series 4						
Saloon	3,040	9,120	15,200	34,200	53,200	76,000
DHC	5,600	16,800	28,000	63,000	98,000	140,000
1962-63 DB4, 6-cyl., 3670cc, 98" wb, Series 5						
Saloon	3,040	9,120	15,200	34,200	53,200	76,000
DHC	5,600	16,800	28,000	63,000	98,000	140,000
1963-65 DB5, 6-cyl., 3995cc, 98" wb						
Saloon	3,200	9,600	16,000	36,000	56,000	80,000
DHC	6,000	18,000	30,000	67,500	105,000	150,000
Radford Shooting Brake (12 made)	value not estimable					
Volante (37 made)	value not estimable					
1965-69 DB6, 6-cyl., 3995cc, 102" wb						
Saloon	3,440	10,320	17,200	38,700	60,200	86,000
Radford Shooting Brake (6 made)	value not estimable					
Volante	6,000	18,000	30,000	67,500	105,000	150,000
1967-72 6-cyl., 3995cc, 103" wb						
DBS Saloon	3,040	9,120	15,200	34,200	53,200	76,000
DBSC Saloon (2 made)	value not estimable					
1969-70 DB6, 6-cyl., 3995cc, 102" wb						
Mk II Saloon	3,200	9,600	16,000	36,000	56,000	80,000
Mk II Volante	6,000	18,000	30,000	67,500	105,000	150,000
1970-72 DBSV8, V-8, 5340cc, 103" wb						
Saloon	3,200	9,600	16,000	36,000	56,000	80,000
Saloon by Ogle (2 built)	value not estimable					
1972-73 AM, 6-cyl., 3995cc, 103" wb						
Vantage Saloon (70 made)	value not estimable					

	6	5	4	3	2	1
1972-73 AMV8, 5340cc, V-8, 103" wb, Series II						
Saloon	2,000	6,000	10,000	22,500	35,000	50,000
1973-78 AMV8, V-8, 5340cc, 103" wb, Series III						
Saloon	2,360	7,080	11,800	26,550	41,300	59,000
1977-78 AMV8, V-8, 5340cc, 103" wb						
Vantage Saloon	2,360	7,080	11,800	26,550	41,300	59,000
1979 AMV8, V-8, 5340cc, 103" wb						
2d Vantage Cpe	2,440	7,320	12,200	27,450	42,700	61,000
2d Volante Conv	3,760	11,280	18,800	42,300	65,800	94,000
4d Lagonda	2,960	8,880	14,800	33,300	51,800	74,000
1980 AMV8, V-8, 5340cc, 103" wb						
2d Vantage Cpe	2,520	7,560	12,600	28,350	44,100	63,000
2d Volante Conv	3,760	11,280	18,800	42,300	65,800	94,000
4d Lagonda	2,960	8,880	14,800	33,300	51,800	74,000
1981 AMV8, V-8, 5340cc, 103" wb						
2d Vantage Cpe	2,480	7,440	12,400	27,900	43,400	62,000
2d Volante Conv	3,840	11,520	19,200	43,200	67,200	96,000
4d Lagonda	2,960	8,880	14,800	33,300	51,800	74,000
1982 AMV8, V-8, 5340cc, 103" wb						
2d Vantage Cpe	2,560	7,680	12,800	28,800	44,800	64,000
2d Volante Conv	3,840	11,520	19,200	43,200	67,200	96,000
4d Lagonda	2,960	8,880	14,800	33,300	51,800	74,000
1983 AMV8, V-8, 5340cc, 103" wb						
2d Vantage Cpe	2,800	8,400	14,000	31,500	49,000	70,000
2d Volante Conv	3,920	11,760	19,600	44,100	68,600	98,000
4d Lagonda	3,040	9,120	15,200	34,200	53,200	76,000
1984 AMV8, V-8, 5340cc, 103" wb						
2d Vantage Cpe	3,680	11,040	18,400	41,400	64,400	92,000
2d Volante Conv	3,920	11,760	19,600	44,100	68,600	98,000
4d Lagonda	3,040	9,120	15,200	34,200	53,200	76,000
1985 V-8						
2d Vantage Cpe	530	1,580	2,640	5,940	9,240	13,200
2d Volante Conv	550	1,660	2,760	6,210	9,660	13,800
4d Lagonda	3,040	9,120	15,200	34,200	53,200	76,000
1986 V-8						
2d Vantage Cpe	3,760	11,280	18,800	42,300	65,800	94,000
2d Volante Conv	4,000	12,000	20,000	45,000	70,000	100,000
4d Lagonda Saloon	310	940	1,560	3,510	5,460	7,800
1987 V-8						
2d Vantage Cpe	3,760	11,280	18,800	42,300	65,800	94,000
2d Volante Conv	4,000	12,000	20,000	45,000	70,000	100,000
4d Lagonda Saloon	3,120	9,360	15,600	35,100	54,600	78,000
1988 V-8						
2d Vantage Cpe	3,840	11,520	19,200	43,200	67,200	96,000
2d Volante Conv	4,080	12,240	20,400	45,900	71,400	102,000
4d Lagonda Saloon	3,120	9,360	15,600	35,100	54,600	78,000
1989 V-8						
2d Vantage Cpe	4,000	12,000	20,000	45,000	70,000	100,000
2d Volante Conv	4,160	12,480	20,800	46,800	72,800	104,000
4d Lagonda Saloon	3,280	9,840	16,400	36,900	57,400	82,000
1990 V-8						
2d Virage Cpe	5,440	16,320	27,200	61,200	95,200	136,000
1991 Virage						
2d Cpe	4,400	13,200	22,000	49,500	77,000	110,000
1992 Virage						
2d Cpe	4,600	13,800	23,000	51,750	80,500	115,000
1993 Virage						
2d Cpe	4,000	12,000	20,000	45,000	70,000	100,000
1993 Volante						
2d Conv	6,400	19,200	32,000	72,000	112,000	160,000
1994 Virage						
2d Cpe	4,400	13,200	22,000	49,500	77,000	110,000
1994 Volante						
2d Conv	6,600	19,800	33,000	74,250	115,500	165,000

AUDI

	6	5	4	3	2	1
1970 Super 90						
2d Sed	260	790	1,320	2,970	4,620	6,600
4d Sed	270	800	1,340	3,020	4,690	6,700
4d Sta Wag	270	820	1,360	3,060	4,760	6,800

	6	5	4	3	2	1
1970 100 LS						
2d Sed	270	820	1,360	3,060	4,760	6,800
4d Sed	280	830	1,380	3,110	4,830	6,900
1971 Super 90						
2d Sed	260	790	1,320	2,970	4,620	6,600
4d Sed	270	800	1,340	3,020	4,690	6,700
4d Sta Wag	270	800	1,340	3,020	4,690	6,700
1971 100 LS						
2d Sed	270	820	1,360	3,060	4,760	6,800
4d Sed	280	830	1,380	3,110	4,830	6,900
1972 Super 90						
2d Sed	260	790	1,320	2,970	4,620	6,600
4d Sed	270	800	1,340	3,020	4,690	6,700
4d Sta Wag	270	820	1,360	3,060	4,760	6,800
1972 100						
2d Sed	270	800	1,340	3,020	4,690	6,700
4d Sed	270	820	1,360	3,060	4,760	6,800
1972 100 LS						
2d Sed	270	820	1,360	3,060	4,760	6,800
4d Sed	280	830	1,380	3,110	4,830	6,900
1972 100 GL						
2d Sed	280	830	1,380	3,110	4,830	6,900
4d Sed	280	840	1,400	3,150	4,900	7,000
1973 100						
2d Sed	260	790	1,320	2,970	4,620	6,600
4d Sed	270	800	1,340	3,020	4,690	6,700
1973 100 LS						
2d Sed	270	800	1,340	3,020	4,690	6,700
4d Sed	270	820	1,360	3,060	4,760	6,800
1973 100 GL						
2d Sed	270	820	1,360	3,060	4,760	6,800
4d Sed	280	830	1,380	3,110	4,830	6,900
1973 Fox						
2d Sed	200	600	1,000	2,250	3,500	5,000
4d Sed	200	610	1,020	2,300	3,570	5,100
1974 100 LS						
2d Sed	260	790	1,320	2,970	4,620	6,600
4d Sed	270	800	1,340	3,020	4,690	6,700
1974 Fox						
2d Sed	200	600	1,000	2,250	3,500	5,000
4d Sed	200	600	1,000	2,250	3,500	5,000
1975 100 LS						
2d Sed	260	780	1,300	2,930	4,550	6,500
4d Sed	260	790	1,320	2,970	4,620	6,600
1975 Fox						
2d Sed	200	600	1,000	2,250	3,500	5,000
4d Sed	200	600	1,000	2,250	3,500	5,000
4d Sta Wag	210	620	1,040	2,340	3,640	5,200
1976 100 LS						
2d Sed	260	770	1,280	2,880	4,480	6,400
4d Sed	260	780	1,300	2,930	4,550	6,500
1976 Fox						
2d Sed	200	600	1,000	2,250	3,500	5,000
4d Sed	200	600	1,000	2,250	3,500	5,000
4d Sta Wag	210	620	1,040	2,340	3,640	5,200
1977 Sedan						
2d	250	760	1,260	2,840	4,410	6,300
4d	260	770	1,280	2,880	4,480	6,400
1977 Fox						
2d Sed	200	600	1,000	2,250	3,500	5,000
4d Sed	200	600	1,000	2,250	3,500	5,000
4d Sta Wag	210	620	1,040	2,340	3,640	5,200
1978 5000						
4d Sed	260	770	1,280	2,880	4,480	6,400
1978 Fox						
2d Sed	200	600	1,000	2,250	3,500	5,000
4d Sed	200	600	1,000	2,250	3,500	5,000
4d Sta Wag	210	620	1,040	2,340	3,640	5,200
1979 5000						
4d Sed	250	760	1,260	2,840	4,410	6,300
4d Sed S	260	790	1,320	2,970	4,620	6,600

	6	5	4	3	2	1
1979 Fox						
2d Sed	200	600	1,000	2,250	3,500	5,000
4d Sed	200	600	1,000	2,250	3,500	5,000
4d Sta Wag	210	620	1,040	2,340	3,640	5,200
1980 5000						
4d Sed	250	740	1,240	2,790	4,340	6,200
4d Sed S	260	780	1,300	2,930	4,550	6,500
4d Sed (Turbo)	280	840	1,400	3,150	4,900	7,000
1980 4000						
2d Sed	240	710	1,180	2,660	4,130	5,900
4d Sed	240	720	1,200	2,700	4,200	6,000
1981 5000						
4d Sed	240	720	1,200	2,700	4,200	6,000
4d Sed S	250	740	1,240	2,790	4,340	6,200
4d Sed (Turbo)	260	780	1,300	2,930	4,550	6,500
1981 4000						
2d Sed 4E	220	650	1,080	2,430	3,780	5,400
4d Sed 4E	220	660	1,100	2,480	3,850	5,500
2d Sed (5 plus 5)	240	710	1,180	2,660	4,130	5,900
2d Cpe	240	720	1,200	2,700	4,200	6,000
1982 5000						
4d Sed S	240	720	1,200	2,700	4,200	6,000
4d Sed (Turbo)	260	780	1,300	2,930	4,550	6,500
1982 4000						
2d Sed	220	660	1,100	2,480	3,850	5,500
4d Sed (Diesel)	200	600	1,000	2,250	3,500	5,000
4d Sed S	230	700	1,160	2,610	4,060	5,800
2d Cpe	240	710	1,180	2,660	4,130	5,900
1983 5000						
4d Sed S	240	720	1,200	2,700	4,200	6,000
4d Sed (Turbo)	260	780	1,300	2,930	4,550	6,500
4d Sed (Turbo Diesel)	230	700	1,160	2,610	4,060	5,800
1983 4000						
2d Sed	220	660	1,100	2,480	3,850	5,500
4d Sed S	230	700	1,160	2,610	4,060	5,800
4d Sed S (Diesel)	200	600	1,000	2,250	3,500	5,000
2d Cpe	240	710	1,180	2,660	4,130	5,900
2d Quattro Cpe (4x4)	340	1,020	1,700	3,830	5,950	8,500
1984 5000						
4d Sed S	240	720	1,200	2,700	4,200	6,000
4d Sed (Turbo)	260	780	1,300	2,930	4,550	6,500
4d Sta Wag S	250	760	1,260	2,840	4,410	6,300
1984 4000						
2d Sed S	220	660	1,100	2,480	3,850	5,500
4d Sed S	230	680	1,140	2,570	3,990	5,700
2d GT Cpe	250	760	1,260	2,840	4,410	6,300
4d Sed S Quattro (4x4)	260	780	1,300	2,930	4,550	6,500
2d Quattro Cpe (4x4)	360	1,080	1,800	4,050	6,300	9,000
1985 5000						
4d Sed S	240	720	1,200	2,700	4,200	6,000
4d Sed (Turbo)	260	780	1,300	2,930	4,550	6,500
4d Sta Wag S	250	760	1,260	2,840	4,410	6,300
1985 4000						
4d Sed S	230	680	1,140	2,570	3,990	5,700
2d GT Cpe	250	760	1,260	2,840	4,410	6,300
4d Sed S Quattro (4x4)	260	780	1,300	2,930	4,550	6,500
2d Quattro Cpe (4x4)	360	1,080	1,800	4,050	6,300	9,000
1986 5000						
4d Sed S	280	840	1,400	3,150	4,900	7,000
4d Sed CS (Turbo)	320	960	1,600	3,600	5,600	8,000
4d Sed CS Quattro (Turbo - 4x4)	560	1,680	2,800	6,300	9,800	14,000
4d Sta Wag S	300	900	1,500	3,380	5,250	7,500
4d Sta Wag CS Quattro (Turbo - 4x4)	580	1,740	2,900	6,530	10,150	14,500
1986 4000						
4d Sed S	260	780	1,300	2,930	4,550	6,500
2d GT Cpe	320	960	1,600	3,600	5,600	8,000
4d Sed CS Quattro (4x4)	360	1,080	1,800	4,050	6,300	9,000
1987 5000						
4d Sed S	300	900	1,500	3,380	5,250	7,500
4d Sed CS (Turbo)	340	1,020	1,700	3,830	5,950	8,500
4d Sed CS Quattro (Turbo - 4x4)	560	1,680	2,800	6,300	9,800	14,000
4d Sta Wag S	300	900	1,500	3,380	5,250	7,500
4d Sta Wag CS Quattro (Turbo - 4x4)	580	1,740	2,900	6,530	10,150	14,500

	6	5	4	3	2	1
1987 4000						
4d Sed S	280	840	1,400	3,150	4,900	7,000
2d GT Cpe	340	1,020	1,700	3,830	5,950	8,500
4d Sed CS Quattro (4x4)	380	1,140	1,900	4,280	6,650	9,500
1988 5000						
4d Sed S	340	1,020	1,700	3,830	5,950	8,500
4d Sed CS (Turbo)	380	1,140	1,900	4,280	6,650	9,500
4d Sed S Quattro (4x4)	560	1,680	2,800	6,300	9,800	14,000
4d Sed CS Quattro (Turbo - 4x4)	580	1,740	2,900	6,530	10,150	14,500
4d Sta Wag S	340	1,020	1,700	3,830	5,950	8,500
4d Sta Wag CS Quattro (Turbo - 4x4)	600	1,800	3,000	6,750	10,500	15,000
1988 80 and 90						
4d Sed 80	740	2,220	3,700	8,330	12,950	18,500
4d Sed 90	560	1,680	2,800	6,300	9,800	14,000
4d Sed 80 Quattro (4x4)	580	1,740	2,900	6,530	10,150	14,500
4d Sed 90 Quattro (4x4)	740	2,220	3,700	8,330	12,950	18,500
1989 80 and 90						
4d Sed 80	700	2,100	3,500	7,880	12,250	17,500
4d Sed 90	740	2,220	3,700	8,330	12,950	18,500
4d Sed 80 (4x4)	760	2,280	3,800	8,550	13,300	19,000
4d Sed 90 (4x4)	820	2,460	4,100	9,230	14,350	20,500
1989 100						
4d Sed E	740	2,220	3,700	8,330	12,950	18,500
4d Sed	820	2,460	4,100	9,230	14,350	20,500
4d Sed Quattro (4x4)	860	2,580	4,300	9,680	15,050	21,500
4d Sta Wag	820	2,460	4,100	9,230	14,350	20,500
1989 200						
4d Sed (Turbo)	860	2,580	4,300	9,680	15,050	21,500
4d Sed Quattro (Turbo - 4x4)	900	2,700	4,500	10,130	15,750	22,500
4d Sta Wag Quattro (Turbo - 4x4)	980	2,940	4,900	11,030	17,150	24,500
1990 80 and 90, 4 & 5-cyl.						
4d Sed 80	300	900	1,500	3,380	5,250	7,500
4d Sed 90	560	1,680	2,800	6,300	9,800	14,000
4d Sed 80 Quattro	560	1,670	2,780	6,260	9,730	13,900
4d Sed 90 Quattro	660	1,980	3,300	7,430	11,550	16,500
2d Cpe	680	2,040	3,400	7,650	11,900	17,000
1990 100						
4d Sed	540	1,620	2,700	6,080	9,450	13,500
4d Sed Quattro	620	1,860	3,100	6,980	10,850	15,500
1990 200						
4d Sed Turbo	640	1,920	3,200	7,200	11,200	16,000
4d Sed 200T Quattro	720	2,160	3,600	8,100	12,600	18,000
4d Sta Wag 200T Quattro	740	2,220	3,700	8,330	12,950	18,500
4d Sed Quattro V-8	820	2,460	4,100	9,230	14,350	20,500
1991 80 and 90						
2d Cpe Quattro	620	1,860	3,100	6,980	10,850	15,500
4d Sed 80	320	960	1,600	3,600	5,600	8,000
4d Sed 90	560	1,680	2,800	6,300	9,800	14,000
4d Sed 80 Quattro	560	1,670	2,780	6,260	9,730	13,900
4d Sed 90 Quattro	600	1,800	3,000	6,750	10,500	15,000
1991 100						
4d Sed	340	1,020	1,700	3,830	5,950	8,500
4d Sed Quattro	560	1,680	2,800	6,300	9,800	14,000
1991 200						
4d Sed Turbo	620	1,860	3,100	6,980	10,850	15,500
4d Sed Turbo Quattro	660	1,980	3,300	7,430	11,550	16,500
4d Sta Wag Turbo Quattro	740	2,220	3,700	8,330	12,950	18,500
4d Sed Quattro V-8	780	2,340	3,900	8,780	13,650	19,500
1992 80, 5-cyl.						
4d Sed	300	900	1,500	3,380	5,250	7,500
4d Sed Quattro	540	1,620	2,700	6,080	9,450	13,500
1992 100, V-6						
4d Sed	540	1,620	2,700	6,080	9,450	13,500
4d Sed S	580	1,740	2,900	6,530	10,150	14,500
4d Sed CS	620	1,860	3,100	6,980	10,850	15,500
4d Sed CS Quattro	660	1,980	3,300	7,430	11,550	16,500
4d Sed S4 (Turbo - 4x4)	900	2,700	4,500	10,130	15,750	22,500
4d Sed Quattro V-8	900	2,700	4,500	10,130	15,750	22,500
4d Sta Wag CS	700	2,100	3,500	7,880	12,250	17,500
1993 90, V-6						
4d Sed S	330	1,000	1,660	3,740	5,810	8,300
4d Sed CS	340	1,010	1,680	3,780	5,880	8,400
4d Quattro Sed	350	1,040	1,740	3,920	6,090	8,700

1971 Audi Super 90 sedan

1986 Audi 4000S sedan

1997 Audi A 4 Quattro sedan

	6	5	4	3	2	1
1993 100, V-6						
4d Sed	550	1,640	2,740	6,170	9,590	13,700
4d Sed S	560	1,680	2,800	6,300	9,800	14,000
4d Sed CS	560	1,690	2,820	6,350	9,870	14,100
4d Sed CS Quattro	570	1,720	2,860	6,440	10,010	14,300
4d Sta Wag CS Quattro	580	1,740	2,900	6,530	10,150	14,500
4d Sed (4x4)	600	1,810	3,020	6,800	10,570	15,100
4d Quattro Sed V-8	620	1,860	3,100	6,980	10,850	15,500
1994 90, V-6						
4d Sed S	540	1,620	2,700	6,080	9,450	13,500
4d Sed CS	560	1,680	2,800	6,300	9,800	14,000
4d Sed Quattro Spt	620	1,860	3,100	6,980	10,850	15,500
1994 Cabriolet, V-6						
2d Conv	740	2,220	3,700	8,330	12,950	18,500
1994 100, V-6						
4d Sed S	590	1,760	2,940	6,620	10,290	14,700
4d Sed CS	600	1,800	3,000	6,750	10,500	15,000
4d Sed CS Quattro	610	1,840	3,060	6,890	10,710	15,300
4d Sta Wag S	600	1,800	3,000	6,750	10,500	15,000
4d Sta Wag CS Quattro	640	1,920	3,200	7,200	11,200	16,000
1994 S4, 5-cyl.						
4d Sed (4x4)	800	2,400	4,000	9,000	14,000	20,000
1994 Quattro, V-8						
4d Sed	920	2,760	4,600	10,350	16,100	23,000
1995 90, V-6						
4d Sed	540	1,620	2,700	6,080	9,450	13,500
4d Sed Spt	560	1,680	2,800	6,300	9,800	14,000
4d Sed Quattro	600	1,800	3,000	6,750	10,500	15,000
4d Sed Quattro Spt	620	1,860	3,100	6,980	10,850	15,500
1995 Cabriolet, V-6						
2d Conv	740	2,220	3,700	8,330	12,950	18,500
1995 A6, V-6						
4d Sed	620	1,860	3,100	6,980	10,850	15,500
4d Sed Quattro	700	2,100	3,500	7,880	12,250	17,500
4d Sta Wag	720	2,160	3,600	8,100	12,600	18,000
4d Sta Wag Quattro	760	2,280	3,800	8,550	13,300	19,000
1995 S6, 5-cyl. Turbo						
4d Sed (AWD)	920	2,760	4,600	10,350	16,100	23,000
4d Sta Wag (AWD)	1,020	3,060	5,100	11,480	17,850	25,500
1996 A4, V-6						
4d Sed 2.8	540	1,620	2,700	6,080	9,450	13,500
4d Sed 2.8 Quattro	600	1,800	3,000	6,750	10,500	15,000
1996 Cabriolet, V-6						
2d Conv	740	2,220	3,700	8,330	12,950	18,500
1996 A6, V-6						
4d Sed	620	1,860	3,100	6,980	10,850	15,500
4d Sed Quattro	700	2,100	3,500	7,880	12,250	17,500
4d Sta Wag	720	2,160	3,600	8,100	12,600	18,000
4d Sta Wag Quattro	760	2,280	3,800	8,550	13,300	19,000
1997 A4, Turbo 4-cyl.						
4d Sed 1.8	500	1,500	2,500	5,630	8,750	12,500
4d Sed 1.8 Quattro	560	1,680	2,800	6,300	9,800	14,000
1997 A4, V-6						
4d Sed 2.8	540	1,620	2,700	6,080	9,450	13,500
4d Sed 2.8 Quattro	600	1,800	3,000	6,750	10,500	15,000
1997 Cabriolet, V-6						
2d Conv	740	2,220	3,700	8,330	12,950	18,500
1997 A6, V-6						
4d Sed	620	1,860	3,100	6,980	10,850	15,500
4d Sed Quattro	700	2,100	3,500	7,880	12,250	17,500
4d Sta Wag	720	2,160	3,600	8,100	12,600	18,000
4d Sta Wag Quattro	760	2,280	3,800	8,550	13,300	19,000
1997 A8, V-8						
4d Sed 3.7	900	2,700	4,500	10,130	15,750	22,500
4d Sed 4.2 Quattro	1,000	3,000	5,000	11,250	17,500	25,000
1998 A4, Turbo, 4-cyl.						
4d Sed 1.8	500	1,500	2,500	5,630	8,750	12,500
4d Sed 1.8 Quattro	560	1,680	2,800	6,300	9,800	14,000
1998 A4, V-6						
4d Sed 2.8	540	1,620	2,700	6,080	9,450	13,500
4d Sed 2.8 Quattro	600	1,800	3,000	6,750	10,500	15,000
4d Sta Wag 2.8	600	1,800	3,000	6,750	10,500	15,000
4d Sta Wag 2.8 Quattro	680	2,040	3,400	7,650	11,900	17,000

	6	5	4	3	2	1
1998 Cabriolet, V-6						
2d Conv	740	2,220	3,700	8,330	12,950	18,500
1998 A6, V-6						
4d Sed	620	1,860	3,100	6,980	10,850	15,500
4d Sed Quattro	700	2,100	3,500	7,880	12,250	17,500
4d Sta Wag	720	2,160	3,600	8,100	12,600	18,000
4d Sta Wag Quattro	760	2,280	3,800	8,550	13,300	19,000
1998 A8, V-8						
4d Sed 3.7	900	2,700	4,500	10,130	15,750	22,500
4d Sed 4.2 Quattro	1,000	3,000	5,000	11,250	17,500	25,000

AUSTIN

	6	5	4	3	2	1
1947-48 A40, 4-cyl., 40 hp, 92.5" wb						
2d Dorset Sed	550	1,700	2,800	6,300	9,800	14,000
2d Devon Sed	550	1,700	2,800	6,300	9,800	14,000
1949 A40, 4-cyl., 40 hp, 92.5" wb						
2d Dorset Sed	550	1,700	2,800	6,300	9,800	14,000
2d Devon Sed	550	1,700	2,800	6,300	9,800	14,000
2d Countryman Wag	580	1,740	2,900	6,530	10,150	14,500
1949 A90 Atlantic, 4-cyl., 88 hp, 96" wb						
2d Conv	800	2,450	4,100	9,230	14,300	20,500
1949 A125 Sheerline, 6-cyl., 125 hp, 119" wb						
4d Sed	600	1,850	3,100	6,980	10,900	15,500
1950 A40 Devon, 4-cyl., 40 hp, 92.5" wb						
4d Mk II Sed	550	1,700	2,800	6,300	9,800	14,000
4d DeL Sed	550	1,700	2,800	6,300	9,800	14,000
1950 A40 Countryman, 4-cyl., 40 hp, 92.5" wb						
2d Sta Wag	650	2,000	3,300	7,430	11,600	16,500
1950 A90 Atlantic, 4-cyl., 88 hp, 96" wb						
2d Conv	800	2,450	4,100	9,230	14,300	20,500
1950 A125 Sheerline, 6-cyl., 125 hp, 119" wb						
4d Sed	650	1,900	3,200	7,200	11,200	16,000
1951 A40 Devon, 4-cyl., 40 hp, 92.5" wb						
4d Mk II Sed	550	1,600	2,700	6,080	9,450	13,500
4d DeL Sed	550	1,700	2,800	6,300	9,800	14,000
1951 A40 Countryman, 4-cyl., 40 hp, 92.5" wb						
2d Sta Wag	650	2,000	3,300	7,430	11,600	16,500
1951 A90 Atlantic, 4-cyl., 88 hp, 96" wb						
2d Conv	800	2,450	4,100	9,230	14,300	20,500
2d Spt Sed	600	1,850	3,100	6,980	10,900	15,500
1951 A125 Sheerline, 6-cyl., 125 hp, 119" wb						
4d Sed	650	1,900	3,200	7,200	11,200	16,000
1952 A40 Somerset, 4-cyl., 42/50 hp, 92.5" wb						
2d Conv	800	2,350	3,900	8,780	13,700	19,500
2d Spt Conv	800	2,400	4,000	9,000	14,000	20,000
4d Sed	550	1,600	2,700	6,080	9,450	13,500
1952 A40 Countryman, 4-cyl., 42 hp, 92.5" wb						
2d Sta Wag	650	2,000	3,300	7,430	11,600	16,500
1952 A90 Atlantic, 4-cyl., 88 hp, 96" wb						
2d Spt Sed	600	1,750	2,900	6,530	10,200	14,500
1952 A125 Sheerline, 6-cyl., 125 hp, 119" wb						
4d Sed	650	1,900	3,200	7,200	11,200	16,000
1953 A30 "Seven", 4-cyl., 30 hp, 79.5" wb						
4d Sed	550	1,600	2,700	6,080	9,450	13,500
1953 A40 Somerset, 4-cyl., 42/50 hp, 92.5" wb						
2d Conv	800	2,350	3,900	8,780	13,700	19,500
2d Spt Conv	800	2,400	4,000	9,000	14,000	20,000
4d Sed	550	1,700	2,800	6,300	9,800	14,000
1953 A40 Countryman, 4-cyl., 42 hp, 92.5" wb						
2d Sta Wag	650	2,000	3,300	7,430	11,600	16,500
1954 A30 "Seven", 4-cyl., 30 hp, 79.5" wb						
2d Sed	550	1,600	2,700	6,080	9,450	13,500
4d Sed	350	1,000	1,700	3,830	5,950	8,500
1954 A40 Somerset, 4-cyl., 42/50 hp, 92.5" wb						
2d Conv	750	2,200	3,700	8,330	13,000	18,500
4d Sed	550	1,600	2,700	6,080	9,450	13,500
1954 A40 Countryman, 4-cyl., 42 hp, 92.5" wb						
2d Sta Wag	650	2,000	3,300	7,430	11,600	16,500
1955 A50 Cambridge, 4-cyl., 50 hp, 99" wb						
4d Sed	350	1,100	1,800	4,050	6,300	9,000

	6	5	4	3	2	1
1955 A90 Westminster, 6-cyl., 85 hp, 103" wb						
4d Sed	550	1,600	2,700	6,080	9,450	13,500
1956 A50 Cambridge, 4-cyl., 50 hp, 99" wb						
4d Sed	350	1,100	1,800	4,050	6,300	9,000
1956 A90 Westminster, 6-cyl., 85 hp, 103" wb						
4d Sed	550	1,600	2,700	6,080	9,450	13,500
1957 A35, 4-cyl., 34 hp, 79" wb						
2d Sed	300	950	1,600	3,560	5,550	7,900
1957 A55 Cambridge, 4-cyl., 51 hp, 99" wb						
4d Sed	350	1,000	1,650	3,690	5,750	8,200
1957 A95 Westminster, 6-cyl., 92 hp, 106" wb						
4d Sed	550	1,600	2,700	6,080	9,450	13,500
1958 A35, 4-cyl., 34 hp, 79" wb						
2d Sed	300	950	1,600	3,560	5,550	7,900
1958 A55 Cambridge, 4-cyl., 51 hp, 99" wb						
4d Sed	350	1,000	1,650	3,690	5,750	8,200
1959 A35, 4-cyl., 34 hp, 79" wb						
2d Sed	300	950	1,600	3,560	5,550	7,900
1959 A40, 4-cyl., 34 hp, 83" wb						
2d Std Sed	300	950	1,600	3,600	5,600	8,000
2d DeL Sed	300	950	1,600	3,650	5,650	8,100
1959 A55 Cambridge, 4-cyl., 51 hp, 99" wb						
4d Sed	350	1,000	1,650	3,690	5,750	8,200
1959 A55 Mk II, 4-cyl., 51 hp, 99" wb						
4d Sed	350	1,000	1,650	3,740	5,800	8,300
1960 850 Mini, 4-cyl., 37 hp, 80" wb						
2d Sed	650	2,000	3,300	7,430	11,600	16,500
1960 A40, 4-cyl., 34 hp, 83" wb						
2d Std Sed	300	950	1,600	3,600	5,600	8,000
2d DeL Sed	300	950	1,600	3,650	5,650	8,100
1960 A55 Mk II, 4-cyl., 51 hp, 99" wb						
4d Sed	350	1,000	1,650	3,740	5,800	8,300
1960 A99 Westminster, 6-cyl., 112 hp, 108" wb						
4d Sed	350	1,000	1,700	3,780	5,900	8,400
1961 850 Mini, 4-cyl., 37 hp, 80" wb						
2d Sed	650	2,000	3,300	7,430	11,600	16,500
1961 Mini Cooper, 4-cyl., 55 hp, 80" wb						
2d Sed	750	2,200	3,700	8,330	13,000	18,500
1961 A40, 4-cyl., 34 hp, 83" wb						
2d Std Sed	300	950	1,600	3,600	5,600	8,000
2d DeL Sed	300	950	1,600	3,650	5,650	8,100
2d Std Sta Wag	350	1,000	1,700	3,830	5,950	8,500
2d DeL Sta Wag	350	1,100	1,800	4,050	6,300	9,000
1961 A55 Mk II, 4-cyl., 51 hp, 99" wb						
4d Sed	350	1,000	1,650	3,740	5,800	8,300
1961 A99 Westminster, 6-cyl., 112 hp, 108" wb						
4d Sed	350	1,000	1,700	3,830	5,950	8,500
1962 850 Mini, 4-cyl., 37 hp, 80" wb						
2d Sed	650	2,000	3,300	7,430	11,600	16,500
1962 Mini Cooper, 4-cyl., 55 hp, 80" wb						
2d Sed	750	2,200	3,700	8,330	13,000	18,500
1962 A40, 4-cyl., 34 hp, 83" wb						
2d Sed	300	950	1,600	3,600	5,600	8,000
1962 A55 Mk II, 4-cyl., 51 hp, 99" wb						
4d Sed	300	950	1,600	3,650	5,650	8,100
1963 850 Mini, 4-cyl., 37 hp, 80" wb						
2d Sed	650	2,000	3,300	7,430	11,600	16,500
2d Sta Wag	700	2,100	3,500	7,880	12,300	17,500
1963 850 Mini Cooper, 4-cyl., 56 hp, 80" wb						
2d Sed	750	2,300	3,800	8,550	13,300	19,000
1963 850 Mini Cooper "S", 4-cyl., 75 hp, 80" wb						
2d Sed	800	2,450	4,100	9,230	14,300	20,500
1963 A60, 4-cyl., 68 hp, 100" wb						
4d Sed	300	950	1,600	3,600	5,600	8,000
4d Countryman	350	1,000	1,650	3,690	5,750	8,200
1964 850 Mini, 4-cyl., 37 hp, 80" wb						
2d Sed	650	2,000	3,300	7,430	11,600	16,500
2d Sta Wag	700	2,100	3,500	7,880	12,300	17,500
1964 850 Mini Cooper, 4-cyl., 56 hp, 80" wb						
2d Sed	750	2,300	3,800	8,550	13,300	19,000

	6	5	4	3	2	1
1964 850 Mini Cooper "S", 4-cyl., 75 hp, 80" wb						
2d Sed	800	2,450	4,100	9,230	14,300	20,500
1964 A60, 4-cyl., 68 hp, 100" wb						
4d Sed	300	950	1,600	3,600	5,600	8,000
4d Countryman	350	1,000	1,650	3,690	5,750	8,200
1964 Mk II Princess, 6-cyl., 175 hp, 110" wb						
4d Sed	700	2,100	3,500	7,880	12,300	17,500
1965 850 Mini, 4-cyl., 34 hp, 80" wb						
2d Sed	650	2,000	3,300	7,430	11,600	16,500
1965 850 Mini Cooper "S", 4-cyl., 75 hp, 80" wb						
2d Sed	800	2,450	4,100	9,230	14,300	20,500
1965 Mk II Princess, 6-cyl., 175 hp, 110" wb						
4d Sed	550	1,600	2,700	6,080	9,450	13,500
1966 850 Mini, 4-cyl., 34 hp, 80" wb						
2d Sed	650	2,000	3,300	7,430	11,600	16,500
1966 850 Mini Cooper "S", 4-cyl., 75 hp, 80" wb						
2d Sed	800	2,450	4,100	9,230	14,300	20,500
1966 Mk II Princess "R", 6-cyl., 175 hp, 110" wb						
4d Sed	550	1,600	2,700	6,080	9,450	13,500
1967 850 Mini Cooper "S", 4-cyl., 75 hp, 80" wb						
2d Sed	850	2,500	4,200	9,450	14,700	21,000
1968 850 Mini Cooper "S", 4-cyl., 75 hp, 80" wb						
2d Sed	850	2,500	4,200	9,450	14,700	21,000
1968 America, 4-cyl., 58 hp, 93" wb						
2d Sed	200	650	1,100	2,480	3,850	5,500
1969 America, 4-cyl., 58 hp, 93" wb						
2d Sed	200	650	1,100	2,480	3,850	5,500
1970 America, 4-cyl., 58 hp, 93" wb						
2d Sed	200	650	1,100	2,480	3,850	5,500
1971 America, 4-cyl., 58 hp, 93" wb						
2d Sed	200	650	1,100	2,480	3,850	5,500
1972						

NOTE: No Austins imported in 1972.

	6	5	4	3	2	1
1973 Marina, 4-cyl., 68 hp, 96" wb						
2d GT Sed	200	650	1,100	2,480	3,850	5,500
4d Sed	200	650	1,050	2,390	3,700	5,300
1974 Marina, 4-cyl., 68 hp, 96" wb						
2d GT Sed	200	650	1,100	2,480	3,850	5,500
4d Sed	200	650	1,050	2,390	3,700	5,300
1975 Marina, 4-cyl., 68 hp, 96" wb						
2d GT Sed	200	650	1,100	2,480	3,850	5,500
4d Sed	200	650	1,050	2,390	3,700	5,300

AUSTIN-HEALEY

	6	5	4	3	2	1
1953-56 "100", 4-cyl., 90 hp, 90" wb						
Rds	1,240	3,720	6,200	13,950	21,700	31,000
1956 "100-6", 6-cyl., 102 hp, 92" wb						
Rds	1,280	3,840	6,400	14,400	22,400	32,000
1957 "100-6", 6-cyl., 102 hp, 92" wb						
Rds	1,320	3,960	6,600	14,850	23,100	33,000
1958 "100-6", 6-cyl., 117 hp, 92" wb						
Rds	1,320	3,960	6,600	14,850	23,100	33,000
1958 Sprite Mk I, 4-cyl., 43 hp, 80" wb						
Rds	720	2,160	3,600	8,100	12,600	18,000
1959 "100-6", 6-cyl., 117 hp, 92" wb						
Rds	1,320	3,960	6,600	14,850	23,100	33,000
1959 Sprite Mk I, 4-cyl., 43 hp, 80" wb						
Rds	720	2,160	3,600	8,100	12,600	18,000
1960 "3000" Mk I, 6-cyl., 124 hp, 92" wb						
Rds	1,440	4,320	7,200	16,200	25,200	36,000
1960 Sprite Mk I, 4-cyl., 43 hp, 80" wb						
Rds	720	2,160	3,600	8,100	12,600	18,000
1961 "3000" Mk I, 6-cyl., 124 hp, 92" wb						
Rds	1,440	4,320	7,200	16,200	25,200	36,000
1961 "3000" Mk II, 6-cyl., 132 hp, 92" wb						
Rds	1,520	4,560	7,600	17,100	26,600	38,000
1961 Sprite Mk I, 4-cyl., 43 hp, 80" wb						
Rds	720	2,160	3,600	8,100	12,600	18,000

1961 Sprite Mk II, 4-cyl., 46 hp, 80" wb

	6	5	4	3	2	1
Rds	640	1,920	3,200	7,200	11,200	16,000

1962 "3000" Mk II, 6-cyl., 132 hp, 92" wb

	6	5	4	3	2	1
Rds	1,480	4,440	7,400	16,650	25,900	37,000

1962 Sprite Mk II, 4-cyl., 46 hp, 80" wb

	6	5	4	3	2	1
Conv	600	1,800	3,000	6,750	10,500	15,000

1963 "3000 Mk II, 6-cyl., 132 hp, 92" wb

	6	5	4	3	2	1
Conv	1,480	4,440	7,400	16,650	25,900	37,000

1963 Sprite Mk II, 4-cyl., 56 hp, 80" wb

	6	5	4	3	2	1
Rds	600	1,800	3,000	6,750	10,500	15,000

1964 "3000" Mk II, 6-cyl., 132 hp, 92" wb

	6	5	4	3	2	1
Conv	1,520	4,560	7,600	17,100	26,600	38,000

1964 "3000" Mk III, 6-cyl., 150 hp, 92" wb

	6	5	4	3	2	1
Conv	1,560	4,680	7,800	17,550	27,300	39,000

1964 Sprite Mk II, 4-cyl., 56 hp, 80" wb

	6	5	4	3	2	1
Rds	600	1,800	3,000	6,750	10,500	15,000

1964 Sprite Mk III, 4-cyl., 59 hp, 80" wb

	6	5	4	3	2	1
Conv	620	1,860	3,100	6,980	10,850	15,500

1965 "3000" Mk III, 6-cyl., 150 hp, 92" wb

	6	5	4	3	2	1
Conv	1,600	4,800	8,000	18,000	28,000	40,000

1965 Sprite Mk III, 4-cyl., 59 hp, 80" wb

	6	5	4	3	2	1
Conv	620	1,860	3,100	6,980	10,850	15,500

1966 "3000" Mk III, 6-cyl., 150 hp, 92" wb

	6	5	4	3	2	1
Conv	1,600	4,800	8,000	18,000	28,000	40,000

1966 Sprite Mk III, 4-cyl., 59 hp, 80" wb

	6	5	4	3	2	1
Conv	620	1,860	3,100	6,980	10,850	15,500

1967 "3000" Mk III, 6-cyl., 150 hp, 92" wb

	6	5	4	3	2	1
Conv	1,600	4,800	8,000	18,000	28,000	40,000

1967 Sprite Mk III, 4-cyl., 59 hp, 80" wb

	6	5	4	3	2	1
Conv	620	1,860	3,100	6,980	10,850	15,500

1968 Sprite Mk III, 4-cyl., 59 hp, 80" wb

	6	5	4	3	2	1
2d Rds	600	1,800	3,000	6,750	10,500	15,000

1968 Sprite Mk IV, 4-cyl., 62 hp, 80" wb

	6	5	4	3	2	1
2d Rds	640	1,920	3,200	7,200	11,200	16,000

1969 Sprite Mk IV, 4-cyl., 62 hp, 80" wb

	6	5	4	3	2	1
2d Rds	640	1,920	3,200	7,200	11,200	16,000

1970 Sprite MK IV, 4-cyl., 62 hp, 80" wb

	6	5	4	3	2	1
2d Rds	640	1,920	3,200	7,200	11,200	16,000

BENTLEY

1951-52 Mk VI, 6-cyl., 4566cc, 120" wb

	6	5	4	3	2	1
Std Steel Saloon	1,280	3,840	6,400	14,400	22,400	32,000

1951-52 Abbott

	6	5	4	3	2	1
DHC	2,640	7,920	13,200	29,700	46,200	66,000
FHC	1,440	4,320	7,200	16,200	25,200	36,000

1951-52 Facel

	6	5	4	3	2	1
FHC	1,880	5,640	9,400	21,150	32,900	47,000

1951-52 Franay

	6	5	4	3	2	1
Sedanca Cpe	1,840	5,520	9,200	20,700	32,200	46,000
DHC	2,720	8,160	13,600	30,600	47,600	68,000

1951-52 Freestone & Webb

	6	5	4	3	2	1
Cpe	1,640	4,920	8,200	18,450	28,700	41,000
Saloon	1,440	4,320	7,200	16,200	25,200	36,000

1951-52 Graber

	6	5	4	3	2	1
Cpe	1,960	5,880	9,800	22,050	34,300	49,000

1951-52 Gurney Nutting

	6	5	4	3	2	1
Sedanca Cpe	1,880	5,640	9,400	21,150	32,900	47,000

1951-52 Hooper

	6	5	4	3	2	1
Cpe	2,000	6,000	10,000	22,500	35,000	50,000
Saloon	1,880	5,640	9,400	21,150	32,900	47,000
Sedanca Cpe	2,080	6,240	10,400	23,400	36,400	52,000

1951-52 H.J. Mulliner

	6	5	4	3	2	1
DHC	3,760	11,280	18,800	42,300	65,800	94,000
4d Saloon	1,440	4,320	7,200	16,200	25,200	36,000
2d Saloon	1,600	4,800	8,000	18,000	28,000	40,000

1951-52 Park Ward

	6	5	4	3	2	1
DHC	3,760	11,280	18,800	42,300	65,800	94,000
Cpe	1,680	5,040	8,400	18,900	29,400	42,000
Saloon	1,640	4,920	8,200	18,450	28,700	41,000

	6	5	4	3	2	1
1951-52 Radford						
Countryman	1,680	5,040	8,400	18,900	29,400	42,000
1951-52 Windovers						
2d Saloon	1,640	4,920	8,200	18,450	28,700	41,000
1951-52 Worlaufen						
DHC	2,480	7,440	12,400	27,900	43,400	62,000
1951-52 James Young						
Clubman Cpe	1,640	4,920	8,200	18,450	28,700	41,000
Saloon	1,480	4,440	7,400	16,650	25,900	37,000
Spt Saloon	1,680	5,040	8,400	18,900	29,400	42,000

NOTE: Deduct 30 percent for RHD.

1952-55 R Type, 6-cyl., 4566cc, 120" wb

NOTE: Numbers produced in ( ).

	6	5	4	3	2	1
Std Steel Saloon	1,280	3,840	6,400	14,400	22,400	32,000
1952-55 Abbott (16)						
Continental	2,960	8,880	14,800	33,300	51,800	74,000
DHC	3,120	9,360	15,600	35,100	54,600	78,000
1952-55 Frankdale						
Saloon	1,520	4,560	7,600	17,100	26,600	38,000
1952-55 Freestone & Webb (29)						
Saloon	1,640	4,920	8,200	18,450	28,700	41,000
1952-55 Franay (2)						
Cpe	2,560	7,680	12,800	28,800	44,800	64,000
1952-55 Hooper (41)						
4d Saloon	1,600	4,800	8,000	18,000	28,000	40,000
2d Saloon	1,680	5,040	8,400	18,900	29,400	42,000
Sedanca Cpe	1,800	5,400	9,000	20,250	31,500	45,000
1952-55 Graber (7) H.J. Mulliner (67)						
DHC	2,960	8,880	14,800	33,300	51,800	74,000
Saloon	1,520	4,560	7,600	17,100	26,600	38,000
1952-55 Radford (20)						
Countryman	1,840	5,520	9,200	20,700	32,200	46,000
1952-55 Park Ward (50)						
FHC	1,880	5,640	9,400	21,150	32,900	47,000
DHC	2,720	8,160	13,600	30,600	47,600	68,000
Saloon	1,440	4,320	7,200	16,200	25,200	36,000
1952-55 James Young (69)						
Cpe	1,520	4,560	7,600	17,100	26,600	38,000
Saloon	1,320	3,960	6,600	14,850	23,100	33,000
Sedanca Cpe	1,560	4,680	7,800	17,550	27,300	39,000

1952-55 R Type Continental 6-cyl., 4566cc (A-C series), 4887cc (D-E series) Bertone, 120" wb

	6	5	4	3	2	1
Saloon	1,880	5,640	9,400	21,150	32,900	47,000
1952-55 Farina						
Cpe (1)			value not estimable			
Franay (5)			value not estimable			
Graber (3)			value not estimable			
1952-55 J.H. Mulliner						
Cpe (193)	1,880	5,640	9,400	21,150	32,900	47,000
Park Ward (6)			value not estimable			
Cpe (2)			value not estimable			
DHC (4)			value not estimable			

NOTE: Deduct 30 percent for RHD.

1955-59 S1 Type, 6-cyl., 4887cc, 123" wb, 127" wb

	6	5	4	3	2	1
Std Steel Saloon	1,640	4,920	8,200	18,450	28,700	41,000
LWB Saloon (after 1957)	1,760	5,280	8,800	19,800	30,800	44,000
1955-59 Freestone & Webb						
Saloon	1,800	5,400	9,000	20,250	31,500	45,000
1955-59 Graber						
DHC	2,560	7,680	12,800	28,800	44,800	64,000
1955-59 Hooper						
Saloon	1,800	5,400	9,000	20,250	31,500	45,000
1955-59 H.J. Mulliner						
Saloon	2,040	6,120	10,200	22,950	35,700	51,000
Limo (5)	2,080	6,240	10,400	23,400	36,400	52,000
1955-59 Park Ward						
FHC	2,320	6,960	11,600	26,100	40,600	58,000
1955-59 James Young						
Saloon	1,840	5,520	9,200	20,700	32,200	46,000

	6	5	4	3	2	1
1955-59 S1 Type Continental, 6-cyl., 4887cc Franay, 123" wb						
Cpe	2,480	7,440	12,400	27,900	43,400	62,000
1955-59 Graber						
DHC	3,760	11,280	18,800	42,300	65,800	94,000
1955-59 Hooper						
Saloon (6)	1,680	5,040	8,400	18,900	29,400	42,000
1955-59 H.J. Mulliner						
Cpe	1,760	5,280	8,800	19,800	30,800	44,000
DHC	2,480	7,440	12,400	27,900	43,400	62,000
Spt Saloon	2,080	6,240	10,400	23,400	36,400	52,000
Flying Spur (after 1957)	2,240	6,720	11,200	25,200	39,200	56,000
1955-59 Park Ward						
DHC	2,640	7,920	13,200	29,700	46,200	66,000
Spt Saloon	2,280	6,840	11,400	25,650	39,900	57,000
1955-59 James Young						
Saloon	1,560	4,680	7,800	17,550	27,300	39,000
NOTE: Deduct 30 percent for RHD.						
1959-62 S2 Type V-8, 6230cc, 123" wb, 127" wb						
Std Steel Saloon	1,640	4,920	8,200	18,450	28,700	41,000
LWB Saloon	1,800	5,400	9,000	20,250	31,500	45,000
Franay	2,160	6,480	10,800	24,300	37,800	54,000
Graber	2,200	6,600	11,000	24,750	38,500	55,000
Hooper	2,240	6,720	11,200	25,200	39,200	56,000
1959-62 H.J. Mulliner						
DHC (15)	3,520	10,560	17,600	39,600	61,600	88,000
1959-62 Park Ward						
DHC	2,480	7,440	12,400	27,900	43,400	62,000
1959-62 Radford						
Countryman	2,080	6,240	10,400	23,400	36,400	52,000
1959-62 James Young						
Limo (5)	2,120	6,360	10,600	23,850	37,100	53,000
1959-62 S2 Type Continental, V-8, 6230cc H.J. Mulliner, 123" wb						
Flying Spur	2,480	7,440	12,400	27,900	43,400	62,000
1959-62 Park Ward						
DHC	2,440	7,320	12,200	27,450	42,700	61,000
1959-62 James Young						
Saloon	1,680	5,040	8,400	18,900	29,400	42,000
NOTE: Deduct 30 percent for RHD.						
1962-65 S3 Type V-8, 6230cc, 123" wb, 127" wb						
Std Steel Saloon	1,760	5,280	8,800	19,800	30,800	44,000
LWB Saloon	1,920	5,760	9,600	21,600	33,600	48,000
1962-65 H.J. Mulliner						
Cpe	1,840	5,520	9,200	20,700	32,200	46,000
DHC	2,520	7,560	12,600	28,350	44,100	63,000
1962-65 Park Ward						
Cpe	2,440	7,320	12,200	27,450	42,700	61,000
DHC	3,120	9,360	15,600	35,100	54,600	78,000
1962-65 James Young						
LWB Limo	2,440	7,320	12,200	27,450	42,700	61,000
1962-65 S3 Continental, V-8, 6230cc H.J. Mulliner-Park Ward, 123" wb						
Cpe	2,160	6,480	10,800	24,300	37,800	54,000
DHC	2,720	8,160	13,600	30,600	47,600	68,000
Flying Spur	2,480	7,440	12,400	27,900	43,400	62,000
1962-65 James Young						
Cpe	1,840	5,520	9,200	20,700	32,200	46,000
Saloon	2,040	6,120	10,200	22,950	35,700	51,000
NOTE: Add 10 percent for factory sunroof. Deduct 30 percent for RHD.						
1966 James Young						
James Young 2d	2,240	6,720	11,200	25,200	39,200	56,000
Park Ward 2d	4,080	12,240	20,400	45,900	71,400	102,000
1967 James Young						
James Young 2d	2,200	6,600	11,000	24,750	38,500	55,000
Park Ward 2d	3,360	10,080	16,800	37,800	58,800	84,000
Park Ward 2d Conv	4,080	12,240	20,400	45,900	71,400	102,000
T 4d	1,600	4,800	8,000	18,000	28,000	40,000
1968 James Young						
Park Ward 2d	3,360	10,080	16,800	37,800	58,800	84,000
Park Ward 2d Conv	4,080	12,240	20,400	45,900	71,400	102,000
T 4d	1,600	4,800	8,000	18,000	28,000	40,000
1969 James Young						
Park Ward 2d	3,360	10,080	16,800	37,800	58,800	84,000

	6	5	4	3	2	1
Park Ward 2d Conv	4,320	12,960	21,600	48,600	75,600	108,000
T 4d	1,640	4,920	8,200	18,450	28,700	41,000
1970 James Young						
Park Ward 2d	3,280	9,840	16,400	36,900	57,400	82,000
Park Ward 2d Conv	4,320	12,960	21,600	48,600	75,600	108,000
T 4d	1,680	5,040	8,400	18,900	29,400	42,000
1971 James Young						
T 4d	1,640	4,920	8,200	18,450	28,700	41,000
1972 James Young						
T 4d	1,640	4,920	8,200	18,450	28,700	41,000
1973 James Young						
T 4d	1,640	4,920	8,200	18,450	28,700	41,000
1974 James Young						
T 4d	1,680	5,040	8,400	18,900	29,400	42,000
1975 James Young						
T 4d	1,680	5,040	8,400	18,900	29,400	42,000
1976 James Young						
T 4d	1,720	5,160	8,600	19,350	30,100	43,000
1977 James Young						
T2 4d	1,520	4,560	7,600	17,100	26,600	38,000
Corniche 2d	1,840	5,520	9,200	20,700	32,200	46,000
Corniche 2d Conv	2,720	8,160	13,600	30,600	47,600	68,000
1978 James Young						
T2 4d	1,600	4,800	8,000	18,000	28,000	40,000
Corniche 2d	1,840	5,520	9,200	20,700	32,200	46,000
Corniche 2d Conv	2,720	8,160	13,600	30,600	47,600	68,000
1979 James Young						
T2 4d	1,720	5,160	8,600	19,350	30,100	43,000
Corniche 2d	1,920	5,760	9,600	21,600	33,600	48,000
Corniche 2d Conv	2,800	8,400	14,000	31,500	49,000	70,000
1980 James Young						
T2 4d	1,800	5,400	9,000	20,250	31,500	45,000
Mulsanne 4d	2,000	6,000	10,000	22,500	35,000	50,000
Corniche 2d	2,100	6,250	10,400	23,400	36,400	52,000
Corniche 2d Conv	2,850	8,500	14,200	31,950	49,700	71,000
1981 James Young						
Mulsanne 4d	2,100	6,250	10,400	23,400	36,400	52,000
Corniche 2d Conv	2,900	8,750	14,600	32,850	51,100	73,000
1982 James Young						
Mulsanne 4d	2,200	6,600	11,000	24,750	38,500	55,000
Corniche 2d Conv	3,100	9,250	15,400	34,650	53,900	77,000
1983 James Young						
Mulsanne 4d	2,300	6,850	11,400	25,650	39,900	57,000
Corniche 2d Conv	3,150	9,500	15,800	35,550	55,300	79,000
1984 Mulsanne						
4d Sed	2,350	7,100	11,800	26,550	41,300	59,000
Turbo 4d Sed	2,450	7,300	12,200	27,450	42,700	61,000
1984 Corniche						
2d Conv	3,250	9,700	16,200	36,450	56,700	81,000
1985 Eight						
4d Sed	2,600	7,800	13,000	29,250	45,500	65,000
1985 Mulsanne-S						
4d Sed	2,500	7,550	12,600	28,350	44,100	63,000
Turbo 4d Sed	2,600	7,800	13,000	29,250	45,500	65,000
1985 Continental						
2d Conv	3,550	10,700	17,800	40,050	62,500	89,000
1986 Eight						
4d Sed	2,700	8,050	13,400	30,150	46,900	67,000
1986 Mulsanne-S						
4d Sed	2,750	8,300	13,800	31,050	48,300	69,000
Turbo 4d Sed	2,850	8,500	14,200	31,950	49,700	71,000
1986 Continental						
2d Conv	3,800	11,400	19,000	42,750	66,500	95,000
1987 Eight						
4d Sed	1,900	5,750	9,600	21,600	33,600	48,000
1987 Mulsanne-S						
4d Sed	2,050	6,100	10,200	22,950	35,700	51,000
1987 Continental						
2d Conv	5,250	15,700	26,200	58,950	91,500	131,000
1988 Eight						
4d Sed	2,100	6,250	10,400	23,400	36,400	52,000

	6	5	4	3	2	1
1988 Mulsanne-S						
4d Sed	2,200	6,600	11,000	24,750	38,500	55,000
1988 Continental						
2d Conv	5,500	16,400	27,400	61,650	96,000	137,000
1989 Eight						
4d Sed	2,200	6,600	11,000	24,750	38,500	55,000
1989 Mulsanne-S						
4d Sed	2,300	6,850	11,400	25,650	39,900	57,000
Turbo 4d Sed	2,400	7,200	12,000	27,000	42,000	60,000
1989 Continental						
2d Conv	5,550	16,700	27,800	62,550	97,500	139,000
1990 Eight						
4d Sed	2,500	7,550	12,600	28,350	44,100	63,000
1990 Mulsanne-S						
4d Sed	2,600	7,800	13,000	29,250	45,500	65,000
Turbo 4d Sed	2,600	7,800	13,000	29,250	45,500	65,000
1990 Continental						
2d Conv	5,650	16,900	28,200	63,450	98,500	141,000
1991 Eight						
4d Sed	2,600	7,800	13,000	29,250	45,500	65,000
1991 Mulsanne-S						
4d Sed	2,850	8,500	14,200	31,950	49,700	71,000
1991 Turbo R						
4d Sed	3,250	9,700	16,200	36,450	56,700	81,000
1991 Continental						
2d Conv	5,850	17,500	29,200	65,700	102,000	146,000
1992 Mulsanne-S, V-8						
4d Sed	2,850	8,500	14,200	31,950	49,700	71,000
1992 Turbo R, V-8						
4d Sed	3,400	10,200	17,000	38,250	59,500	85,000
4d Sed LWB	5,100	15,200	25,400	57,150	89,000	127,000
1992 Continental, V-8						
2d Conv	5,650	16,900	28,200	63,450	98,500	141,000
1993 Brooklands						
4d Sed	2,600	7,800	13,000	29,250	45,500	65,000
1993 Brooklands LWB						
4d Limo	2,850	8,500	14,200	31,950	49,700	71,000
1993 Turbo R						
4d Sed	3,250	9,700	16,200	36,450	56,700	81,000
1993 Turbo RL LWB						
4d Limo	3,450	10,300	17,200	38,700	60,000	86,000
1993 Continental R						
2d Cpe	5,250	15,700	26,200	58,950	91,500	131,000
1993 Continental						
2d Conv	5,650	16,900	28,200	63,450	98,500	141,000
1994 Continental						
2d Conv	7,650	22,900	38,200	85,950	134,000	191,000
2d Cpe R	6,850	20,500	34,200	76,950	120,000	171,000
1994 Turbo						
4d Sed R	4,050	12,100	20,200	45,450	70,500	101,000
4d Sed R L LWB	4,650	13,900	23,200	52,200	81,000	116,000
1994 Brooklands						
4d Sed	3,450	10,300	17,200	38,700	60,000	86,000
4d Sed LWB	3,500	10,400	17,400	39,150	61,000	87,000
1995 Continental						
2d Conv	7,650	22,900	38,200	85,950	134,000	191,000
2d Cpe R	6,850	20,500	34,200	76,950	120,000	171,000
1995 Turbo						
4d Sed R	4,050	12,100	20,200	45,450	70,500	101,000
4d Sed RL, LWB	4,650	13,900	23,200	52,200	81,000	116,000
1995 Brooklands						
4d Sed	3,450	10,300	17,200	38,700	60,000	86,000
4d Sed, LWB	3,500	10,400	17,400	39,150	61,000	87,000
1995 Azure						
2d Conv	7,050	21,100	35,200	79,200	123,000	176,000
1996 Continental						
2d Cpe R	6,800	20,400	34,000	76,500	119,000	170,000
1996 Turbo						
4d Sed R	4,000	12,000	20,000	45,000	70,000	100,000
4d Sed RL, LWB	4,600	13,800	23,000	51,750	80,500	115,000

	6	5	4	3	2	1
1996 Brooklands						
4d Sed	3,400	10,200	17,000	38,250	59,500	85,000
4d Sed, LWB	3,450	10,300	17,200	38,700	60,000	86,000
1996 Azure						
2d Conv	7,000	21,000	35,000	78,750	122,000	175,000
1997 Continental R						
2d Cpe	6,800	20,400	34,000	76,500	119,000	170,000
1997 Turbo RT						
4d Sed	4,000	12,000	20,000	45,000	70,000	100,000
1997 Brooklands R						
4d Sed	3,400	10,200	17,000	38,250	59,500	85,000
1997 Arnage						
4d Sed	3,800	11,400	19,000	42,750	66,500	95,000
1997 Azure						
2d Conv	7,000	21,000	35,000	78,750	122,500	175,000
1998 Continental R						
2d Cpe	6,800	20,400	34,000	76,500	119,000	170,000
1998 Turbo RT						
4d Sed	4,000	12,000	20,000	45,000	70,000	100,000
1998 Brooklands R						
4d Sed	3,400	10,200	17,000	38,250	59,500	85,000
1998 Arnage						
4d Sed	3,800	11,400	19,000	42,750	66,500	95,000
1998 Azure						
2d Conv	7,000	21,000	35,000	78,750	122,500	175,000

BMW

	6	5	4	3	2	1
1955 6-cyl., 1971cc, 111.6" wb						
501A 4d Sed	620	1,860	3,100	6,980	10,850	15,500
501B 4d Sed	620	1,860	3,100	6,980	10,850	15,500
501/6 4d Sed, 2077cc	680	2,040	3,400	7,650	11,900	17,000
501 V-8 4d Sed, 2580cc	720	2,160	3,600	8,100	12,600	18,000
502/2.6 4d Sed	760	2,280	3,800	8,550	13,300	19,000
502/3.2 4d Sed	680	2,040	3,400	7,650	11,900	17,000

NOTE: Add 75 percent for coach-built cpe. Add 100 percent for coach-built 2d and 4d convertibles.

	6	5	4	3	2	1
1956 Isetta 250						
1d Std Sed	620	1,860	3,100	6,980	10,850	15,500
1d DeL Sed	672	2,016	3,360	7,560	11,760	16,800
501/6 4d Sed	620	1,860	3,100	6,980	10,850	15,500
501 V-8 4d Sed	700	2,100	3,500	7,880	12,250	17,500
502/2.6 4d Sed	740	2,220	3,700	8,330	12,950	18,500
502/3.2 4d Sed	820	2,460	4,100	9,230	14,350	20,500

NOTE: Add 25 percent for coach-built cpe. Add 100 percent for coach-built 2d and 4d convertibles.

	6	5	4	3	2	1
1956 V-8, 3168cc, 11.6" wb						
503 Cpe	1,420	4,260	7,100	15,980	24,850	35,500
503 Conv	1,820	5,460	9,100	20,480	31,850	45,500
507 Rds	11,400	34,200	57,000	128,250	199,500	285,000
1957 Isetta 300						
1d Std Sed	648	1,944	3,240	7,290	11,340	16,200
1d DeL Sed	620	1,860	3,100	6,980	10,850	15,500
1957 2-cyl., 582cc, 66.9" wb						
600 2d Sed	600	1,800	3,000	6,750	10,500	15,000
501/6 4d Sed	620	1,860	3,100	6,980	10,850	15,500
501 V-8 4d Sed	700	2,100	3,500	7,880	12,250	17,500
502/2.6 4d Sed	740	2,220	3,700	8,330	12,950	18,500
502/3.2 4d Sed	820	2,460	4,100	9,230	14,350	20,500
502/3.2 Sup 4d Sed	860	2,580	4,300	9,680	15,050	21,500
503 Cpe	1,420	4,260	7,100	15,980	24,850	35,500
503 Conv	1,820	5,460	9,100	20,480	31,850	45,500
507 Rds	11,400	34,200	57,000	128,250	199,500	285,000
1958 Isetta 300						
1d Std Sed	660	1,980	3,300	7,430	11,550	16,500
1d DeL Sed	672	2,016	3,360	7,560	11,760	16,800
600 2d Sed	600	1,800	3,000	6,750	10,500	15,000
501/3 4d Sed	620	1,860	3,100	6,980	10,850	15,500
501 V-8 4d Sed	700	2,100	3,500	7,880	12,250	17,500
502/2.6 4d Sed	740	2,220	3,700	8,330	12,950	18,500
502/3.2 4d Sed	820	2,460	4,100	9,230	14,350	20,500
502/3.2 Sup 4d Sed	860	2,580	4,300	9,680	15,050	21,500

NOTE: Add 75 percent for coach-built cpe. Add 100 percent for coach-built 2d and 4d convertibles.

	6	5	4	3	2	1
503 Cpe	1,420	4,260	7,100	15,980	24,850	35,500

	6	5	4	3	2	1
503 Conv	1,820	5,460	9,100	20,480	31,850	45,500
507 Rds	11,400	34,200	57,000	128,250	199,500	285,000
1959 Isetta 300						
1d Std Sed	660	1,980	3,300	7,430	11,550	16,500
1d DeL Sed	672	2,016	3,360	7,560	11,760	16,800
600 2d Sed	600	1,800	3,000	6,750	10,500	15,000
1959 700, 2-cyl., 697cc, 83.5" wb						
Cpe	420	1,260	2,100	4,730	7,350	10,500
2d Sed	368	1,104	1,840	4,140	6,440	9,200
501 V-8 4d Sed	700	2,100	3,500	7,880	12,250	17,500
502/2.6 4d Sed	740	2,220	3,700	8,330	12,950	18,500
502/3.2 4d Sed	820	2,460	4,100	9,230	14,350	20,500
502/3.2 Sup 4d Sed	860	2,580	4,300	9,680	15,050	21,500
503 Cpe	1,420	4,260	7,100	15,980	24,850	35,500
503 Conv	1,820	5,460	9,100	20,480	31,850	45,500
507 Rds	11,400	34,200	57,000	128,250	199,500	285,000
1960 Isetta 300						
1d Std Sed	668	2,004	3,340	7,520	11,690	16,700
1d DeL Sed	676	2,028	3,380	7,610	11,830	16,900
600 2d Sed	600	1,800	3,000	6,750	10,500	15,000
700 Cpe	440	1,320	2,200	4,950	7,700	11,000
700 2d Sed	428	1,284	2,140	4,820	7,490	10,700
700 Spt Cpe	444	1,332	2,220	5,000	7,770	11,100
501 V-8 4d Sed	700	2,100	3,500	7,880	12,250	17,500
502/2.6 4d Sed	740	2,220	3,700	8,330	12,950	18,500
502/3.2 4d Sed	820	2,460	4,100	9,230	14,350	20,500
502/3.2 Sup 4d Sed	860	2,580	4,300	9,680	15,050	21,500
1961 Isetta 300						
1d Std Sed	672	2,016	3,360	7,560	11,760	16,800
1d DeL Sed	680	2,040	3,400	7,650	11,900	17,000
700 Cpe	440	1,320	2,200	4,950	7,700	11,000
700 2d Sed	420	1,260	2,100	4,730	7,350	10,500
700 Spt Cpe	448	1,344	2,240	5,040	7,840	11,200
700 2d Luxus Sed	428	1,284	2,140	4,820	7,490	10,700
700 Conv	700	2,100	3,500	7,880	12,250	17,500
501 V-8 4d Sed	700	2,100	3,500	7,880	12,250	17,500
502/2.6 4d Sed	740	2,220	3,700	8,330	12,950	18,500
2600 4d Sed	780	2,340	3,900	8,780	13,650	19,500
2600L 4d Sed	800	2,400	4,000	9,000	14,000	20,000
502/3.2 4d Sed	740	2,220	3,700	8,330	12,950	18,500
502/3.2 4d Sup Sed	780	2,340	3,900	8,780	13,650	19,500
3200L 4d Sed	820	2,460	4,100	9,230	14,350	20,500
3200S 4d Sed	860	2,580	4,300	9,680	15,050	21,500
1962 Isetta 300						
1d Std Sed	672	2,016	3,360	7,560	11,760	16,800
1d DeL Sed	680	2,040	3,400	7,650	11,900	17,000
700 Cpe	440	1,320	2,200	4,950	7,700	11,000
700CS Cpe	448	1,344	2,240	5,040	7,840	11,200
700 Spt Cpe	452	1,356	2,260	5,090	7,910	11,300
700 2d Sed	420	1,260	2,100	4,730	7,350	10,500
700 Conv	700	2,100	3,500	7,880	12,250	17,500
700LS 2d Sed	432	1,296	2,160	4,860	7,560	10,800
700LS Luxus 2d Sed	440	1,320	2,200	4,950	7,700	11,000
1962 4-cyl., 1499cc, 100.4" wb						
1500 4d Sed	440	1,320	2,200	4,950	7,700	11,000
2600 4d Sed	600	1,800	3,000	6,750	10,500	15,000
2600L 4d Sed	600	1,800	3,000	6,750	10,500	15,000
3200L 4d Sed	700	2,100	3,500	7,880	12,250	17,500
3200S 4d Sed	720	2,160	3,600	8,100	12,600	18,000
3200CS Cpe	1,060	3,180	5,300	11,930	18,550	26,500
1963 4-cyl., 1499cc, 100.4" wb						
700 Cpe	348	1,044	1,740	3,920	6,090	8,700
700 Spt Cpe	452	1,356	2,260	5,090	7,910	11,300
700CS Cpe	368	1,104	1,840	4,140	6,440	9,200
700 Conv	700	2,100	3,500	7,880	12,250	17,500
700LS 2d Sed	432	1,296	2,160	4,860	7,560	10,800
700LS Luxus 2d Sed	440	1,320	2,200	4,950	7,700	11,000
1500 4d Sed	428	1,284	2,140	4,820	7,490	10,700
1800 4d Sed	460	1,380	2,300	5,180	8,050	11,500
2600L 4d Sed	640	1,920	3,200	7,200	11,200	16,000
3200S 4d Sed	660	1,980	3,300	7,430	11,550	16,500
3200CS Cpe	1,020	3,060	5,100	11,480	17,850	25,500
1964 4-cyl., 1499cc, 100.4" wb						
700 C Cpe	348	1,044	1,740	3,920	6,090	8,700
700CS Cpe	368	1,104	1,840	4,140	6,440	9,200
700 Conv	700	2,100	3,500	7,880	12,250	17,500

1990 Bentley Eight sedan

1990 BMW 735iL sedan

1990 BMW 325i two-door sedan

	6	5	4	3	2	1
700LS Cpe	428	1,284	2,140	4,820	7,490	10,700
700 Luxus 2d Sed	420	1,260	2,100	4,730	7,350	10,500
1500 4d Sed	420	1,260	2,100	4,730	7,350	10,500
1600 4d Sed	440	1,320	2,200	4,950	7,700	11,000
1800 4d Sed	460	1,380	2,300	5,180	8,050	11,500
1800TI 4d Sed	480	1,440	2,400	5,400	8,400	12,000
1800TI/SA 4d Sed	660	1,980	3,300	7,430	11,550	16,500
2600L 4d Sed	620	1,860	3,100	6,980	10,850	15,500
3200CS Cpe	1,020	3,060	5,100	11,480	17,850	25,500

1965 4-cyl., 1499cc, 100.4" wb

	6	5	4	3	2	1
700LS Cpe	428	1,284	2,140	4,820	7,490	10,700
700 Luxus 2d Sed	420	1,260	2,100	4,730	7,350	10,500
1600 4d Sed	440	1,320	2,200	4,950	7,700	11,000
1800 4d Sed	580	1,740	2,900	6,530	10,150	14,500
1800TI 4d Sed	600	1,800	3,000	6,750	10,500	15,000
1800TI/SA 4d Sed	700	2,100	3,500	7,880	12,250	17,500

1965 4-cyl., 100.4" wb

	6	5	4	3	2	1
2000C Cpe	740	2,220	3,700	8,330	12,950	18,500
2000CS Cpe	772	2,316	3,860	8,690	13,510	19,300

1965 V-8, 111.4" wb

	6	5	4	3	2	1
3200CS Cpe	1,020	3,060	5,100	11,480	17,850	25,500

1966 4-cyl., 98.4" wb

	6	5	4	3	2	1
1600-2 2d Sed	460	1,380	2,300	5,180	8,050	11,500
1600 4d Sed	440	1,320	2,200	4,950	7,700	11,000
1800 4d Sed	460	1,380	2,300	5,180	8,050	11,500
1800TI 4d Sed	488	1,464	2,440	5,490	8,540	12,200
2000 4d Sed	468	1,404	2,340	5,270	8,190	11,700
2000TI 4d Sed	488	1,464	2,440	5,490	8,540	12,200
2000TI Lux 4d Sed	588	1,764	2,940	6,620	10,290	14,700
2000C Cpe	740	2,220	3,700	8,330	12,950	18,500
2000CA Cpe	772	2,316	3,860	8,690	13,510	19,300
2000CS Cpe	772	2,316	3,860	8,690	13,510	19,300

1967 4-cyl., 98.4" wb

	6	5	4	3	2	1
1602 2d Sed	420	1,260	2,100	4,730	7,350	10,500
1600TI 2d Sed	580	1,740	2,900	6,530	10,150	14,500
Glas 1600GT Cpe	600	1,800	3,000	6,750	10,500	15,000
1800 4d Sed	420	1,260	2,100	4,730	7,350	10,500
2000 4d Sed	428	1,284	2,140	4,820	7,490	10,700
2000TI 4d Sed	448	1,344	2,240	5,040	7,840	11,200
2000TI Lux 4d Sed	480	1,440	2,400	5,400	8,400	12,000
2000C Cpe	752	2,256	3,760	8,460	13,160	18,800
2000CA Cpe	752	2,256	3,760	8,460	13,160	18,800
2000CS Cpe	752	2,256	3,760	8,460	13,160	18,800
Glas 3000 V-8 Cpe	800	2,400	4,000	9,000	14,000	20,000

1968 4-cyl., 98.4" wb

	6	5	4	3	2	1
1600 2d Sed	580	1,740	2,900	6,530	10,150	14,500
1600 Cabr	820	2,460	4,100	9,230	14,350	20,500
Glas 1600GT Cpe	600	1,800	3,000	6,750	10,500	15,000
1800 4d Sed	420	1,260	2,100	4,730	7,350	10,500
2002 2d Sed	600	1,800	3,000	6,750	10,500	15,000
2002TI 2d Sed, Non-USA	660	1,980	3,300	7,430	11,550	16,500
2000 4d Sed	420	1,260	2,100	4,730	7,350	10,500
2000TI 4d Sed	440	1,320	2,200	4,950	7,700	11,000
2000TI Lux 4d Sed	480	1,440	2,400	5,400	8,400	12,000
2000C Cpe	736	2,208	3,680	8,280	12,880	18,400
2000CA Cpe	740	2,220	3,700	8,330	12,950	18,500
2000CS Cpe	760	2,280	3,800	8,550	13,300	19,000
2500 4d Sed, E-3	440	1,320	2,200	4,950	7,700	11,000
2800 4d Sed, E-3	480	1,440	2,400	5,400	8,400	12,000
2800CS Cpe, E-9	940	2,820	4,700	10,580	16,450	23,500
Glas 3000 V-8 Cpe	780	2,340	3,900	8,780	13,650	19,500

1969 4-cyl., 98.4" wb

	6	5	4	3	2	1
1600 2d Sed	460	1,380	2,300	5,180	8,050	11,500
1600 Cabr	860	2,580	4,300	9,680	15,050	21,500
1800 4d Sed	420	1,260	2,100	4,730	7,350	10,500
2002 2d Sed	600	1,800	3,000	6,750	10,500	15,000
2002TI 2d Sed, Non-USA	660	1,980	3,300	7,430	11,550	16,500
2000TI Lux 4d Sed	440	1,320	2,200	4,950	7,700	11,000
2000CA Cpe	736	2,208	3,680	8,280	12,880	18,400
2000CS Cpe	760	2,280	3,800	8,550	13,300	19,000
2500 4d Sed	460	1,380	2,300	5,180	8,050	11,500
2800 4d Sed	440	1,320	2,200	4,950	7,700	11,000
2800CSA Cpe	812	2,436	4,060	9,140	14,210	20,300
2800CS Cpe	904	2,712	4,520	10,170	15,820	22,600

1970 4-cyl., 98.4" wb

	6	5	4	3	2	1
1600 2d Sed	480	1,440	2,400	5,400	8,400	12,000

	6	5	4	3	2	1
1600 Cabr.	860	2,580	4,300	9,680	15,050	21,500
1800 4d Sed	420	1,260	2,100	4,730	7,350	10,500
2002 2d Sed	580	1,740	2,900	6,530	10,150	14,500
2000TI Lux 4d Sed	480	1,440	2,400	5,400	8,400	12,000
2000TII 4d Sed	580	1,740	2,900	6,530	10,150	14,500
2500 4d Sed	440	1,320	2,200	4,950	7,700	11,000
2800 4d Sed	480	1,440	2,400	5,400	8,400	12,000
2800CSA	812	2,436	4,060	9,140	14,210	20,300
2800CS Cpe	900	2,700	4,500	10,130	15,750	22,500

1971 4-cyl., 98.4" wb

	6	5	4	3	2	1
1600 2d Sed	450	1,400	2,300	5,180	8,050	11,500
1600 Tr, E-10, Non-USA	460	1,380	2,300	5,180	8,050	11,500
1600 Cabr.	900	2,650	4,400	9,900	15,400	22,000
1800 4d Sed	400	1,200	2,000	4,500	7,000	10,000
2002 2d Sed	550	1,700	2,800	6,300	9,800	14,000
2002 Cabr.	1,000	3,000	5,000	11,250	17,500	25,000
2002 Targa	700	2,050	3,400	7,650	11,900	17,000
2000 Tr, E-10, Non-USA	620	1,860	3,100	6,980	10,850	15,500
2002TI 2d Sed, Non-USA	580	1,740	2,900	6,530	10,150	14,500
2000TII 4d Sed	550	1,700	2,800	6,300	9,800	14,000
2500 4d Sed	400	1,200	2,000	4,500	7,000	10,000
2800 4d Sed	400	1,250	2,100	4,730	7,350	10,500
Bavaria 4d Sed	400	1,250	2,100	4,730	7,350	10,500
3.0S 4d Sed	450	1,400	2,300	5,180	8,050	11,500
Bavaria 4d Sed	450	1,400	2,300	5,180	8,050	11,500
2800CSA Cpe.	800	2,400	3,950	8,910	13,900	19,800
2800CS Cpe	900	2,700	4,550	10,220	15,900	22,700
3.0CSA Cpe	850	2,600	4,350	9,810	15,300	21,800
3.0CS Cpe	900	2,750	4,600	10,350	16,100	23,000
3.0CSi Cpe	1,100	3,250	5,400	12,150	18,900	27,000
3.0CSL Cpe, Non-USA	1,260	3,780	6,300	14,180	22,050	31,500

1972 4-cyl., 98.4" wb

	6	5	4	3	2	1
1800 4d Sed	400	1,200	2,000	4,500	7,000	10,000
2000TII 4d Sed	550	1,700	2,800	6,300	9,800	14,000
2002 2d Sed	550	1,700	2,800	6,300	9,800	14,000
2002 Targa	700	2,050	3,400	7,650	11,900	17,000
2000 Tr, Non-USA	600	1,850	3,100	6,980	10,900	15,500
2002TII 2d Sed	600	1,800	3,000	6,750	10,500	15,000
2000TII Tr, Non-USA	640	1,920	3,200	7,200	11,200	16,000
2800 4d Sed	400	1,250	2,100	4,730	7,350	10,500
Bavaria 4d Sed, 2788cc	420	1,260	2,100	4,730	7,350	10,500
3.0S 4d Sed	450	1,400	2,300	5,180	8,050	11,500
Bavaria 4d Sed, 2985cc	460	1,380	2,300	5,180	8,050	11,500
3.0CS Cpe	900	2,750	4,550	10,260	16,000	22,800
3.0CSA Cpe	750	2,300	3,800	8,550	13,300	19,000
3.0CSi Cpe	1,050	3,100	5,200	11,700	18,200	26,000
3.0CSL Cpe, Non-USA	1,260	3,780	6,300	14,180	22,050	31,500

1973 4-cyl., 98.4" wb

	6	5	4	3	2	1
2002 2d Sed	550	1,700	2,800	6,300	9,800	14,000
2000 Targa	700	2,050	3,400	7,650	11,900	17,000
2000 Tr, Non-USA	620	1,860	3,100	6,980	10,850	15,500
2002TII 2d Sed	600	1,800	3,000	6,750	10,500	15,000
2000TII Tr, Non-USA	640	1,920	3,200	7,200	11,200	16,000
2002 Turbo, Non-USA	920	2,760	4,600	10,350	16,100	23,000
2800 4d Sed	400	1,250	2,100	4,730	7,350	10,500
Bavaria 4d Sed, 2788cc	420	1,260	2,100	4,730	7,350	10,500
3.0S 4d Sed	450	1,400	2,300	5,180	8,050	11,500
Bavaria 4d Sed, 2985cc	460	1,380	2,300	5,180	8,050	11,500
3.0CSA Cpe	800	2,400	4,000	9,000	14,000	20,000
3.0CS Cpe	900	2,650	4,400	9,900	15,400	22,000
3.0CSi Cpe	1,000	3,000	5,000	11,250	17,500	25,000
3.0CSL Cpe, Non-USA	1,260	3,780	6,300	14,180	22,050	31,500

1973 3153cc

	6	5	4	3	2	1
3.0CSL Cpe	1,350	4,000	6,700	15,080	23,500	33,500

1974 3153cc

	6	5	4	3	2	1
2002 2d Sed	550	1,700	2,800	6,300	9,800	14,000
2002 Targa	700	2,050	3,400	7,650	11,900	17,000
2000 Tr, Non-USA	610	1,840	3,060	6,890	10,710	15,300
2002TII 2d Sed	600	1,800	3,000	6,750	10,500	15,000
2000TII Tr, Non-USA	640	1,920	3,200	7,200	11,200	16,000
2002 Turbo, Non-USA	880	2,630	4,380	9,860	15,330	21,900
2800 4d Sed	400	1,250	2,100	4,730	7,350	10,500
Bavaria 4d Sed, 2788cc	420	1,260	2,100	4,730	7,350	10,500
3.0S 4d Sed	450	1,400	2,300	5,180	8,050	11,500
Bavaria 4d Sed, 2985cc	460	1,380	2,300	5,180	8,050	11,500
3.0CSA Cpe	800	2,400	4,000	9,000	14,000	20,000
3.0CS Cpe	900	2,650	4,400	9,900	15,400	22,000

	6	5	4	3	2	1
3.0CSi Cpe	1,000	3,000	5,000	11,250	17,500	25,000
3.0CSL Cpe, Non-USA	1,340	4,020	6,700	15,080	23,450	33,500
530i 4d Sed, E-12	450	1,400	2,300	5,180	8,050	11,500
1975 3153cc						
2002 2d Sed	550	1,700	2,800	6,300	9,800	14,000
2002TII 2d Sed	600	1,800	3,000	6,750	10,500	15,000
2002 Targa	700	2,150	3,600	8,100	12,600	18,000
320i 2d Sed, E-21	400	1,200	2,000	4,500	7,000	10,000
2800 4d Sed	400	1,250	2,100	4,730	7,350	10,500
Bavaria, 2788cc	400	1,250	2,100	4,730	7,350	10,500
3.0S 4d Sed	550	1,700	2,800	6,300	9,800	14,000
Bavaria, 2985cc	550	1,700	2,800	6,300	9,800	14,000
3.0CSA Cpe	800	2,400	4,000	9,000	14,000	20,000
3.0CS Cpe	900	2,650	4,400	9,900	15,400	22,000
3.0CSi Cpe	1,000	3,000	5,000	11,250	17,500	25,000
3.0CSL Cpe, Non-USA	1,340	4,020	6,700	15,080	23,450	33,500
530i 4d Sed	550	1,700	2,800	6,300	9,800	14,000
1976 3153cc						
2002 2d Sed	550	1,700	2,800	6,300	9,800	14,000
320i 2d Sed	450	1,300	2,200	4,950	7,700	11,000
2800 4d Sed	450	1,300	2,200	4,950	7,700	11,000
Bavaria, 2788cc	450	1,300	2,200	4,950	7,700	11,000
3.0Si 4d Sed	600	1,750	2,900	6,530	10,200	14,500
Bavaria, 2985cc	600	1,750	2,900	6,530	10,200	14,500
530i 4d Sed	600	1,750	2,900	6,530	10,200	14,500
630CS Cpe, E-24	800	2,400	4,000	9,000	14,000	20,000
1977 3153cc						
320i 2d Sed	450	1,400	2,300	5,180	8,050	11,500
2800 4d Sed	450	1,400	2,300	5,180	8,050	11,500
Bavaria, 2788cc	450	1,400	2,300	5,180	8,050	11,500
3.0S 4d Sed	600	1,750	2,900	6,530	10,200	14,500
Bavaria, 2985cc	600	1,750	2,900	6,530	10,200	14,500
530i 4d Sed	600	1,750	2,900	6,530	10,200	14,500
630CS Cpe	800	2,400	4,000	9,000	14,000	20,000
630CSi Cpe	900	2,650	4,400	9,900	15,400	22,000
633CSi Cpe	900	2,750	4,600	10,350	16,100	23,000
1978 3153cc						
320i 2d Sed	550	1,700	2,800	6,300	9,800	14,000
528i 4d Sed	600	1,800	3,000	6,750	10,500	15,000
530i 4d Sed	800	2,400	4,000	9,000	14,000	20,000
630CS Cpe	850	2,500	4,200	9,450	14,700	21,000
630CSi Cpe	900	2,650	4,400	9,900	15,400	22,000
633CSi Cpe	950	2,900	4,800	10,800	16,800	24,000
733i 4d Sed, E-23	800	2,400	4,000	9,000	14,000	20,000
1979 3153cc						
320i 2d Sed	600	1,750	2,900	6,530	10,200	14,500
528i 4d Sed	650	1,900	3,200	7,200	11,200	16,000
M535i 4d Sed, Non-USA	1,000	3,000	4,950	11,160	17,400	24,800
733i 4d Sed	900	2,650	4,400	9,900	15,400	22,000
633CSi 2d Cpe	950	2,900	4,800	10,800	16,800	24,000
M1 Cpe, E-26, Non-USA	5,850	17,500	29,200	65,700	102,000	146,000
1980 3153cc						
320i 2d Sed	600	1,750	2,900	6,530	10,200	14,500
528i 4d Sed	650	1,900	3,200	7,200	11,200	16,000
M535i 4d Sed, Non-USA	1,000	3,000	4,950	11,160	17,400	24,800
733i 4d Sed	900	2,650	4,400	9,900	15,400	22,000
633CSi 2d Cpe	950	2,900	4,800	10,800	16,800	24,000
M1 Cpe, Non-USA	6,440	19,320	32,200	72,450	112,700	161,000
1981 3153cc						
320i 2d Sed	600	1,800	3,000	6,750	10,500	15,000
528i 4d Sed	650	1,900	3,200	7,200	11,200	16,000
733i 4d Sed	950	2,900	4,800	10,800	16,800	24,000
633CSi 2d Cpe	1,050	3,100	5,200	11,700	18,200	26,000
1982 3153cc						
320i 2d Sed	650	1,900	3,200	7,200	11,200	16,000
528E 4d Sed	700	2,050	3,400	7,650	11,900	17,000
733i 4d Sed	950	2,900	4,800	10,800	16,800	24,000
633CSi 2d Cpe	1,100	3,350	5,600	12,600	19,600	28,000
1983 3153cc						
320i 2d Sed	600	1,750	2,900	6,530	10,200	14,500
528E 4d Sed	700	2,050	3,400	7,650	11,900	17,000
533i 4d Sed	700	2,150	3,600	8,100	12,600	18,000
733i 4d Sed	1,000	3,000	5,000	11,250	17,500	25,000
633CSi 2d Cpe	1,100	3,250	5,400	12,150	18,900	27,000
1984 3153cc						
318i 2d Sed	550	1,700	2,800	6,300	9,800	14,000

	6	5	4	3	2	1
325E 2d Sed	600	1,800	3,000	6,750	10,500	15,000
528E 4d Sed	700	2,050	3,400	7,650	11,900	17,000
533i 4d Sed	750	2,300	3,800	8,550	13,300	19,000
733i 4d Sed	1,050	3,100	5,200	11,700	18,200	26,000
633CSi Cpe	1,100	3,250	5,400	12,150	18,900	27,000
1985 3153cc						
318i 2d Sed	600	1,750	2,900	6,530	10,200	14,500
318i 4d Sed	600	1,750	2,900	6,480	10,100	14,400
325E 2d Sed	650	1,900	3,200	7,200	11,200	16,000
325E 4d Sed	650	1,900	3,200	7,200	11,200	16,000
528E 4d Sed	700	2,150	3,600	8,100	12,600	18,000
535i 4d Sed	800	2,400	4,000	9,000	14,000	20,000
524TD 4d Sed	800	2,400	4,000	9,000	14,000	20,000
735i 4d Sed	1,150	3,500	5,800	13,050	20,300	29,000
635CSi 2d Cpe	1,300	3,850	6,400	14,400	22,400	32,000
1986 3153cc						
325 2d Sed	700	2,050	3,400	7,650	11,900	17,000
325 4d Sed	700	2,050	3,400	7,650	11,900	17,000
325ES 4d Sed	700	2,150	3,600	8,100	12,600	18,000
325E 4d Sed	700	2,150	3,600	8,100	12,600	18,000
524TD 4d Sed	800	2,400	4,000	9,000	14,000	20,000
528E 4d Sed	850	2,500	4,200	9,450	14,700	21,000
535i 4d Sed	900	2,750	4,600	10,350	16,100	23,000
735i 4d Sed	1,250	3,700	6,200	13,950	21,700	31,000
L7 4d Sed	1,300	3,950	6,600	14,850	23,100	33,000
635CSi 2d Cpe	1,400	4,200	7,000	15,750	24,500	35,000
1987 3153cc						
325 2d Sed	700	2,150	3,600	8,100	12,600	18,000
325 4d Sed	700	2,150	3,600	8,100	12,600	18,000
325ES 2d Sed	750	2,300	3,800	8,550	13,300	19,000
325E 4d Sed	750	2,300	3,800	8,550	13,300	19,000
325is 2d Sed	850	2,500	4,200	9,450	14,700	21,000
325i 4d Sed	800	2,400	4,000	9,000	14,000	20,000
325i 2d Conv	1,150	3,500	5,800	13,050	20,300	29,000
528E 4d Sed	900	2,750	4,600	10,350	16,100	23,000
528i 4d Sed	1,000	3,000	5,000	11,250	17,500	25,000
528is 4d Sed	1,000	3,050	5,100	11,480	17,900	25,500
735i 4d Sed	1,100	3,250	5,400	12,150	18,900	27,000
L7 4d Sed	1,100	3,250	5,400	12,150	18,900	27,000
635CSi 2d Cpe	1,300	3,950	6,600	14,850	23,100	33,000
L6 2d Cpe	1,500	4,450	7,400	16,650	25,900	37,000
M6 2d Cpe	1,400	4,200	7,000	15,750	24,500	35,000
1988 3153cc						
325 2d	850	2,500	4,200	9,450	14,700	21,000
325 4d	850	2,500	4,200	9,450	14,700	21,000
325i 2d	900	2,750	4,600	10,350	16,100	23,000
325i 4d	900	2,750	4,600	10,350	16,100	23,000
325i 2d Conv	1,100	3,250	5,400	12,150	18,900	27,000
325iX 2d	1,000	3,000	5,000	11,250	17,500	25,000
M3 2d	1,200	3,600	6,000	13,500	21,000	30,000
528E 4d	1,000	3,000	5,000	11,250	17,500	25,000
535i 4d	1,100	3,350	5,600	12,600	19,600	28,000
535is 4d	1,150	3,500	5,800	13,050	20,300	29,000
M5 4d	1,300	3,950	6,600	14,850	23,100	33,000
735i 4d	1,300	3,950	6,600	14,850	23,100	33,000
735iL 4d	1,400	4,200	7,000	15,750	24,500	35,000
750iL 4d	1,500	4,450	7,400	16,650	25,900	37,000
635CSi 2d	1,400	4,200	7,000	15,750	24,500	35,000
M6 2d	1,600	4,800	8,000	18,000	28,000	40,000
1989 3153cc						
325i 2d Sed	900	2,750	4,600	10,350	16,100	23,000
325i 4d Sed	900	2,750	4,600	10,350	16,100	23,000
325is 2d Sed	1,000	3,000	5,000	11,250	17,500	25,000
325i Conv	1,250	3,700	6,200	13,950	21,700	31,000
325ix 2d Sed (4x4)	1,100	3,250	5,400	12,150	18,900	27,000
325ix 4d Sed (4x4)	1,100	3,250	5,400	12,150	18,900	27,000
M3 2d Sed	1,450	4,300	7,200	16,200	25,200	36,000
525i 4d Sed	1,300	3,950	6,600	14,850	23,100	33,000
535i 4d Sed	1,400	4,200	7,000	15,750	24,500	35,000
735i 4d Sed	1,100	3,250	5,400	12,150	18,900	27,000
735iL 4d Sed	1,850	5,500	9,200	20,700	32,200	46,000
750iL 4d Sed	1,500	4,450	7,400	16,650	25,900	37,000
635CSi Cpe	1,600	4,800	8,000	18,000	28,000	40,000
1990 3153cc						
325i 2d Sed	700	2,050	3,400	7,650	11,900	17,000
325i 4d Sed	700	2,150	3,600	8,100	12,600	18,000
325is 2d Sed	750	2,200	3,700	8,330	13,000	18,500

	6	5	4	3	2	1
325i 2d Conv	850	2,500	4,200	9,450	14,700	21,000
325i 2d Sed (4x4)	750	2,300	3,800	8,550	13,300	19,000
325i 4d Sed (4x4)	750	2,300	3,800	8,550	13,300	19,000
M3 4d Sed	850	2,500	4,200	9,450	14,700	21,000
525i 4d Sed	800	2,400	4,000	9,000	14,000	20,000
535i 4d Sed	900	2,750	4,600	10,350	16,100	23,000
735i 4d Sed	950	2,900	4,800	10,800	16,800	24,000
735iL 4d Sed	1,000	3,000	5,000	11,250	17,500	25,000
750iL 4d Sed	1,500	4,450	7,400	16,650	25,900	37,000

1991 3153cc

	6	5	4	3	2	1
318i 2d Sed	400	1,250	2,100	4,730	7,350	10,500
318i 4d Sed	400	1,200	2,000	4,500	7,000	10,000
318i 2d Conv	700	2,150	3,600	8,100	12,600	18,000
325i 2d Sed	650	1,900	3,200	7,200	11,200	16,000
325i 4d Sed	650	1,900	3,200	7,200	11,200	16,000
325i 2d Conv	950	2,800	4,700	10,580	16,500	23,500
325i 2d Sed (4x4)	800	2,400	4,000	9,000	14,000	20,000
325i 4d Sed (4x4)	800	2,400	4,000	9,000	14,000	20,000
M3 2d Sed	850	2,600	4,300	9,680	15,000	21,500
525i 4d Sed	800	2,400	4,000	9,000	14,000	20,000
535i 4d Sed	850	2,500	4,200	9,450	14,700	21,000
M5 4d Sed	1,100	3,250	5,400	12,150	18,900	27,000
735i 4d Sed	900	2,750	4,600	10,350	16,100	23,000
735iL 4d Sed	950	2,800	4,700	10,580	16,500	23,500
750iL 4d Sed	1,300	3,950	6,600	14,850	23,100	33,000
850i 2d Cpe	1,400	4,200	7,000	15,750	24,500	35,000

1992 3153cc

	6	5	4	3	2	1
318is 2d Cpe	700	2,050	3,400	7,650	11,900	17,000
318i 4d Sed	650	1,900	3,200	7,200	11,200	16,000
318i 2d Conv	750	2,300	3,800	8,550	13,300	19,000
325is 2d Cpe	800	2,400	4,000	9,000	14,000	20,000
325i 4d Sed	800	2,350	3,900	8,780	13,700	19,500
325i 2d Conv	900	2,650	4,400	9,900	15,400	22,000
525i 4d Sed	850	2,500	4,200	9,450	14,700	21,000
535i 4d Sed	900	2,750	4,600	10,350	16,100	23,000
525i 4d Sta Wag	850	2,500	4,200	9,450	14,700	21,000
M5 4d Sed	1,350	4,100	6,800	15,300	23,800	34,000
735i 4d Sed	900	2,750	4,600	10,350	16,100	23,000
735L 4d Sed	1,050	3,100	5,200	11,700	18,200	26,000
750L 4d Sed	1,150	3,500	5,800	13,050	20,300	29,000
850i 2d Cpe	1,450	4,300	7,200	16,200	25,200	36,000

1993 3 Series

	6	5	4	3	2	1
318is 2d Cpe	700	2,150	3,600	8,100	12,600	18,000
318i 4d Sed	750	2,200	3,650	8,190	12,700	18,200
325 is 2d Cpe	750	2,200	3,700	8,330	13,000	18,500
325i 4d Sed	750	2,250	3,750	8,420	13,100	18,700
318i 2d Conv	700	2,050	3,400	7,650	11,900	17,000
325i 2d Conv	850	2,500	4,200	9,450	14,700	21,000

1993 5 Series

	6	5	4	3	2	1
525i 4d Sed	900	2,700	4,500	10,130	15,700	22,500
530i 4d Sed	700	2,150	3,600	8,100	12,600	18,000
540i 4d Sed	850	2,500	4,200	9,450	14,700	21,000
525i 4d Sta Wag	950	2,800	4,700	10,580	16,500	23,500
530i 4d Sta Wag	750	2,300	3,800	8,550	13,300	19,000

1993 7 Series

	6	5	4	3	2	1
740i 4d Sed	1,100	3,250	5,400	12,150	18,900	27,000
740iL 4d Sed	1,100	3,350	5,600	12,600	19,600	28,000
750iL 4d Sed	1,150	3,500	5,800	13,050	20,300	29,000

1993 8 Series

	6	5	4	3	2	1
850ci 2d Cpe	1,150	3,500	5,800	13,050	20,300	29,000
850ci 2d Cpe	1,400	4,200	7,000	15,750	24,500	35,000
850csi 2d Cpe	1,750	5,300	8,800	19,800	30,800	44,000

1994 3 Series

	6	5	4	3	2	1
318is 2d Cpe	600	1,850	3,100	6,980	10,900	15,500
325is 2d Cpe	800	2,350	3,900	8,780	13,700	19,500
318i 4d Sed	600	1,800	3,000	6,750	10,500	15,000
325i 4d Sed	750	2,300	3,800	8,550	13,300	19,000
318i 2d Conv	800	2,400	4,000	9,000	14,000	20,000
325i 2d Conv	1,000	3,000	5,000	11,250	17,500	25,000

1994 5 Series

	6	5	4	3	2	1
525i 4d Sed	800	2,350	3,900	8,780	13,700	19,500
530i 4d Sed	850	2,500	4,200	9,450	14,700	21,000
540i 4d Sed	950	2,900	4,800	10,800	16,800	24,000
525i 4d Sta Wag	850	2,500	4,200	9,450	14,700	21,000
530i 4d Sta Wag	900	2,750	4,600	10,350	16,100	23,000

	6	5	4	3	2	1
1994 7 Series						
740i 4d Sed	900	2,750	4,600	10,350	16,100	23,000
740iI 4d Sed	1,000	3,000	5,000	11,250	17,500	25,000
750iI 4d Sed	1,150	3,500	5,800	13,050	20,300	29,000
1994 8 Series						
840ci 2d Cpe	1,350	4,100	6,800	15,300	23,800	34,000
850ci 2d Cpe	1,650	4,900	8,200	18,450	28,700	41,000
850csi 2d Cpe	2,050	6,100	10,200	22,950	35,700	51,000
1995 3 Series						
318ti 2d Cpe	500	1,550	2,600	5,850	9,100	13,000
318is 2d Cpe	600	1,850	3,100	6,980	10,900	15,500
325is 2d Cpe	800	2,350	3,900	8,780	13,700	19,500
M3 2d Cpe	1,000	2,950	4,900	11,030	17,200	24,500
318i 4d Sed	600	1,800	3,000	6,750	10,500	15,000
325i 4d Sed	750	2,300	3,800	8,550	13,300	19,000
318i 2d Conv	800	2,400	4,000	9,000	14,000	20,000
325i 2d Conv	1,000	3,000	5,000	11,250	17,500	25,000
1995 5 Series						
525i 4d Sed	800	2,350	3,900	8,780	13,700	19,500
530i 4d Sed	850	2,500	4,200	9,450	14,700	21,000
540i 4d Sed	950	2,900	4,800	10,800	16,800	24,000
525i 4d Sta Wag	850	2,500	4,200	9,450	14,700	21,000
530i 4d Sta Wag	900	2,750	4,600	10,350	16,100	23,000
1995 7 Series						
740i 4d Sed	900	2,750	4,600	10,350	16,100	23,000
740iL 4d Sed	1,000	3,000	5,000	11,250	17,500	25,000
750iL 4d Sed	1,150	3,500	5,800	13,050	20,300	29,000
1995 8 Series						
840ci 2d Cpe	1,350	4,100	6,800	15,300	23,800	34,000
850ci 2d Cpe	1,650	4,900	8,200	18,450	28,700	41,000
850csi 2d Cpe	2,050	6,100	10,200	22,950	35,700	51,000
1996 3 Series						
318ti 2d Cpe	500	1,450	2,400	5,400	8,400	12,000
318is 2d Cpe	600	1,750	2,900	6,530	10,200	14,500
328is 2d Cpe	750	2,200	3,700	8,330	13,000	18,500
M3 2d Cpe	950	2,800	4,700	10,580	16,500	23,500
318i 4d Sed	550	1,700	2,800	6,300	9,800	14,000
328i 4d Sed	700	2,150	3,600	8,100	12,600	18,000
318i 2d Conv	750	2,300	3,800	8,550	13,300	19,000
328i 2d Conv	950	2,900	4,800	10,800	16,800	24,000
1996 Z Series						
Z3 2d Rds	750	2,300	3,800	8,550	13,300	19,000
1996 7 Series						
740iL 4d Sed	950	2,900	4,800	10,800	16,800	24,000
750iL 4d Sed	1,100	3,350	5,600	12,600	19,600	28,000
1996 8 Series						
840Ci 2d Cpe	1,300	3,950	6,600	14,850	23,100	33,000
850Ci 2d Cpe	1,600	4,800	8,000	18,000	28,000	40,000

NOTE: Add 5 percent for detachable hardtop.

	6	5	4	3	2	1
1997 3 Series						
318ti 2d Cpe	480	1,440	2,400	5,400	8,400	12,000
318is 2d Cpe	580	1,740	2,900	6,530	10,150	14,500
328is 2d Cpe	740	2,220	3,700	8,330	12,950	18,500
M3 2d Cpe	940	2,820	4,700	10,580	16,450	23,500
M3 4d Sed	920	2,760	4,600	10,350	16,100	23,000
318i 4d Sed	560	1,680	2,800	6,300	9,800	14,000
328i 4d Sed	720	2,160	3,600	8,100	12,600	18,000
318i 2d Conv	760	2,280	3,800	8,550	13,300	19,000
328i 2d Conv	960	2,880	4,800	10,800	16,800	24,000
1997 Z Series, 6-cyl.						
Z3 2d Rds	760	2,280	3,800	8,550	13,300	19,000
M 2d Rds	920	2,760	4,600	10,350	16,100	23,000

NOTE: Deduct 5 percent for 4-cyl. on Z3 Rds.

	6	5	4	3	2	1
1997 5 Series						
528i 4d Sed	740	2,220	3,700	8,330	12,950	18,500
540i 4d Sed	900	2,700	4,500	10,130	15,750	22,500
1997 7 Series						
740i 4d Sed	920	2,760	4,600	10,350	16,100	23,000
740iL 4d Sed	960	2,880	4,800	10,800	16,800	24,000
750iL 4d Sed	1,120	3,360	5,600	12,600	19,600	28,000
1997 8 Series						
840Ci 2d Cpe	1,320	3,960	6,600	14,850	23,100	33,000
850Ci 2d Cpe	1,600	4,800	8,000	18,000	28,000	40,000

NOTE: Add 5 percent for detachable hardtop.

	6	5	4	3	2	1
1998 3 Series						
318ti 2d Cpe	480	1,440	2,400	5,400	8,400	12,000
323is 2d Cpe	580	1,740	2,900	6,530	10,150	14,500
328is 2d Cpe	740	2,220	3,700	8,330	12,950	18,500
M3 2d Cpe	940	2,820	4,700	10,580	16,450	23,500
M3 4d Sed	920	2,760	4,600	10,350	16,100	23,000
318i 4d Sed	560	1,680	2,800	6,300	9,800	14,000
328i 4d Sed	720	2,160	3,600	8,100	12,600	18,000
323i 2d Conv	760	2,280	3,800	8,550	13,300	19,000
328i 2d Conv	880	2,640	4,400	9,900	15,400	22,000
M3 2d Conv	1,060	3,180	5,300	11,930	18,550	26,500
1998 Z Series, 6-cyl.						
Z3 1.9 2d Rds (4-cyl.)	760	2,280	3,800	8,550	13,300	19,000
Z3 2.8 2d Rds	800	2,400	4,000	9,000	14,000	20,000
M 2d Rds	920	2,760	4,600	10,350	16,100	23,000
NOTE: Add 5 percent for detachable HT.						
1998 5 Series						
528i 4d Sed	740	2,220	3,700	8,330	12,950	18,500
540i 4d Sed	900	2,700	4,500	10,130	15,750	22,500
1998 7 Series						
740i 4d Sed	920	2,760	4,600	10,350	16,100	23,000
740iL 4d Sed	960	2,880	4,800	10,800	16,800	24,000
750iL 4d Sed	1,120	3,360	5,600	12,600	19,600	28,000

BORGWARD

	6	5	4	3	2	1
1949-53 Hansa 1500, 4-cyl., 96" wb						
2d Sed	300	850	1,400	3,150	4,900	7,000
2d Conv	550	1,600	2,700	6,080	9,450	13,500
1949-53 Hansa 1800, 4-cyl., 102" wb						
4d Sed	300	850	1,400	3,200	4,950	7,100
1949-53 Hansa 2400, 4-cyl., 102" wb or 111" wb						
4d Sed	300	850	1,450	3,240	5,050	7,200
1954-55 Isabella, 4-cyl., 102" wb						
2d Sed	300	950	1,600	3,600	5,600	8,000
1954-55 Hansa 1500, 4-cyl., 96" wb						
2d Sed	300	850	1,400	3,200	4,950	7,100
2d Conv	550	1,600	2,700	6,080	9,450	13,500
1954-55 Hansa 1800, 4-cyl., 102" wb						
4d Sed	300	850	1,400	3,200	4,950	7,100
1954-55 Hansa 2400, 4-cyl., 102" or 111" wb						
4d Sed	300	850	1,450	3,240	5,050	7,200
1956 Isabella, 4-cyl., 102" wb						
2d Sed	350	1,000	1,650	3,690	5,750	8,200
2d TS Sed	350	1,000	1,650	3,740	5,800	8,300
2d Sta Wag	350	1,000	1,650	3,690	5,750	8,200
2d Cabr	600	1,850	3,100	6,980	10,900	15,500
1957 Isabella, 4-cyl., 102" wb						
2d Sed	350	1,000	1,650	3,740	5,800	8,300
2d Sta Wag	350	1,000	1,650	3,740	5,800	8,300
2d TS Sed	350	1,000	1,700	3,830	5,950	8,500
2d TS Conv Cpe	600	1,850	3,100	6,980	10,900	15,500
2d TS Spt Cpe	550	1,600	2,700	6,080	9,450	13,500
1958 Isabella, 4-cyl., 102" wb						
2d Sed	350	1,000	1,650	3,690	5,750	8,200
2d Sta Wag	350	1,000	1,650	3,740	5,800	8,300
2d TS Sed	350	1,000	1,700	3,780	5,900	8,400
2d TS Spt Cpe	550	1,600	2,700	6,080	9,450	13,500
1959 Isabella, 4-cyl., 102" wb						
2d Sed	350	1,000	1,650	3,690	5,750	8,200
2d SR Sed	350	1,000	1,650	3,740	5,800	8,300
2d Combi Wag	350	1,000	1,700	3,780	5,900	8,400
2d TS Spt Sed	350	1,000	1,700	3,780	5,900	8,400
2d TS DeL Sed	350	1,000	1,700	3,830	5,950	8,500
2d TS Spt Cpe	550	1,600	2,700	6,080	9,450	13,500
1960 Isabella, 4-cyl., 102" wb						
2d Sed	350	1,000	1,650	3,690	5,750	8,200
2d SR Sed	350	1,000	1,650	3,740	5,800	8,300
2d Combi Wag	350	1,000	1,650	3,740	5,800	8,300
2d TS Spt Sed	350	1,000	1,700	3,780	5,900	8,400
2d TS DeL Sed	350	1,000	1,700	3,830	5,950	8,500
2d TS Spt Cpe	550	1,600	2,700	6,080	9,450	13,500
1961 Isabella, 4-cyl., 102" wb						
2d Sed	350	1,000	1,700	3,780	5,900	8,400

CITROEN

	6	5	4	3	2	1
1945-48 11 Legere, 4-cyl., 1911cc, 114.5" wb						
4d Sed	700	2,050	3,400	7,650	11,900	17,000
1945-48 11 Normale, 4-cyl., 1911cc, 119" wb						
4d Sed	1,000	3,000	5,000	11,250	17,500	25,000
1945-48 15, 6-cyl., 2867cc, 119" wb						
4d Sed	1,000	3,000	5,000	11,250	17,500	25,000
1949-54 2CV, 2-cyl., 375cc, 94.4" wb						
4d Sed	350	1,000	1,700	3,830	5,950	8,500
1949-54 11 Legere, 4-cyl., 1911cc, 114.5" wb						
4d Sed	700	2,050	3,400	7,650	11,900	17,000
1949-54 11 Normale, 4-cyl., 1911cc, 119" wb						
4d Sed	750	2,300	3,800	8,550	13,300	19,000
1949-54 15, 6-cyl., 2867cc, 119" wb						
4d Sed	1,100	3,300	5,500	12,380	19,300	27,500
1955-56 2CV, 2-cyl., 425cc, 94.4" wb						
4d Sed	350	1,050	1,750	3,960	6,150	8,800
1955-56 DS19, 4-cyl., 1911cc, 123" wb						
4d Sed	400	1,200	2,000	4,500	7,000	10,000
1955-56 11, 4-cyl., 1911cc, 114.5" wb						
4d Sed	800	2,400	4,000	9,000	14,000	20,000
1955-56 15, 6-cyl., 2867cc, 121.5" wb						
4d Sed	1,200	3,600	6,000	13,500	21,000	30,000
1957 2CV, 2-cyl., 425cc, 94.4" wb						
4d Sed	350	1,050	1,750	3,960	6,150	8,800
1957 ID19, 4-cyl., 1911cc, 123" wb						
4d Sed	400	1,150	1,900	4,280	6,650	9,500
1957 DS19, 4-cyl., 1911cc, 123" wb						
4d DeL Sed	400	1,200	2,000	4,500	7,000	10,000
1958 2CV, 2-cyl., 425cc, 94.4" wb						
4d DeL Sed	350	1,050	1,750	3,960	6,150	8,800
1958 ID19, 4-cyl., 1911cc, 123" wb						
4d Sed	400	1,150	1,900	4,280	6,650	9,500
1958 DS19, 4-cyl., 1911cc, 123" wb						
4d DeL Sed	400	1,200	2,000	4,500	7,000	10,000
1959 2CV, 2-cyl., 425cc, 94.4" wb						
2d Sed	350	1,050	1,750	3,960	6,150	8,800
1959 ID19, 4-cyl., 1911cc, 123" wb						
4d Sed	400	1,150	1,900	4,320	6,700	9,600
1959 DS19, 4-cyl., 1911cc, 123" wb						
4d DeL Sed	400	1,200	2,050	4,590	7,150	10,200
1960 AMI-6, 2-cyl., 602cc, 94.5" wb						
4d Sed	400	1,150	1,900	4,280	6,650	9,500
1960 ID19, 4-cyl., 1911cc, 123" wb						
4d Luxe Sed	400	1,200	2,000	4,460	6,950	9,900
4d Confort Sed	400	1,250	2,050	4,640	7,200	10,300
4d Sta Wag	400	1,200	2,000	4,500	7,000	10,000
1960 DS19, 4-cyl., 1911cc, 123" wb						
4d DeL Sed	400	1,200	1,950	4,410	6,850	9,800
1961 AMI-6, 2-cyl., 602cc, 94.5" wb						
4d Sed	400	1,150	1,900	4,280	6,650	9,500
1961 ID19, 4-cyl., 1911cc, 123" wb						
4d Luxe Sed	400	1,200	2,000	4,500	7,000	10,000
4d Luxe Sta Wag	400	1,200	2,000	4,500	7,000	10,000
4d Confort Sed	400	1,200	2,050	4,590	7,150	10,200
4d Confort Sta Wag	400	1,200	2,050	4,590	7,150	10,200
1961 DS19, 4-cyl., 1911cc, 123" wb						
4d DeL Sed	400	1,200	2,000	4,500	7,000	10,000
2d Chapron Sed	1,200	3,600	6,000	13,500	21,000	30,000
4d Prestige Limo	700	2,050	3,400	7,650	11,900	17,000
1962 AMI-6, 2-cyl., 602cc, 94.5" wb						
4d Sed	400	1,150	1,900	4,280	6,650	9,500
1962 ID19, 4-cyl., 1911cc, 123" wb						
4d Normale Sed	400	1,200	1,950	4,410	6,850	9,800
4d Luxe Sed	400	1,200	2,000	4,500	7,000	10,000
4d Luxe Sta Wag	400	1,200	2,000	4,500	7,000	10,000
4d Confort Sed	400	1,200	2,050	4,590	7,150	10,200
4d Confort Sta Wag	400	1,200	2,050	4,590	7,150	10,200

	6	5	4	3	2	1
1962 DS19, 4-cyl., 1911cc, 123" wb						
4d Sup 83 Sed	400	1,250	2,100	4,730	7,350	10,500
1963 AMI-6, 2-cyl., 602cc, 94.5" wb						
4d Sed	400	1,150	1,900	4,280	6,650	9,500
1963 ID19, 4-cyl., 1911cc, 123" wb						
4d Normale Sed	400	1,200	1,950	4,410	6,850	9,800
4d Luxe Sed	400	1,200	2,000	4,500	7,000	10,000
4d Luxe Sta Wag	400	1,200	2,000	4,500	7,000	10,000
4d Confort Sed	400	1,200	2,050	4,590	7,150	10,200
4d Confort Sta Wag	400	1,200	2,050	4,590	7,150	10,200
2d Confort Conv	1,200	3,600	6,000	13,500	21,000	30,000
1963 DS19, 4-cyl., 1911cc, 123" wb						
4d Sup 83 Sed	400	1,250	2,100	4,730	7,350	10,500
2d Sup 83 Conv	1,250	3,800	6,300	14,180	22,100	31,500
4d Aero Sup Sed	600	1,800	3,000	6,750	10,500	15,000
2d Aero Sup Conv	1,350	4,000	6,700	15,080	23,500	33,500
1964 AMI-6, 2-cyl., 602cc, 94.5" wb						
4d Sed	400	1,150	1,900	4,280	6,650	9,500
1964 ID19, 4-cyl., 1911cc, 123" wb						
4d Sup Sed	400	1,200	2,000	4,500	7,000	10,000
2d Sup Conv	1,200	3,600	6,000	13,500	21,000	30,000
4d DeL Sta Wag	400	1,200	2,000	4,500	7,000	10,000
4d Confort Sta Wag	400	1,200	2,050	4,590	7,150	10,200
1964 DS19, Grande Route, 4-cyl., 1911cc, 94.5" wb						
4d Sed	400	1,250	2,100	4,730	7,350	10,500
2d Conv	1,250	3,800	6,300	14,180	22,100	31,500
1964 DS19, Aero Super, 4-cyl., 1911cc, 94.5" wb						
4d Sed	600	1,800	3,000	6,750	10,500	15,000
2d Conv	1,350	4,000	6,700	15,080	23,500	33,500
1965 AMI-6, 2-cyl., 602cc, 94.5" wb						
4d Sed	400	1,150	1,900	4,280	6,650	9,500
1965 ID19, 4-cyl., 1911cc, 123" wb						
4d Luxe Sed	400	1,200	2,000	4,500	7,000	10,000
4d Luxe Sta Wag	400	1,200	2,000	4,500	7,000	10,000
4d Sup Sed	400	1,200	2,000	4,500	7,000	10,000
4d Confort Sta Wag	400	1,200	2,050	4,590	7,150	10,200
1965 DS19, Grande Route, 4-cyl., 1911cc, 123" wb						
4d Sed	400	1,250	2,100	4,730	7,350	10,500
4d Pallas Sed	400	1,250	2,100	4,770	7,400	10,600
1965 DS19, Aero Super, 4-cyl., 1911cc, 123" wb						
4d Sed	600	1,800	3,000	6,750	10,500	15,000
4d Pallas Sed	600	1,800	2,950	6,660	10,400	14,800
1966-67 AMI-6, 2-cyl., 602cc, 94.5" wb						
4d Sed	400	1,150	1,900	4,280	6,650	9,500
4d Sta Wag	400	1,150	1,900	4,280	6,650	9,500
1966-67 ID19, 4-cyl., 1911cc, 123" wb						
4d Luxe Sed	400	1,200	2,000	4,500	7,000	10,000
4d Sup Sed	400	1,200	2,000	4,500	7,000	10,000
1966-67 DS19, Grand Route, 4-cyl., 1985cc, 123" wb						
4d Sed	400	1,250	2,100	4,730	7,350	10,500
4d Pallas Sed	700	2,100	3,500	7,880	12,300	17,500
1966-67 DS19, Aero Super, 4-cyl., 1985cc, 123" wb						
4d Sed	400	1,250	2,100	4,730	7,350	10,500
4d Pallas Sed	700	2,100	3,500	7,880	12,300	17,500
1966-67 DS21, Grande Route, 4-cyl., 2175cc, 123" wb						
4d Sed	450	1,300	2,150	4,860	7,550	10,800
4d Pallas Sed	600	1,800	3,000	6,750	10,500	15,000
1966-67 DS21, Aero Super, 4-cyl., 2175cc, 123" wb						
4d Sed	750	2,200	3,700	8,330	13,000	18,500
4d Pallas Sed	800	2,400	4,000	9,000	14,000	20,000
1966-67 DS21, Chapron, 4-cyl., 2175cc, 123" wb						
2d Conv Cpe	1,400	4,200	7,000	15,750	24,500	35,000
1966-67 D21, 4-cyl., 2175cc, 123" wb						
4d Luxe Sta Wag	600	1,800	3,000	6,750	10,500	15,000
4d Confort Sta Wag	650	2,000	3,300	7,430	11,600	16,500
1968 ID19, 4-cyl., 1985cc, 123" wb						
4d Luxe Sed	400	1,200	2,000	4,500	7,000	10,000
4d Grande Rte Sed	400	1,250	2,100	4,730	7,350	10,500
1968 DS21, Grande Route, 4-cyl., 2175cc, 123" wb						
4d Sed	450	1,300	2,150	4,860	7,550	10,800
4d Pallas Sed	600	1,800	3,000	6,750	10,500	15,000

	6	5	4	3	2	1
1968 DS21, Aero Super, 4-cyl., 2175cc, 123" wb						
4d Sed	750	2,200	3,700	8,330	13,000	18,500
4d Pallas Sed	800	2,400	4,000	9,000	14,000	20,000
1968 D21, 4-cyl., 2175cc, 123" wb						
4d Luxe Sta Wag	600	1,800	3,000	6,750	10,500	15,000
4d Confort Sta Wag	650	2,000	3,300	7,430	11,600	16,500
1969 ID19, 4-cyl., 1985cc, 123" wb						
4d Luxe Sed	400	1,150	1,900	4,280	6,650	9,500
4d Grande Rte Sed	400	1,200	2,000	4,500	7,000	10,000
1969 DS21, Grande Route, 4-cyl., 2175cc, 123" wb						
4d Sed	400	1,250	2,050	4,640	7,200	10,300
4d Pallas Sed	600	1,750	2,900	6,530	10,200	14,500
1969 DS21, Aero Super, 4-cyl., 2175cc, 123" wb						
4d Sed	400	1,250	2,050	4,640	7,200	10,300
4d Pallas Sed	600	1,750	2,900	6,530	10,200	14,500
1969 Luxe, 4-cyl., 2175cc, 123" wb						
4d D19 Sta Wag	600	1,750	2,900	6,530	10,200	14,500
4d D21 Sta Wag	600	1,750	2,900	6,530	10,200	14,500
1970 ID19/D Special, 4-cyl., 1985cc, 123" wb						
4d Grande Rte Sed	400	1,250	2,050	4,640	7,200	10,300
1970 DS21, Aero Super, 4-cyl., 2175cc, 123" wb						
4d Sed	400	1,200	2,050	4,590	7,150	10,200
4d Pallas Sed	600	1,750	2,900	6,530	10,200	14,500
4d Grande Rte Sed	400	1,200	2,000	4,500	7,000	10,000
1970 D21, 4-cyl., 2175cc, 123" wb						
4d Luxe Sta Wag	550	1,700	2,800	6,300	9,800	14,000
4d Confort Sta Wag	600	1,850	3,100	6,980	10,900	15,500
1971-72 D Special, 4-cyl., 1985cc, 123" wb						
4d DS20 Sed	550	1,700	2,800	6,300	9,800	14,000
1971-72 DS21, Aero Super, 4-cyl., 2175cc, 123" wb						
4d Sed	400	1,200	2,050	4,590	7,150	10,200
4d Pallas Sed	600	1,750	2,900	6,530	10,200	14,500
1971-72 DS21, Grande Route, 4-cyl., 2175cc, 123" wb						
4d Sed	400	1,200	2,000	4,500	7,000	10,000
1971-72 D21, 4-cyl., 2175cc, 123" wb						
4d Sta Wag	550	1,700	2,800	6,300	9,800	14,000
1971-72 SM Maserati, V-6, 2670cc, 116.1" wb						
2d Cpe (2 plus 2)	1,100	3,350	5,600	12,600	19,600	28,000
1973-75 SM-Maserati, V-6, 2670-2695cc, 116.1" wb						
2d Cpe	1,000	3,000	5,000	11,250	17,500	25,000
1973-75 SM-Maserati, V-6, 2670-2965cc, 116.1" wb						

NOTE: Although still in production in the '80s and '90s, cars were not exported to U.S. after mid-'70s.

DAIHATSU

	6	5	4	3	2	1
1988						
2d HBk CLS	200	550	900	2,030	3,150	4,500
2d HBk CLX	200	600	1,000	2,210	3,450	4,900
2d HBk CSX	200	650	1,100	2,480	3,850	5,500
1989						
2d HBk CES	200	650	1,100	2,480	3,850	5,500
2d HBk CLS	250	700	1,200	2,660	4,150	5,900
2d HBk CLX	250	800	1,300	2,930	4,550	6,500
1990 Charade						
2d HBk SE	250	750	1,250	2,790	4,350	6,200
2d HBk SX	250	750	1,250	2,840	4,400	6,300
4d Sed SE	250	750	1,250	2,790	4,350	6,200
4d Sed SX	250	750	1,250	2,840	4,400	6,300
1990 Rocky 4x4						
2d Conv SE	300	950	1,600	3,600	5,600	8,000
2d Conv SX	350	1,000	1,650	3,690	5,750	8,200
2d Utly SE	300	850	1,400	3,150	4,900	7,000
2d Utly SX	300	850	1,450	3,240	5,050	7,200
1991 Charade						
2d HBk SE	100	350	600	1,350	2,100	3,000
4d Sed SE	150	400	650	1,440	2,250	3,200
4d Sed SX	150	450	700	1,620	2,500	3,600
1992 Charade						
2d HBk SE	150	400	650	1,440	2,250	3,200
4d Sed SE	150	400	700	1,530	2,400	3,400
4d Sed SX	150	400	700	1,580	2,450	3,500

	6	5	4	3	2	1

DATSUN

1960 4-cyl., 1189cc, 87.4" wb
| Fairlady Rds SPL 212 | 480 | 1,440 | 2,400 | 5,400 | 8,400 | 12,000 |

1961-62 4-cyl., 1189cc, 86.6" wb
| Fairlady Rds SPL 213 | 480 | 1,440 | 2,400 | 5,400 | 8,400 | 12,000 |

1963-65 4-cyl., 1488cc, 89.8" wb
| 1500 Rds SPL 310 | 480 | 1,440 | 2,400 | 5,400 | 8,400 | 12,000 |

1966 4-cyl., 1595cc, 89.8" wb
| 1600 Rds SPL 311 | 468 | 1,404 | 2,340 | 5,270 | 8,190 | 11,700 |

1967 4-cyl., 1595cc, 89.8" wb
| 1600 Rds SPL 311, (Early) | 468 | 1,404 | 2,340 | 5,270 | 8,190 | 11,700 |
| 2000 Rds SRL 311, (Late) | 488 | 1,464 | 2,440 | 5,490 | 8,540 | 12,200 |

1968 4-cyl., 1595cc, 89.8" wb
| 4d Sed 510 | 412 | 1,236 | 2,060 | 4,640 | 7,210 | 10,300 |
| 1600 Rds SPL 311 | 460 | 1,380 | 2,300 | 5,180 | 8,050 | 11,500 |

1968 4-cyl., 1982cc, 89.8" wb
| 2000 Rds SRL 311 | 460 | 1,380 | 2,300 | 5,180 | 8,050 | 11,500 |

1969 4-cyl., 1595cc, 95.3" wb
| 2d 510 Sed | 416 | 1,248 | 2,080 | 4,680 | 7,280 | 10,400 |
| 4d 510 Sed | 412 | 1,236 | 2,060 | 4,640 | 7,210 | 10,300 |

1969 4-cyl., 1595cc, 89.8" wb
| 1600 Rds SPL 311 | 428 | 1,284 | 2,140 | 4,820 | 7,490 | 10,700 |

1969 4-cyl., 1982cc, 89.8" wb
| 2000 Rds SRL 311 | 468 | 1,404 | 2,340 | 5,270 | 8,190 | 11,700 |

1970 4-cyl., 1595cc, 95.3" wb
| 2d 510 Sed | 416 | 1,248 | 2,080 | 4,680 | 7,280 | 10,400 |
| 4d 510 Sed | 412 | 1,236 | 2,060 | 4,640 | 7,210 | 10,300 |

1970 4-cyl., 1595cc, 89.8" wb
| 1600 Rds SPL 311 | 452 | 1,356 | 2,260 | 5,090 | 7,910 | 11,300 |

1970 4-cyl., 1982cc, 89.8" wb
| 2000 Rds SRL 311 | 440 | 1,320 | 2,200 | 4,950 | 7,700 | 11,000 |

1970 6-cyl., 2393cc, 90.7" wb
| 240Z 2d Cpe | 560 | 1,680 | 2,800 | 6,300 | 9,800 | 14,000 |

1971 4-cyl., 1595cc, 95.3" wb
| 2d 510 Sed | 416 | 1,248 | 2,080 | 4,680 | 7,280 | 10,400 |
| 4d 510 Sed | 412 | 1,236 | 2,060 | 4,640 | 7,210 | 10,300 |

1971 6-cyl., 2393cc, 90.7" wb
| 240Z 2d Cpe | 520 | 1,560 | 2,600 | 5,850 | 9,100 | 13,000 |

1972 4-cyl., 1595cc, 95.3" wb
| 2d 510 Sed | 416 | 1,248 | 2,080 | 4,680 | 7,280 | 10,400 |
| 4d 510 Sed | 412 | 1,236 | 2,060 | 4,640 | 7,210 | 10,300 |

1972 6-cyl., 2393cc, 90.7" wb
| 240Z 2d Cpe | 520 | 1,560 | 2,600 | 5,850 | 9,100 | 13,000 |

1973 4-cyl., 1595cc, 95.3" wb
| 2d 510 Sed | 416 | 1,248 | 2,080 | 4,680 | 7,280 | 10,400 |

1973 6-cyl., 2393cc, 90.7" wb
| 240Z 2d Cpe | 480 | 1,440 | 2,400 | 5,400 | 8,400 | 12,000 |

1974 6-cyl., 2565cc, 90.7" wb
| 260Z 2d Cpe | 396 | 1,188 | 1,980 | 4,460 | 6,930 | 9,900 |

1974 6-cyl., 2565cc, 102.6" wb
| 260Z 2d Cpe 2 plus 2 | 390 | 1,160 | 1,940 | 4,370 | 6,790 | 9,700 |

1975 6-cyl., 2565cc, 90.7" wb
| 260Z 2d Cpe | 396 | 1,188 | 1,980 | 4,460 | 6,930 | 9,900 |

1975 6-cyl., 2565cc, 102.6" wb
| 260Z 2d Cpe 2 plus 2 | 390 | 1,160 | 1,940 | 4,370 | 6,790 | 9,700 |

1975 6-cyl., 2753cc, 90.7" wb
| 280Z 2d Cpe | 404 | 1,212 | 2,020 | 4,550 | 7,070 | 10,100 |

1975 6-cyl., 2753cc, 102.6" wb
| 280Z 2d Cpe 2 plus 2 | 400 | 1,190 | 1,980 | 4,460 | 6,930 | 9,900 |

1976 6-cyl., 2753cc, 90.7" wb
| 280Z 2d Cpe | 444 | 1,332 | 2,220 | 5,000 | 7,770 | 11,100 |

1976 6-cyl., 2753cc, 102.6" wb
| 280Z 2d Cpe 2 plus 2 | 410 | 1,240 | 2,060 | 4,640 | 7,210 | 10,300 |

1977 6-cyl., 2393cc, 104.3" wb
| 4d 810 Sed | 240 | 720 | 1,200 | 2,700 | 4,200 | 6,000 |

1977 6-cyl., 2753cc, 90.7" wb
| 280Z 2d Cpe | 420 | 1,260 | 2,100 | 4,730 | 7,350 | 10,500 |

1977 6-cyl., 2753cc, 102.6" wb
| 280Z 2d Cpe 2 plus 2 | 390 | 1,160 | 1,940 | 4,370 | 6,790 | 9,700 |

1950 Borgward Hansa 1500 convertible

1958 Citroen DS19 sedan

1976 Datsun 710 two-door hardtop

	6	5	4	3	2	1
DATSUN/NISSAN						
1978 6-cyl., 149 hp, 90.7" wb						
280Z Cpe	400	1,200	2,000	4,500	7,000	10,000
280Z Cpe 2 plus 2	390	1,180	1,960	4,410	6,860	9,800
1978-79 4-cyl., 1952cc, 92.1" wb						
200SX Cpe	312	936	1,560	3,510	5,460	7,800
1979 6-cyl., L28E/L28ET, 2753cc, 90.7" wb						
280ZX Cpe	400	1,200	2,000	4,500	7,000	10,000
280ZX Cpe 2 plus 2	390	1,180	1,960	4,410	6,860	9,800
1980 6-cyl., L28E/L28ET, 2753cc, 90.7" wb						
280ZX Cpe	400	1,150	1,950	4,370	6,800	9,700
280ZX Cpe 2 plus 2	380	1,130	1,880	4,230	6,580	9,400
NOTE: Add 10 percent for 10th Anniv. Ed. (Black Gold).						
1981 6-cyl., L28E/L28ET, 2753cc, 90.7" wb						
280ZX Cpe	350	1,100	1,850	4,190	6,500	9,300
280ZX Cpe 2 plus 2 GL	360	1,080	1,800	4,050	6,300	9,000
280ZX Cpe Turbo GL	360	1,080	1,800	4,050	6,300	9,000
1982 6-cyl., L28E/L28ET, 2753cc, 90.7" wb						
280ZX Cpe	400	1,150	1,900	4,320	6,700	9,600
280ZX Cpe 2 plus 2	370	1,120	1,860	4,190	6,510	9,300
280ZX Cpe Turbo	400	1,200	2,000	4,500	7,000	10,000
280ZX Cpe 2 plus 2 Turbo	400	1,200	1,950	4,410	6,850	9,800
1983 6-cyl., L28E/L28ET, 2753cc, 90.7" wb						
280ZX Cpe	400	1,150	1,900	4,280	6,650	9,500
280ZX Cpe 2 plus 2	370	1,100	1,840	4,140	6,440	9,200
280ZX Cpe Turbo	400	1,200	2,000	4,460	6,950	9,900
280ZX Cpe 2 plus 2 Turbo	400	1,150	1,950	4,370	6,800	9,700
1984 Sentra (FWD)						
2d Sed	200	600	1,000	2,300	3,550	5,100
2d DeL Sed	200	600	1,050	2,340	3,650	5,200
4d DeL Sed	200	600	1,000	2,250	3,500	5,000
4d DeL Wag	200	650	1,050	2,390	3,700	5,300
2d HBk XE	200	650	1,100	2,430	3,800	5,400
300ZX Cpe GL	600	1,750	2,900	6,530	10,200	14,500
300ZX 2d 2 plus 2 GL	390	1,160	1,940	4,370	6,790	9,700
300ZX 2d Turbo GL	440	1,320	2,200	4,950	7,700	11,000
1985 Sentra						
2d Std Sed	200	600	1,000	2,300	3,550	5,100
2d DeL Sed	200	600	1,050	2,340	3,650	5,200
4d DeL Sed	200	650	1,050	2,390	3,700	5,300
4d DeL Sta Wag	200	650	1,100	2,430	3,800	5,400
2d Diesel Sed	200	600	1,000	2,300	3,550	5,100
XE 2d Sed	200	650	1,050	2,390	3,700	5,300
XE 4d Sed	200	650	1,100	2,430	3,800	5,400
XE 4d Sta Wag	200	650	1,100	2,480	3,850	5,500
XE 2d HBk	200	650	1,100	2,430	3,800	5,400
SE 2d HBk	200	650	1,100	2,520	3,900	5,600
1985 Pulsar						
2d Cpe	250	700	1,150	2,610	4,050	5,800
1985 Stanza						
4d HBk	200	650	1,100	2,520	3,900	5,600
4d Sed	250	700	1,150	2,570	4,000	5,700
1985 200SX						
2d DeL Sed	250	700	1,200	2,700	4,200	6,000
2d DeL HBk	250	750	1,250	2,840	4,400	6,300
XE 2d Sed	250	750	1,250	2,790	4,350	6,200
XE 2d HBk	250	800	1,300	2,930	4,550	6,500
Turbo 2d HBk	250	800	1,350	3,020	4,700	6,700
1985 Maxima						
SE 4d Sed	350	1,000	1,650	3,690	5,750	8,200
GL 4d Sed	350	1,000	1,700	3,780	5,900	8,400
GL 4d Sta Wag	350	1,050	1,700	3,870	6,000	8,600
1985 300ZX						
2d Cpe	550	1,700	2,800	6,300	9,800	14,000
2d Cpe 2 plus 2	600	1,800	3,000	6,750	10,500	15,000
Turbo 2d Cpe	650	1,900	3,200	7,200	11,200	16,000
1986 Sentra						
2d Sed	250	700	1,150	2,570	4,000	5,700
2d DeL Sed	250	700	1,150	2,610	4,050	5,800
4d DeL Sed	250	700	1,200	2,660	4,150	5,900
4d Sta Wag	200	650	1,100	2,480	3,850	5,500
2d Diesel Sed	250	700	1,150	2,570	4,000	5,700

	6	5	4	3	2	1
XE 2d Sed	200	650	1,100	2,480	3,850	5,500
XE 4d Sed	200	650	1,100	2,520	3,900	5,600
XE 4d Sta Wag	200	650	1,050	2,390	3,700	5,300
XE 2d HBk	200	600	1,000	2,300	3,550	5,100
SE 2d HBk	200	650	1,100	2,430	3,800	5,400

1986 Pulsar

	6	5	4	3	2	1
2d Cpe	200	650	1,100	2,480	3,850	5,500

1986 Stanza

	6	5	4	3	2	1
GL 4d Sed	250	750	1,250	2,790	4,350	6,200
XE 4d Sta Wag	250	750	1,250	2,840	4,400	6,300
XE 4d Sta Wag 4WD	280	830	1,380	3,110	4,830	6,900

1986 200SX

	6	5	4	3	2	1
E 2d Sed	250	800	1,350	3,060	4,750	6,800
E 2d HBk	300	850	1,450	3,240	5,050	7,200
XE 2d Sed	300	850	1,400	3,110	4,850	6,900
XE 2d HBk	300	900	1,450	3,290	5,100	7,300
Turbo 2d HBk	300	900	1,500	3,420	5,300	7,600

1986 Maxima

	6	5	4	3	2	1
SE 4d Sed	350	1,050	1,750	3,960	6,150	8,800
GL 4d Sed	350	1,100	1,800	4,100	6,350	9,100
GL 4d Sta Wag	350	1,100	1,850	4,190	6,500	9,300

1986 300ZX

	6	5	4	3	2	1
2d Cpe	400	1,250	2,100	4,730	7,350	10,500
2d Cpe 2 plus 2	450	1,400	2,300	5,180	8,050	11,500
2d Turbo Cpe	500	1,500	2,500	5,630	8,750	12,500

1987 Sentra

	6	5	4	3	2	1
2d Sed	200	600	1,050	2,340	3,650	5,200
E 2d Sed	250	700	1,200	2,700	4,200	6,000
E 4d Sed	250	750	1,200	2,750	4,250	6,100
E 2d HBk	250	700	1,200	2,700	4,200	6,000
E 4d Sta Wag	250	750	1,250	2,840	4,400	6,300
XE 2d Sed	250	750	1,250	2,840	4,400	6,300
XE 4d Sed	250	750	1,300	2,880	4,500	6,400
XE 4d Sta Wag	250	750	1,250	2,840	4,400	6,300
XE 4d Sta Wag 4WD	270	800	1,340	3,020	4,690	6,700
GXE 4d Sed	300	900	1,450	3,290	5,100	7,300
XE 2d Cpe	250	800	1,350	3,060	4,750	6,800
SE 2d Cpe	300	850	1,450	3,240	5,050	7,200

1987 Pulsar

	6	5	4	3	2	1
XE 2d Cpe	350	1,000	1,650	3,690	5,750	8,200
SE 2d Cpe 16V	350	1,050	1,750	3,920	6,100	8,700

1987 Stanza

	6	5	4	3	2	1
E 4d NBk	300	950	1,600	3,560	5,550	7,900
GXE 4d NBk	300	900	1,500	3,330	5,200	7,400
4d HBk	300	850	1,450	3,240	5,050	7,200
XE 4d Sta Wag	300	900	1,500	3,330	5,200	7,400
XE 4d Sta Wag 4WD	320	960	1,600	3,600	5,600	8,000

1987 200SX

	6	5	4	3	2	1
XE 2d NBk	300	850	1,400	3,200	4,950	7,100
XE 2d HBk	300	850	1,450	3,240	5,050	7,200
SE 2d HBk V-6	350	1,000	1,650	3,740	5,800	8,300

1987 Maxima

	6	5	4	3	2	1
SE 4d Sed	350	1,050	1,750	3,960	6,150	8,800
GXE 4d Sed	350	1,050	1,750	3,920	6,100	8,700
GXE 4d Sta Wag	400	1,150	1,900	4,280	6,650	9,500

1987 300ZX

	6	5	4	3	2	1
GS 2d Cpe	500	1,450	2,400	5,400	8,400	12,000
GS 2d Cpe 2 plus 2	500	1,500	2,500	5,630	8,750	12,500
2d Turbo Cpe	550	1,600	2,700	6,080	9,450	13,500

1988 Sentra

	6	5	4	3	2	1
2d Sed	250	700	1,150	2,570	4,000	5,700
E 2d Sed	250	800	1,350	3,020	4,700	6,700
E 4d Sed	300	850	1,400	3,150	4,900	7,000
E 2d HBk	250	800	1,350	3,020	4,700	6,700
E 4d Sta Wag	300	900	1,450	3,290	5,100	7,300
XE 2d Sed	300	850	1,400	3,200	4,950	7,100
XE 4d Sed	300	900	1,500	3,330	5,200	7,400
XE 4d Sta Wag	300	900	1,550	3,470	5,400	7,700
XE 4d Sta Wag 4x4	350	1,000	1,700	3,780	5,900	8,400
XE 2d Cpe	300	900	1,550	3,470	5,400	7,700
SE 2d Cpe	350	1,000	1,650	3,690	5,750	8,200
GXE 4d Sed	300	950	1,550	3,510	5,450	7,800

1988 Pulsar

	6	5	4	3	2	1
XE 2d Cpe	350	1,050	1,750	3,960	6,150	8,800
SE 2d Cpe	350	1,100	1,850	4,140	6,450	9,200

	6	5	4	3	2	1
1988 Stanza						
E 4d Sed	350	1,000	1,650	3,690	5,750	8,200
GXE 4d Sed	350	1,100	1,800	4,050	6,300	9,000
XE 4d Sta Wag	350	1,050	1,750	3,920	6,100	8,700
XE 4d Sta Wag 4x4	400	1,150	1,900	4,230	6,600	9,400
1988 200 SX						
XE 2d Cpe	350	1,050	1,750	3,920	6,100	8,700
XE 2d HBk	350	1,050	1,800	4,010	6,250	8,900
SE 2d HBk V-6	400	1,200	2,000	4,500	7,000	10,000
1988 Maxima						
SE 4d Sed	400	1,200	2,000	4,500	7,000	10,000
GXE 4d Sed	400	1,250	2,100	4,730	7,350	10,500
GXE 4d Sta Wag	450	1,300	2,200	4,950	7,700	11,000
1988 300ZX						
GS 2d Cpe	500	1,550	2,600	5,850	9,100	13,000
GS 2d Cpe 2 plus 2	540	1,620	2,700	6,080	9,450	13,500
2d Turbo Cpe	550	1,700	2,800	6,300	9,800	14,000
1989 Sentra						
2d Sed	300	850	1,400	3,150	4,900	7,000
E 2d Sed	300	950	1,600	3,600	5,600	8,000
E 4d Sed	350	1,000	1,700	3,780	5,900	8,400
E 4d Sta Wag	350	1,050	1,750	3,920	6,100	8,700
XE 2d Sed	350	1,050	1,700	3,870	6,000	8,600
XE 4d Sed	350	1,050	1,800	4,010	6,250	8,900
XE 4d Sta Wag	350	1,100	1,850	4,140	6,450	9,200
XE 4d Sta Wag 4x4	400	1,200	2,000	4,460	6,950	9,900
XE Cpe	400	1,150	1,900	4,280	6,650	9,500
SE Cpe	400	1,200	2,000	4,460	6,950	9,900
1989 Pulsar						
XE Cpe	400	1,200	2,050	4,590	7,150	10,200
SE Cpe (16V)	450	1,300	2,150	4,860	7,550	10,800
1989 Stanza						
E 4d Sed	400	1,200	2,050	4,590	7,150	10,200
GXE 4d Sed	450	1,300	2,200	4,950	7,700	11,000
1989 240 SX						
XE 2d Sed	500	1,500	2,450	5,540	8,600	12,300
SE 2d HBk	500	1,500	2,500	5,580	8,700	12,400
1989 Maxima						
SE 4d Sed	600	1,800	2,950	6,660	10,400	14,800
GXE 4d Sed	600	1,750	2,900	6,480	10,100	14,400
1989 300 ZX						
GS Cpe	600	1,850	3,100	6,930	10,800	15,400
GS 2d Cpe 2 plus 2	620	1,860	3,100	6,980	10,850	15,500
Cpe Turbo	650	1,900	3,200	7,200	11,200	16,000
1990 Sentra, 4-cyl.						
2d Sed	200	550	900	2,070	3,200	4,600
XE 2d Sed	200	650	1,100	2,480	3,850	5,500
XE 4d Sed	200	650	1,100	2,520	3,900	5,600
XE 4d Sta Wag	250	700	1,150	2,570	4,000	5,700
XE 2d Cpe	250	700	1,200	2,700	4,200	6,000
SE 2d Cpe	250	800	1,300	2,930	4,550	6,500
1990 Pulsar, 4-cyl.						
XE 2d Cpe	300	900	1,500	3,380	5,250	7,500
1990 Stanza, 4-cyl.						
XE 4d Sed	300	850	1,450	3,240	5,050	7,200
GXE 4d Sed	300	900	1,550	3,470	5,400	7,700
1990 240 SX, 4-cyl.						
XE 2d Cpe	300	950	1,600	3,600	5,600	8,000
SE 2d FBk	350	1,000	1,700	3,830	5,950	8,500
1990 Maxima, V-6						
SE 4d Sed	450	1,300	2,150	4,820	7,500	10,700
GXE 4d Sed	400	1,200	2,000	4,500	7,000	10,000
1990 300ZX, V-6						
GS 2d Cpe	550	1,700	2,800	6,300	9,800	14,000
GS 2d Cpe 2 plus 2	580	1,740	2,900	6,530	10,150	14,500
2d Turbo Cpe	650	1,900	3,200	7,200	11,200	16,000
1990 Axxess, 4-cyl.						
XE 4d Sta Wag	300	850	1,400	3,150	4,900	7,000
XE 4d Sta Wag 4x4	300	950	1,600	3,600	5,600	8,000
1991 Sentra						
E 2d Sed	200	600	1,050	2,340	3,650	5,200
XE 2d Sed	200	650	1,100	2,430	3,800	5,400
SE 2d Sed	200	650	1,100	2,520	3,900	5,600

	6	5	4	3	2	1
SE-R 2d Sed	250	700	1,150	2,610	4,050	5,800
E 4d Sed	200	600	1,050	2,340	3,650	5,200
XE 4d Sed	200	650	1,100	2,430	3,800	5,400
GXE 4d Sed	250	700	1,200	2,660	4,150	5,900
1991 Stanza						
XE 4d Sed	250	800	1,350	3,020	4,700	6,700
GXE 4d Sed	300	900	1,500	3,330	5,200	7,400
1991 NX						
2d Cpe 1600	250	800	1,300	2,930	4,550	6,500
2d Cpe 2000	300	850	1,400	3,150	4,900	7,000
1991 240SX						
2d Cpe	300	950	1,600	3,600	5,600	8,000
SE 2d Cpe	350	1,100	1,800	4,050	6,300	9,000
2d FBk	350	1,100	1,800	4,050	6,300	9,000
SE 2d FBk	400	1,150	1,900	4,280	6,650	9,500
LE 2d FBk	400	1,150	1,950	4,370	6,800	9,700
1991 Maxima, V-6						
SE 4d Sed	400	1,250	2,100	4,730	7,350	10,500
GXE 4d Sed	400	1,200	2,000	4,500	7,000	10,000
1991 300ZX, V-6						
2d Cpe	600	1,800	3,000	6,750	10,500	15,000
2d Cpe 2 plus 2	600	1,850	3,100	6,980	10,900	15,500
2d Turbo Cpe	650	1,900	3,200	7,200	11,200	16,000
1992 Sentra, 4-cyl.						
E 2d Sed	200	650	1,100	2,520	3,900	5,600
E 4d Sed	250	700	1,150	2,610	4,050	5,800
XE 2d Sed	250	700	1,200	2,660	4,150	5,900
XE 4d Sed	250	700	1,200	2,700	4,200	6,000
SE 2d Sed	250	700	1,200	2,700	4,200	6,000
SE-R 4d Sed	250	750	1,250	2,790	4,350	6,200
GXE 4d Sed	250	800	1,300	2,930	4,550	6,500
1992 NX, 4-cyl.						
2d Cpe 1600	300	900	1,500	3,380	5,250	7,500
2d Cpe 2000	300	950	1,600	3,600	5,600	8,000
1992 Stanza, 4-cyl.						
XE 4d Sed	250	800	1,300	2,930	4,550	6,500
SE 4d Sed	300	850	1,400	3,150	4,900	7,000
GXE 4d Sed	300	900	1,500	3,380	5,250	7,500
1992 240SX, 4-cyl.						
2d Cpe	300	850	1,400	3,150	4,900	7,000
2d FBk	300	900	1,500	3,380	5,250	7,500
SE 2d Cpe	300	950	1,600	3,600	5,600	8,000
SE 2d FBk	350	1,000	1,700	3,830	5,950	8,500
LE 2d FBk	400	1,150	1,900	4,280	6,650	9,500
SE 2d Conv	600	1,850	3,100	6,980	10,900	15,500
1992 Maxima, V-6						
GXE 4d Sed	400	1,250	2,100	4,730	7,350	10,500
SE 4d Sed	450	1,400	2,300	5,180	8,050	11,500
1992 300ZX, V-6						
2d Cpe	600	1,800	3,000	6,750	10,500	15,000
2d Cpe 2 plus 2	650	1,900	3,200	7,200	11,200	16,000
2d Cpe Turbo	700	2,150	3,600	8,100	12,600	18,000
1993 Sentra, 4-cyl.						
E 2d Sed	200	650	1,100	2,480	3,850	5,500
E 4d Sed	200	650	1,100	2,520	3,900	5,600
XE 2d Sed	250	700	1,150	2,570	4,000	5,700
XE 4d Sed	250	700	1,150	2,610	4,050	5,800
SE 2d Sed	250	700	1,150	2,610	4,050	5,800
SE-R 2d Sed	250	700	1,200	2,660	4,150	5,900
GXE 4d Sed	250	700	1,200	2,700	4,200	6,000
1993 NX, 4-cyl.						
2d Cpe 1600	250	750	1,250	2,790	4,350	6,200
2d Cpe 2000	250	800	1,300	2,930	4,550	6,500
1993 Altima, 4-cyl.						
XE 4d Sed	250	700	1,150	2,610	4,050	5,800
GXE 4d Sed	250	700	1,200	2,660	4,150	5,900
SE 4d Sed	250	750	1,200	2,750	4,250	6,100
GLE 4d Sed	250	750	1,250	2,790	4,350	6,200
1993 240SX, 4-cyl.						
2d Cpe	350	1,000	1,700	3,830	5,950	8,500
2d FBk	350	1,000	1,700	3,830	5,950	8,500
SE 2d Cpe	350	1,050	1,700	3,870	6,000	8,600
SE 2d FBk	350	1,050	1,700	3,870	6,000	8,600
SE 2d Conv	500	1,550	2,600	5,850	9,100	13,000

	6	5	4	3	2	1
1993 Maxima, V-6						
GXE 4d Sed	250	700	1,200	2,700	4,200	6,000
SE 4d Sed	250	750	1,250	2,790	4,350	6,200
1993 300ZX, V-6						
2d Cpe	400	1,250	2,100	4,730	7,350	10,500
2d Cpe 2 plus 2	450	1,300	2,200	4,950	7,700	11,000
2d Cpe Turbo	500	1,450	2,400	5,400	8,400	12,000
2d Conv	550	1,700	2,800	6,300	9,800	14,000
1994 Sentra, 4-cyl.						
E 2d Sed	250	700	1,200	2,700	4,200	6,000
XE 2d Sed	250	750	1,250	2,790	4,350	6,200
LE 2d Sed	250	750	1,300	2,880	4,500	6,400
SE 2d Sed	250	800	1,300	2,930	4,550	6,500
SE-R 2d Sed	250	800	1,350	3,020	4,700	6,700
E 4d Sed	250	750	1,200	2,750	4,250	6,100
XE 4d Sed	250	800	1,300	2,930	4,550	6,500
LE 4d Sed	300	850	1,400	3,150	4,900	7,000
GXE 4d Sed	300	900	1,500	3,380	5,250	7,500
1994 Altima, 4-cyl.						
XE 4d Sed	300	950	1,600	3,600	5,600	8,000
GXE 4d Sed	350	1,000	1,700	3,830	5,950	8,500
SE 4d Sed	350	1,100	1,800	4,050	6,300	9,000
GLE 4d Sed	400	1,200	2,000	4,500	7,000	10,000
1994 240SX, 4-cyl.						
SE 2d Conv	500	1,450	2,400	5,400	8,400	12,000
1994 Maxima, V-6						
GXE 4d Sed	350	1,100	1,800	4,050	6,300	9,000
SE 4d Sed	400	1,200	2,000	4,500	7,000	10,000
1994 300ZX, V-6						
2d Cpe	700	2,050	3,400	7,650	11,900	17,000
2d Cpe 2 plus 2	700	2,150	3,600	8,100	12,600	18,000
2d Cpe Turbo	800	2,400	4,000	9,000	14,000	20,000
2d Conv	850	2,500	4,200	9,450	14,700	21,000
1995 Sentra, 4-cyl.						
E 4d Sed	250	750	1,200	2,750	4,250	6,100
XE 4d Sed	250	800	1,300	2,930	4,550	6,500
GXE 4d Sed	300	900	1,500	3,380	5,250	7,500
GLE 4d Sed	300	950	1,600	3,600	5,600	8,000
1995 200SX, 4-cyl.						
2d Cpe	250	800	1,350	3,060	4,750	6,800
SE 2d Cpe	300	900	1,500	3,330	5,200	7,400
SER 2d Cpe	350	1,000	1,650	3,690	5,750	8,200
1995 Altima, 4-cyl.						
XE 4d Sed	300	950	1,600	3,600	5,600	8,000
GXE 4d Sed	350	1,000	1,700	3,830	5,950	8,500
SE 4d Sed	350	1,100	1,800	4,050	6,300	9,000
GLE 4d Sed	400	1,200	2,000	4,500	7,000	10,000
1995 240SX, 4-cyl.						
2d Cpe	350	1,000	1,650	3,690	5,750	8,200
SE 2d Cpe	400	1,150	1,900	4,230	6,600	9,400
1995 Maxima, V-6						
GXE 4d Sed	350	1,100	1,800	4,050	6,300	9,000
SE 4d Sed	400	1,200	2,000	4,500	7,000	10,000
GLE 4d Sed	400	1,250	2,100	4,730	7,350	10,500
1995 300ZX, V-6						
2d Cpe	700	2,050	3,400	7,650	11,900	17,000
2d Cpe 2 plus 2	700	2,150	3,600	8,100	12,600	18,000
2d Turbo Cpe	800	2,400	4,000	9,000	14,000	20,000
2d Conv	850	2,500	4,200	9,450	14,700	21,000
1996 Sentra, 4-cyl.						
4d Sed	200	600	1,000	2,300	3,550	5,100
XE 4d Sed	200	650	1,100	2,480	3,850	5,500
GXE 4d Sed	250	800	1,300	2,930	4,550	6,500
GLE 4d Sed	300	850	1,400	3,150	4,900	7,000
1996 200SX, 4-cyl.						
2d Cpe	250	700	1,150	2,610	4,050	5,800
SE 2d Cpe	250	750	1,300	2,880	4,500	6,400
SER 2d Cpe	300	850	1,450	3,240	5,050	7,200
1996 Altima, 4-cyl.						
XE 4d Sed	300	850	1,400	3,150	4,900	7,000
GXE 4d Sed	300	900	1,500	3,380	5,250	7,500
SE 4d Sed	300	950	1,600	3,600	5,600	8,000
GLE 4d Sed	350	1,100	1,800	4,050	6,300	9,000

	6	5	4	3	2	1
1996 240SX, 4-cyl.						
2d Cpe	300	850	1,450	3,240	5,050	7,200
SE 2d Cpe	350	1,000	1,700	3,780	5,900	8,400
1996 Maxima, V-6						
GXE 4d Sed	300	950	1,600	3,600	5,600	8,000
SE 4d Sed	350	1,100	1,800	4,050	6,300	9,000
GLE 4d Sed	400	1,150	1,900	4,280	6,650	9,500
1996 300ZX, V-6						
2d Cpe	650	1,900	3,200	7,200	11,200	16,000
2d Cpe 2 plus 2	700	2,050	3,400	7,650	11,900	17,000
Turbo Cpe	750	2,300	3,800	8,550	13,300	19,000
2d Conv	800	2,400	4,000	9,000	14,000	20,000
1997 Sentra, 4-cyl.						
4d Sed	204	612	1,020	2,300	3,570	5,100
XE 4d Sed	220	660	1,100	2,480	3,850	5,500
GXE 4d Sed	260	780	1,300	2,930	4,550	6,500
GLE 4d Sed	280	840	1,400	3,150	4,900	7,000
1997 200SX, 4-cyl.						
2d Cpe	232	696	1,160	2,610	4,060	5,800
SE 2d Cpe	256	768	1,280	2,880	4,480	6,400
SER 2d Cpe	288	864	1,440	3,240	5,040	7,200
1997 Altima, 4-cyl.						
XE 4d Sed	280	840	1,400	3,150	4,900	7,000
GXE 4d Sed	300	900	1,500	3,380	5,250	7,500
SE 4d Sed	320	960	1,600	3,600	5,600	8,000
GLE 4d Sed	360	1,080	1,800	4,050	6,300	9,000
NOTE: Add 5 percent for Limited Ed Pkg on GXE.						
1997 240SX, 4-cyl.						
2d Cpe	288	864	1,440	3,240	5,040	7,200
SE 2d Cpe	336	1,008	1,680	3,780	5,880	8,400
LE 2d Cpe	400	1,200	2,000	4,500	7,000	10,000
1997 Maxima, V-6						
GXE 4d Sed	320	960	1,600	3,600	5,600	8,000
SE 4d Sed	360	1,080	1,800	4,050	6,300	9,000
GLE 4d Sed	380	1,140	1,900	4,280	6,650	9,500
1998 Sentra, 4-cyl.						
4d Sed	210	620	1,040	2,340	3,640	5,200
XE 4d Sed	220	670	1,120	2,520	3,920	5,600
GXE 4d Sed	260	790	1,320	2,970	4,620	6,600
GLE 4d Sed	280	850	1,420	3,200	4,970	7,100
SE 4d Sed	290	860	1,440	3,240	5,040	7,200
1998 200SX, 4-cyl.						
2d Cpe	230	700	1,160	2,610	4,060	5,800
SE 2d Cpe	260	770	1,280	2,880	4,480	6,400
SER 2d Cpe	290	860	1,440	3,240	5,040	7,200
1998 Altima, 4-cyl.						
XE 4d Sed	280	850	1,420	3,200	4,970	7,100
GXE 4d Sed	300	910	1,520	3,420	5,320	7,600
SE 4d Sed	320	970	1,620	3,650	5,670	8,100
GLE 4d Sed	360	1,090	1,820	4,100	6,370	9,100
1998 240SX, 4-cyl.						
2d Cpe	290	860	1,440	3,240	5,040	7,200
SE 2d Cpe	340	1,010	1,680	3,780	5,880	8,400
LE 2d Cpe	400	1,200	2,000	4,500	7,000	10,000
1998 Maxima, V-6						
GXE 4d Sed	320	960	1,600	3,600	5,600	8,000
SE 4d Sed	360	1,080	1,800	4,050	6,300	9,000
GLE 4d Sed	380	1,140	1,900	4,280	6,650	9,500

DE TOMASO

	6	5	4	3	2	1
1967-71 V-8, 302 cid, 98.4" wb						
Mangusta 2d Cpe	3,400	10,200	17,000	38,250	59,500	85,000
1971-74 V-8, 351 cid, 99" wb						
Pantera 2d Cpe	2,320	6,960	11,600	26,100	40,600	58,000
1975-78 V-8, 351 cid, 99" wb						
Pantera 2d Cpe	2,120	6,360	10,600	23,850	37,100	53,000

NOTE: After 1974 the Pantera was not officially available in the U.S. Add 5 percent for GTS models.

FACEL VEGA

	6	5	4	3	2	1
1954 FV, V-8, 103" wb						
2d HT Cpe	2,720	8,160	13,600	30,600	47,600	68,000

	6	5	4	3	2	1
1955 FV, V-8, 103" wb						
2d HT Cpe	2,720	8,160	13,600	30,600	47,600	68,000
1956 FV2, V-8, 103" wb						
2d HT Cpe	2,720	8,160	13,600	30,600	47,600	68,000
1956 Excellence, V-8, 122" wb						
4d HT Sed	2,640	7,920	13,200	29,700	46,200	66,000
1957 FV2, V-8, 103" wb						
2d HT Cpe	2,720	8,160	13,600	30,600	47,600	68,000
1957 Excellence, V-8, 122" wb						
4d HT Sed	2,640	7,920	13,200	29,700	46,200	66,000
1958 FV2, V-8, 105" wb						
2d HT Cpe	2,720	8,160	13,600	30,600	47,600	68,000
1958 Excellence, V-8, 122" wb						
4d HT Sed	2,640	7,920	13,200	29,700	46,200	66,000
1959 HK500, V-8, 105" wb						
2d HT Cpe	2,720	8,160	13,600	30,600	47,600	68,000
1959 Excellence, V-8, 125" wb						
4d HT Sed	2,640	7,920	13,200	29,700	46,200	66,000
1960 Facellia, 4-cyl., 96" wb						
2d Cpe	1,840	5,520	9,200	20,700	32,200	46,000
2d Conv	2,240	6,720	11,200	25,200	39,200	56,000
1960 HK500, V-8, 105" wb						
2d HT Cpe	2,720	8,160	13,600	30,600	47,600	68,000
1960 Excellence, V-8, 125" wb						
4d HT Sed	2,640	7,920	13,200	29,700	46,200	66,000
1961 Facellia, 4-cyl., 96" wb						
2d Cpe	1,840	5,520	9,200	20,700	32,200	46,000
2d Conv	2,240	6,720	11,200	25,200	39,200	56,000
1961 HK500, V-8, 105" wb						
2d HT Cpe	2,720	8,160	13,600	30,600	47,600	68,000
1961 Excellence, V-8, 125" wb						
4d HT Sed	2,640	7,920	13,200	29,700	46,200	66,000
1962 Facellia, 4-cyl., 96" wb						
2d Cpe	1,840	5,520	9,200	20,700	32,200	46,000
2d Conv	2,240	6,720	11,200	25,200	39,200	56,000
1962 Facel II, V-8, 105" wb						
2d HT Cpe	2,720	8,160	13,600	30,600	47,600	68,000
1962 Excellence, V-8, 125" wb						
4d HT Sed	2,880	8,640	14,400	32,400	50,400	72,000
1963 Facellia, 4-cyl., 96" wb						
2d Cpe	1,840	5,520	9,200	20,700	32,200	46,000
2d Conv	2,240	6,720	11,200	25,200	39,200	56,000
1963 Facel II, V-8, 105" wb						
2d HT Cpe	2,880	8,640	14,400	32,400	50,400	72,000
1963 Facel III, 4-cyl., 97" wb						
2d HT Cpe	2,720	8,160	13,600	30,600	47,600	68,000
1963 Facel 6, 6-cyl., 97" wb						
2d HT Cpe	2,800	8,400	14,000	31,500	49,000	70,000
1963 Excellence, V-8, 125" wb						
4d HT Sed	2,880	8,640	14,400	32,400	50,400	72,000
1964-65 Facellia, 4-cyl., 96" wb						
2d Cpe	1,840	5,520	9,200	20,700	32,200	46,000
2d Conv	2,240	6,720	11,200	25,200	39,200	56,000
1964-65 Facel II, V-8, 105" wb						
2d HT Cpe	2,880	8,640	14,400	32,400	50,400	72,000
1964-65 Facel III, 4-cyl., 97" wb						
2d HT Cpe	2,720	8,160	13,600	30,600	47,600	68,000
1964-65 Facel 6, 6-cyl., 97" wb						
2d HT Cpe	2,800	8,400	14,000	31,500	49,000	70,000

FIAT

	6	5	4	3	2	1
1947-52 4-cyl., 570cc, 78.75" wb						
500 2d Sed	360	1,080	1,800	4,050	6,300	9,000
1947-52 4-cyl., 1089cc, 95.4" wb						
1100B 4d Sed	240	720	1,200	2,700	4,200	6,000
1100BL 4d Sed	240	720	1,200	2,700	4,200	6,000
1947-52 4-cyl., 1089cc, 95.25" wb						
1100E 4d Sed	280	840	1,400	3,150	4,900	7,000

	6	5	4	3	2	1
1947-52 4-cyl., 1089cc, 106" wb						
1100EL 4d Sed	280	840	1,400	3,150	4,900	7,000
1100S 2d Spt Cpe	440	1,320	2,200	4,950	7,700	11,000
1100ES 2d Spt Cpe	440	1,320	2,200	4,950	7,700	11,000
1947-52 4-cyl., 1395cc, 104.2" wb						
1400 4d Sed	260	780	1,300	2,930	4,550	6,500
1400 2d Cabr	520	1,560	2,600	5,850	9,100	13,000
1947-52 6-cyl., 1493cc, 110" wb						
1500 4d Sed	260	780	1,300	2,930	4,550	6,500
2d Conv Cpe	520	1,560	2,600	5,850	9,100	13,000
1953-56 500, 4-cyl., 570cc, 78.75" wb						
2d Sed	360	1,080	1,800	4,050	6,300	9,000
2d Sta Wag	400	1,200	2,000	4,500	7,000	10,000
1953-56 600, 4-cyl., 633cc, 78.75" wb						
2d Sed	240	720	1,200	2,700	4,200	6,000
2d Conv (S/R)	260	780	1,300	2,930	4,550	6,500
1953-56 600 Multipla, 4-cyl., 633cc, 78.75" wb						
4d Sta Wag	280	840	1,400	3,150	4,900	7,000
1953-56 1100, 4-cyl., 1089cc, 92.1" wb						
103 4d Sed	240	720	1,200	2,700	4,200	6,000
103E 4d Sed	244	732	1,220	2,750	4,270	6,100
103E TV 4d Sed	248	744	1,240	2,790	4,340	6,200
103E 4d Sta Wag	260	780	1,300	2,930	4,550	6,500
103F TV 2d Spt Rds	640	1,920	3,200	7,200	11,200	16,000
1953-56 1400, 4-cyl., 1395cc, 104.2" wb						
4d Sed	260	780	1,300	2,930	4,550	6,500
2d Cabr	520	1,560	2,600	5,850	9,100	13,000
1953-56 1900, 4-cyl., 1901cc, 104" wb						
4d Sed	260	780	1,300	2,930	4,550	6,500
1953-56 8V, V-8, 1996cc, 94.5" wb						
2d Cpe	5,400	16,200	27,000	60,750	94,500	135,000
1957 500, 2-cyl., 479cc, 72.4" wb						
2d Sed	320	960	1,600	3,600	5,600	8,000
1957 600, 4-cyl., 633cc, 78.75" wb						
2d Sed	240	720	1,200	2,700	4,200	6,000
2d Conv (S/R)	280	840	1,400	3,150	4,900	7,000
1957 600 Multipla, 4-cyl., 633cc, 78.75" wb						
4d Sta Wag (4/5P)	280	840	1,400	3,150	4,900	7,000
4d Sta Wag (6P)	280	840	1,400	3,150	4,900	7,000
1957 1100, 4-cyl., 1089cc, 92.1" wb						
4d Sed	240	720	1,200	2,700	4,200	6,000
4d Sta Wag	260	780	1,300	2,930	4,550	6,500
1957 1100 TV, 4-cyl., 1089cc, 92.1" wb						
4d Sed	272	816	1,360	3,060	4,760	6,800
2d Conv	520	1,560	2,600	5,850	9,100	13,000
1958 500, 2-cyl., 479cc, 72.4" wb						
2d Sed	320	960	1,600	3,600	5,600	8,000
1958 600, 4-cyl., 633cc, 78.75" wb						
2d Sed	240	720	1,200	2,700	4,200	6,000
2d Conv (S/R)	260	780	1,300	2,930	4,550	6,500
1958 600 Multipla, 4-cyl., 633cc, 78.75" wb						
4d Sta Wag (4/5P)	280	840	1,400	3,150	4,900	7,000
4d Sta Wag (6P)	280	840	1,400	3,150	4,900	7,000
1958 1100, 4-cyl., 1089cc, 92.1" wb						
4d Sed	260	780	1,300	2,930	4,550	6,500
4d Familiare Sta Wag	270	820	1,360	3,060	4,760	6,800
1958 1100 TV, 4-cyl., 1089cc, 92.1" wb						
4d Sed	260	780	1,300	2,930	4,550	6,500
2d Conv	520	1,560	2,600	5,850	9,100	13,000
1958 1200 Gran Luce, 4-cyl., 1221cc, 92.1" wb						
4d Sed	240	720	1,200	2,700	4,200	6,000
TV, 2d Conv	520	1,560	2,600	5,850	9,100	13,000
1959 500, 2-cyl., 479cc, 72.4" wb						
2d Sed	240	720	1,200	2,700	4,200	6,000
2d Bianchina Cpe	260	780	1,300	2,930	4,550	6,500
2d Jolly Sed	440	1,320	2,200	4,950	7,700	11,000
1959 500 Sport, 2-cyl., 499cc, 72.4" wb						
2d Sed	240	720	1,200	2,700	4,200	6,000
2d Bianchina Cpe	260	780	1,300	2,930	4,550	6,500
1959 600, 4-cyl., 633cc, 78.75" wb						
2d Sed	240	720	1,200	2,700	4,200	6,000
2d Sed (S/R)	260	780	1,300	2,930	4,550	6,500

	6	5	4	3	2	1
1959 600 Multipla, 4-cyl., 633cc, 78.75" wb						
4d Sta Wag (4/5P)	280	840	1,400	3,150	4,900	7,000
4d Sta Wag (6P)	280	840	1,400	3,150	4,900	7,000
1959 1100, 4-cyl., 1089cc, 92.1" wb						
4d Sed	240	720	1,200	2,700	4,200	6,000
4d Sta Wag	260	780	1,300	2,930	4,550	6,500
1959 1200, 4-cyl., 1221cc, 92.1" wb						
4d Sed	240	720	1,200	2,700	4,200	6,000
2d Spider Conv	480	1,440	2,400	5,400	8,400	12,000
1959 1500, 1500S, 4-cyl., 1491cc, 92.1" wb						
2d Spider Conv	540	1,620	2,700	6,080	9,450	13,500
1960 500, 2-cyl., 479cc, 72.4" wb						
2d Sed	248	744	1,240	2,790	4,340	6,200
2d Bianchina Cpe	268	804	1,340	3,020	4,690	6,700
2d Jolly Sed	440	1,320	2,200	4,950	7,700	11,000
1960 500 Sport, 2-cyl., 499cc, 72.4" wb						
2d Sed	252	756	1,260	2,840	4,410	6,300
2d Bianchina Cpe	272	816	1,360	3,060	4,760	6,800
1960 600, 4-cyl., 633cc, 78.75" wb						
2d Sed	240	720	1,200	2,700	4,200	6,000
2d Sed (S/R)	260	780	1,300	2,930	4,550	6,500
2d Jolly Sed	440	1,320	2,200	4,950	7,700	11,000
1960 600 Multipla, 4-cyl., 633cc, 78.75" wb						
4d Sta Wag (4/5P)	280	840	1,400	3,150	4,900	7,000
4d Sta Wag (6P)	280	840	1,400	3,150	4,900	7,000
1960 1100, 4-cyl., 1089cc, 92.1" wb						
4d Sed	240	720	1,200	2,700	4,200	6,000
4d DeL Sed	248	744	1,240	2,790	4,340	6,200
4d Sta Wag	260	780	1,300	2,930	4,550	6,500
1960 1200, 4-cyl., 1221cc, 92.1" wb						
4d Sed	240	720	1,200	2,700	4,200	6,000
2d Spider Conv	540	1,620	2,700	6,080	9,450	13,500
1960 1500, 1500S, 4-cyl., 1491cc, 92.1" wb						
2d Spider Conv	580	1,740	2,900	6,530	10,150	14,500
1960 2100, 6-cyl., 2054cc, 104.3" wb						
4d Sed	260	780	1,300	2,930	4,550	6,500
4d Sta Wag	260	780	1,300	2,930	4,550	6,500
1961 500, 2-cyl., 479cc, 72.4" wb						
Bianchina DeL Cpe	264	792	1,320	2,970	4,620	6,600
2d Jolly Sed	440	1,320	2,200	4,950	7,700	11,000
1961 500 Sport, 2-cyl., 499cc, 72.4" wb						
2d Sed	320	960	1,600	3,600	5,600	8,000
2d Bianchina Cpe	268	804	1,340	3,020	4,690	6,700
1961 600, 4-cyl., 633cc, 78.75" wb						
2d Sed	240	720	1,200	2,700	4,200	6,000
2d Sed (S/R)	260	780	1,300	2,930	4,550	6,500
2d Jolly Sed	440	1,320	2,200	4,950	7,700	11,000
1961 600 Multipla, 4-cyl., 633cc, 78.75" wb						
4d Sta Wag (4/5P)	280	840	1,400	3,150	4,900	7,000
4d Sta Wag (6P)	280	840	1,400	3,150	4,900	7,000
1961 1100, 4-cyl., 1089cc, 92.1" wb						
4d Sed	240	720	1,200	2,700	4,200	6,000
4d DeL Sed	248	744	1,240	2,790	4,340	6,200
4d Sta Wag	260	780	1,300	2,930	4,550	6,500
1961 1200, 4-cyl., 1225cc, 92.1" wb						
4d Sed	240	720	1,200	2,700	4,200	6,000
2d Spider Conv	480	1,440	2,400	5,400	8,400	12,000
1961 1500, 1500S, 4-cyl., 1491cc, 92.1" wb						
Spider Conv	540	1,620	2,700	6,080	9,450	13,500
1961 2100, 6-cyl., 2054cc, 104.3" wb						
4d Sed	240	720	1,200	2,700	4,200	6,000
4d Sta Wag	260	780	1,300	2,930	4,550	6,500
1962 600D, 4-cyl., 767cc, 78.75" wb						
2d Sed	240	720	1,200	2,700	4,200	6,000
1962 1100, 4-cyl., 1089cc, 92.1" wb						
4d Export Sed	240	720	1,200	2,700	4,200	6,000
4d Spl Sed	248	744	1,240	2,790	4,340	6,200
1962 1200 Spider, 4-cyl., 1221cc, 92.1" wb						
2d Conv	480	1,440	2,400	5,400	8,400	12,000
1963 600D, 4-cyl., 767cc, 78.5" wb						
2d Sed	240	720	1,200	2,700	4,200	6,000

	6	5	4	3	2	1
1963 1100 Special, 4-cyl., 1089cc, 92.1" wb						
4d Sed	240	720	1,200	2,700	4,200	6,000
1963 1100D, 4-cyl., 1221cc, 92.1" wb						
4d Sed	240	720	1,200	2,700	4,200	6,000
1963 1200 Spider, 4-cyl., 1221cc, 92.1" wb						
2d Conv	480	1,440	2,400	5,400	8,400	12,000
1964 600D, 4-cyl., 767cc, 78.5" wb						
2d Sed	240	720	1,200	2,700	4,200	6,000
1964 1100D, 4-cyl., 1221cc, 92.1" wb						
4d Sed	260	780	1,300	2,930	4,550	6,500
1964 1500 Spider, 4-cyl., 1481cc, 92.1" wb						
2d Conv	500	1,500	2,500	5,630	8,750	12,500
1965 600D, 4-cyl., 767cc, 78.5" wb						
2d Sed	240	720	1,200	2,700	4,200	6,000
1965 1100D, 4-cyl., 1221cc, 92.1" wb						
4d Sed	240	720	1,200	2,700	4,200	6,000
4d Sta Wag	260	780	1,300	2,930	4,550	6,500
1965 1500 Spider, 4-cyl., 1481cc, 92." wb						
2d Conv	500	1,500	2,500	5,630	8,750	12,500
1966 600D, 4-cyl., 767cc, 78.5" wb						
2d Sed	240	720	1,200	2,700	4,200	6,000
1966 1100D, 4-cyl., 1221cc, 92.1" wb						
4d Sed	240	720	1,200	2,700	4,200	6,000
4d Sta Wag	260	780	1,300	2,930	4,550	6,500
1966 1500 Spider, 4-cyl., 1481cc, 92.1" wb						
2d Conv	500	1,500	2,500	5,630	8,750	12,500
1967 600D, 4-cyl., 767cc, 78.7" wb						
2d Sed	240	720	1,200	2,700	4,200	6,000
1967 850, 4-cyl., 843cc, 79.8" wb						
FBk Cpe 2 plus 2	240	720	1,200	2,700	4,200	6,000
2d Spider Conv	420	1,260	2,100	4,730	7,350	10,500
1967 124, 4-cyl., 1197cc, 95.3" wb						
4d Sed	200	600	1,000	2,250	3,500	5,000
4d Sta Wag	212	636	1,060	2,390	3,710	5,300
1967 1100R, 4-cyl., 1089cc, 92.2" wb						
4d Sed	240	720	1,200	2,700	4,200	6,000
4d Sta Wag	260	780	1,300	2,930	4,550	6,500
1967 1500 Spider, 4-cyl., 1481cc, 92.1" wb						
2d Conv	500	1,500	2,500	5,630	8,750	12,500
1968 850, 4-cyl., 817cc, 79.8" wb						
2d Sed	200	600	1,000	2,250	3,500	5,000
2d FBk Cpe	240	720	1,200	2,700	4,200	6,000
2d Spider Conv	460	1,380	2,300	5,180	8,050	11,500
1968 124, 4-cyl., 1197cc, 95.3" wb						
4d Sed	200	600	1,000	2,250	3,500	5,000
4d Sta Wag	200	600	1,000	2,250	3,500	5,000
1968 124, 4-cyl., 1438cc, 95.3" wb						
2d Spt Cpe	320	960	1,600	3,600	5,600	8,000
1968 124 Spider, 4-cyl., 1438cc, 89.8" wb						
2d Conv	500	1,500	2,500	5,630	8,750	12,500
1969 850, 4-cyl., 817cc, 79.8" wb						
2d Sed	200	600	1,000	2,250	3,500	5,000
2d FBk Cpe 2 plus 2	240	720	1,200	2,700	4,200	6,000
2d Spider Conv	460	1,380	2,300	5,180	8,050	11,500
1969 124, 4-cyl., 1197cc, 95.3" wb						
4d Sed	200	600	1,000	2,250	3,500	5,000
4d Sta Wag	200	600	1,000	2,250	3,500	5,000
1969 124, 4-cyl., 1438cc, 95.3" wb						
2d Spt Cpe	320	960	1,600	3,600	5,600	8,000
1969 124 Spider, 4-cyl., 1438cc, 89.8" wb						
2d Conv	500	1,500	2,500	5,630	8,750	12,500
1970 850, 4-cyl., 817cc, 79.8" wb						
2d Sed	200	600	1,000	2,250	3,500	5,000
1970 850, 4-cyl., 903cc, 79.8" wb						
Spt FBk Cpe 2 plus 2	260	780	1,300	2,930	4,550	6,500
Racer 2d HT Cpe	272	816	1,360	3,060	4,760	6,800
1970 850 Spider, 4-cyl., 903cc, 79.8" wb						
2d Conv	400	1,200	2,000	4,500	7,000	10,000

	6	5	4	3	2	1
1970 124, 4-cyl., 1438cc, 95.3" wb						
4d Spl Sed	240	720	1,200	2,700	4,200	6,000
4d Spl Sta Wag	240	720	1,200	2,700	4,200	6,000
2d Spt Cpe	360	1,080	1,800	4,050	6,300	9,000
1970 124 Spider, 4-cyl., 1438cc, 89.8" wb						
2d Conv	500	1,500	2,500	5,630	8,750	12,500
1971 850, 4-cyl., 817cc, 79.8" wb						
2d Sed	240	720	1,200	2,700	4,200	6,000
1971 850, 4-cyl., 903cc, 79.8" wb						
2d FBk Cpe, 2 plus 2	280	840	1,400	3,150	4,900	7,000
Racer, 2d HT Cpe	312	936	1,560	3,510	5,460	7,800
1971 850 Spider, 4-cyl., 903cc, 79.8" wb						
2d Conv	380	1,140	1,900	4,280	6,650	9,500
1971 124, 4-cyl., 1438cc, 95.3" wb						
4d Spl Sed	240	720	1,200	2,700	4,200	6,000
4d Spl Sta Wag	240	720	1,200	2,700	4,200	6,000
2d Spt Cpe	360	1,080	1,800	4,050	6,300	9,000
1971 124 Spider, 4-cyl., 1438cc, 89.8" wb						
2d Conv	500	1,500	2,500	5,630	8,750	12,500

NOTE: The 124 coupe and convertible could be ordered with the larger 1.6-liter engine (1608cc).

	6	5	4	3	2	1
1972 850 Spider, 4-cyl., 903cc, 79.8" wb						
2d Conv	380	1,140	1,900	4,280	6,650	9,500
1972 128, 4-cyl., 1116cc, 96.4" wb						
2d Sed	220	660	1,100	2,480	3,850	5,500
4d Sed	220	660	1,100	2,480	3,850	5,500
2d Sta Wag	220	660	1,100	2,480	3,850	5,500
1972 124, 4-cyl., 1438cc, 95.3" wb						
4d Spl Sed	240	720	1,200	2,700	4,200	6,000
4d Sta Wag	240	720	1,200	2,700	4,200	6,000
1972 124, 4-cyl., 1608cc, 95.3" wb						
2d Spt Cpe	360	1,080	1,800	4,050	6,300	9,000
1972 124 Spider, 4-cyl., 1608cc, 89.8" wb						
2d Conv	480	1,440	2,400	5,400	8,400	12,000
1973 850 Spider, 4-cyl., 903cc, 79.8" wb						
2d Conv	380	1,140	1,900	4,280	6,650	9,500
1973 128, 4-cyl., 1116cc, 96.4" wb						
2d Sed	240	720	1,200	2,700	4,200	6,000
4d Sed	240	720	1,200	2,700	4,200	6,000
2d Sta Wag	244	732	1,220	2,750	4,270	6,100
SL 1300 2d Cpe	252	756	1,260	2,840	4,410	6,300
1973 124, 4-cyl., 1438cc, 95.3" wb						
4d Spl Sed	260	780	1,300	2,930	4,550	6,500
4d Sta Wag	260	780	1,300	2,930	4,550	6,500
1973 124, 4-cyl., 1608cc, 95.3" wb						
2d Spt Cpe	380	1,140	1,900	4,280	6,650	9,500
1973 124 Spider, 4-cyl., 1608cc, 89.8" wb						
2d Conv	480	1,440	2,400	5,400	8,400	12,000
1974 128, 4-cyl., 1290cc, 96.4" wb						
2d Sed	240	720	1,200	2,700	4,200	6,000
4d Sed	240	720	1,200	2,700	4,200	6,000
2d Sta Wag	244	732	1,220	2,750	4,270	6,100
1974 128, 4-cyl., 1290cc, 87.5" wb						
SL 2d Cpe	252	756	1,260	2,840	4,410	6,300
1974 X1/9, 4-cyl., 1290cc, 86.7" wb						
2d Targa Cpe	300	900	1,500	3,380	5,250	7,500
1974 124, 4-cyl., 1593cc, 95.3" wb						
4d Spl Sed	260	780	1,300	2,930	4,550	6,500
4d Sta Wag	260	780	1,300	2,930	4,550	6,500
1974 124, 4-cyl., 1756cc, 95.3" wb						
2d Spt Cpe	260	780	1,300	2,930	4,550	6,500
1974 124 Spider, 4-cyl., 1756cc, 89.8" wb						
2d Conv	480	1,440	2,400	5,400	8,400	12,000
1975 128, 4-cyl., 1290cc, 96.4" wb						
2d Sed	240	720	1,200	2,700	4,200	6,000
4d Sed	240	720	1,200	2,700	4,200	6,000
2d Sta Wag	244	732	1,220	2,750	4,270	6,100
1975 128, 4-cyl., 1290cc, 87.5" wb						
SL 2d Cpe	252	756	1,260	2,840	4,410	6,300
1975 X1/9, 4-cyl., 1290cc, 86.7" wb						
2d Targa Cpe	300	900	1,500	3,380	5,250	7,500

1986 Nissan Maxima SE sedan

1995 Nissan Altima GXE sedan

1950 Fiat 1100E sedan

1975 131, 4-cyl., 1756cc, 98" wb

	6	5	4	3	2	1
2d Sed	240	720	1,200	2,700	4,200	6,000
4d Sed	240	720	1,200	2,700	4,200	6,000
4d Sta Wag	252	756	1,260	2,840	4,410	6,300

1975 124, 4-cyl., 1756cc, 95.3" wb

	6	5	4	3	2	1
2d Spt Cpe	380	1,140	1,900	4,280	6,650	9,500

1975 124 Spider, 4-cyl., 1756cc, 89.7" wb

	6	5	4	3	2	1
2d Conv	480	1,440	2,400	5,400	8,400	12,000

1976 128, 4-cyl., 1290cc, 96.4" wb

	6	5	4	3	2	1
2d Sed	240	720	1,200	2,700	4,200	6,000
2d Cus Sed	240	720	1,200	2,700	4,200	6,000
4d Cus Sed	240	720	1,200	2,700	4,200	6,000
2d Sta Wag	244	732	1,220	2,750	4,270	6,100

1976 128 Sport, 4-cyl., 1290cc, 87.5" wb

	6	5	4	3	2	1
3P HBk Cpe	252	756	1,260	2,840	4,410	6,300

1976 X1/9, 4-cyl., 1290cc, 86.7" wb

	6	5	4	3	2	1
AS Targa Cpe	300	900	1,500	3,380	5,250	7,500

1976 131, 4-cyl., 1756cc, 98" wb

	6	5	4	3	2	1
A3 2d Sed	240	720	1,200	2,700	4,200	6,000
A3 4d Sed	240	720	1,200	2,700	4,200	6,000
AF2 4d Sta Wag	240	720	1,200	2,700	4,200	6,000

1976 124 Sport Spider, 4-cyl., 1756cc, 89.7" wb

	6	5	4	3	2	1
CS 2d Conv	480	1,440	2,400	5,400	8,400	12,000

1977 128, 4-cyl., 1290cc, 96.4" wb

	6	5	4	3	2	1
2d Sed	240	720	1,200	2,700	4,200	6,000
2d Cus Sed	240	720	1,200	2,700	4,200	6,000
4d Cus Sed	240	720	1,200	2,700	4,200	6,000
2d Sta Wag	244	732	1,220	2,750	4,270	6,100

1977 128, 4-cyl., 1290cc, 87.5" wb

	6	5	4	3	2	1
3P Cus HBk Cpe	252	756	1,260	2,840	4,410	6,300

1977 X1/9, 4-cyl., 1290cc, 86.7" wb

	6	5	4	3	2	1
AS Targa Cpe	300	900	1,500	3,380	5,250	7,500

1977 131, 4-cyl., 1756cc, 98" wb

	6	5	4	3	2	1
A3 2d Sed	240	720	1,200	2,700	4,200	6,000
A3 4d Sed	240	720	1,200	2,700	4,200	6,000
AF2 4d Sta Wag	244	732	1,220	2,750	4,270	6,100

1977 124 Sport Spider, 4-cyl., 1756cc, 89.7" wb

	6	5	4	3	2	1
CS 2d Conv	480	1,440	2,400	5,400	8,400	12,000

1978 128, 4-cyl., 1290cc, 96.4" wb

	6	5	4	3	2	1
A1 2d Sed	240	720	1,200	2,700	4,200	6,000
A1 4d Sed	240	720	1,200	2,700	4,200	6,000

1978 128, 4-cyl., 1290cc, 87.5" wb

	6	5	4	3	2	1
AC Spt HBk	252	756	1,260	2,840	4,410	6,300

1978 X1/9, 4-cyl., 1290cc, 86.7" wb

	6	5	4	3	2	1
AS Targa Cpe	300	900	1,500	3,380	5,250	7,500

1978 131, 4-cyl., 1756cc, 98" wb

	6	5	4	3	2	1
A 2d Sed	244	732	1,220	2,750	4,270	6,100
A 4d Sed	244	732	1,220	2,750	4,270	6,100
AF 4d Sta Wag	248	744	1,240	2,790	4,340	6,200

1978 Brava, 4-cyl., 1756cc, 98" wb

	6	5	4	3	2	1
2d Sed	208	624	1,040	2,340	3,640	5,200
2d Sup Sed	208	624	1,040	2,340	3,640	5,200
4d Sup Sed	208	624	1,040	2,340	3,640	5,200
4d Sup Sta Wag	212	636	1,060	2,390	3,710	5,300

1978 Spider 124, 4-cyl., 1756cc, 89.7" wb

	6	5	4	3	2	1
2d Conv	480	1,440	2,400	5,400	8,400	12,000

1978 X1/9

NOTE: At mid-year the Brava series and Spider contained the new twin-cam 2.0-liter four (1995cc).

1979 128A1, 4-cyl., 1290cc, 96.4" wb

	6	5	4	3	2	1
2d Sed	200	600	1,000	2,250	3,500	5,000
4d Sed	200	600	1,000	2,250	3,500	5,000

1979 128AC, 4-cyl., 1290cc, 87.5" wb

	6	5	4	3	2	1
2d Spt HBk	212	636	1,060	2,390	3,710	5,300

1979 X1/9, 4-cyl., 1498cc, 86.7" wb

	6	5	4	3	2	1
AS Targa Cpe	260	780	1,300	2,930	4,550	6,500

1979 Strada 138A, 1498cc, 96.4" wb

	6	5	4	3	2	1
2d HBk	204	612	1,020	2,300	3,570	5,100
2d Cus HBk	204	612	1,020	2,300	3,570	5,100
4d Cus HBk	204	612	1,020	2,300	3,570	5,100

	6	5	4	3	2	1
1979 Brava 131, 4-cyl., 1995cc, 98" wb						
A4 2d Sed	208	624	1,040	2,340	3,640	5,200
A4 4d Sed	208	624	1,040	2,340	3,640	5,200
AF 4d Sta Wag	212	636	1,060	2,390	3,710	5,300
1979 Spider 2000, 4-cyl., 1995cc, 89.7" wb						
2d Conv	500	1,500	2,500	5,630	8,750	12,500
1980 Strada 138, 4-cyl., 1498cc, 96.4" wb						
2d HBk	200	600	1,000	2,250	3,500	5,000
2d Cus HBk	200	600	1,000	2,250	3,500	5,000
4d Cus HBk	200	600	1,000	2,250	3,500	5,000
1980 X1/9, 4-cyl., 1498cc, 86.7" wb						
128 Targa Cpe	260	780	1,300	2,930	4,550	6,500
1980 Brava 131, 4-cyl., 1995cc, 98" wb						
2d Sed	204	612	1,020	2,300	3,570	5,100
4d Sed	204	612	1,020	2,300	3,570	5,100
1980 Spider 2000, 4-cyl., 1995cc, 89.7" wb						
124 2d Conv	500	1,500	2,500	5,630	8,750	12,500

NOTE The Brava series and the Spider 2000 were also available with fuel injection in 1980.

	6	5	4	3	2	1
1981 Strada 138, 4-cyl., 1498cc, 96.4" wb						
2d HBk	200	600	1,000	2,250	3,500	5,000
2d Cus HBk	200	600	1,000	2,250	3,500	5,000
4d Cus HBk	200	600	1,000	2,250	3,500	5,000
1981 X1/9, 4-cyl., 1498cc, 86.7" wb						
128 Targa Cpe	260	780	1,300	2,930	4,550	6,500
1981 Brava 131, 4-cyl., 1995cc, 98" wb						
2d Sed	204	612	1,020	2,300	3,570	5,100
4d Sed	204	612	1,020	2,300	3,570	5,100
1981 Spider 2000, 4-cyl., 1995cc, 89.7" wb						
124 2d Conv	420	1,260	2,100	4,730	7,350	10,500
124 2d Turbo Conv	440	1,320	2,200	4,950	7,700	11,000
1982 Strada, 4-cyl., 1498cc, 96.4" wb						
DD 2d HBk	200	600	1,000	2,250	3,500	5,000
DD 2d Cus HBk	200	600	1,000	2,250	3,500	5,000
DE Cus 4d HBk	200	600	1,000	2,250	3,500	5,000
1982 X1/9, 4-cyl., 1498cc, 86.7" wb						
BS Targa Cpe	260	780	1,300	2,930	4,550	6,500
1982 Spider 2000, 4-cyl., 1995cc, 89.7" wb						
AS 2d Conv	420	1,260	2,100	4,730	7,350	10,500
2d Turbo Conv	440	1,320	2,200	4,950	7,700	11,000
1983 X1/9, 4-cyl., 1498cc, 86.7" wb						
BS Targa Cpe	260	780	1,300	2,930	4,550	6,500
1983 Spider 2000, 4-cyl., 1995cc, 89.7" wb						
AS 2d Conv	420	1,260	2,100	4,730	7,350	10,500
2d Turbo Conv	440	1,320	2,200	4,950	7,700	11,000

NOTE: The Spider 2000 convertible was produced under the Pininfarina nameplate during 1984-85. The X1/9 Targa Coupe was produced under the Bertone nameplate during 1984-90.

FORD - BRITISH

	6	5	4	3	2	1
1948 Anglia, 4-cyl., 90" wb						
2d Sed	400	1,200	2,000	4,500	7,000	10,000
1948 Prefect, 4-cyl., 94" wb						
4d Sed	400	1,150	1,900	4,280	6,650	9,500
1949 Anglia, 4-cyl., 90" wb						
2d Sed	400	1,200	2,000	4,500	7,000	10,000
1949 Prefect, 4-cyl., 94" wb						
4d Sed	400	1,150	1,900	4,280	6,650	9,500
1950 Anglia, 4-cyl., 90" wb						
2d Sed	400	1,200	2,000	4,500	7,000	10,000
1950 Prefect, 4-cyl., 94" wb						
4d Sed	400	1,150	1,900	4,280	6,650	9,500
1951 Anglia, 4-cyl., 90" wb						
2d Sed	350	1,000	1,650	3,690	5,750	8,200
1951 Prefect, 4-cyl., 90" wb						
4d Sed	300	950	1,600	3,650	5,650	8,100
1951 Consul, 4-cyl., 100" wb						
4d Sed	350	1,000	1,650	3,690	5,750	8,200
1952 Anglia, 4-cyl., 90" wb						
2d Sed	350	1,000	1,650	3,690	5,750	8,200

	6	5	4	3	2	1
1952 Prefect, 4-cyl., 94" wb						
4d Sed	300	950	1,600	3,650	5,650	8,100
1952 Consul, 4-cyl., 100" wb						
4d Sed	350	1,000	1,650	3,690	5,750	8,200
1952 Zephyr, 6-cyl., 104" wb						
4d Sed	350	1,000	1,700	3,830	5,950	8,500
1953 Anglia, 4-cyl., 90" wb						
2d Sed	350	1,000	1,650	3,690	5,750	8,200
1953 Prefect, 4-cyl., 94" wb						
4d Sed	300	950	1,600	3,650	5,650	8,100
1953 Consul, 4-cyl., 100" wb						
4d Sed	350	1,000	1,650	3,690	5,750	8,200
1953 Zephyr, 6-cyl., 104" wb						
4d Sed	350	1,000	1,700	3,830	5,950	8,500
1954 Anglia, 4-cyl., 87" wb						
2d Sed	350	1,000	1,650	3,690	5,750	8,200
1954 Prefect, 4-cyl., 87" wb						
4d Sed	300	950	1,600	3,650	5,650	8,100
1954 Consul, 4-cyl., 100" wb						
4d Sed	350	1,000	1,650	3,690	5,750	8,200
1954 Zephyr, 6-cyl., 104" wb						
4d Sed	350	1,000	1,700	3,830	5,950	8,500
1955 Anglia, 4-cyl., 87" wb						
2d Sed	350	1,000	1,650	3,690	5,750	8,200
1955 Prefect, 4-cyl., 87" wb						
4d Sed	300	950	1,600	3,650	5,650	8,100
1955 Consul, 4-cyl., 100" wb						
4d Sed	350	1,000	1,700	3,780	5,900	8,400
2d Conv	400	1,200	2,000	4,500	7,000	10,000
1955 Zephyr, 6-cyl., 104" wb						
4d Sed	350	1,000	1,700	3,830	5,950	8,500
1955 Zodiac, 6-cyl., 104" wb						
4d Sed	350	1,050	1,700	3,870	6,000	8,600
2d Conv	400	1,200	2,000	4,500	7,000	10,000
1956 Anglia, 4-cyl., 87" wb						
2d Sed	350	1,000	1,650	3,690	5,750	8,200
1956 Prefect, 4-cyl., 87" wb						
4d Sed	300	950	1,600	3,650	5,650	8,100
1956 Escort/Squire, 4-cyl., 87" wb						
2d Sta Wag	350	1,000	1,700	3,780	5,900	8,400
1956 Consul, 4-cyl., 100" wb						
4d Sed	350	1,000	1,700	3,780	5,900	8,400
2d Conv	400	1,200	2,000	4,500	7,000	10,000
1956 Zephyr, 6-cyl., 104" wb						
4d Sed	350	1,000	1,700	3,830	5,950	8,500
2d Conv	400	1,200	2,000	4,500	7,000	10,000
1956 Zodiac, 6-cyl., 104" wb						
4d Sed	350	1,050	1,700	3,870	6,000	8,600
1957 Anglia, 4-cyl., 87" wb						
2d Sed	350	1,000	1,650	3,690	5,750	8,200
1957 Prefect, 4-cyl., 87" wb						
4d Sed	300	950	1,600	3,650	5,650	8,100
1957 Escort/Squire, 4-cyl., 87" wb						
2d Sta Wag	350	1,000	1,700	3,780	5,900	8,400
1957 Consul, 4-cyl., 104" wb						
4d Sed	350	1,000	1,700	3,780	5,900	8,400
2d Conv	400	1,200	2,000	4,500	7,000	10,000
1957 Zephyr, 6-cyl., 107" wb						
4d Sed	350	1,000	1,700	3,830	5,950	8,500
2d Conv	400	1,200	2,000	4,500	7,000	10,000
1957 Zodiac, 6-cyl., 107" wb						
4d Sed	350	1,050	1,700	3,870	6,000	8,600
2d Conv	600	1,750	2,900	6,530	10,200	14,500
1958 Anglia, 4-cyl., 87" wb						
2d Sed	350	1,000	1,650	3,690	5,750	8,200
2d DeL Sed	350	1,000	1,650	3,740	5,800	8,300
1958 Prefect, 4-cyl., 87" wb						
4d Sed	350	1,000	1,650	3,690	5,750	8,200
1958 Escort/Squire, 4-cyl., 87" wb						
2d Sta Wag	350	1,000	1,700	3,780	5,900	8,400

	6	5	4	3	2	1
1958 Consul, 4-cyl., 104" wb						
4d Sed	350	1,000	1,700	3,780	5,900	8,400
2d Conv	400	1,200	2,000	4,500	7,000	10,000
1958 Zephyr, 6-cyl., 107" wb						
4d Sed	350	1,000	1,700	3,830	5,950	8,500
2d Conv	400	1,200	2,000	4,500	7,000	10,000
1958 Zodiac, 6-cyl., 107" wb						
4d Sed	350	1,050	1,700	3,870	6,000	8,600
2d Conv	600	1,750	2,900	6,530	10,200	14,500
1959 Anglia, 4-cyl., 87" wb						
2d DeL Sed	350	1,000	1,650	3,690	5,750	8,200
1959 Prefect, 4-cyl., 87" wb						
4d Sed	300	950	1,600	3,650	5,650	8,100
1959 Escort/Squire, 4-cyl., 87" wb						
2d Sta Wag	350	1,000	1,700	3,780	5,900	8,400
1959 Consul, 4-cyl., 104" wb						
4d Sed	350	1,000	1,700	3,780	5,900	8,400
2d Conv	400	1,200	2,000	4,500	7,000	10,000
4d Sta Wag	350	1,000	1,700	3,830	5,950	8,500
1959 Zephyr, 6-cyl., 107" wb						
4d Sed	350	1,000	1,700	3,830	5,950	8,500
2d Conv	400	1,200	2,000	4,500	7,000	10,000
4d Sta Wag	350	1,050	1,700	3,870	6,000	8,600
1959 Zodiac, 6-cyl., 107" wb						
4d Sed	350	1,050	1,700	3,870	6,000	8,600
2d Conv	400	1,200	2,000	4,550	7,050	10,100
4d Sta Wag	350	1,050	1,750	3,920	6,100	8,700
1960 Anglia, 4-cyl., 90" wb						
2d Sed	300	950	1,600	3,650	5,650	8,100
1960 Prefect, 4-cyl., 90" wb						
4d Sed	300	850	1,400	3,150	4,900	7,000
1960 Escort/Squire, 4-cyl., 87" wb						
2d Sta Wag	350	1,000	1,700	3,780	5,900	8,400
1960 Consul, 4-cyl., 104" wb						
4d Sed	350	1,000	1,700	3,780	5,900	8,400
2d Conv	400	1,150	1,900	4,280	6,650	9,500
1960 Zephyr, 6-cyl., 107" wb						
4d Sed	350	1,000	1,700	3,830	5,950	8,500
2d Conv	400	1,150	1,950	4,370	6,800	9,700
1960 Zodiac, 6-cyl., 107" wb						
4d Sed	350	1,050	1,700	3,870	6,000	8,600
2d Conv	400	1,200	2,000	4,500	7,000	10,000
1961 Anglia, 4-cyl., 90" wb						
2d Sed	300	850	1,400	3,200	4,950	7,100
1961 Prefect, 4-cyl., 90" wb						
4d Sed	300	850	1,400	3,150	4,900	7,000
1961 Escort, 4-cyl., 87" wb						
2d Sta Wag	350	1,000	1,700	3,780	5,900	8,400
1961 Consul, 4-cyl., 104" wb						
4d Sed	350	1,000	1,700	3,780	5,900	8,400
2d Conv	600	1,800	3,000	6,750	10,500	15,000
1961 Zephyr, 6-cyl., 107" wb						
4d Sed	350	1,000	1,700	3,830	5,950	8,500
2d Conv	600	1,850	3,100	6,980	10,900	15,500
1961 Zodiac, 6-cyl., 107" wb						
4d Sed	350	1,050	1,700	3,870	6,000	8,600
2d Conv	650	1,900	3,150	7,070	11,000	15,700
1962 Anglia, 4-cyl., 90" wb						
2d Sed	300	850	1,400	3,200	4,950	7,100
2d DeL Sed	300	850	1,450	3,240	5,050	7,200
2d Sta Wag	300	850	1,450	3,240	5,050	7,200
1962 Consul 315, 4-cyl., 99" wb						
2d Sed	300	900	1,450	3,290	5,100	7,300
4d DeL Sed	300	900	1,500	3,330	5,200	7,400
1962 Consul Capri, 4-cyl., 99" wb						
2d HT Cpe	350	1,000	1,700	3,830	5,950	8,500
1963 Anglia, 4-cyl., 90" wb						
2d Sed	300	850	1,400	3,200	4,950	7,100
2d DeL Sed	300	850	1,450	3,240	5,050	7,200
2d Sta Wag	300	850	1,450	3,240	5,050	7,200

	6	5	4	3	2	1
1963 Consul 315, 4-cyl., 99" wb						
2d Sed	300	900	1,450	3,290	5,100	7,300
4d DeL Sed.	300	900	1,500	3,330	5,200	7,400
1963 Capri, 4-cyl., 99" wb						
2d HT Cpe	350	1,000	1,700	3,830	5,950	8,500
1963 Cortina, 4-cyl., 98" wb						
2d DeL Sed.	300	850	1,450	3,240	5,050	7,200
4d DeL Sed.	300	900	1,450	3,290	5,100	7,300
4d Sta Wag.	300	900	1,450	3,290	5,100	7,300
1963 Zephyr, 6-cyl., 107" wb						
4d Sed	300	900	1,500	3,330	5,200	7,400
1963 Zodiac, 6-cyl., 107" wb						
4d Sed	300	900	1,500	3,380	5,250	7,500
1964 Anglia, 4-cyl., 90" wb						
2d Sed	300	850	1,400	3,200	4,950	7,100
2d DeL Sed.	300	850	1,450	3,240	5,050	7,200
2d Sta Wag.	300	850	1,450	3,240	5,050	7,200
1964 Consul 315, 4-cyl., 99" wb						
2d Sed	300	900	1,450	3,290	5,100	7,300
4d DeL Sed.	300	900	1,500	3,330	5,200	7,400
1964 Consul Capri, 4-cyl., 99" wb						
2d Cpe	350	1,000	1,700	3,830	5,950	8,500
2d GT Cpe	350	1,050	1,750	3,920	6,100	8,700
1964 Cortina, 4-cyl., 98" wb						
2d GT Sed	300	900	1,500	3,420	5,300	7,600
2d DeL Sed.	300	900	1,500	3,380	5,250	7,500
4d DeL Sed.	300	900	1,500	3,330	5,200	7,400
4d Sta Wag.	300	900	1,500	3,330	5,200	7,400
1964 Zodiac, 6-cyl., 107" wb						
4d Sed	300	900	1,500	3,380	5,250	7,500
1965 Anglia, 4-cyl., 90" wb						
2d DeL Sed.	300	850	1,450	3,240	5,050	7,200
1965 Capri, 4-cyl., 99" wb						
2d Cpe	300	900	1,450	3,290	5,100	7,300
2d GT Cpe	300	900	1,500	3,330	5,200	7,400
1965 Cortina, 4-cyl., 98" wb						
2d GT Sed	300	950	1,600	3,600	5,600	8,000
2d Sed	300	850	1,450	3,240	5,050	7,200
4d Sed	300	850	1,400	3,200	4,950	7,100
4d Sta Wag.	300	850	1,400	3,200	4,950	7,100
1966 Anglia 1200, 4-cyl., 90" wb						
2d DeL Sed.	300	850	1,450	3,240	5,050	7,200
1966 Cortina 1500, 4-cyl., 98" wb						
2d GT Sed	300	950	1,600	3,600	5,600	8,000
2d Sed	300	850	1,450	3,240	5,050	7,200
4d Sed	300	900	1,450	3,290	5,100	7,300
4d Sta Wag.	300	900	1,500	3,330	5,200	7,400
1966 Cortina Lotus, 4-cyl., 98" wb						
2d Sed	650	2,000	3,300	7,430	11,600	16,500
1967 Anglia 113E, 4-cyl., 90" wb						
2d DeL Sed.	300	850	1,450	3,240	5,050	7,200
1967 Cortina 116E, 4-cyl., 98" wb						
2d GT Sed	300	900	1,450	3,290	5,100	7,300
2d Sed	300	850	1,400	3,200	4,950	7,100
4d Sed	300	850	1,450	3,240	5,050	7,200
4d Sta Wag.	300	900	1,500	3,380	5,250	7,500
1968 Cortina, 4-cyl., 98" wb						
2d Sed	300	900	1,450	3,290	5,100	7,300
4d Sed	300	900	1,500	3,330	5,200	7,400
2d GT Sed	300	900	1,500	3,380	5,250	7,500
4d GT Sed	300	900	1,500	3,380	5,250	7,500
4d Sta Wag.	300	900	1,500	3,380	5,250	7,500
1969 Cortina, 4-cyl., 98" wb						
2d Sed	300	900	1,450	3,290	5,100	7,300
4d Sed	300	900	1,500	3,330	5,200	7,400
2d GT Sed	300	900	1,500	3,420	5,300	7,600
4d GT Sed	300	900	1,500	3,420	5,300	7,600
2d DeL Sed.	300	900	1,500	3,380	5,250	7,500
4d DeL Sed.	300	900	1,500	3,380	5,250	7,500
4d Sta Wag.	300	900	1,500	3,420	5,300	7,600
1970 Cortina, 4-cyl., 98" wb						
2d Sed	300	900	1,450	3,290	5,100	7,300
4d Sed	300	900	1,500	3,330	5,200	7,400

	6	5	4	3	2	1
2d GT Sed	300	900	1,500	3,420	5,300	7,600
4d GT Sed	300	900	1,500	3,420	5,300	7,600
2d DeL Sed	300	900	1,500	3,380	5,250	7,500
4d DeL Sed	300	900	1,500	3,380	5,250	7,500
4d Sta Wag	300	900	1,500	3,420	5,300	7,600

FORD-CAPRI

1969-70 1600, 4-cyl., 1599cc, 100.8" wb
2d Spt Cpe	340	1,020	1,700	3,830	5,950	8,500

1971 1600, 4-cyl., 1599cc, 100.8" wb
2d Spt Cpe	360	1,080	1,800	4,050	6,300	9,000

1971 2000, 4-cyl., 1993cc. 100.8" wb
2d Spt Cpe	380	1,140	1,900	4,280	6,650	9,500

1972 1600, 4-cyl., 1599cc. 100.8" wb
2d Spt Cpe	340	1,020	1,700	3,830	5,950	8,500

1972 2000, 4-cyl., 1993cc. 100.8" wb
2d Spt Cpe	360	1,080	1,800	4,050	6,300	9,000

1972 2600, V-6, 2548cc, 100.8" wb
2d Spt Cpe	380	1,140	1,900	4,280	6,650	9,500

1973 2000, 4-cyl., 1993cc, 100.8" wb
2d Spt Cpe	360	1,080	1,800	4,050	6,300	9,000

1973 2600, V-6, 2548cc, 100.8" wb
2d Spt Cpe	380	1,140	1,900	4,280	6,650	9,500

1974 2000, 4-cyl., 1993cc, 100.8" wb
2d Spt Cpe	360	1,080	1,800	4,050	6,300	9,000

1974 2800, V-6, 2792cc, 100.8" wb
2d Spt Cpe	380	1,140	1,900	4,280	6,650	9,500

1975-76 2300, 4-cyl., 2300cc, 100.9" wb
2d HBk Cpe	360	1,080	1,800	4,050	6,300	9,000
2d Ghia Cpe	380	1,140	1,900	4,280	6,650	9,500
2d "S" Cpe	380	1,140	1,900	4,280	6,650	9,500

1975-76 2800, V-6, 2795cc, 100.9" wb
2d HBk Cpe	360	1,080	1,800	4,050	6,300	9,000

NOTE: No Capris were imported for the 1975 model year. Late in the year came the Capri II (intended as a '76 model).

1977-78 2300, 4-cyl., 2300cc, 100.9" wb
2d HBk Cpe	360	1,080	1,800	4,050	6,300	9,000
2d Ghia Cpe	380	1,140	1,900	4,280	6,650	9,500

1977-78 2800, V-6, 2795cc, 100.9" wb
2d HBk Cpe	380	1,140	1,900	4,280	6,650	9,500

NOTE: 1977 was the final model year for Capri II. They were not imported after 1977.

GEO

1989 Metro
2d HBk	184	552	920	2,070	3,220	4,600
2d HBk LSi	204	612	1,020	2,300	3,570	5,100
4d Sed LSi	208	624	1,040	2,340	3,640	5,200

1989 Prizm
4d Sed	264	792	1,320	2,970	4,620	6,600
5d HBk	268	804	1,340	3,020	4,690	6,700

1989 Spectrum
2d HBk	224	672	1,120	2,520	3,920	5,600
4d Sed	232	696	1,160	2,610	4,060	5,800

1989 Tracker (4x4)
Wag HT	340	1,020	1,700	3,830	5,950	8,500
Wag Soft-top	320	960	1,600	3,600	5,600	8,000

1990 Metro, 3-cyl.
2d HBk XFi	112	336	560	1,260	1,960	2,800
2d HBk	116	348	580	1,310	2,030	2,900
2d HBk LSi	124	372	620	1,400	2,170	3,100
4d HBk	116	348	580	1,310	2,030	2,900
4d HBk LSi	132	396	660	1,490	2,310	3,300
2d Conv LSi	200	600	1,000	2,250	3,500	5,000

1990 Prizm, 4-cyl.
4d Sed	240	720	1,200	2,700	4,200	6,000
4d Sed GSi	260	780	1,300	2,930	4,550	6,500
4d HBk	256	768	1,280	2,880	4,480	6,400
4d HBk GSi	276	828	1,380	3,110	4,830	6,900

	6	5	4	3	2	1
1990 Storm, 4-cyl.						
2d HBk (2 plus 2)	220	660	1,100	2,480	3,850	5,500
2d HBk (2 plus 2) GSi	240	720	1,200	2,700	4,200	6,000
1991 Metro						
2d HBk	100	300	500	1,130	1,750	2,500
2d HBk XFi	104	312	520	1,170	1,820	2,600
2d HBk LSi	112	336	560	1,260	1,960	2,800
4d HBk	104	312	520	1,170	1,820	2,600
4d HBk LSi	112	336	560	1,260	1,960	2,800
2d Conv LSi	156	468	780	1,760	2,730	3,900
1991 Prizm						
4d NBk	200	600	1,000	2,250	3,500	5,000
4d NBk GSi	220	660	1,100	2,480	3,850	5,500
4d HBk	204	612	1,020	2,300	3,570	5,100
4d HBk GSi	224	672	1,120	2,520	3,920	5,600
1991 Storm						
2d Cpe	180	540	900	2,030	3,150	4,500
2d Cpe GSi	200	600	1,000	2,250	3,500	5,000
2d HBk	180	540	900	2,030	3,150	4,500
1992 Metro, 3-cyl.						
2d HBk XFi	120	360	600	1,350	2,100	3,000
2d HBk	128	384	640	1,440	2,240	3,200
2d HBk LSi	140	420	700	1,580	2,450	3,500
4d HBk	128	384	640	1,440	2,240	3,200
4d HBk LSi	140	420	700	1,580	2,450	3,500
2d Conv LSi	180	540	900	2,030	3,150	4,500
1992 Prizm, 4-cyl.						
4d Sed	200	600	1,000	2,250	3,500	5,000
4d Sed GSi	240	720	1,200	2,700	4,200	6,000
1992 Storm, 4-cyl.						
2d Cpe	168	504	840	1,890	2,940	4,200
2d HBk	180	540	900	2,030	3,150	4,500
2d Cpe GSi	220	660	1,100	2,480	3,850	5,500
1993 Metro, 3-cyl.						
2d XFi HBk	152	456	760	1,710	2,660	3,800
2d HBk	156	468	780	1,760	2,730	3,900
2d LSi HBk	156	468	780	1,760	2,730	3,900
4d HBk	160	480	800	1,800	2,800	4,000
4d LSi HBk	160	480	800	1,800	2,800	4,000
2d LSi Conv	260	780	1,300	2,930	4,550	6,500
1993 Prizm						
4d Sed	220	660	1,100	2,480	3,850	5,500
4d LSi Sed	224	672	1,120	2,520	3,920	5,600
1993 Storm						
2d Cpe	228	684	1,140	2,570	3,990	5,700
2d GSi Cpe	232	696	1,160	2,610	4,060	5,800
1994 Metro, 3-cyl.						
2d HBk XFi	128	384	640	1,440	2,240	3,200
2d HBk	136	408	680	1,530	2,380	3,400
4d HBk	140	420	700	1,580	2,450	3,500
1994 Prizm, 4-cyl.						
4d Sed	220	660	1,100	2,480	3,850	5,500
4d Sed LSi	224	672	1,120	2,520	3,920	5,600
1995 Metro, 4-cyl.						
2d HBk (3-cyl.)	150	400	650	1,440	2,250	3,200
2d HBk LSi (3-cyl.)	150	400	700	1,530	2,400	3,400
2d HBk LSi	150	400	700	1,580	2,450	3,500
4d Sed	150	400	700	1,530	2,400	3,400
4d Sed LSi	150	450	700	1,620	2,500	3,600
1995 Prizm, 4-cyl.						
4d Sed	200	650	1,100	2,480	3,850	5,500
4d Sed LSi	200	650	1,100	2,520	3,900	5,600
1996 Metro, 4-cyl.						
2d HBk (3-cyl.)	150	400	650	1,440	2,250	3,200
2d HBk	150	400	650	1,490	2,300	3,300
2d HBk LSi (3-cyl.)	150	400	700	1,530	2,400	3,400
2d HBk LSi	150	400	700	1,580	2,450	3,500
4d Sed	150	400	700	1,530	2,400	3,400
4d Sed LSi	150	450	700	1,620	2,500	3,600
1996 Prizm, 4-cyl.						
4d Sed	200	650	1,100	2,480	3,850	5,500
4d Sed LSi	200	650	1,100	2,520	3,900	5,600
1997 Metro, 4-cyl.						
2d HBk (3-cyl.)	128	384	640	1,440	2,240	3,200

	6	5	4	3	2	1
2d HBk LSi	136	408	680	1,530	2,380	3,400
4d Sed LSi	144	432	720	1,620	2,520	3,600
1997 Prizm, 4-cyl.						
4d Sed	220	660	1,100	2,480	3,850	5,500
4d Sed LSi	224	672	1,120	2,520	3,920	5,600

HILLMAN

	6	5	4	3	2	1
1948 Minx, 4-cyl., 92" wb						
4d Sed	300	850	1,400	3,150	4,900	7,000
2d Conv	540	1,620	2,700	6,080	9,450	13,500
4d Est Wag	300	950	1,600	3,600	5,600	8,000
1949 Minx, 4-cyl., 93" wb						
4d Sed	300	850	1,400	3,150	4,900	7,000
2d Conv	540	1,620	2,700	6,080	9,450	13,500
4d Est Wag	300	950	1,600	3,600	5,600	8,000
1950 Minx, 4-cyl., 93" wb						
4d Sed	300	850	1,400	3,150	4,900	7,000
2d Conv	540	1,620	2,700	6,080	9,450	13,500
4d Est Wag	300	950	1,600	3,600	5,600	8,000
1951 Minx Mk IV, 4-cyl., 93" wb						
4d Sed	300	850	1,400	3,150	4,900	7,000
2d Conv	540	1,620	2,700	6,080	9,450	13,500
4d Est Wag	300	950	1,600	3,600	5,600	8,000
1952 Minx Mk IV, 4-cyl., 93" wb						
4d Sed	300	850	1,400	3,150	4,900	7,000
2d Conv	540	1,620	2,700	6,080	9,450	13,500
4d Est Wag	300	900	1,500	3,380	5,250	7,500
1952 Minx Mk V, 4-cyl., 93" wb						
4d Sed	300	850	1,400	3,150	4,900	7,000
2d Conv	544	1,632	2,720	6,120	9,520	13,600
4d Est Wag	300	950	1,600	3,600	5,600	8,000
1953 Minx Mk VI, 4-cyl., 93" wb						
4d Sed	300	850	1,400	3,150	4,900	7,000
2d HT	350	1,100	1,800	4,050	6,300	9,000
2d Conv	548	1,644	2,740	6,170	9,590	13,700
4d Est Wag	300	950	1,600	3,600	5,600	8,000
1954 Minx Mk VII, 4-cyl., 93" wb						
4d Sed	300	850	1,400	3,150	4,900	7,000
2d HT	350	1,100	1,800	4,050	6,300	9,000
2d Conv	548	1,644	2,740	6,170	9,590	13,700
4d Est Wag	300	950	1,600	3,600	5,600	8,000
1955 Husky, 4-cyl., 84" wb						
2d Sta Wag	300	950	1,600	3,600	5,600	8,000
1955 Minx Mk VIII, 4-cyl., 93" wb						
4d Sed	300	850	1,400	3,150	4,900	7,000
2d HT Cpe	350	1,100	1,800	4,050	6,300	9,000
2d Conv	548	1,644	2,740	6,170	9,590	13,700
4d Est Wag	300	950	1,600	3,600	5,600	8,000
1956 Husky, 4-cyl., 84" wb						
2d Sta Wag	300	900	1,500	3,380	5,250	7,500
1956 Minx Mk VIII, 4-cyl., 93" wb						
4d Sed	300	900	1,500	3,380	5,250	7,500
2d HT Cpe	350	1,100	1,800	4,050	6,300	9,000
2d Conv	548	1,644	2,740	6,170	9,590	13,700
4d Est Wag	300	950	1,600	3,600	5,600	8,000
1957 Husky, 4-cyl., 84" wb						
2d Sta Wag	300	950	1,600	3,600	5,600	8,000
1957 New Minx, 4-cyl., 96" wb						
4d Sed	300	850	1,400	3,150	4,900	7,000
2d Conv	536	1,608	2,680	6,030	9,380	13,400
4d Est Wag	350	1,000	1,650	3,690	5,750	8,200
1958 Husky, 4-cyl., 84" wb						
2d Sta Wag	300	950	1,600	3,600	5,600	8,000
1958 Husky, 2nd Series, 4-cyl., 86" wb						
2d Sta Wag	300	900	1,500	3,420	5,300	7,600
1958 Minx, 4-cyl., 96" wb						
4d Spl Sed	300	850	1,400	3,150	4,900	7,000
4d DeL Sed	300	900	1,500	3,380	5,250	7,500
2d Conv	536	1,608	2,680	6,030	9,380	13,400
4d Est Wag	350	1,000	1,700	3,780	5,900	8,400
1959 Husky, 4-cyl., 86" wb						
2d Sta Wag	300	900	1,500	3,380	5,250	7,500

	6	5	4	3	2	1
1959 Minx Series II, 4-cyl., 96" wb						
4d Spl Sed	300	900	1,500	3,380	5,250	7,500
4d DeL Sed	300	900	1,500	3,380	5,250	7,500
2d Conv	400	1,150	1,900	4,230	6,600	9,400
4d Est Wag	300	900	1,550	3,470	5,400	7,700
1960 Husky, 4-cyl., 86" wb						
2d Sta Wag	300	900	1,500	3,380	5,250	7,500
1960 Minx Series IIIA, 4-cyl., 96" wb						
4d Spl Sed	300	900	1,500	3,380	5,250	7,500
4d DeL Sed	300	900	1,500	3,380	5,250	7,500
2d Conv	400	1,150	1,900	4,280	6,650	9,500
4d Est Wag	300	900	1,550	3,470	5,400	7,700
1961 Husky, 4-cyl., 86" wb						
2d Sta Wag	300	900	1,500	3,380	5,250	7,500
1961 Minx Series IIIA, 4-cyl., 96" wb						
4d Spl Sed	300	900	1,500	3,380	5,250	7,500
4d DeL Sed	300	900	1,500	3,380	5,250	7,500
2d Conv	540	1,620	2,700	6,080	9,450	13,500
4d Est Wag	300	900	1,550	3,470	5,400	7,700
1962 Husky, 4-cyl., 86" wb						
2d Sta Wag	300	900	1,500	3,380	5,250	7,500
1962 Minx Series 1600, 4-cyl., 96" wb						
4d Sed	300	850	1,400	3,150	4,900	7,000
2d Conv	500	1,550	2,600	5,850	9,100	13,000
4d Est Wag	300	900	1,550	3,470	5,400	7,700
1962 Super Minx, 4-cyl., 101" wb						
4d Sed	300	900	1,500	3,380	5,250	7,500
1963 Husky II, 4-cyl., 86" wb						
2d Sta Wag	300	900	1,500	3,380	5,250	7,500
1963 Minx Series 1600, 4-cyl., 96" wb						
4d Sed	300	850	1,400	3,150	4,900	7,000
1963 Super Minx Mk I, 4-cyl., 101" wb						
4d Sed	300	850	1,400	3,150	4,900	7,000
2d Conv	520	1,560	2,600	5,850	9,100	13,000
4d Est Wag	300	900	1,550	3,470	5,400	7,700
1963 Super Minx Mk II, 4-cyl., 101" wb						
4d Sed	520	1,560	2,600	5,850	9,100	13,000
2d Conv	528	1,584	2,640	5,940	9,240	13,200
4d Est Wag	300	950	1,550	3,510	5,450	7,800
1964 Husky, 4-cyl., 86" wb						
2d Sta Wag	300	900	1,500	3,380	5,250	7,500
1964 Minx Series 1600 Mk V, 4-cyl., 96" wb						
4d Sed	300	850	1,400	3,150	4,900	7,000
1964 Super Minx Mk II, 4-cyl., 101" wb						
4d Sed	300	850	1,400	3,150	4,900	7,000
2d Conv	524	1,572	2,620	5,900	9,170	13,100
4d Est Wag	300	900	1,500	3,420	5,300	7,600
1965 Husky, 4-cyl., 86" wb						
2d Sta Wag	300	900	1,500	3,380	5,250	7,500
1965 Super Minx Mk II, 4-cyl., 101" wb						
4d Sed	300	850	1,400	3,150	4,900	7,000
4d Est Wag	300	900	1,550	3,470	5,400	7,700
1966 Husky, 4-cyl., 86" wb						
2d Sta Wag	300	900	1,500	3,380	5,250	7,500
1966 Super Minx Mk III, 4-cyl., 101" wb						
4d Sed	300	850	1,400	3,150	4,900	7,000
4d Est Wag	300	900	1,550	3,470	5,400	7,700
1967 Husky, 4-cyl., 86" wb						
2d Sta Wag	300	900	1,550	3,470	5,400	7,700

HONDA

	6	5	4	3	2	1
1967-70 S 800						
2d	450	1,400	2,300	5,180	8,050	11,500
1970-72 N 600						
2d	300	850	1,400	3,150	4,900	7,000
2d AZ600	350	1,100	1,800	4,050	6,300	9,000
1973-78 Civic						
2d	250	700	1,200	2,700	4,200	6,000
4d Sta Wag	250	750	1,200	2,750	4,250	6,100

	6	5	4	3	2	1
1976-79 Accord						
HBk	220	660	1,100	2,480	3,850	5,500
LX HBx (1978-79 only)	240	720	1,200	2,700	4,200	6,000
4 Sed (1979 only)	240	720	1,200	2,700	4,200	6,000
1979 Civic						
2d	250	750	1,200	2,750	4,250	6,100
4d Sta Wag	250	750	1,250	2,790	4,350	6,200
1980 Civic 1300						
3d HBk	200	600	1,000	2,250	3,500	5,000
3d DX	200	600	1,000	2,250	3,500	5,000
1980 Civic 1500						
3d HBk	200	600	1,000	2,250	3,500	5,000
3d HBk DX	200	600	1,000	2,300	3,550	5,100
3d HBk GL	200	600	1,050	2,340	3,650	5,200
5d Sta Wag	200	600	1,000	2,300	3,550	5,100
1980 Accord						
3d HBk	200	650	1,100	2,480	3,850	5,500
4d Sed	250	700	1,200	2,700	4,200	6,000
3d HBk LX	250	700	1,200	2,700	4,200	6,000
1980 Prelude						
2d Cpe	250	800	1,350	3,020	4,700	6,700
1981 Civic 1300						
3d HBk	200	600	1,000	2,250	3,500	5,000
3d HBk DX	200	600	1,000	2,300	3,550	5,100
1981 Civic 1500						
3d HBk DX	200	600	1,000	2,250	3,500	5,000
3d HBk GL	200	600	1,000	2,250	3,500	5,000
4d Sed	200	600	1,000	2,300	3,550	5,100
4d Sta Wag	200	600	1,000	2,300	3,550	5,100
1981 Accord						
3d HBk	250	700	1,200	2,700	4,200	6,000
4d Sed	250	700	1,200	2,700	4,200	6,000
3d HBk LX	250	750	1,200	2,750	4,250	6,100
4d Sed SE	250	750	1,200	2,750	4,250	6,100
1981 Prelude						
2d Cpe	300	850	1,400	3,150	4,900	7,000
1982 Civic 1300						
3d HBk	200	600	1,000	2,250	3,500	5,000
3d HBk FE	200	600	1,000	2,250	3,500	5,000
1982 Civic 1500						
3d HBk DX	200	600	1,000	2,300	3,550	5,100
3d HBk GL	200	600	1,050	2,340	3,650	5,200
4d Sed	200	650	1,050	2,390	3,700	5,300
4d Sta Wag	250	750	1,200	2,750	4,250	6,100
1982 Accord						
3d HBk	250	700	1,200	2,700	4,200	6,000
4d Sed	250	750	1,200	2,750	4,250	6,100
3d HBk LX	250	750	1,250	2,790	4,350	6,200
1982 Prelude						
2d Cpe	300	850	1,450	3,240	5,050	7,200
1983 Civic 1300						
3d HBk	200	600	1,000	2,250	3,500	5,000
3d HBk FE	200	600	1,000	2,250	3,500	5,000
1983 Civic 1500						
3d HBk DX	200	600	1,000	2,300	3,550	5,100
3d HBk S	200	600	1,050	2,340	3,650	5,200
4d Sed	200	650	1,050	2,390	3,700	5,300
4d Sta Wag	200	600	1,000	2,300	3,550	5,100
1983 Accord						
3d HBk	250	700	1,200	2,700	4,200	6,000
3d HBk LX	250	750	1,200	2,750	4,250	6,100
4d Sed	250	750	1,250	2,790	4,350	6,200
1983 Prelude						
2d Cpe	300	900	1,450	3,290	5,100	7,300
1984 Civic 1300						
2d Cpe CRX	200	600	1,000	2,250	3,500	5,000
3d HBk	200	600	1,000	2,250	3,500	5,000
1984 Civic 1500						
2d Cpe CRX	250	700	1,200	2,700	4,200	6,000
3d HBk DX	200	600	1,000	2,250	3,500	5,000
3d HBk S	200	600	1,000	2,250	3,500	5,000
4d Sed	200	600	1,050	2,340	3,650	5,200
4d Sta Wag	200	600	1,050	2,340	3,650	5,200

	6	5	4	3	2	1
1984 Accord						
3d HBk	200	650	1,100	2,520	3,900	5,600
3d HBk LX	250	700	1,150	2,570	4,000	5,700
4d Sed	250	700	1,150	2,610	4,050	5,800
4d Sed LX	250	700	1,200	2,700	4,200	6,000
1984 Prelude						
2d Cpe	300	850	1,400	3,150	4,900	7,000
1985 Civic 1300						
3d HBk	200	600	1,000	2,250	3,500	5,000
1985 Civic 1500						
2d Cpe CRX HF	250	700	1,200	2,700	4,200	6,000
2d Cpe CRX	250	750	1,250	2,790	4,350	6,200
2d Cpe CRX Si	250	800	1,300	2,930	4,550	6,500
3d HBk DX	200	650	1,100	2,480	3,850	5,500
3d HBk S	200	550	900	2,030	3,150	4,500
4d Sed	200	550	900	2,070	3,200	4,600
4d Sta Wag	200	550	900	2,030	3,150	4,500
4d Sta Wag (4x4)	200	600	1,000	2,250	3,500	5,000
1985 Accord						
3d HBk	250	800	1,300	2,930	4,550	6,500
3d HBk LX	300	850	1,400	3,150	4,900	7,000
4d Sed	300	850	1,400	3,200	4,950	7,100
4d Sed LX	300	900	1,450	3,290	5,100	7,300
4d Sed SEi	300	950	1,600	3,600	5,600	8,000
1985 Prelude						
2d Cpe	300	950	1,600	3,600	5,600	8,000
2d Cpe Si	350	1,050	1,750	3,960	6,150	8,800
1986 Civic						
3d HBk	200	550	950	2,120	3,300	4,700
3d HBk DX	200	600	1,050	2,340	3,650	5,200
3d HBk Si	250	700	1,200	2,660	4,150	5,900
4d Sed	250	700	1,200	2,700	4,200	6,000
4d Sta Wag	200	650	1,100	2,480	3,850	5,500
4d Sta Wag (4x4)	250	750	1,200	2,750	4,250	6,100
1986 Civic CRX						
2d Cpe HF	250	700	1,150	2,570	4,000	5,700
2d Cpe Si	250	800	1,300	2,930	4,550	6,500
2d Cpe	250	700	1,200	2,700	4,200	6,000
1986 Accord						
3d HBk DX	300	850	1,400	3,200	4,950	7,100
3d HBk LXi	350	1,000	1,700	3,830	5,950	8,500
4d Sed DX	300	950	1,600	3,600	5,600	8,000
4d Sed LX	350	1,000	1,700	3,830	5,950	8,500
4d Sed LXi	400	1,150	1,900	4,230	6,600	9,400
1986 Prelude						
2d Cpe	350	1,100	1,850	4,190	6,500	9,300
2d Cpe Si	400	1,200	2,050	4,590	7,150	10,200
1987 Civic						
3d HBk	200	600	1,000	2,250	3,500	5,000
3d HBk DX	200	650	1,100	2,520	3,900	5,600
3d HBk Si	250	750	1,250	2,840	4,400	6,300
4d Sed	250	800	1,300	2,930	4,550	6,500
4d Sta Wag	250	700	1,200	2,660	4,150	5,900
4d Sta Wag (4x4)	250	800	1,300	2,970	4,600	6,600
1987 Civic CRX						
2d Cpe HF	250	750	1,200	2,750	4,250	6,100
2d Cpe	250	750	1,300	2,880	4,500	6,400
2d Cpe Si	300	850	1,400	3,150	4,900	7,000
1987 Accord						
3d HBk DX	300	900	1,500	3,380	5,250	7,500
3d HBk LXi	300	950	1,600	3,560	5,550	7,900
4d Sed DX	350	1,000	1,650	3,690	5,750	8,200
4d Sed LX	300	950	1,600	3,600	5,600	8,000
4d Sed LXi	400	1,200	2,000	4,500	7,000	10,000
1987 Prelude						
2d Cpe	400	1,200	2,000	4,500	7,000	10,000
2d Cpe Si	450	1,400	2,300	5,180	8,050	11,500
1988 Civic						
3d HBk	200	650	1,100	2,480	3,850	5,500
3d HBk DX	250	800	1,300	2,930	4,550	6,500
4d Sed DX	250	800	1,350	3,020	4,700	6,700
4d Sed LX	300	900	1,450	3,290	5,100	7,300
4d Sta Wag	250	750	1,250	2,840	4,400	6,300
4d Sta Wag (4x4)	250	700	1,200	2,700	4,200	6,000

1974 Ford Capri coupe

1978 Honda Civic CVCC station wagon

1987 Honda Accord DX sedan

IMPORT CARS

	6	5	4	3	2	1
1988 Civic CRX						
2d Cpe HF	300	850	1,400	3,150	4,900	7,000
2d Cpe Si	300	950	1,600	3,600	5,600	8,000
2d Cpe	300	900	1,450	3,290	5,100	7,300
1988 Accord						
3d HBk DX	300	950	1,600	3,650	5,650	8,100
3d HBk LXi	400	1,150	1,900	4,280	6,650	9,500
2d Cpe DX	350	1,000	1,650	3,740	5,800	8,300
2d Cpe LXi	350	1,100	1,800	4,050	6,300	9,000
4d Sed DX	350	1,000	1,700	3,830	5,950	8,500
4d Sed LX	350	1,050	1,750	3,920	6,100	8,700
4d Sed LXi	400	1,200	2,000	4,500	7,000	10,000
1988 Prelude						
2d Cpe S	400	1,250	2,100	4,730	7,350	10,500
2d Cpe Si	500	1,450	2,400	5,400	8,400	12,000
2d Cpe Si (4x4)	500	1,500	2,500	5,630	8,750	12,500
1989 Civic						
3d HBk	250	800	1,350	3,060	4,750	6,800
3d HBk DX	300	950	1,550	3,510	5,450	7,800
3d HBk Si	350	1,050	1,700	3,870	6,000	8,600
4d Sed DX	350	1,050	1,750	3,960	6,150	8,800
4d Sed LX	400	1,150	1,900	4,230	6,600	9,400
4d Sta Wag	350	1,000	1,700	3,830	5,950	8,500
4d Sta Wag (4x4)	400	1,150	1,900	4,230	6,600	9,400
1989 Civic CRX						
2d Cpe HF	350	1,000	1,700	3,830	5,950	8,500
2d Cpe	350	1,100	1,800	4,050	6,300	9,000
2d Cpe Si	450	1,300	2,200	4,950	7,700	11,000
1989 Accord						
3d HBk DX	400	1,200	2,050	4,590	7,150	10,200
3d HBk LXi	500	1,500	2,450	5,540	8,600	12,300
2d Cpe DX	450	1,350	2,200	5,000	7,750	11,100
2d Cpe LXi	550	1,600	2,650	5,990	9,300	13,300
4d Sed DX	450	1,350	2,250	5,090	7,900	11,300
4d Sed LX	450	1,400	2,300	5,180	8,050	11,500
4d Sed LXi	550	1,600	2,650	5,990	9,300	13,300
2d Cpe SEi	550	1,600	2,650	5,990	9,300	13,300
4d Sed SEi	550	1,700	2,800	6,300	9,800	14,000
1989 Prelude						
2d Cpe S	400	1,250	2,100	4,730	7,350	10,500
2d Cpe Si	500	1,550	2,550	5,760	8,950	12,800
2d Cpe Si (4x4)	550	1,600	2,650	5,990	9,300	13,300
1990 Civic, 4-cyl.						
2d HBk	200	600	1,000	2,250	3,500	5,000
2d HBk DX	200	650	1,100	2,480	3,850	5,500
2d HBk Si	250	700	1,200	2,700	4,200	6,000
4d Sed DX	250	800	1,300	2,930	4,550	6,500
4d Sed LX	300	850	1,400	3,150	4,900	7,000
4d Sed EX	300	900	1,450	3,290	5,100	7,300
4d Sta Wag	250	800	1,300	2,930	4,550	6,500
4d Sta Wag 4x4	300	850	1,400	3,150	4,900	7,000
1990 Civic CRX, 4-cyl.						
2d Cpe HF	250	700	1,200	2,700	4,200	6,000
2d Cpe	250	800	1,300	2,930	4,550	6,500
2d Cpe Si	300	850	1,400	3,150	4,900	7,000
1990 Accord, 4-cyl.						
2d Cpe DX	300	900	1,500	3,380	5,250	7,500
2d Cpe LX	300	950	1,600	3,600	5,600	8,000
2d Cpe EX	350	1,000	1,700	3,830	5,950	8,500
4d Sed DX	300	950	1,600	3,600	5,600	8,000
4d Sed LX	350	1,000	1,700	3,830	5,950	8,500
4d Sed EX	400	1,150	1,900	4,280	6,650	9,500
1990 Prelude, 4-cyl.						
2d 2.0 Cpe S	350	1,000	1,700	3,830	5,950	8,500
2d 2.0 Cpe Si	350	1,100	1,800	4,050	6,300	9,000
2d Cpe Si	400	1,150	1,900	4,280	6,650	9,500
2d Cpe Si 4WS	400	1,200	2,000	4,500	7,000	10,000
1991 Civic						
2d HBk	200	550	950	2,120	3,300	4,700
2d HBk DX	200	600	1,000	2,250	3,500	5,000
2d HBk Si	200	650	1,100	2,480	3,850	5,500
4d Sed DX	250	700	1,200	2,700	4,200	6,000
4d Sed LX	250	750	1,250	2,840	4,400	6,300
4d Sed EX	250	800	1,350	3,020	4,700	6,700
4d Sta Wag	250	700	1,200	2,700	4,200	6,000

	6	5	4	3	2	1
4d Sta Wag 4x4	250	800	1,350	3,020	4,700	6,700
2d Cpe CRX HF	200	650	1,100	2,480	3,850	5,500
2d Cpe CRX	250	700	1,200	2,700	4,200	6,000
2d Cpe CRX Si	250	800	1,300	2,930	4,550	6,500
1991 Accord						
2d Cpe DX	250	800	1,300	2,930	4,550	6,500
2d Cpe LX	300	900	1,500	3,380	5,250	7,500
2d Cpe EX	350	1,000	1,700	3,830	5,950	8,500
4d Sed DX	250	800	1,300	2,930	4,550	6,500
4d Sed LX	300	900	1,500	3,380	5,250	7,500
4d Sed EX	350	1,000	1,700	3,830	5,950	8,500
4d Sed SE	350	1,100	1,800	4,050	6,300	9,000
4d Sta Wag LX	350	1,100	1,850	4,190	6,500	9,300
4d Sta Wag EX	400	1,150	1,900	4,280	6,650	9,500
1991 Prelude						
2d 2.0 Si Cpe	350	1,000	1,700	3,830	5,950	8,500
2d Si Cpe	350	1,100	1,800	4,050	6,300	9,000
2d Si Cpe 4WS	400	1,150	1,900	4,280	6,650	9,500
1992 Civic, 4-cyl.						
2d Cpe CX	200	650	1,100	2,480	3,850	5,500
2d HBk DX	250	700	1,200	2,700	4,200	6,000
2d HBk VX	250	700	1,200	2,700	4,200	6,000
2d HBk Si	250	800	1,350	3,020	4,700	6,700
4d Sed DX	250	800	1,350	3,020	4,700	6,700
4d Sed LX	300	850	1,400	3,150	4,900	7,000
4d Sed EX	350	1,000	1,650	3,740	5,800	8,300
4d Sta Wag	300	850	1,400	3,150	4,900	7,000
1992 Accord, 4-cyl.						
2d Cpe DX	300	900	1,500	3,380	5,250	7,500
2d Cpe LX	300	950	1,600	3,600	5,600	8,000
2d Cpe EX	300	950	1,600	3,600	5,600	8,000
4d Sed DX	300	950	1,600	3,600	5,600	8,000
4d Sed LX	350	1,000	1,700	3,830	5,950	8,500
4d Sed EX	400	1,200	2,000	4,500	7,000	10,000
4d Sta Wag LX	400	1,200	2,000	4,500	7,000	10,000
4d Sta Wag EX	400	1,250	2,100	4,730	7,350	10,500
1992 Prelude, 4-cyl.						
2d S Cpe	400	1,200	2,000	4,500	7,000	10,000
2d Si Cpe	400	1,250	2,100	4,730	7,350	10,500
2d Si Cpe 4WS	450	1,400	2,300	5,180	8,050	11,500
1993 Civic, 4-cyl.						
2d HBk CX	200	600	1,000	2,250	3,500	5,000
2d HBk DX	200	600	1,000	2,300	3,550	5,100
2d HBk VX	200	600	1,050	2,340	3,650	5,200
2d HBk Si	200	650	1,050	2,390	3,700	5,300
2d Cpe DX	200	600	1,050	2,340	3,650	5,200
2d Cpe EX	200	650	1,050	2,390	3,700	5,300
4d Sed DX	200	650	1,050	2,390	3,700	5,300
4d Sed LX	200	650	1,100	2,430	3,800	5,400
4d Sed EX	200	650	1,100	2,480	3,850	5,500
2d Cpe S	200	650	1,100	2,430	3,800	5,400
2d Cpe Si	200	650	1,100	2,520	3,900	5,600
1993 Accord, 4-cyl.						
2d Cpe DX	250	700	1,200	2,700	4,200	6,000
2d Cpe LX	250	750	1,200	2,750	4,250	6,100
2d Cpe EX	250	750	1,250	2,790	4,350	6,200
2d Cpe SE	250	750	1,200	2,750	4,250	6,100
4d Sed DX	250	750	1,250	2,790	4,350	6,200
4d Sed LX	250	750	1,250	2,840	4,400	6,300
4d Sed Anniversary	260	770	1,280	2,880	4,480	6,400
4d Sed EX	250	800	1,300	2,930	4,550	6,500
4d Sed SE	250	800	1,300	2,970	4,600	6,600
4d Sta Wag LX	300	850	1,400	3,150	4,900	7,000
4d Sta Wag EX	300	850	1,450	3,240	5,050	7,200
1993 Prelude, 4-cyl.						
2d Cpe S	250	700	1,200	2,700	4,200	6,000
2d Cpe Si	250	750	1,200	2,750	4,250	6,100
2d Cpe 4WS	250	750	1,250	2,840	4,400	6,300
2d Cpe VTEC	250	800	1,300	2,930	4,550	6,500
1994 Civic, 4-cyl.						
2d HBk CX	200	550	950	2,120	3,300	4,700
2d HBk DX	200	600	1,000	2,250	3,500	5,000
2d HBk VX	200	600	1,000	2,250	3,500	5,000
2d HBk Si	250	700	1,200	2,700	4,200	6,000
2d Cpe DX	250	700	1,200	2,700	4,200	6,000
2d Cpe EX	300	850	1,450	3,240	5,050	7,200

	6	5	4	3	2	1
4d Sed DX	250	700	1,200	2,700	4,200	6,000
4d Sed LX	300	850	1,400	3,150	4,900	7,000
4d Sed EX	300	900	1,500	3,380	5,250	7,500
1994 Civic Del Sol, 4-cyl.						
2d Cpe S	300	850	1,400	3,150	4,900	7,000
2d Cpe Si	300	900	1,500	3,380	5,250	7,500
2d Cpe VTEC	300	950	1,600	3,600	5,600	8,000
1994 Accord, 4-cyl.						
2d Cpe DX	300	850	1,400	3,150	4,900	7,000
2d Cpe LX	300	900	1,500	3,380	5,250	7,500
2d Cpe EX	350	1,000	1,700	3,830	5,950	8,500
4d Sed DX	300	850	1,400	3,150	4,900	7,000
4d Sed LX	300	950	1,600	3,600	5,600	8,000
4d Sed EX	350	1,100	1,800	4,050	6,300	9,000
4d Sta Wag LX	350	1,000	1,700	3,830	5,950	8,500
4d Sta Wag EX	400	1,150	1,900	4,280	6,650	9,500
1994 Prelude, 4-cyl.						
2d S	300	950	1,600	3,600	5,600	8,000
2d Si	350	1,100	1,800	4,050	6,300	9,000
2d Si 4WS	400	1,200	2,000	4,500	7,000	10,000
2d VTEC	400	1,250	2,100	4,730	7,350	10,500
1995 Civic, 4-cyl.						
2d HBk CX	200	550	950	2,120	3,300	4,700
2d HBk DX	200	600	1,000	2,250	3,500	5,000
2d HBk VX	200	650	1,050	2,390	3,700	5,300
2d HBk Si	250	700	1,200	2,700	4,200	6,000
2d Cpe DX	250	800	1,300	2,930	4,550	6,500
2d Cpe EX	300	850	1,450	3,240	5,050	7,200
4d Sed DX	250	700	1,200	2,700	4,200	6,000
4d Sed LX	300	850	1,400	3,150	4,900	7,000
4d Sed EX	300	900	1,500	3,380	5,250	7,500
1995 Civic Del Sol, 4-cyl.						
2d Cpe S	300	850	1,400	3,150	4,900	7,000
2d Cpe Si	300	900	1,500	3,380	5,250	7,500
2d Cpe VTEC	300	950	1,600	3,600	5,600	8,000
1995 Accord, 4-cyl. & V-6						
2d Cpe LX	300	900	1,500	3,380	5,250	7,500
2d Cpe EX	350	1,000	1,700	3,830	5,950	8,500
4d Sed DX	300	850	1,400	3,150	4,900	7,000
4d Sed LX, 4-cyl.	350	1,100	1,800	4,050	6,300	9,000
4d Sed LX, V-6	400	1,150	1,900	4,280	6,650	9,500
4d Sed EX, 4-cyl.	400	1,250	2,100	4,730	7,350	10,500
4d Sed EX, V-6	450	1,300	2,200	4,950	7,700	11,000
4d Sta Wag LX	350	1,000	1,700	3,830	5,950	8,500
4d Sta Wag EX	400	1,150	1,900	4,280	6,650	9,500
1995 Prelude, 4-cyl.						
2d Cpe S	300	950	1,600	3,600	5,600	8,000
2d Cpe Si	350	1,100	1,800	4,050	6,300	9,000
2d Cpe SE	400	1,200	2,000	4,500	7,000	10,000
2d Cpe VTEC	400	1,250	2,100	4,730	7,350	10,500
1996 Civic, 4-cyl.						
2d HBk CX	150	500	850	1,890	2,950	4,200
2d HBk DX	200	550	900	2,030	3,150	4,500
2d Cpe DX	250	700	1,200	2,700	4,200	6,000
2d Cpe HX	250	750	1,250	2,840	4,400	6,300
2d Cpe EX	250	800	1,350	3,020	4,700	6,700
4d Sed DX	200	650	1,100	2,480	3,850	5,500
4d Sed LX	250	800	1,300	2,930	4,550	6,500
4d Sed EX	300	850	1,400	3,150	4,900	7,000
1996 Civic Del Sol, 4-cyl.						
2d Cpe S	250	800	1,300	2,930	4,550	6,500
2d Cpe Si	300	850	1,400	3,150	4,900	7,000
2d Cpe VTEC	300	900	1,500	3,380	5,250	7,500
1996 Accord, 4-cyl.						
2d Cpe LX	300	850	1,400	3,150	4,900	7,000
2d Cpe EX	300	950	1,600	3,600	5,600	8,000
4d Sed DX	250	800	1,300	2,930	4,550	6,500
4d Sed LX	350	1,000	1,700	3,830	5,950	8,500
4d Sed EX	400	1,200	2,000	4,500	7,000	10,000
4d Sta Wag LX	300	950	1,600	3,600	5,600	8,000
4d Sta Wag EX	350	1,100	1,800	4,050	6,300	9,000

NOTE: Add 10 percent for Anv. Pkg.

	6	5	4	3	2	1
1996 Accord, V-6.						
4d Sed LX	350	1,100	1,800	4,050	6,300	9,000
4d Sed EX	400	1,250	2,100	4,730	7,350	10,500

	6	5	4	3	2	1
1996 Prelude, 4-cyl.						
2d Cpe S	300	900	1,500	3,380	5,250	7,500
2d Cpe Si	350	1,000	1,700	3,830	5,950	8,500
2d Cpe VTEC	400	1,200	2,000	4,500	7,000	10,000
1997 Civic, 4-cyl.						
2d HBk CX	168	504	840	1,890	2,940	4,200
2d HBk DX	180	540	900	2,030	3,150	4,500
2d Cpe DX	240	720	1,200	2,700	4,200	6,000
2d Cpe HX	252	756	1,260	2,840	4,410	6,300
2d Cpe EX	268	804	1,340	3,020	4,690	6,700
4d Sed DX	220	660	1,100	2,480	3,850	5,500
4d Sed LX	260	780	1,300	2,930	4,550	6,500
4d Sed EX	280	840	1,400	3,150	4,900	7,000
1997 Civic Del Sol, 4-cyl.						
2d Cpe S	260	780	1,300	2,930	4,550	6,500
2d Cpe Si	280	840	1,400	3,150	4,900	7,000
2d Cpe VTEC	300	900	1,500	3,380	5,250	7,500
1997 Accord, 4-cyl.						
2d Cpe LX	280	840	1,400	3,150	4,900	7,000
2d Cpe SE	300	900	1,500	3,380	5,250	7,500
2d Cpe EX	320	960	1,600	3,600	5,600	8,000
4d Sed DX	260	780	1,300	2,930	4,550	6,500
4d Sed LX	320	960	1,600	3,600	5,600	8,000
4d Sed SE	360	1,080	1,800	4,050	6,300	9,000
4d Sed EX	400	1,200	2,000	4,500	7,000	10,000
4d Sta Wag LX	320	960	1,600	3,600	5,600	8,000
4d Sta Wag EX	360	1,080	1,800	4,050	6,300	9,000
1997 Accord, V-6						
4d Sed LX	360	1,080	1,800	4,050	6,300	9,000
4d Sed EX	420	1,260	2,100	4,730	7,350	10,500
1997 Prelude, 4-cyl.						
2d Cpe	340	1,020	1,700	3,830	5,950	8,500
2d Cpe SH	400	1,200	2,000	4,500	7,000	10,000
1998 Civic, 4-cyl.						
2d HBk CX	170	500	840	1,890	2,940	4,200
2d HBk DX	180	540	900	2,030	3,150	4,500
2d Cpe DX	240	720	1,200	2,700	4,200	6,000
2d Cpe HX	260	780	1,300	2,930	4,550	6,500
2d Cpe EX	270	800	1,340	3,020	4,690	6,700
4d Sed DX	220	660	1,100	2,480	3,850	5,500
4d Sed LX	260	780	1,300	2,930	4,550	6,500
4d Sed EX	280	840	1,400	3,150	4,900	7,000
1998 Accord, 4-cyl. & V-6						
2d Cpe LX	290	860	1,440	3,240	5,040	7,200
2d Cpe EX	330	980	1,640	3,690	5,740	8,200
4d Sed DX (4-cyl. only)	270	800	1,340	3,020	4,690	6,700
4d Sed LX	330	980	1,640	3,690	5,740	8,200
4d Sed EX	410	1,220	2,040	4,590	7,140	10,200
1998 Prelude, 4-cyl.						
2d Cpe	340	1,020	1,700	3,830	5,950	8,500
2d Cpe SH	400	1,200	2,000	4,500	7,000	10,000

HYUNDAI

	6	5	4	3	2	1
1993 Excel, 4-cyl.						
2d HBk	150	450	750	1,710	2,650	3,800
4d Sed	150	450	800	1,760	2,750	3,900
2d GS HBk	150	450	800	1,760	2,750	3,900
4d GL Sed	150	500	800	1,800	2,800	4,000
1993 Scoupe, 4-cyl.						
2d Cpe	150	500	850	1,890	2,950	4,200
2d LS Cpe	150	500	850	1,940	3,000	4,300
2d Turbo Cpe	200	550	900	2,030	3,150	4,500
1993 Elantra, 4-cyl.						
4d Sed	200	550	900	2,030	3,150	4,500
4d GLS Sed	200	550	900	2,070	3,200	4,600
1993 Sonata, 4-cyl.						
4d Sed	200	550	900	2,070	3,200	4,600
4d GLS Sed	200	550	950	2,120	3,300	4,700
4d Sed, V-6	200	550	950	2,120	3,300	4,700
4d GLS Sed V-6	200	600	950	2,160	3,350	4,800
1994 Excel, 4-cyl.						
2d HBk	150	450	750	1,710	2,650	3,800
2d GS HBk	150	450	800	1,760	2,750	3,900
4d GL Sed	150	500	800	1,800	2,800	4,000

	6	5	4	3	2	1
1994 Scoupe, 4-cyl.						
2d Cpe	150	500	850	1,890	2,950	4,200
2d LS Cpe	150	500	850	1,940	3,000	4,300
2d Turbo Cpe	200	550	900	2,030	3,150	4,500
1994 Elantra, 4-cyl.						
4d Sed	200	550	900	2,030	3,150	4,500
4d GLS Sed	200	550	900	2,070	3,200	4,600
1994 Sonata, 4-cyl.						
4d Sed	200	550	900	2,070	3,200	4,600
4d GLS Sed	200	550	950	2,120	3,300	4,700
4d Sed (V-6)	200	550	950	2,120	3,300	4,700
4d GLS Sed (V-6)	200	600	950	2,160	3,350	4,800
1995 Accent, 4-cyl.						
2d L HBk	150	400	700	1,580	2,450	3,500
2d HBk	150	450	750	1,710	2,650	3,800
4d Sed	150	500	800	1,800	2,800	4,000
1995 Scoupe, 4-cyl.						
2d Cpe	150	500	850	1,890	2,950	4,200
2d LS Cpe	150	500	850	1,940	3,000	4,300
2d Turbo Cpe	200	550	900	2,030	3,150	4,500
1995 Elantra, 4-cyl.						
4d Sed	200	550	900	2,030	3,150	4,500
4d GLS Sed	200	550	900	2,070	3,200	4,600
1995 Sonata, 4-cyl.						
4d Sed	200	550	900	2,070	3,200	4,600
4d GL Sed	200	550	950	2,120	3,300	4,700
4d GL Sed (V-6)	200	600	950	2,160	3,350	4,800
4d GLS Sed (V-6)	200	600	1,000	2,210	3,450	4,900
1996 Accent, 4-cyl.						
2d L HBk	150	400	700	1,580	2,450	3,500
2d HBk	150	450	750	1,710	2,650	3,800
2d GT HBk	150	500	800	1,850	2,850	4,100
4d Sed	150	500	800	1,800	2,800	4,000
1996 Elantra, 4-cyl.						
4d Sed	200	550	900	2,030	3,150	4,500
4d GLS Sed	200	550	900	2,070	3,200	4,600
4d Sta Wag	200	600	1,000	2,210	3,450	4,900
4d GLS Sta Wag	200	600	1,000	2,250	3,500	5,000
1996 Sonata, 4-cyl.						
4d Sed	200	550	900	2,070	3,200	4,600
4d GL Sed	200	550	950	2,120	3,300	4,700
4d GL Sed (V-6)	200	600	950	2,160	3,350	4,800
4d GLS Sed (V-6)	200	600	1,000	2,210	3,450	4,900
1997 Accent, 4-cyl.						
2d L HBk	140	420	700	1,580	2,450	3,500
2d GS HBk	152	456	760	1,710	2,660	3,800
2d GT HBk	164	492	820	1,850	2,870	4,100
4d GL Sed	160	480	800	1,800	2,800	4,000
1997 Elantra, 4-cyl.						
4d Sed	180	540	900	2,030	3,150	4,500
4d GLS Sed	184	552	920	2,070	3,220	4,600
4d Sta Wag	196	588	980	2,210	3,430	4,900
4d GLS Sta Wag	200	600	1,000	2,250	3,500	5,000
1997 Tiburon, 4-cyl.						
2d Cpe	180	540	900	2,030	3,150	4,500
2d FX Cpe	192	576	960	2,160	3,360	4,800
1997 Sonata, 4-cyl.						
4d Sed	184	552	920	2,070	3,220	4,600
4d GL Sed	188	564	940	2,120	3,290	4,700
4d GL Sed (V-6)	192	576	960	2,160	3,360	4,800
4d GLS Sed (V-6)	196	588	980	2,210	3,430	4,900
1998 Accent, 4-cyl.						
2d L HBk	140	420	700	1,580	2,450	3,500
2d GS HBk	150	460	760	1,710	2,660	3,800
2d GSi HBk	160	490	820	1,850	2,870	4,100
4d GL Sed	160	480	800	1,800	2,800	4,000
1998 Elantra, 4-cyl.						
4d Sed	180	540	900	2,030	3,150	4,500
4d GLS Sed	180	550	920	2,070	3,220	4,600
4d Sta Wag	200	590	980	2,210	3,430	4,900
4d GLS Sta Wag	200	600	1,000	2,250	3,500	5,000
1998 Tiburon, 4-cyl.						
2d Cpe	180	540	900	2,030	3,150	4,500
2d FX Cpe	190	580	960	2,160	3,360	4,800

	6	5	4	3	2	1
1998 Sonata, 4-cyl.						
4d Sed	180	550	920	2,070	3,220	4,600
4d GL Sed	190	560	940	2,120	3,290	4,700
4d GL Sed (V-6)	190	580	960	2,160	3,360	4,800
4d GLS Sed (V-6)	200	590	980	2,210	3,430	4,900

INFINITI

	6	5	4	3	2	1
1990 Infiniti						
4d Sed Q45	680	2,040	3,400	7,650	11,900	17,000
2d Cpe M30	640	1,920	3,200	7,200	11,200	16,000
1991 Infiniti						
4d Sed G20	400	1,200	2,000	4,500	7,000	10,000
4d Sed Q45	720	2,160	3,600	8,100	12,600	18,000
4d Sed Q45A	740	2,220	3,700	8,330	12,950	18,500
2d Cpe M30	660	1,980	3,300	7,430	11,550	16,500
2d Conv M30	840	2,520	4,200	9,450	14,700	21,000
1992 G20, 4-cyl.						
4d Sed	400	1,200	2,000	4,500	7,000	10,000
1992 M30, V-6						
2d Cpe	640	1,920	3,200	7,200	11,200	16,000
2d Conv	800	2,400	4,000	9,000	14,000	20,000
1992 Q45, V-8						
4d Sed	770	2,300	3,840	8,640	13,440	19,200
4d Sed Active	780	2,340	3,900	8,780	13,650	19,500
1993 G20, 4-cyl.						
4d Sed	680	2,040	3,400	7,650	11,900	17,000
1993 J30, V-6						
4d Sed	760	2,280	3,800	8,550	13,300	19,000
1993 Q45, V-8						
4d Sed	880	2,640	4,400	9,900	15,400	22,000
4d Sed Active	960	2,880	4,800	10,800	16,800	24,000
1994 G20, 4-cyl.						
4d Sed	380	1,140	1,900	4,280	6,650	9,500
1994 J30, V-6						
4d Sed	560	1,680	2,800	6,300	9,800	14,000
1994 Q45, V-8						
4d Sed	680	2,040	3,400	7,650	11,900	17,000
4d Sed Active	700	2,100	3,500	7,880	12,250	17,500
1995 G20, 4-cyl.						
4d Sed	380	1,140	1,900	4,280	6,650	9,500
1995 J30, V-6						
4d Sed	560	1,680	2,800	6,300	9,800	14,000
1995 Q45, V-8						
4d Sed	680	2,040	3,400	7,650	11,900	17,000
4d Sed Active	700	2,100	3,500	7,880	12,250	17,500
1996 G20, 4-cyl.						
4d Sed	380	1,140	1,900	4,280	6,650	9,500
1996 I30, V-6						
4d Sed	480	1,440	2,400	5,400	8,400	12,000
1996 J30, V-6						
4d Sed	560	1,680	2,800	6,300	9,800	14,000
1996 Q45, V-8						
4d Sed	680	2,040	3,400	7,650	11,900	17,000
1997 I30, V-6						
4d Sed	480	1,440	2,400	5,400	8,400	12,000
1997 J30, V-6						
4d Sed	560	1,680	2,800	6,300	9,800	14,000
1997 Q45, V-8						
4d Sed	700	2,100	3,500	7,880	12,250	17,500
1998 I30, V-8						
4d Sed	480	1,440	2,400	5,400	8,400	12,000

NOTE: Add 5 percent for Touring Pkg.

	6	5	4	3	2	1
1998 Q45, V-8						
4d Sed	700	2,100	3,500	7,880	12,250	17,500

NOTE: Add 5 percent for Touring Pkg.

	6	5	4	3	2	1

ISUZU

1961-65 Bellel 2000, 4-cyl., 1991cc, 99.6" wb
	6	5	4	3	2	1
Diesel 4d Sed	200	600	1,000	2,250	3,500	5,000
Diesel 4d Sta Wag	208	624	1,040	2,340	3,640	5,200

NOTE: An optional diesel engine DL200 was available.

1966-80 Bellel 2000, 4-cyl., 1991cc, 99.6" wb
NOTE: See detailed listings.

1981-82 I-Mark, Gasoline, 4-cyl., 1817cc, 94.3" wb
	6	5	4	3	2	1
AT77B 2d DeL Cpe	180	540	900	2,030	3,150	4,500
AT69B 4d DeL Sed	180	540	900	2,030	3,150	4,500
AT77B 2d LS Cpe	192	576	960	2,160	3,360	4,800

1981-82 I-Mark, Diesel, 4-cyl., 1817cc, 94.3" wb
	6	5	4	3	2	1
AT77P 2d Cpe	160	480	800	1,800	2,800	4,000
AT77P 2d DeL Cpe	168	504	840	1,890	2,940	4,200
AT69P 4d DeL Sed	164	492	820	1,850	2,870	4,100
AT77P 2d LS Cpe	184	552	920	2,070	3,220	4,600

1983-85 I-Mark, Gasoline, 4-cyl., 1817cc, 94.3" wb
	6	5	4	3	2	1
T77 2d DeL Cpe	200	600	1,000	2,250	3,500	5,000
T69 4d DeL Sed	200	600	1,000	2,250	3,500	5,000
T77 2d LS Cpe	204	612	1,020	2,300	3,570	5,100
T69 4d LS Sed	204	612	1,020	2,300	3,570	5,100

1983-85 I-Mark, Diesel, 4-cyl., 1817cc, 94.3" wb
	6	5	4	3	2	1
T77 2d Cpe	212	636	1,060	2,390	3,710	5,300

1983-85 Impulse, 4-cyl., 1949cc, 96" wb
	6	5	4	3	2	1
2d Spt Cpe	280	840	1,400	3,150	4,900	7,000

1986 I-Mark, 4x4
	6	5	4	3	2	1
4d Sed	220	660	1,100	2,480	3,850	5,500
2d HBk	228	684	1,140	2,570	3,990	5,700

1986 Impulse
	6	5	4	3	2	1
2d Cpe	300	900	1,500	3,380	5,250	7,500
2d Turbo Cpe	320	960	1,600	3,600	5,600	8,000

1987 I-Mark, 4x4
	6	5	4	3	2	1
2d S HBk	224	672	1,120	2,520	3,920	5,600
2d HBk	232	696	1,160	2,610	4,060	5,800
2d RS Turbo HBk	248	744	1,240	2,790	4,340	6,200
4d S Sed	232	696	1,160	2,610	4,060	5,800
4d Sed	240	720	1,200	2,700	4,200	6,000
4d RS Turbo Sed	256	768	1,280	2,880	4,480	6,400

1987 Impulse
	6	5	4	3	2	1
2d RS Turbo Cpe	340	1,020	1,700	3,830	5,950	8,500

1988 I-Mark, 4x4
	6	5	4	3	2	1
2d S HBk	228	684	1,140	2,570	3,990	5,700
2d XS HBk	236	708	1,180	2,660	4,130	5,900
2d Turbo HBk	252	756	1,260	2,840	4,410	6,300
2d RS Turbo HBk	260	780	1,300	2,930	4,550	6,500
4d S Sed	232	696	1,160	2,610	4,060	5,800
4d XS Sed	240	720	1,200	2,700	4,200	6,000
4d Turbo Sed	256	768	1,280	2,880	4,480	6,400
4d LS Turbo Sed	264	792	1,320	2,970	4,620	6,600

1988 Impulse
	6	5	4	3	2	1
2d Cpe	340	1,020	1,700	3,830	5,950	8,500
2d Turbo Cpe	348	1,044	1,740	3,920	6,090	8,700
2d S Sta Wag	600	1,800	3,000	6,750	10,500	15,000
4d S Sta Wag	620	1,860	3,100	6,980	10,850	15,500
4d Ltd Sta Wag	640	1,920	3,200	7,200	11,200	16,000

1989 I-Mark
	6	5	4	3	2	1
2d S HBk	228	684	1,140	2,570	3,990	5,700
2d XS HBk	236	708	1,180	2,660	4,130	5,900
2d RS HBk 16V	256	768	1,280	2,880	4,480	6,400
4d S Sed	232	696	1,160	2,610	4,060	5,800
4d XS Sed	236	708	1,180	2,660	4,130	5,900
4d RS Sed 16V	260	780	1,300	2,930	4,550	6,500
4d LS Turbo Sed	264	792	1,320	2,970	4,620	6,600

1989 Impulse
	6	5	4	3	2	1
2d Cpe	340	1,020	1,700	3,830	5,950	8,500
2d Turbo Cpe	352	1,056	1,760	3,960	6,160	8,800

1990 Impulse, 4x4
	6	5	4	3	2	1
2d XS 2 plus 2 Cpe	356	1,068	1,780	4,010	6,230	8,900

1990 Amigo
	6	5	4	3	2	1
2d S SUV	352	1,056	1,760	3,960	6,160	8,800
2d XS SUV	356	1,068	1,780	4,010	6,230	8,900

	6	5	4	3	2	1
2d S SUV 4x4	552	1,656	2,760	6,210	9,660	13,800
2d XS SUV 4x4	556	1,668	2,780	6,260	9,730	13,900
1990 Trooper						
2d RS Sta Wag	600	1,800	3,000	6,750	10,500	15,000
4d S Sta Wag	620	1,860	3,100	6,980	10,850	15,500
1991 Stylus						
4d S Sed	144	432	720	1,620	2,520	3,600
4d XS Sed	160	480	800	1,800	2,800	4,000
1991 Impulse						
2d XS Cpe	200	600	1,000	2,250	3,500	5,000
2d RS Turbo Cpe	240	720	1,200	2,700	4,200	6,000
1992 Stylus, 4-cyl.						
4d S Sed	180	540	900	2,030	3,150	4,500
4d RS Sed	200	600	1,000	2,250	3,500	5,000
1992 Impulse, 4-cyl.						
2d XS HBk	220	660	1,100	2,480	3,850	5,500
2d XS Cpe	220	660	1,100	2,480	3,850	5,500
2d RS Cpe 4x4	300	900	1,500	3,380	5,250	7,500
1993 Stylus, 4-cyl.						
4d S Sed	140	420	700	1,580	2,450	3,500

JAGUAR

1946-48 3.5 Litre, 6-cyl., 125 hp, 120" wb						
Conv Cpe	2,560	7,680	12,800	28,800	44,800	64,000
Saloon	1,280	3,840	6,400	14,400	22,400	32,000
1949 Mk V, 6-cyl., 125 hp, 120" wb						
Conv Cpe	2,560	7,680	12,800	28,800	44,800	64,000
Saloon	1,280	3,840	6,400	14,400	22,400	32,000
1950 Mk V, 6-cyl., 160 hp, 120" wb						
Saloon	1,440	4,320	7,200	16,200	25,200	36,000
Conv Cpe	2,560	7,680	12,800	28,800	44,800	64,000
1950 XK-120, 6-cyl., 160 hp, 102" wb						
Rds	3,400	10,200	17,000	38,250	59,500	85,000

NOTE: Some XK-120 models delivered as early as 1949 models, use 1950 prices.

1951 Mk VII, 6-cyl., 160 hp, 120" wb						
Saloon	920	2,760	4,600	10,350	16,100	23,000
1951 XK-120, 6-cyl., 160 hp, 102" wb						
Rds	3,360	10,080	16,800	37,800	58,800	84,000
Cpe	2,240	6,720	11,200	25,200	39,200	56,000
1952 Mk VII, 6-cyl., 160 hp, 120" wb, (twin-cam)						
Std Sed	1,120	3,360	5,600	12,600	19,600	28,000
DeL Sed	1,160	3,480	5,800	13,050	20,300	29,000
1952 XK-120S (modified), 160 hp, 102" wb						
Rds	3,440	10,320	17,200	38,700	60,200	86,000
Cpe	2,280	6,840	11,400	25,650	39,900	57,000
1952 XK-120, 6-cyl., 160 hp, 102" wb						
Rds	3,360	10,080	16,800	37,800	58,800	84,000
Cpe	2,120	6,360	10,600	23,850	37,100	53,000
1953 Mk VII, 6-cyl., 160 hp, 120" wb						
Std Sed	1,120	3,360	5,600	12,600	19,600	28,000
1953 XK-120S, 6-cyl., 160 hp, 102" wb						
Rds	3,440	10,320	17,200	38,700	60,200	86,000
Cpe	2,280	6,840	11,400	25,650	39,900	57,000
Conv	2,560	7,680	12,800	28,800	44,800	64,000
1953 XK-120, 6-cyl., 160 hp, 102" wb						
Rds	3,280	9,840	16,400	36,900	57,400	82,000
Cpe	2,120	6,360	10,600	23,850	37,100	53,000
Conv	2,520	7,560	12,600	28,350	44,100	63,000
1954 Mk VII, 6-cyl., 160 hp, 120" wb						
Sed	1,280	3,840	6,400	14,400	22,400	32,000
1954 XK-120S (modified), 6-cyl., 102" wb						
Rds	3,440	10,320	17,200	38,700	60,200	86,000
Cpe	2,320	6,960	11,600	26,100	40,600	58,000
Conv	2,640	7,920	13,200	29,700	46,200	66,000
1954 XK-120, 6-cyl., 160 hp, 102" wb						
Rds	3,040	9,120	15,200	34,200	53,200	76,000
Cpe	2,080	6,240	10,400	23,400	36,400	52,000
Conv	2,520	7,560	12,600	28,350	44,100	63,000
1955 Mk VII M, 6-cyl., 190 hp, 120" wb						
Saloon	1,160	3,480	5,800	13,050	20,300	29,000

	6	5	4	3	2	1
1955 XK-140, 6-cyl., 190 hp, 102" wb						
Cpe	1,920	5,760	9,600	21,600	33,600	48,000
Rds	3,120	9,360	15,600	35,100	54,600	78,000
Conv	2,520	7,560	12,600	28,350	44,100	63,000
1955 XK-140M, 6-cyl., 190 hp, 102" wb						
Cpe	2,120	6,360	10,600	23,850	37,100	53,000
Rds	3,440	10,320	17,200	38,700	60,200	86,000
Conv	2,960	8,880	14,800	33,300	51,800	74,000
1955 XK-140MC, 6-cyl., 210 hp, 102" wb						
Cpe	2,320	6,960	11,600	26,100	40,600	58,000
Rds	3,600	10,800	18,000	40,500	63,000	90,000
Conv	3,200	9,600	16,000	36,000	56,000	80,000
1956 Mk VII M, 6-cyl., 190 hp, 120" wb						
Saloon	1,120	3,360	5,600	12,600	19,600	28,000
1956 XK-140, 6-cyl., 190 hp, 102" wb						
Cpe	1,920	5,760	9,600	21,600	33,600	48,000
Rds	3,040	9,120	15,200	34,200	53,200	76,000
Conv	2,520	7,560	12,600	28,350	44,100	63,000
1956 XK-140M, 6-cyl., 190 hp, 102" wb						
Cpe	2,120	6,360	10,600	23,850	37,100	53,000
Rds	3,440	10,320	17,200	38,700	60,200	86,000
Conv	2,960	8,880	14,800	33,300	51,800	74,000
1956 XK-140MC, 6-cyl., 210 hp, 102" wb						
Cpe	2,320	6,960	11,600	26,100	40,600	58,000
Rds	3,600	10,800	18,000	40,500	63,000	90,000
Conv	3,200	9,600	16,000	36,000	56,000	80,000
1956 2.4 Litre, 6-cyl., 112 hp, 108" wb						
Sed	1,080	3,240	5,400	12,150	18,900	27,000
1956 3.4 Litre, 6-cyl., 210 hp, 108" wb						
Sed	1,120	3,360	5,600	12,600	19,600	28,000
1956 Mk VIII, 6-cyl., 210 hp, 120" wb						
Lux Sed	1,240	3,720	6,200	13,950	21,700	31,000

NOTE: 3.4 Litre available 1957 only. Mk VIII luxury sedan available 1957.

	6	5	4	3	2	1
1957 Mk VIII, 6-cyl., 210 hp, 102" wb						
Saloon	1,000	3,000	5,000	11,250	17,500	25,000
1957 XK-140						
Cpe	2,040	6,120	10,200	22,950	35,700	51,000
Rds	2,720	8,160	13,600	30,600	47,600	68,000
Conv	2,240	6,720	11,200	25,200	39,200	56,000
1957 XK-150, 6-cyl., 190 hp, 102" wb						
Cpe	2,240	6,720	11,200	25,200	39,200	56,000
Rds	2,960	8,880	14,800	33,300	51,800	74,000
1957 2.4 Litre, 6-cyl., 112 hp, 108" wb						
Sed	980	2,940	4,900	11,030	17,150	24,500
1957 3.4 Litre, 6-cyl., 210 hp, 108" wb						
Sed	1,100	3,300	5,500	12,380	19,250	27,500
1958 3.4 Litre, 6-cyl., 210 hp, 108" wb						
Sed	1,060	3,180	5,300	11,930	18,550	26,500
1958 XK-150, 6-cyl., 190 hp, 120" wb						
Cpe	2,240	6,720	11,200	25,200	39,200	56,000
Rds	2,960	8,880	14,800	33,300	51,800	74,000
Conv	2,440	7,320	12,200	27,450	42,700	61,000
1958 XK-150S, 6-cyl., 250 hp, 102" wb						
Rds	3,280	9,840	16,400	36,900	57,400	82,000
1958 Mk VIII, 6-cyl., 210 hp, 120" wb						
Saloon	980	2,940	4,900	11,030	17,150	24,500
1959-60 XK-150, 6-cyl., 210 hp, 102" wb						
Cpe	2,040	6,120	10,200	22,950	35,700	51,000
Rds	2,720	8,160	13,600	30,600	47,600	68,000
Conv	2,200	6,600	11,000	24,750	38,500	55,000
1959-60 XK-150SE, 6-cyl., 210 hp, 102" wb						
Cpe	2,120	6,360	10,600	23,850	37,100	53,000
Rds	3,120	9,360	15,600	35,100	54,600	78,000
Conv	2,360	7,080	11,800	26,550	41,300	59,000
1959-60 XK-150S, 6-cyl., 250 hp, 102" wb						
Rds	3,280	9,840	16,400	36,900	57,400	82,000
1959-60 3.4 Litre, 6-cyl., 210 hp, 108" wb						
Sed	1,020	3,060	5,100	11,480	17,850	25,500
1959-60 Mk IX, 6-cyl., 220 hp, 120" wb						
Sed	1,200	3,600	6,000	13,500	21,000	30,000

NOTE: Some factory prices increase for 1960.

	6	5	4	3	2	1
1961 XK-150, 6-cyl., 210 hp, 102" wb						
Cpe	1,960	5,880	9,800	22,050	34,300	49,000
Conv	2,120	6,360	10,600	23,850	37,100	53,000
1961 XKE, 6-cyl., 265 hp, 96" wb						
Rds	2,440	7,320	12,200	27,450	42,700	61,000
Cpe	1,840	5,520	9,200	20,700	32,200	46,000
1961 3.4 Litre, 6-cyl., 265 hp, 108" wb						
Sed	1,060	3,180	5,300	11,930	18,550	26,500
1961 Mk IX, 6-cyl., 265 hp, 120" wb						
Sed	1,160	3,480	5,800	13,050	20,300	29,000
1962 XKE, 6-cyl., 265 hp, 96" wb						
Rds	2,440	7,320	12,200	27,450	42,700	61,000
Cpe	1,680	5,040	8,400	18,900	29,400	42,000
1962 3.4 Litre Mk II, 6-cyl., 265 hp, 108" wb						
Sed	1,060	3,180	5,300	11,930	18,550	26,500
1962 Mk X, 6-cyl., 265 hp, 120" wb						
Sed	1,160	3,480	5,800	13,050	20,300	29,000
1963 XKE, 6-cyl., 265 hp, 96" wb						
Rds	2,360	7,080	11,800	26,550	41,300	59,000
Cpe	1,600	4,800	8,000	18,000	28,000	40,000
1963 3.8 Litre Mk II, 6-cyl., 265 hp, 108" wb						
Sed	1,060	3,180	5,300	11,930	18,550	26,500
1963 Mk X, 6-cyl., 265 hp, 120" wb						
Sed	1,160	3,480	5,800	13,050	20,300	29,000
1964 XKE, 6-cyl., 265 hp, 96" wb						
Rds	2,440	7,320	12,200	27,450	42,700	61,000
Cpe	1,680	5,040	8,400	18,900	29,400	42,000
1964 Model 3.8 Liter Mk II, 6-cyl., 108" wb						
4d Sed	1,060	3,180	5,300	11,930	18,550	26,500
1964 Model Mk X, 6-cyl., 265 hp, 120" wb						
4d Sed	1,160	3,480	5,800	13,050	20,300	29,000
1965 XKE 4.2, 6-cyl., 265 hp, 96" wb						
Rds	2,440	7,320	12,200	27,450	42,700	61,000
Cpe	1,760	5,280	8,800	19,800	30,800	44,000
1965 Model 4.2						
4d Sed	1,060	3,180	5,300	11,930	18,550	26,500
1965 Model 3.8						
4d Sed	1,520	4,560	7,600	17,100	26,600	38,000
Mk II Sed	1,600	4,800	8,000	18,000	28,000	40,000
1966 XKE 4.2, 6-cyl., 265 hp, 96" wb						
Rds	2,440	7,320	12,200	27,450	42,700	61,000
Cpe	1,560	4,680	7,800	17,550	27,300	39,000
1966 Model 4.2						
4d Sed	1,060	3,180	5,300	11,930	18,550	26,500
1966 Model Mk II 3.8						
4d Sed	1,520	4,560	7,600	17,100	26,600	38,000
S 4d Sed	1,600	4,800	8,000	18,000	28,000	40,000
1967 XKE 4.2, 6-cyl., 265 hp, 96" wb						
Rds	2,520	7,560	12,600	28,350	44,100	63,000
Cpe	1,800	5,400	9,000	20,250	31,500	45,000
2 plus 2 Cpe	1,440	4,320	7,200	16,200	25,200	36,000
1967 340, 6-cyl., 225 hp, 108" wb						
4d Sed	1,000	3,000	5,000	11,250	17,500	25,000
1967 420, 6-cyl., 255 hp, 108" wb						
4d Sed	950	2,900	4,800	10,800	16,800	24,000
1967 420 G, 6-cyl., 245 hp, 107" wb						
4d Sed	1,000	3,000	5,000	11,250	17,500	25,000
1968 Model XKE 4.2, 245 hp, 96" wb						
Rds	2,200	6,600	11,000	24,750	38,500	55,000
Cpe	1,650	4,900	8,200	18,450	28,700	41,000
2 plus 2 Cpe	1,400	4,200	7,000	15,750	24,500	35,000
1969 Model XKE, 246 hp, 96" wb						
Rds	2,200	6,600	11,000	24,750	38,500	55,000
Cpe	1,650	4,900	8,200	18,450	28,700	41,000
2 plus 2 Cpe	1,400	4,200	7,000	15,750	24,500	35,000
1969 Model XJ, 246 hp, 96" wb						
4d Sed	1,150	3,500	5,800	13,050	20,300	29,000
1970 Model XKE, 246 hp, 96" wb						
Rds	2,200	6,600	11,000	24,750	38,500	55,000
Cpe	1,650	4,900	8,200	18,450	28,700	41,000
2 plus 2 Cpe	1,450	4,300	7,200	16,200	25,200	36,000

	6	5	4	3	2	1
1970 Model XJ, 246 hp, 96" wb						
4d Sed	1,100	3,250	5,400	12,150	18,900	27,000
1971 Model XKE, 246 hp, 96" wb						
Rds	2,400	7,200	12,000	27,000	42,000	60,000
Cpe	1,700	5,150	8,600	19,350	30,100	43,000
V-12 2 plus 2 Cpe	1,550	4,700	7,800	17,550	27,300	39,000
V-12 Conv	2,600	7,800	13,000	29,250	45,500	65,000
1971 Model XJ, 246 hp, 96" wb						
4d Sed	1,050	3,100	5,200	11,700	18,200	26,000
1972 Model XKE V-12, 272 hp, 105" wb						
Rds	3,000	9,000	15,000	33,750	52,500	75,000
2 plus 2 Cpe	1,500	4,550	7,600	17,100	26,600	38,000
1972 Model XJ6, 186 hp, 108.9" wb						
4d Sed	1,000	3,000	5,000	11,250	17,500	25,000
1973 Model XKE V-12, 272 hp, 105" wb						
Rds	2,700	8,050	13,400	30,150	46,900	67,000
2 plus 2 Cpe	1,650	4,900	8,200	18,450	28,700	41,000
1973 Model XJ, 186 hp, 108.9" wb						
4d XJ6	1,000	3,000	5,000	11,250	17,500	25,000
4d XJ12	1,200	3,600	6,000	13,500	21,000	30,000
1974 Model XKE V-12, 272 hp, 105" wb						
Rds	2,850	8,500	14,200	31,950	49,700	71,000
1974 Model XJ						
4d XJ6	1,000	3,000	5,000	11,250	17,500	25,000
4d XJ6 LWB	1,050	3,100	5,200	11,700	18,200	26,000
4d XJ12L	1,200	3,600	6,000	13,500	21,000	30,000
1975 Model XJ6						
C Cpe	1,250	3,700	6,200	13,950	21,700	31,000
4d L Sed	1,050	3,100	5,200	11,700	18,200	26,000
1975 Model XJ12						
C Cpe	1,300	3,850	6,400	14,400	22,400	32,000
4d L Sed	1,150	3,500	5,800	13,050	20,300	29,000
1976 Model XJ6						
C Cpe	1,300	3,950	6,600	14,850	23,100	33,000
4d L Sed	1,050	3,100	5,200	11,700	18,200	26,000
1976 Model XJ12						
C Cpe	1,300	3,950	6,600	14,850	23,100	33,000
4d L Sed	1,100	3,350	5,600	12,600	19,600	28,000
1976 Model XJS						
2 plus 2 Cpe	1,200	3,600	6,000	13,500	21,000	30,000
1977 Model XJ6						
C Cpe	1,300	3,850	6,400	14,400	22,400	32,000
4d L Sed	900	2,650	4,400	9,900	15,400	22,000
1977 Model XJ12L						
4d Sed	950	2,900	4,800	10,800	16,800	24,000
1977 Model XJS						
GT 2 plus 2 Cpe	1,100	3,350	5,600	12,600	19,600	28,000
1978 Model XJ6L						
4d Sed	900	2,750	4,600	10,350	16,100	23,000
1978 Model XJ12L						
4d Sed	1,100	3,250	5,400	12,150	18,900	27,000
1978 Model XJS						
Cpe	1,100	3,350	5,600	12,600	19,600	28,000
1979 Model XJ6						
4d Sed	900	2,750	4,600	10,350	16,100	23,000
4d Sed Series III	950	2,900	4,800	10,800	16,800	24,000
1979 Model XJ12						
4d Sed	1,100	3,250	5,400	12,150	18,900	27,000
1979 Model XJS						
Cpe	1,100	3,350	5,600	12,600	19,600	28,000
1980 Model XJS						
4d Sed XJ6	900	2,650	4,400	9,900	15,400	22,000
2d XJS 2 plus 2 Cpe	1,120	3,360	5,600	12,600	19,600	28,000
1981 Model XJS						
4d XJ6 Sed	900	2,650	4,400	9,900	15,400	22,000
2d XJS Cpe	1,100	3,350	5,600	12,600	19,600	28,000
1982 Model XJS						
4d XJ6 Sed	900	2,650	4,400	9,900	15,400	22,000
Vanden Plas 4d XJ6 Sed	1,000	3,000	5,000	11,250	17,500	25,000
2d XJS Cpe	1,200	3,600	6,000	13,500	21,000	30,000

1996 Honda Accord LX V-6 sedan

1992 Hyundai Elantra sedan

1949 Jaguar XK-120 roadster

	6	5	4	3	2	1
1983 Model XJS						
4d XJ6 Sed	900	2,650	4,400	9,900	15,400	22,000
Vanden Plas 4d XJ6 Sed	1,000	3,000	5,000	11,250	17,500	25,000
2d XJS Cpe	1,200	3,600	6,000	13,500	21,000	30,000
1984 Model XJS						
4d XJ6 Sed	900	2,650	4,400	9,900	15,400	22,000
Vanden Plas 4d XJ6 Sed	1,000	3,000	5,000	11,250	17,500	25,000
2d XJS Cpe	1,200	3,600	6,000	13,500	21,000	30,000
1985 Model XJ6						
4d Sed	950	2,800	4,700	10,580	16,500	23,500
Vanden Plas 4d Sed	1,060	3,180	5,300	11,930	18,550	26,500
1985 Model XJS						
2d Cpe	1,250	3,700	6,200	13,950	21,700	31,000
1986 Model XJ6						
4d Sed	1,000	2,950	4,900	11,030	17,200	24,500
Vanden Plas 4d Sed	1,120	3,360	5,600	12,600	19,600	28,000
1986 Model XJS						
2d Cpe	1,300	3,850	6,400	14,400	22,400	32,000
1987 Model XJ6						
4d Sed	1,050	3,100	5,200	11,700	18,200	26,000
Vanden Plas 4d Sed	1,160	3,480	5,800	13,050	20,300	29,000
1987 Model XJS						
2d Cpe	1,250	3,700	6,200	13,950	21,700	31,000
2d Cpe Cabr	1,650	4,900	8,200	18,450	28,700	41,000
1988 Model XJ6						
4d Sed	1,100	3,250	5,400	12,150	18,900	27,000
1988 Model XJS						
2d Cpe	1,100	3,250	5,400	12,150	18,900	27,000
2d Cpe Cabr	1,400	4,200	7,000	15,750	24,500	35,000
2d Conv	1,650	4,900	8,200	18,450	28,700	41,000
1989 Model XJ6						
4d Sed	1,200	3,600	6,000	13,500	21,000	30,000
1989 Model XJS						
2d Cpe	1,400	4,200	7,000	15,750	24,500	35,000
2d Conv	1,700	5,150	8,600	19,350	30,100	43,000
1990 Model XJ6						
4d Sed	1,250	3,700	6,200	13,950	21,700	31,000
4d Sovereign Sed	1,300	3,850	6,400	14,400	22,400	32,000
Vanden Plas 4d Sed	1,320	3,960	6,600	14,850	23,100	33,000
4d Majestic Sed	1,400	4,200	7,000	15,750	24,500	35,000
1990 Model XJS						
2d Cpe	1,500	4,450	7,400	16,650	25,900	37,000
2d Conv	1,700	5,150	8,600	19,350	30,100	43,000
1991 Model XJ6						
4d Sed	700	2,150	3,600	8,100	12,600	18,000
4d Sovereign Sed	800	2,400	4,000	9,000	14,000	20,000
Vanden Plas 4d Sed	880	2,640	4,400	9,900	15,400	22,000
1991 Model XJS						
2d Cpe	900	2,750	4,600	10,350	16,100	23,000
2d Conv	1,700	5,150	8,600	19,350	30,100	43,000
1992 Model XJ6						
4d Sed	700	2,150	3,600	8,100	12,600	18,000
4d Sovereign Sed	850	2,500	4,200	9,450	14,700	21,000
Vanden Plas 4d Sed	880	2,640	4,400	9,900	15,400	22,000
4d Majestic Sed	900	2,750	4,600	10,350	16,100	23,000
1992 Model XJS						
2d Cpe	1,000	3,000	5,000	11,250	17,500	25,000
2d Conv	1,700	5,150	8,600	19,350	30,100	43,000
1993 Model XJ6						
4d Sed	950	2,900	4,800	10,800	16,800	24,000
Vanden Plas 4d Sed	1,000	3,000	5,000	11,250	17,500	25,000
1993 Model XJS						
2d Cpe	1,100	3,250	5,400	12,150	18,900	27,000
2d Conv	1,700	5,150	8,600	19,350	30,100	43,000
1994 XJ6, 6-cyl.						
4d Sed	750	2,300	3,800	8,550	13,300	19,000
Vanden Plas 4d Sed	840	2,520	4,200	9,450	14,700	21,000
4d Sed XJ12	750	2,300	3,800	8,550	13,300	19,000
1994 XJS						
2d Cpe, 6-cyl.	900	2,650	4,400	9,900	15,400	22,000
2d Cpe, V-12	1,150	3,500	5,800	13,050	20,300	29,000
2d Conv, 6-cyl.	1,300	3,850	6,400	14,400	22,400	32,000
2d Conv, V-12	1,500	4,550	7,600	17,100	26,600	38,000

	6	5	4	3	2	1
1995 XJ6, 6-cyl. & V-12						
4d Sed	750	2,300	3,800	8,550	13,300	19,000
Vanden Plas 4d Sed	840	2,520	4,200	9,450	14,700	21,000
4d XJR Sed, SC	1,050	3,100	5,200	11,700	18,200	26,000
4d XJ12 Sed	900	2,650	4,400	9,900	15,400	22,000
1995 XJS, 6-cyl. & V-12						
2d Cpe, 6-cyl.	900	2,650	4,400	9,900	15,400	22,000
2d Cpe, V-12	1,150	3,500	5,800	13,050	20,300	29,000
2d Conv, 6-cyl.	1,300	3,850	6,400	14,400	22,400	32,000
2d Conv, V-12	1,500	4,550	7,600	17,100	26,600	38,000
1996 XJ6, 6-cyl.						
4d Sed	700	2,150	3,600	8,100	12,600	18,000
Vanden Plas 4d Sed	800	2,400	4,000	9,000	14,000	20,000
XJ4 4d Sed, SC	1,000	3,000	5,000	11,250	17,500	25,000
1996 XJ12, V-12						
XJ12 4d Sed	850	2,500	4,200	9,450	14,700	21,000
1996 XJS, 6-cyl.						
2d Conv	1,250	3,700	6,200	13,950	21,700	31,000
1997 XJ6, 6-cyl.						
4d Sed	720	2,160	3,600	8,100	12,600	18,000
L 4d Sed	760	2,280	3,800	8,550	13,300	19,000
Vanden Plas 4d Sed	800	2,400	4,000	9,000	14,000	20,000
XJR 4d Sed (supercharged)	1,000	3,000	5,000	11,250	17,500	25,000
1997 XK8, V-8						
2d Cpe	980	2,940	4,900	11,030	17,150	24,500
2d Conv	1,160	3,480	5,800	13,050	20,300	29,000
1998 XJ8, V-8						
4d Sed	760	2,280	3,800	8,550	13,300	19,000
L 4d Sed	800	2,400	4,000	9,000	14,000	20,000
Vanden Plas 4d Sed	840	2,520	4,200	9,450	14,700	21,000
XJR 4d Sed (supercharged)	1,040	3,120	5,200	11,700	18,200	26,000
1998 XK8, V-8						
2d Cpe	1,020	3,060	5,100	11,480	17,850	25,500
2d Conv	1,200	3,600	6,000	13,500	21,000	30,000

LAMBORGHINI

	6	5	4	3	2	1
1964-66 V-12, 3464/3929cc, 350/400 GT, 99.5" wb						
Cpe	3,800	11,400	19,000	42,750	66,500	95,000
1966-68 V-12, 3929cc, 99.5" wb, 400 GT 2 plus 2						
2 plus 2 Cpe	3,640	10,920	18,200	40,950	63,700	91,000
1966-69 V-12, 3929cc, 97.5" wb, P400 Miura						
Cpe	4,320	12,960	21,600	48,600	75,600	108,000
1968-69 V-12, 3929cc, 99.5" wb, 400 GT Islero, Islero S						
2 plus 2 Cpe	3,200	9,600	16,000	36,000	56,000	80,000
1968-78 V-12, 3929cc, 99.5" wb, Espada						
2 plus 2 Cpe	2,800	8,400	14,000	31,500	49,000	70,000
1969-71 V-12, 3929cc, 97.7" wb, P400 Miura S						
Cpe	4,600	13,800	23,000	51,750	80,500	115,000
1970-73 V-12, 3929cc, 92.8" wb, 400 GT Jarama						
2 plus 2 Cpe	2,600	7,800	13,000	29,250	45,500	65,000
1971-72 V-12, 3929cc, 97.7" wb, P400 Miura SV						
Cpe	8,000	24,000	40,000	90,000	140,000	200,000
1972-76 V-8, 2462cc, 95.5" wb, P 250 Urraco						
2 plus 2 Cpe	2,400	7,200	12,000	27,000	42,000	60,000
1973-76 V-12, 3929cc, 92.8" wb, 400 GTS Jarama						
2 plus 2 Cpe	2,680	8,040	13,400	30,150	46,900	67,000
1973-78 V-12, 3929cc, 95.5" wb, LP 400 Countach						
Cpe	3,200	9,600	16,000	36,000	56,000	80,000
1975-77 V-8, 1994cc, 95.5" wb, P 200 Urraco						
2 plus 2 Cpe	2,200	6,600	11,000	24,750	38,500	55,000
1975-79 V-8, 2995.8cc, 95.5" wb, P 300 Urraco						
2 plus 2 Cpe	2,720	8,160	13,600	30,600	47,600	68,000
1976-78 V-8, 2995.8cc, 95.5" wb, Silhouette						
Targa Conv	3,000	9,000	15,000	33,750	52,500	75,000
1978-Present V-12, 3929cc, 95.5" wb, LP 400S Countach						
Cpe	2,800	8,400	14,000	31,500	49,000	70,000
1982-Present V-12, 4754cc, 95.5" wb, LP 5000 Countach						
Cpe	3,000	9,000	15,000	33,750	52,500	75,000
1982-Present V-8, 3485cc, 95.5" wb, P 350 Jalpa						
Targa Conv	2,000	6,000	10,000	22,500	35,000	50,000

	6	5	4	3	2	1
1990-91 Diablo						
2d Cpe	4,000	12,000	20,000	45,000	70,000	100,000
1992 Diablo						
2d Cpe	4,200	12,600	21,000	47,250	73,500	105,000
1993 Diablo						
2d Cpe	4,400	13,200	22,000	49,500	77,000	110,000
1994 Diablo						
VT	5,200	15,600	26,000	58,500	91,000	130,000
1995 Diablo						
VT	5,400	16,200	27,000	60,750	94,500	135,000
1996 Diablo, V-12						
VT 2d Cpe	5,600	16,800	28,000	63,000	98,000	140,000
VT 2d Rds (w/removable HT)	6,600	19,800	33,000	74,250	115,000	165,000
1997 Diablo, V-12						
VT 2d Cpe	5,600	16,800	28,000	63,000	98,000	140,000
VT 2d Rds (w/removable HT)	6,600	19,800	33,000	74,250	115,500	165,000
1998 Diablo, V-12						
SV 2d Cpe	3,800	11,400	19,000	42,750	66,500	95,000
VT 2d Cpe	5,680	17,040	28,400	63,900	99,400	142,000
VT 2d Rds (w/removable HT)	6,680	20,040	33,400	75,150	116,900	167,000

LEXUS

	6	5	4	3	2	1
1990 Lexus						
4d ES250 Sed	400	1,150	1,900	4,280	6,650	9,500
4d LS400 Sed	700	2,100	3,500	7,880	12,300	17,500
1991 Lexus						
4d ES250 Sed	400	1,250	2,100	4,730	7,350	10,500
4d LS400 Sed	750	2,200	3,700	8,330	13,000	18,500
1992 Lexus						
4d ES300 Sed	800	2,400	4,000	9,000	14,000	20,000
2d SC300 Cpe	1,000	3,000	5,000	11,250	17,500	25,000
2d SC400 Cpe	1,100	3,250	5,400	12,150	18,900	27,000
4d LS400 Sed	1,050	3,100	5,200	11,700	18,200	26,000
1993 ES						
4d ES300 Sed	750	2,300	3,800	8,550	13,300	19,000
1993 GS						
4d GS300 Sed	850	2,500	4,200	9,450	14,700	21,000
1993 SC						
2d SC300 Cpe	950	2,900	4,800	10,800	16,800	24,000
2d SC400 Cpe	1,000	2,950	4,900	11,030	17,200	24,500
1993 LS						
4d LS400 Sed, V-8	1,080	3,240	5,400	12,150	18,900	27,000
1994 ES, V-6						
4d ES300 Sed	550	1,700	2,800	6,300	9,800	14,000
1994 GS						
4d GS300 Sed	750	2,200	3,700	8,330	13,000	18,500
1994 SC, V-8						
2d SC300 Cpe	750	2,300	3,800	8,550	13,300	19,000
2d SC400 Cpe	850	2,500	4,200	9,450	14,700	21,000
1994 LS						
4d LS400 Sed	850	2,500	4,200	9,450	14,700	21,000
1995 ES, V-6						
4d ES300 Sed	550	1,700	2,800	6,300	9,800	14,000
1995 GS, 6-cyl.						
4d GS300 Sed	750	2,200	3,700	8,330	13,000	18,500
1995 SC, 6-cyl. & V-8						
2d SC300 Cpe	750	2,300	3,800	8,550	13,300	19,000
2d SC400 Cpe	850	2,500	4,200	9,450	14,700	21,000
1995 LS, V-8						
4d LS400 Sed	900	2,650	4,400	9,900	15,400	22,000
1996 ES, V-6						
4d ES300 Sed	500	1,550	2,600	5,850	9,100	13,000
1996 GS, 6-cyl.						
4d GS300 Sed	700	2,100	3,500	7,880	12,300	17,500
1996 SC, 6-cyl. & V-8						
2d SC300 Cpe	700	2,150	3,600	8,100	12,600	18,000
2d SC400 Cpe	800	2,400	4,000	9,000	14,000	20,000
1996 LS, V-8						
4d LS400 Sed	850	2,500	4,200	9,450	14,700	21,000

	6	5	4	3	2	1
1997 ES, V-6						
ES300 4d Sed	520	1,560	2,600	5,850	9,100	13,000
1997 GS, 6-cyl.						
GS300 4d Sed	700	2,100	3,500	7,880	12,250	17,500
1997 SC, 6-cyl. & V-8						
SC300 2d Cpe	720	2,160	3,600	8,100	12,600	18,000
SC400 2d Cpe	800	2,400	4,000	9,000	14,000	20,000
1997 LS, V-8						
LS400 4d Sed	840	2,520	4,200	9,450	14,700	21,000
1998 ES, V-6						
ES300 4d Sed	520	1,560	2,600	5,850	9,100	13,000
1998 GS, 6-cyl. & V-8						
GS300 4d Sed	700	2,100	3,500	7,880	12,250	17,500
GS400 4d Sed	740	2,220	3,700	8,330	12,950	18,500
1998 SC, 6-cyl. & V-8						
SC300 2d Cpe	760	2,280	3,800	8,550	13,300	19,000
SC400 2d Cpe	840	2,520	4,200	9,450	14,700	21,000
1998 LS, V-8						
LS400 4d Sed	880	2,640	4,400	9,900	15,400	22,000

MASERATI

	6	5	4	3	2	1
1946-50 A6/1500, 6-cyl., 1488cc, 100.4" wb						
2d Cpe (2 plus 2)	4,400	13,200	22,000	49,500	77,000	110,000
2d Cabr	8,400	25,200	42,000	94,500	147,000	210,000
1951-53 A6G, 6-cyl., 1954cc, 100.4" wb						
2d Cpe (2 plus 2)	6,400	19,200	32,000	72,000	112,000	160,000
2d Cabr (2 plus 2)	12,400	37,200	62,000	139,500	217,000	310,000
1954-56 A6G, 6-cyl., 1954cc, 100.4" wb						
2d Cpe (2 plus 2)	6,400	19,200	32,000	72,000	112,000	160,000
2d Cabr (2 plus 2)	12,400	37,200	62,000	139,500	217,000	310,000
1954-56 A6G/2000, 6-cyl., 1985cc, 100.4" wb						
2d Cpe (2 plus 2)	6,400	19,200	32,000	72,000	112,000	160,000
2d Cabr (2 plus 2)	12,400	37,200	62,000	139,500	217,000	310,000
1957-61 A6G/2000/C, 6-cyl., 1985cc, 100.4" wb						
Allemano Cpe (2 plus 2)	6,400	19,200	32,000	72,000	112,000	160,000
Frua Cabr (2 plus 2)	12,400	37,200	62,000	139,500	217,000	310,000
Frua 2d Cpe	10,400	31,200	52,000	117,000	182,000	260,000
Zagato Cpe (2 plus 2)	12,400	37,200	62,000	139,500	217,000	310,000
1957-61 3500 GT, 6-cyl., 3485cc, 102.3" wb						
2d Cpe	2,280	6,840	11,400	25,650	39,900	57,000
1957-61 3500 GT Spider 6-cyl., 3485cc, 98.4" wb						
2d Rds	8,000	24,000	40,000	90,000	140,000	200,000
1962 3500 GTI, 6-cyl., 3485cc, 102.3" wb						
2d Cpe (2 plus 2)	2,280	6,840	11,400	25,650	39,900	57,000
1962 3500 GTI, 6-cyl., 3485cc, 98.4" wb						
Spider 2d Rds	8,000	24,000	40,000	90,000	140,000	200,000
1962 Sebring, 6-cyl., 3485cc, 98.4" wb						
2d Cpe (2 plus 2)	2,280	6,840	11,400	25,650	39,900	57,000
1963-64 3500 GTI, 6-cyl., 3485cc, 102.3" wb						
2d Cpe (2 plus 2)	2,280	6,840	11,400	25,650	39,900	57,000
Spider 2d Conv	8,000	24,000	40,000	90,000	140,000	200,000
1963-64 Sebring, 6-cyl, 102.3" wb Early 3485cc, Later 3694cc						
2d Cpe (2 plus 2)	2,280	6,840	11,400	25,650	39,900	57,000
1963-64 Mistral, 6-cyl., 94.5" wb Early 3485cc, Later 3694cc						
2d Cpe	2,160	6,480	10,800	24,300	37,800	54,000
Spider 2d Conv	6,600	19,800	33,000	74,250	115,500	165,000
1963-64 Quattroporte, V-8, 4136cc, 108.3" wb						
4d Sed	1,340	4,020	6,700	15,080	23,450	33,500
1965-66 Sebring II, 6-cyl., 3694cc, 102.3" wb						
2d Cpe (2 plus 2)	2,520	7,560	12,600	28,350	44,100	63,000
1965-66 Mistral, 6-cyl., 3694cc, 94.5" wb						
2d Cpe	2,160	6,480	10,800	24,300	37,800	54,000
Spider 2d Conv	6,600	19,800	33,000	74,250	115,500	165,000

NOTE: Optional Six engine 4014cc available in Sebring Mistral models.

	6	5	4	3	2	1
1965-66 Mexico, V-8, 4136cc, 103.9" wb						
2d Cpe	1,800	5,400	9,000	20,250	31,500	45,000
1965-66 Quattroporte, V-8, 4136cc, 108.3" wb						
4200 4d Sed	1,340	4,020	6,700	15,080	23,450	33,500

	6	5	4	3	2	1
1967-68 Mistral, 6-cyl., 3694cc, 94.5" wb						
2d Cpe	2,160	6,480	10,800	24,300	37,800	54,000
Spider 2d Conv	6,600	19,800	33,000	74,250	115,500	165,000
1967-68 Ghibli, V-8, 4719cc, 100.4" wb						
4700 2d Cpe	3,160	9,480	15,800	35,550	55,300	79,000
1967-68 Mexico, V-8, 4136cc-4719cc, 103.9" wb						
4200 2d Cpe	1,800	5,400	9,000	20,250	31,500	45,000
4700 2d Cpe	1,840	5,520	9,200	20,700	32,200	46,000
1967-68 Quattroporte, V-8, 4136cc-4719cc, 108.3" wb						
4200 4d Sed	1,340	4,020	6,700	15,080	23,450	33,500
4700 4d Sed	1,360	4,080	6,800	15,300	23,800	34,000
1969-70 Mistral, 6-cyl., 3694cc, 94.5" wb						
2d Cpe	2,160	6,480	10,800	24,300	37,800	54,000
Spider 2d Conv	6,600	19,800	33,000	74,250	115,500	165,000
1969-70 Ghibli, V-8, 4719cc, 100.4" wb						
2d Cpe	3,160	9,480	15,800	35,550	55,300	79,000
Spider 2d Conv	5,000	15,000	25,000	56,250	87,500	125,000
1969-70 Indy, V-8, 4136cc, 102.5" wb						
2d Cpe (2 plus 2)	1,960	5,880	9,800	22,050	34,300	49,000
1969-70 Quattroporte, V-8, 4719cc, 108.3" wb						
4d Sed	1,340	4,020	6,700	15,080	23,450	33,500
1971-73 Merak, V-6, 2965cc, 102.3" wb						
2d Cpe (2 plus 2)	1,720	5,160	8,600	19,350	30,100	43,000
1971-73 Bora, V-8, 4719cc, 102.3" wb						
2d Cpe	3,640	10,920	18,200	40,950	63,700	91,000
1971-73 Ghibli, V-8, 4930cc, 100.4" wb						
2d Cpe	3,160	9,480	15,800	35,550	55,300	79,000
Spider 2d Conv	820	2,460	4,100	9,230	14,350	20,500
1971-73 Indy, V-8, 4136cc, 102.5" wb						
2d Cpe (2 plus 2)	1,960	5,880	9,800	22,050	34,300	49,000
1974-76 Merak, V-6, 2965cc, 102.3" wb						
2d Cpe (2 plus 2)	1,560	4,680	7,800	17,550	27,300	39,000
1974-76 Bora, V-8, 4930cc, 102.3" wb						
2d Cpe	3,480	10,440	17,400	39,150	60,900	87,000
1974-76 Indy, V-8, 4930cc, 102.5" wb						
2d Cpe	1,800	5,400	9,000	20,250	31,500	45,000
1977-83 Merak SS, 2965cc, 102.3" wb						
2d Cpe (2 plus 2)	1,680	5,040	8,400	18,900	29,400	42,000
1977-83 Bora, V-8, 4930cc, 102.3" wb						
2d Cpe	3,480	10,440	17,400	39,150	60,900	87,000
1977-83 Khamsin, V-8, 4930cc, 100.3" wb						
2d Cpe (2 plus 2)	2,120	6,360	10,600	23,850	37,100	53,000
1977-83 Kyalami, V-8, 4930cc, 102.4" wb						
2d Cpe (2 plus 2)	1,600	4,800	8,000	18,000	28,000	40,000
1984-88 Biturbo, V-6, 1996cc, 99" wb						
2d Cpe	600	1,800	3,000	6,750	10,500	15,000
E 2d Cpe	640	1,920	3,200	7,200	11,200	16,000
1984-88 Biturbo, V-6, 2491cc, 94.5" wb						
Spider 2d Conv	800	2,400	4,000	9,000	14,000	20,000
425 4d Sed	580	1,740	2,900	6,530	10,150	14,500
1984-88 Quattroporte, V-8, 4930cc, 110.2" wb						
4d Sed	800	2,400	4,000	9,000	14,000	20,000

MAZDA

	6	5	4	3	2	1
1970-71 Conventional Engine 1200, 4-cyl., 1169cc, 88.9" wb						
2d Sed	190	580	960	2,160	3,360	4,800
2d Cpe	200	600	1,000	2,250	3,500	5,000
2d Sta Wag	190	580	960	2,160	3,360	4,800
1970-71 616, 4-cyl., 1587cc, 97" wb						
2d Cpe	200	600	1,000	2,250	3,500	5,000
4d Sed	190	580	960	2,160	3,360	4,800
1970-71 1800, 4-cyl., 1769cc, 98.4" wb						
4d Sed	200	590	980	2,210	3,430	4,900
4d Sta Wag	200	610	1,020	2,300	3,570	5,100
1970-71 Wankel Rotary Engine R100, 1146cc, 88.9" wb						
2d Spt Cpe (2 plus 2)	280	840	1,400	3,150	4,900	7,000
1970-71 RX-2, 1146cc, 97" wb						
2d Cpe	210	620	1,040	2,340	3,640	5,200
4d Sed	200	600	1,000	2,250	3,500	5,000

	6	5	4	3	2	1
1972 Conventional Engine 808, 4-cyl., 1587cc, 91" wb						
2d Cpe	180	550	920	2,070	3,220	4,600
4d Sed	180	540	900	2,030	3,150	4,500
4d Sta Wag	190	560	940	2,120	3,290	4,700
1972 618, 4-cyl., 1796cc, 97" wb						
2d Cpe	190	560	940	2,120	3,290	4,700
4d Sed	180	550	920	2,070	3,220	4,600
1972 Wankel Rotary Engine R100, 1146cc, 88.9" wb						
2d Cpe (2 plus 2)	280	840	1,400	3,150	4,900	7,000
1972 RX-2, 1146cc, 97" wb						
2d Cpe	200	600	1,000	2,250	3,500	5,000
4d Sed	190	560	940	2,120	3,290	4,700
1972 RX-3, 1146cc, 91" wb						
2d Cpe	200	600	1,000	2,250	3,500	5,000
4d Sed	180	550	920	2,070	3,220	4,600
4d Sta Wag	190	560	940	2,120	3,290	4,700
1973 Conventional Engine 808, 4-cyl., 1587cc, 91" wb						
2d Cpe	180	550	920	2,070	3,220	4,600
4d Sed	180	540	900	2,030	3,150	4,500
4d Sta Wag	190	560	940	2,120	3,290	4,700
1973 Wankel Rotary Engine RX-2, 1146cc, 97" wb						
2d Cpe	200	600	1,000	2,250	3,500	5,000
4d Sed	180	550	920	2,070	3,220	4,600
1973 RX-3, 1146cc, 162" wb						
2d Cpe	200	590	980	2,210	3,430	4,900
4d Sed	180	540	900	2,030	3,150	4,500
4d Sta Wag	190	560	940	2,120	3,290	4,700
1974 Conventional Engine 808, 4-cyl., 1587cc, 91" wb						
2d Cpe	200	600	1,000	2,250	3,500	5,000
4d Sta Wag	190	580	960	2,160	3,360	4,800
1974 Wankel Rotary Engine RX-2, 1146cc, 97" wb						
2d Cpe	200	610	1,020	2,300	3,570	5,100
4d Sed	200	590	980	2,210	3,430	4,900
1974 RX-3, 1146cc, 91" wb						
2d Cpe	200	590	980	2,210	3,430	4,900
4d Sta Wag	190	560	940	2,120	3,290	4,700
1974 RX-4, 1308cc, 99" wb						
2d HT Cpe	200	610	1,020	2,300	3,570	5,100
4d Sed	190	580	960	2,160	3,360	4,800
4d Sta Wag	200	590	980	2,210	3,430	4,900
1975 Conventional Engine 808, 4-cyl., 1587cc, 91" wb						
2d Cpe	180	550	920	2,070	3,220	4,600
4d Sta Wag	190	560	940	2,120	3,290	4,700
1975 Wankel Rotary Engine RX-3, 1146cc, 91" wb						
2d Cpe	200	600	1,000	2,250	3,500	5,000
4d Sta Wag	190	580	960	2,160	3,360	4,800
1975 RX-4, 1308cc, 99" wb						
2d HT Cpe	200	610	1,020	2,300	3,570	5,100
4d Sed	190	560	940	2,120	3,290	4,700
4d Sta Wag	190	580	960	2,160	3,360	4,800
1976 Conventional Engine Mizer 808-1300, 4-cyl., 1272cc, 91" wb						
2d Cpe	180	540	900	2,030	3,150	4,500
4d Sed	180	550	920	2,070	3,220	4,600
4d Sta Wag	190	560	940	2,120	3,290	4,700
1976 808-1600, 4-cyl., 1587cc, 91" wb						
2d Cpe	180	550	920	2,070	3,220	4,600
4d Sed	190	560	940	2,120	3,290	4,700
4d Sta Wag	190	580	960	2,160	3,360	4,800
1976 Wankel Rotary Engine RX-3, 1146cc, 91" wb						
2d Cpe	200	600	1,000	2,250	3,500	5,000
4d Sta Wag	190	580	960	2,160	3,360	4,800
1976 RX-4, 1308cc, 99" wb						
2d HT Cpe	200	600	1,000	2,250	3,500	5,000
4d Sed	190	580	960	2,160	3,360	4,800
4d Sta Wag	200	590	980	2,210	3,430	4,900
Cosmo 2d HdTp Cpe	260	780	1,300	2,930	4,550	6,500
1977 Mizer, 4-cyl., 1272cc						
2d Cpe	180	540	900	2,030	3,150	4,500
4d Sed	180	540	900	2,030	3,150	4,500
4d Sta Wag	180	550	920	2,070	3,220	4,600
1977 GLC, 4-cyl., 1272cc, 91.1" wb						
2d HBk	180	540	900	2,030	3,150	4,500
2d DeL HBk	180	550	920	2,070	3,220	4,600

	6	5	4	3	2	1
1977 808, 4-cyl., 1587cc, 91" wb						
2d Cpe	180	550	920	2,070	3,220	4,600
4d Sed	180	540	900	2,030	3,150	4,500
4d Sta Wag	190	560	940	2,120	3,290	4,700
1977 Wankel Rotary Engine RX-3SP, 1146cc, 91" wb						
2d Cpe	200	610	1,020	2,300	3,570	5,100
1977 RX-4, 1308cc, 99" wb						
4d Sed	180	550	920	2,070	3,220	4,600
4d Sta Wag	190	560	940	2,120	3,290	4,700
Cosmo 2d HT Cpe	260	780	1,300	2,930	4,550	6,500
1978 GLC, 4-cyl., 1272cc, 91.1" wb						
2d HBk	170	520	860	1,940	3,010	4,300
2d DeL HBk	180	530	880	1,980	3,080	4,400
2d Spt HBk	180	540	900	2,030	3,150	4,500
4d DeL HBk	180	540	900	2,030	3,150	4,500
1978 Wankel Rotary Engine RX-3SP, 1146cc, 91" wb						
2d Cpe	200	600	1,000	2,250	3,500	5,000
1978 RX-4, 1308cc, 99" wb						
4d Sed	180	540	900	2,030	3,150	4,500
4d Sta Wag	180	550	920	2,070	3,220	4,600
Cosmo 2d Cpe	260	780	1,300	2,930	4,550	6,500
1979 GLC, 4-cyl., 1415cc, 91" wb						
2d HBk	170	520	860	1,940	3,010	4,300
2d DeL HBk	180	530	880	1,980	3,080	4,400
2d Spt HBk	180	540	900	2,030	3,150	4,500
4d DeL HBk	180	540	900	2,030	3,150	4,500
4d Sta Wag	180	550	920	2,070	3,220	4,600
4d DeL Sta Wag	190	560	940	2,120	3,290	4,700
1979 626, 4-cyl., 1970cc, 98.8" wb						
2d Spt Cpe	200	600	1,000	2,250	3,500	5,000
4d Spt Sed	190	580	960	2,160	3,360	4,800
1979 Wankel Rotary Engine RX-7, 1146cc, 95.3" wb						
S 2d Cpe	260	780	1,300	2,930	4,550	6,500
GS 2d Cpe	270	800	1,340	3,020	4,690	6,700
1980 GLC, 4-cyl., 1415cc, 91" wb						
2d HBk	200	600	1,000	2,250	3,500	5,000
2d Cus HBk	200	610	1,020	2,300	3,570	5,100
2d Spt HBk	210	620	1,040	2,340	3,640	5,200
4d Cus HBk	210	620	1,040	2,340	3,640	5,200
4d Cus Sta Wag	210	640	1,060	2,390	3,710	5,300
1980 626, 4-cyl., 1970cc, 98.8" wb						
2d Spt Cpe	220	660	1,100	2,480	3,850	5,500
4d Spt Sed	220	650	1,080	2,430	3,780	5,400
1980 Wankel Rotary Engine RX-7, 1146cc, 95.3" wb						
S 2d Cpe	280	840	1,400	3,150	4,900	7,000
GS 2d Cpe	290	880	1,460	3,290	5,110	7,300
1981 GLC, 4-cyl., 1490cc, 93.1" wb						
2d HBk	200	600	1,000	2,250	3,500	5,000
2d Cus HBk	200	610	1,020	2,300	3,570	5,100
4d Cus HBk	200	600	1,000	2,250	3,500	5,000
4d Cus Sed	200	610	1,020	2,300	3,570	5,100
2d Cus L HBk	210	620	1,040	2,340	3,640	5,200
4d Cus L Sed	210	620	1,040	2,340	3,640	5,200
2d Spt HBk	210	640	1,060	2,390	3,710	5,300
4d Sta Wag	220	650	1,080	2,430	3,780	5,400
1981 626, 4-cyl., 1970cc, 98.8" wb						
2d Spt Cpe	220	660	1,100	2,480	3,850	5,500
4d Spt Sed	220	650	1,080	2,430	3,780	5,400
2d Lux Spt Cpe	230	680	1,140	2,570	3,990	5,700
4d Lux Spt Sed	220	670	1,120	2,520	3,920	5,600
1981 Wankel Rotary Engine RX-7, 1146cc, 95.3" wb						
S 2d Cpe	300	900	1,500	3,380	5,250	7,500
GS 2d Cpe	320	960	1,600	3,600	5,600	8,000
GSL 2d Cpe	340	1,020	1,700	3,830	5,950	8,500
1982 GLC, 4-cyl., 1490cc, 93.1" wb						
2d HBk	220	660	1,100	2,480	3,850	5,500
2d Cus HBk	220	670	1,120	2,520	3,920	5,600
4d Cus Sed	220	670	1,120	2,520	3,920	5,600
2d Cus L HBk	230	680	1,140	2,570	3,990	5,700
4d Cus L Sed	230	680	1,140	2,570	3,990	5,700
2d Spt HBk	230	700	1,160	2,610	4,060	5,800
4d Cus Sta Wag	220	660	1,100	2,480	3,850	5,500
1982 626, 4-cyl., 1970cc, 98.8" wb						
2d Spt Cpe	220	670	1,120	2,520	3,920	5,600

	6	5	4	3	2	1
4d Spt Sed	220	660	1,100	2,480	3,850	5,500
2d Lux Spt Cpe	230	680	1,140	2,570	3,990	5,700
4d Lux Spt Sed	220	670	1,120	2,520	3,920	5,600
1982 Wankel Rotary Engine RX-7, 1146cc, 95.3" wb						
S 2d Cpe	320	960	1,600	3,600	5,600	8,000
GS 2d Cpe	340	1,020	1,700	3,830	5,950	8,500
GSL 2d Cpe	350	1,060	1,760	3,960	6,160	8,800
1983 GLC, 4-cyl., 1490cc, 93.1" wb						
2d HBk	220	660	1,100	2,480	3,850	5,500
2d Cus HBk	220	670	1,120	2,520	3,920	5,600
4d Cus Sed	220	670	1,120	2,520	3,920	5,600
2d Cus L HBk	230	680	1,140	2,570	3,990	5,700
4d Cus L Sed	230	680	1,140	2,570	3,990	5,700
2d Spt HBk	230	700	1,160	2,610	4,060	5,800
4d Sed	220	670	1,120	2,520	3,920	5,600
4d Cus Sta Wag	220	670	1,120	2,520	3,920	5,600
1983 626, 4-cyl., 1998cc, 98.8" wb						
2d Spt Cpe	230	680	1,140	2,570	3,990	5,700
4d Spt Sed	230	680	1,140	2,570	3,990	5,700
2d Lux Spt Cpe	230	700	1,160	2,610	4,060	5,800
4d Lux Spt Sed	230	700	1,160	2,610	4,060	5,800
4d Lux HBk	240	720	1,200	2,700	4,200	6,000
1983 Wankel Rotary Engine RX-7, 1146cc, 95.3" wb						
S 2d Cpe	320	960	1,600	3,600	5,600	8,000
GS 2d Cpe	340	1,020	1,700	3,830	5,950	8,500
1984-85 GLC, 4-cyl., 1490cc, 93.1" wb						
2d HBk	240	710	1,180	2,660	4,130	5,900
2d DeL HBk	240	720	1,200	2,700	4,200	6,000
4d DeL Sed	240	720	1,200	2,700	4,200	6,000
2d Lux HBk	240	730	1,220	2,750	4,270	6,100
4d Lux Sed	240	730	1,220	2,750	4,270	6,100
1984-85 626, 4-cyl., 1998cc, 98.8" wb						
2d DeL Cpe	260	780	1,300	2,930	4,550	6,500
4d DeL Sed	260	780	1,300	2,930	4,550	6,500
2d Lux Cpe	270	800	1,340	3,020	4,690	6,700
4d Lux Sed	270	800	1,340	3,020	4,690	6,700
4d Tr HBk	270	820	1,360	3,060	4,760	6,800
1984-85 Wankel Rotary Engine RX-7, 1146cc, 95.3" wb						
S 2d Cpe	340	1,020	1,700	3,830	5,950	8,500
GS 2d Cpe	360	1,080	1,800	4,050	6,300	9,000
GSL 2d Cpe	380	1,140	1,900	4,280	6,650	9,500
1984-85 RX-7, 1308cc, 95.3" wb						
GSL-SE 2d Cpe	360	1,080	1,800	4,050	6,300	9,000
1986 323						
2d HBk	140	430	720	1,620	2,520	3,600
DX 2d HBk	150	440	740	1,670	2,590	3,700
LX 2d HBk	150	460	760	1,710	2,660	3,800
DX 4d Sed	160	470	780	1,760	2,730	3,900
LX 4d Sed	160	480	800	1,800	2,800	4,000
1986 626, 4-cyl.						
DX 4d Sed	170	520	860	1,940	3,010	4,300
DX 2d Cpe	180	530	880	1,980	3,080	4,400
LX 4d Sed	180	540	900	2,030	3,150	4,500
LX 2d Cpe	190	560	940	2,120	3,290	4,700
LX 4d HBk	190	580	960	2,160	3,360	4,800
GT 4d Sed (Turbo)	200	600	1,000	2,250	3,500	5,000
GT 2d Cpe (Turbo)	200	610	1,020	2,300	3,570	5,100
GT 4d HBk (Turbo)	210	620	1,040	2,340	3,640	5,200
1986 RX-7, 4-cyl.						
2d Cpe	220	660	1,100	2,480	3,850	5,500
GXL 2d Cpe	240	720	1,200	2,700	4,200	6,000
1987 323, 4-cyl.						
2d HBk	150	460	760	1,710	2,660	3,800
SE 2d HBk	160	470	780	1,760	2,730	3,900
DX 2d HBk	170	500	840	1,890	2,940	4,200
DX 4d Sed	180	550	920	2,070	3,220	4,600
LX 4d Sed	190	580	960	2,160	3,360	4,800
DX 4d Sta Wag	180	540	900	2,030	3,150	4,500
1987 626, 4-cyl.						
DX 4d Sed	200	600	1,000	2,250	3,500	5,000
DX 2d Cpe	200	610	1,020	2,300	3,570	5,100
LX 4d Sed	210	620	1,040	2,340	3,640	5,200
LX 2d Cpe	220	650	1,080	2,430	3,780	5,400
LX 4d HBk	220	660	1,100	2,480	3,850	5,500
GT 4d Sed	210	620	1,040	2,340	3,640	5,200

	6	5	4	3	2	1
GT 2d Cpe	210	640	1,060	2,390	3,710	5,300
GT 4d HBk	220	660	1,100	2,480	3,850	5,500
1987 RX-7, 4-cyl.						
2d Cpe	240	720	1,200	2,700	4,200	6,000
GXL 2d Cpe	280	840	1,400	3,150	4,900	7,000
2d Cpe Turbo	300	900	1,500	3,380	5,250	7,500
1988 323, 4-cyl.						
2d HBk	160	480	800	1,800	2,800	4,000
SE 2d HBk	170	500	840	1,890	2,940	4,200
GTX 2d HBk (4x4)	260	780	1,300	2,930	4,550	6,500
4d Sed	170	520	860	1,940	3,010	4,300
SE 4d Sed	180	540	900	2,030	3,150	4,500
LX 4d Sed	200	600	1,000	2,250	3,500	5,000
GT 4d Sed	220	660	1,100	2,480	3,850	5,500
4d Sta Wag	190	580	960	2,160	3,360	4,800
1988 626, 4-cyl.						
DX 4d Sed	200	600	1,000	2,250	3,500	5,000
LX 4d Sed	220	660	1,100	2,480	3,850	5,500
LX 4d HBk	240	720	1,200	2,700	4,200	6,000
4d Sed (Turbo)	260	780	1,300	2,930	4,550	6,500
4d HBk (Turbo)	270	820	1,360	3,060	4,760	6,800
4d Sed, (Turbo) 4WS	280	830	1,380	3,110	4,830	6,900
1988 MX-6, 4-cyl.						
DX 2d Cpe	240	710	1,180	2,660	4,130	5,900
LX 2d Cpe	260	780	1,300	2,930	4,550	6,500
GT 2d Cpe	270	820	1,360	3,060	4,760	6,800
1988 RX-7, 4-cyl.						
SE 2d Cpe	300	890	1,480	3,330	5,180	7,400
GTV 2d Cpe	300	900	1,500	3,380	5,250	7,500
GXL 2d Cpe	330	980	1,640	3,690	5,740	8,200
2d Cpe (Turbo)	340	1,020	1,700	3,830	5,950	8,500
2d Conv	600	1,800	3,000	6,750	10,500	15,000
1988 929						
LX 4d Sed	310	920	1,540	3,470	5,390	7,700
1989 323, 4-cyl.						
2d HBk	190	580	960	2,160	3,360	4,800
SE 2d HBk	200	590	980	2,210	3,430	4,900
GTX 2d HBk (4x4)	260	780	1,300	2,930	4,550	6,500
SE 4d Sed	240	720	1,200	2,700	4,200	6,000
LX 4d Sed	260	780	1,300	2,930	4,550	6,500
1989 626, 4-cyl.						
DX 4d Sed	260	780	1,300	2,930	4,550	6,500
LX 4d Sed	280	840	1,400	3,150	4,900	7,000
LX 4d HBk	300	900	1,500	3,380	5,250	7,500
4d HBk (Turbo)	320	960	1,600	3,600	5,600	8,000
1989 MX-6, 4-cyl.						
DX 2d Cpe	270	800	1,340	3,020	4,690	6,700
LX 2d Cpe	280	840	1,400	3,150	4,900	7,000
GT 2d Cpe	320	960	1,600	3,600	5,600	8,000
GT 2d Cpe 4WS	320	960	1,600	3,600	5,600	8,000
1989 RX-7, 4-cyl.						
GTV 2d Cpe	340	1,020	1,700	3,830	5,950	8,500
GXL 2d Cpe	380	1,140	1,900	4,280	6,650	9,500
2d Cpe (Turbo)	560	1,680	2,800	6,300	9,800	14,000
2d Conv	680	2,040	3,400	7,650	11,900	17,000
1989 929, V-6						
LX 4d Sed	340	1,020	1,700	3,830	5,950	8,500
1990 323, 4-cyl.						
2d HBk	200	600	1,000	2,250	3,500	5,000
2d HBk SE	220	660	1,100	2,480	3,850	5,500
1990 Protege, 4-cyl.						
SE 4d Sed	240	720	1,200	2,700	4,200	6,000
LX 4d Sed	260	780	1,300	2,930	4,550	6,500
4d Sed (4x4)	280	840	1,400	3,150	4,900	7,000
1990 626, 4-cyl.						
DX 4d Sed	300	900	1,500	3,380	5,250	7,500
LX 4d Sed	320	960	1,600	3,600	5,600	8,000
LX 4d HBk	320	960	1,600	3,600	5,600	8,000
GT 4d HBk	360	1,080	1,800	4,050	6,300	9,000
1990 MX-6, 4-cyl.						
DX 2d Cpe	320	960	1,600	3,600	5,600	8,000
LX 2d Cpe	340	1,020	1,700	3,830	5,950	8,500
GT 2d Cpe	360	1,070	1,780	4,010	6,230	8,900
GT 2d Cpe 4WS	360	1,080	1,800	4,050	6,300	9,000

	6	5	4	3	2	1
1990 MX-5 Miata, 4-cyl.						
2d Conv	580	1,740	2,900	6,530	10,150	14,500
1990 RX-7						
GTV 2d Cpe	560	1,680	2,800	6,300	9,800	14,000
GXL 2d Cpe	580	1,740	2,900	6,530	10,150	14,500
2d Cpe (Turbo)	600	1,800	3,000	6,750	10,500	15,000
2d Conv	720	2,160	3,600	8,100	12,600	18,000
1990 926, V-6						
4d Sed	580	1,740	2,900	6,530	10,150	14,500
S 4d Sed.	600	1,800	3,000	6,750	10,500	15,000
1991 323						
2d HBk	200	600	1,000	2,250	3,500	5,000
2d HBk SE	220	660	1,100	2,480	3,850	5,500
1991 Protege						
4d Sed DX	220	660	1,100	2,480	3,850	5,500
4d Sed LX.	240	720	1,200	2,700	4,200	6,000
4d Sed (4x4)	280	840	1,400	3,150	4,900	7,000
1991 626						
4d Sed DX	280	840	1,400	3,150	4,900	7,000
4d Sed LX.	300	900	1,500	3,380	5,250	7,500
4d HBk LX	310	940	1,560	3,510	5,460	7,800
4d HBk GT	320	960	1,600	3,600	5,600	8,000
1991 Miata						
2d Conv	580	1,740	2,900	6,530	10,150	14,500
1991 RX-7						
2d Cpe	560	1,680	2,800	6,300	9,800	14,000
2d Cpe (Turbo)	600	1,800	3,000	6,750	10,500	15,000
2d Conv	700	2,100	3,500	7,880	12,250	17,500
1991 929, V-6						
4d Sed	380	1,140	1,900	4,280	6,650	9,500
4d Sed S.	560	1,680	2,800	6,300	9,800	14,000
1992 323, 4-cyl.						
2d HBk	200	600	1,000	2,250	3,500	5,000
2d HBk SE	220	660	1,100	2,480	3,850	5,500
1992 Protege, 4-cyl.						
4d Sed DX	240	720	1,200	2,700	4,200	6,000
4d Sed LX.	260	780	1,300	2,930	4,550	6,500
1992 MX-3, 4-cyl.						
2d Cpe	240	720	1,200	2,700	4,200	6,000
2d Cpe GS, V-6	260	780	1,300	2,930	4,550	6,500
1992 626, 4-cyl.						
4d Sed DX	280	840	1,400	3,150	4,900	7,000
4d Sed LX.	300	900	1,500	3,380	5,250	7,500
1992 MX-6, 4-cyl.						
2d Cpe DX	300	900	1,500	3,380	5,250	7,500
2d Cpe LX.	320	960	1,600	3,600	5,600	8,000
2d Cpe GT	360	1,080	1,800	4,050	6,300	9,000
1992 MX-5, 4-cyl.						
2d Miata Conv	560	1,680	2,800	6,300	9,800	14,000
1992 929, V-6						
4d Sed	620	1,860	3,100	6,980	10,850	15,500
1993 323, 4-cyl.						
2d HBk	220	660	1,100	2,480	3,850	5,500
2d SE HBk	220	670	1,120	2,520	3,920	5,600
1993 Protege, 4-cyl.						
4d DX Sed	260	780	1,300	2,930	4,550	6,500
4d LX Sed.	270	800	1,340	3,020	4,690	6,700
1993 MX-3						
2d Cpe, 4-cyl.	300	900	1,500	3,380	5,250	7,500
2d Cpe, V-6	310	920	1,540	3,470	5,390	7,700
1993 626						
4d DX Sed, 4-cyl.	270	820	1,360	3,060	4,760	6,800
4d LX Sed, 4-cyl.	280	830	1,380	3,110	4,830	6,900
4d ES Sed, V-6.	280	840	1,400	3,150	4,900	7,000
1993 MX-6						
2d Cpe, 4-cyl.	340	1,020	1,700	3,830	5,950	8,500
2d LS Cpe, V-6.	350	1,040	1,740	3,920	6,090	8,700
1993 MX-5 Miata, 4-cyl.						
2d Conv	720	2,160	3,600	8,100	12,600	18,000
1993 RX7						
2d Turbo Cpe	620	1,860	3,100	6,980	10,850	15,500

	6	5	4	3	2	1
1994 323, 4-cyl.						
2d HBk	220	660	1,100	2,480	3,850	5,500
1994 Protege, 4-cyl.						
4d Sed	240	720	1,200	2,700	4,200	6,000
4d DX Sed	260	780	1,300	2,930	4,550	6,500
4d LX Sed	280	840	1,400	3,150	4,900	7,000
1994 MX-3						
2d Cpe, 4-cyl.	320	960	1,600	3,600	5,600	8,000
2d GS Cpe, V-6	360	1,080	1,800	4,050	6,300	9,000
1994 626						
4d DX Sed, 4-cyl.	320	960	1,600	3,600	5,600	8,000
4d LX Sed, 4-cyl.	340	1,020	1,700	3,830	5,950	8,500
4d LX Sed, V-6	360	1,080	1,800	4,050	6,300	9,000
4d ES Sed, V-6	380	1,140	1,900	4,280	6,650	9,500
1994 MX-6						
2d Cpe, 4-cyl.	360	1,080	1,800	4,050	6,300	9,000
2d Cpe, V-6	400	1,200	2,000	4,500	7,000	10,000
1994 MX-5 Miata, 4-cyl.						
2d Conv	460	1,380	2,300	5,180	8,050	11,500
2d Conv M	520	1,560	2,600	5,850	9,100	13,000
1994 RX-7 Rotary Turbo						
2d Cpe	800	2,400	4,000	9,000	14,000	20,000
1994 926						
4d Sed, V-6	480	1,440	2,400	5,400	8,400	12,000
1995 Protege, 4-cyl.						
4d DX Sed	260	780	1,300	2,930	4,550	6,500
4d LX Sed	280	840	1,400	3,150	4,900	7,000
4d ES Sed	300	900	1,500	3,380	5,250	7,500
1995 MX-3, 4-cyl.						
2d Cpe	320	960	1,600	3,600	5,600	8,000
1995 626, 4-cyl.						
4d DX Sed	320	960	1,600	3,600	5,600	8,000
4d LX Sed	340	1,020	1,700	3,830	5,950	8,500
4d LX Sed (V-6)	360	1,080	1,800	4,050	6,300	9,000
4d ES Sed (V-6)	400	1,200	2,000	4,500	7,000	10,000
1995 MX-6, 4-cyl.						
2d Cpe	360	1,080	1,800	4,050	6,300	9,000
2d LS Cpe (V-6)	400	1,200	2,000	4,500	7,000	10,000
1995 MX-5 Miata, 4-cyl.						
2d Conv	460	1,380	2,300	5,180	8,050	11,500
2d MConv	520	1,560	2,600	5,850	9,100	13,000

NOTE: Add 5 percent for detachable HT.

	6	5	4	3	2	1
1995 RX-7 Rotary Turbo						
2d Cpe	800	2,400	4,000	9,000	14,000	20,000
1995 Millenia, V-6						
4d Sed	400	1,200	2,000	4,500	7,000	10,000
4d L Sed	420	1,260	2,100	4,730	7,350	10,500
4d S Sed	440	1,320	2,200	4,950	7,700	11,000
1995 929, V-6						
4d Sed	480	1,440	2,400	5,400	8,400	12,000
1996 Protege, 4-cyl.						
4d DX Sed	260	780	1,300	2,930	4,550	6,500
4d LX Sed	280	840	1,400	3,150	4,900	7,000
4d ES Sed	300	900	1,500	3,380	5,250	7,500
1996 626, 4-cyl.						
4d DX Sed	320	960	1,600	3,600	5,600	8,000
4d LX Sed	340	1,020	1,700	3,830	5,950	8,500
4d LX Sed (V-6)	360	1,080	1,800	4,050	6,300	9,000
4d ES Sed (V-6)	400	1,200	2,000	4,500	7,000	10,000
1996 MX-6, 4-cyl.						
2d Cpe	360	1,080	1,800	4,050	6,300	9,000
2d LS Cpe (V-6)	400	1,200	2,000	4,500	7,000	10,000
1996 MX-5 Miata, 4-cyl.						
2d Conv	460	1,380	2,300	5,180	8,050	11,500
2d M Conv	520	1,560	2,600	5,850	9,100	13,000

NOTE: Add 5 percent for detachable HT.

	6	5	4	3	2	1
1996 Milenia, V-6						
4d Sed	400	1,200	2,000	4,500	7,000	10,000
4d L Sed	420	1,260	2,100	4,730	7,350	10,500
4d S Sed	440	1,320	2,200	4,950	7,700	11,000
1997 Protege, 4-cyl.						
4d DX Sed	260	780	1,300	2,930	4,550	6,500

1997 Lexus LS 400 sedan

1971 Maserati Ghibli convertible

1993 Mazda Protege LX sedan

	6	5	4	3	2	1
4d LX Sed	280	840	1,400	3,150	4,900	7,000
4d ES Sed	300	900	1,500	3,380	5,250	7,500
1997 626, 4-cyl.						
4d DX Sed	320	960	1,600	3,600	5,600	8,000
4d LX Sed	340	1,020	1,700	3,830	5,950	8,500
4d LX Sed (V-6)	360	1,080	1,800	4,050	6,300	9,000
4d ES Sed (V-6)	400	1,200	2,000	4,500	7,000	10,000
1997 MX-6, 4-cyl.						
2d Cpe	360	1,080	1,800	4,050	6,300	9,000
2d LS Cpe (V-6)	400	1,200	2,000	4,500	7,000	10,000
1997 MX-5 Miata, 4-cyl.						
2d Conv	460	1,380	2,300	5,180	8,050	11,500
2d M Conv	520	1,560	2,600	5,850	9,100	13,000
NOTE: Add 5 percent for detachable HT.						
1997 Millenia, V-6						
4d Sed	400	1,200	2,000	4,500	7,000	10,000
4d L Sed	420	1,260	2,100	4,730	7,350	10,500
4d S Sed (supercharged)	440	1,320	2,200	4,950	7,700	11,000
1998 Protege, 4-cyl.						
4d DX Sed	260	780	1,300	2,930	4,550	6,500
4d LX Sed	280	840	1,400	3,150	4,900	7,000
4d ES Sed	300	900	1,500	3,380	5,250	7,500
1998 626, 4-cyl.						
4d DX Sed	320	960	1,600	3,600	5,600	8,000
4d LX Sed	340	1,020	1,700	3,830	5,950	8,500
4d LX Sed (V-6)	360	1,080	1,800	4,050	6,300	9,000
4d ES Sed (V-6)	400	1,200	2,000	4,500	7,000	10,000
1998 Miata MX-5, 4-cyl.						
2d Conv	460	1,380	2,300	5,180	8,050	11,500
2d M Conv	520	1,560	2,600	5,850	9,100	13,000
NOTE: Add 5 percent for detachable HT.						
1998 Millenia, V-6						
4d Sed	400	1,200	2,000	4,500	7,000	10,000
4d Premium Sed	420	1,260	2,100	4,730	7,350	10,500
4d S Sed (supercharged)	440	1,320	2,200	4,950	7,700	11,000

MERCEDES-BENZ

	6	5	4	3	2	1
1951-53 Model 170S						
4d Sed	1,240	3,720	6,200	13,950	21,700	31,000
NOTE: Deduct 8 percent for lesser models. Deduct 10 percent for diesel.						
1951-53 Model 180						
4d Sed	1,200	3,600	6,000	13,500	21,000	30,000
1951-53 Model 220						
4d Sed	1,280	3,840	6,400	14,400	22,400	32,000
2d Conv	2,000	6,000	10,000	22,500	35,000	50,000
2d Cpe	1,600	4,800	8,000	18,000	28,000	40,000
1951-53 Model 300						
4d Sed	1,400	4,200	7,000	15,750	24,500	35,000
4d Conv Sed	3,000	9,000	15,000	33,750	52,500	75,000
2d Cpe	3,480	10,440	17,400	39,150	60,900	87,000
1951-53 Model 300S						
4d Conv Sed	5,480	16,440	27,400	61,650	95,900	137,000
2d Conv	6,400	19,200	32,000	72,000	112,000	160,000
2d Cpe	3,800	11,400	19,000	42,750	66,500	95,000
2d Rds	8,200	24,600	41,000	92,250	143,500	205,000
1954 Model 170						
4d Sed	1,000	3,000	5,000	11,250	17,500	25,000
NOTE: Deduct 10 percent for diesel.						
1954 Model 180						
4d Sed	1,050	3,100	5,200	11,700	18,200	26,000
NOTE: Deduct 10 percent for diesel.						
1954 Model 220A						
4d Sed	1,320	3,960	6,600	14,850	23,100	33,000
2d Conv	2,160	6,480	10,800	24,300	37,800	54,000
2d Cpe	1,760	5,280	8,800	19,800	30,800	44,000
1954 Model 300						
4d Sed	1,400	4,200	7,000	15,750	24,500	35,000
4d Conv Sed	3,000	9,000	15,000	33,750	52,500	75,000
2d Cpe	3,480	10,440	17,400	39,150	60,900	87,000
1954 Model 300B						
4d Sed	1,600	4,800	8,000	18,000	28,000	40,000

	6	5	4	3	2	1
4d Conv Sed	3,200	9,600	16,000	36,000	56,000	80,000
2d Cpe	3,400	10,200	17,000	38,250	59,500	85,000
1954 Model 300S						
4d Sed	1,880	5,640	9,400	21,150	32,900	47,000
2d Conv	5,800	17,400	29,000	65,250	101,500	145,000
2d Cpe	3,960	11,880	19,800	44,550	69,300	99,000
2d Rds	6,200	18,600	31,000	69,750	108,500	155,000
1954 Model 300SL						
2d GW Cpe	12,080	36,240	60,400	135,900	211,400	302,000
1955 Model 170						
4d Sed	1,040	3,120	5,200	11,700	18,200	26,000

NOTE: Deduct 10 percent for diesel.

	6	5	4	3	2	1
1955 Model 180						
4d Sed	1,100	3,250	5,400	12,150	18,900	27,000

NOTE: Deduct 10 percent for diesel.

	6	5	4	3	2	1
1955 Model 190						
2d Rds	2,000	6,000	10,000	22,500	35,000	50,000
1955 Model 220A						
4d Sed	1,320	3,960	6,600	14,850	23,100	33,000
2d Conv	2,160	6,480	10,800	24,300	37,800	54,000
2d Cpe	1,760	5,280	8,800	19,800	30,800	44,000
1955 Model 300B						
4d Sed	1,600	4,800	8,000	18,000	28,000	40,000
4d Conv Sed	3,200	9,600	16,000	36,000	56,000	80,000
2d Cpe	3,400	10,200	17,000	38,250	59,500	85,000
1955 Model 300S						
4d Sed	1,960	5,880	9,800	22,050	34,300	49,000
2d Conv	5,880	17,640	29,400	66,150	102,900	147,000
2d Cpe	4,080	12,240	20,400	45,900	71,400	102,000
2d Rds	6,280	18,840	31,400	70,650	109,900	157,000
1955 Model 300SL						
2d GW Cpe	12,080	36,240	60,400	135,900	211,400	302,000
1956-57 Model 180						
4d Sed	760	2,280	3,800	8,550	13,300	19,000

NOTE: Deduct 10 percent for diesel.

	6	5	4	3	2	1
1956-57 Model 190						
4d Sed	800	2,400	4,000	9,000	14,000	20,000
SL Rds	1,880	5,640	9,400	21,150	32,900	47,000

NOTE: Add 10 percent for removable hardtop.

	6	5	4	3	2	1
1956-57 Model 219						
4d Sed	880	2,640	4,400	9,900	15,400	22,000
1956-57 Model 220S						
4d Sed	920	2,760	4,600	10,350	16,100	23,000
Cpe	1,120	3,360	5,600	12,600	19,600	28,000
Cabr	2,280	6,840	11,400	25,650	39,900	57,000
1956-57 Model 300C						
4d Sed	1,560	4,680	7,800	17,550	27,300	39,000
4d Limo	1,920	5,760	9,600	21,600	33,600	48,000
4d Conv Sed	3,240	9,720	16,200	36,450	56,700	81,000
2d Cpe	3,840	11,520	19,200	43,200	67,200	96,000
1956-57 Model 300S						
4d Sed	1,920	5,760	9,600	21,600	33,600	48,000
2d Conv	5,520	16,560	27,600	62,100	96,600	138,000
2d Cpe	4,120	12,360	20,600	46,350	72,100	103,000
2d Rds	6,120	18,360	30,600	68,850	107,100	153,000
1956-57 Model 300SC						
4d Sed	2,080	6,240	10,400	23,400	36,400	52,000
2d Conv	11,800	35,400	59,000	132,750	206,500	295,000
2d Rds	12,400	37,200	62,000	139,500	217,000	310,000
1956-57 Model 300SL						
2d GW Cpe	12,600	37,800	63,000	141,750	220,500	315,000
1958-60 Model 180a						
4d Sed	680	2,040	3,400	7,650	11,900	17,000

NOTE: Deduct 10 percent for diesel.

	6	5	4	3	2	1
1958-60 Model 190						
4d Sed	720	2,160	3,600	8,100	12,600	18,000
SL Rds	1,840	5,520	9,200	20,700	32,200	46,000
SL Cpe	1,840	5,520	9,200	20,700	32,200	46,000

NOTE: Add 10 percent for removable hardtop. Deduct 10 percent for diesel.

	6	5	4	3	2	1
1958-60 Model 219						
4d Sed	760	2,280	3,800	8,550	13,300	19,000

	6	5	4	3	2	1
1958-60 Model 220S						
2d Cpe	1,040	3,120	5,200	11,700	18,200	26,000
4d Sed	840	2,520	4,200	9,450	14,700	21,000
2d Conv	2,200	6,600	11,000	24,750	38,500	55,000
1958-60 Model 220SE						
4d Sed	1,000	3,000	5,000	11,250	17,500	25,000
2d Cpe	1,200	3,600	6,000	13,500	21,000	30,000
2d Conv	3,000	9,000	15,000	33,750	52,500	75,000
1958-60 Model 300D						
4d HT	1,200	3,600	6,000	13,500	21,000	30,000
4d Conv	4,040	12,120	20,200	45,450	70,700	101,000
1958-60 Model 300SL						
2d Rds	8,440	25,320	42,200	94,950	147,700	211,000

NOTE: Add 5 percent for removable hardtop.

	6	5	4	3	2	1
1961-62						
180 4d Sed	600	1,800	3,000	6,750	10,500	15,000
180D 4d Sed	640	1,920	3,200	7,200	11,200	16,000
190 4d Sed	620	1,860	3,100	6,980	10,850	15,500
190D 4d Sed	660	1,980	3,300	7,430	11,550	16,500
190SL Cpe/Rds	1,840	5,520	9,200	20,700	32,200	46,000
220 4d Sed	760	2,280	3,800	8,550	13,300	19,000
220S 4d Sed	800	2,400	4,000	9,000	14,000	20,000
220SE 4d Sed	840	2,520	4,200	9,450	14,700	21,000
220SE Cpe	1,120	3,360	5,600	12,600	19,600	28,000
220SE Cabr	1,840	5,520	9,200	20,700	32,200	46,000
220SEb Cpe	1,280	3,840	6,400	14,400	22,400	32,000
220SEb Cabr	1,720	5,160	8,600	19,350	30,100	43,000
220SEb 4d Sed	880	2,640	4,400	9,900	15,400	22,000
300 4d HT	2,000	6,000	10,000	22,500	35,000	50,000
300 4d Cabr	4,560	13,680	22,800	51,300	79,800	114,000
300SE 4d Sed	1,000	3,000	5,000	11,250	17,500	25,000
300SE 2d Cpe	1,480	4,440	7,400	16,650	25,900	37,000
300SE 2d Cabr	3,480	10,440	17,400	39,150	60,900	87,000
300SL Rds	8,440	25,320	42,200	94,950	147,700	211,000

NOTE: Add 5 percent for removable hardtop.

	6	5	4	3	2	1
1963						
180Dc 4d Sed	550	1,700	2,800	6,300	9,800	14,000
190c 4d Sed	450	1,400	2,300	5,180	8,050	11,500
190Dc 4d Sed	600	1,750	2,900	6,530	10,200	14,500
190SL Rds	1,800	5,400	9,000	20,250	31,500	45,000

NOTE: Add 10 percent for removable hardtop.

	6	5	4	3	2	1
220 4d Sed	650	1,900	3,200	7,200	11,200	16,000
220S 4d Sed	700	2,050	3,400	7,650	11,900	17,000
220SE 4d Sed	700	2,150	3,600	8,100	12,600	18,000
220SEb Cpe	900	2,650	4,400	9,900	15,400	22,000
220SEb Cabr	1,600	4,800	8,000	18,000	28,000	40,000
300SE 4d Sed	1,050	3,100	5,200	11,700	18,200	26,000
300SE Cpe	1,250	3,700	6,200	13,950	21,700	31,000
300SE Cabr	3,100	9,250	15,400	34,650	53,900	77,000
300 4d HT	1,300	3,850	6,400	14,400	22,400	32,000
300SL Rds	8,440	25,320	42,200	94,950	147,700	211,000

NOTE: Add 5 percent for removable hardtop.

	6	5	4	3	2	1
1964						
190c 4d Sed	450	1,300	2,200	4,950	7,700	11,000
190Dc 4d Sed	550	1,700	2,800	6,300	9,800	14,000
220 4d Sed	650	1,900	3,200	7,200	11,200	16,000
220S 4d Sed	700	2,050	3,400	7,650	11,900	17,000
220SE 4d Sed	700	2,150	3,600	8,100	12,600	18,000
220SEb Cpe	900	2,750	4,600	10,350	16,100	23,000
220SEb Cabr	1,550	4,700	7,800	17,550	27,300	39,000
230SL Cpe/Rds	1,050	3,100	5,200	11,700	18,200	26,000
300SE 4d Sed	900	2,650	4,400	9,900	15,400	22,000
300SE 4d Sed (112)	920	2,760	4,600	10,350	16,100	23,000
300SE Cpe	1,300	3,850	6,400	14,400	22,400	32,000
300SE Cabr	3,150	9,500	15,800	35,550	55,300	79,000
1965						
190c 4d Sed	450	1,300	2,200	4,950	7,700	11,000
190Dc 4d Sed	550	1,700	2,800	6,300	9,800	14,000
220b 4d Sed	650	1,900	3,200	7,200	11,200	16,000
220Sb 4d Sed	650	2,000	3,300	7,430	11,600	16,500
220SEb 4d Sed	700	2,050	3,400	7,650	11,900	17,000
220SEb Cpe	800	2,400	4,000	9,000	14,000	20,000
220SEb Cabr	1,500	4,550	7,600	17,100	26,600	38,000
230SL Cpe/Rds	1,100	3,250	5,400	12,150	18,900	27,000
250SE Cpe	900	2,650	4,400	9,900	15,400	22,000

	6	5	4	3	2	1
250SE Cabr	1,550	4,700	7,800	17,550	27,300	39,000
300SE 4d Sed	750	2,300	3,800	8,550	13,300	19,000
300SEL 4d Sed	850	2,500	4,200	9,450	14,700	21,000
300SE Cpe	900	2,750	4,600	10,350	16,100	23,000
300SE Cabr	3,150	9,500	15,800	35,550	55,300	79,000
600 4d Sed	1,400	4,200	7,000	15,750	24,500	35,000
600 Limo	1,800	5,400	9,000	20,250	31,500	45,000

1966

	6	5	4	3	2	1
200 4d Sed	450	1,300	2,200	4,950	7,700	11,000
200D 4d Sed	550	1,700	2,800	6,300	9,800	14,000
230 4d Sed	450	1,400	2,300	5,180	8,050	11,500
230S 4d Sed	450	1,400	2,350	5,270	8,200	11,700
230SL Cpe/Rds	1,200	3,600	6,000	13,500	21,000	30,000
250SE Cpe	900	2,650	4,400	9,900	15,400	22,000
250SE Cabr	1,550	4,700	7,800	17,550	27,300	39,000
250S 4d Sed	650	1,900	3,200	7,200	11,200	16,000
250SE 4d Sed	650	2,000	3,300	7,430	11,600	16,500
300SE Cpe	900	2,750	4,600	10,350	16,100	23,000
300SE Cabr	3,150	9,500	15,800	35,550	55,300	79,000
600 4d Sed	1,400	4,200	7,000	15,750	24,500	35,000
600 Limo	1,850	5,500	9,200	20,700	32,200	46,000

1967

	6	5	4	3	2	1
200 4d Sed	450	1,400	2,300	5,180	8,050	11,500
200D 4d Sed	600	1,750	2,900	6,530	10,200	14,500
230 4d Sed	550	1,700	2,800	6,300	9,800	14,000
230S 4d Sed	550	1,700	2,850	6,390	9,950	14,200
230SL Cpe/Rds	1,100	3,350	5,600	12,600	19,600	28,000
250S 4d Sed	650	1,900	3,200	7,200	11,200	16,000
250SE 4d Sed	650	2,000	3,300	7,430	11,600	16,500
250SE Cpe	900	2,650	4,400	9,900	15,400	22,000
250SE Cabr	1,200	3,600	6,000	13,500	21,000	30,000
250SL Cpe/Rds	1,150	3,500	5,800	13,050	20,300	29,000
280SE Cpe	900	2,750	4,600	10,350	16,100	23,000
280SE Cabr	1,750	5,300	8,800	19,800	30,800	44,000
300SE Cpe	1,050	3,100	5,200	11,700	18,200	26,000
300SE Cabr	3,150	9,500	15,800	35,550	55,300	79,000
300SE 4d Sed	950	2,900	4,800	10,800	16,800	24,000
300SEL 4d Sed	1,000	3,000	5,000	11,250	17,500	25,000
600 4d Sed	1,350	4,100	6,800	15,300	23,800	34,000
600 Limo	1,900	5,650	9,400	21,150	32,900	47,000

1968

	6	5	4	3	2	1
220 4d Sed	450	1,400	2,300	5,180	8,050	11,500
220D 4d Sed	600	1,750	2,900	6,530	10,200	14,500
230 4d Sed	550	1,700	2,800	6,300	9,800	14,000
250 4d Sed	600	1,750	2,900	6,570	10,200	14,600
280 4d Sed	600	1,800	2,950	6,660	10,400	14,800
280SE 4d Sed	650	1,900	3,200	7,200	11,200	16,000
280SEL 4d Sed	700	2,050	3,400	7,650	11,900	17,000
280SE Cpe	900	2,750	4,600	10,350	16,100	23,000
280SE Cabr	1,850	5,500	9,200	20,700	32,200	46,000
280SL Cpe/Rds	1,350	4,100	6,800	15,300	23,800	34,000
300SEL 4d Sed	1,000	3,000	5,000	11,250	17,500	25,000
600 4d Sed	1,500	4,450	7,400	16,650	25,900	37,000
600 Limo	1,900	5,750	9,600	21,600	33,600	48,000

1969

	6	5	4	3	2	1
220 4d Sed	600	1,850	3,100	6,980	10,900	15,500
220D 4d Sed	650	2,000	3,300	7,430	11,600	16,500
230 4d Sed	650	1,900	3,150	7,110	11,100	15,800
250 4d Sed	650	1,900	3,200	7,200	11,200	16,000
280S 4d Sed	650	1,950	3,200	7,250	11,300	16,100
280SE 4d Sed	650	1,900	3,200	7,200	11,200	16,000
280SEL 4d Sed	650	2,000	3,300	7,430	11,600	16,500
280SE Cpe	900	2,750	4,600	10,350	16,100	23,000
280SE Cabr	1,900	5,750	9,600	21,600	33,600	48,000
280SL Cpe/Rds	1,450	4,300	7,200	16,200	25,200	36,000
300SEL 4d Sed	950	2,900	4,800	10,800	16,800	24,000
300SEL 6.3 4d Sed	1,160	3,480	5,800	13,050	20,300	29,000
600 4d Sed	1,450	4,300	7,200	16,200	25,200	36,000
600 Limo	1,900	5,750	9,600	21,600	33,600	48,000

1970

	6	5	4	3	2	1
220 4d Sed	550	1,700	2,800	6,300	9,800	14,000
220D 4d Sed	600	1,750	2,900	6,530	10,200	14,500
250 4d Sed	550	1,700	2,850	6,390	9,950	14,200
250C Cpe	700	2,050	3,400	7,650	11,900	17,000
280S 4d Sed	600	1,850	3,100	6,980	10,900	15,500
280SE 4d Sed	650	1,900	3,200	7,200	11,200	16,000
280SEL 4d Sed	650	2,000	3,300	7,430	11,600	16,500

	6	5	4	3	2	1
280SE Cpe	1,200	3,600	6,000	13,500	21,000	30,000
280SE Cpe 3.5	1,700	5,150	8,600	19,350	30,100	43,000
280SE Cabr	2,000	6,000	10,000	22,500	35,000	50,000
280SE Cabr 3.5	2,600	7,800	13,000	29,250	45,500	65,000
280SL Cpe/Rds	1,500	4,450	7,400	16,650	25,900	37,000
300SEL 4d Sed	900	2,750	4,600	10,350	16,100	23,000
300SEL 6.3 4d Sed	1,160	3,480	5,800	13,050	20,300	29,000
600 4d Sed	1,500	4,450	7,400	16,650	25,900	37,000
600 Limo	1,850	5,500	9,200	20,700	32,200	46,000

1971

	6	5	4	3	2	1
220 4d Sed	550	1,700	2,800	6,300	9,800	14,000
220D 4d Sed	600	1,750	2,900	6,530	10,200	14,500
250 4d Sed	550	1,700	2,800	6,300	9,800	14,000
250C Cpe	650	1,900	3,200	7,200	11,200	16,000
280S 4 Sed	600	1,850	3,100	6,980	10,900	15,500
280SE 4d Sed	650	1,900	3,200	7,200	11,200	16,000
280SE 4.5 4d Sed	800	2,400	4,000	9,000	14,000	20,000
280SEL 4d Sed	650	2,000	3,300	7,430	11,600	16,500
280SE 3.5 Cpe	1,200	3,600	6,000	13,500	21,000	30,000
280SE 3.5 Cabr	3,100	9,250	15,400	34,650	53,900	77,000
280SL Cpe/Rds	1,500	4,550	7,600	17,100	26,600	38,000
300SEL 4d Sed	950	2,900	4,800	10,800	16,800	24,000
300SEL 6.3 4d Sed	1,160	3,480	5,800	13,050	20,300	29,000
600 4d Sed	1,500	4,450	7,400	16,650	25,900	37,000
600 4d Limo	2,100	6,250	10,400	23,400	36,400	52,000

1972

	6	5	4	3	2	1
220 4d Sed	550	1,700	2,800	6,300	9,800	14,000
220D 4d Sed	600	1,750	2,900	6,530	10,200	14,500
250 4d Sed	600	1,800	3,000	6,750	10,500	15,000
250C Cpe	700	2,050	3,400	7,650	11,900	17,000
280SE 4d Sed	650	1,900	3,200	7,200	11,200	16,000
280SE 4.5 4d Sed	800	2,400	4,000	9,000	14,000	20,000
280SE 3.5 Cpe	900	2,650	4,400	9,900	15,400	22,000
280SE 3.5 Cabr	1,550	4,700	7,800	17,550	27,300	39,000
280SEL 4d Sed	700	2,050	3,400	7,650	11,900	17,000
300SEL 4d Sed	900	2,750	4,600	10,350	16,100	23,000
350SL Cpe/Rds	1,450	4,300	7,200	16,200	25,200	36,000
600 4d Sed	1,500	4,450	7,400	16,650	25,900	37,000
600 Limo	2,050	6,100	10,200	22,950	35,700	51,000

1973

	6	5	4	3	2	1
220 4d Sed	550	1,700	2,800	6,300	9,800	14,000
220D 4d Sed	600	1,800	3,000	6,750	10,500	15,000
280 4d Sed	600	1,850	3,100	6,980	10,900	15,500
280C Cpe	700	2,150	3,600	8,100	12,600	18,000
280SE 4d Sed	700	2,050	3,400	7,650	11,900	17,000
280SE 4.5 4d Sed	850	2,500	4,200	9,450	14,700	21,000
280SEL 4d Sed	700	2,100	3,500	7,880	12,300	17,500
280SEL 4.5 4d Sed	880	2,640	4,400	9,900	15,400	22,000
300SEL 4d Sed	900	2,750	4,600	10,350	16,100	23,000
450SE 4d Sed	700	2,100	3,500	7,880	12,300	17,500
450SEL 4d Sed	750	2,200	3,700	8,330	13,000	18,500
450SL Cpe/Rds	1,350	4,100	6,800	15,300	23,800	34,000
450SLC Cpe	1,100	3,350	5,600	12,600	19,600	28,000

1974

	6	5	4	3	2	1
230 4d Sed	600	1,750	2,900	6,530	10,200	14,500
240D 4d Sed	600	1,800	3,000	6,750	10,500	15,000
280 4d Sed	650	1,900	3,200	7,200	11,200	16,000
280C Cpe	700	2,150	3,600	8,100	12,600	18,000
450SE 4d Sed	750	2,300	3,800	8,550	13,300	19,000
450SEL 4d Sed	850	2,500	4,200	9,450	14,700	21,000
450SL Cpe/Rds	1,300	3,950	6,600	14,850	23,100	33,000
450SLC Cpe	1,100	3,350	5,600	12,600	19,600	28,000

1975

	6	5	4	3	2	1
230 4d Sed	600	1,800	3,000	6,750	10,500	15,000
240D 4d Sed	650	1,900	3,200	7,200	11,200	16,000
300D 4d Sed	700	2,050	3,400	7,650	11,900	17,000
280 4d Sed	700	2,150	3,600	8,100	12,600	18,000
280C Cpe	750	2,300	3,800	8,550	13,300	19,000
280S 4d Sed	700	2,150	3,600	8,100	12,600	18,000
450SE 4d Sed	800	2,400	4,000	9,000	14,000	20,000
450SEL 4d Sed	850	2,500	4,200	9,450	14,700	21,000
450SL Cpe/Rds	1,400	4,200	7,000	15,750	24,500	35,000
450SLC Cpe	1,100	3,350	5,600	12,600	19,600	28,000

1976

	6	5	4	3	2	1
230 4d Sed	700	2,050	3,400	7,650	11,900	17,000
240D 4d Sed	700	2,050	3,400	7,650	11,900	17,000
300D 4d Sed	700	2,100	3,500	7,880	12,300	17,500

	6	5	4	3	2	1
280 4d Sed	700	2,150	3,600	8,100	12,600	18,000
280C Cpe	850	2,500	4,200	9,450	14,700	21,000
280S 4d Sed	750	2,200	3,700	8,330	13,000	18,500
450SE 4d Sed	900	2,650	4,400	9,900	15,400	22,000
450SEL 4d Sed	900	2,750	4,600	10,350	16,100	23,000
450SL Cpe/Rds	1,400	4,200	7,000	15,750	24,500	35,000
450SLC Cpe	1,100	3,250	5,400	12,150	18,900	27,000
1977						
230 4d Sed	650	1,900	3,200	7,200	11,200	16,000
240D 4d Sed	700	2,100	3,500	7,880	12,300	17,500
300D 4d Sed	700	2,150	3,600	8,100	12,600	18,000
280E 4d Sed	750	2,200	3,700	8,330	13,000	18,500
280SE 4d Sed	750	2,300	3,800	8,550	13,300	19,000
450SEL 4d Sed	900	2,750	4,600	10,350	16,100	23,000
450SL Cpe/Rds	1,400	4,200	7,000	15,750	24,500	35,000
450SLC Cpe	1,100	3,250	5,400	12,150	18,900	27,000
1978						
230 4d Sed	650	1,900	3,200	7,200	11,200	16,000
240D 4d Sed	650	2,000	3,300	7,430	11,600	16,500
300D 4d Sed	700	2,050	3,400	7,650	11,900	17,000
300CD Cpe	700	2,150	3,600	8,100	12,600	18,000
300SD 4d Sed	800	2,350	3,900	8,780	13,700	19,500
280E 4d Sed	700	2,100	3,500	7,880	12,300	17,500
280CE Cpe	800	2,350	3,900	8,780	13,700	19,500
280SE 4d Sed	800	2,400	4,000	9,000	14,000	20,000
450SEL 4d Sed	950	2,900	4,800	10,800	16,800	24,000
450SL Cpe/Rds	1,350	4,100	6,800	15,300	23,800	34,000
450SLC Cpe	1,150	3,500	5,800	13,050	20,300	29,000
6.9L 4d Sed	1,100	3,350	5,600	12,600	19,600	28,000
1979						
240D 4d Sed	550	1,700	2,800	6,300	9,800	14,000
300D 4d Sed	600	1,800	3,000	6,750	10,500	15,000
300CD Cpe	700	2,050	3,400	7,650	11,900	17,000
300TD Sta Wag	900	2,750	4,600	10,350	16,100	23,000
300SD 4d Sed	750	2,300	3,800	8,550	13,300	19,000
280E 4d Sed	650	1,900	3,200	7,200	11,200	16,000
280CE Cpe	700	2,150	3,600	8,100	12,600	18,000
280SE 4d Sed	750	2,300	3,800	8,550	13,300	19,000
450SEL 4d Sed	900	2,650	4,400	9,900	15,400	22,000
450SL Cpe/Rds	1,300	3,850	6,400	14,400	22,400	32,000
450SLC Cpe	1,100	3,350	5,600	12,600	19,600	28,000
6.9L 4d Sed	1,050	3,100	5,200	11,700	18,200	26,000
1980						
240D 4d Sed	600	1,800	3,000	6,750	10,500	15,000
300D 4d Sed	650	1,900	3,200	7,200	11,200	16,000
300CD 2d Cpe	700	2,150	3,600	8,100	12,600	18,000
300TD 4d Sta Wag	900	2,750	4,600	10,350	16,100	23,000
300SD 4d Sed	800	2,400	4,000	9,000	14,000	20,000
280E 4d Sed	750	2,300	3,800	8,550	13,300	19,000
280CE 2d Cpe	800	2,400	4,000	9,000	14,000	20,000
280SE 4d Sed	750	2,300	3,800	8,550	13,300	19,000
450SEL 4d Sed	800	2,400	4,000	9,000	14,000	20,000
450SL 2d Conv	1,350	4,100	6,800	15,300	23,800	34,000
450SLC 2d Cpe	1,050	3,100	5,200	11,700	18,200	26,000
1981						
240D 4d Sed	600	1,800	3,000	6,750	10,500	15,000
300D 4d Sed	650	1,900	3,200	7,200	11,200	16,000
300CD 2d Cpe	700	2,150	3,600	8,100	12,600	18,000
300TD-T 4d Turbo Sta Wag	1,050	3,100	5,200	11,700	18,200	26,000
300SD 4d Sed	750	2,300	3,800	8,550	13,300	19,000
280E 4d Sed	700	2,150	3,600	8,100	12,600	18,000
280CE 2d Cpe	750	2,300	3,800	8,550	13,300	19,000
280SEL 4d Sed	950	2,900	4,800	10,800	16,800	24,000
380SL 2d Conv	1,450	4,300	7,200	16,200	25,200	36,000
380SLC 2d Cpe	1,100	3,250	5,400	12,150	18,900	27,000
1982						
240D 4d Sed	650	1,900	3,200	7,200	11,200	16,000
300D-T 4d Sed	700	2,050	3,400	7,650	11,900	17,000
300CD-T 2d Cpe	750	2,300	3,800	8,550	13,300	19,000
300TD-T 4d Turbo Sta Wag	1,050	3,100	5,200	11,700	18,200	26,000
300SD 4d Sed	800	2,400	4,000	9,000	14,000	20,000
380SEL 4d Sed	1,000	3,000	5,000	11,250	17,500	25,000
380SL 2d Conv	1,600	4,800	8,000	18,000	28,000	40,000
380SEC 2d Cpe	1,200	3,600	6,000	13,500	21,000	30,000
1983						
240D 4d Sed	650	1,900	3,200	7,200	11,200	16,000

	6	5	4	3	2	1
300D-T 4d Sed	700	2,050	3,400	7,650	11,900	17,000
300CD-T 2d Cpe	750	2,300	3,800	8,550	13,300	19,000
300TD-T 4d Turbo Sta Wag	1,050	3,100	5,200	11,700	18,200	26,000
300SD 4d Sed	800	2,400	4,000	9,000	14,000	20,000
300SEL 4d Sed	1,000	3,000	5,000	11,250	17,500	25,000
380SL 2d Conv	1,600	4,800	8,000	18,000	28,000	40,000
380SEC 2d Cpe	1,200	3,600	6,000	13,500	21,000	30,000
1984						
190E 4d Sed	650	1,900	3,200	7,200	11,200	16,000
190D 4d Sed	600	1,800	3,000	6,750	10,500	15,000
300D-T 4d Sed	650	2,000	3,300	7,430	11,600	16,500
300CD-T 2d Cpe	700	2,050	3,400	7,650	11,900	17,000
300TD-T 4d Turbo Sta Wag	1,050	3,100	5,200	11,700	18,200	26,000
300SD 4d Sed	900	2,750	4,600	10,350	16,100	23,000
500SEL 4d Sed	1,100	3,250	5,400	12,150	18,900	27,000
500SEC 2d Cpe	1,200	3,600	6,000	13,500	21,000	30,000
380SE 4d Sed	900	2,750	4,600	10,350	16,100	23,000
380SL 2d Conv	1,500	4,450	7,400	16,650	25,900	37,000
1985						
190E 4d Sed	650	1,900	3,200	7,200	11,200	16,000
190D 4d Sed	600	1,850	3,100	6,980	10,900	15,500
300D-T 4d Sed	700	2,100	3,500	7,880	12,300	17,500
300CD-T 2d Cpe	700	2,150	3,600	8,100	12,600	18,000
300TD-T 4d Turbo Sta Wag	1,050	3,100	5,200	11,700	18,200	26,000
300SD 4d Sed	950	2,900	4,800	10,800	16,800	24,000
500SEL 4d Sed	1,100	3,350	5,600	12,600	19,600	28,000
500SEC 2d Cpe	1,250	3,700	6,200	13,950	21,700	31,000
380SE 4d Sed	950	2,900	4,800	10,800	16,800	24,000
380SL 2d Conv	1,450	4,300	7,200	16,200	25,200	36,000
1986						
190E 4d Sed	650	2,000	3,300	7,430	11,600	16,500
190D 4d Sed	650	1,900	3,200	7,200	11,200	16,000
190D 1.6 4d Sed	700	2,050	3,400	7,650	11,900	17,000
300E 4d Sed	750	2,200	3,700	8,330	13,000	18,500
300SDL 4d Sed	1,100	3,250	5,400	12,150	18,900	27,000
420SEL 4d Sed	1,150	3,500	5,800	13,050	20,300	29,000
560SEL 4d Sed	1,250	3,700	6,200	13,950	21,700	31,000
560SEC 2d Cpe	1,300	3,950	6,600	14,850	23,100	33,000
560SL 2d Conv	1,500	4,550	7,600	17,100	26,600	38,000
1987						
190D 4d Sed	700	2,150	3,600	8,100	12,600	18,000
190D-T 4d Sed	750	2,200	3,700	8,330	13,000	18,500
190E 4d Sed	800	2,350	3,900	8,780	13,700	19,500
190 2.6 4d Sed	800	2,450	4,100	9,230	14,300	20,500
190E-16V 4d Sed	1,000	3,050	5,100	11,480	17,900	25,500
260E 4d Sed	900	2,750	4,600	10,350	16,100	23,000
300E 4d Sed	1,000	3,000	5,000	11,250	17,500	25,000
300DT 4d Sed	950	2,800	4,700	10,580	16,500	23,500
300TD-T 4d Sta Wag	1,020	3,060	5,100	11,480	17,850	25,500
300SDL-T 4d Sed	1,150	3,500	5,800	13,050	20,300	29,000
420SEL 4d Sed	1,200	3,550	5,900	13,280	20,700	29,500
560SEL 4d Sed	1,500	4,450	7,400	16,650	25,900	37,000
560SEC 2d Cpe	1,500	4,550	7,600	17,100	26,600	38,000
560SL 2d Conv	1,450	4,300	7,200	16,200	25,200	36,000
1988						
190D 4d Sed	750	2,300	3,800	8,550	13,300	19,000
190E 4d Sed	850	2,500	4,200	9,450	14,700	21,000
190E 2.6 4d Sed	950	2,900	4,800	10,800	16,800	24,000
260E 4d Sed	1,000	3,000	5,000	11,250	17,500	25,000
300E 4d Sed	1,100	3,250	5,400	12,150	18,900	27,000
300CE 2d Cpe	1,300	3,950	6,600	14,850	23,100	33,000
300TE 4d Sta Wag	1,200	3,650	6,100	13,730	21,400	30,500
300SE 4d Sed	1,100	3,350	5,600	12,600	19,600	28,000
300SEL 4d Sed	1,200	3,600	6,000	13,500	21,000	30,000
420SEL 4d Sed	1,300	3,850	6,400	14,400	22,400	32,000
560SEL 4d Sed	1,500	4,450	7,400	16,650	25,900	37,000
560SEC 2d Cpe	1,550	4,700	7,800	17,550	27,300	39,000
560SL 2d Conv	1,650	4,900	8,200	18,450	28,700	41,000
1989						
190D 4d Sed	950	2,900	4,800	10,800	16,800	24,000
190E 4d 2.6 Sed	900	2,750	4,600	10,350	16,100	23,000
260E 4d Sed	1,200	3,600	6,000	13,500	21,000	30,000
300E 4d Sed	1,300	3,850	6,400	14,400	22,400	32,000
300CE 2d Cpe	1,400	4,200	7,000	15,750	24,500	35,000
300TE 4d Sta Wag	1,300	3,850	6,400	14,400	22,400	32,000
300SE 4d Sed	1,200	3,600	6,000	13,500	21,000	30,000
300SEC 4d Sed	1,250	3,700	6,200	13,950	21,700	31,000

	6	5	4	3	2	1
420SEL 4d Sed	1,400	4,200	7,000	15,750	24,500	35,000
560SEL 4d Sed	1,600	4,800	8,000	18,000	28,000	40,000
560SEC 2d Cpe	1,800	5,400	9,000	20,250	31,500	45,000
560SL 2d Conv	2,300	6,850	11,400	25,650	39,900	57,000
1990						
190E 4d 2.6 Sed	900	2,650	4,400	9,900	15,400	22,000
300E 4d 2.6 Sed	950	2,900	4,800	10,800	16,800	24,000
300D 4d 2.5 Turbo Sed	1,000	3,000	5,000	11,250	17,500	25,000
300E 4d Sed	1,300	3,950	6,600	14,850	23,100	33,000
300E Matic 4d Sed	1,350	4,100	6,800	15,300	23,800	34,000
300CE 2d Cpe	1,450	4,300	7,200	16,200	25,200	36,000
300TE 4d Sta Wag	1,300	3,950	6,600	14,850	23,100	33,000
300TE Matic 4d Sta Wag	1,350	4,100	6,800	15,300	23,800	34,000
300SE 4d Sed	1,250	3,700	6,200	13,950	21,700	31,000
300SEL 4d Sed	1,300	3,950	6,600	14,850	23,100	33,000
350SDL 4d Turbo Sed	1,280	3,840	6,400	14,400	22,400	32,000
420SEL 4d Sed	1,500	4,550	7,600	17,100	26,600	38,000
560SEL 4d Sed	1,650	4,900	8,200	18,450	28,700	41,000
560SEC 2d Cpe	1,800	5,400	9,000	20,250	31,500	45,000
300SL 2d Conv	2,200	6,600	11,000	24,750	38,500	55,000
500SL 2d Conv	2,300	6,950	11,600	26,100	40,600	58,000
1991						
4d 2.3 Sed	700	2,050	3,400	7,650	11,900	17,000
4d 2.6 Sed	750	2,300	3,800	8,550	13,300	19,000
300TD 4d Turbo Sed	880	2,640	4,400	9,900	15,400	22,000
300E 4d Sed	950	2,900	4,800	10,800	16,800	24,000
300E Matic 4x4 4d Sed	1,080	3,240	5,400	12,150	18,900	27,000
300CE 2d Cpe	1,200	3,600	6,000	13,500	21,000	30,000
300TE 4d Sta Wag	1,150	3,500	5,800	13,050	20,300	29,000
300TE Matic 4x4 4d Sta Wag	1,250	3,700	6,200	13,950	21,700	31,000
300SE 4d Sed	1,050	3,100	5,200	11,700	18,200	26,000
300SEL 4d Sed	1,100	3,350	5,600	12,600	19,600	28,000
350SD 4d Sed	1,300	3,850	6,400	14,400	22,400	32,000
350SDL 4d Turbo Sed	1,320	3,960	6,600	14,850	23,100	33,000
420SEL 4d Sed	1,550	4,700	7,800	17,550	27,300	39,000
560SEL 4d Sed	1,700	5,050	8,400	18,900	29,400	42,000
560SEC 2d Cpe	1,900	5,750	9,600	21,600	33,600	48,000
300SL 2d Conv	2,250	6,700	11,200	25,200	39,200	56,000
500SL 2d Conv	2,350	7,100	11,800	26,550	41,300	59,000
1992						
190 4d 2.3 Sed	700	2,150	3,600	8,100	12,600	18,000
190 4d 2.6 Sed	750	2,300	3,800	8,550	13,300	19,000
300E 4d 2.6 Sed	800	2,400	4,000	9,000	14,000	20,000
300DT 4d 2.5 Sed	900	2,700	4,500	10,130	15,700	22,500
300E 4d Sed	1,000	2,950	4,900	11,030	17,200	24,500
300E 4d Sed 4 Matic	1,120	3,360	5,600	12,600	19,600	28,000
300CE 2d Cpe	1,250	3,700	6,200	13,950	21,700	31,000
300TE 4d Sta Wag	1,200	3,600	6,000	13,500	21,000	30,000
300TE 4d Sta Wag 4 Matic	1,300	3,850	6,400	14,400	22,400	32,000
300SDT 4d Sed	1,050	3,100	5,200	11,700	18,200	26,000
300SE 4d Sed	1,100	3,350	5,600	12,600	19,600	28,000
400E 4d Sed	1,100	3,250	5,400	12,150	18,900	27,000
400SE 4d Sed	1,150	3,500	5,800	13,050	20,300	29,000
500E 4d Sed	1,250	3,700	6,200	13,950	21,700	31,000
500SEL 4d Sed	1,350	4,100	6,800	15,300	23,800	34,000
600SEL 4d Sed	1,450	4,300	7,200	16,200	25,200	36,000
300SL 2d Conv	2,300	6,850	11,400	25,650	39,900	57,000
500SL 2d Conv	2,400	7,200	12,000	27,000	42,000	60,000
1993						
190E 4d 2.3 Sed	700	2,150	3,600	8,100	12,600	18,000
190E 4d 2.6 Sed	750	2,200	3,650	8,190	12,700	18,200
300E 4d 2.8 Sed	750	2,300	3,800	8,550	13,300	19,000
300DT 4d 2.5 Sed	950	2,900	4,850	10,890	16,900	24,200
300E 4d Sed	1,200	3,600	6,000	13,500	21,000	30,000
300E Matic 4d Sed	1,200	3,600	6,050	13,590	21,100	30,200
300CE 2d Cpe	1,250	3,700	6,200	13,950	21,700	31,000
300CE 2d Conv	2,300	6,850	11,400	25,650	39,900	57,000
300TE 4d Sta Wag	1,300	3,950	6,600	14,850	23,100	33,000
300TE Matic 4d Sta Wag	1,350	4,100	6,800	15,300	23,800	34,000
300SDT 4d Sed	1,150	3,500	5,800	13,050	20,300	29,000
300SE 4d Sed	1,200	3,550	5,900	13,280	20,700	29,500
400E 4d Sed	1,200	3,600	6,000	13,500	21,000	30,000
400SEL 4d Sed	1,250	3,700	6,200	13,950	21,700	31,000
500E 4d Sed	1,300	3,950	6,600	14,850	23,100	33,000
500SEL 4d Sed	1,350	4,100	6,800	15,300	23,800	34,000
500SEL 2d Cpe	1,450	4,300	7,200	16,200	25,200	36,000
600SEL 4d Sed	1,500	4,550	7,600	17,100	26,600	38,000

	6	5	4	3	2	1
600SEL 2d Cpe	1,650	4,900	8,200	18,450	28,700	41,000
300SL 2d Rds	2,300	6,950	11,600	26,100	40,600	58,000
500SL 2d Rds	2,400	7,200	12,000	27,000	42,000	60,000
600SL 2d Rds	2,500	7,550	12,600	28,350	44,100	63,000
1994 C Class						
220C 4d Sed	750	2,300	3,800	8,550	13,300	19,000
280C 4d Sed	850	2,500	4,200	9,450	14,700	21,000
1994 E Class						
320C 2d Cpe	1,250	3,700	6,200	13,950	21,700	31,000
320E 2d Conv	1,850	5,500	9,200	20,700	32,200	46,000
320E 4d Sed	1,250	3,700	6,200	13,950	21,700	31,000
420E 4d Sed	1,600	4,800	8,000	18,000	28,000	40,000
500E 4d Sed	1,650	4,900	8,200	18,450	28,700	41,000
320E 4d Sta Wag	1,150	3,500	5,800	13,050	20,300	29,000
1994 S Class						
500S 2d Cpe	2,050	6,100	10,200	22,950	35,700	51,000
600S 2d Cpe	2,250	6,700	11,200	25,200	39,200	56,000
320S 4d Sed	1,250	3,700	6,200	13,950	21,700	31,000
350S 4d Sed Diesel Turbo	1,300	3,850	6,400	14,400	22,400	32,000
420S 4d Sed	1,450	4,300	7,200	16,200	25,200	36,000
500S 4d Sed	1,650	4,900	8,200	18,450	28,700	41,000
600S 4d Sed	2,100	6,350	10,600	23,850	37,100	53,000
1994 SL Class						
320SL 2d Rds	1,650	4,900	8,200	18,450	28,700	41,000
500SL 2d Rds	2,050	6,100	10,200	22,950	35,700	51,000
600SL 2d Rds	2,450	7,300	12,200	27,450	42,700	61,000
1995 C Class						
220C 4d Sed	750	2,300	3,800	8,550	13,300	19,000
280C 4d Sed	850	2,500	4,200	9,450	14,700	21,000
36C 4d Sed	1,150	3,500	5,800	13,050	20,300	29,000
1995 E Class						
300E 4d Sed Diesel Turbo	700	2,150	3,600	8,100	12,600	18,000
320E 2d Cpe	1,250	3,700	6,200	13,950	21,700	31,000
320E 2d Conv	1,850	5,500	9,200	20,700	32,200	46,000
320E 4d Sed	1,100	3,350	5,600	12,600	19,600	28,000
320E 4d Sta Wag	1,150	3,500	5,800	13,050	20,300	29,000
420E 4d Sed	1,600	4,800	8,000	18,000	28,000	40,000
1995 S Class						
320SW 4d Sed	1,250	3,700	6,200	13,950	21,700	31,000
320SV 4d Sed	1,300	3,950	6,600	14,850	23,100	33,000
350S 4d Sed Diesel Turbo	1,300	3,850	6,400	14,400	22,400	32,000
420S 4d Sed	1,450	4,300	7,200	16,200	25,200	36,000
500S 2d Cpe	2,050	6,100	10,200	22,950	35,700	51,000
500S 4d Sed	1,650	4,900	8,200	18,450	28,700	41,000
600S 2d Cpe	2,250	6,700	11,200	25,200	39,200	56,000
600S 4d Sed	2,100	6,350	10,600	23,850	37,100	53,000
1995 SL Class						
320SL 2d Rds	1,650	4,900	8,200	18,450	28,700	41,000
500SL 2d Rds	2,050	6,100	10,200	22,950	35,700	51,000
600SL 2d Rds	2,450	7,300	12,200	27,450	42,700	61,000
1996 C Class						
C220 4d Sed	700	2,150	3,600	8,100	12,600	18,000
C280 4d Sed	800	2,400	4,000	9,000	14,000	20,000
C36 4d Sed	1,100	3,350	5,600	12,600	19,600	28,000
1996 E Class						
E300 4d Sed, Diesel	760	2,280	3,800	8,550	13,300	19,000
E320 4d Sed	1,100	3,250	5,400	12,150	18,900	27,000
1996 S Class						
S320W 4d Sed	1,200	3,600	6,000	13,500	21,000	30,000
S320V 4d Sed	1,300	3,850	6,400	14,400	22,400	32,000
S420 4d Sed	1,400	4,200	7,000	15,750	24,500	35,000
S500 2d Cpe	2,000	6,000	10,000	22,500	35,000	50,000
S500 4d Sed	1,600	4,800	8,000	18,000	28,000	40,000
S600 2d Cpe	2,200	6,600	11,000	24,750	38,500	55,000
S600 4d Sed	2,100	6,250	10,400	23,400	36,400	52,000
1996 SL Class						
SL320 2d Rds	1,600	4,800	8,000	18,000	28,000	40,000
SL500 2d Rds	2,000	6,000	10,000	22,500	35,000	50,000
SL600 2d Rds	2,400	7,200	12,000	27,000	42,000	60,000

NOTE: Add 5 percent for Spt Pkg.

	6	5	4	3	2	1
1997 C Class						
C230 4d Sed	760	2,280	3,800	8,550	13,300	19,000
C280 4d Sed	800	2,400	4,000	9,000	14,000	20,000
C36 4d Sed	1,120	3,360	5,600	12,600	19,600	28,000

1997 E Class

	6	5	4	3	2	1
E300D 4d Sed, Diesel	760	2,280	3,800	8,550	13,300	19,000
E320 4d Sed	1,080	3,240	5,400	12,150	18,900	27,000
E420 4d Sed	1,180	3,540	5,900	13,280	20,650	29,500

1997 S Class

	6	5	4	3	2	1
S320W 4d Sed	1,200	3,600	6,000	13,500	21,000	30,000
S320V 4d Sed	1,280	3,840	6,400	14,400	22,400	32,000
S420 4d Sed	1,400	4,200	7,000	15,750	24,500	35,000
S500 2d Cpe	1,920	5,760	9,600	21,600	33,600	48,000
S500 4d Sed	1,800	5,400	9,000	20,250	31,500	45,000
S600 2d Cpe	2,200	6,600	11,000	24,750	38,500	55,000
S600 4d Sed	2,080	6,240	10,400	23,400	36,400	52,000

1997 SL Class

	6	5	4	3	2	1
SL320 2d Rds	1,600	4,800	8,000	18,000	28,000	40,000
SL500 2d Rds	2,000	6,000	10,000	22,500	35,000	50,000
SL600 2d Rds	2,400	7,200	12,000	27,000	42,000	60,000

NOTE: Add 5 percent for Spt Pkg.

1998 C Class, 4-cyl. & V-6

	6	5	4	3	2	1
C230 4d Sed	760	2,280	3,800	8,550	13,300	19,000
C280 4d Sed	800	2,400	4,000	9,000	14,000	20,000

1998 CLK Class, V-6

	6	5	4	3	2	1
CLK320 2d Cpe	860	2,580	4,300	9,680	15,050	21,500

1998 E Class, 6-cyl. & V-6

	6	5	4	3	2	1
E300TD 4d Sed, turbo diesel	760	2,280	3,800	8,550	13,300	19,000
E320 4d Sed	680	2,040	3,400	7,650	11,900	17,000
E320 4d Sed AWD	780	2,340	3,900	8,780	13,650	19,500
E320 4d Sta Wag	760	2,280	3,800	8,550	13,300	19,000
E320 4d Sta Wag AWD	800	2,400	4,000	9,000	14,000	20,000
E320 4d Sed (V-8 only)	780	2,340	3,900	8,780	13,650	19,500

1998 S Class, 6-cyl. & V-8

	6	5	4	3	2	1
S320W 4d Sed	1,200	3,600	6,000	13,500	21,000	30,000
S320V 4d Sed	1,280	3,840	6,400	14,400	22,400	32,000
S420 4d Sed	1,400	4,200	7,000	15,750	24,500	35,000
S500 4d Sed	1,800	5,400	9,000	20,250	31,500	45,000
S600 4d Sed (V-12 only)	2,080	6,240	10,400	23,400	36,400	52,000

1998 CL Class

	6	5	4	3	2	1
CL500 2d Cpe (V-8 only)	1,680	5,040	8,400	18,900	29,400	42,000
CL600 2d Cpe (V-12 only)	2,120	6,360	10,600	23,850	37,100	53,000

1998 SLK Class, Supercharged 4-cyl.

	6	5	4	3	2	1
SLK320 "Kompressor" 2d Rds	880	2,640	4,400	9,900	15,400	22,000

1998 SL Class

	6	5	4	3	2	1
SL500 2d Rds (V-8 only)	1,800	5,400	9,000	20,250	31,500	45,000
SL600 2d Rds (V-12 only)	2,200	6,600	11,000	24,750	38,500	55,000

NOTE: Add 5 percent for Spt Pkg.

MERKUR

1985

	6	5	4	3	2	1
HBk XR4Ti	240	720	1,200	2,700	4,200	6,000

1986

	6	5	4	3	2	1
HBk XR4Ti	280	840	1,400	3,150	4,900	7,000

1987

	6	5	4	3	2	1
HBk XR4Ti	360	1,080	1,800	4,050	6,300	9,000

1988

	6	5	4	3	2	1
HBk XR4Ti	380	1,140	1,900	4,280	6,650	9,500
HBk Scorpio	380	1,140	1,900	4,280	6,650	9,500

1989

	6	5	4	3	2	1
HBk XR4Ti	600	1,800	3,000	6,750	10,500	15,000
HBk Scorpio	600	1,800	3,000	6,750	10,500	15,000

MG

1945-49 MG-TC, 4-cyl., 94" wb

	6	5	4	3	2	1
Rds	1,200	3,600	6,000	13,500	21,000	30,000

1950 MG-TD, 4-cyl., 54.4 hp, 94" wb

	6	5	4	3	2	1
Rds	1,050	3,100	5,200	11,700	18,200	26,000

1951 MG-TD, 4-cyl., 54.4 hp, 94" wb

	6	5	4	3	2	1
Rds	1,050	3,100	5,200	11,700	18,200	26,000

1951 Mk II, 4-cyl., 54.4 hp, 94" wb

	6	5	4	3	2	1
Rds	1,100	3,350	5,600	12,600	19,600	28,000

1952 MG-TD, 4-cyl., 54.4 hp, 94" wb

	6	5	4	3	2	1
Rds	1,050	3,100	5,200	11,700	18,200	26,000

	6	5	4	3	2	1
1952 Mk II, 4-cyl., 62 hp, 94" wb						
Rds	1,100	3,350	5,600	12,600	19,600	28,000
NOTE: Add 20 percent for Inskip 4 place Roadster.						
1953 MG-TD, 4-cyl., 54.4 hp, 94" wb						
Rds	1,100	3,300	5,500	12,380	19,250	27,500
1953 MG-TDC, 4-cyl., 62 hp, 94" wb						
Rds	1,100	3,350	5,600	12,600	19,600	28,000
1953 MG-TF, 4-cyl., 57 hp, 94" wb						
Rds	1,160	3,480	5,800	13,050	20,300	29,000
1954 MG-TF, 4-cyl., 57 hp, 94" wb						
Rds	1,160	3,480	5,800	13,050	20,300	29,000
1955 MG-TF, 4-cyl., 68 hp, 94" wb						
Rds	1,200	3,600	6,000	13,500	21,000	30,000
1956 MG-"A", 4-cyl., 68 hp, 94" wb						
1500 Rds	960	2,880	4,800	10,800	16,800	24,000
1957 MG-"A", 4-cyl., 68 hp, 94" wb						
1500 Rds	960	2,880	4,800	10,800	16,800	24,000
1958 MG-"A", 4-cyl., 72 hp, 94" wb						
1500 Cpe	900	2,750	4,600	10,350	16,100	23,000
1500 Rds	950	2,900	4,800	10,800	16,800	24,000
1959-60 MG-"A", 4-cyl., 72 hp, 94" wb						
1600 Rds	950	2,900	4,800	10,800	16,800	24,000
1600 Cpe	900	2,750	4,600	10,350	16,100	23,000
1959-60 MG-"A", Twin-Cam, 4-cyl., 107 hp, 94" wb						
Rds	1,200	3,600	6,000	13,500	21,000	30,000
Cpe	1,100	3,250	5,400	12,150	18,900	27,000
1961 MG-"A", 4-cyl., 79 hp, 94" wb						
1600 Rds	880	2,640	4,400	9,900	15,400	22,000
1600 Cpe	840	2,520	4,200	9,450	14,700	21,000
1600 Mk II Rds	920	2,760	4,600	10,350	16,100	23,000
1600 Mk II Cpe	880	2,640	4,400	9,900	15,400	22,000
1962 MG Midget, 4-cyl., 50 hp, 80" wb						
Rds	400	1,200	2,000	4,500	7,000	10,000
1962 MG-"A", 4-cyl., 90 hp, 94" wb						
1600 Mk II Rds	960	2,880	4,800	10,800	16,800	24,000
1600 Mk II Cpe	920	2,760	4,600	10,350	16,100	23,000
NOTE: Add 40 percent for 1600 Mk II Deluxe.						
1963 MG Midget, 4-cyl., 56 hp, 80" wb						
Rds	400	1,200	2,000	4,500	7,000	10,000
1963 MG-B, 4-cyl., 95 hp, 91" wb						
Rds	700	2,100	3,500	7,880	12,300	17,500
1964 MG Midget, 4-cyl., 56 hp, 80" wb						
Rds	440	1,320	2,200	4,950	7,700	11,000
1964 MG-B, 4-cyl., 95 hp, 91" wb						
Rds	700	2,100	3,500	7,880	12,300	17,500
1965 MG Midget Mk II, 4-cyl., 59 hp, 80" wb						
Rds	440	1,320	2,200	4,950	7,700	11,000
1965 MG-B, 4-cyl., 95 hp, 91" wb						
Rds	700	2,100	3,500	7,880	12,300	17,500
1966 MG Midget Mk III, 4-cyl., 59 hp, 80" wb						
Rds	440	1,320	2,200	4,950	7,700	11,000
1966 MG-B, 4-cyl., 95 hp, 91" wb						
Rds	700	2,050	3,400	7,650	11,900	17,000
1966 1100 Sport, 4-cyl., 58 hp, 93.5" wb						
2d Sed	300	850	1,400	3,150	4,900	7,000
4d Sed	300	850	1,450	3,240	5,050	7,200
1967 MG Midget Mk III, 4-cyl., 59 hp, 80" wb						
Rds	440	1,320	2,200	4,950	7,700	11,000
1967 MG-B, 4-cyl., 98 hp, 91" wb						
Rds	700	2,050	3,400	7,650	11,900	17,000
GT Cpe	650	1,900	3,200	7,200	11,200	16,000
1967 1100 Sport, 4-cyl., 58 hp, 93.5" wb						
2d Sed	300	850	1,400	3,150	4,900	7,000
4d Sed	300	850	1,450	3,240	5,050	7,200
1968 MG Midget, 4-cyl., 65 hp, 80" wb						
Rds	440	1,320	2,200	4,950	7,700	11,000
1968 MG-B, 4-cyl., 98 hp, 91" wb						
Conv	600	1,750	2,900	6,570	10,200	14,600
GT Cpe	600	1,750	2,900	6,530	10,200	14,500

1955 Mercedes-Benz 300B convertible sedan

1983 Mercedes-Benz 300TD station wagon

1997 Mercedes-Benz E420 sedan

	6	5	4	3	2	1
1969 MG Midget Mk III, 4-cyl., 65 hp, 80" wb						
Rds	400	1,200	2,000	4,500	7,000	10,000
1969 MG-B/GT, Mk II, 4-cyl., 98 hp, 91" wb						
Cpe	550	1,700	2,850	6,390	9,950	14,200
"B" Rds	650	1,900	3,200	7,200	11,200	16,000
1969 MG-C, 6-cyl., 145 hp, 91" wb						
Rds	700	2,100	3,500	7,880	12,300	17,500
GT Cpe	550	1,700	2,800	6,300	9,800	14,000
1970 MG Midget, 4-cyl., 65 hp, 80" wb						
Rds	400	1,200	2,000	4,500	7,000	10,000
1970 MG-B/GT, 4-cyl., 78.5 hp, 91" wb						
Rds	650	2,000	3,300	7,430	11,600	16,500
GT Cpe	600	1,850	3,100	6,980	10,900	15,500
NOTE: Add 10 percent for wire wheels. Add 5 percent for overdrive.						
1971 MG Midget, 4-cyl., 65 hp, 80" wb						
Rds	400	1,200	2,000	4,500	7,000	10,000
1971 MG-B/GT, 4-cyl., 78.5 hp, 91" wb						
Rds	650	2,000	3,300	7,430	11,600	16,500
GT Cpe	600	1,850	3,100	6,980	10,900	15,500
NOTE: Add 10 percent for wire wheels. Add 5 percent for overdrive.						
1972 MG Midget, 4-cyl., 54.5 hp, 80" wb						
Conv	400	1,200	2,000	4,500	7,000	10,000
1972 MG-B/GT, 4-cyl., 78.5 hp, 91" wb						
Conv	600	1,850	3,100	6,980	10,900	15,500
Cpe GT	550	1,700	2,800	6,300	9,800	14,000
NOTE: Add 10 percent for wire wheels. Add 5 percent for overdrive.						
1973 MG Midget, 4-cyl., 54.5 hp, 80" wb						
Conv	400	1,200	2,000	4,500	7,000	10,000
1973 MG-B/GT, 4-cyl., 78.5 hp, 91" wb						
Conv	600	1,850	3,100	6,980	10,900	15,500
GT Cpe	550	1,700	2,800	6,300	9,800	14,000
NOTE: Add 10 percent for wire wheels. Add 5 percent for overdrive.						
1974 MG Midget, 4-cyl., 54.5 hp, 80" wb						
Conv	400	1,200	2,000	4,500	7,000	10,000
1974 MG-B, 4-cyl., 78.5 hp, 91" wb						
Conv	600	1,850	3,100	6,980	10,900	15,500
GT Cpe	550	1,700	2,800	6,300	9,800	14,000
1974 Interim MG-B, 4-cyl., 62.9 hp, 91.125" wb						
Conv	600	1,750	2,900	6,530	10,200	14,500
GT Cpe	350	1,100	1,800	4,100	6,350	9,100
NOTE: Add 10 percent for wire wheels. Add 5 percent for overdrive.						
1975 MG Midget, 4-cyl., 50 hp, 80" wb						
Conv	400	1,200	2,000	4,500	7,000	10,000
1975 MG-B, 4-cyl., 62.9 hp, 91.125" wb						
Conv	560	1,680	2,800	6,300	9,800	14,000
NOTE: Add 10 percent for wire wheels. Add 5 percent for overdrive.						
1976 MG Midget, 4-cyl., 50 hp, 80" wb						
Conv	400	1,200	2,000	4,500	7,000	10,000
1976 MG-B, 4-cyl., 62.5 hp, 91.13" wb						
Conv	560	1,680	2,800	6,300	9,800	14,000
NOTE: Add 10 percent for wire wheels. Add 5 percent for overdrive.						
1977 MG Midget, 4-cyl., 50 hp, 80" wb						
Conv	400	1,200	2,000	4,500	7,000	10,000
1977 MG-B, 4-cyl., 62.5 hp, 91.13" wb						
Conv	560	1,680	2,800	6,300	9,800	14,000
NOTE: Add 10 percent for wire wheels. Add 5 percent for overdrive.						
1978 MG-B, 4-cyl., 62.5 hp, 91.13" wb						
Midget Conv	400	1,200	2,000	4,500	7,000	10,000
B Conv	560	1,680	2,800	6,300	9,800	14,000
1979 MG-B, 4-cyl., 62.5 hp, 91.13" wb						
Midget Conv	400	1,200	2,000	4,500	7,000	10,000
B Conv	560	1,680	2,800	6,300	9,800	14,000
1980 MG-B, 4-cyl., 62.5 hp, 91.13" wb						
B Conv	560	1,680	2,800	6,300	9,800	14,000

MITSUBISHI

	6	5	4	3	2	1
1982-83 Cordia, 4-cyl., 1795cc, FWD, 96.3" wb						
2d HBk	150	460	760	1,710	2,660	3,800

	6	5	4	3	2	1
L 2d HBk	160	470	780	1,760	2,730	3,900
LS 2d HBk	180	540	900	2,030	3,150	4,500
1982-83 Tredia, 4-cyl., 1795cc, FWD, 96.3" wb						
4d Sed	140	420	700	1,580	2,450	3,500
L 4d Sed	150	460	760	1,710	2,660	3,800
LS 4d Sed	160	480	800	1,800	2,800	4,000
1982-83 Starion, 4-cyl., 2555cc, 95.9" wb						
2d Cpe (2 plus 2)	190	560	940	2,120	3,290	4,700
LS 2d Cpe (2 plus 2)	220	660	1,100	2,480	3,850	5,500
1984 Cordia, 4-cyl., 1997cc, FWD, 96.3" wb						
2d HBk	190	560	940	2,120	3,290	4,700
L 2d HBk	200	610	1,020	2,300	3,570	5,100
LS 2d HBk	210	620	1,040	2,340	3,640	5,200
2d HBk Turbo	220	660	1,100	2,480	3,850	5,500
1984 Tredia, 4-cyl., 1997cc, FWD, 96.3" wb						
4d Sed	170	500	840	1,890	2,940	4,200
L 4d Sed	170	520	860	1,940	3,010	4,300
LS 4d Sed	180	540	900	2,030	3,150	4,500
1984 Tredia, 4-cyl., 1795cc, FWD, 96.3" wb						
4d Sed Turbo	190	560	940	2,120	3,290	4,700
1984 Starion, 4-cyl., 2555cc, 95.9" wb						
LS Cpe (2 plus 2)	260	780	1,300	2,930	4,550	6,500
LE Cpe (2 plus 2)	280	840	1,400	3,150	4,900	7,000
ES Cpe (2 plus 2)	290	860	1,440	3,240	5,040	7,200
1985-86 Mirage, 4-cyl., 1468cc, FWD, 93.7" wb						
2d HBk	180	540	900	2,030	3,150	4,500
L 2d HBk	190	560	940	2,120	3,290	4,700
LS 2d HBk	200	600	1,000	2,250	3,500	5,000
1985-86 Mirage, 4-cyl., 1597cc, FWD, 93.7" wb						
2d HBk Turbo	220	660	1,100	2,480	3,850	5,500
1985-86 Cordia, 4-cyl., 1997cc, FWD, 96.3" wb						
L 2d HBk	240	720	1,200	2,700	4,200	6,000
1985-86 Cordia, 4-cyl., 1795cc, FWD, 96.3" wb						
2d HBk Turbo	250	740	1,240	2,790	4,340	6,200
1985-86 Tredia, 4-cyl., 1997cc, FWD, 96.3" wb						
4d Sed	180	540	900	2,030	3,150	4,500
L 4d Sed	200	600	1,000	2,250	3,500	5,000
4d Sed Turbo	200	600	1,000	2,250	3,500	5,000
1985-86 Galant, 4-cyl., 2350cc, FWD, 102.4" wb						
4d Sed	220	660	1,100	2,480	3,850	5,500
1985-86 Starion (2 plus 2), 4-cyl., 2555cc, 95.9" wb						
LS 2d Cpe	220	660	1,100	2,480	3,850	5,500
LE 2d Cpe	220	660	1,100	2,480	3,850	5,500
ES 2d Cpe	230	700	1,160	2,610	4,060	5,800
ESI 2d Cpe	240	710	1,180	2,660	4,130	5,900
ESI-R 2d Cpe	240	720	1,200	2,700	4,200	6,000
1987 Precis						
2d HBk	180	530	880	1,980	3,080	4,400
LS 2d HBk	180	550	920	2,070	3,220	4,600
LS 4d HBk	180	550	920	2,070	3,220	4,600
1987 Mirage						
2d HBk	200	600	1,000	2,250	3,500	5,000
L 2d HBk	200	610	1,020	2,300	3,570	5,100
2d HBk Turbo	210	620	1,040	2,340	3,640	5,200
4d Sed	200	610	1,020	2,300	3,570	5,100
1987 Cordia						
L 2d HBk	240	710	1,180	2,660	4,130	5,900
2d HBk Turbo	240	730	1,220	2,750	4,270	6,100
1987 Tredia						
L 4d Sed	180	550	920	2,070	3,220	4,600
4d Sed Turbo	190	580	960	2,160	3,360	4,800
1987 Galant						
LUX 4d Sed	220	650	1,080	2,430	3,780	5,400
1987 Starion						
LE 2d Cpe	230	680	1,140	2,570	3,990	5,700
ESi-R 2d Cpe	240	710	1,180	2,660	4,130	5,900
1988 Precis						
2d HBk	180	540	900	2,030	3,150	4,500
RS 2d HBk	180	550	920	2,070	3,220	4,600
LS 2d HBk	190	580	960	2,160	3,360	4,800
LS 4d HBk	200	590	980	2,210	3,430	4,900

	6	5	4	3	2	1
1988 Mirage						
2d HBk Turbo	210	640	1,060	2,390	3,710	5,300
L 4d Sed	200	600	1,000	2,250	3,500	5,000
1988 Cordia						
L 2d HBk	240	720	1,200	2,700	4,200	6,000
2d HBk Turbo	250	740	1,240	2,790	4,340	6,200
1988 Galant						
Sigma 4d Sed	220	670	1,120	2,520	3,920	5,600
1988 Starion						
ESi 2d Cpe	230	700	1,160	2,610	4,060	5,800
ESi-R 2d Cpe	240	720	1,200	2,700	4,200	6,000
1989 Precis						
2d HBk	180	550	920	2,070	3,220	4,600
RS 2d HBk	190	560	940	2,120	3,290	4,700
LS 2d HBk	200	590	980	2,210	3,430	4,900
LS 4d HBk	200	600	1,000	2,250	3,500	5,000
1989 Mirage						
2d HBk	200	610	1,020	2,300	3,570	5,100
2d HBk Turbo	220	650	1,080	2,430	3,780	5,400
4d Sed	200	600	1,000	2,250	3,500	5,000
LS 4d Sed	200	610	1,020	2,300	3,570	5,100
1989 Galant						
4d Sed	230	680	1,140	2,570	3,990	5,700
LS 4d Sed	230	700	1,160	2,610	4,060	5,800
GS 4d Sed	240	710	1,180	2,660	4,130	5,900
1989 Sigma						
4d Sed	240	730	1,220	2,750	4,270	6,100
1989 Starion						
ESi-R 2d Cpe	240	730	1,220	2,750	4,270	6,100
1990 Precis						
2d HBk	190	560	940	2,120	3,290	4,700
RS 2d HBk	190	580	960	2,160	3,360	4,800
1990 Mirage						
VL 2d HBk	210	620	1,040	2,340	3,640	5,200
2d HBk	210	640	1,060	2,390	3,710	5,300
RS 2d HBk	210	640	1,060	2,390	3,710	5,300
4d Sed	220	650	1,080	2,430	3,780	5,400
RS 4d Sed	220	660	1,100	2,480	3,850	5,500
1990 Galant						
4d Sed	230	700	1,160	2,610	4,060	5,800
LS 4d Sed	240	710	1,180	2,660	4,130	5,900
GS 4d Sed	240	720	1,200	2,700	4,200	6,000
GSX 4d Sed 4x4	280	840	1,400	3,150	4,900	7,000
1990 Sigma						
4d Sed	250	740	1,240	2,790	4,340	6,200
1990 Eclipse						
2d Cpe	250	760	1,260	2,840	4,410	6,300
GS 2d Cpe	260	770	1,280	2,880	4,480	6,400
2d Cpe Turbo	260	780	1,300	2,930	4,550	6,500
2d Cpe Turbo 4x4	300	900	1,500	3,380	5,250	7,500
1990 Van						
Cargo Van	230	680	1,140	2,570	3,990	5,700
Mini Van	240	710	1,180	2,660	4,130	5,900
1991 Precis						
2d HBk	160	480	800	1,800	2,800	4,000
RS 2d HBk	160	490	820	1,850	2,870	4,100
1991 Mirage						
VL 2d HBk	170	500	840	1,890	2,940	4,200
2d HBk	180	540	900	2,030	3,150	4,500
4d Sed	180	540	900	2,030	3,150	4,500
LS 4d Sed	190	560	940	2,120	3,290	4,700
GS 4d Sed	200	590	980	2,210	3,430	4,900
1991 Galant						
4d Sed	240	720	1,200	2,700	4,200	6,000
LS 4d Sed	260	780	1,300	2,930	4,550	6,500
GS 4d Sed	280	840	1,400	3,150	4,900	7,000
GSR 4d Sed	300	900	1,500	3,380	5,250	7,500
GSX 4d Sed 4x4	360	1,080	1,800	4,050	6,300	9,000
VR-4 4d Turbo Sed 4x4	580	1,740	2,900	6,530	10,150	14,500
1991 Eclipse						
2d Cpe	240	720	1,200	2,700	4,200	6,000
GS 2d Cpe	260	780	1,300	2,930	4,550	6,500
GS 2d Cpe 16V	280	840	1,400	3,150	4,900	7,000

	6	5	4	3	2	1
GS 2d Cpe 16V Turbo	320	960	1,600	3,600	5,600	8,000
GSX 2d Cpe 16V Turbo 4x4	360	1,080	1,800	4,050	6,300	9,000
1991 3000 GT						
2d Cpe	560	1,680	2,800	6,300	9,800	14,000
SL 2d Cpe	660	1,980	3,300	7,430	11,550	16,500
VR-4 2d Turbo Cpe 4x4	780	2,340	3,900	8,780	13,650	19,500
1992 Precis, 4-cyl.						
2d HBk	160	470	780	1,760	2,730	3,900
1992 Mirage, 4-cyl.						
2d VL HBk	180	540	900	2,030	3,150	4,500
2d HBk	200	600	1,000	2,250	3,500	5,000
4d Sed	200	600	1,000	2,250	3,500	5,000
4d LS Sed	220	660	1,100	2,480	3,850	5,500
4d GS Sed	240	720	1,200	2,700	4,200	6,000
1992 Expo, 4-cyl.						
2d LRV Sta Wag	280	840	1,400	3,150	4,900	7,000
2d LRV Spt Sta Wag	300	900	1,500	3,380	5,250	7,500
2d LRV Spt Sta Wag 4x4	320	960	1,600	3,600	5,600	8,000
4d Sta Wag	300	900	1,500	3,380	5,250	7,500
4d SP Sta Wag	320	960	1,600	3,600	5,600	8,000
4d SP Sta Wag 4x4	360	1,080	1,800	4,050	6,300	9,000
1992 Galant, 4-cyl.						
4d Sed	200	600	1,000	2,250	3,500	5,000
4d LS Sed	220	660	1,100	2,480	3,850	5,500
4d GS Sed	240	720	1,200	2,700	4,200	6,000
4d GSR Sed	260	780	1,300	2,930	4,550	6,500
4d GSX Sed 4x4	320	960	1,600	3,600	5,600	8,000
4d VR4 Sed 4x4	360	1,080	1,800	4,050	6,300	9,000
1992 Eclipse, 4-cyl.						
2d Cpe	240	720	1,200	2,700	4,200	6,000
2d GS Cpe	260	780	1,300	2,930	4,550	6,500
1992 Eclipse, GS, 16V, 4-cyl.						
2d Cpe	300	900	1,500	3,380	5,250	7,500
2d Turbo Cpe	320	960	1,600	3,600	5,600	8,000
2d GSX Turbo Cpe 4x4	540	1,620	2,700	6,080	9,450	13,500
1992 Diamante, V-6						
4d Sed	360	1,080	1,800	4,050	6,300	9,000
4d LS Sed	560	1,680	2,800	6,300	9,800	14,000
1992 3000 GT, V-6						
2d Cpe	600	1,800	3,000	6,750	10,500	15,000
2d SL Cpe	700	2,100	3,500	7,880	12,250	17,500
2d VR-4 Turbo Cpe 4x4	820	2,460	4,100	9,230	14,350	20,500
1993 Precis, 4-cyl.						
2d HBk	200	600	1,000	2,250	3,500	5,000
1993 Mirage, 4-cyl.						
2d S Cpe	220	660	1,100	2,480	3,850	5,500
2d ES Cpe	230	680	1,140	2,570	3,990	5,700
2d LS Cpe	240	720	1,200	2,700	4,200	6,000
4d S Sed	230	680	1,140	2,570	3,990	5,700
4d ES Sed	230	700	1,160	2,610	4,060	5,800
4d LS Sed	240	710	1,180	2,660	4,130	5,900
1993 Expo, 4-cyl.						
3d LRV Sta Wag	270	800	1,340	3,020	4,690	6,700
3d LRV Sta Wag 4x4	310	920	1,540	3,470	5,390	7,700
3d Spt Sta Wag	280	840	1,400	3,150	4,900	7,000
4d Sta Wag	300	900	1,500	3,380	5,250	7,500
4d Sta Wag 4x4	340	1,020	1,700	3,830	5,950	8,500
4d SP Sta Wag	320	960	1,600	3,600	5,600	8,000
4d SP Sta Wag 4x4	360	1,080	1,800	4,050	6,300	9,000
1993 Galant, 4-cyl.						
4d S Sed	280	840	1,400	3,150	4,900	7,000
4d ES Sed	280	850	1,420	3,200	4,970	7,100
4d LS Sed	290	860	1,440	3,240	5,040	7,200
1993 Eclipse, 4-cyl.						
2d Cpe	280	850	1,420	3,200	4,970	7,100
2d GS Cpe	290	860	1,440	3,240	5,040	7,200
2d GS Cpe 16V	300	890	1,480	3,330	5,180	7,400
2d GS Turbo Cpe	300	900	1,500	3,380	5,250	7,500
2d GSX Cpe 4x4	340	1,020	1,700	3,830	5,950	8,500
1993 Diamante, V-6						
4d ES Sed	320	960	1,600	3,600	5,600	8,000
4d LS Sed	320	970	1,620	3,650	5,670	8,100
4d ES Sta Wag	330	1,000	1,660	3,740	5,810	8,300

	6	5	4	3	2	1
1993 3000 GT, V-6						
2d Cpe	540	1,620	2,700	6,080	9,450	13,500
2d SL Cpe	580	1,740	2,900	6,530	10,150	14,500
2d Turbo Cpe, 4x4	760	2,280	3,800	8,550	13,300	19,000
1994 Precis, 4-cyl.						
2d HBk	160	480	800	1,800	2,800	4,000
1994 Mirage, 4-cyl.						
2d S Cpe	180	540	900	2,030	3,150	4,500
2d ES Cpe	200	600	1,000	2,250	3,500	5,000
2d LS Cpe	220	660	1,100	2,480	3,850	5,500
4d S Sed	200	600	1,000	2,250	3,500	5,000
4d ES Sed	220	660	1,100	2,480	3,850	5,500
4d LS Sed	240	720	1,200	2,700	4,200	6,000
1994 Expo, 4-cyl.						
4d LRV Sta Wag	290	880	1,460	3,290	5,110	7,300
4d Spt LRV Sta Wag	300	900	1,500	3,380	5,250	7,500
4d Sta Wag	320	960	1,600	3,600	5,600	8,000
4d Sta Wag 4x4	340	1,020	1,700	3,830	5,950	8,500
1994 Galant, 4-cyl.						
4d S Sed	280	840	1,400	3,150	4,900	7,000
4d ES Sed	300	900	1,500	3,380	5,250	7,500
4d LS Sed	340	1,020	1,700	3,830	5,950	8,500
4d GS Sed	380	1,140	1,900	4,280	6,650	9,500
1994 Eclipse, 4-cyl.						
2d Cpe	260	780	1,300	2,930	4,550	6,500
2d GS Cpe	280	840	1,400	3,150	4,900	7,000
2d GS Cpe 16V	300	900	1,500	3,380	5,250	7,500
2d GSi Cpe Turbo 16V	340	1,020	1,700	3,830	5,950	8,500
2d GSX Cpe Turbo 4x4 16V	460	1,380	2,300	5,180	8,050	11,500
1994 Diamante, V-6						
4d ES Sed	380	1,140	1,900	4,280	6,650	9,500
4d LS Sed	500	1,500	2,500	5,630	8,750	12,500
4d ES Sta Wag	380	1,140	1,900	4,280	6,650	9,500
1994 3000 GT, V-6						
2d Cpe	540	1,620	2,700	6,080	9,450	13,500
2d SL Cpe	620	1,860	3,100	6,980	10,850	15,500
2d Cpe Turbo 4x4	860	2,580	4,300	9,680	15,050	21,500
1995 Mirage, 4-cyl.						
2d S Cpe	180	540	900	2,030	3,150	4,500
2d ES Cpe	200	600	1,000	2,250	3,500	5,000
2d LS Cpe	220	660	1,100	2,480	3,850	5,500
4d S Sed	200	600	1,000	2,250	3,500	5,000
4d ES Sed	220	660	1,100	2,480	3,850	5,500
1995 Expo, 4-cyl.						
4d Sta Wag	320	960	1,600	3,600	5,600	8,000
4d Sta Wag 4x4	340	1,020	1,700	3,830	5,950	8,500
1995 Galant, 4-cyl.						
4d S Sed	280	840	1,400	3,150	4,900	7,000
4d ES Sed	300	900	1,500	3,380	5,250	7,500
4d LS Sed	340	1,020	1,700	3,830	5,950	8,500
1995 Eclipse, 4-cyl.						
2d RS Cpe	260	780	1,300	2,930	4,550	6,500
2d GS Cpe	280	840	1,400	3,150	4,900	7,000
2d GS Cpe Turbo	340	1,020	1,700	3,830	5,950	8,500
2d GSX Cpe Turbo 4x4	460	1,380	2,300	5,180	8,050	11,500
1995 Diamante, V-6						
4d ES Sed	380	1,140	1,900	4,280	6,650	9,500
4d LS Sed	500	1,500	2,500	5,630	8,750	12,500
4d ES Sta Wag	380	1,140	1,900	4,280	6,650	9,500
1995 3000GT, V-6						
2d Cpe	540	1,620	2,700	6,080	9,450	13,500
2d SL Cpe	620	1,860	3,100	6,980	10,850	15,500
2d VR-4 Cpe Turbo 4x4	780	2,340	3,900	8,780	13,650	19,500
2d Spyder SL Cpe	960	2,880	4,800	10,800	16,800	24,000
2d Spyder VR-4 Cpe Turbo 4x4	1,140	3,420	5,700	12,830	19,950	28,500
1996 Mirage, 4-cyl.						
2d S Cpe	180	540	900	2,030	3,150	4,500
2d LS Cpe	220	660	1,100	2,480	3,850	5,500
4d S Sed	200	600	1,000	2,250	3,500	5,000
1996 Galant, 4-cyl.						
4d S Sed	280	840	1,400	3,150	4,900	7,000
4d ES Sed	300	900	1,500	3,380	5,250	7,500
4d LS Sed	340	1,020	1,700	3,830	5,950	8,500

	6	5	4	3	2	1
1996 Eclipse, 4-cyl.						
2d RS Cpe	260	780	1,300	2,930	4,550	6,500
2d GS Cpe	280	840	1,400	3,150	4,900	7,000
2d GS Cpe Turbo	340	1,020	1,700	3,830	5,950	8,500
2d GSX Cpe Turbo 4x4	460	1,380	2,300	5,180	8,050	11,500
2d GS Spyder Conv	440	1,320	2,200	4,950	7,700	11,000
2d GS Spyder Conv Turbo	500	1,500	2,500	5,630	8,750	12,500
NOTE: The GS convertible debuted late in the 1996 model year.						
1996 Diamante, V-6						
4d ES Sed	380	1,140	1,900	4,280	6,650	9,500
4d LS Sed	500	1,500	2,500	5,630	8,750	12,500
1996 3000GT, V-6						
2d Cpe	540	1,620	2,700	6,080	9,450	13,500
2d SL Cpe	620	1,860	3,100	6,980	10,850	15,500
2d VR-4 Cpe Turbo 4x4	780	2,340	3,900	8,780	13,650	19,500
2d Spyder SL Cpe	960	2,880	4,800	10,800	16,800	24,000
2d Spyder VR-4 Cpe Turbo 4x4	1,140	3,420	5,700	12,830	19,950	28,500
1997 Mirage, 4-cyl.						
2d DE Cpe	180	540	900	2,030	3,150	4,500
2d LS Cpe	220	660	1,100	2,480	3,850	5,500
4d DE Sed	200	600	1,000	2,250	3,500	5,000
4d LS Sed	240	720	1,200	2,700	4,200	6,000
1997 Galant, 4-cyl.						
4d DE Sed	280	840	1,400	3,150	4,900	7,000
4d ES Sed	300	900	1,500	3,380	5,250	7,500
4d LS Sed	340	1,020	1,700	3,830	5,950	8,500
1997 Eclipse, 4-cyl.						
2d Cpe	240	720	1,200	2,700	4,200	6,000
2d RS Cpe	260	780	1,300	2,930	4,550	6,500
2d GS Cpe	280	840	1,400	3,150	4,900	7,000
2d GS Cpe Turbo	340	1,020	1,700	3,830	5,950	8,500
2d GSX Cpe Turbo AWD	460	1,380	2,300	5,180	8,050	11,500
2d GS Spyder Conv	440	1,320	2,200	4,950	7,700	11,000
2d GS Spyder Conv Turbo	500	1,500	2,500	5,630	8,750	12,500
1997 Diamante, V-6						
4d ES Sed	380	1,140	1,900	4,280	6,650	9,500
4d LS Sed	500	1,500	2,500	5,630	8,750	12,500
1997 3000GT, V-6						
2d Cpe	540	1,620	2,700	6,080	9,450	13,500
2d SL Cpe	620	1,860	3,100	6,980	10,850	15,500
2d VR-4 Cpe Turbo AWD	780	2,340	3,900	8,780	13,650	19,500
1998 Mirage, 4-cyl.						
2d DE Cpe	180	540	900	2,030	3,150	4,500
2d LS Cpe	220	660	1,100	2,480	3,850	5,500
4d DE Sed	200	600	1,000	2,250	3,500	5,000
4d LS Sed	240	720	1,200	2,700	4,200	6,000
1998 Galant, 4-cyl.						
4d DE Sed	280	840	1,400	3,150	4,900	7,000
4d ES Sed	300	900	1,500	3,380	5,250	7,500
4d LS Sed	340	1,020	1,700	3,830	5,950	8,500
1998 Eclipse, 4-cyl.						
2d RS Cpe	260	780	1,300	2,930	4,550	6,500
2d GS Cpe	280	840	1,400	3,150	4,900	7,000
2d GS Cpe Turbo	340	1,020	1,700	3,830	5,950	8,500
2d GSX Cpe Turbo AWD	460	1,380	2,300	5,180	8,050	11,500
2d GS Spyder Conv	440	1,320	2,200	4,950	7,700	11,000
2d GS Spyder Conv Turbo	500	1,500	2,500	5,630	8,750	12,500
1998 Diamante, V-6						
4d ES Sed	380	1,140	1,900	4,280	6,650	9,500
4d LS Sed	500	1,500	2,500	5,630	8,750	12,500
1998 3000GT, V-6						
2d Cpe	540	1,620	2,700	6,080	9,450	13,500
2d SL Cpe	620	1,860	3,100	6,980	10,850	15,500
2d VR-4 Cpe Turbo AWD	780	2,340	3,900	8,780	13,650	19,500

MORGAN

	6	5	4	3	2	1
1945-50 4/4, Series I, 4-cyl., 1267cc, 92" wb						
2d Rds	1,200	3,600	6,000	13,500	21,000	30,000
2d Rds (2 plus 2)	1,160	3,480	5,800	13,050	20,300	29,000
2d DHC	1,360	4,080	6,800	15,300	23,800	34,000
1951-54 Plus Four I, 4-cyl., 2088cc, 96" wb						
2d Rds	1,120	3,360	5,600	12,600	19,600	28,000
2d Rds (2 plus 2)	1,080	3,240	5,400	12,150	18,900	27,000

	6	5	4	3	2	1
2d DHC	1,200	3,600	6,000	13,500	21,000	30,000
2d DHC (2 plus 2)	1,240	3,720	6,200	13,950	21,700	31,000
1955-62 Plus Four I (1954-1962) 4-cyl., 1991cc, 96" wb						
2d Rds	1,080	3,240	5,400	12,150	18,900	27,000
2d Rds (2 plus 2)	1,040	3,120	5,200	11,700	18,200	26,000
2d DHC	1,200	3,600	6,000	13,500	21,000	30,000
1955-62 Plus Four Super Sports 4-cyl., 2138cc, 96" wb						
2d Rds	1,200	3,600	6,000	13,500	21,000	30,000
1955-62 4/4 II (1955-59) L-head, 4-cyl., 1172cc, 96" wb						
2d Rds	1,120	3,360	5,600	12,600	19,600	28,000
1955-62 4/4 III (1960-61) 4-cyl., 997cc, 96" wb						
2d Rds	1,080	3,240	5,400	12,150	18,900	27,000
1955-62 4/4 IV (1961-63) 4-cyl., 1340cc, 96" wb						
2d Rds	1,080	3,240	5,400	12,150	18,900	27,000
1963-67 Plus Four (1962-68) 4-cyl., 2138cc, 96" wb						
2d Rds	1,120	3,360	5,600	12,600	19,600	28,000
2d Rds (2 plus 2)	1,080	3,240	5,400	12,150	18,900	27,000
2d DHC	1,240	3,720	6,200	13,950	21,700	31,000
2d Sup Spt Rds	1,200	3,600	6,000	13,500	21,000	30,000
1963-67 Plus Four Plus (1963-66) 4-cyl., 2138cc, 96" wb						
2d Cpe			value not estimable			
1963-67 4/4 Series IV (1962-63) 4-cyl., 1340cc, 96" wb						
2d Rds	1,120	3,360	5,600	12,600	19,600	28,000
1963-67 4/4 Series V (1963-68) 4-cyl., 1498cc, 96" wb						
2d Rds	1,200	3,600	6,000	13,500	21,000	30,000
1968-69 Plus Four (1962-68) 4-cyl., 2138cc, 96" wb						
2d Rds	1,160	3,480	5,800	13,050	20,300	29,000
2d Rds (2 plus 2)	1,120	3,360	5,600	12,600	19,600	28,000
2d DHC	1,240	3,720	6,200	13,950	21,700	31,000
2d Sup Spt Rds	1,200	3,600	6,000	13,500	21,000	30,000
1968-69 Plus 8, V-8, 3528cc, 98" wb						
2d Rds	1,240	3,720	6,200	13,950	21,700	31,000
1968-69 4/4 Series V (1963-68) 4-cyl., 1498cc, 96" wb						
2d Rds	1,160	3,480	5,800	13,050	20,300	29,000
1968-69 4/4 1600, 4-cyl., 1599cc, 96" wb						
2d Rds	1,200	3,600	6,000	13,500	21,000	30,000
2d Rds (2 plus 2)	1,160	3,480	5,800	13,050	21,000	29,000
1970-90 Plus 8 (1972-90) V-8, 3528cc, 98" wb						
2d Rds	1,200	3,600	6,000	13,500	21,000	30,000
1970-90 4/4 1600 (1970-81) 4-cyl., 1599cc, 96" wb						
2d Rds	1,200	3,600	6,000	13,500	21,000	30,000
2d Rds (2 plus 2)	1,160	3,480	5,800	13,050	20,300	29,000
1970-90 4/4 1600 (1982-87) 4-cyl., 1596cc, 96" wb						
2d Rds	1,120	3,360	5,600	12,600	19,600	28,000
2d Rds (2 plus 2)	1,280	3,840	6,400	14,400	22,400	32,000

MORRIS

1946-48 Eight Series, 4-cyl., 918cc, 89" wb						
2d Sed	550	1,700	2,800	6,300	9,800	14,000
4d Sed	400	1,200	2,000	4,500	7,000	10,000
2d Rds	600	1,850	3,100	6,980	10,900	15,500
1946-48 Ten Series, 4-cyl., 1140cc						
4d Sed	400	1,200	2,000	4,500	7,000	10,000
1949 Minor MM, 4-cyl., 918.6cc, 86" wb						
2d Sed	400	1,250	2,100	4,730	7,350	10,500
2d Conv	600	1,850	3,100	6,980	10,900	15,500
1949 Oxford MO, 4-cyl., 1476cc, 97" wb						
4d Sed	400	1,200	2,000	4,500	7,000	10,000
1950 Minor MM, 4-cyl., 918.6cc, 86" wb						
2d Sed	400	1,250	2,100	4,730	7,350	10,500
2d Conv	600	1,850	3,100	6,980	10,900	15,500
1950 Oxford MO, 4-cyl., 1476cc, 97" wb						
4d Sed	400	1,200	2,000	4,500	7,000	10,000
1951 Minor MM, 4-cyl., 918.6cc, 86" wb						
2d Sed	400	1,250	2,100	4,730	7,350	10,500
2d Conv	600	1,850	3,100	6,980	10,900	15,500
4d Sed	400	1,200	2,000	4,500	7,000	10,000
1951 Oxford MO, 4-cyl., 1476cc, 97" wb						
4d Sed	400	1,200	2,000	4,500	7,000	10,000

	6	5	4	3	2	1
1952 Minor MM, 4-cyl., 918.6cc, 86" wb						
2d Sed	400	1,250	2,100	4,730	7,350	10,500
2d Conv	650	2,000	3,300	7,430	11,600	16,500
4d Sed	400	1,200	2,000	4,500	7,000	10,000
1952 Oxford MO, 4-cyl., 1476cc, 97" wb						
4d Sed	400	1,200	2,000	4,500	7,000	10,000
1953 Minor II, 4-cyl., 803cc, 86" wb						
2d Sed	400	1,250	2,100	4,730	7,350	10,500
4d Sed	400	1,200	2,000	4,500	7,000	10,000
2d Conv	650	2,000	3,300	7,430	11,600	16,500
1953 Oxford MO, 4-cyl., 1476cc, 97" wb						
4d Sed	400	1,200	2,000	4,500	7,000	10,000
4d Sta Wag	650	2,000	3,300	7,430	11,600	16,500
1954 Minor II, 4-cyl., 803cc, 86" wb						
2d Sed	400	1,250	2,100	4,730	7,350	10,500
4d Sed	400	1,200	2,000	4,500	7,000	10,000
2d Tr Conv	650	2,000	3,300	7,430	11,600	16,500
2d Sta Wag	650	2,000	3,300	7,430	11,600	16,500
1954 Oxford MO, 4-cyl., 1476cc, 97" wb						
4d Sed	400	1,200	2,000	4,500	7,000	10,000
4d Sta Wag	700	2,050	3,400	7,650	11,900	17,000
1955-56 Minor II, 4-cyl., 803cc, 86" wb						
2d Sed	400	1,250	2,100	4,730	7,350	10,500
4d Sed	400	1,200	2,000	4,500	7,000	10,000
2d Conv	650	2,000	3,300	7,430	11,600	16,500
2d Sta Wag	650	2,000	3,300	7,430	11,600	16,500
1957-59 Minor 1000, 4-cyl., 948cc, 86" wb						
2d Sed	400	1,250	2,100	4,730	7,350	10,500
4d Sed	400	1,200	2,000	4,500	7,000	10,000
2d Conv	650	2,000	3,300	7,430	11,600	16,500
2d Sta Wag	650	2,000	3,300	7,430	11,600	16,500
1960-62 Minor 1000, 4-cyl., 997cc, 86" wb						
2d Sed	400	1,250	2,100	4,730	7,350	10,500
2d DeL Sed	550	1,600	2,700	6,080	9,450	13,500
4d Sed	400	1,200	2,000	4,500	7,000	10,000
4d DeL Sed	550	1,600	2,700	6,080	9,450	13,500
2d Conv	700	2,050	3,400	7,650	11,900	17,000
2d DeL Conv	700	2,100	3,500	7,880	12,300	17,500
2d Sta Wag	650	2,000	3,300	7,430	11,600	16,500
2d DeL Sta Wag	700	2,050	3,400	7,650	11,900	17,000
1960-62 Mini-Minor, 4-cyl., 997cc, FWD, 80" wb						
850 2d Sed	400	1,250	2,100	4,730	7,350	10,500
850 2d Sta Wag	650	2,000	3,300	7,430	11,600	16,500
1960-62 Oxford V, 4-cyl., 1489cc, 99.2" wb						
4d Sed	400	1,200	2,000	4,500	7,000	10,000
1963-71 Minor 1000, 4-cyl., 1098cc, 86" wb						
2d Sed	400	1,250	2,100	4,730	7,350	10,500
2d Conv	700	2,050	3,400	7,650	11,900	17,000
2d Sta Wag	650	2,000	3,300	7,430	11,600	16,500
2d DeL Wag	700	2,050	3,400	7,650	11,900	17,000
1963-71 Mini-Minor 850 Cooper 4-cyl., 848cc, FWD, 80" wb						
2d Sed	550	1,700	2,800	6,300	9,800	14,000
2d Sta Wag	650	2,000	3,300	7,430	11,600	16,500

NOTE: The Mini-Minor Mark II 1000 1967-69 contained a 998cc engine. The Mini-Minor Cooper a 997cc until 1964 998cc thru 1964-65. The 1071 S a 1071cc the 970 S a 970cc the 1275 S a 1275cc. Add 50 percent for Mini-Minor Coopers.

OPEL

	6	5	4	3	2	1
1947-52 Olympia, 4-cyl., 1488cc, 94.3" wb						
2d Sed	300	900	1,500	3,380	5,250	7,500
1947-52 Kapitan, 6-cyl., 2473cc, 106.1" wb						
4d Sed	300	900	1,500	3,380	5,250	7,500
1953-57 Olympia Rekord, 4-cyl., 1488cc, 97.9" wb						
2d Sed	280	840	1,400	3,150	4,900	7,000
1953-57 Caravan, 4-cyl.						
2d Sta Wag	290	860	1,440	3,240	5,040	7,200
1953-57 Kapitan, 6-cyl., 2473cc, 108.3" wb						
4d Sed	300	900	1,500	3,380	5,250	7,500
1958-59 Olympia Rekord 28, 4-cyl., 1488cc, 100.4" wb						
2d Sed	280	840	1,400	3,150	4,900	7,000

	6	5	4	3	2	1
1958-59 Caravan 29, 4-cyl., 100.4" wb						
2d Sta Wag	300	900	1,500	3,380	5,250	7,500
1960 Olympia Rekord 28, 4-cyl., 1488cc, 100.4" wb						
2d Sed	280	840	1,400	3,150	4,900	7,000
1960 Caravan 29, 4-cyl., 100.4" wb						
2d Sta Wag	300	900	1,500	3,380	5,250	7,500
1961-62 Olympia Rekord 11, 4-cyl., 1680cc, 100" wb						
2d Sed	280	840	1,400	3,150	4,900	7,000
1961-62 Caravan 14, 4-cyl., 1680cc						
2d Sta Wag	290	860	1,440	3,240	5,040	7,200
1964-65 Kadett, 4-cyl., 987cc, 91.5" wb						
31 2d Sed	280	840	1,400	3,150	4,900	7,000
32 2d Spt Cpe	300	900	1,500	3,380	5,250	7,500
34 2d Sta Wag	320	960	1,600	3,600	5,600	8,000
1966-67 Kadett, 4-cyl., 1077cc, 95.1" wb						
31 2d Sed	280	840	1,400	3,150	4,900	7,000
32 2d Spt Cpe	300	900	1,500	3,380	5,250	7,500
38 2d DeL Sed	290	860	1,440	3,240	5,040	7,200
37 4d DeL Sed	300	910	1,520	3,420	5,320	7,600
39 2d DeL Sta Wag	320	960	1,600	3,600	5,600	8,000
1966-67 Rallye, 4-cyl., 1077cc, 95.1" wb						
32 2d Spt Cpe	310	940	1,560	3,510	5,460	7,800
1968 Kadett, 4-cyl., 1077cc, 95.1" wb						
31 2d Sed	280	840	1,400	3,150	4,900	7,000
39 2d Sta Wag	290	860	1,440	3,240	5,040	7,200
1968 Rallye, 4-cyl., 1491cc, 95.1" wb						
92 2d Spt Cpe	300	910	1,520	3,420	5,320	7,600
1968 Sport Series, 4-cyl., 1491cc, 95.1" wb						
91 2d Spt Sed	290	860	1,440	3,240	5,040	7,200
99 2d LS Cpe	300	900	1,500	3,380	5,250	7,500
95 2d DeL Spt Cpe	310	940	1,560	3,510	5,460	7,800

NOTE: Two larger engines were optional in 1968. The 4-cyl. 149cc engine that was standard in the Rallye Cpe and the even larger 4-cyl. 1897cc.

	6	5	4	3	2	1
1969 Kadett, 4-cyl., 1077cc, 95.1" wb						
31 2d Sed	280	850	1,420	3,200	4,970	7,100
39 2d Sta Wag	290	860	1,440	3,240	5,040	7,200
1969 Rallye/Sport Series, 4-cyl., 1077cc, 95.1" wb						
92 Rallye Spe Cpe	300	910	1,520	3,420	5,320	7,600
91 2d Spt Sed	290	880	1,460	3,290	5,110	7,300
95 DeL Spt Cpe	300	900	1,500	3,380	5,250	7,500
1969 GT, 4-cyl., 1077cc, 95.7" wb						
2d Cpe	330	980	1,640	3,690	5,740	8,200

NOTE: Optional 4-cyl. 1897cc engine.

	6	5	4	3	2	1
1970 Kadett, 4-cyl., 1077cc, 95.1" wb						
31 2d Sed	280	850	1,420	3,200	4,970	7,100
39 2d Sta Wag	290	860	1,440	3,240	5,040	7,200
1970 Rallye/Sport (FB) Series, 4-cyl., 1077cc, 95.1" wb						
92 Rallye Spt Cpe	300	910	1,520	3,420	5,320	7,600
91 2d Spt Sed	290	880	1,460	3,290	5,110	7,300
95 DeL Spt Cpe	300	890	1,480	3,330	5,180	7,400
1970 GT, 4-cyl., 1077cc, 95.7" wb						
93 2d Cpe	330	980	1,640	3,690	5,740	8,200
1971-72 Kadett, 4-cyl., 1077cc, 95.1" wb						
31 2d Sed	290	860	1,440	3,240	5,040	7,200
31D DeL 2d Sed	290	880	1,460	3,290	5,110	7,300
36 4d Sed	280	850	1,420	3,200	4,970	7,100
36D DeL 4d Sed	290	860	1,440	3,240	5,040	7,200
39 DeL 2d Sta Wag	300	900	1,500	3,380	5,250	7,500
1971-72 1900 Series, 4-cyl., 1897cc, 95.7" wb						
51 2d Sed	300	900	1,500	3,380	5,250	7,500
53 4d Sed	300	890	1,480	3,330	5,180	7,400
54 2d Sta Wag	300	910	1,520	3,420	5,320	7,600
57 2d Spt Cpe	300	910	1,520	3,420	5,320	7,600
57R 2d Rallye Cpe	320	960	1,600	3,600	5,600	8,000
1971-72 GT, 4-cyl., 1897cc, 95.7" wb						
77 2d Cpe	330	980	1,640	3,690	5,740	8,200
1973 1900 Series, 4-cyl., 1897cc, 95.7" wb						
51 2d Sed	300	900	1,500	3,380	5,250	7,500
53 4d Sed	300	890	1,480	3,330	5,180	7,400
54 2d Sta Wag	300	910	1,520	3,420	5,320	7,600
1973 Manta 57, 4-cyl., 1897cc, 95.7" wb						
2d Spt Cpe	310	920	1,540	3,470	5,390	7,700

	6	5	4	3	2	1
Luxus 2d Spt Cpe	330	980	1,640	3,690	5,740	8,200
R 2d Rallye Cpe	340	1,010	1,680	3,780	5,880	8,400
1973 GT, 4-cyl., 1897cc, 95.7" wb						
77 2d Cpe	330	980	1,640	3,690	5,740	8,200
1974-75 1900, 4-cyl., 1897cc, 95.7" wb						
51 2d Sed	290	860	1,440	3,240	5,040	7,200
54 2d Sta Wag	300	900	1,500	3,380	5,250	7,500
1974-75 Manta 57, 1897cc, 95.7" wb						
2d Spt Cpe	300	910	1,520	3,420	5,320	7,600
Luxus Spt Cpe	330	980	1,640	3,690	5,740	8,200
R 2d Rallye Cpe	340	1,010	1,680	3,780	5,880	8,400

NOTE: FI was available in 1975.

	6	5	4	3	2	1
1976-79 Opel Isuzu, 1976 models 4-cyl., 1817cc, 94.3" wb						
77 2d Cpe	230	700	1,160	2,610	4,060	5,800
2d DeL Cpe	240	710	1,180	2,660	4,130	5,900
T77 2d Cpe	230	700	1,160	2,610	4,060	5,800
Y77 2d DeL Cpe	240	710	1,180	2,660	4,130	5,900
Y69 4d DeL Sed	240	710	1,180	2,660	4,130	5,900
W77 2d Spt Cpe	240	720	1,200	2,700	4,200	6,000

PEUGEOT

	6	5	4	3	2	1
1945-48 202, 4-cyl., 1133cc						
Sed	300	900	1,500	3,380	5,250	7,500
1949-54 203, 4-cyl., 1290cc, 102 or 110" wb						
4d Sed	300	900	1,500	3,380	5,250	7,500
4d Family Limo	280	840	1,400	3,150	4,900	7,000
2d Cabr	660	1,980	3,300	7,430	11,550	16,500
4d Conv	700	2,100	3,500	7,880	12,250	17,500
1955-57 203, minimal changes 403, 4-cyl., 1468cc, 105" wb						
4d Sed	300	900	1,500	3,380	5,250	7,500
4d Sta Wag	280	850	1,420	3,200	4,970	7,100
2d Conv Cpe	700	2,100	3,500	7,880	12,250	17,500
1955-57 403L, 4-cyl., 1468cc, 114" wb						
4d Family Sed	260	780	1,300	2,930	4,550	6,500
1958-59 403, 4-cyl., 1468cc, 105" wb						
4d Sed	260	780	1,300	2,930	4,550	6,500
L 4d Family Sed	300	900	1,500	3,380	5,250	7,500
4d Sta Wag	540	1,620	2,700	6,080	9,450	13,500
2d Conv Cpe	700	2,100	3,500	7,880	12,250	17,500
1960 403, 4-cyl., 1468cc, 105" wb						
4d Sed	280	840	1,400	3,150	4,900	7,000
1960 403, 4-cyl., 1468cc, 116" wb						
4d Sta Wag	300	900	1,500	3,380	5,250	7,500
1961-62 403, 4-cyl., 1468cc, 105" wb						
4d Sed	280	840	1,400	3,150	4,900	7,000
1961-62 403, 4-cyl., 1468cc, 116" wb						
4d Sta Wag	280	840	1,400	3,150	4,900	7,000
1961-62 404, 4-cyl., 1618cc, 104.3" wb						
4d Sed	280	840	1,400	3,150	4,900	7,000
1963-64 403, 4-cyl., 1468cc, 105" wb						
4d Sed	280	840	1,400	3,150	4,900	7,000
1963-64 404, 4-cyl., 1618cc, 104.3" wb						
4d Sed	280	840	1,400	3,150	4,900	7,000
4d Sta Wag	300	900	1,500	3,380	5,250	7,500
1965-67 403, 4-cyl., 1468cc, 105" wb						
4d Sed	280	840	1,400	3,150	4,900	7,000
1965-67 404, 4-cyl., 1618cc, 104.3" wb						
4d Sed	260	780	1,300	2,930	4,550	6,500
1965-67 404, 4-cyl., 1618cc, 111.8" wb						
4d Sta Wag	280	840	1,400	3,150	4,900	7,000
1968-69 404, 4-cyl., 1618cc, 104.3" wb						
4d Sed	260	780	1,300	2,930	4,550	6,500
1968-69 404, 4-cyl., 1618cc, 111.8" wb						
4d Sta Wag	280	840	1,400	3,150	4,900	7,000

NOTE: Convertibles were available on a special order basis.

	6	5	4	3	2	1
1970 404, 4-cyl., 1796cc, 111.8" wb						
4d Sta Wag	240	720	1,200	2,700	4,200	6,000
1970 504, 4-cyl., 1796cc, 108" wb						
4d Sed	240	720	1,200	2,700	4,200	6,000

	6	5	4	3	2	1
1971-72 304, 4-cyl., 1288cc, 101.9" wb						
4d Sed	240	720	1,200	2,700	4,200	6,000
4d Sta Wag	260	780	1,300	2,930	4,550	6,500
1971-72 504, 4-cyl., 1971cc, 108" wb						
4d Sed	240	720	1,200	2,700	4,200	6,000
4d Sta Wag	260	780	1,300	2,930	4,550	6,500
1973-76 504, 1973 models 4-cyl., 1971cc						
4d Sed	240	720	1,200	2,700	4,200	6,000
4d Sta Wag	260	780	1,300	2,930	4,550	6,500
1973-76 504, 1974 models 4-cyl., 1971cc						
4d Sed	240	720	1,200	2,700	4,200	6,000
4d Sta Wag	240	720	1,200	2,700	4,200	6,000
1973-76 Diesel, 2111cc						
4d Sed	240	720	1,200	2,700	4,200	6,000
4d Sta Wag	260	780	1,300	2,930	4,550	6,500
1973-76 504, 1975 models 4-cyl., 1971cc						
4d Sed	240	720	1,200	2,700	4,200	6,000
4d Sta Wag	260	780	1,300	2,930	4,550	6,500
1973-76 Diesel, 2111cc						
4d Sed	240	720	1,200	2,700	4,200	6,000
4d Sta Wag	260	780	1,300	2,930	4,550	6,500
1973-76 504, 1976 models 4-cyl., 1971cc						
GL 4d Sed	240	720	1,200	2,700	4,200	6,000
SL 4d Sed	260	780	1,300	2,930	4,550	6,500
4d Sta Wag	260	780	1,300	2,930	4,550	6,500
1973-76 Diesel, 2111cc						
4d Sed	240	720	1,200	2,700	4,200	6,000
4d Sta Wag	260	780	1,300	2,930	4,550	6,500

NOTE: The sedans had a 108" wb. The station wagons had a 114" wb.

	6	5	4	3	2	1
1977-79 504, 1977 models 4-cyl., 1971cc						
SL 4d Sed	240	720	1,200	2,700	4,200	6,000
4d Sta Wag	260	780	1,300	2,930	4,550	6,500
1977-79 Diesel, 2304cc						
4d Sed	240	720	1,200	2,700	4,200	6,000
4d Sta Wag	260	780	1,300	2,930	4,550	6,500
1977-79 604, 1977 models V-6, 2664cc, 110.2" wb						
4d Sed	240	720	1,200	2,700	4,200	6,000

NOTE: 504 sedans - 108" wb, 504 wagons - 114" wb.

	6	5	4	3	2	1
1980-81 505/504, 1980 models, 4-cyl., 1971cc, 107.9" wb						
4d Sed	240	720	1,200	2,700	4,200	6,000
1980-81 Diesel, 2304cc						
505 4d Sed	240	720	1,200	2,700	4,200	6,000
504 4d Sta Wag	260	780	1,300	2,930	4,550	6,500
1980-81 505 Turbodiesel, 1981 models						
D 4d Sed	240	720	1,200	2,700	4,200	6,000
1980-81 604, 1980 models V-6, 2849cc, 110.2" wb						
SL 4d Sed	240	720	1,200	2,700	4,200	6,000
1982 505, 4-cyl., 1971cc, 107.9" wb						
4d Sed	260	780	1,300	2,930	4,550	6,500
S 4d Sed	260	780	1,300	2,930	4,550	6,500
STI 4d Sed	270	820	1,360	3,060	4,760	6,800
1982 Diesel, 2304cc						
505 4d Sed	220	660	1,100	2,480	3,850	5,500
504 4d Sta Wag	230	700	1,160	2,610	4,060	5,800
1982 505/604 Turbodiesel, 2304cc						
505 4d Sed	230	700	1,160	2,610	4,060	5,800
505S 4d Sed	230	700	1,160	2,610	4,060	5,800
604TD 4d Sed	240	720	1,200	2,700	4,200	6,000
1983 505/504						
505 4d Sed	260	780	1,300	2,930	4,550	6,500
505S 4d Sed	260	780	1,300	2,930	4,550	6,500
505 STI 4d Sed	260	780	1,300	2,930	4,550	6,500
505 Dsl 4d Sed	220	660	1,100	2,480	3,850	5,500
504 Dsl Sta Wag	240	720	1,200	2,700	4,200	6,000
1983 505/604 Turbodiesel						
505 4d Sed	260	780	1,300	2,930	4,550	6,500
505 S 4d Sed	260	780	1,300	2,930	4,550	6,500
604 4d Sed	260	780	1,300	2,930	4,550	6,500
1984 505 Series						
GL 4d Sed	280	840	1,400	3,150	4,900	7,000
S 4d Sed	280	840	1,400	3,150	4,900	7,000
STI 4d Sed	280	840	1,400	3,150	4,900	7,000

1954 Morgan Plus Four roadster

1967 Morris 1000 convertible

1948 MG-TC roadster

	6	5	4	3	2	1
GL 4d Sta Wag	300	900	1,500	3,380	5,250	7,500
S 4d Sta Wag	300	900	1,500	3,380	5,250	7,500
1984 505/604 Turbodiesel						
GL 4d Sed	260	780	1,300	2,930	4,550	6,500
S 4d Sed	260	780	1,300	2,930	4,550	6,500
STI 4d Sed	260	780	1,300	2,930	4,550	6,500
GL 4d Sta Wag	280	840	1,400	3,150	4,900	7,000
S 4d Sta Wag	280	840	1,400	3,150	4,900	7,000
604 4d Sed	280	840	1,400	3,150	4,900	7,000
1985 505						
GL 4d Sed	300	900	1,500	3,380	5,250	7,500
S 4d Sed	300	900	1,500	3,380	5,250	7,500
STI 4d Sed	300	900	1,500	3,380	5,250	7,500
Turbo 4d Sed	310	940	1,560	3,510	5,460	7,800
GL 4d Sta Wag	310	940	1,560	3,510	5,460	7,800
S 4d Sta Wag	310	940	1,560	3,510	5,460	7,800
1985 505 Turbodiesel						
GL 4d Sed	280	840	1,400	3,150	4,900	7,000
S 4d Sed	280	840	1,400	3,150	4,900	7,000
STI 4d Sed	260	780	1,300	2,930	4,550	6,500
GL 4d Sta Wag	300	900	1,500	3,380	5,250	7,500
S 4d Sta Wag	300	900	1,500	3,380	5,250	7,500
1986 505						
GL 4d Sed	310	920	1,540	3,470	5,390	7,700
S 4d Sed	310	920	1,540	3,470	5,390	7,700
S 4d Sed Turbodiesel	300	910	1,520	3,420	5,320	7,600
STI 4d Sed	310	940	1,560	3,510	5,460	7,800
GL 4d Sed Turbo	320	960	1,600	3,600	5,600	8,000
4d Sed Turbo	310	940	1,560	3,510	5,460	7,800
GL 4d Sta Wag	310	940	1,560	3,510	5,460	7,800
S 4d Sta Wag	320	950	1,580	3,560	5,530	7,900
S 4d Sta Wag Turbodiesel	310	920	1,540	3,470	5,390	7,700
4d Sta Wag Turbo	320	960	1,600	3,600	5,600	8,000
1987 505						
GL 4d Sed	300	910	1,520	3,420	5,320	7,600
GLS 4d Sed	310	940	1,560	3,510	5,460	7,800
4d Sed Turbo	310	940	1,560	3,510	5,460	7,800
S 4d Sed Turbo	320	960	1,600	3,600	5,600	8,000
STI 4d Sed	320	970	1,620	3,650	5,670	8,100
STI 4d Sed V-6	320	950	1,580	3,560	5,530	7,900
STX 4d Sed V-6	320	960	1,600	3,600	5,600	8,000
Lib. 4d Sed	320	970	1,620	3,650	5,670	8,100
Lib. 4d Sta Wag	320	950	1,580	3,560	5,530	7,900
4d Sta Wag Turbo	320	960	1,600	3,600	5,600	8,000
S 4d Sta Wag Turbo	320	970	1,620	3,650	5,670	8,100
1988 505						
DL 4d Sed	320	950	1,580	3,560	5,530	7,900
GLS 4d Sed	320	960	1,600	3,600	5,600	8,000
S 4d Sed Turbo	320	970	1,620	3,650	5,670	8,100
STI 4d Sed	320	950	1,580	3,560	5,530	7,900
GLX 4d Sed V-6	330	980	1,640	3,690	5,740	8,200
STX 4d Sed V-6	330	980	1,640	3,690	5,740	8,200
DL 4d Sta Wag	320	960	1,600	3,600	5,600	8,000
GLS 4d Sta Wag	320	970	1,620	3,650	5,670	8,100
SW8 4d Sta Wag	330	980	1,640	3,690	5,740	8,200
S 4d Sta Wag Turbo	330	1,000	1,660	3,740	5,810	8,300
1989 405						
DL 4d Sed	320	960	1,600	3,600	5,600	8,000
S 4d Sed	320	970	1,620	3,650	5,670	8,100
Mk 4d Sed	330	980	1,640	3,690	5,740	8,200
1989 505						
S 4d Sed	320	970	1,620	3,650	5,670	8,100
S 4d Sed V-6	330	1,000	1,660	3,740	5,810	8,300
STX 4d Sed V-6	340	1,010	1,680	3,780	5,880	8,400
4d Sed Turbo	340	1,020	1,700	3,830	5,950	8,500
DL 4d Sta Wag	340	1,010	1,680	3,780	5,880	8,400
SW8 4d Sta Wag	340	1,020	1,700	3,830	5,950	8,500
4d Sta Wag Turbo	350	1,040	1,740	3,920	6,090	8,700
SW8 4d Sta Wag Turbo	360	1,080	1,800	4,050	6,300	9,000
1990 405						
DL 4d Sed	340	1,010	1,680	3,780	5,880	8,400
DL 4d Sta Wag	350	1,040	1,740	3,920	6,090	8,700
S 4d Sta Wag	360	1,080	1,800	4,050	6,300	9,000
1991 405						
DL 4d Sed	220	660	1,100	2,480	3,850	5,500
S 4d Sed	240	720	1,200	2,700	4,200	6,000

	6	5	4	3	2	1
Mi 4d Sed 16V	260	780	1,300	2,930	4,550	6,500
DL 4d Sta Wag	330	980	1,640	3,690	5,740	8,200
S 4d Sta Wag	260	780	1,300	2,930	4,550	6,500
1991 505						
DL 4d Sta Wag	240	720	1,200	2,700	4,200	6,000
SW8 4d 2.2 Sta Wag	260	780	1,300	2,930	4,550	6,500
SW8 4d Turbo Sta Wag	300	900	1,500	3,380	5,250	7,500

PORSCHE

1950 Model 356, 40 hp, 1100cc
Cpe	1,500	4,550	7,600	17,100	26,600	38,000

1951 Model 356, 40 hp, 1100cc
Cpe	900	2,750	4,600	10,350	16,100	23,000
Cabr	1,200	3,600	6,000	13,500	21,000	30,000

1952 Model 356, 40 hp, 1100cc
Cpe	900	2,750	4,600	10,350	16,100	23,000
Cabr	1,440	4,320	7,200	16,200	25,200	36,000

1953 Model 356, 40 hp
Cpe	900	2,750	4,600	10,350	16,100	23,000
Cabr	1,440	4,320	7,200	16,200	25,200	36,000

1954 Model 356, 1.5 liter, 55 hp
Spds	2,700	8,050	13,400	30,150	46,900	67,000
Cpe	1,000	3,000	5,000	11,250	17,500	25,000
Cabr	1,450	4,300	7,200	16,200	25,200	36,000

1954 Model 356, 1.5 liter, Super
Spds	2,800	8,400	14,000	31,500	49,000	70,000
Cpe	1,100	3,350	5,600	12,600	19,600	28,000
Cabr	1,550	4,700	7,800	17,550	27,300	39,000

1955 Model 356, 4-cyl., 55 hp
Spds	2,700	8,050	13,400	30,150	46,900	67,000
Cpe	1,000	3,000	5,000	11,250	17,500	25,000
Cabr	1,550	4,700	7,800	17,550	27,300	39,000

1955 Model 356, Super, 1.5 liter, 70 hp
Spds	3,100	9,250	15,400	34,650	53,900	77,000
Cpe	1,050	3,100	5,200	11,700	18,200	26,000
Cabr	1,650	4,900	8,200	18,450	28,700	41,000

1956 Model 356A, Normal, 1.6 liter, 60 hp
Spds	2,550	7,700	12,800	28,800	44,800	64,000
Cpe	1,100	3,250	5,400	12,150	18,900	27,000
Cabr	1,550	4,700	7,800	17,550	27,300	39,000

1956 Model 356A, Super, 1.6 liter, 75 hp
Spds	3,100	9,250	15,400	34,650	53,900	77,000
Cpe	1,100	3,350	5,600	12,600	19,600	28,000
Cabr	1,700	5,150	8,600	19,350	30,100	43,000

1956 Model 356A, Carrera, 1.5 liter, 100 hp
Spds	5,700	17,000	28,400	63,900	99,500	142,000
Cpe	2,650	7,900	13,200	29,700	46,200	66,000
Cabr	2,900	8,650	14,400	32,400	50,400	72,000

1957 Model 356A, Normal, 1.6 liter, 60 hp
Spds	2,600	7,800	13,000	29,250	45,500	65,000
Cpe	1,100	3,350	5,600	12,600	19,600	28,000
Cabr	1,550	4,700	7,800	17,550	27,300	39,000

1957 Model 356A, Super, 1.6 liter, 75 hp
Spds	3,500	10,400	17,400	39,150	61,000	87,000
Cpe	1,100	3,350	5,600	12,600	19,600	28,000
Cabr	1,700	5,150	8,600	19,350	30,100	43,000

1957 Model 356A, Carrera, 1.5 liter, 100 hp
Spds	5,700	17,000	28,400	63,900	99,500	142,000
Cpe	2,650	7,900	13,200	29,700	46,200	66,000
Cabr	2,900	8,650	14,400	32,400	50,400	72,000

1958 Model 356A, Normal, 1.6 liter, 60 hp
Spds	2,600	7,800	13,000	29,250	45,500	65,000
Cpe	1,100	3,250	5,400	12,150	18,900	27,000
Cabr	1,550	4,700	7,800	17,550	27,300	39,000
HT	1,250	3,700	6,200	13,950	21,700	31,000

1958 Model 356A, Super, 1.6 liter, 75 hp
Spds	3,500	10,400	17,400	39,150	61,000	87,000
Cpe	1,100	3,350	5,600	12,600	19,600	28,000
HT	1,750	5,300	8,800	19,800	30,800	44,000
Cabr	1,700	5,150	8,600	19,350	30,100	43,000

1958 Model 356A, Carrera, 1.5 liter, 100 hp
Spds	5,700	17,000	28,400	63,900	99,500	142,000

	6	5	4	3	2	1
Cpe	2,650	7,900	13,200	29,700	46,200	66,000
HT	2,650	7,900	13,200	29,700	46,200	66,000
Cabr	3,700	11,000	18,400	41,400	64,500	92,000
1959 Model 356A, Normal, 60 hp						
Cpe	950	2,900	4,800	10,800	16,800	24,000
Cpe/HT	1,150	3,500	5,800	13,050	20,300	29,000
Conv D	1,200	3,600	6,000	13,500	21,000	30,000
Cabr	1,250	3,700	6,200	13,950	21,700	31,000
1959 Model 356A, Super, 75 hp						
Cpe	1,100	3,350	5,600	12,600	19,600	28,000
Cpe/HT	1,250	3,700	6,200	13,950	21,700	31,000
Conv D	1,300	3,850	6,400	14,400	22,400	32,000
Cabr	1,300	3,950	6,600	14,850	23,100	33,000
1959 Model 356A, Carrera, 1.6 liter, 105 hp						
Cpe	2,650	7,900	13,200	29,700	46,200	66,000
Cpe/HT	2,650	7,900	13,200	29,700	46,200	66,000
Cabr	3,700	11,000	18,400	41,400	64,500	92,000
1960 Model 356B, Normal, 1.6 liter, 60 hp						
Cpe	1,100	3,250	5,400	12,150	18,900	27,000
HT	1,250	3,700	6,200	13,950	21,700	31,000
Rds	1,450	4,300	7,200	16,200	25,200	36,000
Cabr	1,500	4,450	7,400	16,650	25,900	37,000
1960 Model 356B, Super, 1.6 liter, 75 hp						
Cpe	1,100	3,350	5,600	12,600	19,600	28,000
HT	1,300	3,850	6,400	14,400	22,400	32,000
Rds	1,500	4,450	7,400	16,650	25,900	37,000
Cabr	1,500	4,550	7,600	17,100	26,600	38,000
1960 Model 356B, Super 90, 1.6 liter, 90 hp						
Cpe	1,200	3,600	6,000	13,500	21,000	30,000
HT	1,350	4,100	6,800	15,300	23,800	34,000
Rds	1,550	4,700	7,800	17,550	27,300	39,000
Cabr	1,600	4,800	8,000	18,000	28,000	40,000
1961 Model 356B, Normal, 1.6 liter, 60 hp						
Cpe	1,100	3,250	5,400	12,150	18,900	27,000
HT	1,250	3,700	6,200	13,950	21,700	31,000
Rds	1,450	4,300	7,200	16,200	25,200	36,000
Cabr	1,500	4,450	7,400	16,650	25,900	37,000
1961 Model 356B, Super 90, 1.6 liter, 90 hp						
Cpe	1,150	3,500	5,800	13,050	20,300	29,000
HT	1,300	3,950	6,600	14,850	23,100	33,000
Rds	1,550	4,700	7,800	17,550	27,300	39,000
Cabr	1,600	4,800	8,000	18,000	28,000	40,000
1961 Model 356B, Carrera, 2.0 liter, 130 hp						
Cpe	3,300	9,850	16,400	36,900	57,400	82,000
Rds	3,700	11,000	18,400	41,400	64,500	92,000
Cabr	4,900	14,600	24,400	54,900	85,500	122,000
1962 Model 356B, Normal, 1.6 liter, 60 hp						
Cpe	1,100	3,250	5,400	12,150	18,900	27,000
HT	1,250	3,700	6,200	13,950	21,700	31,000
1962 Model 356B, Super 90, 1.6 liter, 90 hp						
Cpe	1,100	3,350	5,600	12,600	19,600	28,000
HT	1,300	3,850	6,400	14,400	22,400	32,000
Rds	1,500	4,450	7,400	16,650	25,900	37,000
Cabr	1,500	4,550	7,600	17,100	26,600	38,000
1962 Model 356B, Carrera 2, 2.0 liter, 130 hp						
Cpe	3,300	9,850	16,400	36,900	57,400	82,000
Rds	3,700	11,000	18,400	41,400	64,500	92,000
Cabr	4,900	14,600	24,400	54,900	85,500	122,000
1963 Model 356C, Standard, 1.6 liter, 75 hp						
Cpe	950	2,900	4,800	10,800	16,800	24,000
Cabr	1,300	3,850	6,400	14,400	22,400	32,000
1963 Model 356C, SC, 1.6 liter, 95 hp						
Cpe	1,050	3,100	5,200	11,700	18,200	26,000
Cabr	1,300	3,950	6,600	14,850	23,100	33,000
1963 Model 356C, Carrera 2, 2.0 liter, 130 hp						
Cpe	3,300	9,850	16,400	36,900	57,400	82,000
Cabr	4,900	14,600	24,400	54,900	85,500	122,000
1964 Model 356C, Normal, 1.6 liter, 75 hp						
Cpe	950	2,900	4,800	10,800	16,800	24,000
Cabr	1,300	3,850	6,400	14,400	22,400	32,000
1964 Model 356C, SC, 1.6 liter, 95 hp						
Cpe	1,050	3,100	5,200	11,700	18,200	26,000
Cabr	1,350	4,100	6,800	15,300	23,800	34,000

	6	5	4	3	2	1
1964 Model 356C, Carrera 2, 2.0 liter, 130 hp						
Cpe	3,300	9,850	16,400	36,900	57,400	82,000
Cabr	4,900	14,600	24,400	54,900	85,500	122,000
1965 Model 356C, 1.6 liter, 75 hp						
Cpe	1,000	3,000	5,000	11,250	17,500	25,000
Cabr	1,300	3,850	6,400	14,400	22,400	32,000
1965 Model 356SC, 1.6 liter, 95 hp						
Cpe	1,050	3,100	5,200	11,700	18,200	26,000
Cabr	1,300	3,950	6,600	14,850	23,100	33,000
1966 Model 912, 4-cyl., 90 hp						
Cpe	900	2,750	4,600	10,350	16,100	23,000
1966 Model 911, 6-cyl., 130 hp						
Cpe	1,000	3,000	5,000	11,250	17,500	25,000
1967 Model 912, 4-cyl., 90 hp						
Cpe	900	2,750	4,600	10,350	16,100	23,000
Targa	1,000	3,000	5,000	11,250	17,500	25,000
1967 Model 911, 6-cyl., 110 hp						
Cpe	1,000	3,000	5,000	11,250	17,500	25,000
Targa	1,100	3,250	5,400	12,150	18,900	27,000
1967 Model 911S, 6-cyl., 160 hp						
Cpe	1,150	3,500	5,800	13,050	20,300	29,000
Targa	1,200	3,600	6,000	13,500	21,000	30,000
1968 Model 912, 4-cyl., 90 hp						
Cpe	950	2,900	4,800	10,800	16,800	24,000
Targa	1,050	3,100	5,200	11,700	18,200	26,000
1968 Model 911, 6-cyl., 130 hp						
Cpe	1,100	3,250	5,400	12,150	18,900	27,000
Targa	1,100	3,350	5,600	12,600	19,600	28,000
1968 Model 911L, 6-cyl., 130 hp						
Cpe	1,100	3,350	5,600	12,600	19,600	28,000
Targa	1,150	3,500	5,800	13,050	20,300	29,000
1968 Model 911S, 6-cyl., 160 hp						
Cpe	1,200	3,600	6,000	13,500	21,000	30,000
Targa	1,300	3,850	6,400	14,400	22,400	32,000
1969 Model 912, 4-cyl., 90 hp						
Cpe	950	2,900	4,800	10,800	16,800	24,000
Targa	1,000	3,000	5,000	11,250	17,500	25,000
1969 Model 911T, 6-cyl., 110 hp						
Cpe	1,100	3,250	5,400	12,150	18,900	27,000
Targa	1,150	3,500	5,800	13,050	20,300	29,000
1969 Model 911E, 6-cyl., 140 hp						
Cpe	1,100	3,250	5,400	12,150	18,900	27,000
Targa	1,150	3,500	5,800	13,050	20,300	29,000
1969 Model 911S, 6-cyl., 170 hp						
Cpe	1,200	3,600	6,000	13,500	21,000	30,000
Targa	1,300	3,850	6,400	14,400	22,400	32,000
1970 Model 914, 4-cyl., 1.7 liter, 80 hp						
Cpe/Targa	900	2,650	4,400	9,900	15,400	22,000
1970 Model 914/6, 6-cyl., 2.0 liter, 110 hp						
Cpe/Targa	950	2,900	4,800	10,800	16,800	24,000
1970 Model 911T, 6-cyl., 125 hp						
Cpe	1,000	3,000	5,000	11,250	17,500	25,000
Targa	1,100	3,250	5,400	12,150	18,900	27,000
1970 Model 911E, 6-cyl., 155 hp						
Cpe	1,050	3,100	5,200	11,700	18,200	26,000
Targa	1,100	3,350	5,600	12,600	19,600	28,000
1970 Model 911S, 6-cyl., 180 hp						
Cpe	1,200	3,600	6,000	13,500	21,000	30,000
Targa	1,300	3,950	6,600	14,850	23,100	33,000
1971 Model 914, 4-cyl., 1.7 liter, 80 hp						
Cpe/Targa	900	2,650	4,400	9,900	15,400	22,000
1971 Model 914/6, 6-cyl., 2.0 liter, 110 hp						
Cpe/Targa	950	2,900	4,800	10,800	16,800	24,000
1971 Model 911T, 6-cyl., 125 hp						
Cpe	1,000	3,000	5,000	11,250	17,500	25,000
Targa	1,100	3,250	5,400	12,150	18,900	27,000
1971 Model 911E, 6-cyl., 155 hp						
Cpe	1,050	3,100	5,200	11,700	18,200	26,000
Targa	1,100	3,350	5,600	12,600	19,600	28,000
1971 Model 911S, 6-cyl., 180 hp						
Cpe	1,300	3,850	6,400	14,400	22,400	32,000
Targa	1,400	4,200	7,000	15,750	24,500	35,000

	6	5	4	3	2	1
1972 Model 914, 4-cyl., 1.7 liter, 80 hp						
Cpe/Targa	900	2,650	4,400	9,900	15,400	22,000
1972 Model 911T, 6-cyl., 130 hp						
Cpe	1,000	3,000	5,000	11,250	17,500	25,000
Targa	1,100	3,250	5,400	12,150	18,900	27,000
1972 Model 911E, 6-cyl., 165 hp						
Cpe	950	2,900	4,800	10,800	16,800	24,000
Targa	1,100	3,250	5,400	12,150	18,900	27,000
1972 Model 911S, 6-cyl., 190 hp						
Cpe	1,200	3,600	6,000	13,500	21,000	30,000
Targa	1,300	3,950	6,600	14,850	23,100	33,000
1973 Model 914, 4-cyl., 1.8 liter, 76 hp						
Cpe/Targa	900	2,650	4,400	9,900	15,400	22,000
1973 Model 914, 4-cyl., 2.0 liter, 95 hp						
Cpe/Targa	950	2,900	4,800	10,800	16,800	24,000
1973 Model 911T, 6-cyl., 140 hp						
Cpe	1,050	3,100	5,200	11,700	18,200	26,000
Targa	1,100	3,350	5,600	12,600	19,600	28,000
1973 Model 911E, 6-cyl., 165 hp						
Cpe	1,050	3,100	5,200	11,700	18,200	26,000
Targa	1,100	3,350	5,600	12,600	19,600	28,000
1973 Model 911S, 6-cyl., 190 hp						
Cpe	1,200	3,600	6,000	13,500	21,000	30,000
Targa	1,300	3,950	6,600	14,850	23,100	33,000
1974 Model 914, 4-cyl., 1.8 liter, 76 hp						
Cpe/Targa	900	2,650	4,400	9,900	15,400	22,000
1974 Model 914, 4-cyl., 2 liter, 95 hp						
Cpe/Targa	950	2,900	4,800	10,800	16,800	24,000
1974 Model 911, 6-cyl., 150 hp						
Cpe	1,100	3,250	5,400	12,150	18,900	27,000
Targa	1,150	3,500	5,800	13,050	20,300	29,000
1974 Model 911S, 6-cyl., 175 hp						
Cpe	1,150	3,500	5,800	13,050	20,300	29,000
Targa	1,250	3,700	6,200	13,950	21,700	31,000
1974 Model 911 Carrera, 6-cyl., 175 hp						
Cpe	1,350	4,100	6,800	15,300	23,800	34,000
Targa	1,450	4,300	7,200	16,200	25,200	36,000
NOTE: Add 10 percent for RS. Add 20 percent for RSR.						
1975 Model 914, 4-cyl., 1.8 liter, 76 hp						
Cpe/Targa	750	2,300	3,800	8,550	13,300	19,000
1975 Model 914, 4-cyl., 2 liter, 95 hp						
Cpe/Targa	800	2,400	4,000	9,000	14,000	20,000
1975 Model 911S, 6-cyl., 175 hp						
Cpe	1,100	3,350	5,600	12,600	19,600	28,000
Targa	1,150	3,500	5,800	13,050	20,300	29,000
1975 Model 911 Carrera, 6-cyl., 210 hp						
Cpe	1,300	3,950	6,600	14,850	23,100	33,000
Targa	1,400	4,200	7,000	15,750	24,500	35,000
1976 Model 914, 4-cyl., 2 liter, 95 hp						
Cpe/Targa	800	2,400	4,000	9,000	14,000	20,000
1976 Model 912E, 4-cyl., 90 hp						
Cpe	1,000	3,000	5,000	11,250	17,500	25,000
1976 Model 911S, 6-cyl., 165 hp						
Cpe	1,100	3,350	5,600	12,600	19,600	28,000
Cpe 3.0	1,750	5,200	8,700	19,580	30,400	43,500
Targa	1,200	3,600	6,000	13,500	21,000	30,000
1976 Model 930, Turbo & T. Carrera						
Cpe	1,700	5,050	8,400	18,900	29,400	42,000
1977 Model 924, 4-cyl., 95 hp						
Cpe	800	2,400	4,000	9,000	14,000	20,000
1977 Model 911S, 6-cyl., 165 hp						
Cpe	1,050	3,100	5,200	11,700	18,200	26,000
Targa	1,100	3,350	5,600	12,600	19,600	28,000
Targa 3.0 (200 hp)	1,750	5,200	8,700	19,580	30,400	43,500
1977 Model 930 Turbo, 6-cyl., 245 hp						
Cpe	1,700	5,050	8,400	18,900	29,400	42,000
1978 Model 924						
Cpe	800	2,400	4,000	9,000	14,000	20,000
1978 Model 911SC						
Cpe	1,100	3,250	5,400	12,150	18,900	27,000
Cpe Targa	1,100	3,350	5,600	12,600	19,600	28,000

	6	5	4	3	2	1
1978 Model 928						
Cpe	1,200	3,600	6,000	13,500	21,000	30,000
1978 Model 930						
Cpe	1,700	5,050	8,400	18,900	29,400	42,000
1979 Model 924						
Cpe	750	2,300	3,800	8,550	13,300	19,000
1979 Model 911SC						
Cpe	1,050	3,100	5,200	11,700	18,200	26,000
Targa	1,100	3,350	5,600	12,600	19,600	28,000
1979 Model 930						
Cpe	1,650	4,900	8,200	18,450	28,700	41,000
1979 Model 928						
Cpe	1,700	5,050	8,400	18,900	29,400	42,000
1980 Model 924						
Cpe	750	2,300	3,800	8,550	13,300	19,000
Cpe Turbo	900	2,650	4,400	9,900	15,400	22,000
1980 Model 911SC						
Cpe	1,100	3,350	5,600	12,600	19,600	28,000
Cpe Targa	1,150	3,500	5,800	13,050	20,300	29,000
1980 Model 928						
Cpe	1,250	3,700	6,200	13,950	21,700	31,000
1981 Model 924						
Cpe	700	2,150	3,600	8,100	12,600	18,000
Cpe Turbo	800	2,400	4,000	9,000	14,000	20,000
1981 Model 911SC						
Cpe	1,100	3,250	5,400	12,150	18,900	27,000
Cpe Targa	1,100	3,350	5,600	12,600	19,600	28,000
1981 Model 928						
Cpe	1,300	3,850	6,400	14,400	22,400	32,000
1982 Model 924						
Cpe	700	2,050	3,400	7,650	11,900	17,000
Cpe Turbo	750	2,300	3,800	8,550	13,300	19,000
1982 Model 911SC						
Cpe	1,000	3,000	5,000	11,250	17,500	25,000
Cpe Targa	1,050	3,100	5,200	11,700	18,200	26,000
1982 Model 928						
Cpe	1,300	3,850	6,400	14,400	22,400	32,000
1983 Model 944						
Cpe	700	2,050	3,400	7,650	11,900	17,000
1983 Model 911SC						
Cpe	1,000	3,000	5,000	11,250	17,500	25,000
Cpe Targa	1,050	3,100	5,200	11,700	18,200	26,000
Conv	1,100	3,350	5,600	12,600	19,600	28,000
1983 Model 928						
Cpe	1,350	4,100	6,800	15,300	23,800	34,000
1984 Model 944						
2d Cpe	700	2,050	3,400	7,650	11,900	17,000
1984 Model 911						
2d Cpe	1,000	3,000	5,000	11,250	17,500	25,000
2d Cpe Targa	1,100	3,350	5,600	12,600	19,600	28,000
2d Conv	1,250	3,700	6,200	13,950	21,700	31,000
1984 Model 928S						
Cpe	1,350	4,100	6,800	15,300	23,800	34,000
1985 Model 944						
2d Cpe	700	2,150	3,600	8,100	12,600	18,000
1985 Model 911						
Carrera 2d Cpe	1,100	3,250	5,400	12,150	18,900	27,000
Carrera 2d Conv	1,300	3,950	6,600	14,850	23,100	33,000
Targa 2d Cpe	1,200	3,600	6,000	13,500	21,000	30,000
1985 Model 928S						
2d Cpe	1,400	4,200	7,000	15,750	24,500	35,000
1986 Model 944						
2d Cpe	750	2,300	3,800	8,550	13,300	19,000
Turbo 2d Cpe	800	2,400	4,000	9,000	14,000	20,000
1986 Model 911 Carrera						
2d Cpe	1,450	4,300	7,200	16,200	25,200	36,000
2d Conv	1,700	5,050	8,400	18,900	29,400	42,000
2d Cpe Targa	1,500	4,550	7,600	17,100	26,600	38,000
2d Cpe Turbo	2,050	6,100	10,200	22,950	35,700	51,000
1986 Model 928S						
2d Cpe	1,400	4,200	7,000	15,750	24,500	35,000

	6	5	4	3	2	1
1987 Model 924S						
2d Cpe	750	2,300	3,800	8,550	13,300	19,000
1987 Model 928S4						
2d Cpe	2,000	6,000	10,000	22,500	35,000	50,000
1987 Model 944						
2d Cpe	900	2,650	4,400	9,900	15,400	22,000
2d Cpe Turbo	950	2,900	4,800	10,800	16,800	24,000
1987 Model 944S						
2d Cpe	900	2,750	4,600	10,350	16,100	23,000
1987 Model 911 Carrera						
2d Cpe	1,450	4,300	7,200	16,200	25,200	36,000
2d Cpe Targa	1,500	4,550	7,600	17,100	26,600	38,000
2d Conv	1,700	5,050	8,400	18,900	29,400	42,000
2d Turbo	2,050	6,100	10,200	22,950	35,700	51,000
1988 Porsche						
2d 924S Cpe	900	2,650	4,400	9,900	15,400	22,000
2d 944 Cpe	950	2,900	4,800	10,800	16,800	24,000
2d 944S Cpe	1,000	3,000	5,000	11,250	17,500	25,000
2d 944 Cpe Turbo	1,050	3,100	5,200	11,700	18,200	26,000
2d 911 Cpe Carrera	1,720	5,160	8,600	19,350	30,100	43,000
2d 911 Cpe Targa	1,750	5,300	8,800	19,800	30,800	44,000
2d 911 Conv	1,900	5,650	9,400	21,150	32,900	47,000
2d 928S4 Cpe	1,300	3,950	6,600	14,850	23,100	33,000
2d 911 Turbo Conv	2,440	7,320	12,200	27,450	42,700	61,000
1989 Model 944						
2d Cpe	1,000	3,000	5,000	11,250	17,500	25,000
2d Cpe (Turbo)	1,100	3,250	5,400	12,150	18,900	27,000
2d S2 Cpe	1,150	3,500	5,800	13,050	20,300	29,000
2d S2 Conv	1,400	4,200	7,000	15,750	24,500	35,000
1989 Model 911						
2d Carrera	1,600	4,800	8,000	18,000	28,000	40,000
2d Targa	1,650	4,900	8,200	18,450	28,700	41,000
2d Conv	1,900	5,750	9,600	21,600	33,600	48,000
2d Conv Turbo	2,450	7,300	12,200	27,450	42,700	61,000
1989 Model 928						
2d Cpe	1,300	3,950	6,600	14,850	23,100	33,000
1990 Model 944S						
2d Cpe	950	2,900	4,800	10,800	16,800	24,000
2d Conv	1,100	3,250	5,400	12,150	18,900	27,000
1990 Model 911						
2d Carrera Cpe 2P	1,500	4,550	7,600	17,100	26,600	38,000
2d Targa Cpe 2P	1,550	4,700	7,800	17,550	27,300	39,000
2d Carrera Conv 2P	1,840	5,520	9,200	20,700	32,200	46,000
2d Carrera Cpe 4P	1,700	5,050	8,400	18,900	29,400	42,000
2d Targa Cpe 4P	1,700	5,150	8,600	19,350	30,100	43,000
2d Carrera Conv 4P	1,920	5,760	9,600	21,600	33,600	48,000
1990 Model 928S						
2d Cpe	1,300	3,850	6,400	14,400	22,400	32,000
1991 Model 944S						
2d Cpe 2P	1,000	3,000	5,000	11,250	17,500	25,000
2d Conv 2P	1,100	3,350	5,600	12,600	19,600	28,000
1991 Model 911						
2d Carrera 2P	1,650	4,900	8,200	18,450	28,700	41,000
2d Carrera Targa 2P	1,680	5,040	8,400	18,900	29,400	42,000
2d Carrera Conv 2P	1,920	5,760	9,600	21,600	33,600	48,000
2d Carrera 4P	1,800	5,400	9,000	20,250	31,500	45,000
2d Carrera Targa 4P	1,840	5,520	9,200	20,700	32,200	46,000
2d Carrera Conv 4P	2,040	6,120	10,200	22,950	35,700	51,000
2d Turbo Cpe	2,150	6,500	10,800	24,300	37,800	54,000
1991 Model 928S						
2d Cpe 4P	1,250	3,700	6,200	13,950	21,700	31,000
1992 968, 4-cyl.						
2d Cpe	1,200	3,600	6,000	13,500	21,000	30,000
2d Conv	1,400	4,200	7,000	15,750	24,500	35,000
1992 911, 6-cyl.						
2d Cpe 2P	1,850	5,500	9,200	20,700	32,200	46,000
2d Targa Cpe 2P	1,900	5,650	9,400	21,150	32,900	47,000
2d Conv 2P	2,050	6,100	10,200	22,950	35,700	51,000
2d Cpe 4P	1,900	5,750	9,600	21,600	33,600	48,000
2d Targa Cpe 4P	1,950	5,900	9,800	22,050	34,300	49,000
2d Conv 4P	2,150	6,500	10,800	24,300	37,800	54,000
2d Turbo Cpe	2,450	7,300	12,200	27,450	42,700	61,000

	6	5	4	3	2	1
1993 968, 4-cyl.						
2d Cpe	1,250	3,700	6,200	13,950	21,700	31,000
2d Conv	1,450	4,300	7,200	16,200	25,200	36,000
1993 911, 6-cyl.						
2d Carrera	1,900	5,750	9,600	21,600	33,600	48,000
2d Carrera Targa	2,100	6,250	10,400	23,400	36,400	52,000
2d Carrera Cabrio	2,150	6,500	10,800	24,300	37,800	54,000
2d Carrera	2,250	6,700	11,200	25,200	39,200	56,000
2d Carrera Turbo	2,700	8,050	13,400	30,150	46,900	67,000
1993 928 GTS, V-8						
2d Cpe	2,100	6,250	10,400	23,400	36,400	52,000
1994 968, 4-cyl.						
2d Cpe	900	2,650	4,400	9,900	15,400	22,000
2d Conv	1,100	3,250	5,400	12,150	18,900	27,000
1994 911, 6-cyl.						
2d Cpe Carrera	1,600	4,800	8,000	18,000	28,000	40,000
2d Cpe Carrera Targa	1,680	5,040	8,400	18,900	29,400	42,000
2d Cpe Carrera Conv	1,760	5,280	8,800	19,800	30,800	44,000
2d Cpe Carrera	1,700	5,050	8,400	18,900	29,400	42,000
2d Cpe Carrera Targa	1,720	5,160	8,600	19,350	30,100	43,000
2d Cpe Carrera Conv	1,880	5,640	9,400	21,150	32,900	47,000
1994 928 GTS, V-8						
2d Cpe	1,500	4,450	7,400	16,650	25,900	37,000
1995 968, 4-cyl.						
2d Cpe	900	2,650	4,400	9,900	15,400	22,000
2d Conv	1,100	3,250	5,400	12,150	18,900	27,000
1995 911, 6-cyl.						
2d Cpe Carrera 2	1,600	4,800	8,000	18,000	28,000	40,000
2d Cpe Carrera 2 Conv	1,760	5,280	8,800	19,800	30,800	44,000
2d Cpe Carrera 4	1,700	5,050	8,400	18,900	29,400	42,000
2d Cpe Carrera 4 Conv	1,880	5,640	9,400	21,150	32,900	47,000
1995 928GTS, V-8						
2d Cpe	1,500	4,450	7,400	16,650	25,900	37,000
1996 911, 6-cyl.						
2d Cpe Carrera 2	1,500	4,550	7,600	17,100	26,600	38,000
2d Cpe Carrera 2 Conv	1,680	5,040	8,400	18,900	29,400	42,000
2d Cpe Carrera 4	1,600	4,800	8,000	18,000	28,000	40,000
2d Cpe Carrera 4S	1,700	5,150	8,600	19,350	30,100	43,000
2d Cpe Carrera 4 Conv	1,800	5,400	9,000	20,250	31,500	45,000
2d Targa Cpe	1,650	4,900	8,200	18,450	28,700	41,000
2d Turbo Cpe 4x4	3,000	9,000	15,000	33,750	52,500	75,000
1997 911, 6-cyl.						
2d Cpe Carrera 2	1,520	4,560	7,600	17,100	26,600	38,000
2d Cpe Carrera 2 Conv	1,680	5,040	8,400	18,900	29,400	42,000
2d Cpe Carrera 4	1,600	4,800	8,000	18,000	28,000	40,000
2d Cpe Carrera 4S	1,720	5,160	8,600	19,350	30,100	43,000
2d Cpe Carrera 4 Conv	1,800	5,400	9,000	20,250	31,500	45,000
2d Targa Cpe	1,640	4,920	8,200	18,450	28,700	41,000
2d Turbo Cpe 4x4	3,000	9,000	15,000	33,750	52,500	75,000
1997 Boxster, 6-cyl.						
2d Conv	880	2,640	4,400	9,900	15,400	22,000
NOTE: Add 5 percent for detachable HT.						
1998 911, 6-cyl.						
2d Cpe Carrera S	1,500	4,500	7,500	16,880	26,250	37,500
2d Conv Cpe Carrera 2	1,680	5,040	8,400	18,900	29,400	42,000
2d Cpe Carrera 4	1,600	4,800	8,000	18,000	28,000	40,000
2d Cpe Carrera 4S	1,720	5,160	8,600	19,350	30,100	43,000
2d Conv Cpe Carrera 4	1,800	5,400	9,000	20,250	31,500	45,000
2d Targa Cpe	1,640	4,920	8,200	18,450	28,700	41,000
1998 Boxster, 6-cyl.						
2d Conv	880	2,640	4,400	9,900	15,400	22,000
NOTE: Add 5 percent for detachable HT.						

RENAULT

	6	5	4	3	2	1
1946-48 Juvaquatre, 4-cyl., 760cc 4CV, 4-cyl., 760cc. 83" wb						
4d Sed	300	850	1,400	3,150	4,900	7,000
1949 4CV, 4-cyl., 760cc, 83" wb						
Std 4d Sed	300	850	1,400	3,150	4,900	7,000
Grande Luxe 4d Sed	280	840	1,400	3,150	4,900	7,000
1950 4CV, 4-cyl., 760cc, 83" wb						
Grande Luxe 4d Sed	280	840	1,400	3,150	4,900	7,000

	6	5	4	3	2	1
1951 4CV, Sliding Windows 4-cyl., 747cc, 83" wb						
R-1060 4d Sed	300	850	1,400	3,150	4,900	7,000
1951 4CV Luxe, Rolldown Windows						
R-1062 4d Sed	300	850	1,400	3,150	4,900	7,000
1951 4CV Super Grande Luxe, Rolldown Windows						
R-1062 4d Sed	300	850	1,400	3,150	4,900	7,000
R-1062 4d Conv	300	900	1,500	3,380	5,250	7,500
1952 4CV Luxe, 4-cyl., 747cc, 83" wb						
R-1062 4d Sed	300	850	1,400	3,150	4,900	7,000
1952 4CV Super Grande Luxe						
R-1062 4d Sed	300	850	1,400	3,150	4,900	7,000
R-1062 4d Conv	300	900	1,500	3,380	5,250	7,500
NOTE: All models had rollup windows.						
1953-54 4CV Luxe, Sport Line 4-cyl., 747cc, 83" wb						
R-1062 4d Sed	300	850	1,400	3,150	4,900	7,000
1953-54 4CV Super Grande Luxe, Sport Line 4-cyl., 747cc, 83" wb						
R-1062 4d Conv	300	900	1,500	3,380	5,250	7,500
1953-54 Fregate, 4-cyl., 1997cc, 110.25" wb						
R-1100 4d Sed	200	650	1,100	2,480	3,850	5,500
1955-56 4CV Luxe, Sport Line 4-cyl., 747cc, 82.7" wb						
R-1062 4d Sed	300	850	1,400	3,150	4,900	7,000
1955-56 4CV Super Grande Luxe 4-cyl., 747cc, 82.7" wb						
R-1062 4d Conv	300	900	1,500	3,380	5,250	7,500
1957-59 4CV, Sport Line 4-cyl., 747cc, 82.7" wb						
R-1062 4d Sed	300	850	1,400	3,150	4,900	7,000
1957-59 Dauphine, 4-cyl., 845cc, 89" wb						
R-1090 4d Sed	250	700	1,200	2,700	4,200	6,000
1960-62 4CV, 1960-61 4-cyl., 747cc, 83" wb						
R-1062 4d Sed	300	850	1,400	3,150	4,900	7,000
4d Sed S/R	300	850	1,400	3,150	4,900	7,000
1960-62 Dauphine, 4-cyl., 845cc, 89" wb						
R-1090 4d Sed	250	700	1,200	2,700	4,200	6,000
4d Sed S/R	250	700	1,200	2,700	4,200	6,000
1960-62 Gordini, 1961-62 4-cyl., 845cc, 89" wb						
R-1091A 4d Spt Sed	220	660	1,100	2,480	3,850	5,500
1960-62 Caravella R-1092, 4-cyl., 845cc, 89" wb						
2d Conv	350	1,000	1,700	3,830	5,950	8,500
2d Cpe	300	950	1,600	3,600	5,600	8,000
2d HdTp Conv	350	1,000	1,700	3,830	5,950	8,500
1963-66 Dauphine, 4-cyl., 845cc, 89" wb						
R-1090 4d Sed	250	700	1,200	2,700	4,200	6,000
1963-66 Caravella S, 1963, 4-cyl., 956cc, 89" wb						
R-1133 2d Conv	350	1,000	1,700	3,830	5,950	8,500
R-1131 2d Cpe	300	950	1,600	3,600	5,600	8,000
2d HT Cpe	350	1,000	1,700	3,830	5,950	8,500
1963-66 Caravella 1964-66, 4-cyl., 89" wb						
R-1133 2d Conv	350	1,000	1,700	3,830	5,950	8,500
R-1131 2d Cpe	300	950	1,600	3,600	5,600	8,000
1963-66 R8, 4-cyl., 956cc, 89" wb						
R-1130 4d Sed	200	650	1,100	2,480	3,850	5,500
1963-66 R8 1100, 1964-66, 4-cyl., 1108cc, 89" wb						
R-1132 4d Sed	200	650	1,100	2,480	3,850	5,500
1963-66 R8 Gordini, 1965-66, 4-cyl., 89" wb						
R-1134 4d Sed	250	700	1,200	2,700	4,200	6,000
1967-68 10, R-10, 4-cyl., 1108cc, 89" wb						
R-1190 4d Sed	200	650	1,100	2,480	3,850	5,500
1969-70 10, 1969 R-10, 4-cyl., 1108cc, 89" wb						
R-1190 4d Sed	200	650	1,100	2,480	3,850	5,500
1969-70 10, 1970 R-10, 4-cyl., 1289cc, 89" wb						
4d Sed	250	700	1,200	2,700	4,200	6,000
1969-70 16, 1970 R-16, 4-cyl., 1565cc, FWD, 105.8" wb						
R-1152 4d Sed Wag	260	780	1,300	2,930	4,550	6,500
1971-75 R-10, 1971 only, 4-cyl., 1289cc, 89" wb						
4d Sed	250	700	1,200	2,700	4,200	6,000
1971-75 R-12, 1972-up, 4-cyl., 1565cc, FWD, 96" wb						
4d Sed	250	800	1,300	2,930	4,550	6,500
4d Sta Wag	250	700	1,200	2,700	4,200	6,000
1971-75 R-15, 1972-up, 4-cyl., 1647cc, FWD, 96" wb						
2d Cpe	250	800	1,300	2,930	4,550	6,500

	6	5	4	3	2	1
1971-75 R-16, 1971-72 only, 4-cyl., 1565cc, FWD, 105.8" wb						
4d Sed	200	650	1,100	2,480	3,850	5,500
1971-75 R-17, 1972-up, 4-cyl., 1565cc-1647cc, FWD, 96" wb						
2d Spt Cpe	300	850	1,400	3,150	4,900	7,000
1976-80 R-5, 1976, 4-cyl., 1289cc, FWD, 94.6-95.8" wb						
R-5TL 2d HBk	200	650	1,100	2,480	3,850	5,500
R-5GTL 2d HBk	200	650	1,100	2,480	3,850	5,500
1976-80 LeCar, 1977-up, 4-cyl., 1289cc-1397cc, FWD						
TL 2d HBk	200	650	1,100	2,480	3,850	5,500
GTL 2d HBk	200	650	1,100	2,480	3,850	5,500
1976-80 R-12, 1976-77 only, 4-cyl., 1647cc, FWD, 96" wb						
TL 4d Sed	200	600	1,000	2,250	3,500	5,000
GTL 4d Sed	200	600	1,000	2,250	3,500	5,000
R-12 4d Sta Wag	200	650	1,050	2,390	3,700	5,300
1976-80 R-15, 1976 only, 4-cyl., 1647cc, FWD, 96" wb						
TL 2d Cpe	200	600	1,000	2,250	3,500	5,000
1976-80 R-17, 4-cyl., 1647cc, FWD, 96" wb						
TL 2d Cpe/Conv	250	800	1,300	2,930	4,550	6,500
Gordini 2d Cpe/Conv	280	840	1,400	3,150	4,900	7,000
1981 LeCar, 4-cyl., 1397cc, FWD, 95.2" wb						
2d HBk	200	650	1,100	2,480	3,850	5,500
1981 LeCar, 4-cyl, 95.2" wb, 1397cc, FWD						
DeL 2d HBk	200	650	1,100	2,480	3,850	5,500
DeL 4d HBk	200	650	1,100	2,480	3,850	5,500
1981 18i, 4-cyl., 1647cc, FWD, 96.1" wb						
4d Sed	200	650	1,100	2,480	3,850	5,500
4d Sta Wag	250	700	1,150	2,570	4,000	5,700
DeL 4d Sed	250	700	1,150	2,570	4,000	5,700
DeL 4d Sta Wag	250	700	1,200	2,660	4,150	5,900
1982 LeCar, 4-cyl., 1397cc, FWD, 95.2" wb						
2d HBk	200	650	1,100	2,480	3,850	5,500
DeL 2d HBk	250	700	1,150	2,570	4,000	5,700
DeL 4d HBk	250	700	1,150	2,570	4,000	5,700
1982 Fuego, 4-cyl., 1647cc, FWD, 96.1" wb						
2d Cpe	250	800	1,300	2,930	4,550	6,500
1982 18i, 4-cyl., 1647cc, FWD, 96.1" wb						
4d Sed	200	650	1,100	2,480	3,850	5,500
4d Sta Wag	250	700	1,150	2,570	4,000	5,700
DeL 4d Sed	250	700	1,150	2,570	4,000	5,700
DeL 4d Sta Wag	250	700	1,200	2,660	4,150	5,900
1983 LeCar, 4-cyl., 1397cc, FWD, 95.2" wb						
2d HBk	200	650	1,100	2,480	3,850	5,500
DeL 2d HBk	250	700	1,150	2,570	4,000	5,700
DeL 4d HBk	250	700	1,200	2,660	4,150	5,900
1983 Fuego, 4-cyl., 1647cc, FWD, 96.1" wb						
2d Cpe	250	800	1,300	2,930	4,550	6,500
1983 Fuego Turbo, 4-cyl., 1565cc, FWD, 96.1" wb						
2d Cpe	300	850	1,400	3,150	4,900	7,000
1983 18i, 4-cyl., 1647cc, FWD, 96.1" wb						
DeL 4d Sed	200	650	1,100	2,480	3,850	5,500
DeL 4d Sta Wag	250	700	1,150	2,570	4,000	5,700
1984 Fuego, 4-cyl., 2165cc, FWD, 96.1" wb						
2d Cpe	250	800	1,300	2,930	4,550	6,500
1984 Fuego Turbo, 4-cyl., 1565cc, FWD, 96.1" wb						
2d Cpe	300	850	1,400	3,150	4,900	7,000
1984 Sportwagon, 4-cyl., 2165cc, FWD, 96.1" wb						
4d Sta Wag	250	700	1,150	2,570	4,000	5,700
1985 Fuego, 4-cyl., 2165cc, FWD, 96.1" wb						
2d Cpe	300	850	1,400	3,150	4,900	7,000
1985 Sportwagon, 4-cyl., 2165cc, FWD, 96.1" wb						
4d Sta Wag	250	700	1,150	2,570	4,000	5,700

ROLLS-ROYCE

1947-51 6-cyl., 4257cc, 127" wb, 133" wb (1951), Silver Wraith Freestone & Webb	6	5	4	3	2	1
Cpe	2,520	7,560	12,600	28,350	44,100	63,000
Limo	2,000	6,000	10,000	22,500	35,000	50,000
Saloon	1,760	5,280	8,800	19,800	30,800	44,000
Spt Saloon	1,840	5,520	9,200	20,700	32,200	46,000

	6	5	4	3	2	1
1947-51 Hooper						
DHC	3,520	10,560	17,600	39,600	61,600	88,000
Treviot	2,000	6,000	10,000	22,500	35,000	50,000
Treviot II	2,040	6,120	10,200	22,950	35,700	51,000
Treviot III	2,080	6,240	10,400	23,400	36,400	52,000
1947-51 H.J. Mulliner						
Sedanca de Ville	3,120	9,360	15,600	35,100	54,600	78,000
Tr Limo	2,080	6,240	10,400	23,400	36,400	52,000
1947-51 Park Ward						
Saloon	1,920	5,760	9,600	21,600	33,600	48,000
1947-51 James Young						
Limo	2,080	6,240	10,400	23,400	36,400	52,000
Saloon	2,000	6,000	10,000	22,500	35,000	50,000
1949-51 6-cyl., 4257cc, 120" wb, Silver Dawn						
Std Steel Saloon	2,000	6,000	10,000	22,500	35,000	50,000
1949-51 Farina						
Spl Saloon	2,600	7,800	13,000	29,250	45,500	65,000
1949-51 Freestone & Webb						
Saloon	2,080	6,240	10,400	23,400	36,400	52,000
1949-51 Park Ward						
DHC	2,640	7,920	13,200	29,700	46,200	66,000
FHC	2,200	6,600	11,000	24,750	38,500	55,000
1950-56 8-cyl., 5675cc, 145" wb, Phantom IV						
Park Ward Limo	6,360	19,080	31,800	71,550	111,300	159,000
1951-52 6-cyl., 4566cc, 127" wb, Silver Wraith Freestone & Webb						
Cpe	2,080	6,240	10,400	23,400	36,400	52,000
1951-55 6-cyl., 4566cc, 127" wb, Silver Wraith Freestone & Webb						
Spt Saloon	2,080	6,240	10,400	23,400	36,400	52,000
1951-55 Hooper						
Tr Limo	1,920	5,760	9,600	21,600	33,600	48,000
1951-55 H.J. Mulliner						
Tr Limo	2,080	6,240	10,400	23,400	36,400	52,000
1951-55 Park Ward						
Limo	2,040	6,120	10,200	22,950	35,700	51,000
1951-55 6-cyl., 4566cc, 120" wb, Silver Dawn						
Std Steel Saloon	2,000	6,000	10,000	22,500	35,000	50,000
1951-55 Park Ward						
DHC	2,720	8,160	13,600	30,600	47,600	68,000
1955-59 6-cyl., 4887cc, 123" wb, 127" wb (after 1957), Silver Cloud						
Std Steel Saloon	1,920	5,760	9,600	21,600	33,600	48,000
1955-59 H.J. Mulliner						
DHC	3,600	10,800	18,000	40,500	63,000	90,000
1955-59 Park Ward						
Saloon, LWB	1,960	5,880	9,800	22,050	34,300	49,000
1955-59 James Young						
Saloon	2,400	7,200	12,000	27,000	42,000	60,000
NOTE: Deduct 30 percent for RHD.						
1955-59 6-cyl., 4887cc, 133" wb, Silver Wraith Hooper						
Limo, LWB	2,080	6,240	10,400	23,400	36,400	52,000
Saloon	2,000	6,000	10,000	22,500	35,000	50,000
1955-59 H.J. Mulliner						
Tr Limo	2,160	6,480	10,800	24,300	37,800	54,000
1955-59 Park Ward						
Limo	1,920	5,760	9,600	21,600	33,600	48,000
Saloon	1,880	5,640	9,400	21,150	32,900	47,000
NOTE: Deduct 30 percent for RHD.						
1959-62 V-8, 6230cc, 123" wb, 127" wb (after 1960), Silver Cloud II						
Std Steel Saloon	1,960	5,880	9,800	22,050	34,300	49,000
1959-62 H.J. Mulliner						
DHC	4,240	12,720	21,200	47,700	74,200	106,000
1959-62 Radford						
Countryman	2,200	6,600	11,000	24,750	38,500	55,000
1959-62 James Young						
Limo, LWB	2,640	7,920	13,200	29,700	46,200	66,000
NOTE: Deduct 30 percent for RHD.						
1960-68 V-8, 6230cc, 144" wb, Phantom V H.J. Mulliner-Park Ward						
Landaulette	6,360	19,080	31,800	71,550	111,300	159,000
Limo	2,960	8,880	14,800	33,300	51,800	74,000

1979 MGB convertible

1996 Mitsubishi Eclipse GS coupe

1983 Peugeot 505 STi sedan

	6	5	4	3	2	1
1960-68 Park Ward						
Limo	2,400	7,200	12,000	27,000	42,000	60,000
1960-68 James Young						
Limo	3,360	10,080	16,800	37,800	58,800	84,000
Sedanca de Ville	6,360	19,080	31,800	71,550	111,300	159,000
NOTE: Deduct 30 percent for RHD.						
1962-66 V-8, 6230cc, 123" wb, 127" wb, Silver Cloud III						
Std Steel Saloon	3,120	9,360	15,600	35,100	54,600	78,000
1962-66 H.J. Mulliner						
2d Saloon	2,360	7,080	11,800	26,550	41,300	59,000
DHC	5,280	15,840	26,400	59,400	92,400	132,000
Flying Spur	3,600	10,800	18,000	40,500	63,000	90,000
NOTE: Deduct 30 percent for RHD.						
1962-66 James Young						
4d Spt Saloon	1,960	5,880	9,800	22,050	34,300	49,000
Cpe	2,400	7,200	12,000	27,000	42,000	60,000
Tr Limo, SWB	2,720	8,160	13,600	30,600	47,600	68,000
Tr Limo, LWB	3,200	9,600	16,000	36,000	56,000	80,000
1962-66 Park Ward						
DHC	2,600	7,800	13,000	29,250	45,500	65,000
Limo, LWB	2,720	8,160	13,600	30,600	47,600	68,000
NOTE: Deduct 30 percent for RHD.						
1965-69 V-8, 6230cc, 119.5" wb, 123.5" wb, Silver Shadow						
Std Steel Saloon	1,920	5,760	9,600	21,600	33,600	48,000
LWB Saloon	2,040	6,120	10,200	22,950	35,700	51,000
1965-69 Mulliner-Park Ward						
2d Saloon	2,160	6,480	10,800	24,300	37,800	54,000
DHC	2,280	6,840	11,400	25,650	39,900	57,000
1965-69 James Young						
2d Saloon	2,160	6,480	10,800	24,300	37,800	54,000
NOTE: Deduct 30 percent for RHD.						
1968-77 V-8, 6230cc, 145" wb, Phantom VI						
Landau	4,000	12,000	20,000	45,000	70,000	100,000
Limo	3,600	10,800	18,000	40,500	63,000	90,000
1968-77 Mulliner-Park Ward						
Laudaulette	7,360	22,080	36,800	82,800	128,800	184,000
NOTE: Deduct 30 percent for RHD.						
1970-76 V-8, 6750cc, 119.5" wb, 123.5" wb, Silver Shadow						
Std Steel Saloon	2,040	6,120	10,200	22,950	35,700	51,000
1970-76 V-8, 6750cc, 119.5" wb, 123.5" wb Silver Shadow						
LWB Saloon	2,240	6,720	11,200	25,200	39,200	56,000
1970-76 Mulliner-Park Ward						
2d Saloon	2,480	7,440	12,400	27,900	43,400	62,000
DHC	2,880	8,640	14,400	32,400	50,400	72,000
NOTE: Deduct 30 percent for RHD.						
1971-77 V-8, 6750cc, 119" wb, Corniche						
2d Saloon	2,640	7,920	13,200	29,700	46,200	66,000
Conv	3,280	9,840	16,400	36,900	57,400	82,000
NOTE: Deduct 30 percent for RHD.						
1975-78 V-8, 6750cc, 108.5" wb						
Camarque	2,240	6,720	11,200	25,200	39,200	56,000
NOTE: Deduct 30 percent for RHD.						
1977-78 V-8, 6750cc, 120" wb						
Silver Shadow II	2,040	6,120	10,200	22,950	35,700	51,000
1977-78 V-8, 6750cc, 123.5" wb						
Silver Wraith II	2,240	6,720	11,200	25,200	39,200	56,000
NOTE: Add 10 percent for factory sunroof. Deduct 30 percent for RHD.						
1979 V-8, 6750cc, 123.5" wb						
4d Silver Spirit	2,550	7,700	12,800	28,800	44,800	64,000
4d Silver Spur	2,650	7,900	13,200	29,700	46,200	66,000
2d Conv Corniche	3,500	10,600	17,600	39,600	61,500	88,000
2d Camargue	2,600	7,800	13,000	29,250	45,500	65,000
4d Phantom VI	6,700	20,000	33,400	75,150	117,000	167,000
4d Silver Shadow	2,450	7,300	12,200	27,450	42,700	61,000
4d Silver Wraith	2,550	7,700	12,800	28,800	44,800	64,000
1980 V-8, 6750cc, 123.5" wb						
4d Silver Spirit	2,550	7,700	12,800	28,800	44,800	64,000
4d Silver Spur	2,650	7,900	13,200	29,700	46,200	66,000
2d Conv Corniche	3,500	10,600	17,600	39,600	61,500	88,000
2d Camarque	2,650	7,900	13,200	29,700	46,200	66,000

	6	5	4	3	2	1
4d Phantom VI	6,700	20,000	33,400	75,150	117,000	167,000
4d Silver Shadow	2,450	7,300	12,200	27,450	42,700	61,000
4d Silver Wraith	2,550	7,700	12,800	28,800	44,800	64,000
1981 V-8, 6750cc, 123.5" wb						
4d Silver Spirit	2,550	7,700	12,800	28,800	44,800	64,000
4d Silver Spur	2,650	7,900	13,200	29,700	46,200	66,000
2d Conv Corniche	3,500	10,600	17,600	39,600	61,500	88,000
2d Camarque	2,600	7,800	13,000	29,250	45,500	65,000
4d Phantom VI	6,700	20,000	33,400	75,150	117,000	167,000
1982 V-8, 6750cc, 123.5" wb						
4d Silver Spirit	2,500	7,550	12,600	28,350	44,100	63,000
4d Silver Spur	2,650	7,900	13,200	29,700	46,200	66,000
2d Conv Corniche	3,600	10,800	18,000	40,500	63,000	90,000
2d Camarque	2,550	7,700	12,800	28,800	44,800	64,000
4d Phantom VI	6,700	20,000	33,400	75,150	117,000	167,000
1983 V-8, 6750cc, 123.5" wb						
4d Silver Spirit	2,500	7,550	12,600	28,350	44,100	63,000
4d Silver Spur	2,650	7,900	13,200	29,700	46,200	66,000
2d Conv Corniche	3,600	10,800	18,000	40,500	63,000	90,000
2d Camarque	2,550	7,700	12,800	28,800	44,800	64,000
4d Phantom VI	6,700	20,000	33,400	75,150	117,000	167,000
1984 V-8, 6750cc, 123.5" wb						
4d Silver Spirit Sed	2,600	7,800	13,000	29,250	45,500	65,000
4d Silver Spur Sed	2,720	8,160	13,600	30,600	47,600	68,000
2d Camarque Cpe	2,700	8,150	13,600	30,600	47,600	68,000
2d Corniche Conv	3,750	11,300	18,800	42,300	66,000	94,000
1985 V-8, 6750cc, 123.5" wb						
4d Silver Spirit Sed	2,720	8,160	13,600	30,600	47,600	68,000
4d Silver Spur Sed	2,960	8,880	14,800	33,300	51,800	74,000
2d Camarque Cpe	2,950	8,900	14,800	33,300	51,800	74,000
2d Corniche Conv	4,000	12,000	20,000	45,000	70,000	100,000
1986 V-8, 6750cc, 123.5" wb						
4d Silver Spirit Sed	2,960	8,880	14,800	33,300	51,800	74,000
4d Silver Spur Sed	3,200	9,600	16,000	36,000	56,000	80,000
2d Camarque Cpe	3,200	9,600	16,000	36,000	56,000	80,000
2d Corniche Conv	4,100	12,200	20,400	45,900	71,500	102,000
1987 V-8, 6750cc, 123.5" wb						
4d Silver Spirit Sed	2,040	6,120	10,200	22,950	35,700	51,000
4d Silver Spur Sed	2,160	6,480	10,800	24,300	37,800	54,000
2d Camarque Cpe	3,700	11,000	18,400	41,400	64,500	92,000
2d Corniche Conv	5,300	15,800	26,400	59,400	92,500	132,000
4d Silver Spur Limo	4,880	14,640	24,400	54,900	85,400	122,000
1988 V-8, 6750cc, 123.5" wb						
4d Silver Spirit Sed	2,320	6,960	11,600	26,100	40,600	58,000
4d Silver Spur Sed	2,440	7,320	12,200	27,450	42,700	61,000
2d Corniche Conv	5,500	16,600	27,600	62,100	96,500	138,000
1989 V-8, 6750cc, 123.5" wb						
4d Silver Spirit Sed	2,520	7,560	12,600	28,350	44,100	63,000
4d Silver Spur Sed	2,640	7,920	13,200	29,700	46,200	66,000
2d Corniche Conv	5,600	16,800	28,000	63,000	98,000	140,000
1990 V-8, 6750cc, 123.5" wb						
4d Silver Spirit Sed	2,720	8,160	13,600	30,600	47,600	68,000
4d Silver Spur Sed	2,800	8,400	14,000	31,500	49,000	70,000
2d Corniche Conv	5,600	16,800	28,000	63,000	98,000	140,000
1991 Silver Spirit II						
4d Sed, SWB	2,900	8,650	14,400	32,400	50,400	72,000
4d Sed, LWB	3,100	9,350	15,600	35,100	54,600	78,000
1991 Corniche III						
2d Conv	5,700	17,000	28,400	63,900	99,500	142,000
1992 Silver Spirit, V-8						
4d Sed	3,100	9,350	15,600	35,100	54,600	78,000
1992 Silver Spur, V-8						
4d Sed	3,500	10,600	17,600	39,600	61,500	88,000
4d Limo	5,500	16,600	27,600	62,100	96,500	138,000
1992 Corniche IV, V-8						
2d Conv	5,900	17,600	29,400	66,150	103,000	147,000
1993 Silver Spur IV						
4d Sed	3,900	11,600	19,400	43,650	68,000	97,000
1993 Silver Spur						
4d Limo	5,700	17,000	28,400	63,900	99,500	142,000
1993 Corniche IV						
2d Conv	6,500	19,400	32,400	72,900	113,000	162,000

	6	5	4	3	2	1
1994 Corniche IV, V-8						
2d Conv	7,500	22,400	37,400	84,150	131,000	187,000
1994 Silver Spirit II, V-8						
4d Sed	3,950	11,900	19,800	44,550	69,500	99,000
1994 Silver Spur III, V-8						
4d Sed, LWB	4,050	12,100	20,200	45,450	70,500	101,000
4d Limo	7,300	21,800	36,400	81,900	127,000	182,000
1995 Corniche IV, V-8						
2d Conv	7,300	22,000	36,600	82,350	128,000	183,000
2d Conv, Turbo	10,200	30,600	51,000	114,750	179,000	255,000
1995 Silver Dawn, V-8						
4d Sed	2,900	8,750	14,600	32,850	51,100	73,000
1995 Silver Spur III, V-8						
4d Sed, LWB	3,900	11,600	19,400	43,650	68,000	97,000
4d Limo	7,100	21,400	35,600	80,100	125,000	178,000
1996 Silver Dawn, V-8						
4d Sed	3,000	9,000	15,000	33,750	52,500	75,000
1996 Silver Spur III, V-8						
4d Sed, LWB	3,950	11,900	19,800	44,550	69,500	99,000
4d Limo	7,200	21,600	36,000	81,000	126,000	180,000
1997 Silver Dawn, V-8						
4d Sed	3,000	9,000	15,000	33,750	52,500	75,000
1997 Silver Spur III, V-8						
4d Sed, LWB	3,960	11,880	19,800	44,550	69,300	99,000
4d Limo	7,200	21,600	36,000	81,000	126,000	180,000
1997 Corniche IV, V-8						
2d Conv	6,000	18,000	30,000	67,500	105,000	150,000
1998 Silver Spur III, V-8						
4d Sed, LWB	3,960	11,880	19,800	44,550	69,300	99,000
4d Limo	7,200	21,600	36,000	81,000	126,000	180,000

SAAB

	6	5	4	3	2	1
1950-52 2-cyl., 764cc, 97.2" wb						
92 2d Sed	352	1,056	1,760	3,960	6,160	8,800
1953-55 2-cyl., 764cc, 97.2" wb						
92B 2d Sed	332	996	1,660	3,740	5,810	8,300
1956-57 3-cyl., 748cc, 98" wb						
93 2d Sed	312	936	1,560	3,510	5,460	7,800
1958 3-cyl., 748cc, 98" wb						
93B 2d Sed	292	876	1,460	3,290	5,110	7,300
GT 750 2d Sed	312	936	1,560	3,510	5,460	7,800
1959 3-cyl., 748cc, 98" wb						
93B 2d Sed	292	876	1,460	3,290	5,110	7,300
GT 750 2d Sed	312	936	1,560	3,510	5,460	7,800
1959 3-cyl., 841cc, 98" wb						
95 2d Sta Wag	304	912	1,520	3,420	5,320	7,600
1960 3-cyl., 748cc, 98" wb						
93F 2d Sed	292	876	1,460	3,290	5,110	7,300
GT 750 2d Sed	312	936	1,560	3,510	5,460	7,800
1960 3-cyl., 841cc, 98" wb						
96 2d Sed	292	876	1,460	3,290	5,110	7,300
95 2d Sta Wag	304	912	1,520	3,420	5,320	7,600
1961 3-cyl., 748cc, 98" wb						
GT 750 2d Sed	312	936	1,560	3,510	5,460	7,800
1961 3-cyl., 841cc, 98" wb						
96 2d Sed	280	840	1,400	3,150	4,900	7,000
95 2d Sta Wag	284	852	1,420	3,200	4,970	7,100
1962 3-cyl., 748cc, 98" wb						
GT 750 2d Sed	312	936	1,560	3,510	5,460	7,800
1962 3-cyl., 841cc, 98" wb						
96 2d Sed	280	840	1,400	3,150	4,900	7,000
95 2d Sta Wag	284	852	1,420	3,200	4,970	7,100
2d Spt Sed	292	876	1,460	3,290	5,110	7,300
1963 3-cyl., 841cc, 98" wb						
96 2d Sed	280	840	1,400	3,150	4,900	7,000
95 2d Sta Wag	284	852	1,420	3,200	4,970	7,100
Spt/GT 850 2d Sed	292	876	1,460	3,290	5,110	7,300
1964 3-cyl., 841cc, 98" wb						
96 2d Sed	280	840	1,400	3,150	4,900	7,000
95 2d Sta Wag	292	876	1,460	3,290	5,110	7,300
Spt/Monte Carlo 850 2d Sed	332	996	1,660	3,740	5,810	8,300

	6	5	4	3	2	1
1965 3-cyl., 841cc, 98" wb						
96 2d Sed	280	840	1,400	3,150	4,900	7,000
95 2d Sta Wag	284	852	1,420	3,200	4,970	7,100
Spt/Monte Carlo 850 2d Sed	332	996	1,660	3,740	5,810	8,300
1966 3-cyl., 841cc, 98" wb						
96 2d Sed	280	840	1,400	3,150	4,900	7,000
96 Spl 2d Sed	284	852	1,420	3,200	4,970	7,100
95 2d Sta Wag	288	864	1,440	3,240	5,040	7,200
Monte Carlo 850 2d Sed	330	1,000	1,660	3,740	5,810	8,300
1966 3-cyl., 841cc, 84.6" wb						
Sonett II	332	996	1,660	3,740	5,810	8,300
1967 3-cyl., 841cc, 98" wb						
96 Shrike 2d Sed	240	720	1,200	2,700	4,200	6,000
95 2d Sta Wag	244	732	1,220	2,750	4,270	6,100
Monte Carlo 850 2d Sed	330	1,000	1,660	3,740	5,810	8,300
1967 3-cyl., 841cc, 84.6" wb						
Sonett II	332	996	1,660	3,740	5,810	8,300
1967 V-4, 1498cc, 98" wb						
96 V4 2d Sed	240	720	1,200	2,700	4,200	6,000
95 V4 2d Sta Wag	244	732	1,220	2,750	4,270	6,100
Monte Carlo V4 2d Sed	340	1,020	1,700	3,830	5,950	8,500
1967 V-4, 1498cc, 84.6" wb						
Sonett V4	332	996	1,660	3,740	5,810	8,300
1968 3-cyl., 841cc (816cc Shrike), 98" wb						
96 Shrike 2d Sed	272	816	1,360	3,060	4,760	6,800
96 2d Sed	276	828	1,380	3,110	4,830	6,900
95 Shrike 2d Sta Wag	270	820	1,360	3,060	4,760	6,800
95 2d Sta Wag	276	828	1,380	3,110	4,830	6,900
1968 V-4, 1498cc, 98" wb						
96 V4 2d Sed	292	876	1,460	3,290	5,110	7,300
96 V4 2d DeL Sed	296	888	1,480	3,330	5,180	7,400
95 V4 2d Sta Wag	300	900	1,500	3,380	5,250	7,500
95 V4C 2d Sta Wag	304	912	1,520	3,420	5,320	7,600
Monte Carlo V4 2d Sed	340	1,010	1,680	3,780	5,880	8,400
1968 V-4, 1498cc, 84.6" wb						
Sonett V4	320	960	1,600	3,600	5,600	8,000
1969 V-4, 1498cc, 98" wb						
96 V4 2d Sed	292	876	1,460	3,290	5,110	7,300
96 V4 2d DeL Sed	296	888	1,480	3,330	5,180	7,400
95 V4 2d Sta Wag	292	876	1,460	3,290	5,110	7,300
1969 V-4, 1498cc, 84.6" wb						
Sonett V4	320	960	1,600	3,600	5,600	8,000
1969 4-cyl., 1709cc, 97.4" wb						
99 2d Sed	292	876	1,460	3,290	5,110	7,300
1970 V-4, 1498cc, 98" wb						
96 V4 2d Sed	292	876	1,460	3,290	5,110	7,300
95 V4 2d Sta Wag	304	912	1,520	3,420	5,320	7,600
1970 V-4, 84.6" wb						
Sonett III	340	1,020	1,700	3,830	5,950	8,500
1970 4-cyl., 1709cc, 97.4" wb						
99 2d Sed	288	864	1,440	3,240	5,040	7,200
99 4d Sed	284	852	1,420	3,200	4,970	7,100
1971 V-4, 1698cc, 98" wb						
96 V4 2d Sed	252	756	1,260	2,840	4,410	6,300
95 V4 2d Sta Wag	264	792	1,320	2,970	4,620	6,600
1971 V-4, 1698cc, 84.6" wb						
Sonett III	320	960	1,600	3,600	5,600	8,000
1971 4-cyl., 1709cc, 97.4" wb						
99 2d Sed	252	756	1,260	2,840	4,410	6,300
99 4d Sed	248	744	1,240	2,790	4,340	6,200
1972 V-4, 1698cc, 98" wb						
96 V4 2d Sed	252	756	1,260	2,840	4,410	6,300
95 V4 2d Sta Wag	264	792	1,320	2,970	4,620	6,600
1972 V-4, 1698cc, 84.6" wb						
Sonett III	320	960	1,600	3,600	5,600	8,000
1972 4-cyl., 1850/1985cc, 97.4" wb						
99 2d Sed	252	756	1,260	2,840	4,410	6,300
99EMS 2d Sed	272	816	1,360	3,060	4,760	6,800
99 4d Sed	252	756	1,260	2,840	4,410	6,300
1973 V-4, 1698cc, 98" wb						
96 V4	252	756	1,260	2,840	4,410	6,300
95 V4 2d Sta Wag	264	792	1,320	2,970	4,620	6,600

	6	5	4	3	2	1
1973 V-4, 1698cc, 84.6" wb						
Sonett III	320	960	1,600	3,600	5,600	8,000
1973 4-cyl., 1850/1985cc, 97.4" wb						
99X7 2d Sed	248	744	1,240	2,790	4,340	6,200
99L 2d Sed	248	744	1,240	2,790	4,340	6,200
99L 4d Sed	244	732	1,220	2,750	4,270	6,100
99EMS 2d Sed	272	816	1,360	3,060	4,760	6,800
1974 V-4, 1698cc, 98" wb						
96 V4 2d Sed	252	756	1,260	2,840	4,410	6,300
95 V4 2d Sta Wag	260	780	1,300	2,930	4,550	6,500
1974 V-4, 1698cc, 84.6" wb						
Sonett III	320	960	1,600	3,600	5,600	8,000
1974 4-cyl., 1985cc, 97.4" wb						
99X7 2d Sed	250	750	1,250	2,840	4,400	6,300
99L 2d Sed	250	750	1,300	2,880	4,500	6,400
99L 4d Sed	250	750	1,250	2,840	4,400	6,300
99L 3d Combi Cpe	250	800	1,300	2,930	4,550	6,500
99EMS 2d Sed	250	800	1,350	3,060	4,750	6,800
1975 V-4, 1498cc, 98" wb						
96 V4 2d Sed	232	696	1,160	2,610	4,060	5,800
95 V4 2d Sta Wag	240	720	1,200	2,700	4,200	6,000
1975 4-cyl., 1985cc, 97.4" wb						
99 2d Sed	200	600	1,050	2,340	3,650	5,200
99L 2d Sed	200	650	1,100	2,480	3,850	5,500
99L 4d Sed	200	650	1,100	2,480	3,850	5,500
99L 3d Combi Cpe	200	650	1,100	2,520	3,900	5,600
99EMS 2d Sed	250	700	1,200	2,700	4,200	6,000
1976 4-cyl., 1985cc, 97.4" wb						
99L 2d Sed	200	650	1,050	2,390	3,700	5,300
99GL 2d Sed	200	650	1,100	2,430	3,800	5,400
99GL 4d Sed	200	650	1,050	2,390	3,700	5,300
99GL 3d Combi Cpe	220	660	1,100	2,480	3,850	5,500
99GL 5d Combi Cpe	220	670	1,120	2,520	3,920	5,600
99EMS 2d Sed	250	750	1,250	2,790	4,350	6,200
99GLE 4d Sed	250	750	1,200	2,750	4,250	6,100
1977 4-cyl., 1985cc, 97.4" wb						
99L 2d Sed	200	600	1,000	2,250	3,500	5,000
99GL 2d Sed	200	650	1,050	2,390	3,700	5,300
99GL 4d Sed	200	650	1,050	2,390	3,700	5,300
99GL 3d Combi Cpe	220	660	1,100	2,480	3,850	5,500
99GL 5d Combi Cpe	220	670	1,120	2,520	3,920	5,600
99EMS 2d Sed	250	700	1,150	2,610	4,050	5,800
99GLE 4d Sed	250	700	1,150	2,570	4,000	5,700
1978 4-cyl., 1985cc, 97.4" wb						
99L 2d Sed	200	600	1,000	2,250	3,500	5,000
99L 4d Sed	200	600	1,000	2,250	3,500	5,000
99L 3d Combi Cpe	200	650	1,050	2,390	3,700	5,300
99GL 2d Sed	200	600	1,000	2,300	3,550	5,100
99GL 4d Sed	200	600	1,050	2,340	3,650	5,200
99GL 3d Combi Cpe	220	650	1,080	2,430	3,780	5,400
99GL 5d Combi Cpe	220	650	1,080	2,430	3,780	5,400
99EMS 2d Sed	200	650	1,100	2,480	3,850	5,500
99EMS 3d Combi Cpe	220	670	1,120	2,520	3,920	5,600
99GLE 5d Combi Cpe	220	670	1,120	2,520	3,920	5,600
99 Turbo 3d Combi Cpe	250	760	1,260	2,840	4,410	6,300
1979 4-cyl., 1985cc, 97.4" wb						
99GL 2d Sed	200	650	1,100	2,480	3,850	5,500
900GL 2d HBk	200	650	1,100	2,520	3,900	5,600
900GLE 4d HBk	250	700	1,200	2,660	4,150	5,900
900EMS 2d HBk	250	700	1,200	2,700	4,200	6,000
900 Turbo 2d HBk	250	750	1,250	2,790	4,350	6,200
900 Turbo 4d HBk	250	750	1,250	2,790	4,350	6,200
1980 4-cyl., 1985cc, 97.4" wb						
99GL 2d Sed	250	700	1,150	2,570	4,000	5,700
900GLI 2d HBk	250	700	1,150	2,610	4,050	5,800
900GLE 4d HBk	250	700	1,200	2,660	4,150	5,900
900EMS 2d HBk	250	700	1,200	2,700	4,200	6,000
900 Turbo 2d HBk	250	750	1,250	2,790	4,350	6,200
900 Turbo 4d HBk	250	750	1,250	2,790	4,350	6,200
1981 4-cyl., 1985cc, 97.4" wb						
900 2d HBk	250	750	1,200	2,750	4,250	6,100
900S 2d HBk	250	750	1,250	2,790	4,350	6,200
900S 4d Sed	250	750	1,250	2,790	4,350	6,200
900 Turbo 2d HBk	250	750	1,250	2,840	4,400	6,300
900 Turbo 4d HBk	250	750	1,250	2,840	4,400	6,300

	6	5	4	3	2	1
1982 4-cyl., 1985cc, 97.4" wb						
900 2d HBk	250	700	1,200	2,700	4,200	6,000
900 4d Sed	250	750	1,200	2,750	4,250	6,100
900S 2d HBk	250	750	1,200	2,750	4,250	6,100
900S 4d Sed	250	750	1,250	2,790	4,350	6,200
900 Turbo 2d HBk	250	750	1,300	2,880	4,500	6,400
900 Turbo 4d Sed	250	750	1,300	2,880	4,500	6,400
1983 4-cyl., 1985cc, 97.4" wb						
900 2d HBk	250	700	1,200	2,700	4,200	6,000
900 4d Sed	250	750	1,200	2,750	4,250	6,100
900S 2d HBk	250	750	1,200	2,750	4,250	6,100
900S 4d Sed	250	750	1,250	2,790	4,350	6,200
900 Turbo 2d HBk	250	750	1,300	2,880	4,500	6,400
900 Turbo 4d Sed	250	750	1,300	2,880	4,500	6,400
1984 4-cyl., 1985cc, 97.4" wb						
900 2d HBk	250	700	1,200	2,700	4,200	6,000
900 4d Sed	250	750	1,200	2,750	4,250	6,100
900S 2d HBk	250	750	1,200	2,750	4,250	6,100
900S 4d Sed	250	750	1,250	2,790	4,350	6,200
900 Turbo 2d HBk	250	800	1,300	2,930	4,550	6,500
900 Turbo 4d Sed	250	800	1,300	2,930	4,550	6,500
1985 4-cyl., 1985cc, 97.4" wb						
900 2d HBk	250	800	1,300	2,930	4,550	6,500
900 4d Sed	250	800	1,350	3,020	4,700	6,700
900S 2d HBk	300	900	1,450	3,290	5,100	7,300
900S 4d Sed	300	900	1,450	3,290	5,100	7,300

NOTE: Add 10 percent for Turbo.

	6	5	4	3	2	1
1986 4-cyl., 1985cc, 97.4" wb						
900 2d HBk	250	800	1,300	2,930	4,550	6,500
900 4d Sed	250	800	1,350	3,020	4,700	6,700
900S 2d Sed	300	900	1,500	3,330	5,200	7,400
900S 2d HBk	300	900	1,500	3,330	5,200	7,400
900S 4d Sed	300	900	1,500	3,380	5,250	7,500

NOTE: Add 10 percent for Turbo.

	6	5	4	3	2	1
1987 4-cyl., 1985cc, 97.4" wb						
900 2d HBk	300	900	1,500	3,380	5,250	7,500
900 4d Sed	300	900	1,550	3,470	5,400	7,700
900S 2d HBk	300	950	1,600	3,600	5,600	8,000
900S 4d Sed	300	950	1,600	3,600	5,600	8,000
900 2d HBk Turbo	350	1,100	1,800	4,050	6,300	9,000
900 2d Conv Turbo	700	2,100	3,500	7,880	12,300	17,500
9000S 4d HBk	350	1,100	1,800	4,050	6,300	9,000
9000 4d HBk Turbo	400	1,150	1,900	4,280	6,650	9,500
1988 4-cyl., 1985cc, 97.4" wb						
900 2d HBk	350	1,000	1,700	3,830	5,950	8,500
900 4d Sed	350	1,000	1,700	3,830	5,950	8,500
900S 2d HBk	400	1,150	1,900	4,230	6,600	9,400
900S 4d Sed	400	1,150	1,900	4,280	6,650	9,500
900 2d HBk Turbo	450	1,400	2,300	5,180	8,050	11,500
900 2d Conv Turbo	800	2,350	3,900	8,780	13,700	19,500
9000 4d HBk	400	1,150	1,900	4,280	6,650	9,500
9000 4d HBk Turbo	400	1,250	2,100	4,730	7,350	10,500
1989 4-cyl., 1985cc, 97.4" wb						
900 2d HBk	350	1,000	1,700	3,830	5,950	8,500
900 4d Sed	350	1,000	1,700	3,830	5,950	8,500
900S 2d HBk	400	1,150	1,900	4,280	6,650	9,500
900S 4d Sed	400	1,150	1,900	4,280	6,650	9,500
900 2d HBk Turbo	400	1,250	2,100	4,730	7,350	10,500
900 4d Sed Turbo	400	1,250	2,100	4,730	7,350	10,500
900 2d Conv Turbo	900	2,700	4,500	10,130	15,700	22,500
9000S 4d HBk	450	1,400	2,300	5,180	8,050	11,500
9000 4d HBk Turbo	500	1,500	2,500	5,630	8,750	12,500
9000 4d Sed Turbo	550	1,600	2,700	6,080	9,450	13,500
1990 4-cyl., 1985 cc, 97.4" wb						
900 2d Sed	350	1,100	1,800	4,050	6,300	9,000
1990 4-cyl., 1985cc, 97.4" wb						
900 4d Sed	350	1,100	1,800	4,100	6,350	9,100
900S 2d Sed	400	1,150	1,900	4,280	6,650	9,500
900S 4d Sed	400	1,150	1,900	4,320	6,700	9,600
900 2d Sed Turbo	450	1,400	2,300	5,180	8,050	11,500
900 4d Sed Turbo	450	1,400	2,300	5,220	8,100	11,600
900 2d Conv Turbo	650	2,000	3,300	7,430	11,600	16,500
9000S 4d Sed	450	1,400	2,300	5,180	8,050	11,500
9000S 4d HBk Sed	450	1,400	2,300	5,220	8,100	11,600
9000 4d HBk Sed Turbo	540	1,620	2,700	6,080	9,450	13,500
9000 4d Sed Turbo	600	1,750	2,900	6,530	10,200	14,500

	6	5	4	3	2	1
1991 4-cyl., 1985cc, 97.4" wb						
900 2d Sed	300	950	1,600	3,600	5,600	8,000
900S 2d Sed	350	1,100	1,800	4,050	6,300	9,000
900S 2d Conv	550	1,600	2,700	6,080	9,450	13,500
900 2d Sed Turbo	450	1,400	2,300	5,180	8,050	11,500
900 2d Conv Turbo	600	1,850	3,100	6,980	10,900	15,500
900 4d Sed	300	950	1,600	3,600	5,600	8,000
900S 4d Sed	350	1,100	1,800	4,050	6,300	9,000
9000 HBk	400	1,150	1,900	4,280	6,650	9,500
9000S 4d HBk	400	1,200	2,000	4,500	7,000	10,000
9000S 4d Turbo HBk	460	1,380	2,300	5,180	8,050	11,500
9000CD 4d Sed	400	1,250	2,100	4,730	7,350	10,500
9000CD 4d Turbo Sed	460	1,380	2,300	5,180	8,050	11,500
1992 900, 4-cyl.						
2d HBk	350	1,100	1,800	4,050	6,300	9,000
4d Sed	350	1,100	1,800	4,050	6,300	9,000
2d S HBk	400	1,200	2,000	4,500	7,000	10,000
4d S Sed	400	1,200	2,000	4,500	7,000	10,000
2d S Conv	500	1,500	2,500	5,630	8,750	12,500
2d Turbo HBk	400	1,250	2,100	4,730	7,350	10,500
2d Turbo Conv	600	1,850	3,100	6,980	10,900	15,500
1992 9000, 4-cyl.						
4d HBk	450	1,300	2,200	4,950	7,700	11,000
4d S HBk	450	1,400	2,300	5,180	8,050	11,500
4d CD Sed	450	1,400	2,300	5,180	8,050	11,500
4d Turbo HBk	500	1,500	2,500	5,630	8,750	12,500
4d CD Turbo Sed	500	1,500	2,500	5,630	8,750	12,500
1993 900, 4-cyl.						
2d S Sed	400	1,150	1,900	4,230	6,600	9,400
4d S Sed	400	1,150	1,900	4,280	6,650	9,500
2d S Conv	500	1,550	2,600	5,850	9,100	13,000
2d Sed Turbo	400	1,200	2,000	4,500	7,000	10,000
2d Conv Turbo	550	1,700	2,800	6,300	9,800	14,000
1993 9000, 4-cyl.						
4d CD Sed	400	1,150	1,950	4,370	6,800	9,700
4d CD Turbo Sed	400	1,200	2,000	4,550	7,050	10,100
CS 4d HBk	400	1,250	2,100	4,730	7,350	10,500
CS 4d HBk, Turbo	450	1,300	2,200	4,950	7,700	11,000
4d CDE Sed	400	1,250	2,050	4,640	7,200	10,300
4d CDE Turbo Sed	450	1,300	2,150	4,820	7,500	10,700
CSE 4d HBk	400	1,200	2,000	4,500	7,000	10,000
CSE 4d Turbo HBk	400	1,250	2,100	4,730	7,350	10,500
4d Aero Turbo Sed	450	1,400	2,300	5,180	8,050	11,500
1994 900, 4-cyl.						
2d S Cpe HBk	450	1,400	2,300	5,180	8,050	11,500
2d SE Cpe HBk Turbo	480	1,440	2,400	5,400	8,400	12,000
4d S Sed HBk	500	1,450	2,400	5,400	8,400	12,000
4d S Sed HBk, V-6	500	1,500	2,500	5,630	8,750	12,500
4d SE Sed HBk, V-6	560	1,680	2,800	6,300	9,800	14,000
2d S Conv	600	1,750	2,900	6,530	10,200	14,500
2d Conv, Turbo	650	2,000	3,300	7,430	11,600	16,500
1994 9000, 4-cyl.						
4d Sed Cpe, Turbo	600	1,750	2,900	6,530	10,200	14,500
CS 4d Sed HBk	500	1,500	2,500	5,630	8,750	12,500
CS 4d Sed HBk, Turbo	540	1,620	2,700	6,080	9,450	13,500
CSE 4d Sed HBk	550	1,600	2,700	6,080	9,450	13,500
CSE 4d Sed Hbk, Turbo	580	1,740	2,900	6,530	10,150	14,500
4d Sed HBk Hero, Turbo	700	2,100	3,500	7,880	12,250	17,500
1995 900, 4-cyl. & V-6						
2d S Cpe	450	1,400	2,300	5,180	8,050	11,500
2d S Conv	600	1,750	2,900	6,530	10,200	14,500
4d S Sed	500	1,450	2,400	5,400	8,400	12,000
2d SE Cpe, Turbo	500	1,450	2,400	5,400	8,400	12,000
4d SE Sed, V-6	550	1,700	2,800	6,300	9,800	14,000
2d SE Conv, Turbo	650	2,000	3,300	7,430	11,600	16,500
2d SE Conv, V-6	650	1,950	3,250	7,340	11,400	16,300
1995 9000, 4-cyl. & V-6						
4d CDE Sed, V-6	550	1,600	2,700	6,080	9,450	13,500
CS 4d Sed, Turbo	500	1,500	2,500	5,630	8,750	12,500
CS 4d Sup Sed, Turbo	540	1,620	2,700	6,080	9,450	13,500
CSE 4d Sed, Turbo	600	1,750	2,900	6,530	10,200	14,500
CSE 4d Sed, V-6	550	1,700	2,800	6,300	9,800	14,000
4d Aero Sed, Turbo	700	2,100	3,500	7,880	12,300	17,500
1996 900, 4-cyl.						
2d S Cpe	450	1,300	2,200	4,950	7,700	11,000
2d S Conv	550	1,700	2,800	6,300	9,800	14,000

	6	5	4	3	2	1
4d S Sed	450	1,400	2,300	5,180	8,050	11,500
2d SE Cpe, Turbo	450	1,400	2,300	5,180	8,050	11,500
2d SE Conv, Turbo	650	1,900	3,200	7,200	11,200	16,000
4d SE Sed, Turbo	450	1,400	2,350	5,270	8,200	11,700
1996 900, V-6						
2d SE Conv	632	1,896	3,160	7,110	11,060	15,800
4d SE Sed	540	1,620	2,700	6,080	9,450	13,500
1996 9000, 4-cyl.						
CS 4d Sed, Turbo	500	1,450	2,400	5,400	8,400	12,000
CSE 4d Sed, Turbo	550	1,700	2,800	6,300	9,800	14,000
4d Aero Sed, Turbo	700	2,050	3,400	7,650	11,900	17,000
1996 9000, V-6.						
CSE 4d Sed	550	1,600	2,700	6,080	9,450	13,500
1997 900, 4-cyl.						
2d S Cpe	440	1,320	2,200	4,950	7,700	11,000
2d S Conv	560	1,680	2,800	6,300	9,800	14,000
4d S Sed	460	1,380	2,300	5,180	8,050	11,500
2d SE Cpe, Turbo	460	1,380	2,300	5,180	8,050	11,500
2d SE Conv, Turbo	640	1,920	3,200	7,200	11,200	16,000
4d SE Sed, Turbo	468	1,404	2,340	5,270	8,190	11,700
1997 900, V-6						
2d SE Conv	630	1,890	3,150	7,090	11,025	15,750
4d SE Sed	540	1,620	2,700	6,080	9,450	13,500
1997 9000, 4-cyl.						
CS 4d Sed, Turbo	480	1,440	2,400	5,400	8,400	12,000
CSE 4d Sed, Turbo	560	1,680	2,800	6,300	9,800	14,000
4d Aero Sed, Turbo	680	2,040	3,400	7,650	11,900	17,000
1997 9000, V-6						
CSE 4d Sed	540	1,620	2,700	6,080	9,450	13,500
1998 900, 4-cyl.						
2d S Cpe Turbo	440	1,320	2,200	4,950	7,700	11,000
2d S Conv	560	1,680	2,800	6,300	9,800	14,000
4d S Sed	460	1,380	2,300	5,180	8,050	11,500
2d SE Cpe Turbo	460	1,380	2,300	5,180	8,050	11,500
2d SE Conv Turbo	640	1,920	3,200	7,200	11,200	16,000
4d SE Sed Turbo	470	1,400	2,340	5,270	8,190	11,700
1998 9000, Turbo 4-cyl.						
CS 4d Sed	520	1,560	2,600	5,850	9,100	13,000
CSE 4d Sed	600	1,800	3,000	6,750	10,500	15,000

SIMCA

1946-50 Series 5, 4-cyl., 570cc, 79" wb						
2d Cpe	350	1,000	1,700	3,830	5,950	8,500
1946-50 Series 6, 4-cyl., 570cc, 79" wb						
2d Cpe	350	1,000	1,700	3,830	5,950	8,500
1946-50 Series 8, 1000, 4-cyl., 1089cc, 95" wb						
4d Sed	300	950	1,600	3,600	5,600	8,000
2d Bus Cpe	350	1,000	1,700	3,830	5,950	8,500
2d Conv Cpe	600	1,750	2,900	6,530	10,200	14,500
1946-50 Series 8, 1200, 4-cyl., 1221cc, 95" wb						
4d Sed	300	950	1,600	3,600	5,600	8,000
2d Bus Cpe	350	1,000	1,700	3,830	5,950	8,500
2d Conv Cpe	600	1,750	2,900	6,530	10,200	14,500
1946-50 Series 8, 4-cyl., 1221cc, 95" wb						
2d Spt Rds	700	2,050	3,400	7,650	11,900	17,000
1951-55 Series 8, 4-cyl., 1221cc, 95" wb						
2d Spt Rds	700	2,050	3,400	7,650	11,900	17,000
2d Spt Cpe	600	1,750	2,900	6,530	10,200	14,500
2d Sed	300	950	1,600	3,600	5,600	8,000
1951-55 Aronde 9, 4-cyl., 1221cc, 96" wb						
4d Sed	200	600	1,000	2,250	3,500	5,000
2d Sta Wag	200	650	1,100	2,480	3,850	5,500
2d HT Cpe	250	800	1,300	2,930	4,550	6,500
1956-58 Aronde 1300, 4-cyl., 1290cc, 96.2" wb						
4d DeL Sed	200	550	900	2,030	3,150	4,500
4d Elysee Sed	200	600	950	2,160	3,350	4,800
2d Plein Ciel Sed	200	600	1,000	2,250	3,500	5,000
Grand Large HT Cpe	260	780	1,300	2,930	4,550	6,500
Chatelaine Sta Wag	200	650	1,100	2,480	3,850	5,500
Oceane 2d Conv	600	1,750	2,900	6,530	10,200	14,500
1956-58 Vedette, V-8, 2351cc, 106" wb						
Versailles Sed	200	650	1,100	2,480	3,850	5,500

	6	5	4	3	2	1
1959-61 Aronde, 4-cyl., 1290cc, 96.3" wb						
4d DeL Sed	200	550	900	2,030	3,150	4,500
Sup DeL Sed	200	600	950	2,160	3,350	4,800
4d Elysee Sed	200	600	1,000	2,250	3,500	5,000
Montlhery Sed	200	600	1,050	2,340	3,650	5,200
Grand Large HT Cpe	260	780	1,300	2,930	4,550	6,500
Plain Ciel HT Cpe	250	800	1,300	2,930	4,550	6,500
Chatelaine Sta Wag	200	650	1,100	2,480	3,850	5,500
Oceane 2d Conv	600	1,750	2,900	6,530	10,200	14,500
1959-61 Aronde (Second Series 1959) 4-cyl., 1290cc, 96.3" wb						
Elysee 4d Sed	200	550	900	2,030	3,150	4,500
Montlhery Sed	200	600	950	2,160	3,350	4,800
Grand Large HT Cpe	260	780	1,300	2,930	4,550	6,500
Monaco HT Cpe	250	800	1,300	2,930	4,550	6,500
Etoile 4d Sed	200	600	950	2,160	3,350	4,800
1959-61 Vedette Beaulieu, V-8, 2351cc, 106" wb						
4d Sed	200	650	1,100	2,480	3,850	5,500
1959-61 Ariane, 235cc, 106" wb						
Four 4d Sed	200	550	900	2,030	3,150	4,500
1959-61 Ariane, 2351cc, 106" wb						
V-8 4d Sed	200	650	1,100	2,480	3,850	5,500
1962-68 Series 5, 4-cyl., 1290cc, 96.3" wb						
4d Sed	200	550	900	2,030	3,150	4,500
1962-68 Series 1000, 4-cyl., 944cc, 87.3" wb						
4d Sed	200	550	900	2,030	3,150	4,500
1962-68 Bertone 1000, 4-cyl., 944cc, 87.7" wb						
2d Cpe	200	650	1,100	2,480	3,850	5,500
1969-71 Series 1118, 4-cyl., 1118cc, 87.4" wb						
GL 4d Sed	200	550	900	2,030	3,150	4,500
GLS 4d Sed	200	550	900	2,030	3,150	4,500
1969-71 Series 1204, 4-cyl., 1204cc, 99.2" wb						
LS 2d Sed	200	550	900	2,030	3,150	4,500
GLS 2d Sed	200	550	900	2,070	3,200	4,600
GLS 4d Sed	200	550	900	2,030	3,150	4,500
GLS 2d Sta Wag	200	600	950	2,160	3,350	4,800
GLS 4d Sta Wag	200	600	950	2,160	3,350	4,800

SUBARU

	6	5	4	3	2	1
1958-70 360, 2-cyl., 356cc, 70.9" wb						
2d Cpe	220	660	1,100	2,480	3,850	5,500
2d Cus Cpe	230	680	1,140	2,570	3,990	5,700

NOTE: Imports began in the late 1960s.

	6	5	4	3	2	1
1971 FF-1 Star, 4-cyl., 1088cc, 95.2" wb						
1100 2d Sed	220	670	1,120	2,520	3,920	5,600
1100 4d Sed	220	660	1,100	2,480	3,850	5,500
1100 4d Sta Wag	230	680	1,140	2,570	3,990	5,700
1972 1300, 4-cyl., 1267cc, 95.3" wb						
A15L 2d Sed	220	670	1,120	2,520	3,920	5,600
A15L 4d Sed	220	660	1,100	2,480	3,850	5,500
A44L 4d Sta Wag	230	680	1,140	2,570	3,990	5,700
GL 2d Cpe	240	720	1,200	2,700	4,200	6,000
1973-76 1400, 4-cyl., 1361cc, 96.7" wb						
DL 2d Sed	220	670	1,120	2,520	3,920	5,600
DL 4d Sed	220	660	1,100	2,480	3,850	5,500
DL 4d Sta Wag	220	660	1,100	2,480	3,850	5,500
GL 2d Cpe	240	720	1,200	2,700	4,200	6,000

NOTE: A 4WD Station Wagon was available in 1975 with a 96.1" wb.

	6	5	4	3	2	1
1977-79 1600, 4-cyl., 1595cc, 96.7" wb						
STD 2d Sed	220	660	1,100	2,480	3,850	5,500
DL 2d Sed	220	670	1,120	2,520	3,920	5,600
DL 4d Sed	220	660	1,100	2,480	3,850	5,500
DL 2d Cpe	230	680	1,140	2,570	3,990	5,700
GF 2d HT Cpe	240	720	1,200	2,700	4,200	6,000
DL 4d Sta Wag	230	680	1,140	2,570	3,990	5,700
DL 4x4 Sta Wag	260	780	1,300	2,930	4,550	6,500
1980-84 1600						
STD 2d HBk	220	660	1,100	2,480	3,850	5,500
STD 2d HBk, 4x4	240	720	1,200	2,700	4,200	6,000
DL 2d HBk	220	660	1,100	2,480	3,850	5,500
DL 2d HBk, 4x4	240	720	1,200	2,700	4,200	6,000
DL 4d Sed	220	660	1,100	2,480	3,850	5,500
DL 2d HT Cpe	240	720	1,200	2,700	4,200	6,000

	6	5	4	3	2	1
DL 4d Sta Wag	220	660	1,100	2,480	3,850	5,500
DL Sta Wag, 4x4	260	780	1,300	2,930	4,550	6,500
GL 4d Sed	220	660	1,100	2,480	3,850	5,500
GL 4d Sta Wag	240	720	1,200	2,700	4,200	6,000
GL Sta Wag, 4x4	260	780	1,300	2,930	4,550	6,500
GLF HT Cpe	240	720	1,200	2,700	4,200	6,000

NOTE: Optional 4-cyl 1781cc engine also available.

1985-86 STD

	6	5	4	3	2	1
STD 2d HBk	240	720	1,200	2,700	4,200	6,000
DL 4d Sed	260	780	1,300	2,930	4,550	6,500
DL 4d Sta Wag	280	840	1,400	3,150	4,900	7,000
GL 2d HBk	290	860	1,440	3,240	5,040	7,200
GL HBk, 4x4	310	920	1,540	3,470	5,390	7,700
GL 4d Sed	250	740	1,240	2,790	4,340	6,200
GL 4d Sed, 4x4	280	840	1,400	3,150	4,900	7,000
GL 4d Sta Wag	260	780	1,300	2,930	4,550	6,500
GL Sta Wag, 4x4	300	900	1,500	3,380	5,250	7,500

1985-86 Turbo RX

	6	5	4	3	2	1
RX 4d Sed, 4x4	300	900	1,500	3,380	5,250	7,500
GL 4d Sed, 4x4	300	900	1,500	3,380	5,250	7,500

1985-86 XT

	6	5	4	3	2	1
DL 2d Cpe	280	840	1,400	3,150	4,900	7,000
GL 2d Cpe	290	860	1,440	3,240	5,040	7,200
Turbo 2d Cpe, 4x4	300	900	1,500	3,380	5,250	7,500

1987 STD

	6	5	4	3	2	1
2d HBk	190	580	960	2,160	3,360	4,800

1987 Justy

	6	5	4	3	2	1
DL 2d HBk	210	620	1,040	2,340	3,640	5,200
GL 2d HBk	220	650	1,080	2,430	3,780	5,400

1987 DL

	6	5	4	3	2	1
2d Cpe	220	670	1,120	2,520	3,920	5,600
4d Sed	220	660	1,100	2,480	3,850	5,500
4d Sta Wag	230	680	1,140	2,570	3,990	5,700
4d Sta Wag, 4x4	270	800	1,340	3,020	4,690	6,700

1987 GL

	6	5	4	3	2	1
2d HBk	230	680	1,140	2,570	3,990	5,700
2d HBk, 4x4	270	800	1,340	3,020	4,690	6,700
2d Cpe	220	670	1,120	2,520	3,920	5,600
2d Cpe, 4x4	260	790	1,320	2,970	4,620	6,600
4d Sed	220	660	1,100	2,480	3,850	5,500
4d Sed, 4x4	260	780	1,300	2,930	4,550	6,500
4d Sta Wag	230	700	1,160	2,610	4,060	5,800
4d Sta Wag, 4x4	270	820	1,360	3,060	4,760	6,800
4d Sed RX Turbo, 4x4	300	910	1,520	3,420	5,320	7,600

1987 XT

	6	5	4	3	2	1
DL 2d Cpe	270	820	1,360	3,060	4,760	6,800
GL 2d Cpe	280	830	1,380	3,110	4,830	6,900
GL 2d Cpe, 4x4	310	940	1,560	3,510	5,460	7,800

1988 Justy

	6	5	4	3	2	1
DL 2d HBk	220	650	1,080	2,430	3,780	5,400
GL 2d HBk	220	660	1,100	2,480	3,850	5,500
GL 2d HBk, 4x4	260	770	1,280	2,880	4,480	6,400
RS 2d HBk, 4x4	260	780	1,300	2,930	4,550	6,500

1988 DL

	6	5	4	3	2	1
2d Cpe	230	680	1,140	2,570	3,990	5,700
4d Sed	220	670	1,120	2,520	3,920	5,600
4d Sta Wag	230	700	1,160	2,610	4,060	5,800
4d Sta Wag, 4x4	270	820	1,360	3,060	4,760	6,800

1988 GL

	6	5	4	3	2	1
2d HBk	230	680	1,140	2,570	3,990	5,700
2d HBk, 4x4	270	800	1,340	3,020	4,690	6,700
2d Cpe	240	710	1,180	2,660	4,130	5,900
2d Cpe, 4x4	270	820	1,360	3,060	4,760	6,800
2d Cpe RX Turbo, 4x4	300	900	1,500	3,380	5,250	7,500
4d Sed	230	700	1,160	2,610	4,060	5,800
4d Sed, 4x4	280	830	1,380	3,110	4,830	6,900
4d Sed RX Turbo, 4x4	300	910	1,520	3,420	5,320	7,600
4d Sta Wag	240	730	1,220	2,750	4,270	6,100
4d Sta Wag, 4x4	280	850	1,420	3,200	4,970	7,100

1988 XT

	6	5	4	3	2	1
DL 2d Cpe	280	830	1,380	3,110	4,830	6,900
GL 2d Cpe	280	840	1,400	3,150	4,900	7,000
GL 2d Cpe, 4x4	320	960	1,600	3,600	5,600	8,000
2d Cpe XT6	300	900	1,500	3,380	5,250	7,500
2d Cpe XT6, 4x4	340	1,020	1,700	3,830	5,950	8,500

	6	5	4	3	2	1
1989 Justy						
DL 2d HBk	220	660	1,100	2,480	3,850	5,500
GL 2d HBk	220	670	1,120	2,520	3,920	5,600
DL 2d HBk, 4x4	260	780	1,300	2,930	4,550	6,500
GL 2d HBk, 4x4	260	790	1,320	2,970	4,620	6,600
1989 DL						
2d Cpe	230	700	1,160	2,610	4,060	5,800
4d Sed	230	680	1,140	2,570	3,990	5,700
4d Sta Wag	240	710	1,180	2,660	4,130	5,900
4d Sta Wag, 4x4	280	830	1,380	3,110	4,830	6,900
1989 GL						
2d HBk	230	700	1,160	2,610	4,060	5,800
2d HBk, 4x4	270	820	1,360	3,060	4,760	6,800
2d Cpe	240	720	1,200	2,700	4,200	6,000
2d Cpe, 4x4	280	830	1,380	3,110	4,830	6,900
2d Cpe RX Turbo, 4x4	310	940	1,560	3,510	5,460	7,800
4d Sed	240	710	1,180	2,660	4,130	5,900
4d Sed, 4x4	280	840	1,400	3,150	4,900	7,000
4d Sta Wag	250	740	1,240	2,790	4,340	6,200
4d Sta Wag, 4x4	290	860	1,440	3,240	5,040	7,200
1989 XT						
GL 2d Cpe	280	840	1,400	3,150	4,900	7,000
GL 2d Cpe, 4x4	320	960	1,600	3,600	5,600	8,000
2d Cpe XT6	310	940	1,560	3,510	5,460	7,800
2d Cpe XT6, 4x4	350	1,060	1,760	3,960	6,160	8,800
1990 Justy						
2d DL HBk	220	670	1,120	2,520	3,920	5,600
2d GL HBk	230	680	1,140	2,570	3,990	5,700
2d GL HBk 4x4	270	800	1,340	3,020	4,690	6,700
4d GL HBk 4x4	260	790	1,320	2,970	4,620	6,600
1990 Loyale						
2d Cpe	220	650	1,080	2,430	3,780	5,400
2d RS Cpe 4x4	270	820	1,360	3,060	4,760	6,800
2d RS Cpe Turbo 4x4	280	840	1,400	3,150	4,900	7,000
4d Sed	230	700	1,160	2,610	4,060	5,800
4d Sed 4x4	280	830	1,380	3,110	4,830	6,900
4d Sta Wag	240	720	1,200	2,700	4,200	6,000
4d Sta Wag 4x4	280	840	1,400	3,150	4,900	7,000
1990 Legacy						
4d Sed	240	720	1,200	2,700	4,200	6,000
4d L Sed	240	730	1,220	2,750	4,270	6,100
4d L Sed 4x4	280	850	1,420	3,200	4,970	7,100
4d Sta Wag	240	730	1,220	2,750	4,270	6,100
4d L Sta Wag	250	740	1,240	2,790	4,340	6,200
4d L Sta Wag 4x4	290	860	1,440	3,240	5,040	7,200
1991 Justy						
2d DL HBk	160	480	800	1,800	2,800	4,000
2d GL HBk	170	500	840	1,890	2,940	4,200
2d GL HBk 4x4	240	720	1,200	2,700	4,200	6,000
4d GL HBk 4x4	240	710	1,180	2,660	4,130	5,900
1991 Loyale						
4d Sed	230	680	1,140	2,570	3,990	5,700
4d Sed 4x4	260	780	1,300	2,930	4,550	6,500
4d Sta Wag	240	720	1,200	2,700	4,200	6,000
4d Sta Wag 4x4	280	840	1,400	3,150	4,900	7,000
1991 Legacy						
4d L Sed	280	840	1,400	3,150	4,900	7,000
4d L Sed 4x4	340	1,020	1,700	3,830	5,950	8,500
4d LS Sed	300	900	1,500	3,380	5,250	7,500
4d LS Sed 4x4	360	1,080	1,800	4,050	6,300	9,000
4d Sed Spt Turbo 4x4	560	1,680	2,800	6,300	9,800	14,000
4d L Sta Wag	320	960	1,600	3,600	5,600	8,000
4d L Sta Wag 4x4	360	1,080	1,800	4,050	6,300	9,000
4d LS Sta Wag	340	1,020	1,700	3,830	5,950	8,500
4d LS Sta Wag 4x4	380	1,140	1,900	4,280	6,650	9,500
1991 XT						
2d GL HBk	280	840	1,400	3,150	4,900	7,000
2d XT6 HBk	300	900	1,500	3,380	5,250	7,500
2d XT6 HBk 4x4	320	960	1,600	3,600	5,600	8,000
1992 Justy, 3-cyl.						
2d DL HBk	170	500	840	1,890	2,940	4,200
2d GL HBk	180	540	900	2,030	3,150	4,500
2d GL HBk, 4x4	220	670	1,120	2,520	3,920	5,600
4d GL HBk, 4x4	220	660	1,100	2,480	3,850	5,500

1978 Porsche 928 coupe

1993 Porsche 968 coupe

1997 Porsche Boxter roadster

	6	5	4	3	2	1
1992 Loyale, 4-cyl.						
4d Sed	240	720	1,200	2,700	4,200	6,000
4d Sed 4x4	280	840	1,400	3,150	4,900	7,000
4d Sta Wag	250	740	1,240	2,790	4,340	6,200
4d Sta Wag 4x4	300	900	1,500	3,380	5,250	7,500
1992 Legacy, 4-cyl.						
4d L Sed	290	860	1,440	3,240	5,040	7,200
4d L Sed 4x4	320	960	1,600	3,600	5,600	8,000
4d LS Sed	320	960	1,600	3,600	5,600	8,000
4d LS Sed 4x4	360	1,080	1,800	4,050	6,300	9,000
4d LSi Sed	340	1,020	1,700	3,830	5,950	8,500
4d LSi Sed 4x4	580	1,740	2,900	6,530	10,150	14,500
4d Turbo Sed 4x4	600	1,800	3,000	6,750	10,500	15,000
4d L Sta Wag	340	1,020	1,700	3,830	5,950	8,500
4d L Sta Wag 4x4	580	1,740	2,900	6,530	10,150	14,500
4d LS Sta Wag	560	1,680	2,800	6,300	9,800	14,000
4d LS Sta Wag 4x4	600	1,800	3,000	6,750	10,500	15,000
4d Turbo Sta Wag 4x4	620	1,860	3,100	6,980	10,850	15,500
1992 SVX, 6-cyl.						
2d LS Cpe	640	1,920	3,200	7,200	11,200	16,000
2d LSL Cpe	680	2,040	3,400	7,650	11,900	17,000
1993 Justy, 3-cyl.						
2d HBk	220	660	1,100	2,480	3,850	5,500
2d GL HBk	220	670	1,120	2,520	3,920	5,600
2d GL HBk 4x4	260	790	1,320	2,970	4,620	6,600
4d GL HBk 4x4	260	780	1,300	2,930	4,550	6,500
1993 Loyale, 4-cyl.						
4d Sed	240	710	1,180	2,660	4,130	5,900
4d Sed, 4x4	280	830	1,380	3,110	4,830	6,900
4d Sta Wag	240	730	1,220	2,750	4,270	6,100
4d Sta Wag 4x4	280	850	1,420	3,200	4,970	7,100
1993 Impreza, 4-cyl.						
4d Sed	290	860	1,440	3,240	5,040	7,200
4d Sed L	300	900	1,500	3,380	5,250	7,500
4d Sed L 4x4	340	1,020	1,700	3,830	5,950	8,500
4d Sed LS	300	910	1,520	3,420	5,320	7,600
4d Sed LS 4x4	340	1,030	1,720	3,870	6,020	8,600
4d Sta Wag L	320	960	1,600	3,600	5,600	8,000
4d Sta Wag L 4x4	360	1,080	1,800	4,050	6,300	9,000
4d Sta Wag LS	330	980	1,640	3,690	5,740	8,200
4d Sta Wag LS 4x4	370	1,100	1,840	4,140	6,440	9,200
1993 Legacy, 4-cyl.						
4d Sed L	380	1,140	1,900	4,280	6,650	9,500
4d Sed L 4x4	580	1,740	2,900	6,530	10,150	14,500
4d Sed LS	380	1,150	1,920	4,320	6,720	9,600
4d Sed LS 4x4	580	1,750	2,920	6,570	10,220	14,600
4d Sed LSi 4x4	590	1,780	2,960	6,660	10,360	14,800
4d Turbo Sed 4x4	600	1,800	3,000	6,750	10,500	15,000
4d Sta Wag L	580	1,740	2,900	6,530	10,150	14,500
4d Sta Wag L 4x4	620	1,860	3,100	6,980	10,850	15,500
4d Sta Wag LS	580	1,750	2,920	6,570	10,220	14,600
4d Sta Wag LS 4x4	620	1,870	3,120	7,020	10,920	15,600
4d Sta Wag LSi 4x4	640	1,920	3,200	7,200	11,200	16,000
4d Turbo Sta Wag 4x4	680	2,040	3,400	7,650	11,900	17,000
1993 SVX, 6-cyl.						
2d Cpe LSL	590	1,780	2,960	6,660	10,360	14,800
1994 Justy, 3-cyl.						
2d HBk	170	500	840	1,890	2,940	4,200
4d HBk GL 4x4	180	540	900	2,030	3,150	4,500
1994 Loyale, 4-cyl.						
4d Sta Wag 4x4	340	1,020	1,700	3,830	5,950	8,500
1994 Impreza, 4-cyl.						
4d Sed	260	780	1,300	2,930	4,550	6,500
4d Sed L	280	840	1,400	3,150	4,900	7,000
4d Sed L 4x4	340	1,020	1,700	3,830	5,950	8,500
4d Sed LS 4x4	380	1,140	1,900	4,280	6,650	9,500
4d Sta Wag L	360	1,080	1,800	4,050	6,300	9,000
4d Sta Wag L 4x4	420	1,260	2,100	4,730	7,350	10,500
4d Sta Wag LS 4x4	440	1,320	2,200	4,950	7,700	11,000
1994 Legacy, 4-cyl.						
4d Sed L	320	960	1,600	3,600	5,600	8,000
4d Sed L 4x4	380	1,140	1,900	4,280	6,650	9,500
4d Sed LS	360	1,080	1,800	4,050	6,300	9,000
4d Sed LS 4x4	420	1,260	2,100	4,730	7,350	10,500
4d Sed LSi 4x4	440	1,320	2,200	4,950	7,700	11,000

	6	5	4	3	2	1
4d Sed Spt Turbo 4x4	480	1,440	2,400	5,400	8,400	12,000
4d Sta Wag L	360	1,080	1,800	4,050	6,300	9,000
4d Sta Wag L 4x4	400	1,200	2,000	4,500	7,000	10,000
4d Sta Wag LS	400	1,200	2,000	4,500	7,000	10,000
4d Sta Wag LS 4x4	460	1,380	2,300	5,180	8,050	11,500
4d Sta Wag LSi 4x4	480	1,440	2,400	5,400	8,400	12,000
4d Sta Wag Spt Turbo 4x4	520	1,560	2,600	5,850	9,100	13,000

1994 SVX, 6-cyl.

	6	5	4	3	2	1
2d Cpe L	340	1,020	1,700	3,830	5,950	8,500
2d Cpe LS	380	1,140	1,900	4,280	6,650	9,500
2d Cpe LSi 4x4	440	1,320	2,200	4,950	7,700	11,000

1995 Impreza, 4-cyl.

	6	5	4	3	2	1
2d Cpe	180	550	920	2,070	3,220	4,600
2d Cpe 4x4	200	600	1,000	2,250	3,500	5,000
2d L Cpe	210	640	1,060	2,390	3,710	5,300
2d L Cpe 4x4	240	710	1,180	2,660	4,130	5,900
2d LX Cpe 4x4	280	840	1,400	3,150	4,900	7,000
4d Sed	260	780	1,300	2,930	4,550	6,500
4d Sed 4x4	270	820	1,360	3,060	4,760	6,800
4d L Sed	280	840	1,400	3,150	4,900	7,000
4d L Sed 4x4	340	1,020	1,700	3,830	5,950	8,500
4d LX Sed 4x4	380	1,140	1,900	4,280	6,650	9,500
4d L Sta Wag 4x4	420	1,260	2,100	4,730	7,350	10,500
4d LX Sta Wag 4x4	440	1,320	2,200	4,950	7,700	11,000

1995 Legacy, 4-cyl.

	6	5	4	3	2	1
4d Sed	290	880	1,460	3,290	5,110	7,300
4d L Sed	320	960	1,600	3,600	5,600	8,000
4d L Sed 4x4	380	1,140	1,900	4,280	6,650	9,500
4d LS Sed 4x4	420	1,260	2,100	4,730	7,350	10,500
4d LSi Sed 4x4	440	1,320	2,200	4,950	7,700	11,000
4d Brighton Sta Wag 4x4	380	1,140	1,900	4,280	6,650	9,500
4d L Sta Wag	360	1,080	1,800	4,050	6,300	9,000
4d L Sta Wag 4x4	400	1,200	2,000	4,500	7,000	10,000
4d Outback Sta Wag 4x4	420	1,260	2,100	4,730	7,350	10,500
4d LS Sta Wag 4x4	460	1,380	2,300	5,180	8,050	11,500
4d LSi Sta Wag 4x4	480	1,440	2,400	5,400	8,400	12,000

1995 SVX, 6-cyl.

	6	5	4	3	2	1
2d L Cpe	340	1,020	1,700	3,830	5,950	8,500
2d L Cpe 4x4	380	1,140	1,900	4,280	6,650	9,500
2d LSi Cpe 4x4	440	1,320	2,200	4,950	7,700	11,000

1996 Impreza, 4-cyl.

	6	5	4	3	2	1
2d Brighton Cpe 4x4	180	550	920	2,070	3,220	4,600
2d L Cpe	210	640	1,060	2,390	3,710	5,300
2d L Cpe 4x4	240	710	1,180	2,660	4,130	5,900
2d LX Cpe 4x4	280	840	1,400	3,150	4,900	7,000
4d L Sed	280	840	1,400	3,150	4,900	7,000
4d L Sed 4x4	340	1,020	1,700	3,830	5,950	8,500
4d LX Sed 4x4	380	1,140	1,900	4,280	6,650	9,500
4d L Sta Wag 4x4	420	1,260	2,100	4,730	7,350	10,500
4d LX Sta Wag 4x4	440	1,320	2,200	4,950	7,700	11,000
4d Outback Sta Wag 4x4	460	1,380	2,300	5,180	8,050	11,500

1996 Legacy, 4-cyl.

	6	5	4	3	2	1
4d L Sed	320	960	1,600	3,600	5,600	8,000
4d L Sed 4x4	380	1,140	1,900	4,280	6,650	9,500
4d LS Sed 4x4	420	1,260	2,100	4,730	7,350	10,500
4d LSi Sed 4x4	440	1,320	2,200	4,950	7,700	11,000
4d Brighton Sta Wag 4x4	380	1,140	1,900	4,280	6,650	9,500
4d L Sta Wag 4x4	400	1,200	2,000	4,500	7,000	10,000
4d Outback Sta Wag 4x4	420	1,260	2,100	4,730	7,350	10,500
4d LS Sta Wag 4x4	460	1,380	2,300	5,180	8,050	11,500
4d LSi Sta Wag 4x4	480	1,440	2,400	5,400	8,400	12,000
4d 2.5 GT Sed	440	1,320	2,200	4,950	7,700	11,000
4d 2.5 GT Sta Wag	460	1,380	2,300	5,180	8,050	11,500

1996 SVX, 6-cyl.

	6	5	4	3	2	1
2d L Cpe 4x4	380	1,140	1,900	4,280	6,650	9,500
2d LSi Cpe 4x4	440	1,320	2,200	4,950	7,700	11,000

1997 Impreza, 4-cyl.

	6	5	4	3	2	1
2d Brighton Cpe AWD	180	550	920	2,070	3,220	4,600
2d L Cpe AWD	240	710	1,180	2,660	4,130	5,900
4d L Sed AWD	340	1,020	1,700	3,830	5,950	8,500
4d L Sta Wag AWD	420	1,260	2,100	4,730	7,350	10,500
4d Outback Sta Wag AWD	460	1,380	2,300	5,180	8,050	11,500

1997 Legacy, 4-cyl.

	6	5	4	3	2	1
4d L Sed AWD	380	1,140	1,900	4,280	6,650	9,500
4d GT Sed AWD	420	1,260	2,100	4,730	7,350	10,500
4d LSi Sed AWD	440	1,320	2,200	4,950	7,700	11,000

	6	5	4	3	2	1
4d Brighton Sta Wag AWD	380	1,140	1,900	4,280	6,650	9,500
4d L Sta Wag AWD	400	1,200	2,000	4,500	7,000	10,000
4d GT Sta Wag AWD	440	1,320	2,200	4,950	7,700	11,000
4d Outback Sta Wag AWD	460	1,380	2,300	5,180	8,050	11,500
4d Outback Ltd Sta Wag AWD	480	1,440	2,400	5,400	8,400	12,000
4d LSi Sta Wag AWD	500	1,500	2,500	5,630	8,750	12,500

1997 SVX, 6-cyl.
	6	5	4	3	2	1
2d L Cpe AWD	380	1,140	1,900	4,280	6,650	9,500
2d LSi Cpe AWD	520	1,560	2,600	5,850	9,100	13,000

1998 Impreza, 4-cyl.
	6	5	4	3	2	1
2d L Cpe AWD	240	710	1,180	2,660	4,130	5,900
4d L Sed AWD	340	1,020	1,700	3,830	5,950	8,500
4d L Sta Wag AWD	420	1,260	2,100	4,730	7,350	10,500
4d Outback Sta Wag AWD	460	1,380	2,300	5,180	8,050	11,500
2d 2.5 RS Cpe AWD	500	1,500	2,500	5,630	8,750	12,500

1998 Legacy, 4-cyl.
	6	5	4	3	2	1
4d L Sed AWD	380	1,140	1,900	4,280	6,650	9,500
4d Spt Utly Sed AWD	400	1,200	2,000	4,500	7,000	10,000
4d GT Sed AWD	420	1,260	2,100	4,730	7,350	10,500
4d Brighton Sta Wag AWD	380	1,140	1,900	4,280	6,650	9,500
4d L Sta Wag AWD	400	1,200	2,000	4,500	7,000	10,000
4d GT Sta Wag AWD	440	1,320	2,200	4,950	7,700	11,000
4d Outback Sta Wag AWD	460	1,380	2,300	5,180	8,050	11,500

NOTE: Add 5 percent for Limited Pkg.

1998 Forester, 4-cyl.
	6	5	4	3	2	1
4d Sta Wag AWD	440	1,320	2,200	4,950	7,700	11,000
4d L Sta Wag AWD	480	1,440	2,400	5,400	8,400	12,000
4d S Sta Wag AWD	520	1,560	2,600	5,850	9,100	13,000

SUNBEAM

1948-51 4-cyl., 1944cc, 97.5" wb, Sunbeam-Talbot 90
	6	5	4	3	2	1
4d Sed	240	720	1,200	2,700	4,200	6,000
DHC	280	840	1,400	3,150	4,900	7,000

1948-57 4-cyl., 2267cc, 97.5" wb, Sunbeam-Talbot 90
	6	5	4	3	2	1
4d Sed	260	780	1,300	2,930	4,550	6,500
DHC	300	900	1,500	3,380	5,250	7,500

1953-55 4-cyl., 2267cc, 97.5" wb, Sunbeam Alpine
	6	5	4	3	2	1
Rds	560	1,680	2,800	6,300	9,800	14,000

1956-58 4-cyl., 1390cc, 96" wb, Sunbeam Rapier Series I
	6	5	4	3	2	1
2d HT	240	720	1,200	2,700	4,200	6,000
Conv	520	1,560	2,600	5,850	9,100	13,000

1959-61 4-cyl., 1494cc, 96" wb, Sunbeam Rapier Series II/III
	6	5	4	3	2	1
2d HT	240	720	1,200	2,700	4,200	6,000
Conv	520	1,560	2,600	5,850	9,100	13,000

1960 4-cyl., 1494cc, 86" wb, Sunbeam Alpine Series I
	6	5	4	3	2	1
Conv	540	1,620	2,700	6,080	9,450	13,500

1961 4-cyl., 1592cc, 86" wb, Sunbeam Alpine Series II/III
	6	5	4	3	2	1
Conv	540	1,620	2,700	6,080	9,450	13,500

1962 4-cyl., 1592cc, 86" wb, Sunbeam Alpine Series II/III
	6	5	4	3	2	1
Conv	540	1,620	2,700	6,080	9,450	13,500

1962 Sunbeam Herrington LeMans
	6	5	4	3	2	1
Cpe	620	1,860	3,100	6,980	10,850	15,500

1962-65 4-cyl., 1592cc, 96" wb, Sunbeam Rapier Series III/IV
	6	5	4	3	2	1
2d HT	240	720	1,200	2,700	4,200	6,000
Conv	520	1,560	2,600	5,850	9,100	13,000

1963 4-cyl., 1592cc, 86" wb, Sunbeam Alpine Series II/III
	6	5	4	3	2	1
Conv	580	1,740	2,900	6,530	10,150	14,500
Conv GT	620	1,860	3,100	6,980	10,850	15,500

1963 Sunbeam Herrington LeMans
	6	5	4	3	2	1
Cpe	660	1,980	3,300	7,430	11,550	16,500

1964 4-cyl., 1592cc, 86" wb, Sunbeam Alpine Series III/IV
	6	5	4	3	2	1
Conv	580	1,740	2,900	6,530	10,150	14,500
Conv GT	620	1,860	3,100	6,980	10,850	15,500

1964 Sunbeam Venezia by Superleggera
	6	5	4	3	2	1
Cpe	660	1,980	3,300	7,430	11,550	16,500

1964 V-8, 260 cid, 86" wb, Sunbeam Tiger Series I
	6	5	4	3	2	1
Conv	680	2,040	3,400	7,650	11,900	17,000

1965 4-cyl., 1592cc, 86" wb, Sunbeam Alpine Series IV
	6	5	4	3	2	1
Conv	660	1,980	3,300	7,430	11,550	16,500

1965 Sunbeam Venezia by Superleggera
	6	5	4	3	2	1
Cpe	680	2,040	3,400	7,650	11,900	17,000

	6	5	4	3	2	1
1965 V-8, 260 cid, 86" wb, Sunbeam Tiger Series I						
Conv	720	2,160	3,600	8,100	12,600	18,000
Conv	720	2,160	3,600	8,100	12,600	18,000
1966 V-8, 260 cid, 86" wb, Sunbeam Tiger Series I/IA						
Conv	840	2,520	4,200	9,450	14,700	21,000
1966-67 4-cyl., 1725cc, 96" wb, Sunbeam Rapier Series V						
2d HT	240	720	1,200	2,700	4,200	6,000
Conv	520	1,560	2,600	5,850	9,100	13,000
1967-68 4-cyl., 1725cc, 86" wb, Sunbeam Alpine Series V						
Conv	580	1,740	2,900	6,530	10,150	14,500
1967-68 V-8, 289cc, 86" wb, Sunbeam Tiger Series II						
Conv	880	2,640	4,400	9,900	15,400	22,000
1969-70 4-cyl., 1725cc, 98.5" wb, Sunbeam Alpine						
HT FBk	200	600	1,000	2,250	3,500	5,000
GT HT FBk	220	660	1,100	2,480	3,850	5,500

SUZUKI

	6	5	4	3	2	1
1989 Swift FWD						
2d GTi HBk	200	650	1,100	2,480	3,850	5,500
4d GLX HBk	200	600	1,000	2,250	3,500	5,000
1990 Swift, 4-cyl.						
2d GA HBk	150	400	700	1,580	2,450	3,500
2d GT HBk	150	500	850	1,940	3,000	4,300
4d GA Sed	150	450	750	1,710	2,650	3,800
4d GS Sed	150	500	800	1,850	2,850	4,100
1991 Swift						
2d GA HBk	150	400	700	1,580	2,450	3,500
2d GT HBk	150	500	850	1,940	3,000	4,300
4d GA Sed	150	450	750	1,710	2,650	3,800
4d GT Sed	150	500	800	1,850	2,850	4,100
1992 Swift, 4-cyl.						
2d GA HBk	150	400	700	1,580	2,450	3,500
2d GT HBk	150	500	850	1,940	3,000	4,300
4d GA Sed	150	450	750	1,710	2,650	3,800
4d GS Sed	150	500	800	1,850	2,850	4,100
1993 Swift, 4-cyl.						
2d GA HBk	150	400	700	1,580	2,450	3,500
2d GT HBk	150	500	850	1,940	3,000	4,300
4d GA Sed	150	450	750	1,710	2,650	3,800
4d GS Sed	150	500	800	1,850	2,850	4,100
1994 Swift, 4-cyl.						
2d GA HBk	150	400	700	1,580	2,450	3,500
2d GT HBk	150	500	850	1,940	3,000	4,300
4d GA Sed	150	450	750	1,710	2,650	3,800
4d GS Sed	150	500	800	1,850	2,850	4,100
1995 Swift, 4-cyl.						
2d HBk	150	450	800	1,760	2,750	3,900
1995 Esteem, 4-cyl.						
4d GL Sed	200	600	950	2,160	3,350	4,800
4d GLX Sed	200	600	1,000	2,250	3,500	5,000
1996 Swift, 4-cyl.						
2d HBk	150	450	800	1,760	2,750	3,900
1996 Esteem, 4-cyl.						
4d GL Sed	200	600	950	2,160	3,350	4,800
4d GLX Sed	200	600	1,000	2,250	3,500	5,000
1997 Swift, 4-cyl.						
2d HBk	156	468	780	1,760	2,730	3,900
1997 Esteem, 4-cyl.						
4d GL Sed	192	576	960	2,160	3,360	4,800
4d GLi Sed	200	600	1,000	2,250	3,500	5,000
4d GLX Sed	208	624	1,040	2,340	3,640	5,200
1998 Swift, 4-cyl.						
2d HBk	160	470	780	1,760	2,730	3,900
1998 Esteem, 4-cyl.						
4d GL Sed	190	580	960	2,160	3,360	4,800
4d GLX Sed	210	620	1,040	2,340	3,640	5,200
4d GL Sta Wag	210	640	1,060	2,390	3,710	5,300
4d GLX Sta Wag	220	660	1,100	2,480	3,850	5,500

	6	5	4	3	2	1
TOYOTA (TOYOPET)						
1958-60 Crown, 4-cyl., 1453cc, 99.6" wb						
RSL 4d Sed	260	780	1,300	2,930	4,550	6,500
1961-66 Tiara, 4-cyl., 1453cc, 94.5" wb						
4d Sed	240	720	1,200	2,700	4,200	6,000
1961-66 Crown, 4-cyl., 1879cc, 99.6" wb						
4d Cus Sed	268	804	1,340	3,020	4,690	6,700
4d Cus Sta Wag	272	816	1,360	3,060	4,760	6,800
TOYOTA						
1967-68 Corona, 4-cyl., 1879cc, 95.3" wb						
4d Sed	240	720	1,200	2,700	4,200	6,000
2d HT Cpe	280	840	1,400	3,150	4,900	7,000
1967-68 Crown, 6-cyl., 2254cc, 105.9" wb						
4d Sed	240	720	1,200	2,700	4,200	6,000
4d Sta Wag	248	744	1,240	2,790	4,340	6,200
1967-68 2000 GT, 6-cyl., 1988cc, 91.7" wb						
2d FBk Cpe	6,400	19,200	32,000	72,000	112,000	160,000
1969-70 1969 - Corolla, 4-cyl., 1079cc, 90" wb; 1970 - Corolla, 4-cyl., 1166cc, 90" wb						
2d Sed	220	660	1,100	2,480	3,850	5,500
2d FBk Cpe	240	720	1,200	2,700	4,200	6,000
2d Sta Wag	232	696	1,160	2,610	4,060	5,800
1969-70 Corona, 4-cyl., 1879cc, 95.3" wb						
4d Sed	220	660	1,100	2,480	3,850	5,500
2d HT Cpe	260	780	1,300	2,930	4,550	6,500
1969-70 Corona Mk II, 4-cyl., 1859cc, 98.8" wb						
4d Sed	240	720	1,200	2,700	4,200	6,000
2d HT Cpe	268	804	1,340	3,020	4,690	6,700
4d Sta Wag	252	756	1,260	2,840	4,410	6,300
1969-70 Crown, 6-cyl., 2254cc, 105.9" wb						
4d Sed	240	720	1,200	2,700	4,200	6,000
4d Sta Wag	260	780	1,300	2,930	4,550	6,500
1971-77 Corolla 1200, 4-cyl., 1166cc, 91.9" wb						
2d Sed	220	660	1,100	2,480	3,850	5,500
2d Cpe	220	660	1,100	2,480	3,850	5,500
2d Sta Wag	232	696	1,160	2,610	4,060	5,800
1971-77 Corolla 1600, 4-cyl., 1588cc, 91.9" wb						
2d Sed	220	660	1,100	2,480	3,850	5,500
4d Sed	220	660	1,100	2,480	3,850	5,500
2d Cpe	232	696	1,160	2,610	4,060	5,800
2d Sta Wag	236	708	1,180	2,660	4,130	5,900
1971-77 1971-74 - Celica, 4-cyl., 1967cc; 1975-77 - 2189cc						
2d Cpe	300	900	1,500	3,380	5,250	7,500
1971-77 Corona, 4-cyl., 1859cc, 95.7" wb						
4d Sed	240	720	1,200	2,700	4,200	6,000
2d HT Cpe	268	804	1,340	3,020	4,690	6,700
1971-77 Corona Mk II, 4-cyl., 1859cc, 98.8" wb						
4d Sed	240	720	1,200	2,700	4,200	6,000
2d HT Cpe	268	804	1,340	3,020	4,690	6,700
4d Sta Wag	260	780	1,300	2,930	4,550	6,500
1971-77 Crown, 1971 only, 6-cyl., 2254cc, 105.9" wb						
4d Sed	240	720	1,200	2,700	4,200	6,000
4d Sta Wag	260	780	1,300	2,930	4,550	6,500
1978-83 Corolla, 4-cyl., 1770cc, 94.5" wb						
2d Sed	200	600	1,000	2,250	3,500	5,000
DeL 2d Sed	200	600	1,000	2,250	3,500	5,000
DeL 4d Sed	200	600	1,000	2,250	3,500	5,000
DeL Sta Wag	200	600	1,000	2,300	3,550	5,100
DeL HT Cpe	200	650	1,100	2,480	3,850	5,500
SR5 2d HT Cpe	250	700	1,150	2,570	4,000	5,700
DeL 3d LBk	200	600	1,000	2,250	3,500	5,000
DeL 2d Spt Cpe	200	650	1,050	2,390	3,700	5,300
SR5 3d LBk	200	650	1,100	2,480	3,850	5,500
SR5 2d Spt Cpe	200	650	1,100	2,480	3,850	5,500
1978-83 Tercel, 4-cyl., 1452cc, 98.4" wb						
2d Sed	200	650	1,100	2,480	3,850	5,500
DeL 2d Sed	200	650	1,100	2,480	3,850	5,500
4d Sed	200	650	1,100	2,480	3,850	5,500
DeL 3d LBk	200	650	1,100	2,480	3,850	5,500
SR5 3d LBk	250	700	1,150	2,570	4,000	5,700

	6	5	4	3	2	1
1978-83 Starlet, 4-cyl., 1290cc, 90.6" wb						
3d LBk	200	650	1,100	2,480	3,850	5,500
1978-83 Celica, 4-cyl., 2366cc, 98.4" wb						
ST 2d Spt Cpe	250	800	1,300	2,930	4,550	6,500
GT 2d Spt Cpe	250	800	1,300	2,970	4,600	6,600
GT 3d LBk	250	800	1,350	3,020	4,700	6,700
1978-83 Celica Supra, 6-cyl., 2759cc, 103.5" wb						
GT 2d Spt Cpe	300	900	1,500	3,380	5,250	7,500
1978-83 Corona, 4-cyl., 2366cc, 99.4" wb						
DeL 4d Sed	200	650	1,100	2,480	3,850	5,500
DeL 5d Sta Wag	250	700	1,200	2,700	4,200	6,000
LE 4d Sed	200	650	1,100	2,480	3,850	5,500
LE 5d LBk	250	700	1,200	2,700	4,200	6,000
1978-83 Cressida, 6-cyl., 2759cc, 104.1" wb						
Lux 4d Sed	250	700	1,150	2,570	4,000	5,700
Lux 4d Sta Wag	250	740	1,240	2,790	4,340	6,200
1978-83 Cressida, 6-cyl., 2759cc, 103.5" wb						

NOTE: Specifications in this section are for 1981 models only. Prices are averages for the 1980-1981 model years.

	6	5	4	3	2	1
1984 Starlet						
2d LBk	200	600	1,000	2,300	3,550	5,100
1984 Tercel						
2d LBk	200	600	1,050	2,340	3,650	5,200
4d Sta Wag	200	650	1,050	2,390	3,700	5,300

NOTE: Add 20 percent for 4x4 option where available.

	6	5	4	3	2	1
1984 Corolla						
4d Sed	200	600	1,050	2,340	3,650	5,200
4d LBk	200	650	1,050	2,390	3,700	5,300
2d HT	200	650	1,100	2,480	3,850	5,500
1984 Celica						
2d Cpe	250	700	1,150	2,610	4,050	5,800
2d LBk	250	700	1,200	2,700	4,200	6,000
2d Supra	250	750	1,250	2,840	4,400	6,300
1984 Camry						
4d Sed	250	700	1,200	2,660	4,150	5,900
4d LBk	250	700	1,200	2,700	4,200	6,000
1984 Cressida						
4d Sed	250	700	1,200	2,700	4,200	6,000
4d Sta Wag	250	750	1,200	2,750	4,250	6,100
1985 Tercel						
2d LBk	200	650	1,050	2,390	3,700	5,300
4d LBk	200	650	1,100	2,430	3,800	5,400
4d Sta Wag	200	650	1,100	2,480	3,850	5,500

NOTE: Add 20 percent for 4x4 option where available.

	6	5	4	3	2	1
1985 Corolla						
4d Sed	200	650	1,100	2,430	3,800	5,400
4d LBk	200	650	1,100	2,480	3,850	5,500
2d Cpe	200	650	1,100	2,520	3,900	5,600
2d LBk	200	650	1,100	2,480	3,850	5,500
1985 Celica						
2d Cpe	250	700	1,150	2,610	4,050	5,800
2d LBk	250	700	1,200	2,700	4,200	6,000
2d Conv	300	850	1,400	3,150	4,900	7,000
2d Supra	250	750	1,250	2,840	4,400	6,300
1985 Camry						
4d Sed	250	700	1,200	2,660	4,150	5,900
4d LBk	250	750	1,200	2,750	4,250	6,100
1985 MR2						
2d Cpe	250	750	1,300	2,880	4,500	6,400
1985 Cressida						
4d Sed	250	750	1,250	2,840	4,400	6,300
4d Sta Wag	250	750	1,300	2,880	4,500	6,400
1986 Tercel						
2d LBk	200	600	1,000	2,210	3,450	4,900
4d Sta Wag	200	600	1,000	2,250	3,500	5,000

NOTE: Add 20 percent for 4x4 option where available.

	6	5	4	3	2	1
1986 Corolla						
4d Sed	200	600	950	2,160	3,350	4,800
4d LBk	200	600	1,000	2,210	3,450	4,900
2d Cpe	200	550	950	2,120	3,300	4,700

	6	5	4	3	2	1
1986 Celica						
2d Cpe	250	700	1,200	2,660	4,150	5,900
2d LBk	250	750	1,200	2,750	4,250	6,100
1986 Supra						
2d LBk	250	750	1,300	2,880	4,500	6,400
1986 Camry						
4d Sed	200	600	950	2,160	3,350	4,800
4d LBk	200	600	1,000	2,210	3,450	4,900
1986 MR2						
2d Cpe	250	700	1,200	2,700	4,200	6,000
1986 Cressida						
4d Sed	250	700	1,200	2,660	4,150	5,900
4d Sta Wag	250	750	1,250	2,790	4,350	6,200
1987 Tercel						
2d LBk	200	600	1,000	2,250	3,500	5,000
4d LBk	200	600	1,000	2,300	3,550	5,100
2d Cpe	200	600	1,000	2,210	3,450	4,900
4d Sta Wag	200	600	1,000	2,300	3,550	5,100

NOTE: Add 20 percent for 4x4 option where available.

	6	5	4	3	2	1
1987 Corolla						
4d Sed	200	600	1,000	2,210	3,450	4,900
4d LBk	200	600	1,000	2,250	3,500	5,000
2d Cpe	200	600	1,000	2,210	3,450	4,900
2d LBk	200	600	950	2,160	3,350	4,800
1987 Celica						
2d Cpe	250	700	1,200	2,700	4,200	6,000
2d LBk	250	750	1,200	2,750	4,250	6,100
2d Conv	300	900	1,450	3,290	5,100	7,300
1987 Supra						
2d LBk	250	800	1,300	2,930	4,550	6,500
1987 Camry						
4d Sed	200	600	1,000	2,210	3,450	4,900
4d Sta Wag	200	600	1,000	2,250	3,500	5,000
1987 MR2						
2d Cpe	250	750	1,200	2,750	4,250	6,100
1987 Cressida						
4d Sed	250	700	1,200	2,700	4,200	6,000
4d Sta Wag	250	750	1,250	2,840	4,400	6,300
1988 Tercel						
2d LBk	200	550	900	2,070	3,200	4,600
4d LBk	200	550	950	2,120	3,300	4,700
2d Cpe	200	550	900	2,030	3,150	4,500
4d Sta Wag	200	550	950	2,120	3,300	4,700

NOTE: Add 20 percent for 4x4 option where available.

	6	5	4	3	2	1
1988 Corolla						
4d Sed	200	550	900	2,030	3,150	4,500
4d Sta Wag	200	550	900	2,030	3,150	4,500
2d Cpe	200	550	900	2,070	3,200	4,600
2d LBk	200	550	900	2,030	3,150	4,500

NOTE: Add 20 percent for 4x4 option where available.

	6	5	4	3	2	1
1988 Celica						
2d Cpe	250	750	1,200	2,750	4,250	6,100
2d LBk	250	750	1,250	2,790	4,350	6,200
2d Conv	300	900	1,500	3,380	5,250	7,500
1988 Supra						
2d LBk	250	800	1,300	2,930	4,550	6,500
1988 Camry						
4d Sed	200	600	1,000	2,250	3,500	5,000
4d Sta Wag	200	600	1,000	2,300	3,550	5,100

NOTE: Add 20 percent for 4x4 option where available.

	6	5	4	3	2	1
1988 MR2						
2d Cpe	250	750	1,250	2,790	4,350	6,200
1988 Cressida						
4d Sed	250	750	1,200	2,750	4,250	6,100
1989 Tercel						
2d LBk	200	550	950	2,120	3,300	4,700
4d LBk	200	600	950	2,160	3,350	4,800
2d Cpe	200	550	900	2,070	3,200	4,600
1989 Corolla						
4d Sed	200	550	900	2,070	3,200	4,600
4d Sta Wag	200	550	900	2,070	3,200	4,600

	6	5	4	3	2	1
2d Cpe	200	550	950	2,120	3,300	4,700

NOTE: Add 20 percent for 4x4 option.

1989 Celica

	6	5	4	3	2	1
2d Cpe	250	750	1,250	2,790	4,350	6,200
2d LBk	250	750	1,250	2,840	4,400	6,300
2d Conv	300	900	1,550	3,470	5,400	7,700

1989 Supra

	6	5	4	3	2	1
2d LBk	250	800	1,300	2,970	4,600	6,600

1989 Camry

	6	5	4	3	2	1
4d Sed	200	600	1,000	2,300	3,550	5,100
4d Sta Wag	200	600	1,050	2,340	3,650	5,200

1989 MR2

	6	5	4	3	2	1
2d Cpe	250	750	1,250	2,840	4,400	6,300

1989 Cressida

	6	5	4	3	2	1
4d Sed	250	750	1,250	2,790	4,350	6,200

1990 Tercel, 4-cyl.

	6	5	4	3	2	1
2d EZ HBk	200	550	900	2,030	3,150	4,500
2d HBk	200	600	1,000	2,250	3,500	5,000
2d Cpe	200	600	1,000	2,300	3,550	5,100
2d DLX Cpe	200	650	1,100	2,480	3,850	5,500

1990 Corolla, 4-cyl.

	6	5	4	3	2	1
4d Sed	200	600	1,000	2,250	3,500	5,000
DLX 4d Sed	220	660	1,100	2,480	3,850	5,500
LE 4d Sed	240	720	1,200	2,700	4,200	6,000
DLX 4d Sta Wag	228	684	1,140	2,570	3,990	5,700
DLX 4d Sed 4x4	260	780	1,300	2,930	4,550	6,500
DLX 4d Sta Wag 4x4	260	780	1,300	2,930	4,550	6,500
SR5 4d Sta Wag 4x4	290	860	1,440	3,240	5,040	7,200
SR5 2d Cpe	280	840	1,400	3,150	4,900	7,000
GT-S 2d Cpe	300	900	1,450	3,290	5,100	7,300

1990 Celica, 4-cyl.

	6	5	4	3	2	1
ST 2d Cpe	300	950	1,600	3,600	5,600	8,000
GT 2d Cpe	350	1,000	1,700	3,830	5,950	8,500
GT 2d HBk	350	1,050	1,750	3,920	6,100	8,700
GT-S 2d HBk	400	1,150	1,900	4,280	6,650	9,500
2d HBk 4x4, Turbo	450	1,400	2,300	5,180	8,050	11,500

1990 Supra, 6-cyl.

	6	5	4	3	2	1
2d HBk	450	1,400	2,300	5,180	8,050	11,500
2d HBk, Turbo	500	1,500	2,500	5,630	8,750	12,500

1990 Camry 4-cyl.

	6	5	4	3	2	1
4d Sed	300	900	1,500	3,380	5,250	7,500
DLX 4d Sed	300	950	1,600	3,560	5,550	7,900
LE 4d Sed	300	950	1,600	3,650	5,650	8,100
DLX 4d Sed 4x4	350	1,000	1,700	3,830	5,950	8,500
LE 4d Sed 4x4	350	1,050	1,800	4,010	6,250	8,900
DLX 4d Sta Wag	350	1,050	1,750	3,960	6,150	8,800

1990 V-6

	6	5	4	3	2	1
DLX 4d Sed	300	950	1,600	3,600	5,600	8,000
LE 4d Sed	350	1,000	1,650	3,740	5,800	8,300
DLX 4d Sta Wag	350	1,100	1,800	4,100	6,350	9,100
LE 4d Sta Wag	400	1,150	1,900	4,280	6,650	9,500

1990 Cressida, 6-cyl.

	6	5	4	3	2	1
LUX 4d Sed	400	1,200	2,000	4,500	7,000	10,000

1991 Tercel

	6	5	4	3	2	1
2d Sed	150	500	800	1,800	2,800	4,000
DX 2d Sed	150	500	850	1,940	3,000	4,300
DX 4d Sed	150	500	800	1,850	2,850	4,100
LE 4d Sed	200	550	900	1,980	3,100	4,400

1991 Corolla

	6	5	4	3	2	1
4d Sed	200	600	1,000	2,250	3,500	5,000
DX 4d Sed	200	650	1,100	2,480	3,850	5,500
LE 4d Sed	250	700	1,200	2,700	4,200	6,000
DX 4d Sta Wag	250	750	1,250	2,790	4,350	6,200
DX 4d Sta Wag 4x4	250	800	1,300	2,930	4,550	6,500
SR5 2d Cpe	300	850	1,400	3,150	4,900	7,000
GT-S 2d Cpe	300	900	1,450	3,290	5,100	7,300

1991 Celica

	6	5	4	3	2	1
ST 2d Cpe	300	900	1,500	3,380	5,250	7,500
GT 2d Cpe	300	950	1,600	3,600	5,600	8,000
GT 2d Conv	500	1,500	2,500	5,630	8,750	12,500
GT 2d HBk	400	1,150	1,900	4,280	6,650	9,500
GT-S 2d HBk	400	1,250	2,100	4,730	7,350	10,500
2d HBk 4x4, Turbo	450	1,300	2,200	4,950	7,700	11,000

	6	5	4	3	2	1
1991 Supra						
2d HBk	450	1,400	2,300	5,180	8,050	11,500
2d HBk, Turbo	500	1,500	2,500	5,630	8,750	12,500
1991 Camry						
4d Sed	300	850	1,400	3,150	4,900	7,000
DX 4d Sed	300	900	1,500	3,380	5,250	7,500
LE 4d Sed	300	900	1,500	3,380	5,250	7,500
DX 4d Sed 4x4	350	1,000	1,700	3,830	5,950	8,500
LE 4d Sed 4x4	350	1,100	1,800	4,050	6,300	9,000
DX 4d Sta Wag	300	950	1,600	3,600	5,600	8,000
LE 4d Sta Wag V-6	400	1,150	1,900	4,280	6,650	9,500

NOTE: Add 5 percent for V-6 on LE and DX 2x4 sedans.

	6	5	4	3	2	1
1991 MR2						
2d Cpe	350	1,100	1,800	4,050	6,300	9,000
2d Cpe, Turbo	400	1,150	1,900	4,280	6,650	9,500
1991 Cressida						
4d Sed	450	1,400	2,300	5,180	8,050	11,500
1992 & 1993 Tercel, 4-cyl.						
2d Sed	200	550	900	2,030	3,150	4,500
DX 2d Sed	200	550	950	2,120	3,300	4,700
DX 4d Sed	200	600	1,000	2,250	3,500	5,000
LE 4d Sed	200	650	1,050	2,390	3,700	5,300
1992 & 1993 Corolla, 4-cyl.						
4d Sed	300	950	1,600	3,600	5,600	8,000
DX 4d Sed	350	1,000	1,650	3,740	5,800	8,300
LE 4d Sed	350	1,000	1,700	3,830	5,950	8,500
DX 4d Sta Wag	400	1,200	2,000	4,500	7,000	10,000
1992 & 1993 Paseo, 4-cyl.						
2d Cpe	550	1,600	2,700	6,080	9,450	13,500
1992 & 1993 Celica, 4-cyl.						
ST 2d Cpe	350	1,000	1,700	3,830	5,950	8,500
GT 2d Cpe	350	1,100	1,800	4,050	6,300	9,000
GT 2d HBk	450	1,300	2,200	4,950	7,700	11,000
GT-S 2d HBk	450	1,350	2,250	5,090	7,900	11,300
2d HBk, Turbo	450	1,400	2,300	5,180	8,050	11,500
GT 2d Conv	500	1,500	2,500	5,630	8,750	12,500
1992 & 1993 Camry, 4-cyl.						
DX 4d Sed	250	800	1,350	3,060	4,750	6,800
LE 4d Sed	300	850	1,400	3,150	4,900	7,000
XLE 4d Sed	300	900	1,500	3,380	5,250	7,500
DX 4d Sta Wag	300	950	1,600	3,600	5,600	8,000
LE 4d Sta Wag	350	1,000	1,700	3,830	5,950	8,500
1992 & 1993 Camry, V-6						
DX 4d Sed	300	900	1,500	3,380	5,250	7,500
LE 4d Sed	300	900	1,500	3,420	5,300	7,600
SE 4d Sed	300	900	1,550	3,470	5,400	7,700
XLE 4d Sed	350	1,000	1,650	3,740	5,800	8,300
LE 4d Sta Wag	400	1,200	2,000	4,500	7,000	10,000
1992 & 1993 MR2, 4-cyl.						
2d Cpe	400	1,150	1,900	4,280	6,650	9,500
2d Cpe, Turbo	400	1,200	2,000	4,500	7,000	10,000
1992 & 1993 Supra						
2d HBk	500	1,500	2,500	5,630	8,750	12,500
2d HBk, Turbo	550	1,600	2,700	6,080	9,450	13,500
1994 Tercel, 4-cyl.						
2d Sed	200	600	1,000	2,250	3,500	5,000
DX 2d Sed	200	650	1,100	2,480	3,850	5,500
DX 4d Sed	250	700	1,150	2,570	4,000	5,700
1994 Corolla, 4-cyl.						
4d Sed	300	850	1,400	3,150	4,900	7,000
DX 4d Sed	300	900	1,500	3,380	5,250	7,500
LE 4d Sed	300	950	1,600	3,600	5,600	8,000
DX 4d Sta Wag	350	1,000	1,650	3,740	5,800	8,300
1994 Paseo, 4-cyl.						
2d Cpe	300	900	1,500	3,380	5,250	7,500
1994 Celica, 4-cyl.						
ST 2d Cpe	400	1,200	2,000	4,500	7,000	10,000
GT 2d Cpe	400	1,250	2,100	4,730	7,350	10,500
ST 2d HBk	400	1,150	1,900	4,280	6,650	9,500
GT 2d HBk	450	1,300	2,200	4,950	7,700	11,000
1994 Camry						
DX 2d Cpe, 4-cyl.	400	1,200	2,000	4,500	7,000	10,000
LE 2d Cpe, 4-cyl.	400	1,250	2,100	4,730	7,350	10,500

	6	5	4	3	2	1
LE 2d Cpe, V-6	450	1,300	2,200	4,950	7,700	11,000
SE 2d Cpe, V-6	450	1,400	2,300	5,180	8,050	11,500
DX 4d Sed, 4-cyl.	400	1,200	2,000	4,460	6,950	9,900
LE 4d Sed, 4-cyl.	400	1,200	2,000	4,500	7,000	10,000
LE 4d Sed, V-6	450	1,300	2,200	4,950	7,700	11,000
SE 4d Sed, V-6	450	1,400	2,300	5,180	8,050	11,500
XLE 4d Sed, 4-cyl.	450	1,400	2,300	5,180	8,050	11,500
XLE 4d Sed, V-6	500	1,450	2,400	5,400	8,400	12,000
DX 4d Sta Wag, 4-cyl.	420	1,260	2,100	4,730	7,350	10,500
LE 4d Sta Wag, 4-cyl.	440	1,320	2,200	4,950	7,700	11,000
LE 4d Sta Wag, V-6	480	1,440	2,400	5,400	8,400	12,000

1994 MR2, 4-cyl.

	6	5	4	3	2	1
2d Cpe	500	1,500	2,500	5,630	8,750	12,500
2d Cpe, Turbo	600	1,750	2,900	6,530	10,200	14,500

1994 Supra

	6	5	4	3	2	1
2d HBk	750	2,200	3,700	8,330	13,000	18,500
2d HBk, Turbo	900	2,700	4,500	10,130	15,700	22,500

1995 Tercel, 4-cyl.

	6	5	4	3	2	1
2d Sed	200	600	1,000	2,250	3,500	5,000
DX 2d Sed	200	650	1,100	2,480	3,850	5,500
DX 4d Sed	250	700	1,150	2,570	4,000	5,700

1995 Corolla, 4-cyl.

	6	5	4	3	2	1
4d Sed	300	850	1,400	3,150	4,900	7,000
DX 4d Sed	300	900	1,500	3,380	5,250	7,500
DX 4d Sta Wag	350	1,000	1,650	3,740	5,800	8,300
LE 4d Sed	300	950	1,600	3,600	5,600	8,000

1995 Paseo, 4-cyl.

	6	5	4	3	2	1
2d Cpe	300	900	1,500	3,380	5,250	7,500

1995 Celica, 4-cyl.

	6	5	4	3	2	1
ST 2d Cpe	400	1,200	2,000	4,500	7,000	10,000
ST 2d HBk	400	1,150	1,900	4,280	6,650	9,500
GT 2d Cpe	400	1,250	2,100	4,730	7,350	10,500
GT 2d HBk	450	1,300	2,200	4,950	7,700	11,000
GT 2d Conv	500	1,550	2,600	5,850	9,100	13,000

1995 Camry, 4-cyl. & V-6

	6	5	4	3	2	1
DX 2d Cpe	400	1,200	2,000	4,500	7,000	10,000
DX 4d Sed	400	1,200	2,000	4,460	6,950	9,900
LE 2d Cpe	400	1,250	2,100	4,730	7,350	10,500
LE 2d Cpe, V-6	450	1,300	2,200	4,950	7,700	11,000
LE 4d Sed	400	1,200	2,000	4,500	7,000	10,000
LE 4d Sed, V-6	450	1,300	2,200	4,950	7,700	11,000
LE 4d Sta Wag	450	1,300	2,200	4,950	7,700	11,000
LE 4d Sta Wag, V-6	480	1,440	2,400	5,400	8,400	12,000
SE 2d Cpe, V-6	450	1,400	2,300	5,180	8,050	11,500
SE 4d Sed, V-6	450	1,400	2,300	5,180	8,050	11,500
XLE 4d Sed	450	1,400	2,300	5,180	8,050	11,500
XLE 4d Sed, V-6	500	1,450	2,400	5,400	8,400	12,000

1995 MR2, 4-cyl.

	6	5	4	3	2	1
2d Cpe	500	1,500	2,500	5,630	8,750	12,500
2d Cpe, Turbo	600	1,750	2,900	6,530	10,200	14,500

1995 Avalon, V-6

	6	5	4	3	2	1
XL 4d Sed	400	1,250	2,100	4,730	7,350	10,500
XLS 4d Sed	450	1,400	2,300	5,180	8,050	11,500

1995 Supra, 6-cyl.

	6	5	4	3	2	1
2d HBk	750	2,200	3,700	8,330	13,000	18,500
2d HBk, Turbo	900	2,700	4,500	10,130	15,700	22,500

1996 Tercel, 4-cyl.

	6	5	4	3	2	1
2d Sed	200	550	900	2,030	3,150	4,500
DX 2d Sed	200	600	1,000	2,250	3,500	5,000
DX 4d Sed	200	600	1,050	2,340	3,650	5,200

1996 Corolla, 4-cyl.

	6	5	4	3	2	1
4d Sed	250	800	1,300	2,930	4,550	6,500
DX 4d Sed	300	850	1,400	3,150	4,900	7,000
DX 4d Sta Wag	300	950	1,550	3,510	5,450	7,800

1996 Paseo, 4-cyl.

	6	5	4	3	2	1
2d Cpe	300	850	1,400	3,150	4,900	7,000

1996 Celica, 4-cyl.

	6	5	4	3	2	1
ST 2d Cpe	400	1,150	1,900	4,280	6,650	9,500
ST 2d HBk	350	1,100	1,800	4,050	6,300	9,000
GT 2d Cpe	400	1,200	2,000	4,500	7,000	10,000
GT 2d HBk	400	1,250	2,100	4,730	7,350	10,500
GT 2d Conv	500	1,500	2,500	5,630	8,750	12,500

1996 Camry, 4-cyl.

	6	5	4	3	2	1
DX 2d Cpe	400	1,150	1,900	4,280	6,650	9,500

	6	5	4	3	2	1
DX 4d Sed	400	1,150	1,900	4,230	6,600	9,400
LE 2d Cpe	400	1,200	2,000	4,500	7,000	10,000
LE 4d Sed	400	1,150	1,900	4,280	6,650	9,500
LE 4d Sta Wag	400	1,250	2,100	4,730	7,350	10,500
XLE 4d Sed	450	1,300	2,200	4,950	7,700	11,000
1996 Camry, V-6.						
LE 2d Cpe	400	1,250	2,100	4,730	7,350	10,500
LE 4d Sed	400	1,250	2,100	4,730	7,350	10,500
LE 4d Sta Wag	450	1,400	2,300	5,180	8,050	11,500
SE 2d Cpe	450	1,300	2,200	4,950	7,700	11,000
SE 4d Sed	450	1,300	2,200	4,950	7,700	11,000
XLE 4d Sed	450	1,400	2,300	5,180	8,050	11,500
1996 Avalon, V-6.						
XL 4d Sed	400	1,200	2,000	4,500	7,000	10,000
XLS 4d Sed	450	1,300	2,200	4,950	7,700	11,000
1996 Supra, 6-cyl.						
2d HBk	700	2,150	3,600	8,100	12,600	18,000
2d HBk, Turbo	900	2,650	4,400	9,900	15,400	22,000
1997 Tercel, 4-cyl.						
CE 2d Sed	200	600	1,000	2,250	3,500	5,000
CE 4d Sed	208	624	1,040	2,340	3,640	5,200
1997 Corolla, 4-cyl.						
VE 4d Sed	260	780	1,300	2,930	4,550	6,500
CE 4d Sed	280	840	1,400	3,150	4,900	7,000
LE 4d Sed	300	900	1,500	3,380	5,250	7,500
1997 Paseo, 4-cyl.						
2d Cpe	280	840	1,400	3,150	4,900	7,000
2d Conv	348	1,044	1,740	3,920	6,090	8,700
1997 Celica, 4-cyl.						
ST 2d Cpe	380	1,140	1,900	4,280	6,650	9,500
ST 2d HBk	360	1,080	1,800	4,050	6,300	9,000
GT 2d HBk	420	1,260	2,100	4,730	7,350	10,500
GT 2d Conv	500	1,500	2,500	5,630	8,750	12,500
1997 Camry, 4-cyl.						
CE 4d Sed	380	1,140	1,900	4,280	6,650	9,500
LE 4d Sed	388	1,164	1,940	4,370	6,790	9,700
XLE 4d Sed	400	1,200	2,000	4,500	7,000	10,000
1997 Camry, V-6						
CE 4d Sed	400	1,200	2,000	4,500	7,000	10,000
LE 4d Sed	420	1,260	2,100	4,730	7,350	10,500
XLE 4d Sed	440	1,320	2,200	4,950	7,700	11,000
1997 Avalon, V-6						
XL 4d Sed	408	1,224	2,040	4,590	7,140	10,200
XLS 4d Sed	460	1,380	2,300	5,180	8,050	11,500
1997 Supra, 6-cyl.						
2d HBk	720	2,160	3,600	8,100	12,600	18,000
2d HBk, Turbo	880	2,640	4,400	9,900	15,400	22,000
1998 Tercel, 4-cyl.						
CE 2d Sed	200	600	1,000	2,250	3,500	5,000
CE 4d Sed	210	620	1,040	2,340	3,640	5,200
1998 Corolla, 4-cyl.						
VE 4d Sed	260	780	1,300	2,930	4,550	6,500
CE 4d Sed	280	840	1,400	3,150	4,900	7,000
LE 4d Sed	300	900	1,500	3,380	5,250	7,500
1998 Paseo, 4-cyl.						
2d Cpe	280	840	1,400	3,150	4,900	7,000
2d Conv	350	1,040	1,740	3,920	6,090	8,700
1998 Celica GT, 4-cyl.						
2d Cpe	380	1,140	1,900	4,280	6,650	9,500
2d HBk	420	1,260	2,100	4,730	7,350	10,500
2d Conv	500	1,500	2,500	5,630	8,750	12,500
1998 Camry, 4-cyl.						
CE 4d Sed	380	1,140	1,900	4,280	6,650	9,500
LE 4d Sed	390	1,160	1,940	4,370	6,790	9,700
XLE 4d Sed	400	1,200	2,000	4,500	7,000	10,000
1998 Camry, V-6						
CE 4d Sed	400	1,200	2,000	4,500	7,000	10,000
LE 4d Sed	420	1,260	2,100	4,730	7,350	10,500
XLE 4d Sed	440	1,320	2,200	4,950	7,700	11,000
1998 Avalon, V-6						
XL 4d Sed	430	1,280	2,140	4,820	7,490	10,700
XLS 4d Sed	490	1,460	2,440	5,490	8,540	12,200

1975 Saab 99 LE hatchback coupe

1977 Toyota Corolla Sedan DeLuxe

1992 Toyota Corolla sedan

	6	5	4	3	2	1
1998 Supra, 6-cyl.						
2d HBk	740	2,220	3,700	8,330	12,950	18,500
2d HBk, Turbo	900	2,700	4,500	10,130	15,750	22,500

TRIUMPH

	6	5	4	3	2	1
1946-48 1800, 4-cyl., 63 hp, 108" wb						
T&C Saloon	300	950	1,600	3,600	5,600	8,000
1946-48 1800, 4-cyl., 63 hp, 100" wb						
Rds	900	2,750	4,600	10,350	16,100	23,000
1949 1800, 4-cyl., 63 hp, 108" wb						
T&C Saloon	300	850	1,400	3,150	4,900	7,000
1949 2000, 4-cyl., 68 hp, 108" wb						
Saloon	300	850	1,400	3,200	4,950	7,100
1949 2000 Renown, 4-cyl., 68 hp, 108" wb						
Saloon	300	950	1,600	3,600	5,600	8,000
1949 Mayflower, 4-cyl., 38 hp, 84" wb						
Saloon	250	800	1,300	2,930	4,550	6,500
1949 2000, 4-cyl., 68 hp, 100" wb						
Rds	950	2,900	4,800	10,800	16,800	24,000
1950 2000 Renown, 4-cyl., 68 hp, 108" wb						
Saloon	300	850	1,400	3,150	4,900	7,000
1950 Mayflower, 4-cyl., 38 hp, 84" wb						
Saloon	250	800	1,300	2,930	4,550	6,500
Conv	350	1,000	1,700	3,830	5,950	8,500
1950 TRX (New Roadster Prototype) 4-cyl., 71 hp, 94" wb						
Rds		value not estimable				

NOTE: Car was offered but none were ever delivered.

	6	5	4	3	2	1
1951 2000 Renown, 4-cyl., 68 hp, 108" wb						
Saloon	300	850	1,400	3,150	4,900	7,000
1951 2000, 4-cyl., 68 hp, 111" wb						
Limo	300	900	1,500	3,380	5,250	7,500
1951 Mayflower, 4-cyl., 38 hp, 84" wb						
Saloon	250	800	1,300	2,930	4,550	6,500
1952 2000, 4-cyl., 68 hp, 111" wb						
Limo	300	900	1,500	3,380	5,250	7,500
1952 Mayflower, 4-cyl., 38 hp, 84" wb						
Saloon	250	800	1,300	2,930	4,550	6,500
1952 20TS (prototype), 4-cyl., 75 hp, 130" wb						
TR-1 Rds		value not estimable				

NOTE: Only one prototype built.

	6	5	4	3	2	1
1952 2000 Renown, 4-cyl., 68 hp, 111" wb						
Saloon	300	850	1,400	3,150	4,900	7,000
1953 2000 Renown, 4-cyl., 68 hp, 108" wb						
Saloon	300	850	1,400	3,150	4,900	7,000
1953 2000, 4-cyl., 68 hp, 111" wb						
Limo	300	850	1,400	3,200	4,950	7,100
1953 Mayflower, 4-cyl., 38 hp, 84" wb						
Saloon	250	800	1,300	2,930	4,550	6,500
1953 TR-2, 4-cyl., 90 hp, 88" wb						
Rds	760	2,280	3,800	8,550	13,300	19,000
1954 2000 Renown, 4-cyl., 68 hp, 108" wb						
Saloon	300	850	1,400	3,150	4,900	7,000
1954 TR-2, 4-cyl., 90 hp, 88" wb						
Rds	720	2,160	3,600	8,100	12,600	18,000
1955 TR-2, 4-cyl., 90 hp, 88" wb						
Rds	650	1,900	3,200	7,200	11,200	16,000
1955 TR-3, 4-cyl., 95 hp, 88" wb						
Rds	680	2,040	3,400	7,650	11,900	17,000
1956 TR-3, 4-cyl., 95 hp, 88" wb						
Rds	650	2,000	3,300	7,430	11,600	16,500
HT Rds	700	2,050	3,400	7,650	11,900	17,000
1957 TR-3, 4-cyl., 100 hp, 88" wb						
Rds	650	2,000	3,300	7,430	11,600	16,500
HT Rds	700	2,050	3,400	7,650	11,900	17,000
1957 TR-10, 4-cyl., 40 hp, 84" wb						
Saloon	550	1,700	2,800	6,300	9,800	14,000
1958 TR-3, 4-cyl., 100 hp, 88" wb						
Rds	650	2,000	3,300	7,430	11,600	16,500
HT Rds	700	2,050	3,400	7,650	11,900	17,000

	6	5	4	3	2	1
1958 TR-10, 4-cyl., 40 hp, 84" wb						
Saloon	550	1,700	2,800	6,300	9,800	14,000
Sta Wag	550	1,700	2,850	6,390	9,950	14,200
NOTE: All cars registered after 9-15-58 are 1959 models.						
1959 TR-3, 4-cyl., 100 hp, 88" wb						
Rds	650	2,000	3,300	7,430	11,600	16,500
HT Rds	650	1,900	3,200	7,200	11,200	16,000
1959 TR-10, 4-cyl., 40 hp, 84" wb						
Saloon	550	1,700	2,800	6,300	9,800	14,000
Sta Wag	550	1,700	2,850	6,390	9,950	14,200
1960 Herald, 4-cyl., 40 hp, 84" wb						
Sed	250	750	1,200	2,750	4,250	6,100
Cpe	250	750	1,250	2,790	4,350	6,200
Conv	450	1,300	2,200	4,950	7,700	11,000
Sta Wag	250	800	1,300	2,930	4,550	6,500
1960 TR-3, 4-cyl., 100 hp, 88" wb						
Rds	650	2,000	3,300	7,430	11,600	16,500
HT Rds	700	2,050	3,400	7,650	11,900	17,000
NOTE: All cars registered after 9-15-60 are 1961 models.						
1961 Herald, 4-cyl., 40 hp, 91.5" wb						
Sed	250	750	1,250	2,790	4,350	6,200
Cpe	250	750	1,250	2,840	4,400	6,300
Conv	450	1,300	2,200	4,950	7,700	11,000
Sta Wag	250	750	1,250	2,790	4,350	6,200
1961 TR-3, 4-cyl., 100 hp, 88" wb						
Rds	650	2,000	3,300	7,430	11,600	16,500
HT Rds	700	2,050	3,400	7,650	11,900	17,000
1962 Herald, 4-cyl., 40 hp, 91.5" wb						
Sed	250	750	1,200	2,750	4,250	6,100
Cpe	250	750	1,250	2,790	4,350	6,200
Conv	450	1,300	2,200	4,950	7,700	11,000
1962 TR-3, 4-cyl., 100 hp, 88" wb						
Rds	650	1,900	3,200	7,200	11,200	16,000
HT Rds	650	2,000	3,300	7,430	11,600	16,500
1962 TR-4, 4-cyl., 105 hp, 88" wb						
Rds	700	2,050	3,400	7,650	11,900	17,000
HT Rds	700	2,100	3,500	7,880	12,300	17,500
1962 Spitfire, 4-cyl., 100 hp, 83" wb						
Conv	700	2,050	3,400	7,650	11,900	17,000
1963 TR-3B, 4-cyl., 100 hp, 88" wb						
Rds	600	1,850	3,100	6,980	10,900	15,500
HT Rds	650	1,900	3,200	7,200	11,200	16,000
1963 TR-4, 4-cyl., 105 hp, 88" wb						
Conv	650	1,900	3,200	7,200	11,200	16,000
HT	550	1,700	2,800	6,300	9,800	14,000
1963 Four, 4-cyl., 40 hp, 91.5" wb						
Sed	250	800	1,300	2,930	4,550	6,500
Conv	300	950	1,600	3,600	5,600	8,000
1963 Spitfire, 4-cyl., 100 hp, 83" wb						
Spt Conv	550	1,700	2,800	6,300	9,800	14,000
1963 Six, 6-cyl., 70 hp, 91.5" wb						
Spt Conv	600	1,750	2,900	6,530	10,200	14,500
1964 TR-4, 4-cyl., 105 hp, 88" wb						
Conv	700	2,050	3,400	7,650	11,900	17,000
HT Cpe	600	1,850	3,100	6,980	10,900	15,500
1965 TR-4 and TR-4A, 4-cyl., 105 hp, 88" wb						
Conv	750	2,200	3,700	8,330	13,000	18,500
HT Cpe	650	1,900	3,200	7,200	11,200	16,000
1965 Spitfire Mk II, 4-cyl., 100 hp, 83" wb						
Conv	550	1,700	2,800	6,300	9,800	14,000
1966 TR-4A, 4-cyl., 105 hp, 88" wb						
Conv	750	2,200	3,700	8,330	13,000	18,500
HT Cpe	600	1,850	3,100	6,980	10,900	15,500
1966 2000, 6-cyl., 90 hp, 106" wb						
Sed	300	900	1,500	3,380	5,250	7,500
1966 Spitfire Mk II, 4-cyl., 100 hp, 83" wb						
Conv	550	1,700	2,800	6,300	9,800	14,000
1967 TR-4A, 4-cyl., 105 hp, 88" wb						
Conv	750	2,200	3,700	8,330	13,000	18,500
HT Cpe	650	1,900	3,200	7,200	11,200	16,000

	6	5	4	3	2	1
1967 2000						
Sed	250	700	1,200	2,700	4,200	6,000
1967 Spitfire Mk II, 4-cyl., 68 hp, 83" wb						
Conv	600	1,750	2,900	6,530	10,200	14,500
HT Cpe	400	1,150	1,900	4,280	6,650	9,500
1967 1200 Sport						
Sed	250	700	1,150	2,570	4,000	5,700
Conv	450	1,400	2,300	5,180	8,050	11,500
1968 TR-250, 6-cyl., 104 hp, 88" wb						
Conv	650	1,900	3,200	7,200	11,200	16,000
1968 Spitfire Mk III, 4-cyl., 68 hp, 83" wb						
Conv	600	1,750	2,900	6,530	10,200	14,500
1968 GT-6 Plus, 6-cyl., 95 hp, 83" wb						
Cpe	300	950	1,600	3,600	5,600	8,000

NOTE: Add 10 percent for wire wheels. Add 10 percent for factory hardtop. Add 5 percent for overdrive.

	6	5	4	3	2	1
1969 TR-6, 6-cyl., 104 hp, 88" wb						
Conv	650	1,900	3,200	7,200	11,200	16,000
1969 Spitfire Mk III, 4-cyl., 68 hp, 83" wb						
Conv	600	1,750	2,900	6,530	10,200	14,500
1969 GT-6 Plus, 6-cyl., 95 hp, 83" wb						
Cpe	300	950	1,600	3,600	5,600	8,000

NOTE: Add 10 percent for wire wheels. Add 10 percent for factory hardtop. Add 5 percent for overdrive.

	6	5	4	3	2	1
1970 TR-6, 6-cyl., 104 hp, 88" wb						
Conv	650	1,900	3,200	7,200	11,200	16,000
1970 Spitfire Mk III, 4-cyl., 68 hp, 83" wb						
Conv	600	1,750	2,900	6,530	10,200	14,500
1970 GT-6 Plus, 6-cyl., 95 hp, 83" wb						
Cpe	300	950	1,600	3,600	5,600	8,000
1970 Stag, 8-cyl., 145 hp, 100" wb						
Conv	700	2,150	3,600	8,100	12,600	18,000

NOTE: Add 10 percent for wire wheels. Add 10 percent for factory hardtop. Add 5 percent for overdrive.

	6	5	4	3	2	1
1971 TR-6, 6-cyl., 104 hp, 88" wb						
Conv	650	1,900	3,200	7,200	11,200	16,000
1971 Spitfire Mk IV, 4-cyl., 58 hp, 83" wb						
Conv	600	1,750	2,900	6,530	10,200	14,500
1971 GT-6 Mk III, 6-cyl., 90 hp, 83" wb						
Cpe	300	950	1,600	3,600	5,600	8,000
1971 Stag, 8-cyl., 145 hp, 100" wb						
Conv	700	2,100	3,500	7,880	12,300	17,500

NOTE: Add 10 percent for wire wheels. Add 10 percent for factory hardtop. Add 5 percent for overdrive.

	6	5	4	3	2	1
1972 TR-6, 6-cyl., 106 hp, 88" wb						
Conv	650	1,900	3,200	7,200	11,200	16,000
1972 Spitfire Mk IV, 4-cyl., 48 hp, 83" wb						
Conv	600	1,750	2,900	6,530	10,200	14,500
1972 GT-6 Mk III, 6-cyl., 79 hp, 83" wb						
Cpe	300	950	1,600	3,600	5,600	8,000
1972 Stag, 8-cyl., 127 hp, 100" wb						
Conv	700	2,100	3,500	7,880	12,300	17,500

NOTE: Add 10 percent for wire wheels. Add 10 percent for factory hardtop. Add 5 percent for overdrive.

	6	5	4	3	2	1
1973 TR-6, 6-cyl., 106 hp, 88" wb						
Conv	600	1,800	3,000	6,750	10,500	15,000
1973 Spitfire Mk IV, 4-cyl., 57 hp, 83" wb						
Conv	450	1,400	2,300	5,180	8,050	11,500
1973 GT-6 Mk III, 6-cyl., 79 hp, 83" wb						
Cpe	300	950	1,600	3,600	5,600	8,000
1973 Stag, 8-cyl., 127 hp, 100" wb						
Conv	700	2,050	3,400	7,650	11,900	17,000

NOTE: Add 10 percent for wire wheels. Add 10 percent for factory hardtop. Add 5 percent for overdrive.

	6	5	4	3	2	1
1974 TR-6, 6-cyl., 106 hp, 88" wb						
Conv	600	1,800	3,000	6,750	10,500	15,000
1974 Spitfire Mk IV, 4-cyl., 57 hp, 83" wb						
Conv	450	1,400	2,300	5,180	8,050	11,500

NOTE: Add 10 percent for factory hardtop. Add 5 percent for overdrive.

	6	5	4	3	2	1
1975 TR-6, 6-cyl., 106 hp, 88" wb						
Conv	600	1,800	3,000	6,750	10,500	15,000
1975 TR-7, 4-cyl., 92 hp, 85" wb						
Cpe	450	1,300	2,200	4,950	7,700	11,000
1975 Spitfire 1500, 4-cyl., 57 hp, 83" wb						
Conv	450	1,400	2,300	5,180	8,050	11,500

NOTE: Add 10 percent for factory hardtop. Add 5 percent for overdrive.

	6	5	4	3	2	1
1976 TR-6, 6-cyl., 106 hp, 88" wb						
Conv	600	1,850	3,100	6,980	10,900	15,500
1976 TR-7, 4-cyl., 92 hp, 85" wb						
Cpe	450	1,300	2,200	4,950	7,700	11,000
1976 Spitfire 1500, 4-cyl., 57 hp, 83" wb						
Conv	450	1,400	2,300	5,180	8,050	11,500

NOTE: Add 10 percent for factory hardtop. Add 5 percent for overdrive.

	6	5	4	3	2	1
1977 TR-7, 4-cyl., 92 hp, 85" wb						
Cpe	350	1,000	1,700	3,830	5,950	8,500
1977 Spitfire 1500, 4-cyl., 57 hp, 83" wb						
Conv	450	1,400	2,300	5,180	8,050	11,500

NOTE: Add 10 percent for factory hardtop. Add 5 percent for overdrive.

	6	5	4	3	2	1
1978 TR-7, 4-cyl., 92 hp, 85" wb						
Cpe	350	1,000	1,700	3,830	5,950	8,500
1978 TR-8, 8-cyl., 133 hp, 85" wb (About 150 prototypes in USA)						
Cpe	650	2,000	3,300	7,430	11,600	16,500
1978 Spitfire 1500, 4-cyl., 57 hp, 83" wb						
Conv	450	1,300	2,200	4,950	7,700	11,000

NOTE: Add 10 percent for factory hardtop. Add 5 percent for overdrive.

	6	5	4	3	2	1
1979 TR-7, 4-cyl., 86 hp, 85" wb						
Conv	450	1,300	2,200	4,950	7,700	11,000
Cpe	300	950	1,600	3,600	5,600	8,000
1979 Spitfire 1500, 4-cyl., 53 hp, 83" wb						
Conv	350	1,000	1,700	3,830	5,950	8,500

NOTE: Add 10 percent for factory hardtop. Add 5 percent for overdrive.

	6	5	4	3	2	1
1980 TR-7, 4-cyl., 86 hp, 85" wb						
Conv	450	1,350	2,250	5,040	7,850	11,200
Spider Conv	450	1,400	2,300	5,220	8,100	11,600
Cpe	350	1,000	1,650	3,740	5,800	8,300
1980 TR-8, 8-cyl., 133 hp, 85" wb						
Conv	700	2,050	3,450	7,740	12,000	17,200
Cpe	600	1,850	3,100	6,980	10,900	15,500
1980 Spitfire 1500, 4-cyl., 57 hp, 83" wb						
Conv	450	1,350	2,300	5,130	8,000	11,400

NOTE: Add 10 percent for factory hardtop. Add 5 percent for overdrive.

	6	5	4	3	2	1
1981 TR-7, 4-cyl., 89 hp, 85" wb						
Conv	500	1,450	2,400	5,360	8,350	11,900
1981 TR-8, 8-cyl., 148 hp, 85" wb						
Conv	750	2,200	3,700	8,330	13,000	18,500

VAUXHALL

	6	5	4	3	2	1
1946-56 Ten, 4-cyl., 1203cc. 97.8" wb						
Saloon	248	744	1,240	2,790	4,340	6,200
1946-56 Twelve, 4-cyl., 1442cc, 97.8" wb						
Saloon	280	840	1,400	3,150	4,900	7,000
1946-56 Fourteen, 6-cyl., 1781cc, 105" wb						
Saloon	320	960	1,600	3,600	5,600	8,000
1946-56 Wyvern, 1948, 1442cc, 97.8" wb; 1951, 103" wb						
Saloon	320	960	1,600	3,600	5,600	8,000
1946-56 Velox, 1948, 6-cyl., 97.8" wb, 2275cc 1951, 103" wb						
Saloon	340	1,020	1,700	3,830	5,950	8,500
1957-59 Victor Super, 4-cyl., 1507cc, 98" wb						
FD 4d Sed	300	850	1,450	3,240	5,050	7,200
FW 4d Sta Wag	300	950	1,550	3,510	5,450	7,800
1960-61 Victor Super, 4-cyl., 1507cc Series 2, 98" wb						
FD 4d Sed	300	850	1,450	3,240	5,050	7,200
FW 4d Sta Wag	300	950	1,550	3,510	5,450	7,800
1962 Victor FB Super, 4-cyl., 1507cc, 100" wb						
FBD 4d Sed	300	850	1,450	3,240	5,050	7,200
FBW 4d Sta Wag	300	950	1,550	3,510	5,450	7,800

	6	5	4	3	2	1

VOLKSWAGEN

1945 Standard, 4-cyl., 25 hp, 94.5" wb

	6	5	4	3	2	1
2d Sed	880	2,640	4,400	9,900	15,400	22,000

1946 Standard, 4-cyl., 25 hp, 94.5" wb

	6	5	4	3	2	1
2d Sed	840	2,520	4,200	9,450	14,700	21,000

1947-48 4-cyl., 25 hp, 94.5" wb

	6	5	4	3	2	1
Std	700	2,100	3,500	7,880	12,250	17,500
Export	800	2,400	4,000	9,000	14,000	20,000

1949 Standard, 4-cyl., 25 hp, 94.5" wb

	6	5	4	3	2	1
2d Sed	700	2,100	3,500	7,880	12,250	17,500

1949 DeLuxe, 4-cyl., 10 hp, 94.5" wb

	6	5	4	3	2	1
2d Sed	760	2,280	3,800	8,550	13,300	19,000
Conv	916	2,748	4,580	10,310	16,030	22,900
Heb Conv	956	2,868	4,780	10,760	16,730	23,900

NOTE: Only 700 Hebmuller Cabr convertibles were built during 1949-1950. Add 10 percent for sunroof.

1950 DeLuxe, 4-cyl., 25 hp, 94.5" wb

	6	5	4	3	2	1
2d Sed	740	2,220	3,700	8,330	12,950	18,500
Conv	820	2,460	4,100	9,230	14,350	20,500
Heb Conv	960	2,880	4,800	10,800	16,800	24,000

NOTE: Add 10 percent for sunroof.

1950 Transporter, 4-cyl., 25 hp, 94.5" wb

	6	5	4	3	2	1
DeL Van	840	2,520	4,200	9,450	14,700	21,000
Kombi	740	2,220	3,700	8,330	12,950	18,500

1951-52 (Serial Nos. 170000-Up) DeLuxe, 4-cyl., 25 hp, 94.5" wb

	6	5	4	3	2	1
2d Sed	700	2,100	3,500	7,880	12,250	17,500
Conv	760	2,280	3,800	8,550	13,300	19,000

NOTE: Add 10 percent for sunroof.

1951-52 Transporter, 4-cyl., 25 hp, 94.5" wb

	6	5	4	3	2	1
DeL Van	840	2,520	4,200	9,450	14,700	21,000
Kombi	740	2,220	3,700	8,330	12,950	18,500

NOTE: Overdrive is standard equipment.

1952-53 (Serial Nos. 1-0264198-Up) DeLuxe 4-cyl., 25 hp, 94.5" wb

	6	5	4	3	2	1
2d Sed	700	2,100	3,500	7,880	12,250	17,500
Conv	820	2,460	4,100	9,230	14,350	20,500

NOTE: Add 10 percent for sunroof.

1952-53 Transporter, 4-cyl., 25 hp, 94.5" wb

	6	5	4	3	2	1
DeL Van	840	2,520	4,200	9,450	14,700	21,000
Kombi	740	2,220	3,700	8,330	12,950	18,500

1953 (Serial Nos. later than March 1953) DeLuxe, 4-cyl., 94.5" wb, 25 hp

	6	5	4	3	2	1
2d Sed	700	2,100	3,500	7,880	12,250	17,500
Conv	820	2,460	4,100	9,230	14,350	20,500

NOTE: Add 10 percent for sunroof.

1953 Transporter, 4-cyl., 25 hp, 94.5" wb

	6	5	4	3	2	1
DeL Van	740	2,220	3,700	8,330	12,950	18,500
Kombi	840	2,520	4,200	9,450	14,700	21,000

1954 DeLuxe, 4-cyl., 36 hp, 94.5" wb

	6	5	4	3	2	1
2d Sed	700	2,100	3,500	7,880	12,250	17,500
Conv	820	2,460	4,100	9,230	14,350	20,500

NOTE: Add 10 percent for sunroof.

1954 Station Wagons, 4-cyl., 30 hp, 94.5" wb

	6	5	4	3	2	1
Microbus	820	2,460	4,100	9,230	14,350	20,500
DeL Microbus	840	2,520	4,200	9,450	14,700	21,000

NOTE: Microbus 165" overall; DeLuxe Microbus 166.1" overall; Beetle 160.3" overall.

1955 DeLuxe, 4-cyl., 36 hp, 94.5" wb

	6	5	4	3	2	1
2d Sed	700	2,100	3,500	7,880	12,250	17,500
Conv	820	2,460	4,100	9,230	14,350	20,500

NOTE: Add 10 percent for sunroof.

1955 Station Wagons, 4-cyl., 36 hp, 94.5" wb

	6	5	4	3	2	1
Kombi	740	2,220	3,700	8,330	12,950	18,500
Microbus	820	2,460	4,100	9,230	14,350	20,500
Microbus DeL	840	2,520	4,200	9,450	14,700	21,000

1956 DeLuxe, 4-cyl., 36 hp, 94.5" wb

	6	5	4	3	2	1
2d Sed	700	2,100	3,500	7,880	12,250	17,500
Conv	820	2,460	4,100	9,230	14,350	20,500

NOTE: Add 10 percent for sunroof.

1956 Karmann-Ghia, 4-cyl., 36 hp, 94.5" wb

	6	5	4	3	2	1
Cpe	740	2,220	3,700	8,330	12,950	18,500

	6	5	4	3	2	1
1956 Station Wagons, 4-cyl., 36 hp, 94.5" wb						
Kombi	740	2,220	3,700	8,330	12,950	18,500
Microbus	860	2,580	4,300	9,680	15,050	21,500
Microbus DeL	880	2,640	4,400	9,900	15,400	22,000
1957 Beetle, 4-cyl., 36 hp, 94.5" wb						
2d Sed	700	2,100	3,500	7,880	12,250	17,500
Conv	820	2,460	4,100	9,230	14,350	20,500
NOTE: Add 10 percent for sunroof.						
1957 Karmann-Ghia, 4-cyl., 36 hp, 94.5" wb						
Cpe	700	2,100	3,500	7,880	12,250	17,500
1957 Station Wagons, 4-cyl., 36 hp, 94.5" wb						
Kombi	780	2,340	3,900	8,780	13,650	19,500
Microbus	920	2,760	4,600	10,350	16,100	23,000
Microbus SR	940	2,820	4,700	10,580	16,450	23,500
Camper	980	2,940	4,900	11,030	17,150	24,500
NOTE: Add 10 percent for sunroof.						
1958 Beetle, 4-cyl., 36 hp, 94.5" wb						
2d DeL Sed	700	2,100	3,500	7,880	12,250	17,500
Conv	820	2,460	4,100	9,230	14,350	20,500
1958 Karmann-Ghia, 4-cyl., 36 hp, 94.5" wb						
Cpe	780	2,340	3,900	8,780	13,650	19,500
Conv	820	2,460	4,100	9,230	14,350	20,500
1958 Station Wagons, 4-cyl., 36 hp, 94.5" wb						
Kombi	780	2,340	3,900	8,780	13,650	19,500
Microbus	960	2,880	4,800	10,800	16,800	24,000
Microbus DeL SR	980	2,940	4,900	11,030	17,150	24,500
Camper	1,020	3,060	5,100	11,480	17,850	25,500
1959 Beetle, 4-cyl., 36 hp, 94.5" wb						
2d Sed	680	2,040	3,400	7,650	11,900	17,000
Conv	800	2,400	4,000	9,000	14,000	20,000
NOTE: Add 10 percent for sunroof.						
1959 Karmann-Ghia, 4-cyl., 36 hp, 94.5" wb						
Cpe	740	2,220	3,700	8,330	12,950	18,500
Conv	780	2,340	3,900	8,780	13,650	19,500
1959 Station Wagons, 4-cyl., 36 hp, 94.5" wb						
Kombi	780	2,340	3,900	8,780	13,650	19,500
Microbus	980	2,940	4,900	11,030	17,150	24,500
Microbus DeL SR	1,100	3,300	5,500	12,380	19,250	27,500
Camper	1,040	3,120	5,200	11,700	18,200	26,000
1960 Beetle, 4-cyl., 36 hp, 94.5" wb						
2d DeL Sed	680	2,040	3,400	7,650	11,900	17,000
Conv	800	2,400	4,000	9,000	14,000	20,000
1960 Karmann-Ghia, 4-cyl., 36 hp, 94.5" wb						
Cpe	740	2,220	3,700	8,330	12,950	18,500
Conv	780	2,340	3,900	8,780	13,650	19,500
1960 Station Wagons, 4-cyl., 36 hp, 94.5" wb						
Kombi	780	2,340	3,900	8,780	13,650	19,500
Microbus	980	2,940	4,900	11,030	17,150	24,500
Microbus DeL SR	1,100	3,300	5,500	12,380	19,250	27,500
Camper	1,040	3,120	5,200	11,700	18,200	26,000
NOTE: Add 10 percent for sunroof.						
1961 Beetle, 4-cyl., 40 hp, 94.5" wb						
2d DeL Sed	680	2,040	3,400	7,650	11,900	17,000
Conv	760	2,280	3,800	8,550	13,300	19,000
1961 Karmann-Ghia, 4-cyl., 40 hp, 94.5" wb						
Cpe	780	2,340	3,900	8,780	13,650	19,500
Conv	820	2,460	4,100	9,230	14,350	20,500
1961 Station Wagons, 4-cyl., 40 hp, 94.5" wb						
Kombi	780	2,340	3,900	8,780	13,650	19,500
Sta Wag	1,020	3,060	5,100	11,480	17,850	25,500
Sta Wag DeL/SR	1,140	3,420	5,700	12,830	19,950	28,500
Camper	1,080	3,240	5,400	12,150	18,900	27,000
NOTE: Add 5 percent for extra seats (sta. wag.).						
1962 Beetle, 4-cyl., 40 hp, 94.5" wb						
2d DeL Sed	680	2,040	3,400	7,650	11,900	17,000
Conv	760	2,280	3,800	8,550	13,300	19,000
NOTE: Add 10 percent for sunroof.						
1962 Karmann-Ghia, 4-cyl., 40 hp, 94.5" wb						
Cpe	780	2,340	3,900	8,780	13,650	19,500
Conv	820	2,460	4,100	9,230	14,350	20,500

	6	5	4	3	2	1
1962 Station Wagons, 4-cyl., 40 hp, 94.5" wb						
Kombi	780	2,340	3,900	8,780	13,650	19,500
Sta Wag	1,040	3,120	5,200	11,700	18,200	26,000
DeL Sta Wag	1,140	3,420	5,700	12,830	19,950	28,500
Camper	1,100	3,300	5,500	12,380	19,250	27,500
1963 Beetle, 4-cyl., 40 hp, 94.5" wb						
2d DeL Sed	660	1,980	3,300	7,430	11,550	16,500
Conv	740	2,220	3,700	8,330	12,950	18,500

NOTE: Add 10 percent for sunroof.

	6	5	4	3	2	1
1963 Karmann-Ghia, 4-cyl., 40 hp, 94.5" wb						
Cpe	740	2,220	3,700	8,330	12,950	18,500
Conv	780	2,340	3,900	8,780	13,650	19,500
1963 Station Wagons, 4-cyl., 40 hp, 94.5" wb						
Kombi	780	2,340	3,900	8,780	13,650	19,500
Sta Wag	1,040	3,120	5,200	11,700	18,200	26,000
DeL Sta Wag	1,140	3,420	5,700	12,830	19,950	28,500
Camper	1,100	3,300	5,500	12,380	19,250	27,500
1964 Beetle, 4-cyl., 40 hp, 94.5" wb						
2d DeL Sed	660	1,980	3,300	7,430	11,550	16,500
Conv	740	2,220	3,700	8,330	12,950	18,500

NOTE: Add 10 percent for sunroof.

	6	5	4	3	2	1
1964 Karmann-Ghia, 4-cyl., 40 hp, 94.5" wb						
Cpe	740	2,220	3,700	8,330	12,950	18,500
Conv	780	2,340	3,900	8,780	13,650	19,500
1964 Station Wagons (1200 Series), 4-cyl., 40 hp, 94.5" wb						
Kombi	780	2,340	3,900	8,780	13,650	19,500
Sta Wag	1,040	3,120	5,200	11,700	18,200	26,000
DeL Sta Wag	1,080	3,240	5,400	12,150	18,900	27,000
1964 Station Wagons (1500 Series), 4-cyl., 50 hp, 94.5" wb						
Kombi	820	2,460	4,100	9,230	14,350	20,500
Sta Wag	1,060	3,180	5,300	11,930	18,550	26,500
DeL Sta Wag	1,140	3,420	5,700	12,830	19,950	28,500
Camper	1,140	3,420	5,700	12,830	19,950	28,500
1965 Beetle, 4-cyl., 40 hp, 94.5" wb						
2d DeL Sed	660	1,980	3,300	7,430	11,550	16,500
Conv	740	2,220	3,700	8,330	12,950	18,500

NOTE: Add 10 percent for sunroof.

	6	5	4	3	2	1
1965 Karmann-Ghia, 4-cyl., 40 hp, 94.5" wb						
Cpe	740	2,220	3,700	8,330	12,950	18,500
Conv	780	2,340	3,900	8,780	13,650	19,500
1965 Station Wagons (1500 Series), 4-cyl., 40 hp, 94.5" wb						
Kombi	780	2,340	3,900	8,780	13,650	19,500
Sta Wag	1,040	3,120	5,200	11,700	18,200	26,000
DeL Sta Wag	1,140	3,420	5,700	12,830	19,950	28,500
Camper	1,100	3,300	5,500	12,380	19,250	27,500
1965 Commercial, (1500 Series), 4-cyl., 40 hp, 94.5" wb						
Panel	660	1,980	3,300	7,430	11,550	16,500
PU	680	2,040	3,400	7,650	11,900	17,000
Dbl Cab PU	684	2,052	3,420	7,700	11,970	17,100
1966 Beetle, 50 hp						
2d DeL Sed	660	1,980	3,300	7,430	11,550	16,500
Conv	740	2,220	3,700	8,330	12,950	18,500

NOTE: Add 10 percent for sunroof.

	6	5	4	3	2	1
1966 Karmann-Ghia, 53 hp						
Cpe	740	2,220	3,700	8,330	12,950	18,500
Conv	780	2,340	3,900	8,780	13,650	19,500
1966 Station Wagons, 57 hp						
Kombi	780	2,340	3,900	8,780	13,650	19,500
Sta Wag	1,040	3,120	5,200	11,700	18,200	26,000
DeL Sta Wag	1,140	3,420	5,700	12,830	19,950	28,500
Camper	1,100	3,300	5,500	12,380	19,250	27,500
1966 1600 Series, 65 hp						
2d FBk Sed	304	912	1,520	3,420	5,320	7,600
2d SqBk Sed	308	924	1,540	3,470	5,390	7,700

NOTE: Add 10 percent for sunroof.

	6	5	4	3	2	1
1966 Commercial						
Panel	660	1,980	3,300	7,430	11,550	16,500
PU	680	2,040	3,400	7,650	11,900	17,000
Dbl Cab PU	684	2,052	3,420	7,700	11,970	17,100
1967 Beetle, 53 hp						
2d DeL Sed	680	2,040	3,400	7,650	11,900	17,000
Conv	760	2,280	3,800	8,550	13,300	19,000

NOTE: Add 10 percent for sunroof.

	6	5	4	3	2	1
1967 Karmann-Ghia, 53 hp						
Cpe	740	2,220	3,700	8,330	12,950	18,500
Conv	780	2,340	3,900	8,780	13,650	19,500
1967 Station Wagon, 57 hp						
Kombi	780	2,340	3,900	8,780	13,650	19,500
Sta Wag	1,040	3,120	5,200	11,700	18,200	26,000
DeL Sta Wag	1,140	3,420	5,700	12,830	19,950	28,500
Camper	1,100	3,300	5,500	12,380	19,250	27,500
1967 1600 Series, 65 hp						
2d FBk Sed	316	948	1,580	3,560	5,530	7,900
2d SqBk Sed	324	972	1,620	3,650	5,670	8,100
NOTE: Add 10 percent for sunroof.						
1967 Commercial						
Panel	660	1,980	3,300	7,430	11,550	16,500
PU	680	2,040	3,400	7,650	11,900	17,000
Dbl Cab PU	684	2,052	3,420	7,700	11,970	17,100
1968 Beetle, 53 hp						
2d Sed	660	1,980	3,300	7,430	11,550	16,500
Conv	740	2,220	3,700	8,330	12,950	18,500
NOTE: Add 10 percent for sunroof.						
1968 Karmann-Ghia, 53 hp						
Cpe	740	2,220	3,700	8,330	12,950	18,500
Conv	780	2,340	3,900	8,780	13,650	19,500
1968 1600 Series, 65 hp						
2d FBk Sed	316	948	1,580	3,560	5,530	7,900
2d SqBk Sed	324	972	1,620	3,650	5,670	8,100
NOTE: Add 10 percent for sunroof.						
1968 Station Wagons, 57 hp						
Kombi	780	2,340	3,900	8,780	13,650	19,500
Sta Wag	980	2,940	4,900	11,030	17,150	24,500
Camper	1,020	3,060	5,100	11,480	17,850	25,500
1968 Commercial						
Panel	620	1,860	3,100	6,980	10,850	15,500
PU	640	1,920	3,200	7,200	11,200	16,000
Dbl Cab PU	644	1,932	3,220	7,250	11,270	16,100
1969 Beetle, 53 hp						
2d Sed	660	1,980	3,300	7,430	11,550	16,500
Conv	740	2,220	3,700	8,330	12,950	18,500
NOTE: Add 10 percent for sunroof.						
1969 Karmann-Ghia, 53 hp						
Cpe	740	2,220	3,700	8,330	12,950	18,500
Conv	780	2,340	3,900	8,780	13,650	19,500
1969 1600 Series, 65 hp						
2d FBk Sed	324	972	1,620	3,650	5,670	8,100
2d SqBk Sed	328	984	1,640	3,690	5,740	8,200
NOTE: Add 10 percent for sunroof.						
1969 Station Wagons, 57 hp						
Kombi	740	2,220	3,700	8,330	12,950	18,500
Sta Wag	980	2,940	4,900	11,030	17,150	24,500
Camper	1,000	3,000	5,000	11,250	17,500	25,000
1969 Commercial						
Panel	620	1,860	3,100	6,980	10,850	15,500
PU	640	1,920	3,200	7,200	11,200	16,000
Dbl Cab PU	644	1,932	3,220	7,250	11,270	16,100
1970 Beetle, 60 hp						
2d Sed	660	1,980	3,300	7,430	11,550	16,500
Conv	740	2,220	3,700	8,330	12,950	18,500
NOTE: Add 10 percent for sunroof.						
1970 Karmann-Ghia, 60 hp						
Cpe	740	2,220	3,700	8,330	12,950	18,500
Conv	780	2,340	3,900	8,780	13,650	19,500
1970 1600 Series, 65 hp						
2d FBk Sed	320	960	1,600	3,600	5,600	8,000
2d SqBk Sed	324	972	1,620	3,650	5,670	8,100
NOTE: Add 10 percent for sunroof.						
1970 Station Wagons, 60 hp						
Kombi	740	2,220	3,700	8,330	12,950	18,500
Sta Wag	980	2,940	4,900	11,030	17,150	24,500
Camper	1,000	3,000	5,000	11,250	17,500	25,000
1970 Commercial						
Panel	620	1,860	3,100	6,980	10,850	15,500

	6	5	4	3	2	1
PU.	640	1,920	3,200	7,200	11,200	16,000
Dbl Cab PU.	644	1,932	3,220	7,250	11,270	16,100

1971 Beetle, 60 hp

	6	5	4	3	2	1
2d Sed	650	1,900	3,200	7,200	11,200	16,000
2d Sup Sed.	650	2,000	3,300	7,430	11,600	16,500
Conv	700	2,150	3,600	8,100	12,600	18,000

NOTE: Add 10 percent for sunroof.

1971 Karmann-Ghia

	6	5	4	3	2	1
Cpe.	700	2,050	3,400	7,650	11,900	17,000
Conv.	750	2,200	3,700	8,330	13,000	18,500

1971 Type 3, Sq. Back 411

	6	5	4	3	2	1
2d SqBk Sed.	300	900	1,500	3,380	5,250	7,500
3d 411 Sed.	304	912	1,520	3,420	5,320	7,600
4d 411 Sed.	304	912	1,520	3,420	5,320	7,600
2d Type 3 Sed	300	900	1,500	3,380	5,250	7,500

1971 Transporter

	6	5	4	3	2	1
Kombi	700	2,050	3,400	7,650	11,900	17,000
Sta Wag	800	2,400	4,000	9,000	14,000	20,000
Sta Wag SR	800	2,400	4,050	9,090	14,100	20,200
Campmobile	800	2,450	4,100	9,230	14,300	20,500

1971 Commercial

	6	5	4	3	2	1
Panel	550	1,700	2,800	6,300	9,800	14,000
PU.	600	1,750	2,900	6,530	10,200	14,500
Dbl Cab PU.	600	1,750	2,900	6,570	10,200	14,600

1972 Beetle, 60 hp

	6	5	4	3	2	1
2d Sed	650	1,900	3,200	7,200	11,200	16,000
2d Sup Sed.	650	2,000	3,300	7,430	11,600	16,500
Conv.	700	2,150	3,600	8,100	12,600	18,000

NOTE: Add 10 percent for sunroof.

1972 Karmann-Ghia

	6	5	4	3	2	1
Cpe.	700	2,050	3,400	7,650	11,900	17,000
Conv.	750	2,200	3,700	8,330	13,000	18,500

1972 Type 3, Sq. Back 411

	6	5	4	3	2	1
2d Sed	300	900	1,500	3,380	5,250	7,500
2d Sed Type 3	300	900	1,500	3,380	5,250	7,500
2d Sed 411	304	912	1,520	3,420	5,320	7,600
4d Sed AT 411	304	912	1,520	3,420	5,320	7,600
3d Wagon 411	308	924	1,540	3,470	5,390	7,700

NOTE: Add 10 percent for sunroof.

1972 Transporter

	6	5	4	3	2	1
Kombi	700	2,050	3,400	7,650	11,900	17,000
Sta Wag	800	2,400	4,000	9,000	14,000	20,000
Campmobile	800	2,450	4,100	9,230	14,300	20,500

1972 Commercial

	6	5	4	3	2	1
Panel	550	1,700	2,800	6,300	9,800	14,000
PU.	600	1,750	2,900	6,530	10,200	14,500
Dbl Cab PU.	600	1,750	2,900	6,570	10,200	14,600

1973 Beetle, 46 hp

	6	5	4	3	2	1
2d Sed	650	1,900	3,200	7,200	11,200	16,000
2d Sup Sed.	650	2,000	3,300	7,430	11,600	16,500
Conv.	700	2,150	3,600	8,100	12,600	18,000

1973 Karmann-Ghia

	6	5	4	3	2	1
Cpe.	650	1,900	3,200	7,200	11,200	16,000
Conv.	700	2,150	3,600	8,100	12,600	18,000

1973 Type 3, Sq. Back 412

	6	5	4	3	2	1
2d Sed SqBk.	300	900	1,500	3,380	5,250	7,500
2d Sed Type 3	300	900	1,500	3,380	5,250	7,500
2d Sed 412	304	912	1,520	3,420	5,320	7,600
4d Sed 412	304	912	1,520	3,420	5,320	7,600
3d Sed 412	304	912	1,520	3,420	5,320	7,600
Thing Conv.	320	960	1,600	3,600	5,600	8,000

1973 Transporter

	6	5	4	3	2	1
Kombi	650	1,900	3,200	7,200	11,200	16,000
Sta Wag	750	2,300	3,800	8,550	13,300	19,000
Campmobile	800	2,350	3,900	8,780	13,700	19,500
Panel	600	1,850	3,100	6,980	10,900	15,500

1974 Beetle

	6	5	4	3	2	1
2d Sed	650	1,900	3,200	7,200	11,200	16,000
2d Sup Sed.	650	2,000	3,300	7,430	11,600	16,500
2d Sun Bug Sed	650	2,000	3,300	7,470	11,600	16,600
Conv.	700	2,100	3,500	7,880	12,300	17,500

1974 Karmann-Ghia

	6	5	4	3	2	1
Cpe.	600	1,850	3,100	6,980	10,900	15,500
Conv.	700	2,100	3,500	7,880	12,300	17,500

	6	5	4	3	2	1
1974 Thing						
4d Conv	400	1,200	2,000	4,500	7,000	10,000
1974 Dasher						
2d Sed	300	950	1,550	3,510	5,450	7,800
4d Sed	300	950	1,600	3,560	5,550	7,900
4d Wag	300	950	1,600	3,600	5,600	8,000
1974 412						
2d Sed	300	950	1,550	3,510	5,450	7,800
4d Sed	300	950	1,600	3,560	5,550	7,900
3d Sed	300	950	1,600	3,560	5,550	7,900
1974 Transporter						
Kombi	650	1,900	3,200	7,200	11,200	16,000
Sta Wag	700	2,150	3,600	8,100	12,600	18,000
Campmobile	750	2,200	3,700	8,330	13,000	18,500
Panel	600	1,800	3,000	6,750	10,500	15,000
1975 Beetle						
2d Sed	600	1,800	3,000	6,750	10,500	15,000
2d Sup Sed	600	1,850	3,100	6,980	10,900	15,500
Conv	700	2,050	3,400	7,650	11,900	17,000
1975 Rabbit						
2d Cus Sed	300	900	1,500	3,420	5,300	7,600
4d Cus Sed	300	900	1,550	3,470	5,400	7,700
NOTE: Add 5 percent for DeLuxe.						
1975 Dasher						
2d Sed	300	900	1,500	3,420	5,300	7,600
4d Sed	300	950	1,550	3,510	5,450	7,800
HBk	300	950	1,600	3,560	5,550	7,900
4d Wag	300	950	1,600	3,600	5,600	8,000
1975 Scirocco						
Cpe	350	1,000	1,700	3,780	5,900	8,400
1975 Transporter						
Kombi	600	1,850	3,100	6,980	10,900	15,500
Sta Wag	700	2,050	3,400	7,650	11,900	17,000
Campmobile	700	2,100	3,500	7,880	12,300	17,500
Panel	600	1,750	2,900	6,530	10,200	14,500
1976 Beetle						
2d Sed	600	1,800	3,000	6,750	10,500	15,000
Conv	600	1,850	3,100	6,980	10,900	15,500
1976 Rabbit						
2d Sed	250	800	1,300	2,970	4,600	6,600
2d Cus Sed	250	800	1,350	3,020	4,700	6,700
4d Cus Sed	250	800	1,350	3,020	4,700	6,700
NOTE: Add 10 percent for DeLuxe.						
1976 Dasher						
2d Sed	250	800	1,350	3,020	4,700	6,700
4d Sed	300	850	1,400	3,110	4,850	6,900
4d Wag	300	850	1,450	3,240	5,050	7,200
1976 Scirocco						
Cpe	300	950	1,550	3,510	5,450	7,800
1976 Transporter						
Kombi	600	1,850	3,100	6,980	10,900	15,500
Sta Wag	700	2,050	3,400	7,650	11,900	17,000
Campmobile	700	2,100	3,500	7,880	12,300	17,500
1977 Beetle						
2d Sed	600	1,800	3,000	6,750	10,500	15,000
Conv	700	2,050	3,400	7,650	11,900	17,000
1977 Rabbit						
2d Sed	250	800	1,300	2,970	4,600	6,600
2d Cus Sed	250	800	1,350	3,020	4,700	6,700
4d Cus Sed	250	800	1,350	3,020	4,700	6,700
NOTE: Add 10 percent for DeLuxe. Add 5 percent for Champagne Ed.						
1977 Dasher						
2d Sed	250	800	1,350	3,020	4,700	6,700
4d Sed	300	850	1,400	3,110	4,850	6,900
4d Wag	300	850	1,450	3,240	5,050	7,200
1977 Scirocco						
Cpe	300	950	1,600	3,560	5,550	7,900
1977 Transporter						
Kombi	600	1,800	3,000	6,750	10,500	15,000
Sta Wag	700	2,050	3,400	7,650	11,900	17,000
Campmobile	700	2,100	3,500	7,880	12,300	17,500

	6	5	4	3	2	1
1978 Beetle						
2d Conv	650	1,900	3,200	7,200	11,200	16,000
1978 Rabbit						
2d	250	800	1,300	2,930	4,550	6,500
2d Cus	250	800	1,300	2,970	4,600	6,600
4d Cus	250	800	1,300	2,970	4,600	6,600
2d DeL	250	800	1,350	3,020	4,700	6,700
4d DeL	250	800	1,350	3,020	4,700	6,700
1978 Dasher						
2d	300	850	1,400	3,150	4,900	7,000
4d	300	850	1,400	3,150	4,900	7,000
4d Sta Wag	300	850	1,400	3,200	4,950	7,100
1978 Scirocco						
2d Cpe	300	900	1,500	3,380	5,250	7,500
1978 Transporter						
Kombi	600	1,800	3,000	6,750	10,500	15,000
Sta Wag	700	2,050	3,400	7,650	11,900	17,000
Campmobile	700	2,100	3,500	7,880	12,300	17,500
1979 Beetle						
2d Conv	650	2,000	3,300	7,430	11,600	16,500
1979 Rabbit						
2d	250	800	1,300	2,930	4,550	6,500
2d Cus	250	800	1,300	2,970	4,600	6,600
4d Cus	250	800	1,300	2,970	4,600	6,600
2d DeL	250	800	1,350	3,020	4,700	6,700
4d DeL	250	800	1,350	3,020	4,700	6,700
1979 Dasher						
2d HBk	300	850	1,400	3,150	4,900	7,000
4d HBk	300	850	1,400	3,150	4,900	7,000
4d Sta Wag	300	850	1,400	3,200	4,950	7,100
1979 Scirocco						
2d Cpe	300	900	1,500	3,380	5,250	7,500
1979 Transporter						
Kombi	600	1,800	3,000	6,750	10,500	15,000
Sta Wag	700	2,050	3,400	7,650	11,900	17,000
Campmobile	700	2,100	3,500	7,880	12,300	17,500
1980 Rabbit						
2d Conv	350	1,000	1,700	3,780	5,900	8,400
2d Cus	250	700	1,200	2,700	4,200	6,000
4d Cus	250	700	1,200	2,700	4,200	6,000
2d DeL	250	750	1,200	2,750	4,250	6,100
4d DeL	250	750	1,200	2,750	4,250	6,100
1980 Jetta						
2d	250	750	1,300	2,880	4,500	6,400
4d	250	750	1,300	2,880	4,500	6,400
1980 Dasher						
2d	250	750	1,250	2,840	4,400	6,300
4d	250	750	1,250	2,840	4,400	6,300
4d Sta Wag	250	750	1,300	2,880	4,500	6,400
1980 Scirocco						
2d Cpe	250	800	1,300	2,970	4,600	6,600
2d Cpe S	250	800	1,350	3,060	4,750	6,800
1980 Pickup						
Cus	250	800	1,300	2,970	4,600	6,600
LX	250	800	1,350	3,020	4,700	6,700
Spt	250	800	1,350	3,060	4,750	6,800
1980 Vanagon Transporter						
Kombi	400	1,150	1,900	4,280	6,650	9,500
Sta Wag	400	1,250	2,100	4,730	7,350	10,500
Campmobile	600	1,800	3,000	6,750	10,500	15,000
1981 Rabbit						
2d Conv	300	900	1,450	3,290	5,100	7,300
2d	200	600	1,000	2,250	3,500	5,000
2d L	200	600	1,000	2,250	3,500	5,000
4d L	200	600	1,000	2,250	3,500	5,000
2d LS	200	600	1,000	2,300	3,550	5,100
4d LS	200	600	1,000	2,300	3,550	5,100
2d S	200	600	1,050	2,340	3,650	5,200
1981 Jetta						
2d	200	650	1,100	2,430	3,800	5,400
4d	200	650	1,100	2,430	3,800	5,400
1981 Dasher						
4d	200	600	1,050	2,340	3,650	5,200

1994 Toyota Camry LE V-6 sedan

1974 Triumph TR-6 convertible

1962 Volkswagen Beetle sedan

	6	5	4	3	2	1
1981 Scirocco						
2d Cpe	200	650	1,100	2,520	3,900	5,600
2d Cpe S	250	700	1,150	2,570	4,000	5,700
1981 Pickup						
PU	200	650	1,100	2,520	3,900	5,600
LX	250	700	1,150	2,570	4,000	5,700
Spt	250	700	1,150	2,610	4,050	5,800
1981 Vanagon Transporter						
Kombi	350	1,000	1,700	3,830	5,950	8,500
Sta Wag	400	1,150	1,900	4,280	6,650	9,500
Campmobile	450	1,300	2,200	4,950	7,700	11,000
1982 Rabbit						
2d Conv	300	850	1,400	3,200	4,950	7,100
2d	200	600	1,000	2,250	3,500	5,000
2d L	200	600	1,000	2,300	3,550	5,100
4d L	200	600	1,000	2,250	3,500	5,000
2d LS	200	600	1,000	2,300	3,550	5,100
4d LS	200	600	1,000	2,300	3,550	5,100
2d S	200	600	1,050	2,340	3,650	5,200
1982 Jetta						
2d	200	650	1,050	2,390	3,700	5,300
4d	200	650	1,050	2,390	3,700	5,300
1982 Scirocco						
2d Cpe	250	700	1,150	2,570	4,000	5,700
1982 Quantum						
2d Cpe	250	700	1,200	2,700	4,200	6,000
4d	250	700	1,200	2,700	4,200	6,000
4d Sta Wag	250	750	1,200	2,750	4,250	6,100
1982 Pickup						
PU	200	650	1,100	2,520	3,900	5,600
LX	250	700	1,150	2,570	4,000	5,700
Spt	250	700	1,150	2,610	4,050	5,800
1982 Vanagon						
Sta Wag	350	1,000	1,700	3,830	5,950	8,500
Campmobile	450	1,300	2,200	4,950	7,700	11,000
1983 Rabbit						
2d Conv	300	850	1,450	3,240	5,050	7,200
2d L	200	600	1,000	2,250	3,500	5,000
4d L	200	600	1,000	2,250	3,500	5,000
2d LS	200	600	1,000	2,250	3,500	5,000
4d LS	200	600	1,000	2,250	3,500	5,000
GL 2d	200	600	1,000	2,300	3,550	5,100
GL 4d	200	600	1,000	2,300	3,550	5,100
GTI 2d	200	650	1,100	2,480	3,850	5,500
1983 Jetta						
2d	200	650	1,100	2,430	3,800	5,400
4d	200	650	1,100	2,430	3,800	5,400
1983 Scirocco						
2d Cpe	250	750	1,200	2,750	4,250	6,100
1983 Quantum						
2d Cpe	250	750	1,200	2,750	4,250	6,100
4d	250	750	1,200	2,750	4,250	6,100
4d Sta Wag	250	750	1,250	2,790	4,350	6,200
1983 Pickup						
PU	200	650	1,100	2,520	3,900	5,600
LX	250	700	1,150	2,570	4,000	5,700
Spt	250	700	1,150	2,610	4,050	5,800
1983 Vanagon						
Sta Wag	350	1,000	1,700	3,830	5,950	8,500
Campmobile	450	1,300	2,200	4,950	7,700	11,000
1984 Rabbit						
2d Conv	300	950	1,550	3,510	5,450	7,800
2d L HBk	200	600	1,000	2,250	3,500	5,000
4d L HBk	200	600	1,000	2,300	3,550	5,100
GL 4d HBk	200	650	1,100	2,480	3,850	5,500
GTI 2d HBk	250	700	1,200	2,700	4,200	6,000
1984 Jetta						
2d Sed	250	700	1,150	2,610	4,050	5,800
4d Sed	250	700	1,200	2,660	4,150	5,900
GL 4d Sed	250	700	1,200	2,700	4,200	6,000
GLi 4d Sed	250	750	1,250	2,790	4,350	6,200
1984 Scirocco						
2d Cpe	250	700	1,200	2,700	4,200	6,000

	6	5	4	3	2	1
1984 Quantum						
GL 4d Sed	250	700	1,150	2,610	4,050	5,800
GL 4d Sta Wag	250	700	1,150	2,570	4,000	5,700
1984 Vanagon						
Sta Wag	300	950	1,600	3,600	5,600	8,000
Campmobile	450	1,300	2,200	4,950	7,700	11,000
1985 Golf						
2d HBk	200	600	1,000	2,300	3,550	5,100
GTI 2d HBk	200	650	1,100	2,480	3,850	5,500
4d HBk	200	600	1,050	2,340	3,650	5,200
1985 Jetta						
2d Sed	200	600	1,050	2,340	3,650	5,200
4d Sed	200	650	1,050	2,390	3,700	5,300
NOTE: Add 5 percent for GL and GLi option.						
1985 Cabriolet						
2d Conv	350	1,000	1,700	3,830	5,950	8,500
1985 Scirocco						
2d Cpe	200	650	1,100	2,480	3,850	5,500
1985 Quantum						
4d Sed	200	650	1,050	2,390	3,700	5,300
4d Sta Wag	200	650	1,100	2,430	3,800	5,400
1985 Vanagon						
Sta Wag	300	950	1,600	3,600	5,600	8,000
Camper	450	1,300	2,200	4,950	7,700	11,000
1986 Golf						
2d HBk	250	800	1,300	2,970	4,600	6,600
GTI 2d HBk	300	850	1,400	3,150	4,900	7,000
4d HBk	250	800	1,350	3,020	4,700	6,700
1986 Jetta						
2d Sed	250	800	1,350	3,020	4,700	6,700
4d Sed	250	800	1,350	3,060	4,750	6,800
NOTE: Add 5 percent for GL and GLi option.						
1986 Cabriolet						
2d Conv	400	1,250	2,100	4,730	7,350	10,500
1986 Scirocco						
2d Cpe	300	850	1,400	3,150	4,900	7,000
1986 Quantum						
GL 4d Sed	250	800	1,350	3,060	4,750	6,800
1986 Vanagon						
Sta Wag	350	1,100	1,800	4,050	6,300	9,000
Camper	600	1,800	3,000	6,750	10,500	15,000
1987 Fox						
2d Sed	250	800	1,350	3,020	4,700	6,700
GL 4d Sed	250	800	1,350	3,060	4,750	6,800
GL 2d Sta Wag	300	850	1,400	3,110	4,850	6,900
1987 Cabriolet						
2d Conv	450	1,300	2,150	4,860	7,550	10,800
1987 Golf						
2d HBk GL	250	800	1,350	3,060	4,750	6,800
GL 4d HBk	300	850	1,400	3,110	4,850	6,900
GT 2d HBk	300	850	1,400	3,110	4,850	6,900
GT 4d HBk	300	850	1,400	3,150	4,900	7,000
GTI 2d HBk	300	950	1,550	3,510	5,450	7,800
GTI 2d HBk 16V	350	1,050	1,750	3,960	6,150	8,800
1987 Jetta						
2d Sed	300	850	1,400	3,110	4,850	6,900
4d Sed	300	850	1,400	3,150	4,900	7,000
GL 4d Sed	300	850	1,450	3,240	5,050	7,200
GLi 4d Sed	300	950	1,600	3,560	5,550	7,900
GLi 4d Sed 16V	350	1,050	1,800	4,010	6,250	8,900
1987 Scirocco						
2d Cpe	300	850	1,450	3,240	5,050	7,200
2d Cpe 16V	350	1,000	1,650	3,690	5,750	8,200
1987 Quantum						
GL 4d Sed	300	850	1,400	3,150	4,900	7,000
4d Sta Wag	300	850	1,400	3,200	4,950	7,100
GL 4d Sta Wag	300	900	1,450	3,290	5,100	7,300
1987 Vanagon						
Sta Wag	350	1,100	1,800	4,050	6,300	9,000
GL Sta Wag	400	1,150	1,900	4,280	6,650	9,500
Camper	400	1,200	2,000	4,500	7,000	10,000
GL Camper	400	1,200	2,050	4,590	7,150	10,200

	6	5	4	3	2	1
1988 Fox						
2d Sed	250	700	1,200	2,700	4,200	6,000
GL 4d Sed	250	750	1,250	2,790	4,350	6,200
GL 2d Sta Wag	250	800	1,300	2,930	4,550	6,500
1988 Cabriolet						
2d Conv	500	1,450	2,400	5,400	8,400	12,000
1988 Golf						
2d HBk	250	800	1,300	2,930	4,550	6,500
GL 2d HBk	300	850	1,400	3,150	4,900	7,000
GL 4d HBk	300	850	1,450	3,240	5,050	7,200
GT 2d HBk	300	900	1,500	3,420	5,300	7,600
GT 4d HBk	300	950	1,550	3,510	5,450	7,800
GTI 2d HBk	300	950	1,600	3,560	5,550	7,900
1988 Jetta						
2d Sed	300	950	1,550	3,510	5,450	7,800
4d Sed	300	950	1,600	3,650	5,650	8,100
GL 4d Sed	350	1,000	1,700	3,780	5,900	8,400
4d Sed Carat	350	1,000	1,700	3,830	5,950	8,500
GLi 4d Sed	400	1,150	1,900	4,280	6,650	9,500
1988 Scirocco						
2d Cpe	300	950	1,550	3,510	5,450	7,800
1988 Quantum						
GL 4d Sed	300	850	1,450	3,240	5,050	7,200
GL 4d Sta Wag	300	850	1,450	3,240	5,050	7,200
1988 Vanagon						
GL Sta Wag	400	1,250	2,100	4,730	7,350	10,500
GL Camper	500	1,550	2,600	5,850	9,100	13,000
1989 Fox						
2d Sed	250	750	1,250	2,790	4,350	6,200
GL 2d Sed	250	800	1,300	2,930	4,550	6,500
GL 4d Sed	250	800	1,350	3,020	4,700	6,700
GL 4d Sta Wag	300	850	1,400	3,110	4,850	6,900
1989 Cabriolet						
2d Conv	500	1,500	2,500	5,630	8,750	12,500
1989 Golf						
2d HBk	250	800	1,350	3,020	4,700	6,700
GL 2d HBk	300	850	1,400	3,200	4,950	7,100
GL 4d HBk	300	850	1,450	3,240	5,050	7,200
GTI 2d HBk	300	950	1,600	3,600	5,600	8,000
1989 Jetta						
2d Sed	300	950	1,600	3,600	5,600	8,000
4d Sed	350	1,000	1,650	3,690	5,750	8,200
GL 4d Sed	350	1,000	1,700	3,830	5,950	8,500
4d Sed Carat	350	1,050	1,700	3,870	6,000	8,600
GLi 4d Sed	400	1,150	1,950	4,370	6,800	9,700
1989 Vanagon						
GL Sta Wag	500	1,450	2,400	5,400	8,400	12,000
GL Camper	550	1,600	2,700	6,080	9,450	13,500
Carat Sta Wag	550	1,600	2,700	6,080	9,450	13,500
1990 Fox, 4-cyl.						
2d Sed	250	700	1,200	2,700	4,200	6,000
4d Sed	250	800	1,300	2,930	4,550	6,500
2d Sta Wag	250	800	1,350	3,060	4,750	6,800
4d Spt Sed	250	800	1,300	2,970	4,600	6,600
1990 Cabriolet, 4-cyl.						
2d Conv	500	1,450	2,400	5,400	8,400	12,000
1990 Golf, 4-cyl.						
GL 2d HBk	300	850	1,400	3,150	4,900	7,000
GL 4d HBk	300	850	1,400	3,200	4,950	7,100
GTI 2d HBk	300	950	1,600	3,560	5,550	7,900
1990 Jetta, 4-cyl.						
GL 2d Sed	350	1,000	1,650	3,740	5,800	8,300
GL 4d Sed	350	1,000	1,700	3,780	5,900	8,400
GL 4d Sed Diesel	300	950	1,550	3,510	5,450	7,800
4d Carat Sed	350	1,000	1,700	3,830	5,950	8,500
GLi 4d Sed	400	1,150	1,900	4,280	6,650	9,500
1990 Passat, 4-cyl.						
4d Sed	400	1,150	1,900	4,280	6,650	9,500
4d Sta Wag	400	1,200	2,000	4,500	7,000	10,000
1990 Corrado, 4-cyl.						
2d Cpe	400	1,250	2,100	4,730	7,350	10,500
1991 Fox						
2d Sed	150	500	850	1,890	2,950	4,200
GL 4d Sed	200	550	900	2,030	3,150	4,500

	6	5	4	3	2	1
1991 Cabriolet						
2d Conv	400	1,150	1,900	4,280	6,650	9,500
1991 Golf						
GL 2d HBk	250	700	1,200	2,700	4,200	6,000
GTI 2d HBk	300	900	1,500	3,380	5,250	7,500
GTI 2d HBk 16V	300	950	1,600	3,600	5,600	8,000
GL 4d HBk	250	800	1,350	3,020	4,700	6,700
1991 Jetta						
GL 2d Sed	250	800	1,300	2,930	4,550	6,500
GL 4d Sed	250	800	1,350	3,020	4,700	6,700
GL 4d Sed Diesel	200	650	1,100	2,480	3,850	5,500
4d Carat Sed	300	850	1,450	3,240	5,050	7,200
GLi 4d Sed 16V	300	950	1,600	3,600	5,600	8,000
1991 Passat						
GL 4d Sed	300	900	1,500	3,380	5,250	7,500
GL 4d Sta Wag	300	950	1,600	3,600	5,600	8,000
1991 Corrado						
2d Cpe	400	1,150	1,900	4,280	6,650	9,500
1992 Fox, 4-cyl.						
2d Sed	200	600	1,000	2,250	3,500	5,000
GL 4d Sed	200	650	1,100	2,480	3,850	5,500
1992 Golf, 4-cyl.						
GL 2d HBk	300	850	1,400	3,150	4,900	7,000
GL 4d HBk	300	900	1,500	3,380	5,250	7,500
GTI 2d HBk	300	950	1,600	3,600	5,600	8,000
GTI 2d HBk 16V	350	1,000	1,700	3,830	5,950	8,500
1992 Cabriolet, 4-cyl.						
2d Conv	400	1,150	1,900	4,280	6,650	9,500
1992 Jetta, 4-cyl.						
GL 4d Sed	300	900	1,500	3,380	5,250	7,500
GL 4d Sed Diesel	300	850	1,400	3,150	4,900	7,000
4d Carat Sed	350	1,000	1,700	3,830	5,950	8,500
GLi 4d Sed 16V	400	1,150	1,900	4,280	6,650	9,500
1992 Passat, 4-cyl.						
CL 4d Sed	300	900	1,500	3,380	5,250	7,500
GL 4d Sed	350	1,000	1,700	3,830	5,950	8,500
GL 4d Sta Wag	400	1,150	1,900	4,280	6,650	9,500
1992 Corrado, 4-cyl.						
2d G60 Cpe	450	1,300	2,200	4,950	7,700	11,000
SLC 2d Cpe	500	1,550	2,600	5,850	9,100	13,000
1993 Fox, 4-cyl.						
2d Sed	200	550	900	2,070	3,200	4,600
GL 4d Sed	200	600	950	2,160	3,350	4,800
1993 Golf						
GL 4d HBk	300	950	1,600	3,600	5,600	8,000
1993 Cabriolet, 4-cyl.						
2d Conv	400	1,150	1,950	4,370	6,800	9,700
1993 Jetta, 4-cyl.						
GL 4d Sed	300	950	1,550	3,510	5,450	7,800
1993 Passat, 4-cyl.						
GL 4d Sed	350	1,100	1,800	4,050	6,300	9,000
GLX 4d Sed	400	1,150	1,900	4,280	6,650	9,500
GLX 4d Sta Wag	400	1,200	2,000	4,500	7,000	10,000
1993 Corrado, V-6						
SLC 2d Cpe	500	1,450	2,400	5,400	8,400	12,000
1994 Golf, 4-cyl.						
GL 2d HBk	300	900	1,500	3,380	5,250	7,500
GL 4d HBk	300	950	1,550	3,510	5,450	7,800
1994 Jetta, 4-cyl.						
GL 4d Sed	350	1,000	1,700	3,830	5,950	8,500
GLS 4d Sed	350	1,100	1,800	4,050	6,300	9,000
GLX 4d Sed, V-6	400	1,250	2,100	4,730	7,350	10,500
1994 Passat, V-6						
GLX 4d Sed	450	1,300	2,200	4,950	7,700	11,000
GLX 4d Sta Wag	500	1,450	2,400	5,400	8,400	12,000
1994 Corrado, V-6						
SLC 2d Cpe	550	1,700	2,800	6,300	9,800	14,000
1995 Golf III, 4-cyl. & V-6						
4d HBk	300	900	1,450	3,290	5,100	7,300
GL 2d HBk	300	900	1,500	3,380	5,250	7,500
GL 4d HBk	300	950	1,550	3,510	5,450	7,800
2d Spt HBk	300	950	1,600	3,600	5,600	8,000
GTI 2d HBk, V-6	400	1,250	2,100	4,730	7,350	10,500

	6	5	4	3	2	1
1995 Jetta III, 4-cyl. & V-6						
4d Sed	300	950	1,600	3,600	5,600	8,000
GL 4d Sed	350	1,000	1,700	3,830	5,950	8,500
GLS 4d Sed	350	1,100	1,800	4,050	6,300	9,000
GLX 4d Sed, V-6	400	1,250	2,100	4,730	7,350	10,500
1995 Cabrio, 4-cyl.						
2d Conv	450	1,300	2,200	4,950	7,700	11,000
1995 Passat, 4-cyl.						
GLS 4d Sed	350	1,000	1,700	3,830	5,950	8,500
GLX 4d Sed, V-6	450	1,300	2,200	4,950	7,700	11,000
GLX 4d Sta Wag, V-6	480	1,440	2,400	5,400	8,400	12,000
1996 Golf, 4-cyl.						
GL 4d HBk	250	800	1,350	3,060	4,750	6,800
GTI 2d HBk	300	950	1,550	3,510	5,450	7,800
GTI VR6 2d HBk (V-6 only)	400	1,150	1,900	4,280	6,650	9,500
1996 Jetta, 4-cyl.						
GL 4d Sed	300	900	1,500	3,380	5,250	7,500
GLS 4d Sed	300	950	1,600	3,600	5,600	8,000
GLX VR6 4d Sed (V-6 only)	400	1,150	1,900	4,280	6,650	9,500
1996 Cabrio, 4-cyl.						
2d Conv	400	1,200	2,000	4,500	7,000	10,000
1996 Passat, 4-cyl.						
GLS 4d Sed	300	900	1,500	3,380	5,250	7,500
TDI 4d Sed	350	1,100	1,800	4,050	6,300	9,000
TDI 4d Sta Wag	400	1,150	1,900	4,280	6,650	9,500
1996 Passat, V-6.						
GLX VR6 4d Sed	400	1,200	2,000	4,500	7,000	10,000
GLX VR6 4d Sta Wag	440	1,320	2,200	4,950	7,700	11,000
1997 Golf, 4-cyl.						
GL 4d HBk	272	816	1,360	3,060	4,760	6,800
GTI 2d HBk	312	936	1,560	3,510	5,460	7,800
GTI VR6 2d HBk (V-6 only)	380	1,140	1,900	4,280	6,650	9,500
1997 Jetta, 4-cyl.						
GL 4d Sed	300	900	1,500	3,380	5,250	7,500
GT 4d Sed	320	960	1,600	3,600	5,600	8,000
GLS 4d Sed	340	1,020	1,700	3,830	5,950	8,500
GLX VR6 4d Sed (V-6 only)	380	1,140	1,900	4,280	6,650	9,500
NOTE: Add 5 percent for TDI (diesel) engine.						
1997 Cabrio, 4-cyl.						
2d Conv	400	1,200	2,000	4,500	7,000	10,000
2d Highline Conv	420	1,260	2,100	4,730	7,350	10,500
1997 Passat, TDI 4-cyl.						
4d Sed	360	1,080	1,800	4,050	6,300	9,000
4d Sta Wag	380	1,140	1,900	4,280	6,650	9,500
1997 Passat, V-6						
GLX VR6 4d Sed	400	1,200	2,000	4,500	7,000	10,000
GLX VR6 4d Sta Wag	440	1,320	2,200	4,950	7,700	11,000
1998 Golf, 4-cyl.						
GL 4d HBk	270	820	1,360	3,060	4,760	6,800
GTI 2d HBk	310	940	1,560	3,510	5,460	7,800
GTI VR6 2d HBk (V-6 only)	380	1,140	1,900	4,280	6,650	9,500
1998 Jetta, 4-cyl.						
GL 4d Sed	300	900	1,500	3,380	5,250	7,500
GT 4d Sed	320	960	1,600	3,600	5,600	8,000
GLS 4d Sed	340	1,020	1,700	3,830	5,950	8,500
GLX VR6 4d Sed (V-6 only)	380	1,140	1,900	4,280	6,650	9,500
TDI 4d Sed	360	1,080	1,800	4,050	6,300	9,000
1998 Cabrio, 4-cyl.						
2d Conv	400	1,200	2,000	4,500	7,000	10,000
2d GLS Conv	440	1,320	2,200	4,950	7,700	11,000
1998 Passat, Turbo 4-cyl.						
GLS 4d Sed	400	1,200	2,000	4,500	7,000	10,000
GLX 4d Sed	440	1,320	2,200	4,950	7,700	11,000
1998 New Beetle, 4-cyl.						
2d Cpe	320	960	1,600	3,600	5,600	8,000
TDI 2d Cpe	340	1,020	1,700	3,830	5,950	8,500

VOLVO

	6	5	4	3	2	1
1944-50 4-cyl., 1414cc, 102.4" wb						
PV444 2d Sed	568	1,704	2,840	6,390	9,940	14,200
1951 4-cyl., 1414cc, 102.4" wb						
PV444 2d Sed	550	1,700	2,800	6,300	9,800	14,000

	6	5	4	3	2	1
1952 4-cyl., 1414cc, 102.4" wb						
PV444 2d Sed	550	1,700	2,800	6,300	9,800	14,000
1953 4-cyl., 1414cc, 102.4" wb						
PV444 2d Sed	550	1,700	2,800	6,300	9,800	14,000
1954 4-cyl., 1414cc, 102.4" wb						
PV444 2d Sed	550	1,700	2,800	6,300	9,800	14,000
PV445 2d Sta Wag	550	1,700	2,800	6,350	9,850	14,100
1955 4-cyl., 1414cc, 102.4" wb						
PV444 2d Sed	550	1,700	2,800	6,300	9,800	14,000
PV445 2d Sta Wag	550	1,700	2,800	6,350	9,850	14,100
1956 4-cyl., 1414cc, 102.4" wb						
PV444 2d Sed	550	1,700	2,800	6,300	9,800	14,000
PV445 2d Sta Wag	550	1,700	2,800	6,350	9,850	14,100
1957 4-cyl., 1414cc, 102.4" wb						
PV444 2d Sed	550	1,700	2,800	6,300	9,800	14,000
PV445 2d Sta Wag	550	1,700	2,800	6,350	9,850	14,100
1957 4-cyl., 104.4" wb, 1583cc, 4-cyl., 94.5" wb, 1414cc						
P1900 Conv	1,200	3,600	6,000	13,500	21,000	30,000
1958 4-cyl., 1583cc, 102.4" wb						
PV544 2d Sed	550	1,700	2,800	6,300	9,800	14,000
PV445 2d Sta Wag	550	1,700	2,800	6,350	9,850	14,100
1959 4-cyl., 1583cc, 102.4" wb						
PV544 2d Sed	550	1,700	2,800	6,300	9,800	14,000
PV445 2d Sta Wag	550	1,700	2,800	6,350	9,850	14,100
122S 4d Sed	600	1,750	2,900	6,530	10,200	14,500
1960 4-cyl., 1583cc, 102.4" wb						
PV544 2d Sed	550	1,700	2,800	6,300	9,800	14,000
PV445 2d Sta Wag	550	1,700	2,850	6,440	10,000	14,300
122S 4d Sed	600	1,750	2,900	6,530	10,200	14,500
1961 4-cyl., 1583cc, 102.4" wb						
PV544 2d Sed	450	1,400	2,300	5,180	8,050	11,500
P210 2d Sta Wag	450	1,400	2,350	5,310	8,250	11,800
122 4d Sed	550	1,700	2,800	6,300	9,800	14,000
1961 4-cyl., 1778cc, 96.5" wb						
P1800 Cpe	550	1,700	2,800	6,300	9,800	14,000
1962 4-cyl., 1583cc, 102.4" wb						
P210 2d Sta Wag	450	1,400	2,350	5,270	8,200	11,700
1962 4-cyl., 1778cc, 102.4" wb						
PV544 2d Sed	450	1,300	2,200	4,950	7,700	11,000
122S 4d Sed	350	1,000	1,700	3,830	5,950	8,500
122S 2d Sed	350	1,050	1,750	3,920	6,100	8,700
122S 4d Sta Wag	450	1,300	2,200	4,950	7,700	11,000
1962 4-cyl., 1778cc, 96.5" wb						
P1800 Cpe	550	1,700	2,800	6,300	9,800	14,000
1963 4-cyl., 1778cc, 102.4" wb						
PV544 2d Sed	450	1,400	2,350	5,270	8,200	11,700
210 2d Sta Wag	450	1,400	2,350	5,310	8,250	11,800
P122S 4d Sed	450	1,300	2,200	4,950	7,700	11,000
P122S 2d Sed	450	1,350	2,250	5,040	7,850	11,200
P122S 4d Sta Wag	450	1,400	2,300	5,180	8,050	11,500
1963 4-cyl., 1778cc, 96.5" wb						
1800S Cpe	550	1,700	2,800	6,300	9,800	14,000
1964 4-cyl., 1778cc, 102.4" wb						
PV544 2d Sed	450	1,400	2,350	5,270	8,200	11,700
P210 2d Sta Wag	600	1,750	2,900	6,530	10,200	14,500
122S 4d Sed	450	1,300	2,200	4,950	7,700	11,000
122S 2d Sed	450	1,350	2,250	5,040	7,850	11,200
122S 4d Sta Wag	450	1,400	2,300	5,180	8,050	11,500
1964 4-cyl., 1778cc, 96.5" wb						
1800S Cpe	600	1,750	2,900	6,530	10,200	14,500
1965 4-cyl., 1778cc, 102.4" wb						
PV544 2d Sed	450	1,400	2,300	5,180	8,050	11,500
P210 Sta Wag	550	1,700	2,800	6,300	9,800	14,000
122S 4d Sed	450	1,350	2,250	5,040	7,850	11,200
122S 2d Sed	450	1,300	2,200	4,950	7,700	11,000
122S 4d Sta Wag	450	1,400	2,300	5,180	8,050	11,500
1965 4-cyl., 1778cc, 96.5" wb						
1800S Cpe	600	1,800	3,000	6,750	10,500	15,000
1966 4-cyl., 1778cc, 102.4" wb						
210S 2d Sta Wag	550	1,700	2,800	6,300	9,800	14,000
122S 4d Sed	450	1,300	2,200	4,950	7,700	11,000
122S 2d Sed	450	1,350	2,250	5,040	7,850	11,200
122S 4d Sta Wag	450	1,400	2,300	5,180	8,050	11,500

	6	5	4	3	2	1
1966 4-cyl., 1778cc, 96.5" wb						
1800S Cpe	550	1,700	2,800	6,300	9,800	14,000
1967 4-cyl., 1778cc, 102.4" wb						
P210 2d Sta Wag	600	1,750	2,900	6,530	10,200	14,500
122S 2d Sed	450	1,350	2,250	5,040	7,850	11,200
122S 4d Sed	450	1,300	2,200	4,950	7,700	11,000
122S 4d Sta Wag	450	1,400	2,300	5,180	8,050	11,500
1967 4-cyl., 1778cc, 96.5" wb						
123 GT	550	1,700	2,800	6,300	9,800	14,000
1800S Cpe	600	1,850	3,100	6,980	10,900	15,500
1968 4-cyl., 1778cc, 102.4" wb						
122S 2d Sed	450	1,350	2,250	5,040	7,850	11,200
122S 4d Sta Wag	450	1,400	2,300	5,180	8,050	11,500
123 GT	550	1,700	2,800	6,300	9,800	14,000
142S 2d Sed	350	1,000	1,700	3,830	5,950	8,500
144 4d Sed	350	1,000	1,650	3,740	5,800	8,300
1968 4-cyl., 1778cc, 96.5" wb						
1800S Cpe	600	1,800	3,000	6,750	10,500	15,000
1969 4-cyl., 1986cc, 102.4" wb						
142S 2d Sed	450	1,350	2,200	5,000	7,750	11,100
144S 4d Sed	450	1,300	2,200	4,950	7,700	11,000
145S 4d Sta Wag	450	1,350	2,250	5,040	7,850	11,200
1969 4-cyl., 1986cc, 96.5" wb						
1800S Cpe	600	1,850	3,100	6,980	10,900	15,500
1970 4-cyl., 1986cc, 102.4" wb						
142 2d Sed	450	1,350	2,250	5,040	7,850	11,200
144 4d Sed	450	1,350	2,200	5,000	7,750	11,100
145 4d Sta Wag	450	1,350	2,200	5,000	7,750	11,100
1970 4-cyl., 1986cc, 96.5" wb						
1800E Cpe	600	1,850	3,100	6,980	10,900	15,500
1970 6-cyl., 2978cc, 106.3" wb						
164 4d Sed	350	1,000	1,700	3,830	5,950	8,500
1971 4-cyl., 1986cc, 103.2" wb						
142 2d Sed	350	1,050	1,750	3,920	6,100	8,700
144 4d Sed	350	1,000	1,700	3,830	5,950	8,500
145 4d Sta Wag	350	1,050	1,800	4,010	6,250	8,900
1971 4-cyl., 1986cc, 96.5" wb						
1800E Cpe	650	1,900	3,200	7,200	11,200	16,000
1971 6-cyl., 2978cc, 107" wb						
164 4d Sed	350	1,050	1,700	3,870	6,000	8,600
1972 4-cyl., 1986cc, 103.2" wb						
142 2d Sed	350	1,050	1,750	3,960	6,150	8,800
144 4d Sed	350	1,050	1,750	3,920	6,100	8,700
145 4d Sta Wag	450	1,300	2,200	4,950	7,700	11,000
1972 4-cyl., 1986cc, 96.5" wb						
1800E Cpe	650	1,900	3,200	7,200	11,200	16,000
1800ES Spt Wag	650	2,000	3,300	7,430	11,600	16,500
1972 6-cyl., 2978cc, 107" wb						
164 4d Sed	350	1,050	1,700	3,870	6,000	8,600
1973 4-cyl., 1986cc, 103.2" wb						
142 2d Sed	350	1,000	1,700	3,830	5,950	8,500
144 4d Sed	350	1,000	1,700	3,780	5,900	8,400
145 4d Sta Wag	350	1,050	1,750	3,920	6,100	8,700
1973 4-cyl., 1986cc, 96.5" wb						
1800ES Spt Wag	700	2,050	3,400	7,650	11,900	17,000
1973 6-cyl., 2978cc, 107" wb						
164E 4d Sed	350	1,000	1,700	3,830	5,950	8,500
1974 4-cyl., 1986cc, 103.2" wb						
142 2d Sed	300	950	1,600	3,650	5,650	8,100
144 4d Sed	300	950	1,600	3,650	5,650	8,100
145 4d Sta Wag	350	1,000	1,650	3,740	5,800	8,300
142GL 2d Sed	350	1,000	1,650	3,690	5,750	8,200
144GL 4d Sed	350	1,000	1,650	3,690	5,750	8,200
1974 6-cyl., 2978cc, 107" wb						
164E 4d Sed	350	1,000	1,700	3,780	5,900	8,400
1975 4-cyl., 2127cc, 103.9" wb						
242 2d Sed	300	850	1,450	3,240	5,050	7,200
244 4d Sed	300	850	1,450	3,240	5,050	7,200
245 4d Sta Wag	300	900	1,500	3,380	5,250	7,500
242GL 2d Sed	300	900	1,500	3,330	5,200	7,400
244GL 4d Sed	300	900	1,500	3,330	5,200	7,400

	6	5	4	3	2	1
1975 6-cyl., 2978cc, 107" wb						
164 4d Sed	300	900	1,500	3,380	5,250	7,500
1976 4-cyl., 2127cc, 103.9" wb						
242 2d Sed	300	900	1,500	3,380	5,250	7,500
244 4d Sed	300	900	1,500	3,380	5,250	7,500
245 4d Sta Wag	300	950	1,550	3,510	5,450	7,800
1976 6-cyl., 2664cc, 103.9" wb						
262GL 2d Sed	300	950	1,550	3,510	5,450	7,800
264 4d Sed	300	950	1,600	3,560	5,550	7,900
265 4d Sta Wag	300	950	1,600	3,650	5,650	8,100
264GL 4d Sed	300	950	1,600	3,600	5,600	8,000
1977 4-cyl., 2127cc, 103.9" wb						
242 2d Sed	300	950	1,550	3,510	5,450	7,800
244 4d Sed	300	950	1,550	3,510	5,450	7,800
245 4d Sta Wag	350	1,000	1,650	3,690	5,750	8,200
1977 6-cyl., 2664cc, 103.9" wb						
264GL 4d Sed	300	950	1,600	3,650	5,650	8,100
265GL 4d Sta Wag	350	1,000	1,650	3,740	5,800	8,300
262C 2d Cpe	600	1,800	3,000	6,750	10,500	15,000
1978 6-cyl., 2664cc, 103.9" wb						
244 4d	300	850	1,400	3,150	4,900	7,000
242GT 2d	300	850	1,400	3,200	4,950	7,100
242 2d	300	850	1,450	3,240	5,050	7,200
245 4d Sta Wag	300	900	1,450	3,290	5,100	7,300
264GL 4d	300	850	1,450	3,240	5,050	7,200
265GL 4d Sta Wag	300	900	1,500	3,330	5,200	7,400
262C 2d	600	1,800	3,000	6,750	10,500	15,000
1979 6-cyl., 2664cc, 103.9" wb						
242DL 2d	250	800	1,350	3,060	4,750	6,800
242GT 2d	300	850	1,400	3,110	4,850	6,900
244DL 4d	300	850	1,400	3,110	4,850	6,900
245DL 4d Sta Wag	300	850	1,400	3,150	4,900	7,000
245GL 4d	300	850	1,400	3,150	4,900	7,000
265GL 4d Sta Wag	300	850	1,400	3,200	4,950	7,100
262C 2d Cpe	600	1,850	3,100	6,980	10,900	15,500
1980 6-cyl., 2664cc, 103.9" wb						
DL 2d	250	750	1,250	2,790	4,350	6,200
DL GT 2d	250	750	1,300	2,880	4,500	6,400
DL 4d	250	750	1,300	2,880	4,500	6,400
DL 4d Sta Wag	250	800	1,350	3,020	4,700	6,700
GL 4d	250	800	1,350	3,020	4,700	6,700
GLE 4d	250	800	1,350	3,060	4,750	6,800
GLE 4d Sta Wag	300	850	1,400	3,110	4,850	6,900
GLE 2d Cpe Bertone	600	1,810	3,020	6,800	10,570	15,100
1981 6-cyl., 2664cc, 103.9" wb						
DL 2d	250	750	1,250	2,790	4,350	6,200
DL 4d	250	750	1,300	2,880	4,500	6,400
DL 4d Sta Wag	250	800	1,350	3,020	4,700	6,700
GL 2d	250	800	1,300	2,930	4,550	6,500
GL 4d	250	800	1,300	2,930	4,550	6,500
GLT 2d	250	800	1,300	2,930	4,550	6,500
GLT 4d Sta Wag	250	800	1,350	3,060	4,750	6,800
GLT 2d, Turbo	300	850	1,400	3,150	4,900	7,000
GLT 4d, Turbo	300	850	1,400	3,150	4,900	7,000
GLE 4d	300	850	1,400	3,150	4,900	7,000
2d Bertone Cpe	600	1,850	3,100	6,980	10,900	15,500
1982 6-cyl., 2664cc, 103.9" wb						
DL 2d	250	750	1,250	2,790	4,350	6,200
DL 4d	250	750	1,250	2,790	4,350	6,200
DL 4d Sta Wag	250	750	1,250	2,840	4,400	6,300
GL 4d	250	750	1,250	2,840	4,400	6,300
GL 4d Sta Wag	250	750	1,300	2,880	4,500	6,400
GLT 2d	250	750	1,250	2,840	4,400	6,300
GLT 2d, Turbo	250	800	1,350	3,020	4,700	6,700
GLT 4d, Turbo	250	800	1,350	3,020	4,700	6,700
GLT 4d Sta Wag, Turbo	270	800	1,340	3,020	4,690	6,700
GLE 4d	250	800	1,350	3,020	4,700	6,700
1983 4-cyl., 2316cc						
DL 2d	250	750	1,250	2,790	4,350	6,200
DL 4d	250	750	1,250	2,790	4,350	6,200
DL 4d Sta Wag	250	750	1,250	2,840	4,400	6,300
GL 4d	250	750	1,250	2,840	4,400	6,300
GL 4d Sta Wag	250	750	1,300	2,880	4,500	6,400
GLT 2d, Turbo	250	750	1,250	2,840	4,400	6,300
GLT 4d, Turbo	250	800	1,300	2,970	4,600	6,600

	6	5	4	3	2	1
GLT 4d Sta Wag, Turbo	270	800	1,340	3,020	4,690	6,700
760 GLE 4d	250	800	1,350	3,020	4,700	6,700
760 GLE 4d, Turbo Diesel	270	820	1,360	3,060	4,760	6,800

NOTE: Add 5 percent for 6-cyl.

1984 4-cyl., 2316cc

	6	5	4	3	2	1
DL 2d	350	1,000	1,700	3,830	5,950	8,500
DL 4d	450	1,300	2,200	4,950	7,700	11,000
DL 4d Sta Wag	450	1,400	2,300	5,180	8,050	11,500
GL 4d	550	1,700	2,800	6,300	9,800	14,000
GL 4d Sta Wag	600	1,750	2,900	6,530	10,200	14,500
GLT 2d, Turbo	600	1,800	3,000	6,750	10,500	15,000
GLT 4d, Turbo	600	1,850	3,100	6,980	10,900	15,500
GLT 4d Sta Wag, Turbo	620	1,860	3,100	6,980	10,850	15,500
760 GLE 4d	600	1,850	3,100	6,980	10,900	15,500
760 GLE 4d, Turbo	650	1,900	3,200	7,200	11,200	16,000
760 GLE 4d, Turbo Diesel	600	1,800	3,000	6,750	10,500	15,000

NOTE: Add 5 percent for 6-cyl.

1985 4-cyl., 2316cc

	6	5	4	3	2	1
DL 4d Sed	350	1,000	1,700	3,830	5,950	8,500
DL 4d Sta Wag	350	1,050	1,700	3,870	6,000	8,600
GL 4d Sed	450	1,400	2,300	5,180	8,050	11,500
GL 4d Sta Wag	450	1,400	2,300	5,220	8,100	11,600

NOTE: Add 10 percent for Turbo.

	6	5	4	3	2	1
740 4d Sed	600	1,850	3,100	6,980	10,900	15,500
740 4d Sta Wag	650	1,900	3,200	7,200	11,200	16,000

NOTE: Deduct 10 percent for Diesel. Add 10 percent for Turbo. Add 5 percent for 6-cyl.

	6	5	4	3	2	1
760 4d Sed	700	2,050	3,400	7,650	11,900	17,000
760 4d Sta Wag	700	2,100	3,500	7,880	12,300	17,500

NOTE: Deduct 10 percent for Diesel. Add 10 percent for Turbo. Add 5 percent for 6-cyl.

1986 4-cyl., 2316cc

	6	5	4	3	2	1
DL 4d Sed	550	1,700	2,800	6,300	9,800	14,000
DL 4d Sta Wag	550	1,700	2,800	6,350	9,850	14,100
GL 4d Sed	600	1,850	3,100	6,980	10,900	15,500
GL 4d Sta Wag	600	1,850	3,100	7,020	10,900	15,600
740 4d Sed	700	2,100	3,500	7,880	12,300	17,500
740 4d Sta Wag	700	2,150	3,600	8,100	12,600	18,000

NOTE: Deduct 10 percent for Diesel. Add 10 percent for Turbo.

	6	5	4	3	2	1
760 4d Sed	750	2,300	3,800	8,550	13,300	19,000
760 4d Sta Wag	800	2,400	4,000	9,000	14,000	20,000

NOTE: Add 5 percent for 6-cyl.

1987 240

	6	5	4	3	2	1
DL 4d Sed	600	1,800	3,000	6,750	10,500	15,000
DL 4d Sta Wag	650	1,900	3,200	7,200	11,200	16,000
GL 4d Sed	650	1,900	3,200	7,200	11,200	16,000
GL 4d Sta Wag	700	2,050	3,400	7,650	11,900	17,000

1987 740

	6	5	4	3	2	1
GLE 4d Sed	700	2,100	3,500	7,880	12,300	17,500
GLE 4d Sed, Turbo	750	2,300	3,800	8,550	13,300	19,000
GLE 4d Sta Wag	700	2,150	3,600	8,100	12,600	18,000
GLE 4d Sta Wag, Turbo	800	2,400	4,000	9,000	14,000	20,000

1987 760

	6	5	4	3	2	1
GLE 4d Sed, Turbo	850	2,500	4,200	9,450	14,700	21,000
GLE 4d Sta Wag, Turbo	880	2,640	4,400	9,900	15,400	22,000

1987 780

	6	5	4	3	2	1
GLE 2d Cpe	1,100	3,250	5,400	12,150	18,900	27,000

1987 240

	6	5	4	3	2	1
DL 4d Sed	600	1,750	2,900	6,530	10,200	14,500
DL 4d Sta Wag	600	1,850	3,100	6,980	10,900	15,500
GL 4d Sed	600	1,850	3,100	7,020	10,900	15,600
GL 4d Sta Wag	600	1,850	3,100	6,980	10,900	15,500

1987 740

	6	5	4	3	2	1
GLE 4d Sed	700	2,100	3,500	7,880	12,300	17,500
GLE 4d Sta Wag	700	2,150	3,600	8,100	12,600	18,000
GLE 4d Sed, Turbo	750	2,300	3,800	8,550	13,300	19,000
GLE Sta Wag	800	2,400	4,000	9,000	14,000	20,000

1987 760

	6	5	4	3	2	1
4d Sed	750	2,300	3,800	8,550	13,300	19,000
4d Sed, Turbo	850	2,500	4,200	9,450	14,700	21,000
4d Sta Wag, Turbo	900	2,650	4,400	9,900	15,400	22,000

1987 780

	6	5	4	3	2	1
GLE 2d Cpe	1,100	3,250	5,400	12,150	18,900	27,000

NOTE: Deduct 5 percent for 4-cyl.

	6	5	4	3	2	1
1988 240						
DL 4d Sed	700	2,050	3,400	7,650	11,900	17,000
DL 4d Sta Wag	700	2,150	3,600	8,100	12,600	18,000
GL 4d Sed	750	2,300	3,800	8,550	13,300	19,000
GL 4d Sta Wag	800	2,400	4,000	9,000	14,000	20,000
1988 740						
GLE 4d Sed	800	2,400	4,000	9,000	14,000	20,000
GLE 4d Sta Wag	850	2,500	4,200	9,450	14,700	21,000
GLE 4d Sed, Turbo	1,000	3,000	5,000	11,250	17,500	25,000
GLE 4d Sta Wag, Turbo	1,040	3,120	5,200	11,700	18,200	26,000
1988 760						
4d Sed	1,100	3,250	5,400	12,150	18,900	27,000
GLE 4d Sed, Turbo	1,100	3,350	5,600	12,600	19,600	28,000
GLE 4d Sta Wag, Turbo	1,160	3,480	5,800	13,050	20,300	29,000
1988 780						
GLE 2d Cpe	1,250	3,700	6,200	13,950	21,700	31,000

NOTE: Deduct 5 percent for 4-cyl.

	6	5	4	3	2	1
1989 DL						
4d Sed	650	1,900	3,200	7,200	11,200	16,000
4d Sta Wag	700	2,050	3,400	7,650	11,900	17,000
1989 GL						
4d Sed	700	2,050	3,400	7,650	11,900	17,000
4d Sta Wag	700	2,150	3,600	8,100	12,600	18,000
1989 740 GL						
4d	750	2,300	3,800	8,550	13,300	19,000
4d Sta Wag	800	2,400	4,000	9,000	14,000	20,000
1989 740 GLE						
4d Sed (16V)	900	2,650	4,400	9,900	15,400	22,000
4d Sta Wag (16V)	900	2,750	4,600	10,350	16,100	23,000
1989 740 (Turbo)						
4d Sed	950	2,900	4,800	10,800	16,800	24,000
4d Sta Wag	1,000	3,000	5,000	11,250	17,500	25,000
1989 760 GLE						
4d Sed	1,100	3,350	5,600	12,600	19,600	28,000
4d Sed, Turbo	1,150	3,500	5,800	13,050	20,300	29,000
4d Sta Wag, Turbo	1,200	3,600	6,000	13,500	21,000	30,000
1989 780						
2d Cpe	1,200	3,600	6,000	13,500	21,000	30,000
2d Cpe, Turbo	1,250	3,700	6,200	13,950	21,700	31,000

NOTE: Deduct 5 percent for 4-cyl.

	6	5	4	3	2	1
1990 240, 4-cyl.						
4d Sed	600	1,800	3,000	6,750	10,500	15,000
4d Sta Wag	650	1,900	3,200	7,200	11,200	16,000
DL 4d Sed	650	1,900	3,200	7,200	11,200	16,000
DL 4d Sta Wag	700	2,050	3,400	7,650	11,900	17,000
1990 740, 4-cyl.						
4d Sed	650	1,900	3,200	7,200	11,200	16,000
4d Sta Wag	700	2,050	3,400	7,650	11,900	17,000
GL 4d Sed	700	2,150	3,600	8,100	12,600	18,000
GL 4d Sta Wag	750	2,300	3,800	8,550	13,300	19,000
GLE 4d Sed	800	2,400	4,000	9,000	14,000	20,000
GLE 4d Sta Wag	850	2,500	4,200	9,450	14,700	21,000
4d Sed, Turbo	900	2,650	4,400	9,900	15,400	22,000
4d Sta Wag, Turbo	900	2,750	4,600	10,350	16,100	23,000
1990 760, 6-cyl.						
GLE 4d Sed	950	2,900	4,800	10,800	16,800	24,000
GLE 4d Sed, Turbo	1,000	3,000	5,000	11,250	17,500	25,000
GLE 4d Sta Wag, Turbo	1,040	3,120	5,200	11,700	18,200	26,000
1990 780, 6-cyl.						
2d Cpe	1,050	3,100	5,200	11,700	18,200	26,000
2d Cpe, Turbo	1,100	3,250	5,400	12,150	18,900	27,000

NOTE: Deduct 5 percent for 4-cyl.

	6	5	4	3	2	1
1991 240						
4d Sed	600	1,750	2,900	6,530	10,200	14,500
4d Sta Wag	600	1,800	2,950	6,660	10,400	14,800
4d SE Sta Wag	650	1,900	3,200	7,200	11,200	16,000
1991 740						
4d Sed	650	1,900	3,150	7,070	11,000	15,700
4d Sed, Turbo	700	2,150	3,600	8,100	12,600	18,000
4d SE Sed, Turbo	700	2,100	3,500	7,880	12,300	17,500
4d Sta Wag	700	2,150	3,600	8,100	12,600	18,000
4d Sta Wag, Turbo	750	2,300	3,800	8,550	13,300	19,000
4d SE Sta Wag, Turbo	800	2,400	4,000	9,000	14,000	20,000

	6	5	4	3	2	1
1991 940						
GLE 4d Sed (16V)	700	2,150	3,600	8,100	12,600	18,000
4d Sed, Turbo	750	2,300	3,800	8,550	13,300	19,000
4d SE Sed, Turbo	800	2,400	4,000	9,000	14,000	20,000
GLE 4d Sta Wag (16V)	760	2,280	3,800	8,550	13,300	19,000
4d Sta Wag, Turbo	800	2,400	4,000	9,000	14,000	20,000
4d SE Sta Wag, Turbo	800	2,400	4,000	9,000	14,000	20,000
1991 780						
2d Cpe, Turbo	900	2,750	4,600	10,350	16,100	23,000
1992 240, 4-cyl.						
4d Sed	600	1,850	3,100	6,980	10,900	15,500
4d Sta Wag	650	2,000	3,300	7,430	11,600	16,500
GL 4d Sed	650	1,900	3,200	7,200	11,200	16,000
1992 740, 4-cyl.						
4d Sed	650	1,900	3,200	7,200	11,200	16,000
4d Sta Wag	700	2,050	3,400	7,650	11,900	17,000
4d Sta Wag, Turbo	750	2,300	3,800	8,550	13,300	19,000
1992 940, 4-cyl.						
CL 4d Sed	650	1,900	3,200	7,200	11,200	16,000
4d Sed, Turbo	750	2,200	3,650	8,190	12,700	18,200
4d Sta Wag, Turbo	750	2,300	3,850	8,640	13,400	19,200
1992 960, 4-cyl.						
4d Sed (16V)	750	2,200	3,650	8,240	12,800	18,300
4d Sta Wag (16V)	750	2,300	3,850	8,690	13,500	19,300
1993 240, 4-cyl.						
4d Sed	600	1,800	3,000	6,750	10,500	15,000
4d Sta Wag	650	1,900	3,200	7,200	11,200	16,000
1993 850, 5-cyl.						
GLT 4d Sed	650	1,900	3,200	7,200	11,200	16,000
1993 940, 4-cyl.						
4d Sed	650	2,000	3,300	7,430	11,600	16,500
4d Sta Wag	650	2,000	3,300	7,430	11,600	16,500
4d Sed, Turbo	700	2,050	3,400	7,650	11,900	17,000
4d Sta Wag, Turbo	700	2,100	3,500	7,880	12,300	17,500
1993 960, 4-cyl.						
4d Sed	700	2,150	3,600	8,100	12,600	18,000
4d Sta Wag	800	2,350	3,900	8,780	13,700	19,500
1994 850, 4-cyl.						
4d Sed	650	1,900	3,200	7,200	11,200	16,000
4d Sed, Turbo	700	2,150	3,600	8,100	12,600	18,000
4d Sta Wag	700	2,050	3,400	7,650	11,900	17,000
4d Sta Wag, Turbo	750	2,300	3,800	8,550	13,300	19,000
1994 940, 4-cyl.						
4d Sed	500	1,550	2,600	5,850	9,100	13,000
4d Sed, Turbo	600	1,800	3,000	6,750	10,500	15,000
4d Sta Wag	550	1,700	2,800	6,300	9,800	14,000
4d Sta Wag, Turbo	650	1,900	3,200	7,200	11,200	16,000
1994 960, 4-cyl.						
4d Sed	650	1,900	3,200	7,200	11,200	16,000
4d Sta Wag	700	2,050	3,400	7,650	11,900	17,000
1995 850, 4-cyl.						
4d Sed	650	1,900	3,200	7,200	11,200	16,000
4d Sed, Turbo	700	2,150	3,600	8,100	12,600	18,000
4d Sta Wag	700	2,050	3,400	7,650	11,900	17,000
4d Sta Wag, Turbo	750	2,300	3,800	8,550	13,300	19,000
GLT 4d Sed	700	2,100	3,500	7,880	12,300	17,500
GLT 4d Sta Wag	750	2,200	3,700	8,330	13,000	18,500
T-5R 4d Sed, Turbo	780	2,340	3,900	8,780	13,650	19,500
T-5R 4d Sta Wag, Turbo	840	2,520	4,200	9,450	14,700	21,000
1995 940, 4-cyl.						
4d Sed	500	1,550	2,600	5,850	9,100	13,000
4d Sta Wag	550	1,700	2,800	6,300	9,800	14,000
4d Sed, Turbo	600	1,800	3,000	6,750	10,500	15,000
4d Sta Wag, Turbo	650	1,900	3,200	7,200	11,200	16,000
1995 960, 6-cyl.						
4d Sed	650	1,900	3,200	7,200	11,200	16,000
4d Sta Wag	700	2,050	3,400	7,650	11,900	17,000
1996 850, 5-cyl.						
4d Sed	600	1,800	3,000	6,750	10,500	15,000
4d Sed, Turbo	700	2,050	3,400	7,650	11,900	17,000
4d Sta Wag	650	1,900	3,200	7,200	11,200	16,000
4d Sta Wag, Turbo	700	2,150	3,600	8,100	12,600	18,000
GLT 4d Sed	650	2,000	3,300	7,430	11,600	16,500
GLT 4d Sta Wag	700	2,100	3,500	7,880	12,300	17,500

1977 Volkswagen Rabbit sedan

1996 Volkswagen Jetta sedan

1991 Volvo 740 sedan

	6	5	4	3	2	1
T-5R 4d Sed, Turbo	740	2,220	3,700	8,330	12,950	18,500
T-5R 4d Sta Wag, Turbo	800	2,400	4,000	9,000	14,000	20,000
1996 960, 6-cyl.						
4d Sed	600	1,800	3,000	6,750	10,500	15,000
4d Sta Wag	650	1,900	3,200	7,200	11,200	16,000
1997 850, 5-cyl.						
4d Sed	600	1,800	3,000	6,750	10,500	15,000
GLT 4d Sed, Turbo	640	1,920	3,200	7,200	11,200	16,000
T5 4d Sed, Turbo	660	1,980	3,300	7,430	11,550	16,500
R 4d Sed, Turbo	700	2,100	3,500	7,880	12,250	17,500
4d Sta Wag	640	1,920	3,200	7,200	11,200	16,000
GLT 4d Sta Wag, Turbo	700	2,100	3,500	7,880	12,250	17,500
T5 4d Sta Wag, Turbo	720	2,160	3,600	8,100	12,600	18,000
R 4d Sta Wag, Turbo	740	2,220	3,700	8,330	12,950	18,500
1997 960, 6-cyl.						
4d Sed	600	1,800	3,000	6,750	10,500	15,000
4d Sta Wag	640	1,920	3,200	7,200	11,200	16,000
1998 70 Series, 5-cyl.						
C70 2d Cpe	800	2,400	4,000	9,000	14,000	20,000
S70 4d Sed	600	1,800	3,000	6,750	10,500	15,000
S70 GLT 4d Sed Turbo	640	1,920	3,200	7,200	11,200	16,000
S70 T5 4d Sed Turbo	660	1,980	3,300	7,430	11,550	16,500
V70 4d Sta Wag	640	1,920	3,200	7,200	11,200	16,000
V70 GLT 4d Sta Wag Turbo	700	2,100	3,500	7,880	12,250	17,500
V70 T5 4d Sta Wag Turbo	720	2,160	3,600	8,100	12,600	18,000
V70 4d Sta Wag AWD	720	2,160	3,600	8,100	12,600	18,000
V70 R 4d Sta Wag AWD	740	2,220	3,700	8,330	12,950	18,500
V70 XC 4d Sta Wag AWD	800	2,400	4,000	9,000	14,000	20,000
1998 90 Series, 6-cyl.						
S90 4d Sed	600	1,800	3,000	6,750	10,500	15,000
V90 4d Sta Wag	640	1,920	3,200	7,200	11,200	16,000

YUGO

	6	5	4	3	2	1
1986						
2d HBk GV	150	400	650	1,490	2,300	3,300
1987						
2d HBk GV	150	400	650	1,490	2,300	3,300
1988						
2d HBk GV	150	400	650	1,490	2,300	3,300
2d HBk GVL	150	400	700	1,530	2,400	3,400

	6	5	4	3	2	1

DOMESTIC TRUCKS

AMERICAN AUSTIN-BANTAM TRUCKS

1931 Austin Series A
	6	5	4	3	2	1
Cpe Dly	960	2,880	4,800	10,800	16,800	24,000
Panel Dly	1,040	3,120	5,200	11,700	18,200	26,000

1932 Austin Series A
	6	5	4	3	2	1
Cpe Dly	960	2,880	4,800	10,800	16,800	24,000
Panel Dly	1,040	3,120	5,200	11,700	18,200	26,000

1933 Austin 275
	6	5	4	3	2	1
Cpe Dly	920	2,760	4,600	10,350	16,100	23,000
Panel Dly	1,000	3,000	5,000	11,250	17,500	25,000
Bantam Van	960	2,880	4,800	10,800	16,800	24,000

1933 Austin 375
	6	5	4	3	2	1
Panel Dly	960	2,880	4,800	10,800	16,800	24,000
PU	920	2,760	4,600	10,350	16,100	23,000
Pony Exp	880	2,640	4,400	9,900	15,400	22,000
Cpe Dly	1,000	3,000	5,000	11,250	17,500	25,000

1934 Austin 375
	6	5	4	3	2	1
PU	800	2,400	4,000	9,000	14,000	20,000
Panel Dly	880	2,640	4,400	9,900	15,400	22,000

1935 Austin 475
	6	5	4	3	2	1
PU	760	2,280	3,800	8,550	13,300	19,000
Panel Dly	840	2,520	4,200	9,450	14,700	21,000

1936 Austin 475

No vehicles manufactured.

1937 American Bantam 575
	6	5	4	3	2	1
PU	920	2,760	4,600	10,350	16,100	23,000
Panel Dly	1,080	3,240	5,400	12,150	18,900	27,000

1938 American Bantam 60
	6	5	4	3	2	1
Bus Cpe	840	2,520	4,200	9,450	14,700	21,000
PU Exp	920	2,760	4,600	10,350	16,100	23,000
Panel Exp	1,080	3,240	5,400	12,150	18,900	27,000
Boulevard Dly	1,960	5,880	9,800	22,050	34,300	49,000

1939 American Bantam 60
	6	5	4	3	2	1
PU Exp	920	2,760	4,600	10,350	16,100	23,000
Panel Exp	1,080	3,240	5,400	12,150	18,900	27,000
Boulevard Dly	1,960	5,880	9,800	22,050	34,300	49,000

1940 American Bantam 65
	6	5	4	3	2	1
PU	920	2,760	4,600	10,350	16,100	23,000
Panel	1,080	3,240	5,400	12,150	18,900	27,000
Boulevard Dly	1,960	5,880	9,800	22,050	34,300	49,000

1941 American Bantam 65
	6	5	4	3	2	1
PU	920	2,760	4,600	10,350	16,100	23,000
Panel	1,080	3,240	5,400	12,150	18,900	27,000

CHEVROLET TRUCKS

1918 Series "490"
	6	5	4	3	2	1
1/2-Ton Light Dly	640	1,920	3,200	7,200	11,200	16,000

1918 Series "T"
	6	5	4	3	2	1
1-Ton Flare Exp	540	1,620	2,700	6,080	9,450	13,500
1-Ton Covered Flare	560	1,680	2,800	6,300	9,800	14,000

1919 Series "490"
	6	5	4	3	2	1
1/2-Ton Light Dly	640	1,920	3,200	7,200	11,200	16,000

1919 Series "T"
	6	5	4	3	2	1
1-Ton Flare Exp	540	1,620	2,700	6,080	9,450	13,500
1-Ton Covered Flare	560	1,680	2,800	6,300	9,800	14,000

1920 Series "490"
	6	5	4	3	2	1
Light Dly Wag 1-Seat	640	1,920	3,200	7,200	11,200	16,000
Light Dly Wag 2-Seat	640	1,920	3,200	7,200	11,200	16,000

1920 Model T
	6	5	4	3	2	1
Flareboard Exp	540	1,620	2,700	6,080	9,450	13,500
Covered Flare	560	1,680	2,800	6,300	9,800	14,000

1921 Series "490"
	6	5	4	3	2	1
Open Exp	640	1,920	3,200	7,200	11,200	16,000
Canopy Exp 3 Seat	660	1,980	3,300	7,430	11,550	16,500

1921 Series G
	6	5	4	3	2	1
Open Exp	600	1,800	3,000	6,750	10,500	15,000
Canopy Exp	608	1,824	3,040	6,840	10,640	15,200

	6	5	4	3	2	1
1921 Series T						
Open Exp	540	1,620	2,700	6,080	9,450	13,500
Canopy Exp	560	1,680	2,800	6,300	9,800	14,000
1922 Series "490"						
Dly Wag	640	1,920	3,200	7,200	11,200	16,000
Panel Dly	680	2,040	3,400	7,650	11,900	17,000
Sta Wag	780	2,340	3,900	8,780	13,650	19,500
1922 Series G						
Exp	600	1,800	3,000	6,750	10,500	15,000
Canopy Exp	608	1,824	3,040	6,840	10,640	15,200
1922 Series T						
Open Exp	540	1,620	2,700	6,080	9,450	13,500
Canopy Exp	560	1,680	2,800	6,300	9,800	14,000
Canopy Exp w/curtains	560	1,680	2,800	6,300	9,800	14,000
1923 Series B Superior						
Canopy Exp	680	2,040	3,400	7,650	11,900	17,000
Panel Dly	680	2,040	3,400	7,650	11,900	17,000
Sta Wag	780	2,340	3,900	8,780	13,650	19,500
1923 Series D Superior						
Utl Dly (Exp)	540	1,620	2,700	6,080	9,450	13,500
Cattle Body (Stake)	572	1,716	2,860	6,440	10,010	14,300
Dly Wag	560	1,680	2,800	6,300	9,800	14,000
Panel Body	580	1,740	2,900	6,530	10,150	14,500
Gravity Dump	588	1,764	2,940	6,620	10,290	14,700
Petroleum Tanker	600	1,800	3,000	6,750	10,500	15,000
1924 Series F						
Open Exp	536	1,608	2,680	6,030	9,380	13,400
Canopy Exp	560	1,680	2,800	6,300	9,800	14,000
Panel Dly	560	1,680	2,800	6,300	9,800	14,000
Sta Wag	596	1,788	2,980	6,710	10,430	14,900
1924 Series H						
Open Cab Grain/Stock Body	484	1,452	2,420	5,450	8,470	12,100
Closed Cab Grain/Stock Body	488	1,464	2,440	5,490	8,540	12,200
Flareboard Exp	516	1,548	2,580	5,810	9,030	12,900
Panel Body	532	1,596	2,660	5,990	9,310	13,300
Dump/Coal Body	536	1,608	2,680	6,030	9,380	13,400
Tanker (3 compartment)	560	1,680	2,800	6,300	9,800	14,000
1925 Series M, 1924-25, 1-Ton						
Flareboard Exp	476	1,428	2,380	5,360	8,330	11,900
Panel Body	492	1,476	2,460	5,540	8,610	12,300
1925 Series K, 1/2-Ton						
Flareboard Exp	540	1,620	2,700	6,080	9,450	13,500
Panel Body	560	1,680	2,800	6,300	9,800	14,000
Sta Wag	636	1,908	3,180	7,160	11,130	15,900
1925 Series R, 1-Ton						
Flareboard Exp	476	1,428	2,380	5,360	8,330	11,900
Panel Body	492	1,476	2,460	5,540	8,610	12,300
Grain Body	488	1,464	2,440	5,490	8,540	12,200
Stake-Platform	484	1,452	2,420	5,450	8,470	12,100
Tanker (3 compartment)	520	1,560	2,600	5,850	9,100	13,000
Dump Body	496	1,488	2,480	5,580	8,680	12,400
Wrecker	560	1,680	2,800	6,300	9,800	14,000
1926 Series V						
Rds PU (Factory)	560	1,680	2,800	6,300	9,800	14,000
Commercial Rds (Factory)	548	1,644	2,740	6,170	9,590	13,700
Hercules Panel Dly	580	1,740	2,900	6,530	10,150	14,500
Springfield Ctry Clb Sub	760	2,280	3,800	8,550	13,300	19,000
Springfield Panel Dly	680	2,040	3,400	7,650	11,900	17,000
1926 Series X, 1926-27						
Flareboard Exp (Factory)	560	1,680	2,800	6,300	9,800	14,000
Canopy Exp (Factory)	580	1,740	2,900	6,530	10,150	14,500
Screenside Exp (Factory)	580	1,740	2,900	6,530	10,150	14,500
Peddler's Wag (Factory)	592	1,776	2,960	6,660	10,360	14,800
Mifflinburg Depot Hack	680	2,040	3,400	7,650	11,900	17,000
Springfield 12P Sub	680	2,040	3,400	7,650	11,900	17,000
Proctor-Keefe Dump	588	1,764	2,940	6,620	10,290	14,700
Mifflinburg Jitney/Exp	580	1,740	2,900	6,530	10,150	14,500
Platform Stake	572	1,716	2,860	6,440	10,010	14,300
Rack Body w/Coach Front	572	1,716	2,860	6,440	10,010	14,300
1927-28						
Rds PU	800	2,400	4,000	9,000	14,000	20,000
Commercial Rds	800	2,400	4,000	9,000	14,000	20,000
Open Exp	720	2,160	3,600	8,100	12,600	18,000
Sta Wag	800	2,400	4,000	9,000	14,000	20,000
Panel Dly	760	2,280	3,800	8,550	13,300	19,000

	6	5	4	3	2	1
1929-30						
Rds w/Slip-in Cargo Box	840	2,520	4,200	9,450	14,700	21,000
Rds w/Panel Carrier	840	2,520	4,200	9,450	14,700	21,000
Open Exp	760	2,280	3,800	8,550	13,300	19,000
Canopy Exp	800	2,400	4,000	9,000	14,000	20,000
Sed Dly	840	2,520	4,200	9,450	14,700	21,000
Screenside Exp	800	2,400	4,000	9,000	14,000	20,000
Panel Dly	800	2,400	4,000	9,000	14,000	20,000
Ambassador Panel Dly	880	2,640	4,400	9,900	15,400	22,000
1931-32						
Open Cab PU	920	2,760	4,600	10,350	16,100	23,000
Closed Cab PU	840	2,520	4,200	9,450	14,700	21,000
Panel Dly	880	2,640	4,400	9,900	15,400	22,000
Canopy Dly (curtains)	920	2,760	4,600	10,350	16,100	23,000
Canopy Dly (screens)	920	2,760	4,600	10,350	16,100	23,000
Sed Dly	1,000	3,000	5,000	11,250	17,500	25,000
DeL Sta Wag	920	2,760	4,600	10,350	16,100	23,000

NOTE: Add 5 percent for Deluxe 1/2-Ton models. Add 5 percent for Special Equipment on models other than those noted as "Specials" above. Add 2 percent for Canopy Tops on both pickups.

	6	5	4	3	2	1
1933-36						
Sed Dly	840	2,520	4,200	9,450	14,700	21,000
Spl Sed Dly	880	2,640	4,400	9,900	15,400	22,000
Closed Cab PU	760	2,280	3,800	8,550	13,300	19,000
Panel Dly	760	2,280	3,800	8,550	13,300	19,000
Spl Panel Dly	800	2,400	4,000	9,000	14,000	20,000
Canopy Exp	840	2,520	4,200	9,450	14,700	21,000
Spl Canopy Exp	800	2,400	4,000	9,000	14,000	20,000
Screenside Exp	800	2,400	4,000	9,000	14,000	20,000

NOTE: Add 2 percent for canopied pickups.

	6	5	4	3	2	1
1937-40						
Sed Dly	880	2,640	4,400	9,900	15,400	22,000
PU	840	2,520	4,200	9,450	14,700	21,000
Panel	840	2,520	4,200	9,450	14,700	21,000
Canopy Exp	880	2,640	4,400	9,900	15,400	22,000
Carryall Suburban	880	2,640	4,400	9,900	15,400	22,000
1937-40 1/2-Ton						
PU	800	2,400	4,000	9,000	14,000	20,000
Stake	760	2,280	3,800	8,550	13,300	19,000
1937-40 3/4-Ton						
PU	800	2,400	4,000	9,000	14,000	20,000
Stake	760	2,280	3,800	8,550	13,300	19,000
1941-47 1/2-Ton						
PU	960	2,880	4,800	10,800	16,800	24,000
Panel Dly	920	2,760	4,600	10,350	16,100	23,000
Canopy	960	2,880	4,800	10,800	16,800	24,000
Suburban	960	2,880	4,800	10,800	16,800	24,000
1941-47 3/4-Ton						
Cpe PU	960	2,880	4,800	10,800	16,800	24,000
Sed Dly	1,000	3,000	5,000	11,250	17,500	25,000
1948-53 1/2-Ton						
Sed Dly	960	2,880	4,800	10,800	16,800	24,000
PU	1,040	3,120	5,200	11,700	18,200	26,000
Panel	840	2,520	4,200	9,450	14,700	21,000
Canopy Exp	880	2,640	4,400	9,900	15,400	22,000
Suburban	880	2,640	4,400	9,900	15,400	22,000
1948-53 3/4-Ton						
PU	920	2,760	4,600	10,350	16,100	23,000
Platform	800	2,400	4,000	9,000	14,000	20,000
Stake	800	2,400	4,000	9,000	14,000	20,000
1948-53 1-Ton						
PU	820	2,460	4,100	9,230	14,350	20,500
Panel	752	2,256	3,760	8,460	13,160	18,800
Canopy Exp	760	2,280	3,800	8,550	13,300	19,000
Platform	712	2,136	3,560	8,010	12,460	17,800
Stake	720	2,160	3,600	8,100	12,600	18,000
1954						
Sed Dly	960	2,880	4,800	10,800	16,800	24,000
1954 - First Series 1955 1/2-Ton						
PU	920	2,760	4,600	10,350	16,100	23,000
Panel	800	2,400	4,000	9,000	14,000	20,000
Canopy	780	2,340	3,900	8,780	13,650	19,500
Suburban	820	2,460	4,100	9,230	14,350	20,500
1954 - First Series 1955 3/4-Ton						
PU	840	2,520	4,200	9,450	14,700	21,000

	6	5	4	3	2	1
Platform	724	2,172	3,620	8,150	12,670	18,100
Stake	732	2,196	3,660	8,240	12,810	18,300

1954 - First Series 1955 1-Ton

	6	5	4	3	2	1
PU	840	2,520	4,200	9,450	14,700	21,000
Panel	760	2,280	3,800	8,550	13,300	19,000
Canopy	760	2,280	3,800	8,550	13,300	19,000
Platform	720	2,160	3,600	8,100	12,600	18,000
Stake	724	2,172	3,620	8,150	12,670	18,100

1955-57 - Second Series 1/2-Ton, V-8

	6	5	4	3	2	1
Sed Dly	960	2,880	4,800	10,800	16,800	24,000
PU	920	2,760	4,600	10,350	16,100	23,000
Cus Cab PU	940	2,820	4,700	10,580	16,450	23,500
Panel Dly	840	2,520	4,200	9,450	14,700	21,000
Suburban	880	2,640	4,400	9,900	15,400	22,000
Cameo Carrier	1,000	3,000	5,000	11,250	17,500	25,000
Cantrell Sta Wag	960	2,880	4,800	10,800	16,800	24,000

NOTE: 1955 and up prices based on top of the line models. Deduct 20 percent for 6-cyl., except Cameo deduct 10 percent.

1958-59 1/2-Ton, V-8

	6	5	4	3	2	1
Sed Dly	840	2,520	4,200	9,450	14,700	21,000
El Camino - 1959 only	920	2,760	4,600	10,350	16,100	23,000
Stepside PU	800	2,400	4,000	9,000	14,000	20,000
Fleetside PU	840	2,520	4,200	9,450	14,700	21,000
Cameo PU - 1958 only	960	2,880	4,800	10,800	16,800	24,000
Panel	760	2,280	3,800	8,550	13,300	19,000
Suburban	760	2,280	3,800	8,550	13,300	19,000
Fleetside (LBx)	760	2,280	3,800	8,550	13,300	19,000

NOTE: 1955-up prices based on top of the line models. Deduct 20 percent for 6-cyl., except Cameo deduct 10 percent.

	6	5	4	3	2	1
Stepside PU	696	2,088	3,480	7,830	12,180	17,400

1960-66 1/2-Ton, V-8

	6	5	4	3	2	1
Sed Dly (1960 only)	760	2,280	3,800	8,550	13,300	19,000
El Camino	880	2,640	4,400	9,900	15,400	22,000
Stepside PU	720	2,160	3,600	8,100	12,600	18,000
Fleetside PU	780	2,340	3,900	8,780	13,650	19,500
Panel	696	2,088	3,480	7,830	12,180	17,400
Suburban	708	2,124	3,540	7,970	12,390	17,700

1960-66 "Long Box", 1/2-Ton, V-8

	6	5	4	3	2	1
Stepside PU	696	2,088	3,480	7,830	12,180	17,400
Fleetside PU	720	2,160	3,600	8,100	12,600	18,000

1960-66 3/4-Ton, V-8

	6	5	4	3	2	1
Stepside PU	696	2,088	3,480	7,830	12,180	17,400
Fleetside PU	720	2,160	3,600	8,100	12,600	18,000
8-ft. Stake	640	1,920	3,200	7,200	11,200	16,000

NOTE: Deduct 20 percent for 6-cyl.

1961-65 Corvair Series 95, 61-64

	6	5	4	3	2	1
Loadside	600	1,800	3,000	6,750	10,500	15,000
Rampside	620	1,860	3,100	6,980	10,850	15,500

1961-65 Corvan Series, 61-64

	6	5	4	3	2	1
Corvan Panel	620	1,860	3,100	6,980	10,850	15,500
Greenbriar Spt Van	640	1,920	3,200	7,200	11,200	16,000

1967 El Camino Series, V-8

	6	5	4	3	2	1
Spt PU	880	2,640	4,400	9,900	15,400	22,000
Cus Spt PU	920	2,760	4,600	10,350	16,100	23,000

1967-68 Fleetside Pickups, V-8

	6	5	4	3	2	1
C10 PU (SBx)	800	2,400	4,000	9,000	14,000	20,000
C10 PU (LBx)	760	2,280	3,800	8,550	13,300	19,000
K10 PU (SBx)	840	2,520	4,200	9,450	14,700	21,000
K10 PU (LBx)	800	2,400	4,000	9,000	14,000	20,000
C20 PU (LBx)	712	2,136	3,560	8,010	12,460	17,800
C20 PU (8-1/2 ft. bed)	710	2,120	3,540	7,970	12,390	17,700
K20 PU (LBx)	800	2,400	4,000	9,000	14,000	20,000
K20 PU (8-1/2 ft. bed)	760	2,280	3,800	8,550	13,300	19,000

1967-68 Stepside Pickups, V-8

	6	5	4	3	2	1
C10 PU (SBx)	760	2,280	3,800	8,550	13,300	19,000
C10 PU (LBx)	744	2,232	3,720	8,370	13,020	18,600
C20 PU (LBx)	708	2,124	3,540	7,970	12,390	17,700
K10 PU (SBx)	760	2,280	3,800	8,550	13,300	19,000
K20 PU (LBx)	740	2,220	3,700	8,330	12,950	18,500

1967-68 Panel/Suburbans, Stakes, V-8

	6	5	4	3	2	1
C10 Panel	640	1,920	3,200	7,200	11,200	16,000
C10 Suburban	760	2,280	3,800	8,550	13,300	19,000
C20 Panel	600	1,800	3,000	6,750	10,500	15,000
C20 Suburban	660	1,980	3,300	7,430	11,550	16,500

	6	5	4	3	2	1

NOTE: 1955-up prices based on top of the line models. Add 5 percent for 4x4. C is conventional drive model. K is 4-wheel drive (4x4) model. 10 is 1/2-Ton series. 20 is 3/4-Ton series. 30 is 1-Ton series. Short box has 6-1/2 ft. bed. Long box has 8-ft. bed. Deduct 20 percent for 6-cyl.

1968-70 El Camino Series, V-8

Model	6	5	4	3	2	1
Spt PU	840	2,520	4,200	9,450	14,700	21,000
Cus Spt PU	880	2,640	4,400	9,900	15,400	22,000

1969-70 El Camino Series, V-8

NOTE: Add 15 percent for SS-396 option.

1969-70 Blazer Series, 4x4

Model	6	5	4	3	2	1
Blazer, V-8	800	2,400	4,000	9,000	14,000	20,000

1969-70 Fleetside Series, V-8

Model	6	5	4	3	2	1
C10 PU (SBx)	840	2,520	4,200	9,450	14,700	21,000
C10 PU (LBx)	820	2,460	4,100	9,230	14,350	20,500
K10 PU (SBx)	860	2,580	4,300	9,680	15,050	21,500
K10 PU (LBx)	840	2,520	4,200	9,450	14,700	21,000
C20 PU (LBx)	712	2,136	3,560	8,010	12,460	17,800
C20 PU (long horn)	704	2,112	3,520	7,920	12,320	17,600
K20 PU (LBx)	744	2,232	3,720	8,370	13,020	18,600
K20 PU (long horn)	748	2,244	3,740	8,420	13,090	18,700

1969-70 Stepside Series, V-8

Model	6	5	4	3	2	1
C10 PU (SBx)	760	2,280	3,800	8,550	13,300	19,000
C10 PU (LBx)	740	2,220	3,700	8,330	12,950	18,500
K10 PU (SBx)	760	2,280	3,800	8,550	13,300	19,000
K10 PU (LBx)	780	2,340	3,900	8,780	13,650	19,500
C20 PU (LBx)	752	2,256	3,760	8,460	13,160	18,800
C20 PU (long horn)	724	2,172	3,620	8,150	12,670	18,100
K20 PU (LBx)	764	2,292	3,820	8,600	13,370	19,100
K20 PU (long horn)	764	2,292	3,820	8,600	13,370	19,100

1969-70 Panel/Suburban Series C10/K10, V-8, 115" wb

Model	6	5	4	3	2	1
C10 Suburban	800	2,400	4,000	9,000	14,000	20,000
K10 Suburban	820	2,460	4,100	9,230	14,350	20,500

1969-70 Panel/Suburban Series C20/K20, V-8, 127" wb

Model	6	5	4	3	2	1
C20 Suburban	760	2,280	3,800	8,550	13,300	19,000
K20 Suburban	780	2,340	3,900	8,780	13,650	19,500

NOTE: 1955-up prices based on top of the line models. C is conventional drive model. K is 4-wheel drive (4x4) model. 10 is 1/2-Ton series. 20 is 3/4-Ton series. 30 is 1-Ton series. Short box has 6-1/2 ft. bed and 115" wb. Long box pickup has 8-ft. bed and 127" wb. Long horn pickup has 8-1/2 to 9-ft. bed and 133" wb. Deduct 20 percent for 6-cyl.

1971-72 Vega, 1/2-Ton, V-8

Model	6	5	4	3	2	1
Panel Exp	380	1,140	1,900	4,280	6,650	9,500

1971-72 LUV Pickup, 1/2-Ton, 1972 only

Model	6	5	4	3	2	1
PU	352	1,056	1,760	3,960	6,160	8,800

1971-72 El Camino, V-8

Model	6	5	4	3	2	1
Spt PU	840	2,520	4,200	9,450	14,700	21,000
Cus Spt PU	880	2,640	4,400	9,900	15,400	22,000
SS PU	960	2,880	4,800	10,800	16,800	24,000

NOTE: Add 30 percent for 350, 40 percent for 402, 45 percent for 454 engine options. Deduct 20 percent for 6-cyl.

1971-72 Blazer, 4x4

Model	6	5	4	3	2	1
C10 Blazer, V-8 (1972 only)	800	2,400	4,000	9,000	14,000	20,000
K10 Blazer, V-8	800	2,400	4,000	9,000	14,000	20,000

1971-72 Fleetside Pickups, V-8

Model	6	5	4	3	2	1
C10 PU (SBx)	860	2,580	4,300	9,680	15,050	21,500
C10 PU (LBx)	840	2,520	4,200	9,450	14,700	21,000
K10 PU (SBx)	880	2,640	4,400	9,900	15,400	22,000
K10 PU (LBx)	860	2,580	4,300	9,680	15,050	21,500
C20 PU (SBx)	752	2,256	3,760	8,460	13,160	18,800
C20 PU (LBx)	760	2,280	3,800	8,550	13,300	19,000
K20 PU (SBx)	800	2,400	4,000	9,000	14,000	20,000
K20 PU (LBx)	780	2,340	3,900	8,780	13,650	19,500

1971-72 Stepside Pickups, V-8

Model	6	5	4	3	2	1
C10 PU (SBx)	800	2,400	4,000	9,000	14,000	20,000
C10 PU (LBx)	780	2,340	3,900	8,780	13,650	19,500
K10 PU (SBx)	820	2,460	4,100	9,230	14,350	20,500
K10 PU (LBx)	800	2,400	4,000	9,000	14,000	20,000
K20 PU (LBx)	780	2,340	3,900	8,780	13,650	19,500

1971-72 Suburban, V-8

Model	6	5	4	3	2	1
C10 Suburban	800	2,400	4,000	9,000	14,000	20,000
K10 Suburban	780	2,340	3,900	8,780	13,650	19,500
C20 Suburban	780	2,340	3,900	8,780	13,650	19,500
K20 Suburban	760	2,280	3,800	8,550	13,300	19,000

NOTE: 1955-up prices based on top of the line models. Deduct 20 percent for 6-cyl. Add 15 percent for 4x4.

	6	5	4	3	2	1
1973-77 El Camino, V-8						
PU	600	1,800	3,000	6,750	10,500	15,000
Cus PU	620	1,860	3,100	6,980	10,850	15,500
1973-80 Vega						
Panel	360	1,080	1,800	4,050	6,300	9,000
1973-80 LUV						
PU	312	936	1,560	3,510	5,460	7,800
1973-80 Blazer K10, V-8						
Blazer 2WD	620	1,860	3,100	6,980	10,850	15,500
Blazer (4x4)	700	2,100	3,500	7,880	12,250	17,500
1973-80 C10, 1/2-Ton, V-8						
Stepside (SBx)	660	1,980	3,300	7,430	11,550	16,500
Stepside (LBx)	620	1,860	3,100	6,980	10,850	15,500
Fleetside (SBx)	620	1,860	3,100	6,980	10,850	15,500
Fleetside (LBx)	600	1,800	3,000	6,750	10,500	15,000
Suburban	620	1,860	3,100	6,980	10,850	15,500
1973-80 K10, 4x4, 1/2-Ton, V-8						
Stepside (SBx)	680	2,040	3,400	7,650	11,900	17,000
Stepside (LBx)	660	1,980	3,300	7,430	11,550	16,500
Fleetside (SBx)	640	1,920	3,200	7,200	11,200	16,000
Fleetside (LBx)	620	1,860	3,100	6,980	10,850	15,500
Suburban	640	1,920	3,200	7,200	11,200	16,000
1973-80 C20, 3/4-Ton						
Stepside (LBx)	360	1,080	1,800	4,050	6,300	9,000
Fleetside (LBx)	368	1,104	1,840	4,140	6,440	9,200
6P (LBx)	352	1,056	1,760	3,960	6,160	8,800
Suburban	460	1,380	2,300	5,180	8,050	11,500
1973-80 K20, 4x4, 3/4-Ton, V-8						
Stepside (LBx)	420	1,260	2,100	4,730	7,350	10,500
Fleetside (LBx)	420	1,260	2,100	4,730	7,350	10,500
6P (LBx)	376	1,128	1,880	4,230	6,580	9,400
Suburban	480	1,440	2,400	5,400	8,400	12,000

NOTE: Deduct 20 percent for 6-cyl.

	6	5	4	3	2	1
1978-80 El Camino, V-8						
PU	520	1,560	2,600	5,850	9,100	13,000
Cus PU	540	1,620	2,700	6,080	9,450	13,500

NOTE: Deduct 20 percent for V-6.

	6	5	4	3	2	1
1981-82 Luv, 1/2-Ton, 104.3" or 117.9" wb						
PU (SBx)	264	792	1,320	2,970	4,620	6,600
PU (LBx)	268	804	1,340	3,020	4,690	6,700
1981-82 El Camino, 1/2-Ton, V-8, 117" wb						
PU	460	1,380	2,300	5,180	8,050	11,500
SS PU	480	1,440	2,400	5,400	8,400	12,000
1981-82 Blazer K10, 1/2-Ton, V-8, 106.5" wb						
Blazer (4x4), V-8	620	1,860	3,100	6,980	10,850	15,500
1981-82 C10, 1/2-Ton, V-8, 117" or 131" wb						
Stepside PU (SBx)	452	1,356	2,260	5,090	7,910	11,300
Stepside PU (LBx)	448	1,344	2,240	5,040	7,840	11,200
Fleetside PU (SBx)	480	1,440	2,400	5,400	8,400	12,000
Fleetside PU (LBx)	580	1,740	2,900	6,530	10,150	14,500
Suburban	480	1,440	2,400	5,400	8,400	12,000
1981-82 C20, 3/4-Ton, V-8, 131" or 164" wb						
Stepside PU (LBx)	448	1,344	2,240	5,040	7,840	11,200
Fleetside PU (LBx)	452	1,356	2,260	5,090	7,910	11,300
Fleetside PU Bonus Cab (LBx)	460	1,380	2,300	5,180	8,050	11,500
Fleetside PU Crew Cab (LBx)	456	1,368	2,280	5,130	7,980	11,400
Suburban	468	1,404	2,340	5,270	8,190	11,700

NOTE: Add 15 percent for 4x4. Deduct 20 percent for 6-cyl.

	6	5	4	3	2	1
1983-87 El Camino, 1/2-Ton, 117" wb						
PU	420	1,260	2,100	4,730	7,350	10,500
SS PU	440	1,320	2,200	4,950	7,700	11,000

NOTE: Deduct 20 percent for V-6. Add 30 percent for ChooChoo model where available.

	6	5	4	3	2	1
1983-87 S10, 1/2-Ton, 100.5" wb						
Blazer 2WD	320	960	1,600	3,600	5,600	8,000
Blazer (4x4)	340	1,020	1,700	3,830	5,950	8,500
1983-87 Blazer K10, 1/2-Ton, 106.5" wb						
Blazer (4x4)	480	1,440	2,400	5,400	8,400	12,000
1983-87 S10, 1/2-Ton, 108" or 122" wb						
Fleetside PU (SBx)	288	864	1,440	3,240	5,040	7,200
Fleetside PU (LBx)	292	876	1,460	3,290	5,110	7,300
Fleetside PU Ext Cab	300	900	1,500	3,380	5,250	7,500

	6	5	4	3	2	1
1983-87 C10, 1/2-Ton, 117" or 131" wb						
Stepside PU (SBx)	372	1,116	1,860	4,190	6,510	9,300
Fleetside PU (SBx)	376	1,128	1,880	4,230	6,580	9,400
Fleetside PU (LBx)	364	1,092	1,820	4,100	6,370	9,100
Suburban	432	1,296	2,160	4,860	7,560	10,800
1983-87 C20, 3/4-Ton, 131" or 164" wb						
Stepside PU (LBx)	368	1,104	1,840	4,140	6,440	9,200
Fleetside PU (LBx)	372	1,116	1,860	4,190	6,510	9,300
Fleetside PU Bonus Cab (LBx)	424	1,272	2,120	4,770	7,420	10,600
Fleetside PU Crew Cab (LBx)	364	1,092	1,820	4,100	6,370	9,100
Suburban	432	1,296	2,160	4,860	7,560	10,800

NOTE: Add 15 percent for 4x4. Deduct 20 percent for 6-cyl. on full-size vehicles.

	6	5	4	3	2	1
1988-91 Blazer, 106.5" wb						
V10 (4x4)	600	1,800	3,000	6,750	10,500	15,000
S10 2WD	320	960	1,600	3,600	5,600	8,000
S10 (4x4)	440	1,320	2,200	4,950	7,700	11,000
1988-91 S10 Pickup, 108.3" or 122.9" wb						
Fleetside (SBx)	280	840	1,400	3,150	4,900	7,000
Fleetside (LBx)	288	864	1,440	3,240	5,040	7,200
Fleetside Ext Cab	300	900	1,500	3,380	5,250	7,500
1988-91 C1500, 1/2-Ton, 117.5" or 131" wb						
Sportside PU (SBx)	400	1,200	2,000	4,500	7,000	10,000
SS 454 PU (SBx), 1990 only	680	2,040	3,400	7,650	11,900	17,000
Fleetside PU (SBx)	400	1,200	2,000	4,500	7,000	10,000
Fleetside PU (LBx)	420	1,260	2,100	4,730	7,350	10,500
Fleetside PU Ext Cab (LBx)	460	1,380	2,300	5,180	8,050	11,500
Suburban	640	1,920	3,200	7,200	11,200	16,000
1988-91 C2500, 3/4-Ton, 129.5" or 164.5" wb						
Stepside PU (LBx)	560	1,680	2,800	6,300	9,800	14,000
Fleetside PU (LBx)	560	1,680	2,800	6,300	9,800	14,000
Bonus Cab PU (LBx)	460	1,380	2,300	5,180	8,050	11,500
Crew Cab PU (LBx)	472	1,416	2,360	5,310	8,260	11,800
Suburban	680	2,040	3,400	7,650	11,900	17,000
1992 K1500 Blazer, V-8						
2d SUV (4x4)	700	2,150	3,600	8,100	12,600	18,000
1992 S10 Blazer, V-6						
2d SUV	400	1,200	2,000	4,500	7,000	10,000
2d SUV (4x4)	450	1,300	2,200	4,950	7,700	11,000
4d SUV	600	1,750	2,900	6,530	10,200	14,500
4d SUV (4x4)	600	1,850	3,100	6,980	10,900	15,500
1992 Astro Van, V-6						
3d Van	250	800	1,350	3,020	4,700	6,700
1992 Lumina, V-6						
3d Van	250	800	1,300	2,930	4,550	6,500
1992 Suburban 1500, V-8						
4d Sta Wag	750	2,300	3,800	8,550	13,300	19,000
4d Sta Wag (4x4)	800	2,400	4,000	9,000	14,000	20,000
1992 Suburban 2500, V-8						
4d Sta Wag	800	2,400	4,000	9,000	14,000	20,000
4d Sta Wag (4x4)	850	2,500	4,200	9,450	14,700	21,000
1992 S10, 1/2-Ton, V-6						
2d PU (SBx)	450	1,300	2,200	4,950	7,700	11,000
2d PU (LBx)	450	1,300	2,200	4,950	7,700	11,000

NOTE: Add $1,500 for 4x4.

	6	5	4	3	2	1
1992 C1500, 1/2-Ton, V-8						
2d Sportside PU (SBx)	560	1,680	2,800	6,300	9,800	14,000
2d Fleetside PU (SBx)	560	1,680	2,800	6,300	9,800	14,000
2d Fleetside PU (LBx)	560	1,680	2,800	6,300	9,800	14,000

NOTE: Add $2,000 for 4x4.

	6	5	4	3	2	1
1992 C2500, 3/4-Ton, V-8						
2d Fleetside PU (LBx)	600	1,800	3,000	6,750	10,500	15,000
1993 K1500 Blazer, V-8						
2d SUV 4x4	750	2,300	3,800	8,550	13,300	19,000
1993 S10 Blazer, V-6						
2d SUV 2WD	350	1,000	1,700	3,830	5,950	8,500
4d SUV 2WD	350	1,050	1,750	3,960	6,150	8,800
2d SUV 4x4	600	1,750	2,900	6,530	10,200	14,500
4d SUV 4x4	600	1,800	3,000	6,750	10,500	15,000
1993 Astro, V-6						
Van	250	700	1,200	2,700	4,200	6,000
1993 Lumina, V-6, FWD						
Van	250	700	1,200	2,700	4,200	6,000

	6	5	4	3	2	1
1993 G Van, V-8						
Spt Van	250	800	1,300	2,930	4,550	6,500
1993 Suburban C1500/C2500, V-8						
4d Sta Wag 1500	800	2,400	4,000	9,000	14,000	20,000
4d Sta Wag 2500	800	2,400	4,000	9,000	14,000	20,000
1993 S10, V-6						
2d PU (SBx)	350	1,100	1,850	4,140	6,450	9,200
2d PU (LBx)	400	1,150	1,900	4,280	6,650	9,500
1993 C1500/C2500, V-8						
2d PU 1500 (SBx)	550	1,700	2,850	6,390	9,950	14,200
2d PU 1500 (LBx)	600	1,750	2,900	6,530	10,200	14,500
2d PU 2500 (SBx)	600	1,750	2,900	6,530	10,200	14,500
2d PU 2500 (LBx)	600	1,750	2,950	6,620	10,300	14,700
1994 K1500 Blazer, V-8						
2d SUV 4x4	700	2,150	3,600	8,100	12,600	18,000
1994 S10 Blazer, V-6						
2d SUV	350	1,100	1,800	4,050	6,300	9,000
4d SUV	350	1,100	1,850	4,140	6,450	9,200
2d SUV 4x4	500	1,450	2,400	5,400	8,400	12,000
4d SUV 4x4	500	1,550	2,600	5,850	9,100	13,000
1994 Astro, V-6						
Cargo Van	350	1,000	1,700	3,830	5,950	8,500
Cargo Van LWB	350	1,100	1,800	4,050	6,300	9,000
CS Van	400	1,150	1,900	4,280	6,650	9,500
CS Van LWB	400	1,250	2,100	4,730	7,350	10,500
1994 Lumina, V-6						
Cargo Van	300	850	1,400	3,150	4,900	7,000
Window Van	350	1,000	1,700	3,830	5,950	8,500
1994 G10, V-8						
Van	400	1,250	2,100	4,730	7,350	10,500
1994 G20, V-8						
Van	500	1,450	2,400	5,400	8,400	12,000
Van Spt	500	1,550	2,600	5,850	9,100	13,000
1994 Suburban, V-8						
4d C1500	700	2,150	3,600	8,100	12,600	18,000
4d C2500	750	2,300	3,800	8,550	13,300	19,000
1994 S10, V-6						
2d PU 6 ft.	300	900	1,500	3,380	5,250	7,500
2d PU 7-1/2 ft.	300	900	1,500	3,420	5,300	7,600
2d PU 6 ft. Ext Cab	400	1,150	1,900	4,280	6,650	9,500
1994 C1500, V-8						
2d PU 6-1/2 ft.	350	1,100	1,800	4,050	6,300	9,000
2d PU 8 ft.	400	1,150	1,900	4,280	6,650	9,500
2d PU 6-1/2 ft. Ext Cab	540	1,620	2,700	6,080	9,450	13,500
2d PU 8 ft. Ext Cab	550	1,700	2,800	6,300	9,800	14,000
NOTE: Deduct 10 percent for V-6.						
1994 C2500, V-8						
2d PU 8 ft.	450	1,300	2,200	4,950	7,700	11,000
2d PU 6 ft. Ext Cab	550	1,700	2,800	6,300	9,800	14,000
2d PU 8 ft. Ext Cab	600	1,800	3,000	6,750	10,500	15,000
1995 Tahoe, V-8						
LS 4d SUV	550	1,700	2,800	6,300	9,800	14,000
2d SUV, 4x4	600	1,750	2,900	6,530	10,200	14,500
LS 2d SUV, 4x4	600	1,800	3,000	6,750	10,500	15,000
LS 4d SUV, 4x4	650	1,900	3,200	7,200	11,200	16,000
1995 Blazer, V-6						
2d SUV	300	950	1,600	3,600	5,600	8,000
4d SUV	350	1,100	1,800	4,050	6,300	9,000
2d SUV, 4x4	350	1,100	1,850	4,190	6,500	9,300
4d SUV, 4x4	400	1,250	2,050	4,640	7,200	10,300
1995 Astro, V-6						
Cargo Van	350	1,000	1,700	3,830	5,950	8,500
CS Van	400	1,150	1,900	4,280	6,650	9,500
1995 Lumina, V-6						
Cargo Van	300	850	1,400	3,150	4,900	7,000
Window Van	350	1,000	1,700	3,830	5,950	8,500
1995 G-10, V-8						
Van	400	1,250	2,100	4,730	7,350	10,500
1995 G-20, V-8						
Van	500	1,450	2,400	5,400	8,400	12,000
Van Spt	500	1,550	2,600	5,850	9,100	13,000

	6	5	4	3	2	1
1995 Suburban, V-8						
4d C1500	700	2,150	3,600	8,100	12,600	18,000
4d C1500 LS	750	2,200	3,700	8,330	13,000	18,500
4d C1500 LT	750	2,300	3,800	8,550	13,300	19,000
4d C2500	750	2,300	3,800	8,550	13,300	19,000
4d C2500 LS	800	2,350	3,900	8,780	13,700	19,500
4d C2500 LT	800	2,400	4,000	9,000	14,000	20,000
1995 S-10, V-6						
2d PU, 6 ft.	300	900	1,500	3,380	5,250	7,500
2d PU, 7-1/2 ft.	300	900	1,500	3,420	5,300	7,600
2d PU, 6 ft. Ext Cab	400	1,150	1,900	4,280	6,650	9,500

NOTE: Deduct 10 percent for 4-cyl. Add $2,000 for 4x4.

	6	5	4	3	2	1
1995 C1500, V-8						
2d Fleetside WT PU, 6-1/2 ft.	350	1,100	1,800	4,050	6,300	9,000
2d Fleetside WT PU, 8 ft.	380	1,140	1,900	4,280	6,650	9,500
2d Sportside PU, 6-1/2 ft.	440	1,320	2,200	4,950	7,700	11,000
2d Fleetside PU, 6-1/2 ft.	460	1,380	2,300	5,180	8,050	11,500
2d Fleetside PU, 8 ft.	480	1,440	2,400	5,400	8,400	12,000
2d Fleetside PU, 6-1/2 ft. Ext Cab	550	1,600	2,700	6,080	9,450	13,500
2d Fleetside PU, 8 ft. Ext Cab	550	1,700	2,800	6,300	9,800	14,000
2d Sportside PU, 6-1/2 ft. Ext Cab	550	1,700	2,800	6,300	9,800	14,000

NOTE: Deduct 10 percent for V-6.

	6	5	4	3	2	1
1995 C2500, V-8						
2d Fleetside PU, 8 ft.	440	1,320	2,200	4,950	7,700	11,000
2d Fleetside PU, 6-1/2 ft. Ext Cab	550	1,700	2,800	6,300	9,800	14,000
2d Fleetside PU, 8 ft. Ext Cab	600	1,800	3,000	6,750	10,500	15,000
1996 Tahoe, V-8						
2d SUV	450	1,400	2,350	5,310	8,250	11,800
LS 2d SUV	500	1,500	2,500	5,630	8,750	12,500
LS 4d SUV	500	1,550	2,600	5,850	9,100	13,000
2d SUV, 4x4	550	1,600	2,700	6,080	9,450	13,500
LS 2d SUV, 4x4	550	1,700	2,800	6,300	9,800	14,000
LS 4d SUV, 4x4	600	1,800	3,000	6,750	10,500	15,000

NOTE: Add 10 percent for turbo diesel V-8.

	6	5	4	3	2	1
1996 Blazer, V-6						
2d SUV	300	850	1,400	3,150	4,900	7,000
4d SUV	300	950	1,600	3,600	5,600	8,000
2d SUV, 4x4	350	1,000	1,650	3,740	5,800	8,300
4d SUV, 4x4	350	1,100	1,850	4,190	6,500	9,300
1996 Astro, V-6						
Cargo Van	300	900	1,500	3,380	5,250	7,500
Van	340	1,020	1,700	3,830	5,950	8,500

NOTE: Add 15 percent for 4x4.

	6	5	4	3	2	1
1996 Lumina, V-6						
Cargo Van	250	700	1,200	2,700	4,200	6,000
Window Van	300	900	1,500	3,380	5,250	7,500
1996 G10, V-8						
Van	400	1,150	1,900	4,280	6,650	9,500
Express Van	400	1,250	2,100	4,730	7,350	10,500
1996 G20, V-8						
Van	450	1,300	2,200	4,950	7,700	11,000
Express Van	500	1,450	2,400	5,400	8,400	12,000
1996 Suburban, V-8						
4d C1500	700	2,050	3,400	7,650	11,900	17,000
4d C1500 LS	700	2,100	3,500	7,880	12,300	17,500
4d C1500 LT	700	2,150	3,600	8,100	12,600	18,000
4d C2500	700	2,150	3,600	8,100	12,600	18,000
4d C2500 LS	750	2,200	3,700	8,330	13,000	18,500
4d C2500 LT	760	2,280	3,800	8,550	13,300	19,000

NOTE: Add 10 percent for turbo diesel V-8. Add 10 percent for 4x4.

	6	5	4	3	2	1
1996 S10, V-6						
2d PU, 6 ft.	250	800	1,300	2,930	4,550	6,500
2d PU, 7-1/2 ft.	250	800	1,300	2,970	4,600	6,600
2d PU, 6 ft. Ext Cab	340	1,020	1,700	3,830	5,950	8,500

NOTE: Deduct 10 percent for 4-cyl. Add $2,000 for 4x4.

	6	5	4	3	2	1
1996 C1500, V-8						
2d Fleetside WT PU, 6-1/2 ft.	300	950	1,600	3,600	5,600	8,000
2d Fleetside WT PU, 8 ft.	340	1,020	1,700	3,830	5,950	8,500
2d Sportside PU, 6-1/2 ft.	400	1,200	2,000	4,500	7,000	10,000
2d Fleetside PU, 6-1/2 ft.	420	1,260	2,100	4,730	7,350	10,500
2d Fleetside PU, 8 ft.	440	1,320	2,200	4,950	7,700	11,000
2d Fleetside PU, 6-1/2 ft. Ext Cab	500	1,500	2,500	5,630	8,750	12,500
2d Fleetside PU, 8 ft. Ext. Cab	500	1,550	2,600	5,850	9,100	13,000
2d Sportside PU, 6-1/2 ft. Ext Cab	500	1,550	2,600	5,850	9,100	13,000

	6	5	4	3	2	1
1996 C2500, V-8						
2d Fleetside PU, 8 ft.	400	1,200	2,000	4,500	7,000	10,000
2d Fleetside PU, 6-1/2 ft. Ext Cab	500	1,550	2,600	5,850	9,100	13,000
2d Fleetside PU, 8 ft. Ext Cab	560	1,680	2,800	6,300	9,800	14,000

NOTE: Add $2,000 for 4x4. Add 10 percent for turbo diesel V-8.

1997 Tahoe, V-8						
2d SUV	472	1,416	2,360	5,310	8,260	11,800
LS 2d SUV	500	1,500	2,500	5,630	8,750	12,500
LS 4d SUV	520	1,560	2,600	5,850	9,100	13,000
2d SUV, 4x4	540	1,620	2,700	6,080	9,450	13,500
LS 2d SUV, 4x4	560	1,680	2,800	6,300	9,800	14,000
LS 4d SUV, 4x4	600	1,800	3,000	6,750	10,500	15,000

NOTE: Add 10 percent for turbo diesel V-8.

1997 Blazer, V-6						
2d SUV	280	840	1,400	3,150	4,900	7,000
4d SUV	320	960	1,600	3,600	5,600	8,000
2d SUV, 4x4	332	996	1,660	3,740	5,810	8,300
4d SUV, 4x4	372	1,116	1,860	4,190	6,510	9,300

1997 Astro, V-6						
Cargo Van	300	900	1,500	3,380	5,250	7,500
Van	340	1,020	1,700	3,830	5,950	8,500

NOTE: Add 15 percent for 4x4.

1997 Venture, V-6						
2d Van	240	720	1,200	2,700	4,200	6,000
4d Van	300	900	1,500	3,380	5,250	7,500

NOTE: Add 5 percent for extended model.

1997 G Series, V-8						
G10 Van	380	1,140	1,900	4,280	6,650	9,500
G10 Express Van	420	1,260	2,100	4,730	7,350	10,500
G20 Van	440	1,320	2,200	4,950	7,700	11,000
G20 Express Van	480	1,440	2,400	5,400	8,400	12,000

NOTE: Add 10 percent for turbo diesel V-8. Add 5 percent for 7.4L V-8.

1997 Suburban, V-8						
4d C1500	680	2,040	3,400	7,650	11,900	17,000
4d C1500 LS	700	2,100	3,500	7,880	12,250	17,500
4d C1500 LT	720	2,160	3,600	8,100	12,600	18,000
4d C2500	720	2,160	3,600	8,100	12,600	18,000
4d C2500 LS	740	2,220	3,700	8,330	12,950	18,500
4d C2500 LT	760	2,280	3,800	8,550	13,300	19,000
4d K1500	700	2,100	3,500	7,880	12,250	17,500
4d K1500 LS	720	2,160	3,600	8,100	12,600	18,000
4d K1500 LT	760	2,280	3,800	8,550	13,300	19,000
4d K2500	740	2,220	3,700	8,330	12,950	18,500
4d K2500 LS	780	2,340	3,900	8,780	13,650	19,500
4d K2500 LT	800	2,400	4,000	9,000	14,000	20,000

NOTE: Add 10 percent for turbo diesel V-8. Add 10 percent for 4x4.

1997 S10, V-6						
2d PU, 6 ft.	260	780	1,300	2,930	4,550	6,500
2d PU, 7-1/2 ft.	264	792	1,320	2,970	4,620	6,600
2d PU, 6 ft. Ext Cab	340	1,020	1,700	3,830	5,950	8,500

NOTE: Deduct 10 percent for 4-cyl. Add $2,000 for 4x4.

1997 C1500, V-8						
2d Fleetside WT PU, 6-1/2 ft.	320	960	1,600	3,600	5,600	8,000
2d Fleetside WT PU, 8 ft.	340	1,020	1,700	3,830	5,950	8,500
2d Sportside PU, 6-1/2 ft.	400	1,200	2,000	4,500	7,000	10,000
2d Fleetside PU, 6-1/2 ft.	420	1,260	2,100	4,730	7,350	10,500
2d Fleetside PU, 8 ft.	440	1,320	2,200	4,950	7,700	11,000
2d Fleetside PU, 6-1/2 ft. Ext Cab	500	1,500	2,500	5,630	8,750	12,500
2d Fleetside PU, 8 ft. Ext Cab	520	1,560	2,600	5,850	9,100	13,000
2d Sportside PU, 6-1/2 ft. Ext Cab	520	1,560	2,600	5,850	9,100	13,000

NOTE: Add $2,000 for 4x4. Add 10 percent for turbo diesel V-8.

1997 C2500, V-8						
2d Fleetside PU, 8 ft.	400	1,200	2,000	4,500	7,000	10,000
2d Fleetside PU, 6-1/2 ft. Ext Cab	520	1,560	2,600	5,850	9,100	13,000
2d Fleetside PU, 8 ft. Ext Cab	560	1,680	2,800	6,300	9,800	14,000
	560	1,680	2,800	5,600	9,800	0

NOTE: Add $2,000 for 4x4. Add 10 percent for turbo diesel V-8.

1998 Tracker, 4-cyl.						
2d Utly Conv	210	620	1,040	2,340	3,640	5,200
4d SUV	230	680	1,140	2,570	3,990	5,700
2d Utly Conv, 4x4	250	740	1,240	2,790	4,340	6,200
4d SUV, 4x4	270	800	1,340	3,020	4,690	6,700

	6	5	4	3	2	1
1998 Tahoe, V-8						
2d SUV	470	1,420	2,360	5,310	8,260	11,800
LS 2d SUV	500	1,500	2,500	5,630	8,750	12,500
LS 4d SUV	520	1,560	2,600	5,850	9,100	13,000
2d SUV, 4x4	540	1,620	2,700	6,080	9,450	13,500
LS 2d SUV, 4x4	560	1,680	2,800	6,300	9,800	14,000
LS 4d SUV, 4x4	600	1,800	3,000	6,750	10,500	15,000

NOTE: Add 10 percent for turbo diesel V-8.

	6	5	4	3	2	1
1998 Blazer, V-6						
2d SUV	280	840	1,400	3,150	4,900	7,000
4d SUV	320	960	1,600	3,600	5,600	8,000
2d SUV, 4x4	330	1,000	1,660	3,740	5,810	8,300
4d SUV, 4x4	370	1,120	1,860	4,190	6,510	9,300
1998 Astro, V-6						
Cargo Van	300	900	1,500	3,380	5,250	7,500
Van	340	1,020	1,700	3,830	5,950	8,500

NOTE: Add 15 percent for 4x4.

	6	5	4	3	2	1
1998 Venture, V-6						
2d Van	240	720	1,200	2,700	4,200	6,000
4d Van	300	900	1,500	3,380	5,250	7,500

NOTE: Add 5 percent for extended model.

	6	5	4	3	2	1
1998 G Series, V-8						
G15 Van	380	1,140	1,900	4,280	6,650	9,500
G15 Express Van	420	1,260	2,100	4,730	7,350	10,500
G20 Van	440	1,320	2,200	4,950	7,700	11,000
G20 Express Van	480	1,440	2,400	5,400	8,400	12,000

NOTE: Add 5 percent for extended model. Add 10 percent for turbo diesel V-8. Add 5 percent for 7.4L V-8.

	6	5	4	3	2	1
1998 Suburban, V-8						
4d C1500	680	2,040	3,400	7,650	11,900	17,000
4d C1500 LS	700	2,100	3,500	7,880	12,250	17,500
4d C1500 LT	720	2,160	3,600	8,100	12,600	18,000
4d C2500	720	2,160	3,600	8,100	12,600	18,000
4d C2500 LS	740	2,220	3,700	8,330	12,950	18,500
4d C2500 LT	760	2,280	3,800	8,550	13,300	19,000
4d K1500	700	2,100	3,500	7,880	12,250	17,500
4d K1500 LS	720	2,160	3,600	8,100	12,600	18,000
4d K1500 LT	760	2,280	3,800	8,550	13,300	19,000
4d K2500	740	2,220	3,700	8,330	12,950	18,500
4d K2500 LS	780	2,340	3,900	8,780	13,650	19,500
4d K2500 LT	800	2,400	4,000	9,000	14,000	20,000

NOTE: Add 10 percent for turbo diesel V-8. Add 10 percent for 4x4.

	6	5	4	3	2	1
1998 S10, V-6						
2d PU, 6 ft.	260	780	1,300	2,930	4,550	6,500
2d PU, 7-1/2 ft.	260	790	1,320	2,970	4,620	6,600
2d PU, 6 ft. Ext Cab	340	1,020	1,700	3,830	5,950	8,500
2d PU, 7-1/2 ft. Ext Cab	340	1,030	1,720	3,870	6,020	8,600

NOTE: Deduct 10 percent for 4-cyl. Add $2,000 for 4x4.

	6	5	4	3	2	1
1998 C1500, V-8						
2d Fleetside WT PU (V-6)	320	960	1,600	3,600	5,600	8,000
2d Fleetside PU	360	1,080	1,800	4,050	6,300	9,000
2d Sportside PU	400	1,200	2,000	4,500	7,000	10,000

NOTE: Add 5 percent for extended cab. Add $2,000 for 4x4. Add 10 percent for turbo diesel V-8. Add 5 percent for 7.4L V-8.

	6	5	4	3	2	1
1998 C2500, V-8						
2d Fleetside PU	400	1,200	2,000	4,500	7,000	10,000
2d HD Fleetside PU	480	1,440	2,400	5,400	8,400	12,000

NOTE: Add 5 percent for extended cab. Add $2,000 for 4x4. Add 10 percent for turbo diesel V-8. Add 5 percent for 7.4L V-8.

CHRYSLER TRUCKS

	6	5	4	3	2	1
1990 Town & Country						
Window Van	228	684	1,140	2,570	3,990	5,700
1991 Town & Country						
Window Van	248	744	1,240	2,790	4,340	6,200
1992 Town & Country						
Window Van	288	864	1,440	3,240	5,040	7,200

NOTE: Add 5 percent for 4x4.

	6	5	4	3	2	1
1993 Town & Country						
Window Van	316	948	1,580	3,560	5,530	7,900

NOTE: Add 5 percent for 4x4.

	6	5	4	3	2	1
1994 Town & Country						
Window Van	388	1,164	1,940	4,370	6,790	9,700
NOTE: Add 5 percent for 4x4.						
1995 Town & Country						
Window Van	388	1,164	1,940	4,370	6,790	9,700
NOTE: Add 5 percent for 4x4.						
1996 Town & Country, V-6						
Window Van LX	368	1,104	1,840	4,140	6,440	9,200
Window Van LXi	400	1,250	2,050	4,640	7,200	10,300
NOTE: Add 5 percent for 4x4.						
1997 Town & Country, V-6						
Window Van SX	320	960	1,600	3,600	5,600	8,000
Window Van LX	360	1,080	1,800	4,050	6,300	9,000
Window Van LXi	412	1,236	2,060	4,640	7,210	10,300
NOTE: Add 5 percent for 4x4.						
1998 Town & Country, V-6						
Window Van SX	320	960	1,600	3,600	5,600	8,000
Window Van LX	360	1,080	1,800	4,050	6,300	9,000
Window Van LXi	410	1,240	2,060	4,640	7,210	10,300
NOTE: Add 5 percent for 4x4.						

CROFTON TRUCKS

	6	5	4	3	2	1
1959-62 Crofton Bug Series						
Bug Utl	336	1,008	1,680	3,780	5,880	8,400
Brawny Bug Utl	348	1,044	1,740	3,920	6,090	8,700

CROSLEY TRUCKS

	6	5	4	3	2	1
1940 Crosley Commercial						
Panel Dly	292	876	1,460	3,290	5,110	7,300
1941 Crosley Commercial						
PU Dly	288	864	1,440	3,240	5,040	7,200
Parkway Dly	296	888	1,480	3,330	5,180	7,400
Panel Dly	292	876	1,460	3,290	5,110	7,300
1942 Crosley Commercial						
PU Dly	288	864	1,440	3,240	5,040	7,200
Parkway Dly	296	888	1,480	3,330	5,180	7,400
Panel Dly	292	876	1,460	3,290	5,110	7,300
1947 Crosley Commercial						
PU	288	864	1,440	3,240	5,040	7,200
1948 Crosley Commercial						
PU	288	864	1,440	3,240	5,040	7,200
Panel	272	816	1,360	3,060	4,760	6,800
1949 Series CD						
PU	292	876	1,460	3,290	5,110	7,300
Panel	296	888	1,480	3,330	5,180	7,400
1950 Crosley Commercial Series CD						
PU	292	876	1,460	3,290	5,110	7,300
Panel	296	888	1,480	3,330	5,180	7,400
Farm-O-Road	300	900	1,500	3,380	5,250	7,500
1951 Crosley Commercial Series CD						
PU	292	876	1,460	3,290	5,110	7,300
Panel	296	888	1,480	3,330	5,180	7,400
Farm-O-Road	300	900	1,500	3,380	5,250	7,500
1952 Crosley Commercial Series CD						
PU	292	876	1,460	3,290	5,110	7,300
Panel	296	888	1,480	3,330	5,180	7,400
Farm-O-Road	300	900	1,500	3,380	5,250	7,500

DODGE TRUCKS

	6	5	4	3	2	1
1917 Commercial Car, 1/2-Ton						
Screenside	556	1,668	2,780	6,260	9,730	13,900
1918 Commercial/Business Car, 1/2-Ton						
Screenside	556	1,668	2,780	6,260	9,730	13,900
Panel	552	1,656	2,760	6,210	9,660	13,800
1919 Commercial/Business Car, 1/2-Ton						
Screenside	552	1,656	2,760	6,210	9,660	13,800
Panel	548	1,644	2,740	6,170	9,590	13,700

	6	5	4	3	2	1
1920 Commercial/Business Car, 1/2-Ton						
Screenside	544	1,632	2,720	6,120	9,520	13,600
Panel	540	1,620	2,700	6,080	9,450	13,500
1921 Commercial/Business Car, 1/2-Ton						
Screenside	548	1,644	2,740	6,170	9,590	13,700
Panel	544	1,632	2,720	6,120	9,520	13,600
1922 Commercial/Business Car, 1/2-Ton						
Screenside	548	1,644	2,740	6,170	9,590	13,700
Panel	544	1,632	2,720	6,120	9,520	13,600
1923 Commercial/Business Car, 3/4-Ton						
Screenside	552	1,656	2,760	6,210	9,660	13,800
Panel	548	1,644	2,740	6,170	9,590	13,700
1924 Commercial/Business Car, 3/4-Ton						
Screenside	552	1,656	2,760	6,210	9,660	13,800
Panel	548	1,644	2,740	6,170	9,590	13,700
1925 Commercial/Business Car, 3/4-Ton						
Screenside	552	1,656	2,760	6,210	9,660	13,800
Panel	548	1,644	2,740	6,170	9,590	13,700
1926 Commercial/Business Car, 3/4-Ton, 116" wb						
Screenside	548	1,644	2,740	6,170	9,590	13,700
Panel (72" wb)	540	1,620	2,700	6,080	9,450	13,500
1926 Business Car, 3/4-Ton, 140" wb						
Panel (96" wb)	536	1,608	2,680	6,030	9,380	13,400
1927 Series DC, 3/4-Ton, 116" wb						
Exp	548	1,644	2,740	6,170	9,590	13,700
Canopy	544	1,632	2,720	6,120	9,520	13,600
Screen	548	1,644	2,740	6,170	9,590	13,700
Panel	532	1,596	2,660	5,990	9,310	13,300
1927 Series BD, 1-Ton, 126" wb						
Exp	520	1,560	2,600	5,850	9,100	13,000
Farm Box	504	1,512	2,520	5,670	8,820	12,600
Canopy	516	1,548	2,580	5,810	9,030	12,900
Panel	512	1,536	2,560	5,760	8,960	12,800
Stake	504	1,512	2,520	5,670	8,820	12,600
1927 Series ID, 1-Ton,137" wb						
Exp	516	1,548	2,580	5,810	9,030	12,900
Canopy	512	1,536	2,560	5,760	8,960	12,800
Panel	508	1,524	2,540	5,720	8,890	12,700
1928-29 Series SE, 1/2-Ton						
Panel	536	1,608	2,680	6,030	9,380	13,400
1928-29 Series DA-120, 3/4-Ton						
PU Exp	540	1,620	2,700	6,080	9,450	13,500
Canopy Dly	532	1,596	2,660	5,990	9,310	13,300
Screen Dly	536	1,608	2,680	6,030	9,380	13,400
Panel Dly	528	1,584	2,640	5,940	9,240	13,200
Platform	520	1,560	2,600	5,850	9,100	13,000
Stake	516	1,548	2,580	5,810	9,030	12,900
1928-29 Series DA-130, 1-Ton						
PU Exp	520	1,560	2,600	5,850	9,100	13,000
Farm	500	1,500	2,500	5,630	8,750	12,500
Canopy Dly	512	1,536	2,560	5,760	8,960	12,800
Screen Dly	516	1,548	2,580	5,810	9,030	12,900
Panel Dly	508	1,524	2,540	5,720	8,890	12,700
Platform	500	1,500	2,500	5,630	8,750	12,500
Stake	500	1,500	2,500	5,630	8,750	12,500
1928-29 Series DA-140, 1-Ton						
PU Exp	520	1,560	2,600	5,850	9,100	13,000
Canopy Dly	508	1,524	2,540	5,720	8,890	12,700
Screen Dly	512	1,536	2,560	5,760	8,960	12,800
Panel Dly	504	1,512	2,520	5,670	8,820	12,600
Side Door Panel	500	1,500	2,500	5,630	8,750	12,500
Carryall	504	1,512	2,520	5,670	8,820	12,600
Platform	496	1,488	2,480	5,580	8,680	12,400
Stake	496	1,488	2,480	5,580	8,680	12,400
1929 Merchant's Exp, 1/2-Ton, 109" wb						
Panel	540	1,620	2,700	6,080	9,450	13,500
1930 Series UI-A-109, 1/2-Ton						
PU	552	1,656	2,760	6,210	9,660	13,800
Canopy	532	1,596	2,660	5,990	9,310	13,300
Screen	536	1,608	2,680	6,030	9,380	13,400
Panel	528	1,584	2,640	5,940	9,240	13,200
1930 Series UI-B-124, 3/4-Ton, 4-cyl.						
PU	520	1,560	2,600	5,850	9,100	13,000

	6	5	4	3	2	1
Canopy	512	1,536	2,560	5,760	8,960	12,800
Screen	516	1,548	2,580	5,810	9,030	12,900
Panel	508	1,524	2,540	5,720	8,890	12,700
Platform	480	1,440	2,400	5,400	8,400	12,000
Stake	488	1,464	2,440	5,490	8,540	12,200

1930 Series DA1-B-124, 3/4-Ton, 6-cyl., Note 1 Series UI-C-133, 1-Ton, 4-cyl.

	6	5	4	3	2	1
Farm	484	1,452	2,420	5,450	8,470	12,100
Exp	516	1,548	2,580	5,810	9,030	12,900
Canopy	508	1,524	2,540	5,720	8,890	12,700
Screen	512	1,536	2,560	5,760	8,960	12,800
Panel	504	1,512	2,520	5,670	8,820	12,600
Platform	476	1,428	2,380	5,360	8,330	11,900
Stake	484	1,452	2,420	5,450	8,470	12,100

1930 Series DA1-C-133, 1-Ton, 6-cyl., Note 2 Series DA1-C-140, 1-Ton, 140" wb

	6	5	4	3	2	1
Exp	484	1,452	2,420	5,450	8,470	12,100
Canopy	508	1,524	2,540	5,720	8,890	12,700
Screen	512	1,536	2,560	5,760	8,960	12,800
Panel	504	1,512	2,520	5,670	8,820	12,600
Side Door Panel	500	1,500	2,500	5,630	8,750	12,500
Carryall	512	1,536	2,560	5,760	8,960	12,800
Platform	476	1,428	2,380	5,360	8,330	11,900
Stake	484	1,452	2,420	5,450	8,470	12,100

NOTE 1: For 6-cyl. models, add 5 percent from figure given for equivalent 4-cyl. (UI-B-124).NOTE 2: For 6-cyl. models, add 5 percent from figure given for equivalent 4-cyl. (UI-C-133).

1931 Series UF-10, 1/2-Ton, 4-cyl.

	6	5	4	3	2	1
PU	564	1,692	2,820	6,350	9,870	14,100
Canopy	544	1,632	2,720	6,120	9,520	13,600
Screen	548	1,644	2,740	6,170	9,590	13,700
Panel	540	1,620	2,700	6,080	9,450	13,500

1931 Series F-10, 1/2-Ton, 6-cyl., Note 1Series UI-B-124, 3/4-Ton, 4-cyl.

	6	5	4	3	2	1
PU	520	1,560	2,600	5,850	9,100	13,000
Canopy	512	1,536	2,560	5,760	8,960	12,800
Screen	516	1,548	2,580	5,720	9,030	12,900
Panel	508	1,524	2,540	5,720	8,890	12,700
Platform	480	1,440	2,400	5,400	8,400	12,000
Stake	488	1,464	2,440	5,490	8,540	12,200
Exp	516	1,548	2,580	5,810	9,030	12,900
Farm	484	1,452	2,420	5,450	8,470	12,100
Canopy	508	1,524	2,540	5,720	8,890	12,700
Screen	512	1,536	2,560	5,760	8,960	12,800

1931 Series DA1-B-124, 3/4-Ton, 6-cyl., Note 2 Series UI-C-133, 1-Ton, 4-cyl.

	6	5	4	3	2	1
Panel	504	1,512	2,520	5,670	8,820	12,600
Platform	476	1,428	2,380	5,360	8,330	11,900
Stake	484	1,452	2,420	5,450	8,470	12,100

1931 Series DA1-C-133, 1-Ton, 6-cyl., Note 3

NOTE 1: For 6-cyl. model F-10, add 5 percent from figure given for equivalent 4-cyl. (UF-10).NOTE 2: For 6-cyl. model DA1-B-124, add 5 percent from figure given for equivalent 4-cyl. (UI-B-124).NOTE 3: For 6-cyl. model DA1-C-133, add 5 percent from figure given for equivalent 4-cyl. (UI-C-133).

1932 Series UF-10, 1/2-Ton, 4-cyl.

	6	5	4	3	2	1
PU	560	1,680	2,800	6,300	9,800	14,000
Canopy	544	1,632	2,720	6,120	9,520	13,600
Screen	548	1,644	2,740	6,170	9,590	13,700
Panel	540	1,620	2,700	6,080	9,450	13,500

1932 Series F-10, 1/2-Ton, 6-cyl., Note 1 Series UI-B-124, 3/4-Ton, 4-cyl.

	6	5	4	3	2	1
PU	520	1,560	2,600	5,850	9,100	13,000
Canopy	512	1,536	2,560	5,760	8,960	12,800
Screen	516	1,548	2,580	5,810	9,030	12,900
Panel	508	1,524	2,540	5,720	8,890	12,700
Platform	480	1,440	2,400	5,400	8,400	12,000
Stake	488	1,464	2,440	5,490	8,540	12,200

1932 Series DA1-B-124, 3/4-Ton, 6-cyl., Note 2 Series UI-C-133, 1-Ton, 4-cyl.

	6	5	4	3	2	1
Exp	516	1,548	2,580	5,810	9,030	12,900
Farm	484	1,452	2,420	5,450	8,470	12,100
Canopy	508	1,524	2,540	5,720	8,890	12,700
Screen	512	1,536	2,560	5,760	8,960	12,800
Panel	504	1,512	2,520	5,670	8,820	12,600
Platform	476	1,428	2,380	5,360	8,330	11,900
Stake	484	1,452	2,420	5,450	8,470	12,100

1932 Series DA1-C-133, 1-Ton, 6-cyl., Note 3

NOTE 1: For 6-cyl. model F-10, add 5 percent from figure given for equivalent 4-cyl. (UF-10).NOTE 2: For 6-cyl. model DA1-B-124, add 5 percent from figure given for equivalent 4-cyl. (UI-B-124).NOTE 3: For 6-cyl. model DA1-C-133, add 5 percent from figure given for equivalent 4-cyl. (UI-C-133).

	6	5	4	3	2	1
1933-35 1/2-Ton, 111.25" wb						
PU	680	2,040	3,400	7,650	11,900	17,000
Canopy	624	1,872	3,120	7,020	10,920	15,600
Comm Sed	628	1,884	3,140	7,070	10,990	15,700
Panel	620	1,860	3,100	6,980	10,850	15,500
1933-35 1/2-Ton, 119" wb						
Panel	616	1,848	3,080	6,930	10,780	15,400
1933-35 1/2-Ton, 109" wb						
PU	680	2,040	3,400	7,650	11,900	17,000
Canopy	628	1,884	3,140	7,070	10,990	15,700
Screen	632	1,896	3,160	7,110	11,060	15,800
Panel	624	1,872	3,120	7,020	10,920	15,600
1933-35 3/4-Ton, 131" wb						
Panel	612	1,836	3,060	6,890	10,710	15,300
1936-38 1/2-Ton						
PU	684	2,052	3,420	7,700	11,970	17,100
Canopy	628	1,884	3,140	7,070	10,990	15,700
Screen	632	1,896	3,160	7,110	11,060	15,800
Comm Sed	636	1,908	3,180	7,160	11,130	15,900
Panel	624	1,872	3,120	7,020	10,920	15,600
Westchester Suburban	1,280	3,840	6,400	14,400	22,400	32,000
1936-38 3/4-Ton, 136" wb						
PU	660	1,980	3,300	7,430	11,550	16,500
Canopy	640	1,920	3,200	7,200	11,200	16,000
Screen	640	1,920	3,200	7,200	11,200	16,000
Panel	620	1,860	3,100	6,980	10,850	15,500
Platform	552	1,656	2,760	6,210	9,660	13,800
Stake	560	1,680	2,800	6,300	9,800	14,000
1939-42, 1946-47 1/2-Ton, 116" wb						
PU	700	2,100	3,500	7,880	12,250	17,500
Canopy	664	1,992	3,320	7,470	11,620	16,600
Screen	664	1,992	3,320	7,470	11,620	16,600
Panel	672	2,016	3,360	7,560	11,760	16,800
1939-42, 1946-47 3/4-Ton, 120" wb						
PU	668	2,004	3,340	7,520	11,690	16,700
Platform	616	1,848	3,080	6,930	10,780	15,400
Stake	616	1,848	3,080	6,930	10,780	15,400
1948-49 1/2-Ton, 108" wb						
PU	740	2,220	3,700	8,330	12,950	18,500
Panel	660	1,980	3,300	7,430	11,550	16,500
1948-49 3/4-Ton, 116" wb						
PU	728	2,184	3,640	8,190	12,740	18,200
Platform	640	1,920	3,200	7,200	11,200	16,000
Stake	624	1,872	3,120	7,020	10,920	15,600
1948-49 Power Wagon, 1-Ton, 126" wb						
PU	820	2,460	4,100	9,230	14,350	20,500
1950-52 1/2-Ton, 108" wb						
PU	760	2,280	3,800	8,550	13,300	19,000
Panel	680	2,040	3,400	7,650	11,900	17,000
1950-52 3/4-Ton, 116" wb						
PU	748	2,244	3,740	8,420	13,090	18,700
Platform	660	1,980	3,300	7,430	11,550	16,500
Stake	664	1,992	3,320	7,470	11,620	16,600
1950-52 Power-Wagon, 1-Ton, 126" wb						
PU	820	2,460	4,100	9,230	14,350	20,500

NOTE: Add 3 percent for Fluid Drive.

	6	5	4	3	2	1
1953-54 1/2-Ton, 108" wb						
PU	760	2,280	3,800	8,550	13,300	19,000
Panel	680	2,040	3,400	7,650	11,900	17,000
1953-54 1/2-Ton, 116" wb						
PU	752	2,256	3,760	8,460	13,160	18,800
1953-54 3/4-Ton, 116" wb						
PU	744	2,232	3,720	8,370	13,020	18,600
Platform	660	1,980	3,300	7,430	11,550	16,500
Stake	660	1,980	3,300	7,430	11,550	16,500

NOTE: Add 3 percent for Fluid Drive. Add 10 percent for V-8. Add 5 percent for automatic transmission.

	6	5	4	3	2	1
1953-54 Power-Wagon, 1-Ton, 126" wb						
PU	820	2,460	4,100	9,230	14,350	20,500
1955-57 1/2-Ton, 108" wb						
Lowside PU	772	2,316	3,860	8,690	13,510	19,300
Highside PU	776	2,328	3,880	8,730	13,580	19,400
Panel	708	2,124	3,540	7,970	12,390	17,700

1947 Chevrolet 1/2 ton pickup

1951 Chevrolet Deluxe 1/2 ton panel

1958 Chevrolet Apache 31 1/2 ton pickup

	6	5	4	3	2	1
1955-57 1/2-Ton, 116" wb						
Lowside PU	760	2,280	3,800	8,550	13,300	19,000
Highside PU	764	2,292	3,820	8,600	13,370	19,100
Sweptside PU, 1957 only	800	2,400	4,000	9,000	14,000	20,000
Platform	680	2,040	3,400	7,650	11,900	17,000
Stake	684	2,052	3,420	7,700	11,970	17,100
1955-57 3/4-Ton, 116" wb						
PU	736	2,208	3,680	8,280	12,880	18,400
Platform	660	1,980	3,300	7,430	11,550	16,500
Stake	660	1,980	3,300	7,430	11,550	16,500

NOTE: Add 15 percent for V-8 engine. Add 5 percent for automatic transmission.

	6	5	4	3	2	1
1955-57 Power-Wagon, 1-Ton, 126" wb						
PU	800	2,400	4,000	9,000	14,000	20,000
1958-60 1/2-Ton, 108" wb						
PU	664	1,992	3,320	7,470	11,620	16,600
Twn Panel	620	1,860	3,100	6,980	10,850	15,500
6P Wag	628	1,884	3,140	7,070	10,990	15,700
8P Wag	600	1,800	3,000	6,750	10,500	15,000
1958-60 1/2-Ton, 116" wb						
PU	740	2,220	3,700	8,330	12,950	18,500
Sweptside PU (1958-1959)	800	2,400	4,000	9,000	14,000	20,000
Platform	408	1,224	2,040	4,590	7,140	10,200
Stake	412	1,236	2,060	4,640	7,210	10,300
1958-60 3/4-Ton, 116" wb						
PU	620	1,860	3,100	6,980	10,850	15,500
Platform	384	1,152	1,920	4,320	6,720	9,600
Stake	388	1,164	1,940	4,370	6,790	9,700

NOTE: Add 10 percent for V-8 engine. Add 5 percent for automatic transmission.

	6	5	4	3	2	1
1958-60 Power-Wagon, 1-Ton, 126" wb						
PU	800	2,400	4,000	9,000	14,000	20,000
1961-71 1/2-Ton, 114" wb						
Utiline PU	340	1,020	1,700	3,830	5,950	8,500
Sweptline PU	336	1,008	1,680	3,780	5,880	8,400
Twn Panel	292	876	1,460	3,290	5,110	7,300
6P Wag	296	888	1,480	3,330	5,180	7,400
8P Wag	296	888	1,480	3,330	5,180	7,400
1961-71 1/2-Ton, 122" wb Power-Wagon, 1-Ton, 126" wb						
PU	800	2,400	4,000	9,000	14,000	20,000
Utiline PU	336	1,008	1,680	3,780	5,880	8,400
Sweptline PU	332	996	1,660	3,740	5,810	8,300
Platform	260	780	1,300	2,930	4,550	6,500
Stake	264	792	1,320	2,970	4,620	6,600
1961-71 3/4-Ton, 122" wb						
Utiline PU	324	972	1,620	3,650	5,670	8,100
Sweptline PU	320	960	1,600	3,600	5,600	8,000
Platform	256	768	1,280	2,880	4,480	6,400
Stake	260	780	1,300	2,930	4,550	6,500

NOTE: Add 10 percent for V-8 engine. Add 5 percent for automatic transmission.

	6	5	4	3	2	1
1964-69 A100, 90" wb						
PU	308	924	1,540	3,470	5,390	7,700
Van	280	840	1,400	3,150	4,900	7,000
Wag	296	888	1,480	3,330	5,180	7,400

NOTE: Add 10 percent for Sportsman models.

	6	5	4	3	2	1
1972-80 1/2-Ton						
Van (109" wb)	184	552	920	2,070	3,220	4,600
Van (127" wb)	192	576	960	2,160	3,360	4,800
1972-80 3/4-Ton						
Van (109" wb)	176	528	880	1,980	3,080	4,400
Van (127" wb)	184	552	920	2,070	3,220	4,600
Maxivan	192	576	960	2,160	3,360	4,800
1972-80 1-Ton						
Van (109" wb)	168	504	840	1,890	2,940	4,200
Van (127" wb)	176	528	880	1,980	3,080	4,400
Maxivan	184	552	920	2,070	3,220	4,600
1972-80 1/2-Ton						
Utiline PU (115" wb)	290	880	1,460	3,290	5,110	7,300
Sweptline PU (115" wb)	290	860	1,440	3,240	5,040	7,200
Utiline PU (131" wb)	290	860	1,440	3,240	5,040	7,200
Sweptline PU (131" wb)	290	880	1,460	3,290	5,110	7,300

NOTE: Add 20 percent for Macho Power Wagon Package.

	6	5	4	3	2	1
1972-80 3/4-Ton, 131" wb						
Utiline PU	280	840	1,400	3,150	4,900	7,000
Sweptline PU	284	852	1,420	3,200	4,970	7,100

	6	5	4	3	2	1
1972-80 Crew Cab, 3/4-Ton						
Utiline PU (149" wb)	230	700	1,160	2,610	4,060	5,800
Sweptline PU (149" wb)	240	710	1,180	2,660	4,130	5,900
Utiline PU (165" wb)	230	680	1,140	2,570	3,990	5,700
Sweptline PU (165" wb)	230	700	1,160	2,610	4,060	5,800
1978 Little Red Express PU	760	2,280	3,800	8,550	13,300	19,000
1979 Little Red Express PU	720	2,160	3,600	8,100	12,600	18,000

NOTE: Add 10 percent for V-8 engine. Add 20 percent for Warlock Package. (1977).

1981-91 Rampage	6	5	4	3	2	1
PU	168	504	840	1,890	2,940	4,200
1981-91 Ram 50						
Cus PU	180	540	900	2,030	3,150	4,500
Royal PU	184	552	920	2,070	3,220	4,600
Spt PU	188	564	940	2,120	3,290	4,700
1981-91 Ramcharger						
2WD	240	720	1,200	2,700	4,200	6,000
4x4	280	840	1,400	3,150	4,900	7,000
1981-91 B150						
Van	220	660	1,100	2,480	3,850	5,500
Long Range Van	212	636	1,060	2,390	3,710	5,300
Wag	256	768	1,280	2,880	4,480	6,400
Mini-Ram Wag	252	756	1,260	2,840	4,410	6,300
1981-91 B250						
Van	216	648	1,080	2,430	3,780	5,400
Wag	256	768	1,280	2,880	4,480	6,400
Mini-Ram Wag	252	756	1,260	2,840	4,410	6,300
1981-91 B350						
Van	216	648	1,080	2,430	3,780	5,400
Wag	256	768	1,280	2,880	4,480	6,400
1981-91 D150						
Utiline PU (SBx)	176	528	880	1,980	3,080	4,400
Sweptline PU (SBx)	180	540	900	2,030	3,150	4,500
Clb Cab PU (SBx)	196	588	980	2,210	3,430	4,900
Utiline PU (LBx)	180	540	900	2,030	3,150	4,500
Sweptline PU (LBx)	184	552	920	2,070	3,220	4,600
Clb Cab PU (LBx)	200	600	1,000	2,250	3,500	5,000
1981-91 D250						
Utiline PU (LBx)	172	516	860	1,940	3,010	4,300
Sweptline PU (LBx)	176	528	880	1,980	3,080	4,400
Clb Cab PU (LBx)	196	588	980	2,210	3,430	4,900
Crew Cab PU (SBx)	192	576	960	2,160	3,360	4,800
Crew Cab PU (LBx)	196	588	980	2,210	3,430	4,900

NOTE: Add 15 percent for 4x4.

1981-91 Dakota, 1/2-Ton, V-6, 1987-91	6	5	4	3	2	1
PU (SBx)	180	540	900	2,030	3,150	4,500
PU (LBx)	176	528	880	1,980	3,080	4,400
PU Spt Conv (1989-91)	340	1,020	1,700	3,830	5,950	8,500

NOTE: Deduct 10 percent for 4-cyl. Add 30 percent for V-8, 1991. NOTE: Add 5 percent for 2.2 Turbo. Add 15 percent for Shelby package (1987, 1988 & 1989 only).

1984-91	6	5	4	3	2	1
Caravan	192	576	960	2,160	3,360	4,800
Caravan SE	204	612	1,020	2,300	3,570	5,100
Caravan LE	212	636	1,060	2,390	3,710	5,300
1984-91 Caravan, V-6						
Sta Wag	232	696	1,160	2,610	4,060	5,800
Sta Wag SE	236	708	1,180	2,660	4,130	5,900
Sta Wag LE	240	720	1,200	2,700	4,200	6,000

NOTE: Add 5 percent for 4x4.

1992 Ram 50, 1/2-Ton, 4-cyl.	6	5	4	3	2	1
2d PU	200	600	1,000	2,250	3,500	5,000
2d LB PU	208	624	1,040	2,340	3,640	5,200
2d SE PU	220	660	1,100	2,480	3,850	5,500
1992 Ramcharger, V-8						
2d 150S SUV	272	816	1,360	3,060	4,760	6,800
2d 150S SUV (4x4)	288	864	1,440	3,240	5,040	7,200
2d 150 SUV	280	840	1,400	3,150	4,900	7,000
2d 150 SUV (4x4)	300	900	1,500	3,380	5,250	7,500
1992 Caravan, V-6						
3d CV Van	228	684	1,140	2,570	3,990	5,700
3d SE Van	232	696	1,160	2,610	4,060	5,800
3d LE Van	236	708	1,180	2,660	4,130	5,900
3d ES Van	240	720	1,200	2,700	4,200	6,000

NOTE: Add 10 percent for Grand models. Add 5 percent for 4x4.

	6	5	4	3	2	1
1992 B Series Van, V-8						
B150 Van	280	840	1,400	3,150	4,900	7,000
B150 Wag	300	900	1,500	3,380	5,250	7,500
B250 Van	300	900	1,500	3,380	5,250	7,500
B250 Sta Wag	320	960	1,600	3,600	5,600	8,000
B250 Maxi Van	320	960	1,600	3,600	5,600	8,000
B250 Maxi Wag	340	1,020	1,700	3,830	5,950	8,500
1992 Dakota, 1/2-Ton						
2d PU (SBx)	220	660	1,100	2,480	3,850	5,500
2d PU (LBx)	240	720	1,200	2,700	4,200	6,000

NOTE: Add 10 percent for V-8. Add 5 percent for 4x4.

	6	5	4	3	2	1
1992 D Series, V-8						
2d D150 PU	260	780	1,300	2,930	4,550	6,500
2d D250 PU	300	900	1,500	3,380	5,250	7,500
1993 Ram 50, 4-cyl.						
2d PU SBx	208	624	1,040	2,340	3,640	5,200
2d PU LBx	212	636	1,060	2,390	3,710	5,300
1993 Ramcharger, V-8						
2d SUV 2WD	280	840	1,400	3,150	4,900	7,000
2d SUV 4x4	320	960	1,600	3,600	5,600	8,000
1993 Caravan, V-6						
Sta Wag	272	816	1,360	3,060	4,760	6,800
1993 B150/250						
Window Van	276	828	1,380	3,110	4,830	6,900
1993 Dakota, V-8						
2d PU SBx	260	780	1,300	2,930	4,550	6,500
2d PU LBx	264	792	1,320	2,970	4,620	6,600
1993 D150/250, V-8						
2d PU SBx D150	280	840	1,400	3,150	4,900	7,000
2d PU LBx D150	284	852	1,420	3,200	4,970	7,100
2d PU SBx D250	284	852	1,420	3,200	4,970	7,100
2d PU LBx D250	288	864	1,440	3,240	5,040	7,200
1994						
Caravan	200	550	900	2,030	3,150	4,500
Caravan LWB	250	700	1,200	2,700	4,200	6,000
Caravan SE	300	850	1,400	3,150	4,900	7,000
Caravan LE	300	900	1,500	3,380	5,250	7,500
Caravan ES	300	950	1,600	3,600	5,600	8,000
Caravan Grand SE	300	900	1,500	3,380	5,250	7,500
Caravan Grand LE	300	950	1,600	3,600	5,600	8,000
Caravan Grand ES	350	1,000	1,700	3,830	5,950	8,500
1994 B150 & B250, V-8						
Window Van	450	1,300	2,200	4,950	7,700	11,000
Van	400	1,200	2,000	4,500	7,000	10,000
Maxi Van	500	1,450	2,400	5,400	8,400	12,000
1994 Dakota, V-6						
2d PU 6 ft.	250	800	1,300	2,930	4,550	6,500
2d PU 8 ft.	250	800	1,350	3,020	4,700	6,700
2d PU Spt 6 ft.	300	900	1,500	3,380	5,250	7,500
2d PU Spt 8 ft.	300	950	1,600	3,600	5,600	8,000
1994 Ram 1500 & 2500, V-8						
2d Pu 6-1/2 ft.	400	1,200	2,000	4,500	7,000	10,000
2d PU 8 ft.	400	1,250	2,100	4,730	7,350	10,500
1995						
Caravan C/V	150	400	700	1,580	2,450	3,500
Caravan C/V, LWB	150	500	850	1,940	3,000	4,300
Caravan	200	550	900	2,030	3,150	4,500
Caravan SE	300	850	1,400	3,150	4,900	7,000
Caravan LE	300	900	1,500	3,380	5,250	7,500
Caravan ES	300	950	1,600	3,600	5,600	8,000
Grand Caravan	300	850	1,400	3,150	4,900	7,000
Grand Caravan SE	300	900	1,500	3,380	5,250	7,500
Grand Caravan LE	300	950	1,600	3,600	5,600	8,000
Grand Caravan ES	350	1,000	1,700	3,830	5,950	8,500

NOTE: Deduct 5 percent for 4-cyl. Add 5 percent for 4x4.

	6	5	4	3	2	1
1995 Ram Van 1500 & 2500, V-8						
Window Van	450	1,300	2,200	4,950	7,700	11,000
Van	400	1,200	2,000	4,500	7,000	10,000
Maxi Van	500	1,450	2,400	5,400	8,400	12,000
1995 Dakota, V-6						
2d PU, 6-1/2 ft.	250	800	1,300	2,930	4,550	6,500
2d PU, 8 ft.	250	800	1,350	3,020	4,700	6,700
2d PU Spt, 6-1/2 ft.	300	900	1,500	3,380	5,250	7,500

	6	5	4	3	2	1
Club Cab PU, 6-1/2 ft.	320	960	1,600	3,600	5,600	8,000
Club Cab Spt PU, 6-1/2 ft.	300	950	1,600	3,650	5,650	8,100

1995 Ram 1500 & 2500, V-8
	6	5	4	3	2	1
2d PU, 6-1/2 ft.	400	1,200	2,000	4,500	7,000	10,000
2d PU, 8 ft.	400	1,250	2,100	4,730	7,350	10,500
Club Cab PU, 6-1/2 ft.	480	1,440	2,400	5,400	8,400	12,000
Club Cab PU, 8 ft.	500	1,450	2,450	5,490	8,550	12,200

1996 Caravan, V-6
	6	5	4	3	2	1
Caravan	200	550	900	2,030	3,150	4,500
Caravan SE	300	850	1,400	3,150	4,900	7,000
Caravan LE	300	900	1,500	3,380	5,250	7,500
Caravan ES	300	950	1,600	3,600	5,600	8,000
Grand Caravan	300	850	1,400	3,150	4,900	7,000
Grand Caravan SE	300	900	1,500	3,380	5,250	7,500
Grand Caravan LE	300	950	1,600	3,600	5,600	8,000
Grand Caravan ES	350	1,000	1,700	3,830	5,950	8,500

NOTE: Deduct 5 percent for 4-cyl. Add 5 percent for 4x4.

1996 Ram Van 1500 & 2500, V-8
	6	5	4	3	2	1
Window Van	450	1,300	2,200	4,950	7,700	11,000
Van	400	1,200	2,000	4,500	7,000	10,000
Maxi Van	500	1,450	2,400	5,400	8,400	12,000

1996 Dakota, V-6
	6	5	4	3	2	1
2d PU, 6-1/2 ft.	250	800	1,300	2,930	4,550	6,500
2d PU, 8 ft.	250	800	1,350	3,020	4,700	6,700
2d PU Spt, 6-1/2 ft.	300	900	1,500	3,380	5,250	7,500
Club Cab PU, 6-1/2 ft.	320	960	1,600	3,600	5,600	8,000
Club Cab Spt PU, 6-1/2 ft.	300	950	1,600	3,650	5,650	8,100

NOTE: Add $2,000 for 4x4. Add 5 percent for V-8.

1996 Ram 1500 & 2500, V-8
	6	5	4	3	2	1
2d PU, 6-1/2 ft.	400	1,200	2,000	4,500	7,000	10,000
2d PU, 8 ft.	400	1,250	2,100	4,730	7,350	10,500
Club Cab PU, 6-1/2 ft.	480	1,440	2,400	5,400	8,400	12,000
Club Cab PU, 8 ft.	500	1,450	2,450	5,490	8,550	12,200

NOTE: Add $2,000 for 4x4. Add 5 percent for V-10.

1997 Caravan, V-6
	6	5	4	3	2	1
Caravan	180	540	900	2,030	3,150	4,500
Caravan SE	280	840	1,400	3,150	4,900	7,000
Caravan LE	300	900	1,500	3,380	5,250	7,500
Caravan ES	320	960	1,600	3,600	5,600	8,000
Grand Caravan	280	840	1,400	3,150	4,900	7,000
Grand Caravan SE	300	900	1,500	3,380	5,250	7,500
Grand Caravan LE	320	960	1,600	3,600	5,600	8,000
Grand Caravan ES	340	1,020	1,700	3,830	5,950	8,500

NOTE: Deduct 5 percent for 4-cyl. Add 5 percent for 4x4.

1997 Ram Van 1500 & 2500, V-8
	6	5	4	3	2	1
Window Van	440	1,320	2,200	4,950	7,700	11,000
Van	400	1,200	2,000	4,500	7,000	10,000
Maxi Van	480	1,440	2,400	5,400	8,400	12,000

NOTE: Deduct 5 percent for V-6.

1997 Dakota, V-6
	6	5	4	3	2	1
2d PU, 6-1/2 ft.	260	780	1,300	2,930	4,550	6,500
2d PU, 8 ft.	268	804	1,340	3,020	4,690	6,700
Club Cab 2d PU, 6-1/2 ft.	320	960	1,600	3,600	5,600	8,000

NOTE: Add $2,000 for 4x4. Add 5 percent for V-8. Deduct 5 percent for 4-cyl.

1997 Ram 1500 & 2500, V-8
	6	5	4	3	2	1
2d PU, 6-1/2 ft.	400	1,200	2,000	4,500	7,000	10,000
2d PU, 8 ft.	420	1,260	2,100	4,730	7,350	10,500
Club Cab PU, 6-1/2 ft.	480	1,440	2,400	5,400	8,400	12,000
Club Cab PU, 8 ft.	490	1,460	2,440	5,490	8,540	12,200

NOTE: Add $2,000 for 4x4. Add 5 percent for V-10. Add 25 percent for turbo diesel V-8.

1998 Caravan, V-6
	6	5	4	3	2	1
Caravan	180	540	900	2,030	3,150	4,500
Caravan SE	280	840	1,400	3,150	4,900	7,000
Caravan LE	300	900	1,500	3,380	5,250	7,500
Grand Caravan	280	840	1,400	3,150	4,900	7,000
Grand Caravan SE	300	900	1,500	3,380	5,250	7,500
Grand Caravan LE	320	960	1,600	3,600	5,600	8,000
Grand Caravan ES	340	1,020	1,700	3,830	5,950	8,500

NOTE: Deduct 5 percent for 4-cyl. Add 5 percent for 4x4.

1998 Durango, V-8, 4x4
	6	5	4	3	2	1
SLT 4d SUV	380	1,140	1,900	4,280	6,650	9,500

1998 Ram Van 1500 & 2500, V-8
	6	5	4	3	2	1
Window Van	440	1,320	2,200	4,950	7,700	11,000

	6	5	4	3	2	1
Van	400	1,200	2,000	4,500	7,000	10,000
Maxi Van	480	1,440	2,400	5,400	8,400	12,000

NOTE: Deduct 5 percent for V-6.

1998 Dakota, V-6

	6	5	4	3	2	1
2d PU	260	780	1,300	2,930	4,550	6,500
R/T Spt 2d PU	330	980	1,640	3,690	5,740	8,200
Club Cab 2d PU	320	960	1,600	3,600	5,600	8,000
R/T Spt Club Cab 2d PU	400	1,200	2,000	4,500	7,000	10,000

NOTE: Add $2,000 for 4x4. Add 5 percent for V-8. Deduct 5 percent for 4-cyl.

1998 Ram 1500 & 2500, V-8

	6	5	4	3	2	1
2d PU WS (V-6)	280	840	1,400	3,150	4,900	7,000
2d PU	360	1,080	1,800	4,050	6,300	9,000
2d PU HD	400	1,200	2,000	4,500	7,000	10,000
Club Cab PU	440	1,320	2,200	4,950	7,700	11,000
Club Cab PU HD	460	1,380	2,300	5,180	8,050	11,500
Quad Cab PU	440	1,320	2,200	4,950	7,700	11,000
Quad Cab PU HD	480	1,440	2,400	5,400	8,400	12,000

NOTE: Add $2,000 for 4x4. Add 5 percent for V-10. Add 25 percent for turbo diesel 6-cyl. Add 5 percent for SST pkg.

FORD TRUCKS

1905 Model E, 78" wb

	6	5	4	3	2	1
Dly Car	880	2,640	4,400	9,900	15,400	22,000

1906 Model T, 84" wb

	6	5	4	3	2	1
PU	680	2,040	3,400	7,650	11,900	17,000
Dly Van	760	2,280	3,800	8,550	13,300	19,000

1907 Model T, 84" wb

	6	5	4	3	2	1
PU	680	2,040	3,400	7,650	11,900	17,000
Dly Van	760	2,280	3,800	8,550	13,300	19,000

1908 Model T, 84" wb

	6	5	4	3	2	1
PU	680	2,040	3,400	7,650	11,900	17,000
Dly Van	760	2,280	3,800	8,550	13,300	19,000

1909 Model T, 100" wb

	6	5	4	3	2	1
PU	680	2,040	3,400	7,650	11,900	17,000
Dly Van	760	2,280	3,800	8,550	13,300	19,000

1910 Model T, 100" wb

	6	5	4	3	2	1
PU	680	2,040	3,400	7,650	11,900	17,000
Dly Van	760	2,280	3,800	8,550	13,300	19,000

1911 Model T, 100" wb

	6	5	4	3	2	1
PU	680	2,040	3,400	7,650	11,900	17,000
Dly Van	760	2,280	3,800	8,550	13,300	19,000

NOTE: The 1906-1911 Ford trucks were commercial adaptations of passenger car chassis. As there were no factory truck bodies, the above prices should be used as a general guide only.

1912 Model T, 84" wb

	6	5	4	3	2	1
Commercial Rds	680	2,040	3,400	7,650	11,900	17,000
Dly Van	760	2,280	3,800	8,550	13,300	19,000

NOTE: In 1912 the company marketed a true commercial roadster and also buillt Delivery Car (Van) prototypes that were listed by firms such as Bell Telephone, John Wanamaker and Milwaukee Novelty Dye Works.

1913 Model T, 84" wb

	6	5	4	3	2	1
Dly Van	560	1,680	2,800	6,300	9,800	14,000
Panel truck	760	2,280	3,800	8,550	13,300	19,000

NOTE: Ford again stopped making factory truck bodies. Trucks built on the 1913-1916 Model T chassis have aftermarket bodies. Therefore, prices given here should be considered only a general guide to typical body styles that exist.

1914 Model T, 84" wb

	6	5	4	3	2	1
C-Cab Dly	680	2,040	3,400	7,650	11,900	17,000
Panel truck	520	1,560	2,600	5,850	9,100	13,000
Fire truck (TT)	600	1,800	3,000	6,750	10,500	15,000

1915 Model T, 84" wb

	6	5	4	3	2	1
C-Cab Dly	560	1,680	2,800	6,300	9,800	14,000
Panel truck	520	1,560	2,600	5,850	9,100	13,000
Express	520	1,560	2,600	5,850	9,100	13,000

1916 Model T, 100" wb

	6	5	4	3	2	1
Panel truck	520	1,560	2,600	5,850	9,100	13,000
Swellside Panel	520	1,560	2,600	5,850	9,100	13,000
Fire truck	600	1,800	3,000	6,750	10,500	15,000

1917 Model T, 100" wb

	6	5	4	3	2	1
Box Body Dly	520	1,560	2,600	5,850	9,100	13,000
Open Front Panel	520	1,560	2,600	5,850	9,100	13,000
Enclosed Panel	520	1,560	2,600	5,850	9,100	13,000
Huckster	520	1,560	2,600	5,850	9,100	13,000

	6	5	4	3	2	1
1917 Model TT, 124" wb						
Exp	480	1,440	2,400	5,400	8,400	12,000
Stake	480	1,440	2,400	5,400	8,400	12,000
Open Front Panel	520	1,560	2,600	5,850	9,100	13,000
Enclosed Panel	480	1,440	2,400	5,400	8,400	12,000
1918-20 Model T, 100" wb						
Rds PU	680	2,040	3,400	7,650	11,900	17,000
Box Body Dly	620	1,860	3,100	6,980	10,850	15,500
Open Front Panel	640	1,920	3,200	7,200	11,200	16,000
Enclosed Panel	600	1,800	3,000	6,750	10,500	15,000
Huckster	620	1,860	3,100	6,980	10,850	15,500
1918-20 Model TT, 124" wb						
Exp	540	1,620	2,700	6,080	9,450	13,500
Stake	520	1,560	2,600	5,850	9,100	13,000
Open Front Panel	580	1,740	2,900	6,530	10,150	14,500
Enclosed Panel	540	1,620	2,700	6,080	9,450	13,500
Huckster	580	1,740	2,900	6,530	10,150	14,500
1921-27 Model T, 100" wb						
Rds PU	680	2,040	3,400	7,650	11,900	17,000
Box Body Dly	620	1,860	3,100	6,980	10,850	15,500
Open Front Panel	640	1,920	3,200	7,200	11,200	16,000
Enclosed Panel	600	1,800	3,000	6,750	10,500	15,000
Huckster	620	1,860	3,100	6,980	10,850	15,500
1921-27 Model TT, 124" wb						
Exp	560	1,680	2,800	6,300	9,800	14,000
Stake	540	1,620	2,700	6,080	9,450	13,500
Open Front Panel	620	1,860	3,100	6,980	10,850	15,500
Enclosed Panel	580	1,740	2,900	6,530	10,150	14,500
Huckster	600	1,800	3,000	6,750	10,500	15,000
1928-29 Model A, 103" wb						
Sed Dly	780	2,340	3,900	8,780	13,650	19,500
Open Cab PU	720	2,160	3,600	8,100	12,600	18,000
Closed Cab PU	640	1,920	3,200	7,200	11,200	16,000
Canopy Exp	660	1,980	3,300	7,430	11,550	16,500
Screenside Exp	660	1,980	3,300	7,430	11,550	16,500
Panel	700	2,100	3,500	7,880	12,250	17,500
1930-31 Model A, 103" wb						
Sed Dly	800	2,400	4,000	9,000	14,000	20,000
Twn Car Dly	1,160	3,480	5,800	13,050	20,300	29,000
Open Cab PU	740	2,220	3,700	8,330	12,950	18,500
Closed Cab PU	640	1,920	3,200	7,200	11,200	16,000
Panel	660	1,980	3,300	7,430	11,550	16,500

NOTE: Sedan Delivery officially called "Deluxe Delivery".

	6	5	4	3	2	1
1932 Model B, 4-cyl., 106" wb						
Sed Dly	780	2,340	3,900	8,780	13,650	19,500
Open Cab PU	760	2,280	3,800	8,550	13,300	19,000
Closed Cab PU	648	1,944	3,240	7,290	11,340	16,200
Std Panel	680	2,040	3,400	7,650	11,900	17,000
DeL Panel	660	1,980	3,300	7,430	11,550	16,500
1932 Model B-18, V-8, 106" wb						
Sed Dly	940	2,820	4,700	10,580	16,450	23,500
Open Cab PU	860	2,580	4,300	9,680	15,050	21,500
Closed Cab PU	748	2,244	3,740	8,420	13,090	18,700
Std Panel	740	2,220	3,700	8,330	12,950	18,500
DeL Panel	760	2,280	3,800	8,550	13,300	19,000
1933-34 Model 46, 4-cyl., 112" wb						
Sed Dly	840	2,520	4,200	9,450	14,700	21,000
Panel	680	2,040	3,400	7,650	11,900	17,000
DeL Panel	700	2,100	3,500	7,880	12,250	17,500
PU	680	2,040	3,400	7,650	11,900	17,000
1933-34 Model 46, V-8, 112" wb						
Sed Dly	940	2,820	4,700	10,580	16,450	23,500
Panel	760	2,280	3,800	8,550	13,300	19,000
DeL Panel	780	2,340	3,900	8,780	13,650	19,500
PU	760	2,280	3,800	8,550	13,300	19,000
1935 Model 48, V-8, 112" wb						
Sed Dly	900	2,700	4,500	10,130	15,750	22,500
1935 Model 50, V-8, 112" wb						
Panel	760	2,280	3,800	8,550	13,300	19,000
DeL Panel	780	2,340	3,900	8,780	13,650	19,500
PU	760	2,280	3,800	8,550	13,300	19,000
1936 Model 68, V-8, 112" wb						
Sed Dly	900	2,700	4,500	10,130	15,750	22,500

	6	5	4	3	2	1
1936 Model 67, V-8, 112" wb						
Panel	740	2,220	3,700	8,330	12,950	18,500
DeL Panel	760	2,280	3,800	8,550	13,300	19,000
PU	740	2,220	3,700	8,330	12,950	18,500
1937-39 V-8, 60 hp, 112" wb						
Cpe PU	820	2,460	4,100	9,230	14,350	20,500
Sed Dly	840	2,520	4,200	9,450	14,700	21,000
1937-39 V-8, 60 hp, 142" wb						
PU	740	2,220	3,700	8,330	12,950	18,500
Platform	640	1,920	3,200	7,200	11,200	16,000
Stake	640	1,920	3,200	7,200	11,200	16,000
Panel	652	1,956	3,260	7,340	11,410	16,300
DeL Panel	700	2,100	3,500	7,880	12,250	17,500
1937-39 V-8, 85 hp, 112" wb						
Cpe PU	800	2,400	4,000	9,000	14,000	20,000
DeL Cpe PU	840	2,520	4,200	9,450	14,700	21,000
Sed Dly	852	2,556	4,260	9,590	14,910	21,300
PU	740	2,220	3,700	8,330	12,950	18,500
Platform	644	1,932	3,220	7,250	11,270	16,100
Stake	644	1,932	3,220	7,250	11,270	16,100
Panel	700	2,100	3,500	7,880	12,250	17,500
DeL Panel	712	2,136	3,560	8,010	12,460	17,800
1937-39 3/4-Ton, 85 hp, 122" wb (1939)						
PU Exp	720	2,160	3,600	8,100	12,600	18,000

NOTE: Deduct 10 percent for 60 hp V-8.

	6	5	4	3	2	1
1940-41 1/2-Ton, 112" wb						
PU	800	2,400	4,000	9,000	14,000	20,000
Platform	600	1,800	3,000	6,750	10,500	15,000
Stake	600	1,800	3,000	6,750	10,500	15,000
Panel	720	2,160	3,600	8,100	12,600	18,000
Sed Dly	920	2,760	4,600	10,350	16,100	23,000
1940-41 3/4-Ton, 122" wb						
Platform	580	1,740	2,900	6,530	10,150	14,500
PU Exp	780	2,340	3,900	8,780	13,650	19,500
Stake	600	1,800	3,000	6,750	10,500	15,000
Panel	720	2,160	3,600	8,100	12,600	18,000

NOTE: Deduct 5 percent for 60 hp V-8 where available. Deduct 10 percent for 4-cyl. (1941 only) where available.

	6	5	4	3	2	1
1942-47 1/2-Ton, 6-cyl., 114" wb						
Sed Dly	884	2,652	4,420	9,950	15,470	22,100
1942-47 1/2-Ton, 114" wb						
PU	772	2,316	3,860	8,690	13,510	19,300
Platform	592	1,776	2,960	6,660	10,360	14,800
Stake	604	1,812	3,020	6,800	10,570	15,100
Panel	712	2,136	3,560	8,010	12,460	17,800
1942-47 3/4-Ton, 122" wb						
Platform	412	1,236	2,060	4,640	7,210	10,300
PU Exp	740	2,220	3,700	8,330	12,950	18,500
Stake	592	1,776	2,960	6,660	10,360	14,800
Panel	712	2,136	3,560	8,010	12,460	17,800

NOTE: Deduct 10 percent for 4-cyl. (1942 only) where available.

	6	5	4	3	2	1
1948-50 F-1 Model 8HC, 1/2-Ton, V-8, 114" wb						
DeL Sed Dly	920	2,760	4,600	10,350	16,100	23,000
PU	800	2,400	4,000	9,000	14,000	20,000
Platform	620	1,860	3,100	6,980	10,850	15,500
Stake	628	1,884	3,140	7,070	10,990	15,700
Panel	700	2,100	3,500	7,880	12,250	17,500
1948-50 F-2 Model 8HD, 3/4-Ton, V-8, 112" wb						
PU	780	2,340	3,900	8,780	13,650	19,500
Platform	600	1,800	3,000	6,750	10,500	15,000
Stake	608	1,824	3,040	6,840	10,640	15,200
1948-50 F-3 Model 8HY, HD 3/4-Ton, V-8, 122" wb						
PU	788	2,364	3,940	8,870	13,790	19,700
Platform	604	1,812	3,020	6,800	10,570	15,100
Stake	612	1,836	3,060	6,890	10,710	15,300

NOTE: Deduct 10 percent for 6-cyl.

	6	5	4	3	2	1
1951-52 Courier Sed Dly 6-cyl., 115" wb						
1952 only	820	2,460	4,100	9,230	14,350	20,500
1951-52 F-1 Model 1HC, 1/2-Ton, V-8, 114" wb						
PU	760	2,280	3,800	8,550	13,300	19,000
Platform	620	1,860	3,100	6,980	10,850	15,500
Stake	628	1,884	3,140	7,070	10,990	15,700
Panel	740	2,220	3,700	8,330	12,950	18,500

	6	5	4	3	2	1
1951-52 F-2 Model 1HD, 3/4-Ton, V-8, 122" wb						
PU	760	2,280	3,800	8,550	13,300	19,000
Platform	600	1,800	3,000	6,750	10,500	15,000
Stake	608	1,824	3,040	6,840	10,640	15,200
1951-52 F-3 Model 1HY, Heavy 3/4-Ton, 6-cyl., 112" wb						
PU	748	2,244	3,740	8,420	13,090	18,700
Platform	604	1,812	3,020	6,800	10,570	15,100
Stake	612	1,836	3,060	6,890	10,710	15,300
1951-52 F-3 Model 1HJ, 104" wb; Model 1H2J, 122" wb 3/4-Ton, 6-cyl.						
Parcel Dly	580	1,740	2,900	6,530	10,150	14,500

NOTE: Add 10 percent for V-8.

	6	5	4	3	2	1
1953-55 Courier Series, 1/2-Ton, 6-cyl., 115" wb						
Sed Dly	860	2,580	4,300	9,680	15,050	21,500
1953-55 F-100 Series, 1/2-Ton, 6-cyl., 110" wb						
PU	768	2,304	3,840	8,640	13,440	19,200
Platform	640	1,920	3,200	7,200	11,200	16,000
Stake	648	1,944	3,240	7,290	11,340	16,200
Panel	740	2,220	3,700	8,330	12,950	18,500
1953-55 F-250 Series, 3/4-Ton, 6-cyl., 118" wb						
PU	760	2,280	3,800	8,550	13,300	19,000
Platform	600	1,800	3,000	6,750	10,500	15,000
Stake	608	1,824	3,040	6,840	10,640	15,200

NOTE: Add 10 percent for V-8.

	6	5	4	3	2	1
1956 Courier Series, 1/2-Ton, 6-cyl., 115.5" wb						
Sed Dly	880	2,640	4,400	9,900	15,400	22,000
1956 F-100 Series, 1/2-Ton, 6-cyl., 110" wb						
PU	760	2,280	3,800	8,550	13,300	19,000
PU (118" wb)	752	2,256	3,760	8,460	13,160	18,800
Platform	620	1,860	3,100	6,980	10,850	15,500
Stake	628	1,884	3,140	7,070	10,990	15,700
Panel	728	2,184	3,640	8,190	12,740	18,200
Cus Panel	740	2,220	3,700	8,330	12,950	18,500
1956 F-250 Series, 3/4-Ton, 6-cyl., 118" wb						
PU	760	2,280	3,800	8,550	13,300	19,000
Platform	588	1,764	2,940	6,620	10,290	14,700
Stake	596	1,788	2,980	6,710	10,430	14,900

NOTE: Add 10 percent for V-8.

	6	5	4	3	2	1
1957-59 Ranchero Series, 1/2-Ton, 6-cyl., 116" wb						
PU	780	2,340	3,900	8,780	13,650	19,500
Cus PU	780	2,340	3,900	8,780	13,650	19,500
1957-60 Courier Series, 1/2-Ton, 6-cyl., 116" wb						
Sed Dly	760	2,280	3,800	8,550	13,300	19,000
1957-60 F-100 Series, 1/2-Ton, 6-cyl., 110" wb						
Flareside PU	720	2,160	3,600	8,100	12,600	18,000
Styleside PU (118" wb)	700	2,100	3,500	7,880	12,250	17,500
Styleside PU	708	2,124	3,540	7,970	12,390	17,700
Platform	580	1,740	2,900	6,530	10,150	14,500
Stake	588	1,764	2,940	6,620	10,290	14,700
Panel	660	1,980	3,300	7,430	11,550	16,500
1957-60 F-250 Series, 3/4-Ton, 6-cyl., 118" wb						
Flareside PU	680	2,040	3,400	7,650	11,900	17,000
Styleside PU	700	2,100	3,500	7,880	12,250	17,500
Platform	480	1,440	2,400	5,400	8,400	12,000
Stake	488	1,464	2,440	5,490	8,540	12,200

NOTE: Add 10 percent for V-8.

	6	5	4	3	2	1
1960-66 Falcon Series, 1/2-Ton, 6-cyl., 109.5" wb						
Ranchero PU (to 1965)	600	1,790	2,980	6,710	10,430	14,900
Sed Dly (1961 to 1965)	580	1,740	2,900	6,530	10,150	14,500
1961-66 Econoline, Series E-100 1/2-Ton, 6-cyl., 90" wb						
PU	480	1,440	2,400	5,400	8,400	12,000
Van	460	1,380	2,300	5,180	8,050	11,500
Station Bus	480	1,440	2,400	5,400	8,400	12,000
1961-66 F-100 Series, 1/2-Ton, 6-cyl., 110" wb						
Styleside PU, 6-1/2 ft.	670	2,000	3,340	7,520	11,690	16,700
Flareside PU, 6-1/2 ft.	660	1,980	3,300	7,430	11,550	16,500
Platform	580	1,740	2,900	6,530	10,150	14,500
Stake	588	1,764	2,940	6,620	10,290	14,700
Panel	612	1,836	3,060	6,890	10,710	15,300
Styleside PU, 8 ft.	660	1,980	3,300	7,430	11,550	16,500
Flareside PU, 8 ft.	652	1,956	3,260	7,340	11,410	16,300

NOTE: Add 10 percent for Intergal Body PU 1961-1964. Deduct 5 percent for F-250.

	6	5	4	3	2	1
1966 Bronco U-100, 1/2-Ton, 4x4, 6-cyl., 90" wb						
Rds	740	2,220	3,700	8,330	12,950	18,500
Spt Utl	720	2,160	3,600	8,100	12,600	18,000
Wag	720	2,160	3,600	8,100	12,600	18,000
1966 Fairlane Ranchero, 1/2-Ton, 113" wb						
PU	660	1,980	3,300	7,430	11,550	16,500
Cus PU	700	2,100	3,500	7,880	12,250	17,500
NOTE: Add 10 percent for V-8.						
1967-72 Bronco U-100, 1/2-Ton, 113" wb						
Rds	740	2,220	3,700	8,330	12,950	18,500
Spt Utl	720	2,160	3,600	8,100	12,600	18,000
Wag	720	2,160	3,600	8,100	12,600	18,000
1967-72 Econoline E-100, 1/2-Ton, 6-cyl.						
PU	480	1,440	2,400	5,400	8,400	12,000
Van	460	1,380	2,300	5,180	8,050	11,500
Sup Van	444	1,332	2,220	5,000	7,770	11,100
Panel Van	440	1,320	2,200	4,950	7,700	11,000
Sup Panel Van	448	1,344	2,240	5,040	7,840	11,200
1967-72 Ranchero, 1/2-Ton, 6-cyl.						
PU (1967-1971)	620	1,860	3,100	6,980	10,850	15,500
500 PU	640	1,920	3,200	7,200	11,200	16,000
500 XL PU (1967 only)	660	1,980	3,300	7,430	11,550	16,500
500 GT PU (1968-1972)	660	1,980	3,300	7,430	11,550	16,500
500 Squire PU (1970-1972)	660	1,980	3,300	7,430	11,550	16,500
NOTE: Add 10 percent for V-8.						
1967-72 F-100/ Model F-101, 1/2-Ton, 6-cyl.						
Flareside PU, 6-1/2 ft.	660	1,980	3,300	7,430	11,550	16,500
Styleside PU, 6-1/2 ft.	670	2,000	3,340	7,520	11,690	16,700
Platform	460	1,380	2,300	5,180	8,050	11,500
Stake	460	1,380	2,300	5,180	8,050	11,500
Flareside, 8 ft.	692	2,076	3,460	7,790	12,110	17,300
Styleside, 8 ft.	700	2,100	3,500	7,880	12,250	17,500
1967-72 F-250, 3/4-Ton, 6-cyl.						
Flareside PU, 8 ft.	668	2,004	3,340	7,520	11,690	16,700
Styleside PU, 8 ft.	680	2,040	3,400	7,650	11,900	17,000
Platform	420	1,260	2,100	4,730	7,350	10,500
Stake	420	1,260	2,100	4,730	7,350	10,500
NOTE: Add 10 percent for V-8. Add 5 percent for 4x4.						
1973-79 Courier, 1/2-Ton, 4-cyl.						
PU	360	1,080	1,800	4,050	6,300	9,000
1973-79 Fairlane/Torino, 1/2-Ton, V-8						
Ranchero 500 PU	580	1,740	2,900	6,530	10,150	14,500
Ranchero Squire PU	600	1,800	3,000	6,750	10,500	15,000
Ranchero GT PU	620	1,860	3,100	6,980	10,850	15,500
NOTE: Deduct 5 percent for 6-cyl.						
1973-79 Club Wagon E-100, 1/2-Ton, 6-cyl.						
Clb Wag	348	1,044	1,740	3,920	6,090	8,700
Cus Clb Wag	360	1,080	1,800	4,050	6,300	9,000
Chateau Wag	440	1,320	2,200	4,950	7,700	11,000
1973-79 Bronco U-100, 1/2-Ton, 6-cyl.						
Wag	600	1,800	3,000	6,750	10,500	15,000
1973-79 Econoline E-100, 1/2-Ton, 6-cyl.						
Cargo Van	280	840	1,400	3,150	4,900	7,000
Window Van	300	900	1,500	3,380	5,250	7,500
Display Van	292	876	1,460	3,290	5,110	7,300
1973-79 Econoline E-200, 3/4-Ton, 6-cyl.						
Cargo Van	276	828	1,380	3,110	4,830	6,900
Window Van	296	888	1,480	3,330	5,180	7,400
Display Van	288	864	1,440	3,240	5,040	7,200
1973-79 Econoline E-300, HD 3/4-Ton, 6-cyl.						
Cargo Van	272	816	1,360	3,060	4,760	6,800
Window Van	292	876	1,460	3,290	5,110	7,300
Display Van	284	852	1,420	3,200	4,970	7,100
1973-79 F-100, 1/2-Ton, 6-cyl.						
Flareside PU, 6-1/2 ft.	580	1,740	2,900	6,530	10,150	14,500
Styleside PU, 6-1/2 ft.	580	1,750	2,920	6,570	10,220	14,600
Flareside PU, 8 ft.	576	1,728	2,880	6,480	10,080	14,400
Styleside PU, 8 ft.	580	1,740	2,900	6,530	10,150	14,500
1973-79 F-250, 3/4-Ton, 6-cyl.						
Flareside PU	476	1,428	2,380	5,360	8,330	11,900
Styleside PU	472	1,416	2,360	5,310	8,260	11,800
Platform	300	900	1,500	3,380	5,250	7,500
Stake	308	924	1,540	3,470	5,390	7,700

	6	5	4	3	2	1
1973-79 F-350, HD 3/4-Ton, 6-cyl.						
Flareside PU	468	1,404	2,340	5,270	8,190	11,700
Styleside PU	464	1,392	2,320	5,220	8,120	11,600
Platform	292	876	1,460	3,290	5,110	7,300
Stake	300	900	1,500	3,380	5,250	7,500

NOTE: Add 5 percent for base V-8. Add 10 percent for optional V-8. Add 5 percent for 4x4 on F-250 and F-350 models only.

1975-82 F-150, 1/2-Ton	6	5	4	3	2	1
Flareside PU (SBx)	500	1,500	2,500	5,630	8,750	12,500
Styleside PU (SBx)	520	1,560	2,600	5,850	9,100	13,000
Styleside PU (LBx)	540	1,620	2,700	6,080	9,450	13,500
Styleside PU Sup Cab (SBx)	560	1,680	2,800	6,300	9,800	14,000
Styleside PU Sup Cab (LBx)	600	1,800	3,000	6,750	10,500	15,000
1980-83 F-100, 1/2-Ton						
Flareside PU	280	840	1,400	3,150	4,900	7,000
Styleside PU	284	852	1,420	3,200	4,970	7,100
Sup Cab	284	852	1,420	3,200	4,970	7,100

NOTE: F-100 was discontinued after 1983.

1980-86 Courier to 1982, replaced by Ranger 1983-1986	6	5	4	3	2	1
PU	280	840	1,400	3,150	4,900	7,000
1980-86 Bronco						
Wag	340	1,020	1,700	3,830	5,950	8,500
1980-86 Econoline E-100						
Cargo Van	240	720	1,200	2,700	4,200	6,000
Window Van	248	744	1,240	2,790	4,340	6,200
Display Van	256	768	1,280	2,880	4,480	6,400
Clb Wag	276	828	1,380	3,110	4,830	6,900
Cus Clb Wag	284	852	1,420	3,200	4,970	7,100
Chateau Clb Wag	292	876	1,460	3,290	5,110	7,300
1980-86 Econoline E-200						
Cargo Van	240	720	1,200	2,700	4,200	6,000
Window Van	244	732	1,220	2,750	4,270	6,100
Display Van	248	744	1,240	2,790	4,340	6,200
1980-86 Econoline E-300						
Cargo Van	236	708	1,180	2,660	4,130	5,900
Window Van	240	720	1,200	2,700	4,200	6,000
Display Van	244	732	1,220	2,750	4,270	6,100
1980-86 F-250, 3/4-Ton						
Flareside PU	280	840	1,400	3,150	4,900	7,000
Styleside PU	284	852	1,420	3,200	4,970	7,100
Sup Cab	288	864	1,440	3,240	5,040	7,200
1980-86 F-350, 1-Ton						
PU	272	816	1,360	3,060	4,760	6,800
Crew Cab PU	276	828	1,380	3,110	4,830	6,900
Stake	260	780	1,300	2,930	4,550	6,500

NOTE: Add 10 percent for 4x4.

1983-86 F-150, 1/2-Ton	6	5	4	3	2	1
Flareside PU (SBx)	260	780	1,300	2,930	4,550	6,500
Styleside PU (SBx)	280	840	1,400	3,150	4,900	7,000
Styleside PU (LBx)	300	900	1,500	3,380	5,250	7,500
Styleside PU Sup Cab (SBx)	320	960	1,600	3,600	5,600	8,000
Styleside PU Sup Cab (LBx)	360	1,080	1,800	4,050	6,300	9,000
1987-91 Bronco II, 1/2-Ton, 94" wb						
Wag	220	660	1,100	2,480	3,850	5,500
Wag (4x4)	280	840	1,400	3,150	4,900	7,000
1987-91 Bronco, 1/2-Ton, 105" wb						
Wag (4x4)	380	1,140	1,900	4,280	6,650	9,500
1987-91 Aerostar, 1/2-Ton, 119" wb						
Cargo Van	200	600	1,000	2,250	3,500	5,000
Wag	260	780	1,300	2,930	4,550	6,500
Window Van	200	600	1,000	2,250	3,500	5,000
1987-91 Club Wagon, 138" wb						
E-150 Wag	300	900	1,500	3,380	5,250	7,500
E-250 Wag	320	960	1,600	3,600	5,600	8,000
E-350 Sup Clb Wag	340	1,020	1,700	3,830	5,950	8,500
1987-91 Econoline E-150, 1/2-Ton, 124" or 138" wb						
Cargo Van	240	720	1,200	2,700	4,200	6,000
Sup Cargo Van	260	780	1,300	2,930	4,550	6,500
1987-91 Econoline E-250, 3/4-Ton, 138" wb						
Cargo Van	260	780	1,300	2,930	4,550	6,500
Sup Cargo Van	280	840	1,400	3,150	4,900	7,000
1987-91 Econoline E-350, 1-Ton , 138" or 176" wb						
Cargo Van	280	840	1,400	3,150	4,900	7,000
Sup Cargo Van	300	900	1,500	3,380	5,250	7,500

	6	5	4	3	2	1
1987-91 Ranger, 1/2-Ton, 108" or 125" wb						
Styleside PU (SBx)	196	588	980	2,210	3,430	4,900
Styleside PU (LBx)	200	600	1,000	2,250	3,500	5,000
Styleside PU Sup Cab	220	660	1,100	2,480	3,850	5,500
1987-91 F-150, 1/2-Ton, 116" or 155" wb						
Flareside PU (SBx)	220	660	1,100	2,480	3,850	5,500
Styleside PU (SBx)	240	720	1,200	2,700	4,200	6,000
Styleside PU (LBx)	260	780	1,300	2,930	4,550	6,500
Styleside PU Sup Cab (SBx)	280	840	1,400	3,150	4,900	7,000
Styleside PU Sup Cab (LBx)	320	960	1,600	3,600	5,600	8,000
1987-91 F-250, 3/4-Ton, 133" or 155" wb						
Styleside PU (LBx)	300	900	1,500	3,380	5,250	7,500
Styleside PU Sup Cab (LBx)	320	960	1,600	3,600	5,600	8,000
1987-91 F-350, 1-Ton , 133" or 168.4" wb						
Styleside PU (LBx)	320	960	1,600	3,600	5,600	8,000
Styleside PU Crew Cab	340	1,020	1,700	3,830	5,950	8,500
NOTE: Add 15 percent for 4x4.						
1992 Explorer, V-6						
2d SUV	600	1,800	3,000	6,750	10,500	15,000
4d SUV	600	1,850	3,100	6,980	10,900	15,500
2d SUV, 4x4	600	1,850	3,100	6,980	10,900	15,500
4d SUV, 4x4	650	1,900	3,200	7,200	11,200	16,000
1992 Bronco, V-8						
2d SUV	700	2,050	3,400	7,650	11,900	17,000
1992 Aerostar, V-6						
Van	350	1,000	1,700	3,830	5,950	8,500
Window Van	350	1,100	1,800	4,050	6,300	9,000
Ext Van	350	1,100	1,800	4,050	6,300	9,000
Ext Window Van	400	1,150	1,900	4,280	6,650	9,500
NOTE: Add 5 percent for 4x4.						
1992 E Series, V-8						
Cargo Van	600	1,750	2,900	6,530	10,200	14,500
1992 Club Wagon, V-8						
E-150 Wag	600	1,800	3,000	6,750	10,500	15,000
1992 Ranger, 1/2-Ton, V-6						
2d PU (SBx)	250	800	1,300	2,930	4,550	6,500
2d PU (LBx)	300	850	1,400	3,150	4,900	7,000
NOTE: Add 5 percent for 4x4.						
1992 F-150, F-250, V-8						
2d PU 1/2-Ton (SBx)	600	1,800	3,000	6,750	10,500	15,000
2d PU 1/2-Ton (LBx)	620	1,860	3,100	6,980	10,850	15,500
2d PU 3/4-Ton (SBx)	620	1,860	3,100	6,980	10,850	15,500
2d PU 3/4-Ton (LBx)	640	1,920	3,200	7,200	11,200	16,000
NOTE: Add 5 percent for 4x4.						
1993 Explorer, V-6						
2d SUV 2WD	600	1,800	3,000	6,750	10,500	15,000
4d SUV 2WD	600	1,800	3,000	6,750	10,500	15,000
2d SUV, 4x4	650	1,900	3,200	7,200	11,200	16,000
4d SUV, 4x4	650	1,900	3,200	7,200	11,200	16,000
1993 Bronco, V-8						
2d SUV	700	2,100	3,500	7,880	12,300	17,500
1993 Aerostar, V-6						
Window Van	400	1,150	1,900	4,280	6,650	9,500
1993 E150/250 Van, V-8						
Window Van	600	1,750	2,900	6,530	10,200	14,500
1993 Ranger, V-6						
2d PU SBx	250	800	1,300	2,930	4,550	6,500
2d PU LBx	250	800	1,350	3,020	4,700	6,700
1993 F150/F250, V-8						
2d PU SBx F150	600	1,800	3,000	6,750	10,500	15,000
2d PU LBx F150	600	1,800	3,000	6,750	10,500	15,000
2d PU SBx F250	650	1,900	3,200	7,200	11,200	16,000
2d PU LBx F250	650	1,900	3,200	7,200	11,200	16,000
1994 Explorer, V-6						
2d SUV	400	1,150	1,900	4,280	6,650	9,500
4d SUV	400	1,200	2,000	4,500	7,000	10,000
2d SUV, 4x4	500	1,450	2,400	5,400	8,400	12,000
4d SUV, 4x4	500	1,550	2,600	5,850	9,100	13,000
1994 Bronco, V-8						
2d SUV	600	1,800	3,000	6,750	10,500	15,000
1994 Aerostar, V-6						
Cargo Van	300	850	1,400	3,150	4,900	7,000

	6	5	4	3	2	1
Window Van	300	900	1,500	3,380	5,250	7,500
Cargo Van LWB	300	950	1,600	3,560	5,550	7,900
Window Van LWB	300	950	1,600	3,600	5,600	8,000

1994 E150/250, V-8
	6	5	4	3	2	1
Cargo Van	400	1,250	2,100	4,730	7,350	10,500
Window Van	500	1,450	2,400	5,400	8,400	12,000
Club Wag	550	1,700	2,800	6,300	9,800	14,000

1994 Ranger, V-6
	6	5	4	3	2	1
2d PU	300	900	1,500	3,380	5,250	7,500
2d PU 4x4	400	1,250	2,100	4,730	7,350	10,500
2d PU Sup Cab 4x4	440	1,320	2,200	4,950	7,700	11,000

1994 F150/250, V-8
	6	5	4	3	2	1
2d PU XL 6 ft.	400	1,250	2,100	4,730	7,350	10,500
2d PU XL 8 ft.	450	1,300	2,200	4,950	7,700	11,000
2d PU Sup Cab XL 6 ft.	480	1,440	2,400	5,400	8,400	12,000
2d PU Sup Cab XL 8 ft.	520	1,560	2,600	5,850	9,100	13,000

NOTE: Add 10 percent for 4x4.

1995 Explorer, V-6
	6	5	4	3	2	1
2d SUV	400	1,150	1,900	4,280	6,650	9,500
4d SUV	400	1,200	2,000	4,500	7,000	10,000
2d SUV, 4x4	500	1,450	2,400	5,400	8,400	12,000
4d SUV, 4x4	500	1,550	2,600	5,850	9,100	13,000

NOTE: Add 5 percent for Spt, XLT, Eddie Bauer, Ltd, or Expedition trim package.

1995 Bronco, V-8
	6	5	4	3	2	1
2d SUV	600	1,800	3,000	6,750	10,500	15,000

NOTE: Add 5 percent for XL or, Eddie Bauer trim package.

1995 Aerostar, V-6
	6	5	4	3	2	1
Cargo Van	300	850	1,400	3,150	4,900	7,000
XLT Van	300	900	1,500	3,380	5,250	7,500
XLT Van, LWB	300	950	1,600	3,600	5,600	8,000

NOTE: Add 10 percent for 4x4.

1995 Windstar, V-6
	6	5	4	3	2	1
Cargo Van	250	800	1,300	2,930	4,550	6,500
GL Van	300	950	1,600	3,600	5,600	8,000
LX Van	400	1,150	1,900	4,280	6,650	9,500

1995 E150 & E250, V-8
	6	5	4	3	2	1
Cargo Van	400	1,250	2,100	4,730	7,350	10,500
Window Van	500	1,450	2,400	5,400	8,400	12,000
Club Wag	550	1,700	2,800	6,300	9,800	14,000

1995 Ranger, 4-cyl. & V-6
	6	5	4	3	2	1
2d PU	300	900	1,500	3,380	5,250	7,500
2d LB PU	300	900	1,550	3,470	5,400	7,700
2d Splash	350	1,000	1,700	3,830	5,950	8,500
2d Sup Cab PU	400	1,200	2,000	4,500	7,000	10,000
2d Splash Sup Cab PU	440	1,320	2,200	4,950	7,700	11,000

NOTE: Add 5 percent for XLT, Spt, or STX trim package. Add 10 percent for 4x4. Deduct 5 percent for 4-cyl.

1995 F150 & F250, V-8
	6	5	4	3	2	1
2d XL PU, 6-3/4 ft.	400	1,250	2,100	4,730	7,350	10,500
2d XL PU, 8 ft.	450	1,300	2,200	4,950	7,700	11,000
2d Lightning PU, 6-3/4 ft.	440	1,320	2,200	4,950	7,700	11,000
2d Sup Cab XL PU, 6-3/4 ft.	500	1,450	2,400	5,400	8,400	12,000
2d Sup Cab XL PU, 8 ft.	560	1,680	2,800	6,300	9,800	14,000

NOTE: Add 10 percent for 4x4.

1996 Explorer, V-6
	6	5	4	3	2	1
2d SUV	350	1,000	1,700	3,830	5,950	8,500
4d SUV	350	1,100	1,800	4,050	6,300	9,000
2d SUV, 4x4	450	1,300	2,200	4,950	7,700	11,000
4d SUV, 4x4	500	1,450	2,400	5,400	8,400	12,000

NOTE: Add 5 percent for Sport, XLT, Eddie Bauer, or Limited Pkg.

1996 Bronco, V-8
	6	5	4	3	2	1
2d SUV	550	1,700	2,800	6,300	9,800	14,000

NOTE: Add 5 percent for XLT or Eddie Bauer Pkg.

1996 Aerostar, V-6
	6	5	4	3	2	1
Cargo Van	250	700	1,200	2,700	4,200	6,000
XLT Van	250	800	1,300	2,930	4,550	6,500
XLT Van, LWB	300	850	1,400	3,150	4,900	7,000

NOTE: Add 10 percent for 4x4.

1996 Windstar, V-6
	6	5	4	3	2	1
Cargo Van	200	650	1,100	2,480	3,850	5,500
GL Van	300	850	1,400	3,150	4,900	7,000
LX Van	350	1,000	1,700	3,830	5,950	8,500

	6	5	4	3	2	1
1996 E150 & E250, V-8						
Cargo Van	400	1,150	1,900	4,280	6,650	9,500
Sup Cargo Van	450	1,300	2,200	4,950	7,700	11,000
Club Wag	500	1,550	2,600	5,850	9,100	13,000
1996 Ranger, 4-cyl. & V-6						
2d PU	250	800	1,300	2,930	4,550	6,500
2d LB PU	250	800	1,350	3,020	4,700	6,700
2d Splash	300	900	1,500	3,380	5,250	7,500
2d Sup Cab PU	350	1,100	1,800	4,050	6,300	9,000
2d Splash Sup Cab PU	400	1,200	2,000	4,500	7,000	10,000

NOTE: Add 5 percent for XLT, Sport, or STX Pkg. Add 10 percent for 4x4. Deduct 5 percent for 4-cyl.

	6	5	4	3	2	1
1996 F150 & F250, V-8						
2d PU, 6-3/4 ft.	300	850	1,400	3,150	4,900	7,000
2d PU, 8 ft.	300	900	1,500	3,380	5,250	7,500
2d XL PU, 6-3/4 ft.	400	1,150	1,900	4,280	6,650	9,500
2d XL PU, 8 ft.	400	1,200	2,000	4,500	7,000	10,000
2d Sup Cab XL PU, 6-3/4 ft.	450	1,300	2,200	4,950	7,700	11,000
2d Sup Cab XL PU, 8 ft.	480	1,440	2,400	5,400	8,400	12,000
2d Heavy-Duty Sup Cab XL PU, 6-3/4 ft.	500	1,550	2,600	5,850	9,100	13,000
2d Heavy-Duty Sup Cab XL PU, 8 ft.	600	1,800	3,000	6,750	10,500	15,000

NOTE: Add 10 percent for 4x4. Add 15 percent for turbo diesel V-8.

	6	5	4	3	2	1
1997 Explorer, V-6						
2d SUV	340	1,020	1,700	3,830	5,950	8,500
4d SUV	360	1,080	1,800	4,050	6,300	9,000
2d SUV, 4x4	440	1,320	2,200	4,950	7,700	11,000
4d SUV, 4x4	480	1,440	2,400	5,400	8,400	12,000

NOTE: Add 5 percent for Sport, XLT, Eddie Bauer, or Limited Pkg. Add 5 percent for V-8.

	6	5	4	3	2	1
1997 Expedition, V-8						
XLT SUV	600	1,800	3,000	6,750	10,500	15,000
Eddie Bauer SUV	620	1,860	3,100	6,980	10,850	15,500
XLT SUV, 4x4	640	1,920	3,200	7,200	11,200	16,000
Eddie Bauer, 4x4	660	1,980	3,300	7,430	11,550	16,500

NOTE: Deduct 5 percent for 4.6L V-8.

	6	5	4	3	2	1
1997 Aerostar, V-6						
Cargo Van	240	720	1,200	2,700	4,200	6,000
XLT Van	260	780	1,300	2,930	4,550	6,500
XLT Van, LWB	280	840	1,400	3,150	4,900	7,000

NOTE: Add 10 percent for 4x4.

	6	5	4	3	2	1
1997 Windstar, V-6						
Cargo Van	220	660	1,100	2,480	3,850	5,500
GL Van	280	840	1,400	3,150	4,900	7,000
LX Van	340	1,020	1,700	3,830	5,950	8,500
1997 E150 & E250, V-8						
Cargo Van	380	1,140	1,900	4,280	6,650	9,500
Sup Cargo Van	440	1,320	2,200	4,950	7,700	11,000
Club Wag	520	1,560	2,600	5,850	9,100	13,000
1997 Ranger, V-6						
2d PU	260	780	1,300	2,930	4,550	6,500
2d LBx PU	268	804	1,340	3,020	4,690	6,700
2d Splash	300	900	1,500	3,380	5,250	7,500
2d Sup Cab PU	360	1,080	1,800	4,050	6,300	9,000
2d Splash Sup Cab PU	400	1,200	2,000	4,500	7,000	10,000

NOTE: Add 5 percent for XLT or STX Pkg. Add 10 percent for 4x4. Deduct 5 percent for 4-cyl.

	6	5	4	3	2	1
1997 F150 & F250, V-6						
2d PU, 6-3/4 ft.	280	840	1,400	3,150	4,900	7,000
2d PU, 8 ft.	300	900	1,500	3,380	5,250	7,500
2d XL PU, 6-3/4 ft.	380	1,140	1,900	4,280	6,650	9,500
2d XL PU, 8 ft.	400	1,200	2,000	4,500	7,000	10,000
2d Sup Cab XL PU, 6-3/4 ft.	440	1,320	2,200	4,950	7,700	11,000
2d Sup Cab XL PU, 8 ft.	480	1,440	2,400	5,400	8,400	12,000
2d Heavy-Duty Sup Cab XL PU, 6-3/4 ft.	520	1,560	2,600	5,850	9,100	13,000
2d Heavy-Duty Sup Cab XL PU, 8 ft.	600	1,800	3,000	6,750	10,500	15,000

NOTE: Add 10 percent for 4x4. Add 15 percent for turbo diesel V-8. Add 5 percent for 7.5L V-8.

	6	5	4	3	2	1
1998 Explorer, V-6						
2d Spt SUV	340	1,020	1,700	3,830	5,950	8,500
4d SUV	360	1,080	1,800	4,050	6,300	9,000
2d Spt SUV, 4x4	440	1,320	2,200	4,950	7,700	11,000
4d SUV, 4x4	480	1,440	2,400	5,400	8,400	12,000

NOTE: Add 5 percent for XLT, Eddie Bauer, or Limited Pkg. Add 5 percent for V-8.

	6	5	4	3	2	1
1998 Expedition, V-8						
XLT SUV	600	1,800	3,000	6,750	10,500	15,000
Eddie Bauer SUV	620	1,860	3,100	6,980	10,850	15,500

	6	5	4	3	2	1
XLT SUV, 4x4	640	1,920	3,200	7,200	11,200	16,000
Eddie Bauer, 4x4	660	1,980	3,300	7,430	11,550	16,500

NOTE: Deduct 5 percent for 4.6L V-8.

1998 Windstar, V-6

	6	5	4	3	2	1
Cargo Van	240	720	1,200	2,700	4,200	6,000
GL Van	280	840	1,400	3,150	4,900	7,000
LX Van	300	900	1,500	3,380	5,250	7,500
Ltd Van	320	960	1,600	3,600	5,600	8,000

1998 E150 & E250, V-8

	6	5	4	3	2	1
Cargo Van	380	1,140	1,900	4,280	6,650	9,500
Sup Cargo Van	440	1,320	2,200	4,950	7,700	11,000
Club Wag	520	1,560	2,600	5,850	9,100	13,000

NOTE: Add 5 percent for Chateau or XLT Pkg. Add 5 percent for V-10. Add 10 percent for turbo diesel V-8. Deduct 5 percent for V-6.

1998 Ranger, V-6

	6	5	4	3	2	1
2d PU	260	780	1,300	2,930	4,550	6,500
2d Splash PU	300	900	1,500	3,380	5,250	7,500
2d Sup Cab PU	360	1,080	1,800	4,050	6,300	9,000
2d Splash Sup Cab PU	400	1,200	2,000	4,500	7,000	10,000

NOTE: Add 5 percent for XLT Pkg. Add 10 percent for 4x4. Deduct 5 percent for 4-cyl.

1998 F150 & F250, V-8

	6	5	4	3	2	1
S 2d PU	300	900	1,500	3,380	5,250	7,500
XL 2d PU	320	960	1,600	3,600	5,600	8,000
S 2d Sup Cab PU	400	1,200	2,000	4,500	7,000	10,000
XL 2d Sup Cab PU	440	1,320	2,200	4,950	7,700	11,000

NOTE: Add 5 percent for Lariat, STX, or XLT Pkg. Add 10 percent for 4x4. Deduct 5 percent for V-6.

GMC TRUCKS

1920-26

	6	5	4	3	2	1
Canopy	600	1,800	3,000	6,750	10,500	15,000

1927-29 Light Duty

	6	5	4	3	2	1
PU	600	1,800	3,000	6,750	10,500	15,000
Panel	588	1,764	2,940	6,620	10,290	14,700

1930-33 Light Duty

	6	5	4	3	2	1
PU	628	1,884	3,140	7,070	10,990	15,700
Panel	620	1,860	3,100	6,980	10,850	15,500
Stake	580	1,740	2,900	6,530	10,150	14,500

1934-35 Light Duty

	6	5	4	3	2	1
PU	680	2,040	3,400	7,650	11,900	17,000
Panel	640	1,920	3,200	7,200	11,200	16,000

1936-40 Light Duty

	6	5	4	3	2	1
PU	720	2,160	3,600	8,100	12,600	18,000
Panel	680	2,040	3,400	7,650	11,900	17,000

1940 Light Duty, 1/2-Ton, 113.5" wb

	6	5	4	3	2	1
Canopy Dly	720	2,160	3,600	8,100	12,600	18,000
Screenside Dly	720	2,160	3,600	8,100	12,600	18,000
Suburban	780	2,340	3,900	8,780	13,650	19,500

1941-42, 1946-47 Light Duty, 1/2-Ton, 115" wb

	6	5	4	3	2	1
PU	840	2,520	4,200	9,450	14,700	21,000
Panel	788	2,364	3,940	8,870	13,790	19,700
Canopy Dly	780	2,340	3,900	8,780	13,650	19,500
Screenside Dly	820	2,460	4,100	9,230	14,350	20,500
Suburban	800	2,400	4,000	9,000	14,000	20,000
Stake	660	1,980	3,300	7,430	11,550	16,500

1941-42, 1946-47 Light Duty, 1/2-Ton, 125" wb

	6	5	4	3	2	1
PU	840	2,520	4,200	9,450	14,700	21,000
Panel	780	2,340	3,900	8,780	13,650	19,500
Stake	672	2,016	3,360	7,560	11,760	16,800

1941-42, 1946-47 Medium Duty, 3/4-Ton, 125" wb

	6	5	4	3	2	1
PU	720	2,160	3,600	8,100	12,600	18,000
Panel	680	2,040	3,400	7,650	11,900	17,000
Stake	656	1,968	3,280	7,380	11,480	16,400

1948-53 Light Duty, 1/2-Ton

	6	5	4	3	2	1
PU	920	2,760	4,600	10,350	16,100	23,000
Panel	808	2,424	4,040	9,090	14,140	20,200
Canopy Exp	748	2,244	3,740	8,420	13,090	18,700
Suburban	820	2,460	4,100	9,230	14,350	20,500

1948-53 Medium Duty, 3/4-Ton

	6	5	4	3	2	1
PU	780	2,340	3,900	8,780	13,650	19,500
Stake	680	2,040	3,400	7,650	11,900	17,000

1948-53 Heavy Duty, 1-Ton

	6	5	4	3	2	1
PU	760	2,280	3,800	8,550	13,300	19,000
Stake	724	2,172	3,620	8,150	12,670	18,100

	6	5	4	3	2	1
1954-55 First Series Light Duty, 1/2-Ton						
PU	860	2,580	4,300	9,680	15,050	21,500
Panel	760	2,280	3,800	8,550	13,300	19,000
Canopy Dly	800	2,400	4,000	9,000	14,000	20,000
Suburban	800	2,400	4,000	9,000	14,000	20,000
PU (LWB)	780	2,340	3,900	8,780	13,650	19,500
Stake Rack	640	1,920	3,200	7,200	11,200	16,000
1954-55 First Series Medium Duty, 3/4-Ton						
PU	800	2,400	4,000	9,000	14,000	20,000
Stake Rack	640	1,920	3,200	7,200	11,200	16,000
1954-55 First Series Heavy Duty, 1-Ton						
PU	760	2,280	3,800	8,550	13,300	19,000
Panel	680	2,040	3,400	7,650	11,900	17,000
Canopy Exp	740	2,220	3,700	8,330	12,950	18,500
Stake Rack	640	1,920	3,200	7,200	11,200	16,000
Platform	640	1,920	3,200	7,200	11,200	16,000
1955-57 Second Series Light Duty, 1/2-Ton, V-8						
PU	840	2,520	4,200	9,450	14,700	21,000
Panel	720	2,160	3,600	8,100	12,600	18,000
DeL Panel	728	2,184	3,640	8,190	12,740	18,200
Suburban PU	980	2,940	4,900	11,030	17,150	24,500
Suburban	728	2,184	3,640	8,190	12,740	18,200
1955-57 Second Series Medium Duty, 3/4-Ton, V-8						
PU	760	2,280	3,800	8,550	13,300	19,000
Stake Rack	640	1,920	3,200	7,200	11,200	16,000
1955-57 Second Series Heavy Duty, 1-Ton, V-8						
PU	700	2,100	3,500	7,880	12,250	17,500
Panel	720	2,160	3,600	8,100	12,600	18,000
DeL Panel	740	2,220	3,700	8,330	12,950	18,500
Stake Rack	640	1,920	3,200	7,200	11,200	16,000
Platform	640	1,920	3,200	7,200	11,200	16,000

NOTE: Deduct 20 percent for 6-cyl.

	6	5	4	3	2	1
1958-59 Light Duty, 1/2-Ton, V-8						
PU	760	2,280	3,800	8,550	13,300	19,000
Wide-Side PU	752	2,256	3,760	8,460	13,160	18,800
PU (LWB)	748	2,244	3,740	8,420	13,090	18,700
Wide-Side PU (LWB)	740	2,220	3,700	8,330	12,950	18,500
Panel	720	2,160	3,600	8,100	12,600	18,000
Panel DeL	728	2,184	3,640	8,190	12,740	18,200
Suburban	740	2,220	3,700	8,330	12,950	18,500
1958-59 Medium Duty, 3/4-Ton, V-8						
PU	680	2,040	3,400	7,650	11,900	17,000
Wide-Side PU	688	2,064	3,440	7,740	12,040	17,200
Stake Rack	600	1,800	3,000	6,750	10,500	15,000
1958-59 V-8						
Panel, 8 ft.	660	1,980	3,300	7,430	11,550	16,500
Panel, 10 ft.	660	1,980	3,300	7,430	11,550	16,500
Panel, 12 ft.	668	2,004	3,340	7,520	11,690	16,700
1958-59 Heavy Duty, 1-Ton, V-8						
PU	660	1,980	3,300	7,430	11,550	16,500
Panel	660	1,980	3,300	7,430	11,550	16,500
Panel DeL	668	2,004	3,340	7,520	11,690	16,700
Stake Rack	512	1,536	2,560	5,760	8,960	12,800

NOTE: Deduct 20 percent for 6-cyl.

	6	5	4	3	2	1
1960-66 95" wb						
Dly Van	620	1,860	3,100	6,980	10,850	15,500
1960-66 1/2-Ton, V-8, 115" wb						
Fender-Side PU	728	2,184	3,640	8,190	12,740	18,200
Wide-Side PU	720	2,160	3,600	8,100	12,600	18,000
1960-66 1/2-Ton, V-8, 127" wb						
Fender-Side PU	700	2,100	3,500	7,880	12,250	17,500
Wide-Side PU	720	2,160	3,600	8,100	12,600	18,000
Panel	664	1,992	3,320	7,470	11,620	16,600
Suburban	680	2,040	3,400	7,650	11,900	17,000
1960-66 3/4-Ton, V-8, 127" wb						
Fender-Side PU	504	1,512	2,520	5,670	8,820	12,600
Wide-Side PU	508	1,524	2,540	5,720	8,890	12,700
Stake	600	1,800	3,000	6,750	10,500	15,000
1960-66 1-Ton, V-8, 121" or 133" wb						
PU	496	1,488	2,480	5,580	8,680	12,400
Panel	488	1,464	2,440	5,490	8,540	12,200
Stake	484	1,452	2,420	5,450	8,470	12,100

NOTE: Deduct 20 percent for 6-cyl.

	6	5	4	3	2	1
1967-68 1/2-Ton, 90" wb						
Handi Van	460	1,380	2,300	5,180	8,050	11,500
Handi Bus	436	1,308	2,180	4,910	7,630	10,900
1967-68 1/2-Ton, 102" wb						
Van	440	1,320	2,200	4,950	7,700	11,000
1967-68 1/2-Ton, V-8, 115" wb						
Fender-Side PU	760	2,280	3,800	8,550	13,300	19,000
Wide-Side PU	780	2,340	3,900	8,780	13,650	19,500
1967-68 1/2-Ton, V-8, 127" wb						
Fender-Side PU	744	2,232	3,720	8,370	13,020	18,600
Wide-Side PU	748	2,244	3,740	8,420	13,090	18,700
Panel	672	2,016	3,360	7,560	11,760	16,800
Suburban	740	2,220	3,700	8,330	12,950	18,500
1967-68 3/4-Ton, V-8, 127" wb						
Fender-Side PU	660	1,980	3,300	7,430	11,550	16,500
Wide-Side PU	680	2,040	3,400	7,650	11,900	17,000
Panel	420	1,260	2,100	4,730	7,350	10,500
Suburban	700	2,100	3,500	7,880	12,250	17,500
Stake	416	1,248	2,080	4,680	7,280	10,400
1967-68 1-Ton, V-8, 133" wb						
PU	620	1,860	3,100	6,980	10,850	15,500
Stake Rack	500	1,500	2,500	5,630	8,750	12,500

NOTE: Deduct 20 percent for 6-cyl. Add 5 percent for 4x4 where available.

	6	5	4	3	2	1
1969-70 1/2-Ton, 90" wb						
Handi Van	460	1,380	2,300	5,180	8,050	11,500
Handi Bus DeL	356	1,068	1,780	4,010	6,230	8,900
1969-70 1/2-Ton, 102" wb						
Van	440	1,320	2,200	4,950	7,700	11,000
1969-70 1/2-Ton, V-8, 115" wb						
Fender-Side PU	760	2,280	3,800	8,550	13,300	19,000
Wide-Side PU	768	2,304	3,840	8,640	13,440	19,200
1969-70 1/2-Ton, V-8, 127" wb						
Fender-Side PU	744	2,232	3,720	8,370	13,020	18,600
Wide-Side PU	748	2,244	3,740	8,420	13,090	18,700
Panel	672	2,016	3,360	7,560	11,760	16,800
Suburban	740	2,220	3,700	8,330	12,950	18,500
1969-70 3/4-Ton, V-8, 127" wb						
Fender-Side PU	700	2,100	3,500	7,880	12,250	17,500
Wide-Side PU	720	2,160	3,600	8,100	12,600	18,000
Panel	460	1,380	2,300	5,180	8,050	11,500
Suburban	620	1,860	3,100	6,980	10,850	15,500
Stake	460	1,380	2,300	5,180	8,050	11,500
1969-70 1-Ton, V-8, 133" wb						
PU	624	1,872	3,120	7,020	10,920	15,600
Stake Rack	504	1,512	2,520	5,670	8,820	12,600

NOTE: Deduct 20 percent for 6-cyl. Add 5 percent for 4x4 where available.

	6	5	4	3	2	1
1971-72 Sprint, 1/2-Ton, V-8						
PU	840	2,520	4,200	9,450	14,700	21,000
Cus PU	880	2,640	4,400	9,900	15,400	22,000

NOTE: Add 30 percent for 350, 40 percent for 402, 45 percent for 454 engine options.

	6	5	4	3	2	1
1971-72 1/2-Ton, 90" wb						
Handi Van	440	1,320	2,200	4,950	7,700	11,000
Handi Bus DeL	440	1,320	2,200	4,950	7,700	11,000
1971-72 1/2-Ton, 102" wb						
Van	460	1,380	2,300	5,180	8,050	11,500
1971-72 1/2-Ton, V-8, 115" wb						
Fender-Side PU	840	2,520	4,200	9,450	14,700	21,000
Wide-Side PU	860	2,580	4,300	9,680	15,050	21,500
1971-72 1/2-Ton, V-8, 127" wb						
Fender-Side PU	820	2,460	4,100	9,230	14,350	20,500
Wide-Side PU	840	2,520	4,200	9,450	14,700	21,000
Suburban	740	2,220	3,700	8,330	12,950	18,500
1971-72 3/4-Ton, V-8, 127" wb						
Fender-Side PU	760	2,280	3,800	8,550	13,300	19,000
Wide-Side PU	780	2,340	3,900	8,780	13,650	19,500
Suburban	680	2,040	3,400	7,650	11,900	17,000
Stake	464	1,392	2,320	5,220	8,120	11,600
1971-72 1-Ton, V-8, 133" wb						
PU	672	2,016	3,360	7,560	11,760	16,800
Stake Rack	620	1,860	3,100	6,980	10,850	15,500
1971-72 Jimmy, V-8, 104" wb						
Jimmy (2WD)	720	2,160	3,600	8,100	12,600	18,000

1934 Dodge 1/2 ton pickup

1946 Dodge 1/2 ton canopy pickup

1959 Dodge D-100 Sweptside pickup

	6	5	4	3	2	1
Jimmy (4x4)	800	2,400	4,000	9,000	14,000	20,000

NOTE: Deduct 20 percent for 6-cyl. Add 5 percent for 4x4 where available.

1973-77 Sprint 1/2-Ton, V-8, 116" wb

	6	5	4	3	2	1
Sprint Cus	580	1,740	2,900	6,530	10,150	14,500

1973-80 Jimmy, 1/2-Ton, V-8, 106" wb

	6	5	4	3	2	1
Jimmy (2WD)	640	1,920	3,200	7,200	11,200	16,000
Jimmy (4x4)	680	2,040	3,400	7,650	11,900	17,000

1973-80 1/2-Ton, V-8, 110" wb

	6	5	4	3	2	1
Rally Van	408	1,224	2,040	4,590	7,140	10,200

1973-80 1/2-Ton, V-8, 117" wb

	6	5	4	3	2	1
Fender-Side PU	620	1,860	3,100	6,980	10,850	15,500
Wide-Side PU	620	1,860	3,100	6,980	10,850	15,500

1973-80 1/2-Ton, V-8, 125" wb

	6	5	4	3	2	1
Fender-Side PU	640	1,920	3,200	7,200	11,200	16,000
Wide-Side PU	640	1,920	3,200	7,200	11,200	16,000
Suburban	560	1,680	2,800	6,300	9,800	14,000

1973-80 3/4-Ton, V-8, 125" wb

	6	5	4	3	2	1
Fender-Side PU	440	1,320	2,200	4,950	7,700	11,000
Wide-Side PU	448	1,344	2,240	5,040	7,840	11,200
Suburban	560	1,680	2,800	6,300	9,800	14,000
Rally Van	400	1,200	2,000	4,500	7,000	10,000

1973-80 1-Ton, V-8, 125" or 135" wb

	6	5	4	3	2	1
PU	400	1,200	2,000	4,500	7,000	10,000
Crew Cab PU	308	924	1,540	3,470	5,390	7,700

NOTE: Deduct 20 percent for 6-cyl. Add 5 percent for 4x4 where available.

1978-80 Caballero, V-8

	6	5	4	3	2	1
PU	500	1,500	2,500	5,630	8,750	12,500
Cus PU	520	1,560	2,600	5,850	9,100	13,000

NOTE: Deduct 20 percent for V-6.

1981-82 Caballero, 1/2-Ton, 117" wb

	6	5	4	3	2	1
Caballero PU	260	780	1,300	2,930	4,550	6,500
Diablo PU	280	840	1,400	3,150	4,900	7,000

1981-82 K1500, 1/2-Ton, 106.5" wb

	6	5	4	3	2	1
Jimmy (4x4)	580	1,740	2,900	6,530	10,150	14,500
Jimmy Conv. Top (4x4)	620	1,860	3,100	6,980	10,850	15,500

1981-82 G1500 Van, 1/2-Ton, 110" or 125" wb

	6	5	4	3	2	1
Vandura	252	756	1,260	2,840	4,410	6,300
Rally	288	864	1,440	3,240	5,040	7,200
Rally Cus	296	888	1,480	3,330	5,180	7,400
Rally STX	304	912	1,520	3,420	5,320	7,600

1981-82 G2500 Van, 3/4-Ton, 110" or 125" wb

	6	5	4	3	2	1
Vandura	248	744	1,240	2,790	4,340	6,200
Rally	284	852	1,420	3,200	4,970	7,100
Rally Cus	292	876	1,460	3,290	5,110	7,300
Rally STX	300	900	1,500	3,380	5,250	7,500
Gaucho	300	900	1,500	3,380	5,250	7,500

1981-82 G3500 Van, 1-Ton, 125" or 146" wb

	6	5	4	3	2	1
Vandura	244	732	1,220	2,750	4,270	6,100
Vandura Spl	280	840	1,400	3,150	4,900	7,000
Rally Camper Spl	288	864	1,440	3,240	5,040	7,200
Rally	296	888	1,480	3,330	5,180	7,400
Rally Cus	304	912	1,520	3,420	5,320	7,600
Rally STX	312	936	1,560	3,510	5,460	7,800
Magna Van 10 ft.	280	840	1,400	3,150	4,900	7,000
Magna Van 12 ft.	280	840	1,400	3,150	4,900	7,000

1981-82 C1500, 1/2-Ton, 117.5" or 131.5" wb

	6	5	4	3	2	1
Fender-Side PU (SBx)	310	940	1,560	3,510	5,460	7,800
Wide-Side PU (SBx)	320	950	1,580	3,560	5,530	7,900
Wide-Side PU (LBx)	310	920	1,540	3,470	5,390	7,700
Suburban 4d	408	1,224	2,040	4,590	7,140	10,200

1981-82 C2500, 3/4-Ton, 131" wb

	6	5	4	3	2	1
Fender-Side PU (LBx)	310	920	1,540	3,470	5,390	7,700
Wide-Side PU (LBx)	310	940	1,560	3,510	5,460	7,800
Bonus Cab 2d PU (LBx)	320	960	1,600	3,600	5,600	8,000
Crew Cab 4d PU (LBx)	320	950	1,580	3,560	5,530	7,900
Suburban 4d	412	1,236	2,060	4,640	7,210	10,300

1981-82 C3500, 1-Ton, 131.5" or 164.5" wb

	6	5	4	3	2	1
Fender-Side PU (LBx)	300	910	1,520	3,420	5,320	7,600
Wide-Side PU (LBx)	310	920	1,540	3,470	5,390	7,700
Bonus Cab 2d PU (LBx)	310	940	1,560	3,510	5,460	7,800
Crew Cab 4d PU (LBx)	310	920	1,540	3,470	5,390	7,700

NOTE: Add 5 percent for 4x4. Deduct 20 percent for 6-cyl.

1983-87 Caballero, V-8

	6	5	4	3	2	1
PU	460	1,380	2,300	5,180	8,050	11,500

	6	5	4	3	2	1
Cus PU	480	1,440	2,400	5,400	8,400	12,000

NOTE: Deduct 20 percent for V-6. Add 30 percent for Choo Choo model where available.

1983-87 S15, 1/2-Ton, 100.5" wb

	6	5	4	3	2	1
Jimmy (2WD)	260	780	1,300	2,930	4,550	6,500
Jimmy (4x4)	320	960	1,600	3,600	5,600	8,000

1983-87 K1500, 1/2-Ton, 106.5" wb

	6	5	4	3	2	1
Jimmy (4x4)	400	1,200	2,000	4,500	7,000	10,000

1983-87 G1500 Van, 1/2-Ton, 110" or 125" wb

	6	5	4	3	2	1
Vandura	240	720	1,200	2,700	4,200	6,000
Rally	252	756	1,260	2,840	4,410	6,300
Rally Cus	260	780	1,300	2,930	4,550	6,500
Rally STX	268	804	1,340	3,020	4,690	6,700

1983-87 G2500 Van, 3/4-Ton, 110" or 125" wb

	6	5	4	3	2	1
Vandura	240	720	1,200	2,700	4,200	6,000
Rally	248	744	1,240	2,790	4,340	6,200
Rally Cus	256	768	1,280	2,880	4,480	6,400
Rally STX	264	792	1,320	2,970	4,620	6,600

1983-87 G3500 Van, 1-Ton, 125" or 146" wb

	6	5	4	3	2	1
Vandura	240	720	1,200	2,700	4,200	6,000
Rally	244	732	1,220	2,750	4,270	6,100
Rally Cus	252	756	1,260	2,840	4,410	6,300
Rally STX	260	780	1,300	2,930	4,550	6,500
Magna Van 10 ft.	240	720	1,200	2,700	4,200	6,000
Magna Van 12 ft.	240	720	1,200	2,700	4,200	6,000

1983-87 S15, 1/2-Ton, 108.3" or 122.9" wb

	6	5	4	3	2	1
Wide-Side PU (SBx)	210	640	1,060	2,390	3,710	5,300
Wide-Side PU (LBx)	220	650	1,080	2,430	3,780	5,400
Wide-Side Ext Cab PU	220	670	1,120	2,520	3,920	5,600

1983-87 C1500, 1/2-Ton, 117.5" or 131.5" wb

	6	5	4	3	2	1
Fender-Side PU (SBx)	280	830	1,380	3,110	4,830	6,900
Wide-Side PU (SBx)	280	840	1,400	3,150	4,900	7,000
Wide-Side PU (LBx)	270	800	1,340	3,020	4,690	6,700
Suburban 4d	376	1,128	1,880	4,230	6,580	9,400

1983-87 C2500, 3/4-Ton, 131" wb

	6	5	4	3	2	1
Fender-Side PU (LBx)	270	820	1,360	3,060	4,760	6,800
Wide-Side PU (LBx)	280	830	1,380	3,110	4,830	6,900
Bonus Cab 2d PU (LBx)	290	860	1,440	3,240	5,040	7,200
Crew Cab 4d PU (LBx)	310	920	1,540	3,470	5,390	7,700
Suburban 4d	380	1,140	1,900	4,280	6,650	9,500

1983-87 C3500, 1-Ton, 131.5" or 164.5" wb

	6	5	4	3	2	1
Fender-Side PU (LBx)	260	790	1,320	2,970	4,620	6,600
Wide-Side PU (LBx)	270	800	1,340	3,020	4,690	6,700
Bonus Cab 2d PU (LBx)	280	830	1,380	3,110	4,830	6,900
Crew Cab 4d PU (LBx)	270	820	1,360	3,060	4,760	6,800

NOTE: Add 15 percent for 4x4.

1988-91 V1500 Jimmy, 1/2-Ton, 106.5" wb

	6	5	4	3	2	1
Wag (4x4)	628	1,884	3,140	7,070	10,990	15,700

1988-91 S15, 1/2-Ton, 100.5" wb

	6	5	4	3	2	1
Wag	308	924	1,540	3,470	5,390	7,700
Wag (4x4)	428	1,284	2,140	4,820	7,490	10,700

1988-91 Safari, 1/2-Ton, 111" wb

	6	5	4	3	2	1
Cargo Van	260	780	1,300	2,930	4,550	6,500
SLX Van	420	1,260	2,100	4,730	7,350	10,500
SLE Van	460	1,380	2,300	5,180	8,050	11,500
SLT Van	580	1,740	2,900	6,530	10,150	14,500

1988-91 G1500 Van, 1/2-Ton, 110" or 125" wb

	6	5	4	3	2	1
Vandura	288	864	1,440	3,240	5,040	7,200
Rally	428	1,284	2,140	4,820	7,490	10,700
Rally Cus	468	1,404	2,340	5,270	8,190	11,700
Rally STX	588	1,764	2,940	6,620	10,290	14,700

1988-91 G2500 Van, 3/4-Ton, 110" or 125" wb

	6	5	4	3	2	1
Vandura	400	1,200	2,000	4,500	7,000	10,000
Rally	460	1,380	2,300	5,180	8,050	11,500
Rally Cus	568	1,704	2,840	6,390	9,940	14,200
Rally STX	608	1,824	3,040	6,840	10,640	15,200

1988-91 G3500, 1-Ton, 125" or 146" wb

	6	5	4	3	2	1
Vandura	468	1,404	2,340	5,270	8,190	11,700
Rally	568	1,704	2,840	6,390	9,940	14,200
Rally Cus	608	1,824	3,040	6,840	10,640	15,200
Rally STX	628	1,884	3,140	7,070	10,990	15,700
Magna Van 10 ft.	560	1,680	2,800	6,300	9,800	14,000
Magna Van 12 ft.	600	1,800	3,000	6,750	10,500	15,000

	6	5	4	3	2	1
1988-91 S15, 1/2-Ton, 108.3" or 122.9" wb						
Wide-Side PU (SBx)	240	710	1,180	2,660	4,130	5,900
Wide-Side PU (LBx)	240	720	1,200	2,700	4,200	6,000
Wide-Side Ext Cab PU (SBx)	244	732	1,220	2,750	4,270	6,100
1988-91 C1500, 1/2-Ton, 117.5" or 131.5" wb						
Fender-Side PU (SBx)	310	920	1,540	3,470	5,390	7,700
Wide-Side PU (SBx)	310	920	1,540	3,470	5,390	7,700
Wide-Side PU (LBx)	320	960	1,600	3,600	5,600	8,000
Wide-Side Clb Cab PU (LBx)	360	1,080	1,800	4,050	6,300	9,000
Suburban	680	2,040	3,400	7,650	11,900	17,000
1988-91 C2500, 3/4-Ton, 117.5" or 131.5" wb						
Fender-Side PU (LBx)	350	1,040	1,740	3,920	6,090	8,700
Wide-Side PU (LBx)	350	1,040	1,740	3,920	6,090	8,700
Wide-Side Bonus Cab (LBx)	368	1,104	1,840	4,140	6,440	9,200
Wide-Side Crew Cab (LBx)	380	1,140	1,900	4,280	6,650	9,500
Suburban	720	2,160	3,600	8,100	12,600	18,000
Wide-Side PU (LBx)	370	1,100	1,840	4,140	6,440	9,200
1988-91 C2500, 1-Ton, 131.5" or 164.5" wb						
Wide-Side Clb Cpe PU (LBx)	368	1,104	1,840	4,140	6,440	9,200
Wide-Side Bonus Cab (LBx)	568	1,704	2,840	6,390	9,940	14,200
Wide-Side Crew Cab (LBx)	580	1,740	2,900	6,530	10,150	14,500

NOTE: Add 15 percent for 4x4.

	6	5	4	3	2	1
1992 Yukon, V-8						
2d SUV	700	2,150	3,600	8,100	12,600	18,000
1992 Jimmy, V-6						
2d SUV	300	950	1,600	3,600	5,600	8,000
4d SUV	350	1,100	1,800	4,050	6,300	9,000
2d SUV (4x4)	600	1,750	2,900	6,530	10,200	14,500
4d SUV (4x4)	600	1,850	3,100	6,980	10,900	15,500
2d Typhoon SUV (4x4)	760	2,280	3,800	8,550	13,300	19,000
1992 Safari, V-6						
3d Van	300	900	1,500	3,380	5,250	7,500
3d SLX Van	350	1,000	1,700	3,830	5,950	8,500
1992 G Series, V-8						
G150 Van	300	900	1,500	3,380	5,250	7,500
G250 Van	300	950	1,600	3,600	5,600	8,000
1992 Suburban 1500, V-8						
4d	750	2,300	3,800	8,550	13,300	19,000
4d (4x4)	800	2,400	4,000	9,000	14,000	20,000
1992 Suburban 2500, V-8						
4d	800	2,400	4,000	9,000	14,000	20,000
4d (4x4)	850	2,500	4,200	9,450	14,700	21,000
1992 Sonoma, 1/2-Ton, V-6						
2d PU (SBx)	350	1,100	1,800	4,050	6,300	9,000
2d PU (LBx)	350	1,100	1,800	4,050	6,300	9,000
2d Syclone PU (AWD) (1991-1992 only)	900	2,700	4,500	10,130	15,700	22,500

NOTE: Add 15 percent for 4x4.

	6	5	4	3	2	1
1992 Sierra 1500, 1/2-Ton, V-8						
2d Sportside PU (SBx)	560	1,680	2,800	6,300	9,800	14,000
2d Fleetside PU (SBx)	560	1,680	2,800	6,300	9,800	14,000
2d Fleetside PU (LBx)	560	1,680	2,800	6,300	9,800	14,000

NOTE: Add 15 percent for 4x4.

	6	5	4	3	2	1
1992 Sierra 2500, 3/4-Ton, V-8						
2d Fleetside PU (SBx)	600	1,800	3,000	6,750	10,500	15,000
2d Fleetside PU (LBx)	600	1,800	3,000	6,750	10,500	15,000

NOTE: Add 15 percent for 4x4.

	6	5	4	3	2	1
1993 Yukon, V-8						
2d SUV (4x4)	750	2,300	3,800	8,550	13,300	19,000
1993 Jimmy, V-6						
2d SUV 2WD	350	1,000	1,700	3,830	5,950	8,500
4d SUV 2WD	350	1,050	1,750	3,960	6,150	8,800
2d SUV (4x4)	600	1,750	2,900	6,530	10,200	14,500
4d SUV (4x4)	600	1,800	3,000	6,750	10,500	15,000
1993 Safari, V-6						
Window Van	250	700	1,200	2,700	4,200	6,000
1993 G Van, V-8						
Window Van	250	800	1,300	2,930	4,550	6,500
1993 Suburban C1500/C2500						
4d Sta Wag 1500	800	2,400	4,000	9,000	14,000	20,000
4d Sta Wag 2500	800	2,400	4,000	9,000	14,000	20,000
1993 Sonoma, V-6						
2d PU (SBx)	350	1,100	1,850	4,140	6,450	9,200
2d PU (LBx)	400	1,150	1,900	4,280	6,650	9,500

	6	5	4	3	2	1
1993 Sierra 1500/2500, V-8						
2d PU 1500 (SBx)	550	1,700	2,850	6,390	9,950	14,200
2d PU 1500 (LBx)	600	1,750	2,900	6,530	10,200	14,500
2d PU 2500 (SBx)	600	1,750	2,900	6,530	10,200	14,500
2d PU 2500 (LBx)	600	1,750	2,950	6,620	10,300	14,700
1994 Yukon, V-8						
2d SUV 4x4	700	2,150	3,600	8,100	12,600	18,000
1994 Jimmy, V-6						
2d SUV	350	1,100	1,800	4,050	6,300	9,000
2d SUV 4x4	350	1,100	1,850	4,140	6,450	9,200
4d SUV	500	1,450	2,400	5,400	8,400	12,000
4d SUV 4x4	500	1,550	2,600	5,850	9,100	13,000
1994 Safari, V-6						
Van Cargo	350	1,000	1,700	3,830	5,950	8,500
Van Cargo XT	350	1,100	1,800	4,050	6,300	9,000
Van SLX	400	1,150	1,900	4,280	6,650	9,500
Van SLX XT	400	1,250	2,100	4,730	7,350	10,500
1994 G1500/G2500, V-8						
Van	400	1,250	2,100	4,730	7,350	10,500
Rally (G2500 only)	500	1,550	2,600	5,850	9,100	13,000
1994 Suburban, V-8						
4d C1500	700	2,150	3,600	8,100	12,600	18,000
4d C2500	750	2,300	3,800	8,550	13,300	19,000
1994 Sonoma, V-6						
2d PU 6 ft.	300	900	1,500	3,380	5,250	7,500
2d PU 7 ft.	300	900	1,500	3,420	5,300	7,600
2d PU Club Cab 6 ft.	380	1,140	1,900	4,280	6,650	9,500
1994 Sierra 1500/2500, V-8						
2d PU 6 ft.	400	1,200	2,000	4,500	7,000	10,000
2d PU 8 ft.	500	1,550	2,600	5,850	9,100	13,000
2d PU Club Cab 6 ft.	560	1,680	2,800	6,300	9,800	14,000
2d PU Club Cab 8 ft.	600	1,800	3,000	6,750	10,500	15,000
1995 Yukon, V-8						
2d SUV, 4x4	700	2,150	3,600	8,100	12,600	18,000
4d SUV, 4x4	750	2,200	3,700	8,330	13,000	18,500
NOTE: Add 10 percent for turbo diesel.						
1995 Jimmy, V-6						
2d SUV	350	1,100	1,800	4,050	6,300	9,000
4d SUV	500	1,450	2,400	5,400	8,400	12,000
2d SUV, 4x4	400	1,150	1,900	4,280	6,650	9,500
4d SUV, 4x4	500	1,550	2,600	5,850	9,100	13,000
NOTE: Add 5 percent for SLS, SLE, or SLT trim package.						
1995 Safari, V-6						
Cargo Van XT	350	1,100	1,800	4,050	6,300	9,000
Van SLX XT	400	1,250	2,100	4,730	7,350	10,500
NOTE: Add 5 percent for SLE or SLT trim package. Add 10 percent for 4x4.						
1995 G1500 & G2500, V-8						
Van	400	1,250	2,100	4,730	7,350	10,500
Rally (G2500 only)	500	1,550	2,600	5,850	9,100	13,000
1995 Suburban, V-8						
C1500	700	2,150	3,600	8,100	12,600	18,000
C2500	750	2,300	3,800	8,550	13,300	19,000
NOTE: Add 10 percent for 4x4. Add 10 percent for turbo diesel.						
1995 Sonoma, 4-cyl. & V-6						
2d PU, 6 ft.	300	900	1,500	3,380	5,250	7,500
2d PU, 7-1/2 ft.	300	900	1,500	3,420	5,300	7,600
Club Cab PU, 6 ft.	400	1,150	1,900	4,280	6,650	9,500
NOTE: Add 5 percent SLS or SLE trim package. Add 10 percent for 4x4. Deduct 5 percent for 4-cyl.						
1995 Sierra 1500 & 2500, V-6 & V-8						
2d PU, 6-1/2 ft.	400	1,200	2,000	4,500	7,000	10,000
2d PU, 8 ft.	500	1,550	2,600	5,850	9,100	13,000
Club Cab PU, 6-1/2 ft.	560	1,680	2,800	6,300	9,800	14,000
Club Cab PU, 8 ft.	600	1,800	3,000	6,750	10,500	15,000
NOTE: Add 5 percent for SLE or SLT trim package. Add 10 percent for 4x4. Add 10 percent for turbo diesel. Deduct 5 percent for V-6.						
1996 Yukon, V-8						
2d SUV	600	1,800	3,000	6,750	10,500	15,000
SLE 2d SUV	600	1,850	3,100	6,980	10,900	15,500
SLE 4d SUV	650	1,900	3,200	7,200	11,200	16,000
NOTE: Add 10 percent for turbo diesel V-8. Add 10 percent for 4x4.						
1996 Jimmy, V-6						
2d SUV	300	950	1,600	3,600	5,600	8,000
4d SUV	450	1,300	2,200	4,950	7,700	11,000
NOTE: Add 5 percent for SLS, SLE, or SLT Pkg. Add 10 percent for 4x4.						

	6	5	4	3	2	1
1996 Safari, V-6						
Cargo Van	300	950	1,600	3,600	5,600	8,000
SLX Van	400	1,150	1,900	4,280	6,650	9,500

NOTE: Add 5 percent for SLE or SLT Pkg. Add 10 percent for 4x4.

1996 G1500 & G2500, V-8						
Cargo Van	400	1,150	1,900	4,280	6,650	9,500
Savana Van	500	1,450	2,400	5,400	8,400	12,000

1996 Suburban, V-8						
C1500	700	2,050	3,400	7,650	11,900	17,000
C2500	700	2,150	3,600	8,100	12,600	18,000

NOTE: Add 5 percent for SLE or SLT Pkg. Add 10 percent for 4x4. Add 10 percent for turbo diesel V-8.

1996 Sonoma, 4-cyl. & V-6						
2d PU, 6 ft.	250	800	1,300	2,930	4,550	6,500
2d PU, 7-1/2 ft.	250	800	1,300	2,970	4,600	6,600
Club Cab PU, 6 ft.	350	1,000	1,700	3,830	5,950	8,500

NOTE: Add 5 percent SLS or SLE trim pkg. Add 10 percent for 4x4. Deduct 5 percent for 4-cyl.

1996 Sierra 1500 & 2500, V-6 & V-8						
2d PU, 6-1/2 ft.	350	1,100	1,800	4,050	6,300	9,000
2d PU, 8 ft.	500	1,450	2,400	5,400	8,400	12,000
Club Cab PU, 6-1/2 ft.	520	1,560	2,600	5,850	9,100	13,000
Club Cab PU, 8 ft.	550	1,700	2,800	6,300	9,800	14,000

NOTE: Add 5 percent for SLE or SLT Pkg. Add 10 percent for 4x4. Add 10 percent for turbo diesel V-8. Deduct 5 percent for V-6.

1997 Yukon, V-8						
2d SUV	600	1,800	3,000	6,750	10,500	15,000
SLE 2d SUV	620	1,860	3,100	6,980	10,850	15,500
SLE 4d SUV	640	1,920	3,200	7,200	11,200	16,000

NOTE: Add 10 percent for turbo diesel V-8. Add 10 percent for 4x4.

1997 Jimmy, V-6						
2d SUV	320	960	1,600	3,600	5,600	8,000
4d SUV	440	1,320	2,200	4,950	7,700	11,000

NOTE: Add 5 percent for SLS, SLE, or SLT Pkg. Add 10 percent for 4x4.

1997 Safari, V-6						
Cargo Van	320	960	1,600	3,600	5,600	8,000
SLX Van	380	1,140	1,900	4,280	6,650	9,500

NOTE: Add 5 percent for SLE or SLT Pkg. Add 10 percent for 4x4.

1997 G1500 & G2500, V-8						
Cargo Van	380	1,140	1,900	4,280	6,650	9,500
Savana Van	480	1,440	2,400	5,400	8,400	12,000

NOTE: Add 5 percent for extended model. Add 10 percent for turbo diesel V-8. Add 5 percent for 7.4L V-8. Deduct 5 percent for V-6.

1997 Suburban, V-8						
C1500	680	2,040	3,400	7,650	11,900	17,000
C2500	720	2,160	3,600	8,100	12,600	18,000
K1500	740	2,220	3,700	8,330	12,950	18,500
K2500	760	2,280	3,800	8,550	13,300	19,000

NOTE: Add 5 percent for SLE or SLT Pkg. Add 10 percent for 4x4. Add 10 percent for turbo diesel V-8. Add 5 percent for 7.4L V-8.

1997 Sonoma, V-6						
2d PU, 6 ft.	260	780	1,300	2,930	4,550	6,500
2d PU, 7-1/2 ft.	264	792	1,320	2,970	4,620	6,600
Club Cab PU, 6 ft.	340	1,020	1,700	3,830	5,950	8,500

NOTE: Add 5 percent SLS or SLE Pkg. Add 10 percent for 4x4. Deduct 5 percent for 4-cyl.

1997 Sierra 1500 & 2500, V-8						
2d PU, 6-1/2 ft.	360	1,080	1,800	4,050	6,300	9,000
2d PU, 8 ft.	480	1,440	2,400	5,400	8,400	12,000
Club Cab PU, 6-1/2 ft.	520	1,560	2,600	5,850	9,100	13,000
Club Cab PU, 8 ft.	560	1,680	2,800	6,300	9,800	14,000

NOTE: Add 5 percent for SLE or SLT Pkg. Add 10 percent for 4x4. Add 10 percent for turbo diesel V-8. Add 5 percent for 7.4L V-8. Deduct 5 percent for V-6.

1998 Yukon, V-8						
SLE 4d SUV	640	1,920	3,200	7,200	11,200	16,000

NOTE: Add 10 percent for 4x4.

1998 Jimmy, V-6						
2d SUV	320	960	1,600	3,600	5,600	8,000
4d SUV	440	1,320	2,200	4,950	7,700	11,000

NOTE: Add 5 percent for SLS, SLE, or SLT Pkg. Add 10 percent for 4x4.

1998 Envoy, V-6, 4x4						
4d SUV	400	1,200	2,000	4,500	7,000	10,000

1998 Safari, V-6						
Cargo Van	320	960	1,600	3,600	5,600	8,000
SLX Van	380	1,140	1,900	4,280	6,650	9,500

NOTE: Add 5 percent for SLE or SLT Pkg. Add 10 percent for 4x4.

	6	5	4	3	2	1
1998 G1500 & G2500, V-8						
Cargo Van	380	1,140	1,900	4,280	6,650	9,500
Savana Van	480	1,440	2,400	5,400	8,400	12,000

NOTE: Add 5 percent for extended model. Add 10 percent for turbo diesel V-8. Add 5 percent for 7.4L V-8. Deduct 5 percent for V-6.

	6	5	4	3	2	1
1998 Suburban, V-8						
C1500	680	2,040	3,400	7,650	11,900	17,000
C2500	720	2,160	3,600	8,100	12,600	18,000
K1500	740	2,220	3,700	8,330	12,950	18,500
K2500	760	2,280	3,800	8,550	13,300	19,000

NOTE: Add 5 percent for SLE or SLT Pkg. Add 10 percent for 4x4. Add 10 percent for turbo diesel V-8. Add 5 percent for 7.4L V-8.

	6	5	4	3	2	1
1998 Sonoma, V-6						
2d Wideside PU	260	780	1,300	2,930	4,550	6,500
2d Sportside PU	260	790	1,320	2,970	4,620	6,600

NOTE: Add 5 percent for extended cab. Add 5 percent for SLE, SLS, or ZR2 Highrider Pkg. Add 10 percent for 4x4. Deduct 5 percent for 4-cyl.

	6	5	4	3	2	1
1998 Sierra 1500 & 2500, V-8						
WS 2d PU (V-6)	280	840	1,400	3,150	4,900	7,000
2d Wideside PU	360	1,080	1,800	4,050	6,300	9,000
2d Sportside PU	480	1,440	2,400	5,400	8,400	12,000

NOTE: Add 5 percent for SLE or SLT Pkg. Add 5 percent for extended cab. Add 10 percent for 4x4. Add 10 percent for Heavy Duty Pkg. Add 10 percent for turbo diesel V-8. Add 5 percent for 7.4L V-8. Add 5 percent for dual rear wheels. Deduct 5 percent for V-6.

HUDSON TRUCKS

	6	5	4	3	2	1
1929 Dover Series						
Canopy Exp	664	1,992	3,320	7,470	11,620	16,600
Screenside Dly	652	1,956	3,260	7,340	11,410	16,300
Panel Dly	672	2,016	3,360	7,560	11,760	16,800
Flareboard PU	692	2,076	3,460	7,790	12,110	17,300
Bed Rail PU	792	2,376	3,960	8,910	13,860	19,800
Sed Dly	712	2,136	3,560	8,010	12,460	17,800
Mail Truck w/sl doors	952	2,856	4,760	10,710	16,660	23,800
1930-31 Essex Commercial Car Series						
PU	692	2,076	3,460	7,790	12,110	17,300
Canopy Exp	640	1,920	3,200	7,200	11,200	16,000
Screenside Exp	652	1,956	3,260	7,340	11,410	16,300
Panel Exp	672	2,016	3,360	7,560	11,760	16,800
Sed Dly	712	2,136	3,560	8,010	12,460	17,800
1933 Essex-Terraplane Series						
PU Exp	640	1,920	3,200	7,200	11,200	16,000
Canopy Dly	620	1,860	3,100	6,980	10,850	15,500
Screenside Dly	632	1,896	3,160	7,110	11,060	15,800
Panel Dly	644	1,932	3,220	7,250	11,270	16,100
DeL Panel Dly	652	1,956	3,260	7,340	11,410	16,300
Sed Dly	672	2,016	3,360	7,560	11,760	16,800
Mail Dly Van	832	2,496	4,160	9,360	14,560	20,800
1934 Terraplane Series						
Cab PU	652	1,956	3,260	7,340	11,410	16,300
Sed Dly	672	2,016	3,360	7,560	11,760	16,800
Cantrell Sta Wag	792	2,376	3,960	8,910	13,860	19,800
Cotton Sta Wag	752	2,256	3,760	8,460	13,160	18,800
1935-36 Terraplane Series GU						
Cab PU	652	1,956	3,260	7,340	11,410	16,300
Sed Dly	672	2,016	3,360	7,560	11,760	16,800
1937 Terraplane Series 70, 1/2-Ton						
Utl Cpe PU	660	1,980	3,300	7,430	11,550	16,500
1937 Terraplane Series 70, 3/4-Ton						
Cab PU	652	1,956	3,260	7,340	11,410	16,300
Panel Dly	664	1,992	3,320	7,470	11,620	16,600
1937 "Big Boy" Series 78, 3/4-Ton						
Cab PU	632	1,896	3,160	7,110	11,060	15,800
Cus Panel Dly	652	1,956	3,260	7,340	11,410	16,300
1938 Hudson-Terraplane Series 80						
Cab PU	632	1,896	3,160	7,110	11,060	15,800
Cus Panel Dly	672	2,016	3,360	7,560	11,760	16,800
1938 Hudson "Big Boy" Series 88						
Cab PU	672	2,016	3,360	7,560	11,760	16,800
Cus Panel Dly	692	2,076	3,460	7,790	12,110	17,300
1938 Hudson 112 Series 89						
Cab PU	652	1,956	3,260	7,340	11,410	16,300
Panel Dly	672	2,016	3,360	7,560	11,760	16,800

	6	5	4	3	2	1
1939 Hudson 112 Series						
PU	572	1,716	2,860	6,440	10,010	14,300
Cus Panel	592	1,776	2,960	6,660	10,360	14,800
1939 Hudson "Big Boy" Series						
PU	592	1,776	2,960	6,660	10,360	14,800
Cus Panel	612	1,836	3,060	6,890	10,710	15,300
1939 Hudson Pacemaker Series						
Cus Panel	704	2,112	3,520	7,920	12,320	17,600
1940 Hudson Six Series						
PU	792	2,376	3,960	8,910	13,860	19,800
Panel Dly	772	2,316	3,860	8,690	13,510	19,300
1940 "Big Boy" Series						
PU	812	2,436	4,060	9,140	14,210	20,300
Panel Dly	792	2,376	3,960	8,910	13,860	19,800
1941 Hudson Six Series						
PU	772	2,316	3,860	8,690	13,510	19,300
All-Purpose Dly	772	2,316	3,860	8,690	13,510	19,300
1941 "Big Boy" Series						
PU	792	2,376	3,960	8,910	13,860	19,800
1942 Hudson Six Series						
PU	772	2,316	3,860	8,690	13,510	19,300
1942 Hudson "Big Boy" Series						
PU	792	2,376	3,960	8,910	13,860	19,800
1946-47 Cab Pickup Series 178						
Cab PU	792	2,376	3,960	8,910	13,860	19,800

IHC TRUCKS

	6	5	4	3	2	1
1909 Model A Series						
Auto Wag	1,000	3,000	5,000	11,250	17,500	25,000
1910 Model A Series						
Auto Wag	1,000	3,000	5,000	11,250	17,500	25,000
1911 Model A Series						
Auto Wag	1,000	3,000	5,000	11,250	17,500	25,000
1912 Series AA						
Dly Wag	1,020	3,060	5,100	11,480	17,850	25,500
1912 Series MW						
Dly Wag	1,020	3,060	5,100	11,480	17,850	25,500
Panel Exp	1,048	3,144	5,240	11,790	18,340	26,200
1912 Series AW						
Panel Exp	1,048	3,144	5,240	11,790	18,340	26,200
1913-14 Series AA						
Panel Exp	1,020	3,060	5,100	11,480	17,850	25,500
1913-14 Series AW						
Panel Exp	1,020	3,060	5,100	11,480	17,850	25,500
1913-14 Series MA						
Panel Exp	1,048	3,144	5,240	11,790	18,340	26,200
1913-14 Series MW						
Panel Exp	1,048	3,144	5,240	11,790	18,340	26,200
1915 Model M						
1/2-Ton Chassis	700	2,100	3,500	7,880	12,250	17,500
1915 Model E						
3/4-Ton Chassis	680	2,040	3,400	7,650	11,900	17,000
1915 Model F						
1-Ton Chassis	696	2,088	3,480	7,830	12,180	17,400
1916-20 Model F						
1-Ton Chassis	696	2,088	3,480	7,830	12,180	17,400
1916-20 Model H						
3/4-Ton Chassis	700	2,100	3,500	7,880	12,250	17,500
1921 Model S Series, 3/4-Ton						
Chassis	580	1,740	2,900	6,530	10,150	14,500
PU	680	2,040	3,400	7,650	11,900	17,000
Exp	660	1,980	3,300	7,430	11,550	16,500
Stake	660	1,980	3,300	7,430	11,550	16,500
Ambulance	680	2,040	3,400	7,650	11,900	17,000
Panel	680	2,040	3,400	7,650	11,900	17,000
1921 Model 21 Series, 1-Ton						
Chassis	560	1,680	2,800	6,300	9,800	14,000
Exp	620	1,860	3,100	6,980	10,850	15,500
Panel	640	1,920	3,200	7,200	11,200	16,000
Stake	620	1,860	3,100	6,980	10,850	15,500

	6	5	4	3	2	1
Dump	640	1,920	3,200	7,200	11,200	16,000
Tank	660	1,980	3,300	7,430	11,550	16,500

1922 Model S Series, 3/4-Ton

	6	5	4	3	2	1
Chassis	580	1,740	2,900	6,530	10,150	14,500
PU	680	2,040	3,400	7,650	11,900	17,000
Exp	660	1,980	3,300	7,430	11,550	16,500
Panel	680	2,040	3,400	7,650	11,900	17,000
Stake	660	1,980	3,300	7,430	11,550	16,500
Ambulance	680	2,040	3,400	7,650	11,900	17,000

1922 Model 21 Series, 1-Ton

	6	5	4	3	2	1
Chassis	560	1,680	2,800	6,300	9,800	14,000
Exp	620	1,860	3,100	6,980	10,850	15,500
Panel	640	1,920	3,200	7,200	11,200	16,000
Stake	620	1,860	3,100	6,980	10,850	15,500
Dump	640	1,920	3,200	7,200	11,200	16,000
Tank	660	1,980	3,300	7,430	11,550	16,500

1923 Model S Series, 3/4-Ton

	6	5	4	3	2	1
Chassis	580	1,740	2,900	6,530	10,150	14,500
PU	680	2,040	3,400	7,650	11,900	17,000
Exp	660	1,980	3,300	7,430	11,550	16,500
Panel	680	2,040	3,400	7,650	11,900	17,000
Stake	660	1,980	3,300	7,430	11,550	16,500
Ambulance	680	2,040	3,400	7,650	11,900	17,000

1923 Model 21 Series, 1-Ton

	6	5	4	3	2	1
Chassis	560	1,680	2,800	6,300	9,800	14,000
Exp	620	1,860	3,100	6,980	10,850	15,500
Panel	640	1,920	3,200	7,200	11,200	16,000
Stake	620	1,860	3,100	6,980	10,850	15,500
Dump	640	1,920	3,200	7,200	11,200	16,000
Tank	660	1,980	3,300	7,430	11,550	16,500

1925 Special Delivery Series, 3/4-Ton

	6	5	4	3	2	1
Chassis	620	1,860	3,100	6,980	10,850	15,500
Panel Dly	660	1,980	3,300	7,430	11,550	16,500

1925 Model S Series, 1-Ton

	6	5	4	3	2	1
Chassis	580	1,740	2,900	6,530	10,150	14,500
PU	660	1,980	3,300	7,430	11,550	16,500
Exp	640	1,920	3,200	7,200	11,200	16,000
Panel	660	1,980	3,300	7,430	11,550	16,500
Stake	640	1,920	3,200	7,200	11,200	16,000
Ambulance	660	1,980	3,300	7,430	11,550	16,500
Lang Bus	560	1,680	2,800	6,300	9,800	14,000

1925 Model SD Series, 1-Ton

	6	5	4	3	2	1
Chassis	560	1,680	2,800	6,300	9,800	14,000

1925 Model SL Series, 1-Ton

	6	5	4	3	2	1
Chassis	560	1,680	2,800	6,300	9,800	14,000

1927-28 Series S, 3/4-Ton

	6	5	4	3	2	1
PU	660	1,980	3,300	7,430	11,550	16,500
Canopy Dly	644	1,932	3,220	7,250	11,270	16,100
Screen Dly	628	1,884	3,140	7,070	10,990	15,700
Panel Dly	676	2,028	3,380	7,610	11,830	16,900
Sed Dly	696	2,088	3,480	7,830	12,180	17,400

1929 Series S, 3/4-Ton

	6	5	4	3	2	1
PU	660	1,980	3,300	7,430	11,550	16,500
Canopy Dly	644	1,932	3,220	7,250	11,270	16,100
Screen Dly	628	1,884	3,140	7,070	10,990	15,700
Panel Dly	676	2,028	3,380	7,610	11,830	16,900
Sed Dly	696	2,088	3,480	7,830	12,180	17,400

1930 Series AW-1, 3/4-Ton, 134" wb

	6	5	4	3	2	1
Chassis	620	1,860	3,100	6,980	10,850	15,500
PU	652	1,956	3,260	7,340	11,410	16,300
Canopy Dly	652	1,956	3,260	7,340	11,410	16,300
Screen Dly	640	1,920	3,200	7,200	11,200	16,000
Panel Dly	680	2,040	3,400	7,650	11,900	17,000
Sed Dly	700	2,100	3,500	7,880	12,250	17,500

1930 Series AW-1, 3/4-Ton, 136" wb

	6	5	4	3	2	1
Chassis	580	1,740	2,900	6,530	10,150	14,500
PU	644	1,932	3,220	7,250	11,270	16,100
Canopy Dly	628	1,884	3,140	7,070	10,990	15,700
Screen Dly	612	1,836	3,060	6,890	10,710	15,300
Panel Dly	660	1,980	3,300	7,430	11,550	16,500
Sed Dly	680	2,040	3,400	7,650	11,900	17,000

1931 Series AW-1, 3/4-Ton

	6	5	4	3	2	1
Chassis	620	1,860	3,100	6,980	10,850	15,500
PU	680	2,040	3,400	7,650	11,900	17,000
Canopy Dly	676	2,028	3,380	7,610	11,830	16,900

	6	5	4	3	2	1
Screen Dly	652	1,956	3,260	7,340	11,410	16,300
Panel	640	1,920	3,200	7,200	11,200	16,000
Sed Dly	700	2,100	3,500	7,880	12,250	17,500

1931 Series A-1, 3/4-Ton

	6	5	4	3	2	1
Chassis	600	1,800	3,000	6,750	10,500	15,000

1932 Series AW-1, 3/4-Ton

	6	5	4	3	2	1
Chassis	620	1,860	3,100	6,980	10,850	15,500
PU	680	2,040	3,400	7,650	11,900	17,000
Canopy Dly	676	2,028	3,380	7,610	11,830	16,900
Screen Dly	652	1,956	3,260	7,340	11,410	16,300
Panel	640	1,920	3,200	7,200	11,200	16,000
Sed Dly	700	2,100	3,500	7,880	12,250	17,500

1932 Series A-1, 3/4-Ton

	6	5	4	3	2	1
Chassis	600	1,800	3,000	6,750	10,500	15,000
PU	620	1,860	3,100	6,980	10,850	15,500
Canopy Dly	616	1,848	3,080	6,930	10,780	15,400
Screen Dly	592	1,776	2,960	6,660	10,360	14,800
Panel	580	1,740	2,900	6,530	10,150	14,500
Sed Dly	640	1,920	3,200	7,200	11,200	16,000

1932 Series M-2, 1-Ton

	6	5	4	3	2	1
Chassis	572	1,716	2,860	6,440	10,010	14,300

1933 Series D-1, 1/2-Ton

	6	5	4	3	2	1
Chassis	604	1,812	3,020	6,800	10,570	15,100
PU	624	1,872	3,120	7,020	10,920	15,600
Canopy Dly	620	1,860	3,100	6,980	10,850	15,500
Screen Dly	596	1,788	2,980	6,710	10,430	14,900
Panel	584	1,752	2,920	6,570	10,220	14,600
Sed Dly	644	1,932	3,220	7,250	11,270	16,100

1933 Series A-1, 3/4-Ton

	6	5	4	3	2	1
Chassis	600	1,800	3,000	6,750	10,500	15,000
PU	620	1,860	3,100	6,980	10,850	15,500
Canopy Dly	616	1,848	3,080	6,930	10,780	15,400
Screen Dly	592	1,776	2,960	6,660	10,360	14,800
Panel	580	1,740	2,900	6,530	10,150	14,500
Sed Dly	640	1,920	3,200	7,200	11,200	16,000

1933 Series M-2, 1-Ton

	6	5	4	3	2	1
Chassis	572	1,716	2,860	6,440	10,010	14,300

1934-36 Series D-1, 1/2-Ton

	6	5	4	3	2	1
PU	664	1,992	3,320	7,470	11,620	16,600
Canopy Dly	660	1,980	3,300	7,430	11,550	16,500
Screen Dly	680	2,040	3,400	7,650	11,900	17,000
Panel	660	1,980	3,300	7,430	11,550	16,500
Sed Dly	684	2,052	3,420	7,700	11,970	17,100

1934-36 Series C-1, 1/2-Ton

	6	5	4	3	2	1
PU (113" wb)	680	2,040	3,400	7,650	11,900	17,000

1934-36 Series A-1, 3/4-Ton

	6	5	4	3	2	1
PU	660	1,980	3,300	7,430	11,550	16,500
Canopy Dly	640	1,920	3,200	7,200	11,200	16,000
Screen Dly	668	2,004	3,340	7,520	11,690	16,700
Panel	660	1,980	3,300	7,430	11,550	16,500
Sed Dly	680	2,040	3,400	7,650	11,900	17,000

1937-40 Series D-2, 6-cyl., 1/2-Ton, 113" wb

	6	5	4	3	2	1
Exp	672	2,016	3,360	7,560	11,760	16,800
Canopy Exp	676	2,028	3,380	7,610	11,830	16,900
Panel	680	2,040	3,400	7,650	11,900	17,000
DM Body	660	1,980	3,300	7,430	11,550	16,500
DB Body	660	1,980	3,300	7,430	11,550	16,500
Sta Wag	700	2,100	3,500	7,880	12,250	17,500
Metro	580	1,740	2,900	6,530	10,150	14,500

1937-40 Series D-2, 6-cyl., 1-Ton, 125" wb

	6	5	4	3	2	1
Exp	664	1,992	3,320	7,470	11,620	16,600
Canopy Exp	668	2,004	3,340	7,520	11,690	16,700
Panel	672	2,016	3,360	7,560	11,760	16,800
Stake	648	1,944	3,240	7,290	11,340	16,200

1941-42, 1946-49 Series K-1, 1/2-Ton, 113" wb

	6	5	4	3	2	1
PU	820	2,460	4,100	9,230	14,350	20,500

1941-42, 1946-49 Series K-1, 1/2-Ton, 125" wb

	6	5	4	3	2	1
Canopy	828	2,484	4,140	9,320	14,490	20,700
Panel	824	2,472	4,120	9,270	14,420	20,600
Milk Dly	720	2,160	3,600	8,100	12,600	18,000
Sta Wag	960	2,880	4,800	10,800	16,800	24,000
PU	820	2,460	4,100	9,230	14,350	20,500
Canopy	820	2,460	4,100	9,230	14,350	20,500
Panel	800	2,400	4,000	9,000	14,000	20,000

	6	5	4	3	2	1
Stake	740	2,220	3,700	8,330	12,950	18,500
Bakery Dly	712	2,136	3,560	8,010	12,460	17,800
1941-42, 1946-49 Series K-2, 3/4-Ton, 125" wb						
PU	760	2,280	3,800	8,550	13,300	19,000
Canopy	768	2,304	3,840	8,640	13,440	19,200
Panel	764	2,292	3,820	8,600	13,370	19,100
Stake	740	2,220	3,700	8,330	12,950	18,500
Bakery Dly	708	2,124	3,540	7,970	12,390	17,700
1950-52 Series L-110/L-111, 1/2-Ton						
PU (6-1/2 ft.)	800	2,400	4,000	9,000	14,000	20,000
PU (8 ft.)	780	2,340	3,900	8,780	13,650	19,500
Sta Wag	920	2,760	4,600	10,350	16,100	23,000
Panel (7-1/2 ft.)	760	2,280	3,800	8,550	13,300	19,000
1950-52 Series L-112, 3/4-Ton						
PU (6-1/2 ft.)	740	2,220	3,700	8,330	12,950	18,500
PU (8 ft.)	740	2,220	3,700	8,330	12,950	18,500
Sta Wag	940	2,820	4,700	10,580	16,450	23,500
PU (8 ft.)	684	2,052	3,420	7,700	11,970	17,100
1950-52 Series L-120, 3/4-Ton						
PU (6-1/2 ft.)	700	2,100	3,500	7,880	12,250	17,500
PU (8 ft.)	704	2,112	3,520	7,920	12,320	17,600
Panel (7-1/2 ft.)	680	2,040	3,400	7,650	11,900	17,000
1953-55 Series R-100 Light Duty, 1/2-Ton, 115" wb						
PU (6-1/2 ft.)	720	2,160	3,600	8,100	12,600	18,000
1953-55 Series R-110 Heavy Duty, 1/2-Ton, 115" or 127" wb						
PU (6-1/2 ft.)	716	2,148	3,580	8,060	12,530	17,900
Panel (7-1/2 ft.)	700	2,100	3,580	8,060	12,530	17,900
PU (8 ft.)	700	2,100	3,500	7,880	12,250	17,500
Stake	580	1,740	2,900	6,530	10,150	14,500
1953-55 Series R-120, 3/4-Ton, 115" or 127" wb						
PU (6-1/2 ft.)	668	2,004	3,340	7,520	11,690	16,700
Panel (7-1/2 ft.)	660	1,980	3,300	7,430	11,550	16,500
PU (8 ft.)	640	1,920	3,200	7,200	11,200	16,000
Stake	632	1,896	3,160	7,110	11,060	15,800
1956-57 Series S-100, 1/2-Ton, 115" wb						
PU (6-1/2 ft.)	720	2,160	3,600	8,100	12,600	18,000
1956-57 Series S-110, Heavy Duty 1/2-Ton, 115" or 127" wb						
PU (6-1/2 ft.)	720	2,160	3,600	8,100	12,600	18,000
Panel	668	2,004	3,340	7,520	11,690	16,700
Travelall	672	2,016	3,360	7,560	11,760	16,800
PU (8 ft.)	700	2,100	3,500	7,880	12,250	17,500
Stake	580	1,740	2,900	6,530	10,150	14,500
Platform	580	1,740	2,900	6,530	10,150	14,500
1956-57 Series S-120, 3/4-Ton, 115" or 127" wb						
PU (6-1/2 ft.)	720	2,160	3,600	8,100	12,600	18,000
Panel	560	1,680	2,800	6,300	9,800	14,000
Travelall	564	1,692	2,820	6,350	9,870	14,100
PU (8 ft.)	620	1,860	3,100	6,980	10,850	15,500
Stake	580	1,740	2,900	6,530	10,150	14,500
1957-1/2 - 1958 Series A-100, 1/2-Ton, 7 ft.						
PU	700	2,150	3,600	8,100	12,600	18,000
Cus PU	800	2,450	4,100	9,230	14,300	20,500
Panel	600	1,800	3,000	6,800	10,600	15,100
Travelall	600	1,850	3,100	7,020	10,900	15,600
1957-1/2 - 1958 Series A-110, Heavy Duty, 1/2-Ton						
PU (7 ft.)	750	2,200	3,700	8,330	13,000	18,500
Cus PU (7 ft.)	800	2,350	3,900	8,780	13,700	19,500
Panel (7 ft.)	600	1,800	3,000	6,750	10,500	15,000
Travelall	600	1,850	3,100	6,980	10,900	15,500
PU (8-1/2 ft.)	600	1,850	3,100	6,980	10,900	15,500
Utl PU (6 ft.)	600	1,750	2,900	6,530	10,200	14,500
Cus Utl PU (6 ft.)	650	2,000	3,300	7,430	11,600	16,500
1957-1/2 - 1958 Series A-120, 3/4-Ton						
PU (7 ft.)	600	1,750	2,900	6,530	10,200	14,500
Cus PU (7 ft.)	650	2,000	3,300	7,430	11,600	16,500
Panel (7 ft.)	450	1,300	2,150	4,860	7,550	10,800
Travelall (7 ft.)	550	1,700	2,850	6,440	10,000	14,300
PU (8-1/2 ft.)	550	1,700	2,850	6,440	10,000	14,300
Utl PU (6 ft.)	550	1,700	2,800	6,350	9,850	14,100
Cus Utl PU (6 ft.)	650	1,900	3,200	7,200	11,200	16,000
1959-60 Series B-100/B-102, 3/4-Ton						
PU (7 ft.)	428	1,284	2,140	4,820	7,490	10,700
Panel (7 ft.)	388	1,164	1,940	4,370	6,790	9,700
Travelall	416	1,248	2,080	4,680	7,280	10,400

	6	5	4	3	2	1
1959-60 Series B-110/B-112, Heavy Duty, 1/2-Ton						
PU (7 ft.)	428	1,284	2,140	4,820	7,490	10,700
Panel	388	1,164	1,940	4,370	6,790	9,700
Travelall	416	1,248	2,080	4,680	7,280	10,400
PU (8-1/2 ft.)	408	1,224	2,040	4,590	7,140	10,200
Travelette	396	1,188	1,980	4,460	6,930	9,900

NOTE: Add 10 percent for Custom trim package.

	6	5	4	3	2	1
1959-60 Series B-120/B-122, 3/4-Ton						
PU (7 ft.)	408	1,224	2,040	4,590	7,140	10,200
Panel (7 ft.)	404	1,212	2,020	4,550	7,070	10,100
Travelall	408	1,224	2,040	4,590	7,140	10,200
PU (8-1/2 ft.)	392	1,176	1,960	4,410	6,860	9,800
Travelette (6 ft.)	388	1,164	1,940	4,370	6,790	9,700

NOTE: Add 5 percent for 4x4 trucks.

	6	5	4	3	2	1
1959-60 Series B-130/B-132, 1-Ton						
PU (8-1/2 ft.)	388	1,164	1,940	4,370	6,790	9,700
Travelette	392	1,176	1,960	4,410	6,860	9,800

NOTE: Add 5 percent for V-8 engines.

	6	5	4	3	2	1
1961-64 Series 80 Scout, 1/4-Ton, 5 ft.						
PU	276	828	1,380	3,110	4,830	6,900
PU (4x4)	396	1,188	1,980	4,460	6,930	9,900

NOTE: Add 5 percent for vinyl Sport-Top (full enclosure). Add 4 percent for steel Travel-Top.

	6	5	4	3	2	1
1961-68 Series C-100, 1/2-Ton						
PU (7 ft.)	288	864	1,440	3,240	5,040	7,200
Panel (7 ft.)	268	804	1,340	3,020	4,690	6,700
Travelall	388	1,164	1,940	4,370	6,790	9,700
Cus Travelall	408	1,224	2,040	4,590	7,140	10,200

	6	5	4	3	2	1
1961-68 Series C-110, Heavy Duty, 1/2-Ton						
PU (7 ft.)	292	876	1,460	3,290	5,110	7,300
Panel (7 ft.)	272	816	1,360	3,060	4,760	6,800
Travelall	392	1,176	1,960	4,410	6,860	9,800
Cus Travelall	412	1,236	2,060	4,640	7,210	10,300
PU (8-1/2 ft.)	288	864	1,440	3,240	5,040	7,200
Travelette PU	268	804	1,340	3,020	4,690	6,700

	6	5	4	3	2	1
1961-68 Series C-120, 3/4-Ton						
PU (7 ft.)	272	816	1,360	3,060	4,760	6,800
Panel (7 ft.)	264	792	1,320	2,970	4,620	6,600
Travelall	288	864	1,440	3,240	5,040	7,200
Cus Travelall	304	912	1,520	3,420	5,320	7,600
PU (8-1/2 ft.)	268	804	1,340	3,020	4,690	6,700
Travelette PU	280	840	1,400	3,150	4,900	7,000

NOTE: Add 5 percent for vinyl Sport-Top (full enclosure). Add 4 percent for steel Travel-Top.

	6	5	4	3	2	1
1965-69 Series 80 Scout, 1/4-Ton, 5 ft.						
PU	276	828	1,380	3,110	4,830	6,900
PU (4x4)	396	1,188	1,980	4,460	6,930	9,900

NOTE: Add 10 percent for 1966-on Sport-Top.

	6	5	4	3	2	1
1969-70 Scout 800A and 1971 800B Series						
PU	268	804	1,340	3,020	4,690	6,700
Rds	248	744	1,240	2,790	4,340	6,200
Travel-Top	272	816	1,360	3,060	4,760	6,800
Aristocrat	372	1,116	1,860	4,190	6,510	9,300

NOTE: Add 45 percent for 4x4.

	6	5	4	3	2	1
1969-75 Metro Series						
M-1100 Panel	260	780	1,300	2,930	4,550	6,500
M-1200 Panel	260	780	1,300	2,930	4,550	6,500
MA-1200 Panel	264	792	1,320	2,970	4,620	6,600

	6	5	4	3	2	1
1969-75 Series 1000D						
PU (6-1/2 ft.)	252	756	1,260	2,840	4,410	6,300
Bonus Load PU (6-1/2 ft.)	256	768	1,280	2,880	4,480	6,400
PU (8 ft.)	248	744	1,240	2,790	4,340	6,200
Bonus Load PU (8 ft.)	250	760	1,260	2,840	4,410	6,300
Panel	228	684	1,140	2,570	3,990	5,700

	6	5	4	3	2	1
1969-75 Series 1100D						
PU (6-1/2 ft.)	260	780	1,300	2,930	4,550	6,500
Bonus Load PU (6-1/2 ft.)	264	792	1,320	2,970	4,620	6,600
PU (8 ft.)	240	720	1,200	2,700	4,200	6,000
Bonus Load PU (8 ft.)	240	730	1,220	2,750	4,270	6,100
Panel	232	696	1,160	2,610	4,060	5,800

	6	5	4	3	2	1
1969-75 Series 1200D						
PU (6-1/2 ft.)	256	768	1,280	2,880	4,480	6,400
Bonus Load PU (6-1/2 ft.)	260	780	1,300	2,930	4,550	6,500
PU (8 ft.)	248	744	1,240	2,790	4,340	6,200
Bonus Load PU (8 ft.)	250	760	1,260	2,840	4,410	6,300
Panel	228	684	1,140	2,570	3,990	5,700

	6	5	4	3	2	1
Travelette (6-1/2 ft.)	248	744	1,240	2,790	4,340	6,200
BL Travelette (8 ft.)	252	756	1,260	2,840	4,410	6,300
1969-75 Series 1300D						
PU (9 ft.)	264	792	1,320	2,970	4,620	6,600
Travelette	248	744	1,240	2,790	4,340	6,200
B.L. Travelette (6-1/2 ft.)	240	730	1,220	2,750	4,270	6,100

NOTE: See 1967 for percent additions for special equipment, optional engines and 4x4 models (all series).

	6	5	4	3	2	1
1971-75 Scout II						
Travel-Top (2WD)	340	1,020	1,700	3,830	5,950	8,500
Travel-Top (4x4)	348	1,044	1,740	3,920	6,090	8,700
PU (2WD)	320	960	1,600	3,600	5,600	8,000
PU (4x4)	328	984	1,640	3,690	5,740	8,200
1976-80 Scout II						
Travel-Top (2WD)	340	1,020	1,700	3,830	5,950	8,500
Travel-Top (4x4)	348	1,044	1,740	3,920	6,090	8,700
1976-80 Scout II Diesel						
Travel-Top (2WD)	328	984	1,640	3,690	5,740	8,200
Travel-Top (4x4)	336	1,008	1,680	3,780	5,880	8,400
1976-80 Terra						
PU (2WD)	252	756	1,260	2,840	4,410	6,300
PU (4x4)	260	780	1,300	2,930	4,550	6,500
1976-80 Terra Diesel						
PU (2WD)	240	720	1,200	2,700	4,200	6,000
PU (4x4)	248	744	1,240	2,790	4,340	6,200
1976-80 Traveler						
Sta Wag (2WD)	268	804	1,340	3,020	4,690	6,700
Sta Wag (4x4)	276	828	1,380	3,110	4,830	6,900
1976-80 Traveler Diesel						
Sta Wag (2WD)	256	768	1,280	2,880	4,480	6,400
Sta Wag (4x4)	264	792	1,320	2,970	4,620	6,600

NOTE: Add 3 percent for V-8 engines. Add 3 percent for 4-speed transmission. Add 6 percent for Rally package. Add 4 percent for Custom trim. Add 2 percent for Deluxe trim.

	6	5	4	3	2	1
1977-79 Scout SS-II, 4x4 only						
Rds	420	1,260	2,100	4,730	7,350	10,500

WILLYS OVERLAND JEEP/TRUCKS (1945-1962)

1945 Jeep Series, 4x4

NOTE: All Jeep prices in this catalog are for civilian models unless noted otherwise. Military Jeeps may sell for higher prices.

	6	5	4	3	2	1
1946 Jeep Series, 4x4						
CJ-2 Jeep	668	2,004	3,340	7,520	11,690	16,700
1947 Willys Jeep, 4x4						
CJ-2 Jeep	668	2,004	3,340	7,520	11,690	16,700
1947 Willys Jeep, 2WD						
Panel	592	1,776	2,960	6,660	10,360	14,800
1947 Willys Truck, 4x4						
PU	580	1,740	2,900	6,530	10,150	14,500
1948 Jeep Series, 4x4						
CJ-2 Jeep	628	1,884	3,140	7,070	10,990	15,700
1948 Willys Jeep, 2WD						
PU	572	1,716	2,860	6,440	10,010	14,300
Panel	592	1,776	2,960	6,660	10,360	14,800
1948 Willys Truck, 4x4						
PU	580	1,740	2,900	6,530	10,150	14,500
1949 Jeep Series, 4x4						
CJ-2 Jeep	628	1,884	3,140	7,070	10,990	15,700
CJ-3 Jeep	620	1,860	3,100	6,980	10,850	15,500
1949 Willys Truck, 2WD						
PU	572	1,716	2,860	6,440	10,010	14,300
Panel	592	1,776	2,960	6,660	10,360	14,800
1949 Willys Truck, 4x4						
PU	580	1,740	2,900	6,530	10,150	14,500
1950 Jeep Series, 4x4						
CJ-3 Jeep	628	1,884	3,140	7,070	10,990	15,700
1950 Willys Truck, 2WD						
PU	580	1,740	2,900	6,530	10,150	14,500
Panel	592	1,776	2,960	6,660	10,360	14,800
1950 Jeep Truck, 4x4						
PU	580	1,740	2,900	6,530	10,150	14,500
Utl Wag	592	1,776	2,960	6,660	10,360	14,800

	6	5	4	3	2	1
1951 Jeep Series, 4x4						
Farm Jeep	612	1,836	3,060	6,890	10,710	15,300
CJ-3 Jeep	628	1,884	3,140	7,070	10,990	15,700
1951 Jeep Trucks, 2WD						
PU	572	1,716	2,860	6,440	10,010	14,300
Sed Dly	596	1,788	2,980	6,710	10,430	14,900
1951 Jeep Trucks, 4x4						
PU	580	1,740	2,900	6,530	10,150	14,500
Utl Wag	592	1,776	2,960	6,660	10,360	14,800
1952 Jeep Series, 4x4						
CJ-3 Open	628	1,884	3,140	7,070	10,990	15,700
1952 Jeep Trucks, 2WD						
Sed Dly	596	1,788	2,980	6,710	10,430	14,900
1952 Jeep Trucks, 4x4						
PU	584	1,752	2,920	6,570	10,220	14,600
Utl Wag	596	1,788	2,980	6,710	10,430	14,900
1953 Jeep Series, 4x4						
CJ-3B Jeep	632	1,896	3,160	7,110	11,060	15,800
CJ-3B Farm Jeep	628	1,884	3,140	7,070	10,990	15,700
CJ-3A Jeep	628	1,884	3,140	7,070	10,990	15,700
1953 Jeep Trucks, 2WD						
Sed Dly	596	1,788	2,980	6,710	10,430	14,900
1953 Jeep Trucks, 4x4						
Sed Dly	572	1,716	2,860	6,440	10,010	14,300
PU	588	1,764	2,940	6,620	10,290	14,700
Utl Wag	560	1,680	2,800	6,300	9,800	14,000
1954 Jeep Series, 4x4						
Open Jeep	632	1,896	3,160	7,110	11,060	15,800
Farm Jeep	628	1,884	3,140	7,070	10,990	15,700
1954 Jeep Trucks, 2WD						
Sed Dly	596	1,788	2,980	6,710	10,430	14,900
1954 Jeep Trucks, 4x4						
PU	616	1,848	3,080	6,930	10,780	15,400
Sed Dly	616	1,848	3,080	6,930	10,780	15,400
Utl Wag	628	1,884	3,140	7,070	10,990	15,700
1955 Jeep Series, 4x4						
CJ-3B	628	1,884	3,140	7,070	10,990	15,700
CJ-5	628	1,884	3,140	7,070	10,990	15,700
1955 Jeep Trucks, 2WD						
Sed Dly	568	1,704	2,840	6,390	9,940	14,200
Utl Wag	580	1,740	2,900	6,530	10,150	14,500
1955 Jeep Trucks, 4x4						
Sed Dly	580	1,740	2,900	6,530	10,150	14,500
Utl Wag	592	1,776	2,960	6,660	10,360	14,800
1956 Jeep Series, 4x4						
CJ-3B	628	1,884	3,140	7,070	10,990	15,700
CJ-5	628	1,884	3,140	7,070	10,990	15,700
CJ-6	624	1,872	3,120	7,020	10,920	15,600
1956 Dispatcher Series, 2WD						
Open Jeep	572	1,716	2,860	6,440	10,010	14,300
Canvas Top	580	1,740	2,900	6,530	10,150	14,500
HT	588	1,764	2,940	6,620	10,290	14,700
1956 Jeep Trucks, 2WD						
Utl Wag	580	1,740	2,900	6,530	10,150	14,500
Sed Dly	568	1,704	2,840	6,390	9,940	14,200
1956 Jeep Trucks, 4x4						
Sed Dly	584	1,752	2,920	6,570	10,220	14,600
Sta Wag	592	1,776	2,960	6,660	10,360	14,800
PU	560	1,680	2,800	6,300	9,800	14,000
1957 Jeep Series, 4x4						
CJ-3B	628	1,884	3,140	7,070	10,990	15,700
CJ-5	628	1,884	3,140	7,070	10,990	15,700
CJ-6	624	1,872	3,120	7,020	10,920	15,600
1957 Dispatcher Series, 2WD						
Open Jeep	572	1,716	2,860	6,440	10,010	14,300
Soft Top	580	1,740	2,900	6,530	10,150	14,500
HT	588	1,764	2,940	6,620	10,290	14,700
1957 Jeep Trucks, 2WD						
Dly	568	1,704	2,840	6,390	9,940	14,200
Utl Wag	580	1,740	2,900	6,530	10,150	14,500
1957 Jeep Trucks, 4x4						
Dly	584	1,752	2,920	6,570	10,220	14,600
PU	560	1,680	2,800	6,300	9,800	14,000
Utl Wag	592	1,776	2,960	6,660	10,360	14,800

	6	5	4	3	2	1
1957 Forward Control, 4x4						
1/2-Ton PU	540	1,620	2,700	6,080	9,450	13,500
3/4-Ton PU	560	1,680	2,800	6,300	9,800	14,000
1958 Jeep Series, 4x4						
CJ-3B	628	1,884	3,140	7,070	10,990	15,700
CJ-5	632	1,896	3,160	7,110	11,060	15,800
CJ-6	624	1,872	3,120	7,020	10,920	15,600
1958 Dispatcher Series, 2WD						
Open Jeep	572	1,716	2,860	6,440	10,010	14,300
Soft Top	580	1,740	2,900	6,530	10,150	14,500
HT	588	1,764	2,940	6,620	10,290	14,700
1958 Jeep Trucks, 2WD						
Dly	528	1,584	2,640	5,940	9,240	13,200
Utl Wag	532	1,596	2,660	5,990	9,310	13,300
1958 Jeep Trucks, 4x4						
Dly	544	1,632	2,720	6,120	9,520	13,600
Utl Wag	548	1,644	2,740	6,170	9,590	13,700
1958 Forward Control, 4x4						
1/2-Ton PU	540	1,620	2,700	6,080	9,450	13,500
3/4-Ton PU	560	1,680	2,800	6,300	9,800	14,000

NOTE: Add 3 percent for 6-cyl. trucks, not available in Jeeps.

	6	5	4	3	2	1
1959 Jeep Series, 4x4						
CJ-3	628	1,884	3,140	7,070	10,990	15,700
CJ-5	632	1,896	3,160	7,110	11,060	15,800
CJ-6	624	1,872	3,120	7,020	10,920	15,600
1959 Dispatcher Series, 2WD						
Soft Top	576	1,728	2,880	6,480	10,080	14,400
HT	592	1,776	2,960	6,660	10,360	14,800
1959 Jeep Trucks, 2WD						
Utl Wag	536	1,608	2,680	6,030	9,380	13,400
Dly	532	1,596	2,660	5,990	9,310	13,300
1959 Jeep Trucks, 4x4						
Utl Dly	548	1,644	2,740	6,170	9,590	13,700
PU	520	1,560	2,600	5,850	9,100	13,000
Utl Wag	556	1,668	2,780	6,260	9,730	13,900
1959 Forward Control, 4x4						
1/2-Ton PU	568	1,704	2,840	6,390	9,940	14,200
3/4-Ton PU	564	1,692	2,820	6,350	9,870	14,100

NOTE: Add 3 percent for 6-cyl. trucks, not available for Jeeps. Add 5 percent for Maverick.

	6	5	4	3	2	1
1960 Jeep Series, 4x4						
CJ-3	628	1,884	3,140	7,070	10,990	15,700
CJ-5	632	1,896	3,160	7,110	11,060	15,800
CJ-6	624	1,872	3,120	7,020	10,920	15,600
1960 Dispatcher Series, 2WD						
Soft Top	576	1,728	2,880	6,480	10,080	14,400
HT	592	1,776	2,960	6,660	10,360	14,800
Surrey	608	1,824	3,040	6,840	10,640	15,200
1960 Jeep Trucks, 2WD						
Economy Dly	508	1,524	2,540	5,720	8,890	12,700
Sta Wag	548	1,644	2,740	6,170	9,590	13,700
Utl Wag	536	1,608	2,680	6,030	9,380	13,400
Utl Dly	528	1,584	2,640	5,940	9,240	13,200
1960 Jeep Trucks, 4x4						
Utl Wag	548	1,644	2,740	6,170	9,590	13,700
Utl Dly	540	1,620	2,700	6,080	9,450	13,500
1960 Forward Control, 4x4						
1/2-Ton PU	536	1,608	2,680	6,030	9,380	13,400
3/4-Ton PU	544	1,632	2,720	6,120	9,520	13,600

NOTE: Add 3 percent for 6-cyl. trucks. Add 5 percent for custom two-tone trim.

	6	5	4	3	2	1
1961 Jeep Series, 4x4						
CJ-3	628	1,884	3,140	7,070	10,990	15,700
CJ-5	632	1,896	3,160	7,110	11,060	15,800
CJ-6	624	1,872	3,120	7,020	10,920	15,600
1961 Dispatcher Series, 2WD						
Jeep (Open)	580	1,740	2,900	6,530	10,150	14,500
Soft Top	584	1,752	2,920	6,570	10,220	14,600
HT	592	1,776	2,960	6,660	10,360	14,800
1961 Jeep Trucks, 2WD						
Fleetvan	512	1,536	2,560	5,760	8,960	12,800
Economy Dly	508	1,524	2,540	5,720	8,890	12,700
Sta Wag	540	1,620	2,700	6,080	9,450	13,500
Utl Wag	528	1,584	2,640	5,940	9,240	13,200
Utl Dly	524	1,572	2,620	5,900	9,170	13,100

	6	5	4	3	2	1
1961 Jeep Trucks, 4x4						
Utl Wag	540	1,620	2,700	6,080	9,450	13,500
Utl Dly	520	1,560	2,600	5,850	9,100	13,000
1-Ton PU	512	1,536	2,560	5,760	8,960	12,800
1961 Forward Control, 4x4						
1/2-Ton PU	520	1,560	2,600	5,850	9,100	13,000
3/4-Ton PU	528	1,584	2,640	5,940	9,240	13,200
NOTE: Add 3 percent for 6-cyl. trucks.						
1962 Jeep Series, 4x4						
CJ-3	628	1,884	3,140	7,070	10,990	15,700
CJ-5	632	1,896	3,160	7,110	11,060	15,800
CJ-6	624	1,872	3,120	7,020	10,920	15,600
1962 Dispatcher Series, 2WD						
Basic Jeep	540	1,620	2,700	6,080	9,450	13,500
Jeep w/Soft Top	544	1,632	2,720	6,120	9,520	13,600
Jeep w/HT	548	1,644	2,740	6,170	9,590	13,700
Surrey	552	1,656	2,760	6,210	9,660	13,800
1962 Jeep Trucks, 2WD						
Fleetvan	472	1,416	2,360	5,310	8,260	11,800
Economy Dly	468	1,404	2,340	5,270	8,190	11,700
Sta Wag	500	1,500	2,500	5,630	8,750	12,500
Utl Wag	488	1,464	2,440	5,490	8,540	12,200
Utl Dly	484	1,452	2,420	5,450	8,470	12,100
1962 Jeep Trucks, 4x4						
Utl Wag	500	1,500	2,500	5,630	8,750	12,500
Utl Dly	480	1,440	2,400	5,400	8,400	12,000
1962 Forward Control, 4x4						
1/2-Ton PU	520	1,560	2,600	5,850	9,100	13,000
3/4-Ton PU	488	1,464	2,440	5,490	8,540	12,200
NOTE: Add 3 percent for 6-cyl. trucks.						

KAISER JEEP

	6	5	4	3	2	1
1963 Jeep Universal, 4x4						
CJ-3B Jeep	560	1,680	2,800	6,300	9,800	14,000
CJ-5 Jeep	600	1,800	3,000	6,750	10,500	15,000
CJ-6 Jeep	580	1,740	2,900	6,530	10,150	14,500
1963 Dispatcher, 2WD						
Jeep	464	1,392	2,320	5,220	8,120	11,600
HT	468	1,404	2,340	5,270	8,190	11,700
Soft Top	472	1,416	2,360	5,310	8,260	11,800
1963 "Jeep" Wagons and Trucks, 1/2-Ton						
Sta Wag	440	1,320	2,200	4,950	7,700	11,000
Traveller	448	1,344	2,240	5,040	7,840	11,200
Utl (2WD)	340	1,020	1,700	3,830	5,950	8,500
Utl (4x4)	440	1,320	2,200	4,950	7,700	11,000
Panel (2WD)	328	984	1,640	3,690	5,740	8,200
Panel (4x4)	352	1,056	1,760	3,960	6,160	8,800
1963 "Jeep" Wagons and Truck, 1-Ton						
PU (4WD)	312	936	1,560	3,510	5,460	7,800
NOTE: Add 3 percent for L-Head 6-cyl. Add 4 percent for OHC 6-cyl.						
1963 Forward-Control, 4x4, 1/2-Ton						
PU	328	984	1,640	3,690	5,740	8,200
1963 Forward-Control, 4x4, 3/4-Ton						
PU	324	972	1,620	3,650	5,670	8,100
1963 Forward-Control, 1-Ton						
PU	324	972	1,620	3,650	5,670	8,100
Stake	352	1,056	1,760	3,960	6,160	8,800
HD PU	328	984	1,640	3,690	5,740	8,200
1963 Gladiator/Wagoneer, 1/2-Ton						
2d Wag	356	1,068	1,780	4,010	6,230	8,900
4d Wag	440	1,320	2,200	4,950	7,700	11,000
2d Cus Wag	440	1,320	2,200	4,950	7,700	11,000
4d Cus Wag	444	1,332	2,220	5,000	7,770	11,100
Panel Dly	292	876	1,460	3,290	5,110	7,300
1963 Gladiator, 1/2-Ton, 120" wb						
Thriftside PU	340	1,020	1,700	3,830	5,950	8,500
Townside PU	348	1,044	1,740	3,920	6,090	8,700
1963 Gladiator, 1/2-Ton, 126" wb						
Thriftside PU	332	996	1,660	3,740	5,810	8,300
Townside PU	340	1,020	1,700	3,830	5,950	8,500

	6	5	4	3	2	1
1963 Gladiator, 3/4-Ton, 120" wb						
Thriftside PU	324	972	1,620	3,650	5,670	8,100
Townside PU	332	996	1,660	3,740	5,810	8,300
1963 Gladiator, 1-Ton, 126" wb						
PU	332	996	1,660	3,740	5,810	8,300
NOTE: Add 5 percent for 4x4.						
1964 Jeep Universal, 4x4						
CJ-3B Jeep	520	1,560	2,600	5,850	9,100	13,000
CJ-5 Jeep	560	1,680	2,800	6,300	9,800	14,000
CJ-5A Tuxedo Park	580	1,740	2,900	6,530	10,150	14,500
CJ-6 Jeep	568	1,704	2,840	6,390	9,940	14,200
CJ-6A Jeep Park	576	1,728	2,880	6,480	10,080	14,400
1964 Dispatcher, 2WD						
Jeep	464	1,392	2,320	5,220	8,120	11,600
HT	468	1,404	2,340	5,270	8,190	11,700
Soft Top	472	1,416	2,360	5,310	8,260	11,800
Surrey	480	1,440	2,400	5,400	8,400	12,000
1964 "Jeep" Wagons and Trucks, 1/2-Ton						
Sta Wag	340	1,020	1,700	3,830	5,950	8,500
Utl (2WD)	332	996	1,660	3,740	5,810	8,300
Utl (4x4)	352	1,056	1,760	3,960	6,160	8,800
Traveler (2WD)	348	1,044	1,740	3,920	6,090	8,700
Traveler (4x4)	448	1,344	2,240	5,040	7,840	11,200
Panel (2WD)	324	972	1,620	3,650	5,670	8,100
Panel (4x4)	344	1,032	1,720	3,870	6,020	8,600
1964 "Jeep" Wagons and Trucks, 1-Ton, 4x4						
PU	332	996	1,660	3,740	5,810	8,300
NOTE: Add 3 percent for L-Head 6-cyl. Add 4 percent for OHC 6-cyl.						
1964 Forward-Control, 1/2-Ton, 4x4						
PU	308	924	1,540	3,470	5,390	7,700
1964 Forward-Control, 3/4-Ton, 4x4						
Stake	296	888	1,480	3,330	5,180	7,400
PU	304	912	1,520	3,420	5,320	7,600
HD PU	308	924	1,540	3,470	5,390	7,700
1964 Gladiator/Wagoneer, 1/2-Ton						
2d Wag	356	1,068	1,780	4,010	6,230	8,900
4d Wag	440	1,320	2,200	4,950	7,700	11,000
2d Cus Wag	440	1,320	2,200	4,950	7,700	11,000
4d Cus Wag	444	1,332	2,220	5,000	7,770	11,100
Panel Dly	332	996	1,660	3,740	5,810	8,300
1964 Gladiator Pickup Truck, 1/2-Ton, 120" wb						
Thriftside PU	320	960	1,600	3,600	5,600	8,000
Townside PU	328	984	1,640	3,690	5,740	8,200
1964 Gladiator Pickup Truck, 1/2-Ton, 126" wb						
Thriftside PU	312	936	1,560	3,510	5,460	7,800
Townside PU	320	960	1,600	3,600	5,600	8,000
1964 Gladiator Pickup Truck, 3/4-Ton, 120" wb						
Thriftside PU	304	912	1,520	3,420	5,320	7,600
Townside PU	312	936	1,560	3,510	5,460	7,800
1964 Gladiator Pickup Truck, 3/4-Ton, 126" wb						
Thriftside PU	300	900	1,500	3,380	5,250	7,500
Townside PU	308	924	1,540	3,470	5,390	7,700
1965 Jeep Universal, 4x4						
CJ-3B Jeep	520	1,560	2,600	5,850	9,100	13,000
CJ-5 Jeep	540	1,620	2,700	6,080	9,450	13,500
CJ-5A Tuxedo Park	560	1,680	2,800	6,300	9,800	14,000
CJ-6 Jeep	544	1,632	2,720	6,120	9,520	13,600
CJ-6A Tuxedo Park	552	1,656	2,760	6,210	9,660	13,800
1965 Dispatcher, 2WD						
DJ-5 Courier	340	1,020	1,700	3,830	5,950	8,500
DJ-6 Courier	344	1,032	1,720	3,870	6,020	8,600
DJ-3A Jeep	308	924	1,540	3,470	5,390	7,700
DJ-3A HT	440	1,320	2,200	4,950	7,700	11,000
1965 "Jeep" Wagons and Trucks, 1/2-Ton						
Sta Wag	340	1,020	1,700	3,830	5,950	8,500
Utl Wag (4x4)	352	1,056	1,760	3,960	6,160	8,800
Traveler (4x4)	448	1,344	2,240	5,040	7,840	11,200
Panel (2WD)	324	972	1,620	3,650	5,670	8,100
Panel (4x4)	344	1,032	1,720	3,870	6,020	8,600
1965 "Jeep" Wagons and Trucks, 1-Ton, 4x4						
PU	332	996	1,660	3,740	5,810	8,300
NOTE: Add 3 percent for L-Head 6-cyl. engine.						

1912 Ford Model T light delivery van

1929 Ford Model A pickup

1948 Ford F-1 1/2 ton pickup

	6	5	4	3	2	1
1965 Forward-Control, 4x4, 1/2-Ton						
PU	300	900	1,500	3,380	5,250	7,500
1965 Forward-Control, 4x4, 3/4-Ton						
PU	308	924	1,540	3,470	5,390	7,700
1965 Gladiator/Wagoneer, 1/2-Ton						
2d Wag	356	1,068	1,780	4,010	6,230	8,900
4d Wag	440	1,320	2,200	4,950	7,700	11,000
2d Cus Wag	440	1,320	2,200	4,950	7,700	11,000
4d Cus Wag	444	1,332	2,220	5,000	7,770	11,100
Panel Dly	332	996	1,660	3,740	5,810	8,300
1965 Gladiator Pickup Truck, 1/2-Ton, 120" wb						
Thriftside PU	320	960	1,600	3,600	5,600	8,000
Townside PU	328	984	1,640	3,690	5,740	8,200
1965 Gladiator Pickup Truck, 1/2-Ton, 126" wb						
Thriftside PU	312	936	1,560	3,510	5,460	7,800
Townside PU	320	960	1,600	3,600	5,600	8,000
1965 Gladiator Pickup Truck, 3/4-Ton, 120" wb						
Thriftside PU	304	912	1,520	3,420	5,320	7,600
Townside PU	312	936	1,560	3,510	5,460	7,800
1965 Gladiator Pickup Truck, 3/4-Ton, 126" wb						
Thriftside PU	300	900	1,500	3,380	5,250	7,500
Townside PU	308	924	1,540	3,470	5,390	7,700
1965 Gladiator Pickup Truck, 3/4-Ton, 120" wb						
Thriftside PU	320	960	1,600	3,600	5,600	8,000
Townside PU	448	1,344	2,240	5,040	7,840	11,200

NOTE: Add 5 percent for 4x4. Add 5 percent for V-8. For "First Series" 1965 Gladiators, refer to 1964 prices.

	6	5	4	3	2	1
1966 Jeep Universal, 4x4						
CJ-3B Jeep	520	1,560	2,600	5,850	9,100	13,000
CJ-5 Jeep	540	1,620	2,700	6,080	9,450	13,500
CJ-5A Tuxedo Park	560	1,680	2,800	6,300	9,800	14,000
CJ-6 Jeep	544	1,632	2,720	6,120	9,520	13,600
CJ-6A Tuxedo Park	552	1,656	2,760	6,210	9,660	13,800
1966 Dispatcher, 2WD						
DJ-5 Courier	340	1,020	1,700	3,830	5,950	8,500
DJ-6 Courier	344	1,032	1,720	3,870	6,020	8,600
DJ-3A Jeep	348	1,044	1,740	3,920	6,090	8,700
DJ-3A HT	440	1,320	2,200	4,950	7,700	11,000
1966 Forward-Control, 4x4, 1/2-Ton						
PU	300	900	1,500	3,380	5,250	7,500
1966 Forward-Control, 4x4, 3/4-Ton						
PU	308	924	1,540	3,470	5,390	7,700
1966 Wagoneer, 1/2-Ton						
2d Wag	336	1,008	1,680	3,780	5,880	8,400
4d Wag	340	1,020	1,700	3,830	5,950	8,500
2d Cus Sta Wag	340	1,020	1,700	3,830	5,950	8,500
4d Cus Sta Wag	344	1,032	1,720	3,870	6,020	8,600
Panel Dly	312	936	1,560	3,510	5,460	7,800
4d Super Wag	452	1,356	2,260	5,090	7,910	11,300
1966 Gladiator, 1/2-Ton, 120" wb						
Thriftside PU	328	984	1,640	3,690	5,740	8,200
Townside PU	340	1,020	1,700	3,830	5,950	8,500
1966 Gladiator, 1/2-Ton, 126" wb						
Thriftside PU	312	936	1,560	3,510	5,460	7,800
Townside PU	320	960	1,600	3,600	5,600	8,000
1966 Gladiator, 3/4-Ton, 120" wb						
Thriftside PU	304	912	1,520	3,420	5,320	7,600
Townside PU	312	936	1,560	3,510	5,460	7,800
1966 Gladiator, 3/4-Ton, 126" wb						
Thriftside PU	300	900	1,500	3,380	5,250	7,500
Townside PU	308	924	1,540	3,470	5,390	7,700

NOTE: Add 5 percent for 4x4. Add 5 percent for V-8.

	6	5	4	3	2	1
1967 Jeep Universal, 4x4						
CJ-5 Jeep	520	1,560	2,600	5,850	9,100	13,000
CJ-5A Jeep	540	1,620	2,700	6,080	9,450	13,500
CJ-6 Jeep	560	1,680	2,800	6,300	9,800	14,000
CJ-6A Jeep	580	1,740	2,900	6,530	10,150	14,500
1967 Dispatcher, 2WD						
DJ-5 Courier	340	1,020	1,700	3,830	5,950	8,500
DJ-6 Courier	348	1,044	1,740	3,920	6,090	8,700
1967 Jeepster Commando, 4x4						
Conv	560	1,680	2,800	6,300	9,800	14,000
Sta Wag	356	1,068	1,780	4,010	6,230	8,900

	6	5	4	3	2	1
Cpe-Rds	520	1,560	2,600	5,850	9,100	13,000
PU	340	1,020	1,700	3,830	5,950	8,500

1967 Wagoneer

	6	5	4	3	2	1
2d Wag	336	1,008	1,680	3,780	5,880	8,400
4d Wag	340	1,020	1,700	3,830	5,950	8,500
2d Cus Sta Wag	340	1,020	1,700	3,830	5,950	8,500
4d Cus Sta Wag	344	1,032	1,720	3,870	6,020	8,600
Panel Dly	312	936	1,560	3,510	5,460	7,800
4d Sup Wag	352	1,056	1,760	3,960	6,160	8,800

1967 Gladiator, 4x4, 1/2-Ton, 120" wb

	6	5	4	3	2	1
Thriftside PU	324	972	1,620	3,650	5,670	8,100
Townside PU	328	984	1,640	3,690	5,740	8,200

1967 Gladiator, 3/4-Ton, 120" wb

	6	5	4	3	2	1
Thriftside PU	304	912	1,520	3,420	5,320	7,600
Townside PU	308	924	1,540	3,470	5,390	7,700

1967 Gladiator, 1/2-Ton, 126" wb

	6	5	4	3	2	1
Thriftside PU	312	936	1,560	3,510	5,460	7,800
Townside PU	316	948	1,580	3,560	5,530	7,900

1967 Gladiator, 3/4-Ton, 126" wb

	6	5	4	3	2	1
Thriftside PU	304	912	1,520	3,420	5,320	7,600
Townside PU	308	924	1,540	3,470	5,390	7,700

NOTE: Add 5 percent for V-8 (except Super V-8). Add 5 percent for 2WD (Series 2500 only). Add 4 percent for V-6 engine. Add 5 percent for 4x4.

1968 Jeep Universal, 4x4

	6	5	4	3	2	1
CJ-5 Jeep	520	1,560	2,600	5,850	9,100	13,000
CJ-5A Jeep	540	1,620	2,700	6,080	9,450	13,500
CJ-6 Jeep	560	1,680	2,800	6,300	9,800	14,000
CJ-6A Jeep	580	1,740	2,900	6,530	10,150	14,500

1968 Dispatcher, 2WD

	6	5	4	3	2	1
DJ-5 Courier	328	984	1,640	3,690	5,740	8,200
DJ-6 Courier	332	996	1,660	3,740	5,810	8,300

NOTE: Add 4 percent for V-6 engine. Add 5 percent for diesel engine.

1968 Wagoneer, V-8, 4x4

	6	5	4	3	2	1
4d Sta Wag	348	1,044	1,740	3,920	6,090	8,700
4d Sta Wag Cus	352	1,056	1,760	3,960	6,160	8,800
4d Sta Wag Sup	356	1,068	1,780	4,010	6,230	8,900

1968 Jeepster Commando, 4x4

	6	5	4	3	2	1
Conv	560	1,680	2,800	6,300	9,800	14,000
Sta Wag	356	1,068	1,780	4,010	6,230	8,900
Cpe-Rds	520	1,560	2,600	5,850	9,100	13,000
PU	340	1,020	1,700	3,830	5,950	8,500

NOTE: Add 4 percent for V-6 engine.

1969 Jeep

	6	5	4	3	2	1
CJ-5 Jeep	520	1,560	2,600	5,850	9,100	13,000
CJ-6 Jeep	540	1,620	2,700	6,080	9,450	13,500
DJ-5 Courier	340	1,020	1,700	3,830	5,950	8,500

1969 Jeepster Commando, 4x4

	6	5	4	3	2	1
Conv	560	1,680	2,800	6,300	9,800	14,000
Sta Wag	316	948	1,580	3,560	5,530	7,900
Cpe-Rds	520	1,560	2,600	5,850	9,100	13,000
PU	300	900	1,500	3,380	5,250	7,500

1969 Wagoneer

	6	5	4	3	2	1
4d Wag	312	936	1,560	3,510	5,460	7,800
4d Cus Wag	316	948	1,580	3,560	5,530	7,900

1969 Gladiator, 1/2-Ton, 120" wb

	6	5	4	3	2	1
Thriftside PU	300	900	1,500	3,380	5,250	7,500
Townside PU	304	912	1,520	3,420	5,320	7,600

1969 Gladiator, 3/4-Ton, 120" wb

	6	5	4	3	2	1
Thriftside PU	276	828	1,380	3,110	4,830	6,900
Townside PU	280	840	1,400	3,150	4,900	7,000

1969 Gladiator, 1/2-Ton, 126" wb

	6	5	4	3	2	1
Townside	276	828	1,380	3,110	4,830	6,900

1969 Gladiator, 3/4-Ton, 126" wb

	6	5	4	3	2	1
Townside	268	804	1,340	3,020	4,690	6,700

NOTE: Add 4 percent for V-6 engine. Add 5 percent for V-8 engine. Add 10 percent for factory Camper Package.

AMC JEEP

1970-76 Model J-100, 110" wb

	6	5	4	3	2	1
PU	340	1,020	1,700	3,830	5,950	8,500
4d Cus Sta Wag	336	1,008	1,680	3,780	5,880	8,400

	6	5	4	3	2	1
1970-76 Model J-100, 101" wb						
4d Cust Sta Wag	324	972	1,620	3,650	5,670	8,100
1970-76 Jeepster Commando, 101" wb						
Sta Wag	336	1,008	1,680	3,780	5,880	8,400
Rds	408	1,224	2,040	4,590	7,140	10,200
1970-76 Jeepster						
Conv	600	1,800	3,000	6,750	10,500	15,000
Conv Commando	620	1,860	3,100	6,980	10,850	15,500
1970-76 CJ-5, 1/4-Ton, 81" wb						
Jeep	620	1,860	3,100	6,980	10,850	15,500
1970-76 CJ-6, 101" wb						
Jeep	600	1,800	3,000	6,750	10,500	15,000
1970-76 CJ-7, 94" wb						
Jeep	600	1,800	3,000	6,750	10,500	15,000
1970-76 DJ-5, 1/4-Ton, 81" wb						
Jeep	340	1,020	1,700	3,830	5,950	8,500
1970-76 Jeepster, 1/4-Ton, 101" wb						
PU	380	1,140	1,900	4,280	6,650	9,500
1970-76 Wagoneer, V-8						
4d Cus Sta Wag	348	1,044	1,740	3,920	6,090	8,700
NOTE: Deduct 10 percent for 6-cyl.						
1970-76 Series J-2500						
Thriftside PU	296	888	1,480	3,330	5,180	7,400
Townside PU	300	900	1,500	3,380	5,250	7,500
1970-76 Series J-2600						
Thriftside PU	288	864	1,440	3,240	5,040	7,200
Townside PU	292	876	1,460	3,290	5,110	7,300
1970-76 Series J-2700, 3/4-Ton						
Thriftside PU	268	804	1,340	3,020	4,690	6,700
Townside PU	272	816	1,360	3,060	4,760	6,800
1970-76 Series J-3500, 1/2-Ton						
Townside PU	272	816	1,360	3,060	4,760	6,800
1970-76 Series J-3600, 1/2-Ton						
Townside PU	268	804	1,340	3,020	4,690	6,700
1970-76 Series J-3700, 3/4-Ton						
Townside PU	264	792	1,320	2,970	4,620	6,600
1977-80 Wagoneer, V-8						
4d Sta Wag	344	1,032	1,720	3,870	6,020	8,600
1977-80 Cherokee, 6-cyl.						
2d Sta Wag	332	996	1,660	3,740	5,810	8,300
2d "S" Sta Wag	336	1,008	1,680	3,780	5,880	8,400
4d Sta Wag	332	996	1,660	3,740	5,810	8,300
1977-80 CJ-5, 1/4-Ton, 84" wb						
Jeep	588	1,764	2,940	6,620	10,290	14,700
1977-80 CJ-7, 1/4-Ton, 94" wb						
Jeep	580	1,740	2,900	6,530	10,150	14,500
1977-80 Series J-10, 1/2-Ton, 119" or 131" wb						
Townside PU, SWB	284	852	1,420	3,200	4,970	7,100
Townside PU, LWB	280	840	1,400	3,150	4,900	7,000
1977-80 Series J-20, 3/4-Ton, 131" wb						
Townside PU	276	828	1,380	3,110	4,830	6,900
1981-83 Wagoneer, 108.7" wb						
4d Sta Wag	340	1,020	1,700	3,830	5,950	8,500
4d Brgm Sta Wag	348	1,044	1,740	3,920	6,090	8,700
4d Ltd Sta Wag	356	1,068	1,780	4,010	6,230	8,900
1981-83 Cherokee						
2d Sta Wag	296	888	1,480	3,330	5,180	7,400
2d Sta Wag, Wide Wheels	300	900	1,500	3,380	5,250	7,500
4d Sta Wag	304	912	1,520	3,420	5,320	7,600
1981-83 Scrambler, 1/2-Ton, 104" wb						
PU	240	720	1,200	2,700	4,200	6,000
1981-83 CJ-5, 1/4-Ton, 84" wb						
Jeep	260	780	1,300	2,930	4,550	6,500
1981-83 CJ-7, 1/4-Ton, 94" wb						
Jeep	268	804	1,340	3,020	4,690	6,700
1981-83 Series J-10, 1/2-Ton, 119" or 131" wb						
Townside PU, SWB	280	840	1,400	3,150	4,900	7,000
Townside PU, LWB	276	828	1,380	3,110	4,830	6,900
1981-83 Series J-20, 3/4-Ton, 131" wb						
Townside PU	272	816	1,360	3,060	4,760	6,800

	6	5	4	3	2	1
1983-85 Wagoneer, 4-cyl.						
4d Sta Wag	388	1,164	1,940	4,370	6,790	9,700
4d Ltd Sta Wag	400	1,200	2,000	4,500	7,000	10,000
1983-85 Wagoneer, 6-cyl.						
4d Sta Wag	396	1,188	1,980	4,460	6,930	9,900
4d Ltd Sta Wag	408	1,224	2,040	4,590	7,140	10,200
1983-85 Grand Wagoneer, V-8						
4d Sta Wag	412	1,236	2,060	4,640	7,210	10,300
1983-85 Cherokee, 4-cyl.						
2d Sta Wag	384	1,152	1,920	4,320	6,720	9,600
4d Sta Wag	380	1,140	1,900	4,280	6,650	9,500
1983-85 Cherokee, 6-cyl.						
2d Sta Wag	392	1,176	1,960	4,410	6,860	9,800
4d Sta Wag	388	1,164	1,940	4,370	6,790	9,700
1983-85 Scrambler, 1/2-Ton, 103.4" wb						
PU	276	828	1,380	3,110	4,830	6,900
1983-85 CJ-7, 1/4-Ton, 93.4" wb						
Jeep	412	1,236	2,060	4,640	7,210	10,300
1983-85 Series J-10, 1/2-Ton, 119" or 131" wb						
Townside PU	308	924	1,540	3,470	5,390	7,700
1983-85 Series J-20, 3/4-Ton, 131" wb						
Townside PU	312	936	1,560	3,510	5,460	7,800
1986-87 Wagoneer						
4d Sta Wag	440	1,320	2,200	4,950	7,700	11,000
4d Ltd Sta Wag	452	1,356	2,260	5,090	7,910	11,300
4d Grand Sta Wag	480	1,440	2,400	5,400	8,400	12,000
1986-87 Cherokee						
2d Sta Wag 2WD	380	1,140	1,900	4,280	6,650	9,500
4d Sta Wag 2WD	400	1,200	2,000	4,500	7,000	10,000
2d Sta Wag (4x4)	400	1,200	2,000	4,500	7,000	10,000
4d Sta Wag (4x4)	420	1,260	2,100	4,730	7,350	10,500
1986-87 Wrangler, 1/4-Ton, 93.4" wb						
Jeep 2WD	400	1,200	2,000	4,500	7,000	10,000
1986-87 Comanche, 120" wb						
PU	356	1,068	1,780	4,010	6,230	8,900
1986-87 CJ-7, 1/4-Ton, 93.5" wb						
Jeep	440	1,320	2,200	4,950	7,700	11,000
1986-87 Series J-10, 1/2-Ton, 131" wb, 4x4						
Townside PU	380	1,140	1,900	4,280	6,650	9,500
1986-87 Series J-20, 3/4-Ton, 131" wb, 4x4						
Townside PU	400	1,200	2,000	4,500	7,000	10,000

CHRYSLER JEEP

	6	5	4	3	2	1
1988 Jeep Wagoneer						
4d Limited Sta Wag, 6-cyl.	500	1,450	2,400	5,400	8,400	12,000
4d Grand Wagoneer, V-8	540	1,620	2,700	6,080	9,450	13,500
1988 Jeep Cherokee, 6-cyl.						
2d Sta Wag 2WD	280	840	1,400	3,150	4,900	7,000
4d Sta Wag 2WD	300	900	1,500	3,380	5,250	7,500
2d Sta Wag, 4x4	350	1,100	1,800	4,050	6,300	9,000
4d Sta Wag, 4x4	400	1,150	1,900	4,280	6,650	9,500
2d Limited Sta Wag, 4x4	480	1,440	2,400	5,400	8,400	12,000
4d Limited Sta Wag, 4x4	540	1,620	2,700	6,080	9,450	13,500
NOTE: Deduct 7 percent for 4-cyl. models.						
1988 Wrangler, 4x4, 93.5" wb						
Jeep	548	1,644	2,740	6,170	9,590	13,700
Jeep S	400	1,200	2,000	4,500	7,000	10,000
1988 Comanche, 113" or 120" wb						
PU (SBx)	352	1,056	1,760	3,960	6,160	8,800
PU (LBx)	368	1,104	1,840	4,140	6,440	9,200
1988 J10, 131" wb						
PU	520	1,560	2,600	5,850	9,100	13,000
1988 J20, 131" wb						
PU	540	1,620	2,700	6,080	9,450	13,500
1989 Jeep Wagoneer						
4d Sta Wag, V-6	640	1,920	3,200	7,200	11,200	16,000
4d Grand Wagoneer, V-8	600	1,800	3,000	6,750	10,500	15,000
1989 Jeep Cherokee, 4-cyl.						
2d Sta Wag 2WD	400	1,200	2,000	4,500	7,000	10,000
4d Sta Wag 2WD	408	1,224	2,040	4,590	7,140	10,200
2d Sta Wag, 4x4	550	1,600	2,700	6,080	9,450	13,500
4d Sta Wag, 4x4	550	1,650	2,700	6,120	9,500	13,600

	6	5	4	3	2	1
1989 Jeep Cherokee, 6-cyl.						
2d Sta Wag 2WD	420	1,260	2,100	4,730	7,350	10,500
4d Sta Wag 2WD	424	1,272	2,120	4,770	7,420	10,600
2d Sta Wag, 4x4	550	1,650	2,750	6,210	9,650	13,800
4d Sta Wag, 4x4	550	1,700	2,800	6,300	9,800	14,000
2d Limited Sta Wag, 4x4	620	1,860	3,100	6,980	10,850	15,500
4d Limited Sta Wag, 4x4	630	1,880	3,140	7,070	10,990	15,700
1989 Jeep						
2d Wrangler, 4x4	550	1,600	2,700	6,080	9,450	13,500
2d Laredo Sta Wag, 4x4	580	1,740	2,900	6,530	10,150	14,500
4d Laredo Sta Wag, 4x4	590	1,760	2,940	6,620	10,290	14,700
1990 Wrangler, 6-cyl., 4x4						
Jeep	548	1,644	2,740	6,170	9,590	13,700
Jeep S	564	1,692	2,820	6,350	9,870	14,100
1990 Comanche, 6-cyl.						
PU	428	1,284	2,140	4,820	7,490	10,700
PU (LBx)	432	1,296	2,160	4,860	7,560	10,800
1990 Wagoneer, 6-cyl., 4x4						
4d Sta Wag	660	1,980	3,300	7,430	11,550	16,500
1990 Grand Wagoneer, V-8, 4x4						
4d Sta Wag	700	2,100	3,500	7,880	12,250	17,500
1990 Cherokee, 4-cyl.						
4d Sta Wag, 2x4	600	1,850	3,100	6,980	10,900	15,500
2d Sta Wag, 2x4	600	1,800	3,000	6,750	10,500	15,000
4d Sta Wag, 4x4	700	2,050	3,400	7,650	11,900	17,000
2d Sta Wag, 4x4	650	2,000	3,300	7,430	11,600	16,500
1990 Cherokee, 6-cyl.						
4d Sta Wag, 2x4	700	2,050	3,400	7,650	11,900	17,000
2d Sta Wag, 2x4	650	2,000	3,300	7,430	11,600	16,500
4d Sta Wag, 4x4	700	2,100	3,500	7,880	12,300	17,500
2d Sta Wag, 4x4	700	2,050	3,400	7,650	11,900	17,000
4d Limited Sta Wag, 4x4	740	2,220	3,700	8,330	12,950	18,500
2d Limited Sta Wag, 4x4	720	2,160	3,600	8,100	12,600	18,000
1991 Wrangler Jeep, 6-cyl.						
2d Jeep	520	1,560	2,600	5,850	9,100	13,000
2d Sahara	560	1,680	2,800	6,300	9,800	14,000
2d Renegade	580	1,740	2,900	6,530	10,150	14,500
NOTE: Deduct 5 percent for 4-cyl.						
1991 Comanche, 6-cyl.						
2d PU	340	1,020	1,700	3,830	5,950	8,500
2d PU (LBx)	352	1,056	1,760	3,960	6,160	8,800
NOTE: Deduct 5 percent for 4-cyl.						
1991 Wagoneer, V-6, 4x4						
4d Limited Sta Wag	580	1,740	2,900	6,530	10,150	14,500
1991 Grand Wagoneer, V-8, 4x4						
4d Sta Wag	640	1,920	3,200	7,200	11,200	16,000
1991 Cherokee, 4-cyl.						
2d Sta Wag 2WD	320	960	1,600	3,600	5,600	8,000
4d Sta Wag 2WD	320	960	1,600	3,600	5,600	8,000
2d Sta Wag, 4x4	400	1,200	2,000	4,500	7,000	10,000
4d Sta Wag, 4x4	400	1,200	2,000	4,500	7,000	10,000
1991 Cherokee, 6-cyl.						
2d Sta Wag, 2x4	350	1,000	1,700	3,830	5,950	8,500
4d Sta Wag, 4x4	350	1,000	1,700	3,830	5,950	8,500
1991 Cherokee, 4x4						
2d Sta Wag	420	1,260	2,100	4,730	7,350	10,500
4d Sta Wag	420	1,260	2,100	4,730	7,350	10,500
4d Limited Sta Wag	600	1,800	3,000	6,750	10,500	15,000
4d Briarwood Sta Wag	620	1,860	3,100	6,980	10,850	15,500
1992 Wrangler, 4-cyl.						
Jeep S	520	1,560	2,600	5,850	9,100	13,000
Jeep	540	1,620	2,700	6,080	9,450	13,500
Jeep, 6-cyl.	600	1,800	3,000	6,750	10,500	15,000
1992 Cherokee, 4-cyl.						
2d SUV	260	780	1,300	2,930	4,550	6,500
4d SUV	280	840	1,400	3,150	4,900	7,000
2d SUV, 4x4	350	1,000	1,700	3,830	5,950	8,500
4d SUV, 4x4	350	1,100	1,800	4,050	6,300	9,000
NOTE: Add 10 percent for 6-cyl. Add 5 percent for Deluxe models.						
1992 Comanche, 6-cyl.						
2d PU (SBx)	360	1,080	1,800	4,050	6,300	9,000
2d PU (LBx)	380	1,140	1,900	4,280	6,650	9,500
NOTE: Add 5 percent for 4x4.						

	6	5	4	3	2	1
1993 Wrangler, 6-cyl.						
Jeep	540	1,620	2,700	6,080	9,450	13,500
1993 Cherokee, 6-cyl.						
2d SUV 2WD	272	816	1,360	3,060	4,760	6,800
4d SUV 2WD	276	828	1,380	3,110	4,830	6,900
2d SUV, 4x4	350	1,050	1,750	3,960	6,150	8,800
4d SUV, 4x4	350	1,050	1,800	4,010	6,250	8,900
1993 Grand Cherokee, V-8						
4d Sta Wag, 4x4	600	1,800	3,000	6,750	10,500	15,000
4d Sta Wag 2WD 6-cyl.	540	1,620	2,700	6,080	9,450	13,500
1994 Wrangler 4x4						
2d Jeep S	400	1,200	2,000	4,500	7,000	10,000
2d Jeep Sahara	440	1,320	2,200	4,950	7,700	11,000
2d Jeep Renegade	460	1,380	2,300	5,180	8,050	11,500
1994 Cherokee, 6-cyl.						
2d Sta Wag	320	960	1,600	3,600	5,600	8,000
4d Sta Wag	332	996	1,660	3,740	5,810	8,300
2d Sta Wag, 4x4	400	1,150	1,900	4,280	6,650	9,500
4d Sta Wag, 4x4	400	1,200	1,950	4,410	6,850	9,800
1994 Grand Cherokee 4x4, V-8						
4d Sta Wag Laredo	560	1,680	2,800	6,300	9,800	14,000
4d Limited Sta Wag	600	1,800	3,000	6,750	10,500	15,000
1995 Wrangler 4x4						
2d Jeep S, 4-cyl.	400	1,200	2,000	4,500	7,000	10,000
2d Jeep SE, 6-cyl.	400	1,250	2,100	4,730	7,350	10,500
2d Jeep Sahara, 6-cyl.	440	1,320	2,200	4,950	7,700	11,000

NOTE: Add 5 percent for Spt or Rio Grande trim package.

	6	5	4	3	2	1
1995 Cherokee, 4-cyl. & 6-cyl.						
2d Sta Wag	300	950	1,600	3,600	5,600	8,000
4d Sta Wag	350	1,000	1,650	3,740	5,800	8,300
2d Sta Wag, 4x4	400	1,150	1,900	4,280	6,650	9,500
4d Sta Wag, 4x4	400	1,200	1,950	4,410	6,850	9,800

NOTE: Deduct 5 percent for 4-cyl.

	6	5	4	3	2	1
1995 Grand Cherokee, 6-cyl. & V-8						
4d SE Sta Wag	400	1,200	2,000	4,500	7,000	10,000
4d SE Sta Wag, 4x4	480	1,440	2,400	5,400	8,400	12,000
4d Laredo Sta Wag	500	1,450	2,400	5,400	8,400	12,000
4d Laredo Sta Wag, 4x4	560	1,680	2,800	6,300	9,800	14,000
4d Limited Sta Wag	500	1,550	2,600	5,850	9,100	13,000
4d Limited Sta Wag, 4x4	600	1,800	3,000	6,750	10,500	15,000

NOTE: Deduct 5 percent for 6-cyl.

	6	5	4	3	2	1
1996 Cherokee, 4-cyl. & 6-cyl.						
2d Sta Wag	300	950	1,600	3,600	5,600	8,000
4d Sta Wag	350	1,000	1,650	3,740	5,800	8,300
2d Sta Wag, 4x4	400	1,150	1,900	4,280	6,650	9,500
4d Sta Wag, 4x4	400	1,200	1,950	4,410	6,850	9,800
1996 Grand Cherokee, 6-cyl. & V-8						
4d Laredo Sta Wag	400	1,200	2,000	4,500	7,000	10,000
4d Laredo Sta Wag, 4x4	480	1,440	2,400	5,400	8,400	12,000
4d Limited Sta Wag	520	1,560	2,600	5,850	9,100	13,000
4d Limited Sta Wag, 4x4	600	1,800	3,000	6,750	10,500	15,000

NOTE: Deduct 5 percent for 6-cyl.

	6	5	4	3	2	1
1997 Wrangler, 6-cyl.						
SE Utly (4-cyl. only)	280	840	1,400	3,150	4,900	7,000
Sport Utly	320	960	1,600	3,600	5,600	8,000
Sahara Utly	440	1,320	2,200	4,950	7,700	11,000

NOTE: Add 5 percent for detachable HT.

	6	5	4	3	2	1
1997 Cherokee, 6-cyl.						
2d SE Sta Wag	320	960	1,600	3,600	5,600	8,000
4d SE Sta Wag	332	996	1,660	3,740	5,810	8,300
2d Sport Sta Wag	380	1,140	1,900	4,280	6,650	9,500
4d Sport Sta Wag	392	1,176	1,960	4,410	6,860	9,800
4d Country Sta Wag	420	1,260	2,100	4,730	7,350	10,500

NOTE: Add 10 percent for 4x4. Deduct 5 percent for 4-cyl.

	6	5	4	3	2	1
1997 Grand Cherokee, 6-cyl.						
4d Laredo Sta Wag	400	1,200	2,000	4,500	7,000	10,000
4d TSi Sta Wag	400	1,200	2,000	4,500	7,000	10,000
4d Limited Sta Wag	520	1,560	2,600	5,850	9,100	13,000

NOTE: Add 10 percent for 4x4. Add 5 percent for V-8.

	6	5	4	3	2	1
1998 Wrangler, 6-cyl., 4x4						
SE Utly (4-cyl. only)	280	840	1,400	3,150	4,900	7,000
Sport Utly	320	960	1,600	3,600	5,600	8,000

	6	5	4	3	2	1
Sahara Utly	440	1,320	2,200	4,950	7,700	11,000

NOTE: Add 5 percent for detachable HT.

1998 Cherokee, 6-cyl.

	6	5	4	3	2	1
2d SE Sta Wag	320	960	1,600	3,600	5,600	8,000
4d SE Sta Wag	330	1,000	1,660	3,740	5,810	8,300
2d Sport Sta Wag	380	1,140	1,900	4,280	6,650	9,500
4d Sport Sta Wag	390	1,180	1,960	4,410	6,860	9,800
4d Classic Sta Wag	420	1,260	2,100	4,730	7,350	10,500
4d Classic Sta Wag	440	1,320	2,200	4,950	7,700	11,000

NOTE: Add 10 percent for 4x4. Deduct 5 percent for 4-cyl.

1998 Grand Cherokee, V-8

	6	5	4	3	2	1
4d Laredo Sta Wag	400	1,200	2,000	4,500	7,000	10,000
4d TSi Sta Wag	480	1,440	2,400	5,400	8,400	12,000
4d SE Sta Wag	520	1,560	2,600	5,850	9,100	13,000
4d Limited Sta Wag	600	1,800	3,000	6,750	10,500	15,000

NOTE: Add 10 percent for 4x4. Deduct 5 percent for 6-cyl.

LINCOLN TRUCKS

1998 Navigator, V-8, 4x4

	6	5	4	3	2	1
4d SUV	580	1,740	2,900	6,530	10,150	14,500

NOTE: Add 10 percent for 4x4.

MERCURY TRUCKS

1993 Villager FWD, V-6

	6	5	4	3	2	1
GS Sta Wag	300	950	1,600	3,600	5,600	8,000
LS Sta Wag	350	1,100	1,800	4,050	6,300	9,000

1994 Villager, V-6

	6	5	4	3	2	1
GS Window Van	350	1,100	1,800	4,050	6,300	9,000
LS Window Van	450	1,300	2,150	4,860	7,550	10,800
Nautica Window Van	440	1,320	2,200	4,950	7,700	11,000

1995 Villager, V-6

	6	5	4	3	2	1
GS Window Van	350	1,100	1,800	4,050	6,300	9,000
LS Window Van	450	1,300	2,150	4,860	7,550	10,800
Nautica Window Van	440	1,320	2,200	4,950	7,700	11,000

1996 Villager, V-6

	6	5	4	3	2	1
GS Window Van	350	1,100	1,800	4,050	6,300	9,000
LS Window Van	450	1,300	2,150	4,860	7,550	10,800
Nautica Window Van	440	1,320	2,200	4,950	7,700	11,000

1997 Villager, V-6

	6	5	4	3	2	1
GS Window Van	360	1,080	1,800	4,050	6,300	9,000
LS Window Van	432	1,296	2,160	4,860	7,560	10,800
Nautica Window Van	440	1,320	2,200	4,950	7,700	11,000

1997 Mountaineer, V-8

	6	5	4	3	2	1
4d Wag	280	840	1,400	3,150	4,900	7,000

NOTE: Add 10 percent for AWD.

1998 Villager, V-6

	6	5	4	3	2	1
GS Window Van	360	1,080	1,800	4,050	6,300	9,000
LS Window Van	430	1,300	2,160	4,860	7,560	10,800
Nautica Window Van	440	1,320	2,200	4,950	7,700	11,000

1998 Mountaineer, V-6

	6	5	4	3	2	1
4d Wag	280	840	1,400	3,150	4,900	7,000

NOTE: Add 10 percent for AWD. Add 5 percent for V-8.

OLDSMOBILE TRUCKS

1990 Silhouette FWD, V-6

	6	5	4	3	2	1
Sta Wag	280	840	1,400	3,150	4,900	7,000

1991 Bravada 4x4, V-6

	6	5	4	3	2	1
Sta Wag	380	1,140	1,900	4,280	6,650	9,500

1991 Silhouette FWD, V-6

	6	5	4	3	2	1
Sta Wag	300	900	1,500	3,380	5,250	7,500

1992 Bravada 4x4, V-6

	6	5	4	3	2	1
Sta Wag	400	1,200	2,000	4,500	7,000	10,000

1992 Silhouette FWD, V-6

	6	5	4	3	2	1
Sta Wag	320	960	1,600	3,600	5,600	8,000

1993 Bravada 4x4, V-6

	6	5	4	3	2	1
Sta Wag	440	1,320	2,200	4,950	7,700	11,000

1993 Silhouette FWD, V-6

	6	5	4	3	2	1
Sta Wag	340	1,020	1,700	3,830	5,950	8,500

	6	5	4	3	2	1
1994 Bravada, V-6						
4d Utility	460	1,380	2,300	5,180	8,050	11,500
1994 Silhouette, V-6						
Window Van	380	1,140	1,900	4,280	6,650	9,500
1995 Silhouette, V-6						
Window Van	380	1,140	1,900	4,280	6,650	9,500
1996 Silhouette, V-6						
Window Van	380	1,140	1,900	4,280	6,650	9,500
1996 Bravada, V-6						
4d SUV	460	1,380	2,300	5,180	8,050	11,500
1997 Silhouette, V-6						
Window Van	340	1,020	1,700	3,830	5,950	8,500
GL Window Van	380	1,140	1,900	4,280	6,650	9,500
GLS Window Van	440	1,320	2,200	4,950	7,700	11,000
1997 Bravada, V-6						
4d SUV	460	1,380	2,300	5,180	8,050	11,500
1998 Silhouette, V-6						
GS Window Van	320	960	1,600	3,600	5,600	8,000
GL Window Van	360	1,080	1,800	4,050	6,300	9,000
GLS Window Van	420	1,260	2,100	4,730	7,350	10,500
1998 Bravada, V-6, 4x4						
4d SUV	440	1,320	2,200	4,950	7,700	11,000

PLYMOUTH TRUCKS

	6	5	4	3	2	1
1930-31 Series 30U						
Commercial Sed	720	2,160	3,600	8,100	12,600	18,000
1935 Series PJ						
Sed Dly	640	1,920	3,200	7,200	11,200	16,000
1936 Series P-1						
Sed Dly	640	1,920	3,200	7,200	11,200	16,000
1937 Series PT-50						
PU	684	2,052	3,420	7,700	11,970	17,100
Sed Dly	640	1,920	3,200	7,200	11,200	16,000
Sta Wag	840	2,520	4,200	9,450	14,700	21,000
1938 Series PT-57						
PU	684	2,052	3,420	7,700	11,970	17,100
Sed Dly	640	1,920	3,200	7,200	11,200	16,000
1939 Series P-81						
PU	684	2,052	3,420	7,700	11,970	17,100
Sed Dly	640	1,920	3,200	7,200	11,200	16,000
1940 Series PT-105						
PU	700	2,100	3,500	7,880	12,250	17,500
1941 Series PT-125						
Sed Dly	660	1,980	3,300	7,430	11,550	16,500
PU	700	2,100	3,500	7,880	12,250	17,500
1974-91 Scamp (1983 only)						
PU	188	564	940	2,120	3,290	4,700
1974-91 Trail Duster, (4x4), 1/2-Ton						
Utl	280	840	1,400	3,150	4,900	7,000
1974-91 PB-100 Voyager Van, 1/2-Ton, 109" wb						
Wag	260	780	1,300	2,930	4,550	6,500
1984-91 Voyager, V-6						
Sta Wag	252	756	1,260	2,840	4,410	6,300
SE Sta Wag	256	768	1,280	2,880	4,480	6,400
LE Sta Wag	260	780	1,300	2,930	4,550	6,500
NOTE: Add 5 percent for 4x4.						
1992 Voyager, V-6						
3d Van	248	744	1,240	2,790	4,340	6,200
SE 3d Van	252	756	1,260	2,840	4,410	6,300
LE 3d Van	256	768	1,280	2,880	4,480	6,400
NOTE: Add 5 percent for Grand package. Add 5 percent for 4x4.						
1993 Voyager, V-6						
Window Van	292	876	1,460	3,290	5,110	7,300
NOTE: Add 5 percent for 4x4.						
1994 Voyager, V-6						
Window Van Voyager	280	840	1,400	3,150	4,900	7,000
SE Window Van Voyager	300	900	1,500	3,380	5,250	7,500
LE Window Van Voyager	320	960	1,600	3,600	5,600	8,000
Window Van Grand Voyager	320	960	1,600	3,600	5,600	8,000
SE Window Van Grand Voyager	340	1,020	1,700	3,830	5,950	8,500

	6	5	4	3	2	1
LE Window Van Grand Voyager	360	1,080	1,800	4,050	6,300	9,000
Window Van Grand Voyager 4x4 ...	420	1,260	2,100	4,730	7,350	10,500

NOTE: Add 5 percent for 4x4.

1995 Voyager, 4-cyl. & V-6

	6	5	4	3	2	1
Window Van	280	840	1,400	3,150	4,900	7,000
SE Window Van	300	900	1,500	3,380	5,250	7,500
LE Window Van	320	960	1,600	3,600	5,600	8,000
Grand Voyager Window Van	320	960	1,600	3,600	5,600	8,000
SE Grand Voyager Window Van	340	1,020	1,700	3,830	5,950	8,500
LE Grand Voyager Window Van	360	1,080	1,800	4,050	6,300	9,000

NOTE: Add 10 percent for 4x4. Deduct 5 percent for 4-cyl.

1996 Voyager, 4-cyl. & V-6

	6	5	4	3	2	1
Window Van	280	840	1,400	3,150	4,900	7,000
SE Window Van	300	900	1,500	3,380	5,250	7,500
Grand Voyager Window Van	320	960	1,600	3,600	5,600	8,000
Grand Voyager SE Window Van	340	1,020	1,700	3,830	5,950	8,500

NOTE: Deduct 5 percent for 4-cyl.

1997 Voyager, V-6

	6	5	4	3	2	1
Window Van	280	840	1,400	3,150	4,900	7,000
SE Window Van	300	900	1,500	3,380	5,250	7,500
Grand Voyager Window Van	320	960	1,600	3,600	5,600	8,000
Grand Voyager SE Window Van	340	1,020	1,700	3,830	5,950	8,500

NOTE: Deduct 5 percent for 4-cyl.

1998 Voyager, V-6

	6	5	4	3	2	1
Window Van	260	780	1,300	2,930	4,550	6,500
SE Window Van	280	840	1,400	3,150	4,900	7,000
Expresso Window Van	290	870	1,450	3,260	5,080	7,250
Grand Voyager Window Van	300	900	1,500	3,380	5,250	7,500
Grand Voyager SE Window Van	320	960	1,600	3,600	5,600	8,000
Grand Voyager Expresso Window Van	330	990	1,650	3,710	5,780	8,250

NOTE: Deduct 5 percent for 4-cyl.

PONTIAC TRUCKS

1949 Streamliner Series 6

	6	5	4	3	2	1
Sed Dly	800	2,400	4,000	9,000	14,000	20,000

1949 Streamliner Series 8

	6	5	4	3	2	1
Sed Dly	840	2,520	4,200	9,450	14,700	21,000

1950 Streamliner Series 6

	6	5	4	3	2	1
Sed Dly	800	2,400	4,000	9,000	14,000	20,000

1950 Streamliner Series 8

	6	5	4	3	2	1
Sed Dly	840	2,520	4,200	9,450	14,700	21,000

1951 Streamliner Series 6

	6	5	4	3	2	1
Sed Dly	820	2,460	4,100	9,230	14,350	20,500

1951 Streamliner Series 8

	6	5	4	3	2	1
Sed Dly	860	2,580	4,300	9,680	15,050	21,500

1952 Chieftain Series 6

	6	5	4	3	2	1
Sed Dly	820	2,460	4,100	9,230	14,350	20,500

1952 Chieftain Series 8

	6	5	4	3	2	1
Sed Dly	860	2,580	4,300	9,680	15,050	21,500

1953 Chieftain Series 6

	6	5	4	3	2	1
Sed Dly	840	2,520	4,200	9,450	14,700	21,000

1953 Chieftain Series 8

	6	5	4	3	2	1
Sed Dly	880	2,640	4,400	9,900	15,400	22,000

1990 Trans Sport FWD, V-6

	6	5	4	3	2	1
Sta Wag	260	780	1,300	2,930	4,550	6,500
SE Sta Wag	280	840	1,400	3,150	4,900	7,000

1991 Trans Sport FWD, V-6

	6	5	4	3	2	1
Sta Wag	300	900	1,500	3,380	5,250	7,500
SE Sta Wag	320	960	1,600	3,600	5,600	8,000

1992 Trans Sport FWD, V-6

	6	5	4	3	2	1
SE Sta Wag	352	1,056	1,760	3,960	6,160	8,800
GS Sta Wag	360	1,080	1,800	4,050	6,300	9,000

1993 Trans Sport FWD, V-6

	6	5	4	3	2	1
SE Sta Wag	372	1,116	1,860	4,190	6,510	9,300

1994 Trans Sport, V-6

	6	5	4	3	2	1
SE Window Van	380	1,140	1,900	4,280	6,650	9,500

1995 Trans Sport, V-6

	6	5	4	3	2	1
SE Window Van	380	1,140	1,900	4,280	6,650	9,500

1996 Trans Sport, V-6

	6	5	4	3	2	1
SE Window Van	380	1,140	1,900	4,280	6,650	9,500

	6	5	4	3	2	1
1997 Trans Sport, V-6						
SE Window Van	380	1,140	1,900	4,280	6,650	9,500
NOTE: Add 5 percent for extended model.						
1998 Trans Sport, V-6						
SE Window Van	360	1,080	1,800	4,050	6,300	9,000
NOTE: Add 5 percent for extended model. Add 5 percent for Montana Pkg.						

STUDEBAKER TRUCKS

	6	5	4	3	2	1
1937 Model 5A/6A, Dictator Six						
Cpe Exp	800	2,400	4,000	9,000	14,000	20,000
1938 Model 7A, Commander Six						
Cpe Exp	800	2,400	4,000	9,000	14,000	20,000
1939 Model 9A, Commander Six						
Cpe Exp	850	2,500	4,200	9,450	14,700	21,000
1941-42, 1946-48 Six-cyl., 113" wb						
1/2-Ton	680	2,040	3,400	7,650	11,900	17,000
1949-53 Pickup, 1/2-Ton, 6-cyl.						
2R5	692	2,076	3,460	7,790	12,110	17,300
2R6	696	2,088	3,480	7,830	12,180	17,400
1949-53 Pickup, 3/4-Ton, 6-cyl.						
2R10	672	2,016	3,360	7,560	11,760	16,800
2R11	676	2,028	3,380	7,610	11,830	16,900
1954 Pickup, 1/2-Ton, 6-cyl.						
3R5	692	2,076	3,460	7,790	12,110	17,300
3R6	696	2,088	3,480	7,830	12,180	17,400
1954 Pickup, 3/4-Ton, 6-cyl.						
3R10	672	2,016	3,360	7,560	11,760	16,800
3R11	676	2,028	3,380	7,610	11,830	16,900
1955 Pickup, 1/2-Ton, 6-cyl.						
E5	700	2,100	3,500	7,880	12,250	17,500
E7	704	2,112	3,520	7,920	12,320	17,600
1955 Pickup, 3/4-Ton, 6-cyl.						
E10	684	2,052	3,420	7,700	11,970	17,100
E12	688	2,064	3,440	7,740	12,040	17,200
NOTE: Add 20 percent for V-8.						
1956-58 Pickup, 1/2-Ton, 6-cyl.						
2E5 (SWB)	668	2,004	3,340	7,520	11,690	16,700
2E5 (LWB)	660	1,980	3,300	7,430	11,550	16,500
2E7 (SWB)	680	2,040	3,400	7,650	11,900	17,000
2E7 (LWB)	672	2,016	3,360	7,560	11,760	16,800
1956-58 Pickup, 3/4-Ton, 6-cyl.						
2E12	660	1,980	3,300	7,430	11,550	16,500
NOTE: Add 20 percent for V-8.						
1959-64 Pickup, 1/2-Ton, 6-cyl.						
4E1 (SWB)	640	1,920	3,200	7,200	11,200	16,000
4E1 (LWB)	640	1,920	3,200	7,200	11,200	16,000
4E5 (SWB)	648	1,944	3,240	7,290	11,340	16,200
4E5 (LWB)	648	1,944	3,240	7,290	11,340	16,200
4E6 (SWB)	652	1,956	3,260	7,340	11,410	16,300
4E6 (LWB)	652	1,956	3,260	7,340	11,410	16,300
4E7 (SWB)	680	2,040	3,400	7,650	11,900	17,000
4E7 (LWB)	680	2,040	3,400	7,650	11,900	17,000
1959-64 Pickup, 3/4-Ton, 6-cyl.						
4E11	632	1,896	3,160	7,110	11,060	15,800
4E12	652	1,956	3,260	7,340	11,410	16,300
NOTE: Add 20 percent for V-8.						
NOTE: Add 5 percent for 4x4.						

WILLYS OVERLAND TRUCKS (1911-1942)

	6	5	4	3	2	1
1911-12 Overland "37"						
Dly	600	1,800	3,000	6,750	10,500	15,000
Spl Dly	640	1,920	3,200	7,200	11,200	16,000
1911-12 Overland						
1-Ton Truck	508	1,524	2,540	5,720	8,890	12,700
1911-12 Gramm						
1-Ton Truck	520	1,560	2,600	5,850	9,100	13,000
1913 Overland						
Open Exp	580	1,740	2,900	6,530	10,150	14,500
Full Panel	600	1,800	3,000	6,750	10,500	15,000

	6	5	4	3	2	1
1913 Gramm						
Chassis (1-Ton)	520	1,560	2,600	5,850	9,100	13,000
1913 Willys						
Chassis (3/4-Ton)	560	1,680	2,800	6,300	9,800	14,000
1914 Overland "79"						
Exp	580	1,740	2,900	6,530	10,150	14,500
Panel	600	1,800	3,000	6,750	10,500	15,000
1914 Willys Utility "65"						
Exp	580	1,740	2,900	6,530	10,150	14,500
Panel	592	1,776	2,960	6,660	10,360	14,800
1915 Willys Utility						
3/4-Ton Exp	572	1,716	2,860	6,440	10,010	14,300
1916 Overland "83"						
Exp Dly	600	1,800	3,000	6,750	10,500	15,000
Spl Dly	640	1,920	3,200	7,200	11,200	16,000
Open Exp	580	1,740	2,900	6,530	10,150	14,500
1916 Overland "75"						
Screen	644	1,932	3,220	7,250	11,270	16,100
Panel	648	1,944	3,240	7,290	11,340	16,200
1917 Overland "90"						
Panel	620	1,860	3,100	6,980	10,850	15,500
1918 Overland "90"						
Exp (800 lbs.)	604	1,812	3,020	6,800	10,570	15,100
Panel (800 lbs.)	620	1,860	3,100	6,980	10,850	15,500
Exp (1200 lbs.)	580	1,740	2,900	6,530	10,150	14,500
1919 Overland Light Four						
Exp (800 lbs.)	604	1,812	3,020	6,800	10,570	15,100
Panel (800 lbs.)	620	1,860	3,100	6,980	10,850	15,500
Exp (1200 lbs.)	580	1,740	2,900	6,530	10,150	14,500
1920 Overland Model 5 - ("Light Four")						
Exp (800 lbs.)	608	1,824	3,040	6,840	10,640	15,200
Panel (800 lbs.)	628	1,884	3,140	7,070	10,990	15,700
Exp (1000 lbs.)	584	1,752	2,920	6,570	10,220	14,600
1921 Overland Model Four						
Exp (800 lbs.)	528	1,584	2,640	5,940	9,240	13,200
Panel (800 lbs.)	548	1,644	2,740	6,170	9,590	13,700
Exp (1000 lbs.)	504	1,512	2,520	5,670	8,820	12,600
1922 Overland Model Four						
Exp (800 lbs.)	608	1,824	3,040	6,840	10,640	15,200
Panel (800 lbs.)	628	1,884	3,140	7,070	10,990	15,700
Exp (1000 lbs.)	584	1,752	2,920	6,570	10,220	14,600
1923 Overland "91CE"						
Exp	608	1,824	3,040	6,840	10,640	15,200
Canopy	648	1,944	3,240	7,290	11,340	16,200
Screen	616	1,848	3,080	6,930	10,780	15,400
Panel	628	1,884	3,140	7,070	10,990	15,700
1924 Overland "91CE"						
Exp	608	1,824	3,040	6,840	10,640	15,200
Canopy	620	1,860	3,100	6,980	10,850	15,500
Screen	616	1,848	3,080	6,930	10,780	15,400
Panel	628	1,884	3,140	7,070	10,990	15,700
1925 Overland "91CE"						
Open Exp	608	1,824	3,040	6,840	10,640	15,200
Canopy	620	1,860	3,100	6,980	10,850	15,500
Screen	616	1,848	3,080	6,930	10,780	15,400
Panel	628	1,884	3,140	7,070	10,990	15,700

NOTE: With aftermarket bodies.

	6	5	4	3	2	1
1926 Overland Model 91						
Open Exp	608	1,824	3,040	6,840	10,640	15,200
Canopy	620	1,860	3,100	6,980	10,850	15,500
Screen	616	1,848	3,080	6,930	10,780	15,400
Panel	628	1,884	3,140	7,070	10,990	15,700

NOTE: With aftermarket bodies.

	6	5	4	3	2	1
1927 Whippet Model 96						
PU	508	1,524	2,540	5,720	8,890	12,700
Canopy	512	1,536	2,560	5,760	8,960	12,800
Screen	516	1,548	2,580	5,810	9,030	12,900
Panel	524	1,572	2,620	5,900	9,170	13,100
Sed Dly	540	1,620	2,700	6,080	9,450	13,500

NOTE: Add 12 percent for 6-cyl. engine.

	6	5	4	3	2	1
1928 Whippet Series 96						
PU	508	1,524	2,540	5,720	8,890	12,700
Canopy	512	1,536	2,560	5,760	8,960	12,800

	6	5	4	3	2	1
Screen	516	1,548	2,580	5,810	9,030	12,900
Panel	524	1,572	2,620	5,900	9,170	13,100
Sed Dly	540	1,620	2,700	6,080	9,450	13,500

NOTE: Add 12 percent for 6-cyl. engine.

1929 Whippet Series 96, 100" wb

	6	5	4	3	2	1
PU	508	1,524	2,540	5,720	8,890	12,700
Screen	512	1,536	2,560	5,760	8,960	12,800
Canopy	516	1,548	2,580	5,810	9,030	12,900
Panel	524	1,572	2,620	5,900	9,170	13,100
Sed Dly	540	1,620	2,700	6,080	9,450	13,500

1929 Whippet Series 96A, 103" wb

	6	5	4	3	2	1
PU	516	1,548	2,580	5,810	9,030	12,900
Canopy	520	1,560	2,600	5,850	9,100	13,000
Screen	524	1,572	2,620	5,900	9,170	13,100
Panel	532	1,596	2,660	5,990	9,310	13,300
Sed Dly	548	1,644	2,740	6,170	9,590	13,700

NOTE: Add 12 percent for Whippet Six.

1929 Willys Series 98B

	6	5	4	3	2	1
PU	560	1,680	2,800	6,300	9,800	14,000
Canopy	564	1,692	2,820	6,350	9,870	14,100
Screenside	572	1,716	2,860	6,440	10,010	14,300
Panel	580	1,740	2,900	6,530	10,150	14,500
Sed Dly	604	1,812	3,020	6,800	10,570	15,100

1930 Whippet Series 96A

	6	5	4	3	2	1
PU	516	1,548	2,580	5,810	9,030	12,900
Canopy	520	1,560	2,600	5,850	9,100	13,000
Screenside	524	1,572	2,620	5,900	9,170	13,100
Panel	532	1,596	2,660	5,990	9,310	13,300
Screen Dly	548	1,644	2,740	6,170	9,590	13,700

1931 Whippet Series 96

	6	5	4	3	2	1
PU	516	1,548	2,580	5,810	9,030	12,900
Canopy	520	1,560	2,600	5,850	9,100	13,000
Screenside	524	1,572	2,620	5,900	9,170	13,100
Panel	532	1,596	2,660	5,990	9,310	13,300
Sed Dly	548	1,644	2,740	6,170	9,590	13,700

NOTE: Add 12 percent for Whippet Six.

1931 Willys Series 98B

	6	5	4	3	2	1
PU	560	1,680	2,800	6,300	9,800	14,000
Canopy	564	1,692	2,820	6,350	9,870	14,100
Screenside	572	1,716	2,860	6,440	10,010	14,300
Panel	580	1,740	2,900	6,530	10,150	14,500
Sed Dly	604	1,812	3,020	6,800	10,570	15,100

1931 Willys Series C-113

	6	5	4	3	2	1
PU	500	1,500	2,500	5,630	8,750	12,500
Canopy	504	1,512	2,520	5,670	8,820	12,600
Screenside	508	1,524	2,540	5,720	8,890	12,700
Panel	516	1,548	2,580	5,810	9,030	12,900
Sed Dly	528	1,584	2,640	5,940	9,240	13,200

1932 Willys Series C-113

	6	5	4	3	2	1
PU	580	1,740	2,900	6,530	10,150	14,500
Canopy	584	1,752	2,920	6,570	10,220	14,600
Screenside	588	1,764	2,940	6,620	10,290	14,700
Panel	596	1,788	2,980	6,710	10,430	14,900
Sed Dly	608	1,824	3,040	6,840	10,640	15,200

1933 Willys "77"

	6	5	4	3	2	1
Panel	840	2,520	4,200	9,450	14,700	21,000

1934 Willys Model 77

	6	5	4	3	2	1
Panel	840	2,520	4,200	9,450	14,700	21,000

1935 Willys Model 77

	6	5	4	3	2	1
PU	800	2,400	4,000	9,000	14,000	20,000
Panel	840	2,520	4,200	9,450	14,700	21,000

1936 Willys Model 77

	6	5	4	3	2	1
PU	800	2,400	4,000	9,000	14,000	20,000
Panel	840	2,520	4,200	9,450	14,700	21,000

1937 Willys Model 77

	6	5	4	3	2	1
PU	1,000	3,000	5,000	11,250	17,500	25,000
Panel	1,020	3,060	5,100	11,480	17,850	25,500

1938 Willys Model 38

	6	5	4	3	2	1
PU	1,000	3,000	5,000	11,250	17,500	25,000
Stake	960	2,880	4,800	10,800	16,800	24,000
Panel	1,020	3,060	5,100	11,480	17,850	25,500

	6	5	4	3	2	1
1939 Willys Model 38						
PU	1,000	3,000	5,000	11,250	17,500	25,000
Stake	960	2,880	4,800	10,800	16,800	24,000
Panel	1,020	3,060	5,100	11,480	17,850	25,500
1939 Willys Model 48						
PU	1,020	3,060	5,100	11,480	17,850	25,500
Stake	960	2,880	4,800	10,800	16,800	24,000
Panel	1,020	3,060	5,100	11,480	17,850	25,500
1940 Willys Model 440						
PU	1,040	3,120	5,200	11,700	18,200	26,000
Panel Dly	1,040	3,120	5,200	11,700	18,200	26,000
1941 Willys Model 441						
PU	1,120	3,360	5,600	12,600	19,600	28,000
Panel Dly	1,120	3,360	5,600	12,600	19,600	28,000
1942 Willys Model 442						
PU	1,120	3,360	5,600	12,600	19,600	28,000
Panel Dly	1,120	3,360	5,600	12,600	19,600	28,000

	6	5	4	3	2	1

IMPORT TRUCKS

ACURA TRUCKS

1998 SLX, V-6, 4x4

	6	5	4	3	2	1
4d Utility	400	1,200	2,000	4,500	7,000	10,000

DAIHATSU TRUCKS

1991 Rocky

	6	5	4	3	2	1
SE 2d Utly Conv	200	650	1,100	2,480	3,850	5,500
SE 2d Utly.	250	700	1,150	2,610	4,050	5,800
SX 2d Utly.	250	700	1,200	2,700	4,200	6,000

1992 Rocky, 4-cyl.

	6	5	4	3	2	1
SE 2d Utly Conv	200	650	1,100	2,480	3,850	5,500
SE 2d Utly HT	250	700	1,200	2,660	4,150	5,900
SX 2d Utly HT	250	750	1,200	2,750	4,250	6,100

GEO TRUCKS

1991

	6	5	4	3	2	1
2d Utility 4x4	200	550	950	2,120	3,300	4,700
2d Conv 2x4	250	700	1,150	2,570	4,000	5,700
2d Conv 4x4	250	700	1,200	2,660	4,150	5,900

1992 Tracker, 4-cyl.

	6	5	4	3	2	1
2d Utility Conv 2x4	150	500	850	1,890	2,950	4,200
2d Utility HT 4x4	200	600	1,050	2,340	3,650	5,200
2d Utility Conv 4x4	250	700	1,150	2,570	4,000	5,700

1993 Tracker, 4-cyl.

	6	5	4	3	2	1
2d Utility Conv 2x4	150	500	850	1,940	3,000	4,300
2d Utility HT 4x4	200	650	1,100	2,430	3,800	5,400
2d Utility Conv 4x4	250	700	1,200	2,660	4,150	5,900

1994 Tracker

	6	5	4	3	2	1
2d Utility Conv	200	600	1,050	2,340	3,650	5,200
2d Utility HT 4x4	250	750	1,250	2,790	4,350	6,200
2d Utility Conv 4x4	250	800	1,350	3,020	4,700	6,700

1995 Tracker, 4-cyl.

	6	5	4	3	2	1
2d Utility Conv	200	600	1,050	2,340	3,650	5,200
2d Utility HT 4x4	250	750	1,250	2,790	4,350	6,200
2d Utility Conv 4x4	250	800	1,350	3,020	4,700	6,700

1996 Tracker, 4-cyl.

	6	5	4	3	2	1
2d Utility Conv	200	600	1,050	2,340	3,650	5,200
2d Utility HT	250	700	1,150	2,570	4,000	5,700
2d Utility Conv 4x4	250	750	1,250	2,790	4,350	6,200
2d Utility HT 4x4	250	800	1,350	3,020	4,700	6,700

1997 Tracker, 4-cyl.

	6	5	4	3	2	1
2d Utility Conv	208	624	1,040	2,340	3,640	5,200
2d Utility HT	228	684	1,140	2,570	3,990	5,700
2d Utility Conv 4x4	248	744	1,240	2,790	4,340	6,200
2d Utility HT 4x4	268	804	1,340	3,020	4,690	6,700

HONDA TRUCKS

1997 CR-V, 4-cyl.

	6	5	4	3	2	1
4d Utility	560	1,680	2,800	6,300	9,800	14,000

1997 Passport, V-6

	6	5	4	3	2	1
4d LX Utility	320	960	1,600	3,600	5,600	8,000
4d EX Utility	360	1,080	1,800	4,050	6,300	9,000
4d LX Utility 4x4	380	1,140	1,900	4,280	6,650	9,500
4d EX Utility 4x4	400	1,200	2,000	4,500	7,000	10,000

1997 Odyssey, 4-cyl.

	6	5	4	3	2	1
4d LX Window Van	408	1,224	2,040	4,590	7,140	10,200
4d EX Window Van	420	1,260	2,100	4,730	7,350	10,500

1998 CR-V, 4-cyl.

	6	5	4	3	2	1
LX 4d Utility	480	1,440	2,400	5,400	8,400	12,000
EX 4d Utility	520	1,560	2,600	5,850	9,100	13,000

NOTE: Add 5 percent for 4x4.

1998 Passport, V-6

	6	5	4	3	2	1
4d LX Utility	320	960	1,600	3,600	5,600	8,000
4d EX Utility	360	1,080	1,800	4,050	6,300	9,000
4d EX Utility			value not estimable			

NOTE: Add 5 percent for 4x4.

	6	5	4	3	2	1
1998 Odyssey, 4-cyl.						
4d LX Window Van	410	1,220	2,040	4,590	7,140	10,200
4d EX Window Van	420	1,260	2,100	4,730	7,350	10,500

INFINITI TRUCKS

	6	5	4	3	2	1
1998 QX4, V-6, 4x4						
4d Utility	480	1,440	2,400	5,400	8,400	12,000

ISUZU TRUCKS

	6	5	4	3	2	1
1981 1/2-Ton						
PU SBx	88	264	440	990	1,540	2,200
PU LBx	96	288	480	1,080	1,680	2,400
1982 1/2-Ton						
PU SBx	88	264	440	990	1,540	2,200
PU LBx	96	288	480	1,080	1,680	2,400
1983 1/2-Ton						
PU SBx	92	276	460	1,040	1,610	2,300
PU LBx	100	300	500	1,130	1,750	2,500
1984 1/2-Ton						
PU SBx	112	336	560	1,260	1,960	2,800
PU LBx	120	360	600	1,350	2,100	3,000
1984 Trooper II 4x4						
Wag	180	540	900	2,030	3,150	4,500
1985 1/2-Ton						
PU SBx	128	384	640	1,440	2,240	3,200
PU LBx	180	540	900	2,030	3,150	4,500
1985 Trooper II 4x4						
Wag	212	636	1,060	2,390	3,710	5,300
1986 1/2-Ton						
PU SBx	160	480	800	1,800	2,800	4,000
PU LBx	168	504	840	1,890	2,940	4,200
PU Space Cab	180	540	900	2,030	3,150	4,500
1986 Trooper II 4x4						
Wag	260	780	1,300	2,930	4,550	6,500
1987 Pickup						
PU	120	360	600	1,350	2,100	3,000
PU LBx	140	420	700	1,580	2,450	3,500
PU LS	152	456	760	1,710	2,660	3,800
PU MPG (Diesel)	116	348	580	1,310	2,030	2,900
PU LBx (Diesel)	120	360	600	1,350	2,100	3,000
PU Space Cab	140	420	700	1,580	2,450	3,500
PU Space Cab DeL	160	480	800	1,800	2,800	4,000
PU LS Space Cab	180	540	900	2,030	3,150	4,500
PU 4x4	176	528	880	1,980	3,080	4,400
PU LS 4x4	188	564	940	2,120	3,290	4,700
PU LS Space Cab 4x4	188	564	940	2,120	3,290	4,700
PU LBx (4WD)	200	600	1,000	2,250	3,500	5,000
1987 Trooper II 4x4						
2d DeL	260	780	1,300	2,930	4,550	6,500
4d DeL	280	840	1,400	3,150	4,900	7,000
1988 Pickup						
PU S	164	492	820	1,850	2,870	4,100
PU S LBx	172	516	860	1,940	3,010	4,300
1-Ton PU S LBx	180	540	900	2,030	3,150	4,500
PU LS	192	576	960	2,160	3,360	4,800
PU LS Space Cab	212	636	1,060	2,390	3,710	5,300
PU S 4x4	232	696	1,160	2,610	4,060	5,800
PU LS Space Cab 4x4	272	816	1,360	3,060	4,760	6,800
1988 Trooper II 4x4						
2d S	320	960	1,600	3,600	5,600	8,000

NOTE: Add 10 percent for 4x4. Prices based on deluxe model. *(1981, 1982, 1983)*

NOTE: Add 10 percent for 4x4. Deduct 5 percent for diesel. *(1984 1/2-Ton, 1985 1/2-Ton, 1986 1/2-Ton)*

NOTE: Prices based on deluxe model. *(1984, 1985, 1986 Trooper II)*

	6	5	4	3	2	1
4d S	340	1,020	1,700	3,830	5,950	8,500
4d Ltd	540	1,620	2,700	6,080	9,450	13,500
1989 Amigo						
Utly S	260	780	1,300	2,930	4,550	6,500
Utly XS	280	840	1,400	3,150	4,900	7,000
Utly S 4x4	520	1,560	2,600	5,850	9,100	13,000
Utly XS 4x4	520	1,560	2,600	5,850	9,100	13,000
1989 Pickup						
PU S	180	540	900	2,030	3,150	4,500
PU S LBx	200	600	1,000	2,250	3,500	5,000
1-Ton PU S LBx	220	660	1,100	2,480	3,850	5,500
PU LS	220	660	1,100	2,480	3,850	5,500
PU LS Space Cab	240	720	1,200	2,700	4,200	6,000
PU S 4x4	260	780	1,300	2,930	4,550	6,500
PU LS Space Cab 4x4	280	840	1,400	3,150	4,900	7,000
1989 Trooper II 4x4						
2d S	560	1,680	2,800	6,300	9,800	14,000
4d S	540	1,620	2,700	6,080	9,450	13,500
1990 Amigo						
2d S SUV	350	1,050	1,750	3,960	6,150	8,800
2d XS SUV	350	1,050	1,800	4,010	6,250	8,900
2d S SUV 4x4	550	1,650	2,750	6,210	9,650	13,800
2d XS SUV 4x4	550	1,650	2,800	6,260	9,750	13,900
1990 Trooper						
2d RS Sta Wag	600	1,800	3,000	6,750	10,500	15,000
4d S Sta Wag	600	1,850	3,100	6,980	10,900	15,500
1991 Amigo						
S 2d Utly	260	780	1,300	2,930	4,550	6,500
XS 2d Utly	276	828	1,380	3,110	4,830	6,900
S 2d Utly 4x4	300	900	1,500	3,380	5,250	7,500
XS 2d Utly 4x4	320	960	1,600	3,600	5,600	8,000
1991 Rodeo						
S 4d Utly	320	960	1,600	3,600	5,600	8,000
XS 4d Utly V-6	520	1,560	2,600	5,850	9,100	13,000
LS 4d Utly 2x4	520	1,560	2,600	5,850	9,100	13,000
S 4d Utly 4x4	560	1,680	2,800	6,300	9,800	14,000
XS 4d Utly 4x4	580	1,740	2,900	6,530	10,150	14,500
LS 4d Utly 4x4	600	1,800	3,000	6,750	10,500	15,000
1991 Pickup						
S 2d PU	180	540	900	2,030	3,150	4,500
SLB 2d PU	184	552	920	2,070	3,220	4,600
S 2d PU Space Cab	188	564	940	2,120	3,290	4,700
S 2d PU 4x4	260	780	1,300	2,930	4,550	6,500
LS 2d PU Space Cab 4x4	300	900	1,500	3,380	5,250	7,500
1991 Trooper						
4d Utly 4x4	320	960	1,600	3,600	5,600	8,000
XS 4d Utly V-6 4x4	520	1,560	2,600	5,850	9,100	13,000
SE 4d Utly V-6 4x4	520	1,560	2,600	5,850	9,100	13,000
LS 4d Utly V-6 4x4	528	1,584	2,640	5,940	9,240	13,200
1992 Amigo, 4-cyl.						
S 2d Utly 2x4	260	780	1,300	2,930	4,550	6,500
XS 2d Utly 2x4	272	816	1,360	3,060	4,760	6,800
S 2d Utly 4x4	320	960	1,600	3,600	5,600	8,000
XS 2d Utly 4x4	340	1,020	1,700	3,830	5,950	8,500
1992 Rodeo						
S 4d Utly 4-cyl. 2x4	280	840	1,400	3,150	4,900	7,000
XS 4d Utly 2x4	288	864	1,440	3,240	5,040	7,200
LS 4d Utly 2x4	300	900	1,500	3,380	5,250	7,500
S 4d Utly 4x4	340	1,020	1,700	3,830	5,950	8,500
XS 4d Utly 4x4	348	1,044	1,740	3,920	6,090	8,700
LS 4d Utly 4x4	520	1,560	2,600	5,850	9,100	13,000
1992 Trooper, V-6						
S 4d Utly 4x4	540	1,620	2,700	6,080	9,450	13,500
LS 4d Utly 4x4	580	1,740	2,900	6,530	10,150	14,500
1992 Pickups, V-6						
S PU	200	600	1,000	2,250	3,500	5,000
S PU LBx	200	600	1,050	2,340	3,650	5,200
S PU LS	260	780	1,300	2,930	4,550	6,500
PU LS 4x4	540	1,620	2,700	6,080	9,450	13,500
S PU 4x4	520	1,560	2,600	5,850	9,100	13,000
1993 Amigo 4-cyl.						
2d SUV 2WD	220	660	1,100	2,480	3,850	5,500
2d SUV 4x4	260	780	1,300	2,930	4,550	6,500

1995 Isuzu Rodeo 4 x 4

1974 Mazda B/1600 pickup

1996 Mitsubishi Montero LS

	6	5	4	3	2	1
1993 Rodeo V-6						
4d SUV 2WD	228	684	1,140	2,570	3,990	5,700
4d SUV 4x4	268	804	1,340	3,020	4,690	6,700
1993 Trooper V-6						
2d SUV 4x4	540	1,620	2,700	6,080	9,450	13,500
4d SUV 4x4	548	1,644	2,740	6,170	9,590	13,700
1993 Pickup 4-cyl.						
2d PU SBx	192	576	960	2,160	3,360	4,800
2d PU LBx	196	588	980	2,210	3,430	4,900
2d PU 4x4	236	708	1,180	2,660	4,130	5,900
1994 Amigo						
2d SUV	280	840	1,400	3,150	4,900	7,000
2d SUV 4x4	440	1,320	2,200	4,950	7,700	11,000
1994 Rodeo, V-6						
4d SUV	440	1,320	2,200	4,950	7,700	11,000
4d SUV 4x4	520	1,560	2,600	5,850	9,100	13,000
1994 Trooper, V-6						
2d SUV 4x4	560	1,680	2,800	6,300	9,800	14,000
4d SUV 4x4	552	1,656	2,760	6,210	9,660	13,800
1994 Pickup, 4-cyl.						
2d PU S	200	650	1,100	2,480	3,850	5,500
2d PU LBx	200	650	1,100	2,520	3,900	5,600
2d PU Space Cab	300	850	1,400	3,150	4,900	7,000
2d PU 4x4	300	950	1,600	3,600	5,600	8,000
1995 Rodeo, V-6						
4d SUV	450	1,300	2,200	4,950	7,700	11,000
4d SUV 4x4	500	1,550	2,600	5,850	9,100	13,000
1995 Trooper, V-6						
4d SUV 4x4	550	1,650	2,750	6,210	9,650	13,800
1995 Pickup, 4-cyl.						
2d S PU	200	650	1,100	2,480	3,850	5,500
2d S PU LBx	200	650	1,100	2,520	3,900	5,600
2d S PU 4x4	300	950	1,600	3,600	5,600	8,000
1996 Oasis, 4-cyl.						
4d S Sta Wag	400	1,200	2,000	4,500	7,000	10,000
4d LS Sta Wag	450	1,300	2,200	4,950	7,700	11,000
1996 Rodeo, V-6						
4d S SUV (4-cyl.)	300	900	1,500	3,380	5,250	7,500
4d S SUV	300	950	1,600	3,600	5,600	8,000
4d LS SUV	350	1,100	1,800	4,050	6,300	9,000
4d S SUV 4x4	450	1,300	2,200	4,950	7,700	11,000
4d LS SUV 4x4	500	1,450	2,400	5,400	8,400	12,000
1996 Trooper, V-6						
4d S SUV 4x4	400	1,250	2,100	4,730	7,350	10,500
4d LS SUV 4x4	450	1,300	2,200	4,950	7,700	11,000
4d Ltd SUV 4x4	550	1,600	2,700	6,080	9,450	13,500
4d SE SUV 4x4	550	1,700	2,800	6,300	9,800	14,000
1996 Hombre, 4-cyl.						
2d S PU	200	650	1,100	2,480	3,850	5,500
2d XS PU	250	700	1,150	2,570	4,000	5,700
1997 Oasis, 4-cyl.						
4d S Sta Wag	400	1,200	2,000	4,500	7,000	10,000
4d LS Sta Wag	440	1,320	2,200	4,950	7,700	11,000
1997 Rodeo, V-6						
4d S SUV (4-cyl.)	300	900	1,500	3,380	5,250	7,500
4d S SUV	320	960	1,600	3,600	5,600	8,000
4d LS SUV	360	1,080	1,800	4,050	6,300	9,000
4d S SUV 4x4	440	1,320	2,200	4,950	7,700	11,000
4d LS SUV 4x4	480	1,440	2,400	5,400	8,400	12,000
1997 Trooper, V-6						
4d S SUV 4x4	420	1,260	2,100	4,730	7,350	10,500
4d LS SUV 4x4	440	1,320	2,200	4,950	7,700	11,000
4d Ltd SUV 4x4	540	1,620	2,700	6,080	9,450	13,500
1997 Hombre, 4-cyl.						
2d S PU	220	660	1,100	2,480	3,850	5,500
2d XS PU	228	684	1,140	2,570	3,990	5,700

NOTE: Add 10 percent for ext cab XS. Add 10 percent for V-6.

	6	5	4	3	2	1
1998 Amigo, 4-cyl.						
2d Utility	200	600	1,000	2,250	3,500	5,000

NOTE: Add 10 percent for V-6. Add 5 percent for 4x4.

	6	5	4	3	2	1
1998 Oasis, 4-cyl.						
4d S Sta Wag	400	1,200	2,000	4,500	7,000	10,000
4d LS Sta Wag	440	1,320	2,200	4,950	7,700	11,000

	6	5	4	3	2	1
1998 Rodeo, V-6						
4d S SUV	320	960	1,600	3,600	5,600	8,000
4d LS SUV	360	1,080	1,800	4,050	6,300	9,000

NOTE: Add 5 percent for 4x4. Deduct 5 percent for 4-cyl.

	6	5	4	3	2	1
1998 Trooper, V-6, 4x4						
4d S SUV	420	1,260	2,100	4,730	7,350	10,500
4d Performance SUV	440	1,320	2,200	4,950	7,700	11,000
4d Luxury SUV	540	1,620	2,700	6,080	9,450	13,500

	6	5	4	3	2	1
1998 Hombre, 4-cyl.						
2d S PU	220	660	1,100	2,480	3,850	5,500
2d XS PU	230	680	1,140	2,570	3,990	5,700

NOTE: Add 10 percent for extended cab. Add 10 percent for V-6. Add 5 percent for 4x4.

LEXUS TRUCKS

	6	5	4	3	2	1
1998 LX470, V-8, 4x4						
4d SUV	1,000	3,000	5,000	11,250	17,500	25,000

MAZDA TRUCKS

	6	5	4	3	2	1
1972 B1600, 1/2-Ton						
PU	150	400	700	1,530	2,400	3,400

NOTE: Deduct 10 percent for rotary engine. Prices based on deluxe model.

	6	5	4	3	2	1
1973 B1600, 1/2-Ton						
PU	150	400	700	1,530	2,400	3,400

NOTE: Deduct 10 percent for rotary engine. Prices based on deluxe model.

	6	5	4	3	2	1
1974 B1600, 1/2-Ton						
PU	150	400	700	1,530	2,400	3,400

NOTE: Deduct 10 percent for rotary engine. Prices based on deluxe model.

	6	5	4	3	2	1
1975 B1600, 1/2-Ton						
PU	150	400	700	1,530	2,400	3,400

NOTE: Deduct 10 percent for rotary engine. Prices based on deluxe model.

	6	5	4	3	2	1
1976 B1600, 1/2-Ton						
PU	150	400	700	1,530	2,400	3,400

NOTE: Deduct 10 percent for rotary engine. Prices based on deluxe model.

	6	5	4	3	2	1
1977 B1800, 1/2-Ton						
PU	150	400	700	1,530	2,400	3,400

NOTE: Deduct 10 percent for rotary engine. Prices based on deluxe model.

	6	5	4	3	2	1
1978 B1800, 1/2-Ton						
PU SBx	150	400	650	1,490	2,300	3,300
PU LBx	150	400	700	1,530	2,400	3,400

NOTE: Prices based on deluxe model.

	6	5	4	3	2	1
1979 B2000, 1/2-Ton						
PU SBx	150	400	650	1,490	2,300	3,300
PU LBx	150	400	700	1,530	2,400	3,400

NOTE: Prices based on deluxe model.

	6	5	4	3	2	1
1980 B2000, 1/2-Ton						
PU	150	400	650	1,440	2,250	3,200
Sundowner PU SBx	150	400	700	1,530	2,400	3,400
Sundowner PU LBx	150	400	700	1,580	2,450	3,500

NOTE: Prices based on deluxe model.

	6	5	4	3	2	1
1981 B2000, 1/2-Ton						
PU	150	400	650	1,440	2,250	3,200
Sundowner PU SBx	150	400	700	1,530	2,400	3,400
Sundowner PU LBx	150	400	700	1,580	2,450	3,500

NOTE: Prices based on deluxe model.

	6	5	4	3	2	1
1982 B2000 Sundowner, 1/2-Ton						
PU SBx	150	400	650	1,490	2,300	3,300
PU LBx	150	400	700	1,530	2,400	3,400

NOTE: Deduct 20 percent for diesel. Prices based on deluxe model.

	6	5	4	3	2	1
1983 B2000 Sundowner, 1/2-Ton						
PU SBx	150	400	650	1,490	2,300	3,300
PU LBx	150	400	700	1,530	2,400	3,400

NOTE: Deduct 20 percent for diesel. Prices based on deluxe model.

	6	5	4	3	2	1
1984 B2000 Sundowner, 1/2-Ton						
PU SBx	150	400	650	1,490	2,300	3,300
PU LBx	150	400	700	1,530	2,400	3,400

NOTE: Deduct 20 percent for diesel. Prices based on deluxe model.

	6	5	4	3	2	1
1986 B2000, 1/2-Ton						
PU SBx	150	400	700	1,530	2,400	3,400
PU LBx	150	400	700	1,580	2,450	3,500
PU Cab Plus	150	450	750	1,710	2,650	3,800
NOTE: Prices based on deluxe model.						
1987 Light Trucks						
PU	150	400	700	1,580	2,450	3,500
PU LBx	150	450	700	1,620	2,500	3,600
PU Cab Plus	150	450	750	1,710	2,650	3,800
1987 LX						
PU	150	500	800	1,800	2,800	4,000
PU LBx	150	500	850	1,890	2,950	4,200
PU Cab Plus	200	550	900	1,980	3,100	4,400
1987 Light Trucks 4x4						
PU	200	600	1,000	2,250	3,500	5,000
PU LBx	200	650	1,100	2,480	3,850	5,500
PU Cab Plus	250	700	1,200	2,700	4,200	6,000
1987 LX 4x4						
PU	250	700	1,200	2,700	4,200	6,000
PU LBx	250	750	1,200	2,750	4,250	6,100
PU Cab Plus	250	750	1,250	2,790	4,350	6,200
1988 Light Trucks						
PU	200	550	900	2,030	3,150	4,500
PU LBx	200	550	900	2,070	3,200	4,600
PU Cab Plus	200	600	1,000	2,250	3,500	5,000
1988 LX						
PU	200	600	1,000	2,250	3,500	5,000
PU LBx	200	600	1,050	2,340	3,650	5,200
PU Cab Plus	200	650	1,100	2,430	3,800	5,400
1988 Light Trucks 4x4						
PU	250	700	1,200	2,700	4,200	6,000
PU LBx	250	800	1,300	2,930	4,550	6,500
PU Cab Plus	300	850	1,400	3,150	4,900	7,000
1988 LX, 4x4						
PU	300	900	1,500	3,380	5,250	7,500
PU LBx	300	900	1,500	3,420	5,300	7,600
PU Cab Plus	300	900	1,550	3,470	5,400	7,700
1989 Light Trucks						
PU	200	650	1,100	2,480	3,850	5,500
PU LBx	250	700	1,200	2,700	4,200	6,000
PU 4x4	300	850	1,400	3,150	4,900	7,000
1989 LX						
PU Cab Plus	250	800	1,300	2,930	4,550	6,500
PU Cab Plus 4x4	350	1,000	1,700	3,830	5,950	8,500
1990 Light Trucks						
2d PU	200	650	1,100	2,480	3,850	5,500
2d PU LBx	250	700	1,150	2,570	4,000	5,700
2d PU Clb Cab	250	700	1,200	2,660	4,150	5,900
2d PU 4x4	300	850	1,400	3,110	4,850	6,900
2d PU CLB Cab 4x4	300	900	1,500	3,380	5,250	7,500
1990 MPV						
Cargo Van	300	900	1,500	3,380	5,250	7,500
Mini Van	300	950	1,550	3,510	5,450	7,800
Mini Van V-6 4x4	350	1,050	1,750	3,960	6,150	8,800
1991 MPV						
3d Cargo Van	300	850	1,400	3,150	4,900	7,000
3d Sta Wag	400	1,150	1,900	4,280	6,650	9,500
3d Sta Wag V-6 4x4	680	2,040	3,400	7,650	11,900	17,000
1991 Pickup						
2d PU	300	850	1,400	3,150	4,900	7,000
LB 2d PU	300	900	1,500	3,380	5,250	7,500
2d PU Crew Cab	300	950	1,600	3,600	5,600	8,000
2d PU 4x4	350	1,100	1,800	4,050	6,300	9,000
2d PU Crew Cab 4x4	380	1,140	1,900	4,280	6,650	9,500
1991 Navajo						
2d Utly 4x4	650	2,000	3,300	7,430	11,600	16,500
1992 Navajo, V-6						
2d Utly DX 2x4	300	850	1,400	3,150	4,900	7,000
4d Utly LX 2x4	300	950	1,600	3,600	5,600	8,000
2d Utly DX 4x4	350	1,000	1,700	3,830	5,950	8,500
4d Utly LX 4x4	400	1,150	1,900	4,280	6,650	9,500
1992 MPV, 4-cyl.						
Van 2x4	300	850	1,400	3,150	4,900	7,000

	6	5	4	3	2	1
Sta Wag 2x4	350	1,100	1,800	4,050	6,300	9,000
Sta Wag V-6 4x4	600	1,800	3,000	6,750	10,500	15,000
1992 Pickups, 4-cyl.						
PU 2x4	250	800	1,300	2,930	4,550	6,500
PU LB 2x4	250	800	1,350	3,020	4,700	6,700
PU 4x4	300	900	1,500	3,380	5,250	7,500
PU LB 4x4	300	950	1,600	3,600	5,600	8,000
1993 Navajo, V-6						
4d SUV 2WD	200	650	1,100	2,480	3,850	5,500
4d SUV 4x4	250	800	1,300	2,930	4,550	6,500
1993 MPV, 4-cyl.						
4d Sta Wag	300	850	1,400	3,150	4,900	7,000
4d Sta Wag V-6 4x4	320	960	1,600	3,600	5,600	8,000
1993 Pickup						
2d PU SBx	250	800	1,300	2,930	4,550	6,500
2d PU LBx	250	800	1,300	2,970	4,600	6,600
2d PU 4x4	300	900	1,500	3,420	5,300	7,600
1994 Navajo, V-6						
2d Utly DX	300	900	1,500	3,380	5,250	7,500
2d Utly LX	300	950	1,600	3,600	5,600	8,000
2d Utly DX 4x4	450	1,300	2,200	4,950	7,700	11,000
2d Utly LX 4x4	450	1,350	2,250	5,040	7,850	11,200
1994 MPV, 4-cyl.						
Van	350	1,100	1,800	4,050	6,300	9,000
Wag	400	1,150	1,900	4,280	6,650	9,500
Wag 4x4	500	1,450	2,400	5,400	8,400	12,000
1994 Pickup						
2d PU B2300, 4-cyl.	280	840	1,400	3,150	4,900	7,000
2d PU SE B2300, 4-cyl.	300	900	1,500	3,380	5,250	7,500
2d PU Club Cab B2300, 4-cyl.	320	960	1,600	3,600	5,600	8,000
2d PU SE B3000, V-6	340	1,020	1,700	3,830	5,950	8,500
2d PU Club Cab B3000, V-6	360	1,080	1,800	4,050	6,300	9,000
2d PU Club Cab 4x4 B3000, V-6	380	1,140	1,900	4,280	6,650	9,500
2d PU SE LB, V-6	350	1,100	1,800	4,050	6,300	9,000
2d PU SE Club Cab, V-6	400	1,200	2,000	4,500	7,000	10,000
2d PU LE Club Cab 4x4, V-6	480	1,440	2,400	5,400	8,400	12,000
1995 MPV, V-6						
4d Sta Wag	400	1,150	1,900	4,280	6,650	9,500
4d Sta Wag 4x4	500	1,450	2,400	5,400	8,400	12,000
1995 Pickup						
2d PU B2300, 4-cyl.	280	840	1,400	3,150	4,900	7,000
2d PU B2300 4x4, 4-cyl.	340	1,020	1,700	3,830	5,950	8,500
2d PU B2300 SE, 4-cyl.	300	900	1,500	3,380	5,250	7,500
2d PU B2300 Club Cab, 4-cyl.	320	960	1,600	3,600	5,600	8,000
2d PU B3000 SE, V-6	340	1,020	1,700	3,830	5,950	8,500
2d PU B3000 Club Cab, V-6	360	1,080	1,800	4,050	6,300	9,000
2d PU B3000 Club Cab 4x4, V-6	380	1,140	1,900	4,280	6,650	9,500
2d PU B4000 SE Club Cab, V-6	360	1,080	1,800	4,050	6,300	9,000
2d PU B4000 SE Club Cab 4x4, V-6	400	1,200	2,000	4,500	7,000	10,000
2d PU B4000 LE Club Cab, V-6	380	1,140	1,900	4,280	6,650	9,500
2d PU B4000 LE Club Cab 4x4, V-6	480	1,440	2,400	5,400	8,400	12,000
1996 MPV, V-6						
4d DX Sta Wag	400	1,150	1,900	4,280	6,650	9,500
4d LX Sta Wag	400	1,200	2,000	4,500	7,000	10,000
4d ES Sta Wag	400	1,250	2,100	4,730	7,350	10,500
4d LX Sta Wag 4x4	500	1,450	2,400	5,400	8,400	12,000
4d ES Sta Wag 4x4	500	1,550	2,600	5,850	9,100	13,000
1996 B2300 Pickup, 4-cyl.						
2d PU	250	700	1,200	2,700	4,200	6,000
2d PU 4x4	300	900	1,500	3,380	5,250	7,500
2d Cab Plus PU	300	950	1,600	3,600	5,600	8,000
2d SE PU	300	900	1,500	3,380	5,250	7,500
2d SE Cab Plus PU	350	1,000	1,700	3,830	5,950	8,500
1996 B3000 Pickup, V-6						
2d SE Cab Plus PU	350	1,000	1,700	3,830	5,950	8,500
2d Cab Plus 4x4	400	1,150	1,900	4,280	6,650	9,500
1996 B4000 Pickup, V-6						
2d SE PU 4x4	350	1,100	1,800	4,050	6,300	9,000
2d SE Cab Plus PU 4x4	400	1,200	2,000	4,500	7,000	10,000
2d LE Cab Plus PU	400	1,150	1,900	4,280	6,650	9,500
2d LE Cab Plus PU 4x4	440	1,320	2,200	4,950	7,700	11,000
1997 MPV, V-6						
LX Sta Wag	360	1,080	1,800	4,050	6,300	9,000
4d ES Sta Wag	380	1,140	1,900	4,280	6,650	9,500

	6	5	4	3	2	1
4d LX Sta Wag 4x4	400	1,200	2,000	4,500	7,000	10,000
4d ES Sta Wag 4x4	420	1,260	2,100	4,730	7,350	10,500
1997 B2300 Pickup, 4-cyl.						
2d PU	240	720	1,200	2,700	4,200	6,000
2d SE PU	300	900	1,500	3,380	5,250	7,500
2d SE Cab Plus PU	340	1,020	1,700	3,830	5,950	8,500
1997 B4000 Pickup, V-6						
2d SE Cab Plus PU	340	1,020	1,700	3,830	5,950	8,500
2d PU 4x4	360	1,080	1,800	4,050	6,300	9,000
2d Cab Plus PU 4x4	380	1,140	1,900	4,280	6,650	9,500
2d SE Cab Plus PU 4x4	400	1,200	2,000	4,500	7,000	10,000
1998 MPV, V-6						
4d LX Sta Wag	360	1,080	1,800	4,050	6,300	9,000
4d ES Sta Wag	380	1,140	1,900	4,280	6,650	9,500

NOTE: Add 5 percent for 4x4.

	6	5	4	3	2	1
1998 B2500, 4-cyl.						
2d SX PU	240	720	1,200	2,700	4,200	6,000
2d SE PU	300	900	1,500	3,380	5,250	7,500

NOTE: Add 10 percent for extended cab.

	6	5	4	3	2	1
1998 B3000, V-6						
2d SX PU	260	780	1,300	2,930	4,550	6,500
2d SE PU	320	960	1,600	3,600	5,600	8,000

NOTE: Add 10 percent for extended cab. Add 5 percent for 4x4.

	6	5	4	3	2	1
1998 B4000, V-6						
2d SE Cab Plus PU	340	1,020	1,700	3,830	5,950	8,500

NOTE: Add 5 percent for 4x4.

MERCEDES-BENZ TRUCKS

	6	5	4	3	2	1
1998 ML320, V-6, 4x4						
4d Utility	640	1,920	3,200	7,200	11,200	16,000

MITSUBISHI TRUCKS

	6	5	4	3	2	1
1983 1/2-Ton						
PU	88	264	440	990	1,540	2,200

NOTE: Add 15 percent for 4x4. Prices based on deluxe model.

	6	5	4	3	2	1
1983 Montero 4x4						
Wag	112	336	560	1,260	1,960	2,800

NOTE: Prices based on deluxe model.

	6	5	4	3	2	1
1984 1/2-Ton						
PU	100	300	500	1,130	1,750	2,500

NOTE: Add 15 percent for 4x4. Prices based on deluxe model.

	6	5	4	3	2	1
1984 Montero, 4x4						
Wag	120	360	600	1,350	2,100	3,000

NOTE: Prices based on deluxe model.

	6	5	4	3	2	1
1985 1/2-Ton						
PU	120	360	600	1,350	2,100	3,000

NOTE: Add 15 percent for 4x4. Prices based on deluxe model.

	6	5	4	3	2	1
1985 Montero, 4x4						
Wag	120	360	600	1,350	2,100	3,000

NOTE: Prices based on deluxe model.

	6	5	4	3	2	1
1986 1/2-Ton						
PU	140	420	700	1,580	2,450	3,500

NOTE: Add 15 percent for 4x4. Prices based on deluxe model.

	6	5	4	3	2	1
1986 Montero, 4x4						
Wag	220	660	1,100	2,480	3,850	5,500

NOTE: Prices based on deluxe model.

	6	5	4	3	2	1
1987 Mighty Max						
PU	100	300	500	1,130	1,750	2,500
1-Ton LBx	108	324	540	1,220	1,890	2,700
Spt	116	348	580	1,310	2,030	2,900
Spt LBx	120	360	600	1,350	2,100	3,000
PU, 4x4	128	384	640	1,440	2,240	3,200
PU LBx 4x4	132	396	660	1,490	2,310	3,300
1987 SPX						
PU	124	372	620	1,400	2,170	3,100
PU 4WD	136	408	680	1,530	2,380	3,400
1987 Montero						
4x4	160	480	800	1,800	2,800	4,000

	6	5	4	3	2	1
1988 Mighty Max						
PU	160	480	800	1,800	2,800	4,000
1-Ton LBx	176	528	880	1,980	3,080	4,400
Spt	180	540	900	2,030	3,150	4,500
Spt LBx	184	552	920	2,070	3,220	4,600
Macrocab	180	540	900	2,030	3,150	4,500
PU 4x4	228	684	1,140	2,570	3,990	5,700
Spt LBx 4x4	252	756	1,260	2,840	4,410	6,300
1988 SPX						
Macrocab	208	624	1,040	2,340	3,640	5,200
Macrocab 4x4	276	828	1,380	3,110	4,830	6,900
4x4	256	768	1,280	2,880	4,480	6,400
1988 Montero - Van - Wagon						
SP 4x4	300	900	1,500	3,380	5,250	7,500
Spt 4x4	340	1,020	1,700	3,830	5,950	8,500
Cargo Van	228	684	1,140	2,570	3,990	5,700
Wag	300	900	1,500	3,380	5,250	7,500
1989 Mighty Max						
PU	200	600	1,000	2,250	3,500	5,000
1-Ton LBx	208	624	1,040	2,340	3,640	5,200
Spt	216	648	1,080	2,430	3,780	5,400
Spt LBx	228	684	1,140	2,570	3,990	5,700
Macrocab	224	672	1,120	2,520	3,920	5,600
PU 4x4	240	720	1,200	2,700	4,200	6,000
Spt LBx 4x4	260	780	1,300	2,930	4,550	6,500
1989 SPX						
PU 4x4	280	840	1,400	3,150	4,900	7,000
Macrocab 4x4	292	876	1,460	3,290	5,110	7,300
1989 Montero - Van - Wagon						
SP 4x4	520	1,560	2,600	5,850	9,100	13,000
Spt 4x4	540	1,620	2,700	6,080	9,450	13,500
4d 4x4	560	1,680	2,800	6,300	9,800	14,000
Cargo Van	280	840	1,400	3,150	4,900	7,000
Wag	540	1,620	2,700	6,080	9,450	13,500
1990 Light Trucks						
2d Mighty Max	192	576	960	2,160	3,360	4,800
2d Mighty Max 4x4	232	696	1,160	2,610	4,060	5,800
1990 Montero, 4x4						
2d Std Utly	300	900	1,500	3,380	5,250	7,500
2d Spt Utly	304	912	1,520	3,420	5,320	7,600
4d Std Utly	304	912	1,520	3,420	5,320	7,600
RS 4d Utly	308	924	1,540	3,470	5,390	7,700
1991 Light Trucks						
2d PU	220	660	1,100	2,480	3,850	5,500
2d PU Crew Cab	260	780	1,300	2,930	4,550	6,500
1-Ton 2d PU LBx	228	684	1,140	2,570	3,990	5,700
2d PU V-6 4x4	340	1,020	1,700	3,830	5,950	8,500
1991 Montero						
4d Utly 4x4	520	1,560	2,600	5,850	9,100	13,000
RS 4d Utly 4x4	540	1,620	2,700	6,080	9,450	13,500
LS 4d Utly 4x4	560	1,680	2,800	6,300	9,800	14,000
1992 Montero, V-6						
4d Utly 4x4	600	1,800	3,000	6,750	10,500	15,000
4d Utly RS 4x4	620	1,860	3,100	6,980	10,850	15,500
4d Utly LS 4x4	660	1,980	3,300	7,430	11,550	16,500
4d Utly SR 4x4	680	2,040	3,400	7,650	11,900	17,000
1992 Pickups, 4-cyl.						
PU Mighty Max	200	600	1,000	2,250	3,500	5,000
PU Mighty Max LB	220	660	1,100	2,480	3,850	5,500
PU Mighty Max 4x4 V-6	300	900	1,500	3,380	5,250	7,500
1993 Montero, V-6						
4d SUV 4x4	600	1,800	3,000	6,750	10,500	15,000
1993 Pickup						
2d PU SBx	228	684	1,140	2,570	3,990	5,700
2d PU LBx	232	696	1,160	2,610	4,060	5,800
2d PU 4x4	272	816	1,360	3,060	4,760	6,800
1994 Montero, V-6						
4d Utly LS 4x4	560	1,680	2,800	6,300	9,800	14,000
4d Utly SR 4x4	640	1,920	3,200	7,200	11,200	16,000
1994 Pickups						
2d PU Mighty Max, 4-cyl.	200	600	1,000	2,250	3,500	5,000
2d PU Mighty Max Club Cab, 4-cyl.	300	900	1,500	3,380	5,250	7,500
2d PU Mighty Max 4x4, V-6	340	1,020	1,700	3,830	5,950	8,500

	6	5	4	3	2	1
1995 Montero, V-6						
4d Utly LS 4x4	550	1,700	2,800	6,300	9,800	14,000
4d Utly SR 4x4	650	1,900	3,200	7,200	11,200	16,000
1995 Pickup, 4-cyl.						
2d PU Mighty Max	200	600	1,000	2,250	3,500	5,000
1996 Montero, V-6						
4d LS SUV 4x4	550	1,700	2,800	6,300	9,800	14,000
4d SR SUV 4x4	650	1,900	3,200	7,200	11,200	16,000
1996 Pickup, 4-cyl.						
2d Mighty Max PU	200	600	1,000	2,250	3,500	5,000
1997 Montero Sport, V-6						
4d ES SUV (4-cyl.)	248	744	1,240	2,790	4,340	6,200
4d LS SUV	300	900	1,500	3,380	5,250	7,500
4d LS SUV 4x4	360	1,080	1,800	4,050	6,300	9,000
4d XLS SUV 4x4	400	1,200	2,000	4,500	7,000	10,000
1997 Montero, V-6						
4d LS SUV 4x4	420	1,260	2,100	4,730	7,350	10,500
4d SR SUV 4x4	460	1,380	2,300	5,180	8,050	11,500
1998 Montero Sport, V-6						
ES SUV (4-cyl.)	250	740	1,240	2,790	4,340	6,200
LS SUV	300	900	1,500	3,380	5,250	7,500
XLS SUV	400	1,200	2,000	4,500	7,000	10,000
NOTE: Add 5 percent for 4x4.						
1998 Montero, V-6, 4x4						
4d Utility	420	1,260	2,100	4,730	7,350	10,500

NISSAN TRUCKS

	6	5	4	3	2	1
1967						
1/2-Ton PU	100	300	550	1,220	1,900	2,700
1968						
1/2-Ton PU	100	300	550	1,220	1,900	2,700
1969						
1/2-Ton PU	100	300	550	1,220	1,900	2,700
1970						
1/2-Ton PU	100	300	550	1,220	1,900	2,700
1971						
1/2-Ton PU	100	300	550	1,220	1,900	2,700
1972						
1/2-Ton PU	100	300	550	1,220	1,900	2,700
1973						
1/2-Ton PU	100	300	550	1,220	1,900	2,700
1974						
1/2-Ton PU	100	300	550	1,220	1,900	2,700
1975 1/2-Ton						
PU SBx	100	300	550	1,220	1,900	2,700
PU LBx	100	350	550	1,260	1,950	2,800
1976 1/2-Ton						
PU SBx	100	350	550	1,260	1,950	2,800
PU LBx	100	350	600	1,310	2,050	2,900
1977 1/2-Ton						
PU SBx	100	350	550	1,260	1,950	2,800
PU LBx	100	350	600	1,310	2,050	2,900
PU King Cab	100	350	600	1,350	2,100	3,000
1978 1/2-Ton						
PU SBx	100	350	550	1,260	1,950	2,800
PU LBx	100	350	600	1,310	2,050	2,900
PU King Cab	100	350	600	1,350	2,100	3,000
1979 1/2-Ton						
PU SBx	100	350	600	1,310	2,050	2,900
PU LBx	100	350	600	1,350	2,100	3,000
PU King Cab	100	350	600	1,400	2,150	3,100
1980 1/2-Ton						
PU SBx	100	350	600	1,310	2,050	2,900
PU LBx	100	350	600	1,350	2,100	3,000
PU King Cab	100	350	600	1,400	2,150	3,100
NOTE: Add 10 percent for 4x4.						
1981 1/2-Ton						
PU SBx	100	300	500	1,130	1,750	2,500
PU LBx	100	300	500	1,170	1,800	2,600
PU King Cab	150	400	700	1,530	2,400	3,400

NOTE: Add 10 percent for 4x4. Prices based on deluxe model.

	6	5	4	3	2	1
1982 1/2-Ton						
PU SBx	100	300	550	1,220	1,900	2,700
PU LBx	100	350	600	1,310	2,050	2,900
PU King Cab	150	450	750	1,670	2,600	3,700

NOTE: Add 10 percent for 4x4. Prices based on deluxe model.

	6	5	4	3	2	1
1983 1/2-Ton						
PU SBx	100	350	600	1,350	2,100	3,000
PU LBx	150	400	650	1,440	2,250	3,200
PU King Cab	150	500	850	1,890	2,950	4,200

NOTE: Add 10 percent for 4x4. Prices based on deluxe model.

	6	5	4	3	2	1
1984 1/2-Ton						
PU SBx	150	400	650	1,440	2,250	3,200
PU LBx	150	450	750	1,670	2,600	3,700
PU King Cab	200	550	950	2,120	3,300	4,700

NOTE: Add 10 percent for 4x4. Prices based on deluxe model.

	6	5	4	3	2	1
1985 1/2-Ton						
PU SBx	150	450	750	1,670	2,600	3,700
PU LBx	150	500	800	1,800	2,800	4,000
PU King Cab	200	600	1,000	2,210	3,450	4,900

NOTE: Add 10 percent for 4x4. Prices based on deluxe model.

	6	5	4	3	2	1
1986 1/2-Ton						
PU SBx	200	550	900	2,030	3,150	4,500
PU LBx	200	600	1,000	2,210	3,450	4,900
PU King Cab	250	750	1,300	2,880	4,500	6,400

NOTE: Add 10 percent for 4x4. Deduct 10 percent for diesel where applied. Prices based on deluxe model.

1987 Light Trucks	6	5	4	3	2	1
PU Std	180	540	900	2,030	3,150	4,500
PU E	188	564	940	2,120	3,290	4,700
PU SE (6-cyl.)	200	650	1,100	2,480	3,850	5,500
PU E LBx	212	636	1,060	2,390	3,710	5,300
PU XE LBx	220	660	1,100	2,480	3,850	5,500
PU E King Cab	220	660	1,100	2,480	3,850	5,500
PU XE King Cab	240	720	1,200	2,700	4,200	6,000
PU SE King Cab (6-cyl.)	240	720	1,200	2,700	4,200	6,000
PU E	260	780	1,300	2,930	4,550	6,500
PU SE (6-cyl.)	300	850	1,400	3,150	4,900	7,000
PU XE LBx	272	816	1,360	3,060	4,760	6,800
PU XE King Cab	288	864	1,440	3,240	5,040	7,200
PU SE King Cab (6-cyl.)	280	840	1,400	3,150	4,900	7,000

1987 Van	6	5	4	3	2	1
XE	260	780	1,300	2,930	4,550	6,500

1987 Pathfinder 4x4	6	5	4	3	2	1
E	340	1,020	1,700	3,830	5,950	8,500
XE	520	1,560	2,600	5,850	9,100	13,000
SE (6-cyl.)	600	1,800	3,000	6,750	10,500	15,000

1988 Light Trucks	6	5	4	3	2	1
PU Std	180	540	900	2,030	3,150	4,500
PU E	188	564	940	2,120	3,290	4,700
PU E LBx	192	576	960	2,160	3,360	4,800
PU E King Cab	208	624	1,040	2,340	3,640	5,200
PU XE King Cab	236	708	1,180	2,660	4,130	5,900
PU SE King Cab (6-cyl.)	260	780	1,300	2,930	4,550	6,500
PU E	300	900	1,500	3,380	5,250	7,500
PU E (6-cyl.)	300	950	1,600	3,600	5,600	8,000
PU SE (6-cyl.)	300	850	1,400	3,150	4,900	7,000
PU E King Cab	340	1,020	1,700	3,830	5,950	8,500
PU XE King Cab	520	1,560	2,600	5,850	9,100	13,000
PU SE King Cab (6-cyl.)	540	1,620	2,700	6,080	9,450	13,500

1988 Van	6	5	4	3	2	1
XE	300	900	1,500	3,380	5,250	7,500

1988 Pathfinder 4x4	6	5	4	3	2	1
XE	600	1,800	3,000	6,750	10,500	15,000
SE	640	1,920	3,200	7,200	11,200	16,000

1989 Light Trucks	6	5	4	3	2	1
PU Std	220	660	1,100	2,480	3,850	5,500
PU Spl	228	684	1,140	2,570	3,990	5,700
PU LBx (6-cyl.)	250	700	1,150	2,570	4,000	5,700
PU Spl LBx (6-cyl.)	250	700	1,150	2,610	4,050	5,800
PU King Cab	240	720	1,200	2,700	4,200	6,000
PU Spl King Cab	260	780	1,300	2,930	4,550	6,500
PU SE King Cab (6-cyl.)	300	900	1,500	3,380	5,250	7,500

1989 Light Trucks 4x4	6	5	4	3	2	1
PU	280	840	1,400	3,150	4,900	7,000

	6	5	4	3	2	1
PU Spl	340	1,020	1,700	3,830	5,950	8,500
PU (6-cyl.)	300	900	1,500	3,380	5,250	7,500
PU Spl (6-cyl.)	350	1,050	1,750	3,960	6,150	8,800
PU King Cab	320	960	1,600	3,600	5,600	8,000
PU Spl King Cab	340	1,020	1,700	3,830	5,950	8,500
PU SE King Cab	520	1,560	2,600	5,850	9,100	13,000

1989 Pathfinder

	6	5	4	3	2	1
XE 2x4	600	1,800	3,000	6,750	10,500	15,000
XE 4x4	680	2,040	3,400	7,650	11,900	17,000
SE 4x4	720	2,160	3,600	8,100	12,600	18,000

1990 Light Trucks

	6	5	4	3	2	1
2d PU	228	684	1,140	2,570	3,990	5,700
2d PU LBx V-6	236	708	1,180	2,660	4,130	5,900
2d PU Clb Cab	232	696	1,160	2,610	4,060	5,800
2d PU Clb Cab SE V-6	240	720	1,200	2,700	4,200	6,000
2d PU 4x4	280	840	1,400	3,150	4,900	7,000
2d PU 4x4 V-6	288	864	1,440	3,240	5,040	7,200
2d PU Clb Cab 4x4	296	888	1,480	3,330	5,180	7,400
2d PU Clb Cab 4x4 V-6	304	912	1,520	3,420	5,320	7,600

1990 Van

	6	5	4	3	2	1
Mini Van XE	264	792	1,320	2,970	4,620	6,600
Mini Van GXE	268	804	1,340	3,020	4,690	6,700

1990 Pathfinder

	6	5	4	3	2	1
4d Spt Utly XE 2WD	620	1,860	3,100	6,980	10,850	15,500
4d Spt Utly XE 4x4	680	2,040	3,400	7,650	11,900	17,000
4d Spt Utly SE 4x4	720	2,160	3,600	8,100	12,600	18,000
2d Spt Utly SE 4x4	700	2,100	3,500	7,880	12,250	17,500

1991 Pathfinder

	6	5	4	3	2	1
XE 4d Utly 2x4	560	1,680	2,800	6,300	9,800	14,000
XE 4d Utly 4x4	680	2,040	3,400	7,650	11,900	17,000
SE 4d Utly 4x4	720	2,160	3,600	8,100	12,600	18,000

1991 Light Trucks

	6	5	4	3	2	1
2d PU	240	720	1,200	2,700	4,200	6,000
LBx 2d PU V-6	300	850	1,400	3,150	4,900	7,000
2d PU Crew Cab	300	900	1,500	3,380	5,250	7,500
SE 2d PU Crew Cab V-6	320	960	1,600	3,600	5,600	8,000
2d PU 4x4	520	1,560	2,600	5,850	9,100	13,000
2d PU Crew Cab 4x4	540	1,620	2,700	6,080	9,450	13,500
2d PU Crew Cab V-6 4x4	560	1,680	2,800	6,300	9,800	14,000

1992 Pathfinder, V-6

	6	5	4	3	2	1
XE 4d Utly 2x4	540	1,620	2,700	6,080	9,450	13,500
XE 4d Utly 4x4	600	1,800	3,000	6,750	10,500	15,000
SE 4d Utly 4x4	660	1,980	3,300	7,430	11,550	16,500

1992 Pickups

	6	5	4	3	2	1
PU Std 4x4	340	1,020	1,700	3,830	5,950	8,500
PU LBx 4x4	550	1,600	2,700	6,080	9,450	13,500
SE PU 4x4	580	1,740	2,900	6,530	10,150	14,500

NOTE: Add 10 percent for V-6. Deduct 10 percent for 2x4.

1993 Pathfinder, V-6

	6	5	4	3	2	1
4d SUV 2WD	272	816	1,360	3,060	4,760	6,800
4d SUV 4x4	312	936	1,560	3,510	5,460	7,800

1993 Quest, V-6

	6	5	4	3	2	1
Van	228	684	1,140	2,570	3,990	5,700

1993 Pickup, V-6

	6	5	4	3	2	1
2d PU SBx	216	648	1,080	2,430	3,780	5,400
2d PU LBx	220	660	1,100	2,480	3,850	5,500
2d PU 4x4	260	780	1,300	2,930	4,550	6,500

1994 Pathfinder, V-6

	6	5	4	3	2	1
4d Utly XE	400	1,200	2,000	4,500	7,000	10,000
4d Utly XE 4x4	480	1,440	2,400	5,400	8,400	12,000

1994 Quest, V-6

	6	5	4	3	2	1
Window Van XE	400	1,200	2,000	4,500	7,000	10,000
Window Van GXE	440	1,320	2,200	4,950	7,700	11,000

1994 Pickups

	6	5	4	3	2	1
2d PU XE	280	840	1,400	3,150	4,900	7,000
2d PU LBx, V-6	300	950	1,600	3,600	5,600	8,000
2d PU Club Cab	320	960	1,600	3,600	5,600	8,000
2d PU Club Cab, V-6	360	1,080	1,800	4,050	6,300	9,000
2d PU Club Cab 4x4, V-6	480	1,440	2,400	5,400	8,400	12,000

1995 Pathfinder, V-6

	6	5	4	3	2	1
4d Utly XE	400	1,200	2,000	4,500	7,000	10,000
4d Utly XE 4x4	500	1,450	2,400	5,400	8,400	12,000
4d Utly LE	450	1,300	2,200	4,950	7,700	11,000
4d Utly SE 4x4	500	1,550	2,600	5,850	9,100	13,000
4d Utly LE 4x4	550	1,600	2,700	6,080	9,450	13,500

	6	5	4	3	2	1
1995 Quest, V-6						
Window Van XE	400	1,200	2,000	4,500	7,000	10,000
Window Van GXE	450	1,300	2,200	4,950	7,700	11,000
1995 Pickup						
PU XE, 4-cyl.	300	850	1,400	3,150	4,900	7,000
PU LBx, V-6	300	950	1,600	3,600	5,600	8,000
PU Club Cab, 4-cyl.	300	950	1,600	3,600	5,600	8,000
PU Club Cav, V-6	350	1,100	1,800	4,050	6,300	9,000
PU Club Cab 4x4, V-6	480	1,440	2,400	5,400	8,400	12,000
1996 Pathfinder, V-6						
4d XE SUV	400	1,200	2,000	4,500	7,000	10,000
4d XE SUV 4x4	500	1,450	2,400	5,400	8,400	12,000
4d LE SUV	450	1,300	2,200	4,950	7,700	11,000
4d SE SUV 4x4	500	1,550	2,600	5,850	9,100	13,000
4d LE SUV 4x4	550	1,600	2,700	6,080	9,450	13,500
1996 Quest, V-6						
XE Window Van	400	1,200	2,000	4,500	7,000	10,000
GXE Window Van	450	1,300	2,200	4,950	7,700	11,000
1996 Pickup, 4-cyl.						
PU	200	650	1,100	2,480	3,850	5,500
XE PU	300	850	1,400	3,150	4,900	7,000
XE King Cab PU	300	950	1,600	3,600	5,600	8,000
SE King Cab PU	350	1,000	1,700	3,830	5,950	8,500
XE PU 4x4	400	1,150	1,900	4,280	6,650	9,500
XE King Cab PU 4x4	460	1,380	2,300	5,180	8,050	11,500
SE King Cab PU 4x4	480	1,440	2,400	5,400	8,400	12,000
1997 Pathfinder, V-6						
4d XE SUV	400	1,200	2,000	4,500	7,000	10,000
4d LE SUV	440	1,320	2,200	4,950	7,700	11,000
4d XE SUV 4x4	480	1,440	2,400	5,400	8,400	12,000
4d SE SUV 4x4	520	1,560	2,600	5,850	9,100	13,000
4d LE SUV 4x4	540	1,620	2,700	6,080	9,450	13,500
1997 Quest, V-6						
XE Window Van	400	1,200	2,000	4,500	7,000	10,000
GXE Window Van	420	1,260	2,100	4,730	7,350	10,500
1997 Pickup, 4-cyl.						
PU	220	660	1,100	2,480	3,850	5,500
XE PU	280	840	1,400	3,150	4,900	7,000
XE King Cab PU	320	960	1,600	3,600	5,600	8,000
SE King Cab PU	340	1,020	1,700	3,830	5,950	8,500
XE PU 4x4	380	1,140	1,900	4,280	6,650	9,500
XE King Cab PU 4x4	460	1,380	2,300	5,180	8,050	11,500
SE King Cab PU 4x4	480	1,440	2,400	5,400	8,400	12,000
1998 Pathfinder, V-6						
XE 4d SUV	400	1,200	2,000	4,500	7,000	10,000
SE 4d SUV	420	1,260	2,100	4,730	7,350	10,500
LE 4d SUV	440	1,320	2,200	4,950	7,700	11,000

NOTE: Add 5 percent for 4x4.

	6	5	4	3	2	1
1998 Quest, V-6						
XE Window Van	400	1,200	2,000	4,500	7,000	10,000
GXE Window Van	420	1,260	2,100	4,730	7,350	10,500
GLE Window Van	440	1,320	2,200	4,950	7,700	11,000
1998 Frontier, 4-cyl.						
PU	220	660	1,100	2,480	3,850	5,500
XE PU	280	840	1,400	3,150	4,900	7,000
SE King Cab PU	340	1,020	1,700	3,830	5,950	8,500

NOTE: Add 10 percent for extended cab (XE only). Add 5 percent for 4x4.

SUBARU TRUCKS

	6	5	4	3	2	1
1978 1/4-Ton 4x4						
Brat PU	150	400	700	1,580	2,450	3,500

NOTE: Prices based on deluxe model.

	6	5	4	3	2	1
1979 1/4-Ton 4x4						
Brat PU	150	400	700	1,580	2,450	3,500

NOTE: Prices based on deluxe model.

	6	5	4	3	2	1
1980 1/4-Ton 4x4						
Brat PU	150	400	700	1,580	2,450	3,500

NOTE: Prices based on deluxe model.

	6	5	4	3	2	1
1981 1/4-Ton 4x4						
Brat PU	150	400	700	1,580	2,450	3,500

NOTE: Prices based on deluxe model.

1990 Nissan pickup

1996 Nissan Pathfinder SE

1996 Suzuki Sidekick two-door utility

	6	5	4	3	2	1
1982 1/4-Ton 4x4						
Brat PU	150	400	700	1,580	2,450	3,500
NOTE: Prices based on deluxe model.						
1983 1/4-Ton 4x4						
Brat PU	150	400	700	1,580	2,450	3,500
1984 1/4-Ton 4x4						
Brat PU	150	500	800	1,800	2,800	4,000
1985 1/4-Ton 4x4						
Brat PU	200	600	1,000	2,250	3,500	5,000
1986 1/4-Ton 4x4						
Brat PU	250	700	1,200	2,700	4,200	6,000
NOTE: Prices based on deluxe model.						
1987 1/4-Ton 4x4						
Brat GL	250	700	1,150	2,570	4,000	5,700

SUZUKI TRUCKS

	6	5	4	3	2	1
1986 Samurai (4x4)						
UTL HT	200	550	900	2,030	3,150	4,500
Utl Conv	200	600	1,000	2,250	3,500	5,000
1987 Samurai (4x4)						
Utl HT	200	600	1,000	2,250	3,500	5,000
Utl Conv	200	650	1,100	2,480	3,850	5,500
1988 Samurai (4x4)						
Utl HT	200	550	900	2,030	3,150	4,500
Utl Conv	200	600	1,000	2,250	3,500	5,000
1989 Samurai (4x4)						
Utl	200	650	1,100	2,430	3,800	5,400
Conv	200	650	1,100	2,520	3,900	5,600
1989 Sidekick (4x4)						
JA Utl Conv	300	850	1,400	3,150	4,900	7,000
JX Utl HT	500	1,550	2,600	5,850	9,100	13,000
JX Utl Conv	300	950	1,600	3,600	5,600	8,000
1991 Samurai						
JA 2d Utly Conv 2x4	120	360	600	1,350	2,100	3,000
JS 2d Utly Conv 2x4	128	384	640	1,440	2,240	3,200
JA 2d Utly Conv 4x4	200	550	900	2,030	3,150	4,500
1991 Sidekick						
JS 2d Utly Conv 2x4	160	480	800	1,800	2,800	4,000
JL 2d Utly Conv 4x4	200	600	1,000	2,250	3,500	5,000
JX 2d Utly Conv 4x4	260	780	1,300	2,930	4,550	6,500
JX 4d Utly 4x4	240	720	1,200	2,700	4,200	6,000
JLX 4d Utly 4x4	250	800	1,300	2,930	4,550	6,500
1992 Samurai, 4-cyl.						
JA 2d Utly Conv 2x4	100	350	600	1,350	2,100	3,000
JL 2d Utly Conv 4x4	180	540	900	2,030	3,150	4,500
1992 Sidekick, 4-cyl.						
JS 2d Utly Conv 2x4	150	500	800	1,800	2,800	4,000
JX 2d Utly Conv 4x4	250	800	1,300	2,930	4,550	6,500
JX 4d Utly HT 4x4	250	700	1,200	2,700	4,200	6,000
JLX 4d Utly HT 4x4	250	800	1,300	2,930	4,550	6,500
1993 Samurai, 4-cyl.						
SUV 2WD	192	576	960	2,160	3,360	4,800
SUV 4x4	232	696	1,160	2,610	4,060	5,800
1993 Sidekick, 4-cyl.						
2d SUV 2WD	192	576	960	2,160	3,360	4,800
4d SUV 2WD	196	588	980	2,210	3,430	4,900
2d SUV 4x4	240	720	1,200	2,700	4,200	6,000
4d SUV 4x4	248	744	1,240	2,790	4,340	6,200
1994 Samurai, 4-cyl.						
2d Utly	200	550	900	2,030	3,150	4,500
1994 Sidekick, 4-cyl.						
2d Utly JS Conv	200	550	900	2,030	3,150	4,500
2d Utly JX Conv 4x4	200	600	1,000	2,250	3,500	5,000
4d Utly JS HT 4x4	200	650	1,100	2,480	3,850	5,500
4d Utly JX HT 4x4	250	700	1,200	2,700	4,200	6,000
4d Utly JLX HT 4x4	280	840	1,400	3,150	4,900	7,000
1995 Samurai, 4-cyl.						
JL 2d Utly Conv 4x4	200	550	900	2,030	3,150	4,500
1995 Sidekick, 4-cyl.						
JS 2d Utly Conv 2x4	200	550	900	2,030	3,150	4,500
JS 4d Utly HT 2x4	200	600	1,000	2,250	3,500	5,000

	6	5	4	3	2	1
JX 2d Utly Conv 4x4	220	660	1,100	2,480	3,850	5,500
JX 4d Utly HT 4x4	250	700	1,200	2,700	4,200	6,000
JLX 4d Utly HT 4x4	280	840	1,400	3,150	4,900	7,000

1996 X-90, 4-cyl.

	6	5	4	3	2	1
2d Utly	200	550	900	2,030	3,150	4,500
2d Utly 4x4	200	650	1,100	2,480	3,850	5,500

1996 Sidekick, 4-cyl.

	6	5	4	3	2	1
2d JS Utly Conv	200	550	900	2,030	3,150	4,500
4d JS Utly HT	200	600	1,000	2,250	3,500	5,000
4d JS Spt Utly HT	200	650	1,100	2,480	3,850	5,500
2d JX Utly Conv 4x4	220	660	1,100	2,480	3,850	5,500
4d JX Utly HT 4x4	250	700	1,200	2,700	4,200	6,000
4d JX Spt Utly HT 4x4	260	780	1,300	2,930	4,550	6,500
4d JLX Spt Utly HT 4x4	280	840	1,400	3,150	4,900	7,000

1997 X-90, 4-cyl.

	6	5	4	3	2	1
2d Utly	180	540	900	2,030	3,150	4,500
2d Utly 4x4	220	660	1,100	2,480	3,850	5,500

1997 Sidekick, 4-cyl.

	6	5	4	3	2	1
2d JS Utly Conv	180	540	900	2,030	3,150	4,500
4d JS Utly HT	200	600	1,000	2,250	3,500	5,000
4d JS Spt Utly HT	220	660	1,100	2,480	3,850	5,500
2d JX Utly Conv 4x4	220	660	1,100	2,480	3,850	5,500
4d JX Utly HT 4x4	240	720	1,200	2,700	4,200	6,000
4d JX Spt Utly HT 4x4	260	780	1,300	2,930	4,550	6,500
4d JLX Spt Utly HT 4x4	280	840	1,400	3,150	4,900	7,000

1998 X-90, 4-cyl.

	6	5	4	3	2	1
2d Utility	180	540	900	2,030	3,150	4,500

NOTE: Add 5 percent for 4x4.

1998 Sidekick, 4-cyl.

	6	5	4	3	2	1
2d JS Utly Conv	180	540	900	2,030	3,150	4,500
4d JS Utly HT	200	600	1,000	2,250	3,500	5,000
4d JS Spt Utly HT	220	660	1,100	2,480	3,850	5,500
2d JX Utly Conv	220	660	1,100	2,480	3,850	5,500
4d JX Utly HT	240	720	1,200	2,700	4,200	6,000
4d JX Spt Utly HT	260	780	1,300	2,930	4,550	6,500
4d JLX Spt Utly HT	280	840	1,400	3,150	4,900	7,000

NOTE: Add 5 percent for 4x4.

TOYOTA TRUCKS

1967 Landcruiser, 4x4

	6	5	4	3	2	1
No Top	350	1,000	1,700	3,830	5,950	8,500
Soft-Top	350	1,000	1,650	3,690	5,750	8,200
HdTp	350	1,050	1,800	4,010	6,250	8,900

NOTE: Prices based on deluxe model.

1968 1/2-Ton

	6	5	4	3	2	1
PU	150	400	700	1,580	2,450	3,500

1968 Landcruiser, 4x4

	6	5	4	3	2	1
No Top	350	1,000	1,700	3,830	5,950	8,500
Soft-Top	350	1,050	1,750	3,920	6,100	8,700
HT	350	1,050	1,800	4,010	6,250	8,900

NOTE: Prices based on deluxe model.

1969 1/2-Ton

	6	5	4	3	2	1
PU	150	400	700	1,580	2,450	3,500

1969 Landcruiser, 4x4

	6	5	4	3	2	1
No Top	350	1,050	1,700	3,870	6,000	8,600
Soft-Top	350	1,050	1,750	3,960	6,150	8,800
HT	350	1,100	1,800	4,050	6,300	9,000

NOTE: Prices based on deluxe model.

1970 1/2-Ton

	6	5	4	3	2	1
PU	150	400	700	1,580	2,450	3,500

1970 Landcruiser, 4x4

	6	5	4	3	2	1
No Top	350	1,050	1,700	3,870	6,000	8,600
Soft-Top	350	1,050	1,750	3,960	6,150	8,800
HT	350	1,100	1,800	4,050	6,300	9,000

NOTE: Prices based on deluxe model.

1971 1/2-Ton

	6	5	4	3	2	1
PU	150	400	700	1,580	2,450	3,500

1971 Landcruiser, 4x4

	6	5	4	3	2	1
Soft-Top	350	1,050	1,750	3,920	6,100	8,700
HT	350	1,050	1,800	4,010	6,250	8,900
Wag	350	1,100	1,800	4,050	6,300	9,000

NOTE: Prices based on deluxe model.

	6	5	4	3	2	1
1972 1/2-Ton						
PU	150	400	700	1,580	2,450	3,500
1972 Landcruiser, 4x4						
Soft-Top	350	1,050	1,800	4,010	6,250	8,900
HT	350	1,100	1,800	4,050	6,300	9,000
Wag	350	1,100	1,850	4,140	6,450	9,200
NOTE: Prices based on deluxe model.						
1973 1/2-Ton						
PU	150	400	700	1,580	2,450	3,500
1973 Landcruiser, 4x4						
Soft-Top	350	1,050	1,800	4,010	6,250	8,900
HT	350	1,100	1,800	4,100	6,350	9,100
Wag	350	1,100	1,850	4,140	6,450	9,200
NOTE: Prices based on deluxe model.						
1974 1/2-Ton						
PU SBx	150	450	700	1,620	2,500	3,600
PU LBx	150	450	750	1,670	2,600	3,700
1974 Landcruiser, 4x4						
Soft-Top	350	1,100	1,800	4,050	6,300	9,000
HT	350	1,100	1,850	4,190	6,500	9,300
Wag	400	1,150	1,900	4,230	6,600	9,400
NOTE: Prices based on deluxe model.						
1975 1/2-Ton						
PU SBx	150	450	750	1,670	2,600	3,700
PU LBx	150	450	750	1,710	2,650	3,800
1975 Landcruiser, 4x4						
Soft-Top	350	1,100	1,800	4,100	6,350	9,100
HT	400	1,150	1,900	4,280	6,650	9,500
Wag	400	1,150	1,900	4,320	6,700	9,600
1976 1/2-Ton						
PU SBx	150	450	800	1,760	2,750	3,900
PU LBx	150	500	800	1,850	2,850	4,100
1976 Landcruiser - (4WD)						
HT	400	1,150	1,900	4,230	6,600	9,400
Wag	400	1,150	1,900	4,280	6,650	9,500
NOTE: Prices based on deluxe model.						
1977 1/2-Ton						
NOTE: Add 15 percent for 4x4.						
PU SBx	200	550	900	2,030	3,150	4,500
PU LBx	200	550	900	2,070	3,200	4,600
NOTE: Add 15 percent for 4x4.						
1978 Landcruiser, 4x4						
NOTE: Prices based on deluxe model.						
HT	350	1,100	1,850	4,140	6,450	9,200
Wag	400	1,150	1,900	4,230	6,600	9,400
NOTE: Prices based on deluxe model.						
1979 1/2-Ton						
PU SBx	200	550	900	2,030	3,150	4,500
PU LBx	200	550	900	2,070	3,200	4,600
NOTE: Add 15 percent for 4x4.						
1979 Landcruiser, 4x4						
HT	350	1,100	1,850	4,140	6,450	9,200
Wag	400	1,150	1,900	4,230	6,600	9,400
NOTE: Prices based on deluxe model.						
1980 1/2-Ton						
PU SBx	200	550	900	2,070	3,200	4,600
PU LBx	200	600	950	2,160	3,350	4,800
NOTE: Add 15 percent for 4x4.						
1980 Landcruiser, 4x4						
HT	400	1,150	1,900	4,280	6,650	9,500
Wag	400	1,150	1,950	4,370	6,800	9,700
NOTE: Prices based on deluxe model.						
1981 1/2-Ton						
PU SBx	200	600	950	2,160	3,350	4,800
PU LBx	200	600	1,000	2,210	3,450	4,900
NOTE: Add 15 percent for 4x4.						
1981 Landcruiser, 4x4						
HT	400	1,150	1,950	4,370	6,800	9,700
Wag	400	1,200	2,000	4,460	6,950	9,900
NOTE: Prices based on deluxe model.						

	6	5	4	3	2	1
1982 1/2-Ton						
PU SBx	200	600	1,000	2,210	3,450	4,900
PU LBx	200	600	1,000	2,250	3,500	5,000
NOTE: Add 15 percent for 4x4.						
1982 Landcruiser, 4x4						
HT	400	1,250	2,050	4,640	7,200	10,300
Wag	400	1,250	2,100	4,730	7,350	10,500
NOTE: Prices based on deluxe model.						
1983 1/2-Ton						
PU SBx	200	550	950	2,120	3,300	4,700
PU LBx	200	600	1,000	2,210	3,450	4,900
NOTE: Add 15 percent for 4x4.						
1983 Landcruiser, 4x4						
HT	450	1,300	2,200	4,950	7,700	11,000
Wag	450	1,350	2,250	5,040	7,850	11,200
NOTE: Prices based on deluxe model.						
1984 1/2-Ton						
PU SBx	200	600	1,000	2,210	3,450	4,900
PU LBx	200	600	1,000	2,300	3,550	5,100
PU Xcab	200	650	1,050	2,390	3,700	5,300
NOTE: Add 15 percent for 4x4.						
1984 4Runner, 4x4						
Wag	300	850	1,400	3,150	4,900	7,000
1984 Vans						
Cargo	120	360	600	1,350	2,100	3,000
DeL	160	480	800	1,800	2,800	4,000
LE	180	540	900	2,030	3,150	4,500
NOTE: Add 15 percent for 4x4.						
1984 Landcruiser, 4x4						
Wag	500	1,500	2,500	5,630	8,750	12,500
NOTE: Prices based on deluxe model.						
1985 1/2-Ton						
PU SBx	180	540	900	2,030	3,150	4,500
PU LBx	188	564	940	2,120	3,290	4,700
PU Xcab	192	576	960	2,160	3,360	4,800
NOTE: Add 15 percent for 4x4.						
1985 4Runner, 4x4						
Wag	300	950	1,600	3,600	5,600	8,000
1985 Vans						
Cargo	160	480	800	1,800	2,800	4,000
DeL	168	504	840	1,890	2,940	4,200
LE	172	516	860	1,940	3,010	4,300
1985 Landcruiser, 4x4						
Wag	500	1,500	2,500	5,630	8,750	12,500
NOTE: Prices based on deluxe model.						
1986 1/2-Ton						
PU SBx	160	480	800	1,800	2,800	4,000
PU LBx	168	504	840	1,890	2,940	4,200
PU Xcab	172	516	860	1,940	3,010	4,300
NOTE: Add 15 percent for 4x4.						
1986 4Runner						
Wag	300	950	1,600	3,600	5,600	8,000
1986 Vans						
Cargo	160	480	800	1,800	2,800	4,000
DeL	180	540	900	2,030	3,150	4,500
LE	200	600	1,000	2,250	3,500	5,000
1986 Landcruiser, 4x4						
Wag	520	1,560	2,600	5,850	9,100	13,000
NOTE: Prices based on deluxe model.						
1987 Light Trucks						
PU	144	432	720	1,620	2,520	3,600
PU LBx	152	456	760	1,710	2,660	3,800
PU DeL LBx	160	480	800	1,800	2,800	4,000
PU Xcab LBx	164	492	820	1,850	2,870	4,100
PU DeL Xcab LBx	184	552	920	2,070	3,220	4,600
PU SR5 Xcab	192	576	960	2,160	3,360	4,800
PU SR5 Xcab (Turbo)	200	600	1,000	2,250	3,500	5,000
PU 1-Ton LBx	180	540	900	2,030	3,150	4,500
1987 Light Trucks 4x4						
PU Std	200	600	1,000	2,250	3,500	5,000

	6	5	4	3	2	1
PU (Turbo)	220	660	1,100	2,480	3,850	5,500
PU DeL LBx	224	672	1,120	2,520	3,920	5,600
PU DeL Xcab	240	720	1,200	2,700	4,200	6,000
PU SR5	248	744	1,240	2,790	4,340	6,200
PU SR5 Xcab	260	780	1,300	2,930	4,550	6,500
PU SR5 Xcab (Turbo)	280	840	1,400	3,150	4,900	7,000
1987 4Runner, 4x4						
DeL	300	950	1,600	3,600	5,600	8,000
SR5	500	1,550	2,600	5,850	9,100	13,000
SR5 Wag	550	1,600	2,700	6,080	9,450	13,500
SR5 Wag (Turbo)	550	1,700	2,800	6,300	9,800	14,000
1987 Vans						
Window	140	420	700	1,580	2,450	3,500
Panel	156	468	780	1,760	2,730	3,900
DeL	160	480	800	1,800	2,800	4,000
LE	200	600	1,000	2,250	3,500	5,000
Panel 4x4	180	540	900	2,030	3,150	4,500
LE 4x4	220	660	1,100	2,480	3,850	5,500
1987 Landcruiser 4x4						
Wag	520	1,560	2,600	5,850	9,100	13,000
1988 Light Trucks						
PU	180	540	900	2,030	3,150	4,500
PU LBx	200	600	1,000	2,250	3,500	5,000
PU DeL LBx	220	660	1,100	2,480	3,850	5,500
PU Xcab LBx	236	708	1,180	2,660	4,130	5,900
PU DeL Xcab LBx	248	744	1,240	2,790	4,340	6,200
PU SR5 Xcab	260	780	1,300	2,930	4,550	6,500
PU SR5 Xcab (Turbo)	268	804	1,340	3,020	4,690	6,700
PU 1-Ton LBx	180	540	900	2,030	3,150	4,500
1988 Light Trucks 4x4						
PU Std	240	720	1,200	2,700	4,200	6,000
PU DeL LBx	268	804	1,340	3,020	4,690	6,700
PU DeL Xcab	280	840	1,400	3,150	4,900	7,000
PU SR5	300	900	1,500	3,380	5,250	7,500
PU SR5 Xcab	320	960	1,600	3,600	5,600	8,000
1988 4Runner 4x4						
DeL	550	1,700	2,800	6,300	9,800	14,000
SR5	600	1,800	3,000	6,750	10,500	15,000
DeL Wag	600	1,800	3,050	6,840	10,600	15,200
SR5 Wag (6-cyl.)	650	1,900	3,200	7,200	11,200	16,000
1988 Vans						
Window	208	624	1,040	2,340	3,640	5,200
Panel	200	600	1,000	2,250	3,500	5,000
DeL	240	720	1,200	2,700	4,200	6,000
LE	268	804	1,340	3,020	4,690	6,700
Panel 4x4	272	816	1,360	3,060	4,760	6,800
Panel LE 4x4	320	960	1,600	3,600	5,600	8,000
1988 Landcruiser 4x4						
Wag	620	1,860	3,100	6,980	10,850	15,500
1989 Light Trucks						
PU	220	660	1,100	2,480	3,850	5,500
PU DeL	240	720	1,200	2,700	4,200	6,000
PU DeL LBx	260	780	1,300	2,930	4,550	6,500
PU SR5 LBx	272	816	1,360	3,060	4,760	6,800
PU DeL Xcab	280	840	1,400	3,150	4,900	7,000
PU SR5 Xcab	300	900	1,500	3,380	5,250	7,500
PU DeL 1-Ton LBx (6-cyl.)	280	840	1,400	3,150	4,900	7,000
1989 Light Trucks 4x4						
PU DeL	300	900	1,500	3,380	5,250	7,500
PU DeL LBx	320	960	1,600	3,600	5,600	8,000
PU SR5	344	1,032	1,720	3,870	6,020	8,600
PU DeL Xcab	340	1,020	1,700	3,830	5,950	8,500
PU SR5 Xcab	520	1,560	2,600	5,850	9,100	13,000
1989 4Runner 4x4						
DeL	600	1,850	3,100	6,980	10,900	15,500
DeL Wag	650	2,000	3,300	7,430	11,600	16,500
SR5 Wag	700	2,050	3,400	7,650	11,900	17,000
1989 Vans						
Window	264	792	1,320	2,970	4,620	6,600
Panel	260	780	1,300	2,930	4,550	6,500
DeL	340	1,020	1,700	3,830	5,950	8,500
LE	520	1,560	2,600	5,850	9,100	13,000
Panel 4x4	320	960	1,600	3,600	5,600	8,000
DeL 4x4	520	1,560	2,600	5,850	9,100	13,000
LE 4x4	560	1,680	2,800	6,300	9,800	14,000

	6	5	4	3	2	1
1989 Landcruiser 4x4						
Wag	720	2,160	3,600	8,100	12,600	18,000
1990 Light Trucks						
2d PU	224	672	1,120	2,520	3,920	5,600
2d PU Dix	228	684	1,140	2,570	3,990	5,700
2d PU SR5	232	696	1,160	2,610	4,060	5,800
2d PU SR5 Clb Cab	236	708	1,180	2,660	4,130	5,900
2d PU Dix 4x4	264	792	1,320	2,970	4,620	6,600
2d PU Dix Clb Cab 4x4	272	816	1,360	3,060	4,760	6,800
2d PU SR5 Clb Cab 4x4	276	828	1,380	3,110	4,830	6,900
1990 4Runner SR5						
2d Spt Utly 4x4	650	2,000	3,300	7,430	11,600	16,500
4d Spt Utly 4x4	700	2,050	3,400	7,650	11,900	17,000
4d Spt Utly 2x4	600	1,850	3,100	6,980	10,900	15,500
1990 Landcruiser						
4d Spt Utly 4x4	760	2,280	3,800	8,550	13,300	19,000
1991 Previa						
DX 3d Van	540	1,620	2,700	6,080	9,450	13,500
LE 3d Van	560	1,680	2,800	6,300	9,800	14,000
DX 3d Van 4x4	600	1,800	3,000	6,750	10,500	15,000
LE 3d Van 4x4	620	1,860	3,100	6,980	10,850	15,500
1991 Light Trucks						
2d PU	260	780	1,300	2,930	4,550	6,500
DX 2d PU	280	840	1,400	3,150	4,900	7,000
DX 2d PU LBx	288	864	1,440	3,240	5,040	7,200
DX 2d PU Crew Cab	300	900	1,500	3,380	5,250	7,500
SR5 2d PU Crew Cab V-6	340	1,020	1,700	3,830	5,950	8,500
1991 Pickup 4x4						
DX 2d PU	320	960	1,600	3,600	5,600	8,000
DX-LB 2d PU	340	1,020	1,700	3,830	5,950	8,500
DX 2d PU Crew Cab	520	1,560	2,600	5,850	9,100	13,000
SR5 2d PU Crew Cab	560	1,680	2,800	6,300	9,800	14,000
1991 4Runner						
SR5 2d Sta Wag 4x4	720	2,160	3,600	8,100	12,600	18,000
SR5 4d Sta Wag 2x4	560	1,680	2,800	6,300	9,800	14,000
SR5 4d Sta Wag 4x4	728	2,184	3,640	8,190	12,740	18,200
1991 Land Cruiser						
4d Sta Wag 4x4	920	2,760	4,600	10,350	16,100	23,000
1992 4Runner, V-6						
SR5 2d Sta Wag 4x4	676	2,028	3,380	7,610	11,830	16,900
SR5 4d Sta Wag 2x4	652	1,956	3,260	7,340	11,410	16,300
SR5 4d Sta Wag 4x4	696	2,088	3,480	7,830	12,180	17,400
1992 Land Cruiser, 6-cyl.						
4d Sta Wag 4x4	908	2,724	4,540	10,220	15,890	22,700
1992 Previa						
DX Van	558	1,674	2,790	6,280	9,765	13,950
LE Van	628	1,884	3,140	7,070	10,990	15,700
DX Van 4x4	620	1,860	3,100	6,980	10,850	15,500
LE Van 4x4	692	2,076	3,460	7,790	12,110	17,300
1992 Pickups, 4-cyl.						
DX PU	280	840	1,400	3,150	4,900	7,000
DX PU LB	320	960	1,600	3,600	5,600	8,000
DX PU LB 1-Ton	520	1,560	2,600	5,850	9,100	13,000
SR5 PU	640	1,920	3,200	7,200	11,200	16,000

NOTE: Add 10 percent for 4x4. Add 10 percent for V-6.

	6	5	4	3	2	1
1993 4Runner, V-6						
4d Sta Wag 2WD	300	850	1,400	3,110	4,850	6,900
4d Sta Wag 4x4	300	950	1,600	3,560	5,550	7,900
1993 Land Cruiser, 6-cyl.						
4d Sta Wag 4x4	580	1,740	2,900	6,530	10,150	14,500
1993 Previa, 4-cyl.						
Window Van	240	720	1,200	2,700	4,200	6,000
1993 Pickup						
2d PU SBx	180	540	900	2,030	3,150	4,500
2d PU LBx	184	552	920	2,070	3,220	4,600
T-100 2d PU V-6 2WD	184	552	920	2,070	3,220	4,600
T-100 2d PU V-6 4x4	224	672	1,120	2,520	3,920	5,600
1994 4Runner						
4d Utly SR5 2x4, V-6	520	1,560	2,600	5,850	9,100	13,000
4d Utly SR5 4x4, 4-cyl.	560	1,680	2,800	6,300	9,800	14,000
4d Utly SR5 4x4, V-6	600	1,800	3,000	6,750	10,500	15,000
1994 Land Cruiser, 6-cyl.						
4d Utly	960	2,880	4,800	10,800	16,800	24,000

	6	5	4	3	2	1
1994 Previa, 4-cyl.						
Window Van DX	480	1,440	2,400	5,400	8,400	12,000
Window Van LE	500	1,500	2,500	5,630	8,750	12,500
Window Van DX 4x4	540	1,620	2,700	6,080	9,450	13,500
Window Van LE 4x4	560	1,680	2,800	6,300	9,800	14,000
1994 Pickups, 4-cyl.						
2d PU	260	780	1,300	2,930	4,550	6,500
2d PU DX	280	840	1,400	3,150	4,900	7,000
2d PU DX Club Cab	360	1,080	1,800	4,050	6,300	9,000
2d PU SR5 Club Cab, V-6	400	1,200	2,000	4,500	7,000	10,000
2d PU DX 4x4	420	1,260	2,100	4,730	7,000	10,500
2d PU SR5 Club Cab 4x4, V-6	500	1,500	2,500	5,630	8,750	12,500
1994 T100 Pickups						
2d PU, 4-cyl.	280	840	1,400	3,150	4,900	7,000
2d PU DX, V-6	340	1,020	1,700	3,830	5,950	8,500
2d PU SR5, V-6	360	1,080	1,800	4,050	6,300	9,000
2d PU DX 4x4, V-6	440	1,320	2,200	4,950	7,700	11,000
2d PU SR5 4x4, V-6	520	1,560	2,600	5,850	9,100	13,000
1995 4Runner, V-6						
4d Utly SR5 2x4, V-6	520	1,560	2,600	5,850	9,100	13,000
4d Utly SR5 4x4, 4-cyl.	560	1,680	2,800	6,300	9,800	14,000
4d Utly SR5 4x4, V-6	600	1,800	3,000	6,750	10,500	15,000
1995 Land Cruiser, 6-cyl.						
4d Utly 4x4	950	2,900	4,800	10,800	16,800	24,000
1995 Previa, 4-cyl.						
Window Van DX	500	1,450	2,400	5,400	8,400	12,000
Window Van LE	500	1,500	2,500	5,630	8,750	12,500
Window Van DX 4x4	540	1,620	2,700	6,080	9,450	13,500
Window Van LE 4x4	560	1,680	2,800	6,300	9,800	14,000
1995 Pickup						
PU DX	300	850	1,400	3,150	4,900	7,000
PU DX Club Cab	350	1,100	1,800	4,050	6,300	9,000
PU DX Club Cab 4x4	420	1,260	2,100	4,730	7,350	10,500
PU SR5 Club Cab, V-6	400	1,200	2,000	4,500	7,000	10,000
PU SR5 Club Cab 4x4, V-6	500	1,500	2,500	5,630	8,750	12,500
1995 Tacoma Pickup, 4-cyl.						
PU 4x4	350	1,100	1,800	4,050	6,300	9,000
PU Club Cab 4x4	400	1,250	2,050	4,640	7,200	10,300
PU SR5 Club Cab 4x4, V-6	480	1,440	2,400	5,400	8,400	12,000
1995 T100 Pickup, V-6						
PU, 4-cyl.	300	850	1,400	3,150	4,900	7,000
PU DX	350	1,000	1,700	3,830	5,950	8,500
PU DX Club Cab	400	1,200	2,000	4,500	7,000	10,000
PU DX Club Cab 4x4	420	1,260	2,100	4,730	7,350	10,500
PU SR5 Club Cab	450	1,300	2,200	4,950	7,700	11,000
PU SR5 Club Cab 4x4	520	1,560	2,600	5,850	9,100	13,000
1996 4Runner, V-6						
4d Utly, 4-cyl.	350	1,100	1,800	4,050	6,300	9,000
4d Utly 4x4, 4-cyl.	400	1,200	2,000	4,500	7,000	10,000
4d Utly SR5	500	1,550	2,600	5,850	9,100	13,000
4d Utly SR5 4x4	550	1,700	2,800	6,300	9,800	14,000
4d Utly Ltd 4x4	600	1,800	3,000	6,750	10,500	15,000
1996 Land Cruiser, 6-cyl.						
4d Utly 4x4	950	2,900	4,800	10,800	16,800	24,000
1996 Previa, 4-cyl.						
DX Window Van	500	1,450	2,400	5,400	8,400	12,000
LE Window Van	500	1,500	2,500	5,630	8,750	12,500
DX Window Van 4x4	540	1,620	2,700	6,080	9,450	13,500
LE Window Van 4x4	560	1,680	2,800	6,300	9,800	14,000
1996 RAV4, 4-cyl.						
2d Utly	250	700	1,200	2,700	4,200	6,000
2d Utly 4x4	300	850	1,400	3,150	4,900	7,000
4d Utly	250	800	1,300	2,930	4,550	6,500
4d Utly 4x4	300	900	1,500	3,380	5,250	7,500
1996 Tacoma Pickup, 4-cyl.						
PU	300	900	1,500	3,380	5,250	7,500
PU X Cab	350	1,000	1,700	3,830	5,950	8,500
PU 4x4	350	1,100	1,800	4,050	6,300	9,000
PU X Cab 4x4	450	1,300	2,200	4,950	7,700	11,000
SR5 PU X Cab 4x4, V-6	520	1,560	2,600	5,850	9,100	13,000

NOTE: Add 5 percent for V-6, exc. SR5.

	6	5	4	3	2	1
1996 T100 Pickup, V-6						
PU, 4-cyl.	300	850	1,400	3,150	4,900	7,000
PU X Cab PU	400	1,150	1,900	4,280	6,650	9,500

	6	5	4	3	2	1
SR5 PU X Cab	400	1,250	2,100	4,730	7,350	10,500
PU X Cab PU 4x4	450	1,400	2,300	5,180	8,050	11,500
SR5 PU X Cab 4x4	500	1,550	2,600	5,850	9,100	13,000

1997 4Runner, V-6

	6	5	4	3	2	1
4d Utly, 4-cyl.	360	1,080	1,800	4,050	6,300	9,000
4d Utly 4x4, 4-cyl.	400	1,200	2,000	4,500	7,000	10,000
4d Utly SR5	520	1,560	2,600	5,850	9,100	13,000
4d Utly SR5 4x4	560	1,680	2,800	6,300	9,800	14,000
4d Utly Ltd	580	1,740	2,900	6,530	10,150	14,500
4d Utly Ltd 4x4	600	1,800	3,000	6,750	10,500	15,000

1997 Land Cruiser, 6-cyl.

	6	5	4	3	2	1
4d Utly 4x4	960	2,880	4,800	10,800	16,800	24,000

1997 Previa, 4-cyl.

	6	5	4	3	2	1
DX Window Van	480	1,440	2,400	5,400	8,400	12,000
LE Window Van	500	1,500	2,500	5,630	8,750	12,500
DX Window Van AWD	540	1,620	2,700	6,080	9,450	13,500
LE Window Van AWD	560	1,680	2,800	6,300	9,800	14,000

1997 RAV4, 4-cyl.

	6	5	4	3	2	1
2d Utly	240	720	1,200	2,700	4,200	6,000
2d Utly 4x4	280	840	1,400	3,150	4,900	7,000
4d Utly	260	780	1,300	2,930	4,550	6,500
4d Utly 4x4	300	900	1,500	3,380	5,250	7,500

1997 Tacoma Pickup, 4-cyl.

	6	5	4	3	2	1
PU	300	900	1,500	3,380	5,250	7,500
PU X Cab	340	1,020	1,700	3,830	5,950	8,500
PU 4x4	360	1,080	1,800	4,050	6,300	9,000
PU X Cab 4x4	440	1,320	2,200	4,950	7,700	11,000
SR5 PU X Cab 4x4, V-6	520	1,560	2,600	5,850	9,100	13,000

NOTE: Add 5 percent for V-6, exc. SR5.

1997 T100 Pickup, V-6

	6	5	4	3	2	1
PU, 4-cyl.	280	840	1,400	3,150	4,900	7,000
PU X Cab PU	380	1,140	1,900	4,280	6,650	9,500
SR5 PU X Cab	420	1,260	2,100	4,730	7,350	10,500
PU X Cab PU 4x4	460	1,380	2,300	5,180	8,050	11,500
SR5 PU X Cab 4x4	520	1,560	2,600	5,850	9,100	13,000

1998 4Runner, V-6

	6	5	4	3	2	1
4d Utility (4-cyl.)	360	1,080	1,800	4,050	6,300	9,000
SR5 4d Utility	520	1,560	2,600	5,850	9,100	13,000
Limited 4d Utility	580	1,740	2,900	6,530	10,150	14,500

NOTE: Add 5 percent for 4x4.

1998 Land Cruiser, V-8, 4x4

	6	5	4	3	2	1
4d Utility	960	2,880	4,800	10,800	16,800	24,000

1998 Sienna, V-6

	6	5	4	3	2	1
CE Window Van	480	1,440	2,400	5,400	8,400	12,000
LE Window Van	500	1,500	2,500	5,630	8,750	12,500
XLE Window Van	520	1,560	2,600	5,850	9,100	13,000

1998 RAV4, 4-cyl.

	6	5	4	3	2	1
2d Utility	240	720	1,200	2,700	4,200	6,000
4d Utility	260	780	1,300	2,930	4,550	6,500

NOTE: Add 5 percent for 4x4.

1998 Tacoma, 4-cyl.

	6	5	4	3	2	1
PU	300	900	1,500	3,380	5,250	7,500
PreRunner X Cab PU	340	1,020	1,700	3,830	5,950	8,500
Limited X Cab PU	520	1,560	2,600	5,850	9,100	13,000

NOTE: Add 5 percent for SR5 or TRD Pkg. Add 10 percent for extended cab (base PU only). Add 5 percent for 4x4. Add 5 percent for V-6, exc. Limited.

1998 T100, V-6

	6	5	4	3	2	1
PU (4-cyl.)	280	840	1,400	3,150	4,900	7,000
X Cab PU	380	1,140	1,900	4,280	6,650	9,500
SR5 X Cab PU	420	1,260	2,100	4,730	7,350	10,500

VOLKSWAGEN TRUCKS

1950 Transporter, 4-cyl., 94.5" wb, 25 hp

	6	5	4	3	2	1
DeL Van	500	1,550	2,600	5,810	9,050	12,900
Kombi	500	1,500	2,500	5,580	8,700	12,400

1951-52 Transporter, 4-cyl., 94.5" wb, 25 hp

	6	5	4	3	2	1
DeL Van	516	1,548	2,580	5,810	9,030	12,900
Kombi	496	1,488	2,480	5,580	8,680	12,400

1951-52 Transporter, 4-cyl, 94.5" wb, 25 hp

NOTE: Overdrive is standard equipment.

	6	5	4	3	2	1
1952-53 Transporter, 4-cyl., 94.5" wb, 25 hp						
DeL Van	508	1,524	2,540	5,720	8,890	12,700
Kombi	488	1,464	2,440	5,490	8,540	12,200
1953 (Serial Nos. later than March 1953.) Transporter, 4-cyl., 94.5" wb, 25 hp						
DeL Van	500	1,500	2,500	5,630	8,750	12,500
Kombi	500	1,500	2,500	5,580	8,700	12,400
1954 Station Wagons, 4-cyl., 94.5" wb, 30 hp						
Microbus	400	1,200	2,050	4,590	7,150	10,200
Micro DeL	400	1,250	2,100	4,680	7,300	10,400
1954 Station Wagons, 4-cyl, 94.5" wb, 30 hp						
NOTE: Microbus 165" overall. DeLuxe Microbus 166.1" overall.						
1955 Station Wagons, 4-cyl., 94.5" wb, 36 hp						
Kombi	400	1,200	2,000	4,500	7,000	10,000
Microbus	400	1,200	2,050	4,590	7,150	10,200
Micro DeL	400	1,250	2,100	4,680	7,300	10,400
1956 Station Wagons, 4-cyl., 94.5" wb, 36 hp						
Kombi	400	1,200	1,950	4,410	6,850	9,800
Microbus	400	1,200	2,000	4,500	7,000	10,000
Micro DeL	400	1,200	2,050	4,590	7,150	10,200
1957 Station Wagons, 4-cyl., 94.5" wb, 36 hp						
Kombi	400	1,150	1,900	4,280	6,650	9,500
Microbus	400	1,200	1,950	4,410	6,850	9,800
Micro SR DeL	400	1,200	2,000	4,460	6,950	9,900
Camper	400	1,250	2,100	4,680	7,300	10,400
1958 Station Wagons, 4-cyl., 94.5" wb, 36 hp						
Kombi	400	1,150	1,900	4,230	6,600	9,400
Microbus	400	1,150	1,950	4,370	6,800	9,700
Micro SR DeL	400	1,200	2,000	4,460	6,950	9,900
Camper	400	1,250	2,100	4,680	7,300	10,400
1959 Station Wagons, 4-cyl., 94.5" wb, 36 hp						
Kombi	400	1,150	1,900	4,230	6,600	9,400
Micro	400	1,150	1,950	4,370	6,800	9,700
Micro SR DeL	400	1,200	2,000	4,460	6,950	9,900
Camper	400	1,250	2,100	4,680	7,300	10,400
1960 Station Wagons, 4-cyl., 94.5" wb, 36 hp						
Kombi	350	1,100	1,850	4,190	6,500	9,300
Micro	400	1,150	1,900	4,320	6,700	9,600
Micro SR DeL	400	1,200	1,950	4,410	6,850	9,800
Camper	400	1,250	2,050	4,640	7,200	10,300
1961 Station Wagons, 4-cyl., 94.5" wb, 40 hp						
Sta Wag	350	1,100	1,850	4,190	6,500	9,300
Kombi	400	1,150	1,900	4,320	6,700	9,600
Sta Wag DeL	400	1,200	1,950	4,410	6,850	9,800
Camper	400	1,250	2,050	4,640	7,200	10,300
1961 Station Wagons, 4-cyl, 94.5" wb, 40 hp						
NOTE: Add 5 percent for extra seats sta wag.						
1962 Station Wagons, 4-cyl., 94.5" wb, 40 hp						
Sta Wag	400	1,150	1,900	4,320	6,700	9,600
Kombi	350	1,100	1,850	4,190	6,500	9,300
Sta Wag DeL	400	1,200	1,950	4,410	6,850	9,800
Camper	400	1,250	2,050	4,640	7,200	10,300
1963 Station Wagons, 4-cyl., 94.5" wb, 40 hp						
Sta Wag	400	1,150	1,900	4,320	6,700	9,600
Kombi	350	1,100	1,850	4,190	6,500	9,300
Sta Wag DeL	400	1,200	1,950	4,410	6,850	9,800
1964 Station Wagons, 1200 Series, 4-cyl., 94.5" wb, 40 hp						
Wag	400	1,150	1,900	4,320	6,700	9,600
Kombi w/Seats	350	1,100	1,850	4,190	6,500	9,300
Sta Wag DeL	400	1,200	1,950	4,410	6,850	9,800
1964 Station Wagons, 1500 Series, 4-cyl., 94.5" wb, 50 hp						
Wag	400	1,150	1,950	4,370	6,800	9,700
Kombi w/Seats	400	1,150	1,900	4,230	6,600	9,400
Sta Wag DeL	400	1,200	2,000	4,460	6,950	9,900
1965 Station Wagons, 1500 Series, 4-cyl., 94.5" wb, 40 hp						
Sta Wag	400	1,150	1,950	4,370	6,800	9,700
Kombi w/Seats	400	1,150	1,900	4,230	6,600	9,400
Sta Wag DeL	400	1,200	2,000	4,460	6,950	9,900
1965 Commercial, 1500 Series, 4-cyl., 94.5" wb, 40 hp						
Panel	400	1,150	1,900	4,320	6,700	9,600
PU	400	1,200	1,950	4,410	6,850	9,800
Dbl Cab PU	400	1,200	2,000	4,460	6,950	9,900
1966 Station Wagons, 57 hp						
Sta Wag	400	1,150	1,950	4,370	6,800	9,700

	6	5	4	3	2	1
Kombi w/Seats	400	1,150	1,900	4,230	6,600	9,400
DeL Sta Wag	400	1,200	2,000	4,460	6,950	9,900
1966 Commercial						
Panel	400	1,150	1,900	4,320	6,700	9,600
PU	400	1,200	1,950	4,410	6,850	9,800
Dbl Cab PU	400	1,150	1,950	4,370	6,800	9,700
1967 Station Wagons, 57 hp						
Sta Wag	400	1,150	1,950	4,370	6,800	9,700
Kombi w/Seats	400	1,150	1,900	4,230	6,600	9,400
Sta Wag DeL	400	1,200	2,000	4,460	6,950	9,900
1967 Commercial						
Panel	400	1,150	1,900	4,320	6,700	9,600
PU	400	1,200	1,950	4,410	6,850	9,800
Dbl Cab PU	400	1,200	2,000	4,460	6,950	9,900
1968 Station Wagons, 57 hp						
Sta Wag	400	1,200	1,950	4,410	6,850	9,800
Kombi w/Seats	400	1,150	1,900	4,280	6,650	9,500
1968 Commercial						
Panel	400	1,150	1,950	4,370	6,800	9,700
PU	400	1,200	2,000	4,460	6,950	9,900
Dbl Cab PU	400	1,200	2,000	4,500	7,000	10,000
1969 Station Wagons, 57 hp						
Sta Wag	400	1,200	1,950	4,410	6,850	9,800
Kombi w/Seats	400	1,150	1,900	4,280	6,650	9,500
Camper	450	1,300	2,200	4,950	7,700	11,000
1969 Commercial						
Panel	400	1,150	1,950	4,370	6,800	9,700
PU	400	1,200	2,000	4,460	6,950	9,900
Dbl Cab PU	400	1,200	2,000	4,500	7,000	10,000
1970 Station Wagons, 60 hp						
Sta Wag	400	1,200	1,950	4,410	6,850	9,800
Kombi w/Seats	400	1,150	1,900	4,280	6,650	9,500
Camper	450	1,300	2,200	4,950	7,700	11,000
1970 Commercial						
Panel	400	1,150	1,950	4,370	6,800	9,700
PU	400	1,200	2,000	4,460	6,950	9,900
Dbl Cab PU	400	1,200	2,000	4,500	7,000	10,000
1971 Transporter						
Sta Wag	400	1,200	1,950	4,410	6,850	9,800
Kombi w/Seats	400	1,150	1,900	4,280	6,650	9,500
Sta Wag SR	400	1,200	2,000	4,500	7,000	10,000
Campmobile	500	1,450	2,400	5,400	8,400	12,000
1971 Commercial						
Panel	400	1,150	1,950	4,370	6,800	9,700
PU	400	1,200	2,000	4,460	6,950	9,900
Dbl Cab PU	400	1,200	2,000	4,500	7,000	10,000
1972 Transporter						
Sta Wag	400	1,200	1,950	4,410	6,850	9,800
Kombi	400	1,150	1,900	4,280	6,650	9,500
Campmobile	500	1,450	2,400	5,400	8,400	12,000
1972 Commercial						
Panel	400	1,150	1,950	4,370	6,800	9,700
PU	400	1,200	2,000	4,460	6,950	9,900
Dbl Cab PU	400	1,200	2,000	4,500	7,000	10,000
1973 Transporter						
Sta Wag	400	1,200	1,950	4,410	6,850	9,800
Kombi	400	1,150	1,900	4,280	6,650	9,500
Campmobile	500	1,450	2,400	5,400	8,400	12,000
1973 Commercial						
Panel	400	1,150	1,950	4,370	6,800	9,700
1974 Transporter						
Sta Wag	400	1,200	2,000	4,460	6,950	9,900
Kombi	400	1,150	1,900	4,320	6,700	9,600
Campmobile	500	1,500	2,500	5,630	8,750	12,500
1974 Commercial						
Panel	400	1,150	1,950	4,370	6,800	9,700
1975 Transporter - Type II						
Sta Wag	400	1,150	1,950	4,370	6,800	9,700
Kombi	400	1,150	1,900	4,280	6,650	9,500
Campmobile	400	1,250	2,100	4,730	7,350	10,500
1975 Commercial						
Panel	400	1,150	1,900	4,280	6,650	9,500

1991 Toyota Land Cruiser station wagon

1994 Toyota T100 SR5 4 x 4 pickup

1964 Volkswagen Kombi

	6	5	4	3	2	1
1976 Transporter						
Sta Wag	400	1,150	1,950	4,370	6,800	9,700
Kombi	400	1,150	1,900	4,280	6,650	9,500
Campmobile	400	1,250	2,100	4,730	7,350	10,500
1977 Transporter						
Sta Wag	400	1,150	1,950	4,370	6,800	9,700
Kombi	400	1,150	1,900	4,280	6,650	9,500
Campmobile	400	1,250	2,100	4,730	7,350	10,500
1978 Transporter - Type II						
5P Sta Wag	400	1,150	1,950	4,370	6,800	9,700
Kombi	400	1,150	1,900	4,280	6,650	9,500
7P Sta Wag	400	1,200	1,950	4,410	6,850	9,800
Campmobile	400	1,250	2,100	4,730	7,350	10,500

NOTE: Prices based on deluxe model.

	6	5	4	3	2	1
1979 Transporter - Type II						
5P Sta Wag	400	1,150	1,950	4,370	6,800	9,700
Kombi	400	1,150	1,900	4,280	6,650	9,500
7P Sta Wag	400	1,200	1,950	4,410	6,850	9,800
Campmobile	400	1,250	2,100	4,730	7,350	10,500

NOTE: Prices based on deluxe model.

	6	5	4	3	2	1
1980 Pickup (FWD)						
Cus PU	150	500	800	1,850	2,850	4,100
LX PU	150	500	850	1,890	2,950	4,200
Spt PU	150	500	850	1,940	3,000	4,300
1980 Vanagon Transporter Type II						
5P Sta Wag	400	1,150	1,950	4,370	6,800	9,700
Kombi	400	1,150	1,900	4,280	6,650	9,500
7P Sta Wag	400	1,200	1,950	4,410	6,850	9,800
Campmobile	400	1,250	2,100	4,730	7,350	10,500

NOTE: Prices based on deluxe model.

	6	5	4	3	2	1
1981 Pickup						
PU	150	500	800	1,850	2,850	4,100
LX PU	150	500	850	1,890	2,950	4,200
Spt PU	150	500	850	1,940	3,000	4,300
1981 Vanagon Transporter Type II						
5P Sta Wag	400	1,150	1,950	4,370	6,800	9,700
Kombi	400	1,150	1,900	4,280	6,650	9,500
7P Sta Wag	400	1,200	1,950	4,410	6,850	9,800
Campmobile	400	1,250	2,100	4,730	7,350	10,500

NOTE: Deduct 5 percent for diesel. Prices based on deluxe model.

	6	5	4	3	2	1
1982 Pickup, FWD						
PU	150	500	800	1,850	2,850	4,100
LX PU	150	500	850	1,890	2,950	4,200
Spt PU	150	500	850	1,940	3,000	4,300
1982 Vanagon						
5P Sta Wag	400	1,150	1,950	4,370	6,800	9,700
7P Sta Wag	400	1,200	1,950	4,410	6,850	9,800
Campmobile	400	1,250	2,100	4,730	7,350	10,500

NOTE: Deduct 5 percent for diesel. Prices based on deluxe model.

	6	5	4	3	2	1
1983 Pickup, FWD						
PU	150	500	800	1,850	2,850	4,100
LX PU	150	500	850	1,890	2,950	4,200
Spt PU	150	500	850	1,940	3,000	4,300
1983 Vanagon						
5P Sta Wag	400	1,200	1,950	4,410	6,850	9,800
7P Sta Wag	400	1,200	2,000	4,460	6,950	9,900
Campmobile	400	1,250	2,100	4,770	7,400	10,600

NOTE: Deduct 5 percent for diesel. Prices based on deluxe model.

	6	5	4	3	2	1
1984 Vanagon						
Sta Wag	400	1,200	2,000	4,500	7,000	10,000
Campmobile	500	1,450	2,400	5,400	8,400	12,000

NOTE: Deduct 5 percent for diesel. Prices based on deluxe model.

	6	5	4	3	2	1
1985 Vanagon						
Sta Wag	400	1,250	2,100	4,730	7,350	10,500
Campmobile	500	1,500	2,500	5,630	8,750	12,500

NOTE: Deduct 5 percent for diesel. Prices based on deluxe model.

	6	5	4	3	2	1
1986 Vanagon						
Sta Wag	400	1,250	2,100	4,730	7,350	10,500
Campmobile	500	1,500	2,500	5,630	8,750	12,500

NOTE: Deduct 5 percent for diesel. Prices based on deluxe model.

	6	5	4	3	2	1
1987 Vanagon						
Sta Wag	350	1,100	1,800	4,050	6,300	9,000
Sta Wag GL	400	1,150	1,900	4,280	6,650	9,500
Camper	400	1,200	2,000	4,500	7,000	10,000
Camper GL	500	1,450	2,400	5,400	8,400	12,000
1987 Vanagon (4WD)						
Sta Wag GL	400	1,250	2,100	4,730	7,350	10,500
Camper	500	1,450	2,400	5,400	8,400	12,000
Camper GL	650	1,900	3,200	7,200	11,200	16,000
1988 Vanagon						
Sta Wag GL	400	1,250	2,100	4,730	7,350	10,500
Camper GL	650	1,900	3,200	7,200	11,200	16,000
1989 Vanagon						
Sta Wag GL	650	2,000	3,300	7,430	11,600	16,500
Camper GL	800	2,350	3,900	8,780	13,700	19,500
Sta Wag Carat	700	2,100	3,500	7,880	12,300	17,500
1989 Vanagon (4WD)						
Sta Wag GL	700	2,150	3,600	8,100	12,600	18,000
Camper GL	850	2,500	4,200	9,450	14,700	21,000
1990 Vanagon						
Sta Wag	700	2,050	3,400	7,650	11,900	17,000
Sta Wag Syncro	800	2,350	3,900	8,780	13,700	19,500
Sta Wag GL	800	2,400	4,000	9,000	14,000	20,000
Sta Wag Carat	800	2,450	4,100	9,230	14,300	20,500
Camper GL	900	2,650	4,400	9,900	15,400	22,000
Camper GL Syncro	900	2,750	4,600	10,350	16,100	23,000
1991 Vanagon						
3d Van	350	1,000	1,700	3,830	5,950	8,500
3d Syncro Van	550	1,700	2,800	6,300	9,800	14,000
GL 3d Van	600	1,800	3,000	6,750	10,500	15,000
Carat 3d Van	700	2,050	3,400	7,650	11,900	17,000
GL 3d Camper Van	750	2,300	3,800	8,550	13,300	19,000
GL 3d Syncro Van	650	1,900	3,200	7,200	11,200	16,000
1993 Eurovan, 5-cyl.						
Window Van	300	950	1,550	3,510	5,450	7,800